中华历史纪年总表

GENERAL CHRONOLOGICAL TABLE OF CHINESE HISTORY

于宝林/编著

社会科学文献出版社

SOCIAL SCIENCES ACADEMIC PRESS(CHINA)

总　目

CONTENTS

序

愚不才，寡为序，因与本书有一段不解之缘，略晓成书之本末，故愿藉此刍荛数语，以贺书之面世。

那还是十余年前，正值愚主持编撰《中国民族史人物辞典》（中国社会科学出版社，1990）之时，身为"辞典"副主编的本书作者除担任撰写有关词条外，还受命编制《中国民族历史纪年表》以作"辞典"附录。本书作者悉力两载，圆满完成使命，不仅具体内容皆据原始资料编就，且反复考辨，匡谬补缺，有所创见，其扎实的学术功底、严谨的学风，受到同仁的好评；更为难能可贵的是，作者对《年表》的编制，并未满足于一般的抄抄画画，而是将制表过程作为学术研究的过程，在我们习以为常之中，从学术角度发现了传统年表中的一些带有实质性的问题。国学大师王国维曾言：古来学问起，大多由于新发现。作者从而探索出在新时代年表发展的一条新路子。作者的这些宝贵意见集中地反映在《中国历史年表研究》（载《民族研究》1997 年第 1 期）一文中。

本书作者多次与愚交换意见，深感传统年表已不适应新时代的需要，不能准确地反映我国多民族大家庭的历史本貌，立志创制新表。为此，作者逊志时敏，经年不惰，广集资料，探讨问题，竭十余年之心血，终成此《中华历史纪年总表》。因之，本书不仅是一般意义上的工具书，而且是作者多年的学术研究成果，内中包含了作者对新年表编撰的一些创造性意见。

十余年中，愚静观了本书写就的全过程，深感其创作的艰辛与学术道路的曲折，遂不揣冒昧，愿在此向读者推荐；至于本书的新意所在，相信读者开卷即可体悟，就不再繁赘了。

高文德

丙戌岁金秋

中国历史年表研究[*]
（代前言）

一 一份珍贵的文化遗产

时间观念的确立，是人类文明的重要标志。中华民族历史文化源远流长，其中一个突出的表现，即从很早的时代起，就树立了精确的时间观念，并作了文字纪录。传世典籍中，我国自西周共和元年（公元前 841 年）起，就有了确切的纪年，[①] 迄今已逾 2800 余年，前后连亘衔接，不曾中断，在世界上堪称翘楚，实乃人类文明史上一大伟绩。

恩格斯曾言："一切存在的基本形式是空间和时间，时间以外的存在像空间以外的存在一样，是非常荒诞的事情。"[②] 历史是时空的展现，而年代则是历史的标尺，只有理清了年代，史事的前因后果才能得以清楚地显示，才能便于人们把握历史前进的脉络，进而探索其发展规律。

抚今追昔，我们的祖先不仅从很早的时代起就发展了天文历法学，而且很早就有了编年史书的创作，除影响深远的《春秋》经传外，洋洋宏制二十四史，首篇本纪即以纪年为纲。正因如此，使中国的历史纪年在长达两千多年的时间里，连续不辍。这是一件非常了不起的事情。这不仅标示着中国古代人民智慧发展较早、较成熟，也是中国人民对人类文化发展的巨大贡献。正如董作宾先生在《中国年历总谱》[③] 中所说："为我国历史文化之菁华，而世界上其他文明古国，罕有能与之比伦者乎？"

在先辈留给我们大量的历史典籍中，不仅汉族人民的纪年活动较详，不少少数民族历史活动纪年脉络也非常清楚，这同样是一份极为宝贵的文化遗产，或者说，这是我国文化宝库中另一个重要的方面，这都需要我们努力去总结、探究与开发。

二 对传统年表优弊的理论分析

作为条析历史年代的工具书——年表的编撰在我国由来已久，有优良的传统。早在先秦时代

---

[*] 本文曾载《民族研究》1997 年第 1 期，此转载有所更动。
① 见《史记·十二诸侯年表》。
② 《马克思恩格斯选集》第 3 卷，人民出版社，1995，第 392 页。
③ 董作宾编著《中国年历总谱》，香港大学出版社，1960。

就有了记载古代帝王牒记的产生，到司马迁撰《史记》时，从该书中收录的《十二诸侯年表》、《六国年表》来看，其编撰体例已相当成熟，精确性与完整性已达到相当的高度，以至成为后世崇效的榜样。宋以来，有关著作大量涌现，清以后渐从史学中衍生出一门历史年代学。近现代，不少史学大家，如钱大昕、万斯同、陈垣、翦伯赞、齐思和等，都曾涉足这一领域，编撰过各类年表，为丰富年表的内容做出过杰出的贡献。近数十年来刊行的年表也不少，如荣孟源《中国历史纪年》（三联书店，1956）、万国鼎《中国历史纪年表》（商务印书馆，1956；中华书局1978 年重印）、刘敬恕《中国历史年代表》（教育图片出版社，1958）、董作宾《中国年历总谱》（香港大学出版社，1960）、文物出版社编辑《中国历史年代简表》（1973）、李德运《中国历史年表》（山西人民出版社，1973）、辽宁大学历史系《中国历史年表》（辽宁人民出版社，1973）、上海人民出版社编辑《中国历史纪年表》（1976）、郭衣洞《中国历史年表》（台北星光出版社，1977）、台北华世出版社编《中国历史纪年表》（1978）、吴德霖《中国历朝年代干支表》（台北马陵出版社，1978）、柏杨《中国历史年表》（台北星光出版社，1979）、河南博物馆编《中国历史年表》（河南人民出版社，1980）、方诗铭《中国历史纪年表》（上海辞书出版社，1980）、陆峻岭、林干《中国历代各族纪年表》（内蒙古人民出版社，1980）、李崇智《中国历代年号考》（中华书局，1981）、陈作良、丁柏传《中国历史纪年简表》（中共中央党校出版社，1985）、李兆洛《历代纪元编》（中华书局，1985 年翻印）（止于 1985 年，尚不包括中外对照年表、专史年表和大事年表）等。

综观传统年表，其中最突出的长处是连续、精确和使用方便。所谓连续就是从夏、商、周一直到中华人民共和国成立，中无空虚之年；所谓精确是指年代不仅准确，具有充分的史料依据，而且每次改朝换代都能标出月份；所谓使用方便是指各种年表都力求列表清楚，一目了然，便于查阅。以上这些长处是我国优秀史学传统的具体体现，也是年表在历代长盛不衰的重要原因。笔者由于工作关系，经常与各类年表打交道，皆使用前人的成果，从中获得很大教益。近年，因受命在一集体项目中承担编制年表的任务，在实践中深感前人编制年表的艰辛与贡献；同时，也感到学术研究无止境，时代在前进，年表的编制也同样存在着一个随时代前进而前进的问题。不揣冒昧的说，传统年表在某些方面已经不能适应当今时代的要求，需要做相应的调整与改进。也就是说，通行的一般年表确实存在着不可小视的缺漏与弊病，其中有的问题尚未引起我们的重视和从理论的高度加以认识。

首先是收录标准问题。以往编撰年表，根据中国历史的具体情况，大都以“年号”为其收录标准。就是说，在历史上凡建有年号的政权，无论多么短暂弱小，一律收录；凡未建年号的政权，无论为时多长，影响多大，一律不收。随举几例：徐鸿儒所建“大成兴胜”政权，为时五个月；句渠知“平赵”（大秦）、李弘“凤凰”、唐寓之“兴平”（吴）、雍道晞“建义”、刘敬躬“永汉”、吴曦“转运”（［蜀]）、朱宸濠“顺德”、蔡伯贯“大宝”（大唐）等均为一个多月；侯子光“龙兴”（小秦）、向海明“白乌”、刘迦论“大世”、李重福“中元克复”、杜可用“万乘”、林桂方“延康”（罗平国）等这些政权，都不足一个月，诸多年表照收不遗。而对于时间长、影响大的诸如匈奴（从冒顿单于开始有史可查连续年代 514 年）、[1] 前仇池（76 年）、吐谷浑（307 年）、突厥（194 年）、[2] 回鹘（97 年，仅西迁前）等政权，却不收录。

---

[1] 算至 304 年刘渊建汉。见林干《匈奴历史年表》，中华书局，1984。

[2] 算至 745 年白眉可汗被杀。见薛宗正《突厥史》，中国社会科学出版社，1992。

　　传统年表以"年号"作收录标准，无形中就将很多民族政权的纪年摒除在年表之外。就秦汉时期来看，一般仅收秦、西汉、新（王莽）、东汉等政权的纪年，而对北方的匈奴、鲜卑、乌桓，西北的乌孙、莎车、于阗、疏勒、龟兹、焉耆、车师、拘弥、西羌，南方的南越、闽越、东瓯、东越、夜郎、滇、句町、漏卧等却不收。明时期，只列明和后金，而瓦剌、叶儿羌、准噶尔等未收。中国几千年的文明史早已向世界表明，我国是一个多民族的国家，各民族共同创造了祖国辉煌多彩的历史。在不同的历史时期，不少民族在我国边疆地区以及中原建立过规模或大或小，时间或长或短的政权，都是中国历史不可分的一部分。历史的事实是，相当一部分民族政权在纪年上与汉族不同，他们或一直不采用年号纪年，或在入主中原之前未立年号。"年号纪年"虽在我国历史上占重要地位，但从年代学的角度而论，也仅仅是一种纪年方法而已（其他还有干支纪年法、帝王纪年法、动物［或谓生肖］纪年法、星岁纪年法，以及近代广泛使用的公元纪年法等）。我们在编撰年表时必须要从我国是多民族国家的基本历史事实出发，既要看到立年号的政权，也要顾到不立年号的政权，这样才能全面。否则，作为中国历史纪年表将是不完整的，因为它不能反映出我国多民族国家的整体风貌。

　　旧制年表还有一个弊病，即人为地隔断了一些政权的历史，不能全面反映出某些政权的完整面貌与兴亡实际。例如吐蕃政权，由于照顾"年号"，一般年表起始于815年可黎可足（即赤祖德赞），而历史事实是这一年不是这一政权的始建，而只是始建年号。吐蕃政权是在著名的松赞干布（约629～650年）时期建立的，其后尚经芒松芒赞（650～约676年）、赤都松（约676～704年）、赤德祖赞（704～754年）、赤松德赞（755～约797年）、牟尼赞普（约797～798年）、赤德松赞（798～815年）（以上各代都未建年号），才传至可黎可足。这就使我们感到，为了迁就年号，不惜将整个政权的历史从中腰断。这种情况还有：后仇池——在杨难当建年号"建义"前曾历杨定、杨盛、杨玄、杨保宗等四帝王44年，后还经杨文德至杨辟邪（称"武都"、"武兴"）等十帝王82年，前后126年未立年号；柔然——在受罗部真可汗建"永康"前，尚历丘豆伐可汗、蔼苦盖可汗、牟汗纥升盖可汗、敕连可汗、处可汗，共五世62年，"建昌"后还有弥偶可社句可汗等共34年；南诏——阁逻凤立年号"赞普钟"前还有皮逻阁，以及称"大蒙国"共历四世99年等，这些在年表中皆阙显。

　　其实，以"年号"为年表的收录标准也仅是传统的沿袭，只因相互传承，遂成定规，未觉其非而已。仔细探究起来，这个"标准"本身就站不住脚。我们只要翻翻现今出版的一般年表（包括最简要的年表和一些在前言中明确提出以年号为收录标准的年表），还没有一本彻底按此标准行事，因为不可能。大家都知道，我国的"年号"纪年始于汉武帝，在此以前的夏、商、周、春秋、战国、秦，有一千多年皆无年号。而我们看到，传统年表都收有这些政权（春秋战国按诸侯国分列，很详细）。要是有一本年表以"无年号"为由将夏至秦排除不列，只从汉武帝开始，肯定会受责为"不完整"，不能正确地反映出中国历史进展的全程。无疑，这个指责是对的，但以同样的理由将诸多的少数民族政权排除在外，为什么不感到意外，反而习以为常呢？这就说明我们在年表的编撰上认识还存在一定的不足。

　　由于历史的原因，在以前人们的认识中，中国历史几乎就是汉族史，或中原王朝史，这种所谓的"正统"史学观念长期影响着我们。中华人民共和国成立以后，广大史学工作者和一些有志之士，为纠正这一认识上的偏颇，做了大量的工作，从各自不同的角度发表了大量的论著和文章，展开讨论。应该说，这一认识在目前史学界基本上得到了澄清，大家都在努力为研究和撰写富有时代感的、真正意义上的"中国通史"和各种专史而辛勤劳动。然而，从以上分析中不难看出，在年表的编撰上人们的认识没有相应的跟上，对以"年号"为由长期将诸多民族政权排除在中国历史纪年表之外的做法尚未引起我们高度的重视，还需我们站在时代的高度来审视这一问题。

除认识问题外，还有个研究问题和资料问题。由于历史的原因，史籍对少数民族历史的记载大都比较简略、零散、不系统，不少地方相当混乱。根据这种情况，若要突破传统的"年号"框框给民族政权（特别是未入主中原的边疆民族政权）编制年表，要比因循旧规复杂得多，也困难得多。如果没有学术界诸多学者对民族史的深入研究和大批论著的出版；如果不对零乱的民族史料下工夫进行一番细致的整理与研究，搞清民族史发展的大体脉络，要想编撰民族历史年表几乎是不可能的。因而，我们可以这样说，纪年表的编撰，从一个特定的角度，不仅反映出一个时代人们的认识水平，也反映出一个时代的学术研究水平。

三 对传统年表的重大突破

新中国成立以来，特别是近年来，我国民族史研究获得了空前的发展，出版了大批论著，如《北狄族与中山国》、《氐与羌》、《匈奴史》、《乌孙研究》、《南诏编年史稿》、《柔然资料辑录》、《成汉史略》、《乌桓与鲜卑》、《仇池国志》、《吐谷浑史》、《敕勒与柔然》、《突厥史》、《女真史》、《渤海简史》、《隋唐时期的薛延陀》、《云南民族史》、《羌族史》、《唃厮啰》、《准噶尔史略》、《古南越国史》、《龟兹古国史》、《喀喇汗王朝史稿》、《黑龙江古代民族史纲》、《先秦民族史》、《蒙古民族通史》等，澄清了不少混乱的史实，解决了不少疑难问题，给编撰反映中华历史全貌的新年表创造了有利的条件。

事实上，新年表的编撰已经开始起步，虽然步伐迈得还很艰难，还未引起学界足够的重视，很多人尚未认识到它的开拓意义；新年表本身也还存在这样那样的不足，还有很多的理论与实际问题需要解决，然而这毕竟是可喜的开端，是对年表传统模式的重大突破。

陆峻岭、林干合编的《中国历代各族纪年表》首开先河，突破了"年号"的框框，收录了不少未立年号的民族政权。以后，《中国民族历史纪年表》（为《中国民族史人物辞典》附录，中国社会科学出版社，1990）继之。在这里，我们不想过细地论述这两种年表的短长，只是以此为例来分析其认识上的意义。这两种年表因在收录标准上摆脱了"年号"的束缚，因而视野更加开阔，所收内容大大超过以前。就秦汉时期而论，一般年表仅收中原四个政权，而前表收了十七个政权，后表又扩收到五十个政权。不仅如此，对秦以前诸民族，如淮夷、徐夷、畎夷、蓝夷、昆夷、山戎、西戎、北戎、条戎、茅戎、白狄、赤狄、猃狁、鬼方、郫瞒、义渠、林胡、楼烦、东胡、鲜虞、肃慎等，[①] 由于其事迹零散，纪年不连贯，不能作表，他们的活动皆在注解中加以反映。

这两部年表的面世，昭示着新年表的诞生。新年表对传统年表来说，已不仅是量的增加，而已是质的改变，是实质上的创新，是对传统年表一次具有阶段性意义的重要改进；这也是学者们长年不懈努力，深入探索所取得的可喜成果。任何一个学科，任何一个领域，都有一个随时代发展而发展的问题，新时代向传统年表提出了挑战，传统年表已不能胜任反映新时代中国是多民族

---

① 关于先秦"民族"，涉及概念、名称和其他一些理论问题，学术界尚有不同看法，本文不作辨明，这里仅据一般史籍记载而言。

大家庭的时代使命，新年表的产生也在所难免。也可以说，新年表是时代的产物，是顺应时代发展的历史必然，对新年表的历史价值与深远意义应给予充分的肯定与深入的分析。

当然，我们也应看到，这两部年表是在相当困难的情况下完成的，确实存在着许多不足之处，需要加以提高与改进。面对这种情况，我们应该做些什么呢？笔者认为，首要任务是尽快总结经验，努力将新年表向前推进一步，使其以崭新的面貌呈现给读者。具体来说，可以从"理论"与"实践"两方面入手。在理论上需要做的工作是：深入思考，探讨新年表的新特点，上升到理论高度，发掘其深刻内涵，在理论的层面上给新年表以支持，使新年表不仅稳固根基，而且明确努力方向，从而向更高的目标前进。在实践上：全面、细致地总结这两部年表的长处与不足，取长补短，以理论认识为依托，按其所开拓的道路将新年表再推向一个新高度，着力编撰一部反映时代要求，内涵丰富，特色鲜明，具有阶段意义的新成果。

四　新年表的其他新特点

上述已及，新年表为我们在年表领域中拓出了一条新路。而新路的开辟也意味着接踵而来的一系列新问题的提出，其中，有些问题是在我们深入探讨后，在更深、更精细的层面上出现的。这就需要我们深入其内质，从提高年表的内在质量上着眼，进行思考、改造与创新。

（一）吸取前人教训，革新交叉年的处理方法

历史上改元情况复杂，给年表的编撰带来很大的困难。一个新皇帝即位，有的是当年改元，有的是第二年改元，还有的是过几年以后才改，也有的终身不改，情况各异。如果是当年改元（这种情况很普遍），反映在年表编排上，就有个如何处理交叉年的问题。传统年表大多采取"明头埋尾"的办法。例如661年应是唐高宗显庆六年，也是龙朔元年（当年三月改元），而表上只标有"龙朔元年"的字样，而无"显庆六年"的字样；938年只标辽太宗"会同元年"，而不列出"天显十三年"，其实当年十一月才改元，这一年倒是应以"天显十三年"为主，等等。究其根源，恐怕是受名儒鸿著《资治通鉴》（以下简称《通鉴》）的影响，编年体史书《通鉴》就是只记首年而不记尾年，胡三省注《通鉴》时注意到这个问题，每每加注，这个注解就显得非常重要。后人研究《通鉴》，也多指出其纪年的不当，张煦侯在《通鉴学》中说："《通鉴》书法，一年两帝，以后来者为定，牵混不明。"[1] 著名学者梁启超就为此上过当，他在一篇研究玄奘年谱的文章[2]中说："《旧唐书》本传云：'（玄奘）显庆六年卒，时年五十六。'此说纰缪特甚……显庆只有五年，并无六年耶！官书疏舛，一至于此，可叹！"我们若查《通鉴》，或传统年表，确实没有"显庆六年"的字样，但细寻史载，是显庆六年三月改元"龙朔"，因而《旧唐书》记载不错，而是"智者千虑，必有一失"——梁氏上了传统年表标示不严密的当。

如果我们依据这样的年表去查一个皇帝的在位年数，则易入误途。例如，辽穆宗于951年即位，在位十九年，只用了一个年号"应历"，一般年表仅标"应历十八年"，下一年标为"辽景

---

① 张煦侯：《通鉴学》，安徽人民出版社，1981。
② 梁启超：《支那内学院精校本玄奘传书后——关于玄奘年谱之研究》，载《佛学研究十八篇》，中华书局，1936。

宗保宁元年"，结果相差一年。因而，编制新年表时交叉年问题应引起我们的高度重视。新年表的处理方法是这样的：

例如唐高宗李治时

656	丙辰	显庆 1 高宗李治
657	丁巳	2
658	戊午	3
659	己未	4
660	庚申	5
661	辛酉	6
		龙朔㊂1

再如辽穆宗耶律璟时

| 951 | 辛亥 | 天禄 5 世宗耶律阮 |
		应历㊈1 穆宗耶律璟
952	壬子	2
⋮	⋮	⋮
968	戊辰	18
969	己巳	19
		保宁㊀1 景宗耶律贤

这样，在一年之中，改元前后皆标示清楚，并注明改元的月份，就避免了使读者迷眩而生误会的弊病。

（二）改进传统名号取谓不定的随意性，完善名号的标示

年表的特点之一在于方便查找。就拿古代帝王的称谓来说，历史沿袭的情况就各不相同，有的是以其名而名世（如三国时的曹丕、刘备、孙权；十六国时的石勒、苻坚、拓跋珪；元时忽必烈；明时朱元璋等），有的则以庙号著称（如唐太宗、周世宗、宋太祖等），还有以帝号显名（如汉武帝、隋炀帝、魏孝文帝等）。少数民族亦如是，有的是以人名闻世（如阿保机、阿骨打、努尔哈赤等），有的是以汗号显赫（如冒顿单于、成吉思汗，以及突厥、回鹘诸汗等）。我们在阅读史书时经常会碰到这种情况：不同的史书在不同的篇卷中，对一个帝王的不同称谓往往只取其一，而又取谓不定。为使读者查找方便，新年表则将不同称谓尽量列周全。例如北魏太祖道武帝拓跋珪，以往有的年表不录庙号"太祖"；南诏（义宁）肃恭帝杨干贞、大理圣慈文武帝段思良、渤海武王大武艺等，仅标人名而缺帝王号；后燕世祖武成帝慕容垂、前秦世祖宣昭帝苻坚、后凉太祖懿武帝吕光等，于帝号、庙号全无；柔然受罗部真可汗予成、伏古敦可汗豆仑等，人名都无。这些都应一一查对史载，予以补全。

（三）突破传统索引模式，改一元索引为多元索引

各年表皆附索引，无疑给读者带来极大方便，这已成定规，成为年表不可缺少的必要组成部分。然而我们所见年表，几乎全为一元的年号索引。这种索引有很大的局限性，除年号外，别不可查。如我们要了解石勒、苻坚、皇太极的时代就不能直接查寻。今天，我们要打破"年号"的框框来编撰新年表，再沿袭传统的"年号索引"显然不妥。新年表则改单一的"年号索引"为多元的"综合索引"，除年号外，还将帝（王、汗）号、庙号、帝王名等皆列为索引条目，这样无论是"汉武帝"、"唐太宗"、"成吉思汗"、"朱元璋"，还是"乾隆"等全能查到。这无疑大大扩充了读者的查询视野，既适应了新年表改造后提出的新要求，又凸显出工具书"使用方便"的基本要求。

（四）面对纷繁史事，正视不同史载，既表明作者态度，又尊重不同意见

编撰历史年表，往往会碰到由于史载不一而引起今日学者所持不同意见的问题。例如西汉的起始年问题，辽朝的开国时间问题等，学术界都存在不同的看法（对夏、商、周等的年代更是众说纷纭）。新年表要涉及诸多的民族政权，这类问题就会更多。例如匈奴冒顿单于，一说立于公元前209年，一说公元前210年；南越王赵佗，一说立于公元前207年，一说公元前204年；再如乌孙，一般以西迁为其立国之年，而西迁年代则有四说：公元前177年至公元前176年，公元前174年至公元前161年，公元前139年，公元前130年左右。

面对这种复杂情况，以往有的年表简单化之，采取回避的态度，在年表中只列上作者所主张的一种看法，对其他看法弃而不理。显然，这种做法不足为效，新年表要采取措施加以更改。对历史问题（包括年代）存在不同看法是客观存在，也是极为正常而又普遍的现象。新年表首先要以正确的态度对待之，正视问题的存在；其次要以透明的方法处理之，避免偏颇。其具体做法是：在诸多不同看法中，可将作者支持的一种看法列入表中，而将其他看法在考证或注解中详细说明。这样做的好处是：第一，表明了作者的看法；第二，尊重了不同意见；第三，将问题的全部展现给读者，使读者对实际情况有个全面的把握。

（五）突破传统年表单一寻查年代的功能，探索"年表"与"大事记"有机结合之路

近年，编撰出版的年表有一个共同的特点，皆注入"大事记"的内容，[①] 似乎成为一种趋势。笔者认为，这标示着年表编撰上的又一重要进展，反映出年表同其他学科一样，在广大受众的关注下，随时代的步伐在不断改进和不停顿地发展。传统的"纪年表"和"大事记"（或称"大事年表"）是两张皮，各附其毛，各张其力，现今开始"姻和"，自然是一桩好事。首先，从直观感受上，"旧貌换新颜"，给读者面貌一新的感觉，不仅丰富了年表的内涵，也更方便了读者；而"方便读者"则是年表作为工具书的一个本质的属性，是其生命力之所在。再进一步考查，传统年表无论怎样勾画与安排，皆是一页页"冷硬"的骨架而缺乏生气，充实"大事记"内涵犹如注入"人的活动"的血肉，使之丰满而富有灵性。历史是人创造的，"人的活动"是历史的核心。长期以来，传统的历史年表忽略反映人的历史活动不能不说是一种历史的遗憾。

综观近年出版的纪年表和以往出版的大事年表，其作表宗旨，不外是两种取向，一者求其精要；一者力图全面。前者可以中国社会科学院历史研究所编《中国历史年表》为代表，时间范围从200万年前的旧石器时代到清代末年，共列大事670多条；而后者，有的编成一本书或几本书，数十万字乃至上百万字不等。以上两种宗旨取向各有千秋，满足了读者不同的需要。

作为一种尝试，新年表根据自身的特点，采取"表下注"与"附录"相结合的形式。表下注是将"大事"直接标示于纪年表下，其长处是直观，能与纪年表融为一体，较好地解决"两张皮"的问题。然而"表下注"所能容纳的内容毕竟有限，只能"精要"；如果读者需要进一步

---

① 见张显传《系列历史年表》（六种本），海豚出版社，2001。中国社会科学院历史研究所：《中国历史年表》，中国社会科学出版社，2002。中国社会科学院世界史研究所：《世界历史年表》，星球地图出版社，2002。

了解更多的内容，则可翻查"附录"，两者互补，充分考虑到读者的不同需求。

尤值一提的是，针对中国历史发展相对的"封闭性"，以及国人看待中国历史文化长此以往形成的"站在中国看中国"的思维习惯，新年表以"开放"、"放眼"的心态首次制作了"中国与部分周边国家纪年对照表"，以及新作了"中华古文明起源与世界四大古文明对照年表"与"中外对照历史大事年表"（"大事"中注意突出科技、文化等），以史实为基础，为读者构建了一个"站在中国看世界"，或"站在世界看中国"的平台。这些都表明新年表按时代要求，以"与时俱进"的精神所做的种种努力。

五　关于创制"读史年表"的初步设想

在我们阅读史籍时，特别是读民族史时，或多或少都会碰到史料零乱的问题，其中也包括对于年代记载的混乱。在这种情况下，翻查一般的历史年表往往不能解决问题，笔者想到，若在编撰历史年表的同时，配合历史年表再相应的编撰出一套有关的"读史年表"（笔者暂称其为"读史年表"），无疑会给读者在排疑解难、准确查找历史年代方面带来更大的方便。

众所周知，年表是一种读史工具，它的重要作用是把历史上各种纷繁复杂的纪年加以辨证缕析，用简明的表格形式表示出来，使读者一目了然，方便掌握。因而，我们也可以这样说，最大限度地方便读者准确无误地查找历史年代是编撰年表的首要任务。前人所编撰的年表，类型亦可谓丰富。有通史年表、专史或断代史年表、中外历史年代对照表、中西回历对照表、纪元编、朔闰表、历史大事年表等。这些年表都曾发挥或正在发挥着各自的重要作用。而据笔者所知，在年表的家族中，"读史年表"还是一个空白点，是一个待开发的领地。

何谓"读史年表"？它与一般的历史年表有何不同？顾名思义，"读史年表"专为读史之用，它能解决一般历史年表所不能解决，或不好解决的特殊问题。

在一般情况下，我们在阅读史籍时，翻查历史年表就可以了。例如《史记·匈奴列传》记曰："伊稚斜单于立十三年死，子乌维立为单于，是岁，汉元鼎三年也。"查历史年表，知匈奴乌维单于是在公元前114年就位的。又如《魏书·太祖纪》记："天兴元年春正月，慕容德走保滑台，（元）仪克邺，收其仓库，诏赏将士各有差。仪追德至于河，不及而还。"《通鉴》记此事曰："隆安二年春正月，燕范阳王（慕容）德自邺帅户四万南徙滑台，魏卫王（元）仪入邺，收其仓库，追德及河，弗及。"我们据此翻查历史年表，知"天兴"是北魏道武帝拓跋珪的年号，天兴元年为公元398年；而"隆安"是东晋安帝司马德宗的年号，隆安二年正是398年。年代吻合，史实明晰，历史年表在两个不同年号的纪年中间起到了沟通的作用，给我们清楚无误地解决了问题。

然而，历史的现象繁冗复杂，而史籍对史事的记载情况又各不相同，尤其是对于民族史来说，由于种种原因，记载不仅简略，而且混乱之处、疑问之处颇多。凡遇到记载不一的情况，历史年表就显得无能为力了。

例如，当我们读《契丹国志》时，该书记："天赞三年夏四月己巳，晋王李存勖称皇帝于魏州牙城之南，国号大唐。"（卷一）查历史年表，知"天赞"是辽太祖耶律阿保机的年号，天赞三年为924年。当我们读《通鉴》时，该书在"同光元年"下记："晋王筑坛于魏州牙城之南，夏四月己巳，升坛，祭告上帝，遂即皇帝位，国号大唐。"显然是记同一事件，然查历史年表，

"同光元年"却为923年。对于诸如此类年代记载有异的问题，单查历史年表解决不了问题，终使读者迷眩而无所适从。

其实，就以上这个具体问题而言，我们只要经过必要的考证，可以辨出正误。然而，我们不能要求读者翻查年表时遇到这种情况都去考证一番，或去寻找考证文章，无端引出许多麻烦。我们若能编出一种年表，将已有的考证成果直截了当地传达给读者，使读者在查年代时一目了然，这无疑是弥补了历史年表的缺憾。

我们也可将"读史年表"视为历史年表的一种补充，是其功能的扩大与延伸，是一种特殊情况下的历史年表。"读史年表"不仅能起到匡正某些史籍对年代记载的舛误，也能全面地反映出学术界对纪年的不同看法。它的主要特点是准确性、直观性和全面性。

六　以实例举证"读史年表"的应用价值

（一）以辽史为例看"读史年表"的准确性与直观性，顺及辽史读史年表的编撰

辽朝是以契丹民族为主体所建立的王朝。辽太祖耶律阿保机于907年"燔柴告天，即皇帝位"，916年始建元"神册"以后，至1125年被女真民族建立的金朝所灭，在我国历史上存在了两百多年（不包括西辽）。对于辽史的纪年，现已基本搞清，学术界不存异议，问题是几部主要史籍——《辽史》、《契丹国志》（以下简称《国志》）、《旧五代史》、《新五代史》（以下合述时称新、旧《五代史》）、《通鉴》等对其纪年互不一致。例如，辽太祖天赞元年，依《辽史》和《通鉴》所记，为壬午年，即922年；而《国志》却记为辛巳年，即921年。关于这一点，贾敬颜、林荣贵在标注《国志》时即予指出："自天赞元年始，《国志》与《辽史》干支相错一年"，但未指出何是何非。再看天显元年，《辽史·太祖纪》记："夏四月丁亥朔"（《历象志》记同），可知该年为丙戌年，即926年，相当于后唐明宗天成元年。而《通鉴》记为："（天成）二年（丁亥年，即927年），春正月癸丑朔……契丹改元天显。"《旧五代史》又记为："（天成）三年，德光伪改为天显元年"（《新五代史》所记同），由此可见三者所记皆不相同。再看辽太宗会同元年，《辽史·太宗纪》记曰："会同元年春正月戊申朔"（《历象志》记同），可知为戊戌年，即938年，相当于后晋高祖天福三年；《旧五代史》记："天福三年……契丹改天显十一年为会同元年"（《新五代史》记同），与《辽史》的记载是一致的；然而，《通鉴》则记为："天福二年……契丹改元会同"（《国志》记载与此同），天福二年为丁酉年，相当于937年，这个记载与《辽史》和新、旧《五代史》相差一年。而我们知道，"元年"一误，下面的年代全误。

从以上的例子不难看出，几部主要史籍对辽史的纪年是有差异的。那么，何者的记载是正确的呢？这是作年表首先要弄清楚的问题。在这里，我们采用行之有效的、以出土文物证史的方法则不难得出结论。北京房山辽塔出土砖文有"天显岁次戊戌五月拾三日己未"的字样，[①]我们用以对照《辽史》，戊戌年是天显十三年（这年十一月改元"会同"），可见两者相合；而《通鉴》和《国志》是在上一年（丁酉年）记"是年，契丹改元会同"，这样，戊戌年就不是"天显"

---

① 见《全辽文》卷四。

年号，而应是"会同"二年了，可见与砖刻文不符，从而可断其记载有误。我们再进一步考证戊戌年"五月十三日"，正是干支记时的"己未"日，前后对照，更证其确实无误。

再据《辽会同中原建佛顶尊胜陀罗尼幢记》① 末尾纪年为："时会同九祀，龙集敦牂。"所谓"敦牂"，是太岁纪年的称谓，据《淮南子·天文训》："太阴在午，岁名曰敦牂。"即相当于干支纪年的"午"，按《辽史》所记年代，"会同九年"正是"丙午年"，与此《幢记》所刻吻合，而按《通鉴》与《国志》，"会同九年"却是"乙巳年"，与《幢记》相差一年。又据《宋晖造像题记》，其纪年为"会同十年岁此（次）丁未"，也与《辽史》合，与《通鉴》和《国志》有异。《释志愿舍利佛牙石匣记略》纪年为"天禄三年岁次己酉"，均与《辽史》合，而《通鉴》和《国志》"己酉年"为"天禄二年"，等等。

这样，我们既发现了几种史籍对其年代记载的不同，又考证出正确的纪年，我们的"读史年表"就可按下表方式进行编制：

公元	干支	《辽史》		《契丹国志》		《资治通鉴》		《旧五代史》		《新五代史》	
916	丙子	神册㊁	1 太祖耶律阿保机	神册	1	神册	1				
917	丁丑		2		2		2				
918	戊寅		3		3		3				
919	己卯		4		4		4				
920	庚辰		5		5		5				
921	辛巳		6	天赞	1		6				
922	壬午		7		2	天赞	1				
		天赞㊀	1								
923	癸未		2		3		2				
924	甲申		3		4		3				
925	乙酉		4		5		4				
926	丙戌		5		6		5				
		天显㊀	1								
927	丁亥		2 太宗耶律德光㊅	天显	1	天显	1				
928	戊子		3		2		2	天显	1	天显	1
929	己丑		4		3		3		2		2
930	庚寅		5		4		4		3		3
931	辛卯		6		5		5		4		4
932	壬辰		7		6		6		5		5
933	癸巳		8		7		7		6		6
934	甲午		9		8		8		7		7
935	乙未		10		9		9		8		8
936	丙申		11		10		10		9		9
937	丁酉		12	会同	1	会同	1		10		10
938	戊戌		13		2		2		11		11
		会同㊅	1					会同	1	会同	1
939	己亥		2		3		3		2		2

说明：① 黑体为正确纪年。
② ㊀ 为改元月份。

---

① 见《日下旧闻考》卷五十九。

因为辽史的纪年我们已经能辨其正误。则可将正确的纪年以黑体字标出，并加以说明。这样，此"读史年表"就有两个明显的作用：（1）匡正某些史书的纪年之误，体现出"读史年表"的准确性；（2）翻查方便，正误一目了然，充分显示出"读史年表"的直观性。

（二）以前凉史为例看"读史年表"的全面性，顺及前凉史读史年表的编撰

"读史年表"除具准确性、直观性的特点外，还有全面性的特点。

史籍上对年代记载的不一，除了我们经过考证，现已能辨其正误者外，也有不少至今无从定夺，学者们见仁见智，持有不同的看法。如前凉政权，据龚颖（宋）《运历图》、王应麟（宋）《玉海》，从张寔至张玄靓的41年中立有永安（314~320年）、永元（320~324年）、太元（324~346年）、永乐（346~353年）、和平（354~355年）、太始（355~363年）等年号。而据《晋书·张轨传》所载，除张祚即位改元"和平"年号，用一年余外，其余皆袭用西晋"建兴"年号至建兴四十九年（361年）。

历史年代不乏这种两说三说的情况，上文已指出如匈奴冒顿单于即位一说在公元前209年，一说在公元前210年。南越赵佗一说立于公元前207年，一说立于公元前204年。乌孙原附匈奴，后背匈奴西迁，史家一般以其西迁为其立国之年，而西迁年代则有四说。回鹘英武威远毗伽阙可汗磨延啜即位年一说745年，一说747年；武义成功可汗顿莫贺即位年一说779年，一说780年；昭礼可汗即位年一说824年，一说825年等等。吐蕃、南诏、渤海的年代皆有这种情况。

凡遇到这种情况，历史年表为了格式上的一致，不可能将几种意见都列入表中，只能撷取其一，而将另外的意见或在注解中说明（我们现今所见的历史年表，很多连这样的注解都没有，极易产生片面性），在读者翻查年代时就会引起诸多的不便。如前凉政权，如按《玉海》等记列表，则在新疆出土文物中曾有"建兴卅六年"①之记，年表则查不出；若按《晋书》所记作表，则薛应旂（明）《甲子会纪》所指永安等年，就无处可查。而我们根据这种具体情况做出"读史年表"，则问题就会迎刃而解。表如下：

公元	干支	前凉		晋
		《玉海》等记	《晋书》等记	
314	甲戌	永安 1 张寔	建兴 2 张寔	建兴 2 愍帝司马邺
⋮	⋮	⋮	⋮	⋮
320	庚辰	6 永元㊅ 1 张茂	8 张茂㊅	太兴 3 元帝司马睿
⋮	⋮	⋮	⋮	⋮
324	甲申	4 太元㊄ 1 张骏	12 张骏㊄	太宁 2 明帝司马绍
⋮	⋮	⋮	⋮	⋮
346	丙午	22 永乐㊄ 1 张重华	34 张重华㊄	永和 2 穆帝司马聃
⋮	⋮	⋮	⋮	⋮

---

① 《吐鲁番县阿斯塔那——哈喇和卓古墓群发掘简报》，载《文物》1973年第10期。

续　表

公元	干支	前凉		晋
		《玉海》等记	《晋书》等记	
354	甲寅	和平 1 张祚	和平 1 张祚	永和 10 穆帝司马聃
355	乙卯	2	2	11
⋮	⋮	太始㈣㈨ 1 张玄靓	建兴㈣㈨ 43 张玄靓	⋮
361	辛酉	7	49	升平 5
			升平㈩ 5	
362	壬戌	8	6	隆和 1 哀帝司马丕
363	癸亥	9	7 张天锡㈧	2
		太清㈧ 1 张天锡	⋮	兴宁㈢ 1
⋮	⋮			⋮
376	丙子	14	20	太元 1 孝武帝司马曜

此"读史年表"将学界尚未定夺正误的不同记载全面地反映出来，传达给读者，避免了顾此失彼的片面性。

（三）再以渤海史为例，顺及渤海史"读史年表"的编撰

渤海史纪年也有类似情况，学术界存在着不同的看法。主要是对从开国君主大祚荣卒后，其子大武艺即位改元"大兴"起［相当于唐玄宗开元七年（719 年），或八年（720 年）］至其十四代王大玮瑎即位［唐昭宗乾宁元年（894 年）］为止的 170 多年纪年认识的不同，这 170 多年的纪年几乎占了整个渤海自开国（698 年）至亡国（926 年）228 年的五分之四，可见比例之重。而其余两代（大玮瑎与大𬤇𬤊）亦因"薨年、立年史均失载"，"皆出自假定"。[①]

东北史大家金毓黻在其名著《渤海国志长编》中依"当年即位，翌年改元"的通例提出大武艺于唐开元七年（719 年）即位，下年（720 年）改元"仁安"，遂将仁安元年定位于 720 年。他说："渤海王卒，当年改元或翌年改元史无明文可考，兹用翌年改元之例。"[②] 他在书中所作的《渤海年表》可以说对后人的影响很大，以后不少年表皆依此而作。[③] 而孙玉良作《渤海纪年订补》一文，[④] 对此提出不同看法，他也是利用地下出土文物来进行考证的。他依据 1980 年在吉林和龙县龙头山出土的《贞孝公主墓志》进行考证，指出："《贞孝公主墓志》中，记载了贞孝公主死于大钦茂'大兴五十六年六月九日壬辰'，葬于'其冬十一月二十八日己卯'。核对陈垣所编《二十史朔闰表》等历史年表，该年为壬申年，即唐德宗贞元八年，公元七九二年。据此往前推算，可确切推知大钦茂大兴元年，当是丁丑年，即唐玄宗开元二十五年，公元七三七年。"而金毓黻则将大钦茂大兴元年定为下年，即 738 年，两者相差一年。孙玉良的意见是："《新唐书·渤海传》对渤海十五王中的九王改元……无一注明是翌年改元，也未注明是当年改元，但从文势上看，即位和改元是紧连在一起的，似乎是同时发生的情况……大钦茂是即位当年

① 《渤海国志长编》卷六。
② 《渤海国志长编》卷六。
③ 见王承礼《渤海简史》所附《渤海年表》和方诗铭《中国历史纪年表》；陆峻岭、林干：《中国历代各族纪年表》。
④ 孙玉良：《渤海纪年订补》，载《社会科学战线》1982 年第 1 期。

改元大兴，而不是即位翌年改元大兴。同时，据此我们可以推断，既然大钦茂是即位当年改元，那么《新唐书》中对和大钦茂即位、改元做了同样记载的八王，也无疑是同大钦茂一样，均是即位当年而改元。"朱国忱、魏国忠著《渤海史稿》一书①所附《渤海纪年对照表》即与孙文的意见相同。这样，对渤海国史的纪年，在当前学术界就有以不同观点所作的不同纪年表。渤海史的"读史年表"就应全面地反映这种情况。表可如下：

公元	干支	渤海		唐
		第一种意见①	第二种意见②	
713 ⋮	癸丑	1 高王大祚荣 ⋮	1 高王大祚荣 ⋮	先天 2 玄宗李隆基 ⋮
719	己未	7 [大武艺]	7	开元 7
			仁安(三) 1 武王大武艺	
720 ⋮	庚申	仁安 1 武王大武艺 ⋮	2 ⋮	8 ⋮
737	丁丑	18 [大钦茂]	19	25
			大兴 1 文王大钦茂	
738 ⋮	戊寅	大兴 1 文王大钦茂 ⋮	2 ⋮	26 ⋮
774 ⋮	甲寅	37 （宝历 1） ⋮	38 （宝历 1） ⋮	大历 9 代宗李豫 ⋮
793	癸酉	56	57	贞元 9 德宗李适
			1 废王大元义(三)	
			中兴 1 成王大华屿	
794	甲戌	57	2	10
		1 废王大元义(三)	正历 1 康王大嵩璘	
		中兴 1 成王大华屿 [大嵩璘]		
795 ⋮	乙亥	正历 1 康王大嵩璘	2 ⋮	11 ⋮
809	己丑	15 [大元瑜(一)]	16	元和 4 宪宗李纯
			永德(一) 1 定王大元瑜	
810	庚寅	永德 1 定王大元瑜	2	5
811	辛卯	2	3	6
812	壬辰	3 [大言义]	4	7
			朱雀 1 僖王大言义	
813 ⋮	癸巳	朱雀 1 僖王大言义	2 ⋮	8 ⋮
817	丁酉	5 [大明忠]	6	12
818	戊戌	太始 1 简王大明忠	7	13
		[大仁秀(一)]	建兴(一) 1 宣王大仁秀	
819 ⋮	己亥	建兴 1 宣王大仁秀 ⋮	2 ⋮	14 ⋮
830	庚戌	建兴 12 [大彝震]	建兴 13 宣王大仁秀	大和 4 文宗李昂
			咸和 1 大彝震	

① 朱国忱、魏国忠：《渤海史稿》，黑龙江省文物出版编辑室，1984。

续　表

| 公元 | 干支 | 渤　海 | | 唐 |
		第一种意见	第二种意见	
831	辛亥	咸和　1　大彝震	2	5
⋮		⋮	⋮	⋮
857	丁丑	27　[大虔晃]	28	大中　11　宣宗李忱
			1　大虔晃	
858	戊寅	1　大虔晃	2	12
⋮		⋮	⋮	⋮
871	辛卯	14　[大玄锡]	15	咸通　12　懿宗李漼
			1　大玄锡	
872	壬辰	1　大玄锡	2	13
⋮		⋮	⋮	⋮
893	癸丑	22　[大玮瑎]	23	景福　2　昭宗李晔
894	甲寅	1　大玮瑎	1　大玮瑎	乾宁　1

资料来源：①见金毓黻《渤海国志长编》；王承礼《渤海简史》。

②见孙玉良《渤海纪年订补》；朱国忱、魏国忠《渤海史稿》。

说　明：[　] 表示即位而未改元。

⊖表示即位或改元月份。

七　应加强对历史年代学的研究

综上所述，年表的编撰不是一个简单的抄抄写写，勾勾画画，内中涉及很多问题，尤其是打破传统年表以"年号"为基线的标准后，更显露出诸多的难题需要我们去正视，去探讨。特别要加强民族历史年代学的研究。

例如，传统年代学对于纪年法的研究重点是年号纪年（不仅有各种年号考证的文章发表，还有专著的出版），[①] 其次是王位纪年（包括公侯纪年）和干支纪年，还有不常用的岁星纪年、太岁纪年等，而对于流传于民族地区的各种动物纪年（如突厥《毗伽可汗碑》即以动物纪年，碑载："我父可汗于狗年十月二十六日去世，于猪年五月二十七日举行葬礼。"[②]）和草禾纪年等则研究得不够。

再如民族政权，尤其是边疆民族政权，由于其游牧经济生活所致，或其他原因，有的往往不建国号，其兴起与"立国"的时间就很难把握，形成民族历史纪年上的一个特殊问题。再有，他与中原政权（或附近的强大政权）的关系有时是归附，有时是背离。归附时接受封号，背离时称王、称帝、称汗（有的归附时也称王、称汗），有时还因各种原因去号，或名义上归附一个强大政权，实际上各自独立等，诸如此类的情况究竟应该如何记录其年代，这些都是我们需要研究的基本问题。

综观学术界，已经有不少学者在这方面做了诸多有益的工作，如对各类民族历史年表（包括附在各民族专史书后的专史年表）的编撰，对各族纪年法的研究（如对回历纪年法、藏历纪年法的研究），以及对各族天文历法的研究（如彝族历法、傣族历法、麴氏高昌历法）等等，只是目前的研究尚很零星，综合、系统地研究还很不够，需要我们继续努力。

① 李崇智：《中国历代年号考》，中华书局，1981。

② 原文为突厥文，此据耿世民先生译文，见林干《突厥史》附录，内蒙古人民出版社，1988。

凡　例

一　本年表是一部有关中华历史的大型纪年总表。其核心《纪年表》起自夏代，终至民国末，按时代顺序分列夏、商、西周、春秋、战国、秦汉、魏晋、南北朝、隋唐、辽宋夏金、元、明、清、民国等十四表。从约公元前 2070 年至 1949 年中华人民共和国成立，囊括四千余年。

二　本年表的主体架构有五部分：以“**中华历史纪年表**”为核心，前列“**中华历史纪年大系**”、“**中华历史纪年示意图**”（可使读者对中华历史纪年大脉一目了然）和“**中华史前三表**”（纪年表的史前展延）；后列“**中华历史纪年考（附世系表）**”（对年表中的问题作出考证，提出依据，并对其中有争议的问题加以说明；与纪年表互为表里，相互依托）。附录为“**中国与部分周边国家纪年对照表**”和“**中外对照历史大事年表**”。最后是“**纪年表综合索引**”及“**部分周边国家年表索引**”。

三　“纪年表”分三栏：第一栏为**公元纪年**；第二栏为**干支**（“共和”以前不标示）；第三栏为**诸政权纪年**。纪年以阿拉伯数字标示，数字前(楷体)为**年号**，数字后为**帝王**。

四　表中所用符号：
　回　表示**王朝的起始**；
数字后的 ［　］ 表示帝王当年即位但仍用前帝年号而于第二年（或以后）改元者；
　⊜　表示**即位**或**改元**的月份（正月改元者一般不标）；
　⬤　表示**王朝灭亡**月份；
　══　表示**王朝结束**；
（？）和…… 表示**年代不确**，其中有的指大约于是年即位或改元；有的指在此期间有此年号；有的是仅知有此年号（或帝王），时间不明。这些情况，在纪年考中均有说明。

五　关于**王朝名称**的符号标示：
我国地域辽阔，历史悠久，仅有典籍可查的文明史即连亘数千年。在不同的历史时期，及不同的地区，出现过诸多的王朝或政权。这些王朝或政权有各自不同的背景及不同的情况，他们或大或小，或强或弱，时间或长或短，地域或在中原，或据边地，皆有历史记载。在这些历史记载中，有的明确记载了“国名”（即“朝代名”）；有的则没有。对于有明确名称的王朝或政权，本年表尽量用其历史所载的名称，如：夏、商、秦、新、魏等，其中，包括春秋战国时期的诸侯

19

国名，如：曹、燕、蔡、鲁、卫等，和西域地区城邦国名，如鄯善、车师、龟兹、莎车、疏勒等。这里需要说明的是，有些朝代名称前后相重，历史上为便于区分，约定俗成在其名称前冠以"前、后、西、东、北、南"的限定词，如：西周、东周、西汉（前汉）、东汉（后汉）、南凉、北凉、北宋、南宋、后金、南明等，本年表皆按此惯例称呼；还有一种情况，历史记载其族名和政权名或混一，或不清，但学术界已有一个习惯的称呼，如：中山国、夜郎国、柔然汗国、高昌王国、突厥汗国、吐蕃王国、渤海国、南诏国、大理国、后理国、喀喇汗王朝、察合台汗国、叶尔羌汗国（皆据《民族辞典》和《中国少数民族史大辞典》）等，凡遇以上种种情况，本年表皆不加任何符号直书其名称。

加符号有下列几种情况：

（　）　王朝或政权名前的习惯限定词为**姓氏**或**地域**者，如：（田）齐、（蜀）汉、（冉）魏、（武）周等；

[　]　以**族名**或**部名**代所建王朝或政权名者，如 [匈奴]、[鲜卑]、[敕勒]、[奚]、[鞑靼]、[瓦剌]、[准噶尔] 等；以**地域族名**冠称其王朝或政权者，如 [益州夷]、[上谷乌桓]、[甘州回鹘]、[台拱苗]、[西宁回] 等；以**地区**冠称王朝或政权者，如 [凉]、[大金川] 等；有称"×王"而以"×"代其所建政权者，如 [楚]、[淮南]、[仲家]、[代]、[蜀]、[汉] 等；历史上的**习惯指称**者，如 [箕子朝鲜]、[卫氏朝鲜]、[绿林]、[赤眉]、[黄巾]、[八番]、[红巾] 等。

除外，凡在年表中只录所建政权而未有名称者，为便目录标示，目录上用了两种符号：

[*]　指以所立**年号**代称（凡以年号代称者，在本书《纪年考》中以黑体作特别标示）；

[△]　指以建政者**人名**代称。

六　纪年表中所记年月，通行按**夏历**（俗称"阴历"），历代凡**更改朔闰**者，皆在纪年考中说明。

七　自汉武帝后，中原多数政权采用年号纪年，这种纪年法是以阴历为基础。近人著述在征引古籍时，为使读者明了，一般采用在年号纪年后括注公元纪年的办法，如：康熙元年（1662）。如有月份，则月不括注，其表达形式为：康熙元年（1662）八月，这在一般情况下是不会产生歧误的。但若遇年底，一般相差一个月，如"康熙元年十二月"，应为"1663 年 1月"，则应写成："康熙元年十二月（1663 年 1 月）"。本年表为取得标示方法上的一致（**括注年而不括注月**），其表达形式为："康熙元年（1662）十二月"——**这是需要特别提请读者注意的**。如太平天国起始时间（金田起义），是在道光三年十二月，如年、月全都括注，则是（1851 年 1月），按上所述，本年表写为："道光三年（1850）十二月"，不要误解为金田起义是在 1850 年。

八　为使读者清楚地把握中华历史的纪年脉络，本年表前特绘**一示意图**，此图去繁就简，只将"纪年表"中的主要政权录出，未全列。

九　为给读者提供更大的方便，本年表改传统年表的"年号索引"为"**综合索引**"，扩大检索范围，除仍能检索年号外，还能检索朝代名、帝王名、帝王号、庙号等。

十　本年表原则上都用简化字，只对少数容易引起意义混淆者，仍保留原载的繁体字或异体字。

类　目

四 春秋时期纪年表（考）(前 770～前 476 年)

五 战国时期纪年表（考）(前 475～前 221 年)

六 秦汉时期纪年表（考）(前 221～220 年)

七　魏晋时期纪年表（考）（220～420 年）

八 南北朝时期纪年表（考）（420～581年）

九　隋唐时期纪年表（考）(581~907 年)

十 辽宋夏金时期纪年表（考）(907~1270 年)

十一　元时期纪年表（考）（1271～1368 年）

十二　明时期纪年表（考）(1368～1644 年)

十三　清时期纪年表（考）（1644～1911 年）

十四　民国时期纪年表（考）（1912～1949年）

壹

中华历史纪年大系

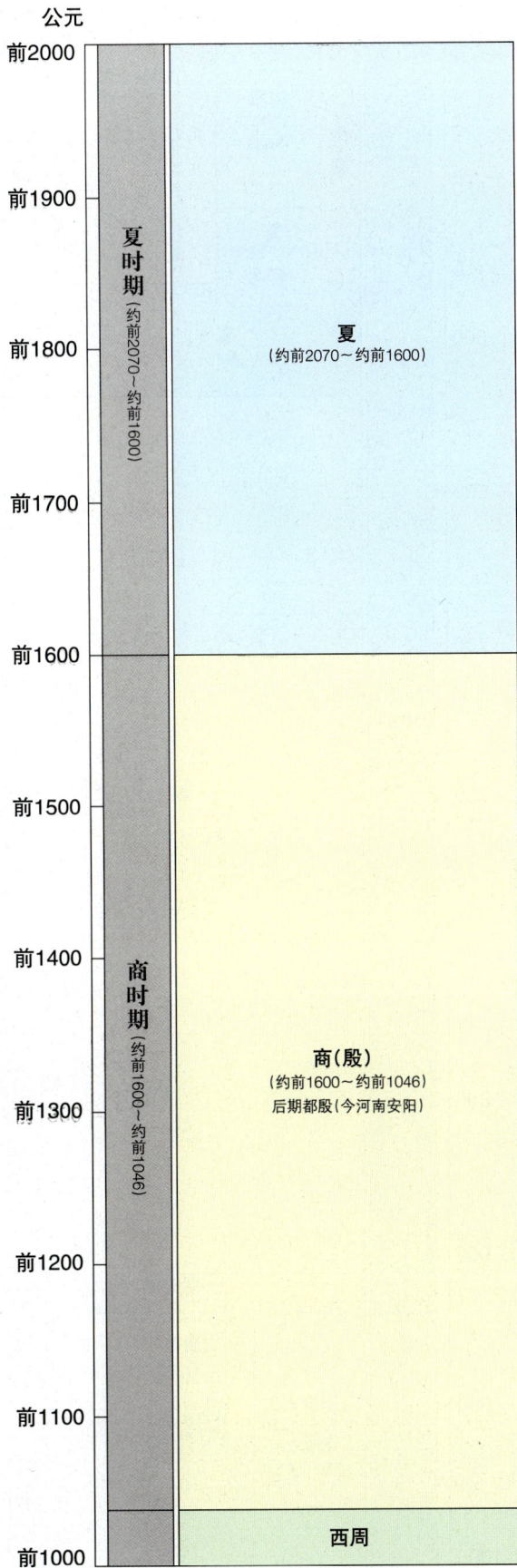

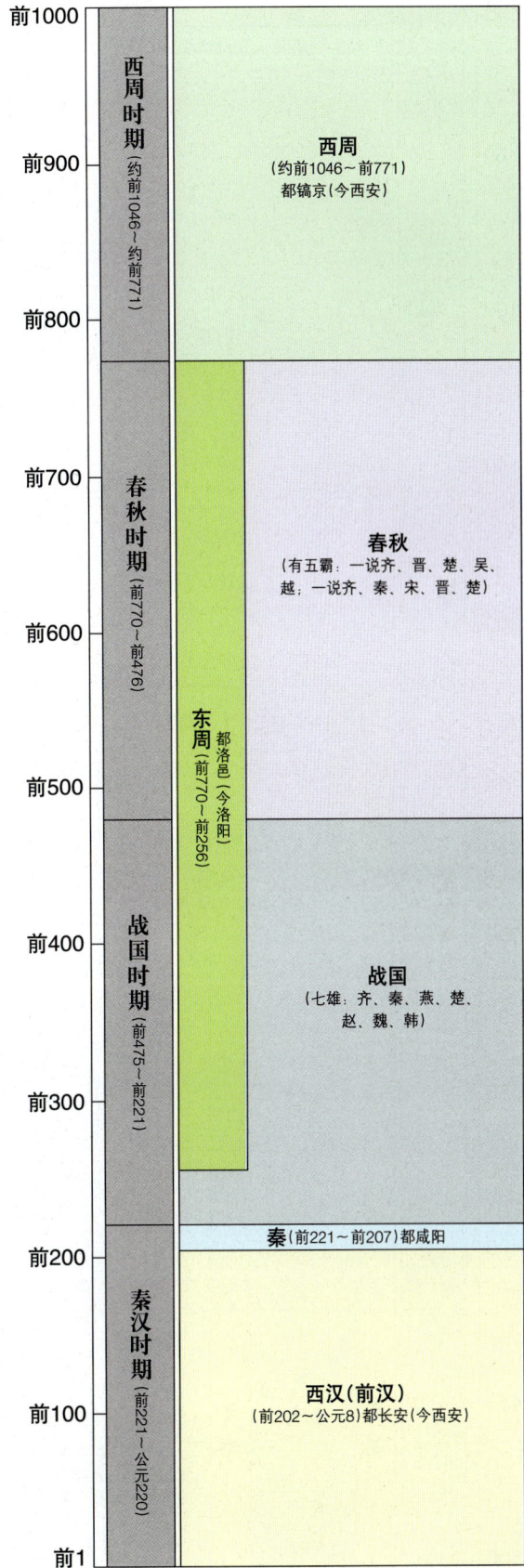

公元

前2000

前1900

夏时期（约前2070～约前1600）

前1800

夏
（约前2070～约前1600）

前1700

前1600

商时期（约前1600～约前1046）

前1500

前1400

前1300

商（殷）
（约前1600～约前1046）
后期都殷（今河南安阳）

前1200

前1100

前1000

西周

前1000

西周时期（约前1046～约前771）

前900

西周
（约前1046～前771）
都镐京（今西安）

前800

前700

春秋时期（前770～前476）

东周（前770～前256）　都洛邑（今洛阳）

春秋
（有五霸：一说齐、晋、楚、吴、越；一说齐、秦、宋、晋、楚）

前600

前500

前400

战国时期（前475～前221）

战国
（七雄：齐、秦、燕、楚、赵、魏、韩）

前300

前200

秦（前221～前207）都咸阳

秦汉时期（前221～公元220）

前100

西汉（前汉）
（前202～公元8）都长安（今西安）

前1

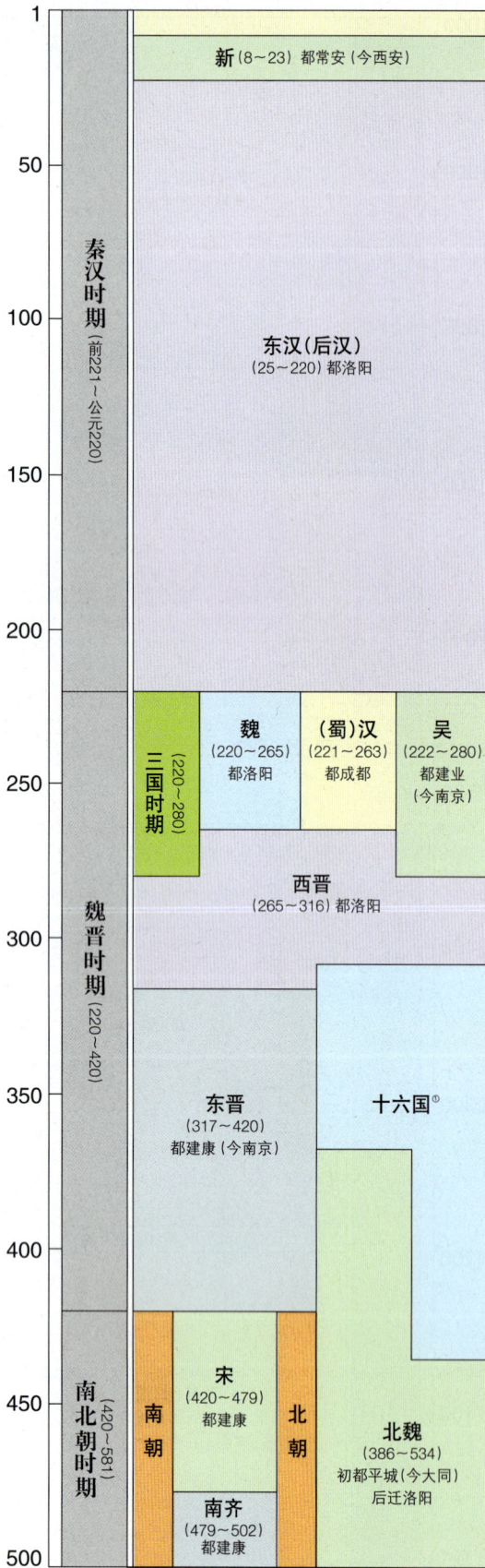

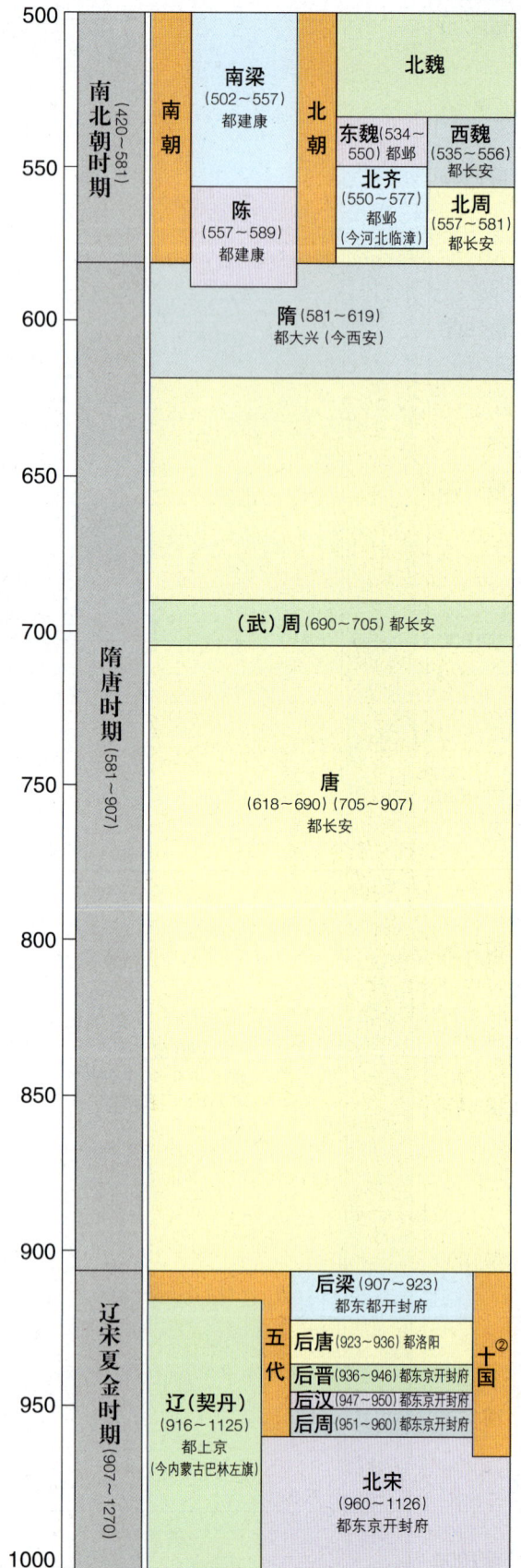

续图表

续图表

秦汉时期
（前221～公元220）

新（8～23）都常安（今西安）

东汉（后汉）
（25～220）都洛阳

魏晋时期
（220～420）

三国时期
（220～280）

魏
（220～265）
都洛阳

（蜀）汉
（221～263）
都成都

吴
（222～280）
都建业
（今南京）

西晋
（265～316）都洛阳

东晋
（317～420）
都建康（今南京）

十六国①

南北朝时期
（420～581）

南朝

宋
（420～479）
都建康

北朝

南齐
（479～502）
都建康

北魏
（386～534）
初都平城（今大同）
后迁洛阳

南北朝时期
（420～581）

南朝

南梁
（502～557）
都建康

陈
（557～589）
都建康

北朝

北魏

东魏（534～550）都邺

西魏（535～556）
都长安

北齐
（550～577）
都邺
（今河北临漳）

北周
（557～581）
都长安

隋唐时期
（581～907）

隋（581～619）
都大兴（今西安）

（武）周（690～705）都长安

唐
（618～690）（705～907）
都长安

辽宋夏金时期
（907～1270）

辽（契丹）
（916～1125）
都上京
（今内蒙古巴林左旗）

五代

后梁（907～923）
都东都开封府

后唐（923～936）都洛阳

后晋（936～946）都东京开封府

后汉（947～950）都东京开封府

后周（951～960）都东京开封府

十国②

北宋
（960～1126）
都东京开封府

4

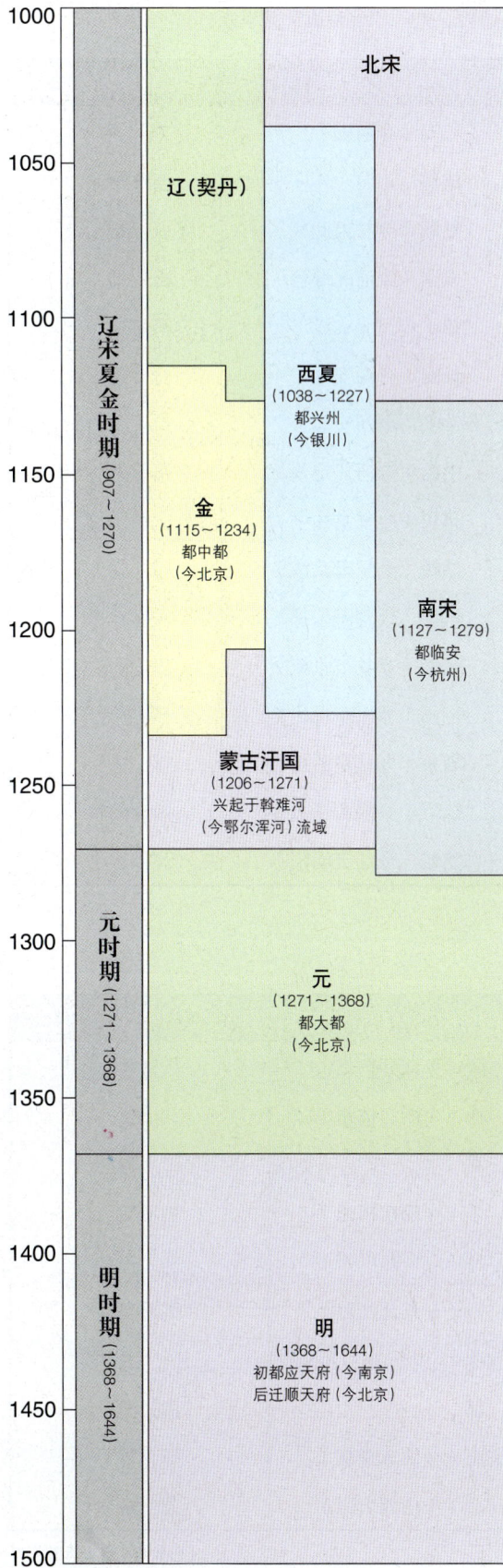

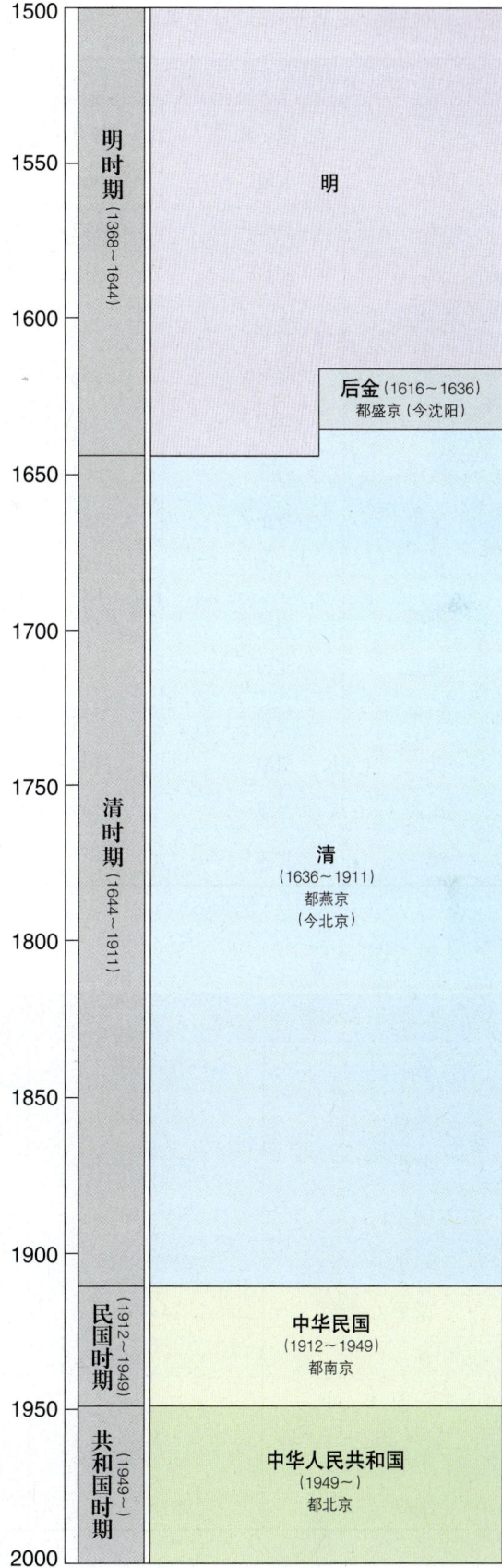

1000	

北宋

辽(契丹)

辽宋夏金时期 (907~1270)

金
(1115~1234)
都中都
(今北京)

西夏
(1038~1227)
都兴州
(今银川)

南宋
(1127~1279)
都临安
(今杭州)

蒙古汗国
(1206~1271)
兴起于斡难河
(今鄂尔浑河)流域

元时期 (1271~1368)

元
(1271~1368)
都大都
(今北京)

明时期 (1368~1644)

明
(1368~1644)
初都应天府(今南京)
后迁顺天府(今北京)

明时期 (1368~1644)

明

后金(1616~1636)
都盛京(今沈阳)

清时期 (1644~1911)

清
(1636~1911)
都燕京
(今北京)

民国时期 (1912~1949)

中华民国
(1912~1949)
都南京

共和国时期 (1949~)

中华人民共和国
(1949~)
都北京

注：①传统称"五胡十六国"。"五胡"指匈奴、鲜卑、羯、氐、羌。"十六国"见下表：

民族	政权名	时　间	国　都	创建者
匈奴	汉、前赵	（304～329）	长安（今西安）	刘　渊
賨人	大成、汉	（306～347）	成都	李　雄
汉	前凉	（317～376）	姑臧（今甘肃武威）	张　寔
羯	后赵	（319～351）	襄国（今河北邢台）	石　勒
鲜卑	前燕	（337～370）	邺（今河北临漳）	慕容皝
氐	前秦	（351～394）	长安（今西安）	苻　健
羌	后秦	（384～417）	常安（今西安）	姚　苌
鲜卑	后燕	（384～407）	中山（今河北定州）	慕容垂
鲜卑	西秦	（385～431）	苑川（今甘肃榆中）	乞伏国仁
氐	后凉	（386～403）	姑臧（今甘肃武威）	吕　光
鲜卑	南凉	（397～414）	乐都（今青海乐都）	秃发乌孤
匈奴	北凉	（397～460）	张掖（今甘肃张掖）	段　业
鲜卑	南燕	（398～410）	广固（今山东青州）	慕容德
汉	西凉	（400～421）	酒泉（今甘肃酒泉）	李　暠
匈奴	大夏	（407～431）	统万（今陕西靖边）	赫连勃勃
汉	北燕	（407～436）	龙城（今辽宁朝阳）	高　云

②"十国"见下表：

政权名	时　间	国　都	创建者
吴	（902～937）	广陵（今江苏扬州）	杨行密
吴越	（907～978）	钱塘（今浙江杭州）	钱　镠
前蜀	（907～925）	成都	王　建
闽	（909～945）	长乐（今福建福州）	王审知
南汉	（917～971）	番禺（今广东广州）	刘　龑
南平（荆南）	（924～963）	荆州（今湖北江陵）	高季兴
楚	（927～951）	长沙	马　殷
后蜀	（934～965）	成都	孟知祥
南唐	（937～975）	江宁府（今江苏南京）	李　昪
北汉	（951～979）	晋阳（今山西太原）	刘　旻

※本大系表由王静策划

贰

中华历史纪年示意图

说　明

1.为使读者对中华历史纪年有个大体而直观的了解，特做此"示意图"。

2.作为"示意"，此图只列了历史上的主要政权，对本书"纪年表"和"纪年考"中所涉及的政权未能全列，如询其详，可径直翻查"纪年表"。

3.表中符号说明：[　]为以族名或部名代所建王朝或政权名者；[　*]为以所立年号代称；[　△]为以建政者人名代称。全书一致。

夏时期（约前2070～约前1600）　商时期（约前1600～约前1046）

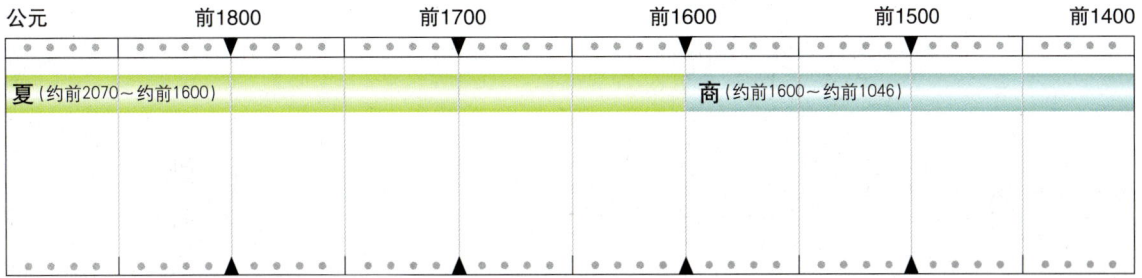

续图表

西周时期
（约前1046～约前771）

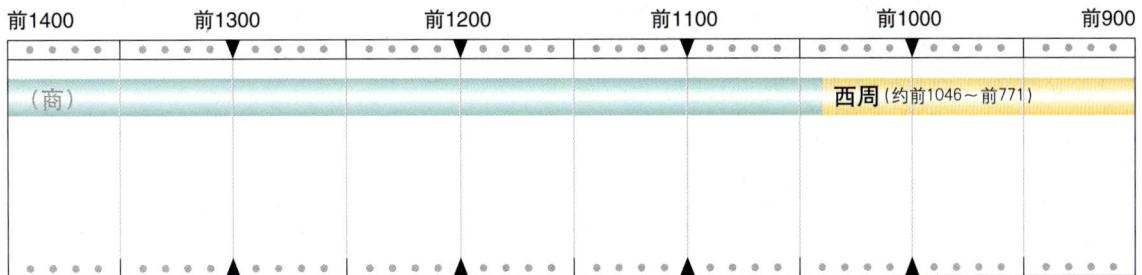

续图表

（西周时期）

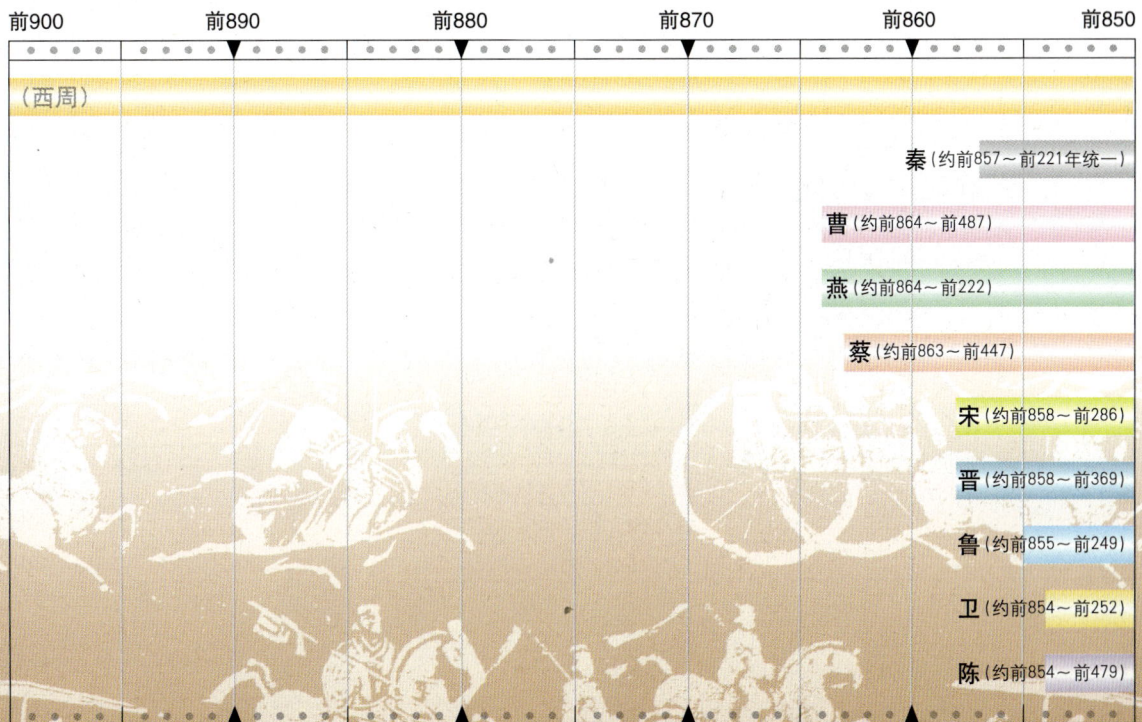

秦（约前857～前221年统一）
曹（约前864～前487）
燕（约前864～前222）
蔡（约前863～前447）
宋（约前858～前286）
晋（约前858～前369）
鲁（约前855～前249）
卫（约前854～前252）
陈（约前854～前479）

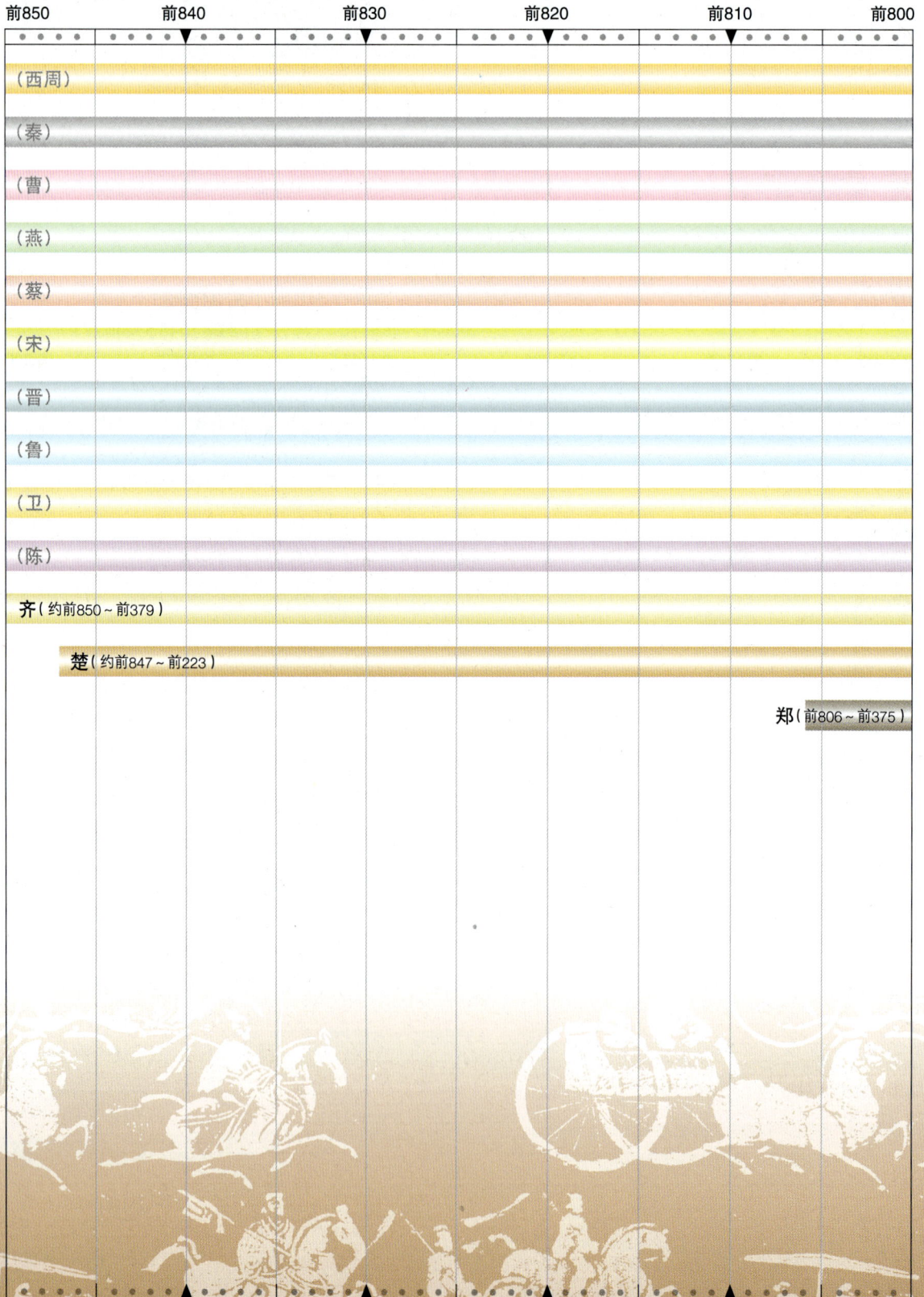

（西周时期）

	前850	前840	前830	前820	前810	前800
（西周）						
（秦）						
（曹）						
（燕）						
（蔡）						
（宋）						
（晋）						
（鲁）						
（卫）						
（陈）						

齐（约前850～前379）

楚（约前847～前223）

郑（前806～前375）

春秋时期（前770～前476）

前800	前790	前780	前770	前760	前750

东周（前770～前256）

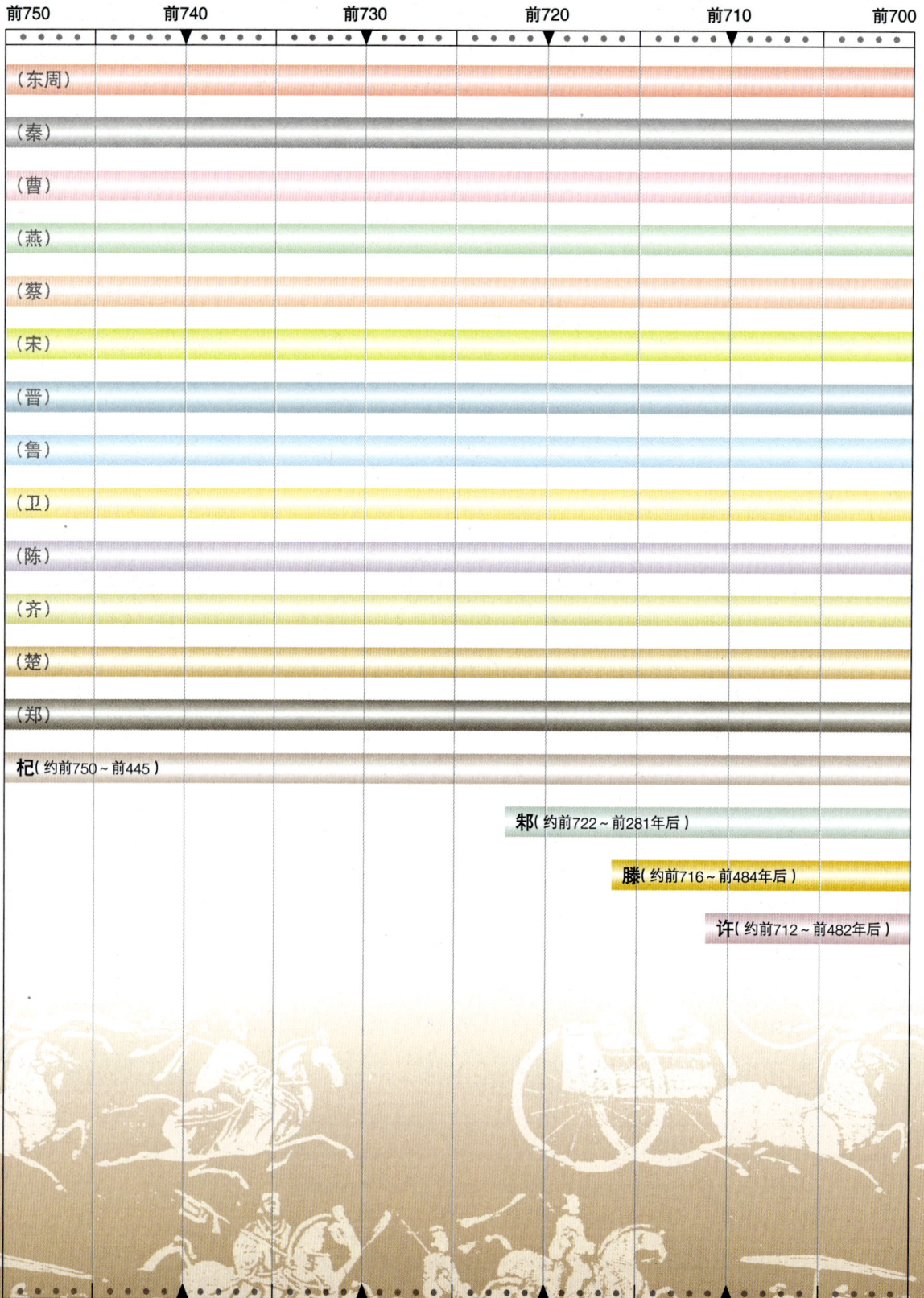

（春秋时期）

	前750	前740	前730	前720	前710	前700

（东周）

（秦）

（曹）

（燕）

（蔡）

（宋）

（晋）

（鲁）

（卫）

（陈）

（齐）

（楚）

（郑）

杞（约前750～前445）

邾（约前722～前281年后）

滕（约前716～前484年后）

许（约前712～前482年后）

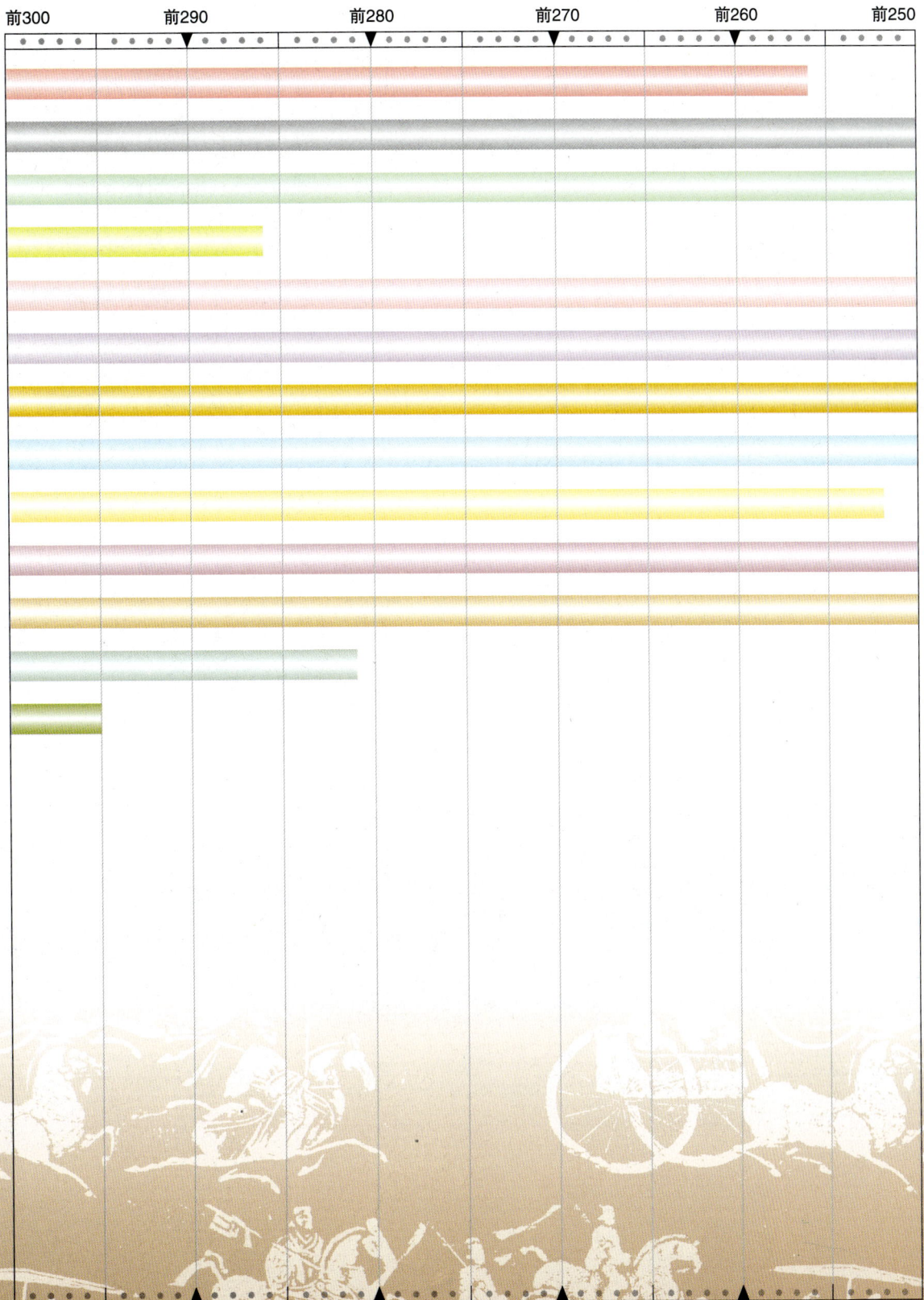

前300	前290	前280	前270	前260	前250

（战国时期）　　　　　　　　　　**秦汉时期**（前221～公元220）

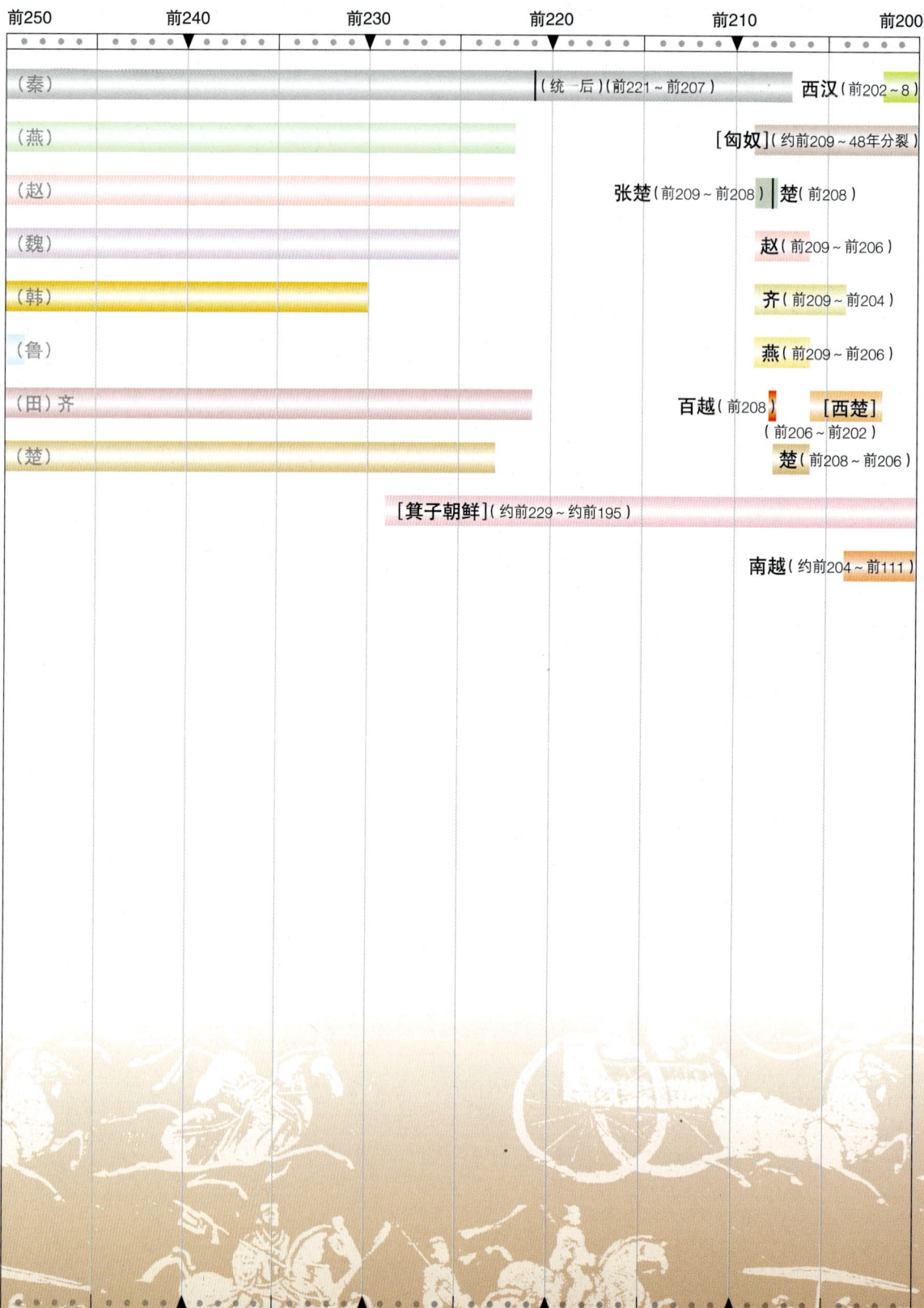

前250	前240	前230	前220	前210	前200

（秦）　　　　　　　　　　　　　　　（统一后）（前221～前207）　　　西汉（前202～8）

（燕）　　　　　　　　　　　　　　　[匈奴]（约前209～48年分裂）

（赵）　　　　　　　　　　　　　　　张楚（前209～前208）　楚（前208）

（魏）　　　　　　　　　　　　　　　　　　赵（前209～前206）

（韩）　　　　　　　　　　　　　　　　　　齐（前209～前204）

（鲁）　　　　　　　　　　　　　　　　　　燕（前209～前206）

（田）齐　　　　　　　　　　　　　百越（前208）　　[西楚]
　　　　　　　　　　　　　　　　　　　　　　　　（前206～前202）
（楚）　　　　　　　　　　　　　　　　　　楚（前208～前206）

[箕子朝鲜]（约前229～约前195）

南越（约前204～前111）

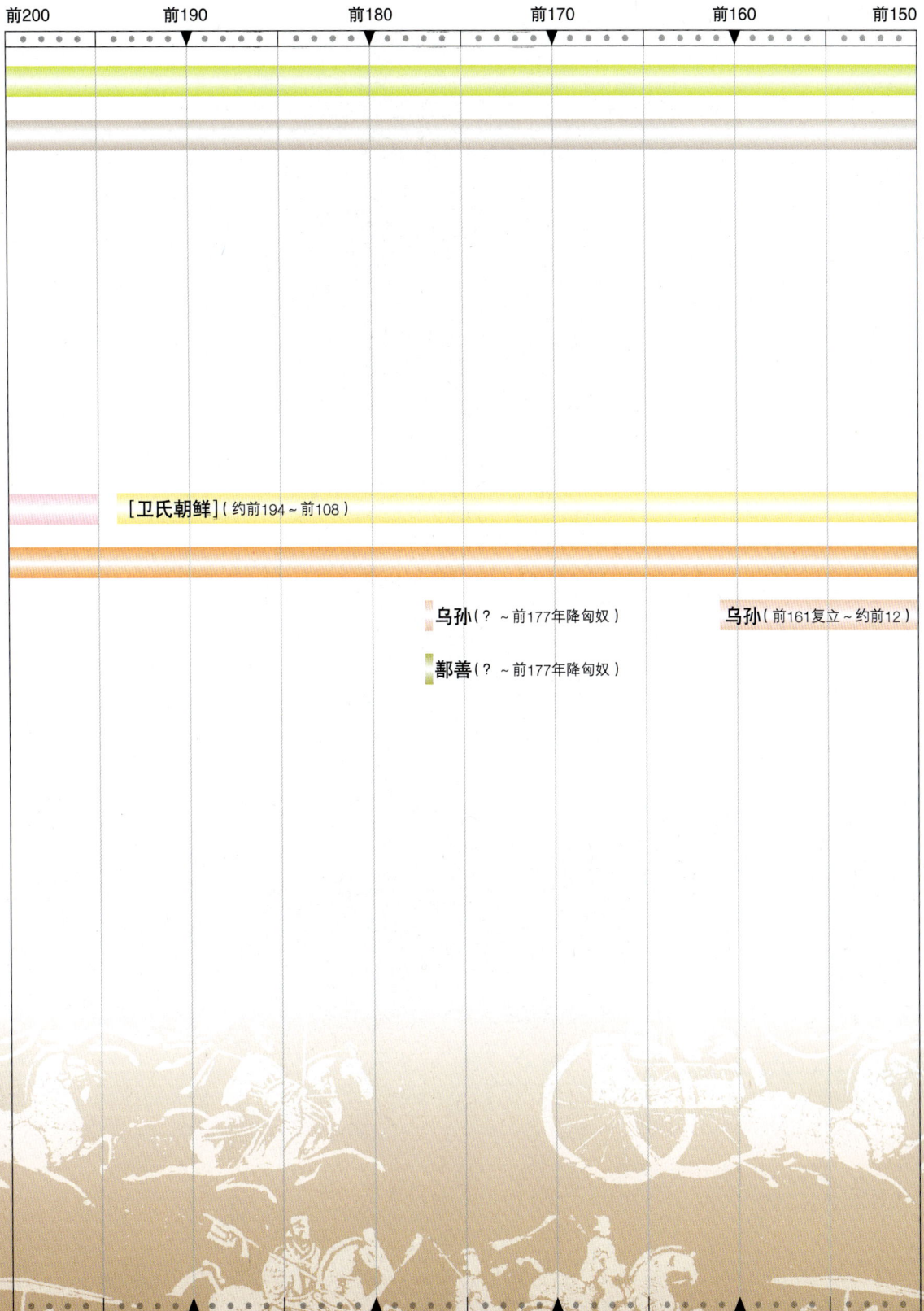

前200	前190	前180	前170	前160	前150

[卫氏朝鲜]（约前194～前108）

乌孙（？～前177年降匈奴）　　　　　　乌孙（前161复立～约前12）

鄯善（？～前177年降匈奴）

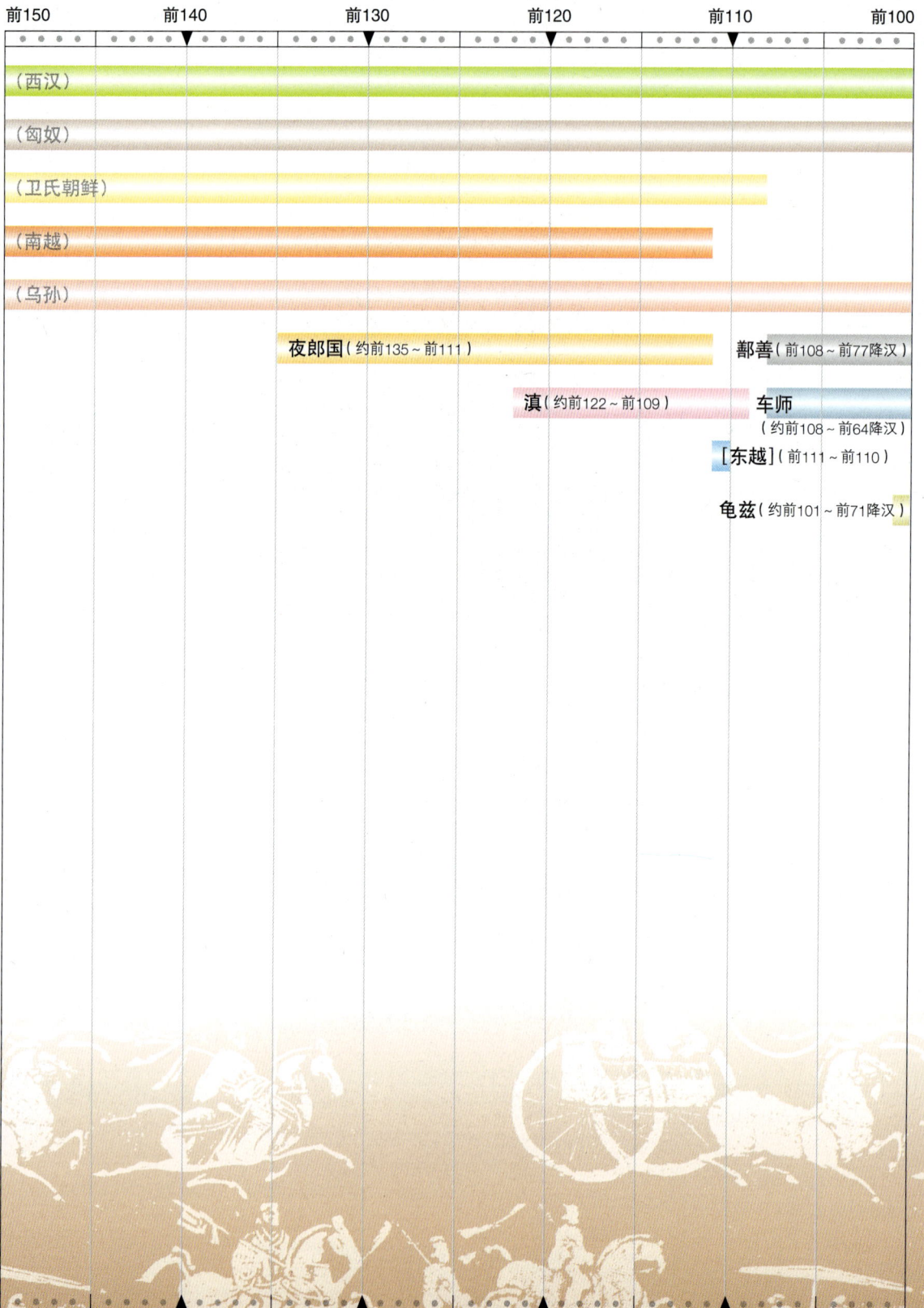

（秦汉时期）

	前150	前140	前130	前120	前110	前100

（西汉）

（匈奴）

（卫氏朝鲜）

（南越）

（乌孙）

夜郎国（约前135～前111）

鄯善（前108～前77降汉）

滇（约前122～前109）

车师（约前108～前64降汉）

[东越]（前111～前110）

龟兹（约前101～前71降汉）

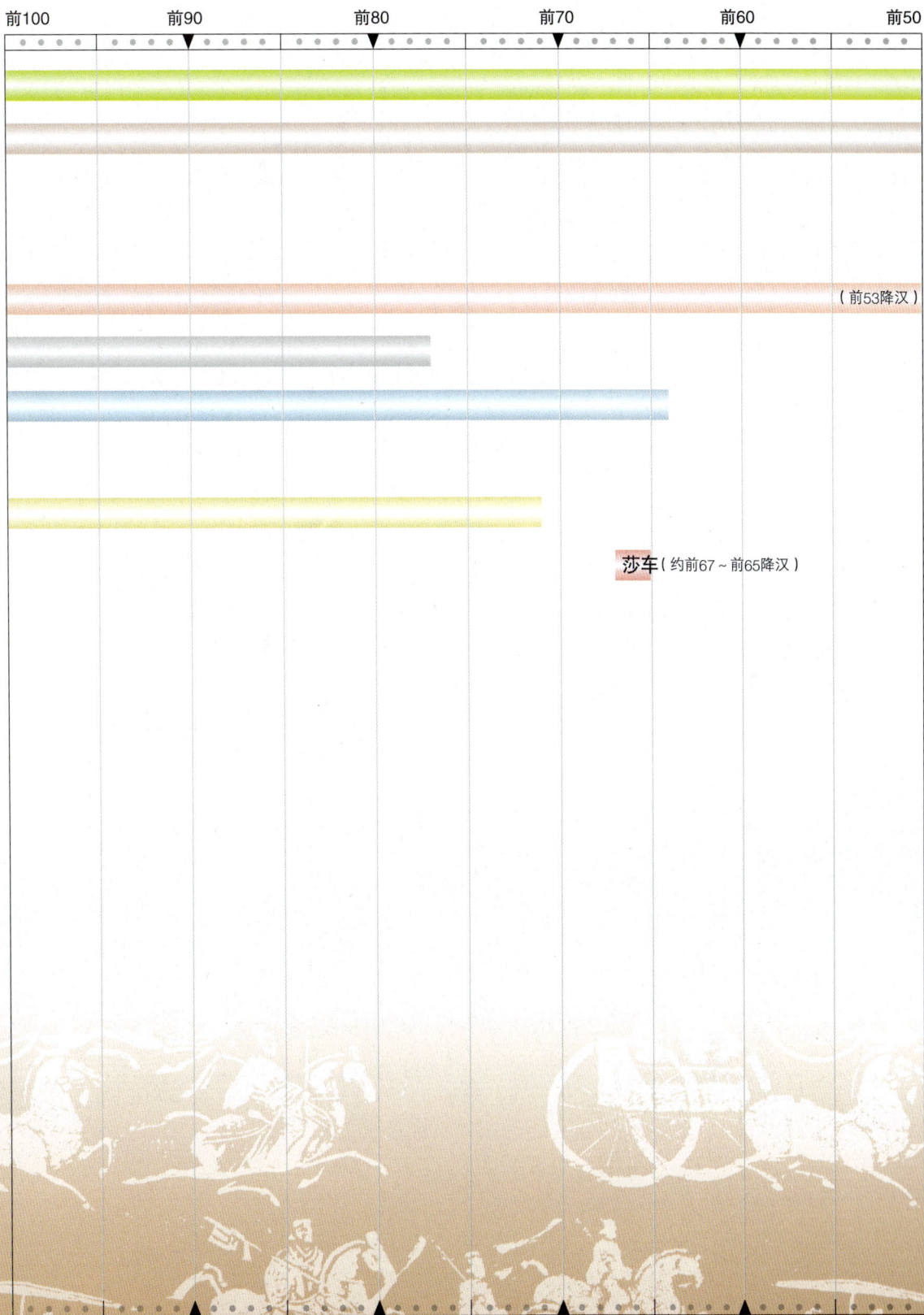

前100	前90	前80	前70	前60	前50

（前53降汉）

莎车（约前67～前65降汉）

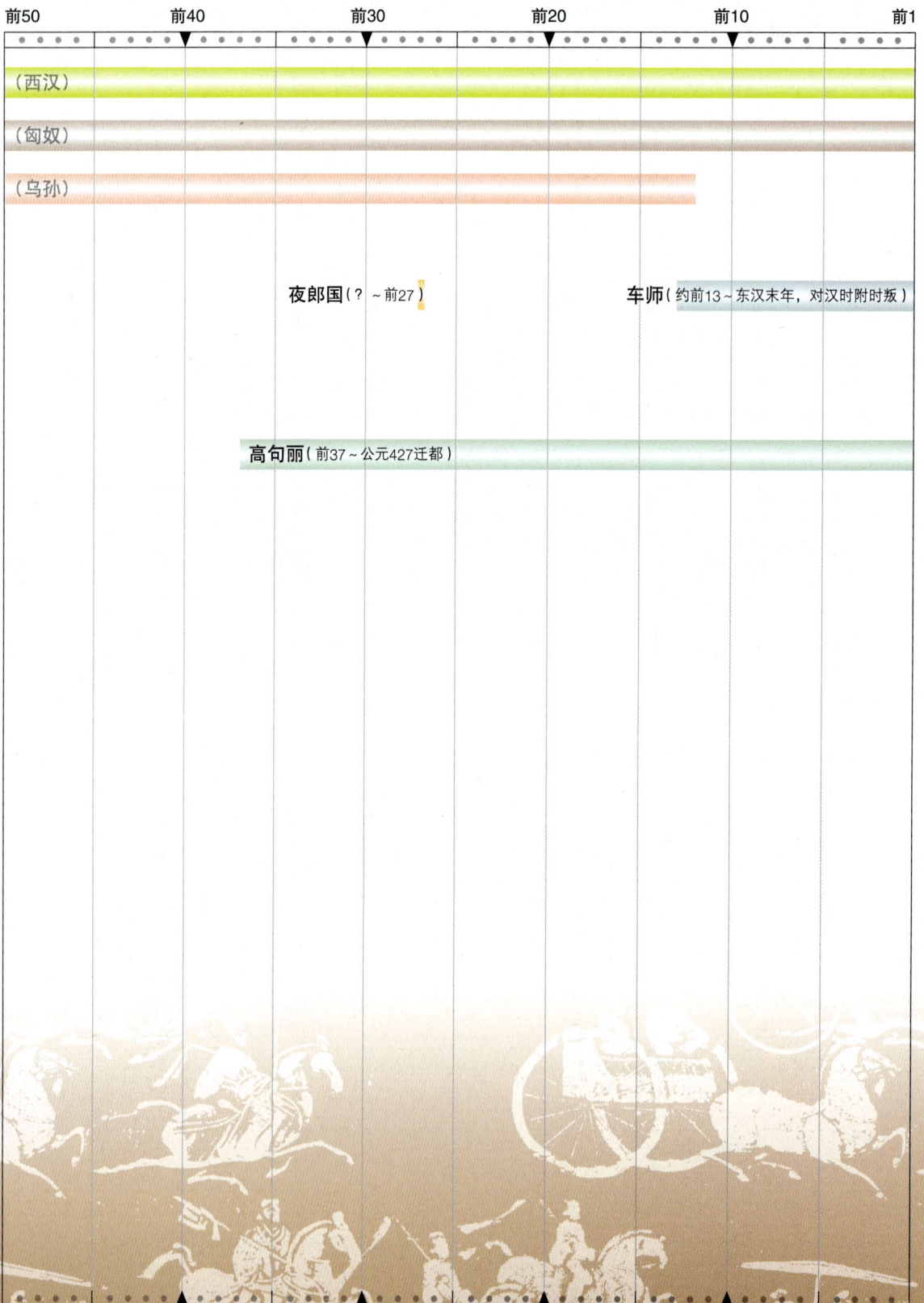

（秦汉时期）

前50	前40	前30	前20	前10	前1

（西汉）

（匈奴）

（乌孙）

夜郎国（？～前27）　　　　　　　　　　车师（约前13～东汉末年，对汉时附时叛）

高句丽（前37～公元427迁都）

26

1	10	20	30	40	50

新(8~23)　　1　东汉(25~220)

2

[赵](23~24)　　[赤眉](25~27)　　3

鄯善(约13~119,对汉时附时叛)

(45前部降匈奴)

龟兹(约16~46降莎车)　　(46降莎车)

莎车(约41~87降东汉)

焉耆(约13~73降汉)

姑墨(约16~91降汉)

扜弥(约16~33)

[烧当羌](约23~约139)

[汉复*](23~34)　　　　[徼则△]　　　[哀牢夷]
　　　　　　　　　　　　(40~43)　　　(47~51降汉)

[楚](24~29)　　　　[益州夷](42~45)

[齐](24~29)　　　　[武陵蛮](47~49降汉)

成家(25~36)

[梁](25~29)

[燕](27~29)　[卢芳△](29~40)

[淮南](27~30)

注：1 [绿林](23~25)
　　2 [北匈奴](48~118年以后)
　　3 [南匈奴](48~216)

27

（秦汉时期）

	50	60	70	80	90	100

（东汉）

（北匈奴）

（南匈奴）

（鄯善）

（车师）　　　　　　　　　　　（76前部降汉）

龟兹（约61～约135，对汉时附时叛）

（莎车）　　　　　　　　　　　　　　　　（87降汉）

（高句丽）

（焉耆）　　　　　　　（73降汉）　　　（75～135，对汉时附时叛）

（姑墨）　　　　　　　　　　　　　　　　　（91降汉）

扜弥（73～175，对汉时附时叛，三国时并属于阗）

（烧当羌）

（哀牢夷）　哀牢夷（? ～69降汉）　　　　哀牢夷（76～77）

于阗（50～61降匈奴）　　　　　　　于阗（73～152，对汉时附时叛）

疏勒（约61～73降龟兹）　　　（74～168，对汉时附时叛）

[溇中蛮]（78～80）

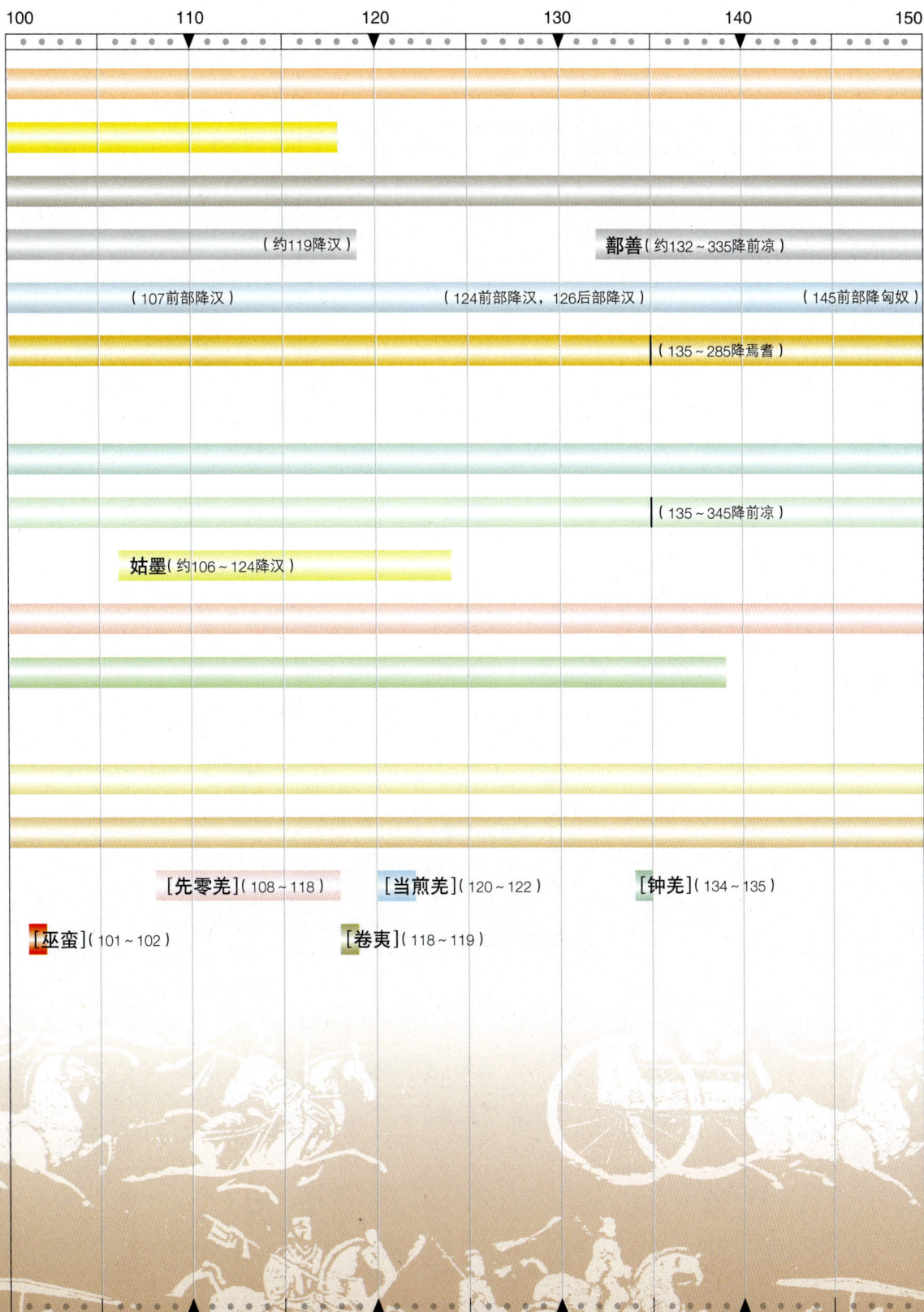

100	110	120	130	140	150

（约119降汉）　　　　　　　　　　　鄯善（约132～335降前凉）

（107前部降汉）　　　　　　（124前部降汉，126后部降汉）　　　　　（145前部降匈奴）

（135～285降焉耆）

（135～345降前凉）

姑墨（约106～124降汉）

[先零羌]（108～118）　　　[当煎羌]（120～122）　　　　[钟羌]（134～135）

[巫蛮]（101～102）　　　　　　　[卷夷]（118～119）

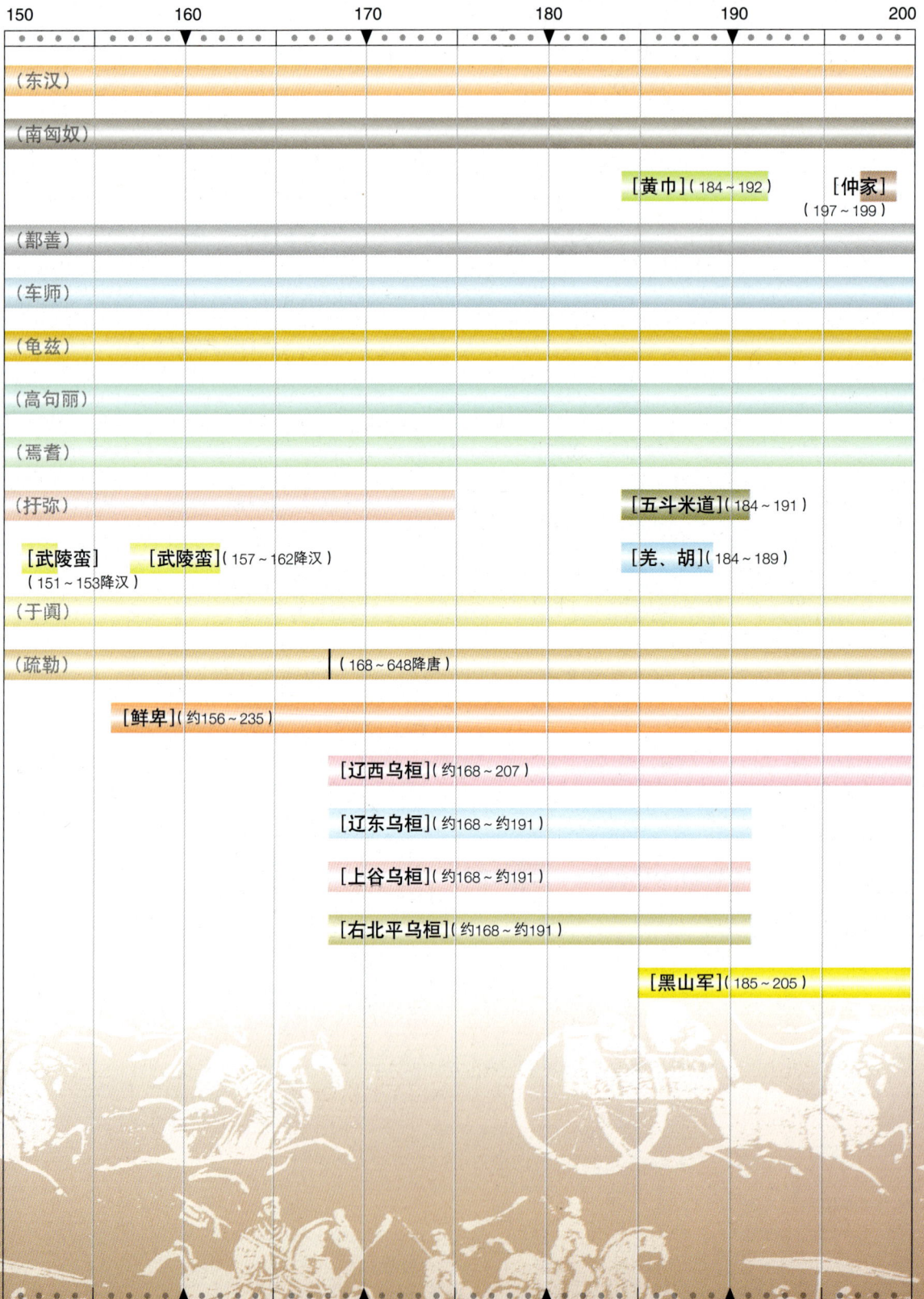

（秦汉时期）

150	160	170	180	190	200

（东汉）

（南匈奴）

[黄巾]（184～192）　　　[仲家]（197～199）

（鄯善）

（车师）

（龟兹）

（高句丽）

（焉耆）

（扜弥）

[五斗米道]（184～191）

[武陵蛮]（151～153降汉）　　[武陵蛮]（157～162降汉）

[羌、胡]（184～189）

（于阗）

（疏勒）　| （168～648降唐）

[鲜卑]（约156～235）

[辽西乌桓]（约168～207）

[辽东乌桓]（约168～约191）

[上谷乌桓]（约168～约191）

[右北平乌桓]（约168～约191）

[黑山军]（185～205）

续图表

魏晋时期（220~420）

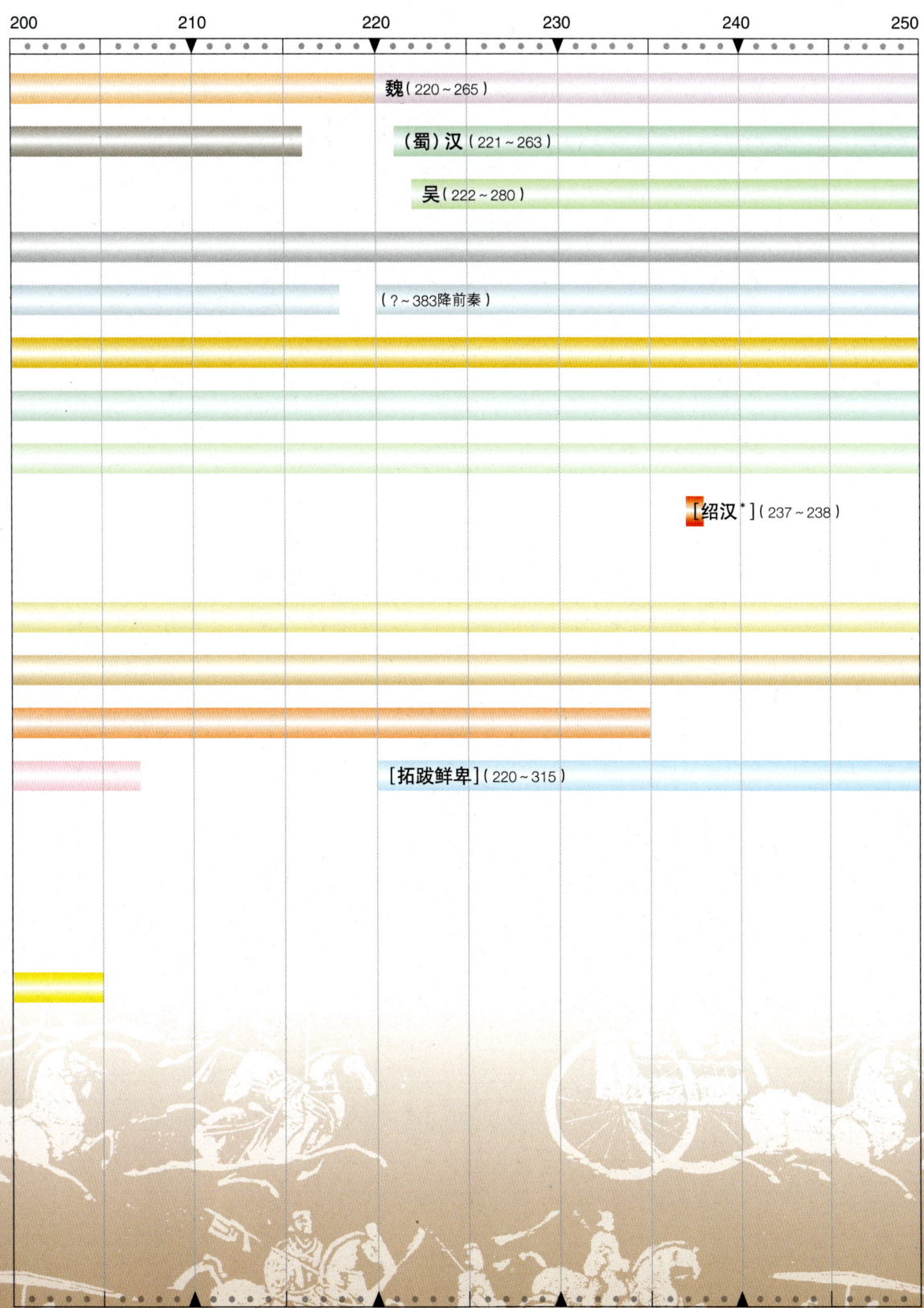

200	210	220	230	240	250

魏（220~265）

（蜀）汉（221~263）

吴（222~280）

（?~383降前秦）

[绍汉*]（237~238）

[拓跋鲜卑]（220~315）

31

（魏晋时期）

	250	260	270	280	290	300

（魏） 　西晋（265～316）

（蜀汉）

（吴）

（鄯善）

（车师）

（龟兹）　　　　　　　　　　　（285降焉耆）　（?～382降前秦）

（高句丽）

（焉耆）

（于阗）

（疏勒）

（拓跋鲜卑）

前仇池国（296～371）

［氐］（296～299）

300	310	320	330	340	350

东晋（317~420）

（335降前凉）　　　（?~382降前秦）

（345降前凉）　　（?~383）

前赵（318~329）　　　[宇文鲜卑]（333~344）

[巴氏]（301~306）　　　代国（315~376）

汉（303~304）　大成国（306~338）

汉（304~318）　　　　　　　汉（338~347）

[慕容鲜卑]（307~337）

[中山敕勒]（316~351）

前凉（317~376）

[段鲜卑]（318~356）

后赵（319~351）

吐谷浑（329~635）

前燕（337~370）

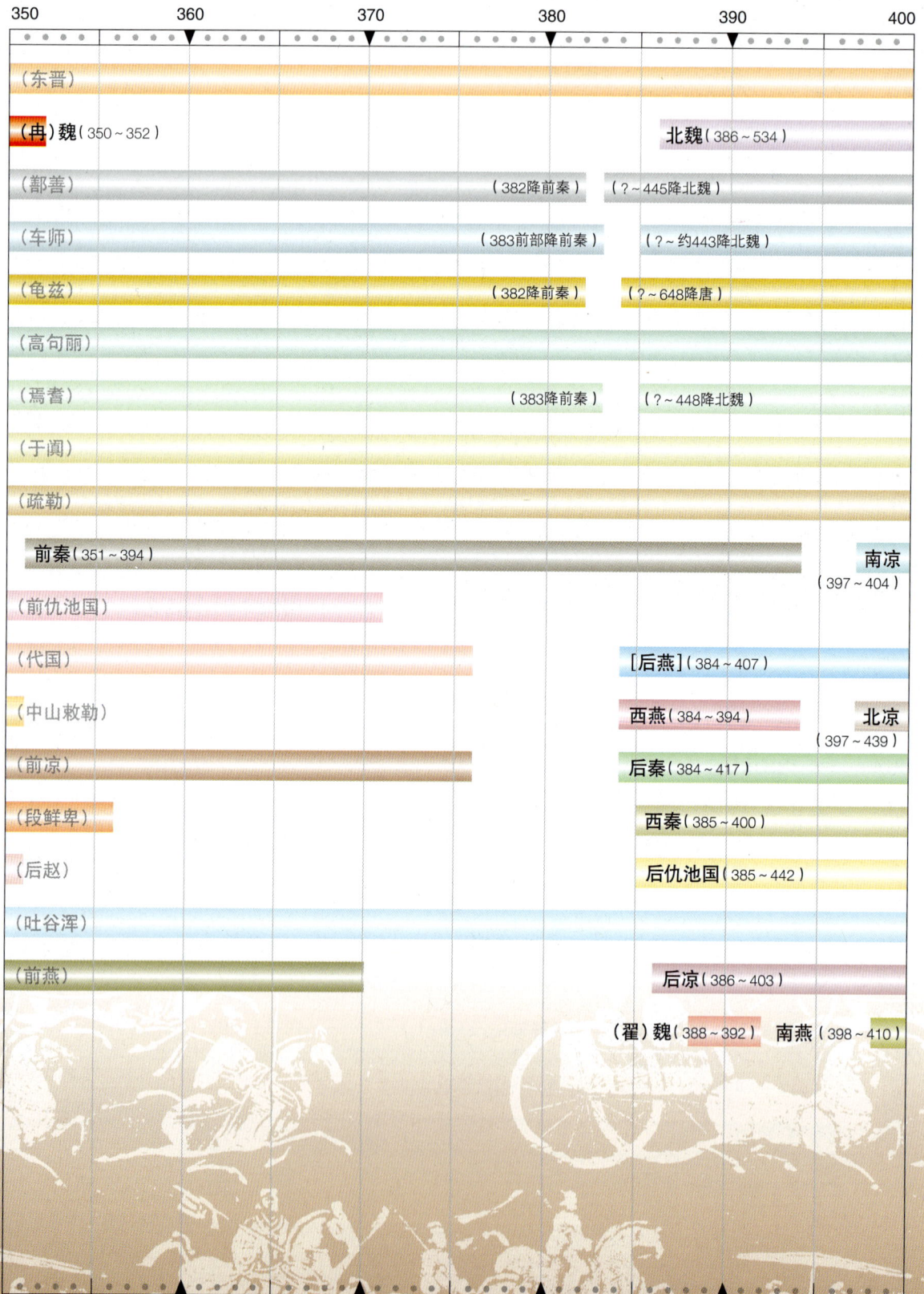

（魏晋时期）

	350	360	370	380	390	400

（东晋）

（冉）魏（350~352）　　　　　　　　　　　北魏（386~534）

（鄯善）　　　　　　　　　　（382降前秦）　（?~445降北魏）

（车师）　　　　　　　　　　（383前部降前秦）　（?~约443降北魏）

（龟兹）　　　　　　　　　　（382降前秦）　（?~648降唐）

（高句丽）

（焉耆）　　　　　　　　　　（383降前秦）　（?~448降北魏）

（于阗）

（疏勒）

前秦（351~394）　　　　　　　　　　　　　南凉（397~404）

（前仇池国）

（代国）　　　　　　　　　　　　　　[后燕]（384~407）

（中山敕勒）　　　　　　　　　　　　西燕（384~394）　北凉（397~439）

（前凉）　　　　　　　　　　　　　　后秦（384~417）

（段鲜卑）　　　　　　　　　　　　　西秦（385~400）

（后赵）　　　　　　　　　　　　　　后仇池国（385~442）

（吐谷浑）

（前燕）　　　　　　　　　　　　　　后凉（386~403）

（翟）魏（388~392）　南燕（398~410）

34

南北朝时期（420～581）

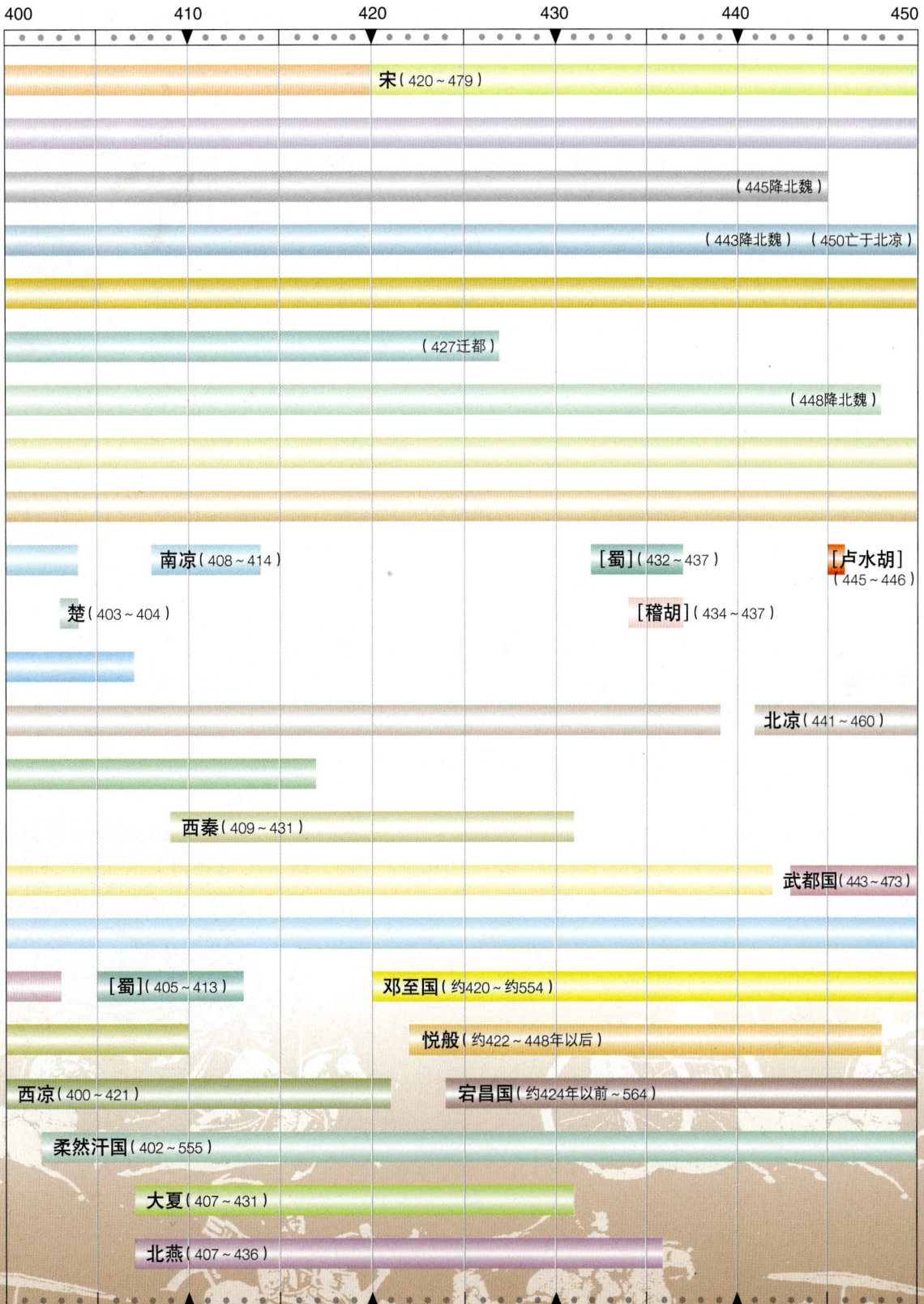

400	410	420	430	440	450

宋（420～479）

（445降北魏）

（443降北魏）　（450亡于北凉）

（427迁都）

（448降北魏）

南凉（408～414）　　　　　　　　　　［蜀］（432～437）　　　［卢水胡］（445～446）

楚（403～404）　　　　　　　　　　　　［稽胡］（434～437）

北凉（441～460）

西秦（409～431）

武都国（443～473）

［蜀］（405～413）　　　邓至国（约420～约554）

悦般（约422～448年以后）

西凉（400～421）　　　宕昌国（约424年以前～564）

柔然汗国（402～555）

大夏（407～431）

北燕（407～436）

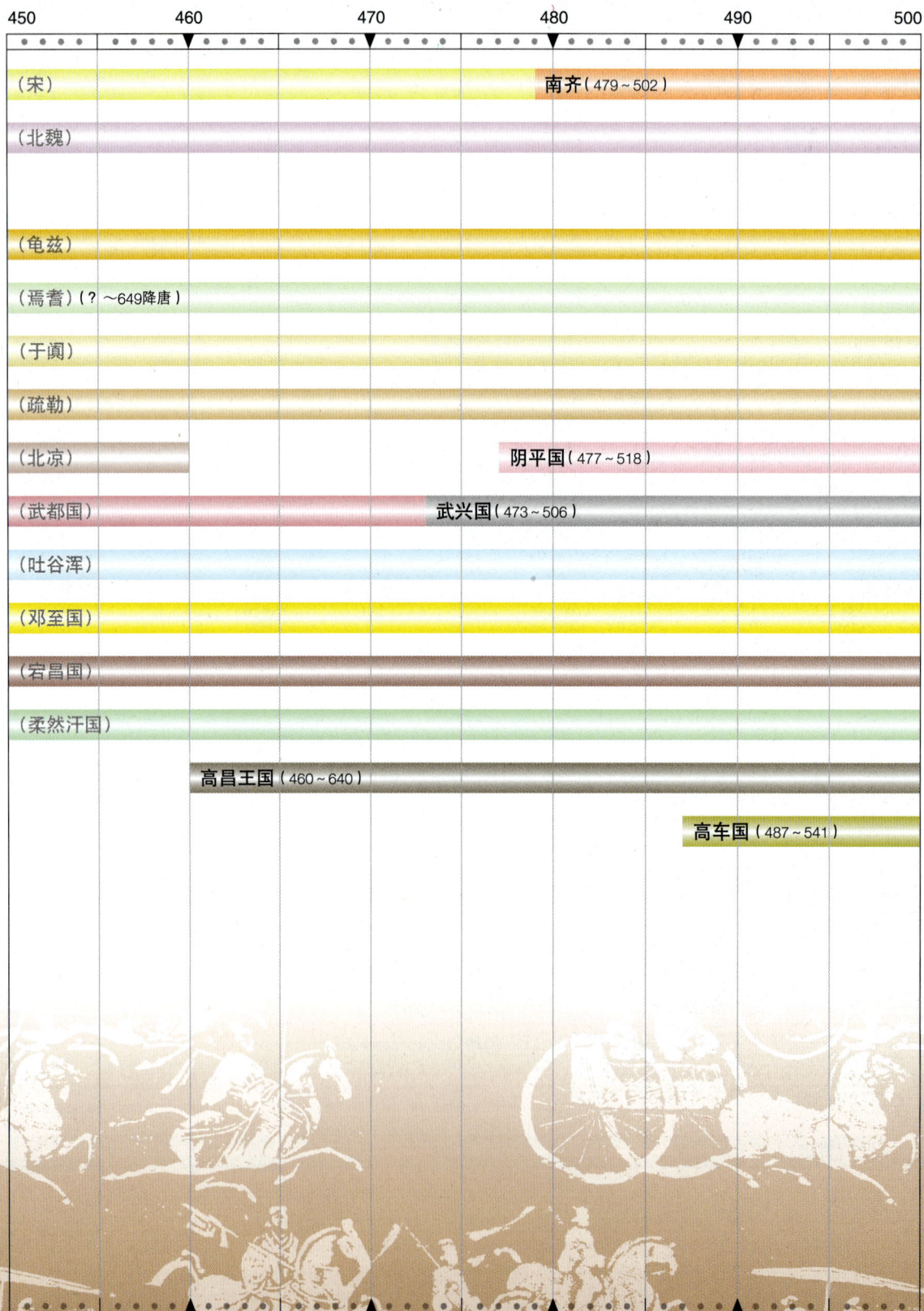

（南北朝时期）

	450	460	470	480	490	500

（宋）　南齐（479～502）

（北魏）

（龟兹）

（焉耆）（？～649降唐）

（于阗）

（疏勒）

（北凉）　阴平国（477～518）

（武都国）　武兴国（473～506）

（吐谷浑）

（邓至国）

（宕昌国）

（柔然汗国）

高昌王国（460～640）

高车国（487～541）

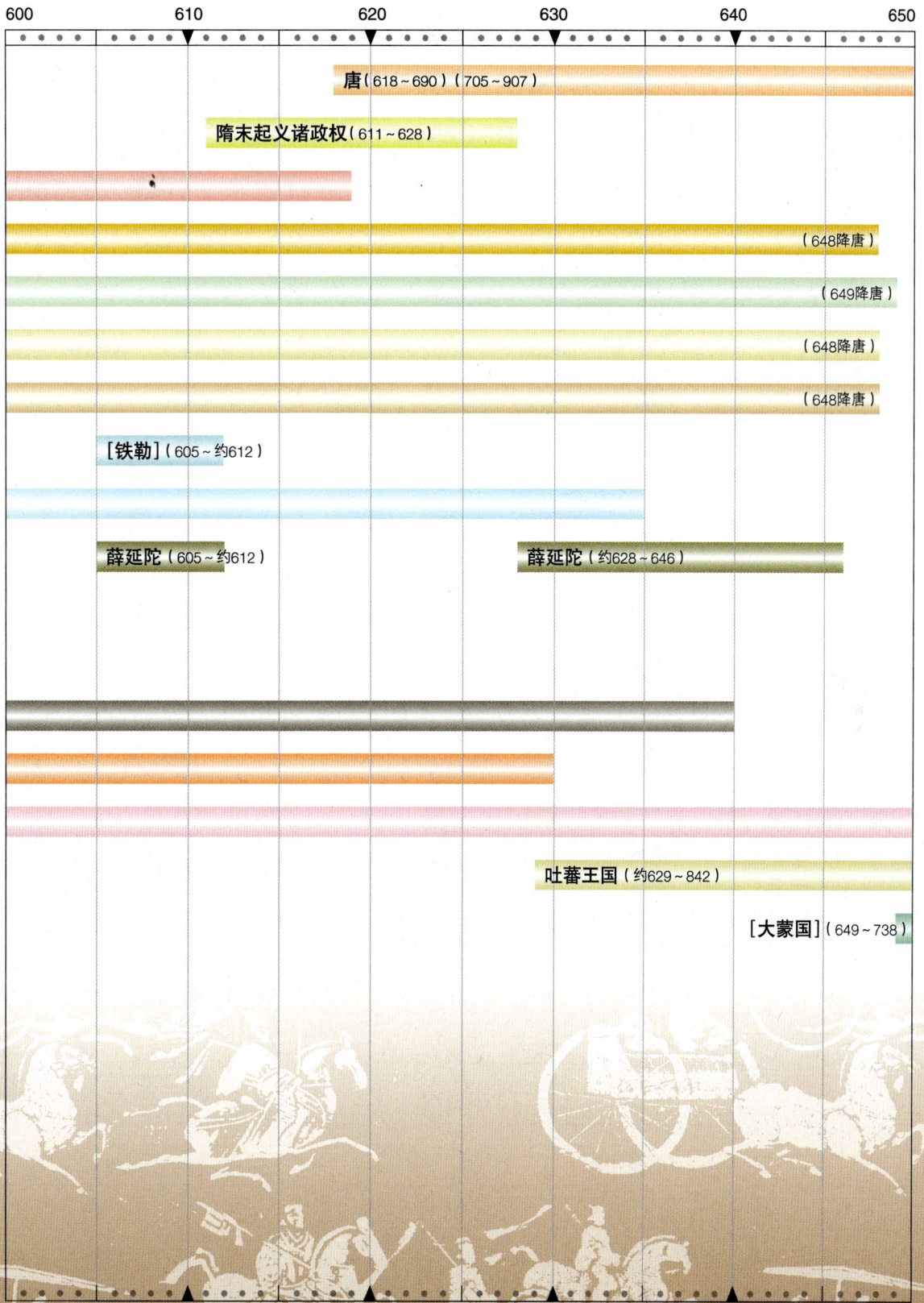

600	610	620	630	640	650

唐（618~690）（705~907）

隋末起义诸政权（611~628）

（648降唐）

（649降唐）

（648降唐）

（648降唐）

[铁勒]（605~约612）

薛延陀（605~约612）　　　　薛延陀（约628~646）

吐蕃王国（约629~842）

[大蒙国]（649~738）

（隋唐时期）

650	660	670	680	690	700

（唐）　　　　　　　　　　　　　　　　　　　　　　　（武）周（690～705）

东突厥汗国（679～681）　　后突厥汗国（682～745）

（西突厥汗国）　　　　　　　　　　　　　　　　　　[突骑施]（690～739）

（吐蕃王国）

（大蒙国）

震国（698～713）

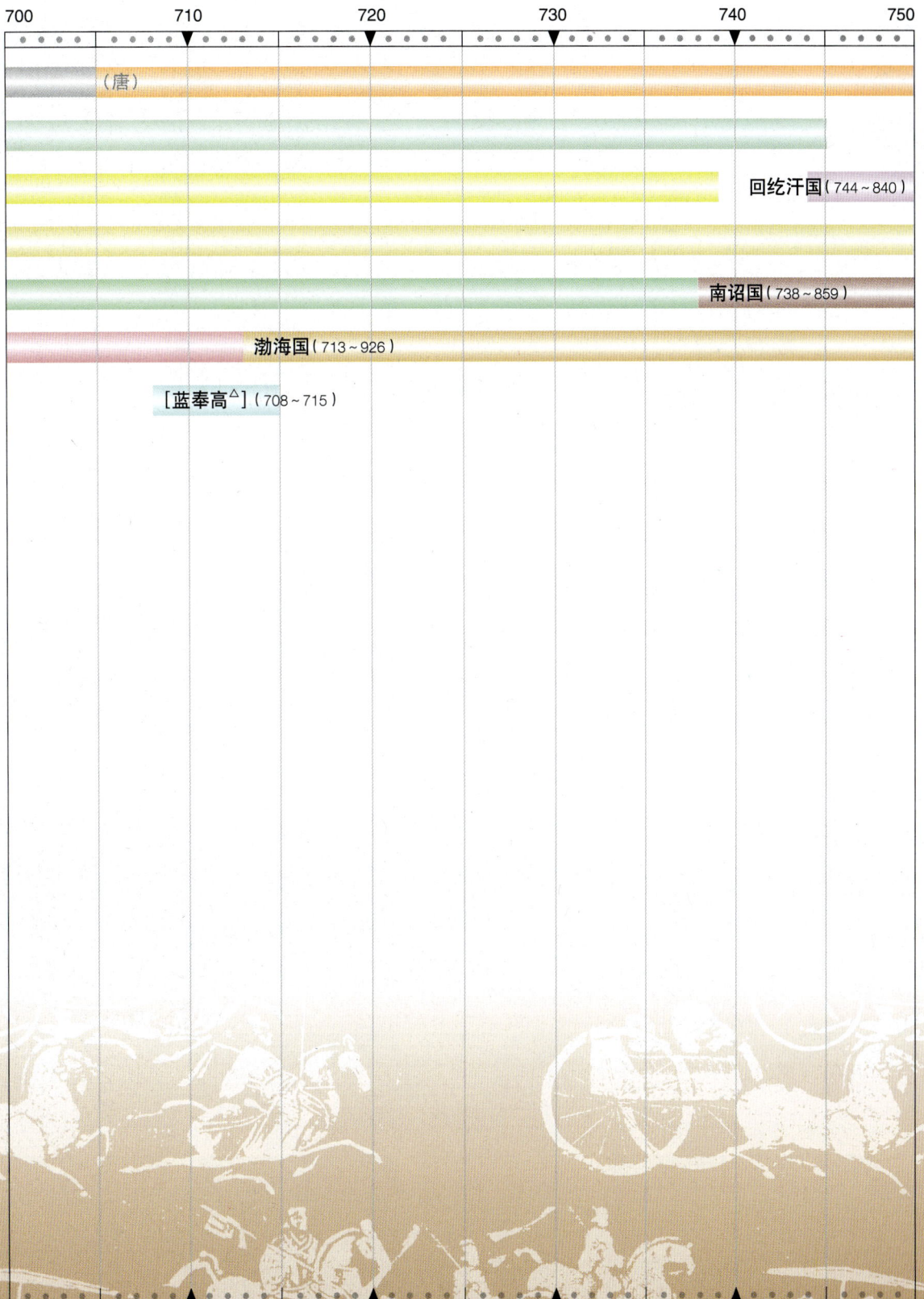

700	710	720	730	740	750

（唐）

回纥汗国（744～840）

南诏国（738～859）

渤海国（713～926）

[蓝奉高△]（708～715）

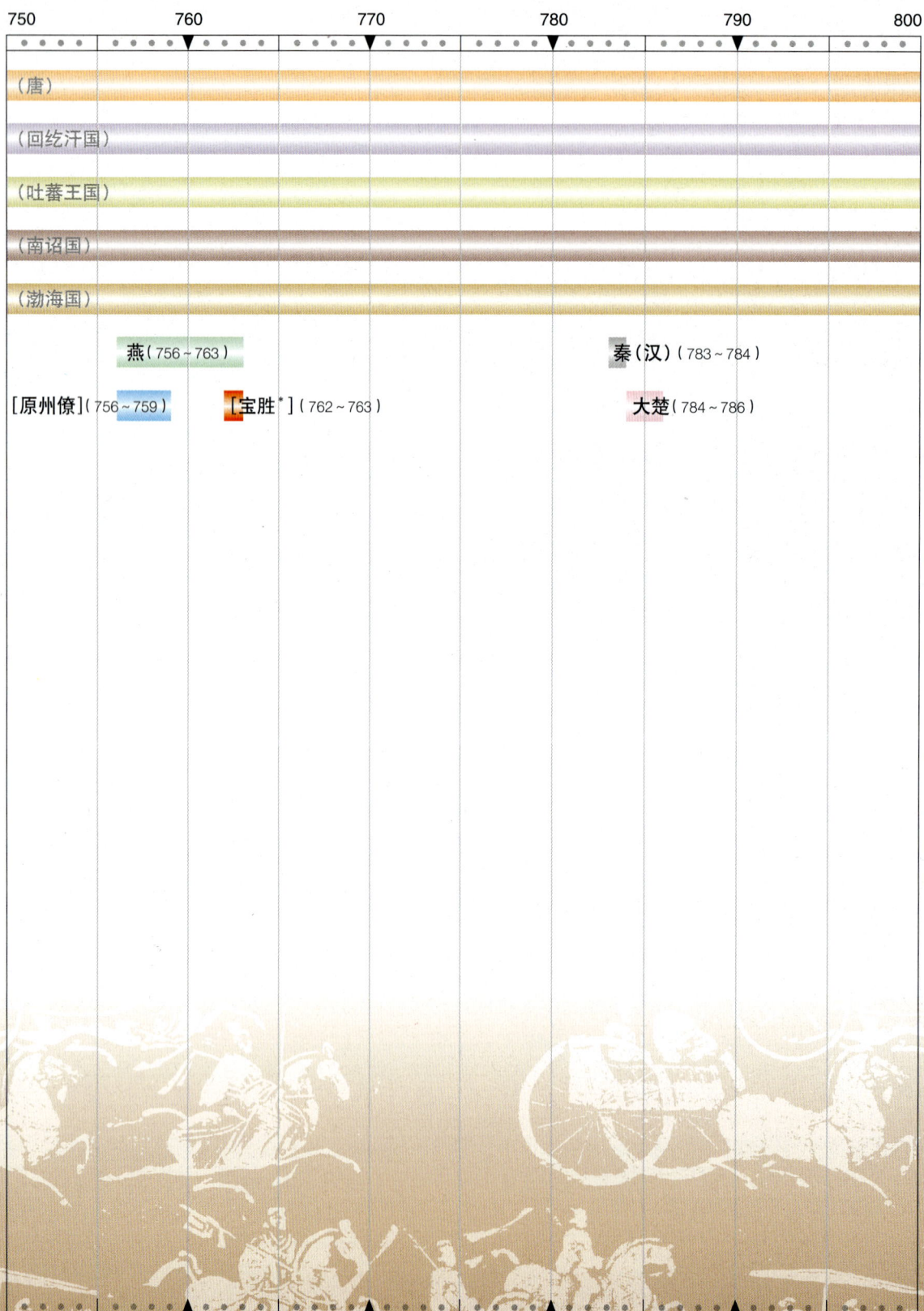

（隋唐时期）

750	760	770	780	790	800

（唐）

（回纥汗国）

（吐蕃王国）

（南诏国）

（渤海国）

燕（756～763）　　　　　　　　　　　　　　　　秦（汉）（783～784）

[原州僚]（756～759）　　[宝胜*]（762～763）　　　　　　大楚（784～786）

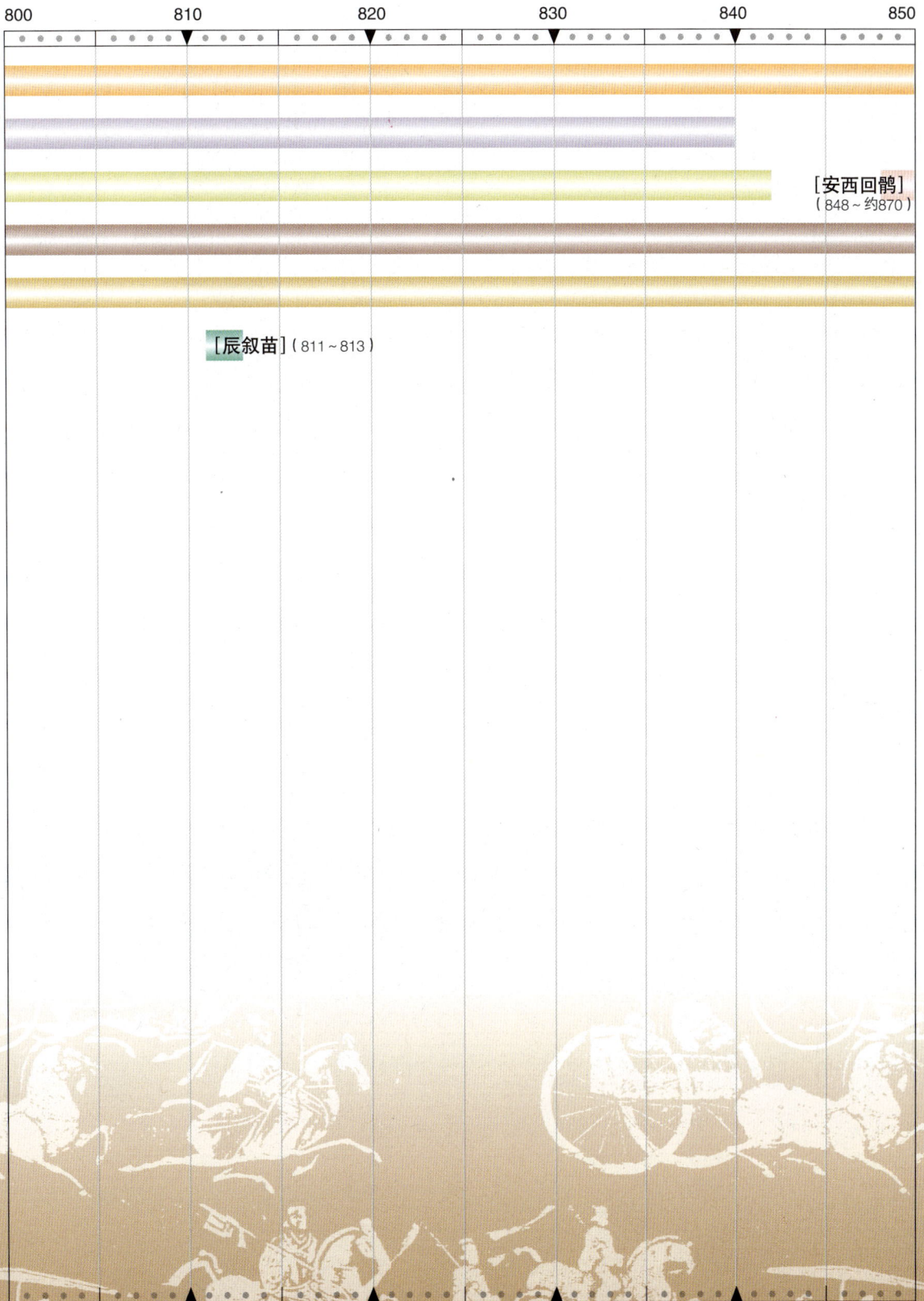

800	810	820	830	840	850

[安西回鹘]
（848~约870）

[辰叙苗]（811~813）

（隋唐时期）

850	860	870	880	890	900

（唐）

于阗（约851~约1006）

（安西回鹘）　　　　　　　　　　　　　　　　　　　　　[甘州回鹘]（约894~1036）

（南诏国）　　大礼国（860~877）　　　　　大封民国（878~902）

（渤海国）

[罗平*]（859~860）　　[庞勋△]（868~869）　　　[王仙芝△]（874~878）　　大越罗平（895~896）

大齐（875~884）

辽宋夏金时期（907~1270）

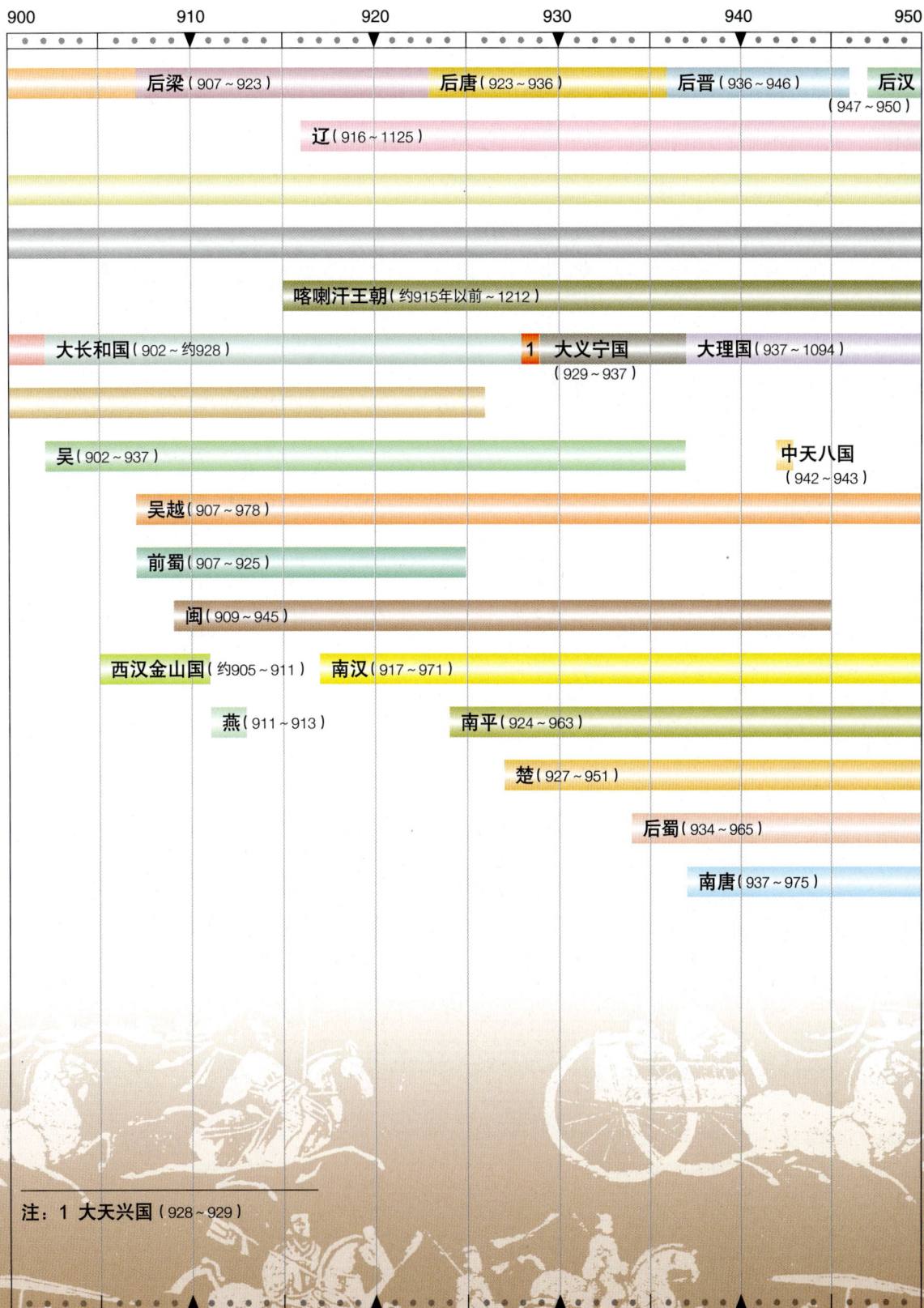

900	910	920	930	940	950

后梁（907~923）　后唐（923~936）　后晋（936~946）　后汉（947~950）

辽（916~1125）

喀喇汗王朝（约915年以前~1212）

大长和国（902~约928）　1　大义宁国（929~937）　大理国（937~1094）

吴（902~937）　中天八国（942~943）

吴越（907~978）

前蜀（907~925）

闽（909~945）

西汉金山国（约905~911）　南汉（917~971）

燕（911~913）　南平（924~963）

楚（927~951）

后蜀（934~965）

南唐（937~975）

注：1 大天兴国（928~929）

（辽宋夏金时期）

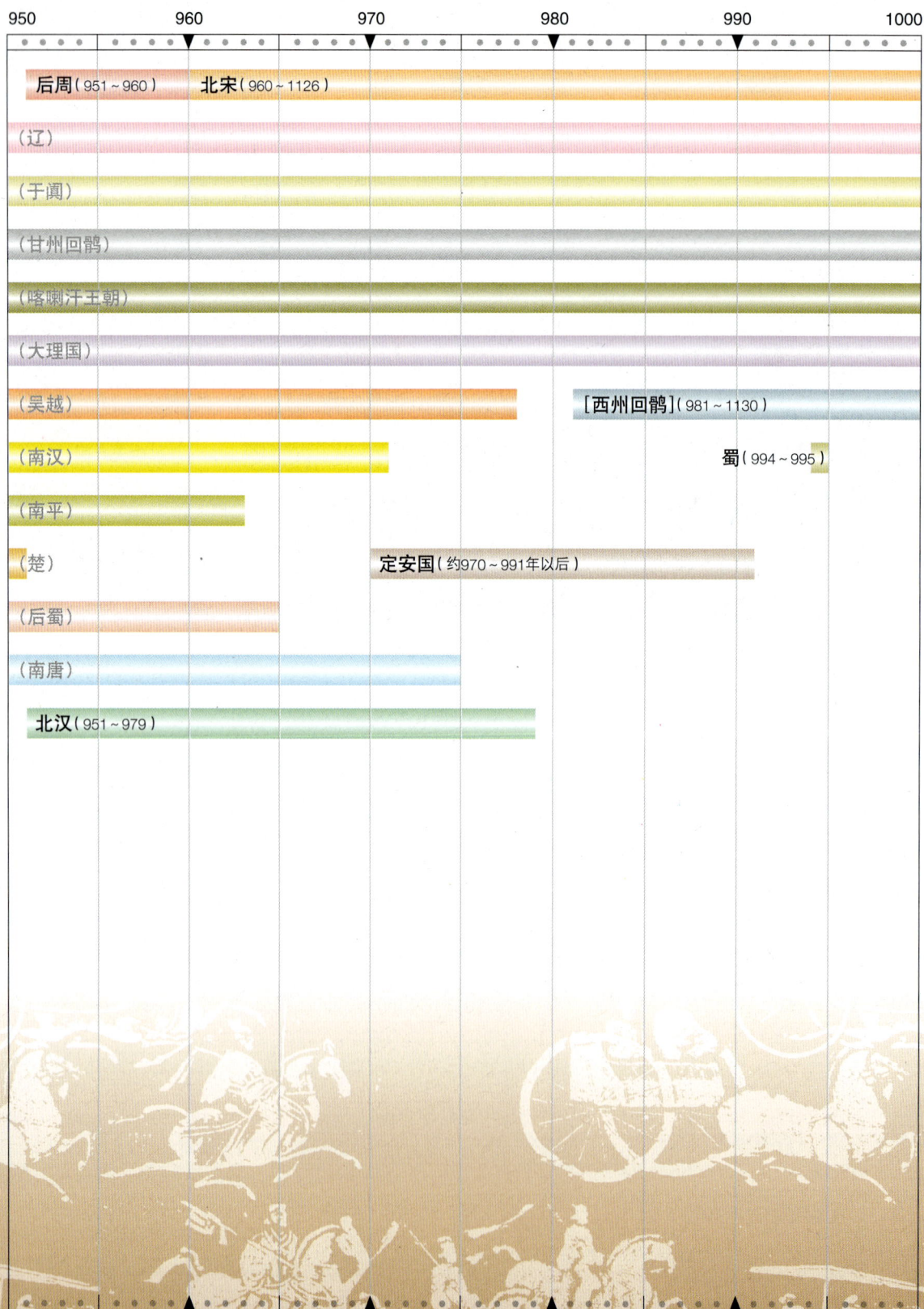

| 950 | 960 | 970 | 980 | 990 | 1000 |

后周（951~960）　北宋（960~1126）

（辽）

（于阗）

（甘州回鹘）

（喀喇汗王朝）

（大理国）

（吴越）　　　　　　　　　　　　　　[西州回鹘]（981~1130）

（南汉）　　　　　　　　　　　　　　　　　蜀（994~995）

（南平）

（楚）　　　　　　　定安国（约970~991年以后）

（后蜀）

（南唐）

北汉（951~979）

1000	1010	1020	1030	1040	1050

西夏（1038~1227）

吶厮啰（1015~1104）

兴辽国（1029~1030）　　长其国（1039~?）　大历国（1041）　　1

安阳国（1047~1048）

大唐国（约1041~1045）

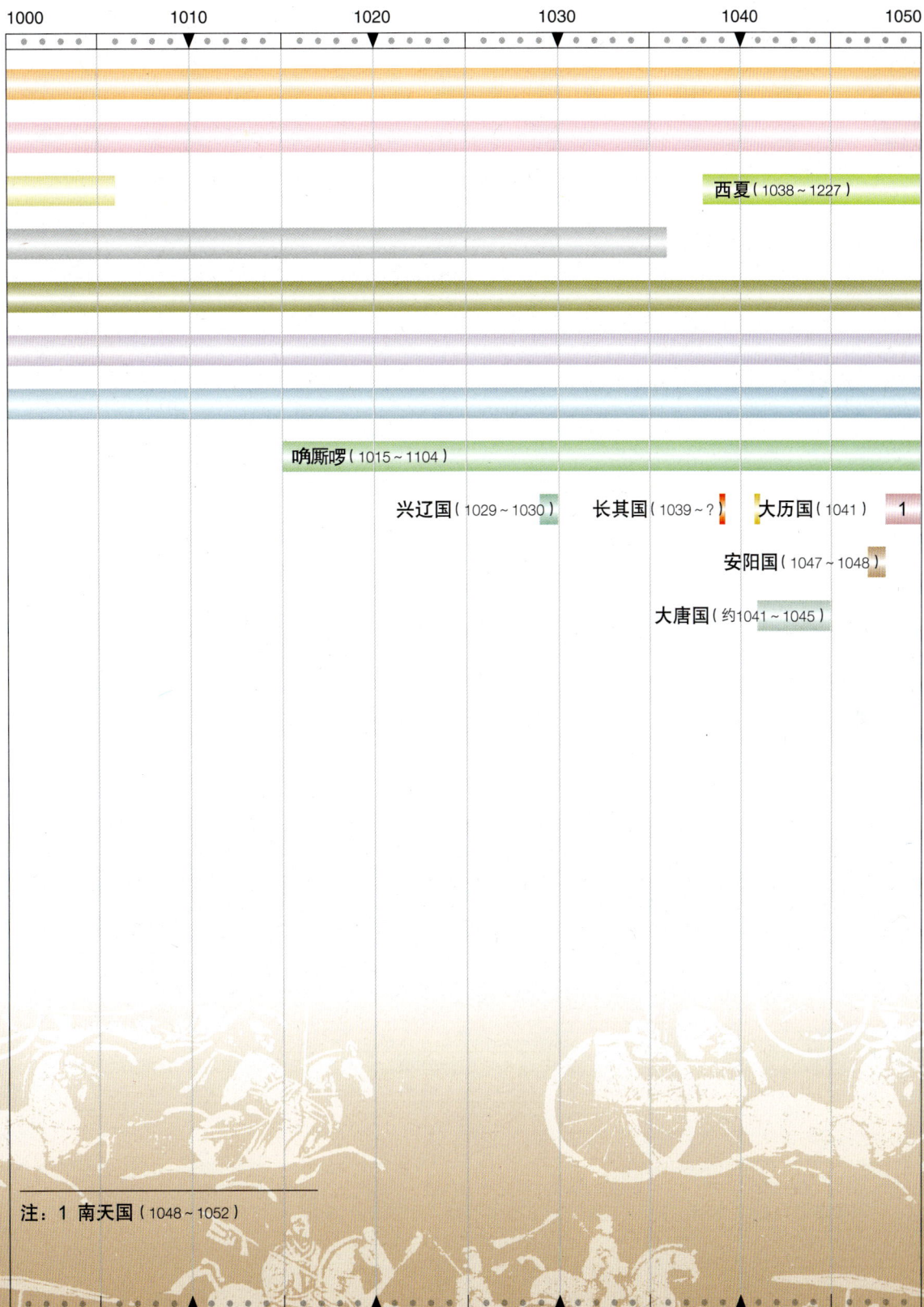

注：1 南天国（1048~1052）

（辽宋夏金时期）

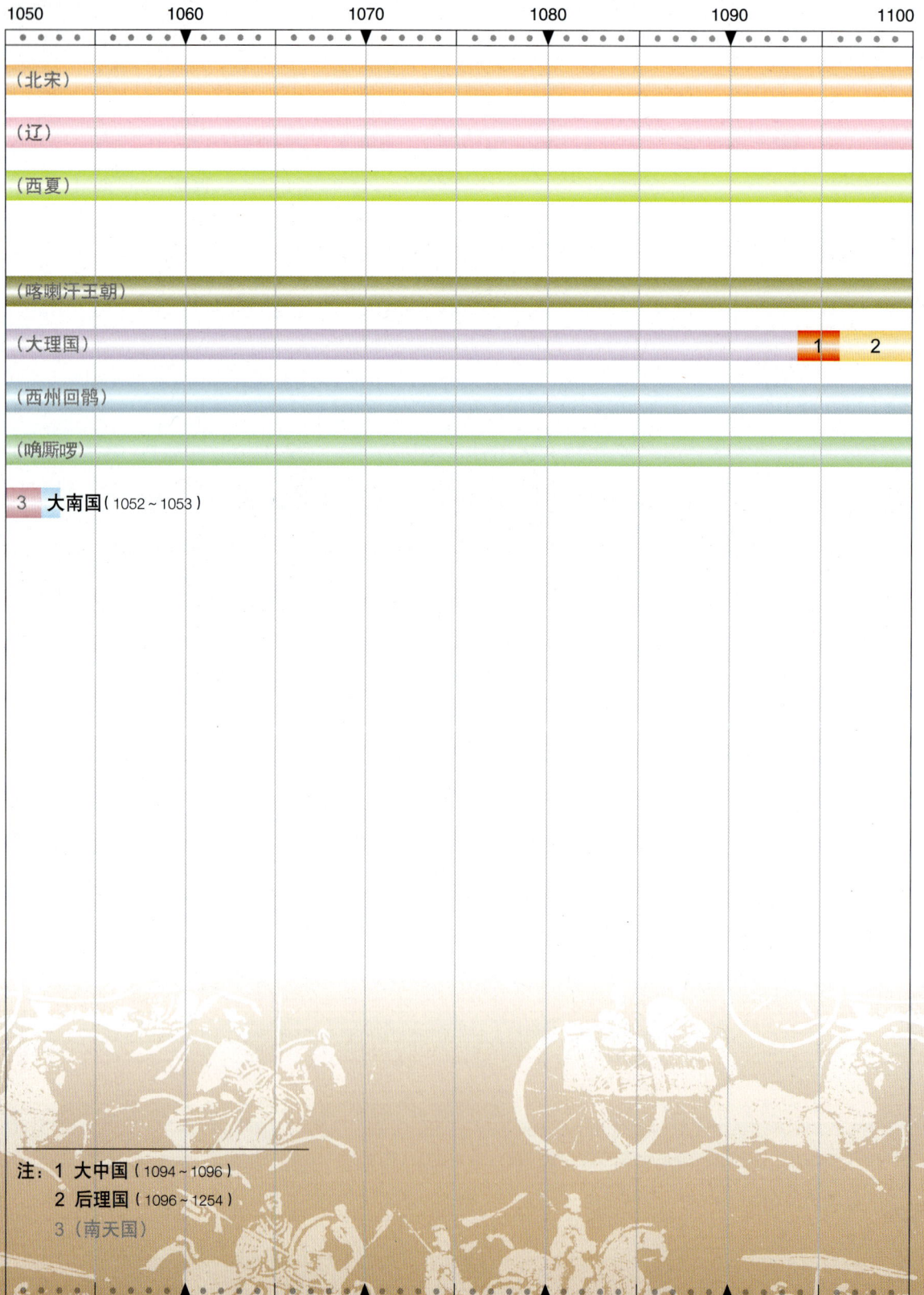

1050	1060	1070	1080	1090	1100

（北宋）

（辽）

（西夏）

（喀喇汗王朝）

（大理国） 1 2

（西州回鹘）

（唃厮啰）

3 **大南国**（1052～1053）

注：1 大中国（1094～1096）
2 后理国（1096～1254）
3（南天国）

48

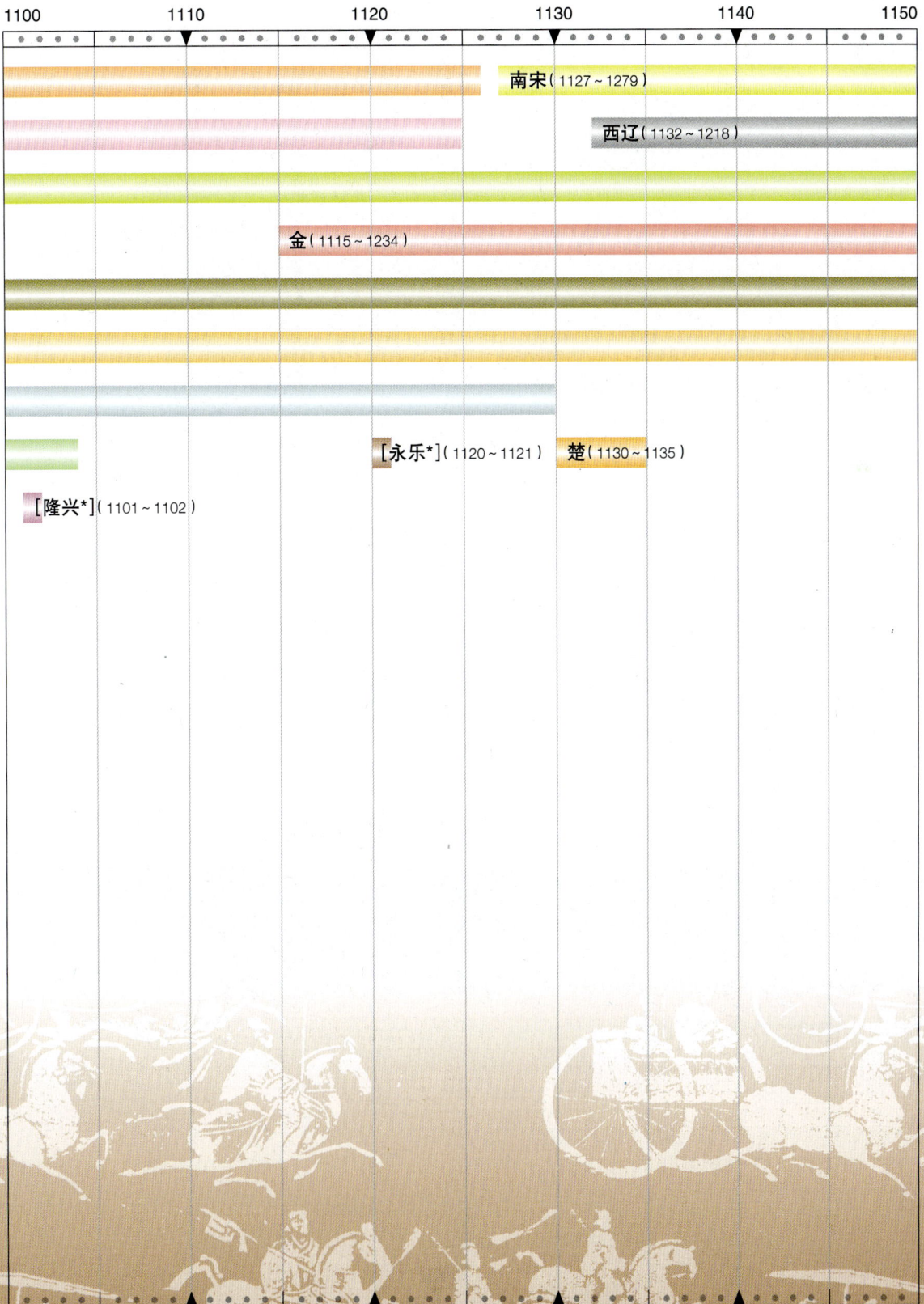

1100	1110	1120	1130	1140	1150

南宋（1127～1279）

西辽（1132～1218）

金（1115～1234）

[永乐*]（1120～1121）　　楚（1130～1135）

[隆兴*]（1101～1102）

（辽宋夏金时期）

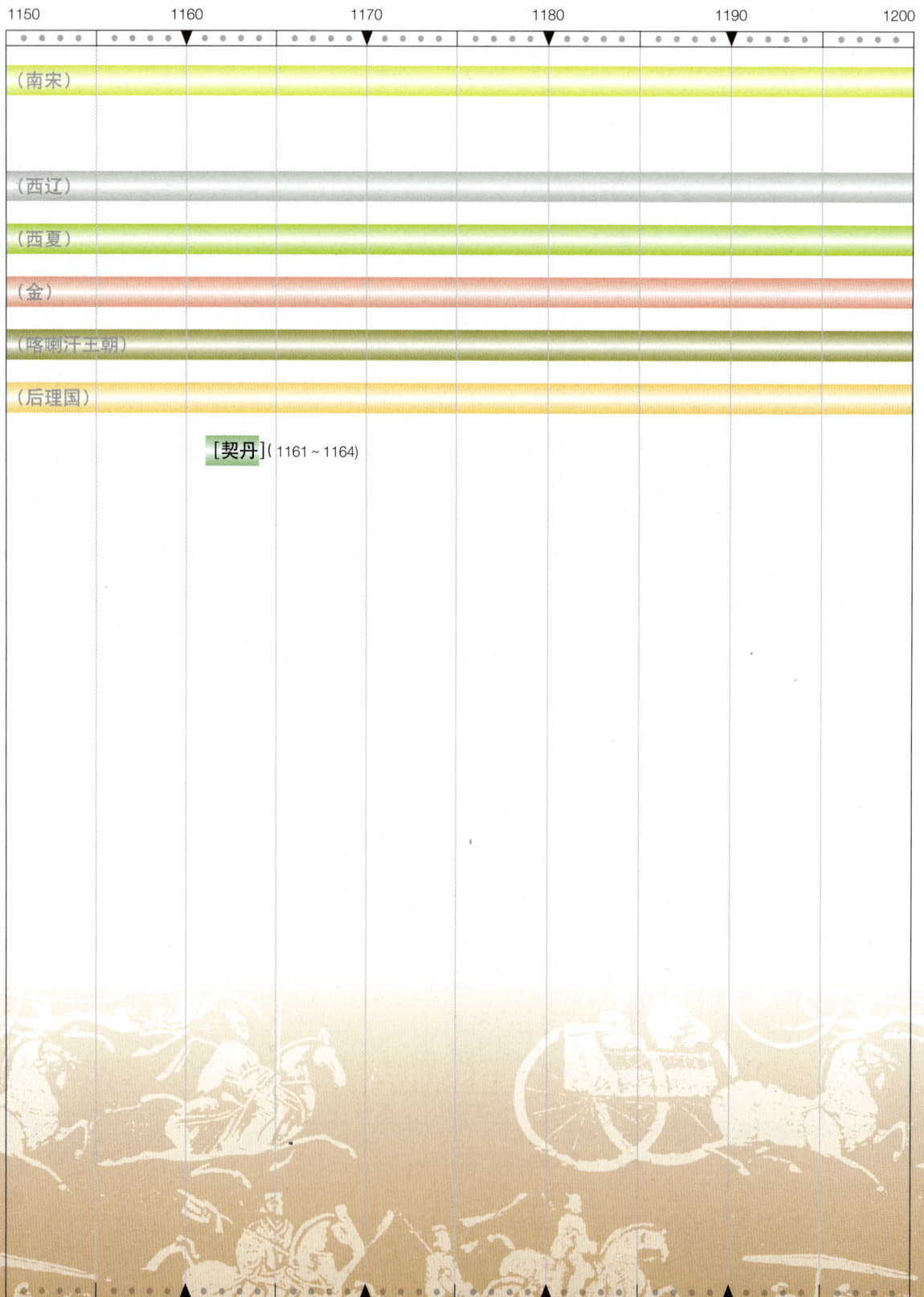

	1150	1160	1170	1180	1190	1200
（南宋）						
（西辽）						
（西夏）						
（金）						
（喀喇汗王朝）						
（后理国）						

[契丹]（1161～1164)

1200	1210	1220	1230	1240	1250

蒙古汗国（1206～1271）

[陈三枪△]（1226～1234）

[郴州瑶]（1208～1211）　　辽（1213～1217）

[黎州蛮]（1208～1214）　1　东夏（约1216～1233）

[兴龙*]（1216～1217）

察合台汗国（约1225～1370）

窝阔台汗国（约1225～1310）

注：1　大真（1215～1216）

（辽宋夏金时期）　　　　　　元时期（1271～1368）

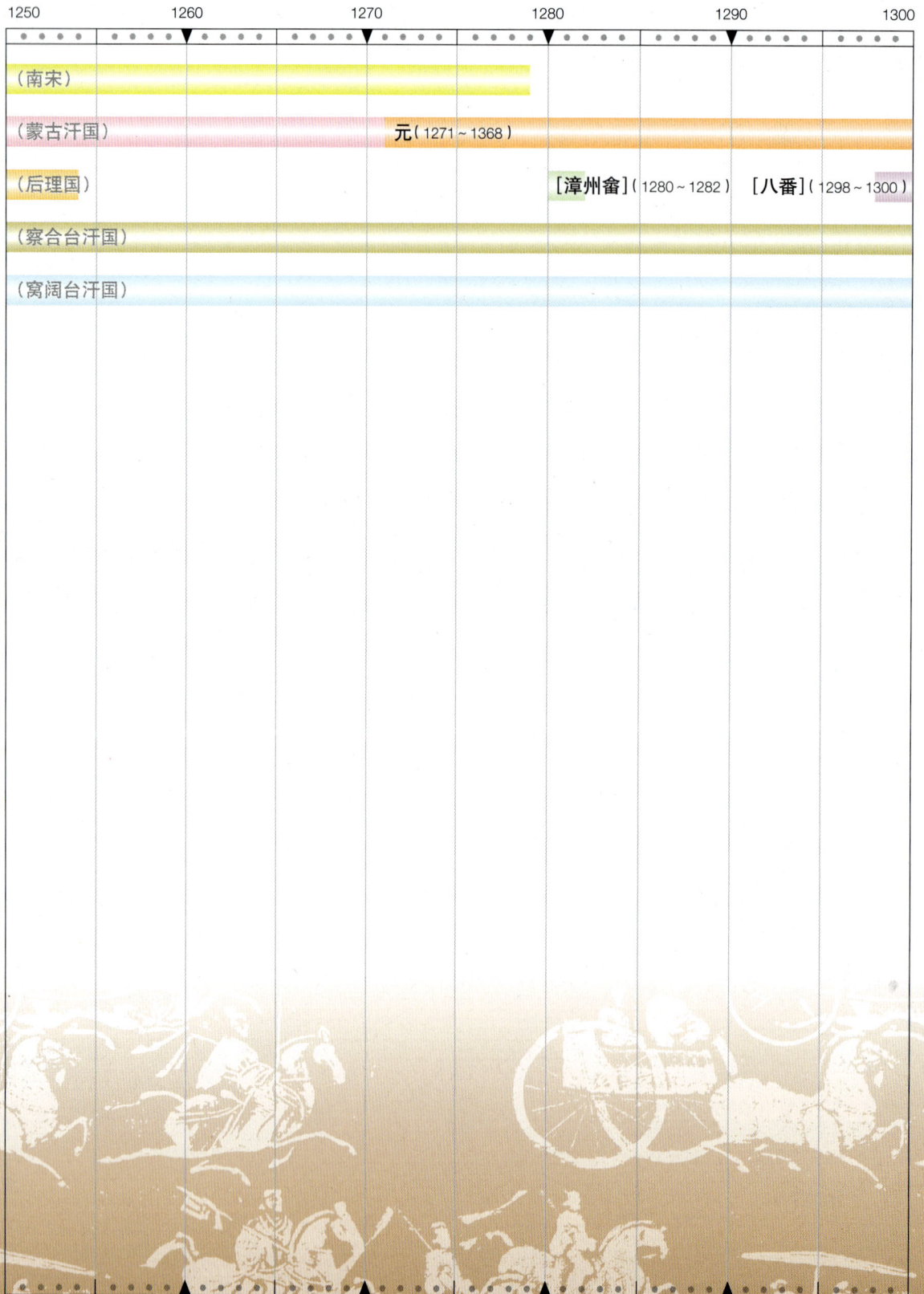

	1250	1260	1270	1280	1290	1300
（南宋）						
（蒙古汗国）			元（1271～1368）			
（后理国）				[漳州畬]（1280～1282）	[八番]（1298～1300）	
（察合台汗国）						
（窝阔台汗国）						

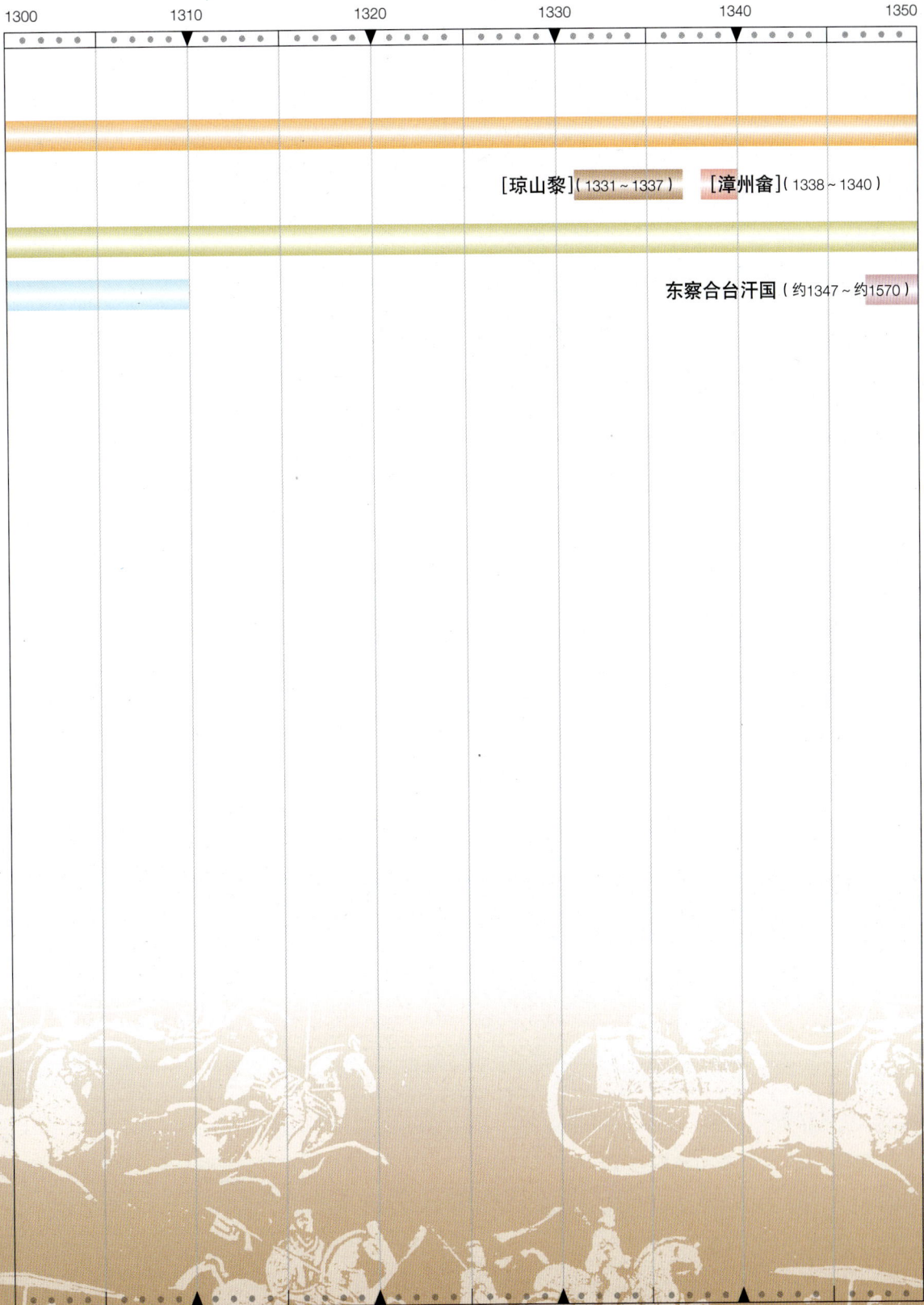

1300	1310	1320	1330	1340	1350

[琼山黎]（1331~1337）　　[漳州畲]（1338~1340）

东察合台汗国（约1347~约1570）

（元时期） 明时期（1368～1644）

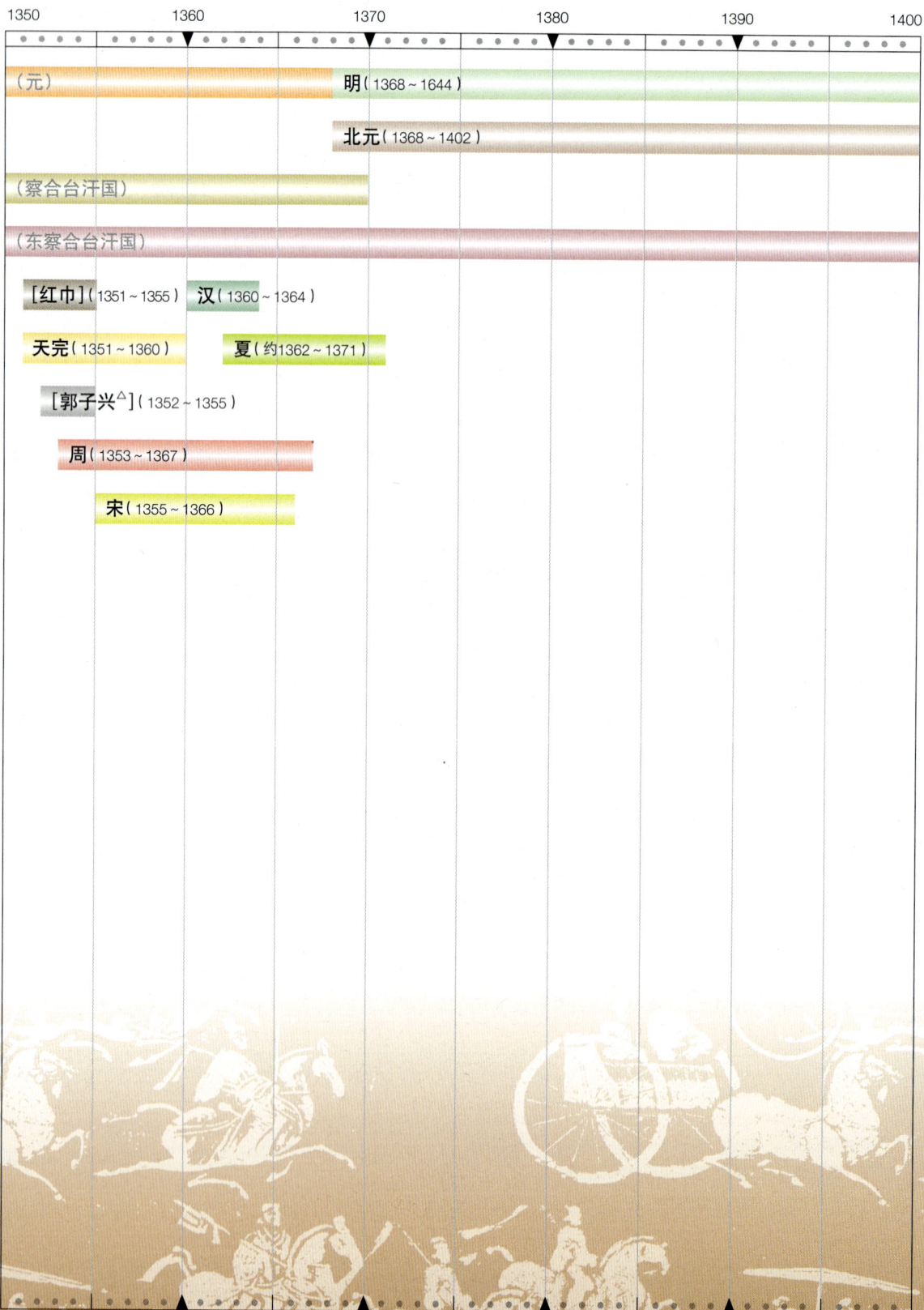

1350	1360	1370	1380	1390	1400

（元）

明（1368～1644）

北元（1368～1402）

（察合台汗国）

（东察合台汗国）

[红巾]（1351～1355） 汉（1360～1364）

天完（1351～1360） 夏（约1362～1371）

[郭子兴△]（1352～1355）

周（1353～1367）

宋（1355～1366）

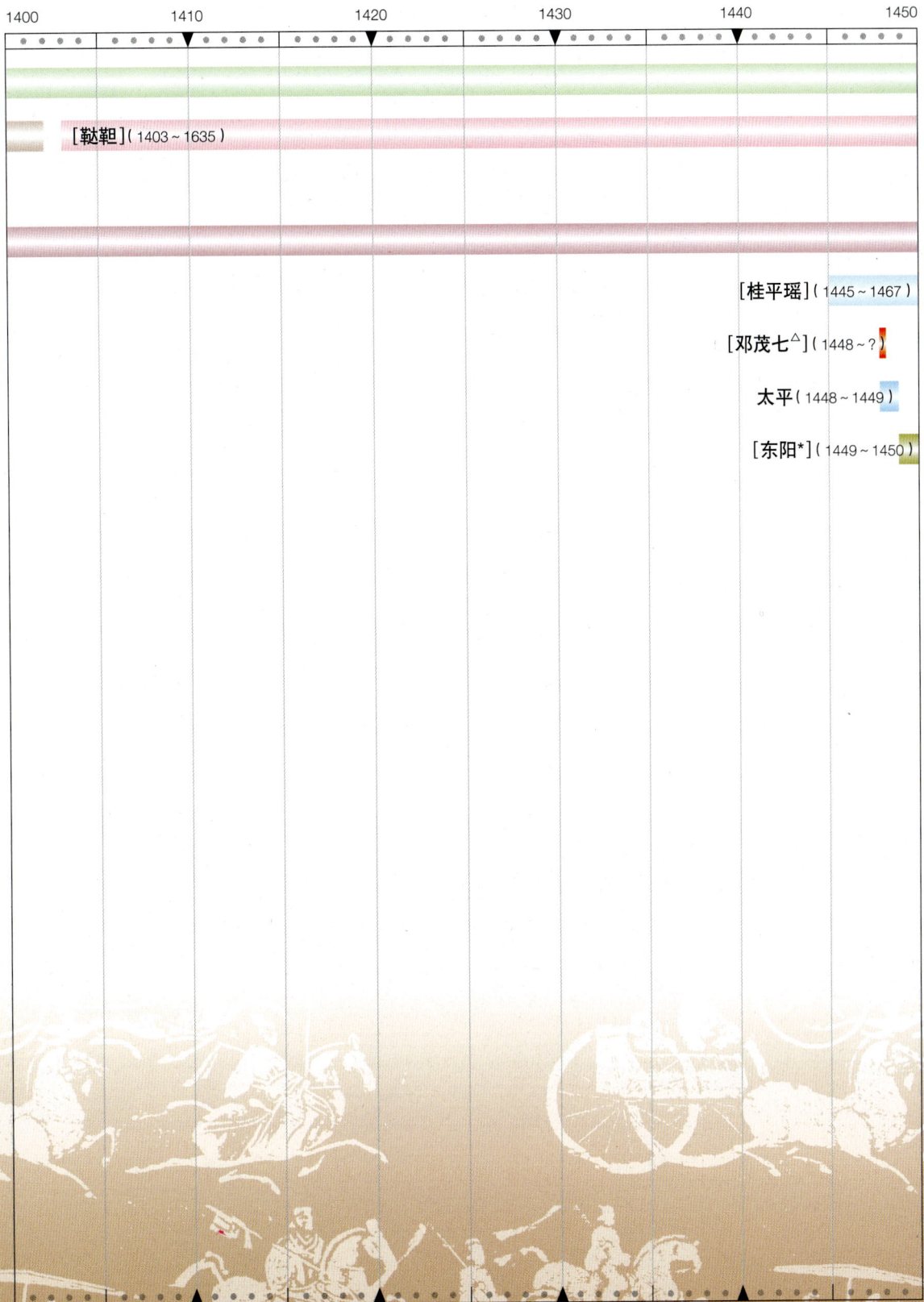

1400	1410	1420	1430	1440	1450

[鞑靼] (1403 ~ 1635)

[桂平瑶] (1445 ~ 1467)

[邓茂七△] (1448 ~ ?)

太平 (1448 ~ 1449)

[东阳*] (1449 ~ 1450)

（明时期）

1450	1460	1470	1480	1490	1500

（明）

（鞑靼）1（鞑靼）

（东察合台汗国）

（桂平瑶）

[武烈*]（1460～1461）　　　[汉]（1465～1466）

注：1 [瓦剌]（1453～1454）

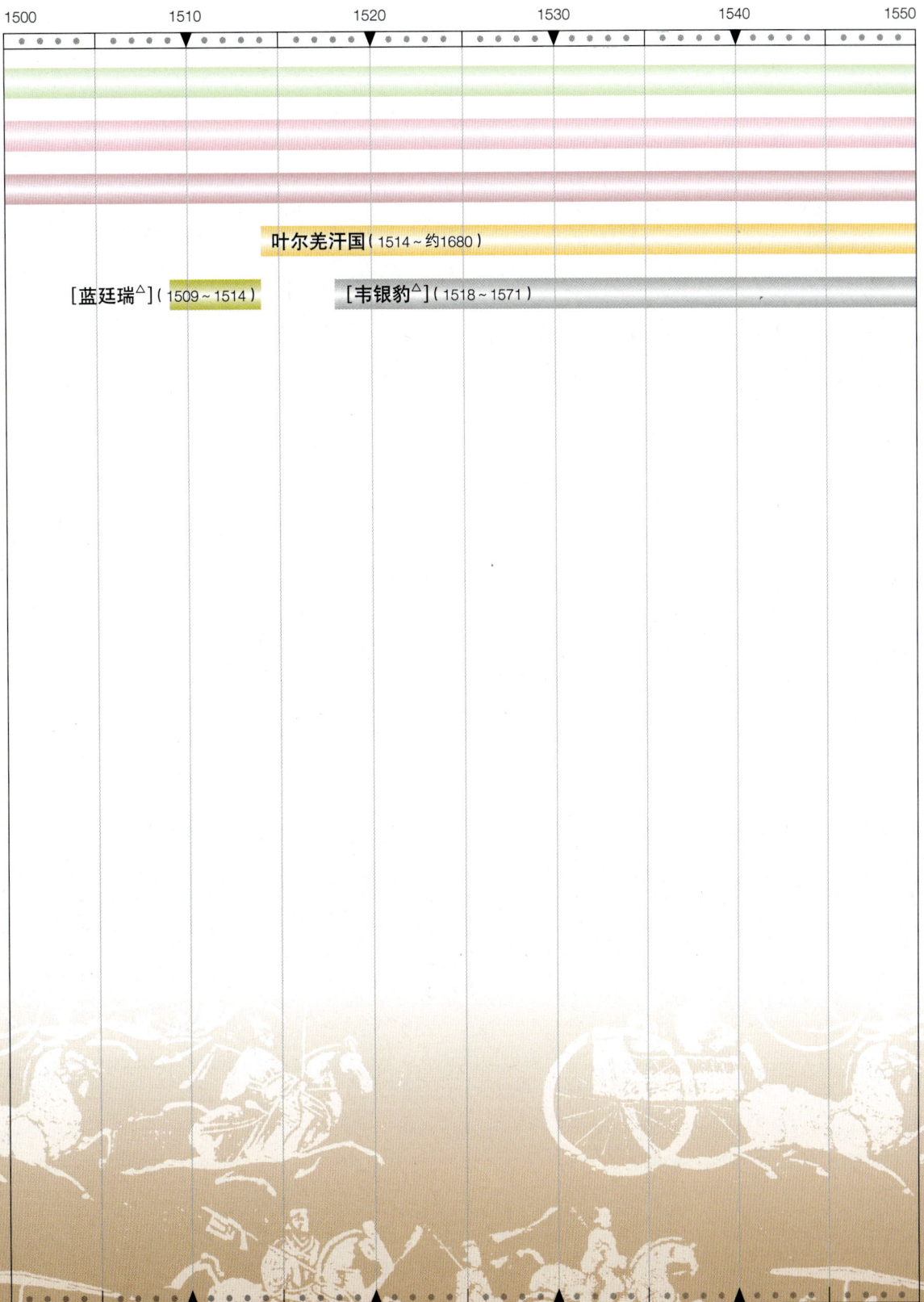

1500	1510	1520	1530	1540	1550

叶尔羌汗国（1514~约1680）

[蓝廷瑞△]（1509~1514）　　　　　[韦银豹△]（1518~1571）

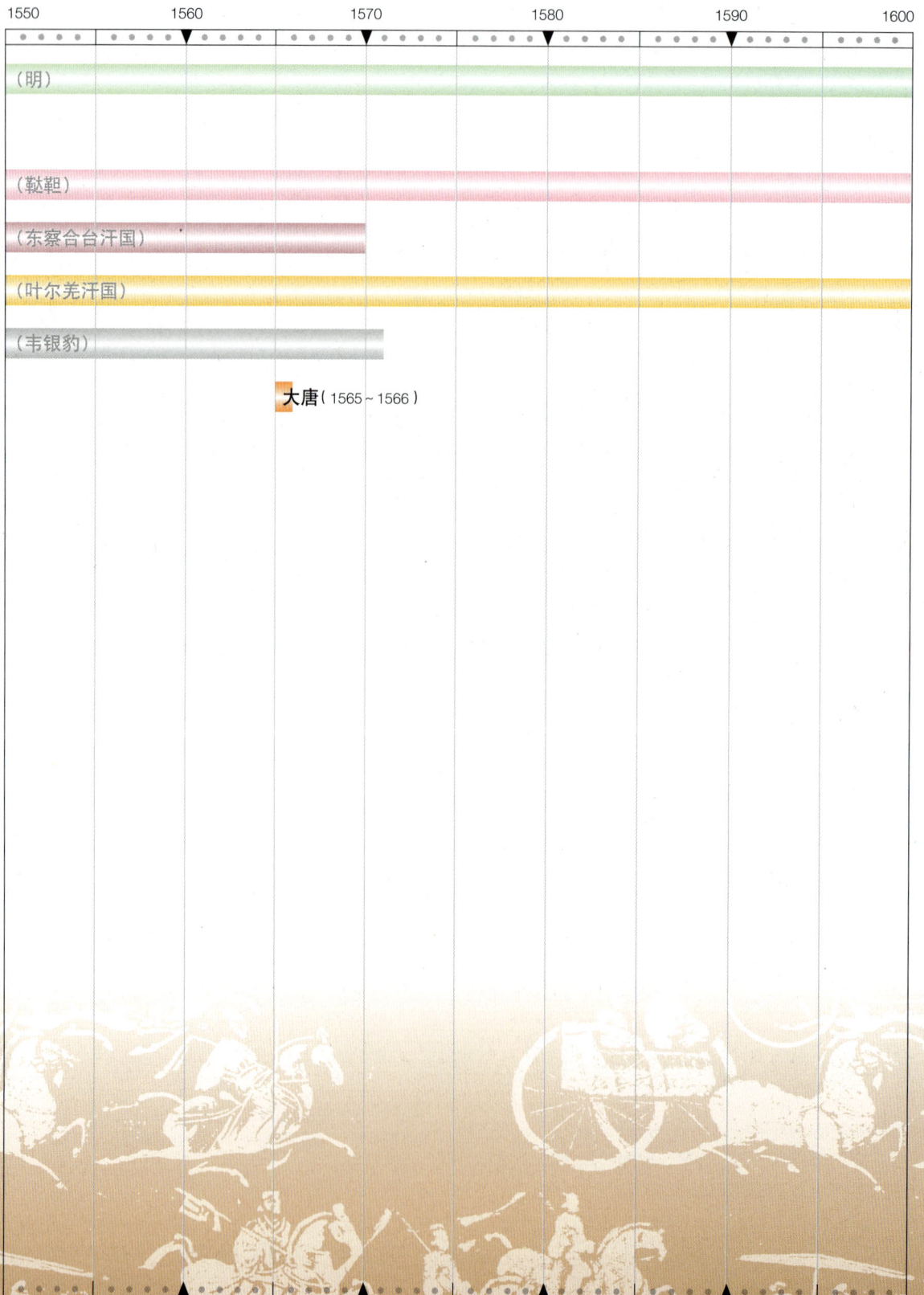

（明时期）

1550	1560	1570	1580	1590	1600

（明）

（鞑靼）

（东察合台汗国）

（叶尔羌汗国）

（韦银豹）

大唐（1565～1566）

续图表

清时期
(1644～1911)

| 1600 | 1610 | 1620 | 1630 | 1640 | 1650 |

南明
（1644～1663）

后金（1616～1636）　　　　　清（1636～1911）

大顺（1644～1645）

大梁（1621～1623）　　　　大西（1644～1646）

[准噶尔]（1634～1757）

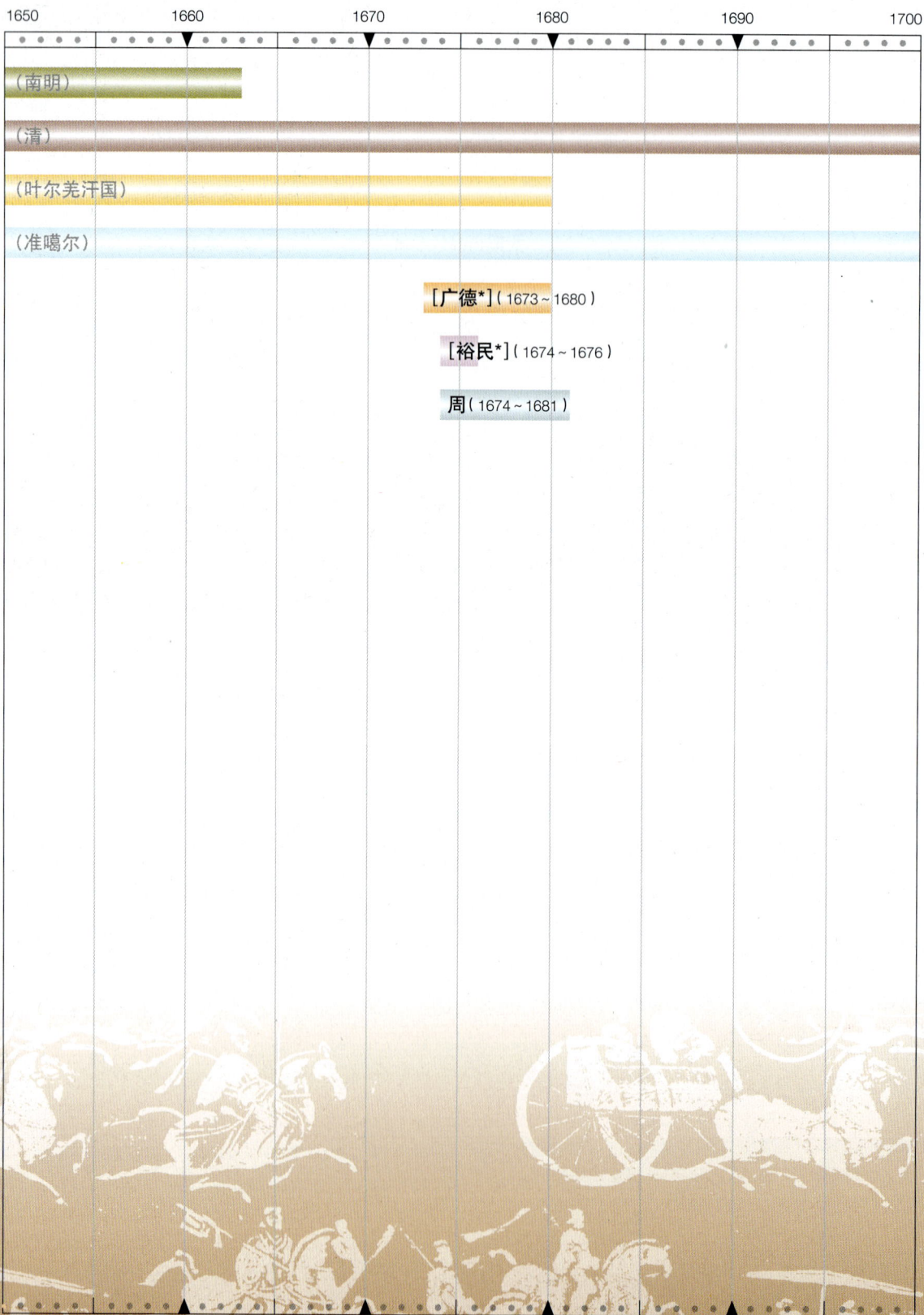

（清时期）

1650	1660	1670	1680	1690	1700

（南明）

（清）

（叶尔羌汗国）

（准噶尔）

[广德*]（1673～1680）

[裕民*]（1674～1676）

周（1674～1681）

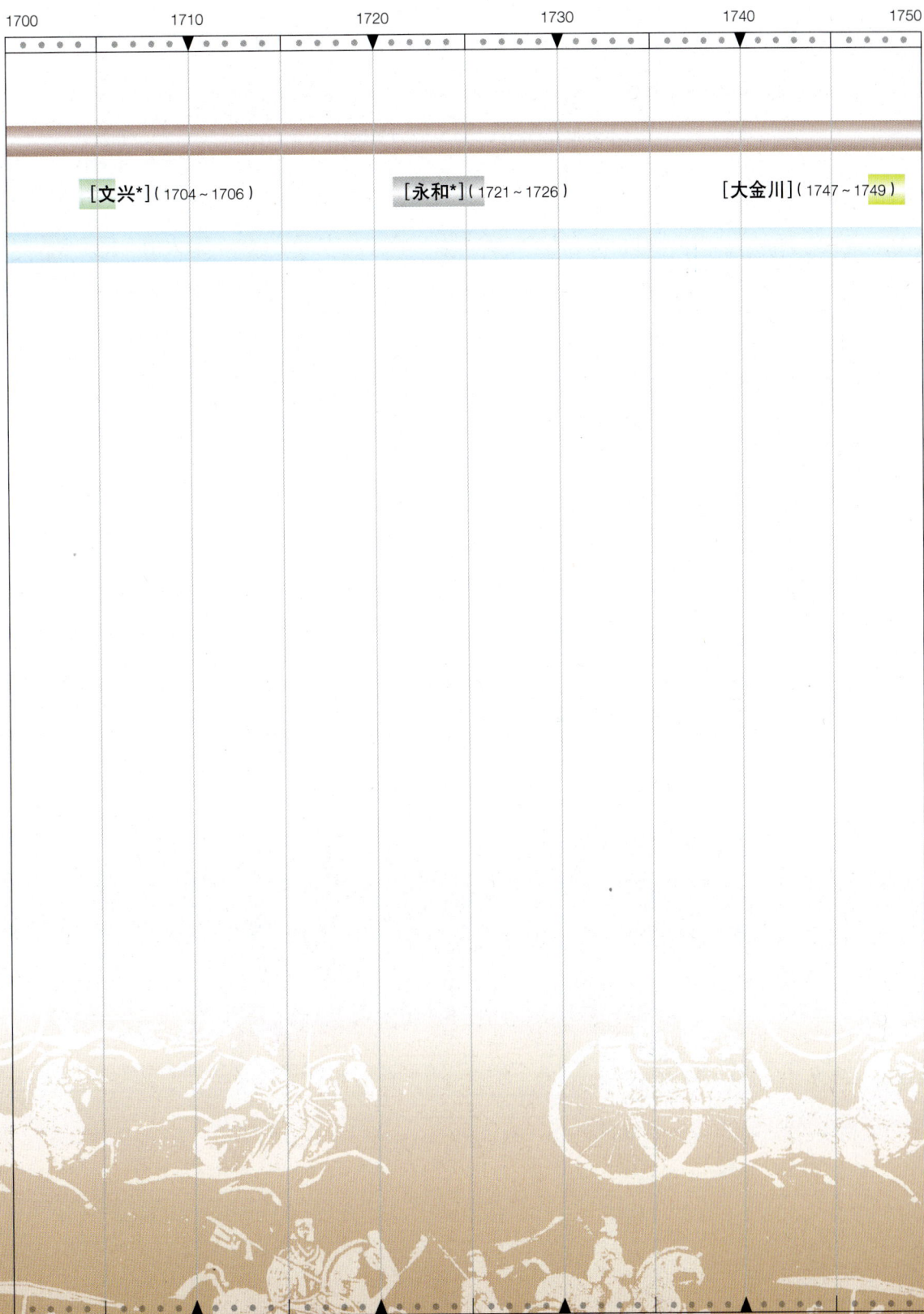

1700	1710	1720	1730	1740	1750

[文兴*]（1704~1706）　　　　　　[永和*]（1721~1726）　　　　　　[大金川]（1747~1749）

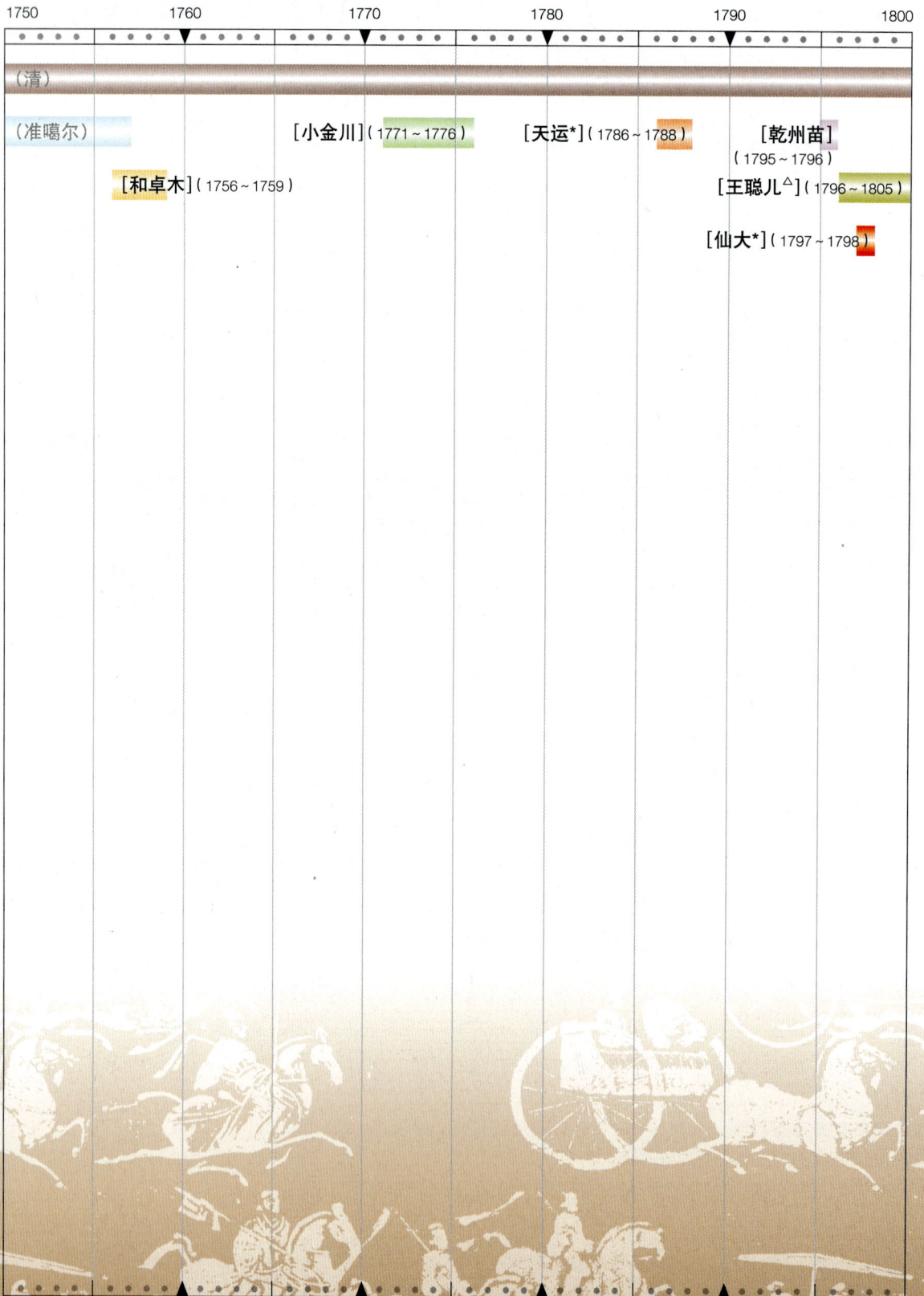

（清时期）

1750	1760	1770	1780	1790	1800

（清）

（准噶尔）

[小金川]（1771~1776）　　　[天运*]（1786~1788）　　　[乾州苗]（1795~1796）

[和卓木]（1756~1759）　　　　　　　　　　　　　　　　[王聪儿△]（1796~1805）

[仙大*]（1797~1798）

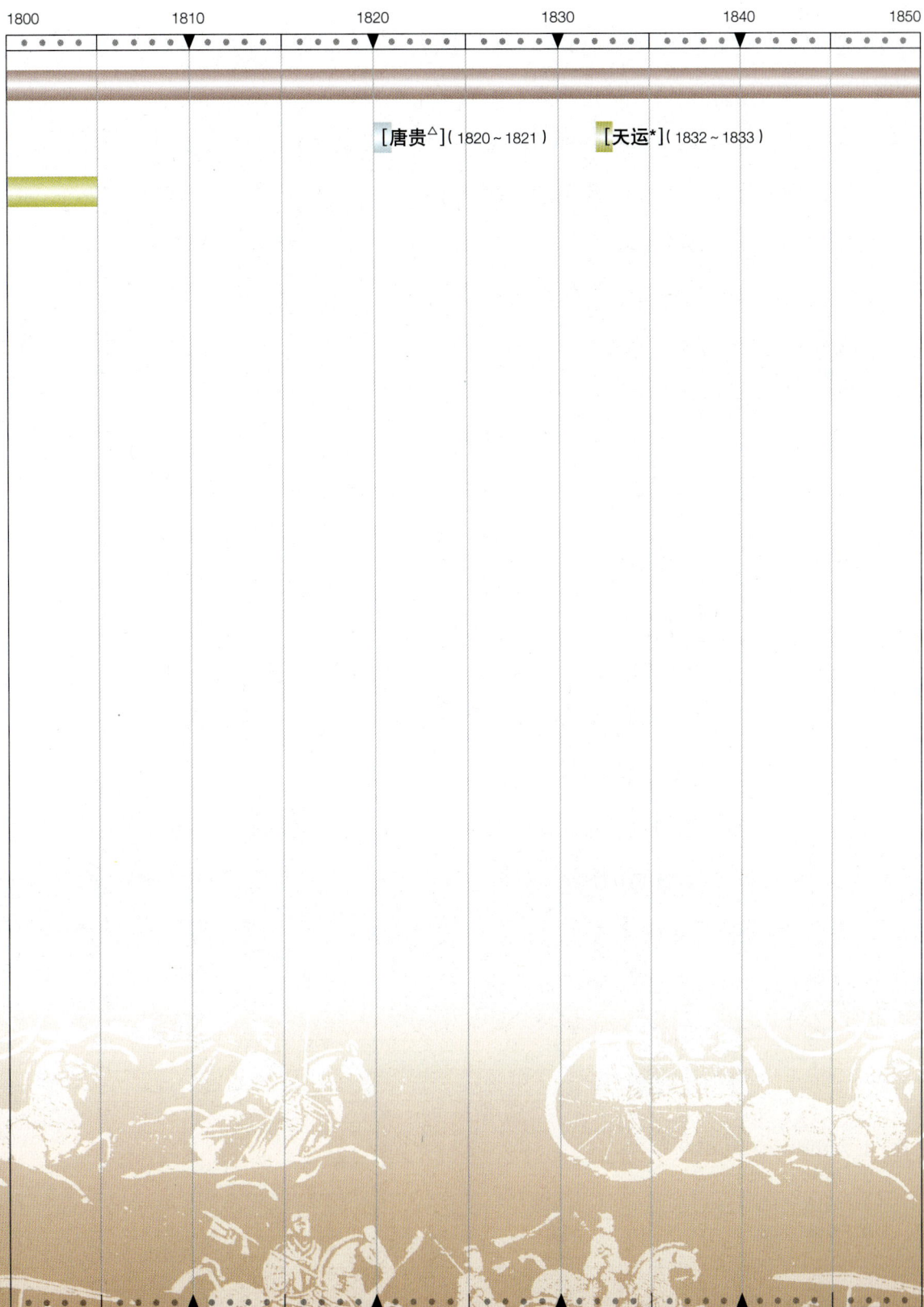

1800	1810	1820	1830	1840	1850

[唐贵△]（1820～1821）　　[天运*]（1832～1833）

（清时期）

1850	1860	1870	1880	1890	1900

（清）

太平天国（1850～1864）　[肃州回]（1865～1873）

大成国（1855～1864）　**哲德沙尔汗国**（1867～1877）

[大明]（1853～约1858）　[威宁苗]（1860～1867）

1　[哀牢夷]（1856～1876）

[天德*]（1853～1858）　2　[热西丁△]（1864～1867）

3　[杜文秀△]（1856～1872）

昇平天国（1854～1858）　4　[妥得璘△]（1864～1872）

[台拱苗]（1855～1872）

[马如龙△]（1856～1862）　[迈孜木杂特△]（1864～1871）

廷陵国（1861～1868）

[白凌阿△]（1861～1868）

[天柱侗]（1862～1868）

[盘县回]（1862～1872）

[西宁回]（1862～1872）

[河州回]（约1862～1872）

注：1　**大明国**（1853～1855）
　　2　[顺天*]（1860～1864）
　　3　[江汉*]（1854～1855）
　　4　[天纵*]（1860～1863）

民国时期（1912～1949）

1900	1910	1920	1930	1940	1950

中华民国（1912～1949）　1

[洪宪*]（1916）　[宣统*]（1917）　　　　　[伪满州国]（1932～1945）

注：1 中华人民共和国（1949～ ）

叁

中华史前三表

说　明

　　近代史学界将人类发展历史进程在大观上划分为两个大阶段,以文字产生为契机,将文字产生前,即未有文字记录的人类发展阶段称之为"史前时代"或"史前史";以后,称之为"历史时代",或"文明史"。"史前"概念最早出现于19世纪,是由英国学者丹尼尔·威尔逊在1851年《苏格兰考古及史前学年鉴》中首先提出;1865年英国考古学家约翰·鲁伯克《史前时代》一书,确立了"史前"(prehistory)概念的主题,后逐渐为各国所认可,广泛使用。这一概念于20世纪初传入中国,启蒙者为梁启超(见《中国史叙论》)和汪荣宝(见《史学概论》)等,现为中国学者普遍使用。

　　中华文明,源远流长,是世界四大古文明发源地之一。与其他古文明相比,中华文明虽然出现较晚,但其地处东亚,自成相对独立的地理单元,长期以来,形成以中原文化为核心,中原与周边相互影响、交融的多元一体的文化格局,持续发展,从未中断,鲜明地凸显出中华文化的强大生命力与突出的连续性特色;不仅文献资料之浩瀚无与伦比,史前考古资料也十分丰富。为了充分展现中华文明的来龙去脉与完整风貌,追溯中华文明产生的本源,本《年表》特做出"中华史前三表",其目录如下:

一 地质年代·中华大地形成·人类起源综表

时　间	地　质　年　代①			生物发展要点	中华大地地理概貌
45 亿年前	太古宙②AR	太古代 Ar③		[40 亿年前地球形成原始海洋。据推测 35 亿年前出现原始生命④]	在今日中华大地上发现的最古老的地层有"泰山群"、"五台群"等。前者变质年代距今约 24 亿年,后者不晚于 20 亿年。
25 亿年前	元古宙PT	元古代 Pt1	滹沱纪 Ht	菌藻植物时代（16 亿年前多细胞生物形成）	
		中元古代 Pt2	长城纪 Ch		
			蓟县纪 Jx		
		新元古代 Pt3	青白口纪 Qb		此间发生地壳褶皱运动,因在今山西吕梁地区显著而称其为"吕梁运动"。
			南华纪 Nh		
			震旦纪 Z		
5.7 亿年前	显生宙	古生代 Pz	寒武纪 Є	[生物进入大发展时期] 无脊椎动物时代（晚期出现原始鱼类）	古生代早期,地壳发生"加里东运动",中华部分地区受到影响。在古生代期间,虽有"华夏古陆"的存在,但据研究,今中华大部分地区被海水淹没,形成广泛分布的海相地层;南方所谓"江南古陆",只是一些岛链。古生代晚期地壳发生"华力西运动",天山、阿尔泰山为这次运动形成的褶皱山系。
5.1 亿年前			奥陶纪 O		
4.4 亿年前			志留纪 S		
4.1 亿年前			泥盆纪 D	鱼类时代（昆虫出现）	
3.6 亿年前			石炭纪 C	成煤时代（两栖动物出现）	
2.85 亿年前			二叠纪 P	两栖类时代（爬行动物出现）	
2.45 亿年前		中生代 Mz	三叠纪 T	爬行动物时代（哺乳动物出现）	三叠纪晚期地壳发生"印支运动",今中华南方各地受较大影响,尤其是滇西、川西、秦岭一带发生地槽型褶皱。大趋势是陆地逐渐扩大。
2.1 亿年前			侏罗纪 J	恐龙时代（鸟类出现）	
1.45 亿年前			白垩纪 K	（白垩纪末恐龙灭绝⑤）	白垩纪初期地壳发生"燕山运动",伴随火山喷发,形成金属矿产。到此纪末,中华地理单元已大部为陆地,⑥并有含煤层相沉积。
6500 万年前		新生代 Kz	第三纪 R 古新世 E1	哺乳动物时代（动植物渐近于现代）	新生代后,地球发生剧烈的造山运动,其中第三纪最活跃,如欧洲的阿尔卑斯、亚洲的喜马拉雅等。结果是全球海洋面积缩小,陆地扩大,形成今日的海陆轮廓。地质学研究表明,中华大地自然环境的基本格局,是在这次造山运动中,尤其是喜马拉雅运动中形成的。⑦
5800 万年前			始新世 E2		
3500 万年前			渐新世 E3		
2500 万年前			中新世 N1		
520 万年前			上新世 N2		

时　间	地质年代			生物发展要点	中华大地地理概貌
250 万年前		第四纪 Q⑧ （灵生纪）	更新世 Q_P （洪积世）	人类出现⑨	更新世时期发生数次冰期。⑩全新世后进入冰后期,气候趋暖。
1.1 万年前			全新世 Qh （冲积世）		

①地质年代划分的最大单位为"宙",二级单位为"代",其次为"纪",再次为"世"。表中各代、纪、世后的字母为通用的代表符号。

②"太古宙"以前,有称"冥古宙",就现代地质学而言,此时期无任何地质记录,是地球的天文演化期,被称为"天文时期";此后称"地质时期"。地球形成初期,无大气圈、无水圈、无生命。大约在44亿~43亿年前,地球开始出现地壳、地幔、地核等圈层构造。大约从40亿年前开始,地壳进入质化阶段,空气、水、生命逐渐出现。

③"太古宙"之下可分为"始太古代"、"古太古代"、"中太古代"、"新太古代"。

④目前,人类所知最古生物化石是在澳大利亚发现的原始细菌类,其生存年代大约在35亿年前。蓝绿藻出现在26亿年前。

⑤有学者以恐龙的灭绝作为中生代结束的标志。关于恐龙的灭绝,学术界有陨石撞击说、环境恶化说、老化说、中毒说等等,尚无定论。

⑥根据大陆漂移学说,约3亿年前,华北地块与华南地块间约距20个纬度,之间是海洋。西藏、塔里木、柴达木等都是孤立地块。大约2亿年前以后,陆续碰撞拼合,形成中华大地的雏形。中生代初,华北—塔里木地块还与西伯利亚拼合形成古亚洲大陆。在4000多万年前的新生代,印度地块北上与西藏碰撞会合,形成现代亚洲。

⑦喜马拉雅山区在始新世时,还是一片汪洋。根据"板块"理论,第三纪时,印阿板块碰撞古亚洲板块,发生喜马拉雅运动,上升为陆地。最初,在上新世晚期,这一地区只有海拔1000米左右,到更新世晚期,已上升到4500~5000米高度。这一巨变不仅形成青藏的高原地形,而且逐步形成今日中华地理单元西高东低、呈三级梯形下降的自然地貌:

等　级	地　区	海拔高度
第一阶梯	青藏高原	4000~5000米
第二阶梯	新疆和内蒙古高原、黄土高原、四川盆地、云贵高原	1000~2000米
第三阶梯	东北、华北、长江中下游平原和东南丘陵地区	1000米以下至数十米

地貌变化引起气候变化,形成强大的西风激流,使中亚的沙漠粉尘在高空向东飘移,由于遭东南季风的强力对抗,粉尘在黄河中、下游一带沉积下降,形成丰厚的黄土堆积。据研究,黄土高原是在250万年前的更新世早期开始形成的。到更新世晚期,随青藏高原上升到现代的高度,青藏高寒区和西北干旱区最终形成。

⑧第四纪是人类出现和进化的时代。对应考古学,一般地说更新世属旧石器时代,全新世开始进入新石器时代。

⑨关于人类的起源,近代科学家努力探索了上百年,至今仍未得圆满解决,尚存种种不同的认识。19世纪上半叶以前,西方盛行《圣经》上的"上帝造人"说;中华也广传盘古开天地,女娲"抟黄土造人"的神话,直到1859年英国生物学家达尔文出版《物种起源》,确立进化论学说,总结了生物由低级向高级,由简单向复杂的发展规律,震动了世界,指出:人是生物进化的产物,从而动摇了千百年来宗教"上帝造人"的根基。随之,1863年,英国学者赫胥黎(1825~1895)发布《人类在自然界的位置》一书,提出"人猿同祖论";继而,1871年达尔文又出版了《人类的起源与性的选择》一书,分析了从猿到人的进化过程(实际上,在达尔文之前,瑞典生物学家林奈在研究生物分类学时已提出了人猿相近的理论;法国学者拉马克在《动物学哲学》一书中已有生物进化论的思想,并首次试图论证人与猿的关系,只是当时宗教势力强大,其学说影响尚不广泛罢了)。之后,1876年恩格斯作《劳动在从猿到人转变过程中的作用》一文,论证了猿变人的根本机制在劳动。从此,古人类学作为一门科学为学者们深入研究。20世纪20年代以后,非洲和亚洲的古猿、古人类遗骨化石出土的增加,尤其是1921年,北京周口店"北京猿人"遗址的发现,以及1929年周口店发现第一个古人类的头盖骨化石,同时发现石器和用火痕迹(同时,在非洲发现了"南方古猿"化石),又一次震动了世界,为"猿变人"提出了实证。至今,"人类是从古猿进化而来"的说法已得到学术界普遍认同。然而,这"进化"的关键一步发生在什么时代? 最早的人类出现在什么地方? 是脱胎于哪种古猿? 进化的过程如何? 等等,学者们认识尚不一致,有多种说法与推测。

一般地说,古人类与古猿的分化发生在四五百万年前的新生代第三纪的后半期,其客观因素是地球环境气候变化,地球构造运动形成很多大山脉,气候变化使热带森林面积锐减,出现了大面积的林间空地。为了生存,古猿则需下地觅食,生活方式的改变,使一部分古猿在平地上逐渐摆脱四肢前进,开始直立行走,迈出了革命的一步,从而进入从猿到人的"过渡阶段"。后来,从使用工具到制造工具,完成了质的飞跃,形成了"人"。

　　现知最早的古猿是发现于埃及法雍的渐新世地层的"原上猿"和"埃及猿"化石。经研究,学者们认为,1924 年首先在南非发现的"南方古猿"化石(以后在东非也有发现)与人类最接近,是人类的祖先,南猿已能直立行走,处在从猿到人的"过渡阶段"。近年,新兴的生命探索学科——分子人类学十分活跃,人类学家通过对人体细胞质内线粒体 DNA(脱氧核糖核酸)遗传信息的研究,提出"人类发源于非洲"说(所谓"夏娃理论");还有学者直接勾勒出人类进化大体上所经历的四阶段表(也有学者提出,在"南猿"与"直立人"之间还有一个"能人"阶段[250 万~200 万年前])。

500 万~200 万年前	200 万~20 万年前	20 万~5 万年前	5 万~1 万年前
南猿阶段 (南方古猿)	直立人阶段 (原称"猿人"或"直立猿人")	早期智人阶段 (原称"古人"或"尼安德特人")	晚期智人阶段 (原称"新人"或"克罗马努人")

还有学者认为,在南猿之前,还有一"拉玛古猿阶段"。20 世纪 30 年代,拉玛古猿化石首次在印度北部西瓦立克山区发现,50 年代以后,在我国云南开远、禄丰也有发现。60 年代,美国人类学家西蒙斯和皮尔比姆对已发现的古猿进行了系统的整理,认为拉玛古猿是从猿到人发展过程中比南方古猿更早的一个阶段。这一看法在人类学界影响很大,为多数学者所接受。然而对各地拉玛古猿生存年代的测定却分歧很大。有学者提出这样一个人类发展的大体模式:

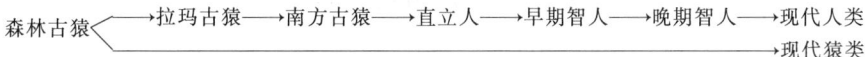

　　　　　　　　　　　┌→拉玛古猿——→南方古猿——→直立人——→早期智人——→晚期智人——→现代人类
森林古猿 ←────┤
　　　　　　　　　　　└──→现代猿类

认为生存年代更久远的"森林古猿"(大约 2300 万年前)属"猿类",才是现代人类和现代猿类共同的远祖。

　　古人类学界对人类起源,始终存在着"一元"(或称"一祖"或"单祖"),还是"多元"(或称"多祖")的争论。前者认为,人类起源于一种古猿,属一个物种;后者则认为各人种是由不同古猿演化而来。当前,多数学者倾向于前者。但是起源地点是在非洲,还是亚洲,或是亚非两洲,包括古中华大地(尤其是西南地区)是否是人类起源地之一,等等,学术界还有各种不同的意见。

　　20 世纪 20 年代以来,南方古猿连续在南非、东非发现多起,至今发现了几十个个体。随着研究的深入,不少学者主张将其分为粗壮型和纤细型两种,前者个体较大,后者较小。两者虽皆直立行走,能制造工具,都属"原始人"范畴,但由于粗壮南猿身体构造的特化,发展到 100 万年前就亡绝了,现代人类是纤细南猿一支发展而来。从而,有学者在研究人类起源时引入"史前文明"与"史前文化"概念,提出,在现代人类文明之前,地球上还曾存在过其他的人类文明,人类不是从某一种古猿直接演化而来,而是从某种人猿超科不断分化的结果。在发展过程中不排除存在着分化,不排除某些分支先后灭绝(也有学者说是由非洲起源的原始人向各地扩散取代了各地的猿人),这应是一个很复杂的过程,只因当前考古手段和考古成果的局限,尚不能完整地揭示出来而已。例如,被列为 1997 年十大科技成就之一的美国人类学家利用线粒体 DNA 对早年发现的"尼安德特人"(公认的早期智人阶段的典型代表)测定,在美国当年 7 月《科学》杂志上披露的结果显示,尼安德特人不是晚期智人的直接祖先,而是人类演化绝灭的旁支,尼安德特人没有将基因遗传给现代人类。总之,在人类起源与发展过程中还有太多的谜团需要我们去探索、求证。

⑩更新世时期,全球发生几次冰期,冰期与间冰期的交替构成了这一时期的气候特点。冰期时,气温低,极地冰盖与高山冰川扩大加厚,引起生物的迁徙和部分灭绝;间冰期时,气温转暖,部分冰川消融,河湖发育,生物繁茂。经研究,中华大地的冰期状况与人类发展大体如下表:

第四纪		冰期情况	人类发展	考古文化
更新世	早期	两次冰期 两次间冰期	早期直立人	旧石器时代
	中期	两次冰期 一次间冰期	晚期直立人	
	晚期	一次间冰期 一次冰期	早期智人 晚期智人	

二　中华史前史（旧石器时代、新石器时代）综表

（一）旧石器时代

[说明] 人类以"劳动"区别于猿。人类自诞生之日起，一直延续一二百万年，所使用的劳动工具是石器，考古学称这一时期为"石器时代"。随着考古学的发展，学者发现，不同时代远古人类使用的石器也不一样，石器也有一个从粗到精，从简单到复杂的渐进过程，从中可反映出人类自身进步和人类社会的发展。从对遗址进行年代测量后得知，人类最早使用的是简单粗糙的打制石器，后渐对石器进行二次加工和用具明显分出类型，再后进行磨制、钻孔、安柄等精细加工，这一发展过程长达百余万年。学者们依"打制"与"磨制"将其分为"旧石器"与"新石器"两个时代。

最早进行考古文化分期的是丹麦学者汤姆森，1819 年，他提出三分法：石器时代、青铜器时代、铁器时代。1865 年，英国学者约翰·鲁伯克在《史前时代》一书中进一步将石器时代细分为"旧石器时代"和"新石器时代"。以后，还有人提出三分法、四分法，最多的是六分法：旧石器、中石器、新石器、铜石并用、青铜器、早期铁器等时代。我国学者目前较通行的是石器时代两分法。

旧石器时代是人类历史的第一个阶段。其主要特点是使用打制石器，生活资料主要来源于采集和狩猎，后来，随工具改进，渔捞亦成主业。考古发现证实，当时已知用火，可能产生了语言。旧石器遗址遍布中华大地，最早发现的遗址是 20 世纪 20 年代初在甘肃庆阳赵家岔（见黄为龙《我国最早发现的旧石器地点究竟在哪里》，载《化石》1979 年第 3 期；也有学者认为是 1921 年发现"北京人"第一颗牙齿化石），迄今为止，已发现遗址上千处，包括台湾在内各省、自治区、市皆有，从 170 万年前的早期直立人到 7 万年前后的晚期智人都已具备。现撷取数例典型列于下表。

时 间	考 古 文 化	时代大事	古史传说①	社会形态②
远 古			● **盘古开天地** 这则神话最早出现在三国时徐整《三五历纪》(据《艺文类聚》引),其云:"天地浑沌如鸡子,盘古生其中。万八千岁,天地开辟,阳清为天,阴浊为地。盘古在其中,一日九变,神于天,圣于地。天日高一丈,地日厚一丈,盘古日长一丈,如此万八千岁,天数极高,地数极深,盘古极长。后乃有三皇。数起于一,立于三,成于五,盛于七,处于九,故天去地九万里。"《绎史》引《五运历年纪》:"首生盘古,垂死化身,气成风云,声为雷霆,左眼为日,右眼为月,四肢五体,为四极五岳,血液为江河,筋脉为地里,肌肉为田土,发髭为星辰,皮毛为草木,齿骨为金石,精髓为珠玉,汗流为雨泽,身之诸虫,因风所感,化为黎甿。"剥离神幻外衣,这则传说颇具哲理风采,盘古源于天地,又化人天地,是古人对人与自然的朴素理解,也隐约透出中华文化"天人合一"的远古信息。	
200 万年前	● **巫山人** 1985 年在重庆市巫山县大庙区龙坪村一洞穴中发现。 发现一段左侧下牙床和一枚门齿。 有学者测定年代为 200 万年前,如是,则为国内迄今发现最早的古人类化石。然对此学术界争论很大,并未成定论。首先是年代测定,中科院地质所与天津地质所学者分别用古地磁法和氨基酸法对巫山人化石的第八水平层测定,距今 204 万年;北京大学考古系学者曾用电子自旋共振法测定龙骨坡遗址第二至五水平层年龄为 190 万～130 万年前;美国艾奥瓦大学人类学系学者用龙骨坡堆积第五层样品测定,其年代大于 100 万年,第八层年代更早;还有的测为 196 万～178 万年前,等等。其次是对其人属认识不同:有学者认为化石属于古猿类,非古人类;有学者认为,应属晚期智人;还有学者提出为"能人"的推测。另外,发现的石器较少,人工打制特征也不明显,是否是人类制作的工具,以及出土层位及其年代都需深入研究。			原始社会 从社会发展史论,人自脱离猿后的第一个"社会形态"被称为"原始社会",当时生产力低下,生活艰苦,为了生存,只能依靠集体劳动获得有限的生活资料,为社会成员平均享用。没有稳定的剩余,也就谈不上剩余品的占有。初为原始群,后过渡到氏族社会。一般地说,原始社会是与考古学上的石器时代同步。

① 自司马迁确立"三皇五帝"远古史体系后,在相当长的时期内,皆依此来描述中华的史前史,并以此作为"正统"的信史进行考证与探寻。直到 20 世纪 20 年代,以顾颉刚为代表的疑古派学者整理国故,发现这一说法有诸多的漏洞和不能解释的问题,从而提出带否定性的质疑。一时,史学界对"传说时代"的研究陷入了乏史料、缺方法的窘境。直到近代考古学之兴,使史前研究找到了一条出路,用考古成果来比对古史传说,这就是中华上古史所走过的"信古—疑古—考古"的道路。然而,由于考古本身的局限,出土物质反映社会的间接性,再叠加上神话的虚幻性,就产生了考古时代与传说时代如何对接的问题。这一问题至今未得解决,学者们见仁见智,众说纷纭。本表所列,仅采一家言,且是大体的划分。

② 学者们阐述中华史前史(或曰上古史、远古史)一般都从考古文化、古史传说和社会形态三方面入手。所谓"社会形态",按马克思经典作家的诠释,是指人类在一定历史发展阶段上所构成的社会生产关系状态。该学说将人类社会发展归纳为原始、奴隶、封建、资本主义、共产主义五种基本形态。考古学上的"石器时代"按时间段说,恰好与"原始社会"吻合。而马克思经典作家又将原始社会分为原始群、母系氏族公社、父系氏族公社三个基本阶段,这与考古学所划分的"旧石器时代"与"新石器时代"如何对接,即如何用考古学成果来说明社会形态,这一问题至今解决得还很不理想,学者们的意见也不尽一致(也有不少学者反对生硬对接),本表所列仅为一家之言。

时　间	考　古　文　化	时代大事	古史传说	社会形态
100万年前	● **西侯度文化**（180万年前①）　1961年在山西芮城县西侯度村发现。这是迄今国内发现最早的人类文化遗址。　未发现人骨化石。　发现三十多件打制石器和带切痕的鹿角；还发现烧角，有学者认为是人类用火的痕迹，有学者认为是自然火所致。对石器进行研究后学者认为，西侯度文化石器制作技术已相对进步，可分析出不同的打击法和不同用途的工具，不是最早阶段的石器。 ● **元谋人**（170万年前）　1965年在云南元谋县上那蚌村发现。　属早期直立人，这是中华大地迄今发现最早的人类化石，有学者认为是由南猿纤细型向直立人过渡的阶段。　发现两枚牙齿化石，经研究，为同一青年男子。　出土石器数件，为简单、粗糙的打制石器，有投掷的石核和剥离兽皮的刮削器等。　发现最早的用火痕迹。　人类用火是继制造工具后在脱离猿类进程中关键的一步。任何动物都不会用火，这是人类自诞生以来第一次利用自然现象为自己服务，极大地促进了人类自身的发展。火有多种用途：熟食、驱赶野兽、照明、御寒等。熟食能增强人的体质和生存能力，并促进大脑进化；用火御兽可降低人类的死亡率；照明和温暖还可使人克服气候条件的限制，向寒冷地区扩散。可以说人类以用火发展壮大了自己。 ● **蓝田人**（115万～110万年前）　1964年在陕西蓝田县公王岭发现。　属早期直立人。　发现一具珍贵的头盖骨和三枚牙齿化石，推测为一中年女性，脑量平均为780毫升，已比南猿的脑量（430～700毫升）有所增加。　出土石器三十余件，为简单粗糙的打击石器。特色是大三棱尖状器。　另在蓝田陈家窝还发现下颌骨化石一件，原皆称作"蓝田人"，现不少学者认为应该单列，称"陈家窝人"。时代约60万～50万年前。 ● **郧西人**（90万～80万年前）　1976年在湖北郧西县安家乡神雾岭白龙洞发现。　属晚期直立人。　前后发现七枚牙齿化石。出土人工打制的石片数件。 ● **郧县人**（87万～83万年前）　1974年在湖北郧县清曲镇曲远河口遗址发现。　属晚	● 使用打制石器，石器种类少。 ● 生活主要来源：采集与狩猎。 ● 有开始用火的痕迹。	● **女娲造人与补天**　在中华传说中，人类是由女娲创造的。一说其用黄土加水和泥而塑出男女，繁衍成人类。一说她与其兄伏羲结合产出人类。　又，共工为争帝，怒触不周山，天欲堕，女娲炼五色石补天，断鳌足支撑四极，使人类得以安居。（这里所指"女娲"，仅其"造人"与"补天"传说。至于她与伏羲的关系及其所处时代，请参考诸多学者的专题研究。） 　与*西方信仰"上帝"（上帝造人与万物，为人类主宰）不同，中华传统文化凸显的不是"神灵"，而是"超人"，将世界万物的产生（包括人类自己）皆归于某个"圣人"的作为，这种"伟人"理论（或称"英雄史观"）的思维模式构成中华数千年发展中始终未形成全民宗教的思想基础。 ● **有巢氏时代**　《韩非子·五蠹》："上古之世，人民少而禽兽众，人民不胜禽兽虫蛇。有圣人作，构木为巢，以避群害，而民悦之，使王天下，号之曰有巢氏。" 《庄子·盗跖》："古者禽兽多而人民少，于是民皆巢居以避之。昼拾橡栗，暮栖木上，故命之曰'有巢氏之民'。" 《礼记·礼运》："昔者	● **原始群**　人类脱离动物界后最早的生存状态是以"群"的集体力量防御敌害和获取食物。这是原始社会的最初阶段。最早的人群大概规模不大，一般由数十人结成，共同劳动，共同生活。"群"成为人类最早的社会组织和基本社会单位。相应的婚姻关系是群婚，老幼靠群体抚养，也可以说是无婚姻规则和无社会组织。各"群"之间基本上无联系（也有学者认为，"原始群"是指"从猿到人过渡期间的群体"，是恩格斯所指的"正在形成中的人"，还不完全是"人"，只能使用天然工具，还不会制造工具，尚未最终与猿分离，因而称猿称人皆可）。

①考古文化绝对年代的测定有多种方法，如放射性碳素法、热释光法、古地磁法、铀系法、钾—氩法、氨基酸法、电子自旋共振法、裂变径迹法、树木年轮法等。其测量的对象也不一样，有地层测量、人类化石测量、同时代出土动物测量、植物测量、遗物测量等。加上各种方法都有误差和局限性，形成学者们对各文化绝对年代的标志认识有所不同。本表所标，尽量采用多数学者的认识。

时　间	考　古　文　化	时代大事	古史传说	社会形态
50万年前	期直立人。　发现两具基本完整的人颅骨化石。　出土石器数十件,以石核为主。 ●北京人(50万~20万年前)　1921年在北京周口店首次发现;1929年发现第一个完整的头盖骨化石,震惊海内外。由于日本侵华战争,1937年发掘被迫中断,至此,已发现化石有头盖骨五个,下颌骨十四块,牙齿百余枚,还有少量的躯干骨。这些珍贵化石在1941年末太平洋战争爆发后丢失。战后一直在寻找,2005年7月,国家有关部门专门成立寻找"北京人"头盖骨化石工作委员会,向社会搜集线索,探其下落。战后又恢复挖掘,至今共发现大约代表四十多个个体化石和十多万件石器及丰富的骨器、角器,还有用火遗迹等。　北京人遗址是世界上发现材料最丰富、最系统的旧石器时代早期人类生活的遗址,仅探得的堆积层就有四十多米厚。　属晚期直立人,已具有明显的蒙古人种特征。平均脑容量一千多毫升,超过南猿两倍。身高比现代人低,男子约一米六,女子约一米五。　对出土石器进行分析,主要采取砸击法和锤击法,已能粗略进行分类:刮削器、尖状器、砍砸器、石锥等。在文化堆积层发现大量用火痕迹,有的灰烬达六米,其中还有很多烧骨、烧石、烧土、木炭等。从多层位发现可知,当时用火已是经常性的,并有控制和保存火种的能力。　当时群居山洞,已形成"小"社会,可能已有语言。人死尚无埋葬之风。　北京人的发现在人类学上有重要意义,此前虽发现过德国"尼安德特人"(1856年)和印尼"爪哇人"(1891年),但由于影响不大,未得学界公认。自北京人头盖骨的发现,且伴随石器与用火痕迹,在人类发展史上,"直立人"(原称"猿人")阶段才得以肯定,"从猿到人"理论得到实证。对其遗址的发掘也是我国考古学迈入近代的里程碑,奠定了中国古人类学和旧石器时代考古的基础。 ●南京人(50万年前)　1993年在江苏南京东郊汤山镇雷公山葫芦洞发现。　属晚期直立人。　发现两具颅骨,一枚牙齿化石。　通过发掘,洞内无人类生活遗迹和遗物(包括用火遗迹和各类生产工具),洞内潮湿度较大,不宜居住。 ●和县人(30万~20万年前)　1980年在安徽和县陶店镇汪家山龙潭洞发现。　属晚期直立人。　发现一具完整头盖骨、九枚牙齿和头骨、下颌骨碎片化石。　出土大批打击石器和骨器、角器。	●石器种类增多。 ●有熟练控制火和保持火种的能力。 ●可能已产生语言。	"先王未有宫室,冬则居营窟,夏则居橧巢。未有火化,食草木之实,鸟兽之肉,饮其血,茹其毛,未有麻丝,衣其羽皮。"　人类历史上究竟有无一个"巢居"时代,考古学很难证明。现所发现的主要是穴居,正如《易·系辞》:"上古穴居而野处。"游荡不定是这一时期人类生活的特点。	

时 间	考 古 文 化	时代大事	古史传说	社会形态
	• 金牛山人（28万年前） 1984年在辽宁营口县（今大石桥市）永安乡金牛山发现。属早期智人。 发现较完整头骨（缺下颌骨）、脊椎骨、肋骨、髋骨、尺骨、腕骨、掌骨、指骨、髌骨等化石五十余件，分属多个个体。其中尺骨和下肢髌骨为国内首见。 出土石器十余件，主要是刮削器。 发现用火痕迹。 • 庙后山人（25万～12万年前） 1978年在辽宁本溪满族自治县山城子村庙后山发现。属早期智人。 发现两枚牙齿和一段股骨化石。 出土石器六十余件，器型有刮削器、砍砸器、石球。 发现用火遗迹。 • 大荔人（25万～18万年前） 1978年在陕西大荔县甜水沟发现。 属早期智人。发现较完整头盖骨（缺下颌骨）化石，为一青年男子。 出土石器五百多件。 在附近又发现旧石器地点多处。统称"甜水沟文化"，其特点是大部分石器用石片制成，以小型为主，类型简单，多为刮削器。 • 长阳人（20万～17万年前） 1956年在湖北长阳县下钟家湾村龙洞发现。 属早期智人。 发现不完整的上颌骨和三枚牙齿化石。 • 丁村人（20万年前，一说12万～4万年前） 1954年在山西襄汾县丁村发现。 属早期智人。 发现三枚牙齿化石，还有一个约两岁小孩顶骨化石一块。 出土石器两千多件，以大三棱尖状器（最大者重一公斤）、砍砸器、刮削器、石球为特色。有的经二次加工，可分出类型。 遗址分布于汾河沿岸，曾发现鲤鱼、青鱼、鲩鱼等化石，丁村人或许以捕鱼为生。 在丁村文化遗址不到十公里的汾河沿岸发现石器地点近二十处，说明当时此地人口已很稠密。 • 巢县人（20万～16万年前） 1982年在安徽巢县（今巢湖市居巢区）银山溶洞发现。属早期智人。 发现一块不完整的枕骨化石，为一青年女性。 • 桐梓人（15万～4万年前） 1972年在贵州桐梓县岩灰洞发现。 属早期智人。 发现两枚牙齿化石，分属不同个体，一老年，一青年。 出土石器十余件，为尖状器和刮削器。还发现有烧骨。 • 马坝人（12.9万年前） 1958年在广东曲江县马坝镇狮子山发现。 属早期智人。发现一具不完整的头盖骨化石。	• 石器类型增多，经二次加工，功能进一步分化，器具地域特征明显，并可分出类型。 • 捕鱼业产生。 • 当时人口已很稠密，加之早期智人比直立人有很大进步，推测当时已排除近亲通婚。		• 向氏族社会过渡 考古材料很难直接说明"氏族"的产生，对氏族的认识还需结合民族学、人类学的研究。近年，有学者提出，"氏族"改为"姓族"更准确，本表仍按传统提法。 氏族产生的根本原因在于生产力的发展。原始群时，"群"间基本上不发生关系，即使繁衍裂出新"群"，各群间也单独行动。随经济发展，人口增多，直接后果是裂群加速，当生产力发展到在一定范围内可生存若干"群"时，不仅群内可容纳的人数增加，而且相近"群"间开始发生社会关系，首先是血缘的认同，"氏族"就这样产生了。这是
10万年前	• 许家窑人（10万年前） 1973年在山西	• 可人工取火。	• 燧人氏时代 《韩	

76

时　间	考　古　文　化	时代大事	古史传说	社会形态
5万年前	阳高县许家窑村发现。　属早期智人。　发现一块较完整的顶骨、两块枕骨，一块上颌骨化石，分属十多个个体。　出土石器、骨器、角器数千件，器形较小，加工精细。　发现许多与石器、动物化石共存的被火燃烧过的物质，显示人类已掌握某种人工取火方法。　发现的石球有千余枚，有学者推测，当时已能用皮条捆石球做成"飞石索"作狩猎工具。 　●柳江人（7万年前）　1958年在广西柳江县通天岩发现。　属晚期智人。　发现属同一个体（中年男性）的头骨、髋骨、骶骨和椎骨，属另一个体的两段股骨化石。　这是我国发现的最早现代人的代表，时世界三大人种基本形成。有学者认为，柳江人是正在形成蒙古人种的一个早期类型，是迄今发现最早的晚期智人化石。 　●河套人（5万～3.5万年前）　1922～1923年在黄河上游河套地区的宁夏灵武市水洞沟和内蒙古乌审旗境内萨拉乌苏河沿岸大沟湾发现。　属晚期智人。　发现牙齿、额骨、顶骨、肩胛骨、股骨、胫骨等化石二十余件。　出土石器有砍砸器、斧状器、刮削器、尖状器等，大多经二次加工，可分出类型。　发现用火痕迹。　"河套人"是传统的说法，近年有学者经研究提出：水洞沟"与"萨拉乌苏"不属同一文化范畴。 　●安图人（3.5万～2.6万年前）　1964年在吉林安图县明月镇一洞穴中发现。　属晚期智人。　发现一枚牙齿化石，为中年人，曾患龋齿病及牙周萎缩症。 　●左镇人（3万～2万年前）　1971年在台湾台南县左镇乡菜寮溪发现，这是台湾地区首次发现的远古人类化石。　属晚期智人。发现顶骨、额骨、枕骨、牙齿等化石八件。　有学者认为，左镇人可能是在末次冰期时由大陆迁到台湾的。 　●峙峪人（3万年前）　1963年在山西朔县峙峪村发现。　属晚期智人。　发现枕骨化石一件。　出土石器较多，还有骨器和装饰品等。石器以小型为主，大型器较少。其中有一件石镞，为迄今发现最早的石镞，表明当时已掌握了弓箭。　发现的装饰品是一种钻孔的石墨饰品，这是迄今发现最古老的人体饰物。 　在发现的动物化石中，野马、野驴数量最多，是峙峪人猎取的主要对象，有称峙峪人为"猎马人"。	●世界三大人种基本形成。中华大地发现的人体化石，全部是原始蒙古人种。 ●弓箭（复合工具）出现，狩猎水平有大提高。 ●出现原始装饰品。 ●出现猎取野马现象。	非子·五蠹》："民食果蓏蚌蛤，腥臊恶臭，而伤害腹胃，民多疾病。有圣人作，钻燧取火，以化腥臊，而民悦之，使王天下，号之曰燧人氏。" 《白虎通·号篇》："谓之燧人何？钻木燧取火，教民熟食，养人利性，避臭去毒，谓之燧人也。"　人类从"用火"到"取火"是征服自然，利用自然规律为己服务的第一个伟大胜利，也是人类在脱离动物界道路上迈出的关键一步。	一个相当漫长的过程。可以说，人类第一个社会关系是血缘关系，而血缘关系的基础是婚姻。这时的婚姻状态由无序渐入有序，由首先排除兄弟姐妹婚姻，渐进成出生于不同群落的同辈男女互为夫妇的群婚制。

时　间	考　古　文　化	时代大事	古史传说	社会形态
	• 山顶洞人（3 万～1 万年前）　1930 年在北京周口店龙骨山发现,1933 年开始系统发掘。　属晚期智人。　发现的化石有八个个体,其中三个较完整,为一男二女。脑容量为 1300～1500 毫升,已在现代人脑量变化范围内。　出土器物除石器外,还有骨簪、骨针和石珠、穿孔兽牙、海蚶壳等装饰品,骨针细滑,针孔小,很精致,当时已有缝衣技术。有着色装饰品,说明人类爱美思维理念的发展。　鱼化石和鱼骨装饰品的发现说明捕鱼业的发展,成为社会生产部门之一。　骨簪说明弓箭的普遍使用,不仅使狩猎效率提高,而且加深了对经常猎捕动物习性的了解,为饲养业的产生奠定了基础。　发现有随葬品的墓葬,这是迄今发现最早的墓葬,墓地与住所同在一处,无明显区分。　一般认为,葬俗的产生与人类思维发达,以至与原始宗教的产生有关。埋葬现象出现后,越演越烈,乃至成为今天人们解读古代社会的窗口,复原人类社会的重要依据。 • 资阳人（3 万～0.7 万年前）　1951 年在四川资阳市黄鳝溪发现。　属晚期智人。发现一具较完整的头骨化石,为一青年男性,虽有些部分比较原始,但已基本上与现代人相同。　同时发现一把磨制的骨锥。 • 玉蟾岩遗址（1.4 万～1.2 万年前）1983 年在湖南道县寿雁镇白市石寨村发现。　出土石器、骨器、蚌器、角牙制器近千种。石器以小型为主,是向新石器的过渡类型。其中有一种锄形器引人注目,有学者认为与农业产生有关。　两次发现稻谷遗存,经化验,为古老栽培稻类型,被称为"玉蟾岩古栽培稻",说明农业已处于萌芽状态,这在世界上是最早的。　发现原始陶片,为一釜形器,这是已知最早的陶器。　有学者将其归入早期新石器文化,或是过渡型——中石器文化。	• 钻孔、着色技术出现。 • 用兽皮缝制衣服。 • 弓箭普遍使用。 • 捕鱼成为主要生产部门,生活资料的获取从陆地发展到水域。 • 居住洞穴,或挖穴作屋,相对稳居。 • 墓葬的出现,说明灵魂不死观念的产生。 • 旧石器向新石器过渡。 • 最早陶器的出现。 • 原始稻作农业萌芽。	• 伏羲（一作"包羲、庖羲、伏戏"）氏时代《易·系辞》:"古者包羲氏之王天下也,仰则观象于天,俯则观法于地,观鸟兽之文,与地之宜;近取诸身,远取诸物;于是始作八卦,以通神明之德,以类万物之情。作结绳而为网罟,以佃以渔。"《白虎通·号篇》:"伏羲仰观象于天,俯察法于地。因夫妇,正五行,始定人道。画八卦以治下,下伏而化之,故谓之伏羲也。"　所谓"作八卦",可视为文明初开的表象;"为网罟"则是渔猎经济的特征,而捕鱼与驯养都是原始经济发展的产物。	• 开始进入母系氏族社会　母系氏族社会是氏族社会的第一阶段。《吕氏春秋·恃君》:"民聚生群处,知母不知父,无亲戚、兄弟、夫妻、男女之别,无上下长幼之道。"《白虎通·号篇》:"民人但知其母,不知其父。"道出这一阶段的社会特点。这是人类社会进步的一个重要环节。时人们以血缘为纽带结成"氏族"集团,"氏族"为这一时期的社会基础。初期,妇女在经济与社会中居主导地位,社会成员班辈世系以女性确认,成员间地位平等,互相保护与承袭。婚姻状态,早期为氏族族外婚（禁止氏族内部通婚,这是氏族存在的前提与识别标志）,后期过渡到对偶婚（婚姻趋于定向,男居女方,子女归母亲群落。对偶家庭无独立经济,是向单偶婚一夫一妻制的过渡状态）。

（二）新石器时代

　　[说明]　自 1921 年首次发掘河南渑池仰韶遗址,便揭开了中华新石器考古的大幕,到目前为止,全国已发现新石器时代遗址七千处以上,发掘的超过四百处,墓葬上千座,获得了丰富资料。考古证实,中华新石器时代大约开始于七八千年前,至四千年前

（国家［王朝］出现）结束。新石器时代是人类使用磨制石器为主的时代。人类开始栽培农作物和饲养家畜；陶器是新石器文化发展过程中一个重要的文化因素。经济生活由"攫取型"开始转变为"生产型"，人类开始从完全受自然界支配渐进到初步的利用自然。学者认为，原始农业的产生与人类"用火"、"取火"同样具有划时代的意义。同时，野生动物的驯养（并向畜牧业发展）使人类有了稳定的食物来源。这一时期，人们开始定居，并逐渐发展成"村落"（地理单元）；纺织、木作（地上房屋建筑等）的产生，加上制陶业的发展等，意味着手工业也逐渐成为重要的生产部门。至新石器时代晚期，生产品已在一定程度上超过了人们的日常需求，从而产生了对剩余产品的占有，从葬品上已体现出贫富的差异；意识的发展可能产生了巫师；冲突、争夺又强化了首领的权力。学者们一般以文字、国家和早期城市的产生作为史前时代结束的标志。

时 间	考 古 文 化	时代大事	古史传说	社会形态
前 6000 年	● **磁山—裴李岗文化**（前 6000～前 5500 年） 20 世纪 70 年代在河北武安市磁山和河南新郑市裴李岗发现。 石器主要为磨制，但属初级阶段，仍有不少打制；骨蚌器有骨锥、骨针、骨镞、蚌镰、蚌刀等。 陶器已广泛使用，河南舞阳县贾湖遗址陶窑是目前发现最早的陶窑。器物已能分出类型，如壶、盘、盆等，尤其出土的陶纺轮，是纺织技术最早的实证。 经济以种植与饲养为主。种黍与粟，为黄河流域最早的农业遗存；还发现石磨盘和石磨棒等谷物加工工具和地穴式储粮仓。饲养猪、狗、鸡，其中狗、鸡遗骸是迄今国内最早的发现。 已定居，并有墓葬，多为单人葬，也有合葬墓。随葬品明显增多，裴李岗一百座墓葬中，有随葬品的九十一座。发现整猪埋坑现象，这是较早用猪（而且是整猪）作随葬品的实例，可能与原始宗教意识有关。 贾湖遗址发现最早的乐器——骨笛，共二十五支，五至八孔不等，现仍能吹奏，被认为是 20 世纪音乐史上的重大考古发现。 ● **兴隆洼文化**（前 6000～前 5000 年）1983～1985 年在内蒙古敖汉旗宝国吐乡兴隆洼村发掘。 石器以锄形器为多。骨器也多。 陶器以大型夹砂直筒罐为主。 发现粟作农业遗存，主要从事定居农业，兼营渔猎。发现房屋基址八十多座，为半地穴式，排列有序。室内有烧灶，有的还有窖穴或墓葬。 发现有石雕人头像。 有一雄一雌两整猪作随葬品现象。 1994 年在辽宁阜新查海遗址发现一条用红褐石摆成的龙图案，置于大房址与墓葬之间，这是目前所知最早的龙图案。"龙"非现实动物，而是为人信仰需要的一种想象力创造，最初可能是氏族图腾，后从多处不同时代遗址中发现的情况表明，成为华夏民族共同崇拜的对象，渐发展为中华文化的象征。	● 石器由打制改进为磨制。 ● 经济生活以种植与饲养为主。时已驯养猪、狗、鸡。 ● 陶器广泛使用。 ● 开始定居。 ● 出现地穴式储粮仓。 ● 原始纺织的产生。 ● 原始宗教观念的产生。 ● 原始乐器骨笛的发现。 ● 发现"龙"的形象。	● **神农氏时代** 《易·系辞》："神农氏作，斫木为耜，揉木为耒，耒耨之利，以教天下。"《淮南子·修务训》："神农乃始教民播种五谷，相土地宜，燥湿肥硗高下，尝百草之滋味，水泉之甘苦，令民知所避就。"《白虎通·号篇》："于是神农因天之时，分地之利，制耒耜，教民农作。"《古史考》："神农时，民方食谷，释米加烧石上而食之。"《太平御览》引《周书》佚文：神农"耕而作陶"。《吕氏春秋·爱类》：神农"身亲耕，妻亲绩"。《庄子·盗跖》："神农之世，卧则居居，起则于于，民知其母，不知其父；与麋鹿共处，耕而食，织而衣，无有相害之心。"《商君书·画策》："神农之世，男耕而食，妇织而衣。"《新语·道基》："至于神农，以为行虫走兽难以养民，乃求可食之物，尝百草之实，察酸苦之味，教民食五谷。" 神农氏的出现意味着原始农业的产生。	

时 间	考 古 文 化	时代大事	古史传说	社会形态
	• **彭头山文化**（前 6000 年） 1988 年在湖南澧县彭头山发现并发掘。 出土石器打制、磨制皆有,特点是小型化,磨制精良。 陶器多手制,胎厚。 发现稻谷遗存,知农业以稻作为主;渔猎业较发达。 发现平地所建房屋基址和十余座墓葬。	• 出现平地建房。	总结史载,"神农"一词有五种诠释:①主稼穑的神,②农官,③时代称号,④氏族名称,⑤个人名字。徐旭生在《中国古代传说时代》中说:"我觉得在农业开始发展的时候把土神叫做神农也许是此词最初的意思,此后才用它表明时代,或把农业特别发达的氏族叫神农氏。"从采集过渡到原始种植并非一日之功,更非一人之力,是个相当漫长的生产实践过程。从考古学角度而论,原始农业、制陶等都是进入新石器时代的标志。	
前 5000 年	• **河姆渡文化**（前 5000～前 3300 年） 1973 年在浙江余姚市河姆渡村发现,主要分布在杭州湾南岸的宁（波）绍（兴）平原。 石器有石斧、石刀、石凿等。骨器有骨耜、骨铲、骨镞等。 陶器以夹碳黑陶为主,上饰绳纹和动物花纹。 发现丰富的稻谷、稻壳、稻叶、稻秆堆积,厚达一米多,经鉴定,属人工栽培稻,说明经济以稻作农业为主。饲养猪、狗和水牛等,发现猪和水牛的遗骨和陶塑猪。 手工业已有多种门类:木器、制陶、骨器、编织等。能编芦苇。发现外表涂生漆的木碗,是迄今发现最早的漆器。 出土大量装饰品,有一件象牙蝶形器刻有双鸟和太阳,反映其原始崇拜。墓葬特点是"堆土",无墓穴,可能与当地水位高有关。 最著名的是发现了最早的"干栏"式房屋建筑,大者 160 平方米以上,中隔若干小间,有前廊过道。并发现榫卯结合构件,采用榫卯技术表明中华古老建筑的巨大成就。	• 饲养水牛。 • 芦苇编织、木器、象牙器、漆器的出现。 • "干栏"式建筑与榫卯技术的出现。 • 出现太阳崇拜现象。		
	• **马家浜文化**（前 5000～前 4000 年） 1959 年在浙江嘉兴市马家浜发现,主要分布在太湖地区。 磨制石器有斧、铲、刀等。陶器在晚期出现了轮制,有钵、盆、豆、釜、鼎等各种类型。出现镂空技术。 经济生活以稻作农业为主,辅以渔猎;饲养猪、狗、水牛等。 发现无墓穴的"堆土"墓葬。	• 制陶工艺进步:轮制代替手捏;出现镂空技术。		
	• **仰韶文化**（前 4900～前 2900 年） 1921 年首次发现于河南渑池县仰韶村。广泛分布于以豫、晋、陕为中心的黄河中下游一带。现已发现遗址一千多处,大规模发掘十余处,包括仰韶、北首岭、半坡、姜寨、元君庙、泉护村、庙底沟、王湾、大河村、后岗、下王岗等。其中最重要的有西安东郊的半坡（1953 年发现,次年始掘,1958 年建博物馆）和临潼城北骊山前渭水旁的姜寨遗址（1972 年以来,连续八年,先后十一次发掘,是发掘面积最大的新石器遗址）。 石器以磨制为主（有的穿孔,可系绳）,打制仍占一定数量。骨器精致。 陶器丰富,造型多样,特征明显。彩陶占一定比重（初期曾称其为"彩陶文化",但不准确）。细绳纹饰为其特色之一。 具有成熟的农作物种	• 原始园艺（种植蔬菜）的产生。 • 捕鱼业发展。 • "彩陶"的出现象征制陶的进步。陶器造型多样,纹饰丰富。 • 手工业产生:制石、制陶、制骨、纺织、编织等。 • 原始艺术的发展:雕塑的出现。 • 已束头,不再		• **母系氏族社会的繁荣期** 不少学者认为,仰韶文化标示着进入母系氏族社会的繁荣期。依此,当时中华核心地区的大体情况是:经济上原始农业、饲养业、手工业都已产生;社会上,以"氏族"为基本社会单位,世系依母系计算。成员共同劳动、共同消费,从墓葬中尚未发现明显的贫富与等级差别;人的体质发展

时　间	考　古　文　化	时代大事	古史传说	社会形态
	植业和家畜饲养业、辅以渔猎，发现有很精致的骨鱼钩、鱼鳔、石网坠和骨簇。半坡发现盛有白菜和芥菜籽的陶罐，说明种植蔬菜，这是发现最早的园艺。饲养猪、狗。猪是主要肉食来源。　手工业已分部门：制石、制陶、制骨、纺织、编织等，除发现骨针、骨锥、纺轮外，还发现印有麻布和编织席纹的陶片，知已能用野麻简单织布。　陶器纹饰很丰富，有几何图纹和写生画面，还有雕塑人头和动物，可见其原始艺术的发展。装饰品种类也多，材质有陶、石、骨、牙、蚌、玉、介壳等；种类有环、珠、耳坠、颈饰、手饰、腰饰等，共有一千九百多件。其中有簪子七百多件，说明当时已开始束头，不再"披头散发"。　半坡遗址分居住区、窑场、公共墓地三部分。居住区周围有壕沟，防御野兽袭击。居住区分两部分，每部分有一所大房子，可能是公共场所，周围是住宅群。房屋为半地穴式，墙壁以草泥所筑，内壁光滑。屋内地面有石灰隔潮。有灶坑，加工食物，保存火种。房子附近有储藏食物的窖穴。　发现墓葬一百多座，排列整齐，可反映出当时的习俗和某些制度。多为单人葬，有一座是四个妇女合葬墓，无男女或父子合葬现象，反映出母系社会情况。随葬品不多，数量大体相当，差别不大，皆为生活用品，既说明已产生"灵魂不灭"理念，又说明私有财产尚未产生；一夫一妻制尚未形成。　尤受关注的是陶器上的"刻画符号"，有一百多件标本，可归纳为二十二种符号，既不是几何装饰图案，也脱离了图画，是否是文字，或文字雏形？学者们见仁见智，尚未取得共识。　1987年河南舞阳县西水坡遗址发现用蚌壳砌成的龙的形象。　1995年郑州西山遗址发现"城"址，使中原地区"城"的产生提前一千多年，成为当年"十大考古新发现"之一。　仰韶文化是中华新石器时代中期的典型文化，分布广，影响大，遗址覆盖中华核心地带，被认为是中华史前主干文化，也是东亚蒙古人种的主体文化，奠定了中华文明的基础，出现了种种文明的因素。 　**大溪文化**（前4600～前3400年）　1954年在重庆市巫山县大溪镇发现，主要分布在川东、鄂西、湘西北一带，为长江中游有代表性而时代较早的新石器文化。　经济生活以稻作农业和饲养业（发现猪遗骨）为主，辅以渔猎。　湖南澧县城头山遗址发现有城垣的城址。城内有祭坛、祭祀坑。　一墓葬发现死者头枕大象牙，实为罕见。　发现有用鱼随葬的习	"披头散发"。 　●出现住宅群与原始"城"址。 　●出现有文字意味的"刻画符号"。		已接近于现代人；人的思维也有一定发展，从装饰品的多样性与"束头"的出现说明抽象"美"的观念早已产生，渐趋成熟；时已缝制衣服，不再赤身裸体；墓葬的出现意味着产生灵魂不死的观念，即原始宗教的萌芽；时社会已发展到形成"大村落"；氏族内出现首领，首领由全体成员民主公认，与成员地位平等，无特权，大事由氏族成员大会评议决定，"村落"的大房子可能是氏族的公共活动场所；出现公共仓库，说明生产品已相对丰富；从"村落"中围绕大房子中的小房子可以推测"对偶婚"已经出现。

时　间	考　古　文　化	时代大事	古史传说	社会形态
前4000年	俗,有的放在身上,有的含在口中。 　•**大汶口文化**(前4300～前2600年) 1959年在山东泰安市大汶口镇发现,主要分布在鲁西南、苏北、皖北一带。　石器以磨制为主,骨角器多而精致。　陶器以灰陶居多,黑陶、彩陶都有。　经济以粟作农业和饲养业为主。　遗址有公共墓地,葬式多样。出现木椁。随葬品已有多寡之别。晚期有男女合葬现象。　晚期发现较成熟的刻画符号——陶文,有学者认为是原始的图画文字;有的认为是接近文字而尚未形成文字的图画符号;有的进一步分析了九种符号,而释读了如"斤"、"斧"、"且"等六种符号。 　•**马家窑文化**(前3800～前2000年) 1923年在甘肃临洮县马家窑发现,主要分布在甘肃洮河、大夏河和青海湟水流域一带。主要生产工具为磨制石器和骨器。　陶器绘有黑色花纹,图案颇具特色。　经济以农业和饲养业为主,发现粟黍遗存;饲养猪、狗、鸡、羊(发现有家养绵羊骨骼)等。　发现墓葬一千多座,合葬墓较多,多为男女合葬与家族合葬。随葬品主要是陶器,多寡不一,多的已超过墓主人的需要,当是积聚财富的象征。奇特的是发现用牛蹄、牛尾和鼠类作随葬品。　发现边缘刻有锯齿状的骨片,有学者认为是当时的记数用具。在陶壶上发现一百多种符号,可能是记事所为。　该文化孙家遗址出土舞蹈纹陶盆,所绘三组少女跳舞的生动形象,堪称我国造型艺术最早的杰作。 　•**屈家岭文化**(前3400～前2500年) 1955年在湖北京山县屈家岭发现,主要分布于江汉平源。　以小型、薄如蛋壳的彩陶为特色,典型器物有长颈圆足壶和高圈足豆等,并发现陶纺轮。　经济以稻作农业为主(发现很多稻壳遗存)。饲养狗、猪、鸡(发现陶塑鸡和鸡形陶器)等。　发掘城头山城址。呈圆形,直径约三百米,有护城河、城檐、城内有夯土台、道路等,道路两旁有水沟。城内有陶作区,有墓葬五百多座。　石家河城址内有宗教活动遗迹。 　•**红山文化**(前4000年,一说前4700～前2900年)　1935年发现于内蒙古赤峰市红山后遗址,主要分布于内蒙古东部和辽西、冀北一带。　这一文化有不同于中原文化的独特之处,具神秘色彩。　石器有中原地区不多见的大型石犁、石磨盘和石杵,以及精致"细石器"。　粗陶、彩陶皆有,颇具特色。　经济以	•墓葬出现木椁。 •厚葬现象产生。 •家养羊的出现。 •随葬品出现多寡不一现象。 •出现记数工具。 •发现舞蹈形象。 •城址比较完整。 •原始宗教的发展。 •精致的"细石器"。 •神秘的"玉文化"。 •大型神殿的出现。 •大型彩塑神		•**向父系氏族社会过渡**　随着工具的改进、生产的发展和新经济部门的产生(发生第一次社会分工——畜牧业与农业分工;第二次社会分工——手工业的产生),男子逐渐在经济上占主导地位,致使以妇女为中心的母系社会发生动摇,开始向以男子为中心的"父系"过渡;社会剩余产品的稳定与增多又促使"占有"观念的产生。"私有"出现的不可避免性又催生了社会经济中的强者——男子为中心的"占有权"和以男子为世系的继承权,从而加速了"母系"向"父系"的过渡。在父系氏族社会中,基本社会单位仍然是"氏族",其中最大的改变是以男子计算世系和在社会生活中,男子取代了妇女的中心地位。私有的产生又催生了"小家庭"的出现,对偶婚逐渐被"妻从父居"的单偶婚(一夫一妻制)所替代。

时　间	考　古　文　化	时代大事	古史传说	社会形态
	农业为主,饲养猪、羊等家畜,并辅以渔猎。 辽宁凌源市牛梁河遗址发现大型神殿、祭坛、积石冢、精美玉器和女神塑像引起关注。女神庙由两组建筑构成,单室墙上发现的彩绘图画是迄今发现最早的彩色壁画。主室内有六个女神像,一般为真人大小,个别比真人大数倍。头部施红彩,唇为深朱色,眼球以玉片嵌入,颧骨微突,具蒙古人种特征。祭坛由石材砌成。积石冢为迄今发现同时代最大的石冢群。随葬品多为玉器,出土玉器多且精美为其鲜明特点,有佩、环、璧及龙、龟饰等。玉器的辟邪意义,及女神与祭坛的神圣,所透露出的宗教信息引起学者们的极大兴趣。	像的出现。 ● 大型的积石冢群。		
	● **良渚文化**(前3400~前2000年)　1934年在杭州市余杭区良渚镇发现,主要分布在浙北、苏南一带。　陶器以有光泽的黑陶为特色,圆足上常有缕孔。　玉器量多且精美,为中华史前玉文化中心之一。　在反山遗址发现大墓十一座,排列有序。墓内有棺椁等木制葬具。出土随葬品一千余件,几乎全为玉器,有琮、钺、环、璧、镯、璜等,很多前所未见。最大一件玉琮重十三斤,为已知玉琮之冠。在一冠状饰上一毫米宽度上刻有五条细线,借助放大镜方可看清,被称为"良渚神徽"。其贵重玉器已超过装饰意义,为当时神权、财富,乃至军权的象征。　遗址中有一建筑土台,用土量两万立方米,宏伟壮观,被称为"良渚王陵"。　瑶山遗址祭坛远望犹如埃及金字塔。出土玉器有象征权力的玉钺、龙首牌等。　吴兴钱山漾遗址发现丝带、丝线和绢片,是现知最早的蚕丝织品。　良渚文化所反映的社会发展令人惊奇,而在以后近千年的历程中,该地区未再发现可与之比拟的文化遗存,为何"突然消失",或其"流向何方",成为待解之谜。	● 令人称奇的微雕。 ● 祭坛高大犹如金字塔。 ● 出现最早的蚕丝织品。		
前3000年	● **半山—马厂文化**(前2500~前2000年)　1923年发现于甘肃和政县半山和青海民和县马厂塬,主要分布在甘中南、青东一带(有学者认为两者是不同类型的文化,也有人认为应归入马家窑文化)。　磨制石器有刀、斧、锛、凿、镰、镞、纺轮、石球等。骨器有镞、针、锥等。　陶器以容器居多。　经济以农业为主,饲养猪、狗等家畜。　装饰品多,种类复杂,有串饰、石臂饰、绿松石饰、石贝、矢簇等。陶器纹饰图案有数百种。有一人像彩陶壶造型奇特,是迄今发现最早、最完整的人体全身塑像,对研究古代美术具重要价值。　青海乐都柳湾墓葬			

时　间	考　古　文　化	时代大事	古史传说	社会形态
	多为木棺,四角榫接。有多人合葬墓,有学者认为是母系家族墓。发现有我国最早的土洞墓。 ●**龙山文化(广义)**(前2700～前2000年) 1928年首先发现于山东章丘市龙山镇城子崖,主要分布在黄河中下游地区,是为中原新石器晚期的一种典型文化(有学者认为,其文化系统来源不单一,不能归为一种文化,应分别命名)。 磨制石器已很发达,有斧、铲、刀、凿、簇、枪头等,以农具为主。蚌器多见刀、铲、镰、锯、簇等。骨器有针、梭等。 陶器轮制,以薄而有光泽的黑陶最具特色,曾被称为"黑陶文化",薄如蛋壳,仅厚0.5～1毫米。器形规整精致,有鼎、鬲、鬶、盆、盘、杯、瓮、碗、罐等。纹饰多样,还有镂空,代表了史前制陶技术的最高水平。 农业和畜牧业都相对发达。饲养猪、牛、羊、鸡、狗,"六畜"中除马外皆有。 城堡已较规整,仅山东境内就发现城址十多座,城子崖城址四百至五百见方,首次发现版筑城墙遗迹,从房址看,城内居民已相当多。邹平丁公城址有宽二十米、深三米的壕沟。孟庄城址有护城河。平粮台城址门道下发现有年代最早的城市排水系统。 随葬品多寡可明显看出财富占有的不均。还发现了乱葬坑,反映当时掠夺战争的激烈。河北邯郸涧沟遗址发现四颗被砍的人头。 发现卜骨,说明时人的占卜习惯。 丁公村遗址发现一块刻有十二个符号的陶片,排列有序,非信手乱刻,被称为"龙山文化陶文",不少学者认为是较成熟的文字,但其意尚待研究。此陶文的发现,将我国文字产生由商代中期的甲骨文提前了约八百年。 陶寺遗址面积四百平方米,有墓葬一千多座,大型墓有彩棺和椁,随葬品多者有两百多件。全为男性,附近有中型女性墓。有的小型墓几无葬品。典型随葬品有彩绘蟠龙陶盘,应为礼器;鼍鼓(鼓面为鳄鱼皮)、石磬、玉钺,已成象征王权的重器;大型玉琮应为巫师沟通天人的礼器。彩漆木豆为我国最早的彩色漆器。 据《竹书纪年》记载,尧舜即位,居于平阳,正好是这一地区,之间是否有内在联系,学者正在积极研究。有学者将龙山文化分列为"山东龙山文化"、"河南龙山文化"、"客省庄文化"、"陶寺文化"等。 ●**齐家文化**(前2100～前1600年) 1924年发现于甘肃广河县齐家坪。主要分布在甘、青境内黄河沿岸及支流一带。发现遗址三百多处。 以石器为主,已出现红铜器,因而也	●薄如蛋壳的黑陶代表史前制陶的最高水平。 ●城市排水系统的出现。 ●卜骨的发现。 ●墓葬明显地反映出等级差别和社会权力的集中。 ●原始文字的产生。 ●铜石并用。 ●镜子的出现。	●**炎黄时代** 《国语·晋语四》:"昔少典娶于有蟜氏,生黄帝、炎帝。黄帝以姬水成,炎帝以姜水成。成而异德,故黄帝为姬,炎帝为姜。"按是说,炎、黄同处一个时代(一说炎帝即神农氏,所处时代比黄帝早)。结合时代背景,我们可将其分别视为姜姓与姬姓的部落首领。相传两部落进入中原后曾在阪泉(今河北涿鹿东南,一说在今山西运城盐池附近)发生大战,黄帝获胜。之后黄帝又在涿鹿大败九黎部落,执杀其首领蚩尤。于是黄帝成为中原各部落的首领,以后的尧、舜、禹皆为其后裔,中华儿女自称"炎黄子孙"。据《史记·五帝本纪》,黄帝姓公孙,名轩辕,故又称"轩辕黄帝"。一般认为,黄帝时代是中华文明的肇始时代。相传:时驯养牛马,发明车船、医药、音律、数术等,其妻嫘祖发明养蚕治丝,其臣大挠创六十甲子,用以标记日期;其史官仓颉创造文字。《淮南子·原道训》:"黄帝始立,城邑以居。"而城市正是文明时代的标志之一。有学者指出,中华民族的制度文明也发端于此时期。黄帝死后,历颛顼、帝喾、尧、舜至禹,建立夏朝。 **附**:据《史记·五帝本纪》所整理的五帝世系:	●**进入父系氏族社会** 父系氏族社会是原始社会的一次飞跃,是人类历史上一次深刻的变革,时人类开始步入文明的门槛。这是一个缓慢的过程,各地变革也先后不一。由于各地区文化发展的差异与相互影响,这一时期出现了各具特色而又互相联系的新文化体系。有学者认为,中华核心地区进入父系社会在考古学上所反映的社会生产力标志为:锄耕农业、快轮制陶、纺织业产生和冶铜的萌芽。马克思主义经典作家认为,父系社会是原始社会的最后一个阶段,是向"阶级社会"过渡的阶段。其特点是社会剩余产品"私有"开始为社会所认可,出现了社会成员的贫富差距与等级区别。现代意义"国家"的出现标志着这一时代的结束,也是原始社会的结束。

时　间	考　古　文　化	时代大事	古史传说	社会形态
	有称其为铜石并用文化。　陶器以红陶为主，器类丰富，代表器物是双耳罐。　青海乐都县柳湾发现墓葬三百六十多座，葬具多为独木棺，以两人合葬为主。随葬品多寡不一，明显看出贫富差距。　秦魏家墓地出土三十八块牛头骨和祭坑边一头被砍掉头的牛。　尕马台遗址出土一面铸有六星花纹的铜镜，经测定，为青铜质，是为使用镜子的最早实证。		①黄帝（轩辕） 昌意　玄嚣 ②颛顼（高阳）　蛴极 穷蝉　③帝喾（高辛） 敬康　挚　④尧（放勋） 句望 桥牛 瞽叟 ⑤舜（重华）	

三 中华文明起源与世界四大古文明对照表

[说明] 清代学者李渔在其《闲情偶寄》一书中言："辟草昧而致文明。"近代学者将"文明"一词引入人类发展史，作为人类社会进步的一种状态和阶段，与人类早期的"蒙昧"、"野蛮"状态相对应，是一种高级发展阶段。而对于人类文明的起源，以及文明产生的标志，学者们则有不同的认识。归纳起来，大致与金属的使用、文字的创制、城市的出现、古代宗教、礼仪或礼仪性建筑（如神庙、祭祀坛等）的形成，以及贫富的分化和国家的产生等有关。我国学术界经过长期讨论，结合考古学的发展，近年不少学者倾向认为，"仰韶文化"为中华文明的起源奠定了基础；中华文明起源于黄帝时代，相当于考古学"龙山文化"时期（也有学者以夏王朝的建立，国家的产生为标志）。现将围绕中华文明起源的前后，与传统上被誉为世界古文明的四大发祥地文明的发展简要对照如下。

时 间	中华古文明	印度①古文明	两河流域②古文明	埃及③古文明
前 5000 年	●约前 5000～前 3000 年 仰韶文化（黄河中下游）：手工业产生。 原始园艺（种植蔬菜）产生。 已束头。 出现住宅群与原始"城"址。 出现有文字意味的"刻画符号"。 ●约前 5000 年 河姆渡文化（长江下游）："干栏"式建筑与榫卯	（南亚次大陆远在旧石器时代已有居民。对梅赫尔格尔等遗迹的发掘表明，约在前 7 千纪左右进入新石器时代。其居民自古就很复杂，一般认为，自前 3 千纪起，达罗毗荼人在当地即占重要地位，关于其人种及来源问题，至今不明。学者认为，他们是印度古文明最早的创造者；至于创造"吠	（西亚是世界古文明发源地之一。据考察，今两河流域河谷平原一带早年多为沼泽地，其旧石器遗迹多发现在山坡与丘陵地带。新石器时代的农业遗址也大多在北方和东方的山地上。自前 5 千纪左右，河谷平原方出现农业遗址。最早进入的居民是苏美尔人。)	（考古发现，尼罗河流域在旧石器时代就有居民生存。约至前 6 千纪进入新石器时代，成为世界上最早以农牧经济为主的地区之一。经考察，古埃及人是由北非操哈姆语系语言和来自西亚操赛姆语系语言的居民融合而成。)

---

① "印度"一词可能源于印度河，梵文为"信度"，意"江河、海洋"。此名称最早见于古波斯大流士碑文，在我国汉代文献中称"身毒"，或"天竺"，至唐代玄奘《大唐西域记》方称印度。此称在古代并非指国家，一般指喜马拉雅山以南的南亚次大陆地区。

② "两河"指底格里斯河与幼发拉底河。该地区又称"美索不达米亚"，是词源于古希腊语，意"河流中间之地"，希腊作家斯特拉波首先使用该词代指两河流域地区。大略今伊拉克、叙利亚一带，古代一般划为两部分：南部为巴比伦尼亚地区；北部为亚述地区。

③ "埃及"一词源于古希腊文。古埃及人自称"凯麦特"，意指黑土地。其地在非洲东北部，尼罗河穿流其境。古代，以孟斐斯为界，分为上、下埃及，上埃及包括尼罗河谷及周边地区；下埃及包括尼罗河淤泥冲积平源及周边台地。

时 间	中华古文明	印度古文明	两河流域古文明	埃及古文明
	技术出现。 出现太阳崇拜现象。	陀文明"、操印欧语系语言的雅利安人,则是以后从西北方进入南亚次大陆的。)	●约前4500~前3500年 欧贝德文化(精致彩陶文化)。由野蛮向文明过渡。 居民主要从事农业生产,初步掌握灌溉技术。 开始使用铜器。 考古发现居地、神庙址、雕像等。	●约前4500~前4000年 巴达里文化。 已发现铜器,但量尚少。 居民从事农牧业。 发现有化妆用调色板。
前4000年	●约前4000~前3000年 大溪文化(长江中游):发现围有城墙的城址。 城内发现有大型祭坛和祭祀坑。 ●约前4000~前2500年 大汶口文化(黄河下游):出现厚葬现象。 *关于中国原始宗教和古代宗教的分野与脉络,还是一个有待深入研究的课题。早在山顶洞人时即产生了灵魂不死的观念。新石器中、晚期以后,鬼魂观念渐趋复杂,葬法相应多样化,已有了复杂的宗教观念。	●约前3500~前2500年 位于印度河下游的"拉赫曼泰里遗址"。面积达二十二公顷,有围墙、碉堡等防御设施和宫殿、寺庙等大型建筑,已初具城市规模。 随葬品有陶器、红铜器和各种饰物。 由于所代表的考古文化分布较广,也被称为"俾路支和印度河平原的铜石并用文化",是南亚次大陆最早的铜石并用文化遗存。	●前3760年 (古代犹太人日历的首年。) ●约前3500~前3100年 乌鲁克时期。 两河流域的古文明最早由南部的早期居民苏美尔人创造。 时已出现文字(有学者称为图画文字,是最早的"楔形文字")。 产生了古代宗教,被后人指称为"苏美尔宗教",或统称为"美索不达米亚宗教"。属多神教,有天、地、日、月、水、金星等神。 出现塔庙建筑。 开始使用轮式运输工具。 发明最早的太阴历:依月亮圆缺一次为一月,12个月为一年,单月30日,双月29日。后逐步完善,成为今伊斯兰教历(回历)的基础。 (也有学者认为此时已进入城邦期,存在很多城邦小国。)	●前4000~前3500年 涅伽达文化一期。 为金石并用时代,由野蛮向文明过渡。 城市开始萌芽。 考古发现有象征王权的"权标头"。 ●约前3500~前3100年 涅伽达文化二期。 时形成数十个"诺姆"(城邦国家)。 开始对外贸易。 产生象形文字(古埃及人认为是由文字之神托特——智慧之神所创造),使用三千多年,直到4世纪方绝迹。 ●约前3100年~前2686年 上埃及(河谷地带)首领米那(美尼斯)征服下埃及(三角洲地区),筑孟斐斯城,初步形成统一国家。美尼斯被视为古埃及的第一位"法老"。有学者称这一时期为"早王朝时期",这个统一不断扩大,持续近千年,直到前2181年法老佩皮二世死后又陷分裂。被称为"纳尔迈调色板"的浮雕形象地展示了这次统一战争。这是迄今所发现的世界最早的历史纪实性石刻,画面中还有许多象形文字符号,具有珍贵的历史价值。学者一般将美尼斯统一作为埃及古文明开端的标志。
前3000年	●约前3000~2500年 屈家岭文化:早期出现有护城河、城墙、城门、道路、住宅区组成的较完整的城址。	●约前3000~前1500年 布尔扎霍姆文化:分布于北部克什米尔地区。 为新石器时代文化。在末期发现一件红铜镞。	●约前3000年 进入城邦时期。苏美尔地区出现若干小城邦国家,如乌尔、乌鲁克、拉格什、基什、乌玛、埃里都、尼普尔等。	●约前3000年 出现有桨和帆的船,并有航行远征的记载。 已使用铜镜。

时　间	中华古文明	印度古文明	两河流域古文明	埃及古文明
	马家窑文化:随葬品出现多寡不一的现象。 ● 约前3000年 红山文化:大型神殿的出现。 ● 约前3000～前2000年 良渚文化:大型祭坛的出现。　出现最早的丝织品。	● 约前3000～前2300年 阿姆里文化:分布于印度河下游信德地区。为铜石并用的早期村落文化,由村落向有设防的城镇过渡。 ● 约前2700～前2400年 库里文化:分布于今巴基斯坦俾路支南部地区。为铜石并用文化,出土有铜镜、铜别针和铜斧的毛坯等。　房屋建筑已用石料。	又称为"早王朝时期"。通常有一个都城(每城有一主神),周围拥有若干村镇经营农牧业。城市为政治、宗教、贸易、教育的中心。各城之间长期争战,掠夺财富与土地,争夺霸权。此时曾发生基什王出面调解拉伽什与乌玛间的纠纷,为其树立界碑的事件。 　时建巴比伦城(意"神之门")和乌尔城。 　东南部出现埃兰国,首都苏萨。与苏美尔接触频繁。至前13～前12世纪国势最盛。 　北部亚述人开始兴起,建亚述尔城,至前2000年形成国家,前8世纪后期强大。	● 约前29世纪 埃及古代宗教产生。为具备最早文献记录的古代宗教之一。约前24世纪的金字塔文和前8世纪的夏巴卡石碑反映了当时的宗教学说和崇拜仪式。
	● 前2697年 传说中黄帝纪元元年。	● 约前2650～前1180年 赭色陶文化:分布于恒河—贾木纳河地区,因遗址常见"赭石陶"而得名。经济以牧、猎为主。　未发现房址,只有一座砖窑和一个炉灶痕迹。　陶器手制,壁厚,施红色陶衣。　发现红铜器窖藏。	● 约前27世纪 《吉尔伽美什史诗》形成。其物在尼尼微城古代图书馆遗址内发现,为十二块楔形文字泥板,约三千多行。主要描写乌鲁克国王吉尔伽美什的斗争经历,探索死亡奥秘,歌颂对恶势力的反抗精神。是迄今所知最早的史诗。	● 约前2686～前2181年 古王国时期。国家统一完成,君主专制确立,出现国家法庭和神庙法庭。大规模修建"金字塔"。金字塔是国王灵魂上天的天梯,历代法老共建了七十多座。为世界七大奇迹之一。最大者高一百四十多米,是1888年巴黎埃菲尔铁塔修建前世界最高的建筑,塔身由二百三十万块巨石垒成,塔重六百万吨,是目前世界最重的建筑物。　出现《霍尔胡夫自传》等文学作品。
		● 约前2580～前1500年 伯纳斯文化:分布于拉贾斯坦邦的阿拉瓦利山脉东部山区。为铜石并用文化。发现青铜器制品,冶铜原料采自附近山区。　经济以农、牧为主。　发现椭圆形房屋和砖窑。　陶器轮制。		● 约前26世纪 狮身人面像(斯芬克司)落成。高二十米,长五十七米。除狮爪外,狮像为一天然岩石凿成,是法老威严的象征。
	● 约前2500～前2000年 龙山文化:以薄如蛋壳的黑陶为代表,显示出手工业的高度发展。　城市出现		● 约前2500年 使用燃油灯。　学会烤制面包和酿制啤酒。	● 约前2500年 出现玻璃球。用砂和苏打制作玻璃。

时间	中华古文明	印度古文明	两河流域古文明	埃及古文明
	排水系统。 卜骨的发现说明已有巫师存在。 墓葬明显地反映出贫富分化、等级差别和权力的显赫。出现"龙山文化陶文"。近来,不少学者认为,中华文明起源于黄帝时代,相当于考古学上的"龙山文化"时期。为争夺权力,轩辕黄帝与炎帝战于阪泉,与蚩尤战于涿鹿。 传说黄帝史官仓颉造字。		● 约前2500～前2300年 发现在陶片上刻画的地图,为已知最早的地图。 ● 约前2378～前2371年 拉格什国王乌鲁卡基那在位,施行改革:限制权贵,减免赋役,下令开渠等。这是世界上所知最早的改革。 ● 约前2371～前2347年 乌玛国王卢伽尔·扎吉西征服广大地区,在乌鲁克称王。后为阿卡德王国所灭。	
	● 约前2300年 在河南郾城郝家台城址发现铜器残片。 ● 约前23世纪 相传尧命羲、和观测天象,制定历法,以366日为一年,置闰月以正四时。	● 约前2350～前1750年 "哈拉帕文明"(以发现地命名):又称"印度河文明",是印度次大陆最早的文明。其长期湮于世,直到20世纪20年代才被发现。为当地土著达罗毗荼人创造。分布于以印度河谷为中心的广大地区,迄今发现遗址上百处。是古印度青铜时代的城市文化。时出现了早期的城市国家; 典型城市,如摩亨佐·达罗,其建筑遗址保存完好。有上、下两城,上城为国家统治中心和举行宗教仪式之地,下城是商业、手工业和住宅区。已具备现代城市的某些特征。 居民大都从事农业和畜牧业。 使用青铜工具、武器和器皿。能制作多种类型的艺术品。 出现海上贸易。已有象形文字,字刻于石、陶片和象牙印章上,出土印章数以千计,又称为"印章文字",或"印章文明"。流行的宗教信仰主要是对地母神、动植物(特别是牛)、性器官和祖灵的崇拜,主要	● 约前2371～前2191年 沙鲁金(即萨尔贡一世)建阿卡德国。历史上称"阿卡德王国时期"。定都阿卡德。征服苏美尔各城邦,首次统一两河流域南部。建立君主专制。统一度量衡,推广楔形文字。阿卡德国在那拉姆辛(约前2291～前2255)时国势最盛。后为来自北方的库提人(古丁人)所灭。 ● 约前2120年 苏美尔再度兴起,乌鲁克驱逐阿卡德人。 ● 约前2113～前2006年 乌尔王乌尔纳姆击败乌鲁克建乌尔第三王朝,颁布《乌尔拉姆法典》,为世界第一部成文法典。传五王,后为埃兰所灭。自此苏美尔人统治结束,退出历史舞台,来自西北方的阿摩利人首领苏木阿布约于前1894年建古巴比伦国,又叫巴比伦第一王朝,开始两河流域的"巴比伦时代"。	● 约前2181～前2040年 第一中间期。 统一王国瓦解;发生贫民、奴隶大起义。社会动荡,地方势力互相争战。
	● 约前2070年 夏朝建立			● 约前2040(一说前2133)～前1786年

时　间	中华古文明	印度古文明	两河流域古文明	埃及古文明
前2000年	﹡与其他三地古文明相比,中华古文明出现较晚。而中华大地处于东亚大陆,为一相对独立的自然地理单元,加之中原文化地处得天独厚的中心地区,以其宽泛的包容性,在不断交融与辐射中,规模日渐扩大,始终处于主流地位,因而中华文明的发展从未中断,显示出突出的连续性特色和一系列特点。尤其是文字产生后,留传至今的文献之丰富无与伦比。	宗教仪式是浸浴和土葬。 ﹡学者以往皆以前2000年以后雅利安人创造的"吠陀文明"为印度古文明的始点,而"哈拉帕文明"的发现,使其提前了近一千年。 印度古文明的发展几次中断,原因不明。 ●约前2000年以后(或前1500年) 　开始以雅利安人所建的"吠陀时代",即以《黎俱吠陀》为代表的诸吠陀文献所记录的时代。	﹡不少学者认为人类文明曙光最早出现在两河流域(也有人认为人类文明发源于古埃及),其中心是苏美尔,其特点是城邦文明。由于所处地理位置之故,四周强大起来的外族势力经常进入两河流域,伴随征服而带来新文化,从而打断或改变该地区古文明自身的发展道路。	中王国时期。　再度统一后,迁都底比斯。时青铜器广泛使用(有学者认为此时已进入青铜时代)。　开始修卡纳克神庙,这是一个巨大的综合性建筑群,完成于新王朝时期。　始开发法雍湖地区,兴建美里多沃水利工程,并建城镇和宫殿(迷宫)、神庙等大型建筑。出现《辛努海的故事》等文学作品。 ●约前2000年 　开始以防腐香料殓藏尸体,年久干瘪后,即形成所谓的"木乃伊",木乃伊的制作又促进了古代医学,尤其是解剖学的发展。 ﹡一般认为,埃及古文化自前5世纪波斯人进入后即告结束。后,前332年希腊人进入,统治了三个世纪;前30年罗马人进入,统治了六个多世纪;直到641年阿拉伯人进入,一直统治至今,形成今天的以伊斯兰阿拉伯文化为主体,兼基督教文化和希腊文化成分为特点的文化体系。

肆

中华历史纪年表

说　明

1.本书前言已云,本书标注"大事记"采取表下注和附录相结合的形式,两者互补。表下注可直观地对应纪年表,一目了然。但表下注容量有限,读者欲了解更多的内容,尤其是想要了解同期国外状况,径直可查附录"中外对照历史大事年表"。

2.本年表表下注包括两方面内容:一是单纯的注解;一是大事记,读者一见即明,故不再一一分别标示。

3.中华历史有确切纪年始于公元前841年。史籍对此前所记史事不仅简略,而且极为混乱;尤其是对史载的系年,后世史家看法极不一致,甚至相差数百年。针对此种具体情况,附录"大事年表"特别每每注出史载原文,为省篇幅,在此年表的页下注中不再标注。

一　夏时期纪年表

公元前	夏	公元前	夏
2070	1(?)禹	2035	36 禹
2069	2	2034	37
2068	3	2033	38
2067	4	2032	39
2066	5	2031	40
2065	6	2030	41
2064	7	2029	42
2063	8	2028	43
2062	9	2027	44
2061	10	2026	45[启]
2060	11	2025	1(?)启
2059	12	2024	2
2058	13	2023	3
2057	14	2022	4
2056	15	2021	5
2055	16	2020	6
2054	17	2019	7
2053	18	2018	8
2052	19	2017	9
2051	20	2016	10
2050	21	2015	11
2049	22	2014	12
2048	23	2013	13
2047	24	2012	14
2046	25	2011	15
2045	26	2010	16
2044	27	2009	17
2043	28	2008	18
2042	29	2007	19
2041	30	2006	20
2040	31	2005	21
2039	32	2004	22
2038	33	2003	23
2037	34	2002	24
2036	35	2001	25

公元前	夏		公元前	夏	
2000	26 启		1960	27 太康	
1999	27		1959	28	
1998	28		1958	29	
1997	29		1957	1(?)后羿	1(?)仲康
1996	30		1956	2	2
1995	31		1955	3	3
1994	32		1954	4	4
1993	33		1953	5	5
1992	34		1952	6	6
1991	35		1951	7	7
1990	36		1950	8	1(?)相
1989	37		1949	1(?)寒浞	2
1988	38		1948	2	3
1987	39[太康]		1947	3	4
1986	1(?)太康		1946	4	5
1985	2		1945	5	6
1984	3		1944	6	7
1983	4		1943	7	8
1982	5		1942	8	9
1981	6		1941	9	10
1980	7		1940	10	11
1979	8		1939	11	12
1978	9		1938	12	13
1977	10		1937	13	14
1976	11		1936	14	15
1975	12		1935	15	16
1974	13		1934	16	17
1973	14		1933	17	18
1972	15		1932	18	19
1971	16		1931	19	20
1970	17		1930	20	21
1969	18		1929	21	22
1968	19		1928	22	23
1967	20		1927	23	24
1966	21		1926	24	25
1965	22		1925	25	26
1964	23		1924	26	27
1963	24		1923	27	28
1962	25		1922	28	
1961	26		1921	29	

公元前	夏	公元前	夏
1920	30 寒浞	1880	17［槐］
1919	31	1879	1（？）槐
1918	32	1878	2
1917	1（？）少康	1877	3
1916	2	1876	4
1915	3	1875	5
1914	4	1874	6
1913	5	1873	7
1912	6	1872	8
1911	7	1871	9
1910	8	1870	10
1909	9	1869	11
1908	10	1868	12
1907	11	1867	13
1906	12	1866	14
1905	13	1865	15
1904	14	1864	16
1903	15	1863	17
1902	16	1862	18
1901	17	1861	19
1900	18	1860	20
1899	19	1859	21
1898	20	1858	22
1897	21［予］	1857	23
1896	1（？）予	1856	24
1895	2	1855	25
1894	3	1854	26
1893	4	1853	27
1892	5	1852	28
1891	6	1851	29
1890	7	1850	30
1889	8	1849	31
1888	9	1848	32
1887	10	1847	33
1886	11	1846	34
1885	12	1845	35
1884	13	1844	36
1883	14	1843	37
1882	15	1842	38
1881	16	1841	39

一　夏时期纪年表

公元前	夏	公元前	夏
1840	40 槐	1800	36 芒
1839	41	1799	37
1838	42	1798	38
1837	43	1797	39
1836	44[芒]	1796	40
1835	1(?)芒	1795	41
1834	2	1794	42
1833	3	1793	43
1832	4	1792	44
1831	5	1791	45
1830	6	1790	46
1829	7	1789	47
1828	8	1788	48
1827	9	1787	49
1826	10	1786	50
1825	11	1785	51
1824	12	1784	52
1823	13	1783	53
1822	14	1782	54
1821	15	1781	55
1820	16	1780	56
1819	17	1779	57
1818	18	1778	58[泄]
1817	19	1777	1(?)泄
1816	20	1776	2
1815	21	1775	3
1814	22	1774	4
1813	23	1773	5
1812	24	1772	6
1811	25	1771	7
1810	26	1770	8
1809	27	1769	9
1808	28	1768	10
1807	29	1767	11
1806	30	1766	12
1805	31	1765	13
1804	32	1764	14
1803	33	1763	15
1802	34	1762	16
1801	35	1761	17

公元前	夏	公元前	夏
1760	18 泄	1720	37 不降
1759	19	1719	38
1758	20	1718	39
1757	21［不降］	1717	40
1756	1（?）不降	1716	41
1755	2	1715	42
1754	3	1714	43
1753	4	1713	44
1752	5	1712	45
1751	6	1711	46
1750	7	1710	47
1749	8	1709	48
1748	9	1708	49
1747	10	1707	50
1746	11	1706	51
1745	12	1705	52
1744	13	1704	53
1743	14	1703	54
1742	15	1702	55
1741	16	1701	56
1740	17	1700	57
1739	18	1699	58
1738	19	1698	59［扃］
1737	20	1697	1（?）扃
1736	21	1696	2
1735	22	1695	3
1734	23	1694	4
1733	24	1693	5
1732	25	1692	6
1731	26	1691	7
1730	27	1690	8
1729	28	1689	9
1728	29	1688	10
1727	30	1687	11
1726	31	1686	12
1725	32	1685	13
1724	33	1684	14
1723	34	1683	15
1722	35	1682	16
1721	36	1681	17

一　夏时期纪年表

公元前	夏	公元前	夏
1680	18[廑]	1640	1（？）皋
1679	1（？）廑	1639	2
1678	2	1638	3[发]
1677	3	1637	1（？）发
1676	4	1636	2
1675	5	1635	3
1674	6	1634	4
1673	7	1633	5
1672	8[孔甲]	1632	6
1671	1（？）孔甲	1631	7[癸（桀）]
1670	2	1630	1（？）癸（桀）
1669	3	1629	2
1668	4	1628	3
1667	5	1627	4
1666	6	1626	5
1665	7	1625	6
1664	8	1624	7
1663	9	1623	8
1662	10	1622	9
1661	11	1621	10
1660	12	1620	11
1659	13	1619	12
1658	14	1618	13
1657	15	1617	14
1656	16	1616	15
1655	17	1615	16
1654	18	1614	17
1653	19	1613	18
1652	20	1612	19
1651	21	1611	20
1650	22	1610	21
1649	23	1609	22
1648	24	1608	23
1647	25	1607	24
1646	26	1606	25
1645	27	1605	26
1644	28	1604	27
1643	29	1603	28
1642	30	1602	29
1641	31[皋]	1601	30
		1600	31（亡于商）

二　商时期纪年表

公元前	商（殷）	公元前	商（殷）
1600	1(？)汤	1565	5 沃丁
1599	2	1564	6
1598	3	1563	7
1597	4	1562	8
1596	5	1561	9
1595	6	1560	10
1594	7	1559	11
1593	8	1558	12
1592	9	1557	13
1591	10	1556	14
1590	11	1555	15
1589	12	1554	16
1588	13［外丙］	1553	17
1587	1(？)外丙	1552	18
1586	2［中壬］	1551	19［太庚］
1585	1(？)中壬	1550	1(？)太庚
1584	2	1549	2
1583	3	1548	3
1582	4［太甲］	1547	4
1581	1(？)太甲	1546	5
1580	2	1545	6
1579	3	1544	7
1578	4	1543	8
1577	5	1542	9
1576	6	1541	10
1575	7	1540	11
1574	8	1539	12
1573	9	1538	13
1572	10	1537	14
1571	11	1536	15
1570	12［沃丁］	1535	16
1569	1(？)沃丁	1534	17
1568	2	1533	18
1567	3	1532	19
1566	4	1531	20

公元前	商（殷）	公元前	商（殷）
1530	21 太庚	1490	7 太戊
1529	22	1489	8
1528	23	1488	9
1527	24	1487	10
1526	25［小甲］	1486	11
1525	1（?）小甲	1485	12
1524	2	1484	13
1523	3	1483	14
1522	4	1482	15
1521	5	1481	16
1520	6	1480	17
1519	7	1479	18
1518	8	1478	19
1517	9	1477	20
1516	10	1476	21
1515	11	1475	22
1514	12	1474	23
1513	13	1473	24
1512	14	1472	25
1511	15	1471	26
1510	16	1470	27
1509	17［雍己］	1469	28
1508	1（?）雍己	1468	29
1507	2	1467	30
1506	3	1466	31
1505	4	1465	32
1504	5	1464	33
1503	6	1463	34
1502	7	1462	35
1501	8	1461	36
1500	9	1460	37
1499	10	1459	38
1498	11	1458	39
1497	12［太戊］	1457	40
1496	1（?）太戊	1456	41
1495	2	1455	42
1494	3	1454	43
1493	4	1453	44
1492	5	1452	45
1491	6	1451	46

公元前	商（殷）		公元前	商（殷）
1450	47 太戊		1410	1（？）外壬
1449	48		1409	2
1448	49		1408	3
1447	50		1407	4
1446	51		1406	5
1445	52		1405	6
1444	53		1404	7
1443	54		1403	8
1442	55		1402	9
1441	56		1401	10
1440	57		1400	11
1439	58		1399	12
1438	59		1398	13
1437	60		1397	14
1436	61		1396	15［河亶甲］
1435	62		1395	1（？）河亶甲
1434	63		1394	2
1433	64		1393	3
1432	65		1392	4
1431	66		1391	5
1430	67		1390	6
1429	68		1389	7
1428	69		1388	8
1427	70		1387	9［祖乙］
1426	71		1386	1（？）祖乙
1425	72		1385	2
1424	73		1384	3
1423	74		1383	4
1422	75［中丁］		1382	5
1421	1（？）中丁		1381	6
1420	2		1380	7
1419	3		1379	8
1418	4		1378	9
1417	5		1377	10
1416	6		1376	11
1415	7		1375	12
1414	8		1374	13
1413	9		1373	14
1412	10		1372	15
1411	11［外壬］		1371	16

二　商时期纪年表

公元前	商（殷）
1370	17 祖乙
1369	18
1368	19［祖辛］
1367	1 祖辛
1366	2
1365	3
1364	4
1363	5
1362	6
1361	7
1360	8
1359	9
1358	10
1357	11
1356	12
1355	13
1354	14［沃甲］
1353	1（?）沃甲
1352	2
1351	3
1350	4
1349	5
1348	6
1347	7
1346	8
1345	9
1344	10
1343	11
1342	12
1341	13
1340	14
1339	15
1338	16
1337	17
1336	18
1335	19
1334	20
1333	21
1332	22
1331	23

公元前	商（殷）
1330	24 沃甲
1329	25［祖丁］
1328	1（?）祖丁
1327	2
1326	3
1325	4
1324	5
1323	6
1322	7
1321	8
1320	9［南庚］
1319	1（?）南庚
1318	2
1317	3
1316	4
1315	5
1314	6［阳甲］
1313	1（?）阳甲
1312	2
1311	3
1310	4［盘庚］
1309	1（?）盘庚
1308	2
1307	3
1306	4
1305	5
1304	6
1303	7
1302	8
1301	9
1300	10
1299	11
1298	12
1297	13
1296	14
1295	15
1294	16
1293	17
1292	18
1291	19

公元前	商（殷）	公元前	商（殷）
1290	20 盘庚	1250	1(?)武丁
1289	21	1249	2
1288	22	1248	3
1287	23	1247	4
1286	24	1246	5
1285	25	1245	6
1284	26	1244	7
1283	27	1243	8
1282	28［小辛］	1242	9
1281	1(?)小辛	1241	10
1280	2	1240	11
1279	3	1239	12
1278	4	1238	13
1277	5	1237	14
1276	6	1236	15
1275	7	1235	16
1274	8	1234	17
1273	9	1233	18
1272	10	1232	19
1271	11	1231	20
1270	12	1230	21
1269	13	1229	22
1268	14	1228	23
1267	15	1227	24
1266	16	1226	25
1265	17	1225	26
1264	18	1224	27
1263	19	1223	28
1262	20	1222	29
1261	21［小乙］	1221	30
1260	1(?)小乙	1220	31
1259	2	1219	32
1258	3	1218	33
1257	4	1217	34
1256	5	1216	35
1255	6	1215	36
1254	7	1214	37
1253	8	1213	38
1252	9	1212	39
1251	10［武丁］	1211	40

公元前	商（殷）	公元前	商（殷）
1210	41 武丁	1170	11 祖甲
1209	42	1169	12
1208	43	1168	13
1207	44	1167	14
1206	45	1166	15
1205	46	1165	16
1204	47	1164	17
1203	48	1163	18
1202	49	1162	19
1201	50	1161	20
1200	51	1160	21［廪辛］
1199	52	1159	1（?）廪辛
1198	53	1158	2
1197	54	1157	3
1196	55	1156	4［康丁］
1195	56	1155	1（?）康丁
1194	57	1154	2
1193	58	1153	3
1192	59［祖庚］	1152	4
1191	1（?）祖庚	1151	5
1190	2	1150	6
1189	3	1149	7
1188	4	1148	8［武乙］
1187	5	1147	1（?）武乙
1186	6	1146	2
1185	7	1145	3
1184	8	1144	4
1183	9	1143	5
1182	10	1142	6
1181	11［祖甲］	1141	7
1180	1（?）祖甲	1140	8
1179	2	1139	9
1178	3	1138	10
1177	4	1137	11
1176	5	1136	12
1175	6	1135	13
1174	7	1134	14
1173	8	1133	15
1172	9	1132	16
1171	10	1131	17

公元前	商（殷）		公元前	商（殷）
1130	18 武乙		1087	15 帝乙
1129	19		1086	16
1128	20		1085	17
1127	21		1084	18
1126	22		1083	19
1125	23		1082	20
1124	24		1081	21
1123	25		1080	22
1122	26		1079	23
1121	27		1078	24
1120	28		1077	25
1119	29		1076	26［帝辛（纣）］
1118	30		1075	1（？）帝辛（纣）
1117	31		1074	2
1116	32		1073	3
1115	33		1072	4
1114	34		1071	5
1113	35［文丁］		1070	6
1112	1（？）文丁		1069	7
1111	2		1068	8
1110	3		1067	9
1109	4		1066	10
1108	5		1065	11
1107	6		1064	12
1106	7		1063	13
1105	8		1062	14
1104	9		1061	15
1103	10		1060	16
1102	11［帝乙］		1059	17
1101	1（？）帝乙		1058	18
1100	2		1057	19
1099	3		1056	20
1098	4		1055	21
1097	5		1054	22
1096	6		1053	23
1095	7		1052	24
1094	8		1051	25
1093	9		1050	26
1092	10		1049	27
1091	11		1048	28
1090	12		1047	29
1089	13		1046	30（亡于西周）
1088	14			

三　西周时期纪年表

公元前	西　周		公元前	西　周
1046	1(?)武王发		1005	16 康王
1045	2		1004	17
1044	3		1003	18
1043	4[成王]		1002	19
1042	1(?)成王诵		1001	20
1041	2		1000	21
1040	3		999	22
1039	4		998	23
1038	5		997	24
1037	6		996	25[昭王]
1036	7		995	1(?)昭王瑕
1035	8		994	2
1034	9		993	3
1033	10		992	4
1032	11		991	5
1031	12		990	6
1030	13		989	7
1029	14		988	8
1028	15		987	9
1027	16		986	10
1026	17		985	11
1025	18		984	12
1024	19		983	13
1023	20		982	14
1022	21		981	15
1021	22[康王]		980	16
1020	1(?)康王钊		979	17
1019	2		978	18
1018	3		977	19[穆王]
1017	4		976	1(?)穆王满
1016	5		975	2
1015	6		974	3
1014	7		973	4
1013	8		972	5
1012	9		971	6
1011	10		970	7
1010	11		969	8
1009	12		968	9
1008	13		967	10
1007	14		966	11
1006	15			

公元前	西　周	公元前	西　周
965	12 穆王	920	3 共王
964	13	919	4
963	14	918	5
962	15	917	6
961	16	916	7
960	17	915	8
959	18	914	9
958	19	913	10
957	20	912	11
956	21	911	12
955	22	910	13
954	23	909	14
953	24	908	15
952	25	907	16
951	26	906	17
950	27	905	18
949	28	904	19
948	29	903	20
947	30	902	21
946	31	901	22
945	32	900	23［懿王］
944	33	899	1(？)懿王囏
943	34	898	2
942	35	897	3
941	36	896	4
940	37	895	5
939	38	894	6
938	39	893	7
937	40	892	8［孝王］
936	41	891	1(？)孝王辟方
935	42	890	2
934	43	889	3
933	44	888	4
932	45	887	5
931	46	886	6［夷王］
930	47	885	1(？)夷王燮
929	48	884	2
928	49	883	3
927	50	882	4
926	51	881	5
925	52	880	6
924	53	879	7
923	54	878	8［厉王］
922	55	877	1(？)厉王胡
	1(？)共王繄扈	876	2
921	2		

公元前	干支	西 周					
875		3 厉王					
874		4					
873		5					
872		6					
871		7					
870		8					
869		9					
868		10					
867		11					
866		12					
865		13		曹①	燕		
864		14		1 夷伯喜	1 惠侯	蔡	
863		15		2	2	1 武侯	
862		16		3	3	2	
861		17		4	4	3	
860		18		5	5	4	
859		19		6	6	5	宋
858		20	秦	7	7	6	1 釐公举
857		21	1(?)秦侯	8	8	7	2
856		22	2	9	9	8	3
855		23	3	10	10	9	4
854		24	4	11	11	10	5
853		25	5	12	12	11	6
852		26	6	13	13	12	7
851		27	7	14	14	13	8
850		28	8	15	15	14	9
849		29	9	16	16	15	10
848		30	10[公伯]	17	17	16	11
847		31	1(?)公伯	18	18	17	12
846		32	2	19	19	18	13
845		33	3[秦仲]	20	20	19	14
844		34	1(?)秦仲	21	21	20	15
843		35	2	22	22	21	16
842		36	3	23	23	22	17
841	庚申②	37 (共和③)1	4	24	24	23	18
840	辛酉	2	5	25	25	24	19
839	壬戌	3	6	26	26	25	20
838	癸亥	4	7	27	27	26[夷侯]	21
837	甲子	5	8	28	28	1 夷侯	22
836	乙丑	6	9	29	29	2	23

①本书"纪年考"中列有"关于'诸侯国'的说明",供参考。

②干支起源,尚无定论,最早用以纪日,而用干支纪年,一般认为是从西汉后期开始的,汉以前的干支纪年为后人所推算。

③据《史记·周本纪》:王室乱,召公、周公二相行政,号曰"共和"。此年为我国有确切纪年之始,以后再未中断。

晋	鲁	卫	陈	齐	楚	公元前
						875
						874
						873
						872
						871
						870
						869
						868
						867
						866
						865
						864
						863
						862
						861
						860
						859
1 靖侯宜臼						858
2						857
3						856
4	1 真公濞					855
5	2	1 釐侯	1 幽公宁			854
6	3	2	2			853
7	4	3	3			852
8	5	4	4			851
9	6	5	5	1 武公寿		850
10	7	6	6	2		849
11	8	7	7	3		848
12	9	8	8	4	1 熊勇	847
13	10	9	9	5	2	846
14	11	10	10	6	3	845
15	12	11	11	7	4	844
16	13	12	12	8	5	843
17	14	13	13	9	6	842
18[釐侯]	15	14	14	10	7	841
1 釐侯司徒	16	15	15	11	8	840
2	17	16	16	12	9	839
3	18	17	17	13	10[熊严]	838
4	19	18	18	14	1 熊严	837
5	20	19	19	15	2	836

公元前	干支	西 周	秦	曹	燕	蔡	宋
835	丙寅	(共和)7	10 秦仲	30[幽伯]	30 惠侯	3 夷侯	24 釐公
834	丁卯	8	11	1 幽伯彊	31	4	25
833	戊辰	9	12	2	32	5	26
832	己巳	10	13	3	33	6	27
831	庚午	11	14	4	34	7	28[惠公]
830	辛未	12	15	5	35	8	1 惠公覸
829	壬申	13	16	6	36	9	2
828	癸酉	14[宣王]	17	7	37	10	3
827	甲戌	1 宣王静①	18	8	38[釐侯]	11	4
826	乙亥	2	19	9[戴伯]	1 釐侯	12	5
825	丙子	3	20	1 戴伯鲜	2	13	6
824	丁丑	4	21	2	3	14	7
823	戊寅	5	22	3	4	15	8
822	己卯	6	23[庄公]	4	5	16	9
821	庚辰	7	1 庄公其	5	6	17	10
820	辛巳	8	2	6	7	18	11
819	壬午	9	3	7	8	19	12
818	癸未	10	4	8	9	20	13
817	甲申	11	5	9	10	21	14
816	乙酉	12	6	10	11	22	15
815	丙戌	13	7	11	12	23	16
814	丁亥	14	8	12	13	24	17
813	戊子	15	9	13	14	25	18
812	己丑	16	10	14	15	26	19
811	庚寅	17	11	15	16	27	20
810	辛卯	18	12	16	17	28[釐侯]	21
809	壬辰	19	13	17	18	1 釐侯所事	22
808	癸巳	20	14	18	19	2	23
807	甲午	21	15	19	20	3	24
806	乙未	22	16	20	21	4	25

①据《汉书》:宣王时,兴师征戎狄,诗人赞其功曰:"薄伐猃允,至于太原,出车彭彭,城彼朔方。"是时,四夷宾服, 称为中兴。

晋	鲁	卫	陈	齐	楚		公元前
6 釐侯	21 真公	20 釐侯	20 幽公	16 武公	3 熊严		835
7	22	21	21	17	4		834
8	23	22	22	18	5		833
9	24	23	23[釐公]	19	6		832
10	25	24	1 釐公孝	20	7		831
11	26	25	2	21	8		830
12	27	26	3	22	9		829
13	28	27	4	23	10[熊霜]		828
14	29	28	5	24	1 熊霜		827
15	30[武公]	29	6	25	2		826
16	1 武公敖	30	7	26[厉公]	3		825
17	2	31	8	1 厉公无忌	4		824
18[献侯]	3	32	9	2	5		823
1 献侯籍	4	33	10	3	6[熊徇]		822
2	5	34	11	4	1 熊徇		821
3	6	35	12	5	2		820
4	7	36	13	6	3		819
5	8	37	14	7	4		818
6	9	38	15	8	5		817
7	10[懿公]	39	16	9[文公]	6		816
8	1 懿公戏	40	17	1 文公赤	7		815
9	2	41	18	2	8		814
10	3	42	19	3	9		813
		1 共伯馀[武公]					
11[穆侯]	4	1 武公和	20	4	10		812
1 穆侯弗生	5	2	21	5	11		811
2	6	3	22	6	12		810
3	7	4	23	7	13		809
4	8	5	24	8	14		808
5	9[伯御]	6	25	9	15	郑	807
6	1 伯御	7	26	10	16	1 桓公友	806

公元前	干支	西周	秦	曹	燕	蔡	宋
805	丙申	23 宣王	17 庄公	21 戴伯	22 釐侯	5 釐侯	26 惠公
804	丁酉	24	18	22	23	6	27
803	戊戌	25	19	23	24	7	28
802	己亥	26	20	24	25	8	29
801	庚子	27	21	25	26	9	30
800	辛丑	28	22	26	27	10	31 1 哀公[戴公]
799	壬寅	29	23	27	28	11	1 戴公
798	癸卯	30	24	28	29	12	2
797	甲辰	31	25	29	30	13	3
796	乙巳	32	26	30[惠伯]	31	14	4
795	丙午	33	27	1 惠伯兕	32	15	5
794	丁未	34	28	2	33	16	6
793	戊申	35	29	3	34	17	7
792	己酉	36	30	4	35	18	8
791	庚戌	37	31	5	36[顷侯]	19	9
790	辛亥	38	32	6	1 顷侯	20	10
789	壬子	39	33	7	2	21	11
788	癸丑	40	34	8	3	22	12
787	甲寅	41	35	9	4	23	13
786	乙卯	42	36	10	5	24	14
785	丙辰	43	37	11	6	25	15
784	丁巳	44	38	12	7	26	16
783	戊午	45	39	13	8	27	17
782	己未	46[幽王]	40	14	9	28	18
781	庚申	1 幽王宫涅[1]	41	15	10	29	19

①一作"宫湦"。

晋	鲁	卫	陈	齐	楚	郑	公元前
7 穆侯	2 伯御	8 武公	27 釐公	11 文公	17 熊徇	2 桓公	805
8	3	9	28	12 [成公]	18	3	804
9	4	10	29	1 成公说	19	4	803
10	5	11	30	2	20	5	802
11	6	12	31	3	21	6	801
12	7	13	32	4	22 [熊鄂]	7	800
13	8	14	33	5	1 熊鄂	8	799
14	9	15	34	6	2	9	798
15	10	16	35	7	3	10	797
16	11 [孝公]	17	36 [武公]	8	4	11	796
17	1 孝公称	18	1 武公灵	9 [庄公]	5	12	795
18	2	19	2	1 庄公赎	6	13	794
19	3	20	3	2	7	14	793
20	4	21	4	3	8	15	792
21	5	22	5	4	9 [若敖]	16	791
22	6	23	6	5	1 若敖熊仪	17	790
23	7	24	7	6	2	18	789
24	8	25	8	7	3	19	788
25	9	26	9	8	4	20	787
26	10	27	10	9	5	21	786
27 [殇叔]	11	28	11	10	6	22	785
1 殇叔	12	29	12	11	7	23	784
2	13	30	13	12	8	24	783
3	14	31	14	13	9	25	782
4 [文侯]	15	32	15 [夷公]	14	10	26	781

公元前	干支	西 周	秦	曹	燕	蔡	宋
780	辛酉	2 幽王	42 庄公	16 惠伯	11 顷侯	30 釐侯	20 戴公
779	壬戌	3	43	17	12	31	21
778	癸亥	4	44〔襄公〕	18	13	32	22
777	甲子	5	1 襄公	19	14	33	23
776	乙丑	6	2	20	15	34	24
775	丙寅	7	3	21	16	35	25
774	丁卯	8	4	22	17	36	26
773	戊辰	9	5	23	18	37	27
772	己巳	10	6	24	19	38	28
771	庚午	11	7	25	20	39	29

①据《国语·郑语》:史伯曰:当成周者,南有荆蛮、申、吕、应、邓、陈、蔡、随、唐;北有卫、燕、狄、鲜虞、潞、洛、泉、徐、蒲;西有虞、

114

晋	鲁	卫	陈	齐	楚	郑	公元前
1 文侯仇	16 孝公	33 武公	1 夷公说	15 庄公	11 若敖	27 桓公	780
2	17	34	2	16	12	28	779
3	18	35	3[平公]	17	13	29	778
4	19	36	1 平公燮	18	14	30	777
5	20	37	2	19	15	31	776
6	21	38	3	20	16	32	775
7	22	39	4	21	17	33①	774
8	23	40	5	22	18	34	773
9	24	41	6	23	19	35	772
10	25	42	7	24	20	36[武公]	771

虢、晋、隗、霍、杨、魏、芮;东有齐、鲁、曹、宋、滕、薛、邹、莒。是非王之支子母弟甥舅也,则皆蛮、夷、戎狄之人也。

公元前	干支	东周	秦	曹	燕	蔡	宋	晋
770	辛未	1 平王宜臼②	8 襄公	26 惠伯	21 顷侯	40 釐侯	30 戴公	11 文侯
769	壬申	2	9	27	22	41	31	12
768	癸酉	3	10	28	23	42	32	13
767	甲戌	4	11	29	24[哀侯]	43	33	14
766	乙亥	5	12[文公]	30	1 哀侯	44	34[武公]	15
765	丙子	6	1 文公	31	2[郑侯]	45	1 武公司空	16
764	丁丑	7	2	32	1 郑侯	46	2	17
763	戊寅	8	3	33	2	47	3	18
762	己卯	9	4	34	3	48[共侯]	4	19
761	庚辰	10	5	35	4	1 共侯兴	5	20
760	辛巳	11	6	36	5	2[戴侯]	6	21
				1 石甫[穆公]				
759	壬午	12	7	1 穆公武	6	1 戴侯	7	22
758	癸未	13	8	2	7	2	8	23
757	甲申	14	9	3[桓公]	8	3	9	24
756	乙酉	15	10	1 桓公终生	9	4	10	25
755	丙戌	16	11	2	10	5	11	26
754	丁亥	17	12	3	11	6	12	27
753	戊子	18	13③	4	12	7	13	28
752	己丑	19	14	5	13	8	14	29
751	庚寅	20	15	6	14	9	15	30
750	辛卯	21	16	7	15	10[宣侯]	16	31
749	壬辰	22	17	8	16	1 宣侯楷论	17	32
748	癸巳	23	18	9	17	2	18[宣公]	33
747	甲午	24	19	10	18	3	1 宣公力	34
746	乙未	25	20④	11	19	4	2	35[昭侯]

①此表列较大诸侯国,本书"纪年考"中列有"春秋时期其他诸侯小国存亡表",供参考。
②是年周平王迁都洛邑,史称东周。史家又将东周分为"春秋"与"战国"两个时期。据考古发现,此时已出现了铁器,初用于
③据《史记·秦本纪》:文公"十三年,初有史以纪事"。这是初有史官的记载。
④据《史记·秦本纪》:文公"二十年,法初有三族之罪",即始有族刑。

期纪年表^①

（footnote marker ① after title）

期纪年表^①

鲁	卫	陈	齐	楚	郑		公元前
26 孝公	43 武公	8 平公	25 庄公	21 若敖	1 武公滑突		770
27 [惠公]	44	9	26	22	2		769
1 惠公弗湟	45	10	27	23	3		768
2	46	11	28	24	4		767
3	47	12	29	25	5		766
4	48	13	30	26	6		765
5	49	14	31	27 [霄敖]	7		764
6	50	15	32	1 霄敖熊坎	8		763
7	51	16	33	2	9		762
8	52	17	34	3	10		761
9	53	18	35	4	11		760
10	54	19	36	5	12		759
11	55 [庄公]	20	37	6 [蚡冒]	13		758
12	1 庄公杨	21	38	1 蚡冒熊眴	14		757
13	2	22	39	2	15		756
14	3	23 [文公]	40	3	16		755
15	4	1 文公圉	41	4	17		754
16	5	2	42	5	18		753
17	6	3	43	6	19		752
18	7	4	44	7	20	杞	751
19	8	5	45	8	21	1(?)武公	750
20	9	6	46	9	22	2	749
21	10	7	47	10	23	3	748
22	11	8	48	11	24	4	747
23	12	9	49	12	25	5	746

军事,曾出土虢国的铜柄铁剑;生产工具尚不普遍。

公元前	干支	东 周	秦	曹	燕	蔡	宋	晋
745	丙申	26 平王	21 文公	12 桓公	20 郑侯	5 宣侯	3 宣公	1 昭侯伯
744	丁酉	27	22	13	21	6	4	2
743	戊戌	28	23	14	22	7	5	3
742	己亥	29	24	15	23	8	6	4
741	庚子	30	25	16	24	9	7	5
740	辛丑	31	26	17	25	10	8	6
739	壬寅	32	27	18	26	11	9	7
738	癸卯	33	28	19	27	12	10	1 孝侯平
737	甲辰	34	29	20	28	13	11	2
736	乙巳	35	30	21	29	14	12	3
735	丙午	36	31	22	30	15	13	4
734	丁未	37	32	23	31	16	14	5
733	戊申	38	33	24	32	17	15	6
732	己酉	39	34	25	33	18	16	7
731	庚戌	40	35	26	34	19	17	8
730	辛亥	41	36	27	35	20	18	9
729	壬子	42	37	28	36[穆侯]	21	19[穆公]	10 1(曲沃)庄伯鱓①
728	癸丑	43	38	29	1 穆侯	22	1 穆公和	11 2
727	甲寅	44	39	30	2	23	2	12 3
726	乙卯	45	40	31	3	24	3	13 4
725	丙辰	46	41	32	4	25	4	14 5
724	丁巳	47	42	33	5	26	5	15 6
723	戊午	48	43	34	6	27	6	16②[鄂侯] 7
722	己未	49	44	35	7	28	7	1 鄂侯郤 8
721	庚申	50	45	36	8	29	8	2 9
720	辛酉	51[桓王⊜]	46	37	9	30	9[殇公⊗]	3 10
719	壬戌	1 桓王林	47	38	10	31	1 殇公与夷	4 11
718	癸亥	2	48	39	11	32	2	5 12
717	甲子	3	49	40	12	33	3	6[哀侯] 13
716	乙丑	4	50[宪公]	41	13	34	4	1 哀侯光 14
							2	15[武公]

①晋昭侯时,封叔父成师于曲沃,号"曲沃桓叔"。孝侯十年,成师卒,子鱓立,是为庄伯,与孝侯对抗,时晋国内已形成两个中心。
②据今本《竹书纪年》:是年,"晋曲沃庄伯入翼,弑孝侯,晋人逐之"。
③《春秋》记事始于是年。
④《春秋》载是年二月己巳(前720年2月22日)发生日食,此为世界首例有确切日期的日食记录。"干支"的起源,尚未考证世界文明史上沿袭最长的纪日法。

鲁	卫	陈	齐	楚	郑	杞			公元前
24惠公	13庄公	10[桓公]	50庄公	13蚡冒	26武公	6武公			745
25	14	1桓公鲍	51	14	27[庄公]	7			744
26	15	2	52	15	1庄公寤生	8			743
27	16	3	53	16	2	9			742
28	17	4	54	17[武王]	3	10			741
29	18	5	55	1武王通	4	11			740
30	19	6	56	2	5	12			739
31	20	7	57	3	6	13			738
32	21	8	58	4	7	14			737
33	22	9	59	5	8	15			736
34	23[桓公]	10	60	6	9	16			735
35	1桓公完	11	61	7	10	17			734
36	2	12	62	8	11	18			733
37	3	13	63	9	12	19			732
38	4	14	64[釐公]	10	13	20			731
39	5	15	1釐公禄父	11	14	21			730
40	6	16	2	12	15	22			729
41	7	17	3	13	16	23			728
42	8	18	4	14	17	24			727
43	9	19	5	15	18	25			726
44	10	20	6	16	19	26			725
45	11	21	7	17	20	27			724
46[隐公]	12	22	8	18	21	28	邾		723
1隐公息姑③	13	23	9	19	22	29	1(?)仪父克		722
2	14	24	10	20	23	30	2		721
3④	15	25	11	21	24	31	3		720
4	16	26	12	22	25	32	4		719
	1州吁 [宣公]							滕	
								(?)滕侯	
5	1宣公晋	27	13	23	26	33	5	⋮	718
6	2	28	14	24	27	34	6	⋮	717
7	3	29	15	25	28	35	7	1宣公婴齐⊜	716

出。早在甲骨文时期我国就开始以干支纪日。自此记"二月己巳,日有食之"至今,近三千年的日干支连续记载,未曾错乱,堪称为

公元前	干支	东周	秦	曹	燕	蔡	宋	晋	
715	丙寅	5 桓王	1 宪公①	42 桓公	14 穆侯	35[桓侯⊗]	5 殇公	3 哀侯	1(曲沃)武公称
714	丁卯	6	2	43	15	1 桓侯封人	6	4	2
713	戊辰	7	3	44	16	2	7	5	3
712	己巳	8	4	45	17	3	8	6	4
711	庚午	9	5	46	18[宣侯]	4	9	7	5
710	辛未	10	6	47	1 宣侯	5	1 庄公冯⊖	8	6
709	壬申	11	7	48	2	6	2	9	7
708	癸酉	12	8	49	3	7	3	1 小子侯 2	8
707	甲戌	13	9	50	4	8	4	3	9
706	乙亥	14	10	51	5	9	5	4	10
705	丙子	15	11	52	6	10	6	1 滑 2	11
704	丁丑	16	12[出子]	53	7	11	7	3	12
703	戊寅	17	1 出子③	54	8	12	8	4	13
702	己卯	18	2	55[庄公]	9	13	9	5	14
701	庚辰	19	3	1 庄公射姑	10	14	10	6	15
700	辛巳	20	4	2	11	15	11	7	16
699	壬午	21	5	3	12	16	12	8	17
698	癸未	22	6[武公]	4	13[桓侯]	17	13	9	18
697	甲申	23[庄王⊜]	1 武公	5	1 桓侯	18	14	10	19
696	乙酉	1 庄王佗	2	6	2	19	15	11	20
695	丙戌	2	3	7	3	20[哀侯⊗]	16	12	21
694	丁亥	3	4	8	4	1 哀侯献舞	17	13	22
693	戊子	4	5	9	5	2	18	14	23
692	己丑	5	6	10	6	3	19[滑公⊕]	15	24
691	庚寅	6	7	11	7[庄公]	4	1 滑公捷	16	25
690	辛卯	7	8	12	1 庄公	5	2	17	26
689	壬辰	8	9	13	2	6	3	18	27

①《史记·秦本纪》作"宁公";《秦始皇本纪》作"宪公";宝鸡出土秦公钟铭文(见《文物》1978 年第 11 期)亦作"宪公"。
②据《春秋》:桓公五年秋:"螽"。杨伯峻注:"古者螽、蝗不分……《春秋》所书之螽,皆飞蝗。成灾甚大,故书之。"此为我国第
③《史记·秦本纪》作"出子";《汉书·古今人表》作"出公"。
④一作"子仪"。据《史记·郑世家》:"召子亹弟公子婴于陈而立之,是为郑子。""索隐":"《左传》以郑子名'子仪',此云'婴',

鲁	卫	陈	齐	楚	郑	杞	邾	滕	许	公元前
8 隐公	4 宣公	30 桓公	16 釐公	26 武王	29 庄公	36 武公	8 仪父	2 宣公	许	715
9	5	31	17	27	30	37	9	3	(?)庄公	714
10	6	32	18	28	31	38	10	4	⋮	713
11[桓公⑪]	7	33	19	29	32	39	11	5	1 穆公新臣⑫	712
1 桓公允	8	34	20	30	33	40	12	6	2	711
2	9	35	21	31	34	41	13	7	3	710
3	10	36	22	32	35	42	14	8	4	709
4	11	37	23	33	36	43	15	9	5	708
5②	12	38[厉公⊖]	24	34	37	44	16	10	6	707
6	13	1 厉公他	25	35	38	45	17	11	7	706
7	14	2	26	36	39	46	18	12	8	705
8	15	3	27	37	40	47[靖公]	19	13	9	704
9	16	4	28	38	41	1 靖公	20	14	10	703
10	17	5	29	39	42	2	21	15	11	702
11	18	6	30	40	43[厉公⑨]	3	22	16	12	701
12	19[惠公⑬]	7	31	41	1 厉公突	4	23	17	13	700
	1 利公跃 [庄公]									
13	1 惠公朔	1 庄公林	32	42	2	5	24	18	14	699
14	2	2	33[襄公⑬]	43	3	6	25	19	15	698
15	3[黔牟]	3	1 襄公诸儿	44	4[昭公⑥]	7	26	20	16	697
16	1 黔牟	4	2	45	1 昭公忽	8	27	21	17	696
17	2	5	3	46	2[子亹⑪]	9	28	22	18	695
18[庄公④]	3	6	4	47	1 子亹 [婴⑦]	10	29	23	19	694
1 庄公同	4	7[宣公⑪]	5	48	1 婴④	11	30	24	20	693
2	5	1 宣公杵臼	6	49	2	12	31	25	21	692
3	6	2	7	50	3	13	32	26	22	691
4	7	3	8	51[文王⊜]	4	14	33	27	23	690
5	8	4	9	1 文王赀	5	15	34	28	24	689

一次的蝗灾记录。

盖别有所见。"

121

公元前	干支	东周	秦	曹	燕	蔡	宋	晋	
688	癸巳	9 庄王	10 武公	14 庄公	3 庄公	7 哀侯	4 湣公	19 湣	28(曲沃)武公
687	甲午	10	11	15	4	8	5	20	29
686	乙未	11	12	16	5	9	6	21	30
685	丙申	12	13	17	6	10	7	22	31
684	丁酉	13	14	18	7	11	8	23	32
683	戊戌	14	15	19	8	12	9	24	33
682	己亥	15[釐王]	16	20	9	13	10	25	34
681	庚子	1 釐王胡齐	17	21	10	14	1游[桓公] 1桓公御说	26	35
680	辛丑	2	18	22	11	15	2	27	36
679	壬寅	3	19	23	12	16	3	28	37
678	癸卯	4	20[德公]	24	13	17	4	38④	
677	甲辰	5[惠王]	1 德公	25	14	18	5	39[献公]	
676	乙巳	1 惠王阆	2[宣公]	26	15	19	6	1 献公诡诸	
675	丙午	2	1 宣公⑤	27	16	20[穆侯]	7	2	
674	丁未	3	2	28	17	1 穆侯肸	8	3	
673	戊申	4	3	29	18	2	9	4	
672	己酉	5	4	30	19	3	10	5	
671	庚戌	6	5	31[釐公☺]	20	4	11	6	
670	辛亥	7	6	1 釐公夷	21	5	12	7	
669	壬子	8	7	2	22	6	13	8	
668	癸丑	9	8	3	23	7	14	9	
667	甲寅	10	9	4	24	8	15	10	
666	乙卯	11	10	5	25	9	16	11	
665	丙辰	12	11	6	26	10	17	12	
664	丁巳	13	12[成公]	7	27	11	18	13	
663	戊午	14	1 成公	8	28	12	19	14	
662	己未	15	2	9[昭王]	29	13	20	15	

①惠公复位,按《史记·十二诸侯年表》,纪年连续计算。

②据《国语·齐语》:齐桓公在位期间,征服莱、莒、徐夷、吴、越等三十一国。并南征伐楚,北伐山戎,西征攘白狄之地。

③据《史记·齐太公世家》:"七年,诸侯会桓公于甄,而桓公于是始霸焉。"此后,晋文公、楚庄公、吴王夫差、越王句践相继称霸,又以齐桓、晋文为首,故孟子有言:《春秋》其事则齐桓、晋文。"

④据《史记·晋世家》:上年,"曲沃武公伐晋侯缗,灭之……(周)釐王命曲沃武公为晋君,列为诸侯,于是尽并晋地而有之。曲

⑤据《史记·秦始皇本纪》:宣公时"初至闰月",这是对"闰月"的首次记载。

122

鲁	卫	陈	齐	楚	郑	杞	邾	滕	许	公元前
6庄公	9黔牟	5宣公	10襄公	2文王	6婴	16靖公	35仪父	29宣公	25穆公	688
7	10[惠公]	6	11	3	7	17	36	30	26	687
8	14惠公朔①	7	12[公孙无知㊉]	4	8	18	37	31	27	686
9	15	8	1公孙无知 1桓公小白②	5	9	19	38	32	28	685
10	16	9	2	6	10	20	39	33	29	684
11	17	10	3	7	11	21	40	34	30	683
12	18	11	4	8	12	22	41	35	31	682
13	19	12	5	9	13	23[共公]	42	36	32	681
14	20	13	6	10	14[厉公㊅]	1共公	43	37	33	680
15	21	14	7③	11	1厉公突	2	44	38	34	679
16	22	15	8	12	2	3	45[琐㊉]	39	35	678
17	23	16	9	13[庄敖]	3	4	1琐	40	36	677
18	24	17	10	1庄敖熊囏	4	5	2	41	37	676
19	25	18	11	2	5	6	3	42	38	675
20	26	19	12	3	6	7	4	43	39	674
21	27	20	13	4	7	8[惠公]	5	44	40	673
22	28	21	14	5[成王]	1文公捷	1惠公	6	45	41	672
23	29	22	15	1成王恽	2	2	7	46	42	671
24	30	23	16	2	3	3	8	47	43	670
25	31[懿公㊄]	24	17	3	4	4	9	48	44	669
26	1懿公赤	25	18	4	5	5	10	49	45	668
27	2	26	19	5	6	6	11	50	46	667
28	3	27	20	6	7	7	12[文公㊃]	51	47	666
29	4	28	21	7	8	8	1文公蓬蒢	52	48	665
30	5	29	22	8	9	9	2	53	49	664
31	6	30	23	9	10	10	3	54	50	663
32	7	31	24	10	11	11	4	55	51	662
1般㊇ [湣公㊎]										

史称"春秋五霸"(一说五霸为:齐桓公、秦穆公、宋襄公、晋文公、楚庄王)。从政治上,"五霸"的事业构成一部春秋史的主干,其中

沃武公已即位三十七年矣,更号曰晋武公。晋武公始都晋国,前即位曲沃,通年三十八年。"

公元前	干支	东 周	秦	曹	燕	蔡	宋	晋	鲁
661	庚申	16 惠王	3 成公	1 昭王班	30 庄公	14 穆侯	21 桓公	16 献公	1 滑公开
660	辛酉	17	4[穆公]	2	31	15	22	17	2[釐公⑧]
659	壬戌	18	1 穆公任好	3	32	16	23	18	1 釐公曳
658	癸亥	19	2	4	33[襄公]	17	24	19	2
657	甲子	20	3	5	1 襄公	18	25	20	3
656	乙丑	21	4	6	2	19	26	21	4
655	丙寅	22①	5	7	3	20	27	22	5
654	丁卯	23	6	8	4	21	28	23	6
653	戊辰	24	7	9[共公⑦]	5	22	29	24	7
652	己巳	25[襄王]	8	1 共公襄	6	23	30	25	8
651	庚午	1(?)襄王郑	9	2	7	24	31[襄公]	26[惠公⑤]	9
650	辛未	2	10	3	8	25	1 襄公兹父	1 惠公夷吾	10
649	壬申	3	11	4	9	26	2	2	11
648	癸酉	4	12	5	10	27	3	3	12
647	甲戌	5	13	6	11	28	4	4	13
646	乙亥	6	14	7	12	29[庄侯]	5	5	14
645	丙子	7	15	8	13	1 庄侯甲午	6	6	15
644	丁丑	8	16	9	14	2	7	7	16
643	戊寅	9	17	10	15	3	8	8	17
642	己卯	10	18	11	16	4	9	9	18
641	庚辰	11	19	12	17	5	10	10	19
640	辛巳	12	20	13	18	6	11	11	20
639	壬午	13	21	14	19	7	12	12	21
638	癸未	14	22	15	20	8	13	13	22
637	甲申	15	23	16	21	9	14[成公⑤]	14[怀公⑨]	23
636	乙酉	16	24	17	22	10	1 成公王臣	1 怀公圉	24
								1 文公重耳⊖	
635	丙戌	17	25	18	23	11	2	2	25
634	丁亥	18	26	19	24	12	3	3	26

①时测知冬至时日,为确定回归年长度提供了定量数据。

②据《春秋》经传推算,宣公在位76年,似不可信,一说宣公、昭公间还有一孝公,名"郑",但纪年不晓。

卫	陈	齐	楚	郑	杞	邾	滕	许	公元前
8 懿公	32 宣公	25 桓公	11 成王	12 文公	12 惠公	5 文公	56 宣公	52 穆公	661
9	33	26	12	13	13	6	57	53	660
1 戴公申 [文公]									
1 文公燬	34	27	13	14	14	7	58	54	659
2	35	28	14	15	15	8	59	55	658
3	36	29	15	16	16	9	60	56	657
4	37	30	16	17	17	10	61	57	656
5	38	31	17	18	18[成公]	11	62	58[僖公]	655
6	39	32	18	19	1 成公	12	63	1 僖公业	654
7	40	33	19	20	2	13	64	3	653
8	41	34	20	21	3	14	65	3	652
9	42	35	21	22	4	15	66	4	651
10	43	36	22	23	5	16	67	5	650
11	44	37	23	24	6	17	68	6	649
12	45[穆公㊉]	38	24	25	7	18	69	7	648
13	1 穆公款	39	25	26	8	19	70	8	647
14	2	40	26	27	9	20	71	9	646
15	3	41	27	28	10	21	72	10	645
16	4	42	28	29	11	22	73	11	644
17	5	43[无诡㊉]	29	30	12	23	74	12	643
18	6	1 无诡	30	31	13	24	75	13	642
		1 孝公昭㊉							
19	7	2	31	32	14	25	76②[昭公㊋]	14	641
20	8	3	32	33	15	26	1 昭公元	15	640
21	9	4	33	34	16	27	2	16	639
22	10	5	34	35	17	28	3	17	638
23	11	6	35	36	18[桓公㊉]	29	4	18	637
24	12	7	36	37	1 桓公姑容	30	5	19	636
25[成公㊃]	13	8	37	38	2	31	6	20	635
1 成公郑	14	9	38	39	3	32	7	21	634

公元前	干支	东 周	秦	曹	燕	蔡	宋	晋	鲁
633	戊子	19 襄王	27 穆公	20 共公	25 襄公	13 庄侯	4 成公	4 文公	27 釐公
632	己丑	20	28	21	26	14	5	5	28
631	庚寅	21	29	22	27	15	6	6	29
630	辛卯	22	30	23	28	16	7	7	30
629	壬辰	23	31	24	29	17	8	8	31
628	癸巳	24	32	25	30	18	9	9[襄公]	32
627	甲午	25	33	26	31	19	10	1 襄公骦	33[文公⊕]
626	乙未	26	34	27	32	20	11	2	1 文公兴
625	丙申	27	35	28	33	21	12	3	2
624	丁酉	28	36	29	34	22	13	4	3
623	戊戌	29	37①	30	35	23	14	5	4
622	己亥	30	38	31	36	24	15	6	5
621	庚子	31	39[康公]	32	37	25	16	7	6
620	辛丑	32	1 康公罃	33	38	26	17 / 1 御[昭公]	1 灵公 夷皋㉔	7
619	壬寅	33[顷王⑧]	2	34	39	27	1 昭公杵臼	2	8
618	癸卯	1 顷王壬臣	3	35[文公⑧]	40[桓公]	28	2	3	9
617	甲辰	2	4	1 文公寿	1 桓公	29	3	4	10
616	乙巳	3	5	2	2	30	4	5	11
615	丙午	4	6	3	3	31	5	6	12
614	丁未	5	7	4	4	32	6	7	13
613	戊申	6[匡王]	8	5	5	33	7	8	14②
612	己酉	1 匡王班	9	6	6	34[文侯]	8	9	15
611	庚戌	2	10	7	7	1 文侯申	9[文公㊋]	10	16
610	辛亥	3	11	8	8	2	1 文公鲍	11	17
609	壬子	4	12[共公⊖]	9	9	3	2	12	18[宣公⊕]
608	癸丑	5	1 共公和	10	10	4	3	13	1 宣公倭
607	甲寅	6[定王⊕]	2	11	11	5	4	14[成公㊎]	2

①据《史记·秦本纪》:是年秦用由余谋伐戎王,益国十二,开地千里,遂霸西戎。《匈奴传》载:秦穆公得由余,西戎八国服于秦,各分散居溪谷,自有君长,往往而聚者百有余戎,然莫能相一。

②《春秋》:是年"秋,七月,有星孛入于北斗"。此系世界最早的哈雷彗星记录。

卫	陈	齐	楚	郑	杞	邾	滕	许		公元前
2 成公	15 穆公	10[昭公⑥]	39 成王	40 文公	4 桓公	33 文公	8 昭公	22 僖公		633
3	16[共公⑥]	1 昭公潘	40	41	5	34	9	23		632
4	1 共公朔	2	41	42	6	35	10	24		631
5	2	3	42	43	7	36	11	25		630
6	3	4	43	44	8	37	12	26		629
7	4	5	44	45[穆公④]	9	38	13	27		628
8	5	6	45	1 穆公兰	10	39	14	28		627
9	6	7	46[穆王⊕]	2	11	40	15	29		626
10	7	8	1 穆王商臣	3	12	41	16	30		625
11	8	9	2	4	13	42	17	31		624
12	9	10	3	5	14	43	18	32		623
13	10	11	4	6	15	44	19	33[昭公⊕]		622
14	11	12	5	7	16	45	20	1 昭公锡我		621
15	12	13	6	8	17	46	21	2		620
16	13	14	7	9	18	47	22	3		619
17	14	15	8	10	19	48	23	4		618
18	15	16	9	11	20	49	24	5		617
19	16	17	10	12	21	50	25	6		616
20	17	18	11	13	22	51	26	7		615
21	18[灵公⑤]	19	12[庄王]	14	23	52[定公⑥]	27	8		614
22	1 灵公平国	20[舍⑥] [懿公⊕]	1 庄王侣	15	24	1 定公獳且	28	9		613
23	2	1 懿公商人	2	16	25	2	29	10	莒	612
24	3	2	3	17	26	3	30	11	(?)纪公庶其	611
25	4	3	4	18	27	4	31	12	⋮	610
26	5	4[惠公⑤]	5	19	28	5	32	13	⋮ [渠邱公⊕]	609
27	6	1 惠公元	6	20	29	6	33	14	1 渠邱公 季佗	608
28	7	2	7	21	30	7	34	15	2	607

故自陇以西有绵诸、绲戎、翟獂之戎;岐、梁山、泾、漆之北有义渠、大荔、乌氏、朐衍之戎;而晋北有林胡、楼烦之戎;燕北有东胡、山戎;

公元前	干支	东　周	秦	曹	燕	蔡	宋	晋	鲁	卫
606	乙卯	1 定王瑜	3 共公	12 文公	12 桓公	6 文侯	5 文公	1 成公黑臀	3 宣公	29 成公
605	丙辰	2	4	13	13	7	6	2	4	30
604	丁巳	3	5[桓公]	14	14	8	7	3	5	31
603	戊午	4	1 桓公荣	15	15	9	8	4	6	32
602	己未	5	2	16	16[宣公]	10	9	5	7	33
601	庚申	6	3	17	1 宣公	11	10	6	8	34
600	辛酉	7	4	18	2	12	11	7[景公]	9	35[穆公⊕]
599	壬戌	8	5	19	3	13	12	1 景公据	10	1 穆公遬
598	癸亥	9	6	20	4	14	13	2	11	2
597	甲子	10	7	21	5	15	14	3	12	3
596	乙丑	11	8	22	6	16	15	4	13	4
595	丙寅	12	9	23[宣公Ⓕ]	7	17	16	5	14	5
594	丁卯	13	10	1 宣公庐	8	18	17	6	15[1]	6
593	戊辰	14	11	2	9	19	18	7	16	7
592	己巳	15	12	3	10	20[景侯⊖]	19	8	17	8
591	庚午	16	13	4	11	1 景侯固	20	9	18[成公⊕]	9
590	辛未	17	14	5	12	2	21	10	1 成公黑肱	10
589	壬申	18	15	6	13	3	22[共公Ⓐ]	11	2	11[定公Ⓐ]
588	癸酉	19	16	7	14	4	1 共公瑕	12	3	1 定公臧
587	甲戌	20	17	8	15[昭公]	5	2	13	4	2
586	乙亥	21[简王⊕]	18	9	1 昭公	6	3	14	5	3
585	丙子	1 简王夷	19	10	2	7	4	15	6	4
584	丁丑	2	20	11	3	8	5	16	7	5
583	戊寅	3	21	12	4	9	6	17	8	6
582	己卯	4	22	13	5	10	7	18	9	7
581	庚辰	5	23	14	6	11	8	19[厉公Ⓕ]	10	8
580	辛巳	6	24	15	7	12	9	1 厉公寿曼	11	9
579	壬午	7	25	16	8	13	10	2[2]	12	10
578	癸未	8	26	17[成公Ⓕ]	9	14	11	3	13	11
577	甲申	9	27[景公]	1 成公负刍	10	15	12	4	14	12[献公⊕]

①据《春秋·宣十五》:当年"初税亩"。史家认为,此举表明鲁国开始废传统的井田制,不分公田、私田,一律按亩收税,这是中
②时晋、楚势强,互不相让。据《左传·成十二》:是年,在宋调和下,两强"盟于宋西门之外,曰:凡晋、楚无相加戎,好恶同之,同

陈	齐	楚	郑	杞	邾	滕	许	莒	吴	公元前
8灵公	3惠公	8庄王	22[灵公⊕]	31桓公	8定公	35昭公	16昭公	3渠邱公		606
9	4	9	1灵公夷 [襄公]	32	9	36	17	4		605
10	5	10	1襄公坚	33	10	37	18	5		604
11	6	11	2	34	11	38	19	6		603
12	7	12	3	35	12	39	20	7		602
13	8	13	4	36	13	40	21	8		601
14	9	14	5	37	14	41[文公⊗]	22	9		600
15[徵舒⊞]	10[顷公⊠]	15	6	38	15	1文公寿	23	10		599
1徵舒 1成公午	1顷公无野	16	7	39	16	2	24	11		598
2	2	17	8	40	17	3	25	12		597
3	3	18	9	41	18	4	26	13		596
4	4	19	10	42	19	5	27	14		595
5	5	20	11	43	20	6	28	15		594
6	6	21	12	44	21	7	29	16		593
7	7	22	13	45	22	8	30[灵公⊖]	17		592
8	8	23[共王]	14	46	23	9	1灵公宁	18		591
9	9	1共王审	15	47	24	10	2	19		590
10	10	2	16	48	25	11	3	20		589
11	11	3	17	49	26	12	4	21		588
12	12	4	18[悼公⊖]	50	27	13	5	22		587
13	13	5	1悼公费	51	28	14	6	23	吴	586
14	14	6	2[成公⊗]	52	29	15	7	24	1寿梦	585
15	15	7	1成公睔	53	30	16	8	25	2	584
16	16	8	2	54	31	17	9	26	3	583
17	17[灵公⊕]	9	3	55	32	18	10	27	4	582
18	1灵公环	10	4	56	33	19	11	28	5	581
19	2	11	5	57	34	20	12	29	6	580
20	3	12	6	58	35	21	13	30	7	579
21	4	13	7	59	36	22	14	31	8	578
22	5	14	8	60	37	23	15	32[犁比 公⊖]	9	577

国历史上土地制度的一次重大改革。

恤菑危,备救凶患"。这是春秋时期第一次弭兵盟会。

公元前	干支	东周	秦	曹	燕	蔡	宋	晋	鲁	卫
576	乙酉	10 简王	1 景公石	2 成公	11 昭公	16 景侯	13[平公㊅]	5 厉公	15 成公	1 献公衎
575	丙戌	11	2	3	12	17	1 平公成	6	16	2
574	丁亥	12	3	4	13[武公]	18	2	7	17	3
573	戊子	13	4	5	1 武公	19	3	8	18[襄公㊀]	4
572	己丑	14[灵王㊈]	5	6	2	20	4	1 悼公孙周㊀	1 襄公午	5
571	庚寅	1 灵王泄心	6	7	3	21	5	2	2	6
570	辛卯	2	7	8	4	22	6	3	3	7
569	壬辰	3	8	9	5	23	7	4	4	8
568	癸巳	4	9	10	6	24	8	5	5	9
567	甲午	5	10	11	7	25	9	6	6	10
566	乙未	6	11	12	8	26	10	7	7	11
565	丙申	7	12	13	9	27	11	8	8	12
564	丁酉	8	13	14	10	28	12	9	9	13
563	戊戌	9	14	15	11	29	13	10	10	14
562	己亥	10	15	16	12	30	14	11	11①	15
561	庚子	11	16	17	13	31	15	12	12	16
560	辛丑	12	17	18	14	32	16	13	13	17
559	壬寅	13	18	19	15	33	17	14	14	18[殇公]
558	癸卯	14	19	20	16	34	18	15[平公]	15	1 殇公狄
557	甲辰	15	20	21	17	35	19	1 平公彪	16	2
556	乙巳	16	21	22	18	36	20	2	17	3
555	丙午	17	22	23[武公⊕]	19[文公]	37	21	3	18	4
554	丁未	18	23	1 武公胜	1 文公	38	22	4	19	5
553	戊申	19	24	2	2	39	23	5	20	6
552	己酉	20	25	3	3	40	24	6	21	7
551	庚戌	21	26	4	4	41	25	7	22②	8
550	辛亥	22	27	5	5	42	26	8	23	9
549	壬子	23	28	6	6[懿公]	43	27	9	24	10
548	癸丑	24	29	7	1 懿公	44	28	10	25	11
547	甲寅	25	30	8	2	45	29	11	26	12[献公㊀]
546	乙卯	26	31	9	3	46	30	12	27	(后)1 献公衎
545	丙辰	27[景王㊀]	32	10	4[惠公]	47	31	13	28	2
544	丁巳	1 景王贵	33	11	1 惠公	48	32	14	29	3[襄公㊄]

①春秋末期,诸侯国内卿大夫开始擅权,据《左传·襄十一》:是年"正月,(鲁)作三军,(季氏、叔孙氏、孟氏)三分公室而各有
②儒家创始人孔子(名丘,字仲尼,前551~前479年)于是年诞生于鲁国陬邑(今山东曲阜东南)。道家创始人老子(姓李名

130

陈	齐	楚	郑	杞	邾	滕	许	莒	吴	公元前
23 成公	6 灵公	15 共王	9 成公	61 桓公	38 定公	24 文公	16 灵公	1 犁比公密州	10 寿梦	576
24	7	16	10	62	39	25[成公㊣]	17	2	11	575
25	8	17	11	63	40[宣公㊺]	1 成公原	18	3	12	574
26	9	18	12	64	1 宣公轻	2	19	4	13	573
27	10	19	13	65	2	3	20	5	14	572
28	11	20	14[釐公㊺]	66	3	4	21	6	15	571
29	12	21	1 釐公恽	67	4	5	22	7	16	570
30[哀公㊀]	13	22	2	68	5	6	23	8	17	569
1 哀公弱	14	23	3	69	6	7	24	9	18	568
2	15	24	4	70[孝公㊀]	7	8	25	10	19	567
3	16	25	5[简公㊺]	1 孝公匄	8	9	26	11	20	566
4	17	26	1 简公嘉	2	9	10	27	12	21	565
5	18	27	2	3	10	11	28	13	22	564
6	19	28	3	4	11	12	29	14	23	563
7	20	29	4	5	12	13	30	15	24	562
8	21	30	5	6	13	14	31	16	25[诸樊㊟]	561
9	22	31[康王㊟]	6	7	14	15	32	17	1 诸樊	560
10	23	1 康王昭	7	8	15	16	33	18	2	559
11	24	2	9	9	16	17	34	19	3	558
12	25	3	9	10	17	18	35	20	4	557
13	26	4	10	11	18[悼公㊀]	19	36	21	5	556
14	27	5	11	12	1 悼公华	20	37	22	6	555
15	28[庄公㊺]	6	12	13	2	21	38	23	7	554
16	1 庄公光	7	13	14	3	22	39	24	8	553
17	2	8	14	15	4	23	40	25	9	552
18	3	9	15	16	5	24	41	26	10	551
19	4	10	16	17[文公㊀]	6	25	42	27	11	550
20	5	11	17	1 文公益姑	7	26	43	28	12	549
21	6[景公㊺]	12	18	2	8	27	44	29	13[馀祭㊀]	548
22	1 景公杵臼	13	19	3	9	28	45[悼公㊟]	30	1 馀祭	547
23	2	14	20	4	10	29	1 悼公买	31	2	546
24	3	15[郏敖㊀]	21	5	11	30	2	32	3	545
25	4	1 郏敖熊员	22	6	12	31	3	33	4	544

其一"。

耳,字伯阳)约与孔子同时。

公元前	干支	东周	秦	曹	燕	蔡	宋	晋	鲁	卫	陈
543	戊午	2 景王	34 景公	12 武公	2 惠公	49[灵侯⑩]	33 平公	15 平公	30 襄公	1 襄公恶	26 哀公
542	己未	3	35	13	3	1 灵侯班	34	16	31[子野⑧] [昭公⑨]	2	27
541	庚申	4	36	14	4	2	35	17	1 昭公裯	3	28
540	辛酉	5	37	15	5	3	36	18	2	4	29
539	壬戌	6	38	16	6	4	37	19	3	5	30
538	癸亥	7	39	17	7	5	38	20	4	6	31
537	甲子	8	40[哀公⑪]	18	8	6	39	21	5	7	32
536	乙丑	9	1 哀公	19	9	7	40	22	6	8	33
535	丙寅	10	2	20	10[悼公]	8	41	23	7	9[灵公⑧]	34
534	丁卯	11	3	21	1 悼公	9	42	24	8	1 灵公元	35 1 留⑤ [弃疾⑦]
533	戊辰	12	4	22	2	10	43	25	9	2	1 弃疾③
532	己巳	13	5	23	3	11	44[元公⑫]	26[昭公⑪]	10	3	2
531	庚午	14	6	24	4	12[平侯]	1 元公佐	1 昭公夷	11	4	3
530	辛未	15	7	25	5	1 平侯庐	2	2	12	5	4
529	壬申	16	8	26	6[共公]	2	3	3	13	6	5 惠公吴④
528	癸酉	17	9	27[平公⑤]	1 共公	3	4	4	14	7	6
527	甲戌	18	10	1 平公须	2	4	5	5	15	8	7
526	乙亥	19	11	2	3	5	6	6[顷公⑥]	16	9	8
525	丙子	20	12	3	4	6	7	1 顷公去疾	17	10	9
524	丁丑	21	13	4[悼公⑧]	5[平公]	7	8	2	18	11	10
523	戊寅	22	14	1 悼公午	1 平公	8	9	3	19	12	11
522	己卯	23	15	2	2	9[悼侯⑪]	10	4	20	13	12
521	庚辰	24	16	3	3	1 悼侯东国	11	5	21	14	13

①据《史记·齐太公世家》:"九年,景公使晏婴之晋,与叔向私语曰:'齐政卒归田氏。'"足见当时已有"田氏代齐"的苗头。
②据《左传·昭六》:是年"三月,郑人铸刑书"。这是郑国在春秋后期的一系列改革之一;也是我国历史上向公众刊布成文法的
③弃疾为楚国的公子,时楚灵王兴兵灭陈,遣其在陈主政。
④是年,弃疾(后改名"居")返楚夺位,立惠公复陈,《史记·十二诸侯年表》以此年为惠公五年(弃疾主政五年入惠公),《陈杞世

齐	楚	郑	杞	邾	滕	许	莒	吴	公元前
5景公	2郏敖	23简公	7文公	13悼公	32成公	4悼公	34犁比公	5馀祭	543
6	3	24	8	14	33	5	35[展舆③]	6	542
7	4[灵王♔]	25	9	15[庄公⑥]	34	6	1展舆 [著邱公]	7	541
8	1灵王围	26	10	1庄公穿	35	7	1著邱公去疾	8	540
9①	2	27	11	2	36[悼公⊖]	8	2	9	539
10	3	28	12	3	1悼公宁	9	3	10	538
11	4	29	13	4	2	10	4	11	537
12	5	30②	14[平公⊖]	5	3	11	5	12	536
13	6	31	1平公郁	6	4	12	6	13	535
14	7	32	2	7	5	13	7	14	534
15	8	33	3	8	6	14	8	15	533
16	9	34	4	9	7	15	9	16	532
17	10	35	5	10	8	16	10	17[馀眜]	531
18	11	36[定公⊖]	6	11	9	17	11	1馀眜	530
19	12	1定公宁	7	12	10	18	12	2	529
	1比[平王㊃]								
20	1平王居	2	8	13	11	19	13	3	528
							1郊公狂⑧ [共公⑩]		
21	2	3	9	14	12	20	1共公庚舆	4[僚]	527
22	3	4	10	15	13	21	2	1僚	526
23	4	5	11	16	14	22	3	2	525
24	5	6	12	17	15	23	4	3	524
25	6	7	13	18	16	24[斯⑤]	5	4	523
26	7	8	14	19	17	1斯	6	5	522
27	8	9	15	20	18	2	7	6	521

首次记载。

家》云："惠公立,探续哀公卒时而为元,空籍五岁矣。"后人皆沿袭之。

公元前	干支	东周	秦	曹	燕	蔡	宋	晋	鲁	卫	陈
520	辛巳	25[悼王④] 1悼王猛 [敬王⑦]	17哀公	4悼公	4平公	2悼侯	12元公	6顷公	22昭公	15灵公	14惠公
519	壬午	1敬王匄	18	5	5	3[昭侯⑧]	13	7	23	16	15
518	癸未	2	19	6	6	1昭侯申	14	8	24	17	16
517	甲申	3	20	7	7	2	15[景公⑨]	9	25	18	17
516	乙酉	4	21	8	8	3	1景公头曼	10	26	19	18
515	丙戌	5	22	9[襄公⑩]	9	4	2	11	27	20	19
514	丁亥	6	23	1襄公野	10	5	3	12	28	21	20
513	戊子	7	24	2	11	6	4	13	29	22	21
512	己丑	8	25	3	12	7	5	14 [定公⑯]	30	23	22
511	庚寅	9	26	4	13	8	6	1定公午②	31	24	23
510	辛卯	10	27	5[隐公]	14	9	7	2	32[定公⑪]	25	24
509	壬辰	11	28	1隐公通	15	10	8	3	1定公宋	26	25
508	癸巳	12	29	2	16	11	9	4	2	27	26
507	甲午	13	30	3	17	12	10	5	3	28	27
506	乙未	14	31	4[靖公]	18	13	11	6	4	29	28[怀公⑬]
505	丙申	15	32	1靖公路	19[简公]	14	12	7	5	30	1怀公柳
504	丁酉	16	33	2	1简公	15	13	8	6	31	2
503	戊戌	17	34	3	2	16	14	9	7	32	3
502	己亥	18	35	4[伯阳⑭]	3	17	15	10	8	33	4[湣公⑮]
501	庚子	19	36[惠公]	1伯阳	4	18	16	11	9	34	1湣公越
500	辛丑	20	1惠公	2	5	19	17	12	10	35	2
499	壬寅	21	2	3	6	20	18	13	11	36	3
498	癸卯	22	3	4	7	21	19	14	12	37	4
497	甲辰	23	4	5	8	22	20	15	13	38	5
496	乙巳	24	5	6	9	23	21	16	14③	39	6

①一作"阖庐"。据《史记·孙子吴起列传》："孙子武者,齐人也。以兵法见于吴王阖庐。"《孙子兵法》为我国古代最早的兵书,
②时晋国内大夫势力已大盛,定公时,形成六卿(赵、韩、魏、知、范、荀)专政。后,赵击败范、荀;继而赵、魏、韩又灭知,最终由此
③据《史记·孔子世家》:是年,孔子见鲁君"怠于政事",遂离鲁,开始周游列国,传播其政治主张。

四　春秋时期纪年表

齐	楚	郑	杞	邾	滕	许	莒	吴			公元前
28景公	9平王	10定公	16平公	21庄公	19悼公	3斯	8共公	7僚			520
29	10	11	17	22	20	4	9[郊公㊀]	8			519
30	11	12	18[悼公㊧]	23	21	5	1郊公狂	9			518
31	12	13	1悼公成	24	22	6	2	10			517
32	13[昭王㊫]	14	2	25	23	7	3	11			516
33	1昭王珍	15	3	26	24	8	4	12[阖闾㊩]			515
34	2	16[献公㊃]	4	27	25[顷公㊉]	9	5	1阖闾①	薛		514
35	3	1献公虿	5	28	1顷公结	10	6	2	献公谷		513
36	4	2	6	29	2	11	7	3	⋮		512
37	5	3	7	30	3	12	8	4	[襄公㊃]	越	511
38	6	4	8	31	4	13	9	5	1襄公定	1允常	510
39	7	5	9	32	5	14	10	6	2	2	509
40	8	6	10	33	6	15	11	7	3	3	508
41	9	7	11	34[隐公㊀]	7	16	12	8	4	4	507
42	10	8	12	1隐公益	8	17	13	9	5	5	506
43	11	9	1隐公乞㊏ [釐公㊉] 1釐公遂	2	9	18	14	10	6	6	505
44	12	10	2	3	10	19	15	11	7	7	504
45	13	11	3	4	11	[元公㊀] 1(?)元公成	16	12	8	8	503
46	14	12	4	5	12	2	17	13	9	9	502
47	15	13[声公㊃]	5	6	13	3	18	14	10	10	501
48	16	1声公胜	6	7	14	4	19	15	11	11	500
49	17	2	7	8	15	5	20	16	12	12	499
50	18	3	8	9	16	6	21	17	13[比]	13	498
51	19	4	9	10	17	7	22	18	1比	14[句践]	497
52	20	5	10	11	18	8	23	19 [夫差㊄]	1惠公夷 [惠公]	1句践	496

至今在世界上享有盛誉。《汉书·艺文志》著录八十二篇。1972年临沂汉墓出土竹简两百余。

三家分晋。

公元前	干支	东周	秦	曹	燕	蔡	宋	晋	鲁	卫	陈
495	丙午	25 敬王	6 惠公	7 伯阳	10 简公	24 昭侯	22 景公	17 定公	15 定公 ［哀公⑤］	40 灵公	7 湣公
494	丁未	26	7	8	11	25	23	18	1 哀公蒋	41	8
493	戊申	27	8	9	12［献公］	26	24	19	2	42 ［出公④］	9
492	己酉	28	9	10	1(?)献公	27	25	20	3	1 出公辄	10
491	庚戌	29	10［悼公⑦］	11	2	28［成侯⊖］	26	21	4	2	11
490	辛亥	30	1 悼公	12	3	1 成侯朔	27	22	5	3	12
489	壬子	31	2	13	4	2	28	23	6	4	13
488	癸丑	32	3	14	5	3	29	24	7	5	14
487	甲寅	33	4	15	6	4	30	25	8	6	15
486	乙卯	34	5	（亡于宋）	7	5	31	26	9	7	16
485	丙辰	35	6		8	6	32	27	10	8	17
484	丁巳	36	7		9	7	33	28	11	9	18
483	戊午	37	8		10	8	34	29	12	10	19
482	己未	38	9		11	9	35	30	13	11	20
481	庚申	39	10		12	10	36	31	14⑥	12［庄公］	21
480	辛酉	40	11		13	11	37	32	15	1 庄公蒯聩	22
479	壬戌	41	12		14	12	38	33	16	2	23（亡于楚）
478	癸亥	42	13		15	13	39	34	17	3	
477	甲子	43	14［厉共公］		16	14	40	35	18	1 斑师㊀ ［起］ 1 起［出公］	
476	乙丑	44［元王］	1 厉共公		17	15	41	36	19	1 出公辄	

①据《史记·越王句践世家》：是年，越被吴打败，句践因守会稽山，"乃苦身焦思，置胆于坐，坐卧即仰胆，饮食亦尝胆也。"刻苦
②或作"晏孺子"。据《史记·齐太公世家》："景公卒，太子荼立，是为晏孺子。"
③据史载，是年，吴开通连接江、淮之邗沟，这是后世所开大运河的最早的一段。
④据《春秋》经传推算，滕隐公卒于鲁哀公十一年（前484）七月，以后情况不明。关于滕亡之年，各史记载不一：今本《竹书纪
⑤以后情况不详。据《世本》，元公后尚有一代，为楚灭。
⑥孔子《春秋》绝笔于是年。
⑦以后情况不详。据《史记·楚世家》：楚简王元年（前431），为楚灭。

齐	楚	郑	杞	邾	滕	许	莒	吴	薛	越	公元前
53 景公	21 昭王	6 声公	11 釐公	12 隐公	19 顷公	9 元公	24 郊公	1 夫差	2 惠公	2 句践	495
54	22	7	12	13	20	10	25	2	3	3①	494
55	23	8	13	14	21	11	26	3	4	4	493
56	24	9	14	15	22	12	27	4	5	5	492
57	25	10	15	16	23[隐公八]	13	28	5	6	6	491
58[荼九]	26	11	16	17	1 隐公虞母	14	29	6	7	7	490
1 荼② [悼公十]	27[惠王十]	12	17	18	2	15	30	7	8	8	489
1 悼公阳生	1 惠王章	13	18	19	3	16	31	8	9	9	488
2	2	14	19[湣公十二]	20 1 桓公革六	4	17	32	9	10	10	487
3	3	15	1 湣公维	2	5	18	33	10③	11	11	486
4[简公七]	4	16	2	3	6	19	34	11	12	12	485
1 简公壬	5	17	3	4	7④	20	35	12	⋮(以后不明)	13	484
2	6	18	4	5	⋮	21	36	13	⋮	14	483
3	7	19	5	6	⋮	22⑤	37	14		15	482
4[平公八]	8	20	6	7	⋮	⋮	38⑦	15		16	481
1 平公骜	9	21	7	8	⋮	⋮		16		17	480
2	10	22	8	9				17		18	479
3	11	23	9	10				18		19	478
4	12	24	10	11				19		20	477
5	13	25	11	12				20		21	476

自励,经多年准备,终于一举灭吴。

年》记为周威烈王十一年(前415)"於越灭滕";《战国策·宋策》记为赧王二十九年(前286)为宋所灭。

公元前	干支	东 周	秦	燕	蔡	宋	晋	鲁	卫
475	丙寅	1①(?)元王仁	2 厉共公	23②孝公	16 成侯	42 景公	37 定公 [出公]	20 哀公	2 出公
474	丁卯	2	3	24	17	43	1 出公错	21	3
473	戊辰	3	4	25	18	44	2	22	4
472	己巳	4	5	26	19[声侯]	45	3	23	5
471	庚午	5	6	27	1 声侯产	46	4	24	6
470	辛未	6	7	28	2	47	5	25	7
469	壬申	7[定王⑤]	8	29	3	48	6	26	8
468	癸酉	1(?)定王介	9	30	4	49	7	27⑥	9
467	甲戌	2	10	31	5	50	8	28[悼公⑧]	10
466	乙亥	3	11	32	6	51	9	1 悼公宁	11
465	丙子	4	12	33	7	52	10	2	12
464	丁丑	5	13	34	8	53	11	3	13
463	戊寅	6	14	35	9	54	12	4	14
462	己卯	7	15	36	10	55	13	5	15
461	庚辰	8	16	37	11	56	14	6	16
460	辛巳	9	17	38	12	57	15	7	17
459	壬午	10	18	39	13	58	16	8	18
458	癸未	11	19	40	14	59	17	9	19
457	甲申	12	20	41	15[元侯]	60	18	10	20
456	乙酉	13	21	42	1 元侯	61	19	11	21[悼公]

①春秋战国之际,铁工具开始广泛使用。《孟子》中明载"铁耕";《管子》中说农用铁制的耒、耜、铫,女工用针、刀,制车用斤、
　力的发展,进而推动了社会变革,具有划时代的意义,以致有学者将其视为中国进入封建社会在生产力层面上的标志。
②关于燕简公、献公、孝公纪年,史载混乱。《史记》记简公以下为献公;而《竹书纪年》却无献公一代,简公以下为孝公。本年表
③隐公被执后流亡,于是年归国复位,年代连续计算。
④"何"的终年及以后世系皆已不晓。"郏"见诸史载最晚是楚顷襄公十八年(前281),史家一般认为郏亡于是年以后。
⑤《史记·周本纪》作"定王";《世本》作"贞王";《汉书·古今人表》作"贞定王"。
⑥墨家创始人墨子(名翟,约前468～约前376)约于是年诞生于鲁(一说宋)。

期纪年表

齐	楚	郑	杞	邾	吴	越	赵	公元前
6 平公	14 惠王	26 声公	12 湣公	13 桓公	21 夫差	22 句践	1 襄子毋恤	475
7	15	27	13	14	22	23	2	474
8	16	28	14	15	23 ⏺（亡于越）	24	3	473
				21③隐公益㊨				
9	17	29	15	22		25	4	472
10	18	30	16［哀公］	23［何㊨］		26	5	471
11	19	31	1 哀公阏路	1 何④		27	6	470
12	20	32	2	⋮		28	7	469
13	21	33	3	⋮		29	8	468
14	22	34	4			30	9	467
15	23	35	5			31	10	466
16	24	36	6			32［鹿郢⏺］	11	465
17	25	37	7			1 鹿郢	12	464
18	26	38［哀公］	8			2	13	463
19	27	1 哀公易	9			3	14	462
20	28	2	10［出公］			4	15	461
21	29	3	1 出公敕			5	16	460
22	30	4	2			6［不寿］	17	459
23	31	5	3			1 不寿	18	458
24	32	6	4			2	19	457
25［宣公］	33	7	5			3	20	456

锯、锥、凿等。考古发掘,辽、冀、鲁、豫、陕、湘等地战国各类铁器出土,其中以农具和手工工具居多。铁器的使用极大地促进了生产

依一般惯例,简公、献公按《史记·十二诸侯年表》;孝公按《竹书纪年》。故而造成上下不能衔接的现象,特作说明,详见**纪年考**。

公元前	干支	东周	秦	燕	蔡	宋	晋	鲁	卫
455	丙戌	14 定王	22 厉共公	43[成公]	2 元侯	62 景公	20 出公	12 悼公	1 悼公黔
454	丁亥	15	23	1 成公	3	63	21	13	2
453	戊子	16	24	2	4	64	22	14	3
452	己丑	17	25	3	5	65	23[敬公]	15	4
451	庚寅	18	26	4	6[齐]	66[昭公]	1 敬公骄	16	5[敬公]
450	辛卯	19	27	5	1 齐	1 昭公特	2	17	1 敬公弗
449	壬辰	20	28	6	2	2	3	18	2
448	癸巳	21	29	7	3	3	4	19	3
447	甲午	22	30	8	4（亡于楚）	4	5	20	4
446	乙未	23	31	9		5	6	21	5
445	丙申	24	32	10		6	7	22	6
444	丁酉	25	33	11		7	8	23	7
443	戊戌	26	34[躁公]	12		8	9	24	8
442	己亥	27	1 躁公	13		9	10	25	9
441	庚子	28[哀王]	2	14		10	11	26	10
440	辛丑	1(?)哀王去疾 1(?)思王叔袭 1 考王嵬	3	15		11	12	27	11
439	壬寅	2	4	16[文公]		12	13	28	12
438	癸卯	3	5	1 文公②		13	14	29	13
437	甲辰	4	6	2		14	15	30	14
436	乙巳	5	7	3		15	16	31	15
435	丙午	6	8	4		16	17	32	16
434	丁未	7	9	5		17	18[幽公]	33	17
433	戊申	8③	10	6		18	1 幽公柳	34	18
432	己酉	9	11	7		19	2	35	19[昭公]
431	庚戌	10	12	8		20	3	36	1 昭公纠
430	辛亥	11	13	9		21	4	37	2
429	壬子	12	14[怀公]	10		22	5	38[元公]	3
428	癸丑	13	1 怀公	11		23	6	1 元公嘉	4
427	甲寅	14	2	12		24	7	2	5
426	乙卯	15[威烈王]	3	13		25	8	3	6[怀公]
425	丙辰	1 威烈王午	4[灵公]	14		26	9	4	1 怀公亶
424	丁巳	2	1 灵公	15		27	10	5	2
423	戊午	3	2	16		28	11	6	3
422	己未	4	3	17		29	12	7	4
421	庚申	5	4	18		30	13	8	5

①魏文侯时任用李悝进行改革，开战国时期各国改革之先。改革内容包括："尽地力之教"（《汉书·食货志》）、"造《法经》六篇"
②《史记·燕召公世家》作"滑公"；"索隐"引《竹书纪年》作"文公"。
③是年曾（随）乙侯卒。考古发现在随葬品中有六十五件编钟，其音阶齐备，音域宽阔，为考古的重大发现。

齐	楚	郑	杞	越	赵			公元前
1 宣公积	34 惠王	8[共公]	6 出公	4 不寿	21 襄子			455
2	35	1 共公丑	7	5	22			454
3	36	2	8	6	23			453
4	37	3	9	7	24			452
5	38	4	10	8	25			451
6	39	5	11	9	26			450
7	40	6	12[简公]	10[朱句]	27			449
8	41	7	1 简公春	1 朱句	28			448
9	42	8	2	2	29			447
10	43	9	3	3	30	魏		446
11	44	10	4(亡于楚)	4	31	1 文侯斯①		445
12	45	11		5	32	2		444
13	46	12		6	33	3		443
14	47	13		7	34	4		442
15	48	14		8	35	5		441
16	49	15		9	36	6		440
17	50	16		10	37	7		439
18	51	17		11	38	8		438
19	52	18		12	39	9		437
20	53	19		13	40	10		436
21	54	20		14	41	11		435
22	55	21		15	42	12		434
23	56	22		16	43	13		433
24	57[简王]	23		17	44	14		432
25	1 简王仲	24		18	45	15		431
26	2	25		19	46	16		430
27	3	26		20	47	17		429
28	4	27		21	48	18		428
29	5	28		22	49	19		427
30	6	29		23	50	20		426
31	7	30		24	51	21	韩	425
32	8	31[幽公]		25	1 桓子嘉	22	1 武子启章	424
33	9	1 幽公已		26	1 献侯浣	23	2	423
34	10	2		27	2	24	3	422
		1 缙公骀				25		
35	11	2		28	3	25	4	421

(《唐律疏义》)。

公元前	干支	东周	秦	燕	宋	晋	鲁	卫	齐
420	辛酉	6 威烈王	5 灵公	19 文公	31 昭公	14 幽公	9 元公	6 怀公	36 宣公
419	壬戌	7	6	20	32	15	10	7	37
418	癸亥	8	7	21	33	16	11	8	38
417	甲子	9	8	22	34	17	12	9	39
416	乙丑	10	9	23	35	18[烈公]	13	10	40
415	丙寅	11	10[简公]	24[简公]	36	1 烈公止	14	11[慎公]	41
414	丁卯	12	1 简公悼子	1 简公	37	2	15	1 慎公穨	42
413	戊辰	13	2	2	38	3	16	2	43
412	己巳	14	3	3	39	4	17	3	44
411	庚午	15	4	4	40	5	18	4	45
410	辛未	16	5	5	41	6	19	5	46
409	壬申	17	6	6	42	7	20	6	47
408	癸酉	18	7①	7	43	8	21[穆公]	7	48
407	甲戌	19	8	8	44	9	1 穆公显	8	49
406	乙亥	20	9	9	45	10	2	9	50
405	丙子	21	10	10	46	11	3	10	51[康公㸊]
404	丁丑	22	11	11	47[悼公]	12	4	11	1 康公贷
403	戊寅	23②	12	12	1 悼公购由	13	5	12	2
402	己卯	24[安王]	13	13	2	14	6	13	3
401	庚辰	1 安王骄	14	14	3	15	7	14	4
400	辛巳	2	15[惠公]	15	4	16	8	15	5
399	壬午	3	1 惠公	16	5	17	9	16	6
398	癸未	4	2	17	6	18	10	17	7
397	甲申	5	3	18	7	19	11	18	8
396	乙酉	6	4	19	8	20	12	19	9
395	丙戌	7	5	20	9	21	13	20	10
394	丁亥	8	6	21	10	22	14	21	11
393	戊子	9	7	22	11	23	15	22	12
392	己丑	10	8	23	12	24	16	23	13
391	庚寅	11	9	24	13	25	17	24	14
390	辛卯	12	10	25	14	26	18	25	15
389	壬辰	13	11	26	15	27[桓公]	19	26	16
388	癸巳	14	12	27	16	1 桓公	20	27	17
387	甲午	15	13[出公]	28	17	2	21	28	18
386	乙未	16	1 出公③	29	18	3	22	29	19

①据《史记·六国年表》:是年,秦"初租禾",改力役地租为实物地租。
②《资治通鉴》记事始于是年。
③《史记·六国年表》作"出公";《秦本纪》作"出子"。

五　战国时期纪年表

楚	郑	越	赵	魏	韩			公元前
12 简王	3 缪公	29 朱句	4 献侯	26 文侯	5 武子			420
13	4	30	5	27	6			419
14	5	31	6	28	7	前中山国		418
15	6	32	7	29	8	(?)文公		417
16	7	33	8	30	9	⋮		416
17	8	34	9	31	10	⋮		415
18	9	35	10	32	11	1 武公		414
19	10	36	11	33	12	2		413
20	11	37[翳]	12	34	13	3		412
21	12	1 翳	13	35	14	4	(田)齐	411
22	13	2	14	36	15	5	1(?)悼子	410
23	14	3	15[烈侯]	37	16[景侯]	6	2	409
24[声王]	15	4	1 烈侯籍	38	1 景侯虔	7	3	408
1 声王当	16	5	2	39	2	8	4	407
2	17	6	3	40	3	9(亡于魏)	5	406
3	18	7	4	41	4		6[太公]	405
4	19	8	5	42	5		1 太公和	404
5	20	9	6	43	6		2	403
6[悼王]	21	10	7	44	7		3	402
1 悼王类	22	11	8	45	8		4	401
2	23	12	9	46	9[烈侯]		5	400
3	24	13	10	47	1 烈侯取		6	399
4	25	14	11	48	2		7	398
5	26	15	12	49	3		8	397
6	27[康公]	16	13	50[武侯]	4		9	396
7	1 康公乙	17	14	1 武侯击	5		10	395
8	2	18	15	2	6		11	394
9	3	19	16	3	7		12	393
10	4	20	17	4	8		13	392
11	5	21	18	5	9		14	391
12	6	22	19	6	10		15	390
13	7	23	20	7	11		16	389
14	8	24	21	8	12		17	388
15	9	25	22[敬侯]	9	13		18	387
16	10	26	1 敬侯章	10	14		19	386

公元前	干支	东 周	秦	燕	宋	晋	鲁	卫	齐
385	丙申	17 安王	2[献公]	30 简公	19[休公]	4 桓公	23 穆公	30 慎公	20 康公
384	丁酉	18	1献公师隰①	31	1 休公田	5	24	31	21
383	戊戌	19	2	32	2	6	25	32	22
382	己亥	20	3	33	3	7	26	33	23
381	庚子	21	4	34	4	8	27	34	24
380	辛丑	22	5	35	5	9	28	35	25
379	壬寅	23	6	36	6	10	29	36	26③
378	癸卯	24	7	37	7	11	30	37	
377	甲辰	25	8	38	8	12	31[共公]	38	
376	乙巳	26[烈王]	9	39	9	13	1 共公奋	39	
375	丙午	1 烈王喜	10	40	10	14	2	40	
374	丁未	2	11	41	11	15	3	41	
373	戊申	3	12	42	12[桓公]	16	4	42[声公]	
372	己酉	4	13	43	1 桓公辟兵	17	5⑤	1 声公训	
371	庚戌	5	14	44		18	6	2	
370	辛亥	6	15	45[桓公]	3[剔成]	19	7	3	
369	壬子	7[显王]	16	1 桓公	1⑥剔成	20⑦	8	4	
368	癸丑	1 显王扁	17	2	2		9	5	
367	甲寅	2	18	3	3		10	6	
366	乙卯	3	19	4	4		11	7	
365	丙辰	4	20	5	5		12	8	
364	丁巳	5	21	6	6		13	9	
363	戊午	6	22	7	7		14	10	
362	己未	7	23[孝公]	8(?)[文公]	8		15	11[成侯]	
361	庚申	8	1 孝公渠梁	1 文公	9		16	1 成侯邀	

①献公于是年实行改革,废除人殉制。继而"七年,初行为市"(《史记·秦始皇本纪》),促进商业发展。
②楚悼王以吴起为令尹,开始改革。"罢无能,废无用,损不急之官,塞私门之请,壹楚国之俗"(《战国策·秦策》)。然吴起一年
③齐康公卒后,吕氏遂绝其祀,田氏拥有齐国。
④是年,韩灭郑,并徙都之。《资治通鉴》胡三省注:"韩既都郑,故时人亦谓韩王为郑王。"
⑤儒家重要代表人物孟子(名轲,字子舆,约前372~约前289年)约于是年诞生于邹(今山东省邹城东南)。
⑥道家重要代表人物庄子(名周,约前369~约前286年)约于是年诞生于蒙(今河南省商丘东北)。
⑦晋桓公在位二十年,被韩、赵迁至屯留,史家一般视此为晋亡之年。
⑧是年(一说六年,前364年)迁都,从安邑(今山西夏县)迁至大梁(今河南开封),故历史上"魏"又称为"梁","魏惠王"又称

楚	郑	越	赵	魏	韩	(田)齐	公元前
17 悼王	11 康公	27 翳	2 敬侯	11 武侯	15 烈侯	20 太公	385
18	12	28	3	12	16	21[剡]	384
19	13	29	4	13	17	1 剡	383
20②	14	30	5	14	18	2	382
21[肃王]	15	31	6	15	19	3	381
1 肃王臧	16	32	7	16	20	4	380
2	17	33	8	17	21	5	379
3	18	34	9	18	22	6	378
4	19	35	10	19	23[哀侯]	7	377
5	20	36　1 诸咎⊕　[错枝⊕]	11	20	1 哀侯	8	376
6	21(亡于韩)	1 错枝　1.无余之	12[成侯]	21	2④	9	375
7		2	1 成侯种	22	3　1 懿侯若山	10　1 桓公午	374
8		3	2	23	2	2	373
9		4	3	24	3	3	372
10		5	4	25	4	4	371
11[宣王]		6	5	26[惠王]	5	5	370
1 宣王良夫		7	6	1 惠王罃	6	6	369
2		8	7	2	7	7	368
3		9	8	3	8	8	367
4		10	9	4	9	9	366
5		11	10	5	10	10	365
6		12　1 无颛	11	6	11	11	364
7		2	12	7	12[昭侯]	12	363
8		3	13	8	1 昭侯武	13	362
9		4	14	9⑧	2	14	361

五　战国时期纪年表

后被杀。

"梁惠王"。

145

公元前	干支	东 周	秦	燕	宋	鲁	卫
360	辛酉	9 显王	2 孝公	2 文公	10 剔成	17 共公	2 成侯
359	壬戌	10	3	3	11	18	3
358	癸亥	11	4	4	12	19	4
357	甲子	12	5	5	13	20	5
356	乙丑	13	6①	6	14	21	6
355	丙寅	14	7	7	15	22	7
354	丁卯	15	8	8	16	23	8
353	戊辰	16	9	9	17	24[康公]	9
352	己巳	17	10	10	18	1 康公屯	10
351	庚午	18	11	11	19	2	11
350	辛未	19	12②	12	20	3	12
349	壬申	20	13	13	21	4	13
348	癸酉	21	14	14	22	5	14
347	甲戌	22	15	15	23	6	15
346	乙亥	23	16	16	24	7	16
345	丙子	24	17	17	25	8	17
344	丁丑	25	18	18	26	9[景公]	18
343	戊寅	26	19	19	27	1 景公偃	19
342	己卯	27	20	20	28	2	20
341	庚辰	28	21	21	29	3	21
340	辛巳	29	22	22	30	4	22
339	壬午	30	23	23	31	5	23
338	癸未	31	24⑤[惠文王]	24	32	6	24
337	甲申	32	1 惠文王驷	25	33	7	25
336	乙酉	33	2	26	34	8	26
335	丙戌	34	3	27	35	9	27
334	丁亥	35	4	28	36	10	28
333	戊子	36	5	29[易王]	37	11	29[平侯]
332	己丑	37	6	1 易王	38	12	1 平侯
331	庚寅	38	7	2	39	13	2
330	辛卯	39	8	3	40	14	3
329	壬辰	40	9	4	41[康王]	15	4
328	癸巳	41	10	5	1 康王偃	16	5
327	甲午	42	11	6	2	17	6
326	乙未	43	12	7	3	18	7

①秦用商鞅开始变法:"令民为什伍";获军功者受爵;严禁私斗等。新法甚严,连太子违法也要受罚。
②是年迁都,从雍(今陕西省凤翔)迁至咸阳,商鞅下二道变法令:统一度量衡;废封邑,将全国分为四十一县,置县令、丞;"坏井
③齐攻魏救韩,马陵之战,孙膑计歼庞涓十万大军,庞涓自刎。1972 年山东省临沂出土《孙膑兵法》残简。
④著名诗人屈原(名平,字原;又名正则,字灵均,约前 340 ~ 约前 278 年)约于是年诞生于楚。
⑤孝公死,惠文王"车裂商君(鞅)以徇"(《史记·商君列传》),然其变法成果却被沿袭下来。
⑥是年改元,称元年,史家作"后元"。当年,魏惠王会盟齐威王于徐州,互相允许称王——此为中原诸侯称"王"之始。

楚	越	赵	魏	韩	（田）齐	公元前
10 宣王	5 无颛	15 成侯	10 惠王	3 昭侯	15 桓公	360
11	6	16	11	4	16	359
12	7	17	12	5	17	358
13	8	18	13	6	18［威王］	357
14	1 无彊	19	14	7	1 威王因齐	356
15	2	20	15	8	2	355
16	3	21	16	9	3	354
17	4	22	17	10	4	353
18	5	23	18	11	5	352
19	6	24	19	12	6	351
20	7	25［肃侯］	20	13	7	350
21	8	1 肃侯语	21	14	8	349
22	9	2	22	15	9	348
23	10	3	23	16	10	347
24	11	4	24	17	11	346
25	12	5	25	18	12	345
26	13	6	26	19	13	344
27	14	7	27	20	14	343
28	15	8	28	21	15	342
29	16	9	29③	22	16	341
30④［威王］	17	10	30	23	17	340
1 威王商	18	11	31	24	18	339
2	19	12	32	25	19	338
3	20	13	33	26	20	337
4	21	14	34	27	21	336
5	22	15	35	28	22	335
6	23（亡于楚）	16	（后元）1⑥	29	23	334
7	后中山国	17	2	30［宣惠王］	24	333
8	（?）桓公	18	3	1 宣惠王	25	332
9	⋮	19	4	2	26	331
10	（?）成王	20	5	3	27	330
11［怀王］	⋮	21	6	4	28	329
1 怀王槐	1 臀	22	7	5	29	328
2	2	23	8	6	30	327
3	3	24［武灵王］	9	7	31	326

田,开阡陌",打破公田、私田界限,"任其所耕,不限多少"(《通典·食货》),承认土地私有。

147

公元前	干支	东周	秦	燕	宋	鲁	卫
325	丙申	44 显王	13 惠文王	8 易王	4 康王	19 景公	8[嗣君]
324	丁酉	45	(更元)1①	9	5	20	1 嗣君
323	戊戌	46	2	10	6	21	2
322	己亥	47	3	11	7	22	3
321	庚子	48[慎靓王]	4	12[哙]	8	23	4
320	辛丑	1 慎靓王定	5	1 哙	9	24	5
319	壬寅	2	6	2	10	25	6
318	癸卯	3	7	3	11	26	7
317	甲辰	4	8	4	12	27	8
316	乙巳	5	9③	5	13	28	9
315	丙午	6[赧王]	10	6	14	29[平公]	10
314	丁未	1 赧王延	11	7	15	1 平公叔	11
313	戊申	2	12	(8)	16	2	12
312	己酉	3	13	(9)[昭王]	17	3	13
311	庚戌	4	14[武王]	1 昭王平	18	4	14
310	辛亥	5	1 武王荡	2	19	5	15
309	壬子	6	2⑤	3	20	6	16
308	癸丑	7	3	4	21	7	17
307	甲寅	8	4[昭襄王⑥]	5	22	8	18
306	乙卯	9	1 昭襄王稷	6	23	9	19
305	丙辰	10	2	7	24	10	20
304	丁巳	11	3	8	25	11	21
303	戊午	12	4	9	26	12	22
302	己未	13	5	10	27	13	23
301	庚申	14	6	11	28	14	24
300	辛酉	15	7	12	29	15	25
299	壬戌	16	8	13	30	16	26
298	癸亥	17	9	14	31	17	27
297	甲子	18	10	15	32	18	28
296	乙丑	19	11⑧	16	33	19[文公]	29
295	丙寅	20	12	17	34	1 文公贾	30
294	丁卯	21	13	18	35	2	31
293	戊辰	22	14	19	36	3	32
292	己巳	23	15	20	37	4	33
291	庚午	24	16	21	38	5	34

①据《史记·秦本纪》:惠文王"十四年,更为元年",史称"更元"。

②宣王"喜文学游说之士"(《史记·田敬仲完世家》),在都城临淄稷门外设学府,史称"稷下之学"。其规模之大,为各国之仅有。

③是年,秦灭蜀,前后又攻败赵、魏、韩、楚等,显出强大之势。

④荀子(名况,约前313~约前238年)约于是年诞生于赵。

⑤据《史记·秦本纪》:是年,"初置丞相",时丞相分左、右。

⑥赵武灵王更改旧制。"遂胡服,招骑射"(《史记·赵世家》),加强军队战斗力,向北扩张。

⑦古本《竹书纪年》止于魏襄王二十年(今本同,作周隐[赧]王十六年)。

⑧齐联三晋、宋等"合纵"攻秦,秦退还部分土地,媾和。

楚	后中山国	赵	魏	韩	（田）齐	公元前
4 怀王	4 𰀹	1 武灵王雍	（后元）10 惠王	8 宣惠王	32 威王	325
5	5	2	11	9	33	324
6	6	3	12	10	34	323
7	7	4	13	11	35	322
8	8	5	14	12	36	321
9	9	6	15	13	37［宣王］	320
10	10	7	16［襄王］	14	1 宣王辟彊②	319
11	11	8	1 襄王嗣	15	2	318
12	12	9	2	16	3	317
13	13	10	3	17	4	316
14	14	11	4	18	5	315
15	15	12	5	19	6	314
16	16	13④	6	20	7	313
17	17	14	7	21［襄王］	8	312
18	18	15	8	1 襄王仓	9	311
19	19	16	9	2	10	310
20	20	17	10	3	11	309
21	21［𡥆盗］	18	11	4	12	308
22	1 𡥆盗	19⑥	12	5	13	307
23	2	20	13	6	14	306
24	3	21	14	7	15	305
25	4	22	15	8	16	304
26	5	23	16	9	17	303
27	6	24	17	10	18	302
28	7	25	18	11	19［湣王］	301
29	8	26	19	12	1 湣王地	300
30［顷襄王］	9［尚］	27［惠文王囮］	20⑦	13	2	299
1 顷襄王横	1 尚	1 惠文王何	21	14	3	298
2	2	2	22	15	4	297
3	3	3	23［昭王］	16［釐王］	5	296
4	4（亡于赵）	4	1 昭王遫	1 釐王咎	6	295
5		5	2	2	7	294
6		6	3	3	8	293
7		7	4	4	9	292
8		8	5	5	10	291

据此广揽各地学士著述讲学,极大地促进了战国时期的百家争鸣与学术繁荣。

公元前	干支	东周	秦	燕	宋	鲁
290	辛未	25 赧王	17 昭襄王	22 昭王	39 康王	6 文公
289	壬申	26	18	23	40	7
288	癸酉	27	19①	24	41	8
287	甲戌	28	20	25	42	9
286	乙亥	29	21	26	43（亡于齐魏楚）	10
285	丙子	30	22	27		11
284	丁丑	31	23	28		12
283	戊寅	32	24	29		13
282	己卯	33	25	30		14
281	庚辰	34	26	31		15
280	辛巳	35	27	32		16
279	壬午	36	28	33[惠王]		17
278	癸未	37	29	1 惠王		18
277	甲申	38	30	2		19
276	乙酉	39	31	3		20
275	丙戌	40	32	4		21
274	丁亥	41	33	5		22
273	戊子	42	34	6		23[顷公]
272	己丑	43	35	7[武成王]		1 顷公雠
271	庚寅	44	36	1 武成王		2
270	辛卯	45	37	2		3
269	壬辰	46	38	3		4
268	癸巳	47	39	4		5
267	甲午	48	40	5		6
266	乙未	49	41	6		7
265	丙申	50	42	7		8
264	丁酉	51	43	8		9
263	戊戌	52	44	9		10
262	己亥	53	45	10		11
261	庚子	54	46	11		12
260	辛丑	55	47③	12		13
259	壬寅	56	48	13		14
258	癸卯	57	49	14[孝王]		15
257	甲辰	58	50	1 孝王		16
256	乙巳	59[亡于秦]	51⑤	2		17

①时关东六国仅齐较强。是年,秦、齐称帝,不久皆罢,见《史记·秦本纪》:"十九年,王为西帝,齐为东帝,皆复去之。"

②法家集大成者韩非(约前280～前233年)约于是年诞生于韩。

③秦、赵发生长平之战,秦坑杀降卒四十万。

④是年发生"窃符救赵"事件。战国时,有"四名君"之说,他们是:魏国的信陵君(魏无忌,?～前243年),齐国的孟尝君(田文),
公子"。

⑤据《史记·河渠书》:李冰任蜀郡守,修都江堰,两千多年来,川西平原受益,为传世著名水利工程。

卫	楚	赵	魏	韩	(田)齐	公元前
35 嗣君	9 顷襄王	9 惠文王	6 昭王	6 釐王	11 湣王	290
36	10	10	7	7	12	289
37	11	11	8	8	13	288
38	12	12	9	9	14	287
39	13	13	10	10	15	286
40	14	14	11	11	16	285
41	15	15	12	12	17[襄王]	284
42	16	16	13	13	1 襄王法章	283
1 怀君	17	17	14	14	2	282
2	18	18	15	15	3	281
3	19	19	16	16②	4	280
4	20	20	17	17	5	279
5	21	21	18	18	6	278
6	22	22	19[安釐王]	19	7	277
7	23	23	1 安釐王圉	20	8	276
8	24	24	2	21	9	275
9	25	25	3	22	10	274
10	26	26	4	23[桓惠王]	11	273
11	27	27	5	1 桓惠王	12	272
12	28	28	6	2	13	271
13	29	29	7	3	14	270
14	30	30	8	4	15	269
15	31	31	9	5	16	268
16	32	32	10	6	17	267
17	33	33[孝成王]	11	7	18	266
18	34	1 孝成王丹	12	8	19[建]	265
19	35	2	13	9	1 建	264
20	36[考烈王]	3	14	10	2	263
21	1 考烈王元	4	15	11	3	262
22	2	5	16	12	4	261
23	3	6	17	13	5	260
24	4	7	18	14	6	259
25	5	8	19	15	7	258
26	6	9	20④	16	8	257
27	7	10	21	17	9	256

赵国的平原君(赵胜,？～前251年),楚国的春申君(黄歇,？～前238年)。他们以养士著称,各有门下食客数千人,也有称为"四

公元前	干支	秦	燕	鲁	卫
255	丙午	52 昭襄王	3[喜]	18 顷公	28 怀君
254	丁未	53	1 喜	19	29
253	戊申	54	2	20	30
252	己酉	55	3	21	31(亡于魏)
251	庚戌	56[孝文王]	4	22	
250	辛亥	1 孝文王柱 [庄襄王⊕]	5	23	
249	壬子	1 庄襄王楚	6	24(亡于楚)	
248	癸丑	2	7		
247	甲寅	3[嬴政㊄]	8		
246	乙卯	1 嬴政	9		
245	丙辰	2	10		
244	丁巳	3	11		
243	戊午	4	12		
242	己未	5	13		
241	庚申	6	14		
240	辛酉	7	15		
239	壬戌	8	16		
238	癸亥	9	17		
237	甲子	10①	18		
236	乙丑	11	19		
235	丙寅	12	20		
234	丁卯	13	21		
233	戊辰	14	22		
232	己巳	15	23		
231	庚午	16	24		
230	辛未	17	25		
229	壬申	18	26		
228	癸酉	19	27		
227	甲戌	20	28		
226	乙亥	21	29		
225	丙子	22	30		
224	丁丑	23	31		
223	戊寅	24	32		
222	己卯	25	33(亡于秦)		
221	庚辰	26			

①据《史记·河渠书》:秦开凿郑国渠,沟通泾、洛二水,渠长三百多里,溉地"四万余顷",为历史上著名水利工程。

五　战国时期纪年表

楚	赵	魏	韩	（田）齐		公元前
8 考烈王	11 孝成王	22 安釐王	18 桓惠王	10 建		255
9	12	23	19	11		254
10	13	24	20	12		253
11	14	25	21	13		252
12	15	26	22	14		251
13	16	27	23	15		250
14	17	28	24	16		249
15	18	29	25	17		248
16	19	30	26	18		247
17	20	31	27	19		246
18	21[悼襄王]	32	28	20		245
19	1 悼襄王偃	33	29	21		244
20	2	34[景湣王]	30	22		243
21	3	1 景湣王增	31	23		242
22	4	2	32	24		241
23	5	3	33	25		240
24	6	4	34[安]	26		239
25[幽王]	7	5	1 安	27		238
1 幽王悍	8	6	2	28		237
2	9[幽缪王]	7	3	29		236
3	1 幽缪王迁	8	4	30		235
4	2	9	5	31		234
5	3	10	6	32		233
6	4	11	7	33		232
7	5	12	8	34		231
8	6	13	9（亡于秦）	35	**箕子朝鲜**	230
9	7	14		36	1（？）准	229
10	8[代王⊕]	15[假]		37	2	228
1 哀王犹　[负刍⊜]						
1 负刍	1 代王嘉	1 假		38	3	227
2	2	2		39	4	226
3	3	3（亡于秦）		40	5	225
4	4			41	6	224
5（亡于秦）	5			42	7	223
	6（亡于秦）			43	8	222
				44（亡于秦）	9	221

153

六　秦汉时

公元前	干支	秦		[箕子朝鲜]	
221	庚辰	26 始皇帝嬴政①		9 准	
220	辛巳	27		10	
219	壬午	28		11	
218	癸未	29		12	
217	甲申	30		13	
216	乙酉	31		14	
215	丙戌	32		15	
214	丁亥	33②		16	
213	戊子	34③		17	
212	己丑	35		18	
211	庚寅	36		19	
210	辛卯	37[二世⊕]		20	[匈　奴]
209	壬辰	1 二世皇帝胡亥		21	1 冒顿单于
208	癸巳	2	楚	22	2
			1 景驹㊀～㊂		
207	甲午	3 秦王子婴㊨～⊕(降刘邦)	[西　楚]	23	3
206	乙未		1 西楚霸王项籍⑥⊕	24	4

①秦灭齐后,统一中原。据《史记·秦本纪》:其领地"东至海暨朝鲜,西至临洮、羌中,南至北向户,北据河为塞,并阴山至辽东"。
　帝"(自此始沿用两千多年)。加强中央专制,树立绝对皇权。自为"始皇帝","后世以计数,二世、三世至于万世,传至无穷"。
　道",东至燕齐,南至吴楚。后又"筑长城",西起临洮,东至辽东,成就世界著名伟大工程。又"穿治郦山"大造皇陵,1974年
②据《史记·秦本纪》:是年,"略取陆梁地(指今五岭以南地区),为桂林、象郡、南海,以适遣戍"。
③据《史记·秦本纪》:是年,针对一些儒生"入则心非,出则巷议",引证诗书,"不师今而学古,以非当世",采取丞相李斯建言:
　逃,下令"犯禁者四百六十余人,皆坑之咸阳,使天下知之,以惩后"。这就是后世文人所痛责的"燔百家之言,以愚黔首"(贾
④陈胜"斩木为兵,揭竿为旗,天下云集而响应,赢粮而景从。"(贾谊《过秦论》语)掀起秦末大起义的大幕。
⑤据《史记·项羽本纪》及《高祖本纪》:是年,楚怀王派项羽北上救赵,项羽渡漳水,破釜沉舟,"持三日粮,以示士卒必死,无一
　被摧毁。项羽威望大增,"始为诸侯上将军,诸侯皆属焉"。与此同时,刘邦领军西进,于是年十月攻入关中,秦王子婴降,秦
　灭"。
⑥是年二月,项籍(字羽)自立为"西楚霸王",分天下,封十八王(参考本书"纪年考·秦汉时期"西楚条下"项羽所封十八王简
　为标志。
⑦是年正月,楚怀王心被各路将领尊为"义帝"。十月,被项羽所杀。

154

期纪年表

						公元前
						221
						220
						219
						218
						217
						216
						215
						214
						213
						212
						211
张 楚	**赵**	**齐**	**燕**	**魏**		210
1 隐王陈胜④㊉	1 武臣⑧	1 田儋⑨	1 韩广⑨	1 魏王魏咎⑨		209
1 吕臣㊉					**楚**	
㊅	1 赵歇㊀	1 田假㊅	2	2㊅	1 楚怀王心㊅	208
百 越		1 田市㊇				
1 番君吴芮㊀~㊂	2	2	3		2⑤	207
	3●	3	4㊇		3⑦✚	206
		1 田荣㊅				

废止周代分封制，"分天下以为三十六郡(后增至四十余郡)，郡置守、尉、监"，由中央直接管辖。采三皇五帝之尊号，定称号为"皇规定：皇帝的"命为'制'，令为'诏'，天子自称曰'朕'"。改年始，以十月为岁首，统一度量衡，"车同轨，书同文字"。下年，"治驰发掘出的兵马俑堪称世界奇观。1975 年，又在湖北云梦睡虎地掘出大量秦简。

"史官非秦记皆烧之……有敢偶语《诗》、《书》者弃市。以古非今者族。"第二年，见有人对"天下之事无小大皆决于上"不满而叛谊语)，即以政治强力摧残文化，以严酷手段剿灭不同政见的"焚书坑儒"事件。

还心"。经九战，在巨鹿(今河北省平乡西南)与秦军死战，楚军"以一当十"，"呼声动天"，大破秦军;继章邯二十万大军降，秦主力亡。刘邦"约法三章"："杀人者死，伤人及盗抵罪"，废除秦苛法。随之，项羽入关，"屠咸阳，杀秦降王子婴，烧秦宫室，火三月不

表")，封刘邦为汉王("正义"："以汉水为名")。开始了楚汉相争的局面。时项籍名义上仍尊"义帝"，其正式建政，以十月杀义帝

公元前	干支	西汉(前汉)	[西 楚]	[箕子朝鲜]	[匈 奴]	南 越	齐
205	丙申		2 西楚霸王	25 准	5 冒顿单于		1 田假㊀
							1 田广㊃
204	丁酉		3	26	6	1(?)武王赵佗	2
							1 田横㊉~㊌
203	戊戌	西汉(前汉)	4	27	7	2	
202	己亥	1②高祖高帝刘邦㊀	5㊉①	28	8	3	
201	庚子	2		29	9	4	
200	辛丑	3③		30	10	5	
199	壬寅	4		31	11	6	
198	癸卯	5		32	12	7	
197	甲辰	6		33	13	8	
196	乙巳	7		34	14	9	
195	丙午	8[惠帝㉑]		35	15	10	
194	丁未	1 惠帝刘盈		[卫氏朝鲜] 1(?)朝鲜王卫满	16	11	
193	戊申	2		2	17	12	
192	己酉	3		3	18	13	
191	庚戌	4		4	19	14	
190	辛亥	5④		5	20	15	
189	壬子	6		6	21	16	
188	癸丑	7[高后㈧]		7	22	17	
187	甲寅	1 高后吕雉		8	23	18	
186	乙卯	2		9	24	19	
185	丙辰	3		10	25	20	
184	丁巳	4		11	26	21	
183	戊午	5		12	27	22	
182	己未	6		13	28	23	
181	庚申	7		14	29	24	

①楚汉相争数年,是年十二月(十月为岁首),两军在垓下大战,项羽闻"四面楚歌",遭惨败。于是发生"霸王别姬",自为诗曰:"力拔山兮气盖世。时不利兮骓不逝。骓不逝兮可奈何!虞兮虞兮奈若何!"奋力突围至乌江(今安徽省和县东北),以"无面目见江东父老"拒绝渡江,自刎而死。

②消灭了劲敌项羽后,刘邦于是年二月称帝。关于西汉起始之年,有"前206年"和"前202年"两说,本年表采后说,详见本书**"纪年考"**。

③西汉政论家贾谊(前200~前168年)诞生。他多次上书,批评时政。力主削藩,加强中央集权。还主张重农抑商。其名文《过秦论》对秦亡之因进行了深刻剖析。

④自前194年始,前后数次征夫修建长安城(据记载,每次多达十万人),是年完工。城区面积约36平方公里。

公元前	干支	西 汉	[卫氏朝鲜]	[匈 奴]	南 越	乌 孙②	鄯善(楼兰)
180	辛酉	8①[文帝㈣九]	15 卫满	30 冒顿单于	25 赵佗	:	:
179	壬戌	1③太宗文帝刘恒	16	31	26	:	:
178	癸亥	2	17	32	27	:	:
177	甲子	3	18	33	28	(?)难兜靡④ （降匈奴）	(?)楼兰王 （降匈奴）
176	乙丑	4	19	34	29		
175	丙寅	5	20	35	30		
174	丁卯	6	21	36	31		
				1 老上单于稽粥			
173	戊辰	7	22	2	32		
172	己巳	8	23	3	33		
171	庚午	9	24	4	34		
170	辛未	10	25	5	35		
169	壬申	11	26	6	36		
168	癸酉	12	27	7	37		
167	甲戌	13	28	8	38		
166	乙亥	14	29	9	39		
165	丙子	15	30	10	40		
164	丁丑	16	31	11	41		
163	戊寅	后元1	32	12	42		
162	己卯	2	33	13	43		
161	庚辰	3	34	14	44	1(?)猎骄靡	
				1 军臣单于			
160	辛巳	4	35	2	45	2	
159	壬午	5	36	3	46	3	
158	癸未	6	37	4	47	4	
157	甲申	7[景帝㈥]	38	5	48	5	
156	乙酉	1 景帝刘启⑤	39	6	49	6	

①当年七月，吕后病卒。吕后掌权时期，大力封吕氏王侯，如吕王吕台、梁王吕产、赵王吕禄、燕王吕通等。吕后卒后，吕氏王与刘氏王斗争激烈，在臣将周勃等的支持下，九月，吕氏败，吕氏王纷纷被杀。闰九月，迎代王刘恒为帝，是为文帝。文帝即位后，又杀吕后所封假惠帝子梁王刘太、恒山王刘朝，及其所立傀儡帝刘弘，巩固刘氏统治。

②据记载，汉时西域有五十余国，其中不少不具备作表条件，本书"纪年考"中附有"汉时西域诸国概况一览表"，供参考。

③西汉思想家董仲舒（前179～前104年）诞生。他首倡"独尊儒术"，致使以后儒家思想渐成为两千多年中国社会的正统思想。他在《春秋繁露》一书中提出"天人感应"学说，这是他思想体系的中心。他主张"天不变道亦不变"。推崇"大一统"理论。倡导"三纲五常"伦理道德，将神权、君权、父权、夫权融为一体，形成中国封建神学体系。

④是年，难兜靡被大月氏所攻，乌孙降匈奴。

⑤文景之治：西汉初年，面对秦亡后社会残破局面，一度盛行黄老"无为"思想，统治者采取了一系列措施轻徭减负，恢复生产。前191年，废秦"挟书律"（禁私人藏书）；前187年，废秦"夷三族"罪及"妖言令"；前179年，废秦一人有罪，家人"相坐"之法；前167年，废肉刑；前156年，减田租，实行"三十税一"。这些措施，在文帝、景帝时期初见成效，社会经济得到发展，史称"文景之治"。经西汉二百多年的发展，到西汉末年，据统计，全国有一千二百多万户，五千九百多万人，垦田八百多万顷。

公元前	干支	西　汉	[卫氏朝鲜]	[匈　奴]	南　越	乌　孙	
155	丙戌	2 景帝	40 卫满	7 军臣单于	50 赵陀	7 猎骄靡	
154	丁亥	3①	41	8	51	8	
153	戊子	4	42	9	52	9	
152	己丑	5	43	10	53	10	
151	庚寅	6	44	11	54	11	
150	辛卯	7	45	12	55	12	
149	壬辰	中元 1	46	13	56	13	
148	癸巳	2	47	14	57	14	
147	甲午	3	48	15	58	15	
146	乙未	4	49	16	59	16	
145	丙申	5	50	17	60	17	
144	丁酉	6	51	18	61	18	
143	戊戌	后元 1	52	19	62	19	
142	己亥	2	53	20	63	20	
141	庚子	3[武帝⊖]	54	21	64	21	
140	辛丑	建元 1 世宗武帝刘彻	55	22	65	22	
139	壬寅	2	56	23	66	23	
138	癸卯	3②	57	24	67	24	
137	甲辰	4	58	25	68	25	
136	乙巳	5	59	26	1 文王赵胡　2	26	**夜郎国**
135	丙午	6③	60	27	3	27	1(?)多同
134	丁未	元光 1	61	28	4	28	2

①是年正月,发生"吴楚七国之乱"。

②张骞第一次出使西域,前后十余年,首通中原与西域的信息,获得大量前所未闻的西域资料(见《史记·大宛传》)。前119年,他再次出使后,相互往来渐频,西域的葡萄、石榴、胡豆、胡瓜、胡麻、胡蒜、胡桃陆续传入内地。一般认为,丝绸之路正式开辟始于张骞出使西域之后,隋唐时期达到鼎盛,明清时期处于衰落。延续一千多年。陆上丝绸之路有两大干线:(1)绿洲之路东起长安,西往河西地区、塔里木盆地、入西亚、小亚细亚等地,南下到阿富汗、巴基斯坦、印度等地,抵地中海沿岸,达欧洲。(2)草原之路,有学者认为此路形成时间略早于绿洲之路,经隋唐,直至辽、金、元、明、清各代,草原丝路一直畅通。这条丝路主要由古代游牧民开辟和使用。主要路线大致从内地的长安、洛阳始,分数路向北,入蒙古草原,再向北达贝尔加湖,向西经今西伯利亚大草原地区,抵里海、黑海沿岸,到达东欧地区。

③伟大史学家司马迁(字子长,约前145或前135~前93或前86年)诞生。他于前108年任太史令,继父业修史。前104年始撰《史记》,前99年受腐刑,在困厄中发愤著书,终成就其不朽之作。《史记》原名《太史公书》,包括十二本纪、十表、八书、三十世家、七十列传,共一百三十卷。上起黄帝时代,下迄汉武帝时,为中国第一部通史巨著,并创纪传体例,成为此后两千年历朝编写"正史"的范本。此书语言生动,形象鲜明,在文学史上也有很高的地位,鲁迅称其为"史家之绝唱,无韵之《离骚》"。

公元前	干支	西　汉	[卫氏朝鲜]	[匈　奴]	南　越	乌　孙	夜郎国		
133	戊申	元光2武帝	⋮	29军臣单于	5赵胡	29猎骄靡	3多同		
132	己酉	3	⋮	30	6	30	4		
131	庚戌	4	朝鲜王(佚名)	31	7	31	5		
130	辛亥	5	⋮	32	8	32	6		
129	壬子	6	⋮	33	9	33	7		
128	癸丑	元朔1	1(?)朝鲜王右渠	34	10	34	8		
127	甲寅	2	2	35	11	35	9		
126	乙卯	3	3	36	12	36	10		
				1伊稚斜单于					
125	丙辰	4	4	2	13	37	11		
124	丁巳	5	5	3	14	38	12		
123	戊午	6	6	4	15	39	13	滇	
122	己未	元狩1	7	5	16	40	14	1(?)尝羌	
					1(?)明王赵婴齐				
121	庚申	2	8	6	2	41	15	2	
120	辛酉	3	9	7	3	42	16	3	
119	壬戌	4①	10	8	4	43	17	4	
118	癸亥	5	11	9	5	44	18	5	
					1(?)赵兴				
117	甲子	6	12	10	2	45	19	6	
116	乙丑	元鼎1	13	11	3	46	20	7	
115	丙寅	2	14	12	4	47	21	8	
114	丁卯	3	15	13	5	48	22	9	
				1乌维单于					
113	戊辰	4	16	2	6	49	23	10	
112	己巳	5	17	3	7	50	24	11	
					1术阳侯赵建德⊕				
111	庚午	6	18	4	2(亡于汉)	51	25(降汉)	12	[东越(闽越)] 1馀善
110	辛未	元封1	19	5		52		13	2(亡于汉)
109	壬申	2	20	6		53	鄯善	14(降汉)	车师(前部)
108	癸酉	3	21(亡于汉)	7		54	1(?)楼兰王		1(?)车师王②
107	甲戌	4		8		55	2		2

①西汉对匈奴第三次大规模用兵。第一次在前127年，卫青领兵从云中出击，夺取河套，建立朔方郡。第二次在前121年，霍去病自陇西出兵，过焉支山(今甘肃省山丹县境)，逾居延海，南下祁连山，设武威、张掖、酒泉、敦煌四郡。第三次卫青、霍去病领十万骑向漠北穷追匈奴，临瀚海而还。同时，修缮长城，"自敦煌至辽东万一千五百余里，乘塞列隧有吏卒数千人。"(《汉书·赵充国传》)

②时车师处于汉与匈奴的争夺之中，时降匈奴，时降汉。

公元前	干支	西 汉	[匈 奴]	乌 孙	鄯 善	车师（前部）	
106	乙亥	元封 5 武帝	9 乌维单于	56 猎骄靡	3 楼兰王	3 车师王	
105	丙子	6	10 1 儿单于 乌师庐	57 1（?）军须靡	4	4	
104	丁丑	太初 1①	2	2	5	5	
103	戊寅	2	3	3	6	6	
102	己卯	3	4 1 呴犁湖单于㉕	4	7	7	
							龟 兹
101	庚辰	4	2 1 且鞮侯单于	5	8	8	1（?）龟兹王
100	辛巳	天汉 1	2	6	9	9	2
99	壬午	2	3	7	10	10	3
98	癸未	3	4	8	11	11	4
97	甲申	4	5	9	12	12	5
96	乙酉	太始 1	6 1 狐鹿姑单于	10	13	13	6
95	丙戌	2	2	11	14	14	7
94	丁亥	3	3	12	15	15	8
93	戊子	4	4	13 1（?）肥王 翁归靡	16	16	9
92	己丑	征和② 1	5	2	17	17	10
91	庚寅	2	6	3	：	18	11
90	辛卯	3	7	4	：	19	12
89	壬辰	4	8	5		20	13
88	癸巳	后元 1	9	6		21	14
87	甲午	2［昭帝⊖］	10	7		22	15
86	乙未	始元 1 昭帝 刘弗陵	11	8		23	16
85	丙申	2	12 1 壶衍鞮单于	9		24	17
84	丁酉	3	2	10		25	18
83	戊戌	4	3	11		26	19

①是年改历,采用以正月为岁首的"太初历",取代沿用了百余年以十月为岁首的秦历。
②一作"延和"。

公元前	干支	西　汉	［匈　奴］	乌　孙	鄯　善	车师（前部）	龟　兹	
82	己亥	始元 5 昭帝	4 壶衍鞮单于	12 翁归靡		27 车师王	20 龟兹王	
81	庚子	6①	5	13		28	21	
80	辛丑	7	6	14		29	22	
		元凤⑧ 1			⋮	30	23	
79	壬寅	2	7	15	⋮	30	23	
78	癸卯	3	8	16	尝归	31	24	
77	甲辰	4	9	17	1 尉屠耆（降汉）	32	25	
76	乙巳	5	10	18	⋮	33	26	
75	丙午	6	11	19	⋮	34	27	
74	丁未	元平 1 昌邑王 刘贺⑥ ［宣帝⑦］	12	20		35	28	
73	戊申	本始 1 中宗 宣帝刘询	13	21		36	29	
72	己酉	2	14	22		37 1(?)乌贵	30 1(?)绛宾	
71	庚戌	3	15	23		2	（降汉）	
70	辛亥	4	16	24		3	2	
69	壬子	地节 1	17	25		4	3	
68	癸丑	2	18 1 虚闾权渠 单于④	26		5	4	莎　车
67	甲寅	3	2	27		6 1 兜莫	5	⋮ ⋮ (?)莎车王
66	乙卯	4	3	28		2	6	1(?)万年
65	丙辰	元康 1	4	29		3	7	1 呼屠徵 1 莎车王 （降汉）
64	丁巳	2	5	30		4 1 军宿 （降汉）	8	⋮
63	戊午	3	6	31		⋮	9	
62	己未	4	7	32		⋮	10	

①是年，御史大夫桑弘羊与各地所举贤良、文学辩论施政问题，这就是历史上著名的"盐铁会议"，桓宽《盐铁论》据此写成，记述了辩论情况和双方的论点。

公元前	干支	西汉	[匈奴]	（西边）	（东边）	乌孙	（小昆弥）	（大昆弥）	龟兹
61	庚申	元康5 宣帝 神爵㊂1	8 虚闾权渠单于			33 翁归靡			11 绛宾
60	辛酉	2	9 1 握衍朐鞮单于屠耆堂			34 1 狂王泥靡			12
59	壬戌	3	2			2			13
58	癸亥	4	3			3			14
57	甲子	五凤1	1 呼韩邪单于稽侯狦㊀ 1 屠耆单于薄胥堂 2 呼韩邪单于 2 屠耆单于 1 呼揭单于㊆ 1 车犁单于㊆ 1 乌藉单于㊆~㊄			4			15
56	乙丑	2	3 呼韩邪单于 3 屠耆单于㊈ 2 车犁单于㊈	1 闰振单于㊆	1 郅支骨都侯单于呼屠吾斯㊀	5			16
55	丙寅	3	4 呼韩邪单于	2	2	6			17
54	丁卯	4	5	3㊃（并于东边）	3	7			18
53	戊辰	甘露1	6		4		1 乌就屠①	1 元贵靡	19
52	己巳	2	7		5		2	2	20
51	庚午	3	8		6		3	3 1 星靡	21
50	辛未	4	9		7	4	2	22	
49	壬申	黄龙1[元帝㊁]	10		8（伊利目单于②）	5	3	23	
48	癸酉	初元1 高宗 元帝刘奭	11		9	6	4	24	
47	甲戌	2	12		10	7	5	25	
46	乙亥	3	13		11	8	6	26	
45	丙子	4	14		12	9	7	27	
44	丁丑	5	15		13	10	8	28	
43	戊寅	永光1	16		14	11	9	29	
42	己卯	2	17		15	12	10	30	
41	庚辰	3	18		16	13	11	31	

①乌就屠立后降汉,汉分立大、小昆弥以统治。

②是年二月,伊利目单于在右地自立,旋为郅支骨都侯单于击杀。一说此事发生在前53年。

公元前	干支	西 汉	[匈 奴] (东边)		乌 孙 (小昆弥)	(大昆弥)	夜郎国	龟 兹	高句丽
40	辛巳	永光4 元帝	19 呼韩邪单于	17 郅支骨侯单于	14 乌就屠	12 星靡		32 绛宾	
39	壬午	5	20	18	15	13		33	
38	癸未	建昭1	21	19	16	14		34	**高句丽**
37	甲申	2	22	20	17	15		35	1 始祖东明圣王 朱蒙
36	乙酉	3	23	21	18	16		36 / 1(?)丞德	2
35	丙戌	4	24		19	17		2	3
34	丁亥	5	25		20	18		3	4
33	戊子	竟宁1① [成帝㈥]	26		21	19		4	5
32	己丑	建始1成帝 刘骜	27		1 拊离	1 雌栗靡		5	6
31	庚寅	2②	28 / 1 复株累若鞮单于雕陶莫皋		2	2		6	7
30	辛卯	3	2		3 / 1 安日	3		7	8
29	壬辰	4	3		2	4		8	9
28	癸巳	5 / 河平㈣1③	4		3	5	(?)兴	9	10
27	甲午	2	5		4	6	⋮	10	11
26	乙未	3④	6		5	7	⋮(亡于汉)	11	12
25	丙申	4	7		6	8		12	13
24	丁酉	阳朔1	8		7	9		13	14
23	戊戌	2	9		8	10		14	15
22	己亥	3	10		9	11		15	16
21	庚子	4	11		10	12		16	17
20	辛丑	鸿嘉1	12 / 1 搜谐若鞮单于且麋胥㈠		11	13		17	18

①是年,汉元帝以宫人王嫱(字昭君)出嫁匈奴呼韩邪单于,恢复和亲,结束汉匈一百余年的战争。"昭君出塞"故事成为后世各类文学作品的题材,广为流传。

②成帝时,氾胜之所著《氾胜之书》为我国第一部完整的农学著作。原书已佚,今从《太平御览》等书中辑出。

③《汉书》对是年太阳黑子进行记录,被称为世界首例。

④刘向开始校书,其子刘歆继之,所撰《七略》,成为我国历史上的第一部书目,共录书一万三千多卷。刘歆又发现经书的不同版本,从而导致中国封建社会近两千年的今古文之争。

公元	干支	西汉	[匈奴]	乌孙（小昆弥）	乌孙（大昆弥）	龟兹	高句丽
前19	壬寅	鸿嘉 2 成帝	2 搜谐若鞮单于	12 安日	15 雌栗靡	18 丞德	19 朱蒙 1 琉璃明王 类利⑨
前18	癸卯	3	3	13	16	19	2
前17	甲辰	4	4	14 1 末振将	17	20	3
前16	乙巳	永始 1	5	2	1 伊秩靡	21	4
前15	丙午	2	6	3	⋮	22	5
前14	丁未	3	7	4	⋮（以后不明）	23	6
前13	戊申	4	8	5		24	7
前12	己酉	元延 1	9	6		25	8
前11	庚戌	2	1 车牙若鞮单于 且莫车⑫ 2	1(?)安犁靡 ⋮ ⋮（以后不明）		26	9
前10	辛亥	3	3			27	10
前9	壬子	4	4			28	11
前8	癸丑	绥和 1	5			29	12
前7	甲寅	2[哀帝⑭]	1 乌珠留若鞮单于 囊知牙斯⑧ 2			30	13
前6	乙卯	建平 1 哀帝刘欣	3			31	14
前5	丙辰	2 太初①⑥ 1 建平⑧ 2	4			32	15
前4	丁巳	3	5			33	16
前3	戊午	4	6			34	17
前2	己未	元寿 1②	7			35	18
前1	庚申	2[平帝⑨]	8			36	19
1	辛酉	元始 1 元宗平帝刘衎	9			⋮	20
2	壬戌	2	10			⋮	21

①《汉书·哀帝纪》记为"太初"，王先谦《汉书补注》考证为"太初元将"，并云："四字年号遂起于此。"
②西汉末年，佛教传入中国。

164

公元	干支	西　汉	[匈　奴]	车师(后部)	莎　车	高句丽			
3	癸亥	元始 3 平帝	11 乌珠留 若鞮单于	(?)句姑① 1(?)须置离 （附汉）		22 琉璃明王			
4	甲子	4	12	2		23			
5	乙丑	5	13	3		24			
6	丙寅	居摄㊂ 1 孺子刘婴	14	4		25			
7	丁卯	2	15	5		26			
8	戊辰	3	16	6		27			
		始初② ⊕ 1（亡于新）							
		新							
		始建国㊉③ 王莽							
9	己巳	1④	17	7	1(?)忠武王廷	28			
10	庚午	2	18	8	2	29			
				1 狐兰支 （降匈奴）					
11	辛未	3	19	⋮	3	30			
12	壬申	4	20	⋮	4	31			
13	癸酉	5	21		5	32	**焉耆**		
			1 乌累若鞮 单于咸				1 焉耆王		
14	甲戌	天凤 1	2		6	33	2		
15	乙亥	2	3		7	34	3	**姑墨**	**扜弥**
16	丙子	3	4		8	35	4	1(?)丞	1(?)扜弥王
17	丁丑	4	5		9	36	5	2	2
18	戊寅	5	6		10	37	6	3	3
			1 呼都而尸道皋 若鞮单于舆		1 宣成王康	1 大武神王 无恤⊕			
19	己卯	6	2		2	2	7	4	4
20	庚辰	地皇 1	3		3	3	8	5	5
21	辛巳	2	4		4	4	9	6	6
22	壬午	3	5		5	5	10	7	7

①句姑原附汉,元始年间,投匈奴,汉迫使匈奴令将其遣返,斩之。

②一作"初始"。

③王莽十一月称帝,建元,改国号,并改历,以建丑之月(即夏历十二月)称正月,为岁首,故元年为公元9年。

④王莽托古改制:王莽称帝后,面对社会危机,进行托古改制,仿古代井田制分公田与私田;推行五均六筦,抑制工商,增加税收;屡改币制与官制,复五等爵等。改革造成社会混乱,引起民众起义,加速了灭亡。

公元	干支	新						
23	癸未	地皇4 王莽⑨ （亡于义军）	汉复①⑫ 1 隗嚣	1 刘望⑧ ~ ⑩				
24	甲申	[绿林] 更始① 1 刘玄	2	[赵] 1 王郎⑫ [楚] 1 楚黎王秦丰⑤	[齐] 1 张步⑤			
25	乙酉	3⑨（亡于赤眉） 东汉（后汉） 建武⑥ 1 世祖 光武帝刘秀	3	2	2	1 刘婴① ~ ① 成家（大成） 龙兴④ 1 蜀王 公孙述	[赤眉] 建世③ 1 刘盆子	[梁] 1 梁王刘永⑫
26	丙戌	2	4	3	3	2	2	2
27	丁亥	3④	5	4	4	3	3⑥①（降汉） [淮南] 1 淮南王李宪	3 1 梁王刘纡⑫
28	戊子	4⑤	6	5	5	4	2	2
29	己丑	5⑥	7	6⑥（降汉） 1 卢芳⑫	6⑫（降汉）	5	3	3⑧（亡于汉）
30	庚寅	6	8	2		6	4①（亡于汉）	
31	辛卯	7	9	3		7		
32	壬辰	8	10	4		8		
33	癸巳	9	11 隗纯①	5		9		
34	甲午	10	12⑩（降汉）	6		10		
35	乙未	11		7		11		
36	丙申	12		8		12⑩（亡于汉）		

①一作"复汉"。

②是年将历改回,复寅正。

③一作"建始"。

④东汉著名哲学家王充(字仲任,27～约97年)诞生。会稽上虞(今属浙江)人。他竭毕生精力,历时三十多年,写成名著《论衡》。盛行的"天人感应"学说提出挑战,反对把儒家经典变成教条。该书长期受到埋没,直到东汉末年才流传开来。

⑤是年起至38年,连续六次颁布释放奴婢的诏令。

⑥光武帝提倡讲经论理。他于是年着手建立太学,设置博士,令其各以"家法"传授诸经。到明帝时,更是广召名儒,自居讲席。

⑦是年,汉封康为莎车建功怀德王、西域大都尉。"五十五国皆属焉"(《后汉书·西域传》)。

⑧是年,莎车攻破扜弥,杀其王,立莎车王贤之侄为扜弥王,控制扜弥。

	[匈奴]	莎车	高句丽	焉耆	姑墨	扜弥	[烧当羌]	公元
	6 呼都而尸道皋若鞮单于	6 康	6 大武神王	11 焉耆王	8 丞	8 扜弥王	1(?)滇良	23
	7	7	7	12	9	9	2	24
	8	8	8	13	10	10	3	25
[燕] 1 燕王彭宠⊜	9	9	9	14	11	11	4	26
	10	10	10	15	12	12	5	27
2	11	11	11	16	13	13	6	28
3⊜(亡于汉)	12	12⑦	12	17	14(降莎车)	14	7	29
	13	13	13	18	15	15	8	30
	14	14	14	19	16	16	9	31
	15	15	15	20	17	17	10	32
	16	16	16	21	18	18	11	33
		1 贤				1 扜弥王⑧ (降莎车)		
	17	2	17	22	19	⋮	12	34
	18	3	18	23	20	⋮	13	35
	19	4	19	24	21		14	36

全书二十多万字,共三十卷,分八十五篇。是我国思想史上的重要著作。书中唯物地阐述了人与自然、精神与肉体的关系,对时下

纷建学校。班固《东都赋》云:"四海之内,学校如林。"

公元	干支	东汉		[匈奴]		鄯善	车师(前部)	龟兹	莎车
37	丁酉	建武13 光武帝	9 卢芳	20 呼都而尸道皋若鞮单于					5 贤
38	戊戌	14	10	21		1(?)安			6
39	己亥	15①	11	22		2			7
40	庚子	16	12✛(降汉)	23		3			8
41	辛丑	17		24		4			9②
42	壬寅	18		25		5			10
43	癸卯	19		26		6			11
44	甲辰	20		27		7	⋮		12
45	乙巳	21		28		8	1(?)车师王(降匈奴)		13
46	丙午	22		29 / 1 乌达鞮侯 / 1 蒲奴		9 ⋮	2	(?)弘 / 1 则罗(降莎车) ⋮	14
47	丁未	23		2		⋮	3	⋮	15
				[北匈奴]	[南匈奴③]				
48	戊申	24		3 蒲奴	1 醯落尸逐鞮单于比✛	4	⋮	16	
49	己酉	25		4	2	5	⋮	17	
50	庚戌	26		5	3	6	(?)身毒(降匈奴)	18	
51	辛亥	27		6	4	7	⋮	19	
52	壬子	28		7	5	8		20	
53	癸丑	29		8	6	9		21	
54	甲寅	30		9	7	10		22	
55	乙卯	31		10	8	11		23	
56	丙辰	32⑤ / 建武中元㉔1		11	9 / 1 丘浮尤鞮单于莫	12		24	

①是年光武帝下令"度田",这是为了加强税收采取的一项新措施,即核查各州郡的垦田数及户口。由于地方豪强的抵制,这

②莎车王贤是年叛汉,自称大都护,其势强,悉服西域诸国,诸国称其为"单于"。

③建武二十四年(48年),比自立为单于,率部众南下附汉,史称**"南匈奴"**;蒲奴仍留漠北继续秉政,史称**"北匈奴"**,详见本书**"纪**

④约于是年,焉耆王疑心姑墨、扞弥、于阗反叛,杀其王,遣将镇守其国。

⑤是年光武帝宣布图谶于天下(《后汉书·光武帝纪》)。"谶"为方士托神灵的预言,因常附有图,故曰"图谶",传秦时卢生入海
　属于阴阳五行体系。刘秀称帝,即利用此,发诏颁命,施政用人,皆引谶纬,并诏颁天下,使其成为法定的经典。其学说后发
　主义与神秘主义的论争。

六　秦汉时期纪年表

高句丽	焉　耆	姑　墨	扜　弥	[烧当羌]				公　元
20 大武神王	25 焉耆王	22 丞		15 滇良				37
21	26	23		16				38
22	27	24		17				39
23	28	25		18	1 徵側⊖			40
24	29	26		19	2	[益州夷]		41
25	30	27		20	3	1 栋蚕		42
26	31	28		21	4⊠(亡于汉)	2		43
27	32	29		22		3		44
1 闵中王 解色朱⊕	33	30		23		4●(降汉)		45
2	⋮	31		24				46
3	⋮	32		25	[哀牢夷] 1 贤栗	[武陵蛮] 1 相单程		47
4		33		26	2	2	[于阗] (?)俞林	48
1 慕本王 解忧		34		27	3	3(降汉)	⋮	49
2		35	⋮	28	4	⋮	1(?)位持 (降莎车)	50
3		36④	(?)桥塞提	29	5(降汉)	⋮	2	51
4		⋮	⋮	30	⋮			52
1 大祖大王宫⊕		⋮	⋮	31	⋮			53
2				32				54
3				33				55
4				34　1(?)滇吾				56

项措施贯彻得很不彻底,但作为一项制度,从此成为东汉的定制。

年考"。

得书为图谶的最早记载。至西汉末,出现一种谶纬之学("纬"是相对"经"而言),即托神意来解释经文。其内容涉及庞杂,其思想展成为今文经学的主要论点。这种今文经的谶纬化在当时也引起了不少古文经派的反对,如桓谭、王充等,在哲学上形成一场唯物

公元	干支	东 汉	[北匈奴]	[南匈奴]	鄯 善	车师(前部)	车师(后部)
57	丁巳	建武中元2[明帝□]	12 蒲奴	2 丘浮尤鞮单于 1 伊伐於虑鞮单于汗		13 车师王	
58	戊午	永平1 显宗明帝刘庄	13	2		14	
59	己未	2	14	3		15	
60	庚申	3①	15	1 醯僮尸逐侯鞮单于适 2		16	
61	辛酉	4	16	3		17	
62	壬戌	5	17	4		18	
63	癸亥	6	18	5		19	
64	甲子	7	19	1 丘除车林鞮单于苏 1 胡邪尸逐侯鞮单于长 2		20	
65	乙丑	8	20	3		21	
66	丙寅	9	21	4		22	
67	丁卯	10	22	5		23	
68	戊辰	11③	23	6		24	
69	己巳	12④	24	7		25	
70	庚午	13	25	8		26	
71	辛未	14	26	9		27	
72	壬申	15	27	10		28	
73	癸酉	16	28	11	(?)广 ⋮	29	
74	甲戌	17	29	12	⋮ ⋮	30	⋮(降汉) ⋮
75	乙亥	18[章帝八]	30	13		31	安得 1(?)车师王
76	丙子	建初1 肃宗章帝刘炟	31	14		32(降汉)	2
77	丁丑	2⑤	32	15		⋮	3

①东汉初年广封功臣。是年二月,明帝令将其中位高功大者图画于南宫云台,他们是:邓禹、马成、吴汉、王梁、贾复、陈俊、耿
　又增加王常、李通、窦融、卓茂,共三十余人。这些功臣名誉虽高,但无实权。
②莎车王贤死以后,姑墨脱离莎车的控制而自立。
③佛教传入后的第一座佛寺——白马寺在洛阳建成。相传明帝遣使赴西域求佛法,遇见两位天竺僧,迎入国内,以白马驮经归,
④是年由王景与王吴率几十万卒修治黄河与汴渠,在汴河堤上每十里立一水门控制水流,使之分流以减少水患。此后黄河安
　苟陂旧址曾发现有东汉水利工程的遗存。
⑤据《东观汉纪》记载,章帝时张禹在徐县垦田,每亩产量在两三斛之间,比《汉书·食货志》所记西汉亩产量高出一倍以上。

莎　车	高句丽	姑　墨	[烧当羌]	[哀牢夷]	于　阗		公　元
25 贤	5 大祖大王		2 滇吾				57
26	6		3				58
27	7		4(降汉)				59
28	8		(?)东吾 ⋮		1 休莫霸 1 广德	疏　勒	60
29 1 不居徵 1 齐黎	9 ⋮ ⋮ ⋮	(?)姑墨王② ⋮	⋮		2(降匈奴)	1(?)成	61
2	10				3	2	62
3	11				4	3	63
4	12				5	4	64
5	13				6	5	65
6	14				7	6	66
7	15				8	7	67
8	16			⋮	9	8	68
9	17			柳貌(降汉)	10	9	69
10	18			⋮	11	10	70
11	19				12	11	71
12	20				13	12	72
13	21				14(降汉)	1 兜题(降龟兹)	73
14	22				15	2(降汉) 1 忠	74
15	23	1(?)姑墨王		⋮ ⋮	16	2	75
16	24	2	1 迷吾	1 类牢	17	3	76
17	25	3	2(降汉)	2(亡于汉)	18	4	77

弇、杜茂、寇恂、傅俊、岑彭、坚镡、冯异、王霸、朱祐、任光、祭遵、李忠、景丹、万修、盖延、邳肜、铫期、刘植、耿纯、臧官、马武、刘隆。后

故以寺名。寺旁有两僧墓。此可反映佛教传入中国初期的活动情况。有学者认为，此乃标示佛教在中国传播之始。

流达数百年之久。章帝时，王景任庐江太守，修复芍陂，采用夹草的泥土修筑闸坝，成为我国水利技术史上的一项重要成就。近年在

公元	干支	东 汉	[北匈奴]	[南匈奴]	车师(后部)	龟 兹	莎 车
78	戊寅	建初3① 章帝	33 蒲奴	16 胡邪尸逐侯鞮单于	4 车师王	∶建 1 尤利多(降汉)	18 齐黎
79	己卯	4②	34	17	5	2	19
80	庚辰	5	35	18	6	3	20
81	辛巳	6	36	19	7	4	21
82	壬午	7③	37	20	8	5	22
83	癸未	8	38	21	9	6	23
84	甲申	9	39	22	10	7	24
85	乙酉	元和㊇1 2	40	23 1 伊屠於閭鞮单于宣㊀	11	8	25
86	丙戌	3	41	2	12	9	26
87	丁亥	4	42	3	13	10	27(降汉) ∶
88	戊子	章和㊆1 2[和帝㊀]	1(?)优留单于 1 北单于㊀	4 1 休兰尸逐侯鞮单于屯屠何㊀	14	11	∶(以后不明)
89	己丑	永元1 穆宗和帝刘肇④	2	2	15	12	
90	庚寅	2⑤	3	3	16	13	
91	辛卯	3	4 1 於除鞬单于阿佟	4	17	14 1 白霸	
92	壬辰	4⑥	2	5	18	2	
93	癸巳	5	3	6 1 安国	19	3	

①古代杰出科学家张衡(78~139年)诞生。张衡,字平子,河南南阳人。他精于天文历算,曾任太史令,掌天文事。以创世界天文知识,指出了宇宙的无限性。

②章帝于是年在"白虎观"会集学者辩论经学,后,班固等据此编撰成《白虎通义》(又作《白虎通》、《白虎通德论》)一书。针对

③东汉史学家班固(32~92年)基本上完成《汉书》。班固,字孟坚,扶风安陵(今属陕西)人。其父班彪续《史记》,他继父志,百二十卷,有十二纪、八表、十志、七十列传。记载汉高祖刘邦至王莽地皇四年共二百三十年间事。他开了个好头,以后代撰

④和帝十岁即位,窦太后临朝,大力提拔与重用以窦宪为首的一批外戚势力。

⑤《九章算术》约成于和帝时。这是我国古代的数学著作,系统总结了从先秦到东汉初的数学成就。全书分方田、粟米、衰分、着中国古代数学完整体系的形成,开启了数学研究的一个新阶段,成为世界古代著名的数学名著之一,已被译成多种文字。

⑥和帝不甘心被外戚势力架空,因处深宫与外界隔绝,就依靠贴身的宦官郑众掌握部分禁军,压制外戚势力,郑众从此参预政

高句丽	焉　耆	姑　墨	［烧当羌］	［湅中蛮］	于　阗	疏　勒	公　元
26 大祖大王		4 姑墨王	3 迷吾	1 覃儿健	19 广德	5 忠	78
				⋮	⋮		
27		5	4	2	⋮	6	79
28		6	5	3（降汉）		7	80
29		7	6			8	81
30		8	7			9	82
31		9	8			10	83
32		10	9			11	84
						1 成大	
33		11	10		・	⋮	85
						⋮	
34		12	11（叛汉）				86
35		13	12				87
			1 迷唐				
36		14	2				88
37		15	3	1 东号			89
				（降汉）			
38		16	4	2			90
39	（?）舜	17（降汉）	5	3			91
	⋮	⋮					
40	⋮	⋮	6	4			92
41			7	5			93

最早利用水力转动的"浑天仪"和测定地震方位的"候风地动仪"闻名;还首次正确解释月食的成因。其著作《灵宪》总结了当时的

古文经学派的挑战,借皇帝的名义形成了自董仲舒以来今文学派的主要论点,以维护其思想上的统治地位。
撰《汉书》,竟业二十年,几成,以获罪死而未撰完,继由妹班昭续全。这是我国又一部史学名著,是我国第一部纪传体断代史。共一
前代史,这个传统一直沿袭至清,最终成就了我国史学巨著二十四史,世堪称奇。

少广、商功、均输、盈不足、方程、勾股等九章。其中负数、分数的计算、联立一次方程的解法等皆为具有世界意义的成就。本书标志
事并受封剿乡侯,这是我国历史上宦官弄权和封侯的开始。

公　元	干支	东　汉	[北匈奴]	[南匈奴]	车师(前部)	车师(后部)	龟　兹
94	甲午	永元6 和帝	1 逢侯⑰	2 安国 1 亭独尸逐侯鞮 　单于师子㊀		20 车师王	4 白霸
95	乙未	7	2	2		21	5
96	丙申	8	3	3		1 涿鞮	6
97	丁酉	9	4	4		2	7
98	戊戌	10	5	5 1 万氏尸逐鞮 　单于檀㊓		1 农奇 ⋮ ⋮	8
99	己亥	11	6	2			9
100	庚子	12	7	3			10
101	辛丑	13	8	4			11
102	壬寅	14	9	5			12
103	癸卯	15	10	6			13
104	甲辰	16	11	7			14
105	乙巳	17① 元兴㊙1[殇帝㊓]	12	8			15
106	丙午	延平1 殇帝刘隆 　　[安帝㊂]	13	9			16
107	丁未	永初1 恭宗安帝 　　刘祜②	14	10	1(?)车师王 　(降匈奴)		17(降匈奴) 1(?)白英
108	戊申	2	15	11	2		2
109	己酉	3	16	12	3		3
110	庚戌	4	17	13	4		4
111	辛亥	5	18	14	5		5
112	壬子	6	19	15	6		6
113	癸丑	7	20	16	7		7
114	甲寅	元初1	21	17	8		8
115	乙卯	2	22	18	9		9
116	丙辰	3	23	19	10		10
117	丁巳	4	24	20	11		11

①是年,蔡伦造纸奏报朝廷。蔡伦,字敬仲,桂阳(今湖南省郴州)人。他改进造纸技术,用树皮、麻头、破布、旧渔网等原料造
　有用麻类纤维制成的纸,但未在社会上广泛应用。蔡侯纸出现后很快得到普及,并渐传至世界各地。造纸术的发明与传播
②安帝时形成外戚、宦官同时掌权的局面。

高句丽	焉　耆	姑　墨	[烧当羌]		疏　勒		公　元
42 大祖大王 ：广 1 元孟			8 迷唐	6 东号			94
43	2		9	7			95
44	3		10	8			96
45	4		11	9			97
46	5		12	10			98
47	6		13	11			99
48	7		14	12		[巫　蛮]	100
49	8		15	13	1 许圣		101
50	9		16	14	2(降汉)		102
51	10		17	15			103
52	11		18	16			104
53	12		19	17			105
54	13	1(?)姑墨王	20(叛汉)	18			106
55	14	2	21	19		[先零羌]	107
56	15	3	22	1(?)麻奴(叛汉) 2		1 滇零	108
57	16	4	23	3		2	109
58	17	5	24(?)	4		3	110
59	18	6		5		4	111
60	19	7		6		5 1 零昌	112
61	20	8		7		2	113
62	21	9		8		3	114
63	22	10		9		4	115
64	23	11		10	： (?)安国	5	116
65	24	12		11	： 1 狼莫	6	117

纸,价廉实用,使造纸技术得以推广,以取代价格高且笨重的帛、简成为普及的书写载体,人称"蔡侯纸"。据考古发现,西汉初年已对世界文化的发展起了革命性的作用,被誉为中国的"四大发明"之一。蔡伦也曾长期被称为纸的发明人。

公元	干支	东 汉	[北匈奴]	[南匈奴]	鄯 善	车师（前部）	车师（后部）	龟 兹
118	戊午	元初5 安帝	25 逢侯 1(?)北单于	21 万氏尸逐鞮 单于	⋮	12 车师王		12 白英
119	己未	6	⋮	22	尤还（降汉）	13		13
120	庚申	7 永宁㊃1	⋮	23	⋮	14	1 军就	14
121	辛酉	2① 建光㊆1		24		15	2	15
122	壬戌	2 延光㊂1		25		16	3	16
123	癸亥	2		26		17	4	17
124	甲子	3		27 1 乌稽侯尸逐鞮 单于拔㊃		18（降汉） ⋮ ⋮	5	18（降汉） ⋮ ⋮
125	乙丑	4 少帝刘懿㊂ [顺帝㊆]		2			6	19
126	丙寅	永建1 敬宗顺帝 刘保②		3			1 加特奴 （降汉）	20
127	丁卯	2③		4			2	21
128	戊辰	3		5 1 去特若尸逐就 单于休利㊁			3	⋮ ⋮
129	己巳	4		2			4	
130	庚午	5		3			5	
131	辛未	6		4			6	
132	壬申	7 阳嘉㊂1		5			7	
133	癸酉	2		6			8	
134	甲戌	3		7			9	
135	乙亥	4		8			10 ⋮	
136	丙子	永和1		9			⋮	

①呕心沥血二十二载,许慎撰成《说文解字》,于是年九月在病中进上。该书初衷为反今文学派推衍章句而作。全书收九千多
　分隶行草递变之迹。不仅成为中国文字学上的开山之作,其意义远在文字学之外,发展至清,形成一门以研究《说文》为中
②顺帝由宦官孙程等十九人拥立即位,这十九人皆得封侯。这时,宦官权势大增,宦官不但可任朝官,还可养子袭爵。
③东汉著名经学家郑玄(127～200年)诞生。郑玄,字康成,高密(今属山东)人。他终生研经,糅合今古文经学说,遍注群经,成

六　秦汉时期纪年表

高句丽	焉耆	姑墨	扜弥	[烧当羌]	于阗	疏勒	[先零羌]	[卷夷]	公元
66 大祖大王	25 元孟	13 姑墨王		12 麻奴			2 狼莫(降汉)	1 封离	118
67	26	14		13			[当煎羌]	2(降汉)	119
68	27	15		14			1 饥五		120
69 / 1(?)次大王 遂成	28	16		15			2		121
2	29	17		16(降汉)	(?)遗腹 ⋮		3(降汉)		122
3	30	18		17	⋮				123
4	31	19(降汉)		18	1 犀苦 ⋮				124
5	32	(以后不明)			⋮				125
6	33		(?)扜弥王 ⋮		⋮	⋮	⋮		126
7	34(降汉)		⋮(降汉)		于阗王(降汉) ⋮	1 臣磐(降汉)			127
8 ⋮ ⋮			兴 ⋮		⋮	2			128
9			1 扜弥王(降于阗)			3			129
10			2		⋮	4			130
11			3		(?)放前 ⋮	5			131
12			4		⋮	6			132
13			1 成国(降汉)			7		[钟羌]	133
14			2			8		1 良封	134
15			3			9		2 / 1 且昌(降汉)	135
16			5			10			136

字,逐字注释其形体音义。作者博综篆籀古文之体,发明"六书"之旨,以形见义,分别部首,使读者可因此而上溯造字之源,下辨心的"许学"。

汉代经学的集大成者。他对后世影响很大,其所倡之学被称为"郑学","郑学"被誉为理解古代经书的津梁。

公 元	干支	东 汉	[南匈奴]	车师(后部)	高句丽
137	丁丑	永和2 顺帝	10 去特若尸逐就单于		17 次大王
138	戊寅	3	11		18
139	己卯	4	12		19
140	庚辰	5	13		20
			1 车纽单于㈨		
141	辛巳	6	2		21
142	壬午	汉安1	3		22
143	癸未	2	1 呼兰若尸逐就单于兜楼储㈥		23
144	甲申	3	2		24
		建康㈣1[冲帝㈧]			
145	乙酉	永嘉1 冲帝刘炳[质帝㈠]	3		25
146	丙戌	本初1 质帝刘缵	4		26
		[桓帝㈣㈥]			
147	丁亥	建和1 威宗桓帝刘志	5		27
			1 伊陵尸逐就单于居车儿		
148	戊子	2①	2		28
149	己丑	3	3		29
150	庚寅	和平1	4		30
151	辛卯	元嘉1	5		31
152	壬辰	2	6	⋮	32
				⋮	
153	癸巳	3②	7	阿罗多③	33
		永兴㈤1		1 卑君	
154	甲午	2	8	1 阿罗多	34
155	乙未	永寿1	9	⋮	35
156	丙申	2	10	⋮	36
157	丁酉	3	11		37
158	戊戌	4	12		38
		延熹㈥1			
159	己亥	2	13		39
160	庚子	3	14		40

①桓帝以后,察举制度更加腐败,时人语:"举秀才,不知书。察孝廉,父别居。寒素清白浊如泥,高第良将怯如鸡。"在朝廷宦
②当时天灾人祸不断,社会上产生大量流民。据统计,当年流民达几十万户。
③阿罗多时,车师后部附汉,永兴元年(153),因与汉将不协,亡走匈奴,汉另立卑君,继而阿罗多从匈奴还,复立为王。

扜 弥	[烧当羌]	于 阗	[武陵蛮]	疏 勒		公 元
6 成国				11 臣磐		137
7	1 那离			12		138
8	2（亡于汉）			13		139
9				14		140
10				15		141
11				16		142
12				17		143
13				18		144
14				19		145
15				20		146
16				21		147
17				22		148
18				23		149
19		⋮		24		150
20		⋮	1 詹山（叛汉）	25		151
21		建	2	26		152
		1 安国				
22		2	3（降汉）	27		153
23		3		28		154
24		4		29	[鲜 卑]	155
25		5		30	1（?）檀石槐	156
26		6	1 卜阳☺（叛汉）	31	2	157
27		7	2	32	3	158
28		8	3	33	4	159
29		9	4	34	5	160

官、外戚弄权的同时,社会上一些士人利用察举的腐败,网络门生、弟子、故吏,形成一些累世公卿的门阀大族。

公 元	干支	东 汉	[南匈奴]	高句丽	扜 弥	于 阗
161	辛丑	延熹4 桓帝	15 伊陵尸逐就单于	41 次大王	30 成国	10 安国
162	壬寅	5	16	42	31	11
163	癸卯	6	17	43	32	12
164	甲辰	7	18	44	33	13
165	乙巳	8	19	45	34	14
				1 新大王伯固⊕		
166	丙午	9①	20	2	35	15
167	丁未	10	21	3	36	16
		永康⑥1				
168	戊申	建宁1 灵帝刘宏②	22	4	37	17
169	己酉	2	23	5	38	18
170	庚戌	3	24	6	39	19
171	辛亥	4	25	7	40	20
172	壬子	5	26	8	41	21
		熹平⑤1	1 屠特若尸逐就单于			
173	癸丑	2	2	9	42	22
174	甲寅	3	3	10	43	23
175	乙卯	4③	4	11	44	1(?)王中王秋仁
					1 定兴	
176	丙辰	5	5	12	⋮	2
177	丁巳	6	6	13	⋮(以后不明)	3
178	戊午	7④	1 呼徵	14		4
		光和⊜1				
179	己未	2	2	15		5
			1 羌渠⑭	1 故国川王男武⊕		
180	庚申	3	2	2		6

①是年发生东汉历史上有名的"党锢"事件。这一事件集中反映了士族与宦官的矛盾与斗争。桓帝时,名士李膺和太学生郭泰、
赦归乡里,但禁锢终身,不得为官,历史上又称"党锢之祸"。熹平五年(176),汉灵帝在宦官挟持下,又令凡"党人"的门生故
②是时流民暴动不断。据统计,从安帝到灵帝的八十余年中,见于记载的近百次。时民谣曰:"小民发如韭,翦复生;头如鸡,割
③是年,蔡邕等厘定经本文字,用隶书书写,刻于石,立于太学(遗址在今河南省偃师),成为我国最早的官定经文,后世称"熹
现已佚,宋代以来常有残石出土,可参考近人马衡所著《汉石经集存》。
④当时吏制之坏惊人。据《资治通鉴》卷五十七:"是岁,初开西邸卖官,入钱各有差:二千石(为)二千万;四百石(为)四百万;其
以私令左右卖公卿,公千万,卿五百万。"据《后汉书·灵帝纪》:中平四年(187),"是岁,卖关内侯,假金印紫绶,传世,入钱五

[武陵蛮]	疏勒	[鲜卑]					公元
5 卜阳	35 巨磐	6 檀石槐					161
6（降汉）	36	7					162
	37	8					163
	38	9					164
	39	10					165
	40	11					166
	41	12					167
			[上谷乌桓]	[辽西乌桓]	[辽东乌桓]	[右北平乌桓]	
	42	13	1（？）难楼	1（？）丘力居	1（？）峭王苏仆延	1（？）汗鲁王乌延	168
	43	14	2	2	2	2	169
	1 和得						
	⋮	15	3	3	3	3	170
	⋮	16	4	4	4	4	171
		17	5	5	5	5	172
		18	6	6	6	6	173
		19	7	7	7	7	174
		20	8	8	8	8	175
		21	9	9	9	9	176
		22	10	10	10	10	177
		23	11	11	11	11	178
		24	12	12	12	12	179
		25	13	13	13	13	180

贾彪等联合抨击宦官集团,李膺被诬告"交结生徒,诽讪朝廷",于是桓帝下令逮捕李膺及其"党人"二百余人。第二年,这些人虽被赦、父子兄弟皆免官禁锢,并连及五族,称为第二次党锢之祸。

复鸣,吏不必可畏,民不必可轻。"

平石经",或"汉石经",此举对维护文字的统一起了积极的作用。原刻四十六石,内容有鲁诗、尚书、周易、春秋、公羊传、仪礼、论语等。

德次应选者半之,或三分之一;于西园立库以贮之……（县）令长,随县好丑、丰约有贾。富者则先入钱,贫者到官然后倍输。又百万"。

公元	干支	东汉				[南匈奴]	高句丽
181	辛酉	光和4 灵帝				3 羌渠	3 故国川王
182	壬戌	5				4	4
183	癸亥	6	[黄巾]①	[五斗米道]		5	5
184	甲子	7 中平㊋1	1 天公将军 张角㊀~✚	1 张修㊆		6	6
185	乙丑	2		2	[黑山军] 1 张牛角㊀	7	7
186	丙寅	3		3	2	8	8
187	丁卯	4		4	3	9	9
188	戊辰	5	1 郭太㊀ 马相㊅ 佚名✚	5	4	10 1 持至尸逐侯 单于於扶罗㊀ 1 须卜㊀	10
189	己巳	6 光熹㊃1 少帝刘辩 昭宁㊇1 永汉㊈1 献帝刘协 中平㊋6	2	6	5	2 持至尸逐侯单于 2 须卜✚	11
190	庚午	初平1②	3	7	6	3 持至尸逐侯单于	12
191	辛未	2	4	8✚	7	4	13
192	壬申	3	5㊃(降汉)		8	5	14
193	癸酉	4③			9 1 张燕㊅	6	15
194	甲戌	兴平1			2	7	16
195	乙亥	2			3	8 1 呼厨泉	17

①另见本书"纪年考"中所附"黄巾起义前后之较有影响的起义一览表"。

②是年,董卓挟持献帝西迁长安。上年,灵帝死,少帝继立,为抗宦官,招陇西豪强、时任并州牧的董卓入京。他入京后,全揽朝政……月被吕布所杀。地方豪杰展开纷战,参见本书"纪年考"中所附"东汉末年群雄割据简表"。

③是年丹阳人笮融断道漕运,大起浮屠祠,广造浮屠像,并用复免徭役招致信徒。每浴佛,沿路设酒饭,长几十里,观食者上万

于　阗	[鲜　卑]	[上谷乌桓]	[辽西乌桓]	[辽东乌桓]	[右北平乌桓]		公　元
7秋仁	26 檀石槐 1 和连⊕ 1 魁头	14 难楼	14 丘力居	14 苏仆延	14 乌延		181
8	2	15	15	15	15		182
9	3	16	16	16	16	[羌、胡]	183
10	4	17	17	17	17	1 北宫伯玉⊕	184
11	5	18	18	18	18	2	185
12	6	19	19	19	19	3	186
13	7	20	20	20	20	4 1 王国㊃	187
14	8	21	21	21	21	2	188
15	9	22	22	22	22	3 1 阎忠㊀~●	189
16	10	23	23	23	23		190
17	11	24(?) (归入辽西乌桓)	1(?)蹋顿	24(?) (归入辽西乌桓)	24(?) (归入辽西乌桓)		191
18	12		2				192
19	13		3				193
20	14		4				194
21	15		5				195

政,逼走袁绍、曹操,并废少帝,立献帝。各地势力纷起,以袁绍为盟主进屯洛阳,讨伐董卓。董卓西走,大肆抢掠,初平三年(192)四

人。这是我国佛教造像和大规模招致信徒之始。

公元	干支	东 汉	[仲 家]	[黑山军]	[南匈奴]
196	丙子	建安1①献帝	[仲 家]	4 张燕	2 呼厨泉
197	丁丑	2②	1 袁术	5	3
198	戊寅	3	2	6	4
199	己卯	4	3⑥	7	5
200	庚辰	5③		8	6
201	辛巳	6		9	7
202	壬午	7		10	8
203	癸未	8		11	9
204	甲申	9		12	10
205	乙酉	10		13④（降汉）	11
206	丙戌	11			12
207	丁亥	12			13
208	戊子	13④			14
209	己丑	14			15
210	庚寅	15			16
211	辛卯	16			17
212	壬辰	17			18
213	癸巳	18			19
214	甲午	19			20
215	乙未	20			21
216	丙申	21			22⑦（投汉）
217	丁酉	22⑤			
218	戊戌	23⑥			
219	己亥	24⑦			
220	庚子	25⑧			
		延康㊀1⊕（亡于魏）			

①是年八月，曹操迎献帝于许昌，开始"挟天子以令诸侯"。
②建安中，伤寒流行，著名医学家张仲景（名机，今河南南阳人）"勤求古训,博采众方"，撰成《伤寒杂病论》（后人整理，析为《伤也生在此时，他精通内、外、妇、儿、针灸各科，尤擅外科，传创麻药"麻沸散"，用于手术，反映出我国医学在2世纪时在麻醉
③官渡（在河南省中牟）大战，曹操全歼袁绍主力，奠定了统一北方的基础。
④赤壁大战，孙刘联军五万胜曹三十万，有效地阻止了曹军南下，奠定了南北对峙的格局。
⑤作为"七子之冠冕"（《诗品》）的王粲于是年卒（因中原疾疫，陈琳、徐幹、刘桢亦于同年卒）。以"三曹"（曹操、曹丕、曹植）和"七子"
⑥东汉时出现的《神农本草经》为我国第一部完整的药物学与植物分类学的文献。现存辑佚本，收药三百六十多种，详述其功用等。
⑦刘备夺取汉中，命关羽在荆州攻曹，许都震动。孙权袭杀关羽，占领荆州，三国鼎立局面确立。
⑧《孔雀东南飞》约成于建安末，全诗三百五十余句，是古代少见的长篇叙事诗。叙小吏焦仲卿及妻刘兰芝被礼教逼死的悲剧，

高句丽	于　阗	［鲜　卑］	［辽西乌桓］	公　元
18 故国川王	22 秋仁	16 魁头	6 蹋顿	196
19	23	17	7	197
1 山上王位宫㊄				
2	24	18	8	198
3	25	19	9	199
4	26	20	10	200
5	27	21	11	201
6	28	22	12	202
7	29	23	13	203
8	30	24	14	204
9	31	25	15	205
10	32	26	16	206
11	33	27	17 ⑧（亡于汉）	207
		1(?)步度根		
12	34	2		208
13	35	3		209
14	36	4		210
15	37	5		211
16	38	6		212
17	39	7		213
18	40	8		214
19	41	9		215
20	42	10		216
21	43	11		217
22	44	12		218
23	45	13		219
24	46	14		220

寒论》和《金匮要略》两书）。书中倡六经分证和辨证施治，被后世奉为经典，他也被称为"医圣"。另一著名医学家华佗（？～208 年）方法上已有相当成就。

（孔融、陈琳、王粲、徐幹、阮瑀、应场、刘桢）为代表的"建安文学"在中国文学史上占重要地位，所形成的"建安风骨"传统对后世影响很大。

以朴素的语言、鲜明的形象感动着千百年来无数读者。该诗被视为乐府诗发展的高峰，是我国现实主义诗歌发展的重要标志。

公元	干支	魏	(蜀)汉	吴		鄯善
220	庚子	黄初⊕1 世祖文帝曹丕	(蜀)汉			
221	辛丑	2②	章武㈣1 昭烈帝刘备	吴		⋮
222	壬寅	3	2	黄武⊕1 太祖大帝孙权		(?)鄯善王
223	癸卯	4	3 建兴㈤1 后主刘禅	2		⋮
224	甲辰	5	2	3		
225	乙巳	6	3	4		
226	丙午	7[明帝㈤]	4	5		
227	丁未	太和1 烈祖明帝曹叡	5	6		
228	戊申	2	6③	7		
229	己酉	3	7	8 黄龙㈣1		
230	庚戌	4	8	2		
231	辛亥	5	9	3		
232	壬子	6	10	嘉禾1		
233	癸丑	7 青龙㊀1	11	2		
234	甲寅	2	12④	3		
235	乙卯	3	13	4		
236	丙辰	4	14	5		
237	丁巳	5 景初㊂1⑤	15	6	绍汉㈦1 公孙渊	
238	戊午	2	延熙1	7 赤乌㈧1	2⑧(亡于魏)	

①另见本书"纪年考"中关于"三国时期(220～280年)"和"十六国时期(304～439年)"的说明。
②曹丕时,在其父曹操"唯才是举"的基础上建立了"九品中正制"。这是中国官制史上一项重要的建制,对后世影响很大。
③是年蜀首攻魏,兵出祁山(今甘肃礼县东),前军马谡败于街亭,诸葛亮迁居民千余家归汉中。
④诸葛亮率军进驻长安以西的五丈原,病死军中,蜀军撤回。他生前在蜀当政循名责实,注重生产,尤在战中表现出卓越的军
⑤是年改元并改历,以建丑月(即夏历十二月)为正月,景初三年(239)复寅正。

期[1]纪年表

龟　兹	高句丽	于　阗	[鲜　卑]	[拓跋鲜卑]	公　元
	24 山上王		15 步度根	1(始祖神元帝)拓跋力微	220
⋮	25	⋮	16	2	221
(?)龟兹王	26	(?)于阗王	17	3	222
⋮	27	⋮	18	4	223
	28		19	5	224
	29		20	6	225
	30		21	7	226
	31		22	8	227
	1 东川王忧位居[55]				
	2		23	9	228
	3		24	10	229
	4		25	11	230
	5		26	12	231
	6		27	13	232
	7		28	14	233
			1 轲比能		
	8		2	15	234
	9		3(亡于魏)	16	235
	10			17	236
	11			18	237
	12			19	238

事才能,然三国中,蜀力量最弱,始终未能抗过魏、吴。

公元	干支	魏	(蜀)汉	吴	车师(后部)	高句丽	[拓跋鲜卑]
239	己未	景初3[齐王⊖]	延熙2后主	赤乌2大帝		13 东川王	20 拓跋力微
240	庚申	正始1齐王曹芳	3	3		14	21
241	辛酉	2①	4	4		15	22
242	壬戌	3	5	5	⋮	16	23
243	癸亥	4	6	6	(?)壹多杂	17	24
244	甲子	5	7	7	⋮	18	25
245	乙丑	6	8	8	(以后不明)	19	26
246	丙寅	7	9	9		20	27
247	丁卯	8	10	10②		21	28
248	戊辰	9	11	11		22	29
249	己巳	10③ 嘉平㈣1	12	12		1 中川王然弗㈨ 2	30
250	庚午	2	13	13		3	31
251	辛未	3	14	14 太元㈤1		4	32
252	壬申	4	15	2 神凤㈠1 建兴㈣1 会稽王 孙亮		5	33
253	癸酉	5	16	2		6	34
254	甲戌	6 正元㈩1 高贵乡公 曹髦	17	五凤1		7	35
255	乙亥	2	18	2		8	36
256	丙子	3 甘露㈥1	19	3 太平㈩1		9	37
257	丁丑	2	20	2		10	38
258	戊寅	3	景耀1	3 永安㈩1 景帝孙休		11	39
259	己卯	4	2	2		12	40
260	庚辰	5 景元㈥1 元帝曹奂	3	3		13	41

①正始年间,何晏、王弼等以道家思想释周易,开魏晋玄学之始。时兴清谈之风,称"正始之音",清谈乃为玄学发展的一种独特形式。后有"竹林七贤":嵇康、阮籍、山涛、向秀、阮咸、王戎、刘伶。

②西域佛徒康僧会到吴都建业(今江苏省南京)弘法,受孙权礼遇,译出《六度集经》九卷等。吴还建"建初寺",成为我国江南地区最早的佛寺。

③辅政的温县大族、太尉司马懿发动政变执魏权柄。从此世家大族势盛,至晋"上品无寒门,下品无势族"。

公元	干支	魏	(蜀)汉	吴	鄯善	高句丽	[拓跋鲜卑]
261	辛巳	景元2 元帝	景耀4 后主	永安4 景帝		14 中川王	42 拓跋力微
262	壬午	3	5	5		15	43
263	癸未	4①	6 炎兴⑧1⊕(降魏)	6		16	44
264	甲申	5		7 元兴⑦1 末帝孙皓		17	45
265	乙酉	2⊕(亡于晋) **西晋** 泰始⑫1 世祖武帝司马炎		2 甘露④1		18	46
266	丙戌	2		2 宝鼎⑧1		19	47
267	丁亥	3		2		20	48
268	戊子	4		3		21	49
269	己丑	5		4 建衡①1		22	50
270	庚寅	6		2		23 1 西川王药卢⊕	51
271	辛卯	7		3		2	52
272	壬辰	8②		凤凰1		3	53
273	癸巳	9		2		4	54
274	甲午	10		3		5	55
275	乙未	咸宁1		天册1		6	56
276	丙申	2		2 天玺⑦1		7	57
277	丁酉	3		天纪1		8	58[拓跋悉鹿]
278	戊戌	4		2		9	1(章帝)拓跋悉鹿
279	己亥	5		3		10	2
280	庚子	6③ 太康④1		4⊕(降晋)		11	3
281	辛丑	2				12	4
282	壬寅	3			⋮	13	5
283	癸卯	4			(?)鄯善王	14	6
284	甲辰	5			⋮	15	7

①玄学家阮籍(210~263年)、嵇康(223~263年)卒。他们尚自然,反名教,冲击儒家僵死教条,是为玄学发展第二阶段代表人物。

②玄学家向秀(约227~272年)注《庄子》,未竟卒;郭象(?~312年)续之。他们合儒道为一,主张自然与名教统一,形成玄学发展的第三阶段。

③晋初,废屯田制。是年,颁布户调式。内容包括占田制、户调制、品官占田荫客制三部分。

公 元	干 支	西 晋	龟 兹	高句丽	焉 耆
285	乙巳	太康6 武帝	（?）白山 （?）龙会（降焉耆） ……	16 西川王	（?）龙安 （?）龙会 1（?）龙熙
286	丙午	7		17	2
287	丁未	8		18	3
288	戊申	9		19	4
289	己酉	10		20	5
290	庚戌	太熙1① 永熙㈣1 惠帝司马衷		21	6
291	辛亥	永平1② 元康㈢1		22	7
292	壬子	2		23 1 烽上王相夫	8
293	癸丑	3		2	9
294	甲寅	4		3	10
295	乙卯	5		4	11
296	丙辰	6		5	12
297	丁巳	7		6	13
298	戊午	8		7	14
299	己未	9		8	15
300	庚申	永康1		9 1 美川王乙弗㈨	16
301	辛酉	建始㈠1 赵王司马伦 永宁㈣1 惠帝司马衷		2	17
302	壬戌	2 太安④㈦1		3	18
303	癸亥	2		4	19

①晋代豪门士族以奢侈炫耀。王恺、石崇斗富，王以帝赐三尺珊瑚示众，石顺手击碎，示高四五尺者多株。

②武帝死后，晋廷发生"八王之乱"（详见本书"**纪年考**"），宫廷内部争斗激烈，历时十六年，至306年方息。

③有年表作赵庶立年号"太平"。据《资治通鉴·惠帝永康元年》胡三省注："《考异》曰:《晋春秋》云:'建号太平元年。'他书无

④一作"大安"。

[拓跋鲜卑]				公　元
8 拓跋悉鹿				285
9[拓跋绰]				286
1(平帝)拓跋绰				287
2				288
3				289
4				290
5				291
6				292
7[拓跋弗]	[匈　奴]			293
1(思帝)拓跋弗	1 郝散㊄~㈧			294
[拓跋禄官]				
1(昭帝)拓跋禄官	前仇池国	[氐]		295
2	1 杨茂搜	1 齐万年㈧		296
3	2	2		297
4	3	3		298
5	4	4●(亡于晋)		299
6	5	1 赵厫③㊀		300
7	6	2●(亡于晋)		301
		[巴　氐]		
		1(始祖景帝)李特㊉		
8	7	2		302
			汉	
9	8	建初㊀1 李特	神凤㊄1 刘尼	303
		(秦文王)李流㊀	张昌㊄	
		[李雄㈨]		

之,今不取。"

公元	干支	西　晋	高句丽	焉　耆	［拓跋鲜卑］	前仇池国
304	甲子	永安1 惠帝 建武㈦1 永安㈧1 永兴㈨1	5 美川王	20 龙熙	10 拓跋禄官	9 杨茂搜
305	乙丑	2	6	21	11	10
306	丙寅	3 光熙㈥1［怀帝㈩］	7	22	12	11
307	丁卯	永嘉1 怀帝司马炽	8	23	13［拓跋猗卢］	12
308	戊辰	2	9	24	1（穆帝）拓跋猗卢	13
309	己巳	3	10	25	2	14
310	庚午	4	11	26	3	15
311	辛未	5	12	27	4	16
312	壬申	6	13	28	5	17
313	癸酉	7 建兴㈣1 愍帝司马邺	14	29	6	18
314	甲戌	2	15	30	7	19
315	乙亥	3	16	31	**代　国** 8②拓跋猗卢	20
316	丙子	4㈩（亡于汉）	17	32	1 拓跋普根㈢ 1 佚名㈣ ［拓跋郁律㈤］	21
317	丁丑	**东　晋** 建武㈢1 中宗元帝 司马睿	18	33	1（太祖平文帝） 拓跋郁律	22 1 杨难敌

①一作"宣平"。有作"太武"，或"大武"，误。
②是年，拓跋猗卢称"代王"，史家以此作"**代国**"政权之始。
③关于"**前凉**"政权的起始时间，学术界有不同看法，本年表依建兴五年（317）西晋亡，东晋立，改元"建武"，而张寔坚持不改元

[巴　氏]	汉		[慕容鲜卑]		公　元
建兴⊕1 李雄	神凤2 张昌⑧				304
	（亡于晋）				
	汉				
	元熙⊕1 高祖光文帝刘渊				
2	2				305
3	3		1 刘柏根㊂		306
大成国			[慕容鲜卑]		
晏平①㊅1 太宗武帝李雄			1（武宣帝）慕容廆		
2	4		2	2	307
3	5		2	3㊄（降汉）	308
	永凤⊕1		3		
4	2		3		309
	河瑞㊄1				
5	2		4		310
	1 刘和⊕				
	光兴⊕1 烈宗昭武帝刘聪				
玉衡 1	2		5		311
	嘉平㊅1				
2	2		6		312
3	3		7		313
4	4		8		314
5	5		9		315
	建元㊂1			[中山敕勒]	
6	2		10	1 翟鼠	316
	麟嘉⊕1				
				前　凉③	
7	2		11	2　建兴5 昭公张寔㊂	317

公 元	干支	东 晋		高句丽	焉 耆	代 国	前仇池国	大成国
318	戊寅	建武2 元帝 太兴①㊂1		19 美川王	34 龙熙	2 拓跋郁律	2 杨难敌	玉衡8 李雄
319	己卯	2	[晋] 建康㊃1 南阳王 司马保	20	35	3	3	9
320	庚辰	3	2㊄（亡于 前赵）	21	36	4	4	10
321	辛巳	4③		22	37	5 1（惠帝） 拓跋贺傉	5	11
322	壬午	永昌1[明帝㊄㊆]		23	38	2	6	12
323	癸未	2 太宁㊂1 肃宗明帝 司马绍		24	39	3	7	13
324	甲申	2		25	40	4	8	14
325	乙酉	3[成帝㊃㊇]		26	41	5 1（炀帝） 拓跋纥那	9	15
326	丙戌	4 咸和㊂1 显宗成帝 司马衍		27	42	2	10	16
327	丁亥	2		28	43	3	11	17
328	戊子	3		29	44	4	12	18
329	己丑	4		30	45	5 1（烈帝） 拓跋翳槐	13	19
330	庚寅	5		31	46	2	14	20
331	辛卯	6		32 1 故国原王 斯由㊀	47	3	15	21

①一作"大兴"。
②一作"佐初"。
③是年颁占客令,规定一二品官可占佃户四十户,每低一品减五户。佃客不立户籍,只向主人交租,不负担国家课役。

汉	[慕容鲜卑]	[中山敕勒]	前　凉	[段鲜卑]			公　元
麟嘉3 刘聪 汉昌⑦1 隐帝刘粲 **前　赵** 光初②⑪1 刘曜	12 慕容廆	3 翟鼠	建兴6 张寔	1 段末柸			318
2	13	4	7	2	**后　赵** 1 高祖明帝 石勒⑪		319
3	14	5	8 成公 张茂⑥	3	2	**大　秦** 平赵⑥1 句渠知⑦	320
4	15	6	9	4	3		321
5	16	7	10	5	4		322
6	17	8	11	6	5		323
7	18	9	12 文公 张骏⑮	7	6		324
8	19	10	13	8 1 段牙㈢ 1 段辽⑪	7		325
9	20	11	14	2	8		326
10	21	12	15	3	9		327
11	22	13	16	4	10 太和㈢1	**吐谷浑**	328
12⑨(亡于 后赵)	23	14	17	5	2	1 叶延	329
	24	15	18	6	3 建平⑨1	2	330
	25	16	19	7	2	3	331

公元	干支	东 晋	鄯 善	高句丽	焉 耆	于 阗	代 国	前仇池国	大成国
332	壬辰	咸和7 成帝		2 故国原王	48 龙熙		4 拓跋翳槐	16 杨难敌	玉衡22 李雄
333	癸巳	8		3	49		5	17	23
334	甲午	9		4	50		6	18	24
								1 杨毅㊀	1 哀帝李班㊈
									[李期㊉]
335	乙未	咸康1	元孟(降前凉) 5		51	1(?)于阗王	7	2	玉恒 1 幽公李期
							(后)1(炀帝)		
							拓跋纥那		
336	丙申	2		6	52	2	2	3	2
337	丁酉	3		7	53	3	3	4	3
							(后)1(烈帝)	1 杨初	
							拓跋翳槐		
338	戊戌	4		8	54	4	2	2	4
							建国㊀1(高祖		**汉**
							昭成帝)		汉兴㊃1 中宗昭文帝
							拓跋什翼犍		李寿
339	己亥	5		9	55	5	2	3	2
340	庚子	6②		10	56	6	3	4	3
341	辛丑	7		11	57	7	4	5	
342	壬寅	8[康帝㊅]		12	58	8	5	6	5
343	癸卯	建元1 康帝		13	59		6	7	6[李势㊇]
		司马岳							
344	甲辰	2[穆帝㊈]		14	60		7	8	太和1 后主李势
345	乙巳	永和1 孝宗穆帝		15	61(降前凉)		8	9	2
		司马聃							
346	丙午	2		16			9	10	3
									嘉宁㊉1

①是年十月,慕容皝称燕王,史称其为"**前燕**"。

②东晋宫廷首开"沙门不敬王"之争。佛教初传中土,沙门不跪帝王,与中国传统礼制冲突。是年,庚冰辅政,拟诏令跪,而尚

[慕容鲜卑]	[中山敕勒]	前 凉	[段鲜卑]	后 赵	吐谷浑		公 元
26 慕容廆	17 翟鼠	建兴 20 张骏	8 段辽	建平 3 石勒	4 叶延	**宇文鲜卑**	332
27	18	21	9	4[石弘㊆]	5	1 宇文逸豆归㊇	333
1(太祖文明帝) 慕容皝㊆							
2	19	22	10	延熙 1 海阳王 石弘 [石虎㊆]	6	2	334
3	20	23	11	建武 1 太祖武帝 石虎	7	3	335
4	21	24	12	2	8	4	336
前 燕						**小 秦**	
5①	22	25	13	3	9	5	337
						龙兴㊆1 大黄帝 侯子光㊆	
6	23	26	14	4	10	6	338
7	24	27	15	5	11	7	339
			1 段兰㊃				
8	25	28	2	6	12	8	340
9	26	29	3	7	13	9	341
10	27	30	4	8	14	10	342
11	28	31	5	9	15	11	343
12	29	32	6	10	16	12●(亡于前燕)	344
13	30	33	7	11	17		345
14	31	34 桓公 张重华㊄	8	12	18		346

书令何充信佛,上表反对,经激烈论争,胜。至 402 年,争论又起,名僧慧远作《沙门不敬王者论》数篇。争论断续延至隋唐。

公元	干支	东晋	高句丽	代国	前仇池国	汉	前燕
347	丁未	永和3 穆帝	17 故国原王	建国10 拓跋什翼犍	11 杨初	嘉宁2㊂（降于晋）	15 慕容皝
348	戊申	4	18	11	12		16
							1烈祖景昭帝
							慕容儁⊕①
349	己酉	5	19	12	13		2
350	庚戌	6	20	13	14	（冉）魏	3
						永兴㊃㊀1 武悼王冉闵	
351	辛亥	7	21	14	15	2	4
352	壬子	8	22	15	16	3㊃（亡于前燕）	5
							元玺⊕1
353	癸丑	9	23	16	17		2
354	甲寅	10	24	17	18		3
355	乙卯	11	25	18	19		4
					1 杨国㊀		
356	丙辰	12	26	19	2		5
					1 杨俊		
357	丁巳	升平1	27	20	2		6
							光寿㊀1
358	戊午	2	28	21	3		2
359	己未	3	29	22	4		3

①有年表作"九月"。据《资治通鉴》：永和四年(348)"十一月甲辰,葬燕文明王(胡三省注：皝谥曰"文明"),世子儁即位"。

②一作"泰宁"。

七　魏晋时期纪年表

[中山敕勒]	前凉	[段鲜卑]	后赵	吐谷浑		公元
32 翟鼠	建兴35 张重华	9 段兰	建武13 石虎	19 叶延		347
33	36	10	14	20		348
34	37	11	太宁②1 1 谯王石世④ 1 彭城王石遵⑤ [石鉴⑥]	21		349
35	38	12 1(?)齐王 段龛	青龙1 义阳王石鉴 永宁⑨1 新兴王石祇	22	前秦	350
36(降前燕) [秦]	39	2	2④(亡于冉魏)	23 1 辟奚⑩	皇始⑩1 高祖景明帝 苻健	351
建昌⊖1 秦王 张琚⑤ (亡于前秦)	40	3		2	2	352
	41 哀公张耀灵⑫ [张祚⑬]	4		3	3	353
	和平1 张祚	5		4	4	354
	2	6		5	5	355
	建兴㊣㊈43 冲公 张玄靓				寿光⑯1 厉王苻生	
	44	7⑮(降于 前燕)		6	2	356
	45			7	3	357
					永兴⑯1 世祖宣昭帝 苻坚	
	46			8	2	358
	47			9	3	359
					甘露⑯1	

公元	干支	东 晋	高句丽	代 国	前仇池国
360	庚申	升平4 穆帝	30 故国原王	建国23 拓跋什翼犍	5 杨俊
					1 杨世⊖
361	辛酉	5［哀帝⊕］	31	24	2
362	壬戌	隆和①1 哀帝司马丕	32	25	3
363	癸亥	2	33	26	4
		兴宁⊖1			
364	甲子	2	34	27	5
365	乙丑	3②［废帝⊖］	35	28	6
366	丙寅	太和1 废帝司马奕	36	29	7
367	丁卯	2	37	30	8
368	戊辰	3	38	31	9
369	己巳	4	39	32	10
370	庚午	5	40	33	11
					1 杨纂
371	辛未	6	41	34	2⊕（降于前秦）
		咸安⊕1 太宗简文帝司马昱	1 小兽林王丘夫⊕		
372	壬申	2［孝武帝⊕］	2	35	
373	癸酉	宁康1 烈宗孝武帝司马曜	3	36	
374	甲戌	2	4	37	
375	乙亥	3	5	38	
376	丙子	太元1④	6	39⊕（亡于前秦）	
377	丁丑	2	7		
378	戊寅	3	8		
379	己卯	4⑤	9		
380	庚辰	5	10		
381	辛巳	6	11		

①《玉海》作"崇和",盖因唐讳改。
②三国以来,至两晋,佛教在中国获大发展。僧侣经西域东来,译经传教,内地也有人远赴取经,加上统治者提倡,各地纷建寺院,□的寺院制度奠定了基础。以后,他又北上长安,在苻坚支持下大规模译经。
③相传僧乐傅在今甘肃省敦煌开凿莫高窟,后经隋唐元绫凿,成今世界著名石窟之一。现存近五百窟,彩塑两千余和大量壁画。
④是年,废度田收租制,改为按口收米税,无论有无土地每口一律税米三斛。
⑤书圣王羲之(321~379,或303~361)卒。字逸少,官至右军,人称王右军。他博采众长,具有独特风格,其字"飘若浮云,矫

前燕	前凉		吐谷浑	前秦	公元
建熙1 幽帝慕容暐㊀	建兴48 张玄靓		10 辟奚	甘露2 苻坚	360
2	49		11	3	361
	（升平）㊐5	[屠各胡]			
3	6	1 大单于张罔	12	4	362
		（亡于前秦）			
4	7 张天锡㊇		13	5	363
5	8		14	6	364
6	9		15	7	365
				建元㊀1	
7	10		16	2③	366
8	11		17	3	367
9	12		18	4	368
10	13		19	5	369
11㊤（亡于前秦）	14	凤凰㊇1 圣王李弘㊈	20	6	370
	15		21	7	371
	16		22	8	372
	17	[蜀]	23	9	373
	18	1 蜀王张育㊄~㊈	24	10	374
	19		25	11	375
	20㊇（降于前秦）		26	12	376
			1 视连		
			2	13	377
			3	14	378
			4	15	379
			5	16	380
			6	17	381

出家人日多。同时出现许多"高僧"。是年,名僧道安(314~385年)与徒整理已译佛经,编成《众经目录》,并制定寺院戒规,为中土

艺术价值很高。近代发现大量文书,惊动世界。

若惊龙"(《晋书·王羲之传》),为历代学者所崇尚。

公元	干支	东晋		鄯善	车师(前部)
382	壬午	太元7 孝武帝		(?)休密驮(降前秦)	⋮
383	癸未	8①			弥寘(降前秦)
384	甲申	9			⋮
385	乙酉	10	**北 魏**		
386	丙戌	11	登国1 太祖道武帝拓跋珪	(?)胡员吒 ⋮ ⋮	
387	丁亥	12	2		
388	戊子	13	3		
389	己丑	14	4		
390	庚寅	15	5		
391	辛卯	16	6		
392	壬辰	17	7		
393	癸巳	18	8		
394	甲午	19	9		

①是年发生"淝水之战"。前秦苻坚于376年用武力统一北方,是年,发兵九十万倾力南下,企图一举灭晋。晋兵仅八万迎敌,双方再次陷入分裂,直到439年北魏灭北凉,北方才得以统一。

龟　兹	疏　勒	高句丽		
白纯 白震（降前秦） ⋮		12 小兽林王 13 14 1 故国壤王伊连⊕ 2		**后　燕** 燕元⊖1 世祖武成帝慕容垂
			后仇池国 1 武王杨定⊕	2
		3	2	3 建兴⊖1
		4 5	3 4	2 3
		6 7	5 6	4 5
	⋮ （?）疏勒王 ⋮	8 1(?)广开土王谈德 2 3 4	7 8 9 10［杨盛⊕］	6 7 8 9

方在淝水决战,苻坚"草木皆兵"、"风声鹤唳",大败而归。这是历史上著名的以少胜多的战役。后苻坚被杀,各割据政权又起,北

	后 凉	凉	卢水胡
西 燕			
燕兴④1 慕容泓［慕容冲⑥］			
更始⊖1 威帝慕容冲			
	后 凉	**凉**	**卢水胡**
2	太安②⊕1 太祖懿武帝吕光	凤凰⊖1 张大豫	1 郝奴⊖～⑭(降后秦)
昌平⊖1 段随			
建明⊖1 慕容颢			
建平⊖1 慕容瑶			
建武⊖1 慕容忠			
中兴⊕1 慕容永			
2	2	2⑧(亡于后凉)	**(翟)魏**
3	3		建光⊖1 翟辽
4	4		2
	麟嘉⊖1		
5	2		3
6	3		4
			定鼎③⊕1 翟钊
7	4	**[秦]**	2⑥(亡于后燕)
8	5	元光⑧1 秦王窦冲	
9⑧(亡于后燕)	6	2⑦(亡于后秦)	

①一作"大安"，或作"太平"。
②一作"大安"。
③一作"神鼎"。

吐谷浑	前　秦			公　元
7 视连	建元18 苻坚			382
8	19	**后　秦**		383
9	20	白雀④1 太祖武昭帝姚苌		384
10	21	2	**西　秦**　建义⑨1 烈祖宣烈王乞伏国仁	385
	太安①⑧1 哀平帝苻丕			
11	2	3	2	386
	太初⑦1 太宗高帝苻登	建初④1		
12	2	2	3	387
13	3	3	4	388
			太初⑥1 高祖武元王乞伏乾归	
14	4	4	2	389
15	5	5	3	390
1 视罴⊕				
2	6	6	4	391
3	7	7	5	392
4	8	8	6	393
5	9	9	7	394
	延初⑦1 末主苻崇✚	皇初⑤1 高祖文桓帝姚兴		
	（亡于西秦）			

公 元	干支	东 晋	北 魏	高句丽
395	乙未	太元 20 孝武帝	登国 10 道武帝	5 广开土王
396	丙申	21 [安帝⑨]	11	6
397	丁酉	隆安①1 安帝司马德宗	皇始⑦1 2	7
398	戊戌	2	3 天兴⑦1	8
399	己亥	3	2	9
400	庚子	4	3	10
401	辛丑	5	4	11
402	壬寅	元兴 1 隆安⑤6 大亨⑤1	5	12
403	癸卯	元兴 2 **楚** 建始⑦1 武悼帝桓玄 永始⑦1	6	13
404	甲辰	建始 2⑤（亡于东晋） **东 晋** 元兴 3 安帝	7 天赐⑪1	14
405	乙巳	义熙 1④	2	15

①《玉海》作"崇安"，盖因唐讳改。
②一作"建平"。
③一作"永康"。
④因不满士族擅政，"不能为五斗米折腰"，陶渊明（又名潜，字元亮，约 365～427 年）于是年解职归隐，至死不仕。他是中国
　　和对理想社会的追求为世人所称道。他开创了田园诗体，为诗歌的发展开辟了新境界。

后仇池国	后　燕		后　凉
1 惠文王杨盛	建兴 10 慕容垂		麟嘉 7 吕光
2	11		8
	永康④1 烈宗惠愍帝慕容宝		龙飞⑥1
3	2		2
	建始⑤1 慕容详		
	延平②⑦1 慕容麟	**南　燕**	
4	永康 3 慕容宝	1 世宗献武帝慕容德㊀	3
	青龙④1 兰汗⑦		
	建平⑩1 中宗昭武帝慕容盛		
5	长乐 1	2	承康③1
			1 隐王吕绍⑪
			咸宁⑪1 灵帝吕纂
6	2	建平 1	2
7	3	2	3
	光始⑧1 昭文帝慕容熙		神鼎㊀1 后主吕隆
8	2	3	2
9	3	4	3⑧（降于后秦）
10	4	5	
			[蜀]
11	5	6	1 蜀王谯纵㊀
		太上⑦1 慕容超	

七　魏晋时期纪年表

文学史上著名的田园诗人,现存诗一百二十多首,散文六篇,辞赋两篇,其中《桃花源诗》和《桃花源记》最为著名。诗人的耿介品格

			吐谷浑
			6 视罴
			7
南 凉	**北 凉**		
太初 1 烈祖武王秃发乌孤	神玺㉒1 段业		8
2	2		9
3[康王㈧]	3		10
	天玺①㊀1		
		西 凉	
建和 1 康王秃发利鹿孤	2	庚子㊆1 太祖武昭王李暠	11
			1 乌纥堤㈣
2	3	2	2
	永安㊅1 太祖武宣王沮渠蒙逊		
3	2	3	3
弘昌④㊀1 景王秃发傉檀			
2	3	4	4
弘昌 3 ❸(降后秦)	4	5	5
	5	建初 1	6
			1 戊寅可汗树洛干

①一作"六玺"。
②一作"洪始"。
③姚兴迎西域名僧鸠摩罗什到长安讲学,拜听者数千人,州郡"事佛者十室有九"(《晋书·姚兴载记》)。
④一作"洪昌"。

后 秦	西 秦			公 元
皇初 2 姚兴	太初 8 乞伏乾归			395
3	9			396
4	10			397
5	11			398
		[长 生]		
6	12	1 孙恩⊕		399
弘始②⑨1				
2	13❼（失国）	2		400
3③		3		401
			柔然汗国	
4		4	1 丘豆伐可汗	402
		1 卢循⊜	（豆代可汗）社仑	
5		2	2	403
6		3	3	404
7		4	4	405

209

公 元	干支	东 晋	北 魏	高句丽	后仇池国
406	丙午	义熙2①安帝	天赐3 道武帝	16 广开土王	12 杨盛
407	丁未	3	4	17	13
408	戊申	4	5	18	14
409	己酉	5	6	19	15
			永兴⊕1 太宗明元帝拓跋嗣		
410	庚戌	6	2	20	16
411	辛亥	7	3	21	17
412	壬子	8	4	22	18
413	癸丑	9②	5	23	19
				1 长寿王巨连⊕	
414	甲寅	10	神瑞1	2	20
415	乙卯	11	2	3	21
416	丙辰	12	3	4	22
			泰常㊃1		
417	丁巳	13	2	5	23
418	戊午	14［恭帝㊏］	3	6	24
419	己未	元熙1恭帝司马德文	4	7	25
420	庚申	2㊎（亡于宋）	5	8	26

①著名画家顾恺之（约345～约406年）卒。他多才多艺,诗赋、书法皆长,尤擅画,有"三绝"（才绝、画绝、痴绝）之誉。他作人物
②名僧法显赴天竺求佛法返抵建康。一行数人从长安出发,涉流沙,逾葱岭,历经艰险,前后十五年,经今阿富汗、巴基斯坦、印

后　燕	南　燕	［蜀］	南　凉
光始6 慕容熙	太上2 慕容超	2 谯纵	
建始1㊐（亡于北燕）	3	3	
北　燕			
正始㊐1 惠懿帝高云	4	4	嘉平㊊1（复国）
2	5	5	2
太平㊊1 太祖文成帝冯跋	6㊀（亡于晋）	6	3
2		7	4
3		8	5
4			
5		9㊐（亡于西秦）	6
6			7㊐（亡于西秦）
	［河西胡］		
7	建平㊂1 白亚栗斯［率善王刘虎㈣］		
8	2㊈（亡于北魏）		
9			
10			
11			
12			

画最重传神，后人论其画"意存笔先，画尽意在"。现存有摹本《女史箴》，为古画珍品。

度、尼泊尔、斯里兰卡等地；并习梵语，译经百余万言。还将见闻写成《佛国记》，这是一部研究古代中外交通的重要著作。

北　凉	西　凉	吐谷浑	后　秦
永安6沮渠蒙逊	建初2李暠	2树洛干	弘始8姚兴
7	3	3	9
8	4	4	10
9	5	5	11
10	6	6	12
11	7	7	13
12	8	8	14
玄始①⊕1			
2	9	9	15
3	10	10	16
4	11	11	17
5	12	12	18
			永和⊖1后主姚泓
6	13	13	2❽（亡于东晋）
	嘉兴⊖1后主李歆	1阿柴	
7	2	2	
8	3	3	
9	4	4	

①一作"元始"。

西　秦	[长　生]	柔然汗国		公　元
	5 卢循	5 社仑	**大　夏**	406
	6	6	龙昇㊅1 世祖武烈帝赫连勃勃	407
	7	7	2	408
更始㊆1 乞伏乾归（复国）	8	8	3	409
2	9	9	4	410
		1 蔼苦盖可汗斛律㊄		
3	10㊉（亡于东晋）	2	5	411
4		3	6	412
永康㊅1 太祖文昭王乞伏炽磐		4	7	413
			凤翔㊂1	
2		5	2	414
		1 步鹿真㊄		
		1 牟汗纥升盖可汗大檀㊄		
3		2	3	415
4		3	4	416
5		4	5	417
6		5	6	418
7			昌武㊉1	
8		6	2	419
			真兴㊁1	
建弘1		7	2	420

213

八　南北朝时

公元	干支	宋	北　魏	鄯　善	车师(前部)	高句丽	后仇池国	北　燕
420	庚申	永初㈥1 高祖武帝 刘裕	泰常5 拓跋嗣			8 长寿王 巨连	26 杨盛	太平12 冯跋
421	辛酉	2	6			9	27	13
422	壬戌	3[少帝㊄]	7			10	28	14
423	癸亥	景平1 少帝 刘义符	8[太武帝㊉]			11	29	15
424	甲子	2　元嘉㈧1 太祖文帝 刘义隆	始光1 世祖太武帝 拓跋焘		(?)车师王	12	30	16
425	乙丑	2①	2			13	31　1孝昭王杨玄㈧	17
426	丙寅	3	3			14	2	18
427	丁卯	4	4			15③	3	19
428	戊辰	5	神䴥㈠1				4	20
429	己巳	6	2				5　1杨保宗㈦　1杨难当㈦	21
430	庚午	7	3				2	22[冯弘㈨]
431	辛未	8	4			[蜀]	3	太兴④1昭成帝 冯弘
432	壬申	9	延和1	1(?)比龙		泰始㈨1蜀王 程道养	4	2
433	癸酉	10	2	2	1(?)康王 车伊洛	2	5	3
434	甲戌	11	3	3	2	3	6	4

①在分裂混战的背景下,宋灭晋后注意发展生产,稳定社会秩序,出现相对繁荣局面,史称"元嘉之治"。

②一作"永光"。

③是年迁都。对迁都后的高句丽,学术界看法不一致,有待进一步研究,详见本书**"纪年考"**。

④一作"大兴"。

⑤甘肃酒泉考古发现刻有"凉故大沮渠缘禾三年岁次甲戌"的残石,新疆吐鲁番出土文书中亦有"缘禾"年号的字样,有人认为

⑥一作"承和"。

期纪年表

北凉	西凉	吐谷浑	西秦	柔然汗国	大夏	邓至国		公元
玄始9沮渠蒙逊	永建⑨1李恂	4阿柴	建弘1乞伏炽磐	7大檀	真兴2赫连勃勃	(?)像舒治 ⋮		420
10	2⊜(亡于北凉)	5	2	8	3	⋮		421
11	**悦般** (?)悦般王	6	3	9	4		**宕昌国**	422
12	⋮ ⋮	7	4	10	5		⋮ ⋮	423
13		8	5	11	6		(?)梁勤 (?)梁弥忽 ⋮	424
14		9	6	12	7 承光②⑧1赫连昌			425
15	1惠王慕璝	10	7	13	2			426
16	2		8	14	3			427
17 承玄⑧1	3		9 永弘⑤1后主乞伏暮末	15	4 胜光⊜1赫连定			428
2	4		2	16 1敕连可汗吴提⑦	2			429
3	5		3	2	3			430
4 义和⑤⑧1	6		4⬤(降大夏)	3	4⑥(亡于吐谷浑)			431
2	7			4				432
3 永和⑥四1哀王沮渠牧犍	8		**[稽胡]**	5				433
2	9		1(?)白龙⑦ 1(?)佚名⑨	6				434

"义和"(或"永和")即"缘禾"之误,然对照所记干支不合,待考。

215

公元	干支	宋	北 魏	鄯 善	车师(前部)	龟 兹	焉 耆	于 阗	疏 勒
435	乙亥	元嘉12 文帝	太延1 太武帝	4 比龙	3 车伊落		1(?)焉耆王		
436	丙子	13	2	5	4		2		
437	丁丑	14	3	6	5	1(?)龟兹王	3		1(?)疏勒王
438	戊寅	15	4	7	6	2	4		2
439	己卯	16	5	8	7	3	5		3
440	庚辰	17	6 太平真君㈥1	9	8	4	⋮ ⋮		4
441	辛巳	18	2	10	9	5			5
442	壬午	19	3	11 1(?)真达	10	6			6
443	癸未	20	4	2	11	7			7
444	甲申	21	5	3	12	8		⋮ ⋮	8
445	乙酉	22①	6	4(降北魏) 1 鄯善王	13	9		(?)于阗王	9
446	丙戌	23	7②	2	14	10	⋮		10
447	丁亥	24	8	3	15	11	⋮		11
448	戊子	25	9	4 1 韩拔	16	12	(?)龙鸠尸卑那 (降北魏)		12
449	己丑	26	10	⋮	17	13			13
450	庚寅	27	11	⋮	18(亡于北凉)	⋮			14
451	辛卯	28③	12 正平㈥1			⋮			15
452	壬辰	29	2 承平④㈢1 南安王 拓跋余 兴安⊕1 高宗文成帝 拓跋濬						16
453	癸巳	30 太初㈠1 刘劭㈤ 元嘉㈣30 刘骏㈣	2						17

①《后汉书》作者范晔(398~445年)因罪被杀。《后汉书》为"前四史"之一,被史家崇为名著。有纪十卷,传八十卷,志三十卷
②太武帝奉道拒佛,于是年在长安下令屠沙门,焚经毁像,这是中国历史上第一次大规模灭佛事件。至文成帝时,禁令方解。
③史学家裴松之(372~451年)卒。他生前注《三国志》,被史家推崇为四大名注之一。《三国志》作为"前四史"之一备受重
④一作"永平"。

[蜀]	后仇池国	北燕	北凉	悦般	吐谷浑	[稽胡]	柔然汗国	邓至国	公元
泰始4程道养	7杨难当	太兴5冯弘	永和3沮渠牧犍	1(?)悦般王	10慕璝	2佚名	7吴提		435
5	建义㈢1	6㈤(亡于魏)	4	2	11 1慕利延	3	8		436
6㈣(亡于宋)	2		5	3	2	4㈦(亡于魏)	9	⋮	437
	3		6	4	3		10	(?)象屈耽	438
	4		7㈨(降魏)	5	4		11	⋮	439
	5			6	5		12		440
	6		1沮渠无讳㈣	7	6		13		441
	7㈣㈤(亡于宋)		2(复国)	8	7		14		442
	武都国								
	1杨文德㈢		承平1	9	8		15		443
	2		2沮渠安周㈥	10	9		16 1处可汗(处罗可汗)吐贺真㈨		444
[卢水胡]									
1天台王益吴㈦	3		3	11	10		2		445
2㈧(亡于北魏)	4		4	12	11		3		446
	5		5	13	12		4		447
	6		6	14	13		5		448
	7		7	⋮	14		6		449
	8		8	(以后不明)	15		7		450
	9		9	16	16		8		451
	10		10	17	17 1拾寅㈨		9		452
	11		11	2	2		10		453

(原书缺志,今本志为后人据司马彪《续汉书》所补)。该书新创党锢、宦者、文苑、独行、方术、逸民、列女等传,共收五百多人。

视,然其过简,史家以为憾。他作注引书达一百四十余种,材料超过原书三倍,有考异、正误、补遗,史学价值极高。

公元	干支	宋	北魏	于阗	疏勒
454	甲午	孝建1世祖孝武帝刘骏 建平1南郡王刘义宣㈥	兴安3文成帝 兴光㈦1		18疏勒王
455	乙未	孝建2刘骏	2 太安㈥1		19
456	丙申	3	2		20
457	丁酉	大明1	3	1(?)中于王秋仁	21
458	戊戌	2	4	2	22
459	己亥	3	5	3	23
460	庚子	4	和平1①	4	24
461	辛丑	5	2	5	25
462	壬寅	6	3	6	26
463	癸卯	7	4	7	27
464	甲辰	8[前废帝㈣㈤]	5	8	28
465	乙巳	永光1前废帝刘子业 景和㈧1 泰始㊉1太宗明帝刘彧	6[献文帝㈤]	9	29 ⋮ ⋮
466	丙午	2 义嘉1晋安王刘子勋㈧	天安1显祖献文帝拓跋弘	10	
467	丁未	泰始3刘彧	2 皇兴㈧1	11	
468	戊申	4	2	12	
469	己酉	5	3	13	
470	庚戌	6	4	14	
471	辛亥	7	5 延兴㈧1高祖孝文帝元宏	15 1(?)山习	
472	壬子	泰豫1[后废帝㈣]	2	2	
473	癸丑	元徽1后废帝刘昱	3	3	
474	甲寅	2	4	4	

①被誉为中国三大名窟之一的云冈石窟于是年前后开凿。石窟位于今山西省大同,绵延两里余,现存五十三窟,造像五万余

武都国	北 凉	吐谷浑	柔然汗国	宕昌国	公 元
12 杨文德	12 沮渠安周	3 拾寅	11 吐贺真		454
1 杨元和⊕	13	4	12		455
2	14	5	13		456
3	15	6	14		457
4	16	7	15		458
5	17	8	16		459
6	18（亡于柔然）	9	17		460
	高昌王国			⋮	
	1 阚伯周				
7	2	10	18	（?）梁虎子	461
8	3	11	19	⋮	462
9	4	12	20		463
10	5	13	21		464
11	6	14	永康⊕1 受罗部真可汗予成		465
			2		
12	7	15	3		466
1 杨僧嗣⊕	8	16	4		467
2					
3	9	17	5		468
4	10	18	6		469
5	11	19	7		470
6	12	20	8	1（?）梁弥治	471
7	13	21	9	2	472
8⊕	14	22	10	3	473
武兴国					
1 杨文度⊕					
2	15	23	11	4	474

尊,高者达十七米。

219

公元	干支	宋	北魏	龟兹	于阗	武兴国
475	乙卯	元徽3 后废帝	延兴5 孝文帝	1(?)龟兹王	5 山习	3 杨文度
476	丙辰	4	6	2	6	4
477	丁巳	5	承明㋃1 太和1	3	7	5[杨文弘㋍]
478	戊午	昇明㋃1 顺帝刘准 2	2	4	8	1 杨文弘
479	己未	3㋃(亡于南齐)	3	5	9	2
		南 齐				
		建元㋃1 太祖高帝萧道成				
480	庚申	2	4	6	10	3
481	辛酉	3	5	7	11	4
482	壬戌	4[武帝㋃]	6	8	12	5
						1 杨后起㋅
483	癸亥	永明1 世祖武帝萧赜	7	9	13	2
484	甲子	2	8①	10	14	3
485	乙丑	3	9	11	15	4
486	丙寅	4	10	12	16	5
						1 安王杨集始㋃㋐
487	丁卯	5	11	13	17	2
488	戊辰	6	12	14	18	3
489	己巳	7	13	15	19	4
490	庚午	8	14	16	20	5
491	辛未	9	15	17	21	6

①是年开始了历史上著名的"魏孝文帝改革"。内容包括颁行俸禄制,禁官吏自征税;实行均田制;制定新租调制;建立三长制
②据《资治通鉴》:永明四年(486)正月,"(唐寓之)称帝于钱唐,立太子,置百官《南史·茹法亮传》云:'窃称吴国,伪年号兴

	高昌王国	吐谷浑	柔然汗国	邓至国	宕昌国		公元
	16 阚伯周	24 拾寅	永康12 予成		⋮		475
	17	25	13		1(?)梁弥机		476
阴平国	18	26	14		2		477
1 杨广香㈣	1(?)阚义成						
2	2	27	15		3		478
3	3	28	16	1(?)像舒彭	4		479
4	4	29	17	2	5		480
5	5	30	18	3	6		481
	1 阚首归	1 度易侯㈨					
	1 张孟明						
	1 马儒						
6	2	2	19	4	7		482
7	3	3	20	5	8		483
1 杨炅㈠							
2	4	4	21	6	9		484
3	5	5	22	7	10		485
			太平1 伏古敦可汗豆仑		1 梁弥颉		
						吴	
4	6	6	2	8	2	兴平㈠②1 唐寓之●	486
						（亡于南齐）	
						高车国	
5	7	7	3	9	3	1 阿伏至罗	487
6	8	8	4	10	4	2	488
					1 梁弥承		
7	9	9	5	11	⋮	3	489
8	10	10	6	12	⋮	4	490
		1 伏连筹㈧					
9	11	2	7	13		5	491

（五家为邻,五邻为里,五里为党）。以及迁都洛阳,改鲜卑姓氏为汉姓,鼓励与汉族通婚,易服饰,廷上禁讲鲜卑语等。
平'）……上发禁兵数千人,马数百匹,东击寓之……擒斩寓之,进平诸郡县"。

公元	干支	南 齐	北 魏	龟 兹	于 阗	疏 勒	武兴国	阴平国
492	壬申	永明10 武帝	太和16 孝文帝	18 龟兹王	22 山习		7 杨集始	10 杨炅
493	癸酉	11 [萧昭业⊕]	17	19	23		8	11
494	甲戌	隆昌1 郁林王萧昭业 延兴⊕1 海陵王萧昭文 建武⊕1 高宗明帝萧鸾	18	20	24		9	12
495	乙亥	2	19①	21	25		10	13
496	丙子	3	20②	22	26		11	1 杨崇祖⊖
497	丁丑	4	21	23	27		12	2
498	戊寅	5	22	24	28		13	3
499	己卯	永泰四1 [萧宝卷⊕] 永元1 东昏侯萧宝卷	23 [宣武帝四]	25	29		14	4
500	庚辰	2③	景明1 世宗宣武帝 元恪	26	30		15	5
501	辛巳	3 中兴⊜1 和帝萧宝融	2④	27	31		16	6
502	壬午	2⑤ ⬤(亡于南梁) **南 梁** 天监四1 高祖武帝萧衍	3	28	32	1(?) 疏勒王	17 1 杨孟孙	7
503	癸未	2⑥	4	29	33	2	18 1 杨绍先⊕	2
504	甲申	3⑦	正始1	30	34	3	2	3
505	乙酉	4	2	31	35	4	3	4
506	丙戌	5	3	32	36	5	4⬤(附魏)	5
507	丁亥	6	4	33	37	6		6

①有学者指称,著名北朝乐府民歌《木兰辞》产生于北魏迁都以后,东、西魏分裂之前(关于其产生年代问题众说纷纭,有魏、
②是年,改皇姓拓跋氏为元氏。
③古代杰出科学家祖冲之(429~500年)卒。他推算出圆周率的六位准确数值,并提出其约率与密率,比西方早一千多年。他
④著名石窟龙门石窟(又称伊阙石窟)约于景明年间在洛阳始凿。二十余年中动用人工八十万,工程一直延续至唐,历时四百
⑤刘勰《文心雕龙》于是年前后闻世。这是一部著名的文学批评与文学理论著作。全书五十篇,主要包括总论、文体论、创作
⑥昭明太子(武帝长子)萧统在东宫召集文人编订《文选》,这是我国现存最早的诗文选集,选录先秦至齐梁的诗文辞赋,从中
⑦是年梁武帝弃道归佛,亲登坛讲演佛理,众多士族朝臣附和,南方佛事达鼎盛。据载,梁朝有寺两千八百多所,僧八万余人。

高昌王国	吐谷浑	柔然汗国	邓至国	宕昌国	高车国			公元
12 马儒	3 伏连筹	太平8 豆仑 太安⑧1 候其伏代库者可汗 那盖	14 象舒彭		6 阿伏至罗			492
13	4	2	15		7			493
14	5	3	16		8			494
15	6	4	17		9			495
16	7	5	18		10			496
17	8	6	19		11			497
18	9	7	20		12			498
19	10	8	21		13			499
1 昭武王麴嘉 2	11	9	22		14	建义㊀1 雍道晞㊂		500
3	12	10	23	⋮⋮	15			501
4	13	11	24	梁弥颉 1 梁弥邕	16			502
5	14	12	25	2	17			503
6	15	13	26	3	18			504
7	16	14	27	4	19			505
				1 梁弥博		[屠各胡]	[秦州羌]	
8	17	15 始平㊉1 他(佗)汗可汗 伏图	28	2 ⋮⋮	20	圣明㊀1 陈瞻㊦	建明㊀1 吕苟儿㊦	506
9	18	2		3	21			507
				1(?)跋利延				

晋、齐、梁、隋、唐等诸说)。它与《孔雀东南飞》被誉为中国古代诗歌史上的"双璧"。

还编过《大明历》;改造指南车;作水碓磨和千里船等。

余年。现存窟龛两千三百余个,佛像约十一万尊,佛塔七十余座,碑刻题记近三千块,其中"龙门二十品"为魏碑体书法的精品。

论、批评论等,其体大思精可谓空前。

可探求当时的文学观点。此书自唐李善加注后广泛流行,后世文人不乏将其作为学文的教材;对其加以研究,形成一门"选学"。

梁释僧祐所编《弘明集》和慧皎《高僧传》成为佛教史重要资料。

公元	干支	南梁	北魏	龟兹	于阗	疏勒	阴平国	高昌王国	吐谷浑	柔然汗国
508	戊子	天监7武帝	正始5宣武帝 永平⑧1 建平⑧1文景帝 元愉❾	34龟兹王	38山习	7疏勒王	7杨孟孙	10麹嘉	19伏连筹	始平3伏图 建昌1豆罗伏跋豆伐可汗 丑奴
509	己丑	8	永平2宣武帝	35	39	8	8	11	20	2
510	庚寅	9	3	36	40	9	9	12	21	3
511	辛卯	10	4	37	⋮	10	10 1杨定	13	22	4
512	壬辰	11	5 延昌四1	38	1(?)于阗王	11	2	14	23	5
513	癸巳	12	2	39	2	12	3	15	24	6
514	甲午	13	3	40	3	13	4	16	25	7
515	乙未	14	4[孝明帝⊖]	41	4	14	5	17	26	8
516	丙申	15	熙平1肃宗孝明帝 元诩	42	5	15	6	18	27	9
517	丁酉	16	2	43	6	16	7	19	28	10
518	戊戌	17	3 神龟⊖1	44	7	17	8 (以后不明)	20	29	11
519	己亥	18	2	45	8	⋮		21	30	12
520	庚子	普通1	3 正光⊕1	46	⋮ ⋮	⋮		22	31	13 1敕连头兵豆伐可汗 阿那瓌❾
521	辛丑	2	2	1(?)尼瑞摩珠那胜				23	32	1弥偶可社句可汗 婆罗门⊖ 1后主俟匿伐⊕ 2阿那瓌⊕
522	壬寅	3	3	2				24	33	3
523	癸卯	4	4	⋮ ⋮				25 1麹光	34	4
524	甲辰	5	5					2	35	5

邓至国	宕昌国	高车国					公元
	4 梁弥博	2 跋利延 1(?)弥娥突					508
1 像览蹄⑻	5	2					509
⋮	6	3					510
⋮	7	4					511
	8	5					512
	9	6					513
	10	7					514
	11	8					515
	12	9					516
	13	1(?)伊匐					517
	14	2					518
	15	3					519
	16	4					520
	17	5					521
	18	6	[匈　奴]				522
	19	7	真王㉔1 破六韩拔陵				523
	20	8	2	[敕　勒] 1 高平王胡琛㉔	[秦　羌] 1 秦王莫折大提㉖ 天建㉖1 莫折念生	[燕] 1 燕王就德兴⊕	524

225

公元	干支	南梁	北魏		武兴国	高昌王国
525	乙巳	普通6武帝	正光6孝明帝 孝昌㈥1			3麴光
526	丙午	7	2			4
527	丁未	8 大通②㈡1	3①			5
528	戊申	2	武泰1 建义㈣1敬宗孝庄帝元子攸 永安㈨1			6
529	己酉	3 中大通㈩1	2	孝基㈣1北海王元颢 建武㈤1		7
530	庚戌	2	3 建明㈩1东海王元晔	更兴③㈥1汝南王元悦		8(?)[麴坚]
531	辛亥	3	2 普泰④㈡1节闵帝元恭 中兴㈩1废帝元朗	2		章和1麴坚
532	壬子	4	2 太昌㈣1孝武帝元修 永兴㈩1 永熙㈩1	3㊎		2
533	癸丑	5	2⑤	**东魏**		3
534	甲寅	6	3㈲㊎ **西魏**	天平㈩1孝静帝元善见	5杨绍先㈣	4
535	乙卯	大同1	大统1文帝元宝炬	2	6 1杨智慧	5

①《水经注》作者郦道元(约470～527年)于是年被害。《水经》原为汉代所著,甚简,他以其为底本,著录河流千余条,于水道不仅被史家推崇为四大名注之一,也是6世纪前我国最全面系统的综合性地理名著。

②一作"大陵"。

③一作"更新"。

④一作"普嘉"。

⑤杰出农学家贾思勰所著《齐民要术》约成书于533～544年间。这是我国现存的第一部完整的农书。全书十卷,分述作物

吐谷浑	柔然汗国	宕昌国	高车国	〔匈　奴〕
36 伏连筹	6 阿那瓌	21 梁弥博	9 伊匐	真王 3 破六韩拔陵 ❻ （降北魏）
37	7	22	1（？）越居	
38	8	23	2	
39	9	24	3	
40 1 呵罗真	10	25	4	
2 1 佛辅	11	26	5	
2	12	27	6	
3	13	28	7	
4	14	29	8	
5 1 可沓振	15	1（？）梁弥定	9	
2 1 夸吕	16	2	10	

所经之处,历叙其山川、城市、遗迹和地理变迁,旁及风俗、物产、人物等。引书四百三十多种,作了二十余倍于原书的补充与发展,

栽培、家畜饲养、产品加工等,充分展示出当时的农业生产水平。

［敕　勒］	［秦　羌］	［燕］	［宋］	
2 胡琛	天建2 莫折念生	2 就德兴	天启①㈠1 宋王元法僧㊂	真王㈧1 杜洛周
3	3	3		2
1 万俟丑奴㈨	4	4		3
2	1 杜粲㈨㈦			
	［汉］			
神兽③㈦1	天统㈥1 汉王邢杲	5		4㊂（亡于齐）
2	2㈣（降北魏）	6㈦（降北魏）		
3				
1 万俟道洛㈣				
1 王庆云㈥㈦				
［敕　勒］				
上愿1 鲜于琛				

①一作"大启"。
②一作"普兴"。
③一作"神虎"，或"神平"。

[稽　胡]				公　元
神嘉⊕1 刘蠡升				525
	[丁　零]	齐		
2	鲁兴②⊖1 鲜于修礼❽	广安⑨1 葛荣		526
			齐	
3	天授⊕1 刘获❼	2	隆绪⊕1 萧宝夤	527
4		3	2●（降敕勒）	528
		1 韩楼⊕		
5		2⑨（亡于北魏）		529
6				530
7				531
8				532
9				533
10				534
11				535
1 南海王⊜				

公元	干支	南 梁	西 魏	东 魏	鄯 善	于 阗	武兴国
536	丙辰	大同2 武帝	大统2 文帝	天平3 孝静帝			2 杨智慧
537	丁巳	3	3	4			3
538	戊午	4	4	元象1			4
539	己未	5	5	2		⋮	5
				兴和㊄1		(?)于阗王	
540	庚申	6	6	2		⋮	6
541	辛酉	7	7	3			7
					⋮		
542	壬戌	8	8	4	鄯善王		8
543	癸亥	9	9	武定1	⋮		9
544	甲子	10	10	2	(以后不明)		10
545	乙丑	11	11	3			11
							1 杨辟邪
546	丙寅	12	12	4			2
		中大同㊃1					
547	丁卯	2	13	5			3
		太清㊃1					
548	戊辰	2	14	6			4
		正平㊄1 临贺王萧正德					
549	己巳	太清3［简文帝㊄］	15	7			5
		正平2 萧正德㊅					
550	庚午	大宝1 太宗简文帝萧纲	16	8㊄（亡于北齐）			6
				北 齐			
				天保㊄1 显祖文宣帝 高洋			
551	辛未	2	17［废帝㊂］	2			7
		天正㊇1 淮阴王萧栋					
		汉					
		太始㊄1 侯景					
552	壬申	2㊃	1 废帝元钦①	3			8
		南 梁					
		承圣㊄1 世祖元帝 萧绎 ／ 天正2 武陵王 萧纪㊃					

①元钦立后去年号。

高昌王国	吐谷浑	柔然汗国	宕昌国	高车国	[汾州胡]	公　元
章和 6 麴坚	2 夸吕	17 阿那瓌	3 梁仚定	1(?)比适	平都⑨1 王迢触⑨	536
7	3	18	4	2		537
8	4	19	5	3		538
9	5	20	6	4		539
10	6	21	7	1(?)去宾		540
11	7	22	8	2㈣(亡于柔然)		541
			1 梁弥定			
12	8	23	2		永汉㈠1 刘敬躬㈢	542
13	9	24	3			543
14	10	25	4			544
15	11	26	5			545
16	12	27	6			546
17	13	28	7			547
18[麴玄喜]	14	29	8			548
永平1 麴玄喜	15	30	9			549
2	16	31	10			550
1[麴□]						
和平1 麴□	17	32	11			551
2	18	33	12	突厥汗国		552
				1 伊利可汗(布民可汗)土门㈠		
		(东部)				
		1 铁伐㈠　(西部)				

231

公元	干支	南梁		西魏	北齐	龟兹	焉耆
553	癸酉	承圣2 元帝	天正3 萧纪⑦	2 废帝	天保4 文宣帝		
554	甲戌	3	[后梁]	3 / 1 恭帝元廓㊀	5		
555	乙亥	天成㊄1 贞阳侯 萧渊明 / 绍泰㊉1 敬帝萧方智	大定㊀1 中宗宣帝 萧詧	2	6		
556	丙子	2 / 太平⑨1	2	3㊐(亡于北周) / 北周	7		
557	丁丑	2㊉(亡于陈) / 陈 / 永定㊉1 高祖武帝 陈霸先	3	1孝闵帝宇文觉㊀ / 1世宗明帝宇文毓⑨	8		
558	戊寅	2	天启㊂1 永嘉王萧庄 / 4	2	9		
559	己卯	3[文帝㊅]	大定5 / 天启2	武成㈧1	10[废帝㊉]		
560	庚辰	天嘉1 世祖文帝 陈蒨	大定6 / 天启3	2[武帝㈣]	乾明1废帝高殷 / 皇建㈧1 肃宗孝明帝高演	⋮	
561	辛巳	2	大定7	保定1 高祖武帝宇文邕	2 / 太宁①㊉1世祖武成帝 高湛	龟兹王 ⋮	
562	壬午	3	8 / 天保㈣㊀1世宗明帝 萧岿	2	河清㈣1		
563	癸未	4	2	3	2		⋮
564	甲申	5	3	4	3		(?)焉耆王
565	乙酉	6	4	5	4 / 天统㈣1 后主高纬		⋮
566	丙戌	7 / 天康㊀1[废帝㈣]	5	天和1	2		
567	丁亥	光大1 废帝陈伯宗	6	2	3		

①一作"大宁",或"泰宁"。

武兴国	高昌王国	吐谷浑	柔然汗国		邓至国	宕昌国	突厥汗国		公元
			（东部）	（西部）					
9 杨辟邪 （亡于西魏）	和平 3 麴□	19 夸吕	2 铁伐 1 登注俟利⊖ 1 库提⊖ 1 庵罗辰☺	1 邓叔子⊜	⋮ （?）像檐桁 ⋮（以后不明）	13 梁弥定	2 土门 1乙息记可汗科罗⊜ 1 木杆可汗俟斤⊜		553
	4	20	2	2		14	2		554
	建昌 1 麴宝茂	21	3（亡于突厥）	3（亡于突厥）		15	3		555
	2	22				16	4		556
	3	23				17	5		557
	4	24				18	6		558
	5	25				19	7		559
	6［麴乾固］	26				20	8		560
	延昌 1 麴乾固	27				21	9		561
	2	28				22	10		562
	3	29				23	11		563
	4	30				24（亡于北周）	12		564
	5	31					13		565
	6	32					14		566
	7	33					15	西突厥汗国 1 室点密可汗	567

公　元	干支	陈	［后　梁］	北　周	北　齐
568	戊子	光大2 废帝	天保7 明帝	天和3 武帝	天统4 后主
569	己丑	太建1 高宗宣帝陈顼	8	4	5
570	庚寅	2	9	5	武平1
571	辛卯	3	10	6	2
572	壬辰	4	11	7	3
573	癸巳	5	12	建德⊟1 2①	4
574	甲午	6	13	3	5
575	乙未	7	14	4	6
576	丙申	8	15	5	7
577	丁酉	9	16	6	隆化⊕1 德昌⊕1 安德王高延宗 承光1 幼主高恒 1 任城王高湝⊜（亡于北周） 武平⊕8 范阳王高绍义
578	戊戌	10	17	7	9
579	己亥	11	18	宣政⊟1［宣帝⊗］ 大成1 宣帝宇文赟 大象⊟1 静帝宇文阐	10
580	庚子	12	19	2	11⊗（亡于北周）
581	辛丑	13	20	大定1⊜（亡于隋）	

①周武帝于是年下诏禁佛、道二教,独尊儒术。大规模毁灭经像,勒令沙门还俗,"以三宝福财散给臣下,寺观塔庙赐给王公"

于　阗	高昌王国	吐谷浑	[稽胡]	突厥汗国	西突厥汗国	公　元
	延昌 8 麴乾固	34 夸吕		16 木杆可汗	2 室点密可汗	568
	9	35		17	3	569
	10	36		18	4	570
	11	37		19	5	571
	12	38		20	6	572
				1 佗钵可汗		
	13	39		2	7	573
(?)于阗王	14	40		3	8	574
	15	41		4	9	575
	16	42	石平 1 圣武帝刘没铎	5	10	576
					1 达头可汗(步迦可汗)玷厥	
	17	43	2	6	2	577
	18	44	1 刘受罗千(亡于北周)	7	3	578
	19	45		8	4	579
	20	46		9	5	580
	21	47		10(分裂)	6	581

（《广弘明集》卷七）。至周武帝死后,佛教又趋复兴。

公元	干支	隋	陈	[后梁]
581	辛丑	开皇⊖1 高祖文帝杨坚	太建 13 宣帝	天宝 20 明帝
582	壬寅	2①	14[后主⊖]	21
583	癸卯	3	至德 1 后主陈叔宝	22
584	甲辰	4	2	23
585	乙巳	5	3	24[莒公㊄]
586	丙午	6	4	广运 1 莒公萧琮
587	丁未	7	祯明 1	2❾（亡于隋）
588	戊申	8	2	
589	己酉	9	3●（亡于隋）	
590	庚戌	10		
591	辛亥	11		
592	壬子	12		
593	癸丑	13		
594	甲寅	14		
595	乙卯	15		
596	丙辰	16		
597	丁巳	17②		
598	戊午	18		
599	己未	19		
600	庚申	20		
601	辛酉	仁寿 1		
602	壬戌	2		
603	癸亥	3		
604	甲子	4[炀帝㊣]		

①隋初,确立三省(尚书、门下、内史)六部(吏、户、礼、兵、刑、工)制。地方改为州、县两级,九品以上官由中央任免。

②佛教天台宗创始者智颉(538～597年)卒。这是中国佛教最早建立的宗派,也是隋唐时势力最大的宗派之一。以智颉常住

期纪年表

吐谷浑	高昌王国	东突厥(北突厥)汗国	西突厥汗国	公 元
47 夸吕	延昌21 麴乾固	11 佗钵可汗 1 沙钵略可汗(伊利俱卢 设莫何始波罗可汗)摄图	6 玷厥	581
48	22	2	7	582
49	23	3	8	583
50	24	4	9	584
51	25	5	10	585
52	26	6	11	586
53	27	7	12	587
54	28	1 叶护可汗(莫何可汗)处罗侯㈣ 2	13	588
55	29	1 颉伽施多那都蓝可汗雍虞闾㈦ 2	14	589
56	30	3	15	590
57 1 世伏㈠	31	4	16	591
2	32	5	17	592
3	33	6	18	593
4	34	7	19	594
5	35	8	20	595
6	36	9	21	596
7 1 伏允	37	10	22	597
2	38	11	23	598
3	39	12 1 突利可汗(意利珍豆启民可汗)染干㈤	24	599
4	40	2	25	600
5	41	3	26	601
6	延和1 弁国公麴伯雅	4	27	602
7	2	5	28 1 泥利可汗	603
8	3	6	2	604

浙江天台山得名,因教义主据《妙法莲花经》,故又称法华宗。以后,三轮宗、法相宗、华严宗、律宗、禅宗相继创立。

公元	干支	隋		龟兹	焉耆	于阗	疏勒	吐谷浑
605	乙丑	大业1① 世祖炀帝杨广						9 伏允
606	丙寅	2						10
607	丁卯	3						11
608	戊辰	4						12
609	己巳	5						13 六
610	庚午	6②						(亡于隋)
611	辛未	7		⋮	1(?)龙突骑支			
612	壬申	8		(?)白苏尼咥	2			
613	癸酉	9		⋮	3			
614	甲戌	10			4	⋮	⋮	
615	乙亥	11			5	(?)王卑示闲练	(?)阿弥厥	
616	丙子	12			6	⋮	⋮	
617	丁丑	13			7			
		义宁㊂1 恭帝杨侑	唐	⋮				
618	戊寅	2 五 1 秦王杨浩㊂~九 皇泰1 恭帝杨侗㊄	武德㊄1 高祖李渊	(?)苏伐勃𫘝 ⋮	8			14 伏允 (复国)
619	己卯	2 四③	2		9			15
620	庚辰		3		10			16
621	辛巳		4		11			17
622	壬午		5		12			18
623	癸未		6		13			19
624	甲申		7④		14			20

①静琬发愿始刻房山石经。中经唐、辽、金,直至明末,据近年统计,共刻碑一万四千余块,是佛教石经中规模最大,历史最久的文
②炀帝征调百万人开凿的大运河于是年贯通。该运河长达四五千里,为世界伟大工程之一,它沟通南北,对我国经济发展和国
③本书"纪年考"中列有"隋末各地起兵割据简表",供参考。
④是年七月颁均田令和租庸调法。规定百姓按定额受永业田、口分田,功臣、高官可多受,或受勋田。田可买卖。在职官吏有

高昌王国	东突厥汗国	西突厥汗国	［铁勒（契苾部）］	薛延陀
延和 4 麹伯雅	7 染干	3 泥利可汗 1（？）泥撅处罗可汗 （曷萨那可汗）达漫	1 易勿真莫何可汗 契苾歌愣	1 野咥可汗乙失钵
5	8	2	2	2
6	9	3	3	3
7	10	4	4	4
	1 始毕可汗咄吉世㊀			
8	2	5	5	5
9	3	6	6	6
10	4	7	7	7
		1（？）射匮可汗		
11	5	2	8（？）（臣西突厥，去汗号）	8（？）（臣西突厥，去汗号）
12［麹□］	6	3		
义和 1 麹□	7	4		
2	8	5		
3	9	6		
4	10	7		
5	11	8		
		1（？）统叶护可汗		
6［麹伯雅］	12	2		
	1 处罗可汗㊃			
重光㊀1 献文王麹伯雅	2	3		
	1 颉利可汗咄苾			
2	2	4		
3	3	5		
4［麹文泰］	4	6		
延寿 1 光武王麹文泰	5	7		

化珍品。另，李春设计赵州桥（又称安济桥）约于是年建成，这是世界最古的跨大弧平单孔石拱桥，其造桥方法为世界首创。
家统一意义深远。

职分田充俸禄；官署有公廨田作办公费用。租缴粟，调缴绢，庸：以绢代徭役。租庸调是唐前期的主要税源。

1 知世郎王薄	1 张金称	1 东海公高士达		
2	2	2	**[燕]**	
3	3	3	1 燕王格谦⊜	1 孟海公⊜
4	4	4	2	2
5	5	5	3	3
6	6⊌（归夏）	6⊌（归夏）	4	4
	夏	**[定杨]**	1 燕王高开道⊌	
7	丁丑1 长乐王窦建德	天兴⊖1 定杨天子刘武周	2	5
8	2	2	始兴①⊌1	6
	五凤⊌1			
9 闽⊜（归许）	2	3	2	7
1 贺拔行威⊌	3	4⊗（亡于突厥）	3	8
		[鲁]		
2	4⊗（亡于唐）	1 鲁王徐圆朗⊗	4	9⊜（亡于夏）
3⊗（降唐）	天造1 汉东王刘黑闼	2	5	**宋**
进通⊖1 王摩沙	2⊜（降唐）	3⊜（亡于唐）	6	天明②⊗1 辅公祏
			7⊜（降唐）	2⊜（亡于唐）

①一作"天成"。
②一作"乾德"。

240

					公元
					605
					606
					607
					608
					609
					610
					611
	[楚]			[齐]	612
1 郝孝德㊂	1 楚国公杨玄感㊅~㊇	1 刘元进㊆~㊎	1 彭孝才㊈	1 齐王孙宣雅㊉	613
2	1 李弘芝㊁	大世㊄1 皇王刘迦论㊄	2㊍(亡于隋)	2	614
		燕	魏		
3	2	1 漫天王王须拔㊁	1 魏帝魏刀儿㊁	3	615
4	3	2	2	4	616
5㊁(归魏)	4㊍(归西秦)	3	3	5(降隋)	617
许	[楚]			[凉]	
天寿㊈1 宇文化及	昌达㊉1 朱粲	4㊍(归魏)	4㊍(归夏)	安乐㊀1 李轨	618
		郑	[稽　胡]		
2 ●㊁(亡于夏)	2 ●㊁(降唐)	开明㊃1 王世充	1 突利可汗刘季真㊄	2㊄(亡于唐)	619
		2	2㊂(降唐)		620
		3㊄(降唐)			621
					622
					623
					624

	[楚]			
白乌⑫1 向海明⓬	1 楚王杜伏威			
1 王德仁⑪	2	1 无上王卢明月⑫		
2	3	2	楚	[魏]
3	4	3	始兴[①]⑩1 元兴王操师乞	1 翟让⑩
			太平[②]⑫1 南越王林士弘	
4	5	4❶(亡于隋)	2	2
		[大　乘]		永平②1 魏公李密
5❺(降唐)	6	法轮⑫1 大乘皇帝高昙晟	3	2❺(降隋)
[梁]				吴
延康⑨1 梁王沈法兴	7❾(降唐)	2(亡于燕)	4	明政⑨1 李子通
2⓬(亡于唐)			5	2
			6	3⓫(降唐)
			7❿(降唐)	

①一作“天成”。
②一作“延康”。
③一作“凤鸣”。
④一作“正平”。

				公　元
				605
				606
				607
				608
				609
				610
				611
				612
				613
				614
				615
				616
[梁]		**[西　秦]**	**[梁]**	
永隆⊜1 觯事天子梁师都	通圣⊜1 曹武徹	秦兴四1 武帝薛举	鸣凤③⊕1 萧铣	617
2	丑平④⊜1 永乐王郭子和 2⊕（降隋）	2 1 薛仁果⑧ ~⊜	2	618
3			3	619
4			4	620
5			5⊕（降唐）	621
6				622
7				623
8				624

公元	干支	唐	龟兹	焉耆	于阗	疏勒	吐谷浑
625	乙酉	武德8 高祖		15 龙突骑支			21 伏允
626	丙戌	9 [太宗⋀]		16			22
627	丁亥	贞观①1 太宗李世民		17			23
628	戊子	2		18			24
629	己丑	3	⋮	19			25
630	庚寅	4	(?)苏伐叠 ⋮	20			26
631	辛卯	5		21			27
632	壬辰	6		22	1(?)尉迟屈密		28
633	癸巳	7		23	2		29
634	甲午	8		24	3	⋮	30
635	乙未	9②		25	4	(?)阿摩支裴口 ⋮	31(降唐)③
							1 越胡吕乌甘豆可汗 慕容顺㊄
							1 乌地也拔勒豆可汗 诺曷钵
636	丙申	10		26	5		2
637	丁酉	11		27	6		3
638	戊戌	12④		28	7		4
639	己亥	13		29	8		5
640	庚子	14		30	⋮		6
641	辛丑	15		31			7
642	壬寅	16		32			8
643	癸卯	17		33			9
644	甲辰	18		1 栗婆准 1 薛婆阿那支			10

①一作"正观"。唐太宗吸收隋亡教训,以"水则载舟,水则覆舟"警示自己,去奢省费,注意纳谏,在名臣房玄龄、魏徵等辅佐下,
②基督教聂斯脱利派传入中国,称为景教。陕西周至立有"大秦景教流行中国碑"(现移至西安碑林)。
③唐贞观九年(635)五月,伏允为唐所败,被杀,子慕容顺降唐,吐谷浑实亡。慕容顺及其子诺曷钵为唐所立,奉唐年号。
④大书法家虞世南(字伯施,558~638年)卒。另,由陈入隋终于唐初的有欧阳询(字信本,557~641年)、褚遂良(字登善,596~
(字虔礼,646~691年)、张旭(字伯高)、怀素(字藏真,725~785年)等。
㊄松赞干布和唐文成公主联姻,现大昭寺内有文成公主塑像。此后,制陶、造纸、酿酒及历算等多种工艺与科技陆续传入藏区。

高昌王国	东突厥汗国	西突厥汗国		薛延陀	梁	公　元
延寿2 麴文泰	6 颉利可汗咄苾	8 统叶护可汗			永隆9 梁师都	625
3	7	9			10	626
4	8	10			11	627
5	9	11		1(?)真珠毗伽可汗夷男	12㈣(降唐)	628
		(咄陆五部)			吐蕃王国	
6	10	1屈利俟毗可汗莫贺咄		2	1(?)松赞干布(弃宗弄赞)	629
7	11㈢(降唐)	2	(弩失毕五部) 1肆叶护可汗(乙毗钵罗肆叶护可汗)	3	2	630
8		3	2	4	3	631
9		1大度可汗(吞阿娄拔奚利邲咄陆可汗)泥孰	3	5	4	632
10		2		6	5	633
11		1沙钵罗咥利失可汗		7	6	634
12		2		8	7	635
13		3		9	8	636
14		4		10	9	637
		(南庭)	(北庭)			
15		5	1乙毗咄陆可汗(欲谷可汗)	11	10	638
16		6	2	12	11	639
		1乙屈利失乙毗可汗				
17		2	3	13	12	640
1麴智盛(降唐)		1乙毗沙钵罗叶护可汗				
		2❼(亡于北庭)	4	14	13⑤	641
			1(?)乙毗射匮可汗			
			2	15	14	642
			3	16	15	643
			4	17	16	644

贞观年间出现战后繁荣,史家称为"贞观之治"。吴兢所编《贞观政要》反映了当时的部分谏言和施政措施。

658年)。唐代书法成就很高,出了一批大家,代表人物还有颜真卿(字清臣,709~785年)、柳公权(字诚悬,778~865年)、孙过庭

公 元	干支	唐	龟 兹	焉 耆	于 阗	（吐谷浑）
645	乙巳	贞观19①太宗		2 薛婆阿那支		11 诺曷钵
646	丙午	20②		3		12
647	丁未	21	(?)诃黎布什毕	4	⋮	13
648	戊申	22	1 叶护（降唐）	5	尉迟伏阇信（降唐）	14
649	己酉	23［高宗⑥］	2	6	⋮	15
650	庚戌	永徽1 高宗李治	3 1 诃黎布什毕	1 婆伽利（降唐） 2 3		16
651	辛亥	2③	2	4		17
652	壬子	3	3	5		18
653	癸丑	4④	4	6		19
654	甲寅	5	5	7		20
655	乙卯	6	6	8		21
656	丙辰	显庆⑤1	1 素稽	9		22
657	丁巳	2	⋮	10		23
658	戊午	3	⋮	11		24
659	己未	4		12		25
660	庚申	5		13		26
661	辛酉	6 龙朔㊀1		14		27
662	壬戌	2		15		28
663	癸亥	3		16		29⑥
664	甲子	麟德1		17		
665	乙丑	2		18		
666	丙寅	乾封1		1(?)龙突骑支		
667	丁卯	2		⋮		

①玄奘(约602~664年)自627年西行求法,于是年返回西安,在弘福寺译经。依其沿途见闻写成的《大唐西域记》记载了中
②是年始修《晋书》。唐太宗置史馆修撰前代与本朝史,令宰相监修。此后,官修正史和宰相监修成定制。太宗时编纂的正史
③高宗以后,诗歌界开始活跃。唐代是我国古典诗歌的黄金时代,流传于今的就有两千两百多人的近五万首诗。号称"初唐四
　就生活在高宗、武则天时期,除外还有陈子昂(字伯玉,661~702年)、宋之问(字延清,约656~约712年)等。开元、天宝是
　757年)、岑参(715~770年)等,隐逸派有孟浩然(字浩然,689~740年)、王维(字摩诘,701~761年)等;现实派有高适(字达
　们不仅是唐诗的双峰,也是我国古典诗歌这两流派的杰出代表。中唐诗人的突出代表有元稹(字微之,779~831年)、白居
　790~816年)等。晚唐有杜牧(字牧之,803~853年)、李商隐(字义山,约813~约858年)等。
④唐朝的法有律、令、格、式四类。律即刑法。是年颁布《律疏》(今名《唐律疏议》),这是我国现存最早的一部成文法典。内中
⑤一作"光庆",或"明庆"。
⑥诺曷钵为唐所立,奉唐年号。龙朔三年(663),受吐蕃攻击,败逃唐地,故地为吐蕃占领。

西突厥汗国（北庭）		薛延陀	吐蕃王国		公元
5 乙毗射匮可汗		18 夷男 1 颉利俱利薛沙钵弥可汗拔灼㊈	17 松赞干布		645
6		2 1 伊特勿失可汗咄摩支㊇~㊆ （降唐）	18		646
7			19		647
8			20	**大蒙国**	648
9			21	1 高祖奇嘉王细奴逻	649
10			22 1 芒松芒赞（乞黎拔布）㊄	2	650
11 1 泥伏沙钵略可汗贺鲁			2	3	651
2			3	4	652
3	1 真珠叶护可汗		4	5	653
4	2		5	6	654
5	3		6	7	655
6	4		7	8	656
7㊅（亡于唐）	5		8	9	657
	6		9	10	658
	7（亡于唐）		10	11	659
			11	12	660
			12	13	661
			13	14	662
			14	15	663
			15	16	664
			16	17	665
			17	18	666
			18	19	667

亚、印度等一百三十八个古国的情况,是今天研究这一地区历史的重要文献。

有《晋书》、《梁书》、《陈书》、《北齐书》、《隋书》等六部。

杰"的王勃(字子安,约650~676年)、杨炯(650~693年)、卢照邻(字昇之,约636~695年后)、骆宾王(字观光,约627~684年后)文学史家羡称的盛唐时期,流派甚多,风格各异,其中浪漫派的代表有王之涣(字季凌,688~742年)、王昌龄(字少伯,约698~约夫,约700~765年)等。而将浪漫主义和现实主义推向高峰的则是李白(字太白,701~762年)和杜甫(字子美,712~770年),他易(字乐天,772~846年)、孟郊(字东野,751~814年)、贾岛(字阆仙,779~843年),刘禹锡(字梦得,772~842年)、李贺(字长吉,

将谋反、谋大逆、谋叛、恶逆、不道、大不敬、不孝、不睦、不义、内乱定为"十恶",特列篇首,不能赦免。

公 元	干支	唐	于 阗
668	戊辰	乾封 3 高宗 总章（三）1	
669	己巳	2	
670	庚午	3 咸亨（三）1	
671	辛未	2	
672	壬申	3	
673	癸酉	4	
674	甲戌	5 上元（八）1	1(?)尉迟伏阇雄①
675	乙亥	2	2
676	丙子	3 仪凤（七）1	3
677	丁丑	2	4
678	戊寅	3	5
679	己卯	4 调露（六）1	6
680	庚辰	2 永隆②（八）1	7
681	辛巳	2 开耀（十）1	8
682	壬午	2③ 永淳（二）1	9
683	癸未	2 弘道（十）1[中宗（七）]	10
684	甲申	嗣圣 1 中宗李显 文明（二）1 睿宗李旦 光宅（九）1 则天皇后武曌	11
685	乙酉	垂拱 1	12
686	丙戌	2	13
687	丁亥	3	14
688	戊子	4	15

①于阗自 648 年降唐后，尉迟伏阇雄及其后之尉迟敬、尉迟伏阇达、尉迟珪、尉迟胜、尉迟曜等，数代皆附唐。

②一作"永崇"。

③被誉为药王的孙思邈(581～682 年)卒。他生前所撰《千金要方》、《千金翼方》(各三十卷)在中国医学史上堪称经典。

东突厥汗国	吐蕃王国	大蒙国	公　元
	19 芒松芒赞	20 细奴罗	668
	20	21	669
	21	22	670
	22	23	671
	23	24	672
	24	25	673
	25	26	674
		1 世宗兴宗王逻盛	
	26	2	675
	27	3	676
	1（?）赤都松（器弩悉弄）		
	2	4	677
	3	5	678
1 阿史那泥熟匐⊕	4	6	679
2	5	7	680
1 阿史那伏念⊖			
2 ●❼（降于唐）	6	8	681
后突厥汗国			
1 颉跌利施可汗骨咄禄	7	9	682
2	8	10	683
3	9	11	684
4	10	12	685
5	11	13	686
6	12	14	687
7	13	15	688

公 元	干支	唐	龟 兹	于 阗	后突厥汗国
689	己丑	永昌 1 则天皇后 载初㊊①1		16 尉迟伏阇雄	8 颉跌利施可汗
690	庚寅	2 **(武)周** 天授㊈1 圣神帝(则天大圣帝)武曌		17	9
691	辛卯	2	⋮	18	10 1 默啜可汗(迁善可汗、 圣天骨咄禄可汗)璞
692	壬辰	3 如意㊃1 长寿㊈1	(?)延田跌 ⋮	19 1 尉迟璥	2
693	癸巳	2		2	3
694	甲午	3②		3	4
695	乙未	延载㊄1 证圣 1 天册万岁㊈1 万岁登封㊊1		4	5
696	丙申	2 万岁通天㊂1		5	6
697	丁酉	2 神功㊈1		6	7
698	戊戌	圣历 1		7	8
699	己亥	2③		8	9
700	庚子	3 久视㊄1		9	10
701	辛丑	大足 1 长安㊉1		10	11
702	壬寅	2		11	12
703	癸卯	3		12	13
704	甲辰	4		13	14
705	乙巳	5 神龙㊀④1[李显] **唐** 神龙 1 中宗李显		14	15

①是年改历,据《新唐书·则天纪》:"以十一月为(载初元年)'正月',十二月为'腊月',来岁正月为'一月'。"至久视元年十
②摩尼教传入中国,时称明教。是年波斯拂多诞将该教《二宗经》带入中国传播。后,各地(特别是江南)建有不少摩尼寺。
③法藏(643~712年)译《华严经》告成。武则天曾予他国师待遇。他是佛教宗派华严宗创始者,该宗因以是经为根本,故名。
④据《新唐书·中宗纪》:长安五年(705)正月甲辰日(二十三日),改元"神龙",丙午日(二十五日),中宗复位,翌日,迁武则天

	吐蕃王国	大蒙国		公 元
	14 赤都松	16 逻盛		689
突骑施				
1 乌质勒	15	17		690
2	16	18		691
3	17	19		692
4	18	20		693
5	19	21		694
6	20	22		695
7	21	23		696
8	22	24		697
			震(振)国	
9	23	25	1 高王大祚荣	698
10	24	26	2	699
11	25	27	3	700
12	26	28	4	701
13	27	29	5	702
14	28	30	6	703
15	29	31	7	704
	1 赤德祖赞(弃隶缩赞)			
16	2	32	8	705

月改还原历。

于上阳宫,戊申日(二十七日),尊其号为"则天大圣皇帝"。二月,复国号**"唐"**,十一月,武则天卒,谥"大圣则天皇后"。

公元	干支	唐	龟兹	焉耆	于阗	后突厥汗国
706	丙午	神龙2 中宗			15 尉迟璥	16 默啜可汗
707	丁未	3 景龙⑨1			16	17
708	戊申	2			17	18
709	己酉	3			18	19
710	庚戌	4 唐隆①⑥1 少帝(殇帝)李重茂 景云⑦1 睿宗李旦			19	20
711	辛亥	2③			20	21
712	壬子	太极1 延和⑤1 先天⑧1 玄宗李隆基			21	22
713	癸丑	2 开元⑫1④			22	23
714	甲寅	2			23	24
715	乙卯	3			24	25
716	丙辰	4			25	26 1 移涅可汗匐俱⑥ 1 毗伽可汗默棘连⑦
717	丁巳	5	⋮	⋮	26	2
718	戊午	6	⋮	⋮	27	3
719	己未	7	(?)白莫苾 1(?)多币	(?)龙懒突 1(?)焉吐拂延	28	4
720	庚申	8	2	⋮	29	5
721	辛酉	9	3	⋮(以后不明)	30	6
722	壬戌	10	4		31	7
723	癸亥	11⑤	5		32	8

①一作"唐元",或"唐兴"、"唐安"。是年,刘知几完成史学名著《史通》(二十卷),这是我国第一部系统的史学批评与史学理论
②一作"中宗克复"。
③唐沿隋制,重要地区设总管,时称"都督",总揽数州军事。景云年间,任薛讷为幽州镇守经略节度大使,贺拔延嗣为凉州都
④玄宗即位后,杀太平公主,起用姚崇为相,采取多项措施稳定政局,发展生产,使唐王朝进入全盛期。关于唐史,有学者将其
⑤是年,古代天文学家一行和尚(俗名张遂,683~727年)与梁令瓒共制成黄道游仪。他们用以观测日、月运动,并测量星宿

[突骑施]	吐蕃王国	大蒙国	震（振）国		公元
17 乌质勒 1 贺腊毗伽十四姓可汗（归化可汗）娑葛⊕	3 赤德祖赞	33 逻盛	9 大祚荣		706
2	4	34	10		707
3	5	35	11	1 蓝奉高	708
4	6	36	12	2	709
5	7	37	13	3	710
				中元克复②⊕1 谯王 李重福⋀	
6 1（？）毗伽可汗（毗伽忠顺可汗）苏禄	8	38	14	4	711
2	9	39	15	5	712
		1（？）太宗威成王盛逻皮			
3	10	2	16	6	713
			渤海国		
			1 高王大祚荣⊖		
4	11	3	2	7	714
5	12	4	3	8（亡于唐）	715
6	13	5	4		716
7	14	6	5		717
8	15	7	6		718
9	16	8	7［大武艺⊖］		719
10	17	9	仁安1 武王大武艺		720
11	18	10	2		721
12	19	11	3		722
13	20	12	4		723

著作。

督充河西节度使，"节度使"之称由此始。至玄宗时，沿边设有九个节度使，职权扩大，总揽一地军、民、财政，各州刺史为其下属。

分为初唐、盛唐、中唐、晚唐四段，开元前为初唐，开元至代宗大历为盛唐（详见本书"纪年考"）。

的经纬度，在世界上首次发现恒星位置变动的现象。他又造复矩图，在世界首创对地球子午线长度的测量。

公 元	干支	唐	龟 兹	于 阗	疏 勒	后突厥汗国	
724	甲子	开元12 玄宗	6 多币	33 尉迟璥		9 毗伽可汗	
725	乙丑	13	7	34		10	
726	丙寅	14	8	35		11	
727	丁卯	15	9	36		12	
728	戊辰	16	10	37	1 裴安定①	13	
				1 尉迟伏师	⋮		
729	己巳	17	11	⋮	⋮	14	
730	庚午	18	12	⋮		15	
731	辛未	19	⋮			16	
			⋮（以后不明）				
732	壬申	20		(?)尉迟伏阇达		17	
733	癸酉	21		⋮		18	
734	甲戌	22		⋮		19	
						1 伊然可汗⊕	
						1 登利可汗	
						（苾伽骨咄禄可汗）⊕	
735	乙亥	23				2	
736	丙子	24				3	
737	丁丑	25				4	
738	戊寅	26				5	
739	己卯	27				6	
740	庚辰	28				7	
741	辛巳	29				8	
						1 骨咄禄叶护可汗⊕	
742	壬午	天宝1				2 骨咄禄可汗	
						1 乌苏米施可汗◬	1 颉跌伊施可汗◬
743	癸未	2				2	2
744	甲申	3③				3	3
						1 白眉可汗鹊陇匋◬	
745	乙酉	4				2◉（亡于回鹘）	

①裴安定为唐所立。
②《中国少数民族史大辞典》作"鄂尔浑回纥汗国"。
③自是年起，唐称"年"曰"载"，至乾元元年(758)，方复"载"为"年"。

[突骑施]	吐蕃王国	大蒙国	渤海国		公　元
14 毗伽可汗	21 赤德祖赞	13 盛逻皮	仁安5 大武艺		724
15	22	14	6		725
16	23	15	7		726
17	24	16	8	[泷州僚]	727
18	25	17	9	1 陈行范	728
		1 皮逻阁			
19	26	2	10		729
20	27	3	11		730
21	28	4	12		731
22	29	5	13		732
23	30	6	14		733
24	31	7	15		734
25	32	8	16		735
26	33	9	17		736
27	34	10	18[大钦茂]		737
		南诏国			
28	35	11 南诏王（云南王）	大兴1 文王大钦茂		738
1(?)吐火仙可汗骨啜		皮逻阁⑨			
2⑧（亡于唐）	36	12	2		739
	37	13	3		740
	38	14	4		741
	39	15	5		742
	40	16	6		743
回纥（鹘）汗国②					
1 骨咄禄毗伽阙可汗	41	17	7		744
（怀仁可汗）骨力裴罗⑧					
2	42	18	8		745

公元	干支	唐		于阗	疏勒	回纥(鹘)汗国
746	丙戌	天宝5玄宗		(?)尉迟珪		3骨力裴罗
				1(?)尉迟胜		
747	丁亥	6		2		4
						1(?)葛勒可汗(英武威远可汗)磨延啜
748	戊子	7		3		2
749	己丑	8		4		3
750	庚寅	9		5		4
751	辛卯	10		6		5
752	壬辰	11		7	⋮	6
753	癸巳	12		8	(?)裴国良	7
754	甲午	13①		9	⋮(以后不明)	8
755	乙未	14	燕	10		9
756	丙申	15	圣武1大燕皇帝安禄山	11		10
		至德㊆1肃宗李亨		1尉迟曜		
757	丁酉	2	载初1安庆绪	2		11
758	戊戌	3	天成②㊉1	3		12
		乾元㊂1③				
759	己亥	2	2	4		13
			应天1史思明			1登里可汗(牟羽可汗、英义建功可汗)移地健㊃
			顺天㊃1			
760	庚子	3	2	5		2
		上元闰㊃1				
761	辛丑	2		6		3
		1㊈④	显圣㊂1史朝义			
762	壬寅	宝应㊃1[代宗㊃]	2	7		4
763	癸卯	2	3❶(亡于唐)⑥	8		5
		广德㊆1代宗李豫				

①鉴真(688～763年)第六次东渡,历经艰难,双目失明,终于是年抵达日本。他至日大受欢迎,为天皇、皇后、太子等受菩萨戒,

②一作"天和",或"至成"。

③被誉为画圣的吴道子生活在乾元初年。他曾作寺内壁画三百多间,其画既求形似,更求神似,极富立体感。

④是年九月壬寅(二十一日)去年号,称"元年",以建子月(即夏历十一月)为岁首。翌年四月十五日,改元"宝应",复寅正。

⑤一作"昇国"。

⑥安史之乱后,唐王朝国内形成"藩镇割据"的局面,各地藩镇不受中央调遣,互相攻伐,与朝廷分庭抗礼,直到唐亡。本书"纪

吐蕃王国	南诏国	渤海国		公元
43 赤德祖赞	19 皮逻阁	大兴 9 大钦茂		746
44	20	10		747
45	21	11		748
	1 神武王阁逻凤			
46	2	12		749
47	3	13		750
48	4	14		751
49	赞普钟 1	15		752
50	2	16		753
51	3	17		754
1 赤松德赞(娑悉笼腊赞)	4	18	[原州僚]	755
2	5	19	1 中越王黄乾曜	756
3	6	20	2	757
4	7	21	3	758
5	8	22	4(亡于唐)	759
6	9	23		760
			[梁]	
7	10	24	黄龙㈣1 梁王段子璋㈤	761
8	11	25	宝胜⑤㈧1 袁晁	762
9	12	26	2㈣(亡于唐)	763

还为沙弥证修等四百四十人受戒和为八十余僧舍旧戒受新戒。他被尊为日本律宗初祖。

二十日,代宗即位,沿用宝应年号。

年考"中列有"唐中期以后藩镇割据简表",供参考。

257

公　元	干支	唐	于　阗	回纥（鹘）汗国	吐蕃王国
764	甲辰	广德2代宗	9 尉迟曜	6 登里可汗	10 赤松德赞
765	乙巳	永泰1	10	7	11
766	丙午	2 大历㊍1①	11	8	12
767	丁未	2	12	9	13
768	戊申	3	13	10	14
769	己酉	4	14	11	15
770	庚戌	5	15	12	16
771	辛亥	6	16	13	17
772	壬子	7	17	14	18
773	癸丑	8	18	15	19
774	甲寅	9	19	16	20
775	乙卯	10	20	17	21
776	丙辰	11	21	18	22
777	丁巳	12	22	19	23
778	戊午	13	23	20	24
779	己未	14［德宗㊄］	24	21	25
780	庚申	建中1②德宗李适	25	22 1 合骨咄禄毗伽可汗（武义成功可汗、 长寿天亲可汗）顿莫贺㊅	26
781	辛酉	2	26	2	27
782	壬戌	3	27	3	28
783	癸亥	4	28	4	29
784	甲子	兴元1	29	5	30
785	乙丑	贞元1④	30	6	31
786	丙寅	2	⋮	7	32
787	丁卯	3	⋮	8	33
788	戊辰	4		9	34
789	己巳	5		10 1 忠贞可汗多逻斯㊍	35

①有学者指称大历至文宗大和为"中唐"（详见本书"**纪年考**"）。
②宰相杨炎制定两税法。这是针对均田制破坏、租庸调制已不可行而施行的一种新赋税制。自此,成为至明中叶分夏、秋两次
③一作"建隆"。
④从贞元到元和的二三十年间,是中国文学史上"古文运动"时期。唐以前文学上无所谓"古文","古文"概念的提出始于韩愈
　故名之。齐、梁以来,柔靡浮艳和形式僵化的骈体文已成为文学发展的障碍,当时朝廷颁诏和考进士皆用骈体,骈体势力强大。

南诏国	渤海国			公 元
赞普钟13 阁逻凤	大兴27 大兴茂			764
14	28			765
15	29			766
16	30			767
17	31			768
长寿1	32			769
2	33			770
3	34			771
4	35			772
5	36			773
6	37			774
7	38			775
8	39			776
9	40			777
10	41			778
11(?)[异牟寻]	42			779
见龙③1 孝桓王异牟寻	43			780
2	44			781
3	45	秦(汉)		782
4	46	应天⊕1 大秦皇帝(汉元天王)朱泚	大 楚	783
上元1	47	天皇1六(降唐)	武成1 李希烈	784
⋮	48		2	785
元封(?)	49		3四(降唐)	786
⋮	50			787
⋮	51			788
	52			789

征税制度的基础,直到"一条鞭法"后始废。

(字退之,768~824年)。他与柳宗元(字子厚,773~819年)是这一运动的核心人物。"古文"就是散文,因是周、秦、两汉通行的文体,"古文运动"是改革文风的运动,也是改革文学语言的运动,经韩、柳等的大力提倡与实践,散文文体迅速广为流传。

公 元	干支	唐	回纥(鹘)汗国	吐蕃王国	南诏国	渤海国
790	庚午	贞元6德宗	2 忠贞可汗 1 佚名㉔ 1 汨咄禄毗伽可汗 （奉诚可汗）阿啜㉔	36 赤松德赞		大兴 53 大兴茂
791	辛未	7	2	37		54
792	壬申	8	3	38		55
793	癸酉	9①	4	39		56
794	甲戌	10	5	40		57 1 废王大元义 中兴 1 成王大华屿 [大嵩璘]
795	乙亥	11	6 1 怀信可汗骨咄禄㉔	41		正历 1 康王大嵩璘
796	丙子	12	2	42		2
797	丁丑	13	3	43		3
798	戊寅	14	4	1(?)牟尼赞普(足之煎) 2 1 赤德松赞		4
799	己卯	15	5	2		5
800	庚辰	16	6	3		6
801	辛巳	17②	7	4		7
802	壬午	18	8	5		8
803	癸未	19	9	6		9
804	甲申	20③	10	7		10
805	乙酉	21 顺宗李诵㊀ 永贞㊇1 宪宗李纯	11 1 腾里可汗㊉	8		11
806	丙戌	元和 1	2	9		12
807	丁亥	2	3	10		13
808	戊子	3	4 1 保义可汗㊀	11	[寻阁劝㊉]	14
809	己丑	4	2	12	应道 1 孝惠王寻阁劝 [劝龙晟]	15[大元瑜㊀]
810	庚寅	5	3	13	龙兴 1 幽王劝龙晟	永德 1 定王大元瑜

①税茶。对茶收税始于此。

②杜佑(字君卿,735～812年)历三十年,完成《通典》。这是我国第一部制度通史。共两百卷,分食货、选举、职官、礼、乐、兵、刑、州郡、边防九门,门下再分细目,为后世开创了分门别类记录、考究典章制度的先例。

③被誉为茶神的陆羽(字鸿渐,733～804年)卒。他生前所著《茶经》为我国第一部关于茶的专著。

公元	干支	唐	回纥(鹘)汗国	吐蕃王国	南诏国	渤海国	[辰叙苗]
811	辛卯	元和6宪宗	4保义可汗	14赤德松赞	龙兴2劝成晟	永德2大元瑜	1张伯靖⊠⊕
812	壬辰	7	5	15	3	3[大言义]	2
813	癸巳	8①	6	16	4	朱雀1僖王 大言义	3八(降唐)
814	甲午	9	7	17	5	2	
815	乙未	10	8	18 彝泰1赤祖德赞 (可黎可足)	6	3	
816	丙申	11	9	2	7[劝利晟]	4	
817	丁酉	12	10	3	全义1靖王劝利晟	5[大明忠]	
818	戊戌	13	11	4	2	太始1简王大明忠 [大仁秀⊖]	
819	己亥	14	12	5	3	建兴1宣王大仁秀	
820	庚子	15[穆宗⊖]	13	6	大丰1	2	
821	辛丑	长庆1②穆宗李恒	14 1崇德可汗⊖	7	3	3	
822	壬寅	2	2	8	3	4	
823	癸卯	3	3	9③	4(?)[劝丰祐]	5	
824	甲辰	4[敬宗⊖]	4	10	保和④1昭成王 劝丰祐	6	
825	乙巳	宝历1敬宗李湛	5 1(?)昭礼可汗 曷萨特勒	11	2	7	
826	丙午	2绛王李悟⊕ [文宗⊕]	2	12	3	8	
827	丁未	3文宗李昂 大和⑤⊖1	3	13	4	9	
828	戊申	2⑥	4	14	5	10	
829	己酉	3	5	15	6	11	
830	庚戌	4	6	16	7	12[大彝震]	
831	辛亥	5	7	17	8	咸和1大彝震	
832	壬子	6	8 1彰信可汗胡特勒⊖	18	9	2	
833	癸丑	7	2	19	10	3	
834	甲寅	8	3	20	11	4	
835	乙卯	9⑦	4	21	12	5	

①李吉甫撰《元和郡县图志》,是为我国现存最早的舆地总志。全书分十道四十七镇,记述各州户口、物产、沿革、山川、古迹等。

②此时发生"牛李党争"。这是新贵进士集团(牛僧孺为首)与门阀士族集团(李德裕为首)的争斗,前后延续近四十年。

③在逻些建立"唐蕃会盟碑",此碑至今立于拉萨大昭寺门前。

④一作"保合"。

⑤一作"太和"。

⑥有学者指称大和以后为"晚唐"(详见本书"纪年考")。

⑦是年发生"甘露之变"。宰相李训以观甘露为名欲伏杀宦官仇士良,然计败被杀,株连千余人。此后七十年间,宦官控制朝政。

公元	干支	唐	回纥(鹘)汗国	吐蕃王国	南诏国	渤海国	
836	丙辰	开成1 文宗	5 彰信可汗	彝泰22 赤祖德赞	保和13 劝丰祐	咸和6 大彝震	
837	丁巳	2①	6	23	14	7	
838	戊午	3	7	24	15	8	
				1(?)达磨			
839	己未	4	8	2	16	9	
			1 署飒可汗厖骇特勒				
840	庚申	5[武宗㊀]	2(亡于黠戛斯)	3	17	10	
					天启1(?)		
841	辛酉	会昌1 武宗李炎	1 乌介可汗乌希特勒㊀②	4	2	11	
842	壬戌	2③	2	5	3	12	
843	癸亥	3	3	(以后分裂)	4	13	
844	甲子	4	4		5	14	
845	乙丑	5	5		6	15	
846	丙寅	6[宣宗㊁]	6		7	16	
			1 遏捻可汗㊆				
847	丁卯	大中1 宣宗李忱	2		8	17	[安西回鹘]
848	戊辰	2	3		9	18	1 怀建可汗庞特勒㊀
849	己巳	3			10	19	2
850	庚午	4	于 阗		11	20	3
851	辛未	5	1(?)于阗王		12	21	4
852	壬申	6	2		13	22	5
853	癸酉	7	3		14	23	6
854	甲戌	8	4		15	24	7
855	乙亥	9	5		16	25	8
856	丙子	10	6		17	26	9
857	丁丑	11	7		18	27[大虔晃]	10
858	戊寅	12	8		19	1 大虔晃	11
859	己卯	13[懿宗㊇]	9	1 裒甫㊉	20[世隆]	2	12
860	庚辰	14 懿宗李漼	10	罗平④㊀1㊏(降唐)	大礼国	3	13
		咸通㊉1			建极 1 景庄帝世隆		
861	辛巳	2	11		2	4	14
862	壬午	3	12		3	5	15
863	癸未	4	13		4	6	16

①是年立石经于国子监,是为"开成石经"(又称"唐石经")。共二百二十七石,正书体,标题隶书。

②回鹘政权瓦解后,余众大部西迁,尚有部分拥乌介可汗南下附唐。

③武宗数诏禁佛,史称"会昌法难"。毁寺四千六百余所,拆招提、兰若四万余所,还俗僧尼二十六万余人,放寺院奴婢十五万人。武宗死后,宣宗又复佛法。

④一作"维平"。据《资治通鉴·懿宗咸通元年》:裒甫于是年二月改元,六月出降,八月被斩。

九　隋唐时期纪年表

公元	干支	唐	于阗	大礼国	渤海国	安西回鹘	
864	甲申	咸通5 懿宗	14 于阗王	建极5 世隆	7 大虔晃	17 怀建可汗	
865	乙酉	6	15	6	8	18	
866	丙戌	7	16	7	9	19	
867	丁亥	8	17	8	10	20	
868	戊子	9①	18	9	11	21	1 天册将军庞勋㊀
869	己丑	10	19	10	12	22	2㊈（降唐）
870	庚寅	11	20	11	13	23	
871	辛卯	12	21	12	14［大玄锡］	⋮	
872	壬辰	13	22	13	1 大玄锡	⋮	
873	癸巳	14［僖宗㊀］	23	⋮	2		
874	甲午	15 僖宗李儇 乾符㊀1	24	⋮	3	1 王仙芝	**大 齐**
875	乙未	2	25	法尧(?)	4	2	1 黄巢㊅
876	丙申	3	26	⋮	5	3	2
877	丁酉	4	27	［隆舜］ **大封民国（大封 人国、鹤拓国）**	6	4	3
878	戊戌	5	28	贞明1 宣武帝隆舜	7	5㊄（亡于唐）	王霸㊀1
879	己亥	6	29	⋮	8		2
880	庚子	广明1	30	⋮	9		3 金统㊀1
881	辛丑	2 中和㊀1	31	承智(?) ⋮	10		2
882	壬寅	2	32	⋮	11		3
883	癸卯	3	33	大同(?)	12		4
884	甲辰	4	34	⋮	13		5㊅（降唐）
885	乙巳	5 光启㊀1	35	嵯耶(?)	14		
886	丙午	2	36	⋮	15	建贞②㊀1 襄王李熅㊃	
887	丁未	3	37	⋮	16		
888	戊申	4 文德㊀1［昭宗㊂］	38		17		

①是年刻印的《金刚经》是目前发现最早的雕版印刷品。据载，雕版印刷术发明于隋末唐初。印刷术的发明与传播对人类文化发展意义甚大。

②一作"永贞"。

263

公元	干支	唐	于阗	大封民国
889	己酉	龙纪1 昭宗李晔	39 于阗王	
890	庚戌	大顺1	40	
891	辛亥	2	41	
892	壬子	景福1	42	
893	癸丑	2	43	
894	甲寅	乾宁1	44	
895	乙卯	2	45	
896	丙辰	3	46	⋮
897	丁巳	4	47	⋮
898	戊午	5 光化⑧1	48	中兴1 孝哀帝舜化贞
899	己未	2	49	2
900	庚申	3 德王李裕⊖	50	3
901	辛酉	4 昭宗李晔⊖ 天复四1	51	4 **大长和国（长和国）**
902	壬戌	2	52	中兴5［郑买嗣②］
903	癸亥	3	53	安国1 圣明帝郑买嗣
904	甲子	4 天祐⑨四1［哀帝⑧］	54	2
905	乙丑	2 哀帝李柷	55	3
906	丙寅	3	56	4
907	丁卯	4四（亡于梁）	57	5

①一作"天册"，或"大圣"。
②是年即位，改国号，逾年改元。

渤海国				公 元
18 大玄锡				889
19				890
20				891
21				892
22[大玮瑎]	[甘州回鹘]			893
1 大玮瑎	1(?)英义可汗仁美	大越罗平		894
2	2	顺天①㊀1 董昌		895
3	3	2㊄(亡于唐)		896
4	4			897
5	5			898
6	6			899
7	7			900
8	8			901
		吴		
9	9	(天复㊂)2 太祖武帝杨行密		902
10	10	3		903
11	11	4		904
		(天祐)1	西汉金山国	
12	12	2 烈祖景帝杨渥㊁	天复1(?)圣文神武白帝张承奉	905
13[大諲譔]	13	3	2	906
1 末王大諲譔	14	4	3	907

十　辽宋夏金

公元	干支	后　梁①		于　阗	渤海国	大长和国	[甘州回鹘]
907	丁卯	开平四1 太祖神武帝朱温		57 于阗王	1 末王大諲譔	安国5 郑买嗣	14 英义可汗
908	戊辰	2		58	2	6	15
909	己巳	3		59	3	7	16
910	庚午	4		60	4	始元1 肃文太上帝 郑仁旻	17
			燕				
911	辛未	5	应天八1 大燕皇帝 刘守光	61	5	⋮	18
912	壬申	乾化五1 2[郢王六]	2	同庆1(?)李圣天	6	天瑞景星②(?)	19
913	癸酉	凤历1 郢王朱友珪 乾化三3 末帝朱友贞	3✝	2	7	⋮	20
914	甲戌	4		3	8	安和(?)	21
915	乙亥	5 贞明七1		4	9	⋮	22
			辽(契丹)				
916	丙子	2	神册一③1 太祖昇天帝 耶律阿保机	5	10	贞祐(?)	23
917	丁丑	3	2	6	11	⋮	24
918	戊寅	4	3	7	12	⋮	25
919	己卯	5	4	8	13	初历(?)	26
920	庚辰	6	5⑥	9	14	⋮	27
921	辛巳	7 龙德五1	6	10	15	孝治(?)	28
922	壬午	2	7	11	16	⋮	29
923	癸未	3✝(亡于后唐) 后　唐 同光四1 庄宗李存勖	天赞一1 2	12	17	⋮	30

①本书"纪年考"中列有关于"五代十国"的说明,供参考。五代:后梁、后唐、后晋、后汉、后周。十国:吴、吴越、前蜀、闽、南汉、

②一说"天端"与"景星"分别为两个年号。

③据《辽史》卷一:神册元年(916)二月,"建元神册";《资治通鉴·均王贞明二年》记在当年十二月。

④一作"光大",或"广大"。

⑤一作"颁义"。

⑥契丹文字有大字、小字两种类型。契丹大字由耶律阿保机主持创制,于是年颁行;不久,其弟耶律迭剌又制契丹小字。 两种
（高宗与武则天陵）无字碑上至今保留有金代人所刻契丹小字近百字。近年不断有契丹字墓志的出土,学者们对契丹字的

266

时期纪年表

西汉金山国	吴	吴越	前蜀			公元
天复3 张承奉	(天祐)4 杨渥	(天祐)4 武肃王 钱镠㊄	(天复)7 高祖王建㊨			907
4	5 高祖宣帝 杨隆演㊄	天宝1	武成1			908
				闽		
5	6	2	2	(开平)3 太祖王审知㊳		909
6	7	3	3	4		910
7(降甘州回鹘)	8	4	永平1	5		911
				(乾化)1		
喀喇汗王朝	9	5	2	2		912
(?)毗伽阙·卡迪尔汗	10	(凤历)1	3	(凤历)1		913
⋮		(乾化)3		(乾化)3		
(?)奥古尔恰克·博格拉汗	11	4	4	4		914
⋮	12	5	5	5		915
1 萨图克·博格拉汗		(贞明)1		(贞明)1		
2	13	2	通正1	2		916
					南 汉	
3	14	3	天汉1	3	乾亨㊆1 高祖刘龑	917
4	15	4	光天④1 后主王衍㊅	4	2	918
5	16	5	乾德1	5	3	919
	武义⑤㊃1					
6	2 睿帝杨溥㊄	6	2	6	4	920
7	3	7	3	7	5	921
	顺义㊀1	(龙德)1		(龙德)1		
8	2	2	4	2	6	922
9	3	3	5	3	7	923
				(同光)1		

南平（荆南）、楚、后蜀、南唐、北汉。

文字与汉字同时行用于辽及金初，至金明昌二年（1191）方明令废止。元以后，契丹字渐湮，不为人们所识，今成死文字。在唐乾陵解读也有令人惊喜的进展。

267

公 元	干支	后　唐	辽（契丹）	于　阗
924	甲申	同光2 李存勖	天赞3 太祖	同庆13 李圣天
925	乙酉	3	4	14
926	丙戌	4 天成（四）1 明宗李嗣源	5 天显（一）1①	15
927	丁亥	2	2 太宗嗣圣帝 （孝武帝）耶律德光（七）	16
928	戊子	3	3	17
929	己丑	4	4	18
930	庚寅	5 长兴（二）1	5	19
931	辛卯	2	6	20
932	壬辰	3	7	21
933	癸巳	4〔闵帝（七）〕	8	22
934	甲午	应顺1 闵帝李从厚 清泰（四）1 末帝李从珂	9	23
935	乙未	2	10	24
936	丙申	3 闰（三）（七）（亡于后晋） **后　晋** 天福（七）1 高祖石敬瑭③	11	25
937	丁酉	2	12	26
938	戊戌	3	13 会同（七）1④	27
939	己亥	4	2	28
940	庚子	5	3	29
941	辛丑	6	4	30

①是年七月，耶律阿保机卒，由述律皇后称制。

②耶律倍于是年十一月奔后唐，**东丹**实亡，"甘露"年号延续至三十七年。

③石敬瑭向**契丹**称儿皇帝。后，献燕云十六州。

④是年，颁令以今北京为陪都，称"南京"。辽五京中，以南京最繁盛。经辽代百余年的经营，从深层次上改变了这座历史名城，家首都地位的序幕。

渤海国	大长和国	［甘州回鹘］	喀喇汗王朝
18 大諲譔		31 英义可汗 1 顺化可汗（奉化可汗）仁裕㊉	10 博格拉汗
19		2	11
20●（亡于辽） **东 丹** 甘露㊀1 义宗人皇王 　（东丹王）耶律倍	［郑隆亶㊇］	3	12
2	天应1 恭惠帝郑隆亶	4	13
3	2	5	14
4	**大天兴国（天兴国、兴源国、兴元国）** 尊圣1 悼康帝赵善政 2	6	15
5●㊏②	**大义宁国（义宁国）** 兴圣1 肃恭帝杨干贞 大明1	7	16
	2	8	17
	3	9	18
	4	10	19
	5	11	20
	6	12	21
	7	13	22
	8	14	23
	大理国 1 太祖圣神文武帝段思平 文德1	15	24
	2	16	25
	3	17	26
	4	18	27

的性质，由原来的一个北方军事重镇渐变成政治、经济、文化全面发展的城市，又是南北民族交融的中心，从而揭开了我国多民族国

吴	吴 越	前 蜀	闽
顺义4杨溥	宝大①1钱镠	乾德6王衍	(同光)2王审知
5	2	咸康1♨(亡于后唐)	3嗣王王延翰⊕
6	宝正②1		4
			(天成)1惠宗王延钧⊕
7	2		2
乾贞⊕1	3		3
2			
3	4		4
大和⊕1			
2	5		5
			(长兴)1
3	6		2
4	(长兴)3文穆王钱元瓘㊂		3
5	4		龙启1
6	(应顺)1	明德㊃1高祖孟知祥㊉㊀	2
	(清泰)1	1后主孟昶㊉	
7	2	2	永和1康宗王昶⊕
天祚㊈1			
2	3	3	2
	(天福)1		通文③㊂1
3♨(亡于南唐)	2	4	2
南 唐			
昇元⊕1烈祖李昇			
2	3	广政1	3
3	4	2	4
			永隆㊃⊕1景宗王曦
4④	5	3⑤	2
5	6忠献王钱佐㊈	4	3

①一作"宝太"。
②一作"宝贞",或"保贞"。
③一作"通大"。
④在庐山白鹿洞置学馆,开书院讲学之先。
⑤赵崇祚编《花间集》,为我国最早的词的总集。所收温庭筠、韦庄等十八家词,风格绮丽,后世称为"花间词人"。

南　汉	南平（荆南）		公　元
乾亨 8 刘龑	（顺义）4 武信王高季兴㊂		924
9	5		925
白龙㊉1	6		926
2	（天成）1		
3	2	**楚**	927
		（天成）2 武穆王马殷㊅	
4	3	3	928
大有㊂1	（乾贞）2 文献王高从诲㊉	4	929
2	3		
	（大和）1		
	（天成）㊉4		
3	5	5	930
	（长兴）1	（长兴）1 衡阳王马希声㊉	
4	2	2	931
5	3	3 文昭王马希范㊉	932
6	4	4	933
7	（应顺）1	（应顺）1	934
	（清泰）1		
8	2	2	935
9	3	3	936
	（天福）1	（天福）1	
10	2	2	937
11	3	3	938
12	4	4	939
13	5	5	940
14	6	6	941

公 元	干支	后 晋	中天八国①	辽（契丹）
942	壬寅	天福7 出帝石重贵㈥	永乐㈦1 张遇贤	会同5 太宗
943	癸卯	8	2❶（亡于南唐）	6
944	甲辰	9		7
945	乙巳	开运㈦1		8
		2		
946	丙午	3❷（亡于辽）		9
		后 汉		
947	丁未	天福㊀12 高祖刘知远		10
				大同㊀1［世宗㈣］
				天禄㈨1 世宗天授帝
				（孝和帝）耶律阮
948	戊申	乾祐1 隐帝刘承祐㊀		2
949	己酉	2		3
950	庚戌	3❷（亡于后周）		4
		后 周	**北 汉**	
951	辛亥	广顺1 太祖郭威	乾祐4 世祖神武帝刘旻㊀	5
				应历㈨1 穆宗天顺帝（孝安帝）耶律璟
952	壬子	2	5	2
953	癸丑	3	6	3
954	甲寅	显德1 世宗睿武帝柴荣	7 睿宗孝和帝刘钧㈦	4
955	乙卯	2	8	5
956	丙辰	3	9	6
957	丁巳	4	10	7
			天会1	
958	戊午	5	2	8

①一作"中天大国"。
②一作"文武经略"。
③一作"致治"。

于　阗	大理国	［甘州回鹘］	喀喇汗王朝
同庆 31 李圣天	文德 5 段思平	19 顺化可汗	28 博格拉汗
32	6	20	29
33	7［段思英］	21	30
34	文经②1 文经帝段思英［段思良］	22	31
35	至治③1 圣慈文武帝段思良	23	32
36	2	24	33
37	3	25	34
38	4	26	35
39	5	27	36
40	6(?)［段思聪］	28	37
41	明德 1 至道广慈帝段思聪	29	38
42	⋮	30	39
43	⋮	31	40
44	广德(?)段思聪	32	41
			1 木萨·阿尔斯兰汗
45	⋮	33	2
46		34	3
47		35	4
		1(?)景琼	

273

南唐	吴越	后蜀	闽	殷(闽)
昇元6 李昇	(天福)7 钱佐	广政5 孟昶	永隆4 王曦	
7	8	6	5	天德㊀1 王延政
保大㊂1 元宗李璟	9	7	6 朱文进㊂ － ⑪㊄	2
2	(开运)1	8		3㊇（亡于南唐）
3	2	9		
4	3	10		
5	(天福)12 忠逊王钱倧㊅	11		
6	(乾祐)1 忠懿王钱俶㊀	12		
7	2	13		
8	3	14		
9	(广顺)1	15		
10	2	16		
11	3	17		
12	(显德)1	18		
13	2	19		
14	3	20		
15	4	21		
中兴1	5			
交泰㊂1				
(显德)㊄5				

①据《资治通鉴·高祖乾祐元年》:是年十月,高从诲卒,十二月,高保融立;《旧五代史》卷一三三记为高从诲卒与高保融立皆在

南　汉	南平（荆南）	楚	公　元
大有 15 刘龑	（天福）7 高从诲	（天福）7 马希范	942
光天㈣1 殇帝刘玢			
2	8	8	943
应乾㈢1 中宗刘晟			
乾和㈐1			
2	9	9	944
	（开运）1	（开运）1	
3	2	2	945
4	3	3	946
5	（天福）12	（天福）12 废王马希广㈣	947
6	（乾祐）1 贞懿王高保融㈐①	（乾祐）1	948
7	2	2	949
8	3	（保大）8 恭孝王马希萼㈐	950
9	（广顺）1	9 马希崇㈨~⊕	951
		（亡于南唐）	
10	2		952
11	3		953
12	（显德）1		954
13	2		955
14	3		956
15	4		957
16	5		958
大宝㈧1 后主刘𫓹			

① 当年十一月。

275

公元	干支	后　周	北　汉	辽（契丹）	于　阗	大理国	［甘州回鹘］
959	己未	显德6恭帝柴宗训⑥	天会3刘钧	应历9穆宗	同庆48李圣天		2景琼
960	庚申	7●（亡于宋） **北　宋** 建隆1太祖赵匡胤	4	10	49		3
961	辛酉	2①	5	11	50		4
962	壬戌	3	6	12	51		5
963	癸亥	4 乾德㈦1	7	13	52		6
964	甲子	2	8	14	53		7
965	乙丑	3	9	15	54		8
966	丙寅	4	10	16	55		9
967	丁卯	5	11	17	1(?)尉迟输罗		10
968	戊辰	6 开宝㈦1	12少主刘继恩㈦ 英武帝刘继元㈨	18	2	顺德1段思聪	11
969	己巳	2③	13	保宁㈠1景宗天赞帝（孝成帝）耶律贤	3	明政④1应道帝段素顺	12
970	庚午	3	14	2	4	2	13
971	辛未	4⑤	15	3	5	3	14
972	壬申	5	16	4	6	4	15
973	癸酉	6	17	5	7	5	16
974	甲戌	7	广运1	6	8	6	17
975	乙亥	8	2	7	9	7	18
976	丙子	9⑥［太宗㈩］ 太平兴国㈦1太宗赵光义	3	8	10	8	19 1(?)夜落纥密礼遏
977	丁丑	2	4	9	11	9	2
978	戊寅	3⑦	5	10	1(?)尉迟达磨	10	3
979	己卯	4⑧	6㈤（降于宋）	11 乾亨㈦1	2	11	4

①"杯酒释兵权"。宋太祖召禁军将领宴饮，许以高官厚禄，解除兵权。北宋限宰相权，在其下设参知政事，并以枢密使分其军
②后主李煜被誉为南唐词主，其词的艺术技巧达空前高度。南唐著名词人还有:冯延巳(字正中,903～960年)、李璟(字伯玉,
③冯继昇献火药箭法。火药为中国对世界贡献的四大发明之一。何时发明,已不可考,至晚在9世纪末用于军事,12世纪出
④一作"明正"。
⑤是年命高品、张从信在益州(今四川省成都)雕印大藏经,这是我国第一部木刻本大藏经,称"开宝藏"。至太平兴国八年(983)
⑥潭州太守朱洞在今湖南省长沙岳麓山创建书院,为宋代四大书院之一。南宋朱熹曾在此讲学。
⑦被称为"宋四大书"之一的《太平广记》成书,五百卷,采汉至宋小说、笔记、稗史四百七十多种。另三书为:《太平御览》(983
　古至五代事迹)。
⑧北宋建立后进行第一次北伐,兵锋直抵辽南京城下,七月展开高梁河大战,宋太宗受伤,股中两箭,军溃,北伐失败。

喀喇汗王朝	南 唐	吴 越	后 蜀	南 汉	南平(荆南)	公 元
5 木萨·阿尔斯兰汗	(显德)6 李璟	(显德)6 钱俶	广政 22 孟昶	大宝 2 刘𬬻	(显德)6 高保融	959
6	7	7	23	3	7	960
	(建隆)1	(建隆)1			(建隆)1 高保勗⊗	
7	2 后主李煜②㋆	2	24	4	2	961
8	3	3	25	5	3 高继冲㋁	962
9	4	4	26	6	4●(亡于宋)	963
	(乾德)1	(乾德)1				
10	2	2	27	7		964
11	3	3	28●(亡于宋)	8		965
12	4	4		9		966
13	5	5		10		967
14	6	6		11		968
	(开宝)1	(开宝)1				
15	2	2		12		969
			定安国			
16	3	3	1(?)烈万华	13		970
17	4	4	2	14●(亡于宋)		971
1(?)阿里·阿尔斯兰汗						
2	5	5	3			972
3	6	6	4			973
4	7	7	5			974
5	8⊕(亡于宋)	8	6			975
6		(开宝)9 钱俶	7			976
		(太平兴国)1	元兴 1 乌玄明			
7		2	2			977
8		3㊄(亡于宋)	3			978
9			4			979

权,以三司使分其财权。枢密院和中书省称"二府",三司使称"计相"。

916~961 年)。南唐词以清新俊逸著称。

现管状火器,13 世纪以后传至国外。

完成雕版十三万块。其以书法秀、雕刻精著称,现仅存数卷,在版本学上价值很高。

年成书,一千卷,引书一千六百多种)、《文苑英华》(986 年成书,一千卷,辑南梁至唐诗文)、《册府元龟》(1013 年成书,一千卷,辑上

公元	干支	北 宋	辽（契丹）	于 阗	大理国
980	庚辰	太平兴国5太宗	乾亨2景宗	3尉迟达磨	明政12段素顺
981	辛巳	6	3	4	13
982	壬午	7	4[圣宗⑨]	5	14
983	癸未	8	5 统和⑥1圣宗昭圣帝 （天辅帝）耶律隆绪	1(？)尉迟僧伽罗摩	15
984	甲申	9 雍熙⑦1	2	2	16
985	乙酉	2	3	3	17
986	丙戌	3①	4	4	广明1昭明帝段素英
987	丁亥	4	5	5	2
988	戊子	端拱1	6	6	3
989	己丑	2	7	7	4
990	庚寅	淳化1	8	8	5
991	辛卯	2	9	9	6
992	壬辰	3	10	10	7
993	癸巳	4	11	11	8
994	甲午	5	12	12	9
995	乙未	至道1	13	13	10
996	丙申	2	14	14	11
997	丁酉	3[真宗⊖]	15	15	12
998	戊戌	咸平1真宗赵恒	16	16	13
999	己亥	2②	17	17	14
1000	庚子	3	18	18	15
1001	辛丑	4	19	19	16
1002	壬寅	5	20	20	17
1003	癸卯	6	21	21	18
1004	甲辰	景德1	22③	22	19
1005	乙巳	2	23	23	明应1

①北宋再次北伐，调动三十万兵力，分三路进兵，然均告失败。其中西路军名将杨业战败被俘，绝食而死。以此为源，在民间演

②真宗初年，四川商人发行"交子"，这是最早的纸币。仁宗时改由政府发行，初在成都设专局，后在开封置交子务。

③圣宗与萧太后亲率三十万大军南下，直抵故黄河岸，与宋订立"澶渊之盟"，宋每岁向辽纳贡，两朝约为"兄弟"。此后百余年

［甘州回鹘］	喀喇汗王朝		定安国	公　元
5 夜落纥密礼遏	10 阿里·阿尔斯兰汗	**西州回鹘**	元兴 5 乌玄明	980
6	11	阿厮兰汗	6	981
7	12	⋮	7	982
8	13	⋮	8	983
9	14		9	984
10	15		10	985
11	16		11	986
12	17		12	987
13	18		13	988
14	19		14	989
15	20		15	990
16	21		16	991
17	22		⋮	992
18	23		⋮	993
			蜀	
19	24		应运 1 大蜀王李顺［张余㊂］	994
20	25		2 张徐●（亡于宋）	995
21	26			996
22	27			997
1(?)禄胜	28			998
	1 阿赫马德·托干汗 I			
2	2		**蜀**	999
3	3		化顺 1 王均⊖~✚	1000
4	4			1001
5	5			1002
6	6			1003
1(?)忠顺保德可汗"夜落纥"	7			1004
2	8			1005

义出流传甚广的杨家将故事。

双方再无大战事,形成空前稳定的南北对峙局面。

279

公 元	干支	北 宋	辽(契丹)	于 阗	大理国
1006	丙午	景德3①真宗	统和24圣宗	24尉迟僧伽罗摩	⋮
1007	丁未	4	25	(以后不明)	明圣(?)
1008	戊申	大中祥符1	26		明德(?)
1009	己酉	2	27		明治(?)[段素廉]
1010	庚戌	3	28		明启1敬明帝(宣肃帝)段素廉
1011	辛亥	4	29		2
1012	壬子	5	30		3
			开泰⊕1		
1013	癸丑	6	2		4
1014	甲寅	7	3		5
1015	乙卯	8	4		6
1016	丙辰	9	5		7
1017	丁巳	天禧1	6		8
1018	戊午	2	7		9
1019	己未	3	8		10
1020	庚申	4	9		11
1021	辛酉	5	10		12
			太平⊕1		
1022	壬戌	乾兴1[仁宗⊖]	2		13(?)[段素隆]
1023	癸亥	天圣1仁宗赵祯	3		明通1秉义帝段素隆
1024	甲子	2	4		2
1025	乙丑	3	5		3
1026	丙寅	4	6		4[段素真]
1027	丁卯	5	7		正治1圣德帝段素真
1028	戊辰	6	8		2
1029	己巳	7	9		3

①时对豺狼座超新星爆发作了观测记录,这是世界天文史上最早的记录。

[甘州回鹘]	喀喇汗王朝			公　元
3 忠顺保德可汗	9 阿赫马德·托干汗Ⅰ			1006
4	10			1007
5	11			1008
6	12			1009
7	13			1010
8	14			1011
9	15			1012
10	16			1013
11	17	**唃厮啰（邈川吐蕃）**		1014
12	18	1 唃厮啰		1015
13	19	2		1016
1 怀宁顺化可汗夜落纥归化㉔	20	3		1017
2	1(?)曼苏尔·阿尔斯兰汗			
3	2	4		1018
4	3	5		1019
5	4	6		1020
6	5	7		1021
7	6	8		1022
8	7	9		1023
1(?)归忠保顺可汗夜落纥通顺				
2	8	10		1024
	1 阿赫马德·托干汗Ⅱ			
3	2	11		1025
4	3	12		1026
	1(?)玉素甫·卡迪尔汗			
5	2	13		1027
6	3	14		1028
1(?)伊鲁格勒雅苏			**兴辽国**	
2	4	15	天庆㊇1 大延琳	1029

公元	干支	北　宋	辽（契丹）		大理国
1030	庚午	天圣8 仁宗	太平10 圣宗		正治4 段素真
1031	辛未	9	11		5
			景福㈥1 兴宗昭孝帝		
			（孝章帝）耶律宗真		
1032	壬申	10	2		6
		明道㈦1	重熙㈦1		
1033	癸酉	2	2		7
1034	甲戌	景祐1	3		8
1035	乙亥	2	4		9
1036	丙子	3	5	**西夏（大夏、大白高国、**	10
1037	丁丑	4	6	**白高大夏国）**	11
1038	戊寅	5	7	天授礼法延祚㈭①1 景宗武烈帝	12
		宝元㈦1		李元昊	
1039	己卯	2	8	2	13
1040	庚辰	3	9	3	14
		康定㈠1			
1041	辛巳	2	10	4	15（?）[段素兴]
		庆历㈦1			
1042	壬午	2	11	5	圣明1 天明帝段素兴
1043	癸未	3	12	6	天明（?）
1044	甲申	4	13	7	∶[段思廉]
1045	乙酉	5	14	8	保安1 兴宗孝德帝段思廉
1046	丙戌	6	15	9	2
1047	丁亥	7	16	10	3
1048	戊子	8	17	11[毅宗㈠]	4
1049	己丑	皇祐1	18	延嗣宁国②1 毅宗昭英帝	5
				李谅祚	
1050	庚寅	2	19	天祐垂圣③1	6
1051	辛卯	3	20	2	7
1052	壬辰	4	21	3	8

①一作"天授"，或"天授理法延祚"。西夏在开国前夕，创制了西夏字。其字形类汉字，今见有楷、行、草、篆等体，已不用，成死
②一作"宁国"。
③一作"垂圣"。

[甘州回鹘]	喀喇汗王朝		唃厮啰	兴辽国	公　元
3 伊鲁格勒雅苏	5 玉素甫·卡迪尔汗		16 唃厮啰	天庆2🔯（亡于辽）	1030
9	6		17		1031
10	7		18		1032
	1 苏来曼·阿尔斯兰汗				
11	2		19		1033
12	3		20		1034
13	4		21		1035
14（亡于西夏）	5		22		1036
	6		23		1037
	7		24		1038
				长其国	
	8		25	1 昭圣帝侬全福	1039
	9		26		1040
	（东部）	（西部）		**大历国**	
	10	1 伊卜拉欣·桃花石·博格拉汗	27	1 侬智高	1041
				大唐国	
				1（?）蒙赶	
	11	2	28	2	1042
	12	3	29	3	1043
	13	4	30	4	1044
	14	5	31	5▣（亡于宋）	1045
	15	6	32	**安阳国**	1046
	16	7	33	得圣☯1 东平郡王王则	1047
	17	8	34	2 🔶➖（亡于宋）	1048
				南天国	
				景瑞1 仁惠帝侬智高	
	18	9	35	2	1049
	19	10	36	3	1050
	20	11	37	4	1051
	21	12	38	5	1052
				大南国	
				启历㊄1 仁惠帝侬智高	

文字。近年,学者们在收集、整理,以及读译西夏字文献方面取得了极为显著的成绩。

公元	干支	北　宋	辽（契丹）	西　夏	大理国
1053	癸巳	皇祐5 仁宗	重熙22 兴宗	福圣承道1 李谅祚	正安①1 段思廉
1054	甲午	6	23	2	2
1055	乙未	至和㊂1 2②	24 清宁㊇1 道宗天祐帝 （孝文帝）耶律洪基	3	3 ⋮
1056	丙申	3 嘉祐㊈1	2③	4	⋮ 正德④（？）
1057	丁酉	2	3	奲都1	⋮
1058	戊戌	3	4	2	保德（？） ⋮
1059	己亥	4	5	3	⋮
1060	庚子	5	6	4	
1061	辛丑	6	7	5	
1062	壬寅	7	8	6	
1063	癸卯	8⑤［英宗㊃］	9	拱化1	
1064	甲辰	治平1 英宗赵曙	10	2	
1065	乙巳	2	咸雍1	3	
1066	丙午	3	2	4	
1067	丁未	4［神宗㊀］	3	5［惠宗㊆］	
1068	戊申	熙宁1 神宗赵顼	4	乾道1 惠宗康靖帝 李秉常	
1069	己酉	2⑥	5	天赐礼盛国庆⑦1	
1070	庚戌	3	6	2	

①一作"政安"。
②定州开元寺塔建成,这是国内现存最高的砖塔。
③在应州佛宫寺建释迦塔,俗称"应县木塔",这是国内现存最古老的木塔。
④一作"政德"。
⑤欧阳修《集古录》成书。这是第一部金石学专著,收录周至五代上千件器物。金石学是宋人开辟的领域,有影响的著作还有:
⑥王安石(1021～1086年)任宰相,开始变法,以图通过发展生产、理财整军等达到强国的目的。新法实施后取得一定成效。
⑦一作"天赐国庆"。

喀喇汗王朝		唃厮啰	大南国	公元
（东部）	（西部）			
22 阿尔斯兰汗	13 博格拉汗	39 唃厮啰	启历 2 侬智高●（亡于宋）	1053
23	14	40		1054
24	15	41		1055
25	16	42		1056
1 穆罕默德·博格拉汗				
2	17	43		1057
3	18	44		1058
1 侯赛因·本·穆罕默德				
1 伊卜拉欣·本·穆罕默德				
2	19	45		1059
1 马赫穆德·托黑鲁尔汗				
2	20	46		1060
3	21	47		1061
4	22	48		1062
5	23	49		1063
6	24	50		1064
7	25	51		1065
		1 董毡⊕		
8	26	2		1066
9	27	3		1067
10	28	4		1068
	1 纳赛尔·本·伊卜拉欣			
11	2	5		1069
12	3	6		1070

吕大临《考古图》、王黼《宣和博古图录》、赵明诚《金石录》、薛尚功《历代钟鼎彝器款识法帖》等。对古器物定名即始于此时。

新法受到司马光(1019～1086年)等反对派的抵制,神宗死后,新法被废。

十　辽宋夏金时期纪年表

公元	干支	北　宋	辽（契丹）	西　夏
1071	辛亥	熙宁4 神宗	咸雍7 道宗	天赐礼盛国庆3 李秉常
1072	壬子	5	8	4
1073	癸丑	6①	9	5
1074	甲寅	7	10	6
1075	乙卯	8	大康②1	大安1
1076	丙辰	9	2	2
1077	丁巳	10	3	3
1078	戊午	元丰1	4	4
1079	己未	2	5	5
1080	庚申	3	6	6
1081	辛酉	4	7	7
1082	壬戌	5	8	8
1083	癸亥	6	9	9
1084	甲子	7④	10	10
1085	乙丑	8[哲宗㊂]	大安1	11
1086	丙寅	元祐1 哲宗赵煦	2	天安礼定1 天仪治平㊄1 崇宗圣文帝李乾顺
1087	丁卯	2	3	2
1088	戊辰	3	4	3
1089	己巳	4	5	4
1090	庚午	5	6	天祐民安1
1091	辛未	6	7	2
1092	壬申	7	8	3
1093	癸酉	8	9	4
1094	甲戌	9 绍圣㊃1	10	5

①宋代最早的理学家周敦颐（1017～1073年）卒。理学是支配两宋时期的哲学思想,北宋的代表人物还有张载（1020～1077
②有年表作"太康",或云"一作'太康'",误。见钱大昕《十驾斋养新录》卷六。
③一作"保立"。
④历时十九年,司马光主持编撰的史学名著《资治通鉴》成书。该书记载战国至五代一千三百多年间史事,取材广泛,除正史外,

大理国	喀喇汗王朝		唃厮啰	公　元
	（东部）	（西部）		
	13 托黑鲁尔汗	4 纳赛尔·本·伊卜拉欣	7 董毡	1071
	14	5	8	1072
	15	6	9	1073
	16	7	10	1074
	1 奥玛尔·本·马赫穆德			
	1 哈桑·桃花石·博格拉汗			
（?）[段廉义]	2	8	11	1075
上德1 上德帝段廉义	3	9	12	1076
广安1	4	10	13	1077
2	5	11	14	1078
3	6	12	15	1079
4	7	13	16	1080
1 广安帝杨义贞[段寿辉]		1 希兹尔·本·伊卜拉欣		
上明　1 上明帝段寿辉	8	2	17	1081
[段正明]		1（?）阿赫马德·本·希兹尔		
保定③1 保定帝段正明	9	2	18	1082
⋮	10	3	19	1083
⋮			1（?）阿里骨	
建安（?）	11	4	2	1084
⋮	12	5	3	1085
⋮	13	6	4	1086
天祐（?）				
⋮	14	7	5	1087
⋮	15	8	6	1088
	16	9	7	1089
	17	10	8	1090
	18	11	9	1091
	19	12	10	1092
大中国	20	13	11	1093
1 富有圣德表正帝高昇泰	21	14	12	1094

年）、程颢（1032～1085 年）及弟程颐（1033～1107 年）等。

采杂史两百多种。本书在历史编纂学上产生了巨大的影响。

公 元	干支	北　宋	辽（契丹）	西　夏	
1095	乙亥	绍圣2哲宗	寿昌①1道宗	天祐民安6李乾顺	
1096	丙子	3	2	7	
1097	丁丑	4	3	8	
1098	戊寅	5	4	永安1	
1099	己卯	元符㊅1 2	5	2	
1100	庚辰	3③[徽宗㊀]	6	3	
1101	辛巳	建中靖国1徽宗赵佶	7天祚帝耶律延禧㊀ 乾统㊀1	贞观1	隆兴④㊈1赵谂
1102	壬午	崇宁1	2	2	2㊁（亡于宋）
1103	癸未	2⑤	3	3	
1104	甲申	3	4	4	
1105	乙酉	4⑦	5	5	
1106	丙戌	5	6	6	
1107	丁亥	大观1	7	7	
1108	戊子	2	8	8	
1109	己丑	3	9	9	
1110	庚寅	4	10	10	
1111	辛卯	政和1	天庆1	11	
1112	壬辰	2	2	12	
1113	癸巳	3	3	13	
1114	甲午	4	4	雍宁1	金
1115	乙未	5	5	2	收国1太祖武元帝完颜阿骨打
1116	丙申	6	6	3	2

①有年表作"寿隆"，或云"一作'寿隆'"，误。见钱大昕《十驾斋养新录》卷八和《二十二史考异》卷八十三。

②一作"明开"。

③李诫《营造法式》成书。全书三十六卷，三千五百多条，分释名、各作制度、功限、料例、图样五部分。这是我国古代著名的、

④一作"龙兴"。

⑤徽宗时，张择端创作《清明上河图》，这是在宋代时所发端的风俗画的代表作，影响很大，不仅是艺术珍品，还是研究宋代城

⑥一作"天政"。

⑦徽宗即位，宠信宰相蔡京、宦官童贯等，他们为官腐败，大肆收罗江南奇花异石运至开封。是年，置应奉局，主以水运，十船

⑧一作"应顺"。

大中国	喀喇汗王朝		唃厮啰	公元
	（东部）	（西部）		
上治 1 高昇泰	22 桃花石·博格拉汗	15 阿赫马德·本·希兹尔 1 马斯乌德·本·穆罕默德	13 阿里骨	1095
2 后理国 天授 1 中宗文安帝段正淳	23	2	14 1 瞎征⊕	1096
开明②1	24	3 1 苏来曼·本·达乌德 1(?)马赫穆德·本·符拉尔	2	1097
2	25	2	3	1098
3	26	3 1(?)哈龙·本·奥玛尔	4 1 陇拶⑧ 1 溪赊罗撒⑨	1099
4	27	2	2	1100
5	28	3	3	1101
6	29 1 阿赫马德·阿尔斯兰汗	4 1 穆罕默德·本·苏来曼	4	1102
天正⑥1	2	2	5	1103
2	3	3	6⑭（亡于宋）	1104
天安 1	4	4		1105
2	5	5		1106
3	6	6		1107
4［段正严］	7	7		1108
日新 1 宪宗宣仁帝段正严	8	8		1109
文治 1	9	9		1110
2	10	10		1111
3	11	11		1112
4	12	12		1113
5	13	13		1114
6	14	14	1 古欲㊀～㊅ 大元	1115
7	15	15	隆基⑧㊀1 大渤海帝高永昌㊄	1116

也是当时最完整的建筑学专著,成为当时中原地区官式建筑的规范。

市生活不可多得的形象资料。现藏故宫。

为一纲,称"花石纲"。他们还公开卖官,官位有定价,"三千索,直秘阁;五百贯,擢通判"（见《曲洧旧闻》）。

公元	干支	北　宋	辽（契丹）		西　夏	金
1117	丁酉	政和7徽宗	天庆7天祚帝		雍宁4李乾顺	天辅1太祖
1118	戊戌	8	8		5	2
		重和⊕1				
1119	己亥	2	9		元德①1	3②
		宣和㊁1				
1120	庚子	2	10		2	4
1121	辛丑	3	保大1		3	5
1122	壬寅	4	2	**北　辽** 建福③㊁1 宣宗天锡帝耶律淳 德兴㊅1 萧德妃	4	6
1123	癸卯	5	3	2 神历㊄1 耶律雅里 1 耶律术烈⊕⊕	5	7 天会㊈1太宗文烈帝 完颜吴乞买
1124	甲辰	6	4		6	2
1125	乙巳	7〔钦宗㊉〕	5㊀（亡于金）		7	3
1126	丙午	靖康1钦宗赵桓⊛ （亡于金）			8	4
1127	丁未	**大　楚** 1大楚皇帝张邦昌㊁~㊃ **南　宋** 建炎㊄1高宗赵构			9 正德㊃1	5
1128	戊申	2			2	6
1129	己酉	3 1魏国公赵敷㊂~㊃			3	7
1130	庚戌	建炎4高宗赵构	**大　齐** （天会）8大齐皇帝刘豫㊈		4	8
1131	辛亥	绍兴1	阜昌1		5	9
1132	壬子	2	2		6	10

①一作"天德"。
②丞相完颜希尹等受命创制的女真大字于是年颁行。后，熙宗时，又于天眷元年（1138）创颁女真小字。两种文字今皆不传，成
③一作"天福"。
④一作"天保"。
⑤一作"天战"。
⑥关于耶律大石称帝与建元"延庆"的时间，史家看法不一，本年表采魏良弢先生研究的新成果，见其专著《西辽史纲》。

后理国	喀喇汗王朝		[西州回鹘]		公 元
	（东部）	（西部）			
文治8段正严	16 阿赫马德·阿尔斯兰汗	16 穆罕默德·本·苏来曼			1117
9	17	17			1118
⋮					
⋮	18	18			1119
永嘉(?)			永乐⊕1 圣公方腊		1120
⋮	19	19			
⋮	20	20	2四（亡于宋）		1121
	21	21			1122
			[奚]		
	22	22	天复⊖1 奚国皇帝		1123
			回离保五		
	23	23			1124
	24	24			1125
	25	25			1126
	26	26			1127
	27	27			1128
	1(?)伊卜拉欣·本·阿赫马德				
保天④1	2	28	(?)毕勒哥		1129
			⋮	楚	
2	3	29	⋮（投附西辽）	天载⑤⊖1 楚王钟相、	1130
		1 伊卜拉欣·本·苏来曼		杨么⊖	
		1(?)哈桑·本·阿里			
3	4	2	西辽（后辽、哈喇契丹、	2	1131
			黑契丹）		
4	5	3	延庆⑥⊖1 德宗天祐帝	3	1132
		1 马赫穆德·本·穆罕默德	（葛儿汗）耶律大石		

为死文字。传世的女真文字资料只有一种类型，不知是大字还是小字。近年，学者们在研究女真文字方面取得了相当的成绩。

公 元	干支	南 宋	大 齐	西 夏	金
1133	癸丑	绍兴3 高宗	阜昌3 刘豫	正德7 李乾顺	天会11 太宗
1134	甲寅	4	4	8	12
1135	乙卯	5	5	大德1	13 熙宗武灵帝完颜亶㊀
1136	丙辰	6	6	2	14
1137	丁巳	7	7🕐(亡于金)	3	15
1138	戊午	8		4	天眷1
1139	己未	9		5[仁宗㊅]	2
1140	庚申	10①		大庆1 仁宗圣德帝李仁孝	3
1141	辛酉	11		2	皇统1
1142	壬戌	12		3	2
1143	癸亥	13		4	3
1144	甲子	14		5	4
1145	乙丑	15		人庆㊈1 / 2	5
1146	丙寅	16		3	6
1147	丁卯	17		4	7
1148	戊辰	18		5	8
1149	己巳	19		天盛1	9
1150	庚午	20		2③	天德㊎1 海陵王完颜亮 / 2
1151	辛未	21		3	3
1152	壬申	22④		4	4
1153	癸酉	23		5	5 / 贞元㊊1⑤
1154	甲戌	24		6	2
1155	乙亥	25		7	3

①金兀尤南下攻河南,宋将岳飞等顽强抵抗。是年,在郾城大战,败金主力,收复郑州、洛阳。然高宗最终采主降派秦桧等人

②一作"天宝"。

③我国最早的少数民族文字法典,西夏文《天盛律令》修成。

④安平桥在今福建省泉州建成,这是我国现存最长的连梁式石板桥,长达五里,从今晋江市安海镇跨海与南安市水头镇相连

⑤迁都燕京,改称中都。这是近世北京作为国都之始。相传金时征夫八十万对城市进行大规模改建。2003年,在金宫殿遗址

后理国	喀喇汗王朝		西　辽	楚	公　元
	（东部）	（西部）			
保天5段正严	6阿赫马德	2马赫穆德·本·穆罕默德	延庆2耶律大石	天载4杨么 大圣天王㈣1	1133
6	7	3	康国1	2	1134
7	8	4	2	3㊏（亡于宋）	1135
8	9	5	3		1136
⋮	10	6	4		1137
⋮	11	7	5		1138
广运（?）	12	8	6		1139
⋮	13	9	7		1140
⋮	14	10	8	罗平㊏1 王法恩㊏	1141
		1伊卜拉欣·本·穆罕默德			
	15	2	9		1142
	16	3	10[感天后]		1143
	17	4	咸清1感天后萧塔不烟		1144
	18	5	2		1145
	19	6	3	**大蒙古**	1146
[段正兴]	20	7	4	天兴㈢1 祖元皇帝熬罗索极烈	1147
永贞1景宗正康帝段正兴	21	8	5	⋮	1148
大宝②1	22	9	6	⋮（止年不明）	1149
2	23	10	7[仁宗]		1150
3	24	11	绍兴1仁宗耶律夷列		1151
4	25	12	2		1152
5	26	13	3		1153
6	27	14	4		1154
7	28	15	5		1155
龙兴1					

之议,令岳飞回师,并于下年解除其职,岁末以"莫须有"的罪名将其杀害,与金签订"绍兴和议",向金称臣纳贡。

上所建纪念铜柱落成(位于广安门南,滨河路旁),并举行集会,隆重纪念北京建都850周年。

十　辽宋夏金时期纪年表

公元	干支	南宋	西夏	金	后理国
1156	丙子	绍兴 26 高宗	天盛 8 李仁孝	天德 4 完颜亮 正隆⊝1	⋮ ⋮
1157	丁丑	27	9	2	盛明(?)段正兴
1158	戊寅	28	10	3	建德(?) ⋮
1159	己卯	29	11	4	⋮
1160	庚辰	30	12	5	
1161	辛巳	31	13	6	
1162	壬午	32[孝宗⊗]	14	大定⊕1 世宗仁孝帝完颜雍 2	
1163	癸未	隆兴 1 孝宗赵昚	15	3	
1164	甲申	2	16	4	
1165	乙酉	乾道 1	17	5	
1166	丙戌	2	18	6	
1167	丁亥	3	19	7	
1168	戊子	4	20	8	
1169	己丑	5	21	9	
1170	庚寅	6	乾祐 1	10	
1171	辛卯	7	2	11	
1172	壬辰	8	3	12	[段智兴㊃]
1173	癸巳	9	4	13①	利贞②1 宣宗功极帝段智兴
1174	甲午	淳熙 1	5	14	2
1175	乙未	2③	6	15	3
1176	丙申	3	7	16	盛德 1
1177	丁酉	4	8	17	2
1178	戊戌	5	9	18	3
1179	己亥	6	10	19	4
1180	庚子	7	11	20	5

①历时二十五年,《赵城金藏》完成。此为民间劝募刻经,相传发起人潞州崔进之女法珍为募刻此经而断臂。大定二十一年
②关于段智兴改元"利贞"的时间,有年表作 1172 年,本年表不采,详见本书"纪年考"中的说明。
③是年,吕祖谦邀约朱熹、陆九渊会聚信州(今江西省上饶)鹅湖寺,朱、陆就哲学基本问题("即物而穷其理"与"心即理也")

喀喇汗王朝		西　辽		公　元
（东部）	（西部）			
29 阿赫马德	16 伊卜拉欣·本·穆罕默德	绍兴 6 耶律夷列		1156
	1 阿里·本·哈桑			
30	2	7		1157
31	3	8		1158
1 穆罕默德·本·伊卜拉欣				
2	4	9		1159
3	5	10	契　丹	1160
4	6	11	1 撒八㊄	1161
			天正㊀1 移剌窝斡	
5	7	12	2	1162
	1 马斯乌德·本·阿里		1 蒲速越㊈	
6	2	13〔承天太后〕	2	1163
7	3	崇福 1 承天太后耶律普速完	3㊄（亡于金）	1164
8	4	2	1 李金㊄ ~ ❽	1165
9	5	3		1166
10	6	4		1167
11	7	5		1168
	1 纳赛尔·本·侯赛因			
12	2	6		1169
13	3	7		1170
14	4	8		1171
15	5	9		1172
1(?)玉素甫·本·穆罕默德	1 穆罕默德·本·马斯乌德			
2	2	10		1173
3	3	11		1174
4	4	12	1 赖文政㊃ ~ 闰㊈	1175
			杞　国	
5	5	13	乾贞 1 阿谢	1176
6	6	14〔末主〕		1177
7	1 伊卜拉欣·本·侯赛因	天禧 1 末主耶律直鲁古		1178
8	2	2	罗平㊅1 李接✛	1179
9	3	3		1180

（1181）送燕京刊印，因其基本上是宋《开宝藏》的复刻本，在版本学、校勘学上价值很高。现存为元时补雕本，藏国家图书馆。

展开激烈辩论。此即中国思想史上著名的"鹅湖之会"。

公元	干支	南　宋	西　夏	金		后理国
1181	辛丑	淳熙 8 孝宗	乾祐12 李仁孝	大定 21 世宗		嘉会 1 段智兴
1182	壬寅	9	13	22		2
1183	癸卯	10	14	23		3
1184	甲辰	11	15	24		4
1185	乙巳	12	16	25		元亨① 1
1186	丙午	13	17	26		2
1187	丁未	14	18	27		3
1188	戊申	15	19	28		4
1189	己酉	16[光宗㊀]	20	29[章宗㊀]		5
1190	庚戌	绍熙 1 光宗赵惇	21	明昌 1 章宗英孝帝 完颜璟		6
1191	辛亥	2	22	2		7
1192	壬子	3	23	3		8
1193	癸丑	4	24[桓宗㊈]	4		9
1194	甲寅	5[宁宗㊆]	天庆1 桓宗昭简帝 李纯祐	5		10
1195	乙卯	庆元 1 宁宗赵扩	2	6		11 定安② ㊃ 1
1196	丙辰	2	3	7 承安㊆ 1	身圣㊉1 德寿	2
1197	丁巳	3	4	2		3
1198	戊午	4	5	3③		4
1199	己未	5	6	4		5
1200	庚申	6④	7	5		6[段智廉㊇]
1201	辛酉	嘉泰 1	8	泰和 1		凤历 1 享天帝段智廉
1202	壬戌	2	9	2		⋮ 元寿(?)
1203	癸亥	3	10	3		⋮
1204	甲子	4	11	4		(?)[段智祥]
1205	乙丑	开禧 1	12	5	蒙古汗国	天开 1 神宗段智祥
1206	丙寅	2	13 应天 1 襄宗敬穆帝 李安全㊀	6	1 太祖圣武帝 (成吉思汗)铁木真	2

①一作"亨利"。
②《南诏野史》作"安定",考《释氏戒净建绘高兴兰篆烛碑》,应为"定安"。
③是年,金界壕(又称"金源边堡",俗称"金长城")修成。这是为防御蒙古所筑的壕堑,东北起今内蒙古莫力达瓦,西南沿大兴
④南宋理学大师朱熹(字元晦,1130～1200年)卒。他学识渊博,曾注《论语》、《孟子》、《大学》、《中庸》,阐明其哲学思想,另有

喀喇汗王朝		西　辽	公　元
（东部）	（西部）		
10 穆罕默德	4 侯赛因	天禧 4 耶律直鲁古	1181
11	5	5	1182
12	6	6	1183
13	7	7	1184
14	8	8	1185
15	9	9	1186
16	10	10	1187
17	11	11	1188
18	12	12	1189
19	13	13	1190
20	14	14	1191
21	15	15	1192
22	16	16	1193
23	17	17	1194
24	18	18	1195
25	19	19	1196
26	20	20	1197
27	21	21	1198
28	22	22	1199
29	23	23	1200
30	24	24	1201
31	25	25	1202
	1(?)奥斯曼·本·伊卜拉欣		
32	2	26	1203
33	3	27	1204
34	4	28	1205
1(?)穆罕默德·本·玉素甫			
2	5	29	1206

安岭东南麓进入蒙古高原,直到夹山(呼和浩特西北),连亘三千余里,成我国古代一巨大工程。
《朱子语类》,为其对学生的谈话。

公元	干支	南 宋	西 夏	金	蒙古汗国	后理国
1207	丁卯	开禧 3①宁宗	应天 2 李安全	泰和 7 章宗	2 铁木真	天开 3 段智祥
1208	戊辰	嘉定 1	3	8[卫绍王㊉]	3	4
1209	己巳	2	4	大安 1 卫绍王完颜永济	4	5
1210	庚午	3	皇建 1	2	5	6
1211	辛未	4	2 光定㊵1 神宗英文帝李遵顼	3	6	7
1212	壬申	5	2	崇庆 1	7	8
1213	癸酉	6	3	2 至宁㊄1 贞祐㊴1 宣宗圣孝帝完颜珣	8	9
1214	甲戌	7	4	2	9	10
1215	乙亥	8	5	3	10	11
1216	丙子	9	6	4	11	12
1217	丁丑	10	7	5 兴定㊴1	12	13
1218	戊寅	11	8	2	13	14
1219	己卯	12	9	3	14	15
1220	庚辰	13	10	4	15	16
1221	辛巳	14	11	5	16	17
1222	壬午	15	12	6	17	18
1223	癸未	16	13	元光㊴1 2[哀宗㊉]	18	19
1224	甲申	17[理宗㊵㊵]⑧	乾定㊉1 献宗李德旺 2	正大 1 哀宗(义宗)完颜守绪	19	20

①两宋词主辛弃疾(字幼安,号稼轩,1140～1207年)卒。辛词在艺术上达两宋词家的最高水平。词,大约产生于初唐,经五代至宋达(字耆卿,约987～约1053年)、苏轼(字子瞻,1036～1101年)、黄庭坚(字鲁直,1045～1105年)、秦观(字少游,1049～1100年)号放翁,1125～1210年)、姜夔(字尧章,约1155～约1221年)等。

②一作"元统"。

③杨安儿改元"天顺",《金史·仆散安贞传》记在六月,《续资治通鉴》记在五月,本年表依从《金史》记载。

④一作"兴隆"。

⑤一作"天成"。

⑥蒲鲜万奴于1215年叛金自立,国号"大真"。次年十月降蒙,既而又叛蒙自立,其国号,《元史》称"东夏",《高丽史》称"东真"。

⑦一作"天成",或"天会"。

⑧理宗即位时间有年表作八月,然《宋史》卷四十《宁宗纪》和卷四十一《理宗纪》皆为闰八月,此按《宋史》记载。

喀喇汗王朝 (东部)	(西部)	西 辽	[蜀]		公 元
3 玉素甫	6 伊卜拉欣	天禧 30 耶律直鲁古	转运㊀1 蜀王吴曦㊁		1207
			郴州瑶	黎州蛮	
4	7	31	1 罗世传㊂	1 畜卜㊃	1208
5	8	32	1 李元砺㊃	2	1209
6	9	33	2	3	1210
7（归附西辽）	10	34 [屈出律]	1 罗世传㊀~㊈	4	1211
	11（亡于花拉子模）	1 屈出律	辽	5	1212
		2	天统②㊂1 耶律留哥	6	1213
天顺㊅③1 杨安儿㊏	天赐（?）1 刘永昌	3	2	7（降宋）	1214
	大 汉	4	3	大 真	
				天泰⊕1 天王蒲鲜万奴	1215
兴龙④1 汉兴帝张致	顺天㊃1 大汉皇帝郝定㊐	5	天威⑤1 耶律厮不	2⊕（降蒙古）	1216
			天祐 1 乞奴	东夏（东真）⑥	
			天德⑦1 金山	天泰 2 蒲鲜万奴⊕	
2（亡于蒙古）		6	2（亡于金）	3	1217
		7（亡于蒙古）		4	1218
				5	1219
				6	1220
				7	1221
				8	1222
				9	1223
				10	1224

到鼎盛。北宋著名词人有晏殊(字同叔,991～1055年)、范仲淹(字希文,989～1052年)、欧阳修(字永叔,1007～1072年)、柳永等,南宋有李清照(号易安居士,1084～约1151年)、杨万里(字廷秀,1127～1206年)、范成大(字致能,1126～1193年)、陆游(字务观,

公元	干支	南 宋	西 夏	金	蒙古汗国	后理国
1225	乙酉	宝庆1理宗赵昀	乾定3李德旺	正大2哀宗	20铁木真	21段智祥
1226	丙戌	2	4	3	21	天辅1
			宝义㊀①1末帝李睍			⋮
1227	丁亥	3	2㊀(降于蒙古)	4	22[拖雷㊀]	⋮
1228	戊子	绍定1		5	1睿宗景襄帝拖雷	仁寿(?)
1229	己丑	2		6	2	⋮
					1太宗英文帝窝阔台㊇	⋮
1230	庚寅	3		7	2	
1231	辛卯	4		8	3	
1232	壬辰	5		开兴1	4	
				天兴㊃1		
1233	癸巳	6		2②	5	
1234	甲午	端平1		3●末帝完颜承麟	6	
1235	乙未	2		(亡于蒙古)	7	
1236	丙申	3			8	
1237	丁酉	嘉熙1			9	
1238	戊戌	2			10	[段祥兴]
1239	己亥	3			11	道隆1孝义帝段祥兴
1240	庚子	4			12	2
1241	辛丑	淳祐1			13	3
1242	壬寅	2			1乃马真皇后脱列哥那	4
1243	癸卯	3			2	5
1244	甲辰	4			3	6
1245	乙巳	5			4	7
1246	丙午	6			5	8
					1定宗简平帝贵由㊀	
1247	丁未	7			2	9
1248	戊申	8			3	10
					1海迷失皇后㊂	
1249	己酉	9			2	11
1250	庚戌	10			3	12

①关于李睍改元"宝义"及西夏降亡时间,史家有不同看法,详见本书《纪年考》。

②金代杰出诗人元好问(字裕之,1190~1257年)编《中州集》,是书保存了许多金代作家的作品。

	东　夏	察合台汗国	窝阔台汗国		公　元
	天泰11 蒲鲜万奴	1(?)察合台	1(?)窝阔台		1225
1 陈三枪	12	2	2		1226
2	13	3	3		1227
3	14	4	4		1228
4	15	5	5		1229
			1 贵由⚅		
5	16	6	2	[琼山黎]	1230
6	17	7	3	1 南王王居起	1231
7	18	8	4	2（亡于宋）	1232
8	19❾（亡于蒙古）	9	5		1233
9❸（亡于宋）		10	6		1234
		11	7		1235
		12	8		1236
		13	9		1237
		14	10		1238
		15	11		1239
		16	12		1240
		17	13		1241
		18	14		1242
		1(?)合剌旭烈兀			
		2	15		1243
		3	16		1244
		4	17		1245
		5	18（承蒙古大汗位）		1246
		1 也速蒙哥			
		2			1247
		3			1248
		4			1249
		5			1250

公元	干支	南　宋	蒙古汗国		后理国	察合台汗国	窝阔台汗国
1251	辛亥	淳祐 11 理宗	4 海迷失皇后 1 宪宗桓肃帝蒙哥⑥		道隆 13［段兴智］	6 也速蒙哥	
1252	壬子	12	2		天定①1 段兴智	7 1 兀鲁忽乃	
1253	癸丑	宝祐 1	3		2	2	
1254	甲寅	2	4		3（亡于蒙古）	3	
1255	乙卯	3	5			4	
1256	丙辰	4	6			5	
1257	丁巳	5	7			6	
1258	戊午	6	8			7	
1259	己未	开庆 1	9			8	
1260	庚申	景定 1	中统⑤1 世祖文帝 忽必烈⑤	1 阿里不哥㊃		9 1 阿鲁忽	1（?）海都
1261	辛酉	2	2	2		2	2
1262	壬戌	3	3	3		3	3
1263	癸亥	4	4	4		4	4
1264	甲子	5［度宗㊉］	5 至元㊇1	5㊆（降忽必烈）		5	5
1265	乙丑	咸淳 1 度宗赵禥	2			6 1（?）木八剌沙 1（?）八剌	6
1266	丙寅	2	3			2	7
1267	丁卯	3	4			3	8
1268	戊辰	4	5			4	9
1269	己巳	5	6②			5	10
1270	庚午	6	7			6	11

①段智兴年号有两载：《南诏野史》（胡蔚本）有天定、利正、兴正三个年号；《云南志略》和《南诏野史》（阮氏本）仅有天定一个年号，近年出土《故正直温良恭谦和尚墓碑》有"天定二年"字样。

②颁行蒙古新字（即"八思巴字"）。八思巴（1235～1280 年）为西藏喇嘛教萨迦派首领，元朝任其为帝师，本名罗追坚赞。所创新字为拼音文字，可拼写蒙古语，也可拼写汉语和维吾尔语，还可按书面语转写藏语和梵语。这是元代官方文字，行用一百多年，至今失传，成为一种死文字。近年，有学者在钻研八思巴字方面取得了很大的成绩。

十一　元时期纪年表

公元	干支	南　宋	元	察合台汗国	窝阔台汗国		
1271	辛未	咸淳 7 度宗	至元 8 世祖文武帝 忽必烈㊐	7 八剌	12 海都		
1272	壬申	8	9①	1 聂古伯	13		
1273	癸酉	9	10	2	14		
1274	甲戌	10［恭帝㊐］	11	3	15		
				1 不合帖木儿 1(?)笃哇			
1275	乙亥	德祐 1 恭帝赵㬎	12②	2	16		
1276	丙子	2	13	3	17		
		景炎㊄1 端宗赵昰					
1277	丁丑	2	14	4	18		
1278	戊寅	3	15	5	19		
		祥兴㊄1 卫王赵昺㊃					
1279	己卯	2●（亡于元）	16	6	20		［漳州畬］
1280	庚辰		17	7	21	万乘㊃1 杜可用㊃	昌泰 1 陈吊眼
1281	辛巳		18	8	22		2
1282	壬午		19	9	23	罗平国	3（亡于元）
1283	癸未		20	10	24	延康③㊀1 林桂方㊂	（祥兴）㊉6 黄华
1284	甲申		21	11	25		7●（亡于元）
1285	乙酉		22	12	26		
1286	丙戌		23	13	27		
1287	丁亥		24	14	28		
1288	戊子		25	15	29	大兴国	
1289	己丑		26	16	30	安定㊂1 杨镇龙㊐	
1290	庚寅		27	17	31		

①迁都燕京,改称大都。在原城东北另建新城,设置中央官署。从此,北京取代长安、洛阳、开封等成为统一多民族国家的政治中心。据《马可·波罗行记》载,元大都是当时世界上最宏伟繁华的城市。

②是年,意大利人马可·波罗到上都,得世祖信任,至元十七年,遍游各地,于1292年返意。后写成《马可·波罗行记》,其中对元朝的幅员辽阔和社会繁盛作了具体描绘,激起西人对中华文明的向往。

③一作"建康"。

公元	干支	元	察合台汗国	窝阔台汗国	
1291	辛卯	至元 28 世祖	18 笃哇	32 海都	
1292	壬辰	29	19	33	
1293	癸巳	30	20	34	
1294	甲午	31［成宗四］	21	35	
1295	乙未	元贞 1 成宗广孝帝铁穆耳	22	36	
1296	丙申	2	23	37	**罗平国**
1297	丁酉	3	24	38	正治⊕1 陈空崖✚
		大德㊀ 1			［八 番］
1298	戊戌	2	25	39	1 王二万四
1299	己亥	3	26	40	2
1300	庚子	4	27	41	3
1301	辛丑	5	28	42	
				1 察八儿	
1302	壬寅	6	29	2	
1303	癸卯	7	30	3	
1304	甲辰	8	31	4	
1305	乙巳	9	32	5	
1306	丙午	10①	33	6	
			1 宽阇		
1307	丁未	11［武宗五］	2	7	
1308	戊申	至大 1 武宗宣孝帝海山	3	8	
			1 塔里忽		
1309	己酉	2	2	9	
1310	庚戌	3	1 也先不花	10（并于察合台汗国）	
1311	辛亥	4［仁宗㊂］	2		
1312	壬子	皇庆 1 仁宗钦孝帝爱育黎拔力八达	3		
1313	癸丑	2	4		
1314	甲寅	延祐 1	5		
1315	乙卯	2	6		
1316	丙辰	3②	7		
1317	丁巳	4	8		
1318	戊午	5	9		
1319	己未	6	10		
1320	庚申	7［英宗㊂］	11		
			1（？）怯伯		

①我国戏剧史上最早也最伟大的杂剧作家关汉卿约于大德年间卒。他毕生写过六十多种剧本,保存下来的有十三种,其中著名的有《窦娥冤》、《望江亭》等。杂剧是元代文学的主流,其余著名的有马致远《汉宫秋》、王实甫《西厢记》、白朴《墙头马上》等。

②天文和水利学家郭守敬(1231～1316 年)卒。他参与编制的《授时历》施行三百六十多年,在历史上施行最长。他还制造和改进了不少观测天象的仪器,以及主持修治过许多河渠。

公元	干支	元	察合台汗国		
1321	辛酉	至治1 英宗文孝帝硕德八剌	2 怯伯		
1322	壬戌	2	3		
1323	癸亥	3［泰定帝⑨①］	4		
1324	甲子	泰定1 泰定帝也孙铁木儿	5		
1325	乙丑	2	6		
1326	丙寅	3	7		
1327	丁卯	4	8		
1328	戊辰	5 致和㊀1 天顺⑨1 幼主阿剌吉八 天历⑨1 文宗光孝帝图帖睦尔	1 燕只吉台 2		
1329	己巳	2 明宗景孝帝和世瓎㊀ 文宗图帖睦尔⑧	3		
1330	庚午	3 至顺㊄1	4 1 笃来帖木儿	［琼山黎］	
1331	辛未	2	2 1 答儿麻失里	1 王马	
1332	壬申	3 宁宗嗣孝帝懿璘质班⊕	2	2	
1333	癸酉	4 惠宗顺帝妥欢贴睦耳⑧ 元统⊕1	3	3	
1334	甲戌	2	4 1 不赞	4	
1335	乙亥	3 至元㊅1	1 敞失	5	
1336	丙子	2	2	6	**大金国**
1337	丁丑	3	3	7	赤符㊀1 朱光卿⊕
1338	戊寅	4	4 1 也孙帖木儿	［漳州畲］ 1 李志甫⑧	
1339	己卯	5	2	2	
1340	庚辰	6	1 阿里	3⊜	
1341	辛巳	至正1	1 麻哈没的		
1342	壬午	2	⋮		
1343	癸未	3	⋮		
1344	甲申	4			
1345	乙酉	5	（?）合赞		［靖州瑶］
1346	丙戌	6	⋮	**东察合台汗国**	1 吴天保
1347	丁亥	7	⋮ 1 答失蛮	1 秃黑鲁·帖木儿	2
1348	戊子	8	2	2	3

①有年表作"八月"。据《元史·泰定帝纪》：八月，英宗被杀。九月，也孙铁木儿即帝位于龙居河。

公元	干支	元	察合台汗国	东察合台汗国	[靖州瑶]
1349	己丑	至正9 顺帝	3 答失蛮 1 拜延忽里	3 秃黑鲁·帖木儿	4 吴天保 ⋮
1350	庚寅	10	⋮	4	[红 巾]
1351	辛卯	11	⋮	5	1 刘福通⑤
1352	壬辰	12	(?)阿的勒	6	2
1353	癸巳	13	⋮	7	3
1354	甲午	14	⋮	8	4
1355	乙未	15		9	5⬤
1356	丙申	16		10	
1357	丁酉	17		11	
1358	戊戌	18		12	
1359	己亥	19		13	
1360	庚子	20		14	汉 大义④⑤1 陈友谅
1361	辛丑	21		15	大定 1
1362	壬寅	22	1 合不勒	16	2
1363	癸卯	23	⋮	17	3
1364	甲辰	24	⋮	1(?)也里牙思火者 2	德寿⑧1 陈理 2⬤
1365	乙巳	25	(?)昔兀儿海迷失	1(?)怯马鲁丁 2	
1366	丙午	26	⋮ ⋮	3	
1367	丁未	27		4	
1368	戊申	28⑧④(亡于明)		5	

①张士诚称王立国建元,据《元史·顺帝纪》在至正十三年(1353)五月;《明史·太祖纪》及《张士诚传》作至正十三年;《新元
②一作"大统"。
③明昇即位改元时间,据《明史·太祖纪》在至正二十六年(1366)二月;《明玉珍传》作是年春;《罪惟录》同;《新元史·明玉珍
④据《元史·顺帝纪》:是年闰七月,妥欢贴睦耳逃出大都(今北京),八月,朱元璋军进入京城,元亡。

				公 元
				1349
天 完				1350
治平⊕1 徐寿辉				1351
2	1 郭子兴⊖	**周**		1352
3	2	天祐㊄①1 诚王张士诚		1353
4	3	2	**宋**	1354
5	4	3	龙凤⊖1 小明王韩林儿	1355
	1 郭天叙⊜~㊈			
太平1		4	2	1356
2		5	3	1357
		(至正)㊇17(降元)		
3		18	4	1358
天启㊇1				
2		19	5	1359
天定㊃1				
2 㘞㊄		20	6	1360
夏		21	7	1361
天统②㊂1 太祖明玉珍		22	8	1362
2		23(称吴王㊈)	9	1363
3		24	10	1364
4		25	11	1365
5		26	12㊀	1366
开熙⊜③1 明昇		27㊈		1367
2				
3				1368

史·张士诚传》作至正十四年（1354）。本年表依《元史》及《明史》记载。

传》作至正二十五年（1365）夏。本年表依《明史》及《罪惟录》记载。

十二 明时

公元	干支	明	北元
1368	戊申	洪武 1 太祖高帝朱元璋	至正28 惠宗顺帝妥欢贴睦耳㈧
1369	己酉	2	29
1370	庚戌	3①	30[昭宗㈣]
1371	辛亥	4	宣光 1 昭宗必力克图汗爱猷识理达腊
1372	壬子	5②	2
1373	癸丑	6	3
1374	甲寅	7	4
1375	乙卯	8	5
1376	丙辰	9	6
1377	丁巳	10	7
1378	戊午	11	8[益宗㈣]
1379	己未	12	天元 1 益宗乌萨哈尔汗脱古思帖木儿
1380	庚申	13③	2
1381	辛酉	14	3
1382	壬戌	15④	4
1383	癸亥	16	5
1384	甲子	17	6
1385	乙丑	18	7
1386	丙寅	19	8
1387	丁卯	20⑤	9
1388	戊辰	21	10
1389	己巳	22	1(?)恩克卓里克图汗
1390	庚午	23	2

①明廷开设科举,规定以八股文取士。据《明史·选举志》:"其文略仿宋经义,然代古人语气为之,体用排偶。"考试专以四书
②喇嘛教格鲁派(黄教)祖师宗喀巴(1357~1419年)从青海到西藏求法。他在西藏进行宗教改革,建立黄教。 黄教在明中叶
③是年,丞相胡惟庸因树党谋逆被杀,以此大杀元勋宿将,涉杀功臣三万余人,史称"胡狱"。废中书省和丞相,分相权于吏、户、
　司,由布政司、按察使、都指挥使分掌民、刑、军事。
④是年设锦衣卫,这是为护卫皇帝而从事侦缉活动的军事机构。永乐十八年(1420),又称"东厂",由宦官统领。
⑤是年开始丈量全国土地,编制"鱼鳞册",记载每乡每户土地亩数和方圆四至,并绘制成图。

期纪年表

察合台汗国	东察合台汗国	夏	公　元
（?）麻哈没的	5 怯马鲁丁	开熙3 明昇	1368
⋮	6	4	1369
⋮（亡于帖木儿帝国）	7	5	1370
	8	6⑥（降于明）	1371
	9		1372
	10		1373
	11		1374
	12		1375
	13		1376
	14		1377
	15		1378
	16		1379
	17		1380
	18		1381
	19		1382
	20		1383
	21		1384
	22		1385
	23	天定⑪1 晋王彭玉琳	1386
	24		1387
	25		1388
	26		1389
	1（?）黑的儿火者		
	2		1390

五经命题,四书以朱熹注为依据。

势盛。他有两个著名弟子,即达赖喇嘛和班禅额尔德尼,他们世世转生,称呼毕勒汗。

礼、兵、刑、工六部,六部直属皇帝。兵权由兵部和五军都督府分掌,刑狱由刑部、大理寺和都察院分掌。地方上,全国设十三布政使

309

公元	干支	明	北 元	东察合台汗国	
1391	辛未	洪武 24 太祖	3 恩克卓里克图汗	3 黑的儿火者	
1392	壬申	25	4	4	
			1(?)额勒伯克汗		
1393	癸酉	26①	2	5	
1394	甲戌	27②	3	6	
1395	乙亥	28	4	7	
1396	丙子	29	5	8	
1397	丁丑	30	6	9	龙凤⊖1 汉明皇帝田九成⑨
1398	戊寅	31 [惠帝囝㊄]	7	10	
1399	己卯	建文 1 惠帝朱允炆③	8	11	
1400	庚辰	2④	1 坤帖木儿	12	
1401	辛巳	3	2	13	
1402	壬午	4 [成祖㊅]	3(亡于鞑靼)	14	
		洪武㊉35 成祖(太宗)文帝朱棣	[鞑 靼]	1 沙迷查干	
1403	癸未	永乐 1	1 鬼力赤	2	
1404	甲申	2	2	3	
1405	乙酉	3⑤	3	4	
1406	丙戌	4	4	5	
1407	丁亥	5	5	6	
1408	戊子	6⑥	1 本雅失里	7	
				1(?)马哈麻	
1409	己丑	7⑦	2	2	
1410	庚寅	8	3	3	
1411	辛卯	9	4	4	
1412	壬辰	10	1(?)答里巴	5	
1413	癸巳	11⑧	2	6	
1414	甲午	12	3	7	
1415	乙未	13	4	8	
			1 额色库汗	1(?)纳黑失只罕	

①大将军蓝玉恃功骄横,以谋逆罪被杀,牵连被杀有功之臣一万五千人,史称"蓝狱"。

②是年发布"额外垦荒,永不起科"的诏令,规定鲁豫冀陕等地农民自垦荒地不征税。此法施行七十年,到景泰时废。

③朱元璋开国后,为维护朱氏政权,分封诸子于各地为王。惠帝即位,开始削藩。是年燕王朱棣在北平(今北京)起兵,史称"靖难之役"。

④著名作家罗贯中约于是年前后卒。他著《三国演义》被誉为三大名著之一。其余两部为施耐庵《水浒传》、吴承恩《西游记》。

⑤从是年到宣德八年(1433),杰出航海家郑和率船队七次下西洋,前后经历亚非三十余国。郑和七次下西洋是海上丝路达到鼎盛期的标志。海上丝路是丝绸之路的三大干线之一。在公元 3 世纪前主要航线已经存在,到达今印度。公元 3 世纪后,开通由交州、广州出发,至今越南南部、爪哇、苏门答腊、印度,经中亚、西亚、红海、地中海,抵达北非等地的航线。也包括从中国沿海城镇到达朝鲜半岛和日本群岛的海上通道。大约公元 11 世纪前后,海上丝路日益发展,15 世纪达到鼎盛时期。

⑥成祖命解缙等编纂《永乐大典》成书。这是中国最大的一部类书。共两万两千多卷,装成一万一千多册,辑书七八千种。现已散佚,仅存数百卷。

⑦是年设立奴儿干都司。这与之前设立的建州卫等对东北地区的开发起了很大作用。

⑧是年废思州等地土司,设贵州布政使司。此举成为贯穿明清两朝,在云贵等地进行的"改土归流"之始。

公 元	干支	明	[鞑 靼]	东察合台汗国
1416	丙申	永乐 14 成祖①	2 额色库汗	2 纳黑失只罕
1417	丁酉	15	3	3
1418	戊戌	16	4	4
				1 失儿马黑麻
1419	己亥	17	5	2
1420	庚子	18	6	3
1421	辛丑	19②	7	4
				1 歪思
1422	壬寅	20	8	2
1423	癸卯	21	9	3
1424	甲辰	22[仁宗⊗]	10	4
1425	乙巳	洪熙 1 仁宗昭帝朱高炽	11	5
		[宣宗⊗]	1(?)阿岱汗	
1426	丙午	宣德 1 宣宗章帝朱瞻基	2	6
1427	丁未	2	3	7
1428	戊申	3	4	8
				1(?)也先不花
1429	己酉	4	5	2
1430	庚戌	5	6	3
1431	辛亥	6	7	4
1432	壬子	7	8	5
1433	癸丑	8	9	6
1434	甲寅	9	10	7
1435	乙卯	10[英宗⊖]	11	8
1436	丙辰	正统 1 英宗睿帝朱祁镇	12	9
1437	丁巳	2	13	10
1438	戊午	3	14	11
			1(?)脱脱不花	
1439	己未	4	2	12
1440	庚申	5	3	13
1441	辛酉	6	4	14
1442	壬戌	7	5	15
1443	癸亥	8	6	16

①在北京始建承天门。清顺治八年(1651)重修,改称"天安门"。

②是年,迁都北京。明初立时,洪武元年(1368),改元大都路为北平府,治所在今大兴、宛平两县,设北平布政使司,时朱棣受封燕王在此。朱棣即位后,永乐元年(1403)改称"顺天府",建城以为北京(在今北京市区。"北京"之名始此。形成保留至今的城市格局。)是年迁都,称"京师"(据《公羊传·桓九》:"京师者何? 天子之居也。京者何? 大也;师者何? 众也。")此后,"京师"一称历清至民国未改,而习惯上仍称北京。

公元	干支	明	[鞑 靼]	东察合台汗国	
1444	甲子	正统9 英宗	7 脱脱不花	17 也先不花	
1445	乙丑	10	8	18	
1446	丙寅	11①	9	19	
1447	丁卯	12②	10	20	
1448	戊辰	13	11	21	
1449	己巳	14[代宗⑨]③	12	22	
1450	庚午	景泰1 代宗景帝朱祁钰	13	23	
1451	辛未	2	14	24	
1452	壬申	3	15	25	
1453	癸酉	4	**[瓦 剌]** 添元④1 大元田盛(天圣)大可汗也先	26	
1454	甲戌	5	2	27	
			[鞑 靼] 1 乌珂克图汗马可古儿吉思		
1455	乙亥	6	2	28	
1456	丙子	7	3	29	1(?)羽奴思
1457	丁丑	天顺1 英宗睿帝朱祁镇⑤	4	30	2
1458	戊寅	2	5	31	3
1459	己卯	3	6	32	4
1460	庚辰	4	7	33	5
1461	辛巳	5	8	34	6
1462	壬午	6	9	35	7
1463	癸未	7	10	1(?)也密力火者 2	8
1464	甲申	8[宪宗⊖]	11	3	9
1465	乙酉	成化1 宪宗纯帝朱见深	12	4	10
1466	丙戌	2	1(?)摩伦汗脱思 ⋮	5	11

①权倾一时,被大臣唤作"翁父"的大宦官王振之侄和曹吉祥之弟等受世职。宦官亲属受世职始于此。
②始命府、县学外可取附学生员,称"附生",从此学生人员数量大增。
③是年发生"土木之变"。瓦剌首领也先时为鞑靼太师,率兵攻大同,明英宗亲征,在土木堡(今河北省怀来东)被俘,弟景帝立。
④一作"天元"。
⑤是年发生"夺门之变"。宦官曹吉祥等发动政变,废景帝,拥英宗复位,杀于谦。
⑥关于李添保的纪年,有作1460年;有作1461年。本年表依据最新研究成果,详见本书**"纪年考"**。

				公　元
[桂平瑶]				1444
1 侯大苟				1445
2				1446
3		**太　平**		1147
4	1 铲平王邓茂七㊂	泰定 1 陈鉴胡		1448
5	2	2㊃（降明）	东阳㊈1 顺天王黄萧养	1449
	1 邓伯孙㊀			
6	⋮		2㊄（亡于明）	1450
7	⋮（亡于明）			1451
8				1452
9				1453
10				1454
11				1455
12	天顺 1 李珍	**极　乐**		1456
13		天绣 1 王斌		1457
14				1458
15				1459
16	武烈1 武烈王李天保⑥			1460
17	2（亡于明）			1461
18				1462
19				1463
20	**[汉]**			1464
21	德胜1 汉王刘通㊂			1465
1 侯郑昂㊆				
2	2			1466
	1 石龙㊃㊂～✚			

也先挟英宗逼京师，为于谦率军击退。

313

公元	干支	明	[鞑　靼]
1467	丁亥	成化 3 宪宗	⋮
1468	戊子	4	
1469	己丑	5	
1470	庚寅	6	
1471	辛卯	7	
1472	壬辰	8	
1473	癸巳	9	
1474	甲午	10	
1475	乙未	11	1 满都鲁
1476	丙申	12	2
1477	丁酉	13	3
1478	戊戌	14	4
1479	己亥	15	5
1480	庚子	16	1 达延汗巴图蒙克
1481	辛丑	17	2
1482	壬寅	18	3
1483	癸卯	19	4
1484	甲辰	20	5
1485	乙巳	21	6
1486	丙午	22	7
1487	丁未	23[孝宗⑨]	8
1488	戊申	弘治 1 孝宗敬帝朱祐樘	9
1489	己酉	2	10
1490	庚戌	3	11
1491	辛亥	4	12
1492	壬子	5	13
1493	癸丑	6	14
1494	甲寅	7	15
1495	乙卯	8	16
1496	丙辰	9	17
1497	丁巳	10	18
1498	戊午	11	19
1499	己未	12	20
1500	庚申	13	21
1501	辛酉	14	22
1502	壬戌	15	23
1503	癸亥	16	24

东察合台汗国		[桂平瑶]	公　元
6 也密力火者	12 羽奴思	3 侯郑昂（亡于明）	1467
7	13		1468
8	14		1469
	15		1470
	16		1471
	17		1472
	18		1473
	19		1474
	20		1475
	21		1476
	22		1477
	23		1478
	1（？）阿黑麻		1479
	2		1480
	3		
	4		1481
	5		1482
	6		1483
	7		1484
	8		1485
	9		1486
	10		1487
	11		1488
	12		1489
	13		1490
	14		1491
	15		1492
	16		1493
	17		1494
	18		1495
	19		1496
	20		1497
	21		1498
	22		1499
	23		1500
	24		1501
	25		1502
	26		1503

315

公 元	干支	明	[鞑 靼]	东察合台汗国
1504	甲子	弘治 17 孝宗	25 达延汗	27 阿里麻 1 满速儿
1505	乙丑	18[武宗⑤]	26	2
1506	丙寅	正德 1 武宗毅帝朱厚照	27	3
1507	丁卯	2	28	4
1508	戊辰	3	29	5
1509	己巳	4	30	6
1510	庚午	5①	31	7
1511	辛未	6	32	8
1512	壬申	7	33	9
1513	癸酉	8	34	10
1514	甲戌	9	35	11
1515	乙亥	10	36	12
1516	丙子	11	37	13
1517	丁丑	12	38	14
1518	戊寅	13		15
1519	己卯	14	1 巴尔斯博罗特 1 博迪阿拉克汗(亦克汗)卜赤	16
1520	庚辰	15	2	17
1521	辛巳	16[世宗四]	3	18
1522	壬午	嘉靖 1 世宗肃帝朱厚熜	4	19
1523	癸未	2	5	20
1524	甲申	3	6	21
1525	乙酉	4	7	22
1526	丙戌	5	8	23
1527	丁亥	6	9	24
1528	戊子	7②	10	25
1529	己丑	8	11	26
1530	庚寅	9	12	27
1531	辛卯	10	13	28
1532	壬辰	11	14	29
1533	癸巳	12	15	30
1534	甲午	13	16	31

①大宦官刘瑾因内部矛盾被杀。由于明代皇帝宠信宦官,他生前地位显赫,掌司礼监,在东、西厂外加设内行厂,权重势威。时
②明代有代表性的哲学家王守仁(字伯安,世称"阳明先生",1472～1529 年)卒。他继承陆九渊"心即理"的学说,提出"致良

			公　元
			1504
			1505
			1506
			1507
			1508
	1 顺天王蓝廷瑞⊕		1509
	2		1510
	3		1511
	1 方四⑥		
	2		1512
	1 廖麻子☒⑤		1513
	2		
叶尔羌汗国	1 喻思俸		
1 萨亦德⑧	2（亡于明）		1514
2			1515
3			1516
4			1517
5	1 韦银豹		1518
6	2	顺德⑥1 朱宸濠⊕	1519
7	3		1520
8	4		1521
9	5		1522
10	6		1523
11	7		1524
12	8		1525
13	9		1526
14	10		1527
15	11		1528
16	12		1529
17	13		1530
18	14		1531
19	15		1532
20	16		1533
1 拉失德⑥			
2	17		1534

言京城有两个皇帝,一姓朱,为坐皇帝;一姓刘,为立皇帝,大臣奏章要写两份分送。

知"的命题,称伦理道德为人生所具有的"良知",以修养的方法达"万物一体"境界。他的学说在明中叶后影响很大。

317

公元	干支	明	[鞑靼]	东察合台汗国
1535	乙未	嘉靖 14 世宗	17 卜赤	32 满速儿
1536	丙申	15	18	33
1537	丁酉	16	19	34
1538	戊戌	17	20	35
1539	己亥	18	21	36
1540	庚子	19	22	37
1541	辛丑	20	23	38
1542	壬寅	21	24	39
1543	癸卯	22	25	40
1544	甲辰	23	26	41
1545	乙巳	24	27	42
				1(?)沙
1546	丙午	25	28	2
1547	丁未	26	29	3
			1(?)库登汗打来孙	
1548	戊申	27	2	4
1549	己酉	28	3	5
1550	庚戌	29①	4	6
1551	辛亥	30	5	7
1552	壬子	31	6	8
1553	癸丑	32	7	9
1554	甲寅	33	8	10
1555	乙卯	34②	9	11
1556	丙辰	35	10	12
1557	丁巳	36	11	13
1558	戊午	37	1(?)图们汗	14
1559	己未	38	2	15
1560	庚申	39	3	16
1561	辛酉	40④	4	17
1562	壬戌	41	5	18
1563	癸亥	42	6	19
1564	甲子	43	7	20
1565	乙丑	44	8	21

①是年发生"庚戌之变"。鞑靼兵攻宣府,至通州,在京师附近大掠八日而退。
②名将戚继光(1528～1587年)奉调浙江,率军抗倭,二十余年中,大捷不断,基本上平定了倭患。他对练兵、治械、阵图等多有创见。
③张琏称帝建元一说在嘉靖三十九年(1560)。
④嘉靖进士范钦在家乡鄞县(今浙江省宁波)建"天一阁"。这是我国现存最古的藏书楼,藏书数万卷。

叶尔羌汗国			公 元
3 拉失德	18 韦银豹		1535
4	19		1536
5	20		1537
6	21		1538
7	22		1539
8	23		1540
9	24		1541
10	25		1542
11	26		1543
12	27		1544
13	28		1545
14	29		1546
15	30		1547
16	31		1548
17	32		1549
18	33		1550
19	34		1551
20	35		1552
21	36		1553
22	37		1554
23	38		1555
24	39		1556
25	40		1557
26	41		1558
27	42	造历 1 张琏③（？）	1559
1（？）阿不都·哈林			
2	43	2	1560
3	44	3	1561
4	45	4 林朝曦㊄	1562
5	46	⋮	1563
6	47	**大 唐**	1564
7	48	大宝㊆1 蔡伯贯	1565

公元	干支	明	[鞑 靼]	东察合台汗国
1566	丙寅	嘉靖45[穆宗㊣]	9 图们汗	22 沙
1567	丁卯	隆庆1 穆宗庄帝朱载垕	10	23
1568	戊辰	2	11	24
1569	己巳	3	12	25
1570	庚午	4	13	26(?)（并于叶尔羌）
1571	辛未	5	14	
1572	壬申	6[神宗㊣]	15	
1573	癸酉	万历1 神宗显帝朱翊钧	16	
1574	甲戌	2	17	
1575	乙亥	3	18	
1576	丙子	4	19	
1577	丁丑	5	20	
1578	戊寅	6①	21	
1579	己卯	7	22	
1580	庚辰	8	23	
1581	辛巳	9②	24	
1582	壬午	10	25	
1583	癸未	11	26	
1584	甲申	12	27	
1585	乙酉	13	28	
1586	丙戌	14	29	
1587	丁亥	15	30	
1588	戊子	16	31	
1589	己丑	17	32	
1590	庚寅	18	33	
1591	辛卯	19	34	
1592	壬辰	20	35	
1593	癸巳	21③	1 布延彻辰汗	
1594	甲午	22④	2	
1595	乙未	23	3	
1596	丙申	24	4	

①著名医学家李时珍(1518～1593年)所著《本草纲目》成书。此书标志我国药物学研究在当时居世界领先地位。
②俺答汗和三娘子在古丰州地方建城,明政府名之为归化,即今呼和浩特,成为南北交流的又一中心。
③日本丰臣秀吉侵入朝鲜,李如松奉命援朝,是年,大败日军,光复平壤与开城。
④是年,吏部郎中顾宪成革职还乡,与高攀龙等在无锡东林书院讲学、议政,得部分士大夫的响应,被称为"东林党"。

叶尔羌汗国		大　唐	公　元
8 阿不都·哈比	49 韦银豹	大宝 2 蔡伯贯 ●（亡于明）	1566
9	50		1567
10	51		1568
11	52		1569
12	53		1570
13	54 六（亡于明）		1571
14			1572
15			1573
16			1574
17			1575
18			1576
19			1577
20			1578
21			1579
22			1580
23			1581
24			1582
25			1583
26			1584
27			1585
28			1586
29			1587
30			1588
31			1589
32			1590
33			1591
1（?）马黑麻			
2			1592
3			1593
4			1594
5			1595
6			1596

公元	干支	明		[鞑靼]
1597	丁酉	万历 25 神宗		5 布延彻辰汗
1598	戊戌	26		6
1599	己亥	27		7
1600	庚子	28		8
1601	辛丑	29①		9
1602	壬寅	30②		10
1603	癸卯	31		11
1604	甲辰	32		1 库图克图汗林丹
1605	乙巳	33		2
1606	丙午	34		3
1607	丁未	35		4
1608	戊申	36		5
1609	己酉	37		6
1610	庚戌	38		7
1611	辛亥	39		8
1612	壬子	40		9
1613	癸丑	41③		10
1614	甲寅	42		11
1615	乙卯	43	**后 金**	12
1616	丙辰	44	天命 1 太祖高帝(武帝)努尔哈赤	13
1617	丁巳	45④	2	14
1618	戊午	46	3⑤	15
1619	己未	47	4	16
1620	庚申	48 泰昌Ⓐ 1 光宗贞帝朱常洛 [熹宗Ⓘ]	5	17
1621	辛酉	天启 1⑥ 熹宗哲帝朱由校	6	18

①意传教士利玛窦到北京,获许在京建教堂。他曾在华任耶稣会士的领袖。同时,他还带来了一些西方的科学知识。

②思想家李贽(号卓吾,1527～1602年)卒。他以"异端"自居,对传统教条和假道学进行揭露,反对以孔孟的是非为是非,终被统

③著名旅行家徐弘祖(号霞客)周游全国,著《徐霞客游记》名世,开辟了地理学观察和描绘自然的新方向,其对我国西南石灰

④杰出的戏剧作家汤显祖(字义仍,1550～约1617年)卒。其代表作《牡丹亭》为明代传奇的高峰。

⑤努尔哈赤宣布"七大恨"誓师反明。下年,"萨尔浒之战"大败明军,取得决定性的胜利。

⑥是年,茅元仪所著《武备志》成书,书中所载"火龙出水"为现代火箭的前身。

叶尔羌汗国			公 元
7 马黑麻			1597
8			1598
9			1599
10			1600
11			1601
12			1602
13			1603
14			1604
15			1605
16			1606
17			1607
18			1608
19			1609
1(?)阿合马			
2			1610
3			1611
4			1612
5			1613
6			1614
7			1615
8			1616
9			1617
10			1618
1(?)阿不都·拉提甫			
2	洪武四1 李新	真混☺1 弥天王李文	1619
3			1620
	大 梁		
4	瑞应九1 奢崇明		1621

治者迫害而死。著有《藏书》、《李氏焚书》、《续焚书》,清统治者屡令烧毁。
岩地貌的记述为当时世界首创。

公 元	干支	明	后 金	[鞑 靼]
1622	壬戌	天启2①熹宗	天命7太祖	19 林丹
1623	癸亥	3	8	20
1624	甲子	4	9	21
1625	乙丑	5	10④	22
1626	丙寅	6	11[太宗⑨]	23
1627	丁卯	7[思宗⑧]	天聪1太宗文帝皇太极	24
1628	戊辰	崇祯1思宗庄烈愍帝朱由检	2	25
1629	己巳	2	3	26
1630	庚午	3	4	27
1631	辛未	4	5	28
1632	壬申	5	6	29
1633	癸酉	6⑤	7	30
1634	甲戌	7	8	31
				1 额哲
1635	乙亥	8	9	2⑧（降后金）
1636	丙子	9	10	
			清	
			崇德⑭1太宗文帝皇太极	
1637	丁丑	10	2	天运1张普薇
1638	戊寅	11	3	
1639	己卯	12	4	
1640	庚辰	13	5	
1641	辛巳	14	6	
1642	壬午	15	7	
1643	癸未	16	8[世祖⑧]	**大 顺**
1644	甲申	17⊜（亡于大顺）⑥	顺治⊕1世祖章帝福临	永昌1新顺王李自成

①荷兰殖民者入侵中国领土台湾。

②一作"大乘兴胜"，或"大乘兴盛"，或"兴盛"。

③一作"元静"。

④是年，迁都盛京（今辽宁省沈阳）。

⑤著名科学家徐光启（1562～1633年）卒。其代表作为《农政全书》。同时代的另一位科学家宋应星（1587～？年），代表作为

⑥本书"纪年考"中列有"明代较有影响的起义一览表"和"明末参加荥阳大会的'十三家'反明义军"，供参考。

叶尔羌汗国	大　梁			公　元
5 阿布都·拉提甫	瑞应 2 奢崇明	大成兴胜②五1 中兴福烈帝徐鸿儒⊕	玄静③1 万俟德	1622
6	3⑧（亡于明）			1623
7	鳞德⑨1 杨桓			1624
8				1625
9				1626
10				1627
11	永兴 1 张惟元			1628
12				1629
13				1630
1（?）阿黑麻				1631
2				1632
3			[准噶尔]	1633
1（?）马合木			1 巴图尔珲台吉和多和沁	1634
2			2	1635
3				
4				
1（?）阿黑麻				
2			3	1636
3			4	1637
4			5	1638
1（?）阿布都拉哈			6	1639
2			7	1640
3			8	1641
4			9	1642
5			10	1643
6	大　西		11	1644
7	大顺⑫1 大西国王张献忠	天定⑨1 刘守分		
		重兴 1 秦尚行		

《天工开物》。

十三　清时

公元	干支	清	明	大　顺
1644	甲申	顺治⊕1世祖章帝福临	崇祯17三(亡于大顺)	永昌1新顺王李自成
			南　明	
			1[福王五]	
1645	乙酉	2	弘光1福王朱由崧五	2五(亡于清)
			隆武⊕①1唐王朱聿键四六	1鲁王朱以海四六
1646	丙戌	3	2八[桂王⊕②]	(监国③)1
			绍武⊕1唐王朱聿鐭七	
1647	丁亥	4	永历1桂王朱由榔	2
1648	戊子	5	2	3
1649	己丑	6	3	4
1650	庚寅	7	4	5
1651	辛卯	8	5	6
1652	壬辰	9	6	7
1653	癸巳	10	7	8
1654	甲午	11	8	
1655	乙未	12	9	
1656	丙申	13	10	
1657	丁酉	14	11	
1658	戊戌	15	12	
1659	己亥	16	13	
1660	庚子	17	14	
1661	辛丑	18[圣祖一]	15七(亡于清)	
1662	壬寅	康熙1圣祖仁帝玄烨		
1663	癸卯	2		
1664	甲辰	3		
1665	乙巳	4	大庆四1王耀祖	
1666	丙午	5		
1667	丁未	6		

① 有年表作"闰六月"。据黄宗羲《行朝录》卷一:唐王"闰六月七日监国,二十七日即皇帝位于福州……改是年乙酉七月一日
② 有年表作"十一月"。据徐鼒《小腆纪传》卷四:隆武二年(1646)十月,"十八日庚申,(永历帝)即皇帝位,仍称隆武二年,以
③朱由崧被擒后,鲁王朱以海在绍兴另立,不奉"隆武"正朔,以明年称"元年",号"鲁监国"(《罪惟录》以"监国"纪年,而"监国"
④韩王朱亶塉,一般写作"朱本铉"(也有作"朱本铉"),据孟森先生考证为朱亶塉,见《后明韩主》,载《明清史论著集刊》中华

326

期纪年表

大 西		叶尔羌汗国	[准噶尔]	公 元
大顺☺1 大西国王张献忠	天定⑨1 刘守分	7 阿布都拉哈	11 巴图尔珲台吉和多和沁	1644
	重兴1 秦尚行			
2	清光⑥1 徐会公胡守龙	8	12	1645
3☉（亡于清）		9	13	1646
定武1 韩王朱璮塝④	[大 明]	10	14	1647
2	中兴1 蒋尔恂			
3	天正⑧1 佚名	11	15	1648
4		12	16	1649
5		13	17	1650
6		14	18	1651
7		15	19	1652
8		16	20	1653
			1 僧格	
9		17	2	1654
10		18	3	1655
11		19	4	1656
12		20	5	1657
13		21	6	1658
14		22	7	1659
15		23	8	1660
16	天顺1 萧惟堂	24	9	1661
17		25	10	1662
18（亡于清）		26	11	1663
		27	12	1664
		28	13	1665
		29	14	1666
		30	15	1667
		1 尤勒巴尔斯		

以后为隆武元年"。
明年为永历元年"。
非年号）。至八年(1653)，取消监国名义。康熙元年(1662)十一月，卒于台湾。
书局1959年版。本书"纪年考"附"清初较有影响的起义一览表"，供参考。

公 元	干支	清	叶尔羌汗国	［准噶尔］			
1668	戊申	康熙7 圣祖	2 尤勒巴尔斯	16 僧格			
1669	己酉	8①	3	17			
1670	庚戌	9	4	18			
			1 阿不都·拉提夫	1 博硕可图汗			
			1 伊斯玛依勒㊂	噶尔丹			
1671	辛亥	10	2	2			
1672	壬子	11	3	3			
1673	癸丑	12	4	4	广德㊀1 杨起隆	周	
1674	甲寅	13	5	5	2	1 吴三桂㊀②	裕民㊉1 耿精忠㊂
1675	乙卯	14	6	6	3	2	2
1676	丙辰	15	7	7	4	3	3㊉（降清）
1677	丁巳	16	8	8	5	4	
1678	戊午	17	9	9	6	5	
						昭武㊂1［吴世璠㊀］	
1679	己未	18	10	10	7	洪化 1 吴世璠	
1680	庚申	19	11(?)（亡于准噶尔）	11	8（亡于清）	2	
1681	辛酉	20		12	3㊉（亡于清）		
1682	壬戌	21③		13			
1683	癸亥	22		14			
1684	甲子	23④		15			
1685	乙丑	24		16			
1686	丙寅	25		17			
1687	丁卯	26		18			
1688	戊辰	27		19			
1689	己巳	28⑤		20			
1690	庚午	29		21			
1691	辛未	30		22			
1692	壬申	31		23			

①清入关后,为满足对土地的需要,在顺治元年(1644)曾下令圈地,前后共占有耕地十六万多顷,部分作满族贵族庄田,部分分给八旗旗丁。是年,下诏停止圈地,宣称满汉军民一律对待,凡该年所圈旗地立即退还,另由山海关、张家口等处旷土换补。

②据魏源《圣武记》卷二和《清史列传·吴三桂传》:吴三桂于上年十一月起兵,"以明年为周元年"。

③清初三大思想家之一顾炎武(世称"亭林先生",1613～1682年)卒。他提倡"经世致用",其名言"天下兴亡,匹夫有责"影响颇大。他治经重考证,开清代朴学之先,著有《日知录》、《天下郡国利病书》等。其余两人:王夫之(世称"船山先生",1619～1692年),有《船山遗书》;黄宗羲(世称"黎洲先生",1610～1695年),著《明夷待访录》、《明儒学案》等,后者开浙东史学研究风气之先。

④是年,圣祖开始南巡,前后六次,途经鲁、豫,直抵苏杭。在曲阜祭孔庙,在南京谒明太祖陵。

⑤中俄签订《尼布楚条约》。规定:以外兴安岭和额尔古纳河划界;毁雅克萨城,迁俄人出境;交换逃人;开展贸易。

公　元	干支	清	［准噶尔］	
1693	癸酉	康熙32 圣祖	24 噶尔丹	
1694	甲戌	33	25	
1695	乙亥	34	26	
1696	丙子	35	27	
1697	丁丑	36	28	
			1 卓里克图珲台吉	
			策妄阿拉布坦㊉㊂	
1698	戊寅	37	2	
1699	己卯	38	3	
1700	庚辰	39	4	
1701	辛巳	40	5	
1702	壬午	41	6	
1703	癸未	42	7	
1704	甲申	43①	8	文兴1 魏枝叶
1705	乙酉	44	9	2
1706	丙戌	45	10	3㊈(亡于清)
1707	丁亥	46	11	［大　明］
1708	戊子	47	12	乾德②1 朱永祚
1709	己丑	48	13	
1710	庚寅	49	14	
1711	辛卯	50	15	
1712	壬辰	51	16	
1713	癸巳	52	17	
1714	甲午	53	18	
1715	乙未	54	19	
1716	丙申	55③	20	
1717	丁酉	56	21	
1718	戊戌	57	22	
1719	己亥	58	23	
1720	庚子	59	24	

①考据学家阎若璩(字百诗,1636～1704)卒。他主张对古书大胆怀疑,用力考证,其历二十载所著《古文尚书疏证》证古文尚书书为伪书,解决了学术史上一大疑案。他的研究对后来影响很大,确立了考据学(朴学)在清代史学的主导地位。

②一作"天德"。

③是年前后,广东、四川开始"摊丁入亩",即将丁税摊入田赋,实行地丁合一制度。到雍正、乾隆时推行全国。无论市民、乡民、佃民,凡无地者,不再缴纳丁银,纳地丁银者也不再服徭役。这是一次重要的农业税制改革。

公 元	干支	清	[准噶尔]	
1721	辛丑	康熙60 圣祖	25 策妄阿拉布坦	永和㊄① 1 中兴王朱一贵 [王忠㊉]
1722	壬寅	61[世宗㊉]	26	2 王忠
1723	癸卯	雍正1 世宗宪帝胤禛	27	3
1724	甲辰	2	28	4
1725	乙巳	3	29	5
1726	丙午	4	30	6(亡于清)
1727	丁未	5②	31	
			1 噶尔丹策零	
1728	戊申	6	2	
1729	己酉	7③	3	
1730	庚戌	8	4	
1731	辛亥	9	5	
1732	壬子	10	6	
1733	癸丑	11	7	
1734	甲寅	12	8	
1735	乙卯	13[高宗㊅]	9	
1736	丙辰	乾隆1 高宗纯帝弘历	10	
1737	丁巳	2	11	
1738	戊午	3	12	
1739	己未	4	13	
1740	庚申	5	14	
1741	辛酉	6	15	
1742	壬戌	7	16	
1743	癸亥	8	17	
1744	甲子	9	18	
1745	乙丑	10	19	
			1 策妄多尔济那木札勒	
1746	丙寅	11	2	[大金川]
1747	丁卯	12	3	1 莎罗奔
1748	戊辰	13	4	2
1749	己巳	14	5	3(亡于清)
1750	庚午	15	6	
			1 准噶尔汗喇嘛达尔札	

①据兰鼎元《平台纪略》:朱一贵于是年四月起兵,五月称王建元。
②隆科多被囚,下年致死。他曾宣读圣祖遗命,使世宗夺得皇位,为总理事务四大臣之一。去年世宗曾杀支持其夺位的大将年羹尧。
③初置军机处,由皇帝亲选满汉大臣组成。军机处初为临时军事行政组织,后成处理全国军政大事的常设核心机构。

公 元	干支	清	[准噶尔]	[和卓木]
1751	辛未	乾隆16 高宗	2 喇嘛达尔札	
1752	壬申	17	3	
			1 达瓦齐⊕	
1753	癸酉	18	2	
1754	甲戌	19	3	
1755	乙亥	20	4	
			1 阿睦尔撒纳	[和卓木]
1756	丙子	21	2	1 图尔汗霍集占
1757	丁丑	22	3❾（亡于清）	2
1758	戊寅	23①		3 图尔汗
1759	己卯	24		4❼（亡于清）
1760	庚辰	25②		
1761	辛巳	26		
1762	壬午	27		
1763	癸未	28③		
1764	甲申	29		
1765	乙酉	30		
1766	丙戌	31		
1767	丁亥	32		
1768	戊子	33		
1769	己丑	34④		
1770	庚寅	35	[小金川]	
1771	辛卯	36	1 僧格桑	
1772	壬辰	37⑤	2	
1773	癸巳	38	3	
			1（?）莎罗奔	
1774	甲午	39	2	
1775	乙未	40	3	
1776	丙申	41	4●（亡于清）	
1777	丁酉	42		
1778	戊戌	43		
1779	己亥	44		
1780	庚子	45		

①经学家惠栋（字定宇，1697～1758 年）卒。乾嘉时考据风盛，称"朴学"或"汉学"。知名学者有六十多人，主要分吴、皖两派。吴
　派以惠栋为代表，弟子有江声、余萧客等，在治经上成绩突出；皖派以戴震（字东原，1723～1777 年）为代表，弟子有段玉裁、王念
　孙等，在声韵、校勘学上成就颇高。除外，江永声韵学，王引之训诂学，王昶、毕沅金石学，钱大昕、王鸣盛史学皆名称一时。
②在乌鲁木齐、伊犁屯田垦荒，移民实边。
③杰出文学家曹雪芹（名霑，字梦阮，约 1715～1763 年）卒。他的不朽巨著《红楼梦》达到中国古典现实主义文学的高峰。
④康雍乾三朝大兴文字狱，用残酷手段加强思想文化专制统治。是年，以"诋谤本朝"之名下令销毁藏书家钱谦益诗文集。
⑤是年始修《四库全书》。这是我国历史上卷帙最大的丛书，由纪昀（字晓岚，1724～1805 年）等一百六十余人编辑，经十年之
　功修成。修书同时对不合时政之书大肆禁毁与删改。另，纪氏还编《四库全书总目提要》，为至今常用的重要目录学著作。

公　元	干支	清		
1781	辛丑	乾隆46 高宗		
1782	壬寅	47		
1783	癸卯	48		
1784	甲辰	49		
1785	乙巳	50		
1786	丙午	51	天运㊏①1 林爽文	
1787	丁未	52	顺天1	
1788	戊申	53	2●（亡于清）	
1789	己酉	54		
1790	庚戌	55②		
1791	辛亥	56		
1792	壬子	57③		
1793	癸丑	58		
1794	甲寅	59	［乾州苗］	
1795	乙卯	60④	1 吴八月㊋ 1 石柳邓㊊	天运1 陈周全
1796	丙辰	嘉庆 1 仁宗睿帝颙琰	2㊏（亡于清）	1 王聪儿㊌
1797	丁巳	2	万利⑤㊌1 黎树 大庆㊌1 王大叔 仙大 1 王阿崇	2
1798	戊午	3	2（亡于清）	3 1 佚名㊍
1799	己未	4		2
1800	庚申	5		3
1801	辛酉	6		4
1802	壬戌	7		5
1803	癸亥	8		6
1804	甲子	9		7
1805	乙丑	10		8（亡于清）
1806	丙寅	11		
1807	丁卯	12		

①据魏源《圣武记》卷八：林爽文于是年十一月起兵。所建年号可参考《文物》1963年第3期所发布的原收藏在清军机处档案中林爽文当时所发的布告，其中有所署"天运丙午年"及"顺天丁未年"的字样。

②是年，四大徽班（三庆、四喜、春台、和春）相继进京演出。其后，徽调渐与汉调等剧种融合，形成京剧。

③是年乾隆帝定金瓶掣签决定达赖、班禅转世灵童之制。下年，颁行《钦定西藏章程》。

④清代三部考史名著之一《廿二史劄记》问世（作者赵翼，号瓯北，1727～1814年）。其余两部是：钱大昕（号竹汀，1728～1804年）《廿二史考异》和王鸣盛（字凤喈，晚年号西沚，1722～1797年）《十七史商榷》。

⑤一作"大庆"。

十三 清时期纪年表

公 元	干支	清	
1808	戊辰	嘉庆13 仁宗	
1809	己巳	14	
1810	庚午	15	
1811	辛未	16	
1812	壬申	17	[大 明]
1813	癸酉	18	天顺⑨1 大明天顺李真主李文成⑪
1814	甲戌	19	
1815	乙亥	20	
1816	丙子	21	
1817	丁丑	22	
1818	戊寅	23	
1819	己卯	24	
1820	庚辰	25 [宣宗⑧]	1 地王唐贵⑪
1821	辛巳	道光1 宣宗成帝旻宁	2四（亡于清）
1822	壬午	2	
1823	癸未	3	
1824	甲申	4	
1825	乙酉	5	
1826	丙戌	6	1 赛义德·张格尔·苏丹⑧
1827	丁亥	7	2⑪（亡于清）
1828	戊子	8	
1829	己丑	9①	
1830	庚寅	10	
1831	辛卯	11	
1832	壬辰	12	天运⑪1 开国大元帅张丙
1833	癸巳	13	2⑪（亡于清）
1834	甲午	14	
1835	乙未	15	
1836	丙申	16	
1837	丁酉	17	
1838	戊戌	18	

①时鸦片走私猖獗，年近万箱。

公 元	干支	清			
1839	己亥	道光 19 宣宗①			
▼1840	庚子	20②			
1841	辛丑	21			
1842	壬寅	22			
1843	癸卯	23③			
1844	甲辰	24④			
1845	乙巳	25⑤			
1846	丙午	26			
1847	丁未	27⑥			
1848	戊申	28			
1849	己酉	29			
1850	庚戌	30[文宗⊖]	太平天国⑦		
1851	辛亥(开)⑧	咸丰1 文宗显帝奕𬣞	太平天国1 天王洪秀全		
1852	壬子	2	2		大明国
1853	癸丑(好)	3	3	洪顺㊄1 李明先	天运㊇1 刘丽川
				[大 明]	
				天德㊄1 黄威	
1854	甲寅	4⑨	4	2	2
1855	乙卯(荣)	5	5	3	3●(亡于清)
					[台拱苗]
					1 张秀眉⊜
1856	丙辰	6⑩	6⑪	4	2
1857	丁巳	7	7	5	3

①钦差大臣林则徐赴广州查禁鸦片,是年六月,"虎门销烟",焚毁收缴的英美商人鸦片两万余箱,伸张了中国人民的浩然正气。

②"鸦片战争"爆发。此战失败,于1842年签订《南京条约》:割地(香港)、赔款、开放口岸等。从此,西方列强打开了中国门户,

③洪秀全、冯云山、洪仁玕等在家乡花县创立拜上帝会。借用基督教形式,以"十款天条"作为入会守则,号召反抗统治者。

④是年7月,与美签订《望厦条约》;10月,与法签订《黄埔条约》,中国主权进一步丧失。

⑤上海道宫慕久公布与英驻沪领事巴富尔签订的《上海租地章程》,此《章程》允许英人租地留住。外国在华设租界始此。

⑥上海爆发徐家汇教案。法传教士强占民地盖教堂,引起人民反抗。这是中国近代史上的第一次教案。

⑦太平天国金田起义是在道光三十年十二月初十,按公元则为1851年1月11日,因而习惯上称"金田起义"为"1851年1月"。
天国前后及清末较有影响的起义一览表",供参考。

⑧太平天国建政后颁行"天历",用稍加改造的"干支"纪年,在十二地支中改三字:"丑"改"好";"卯"改"荣";"亥"改"开"。
《天历考及天历与阴阳历日对照表》。

⑨太平军进入湖南,曾国藩组织湘军抗击。湘军的出现为近代地方军阀私人军队的开端。是年,第一个留美学生容闳毕业于

⑩爆发第二次鸦片战争。至1860年9月英法联军攻入北京,烧掠圆明园,文宗出逃承德。10月签订《北京条约》,并承认1858

⑪太平天国发生内讧。东王杨秀清被北王韦昌辉所杀,殃及部下二三万人。未几,洪秀全又杀韦昌辉。下年,翼王石达开负气

						公　元
						1839
						1840
						1841
						1842
						1843
						1844
						1845
						1846
						1847
						1848
						1849
						1850
						1851
						1852
天德㈨1 林万青						1853
		昇平天国				
2	江汉㈧1 杨龙喜	1 定南王胡有禄⊕				1854
3	2☰（亡于清）	2				1855
	大成国	1 镇南王朱洪英㈨				
	洪德㈧1 陈开		**[哀牢夷]**			
4	2	2	1 李文学㈣	1 杜文秀㈨	1 马如龙	1856
5	3	3	2	2	2	1857

陆续侵入。中国社会自此发生根本变化,逐步沦为半殖民地、半封建社会,史学界将此作为中国近代史的开端。

在此表中,遵照习惯,将"太平天国元年"放置"1851 年"栏内,而不放在"道光三十年"栏内,特此说明。另,本书**"纪年考"**附"太平

"天历"是纯太阳历,一年 12 月,单月 31 日,双月 30 日,全年 366 日。与传统的阴阳历不同,之间有个换算问题,参考罗尔纲所作

美国耶鲁大学,次年回国。是年,英国人威妥玛任江海关税务司,外国人管理中国海关至此始。

年签订的《天津条约》和中俄《瑷珲条约》,使中国进一步丧失主权和大片领土,加深了半殖民化程度。

率十万精锐单独行动,至 1863 年在大渡河全军覆没。

公元	干支	清	太平天国	大 明
1858	戊午	咸丰8 文宗	太平天国8 洪秀全	天德6(?)(亡于清)
1859	己未	9	9①	[威宁苗]
1860	庚申	10	10	1 陶新春
1861	辛酉	11[穆宗⊕②]	11	2
1862	壬戌	同治1 穆宗毅帝载淳	12	3
1863	癸亥(开)	2	13	4
1864	甲子	3	14 幼主洪天贵福㊄㊏（亡于清）	5
			1 汗和卓(黄和卓)热西丁㊐	
1865	乙丑	4③	2	6
1866	丙寅	5	3	7
1867	丁卯	6	4(亡于哲德沙尔汗国)	8㊒(亡于清)
			哲德沙尔汗国	
			1 巴达乌勒特汗阿古柏	
1868	戊辰	7	2	
1869	己巳	8	3	
1870	庚午	9④	4	
1871	辛未	10	5	
1872	壬申	11	6	
1873	癸酉	12⑤	7	
1874	甲戌	13[德宗⊕]	8	
1875	乙亥	光绪1 德宗景帝载湉⑥	9	

①洪秀全族弟洪仁玕从香港到天京辅政,受封"干王",所著《资政新篇》刊印,他所提出的新主张碍于条件,未得实施。
②载淳六岁即位,权臣肃顺等定年号"祺祥"。当年九月,发生"北京政变",肃顺被杀,载垣、端华自尽,由两太后垂帘听政。十
③"江南机器制造总局"在上海成立。这是我国第一个大型近代企业。李鸿章将苏州炮局移至南京,建立金陵制造局。
④李鸿章(字少荃,1823~1901年)于是年任直隶总督兼北洋大臣,掌外交、军事、经济大权。他是道光进士,以在籍办团练,镇压
　不平等条约。
⑤买办官僚盛宣怀(1844~1916年)任招商局会办。他以官督商办、官商合办形式垄断洋务企业。他于1897年开办的中国通
⑥郭嵩焘受任使英钦差大臣。中国向外国派遣大使自此始。

[台拱苗]		大成国	昇平天国	[哀牢夷]
4 张秀眉	天德6 林万青（亡于清）	洪德4 陈开	4 朱洪英㊅（亡于清）	3 李文学
5		5		4
6	顺天1 蓝朝鼎	6	天纵1 宋继鹏	5
7	2	7 建章王黄鼎凤㊆	2	6
8	3 蓝朝柱㊀	8	3	7
9	4	9	4㊆（亡于清）	8
10	5㊃（亡于清）	10㊃（亡于清）		9
	1 清真王妥得璘㊅	1 迈孜木汗迈孜木杂特㊈		
		1 肖开特㊆		
11	2	2		10
		1 艾拉汗㊆		
12	3	2		11
13	4	3		12
14	5	4		13
15	6	5		14
16	7	6		15
17	8	7㊅		16
18㊃（亡于清）	9（亡于哲德沙尔汗国）			17
				1 李学东
				2
				3
				4

月,改元"同治",定明年为同治元年。此后,慈禧太后操政近五十年。是年底,曾国藩创办安庆内军械所,"洋务运动"始于此。

太平军起家,成为清末淮军军阀、洋务派首领。他开办近代军工,建立北洋海军。对外妥协,经他手与列强签订一系列丧权辱国的

商银行是中国第一家新式银行。1911 年,他任皇族内阁邮传部大臣时,以路权作押大借外债,激起铁路风潮。

3 杜文秀	3 马如龙		
4	4		
5	5	**延陵国**	
6	6	1 吴陵云	1 白凌阿
7	7❤（降清）	2	2
	[盘县回]		
	1 张凌翔	3	3
8	2	1 吴亚终〓	
9	3	2	4
	1 金万照⊕	3	
10	2	3	5
11	3	4	6
12	4	5	7
13	5	6五（亡于清）	8♨（亡于清）
14	6		
15	7		
16	8		
17♨（亡于清）	9⊕（亡于清）		

				公　元
				1858
				1859
				1860
[天柱侗]	[西宁回]	[河州回]		1861
1 定平王姜映芳㊄	1 马文义	1（?）马占鳌		1862
1 陈大六㊈				
2	2	2		1863
3	3	3		1864
			[肃州回]	
4	4	4	1 马文禄	1865
5	5	5	2	1866
6	6	6	3	1867
7（亡于清）	7	7	4	1868
	8	8	5	1869
	9	9	6	1870
	10	10	7	1871
	1 马永福			
	2㊈（降清）	11⊜（降清）	8	1872
			9㊈（亡于清）	1873
				1874
				1875

公元	干支	清	哲德沙尔汗国	[哀牢夷]
1876	丙子	光绪2 德宗①	10 阿古柏	5 李学东❺（亡于清）
1877	丁丑	3	11	
			1 伯克胡里㈣❼	
1878	戊寅	4②		
1879	己卯	5		
1880	庚辰	6		
1881	辛巳	7		
1882	壬午	8		
1883	癸未	9		
1884	甲申	10③		
1885	乙酉	11		
1886	丙戌	12		
1887	丁亥	13		
1888	戊子	14		
1889	己丑	15④		
1890	庚寅	16		
1891	辛卯	17		
1892	壬辰	18		
1893	癸巳	19		
1894	甲午	20⑤		
1895	乙未	21⑥	永清㈣1 唐景崧❺	
1896	丙申	22		
1897	丁酉	23		
1898	戊戌	24⑦		

①中国出现第一条铁路——淞沪铁路。

②是年开始由海关兼办邮政,首次发行邮票。

　是年,在上海创办"正蒙书院",这是我国自办的第一所新式小学。

　下年,李鸿章在天津至大沽口间架线首发电报。

③爆发"中法战争"。法国从越南进攻中国,战中冯子材军和刘永福军虽重创法军,引起法国内政局动荡,然于下年,清政府却授意李鸿章与法签订不平等的《中法新约》,使法国势力伸入滇桂。

④洋务派首领张之洞(1837～1909年)调任湖广总督。他兴办实业,在《劝学篇》中提出"旧学为体,新学为用"。他反对戊戌变法,1907年又调任军机大臣。

⑤中日"甲午战争"爆发。在海战中北洋舰队全军覆没。下年,清政府派李鸿章签订《马关条约》,加深了中国的民族危机。

⑥严复译出赫胥黎《天演论》,宣扬"物竞天择,适者生存"的生物进化论观点。继而又译亚当·斯密《原富》、斯宾塞《群学肄言》、孟德斯鸠《法意》、穆勒《穆勒名学》等,传播近代经济学、社会学和逻辑学。他在翻译学上提出"信、达、雅"标准,影响较大。

⑦是年发生"戊戌变法"。这是一场改良主义的政治运动,主要人物康有为(1858～1927年)、梁启超(1873～1929年)、谭嗣同(1865～1898年)、严复(1854～1921年)。他们面对列强侵略、民族危机,曾联合一千三百多举人"公车上书";组织强学会;设学堂、办报馆,鼓吹维新变法。是年,光绪帝接受变法主张,颁发维新变法令,推行新政。然只维持了百余日(6月11日～9月21日),慈禧太后发动政变,囚光绪帝;杀谭嗣同等六君子;康、梁逃亡日本,变法失败。

公　元	干支	清	
1899	己亥	光绪 25 德宗①	
1900	庚子	26	
1901	辛丑	27②	
1902	壬寅	28	
1903	癸卯	29③	
1904	甲辰	30④	
1905	乙巳	31⑤	
1906	丙午	32	汉德☺1 龚春台
1907	丁未	33	2⬤
1908	戊申	34[溥仪☺⑥]	
1909	己酉	宣统 1 溥仪	
1910	庚戌	2	
1911	辛亥	3☺⑦	

①义和团在山东兴起。初提"扶清灭洋"口号,运动迅速扩大到华北、东北各地。下年,八国联军进攻中国。清对义和团采取两面手法,控制不住时施行剿杀,义和团也提出"反清灭洋"。在列强与清政府残酷镇压下,运动失败。

是年,在河南省安阳小屯村(殷墟)发现"甲骨文字"(又称"契文"、"卜辞"、"龟甲文字"、"殷虚文字"等),这是现知汉字的最古形态,对其研究称"甲骨学"。

是年,林纾译小仲马《茶花女》闻世,这是介绍西方文学之始,他先后译莎士比亚、狄更斯、巴尔扎克、雨果、托尔斯泰等作品一百七十多部。

②八国联军攻占北京后,是年9月迫使清政府签订"辛丑条约",向列强赔款白银四亿五千万两,俗称"庚子赔款"。

是年前后,李宝嘉著《官场现形记》,揭露时政黑暗,与吴沃尧《二十年目睹之怪现状》、曾朴《孽海花》合称为晚清三大谴责小说。

③近代思想家章炳麟(号太炎,1869～1936年)在上海《苏报》发表《驳康有为论革命书》,反对改良,鼓吹革命。革命者邹容(1885～1905年)发表《革命军》,提出建立"中华共和国"。陈天华(1875～1905年)发表《警世钟》、《猛回头》,揭露列强侵略和清政府卖国,影响较大。

④夏曾佑《中国历史教科书》出版。这是用近代观点编写的第一部史书,同时开创了至今广泛行用的"章节体"。

⑤孙中山在日组织"中国同盟会",提出"驱除鞑虏,恢复中华,建立民国,平均地权"的纲领。创办《民报》,在其发刊词中首次提出民族、民权、民生的"三民主义"。

⑥有年表作"十月"。据溥仪《我的前半生》(群众出版社1964年版)第二章中说:"我入宫的第三天,慈禧去世,过了半个多月,即旧历十一月初九,举行了登基大典。"

⑦是年4月,同盟会组织广州起义,林觉民等百余人牺牲,后寻得七十二具尸体葬黄花岗,称"黄花岗七十二烈士"。10月,革命党人在武昌起义(即"辛亥革命")成功,推翻清政府,历史翻开了新的一页。另,本书**"纪年考"**附**"辛亥革命前夕革命党人起义一览表"**,供参考。

※本年表由闻昌琦协助制成

十四　民国时期纪年表

公　元	干支	中华民国	
1912	壬子	中华民国1①	
1913	癸丑	2	
1914	甲寅	3	
1915	乙卯	4②	
1916	丙辰	5③	洪宪①1 袁世凯❸
1917	丁巳	6④	宣统⑦9 溥仪❼
1918	戊午	7⑤	
▼1919	己未	8⑥	
1920	庚申	9	
1921	辛酉	10⑦	
1922	壬戌	11	
1923	癸亥	12⑧	
1924	甲子	13	
1925	乙丑	14⑨	

① 1月1日,中华民国临时政府在南京成立。孙中山任临时大总统,黎元洪为副总统。宣布共和政体,废除年号,改用公历,以1912年为中华民国元年。2月12日,宣统帝宣告退位。4月1日,迫于内外压力,孙中山解职,让位于袁世凯,临时政府北迁北京,开始了北洋军阀的统治。8月,成立国民党,孙中山任理事长,宋教仁主持党务。下年,宋被刺,袁世凯强行解散国民党。

② 9月,陈独秀(字仲甫,1879～1942年)创办《青年杂志》(后改名《新青年》),鼓吹"民主"与"科学",成为新文化运动的一面旗帜。

③ 袁世凯死后,由黎元洪(字宋卿,1864～1928年)任大总统,直系军阀冯国璋(字华甫,1859～1919年)为副总统,皖系军阀段祺瑞(字芝泉,1865～1936年)任内阁总理,掌实权。在反袁斗争中壮大起来的各派军阀割据一方,除直、皖系外,尚有奉系张作霖(字雨亭,1875～1928年);滇系唐继尧(字蓂赓,1883～1927年);桂系陆荣廷(字幹卿,1859～1928年),以及张勋(字绍轩,1854～1923年);阎锡山(字百川,1883～1960年);谭延闿(字组庵,1880～1930年)等。

④ 辫帅张勋拥溥仪复辟失败后,冯国璋代黎元洪为总统,段祺瑞复任总理操实权。段抛弃国会和《临时约法》引起孙中山等的"护法运动"。9月,孙在广州组织护法军政府。10月,段军入湘与护法军开战。

⑤ 护法运动失败,段祺瑞排挤冯国璋,新选老官僚徐世昌(字卜五,1855～1939年)为总统。
是年,革命文学家鲁迅(原名周树人,字豫才,1881～1936年)发表《狂人日记》,这是现代文学史上第一篇白话小说,深刻揭露了封建礼教吃人的本质。
是年,中国最早的马克思主义者李大钊(字守常,1889～1927年)发表《法俄革命比较观》和《布尔什维主义的胜利》,宣传俄国十月革命,指出"试看将来的环球,必是赤旗的世界"。

⑥ "五四运动"爆发,这是中国人民反帝反封建的爱国运动,标示着中国新民主主义革命的开端,史学界将其视为中国现代史的起始。
是年,孙中山将二次革命失败后在日成立的中华革命党改组为中国国民党。

⑦ 中国共产党在上海成立。通过党纲、党章,选举陈独秀为中央局书记。

⑧ 5月,在各方压力下,徐世昌宣布辞职。6月,直系军阀曹锟(字仲珊,1862～1938年)通过贿选(一票五千银元)当选大总统。

⑨ 国民党在广州成立"国民政府",形成南北两个政府的局面。下年,北伐胜利,南方政府迁都武汉。
是年3月12日,孙中山在北京逝世。遗体于1929年6月1日移至南京,安葬于紫金山二峰南麓,即著名的"中山陵"。陵墓正门刻有其亲笔所写"天下为公"四字,祭堂四壁刻有他的遗著。

公　元	干支	中华民国	
1926	丙寅	中华民国15	
1927	丁卯	16①	
1928	戊辰	17	
1929	己巳	18②	
1930	庚午	19	
1931	辛未	20	[伪满洲国]
1932	壬申	21	大同③1 溥仪
1933	癸酉	22	2
1934	甲戌	23③	3
			康德③1
1935	乙亥	24	2
1936	丙子	25	3
1937	丁丑	26④	4
1938	戊寅	27	5
1939	己卯	28	6
1940	庚辰	29	7
1941	辛巳	30	8
1942	壬午	31⑤	9
1943	癸未	32	10
1944	甲申	33	11
1945	乙酉	34⑥	12❽
1946	丙戌	35	
1947	丁亥	36⑦	
1948	戊子	37	
1949	己丑	38⑧	

十四　民国时期纪年表

①因国民党内部矛盾,是年4月,南京又立"国民政府",出现北、中、南三政府局面。6月,张作霖在北京就任"中华民国海陆军大元帅",成为北洋军阀最后一个统治者。
　8月1日,中国共产党领导南昌武装起义,后将这一天定为中国人民解放军建军节。
　9月,武汉政府南迁,南京政府改组,南方国民政府统一。下年6月,皇姑屯事件,张作霖被炸死。12月,张学良宣告接受南京政府领导,受任政府委员,至此,南北政府统一。此后,国民党开始对共产党"围剿"。
②是年,古人类学家裴文中在北京房山周口店首次发现北京猿人的头盖骨,此宝物至今下落不明。
③10月,红军从瑞金出发开始"长征",经二万五千里艰苦历程,于下年10月到达陕北。途中1935年1月召开的遵义会议,最终确立了毛泽东的领导地位。
④7月7日,日军炮击宛平县城,发生"卢沟桥事变"。日本大举侵华,抗日战争开始。
⑤共产党开展"延安整风"。5月,毛泽东发表《在延安文艺座谈会上的讲话》奠定了对文艺的指导方针。
⑥8月,日本宣布无条件投降,抗日战争结束。继而内战爆发,国、共两党开始全面较量。
⑦10月,共产党颁布《中国土地法大纲》,"土地改革"在解放区全面展开。
⑧4月,中国人民解放军渡江,占领南京,结束了国民党在大陆的统治。10月1日,中华人民共和国成立,首都北京市。

伍

中华历史纪年考（附世系表）

说　明

1.中国历史纪年繁纷复杂，内中问题很多，为使纪年表建立在可靠的基础上，特做此纪年考，供读者参考。

2.本纪年考以纪年表为中心，按纪年表的时代顺序分十四个时期，分别对纪年表十四个分表中出现的朝代始末、帝王建元、各类名号等一一作出考证与说明，指出史料依据，有的注明原出处；对其中有争议的问题说明学术界不同的看法，并表明作者的意见；对易引起疑问，或混乱处的背景资料作出相关的说明。故此纪年考与纪年表互为表里，是纪年表的基础。

3.中国封建社会的一大特点是帝王世袭制，一般是"父子相传"（长子继承），或"兄终弟及"，然统治集团中（包括家族内、外戚间，或君臣间）的争位斗争无一日平息，因而一个朝代帝王的承袭亦呈现出复杂的状况，为使读者明了传承关系，在每朝代后附该朝世系表。

4.本纪年考除依托纪年表考证其所载外，尚根据需要，按各时代不同情况，分列若干附表："关于'诸侯国'的说明"、"春秋时期其他诸侯小国存亡表"、"汉时西域诸国概况一览表"、"黄巾起义前后之较有影响的起义一览表"、"东汉末年群雄割据简表"、"关于'三国时期'的说明"、"关于'五胡十六国时期'的说明"、"隋末各地起兵割据简表"、"唐中期以后藩镇割据简表"、"关于'五代十国'的说明"、"明代较有影响的起义一览表"、"明末参加荥阳大会的'十三家'反明义军"、"清初较有影响的起义一览表"、"'太平天国'前后及清末较有影响的起义一览表"、"辛亥革命前夕革命党人起义一览表"等，以作纪年表的补充，穿插于本纪年考之中。

5.在对本年表做修订的时候，国家"九五"科技攻关重点项目"夏商周断代工程"公布了阶段成果，见由夏商周断代工程专家组编著的《夏商周断代工程1996；"2000年阶段成果报告·简本》（世界图书出版公司2000年11月版）。这是我国在新时期组织的一项人文社会科学与自然科学相结合的重大科研项目，也是首次兼用考古学和现代科技手段进行多学科交叉研究的最新成果。此项成果建立了夏商周三代年代框架；对商王武丁至帝辛（纣）诸王、西周武王至厉王各世给出了年代，由此而提出了基本的夏商周三代年表。这是一个基础，本年表关于此三代的纪年即依此修订。

6.历史上所建政权，有的无名称。本书目录根据不同情况作了不同的标示（见本书"凡例"），其中有以"年号"为代称者，凡此情况，为便于读者查找，在"纪年考"中的"年号"则用黑体显示，并在条目右侧特别标出。

一　夏时期纪年考

（约前 2070～约前 1600 年）

一般认为，夏王朝的建立是中华跨入阶级社会的标志，夏朝是中华历史上的第一个朝代，本年表即以此始。这一时期的确切年代尚待确考，其基本年代框架，据"夏商周断代工程"的估定。夏、商、周有"三代"之称，见《论语·卫灵公》。

夏

（约前 2070～约前 1600 年）

相传夏朝是由夏后氏部落首领禹所建①（一说由禹之子启所建②），具体年代尚未得以确考，本年表主要据《竹书纪年》，参考他载。由于各类史籍记载歧异，各种说法争论颇大，故也尽量列举具有代表性的他说，以供读者参考。

夏，史又称作"夏后"、"夏氏"、"夏后氏"。"夏后"之"后"，据《尔雅·释诂》及《毛诗故训传》："后，君也。"即"夏后"为"夏君"、"夏王"之意。不过，历史上亦常以"夏后"之称称"夏"。"夏"作为朝代名，其来源学界有不同看法：一说源于部落名（此说依据《史记·夏本纪》中将"夏后氏"并列为姒姓十二氏族之一）；一说源于地名（《左传·定公四年》："封于夏虚"）；还有他说。据《国语·周语》：夏兴起崇山（今地不明，《汉书·地理志》指为嵩山，在今河南省登封北）。其建都有诸说：1. 阳城③（今河南省登封王城岗古城）；2. 阳翟④（今河南省禹州）；3. 平阳⑤（今山西省临汾西南）；4. 安邑⑥（今山西省夏县西北）；5. 晋阳⑦（今山西省太原

---

① 据《史记·夏本纪》："禹于是遂即天子位，南面朝天下，国号曰夏后，姓姒（sì）氏。"
② 见《辞海》和中国社会科学院历史研究所《中国历史年表》。后者云："禹之子启得帝位，开始'家天下'。这就是文献记载的'夏'王朝"（中国社会科学出版社 2002 年 7 月版）。这主要是据文献所载，禹以前首领继承为"禅让"。禹治水有功，承位于舜，《史记·夏本纪》记为禹死以天下授益，益让位给禹子启；《晋书·束晳传》引《竹书纪年》说是"益干启位，启杀之"而夺位。以后开始了传子或传弟的世袭制。
③ 据古本《竹书纪年》（本书所引《竹书纪年》一般注明古、今本，若古、今本皆有，则注为《竹书纪年》，特作说明）、《世本·居篇》。
④ 据《帝王世纪》、《汉书·地理志》、《水经·颍水注》。
⑤ 据《史记·夏本纪》"集解"引皇甫谧（mì）说、《世本·居篇》。
⑥ 据《史记·夏本纪》"集解"引皇甫谧说、《世本·居篇》、《水经·涑水注》、《括地志》。
⑦ 据《史记·夏本纪》"集解"引皇甫谧说、《世本·居篇》。

晋源镇）。禹之后，启居黄台之丘①（今河南省郑州与新密市之间）；太康居斟鄩②（今河南省巩义西南③）；相居帝丘④（今河南省濮阳西南）；又居斟灌⑤（今河南省清丰县南）；予居原⑥（今河南省济源西北）；又迁老丘⑦（今河南省开封陈留城北）；廑居西河⑧（一说在今陕西省内黄河南段东部）。其地域，据《史记·孙子吴起列传》："夏桀之居，左河济，右泰华，伊阙在其南，羊肠在其北。"大约以今河南为中心，包括陕东、晋南、冀南、鲁西等地区。

学术界认为，二里头文化和河南龙山文化晚期可能属夏文化，遂以此探寻夏文化的特征。二里头遗址位于河南偃师，1959年开始发掘，面积达九平方公里，发现有宫殿、铸铜、制陶、制骨、制石等作坊及墓葬等。出土器物鼎多鬲（lì）少，除各种陶器外，还有精美的玉器和青铜器。二里头文化除此遗址外，还分布于豫西、晋南等地区。有学者认为，二里头文化为夏中、晚期文化；河南龙山文化晚期为夏早期文化。龙山文化以薄而有光泽的黑陶闻名，故曾被称为"黑陶文化"。其分布于黄河中下游地区。有铜器和冶铸遗址，发现夯筑、土坯、石灰等遗存，玉器制作颇具特色。

夏自禹始，至桀亡，共传十四世，十七王，历时四百多年⑨（古本《竹书纪年》记为四百七十一年；王国维《今本竹书纪年疏证》据夏诸王纪年合计为三百七十三年，以岁名核之为四百三十一年；《易纬稽览图》作四百三十一年；《世经》作四百三十二年）。

关于核定夏代纪年，《夏商周断代工程1996～2000年阶段成果报告》一书中说：

"文献所见夏代积年主要有两种说法：

471年⑩说：《太平御览》卷八二引《竹书纪年》：'自禹至桀十七世，有王与无王，用岁四百七十一年'，《路史·后纪》卷一三下注所引《汲冢纪年》则为：'并穷寒四百七十二年'，当以年代较早的引文为准。

431年说：《易纬稽览图》：'禹四百三十一年。'（'禹'指整个夏代）这是殷历家的说法。《世经》：'伯禹……天下号曰夏后氏，继世十七王，四百三十二岁'。《帝王世纪》继承了《世经》的说法，并明确指出夏代的432年是自禹至桀并包括羿（yì）、浞（zhuó）在内的十九王。431与432之间的一年之差，抑或传抄致误，当取年代较早的

---

① 据《穆天子传》。
② 据古本《竹书纪年》。
③ 有学者认为是河南偃师二里头遗址。目前学术界普遍认为二里头是夏代晚期的都城。
④ 据《左传·僖三十一》（"僖三十一"即"僖公三十一年"，下同，不另注）。
⑤ 据古本《竹书纪年》。
⑥ 据古本《竹书纪年》。
⑦ 据古本《竹书纪年》。
⑧ 据今本《竹书纪年》。
⑨ 也有学者考证为五百多年，见陈梦家《殷墟卜辞综述》，科学出版社，1956。
⑩ 关于书刊中数字的用法是个看似简单，实际十分棘手，而且是至今尚未完全统一的问题。1996年6月，由国家语委牵头制定了一个《出版物上数字用法的规定》，然其规定过于笼统，很多细节皆未涉及，除明确指出公历纪年、物理量值、统计表中的数值等"必须用阿拉伯数字"外，其他"使用阿拉伯数字或是汉字数字……可以灵活变通，但全篇体例应相对统一"（此为该规定的"一般原则"）。按照这个原则，鉴于本书属"历史"类书籍，书中引用古籍较多，为与之相匹配，本书除公历纪年（包括世纪）、统计表外，行文中一般多用汉字数字。——这就形成与"夏商周断代工程"一书在数字用法上的某些不一致；又遵照"引文不能更改"的原则，故在此发生上下文用数字不一致的现象，为避免误会，特作此说明。

殷历为是。

关于 471 年说与 431 年说相差 40 年的原因，历来有两种解说：一是 471 年包括羿、浞代夏的'无王'阶段，431 年不包括'无王'阶段；二是 471 年自禹代舜事起算，431 年自禹元年起算，兹采用前一种解说……

夏代基本年代框架的估定包括两点，一是夏商分界，二是夏代始年。夏商分界已估定为公元前 1600 年……上推 471 年，则夏代始年为公元前 2071 年，基本落在河南龙山文化晚期的第二段（公元前 2132～前 2030 年）范围之内。现暂以公元前 2070 年作为夏的始年。"

禹（约前 2070～约前 2026 年）

〔按〕亦称"大禹"、"夏禹"、"戎禹""伯禹"、"帝禹"等。据《帝王世纪》：为夏后氏，姒姓。生于石纽，一说名"文命"，字"高密"。[①] 据《史记·夏本纪》：为黄帝后裔。"禹为人敏给克勤。其德不违，其仁可亲，其言可信。声为律，身为度，称以出。亹亹（wěi）穆穆，为纲为纪。"其父鲧（gǔn），尧时主治洪水，采用堵截之法，"九年而水不息，功用不成"。九年不成，舜乃举禹继治，禹"乃劳身焦思，居外十三年，过家门不敢入。"采用疏导之法，"以开九州，通九道，陂九泽，度九山。"终于"以告成功于天下（"正义"：禹理水功成）。天下于是太平治"。舜乃定禹为嗣，十七年而舜崩，"禹于是遂即天子位，南面朝天下，国号曰夏后，姓姒氏"。相传禹时曾铸九鼎。

"十年，帝禹东巡狩，至于会稽（今浙江省绍兴东南）而崩（今绍兴禹陵村有大禹陵）……于是启遂即天子之位"。据古本《竹书纪年》：在位四十五年（本年表采之），今本《竹书纪年》同；又作八年，王国维疏证云："今本既云'八年，帝陟'。[②] 又云'禹立四十五年'，足见杂综诸书，未加修正。"《世经》作五十年；《通鉴外纪》作九年。

启（约前 2025～约前 1987 年）

〔按〕据《帝王世纪》：一名"建"，或名"余"，《路史》引《竹书纪年》云："启曰会。"据《史记·夏本纪》：为禹之子。《路史·后纪》曰："禹崩启继。"《孟子·万章上》云："禹荐益于天，七年，禹崩……朝觐讼狱者不之益而之启。"《夏本纪》："及禹崩，虽授益，益之佐禹日浅，天下未洽。故诸侯皆去益而朝启。"古本《竹书纪年》记："益干启位，启杀之。"《韩非子·外储说二》载："禹受益而任天下于益，已而以启人为吏。及老，而以启不足任天下，故传天下于益，而势重尽在启也。已而启以友党攻益而夺之天下。"《夏本纪》云："有扈氏不服，启伐之，大战于甘。"古本《竹书纪年》云："即位三十九年亡，年七十八。"（本年表采之；而《路史·后纪》十三注引作二十九年。）今本《竹书纪年》作十六年（《路史》同）；《通鉴外纪》作九年。

太康（约前 1986～约前 1958 年）

〔按〕据《史记·夏本纪》：为启之子。父卒继立。据《帝王世纪》：太康无道，失政而崩。

---

① 对禹之名与字，后人皆有异见。《史记·夏本纪》"索隐"云："太史公皆以放勋、重华、文命为尧、舜、禹之名，未必为得……尧、舜、禹、汤皆名矣。"宋衷云："高密，禹所封国。"

② 《路史》所引《竹书纪年》云："帝王之没皆曰陟。"韩愈《黄陵庙碑》云："《竹书纪年》帝王之没皆曰陟。陟，升也。"

《左传·襄四》等载：太康无道失国，东夷之君后羿"因夏民以代夏政"。太康出逃，死于外，临终传弟仲康，夏成偏安。据《帝王世纪》：太康在位二十九年（《通鉴外纪》同，本年表采之）；今本《竹书纪年》作四年；《路史》作十九年。今河南省太康县东有太康陵。

仲康（约前1957～约前1951年）

［按］"仲康"据今本《竹书纪年》和《史记·三代世表》；《夏本纪》作"中康"。为太康弟。兄被逐逃亡在外，死后他继立于斟郡。据今本《竹书纪年》：在位七年（本年表采之）；《通鉴外纪》作十三年；《路史》作十八年。

相（约前1950～约前1923年）

［按］据《帝王世纪》：名"相安"。据《史记·夏本纪》：仲康之子。父卒继立。据古本《竹书纪年》："相即位，居商丘。"七年，迁"居斟灌"（今本《竹书纪年》记在九年迁居斟灌，十五年又迁商丘）。据《左传·哀元》：为寒浞之子浇（ào）所杀。今本《竹书纪年》记在位二十八年（《通鉴外纪》同，本年表采之）。

※　　　※　　　※

附：

后羿（约前1957～约前1950年）

［按］名"羿"，因曾代夏为后（即君长），所立称"后羿"；《路史》作"夷羿"。有穷氏。传说为夏时东夷首领。善射，民间有后羿射日的传说。据《左传·襄四》云："昔有夏之方衰也，后羿自鉏（xú，今河南省滑县东）迁于穷石（今洛阳南），因夏民以代夏政。"《通鉴外纪》云："有穷（氏）后羿因夏民以代夏政，羿在位八年。"

寒浞（约前1949～前1918年）

［按］一作"韩浞"。原居寒（今山东省潍坊东北），为其君伯明所逐，投后羿，为后羿助手（《左传·襄四》："寒浞，伯明氏之谗子弟也，伯明后寒弃之，夷羿收之，信而使之，以为己相。"）后羿喜田猎，夺夏政后不理民事，积怨，而寒浞"虞（娱）羿于田（猎）……以取其国家。"而"羿犹不悛，将归自田，（被）家众（所）杀"。继而，寒浞之子浇攻杀相，亡夏（《左传·哀元》："浇杀斟灌（氏）以伐斟郡（氏），灭夏后相。"）据《帝王世纪》："（夏臣）靡逃奔有鬲氏，收斟、郡二国余烬（遗民），杀寒浞而立少康。"《通鉴外纪》云："浞在位三十二年"（本年表采之）；《路史》作四十三年。

※　　　※　　　※

少康（约前1917～约前1897年）

［按］据《史记·夏本纪》：为相之子。据《左传·襄四》："浞因羿（妻）室，生浇及豷（yì）……处浇于过（今山东省掖县），处豷于戈（今地不详）。靡自有鬲氏（故址在今山东省德州）收（集）二国（斟灌氏和斟郡氏）之烬（遗民），以灭浞而立少康。少康灭浇于过，

后杼（少康子）灭犷于戈，有穷由是遂亡，失人故也。"据古本《竹书纪年》："少康即位，方夷来宾。"《后汉书·东夷传》："自少康以后，世服王化，遂宾于王门，献其乐舞。"历史上称为"少康中兴"。据今本《竹书纪年》：在位二十一年（《通鉴外纪》同，本年表采之）；《路史》作四十六年。

予（约前 1896～约前 1880 年）

［按］"予"（zhù）据《史记·夏本纪》；今本《竹书纪年》作"杼"；古本《竹书纪年》作"宁"；《国语·鲁语》作"纻"；《世本》作"伫"；《帝王世纪》云：名"宁"，号"后予"，或曰"公孙曼"。为少康之子。父卒继立。据今本《竹书纪年》：在位十七年（《帝王世纪》、《通鉴外纪》同，本年表采之）；《路史》作二十七年。

槐（约前 1879～约前 1836 年）

［按］"槐"据《史记·夏本纪》；今、古本《竹书纪年》与《世本》作"芬"；《帝王世纪》云：帝芬，一名帝槐，或曰祖武。据《史记·夏本纪》：为予之子。父卒继立。据古本《竹书纪年》：在位四十四年（今本同，本年表采之）；《帝王世纪》作二十六年（《通鉴外纪》、《路史》同）。

芒（约前 1835～约前 1778 年）

［按］"芒"据古本《竹书纪年》；或名"荒"；据《帝王世纪》：一名"和"。据《史记·夏本纪》：为槐之子。父卒继立。据古本《竹书纪年》：在位五十八年（今本同，本年表采之）；《帝王世纪》作十三年；《通鉴外纪》和《路史》作十八年。

泄（约前 1777～约前 1757 年）

［按］《路史》名作"洩"；《帝王世纪》曰：一名"世"，或曰"泄宗"。据《史记·夏本纪》：为芒之子。父卒继立。据古本《竹书纪年》：在位二十一年（本年表采之）；今本作二十五年；《帝王世纪》作十六年（《通鉴外纪》同）；《路史》作二十六年。

不降（约前 1756～约前 1698 年）

［按］据《帝王世纪》：一名"降"；或曰"北成"。据《史记·夏本纪》：为泄之子。父卒继立。据今本《竹书纪年》：在位五十九年，让位于弟（《帝王世纪》、《通鉴外纪》、《路史》同，本年表采之）；古本《竹书纪年》作六十九年（有引本作"立十九年"）。

扃（约前 1697～约前 1680 年）

［按］扃（jiōng），据《帝王世纪》：一名"禺"；或名"高阳"。据《史记·夏本纪》：为不降之弟。接兄让位而立。据今本《竹书纪年》：在位十八年（本年表采之）；《帝王世纪》作二十一年（《通鉴外纪》、《路史》同）。

厪（约前 1679～约前 1672 年）

［按］据《帝王世纪》：一名"顼"（也有引作"顿"，或曰"董江"）。据今本《竹书纪年》：一名"胤甲"（古本同）。据《史记·夏本纪》：为扃之子，父卒继立。据今本《竹书纪年》：在位八年（本年表采之）；《帝王世纪》作二十年（《通鉴外纪》、《路史》同）。

孔甲（约前 1671～约前 1641 年）

［按］据《史记·夏本纪》：为不降之子。厪卒后立之。"孔甲立，好方鬼神，事淫乱，夏后氏德衰，诸侯畔（叛）之。"据《通鉴外纪》：在位三十一年（本年表采之）；今本《竹书纪年》作九年；《路史》作四十年。

皋（约前 1640～约前 1638 年）

［按］据古、今本《竹书纪年》：名作"昊"；《帝王世纪》名作"皋苟"。据《史记·夏本纪》：为孔甲之子。父卒继立。据古本《竹书纪年》：在位三年（今本同，本年表采之）；《通鉴外纪》与《路史》作十一年。

发（约前 1637～约前 1631 年）

［按］据古本《竹书纪年》：一名"后敬"；或曰"发惠"。据《史记·夏本纪》：为皋之子。父卒继立。据今本《竹书纪年》：在位七年（本年表采之）；《帝王世纪》作十三年（《通鉴外纪》同）；《路史》作十二年。

癸（桀）（约前 1630～约前 1600 年）

［按］"癸"据今本《竹书纪年》；古本作"桀"；《史记·夏本纪》作"履癸"，又称其为"桀"。为发之子。父卒继立。《史记·夏本纪》称："桀不务德而武伤百姓，百姓弗堪。"是历史上最早的一个暴君典型。后被商汤所攻伐，败走鸣条（今河南省开封附近，一说山西省运城安邑镇北），逐放而死。夏亡。据今本《竹书纪年》：在位三十一年（本年表采之）；《通鉴外纪》作五十一年；《路史》作四十三年。

夏 世 系

```
            ①禹
             |
            ②启
             |
      ┌──────┴──────┐              附
   ③太康        ④仲康    ④后羿
                   |
                  ⑤相      ⑤寒浞
                   |
                  ⑥少康
                   |
                  ⑦予
                   |
                  ⑧槐
                   |
                  ⑨芒
                   |
```

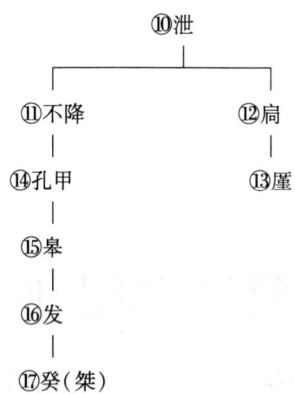

二　商时期纪年考

（约前 1600～约前 1046 年）

继商汤灭夏之后，中华历史进入了商（或殷商）时期。"夏商周断代工程"以盘庚迁殷为标志，将其划为前、后两个时期。

商（殷）

（约前 1600～约前 1046 年）

传说商之先祖名"契"（xiè，亦作"偰"，或"禼"），为帝喾（kù）之裔。《诗经·商颂》："天命玄鸟，降而生商。"学者认为，这表明玄鸟是商族的图腾。佐禹治水有功而封于商（一说在今河南省商丘南；一说在今河北省漳河地区；还有他说），并赐姓"子"，"商"乃得名于此。① 其具体年代已不可确考。

据《尚书·胤征》：始居亳（bó。一说今河南省偃师；一说为郑州商城遗址；还有他说）。后多次迁徙，至盘殷时，迁至殷（今河南省安阳西北小屯村）。故历史上又称其为"殷"，或"商殷"，或"殷商"。② 其统治范围，以今豫中偏东黄河西岸为中心，东至于海，西至陕，北达冀，南抵鄂一带地区。

史学界有一种说法，商起源于我国东北。③ 见傅斯年《东北史纲》④："商之兴也，自东北来；商之亡也，向东北去。"金景芳《商文化起源于我国东北说》⑤："商远祖昭

---

① 关于商朝的名称，有学者以为得于星名——商星（见朱芳圃《殷墟文字释丛》），而王国维云："商之国号，本于地名。"（《观堂集林》卷十二《说商》），这里采用王说。

② 关于商王朝的称呼，历来叫法不一。有称"商"；有称"殷"；有将盘殷前称"商"，之后称"殷"；还有统称为"殷商"，或"商殷"。而据甲骨文考查，商人自称为"商"。罗振玉云："史称盘庚以后商改称殷，而遍搜卜辞，既不见殷字，又屡言入商。"（《殷墟书契考释》）郭沫若云："殷人自己自始至终都称为商而不称为殷的，在周初的铜器铭文中才称之为殷……殷代无所谓盘殷以前称商，盘殷以后称殷的事实，旧式历史中的殷、商之分是毫无根据的。"（《奴隶制时代》）

③ 关于商的起源地，史界历来意见不一，除东北说外，《史记·殷本纪》"集解"指为"太华之阳"（今陕西商县），即西方说；尚有东方说（见王国维《殷周制度论》，载《观堂集林》卷十）；南方说（见魏聚贤《殷人自江浙迁至河南》，载《江苏研究》第 3 卷第 5、6 期，1933 年）等。

④ 中央研究院历史语言研究所 1932 年刊。

⑤ 《中华文史论丛》第七辑，上海古籍出版社，1978。

明居砥石在辽水发源处，即今内蒙古昭乌达盟克什克腾旗的白岔山。"张博泉《肃慎、燕亳考》[1]："殷人是涉貉（wèi mò）中分出而兴起于东北者。"干志耿、李殿福、陈连开《商先起源于幽燕说》[2]："商文化的源头应是广被于幽燕之域的红山文化，只有在红山文化遗存中，才能看到商先传说的踪影和商殷文化的本源。"

经考古测定，属于商前期的遗址主要有郑州商城、偃师商城、小双桥遗址、安阳洹北花园庄遗址、邢台曹演庄遗址等。郑州商城面积有二十五平方公里，有数公里长的城墙。钻探证明，偃师商城有大城、小城和宫城，有城墙、宫殿、鱼池、府库、作坊等。商遗址考古，除大型商都城外，还有不少是方国的城邑。其中典型的如四川广汉三星堆古城，其城址规模的宏大和出土器物的神奇，无不显示出商代蜀国的强盛。其神秘文化的内涵和造型艺术的奇特吸引着不少学者深入探讨。

"商代"和"商王朝"（即"商朝"、"商国"）应该是不同的概念。商代时，方国林立。仅见于殷墟甲骨文的就有五十多个（实际存在的方国远不止此数）。广布南北各地。方国大多由古代部族发展而来，与商王朝一般无内在联系，其关系疏密不一，繁纷复杂，具有很强的独立性，不属中央王朝与地方政权的性质，而是"国"与"国"间的关系。甲骨文中称"某方"、"多方"、"邦方"，其首领称"侯"、"伯"、"邦伯"、"任"、"田"等。从政治上说，商尚未"大一统"。综观当时的局面，将其视为以商王朝为主体所建立的松散联盟（或看做关系网络）或许更近于历史实际。

商自汤灭夏（历史上以灭夏作商开国的标志）至纣亡，传十七世，三十王[3]（一说三十一王，包括汤之子太丁，然太丁未立而卒），历时五百多年（据古本《竹书纪年》载："汤灭夏以至于受，二十九王，用岁四百九十六年。"《易纬稽览图》同；王国维据今本《竹书纪年》商诸王纪年合计，并核之岁名，为五百零八年；《鬻子·汤政》作五百七十六年；《左传·宣三》作六百年；《世经》作六百二十九年）。

关于估定商代纪年，《夏商周断代工程1996～2000年阶段成果报告》一书做出了这样的分析：

"《世经》之629年，不见于先秦文献，是刘歆（xīn）据三统历推算出来的，不足凭信。""参考文献有关商代积年的记载，取商积年576年说，由公元前1046年武王克商上推576年，为公元前1622年；取商积年496年说，若依陈梦家的解释（林按：即加帝辛、帝乙两代56年），当由公元前1046年上推552年为公元前1598年，若依另一种解释（林按：即加帝辛30年），则由公元前1046年上推526年为公元前1572年。再参考上述[14]C测年数据，现取整估定商始年为公元前1600年。"

汤（约前1600～约前1588年）

[按]"汤"据古本《竹书纪年》；今本《竹书纪年》与《史记》作"成汤"；《诗经》作"武

---

[1]　《东北考古与历史》，中华书局，1982。

[2]　《历史研究》1985年第5期。

[3]　据考，商代的王位继承尚无定制，"兄终弟及"与"父死子继"皆有。前者按年龄长幼；后者有传嫡子，也有传兄子，或传弟子。到商后期，传嫡子方盛。

汤"，或"武唐"；《毛诗故训传》还作"武王"。《帝王世纪》云：名"履"（又见《论语·尧曰》、《墨子·兼爱》），一名"乙"，字"天乙"（又见《荀子·成相》）。卜辞作"唐"，又作"大乙"。

据《史记·殷本纪》：成汤前历十三世：①契—②昭明—③相土—④昌若—⑤曹圉（《世本》作"粮圉"）—⑥冥—⑦振（《世本》作"赅"；《帝系》作"核"；《楚辞·天问》作"该"；《汉书·古今人表》作"垓"；卜辞作"亥"）—⑧微（卜辞作"上甲"）—⑨报丁—⑩报乙—⑪报丙①—⑫主壬（卜辞作"示壬"）—⑬主癸（卜辞作"示癸"）—⑭成汤（对此世系不少学者作过考证，有不同认识）。据今本《竹书纪年》：汤在位二十九年。《帝王世纪》云：十七年灭夏，在位十三年（《太平御览》卷八十三引《韩诗内传》：汤为天子十三年，《世经》、《通鉴外纪》同，本年表采之）。今安徽省亳州汤陵公园内有汤王陵。

外丙（约前1587～约前1586年）

［按］卜辞作"卜丙"。据古本《竹书纪年》：名"胜"。据《史记·殷本纪》：为汤之次子。父卒时，因兄太丁早卒而继立。据今本《竹书纪年》：在位二年（《通鉴外纪》同，本年表采之）；《史记》作三年。

中壬（约前1585～约前1582年）

［按］"中壬"据《史记·殷本纪》；《三代世表》与古、今本《竹书纪年》作"仲壬"；卜辞作"南壬"。据王国维疏今本《竹书纪年》：名"庸"。据《史记·殷本纪》：为汤第三子，外丙弟。兄终弟及。在位四年（今本《竹书纪年》、《通鉴外纪》同，本年表采之）；《孟子》作三年。

太甲（约前1581～约前1570年）

［按］古本《竹书纪年》作"大甲"；《帝王世纪》作"祖甲"。据王国维疏今本《竹书纪年》曰：名"至"。据《史记·殷本纪》：为汤嫡长孙，太丁之子。中壬卒后由伊尹立之。立三年，因暴虐被放逐三年，时由伊尹摄政。后有悔过表现，被接回复位（一说伊尹放逐太甲，篡位。后，太甲返回，杀伊尹）。商渐中兴，被誉为"太宗"。据古本《竹书纪年》：在位十二年（今本同，本年表采之）；《帝王世纪》作三十三年（《通鉴外记》同）。

沃丁（约前1569～约前1551年）

［按］卜辞作"羌丁"。据古本《竹书纪年》：名"绚"。据《史记·殷本纪》：为太甲之子。父卒继立。据今本《竹书纪年》：在位十九年（本年表采之）；《通鉴外纪》作二十九年。

太庚（约前1550～约前1526年）

［按］《帝王世纪》作"太康"；古、今本《竹书纪年》作"小庚"，古本云：名"辩"（见《古本竹书纪年辑证》。今本作"辨"）。据《史记·殷本纪》：为太甲之子，沃丁弟。兄终弟及。据《太平御览》卷八十三引《史记》：在位二十五年（《通鉴外纪》同，本年表采之）；今本《竹书纪年》作五年。

小甲（约前1525～约前1509年）

［按］据古本《竹书纪年》：名"高"。据《史记·殷本纪》：为太庚之子（《三代世表》作

---

① 此处世系有误，王国维据卜辞考证为：报乙—报丙—报丁（见《观堂集林》卷九）。

弟）。父卒继立。据《太平御览》卷八十三引《史记》：在位十七年（今本《竹书纪年》同，本年表采之）；《通鉴外纪》作三十六年。

雍己（约前 1508～约前 1497 年）

［按］卜辞作"邕己"。据古本《竹书纪年》：名"伷"。据《史记·殷本纪》：为太庚之子，小甲弟。兄终弟及。时商势中衰。据《太平御览》卷八十三引《史记》：在位十二年（今本《竹书纪年》同，本年表采之）；《通鉴外纪》作十三年。

太戊（约前 1496～约前 1422 年）

［按］卜辞作"大戊"、"天戊"。据王国维疏今本《竹书纪年》：名"密"。据《史记·殷本纪》：为太庚之子，雍己弟。兄终弟及。时商又复兴，历史上被称为"中宗"。据今文《尚书·无逸》：在位七十五年（今本《竹书纪年》、《太平御览》卷八十三引《史记》、《通鉴外纪》同，本年表采之）。

中丁（约前 1421～约前 1411 年）

［按］"中丁"据《史记》，卜辞亦然。古、今本《竹书纪年》作"仲丁"。王国维疏今本《竹书纪年》：名"庄"。据《史记·殷本纪》：为太戊之子。父卒继立。据《通鉴外纪》：在位十一年（本年表采之）；今本《竹书纪年》作九年。

外壬（约前 1410～约前 1396 年）

［按］卜辞作"卜壬"。据王国维疏今本《竹书纪年》：名"发"。据《史记·殷本纪》：为太戊之子，中丁弟。兄终弟及。据《太平御览》卷八十三引《史记》：在位十五年（《通鉴外纪》同，本年表采之）；今本《竹书纪年》作十年。

河亶甲（约前 1395～约前 1387 年）

［按］河亶（dǎn）甲，卜辞作"戋甲"。据古本《竹书纪年》：名"整"。据《史记·殷本纪》：为太戊之子，外壬弟。兄终弟及。时商再度势衰。据《太平御览》卷八十三引《史记》：在位九年（今本《竹书纪年》、《通鉴外纪》同，本年表采之）。

祖乙（约前 1386～约前 1368 年）

［按］卜辞作"且乙"。据古本《竹书纪年》：名"胜"（见《古本竹书纪年辑证》。王国维疏今本《竹书纪年》作"滕"）。据《史记·殷本纪》：为河亶甲之子。父卒继立。时商复兴。据《太平御览》卷八十三引《史记》：在位十九年（今本《竹书纪年》、《通鉴外纪》同，本年表采之）；今本《尚书·无逸》记为七十五年。

祖辛（约前 1367～约前 1354 年）

［按］卜辞作"且辛"。据王国维疏今本《竹书纪年》：名"旦"。据《史记·殷本纪》：为祖乙之子。父卒继立。据今本《竹书纪年》：在位十四年（本年表采之）；《太平御览》引《史记》作十六年（《通鉴外纪》同）。

沃甲（约前 1353～约前 1329 年）

［按］卜辞作"羌甲"；古、今本《竹书纪年》作"开甲"，古本又云：名"踰"。据《史

记·殷本纪》：为祖乙之子，祖辛弟。兄终弟及。据《太平御览》卷八十三引《史记》：在位二十五年（本年表采之）；今本《竹书纪年》作五年；《通鉴外纪》作二十年。

祖丁（约前 1328 ~ 约前 1320 年）

［按］据王国维疏今本《竹书纪年》：名"新"。据《史记·殷本纪》：为祖辛之子，沃甲侄。沃甲卒后立之。据今本《竹书纪年》：在位九年（本年表采之）；《太平御览》卷八十三引《史记》作三十二年（《通鉴外纪》同）。

南庚（约前 1319 ~ 约前 1314 年）

［按］据古本《竹书纪年》：名"更"。据《史记·殷本纪》：为沃甲之子，祖丁堂弟。祖丁卒后立之。据今本《竹书纪年》：在位六年（本年表采之）；《太平御览》卷八十三引《史记》作八十三年（《通鉴外纪》同）。

阳甲（约前 1313 ~ 约前 1310 年）

［按］卜辞作"象甲"。据今本《竹书纪年》原注：名"和甲"，王国维疏：名"和"。据《史记·殷本纪》：为祖丁之子，南庚侄。南庚卒后立之。时商势复衰。据今本《竹书纪年》：在位四年（本年表采之）；《太平御览》卷八十三引《史记》作十七年；《通鉴外纪》作七年。

盘庚（约前 1309 ~ 约前 1282 年）

［按］卜辞作"殷庚"。据古本《竹书纪年》：名"旬"。据《史记·殷本纪》：为祖丁之子，阳甲弟。兄终弟及。时商势再兴。据《帝王世纪》：徙都殷。据今本《竹书纪年》：在位二十八年（《太平御览》卷八十二引《史记》、《通鉴外纪》同，本年表采之）。

史学界多以盘庚迁殷为标志将商划为前、后两个时期。关于迁殷之年，"夏商周断代工程"估定为公元前 1300 年，书中云：

"盘庚迁殷到商亡的总年数，见于《史记·殷本纪》正义引《竹书纪年》：'《竹书纪年》云：自盘庚徙殷至纣之灭，七百七十三年，更不徙都。''七百七十三年'不同版本有异。明嘉靖四年汪谅刻本、群碧楼藏明嘉靖王廷喆刊本及清乾隆武英殿刻本作'七百七十三年'，武昌书局翻王廷喆刻本以及日本泷川本皆作'二百七十五'，金陵书局本作'二百五十三'。七百七十三年显然有误，大多数学者改作'二百七十三年'，但这样改动如饶宗颐所论，'亦乏据依，盖其塙数靡得为详'。从文献上难以判定 275 年、273 年、253 年三说之正误。

武王克商之年为公元前 1046 年，如采用 275 年，则盘庚迁殷在公元前 1320 年，如采用 273 年，则盘庚迁殷在公元前 1318 年，如采用 253 年，则盘庚迁殷在公元前 1298 年。因武丁元年确定为公元前 1250 年，考虑到盘庚、小辛、小乙一代三王总年数的合理性，以 253 年说较妥，则盘庚迁殷在公元前 1298 年，今取整为公元前 1300 年。"

小辛（约前 1281 ~ 约前 1261 年）

［按］据古本《竹书纪年》：名"颂"。据《史记·殷本纪》：为祖丁之子，盘庚弟。兄终弟及。时商势再衰。据《太平御览》卷八十三引《史记》：在位二十一年（《通鉴外纪》同，本年表采之）；今本《竹书纪年》作三年。

小乙（约前 1260～约前 1251 年）

［按］据古本《竹书纪年》：名"敛"。据《史记·殷本纪》：为祖丁之子，小辛弟。兄终弟及。据今本《竹书纪年》：在位十年（本年表采之）；《太平御览》卷八十三引《史记》作二十八年；《通鉴外纪》作二十一年。

武丁（约前 1250～约前 1192 年）

［按］据王国维疏今本《竹书纪年》：名"昭"。据《史记·殷本纪》：为小乙之子。父卒继立。时商再度兴盛，史称其为"高宗"。据今文《尚书·无逸》：在位五十九年（今本《竹书纪年》、《帝王世纪》、《通鉴外纪》同，本年表采之）。

关于武丁年代的推定，《夏商周断代工程 1996～2000 年阶段成果报告》中说："根据《尚书·无逸》，武丁在位 59 年，由五次月食可大致推定武丁在位的年代：①如果乙酉夕月食当武丁末年，那么，武丁在位的年代约为公元前 1239～前 1181 年。②如果壬申夕、乙酉夕月食下延至祖庚，那么，武丁在位的年代约为公元前 1250～前 1192 年。从甲骨分期看，壬申、乙酉月食放在祖庚世比较好。"

祖庚（约前 1191～约前 1181 年）

［按］卜辞作"且庚"。据古本《竹书纪年》：名"跃"（见《古本竹书纪年辑证》。今本作"曜"）。据《史记·殷本纪》：为武丁之子。父卒继立。据今本《竹书纪年》：在位十一年（本年表采之）；《太平御览》卷八十三引《史记》作七年（《通鉴外纪》同）。

祖甲（约前 1180～约前 1160 年）

［按］卜辞作"且甲"。据古本《竹书纪年》：名"载"。据《史记·殷本纪》：为武丁之子，祖庚弟。兄终弟及。时商复衰。据今文《尚书·无逸》：在位三十三年（今本《竹书纪年》同）；《太平御览》卷八十三引《史记》作十六年（《通鉴外纪》同）。对《尚书》三十三年说，"夏商周断代工程"书中说："《尚书·无逸》述及商王年代，云：'……祖甲之享国三十有三年'……古文经中'祖甲'列于高宗之后，注家多以为是武丁子祖甲，今文经无祖甲而有太宗，即成汤之孙太甲。所以，武丁子祖甲有否 33 年，尚难定论。"据考，为二十一年。

廪辛（约前 1159～约前 1156 年）

［按］卜辞作"且辛"；《帝王世纪》作"凭辛"；古、今本《竹书纪年》作"冯辛"，古本云：名"先"。据《史记·殷本纪》：为祖甲之子。父卒继立。据今本《竹书纪年》：在位四年（本年表采之）；《太平御览》引《史记》作六年（《通鉴外纪》同）。

康丁（约前 1155～约前 1148 年）

［按］"康丁"据卜辞，又作"康且丁"；《史记》、古、今本《竹书纪年》作"庚丁"。据王国维疏今本《竹书纪年》：名"嚣"。据《史记·殷本纪》：为祖甲之子，廪辛弟。兄终弟及。据今本《竹书纪年》：在位八年（本年表采之）；《太平御览》卷八十二引《史记》作三十一年；《通鉴外纪》作六年。

武乙（约前 1147～约前 1113 年）

［按］卜辞作"武且乙"。据王国维疏今本《竹书纪年》：名"瞿"。据《史记·殷本纪》：

为康丁之子。父卒继立。在河渭间行猎时被暴雷震死。据古本《竹书纪年》在位三十五年（今本同）；《帝王世纪》作四年（《通鉴外纪》同）。关于武乙年代，"夏商周断代工程"取三十五年说，书中云："据古本《竹书纪年》，武乙取 35 年。""武乙 35 年，公元前 1147～前 1113年。"

文丁（约前 1112～约前 1102 年）

［按］"文丁"一称是据今本《竹书纪年》。王国维疏云：名"托"；卜辞作"文武丁"；《史记》、古本《竹书纪年》作"太丁"；《帝王世纪》作"大丁"。据《史记·殷本纪》：为武乙之子。父卒继立。据古本《竹书纪年》：在位十一年（今本《竹书纪年》作十三年）；《帝王世纪》作三年（《通鉴外纪》同）。关于文丁年代，"夏商周断代工程"取十一年说，书中云："据古本《竹书纪年》……文丁取 11 年。""文丁 11 年，公元前 1112～前 1102年。"

帝乙（约前 1101～约前 1076 年）

［按］据王国维疏今本《竹书纪年》：名"羡"。据《史记·殷本纪》：文丁之子。父卒继立。时商益衰。据今本《竹书纪年》：在位九年；《帝王世纪》作三十七年（《通鉴外纪》同）。关于帝乙年代，"夏商周断代工程"推定为二十六年，书中云："利用周祭材料也可排出帝乙祀谱，与帝辛祀谱连接，确定帝乙在位的可能年代。""将帝乙祀谱与帝辛祀谱连接，得到帝乙应为 21 年或 26 年。如采用帝乙在位 21 年，则帝乙时月份和周祭与季节均不对应，如采用帝乙在位 26 年，月份与季节虽不对应，但周祭与季节基本对应，故以帝乙 26 年为佳。今采用帝乙 26年，估定帝乙元年在公元前 1101 年。"

帝辛（纣）（约前 1075～约前 1046 年）

［按］据《史记·殷本纪》：名"辛"（古本《竹书纪年》：帝辛，名"受"）；一说字"受德"。为帝乙次子。父卒继立。因施政暴虐，天下称之曰"纣"（"集解"：《谥法》曰：残义损善曰纣），历史上描绘的商纣王是个荒淫残暴的典型。《史记·殷本纪》称其"以酒为池，悬肉为林，使男女倮相逐其间，为长夜之饮……重刑辟，有炮烙之法……比干……谏……纣怒曰：'吾闻圣人心有七窍。'剖比干，观其心。"据今本《竹书纪年》：在位五十二年；《帝王世纪》作三十三年（《通鉴外纪》同）。关于帝辛（纣）的年代，"夏商周断代工程"确定为三十年，书中云："商代晚期，商王用五种祭祀方法按固定顺序轮流祭祀先王及其配偶，一个祭祀周期称为一祀，长度约等于一个太阳年，学者称为周祭，有纪时作用。帝辛的周祭材料可靠，依之排出祀谱，可确定帝辛在位年代。""据晚商祀谱的排比，帝辛公元前 1075～前 1046 年在位 30 年。"据古本《竹书纪年》："（周武）王率西夷诸侯伐殷，败之于牧野（今河南省汲县北）。王亲擒帝受辛于南单之台，遂分天之明。"今河南省淇县河口村有纣王墓。

关于周武王灭纣克殷之年，是夏商周纪年的关键，为学术界普遍关注。因史未确载，致使古往今来众说纷纭，据不完全统计，有数十种之多。大体如下：《史记·殷本纪》"集解"引古本《竹书纪年》作前 1027 年；今本《竹书纪年》作前 1050 年；（汉）刘歆《世纪》、（宋）邵雍《皇极经世》、（宋）刘恕《通鉴外纪》、（宋）郑樵《通志》、（元）金履祥《通鉴前编》等作前 1122 年；（晋）皇甫谧《帝王世纪》作前 1116 年；（唐）一行《大衍历经》作前 1111 年，等等。自清以降，特别是近代，学者们利用考古文物资料，和对金文、甲骨文的释读成果，以及天文学的资料进行分析，其具体意见更多，从前 1130 年到前 1025 年，中间相差一百余年。见下表：

时　间	代表人物	参　考　论　作
前 1130 年	谢元震	《西周年代论》
前 1122 年	吴其昌	《金文疑年表》
	尚　钺	《中国历史纲要》
	岛邦男	《武王克商的年代问题》
	林　干	《中国历代各族纪年表》
	柏　杨	《中国帝王皇后亲王公主世系表》
前 1112 年	刘朝阳	《中国古代天文历法史研究的矛盾形势和今后出路》
前 1111 年	董作宾	《西周年历谱》
	鞠德源	《万年历谱》
	严一萍	《何尊与周初的年代》
	贾虎臣	《中国历代帝王谱系汇编》
前 1106 年	张汝舟	《西周考年》
	张闻玉	《西周王年足征》
前 1105 年	马承源	《西周金文和周历的研究》
	杨向奎	《宗周社会与礼乐文明》
前 1102 年	黎东方	《西周青铜器铭文中之年代学资料》
前 1100 年	张光直	《商代文明》
前 1093 年	葛　真	《用日食、月相来研究西周的年代学》
前 1088 年	水野清一	《武王克商的年代问题》
前 1087 年	白川静	《西周断代与年历谱》
前 1076 年	丁　骕	《西周王年与殷世新说》
前 1075 年	唐　兰	《中国古代历史上的年代问题》
	刘启益	《西周纪年铜器与武王至厉王的在位年数》
前 1071 年	邹伯奇	《二毋室古代天文历法论丛》
前 1070 年	李仲操	《对武王克商年份的更生——兼论夏商周年代》
前 1066 年	翦伯赞	《中外历史年表》
	范文澜	《中国通史简编》
	于宝林	《中国民族历史纪年表》
	新城新藏	《周初之年代》
前 1065 年	姚文田	《周初年月日岁星考》
	哈特纳	《殷商的某些消息》
前 1062 年	山田统	《周初的绝对年代》
前 1059 年	彭瓞钧	《古代和现代中国的行星天文学》
前 1057 年	张钰哲	《哈雷彗星的轨道演变趋势和它的古代史》
	张培瑜	《西周年代历法与金文月相纪日》
	朱佑曾	《二毋室古代天文历法论丛》

时　　间	代表人物	参　考　论　作
前 1055 年	章鸿钊	《中国古历析疑》
	荣孟源	《试谈西周纪年》
前 1051 年	李兆洛	《历代纪元编》
	高木森	《略论西周武王的年代问题与重要青铜彝器》
	姜文奎	《西周年代考》
前 1050 年	吴晋生	《"武王克殷"年代 30 家异说综述》
	叶　慈	《周代年表》
前 1049 年	王保德	《书经武成篇之生霸、死霸及武王伐纣之年代明考》
前 1047 年	林春溥	《古史考年异同表》
前 1046 年	班太为	《武王克商的年代问题》
	高　明	《中国古文字学通论》
	（诸学者）	《夏商周断代工程 1996～2000 年阶段成果报告》
前 1045 年	周法高	《西周年代新考》
	夏含夷	《西周诸王年代》
	赵光贤	《武王克商与西周诸王年代考》
前 1040 年	倪德卫	《克商以后西周诸王之年历》
前 1039 年	何幼琦	《西周的年代问题》
前 1030 年	方善柱	《西周年代学上的几个问题》
前 1029 年	丁　山	《文武周公疑年》
	黄宝权	《周武王克殷年代考》
前 1027 年	梁启超	《最初可纪之年代》
	雷海宗	《殷周年代考》
	陈梦家	《西周年代考》
	何炳棣	《武王克商的年代问题》
	屈万里	《西周史事概述》
	万国鼎	《中国历史纪年表》
	高本汉	《殷代兵器与工具》
	彭邦炯	《商史探微》
	刘　雨	《金文禴祭的断代意义》
前 1025 年	劳　榦	《西周年代的新估计》

商（殷）世系

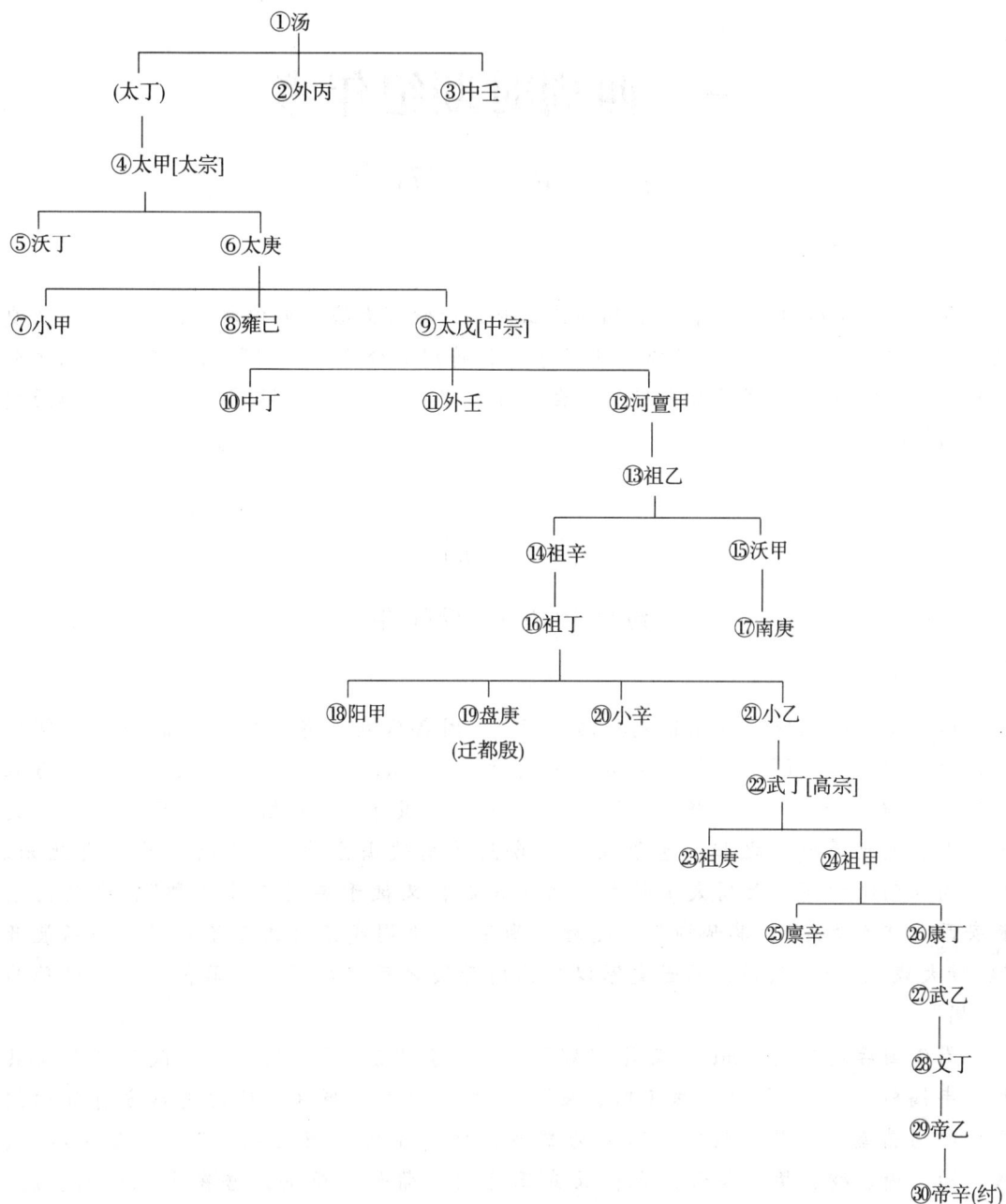

三　西周时期纪年考

（约前 1046～前 771 年）

　　源于渭水流域的"周"，发展到周武王时，经牧野大战，灭掉商朝，从此中华历史进入到西周时期（历史上习惯以"平王东迁"将周划分为"西周"与"东周"两个时期）。这一时期的起始年代史未确载，至周厉王"共和"（前 841 年）以后，中华历史方有确切的纪年。

西　周

（约前 1046～前 771 年）

　　周兴于渭水流域。传说其先祖名"弃"，因善农耕，尧时任以"后稷"而掌农政，后遂以"后稷"为号。以功，受封于邰（tái，今陕西省武功西南），赐姓"姬"。三传至公刘时，迁居豳（bīn，今陕西省彬县东）；又九传至古公亶父（周太王）时，再迁至岐山之阳，邑于周原（今陕西省岐山东北），"周"号遂自此始。时，周人朝服于商。至周太王孙辈周文王昌时，又徙于丰（又作"酆"，今陕西省长安西北沣河西岸），其势渐强，受封"西伯"。至周武王（文王子）时，与商展开"牧野大战"，一举灭商，后世史家以此作周开国之年。对周建国前，史界一般称为"先周"。

　　周建国后定都镐（hào，又作"鄗"）京（号"宗周"，故址在今陕西省长安县西北丰镐村附近）。传至周厉王时，发生"共和行政"事件，从此史籍方有确切纪年。西周鼎盛时，疆域较夏、商大为扩展，据《左传·昭九》："我自夏以后稷、魏、骀、芮、岐、毕，吾西土也；及武王克商，蒲姑、商奄，吾东土也；巴、濮、楚、邓，吾南土也；肃慎、燕、亳、吾北土也。"通过分封诸侯，其据地北从今辽宁，南至大江以南，西从甘肃东部，东至于海。发展到周幽王时，国势明显衰落，被西夷攻杀，幽王子平王宜臼继位后东迁洛邑（号"成周"，在今河南省洛阳东郊）。历史上遂以此将周王朝划分为前后两段：武王至幽王为"西周"，东迁后为"东周"。

西周共传十一世，[①] 十二王，历时二百多年（古本《竹书纪年》作二百五十七年；据《左传·宣三》记约二百七十年；《三统历》推为三百五十二年，《通鉴外纪》同；汉代学者用殷历推为约三百年；清代学者以颛顼（zhuān xū）历推为二百九十六年。"夏商周断代工程"推定的结果是：二百七十六年）。

关于西周的纪年，许倬云在《西周史》[②] 中说："西周年代学，已是西周历史上的显学。年代学本来也应是任何史学工作的基石。不幸，西周年代学有许多根本性的难题，这些难题至今仍难解决。西周年代学待决的问题，一是周代开始的确切日期，一是各王的统治年数。"现将该书所列"各家的西周年代"及朱凤瀚、张荣明《西周诸王年代研究》[③] 书中所附"西周诸王年代诸说一览表"综合摘录如下，供读者参考。

各家说	武王	周公（摄政）	成王（亲政）	康王	昭王	穆王	共王	懿王	孝王	夷王	厉王
新城新藏	3	7	30	26	24	55	12	25	15	12	16
吴其昌	7	7	30	26	51	55	15	22	15	16	37
丁　山	2	7	12	26	19	37	18	20	7	3	37
董作宾	7	7	30	26	18	41	16	12	30	46	37
陈梦家	3	—	20	38	19	20	20	10	10	30	16
叶　慈	3	—	30	25	19	55	15	3	7	32	20
章鸿钊	3	7	30	26	23	55	16	17	15	7	15
白川静	3	—	25	35	26	31	16	19	19	39	37
荣孟源	3	7	32	29	19	54	16	16	11	12	30
丁　骕	6	7	27	20	19	51	16	6	16	31	37
刘启益	2	7	17	26	19	41	19	24	13	29	37
劳　榦	4	6	14	20	16	50	15	17	30		12
马承源	3	—	32	38	19	45	27	17	26	20	37
何幼琦	2	7	17	26	22	14	26	2	20	38	24
周法高	3	7	17	26	19	27	29	9	15	34	18
张汝舟	2	—	37	26	35	55	15	25	15	23	37
姜文奎	7	—	30	26	19	55	10	25	10	18	12
夏含夷	3	7	30	28	21	39	18	27	7	8	16
李仲操	3	—	37	26	19	55	15	25	14	13	23
赵光贤	3	7	28	27	19	29	15	24	12	18	30
谢元震	7	7	37	26	20	52	22	29	33	23	40
刘　雨	2	—	15	25	19	37	30	13	12	9	24
张闻玉	2	7	30	26	35	55	23	23	12		37
倪德卫	3	7	25	28	21	39	18	27	5	8	18

---

① 近年，有学者进行研究认为："'嫡长继承制'是春秋晚期以后才开始确立的。""春秋时期是'一继一及制'向嫡长制发展的过渡时期（殷商以'弟及制'为主）。"因而，"西周诸国不可能实行嫡长制"。（见王恩田：《〈史记〉西周世系辨误》，载《文史哲》1999 年第 1 期。）据此，以为《史记》所记周世系有误，将其中的"传弟"误记为"传子"，因而，非十一世。

② 三联书店，1994。

③ 贵州人民出版社，1998。

武王发（约前 1046～约前 1043 年）

［按］据《史记·周本纪》：发之前历十四世：①弃—②不窋（zhú）（奔狄）—③鞠—④公刘（自狄归，迁豳，开荒定居）—⑤庆节—⑥皇仆—⑦差弗—⑧毁隃—⑨公非—⑩高圉—⑪亚圉—⑫公叔祖类—⑬古公亶父（周太王。迁周原，始号"周"）—⑭季历—⑮昌（周文王。徙丰。受商封西伯。据《史记·殷本纪》："纣囚西伯羑（yǒu）里（今河南省汤阴北）。"相传，文王演周易，增益八卦为六十四卦）—⑯发（周武王）。

武王在位十一年，集兵伐商纣（此据《史记·鲁世家》与古本《竹书纪年》；《周本纪》作十二年；"集解"引徐广曰作十三年），在牧野（今河南省汲县北）大败商军七十万，商亡。

前文已叙及，武王克商之年是关系到夏商周三代年表定位的一个关键，因而也是"夏商周断代工程"攻克的一个重点，该书云："武王克商之年是商、周的分界，确立这一年代定点，就可以安排西周王年，并上推商年和夏年，因而是三代年代学的关键。"书中用大量篇幅，从"武王克商年研究的思路"、"文献所见克商年的年代范围"、"克商年范围的缩小"、"克商年的天文史料"、"克商年的天文推算"、"武王克商年的选定"等六个方面详细阐述了研究过程与种种问题，最后的结论是：公元前 1046 年。

关于武王克商年的选定，书中说："天文推算的三个克商年（林按：前 1046、前 1044、前 1027 年）是各自独立得到的。三个方案都在前述由相关系列 ^{14}C 测年以及由甲骨月食推定的克商年的范围之内，都有一定的合理性，但都无法满足文献所给出的全部条件，因此，只能根据其满足的程度，以及与金文历谱匹配的状况来选定最优解。

"公元前 1027 年说与甲骨月食年代的推算以及古本《竹书纪年》西周积年为 257 年等记载配合最好，但与工程所定金文历谱难以整合，也不能与天象记录相合。

"公元前 1044 年说开创了全新的研究思路，对《国语·周语》伶州鸠语、《荀子·儒效》等文献作了较为顺畅的解释，所得甲子克商之日清晨岁星上中天。此说的问题，在于对金文纪时词语的理解与夏商周断代工程金文历谱研究所得结果难以整合。

"根据夏商周断代工程所定金文历谱，成王元年在公元前 1042 年，目前尚未发现四要素俱全的武王时的青铜器，难以直接推定克商之年。据《尚书·金縢》，武王在'既克商二年'的某日得病，经周公祈告，次日即病愈，又说武王死后，国中发生'管蔡之乱'，但没有提及武王的卒年，后世学者对武王克商后的在位年数有争议，据梁玉绳《史记志疑》统计，有二年、三年、四年、六年、七年、八年等异说。但文献记述武王史事无超过四年以上者。东汉学者郑玄在其《诗谱·豳风谱》中提出，武王克商后在位四年；日本学者泷川资言《史记会注考证》引日本高山寺《周本纪》钞本，武王于克商后二年病，又'后二年而崩'，与郑说相合。取此说则克商年为公元前 1046 年，天文推算的公元前 1046 年说与此正相符合。此说与金文历谱衔接较好，与《武成》、《召诰》、《洛诰》历日、《国语·周语》伶州鸠语等也能相容，是三说中符合条件最多的一种，故定为武王克商的首选之年。"

武王卒年，史载不一。《史记》作克商后二年患疾，后崩；《逸周书·明堂位》作："既克纣六年而武王崩"；《管子·小问篇》作："武王伐殷，既克之，七年而崩"；《帝王世纪》作：四年败纣，十年崩。"夏商周断代工程"取四年说，本年表采之。今本《竹书纪年》记：在位十七年，年九十四（古本作：年五十四［此据《路史·发挥》所引《竹书纪年》；《真诰》所引作"年四十五"］；《礼记·文王世子》作九十三）。今在陕西省咸阳北崔家村有武王陵。

成王诵（约前1042~约前1021年）

〔按〕据《帝王世纪》：号"孺子"。据《史记·周本纪》：为武王长子。父卒继立。即位时年少，由叔父周公旦①摄政，七年后方主政。据《荀子·儒效》：时广封诸侯国，以为周王室之屏藩，"立七十一国，姬姓独居五十三人"。又据《尚书大传》：营成周（即洛邑）以为东都。据今本《竹书纪年》：在位三十七年（《世经》、《皇极经世》、《通鉴外纪》同）。"夏商周断代工程"一书云："据文献记载，成王、康王总年数应不少于40年。前已推定昭王元年为公元前995年，则成王元年不得晚于公元前1035年。"今文《尚书·召诰》"有成王七年历日'唯二月既望，粤六日乙未'和'唯三月丙午朏（fěi）'……成王七年历日合于公元前1036年，二月乙亥朔，既望在庚寅十六日，乙未在二十一日，三月甲辰朔，丙午为初三日。据此，成王元年在公元前1042年"。

康王钊（约前1020~约前996年）

〔按〕据《史记·周本纪》：为成王之子。父卒继立。在位时继续推行成王政策，历史上称为"成康之治"。据今本《竹书纪年》：在位二十六年（《帝王世纪》、《皇极经世》、《通鉴外纪》同）；"夏商周断代工程"推定为二十五年，其书中云："《汉书·律历志》引古文《尚书》的《毕命》，有康王时历日'唯十有二年六月庚午朏'。康王十二年历日合于公元前1009年，该年六月丙寅朔，庚午朏为初五日……据此，康王元年在公元前1020年。"

昭王瑕（约前995~约前977年）

〔按〕据《史记·周本纪》：为康王之子。父卒继立。攻楚，卒于汉水之滨。据古本《竹书纪年》：在位十九年（今本同）；《帝王世纪》、《皇极经世》、《通鉴外纪》均作五十一年。"夏商周断代工程"采十九年说，书中云："1996年出现的静方鼎……铭首云：'唯十月甲子……八月初吉庚申……月既望丁丑……'据古本《竹书纪年》等文献，昭王十六年南伐楚荆，十九年丧六师于汉，卒于汉水中……以之系连排比，可知静方鼎的'十月甲子'在昭王十八年，'八月初吉庚申'与'月既望丁丑'在昭王十九年。以穆王元年为公元前976年上推，昭王十八年为公元前978年……合于既望。"

穆王满（约前976~约前922年）

〔按〕据《史记·周本纪》：为昭王之子。父卒继立。在位时曾西击犬戎，东攻徐戎。在涂山（今安徽省怀远东南）会诸侯。传说他周游天下，晋代从战国魏王墓中发现的《穆天子传》即记载他驾八骏西游的故事。在位五十五年（今本《竹书纪年》、《帝王世纪》、《皇极经世》、《通鉴外纪》同）。"夏商周断代工程"结论亦同，其据虎簋（guǐ）盖铭文："惟卅年四月初吉甲戌"云："西周中期穆、共、懿诸王在位超过30年的只有穆王……《史记·周本纪》穆王在位55，按共王当年改元计算，穆王元年为公元前976年，三十年为公元前947年，该年四月丙寅朔，甲戌为初九，虎簋盖历日正可排入。"又据鲜簋铭文："唯王卅又四祀，唯五

---

① 周公，名旦，亦称叔旦，为周武王弟，以采邑在周（今陕西省岐山北）而称周公。相传他制礼作乐，建典章制度。《尚书》中的《大诰》、《康诰》、《多士》、《无逸》、《立政》等篇保留其部分言论。

月既望戊午"云："穆王三十四年为公元前 943 年，五月壬寅朔，戊午为十七日，与既望相合。"

共王繄扈（约前 922～约前 900 年）

［按］"共（gōng）王繄（yī）扈"据《史记·周本纪》；《三代世表》作"恭王"（《帝王世纪》同）、"伊扈"（《世本》同）。为穆王之子，父卒继立。据今本《竹书纪年》：在位十二年（《皇极经世》同）；《帝王世纪》作二十年；《通鉴外纪》作十年。"夏商周断代工程"考定为二十三年，其书中云："据三年卫盉（hé）、五祀卫鼎、九年卫鼎、十五年趞曹鼎等排谱结果，共王元年应为公元前 922 年。"

懿王囏（约前 899～约前 892 年）

［按］"囏（jiān）"名是据《史记·周本纪》；《三代世表》和《世本》作"坚"。为共王之子，父卒继立。据今本《竹书纪年》：在位二十五年（《皇极经世》、《通鉴外纪》同）；《帝王世纪》作二十年。"夏商周断代工程"考定为八年。其书云："古本《竹书纪年》载：'懿王元年天再旦于郑。''天再旦'即天亮两次的奇异天象，有学者认为是日出之际发生的一次日食。'郑'的地望在西周都城（今西安）附近的华县或凤翔……对公元前 1000～前 840 年间的日食进行全面计算，得出公元前 899 年 4 月 21 日的日食可以在西周郑地造成'天再旦'现象，并且是唯一的一次……在金文方面，学者一般定'师虎簋'为懿王器。其铭云：'唯元年六月既望甲戌……'以懿王元年为公元前 899 年，该年六月丙辰朔，甲戌为十九日，与'既望'月相正合。"

孝王辟方（约前 891～约前 886 年）

［按］据《史记·周本纪》：为穆王之子，共王弟，懿王叔（《三代世表》作懿王弟）。懿王卒后继立。据今本《竹书纪年》：在位九年；《皇极经世》为十五年（《通鉴外纪》同）；"夏商周断代工程"考定为六年。

夷王燮（约前 885～约前 878 年）

［按］据《史记·周本纪》：为懿王之子，孝王侄孙。孝王卒后由诸侯共立之。据今本《竹书纪年》：在位八年；《帝王世纪》作十六年（《皇极经世》同）；《通鉴外纪》作十五年。"夏商周断代工程"采《竹书纪年》。

厉王胡（约前 877～前 841 年）

［按］据《史记·周本纪》：为夷王之子。父卒继立。三十七年（前 841）发生国人暴动，周厉王奔彘（zhì，今山西省霍县东北），史称"共和"，此为中华历史上有确切纪年之始。

关于"共和"，史载有异。《史记·周本纪》云："召公、周公二相行政，号曰'共和'。共和十四年，厉王死于彘。"而"索隐"引《竹书纪年》："共伯和干王位。"其释为：共，国名；伯，爵名；和，人名；干，篡也。"言共伯摄王政，故云'干王位'也"。"正义"引韦昭语："彘之乱，公卿相与和而修政事，号曰'共和'也。"又引《鲁连子》语："卫州共城县本周共伯之国也。共伯名和，好行仁义，诸侯贤之。周厉王无道，国人作难，王奔于彘，诸侯奉和以行天下事，号曰'共和'元年。十四年，厉王死于彘，共伯使诸侯奉王子靖为宣王，而共伯复归国于卫也。"（又见《竹书纪年》、《庄子·让王》与《吕氏春秋·开春》等）再据西周礼器铭文资料，一般采后说。

宣王静（前 827～前 782 年）

〔按〕据王国维疏今本《竹书纪年》：名作"靖"。据《史记·周本纪》：为厉王之子。"厉王死于彘。太子静长于召公家，二相（即召、周二公）乃共立之为王，是为宣王。宣王即位，二相辅之，修政，法文、武、成、康之遗风，诸侯复宗周"。"正义"引《鲁连子》云：厉王死，共伯使诸侯奉王子靖为宣王，共伯归国。宣王在位四十六年卒。

幽王宫湦（前 781～前 771 年）

〔按〕"湦"（shēng）一作"涅"。据《史记·周本纪》：为宣王之子。父卒继立。其为政淫暴，废申后及太子宜臼，宠立褒姒为正，为得褒姒一笑，举烽火以戏诸侯，又用佞臣虢（guó）石父，国人皆怨，遂为申侯与缯（céng）、西夷犬戎等连兵攻杀于骊山下（今陕西省临潼附近。今临潼东宋家村有幽王陵。）据今本《竹书纪年》：在位十一年。诸侯共立太子宜臼继位，是为平王，平王为避西夷，东迁洛邑。此标示西周结束，东周开始。

西 周 世 系

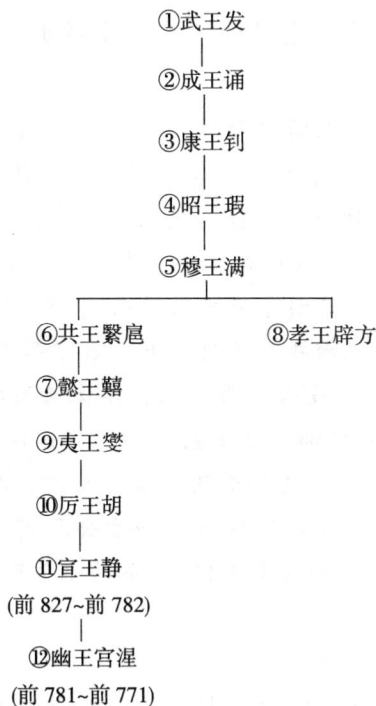

①武王发
②成王诵
③康王钊
④昭王瑕
⑤穆王满
⑥共王繄扈　　⑧孝王辟方
⑦懿王囏
⑨夷王燮
⑩厉王胡
⑪宣王静
（前 827～前 782）
⑫幽王宫湦
（前 781～前 771）

附：关于"诸侯国"的说明

分封制曾在中国早期历史上占主导地位，这一统治方式直接导致了"诸侯国"的产生。据记载，早在商代已开始分封诸侯，当时就有侯、伯等称号。而大规模的分封是在周初，武王灭商和东征胜利以后，以封地连同居民分赏王室子弟和功臣。"诸侯"则是所分封的各个邑国的国君。《国语·周语》云："诸侯春秋受职于王，以临其民。"按规定，诸侯国主要由周王室任命，称"公"，并服从王命，向王室定期朝贡和提供军赋和力役；而在其封疆内有世袭统治权。随时间的推移，诸侯国独立性越来越强，当初的规定形同虚设，尤其是周平王东迁以后，周王室对各诸侯国已无任何约束力，只是一个名义而已，是故，历史上一般都将诸侯国视为独立政权。然而，各诸侯国的建立与发展过程又不尽相同（有的还缺乏史载）；周代初年分封时，我国尚无确切纪年。鉴于以上情况，本年表作如下处理：1. 将较大诸侯国列入纪年表并作"正考"，时间从有确切纪年的时代开始列表，以前的传承情况在考证篇中作出说明。2. 考证篇中另作"春秋时期其他诸侯小国存亡表"，供读者参考。

秦（统一前）

（约前857~前221年）

秦之先，学术界认识不一。王国维云："起于夷狄"（见《秦都邑考》）；蒙文通以为属犬戎（见《秦为戎族考》）；也有人（如林剑鸣等）认为与殷同源。最早活动在黄河下游，商末周初，西迁至陕甘一带。据《史记·秦本纪》：秦之始祖名"柏翳"，舜时主驯兽之事，有功，赐姓嬴（yíng）氏。传至非子时，居犬丘（今甘肃省礼县东北），以养马出名；周孝王封之于秦（今甘肃省张家川东），号"秦嬴"，"秦"之号自此始。周宣王时，非子曾孙秦仲助周伐西戎，受封大夫，名"西垂大夫"。后，秦襄公以护送周平王东迁之功始封为诸侯，赐岐山以西之地，享诸侯国之礼。春秋时，建都雍（今陕西省凤翔东南），占有今陕西中部及甘肃东南地区。秦穆公时，攻灭西部诸小国，称霸西戎。战国时，秦孝公任用商鞅进行变法，国力大增；时迁都咸阳（今陕西省咸阳东北），为战国七雄之一。后又经几代经营，终于公元前221年战胜诸强，统一了全国。据《史记·十二诸侯年表》和《秦本纪》，秦的纪年可上推至秦侯。

秦侯（前857~前848年）

［按］据《史记·秦本纪》：秦侯前历十七世：①柏翳（大费）—②若木—③□—④□—⑤□—⑥费昌—⑦□—⑧□—⑨□—⑩中潏（yù）—⑪蜚（一作"飞"）廉—⑫恶来—⑬女防—⑭旁皋—⑮太（一作"大"）几—⑯大骆—⑰非子（秦嬴）—⑱秦侯。秦侯在位十年卒。

公伯（前 848 ～ 前 845 年）

［按］据《史记·秦本纪》：为秦侯之子。立三年卒。

秦仲（前 845 ～ 前 822 年）

［按］据《史记·秦本纪》：为公伯之子。立二十三年死于戎。据古本《竹书纪年》：周宣王四年，使秦仲伐西戎，为戎所杀。又云：秦无历数，周世陪臣。自秦仲之前，本无年世之纪（王国维案：此亦注文）。王召秦仲子庄公，与兵七千人，伐戎，破之。据今本《竹书纪年》记：周宣王三年，王命大夫仲伐西戎；六年，西戎杀秦仲。

庄公其（前 822 ～ 前 778 年）

［按］据《史记·秦本纪》：为秦仲长子。立四十四年卒。

襄公（前 778 ～ 前 766 年）

［按］据《史记·秦本纪》：为庄公之子。父卒继立。据《帝王世纪》：二年（前 776），徙居汧（qiān，今陕西省陇县东）。八年（前 770），护周平王东迁，以功授赐岐以西之地，始命为诸侯（有学者以为秦襄公是秦国的创立者，而秦始皇是秦王朝的建立者）。据今本《竹书纪年》："（周）王东徙洛邑，锡（晋）文侯命，晋侯会卫侯、郑伯、秦伯以师从王，入于成周。"《秦本纪》："襄公以兵送周平王，平王封襄公为诸侯，赐以岐以西之地，曰：'戎无道，侵夺我岐、丰之地，秦能攻逐戎，即有其地。'与誓，封爵之。"在位十二年，伐戎至岐卒。据《秦始皇本纪》：葬西垂。

文公（前 766 ～ 前 716 年）

［按］据《史记·秦本纪》：为襄公之子。父卒继立。"四年（前 762），至汧、渭之会……营邑之"。"十三年（前 753），初有史以纪事"。"十六年（前 750），文公以兵伐戎，戎败走。于是文公遂收周余民有之，地至岐，岐以东献之周"。据今本《竹书纪年》：二十年（前 746），"秦初用族刑"。在位五十年卒。据《秦始皇本纪》：葬西垂（一说与襄公墓地同在今甘肃省礼县大堡子山"秦公陵园"）。

宪公（前 716 ～ 前 704 年）

［按］《史记·秦本纪》作"宁公"；《秦始皇本纪》作"宪公"，据近年宝鸡出土秦公钟铭文亦作"宪公"[①]，知前者误。据《史记·秦本纪》：为文公长孙，静公之子。因父早卒，祖父卒时继立。时年十岁。二年（前 714），"徙居平阳。遣兵伐荡社。三年，与亳（bó）战，亳王（"集解"：亳王号汤，西夷之国也）奔戎，遂灭荡社"。据《秦始皇本纪》："立七年，初行为市。十年，为户籍相伍。"在位十二年卒。据《秦始皇本纪》：葬衙。

出子（前 704 ～ 前 698 年）

［按］《汉书·古今人表》作"出公"。据《史记·秦本纪》：为宪公季子。父卒后，由大庶长废太子武公而立之。时年五岁。在位六年被杀。据《秦始皇本纪》：葬衙。

---

① 见《文物》1978 年第 11 期。

武公（前 698 ~ 前 678 年）

［按］据《史记·秦本纪》：为宪公长子，出子兄。由大庶长杀出子而复立之。"武公元年（前 697），伐彭戏氏（"正义"：彭戏氏为戎号）"。"十年（前 688），伐邽（guī）、冀戎，初县之"。秦统一后实行的郡县制即源于此。十一年，"灭小虢（"正义"：羌之别种）"。在位二十年卒。葬雍平阳，"初以人从死，从死者六十六人"。

德公（前 678 ~ 前 676 年）

［按］据《史记·秦本纪》：为宪公次子，武公弟。兄终弟及。时年三十三岁。元年（前 677），徙都雍（今陕西省凤翔县南）。在位二年卒。据《秦始皇本纪》：葬阳。德公时，"初伏"，即首次规定"伏日"。

宣公（前 676 ~ 前 664 年）

［按］据《史记·秦本纪》：为德公长子。父卒继立。"四年（前 672），作密畤（zhì）。与晋战于河阳，胜之"。在位十二年卒。据《秦始皇本纪》：葬阳。宣公时，"初志闰月"，首次记载"闰月"。

成公（前 664 ~ 前 660 年）

［按］据《史记·秦本纪》：为德公次子，宣公弟。兄终弟及。在位四年卒。据《秦始皇本纪》：葬阳。

穆公任好（前 660 ~ 前 621 年）

［按］《史记·秦本纪》作"缪公"。为德公少子，成公弟。成公卒时，有子七人，皆不立，而立弟任好。穆公即位后努力求霸业。"元年（前 659），自将伐茅津，胜之"。五年（前 651）"秋，穆公自将伐晋，战于河曲"。据古本《竹书纪年》：十一年（前 649），"秦穆公取灵邱"。十五年（前 645），"秦穆公涉河伐晋"。《秦本纪》云：这一年，两军发生"韩原之战"，晋惠公被俘，在周天子的干预下，放归惠公，晋"献其河西地……是时，秦地东至河"。"二十年（前 640），秦灭梁、芮"。据《左传·僖二十二》：是年（前 638）"秋，秦、晋迁陆浑之戎于伊川"。《秦本纪》：二十五年（前 635），"秦穆公将兵助晋文公入（周）襄王，杀王弟带"。三十三年（前 627），"灭滑。滑，晋之边邑也"。遂与晋发生"殽（xiáo，山名，在今河南省汝宁西北）之战"，秦军大败。次年，"缪公于是复使孟明视等将兵伐晋……渡河焚船，大败晋人，取王官（今山西省猗氏）及鄗（jiāo，《左传》作'郊'，今陕西省澄城），以报殽之役"。"三十七年，秦用由余谋伐戎王，益国十二，开地千里，遂霸西戎。天子使召公过贺缪公以金鼓"。这就是历史上称"秦穆公广地益国，东服强晋，西霸戎夷"所完成的霸业。穆公在位三十九年卒。"葬雍。从死者百七十七人"。

康公罃（前 621 ~ 前 609 年二月）

［按］罃（yīng），据《史记·秦本纪》：为穆公之子。父卒继立。"二年（前 619），秦伐晋，取武城，报令狐之役。四年，晋伐秦，取少梁。六年，秦伐晋，取羁马。战于河曲，大败晋军"。据《左传·文十六》：是年（前 611），秦人灭庸。康公在位十二年卒。据《秦纪》：卒于二月。据《史记·秦始皇本纪》：葬竘（qǔ）社。

共公和（前 609 年二月～前 604 年）

［按］据《春秋·宣四》：名作"稻"，或有记作"貑"。据《史记·秦本纪》：为康公之子。父卒继立。在位五年卒。据《秦始皇本纪》：葬康公南。

桓公荣（前 604～前 577 年）

［按］据《史记·秦本纪》：为共公之子。父卒继立。据今本《竹书纪年》：桓公三年（前601），"晋成公与狄伐秦，获秦谍，杀之绛市"。《秦本纪》：二十四年（前 580），"与翟合谋击晋。二十六年，晋率诸侯伐秦，秦军败走"。桓公在位二十七年卒。据《秦始皇本纪》：葬义里丘北。

景公石（前 577～前 537 年七月）

［按］据《史记·秦始皇本纪》"索隐"：一作"僖公"。《世本》云：名"后伯车"。据考，后伯车非景公之名，应为景公弟鍼（zhēn）之字。据《秦本纪》：为桓公之子。父卒继立。"十五年（前 562），救郑，败晋公于栎"。十八年（前 559），"（晋）伐秦，败秦军"。景公在位四十年卒。据《左传·昭五》：卒于七月。据《史记·秦始皇纪》：葬丘里南。

哀公（前 537 年七月～前 501 年）

［按］《史记·秦始皇本纪》作"毕公"；《吴越春秋·阖闾内传》作"栢公"。据《史记·秦本纪》：为景公之子。父卒继立。在位三十六年卒。据《秦始皇本纪》：葬车里北。

惠公（前 501～前 491 年十月）

［按］据《史记·秦本纪》：为哀公之孙，夷公子。因父早卒，祖父卒时继立。在位十年卒。据《左传·哀三》：卒于十月。据《史记·秦始皇本纪》：葬车里。

悼公（前 491 年十月～前 477 年）

［按］据《史记·秦本纪》：为惠公之子。父卒继立。在位十四年（《秦始皇本纪》作十五年）卒。葬僖公西。

厉共公（前 477～前 443 年）

［按］《史记·秦始皇本纪》作"剌（一作利）龚公"；《十二诸侯年表》作"厉公"。据《秦本纪》：为悼公之子。父卒继立。十六年（前 461），将兵二万伐大荔，取其王城。二十一年，初县频阳。三十三年，伐义渠，虏其王。厉共公在位三十四年卒。据《秦始皇本纪》：葬入里（"集解"："徐广曰：'一作"人"'。"）。

躁公（前 443～前 429 年）

［按］据《史记·秦本纪》：为厉共公之子。父卒继立。十三年（前 430），义渠伐秦，至渭南。躁公在位十四年卒。据《秦始皇本纪》：葬悼公南。

怀公（前 429～前 425 年）

［按］据《史记·秦本纪》：为厉共公之子，躁公弟。兄终弟及。在位四年，被诸臣所围，自杀。据《秦始皇本纪》：葬栎圉（yǔ）氏。

灵公（前 425 ~ 前 415 年）

［按］《史记·秦始皇本纪》作"肃灵公"。据《秦本纪》：为怀公之孙，昭子之子。怀公自杀后，因昭子早死，由大臣主立之。在位年，《秦本纪》作十三；《六国年表》作十；考《秦始皇本纪》作十，知《秦本纪》"三"字为衍。据《秦始皇本纪》：卒葬悼公西。

简公悼子（前 415 ~ 前 400 年）

［按］据《史记·秦本纪》：为怀公之子，灵公叔父（《秦始皇本纪》作灵公子；《汉书·古今人表》作厉共公子，皆误）。灵公卒后继立。在位年史有三载：《六国年表》与《秦始皇本纪》作十五年（马非百《秦集史》依从）；《秦本纪》作十六年（梁玉绳《人表考》辨其误）；古本《竹书纪年》作九年（《史记》"索隐"所引，陈梦家《六国纪年》依从）。本年表依从前者。据《史记·秦始皇本纪》：卒葬僖公西。

惠公（前 400 ~ 前 387 年）

［按］古本《竹书纪年》云："秦简公九年卒，次敬公立。""秦敬公十二年卒，乃立惠公"。是为惠公前尚有一"敬公"（陈梦家《六国纪年》列有敬公）。然敬公的世系与事迹史籍皆不见载。考《史记·秦始皇本纪》与《汉书·古今人表》亦无敬公，故不取。据《秦本纪》：惠公为简公之子。父卒继立。十三年（前 387），伐蜀，取南郑。惠公在位十三年卒。据《秦始皇本纪》：葬陵圉。

出公（前 387 ~ 前 385 年）

［按］《史记·秦本纪》作"出子"（《世本》作"少主"；《吕氏春秋·当赏》作"小主"）。为惠公之子。父卒继立。在位二年，被庶长所杀（《秦始皇本纪》作自杀）。时秦内乱频繁，晋复强，夺秦河西地。据《秦始皇本纪》：卒葬雍（一说从宪公至出公葬地均在今陕西省凤翔南）。

献公师隰（前 385 ~ 前 362 年）

［按］《世本》作"元献公"；《越绝书·越绝外传记地传》作"元王"。名"师隰（xí）"，《吕氏春秋·当赏》名作"连"（一作"元"）。据《史记·秦本纪》：为灵公之子。庶长杀出公后立之。二年（前 383），徙都栎阳（今陕西省富平县东南）。二十一年，与晋战于石门，斩首六万。二十三年，与魏晋战于少梁，虏其将公孙痤。献公在位二十四年卒；《六国年表》作二十三年（《秦始皇本纪》同）。葬嚣圉。

孝公渠梁（前 362 ~ 前 338 年）

［按］《越绝书外传·记地》作"平王"。据《史记·秦本纪》：为献公子。父卒继立。时，形成战国七强：秦孝公、齐威王、楚宣王、魏惠王、燕悼王、韩哀侯、赵成侯。三年（前 359），秦孝公利用商鞅进行改革。十二年（前 350），始都咸阳。二十二年，商鞅领兵击魏，虏魏公子，封鞅为列侯，号商君。二十四年，与晋战雁门，虏其将魏错。孝公在位二十四年卒。据《秦始皇本纪》：葬弟圉（一说孝公与献公葬地在今陕西省西安阎良区武屯乡）。

惠文王驷（前 338 ~ 前 311 年）

［按］《战国策》作"文王"，或"惠王"。后世追称为帝。据《史记·秦本纪》：为孝公之子。父卒继立。继位后即车裂商鞅。当年，楚、韩、赵、蜀来朝。二年，周天子恭贺。十年初，

以张仪为相。十四年（前 324），更为元年（《六国年表》记前一年始称王）。七年（前 318），韩、赵、魏、燕、齐帅匈奴攻秦，秦胜，斩首八万二千。次年，复以张仪为相。下年，灭蜀。十年，伐取义渠二十五城。十三年，击楚于丹阳，斩首八万；又攻楚汉中，取地六百里，置汉中郡。惠文王于更元后十四年卒，在位共二十七年。据《秦始皇本纪》："立二年，初行钱。"卒葬公陵，"正义"："《括地志》云：'秦惠文王陵在雍州咸阳县西北一十四里。'"

武王荡（前 311 ~ 前 307 年八月）

［按］《世本》作"武烈王"；《史记·秦始皇本纪》作"悼武王"。据《秦本纪》：为惠文王之子。父卒继立。时韩、魏、齐、楚、越皆宾从。二年（前 309）初置丞相，以樗里疾、甘茂为左右丞相。武王谓甘茂曰："寡人欲容车通三川，窥周室，死不恨矣。"武王在位四年，举鼎为戏，绝膑，八月死。据《秦始皇本纪》：葬永陵，"正义"："《括地志》云：'秦悼武王陵在雍州咸阳县西十里。'"

昭襄王稷（前 307 年八月 ~ 前 251 年）

［按］《史记·赵世家》作"昭王"。《世本》：名作"侧"；"索隐"：名作"则"。据《秦本纪》：为惠文王之子，武王之异母弟。因武王卒时无子，稷被立之，时为质在燕，被燕人送归受立。六年（前 301），伐楚。八年，再攻楚，取新市。十一年，齐联韩、魏等国攻秦。二十四年，秦取魏安城，至大梁，燕、赵来救，退军。三十五年，伐燕，初置南阳郡。四十一年，攻魏，取邢丘。四十三年，攻韩，拔九城。四十七年（前 260），大破赵于长平，坑杀四十余万。次年，北定太原，占上党。继攻赵邯郸。五十一年，攻韩，取阳城、负黍。攻赵，取二十余县。五十一年（前 256，一作五十二年），灭东周，九鼎归秦。五十三年，天下来宾，魏后至，伐魏，取吴城。此时已奠定了秦日后取得统一战争胜利的基础。昭襄王在位五十六年卒。据《秦始皇本纪》："立四年，初为田开阡陌。"卒葬茝（zhǐ）阳（在今陕西省西安骊山）。

孝文王柱（前 250 年十月）

［按］《广弘明集》引《陶公年纪》：名作"式"。据《史记·秦本纪》：为昭襄王之子。昭襄王于五十六年卒，孝文王于元年除丧，十月继位，在位三日而卒。据《秦始皇本纪》：葬寿陵（在今陕西省西安骊山）。

庄襄王楚（前 250 年十月 ~ 前 247 年五月）

［按］《水经·渭水注》作"庄王"；《太平寰宇记·雍州》作"襄王"。据《战国策·秦策》：初名"异人"，为质于赵，改名"楚"，一曰"子楚"。据《史记·秦本纪》：为孝文王之子。父卒继立。元年（前 249），伐韩，取成皋，秦界至大梁，初置三川郡。次年，攻赵，定太原。下年，拔魏高都；取赵三十七城，初置太原郡。庄襄王在位三年，于五月卒。据《秦始皇本纪》：葬茝阳。

嬴政（前 247 年五月 ~ 前 210 年七月）

［按］据《史记·秦始皇本纪》：为庄襄王之子。父卒继立。时年十三。秦地已并巴、蜀、汉中，又有郢，置为南郡；北收上郡以东，有河东、太原、上党郡；灭周，东至荥阳，置三川郡。十七年（前 230），灭韩，以其地置颍川郡。二十二年（前 225），攻魏，引河水灌大梁，魏降，尽取其地。二十四年，灭楚。次年，举大兵灭燕，还军灭赵。二十六年（前 221），灭田齐，统一天下。三十七年七月卒。

秦世系（统一前）

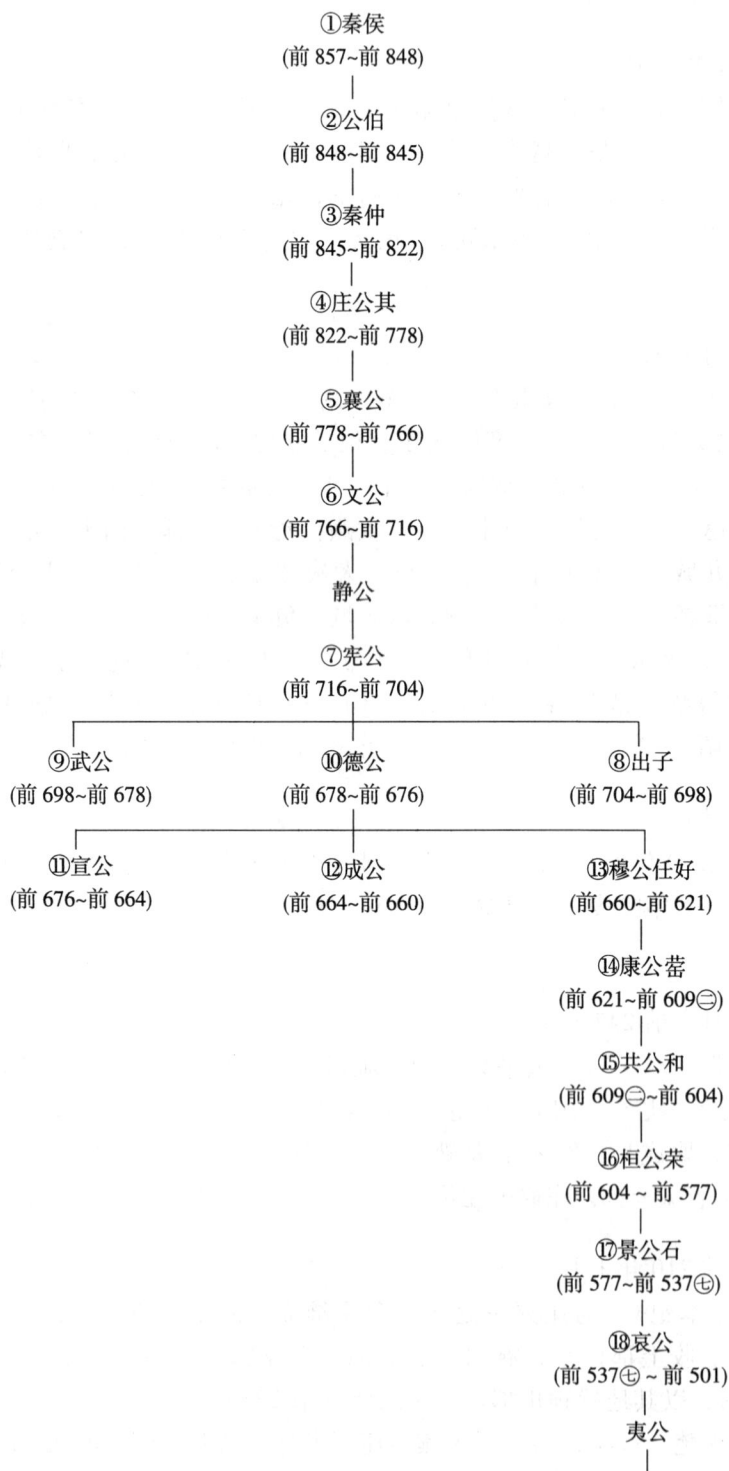

①秦侯
(前857~前848)

②公伯
(前848~前845)

③秦仲
(前845~前822)

④庄公其
(前822~前778)

⑤襄公
(前778~前766)

⑥文公
(前766~前716)

静公

⑦宪公
(前716~前704)

⑨武公	⑩德公	⑧出子
(前698~前678)	(前678~前676)	(前704~前698)

⑪宣公	⑫成公	⑬穆公任好
(前676~前664)	(前664~前660)	(前660~前621)

⑭康公罃
(前621~前609㈡)

⑮共公和
(前609㈡~前604)

⑯桓公荣
(前604~前577)

⑰景公石
(前577~前537㈦)

⑱哀公
(前537㈦~前501)

夷公

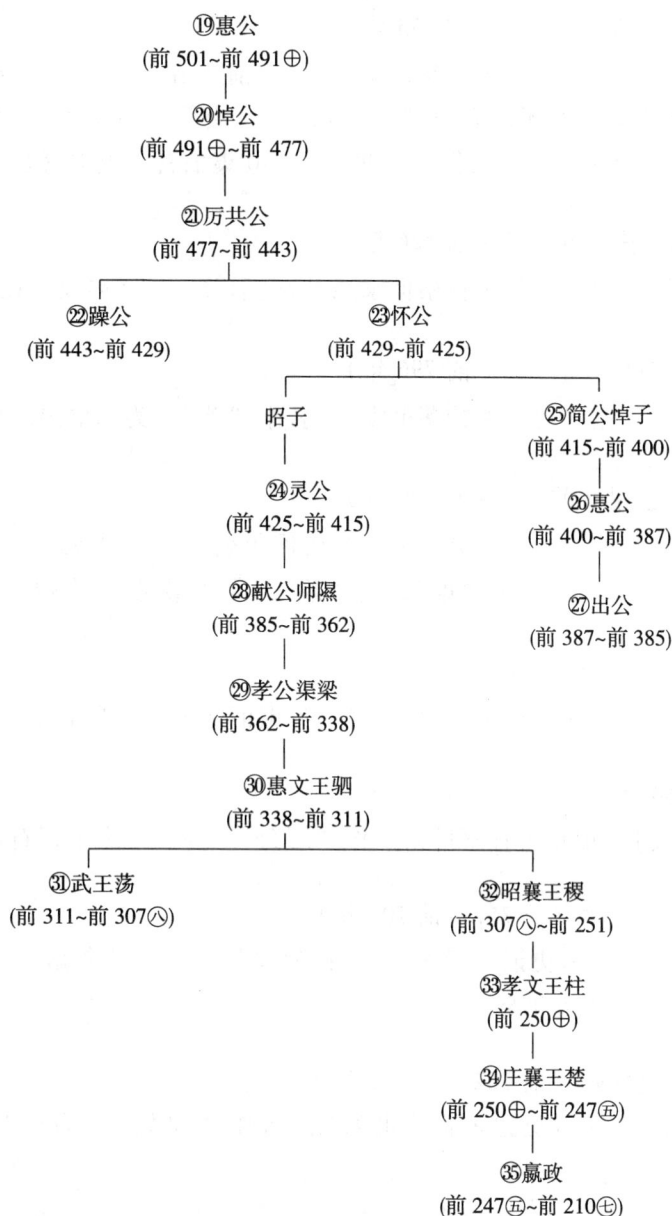

⑲惠公
（前 501~前 491⊕）

⑳悼公
（前 491⊕~前 477）

㉑厉共公
（前 477~前 443）

㉒躁公
（前 443~前 429）

㉓怀公
（前 429~前 425）

昭子

㉕简公悼子
（前 415~前 400）

㉔灵公
（前 425~前 415）

㉖惠公
（前 400~前 387）

㉘献公师隰
（前 385~前 362）

㉗出公
（前 387~前 385）

㉙孝公渠梁
（前 362~前 338）

㉚惠文王驷
（前 338~前 311）

㉛武王荡
（前 311~前 307八）

㉜昭襄王稷
（前 307八~前 251）

㉝孝文王柱
（前 250⊕）

㉞庄襄王楚
（前 250⊕~前 247五）

㉟嬴政
（前 247五~前 210七）

曹

（约前 864 ~ 前 487 年）

据《史记·管蔡世家》：曹之始祖为叔振铎，姬姓，乃周文王第六子、周武王弟。武王克商后受封于曹，都陶丘（今山东省定陶西南）。历五世至夷伯喜，方有确切纪年。拥有今山东西部地区。公元前 487 年为宋所灭。

夷伯喜（前 864 ~ 前 835 年）

［按］据《史记·管蔡世家》：夷伯前历五世（有学者据西周时期普遍实行的"一继一及"的王位继承制推测，应为"五世八传"，史籍失载旁系传承人，见前注）：①叔振铎—②太伯脾—③仲君平—④宫伯侯—⑤孝伯云—⑥夷伯喜。夷伯喜在位三十年卒。

幽伯彊（前 835 ~ 前 826 年）

［按］据《史记·管蔡世家》：为夷伯弟。兄终弟及。在位九年，被弟鲜所杀。

戴伯鲜（前 826 ~ 前 796 年）

［按］据《史记·管蔡世家》：名作"苏"。为幽伯弟。杀兄自立。在位三十年卒。

惠伯兕（前 796 ~ 前 760 年）

［按］兕（sì），《史记·十二诸侯年表》作"惠公"，《管蔡世家》作"惠伯"。为戴伯之子。"集解"：名一作"雉"，或"弟"，或"弟兕"。在位三十六年卒。

石甫（前 760 年）

［按］据《史记·管蔡世家》：为惠伯之子。父卒继立。旋为弟武所杀。

穆公武（前 760 ~ 前 757 年）

［按］《史记·管蔡世家》作"缪公"。为惠伯之子，石甫弟。杀兄自立。在位三年卒。

桓公终生（前 757 ~ 前 702 年）

［按］据《史记·管蔡世家》：为穆公之子（"集解"：名一作"终湦［shēng］"）。父卒继立。在位五十五年卒。

庄公射姑（前 702 ~ 前 671 年十一月）

［按］据《史记·管蔡世家》：名作"夕姑"。为桓公之子。父卒继立。在位三十一年卒。

釐公夷（前 671 年十一月 ~ 前 662 年）

［按］釐（xī）公，据《史记·管蔡世家》：为庄公之子。父卒继立。在位九年卒。

昭公班（前 662 ~ 前 653 年七月）

［按］据《史记·管蔡世家》：为釐公之子。父卒继立。在位九年卒。

共公襄（前 653 年七月 ~ 前 618 年八月）

［按］据《史记·管蔡世家》：为昭公之子。父卒继立。"二十一年（前 632），晋文公重耳伐曹，虏（曹）共公以归"。继放回。时晋称霸。共公在位三十五年卒。

文公寿（前 618 年八月 ~ 前 595 年五月）

［按］据《史记·管蔡世家》：为共公之子。父卒继立。在位二十三年卒。

宣公庐（前 595 年五月 ~ 前 578 年五月）

　　〔按〕据《史记·管蔡世家》：名作"彊"（"庐"据《左传》），为文公之子。父卒继立。在位十七年卒。

成公负刍（前 578 年五月 ~ 前 555 年十月）

　　〔按〕据《史记·管蔡世家》：为文公之子，宣公弟。兄终弟及。"成公三年（前 575），晋厉公伐曹，虏成公以归，已复释之"。成公在位二十三年卒。

武公胜（前 555 年十月 ~ 前 528 年三月）

　　〔按〕据《史记·管蔡世家》：为成公之子。父卒继立。在位二十七年卒。

平公须（前 528 年三月 ~ 前 524 年三月）

　　〔按〕据《史记·管蔡世家》：为武公之子。父卒继立。在位四年卒。

悼公午（前 524 年三月 ~ 前 515 年十月）

　　〔按〕据《史记·管蔡世家》：为平公之子。父卒继立。在位九年，朝宋时被囚，死于宋，归葬。

襄公野（前 515 年十月 ~ 前 510 年）

　　〔按〕《史记·管蔡世家》作"声公"。为平公之子，悼公弟。兄在宋卒后被曹人所立。在位五年，被平公弟通所杀。

隐公通（前 510 ~ 前 506 年）

　　〔按〕据《史记·管蔡世家》：为武公之子，平公弟。杀襄公自立。在位四年。被襄公弟路所杀。

靖公路（前 506 ~ 前 502 年三月）

　　〔按〕据《史记·管蔡世家》：为襄公之弟。名一作"露"。杀隐公自立。在位四年卒。

伯阳（前 502 年三月 ~ 前 487 年）

　　〔按〕据《史记·管蔡世家》：为靖公之子。父卒继立。在位十五年。为宋所攻，被执杀，绝祀，曹亡。

曹　世　系

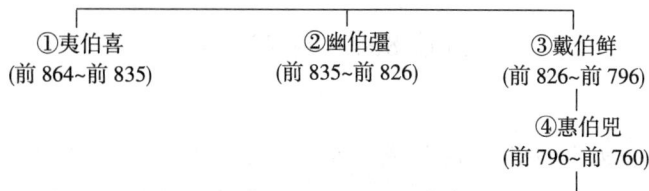

①夷伯喜　　　　　②幽伯彊　　　　　③戴伯鲜
(前 864~前 835)　　(前 835~前 826)　　(前 826~前 796)

　　　　　　　　　　　　　　　　　　④惠伯兕
　　　　　　　　　　　　　　　　　(前 796~前 760)

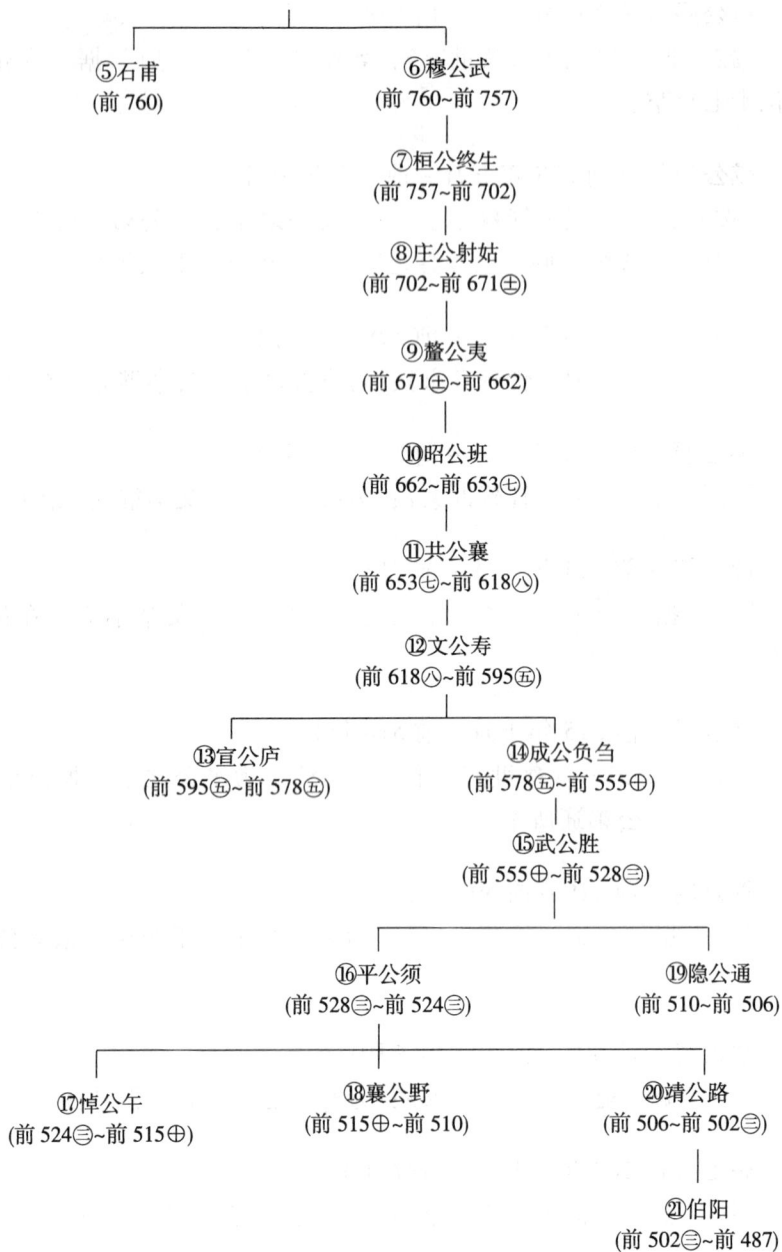

⑤石甫
(前 760)

⑥穆公武
(前 760~前 757)

⑦桓公终生
(前 757~前 702)

⑧庄公射姑
(前 702~前 671⊕)

⑨釐公夷
(前 671⊕~前 662)

⑩昭公班
(前 662~前 653㈦)

⑪共公襄
(前 653㈦~前 618㈧)

⑫文公寿
(前 618㈧~前 595㈤)

⑬宣公庐
(前 595㈤~前 578㈤)

⑭成公负刍
(前 578㈤~前 555⊕)

⑮武公胜
(前 555⊕~前 528㈢)

⑯平公须
(前 528㈢~前 524㈢)

⑲隐公通
(前 510~前 506)

⑰悼公午
(前 524㈢~前 515⊕)

⑱襄公野
(前 515⊕~前 510)

⑳靖公路
(前 506~前 502㈢)

㉑伯阳
(前 502㈢~前 487)

燕

(约前 864 ~ 前 222 年)

　　燕在甲骨文、金文中写作"匽"或"郾",西汉以后的文献中始作"燕"(yān)。
据《史记·燕召公世家》:燕为周族的一支,与周同为姬姓。其始祖为召公奭(shì),

因食邑于召，故曰"召公"，① 周武王克商后，受封于燕。都蓟（今北京房山琉璃河西周遗址），燕昭王始设下都于武阳（今河北省易县南）。有学者以为燕原封地在今河南省郾城，召公时徙至今河北省玉田，再徙蓟丘。召公历九世至惠侯，方有确切纪年（有学者据西周时期普遍实行的"一继一及"的王位继承制推测，"九世至惠侯"是史家据周王朝经历世数推算出来的，"九世"应是"九传"之误，见前注）。燕拥今河北北部、辽宁西部等地，因位居北，对中原影响较晚，战国时成七雄之一。燕王哙（kuài）时，因内乱，一度被齐攻占。至子昭王当政时，以乐毅为将，大破齐军，攻占七十余城；同时，向东北发展，燕将秦开击退东胡，在其地设上谷、渔阳、右北平、辽西、辽东诸郡。燕对东北的开发，功不可没。昭王卒后，为齐所败，所占齐地尽失。公元前226年，受秦攻击，失都城蓟，燕王喜徙都辽东。公元前222年为秦所灭。

惠侯（前864～前827年）

［按］据《史记·十二诸侯年表》：惠侯为召公九世孙，传承关系缺载。立二十四年为共和元年（前841）。在位三十八年卒。

釐侯（前827～前791年）

［按］釐（xī）侯，据《史记·十二诸侯年表》：名"庄"（据考，"庄"为衍字）。据《燕召公世家》：为惠侯子。在位三十六年卒。

顷侯（前791～前767年）

［按］据《史记·燕召公世家》：为釐侯子。父卒继立。在位二十四年卒。

哀侯（前767～前765年）

［按］据《史记·燕召公世家》：为顷侯之子。父卒继立。在位二年卒。

郑侯（前765～前729年）

［按］据《史记·燕召公世家》：为哀侯之子。父卒继立。在位三十六年卒。

穆侯（前729～前711年）

［按］《史记·燕召公世家》作"缪侯"。为郑侯之子。父卒继立。在位十八年卒。

宣侯（前711～前698年）

［按］据《史记·燕召公世家》：为穆侯之子。父卒继立。在位十三年卒。

桓侯（前698～前691年）

［按］据《史记·燕召公世家》：为宣侯之子。父卒继立。在位七年卒。

---

① "召（shào）公"，一作"邵公"、"召康公"，以采邑在召（今陕西省岐山西南）称"召公"，或"召伯"。《尚书·召诰》存其部分言论。

庄公（前691～前658年）

［按］据《史记·燕召公世家》：为桓侯之子。父卒继立。"二十七年（前664），山戎来侵我，齐桓公救燕，遂北伐山戎而还。燕君送齐桓公出境，桓公因割燕所至地予燕（"正义"：《括地志》云，燕留故城在沧州长芦县东北十七里，即齐桓公分沟割燕君所至地与燕，因筑此城，故名燕留），使燕共贡天子，如成周时职，使燕复修召公之法。"庄公在位三十三年卒。

襄公（前658～前618年）

［按］据《史记·燕召公世家》：为庄公之子。父卒继立。在位四十年卒。

桓公（前618～前602年）

［按］《史记》未载明与襄公的关系。襄公卒后立。在位十六年卒。

宣公（前602～前587年）

［按］世系不明。桓公卒后立。在位十五年卒。

昭公（前587～前574年）

［按］世系不明。宣公卒后立。在位十三年卒。

武公（前574～前555年）

［按］世系不明。昭公卒后立。在位十九年卒。

文公（前555～前549年）

［按］世系不明。武公卒后立。在位六年卒。

懿公（前549～前545年）

［按］世系不明。文公卒后立。在位四年卒。

惠公（前545～前535年）

［按］据《史记·燕召公世家》：为懿公之子。父卒继立。在位十年卒。

悼公（前535～前529年）

［按］世系不明。悼公卒后立。在位六年卒。

共公（前529～前524年）

［按］世系不明。悼公卒后立。在位五年卒。

平公（前524～前505年）

［按］世系不明。共公卒后立。在位十九年卒。

简公（前505～约前493年）

［按］世系不明。平公卒后立。在位十二年卒。

　　《史记》所记燕国年世，颇混乱，后世学者多纠其舛，然因史料匮乏，不少只限于推论。学者考证大多依据《竹书纪年》。《史记》记简公下为献公，而古本《竹书纪年》云："燕简公卒，次孝公立。"无献公一代。若依《竹书纪年》推之，孝公元年为公元前497年，简公卒于公元前498年；而据《史记·燕召公世家》："简公十二年（前493）卒，献公立。"两者相差五年。本年表基本上依《史记》，亦酌情参考《竹书纪年》。

献公（约前493～约前476年）

[按] 此据《史记》；《竹书纪年》无"献公"纪年。

孝公（前497～前455年）

[按]《史记·燕召公世家》"索隐"引《竹书纪年》记："智伯灭在（燕）成公二年也。"知燕成公元年为公元前454年，从而可推知燕孝公卒年为公元前455年。又据《燕召公世家》（去献公一代），孝公在位应四十三年，故推之孝公元年为公元前497年。这是学术界通常的看法。但这样，则造成前后不能衔接，此问题目前尚未解决，特此说明。

成公（前455～前439年）

[按]《史记》"索隐"："按《竹书纪年》，智伯灭在成公二年也。"故知成公元年为公元前454年，因孝公卒于前一年，时成公已即位，故从前一年算起。据《燕召公世家》：成公在位十六年卒。

文公（前439～前415年）

[按]《史记·燕召公世家》作"湣公"。"索隐"："按《（竹书）纪年》作'文公二十四年卒，简公立，十三年而三晋命邑为诸侯'。"三晋为诸侯在公元前403年，依此推之，燕简公元年为公元前414年，前一年文公卒。再据在位二十四年推之，文公元年为公元前438年（即位在前一年）。

简公（前415～前370年）

[按] 此"简公"据《竹书纪年》（见前条所引）。据该书：简公十三年三晋为诸侯。据此可知简公元年为公元前414年（前一年文公卒后即位）。同书记：简公在位四十五年卒。

桓公（前370～? 年）

[按]《史记》"索隐"："《（竹书）纪年》作简公四十五年卒。"可知简公卒于公元前370年，桓公继立。简公后的燕纪年已无资料可据，只得依从《史记·六国年表》的记载，然据《六国年表》，公元前370年为桓公三年，中间相差三年，待考。

文公（前362～前333年）

[按] 据《史记·燕召公世家》：桓公卒，文公立。在位二十九年卒。

易王（前333～前321年）

[按] 据《史记·燕召公世家》：为文公之子。父卒继立。十年（前323），始称王。易王在位十二年卒。

哙（前 321 ~ 前 314 年）

［按］名一作"徻"。据《史记·燕召公世家》：为易王之子。父卒继立。《六国年表》记：七年（前 314），燕内讧，齐乘机攻之，哙死。两年后（前 312），燕人共立公子平，是为昭王。昭王以前皆算为哙的纪年。

昭王平（前 312 ~ 前 279 年）

［按］《史记·燕召公世家》"索隐"引《赵系家》：名作"职"。为哙之子。原流亡在韩，父死后被赵护送回燕。两年后为燕人立之。二十八年（前 284），派大将乐毅联秦、三晋合攻齐，破临淄，占领七十余城，这是燕最盛时期。三十三年（前 279），齐田单破燕军，复齐失地。昭王在位三十三年卒。

惠王（前 279 ~ 前 272 年）

［按］据《史记·燕召公世家》：为昭王之子。父卒继立。在位七年卒（一说为燕相公孙操所杀）。

武成王（前 272 ~ 前 258 年）

［按］据《史记·燕召公世家》：为惠王之子。父卒继立。在位十四年卒。

孝王（前 258 ~ 前 255 年）

［按］据《史记·燕召公世家》：为武成王之子。父卒继立。在位三年卒。

喜（前 255 ~ 前 222 年）

［按］据《史记·燕召公世家》：为孝王之子。父卒继立。四年（前 251），攻赵，为赵老将廉颇所败。次年，廉颇围燕。下年，赵再围燕。十二年，被赵攻，失武遂。次年，反攻赵，败。十九年，被赵攻，失狸、阳城。二十八年（前 227），面对强秦，太子丹遣荆轲入秦刺秦王，未果，秦杀荆轲。追念勇士，"风萧萧兮易水寒，壮士一去兮不复还"悲壮之歌广为流传。次年（前 226），受秦攻，都城蓟失陷，太子丹被杀，燕王喜迁都辽东。三十三年，秦拔辽东，燕王被虏，燕亡。

燕 世 系

①惠侯 （前 864 ~ 前 827）	⑬昭公 （前 587 ~ 前 574）	㉕文公 （前 439 ~ 前 415）
②釐侯 （前 827 ~ 前 791）	⑭武公 （前 574 ~ 前 555）	㉖简公 （前 415 ~ 前 370）
③顷侯 （前 791 ~ 前 767）	⑮文公 （前 555 ~ 前 549）	㉗桓公 （前 370 ~ ?）
④哀侯 （前 767 ~ 前 765）	⑯懿公 （前 549 ~ 前 545）	㉘文公 （前 362 ~ 前 333）

⑤郑侯	⑰惠公	㉙易王
（前765～前729）	（前545～前535）	（前333～前321）
⑥穆侯	⑱悼公	㉚哙
（前729～前711）	（前535～前529）	（前321～前314）
⑦宣侯	⑲共公	㉛昭王平
（前711～前698）	（前529～前524）	（前312～前279）
⑧桓侯	⑳平公	㉜惠王
（前698～前691）	（前524～前505）	（前279～前272）
⑨庄公	㉑简公	㉝武成王
（前691～前658）	（前505～约前493）	（前272～前258）
⑩襄公	㉒献公	㉞孝王
（前658～前618）	（约前493～约前476）	（前258～前255）
⑪桓公	㉓孝公	㉟喜
（前618～前602）	（前497*～前455）	（前255～前222）
⑫宣公	㉔成公	*见文中说明。
（前602～前587）	（前455～前439）	

三　西周时期纪年考

蔡

（约前863～前447年）

据《史记·管蔡世家》：蔡之始祖为叔度，乃周文王第五子、周武王弟。武王克商后受封于蔡（今河南省上蔡）。此为商之故地，治商遗民。武王卒，周成王年少即位，由周公旦辅佐，叔度不服，联商后裔武庚作乱，兵败，被逐而死。其子名胡，降服周，仍继封于蔡，是为蔡仲。历五世至武侯方有确切纪年。初都上蔡，受楚迫，平侯时迁都新蔡，昭侯迁州来（今安徽省凤台），称为下蔡。公元前447年为楚所灭。

武侯（前863～前838年）
［按］据《史记·管蔡世家》：武侯前历五世（有学者推测为"五世八传"，失载旁系继承人，见前注）：①叔度—②胡（蔡仲）—③荒（蔡伯）—④宫侯—⑤厉侯—⑥武侯。武侯在位二十六年卒。

夷侯（前838～前810年）
［按］据《史记·管蔡世家》：为武侯之子。父卒继立。在位二十八年卒。

釐侯所事（前810～前762年）
［按］釐（xī）侯所事，据《史记·管蔡世家》：为夷侯之子。父卒继立。在位四十八年卒。

共侯兴（前 762～前 760 年）

［按］据《史记·管蔡世家》：为釐侯之子。父卒继立。在位二年卒。

戴侯（前 760～前 750 年）

［按］据《史记·管蔡世家》：为共侯之子。父卒继立。在位十年卒。

宣侯楷论（前 750～前 715 年六月）

［按］据《史记·管蔡世家》：名作"措父"，为戴侯之子。父卒继立。在位三十五年卒。

桓侯封人（前 715 年六月～前 695 年六月）

［按］据《史记·管蔡世家》：为宣侯之子。父卒继立。据《春秋·桓二》：当年（前 710 年），"蔡侯、郑伯会于邓"。《左传》云："始惧楚也。"桓侯在位二十年卒。

哀侯献舞（前 695 年六月～前 675 年）

［按］据《史记·管蔡世家》：为宣侯之子，桓侯弟。兄终弟及。十一年（前 684），为楚所虏，在楚九年卒。凡在位二十年。

穆侯肸（前 675～前 646 年）

［按］肸（xī），《史记·管蔡世家》为"缪侯"。为哀侯之子。父为楚虏后死，遂为蔡人所立。据《左传·僖四》：当年（前 656 年）"春，齐侯以诸侯之师侵蔡，蔡溃，遂伐楚"。穆侯在位二十九年卒。

庄侯甲午（前 646～前 612 年）

［按］据《史记·管蔡世家》：为穆侯之子。父卒继立。据《左传·僖三十三》：当年（前 627 年），"楚令尹子上（子上，人名）侵陈、蔡"，陈、蔡附楚。庄侯在位三十四年卒。

文侯申（前 612～前 592 年三月）

［按］据《史记·管蔡世家》：为庄侯之子。父卒继立。在位二十年卒。

景侯固（前 592 年三月～前 543 年四月）

［按］据《史记·管蔡世家》：为文侯之子。父卒继立。据《左传·成六》：当年（前 585 年），"晋师遂侵蔡。楚公子申、公子成以申、息之师救蔡，御诸桑隧（今河南省确山东）"。后，双方撤军。景侯在位四十九年，被太子班所杀。

灵侯班（前 543 年四月～前 531 年）

［按］《史记·管蔡世家》名作"般"。为景侯长子。因父夺其妇，弑父自立。据《左传·昭四》：当年（前 538 年），蔡随楚攻吴，破朱方（今江苏省丹徒东南）。灵侯在位十二年，被楚灵王所诱杀。

平侯庐（前 529～前 522 年十一月）

［按］《史记》"集解"：名一作"虚"。据《管蔡世家》：为景侯少子。以兄灵侯杀父夺位，

楚灵王出面干预，于灵侯十二年（前531）杀灵侯并灭蔡，使楚公子弃疾为蔡公（"正义"：蔡之大夫）领之。两年后（前529年），弃疾返楚杀楚灵王自立，乃求蔡景侯少子庐立之，复蔡。故庐在位年应从公元前529年始。《十二诸侯年表》未细计蔡灭两年，将公元前530年作为平侯元年。平侯在位八年卒（依表有平侯九年）。

悼侯东国（前522年十一月～前519年六月）

［按］据《史记·管蔡世家》：为灵侯之孙，平侯侄孙。父名"友"，为灵侯太子，平侯即位后被杀。后，友子东国杀平侯而自立。悼侯在位三年卒。

昭侯申（前519年六月～前491年二月）

［按］据《史记·管蔡世家》：为悼侯弟。兄终弟及。二十六年（前493），因畏楚联吴，迁都州来（称"下蔡"，在今安徽省凤台）。在位二十八年。诸大夫见其与吴友好，恐再迁都，共起而诛之。

成侯朔（前491年二月～前472年）

［按］《史记》"集解"：名一作"景"。据《史记·管蔡世家》：为昭侯之子。诸大夫杀其父而立之。在位十九年卒。

声侯产（前472～前457年）

［按］据《史记·管蔡世家》：为成侯之子。父卒继立。在位十五年卒。

元侯（前457～前451年）

［按］据《史记·管蔡世家》：为声侯之子。父卒继立。在位六年卒。

齐（前451～前447年）

［按］据《史记·管蔡世家》：为元侯之子。父卒继立。在位四年。为楚惠王所攻杀，绝祀，蔡亡。

蔡　世　系

①武侯
(前863~前838)
|
②夷侯
(前838~前810)
|
③釐侯所事
(前810~前762)
|
④共侯兴
(前762~前760)
|

三　西周时期纪年考

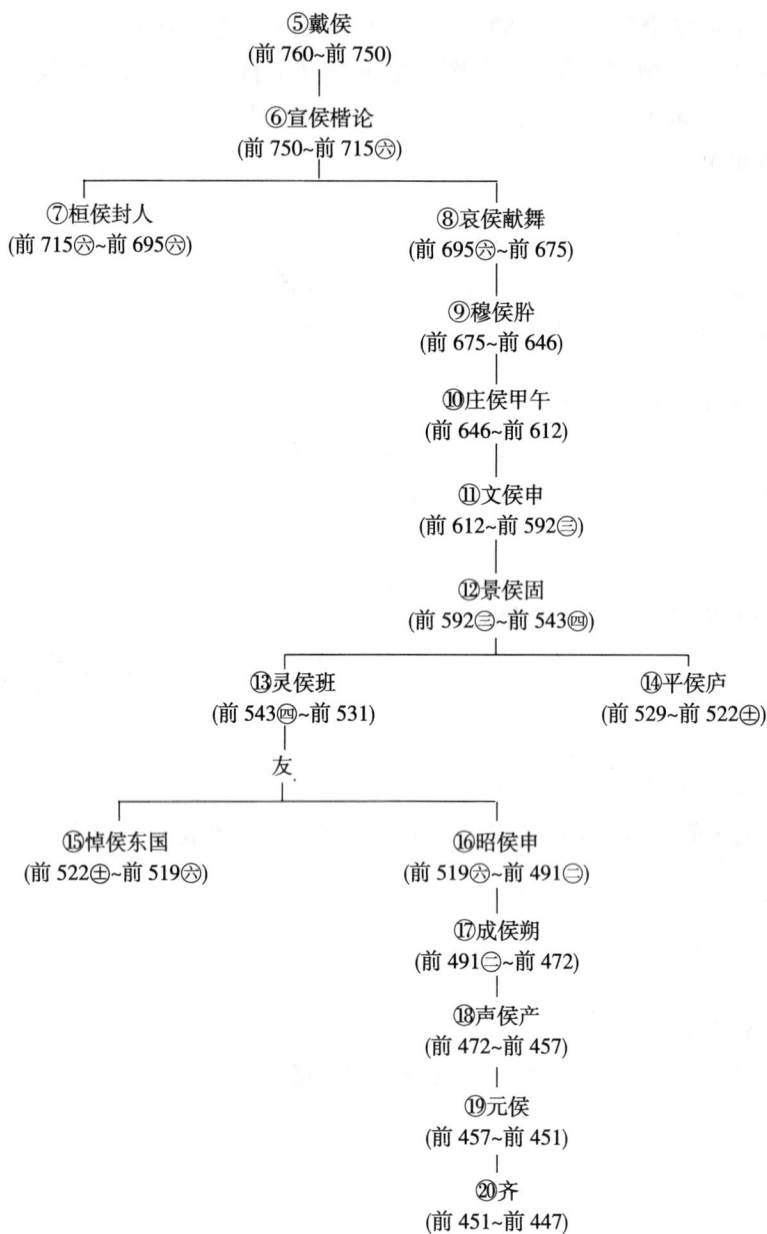

⑤戴侯
(前760~前750)

⑥宣侯楷论
(前750~前715⑥)

⑦桓侯封人
(前715⑥~前695⑥)

⑧哀侯献舞
(前695⑥~前675)

⑨穆侯肸
(前675~前646)

⑩庄侯甲午
(前646~前612)

⑪文侯申
(前612~前592⑤)

⑫景侯固
(前592⑤~前543④)

⑬灵侯班
(前543④~前531)

⑭平侯庐
(前529~前522⑮)

友

⑮悼侯东国
(前522⑮~前519⑥)

⑯昭侯申
(前519⑥~前491⑤)

⑰成侯朔
(前491⑤~前472)

⑱声侯产
(前472~前457)

⑲元侯
(前457~前451)

⑳齐
(前451~前447)

宋

（约前858～前286年）

据《史记·宋微子世家》：宋之始祖为微子开（"索隐"：《尚书》名记为"启"，此名"开"，避汉景帝讳）。子姓。为商宗室，是商帝乙之子、帝辛（纣）之庶兄。时见弟纣为政暴虐，数谏遭拒，遂逃亡（《尚书·微子》载他逃亡前与太师、少师的对话）。至周武王伐纣灭商，微子迎周，受封；于时，纣之子武庚亦受封，令续商祀。周武王初年，武庚反叛被诛，周王便使微子代武庚以治商遗民，封之于宋，都睢阳（今河南省商丘西南）；一说战国初年，徙都彭城（今江苏省徐州）。拥今豫东和鲁、苏、皖间之地。历五世七传而至釐（xī）公，方有确切纪年。春秋时宋襄公曾企图称霸未成，此后国势衰弱。公元前286年为齐、魏、楚所攻灭。

釐公举（前858~前831年）

［按］据《史记·宋微子世家》：釐公前历七传：

①微子开（启）

②微仲衍—③宋公稽—④丁公申—⑤湣公共—⑦厉公鲋（fù）祀—⑧釐公举

　　　　　　　　　└⑥炀公熙

釐公在位二十八年卒。

惠公覵（前831~前800年）

［按］惠公覵（jiàn），据《史记·宋微子世家》：为釐公之子。父卒继立。在位三十一年卒。

哀公（前800年）

［按］据《史记·宋微子世家》：为惠公之子。父卒继立。未几卒。

戴公（前800~前766年）

［按］据《史记·宋微子世家》：为哀公之子。父卒继立。在位三十四年卒。

武公司空（前766~前748年）

［按］据《史记·宋微子世家》：为戴公之子。父卒继立。在位十八年卒。

宣公力（前748~前729年）

［按］据《史记·宋微子世家》：为武公之子。父卒继立。在位十九年卒。

穆公和（前729~前720年八月）

［按］据《史记·宋微子世家》：为宣公弟。兄卒前嘱让之，三辞而受。在位九年卒。

殇公与夷（前720年八月~前710年正月）

［按］据《史记·宋微子世家》：为宣公之子。穆公卒前为感其父宣公让位之恩，嘱大司马孔父立宣公子与夷，令己子冯出居郑。殇公元年（前719），"与（卫）伐郑，至东门而还。二年，郑伐宋，以报东门之役。其后诸侯数来侵伐"。"殇公即位十年耳，而十一战"。殇公在位十年，被太宰华督（戴公孙）所杀。

庄公冯（前710年正月~前692年十二月）

［按］据《史记·宋微子世家》：为穆公之子。太宰华督杀殇公后立之，华督为相。庄公在位十九年卒。

湣公捷 （前692年十二月～前682年）

［按］据《史记·宋微子世家》：为庄公之子。父卒继立。在位十年，为宋大夫南宫万杀于蒙泽（今河南省商丘东北）。

游 （前682年秋～冬）

［按］据《史记·宋微子世家》：为宋公子。宋大夫南宫万杀湣公而立之。当年冬，被诸公子所杀。

桓公御说 （前682～前651年）

［按］据《史记·宋微子世家》：为庄公之子，湣公弟。诸公子杀游后立之。据今本《竹书纪年》：桓公元年（前681）"春，齐桓公会诸侯于北杏（今山东省东阿北），以平宋乱"。据《春秋·庄十五》：是年（前679）"春，齐侯、宋公、陈侯、卫侯、郑伯会于鄄（juàn，今山东省鄄城北旧城）"。《左传》："齐始伯也。"《春秋·庄二十八》、是年（前666年）"秋，荆（楚）伐郑，（鲁）公会齐人、宋人救郑。"《左传·闵二》：是年（前660年）：狄攻卫，卫懿公死，宋随齐救卫，立戴公申。《春秋·僖二》：当年（前658年）"秋九月，齐侯、宋公、江人、黄人盟于贯（今山东省曹县南）"。次年"秋，齐侯、宋公、江人、黄人会于阳谷（今山东省平阴西南）"。《左传》："谋伐楚也。"下年"正月，（鲁）公会齐侯、宋公、陈侯、卫侯、郑伯、许男、曹伯侵蔡，蔡溃，遂伐楚，次于陉（今河南省郾城东南）"。时齐称霸，宋随齐抗楚。桓公在位三十一年卒。

襄公兹父 （前651～前637年五月）

［按］名又写作"兹甫"。据《史记·宋微子世家》：为桓公之子。父卒继立。未几，乘齐内乱欲夺霸位。"八年（前643），齐桓公卒"，国内发生夺位之争，太子昭未得立而奔宋，"宋欲为盟会"。据《左传·僖十八》：当年（前642年），"宋襄公以诸侯伐齐"。"夏五月，宋败齐师于甗（yǎn，今山东省济南西），立孝公（太子昭）而还"。次年，"宋公执滕宣公"；"夏六月，宋公、曹人、邾人盟于曹南……秋，宋人围曹。"《僖二十一》：当年（前639年），"宋人、齐人、楚人盟于鹿上（今安徽省阜南南）"，求楚许宋为盟主，楚人许之，"秋，宋公、楚子、陈侯、蔡侯、郑伯、许男、曹伯会于盂（今河南省睢县北），执宋公以伐宋……十有二月，癸丑，（鲁）公会诸侯，盟于薄（今山东省曹县南），释宋公"。次年"三月，郑伯如楚。夏，宋公伐郑……十有一月己巳朔，宋公及楚人战于泓（今河南省柘城北）"，宋师败绩，襄公伤股。转年"五月，宋襄公卒。伤于泓故也"。时因楚亦向中原发展，宋势不抵楚，襄公求霸未果，连性命都丧失了。

《左传·僖十九》又记："宋公使邾文公用鄫子于次睢之社，欲以属东夷。司马子鱼曰：古者六畜不相为用，小事不用大牲，而况敢用人乎！祭祀以为人也，民，神之主也。用人，其谁饗之。"表示了当时人们观念的变化，不仅是商以来流行的人祭（人殉）观念发生了动摇，还反映出在人神关系上人地位的提高。

成公王臣 （前637年五月～前620年四月）

［按］据《史记·宋微子世家》：为襄公之子。父卒继立。初即位时，与楚和。据《左传·僖二十六》：当年（前634年），"（宋）叛楚即晋。冬，楚令尹子玉、司马子西帅师伐

宋，围缗（今山东省金乡）"。翌年（前633年）"冬，楚子及诸侯围宋，宋公孙固如晋告急……（晋）释宋围"。"十有二月，甲戌，（鲁）公会诸侯盟于宋"。下年"四月己巳，晋侯、齐师、宋师、秦师及楚人战于城濮（今山东省鄄城西南，一说今河南省陈留附近），楚师败绩……五月癸丑，（鲁）公会晋侯、齐侯、宋公、蔡侯、郑伯、卫子、莒子，盟于践土（今河南省原阳西南）"。晋文公重耳完成霸业，宋从之。成公在位十七年，被弟御所杀。其卒月据《春秋》。

御（前620年）

［按］据《史记·宋微子世家》：为成公弟。杀兄自立。继为宋人所杀。

昭公杵臼（前620～前611年十二月）

［按］据《史记·宋微子世家》：为成公之子（《十二诸侯年表》记为襄公之子）。宋人杀御而立之。据《春秋·文十》：当年（前617年）"冬，狄侵宋。楚子、蔡侯次于厥貉（今河南省项城西南）"。《左传》："将以伐宋。"次年，"（宋）败狄于长邱，获长狄缘斯"。昭公在位九年，出猎时被夫人王姬引卫军攻杀。

文公鲍（前611年十二月～前589年八月）

［按］名一记作"鲍革"。据《史记·宋微子世家》：为昭公弟，兄被杀后为国人立之。"文公元年（前610），晋率诸侯伐宋，责以弑君。闻文公定立，乃去"。据《春秋·宣元》：当年（前608年），"楚子、郑人侵陈，遂侵宋。晋赵盾帅师救陈。宋公、陈侯、卫侯、曹伯会晋师于棐林（今河南省尉氏西），伐郑"。次年"春，二月，壬子，宋华元帅师及郑公子归生帅师，战于大棘（今河南省柘城西北）。宋师败绩……夏，晋人、宋人、卫人、陈人侵郑"。《左传》："以报大棘之役。楚斗椒救郑。"下年，"宋师围曹"。《宣九》：当年（前600年）"九月，晋侯、宋公、卫侯、郑伯、曹伯会于扈（今河南省原阳西）"。十月，"宋人围滕"。次年"六月，宋师伐滕……晋人、宋人、卫人、曹人伐郑"。《宣十二》：当年（前597年），"晋人、宋人、卫人、曹人同盟于清丘（今河南省濮阳南）。宋师伐陈，卫人救陈"。次年"夏，楚子伐宋"。下年"九月，楚子围宋"。下年"春，公孙归父会楚子于宋。夏五月，宋人及楚人平（孔《疏》曰：'《传》载盟辞，则此平有盟。'）"。楚围宋九个月，晋不能救，宋与楚盟，终于归附于楚的霸权。文公在位二十二年卒。

共公瑕（前589年八月～前576年六月）

［按］据《史记·宋微子世家》：为文公之子，父卒继立。据《春秋·成五》：当年（前586年）"十有二月，己丑，（鲁）公会晋侯、齐侯、宋公、卫侯、郑伯、曹伯、邾子、杞伯，同盟于虫牢（今河南省封丘北）"。据《左传》，次年三月，"伊雒之戎、陆浑、蛮氏侵宋"。《春秋》：下年"秋，楚公子婴齐帅师伐郑，（鲁）公会晋侯、齐侯、宋公、卫侯、曹伯、莒子、邾子、杞伯救郑。八月，戊辰，同盟于马陵（今河北省大名东）"。《左传·成十一》：当年（前580年），宋臣华元先赴楚，继赴晋，促进晋楚和好。次年五月，晋楚"盟于宋西门之外"，约定互不加兵，共同征讨。促成了春秋史上的第一次弭（mǐ）兵之会。共公在位十三年卒。

平公成（前 576 年六月～前 532 年十二月）

〔按〕据《史记·宋微子世家》：为共公少子。共公卒时，司马唐山攻杀太子肥，左师鱼石杀司马唐山而立少子成。"平公三年（前 573），楚共王拔宋之彭城（今江苏省徐州），以封宋左师鱼石。四年，诸侯共诛鱼石，而归彭城于宋"。据《左传·襄九》：当年（前 564 年），晋率宋等十一诸侯攻郑，郑求和，形成春秋末年晋悼公复霸。继而"楚子伐郑"，又"帅师伐宋"，与晋争霸。平公三十年（前 546），宋执政向戌约合晋楚，并约各国在宋会盟，除齐、秦外各国共贡晋楚，这就是第二次弭兵之会。平公在位四十四年卒。

元公佐（前 532 年十二月～前 517 年十一月）

〔按〕据《史记·宋微子世家》：为平公之子。父卒继立。元公十年（前 522），"大夫华、向氏作乱"。元公在位十五年卒。

景公头曼（前 517 年十一月～前 451 年）

〔按〕据《史记·宋微子世家》：为元公之子。父卒继立。三十年（前 487），"宋伐曹，晋不救，遂灭曹"。据古本《竹书纪年》：晋定公三十五年（前 477），"宋杀其大夫皇瑗于丹水之上"。景公在位六十四年卒（《六国纪年》记为六十六年）。

昭公特（前 451～前 404 年）

〔按〕《史记》"索隐"：名一作"德"。据该书《宋微子世家》：为元公庶曾孙，公孙纠之子。因景公杀父，在景公卒时杀其太子后自立。在位四十七年卒。

悼公购由（前 404～前 385 年）

〔按〕据《史记·宋微子世家》：为昭公之子。父卒继立。据《韩世家》：韩文侯二年（前 385），韩伐宋，到彭城，执宋君。而古本《竹书纪年》云：在位十八年，与此相差一年。

休公田（前 385～前 373 年）

〔按〕据《史记·宋微子世家》：为悼公之子。父卒继立。据前推之，应在位十二年卒。

桓公辟兵（前 373～前 370 年）

〔按〕一作"辟公"，《史记》"集解"：名一作"兵"；"索隐"：名一作"璧兵"。据该书《宋微子世家》：为休公之子。父卒继立。在位三年卒。

剔成（前 370～前 329 年）

〔按〕《史记》"集解"：名一作"剔成君"；"索隐"：名一作"易成盱"。据该书《宋微子世家》：为桓公之子。父卒继立。五年（前 365），被魏攻，失仪台。十四年（前 356），迫赴魏，朝见魏惠王。剔成在位四十一年，为弟偃攻袭，败奔齐。

康王偃（前 329～前 286 年）

〔按〕一作献王。据《史记·宋微子世家》：为剔成弟，攻兄自立。十一年（前 318）称王。在位四十七年（《六国年表》记为四十三年），为齐、魏、楚所攻杀，三分其地，宋亡。

宋 世 系

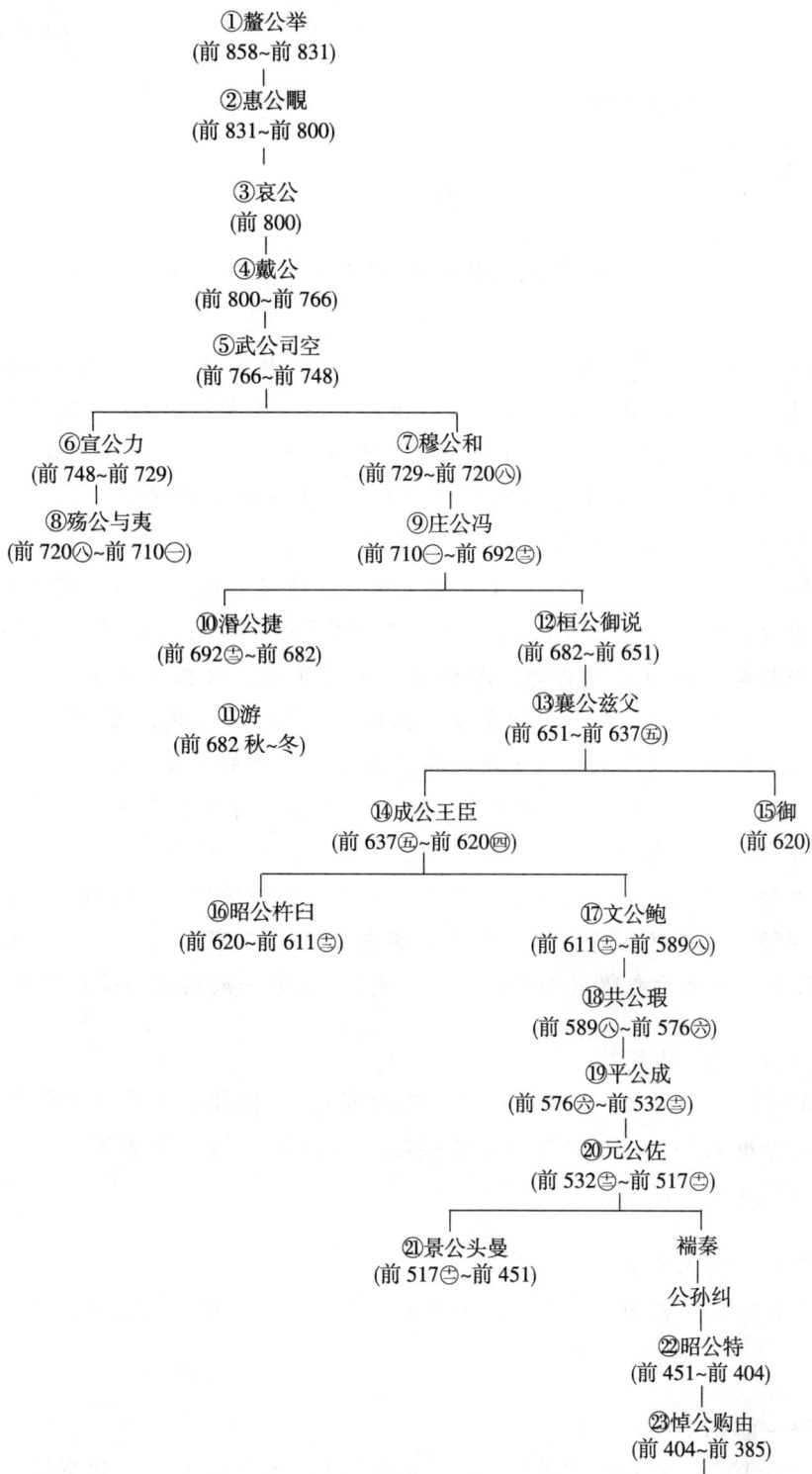

①戴公举
(前858~前831)

②惠公覸
(前831~前800)

③哀公
(前800)

④戴公
(前800~前766)

⑤武公司空
(前766~前748)

⑥宣公力
(前748~前729)

⑦穆公和
(前729~前720⑧)

⑧殇公与夷
(前720⑧~前710一)

⑨庄公冯
(前710一~前692⑫)

⑩滑公捷
(前692⑫~前682)

⑪游
(前682秋~冬)

⑫桓公御说
(前682~前651)

⑬襄公兹父
(前651~前637⑤)

⑭成公王臣
(前637⑤~前620四)

⑮御
(前620)

⑯昭公杵臼
(前620~前611⑪)

⑰文公鲍
(前611⑪~前589⑧)

⑱共公瑕
(前589⑧~前576⑥)

⑲平公成
(前576⑥~前532⑪)

⑳元公佐
(前532⑪~前517⑪)

㉑景公头曼
(前517⑪~前451)

禑秦

公孙纠

㉒昭公特
(前451~前404)

㉓悼公购由
(前404~前385)

㉔休公田
(前 385~前373)

㉕桓公辟兵
(前 373~前370)

㉖剔成　　　　　　　　　　　㉗康王偃
(前 370~前329)　　　　　　　(前 329~前286)

晋

（约前 858 ~ 前 369 年）

据《史记·晋世家》：晋之始祖为唐叔虞，姬姓，乃周武王之子、周成王弟。武王卒时，唐地作乱，乱平后封其于唐（今山西省曲沃天马—曲村遗址），一说居鄂（今山西省乡宁），故又称"鄂侯"。继后，子燮继位，迁居晋水旁，改国号为"晋"。燮孙晋成侯时，迁都曲沃（今山西省闻喜东北）。从唐叔虞传五世至靖侯宜臼，方有确切纪年。后，穆侯迁都绛（又称"翼"，今山西省翼城东南）。至昭侯时，封叔父成师于曲沃，号"曲沃桓叔"。数年后，昭侯被大臣潘父所杀，潘父欲迎立桓叔，虽未果，然国内已形成两个中心，对峙二十余年。成师孙（名"称"）一举翦灭晋侯湣，统一晋地，是为晋武公，仍都绛，以曲沃为别都。献公时，扩建绛都，仅在曲沃建宗庙，不再封赐。春秋初年，晋域尚小，献公后并地甚多，至文公重耳改革内政，国力富强，完成霸业。灵公后，从赵盾始，国政渐被大夫所把持。景公时，迁都新田，称"新绛"（今山西省侯马西）。在春秋三百多年中，晋灭了二十多个小国。晋又和西部戎狄杂处，交往密切，在兼并斗争中，不少为晋所并，如潞氏、甲氏、留吁、铎辰、肥、鼓等。晋分裂前拥有今山西大部、河北南部、河南和陕西的一部分。入战国后，晋侯仅是名义，出公卒前一年（前 453 年），赵、韩、魏灭知氏，国内已成"三家分晋"局面。至公元前369 年，桓公被赵、韩迁于屯留（今山西省屯留南），史家一般指此为晋亡之年。

靖侯宜臼（前 858 ~ 前 841 年）

[按] 出土金文侯名为"喜父"。据《史记·晋世家》：靖侯前历五世（有学者认为是"五世八传"，史缺旁系传承人）：①唐叔虞—②晋侯燮—③武侯宁族—④成侯服人—⑤厉侯福—⑥靖侯宜臼。靖侯在位十八年卒。

釐侯司徒（前 841 ~ 前 823 年）

[按] 釐侯，出土金文：名为"对"。据《史记·晋世家》：为靖侯之子。父卒继立。在位十八年卒。

献侯籍（前 823 ~ 前 812 年）

[按]《史记》"索隐"：名一作"苏"。据《晋世家》：为釐侯之子。父卒继立。在位十一

年卒。

穆侯弗生（前 812 ~ 前 785 年）

［按］名一作"费王"；《史记》"索隐"：一作"溃王"。出土金文侯名作"邦父"。据《史记·晋世家》：为献侯之子。父卒继立。在位时迁都绛。在位二十七年卒。

殇叔（前 785 ~ 前 781 年）

［按］据《史记·晋世家》：为献侯之子，穆侯弟。兄终弟及。在位四年卒。

文侯仇（前 781 ~ 前 746 年）

［按］据《史记·晋世家》：为穆侯长子。穆侯七年（前 805）生。殇叔立时出奔，四年后率其徒袭殇叔而立。"文侯十年，周幽王无道，犬戎杀幽王，周东徙"。据今本《竹书纪年》："（周）王东徙洛邑，锡（晋）文侯命，晋侯会卫侯、郑伯、秦伯，以师从王，入于成周。"周平王二年（前 769），"（周王）赐秦、晋以邻、岐之田"。十四年（前 757），"晋人灭韩"。文侯在位三十五年卒。

昭侯伯（前 746 ~ 前 739 年）

［按］据《史记·晋世家》：为文侯之子。父卒继立。即位后将其父的同母弟成师封于曲沃，称"曲沃桓叔"，从此埋下了日后争权斗争的种子。《史记》云："曲沃邑大于翼。翼，晋君都邑也。""桓叔是时年五十八矣，好德，晋国之众皆附焉。""七年，晋大臣潘父弑其君昭侯而迎曲沃桓叔。桓叔欲入晋，晋人发兵攻桓叔。桓叔败，还归曲沃。晋人共立昭侯子平为君，是为孝侯。诛潘父。"

孝侯平（前 739 ~ 前 724 年）

［按］据《史记·晋世家》：为昭侯之子。在争位斗争中晋人抵制曲沃桓叔而立之。据今本《竹书纪年》：周平王四十年（前 731），"晋曲沃桓叔成师卒，子鳝立，是为庄伯。（原注：自是晋侯在翼，称翼侯。）"四十二年（前 729），"狄人伐翼，至于晋郊"。四十七年（前 724），"晋曲沃庄伯入翼，弑孝侯，晋人逐之，立孝侯子郄（xì），是为鄂侯"。

鄂侯郄（前 724 ~ 前 718 年）

［按］名一记作"郊"。据《史记·晋世家》：为孝侯之子。父被杀后由晋人立之。在位六年卒。

哀侯光（前 718 ~ 前 709 年）

［按］据《史记·晋世家》：为鄂侯之子。"曲沃庄伯闻晋鄂侯卒，乃兴兵伐晋。周平王使虢（guó）公将兵伐曲沃庄伯，庄伯走保曲沃。晋人共立鄂侯子光，是为哀侯。""哀侯八年（前 710），晋侵陉廷。陉廷与曲沃武公谋，九年，伐晋于汾旁，虏哀侯。晋人乃立哀侯小子为君，是为小子侯"。

小子侯（前 709 ~ 前 706 年）

［按］《史记》"集解"引《礼记》云："天子未除丧曰'余小子'，生名之，死亦名之。"郑玄曰："晋有小子侯，是取之天子也。"据《晋世家》：为哀侯之子。父被杀后为晋人立之。

"晋小子之四年（前706），曲沃武公诱召晋小子杀之。周桓王使虢仲伐曲沃武公，武公入于曲沃，乃立晋哀侯弟缗为晋侯"。

湣（前706～前679年）

[按] 名又记为"缗"。据《史记·晋世家》：为哀侯弟。兄被杀后立之。在位二十八年，被曲沃武公灭之。

※　　※　　※

附：

（曲沃）庄伯鳝（前730～前716年）

[按] 据《史记·晋世家》：为晋穆侯孙，父成师为穆侯少子，未得立，封曲沃，势渐强，屡争晋王位。据今本《竹书纪年》：周平王四十年（前731），"晋曲沃桓叔成师卒，子鳝立，是为庄伯（原注：自是晋侯在翼，称翼侯)。"古本："晋庄伯元年（前730），不雨雪。"今本：周平王四十七年（前724），"晋曲沃庄伯入翼，弑孝侯，晋人逐之"。周桓王二年（前718），"晋鄂侯卒，曲沃庄伯复攻晋，晋立鄂侯子光"。四年（前716），"曲沃庄伯卒，子称立，是为武公"。

武公称（前716～前679～前677年）

[按] 据《史记·晋世家》：为庄伯子。父卒继立。据今本《竹书纪年》：周桓王十一年（前709），"曲沃获晋哀侯，晋人立哀侯子为小子侯"。据《晋世家》："晋小子之四年（前706），曲沃武公诱召晋小子杀之。"由于周桓王的干预，这次夺位又未成，"武公入于曲沃，乃立晋哀侯弟缗为晋侯"。直到晋侯二十八年（前679），"曲沃武公伐晋侯缗，灭之，尽以其宝器赂献于周釐王。釐王命曲沃武公为晋君，列为诸侯，于是尽并晋地而有之。曲沃武公已即位三十七年矣，更号晋武公"。"自桓叔初封曲沃以至武公灭晋也，凡六十七岁，而卒代晋为诸侯。武公代晋二岁，卒。与曲沃通年，即位凡三十九年而卒。子献公诡诸立"。

献公诡诸（前677～前651年九月）

[按] 据《史记·晋世家》：为武公之子。父卒继立。时晋势颇强，西有河西，与秦接境，北边狄，东至河曲。据今本《竹书纪年》：周惠王元年（前676），"晋献公朝王，如成周"。据《国语·晋语》：武公五年（前672），"晋克骊戎，获骊姬以为夫人"。据《晋世家》：八年（前669），为防内乱，"尽杀诸公子"，并迁都于聚，更命绛。"九年，晋群公子既亡奔虢，虢以其故再伐晋，弗克"。"十二年（前665），骊姬生奚齐。献公有意废太子……于是使太子申生居曲沃，公子重耳居蒲（今山西省隰县北），公子夷吾居屈（今山西省吉县北）。献公与骊姬子奚齐居绛"。据今本《竹书纪年》：十六年（前661），"晋献公作二军，灭耿，以赐大夫赵夙；灭魏，以赐大夫毕万（原注：晋灭于大夫韩、赵、魏，始于此)"。据《国语》：下年，"晋使申生伐东山皋落氏，败狄于稷桑而还"。据《晋世家》：十九年（前658），借道虞伐虢。二十一年（前656），骊姬陷害太子申生，申生奔新城，自杀；"重耳走蒲，夷吾走屈，保其城，自备守"。次年，"使兵伐蒲……重耳遂奔翟。使人伐屈，屈城守，不可下"。内乱加剧。"是岁也，晋复假道

于虞以伐虢……其冬，晋灭虢，虢公丑奔周。还，袭灭虞"。次年，"伐屈，屈溃，夷吾……遂奔梁"。"二十五年（前652），晋伐翟，翟以重耳故，亦击晋于啮桑（今山西省吉县西黄河岸上），晋兵解而去"。次年"秋九月，献公卒"。

惠公夷吾 （前651年十一月～前637年九月）

［按］据《史记·晋世家》：为献公之子。献公卒前嘱大夫荀息立子奚齐，九月，献公卒。十月，大夫里克杀奚齐，荀息立奚齐弟悼子，十一月，里克又杀悼子并杀荀息，欲立公子重耳，时重耳在狄（翟），闻讯辞而不就，遂立其弟夷吾。时夷吾在梁，获秦、齐力助，入晋得立。元年"四月，周襄王使周公忌父会齐、秦大夫共礼晋惠公"。据《左传·僖十一》：当年（前649年）"夏，扬、拒、泉、皋、伊、雒之戎，同伐京师，入王城，焚东门。王子带召之也。秦、晋伐戎以救周。秋，晋侯平戎于王"。据《晋世家》：五年（前646），晋乘秦饥之机，"发兵且伐秦。秦大怒，亦发兵伐晋。六年春，秦缪公将兵伐晋"。九月，两军战于韩原（今山西省河津东），晋大败，晋惠公被俘，虽释而归之，然秦尽得晋河西地。据《左传·僖十五》：在惠公被俘期间，晋大臣为挽回劣势，假称君命，以"作爰田"，召集国民，赏地与众。众得赏田，争服兵役，力求战功，开创了以军功赏田宅的先例。且"作州兵"（二千五百家为州，每州出兵若干，名为州兵），这是春秋史上社会转型期中的一次重要改革，改革不久，晋即取得霸主地位。次年"秋，狄侵晋，取狐厨（今山西省临汾西）、受铎，涉汾（水），及昆都（今山西省临汾南），因晋败也"。《僖二十二》：当年（前638年）"秋，秦、晋迁陆浑之戎于伊川。"《晋世家》："十四年九月，惠公卒，太子圉（yǔ）立，是为怀公。"

怀公圉 （前637年九月～前636年二月）

［按］据《史记·晋世家》：为惠公长子。父卒继立。未几，被秦缪公所攻杀。

文公重耳 （前636年二月～前628年）

［按］据《史记·晋世家》：为献公之子，惠公兄。初出奔翟，弟惠公夺位后欲杀之，又奔齐。惠公执政前曾求助于秦，许以执政后以晋河西地与秦。然立后却背约，引起秦的不满。在惠公卒时，秦乘机发兵攻晋，杀其子圉，送重耳入晋立之。重耳出之在外凡十九年，时年六十二。二月即位，三月即发生吕省、郤芮的反叛事件，公宫被烧。重耳求救于秦，"秦缪公诱吕、郤等，杀之河上……秦送三千人为卫，以备晋乱"。文公即位后，利用赵衰（cuī）、狐偃、贾佗等人，整顿内政，继续改革，"赏从亡者及功臣，大者封邑，小者尊爵"。次年（前635年），出兵送周襄王还周，杀太叔带，"周襄王赐晋河内阳樊之地"。四年（前633），"晋作三军"（晋旧为两军。三军为上军、中军、下军。每军有将有佐，是为六卿；中军将为元帅），加强了军力。次年，"侵曹、伐卫"。"二月，晋侯、齐侯盟于敛盂（今河南省濮阳东南）"。四月，与楚发生了春秋史上最大规模的"城濮之战"，晋军"退避三舍"（九十里），以少胜多，大败楚军。"晋师还至衡雍，作王宫于践土（今河南省原阳西南）"。"晋侯与郑伯盟"。"五月丁未，献楚俘于周，驷介百乘，徒兵千。天子使王子虎命晋侯为伯……于是晋文公称伯"，完成霸业。"冬，晋侯会诸侯于温……遂率诸侯朝王于践土"。七年（前630），围郑，后罢兵。"九年冬，晋文公卒，子襄公骦（huān）立"。

襄公骦 （前628～前621年八月）

［按］名又记为"欢"。据《史记·晋世家》：为文公之子。父卒继立。时晋虽为霸主，然

西方强秦对其霸权形成很大的威胁。据《春秋·僖三十三》：当年（前627年）"四月辛巳，晋人及姜戎败秦于殽（xiáo，在今河南省洛宁西北）"。秋，"晋人败狄于箕"。十二月，"晋人、陈人、郑人伐许"。次年四月，"晋侯伐卫"。下年（前625年）"二月甲子，晋侯及秦师战于彭衙（今陕西省白水），秦师败绩"。"冬，晋人、宋人、陈人、郑人伐秦"。翌年（前624年）五月，"秦人伐晋"（《左传》："取王官［今山西省猗氏］及郊［一作'鄗'，今陕西省澄城］。"）下年（前623年），"晋侯伐秦"（《左传》："以报王官之役"）。襄公在位七年，于八月卒，十月葬。

灵公夷皋（前620年四月～前607年九月）

［按］据《史记·晋世家》：为襄公之子。襄公八月卒，时发生立子还是立弟之争。众欲立子夷皋，因夷皋年幼，权臣赵盾主张立弟雍，时雍在秦，欲入秦迎立，而夷皋母缪嬴怀抱夷皋在朝内日夜哭泣，并责咒赵盾，赵盾与诸大夫惧，逾年四月，立夷皋，并以兵拒秦送雍归国。"秋，齐、宋、卫、郑、曹、许君皆会赵盾，盟于扈（郑地，今河南省原阳西），以灵公初立之故也"。时晋秦继续争强，而晋力尚盛。"四年（前617），伐秦，取少梁。秦亦取晋之殽。六年，秦康公伐晋，取羁马（今山西省芮城西）。晋侯怒，使赵盾、赵穿、郤缺击秦，大战河曲（今山西芮城风陵渡黄河曲流处，晋秦多次交战于此）"。"八年（前613），周顷王崩，公卿争权……晋使赵盾以车八百乘平周乱而立匡王"。灵公在位十四年，因侈，甚至"从台上弹人，观其避丸也"而失人心，为赵盾弟赵穿袭杀于桃园。晋太史董狐书此事云："赵盾弑其君。"因其"书法不隐"，不惧权威被孔子称为"良史"，为后代史家传为一段佳话。"赵盾使赵穿迎襄公弟黑臀于周而立之，是为成公"。

成公黑臀（前607年九月～前600年）

［按］据《史记·晋世家》：为文公少子，襄公弟。赵穿袭杀灵公后立之。时除西有强秦外，南方楚亦强大，皆对晋在中原的霸主地位构成威胁；除外，晋还需防止狄的干扰。据载，三年（前604），楚以郑襄公亲晋而伐郑，"晋往救之"。据《左传·宣六》：当年（前603年）"秋，赤狄伐晋，围怀及邢丘"。《宣七》："赤狄侵晋，取向阴之禾。"《宣八》："春，白狄及晋平。夏，会晋伐秦。"据《晋世家》："七年（前600），成公与楚庄王争强，会诸侯于扈……与楚战，败楚师。"成公在位七年卒。

景公据（前600～前581年五月）

［按］据《史记·晋世家》：为成公之子。父卒继立。据《左传·宣十》：当年（前599年），因郑附楚，晋联合宋、卫、曹攻郑，使郑又投晋。继而"楚子伐郑，晋士会救郑，逐楚师于颍北"。《宣十一》：晋求好于众狄，众狄怨赤狄奴役，"遂服于晋。秋，会于欑函，众狄服也"。《宣十二》：是年（前597年），"楚子围郑。夏六月乙卯，晋荀林父帅师及楚子战于邲（今河南省荥阳北）"，因晋军内部意见不一，致使大败，争船渡河逃跑，溃不成军。此战表明晋势减弱，奠定了楚的霸主地位。《宣十三》：当年"秋，赤狄伐晋"。《宣十五》：楚围宋九个月，晋不能救，宋附楚，以执政华元为质，楚方解围去。楚霸从而确立。"六月癸卯，晋师灭赤狄潞氏，以潞子婴儿归"。《宣十六》："正月，晋人灭赤狄甲氏及留吁。"《宣十七》：郤克执晋政。《宣十八》：当年"春，晋侯、卫大子臧伐齐，至于阳谷，齐侯会晋侯盟于缯，以公子彊为质于晋，晋师还。"《成二》：当年（前589年）六月，齐侵鲁，晋兵助鲁，晋齐战于鞌（ān，今山东

省济南西北），齐败，齐顷公几乎被俘。"七月，晋师及齐国佐盟于爰娄（今山东省益都西），使齐人归我（鲁）汶阳之田。（鲁）公会晋师于上郻（míng，今山西省平陆东北），赐三帅先路三命之服……晋侯使巩朔献齐捷于周"。《成三》："晋郤克、卫孙良夫伐廧咎如，讨赤狄之余焉，廧咎如溃。"据《晋世家》：此年冬，"晋始作六军，韩厥、巩朔、赵穿、荀骓（zhuī）、赵括、赵旃皆为卿"，晋大夫势益壮。景公十六年："吴晋始通，约伐楚。"次年，景公杀赵同、赵括，依韩厥言，立赵武为赵氏后。据《左传·成九》："秦人、白狄伐晋。"景公在位十九年卒。

厉公寿曼（前581年五月～前573年闰十二月）

［按］据《史记·晋世家》：为景公长子。父卒继立。元年，晋"与秦恒公夹河而盟。归而秦背盟，与翟合谋伐晋"。据《左传·成十二》：当年（前579年）"秋，晋人败狄于交刚（今山西省隰县南）"。由于晋、楚互不相让，冬，宋执政华元约合晋、楚在宋结盟，约定互不加兵，互援共讨，是为春秋后期第一次弭（mǐ）兵大会。据《晋世家》：下年，晋"败秦于麻隧（今陕西省泾阳），虏其将成差"。五年（前576），晋国内发生内乱，厉公听三郤谗言，杀伯宗，"伯宗以好直谏得此祸，国人以是不附厉公"。次年，楚毁约，晋与楚战于鄢陵（今属河南），楚大败，晋借余威，"欲以令天下求霸"。继而又生内乱，八年"闰（十二）月乙卯，厉公游匠骊氏（"集解"："贾逵曰：'匠骊氏，晋外嬖大夫在翼者。'"），栾书、中行偃以其党袭捕厉公，囚之，杀胥童，而使人迎公子周于周而立之，是为悼公"。

悼公孙周（前572年二月～前558年）

［按］名一作"周"，《史记》"集解"作"纠"。据《史记·晋世家》：为襄公曾孙，惠伯谈之子。大夫栾书等杀厉公后立之，二月即位，时年十四。时晋由大夫专政，栾书死，由韩厥执政。悼公即位后，着意改革，形成复霸的局面。据《左传·成十八》：当年（前573年）"二月，乙酉朔，晋侯悼公即位于朝，始命百官，施舍、已责（'责'同'债'，免除百姓对国家的拖欠），逮鳏寡，振废滞（起用被废官吏），匡乏困（救济贫困），救灾患，禁淫慝（tè），薄赋敛，宥罪戾，节器用，时用民，欲无犯时……凡六官之长，皆民誉也。举不失职，官不易方，爵不逾德，师不陵正，旅不偪（bī）师，民无谤言，所以复霸也"。《襄元》：当年（前572年），晋与诸侯攻郑，入其郭，楚攻宋救郑。《襄二》：晋在虎牢筑城以逼郑，郑求和。《襄四》：无终（山戎一支）君嘉父遣使入晋，魏绛力劝晋悼公与戎和，悼公遂遣之与戎盟。时，晋楚抗衡，悼公九年（前564），晋率齐、鲁、宋、卫等十一诸侯攻郑，将围之，郑求和，楚攻郑，郑复和楚。晋知䓨（yīng）承认"我实不能御楚"，不战而退。秦攻晋以助楚。《襄十四》：当年（前559年），"夏，诸侯之大夫从晋侯伐秦，以报栎之役也"。悼公在位十五年卒。

平公彪（前558～前532年七月）

［按］据《史记·晋世家》：为悼公之子。父卒继立。据《左传·襄十六》：当年（前557年）三月，晋会诸侯于溴梁（今河南省济源北），因邾、莒屡侵鲁，"晋人执莒子、邾子以归"。六月，楚"及晋师战于湛阪（今河南省平顶山北），楚师败绩"。《襄十八》：十月，因齐屡侵鲁，晋率诸侯攻齐，围临淄。《襄十九》：当年正月，晋与诸侯盟于祝柯（今山东省济南西南），"晋人执邾子"。《襄二十一》：鲁襄公朝晋。《襄二十三》："齐侯遂伐晋，取朝歌（今河南省淇县）……登太行。"《襄二十五》：晋会诸侯"于夷仪（今山东省聊城西南），伐齐，以报朝歌之役"。《襄二十六年》：当年（前547年），鉴于晋、楚势盛，宋执政向戌再次约合晋、楚"弭

兵"，并约集十四国在宋结盟，规定除齐、秦两大国外，各国都要向晋、楚同样朝贡，以平分霸权。楚争盟主，晋让步，由楚主盟。这就是春秋史上的第二次"弭兵大会"。《襄二十八》："白狄朝于晋，宋之盟故也。"《昭元》：当年（前541年）："晋荀吴帅师败狄于大卤"。平公时，晋大夫势力益重，已显出三家分晋的势头，据《晋世家》："十四年（前544），吴延陵季子来使，与赵文子、韩宣子、魏献子语，曰：'晋国之政，卒归此三家矣。'"平公在位二十六年卒。

昭公夷（前532年七月～前526年八月）

［按］据《史记·晋世家》：为平公之子。父卒继立。据《左传·昭十二》：当年（前530年）八月，晋"灭肥"。十月，"晋伐鲜虞"。《昭十三》：晋荀吴领兵攻鲜虞，"大获而归"。《昭十五》："晋荀吴帅师伐鲜虞……克鼓而返。"昭公在位六年卒。

顷公去疾（前526年八月～前512年六月）

［按］据《史记·晋世家》：为昭公之子。父卒继立。据《左传·昭十七》：当年（前525年）"八月，晋荀吴帅师灭陆浑之戎"。《昭二十一》："鼓叛晋，晋将伐鲜虞。"《昭二十二》：当年六月，晋"袭鼓，灭之"。是年四月周景王死，"王室乱"，国人立长子猛，子朝攻猛争位，"十月丁巳，晋籍谈、荀跞帅九州之戎及焦、瑕、温、原之师以纳王（猛）于王城"。《昭二十五》："晋（赵）简子曰：'甚哉，礼之大也！'（子大叔）对曰：'礼，上下之纪，天地之经纬也；民之所以生也，是以先王尚之……'"可见礼在当时人们观念与社会生活中的地位。这与当时孔子一再强调礼的重要性是一致的（有人统计"礼"在《论语》中凡七十四见），他反复强调："立于礼"（《论语·泰伯篇》），"不学礼，无以立"（《季氏篇》），"非礼勿视，非礼勿听，非礼勿言，非礼勿动"（《颜渊篇》）等。《昭二十九》：当年（前513年），晋"铸刑鼎，著范宣子所为刑书"。向民众公开发布法律条文，这是春秋改革史上的一件大事。顷公在位十四年卒。

定公午（前512年六月～前475年）

［按］据《史记·晋世家》：为顷公之子。父卒继立。据《左传·定三》：当年（前507年）"九月，鲜虞人败晋师于平中，获晋（将）观虎"。《定四》：晋会诸侯于召陵（今河南省郾城东），谋攻楚。荀寅向蔡索贿，力劝执政范献子不出兵，"晋于是乎失诸侯"。《定五》：当年"冬，晋士鞅围鲜虞，报观虎之败也"。时晋国内大夫掌权，强族相攻，《定十三》：当年（前497年）"七月，范氏、中行氏伐赵氏之宫，赵鞅奔晋阳，晋人围之（原注：范氏，士吉射也；中行氏，荀寅也。）……十一月，荀跞、韩不信、魏曼多奉公以伐范氏、中行氏，弗克。二子将伐（定）公……国人助公，二子败，从而伐之。丁未，荀寅、士吉射奔朝歌。韩、魏以赵氏为请。十二月辛未，赵鞅入于绛，盟于公宫"。《定十四》："狄师以袭晋，战于绛中，不克而还。"《哀元》："鲜虞伐晋，取棘蒲（今河北省赵县）。"《哀三》：当年"十月，晋赵鞅围朝歌……（荀寅）奔邯郸"。《哀四》：当年"九月，赵鞅围邯郸。冬十一月，邯郸降，荀寅奔鲜虞"。齐与鲜虞助荀寅入柏人（今河北省隆尧西）。《哀五》：当年"春，晋围柏人，荀寅、士吉射奔齐"。《哀六》：当年"春，晋伐鲜虞，治范氏之乱也"。春秋末年，大夫势壮，晋由六卿（赵、韩、魏、知、范［士］、荀［中行］）专政，至此，赵氏击败范、荀。《哀十三》：吴为争霸，与晋、鲁会于黄池（今河南省封丘南），当年"七月辛丑，盟。吴、晋争先，吴人曰：'于周室我为长。'晋人曰：'于姬姓我为伯。'……乃先晋人"（《国语·吴语》记为"吴人先"）。据古本

《竹书纪年》：定公三十一年（前481），"城顿邱"。定公在位三十七年卒。

出公错（前475～前452年）

[按] 名又记为"凿"。据《史记·晋世家》：为定公之子。父卒继立。十七年（前458），赵、魏、韩、知四家尽分范、荀两家土地。二十二年（前453），赵、魏、韩又灭知氏，国内已形成"三家"权大倾国的局面。据古本《竹书纪年》：出公在位二十三年，被逐奔楚。

敬公骄（前452～前434年）

[按] 一作"哀公"，《世本》记为"懿公"。据《史记·晋世家》：为昭公曾孙（古本《竹书纪年》记为昭公孙），祖父戴子雍是昭公的少子，其父名忌。他在出公被逐奔楚后为国人立之。据古本《竹书纪年》推之，在位十八年卒。

幽公柳（前434～前416年）

[按] 据《史记·晋世家》：为敬公之子。父卒继立。时仅存绛、曲沃之地。名义上为主，实际上要向韩、赵、魏朝见。幽公在位十八年，夜为盗所杀。

烈公止（前416～前389年）

[按] 据《史记·晋世家》：为幽公之子（"索隐"：一云为幽公弟）。其父被杀后，魏文侯出兵干预，他被立之。十三年（前403），周威烈王命韩、赵、魏列为诸侯。烈公在位二十七年卒。

桓公（前389～前369年）

[按] 一作"孝公"。为烈公之子。在位二十年，被赵、韩迁于屯留（今山西省屯留南）。史家一般定此为晋亡之年。

晋 世 系

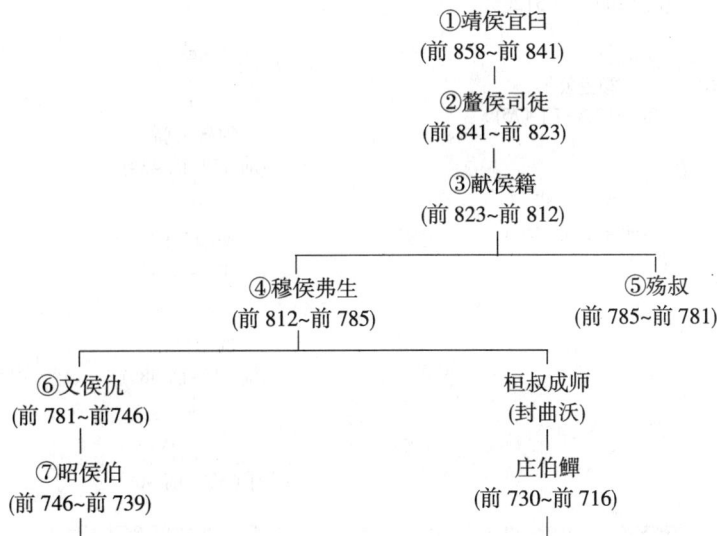

①靖侯宜臼
（前858～前841）

②釐侯司徒
（前841～前823）

③献侯籍
（前823～前812）

④穆侯弗生　　　　　　　⑤殇叔
（前812～前785）　　　　　（前785～前781）

⑥文侯仇　　　　　　　　桓叔成师
（前781～前746）　　　　　（封曲沃）

⑦昭侯伯　　　　　　　　庄伯鱓
（前746～前739）　　　　　（前730～前716）

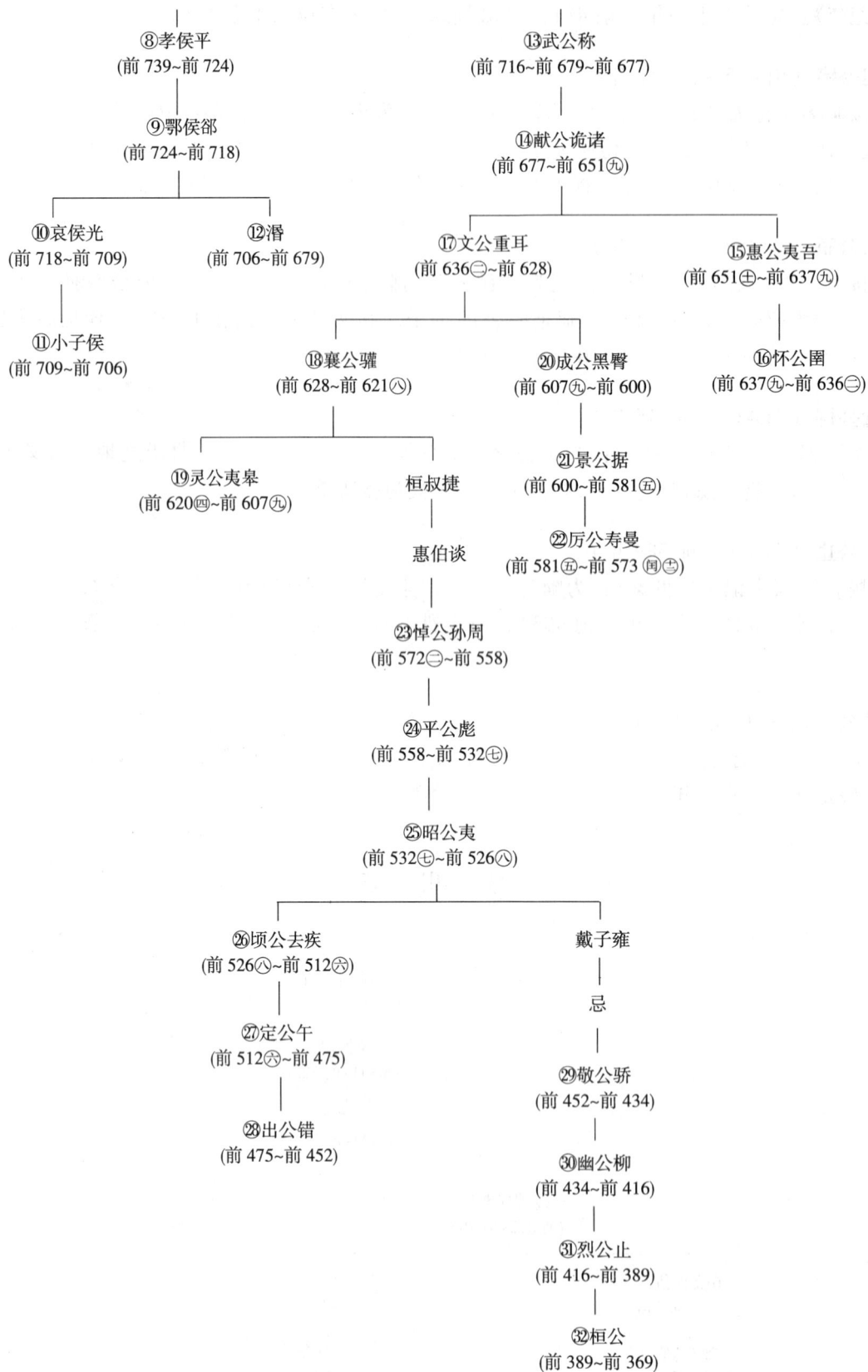

⑧孝侯平
(前 739~前 724)

⑬武公称
(前 716~前 679~前 677)

⑨鄂侯郤
(前 724~前 718)

⑭献公诡诸
(前 677~前 651⑨)

⑩哀侯光
(前 718~前 709)

⑫潘
(前 706~前 679)

⑰文公重耳
(前 636⑤~前 628)

⑮惠公夷吾
(前 651⑤~前 637⑨)

⑪小子侯
(前 709~前 706)

⑱襄公驩
(前 628~前 621⑧)

⑳成公黑臀
(前 607⑨~前 600)

⑯怀公圉
(前 637⑨~前 636⑤)

⑲灵公夷皋
(前 620⑤~前 607⑨)

桓叔捷

㉑景公据
(前 600~前 581⑤)

惠伯谈

㉒厉公寿曼
(前 581⑤~前 573 闰⑦)

㉓悼公孙周
(前 572⑤~前 558)

㉔平公彪
(前 558~前 532⑦)

㉕昭公夷
(前 532⑦~前 526⑧)

㉖顷公去疾
(前 526⑧~前 512⑥)

戴子雍

忌

㉗定公午
(前 512⑥~前 475)

㉙敬公骄
(前 452~前 434)

㉘出公错
(前 475~前 452)

㉚幽公柳
(前 434~前 416)

㉛烈公止
(前 416~前 389)

㉜桓公
(前 389~前 369)

鲁

（约前855～前249年）

据《史记·鲁周公世家》：鲁为姬姓之国，其始祖伯禽（亦称"禽父"），为周公旦之长子，周公旦为周文王子，周武王弟。时因其辅佐武王克商有功，受封曲阜（今山东省曲阜），称"鲁公"（有学者认为始封今河南鲁山，后迁曲阜）。周武王卒时，因成王年少，由周公旦摄政当国，周公旦遂命其子伯禽就鲁袭封（《诗经》、《左传》记鲁始封于成王时，始封君为伯禽）。伯禽七传至真公濞，方有确切纪年。春秋时国势衰弱，春秋后期，公室为季孙氏、孟孙氏、叔孙氏三家所分。战国时，国势益弱。公元前249年为楚所灭。关于鲁亡之年，史家有多说，本年表依据《史记》所记。

真公濞（前855～前826年）

〔按〕今本《竹书纪年》及《世经》作"慎公"。《史记》"索隐"：名一作"挚"，或"鼻"、"嚊"；《世经》作"执"。据《史记·鲁周公世家》：真公前七传：

① 鲁公伯禽 —— ② 考公酋
　　　　　　└── ③ 炀公熙 —— ④ 幽公宰
　　　　　　　　　　　　└── ⑤ 魏（《世经》作"微"）公溃（或"茀"）—— ⑥ 厉公擢（或"翟"）
　　　　　　　　　　　　　　　　　　　　　　　　　　　└── ⑦ 献公具 —— ⑧ 真公濞

真公在位三十年卒。

武公敖（前826～前816年）

〔按〕据《史记·鲁周公世家》：为献公之子，真公弟。兄终弟及。在位十年卒。

懿公戏（前816～前807年）

〔按〕据《史记·鲁周公世家》：为武公少子。武公九年（前817），随父兄朝周，为周宣王所宠爱，令立为太子。武公卒后得立。在位九年，被兄括之子伯御所攻杀。

伯御（前807～前796年）

〔按〕《世经》作"柏御"。据《史记·鲁周公世家》：为武公孙，懿公侄，括之子。武公卒时，其父身为长子而未得立，心中不服，及长，杀叔自立。在位十一年，被周宣王所攻杀。

孝公称（前796～前769年）

〔按〕据《史记·鲁周公世家》：为武公之子，懿公弟。周宣王杀伯御后立之。在位二十七年卒。

惠公弗湟（前769～前723年）

〔按〕《史记》"集解"：名一作"弗生"；"索隐"：一作"弗皇"；《世经》作"皇"。据

《鲁周公世家》：为孝公子。父卒继立。在位四十六年卒。

隐公息姑（前 723 ~ 前 712 年十一月）

［按］《世经》：名作"息"。据《史记·鲁周公世家》：为惠公庶长子。父卒继立。据《左传·隐二》："春，公会戎于潜（今安徽省霍山北）……八月庚辰，公及戎盟于唐（今山东省金乡东）。"《隐五》："公问羽（舞人）数于众仲，对曰：'天子用八，诸侯用六，大夫四，士二。'"隐公在位十一年，为公子恽所杀。

桓公允（前 712 年十一月 ~ 前 694 年四月）

［按］《史记》"索隐"：名一作"兀"，或作"轨（yuè）"；《世经》作"轨"。据《鲁周公世家》：为惠公之子，隐公异母弟。公子恽杀隐公后立。据《左传·桓二》："九月，入杞……公及戎盟于唐，修旧好也。"据古本《竹书纪年》：桓公十二年，"鲁桓公、纪侯、莒子盟于区蛇"。《左传·桓十五》："邾人、牟人、葛人来朝。"桓公在位十八年。当年四月，使齐时为齐襄公令公子彭生杀死于车中。

庄公同（前 694 年四月 ~ 前 662 年八月）

［按］据《史记·鲁周公世家》：为桓公长子。因与父同日生，故名曰"同"。父被害后受立。据《左传·庄八》：当年（前 686 年）"冬十有一月癸未，齐无知弑其君诸儿……乱作，管夷吾、召忽奉公子纠来奔（鲁）"。《庄九》：当年"春，齐人杀无知，（鲁）公及齐大夫盟于蔇（今山东省苍山西北）。夏，公伐齐，纳子纠，齐小白入于齐……八月，庚申，及齐师战于乾时，我师败绩。九月，齐人取子纠，杀之"。并索回管仲，任以为相，主国政。《庄十》：当年（前 684 年），齐军攻鲁，时齐强鲁弱。曹刿（guì）求见庄公，认为鲁国内稳定，国主取信于民，得国人支持，可以应战。两军在长勺（今山东省莱芜东北）遭遇。庄公急于出兵，曹刿云："夫战，勇气也。一鼓作气，再而衰，三而竭。"待对方三鼓而竭后发动反攻，击败齐军；在追赶逃军时，观察齐军"辙乱旗靡"，断定不是诈败，方责令猛追，大获全胜。此战创造了春秋史上著名的以弱胜强的战例；而《左传》中《曹刿论战》一段也成为文学史上的千古名篇。后，齐鲁交和，《庄十四》：当年"冬，（鲁）公会齐侯，盟于柯（今山东省阳谷北）"。《庄十八》：当年"夏，（鲁）公追戎于济西"。《庄二十六》：当年"春，公伐戎"。庄公在位三十二年，于当年八月卒。

般（前 662 年八 ~ 十月）

［按］名一作"斑"。据《史记·鲁周公世家》：为庄公之子。父卒继立。十月，为叔庆父（庄公弟）遣圉（yǔ）人（马夫）荦所杀。

湣公开（前 662 年十月 ~ 前 660 年八月）

［按］《世本》：名一作"启"，《史记》"集解"：司马光避汉景帝讳，改为"开"。据《鲁周公世家》：为庄公子。庆父杀般后立之。后为庆父所杀。

釐公曳（前 660 年八月 ~ 前 627 年十一月）

［按］釐（xī）公曳（yè），《世经》：名作"申"。据《史记·鲁周公世家》：为庄公子，湣公弟。庆父杀湣公时，庆父弟季友逃避在陈，庆父欲自立，鲁人抵制，欲杀庆父，季友自陈归

鲁，立曳。曳在位三十三年卒。

文公兴（前 627 年十一月 ~ 前 609 年二月）

［按］据《史记·鲁周公世家》：为釐公之子。父卒继立。据《左传·文三》：鲁联他国伐沈，沈亡。《文七》：当年，"狄侵我西鄙"。《文八》："（鲁）会伊雒之戎。"《文十一》：当年"十月甲午，败狄于咸（今河南省濮阳南），获长狄侨如"。文公在位十八年，于二月卒。

宣公俀（前 609 年十月 ~ 前 591 年十月）

［按］《世经》：名作"倭"。据《史记·鲁周公世家》：为文公庶子。文公卒于二月，大夫襄仲杀文公嫡子，于十月立俀。此后鲁公室势弱，三桓（季孙、叔孙、孟孙——皆为桓公之后）强大。据《春秋·宣十五》：当年（前 594 年），"初税亩"。《公羊传》："初者何？始也。税亩者何？履亩而税也。"表明鲁国正式宣布废除井田制，承认私田的合法性，不分公田、私田，一律按亩纳税，成为春秋史上土地制度改革的一件大事。宣公在位十八年卒。

成公黑肱（前 591 年十月 ~ 前 573 年八月）

［按］黑肱，《史记》"集解"：一作"黑股"。据《鲁周公世家》：为宣公之子。父卒继立。据《春秋·成元》：当年（前 590 年）三月，"作丘甲"，即按田亩（据《汉书·刑法志》："方一里为井，十六井为丘"）征发军赋。成公在位十八年卒。

襄公午（前 573 年八月 ~ 前 542 年六月）

［按］据《史记·鲁周公世家》：为成公之子。父卒继立。立时年方三岁。据《左传·襄十一》：当年（前 562 年）"正月，（鲁）作三军，三分公室，而各有其一"。《襄十八》：当年"春，白狄始来"。《襄三十一》："公作楚宫，穆叔曰：'大誓云：民之所欲，天必从之。'"表示了当时人们对天人关系的理念。襄公在位三十一年，卒于六月。

子野（前 542 年六 ~ 九月）

［按］据《左传》：为襄公之子。父卒继立。在位三月，于九月卒。

昭公裯（前 542 年九月 ~ 前 510 年十二月）

［按］裯，《史记》"索隐"：一作"裯"；《世经》作"稠"。据《史记·鲁周公世家》：为襄公之子，子野弟。兄终弟及。时年十九。据《左传·昭五》：当年"正月，舍中军，卑公室也……四分公室，季氏择二，二子（叔孙氏、孟孙氏）各一，皆尽征之，而贡于公"。强族左右王室，利益重新分配。《昭二十五》：昭公伐季孙氏，叔孙氏、孟孙氏助之，昭公败，奔齐。昭公在位三十二年，卒于乾侯（晋地，在今河北省成安东南）。

定公宋（前 510 年十二月 ~ 前 495 年五月）

［按］据《史记·鲁周公世家》：为襄公之子，昭公弟。兄卒时为鲁人立之。"十二年（前498），（定公）使仲由毁三桓城，收其甲兵。孟氏不肯堕城，伐之，不克而止"。定公在位十五年卒。

哀公蒋（前 495 年五月 ~ 前 467 年八月）

［按］名一作"将"。据《史记·鲁周公世家》：为定公之子。父卒继立。据《春秋·哀十

三 西周时期纪年考

二》：当年"春，用田赋"。再次强调按田亩收赋税。《左传·哀二十七》：哀公为三桓所迫，奔越。据《六国年表》：哀公在位二十八年，于八月卒于有山氏。孔子《春秋》止于哀公十四年（前481）。

悼公宁（前467年八月~前429年）

［按］据《史记·鲁周公世家》：为哀公之子。父卒继立。据《六国年表》：在位三十八年卒。

元公嘉（前429~前408年）

［按］《世经》：名一作"曼"。据《史记·鲁周公世家》：为悼公之子。父卒继立。在位二十一年卒。

穆公显（前408~前377年）

［按］《史记》"索隐"：名一作"不衍"；《世经》作"衍"。据《鲁周公世家》：为元公之子。父卒继立。据《六国年表》：在位三十一年卒。

共公奋（前377~前353年）

［按］《世经》作"恭公"。据《史记·鲁周公世家》：为穆公之子。父卒继立。因国势弱，二十一年（前356），迫赴魏，朝见魏惠王。据《六国年表》：共公在位二十四年卒。

康公屯（前353~前344年）

［按］《世经》：名作"毛"。据《史记·鲁周公世家》：共公之子。父卒继立，在位九年卒。

景公偃（前344~前315年）

［按］据《史记·鲁周公世家》：为康公之子。父卒继立。在位二十九年卒。

平公叔（前315~前296年）

［按］《世经》：名作"旅"。据《史记·鲁周公世家》：为景公之子。父卒继立。据《六国年表》：在位十九年卒。

文公贾（前296~前273年）

［按］《世经》作"湣公"。据《史记·鲁周公世家》：为平公之子。父卒继立。在位二十三年卒。

顷公雠（前273~前249年）

［按］雠（chóu），据《史记·鲁周公世家》：为文公之子。父卒继立。关于鲁亡，史有两记：1.据《资治通鉴》：秦昭襄王五十二年（前255），"楚王迁鲁于莒（今山东省莒县），而取其地（胡三省注：鲁至是而亡）"；2.《史记·鲁周公世家》：鲁顷公二十四年（前249），"楚考烈王伐灭鲁，顷公亡，迁于下邑，为家人，鲁绝祀"。本年表取后者。另，近人杨宽《战国史》考证为前256年，不少著作沿袭之。

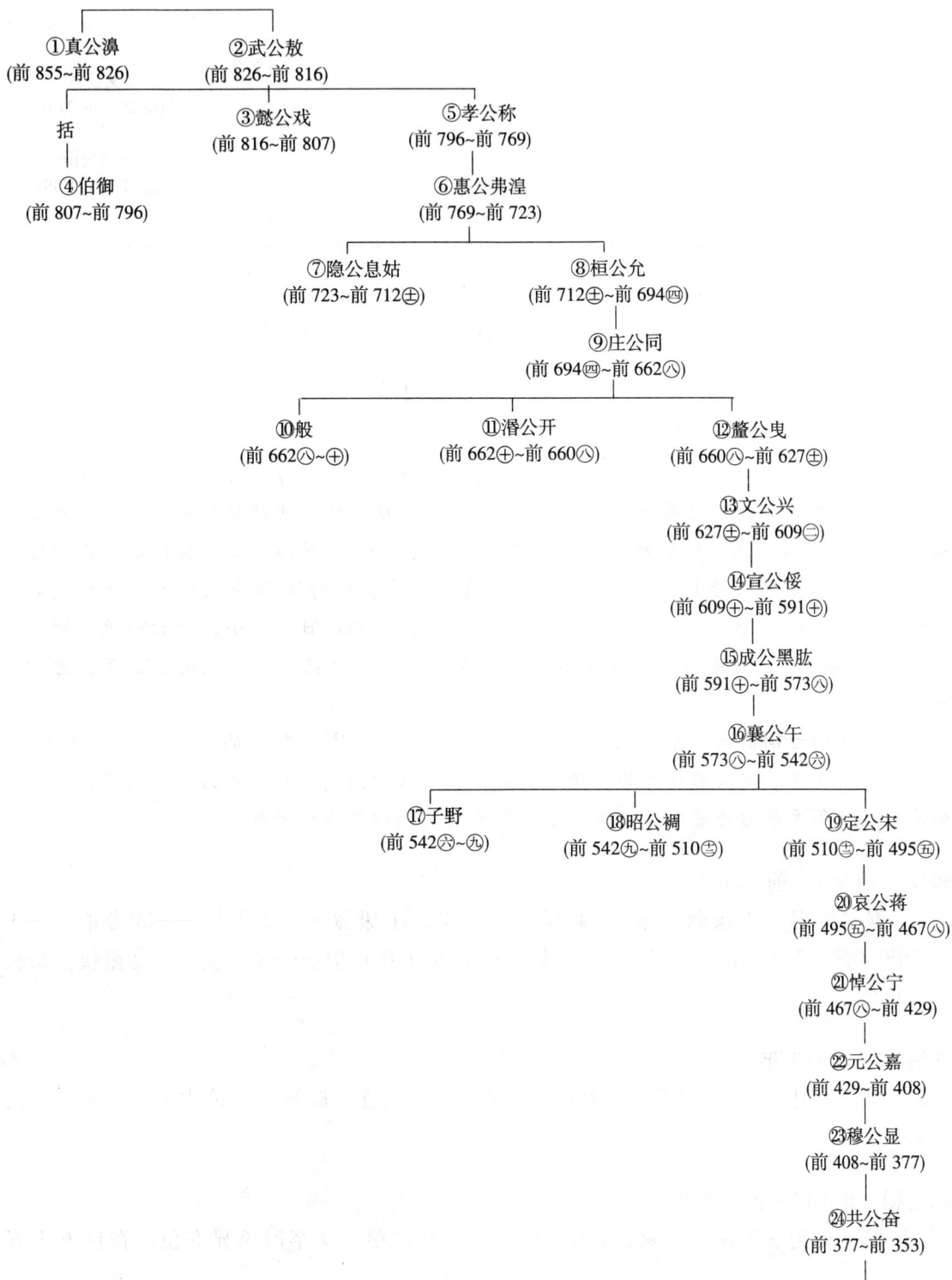

鲁　世　系

①真公濞
(前 855~前 826)

②武公敖
(前 826~前 816)

括

③懿公戏
(前 816~前 807)

⑤孝公称
(前 796~前 769)

④伯御
(前 807~前 796)

⑥惠公弗湟
(前 769~前 723)

⑦隐公息姑
(前 723~前 712㈤)

⑧桓公允
(前 712㈤~前 694㈣)

⑨庄公同
(前 694㈣~前 662㈧)

⑩般
(前 662㈧~㈣)

⑪湣公开
(前 662㈣~前 660㈧)

⑫釐公申
(前 660㈧~前 627㈤)

⑬文公兴
(前 627㈤~前 609㈡)

⑭宣公俀
(前 609㈣~前 591㈣)

⑮成公黑肱
(前 591㈣~前 573㈧)

⑯襄公午
(前 573㈧~前 542㈥)

⑰子野
(前 542㈥~㈨)

⑱昭公裯
(前 542㈨~前 510㈤)

⑲定公宋
(前 510㈦~前 495㈤)

⑳哀公蒋
(前 495㈤~前 467㈧)

㉑悼公宁
(前 467㈧~前 429)

㉒元公嘉
(前 429~前 408)

㉓穆公显
(前 408~前 377)

㉔共公奋
(前 377~前 353)

㉕康公屯
（前 353~前 344）
|
㉖景公偃
（前 344~前 315）
|
㉗平公叔
（前 315~前 296）
|
㉘文公贾
（前 296~前 273）
|
㉙顷公雠
（前 273~前 249）

卫

（约前 854 ~ 前 252 年）

　　据《史记·卫康叔世家》：卫之始祖为康叔，名"封"，乃周文王第九子、周武王弟。原封于康（今河南省禹州西北）。周成王初年，殷商后裔武庚反叛被诛后，继封康叔于卫（《尚书·康诰》记载了分封时周公的告诫文告），居河、淇间故殷墟，以制殷商遗民。初都朝歌（今河南省淇县）。原领地较大，春秋时国都为狄所破，迁至楚丘（今河南省滑县），后又迁帝丘（今河南省濮阳西南），领地日益缩小，灭亡前迫迁野王（今河南省沁阳）。自康叔传八世至𥅆（xī）侯，方有确切纪年。公元前 252 年，为魏所灭。

　　关于卫的亡国时间，情况较复杂。本年表据杨宽《战国史》的说法；而《辞海》作公元前 254 年。卫被魏攻灭后，尚立其君，成为魏的附庸；后又成为秦的附庸，直到公元前 209 年才最后为秦所灭。本年表将做附庸的两代作附录处理。

𥅆侯（前 854 ~ 前 813 年）

［按］据《史记·卫康叔世家》：𥅆侯前历八世：①康叔——②康伯——③考伯——④嗣伯——⑤㨙（建、挚）伯——⑥靖（滑）伯——⑦贞（箕）伯——⑧顷侯——⑨𥅆侯。𥅆侯在位四十二年卒。

共伯馀（前 813 年）

［按］据《史记·卫康叔世家》：为𥅆侯长子。父卒继立。旋被弟和袭攻于父墓前，迫其入墓道自杀。

武公和（前 813 ~ 前 758 年）

［按］据《史记·卫康叔世家》：为𥅆侯之子，共伯弟。父卒时杀兄夺位。在位五十五年卒。

庄公杨（前 758 ~ 前 735 年）

［按］名又记为"扬"。据《史记·卫康叔世家》：为武公之子。父卒继立。在位二十三年卒。

桓公完（前 735 ~ 前 719 年）

［按］据《史记·卫康叔世家》：为庄公之子。父卒继立。"桓公二年（前 733），弟州吁骄奢，桓公绌之，州吁出奔……十六年（前 719），州吁收聚亡人以袭杀桓公，州吁自立为卫君"。

州吁（前 719 年）

［按］据《史记·卫康叔世家》：为庄公庶子，桓公弟。杀兄自立。旋被陈侯遣人所杀。

宣公晋（前 719 ~ 前 700 年十二月）

［按］据《史记·卫康叔世家》：为桓公之弟。陈侯杀州吁迎立之。在位十九年卒。

惠公朔（前 700 年十二月 ~ 前 697 年）

［按］据《史记·卫康叔世家》：为宣公庶子。父卒时杀太子伋（jí）而立。在位三年。因内讧奔齐。

黔牟（前 697 ~ 前 687 年）

［按］据《史记·卫康叔世家》：为宣公之子，太子伋弟。因惠公杀兄夺位，引起众公子不满，众起兵攻逐惠公，立黔牟，惠公奔齐。黔牟在位十年，齐襄公率诸侯伐卫，送惠公返卫复立，黔牟奔周。

惠公朔（前 687 ~ 前 669 年五月）

［按］据《史记·卫康叔世家》：惠公返卫复立。时，周王室衰微。据《左传·庄十九》：当年（前 675），"卫师、燕师伐周。冬，立子颓"。惠公在位十九年卒。按《史记·十二诸侯年表》，惠公复位后纪年连续计算，为三十一年。

懿公赤（前 669 年五月 ~ 前 660 年）

［按］据《史记·卫康叔世家》：为惠公之子。父卒继立。在位九年，被翟攻杀。据古本《竹书纪年》："卫懿公及赤翟战于洞泽（今河南省浚县西）。"《左传·闵二》："卫懿公好鹤，鹤有乘轩者。（狄伐卫）将战，国人受甲者皆曰：'使鹤！鹤实有禄位，余焉能战？'……卫师败绩。"懿公死。

戴公申（前 660 年）

［按］据《史记·卫康叔世家》：为黔牟弟昭伯顽之子，翟人杀懿公后被立，当年卒。

文公燬（前 660 ~ 前 635 年四月）

［按］《史记》"集解"：原名"辟疆"，避周天子讳，改名"燬"。据《史记·卫康叔世家》，为戴公弟。由齐桓公伐翟而立之（《诗经·鄘风》中有诵其复建卫的诗）。据《左传·僖十》："狄灭温，温子奔卫。"《僖十二》：当年"春，诸侯城卫楚丘之郛，惧狄难也"。《僖十

三》：当年"春，狄侵卫"。《僖十八》：当年"冬，邢人、狄人伐卫"。《僖二十一》：当年"春，狄侵卫"。文公在位二十五年卒。

成公郑（前635年四月～前600年十月）

［按］据《史记·卫康叔世家》：为文公之子。父卒继立。据《左传·僖三十一》：当年"冬，狄围卫。卫迁于帝丘"。《僖三十二》：当年"夏，狄有乱，卫人侵狄，狄请平焉。秋，卫人及狄盟"。《文十三》："狄侵卫。"成公在位三十五年卒。

穆公遬（前600年十月～前589年八月）

［按］遬（sù），据《史记·卫康叔世家》：为成公之子。父卒继立。在位十一年卒。

定公臧（前589年八月～前577年十月）

［按］据《史记·卫康叔世家》：为穆公之子。父卒继立。在位十二年卒。

献公衎（前577年十月～前559年）

［按］衎（kàn），据《史记·卫康叔世家》；为定公之子。父卒继立。在位十八年，被大夫孙文子所攻，奔齐。

殇公狄（前559～前547年二月）

［按］《史记》"集解"：名一作"秋"，又作"猋"，或"剽"。据《史记·卫康叔世家》：为定公弟。由孙文子逐献公后立之。卫国实权，时已落入大夫手中。殇公在位十二年，为晋平公所攻，被杀。

献公衎（前547年二月～前544年五月）

［按］据《史记·卫康叔世家》：由晋平公杀殇公而复立之。又在位三年卒。《十二诸侯年表》将此三年作为"后"纪年，未与前在位年连计。

襄公恶（前544年五月～前535年八月）

［按］据《史记·卫康叔世家》：为献公之子。父卒继立。在位九年卒。

灵公元（前535年八月～前493年四月）

［按］据《史记·卫康叔世家》：为襄公庶子。父卒继立。据《吕氏春秋·分职》：卫灵公天寒凿池，宛春谏曰："天寒起役，恐伤民。"公曰："天寒乎？"宛春曰："公衣狐裘，坐熊席，陬（zōu）隅有灶，是以不寒。今民衣弊不补，履决不组。君则不寒矣，民则寒矣。"可见当时的君民观，呼吁君要爱民。灵公在位四十二年卒。

出公辄（前493年四月～前481年）

［按］据《史记·卫康叔世家》：为灵公长孙，太子蒯聩子。灵公三十九年（前496），其父谋杀灵公夫人南子未遂，出奔宋。三年后，灵公卒，南子欲立少子郢，郢力辞不受，卫人乃立辄。辄在位十二年。因父外奔而被逐，出奔鲁。

庄公蒯聩（前481～前478年十一月）

〔按〕蒯（kuǎi）聩，据《史记·卫康叔世家》：为灵公长子，出公父。初因内讧出奔宋，后返卫，由其甥孔悝等立之。在位三年。据《左传·哀十七》：当年十月，晋赵简子伐卫。十一月，卫大夫石圃带领工匠暴动，庄公逃，至戎州为己氏杀死。晋立斑师而返。

斑师（前478年十一月）

〔按〕《史记》"索隐"：名又作"般师"。"集解"：为襄公之孙。据《史记·卫康叔世家》：庄公亡后被立之。旋为秦攻，被俘。

起（前478～前477年）

〔按〕《史记》"集解"：为灵公之子。据《史记·卫康叔世家》：斑师被俘后立之。在位不到一年，被大夫石圃所逐，奔齐。

出公辄（前477～前456年）

〔按〕据《史记·卫康叔世家》：起被逐后，由齐返卫复立之。在位二十一年卒。

悼公黔（前456～前451年）

〔按〕《史记》"索隐"：名又作"虔"。据《史记·卫康叔世家》：为出公季父。在位五年卒。

敬公弗（前451～前432年）

〔按〕据《史记》"集解"：名一作"费"。据《史记·卫康叔世家》：为悼公之子。父卒继立。在位十九年卒。

昭公纠（前432～前426年）

〔按〕据《史记·卫康叔世家》：为敬公之子。父卒继立。在位六年，被公子亹（wěi）所袭杀。

怀公亹（前426～前415年）

〔按〕据《史记·卫康叔世家》：杀昭公自立。在位十一年，被公子穨（tuí）所杀。

慎公穨（前415～前373年）

〔按〕据《史记·卫康叔世家》：为敬公孙，公子适之子。杀怀公自立。在位四十二年卒。

声公训（前373～前362年）

〔按〕据《史记》"索隐"："《系本》作圣公驰。"《史记·卫康叔世家》：为慎公之子。父卒继立。元年（前372），被赵所攻，失邑七十三，势弱。八年，又失甄。声公在位十一年卒。

成侯遬（前362～前333年）

〔按〕名一作"不逝"。据《史记·卫康叔世家》：为声公之子。父卒继立。六年（前356），迫赴魏，朝见魏惠王。八年，赵攻卫时，受魏保护。成侯在位二十九年卒。

平侯（前 333～前 325 年）

［按］据《史记·卫康叔世家》：为成侯之子。父卒继立。在位八年卒。

嗣君（前 325～前 283 年）

［按］据《史记·卫康叔世家》：为平侯之子。父卒继立。在位四十二年卒。

怀君（前 282～前 252 年）

［按］据《史记·卫康叔世家》：为嗣君之子。父卒继立。在位三十一年，朝魏时被魏所囚杀。学者认为，此标示卫亡于魏（见杨宽《战国史》）。

※　　　※　　　※

附：

元君（前 252～前 230 年）

［按］据《史记·卫康叔世家》：为嗣君弟（"集解"：一说为怀君弟）。魏攻杀怀君后由魏立之。时卫已为魏的附庸。在位二十三年卒。

角（前 230～前 209 年）

［按］据《史记·卫康叔世家》：为元君之子。父卒继立。在位二十一年，被秦二世废为庶人。

卫　世　系

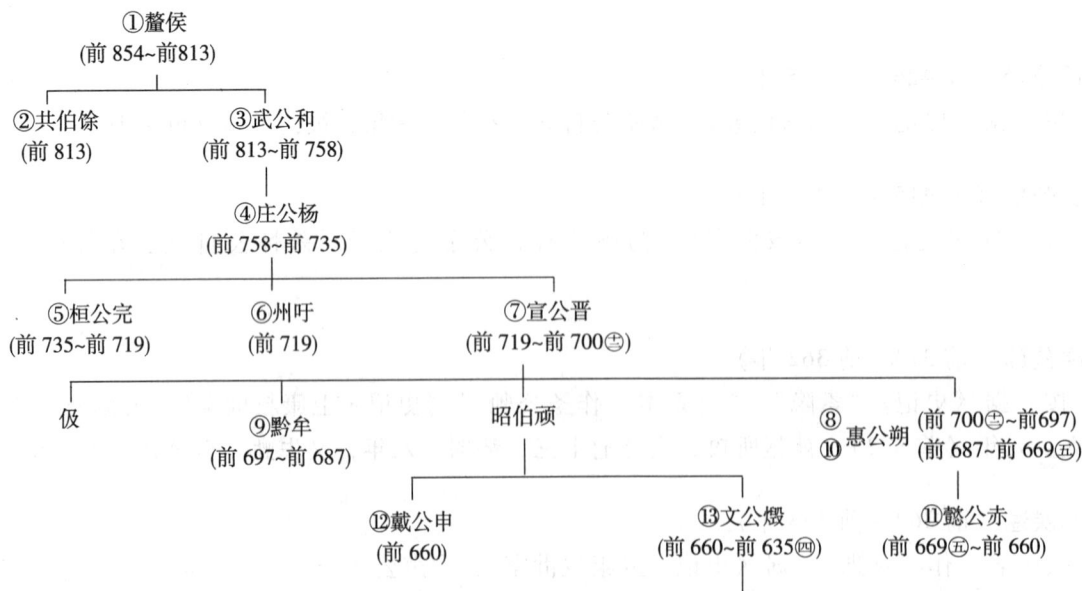

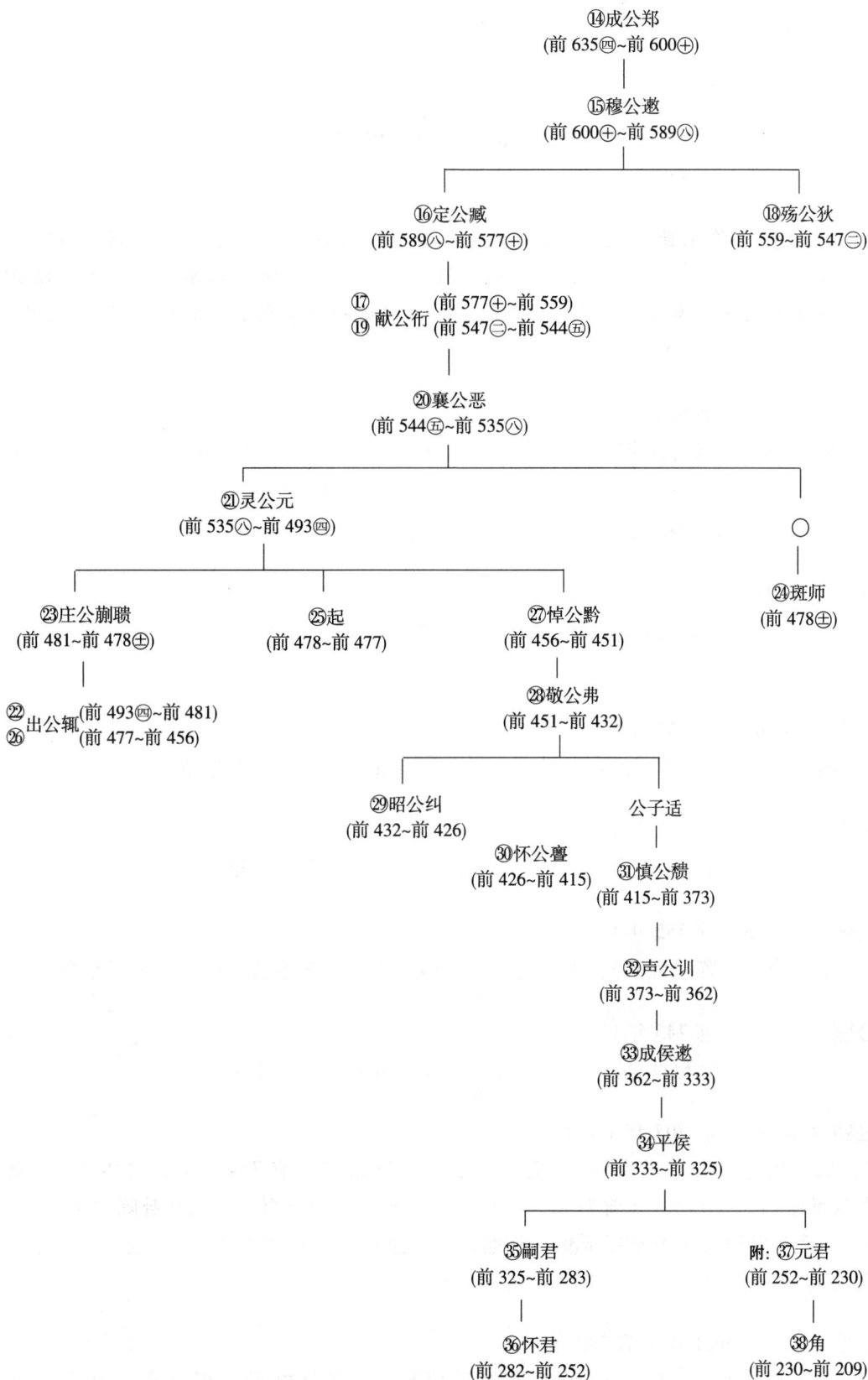

⑭成公郑
（前635㊃~前600㊉）

⑮穆公邀
（前600㊉~前589㊀）

⑯定公臧
（前589㊀~前577㊉）

⑱殇公狄
（前559~前547㊁）

⑰　献公衎
⑲
（前577㊉~前559）
（前547㊁~前544㊄）

⑳襄公恶
（前544㊄~前535㊀）

㉑灵公元
（前535㊀~前493㊃）

○

㉔斑师
（前478㊉）

㉓庄公蒯聩
（前481~前478㊉）

㉕起
（前478~前477）

㉗悼公黔
（前456~前451）

㉒　出公辄
㉖
（前493㊃~前481）
（前477~前456）

㉘敬公弗
（前451~前432）

㉙昭公纠
（前432~前426）

公子适

㉚怀公亶
（前426~前415）

㉛慎公穨
（前415~前373）

㉜声公训
（前373~前362）

㉝成侯遫
（前362~前333）

㉞平侯
（前333~前325）

㉟嗣君
（前325~前283）

附：㊲元君
（前252~前230）

㊱怀君
（前282~前252）

㊳角
（前230~前209）

陈

（约前 854～前 479 年）

　　据《史记·陈杞世家》：陈之始祖为胡公满，传说是舜的后裔，姓妫（guī）氏（因居妫汭而得姓）。周武王克商后受封于陈（今河南省淮阳）以奉舜祀，是为胡公。五传至幽公宁方有确切纪年。拥有今河南东部和安徽一部分地区。公元前 479 年为楚所灭。

幽公宁（前 854～前 832 年）

［按］据《史记·陈杞世家》：幽公前五传：①胡公满——②申公犀侯——④孝公突——⑤慎
　　　　　　　　　　　　　　　　　　　　　└─③相公皋羊

公圉（yǔ）戎——⑥幽公宁。幽公在位二十三年卒。

釐公孝（前 832～前 796 年）

［按］釐（xī）公孝，据《史记·陈杞世家》：为幽公之子。父卒继立。在位三十六年卒。

武公灵（前 796～前 781 年）

［按］据《史记·陈杞世家》：为釐公之子。父卒继立。在位十五年卒。

夷公说（前 781～前 778 年）

［按］据《史记·陈杞世家》：为武公之子。父卒继立。在位三年卒。

平公燮（前 778～前 755 年）

［按］据《史记·陈杞世家》：为武公之子，夷公弟。兄终弟及。在位二十三年卒。

文公圉（前 755～前 745 年）

［按］据《史记·陈杞世家》：为平公之子。父卒继立。在位十年卒。

桓公鲍（前 745～前 707 年正月）

［按］据《史记·陈杞世家》：为文公长子。文公元年（前 754）生。父卒继立。据《史记·卫康叔世家》：二十六年（前 719），卫内乱，州吁杀卫桓公自立。州吁赴陈"（卫大夫）石碏（què）与陈侯共谋……杀州吁于濮（陈地，在安徽省淮北茨河上游），而迎（卫）桓公弟晋于邢而立之"。陈桓公在位三十八年。卒于正月。

厉公他（前 707 年正月～前 700 年）

［按］名一作"佗"。据《史记·陈杞世家》：为文公之子，桓公弟。文公元年（前754）生。因其母为蔡国人，桓公卒时，蔡人杀桓公太子免而立之。在位七年，被免之诸弟

所杀。

利公跃（前 700 年）

［按］据《史记·陈杞世家》：为桓公次子。因兄免被厉公所杀，不服，联弟林、杵臼杀厉公而立。在位五月卒。

庄公林（前 700 ～前 693 年十月）

［按］据《史记·陈杞世家》：为桓公第三子，利公弟。兄终弟及。在位七年卒。

宣公杵臼（前 693 年十月 ～前 648 年十二月）

［按］据《史记·陈杞世家》：为桓公第四子，庄公弟。兄终弟及。在位四十五年卒。

穆公款（前 648 年十二月 ～前 632 年六月）

［按］据《史记·陈杞世家》：为宣公庶子。父卒继立。在位十六年卒。

共公朔（前 632 年六月 ～前 614 年五月）

［按］据《史记·陈杞世家》：为穆公之子。父卒继立。在位十八年卒。

灵公平国（前 614 ～前 599 年五月）

［按］据《史记·陈杞世家》：为共公之子。父卒继立。"灵公元年（前 613），楚庄王即位。六年（前 608），楚伐陈。十年（前 604），陈及楚平"，服从了楚的霸业。灵公在位十五年，为大夫徵舒所杀。

徵舒（前 599 年五月 ～前 598 年）

［按］据《史记·陈杞世家》：姓"夏"，故又作"夏徵舒"。原为陈大夫，因母受灵公辱，杀灵公自立。逾年冬，为楚所讨，被杀。

成公午（前 598 ～前 569 年三月）

［按］据《史记·陈杞世家》：为灵公长子。父被杀时出奔晋，楚庄王杀徵舒迎立于晋。"二十八年（前 571），楚庄王卒。二十九年，陈背楚盟。三十年，楚共王伐陈。是岁，成公卒，子哀公弱立。楚以陈丧，罢兵去"。

哀公弱（前 569 年三月 ～前 534 年三月）

［按］据《史记·陈杞世家》：为成公之子。父卒继立。"哀公三年（前 566），楚围陈，复释之"。哀公在位三十五年。三月，弟招起兵围宫，哀公自杀。

留（前 534 年三 ～十一月）

［按］据《史记·陈杞世家》：为哀公庶子。哀公三十五年（前 534）三月，哀公弟招乘哀公病，杀悼太子，围宫，迫哀公自杀，立留。四月，招使楚，被楚灵王所杀，楚使公子弃疾伐陈，留出奔郑。"九月，楚围陈。十一月，灭陈，使弃疾为陈公"。

弃疾（前 534 年十一月 ～前 529 年）

［按］据《史记·陈杞世家》：为楚公子。楚灵王遣其出兵伐陈，十一月灭陈，以其在陈主

政，为时五年。

惠公吴（前529~前506年二月）

［按］据《史记·陈杞世家》：为哀公之孙，悼太子师之子。初，家族内讧，在父被杀时出奔晋，楚出兵灭陈，由楚公子弃疾主政五年。后，弃疾返楚，迫兄比自杀，在楚即位。弃疾为平和各诸侯，决意复陈，迎惠公于晋而立之。历史上陈惠公立后纪年接哀公（即被立年不为"元年"，而为"五年"），因而，其纪年为二十八年，实际在位二十四年。

怀公柳（前506年二月~前502年七月）

［按］据《史记·陈杞世家》：为惠公之子。父卒继立。在位四年。出使吴被拘，继卒。

湣公越（前502年七月~前479年）

［按］《史记》"索隐"：名一作"周"。据《史记·陈杞世家》：为怀公之子。父卒继立。"湣公六年（前496），孔子适陈。吴王夫差伐陈，取三邑而去。十三年（前489），吴复来伐陈，陈告急楚，楚昭王来救，军于城父，吴师去"。十六年（前486），"（吴）使人召陈侯，陈侯恐，如吴。楚伐陈"。关于陈亡之年，史有二记：①据《史记·周本纪》：周敬王"四十一年（前479），楚灭陈"。②《秦本纪》：秦悼公"十三年（前478），楚灭陈"（《管蔡世家》同）。本年表采前说。

陈 世 系

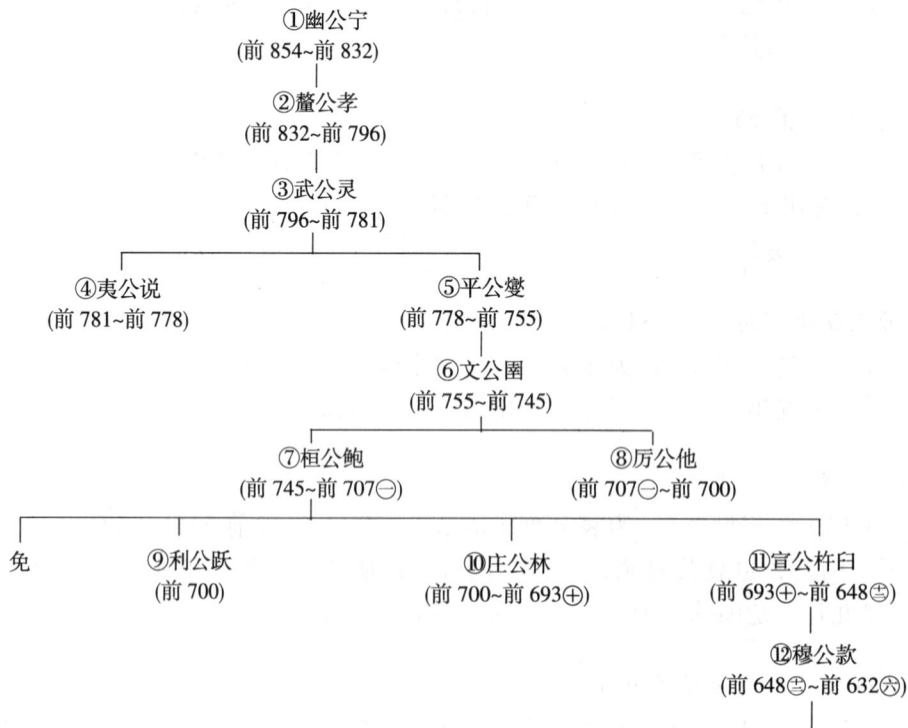

①幽公宁
(前854~前832)

②釐公孝
(前832~前796)

③武公灵
(前796~前781)

④夷公说
(前781~前778)

⑤平公燮
(前778~前755)

⑥文公圉
(前755~前745)

⑦桓公鲍
(前745~前707⊖)

⑧厉公他
(前707⊖~前700)

免

⑨利公跃
(前700)

⑩庄公林
(前700~前693⊕)

⑪宣公杵臼
(前693⊕~前648⊕)

⑫穆公款
(前648⊕~前632⊘)

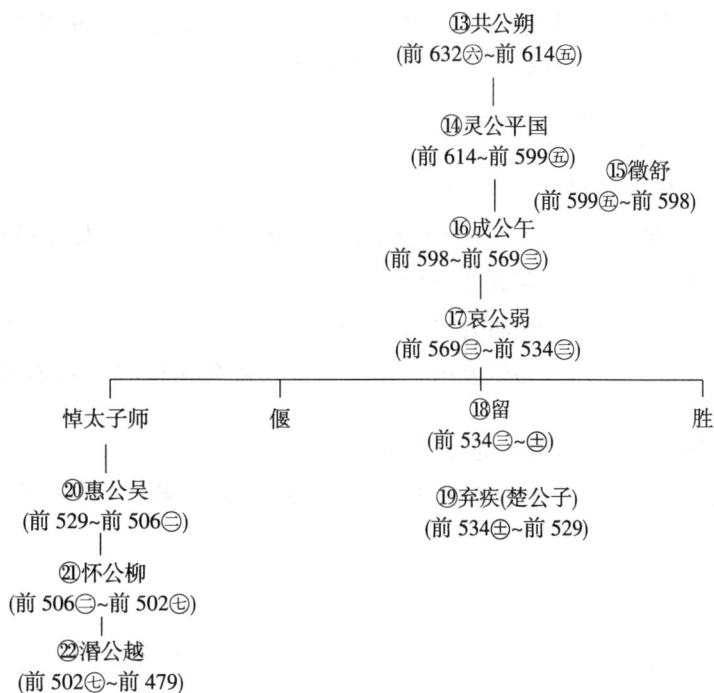

⑬共公朔
（前632六~前614五）

⑭灵公平国
（前614~前599五）　　⑮微舒
　　　　　　　　　　　（前599五~前598）

⑯成公午
（前598~前569三）

⑰哀公弱
（前569三~前534三）

悼太子师　　　　偃　　　　　　⑱留　　　　　　胜
　　　　　　　　　　　　　　（前534三~十）

⑳惠公吴　　　　　　　　⑲弃疾（楚公子）
（前529~前506三）　　　　（前534十~前529）

㉑怀公柳
（前506三~前502七）

㉒湣公越
（前502七~前479）

齐

（约前 850～前 379 年）

　　据《史记·齐太公世家》：齐之世祖为太公望吕尚（有学者云：名望，字尚父，任太师之职，亦称师尚父、师望）。原姓"姜"①，一名"牙"（一说字"子牙"）。为炎帝后裔。早封于吕（今河南省南阳），因以为姓。初遇周文王，文王曰："吾太公望子久矣。"故号"太公望"，俗称"姜太公"。后佐周武王克商有功，平定东方后，又封于齐。初都营丘，后迁薄姑、临淄，与鲁并为周初时的东方大国。七传至武公寿，方有确切纪年。

　　历史进入春秋时期，诸大国间互相争斗，最早建立霸业的是齐桓公。桓公前，齐灭纪、郮等小国，扩充领地。桓公时，任管仲为相，锐意改革，国力更盛，又灭谭、遂等。在"尊王攘夷"口号下，援燕抗击北戎；助邢救卫，御狄侵扰；联合诸侯，侵蔡伐楚，进军召陵（今河南省郾城）；数次大会诸侯，周王派人参加，加以犒劳，为春秋首霸。桓公死后，发生内部争权斗争，国力受损，但仍为大国。齐所并小国，可考者还有阳、莱、介、牟、任、薛、郭、夷、州等。通过斗争，齐统一了山东北部地区，势力东到海，西到黄河，南到泰山，北达河北南部，消除了东夷与华夏的区别。春秋末年，

---

①　有学者认为，"姜"姓部族起源于西土，与"羌"有关。《后汉书·西羌传》云："西羌之本，出自三苗，姜姓之别也。"与姬姓部族累世通婚。

各诸侯国内大夫势力迅速膨胀。在齐国，陈氏（即田氏）相继翦灭栾、高、国、鲍、崔、庆、晏等十余支大贵族，终于在公元前379年夺得政权，从而取代了吕氏在齐四百多年的统治地位。

武公寿（前850～前825年）

［按］据《史记·齐太公世家》：武公前七传：①太公吕尚—②丁公吕伋（jí）—③乙公得—④癸公慈母——⑤哀公不辰

——⑥胡公静

——⑦献公山—⑧武公寿。武公在位二十六年卒。

厉公无忌（前825～前816年）

［按］据《史记·齐太公世家》：为武公子。父卒继立。在位九年，因暴虐，被胡公之子领齐人攻杀。

文公赤（前816～前804年）

［按］据《史记·齐太公世家》：为厉公子。父被胡公之子攻杀，战中，胡公之子亦亡，齐人乃立其为君。在位十二年卒。

成公说（前804～前795年）

［按］名又记作"脱"。据《史记·齐太公世家》：为文公子。父卒继立。在位九年卒。

庄公赎（前795～前731年）

［按］名又记作"购"。据《史记·齐太公世家》：为成公子。父卒继立。据今本《竹书纪年》：周平王三年（前768），"齐人灭祝"。庄公在位六十四年卒。

釐公禄父（前731～前698年十二月）

［按］釐（xī）公，名又记作"禄甫"。据《史记·齐太公世家》：为庄公子。父卒继立。"二十五年（前706），北戎伐齐。郑使太子忽来救齐。"釐公在位三十三年卒。

襄公诸儿（前698年十二月～前686年十二月）

［按］据《史记·齐太公世家》：为釐公子。父卒继立。据《左传·桓十八》：当年（前694），齐襄公讨郑弑君罪，"七月戊戌，齐人杀子亹（wěi），而辕高渠弥。（郑）祭仲逆郑子于陈而立之"。据古本《竹书纪年》：次年，"齐襄公灭纪、邢（píng）、鄑（zī）、郚（wú）"。襄公在位十二年，为堂弟公孙无知所害，时十二月。

公孙无知（前686年十二月～前685年）

［按］名一作"毋知"。据《史记·齐太公世家》：为釐公弟夷仲年之子，即襄公堂弟。幼时受宠釐公，其秩服奉养比太子。襄公卒时不得立，不满。襄公十二年（前686）十二月，乘襄公坠车伤足之机，结大将连称、管至父入宫杀襄公自立。管仲奉公子纠奔鲁；鲍叔牙先已奉公子小白奔莒。翌年，公孙无知为雍林人袭杀。

桓公小白（前685～前643年十月）

[按] 据《史记·齐太公世家》：为襄公之次弟。襄公四年（前694），襄公杀鲁桓公，小白恐祸及身，出奔莒。及雍林人杀无知，大夫高傒（xī）素与小白善，暗召小白返齐而立之。鲁亦送公子纠回齐继位，"秋，与鲁战于乾时，鲁兵败走……遂杀（公）子纠"。桓公因鲍叔牙力荐，用管仲为卿，任以国政。"桓公既得管仲，与鲍叔、隰朋、高傒修齐国政，连五家之兵，设轻重鱼盐之利，以赡贫穷，禄贤能"。锐意改革。据《左传·庄十》：当年（前684）"正月，（鲁）公败齐师于长勺（今山东省莱芜东北）"，此为春秋史上著名的以弱胜强的战例，所记"曹刿（guì）论战"成为传古名篇。"十月，齐师灭谭"。《庄十三》：当年"春，齐侯、宋人、陈人、蔡人、邾人会于北杏（今山东省东阿北），以平宋乱"。据《史记·齐太公世家》："五年（前681），（齐）伐鲁，鲁将师败。鲁庄公请献遂邑以平，桓公许，与鲁会柯（今山东省阳谷北）而盟……七年，诸侯会桓公于甄（今山东省鄄城北旧城集），而桓公于是始霸焉。"成为春秋时的第一霸主。据《左传·庄十七》："齐人歼于遂。"齐灭诸小国，大大扩充了领土。《庄二十》：当年"冬，齐人伐戎"。《齐太公世家》："十四年（前672），陈厉公子完，号敬仲，来奔齐。齐桓公欲以为卿，让；于是以为工正"。这就是以后取代姜齐的田氏。据《左传·庄二十七》：当年"六月，公会齐侯、宋公、陈侯、郑伯同盟于幽，陈、郑服也"。《庄二十八》：当年"春，齐侯伐卫，战，败卫师，数之以王命，取赂而还"。"秋，荆（楚）伐郑，公会齐人、宋人救郑……楚师夜遁"。《庄三十》：当年"七月，齐人降鄣（zhāng）"。冬，"齐人伐山戎"。桓公用管仲谋略，在"尊王攘夷"的口号下，联燕击戎、狄，存邢救卫。据《齐太公世家》："二十三年（前663），山戎伐燕，燕告急于齐。齐桓公救燕，遂伐山戎，至于孤竹（今河北省卢龙南）而还……分沟割燕君所至与燕，命燕君复修召公之政，纳贡于周，如成康之时。诸侯闻之，皆从齐。"《左传·庄三十二》：当年"狄伐邢"。《闵元》：当年"正月，齐人救邢"。《闵二》：当年"十二月，狄人伐卫"。卫懿公死，齐救卫，立戴公，留兵戍卫。《僖元》：为御狄侵扰，齐帅诸侯助邢迁夷仪（今山东省聊城西南）。《史记·齐太公世家》："二十八年（前658），卫文公有狄乱，告急于齐。齐率诸侯城楚丘（今河南省滑县东北）而立卫君。""三十年春，齐桓公率诸侯伐蔡，蔡溃，遂伐楚……（责）楚贡包茅不入，王祭不具……夏，楚王使屈完将兵捍齐，齐师退次召陵（今河南省郾城）……乃与屈完盟而去。""秋，齐伐陈。"《左传·僖五》：当年"楚人灭弦……于是江、黄、道、柏方睦于齐"。《僖六》：当年齐率诸侯"伐郑，围新城……秋，楚子围许以救郑，诸侯救许，乃还"。《僖七》：当年"春，齐人伐郑"。《僖八》："郑伯乞盟，请服也。""春，（齐与诸侯）盟于洮（今山东省汶上东北），谋王室也。"此时，齐的霸势，达到顶点。《齐太公世家》云："三十五年（前651）夏，（齐）会诸侯于葵丘（今河南省民权东北）。周襄王使宰孔赐桓公文武胙（zuò）、彤弓矢、大路（朝服之车），命无拜……是时周室微，唯齐、楚、秦、晋为强。晋初与会，献公死，国内乱。秦穆公辟远，不与中国会盟。楚成王初收荆蛮有之，夷狄自置。唯独齐为中国会盟……桓公称曰：'寡人南伐至召陵，望熊山；北伐山戎、离枝、孤竹；西伐大夏，涉流沙；束马悬车登太行，至卑耳山（今山西省平陆西北）而还。诸侯莫违寡人……九合诸侯，一匡天下。昔三代受命，有何以异于此乎？吾欲封泰山，禅梁父。'"十足的霸主姿态，不可一世。"三十八年（前648），周襄王弟带与戎、翟合谋伐周，齐使管仲平戎于周。""四十二年（前644），戎伐周，周告急于齐，齐令诸侯各发卒戍周。"桓公在位四十三年，卒于十月。桓公死，诸子争立，内乱即生，致使"桓公尸在床上六十七日，尸虫出于户"。

无诡（前 643 年十二月～前 642 年三月）

[按] 名一记作"无亏"。据《史记·齐太公世家》：为桓公之子。桓公多子，病时争立，及卒，遂自相攻杀，权臣易牙与宦者竖刀杀群吏，十二月立无诡。翌年三月，宋襄公伐齐，齐人恐，杀无诡。

孝公昭（前 642 年五月～前 633 年六月）

[按] 据《史记·齐太公世家》：为桓公之子。无诡立时出奔宋。孝公元年（前 642）三月，宋襄公率诸侯兵送昭返国而伐齐，齐人恐，杀无诡。五月，宋败齐，立昭。据《左传·僖二十》：当年（前 640）"秋，齐人、狄人盟于邢"。《僖二十一》：当年，"宋人、齐人、楚人盟于鹿上（今安徽省阜南南）"，宋争霸主地位。孝公在位十年卒。

昭公潘（前 633 年六月～前 613 年五月）

[按] 据《史记·齐太公世家》：为桓公之子，孝公弟。孝公卒时，卫公子开方杀孝公子而立之。"昭公元年，晋文公败楚于城濮（今山东省鄄城西南，一说河南省陈留附近），而会诸侯践土（今河南省原阳西南），朝周，天子使晋称伯"。齐失霸主地位，但仍为一大国。据《左传、僖三十》：当年"夏、狄侵齐"。《僖三十三》：当年，"狄侵齐"。《文四》：当年"狄侵齐"。时秦霸西戎。《文九》：当年"夏，狄侵齐"。连续被扰。昭公在位二十年。卒于五月。

舍（前 613 年五～十月）

[按] 据《史记·齐太公世家》：为昭公之子。父卒继立。十月，被其叔商人所杀。

懿公商人（前 613 年十月～前 609 年五月）

[按] 据《史记·齐太公世家》：为桓公之子，昭公弟。昭公卒时，其子舍立。十月，杀舍自立。在位四年，为其两御仆丙戎和庸职杀于车上，尸弃竹林。

惠公元（前 609 年五月～前 599 年四月）

[按] 据《史记·齐太公世家》：为桓公之子。桓公卒时，诸子争立，元避祸于卫。时懿公骄，被御仆所杀，齐人不立其子，而迎元于卫立之。据《左传·宣三》：当年"秋，赤狄侵齐"。时楚庄王观兵周疆，问鼎轻重，欲霸中原。《宣四》：当年，"赤狄侵齐"。惠公在位十年卒。

顷公无野（前 599 年四月～前 582 年七月）

[按] 据《史记·齐太公世家》：为惠公之子。父卒继立。"八年（前 591），晋伐齐，齐以公子彊质晋，晋兵去。十年春，齐伐鲁、卫。鲁、卫大夫如晋请师"，两军战于鞌（ān，今山东省济南西北），齐师大败，"晋军追齐至马陵（今河北省大名东），齐侯请以宝器谢……（晋）令返鲁、卫之侵地"。顷公在位十七年卒。

灵公环（前 582 年七月～前 554 年五月）

[按] 据《史记·齐太公世家》：为顷公之子。父卒继立。"十年（前 572），晋悼公伐齐，齐令公子光质晋"。据《左传·襄六》：当年（前 567）"十二月，齐侯灭莱"。《齐太公世家》：

"二十七年（前555），晋使中行献子伐齐。齐师败……晋兵遂围临菑，临菑城守不敢出，晋焚郭中而去。"时晋复霸。灵公在位二十八年。卒于五月。

庄公光（前554年五月～前548年五月）

［按］据《史记·齐太公世家》：为灵公之子。灵公十九年（前563）被立为太子。后又被废，转立其弟牙。灵公疾，权臣崔杼迎光入宫，五月，灵公卒后立之，杀太子牙。在位六年。五月，为崔杼所杀。

景公杵臼（前548年五月～前490年九月）

［按］名又记作"箸臼"。据《史记·齐太公世家》：为庄公异母弟。崔杼杀庄公而立之。时，大夫势强，互相攻击。元年（前547），庆封迫崔杼自杀而自"为相国，专权"。"三年十月，庆封出猎……田、鲍、高、栾氏相与谋庆氏……庆封还，不得入，奔鲁"。"九年（前539），景公使晏婴之晋，与叔向私语曰：'齐政卒归田氏'"，已有了"田氏代齐"的苗头。据《左传·昭十》：当年（前532），陈（田）氏联合鲍氏攻栾、高氏，"夏，齐栾施来奔（鲁）"。田氏益强。《昭十六》：当年"齐侯伐徐"。据《史记·孔子世家》："孔子年三十五（前517）……孔子适齐……景公问政孔子，孔子曰：'君君，臣臣，父父，子子。'"针对当时各诸侯国大夫势重倾权，表达了儒家关于治政的核心思想。景公在位五十八年卒。一说其墓葬为山东省临淄故城五号墓。

荼（前490年九月～前489年八月）

［按］荼（tú），据《史记·齐太公世家》：为景公庶子。景公宠其母芮姬，及病，命权臣国惠子、高昭子立其为太子。景公卒后得立，"是为晏孺子"，"群公子畏诛，皆出亡"。"晏孺子元年（前489）春，田乞伪事高、国（氏）……六月，田乞、鲍牧乃与大夫以兵入公宫，攻高昭子。昭子闻之，与国惠子救公（荼）。公师败，田乞之徒追之，国惠子奔莒，遂反杀高昭子。晏圉奔鲁"。八月，杀荼。十月，从鲁迎阳生而立之。

悼公阳生（前489年十月～前485年三月）

［按］据《史记·齐太公世家》：为景公之子。景公多子，生前宠妾芮姬，病重时立其子荼为太子。及卒，荼立。诸子皆外奔，时阳生奔鲁。八月，大夫田乞迎阳生于鲁，匿于家。继联众大夫入宫杀荼。十月，送阳生入宫立之。于时，田氏进一步击败高氏、国氏、晏氏等，势益壮。悼公即位后，以田乞为相，田氏操纵实权。悼公在位四年，为权臣鲍牧所杀。

简公壬（前485年三月～前481年五月）

［按］据《史记·齐太公世家》：为悼公之子（"集解"：一云为景公之子）。父被杀后为齐人所立。在位四年。是年五月，为权臣田常执杀于徐州（《春秋》记作舒州）。

平公骜（前481年五月～前456年）

［按］据《史记·齐太公世家》：为悼公之子，简公弟。齐大夫田常杀其兄而立之。"平公即位，田常相之，专齐之政，割齐安平（今山东省淄博东北）以东为田氏封邑"，比平公自领之地还大。平公在位二十五年卒。

宣公积（前456～前405年十二月）

〔按〕名一作"就匝（zā）"。据《史记·齐太公世家》：为平公之子。父卒继立。四十三年（前413）攻魏，毁黄城，围阳狐。宣公在位五十一年卒。古本《竹书纪年》记在十二月。

康公贷（前405年十二月～前379年）

〔按〕据《史记·齐太公世家》：为宣公之子。父卒继立。元年（前404），三晋攻齐，入齐长城。十九年（前386），康公被大夫田和迁于海滨。又历七年，共在位二十六年卒。吕氏绝祀，为田氏所取代。

齐 世 系

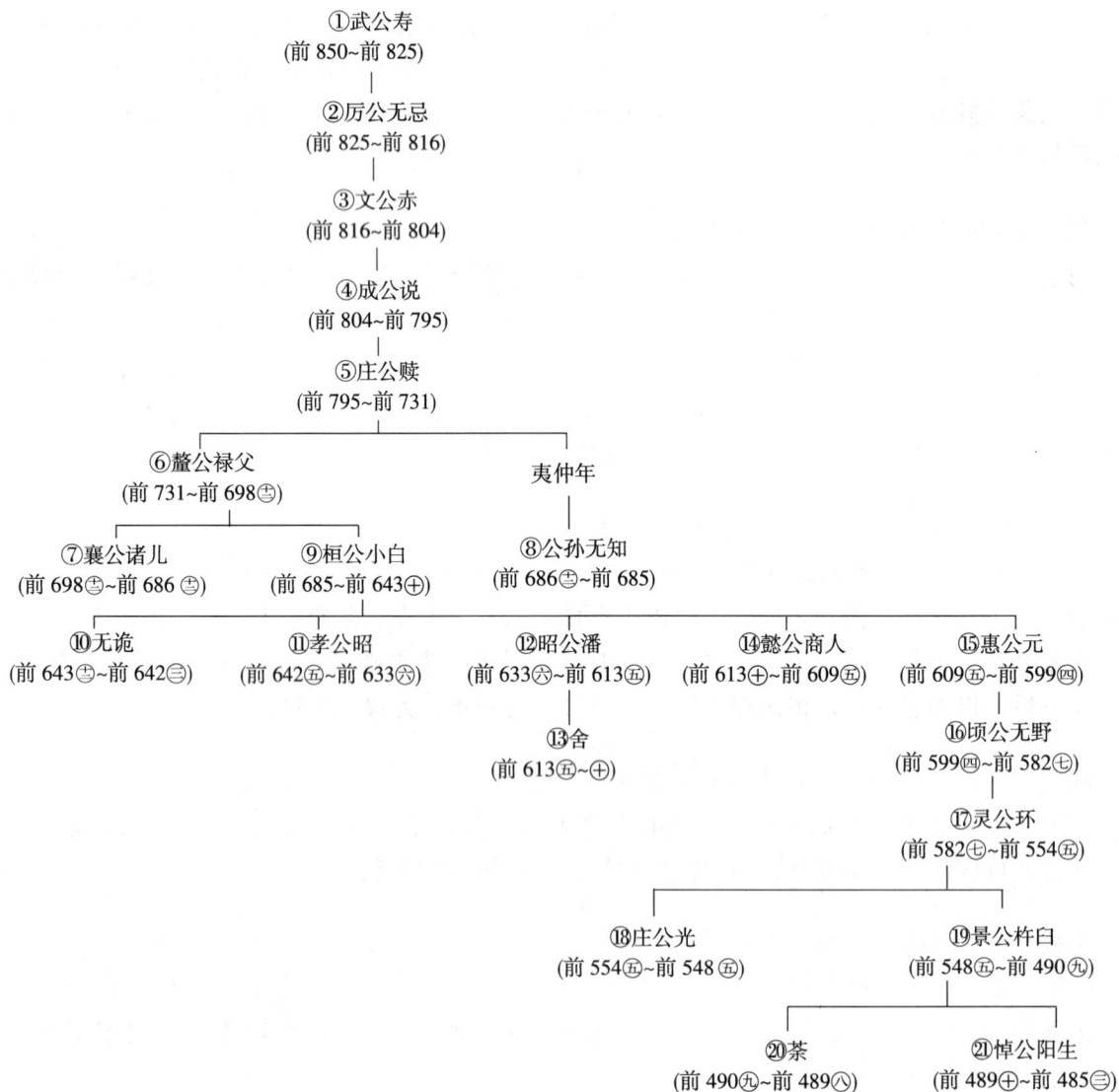

```
              ┌────────────────────┬────────────────────┐
         ㉒简公壬                              ㉓平公鳌
      (前485㊂~前481㊄)                    (前481㊄~前456)
                                              ㉔宣公积
                                          (前456~前405㊆)
                                              ㉕康公贷
                                          (前405㊆~前379)
```

楚

（约前847～前223年）

　　据《史记·楚世家》：传说，楚之始祖祝融氏，为五帝高阳氏之苗裔。帝喾（kù）时任火官。居郑（今河南省新郑）。其后裔分为六姓（一说八姓），第六姓为"芈（mǐ）"，名"季连"。其后衰，被迫南迁，商代中期，渐达今湖北省荆山一带。西周初年，其后裔鬻（yù）熊事周文王，传三世至熊绎，受周成王（一说周康王）封于楚，都丹阳（一说今湖北省秭归东南）。后常与周发生战争，周人称之为"荆蛮"。又传六世而至熊勇，方有确切纪年。再后，楚文王时，徙都郢（今湖北省江陵西北纪王城）。顷襄王时，又徙都陈（今河南省淮阳）。考烈王时，徙都钜阳（今安徽省太和县东南），再徙都寿春（今安徽省寿县）。

　　春秋时，楚开始强大，压服周围的群蛮、百濮、卢戎、群舒、淮夷诸部，败随，灭申、息、邓，服蔡，侵涉郑，向中原伸手，成为大国。齐称霸时转向东发展，灭弦、黄，败徐。齐势稍衰后，向北发展，长期与晋争霸中原。当时的形势是：秦踞西，齐控东，中原晋楚斗。楚庄王时，楚势最盛。著名的事件有：庄王八年（前606），伐陆浑戎，观兵周边境，问鼎之轻重；十七年（前597），楚晋邲（今河南省荥阳北）之战，晋大败，郑屈服，楚饮马黄河，雄视北方；事隔两年，又大兵伐宋，围宋五个月，使宋屈服，晋无力插手，楚庄王争得霸主。春秋三百多年，楚灭了五十余国，统一了长江、汉水、淮河流域，可以说是当时民族融合的一个典型。战国时，领土又有扩大，东北至今山东南部，西南到广西东北。楚怀王灭越，其势力又达江浙一带。战国后期，在秦统一战争中，公元前223年为秦所灭。

熊勇（前847～前838年）

［按］据《史记·楚世家》：熊勇前十二传：

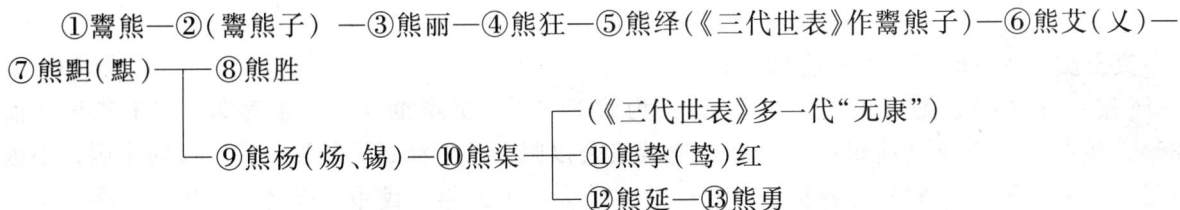

①鬻熊—②（鬻熊子）—③熊丽—④熊狂—⑤熊绎（《三代世表》作鬻熊子）—⑥熊艾（乂）—⑦熊䵣（黮）——⑧熊胜

　　　　　　　　　　　　　　　　　　　　　　　├（《三代世表》多一代"无康"）
　　　　　　└⑨熊杨（炀、锡）—⑩熊渠——⑪熊挚（鸷）红
　　　　　　　　　　　　　　　　　　　　　└⑫熊延—⑬熊勇

423

熊勇在位十年卒。

熊严（前838～前828年）

［按］据《史记·楚世家》：为熊勇弟。兄终弟及。在位十年卒。

熊霜（前828～前822年）

［按］据《史记·楚世家》：为熊严长子。父卒继立。在位六年卒。

熊徇（前822～前800年）

［按］据《史记·楚世家》：为熊严第四子，熊霜弟。兄终弟及。在位二十二年卒。

熊鄂（前800～前791年）

［按］名又记为"咢"。据《史记·楚世家》：为熊徇之子。父卒继立。在位九年卒。

若敖熊仪（前791～前764年）

［按］《史记》"索隐"："若敖"为号。据《史记·楚世家》：为熊鄂之子。父卒继立。在位二十七年卒。

霄敖熊坎（前764～前758年）

［按］《史记》"索隐"：名一作"菌"；一作"钦"。据《史记·楚世家》：为若敖之子。父卒继立，在位六年卒。

蚡冒熊眴（前758～前741年）

［按］蚡（fén）冒，《史记》"索隐"：一作"粉冒"。熊眴（xuàn，亦有音 shùn 者），据《史记·楚世家》：为霄敖之子。父卒继立。在位十七年卒。

武王通（前741～前690年三月）

［按］据《史记·楚世家》：为蚡冒弟。兄卒时杀兄之子而自立。据今本《竹书纪年》：周平王三十三年（前738），"楚人侵申"。据《左传·庄十八》："初，楚武王克权。"《桓二》：当年（前710），"蔡侯、郑伯会于邓，始俱楚也"。据《楚世家》：三十五年（前706），"楚伐随"，请随为楚向周请尊号，被周王拒绝。三十七年，又攻随，俘少师。始自称"王"（武王）。"与随人盟而去。于是始开濮地而有之"。《左传·桓九》："巴子使韩服告于楚，请与邓为好。楚子使道朔将巴客以聘于邓。"《桓十一》："楚屈瑕将盟贰、轸。郧（yún）人军于蒲骚（今湖北省应城北），将与随、绞、州、蓼伐楚师……（楚）败郧师于蒲骚，卒盟而还。"《桓十二》："楚伐绞……大败之，为城下之盟而还。"《桓十三》：当年"春，楚屈瑕伐罗……大败之"。此时，楚势力已有大发展。据《楚世家》：武王五十一年，"伐随。武王卒师中而兵罢"。

文王赀（前690年三月～前677年）

［按］赀（zī），据《史记·楚世家》：为武王之子。父卒继立。"始都郢。文王二年（前688），伐申"。"六年（前684），伐蔡，虏蔡哀公以归，已而释之。楚强，陵江汉间小国，小国皆畏之。十一年（前679），齐桓公始霸，楚亦始大。十二年，伐邓，灭之。十三年，卒，子熊

纛（jiān）立，是为庄敖"。

庄敖熊纛（前677～前672年）

［按］号一作"堵敖"，或"杜敖"。据《楚世家》：为文王之子。父卒继立。据《左传·庄十八》：当年（前676），巴人伐楚。《庄十九》：当年"春，楚子御之，大败于津（今湖北省枝江西）。还，鬻拳弗纳。遂伐黄，败黄师于踖（jí）陵（今河南省光山东南）"。熊纛在位五年，为弟恽所杀。

成王恽（前672～前626年十月）

［按］据《史记·楚世家》：为庄敖弟。杀兄夺位。据《左传·庄二十八》：当年（前666年），"秋，荆（楚）伐郑，（鲁）公会齐人、宋人救郑……楚师夜遁"。《僖元》：当年（前659年），"楚人伐郑，郑即齐故也。（齐与诸侯）盟于荦（luò，今河南省淮阳南），谋救郑"。《僖二》：当年"楚人伐郑"。《僖三》：当年"秋，齐侯、宋公、江人、黄人会于阳谷（今山东省平阴西南），（谋伐楚也）……楚人伐郑"。《僖四》：当年"春，齐侯以诸侯之师侵蔡，蔡溃，遂伐楚。楚子使与师言曰：'君处北海，寡人处南海，唯是风马牛不相及也，不虞君之涉吾地也，何故？'管仲对曰：'……尔贡包茅不入，王祭不共，无以缩酒，寡人是征'"。《僖五》："楚人灭弦，弦子奔黄"。《僖六》：当年"秋，楚子围许以救郑，诸侯救许"。《僖十二》：当年"夏，楚人灭黄"。《楚世家》："二十六年（前646），灭英。"《左传·僖十五》：当年"楚人败徐于娄林（今安徽省泗县北）"。《僖二十》：当年"冬，楚人伐随"。《僖二十一》：楚会诸侯于盂（今河南省睢县北），"执宋公以伐宋……楚人使宜申来（周）献捷。"《僖二十二》：当年"冬十有一月己巳朔，宋公及楚人战于泓（今河南省柘城西北），宋师败绩。"《僖二十三》：当年"秋，楚人伐陈"。《僖二十六》：当年"秋，楚人灭夔，以夔子归。冬，楚人伐宋，围缗"。《僖二十七》：当年"冬，楚子及诸侯围宋，宋公孙固如晋告急"。《僖二十八》：当年（前632），晋楚发生春秋史上占重要地位的"城濮（今山东鄄城西南）之战"，楚虽强，却大败，霸主地位落入晋文公之手。成王在位四十六年，为子商臣所逼，自杀而死。

穆王商臣（前626年十月～前614年）

［按］据《史记·楚世家》：为成王之子。初被立为太子，后探知父王又欲立庶弟职，乃与傅潘崇率兵围宫，逼父自杀，继立。"穆王三年，灭江。四年，灭六、蓼"。"八年（前618），伐陈"。据《左传·文十二》：当年（前615），"群舒叛楚。夏，（楚）子孔执舒子平及宗子，遂围巢"。穆王在位十二年卒。

庄王侣（前614～前591年七月）

［按］名一作"吕"，或"旅"。据《史记·楚世家》：为穆王之子。父卒继立。在位时完成霸业。"庄王即位三年……是岁灭庸。六年，伐宋，获五百乘。八年（前606），伐陆浑戎，遂至洛，观兵于周郊。周定王使王孙满劳楚王，楚王问鼎小大轻重"。"十三年，灭舒。十六年，伐陈，杀夏徵舒"。"十七年（前597）春，楚庄王围郑，三月克之……夏六月，晋救郑"。两军发生"邲（bì，今河南省荥阳北）之战"，晋军大败。此战标志楚夺得霸权。二十年（前595），"围宋五月"，晋不能救，宋与楚盟，"（楚）遂罢兵去"。庄王在位二十

三年卒。

共王审（前 591～前 560 年九月）

［按］据《史记·楚世家》：为庄王之子。父卒继立。据《左传·成七》：当年（前 584 年），"吴始伐楚、伐巢、伐徐……蛮夷属于楚者，吴尽取之，是以始大"。《成十二》：当年（前 579），"宋华元克合晋楚之成。夏五月……盟于宋西门之外，曰：凡晋楚无相加戎，好恶同之，同恤菑（zī）危，备救凶患，若有害楚，则晋伐之，在晋，楚亦如之；交贽往来，道路无壅（yōng）；谋其不协，而讨不庭"。这就是春秋史上著名的第一次"弭兵之会"。《成十五》：楚背盟，"楚子侵郑，及暴隧（郑地，今河南省原阳西南）；遂侵卫，及首止（今河南省睢县东南）"。《成十六》：当年"春，楚子自武城，使公子成以汝阴之田求成于郑，郑叛晋"，"晋侯及楚子、郑伯战于鄢陵（今河南省鄢陵西北），楚子、郑师败绩"。《成十七》：当年，"楚人灭舒庸"。《襄三》：当年"春，楚子重伐吴，为简之师，克鸠兹，至于衡山……吴人伐楚，取驾。驾，良邑也"。共王在位三十一年卒。

康王昭（前 560 年九月～前 545 年二月）

［按］名又记作"招"。据《史记·楚世家》：为共王之子。父卒继立。据《左传·襄二十四》：当年"夏，楚子为舟师以伐吴，不为军政，无功而还"。《襄二十五》：当年（前 548），楚在改革方面有较大举措，以令尹子木为首，整顿田制和军制，把不同地区的土地加以测量，"量入修赋，赋车、籍马、赋车兵、徒兵、甲楯之数"。即根据收入多寡征集军赋。《襄二十七》：时晋楚势均力敌，在中原争夺霸权，当年（前 546），由宋执政向戌出面，约合晋、楚，并会各国在宋结盟，约定除齐、秦两大国外，各国要向晋、楚同样朝贡，以平分霸权。这就是春秋史上著名的第二次"弭兵之会"。康王在位十五年卒。

郏敖熊员（前 545 年二月～前 541 年十二月）

［按］"郏（jiá）敖"为号。据《史记·楚世家》：为康王之子。父卒继立。在位四年，为其叔围绞杀。

灵王围（前 541 年十二月～前 529 年）

［按］据《史记·楚世家》：为共王之子，康王弟。原为令尹，主兵事，闻郏敖疾，借问病之机绞杀郏敖，自立。"灵王三年（前 538）六月，楚使使告晋，欲会诸侯，诸侯皆会楚于申（今河南省荥阳西北）"。"七月，楚以诸侯兵伐吴，围朱方（今江苏省丹徒东南）。八月，克之"。"八年（前 533），使公子弃疾将兵灭陈。十年，召蔡侯，醉而杀之，使弃疾定蔡（主政）"。"十一年，伐徐"。灵王在位十二年，被弟比夺位。卒于外地。

比（前 529 年）

［按］据《史记·楚世家》：为共王第三子，灵王弟。夺兄位而立。在位十余日，受弟弃疾诈，自杀。

平王居（前 529 年四月～前 516 年九月）

［按］据《史记·楚世家》：原名"弃疾"。为共王少子，比弟。诈其兄，迫其自杀，遂自立。"平王以诈弑两王而自立，恐国人及诸侯叛之，乃施惠百姓。复陈、蔡之地而立其后如故，

归郑之侵地。存恤国中，修政教"。据《左传·昭十六》："楚子闻蛮氏之乱也……使然丹诱戎蛮子嘉杀之，遂取蛮氏，既而复立其子焉。"《昭十七》：当年，"楚人及吴战于长岸"，吴败。《昭十九》："楚子为舟师，以伐濮。"《昭二十三》："吴人伐州来，楚薳（wěi）越帅师，及诸侯之师奔命救州来。"战于鸡父（今河南省固始南）。楚军败。《昭二十四》："楚子为舟师以略吴疆……（楚）王及圉（yǔ）阳而还。吴人踵楚，而边人不备，遂灭巢及钟离而还。"平王在位十三年卒。

昭王珍（前 516 年九月~前 489 年十月）

［按］据《史记·楚世家》：为平王庶子。父卒继立。"五年（前 511），吴伐取楚之六（今安徽省六安东北）、潜（今安徽省霍山东北）。七年，楚使子常伐吴，吴大败楚于豫章。十年（前 506）冬，吴王阖闾、伍子胥、伯嚭与唐、蔡俱伐楚，楚大败，吴兵遂入郢……昭王出奔……昭王之出郢也，使申鲍胥请救于秦。秦以车五百乘救楚，楚亦收余散兵，与秦击吴。十一年六月，败吴于稷（今河南省桐柏东）……楚昭王灭唐。九月，归入郢。十二年，吴复伐楚，取番。楚恐，去郢，北徙都鄀（ruò，今湖北省宜城东南）"。"二十年（前 496），楚灭顿，灭胡"。据《左传·哀元》：当年（前 494）"春，楚子围蔡……使疆于江、汝之间而还，蔡于是乎请迁于吴"。《楚世家》："二十七年（前 489）春，吴伐陈，楚昭王救之，军城父（今河南省宝丰东）。十月，昭王病于军中……将战，庚寅，昭王卒于军中……迎越女之子章立之，是为惠王。然后罢兵归，葬昭王。"

惠王章（前 489 年十月~前 432 年）

［按］据《史记·楚世家》：为昭王庶子。父卒继立。"八年（前 481），晋伐郑，郑告急楚，楚使子西救郑，受赂而去。白公胜怒……因劫惠王，置于高府，欲弑之……白公自立为王。月余，会叶公来救楚，楚惠王之徒与共攻白公，杀之。惠王乃复位。是岁也，灭陈而县之。十三年，吴王夫差强，陵齐、晋，来伐楚。十六年，越灭吴。四十二年（前 447），楚灭蔡。四十四年，楚灭杞。与秦平。是时越已灭吴而不能正江、淮北；楚东侵，广地至泗上"。惠王在位五十七年卒。

简王仲（前 432~前 408 年）

［按］名又记作"中"。据《史记·楚世家》：为惠王之子。父卒继立。元年（前 431），灭莒。十九年（前 413），攻魏至上洛（今陕西省洛南东南）。简王在位二十四年卒。

声王当（前 408~前 402 年）

［按］据《史记·楚世家》：为简王之子。父卒继立。在位六年，被盗所杀。

悼王类（前 402~前 381 年）

［按］名又记作"疑"。据《史记·楚世家》：为声王之子。父卒继立。二年（前 400），三晋攻楚至乘丘（今山东省巨野西南）。四年，楚围郑。九年，楚攻韩，取负黍（今河南省登封西南）。十一年，三晋攻楚，楚大败于大梁、榆关。悼王在位二十一年卒。

肃王臧（前 381~前 370 年）

［按］据《史记·楚世家》：为悼王之子。父卒继立。四年（前 377），蜀攻楚，取兹方。十

427

年，魏攻楚，取鲁阳（今河南省鲁山）。肃王在位十一年卒。

宣王良夫（前370～前340年）

［按］据《史记·楚世家》：为悼王之子，肃王弟。兄终弟及。十七年（前353），魏破赵邯郸。齐"围魏救赵"，楚亦救赵，取魏睢水、涉水间地。宣王在位三十年卒。

威王商（前340～前329年）

［按］据《史记·楚世家》：为宣王之子。父卒继立。在位十一年卒。

怀王槐（前329～前299年）

［按］名一作"相"。据《史记·楚世家》：为威王之子。父卒继立。六年（前323），破魏于襄陵（今河南省睢县），取八邑。十一年，魏发动赵、韩、燕、楚五国合纵抗秦，推楚怀王为纵长。十七年，楚攻秦，败，失汉中。次年，又失召陵。二十五年，与秦会于黄棘（今河南省南阳南）。二十八年，被齐、韩、魏所攻，败于垂沙（今河南省唐河西南）。怀王在位三十年，在赴秦昭王之约时被扣于秦。数年后在秦病卒。

顷襄王横（前299～前263年）

［按］据《史记·楚世家》：为怀王长子。父赴秦约被扣时在齐，齐送其归国而立之。十二年（前287），苏秦发动齐、楚、赵、魏、韩五国合纵攻秦，未果。十五年，秦攻齐，楚以救齐为名，收复淮北地。十九年，被秦攻，割汉北、上庸地与秦。次年，被秦攻，失鄢、邓、西陵等地。二十一年（前278），都城郢被秦攻克，遂迁都陈（今河南省淮阳）。二十三年，以东部兵西进收复江南地十五邑以为郡。顷襄王在位三十六年病卒。

考烈王元（前263～前238年）

［按］《史记》"索隐"：名一作"完"。据《史记·楚世家》：为顷襄王长子。父卒继立。二年（前261），攻鲁，取徐州。五年，秦攻赵，楚救之。十年（前253），徙都钜阳（今安徽省太和东南），十四年（前249），灭鲁。二十二年（前241），为避秦，又徙都寿春（今安徽省寿县），势益衰。考烈王在位二十五年卒。

幽王悼（前238～前228年）

［按］名又记作"悍"。据《史记·楚世家》：为考烈王之子。父卒继立。在位十年卒。

哀王犹（前228年）

［按］《史记·六国年表》名记为"郝"。据《史记·楚世家》：为考烈王之子，幽王同母弟。兄终弟及。在位二月余，为庶兄负刍之徒所袭杀。

负刍（前228年三月～前223年）

［按］据《史记·楚世家》：为考烈王之子，哀王庶兄。其门徒杀哀王后立之。三年（前225），秦二十万大军攻楚，为项燕所败。次年，秦再攻楚，大破楚军，进至蕲（今安徽省宿州东南），杀项燕。五年，受秦攻，负刍被执。秦去楚名，统其地为所辖三郡，楚亡。

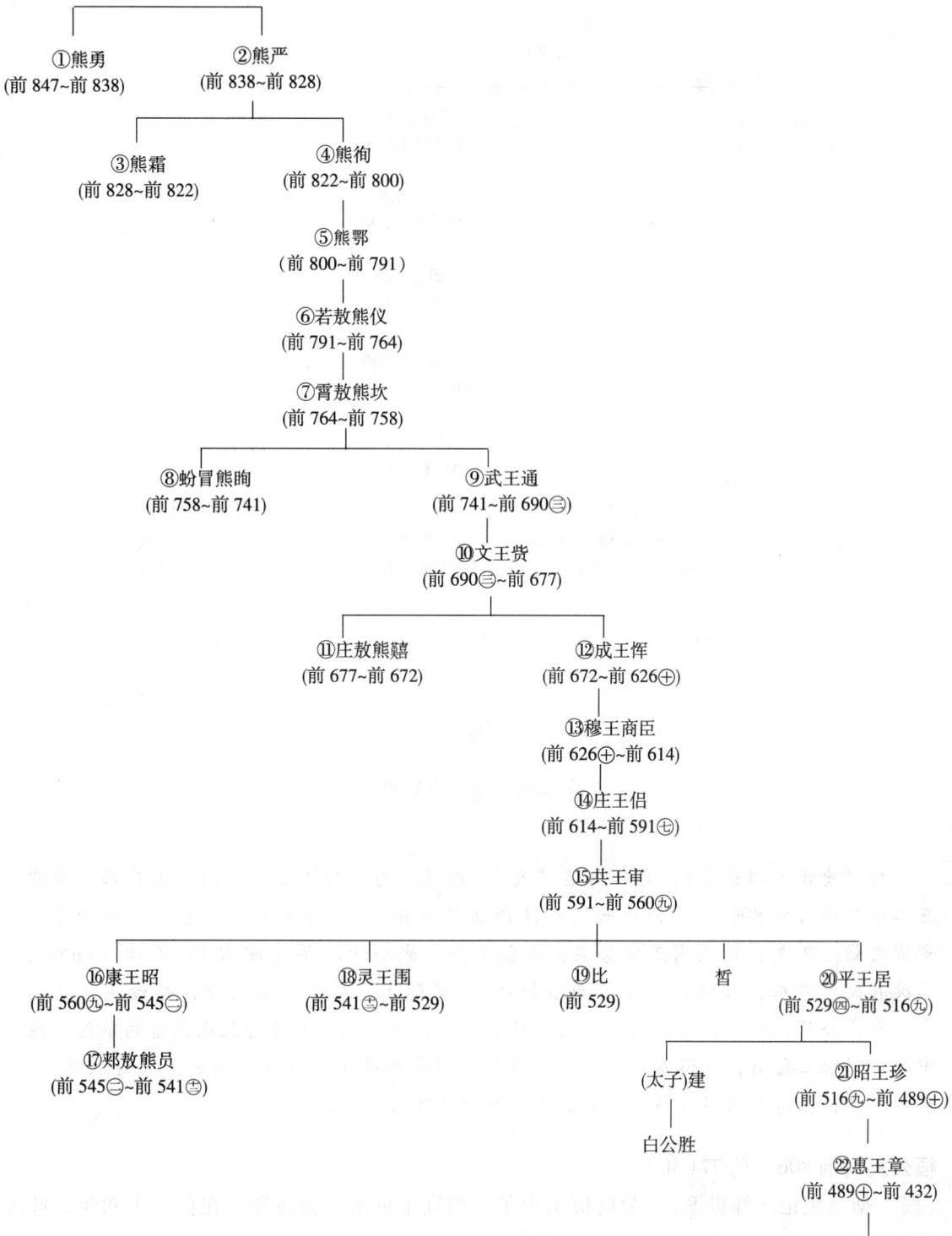

楚 世 系

①熊勇
（前847~前838）

②熊严
（前838~前828）

③熊霜
（前828~前822）

④熊徇
（前822~前800）

⑤熊鄂
（前800~前791）

⑥若敖熊仪
（前791~前764）

⑦霄敖熊坎
（前764~前758）

⑧蚡冒熊眴
（前758~前741）

⑨武王通
（前741~前690㊂）

⑩文王赀
（前690㊂~前677）

⑪庄敖熊囏
（前677~前672）

⑫成王恽
（前672~前626㊉）

⑬穆王商臣
（前626㊉~前614）

⑭庄王侣
（前614~前591㊐）

⑮共王审
（前591~前560㊈）

⑯康王昭
（前560㊈~前545㊁）

⑰郏敖熊员
（前545㊁~前541㊋）

⑱灵王围
（前541㊋~前529）

⑲比
（前529）

皙

⑳平王居
（前529㊃~前516㊈）

(太子)建

白公胜

㉑昭王珍
（前516㊈~前489㊉）

㉒惠王章
（前489㊉~前432）

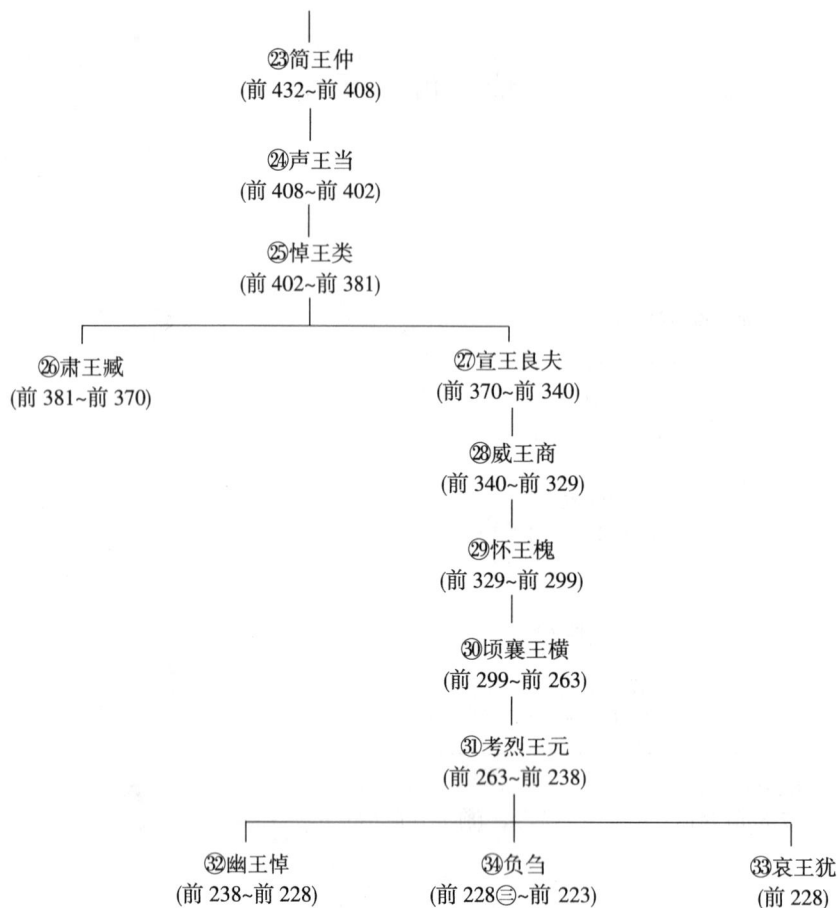

```
                    ┃
              ㉓简王仲
              (前432~前408)
                    ┃
              ㉔声王当
              (前408~前402)
                    ┃
              ㉕悼王类
              (前402~前381)
         ┏━━━━━━━┻━━━━━━━┓
   ㉖肃王臧              ㉗宣王良夫
   (前381~前370)         (前370~前340)
                            ┃
                        ㉘威王商
                        (前340~前329)
                            ┃
                        ㉙怀王槐
                        (前329~前299)
                            ┃
                        ㉚顷襄王横
                        (前299~前263)
                            ┃
                        ㉛考烈王元
                        (前263~前238)
         ┏━━━━━━━━━━━╋━━━━━━━━━━━┓
   ㉜幽王悼          ㉞负刍          ㉝哀王犹
   (前238~前228)     (前228〓~前223)   (前228)
```

郑

（前806~前375年）

据《史记·郑世家》：郑始祖名"友"，姬姓，为周厉王少子，周宣王庶弟。周宣王二十二年（前806），受封于郑（今陕西省华县东），是为郑桓公，史家一般指此为郑国之始。不久，郑见周王室势衰，春秋初年，武公于二年（前769）灭郐（kuài），东徙其民于洛东，都新郑（今河南省新郑）。实际上，在春秋诸国中，郑最早强盛起来。郑庄公时，联齐、鲁，攻宋、卫，服陈、蔡，讨北戎，甚至对抗周王室的制约，战中射伤周桓王之肩，可谓盛极一时。然由于内部争位斗争，力量被削弱，未得以称霸。后势渐衰，在诸大国间游移。公元前375年为韩所灭。

桓公友（前806~前771年）

［按］据《史记·郑世家》：为周厉王少子，周宣王庶弟。初封郑。在位三十六年，被犬戎所杀。

武公滑突（前 771 ~ 前 744 年）

[按] 名又记作"掘突"。据《史记·郑世家》：武公为桓公之子。父卒继立。二年（前 769），灭郐，东迁都新郑。据古本《竹书纪年》：四年（前 767），"灭虢（guó）"。武公在位二十七年卒。

庄公寤生（前 744 ~ 前 701 年）

[按] 据《史记·郑世家》：为武公长子。父卒继立。时，周王室势衰，郑势强。庄公二十四年（前 720），"郑侵周地，取禾"。次年，"（卫）与宋伐郑"。据《左传·隐九》：当年（前 714），"北戎侵郑，郑伯御之……十二月甲寅，郑人大败戎师"。据《郑世家》："三十七年（前 707），庄公不朝周，周桓王率陈、蔡、虢、卫伐郑……王师大败。祝瞻射中王臂。""三十八年，北戎伐齐，齐使求救，郑遣太子忽将兵救齐。"庄公在位四十三年卒。

厉公突（前 701 年九月 ~ 前 697 年）

[按] 据《史记·郑世家》：为庄公次子。庄公卒后应由长子忽继位，身为次子的突，其母为宋国人，宋庄公则出面干涉，迫使郑卿拥立突继位，忽遂出奔卫。突在位四年。到边邑栎巡查，郑卿乘机迎忽入郑立之。宋派兵助突驻守栎。

昭公忽（前 697 年六月 ~ 前 695 年十月）

[按] 据《史记·郑世家》：为庄公长子，厉公兄。父卒时本应继立，时位被弟夺，被迫出奔卫。后，郑卿弃其弟而迎其归国立之。在位两年。十月，出猎时为大夫高渠弥所射杀。

子亹（前 695 年十月 ~ 前 694 年七月）

[按] 子亹（wěi），据《史记·郑世家》：为庄公第三子，昭公弟。兄终弟及。逾年七月，赴会时被齐襄公伏兵所杀。

婴（前 694 年七月 ~ 前 680 年六月）

[按]《史记》"索隐"：名一作"子仪"。据《史记·郑世家》：为子亹弟。兄终弟及。在位十四年，为大夫甫假所杀。

厉公突（前 680 年六月 ~ 前 673 年）

[按] 据《史记·郑世家》：厉公被逼还位昭公后，靠宋国力量久居边邑栎十七年，后暗通郑大夫甫假，甫假杀婴，迎其复位。"厉公突后元年，齐桓公始霸"。据《左传·庄十六》：当年（前 678）"夏，宋人、齐人、卫人伐郑。秋，荆（楚）伐郑"。郑因内乱，势渐衰，已失去往日的威风。另据古本《竹书纪年》：周惠王二年（前 675），"周惠王居于郑。郑人入王府，多取玉"。可见周王室更衰。据《郑世家》："七年（前 673）春，郑厉公与虢叔袭杀王子穨（tuí）而入惠王于周。秋，厉公卒，子文公踕立。厉公初立四岁，亡居栎，居栎十七岁，复入，立七岁，与亡凡二十八年。"

文公捷（前 673 ~ 前 628 年四月）

[按] 名又记作"踕"。据《史记·郑世家》：为厉公之子。父卒继立。文公时，郑为齐、

晋、楚、秦等大国侵夺的对象。据《左传》记载，文公前期，楚数年连续伐郑，齐等救之。后，郑亲楚，齐等又数度围郑。郑在诸强间游移。文公在位四十五年卒。

穆公兰（前 628 年四月～前 606 年十月）

［按］又作"缪公"。据《史记·郑世家》：为文公之子。父卒继立。据该书所记："缪公元年春，秦缪公使三将将兵欲袭郑，至滑（今河南省睢县西北），逢郑贾（gǔ）人（商人）弦高诈以十二牛劳军，（秦兵以为郑已有防备）故秦兵不至而还"。这是春秋故事中流传较广的一例；从中亦可窥测当时商贸之一斑。穆公在位二十二年卒。

灵公夷（前 606 年十月～前 605 年）

［按］据《史记·郑世家》：为穆公之子。父卒继立。逾年，为公子归生所杀。

襄公坚（前 605～前 587 年三月）

［按］据《史记·郑世家》：为灵公庶弟（"集解"：一作庶兄）。兄终弟及。襄公初年，亲晋，受楚攻讨，惧而附楚；后又为晋所攻而附晋。楚庄王时，楚攻郑，晋往救，两军发生"邲（bì，今河南省荥阳北）之战"（前 597），晋大败，楚霸，郑又附楚。襄公在位十八年卒。

悼公费（前 587 年三月～前 585 年六月）

［按］《史记》"索隐"：名或作"濆"，或"沸"，或"弗"。据《史记·郑世家》：为襄公之子。父卒继立。在位二年卒。

成公睔（前 585 年六月～前 571 年六月）

［按］睔（gǔn），据《史记·郑世家》：为悼公弟。兄终弟及。成公时，始终在晋、楚两强国间游移。成公在位十四年卒。

釐公恽（前 571 年六月～前 566 年十二月）

［按］釐（xī）公，据《史记·郑世家》：为成公之子。父卒继立。在位五年，为大夫驷所杀，对外称病卒。

简公嘉（前 566 年十二月～前 530 年三月）

［按］据《史记·郑世家》：为釐公之子。父卒继立，时年五岁。成人后，十二年（前 554），"以子产为卿"，开始改革内政。据《左传·襄三十》：当年（前 543），"子产使都鄙有章，上下有服，田有封洫，庐井有伍。大人之忠俭者，从而与之；泰侈者，因而毙之"。《昭四》：当年（前 538），"郑子产作丘赋"，规定按丘（土地单位）交纳赋税。《昭六》：当年"三月，郑人铸刑书"。这是将刑法铸在器物上，公之于众，使为成文法。这些改革在春秋史上占重要地位。简公在位三十六年卒。

定公宁（前 530 年三月～前 514 年四月）

［按］据《史记·郑世家》：为简公之子。父卒继立。据《左传·昭十八》：当年（前 524），郑遭火灾。"七月，郑子产为火故，大为社，祓禳于四方，振除火灾"。其曰："天道远，人道迩

（ěr）。”表现了当时人们的天人理念。定公在位十六年卒。

献公虿（前 514 年四月 ~ 前 501 年四月）

〔按〕虿（chài），据《史记·郑世家》：为定公之子。父卒继立。在位十三年卒。

声公胜（前 501 年四月 ~ 前 463 年）

〔按〕据《史记·郑世家》：为献公之子。父卒继立。“当是时，晋六卿强，侵夺郑，郑遂弱。声公五年（前 496），郑相子产卒，郑人皆哭泣……孔子为泣曰：‘古之遗爱也！’”据《六国年表》：声公在位三十八年卒。

哀公易（前 463 ~ 前 455 年）

〔按〕据《史记·郑世家》：为声公之子。父卒继立。在位八年，被郑人所杀。

共公丑（前 455 ~ 前 424 年）

〔按〕据《史记·郑世家》：为声公弟。郑人杀哀公而立之。在位三十一年卒。

幽公已（前 424 ~ 前 423 年）

〔按〕据《史记·郑世家》：为共公之子。父卒继立。逾年，韩武子伐郑，被杀。

繻公骀（前 422 ~ 前 396 年）

〔按〕据《史记·郑世家》：为幽公弟。兄被杀后由郑人立之。在位二十七年，被大夫子阳门徒所杀。

康公乙（前 396 ~ 前 375 年）

〔按〕《史记》“集解”：名一作“乙阳”。据《史记·郑世家》：为幽公弟。大夫子阳门徒杀繻公后立之。在位二十一年，被韩哀侯所灭，并其国。

郑　世　系

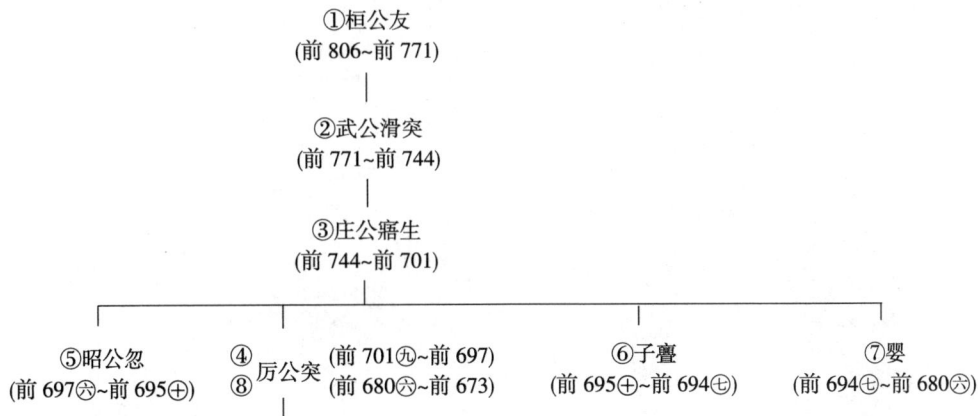

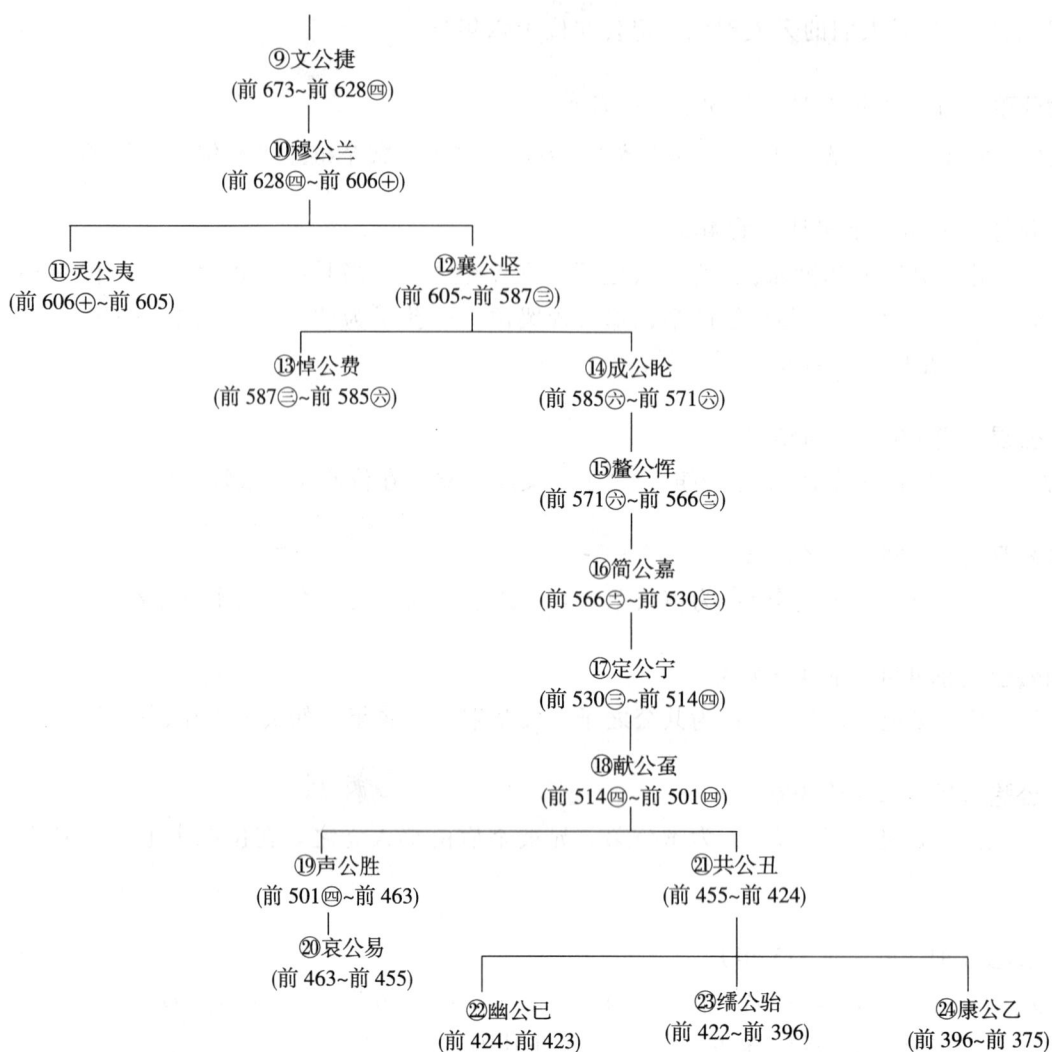

⑨文公捷
(前673~前628四)

⑩穆公兰
(前628四~前606⊕)

⑪灵公夷
(前606⊕~前605)

⑫襄公坚
(前605~前587三)

⑬悼公费
(前587三~前585六)

⑭成公眊
(前585六~前571六)

⑮釐公恽
(前571六~前566七)

⑯简公嘉
(前566七~前530三)

⑰定公宁
(前530三~前514四)

⑱献公蛮
(前514四~前501四)

⑲声公胜
(前501四~前463)

㉑共公丑
(前455~前424)

⑳哀公易
(前463~前455)

㉒幽公已
(前424~前423)

㉓缪公骀
(前422~前396)

㉔康公乙
(前396~前375)

四　春秋时期纪年考

（前 770～前 476 年）

周灭商后，实行分封，在所及范围内，封有大小数百个诸侯国。至周平王东迁后，周王室权势益衰，诸侯国互相兼并而周天子力不能控。其中强者十余，先后称霸者五，所谓"春秋五霸"（或称"五伯"。一说为齐、晋、楚、吴、越；一说是齐、秦、宋、晋、楚）。这一时期，史家惯以孔子所厘《春秋》而名之。一般从周平王东迁（前770）始，至周敬王卒年（前476）止。①

春秋时代各诸侯国间发生了激烈的兼并和争霸的斗争。这些无休止的战争，无疑是社会的灾难，但在当时的情况下，也促进了新兴势力的产生，近三百年的兼并结果，数以百计的小诸侯国和部落归并为齐、秦、燕、楚、赵、魏、韩七个大国和十几个小国。这样，从客观上也促进了各族的相互同化与融合，所谓蛮、夷、戎、狄与中原民族的界限逐渐消失，共为华夏一家。其形势是：齐为东方诸族融合中心；楚为南方诸族融合中心；秦为西方诸族融合中心；晋、燕为北方诸族融合中心。

这一时期，诸侯国众多，因史料乏载，不能一一反映在年表上，现主要依据《史记·十二诸侯年表》，参考各《世家》，以及《春秋》经传等记载，作出相应年表，后附"春秋时期其他诸侯小国存亡表"。

东　周

（前 770～前 256 年）

历史上习惯将周分为前、后两段。后一段自周平王即位东迁洛邑（今河南省洛阳），至周为秦所灭，史称"东周"。东迁后的周，初领今陕中至豫中一带土地，后被秦、虢（guó）抢占，仅围于洛阳周边几百里地区。时虽周王尚存"天子"名义，然由于王室衰落，传统的诸侯定期向天子"述职"、"纳贡"渐废，变成天子向诸侯"求赙（fù）"、"求金"、"求车"。周天子已不能向各路诸侯发号施令；各强国反过来夹辅天子而纷争霸主地位，王室实际上已降为一隅弱国地位。东周传二十一世，二十五王，历时

---

① 这与《春秋》一书的时间不尽一致，该书起于鲁隐公元年（前722），迄鲁哀公十四年（前481）。

五百一十五年。

平王宜臼（前770~前720年三月）

［按］《国语·晋语》：名作"宜咎"。据《史记·周本纪》：为周幽王长子，为申后所生。申侯联兵犬戎攻杀周幽王后由申、鲁、许等诸侯国拥立于申。时为避戎寇，东迁洛邑，依靠晋、郑夹辅立国。是时，周王室衰落，失去控制力，诸侯强者并弱，周王成为名义上的"天子"。《史记·周本纪》云："平王之时，周室衰微，诸侯强并弱，齐、楚、秦、晋始大，政由方伯。"平王在位五十一年。据《左传》、《竹书纪年》：卒于三月。

桓王林（前720年三月~前697年三月）

［按］据《史记·周本纪》：为平王孙（《世本》作平王子）。平王卒时，因太子洩父早卒，遂立孙。史载：桓王亲虢疏郑，即位当年，郑发兵取温之麦，"秋，又取成周之禾，周郑交恶"（见《左传·隐三》）。据《周本纪》："桓王三年（前717），郑庄公朝，桓王不礼。五年（前715），郑怨，与鲁易许田。许田，天子之用事太山田也。"《左传·隐十一》：桓王八年（前712），"王取邬、刘、芳（wěi）、邘（yú）之田于郑，而与郑人苏忿生之田：温、原、缔（chī）、樊、隰郕（chéng）、欑（cuán）茅、向、盟、州、陉、陨（tuí）、怀。君子是以知桓王之失郑也。"据古本《竹书纪年》：十二年（前708），"周师、虢师围魏，取芮伯万而东之"。《左传·桓五》：当年（前707），"王夺郑伯政，郑伯不朝。秋，王以诸侯伐郑，郑伯御之……王卒大败，祝聃（dān）射王中肩"。可见斗争之激烈。桓王在位二十三年，据《左传》、今本《竹书纪年》：卒于三月，五月葬。

庄王佗（前697年三月~前682年）

［按］佗（tuó），据《史记·周本纪》：为桓王之子。父卒继立。在位十五年卒。

釐王胡齐（前682~前677年）

［按］釐（xī）王，据《史记·周本纪》：为庄王之子。父卒继立。在位五年卒。

惠王阆（前677~约前652年）

［按］惠王阆（làng），《世本》作"毋凉"（一本作"凉"）；《帝王世纪》作"凉洪"。据《史记·周本纪》：为釐王之子。父卒继立。二年（前675），大夫边伯等作乱，引燕、卫兵攻周，惠王奔温，国内由叔颓（tuí）主政；四年（前673），郑、虢发兵杀颓，惠王归而复位。

据《左传·庄三十二》载：惠王十五年（前662）"秋七月，有神降于莘，惠王问诸内史过（原注：内史过，周大夫。）曰：'是何故也？'史嚚（yín）曰：'虢其亡乎，吾闻之。国将兴，听于民；将亡，听于神。神，聪明正直而壹者也，依人而行'"。这反映了当时人们观念上对神的神圣性已发生了动摇。这与在《论语·八佾》中记载的"祭神如神在"和《先进》中所记："季路问事鬼神，子曰：'未能事人，焉能事鬼？'"是一致的。

惠王在位年史载不一：《史记》、今本《竹书纪年》作二十五年；《帝王世纪》作二十四年。《春秋》记：二十五年"冬十有二月丁未，天王崩"。《左传》云：二十四年"闰月，惠王崩……不发丧"。后人以为左氏记"秘丧一年之久，恐无此理"。故不取。

襄王郑（约前 652 ~ 前 619 年八月）

[按] 据《史记·周本纪》：为惠王之子。父卒继立。其父在位时，宠其庶弟叔带。父卒后，"惠后（叔带生母）欲立王子带，故以（同）党开（通）翟人"。襄王三年（前 649），"叔带与戎、翟谋伐襄王，襄王欲诛叔带，叔带奔齐。齐桓公使管仲平戎于周，使隰朋平戎于晋。王以上卿礼管仲"。据《左传·僖十三》及《僖十六》：襄王五年（前 647），"淮夷病杞故，且谋王室也。秋，为戎难故，诸侯戍周"。八年"秋，狄侵晋，取狐厨、受铎（两地皆在今山西省襄汾附近），涉汾，及昆都（今山西省临汾南），因晋败也。王以戎难告于齐，齐征诸侯而戍周"。《周本纪》载："十二年（前 640），叔带复归于周。"次年，"郑伐滑，王使游孙、伯服（两人）请滑，郑人囚之……王怒，将以翟伐郑"。"十五年（前 637），王降翟师以伐郑。王德翟人，将以其女为（王）后"（《左传》记在十六年；《国语》记在十七年）。"十六年，王（废）绌翟后，翟人来诛，杀谭伯……翟人遂入周。襄王出奔郑，郑居王于氾（fàn）。子带立为王，娶襄王所绌翟后与（之）居（于）温。十七年，襄王告急于晋，晋文公纳王而诛叔带"。三年后（前 632），晋、楚发生"城濮之战"，晋大捷。据古本《竹书纪年》："周襄王会诸侯于河阳。"《春秋·僖二十八》记曰："五月癸丑，公会晋侯、齐侯、宋公、蔡侯、郑伯、卫子、莒子，盟于践土（郑地，今河南省原阳西南）。"《左传》曰："策命晋侯为侯伯"并予大量赏赐，标示着晋霸的形成。

襄王在位年《周本纪》与《十二诸侯年表》所载不同：前者作三十二年；后者作三十三年。考今本《竹书纪年》与《春秋》，知前者有误，故本年表作三十三年。《春秋》记为八月。

顷王壬臣（前 619 年八月 ~ 前 613 年）

[按]《世本》：名作"巨"；《汉书·古今人表》：名作"壬臣"。据《史记·周本纪》：为襄王之子。父卒继立。在位六年卒。

匡王班（前 613 ~ 前 607 年十月）

[按] 据《史记·周本纪》：为顷王之子。父卒继立。据《左传·文十七》：当年（前 610）"秋，周甘歜（chù）败戎于邥（shěn）垂（今河南省洛阳南）"。匡王在位六年。据《春秋》：卒于十月。

定王瑜（前 607 年十月 ~ 前 586 年十一月）

[按]《汉书·古今人表》：名作"榆"。据《史记·周本纪》：为顷王之子，匡王弟。兄终弟及。"定王元年，楚庄王伐陆浑之戎，次洛，使人问九鼎。王使王孙满应设以辞，楚兵乃去"。据《周谱》（《汉书·沟洫志》引）："定王五年（前 602），河徙。"知时黄河改道。据《左传·成元》：当年（前 590 年），王师被茅戎所败。定王在位二十一年。据《春秋》：卒于十一月。

简王夷（前 586 年十一月 ~ 前 572 年九月）

[按] 据《史记·周本纪》：为定王之子。父卒继立。在位十四年。据《春秋》：卒于九月。

灵王泄心（前 572 年九月 ~ 前 545 年十二月）

[按] 据《史记·周本纪》：为简王之子。父卒继立。在位二十七年。据《春秋》：卒于十二月。一说葬今河南省洛阳西南三山村。

景王贵（前545年十二月~前520年四月）

[按]据《史记·周本纪》：为灵王之子。父卒继立。据《十二诸侯年表》：在位二十五年。据《春秋》：卒于四月。一说葬今河南省洛阳西南三山村。

悼王猛（前520年四~十一月）

[按]据《史记·周本纪》所载：为景王子。其父景王卒后为国人所立，其弟子朝不服，起兵攻杀之。据《帝王世纪》：四月即位，十一月卒，在位二百日。一说葬今河南省洛阳西南三山村。

敬王匄（前520年十一月~约前476年）

[按]匄（gài），据《汉书·古今人表》：为悼王之兄。悼王为子朝（景王庶子）所攻杀，晋人攻子朝而立匄。时子朝自立，匄居泽不得归国。四年，晋联合诸侯送匄回国奉之，子朝奔楚。敬王在位年史载不一，大致有三说：①四十二年说。见《史记·周本纪》："四十二年，敬王崩，子元王仁立。"杜预《世族谱》依从之，云："敬王三十九年鲁哀公十四年，获麟之岁也；四十二年而敬王崩。"知敬王四十二年，当鲁哀公十七年。②四十三年说。见《史记·十二诸侯年表》："四十三年，敬王崩。"是年，为鲁哀公十八年。③四十四年说。见《左传》：鲁哀公十九年"冬，叔青如京师，敬王崩故也"。《世本》、今本《竹书纪年》记同。《资治通鉴》考敬王四十四年为"乙丑"岁，即公元前476年；元王元年为"丙寅"岁，即公元前475年。元王七年崩。本年表依从《资治通鉴》所考，故与《辞海》所附《中国历史纪年表》有一年的差异（该表采《史记·十二诸侯年表》敬王四十三年说，元王元年为公元前476年）。而《辞海》正文"战国"条记为：现一般以周元王元年（前475）为战国起始年（《辞源》亦如是说），两大辞书皆与《附表》异。一说葬今河南省洛阳西南三山村。

元王仁（约前476~约前469年）

[按]《世本》：名作"赤"。关于周敬王后是元王继位，还是定王继位，即元王为定王父，还是定王为元王父，史载不一：《史记》、《竹书纪年》作元王为父，《世本》、《帝王世纪》作定王为父。本年表依从前说。其在位年，史载亦不同：《竹书纪年》作七年；《史记》作八年；《帝王世纪》作二十八年。

定王介（约前469~约前441年）

[按]《世本》作"贞王"；《汉书·古今人表》作"贞定王"。据《史记·周本纪》：为元王之子。父卒继立。其在位年史载有异：《周本纪》、《竹书纪年》作二十八年；《帝王世纪》作十年。本年表依前说。

哀王去疾（约前440年）

[按]据《史记·周本纪》：为定王长子。父卒继立。立三月，为弟叔袭所杀。

思王叔袭（约前440年）

[按]据《史记·周本纪》：为哀王之弟。杀兄夺位。立五月，为弟嵬（wéi）所攻杀。

考王嵬（前440~前426年）

[按]《汉书·古今人表》作"考哲王"。《帝王世纪》：名作"隗"。据《史记·周本纪》：

为思王之弟。杀兄夺位。在位十五年卒。

考王时，曾封其弟于河南，都王城，号西周桓公，详后附。

威烈王午（前 426～前 402 年）

［按］据《史记·周本纪》：为考王之子。父卒继立。在位二十四年卒。

安王骄（前 402～前 376 年）

［按］《汉书·古今人表》作"元安王"，名作"骄"；《帝王世纪》：名作"骄（dān）"。据《史记·周本纪》：为威烈王之子。父卒继立。在位二十六年卒。

烈王喜（前 376～前 369 年）

［按］《汉书·古今人表》作"夷烈王"。据《史记·周本纪》：为安王之子。父卒继立。其在位年，史载有异：《六国年表》作七年；《周本纪》作十年，后者可能字误。

显王扁（前 369～前 321 年）

［按］《汉书·古今人表》作"显圣王"。据《史记·周本纪》：为安王之子，烈王弟。兄终弟及。在位四十八年卒。

慎靓王定（前 321～前 315 年）

［按］据《史记·周本纪》：为显王之子。父卒继立。在位六年卒。

赧王延（前 315～前 256 年）

［按］赧（nǎn）王，今本《竹书纪年》作"隐王"。《帝王世纪》：名作"诞"。据《史记·周本纪》：为慎靓王之子。父卒继立。是时，周另分治两小国，号东、西周：西周在河南，都王城（今河南省洛阳王城公园）；东周居巩（今河南省巩县西南）。赧王力弱，寄居西周。五十九年（前 256），秦攻西周，西周王向秦献三十六邑，三万人口。时赧王卒，秦取周之九鼎宝器，迁西周王于惮（dàn）狐（今河南省汝州西北）。一般依此为周亡之年。七年后（前 249），秦诛东周王，东、西周皆入秦，也有学者以此为周亡之年。本年表依从前说。

※　　　※　　　※

附：
西周王世谱

桓公揭（？年）

［按］据《史记·周本纪》：为周考王之弟。受周考王封于河南，续周公之官，都王城。

威公（？年）

［按］据《史记·周本纪》：为桓公之子。父卒继立。年代不详。

惠公（？年）

［按］据《史记·周本纪》：为威公之子。父卒继立。年代不详。

武公（？～前256年）

［按］《史记》"集解"：为惠公长子。在位时立咎为太子。与周赧王同年卒。

文公咎（前256～？年）

［按］《史记》"索隐"：为武公之子。父卒继立。为秦迁于惄狐，不知所终。

东周王世谱

惠王班（？～前360年）

［按］古本《竹书纪年》：名作"傑"。据《史记·周本纪》：为西周惠公之少子。受封于巩（今河南省巩县西南）以奉王室，号"东周惠公"。"正义"：周显王二年（前367）受封。据《六国年表》：于周显王九年（前360）卒。

佚名（？～前249年）

［按］据《史记·周本纪》与《六国年表》：公元前249年为秦所灭。

东 周 世 系

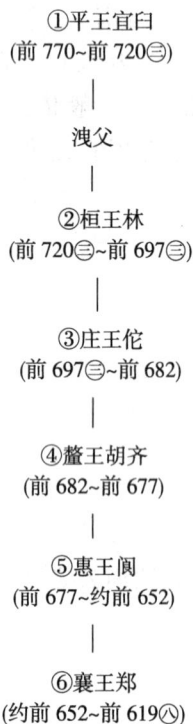

①平王宜臼
(前770~前720㊂)

|

洩父

|

②桓王林
(前720㊂~前697㊂)

|

③庄王佗
(前697㊂~前682)

|

④釐王胡齐
(前682~前677)

|

⑤惠王阆
(前677~约前652)

|

⑥襄王郑
(约前652~前619㊇)

⑦顷王壬臣
(前619⑧~前613)

⑧匡王班
(前613~前607⊕)

⑨定王瑜
(前607⊕~前586⊕)

⑩简王夷
(前586⊕~前572⑨)

⑪灵王泄心
(前572⑨~前545⊜)

⑫景王贵
(前545⊜~前520④)

⑭敬王匄
(前520⊕~约前476)

⑬悼王猛
(前520④~⊕)

⑮元王仁
(约前476~约前469)

⑯定王介
(约前469~约前441)

附:[西周]

⑰哀王去疾
(约前440)

⑱思王叔袭
(约前440)

⑲考王嵬
(前440~前426)

①桓公揭

②威公

③惠公

⑳威烈王午
(前426~前402)

㉑安王骄
(前402~前376)

[东周]

④武公
(?~前256)

①惠王班
(?~前360)

㉒烈王喜
(前376~前369)

㉓显王扁
(前369~前321)

⑤文公咎
(前256~?)

②佚名
(?~前249)

㉔慎靓王定
(前321~前315)

㉕赧王延
(前315~前256)

杞

（约前 750 ~ 前 445 年）

　　据《史记·陈杞世家》：杞（qǐ）始祖为"东楼公"，姒姓，是夏禹的后裔（《路史》作夏少康后裔）。商时，杞曾为一方国，后亡。周武王克商后，寻夏后裔，封东楼公于杞（今河南省杞县）。据《左传·僖十四》：杞成公时，迁都缘陵（今山东省昌乐东南）；杞文公时，又迁都淳于（今山东省安丘东北）。自东楼公传四世至武公方有确切纪年。公元前 445 年为楚所灭。

武公（约前 750 ~ 前 704 年）
　　［按］据《史记·陈杞世家》：武公前历四世：①东楼公—②西楼公—③题公—④谋娶公—⑤武公（梁玉绳《史记志疑》云："必有脱误。"）。武公在位四十七年卒。据《春秋三传》所附《春秋年表》云："杞自东楼公四传至武公二十九年入'春秋'，为鲁隐公元年。"从而推其即位年为公元前 750 年。

靖公（前 704 ~ 前 681 年）
　　［按］据《史记·陈杞世家》：为武公之子。父卒继立。在位二十三年卒。

共公（前 681 ~ 前 673 年）
　　［按］据《史记·陈杞世家》：为靖公之子。父卒继立。在位八年卒。

惠公（前 673 ~ 前 655 年）
　　［按］《史记·陈杞世家》作"德公"；《世本》作"惠公"。据《陈杞世家》：为共公之子。父卒继立。在位十八年卒。

成公（前 655 ~ 前 637 年十一月）
　　［按］据《世本》：为惠公之子。父卒继立。据《左传·僖十四》：当年（前 646）"春，诸侯城缘陵而迁杞焉"。成公在位十八年。据《春秋·僖二十三》：卒于十一月。

桓公姑容（前 637 年十一月 ~ 前 567 年三月）
　　［按］据《世本》：为惠公之子，成公弟。兄终弟及。据《左传》记载推算，在位七十年。《春秋·襄六》：当年（前 567）"三月壬午，杞伯姑容卒"。

孝公匄（前 567 年三月 ~ 前 550 年三月）
　　［按］匄（gài），据《史记·陈杞世家》：为桓公之子。父卒继立。在位十七年。据《春秋》：卒于三月。

文公益姑（前 550 年三月 ~ 前 536 年正月）
　　［按］据《史记·陈杞世家》：为桓公之子，孝公弟。兄终弟及。在位十四年。据《春秋》：卒于正月。

平公郁（前 536 年正月～前 518 年八月）

[按]《春秋》名作"郁釐（xī）"；一作"郁来"。据《史记·陈杞世家》：为桓公之子，文公弟。兄终弟及。在位十八年。据《春秋》：卒于八月。

悼公成（前 518 年八月～前 506 年五月）

[按]据《史记·陈杞世家》：为平公之子。父卒继立。在位十二年。据《春秋》：卒于五月。

隐公乞（前 506 年五～七月）

[按]据《史记·陈杞世家》：为悼公之子。父卒继立。在位二月被弟遂所杀。

釐公遂（前 506 年七月～前 487 年十二月）

[按]《春秋》：名作"过"。据《史记·陈杞世家》：为悼公之子，隐公弟。弑兄自立。在位十九年。据《春秋》：卒于十二月。

湣公维（前 487 年十二月～前 471 年）

[按]据《史记·陈杞世家》：为釐公之子。父卒继立。他在位十六年，被其弟阏路所谋杀。

哀公阏路（前 471～前 461 年）

[按]一作"懿公"。据《史记·陈杞世家》：为釐公之子，湣公弟。弑兄自立。在位十年卒。

出公敕（前 461～前 449 年）

[按]名一作"遫（sù）"。据《史记·陈杞世家》：为湣公之子，哀公侄。叔卒继立。在位十二年卒。

简公春（前 449～前 445 年）

[按]据《史记·陈杞世家》：为出公之子。父卒继立。在位四年，于楚惠王四十四年（前 445），为楚所灭。

杞　世　系

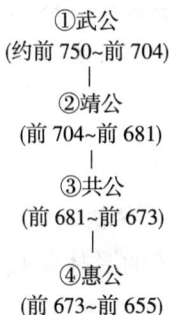

①武公
(约前 750~前 704)
|
②靖公
(前 704~前 681)
|
③共公
(前 681~前 673)
|
④惠公
(前 673~前 655)

四　春秋时期纪年考

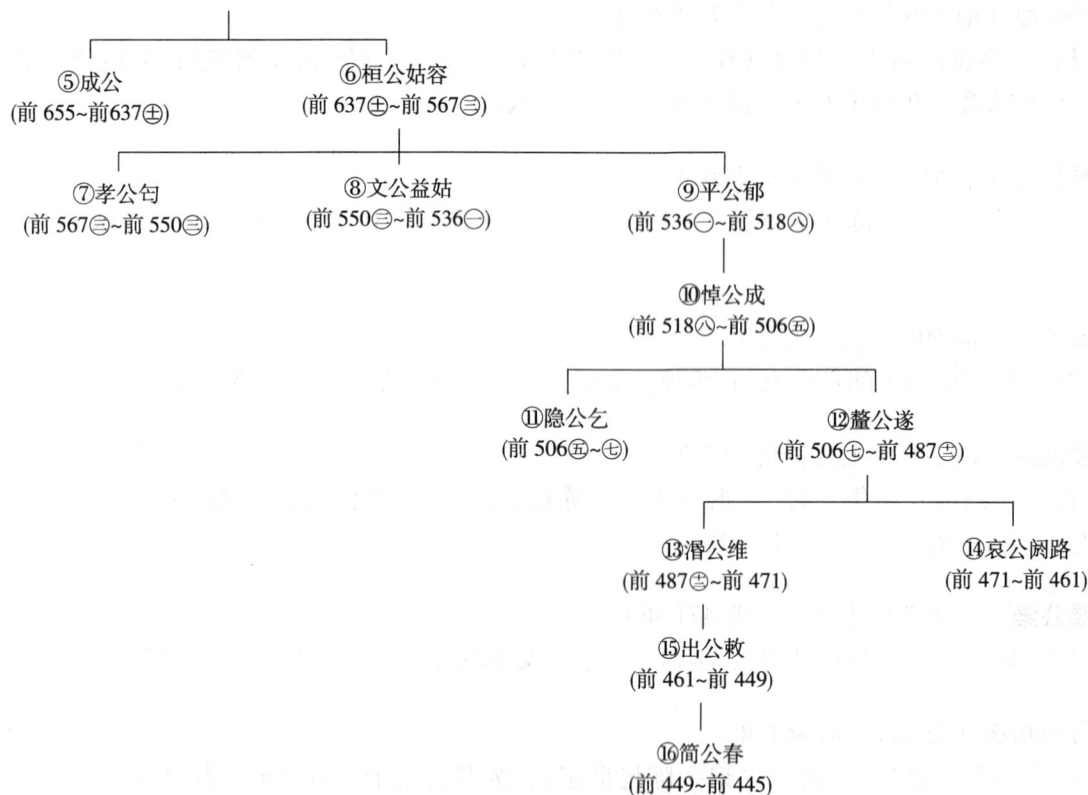

⑤成公
(前655~前637⑱)

⑥桓公姑容
(前637⑱~前567㉝)

⑦孝公匄
(前567㉝~前550㉛)

⑧文公益姑
(前550~前536㉚)

⑨平公郁
(前536㉚~前518㉘)

⑩悼公成
(前518㉘~前506㉕)

⑪隐公乞
(前506㉕~㉗)

⑫釐公遂
(前506㉗~前487㉝)

⑬湣公维
(前487㊲~前471)

⑭哀公阙路
(前471~前461)

⑮出公敫
(前461~前449)

⑯简公春
(前449~前445)

邾

(约前722~前281年后)

邾（zhū），又作"驺"、"邹"、"邾娄"，一说金文写作"蛛"，有学者推测其族在远古氏族时代是以蜘蛛为图腾。据《世本》：姓"曹"。始祖名"安"（一作"会人"），传说为颛顼（zhuān xū）后裔陆终第五子。周武王克商后，封其后人侠（一作"挟"）为附庸国，居邾（今山东省曲阜东南南陬［zōu］村），拥有今山东省黄、邹、滕、济宁、金乡等地。自安十一传至仪父克，方有确切纪年。邾文公卒前迁都绎（今山东省邹县东南纪王城）。据《汉书·地理志》颜注：邾传二十九世，楚顷襄王十八年（前281）以后，为楚所灭。

仪父克（约前722~前678年十二月）

［按］一说"仪父"为字，"克"为名。具体在位年不详。据《春秋》：鲁隐公元年（前722）三月，与鲁盟于蔑（今山东省泗水东南）。这是邾最早见诸史载的具体年代，姑以此年为始。仪父四十二年（前681），与齐、宋、陈、蔡会于北杏（今山东省东阿北），以平宋乱。仪父于鲁庄公十六年（前678）十二月卒。

琐（前 678 年十二月～前 666 年四月）

［按］为仪父之子。父卒继立。卒年据《春秋》。

文公蘧蒢（前 666 年四月～前 614 年五月）

［按］蘧蒢（qú chú），为琐之子。父卒继立。卒年据《春秋》。卒前曾迁都于绎。据《左传·文十三》的记载，邾文公卜迁于绎，史曰："利于民而不利于君。"邾子曰："苟利于民，孤之利也。天生民而树之君，以利之也；民既利矣，孤必与焉。"反映了当时"民重君轻"的观念。

定公貜且（前 614 年五月～前 574 年十二月）

［按］据《春秋》：为文公之子，母为元妃齐姜，其弟捷菑（zī）为文公次妃晋姬所生。文公卒时，邾人立貜（jué）且，捷菑出奔晋。定公二十八年（前 586），与晋、齐、鲁、宋、卫、郑、曹、杞盟于虫牢（今河南省封丘北）。三十年，与晋等九国盟于马陵（今河北省大名东）。三十八年，与齐等七国会于钟离（今安徽省凤阳东北）。定公在位四十年卒。

宣公轻（前 574 年十二月～前 556 年二月）

［按］轻（kēng），为定公之子。父卒继立。卒年据《春秋》。

悼公华（前 556 年二月～前 541 年六月）

［按］为宣公之子。父卒继立。卒年据《春秋》。

庄公穿（前 541 年六月～前 507 年二月）

［按］为悼公之子。父卒继立。卒年据《春秋》。

隐公益（前 507 年二月～前 487 年六月）

［按］为庄公之子。父卒继立。据《春秋》：在位二十年，受吴攻，被执。

桓公革（前 487 年六月～前 473 年四月）

［按］据《春秋》：为隐公长子。父被吴俘后方得以主政。执政十五年，父被越送归复位，遂出奔。

隐公益（前 473 年四月～前 471 年四月）

［按］据《春秋》：隐公被吴执后，继又奔鲁，辗转齐，投越，越人送归国复位。一年后，又被越人掳回。

何（前 471 年四月～？年）

［按］《史记》记为"公子何"。为隐公之子，桓公弟。据《春秋》：越人掳其父而立之。何的终年及以后的世系今皆不知。前引载：鲁哀公二十七年（前 468）春，"越子使舌庸来聘，且言邾田，封于骀上"。邾见诸史载最晚是楚顷襄公十八年（前 281）（见《史记·楚世家》），史家一般看法是，在此年以后，邾亡。

邾 世 系

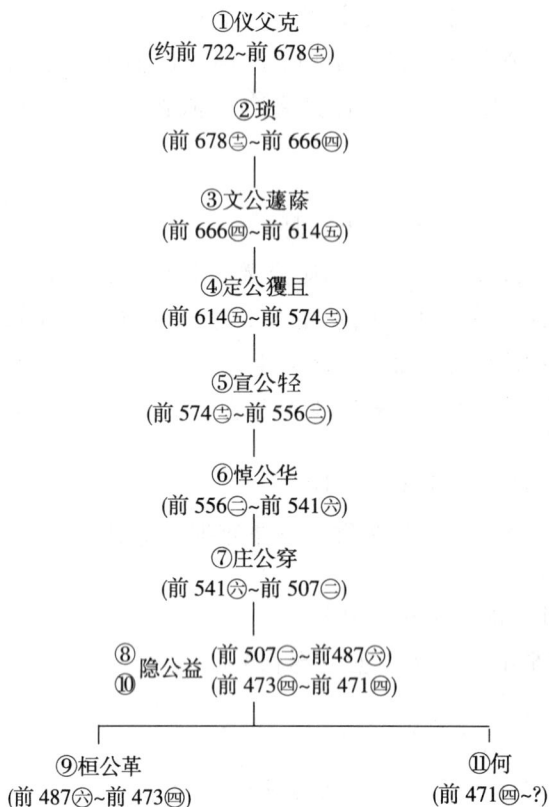

①仪父克
(约前 722~前 678⑮)

②琐
(前 678⑮~前 666④)

③文公蘧蒢
(前 666④~前 614⑤)

④定公貜且
(前 614⑤~前 574⑰)

⑤宣公牼
(前 574⑰~前 556⑤)

⑥悼公华
(前 556⑤~前 541⑥)

⑦庄公穿
(前 541⑥~前 507③)

⑧ 隐公益 (前 507③~前 487⑥)
⑩ (前 473④~前 471④)

⑨桓公革　　　　　　　　　　　⑪何
(前 487⑥~前 473④)　　　　　　(前 471④~?)

滕

（约前 716～前 484 年后）

　　据《世本》：滕与周同源，始祖错叔绣，姬姓，为周文王之子（《汉书·地理志》记为周懿王之子）。周武王克商后封于滕（今山东省滕县西南）。十七传至宣公，方知确切纪年。公元前 484 年以后亡。

滕侯（？ ~前 716 年三月）
[按] 其名、谥今皆不知，据《春秋》仅知其卒年。

宣公婴齐（前 716 年三月～前 641 年三月）
[按] 一说为滕侯之子。父卒继立。三十九年（前 678），与齐、鲁、宋、陈、卫、郑、许、滑盟于幽（今江苏省铜山东南）。据《春秋》：鲁僖公十九年（前 641）三月，被宋人所俘。

孝公郑（？年）

［按］据《春秋》推算，宣公在位七十六年，似不可信。一说其后有一"孝公"，但纪年不知。

昭公元（前641年三月～前600年八月）

［按］一说为宣公孙。宣公卒后立。卒年据《春秋》。

文公寿（前600年八月～前575年四月）

［按］一说为昭公之子。父卒继立。卒年据《春秋》。

成公原（前575年四月～前539年正月）

［按］一说为文公之子。父卒继立。卒年据《春秋》。当年五月葬。

悼公宁（前539年正月～前514年七月）

［按］一说为成公之子。父卒继立。元年（前538），楚会蔡等国于申，邾亦参加。悼公卒年据《春秋》。

顷公结（前514年七月～前491年八月）

［按］一说为悼公之子。父卒继立。卒年据《春秋》。当年十二月葬。

隐公虞母（前491年八月～前484年七月）

［按］一说为顷公之子。父卒继立。卒年据《春秋》，当年十一月葬。以后情况不明。

关于滕的灭亡，史载不一：①《世本》记为隐公传六世，为齐景公所亡（此说有误，齐景公应在滕隐公之前）；②古本《竹书纪年》记为越朱勾三十四年（前414）灭滕；③《战国策·宋策》、《资治通鉴》记为周赧王二十九年（前286）为宋所灭。本书作表至隐公卒。

滕　世　系

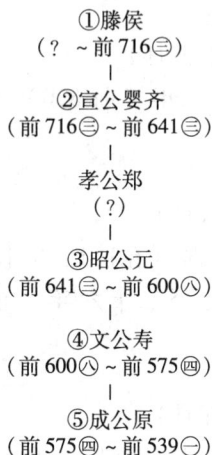

①滕侯
（？～前716㊂）
｜
②宣公婴齐
（前716㊂～前641㊂）
｜
孝公郑
（？）
｜
③昭公元
（前641㊂～前600㊇）
｜
④文公寿
（前600㊇～前575㊃）
｜
⑤成公原
（前575㊃～前539㊀）

⑥悼公宁
（前539㊀~前514㊆）
⑦顷公结
（前514㊆~前491㊇）
⑧隐公虞母
（前491㊇~前484㊆）

许

（约前 712 ~ 前 482 年后）

许又作"鄦（xǔ）"。据《世本》：姓"姜"。传说为炎帝后裔。先祖文叔，周武王克商后封于许（今河南省许昌东）。其纪年，初见于《春秋·隐十一》。入春秋后，势弱，受诸大国左右，国都频迁。战国初，为楚所灭（一说灭于魏）。

庄公（？ ~前 712 年七月）

[按] 名及在位年不详。据《世本》：自文叔至庄公十一世。据《春秋》：鲁隐公十一年（前 712）七月，许为郑、鲁、齐联军攻破，庄公出奔卫。

穆公新臣（前 712 年七月 ~ 前 655 年）

[按]《世本》记为"桓公"。为庄公弟。他为郑所立。执政三十五年（前 678），与齐等八国盟于幽（今江苏省铜山东南）。据《春秋》：鲁僖公五年（前 655）夏，伐蔡，卒于师。八月葬。

僖公业（前 655 ~ 前 622 年十月）

[按] 僖（xī）公，一说为穆公之子。父卒继立。僖公元年（前 654），齐攻郑，楚围许以救郑，诸侯救许，楚军还。十六年（前 639），与宋、楚等七国会于盂（今河南省睢县北）。二十二年（前 633），随楚围宋。卒年据《春秋》。

昭公锡我（前 622 年十月 ~ 前 592 年正月）

[按] 一说为僖公之子。父卒继立。二年（前 620）八月，与齐、晋等八国盟于扈（今河南省原阳西）。昭公卒年据《春秋》。

灵公宁（前 592 年正月 ~ 前 547 年八月）

[按] 一说为昭公之子。父卒继立。据《春秋》：时投楚，鲁成公十五年（前 576），为郑所逼，迁都于叶（今河南省叶县东）。鲁襄公二十六年（前 547）入楚，八月，卒于楚。冬，入葬。

悼公买（前 547 年八月 ~ 前 523 年五月）

[按] 一说为灵公之子。父卒继立。据《春秋》：鲁昭公九年（前 533），迫迁于夷（今安徽

省亳［bó］县西）；十八年（前524），又迁于白羽（今河南省淅川）。次年五月，患疾，为太子止毒死。

斯（前523年五月～前504年正月）

［按］一说为悼公之子。父卒继立。据《春秋》：鲁定公四年（前506）六月，迁于容城（今河南省鲁山南）。两年后，受郑攻，被掳。

元公成（前504年正月～前482年）

［按］一说为悼公孙。斯被郑俘后为楚所立。卒年据《春秋》。以后情况不详。据《世本》：元公后还有一代（元公之子结）。许为楚灭之。

许　世　系

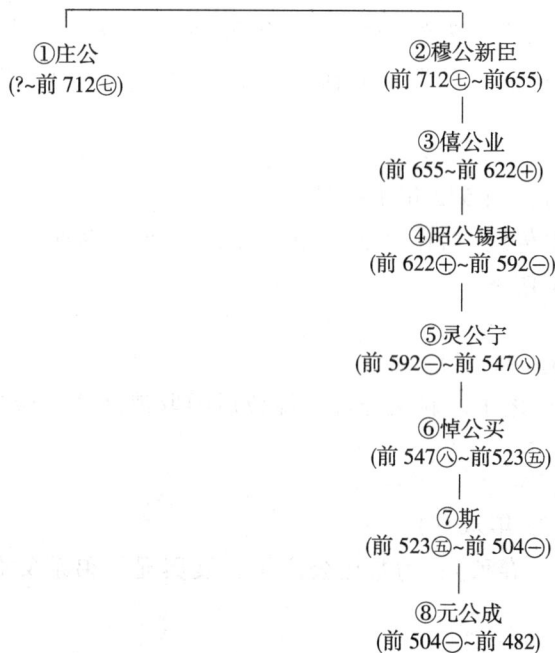

①庄公
(?~前712㈦)

②穆公新臣
(前712㈦~前655)

③僖公业
(前655~前622㈩)

④昭公锡我
(前622㈩~前592㈠)

⑤灵公宁
(前592㈠~前547㈧)

⑥悼公买
(前547㈧~前523㈤)

⑦斯
(前523㈤~前504㈠)

⑧元公成
(前504㈠~前482)

莒

（约前609～前431年）

据《史记·秦本纪》及《世本》：莒与秦同源，皆为嬴（yíng）姓（有说为己姓，或曹姓）。先祖舆期（一记作"兹舆"，或"兹舆期"），传说为少昊（hào）后裔，周武王克商后封之于莒。初都计斤（又记作"介根"，今山东省胶县西南），春秋初年，徙于莒（今山东省莒县）。拥有今山东安丘、诸城、沂水、莒县、日照等地。《春秋》记曰：鲁隐公二年（前721）"五月，莒人入向"。莒子（名、号及在位年不详）曾娶向女为妻（向，姜姓。在今莒县南），《左传》释曰："向姜不安莒而归。夏，莒人入向。"这是对莒最早的纪年史载。《春秋》又记，当年九月，莒与纪人盟于密；鲁僖公二十六年（前634）正月，十一世兹丕公（在位年不详）与鲁盟于向。至纪公庶其（在位年不详），知其卒于鲁文公十八年（前609）十月，卒后由次子渠邱公季陀继立，此后，方知其确切的承袭关系。据《史记·楚世家》记载，楚简公元年（前431）为楚所灭。因莒郊公卒后情况不明，故年表只能作至郊公三十八年（前481）。

纪公庶其（？～前609年十月）

[按] 一说为"兹丕公子"。在位年不详。卒年见《春秋》。有二子：太子仆和季佗，宠季佗而废仆，被仆所杀，仆奔鲁。

渠邱公季佗（前609年十月～前577年正月）

[按] 据《春秋》：一名"朱"。为纪公之子。父被杀后继立。二十五年（前584），与晋、齐、鲁、宋、郑、卫、曹、邾、杞盟于马陵（今河北省大名东）。渠邱公在位三十二年卒。

犁比公密州（前577年正月～前542年十一月）

[按] 又作"黎比公"。《左传》：名作"买朱钼（xú）"。据《春秋》：为渠邱公之子。父卒继立。在位三十五年。被子展舆所杀。

展舆（前542年十一月～前541年）

[按] 据《春秋》：为犁比公之子。弑父夺位。即位后因取消诸公子俸禄而引起众怒。次年，被逐奔吴。

著邱公去疾（前541～前528年八月）

[按] 又作"著丘公"。据《春秋》：为犁比公之子，展舆兄。弟杀父夺位时出奔齐。次年，被诸公子迎立。在位十三年卒。

郊公狂（前528年八月～十二月）

[按] 据《春秋》：为著邱公之子。父卒继立。未逾年，被公子铎所逐，出奔齐。

共公庚舆（前528年十二月～前519年七月）

[按] 据《春秋》：为犁比公之子，著邱公弟。由公子铎立之。在位九年，被大夫乌存逐之，出奔鲁。

郊公狂（前519年七月～前481年五月）

[按] 据《春秋》：由乌存逐共公迎立复位。在位三十八年卒。以后情况不详。

据《史记·楚世家》：楚简王元年（前431），莒为楚所灭。

莒 世 系

①纪公庶其
(?~前 609⊕)

②渠邱公季佗
(前 609⊕~前 577⊖)

③犁比公密州
(前 577⊖~前 542⊕)

⑤著邱公去疾
(前 541~前 528⊗)

⑦共公庚舆
(前 528⊗~前 519⊕)

④展舆
(前 542⊕~前 541)

⑥郊公狂 (前 528⊗~⊕)
⑧ (前 519⊕~前 481⊕)

吴

（前 585～前 473 年）

据《史记·吴太伯世家》：吴与周同源。姓"姬"。其始祖吴太伯（一作"泰伯"）为周太王长子。周太王临终前欲立幼子季历，太伯遂出奔江南，"断发文身"，改从当地风俗，归之千余家，成为当地君长，自号"句吴"（"句［gōu］"为吴方言发语词），此乃"吴"号之始。自是，历三世四传而至周章，时武王克商，封周章于吴（今江苏省苏州）。又传十四世至寿梦，势渐强，伐楚，灭巢、徐，始称王。盛时疆域东至于海，在太湖东南与越交错，南达新安江上游南岸，西临彭蠡泽（古代鄱阳湖）与楚为邻，北以长江为界与淮夷隔江相望。其范围大抵相当于今苏南、皖南及浙北等地区。春秋末年，晋联吴抗楚，吴、楚多次交恶。阖闾时曾攻至楚都。后，越袭吴。夫差时，大败越，迫越求和。继北上，图霸中原，败齐，与晋争夺盟主。未几，越王句践"卧薪尝胆"，积聚力量借机攻入吴都，于公元前 473 年一举灭吴。吴的灭亡成为中国历史上"骄军必败"的典型反面教材。

寿梦（前 585～前 561 年九月）

［按］据《史记·吴太伯世家》：寿梦前历十七世：［①吴太伯—③季简—④叔达—⑤周章—②吴仲雍

⑥熊遂—⑦柯相—⑧彊鸠夷—⑨馀桥疑吾—⑩柯卢—⑪周繇—⑫屈羽—⑬夷吾—⑭禽处—⑮转（一作"柯转"）—⑯颇高（一作"颇梦"）—⑰句卑（一作"毕轸"）—⑱去齐—⑲寿梦。"索

隐"：寿梦，一名"孰如"，或名"乘"。据《左传·成七》：当年（前584），吴始攻楚，巢、徐、蛮夷属于楚者，吴尽取之，是以始大，得与中原诸国往来。《成十五》：晋、齐等大国会吴于钟离（今安徽省凤阳东北）。寿梦在位二十五年，卒于九月。一说其墓葬为江苏省苏州真山墓地九号墓。

诸樊（前561年九月~前548年十二月）

［按］《史记》"索隐"：名"遏"（一作"谒"），号"诸樊"。据《吴太伯世家》：为寿梦长子。父卒继立。在位十三年，在位期间主要与楚争斗，于十三年十二月在伐楚战中被射杀。

馀祭（前548年十二月~前531年）

［按］据《史记·吴太伯世家》：为寿梦次子，诸樊弟。兄终弟及。据《左传·昭四》：当年（前538），楚与陈、蔡等攻吴，破朱方（今江苏省丹徒东南）。继而吴攻楚，报朱方之役。《昭五》：楚联越攻吴，败于鹊岸，馀祭在位十七年，在登舟时被守舟人所刺杀。一说其墓葬为江苏省丹徒县青龙山磨子顶之"背山顶墓"。

馀昧（前531~前527年）

［按］《史记》"集解"：名一作"夷昧"，或"夷末"。据《史记·吴太伯世家》：为寿梦第三子，馀祭弟。兄终弟及。据《左传·昭十三》：当年（前529），吴灭州来（杜注："州来，楚邑。"）。馀昧在位四年卒。

僚（前527~前515年四月）

［按］《吴越春秋》：名作"州于"，号为"吴王僚"。据《史记·吴太伯世家》：为馀昧之子。馀昧卒时欲立弟季札，季札辞而不受，乃立子僚。僚在位时，与楚争斗激烈。据《左传·昭二十四》：当年（前518），楚攻吴，至圉阳而还，吴蹑楚军后，灭钟离、居巢。僚在位十二年，为阖闾所派勇士专诸所刺杀。

阖闾（前515年四月~前496年五月）

［按］据《史记·吴太伯世家》：原名"光"，即位后称"阖庐"。为诸樊子（一作馀昧子）。乘吴师伐楚在外之机，派勇士专诸借进食入室刺杀僚，自立。在位时，除继续与楚争斗外，又开始与越争斗。据《左传·昭三十二》：当年（前510），吴攻越，胜。《定五》：当年（前505），"越袭吴"。阖闾在位十九年。在伐越战中伤指，病发而卒。据《越绝书》：葬于吴县阊门外之虎丘。

夫差（前496年五月~前473年十一月）

［按］据《史记·吴太伯世家》：为阖闾长子。父卒继立。即位后，再攻越，大破越军，深入越境。吴霸形成。继会鲁于鄫（céng），迫鲁用百牢（之礼）；攻鲁至泗上，鲁求和。又联鲁攻齐，至郿（xī），不可一世。伍子胥力谏夫差防越，夫差傲慢不听。越王句践卧薪尝胆，发愤图强，国力得以恢复，乘吴与晋、鲁等会于黄池（今河南省封丘西南）之机，乘机攻入吴都，俘太子友，迫吴约和。后越又败吴于笠泽（今江苏省吴江一带）。夫差在位二十三年，为越所攻，败，十一月，自刎而死。吴亡。

吴　世　系

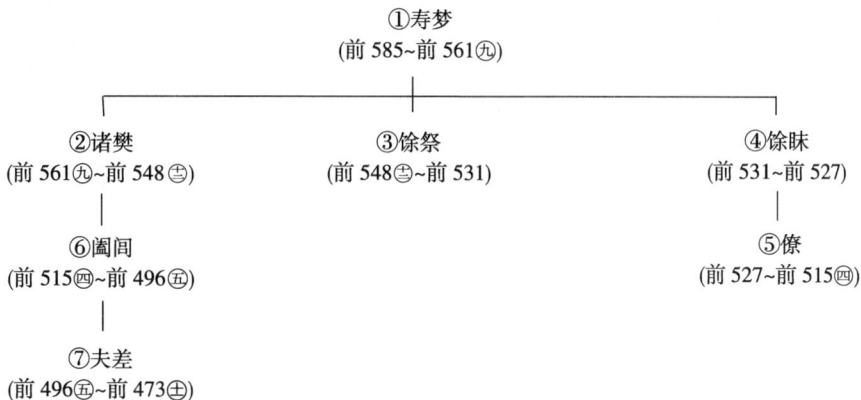

①寿梦
(前 585~前 561⑨)

②诸樊
(前 561⑨~前 548⑬)

③馀祭
(前 548⑬~前 531)

④馀眛
(前 531~前 527)

⑥阖闾
(前 515④~前 496⑤)

⑤僚
(前 527~前 515④)

⑦夫差
(前 496⑤~前 473⑳)

薛

（约前 511～前 485 年后）

　　据《史记·陈杞世家》"索隐"：薛之先祖奚仲，任姓。传说为黄帝后裔。夏时任车正，为车的创始人。周初，其后人封于薛（今山东省滕县东南）。一度迁于邳（pī，今山东省微山县西北）。春秋后期迁至下邳（今江苏省邳县西南）。纪年初见于《春秋》：鲁隐公十一年（前 712），薛侯（在位年不详）来朝；鲁文公四年（前 623），薛伯（在位年不详）卒。至献公谷，鲁昭公三十一年（前 511）四月卒，卒后由子襄公定继立，此后，方知其承袭关系。战国初，为齐所灭。

献公谷（？～前 511 年四月）
［按］即位年不详。卒年据《春秋》。当年秋葬。

襄公定（前 511 年四月～前 498 年）
［按］一说为献公子。卒年据《春秋》。当年夏葬。

比（前 498～前 497 年）
［按］一说为襄公子。据《春秋》：为国人所杀。

惠公夷（前 497～前 485 年五月）
［按］名一作"寅"。一说为比之子。卒年据《春秋》。当年秋葬。以后情况不明。

薛　世　系

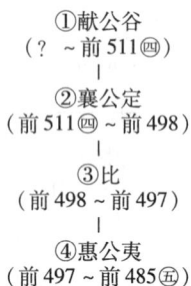

①献公谷
（？～前 511④）
|
②襄公定
（前 511④～前 498）
|
③比
（前 498～前 497）
|
④惠公夷
（前 497～前 485⑤）

越

（前 510～前 334 年）

　　据《史记·越王句践世家》：传说，越之始祖"无馀"，姒姓，为夏禹之苗裔，乃夏王少康之庶子。禹曾巡行天下，止于会稽（kuài jī，今浙江省绍兴）。少康时，为守禹祀，封无馀于会稽，号"於越"（"於"为发语词，亦写作"于越"）。断发文身，披草莱而邑，故后人称越初都于会稽。据后世史家研究，传说越与夏禹的关系乃附会之言，认为，越为当地土著。"越"的称呼在商代已经出现，大约在商代早期，越族已从"蛮苗"系统中分离出来。有学者认为，"越"的名称源于"戉"。一说为斧钺之钺，即石斧，用石斧辟荒伐林，开辟道路，故"戉"旁加"走"。一说"戉"原为夏商时的一个方国，位于江南。一说越古音 wet，是当地土著称"人"的语音，由于外人不通越语，听其音以"越"名之。还有学者认为，"越"与"濮"同族，前者为他称，后者是自称。据记载，越传二十余世至允常，方有确切纪年。允常子句践始称越王。春秋末年，楚联越制吴，在楚扶植下，越国很快发展起来。句践三年（前 494），为吴王夫差所败，几乎灭国。句践卧薪尝胆，发愤图强，于二十四年（前 473），乘吴北上争霸之机，攻入吴都，一举灭吴。继而向北扩张，一时号称霸主。徙都琅琊（今山东省胶南琅琊台西北）。疆域有今江苏大部、皖南、赣东、浙北地区。战国时，国势渐衰。翳（yì）时，迁都吴（今江苏省苏州）。公元前 334 年为楚所灭。

允常（前 510～前 497 年）

　　[按] 前世不确知。据《左传·昭三十二》：当年（前 510）"夏，吴伐越。始用师于越也"。《定五》：当年（前 505）"越入吴，吴在楚也"。据《史记·越王句践世家》：允常在位十四年卒。一说其墓葬为浙江省绍兴之"印山大墓"。

句践（前497～前465年十一月）

〔按〕古本《竹书纪年》记其称号为"菼（tǎn）执"（有学者认为是又名）。据《史记·越王句践世家》：为允常之子。父卒继立。三年（前494），被吴所攻，几灭国，卧薪尝胆，刻苦图强，任用范蠡、文种等人整顿国政，积累力量，终于二十四年（前473）一举灭吴。灭吴后，兵渡淮水，与齐、晋会于徐州（今山东省滕县南），并致贡于周王室，获允为诸侯。当是时，越活跃于江、淮以东，号称霸主。二十四年（前473），迁都琅琊。据古本《竹书纪年》：在位三十二年，卒于十一月。

鹿郢（前465年十一月～前459年）

〔按〕名又记作"鼫（shí）与"；《越绝书》作"与夷"；《吴越春秋》作"兴夷"。据《史记·越王句践世家》：为句践之子。父卒继立。据古本《竹书纪年》：在位六年卒。

不寿（前459～前449年）

〔按〕古本《竹书纪年》：号"盲姑"。据《史记·越王句践世家》：为鹿郢之子。父卒继立。据古本《竹书纪年》：在位十年被杀。

朱句（前449～前412年）

〔按〕名又记作"翁"。据《史记·越王句践世家》：为不寿之子。父卒继立。三十四年（前415），灭滕；次年，灭郯（tán）。据古本《竹书纪年》：朱句在位三十七年卒。

翳（前412～前376年七月）

〔按〕《越绝书》与《吴越春秋》名记作"不扬"。据《史记·越王句践世家》：为朱句之子。父卒继立。三十三年（前379），迁都吴。据古本《竹书纪年》：翳在位三十六年，七月被太子诸咎所杀。

诸咎（前376年七～十月）

〔按〕据古本《竹书纪年》：七月，太子诸咎弑其君翳；十月，越人杀诸咎。

错枝（前376年十月～前375年）

〔按〕名一作"孚错枝"。据古本《竹书纪年》：十月，越人杀诸咎，吴人立孚错枝为君。明年，大夫寺区平定越乱，立无余之。

无余之（前375～前364年）

〔按〕名又记作"之侯"；《史记》"索隐"作"莽安"。据古本《竹书纪年》：在平越乱中为大夫寺区立之。在位十二年，为寺区弟忠（一作"思"）所杀。

无颛（前364～前357年）

〔按〕据古本《竹书纪年》：号"菼蠋（zhú）卯"。由寺区弟忠杀无余之而立之。在位八年卒。

无彊（前356～前334年）

〔按〕据《史记·越王句践世家》：为无余之之子，"索隐"云："盖无颛之弟也。"兄终弟及。后为楚所攻，被杀，越亡。楚尽取吴越故地。关于越亡之年，史家有多种说法：如公元前343年、公元前306年等，皆为推论，尚无确据。

越　世　系

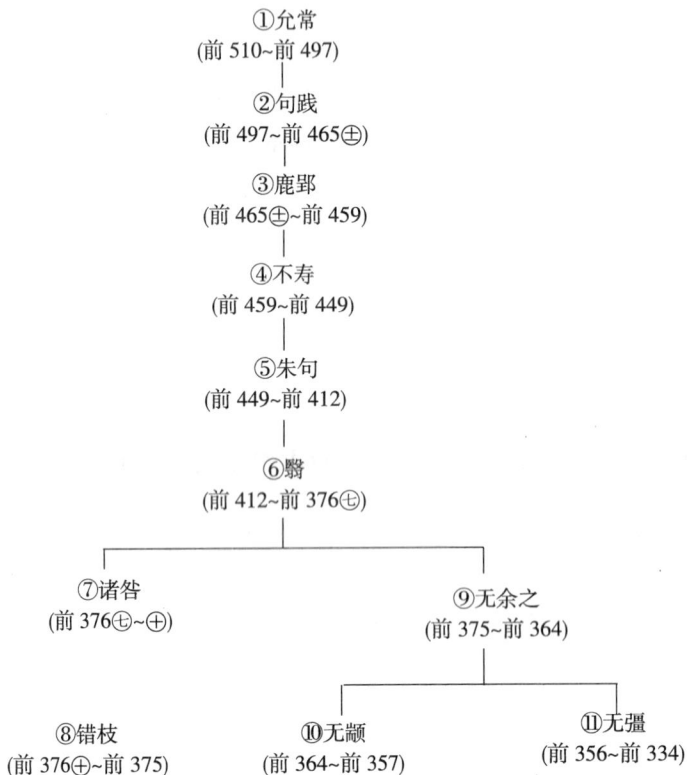

①允常
(前510~前497)

②句践
(前497~前465⊕)

③鹿郢
(前465⊕~前459)

④不寿
(前459~前449)

⑤朱句
(前449~前412)

⑥翳
(前412~前376⊖)

⑦诸咎
(前376⊖~⊕)

⑨无余之
(前375~前364)

⑧错枝
(前376⊕~前375)

⑩无颛
(前364~前357)

⑪无彊
(前356~前334)

附：春秋时期其他诸侯小国存亡表

　　西周初年究竟分封了多少诸侯，现已不得确考。《史记·周本纪》云："武王追思先圣王，乃襃封神农之后于焦（今河南省陕县），黄帝之后于祝（今江苏省赣榆），帝尧之后于蓟（今北京），帝舜之后于陈（今河南省淮阳），大禹之后于杞（qǐ，今河南省杞县）。于是封功臣谋士，而师尚父为首封。封尚父于营丘曰齐，封弟周公旦于曲阜曰鲁，封召公奭（shì）于燕，封弟叔鲜于管，弟叔度于蔡，余各以次受封。"《左传·昭二十八》载："昔武王克商，光有天下，其兄弟之国者，十有五人；姬姓之国者，四十人，皆举亲也。"又《僖二十四》载："昔周公吊（伤）二叔（指管叔、蔡叔）之不咸（终），故封建亲戚以蕃屏周。管、蔡、郕（chéng）、霍、鲁、卫、毛、聃（dān）、郜（gào）、雍、曹、滕、毕、原、鄷（fēng）、郇（xún），文之昭也；邘（yú）、晋、应、韩，武之穆也；凡、蒋、邢、茅、胙（zuò）、祭，周公之胤也。"现将见于《左传》的诸侯小国存亡情况列表如下，供读者参考。

国名	又名	姓	初见《春秋》经传之年	活动中心	灭　亡
巴		姬	桓九（前703年）：巴子使韩服告于楚	今湖北襄樊附近，后西迁	前316年为秦灭
柏			僖五（前655年）：道、柏方睦于齐	今河南舞阳东南	为楚灭，时不详
东虢		姬	隐元（前722年）：虢叔死焉	今河南荥阳境	前767年为郑灭
毕		姬	僖二十四（前636年）：毕……文之昭也	今陕西咸阳附近毕原	为秦灭，时不详
偪阳		妘	襄十（前563年）：遂灭偪阳	今山东峄县南	前563年为晋灭
巢		偃	文十二（前615年）：楚人围巢	今安徽巢湖市东北	前518年为吴灭
鄫	曾	姒	僖十四（前646年）：鄫子遇于防	今山东枣庄东	前567年为莒灭
慎			哀十六（前479年）：吴人伐慎	今安徽颍上北江口集	不详
郕	成、盛	姬	隐五（前718年）：卫师入郕	今山东宁阳东北	为齐灭，时不详
戴	载	姬	隐十（前713年）：卫人伐戴	今河南民权东	为宋灭，时不详
道			僖五（前655年）：道、柏方睦于齐	今河南确山北	为楚灭，时不详
邓		曼	桓七（前705年）：邓侯吾离来朝	今湖北襄樊北邓城镇	前678年为楚灭
顿		姬	僖二十三（前637年）：城顿而还	今河南项城西	前496年为楚灭
铎辰			宣十六（前593年）：晋士会帅师灭铎辰	今山西潞城附近	前593年为晋灭
贰		偃	桓十一（前701年）：楚屈瑕将盟贰	今湖北应山西南	为楚灭，时不详
凡		姬	隐七（前716年）：凡伯来聘	今河南辉县西南	为卫灭，时不详
房			昭十三（前529年）：迁房、申于荆	今河南遂平县境	为楚灭，时不详
肥			昭十二（前530年）：八月壬午灭肥	今山西昔县东冶头镇	前530年为晋灭
郜	告	姬	隐十（前713年）：公败宗师，取郜	今山东成武东南	前713年前为宗灭
葛		嬴	桓十五（前697年）：葛人来朝	今河南宁陵北葛乡	为魏灭，时不详
根牟		曹	宣八（前601年）：取根牟	今山东沂水南	前601年为鲁灭
耿		姬	闵元（前661年）：晋侯……灭耿	今山西河津东南耿乡城	前661年为晋灭
巩		姬	昭二十五（前517年）：尹文公涉于巩	今河南巩县西南	前516年为晋灭
鼓		姬	昭十五（前527年）：晋……围鼓	今河北晋州境	前520年为晋灭
穀		嬴	桓七（前705年）：穀伯绥来朝	今湖北谷城西北	为楚灭，时不详
韩		姬	僖二十四（前636年）：韩，武之穆也	今山西河津东北	为晋灭，时不详
滑	费	姬	庄十六（前678年）：滑伯……同盟于幽	今河南睢县西北	前627年为秦灭
胡		归	襄二十八（前545年）：胡子……朝于晋	今安徽阜阳境	前495年为楚灭
黄		嬴	桓八（前704年）：黄、随不会	今河南潢川西	前648年为楚灭
霍		姬	闵元（前661年）：晋侯……灭霍	今山西霍县西南	前661年为晋灭

国名	又名	姓	初见《春秋》经传之年	活动中心	灭　亡
极		姬	隐二(前721年):帅师入极	今山东鱼台西南极亭	前721年为鲁灭
纪	己	姜	隐元(前722年):纪人伐夷	今山东寿光南纪台村	前690年为齐灭
冀			僖二(前658年):冀为不道	今山西河津东北冀亭	为晋灭,时不详
祭		姬	隐元(前722年):祭伯来	今河南郑州北	为郑灭,时不详
贾		姬	桓十(前702年):贾伯伐曲沃	今山西临汾东	为晋灭,时不详
甲氏			宣十六(前593年):晋人灭赤狄、甲氏	今山西屯留北	前593年为晋灭
江		嬴	僖二(前658年):江人、黄人盟于贯	今河南正阳西南	前623年为楚灭
蒋		姬	僖二十四(前636年):蒋,周公之胤也	今河南固始东北	为楚灭,时不详
焦		姬	僖三十(前630年):许君焦	今河南三门峡西	为晋灭,时不详
绞		偃	桓十一(前701年):绞……伐楚师	今湖北郧县西北	为楚灭,时不详
介			僖三十(前630年):介人侵萧	今安徽萧县北	不详
麋	祁		文十(前617年):麋子逃归	今湖北郧县	为楚灭,时不详
夔	隗、归	芈	僖二十六(前634年):楚人灭夔	今湖北秭归东	前634年为楚灭
莱	郲	姜	宣七(前602年):齐侯伐莱	今山东黄县东南莱子城	前567年为齐灭
赖		姜	桓十三(前699年):使赖人追之	今湖北随州东北厉山店	前538年为楚灭
滥		曹	昭三十一(前511年):黑肱以滥来奔	今山东滕县东南	前511年为鲁灭
厉			僖十五(前645年):曹师伐厉	今河南鹿邑东	不详
黎			宣十五(前594年):夺黎氏地	今山西长治西南	为晋灭,时不详
骊戎		姬	庄二十八(前666年):晋伐骊戎	今山西析城山、王屋山之间	前666年为晋灭
梁		嬴	桓九(前703年):梁伯……伐曲沃	今陕西韩城南	前641年为秦灭
蓼	鄝、飂	己	桓十一(前701年):蓼伐楚师	今河南唐河南	为楚灭,时不详
蓼	鄝、缪	姬	文五(前622年):楚公子燮灭蓼	今河南固始东北	前622年为楚灭
留吁			宣十六(前593年):晋人灭……留吁	今山西屯留南	前593年为晋灭
六		偃	文五(前622年):楚人灭六	今安徽六安北	前622年为楚灭
卢戎	卢子	姜	桓十三(前699年):罗与卢戎两军之	今湖北南漳东北	约前690年前为楚灭
潞	潞子		宣十五(前594年):晋师灭赤狄,潞氏	今山西潞城东北	前594年为晋灭
陆浑			僖二十二(前638年):晋迁陆浑	今河南伊川	前525年为晋灭
罗		熊	桓十二(前700年):罗人欲伐之	今湖北宜城西罗川城	约前690年前为楚灭
茅	茆	姬	僖二十四(前636年):茅……周公之胤也	今山东金乡西南茅乡	为鲁灭,时不详
毛		姬	僖二十四(前636年):毛……文之昭也	今陕西岐山、扶风附近	不详
密		姬	闵二(前660年):及密	今河南密县东南	不详
牟			桓十五(前697年):牟人……来朝	今山东莱芜东牟城	为鲁灭,时不详
南燕		姞	隐五(前718年):以燕师伐郑	今河南延津东北	约前674年为郑灭
郳	小邾	曹	庄五(前689年):郳犁来来朝	今山东滕县东	春秋后六世为楚灭
廧咎如		隗	僖二十三(前637年):狄人伐廧咎如	今河南安阳西南	前588年为晋灭
权		子	庄十八(前676年):楚武王克权	今湖北当阳东南	前676年为楚灭
任		风	僖二十一(前639年):任……风姓也	今山东济宁	战国时灭
芮	内	姬	桓三(前709年):芮伯万之母	今陕西大荔朝邑镇	前640年为秦灭
鄀		允	僖二十五(前635年):秦、晋伐鄀	今河南淅川西南	前622年为秦灭
鄑瞒		漆	文十一(前616年):鄑瞒侵齐	今山东济南北	前616年为卫灭

国名	又名	姓	初见《春秋》经传之年	活动中心	灭　亡
宿		风	隐元（前 722 年）：盟于宿	今山东东平东	前 684 年为宋灭
苏		己	文十（前 617 年）：苏子盟于女栗	今河南孟州东	前 650 年为狄灭
随		姬	桓六（前 706 年）：楚武王侵随	今湖北随州南	为楚灭，时不详
遂	隧	妫	庄十三（前 681 年）：齐人灭遂	今山东肥城南	前 681 年，为齐灭
申		姜	隐元（前 722 年）：郑武公娶于申	今河南南阳	约前 688 年为楚灭
沈	郏	姬	文三（前 624 年）：郑人伐沈	今河南平舆北	前 506 年为蔡灭
郜		妊	襄十三（前 560 年）：郜乱	今山东济宁南	前 560 年为鲁灭
蜀			宣十八（前 591 年）：有蜀之役	今山东泰安西	前 316 年为秦灭
舒		偃	僖三（前 657 年）：徐人取舒	今安徽庐江西南	前 657 年为徐灭
舒蓼		偃	文十四（前 613 年）：伐舒蓼	今安徽舒城西南	前 601 年为楚灭
舒鸠		偃	襄二十四（前 549 年）：召舒鸠人	今安徽舒城境	前 548 年为楚灭
舒庸		偃	成十七（前 574 年）：楚人灭舒庸	今安徽舒城西南	前 574 年为楚灭
谭	覃	子	庄十（前 684 年）：齐师灭谭	今山东章丘西	前 684 年为齐灭
郯		己	宣四（前 605 年）：齐侯平莒及郯	今山东郯城西南	前 281 年后为越灭
唐		姬	定五（前 505 年）：子蒲灭唐	今湖北枣阳东南唐县镇	前 505 年为楚灭
邿			成六（前 585 年）：取邿	今山东郯城东北	前 585 年为鲁灭
桐	空桐	偃	定二（前 508 年）：桐叛楚	今安徽桐城北	不详
魏		姬	桓三（前 709 年）：出居于魏	今山西芮城东北	前 661 年为晋灭
温		己	隐三（前 720 年）：取温之麦	今河南温县南	前 650 年为狄灭
无终			襄四（前 569 年）：无终子嘉父	原在今山西太原东，后东迁	为晋灭，时不详
西虢	南虢、北虢、小虢	姬	隐元（前 722 年）：虢师伐卫	初在今陕西宝鸡南虢川镇；后迁今河南三门峡一带。居河南者称南虢；居河北者称北虢；留原地民称小虢	南、北虢前 655 年为晋灭；小虢于前 687 年为秦灭
息	郣	姬	隐十一（前 712 年）：息侯伐郑	今河南息县西南	前 680 年为楚灭
向		姜	隐二（前 721 年）：莒人入向	今山东莒县南向城镇	前 721 年为莒灭
项		姞	僖十七（前 643 年）：灭项	今河南项城境	前 643 年为鲁灭
邢		姬	隐四（前 719 年）：逆公子晋于邢	今河北邢台西南	前 635 年为卫灭
萧		子	庄十二（前 682 年）：萧叔大心	今安徽萧县西北	前 597 年为楚灭
徐		偃	庄二十六（前 668 年）：齐人伐徐	今安徽泗县西北	前 512 年为吴灭
须句	须朐	风	僖二十一（前 639 年）：邾人灭须句	今山东东平境	前 639 年为邾灭
弦		姬	僖五（前 655 年）：楚子灭弦	今河南潢川西北	前 655 年为楚灭
荀		姬	桓九（前 703 年）：荀侯……伐曲沃	今山西新绛东北	为晋灭，时不详
阳		姬	闵二（前 660 年）：齐人迁阳	今山东沂水西南	为齐灭，时不详
杨		姬	襄二十九（前 544 年）：杨……皆姬姓	今山西洪洞东南	为晋灭，时不详
夷		妘	隐元（前 722 年）：纪人伐夷	今山东即墨西	为齐灭，时不详
英		偃	僖十七（前 643 年）：徐人伐英氏	今安徽金寨东南	为楚灭，时不详
应		姬	僖二十四（前 636 年）：应……武之穆	今河南平顶山西	春秋中期为楚灭
鄾			桓九（前 703 年）：鄾人攻而夺之币	今湖北襄樊东北	为楚灭，时不详

国名	又名	姓	初见《春秋》经传之年	活动中心	灭　亡
雍		姬	僖二十四(前636年):雍……文之昭也	今河南修武西	不详
庸			文十六(前611年):楚……灭庸	今湖北竹山西南	前611年为楚灭
虞		姬	桓十(前702年):虢公出奔虞	今山西平陆东北	前655年为晋灭
邘	于	姬	僖二十四(前636年):邘……武之穆也	今河南沁阳西北邘县	为郑灭,时不详
於馀丘			庄二(前692年):伐於馀丘	今山东临沂境	为鲁灭,时不详
鄅		妘	昭十八(前524年):邾人入鄅	今山东临沂北	为鲁灭,时不详
原		姬	僖二十四(前636年):原……文之昭也	今河南济源北	不详
郧	邧	妘	桓十一(前701年):郧人军于蒲骚	今湖北安陆	为楚灭,时不详
鄫	鄫、缯	姬	宣十八(前591年):邾人戕鄫子于鄫	今河南光山西南	为楚灭,时不详
宗		偃	文十二(前615年):子孔执……宗子	今安徽舒城境	前615年为楚灭
胙		姬	僖二十四(前636年):胙……周公之胤也	今河南延津北	不详
鄣		姜	庄三十(前664年):齐人降鄣	今山东东平鄣城集	前664年为齐灭
轸		偃	桓十一(前701年):将盟贰、轸	今湖北应城西	为楚灭,时不详
州	淳于	姜	桓五(前707年):州公如曹	今山东安丘东北淳于城	为杞灭,时不详
州		偃	桓十一(前701年):州……伐楚师	今湖北监利东	为楚灭,时不详
州来			成七(前584年):吴入州来	今安徽凤台	前529年为吴灭
铸	祝	任	襄二十三(前550年):臧宣叔娶于铸	今山东肥城南	前517年后灭
颛臾		风	僖二十一(前639年):颛臾,风姓也	今山东费县西北	为鲁灭,时不详
钟吾			昭二十七(前515年):烛庸奔钟吾	今安徽宿州东北	前512年为吴灭
钟离		嬴	成十五(前576年):会吴于钟离	今安徽凤阳东北	前518年为吴灭
重丘			襄十七(前556年):饮马于重丘	今山东茌平西南	前556年为卫灭

五 战国时期纪年考

（前 475 ~ 前 221 年）

历史上习惯将春秋以后至秦统一前的一段时期称为"战国时期"。因当时诸侯大国间攻伐战争连年不断，故冠其名。这段时期，以七国最为势强（秦、楚、齐、燕、赵、魏、韩），称"战国七雄"。西汉末年，刘向编撰《战国策》为是名之发端。

春秋时诸侯国众多（仅据清代顾栋高《春秋大事表》统计就有一百四十多国），经不断兼并，到战国初年，见于文献者，仅存十余国。大国除"七雄"外，尚有越；小国有宋、卫、中山、鲁、蔡、郑、杞（qǐ）、滕、邾（zhū）等。其大体形势为：楚居南，赵雄北，燕处东北，秦踞西，齐镇东，韩、魏夹其中；沿黄河从西至东三大国——秦、魏、齐先后为左右局势的力量。后，秦强大，由于韩、魏近秦，首先受到攻击。

对于战国时期的起始年，有不同说法：《史记·六国年表》作周元王元年（前475）；《资治通鉴》以周威烈王二十三年（前403）韩、赵、魏三家分晋，周王正式承认三者为诸侯国始；吕祖谦《大事记》又以周敬王三十九年（前481）《春秋》绝笔之年为准等等。本年表依从《史记》。

赵

（约前 475 ~ 前 222 年）

据《史记·赵世家》：赵与秦同源，皆为"嬴（yíng）"姓。其始祖为"中衍"，曾事商王，为太戊御。后世蜚廉有二子：一名"恶来"，事纣，商亡被杀，后世发展为"秦"；另一名"季胜"，后世发展为"赵"。季胜曾孙名"造父"，事周穆王，受赐赵城，"赵"之名即由此始。传七世至叔带，以周幽王无道，背周入晋，转事晋文侯。又五世至赵夙，受晋献公赐耿（今山西省河津东南）。赵夙孙赵衰（cuī。即赵成子。字子余。亦称成季、孟子余。因封于原，亦称原季）事晋文公重耳完成霸业，其势渐强，经赵盾（赵宣子）、赵朔、赵武（赵文子）、赵鞅（赵简子），渐专晋国政。春秋末年，晋有六卿势壮：赵、卫、韩、知、范、中行。后，范、中行被四卿兼并；公元前453年，赵、魏、韩又灭知氏，这时，"三家分晋"的态势已经形成，晋仅存名义。赵于公元前403年被周烈王正式承认为诸侯，公元前369年与韩联手灭晋。

战国时期，赵为七雄之一。初都晋阳（今山西省太原东南）；赵桓子时徙都中牟（今河南省鹤壁西）；赵敬侯时又徙都邯郸（今河北省邯郸）。疆域有今山西中部、陕西东北、河北西南部。赵武灵王时，进行改革，提倡胡服骑射，国力大增，灭中山，败林胡、楼烦，建云中、雁门、代郡，占有今河北西部、山西北部和河套地区。战国末期，公元前260年，与秦发生战国史上著名的"长平之战"。赵中反间计，以赵括代替廉颇，结果大败，四十万大军被坑杀。从此国势衰落。公元前222年为秦所灭。

襄子毋恤（前475~前425年）

［按］名一作"无恤"。据《史记·赵世家》：为赵鞅子。襄子前历二十六世：①蜚廉——②季胜——③孟增——④衡父——⑤造父——（中经六世）——⑫奄父（公仲）——⑬叔带——（中经五世）——⑲赵夙——⑳共孟——㉑赵衰（字子余、谥成季）——㉒赵盾（谥宣孟）——㉓赵朔——㉔赵武（谥文子）——㉕赵成（景叔）——㉖赵鞅（简子）——㉗毋恤（襄子）。《史记·六国年表》关于襄子的纪年有误。《赵世家》曰："赵襄子元年，越围吴。"查《左传》，"越围吴"是在鲁哀公二十年（前475）。二十三年（前453），赵、韩、魏灭知氏，形成"三家分晋"之势。四十三年（前433），晋君仅据绛、曲等地，反向赵、韩、魏朝见。据古本《竹书纪年》：襄子在位五十一年卒。

桓子嘉（前424年）

［按］据《史记·赵世家》：为襄子之弟。襄子临终前，欲立侄孙浣，及卒，桓子逐浣自立。在位一年卒。

献侯浣（前423~前409年）

［按］据《史记·赵世家》：为襄子侄孙，太子伯鲁（襄子兄）之孙。襄子欲立之，襄子卒时被桓子所逐，及桓子卒，国人迎立之。在位十五年卒。

烈侯籍（前409~前387年）

［按］据《史记·赵世家》：为献侯之子。父卒继立。六年（前403），迫使周威烈王正式承认其为诸侯。据古本《竹书纪年》：在位二十二年卒。

敬侯章（前387~前375年）

［按］据《史记·赵世家》：为烈侯之子。父卒继立。元年（前386），迁都邯郸。四年，攻卫，魏救卫，赵军败于兔台。次年，被卫反攻，失刚平（今河南省清丰西南）。下年，赵求救于楚。攻魏，取棘蒲（今河北省魏县南）、黄城（今河南省内黄西北）。七年，与韩攻齐，至桑丘（今山东省兖州西南）。十一年，攻中山，战于中人（今河北省唐县西南）。敬侯在位十二年卒。陵寝一说在今河北省永年境之"赵王陵墓群"。

成侯种（前375~前350年）

［按］据《史记·赵世家》：为敬侯之子。父卒继立。六年（前369），与韩懿侯共迁晋桓公于屯留（今山西省屯留南古城），亡晋。后连续攻齐，至长城。十年，攻卫，取甄（今山东省鄄城北）。十三年，受魏攻，失皮牢（今山西省翼城东北）。十九年，与齐威王、宋侯会于平陆

（今山东省汶上西北）；又与燕文公会于阿（今河北省安新西）。二十一年（前354），攻卫，魏救卫，围赵邯郸。次年，魏破赵邯郸。齐孙膑"围魏救赵"。二十四年，魏还赵邯郸。在位二十五年卒。陵墓一说与其父同在永年"赵王陵墓群"。

肃侯语（前350～前326年）

［按］《史记》"索隐"：名一作"言"。据《史记·赵世家》：为成侯长子。父卒继立。在位二十四年卒。葬地不详。据《史记》载，生前曾"起寿陵"，"正义"引徐广曰："在常山"。

武灵王雍（前326～前299年五月）

［按］据《史记·赵世家》：为肃侯之子。父卒继立。八年（前318），魏公孙衍发动赵、魏、韩、燕、楚五国合纵攻秦，攻秦函谷关，失利而还。十九年（前307），武灵王下令"胡服骑射"。次年，攻中山，又攻略地至榆中（一说今甘肃省榆中），国势大盛。武灵王在位二十七年，传位给子何，自号"主父"。惠文王四年（前295）游于沙丘（一说今河北省平乡东北），国内发生内讧，被围，饿死于沙丘宫。《括地志》云：赵武灵王墓在蔚州灵丘县东三十里。

惠文王何（前299年五月～前266年）

［按］据《史记·赵世家》：为武灵王之子。四年（前295），赵灭中山；又相继灭林胡、楼烦，建云中、雁门二郡。十七年（前282），与秦会于渑池（今河南省渑池西），蔺相如不屈于秦。二十六年（前273），与魏攻韩，秦救韩，破赵军，沉两万人于河。二十九年（前270），秦攻赵阏与（今山西省和顺）。次年，赵破秦军。在位三十三年卒。陵寝一说在今河北省邯郸西北三陵村。

孝成王丹（前266～前245年）

［按］据《史记·赵世家》：为惠文王之子。父卒继立。六年（前260），用大将赵括攻秦，大败，四十万人降，被坑杀。次年，失太原。下年，秦攻邯郸，魏信陵君窃符救赵。十五年，被燕攻，老将廉颇出战，胜。在位二十一年卒。陵寝一说与父同在今邯郸三陵村。

悼襄王偃（前245～前236年）

［按］据《史记·赵世家》：为孝成王之子。父卒继立。二年，攻燕，取武遂（今河北省徐水西北遂城）。四年，庞煖组织最后一次合纵，率赵、楚、魏、燕、韩五国兵攻秦，败。在位九年卒。陵寝一说与父同在邯郸三陵村。

幽缪王迁（前236～前228年十月）

［按］《史记》"集解"：一作"湣王"。据《史记·赵世家》：为悼襄王庶子。父卒继立。在位八年，受秦攻，在东阳被俘。《淮南子》云：流于房陵。秦占赵都邯郸。《括地志》云：赵王迁墓在房州房陵县（今湖北省房县）西九里。

代王嘉（前228年十月～前222年）

［按］据《史记·赵世家》：为悼襄王之子。父被秦俘后率宗族数百人遁代，自立。在位六年，为秦攻破，秦并其地，赵亡。

赵 世 系

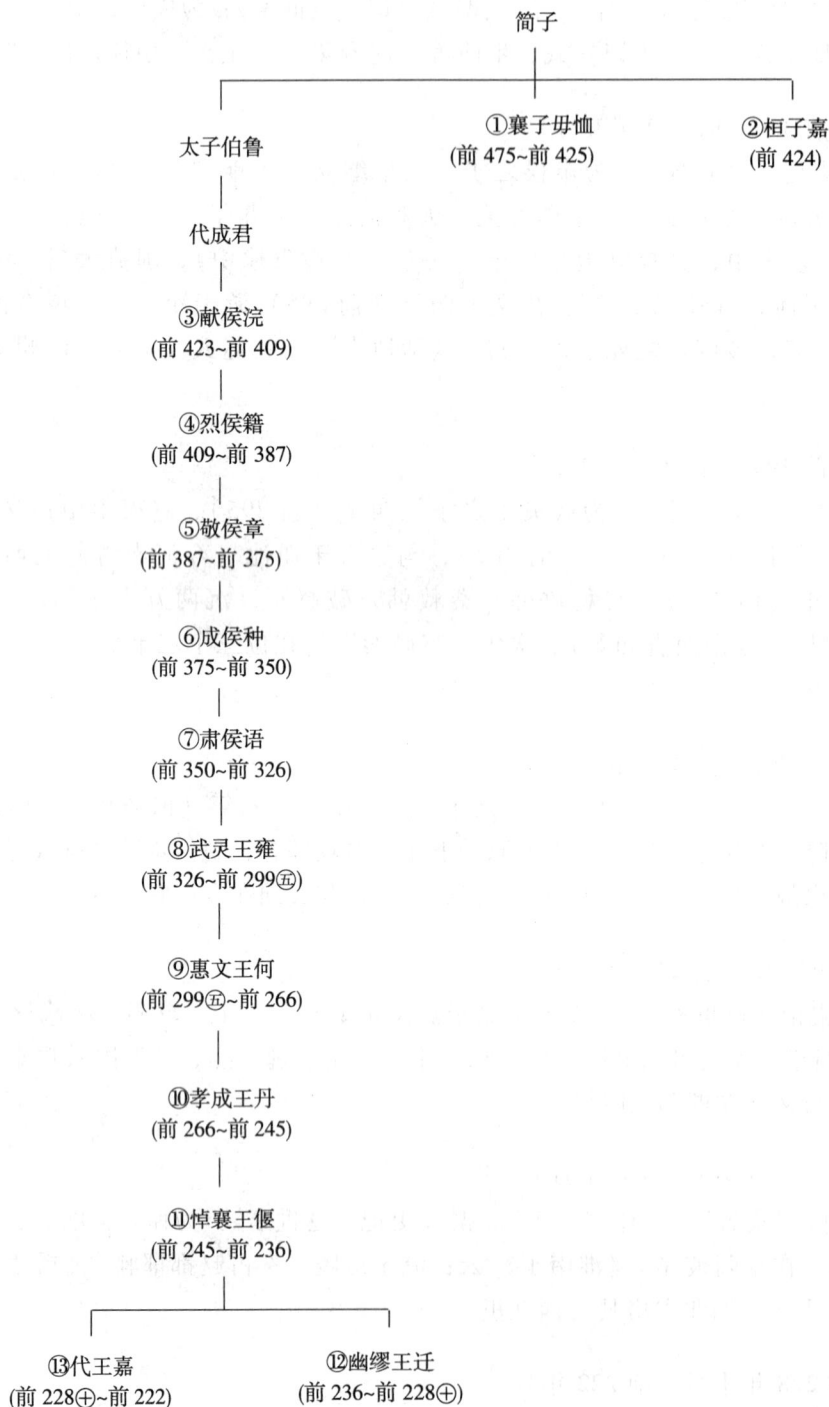

简子

①襄子毋恤
(前 475~前 425)

②桓子嘉
(前 424)

太子伯鲁

代成君

③献侯浣
(前 423~前 409)

④烈侯籍
(前 409~前 387)

⑤敬侯章
(前 387~前 375)

⑥成侯种
(前 375~前 350)

⑦肃侯语
(前 350~前 326)

⑧武灵王雍
(前 326~前 299㊄)

⑨惠文王何
(前 299㊄~前 266)

⑩孝成王丹
(前 266~前 245)

⑪悼襄王偃
(前 245~前 236)

⑬代王嘉
(前 228⊕~前 222)

⑫幽缪王迁
(前 236~前 228⊕)

魏

（约前 445～前 225 年）

　　据《史记·魏世家》：魏与周同姓姬，其始祖毕公高（据《左传》：为周文王之子），周武王克商后封于毕（今陕西省咸阳西北），此后，以"毕"为姓。春秋时之"毕万"为其苗裔，于时，事晋献公。公元前 661 年，助晋献公灭魏（魏原为姬姓之国，周武王封置，在今山西省芮城东北），以其地受封之，为晋大夫。公元前 651 年，晋献公卒，诸子争立，晋内乱，毕氏乘机以"魏"为号。至魏悼子时，徙治霍（今山西省霍州西南）。其子魏昭子时，又徙治安邑（今山西省夏县西北禹王村。后世史家以此为魏之初都）。至魏桓子时，联赵、韩翦灭知氏，形成"三家分晋"的态势。公元前 403 年，被周烈王正式承认为诸侯。战国时，魏为七雄之一。魏文侯时，任用李悝（kuī）为相，吴起为将，西门豹为邺（今河北省磁县南）令，奖耕战，兴水利，进行改革，国势益强。西取秦之河西，北攻中山，南败楚。魏惠王九年（前 361），迁都大梁（今河南省开封），故又称其为"梁"（"魏惠王"在历史上又称"梁惠王"）。公元前 341 年，与齐发生战国史上著名的"马陵之战"，齐孙膑大破魏将庞涓，太子申被俘，庞涓自杀，从而魏国势渐衰，疆土陆续被秦攻占，公元前 225 年为秦所灭。

文侯斯（前 445～前 396 年）

　　［按］名一作"都"。据《史记·魏世家》：为魏桓子之孙（《世本》作桓子之子）。文侯之前传十世：①毕万——②武子犨（chōu）——③悼子——④昭子绛——⑤嬴——⑥献子荼（tú）——⑦襄子侈——⑧佚名——⑨桓子驹——⑩佚名——⑪文侯斯。用古本《竹书纪年》对勘《史记》，知魏文侯元年为周定王二十四年（前 445）（详见杨宽《战国史》）。二十八年（前 418），魏与秦战于少梁（今陕西省韩城南）。三十三年，败秦于郑。次年，再破秦繁庞。三十七年，攻秦，筑临晋（今陕西省大荔东南）、元里（今陕西省澄城南）二城。次年，完全攻占河西。四十年，灭前中山国。四十三年（前 403），获周威烈王正式承认为诸侯。据古本《竹书纪年》：文侯在位五十年卒。

武侯击（前 396～前 370 年）

　　［按］据《史记·魏世家》：为文侯之子。父卒继立。三年（前 393），攻郑，城酸枣（今河南省延津西南），再败秦于汪。六年，受齐攻，失襄阳。十三年，破赵军于兔台。十五年（前 381），被赵攻，失棘蒲（今河北省魏县南）、黄城（今河南省内黄西北）。二十三年，攻齐，至博陵（今山东省茌平西北）。次年，败赵于蔺（lìn，今山西省离石西）。下年，攻楚，取鲁阳（今河南省鲁山），魏地伸展到楚方城（楚长城）北。据古本《竹书纪年》：武侯在位二十六年卒。

惠王罃（前 370～前 319 年）

　　［按］罃（yīng），据《史记·魏世家》：为武侯之子。父卒继立。即位后赵、韩灭晋。二年（前 368），被齐攻，失观（今河南省清丰西南）。五年，攻韩，败于阳（今山西省太谷东

北）；攻宋，取仪台（今河南省虞城南）。次年，受秦攻，败于石门（今陕西省汉中西北），被斩首六万。八年，破韩、赵联军，取赵皮牢。九年（前361，一说六年）四月，徙都大梁，从此"魏"亦称"梁"（"魏惠王"又称为"梁惠王"；古本《竹书纪年》作"梁惠成王"）。次年，开鸿沟，沟通黄河与圃田，是为开凿鸿沟之始。魏瑕阳人为蜀国兴水利，从岷山引青衣江，使东与沫水合。十二年，在西边筑长城。次年，攻韩，取朱，又围宅阳（今河南省郑州北）。十四年，鲁共公、宋侯、卫成公、韩昭侯赴魏，朝见惠王。次年，惠王赴齐，会见齐威王；又会见秦孝公于杜平（今陕西省澄城）。十七年（前353），破赵邯郸。齐田忌、孙膑"围魏救赵"，破魏军于桂陵（今山东省菏泽东）。十九年，还赵邯郸。次年，攻秦，围定阳（今陕西省延安东南），秦孝公惧，会惠王于彤（今陕西省华县西南）。二十六年（前344），始称王。会秦、韩、宋、卫、鲁盟于逢泽（今河南省开封东南），盟后率十二诸侯朝周天子，霸于天下。二十八年，攻韩，韩向齐求救。次年，齐孙膑攻魏救韩，破魏军于马陵（今河南省范县西南），俘太子申，魏将庞涓自杀。次年，秦攻魏，俘公子卬（áng）。三十二年，秦攻魏岸门（今山西省河津南），俘其将魏错。三十六年（前334），联齐，会于徐州，尊齐威王为王，齐亦认魏惠王为王，史称"会徐州相王"。是年，改元，称"元年"，史家作"后元"。后元五年（前330），被秦攻，败于雕阴（今陕西省甘泉南），献河西地于秦。次年，魏人张仪入秦。下年，被秦攻，失蒲阳（今山西省隰县），献上郡十五县与秦。后元十年，与韩会于巫沙，尊韩为王。十二年，被楚攻，败于襄陵（今河南省睢县），失八邑。次年，被秦攻，失曲沃、平周。后元十六年卒。

襄王嗣（前319～前296年）

［按］《孟子》作"梁襄王"。据《史记·魏世家》：为惠王之子。父卒继立。元年（前318），公孙衍发动魏、赵、韩、燕、楚五国合纵攻秦，推楚怀王为纵长。魏、赵、韩攻秦函谷关，失利而还。次年，秦破魏、赵、韩军于修鱼（今河南省原阳西南）。二十一年，与齐、韩攻秦，至函谷关。二十三年，破秦函谷关，秦还部分失地。襄王在位二十三年卒。

昭王遫（前296～前277年）

［按］遫（sù），据《世本》：为襄王之子（《史记·魏世家》记为襄王之孙，误）。父卒继立。三年（前293），秦大破魏、韩联军。次年，被秦攻，失垣（今山西省垣曲东南）。下年，又失轵（今河南省济源南）。六年，以河东地四百里与秦。次年，再失六十一城。九年，苏秦发动魏、赵、韩、齐、楚合纵攻秦，未果。次年，被秦攻，失安邑（今山西省夏县禹王村，为魏之初都）。十三年，秦攻至大梁，燕、赵援救。昭王在位十九年卒。

安釐王圉（前277～前243年）

［按］安釐（xī）王圉（yǔ），据《史记·魏世家》：为昭王之子。父卒继立。二年（前275），被秦攻至大梁，献温（今河南省济源西南）。四年，败于秦军，被斩首十三万。十九年（前258），信陵君"窃符救赵"。次年，信陵君在邯郸城下大破秦军。二十三年，攻秦，占陶邑（今山东省定陶）。三十年，被秦攻，信陵君率五国兵败秦军。安釐王在位三十四年卒。

景湣王增（前243～前228年）

［按］《史记》"索隐"：名一作"午"。据《史记·魏世家》：为安釐王长子。父卒继立。元

年（前242），被秦攻，失酸枣（今河南省延津西南）等二十城。次年，又失朝歌（今河南省淇县）。赵庞煖组织最后一次合纵，率魏、赵、韩、燕、楚攻秦，败。五年，被秦攻，失首垣（今河南省长垣东北）、蒲（今河南省长垣）、衍氏（今河南省郑州北）。十二年，以丽邑（今陕西省临潼东北）献秦。景湣王在位十五年卒。

假（前228～前225年）

［按］据《史记·魏世家》：为景湣王之子。父卒继立。三年（前225），秦围魏都大梁，引黄河、大沟水灌城，三月后城坏，假被俘（"集解"：一说被杀），秦并其地以为郡县，魏亡。

魏　世　系

①文侯斯
（前445～前396）
｜
②武侯击
（前396～前370）
｜
③惠王䓨
（前370～前319）
｜
④襄王嗣
（前319～前296）
｜
⑤昭王遫
（前296～前277）
｜
⑥安釐王圉
（前277～前243）
｜
⑦景湣王增
（前243～前228）
｜
⑧假
（前228～前225）

韩

（约前424～前230年）

据《史记·韩世家》：韩与周同源，姓"姬"。其始祖名"万"，事晋，受封于韩原，称为"韩武子"。传三世至献子韩厥时，以封姓为"韩"氏。献子传宣子，徙居州（今河南省温县东北）；又传子贞子，徙居平阳（今山西省临汾西北）；再经简子、庄子，传至康子时，联赵、魏灭知氏，形成"三家分晋"态势。战国时，韩为七雄之一。

至武子启章九年（前416），迁都宜阳（今河南省宜阳西）；至景侯时，又迁都阳翟（今河南省禹州，后世史家有以此作韩之初都）。景侯六年（前403），被周烈王正式承认为诸侯。哀侯二年（前375）灭郑后，再迁都至郑（今河南省新郑），因之，又称为"郑国"。公元前369年，与赵联手灭晋。其疆域有今山西东南和河南中部，介于魏、秦、楚之间，为军事上必争之地。公元前230年为秦所灭。

武子启章（前424~前409年）

[按] 据《史记·韩世家》：为康子之子。武子前传十世：①武子万—②赇伯—③定伯简—④舆—⑤献子厥—⑥宣子起—⑦贞子须—⑧简子不信—⑨庄子庚—⑩康子虎—⑪武子启章。启章在位十六年卒。

景侯虔（前409~前400年）

[按]《史记》"索隐"：名一作"处"。据《史记·韩世家》：为武子之子。父卒继立。六年（前403），获周威烈王正式承认。在位九年卒。

烈侯取（前400~前377年）

[按]《史记》"索隐"：一作"武侯"。据《史记·韩世家》：为景侯之子。父卒继立。七年（前393），被楚攻，失负黍（今河南省登封西南）。十五年，攻郑，取阳城（今河南省登封东南）；攻宋都彭城（今江苏省徐州），挟宋君，后释之。二十年，与赵合攻齐，至桑丘（今山东省兖州西南）。烈侯在位二十三年卒。

哀侯（前377~前374年）

[按] 据古本《竹书纪年》：为烈侯之子（《史记》记为"孙"，误）。父卒继立。二年（前375）灭郑，徙都之，因而又称之为"郑"（见《战国策》）。据古本《竹书纪年》：逾年，哀侯为韩山坚（即韩严）所杀。

懿侯若山（前374~前363年）

[按]《史记》"索隐"：一作"共侯"，或"庄侯"。今本《竹书纪年》：名作"若"。据《史记·韩世家》：为哀侯之子。父卒继立。六年（前369），与赵成侯共迁晋桓公于屯留（今山西省屯留南古城），亡晋。懿侯在位十二年卒。

昭侯武（前363~前333年）

[按]《史记》"索隐"：一作"釐（xī）侯"，或"昭釐侯"。据《史记·韩世家》：为懿侯之子。父卒继立。五年（前358），被秦攻，败于西山。次年，被宋攻，失黄池（今河南省封丘南）。八年，从亥谷以南筑长城。二十一年，被魏攻，向齐求救。次年，齐攻魏救韩。二十八年，被秦攻，失宜阳（今河南省宜阳）。据古本《竹书纪年》：昭侯在位三十年（《史记》作在位二十六年，误）卒。

宣惠王（前333~前312年）

[按]《史记》"索隐"：一作"宣王"，或"威王"。据《史记·韩世家》：为昭侯之子。父卒继立。八年（前325）与魏会于巫沙，尊为王。十五年，与赵、魏联军攻秦，失利而返。十九

年，被秦攻，败于岸门（今山西省河津西）。宣惠王在位二十一年卒。

襄王仓（前 312～前 296 年）

［按］《史记》"集解"：一作"襄哀王"。据《史记·韩世家》：为宣惠王之子。父卒继立。十一年（前 301），与魏、齐共攻楚，破楚军于垂沙（今河南省唐河西南）。十六年，与魏、齐破秦函谷关，迫秦还部分失地。襄王在位十六年卒。

釐王咎（前 296～前 273 年）

［按］据《史记·韩世家》：为襄王之子。父卒继立。三年（前 293），被秦攻，失伊阙（今河南省洛阳南）。五年，又失宛与邓。次年，以武遂（今河北省徐水西北遂城）地二百里与秦。九年，苏秦发动韩、赵、魏、齐、楚五国合纵攻秦，未果。釐王在位二十三年卒。

桓惠王（前 273～前 239 年）

［按］据《史记·韩世家》：为釐王之子。父卒继立。十年（前 263），被秦攻，失南阳。十七年，又失阳城、负黍。二十四年，再失成皋（今河南省荥阳西北）、荥阳。三十二年，赵宠煖组织最后一次合纵，率韩、赵、魏、燕、楚五国兵攻秦，败。桓惠王在位三十四年卒。

安（前 239～前 230 年）

［按］据《史记·韩世家》：为桓惠王之子。父卒继立。在位九年，受秦攻，被俘。秦并其地，置颍川郡，韩亡。

韩 世 系

①武子启章
（前 424～前 409）
|
②景侯虔
（前 409～前 400）
|
③烈侯取
（前 400～前 377）
|
④哀侯
（前 377～前 374）
|
⑤懿侯若山
（前 374～前 363）
|
⑥昭侯武
（前 363～前 333）
|
⑦宣惠王
（前 333～前 312）
|
⑧襄王仓
（前 312～前 296）
|
⑨釐王咎
（前 296～前 273）

```
          |
      ⑩桓惠王
   （前273～前239）
          |
       ⑪安
   （前239～前230）
```

前 中 山 国

（约前414～前406年）

中山国为鲜虞族（白狄的一支）所建政权。一说初都中人（今河北省唐县），以城内有山故名。根据史载，一般将其分为前、后两个时期。

前期：开国时间不明，始见于《左传》定公四年，即公元前506年，时国主名及在位年皆不详，曾为赵襄子所攻克。至鲁元公十五年（前414）武公立，都顾（今河北省定县）；鲁穆公二年（前406），为魏所攻破，魏封太子击为中山君，史家称为"魏属中山"，标示前期中山国亡。

后期：约于鲁穆公二十七年（前381）复国，徙都灵寿（今河北省平山县东北）。至鲁文公元年（前295）为赵所灭。此后再未复国，秦汉以后，鲜虞也渐融于他族，未再见史。

文公（？～前415年）

［按］据1978年河北省平山县三汲乡出土的中山国彝器铭文："惟皇祖文、武，桓祖成考。"知中山武公之前尚有文公，然其时间及事迹已不可考。

武公（前414～前406年）

［按］据《史记·赵世家》：赵献侯"十年（前414），中山武公初立"。这是第一位有文献记载的中山国君。据《世本》："中山武公居顾。"据《战国策·秦策》：前408年，魏文侯遣"乐羊攻中山，三年（前406）而拔之"，魏委太子击控制中山。前期中山国亡。

（田）齐

（约前410～前221年）

据《史记·田敬仲完世家》：田氏是陈氏的一支，原居陈，其始祖为陈完。陈完本陈厉公之子，在陈内讧中不得立，遂为大夫。陈宣公二十一年（前672），出奔齐，受到礼遇，改"陈"为"田"（关于改"陈"为"田"，"集解"有三种说法：1."始食采地于田"；2."陈"、"田"音近；3.既奔齐，不欲称原氏）。传至釐（xī）子田乞时，其势渐强。时事齐景公，齐景公卒后，晏孺子继立，田乞起兵杀晏孺子而立阳生，是为齐悼公。悼公即位后以田乞为相，主国政。后，田常（田成子）又杀齐简公而立齐平公，为相五年，此时齐的国政全操田氏之手。后，齐渐成为一个名义的存在。田和时，又迫使周天子正式承认其为诸侯，虽名义上还用齐国号，但田氏自行改元。至齐康公卒，吕氏终绝其祀，封邑全归田氏。威王时，国力强盛，成战国七雄之一，长期与秦东西对峙。前221年为秦所灭。

悼子（约前410～前405年）

［按］据《史记·田敬仲完世家》引《竹书纪年》：为襄子田盘孙，庄子田白之子。在位六年卒。

太公和（前405～前384年）

［按］据《史记》引《竹书纪年》：为悼子之子。父卒继立。十八年（前387），获周天子允列为诸侯。是年改元为元年。在位共二十一年卒。

剡（前383～前374年）

［按］据《史记》引《竹书纪年》：齐康公二十二年（前383）立。剡（yǎn）二年（前382），与魏助卫攻赵，至中牟（今河南省中牟）。四年，攻燕，至桑丘（今山东省兖州西南）。五年（前379），齐康公卒，吕氏绝祀。剡在位十年，被午所杀。

桓公午（前374～前357年）

［按］据《史记》引《竹书纪年》：弑剡自立。二年（前373），受燕攻，败于林营。五年，被赵攻，战于甄（今山东省鄄城北旧城集）。七年，再被赵攻。又攻魏，取观（今河南省清丰西南）。桓公在位十八年卒。

威王因齐（前357～前320年）

［按］据《史记·田敬仲完世家》：为桓公之子。父卒继立。元年（前356），与赵成侯、宋桓侯会于平陆（今山东省汶上西北）。四年，魏破赵邯郸，齐田忌、孙膑"围魏救赵"，破魏军于桂陵（今河南省长垣西北）。十六年（前341），田忌、田婴、孙膑攻魏救韩，破魏军于马陵（今河南省范县西南），俘魏太子申，魏将庞涓自杀。二十三年（前334），魏联齐，会于徐州，尊齐威王为王，齐亦认魏惠王为王，史称"会徐州相王"。威王在位三十七年卒。

宣王辟彊（前320～前301年）

［按］据《史记·田敬仲完世家》：为威王之子。父卒继立。六年（前314），攻燕，胜归。宣王在位十九年卒。

湣王地（前301～前284年）

［按］《史记》"索隐"：名一作"遂"。据《史记·田敬仲完世家》：为宣王之子。父卒继立。三年（前298），与魏、韩攻秦，至函谷关。五年，破函谷关。八年，攻宋。十二年，以苏秦为相。十四年，苏秦发动赵、魏、韩、楚、齐五国合纵攻秦，未果。次年，与魏、楚灭宋。下年，受秦攻，失九城。据考，湣王在位十七年。被秦、燕、赵、魏、韩五国所攻，失其都临淄（今山东省淄博东北），湣王出奔莒（今山东省莒县），被楚将所杀。楚以救齐为名，收复淮北地。

襄王法章（前284～前265年）

［按］据《史记·田敬仲完世家》：为湣王之子。父在莒被杀后，由莒人立之，在莒五年，田单破燕军，将其迎入临淄。共在位十九年卒。

建（前265～前221年）

［按］据《史记·田敬仲完世家》：为襄王之子。父卒继立。在位四十四年，受秦攻，出降，被迁于共（今河南省辉县），秦并其地为郡，（田）齐亡。

（田）齐世系

①悼子
（前410～前405）
|
②太公和
（前405～前384）

③剡
（前383～前374）

④桓公午
（前374～前357）
|
⑤威王因齐
（前357～前320）
|
⑥宣王辟疆
（前320～前301）
|
⑦湣王地
（前301～前284）
|
⑧襄王法章
（前284～前265）
|
⑨建
（前265～前221）

后 中 山 国

（约前328～前295年）

见"前中山国"说明。

桓公（？～？年）

［按］出土彝器铭文作"趄（yuán）祖"。据《史记·乐毅传》："中山复国，至赵武灵王时复灭中山。"有史家以为，复国之事大约为桓公所为。其在位年代缺载。据《世本》："桓公徙灵寿。"

成王（？～约前328年）

［按］据出土彝器铭文推测，成王在其子䀪十六岁那年（前328年）已死。王号追谥。

䀪（前328～前308年）

［按］据出土彝器铭文：生于前344年。十六岁即位。五年（前323）称王。十四年（前314），参与平燕之乱。在位二十一年卒。葬今河北省平山县三汲乡灵寿城遗址郊外。

姧蚤（前307～前299年）

［按］据彝器铭文：䀪卒，"胤嗣姧蚤"。据《史记·秦本纪》：秦昭襄王八年（前299），"赵破中山，其君亡，竟死齐"。

尚（前299～前295年）

［按］据《史记·秦本纪》：在昭襄王八年"赵破中山"后，又"十一年（前296），齐、韩、魏、赵、宋、中山五国共攻秦"。"正义"解释为："盖中山此时属赵，故云'五国'也。"可知，自赵破中山后，另立一中山王。据《吕氏春秋·当染》：名"尚"（《战国策》作"胜"）。据《史记·赵世家》：赵惠文王"三年（前296），灭中山，迁其王于肤施（今陕西省榆林东南）"；又据该书《六国年表》：四年（前295），"赵灭中山"。两者相差一年，本年表依后说。

后中山国世系

①桓公
（？～？）

②成王
（？～约前328）
|
③䀪
（前328～前308）
|
④姧蚤
（前307～前299）
|
⑤尚
（前299～前295）

［箕子朝鲜］

（约前229～约前195年）

"朝鲜"之称，初见于先秦，盖由水得名，本是一个地理概念。《史记·朝鲜列传》"集解"云："张晏曰：朝鲜有湿水、洌水、汕水，三水合为洌水，疑乐浪、朝鲜取名于此也。""索隐"云："案'朝'音'潮'，直骄反；'鲜'音'仙'，以有汕水，故名也。"《山海经》载其方位："朝鲜在列阳（在辽东地区）东，海（指黄海）北，山（指长白山）南，列阳属燕。"（《海内北经》第十二）据《史记·宋世家》载：商代末年，纣之庶兄箕（jī）子见纣为政暴虐，谏之不听，被囚，至"（周）武王既克殷，访问箕子……乃封箕子于朝鲜"①。因受周封，故屡朝于周。②

关于箕氏朝鲜的"自称王"，史有两记：其一，据《后汉书·东夷传》："昔武王封箕子于朝鲜……其后四十余世，至朝鲜侯准自称王。"③ 其二，《三国志·魏志·东夷传》注引《魏略》云："昔箕子之后，朝鲜侯见周衰，燕自尊为王，欲东略地，朝鲜侯亦自称为王，欲兴兵逆击燕，以尊周室。"本年表依据前说。

汉初，惠帝时，箕子朝鲜为燕人卫满所建卫氏朝鲜所取代。武帝时，汉灭卫氏朝鲜，以其地分置四郡后，"朝鲜"之称遂不见于史，其地先后出现了扶余、高句丽、沃沮、涉（wèi）等民族与政权。

准（约前229年以前~约前195年）

［按］据《后汉书·东夷传》：准为箕子四十余代孙。据《魏略》：为前王否之子。否时，箕氏朝鲜附秦，其云："时朝鲜王否立，畏秦袭之，略服属秦。"《后汉书·东夷传》："至朝鲜侯准自称王。"《魏略》记准称王时间自相抵牾：其一曰："否死，其子准立，二十余年而陈、项起，天下乱。"陈胜起兵于秦二世元年（前209）七月，依此，否死准立的时间应在前229年以前；而该书另曰："及秦并天下，使蒙恬筑长城到辽东，时朝鲜王否立。"蒙恬筑长城在其击破北匈奴后的秦始皇三十三年（前214），是知否立于前214年。如何死在前而立于后呢？可知必有一误。本年表依前记。

再据《魏略》：当燕王卢绾（wǎn）反汉入匈奴时（据《史记·高祖纪》：为前195年），燕人卫满亡入朝鲜降准，"准信宠之，拜以博士，赐以圭，封之百里，令守西边。（卫）满诱亡党众稍多，乃诈遣人告准，言汉兵十道至，求入宿卫，遂还，攻准，准与（卫）满战，不敌也"。"准亡海中，不与朝鲜相往来"。据《后汉书·东夷传》："燕人卫满击破准而自王朝鲜。"箕氏朝鲜为卫氏朝鲜所取代。

① 《尚书大传》记载略异：周武王释箕子后，箕子亡走朝鲜，武王闻之，以其地封之。
② 有学者认为，"箕"在出土的商代铜器铭文中写作"퉀"，"箕（퉀）为商代一个历史很悠久的大族"。"商亡，箕子（箕族首领）率族就封于辽西孤竹之地，仍称箕族，隶于燕侯管辖之下。不久，可能是因为山戎的南入辽西，箕族开始了大规模迁徙，一支南下，最后到达山东半岛；箕族的主要部分则由箕子率领东迁至朝鲜半岛北部古朝鲜之地，建立了箕氏朝鲜。"（佟冬主编《中国东北史》，吉林文史出版社，1987）
③ 《通典·边防》亦载："其后四十余代到战国时，朝鲜侯准亦僭称王。"

六　秦汉时期纪年考

（前 221～220 年）

　　东周以后，中华历史经春秋战国的诸侯国纷争，至秦王嬴（yíng）政二十六年（前221）最后灭掉（田）齐，成就了中华历史上第一次以中原为中心的统一大业。嬴政始以"皇"（具"盛大"、"辉煌"、"神圣"之意）和"帝"（原指"天帝"，神话中宇宙的创造者与主宰者）结合为"皇帝"作为国家最高统治者的称号，这个称号一直沿用于中华封建社会两千多年，直到辛亥革命（1911）取消帝制。秦帝国本身虽很短暂，然这种统一大局势历经西汉、新，直至东汉灭亡（220），共四百四十二年。按历史分期，史家称之为"秦汉时期"。

　　从远古起，迄秦统一前，历史上又称"先秦时期"。见《汉书·河间献王传》："献王所得书，皆古文先秦旧书。"

秦（统一后）

（前 221～前 207 年）

　　秦的统一，标志着中华第一个专制主义中央集权的封建王朝的建立。嬴政自称"始皇帝"（后世一般称"秦始皇"）。都咸阳。盛时疆域东、南接海，西至陇、川，北到阴山，东北迤辽东。由于政苛役重，二世元年（前209）爆发了以陈胜为首的历史上第一次农民起义，继而秦亡。传三世，十五年。

始皇帝嬴政（前 221～前 210 年七月）

［按］据《史记·秦始皇本纪》：嬴政于秦昭襄王四十八年（前259）正月生于邯郸。时，其父（庄襄王）为质于赵，娶吕不韦姬（据《吕不韦传》：有娠而献）。年十三岁，父卒继立。二十六年（前221）统一天下。下令更号，众臣曰："古有天皇，有地皇，有泰皇，泰皇最贵。"自定曰："去'泰'著'皇'，采上古'帝'位号，号曰'皇帝'。"从此，"皇帝"为全国最高统治者的称号在中华历史上使用了两千多年；另尊父为"太上皇"。作制：除谥法，为"始皇帝"，后世以数计，二世、三世至于万世，传之无穷；改年朔，以寅正十月为岁首（据《史记·

历书》："周正以十一月。"学者考证，我国《四分历》[最早为《历术甲子篇》]约创建于周考王十四年[前427]，时以寅正十一月为岁首。之前建正不统一）；废诸侯，以天下为三十六郡；统一度量衡，车同轨，书同文。这些措施对后世影响巨大。嬴政统一后在位十一年，七月丙寅卒于沙丘平台（今河北省广宗西北大平台），九月葬骊山。秦始皇生前曾征民夫七十万修筑陵墓，前后历时近四十年，工程浩大。1974年春，在陵园东三里处发现了规格宏大的皇陵陪葬的兵马俑，奇迹为世震惊。其陵在秦亡后已遭破坏，据《水经注》记载，项羽入关后曾用三十万人发掘，地面建筑付之一炬。其陵现已被联合国定为世界文化遗产。

二世皇帝胡亥（前210年七月~前207年八月）

[按]据《史记·秦始皇本纪》：为始皇帝之少子（一作第十八子）。始皇卒于外，秘不发丧，乃与赵高、李斯等谋，称丞相李斯受遗诏，立胡亥为太子，赐长子扶苏死。胡亥在咸阳即位。元年七月，陈胜起兵，继而天下大乱。三年八月，赵高谋立子婴，派兵入宫，胡亥请为黔首（即平民百姓），不许，自杀身亡。终年二十四岁，"以黔首葬二世杜南宜春宛中"。胡亥墓在今陕西省西安雁塔区曲江乡江池村。

秦王子婴（前207年九~十月）

[按]据《史记·秦始皇本纪》：为始皇帝长子扶苏之子，二世皇帝胡亥之侄。二世自杀后由赵高立之，称王而不称帝。在位四十六日降于刘邦。刘邦还军霸上，居月余，子婴被项羽所杀，项羽屠咸阳，灭秦后分关中，封章邯为雍王，司马欣为塞王，董翳为翟王，合称"三秦"。

秦世系（统一后）

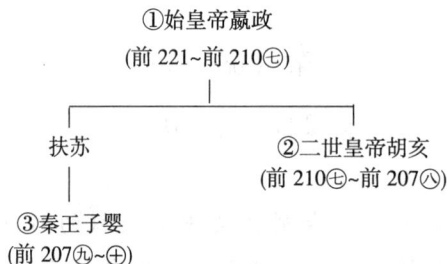

①始皇帝嬴政
(前221~前210㊀)

扶苏 ②二世皇帝胡亥
(前210㊀~前207㊇)

③秦王子婴
(前207㊈~㊉)

［匈 奴］

（约前209~48年分裂）

　　匈奴又称"胡"。① 其名最早出现于战国后期，见载于《史记·匈奴传》，其云："赵

---

① 据《史记·匈奴传》："燕亦筑长城……以拒胡。"匈奴亦自称"胡"，据《汉书·匈奴传》：武帝时，匈奴狐鹿姑单于致汉书曰："南有大汉，北有强胡。胡者，天之骄子也。"大致为，在秦汉以前，中原人称北方边地和西域民族为"胡"，秦汉以后，主要用以指称"匈奴"。又见《周礼·考工记总述》："胡无弓车。"郑司农注："胡，今匈奴。"

武灵王（前325～前299年）……当时之时，冠带战国七，而三国（"索隐"：案三国，燕、赵、秦也）边于匈奴。"所知第一位首领是头曼（mán），生活于战国末至秦时期。

其族源，据《史记·匈奴传》所载："匈奴，其先祖夏后氏之苗裔也，曰淳维。唐虞以上有山戎、猃狁（xiǎn yǔn）、荤粥（xūn yù），居于北蛮，随畜牧而转移。"对于这段话，历来学者研究颇多，意见也不尽一致。在历史上，（东汉）应劭《风俗通》云："殷时曰獯粥，改曰匈奴。"（晋）晋灼曰："尧时曰荤粥，周曰猃狁，秦曰匈奴。"（三国吴）韦昭云："汉曰匈奴，荤粥其别名。"[1]（唐）房玄龄："夏曰薰鬻，殷曰鬼方，周曰猃狁，汉曰匈奴。"[2] 近代以来学者研究更多，著名者如王国维《鬼方·昆夷·猃狁考》。[3] 现代学者尤其是结合考古资料进行考查，一般认为，《史记》云其源于"夏后氏"，显然有附会之嫌，然而，与商时的鬼方、西周时的猃狁（猃狁）有关则不成问题。大量早期匈奴墓的考古发现证明，匈奴最初活动于漠[4]南阴山及河套一带，阴山和鄂尔多斯地区是其民族形成的摇篮。后，匈奴迅速强大，成为中原政权北方之患。战国时，燕、秦、赵相继筑长城以防其扰。匈奴首领号"单（chán）于"（匈奴语称"撑犁孤涂单于"，相当于汉语"天子"）。[5]

关于匈奴国家的建立，学术界有不同的看法，本年表采公元前209年说。是年，冒顿（mò dú）杀父头曼，废单于推举制，自立为单于，以此为其建国之始。[6] 据史载，时有控弦之士三十余万，经扩张，盛时势力东至辽河，西达葱岭，北抵贝加尔湖，南到长城，成为我国北方第一个统一的游牧军事政权。如果从公元前209年算起，经二百五十多年的发展，至东汉建武二十四年（48）分裂为北、南两部分。北匈奴退守漠北，南匈奴附汉。

冒顿单于（前209～前174年）

[按] 据《史记·匈奴传》：秦二世皇帝元年（前209），冒顿"从其父单于头曼猎，以鸣镝[7]射头曼……遂尽诛其后母与弟及大臣不听从者。冒顿自立为单于……东胡初轻（视）冒顿，不为备。及冒顿以兵至，击，大破灭东胡王，而虏其民人及畜产。既归，西击走月氏（ròu zhī），[8] 南并楼烦、白羊河南王[9]……遂侵燕、代……冒顿得自强，控弦之士三十余万……至冒顿而匈奴最强大，尽服从北夷，而南与中国为敌国……（冒顿建置）置左右贤王，左右谷蠡（lù lí）王，左右大将，左右大都尉，左右大当户，左右骨都侯……后北服浑庚、屈射、丁零、鬲昆、薪犁之国[10]……至（汉）孝文帝初立，复修和亲之事。其三年（前177）五月，匈奴右贤

---

[1] 均见（唐）司马贞《史记》"索隐"。
[2] 《晋书》卷九七《匈奴传》。
[3] 《观堂集林》卷十三。
[4] 漠，即大漠，又记作"大幕"，指今内蒙古与蒙古国之间的一大片沙漠地区。
[5] 《汉书·匈奴传》："单于姓'挛鞮（luán dī）氏'，其国称之曰'撑犁孤涂单于'。匈奴谓天为'撑犁'，谓子为'孤涂'。'单于'者，广大之貌也，言其象天单于然也。"
[6] 也有学者认为头曼时匈奴已建立了国家。
[7] 鸣镝即响箭。
[8] 时月氏驻牧于敦煌、祁连山一带。
[9] 驻牧河南地的楼烦、白羊二族首领。
[10] 浑庚、屈射、鬲昆、薪犁活动地不详，丁灵（丁零）活动于贝加尔湖以南。

王入居河南地（今内蒙古河套南鄂尔多斯市一带）……其明年，单于遗汉书曰：'……以夷灭月氏，尽斩杀降下之。定楼兰、乌孙、呼揭及其旁二十六国，皆以为匈奴。诸引弓之民，并为一家。北州已定，愿寝兵休士卒养马，除前事，复故约……'……孝文皇帝前六年（前174）……后顷之，冒顿死，子稽粥（yù）立"。

老上单于稽粥（前174～前161年）

[按] 据《史记·匈奴传》：为冒顿单于之子。父卒继立。"号曰'老上单于'"。汉文帝后三年（前161），"老上稽粥单于死，子军臣立为单于"。

军臣单于（前161～前126年）

[按] 据《史记·匈奴传》：为老上单于子。父卒继立。汉武帝元朔三年（前126），"冬，匈奴军臣单于死。军臣单于弟左谷蠡王伊稚斜自立为单于，攻破军臣单于太子於单，於单亡降汉，汉封於单为涉安侯，数月而死"。

伊稚斜单于（前126～前114年）

[按] 据《史记·匈奴传》：为军臣单于弟。兄死夺位而立。"伊稚斜单于立十三年死，子乌维立为单于。是岁，汉元鼎三年（前114）也"。

乌维单于（前114～前105年）

[按] 据《史记·匈奴传》：为伊稚斜单于子。父卒继立。"乌维单于立十岁而死，子乌师庐立为单于，年少，号为'儿单于'，是岁元封六年（前105）也"。

儿单于乌师庐（前105～前102年四月）

[按]《汉书·匈奴传》记为"詹师庐"。据《史记·匈奴传》：为乌维单于子。父卒继立。因继位时年少，号"儿单于"。"儿单于立三岁而死，子年少，匈奴乃立其季父乌维单于弟、右贤王呴（'集解'：'音钩，又音吁。'）犁湖为单于，是岁太初三年（前102）也"。《资治通鉴》记在四月。

呴犁湖单于（前102年四月～前101年）

[按]《汉书·西域传》记为"句黎湖"。据《史记·匈奴传》：为乌师庐单于季父，乌维单于弟。乌师庐单于死时因其子年少，由国人立之。该《传》云："呴犁湖单于立，汉使光禄（勋）徐自为出五原塞（今内蒙古包头西北）数百里，远者千余里，筑城障列亭，至庐朐（河名，今克鲁伦河上游），而使游击将军韩说（yuè）、长平侯卫伉（即卫青）屯其旁，使强弩都尉路博德筑居延泽（今内蒙古额济纳旗北之居延海）上。"《汉书·武帝纪》记此事为四月，其云："夏四月……遣光禄勋徐自为筑五原塞外列城，西北至卢朐，游击将军韩说将兵屯之。强弩都尉路博德筑居延。"《史记·匈奴传》继云："呴犁湖单于立一岁死，匈奴乃立其弟左大都尉且鞮（jū dī）侯为单于……是岁，太初四年（前101）也。"《资治通鉴》记此事在是年冬。

且鞮侯单于（前101～前96年）

[按] 据《史记·匈奴传》：为呴犁湖单于弟。兄终弟及。据《汉书·匈奴传》："且鞮侯单

于死，立五年。长子左贤王立，为狐鹿姑单于，是岁太始元年（前96）也。"

狐鹿姑单于 （前96～前85年）

［按］据《汉书·匈奴传》：为且鞮侯单于长子。父卒继立。"初，且鞮侯两子，长为左贤王，次为左大将。（且鞮侯）病且死，言立（长子）左贤王，左贤王未至，（匈奴）贵人以为有病，更立（次子）左大将为单于。左贤王闻之，不敢进。左大将使人召左贤王而让位焉。左贤王辞以病，左大将不听，谓曰：'即不幸死，传之于我。'左贤王许之，遂立为狐鹿姑单于。狐鹿姑单于立，以左大将为左贤王，数年（左贤王）病死，其子先贤掸（chán）①不得代（左贤王），更以为日逐王。日逐王者，贱于左贤王。（狐鹿姑）单于自以其子为左贤王……会（狐鹿姑）病死。初，单于有异母弟为左大都尉，贤，国人向之。母阏氏（yān zhī）恐单于不立子而立左大都尉也，乃私使杀之。左大都尉同母兄怨，遂不肯复会单于庭。又（狐鹿姑）单于病且死，谓诸贵人：'我子少，不能治国，立弟右谷蠡王。'及单于死，卫律等与颛渠阏氏（单于正妻）谋，匿单于死，诈矫单于令，与贵人饮盟，更立子左谷蠡王为壶衍鞮（dī）单于。是岁，始元二年（前85）也"。

壶衍鞮单于 （前85～前68年四月）

［按］据《汉书·匈奴传》：为狐鹿姑单于子。父卒依遗嘱应立其叔，然其母矫遗训而立之。而"左贤王、右谷蠡王以不得立怨望，率其众欲南归汉。恐不能自致，即胁卢屠王，欲与西降乌孙，谋击匈奴。卢屠王告之，单于使人验问，右谷蠡王不服，反以其罪罪卢屠王，国人皆冤之。于是二王去居其所，未尝肯会龙城"，匈奴始衰。"壶衍鞮单于立十七年死，弟左贤王立，为虚闾权渠单于。是岁，地节二年（前68）也"。《资治通鉴》记在是年四月。

虚闾权渠单于 （前68年四月～前60年）

［按］据《汉书·匈奴传》：为壶衍鞮单于之弟。兄终弟及。"会单于死，是岁，神爵二年（前60）也。虚闾权渠单于立九年死……郝宿王刑未央②使人召诸王，未至；颛渠阏氏与其弟左大且渠都隆奇③谋，立右贤王屠耆堂为握衍朐鞮（qú dī）单于。握衍朐鞮单于者，代父为右贤王，乌维单于耳孙④也"。

握衍朐鞮单于屠耆堂 （前60～前58年十一月）

［按］据《汉书·匈奴传》：为乌维单于耳孙，立前为右贤王。虚闾权渠单于死后为颛渠阏氏与其弟左大且渠都隆奇所立。"单于初立，凶恶，尽杀虚闾权渠（单于）时用事贵人刑未央等，而任用颛渠阏氏弟都隆奇，又尽免虚闾权渠子弟近亲，而自以其子弟代之。虚闾权渠单于子稽侯狦（shān）既不得立，亡归妻父乌禅幕……时单于已立二岁，暴虐杀伐，国中不附……其明年，乌桓击匈奴东边姑夕王，颇得人民，单于怒。姑夕王恐，即与乌禅幕及左地贵

---

① 先贤掸，人名。其父因让位被任左贤王，父卒时未得袭左贤王位，而降任日逐王。

② 刑未央，人名。为郝宿王。

③ 都隆奇，人名。为左大且渠（官名）。

④ 耳孙，诸家所解不同。据《资治通鉴》胡注：应劭曰：耳孙，玄孙之子也；李斐曰：耳孙，曾孙也；晋灼曰：耳孙，玄孙之曾孙也。师古曰：《匈奴传》说握衍朐鞮单于，云乌维单于耳孙，以此参之，李云曾孙是也。

人共立稽侯狦为呼韩邪单于，发左地兵四五万人，西击握衍朐鞮单于……握衍朐鞮单于恚（huì），自杀……其民众尽降呼韩邪单于。是岁，神爵四年（前58）也，握衍朐鞮单于立三年而败"。《资治通鉴》记在是年十一月。

是时，匈奴出现了五单于分立的局面：

呼韩邪单于稽侯狦（前58年十一月～前31年）

[按]"狦"一作"珊"。《汉简》作"呼韩单于"。据《汉书·匈奴传》：为虚闾权渠单于之子。为姑夕王等立之。"其冬，都隆奇与右贤王共立日逐王薄胥堂为屠耆单于，发兵数万人东袭呼韩邪单于，呼韩邪单于兵败走。屠耆单于还……留居单于庭……呼韩邪立二十八年，建始二年（前31）死……呼韩邪死，雕陶莫皋立，为复株累若鞮单于"。

在位期间，五年（前54），为郅支单于所败，向汉求助。乃与汉友好，和亲，多次朝汉。十六年（前43），与汉使韩昌、张猛"登匈奴诺水东山，刑白马，单于以径路刀（即宝刀）、金留犁挠酒（应劭曰：'金，契金也。留犁，饭匕也。挠，和也。契金著酒中，挠搅饮之。'），以老上单于所破月氏王头为饮器者，共饮血盟"，"为盟约曰：'自今以来，汉与匈奴合为一家，世世毋得相诈相攻……令其世世子孙尽如盟。'"历史上著名的王昭君故事就发生在此时。"竟宁元年（前33），单于复入朝，（汉）礼赐如初，加衣服锦帛絮，皆倍于黄龙时。单于自言，愿婿汉氏以自亲，元帝以后宫良家子王樯（一作嫱）字昭君赐单于，单于欢喜，上书愿保塞上谷以西至敦煌，传之无穷，请罢边备塞吏卒，以休天子人民"。昭君故事《西京杂记》有详记。

屠耆单于薄胥堂（前58～前56年九月）

[按]据《汉书·匈奴传》：为握衍朐鞮单于兄。在其弟为单于时被立为日逐王。其弟单于位被呼韩邪单于夺得后，他被右贤王等立为单于，与呼韩邪单于抗衡。"明年秋，屠耆单于使日逐王先贤掸兄右奥鞮王为乌藉都尉，各二万骑屯东方，以备呼韩邪单于。是时，西方呼揭王来与唯犁当户谋，共谗右贤王，言欲自立为乌藉单于。屠耆单于杀右贤王父子，后知其冤，复杀唯犁当户。于是，呼揭王恐，遂叛去，自立为呼揭单于。右奥鞮王闻之，即自立为车犁单于；乌藉都尉亦自立为乌藉单于。凡五单于"。

《汉书·匈奴传》继曰：汉宣帝五凤二年（前56），"屠耆单于兵败，自杀，都隆奇乃与屠耆少子、右谷蠡王姑瞀楼头亡归汉……呼韩邪单于左大将乌厉屈与父呼邀（sù）累[1]乌厉温敦皆见匈奴乱，率其众数万人南降汉，封乌厉屈为新城侯，乌厉温敦为义阳侯"。《汉书·宣帝纪》记此事为十一月，其云："冬十一月，匈奴呼邀累单于帅众来降，封为列侯。"而《景武昭宣元成功臣表》记信成侯（新城侯）封立在九月，其云："信成侯，王定，以匈奴、乌桓屠蓍单于子左大将军率众降……五凤二年（前56）九月癸巳封。""义阳侯（乌）厉温敦，以匈奴谭连累单于[2]率众降……三年（前55）二月甲子封。"

呼揭单于（前57年七月）

[按]据《汉书·匈奴传》：原为屯兵西方的呼揭王，因惧屠耆单于降罪，自立为呼揭单于

---

① 《汉书》颜注："呼邀累者，其官号也。"
② 《资治通鉴》考异曰："谭连累单于……未尝为单于，或降时自称单于。"

而与之抗衡。当年，"乌藉、车犁皆败，西北走，与呼揭单于兵合为四万人，乌藉、呼揭皆去单于号，共并力尊辅车犁单于"。《资治通鉴》记其事于当年七月。

车犁单于（前57年七月～前56年九月）

［按］据《汉书·匈奴传》：为且鞮侯单于孙，日逐王先贤掸兄。原为屯兵东方的右奥（又写作"薁"，yù）鞮王。见呼揭自立后，"即自立为车犁单于"。"其明年……车犁单于东降呼韩邪单于"。《资治通鉴》记在九月。

乌藉单于（前57年七～十一月）

［按］据《汉书·匈奴传》：原为屯田东方的乌藉都尉，见呼揭自立后，"亦自立为乌藉单于"。当年，兵败，去单于号，"尊辅车犁单于"。《资治通鉴》记在十一月。

五单于归一不久，又有两单于分立于东、西边：

闰振单于（前56年十一月～前54年四月）

［按］据《汉书·匈奴传》："屠耆单于从弟休旬王将所主五六百骑击杀左大且渠，并其兵，至右地，自立为闰振单于，在西边（《资治通鉴》记在十一月）……其后二年，闰振单于率其众东击郅支单于，郅支单于与战，杀之，并其兵。"《资治通鉴》记在是年四月。

郅支骨都侯单于呼屠吾斯（前56年十一月～前36年）

［按］据《汉书·匈奴传》："其后，呼韩邪单于兄左贤王呼屠吾斯亦自立为郅支骨都侯单于，在东边（《资治通鉴》记在十一月）……其后呼韩邪竟北归庭，人众稍稍归之，国中遂定。郅支既杀使者，自知负汉，又闻呼韩邪益强，恐见袭击，欲远去……引兵向西……到康居（约今巴尔喀什湖和咸海之间）。其后，（汉）都护甘延寿与副陈汤发兵即康居，诛斩郅支。"《汉书·陈汤传》记其事在建昭三年（前36）。

不久，又有一单于自立：

伊利目单于（前49年二月）

［按］据《汉书·匈奴传》："又，屠耆单于小弟，本侍呼韩邪（单于），亦亡之右地，收两兄余兵，得数千人，自立为伊利目单于。道逢郅支（单于），合战，郅支杀之，并其兵。"《资治通鉴》记其事于黄龙元年（前49）二月。一说此事发生在前53年。

复株累若鞮①单于雕陶莫皋（前31～前20年正月）

［按］据《汉书·匈奴传》：为呼韩邪单于子。父卒继立。"复株累单于立十岁，鸿嘉元年（前20）死，弟且（jū）麋胥立，为搜谐若鞮单于"。《汉书·天文志》记为正月，其云："鸿嘉元年正月，匈奴单于雕陶莫皋死。"

---

① 此后凡单于号皆冠以"若鞮"两字，据《汉书·匈奴传》："匈奴谓'孝'曰'若鞮'，自呼韩邪（单于）后，与汉亲密，见汉谥帝为'孝'，慕之，故皆为'若鞮'。"南匈奴时，又省"若"称"鞮"。

搜谐若鞮单于且糜胥（前 20 年正月～前 12 年十二月）

［按］据《汉书·匈奴传》：为复株累若鞮单于同母弟。兄终第及。"搜谐单于立八岁，元延元年（前 12）为朝，二年发行（颜注：发其国而行），未入塞，病死，弟且莫车立，为车牙若鞮单于"。《资治通鉴》记在十二月。

车牙若鞮单于且莫车（前 12 年十二月～前 8 年八月）

［按］据《汉书·匈奴传》：为搜谐若鞮单于异母弟。兄终弟及。"车牙单于立四岁，绥和元年（前 8）死，弟囊知牙斯立，为乌株留若鞮单于"。《资治通鉴》记在八月。

乌珠留若鞮单于囊知牙斯（前 8 年八月～13 年）

［按］据《汉书·匈奴传》：元始二年（2），曾向汉上书，更名曰"知"。其为车牙若鞮单于同母弟。兄终弟及。"乌珠留单于立二十一岁，建国五年（13）死，匈奴用事大臣右骨都侯须卜当，即王昭君女伊墨居次云之婿……立咸为乌累若鞮单于"。

乌累若鞮单于咸（13～18 年）

［按］据《汉书·匈奴传》：为乌珠留若鞮单于异母弟。兄终弟及。"单于咸立五岁，天凤五年（18）死，弟左贤王舆立，为呼都而尸道皋若鞮单于"。

呼都而尸道皋若鞮单于舆（18～46 年）

［按］据《汉书·匈奴传》：为乌累若鞮单于异母弟。兄终弟及。据《后汉书·南匈奴传》：建武"二十二年（46），单于舆死，子左贤王乌达鞮侯立为单于"。

乌达鞮侯（46 年）

［按］为呼都而尸道皋若鞮单于之子。父卒继立。据《后汉书·南匈奴传》："复死，（父）弟左贤王蒲奴立为单于。"

蒲奴（46～48 年）

［按］为呼都而尸道皋若鞮单于弟，乌达鞮侯叔。其侄死后被立之。时遭重灾，据《后汉书·光武帝纪》：即位当年（46），"乌桓击破匈奴，匈奴北徙，幕南地空"。两年后（48），右薁（yù）鞮日逐王比自立为单于，率部南下附汉，至此，匈奴分裂为北、南部分，故公元 48 年以后即进入"北匈奴"的范畴。

［匈奴］世系

①冒顿单于
(前 209～前 174)

②老上单于稽粥
(前 174～前 161)

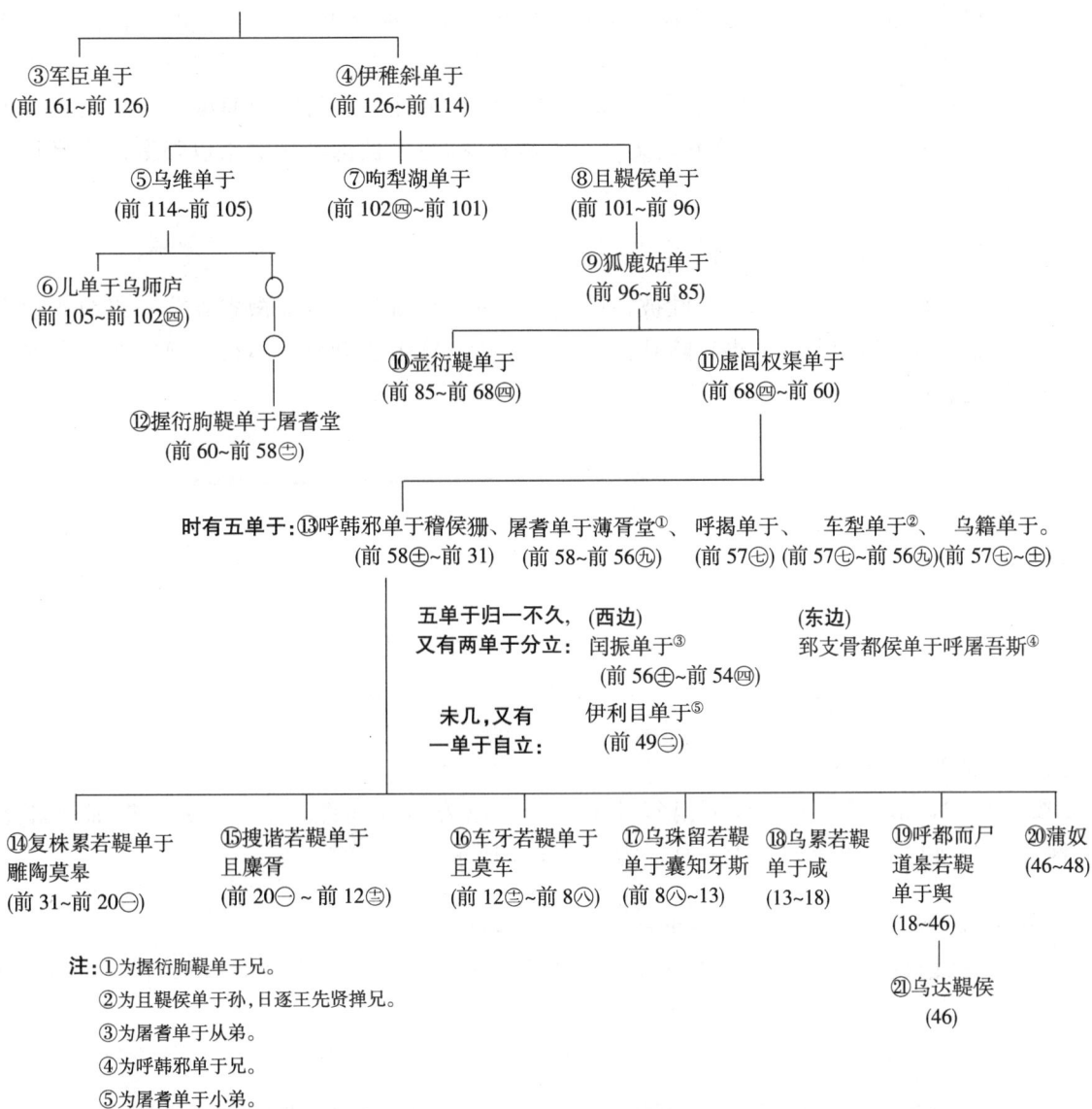

③军臣单于
(前 161~前 126)　　④伊稚斜单于
(前 126~前 114)

⑤乌维单于
(前 114~前 105)　　⑦呴犁湖单于
(前 102㈣~前 101)　　⑧且鞮侯单于
(前 101~前 96)

⑥儿单于乌师庐
(前 105~前 102㈣)　　○　　○

⑨狐鹿姑单于
(前 96~前 85)

⑫握衍朐鞮单于屠耆堂
(前 60~前 58㈩)

⑩壶衍鞮单于
(前 85~前 68㈣)　　⑪虚闾权渠单于
(前 68㈣~前 60)

时有五单于:⑬呼韩邪单于稽侯狦、屠耆单于薄胥堂①、呼揭单于、　车犁单于②、　乌籍单于。
(前 58㈩~前 31)　　(前 58~前 56㈨)　　(前 57㈩) (前 57㈩~前 56㈨)(前 57㈩~㈩)

五单于归一不久，(西边)　　(东边)
又有两单于分立：闰振单于③　　郅支骨都侯单于呼屠吾斯④
(前 56㈩~前 54㈣)

未几，又有　　伊利目单于⑤
一单于自立：(前 49㈡)

⑭复株累若鞮单于
雕陶莫皋
(前 31~前 20㈡)　　⑮搜谐若鞮单于
且麋胥
(前 20㈡~前 12㈩)　　⑯车牙若鞮单于
且莫车
(前 12㈩~前 8㈧)　　⑰乌珠留若鞮
单于囊知牙斯
(前 8㈧~13)　　⑱乌累若鞮
单于咸
(13~18)　　⑲呼都而尸
道皋若鞮
单于舆
(18~46)　　⑳蒲奴
(46~48)

㉑乌达鞮侯
(46)

注:①为握衍朐鞮单于兄。
②为且鞮侯单于孙，日逐王先贤掸兄。
③为屠耆单于从弟。
④为呼韩邪单于兄。
⑤为屠耆单于小弟。

张　楚

（前 209 年七月 ~ 前 208 年六月）

隐王陈胜（前 209 年七~十二月）

　[按] 字"涉"。因以陈为都，故史也称为"陈王"。阳城（古代阳城多处，此为今河南省登封告成镇）人。务农出身。秦二世元年（前 209）七月，秦发闾左戍卒九百人赴渔阳（今北京密云），途中遇大雨，屯蕲县大泽乡（今安徽省宿州东南刘村集），不能按期到戍地，依秦法，

失期当斩，身为屯长的陈胜乃与吴广议，坐死不如起兵反，遂提出"王侯将相宁有种乎"，起兵反秦，揭开秦末起义的大幕。即克陈（今河南省淮阳），以为都，称王，号"张楚"（《史记·陈涉世家》"索隐"："欲张大楚国，故称张楚也。"）设上柱国、将军等官职。秦遣大将章邯讨伐，吴广死，进军受阻。陈胜行至下城父（今安徽省蒙城），被御者庄贾杀以降秦，后葬砀（今河南省永城东北）。谥"隐王"。

吕臣（前209年十二月～前208年六月）

［按］原为陈胜起义军将军。陈胜被害后继续斗争，在新阳（今安徽省界首）组织奴隶为苍头军（一说以青巾裹头得名），再复陈县，杀叛徒庄贾，承张楚政权。不久，项梁在盱台拥立楚怀王，遂投之，归其统属。不知所终。

赵

（前209年八月～前206年正月）

武臣（前209年八～十一月）

［按］号"武信君"。陈（今河南省淮阳）人。原为陈胜部将。是年八月，据邯郸自立为王，称"赵"，以张耳为丞相。十一月，为部将李良所杀。

赵歇（前208年正月～前206年正月）

［按］为战国赵氏之后。武臣被杀后由张耳等立之。据信都（今河北省邢台）。再年正月，归顺楚怀王。后为汉将韩信所杀。

齐

（前209年九月～前204年十一月）

田儋（前209年九月～前208年六月）

［按］战国田齐宗族。翟（今山东省高青）人。杀县令起兵，自立为王，号"齐"。逾年六月，兵败被杀。

田假（前208年六～八月）

［按］齐王田建弟。田儋卒后为齐人立之。以田角为相，田儋从弟田荣不服，逐田假，立田儋子田市，自为相。

田市（前208年八月～前206年六月）

[按] 田儋子。为田荣所立。后为田荣杀于即墨（今山东省平度南）。

田荣（前206年六月～前205年正月）

[按] 田儋从弟。杀田市自立。继为项羽所败，被杀。

田假（前205年正月～四月）

[按] 项羽杀田荣，复立田假。数月，田假为田荣弟田横所攻，逃投项羽，被项羽所杀。

田广（前205年四月～前204年十一月）

[按] 田荣子。为叔田横所立，以田横为相。逾年，为韩信败于高密，被执杀。

田横（前204年十一月）

[按] 田荣弟。田广被杀后自立。继为韩信所攻，投梁，刘邦占齐地，齐亡。田横后入海岛，汉高帝时召回，至尸乡（今河南省偃师西）自尽，高帝礼葬于偃师。

齐　世　系

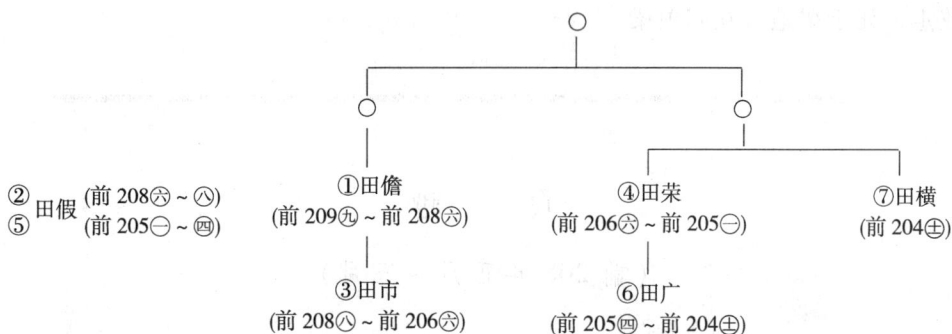

齐世系表：

②田假（前208⑥～⑧）
⑤田假（前205①～④）

①田儋（前209⑨～前208⑥）
③田市（前208⑧～前206⑥）

④田荣（前206⑥～前205①）
⑥田广（前205④～前204⑪）

⑦田横（前204⑪）

燕

（前209年九月～前206年八月）

韩广（前209年九月～前206年八月）

[按] 原为上谷卒吏。起兵后，初投赵，受命徇（xùn）燕地，遂自立为王，号"燕"。后为臧荼（tú）杀于无终（今天津市蓟县）。

魏

（前 209 年九月～前 208 年六月）

魏王魏咎（前 209 年九月～前 208 年六月）

［按］号"宁陵君"。魏人。原为魏贵族，陈胜起义后为周市在魏地立为"魏王"，周市为相。曾兵攻丰、沛。越年六月，在临济（今河南省封丘东）被秦章邯军击败，自杀。弟魏豹率余众投楚怀王。

楚

（前 208 年正月～三月）

景驹（前 208 年正月～三月）

［按］战国楚氏后裔。为广陵人秦嘉起兵后所立，称王，号"楚"。继为项梁所攻，秦嘉战死，景驹败走，死于梁地。众归项梁。

百　越

（前 208 年正月～三月）

番君吴芮（前 208 年正月～三月）

［按］原为番阳（今江西省波阳县东）令，号曰"番君"，起兵后被英布等拥立，号"百越"。继投归项梁，政权结束。前 202 年七月卒，谥"文王"。

楚

（前 208 年六月～前 206 年十月）

楚怀王心（前 208 年六月～前 206 年十月）

［按］熊氏。为战国楚怀王愧之孙。楚亡后，流落民间，替人牧羊。项梁起兵后，依范曾

计，被立为王，仍称楚怀王。都盱台（今江苏省盱台东北）。项梁卒，由项籍支持，徙都彭城（今江苏省徐州）。前206年正月，被各路将领尊为"义帝"，由项籍主霸，将其移都郴（今湖南省郴州），继又分诸将为十八王，使之各领一方。十月，被项籍遣英布所杀。

［西　　楚］

（前206年十月～前202年十二月）

西楚霸王项籍（前206年十月～前202年十二月）

［按］字"羽"。楚怀王心时曾被封为"长安侯"，号"鲁公"。下相（今江苏省宿迁西南）人。其先祖在春秋战国时为楚将，封于项（今河南省沈丘），遂以为氏。后为避祸，迁入吴地。秦二世元年（前209）九月，随叔父项梁起兵，拥楚怀王心为王。后，项梁死。自恃势强，称"西楚霸王"（时称淮北沛、陈、汝南、南郡为"西楚"）。十月，杀心自立。据梁、楚九郡之地，都彭城（今江苏省徐州）。前202年十二月，为刘邦所败，自刎于乌江岸（今安徽省和县东北）。

据《史记》等记载，公元前207年，刘邦先入关灭秦，继而项羽屠咸阳，杀秦王子婴，烧秦宫室，火三月不灭。时虽尊楚怀王心为义帝，然心只一名义而已。下年，"项王欲自王，先王诸将相……乃分天下，立诸将为侯王"。"项王自立为西楚霸王，王九郡，都彭城（今江苏省徐州）"。现将所封十八王列表如下。

所封对象	分王	辖地	都邑	灭　　　亡
刘　邦	汉　王	巴蜀、汉中	南郑（今陕西南郑）	
章　邯	雍　王	咸阳以西	废丘（今陕西兴平）	立十六月，为刘邦攻，败，自杀
司马欣	塞　王	咸阳以东，至河	栎阳（今陕西临潼）	立六月，降刘邦
董　翳	翟　王	上郡	高奴（今陕西延安）	立六月，降刘邦
魏　豹	西魏王	河东	平阳（今山西临汾）	立十三月，降刘邦
申　阳	河南王	河南	洛阳（今河南洛阳）	立八月，降刘邦
韩　成	韩　王	韩故地	阳翟（今河南禹县）	立五月，被废，立郑昌，月余降刘邦
司马卬	殷　王	河内	朝歌（今河南淇县）	立十三月，为刘邦俘
赵　歇	代　王	代地	代（今河北蔚县）	立八月，复为赵王，以陈馀为代王，又立十三月，陈馀战死，赵歇被俘
张　耳	常山王	赵地	襄国（今河北邢台）	立八月，被陈馀击败，投刘邦
英　布	九江王		六（今安徽六安）	立二十二月，降刘邦

所封对象	分　王	辖　地	都　邑	灭　　亡
吴　芮	衡山王		邾（今湖北黄冈）	刘邦即帝位时封长沙王
共　敖	临江王		江陵（今湖北江陵）	立三十月卒，子共尉嗣，立十七月，为刘邦俘
韩　广	辽东王	辽东	无终（今天津蓟县）	立六月，为臧荼所杀
臧　荼	燕　王		蓟（今北京）	刘邦称帝后反叛，被俘
田　市	胶东王		即墨（今山东即墨）	立四月，为田荣所杀
田　都	齐　王		临淄（今山东临淄）	立三月，为田荣击败，逃降楚
田　安	济北王		博阳（今山东泰安）	立五月，为田荣使彭越所杀

南　越

（约前 204～前 111 年）

　　《史记》作“南越”，《汉书》作“南粤”。秦末，各地纷起，南海尉赵佗（tuó）踞扬越（岭南地区，包括桂林、南海、象郡），自立为“南越武王”，都番禺（今广东省广州）。共传五世，历时九十六年。前 111 年为汉武帝所灭，汉于其地置九郡。

武王赵佗（约前 204～约前 137 年）

　　［按］真定（今河北省正定）人。原为南海尉，守越地。秦末起兵自立，号“南越”。其开国时间学界有诸说：一据赵佗任南海令的时间进行推定；一据南越亡于前 111 年，《史记》载：“自尉佗初王，后五世九十三岁。”从而推知为前 204 年，[①] 或前 203 年。[②] 汉吕后时曾称“南越武帝”，与汉抗衡。汉文帝时去帝号，与汉修好。据《史记·南越尉佗列传》：建元四年（前 137）卒。关于赵佗的卒年，史家对《史记》的记载有疑，王鸣盛在《史记会注考证》中说，若以二十岁为龙川令，卒时已一百一十余岁。检《汉书》考之，建元四年实为赵佗孙赵胡继位之年，但史载又未言赵佗子之事，其卒年虽有可疑，然无他载可资证，一般仍以此年记之。

---

　　① 余天炽：《古南越国史》，广西人民出版社，1988。

　　② 黄展岳：《从南越王墓看南越王国》，载《文史知识》1984 年第 4 期。

文王赵胡（前 137 ~ 约前 122 年）

［按］为赵佗孙。据《汉书·西南夷两粤朝鲜传》：建元四年（前 137）立。在位十余年，病卒，谥"文王"。卒年史未明载，据其子赵婴齐归年推算，为前 122 年。1983 年 8 月，广州象岗山发掘一座墓葬，出土金印"文帝行玺"及"文帝九年"铭刻，同时有"赵眜"字样的私印。据此，学者以为此赵眜即史载所记之赵胡。今在墓葬地建"南越王墓博物馆"。

明王赵婴齐（约前 122 ~ 约前 118 年）

［按］为赵胡子。父卒继立。卒后谥"明王"。其卒年史未明载，《龙川县志》推断为元狩二年（前 121）；《古南越国史》说："更可能是在元狩之末的前 118 年、前 117 年之间。"这些全为推论，尚未有确证。

赵兴（约前 118 ~ 前 112 年十一月）

［按］为赵婴齐少子。父卒继立。后因主张附汉，被丞相吕嘉所杀。《资治通鉴》记其事为元鼎五年（前 112）十一月。

术阳侯赵建德（前 112 年十一月 ~ 前 111 年）

［按］为赵婴齐长子，赵兴同父异母兄。丞相吕嘉杀赵兴后立之。因不服汉，为汉征讨，国都番禺失陷，被俘，南越亡。汉于其地置九郡。

南 越 世 系

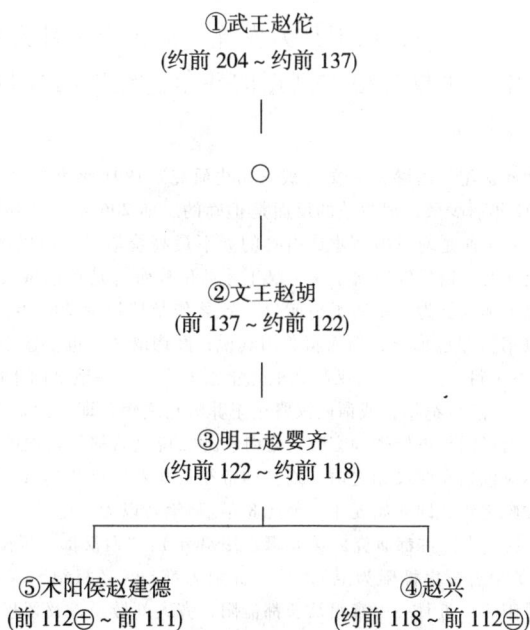

①武王赵佗
(约前 204 ~ 约前 137)

○

②文王赵胡
(前 137 ~ 约前 122)

③明王赵婴齐
(约前 122 ~ 约前 118)

⑤术阳侯赵建德
(前 112⊕ ~ 前 111)

④赵兴
(约前 118 ~ 前 112⊕)

西汉（前汉）

（前 202 年二月 ~ 8 年十一月）①

国号"汉"，得名于刘邦反秦中所封国名，《资治通鉴》胡三省注曰："（刘邦）及灭项羽有天下，遂因始封国名而号曰汉。"史称"西汉"，又称"前汉"（因刘秀所建汉，都城在东，或时间前后相对而言。《宋书·天文志序》："西汉长安已有其器。"《范晔传》："即造《后汉》……《前汉》所有者悉令备。"）初都栎阳②（今陕西省临潼县古城村南），后徙长安（今陕西省西安）。盛时疆域东、南至海，西达葱岭，北接大漠。历十四帝，二百一十年。

高祖高帝刘邦（前 202 年二月 ~ 前 195 年四月）

［按］名"邦"，字"季"（一说小字"季"，即位后更名"邦"，后讳邦不讳季）。楚怀王时曾受封"武安侯"。沛县丰邑中阳里（今江苏省沛县）人。周赧（nǎn）王五十九年（前 256）生。行三。秦时，曾任泗水亭长。秦末起兵后称"沛公"。初投景驹，后投项梁，前 206 年灭秦后被项羽封为汉王（《史记》、《汉书》皆记是年为"汉元年"）。继而楚汉相争，前 202 年在垓下（今安徽省灵璧东南）大败项羽，羽败至乌江（今安徽省和县东北）自刎。是年二月，在汜（fàn）水之阳（今山东省曹县附近）称帝，国号"汉"。八年（前 195），战中受伤，四月，卒于长安长乐宫。终年六十二岁。葬长陵（今陕西省咸阳窑店乡三义村北）。上尊号"高皇帝"，庙号"高祖"。在西汉陵墓中，以长陵陪葬墓最多，现今地面还可见六十余座坟丘，著名者有萧何、曹参、周勃等。

刘邦灭秦建汉后，汉初继用秦正，以十月为岁首（周正十一月为岁首），至汉武帝时方改。

汉朝初年，经历了一场中央集权与地方割据的斗争。经项羽分封十八王后，刘邦在称帝前

---

① 谭其骧在《俗传中国史朝代起迄纪年匡谬》一文（载《历史研究》1991 年第 6 期）中说："西汉起始年，采用公元前206 年的居多数，采用前 202 年居少数，居少数的反而是正确的。前 206 年是刘邦始建汉王国之年，其时的汉王国只是项羽主命所分十八王国之一。西楚霸王项羽才是当时的天下最高统治者。所以汉王元年，不等于是汉朝的起始年。楚汉相争的结果，刘邦击败项羽，诸侯皆臣属于汉，汉王才即位称帝，是在他做汉王的第五年，即前 202 年，这一年才是汉朝的起始年。史载此事本来极为简单明了，何以多数著作都要以前 206 年，即汉王元年作为汉朝的起始年呢？这是由于东汉时的班固《汉书》早已如此，后人辄袭用其说；踵谬既久，世俗遂不以为非。在班固之前的司马迁本无此误……西汉终止年，《汉书·目录》说'西汉起高祖元年乙未，尽王莽地皇四年癸未'，《后汉书·目录》说'光武起后汉乙酉岁，改建武元年'。后世纪年，或谓西汉终于王莽败亡之年，即公元 23 年；或谓东汉起自公元 25 年，即光武建武元年，故西汉终年，当指同年更始帝刘玄败亡之时。此二说显然都是错误的。王莽废西汉末帝孺子婴自立为天子，建国号新，新朝当然不应包括在西汉朝之内。刘玄称帝在王莽末一年及其后二年，当然更不应列入西汉时代。西汉的终年，自当指孺子婴被废之年，即初始元年，公元 8 年。"笔者以为所论极是，故采之。

② 史念海《中国古都概说》（载《中国古都研究》第 8 辑，1993 年）："西汉都。栎阳：《史记》卷八《高祖纪》：二年，'令太子守栎阳，诸侯子在关中者皆集栎阳为卫，是以栎阳为都。《高祖纪》又说：五年五月，'即皇帝位汜水之阳……天下大定，高祖都雒阳……五月……高祖欲长都雒阳，齐人刘敬说，及留侯劝上入都关中。高祖是日驾入都关中'。是时长安尚未建立，故当仍以栎阳为都，至高帝七年（前 200 年）始徙都长安。由高祖二年（前 205 年）至高帝七年，前后共 6 年。长安：汉高帝七年（前 200 年）至孺子婴初始元年（公元 8 年），共 208 年。"也有以为"最初建都洛阳，不久迁至长安"（见《中国史稿》）；一般则称"都长安"（见《中国通史简编》）。

后，对拥有兵权的开国勋将进行了分封，前后共七人，史称"异姓诸王"，形成尾大不掉的割据势力。刘邦称帝后，加强中央集权，对其进行了铲除，以刘氏"同姓诸王"替代。其中长沙王因地偏远，又处在汉与南越的缓冲地带，方得以延续，至文帝时因其无子嗣方摒除。现将"西汉初年异姓诸王"列表如下：

封王	人名	高祖刘邦称帝前	称帝（前 202 年二月）后	惠帝、吕后时	文帝时
韩王	韩信	韩信为故韩襄王之孙。初为韩将，后附刘邦，随刘邦击破韩王郑昌，前 206 年十月，被刘邦封为韩王。	前 201 年正月，刘邦以太原郡三十一县为韩国，徙韩信王太原以北，以防备匈奴。都晋阳。是年秋，匈奴南下，围韩信于马邑，韩信向匈奴求和，刘邦责之，韩信惧，九月，降匈奴。刘邦亲军击韩信，十月，韩信亡走匈奴，前 196 年正月战败被杀。		
赵王	张耳张敖	张耳，大梁人。秦末起兵，初投陈涉，从将军武臣攻略赵地，拥武臣立为赵王，为其丞相。及武臣被杀，继立赵歇为赵王，居信都。前 206 年二月，随项羽入关，项羽封十八王，乃以部分赵地封其为常山王，治信都，更名为襄国。在楚汉相争中投刘邦，攻取赵地，前 204 年十一月，受封为赵王。	前 202 年七月，张耳卒。谥景。子张敖嗣立。前 199 年十二月，张敖受赵相贯高谋反事牵连，被执。逾年正月，赦放，降为宣平侯。徙代王刘如意（刘邦子）为赵王。	前 182 年四月，张敖卒。赐谥鲁元王（张敖妻为鲁元公主）。子张偃（吕后外孙）在鲁元公主卒时（前 187 年四月）被封为鲁王。	前 180 年九月，吕后卒后，大臣诛诸吕，废鲁王张偃。下月，文帝即位，降其为南宫侯。
齐王楚王	韩信	韩信，淮阴人。幼家贫，曾受少年胯下之辱，早年从项梁反秦，自刘邦入蜀，乃背项羽投刘邦，初为治粟都尉，经丞相萧何举荐，拜为大将，官至相国。随刘邦东征西讨，破齐田广后，前 203 年二月，请立为齐王，刘邦迫允之，都临淄。至破项羽，前 202 年正月徙为楚王，都下邳（今江苏邳县）。	前 202 年十二月，被告谋反，受擒，获赦，降为淮阴侯。生怨，前 196 年正月，欲反，被斩。		
淮南王	英布	英布，六（今安徽省六安）人。曾受黥刑，故又称"黥布"。秦末起兵，投项梁，拜当阳君。项梁卒，与项羽击败秦将章邯，坑秦卒二十余万人。为前锋，入咸阳。前 206 年二月项羽封十八王，封其为九江王，都六。十月，受项羽遣，杀义帝心。前 205 年十一月，背项羽投刘邦。前 203 年七月，受封淮南王，都六。	前 196 年二月，英布先后见楚王韩信、梁王彭越被杀，心恐，发兵反。刘邦立子刘长为淮阳王，亲兵击英布。十月，英布被杀。		

封王	人名	高祖刘邦称帝前	称帝（前202年二月）后	惠帝、吕后时	文帝时
梁王	彭越	彭越，字仲，昌邑人。秦末起兵，刘邦攻昌邑时助之。前205年四月，领三万兵投刘邦，为魏相国。攻略梁地。至破项羽，前202年正月，受封为梁王，都定陶（今山东省定陶）。	前196年正月，被告谋反，三月，夷三族。		
长沙王	吴芮 吴臣 吴回 吴若 吴产	吴芮，秦时为番阳县令，为政得民心，号"番君"。秦末起兵，前206年二月，项羽封十八王，封其为衡山王，都邾（今湖北省黄冈）。后附刘邦。	前202年二月，在刘邦称帝时，因战功，刘邦封吴芮为长沙王，都临湘（今湖南省长沙）。七月，卒。谥文。由其子吴臣嗣立。	前193年吴臣卒，由子吴回嗣立。前186年吴回卒，由子吴若嗣立。	前178年吴若卒，由子吴产嗣立。前157年吴产卒，无子除封。
燕王	卢绾	卢绾，丰人，与刘邦同乡，并同日生，幼时相好。随刘邦起兵，以太尉常从出入卧内，甚得宠，受封长安侯。	前202年九月，刘邦执杀项羽所封燕王臧荼后，由于卢绾的特殊身份，封其为燕王，这是刘邦所立异姓王的最后一个。前195年二月，人告其谋反，刘邦发兵击之，并立己子刘建为燕王。四月，卢绾亡入匈奴。		

　　"封王"为西汉时期的一个重要政治现象。刘邦称帝后，企图以"同姓王"代替"异姓王"的手段打击地方割据势力，维系"刘氏"统治。初封时，同姓王占地较大，如齐王刘肥七十余县，吴王刘濞、代王刘仲皆五十余城，且诸王"宫室百官同制京师"，对中央有很大的独立性。有鉴于此，不少大臣，如贾谊、晁错、主父偃等提出"削藩"之策。此论一出，即得不少诸侯国的抵制，直接酿成起兵对抗中央的吴楚"七国之乱"。现将汉初（景帝前）分封的同姓诸王及承袭关系列表如下：

高祖刘邦时			惠帝刘盈、高后吕雉时			文帝刘恒时			景帝刘启时		
封王	人名	简　况	封王	人名	简　况	封王	人名	简　况	封王	人名	简　况
荆王	刘贾	为高祖从兄。前201年正月，因原异姓楚王韩信谋反被诛，高祖始封同姓王。将楚地分为二，以刘贾平叛有功，将其中淮东五十三县封之。前196年七月，异姓淮南王英布反，刘贾被击杀。无子嗣。									

高祖刘邦时			惠帝刘盈、高后吕雉时			文帝刘恒时			景帝刘启时		
封王	人名	简　况	封王	人名	简　况	封王	人名	简　况	封王	人名	简　况
吴王	刘濞	为高祖兄刘仲子。前196年十月，从破英布，更荆为吴受封，据三郡五十三城。	吴王	刘濞		吴王	刘濞	前175年四月，汉造四铢钱，允民间可自造，吴地有铜山，刘濞召人铸钱，时吴钱布天下；加之又有海水煮盐之利，吴国财力雄厚。	吴王	刘濞	前154年正月，对抗削藩之策，**联楚等七国叛乱**，二月，兵败，被东越人所杀。
									临江王	刘阏	为**景帝子**。前155年三月受封。前153年七月卒。
										刘荣	原为**皇太子**。前151年十一月，废太子封此王。前148年三月，因罪自杀。无子嗣。
									江都王	刘非	原为汝南王。前154年二月，参与平定吴楚七国之乱，六月，徙封此王，治吴地。
楚王	刘交	为高祖弟。前201年正月，分原异姓楚王韩信地为二，以薛郡、东海、彭城三十六县受封。	楚王	刘交		楚王	刘交	前179年三月卒。	楚王	刘戊	前154年正月，**联吴等七国叛乱**。二月，兵败自杀。
							刘郢客	为刘交子。父卒嗣封。前174年卒。		刘礼	为刘交子。前154年六月受封。前151年九月卒。
							刘戊	为刘郢客子。父卒嗣封。		刘道	为刘礼子。父卒嗣封。
			鲁王	张偃*	为前王张敖和鲁元公主子、吕后外孙。前187年四月鲁元公主卒后受封。前180年九月吕后卒后被废。				鲁王	刘馀	原为淮阳王。前154年徙此王。
齐王	刘肥	为**高祖**微时外妇之子。前201年正月，以齐地七十三县受封，诸民能齐语者皆入齐。	齐王	刘肥	前190年十月卒。	齐王	刘襄	前179年八月卒。	齐王	刘将闾	前154年二月，七国乱时骑墙，恐被伐，饮药自杀。
				刘襄	为刘肥子。父卒嗣封。		刘则	为刘襄子。父卒嗣封。前165年卒。无子嗣。		刘寿	为刘将闾子。父卒继封。
							刘将闾	为刘肥子。前164年四月受封。			
			吕王	吕台*	为吕后兄吕泽长子。前187年四月，分齐地受封。十一月卒。						

高祖刘邦时			惠帝刘盈、高后吕雉时			文帝刘恒时			景帝刘启时		
封王	人名	简　况	封王	人名	简　况	封王	人名	简　况	封王	人名	简　况
				吕嘉*	为吕台子。父卒嗣封。前183年十月，因骄恣被废。						
				吕产*	为吕台弟。吕后废吕嘉而封之。前181年二月徙梁王。						
			琅邪王	刘泽	为高祖从祖昆弟。前181年七月，分齐地受封。	琅邪王	刘泽	前180年十月，徙为燕王。			
						城阳王	刘章	为刘肥子。前178年三月，分齐地而封之。前177年四月卒。	城阳王	刘喜	前144年七月卒。
										刘延	为刘喜子。父卒嗣封。
							刘喜	为刘章子。父卒嗣封。前169年六月，徙为淮南王。前164年四月，复为城阳王。			
						济北王	刘兴居	为刘肥子。前178年三月，分齐地受封。前177年五月，因对分地不满，举兵反。八月，兵败自杀。	济北王	刘志	前154年二月徙为菑川王。
										刘勃	原为衡山王。前153年十月徙此王。前152年正月卒。
							刘志	为刘肥子。前164年四月受封。		刘胡	为刘勃子。父卒嗣封。
						济南王	刘辟光	为刘肥子。前164年四月，分齐地受封。	济南王	刘辟光	前154年正月，参与吴楚七国之乱，二月，兵败伏诛。
						菑川王	刘贤	为刘肥子。前164年四月，分齐地受封。	菑川王	刘贤	前154年正月，参与吴楚七国之乱，二月，兵败伏诛。
										刘志	原为济北王，前154年二月徙此王。
						胶西王	刘卬	为刘肥子。前164年四月，分齐地受封。	胶西王	刘卬	前154年正月，参与吴楚七国之乱，二月，兵败自杀。
										刘端	为景帝子。前154年六月受封。

续　表

高祖刘邦时			惠帝刘盈、高后吕雉时			文帝刘恒时			景帝刘启时		
封王	人名	简况	封王	人名	简况	封王	人名	简况	封王	人名	简况
						胶东王	刘熊渠	为刘肥子，前164年四月，分齐地受封。	胶东王	刘熊渠	前154年正月，**参与吴楚七国之乱**，二月，兵败伏诛。
										刘彻	为**景帝子**。前153年四月受封。前150年二月，立为皇太子，去王。
										刘寄	为**景帝子**。前148年四月受封。
代王	刘仲	又名刘喜。为高祖兄。前201年正月，以云中、雁门、代郡五十三县受封。十二月，在匈奴攻代时弃封国自归京，被废。	代王	刘恒	前180年七月，吕后卒，吕氏兄弟欲作乱，被平。刘恒时为高祖子中最长者，诸大臣迎立为新帝，闰九月即位，是为文帝。	代王	刘武 I	为**文帝子**。前178年三月受封。前175年徙为淮阳王。	代王	刘登	
	刘如意	为**高祖子**。前201年十二月受封。前198年正月，徙为赵王。					刘参	原为太原王。前175年徙此王，领全部代地。前162年六月卒。			
	刘恒	为**高祖子**。前196年正月受封。					刘登	为刘参子。父卒嗣封。			
						太原王	刘参	为**文帝子**。前178年三月受封。前175年徙代王。			
赵王	刘如意	原为代王。前198年正月，因原异姓赵王张敖获罪被废而徙此王。	赵王	刘如意	前195年十二月为吕后鸩杀。	赵王	刘遂	为刘友子。前180年十月受封。	赵王	刘遂	前154年正月，**参与吴楚七国之乱**，二月，兵败自杀。
				刘友	原为淮阳王。前195年二月徙此王。前181年正月，被吕后害死。					刘彭祖	原为广川王。前152年正月徙此王。
				刘恢	原为梁王。前181年二月徙此王。六月，受吕后制，自杀。						
				吕禄*	为吕后兄子。前181年六月受封。其父吕释也追封赵王。前180年九月，吕后卒后被杀。						
			恒山王	刘不疑	吕后指为惠帝子。前187年四月分赵地受封。前186年七月卒。	恒山王	刘朝	前180年闰九月，文帝即位后以假惠帝子诛之。			

六　秦汉时期纪年考

高祖刘邦时			惠帝刘盈、高后吕雉时			文帝刘恒时			景帝刘启时		
封王	人名	简　况	封王	人名	简　况	封王	人名	简　况	封王	人名	简　况
				刘弘	原名刘山。吕后指为惠帝子。前186年七月受封，更名刘义。前184年四月，吕后杀傀儡皇帝刘恭，立其为傀儡皇帝，更名刘弘。	河间王	刘辟强	为刘友子。前178年三月，分赵地受封。前166年卒。	河间王	刘德	为**景帝子**。前155年三月受封。
							刘福	为刘辟强子。父卒嗣立。前165年卒。无子嗣。	广川王	刘彭祖	为**景帝子**。前155年三月受封。前152年正月徙赵王。
				刘朝	吕后指为惠帝子。前184年四月受封。					刘越	为**景帝子**。前148年四月受封。
									中山王	刘胜	为**景帝子**。前154年六月受封。
									清河王	刘乘	为**景帝子**。前147年三月受封。
									常山王	刘舜	为**景帝子**。前145年夏受封。
淮南王	刘长	为**高祖子**。前196年七月，因原异姓淮南王英布谋反被诛而继受封。	淮南王	刘长	附吕后，得宠幸。	淮南王	刘长	前175年十一月，不服文帝即位，**谋反**，被觉，赦罪免王，绝食而卒。	淮南王	刘安	
							刘喜	原为城阳王。前169年六月徙此王。前164年四月，又复城阳王。			
							刘安	为刘长子。前164年四月受封。			
						衡山王	刘勃	为刘长子。前164年四月，分淮南地受封。	衡山王	刘勃	前153年十月，徙为济北王。
										刘赐	原为庐江王。前153年十月徙此王。
						庐江王	刘赐	为刘长子。前164年四月，分淮南地受封。	庐江王	刘赐	前153年十月徙为衡山王。
梁王	刘恢	为**高祖子**。前196年三月，因原异姓梁王彭越谋反被诛而继受封。	梁王	刘恢	前181年二月徙为赵王。	梁王	刘太	前180年闰九月，文帝即位后以假惠帝子而诛之。	梁王	刘武I	前144年四月卒。
				吕产*	原为吕王，前181年二月徙此王。前180年九月，吕后卒后被诛。		刘揖	为**文帝子**，前178年三月受封。前169年六月卒。无子嗣。		刘买	为刘武I子。父卒嗣封。
				刘太	原为济川王。前180年九月徙此王。		刘武I	原为淮阳王，前169年六月徙此王。			

续　表

高祖刘邦时			惠帝刘盈、高后吕雉时			文帝刘恒时			景帝刘启时		
封王	人名	简况	封王	人名	简况	封王	人名	简况	封王	人名	简况
			济川王	刘太	吕后指为惠帝子。前181年七月分梁地受封。前180年九月徙为梁王。				济川王	刘明	为刘武I子。前144年四月分梁地受封。
									济东王	刘彭离	为刘武I子。前144年四月分梁地受封。
									山阳王	刘定	为刘武I子。前144年四月分梁地受封。
									济阴王	刘不识	为刘武I子。前144年四月分梁地受封。前143年卒。无子嗣。
淮阳王	刘友	为高祖子。前196年三月改颍川郡为淮阳而受封。	淮阳王	刘友	前195年十二月徙为赵王。	淮阳王	刘武II	前180年闰九月，文帝即位后以假惠帝子而诛之。	淮阳王	刘馀	为景帝子。前155年三月受封，前154年六月徙为鲁王。
				刘强	吕后指为惠帝子。前187年四月受封。前183年八月卒。		刘武I	原为代王。前175年徙此王。前169年六月又徙梁王。	汝南王	刘非	为景帝子。前155年三月受封，前154年六月徙为江都王。
				刘武II	吕后指为惠帝子。前183年八月受封。						
燕王	刘建	为高祖子。前195年二月，因原异姓燕王卢绾谋反入匈奴而继受封。	燕王	刘建	前181年九月卒。无子嗣。	燕王	刘泽	原为琅邪王。前180年十月徙此王。前178年九月卒。	燕王	刘嘉	前151年卒。
				吕通*	为吕台子。前181年十月受封。前180年七月，吕后卒后被杀。		刘嘉	为刘泽子。父卒嗣封。		刘定国	为刘嘉子。父卒嗣封。
									长沙王	刘发	为景帝子。前155年三月，继原异姓长沙王吴著后受封。

注①　* 为异姓王，主要是吕后时期所封外戚。
　　②刘武有两人，易混，用罗马数字Ⅰ、Ⅱ分开。

惠帝刘盈（前195年五月～前188年八月）

［按］为高祖嫡长子。汉高祖元年（前202），被立为皇太子。父卒继立，时年十六岁，由母吕后摄朝政。七年（前188）八月，病卒于未央宫。终年二十三岁。葬安陵（今陕西省咸阳韩家湾乡白庙村南）。谥"孝惠帝"。

高后吕雉（前188年八月～前180年七月）

［按］字"娥姁（xǔ）"。为高祖刘邦皇后，惠帝生母。佐高祖成帝业。惠帝卒后，太子刘恭即帝位，是为少帝，吕后临朝称制，号令皆出己手。四年（前184），杀少帝，五月，立常山王

刘义为帝，更名曰"弘"，继续临朝称制。八年（前180）七月，卒于未央宫。终年六十二岁。葬长陵（与高祖合葬）。她主政时，大肆分封吕氏诸亲，控制南北军。死后，诸吕谋乱，为太尉周勃等平定。

太宗文帝刘恒（前180年闰九月~前157年六月）

［按］为高祖第五子。初受立代王，吕后卒后，相国吕产等谋乱，齐王刘襄（高祖长孙）起义夺吕氏兵权，灭吕氏。群臣拥刘桓即位。刘恒在位期间，施行"与民休息"政策，减税轻刑，恢复生产。后元七年（前157）六月，卒于未央宫，终年四十六岁。葬霸陵（今陕西省西安东郊霸陵乡毛窑院村）。庙号"太宗"，谥"孝文皇帝"。

据《史记·孝文纪》：十七年（前163），获一玉杯，上刻"人主延寿"，于是更是年为"元年"，史称"后元"。

景帝刘启（前157年六月~前141年正月）

［按］为文帝之子。父卒继立。在位期间，继续施行"与民休息"政策，改田赋十五税一为三十税一；并实行"削藩"，平定吴楚七国之乱。历史上称为"文景之治"。后元三年（前141）正月，卒于未央宫。终年四十八岁。葬阳陵（今陕西省咸阳渭城区张家湾村西北）。谥"孝景帝"。

据《史记·孝景纪》：壬辰年（前149）更为"中元年"，赦天下，赐爵；戊戌年（前143）更为"后元年"，赦天下，赐爵。

世宗武帝刘彻（前141年正月~前87年二月）

［按］为景帝第九子。父卒继立。时年十六。他在位期间有多种作为。思想上采董仲舒建议"独尊儒术"，影响深远；经济上采桑弘羊建议，将冶铁、煮盐、铸钱收归官营；还移民西北屯田，行"屯田法"。对外，派张骞两度使西域，打开至中亚的交通；以卫青、霍去病为将进击匈奴，解除北方威胁；又派唐蒙至夜郎，在西南建七郡。使汉成为当时空前强大的帝国。他于后元二年（前87）二月在行幸中卒。终年七十岁。葬茂陵（今陕西省兴平市南位乡策村南）。庙号"世宗"，谥"孝武帝"。在西汉陵墓中，以茂陵规模最大，武帝生前耗时五十三年修成，据说内藏大量金银珠宝。陪葬墓有二十多座，著名者有卫青、霍去病、金日磾（dī）、霍光等。

"封王"现象贯穿西汉始终，然前后有很大差别。武帝即位后，接受前朝吴楚七国之乱的教训，加大削藩力度，用主父偃之策，下推恩之令，令诸侯王分邑地"推恩"再封子弟以为侯，让"藩国"自析。《汉书》云："自此以来，齐分为七，赵分为六，梁分为五，淮南分为三。皇子始立者，大国不过十余城。长沙、燕、代虽有旧名，皆亡南北边矣。景（帝）遭七国之难，抑损诸侯，减黜其官。武（帝）有衡山、淮南之谋，作左官之律，设附益之法，诸侯惟得衣食税租，不与政事。"虽名誉上同为诸侯王，然其实质内涵在武帝前后已迥然不同，现将武帝后诸侯王简况列表如下，以便与前表进行比较。

武帝刘彻时			昭帝刘弗陵、宣帝刘询时			元帝刘奭以后（汉末）		
封王	人名	简　况	封王	人名	简　况	封王	人名	简　况
江都王	刘非	为景帝子。前朝受封。前128年十二月卒。						
	刘建	为江都王刘非子。父卒嗣封。前121年谋反被觉、自杀。						

续　表

武帝刘彻时			昭帝刘弗陵、宣帝刘询时			元帝刘奭以后（汉末）		
封王	人名	简　况	封王	人名	简　况	封王	人名	简　况
楚王	刘道	为楚王刘礼子。前朝嗣封。前128年卒。	楚王	刘延寿	前69年十一月谋反被觉,自杀。	楚王	刘嚣	前25年六月病卒。
	刘注	为楚王刘道子。父卒嗣封。前116年卒。		刘嚣	原为定陶王。前49年徙此王。		刘文	一作刘芳。为楚王刘嚣子。父卒嗣封。前24年卒。无子嗣。
	刘纯	为楚王刘注子。父卒嗣封。前100年卒。					刘衍	为楚王刘嚣子。前23年受封。前2年卒。
	刘延寿	为楚王刘纯子。父卒嗣封。					刘纡	为楚王刘衍子。父卒嗣封。至王莽灭汉建新时被废。
鲁王	刘馀	为景帝子。前朝受封。前128年卒。	鲁王	刘庆忌	前51年卒。	鲁王	刘封	前23年卒。
	刘光	为鲁王刘馀子。父卒嗣封。前88年卒。		刘封	一作刘劲。为鲁王刘庆忌子。父卒嗣封。		刘暖	为鲁王刘封子。父卒嗣封。前5年卒。无子嗣。
	刘庆忌	为鲁王刘光子。父卒嗣封。					刘闵	为鲁王刘封子。前4年六月受封。至王莽灭汉建新时被废。
齐王	刘寿	为齐王刘将闾子。前朝嗣封。前131年卒。						
	刘次昌	为齐王刘寿子。父卒嗣封。前127年因奸罪事发,饮药自杀。无子嗣。						
	刘闳	为武帝子。前117年四月受封。前110年秋卒。无子嗣。						
城阳王	刘延	为城阳王刘喜子。前朝嗣封。前122年卒。	城阳王	刘顺	前51年卒。	城阳王	刘恢	前43年卒。
	刘义	为城阳王刘延子。父卒嗣封。前114年卒。		刘恢	为城阳王刘顺子。父卒嗣封。		刘景	为城阳王刘恢子。父卒嗣封。前19年卒。
	刘武	为城阳王刘义子。父卒嗣封。前97年卒。					刘云	为城阳王刘景子。父卒嗣封。前18年卒。无子嗣。
	刘顺	为城阳王刘武子。父卒嗣封。					刘俚	为城阳王刘景子。前16年七月受封。至王莽灭汉建新时被废。
济北王	刘胡	为济北王刘勃子。前朝嗣封。前97年卒。						
	刘宽	为济北王刘胡子。父卒嗣封。前87年七月谋反被觉,自杀。						
菑川王	刘志	为齐王刘肥子。前朝受封。前129年卒。	菑川王	刘遗	前74年卒。	菑川王	刘终古	前46年卒。
	刘建	为菑川王刘志子。父卒嗣封。前109年卒。		刘终古	为菑川王刘遗子。父卒嗣封。		刘尚	为菑川王刘终古子。父卒嗣封。前40年卒。
	刘遗	为菑川王刘建子。父卒嗣封。					刘横	为菑川王刘尚子。父卒嗣封。前9年卒。

武帝刘彻时			昭帝刘弗陵、宣帝刘询时			元帝刘奭以后（汉末）		
封王	人名	简 况	封王	人名	简 况	封王	人名	简 况
						菑川王	刘友	一作刘交。为菑川王刘横子。父卒嗣封。前3年卒。
							刘永	为菑川王刘友子。父卒嗣封。至王莽灭汉建新时被废。
胶西王	刘端	为景帝子。前朝受封。前108年七月卒。无子嗣。						
胶东王	刘寄	为景帝子。前朝受封。前120年卒。	胶东王	刘通平	前82年卒。	胶东王	刘音	前28年卒。
	刘贤	为胶东王刘寄子。父卒嗣封。前106年卒。		刘音	为胶东王刘通平子。父卒嗣封。		刘授	为胶东王刘音子。父卒嗣封。前14年卒。
	刘通平	为胶东王刘贤子。父卒嗣封。					刘殷	为胶东王刘授子。父卒嗣封。至王莽灭汉建新时被废。
六安王	刘庆	为胶东王刘寄子。前120年五月受封。	六安王	刘庆	前83年卒。	六安王	刘光	前23年卒。
				刘禄	为六安王刘庆子。父卒嗣封。前73年卒。		刘育	为六安王刘光子。父卒嗣封。至王莽灭汉建新时被废。
				刘定	为六安王刘禄子。父卒嗣封。前50年卒。			
				刘光	为六安王刘定子。父卒嗣封。			
代王	刘登	为代王刘参子。前朝嗣封。前132年卒。						
	刘义	为代王刘登子。父卒嗣封。前114年徙为清河王。						
赵王	刘彭祖	为景帝子。前朝受封。前92年三月卒。	赵王	刘昌	前73年卒。	赵王	刘充	前10年卒。
	刘昌	为赵王刘彭祖子。父卒嗣封。		刘尊	为赵王刘昌子。父卒嗣封。前69年卒。无子嗣。		刘隐	为赵王刘充子。父卒嗣封。至王莽灭汉建新时被废。
				刘高	为赵王刘昌子。前66年二月受封,四月卒。			
				刘充	为赵王刘高子。父卒嗣封。			
河间王	刘德	为景帝子。前朝受封。前130年正月卒。	河间王	刘庆	前54年卒。	河间王	刘良	为河间王刘庆子。前32年正月受封。前5年卒。
	刘不周	一作刘不窖。为河间王刘德子。父卒嗣封。前125年卒。		刘元	为河间王刘庆子。父卒嗣封。前38年因杀无辜被废。		刘尚	为河间王刘良子。父卒嗣封。至王莽灭汉建新时被废。

武帝刘彻时			昭帝刘弗陵、宣帝刘询时			元帝刘奭以后（汉末）		
封王	人名	简　况	封王	人名	简　况	封王	人名	简　况
河间王	刘基	一作刘堪。为河间王刘不周子。父卒嗣封。前113年卒。						
	刘授	一作刘援。为河间王刘基子。父卒嗣封。前97年卒。						
	刘庆	为河间王刘授子。父卒嗣封。						
广川王	刘越	为景帝子。前朝受封。前136年八月卒。	广川王	刘去	前70年五月因杀人罪被废，自杀。	广川王	刘宫	为江都王刘非孙。2年四月立为广川王（一作广陵王、广世王）。至王莽灭汉建新时被废。
	刘齐	为广川王刘越子。父卒嗣封。前91年卒。		刘文	为广川王刘齐子。前66年五月受封。前64年卒。			
	刘去	一作刘吉。为广川王刘齐子。父卒嗣封。		刘海阳	一作刘汝阳。为广川王刘文子。父卒嗣封。前50年因杀无辜被废。			
中山王	刘胜	为景帝子。前朝受封。前113年二月卒。	中山王	刘辅	前86年卒。	中山王	刘竟	原为清河王。前43年徙此王。前35年六月卒。无子嗣。
	刘昌	为中山王刘胜子。父卒嗣封。前110年卒。		刘福	为中山王刘辅子。父卒嗣封。前69年卒。		刘兴	原为信都王。前23年徙此王。前8年八月卒。
	刘昆侈	为中山王刘昌子。父卒嗣封。前89年卒。		刘修	一作刘循。为中山王刘福子。父卒嗣封。前55年卒。无子嗣。		刘衎	一作刘箕子。为中山王刘兴子。父卒嗣封。前1年六月哀帝卒，无子，七月，迎其即位，是为平帝。
	刘辅	为中山王刘昆侈子。父卒嗣封。					刘成都	为东平王刘宇孙。1年二月受封。至王莽灭汉建新时被废。
清河王	刘乘	为景帝子。前朝受封。前136年八月卒。无子嗣。	清河王	刘汤	前69年卒。	清河王	刘竟	为宣帝子。前47年正月受封。前43年徙为中山王。
	刘义	原为代王。前114年徙此王。前94年卒。		刘年	为清河王刘汤子。父卒嗣封。前66年十二月以内乱罪被废。			
	刘汤	一作刘阳。为清河王刘义子。父卒嗣封。						
常山王	刘舜	为景帝子。前朝受封。前114年四月卒。						
	刘勃	为常山王刘舜子。父卒嗣封。数月，获居丧无礼罪被废。						

封王	人名	简 况	封王	人名	简 况	封王	人名	简 况
		武帝刘彻时			**昭帝刘弗陵、宣帝刘询时**			**元帝刘奭以后（汉末）**
平干王	刘偃	为赵王刘彭祖子。前91年九月受封。	平干王	刘偃	前80年卒。			
				刘元	为平干王刘偃子。父卒嗣封。前56年卒，因获杀人罪，不得嗣。			
真定王	刘平	为常山王刘舜子。前14年受封。前89年卒。	真定王	刘偃	前71年卒。	真定王	刘申	前38年卒。
	刘偃	为常山王刘平子。父卒嗣封。		刘申	为真定王刘偃子。父卒嗣封。		刘雍	为真定王刘申子。父卒嗣封。前22年卒。
							刘普	为真定王刘雍子。父卒嗣封。前7年卒。
							刘阳	一作刘杨。为真定王刘普子。父卒嗣封。至王莽灭汉建新时被废。
泗水王	刘商	为常山王刘舜子。前113年六月受封。前103年卒。	泗水王	刘贺	前80年卒。	泗水王	刘煖	前41年卒。
	刘安世	为泗水王刘商子。父卒嗣封。前102年卒。无子嗣。		刘煖	一作刘综。为泗水王刘贺遗腹子。父卒嗣封。		刘骏	为泗水王刘煖子。父卒嗣封。前10年卒。
	刘贺	为泗水王刘商子。前104年受封。					刘靖	为泗水王刘骏子。父卒嗣封。至王莽灭汉建新时被废。
淮南王	刘安	为淮南王刘长子。前朝受封。前125年十一月，**谋反被诛**。						
衡山王	刘赐	为淮南王刘长子。前朝受封。前125年十一月，**谋反被诛**。						
梁王	刘买	为梁王刘武子。前朝嗣封。前136年卒。	梁王	刘无伤	前85年卒。	梁王	刘定国	前45年卒。
	刘襄	为梁王刘买子。父卒嗣封。前85年卒。		刘定国	为梁王刘无伤子。父卒嗣封。		刘遂	为梁王刘定国子。父卒嗣封。前39年卒。
	刘无伤	一作刘毋伤。为梁王刘襄子。父卒嗣封。					刘嘉	为梁王刘遂子。父卒嗣封。前24年卒。
							刘立	为梁王刘嘉子。父卒嗣封。4年因罪自杀。
							刘音	为梁王刘嘉子。5年受封。至王莽灭汉建新时被废。
济川王	刘明	为梁王刘武子。前朝嗣封。前138年七月因杀人罪被废。						
济东王	刘彭离	为梁王刘武子。前朝嗣封。前116年五月因杀人罪被废。						

武帝刘彻时			昭帝刘弗陵、宣帝刘询时			元帝刘奭以后（汉末）		
封王	人名	简 况	封王	人名	简 况	封王	人名	简 况
山阳王	刘定	为梁王刘武子。前朝受封。前136卒。无子嗣。				山阳王	刘康	原为济阳王。前34年徙此王。前25年四月徙定陶王。
燕王	刘定国	为燕王刘嘉子。前朝嗣封。前127年三月因奸杀罪自杀。	燕王	刘旦	前80年谋反被觉，自杀。			
	刘旦	为武帝子。前117年四月受封。						
长沙王	刘发	为景帝子。前朝受封。前128年卒。	长沙王	刘附朐	前83年卒。	长沙王	刘宗	为长沙王刘建德子。前46年受封。前42年卒。
	刘庸	为长沙王刘发子。父卒嗣封。前100年卒。		刘建德	为长沙王刘附朐子。父卒嗣封。前49年卒。		刘鲁人	为长沙王刘宗子。父卒嗣封。7年卒。
	刘附朐	一作刘鮒鮈。长沙王刘庸子。父卒嗣封。		刘旦	为长沙王刘建德子。父卒嗣封。前48年卒。无子嗣。		刘舜	为长沙王刘鲁人子。父卒嗣封。至王莽灭汉建新时被废。
广陵王	刘胥	为武帝子。前117年四月受封。前54年因杀人罪事发，自杀。				广陵王	刘霸	为广陵王刘胥子。前47年三月受封。前34年卒。
							刘意	为广陵王刘霸子。父卒嗣封。前31年卒。
							刘护	为广陵王刘意子。父卒嗣封。前17年卒。无子嗣。
							刘守	为广陵王刘霸子。前11年四月受封。7年卒。
							刘宏	为广陵王刘守子。父卒嗣封。至王莽灭汉建新时被废。
昌邑王	刘髆	为武帝子。前97年四月受封。前88年正月卒。	昌邑王	刘贺	为昌邑王刘髆子。父卒嗣封。前74年六月昭帝卒时无后，曾被征为继，因其性狂纵，淫戏无度，典丧时，游猎不止，谏不听，众臣奏太后，废之。			
			广阳王	刘建	为燕王刘旦子。前73年七月受封。	广阳王	刘建	前44年卒。
							刘舜	为广阳王刘建子。父卒嗣封。前23年卒。
							刘璜	为广阳王刘舜子。父卒嗣封。前3年卒。
							刘嘉	为广阳王刘璜子。父卒嗣封。至王莽灭汉建新时被废。

武帝刘彻时			昭帝刘弗陵、宣帝刘询时			元帝刘奭以后（汉末）		
封王	人名	简　况	封王	人名	简　况	封王	人名	简　况
			高密王	刘弘	为广陵王刘胥子。前73年七月受封。前65年卒。	高密王	刘章	前32年卒。
				刘章	为广陵王刘弘子。父卒嗣封。		刘宽	为高密王刘章子。父卒嗣封。前20年卒。
							刘慎	为高密王刘宽子。父卒嗣封。至王莽灭汉建新时被废。
			淮阳王	刘钦	为**宣帝子**。前63年六月受封。	淮阳王	刘钦	前27年卒。
							刘玄	为淮阳王刘钦子。父卒嗣封。前1年卒。
							刘缤	为淮阳王刘玄子。父卒嗣封。至王莽灭汉建新时被废。
			东平王	刘宇	为**宣帝子**。前52年九月受封。	东平王	刘宇	前21年九月卒。
							刘云	为东平王刘宇子。父卒嗣封。前4年十一月获罪自杀。
							刘开明	为东平王刘云子。1年正月受封。5年卒。无子嗣。
							刘匡	为东平王刘开明兄子。6年受封。7年五月随父起兵反王莽，十一月，兵败自杀。
			定陶王	刘嚣	为**宣帝子**。前52年正月受封。前49年徙楚王。	定陶王	刘景	为定陶王刘嚣孙。前8年十一月受封。前5年徙信都王。
							刘康	原为山阳王，前25年四月徙此王。前23年八月卒。
							刘欣	为定陶王刘康子。父卒嗣封。前8年被立为皇太子。前7年三月即位，是为哀帝。
						济阳王	刘康	为**元帝子**。前41年三月受封。前34年徙山阳王。
						信都王	刘兴	一作刘奥。为**元帝子**。前23年徙中山王。
							刘景	原为定陶王。前5年徙此王。至王莽灭汉建新时被废。
						广德王	刘云客	为中山王刘修从父弟。前19年八月受封。前18年卒。无子嗣。

续　表

武帝刘彻时			昭帝刘弗陵、宣帝刘询时			元帝刘奭以后（汉末）		
封王	人名	简　况	封王	人名	简　况	封王	人名	简　况
						广德王	刘榆	一作刘愈。为广川王刘齐孙。2年四月受封。6年卒。
							刘赤	为广德王刘榆子。父卒嗣封。至王莽灭汉建新时被废。
						广平王	刘广汉	一作刘汉。为广德王刘云客弟。前4年正月受封。至王莽灭汉建新时被废。
						广宗王	刘如意	为清河王刘汤孙。2年四月受封。至王莽灭汉建新时被废。

　　我国的"年号纪年"是从汉武帝时开始的。但，是从哪个年号、哪一年开始，诸史家认识不一，各持己见。《汉书·武帝纪》记武帝即位翌年（前140）为"建元元年"（《史记·孝武纪》作"元年"），师古注曰："自古帝王未有年号，始起于此。"这就是师古的"建元"说，除此以外，还有始于"元狩"说、"元鼎"说、"元封"说等等。这是因为，"建元"年号并非汉武帝当时所定，而是后来追加的。汉武帝明令颁布的第一个年号是"元封"，此前有五个年号："建元"、"元光"、"元朔"、"元狩"、"元鼎"，都是追加的。刘攽（bān，宋人）在《两汉刊误》中主张"元鼎"，司马光《通鉴考异》就反对，吴仁杰《两汉刊误补遗》中认为两可，其云："武帝即位以来，大率六年一改元……但以'一元'、'二元'、'三元'、'四元'、'五元'为别。五元之三年，有司言：'元宜以天瑞，不宜以一二数'盖为是也。时虽从有司之议，改一元为'建元'；二元为'元光'；三元为'元朔'；四元为'元狩'，至五元则未有以名，帝意有所待也。明年鼎出，遂改五元为'元鼎'，而以是年为'元鼎四年'。然则谓年号起于'元鼎'固然；谓'元鼎'为后来追改者，亦不误也。""元狩"说见杨树达《汉书窥管·武帝纪》引王荣商云。笔者采"建元"说。

　　据《汉书·武帝纪》：太初元年（前104）五月改历，以建寅之月（即今通行的阴历正月）为岁首。之前是以寅正十月（亥月）为岁首。现将汉初所用历及武帝太初历与今通行的阴历（夏历）对照如下：

	建寅之月	建卯之月	建辰之月	建巳之月	建午之月	建未之月	建申之月	建酉之月	建戌之月	建亥之月	建子之月	建丑之月
夏　历	（岁首）正	二	三	四	五	六	七	八	九	十	十一	十二
汉初沿用秦历	正	二	三	四	五	六	七	八	九	（岁首）十	十一	十二
太初历	（岁首）正	二	三	四	五	六	七	八	九	十	十一	十二

昭帝刘弗陵（前87年二月～前74年四月）

〔按〕为武帝少子。八岁立为皇太子。立后三天，父卒继位，由大将军霍光等辅政。在位时，移民屯田，继续进击匈奴、乌桓。元平元年（前74）四月，卒于未央宫。终年二十一岁。葬平陵（今陕西省咸阳大王村）。谥"孝昭帝"。西汉陵墓中，以高祖长陵、惠帝安陵、景帝阳陵、武帝茂陵、昭帝平陵最为著名，其所在地称"五陵原"。汉初，设置陵邑，迁高官豪富之家于此，后代有以"五陵少年"指代纨袴子弟之说，如李白诗"五陵少年今市东"和白居易《琵琶行》中的"五陵少年争缠头"等。

昌邑王刘贺（前74年六～七月）

〔按〕为武帝孙，昌邑王刘髆（bó）子。昭帝卒时无嗣，大将军霍光请皇后立刘贺。仅在位二十七日，又被霍光请皇后废之。

中宗宣帝刘询（前74年七月～前49年十二月）

〔按〕初名"病已"，后更名"询"，字"次卿"。为武帝曾孙，戾（lì）太子刘据孙，刘进子。由大将军霍光奏禀皇太后，废刘贺而立之。在位期间，强调"王道"、"霸道"杂治。黄龙元年（前49）十二月，卒于未央宫。终年四十三岁。葬杜陵（今陕西省西安曲江乡三兆镇南）。庙号"中宗"，谥"孝宣帝"。

高宗元帝刘奭（前49年十二月～前33年五月）

〔按〕刘奭（shì），为宣帝长子。父卒继立。在位期间，赋役繁重，西汉开始由盛转衰。他晚年多病，不亲政事。竟宁元年（前33）五月，卒于未央宫。终年四十四岁。葬渭陵（今陕西省咸阳周陵乡新庄村南）。庙号"高宗"，谥"孝元皇帝"。

成帝刘骜（前33年六月～前7年三月）

〔按〕刘骜（ào），字"太孙"。为元帝长子。父卒继立。绥和二年（前7）三月，暴卒。终年四十五岁。葬延陵（今陕西省咸阳周陵乡严家窑村）。谥"孝成皇帝"。

哀帝刘欣（前7年四月～前1年六月）

〔按〕为元帝庶孙，成帝弟定陶恭王刘康子。因成帝无子而被立为皇太子。成帝卒后继立。元寿二年（前1）六月，病卒于未央宫。终年二十六岁。葬义陵（今陕西省咸阳周陵乡南贺村东南）。谥"孝哀皇帝"。

元宗平帝刘衎（前1年九月～5年十二月）

〔按〕原名"箕子"，即位后更名"衎（kàn）"。为元帝庶孙，中山王刘兴子。哀帝卒后继立，时年九岁，由太皇太后临朝，大司马王莽秉政，百官皆听从王莽。元始五年（公元5年）十二月，被王莽毒死。终年十四岁。葬康陵（今陕西省咸阳周陵乡大寨村东）。庙号"元宗"，谥"孝平皇帝"。

孺子刘婴（6年三月～8年十一月）

〔按〕为宣帝玄孙，广戚侯刘勋孙，刘显子。王莽毒死平帝后于次年三月立之，时年两岁，不称为皇帝，而称为皇太子，号"孺子"，由王莽摄政，改元"居摄"，王莽自称"假（代）皇

帝"，众臣称为"摄皇帝"。始初元年（公元 8 年）十一月，王莽称帝，废刘婴为定安公，西汉
亡。

西 汉 世 系

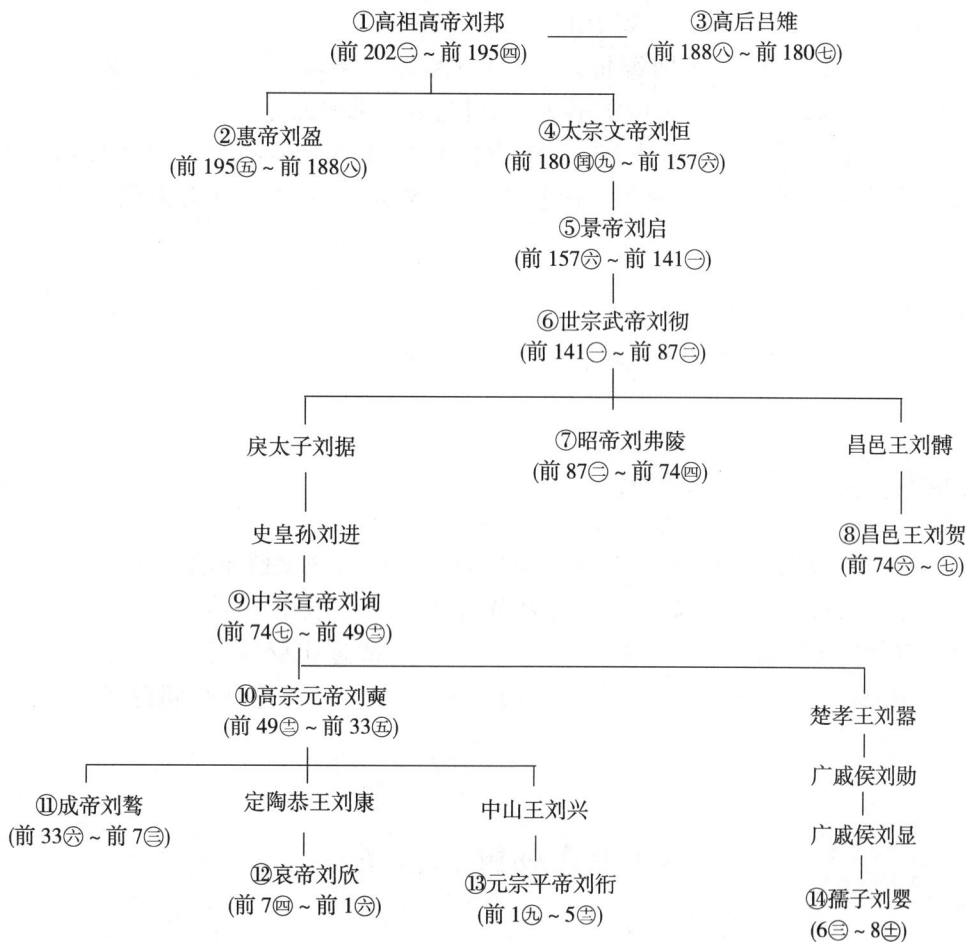

①高祖高帝刘邦　　　　　③高后吕雉
（前 202㊁～前 195㊃）　　（前 188㊇～前 180㊆）

②惠帝刘盈　　　　④太宗文帝刘恒
（前 195㊄～前 188㊇）　（前 180㊃㊈～前 157㊅）

⑤景帝刘启
（前 157㊅～前 141㊁）

⑥世宗武帝刘彻
（前 141㊁～前 87㊁）

戾太子刘据　　　　⑦昭帝刘弗陵　　　　昌邑王刘髆
　　　　　　　　（前 87㊁～前 74㊃）

史皇孙刘进　　　　　　　　　　⑧昌邑王刘贺
　　　　　　　　　　　　　　　（前 74㊅～㊆）

⑨中宗宣帝刘询
（前 74㊆～前 49㊉）

⑩高宗元帝刘奭　　　　　　　　楚孝王刘嚣
（前 49㊉～前 33㊄）

　　　　　　　　　　　　　　　广戚侯刘勋

⑪成帝刘骜　　定陶恭王刘康　　中山王刘兴　　广戚侯刘显
（前 33㊅～前 7㊁）

　　　　　⑫哀帝刘欣　　⑬元宗平帝刘衎　　⑭孺子刘婴
　　　　　（前 7㊃～前 1㊅）　（前 1㊈～5㊆）　（6㊁～8㊆）

［卫氏朝鲜］

（约前 194～前 108 年）

　　燕人卫满亡走入"箕（jī）子朝鲜"后，起兵逐其王准而代之。都王险（今平
壤）。历三代，至元封三年（前 108）为汉所灭，汉于其地分置乐浪、临屯、玄菟、
真番四郡。

朝鲜王卫满（约前194~？年）

［按］据《史记·朝鲜传》："朝鲜王满者，故燕人也。"据《三国志·魏志·东夷传》注引《魏略》："及（卢）绾（wǎn）反，入匈奴（《史记·高祖纪》记在前195年），燕人卫满亡命，为胡服，东渡浿（pèi）水，[1] 诣（箕氏朝鲜王）准降，说准求居西界，故中国亡命为朝鲜藩屏。准信宠之，拜为博士，赐以圭，封之百里，令守西边。（卫）满诱亡党，众稍多，乃诈遣人告准，言汉兵十道至，求入宿卫，遂还，攻准，准与满战，不敌也。""准王海中，不与朝鲜相往来。"《后汉书·东夷传》："燕人卫满击破准而自王朝鲜。"《史记·朝鲜传》："（卫满）王之，都王险……真番、临屯皆来服属，方数千里。"

卫满卒年不详，据《史记·朝鲜传》："传子至孙右渠。"其子名亦失载，嗣位年不详。其孙右渠嗣位年史亦未确载，据《后汉书·东夷传》："元朔元年（前128），涉（wèi）君南闾等叛右渠，率二十八万口诣辽东内属。"此为史载右渠的最早的时间，姑暂依此作右渠秉位之始，则卫满及子当政共六十余年，故且按"对半分"视之，卫满去位年暂定大约为前162年。

朝鲜王（佚名）（？~约前128年）

［按］据《史记·朝鲜传》：为卫满之子。据《汉书·朝鲜传》颜注："满死传子，子死传孙。"

朝鲜王右渠（约前128~前108年）

［按］据《史记·朝鲜传》：右渠为卫满孙，接父位。当政二十余年，因抗汉，被汉攻伐，"元封三年（前108）夏，（朝鲜相）尼谿（xī）相参乃使人杀朝鲜王右渠来降（汉）。王险城未下，故右渠之大臣成巳又反，复攻吏。左将军使右渠子长降，相路人之子最告谕其民，诛成巳，以故遂定朝鲜为四郡。"《汉书·朝鲜传》云："故遂定朝鲜为真番（今朝鲜黄海南道内）、临屯（今朝鲜江原南道内）、乐浪（今朝鲜平壤南[2]）、玄菟（今朝鲜咸镜南道内[3]）四郡。"

［卫氏朝鲜］世系

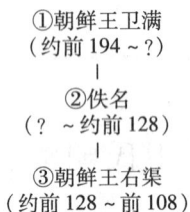

①朝鲜王卫满
（约前194~？）
|
②佚名
（？~约前128）
|
③朝鲜王右渠
（约前128~前108）

---

① "浿水"之今地，学者有不同看法，有"清水江说"、"大同江说"、"鸭绿江说"等，此应为今鸭绿江。
② 一说当在今朝鲜北部南至北汉江的地区。
③ 一说当在今辽宁东部、吉林大部及朝鲜沿鸭绿江的地区。

乌　孙^①

（？～约前 177 年降匈奴）
（约前 161 年复立～前 53 年降汉～约前 12 年）

　　乌孙为西域行国。最早见载于《史记·大宛传》，为张骞首使西域（前 139～前 128 年）归来向汉武帝的报告中。其发源地，史有两载：《大宛传》云："在大宛东北可二千里"；《汉书·张骞传》记在"祁连、敦煌间"。初为小国，时况现已不可考。据《史记·匈奴传》，约在公元前 177 年时，匈奴击破大月氏（ròu zhī），"楼兰、乌孙、呼揭及其旁二十六国，皆已为匈奴"，成为匈奴的附属国。

　　约在前 161～前 160 年，举族西迁，^② 进入塞人故地（今伊犁河流域一带），"中立，不肯朝会匈奴。匈奴遣奇兵击，不胜"（《大宛传》）。学者认为，此为乌孙复国之年。

　　中经四世五王，历时一百余年，至甘露元年（前 53）归降西汉，受汉西域都护的统辖。据《汉书·西域传》，时况为："治赤谷城（今阿克苏河上游，吉尔吉斯斯坦境内伊什提克一带）。去长安八千九百里，户十二万，口六十三万，胜兵十八万八千八百人。"汉遣长罗侯常惠"屯赤谷"，并"分别其人民地界"，分立大、小昆弥（又作"昆莫"，乌孙王号）以统之。

　　西汉末年至王莽建新，中原政权对西域控制力削弱，自始建国五年（13）焉耆首叛后，西域诸国纷纷自立。据《汉书·王莽传》："是岁，乌孙大、小昆弥遣使贡献……西域诸国以（王）莽积失恩信，焉耆先叛，杀都护但钦。"以后一段时期，乌孙情况不明。

　　北魏时，据《魏书·西域传》："其国数为蠕蠕所侵，西徙葱岭（今帕米尔）山中，无城郭，随畜牧逐水草。太延三年（437），（北魏）遣使者董琬等使其国，后每使朝贡。"该书《高徽传》载："（高徽于）延昌（512～515 年）中，假员外散骑常侍，使于哌哒（yà dā），西域诸国莫不敬惮之，破洛侯，乌孙并因之以献名马。"至辽时，尚有向中原政权进贡的点滴记载。

难兜靡（？～约前 177 年降匈奴）
［按］据《汉书·张骞传》：约前 177 年，难兜靡为大月氏所攻，率人民亡走匈奴。

猎骄靡（约前 161～约前 105 年）
［按］据《史记·大宛传》：为难兜靡子。其父被杀时，刚出生不久，"及壮，使将兵，数有

---

①　西域最早见载于《史记》，为西汉时张骞出使（首使的出发时间为前 139 年）归来后的报告。依据《史记·匈奴传》的记载，早在前 177 年左右，西域诸国"皆已为匈奴"，可见此前西域即有土著政权存在，故不少学者认为西域诸国大都立于前 177 年以前，然时况已不可考。本年表依各国不同情况作表，特此作出说明，下同，不一一加注。

②　关于西迁的时间，学术界认识不一，有以下几种说法：前 177～前 176 年，前 174～前 161 年；前 139 年；前 130 年左右等。

功"。约前 161 年，"率其众远徙，中立，不肯朝会匈奴"，在伊犁河一带自立。据《汉书·西域传》：约前 105 年卒，由长孙军须靡代立。

在位期间，与汉和亲。娶江都公主细君（江都王刘建女）为右夫人。《西域传》载："昆莫（猎骄靡）年老，语言不通，公主悲愁，自为作歌曰：'吾家嫁我兮天一方，远托异国兮乌孙王，穹庐为室兮旃为墙，以肉为食兮酪为浆，居常土思兮心内伤，愿为黄鹄兮归故乡。'"叙远嫁恋乡之情。荀悦《汉纪·本始三年》云："（汉）武帝欲与乌孙共击匈奴，故以江都王（刘）建女细君为公主，妻乌孙昆弥。"后，按乌孙俗，她又继嫁其孙军须靡。

军须靡（约前 105～约前 93 年）

［按］据《史记·大宛传》：为猎骄靡长孙，原任"岑陬"。（《汉书·西域传》："岑陬［zōu，《史记》作'岑娶'］者，官号也。"）猎骄靡死后继立。《西域传》记："岑陬尚江都公主，生一女（名）少夫。公主死，汉（武帝）复以楚王（刘）戊之孙解忧为公主妻岑陬。"他于约前 93 年卒。

肥王翁归靡（约前 93～前 60 年）

［按］据《汉书·西域传》：为猎骄靡孙军须靡堂弟。军须靡卒后，因子泥靡年幼，乃传位翁归靡，"翁归靡既立，号肥王，复尚楚主解忧，生三男两女，长男曰元贵靡；次曰万年，（后）为莎车王；次曰大乐，为左大将；长女（名）弟史，（后）为龟兹王绛宾妻；小女（名）素光，为若呼翎侯妻"。据《萧望之传》：他于神爵二年（前 60）卒。

狂王泥靡（约前 60～前 53 年）

［按］据《汉书·西域传》：为军须靡子，翁归靡堂侄。翁归靡卒后由乌孙贵族共立之，即位后号"狂王"。按乌孙俗，"狂王复尚楚主解忧，生一男鸱靡"。甘露元年（前 53），为异母弟乌就屠袭杀。

※　　　※　　　※

附：

小昆弥

乌就屠（前 53～前 33 年）

［按］据《汉书·西域传》：为翁归靡所娶匈奴女生子，泥靡异母弟。当西汉将军辛武贤率兵至敦煌时（《赵充国传》作甘露元年［前 53］），杀泥靡自立，继降汉。汉分立大、小昆弥以统治，以其为"小昆弥"。竟宁元年（前 33）卒，子拊（fù）离继立。

拊离（约前 33～前 30 年）

［按］据《汉书·西域传》：为乌就屠子。父卒继立。建始三年（前 30），为弟日贰所杀。

安日（约前 30～前 17 年）

［按］据《汉书·西域传》：为拊离子，父被杀后为汉所立。鸿嘉四年（前 17），为降民所杀。

末振将（前 17 ~ 约前 12 年）

［按］据《汉书·西域传》：为安日弟。兄被杀后为汉所立。元延元年（前 12），一作元延二年，为大昆弥翎侯难栖所杀。

安犁靡（约前 12 ~？年）

［按］《汉书·段会宗传》和荀悦《汉纪》作"乌犁靡"。据《汉书·西域传》：为安日子，末振将侄。叔被杀后，由汉立之。不知所终。以后情况不明。

大昆弥

元贵靡（前 53 ~ 前 51 年）

［按］据《汉书·西域传》：为肥王翁归靡所娶解忧公主子，小昆弥乌就屠同父异母兄。因其母为汉公主，乌就屠夺位降汉后，汉立乌就屠为"小昆弥"，而立其为"大昆弥"，分别统治。甘露三年（前 51），病卒。

星靡（前 51 ~ 前 33 年）

［按］据《汉书·西域传》：为元贵靡子。父卒继立。竟宁元年（前 33）卒。

雌栗靡（前 33 ~ 前 16 年）

［按］据《汉书·西域传》：为星靡子。父卒继立。时大、小昆弥间矛盾益深，汉不能止。永始元年（前 16），为小昆弥末振将派人所刺杀。

伊秩靡（前 16 ~？年）

［按］据《汉书·西域传》：为翁归靡孙，雌栗靡叔父。雌栗靡被杀后，由汉立之。不知所终。以后情况不明。

乌孙世系

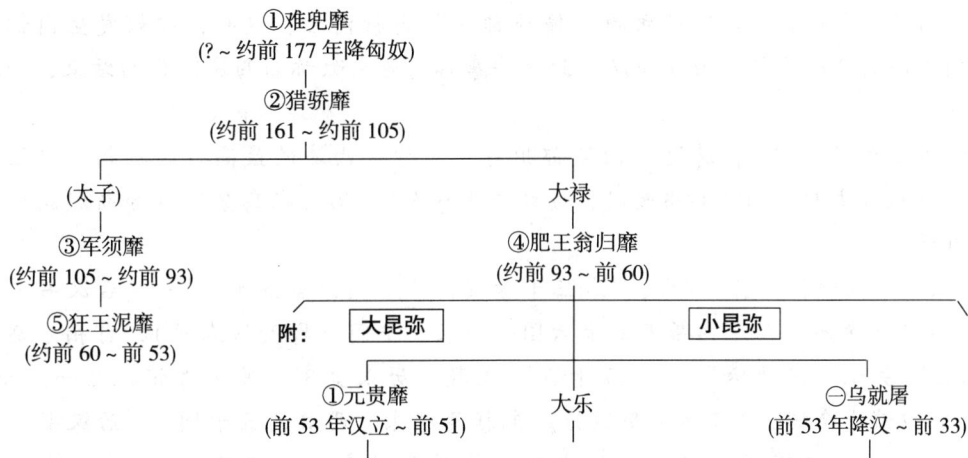

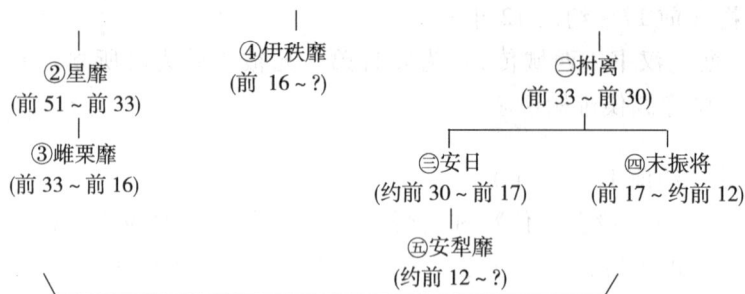

②星靡
(前51~前33)

④伊秩靡
(前16~?)

㈠拊离
(前33~前30)

③雌栗靡
(前33~前16)

㈢安日
(约前30~前17)

㈣末振将
(前17~约前12)

㈤安犁靡
(约前12~?)

附：汉时西域诸国概况一览表

"西域"一词，首见于《汉书·西域传》。《广雅·释诂》云："域，国也。"王先谦注《汉书》云："此城郭国，界中土之西，故曰西域。"即指玉门关以西广大地区诸国。各史对其范围所指不一，总起来说，有二义：狭义专指葱岭（今帕米尔）以东，大体上是以今新疆为核心的这部分地区；广义则指，出关后经此地向西所能达到的地区，包括中亚、西亚、印度半岛、东欧，以及北非等地。我们今日所言，是按狭义而论。

西汉以前的西域，缺乏史载，情况不详。自汉武帝派张骞出使西域（首使在公元前139~前128年），方给我们留下部分记载。今知，大约在公元前177年，匈奴大败月氏（ròu zhī），控制了西域。直到前121年，汉将霍去病击破匈奴，汉军首次进入西域，一段时期内，西域诸国处于汉与匈奴的争夺之中。

当时，中原通西域有南、北两道。据《汉书·西域传》："自玉门、阳关出西域有两道。从鄯善傍南山北，波河西行至莎车，为南道；南道西逾葱岭则出大月氏、安息。自车师前王廷随北山，波河西行至疏勒，为北道；北道西逾葱岭则出大宛（yuān）、康居、奄蔡焉。"汉昭帝元凤四年（前77），兵取楼兰，在其地置都尉，进行屯田，打通南道，逐渐控制了昆仑山以北诸国。在西域北路，匈奴势力较强，经多次战争，至汉宣帝神爵二年（前60），击破依附匈奴的车师，驱走在此屯田的匈奴人，从而打通北道。北道打通后，匈奴在西域所设立的"僮仆都尉"自行消亡；这时，匈奴发生内讧，匈奴统领西域的日逐王领万余众降汉。此两件事标志着匈奴称霸西域时代的结束，西域转被西汉所控制。

神爵三年（前59），汉置"西域都护府"为管辖西域的最高行政机构。首任都护为郑吉（从郑吉起，到王莽当政时，连续任十八人），治所在乌垒城（今新疆轮台东野云沟附近）。

《汉书·西域传》称：西域"本三十六国，其后稍分至五十余"；《后汉书·西域传》云："武帝时，西域内属有三十六国……哀、平间（即西汉末年），自相分割为五十五国。"关于"三十六"与"五十五"之数，历来史家，多次考证，无一致结论。《史记》仅载十余国；《汉书·西域传》包括葱岭东、西共列五十国；《后汉书·西域传》列十九国。在荀悦《汉纪》一书中，首列了武帝时的"三十六国"，然后人据

《汉书》考查，内中多有不实。徐松在《汉书西域传补注》中，又列了一个"三十六国"名录，然亦有与史实抵牾之处。关于"五十五国"之数也是如此。是故，有学者称："'三十六'并不是一个实数。我们无从知道冒顿征服前，塔里木盆地究竟有多少绿洲小国，当然也无从知道它们的历史了。"（见《西域通史》）

从西汉末年起，中原政权对西域的控制削弱。始建国五年（13），焉耆首叛，随之诸国纷纷自立。天凤三年（16）以后，西域不通，都护遂废。东汉时，曾于 74～76 年与 91～107 年两度恢复西域都护，然皆为时不长。

魏晋以后，中原多事，无暇西顾，西域诸国再次纷立，并互相吞并。《魏略·西戎传》载："西域诸国，汉初开其道，时有三十六，后分为五十余。从建武（东汉）以来，更相吞灭，于今有二十道。"诸如："且志国、小宛国、精绝国、楼兰国，皆并属鄯善也。戎卢国、扜弥国、渠勒国、皮山国皆并属于阗。""尉梨国、危须国、山王国皆并属焉耆。姑墨国、温宿国、尉头国皆并属龟兹也。桢中国、莎车国、竭石国、渠沙国、西夜国、依耐国、满犁国、亿若国、榆令国、捐毒国、休脩国、琴国皆并属疏勒。""东且弥国、西且弥国、单桓国、毕陆国、蒲陆国、乌贪国，皆并属车师后部王。"

现按《汉书》和《后汉书》中的《西域传》将两汉时期葱岭以东西域诸国列表如下：

国　　名	王治城所在地	人口（人）	兵力（人）	环境、生活状况	经济状况	兴亡	其他
（南路诸国）							
婼羌（省称"婼"）		1750	500	离阳关最近。位在南道西南，不当通道，西北至鄯善，方至大道。	随畜逐水草，不田作，仰鄯善、且末之谷物。山有铁，自作兵器，兵器有弓、矛、服刀、剑、甲。		诸羌国王号"去胡来王"。《汉纪》以为小国。
鄯善（本名"楼兰"）	扜泥城（今婼羌县卡克里克）	14100	2912	当道冲，常为接待汉使所苦。	地沙卤，少田，寄田仰谷旁国。国出玉，多葭苇、柽柳、胡桐、白草。民随畜牧逐水草，有驴马，多骆驼。能作兵器，与诸羌同。	见专条。	
且末	且末城（今且末县）	1610	320		有葡萄诸果。	《后汉书》云：永平时为鄯善所并，后复立。据《魏略》：三国时并属鄯善。	《汉纪》以为小国。
小宛	扜零城（今且末县南）	1050	200	位于大道南，不当道。		《后汉书》云：永平时为鄯善所并，后复立。据《魏略》：三国时并属鄯善。	

国　　名	王治城所在地	人口（人）	兵力（人）	环境、生活状况	经济状况	兴亡	其他
精绝	精绝城（今民丰县尼雅遗址）	3360	500	地势险厄。		《后汉书》云：永平时为鄯善所并，后复立。据《魏略》：三国时并属鄯善。	《汉纪》以为小国。
戎卢	卑品城（今民丰县南）	1610	300	位于大道南，不当道。		《后汉书》云：永平时为鄯善所并，后复立。据《魏略》：三国时并属于阗。	《汉纪》以为小国。
扜弥（拘弥、宁弥）	扜弥城（今于田县古城址）	20040 7251①	3540 1760			见专条。	《汉纪》以为小国。《后汉书》有传。
渠勒	鞬都城（今策勒县南）	2170	300			《后汉书》云：永平时为阗所统，悉有其地。后复立。据《魏略》：三国时并属阗。	《汉纪》以为小国。
于阗	西城（今和田县西约特干）	19300 83000	2400 3000余	于阗之西，水皆西流，注西海；其东，水东流，注盐泽。	多玉石。	见专条。	《汉纪》以为次大国。《后汉书》有传。
皮山	皮山城（今皮山县境）	3500	500			《后汉书》云：永平时为于阗所统，悉有其地，后复立。据《魏书》：后并属于阗。	《汉纪》以为小国。《魏书》作"蒲山"。
乌秅	乌秅城（今莎车县西南）	2733	740	山居，田在石间，累石为室。民以手接山水饮。	有白草。出产小步马，有驴无牛。		《汉纪》以为小国。《魏书》作"权於摩"。
西夜		10000余	3000	地生白草有毒，国人煎以为药，傅箭镞，所中即死。其种类羌、氐行国。	随畜逐水草往来。	据《魏略》：三国时并属疏勒。	《汉纪》以为小国。《后汉书》有传。《魏书》作"悉居半"。
子合	呼鞬谷（今叶城县西南）	4000	1000		地产玉石。		《后汉书·西域传》："《汉书》误云西夜、子合是一国，今各自有王。"
蒲犁	蒲犁谷（今莎车县西南）	5000	2000		寄田莎车。	据《魏略》：三国时并属疏勒。	《汉纪》以为小国。

①据《后汉书》。上行为西汉时，下行为东汉时。下同，不另注。

国　　名	王治城所在地	人口（人）	兵力（人）	环境、生活状况	经济状况	兴亡	其他
依耐		670	350		少谷，寄田疏勒、莎车。	据《魏略》：三国时并属疏勒。	《汉纪》以为小国。
无雷	卢城（今塔什库尔干县境）	7000	3000	衣服类乌孙。			《汉纪》以为小国。
莎车	莎车城（今莎车县）	16373	3049		有铁山，出青玉。	见专条。	《汉纪》以为次大国。《后汉书》有传。
（北路诸国）							
车师前	交河城（今吐鲁番县西北）	6050 4000余	1865 2000	河水分流绕城下。		见专条。	《汉纪》以为小国。《后汉书》有传。
车师后	务涂谷（今吉木萨尔县南）	4774 15000余	1890 3000余			见专条。	《后汉书》有传。
车师都尉	高昌壁（今吐鲁番县东南）	333	84				
车师后城长	后城（今吉木萨尔县北）	960	260				
墨山	墨山城（今吐鲁番盆地南山中）	5000	1000	山出铁，民山居。	寄田粂谷于焉耆、危须。	据《魏略》：三国时并属焉耆。	《汉纪》以为小国。
狐胡（孤胡）	柳谷（今吐鲁番县西北）	264	45			据《后汉书》：永平时为车师所灭，后复立。	《汉纪》以为小国。
劫	丹渠谷（今鄯善县东北）	500	115				《汉纪》以为小国。
东且弥	兑虚谷（今乌鲁木齐东南）	1948 5000余	572 2000余	居庐帐，所居无常。	逐水草，颇知田作。出产与蒲类多同。	为汉破姑师后所分"山北六国"之一。据《魏略》：三国时并属于车师后部。	《汉纪》以为小国。《后汉书》有传。
西且弥	于大谷（今和靖县北）	1926	738			为汉破姑师后所分"山北六国"之一。《后汉书》不载，盖时已被并。据《魏略》：三国时并属于车师后部。	《汉纪》以为小国。
蒲类	疏榆谷（今巴里坤湖附近）	2032 2000余	799 700余	庐帐而居。	逐水草，颇知田作。有牛、马、骆驼、羊畜，能作弓矢，国出好马。	为汉破姑师后所分"山北六国"之一。	据《后汉书》：蒲类本大国，西域役属匈奴时，其王得罪单于，单于怒徙其民六千余口至匈奴右部阿恶地，因号"阿恶国"。《后汉书》有传。

国　　名	王治城所在地	人口（人）	兵力（人）	环境、生活状况	经济状况	兴亡	其他
蒲类后		1070	334			为汉破姑师后所分"山北六国"之一。	
移支		—　3000余	—　1000余	其人勇猛敢战，以寇钞为事。皆披发。	随畜逐水草，不知田作。出产与蒲类同。		《汉书》缺传；《后汉书》有传。
单桓	单桓城（今乌鲁木齐附近）	194	45			《后汉书》云：东平时为车师所灭，后复立。据《魏略》：三国时并属车师后部。	
郁立师	内咄谷（今奇台县南）	1445	331			《后汉书》云：永平时为车师所灭，后复立。	《汉纪》以为小国。
卑陆	乾当谷（今阜康县南）	1387	422			为汉破姑师后所分"山北六国"之一。据《魏略》：三国时并属车师后部。	《汉纪》以为小国。
卑陆后	番渠类谷（今阜康县西）	1137	350			为汉破姑师后所分"山北六国"之一。	《汉纪》以为小国。
乌贪訾离	于娄谷（今昌吉县南）	231	57			匈奴东蒲类王兹力支降汉后，汉分车师后王之西地为是国以处之。《后汉书》云：永平时为车师所灭，后复立。据《魏略》：三国时并属车师后部。	《汉纪》以为小国。
焉耆	员渠城（今焉耆县南）	32100　52000	6000　20000余	四面有大山，道险厄易守。有海水曲入四山之内。	近海，水多鱼。	见专条。	《汉纪》以为次大国。《后汉书》有传。
危须	危须城（今焉耆县乌什塔拉）	4900	2000			据《魏略》：三国时并属焉耆。	《汉纪》以为次大国。
尉犁	尉犁城（今焉耆县西南）	9600	2000			据《魏略》：三国时并属焉耆。	《汉纪》以为次大国。
渠犁		1480	150	地广，饶水草，有溉田五千顷以上。气候温和，田美，益通沟渠，种五谷与内地同时熟。	汉武帝时通西域，置校尉，在此屯田。		

续　表

国　名	王治城所在地	人口（人）	兵力（人）	环境、生活状况	经济状况	兴亡	其他
乌垒	乌垒城（今轮台县小野云沟）	1200	300			西汉时，为都护治所。东汉始立国，据《后汉书·莎车传》：莎车王贤分龟兹为乌垒国，徙妫塞王驷鞬为乌垒王。	
龟兹	延城（今库车县东）	81317	21076		有铅，能铸冶。	见专条。	《汉纪》以为次大国。
温宿	温宿城（今乌什县）	8400	1500		土地、物类所有与鄯善诸国同。	据《魏略》：三国时并属龟兹。	《汉纪》以为次大国。
姑墨	南城（今阿克苏县）	24500	4500		出产铜、铁、雌黄。	见专条。	
尉头	尉头谷（今阿合奇县东）	2300	800	衣服类乌孙。	牧畜随水草。	据《魏略》：三国时并属龟兹。	《汉纪》以为小国。
疏勒	疏勒城（今喀什）	18647—	2000 30000余		有市列。	见专条。	《汉纪》以为小国。《后汉书》有传。
捐毒	衍敦谷（今乌恰县东北）	1100	500	依葱岭。衣服类乌孙。本塞种。	随水草。	据《魏略》：三国时并属疏勒。	《汉纪》以为小国。

鄯善（楼兰）

（？～约前177年降匈奴）
（前108～前77年降汉）
（约13～119年，对汉时附时叛）
（约132～335年降前凉）
（？～382年降前秦）
（？～445年降北魏）

鄯善为西域城郭之国。本名“楼兰”。[①] 最早见载于《史记》。该书《大宛传》记：“楼兰、姑师邑有城郭，临盐泽（今罗布泊）。”汉武帝派张骞于公元前139年首使西域，前128年归，途经该国，这是中原最早所知的西域国家之一。据《史记·匈奴

① 学者认为，“楼兰”乃所见佉卢文书中 Kroraimna（Krorayina）一词的汉译。

传》：约在前177年，"定楼兰……皆以为匈奴"。这是对该国的最早记载，可知当时役属于匈奴。

汉武帝元狩二年（前121），霍去病击匈奴，汉军首次进入西域。据《汉书·西域传》，至元封三年（前108），"虏楼兰王"。此后，楼兰持两端，"遣一子质匈奴，一子质汉"。

汉昭帝元凤四年（前77），汉斩亲匈奴的楼兰王尝归，立曾长期为质于汉的尉屠耆为王。"尉屠耆降汉"。汉"更名其国为鄯善"，并赐印玺及派兵屯田，置都尉，自是鄯善归汉统辖。时况为："王治扞泥城（今新疆若羌县卡克里克附近）……户千五百七十，口万四千一百，胜兵二千九百十二人。"

西汉末年至王莽建新，中原政权对西域控制力削弱，自始建国五年（13）焉耆首叛后，西域诸国纷纷自立，或投附匈奴，一直到东汉初年。据《汉书·西域传》："数年，莽死（23年），（西域都护李）崇遂没，西域因绝。"《后汉书·西域传》云："王莽篡位，贬易侯王，由是西域怨叛，与中国遂绝，并复役属匈奴，匈奴敛税重刻，诸国不堪命，（东汉）建武中，皆遣使求内属，愿请都护。光武（帝）以天下初定，未遑外事，竟不许之。"这时，鄯善的态度一直倾向中原政权。史载建武十四年（38），"（莎车王）贤与鄯善王安并遣使诣阙贡献"。

时莎车势强，在西域称雄，攻讨诸国，"诸国愁惧"。建武二十一年（45），"鄯善、焉耆等十八国俱遣子入侍，献其珍宝，及得见（汉光武帝），皆流涕稽首，愿得都护。（东汉）天子以中国初定，北边（匈奴）未服，皆还其侍子，厚赏赐之"。"诸国闻都护不出，而侍子皆还，大忧恐"。建武二十二年（46），"（莎车王）贤知都护不至，遂遗鄯善王安书，令绝通汉道，安不纳，而杀其使。贤大怒，发兵攻鄯善……鄯善王上书愿复遣子入侍，更请都护，都护不出，诚迫于匈奴"。

未几，随莎车王"贤死（61年）之后，（西域诸国）遂更相攻伐。小宛、精绝、戎庐、且末为鄯善所并……后其国并复立"。直到永平十六年（73），汉明帝征匈奴，"西域自绝六十五载，乃复通焉。明年，始置都护、戊己校尉"。标志着西域又恢复由汉统辖，时鄯善王广亦臣服于汉。

然为时不长，随汉明帝死，西域诸国又叛，建初元年（76），汉章帝"迎还戊己校尉，不复遣都护。二年，复罢屯田伊吾"。汉又失去对西域的控制。进至和帝永元三年（91），继"大将军窦宪大破匈奴"后，"班超遂定西域，因以超为（西域）都护……六年（94），班超复击破焉耆，于是五十余国悉纳贡内属"，鄯善应在其中。

这次汉的统治维持较长，直到永初元年（107），"西域背叛"，安帝"诏罢都护，自此遂弃西域，北匈奴即复收属诸国，共为边寇十余岁"。之后，汉"以班勇为西域长史……屯柳中（今新疆鄯善县西南鲁克沁）"时，又一次征服西域（鄯善于元初六年[119]归降）。该《传》总结这一过程："自建武（25~56年）至于延光（122~125年），西域三绝三通。"直到永兴元年（153）后，西域诸国又叛，东汉无力"惩革，自此（西域）浸以疏慢矣"，直至汉亡。

魏晋以后，中原纷争，无暇西顾，鄯善国势渐盛，据《魏略》（《三国志·魏志》注引）："且末国、小宛国、精绝国、楼兰国，皆并属鄯善也。"成为当时西域五个较强的本地民族政权之一。其后，随中原形势的变化，曾一度归降前凉（335 年）、前秦（382 年），但皆为时不长。北魏时，曾于太平真君六年（445）降魏，魏将其"比之郡县"进行统辖。其后，吐谷（yù）浑占其地。直到隋大业五年（609），其地归隋，隋在其地正式设郡。据《隋书·地理志》："鄯善郡，大业五年平吐谷浑（后）置，置（所）在鄯善城，即古楼兰城也。"

楼兰王（? ～约前 177 年降匈奴）

［按］据《史记·匈奴传》：约前 177 年，"定楼兰，皆以为匈奴"。时楼兰王名今已不知。

※　　　※　　　※

附：

楼兰王（? ～约前 108 年）

［按］据《汉书·西域传》：元封三年（前 108），汉军"虏楼兰王"。余况不详。

※　　　※　　　※

楼兰王（约前 108～前 92 年）

［按］据《汉书·西域传》：前 108 年后，楼兰受西汉与匈奴夹击，持两端，"遣一子质匈奴，一子质汉"。"征和元年（前 92），楼兰王死……楼兰更立王"。

楼兰王（前 92～? 年）

［按］据《汉书·西域传》：为前王之子。父卒继立。不知所终。

尝归（? ～前 77 年）

［按］《汉书·昭帝纪》作"安归"。据《西域传》：为前王之弟。即位年不晓。因受匈奴反间，屡杀汉使，元凤四年（前 77），被汉使傅介子所杀。

※　　　※　　　※

附：

尉屠耆（前 77～? 年）

［按］据《汉书·西域传》：为尝归弟。曾为质于汉，汉杀其兄而立之，汉遣司马等送归。他请求汉在伊循城（今新疆若羌东北）屯田。汉"更其国为'鄯善'，为刻印章"。

※　　　※　　　※

安（约 38～46 年）

［按］据《后汉书·西域传》：建武十四年（38），"鄯善王安并遣使诣阙贡献"。二十二年

（46），受莎车攻，兵败，亡入山中，向汉求助，无果。

广（约73年）

［按］据《后汉书·班超传》：约永平十六年（73），班超"到鄯善，鄯善王广奉超礼敬甚备，后忽更疏懈"。

尤还（？～119年降汉）

［按］据《后汉书·班勇传》：永初元年（107），因西域各国的反叛，汉罢都护，绝西域十余年。至元初六年（119），鄯善王尤还和车师前王才降班超。

鄯善王（约222年）

［按］据《三国志·魏志·文帝纪》：黄初三年（222），"二月，鄯善、龟（qiū）兹、于阗王各遣使奉献……是后，西域遂通"。

鄯善王（约283年）

［按］据《晋书·武帝纪》：太康四年（283）"八月，鄯善国遣子入侍，假其归义侯"。余况不详。

元孟（？～335年降前凉）

［按］据《晋书·张轨传》：咸康元年（335），晋将"杨宣率众越流沙，代龟兹、鄯善，于是西域并降。鄯善王元孟献女，号曰美人"。

休密驮（？～约382年降前秦）

［按］据《晋书·苻坚载记》：建元十八年（382），鄯善王休密驮降前秦后，入朝，见苻坚，苻坚赐以朝服，引见西堂。明年，"加鄯善王休密驮使持节、散骑常侍、都督西域诸军事、宁西将军"。休密驮率其国兵为前秦的向导，伐西域。据《郭黁传》：苻坚末年，"鄯善王死于姑臧"。

胡员吒（约386年）

［按］据《晋书·苻丕载记》：太元十一年（386）七月，后秦左将军姚方成与鄯善王胡员吒（zhā）战于孙丘谷。余况不详。

比龙（约432～约442年）

［按］据《宋书·沮渠蒙逊传》：永初三年（432），"鄯善王比龙入朝"。据《魏书·西域传》：太平真君三年（442），"鄯善王比龙避沮渠安周之难，率国人之半奔且末"。

真达（约442～445年降北魏）

［按］据《魏书·西域传》，真达为比龙之子。比龙奔且末后，真达应沮渠安周，被北魏征讨。据《世祖纪》：太平真君六年（445）四月，北魏"袭鄯善"，八月，"执其王真达"。

※　　　※　　　※

附：

鄯善王（445～约448年）

［按］据《魏书·世祖纪》：太平真君八年（447）"十二月，鄯善、遮逸国并遣子朝献"。

韩拔（约448～？年）

［按］据《魏书·世祖纪》：太平真君九年（448）"夏五月甲戌，以交趾公韩拔为假节、征西将军、领护西戎校尉、鄯善王，镇鄯善"。

※　　※　　※

鄯善王（约542年）

［按］据《北史·魏本纪》：西魏大统八年（542）"四月，鄯善王兄鄯朱那率众内附"。余况不详。

注：林梅村在《佉卢文时代鄯善王朝的世系研究》①一文中，据考古发现的佉（qū）卢文文书重新考证了东汉至前秦时期鄯善国王的先后顺序及在位年数，现录于下，供参考。

鄯善王	在位年数	历史时期	主要历史事件
？		东汉	175年东汉军退出西域
童格罗伽	22年（？）	｜	佉卢文传入鄯善
陀阇伽	至少22年		
		曹魏	222年鄯善遣使奉献
白毗耶	8年	｜	230年重设西域长史于楼兰
安归伽	至少38年		
		西晋	283年鄯善王遣子元英入侍
摩习梨	至少应30年	｜	
元孟	不止11年	前凉	332年置高昌郡
		｜	335年杨宣伐鄯善，元孟献女
疏梨阇	336～359年间		
休密驮		前秦	382年鄯善王朝于苻坚

_____

① 《西域研究》1991年第1期。

鄯善（楼兰）世系

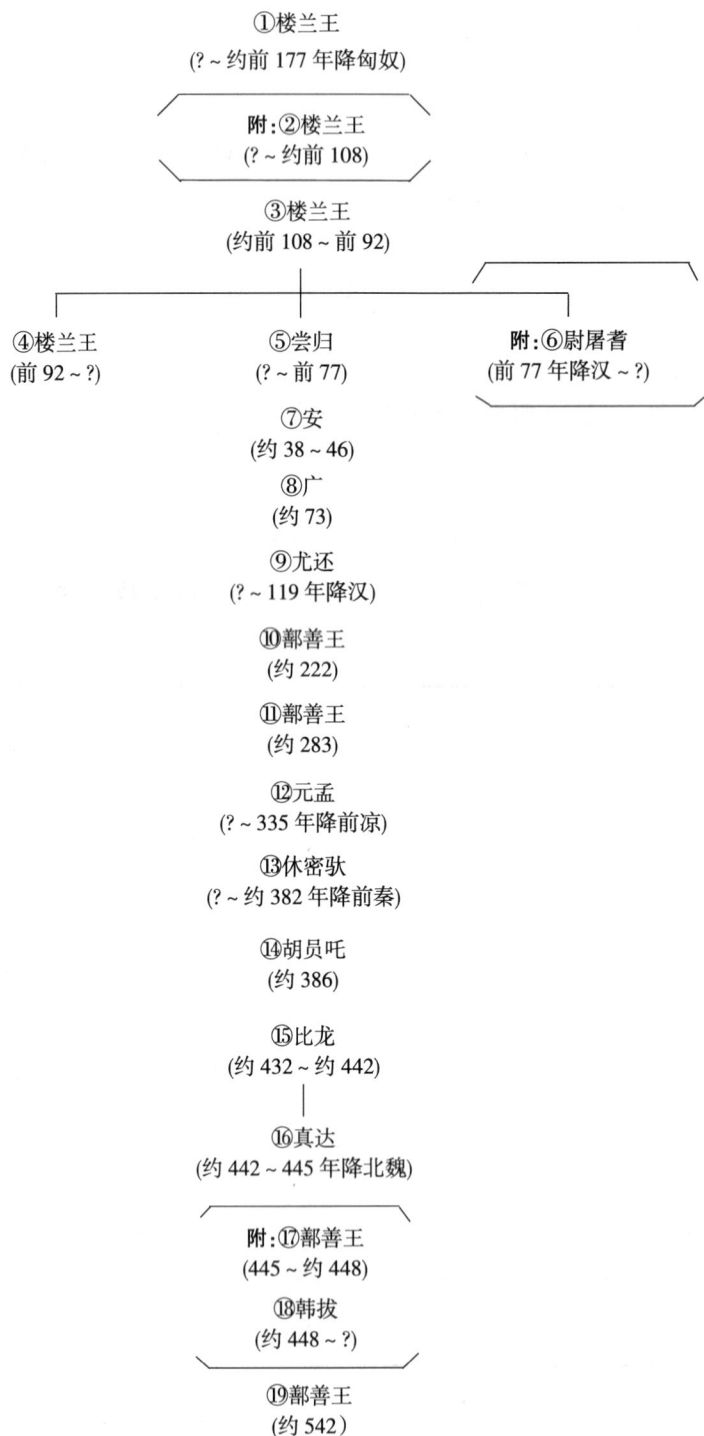

①楼兰王
(? ~ 约前 177 年降匈奴)

附:②楼兰王
(? ~ 约前 108)

③楼兰王
(约前 108 ~ 前 92)

④楼兰王
(前 92 ~ ?)

⑤尝归
(? ~ 前 77)

附:⑥尉屠耆
(前 77 年降汉 ~ ?)

⑦安
(约 38 ~ 46)

⑧广
(约 73)

⑨尤还
(? ~ 119 年降汉)

⑩鄯善王
(约 222)

⑪鄯善王
(约 283)

⑫元孟
(? ~ 335 年降前凉)

⑬休密驮
(? ~ 约 382 年降前秦)

⑭胡员吒
(约 386)

⑮比龙
(约 432 ~ 约 442)

⑯真达
(约 442 ~ 445 年降北魏)

附:⑰鄯善王
(445 ~ 约 448)

⑱韩拔
(约 448 ~ ?)

⑲鄯善王
(约 542)

夜 郎 国

（约前 135～前 111 年）

（？～前 27 年）

夜郎原为西南夷的一支。最早见载于《史记·西南夷传》。其云："西南夷君长以什数，夜郎最大。"其地大约在今贵州及云南东、广西北一带。政治中心在夜郎邑（一说在今贵州省安顺六盘水）。战国末，楚顷襄王派将军庄蹻深入该地区，该地"以兵威定属楚"。"秦时，常頞（ān）略通五尺道，诸此国颇置吏焉。十余岁秦灭，及汉兴，皆弃此国"。

夜郎国始建于何时，史无明载，学界亦无定论。《后汉书·夜郎传》载一传说："夜郎者，初有女子浣于遯（dùn）水，有三节大竹流入足间。闻其中有号声，剖竹视之，得一男儿，归而养之。及长，有才武，自立为夜郎侯。以竹为姓。武帝元鼎六年（前111），平南夷为牂牁（zāng kē）郡，夜郎侯（多同）迎降，天子赐王印绶。"史仅载其二王名："多同"与"兴"。多同于前111年降汉；兴在河平初年活动，后被杀。其后，"夜郎"不再见于史载。《中国大百科全书·民族卷》于"西南夷"条目中云："河平二年（前27），牂牁太守陈立杀兴，夜郎国灭。"宋蜀华《百越》①中云："夜郎从初见于文献②到灭亡，历时二百五十余年。"

多同（约前 135～前 111 年降汉）

［按］多同何时立为王，现已不晓。仅知《史记·西南夷传》所记："建元六年（前135）……（汉）拜（唐）蒙为郎中将，将千人，食重（"索隐"：案食货辎重车也）万余人，从巴蜀筰（zuó）关入，遂见夜郎侯多同。"姑从此年算起。据《后汉书·夜郎传》："元鼎六年（前111），平南夷为牂牁郡，夜郎侯迎降，天子赐其王印绶。后遂杀之。"

兴（？～前 27 年）

［按］据《汉书·西南夷传》："至汉成帝河平（前28～前25年）中，夜郎王兴与钩町王禹、漏卧侯俞更举兵相攻……（汉）遣太中大夫蜀郡张匡持节和解。兴等不从命，刻木象汉吏，立道旁射之……大将军（王）凤于是荐金城司马陈立为牂牁太守……谕告夜郎王兴，兴不从命，（陈）立请诛之……至兴国且同亭（今贵州省遵义东北），召兴。兴将数千人往至亭，从邑君数十人入见（陈）立。立数责，因断（其）头……以兴头示之，皆释兵降……（陈）立还归郡，兴妻父翁指与兴子邪务收余兵，迫胁旁二十二邑反。至冬，（陈）立奏募诸夷与都尉长史分将攻翁指等……纵反间以诱其众……蛮夷共斩翁指，持首出降。（陈）立已平定西夷，征诣京师。"

---

① 吉林教育出版社，1991。

② 初见文献于楚顷襄王（前298～前263年）。

滇

（约前 122～前 109 年）

　　滇最早见载于《史记·西南夷传》。其云："其（指夜郎）西，靡莫之属以什数，滇最大。"有学者据此以为"滇"为地名及政权名，为西南夷中之靡莫族所建。结合考古发掘证实，其地域约在今滇池及附近一带。政治中心在西汉益州郡滇池县（今云南晋宁县晋城）。

　　滇何时立国，史无明载，学界亦无定论。据《史记》中记："始楚威王（当作"楚顷襄王"①）时，使将军庄蹻将兵循江上，略巴、（蜀）黔中以西……蹻至滇池，（地）方三百里，旁平地，肥饶数千里，以兵威定属楚……因还，以其众王滇，变服，从其俗，以长之。秦时常頞（ān）略通五尺道，诸此国颇置吏焉。十余岁，秦灭。及汉兴，皆弃此国而开蜀故徼。"历史上仅载其一王，名尝羌，于元封二年（前 109）降汉，汉于其地置益州郡。此后，史籍不再有其信息。

尝羌（约前 122～前 109 年降汉）

　[按]《汉书·西南夷传》作"当羌"。他何时为王，现已不晓。仅知《史记·西南夷传》所记："元狩元年（前 122）……（汉）天子乃令王然于、柏始昌、吕越人等，使间出西夷西，指求身毒国。至滇，滇王尝羌乃留。"姑从此年算起。

　《史记》又记："元封二年（前 109），天子发巴、蜀兵击灭……靡莫，以兵临滇。滇王始首善，以故弗诛。滇王离难西南夷，（滇）举国降，诸置吏入朝。于是以为益州郡，赐滇王王印，复长其民。"

［东越（闽越）②］

（前 111～前 110 年）

　　东越王馀善，为闽越王郢（yǐng）弟，西汉武帝建武六年（前 135），郢擅自发兵击南越，汉出兵救，馀善惧，杀郢，后被汉立为"东越王"，与郢死后汉立之闽越王丑并处。

　　闽越，又称"闽粤"。为百越的一支。最早见载于《史记·东越传》。其云："其先皆越王句（gōu）践之后也。"学者研究其族源，有不同见解：如越国南迁遗族说、土著与外来结合说、土著说等种种。秦汉时活动于今闽、浙南、赣东一带。现知最早首领

---

　① 《后汉书·西南夷传》及《华阳国志》均作"楚顷襄王"。《汉书》王注：当作"顷襄王，与秦取楚黔中郡事较合"。
　② 据《史记·东越传》"集解"：韦昭曰，闽越为"东越之别名"。

名"无诸"（丑即为无诸之孙）。秦时，"废为君长，以其地为（秦）闽中郡"。秦末，"从诸侯灭秦"。初附楚，因项羽不立其为王而投汉抗楚。"汉五年，复立无诸为闽越王，王闽中故地，都东冶（今福建省福州）"。时附汉。有学者以此为闽越立国之年。

元鼎六年（前111）秋，馀善反汉自立。次年，失败被杀。后族人迫迁江、淮间，渐与当地他族融合。

馀善（前111～前110年）

[按]　据《史记·东越传》：为闽越王郢之弟。建元六年（前135），时闽越附汉，而郢擅自发兵击附汉之南越，南越告汉，汉出兵援，馀善乃杀郢，将其首献汉，时汉立无诸孙丑继闽越王位，而"馀善已杀郢，威行于国，国民多属，窃自立为王……（汉）因立馀善为东越王，与繇王（丑）并处……元鼎六年（前111）秋，馀善……遂反，发兵距汉道。号将军驺力等为'吞汉将军'，入白沙（今江西省波阳西）、武林（今江西省余干北）、梅岭（今江西省宁都东北），杀汉三校尉……馀善刻'武帝'玺自立……元封元年（前110）冬，（汉军）咸入东越，东越素发兵距险……汉使归谕馀善，馀善弗听……从建成侯敖，与其率，从繇王居股……乃遂俱杀馀善，以其众降（汉）横海将军，故封繇王居股为东成侯，万户；封建成侯敖为开陵侯……东越将多军，汉兵至，弃其军降，封为无锡侯。于是天子曰东越狭多阻，闽越悍，数反复，诏军吏皆将其民徙处江淮间，东越地遂虚"。

车　师

（约前108～前64年降汉）

（约前13～东汉末，对汉时附时叛）

（？ ～383年降前秦）

（？ ～约433年降北魏）

（450年亡国）

车师为西域城郭之国。原名"姑师"。最早见载于《史记·大宛传》，张骞首使西域（前139～前128年）归时途经该国，归来后向汉武帝报告。这是中原最早所知的西域国家之一。该《传》记："姑师，邑有城郭，临盐泽（今罗布泊）。"当时，西域役属于匈奴。

元狩二年（前121），霍去病击匈奴，西汉始对西域用兵。元封三年（前108），"遂破姑师"，姑师余众大批北迁至博格多山（天山支脉）南北投靠匈奴，史籍将北徙之众称为"车师"。据此，有学者称："'姑师'即'车师'，两者是同名译异。""博格多山南北的车师国当成立于前108年以后。"① 此后，车师即处在西汉与匈奴的争夺之中。

---

① 余太山：《〈汉书·西域传〉所见塞种——兼说有关车师的若干问题》（收入《塞种史研究》，中国社会科学出版社，1992）。

元康二年（前64），汉立军宿为车师王。据《汉书·西域传》：车师乃"与匈奴绝，亦安乐亲汉"。车师投汉后，汉将其"分以为车师前、后王及山北六国"加以统辖。时况为："车师前国，王治交河城（今新疆吐鲁番交河城遗址）……户七百，口六千五百五十，胜兵千八百六十五人。""车师后国，王治务涂谷（今新疆吉木萨尔县南山中）……户五百九十五，口四千七百七十四，胜兵千八百九十人。"东汉时，据《后汉书·西域传》，前国发展为："领户千五百余，口四千余，胜兵二千人。"后国发展为："领户四千余，口万五千余，胜兵三千余人。"

西汉末年，至王莽建新，中原政权对西域控制力削弱，自始建国五年（13）焉耆首叛后，西域诸国纷纷自立，或投附匈奴。而早在此前几年，始建国二年（10），车师后国即发生国王被杀，其"众二千余人，驱畜产，举国亡降匈奴"，与匈奴连兵，"共寇击车师（前国）"的事件。天凤三年（16）以后，西域不通，汉置都护遂废。据《后汉书·西域传》，时莎车力量强大，在西域称雄，攻讨诸国，"诸国愁惧"。建武二十一年（45），"车师前王、鄯善、焉耆等十八国俱遣子入侍，献其珍宝，及得见（汉光武帝），皆流涕稽首，愿得都护。（东汉）天子以中国初定，北边（匈奴）未服，皆还其侍子，厚赏赐之……诸国闻都护不出，而侍子皆还，大忧恐……于是鄯善、车师复附匈奴"。直至莎车王"贤死（61年）以后，（西域诸国）遂更相攻伐……郁立（师）、单桓、孤胡、乌贪訾离为车师所灭，后其国并复立"。至永平十六年（73），"车师始复内属"。以后，随西域形势的变化，车师对汉时叛时降。

三国时，据《魏略》（见《三国志·魏书》注引），其国势渐强，"东且弥国、西且弥国、单桓国、毕陆国、蒲陆国、乌贪国，皆并属车师后部王。王治於赖城"。曾一度附魏"受魏王印"。

晋时，中原政权纷立，车师前部一度降前秦（383年），然为时不长；北魏时，也曾一度附北魏。至太平真君十一年（450），其国为沮渠安周与柔然联军所灭，并入高昌郡。

车 师 前 部

车师王（约前108～约前72年）

［按］据《史记·大宛传》：元封三年（前108），汉军"破姑师"后，余众北迁立国，史称"车师"。王名已不可考。时处汉与匈奴的争夺之中，据《汉书·西域传》：天汉二年（前99），汉再击车师，匈奴救援，"汉兵不利，引去"。征和三年（前90），汉领"诸国兵共围车师，车师王降服，臣属汉"。不久，车师又投匈奴，"匈奴复使四千骑田车师"。至本始二年（前72），汉"击匈奴，车师田者惊去，车师复通于汉"。

乌贵（约前72～前67年）

［按］荀悦《汉纪》记为"乌贵靡"。[①]据《汉书·西域传》：为前王之子。父卒继立。关于

---

① 有学者认为"靡"为官号。见余太山《荀悦〈汉纪〉所见西域资料辑录与考释》，收入《两汉魏晋南北朝正史西域传研究》一书，中华书局，2003。

乌贵的去王，《汉书·西域传》、《匈奴传》及《资治通鉴》皆有记载，可互为补充。大致情况是：地节二年（前68），汉将郑吉发兵攻车师，破交河城，时乌贵在北石城，未被俘获。年末，复攻石城，乌贵降。匈奴闻车师降汉，发兵攻车师。明年（前67年），“匈奴更以车师王昆弟兜莫为车师王，收其余民东从徙，不敢居故地；而郑吉使吏卒三百人往田车师地以实之”。

兜莫（前67～前64年）

［按］据《汉书·匈奴传》：为乌贵昆弟。乌贵降汉后为匈奴所立。后为汉兵所杀。

※　　※　　※

附：

军宿（前64年降汉～？年）

［按］据《汉书·西域传》：为乌贵同父异母兄弟。在其父为王时，为躲避质于匈奴，逃奔焉耆。据《资治通鉴》：元康二年（前64），汉军杀匈奴所立兜莫而立军宿。《西域传》云：“尽徙车师国民令居渠犁，遂以车师故地与匈奴。车师王得近汉田官，与匈奴绝，亦安乐亲汉。”

※　　※　　※

车师王（约45～约76年降汉）

［按］据《后汉书·西域传》：建武二十一年（45），车师王与鄯善等欲遣子为质于汉，由于汉光武帝的拒绝，车师仍附匈奴。“永平十六年（73），汉取伊吾卢，通西域，车师始复内属。匈奴遣兵击之，复降北虏”。据《后汉书·耿恭传》：第二年（74年）冬，汉军击破车师，车师降汉。下年三月，匈奴北单于发二万骑击车师，时正值汉显宗死，汉救兵不至，车师复叛汉，投匈奴。建初元年（76），汉发兵“击车师，攻交河城，斩首三千八百级，获生口三千余人，驼驴马牛羊三万七千头。北虏惊走，车师复降”。

车师王（约107～约124年降汉）

［按］据《后汉书·西域传》载：永初元年（107），“诏罢都护，自此遂弃西域。北匈奴即复收属诸国，共为边寇十余岁”。据《后汉书·班勇传》载：延光三年（124），汉将班勇“发其兵步骑万余人到车师前王庭，击走匈奴伊蠡（lí）王于伊和谷，收得前部五千余人，于是前部始复开通”。

弥寘（？～383年降前秦）

［按］据《晋书·苻坚载记》：建元十八年（382），车师前部王弥寘（tián）进见苻坚，“观其宫宇壮丽，仪卫严肃，甚惧，因请年年贡献”。明年（383年），封“车师前部王弥寘使持节、平西将军、西域都护”。

车师王（约424年）

［按］据《魏书·西域传》：“车师国，一名前部……世祖（423～451年）初，始遣使朝献。”

※　　　※　　　※

附：

康王车伊洛（约 433～450 年亡于北京）

［按］《魏书·西域传》作"车夷落"。为前王之子。据《车伊洛传》（卷三十）：延和（432～434 年）中，被北魏授以平西将军，封车师前部王。随之回国。太平真君十一年（450），北凉王沮渠安周联柔然攻破车师，车伊洛逃奔北魏所据守的焉耆。车师前部亡。车伊洛于兴安二年（453）卒，北魏"赠镇西大将军、秦州刺史，谥曰'康王'"。

车 师 后 部

附：

句姑（?～约 3 年）

［按］《汉书·西域传》作"姑句（gōu）"。在位时车师后部归附于汉。据《汉书·匈奴传》：元始（1～5 年）年间，因怨恨汉都护校尉，降匈奴，汉迫匈奴交还，被斩首。

须置离（约 3～10 年）

［按］据《汉书·西域传》：建国二年（10），车师后王须置离欲亡入匈奴，被斩。

狐兰支（10～? 年）

［按］据《汉书·西域传》：为须置离兄。弟被杀后，"狐兰支将置离众二千余人，驱畜产，举国亡降匈奴"。

※　　　※　　　※

安得（?～75 年）

［按］据《后汉书·耿恭传》：永平十七年（74）冬，汉攻车师，破降之。明年（75 年），匈奴二万骑击车师，杀后部王安得。

※　　　※　　　※

附：

车师王（约 75～约 96 年）

［按］据《后汉书·西域传》：永元二年（90），后部王遣子奉贡入侍，汉赐印绶金帛。

涿鞮（96～97 年）

[按] 据《后汉书·西域传》：永元八年（96），汉戊己校尉索颊（yūn）欲废后部王涿鞮（dī），涿鞮反。明年（97 年），汉发兵讨涿鞮，"涿鞮入北匈奴，汉军追击，斩之。立涿鞮弟农奇为王"。

农奇（97～? 年）

[按] 据《后汉书·西域传》：为涿鞮弟。汉杀兄而立之。不知所终。

※　　　※　　　※

军就（120～125 年）

[按] 据《后汉书·西域传》："永宁元年（120），后王军就及母沙麻反叛，杀（汉）部司马及敦煌行事。至安帝延光四年（125），长史班勇击军就，大破，斩之……立加特奴为后王。"

※　　　※　　　※

附：

加特奴（126～约 135 年）

[按] 据《后汉书·西域传》：为农奇子。汉杀军就而立之。永建元年（126）立。阳嘉四年（135）春，北匈奴攻破车师后部。

阿罗多（? ～153 年）

[按] 据《后汉书·西域传》：永兴元年（153），车师后部王阿罗多与汉戊部侯严皓不协，愤懑反叛，亡走匈奴。汉立军就子卑君为王。

卑君（153 年）

[按] 据《后汉书·西域传》：为军就子。父为王时曾为质在汉。阿罗多叛汉入匈奴后被立之。后，阿罗多从匈奴归，其王位被夺。

阿罗多（154～? 年）

[按] 据《后汉书·西域传》："后，阿罗多复从匈奴中还，与卑君争国，颇收其国人。（汉）戊校尉阎详……许复为王，阿罗多乃诣（阎）详降。于是收夺所赐卑君印绶，更立阿罗多为王，仍将卑君还敦煌，以后部人三百帐别属役之，食其税。"

壹多杂（约 243 年）

[按] 据《三国志·魏书·乌丸传》裴注引《魏略》：三国时，"魏赐其王壹多杂守魏侍中，号大都尉，受魏王印"。

车 师 世 系

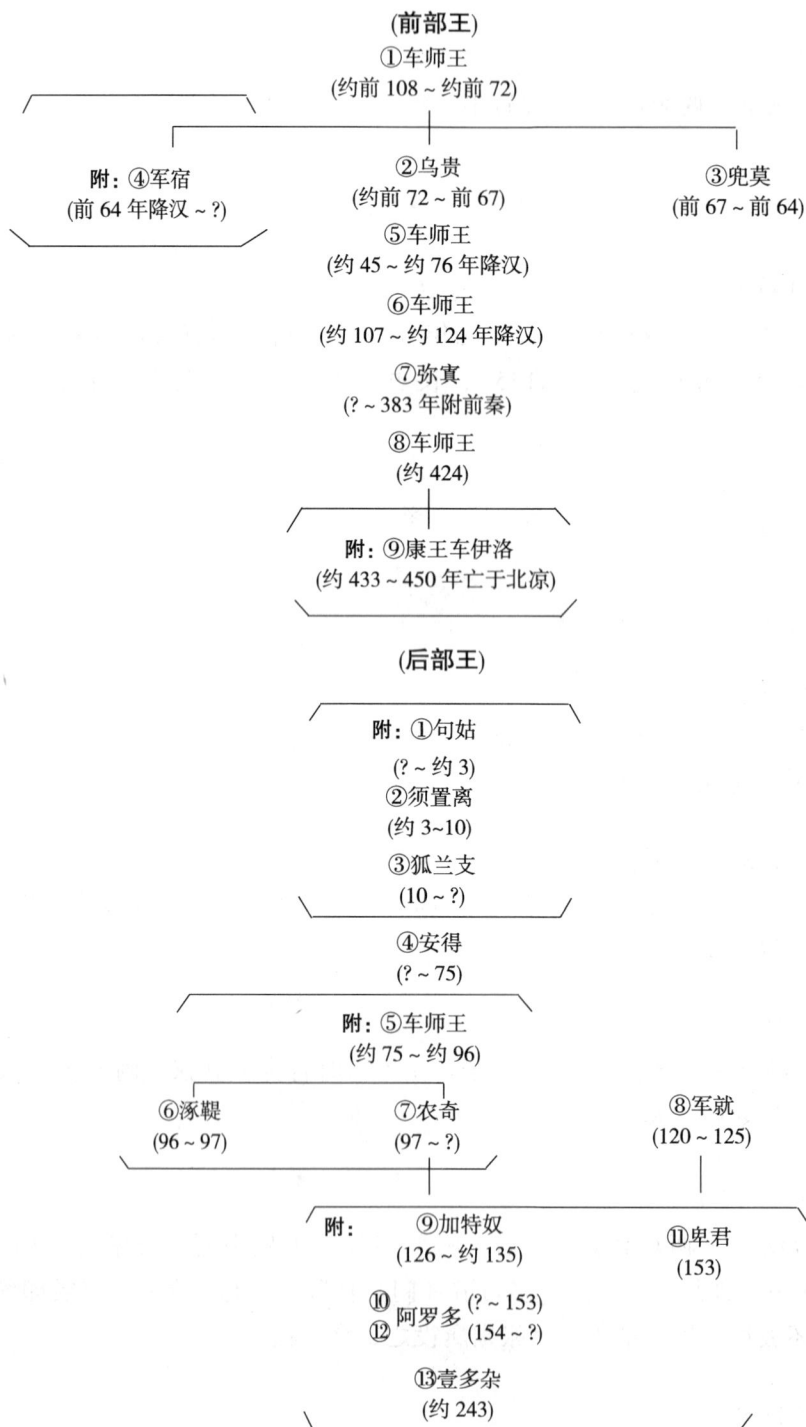

(前部王)

①车师王
(约前108~约前72)

附：④军宿
(前64年降汉~?)

②乌贵
(约前72~前67)

③兜莫
(前67~前64)

⑤车师王
(约45~约76年降汉)

⑥车师王
(约107~约124年降汉)

⑦弥寘
(?~383年附前秦)

⑧车师王
(约424)

附：⑨康王车伊洛
(约433~450年亡于北凉)

(后部王)

附：①句姑
(?~约3)

②须置离
(约3~10)

③狐兰支
(10~?)

④安得
(?~75)

附：⑤车师王
(约75~约96)

⑥涿鞮
(96~97)

⑦农奇
(97~?)

⑧军就
(120~125)

附：　⑨加特奴
(126~约135)

⑪卑君
(153)

⑩阿罗多 (?~153)
⑫　　　(154~?)

⑬壹多杂
(约243)

龟　兹

（约前101①～前71年降汉）

（约16～46年降莎车）

（约61～约135年，对汉时附时叛）

（约135～285年降焉耆）

（？～382年降前秦）

（？～648年降唐）

龟（qiū）兹为西域城郭之国。《新唐书·西域传》云："龟兹，一曰丘兹，一曰屈兹。"皆为一词的不同译写。尚有"归兹"②、"屈茨"③、"邱兹"④、"屈支"⑤，以及"拘夷"⑥、"俱支那"、"俱友囊"⑦等多种写法。首见于《汉书·西域传》，其云："龟兹国，王治延城（今新疆库车东皮朗古城），去长安七千四百八十里。户六千九百七十，口八万一千三百一十七，胜兵二万一千七十六人。"这是指在西汉西域都督府统辖下的情况。

在此以前，大约从公元前177年起，西域各国均被匈奴所占据，"匈奴西边王日逐王置僮仆都尉，使领西域"。前139～前128年张骞首使西域，龟兹尚未在其记载之中。自前121年，霍去病击匈奴，汉军首次进入西域后，西域便处于西汉与匈奴的争夺之中。直到神爵二年（前60），车师归汉，下年（前59），设西域都护，标志着西汉完全控制了西域诸国。

西汉末年至王莽建立新朝，中原政权对西域控制力削弱，自始建国五年（13）焉耆首叛后，西域诸国纷纷自立，或投向匈奴。据《汉书·西域传》：天凤三年（16）时，龟兹尚忠于中原政权。是年，王莽遣都护李崇出西域攻焉耆，龟兹曾助兵，李崇受挫，"收余众还保龟兹"。直到"数年（后），莽死（23年），（李）崇遂没，西域因绝"。

据《后汉书·西域传》：新末至东汉初年，莎车力量渐强，在西域称雄。建武十七年（41），莎车王"贤浸以骄横，重求赋税，数攻龟兹诸国，诸国愁惧"。直至建武二十二年（46），"其冬，贤攻杀龟兹王，遂兼其国"。龟兹为莎车所并。然而不久，龟兹又投匈奴，永平三年（60），"匈奴与龟兹诸国共攻莎车"。至永元"三年（91），（东汉）班超遂定西域，因以超为都护，居龟兹"。龟兹又归附东汉，成为东汉经营西域的中心。以后，"及孝和（帝）晏驾，西域背畔。安帝永初元年（107），

---

① 龟兹何时立国，现已不可考。此年为其王首见于史的大约之年。

② 见西晋竺法护译《申日经》。

③ 见道安（晋）《西域志》。

④ 见玄应（唐）《一切经音义》。

⑤ 见悟空（唐）《入竺记》。

⑥ 见僧祐（南朝梁）《出三藏记集》。

⑦ 见礼言（龟兹）《梵语杂名》。

频攻围都护任尚、段禧等，（东汉）朝廷以其险远，难相应赴，诏罢都护，自此遂弃西域，北匈奴即复收诸国，共为边寇十余岁"。龟兹又投匈奴。至延光二年（123），汉"以班勇为西域长史……西屯柳中"。次年，龟兹降汉。而"自阳嘉（132～135年）以后，（东汉）朝威稍损，（西域）诸国骄放，转相陵伐"，汉不能控制，直至东汉灭亡。

魏晋以后，龟兹国势渐盛，成为当时西域五个较强的本地民族政权之一。据《魏略》（《三国志·魏书》注引）："姑墨国、温宿国、尉头国皆并属龟兹也。"以后，随形势变化，也曾为焉耆、前秦，以及柔然、西突厥所攻占，但皆为时不长。直到贞观二十二年（648），为唐所攻占，唐于其地置镇设府，进行统辖。

龟兹王（约前101～前72年）

[按] 此王姓名及在位年皆不详，为绛宾之父。刘锡淦、陈良伟《龟兹古国史》云：大约从公元前177年至公元前101年西汉屯田渠犁、轮台止，匈奴统治龟兹七十六年。据《汉书·西域传》：原扜弥王太子赖丹为质于龟兹。约在太初四年（前101），汉贰师将军李广利出兵击大宛，返军时过龟兹，责其王，并将赖丹带回汉。约在天凤四年（前77），汉昭帝授赖丹以校尉，令返西域在轮台屯田。"龟兹贵人谓其王曰：'赖丹本臣属吾国，今佩汉印绶来迫吾国而田，必为害。'（龟兹）王即杀赖丹"。这是所知"龟兹王"最早的信息，故暂以此始。

※　　　※　　　※

附：

绛宾（约前71～约前36年）

[按] 据《汉书·西域传》：约在本始三年（前71），"（汉）长罗侯常惠使乌孙还，便宜发诸国兵，合五万人攻龟兹，责以前杀校尉赖丹。龟兹王（绛宾）谢曰：'乃我先王时为贵人姑翼所误，我无罪。'执姑翼诣惠，惠斩之"。时龟兹王为绛宾。据《傅介子传》："介子至龟兹，复责其王，王亦服罪。介子从大宛还，到龟兹，龟兹言：'匈奴使者从乌孙还，在此。'介子率其吏士共诛斩匈奴使者。"可见当时龟兹附汉，背匈奴。绛宾妻为汉解忧公主之女。据《西域传》：元康元年（前65），绛宾携妻入汉朝贺，受赐印绶。留住一年。因他喜爱汉家衣服制度，"归其国，治宫室。作徼道周卫，出入传呼，撞钟鼓，如汉家仪"。

丞德（约前36～约前1年）

[按] 据《汉书·西域传》：为绛宾子。"绛宾死，其子丞德自谓汉外孙，成、哀帝（前32～前1年）时往来尤数"。

※　　　※　　　※

弘（？～46年）

[按] 据《后汉书·西域传》：时莎车强大，在西域称霸。建武二十二年（46）冬，莎车王

贤攻杀龟兹王（据《梁书·西北诸戎传》："后汉光武时，其王名'弘'，为莎车王贤所杀"），兼并龟兹。"贤又自立其子则罗为龟兹王"。

※　　　※　　　※

附：

则罗（46～？ 年）

［按］据《后汉书·西域传》：莎车人。莎车王贤之子。为莎车王贤兼并龟兹后立之。"数岁，龟兹国人共杀则罗"复国，遣使匈奴，更请立王，匈奴立龟兹贵人身毒为龟兹王。龟兹由是属匈奴。

身毒（？ ～50 年）

［按］据《后汉书·西域传》：原为贵人。龟兹摆脱莎车控制后投靠匈奴，"匈奴立龟兹贵人身毒为龟兹王，龟兹由是属匈奴"。

建（？ ～78 年）

［按］据《后汉书·西域传》："永平十六年（73），龟兹王建攻杀疏勒王成。"《班超传》云："时龟兹王建为匈奴所立，倚恃虏威，据有北道，攻破疏勒，杀其王。"

尤利多（78～91 年）

［按］据《后汉书·班超传》：永元三年（91），龟兹降汉。汉"废其王尤利多而立白霸"。尤利多"诣京师"，后客死中原。

白霸（91～约 107 年）

［按］据《后汉书·班超传》：由东汉从匈奴手中夺得龟兹后立之。永元六年（94），东汉发龟兹等八国兵讨平焉耆。"西域五十余国悉皆纳质内属焉"。汉以班超为西域都护，驻龟兹它乾城。至元兴元年（105）后，西域诸国纷纷叛汉，永初元年（107），汉罢西域都护，西域诸国重又归属匈奴。有学者认为："东汉放弃西域，白霸年老气衰而死，白英上任亦在此时。"[①]

白英（约 107～？ 年）

［按］据《后汉书·班勇传》：延光三年（124），鄯善附汉后，"龟兹王白英犹自疑未下，（班）勇开以恩信，白英乃率姑墨、温宿自缚诣勇降"。

※　　　※　　　※

龟兹王（约 222 年）

［按］据《三国志·魏书·文帝纪》：黄初三年（222）"二月，鄯善、龟兹、于阗王各遣使

---

① 刘锡淦、陈良伟：《龟兹古国史》，新疆大学出版社，1992。

奉献……是后西域遂通"。

白山（？～约285年）

［按］据《晋书·西戎传》：焉耆王龙会立时（约285年），"袭灭白山，遂据其国"。

※　　※　　※

附：

龙会（约285～？年）

［按］据《晋书·西戎传》：为焉耆人。焉耆王龙安之子。他按父遗嘱，攻灭龟兹，杀龟兹王白山，自立为龟兹王。史载其"有胆气筹略，遂霸西胡，葱岭以东莫不率服。然恃勇轻率，尝出宿于外，为龟兹国人罗云所杀"。

※　　※　　※

白纯（？～382年降前秦）

［按］《晋书·吕光载记》、《梁书·西北诸戎传》、《魏书·吕光传》等作"帛纯"。据《梁书·西北诸戎传》："太元七年（382），秦主苻坚遣将吕光伐西域，至龟兹，龟兹王帛纯载宝出奔，（吕）光入其城……（吕）光立帛纯弟震为王而归。"

※　　※　　※

附：

白震（382～？年）

［按］据《梁书·西北诸戎传》及《晋书·吕光载记》：为白纯弟，由吕光攻破龟兹城后立之。

※　　※　　※

龟兹王（约437～约449年）

［按］据《魏书·世祖纪》：太延三年（437）三月，"龟兹……遣使朝献"。五年（439）四月，"龟兹……遣使朝献"。太平真君十年（449）十一月，"龟兹……遣使朝献"。

龟兹王（约475～约521年）

［按］据《魏书·高祖纪》：延兴五年（475）"夏四月丁丑，龟兹国遣使朝献"。太和元年（477）十月，"龟兹国遣使朝献"。二年"秋七月戊辰，龟兹国遣使献名驼七十头"。三年九月，"龟兹诸国各遣使朝献"。《南史·梁本纪》：天监二年（503）七月，"龟兹……遣使朝贡"。《魏书·世宗纪》：永平三年（510）十月，"龟兹……遣使朝献"。《肃宗纪》：神龟元年（518）七

月，"龟兹诸国并遣使朝献"。

尼瑞摩珠那胜（约521年）

［按］据《梁书·西北诸戎传》：普通二年（521），龟兹王"尼瑞摩珠那胜遣使奉表贡献"。《魏书·肃宗纪》：正光三年（522）七月，"龟兹诸国遣使朝贡"。

龟兹王（约561年）

［按］据《周书·武帝纪》：保定元年（561）五月，"龟兹王并遣使献方物"。

白苏尼呕（约612年）

［按］《隋书·西域传》作"白苏尼哇"。据《北史·西域传》："隋大业（605～618年）中，其王白苏尼呕遣使朝贡方物。"余况不详。

苏伐勃駃（约618年）

［按］姓"白"，故又可称"白苏伐勃駃"。据《旧唐书·西戎传》："其王姓白氏……（唐）高祖即位（618年），其主苏伐勃駃遣使来朝。勃駃寻卒，子苏伐叠代立。"

苏伐叠（约630年）

［按］姓"白"，故又可作"白苏伐叠"。据《新唐书·西域传》：为苏伐勃駃子。父卒继立。"苏伐叠立，号'时健莫贺俟利发'。贞观四年（630），献马，（唐）太宗赐玺书，抚慰加等。后臣西突厥……自是不朝贡。苏伐叠死，弟诃黎布失毕立"。

诃黎布失毕（？～648年）

［按］《旧唐书》作"诃犁布失毕"。据《新唐书·西域传》：为苏伐叠弟。兄终弟及。"诃黎布失毕立。（贞观）二十一年（647），两遣使朝贡"。唐太宗"怒其佐焉耆叛……发铁勒十三部兵十万讨之"。据《旧唐书·太宗纪》：下年（648年）闰十二月，唐"破龟兹大拨等五十城，虏数万口，执龟兹王诃犁布失毕以归，龟兹平，西域震骇"。《西戎传》载：唐"太宗既破龟兹，移置安西都护府于其国城，以郭孝恪为都护，兼统于阗、疏勒、碎叶，谓之'四镇'"。

※ ※ ※

附：

叶护（648～650年）

［按］据《新唐书·西域传》：为诃黎布失毕弟。唐攻破龟兹后立其为王。"叶护"为官名。有学者认为名应作"如归"，依据《通典》所载："大唐贞观二十三年（649），将军阿史那社尔伐龟兹，虏其王如归。"① 笔者认为此结论不当，第一，"叶护"是贞观二十一至二十三年伐龟兹

---

① 刘锡淦、陈良伟：《龟兹古国史》，新疆大学出版社，1992。

战后所立，而"如归"为战中被俘，两者不合；第二，已知阿史那社尔所虏的"其王"是诃黎布失毕，而不是"叶护"，或"如归"。《旧唐书·西戎传》云："俘其王诃黎布失毕……献于社庙。"第三、"如归"两字非人名，在此作"而还"解，见《旧唐书·地理志》："贞观二十二年（648），阿史那社尔破之，虏龟兹王而还。"

诃黎布失毕（650～656年）

[按]二度为王。据《旧唐书·西戎传》："永徽元年（650），又以诃黎布失毕为右骁卫大将军，寻放还蕃，抚其余众，依旧为龟兹王，赐物一千段。"据《新唐书·西域传》：显庆元年（656），诃黎布失毕"恒恒死……以其地为龟兹都督府。更立子素稽为王"。

素稽（656～？年）

[按]《册府元龟》作"白素稽"。据《新唐书·西域传》：为诃黎布失毕子。父卒后由唐所立。据《册府元龟》："显庆三年（658），以其地为龟兹都督府，又拜白素稽为都督，以统其众。又移安西都护府于龟兹国，旧安西复为西州都督府。"

延田跌（约692年）

[按]据《新唐书·西域传》："天授三年（692），（龟兹）王延田跌来朝。"余况不详。该《传》又云："始，仪凤（676～679年）时，吐蕃攻焉耆以西，四镇皆没。长寿元年（692），武威道总管王孝杰破吐蕃，复四镇地，置安西都护府于龟兹，以兵三万镇守。"

白莫苾（？～719年）

[按]据《新唐书·西域传》："开元七年（719），（龟兹）王白莫苾死，子多币（zā）立。"余况不详。

多币（719～？年）

[按]据《新唐书·西域传》：又名"孝节"，为白莫苾子。父死继立，"改名孝节。十八年（730），遣弟孝义来朝"。

龟兹世系

①龟兹王
(约前101～约前72)

附：②绛宾
(约前71～约前36)

③丞德
(约前36～约前1)

④弘
(?～46)

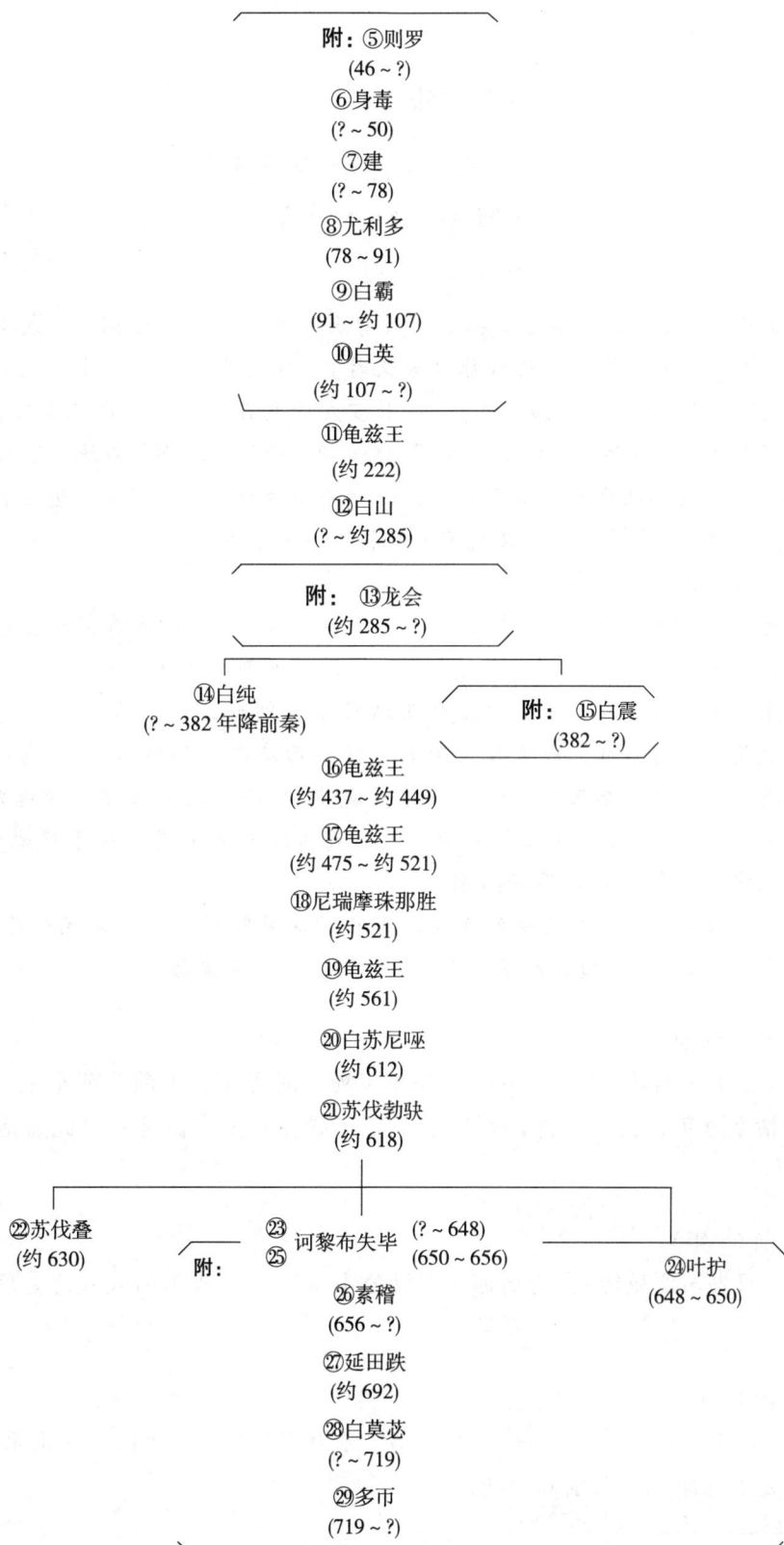

附：⑤则罗
(46 ~ ?)

⑥身毒
(? ~ 50)

⑦建
(? ~ 78)

⑧尤利多
(78 ~ 91)

⑨白霸
(91 ~ 约107)

⑩白英
(约107 ~ ?)

⑪龟兹王
(约222)

⑫白山
(? ~ 约285)

附：⑬龙会
(约285 ~ ?)

⑭白纯　　　　　　　　　　　　　　　附：⑮白震
(? ~ 382年降前秦)　　　　　　　　　　　　　(382 ~ ?)

⑯龟兹王
(约437 ~ 约449)

⑰龟兹王
(约475 ~ 约521)

⑱尼瑞摩珠那胜
(约521)

⑲龟兹王
(约561)

⑳白苏尼呀
(约612)

㉑苏伐勃駚
(约618)

㉒苏伐叠　　　　㉓诃黎布失毕　(? ~ 648)
(约630)　　　㉕　　　　　　(650 ~ 656)　　　　㉔叶护
　　　　　附：　　　　　　　　　　　　　　(648 ~ 650)
　　　　　　　㉖素稽
　　　　　　　(656 ~ ?)

㉗延田跌
(约692)

㉘白莫苾
(? ~ 719)

㉙多币
(719 ~ ?)

莎　车

（约前 67^① ~ 前 65 年降西汉）

（约 41 ~ 87 年降东汉）

莎车为西域城郭之国。有学者据北魏时曾在其地立有"渠沙国"（或写作"佉沙"）一事②称"渠沙"是"莎车"的转称（或又称）。最早见载于《汉书·西域传》，其云："莎车国，王治莎车城（今新疆莎车），去长安九千九百五十里，户二千三百三十九，口万六千三百七十三，胜兵三千四十九人。"这是指在西汉西域都护府统辖下的情况。

在此以前，大约从公元前 177 年起，西域为匈奴所占，"匈奴西边王日逐王置僮仆都尉，使领西域"。自前 121 年汉武帝遣名将霍去病击匈奴，汉军首次进入西域后，西域便处于西汉与匈奴的争夺之中。

元康元年（前 65）汉使"更立它昆弟子为莎车王"，标示着莎车投汉。随汉军事上的胜利，神爵三年（前 59），汉占据西域，设西域都护统辖。

西汉末年至王莽建新，中原政权对西域控制力削弱，自始建国五年（13）焉耆首叛后，西域诸国纷纷自立，或又投向匈奴。据《后汉书·西域传》："匈奴单于因王莽之乱，略有西域，唯莎车王延最强，不肯附属。"时莎车国势较盛，曾称雄一时，"五十五国皆属焉"。莎车王贤主政初期亲汉。后因对汉封职不满，约于建武十七年（41）叛汉。直至章和元年（87）再降归东汉。

以后，随汉对西域控制形势的变化，莎车对汉时服时叛，但详况今已不知。现知，三国时已并属于疏勒。《魏略》云："莎车国……皆并属疏勒。"

莎车王（? ~约前 67 年）

[按] 据《汉书·西域传》：宣帝时，莎车王死。时无子，生前，莎车王钟爱乌孙公主子万年，莎车国人请立万年，获汉允许，万年遂至莎车继任。王先谦注："此盖地节三、四年（前 67、前 66）事。"

万年（约前 66 年）

[按] 据《汉书·西域传》：为乌孙王娶汉公主所生。由莎车国人立之。后被莎车王弟呼屠徵所杀。

呼屠徵（前 65 年）

[按] 据《汉书·西域传》：为前莎车王弟。杀万年自立。继被汉军所击杀，"更立它昆弟子为莎车王……是岁元康元年（前 65）也"。

---

① 莎车何时立国，已不可考。只知约于公元前 177 年起西域役属于匈奴，至前 121 年西汉对匈奴用兵，开始与之争夺西域。此年是现所知史载最早记"莎车王"之年。

② 《魏书·西域传》："渠沙国，居故莎车城。"

※　　　※　　　※

附：

莎车王（前 65 ~ ? 年）

［按］据《汉书·西域传》：为汉使臣杀呼屠徵后立之。莎车附汉。不知所终。

忠武王延（? ~ 18 年）

［按］据《后汉书·西域传》：曾为质于汉，仰慕中原文化，为汉所立，坚持附汉。"匈奴单于因王莽之乱，略有西域，唯莎车王延最强，不肯附属……天凤五年（18），延死，谥'忠武王'。子康代立"。

宣成王康（18 ~ 33 年）

［按］据《后汉书·西域传》：为延之子。父卒继立。建武五年（29），汉"立康为汉莎车建功怀德王、西域大都尉。（西域）五十五国皆属焉"。称霸一时。"九年（33），康死，谥'宣成王'，弟贤代立"。

※　　　※　　　※

贤（33 ~ 61 年）

［按］据《后汉书·西域传》：为康弟。兄终弟及。即位时，莎车势强，"葱岭以东诸国皆属贤"。初期，与汉友好，后因请汉封"大都护"未准，由是叛汉，自"称大都护，移书诸国，诸国悉服属焉，号贤为'单于'"。永平四年（61），"于阗王广德乃将诸国兵三万人攻莎车……锁贤将归，岁余杀之"。

不居徵（61 年）

［按］据《后汉书·西域传》：为贤子。父被于阗王广德攻杀后，由匈奴击退广德后立之。继"广德又攻杀之，更立其弟齐黎为莎车王"。

齐黎（61 ~ 87 年降汉）

［按］据《后汉书·西域传》：为不居徵弟，兄被杀后，由于阗王广德立之。"元和三年（86 年，《班超传》作明年，87 年），时长史班超发诸国兵击莎车，大破之，由是遂降汉"。

莎 车 世 系

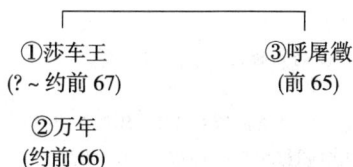

①莎车王
(? ~ 约前 67)

③呼屠徵
(前 65)

②万年
(约前 66)

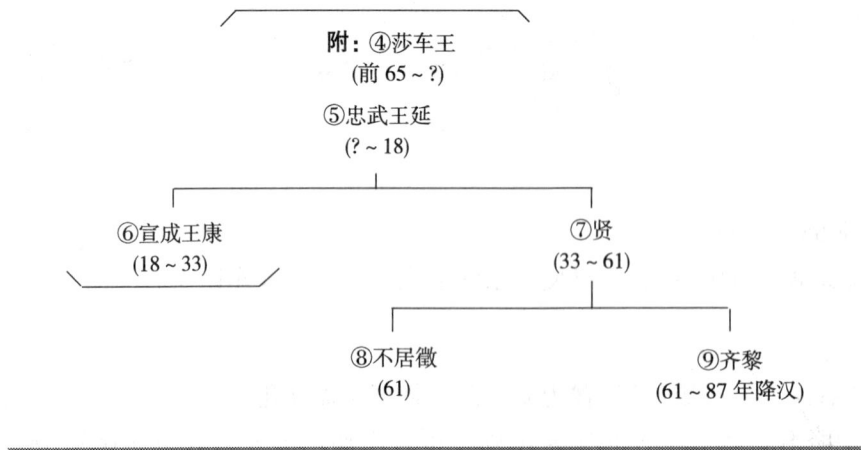

```
                         附：④莎车王
                           (前65~?)

                         ⑤忠武王延
                           (?~18)

         ⑥宣成王康                        ⑦贤
          (18~33)                       (33~61)

                    ⑧不居徵                      ⑨齐黎
                      (61)                   (61~87年降汉)
```

高 句 丽

（前37~427年迁都）

  高句（gōu）丽亦作"高勾骊"，省称"句骊"。为古涉貊（wèi mò）族一支。有时，也以"貉"（mò）、"貊"或"涉貊"称之。有说即《周书·王会解》中之"高夷"。西汉武帝置玄菟郡，所属有高句骊县，即因族名县，① 其地在今浑河与苏子河一带。《后汉书·高句骊传》云其为"扶余别种"，是指传说其始祖朱蒙出于扶余王室，因庶出，受排挤，汉元帝时，建昭二年（前37）逃亡南下，至卒本川（今辽宁省桓仁一带）建纥升骨城，立国，"国号高句丽"。② 后渐发展，盛时其境东临日本海，西抵辽河，北至松花江上游，南达汉江以北及辽东半岛。《后汉书·高句骊传》云："有消奴部、绝奴部、顺奴部、灌奴部、桂娄部。本消奴部为王，稍微弱，后桂娄部代之。其置官，有相加、对卢、沛者、古邹大加、主簿、优台、使者、帛衣先人。"初于西汉平帝元始三年（3）迁都国内城（今吉林省集安）；至二十代王巨连时，相当于北魏太武帝拓跋焘时期，于北魏始光四年（427）迁都平壤。关于迁都平壤后的高句丽，学术界有不同的认识，尚待进一步研究，本年表暂按《中国东北史》书中的基本意见标止于此。该书云："自长寿王迁都平壤以后，使高句丽统治中心由鸭绿江北岸转入朝鲜半岛腹心地区……从此，在朝鲜半岛上，三国鼎立争雄的局面进入了一个新的历史时期。"③

始祖东明圣王朱蒙（前37~前19年九月）

  [按]名又作"邹牟"。《好大王碑》称为"始祖邹牟"。《梁书·高句骊传》记作"东明"。据《三国史记·高句丽纪》：为夫余王庶子，年少即善射，"自作弓矢射之，百发百中，

---

① 《后汉书·高句骊传》："武帝灭朝鲜，以高句骊为县，使属玄菟。"
② 《三国史记》卷十三《高句丽纪》。
③ 《中国大百科全书·民族卷》（中国大百科全书出版社1986年版）也基本上是这种意见，其叙述高句丽亦止于迁都平壤。其云："迁都于平壤，政治中心迁至朝鲜半岛，即成为当时朝鲜半岛三国之一。"

扶余俗语，善射为朱蒙，故以名云"。遭嫡长子炉，为避害，于建昭二年（前37），逃至卒本川，建纥升骨城（在今辽宁省桓仁东北五女山城），立国，"国号高句丽，因以高为氏……四方闻之，来附者众"。

该《纪》又云："十九年（前19）……秋九月，王升遐，时年四十岁，葬龙山，号'东明圣王'。"

琉璃明王类利① （前19年九月～18年十月）

[按] 又作"琉璃王"。据《三国史记·高句丽纪》："或云'孺留（王）'。朱蒙元子。"父卒继立。"二十二年（3）冬十月，王迁都于国内（城）（今吉林省集安），筑尉那岩城（即丸都城，在国内城西北约五里）"。据《汉书·王莽传》：始建国四年（12），"莽发高句骊兵，当伐胡，不欲行，郡强迫之，皆亡出塞，因犯法为寇，辽西大尹田谭追击之，为所杀……秽貉遂反；诏（严）尤击之，尤诱高句骊侯驺至而斩焉，传首长安，莽大悦，下书曰：'……其更名"高句骊"为"下句骊"，布告天下，令咸知焉。'于是貉人愈犯边"。

《三国史记·高句丽纪》曰："三十七年（18）……冬十月，（类利）薨于豆谷离宫，葬于豆谷东原，号为'琉璃明王'。"

大武神王无恤② （18年十月～44年十月）

[按] 又称"大解朱留王"。据《三国史记·高句丽纪》：为"琉璃王第三子。生而聪慧，庄而雄杰，有大略。琉璃王在位三十三年甲戌（14年），立为太子，时年十一岁。至是即位"。《后汉书·句骊传》云："建武八年（32），高句骊遣使朝贡，（汉）光武（帝）复其王号。"

《高句丽纪》载："十九年（36），立王子解忧为太子……二十七年（44）……冬十月，王薨，葬于大兽村原，号为'大武神王'。"

闵中王解色朱③ （44年十月～48年）

[按] 据《三国史记·高句丽纪》："大武神王之弟也。大武神王薨，太子幼少，不克即政，于是国人推戴以立之……五年（48），王薨……葬于石窟，号为'闵中王'。"

慕本王解忧 （48～53年十月）

[按] 名又作"解爱娄"。据《三国史记·高句丽纪》："大武神王元子。闵中王薨，继而即位。为人暴戾不仁，不恤国事，百姓怨之……六年（53）冬十月……杜鲁藏刀，以进王前，王引而坐，于是，拔刀害之。遂葬于慕本原，号为'慕本王'。"

大祖大王宫 （53年十月～约121年）

[按] 又称"国祖王"。据《三国史记·高句丽纪》："小名'於漱'，琉璃王子古邹加

---

① 《魏书·高句丽传》记第二代王名"闾达"。
② 《魏书·高句丽传》记第三代王名"如栗"。
③ 《魏书·高句丽传》记第四代王名"莫来"，为如栗之子，父卒子立。

再思之子也……慕本王薨，太子不肖，不足以主社稷，国人迎宫继立……以年七岁，太后垂帘听政。"据《后汉书·句骊传》："和帝元兴元年（105）春，（高句骊）复入辽东，寇略六县，太守耿夔击破之，斩其渠帅。安帝永初五年（111），宫遣使贡献，求属玄菟。元初五年（118），复与涉貊寇玄菟，攻华丽城（今朝鲜咸镜南道永兴附近）。建光元年（121）春，幽州刺史冯焕、玄菟太守姚光、辽东太守蔡讽等将兵出塞击之，捕斩涉貊渠帅，获兵马财物。"

关于宫的去位，史有二记：其一，据《三国史记·高句丽纪》："九十四年（146）……十二月，王谓遂成曰：'吾既老……'。乃禅位，退老于别宫，称为'大祖大王'。"其二，《后汉书·句骊传》：建光元年（121），"是岁，宫死，子遂成立"①。本年表依从《中国东北史》中的意见："据《三国史记》载，146年秋，当太祖王一百岁时……禅位于七十六岁的弟弟遂成……太祖王一百一十九岁时才死去。《三国史记》的纪事颇乖情理。按《后汉书·句骊传》记载，121年太祖王被东汉与扶余联军打败后，就含恨死去了，在位六十九年，传位其子遂成，而不是弟遂成。《三国史记》于是年记事中，也有以遂成统军国事一语。考于此时高句丽与东汉频繁交兵，接触密切，较为容易掌握高句丽真实情况，因此，《后汉书》中有关太祖王的记事，可靠性更大些。"

次大王遂成（约 121 ~ 165 年十月）

[按] 据《后汉书·句骊传》：为宫子，父卒继立。据《三国史记·高句丽纪》："二十年②（165）……冬十月，椽那皂衣明临答夫……弑王。号为'次大王'。"

新大王伯固（165 年十月 ~ 179 年十二月）

[按] 名一作"伯句"。据《后汉书·句骊传》：为遂成子。③"遂成死，子伯固立"。据《三国史记·高句丽纪》："十五年（179）……冬十二月，王薨，葬于故国谷，号为'新大王'。"

故国川王男武（179 年十二月 ~ 197 年五月）

[按] 又作"国襄王"。据《三国志·魏书·高句丽传》：名作"伊夷模"，《梁书·高句骊传》作"伊夷摸"。为伯固次子。《三国志》曰："伯固死，有二子：长子拔奇，小子伊夷模。拔奇不肖，国人便共立伊夷模为王。"据《三国史记·高句丽纪》："故国川王，讳男武，新大王伯固之第二子。伯固薨，国人以长子拔奇不肖，共立伊夷谟为王……十九年（197）……夏五月，王薨，葬于故国川原，号为'故国川王'。"

山上王位宫（197 年五月 ~ 227 年五月）

[按] 据《三国史记·高句丽纪》：名作"延优"。据《三国志·魏书·高句丽传》："伊夷模无子，淫灌奴部，生子名位宫，④伊夷模死，立以为王。"据《高句丽纪》："十三年

---

① 《梁书·高句骊传》："宫死，子伯固立。"误。
② 按《后汉书·句骊传》记，在位应四十五年。
③ 《三国史记·高句丽纪》作大祖大王之季弟，不采。
④ 《三国史记·高句丽纪》："山上王，讳延优，故国川王之弟也。"与此异。

（209）……冬十月，王移都于丸都……三十一年（227）夏五月，王薨，葬于山上陵，号为'山上王'。"

东川王忧位居（227 年五月～248 年九月）

[按] 一作"东襄王"。据《三国史记·高句丽纪》："少名'郊彘（zhì）'，山上王之子……前王十七年（213）立为太子，至是嗣位……二十二年（248）……秋九月，王薨，葬于柴原，号曰'东川王'。"

中川王然弗（248 年九月～270 年十月）

[按] 一作"云中壤王"。据《三国史记·高句丽纪》："东川王之子。东川十七年（243）立为王太子。二十二年（248）秋九月……即位……（中川王）二十三年（270）冬十月，王薨，葬于中川之原，号曰'中川王'。"

西川王药卢（270 年十月～292 年）

[按] 一作"西壤王"。名一作"若友"。据《三国史记·高句丽纪》："中川王第二子。性聪悟而仁，国人爱敬之。中川王八年（225）立为太子。二十三年（270）冬十月……即位……（西川王）二十三年（292），王薨，葬于西川之原，号曰'西川王'。"

烽上王相夫（292～300 年八月）

[按] 又作"雉葛王"。名又作"歃（shà）"、"矢娄"。据《三国史记·高句丽纪》：为"西川王之太子也"。父卒继立。"九年（300）……八月……（国相）助利知王之不悛（quān），且畏其害，退与群臣同谋废之，迎乙弗为王，王知不免，自刭（jǐng）。二子亦从而死。葬于烽山之原，号曰'烽上王'"。

美川王乙弗（300 年九月～331 年二月）

[按] 一作"好壤王"。名又作"忧弗"，《魏书·高句丽传》和《梁书·高句骊传》名均作"乙弗利"。据《三国史记·高句丽纪》：为"西川王之子古邹加咄固之子"。即位宫之来孙，而《魏书》记为玄孙，差一辈。据《三国史记·高句丽纪》："初，烽上王疑弟咄固有异心，杀之。子乙弗畏害，出遁……（当）是时，国相仓助利将废王，先遣北部祖弗、东部萧友等物色，访乙弗于山野……秋九月……上玺绶，即王位……三十二年（331）春二月，王薨，葬于美川之原，号曰'美川王'。"

故国原王斯由（331 年二月～371 年十月）

[按] 一作："国冈上王"。《梁书·高句骊传》名记为"刘"，《魏书·高句丽传》记为"钊"。据《三国史记·高句丽纪》："美川王十五年（314）立为太子。三十二年（331）春王薨即位……四十一年（371）冬十月，百济王率兵三万，来攻平壤城，王出师拒之，为流矢所中，是月二十三日薨，葬于故国之原，号'故国原王'。"

小兽林王丘夫（371 年十月～384 年十一月）

[按] 一作"小解朱留王"。据《三国史记·高句丽纪》："故国原王之子也。身长大有雄略。故国原王二十五年（355）立为太子。四十一年（371）……即位……（小兽林王）十四年

（384）冬十一月，王薨葬于小兽林，号为'小兽林王'。"

故国壤王伊连（384年十一月~约391年）

[按]名又作"於只支"。据《三国史记·高句丽纪》："小兽林王之弟也。小兽林王在位十四年薨，无嗣，弟伊连即位。"关于其卒年，《高句丽纪》曰："九年（392）……夏五月，王薨，葬于故国壤，号为'故国壤王'。"而《好太王碑》记其子谈德，即位在辛卯年（391年）。本年表依《好太王碑》所记。

广开土王谈德（约391~413年十月）

[按]又作"好太王"。据《好太王碑》：为"始祖邹牟……十七世孙"。称为"国冈上广开土境平安好太王"。他于"二九登祚，号为'永乐太王'"。《好太王碑》中记"永乐五年岁在乙未（395年）"，可知永乐元年（谈德即位年）岁在辛卯（391年）。据《三国史记·高句丽纪》："故国壤王之子。生而雄伟，有倜傥之志，故国壤王三年（386）立为太子。"父卒继立。在位期间，踞有新城（今辽宁省抚顺）和辽东城（今辽阳）一带，又南攻百济，服新罗，占领朝鲜大部，盛极一时。"二十二年①（413）冬十月，王薨，号为'广开土王'。"

长寿王巨连（413年十月~427年迁都平壤）

[按]《魏书·高句丽传》名记作"琏"，"谥曰'康'"。《梁书·高句骊传》名记作"高琏"。据《三国史记·高句丽纪》：为"（广）开土王之元子也"。即《魏书》所记"钊曾孙琏"，而《梁书》记为"孙"，误。《纪》云："体貌魁杰，志气豪迈，（广）开土王十八年（408）立为太子。二十二年（413），王薨即位……（长寿王）十五年（427），移都平壤。"

高句丽世系

①始祖东明圣王朱蒙
（前37~前19⑨）

②琉璃明王类利
（前19⑨~18⑩）

③大武神王无恤　　④闵中王解色朱　　再思
（18⑩~44⑩）　　　（44⑩~48）

⑤慕本王解忧　　　　　　　　⑥大祖大王宫
（48~53⑩）　　　　　　　　（53⑩~约121）

⑦次大王遂成
（约121~165⑩）

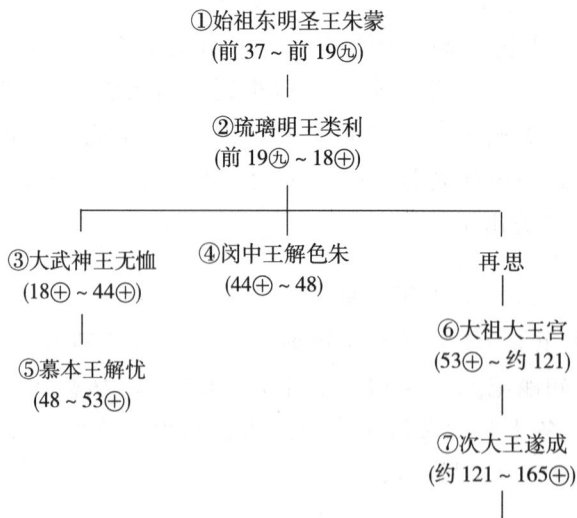

① 依《好太王碑》记，应在位二十三年。

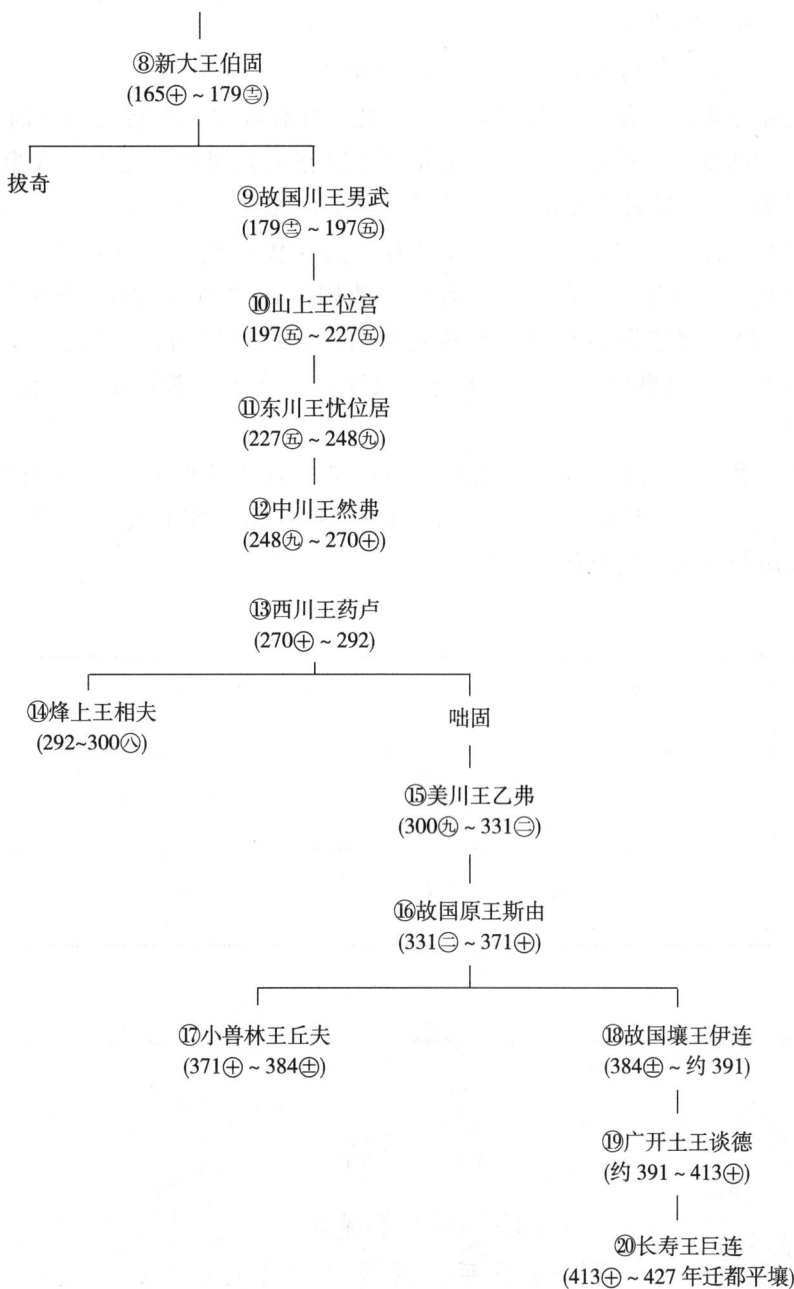

⑧新大王伯固
(165㊉ ~ 179㊋)

拔奇　　　　　　⑨故国川王男武
　　　　　　　　(179㊋ ~ 197㊎)

⑩山上王位宫
(197㊎ ~ 227㊎)

⑪东川王忧位居
(227㊎ ~ 248㊒)

⑫中川王然弗
(248㊒ ~ 270㊉)

⑬西川王药卢
(270㊉ ~ 292)

⑭烽上王相夫　　　　　　　咄固
(292~300㊇)

⑮美川王乙弗
(300㊒ ~ 331㊀)

⑯故国原王斯由
(331㊀ ~ 371㊉)

⑰小兽林王丘夫　　　　　　⑱故国壤王伊连
(371㊉ ~ 384㊉)　　　　　(384㊉ ~ 约391)

⑲广开土王谈德
(约391 ~ 413㊉)

⑳长寿王巨连
(413㊉ ~ 427 年迁都平壤)

新

(8 年十一月 ~23 年九月)

　　"新"为王莽篡汉所立政权。都常安（今陕西省西安），维持十五年，为起义军推翻。王莽称"新"源于其封爵号。赵翼《廿二史札记》："王莽建号曰新，亦以初封新都侯故也。"

王莽（8年十一月~23年九月）

[按] 字巨君。元城（今河北省大名）人。初元四年（前45）生。其姑母为汉元帝皇后，故伯叔皆封侯。幼养于东宫。及长，善权术，广结交，甚有威望。永始元年（前16），受封为新都侯，国南阳新野之都乡。汉平帝即位时年仅九岁，以莽为大司马，元后以太皇太后临朝称制，委政于莽，元始元年（1）受封"安汉公"。五年（5）十二月，毒杀汉平帝，立年仅两岁的孺子婴，不称其为皇帝，而称为"皇太子"，自封为"假（代）皇帝"摄政（时众臣称为"摄皇帝"）。初始元年（8）十一月，废婴而正式称帝，改国号曰"新"，改"长安"为"常安"都之。始建国四年（12），建洛阳为东都，称常安为西都。统治期间，各地反抗不断，天凤四年（17），爆发全国性起义。地皇四年（23）九月，义军攻入常安，莽被杀，政权瓦解。在位十五年，享年六十八岁。

据《汉书·王莽传》：莽即位后"改正朔……以十二月朔癸酉为建国（宋庆元官本引刘敞注：莽改年号为'始建国'，但云'建国'者误也，当有'始'字）元年正月之朔"。新政权用十五年。王莽所改历与现通行的夏历对照如下：

	建寅之月	建卯之月	建辰之月	建巳之月	建午之月	建未之月	建申之月	建酉之月	建戌之月	建亥之月	建子之月	建丑之月
夏历	（岁首）正	二	三	四	五	六	七	八	九	十	十一	十二
王莽改历	二	三	四	五	六	七	八	九	十	十一	十二	（岁首）正

焉 耆

（13[①]~73年降汉）

（75~135年，对汉时附时叛）

（135~345年降前凉）

（？~383年降前秦）

（？~448年降北魏）

（？~649年降唐）

焉耆为西域城郭之国。晋代《释氏西域记》称"乌夷"，（东晋）法显《佛国记》

---

① 焉耆何时立国，已不可考。只知西域约于公元前177年起役属于匈奴，至前59年为西汉统辖。此13年为焉耆脱离王莽政权控制而自立之年。

作"乌夷"，玄奘《大唐西域记》称为"阿耆尼"。最早见载于《汉书·西域传》，其云："焉耆国，王治员渠城（今新疆焉耆西南）。去长安七千三百里。户四千，口三万二千一百，胜兵六千人。"时属西汉西域都护府统辖。

在此之前，据《史记·匈奴传》，大约从公元前177年起，西域各国"皆以为匈奴"。据《汉书·西域传》："匈奴西边日逐王置僮仆都尉，使领西域，常居焉耆、危须、尉黎间，赋税诸国，取富给焉。"

西汉末年至王莽建新，中原政权对西域控制力削弱。据《汉书·西域传》：焉耆于始建国五年（13）"先叛，杀都护但钦，（王）莽不能讨"。继而，西域诸国纷纷自立。"数年，莽死，（西域都护李）崇遂没，西域因绝"。

据《后汉书·西域传》：永平"十六年（73），（汉）明帝乃命将帅北征匈奴……西域自绝六十五载，乃复通焉……及明帝崩（75年），焉耆、龟（qiū）兹攻没都护陈睦"，复叛。至永元"六年（94），班超复击破焉耆，于是五十余国悉纳质内属"。此时又归附东汉。

以后，"及孝和（帝）晏驾，西域背叛。安帝永初元年（107）……诏罢都护，自此遂弃西域。北匈奴即复收属诸国，共为边寇十余岁"。至"顺帝永建二年（127），（班）勇复击降焉耆"，焉耆再归于汉。而"自阳嘉（132～135年）以后，（东汉）朝威稍损。（西域）诸国骄放，转相陵伐"，一直到汉亡。

魏晋以后，焉耆渐成为当时西域五个较强的本地民族政权之一。据《魏略》（《三国志·魏书》注引）："尉梨国、危须国、山王国皆并属焉耆。"据《晋书·西戎传》：太康（280～289年）间，又曾灭龟兹，"霸西胡，葱岭以东莫不率服"，显赫一时。

之后，随中原形势的变化，曾降于前凉（345年）、前秦（383年）及后凉，然皆为时不长。太平真君九年（448），被北魏攻破，北魏在其地设立军镇。据《新唐书·西域传》，在突厥兴起后，焉耆曾一度"役属西突厥"。直到贞观二十三年（649），为唐攻取，唐于其地置镇设府，进行统辖。

焉耆王（13～？年）

[按] 其王情况不详。名失载。据《汉书·西域传》：王莽篡汉后，西域失控，诸国纷纷自立。始建国五年（13），焉耆"先叛，杀都护但钦，莽不能讨"。

舜（约91年）

[按] 据《后汉书·班超传》：永元三年（91），东汉开通西域，置都护，当时焉耆王是舜。余况不详。

广（？～94年）

[按] 据《后汉书·班超传》：永元六年（94），班超讨焉耆，当时焉耆王为广，被班超所攻杀，"更立元孟"。

元孟（94～127年降汉）

[按] 原为"左侯"。据《后汉书·西域传》：为汉将班超攻杀广而立之。后叛汉。永建

二年（127），被汉将班勇所击破。《班勇传》称："元孟惧诛，逆遣使乞降，张朗径入焉耆受降而还。"

龙安（？～约285年）

[按]据《晋书·西戎传》："太康（280～289年）中，其王龙安遣子入侍。"及病卒。

龙会（约285年）

[按]据《晋书·西戎传》：为龙安子。父卒继立。"（龙）安病笃，谓（龙）会曰：'我尝为龟兹王白山所辱，不忘于心，汝能雪之，乃吾子也。'及会立，袭灭白山，遂据其国，遣（龙）熙归本国为王"。后"为龟兹国人罗云所杀"。

龙熙（约285～约345年降前凉）

[按]《晋书·吕光载记》：名作"泥流"。据《西戎传》：为龙安之子，龙会的同父异母兄。父为王时曾为质于中原王朝。继龙会为焉耆王。永和元年（345）十二月，为前凉张骏所攻，"（龙）熙率其群下四万人肉袒降"。其后，前秦苻坚遣吕光讨西域，焉耆又"复降于（吕）光。及光僭位，（龙）熙又遣子入侍"。据《十六国春秋·后凉录》："麟嘉二年（390），焉耆王龙熙遣子入侍。"

焉耆王（约435～439年）

[按]据《魏书·世祖纪》：太延元年（435）二月，焉耆"遣使朝献"；三年三月，"遣使朝献"；五年四月，"焉耆诸国遣使朝献"。

龙鸠尸卑那（？～448年）

[按]《北史·西域传》作"龙鸠尸毕那"。据《魏书·西域传》：焉耆"王姓'龙'，名'鸠尸卑那'。即前凉张轨所讨龙熙之胤"。《世祖纪》载：太平真君九年（448）九月，北魏"大破焉耆国，其王鸠尸卑那奔龟兹"。

焉耆王（约564年）

[按]据《周书·武帝纪》：保定四年（564）七月，"焉耆遣使献名马"。

龙突骑支（约611～644年）

[按]《隋书·西域传》作"龙突骑"。云："大业（605～617年）中，遣使贡方物。"据《旧唐书·西戎传》："其王姓龙氏，名突骑支。胜兵二千余人，常役属于西突厥。"贞观十八年（644），唐"纵兵击之，虏其王突骑支，首虏千余级。以栗婆准导军有功，留摄国事而还"。

栗婆准（644年）

[按]据《新唐书·西域传》：为龙突骑支弟。于时，因不满兄依附西突厥而自行降唐，后充任向导领唐军攻焉耆。兄被掳后，唐立其为王。随之，西突厥"以兵救焉耆……囚栗婆准，更始吐屯摄王……吐屯惧，不敢王。焉耆立栗婆准，而从兄薛婆阿那支自为王，号'瞎干'。执栗婆准献龟兹，杀之"。

薛婆阿那支（644～649年降唐）

［按］据《新唐书·西域传》：为栗婆准从父兄。执杀栗婆准而自立。号"瞎干"。时与龟兹友好。贞观二十三年（649），唐遣"阿史那社尔讨龟兹，阿那支奔之，壁东境抗王师，为社尔所擒，数其罪，斩以徇，立突骑支弟婆伽利为王"。

※　　　※　　　※

附：

婆伽利（649～约666年）

［按］《旧唐书·西戎传》作"先那准"，不知是否为同一人。据《新唐书·西域传》：为突骑支弟。为唐所立。时，唐"以其地为焉耆都督府"。不知所终。

龙突骑支（约666～？年）

［按］据《新唐书·西域传》："婆伽利死，国人请还前王突骑支，高宗（649～683年在位）许之，拜左卫大将军，归国。"

龙懒突（？～719年）

［按］据《新唐书·西域传》：龙突骑支卒后立之。"开元七年（719），龙懒突死，焉吐拂延立"。

焉吐拂延（719～？年）

［按］据《新唐书·西域传》：龙懒突死后继立。不知所终。

<h1 align="center">焉 耆 世 系</h1>

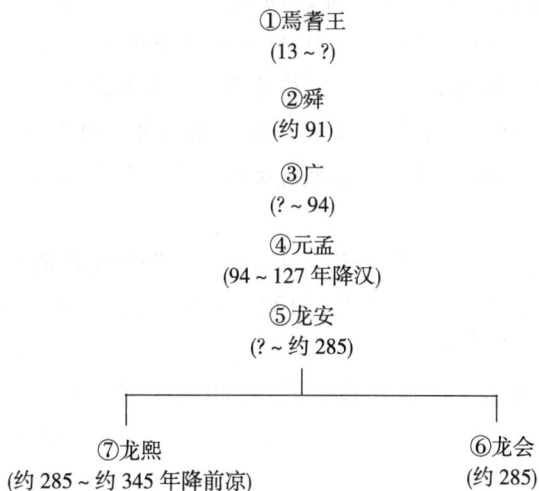

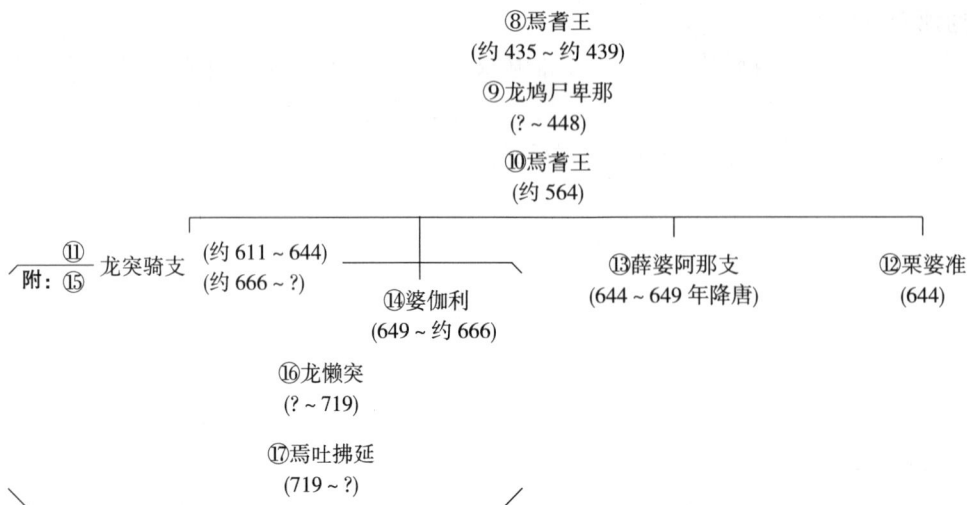

⑧焉耆王
(约 435 ~ 约 439)

⑨龙鸠尸卑那
(? ~ 448)

⑩焉耆王
(约 564)

⑪龙突骑支　(约 611 ~ 644)
附:⑮　　　　(约 666 ~ ?)

⑬薛婆阿那支
(644 ~ 649 年降唐)

⑫栗婆准
(644)

⑭婆伽利
(649 ~ 约 666)

⑯龙懒突
(? ~ 719)

⑰焉吐拂延
(719 ~ ?)

姑　墨

（约 16① ~ 91 年降汉）

（约 106 ~ 124 年降汉）

　　姑墨为西域城郭之国。又写作"姑默"。最早见载于《汉书·西域传》，其云："姑墨国，王治南城（今新疆阿克苏附近）。去长安八千一百五十里，户三千五百，口二万四千五百，胜兵四千五百人。"时属西汉西域都护府统辖。

　　西汉末年至王莽建新，中原政权对西域控制力削弱，自始建国五年（13）焉耆首叛后，西域诸国纷纷自立，或投向匈奴。据《汉书·西域传》：天凤三年（16），王莽政权遣都护李崇出西域，领诸国兵攻焉耆，时姑墨临阵叛，反攻李崇军，使李崇军受挫。"数年，莽死，（李）崇遂没，西域因绝"。东汉初年，莎车势强，在西域称雄，据《后汉书·西域传》：建武五年（29）时，西域"五十五国皆属（焉耆）焉"。姑墨当在其中。建武二十二年（46）以后，"数岁……（莎车王）贤疑诸国欲叛，召（于阗王）位持及拘（jū）弥、姑墨、子合王，尽杀之"，不再立王，"但遣（莎车）将镇守其国"。直至永平三年（60），于阗起兵反莎车，第二年，于阗王"广德灭莎车"，莎车王"贤死（61）之后，（西域诸国）遂更相攻伐"。姑墨此时亦应获自立，然因史籍缺载，其详况已不可知。

　　继后，东汉明帝于永平十六年（73）征匈奴，"西域自绝六十五载，乃复通焉"。以及，"自建武（25 ~ 56 年）至于延光（122 ~ 125 年），西域三绝三通"。姑墨随其沉浮。

　　据《魏略》（《三国志·魏书》注引）：三国时"姑墨国、温宿国、尉头国皆并属

---

①　此为史载姑墨叛离王莽政权统辖之年。

龟（qiū）兹也"。

唐时，据《新唐书·西域传》："自龟兹赢六百里，逾小沙碛，有跋禄迦，小国也。一曰亟墨，即汉姑墨国。横六百里，纵三百里。风俗文字与龟兹同，言语少异。出细毡褐。"另据《旧唐书·地理志》："龙朔元年（661），西域诸国遣使来内属，乃分置十六都督府……皆属安西都护统摄。自天宝十四载（755年）以前，朝贡不绝。"内中有"姑墨州都督府"。

丞（约16～约51年）

［按］据《汉书·西域传》："王莽时，姑墨王丞杀温宿王，并其国。"余况不详。据《后汉书·西域传》：建武五年（29），西域"五十五国皆属（焉者）"，姑墨当在其中。建武二十二年（46）以后数岁，为莎车王贤所杀。贤在姑墨不再立王，"但遣将镇守其国"。

姑墨王（约61～? 年）

［按］据《后汉书·西域传》：莎车王"贤死（61年）之后，（西域诸国）遂更相攻伐"。时姑墨王名及其活动失载。

姑墨王（约75～91年降汉）

［按］时姑墨依附龟兹。据《后汉书·班超传》：永平十八年（75），"龟兹、姑墨数发兵攻疏勒……建初三年（78），（班）超率疏勒、康居、于寘、拘弥兵一万人攻姑墨石城，破之，斩首七百级。超欲因此巨平诸国，乃上书请兵"。永元三年（91），"龟兹、姑墨、温宿皆降，（汉）乃以超为都护"。

姑墨王（约106～124年降汉）

［按］据《后汉书·梁慬传》：梁慬（qín）于延平元年（106）为西域副校尉。时逢西域诸国反叛，"姑墨数万人反，共围城。慬等出战，大破之"。据《班勇传》：延光三年（124）正月，班勇至楼兰，"而龟兹王白英犹自疑未下，勇开以恩信，白英乃率姑墨、温宿自缚诣勇降"。

姑 墨 世 系

①丞
（约16～约51）

②姑墨王
（约61～?）

③姑墨王
（约75～91年降汉）

④姑墨王
（约106～124年降汉）

扜 弥

(约 16① ~33 年降莎车)

(73 ~175 年，对汉时附时叛)

(三国时，并属于阗)

扜（wū）弥为西域城郭之国。"扜弥"见《汉纪》、《魏略》，又写作"扜罙（mí）"（《史记》）、"宁弥"（《汉书》）、"拘弥"（《后汉书》），晋时，又称作"拘睒弥"（法显《佛国记》）；唐时，又称作"㤭赏弥"、"俱密"（《大唐西域记》）。最早见载于《史记·大宛传》，为张骞于公元前 119 年再使西域时路访之国，是中原最早所知西域诸国之一。《汉书·西域传》载其况："扜弥国，王治扜弥城（今新疆于田古城址）。去长安九千二百八十里，户三千三百四十，口二万四十，胜兵三千五百四十人。"时属西汉西域都护统辖。东汉时，领民有所减少，据《后汉书·西域传》："领户二千一百七十三，口七千二百五十一，胜兵千七百六十人。"

王莽建新至东汉初年，中原政权对西域控制力削弱。新朝始建国五年（13），焉耆首叛，天凤三年（16），王莽遣都护李崇出西域讨焉耆，时西域数国背王莽，李崇军受挫。"数年，莽死，（李）崇遂没，西域因绝"。当时，莎车势强，在西域称雄，建武九年（33），"攻破拘弥"，至永平四年（61），于阗王"广德灭莎车"，扜弥复自立。

后，"自建武至于延光（122 ~125 年），西域三绝三通"。扜弥亦随西域形势的变化而沉浮。至永建四年（129），又为于阗所攻并。阳嘉二年（132），东汉击破于阗后，扜弥又附汉。

据《魏略》（《三国志·魏书》注引），三国时，扜弥并属于阗。

扜弥王（约 16 ~33 年降莎车）

[按] 扜弥原受西汉都护统辖，自王莽建新至东汉初年，中原政权对西域控制力削弱。始建国五年（13），焉耆首叛，天凤三年（16），王莽派军讨焉耆，时不少西域国家背王莽自立。扜弥何时复立，史籍缺载，姑暂以此年算起。据《后汉书·西域传》：东汉初年，莎车势强，建武九年（33），莎车王贤"攻破拘弥、西夜国，皆杀其王，而立其兄康两子为拘弥、西夜王"。

※　　　※　　　※

---

① 扜弥何日立国，现已不可考。早于公元前 119 年就为中原所知，时役属于匈奴；后又为西汉都护统辖。王莽始建国五年（13），焉耆在西域首叛，天凤三年（16），王莽派军讨焉耆，时不少西域国家背王莽自立，推测扜弥亦在此前后复立。扜弥国古址在今新疆于田县克里雅河东古拘弥城遗址一带。

附：

扜弥王（33 ~ ? 年）

［按］据《后汉书·西域传》：为莎车王贤之侄。由莎车王攻破扜弥后立之。余况不详。

桥塞提（? ~约51年）

［按］据《后汉书·西域传》：建武二十二年（46）以后数岁，莎车王贤攻服大宛（yuān）后，"徙扜弥王桥塞提为大宛王"，"桥塞提在国岁余亡归，贤复以为扜弥王"。岁余，被贤所杀。贤在扜弥不再立王，遣将镇守其国。

※　　　※　　　※

扜弥王（? ~127年降汉）

［按］据《后汉书·西域传》："永建二年（127），（班）勇复击降焉耆，于是，龟（qiū）兹、疏勒、于阗、莎车等十七国皆来服从。"推测扜弥在这"十七国"之中。

※　　　※　　　※

附：

兴（? ~129年降于阗）

［按］据《后汉书·西域传》："永建四年（129），于阗王放前杀扜弥王兴，自立其子为扜弥王。"

扜弥王（129 ~132年降汉）

［按］据《后汉书·西域传》：为于阗王放前之子。由放前杀兴后立之。阳嘉元年（132），汉攻破于阗，"更立兴宗人成国为扜弥王而还"。

成国（132 ~175年）

［按］据《后汉书·西域传》：为兴之族人。由汉击破于阗后立之。熹平四年（175），被于阗王安国所杀，汉"立扜弥侍子定兴为王"。

定兴（175 ~ ? 年）

［按］据《后汉书·西域传》：为兴之子。曾为质于汉。成国被杀后由汉立之。不知所终。

扜 弥 世 系

①扜弥王

(约16~33年降莎车)

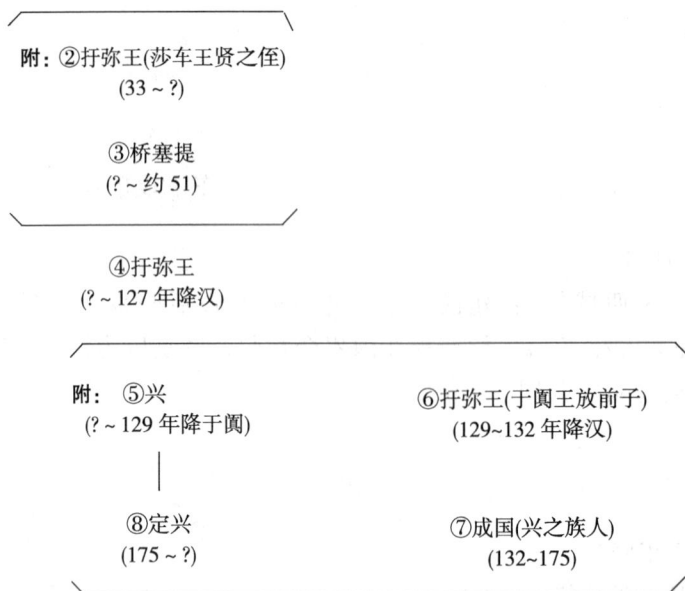

```
        附：②扜弥王(莎车王贤之侄)
              (33 ~ ?)

           ③桥塞提
            (? ~ 约 51)

           ④扜弥王
          (? ~ 127 年降汉)


   附：⑤兴                    ⑥扜弥王(于阗王放前子)
      (? ~ 129 年降于阗)          (129 ~ 132 年降汉)

       ⑧定兴                  ⑦成国(兴之族人)
        (175 ~ ?)             (132 ~ 175)
```

［烧 当 羌］

（约 23 ~ 约 139 年）

烧当羌原为西羌的一支，见载于《后汉书·西羌传》。传说为战国初期羌豪无弋爰剑的后裔。"从爰剑种五世至研，研最豪健，自后以研为种号；十三世至烧当①，复豪健，其子孙更以烧当为种号"。原居湟水中游允谷川（今青海省湟中西大河），以畜牧为业，常遭先零羌等攻掠。王莽末年，烧当玄孙滇良时，击败先零羌，占领大榆（今青海省贵德附近），其势渐强，与汉争战数十年，至永元十三年（101）被击破，大部降，分徙汉阳、陇西、安定等郡；余众由首领迷唐率领，远逾赐支河首（即黄河之源），依发羌而居。其后裔姚苌，在十六国时曾在长安建立后秦。后，其族渐与当地民族融合。

滇良（约 23 ~ 约 56 年）

［按］据《后汉书·西羌传》："滇良者，烧当之玄孙也。时王莽末，四夷内侵……自烧当至滇良，世居河北大允谷，种小，人贫。而先零、卑湳并皆强富，数侵犯之。滇良父子……掩击先零、卑湳，大破之，杀三千人，掠取财畜，夺居其地大榆中，由是始强。"

滇吾（约 56 ~ 59 年降汉）

［按］据《后汉书·西羌传》："滇良子滇吾立，中元元年（56）……二年（57）秋，烧当

---

① 烧当立于西汉末年，曾反汉，即被击破而降服。《后汉书·西羌传》载："烧当立，元帝（前 48 ~ 前 33 年）时，乡姐（xiān zǐ，复姓）等七种羌寇陇西，（汉）遣右将军冯奉世击破降之……自乡姐羌降之后数十年，四夷宾服，边塞无事。"

羌滇吾与弟滇岸率步骑五千寇陇西塞……永平元年（58），（汉）复遣中郎将窦固、捕虏将军马武等击滇吾于西邯，大破之……明年，滇吾复降。"

※　　　※　　　※

附：

东吾（？ 年）

［按］为滇吾子。据《后汉书·西羌传》："滇吾子东吾立，以父降汉，乃入居塞内，谨愿自守。"

※　　　※　　　※

迷吾（76～77年降汉），（86～87年）

［按］为东吾弟。据《后汉书·西羌传》："而诸弟迷吾等，数为盗寇。肃宗建初元年（76）……二年（77）夏，迷吾遂与诸众聚兵，欲叛出塞，金城太守郝崇追之，战于荔谷，（郝）崇兵大败，崇轻骑得脱，死者二千余人……迷吾又与封养种豪布桥等五万余人共寇陇西、汉阳，于是遣行车骑将军马防、长水校尉耿恭副讨破之，于是临洮、索西、迷吾等悉降……至元和三年（86），迷吾复与弟号吾诸杂种反叛……迷吾退居河北归义城……章和元年（87），复与诸种步骑七千人入金城塞，张纡（yū）遣从事司马防将千余骑及金城兵会战于木乘谷，迷吾兵败走……斩迷吾……斩首四百余人，得生口二千余人。"

迷唐（87～约110年）

［按］据《后汉书·西羌传》："迷吾子迷唐……将五千人寇陇西塞，太守寇盱（xū）与战于白石，迷唐不利，引还大、小榆谷，北招属国诸胡，会集附落，种众炽盛。"永元十三年（101），"其秋，迷唐复将兵向塞，周鲔（wěi）与金城太守侯霸，及诸郡兵……与迷唐战……斩首四百余级。羌众折伤，种人瓦解，降者六千余口，分徙汉阳、安定、陇西。迷唐遂弱，其种众不满千人，远逾赐支河首，依发羌居……至永初（107～113年）中，诸羌叛，乃罢。迷唐失众，病死，有一子来降，户不满数十。"

※　　　※　　　※

附：

东号（89～约107年）

［按］据《后汉书·西羌传》："永元元年（89）……东吾子东号立。"

※　　　※　　　※

麻奴（约 107～122 年冬降汉）

[按] 据《后汉书·西羌传》："东号子麻奴立。初，随父降居安定（今甘肃省镇原东南）……安帝永初元年（107）夏……（群羌）多有散叛……麻奴兄弟因此遂与种人俱西出塞……建光元年（121）……麻奴等又败武威、张掖郡兵于令居（今甘肃省永登西北）……麻奴南还湟中。延光元年（122）春，（马）贤追到湟中，麻奴出塞度河，贤复追击战破之……麻奴等孤弱饥困。其年冬，将种众三千余户诣汉阳太守耿种降，安帝假金印紫绶。"

※   ※   ※

附：

犀苦（124～? 年）

[按] 据《后汉书·西羌传》：延光三年（124），"麻奴弟犀苦立……至（永建）四年（129）……马贤以犀苦兄弟数背叛，因系质于令居……明年（130），犀苦诣（韩）皓，自言求归故地，皓复不遣，因转湟中"。

※   ※   ※

那离（138～139 年）

[按] 据《后汉书·西羌传》：永和三年（138）"冬，烧当种那离等三千余骑寇金城塞。马贤将兵赴击，斩首四百余级，获马千四百匹。那离等复西招羌胡，杀伤吏民。四年（139），马贤将湟中义从兵及羌胡万余骑掩击那离等斩之，获首虏千二百余级，得马、骡、羊十万余头"。

［烧当羌］世系

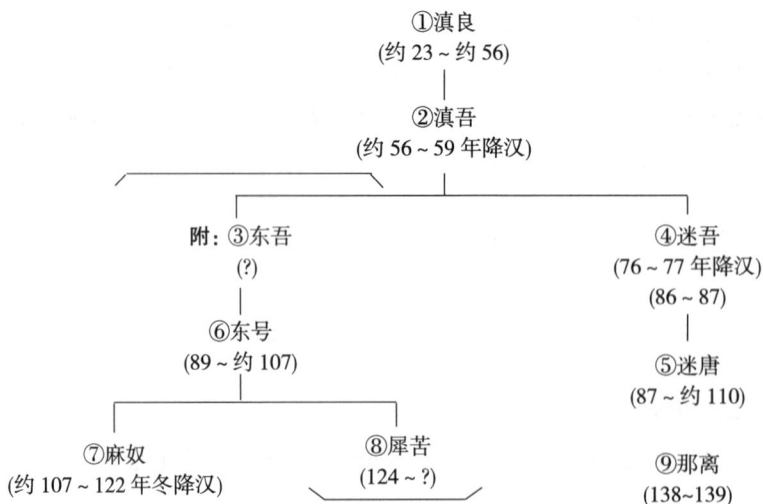

①滇良
（约 23～约 56）

②滇吾
（约 56～59 年降汉）

附：③东吾
（?）

④迷吾
（76～77 年降汉）
（86～87）

⑥东号
（89～约 107）

⑤迷唐
（87～约 110）

⑦麻奴
（约 107～122 年冬降汉）

⑧犀苦
（124～?）

⑨那离
（138～139）

［绿　林］

（23 年二月～25 年九月）

　　王莽末年，绿林起义，拥西汉皇族刘玄为帝，改元"更始"，故学界也有将其年号"更始"作政权名称，本年表不采。初都宛城（今河南省南阳），后徙洛阳，再徙长安（今陕西省西安）。政权仅存两年零七个月。

更始帝刘玄（23 年二月～25 年九月）

　　［按］字"圣公"。南阳蔡阳（今湖北省枣阳西南）人。为西汉皇族、春陵戴侯刘熊渠玄孙，苍梧太守刘利孙，刘子张子。年轻时因避抓捕逃至平林（今湖北省随州东北）。地皇三年（22），入陈牧义军。次年二月，号"更始将军"。当月，即帝位于淯水（今河南省白河）上沙中。据《后汉书·刘玄传》：王莽末年，南方饥荒，纷纷起义，新市人（今湖北省京山东北）王匡、王凤据绿林山（今湖北当阳东北）起兵（后世史家称为"绿林起义"），北入南阳，号"新市兵"，自称"将军"，拥立刘玄即帝位，"建元曰更始元年"。置百官，王匡为"定国上公"；王凤为"成国上公"。六月，入都宛城（今河南省南阳）；十月，定都洛阳，以刘赐为丞相。二年（24）二月，入长安，居长乐宫，升前殿，大封其臣，王匡为"比阳王"；王凤为"宜城王"；李松为丞相；赵萌为右大司马。三年（25）九月，赤眉军攻入长安，刘玄降，更皇帝玺予刘盆子。降封"长沙王"，后令自缢而死。葬霸陵（今陕西省长安县东）。东汉光武帝即位后，追封为"淮阳王"。

　　更始二年（24），复寅正。

隗嚣（23 年七月～33 年正月）　　　　　　　　　　　　　　（年号：汉复）

　　［按］字"季孟"。天水成纪（今甘肃省秦安）人。据《后汉书·隗嚣传》：地皇四年（23）七月，其叔隗崔、隗义及上邽人杨广、冀（属天水郡）人周宗等起兵，拥其为王，建元"汉复"（居延汉简中作"复汉"）。拥兵十万，攻占陇西、武都、金城、武威、张掖、酒泉、敦煌等地，名震西州。汉复十一年（33）正月，病卒。

隗纯（33 年正月～34 年十月）

　　［按］为隗嚣少子。父卒继立。据《汉书·隗嚣传》：汉复十二年（34）十月，为东汉军所攻，降，据地失陷，政权瓦解。后复叛，逃至武威，被追杀。

刘望（23 年八～十月）

　　［按］据《后汉书·刘玄传》：刘望原为前钟武侯。据汝南（今河南省上蔡一带）起兵，自称天子，设官建置，封严尤为大司马，陈茂为丞相。当年十月，被刘信所击杀，并杀严尤、陈茂等，政权瓦解。

［赵］

（23 年十二月～24 年五月）

王郎（23 年十二月～24 年五月）

［按］一名"王昌"，邯郸人。据《后汉书·王郎传》：更始元年（23）十二月，赵缪王子刘林（汉景帝七代孙）起兵占据邯郸，入赵王宫，立王郎为天子，自为丞相，并封李育为大司马，张参为大将军。都邯郸，攻幽、冀。次年（24），为刘秀兵所攻，五月，少傅李立反间，开城门纳刘秀兵，邯郸失陷，被击斩，政权亡。

［楚］

（24 年五月～29 年六月）

楚黎王秦丰（24 年五月～29 年六月）

［按］秦丰为黎丘乡人（黎丘属楚地）。据《后汉书·光武帝纪》和《岑彭传》：更始二年（24）五月起兵，拥众数万，攻占邔（jì）、宜城、郡（ruò）、编、临沮、中庐、襄阳、邓、新野、穰、湖阳、蔡阳等地（见《岑彭传》注引《东观纪》），自称"楚黎王"（原注：以黎丘属楚地故），建立政权。至建武五年（29）六月，为东汉建义大将军朱祐所攻，占地失陷，降，政权瓦解，送洛阳被斩。

［齐］

（24 年五月～29 年十月）

张步（24 年五月～29 年十月）

［按］字"文公"。琅琊不其（今山东省崂山西北）人。据《后汉书·光武帝纪》和《张步传》：更始二年（24）五月，在琅琊起兵，攻占太山、东莱、城阳、胶东、北海、济南、齐等十二郡，自称"五威将军"，在齐地自立。建武五年（29）十月，受东汉将耿弇（yǎn）所攻，败降，据地为后汉所占。政权瓦解。

刘婴（25 年正月）

[按]据《后汉书·刘玄传》：更始三年（25）正月，平陵人方望、安陵人弓林等起兵，从长安掠得前汉末帝孺子刘婴，至临泾（今甘肃省镇原东南）立为天子，方望为丞相，弓林为大司马。旋为刘玄军所击斩。

成家（大成）

（25 年四月～36 年十一月）

王莽末年起兵所立政权。号"成家"（《华阳国志》作"大成"）。据蜀地，都成都。年号"龙兴"。

蜀王公孙述（25 年四月～36 年十一月）

[按]字"子阳"。扶风茂陵（今陕西省兴平东北）人。王莽建新时，为导江卒正（蜀郡太守）。据《后汉书·公孙述传》：更始二年（24）五月起兵，称"蜀王"。次年（25 年）四月，称帝，号"成家"（李贤注：以起成都，故号"成家"），都成都，建元"龙兴"，尽有蜀地。龙兴十二年（36）十一月，被东汉军所攻杀，成都失陷，政权瓦解。

东汉（后汉）

（25 年六月～220 年十月）

国号"汉"，史称"东汉"，又称"后汉"。① 都洛阳。② 历十二帝，一百九十六年。

世祖光武帝刘秀（25 年六月～57 年二月）

[按]字"文叔"。建平元年（前 6）十二月生于济阳（今河南省兰考）。为西汉高祖刘邦九世孙。父刘钦，曾任济阳和南顿令。刘秀九岁而孤，养于叔父刘良家。地皇三年（22）十月，与兄刘縯及李通等起兵于宛，时年二十八岁。后加入绿林军。更始元年（23）二月，刘玄即皇帝位，刘秀为太常偏将军，后为破虏大将军，封武信侯。建武元年（25）六月，即帝位于鄗（hào，今河北省柏乡北）南千秋亭五成陌。十月，定都洛阳。以汉为火德，忌水，故改"洛阳"

---

① 东汉的创始者刘秀出身汉朝皇族，为西汉高祖刘邦九世孙。在反莽斗争中，以"复高祖之业"，重建汉王朝为号召，称帝后国号仍称"汉"。历史上为区别两汉，以刘秀都洛阳，在长安东，故称"东汉"，见《旧唐书·地理志》："东汉……都于今故洛城。"再以其在后，又称"后汉"，见《三国志·诸葛亮传》："亲小人，远贤臣，此后汉所以倾颓也。"

② 东汉末年，汉献帝时，董卓揽政，曾于初平元年（190）二月，迁帝至长安；后董卓被杀，曹操"挟天子以令诸侯"，曾于建安元年（196）八月迁帝至许（今河南省许昌东）。

为"雒阳"。建武十二年（36），统一中原。在位期间，诏释奴婢，轻徭减赋，兴水利，节开支，出现较安定局面，史称"光武中兴"。中元二年（57）二月，病卒于洛阳南宫前殿。在位三十三年，终年六十三岁。三月，葬原陵（一说在今河南省孟津县铁谢村西南邙山北麓，俗称"刘秀坟"）。谥"光武皇帝"，庙号"世祖"。

显宗明帝刘庄（57年二月~75年八月）

[按] 原名"阳"。建武四年（28）生，为光武帝第四子。十九年（43），立为皇太子。中元二年（57）二月，即皇帝位，年三十岁。在位期间，奉光武制度，吏治较清明，社会稳定。永平十八年（75）八月，卒于洛阳东宫前殿。在位十九年。终年四十八岁。葬显节陵（在洛阳汉魏故城东南）。谥"孝明皇帝"，庙号"显宗"。

肃宗章帝刘炟（75年八月~88年二月）

[按] 刘炟（dá），为明帝第五子。中元二年（57）生。永平三年（60）二月，被立为皇太子。十八年（75）八月，即位。在位期间，国内稳定，经济发展，连续前朝，史称"明章之治"。派兵增援班超，降服西域诸国。章和二年（88）二月，卒于洛阳章德前殿。在位十四年。终年三十二岁。三月，葬敬陵（在其父显节陵旁）。谥"孝章皇帝"，庙号"肃宗"。

穆宗和帝刘肇（88年二月~105年十二月）

[按] 刘肇（zhào），为章帝第四子。建初四年（79）生。母梁氏早亡，养于窦太后。七年（82）六月，立为皇太子。章和二年（88）二月，即位。时年十岁，由窦太后临朝处理政事。至永元四年（92）始亲理政。利用宦官抑制外戚，从而开宦官擅权的恶例。从此以后，宦官、外戚相互攻杀，交替专权，政治黑暗，直到东汉灭亡。九年（97），窦太后死。元兴元年（105）十二月，他卒于洛阳章德前殿。在位十八年。终年二十七岁。翌年三月，葬慎陵（在其父敬陵旁）。谥"孝和皇帝"，庙号"穆宗"。

殇帝刘隆（105年十二月~106年八月）

[按] 为和帝少子。和帝卒时，邓皇后以长子刘胜有痼疾而不立。刘隆立时仅生百余日，朝政由邓皇后主持。逾年八月卒，葬康陵（在其父慎陵不远处）。

恭宗安帝刘祜（106年八月~125年三月）

[按] 刘祜（hù），为章帝之孙。永元六年（94）生。父是清河王刘庆。殇帝卒后由邓太后主立之。太后临朝。至建光元年（121），太后死方亲政。延光四年（125）南巡，三月死于叶县（今属河南省），终年三十二岁。在位二十年。四月，葬恭陵（一说在今河南省孟津县三十里铺村南邙山南麓）。谥"孝安皇帝"，庙号"恭宗"。

少帝刘懿（125年三~十月）

[按] 又名"刘犊"。为章帝孙。父为济北惠王刘寿。立前为北乡侯。安帝卒后由阎太后立之。是年十月病卒。

敬宗顺帝刘保（125年十一月~144年八月）

[按] 为安帝子。元初二年（115）四月生。永宁元年（120）四月，立为皇太子。少帝卒后

由宦官孙程等十九人迎立之。时年十一岁。建康元年（144）八月，卒于洛阳玉堂前殿。终年三十岁。在位二十年。九月，葬宪陵（在其父恭陵南）。谥"孝顺皇帝"，庙号"敬宗"。

冲帝刘炳（144年八月～145年正月）

［按］为顺帝之子。汉安二年（143）生。翌年四月，立为皇太子。八月，即位。梁太后临朝主政。永嘉元年（145）正月，卒于洛阳玉堂前殿，葬怀陵（在其父宪陵南）。谥"孝冲皇帝"。

质帝刘缵（145年正月～146年闰六月）

［按］刘缵（zuǎn），为章宗玄孙。永和三年（138）生。父为勃海王刘鸿。冲帝死后由梁太后及其兄大将军梁冀所立，时年八岁。本初元年（146）闰六月，为梁冀所毒死。七月，葬静陵（今河南省洛阳东南）。谥"孝质皇帝"。

威宗桓帝刘志（146年闰六月～167年十二月）

［按］为章帝曾孙。阳嘉元年（132）生。父为蠡（lí）吾侯刘翼，父死袭侯。质帝死后由梁太后及其兄梁冀立之，时年十五岁。太后临政，外戚梁冀掌权。和平元年（150）正月，归政于帝。延熹二年（159），利用宦官单超等杀梁冀。朝政转入宦官手中。永康元年（167）十二月，卒于洛阳德阳前殿。终年三十六岁。在位二十二年。次年二月，葬宣陵（今河南省洛阳市东南）。谥"孝桓皇帝"，庙号"威宗"。

灵帝刘宏（168年正月～189年四月）

［按］为章帝玄孙。永寿二年（156）生。父为解渎亭侯刘苌，父卒袭爵。桓帝死时无子，由窦太后及其父窦武立之。次年（168）正月即位。时年十三岁。窦太后临朝，太傅陈蕃主持朝政。后，陈蕃被杀，窦太后失政，宦官势力横行。大兴卖官之风，公开标价，富者先交钱，贫者到任后加倍交。大肆搜括天下珍宝，日费数百金。致使民穷财尽，民怨沸腾，引发黄巾起义。中平六年（189）四月，死于洛阳嘉德殿。终年三十四岁。在位二十二年，六月，葬文陵（一说在今河南省孟津县刘家井村西北邙山南麓）。谥"孝灵皇帝"。

少帝刘辩（189年四～九月）

［按］为灵帝子。父卒继立。时年十七岁。何太后临朝听政。时天下大乱，群雄竞起。是年八月，并州牧董卓移兵洛阳，自为司空。九月，董卓废辩为"弘农王"。

献帝刘协（189年九月～220年十月）

［按］为灵帝子。光和四年（181）生。少帝刘辩即位时被封为勃海王，徙封陈留王。由董卓废少帝而立之，董卓总揽朝政。初平元年（190）二月，迁都长安。三年（192）四月，司徒王允及吕布杀董卓。六月，董卓部将李傕（jué）、郭汜（sì）攻入长安，吕布逃走，王允被杀，献帝受制于李傕。兴平二年（195）三月，李傕胁献帝出走。次年（196）七月，献帝被李傕部将杨奉劫至洛阳。是年八月，曹操至洛阳，挟献帝至许（今河南省许昌东）。兹后，曹操击败吕布、袁术、袁绍等势力，征服乌桓，逐步统一北方。延康元年（220）正月，曹操死。十月，曹丕称帝（魏文帝），废献帝为"山阳公"。东汉亡。青龙二年（234）三月，刘协死。终年五十四岁。八月，葬禅陵（今河南省修武县古汉村南）。谥"孝献皇帝"。

东汉（后汉）世系

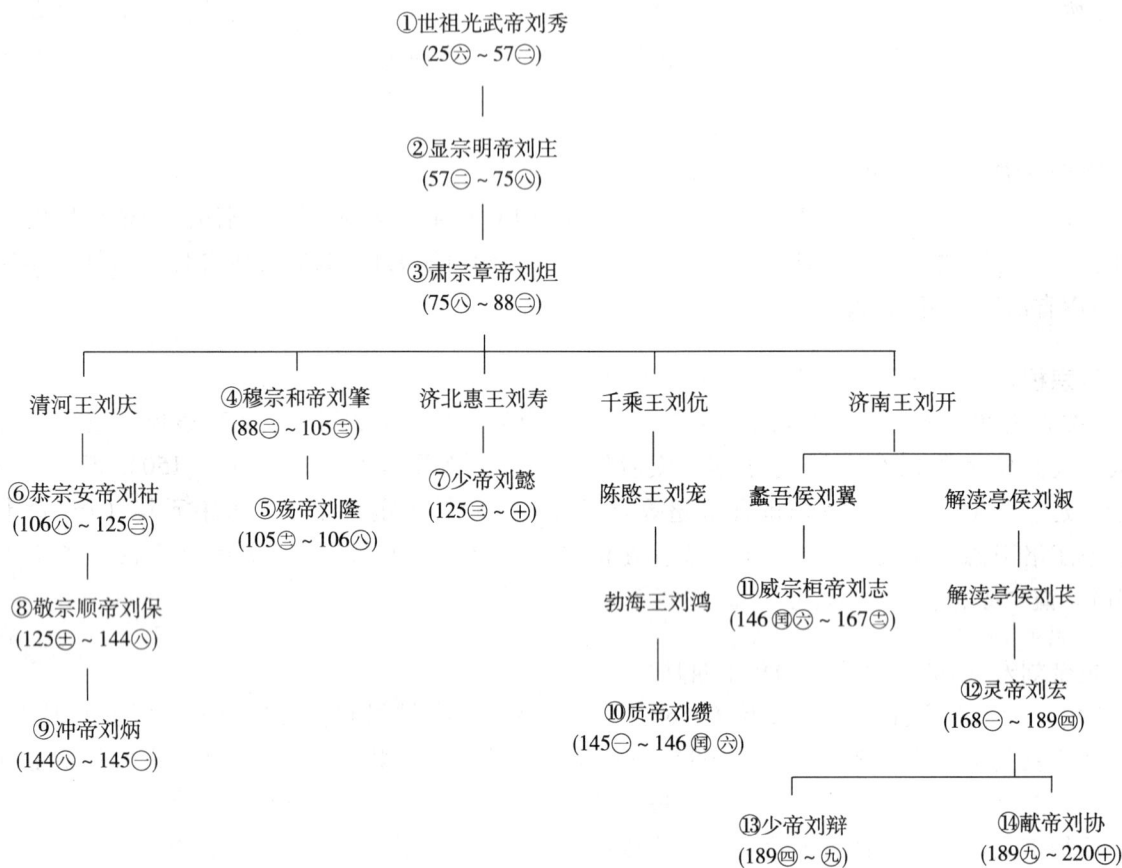

①世祖光武帝刘秀
(25六~57二)

②显宗明帝刘庄
(57二~75八)

③肃宗章帝刘炟
(75八~88二)

清河王刘庆　④穆宗和帝刘肇(88二~105十二)　济北惠王刘寿　千乘王刘伉　济南王刘开

⑥恭宗安帝刘祜(106八~125三)　⑤殇帝刘隆(105十二~106八)　⑦少帝刘懿(125三~十)

⑧敬宗顺帝刘保(125十~144八)

⑨冲帝刘炳(144八~145一)

陈愍王刘宠　蠡吾侯刘翼　解渎亭侯刘淑

勃海王刘鸿　⑪威宗桓帝刘志(146闰六~167十二)　解渎亭侯刘苌

⑩质帝刘缵(145一~146闰六)　⑫灵帝刘宏(168一~189四)

⑬少帝刘辩(189四~九)　⑭献帝刘协(189九~220十)

［赤　眉］

(25年六月~27年闰正月)

　　王莽末年赤眉起义所拥立的政权。起兵于今山东一带，盛时兵至三十万，曾攻入长安。称帝时建年号"建世"（有学者以年号为这一政权的代称，本年表不采）。

刘盆子（25年六月~27年闰正月）

　　［按］为汉远支皇族，西汉高祖孙刘章的后裔。泰山式县（今山东省泰安附近）人。据《后汉书·刘盆子传》：天凤五年（18），琅琊（今山东省诸城）人樊崇起兵于莒（今山东省莒县），转入泰山，诸郡相应，拥众数万，以朱眉相识别，由是号"赤眉"。更始三年（25）六月，在弘农（今河南省灵宝北）立刘盆子为帝，建元"建世"。时刘盆子年十五。以徐宣为丞相，樊崇为御史大夫，逢安、谢禄为大司马。九月，攻入长安，更始帝刘玄降。后因饥馑退出。建武三年

（27）闰正月，受东汉刘秀军攻讨，降，献传国玺、七尺剑及玉璧等。后，樊崇、逢安复叛，被诛，刘盆子病卒。

［梁］

（25 年十一月～29 年八月）

梁王刘永（25 年十一月～27 年七月）

［按］为西汉文帝次子刘武八世孙。据《后汉书·刘永传》：绿林起义军拥刘玄称帝后，刘永受封"梁王"。建武元年（25）十一月刘永起兵，自立为天子，都睢阳（梁地，今河南省商丘南），以弟刘防为辅国大将军，少公为御史大夫。攻取济阴、山阳、沛、楚、淮阳、汝南等二十八城。三年（27）七月，受东汉刘秀军攻，战死。

梁王刘纡（27 年七月～29 年八月）

［按］刘纡，为刘永子。父卒继立。据《后汉书·光武帝纪》：建武五年（29）八月，为刘秀军所擒获，占地失陷，政权瓦解。

［燕］

（27 年三月～29 年二月）

燕王彭宠（27 年三月～29 年二月）

［按］字"伯通"。南阳宛（今河南省南阳）人。为西汉渔阳太守彭宏子，父在王莽时遇害，他继为渔阳太守。据《后汉书·光武帝纪》：建武二年（26）二月起兵，翌年（27）三月，攻克蓟城，据幽蓟自立，称"燕王"。至建武五年（29）二月，被讨平。

［淮　南］

（27～30 年正月）

淮南王李宪（27～30 年正月）

［按］颍川许昌人。王莽时为庐江属令。据《后汉书·李宪传》：王莽末年，卢芳据郡自守。更始元年（23），称"淮南王"。建武三年（27），自立为天子，置公卿百官，拥九城，众十余万。六年（30）正月，为东汉刘秀军所攻，被击杀，地为东汉所占，政权瓦解。

卢芳（29 年十二月～40 年十月）

[按] 字"君期"。安定三水（今宁夏固原东）人。据《后汉书·卢芳传》：王莽末年，卢芳与当地民族共起兵，初称上将军、西平王，继与西羌、匈奴结和亲。在匈奴等支持下，于建武五年（29）十二月，都九原（今内蒙古包头西南），称天子，据五原、朔方、云中、定襄、雁门等郡。十六年（40）十月，降东汉，被封为"代王"，后复叛，入匈奴十余年，病死。

徵侧（40 年二月～43 年四月）

[按] 据《后汉书·光武帝纪》：建武十六年（40）"二月，交阯女子徵侧反，略有城邑"。《南蛮西南夷传》云："（建武）十六年（40），交阯女子徵侧及其妹徵贰反，攻郡……九真、日南、合浦蛮里皆应之，凡略六十五城，自立为王。"建武十九年（43）"夏四月，（马）援破交阯，斩徵侧、徵贰等，余皆降散"（该人事迹详见《中国民族史人物辞典》365 页，中国社会科学出版社 1990 年版）。

［益 州 夷］

（42～45 年正月）

益州夷原为对汉时居住在益州郡一带的土著民族的统称。益州郡为西汉元封二年（前 109）灭滇后所置，治所在滇池县（今云南省晋宁东北晋城），三国蜀汉建兴三年（225）废。据《后汉书·南蛮西南夷传》：在王莽乱政时，其渠帅栋蚕等曾起兵杀郡守反叛。未几降。建武十八年（42）再次起兵，坚持三年多，被镇压。

栋蚕（42～45 年正月）

[按] 据《后汉书·南蛮西南夷传》："建武十八年（42），夷渠帅栋蚕与姑复……诸种反叛，杀长吏……二十年（44），（汉）进兵与栋蚕等连战数月，皆破之。明年（45）正月，追至不韦，斩栋蚕帅，凡首虏七千余人，得生口五千七百人，马三千匹，牛羊三万余头，诸夷悉平。"

［哀 牢 夷］

（47～51 年降汉）
（？～69 年降汉）
（76～77 年）

哀牢夷原为西南夷的一支。活动在今云南省保山怒江以西一带。据《后汉书·南蛮西南夷传》：传说，"其先有妇人名沙壹，居于牢山。尝捕鱼水中，触沉木若有感，因怀妊，十月，产子男十人……九子见龙惊走，独小子不能去，背龙而坐，龙因舐之。其母鸟语，谓背为九，谓坐为隆，因名子曰九隆。及后长大，诸兄以九隆能为父所舐而黠，遂共推以为王……九隆死，世世相继"。相传东汉杨终所著《哀牢传》（已佚）仅存的一条佚文："九隆代代相传，名号不可得而数。至于禁高，乃可记知。禁高死，子吸代；吸死，子建非代；建非死，子哀牢代；哀牢死，子桑藕代；桑藕死，子柳承代；柳承死，子柳貌代；柳貌死，子扈栗代。"（据《后汉书》注引）

贤栗（47~51 年降汉）

［按］一作"扈栗"。据《后汉书·南蛮西南夷传》："建武二十三年（47），其王贤栗遣兵乘箄（pái）船南下江、汉，击附塞夷鹿茤，鹿茤人弱，为所禽获……二十七年（51），贤栗等遂率种人户二千七百七十，口万七千六百五十九，诣越嶲（xī）太守郑鸿降，求内属。光武封贤栗等为君长，自是岁来朝贡。"

柳貌（？ ~69 年降汉）

［按］《华阳国志》名作"抑狼"。据《后汉书·南蛮西南夷传》："永平十二年（69），哀牢王柳貌遣子率种人内属。"

类牢（76~77 年春）

［按］据《后汉书·南蛮西南夷传》："建初元年（76），哀牢王类牢与守令忿争，遂杀守令而反叛，攻越嶲唐城……明年（77）春，邪龙县昆明夷卤承等应募，率种人与诸郡兵击类牢于博南，大破斩之，传首洛阳。"

［武 陵 蛮］

（47~49 年降汉）

（151~153 年降汉）

（157~162 年降汉）

武陵蛮又作"五溪蛮"。本为汉至宋时对武陵地区土著的泛称。春秋战国时称"蛮方"、"荆蛮"、"南蛮"；秦称"黔中蛮"。居民分布在今湘西及相邻的黔、鄂、桂部分地区。据《后汉书·南蛮西南夷传》：传说为犬仙槃瓠（pán hú）之后。"有邑君长，皆赐印绶……名渠帅曰'精夫'……秦昭王使白起伐楚，略取蛮夷，始置黔中郡。汉兴，改为武陵"。

相单程（47~49 年）

［按］据《后汉书·南蛮西南夷传》："光武中兴，武陵蛮夷特盛。建武二十三年（47），精夫相单程等，据其险隘，大寇郡县。"至二十五年（49），被汉军"击破之。单程等饥困乞降"。

詹山（151~153 年）

［按］据《后汉书·南蛮西南夷传》："元嘉元年（151）秋，武陵蛮詹山等四千余人反叛，

拘执县令，屯结深山。至永兴元年（153），太守应奉以恩信招诱，皆悉降散。"

卜阳（157年十一月～162年）

［按］据《后汉书·南蛮西南夷传》："永寿三年（157）十一月，长沙蛮反叛，屯益阳（今湖南省益阳东）。至延熹三年（160）秋，遂抄掠郡界，众至万余人……冬，武陵蛮六千余人寇江陵……于是以右校令度尚为荆州刺史，讨长沙贼，平之。又遣车骑将军冯绲讨武陵蛮，并皆降散。"该书《度尚传》记其事：延熹五年（162），"（度）尚躬率部曲，与同劳逸，广募杂种诸蛮夷，明设购赏，进击，大破之，降者数万人。桂阳宿贼渠帅卜阳、潘鸿等畏（度）尚威烈，徙入山谷……阳、鸿等自以深固、不复设备，（度尚）吏士乘锐，遂大破，平之"。

［北 匈 奴］

（48～118年以后）

建武二十四年（48），匈奴分裂为北、南两部，南部在呼韩邪单于率领下南下附汉。蒲奴单于率部留居漠北，控制西域，与东汉和南匈奴对抗，历史上称之为"北匈奴"（《后汉书·南匈奴传》："北匈奴见南单于来附，惧谋其国，故数乞和亲。"）时国势已大衰。后又渐为鲜卑、丁零等攻击，逐步退出漠北而西迁。据记载，西迁后留在漠北的大约有十万余落，皆改号"鲜卑"，渐融于鲜卑之中，原居地也为鲜卑所占领。西迁后，与中土来往稀疏，音讯渐杳，2世纪中叶以后，"北匈奴"之称基本上在史载中消失。有学者认为："有一部分始终留在漠北的西北角，直至5世纪初才被柔然吞并。残留在新疆的匈奴余众则在那里继续活动了60多年。"[①]

蒲奴（48～约87年）

［按］蒲奴于建武二十二年（46）接位，时匈奴尚未分裂。二十四年（48），比自立为单于，南下附汉，史以此年为北、南匈奴的分裂之年，故蒲奴在位，分为两段。时匈奴连遭旱、蝗大灾，《后汉书·南匈奴传》载其况："赤地数千里，草木尽枯，人畜饥疫，死耗大半。"据《后汉书·光武帝纪》，在蒲奴即位之初，又遭乌桓的打击，乃放弃漠南之地北徙，退保漠北。蒲奴的卒年史未明载，此据史料推测。

优留单于（约87年）

［按］蒲奴单于卒年与优留单于立年皆不详。据《后汉书·南匈奴传》："章和元年（87），鲜卑入左地击北匈奴，大破之，斩优留单于，取其匈奴皮而还。北庭大乱，屈兰、储卑、胡都须等五十八部，口二十万，胜兵八千人，诣云中、五原、朔方、北地降。"

北单于（佚名）（88年正月～91年）

［按］据《后汉书·南匈奴传》：章和二年（88年）"正月，骨都侯等复共立（优留）单于

---

① 《中国大百科全书·民族卷》，中国大百科全书出版社，1986。

异母兄右贤王为单于（失名号），其（部）人以（单于）兄弟争立，并各离散……（永元）三年（91），北单于复为（汉）右校尉耿夔所破，逃亡不知所在。其弟右谷蠡（lù lí）王於除鞬自立为单于。"该书《袁安传》云："北单于为耿夔所破，遁走乌孙，塞北地空，余部不知所属。"

於除鞬单于阿佟（91~93年九月）

［按］《后汉书·袁安传》名作"阿佟"。据《后汉书·南匈奴传》：为前单于之弟。兄逃亡后自立。"（永元）五年（93），於除鞬自叛还北，（汉）帝遣将兵长史王辅以千余骑与任尚共追诱将还，斩之，破灭其众"。该书《和帝纪》记其事于是年九月。该书《鲜卑传》还记："大将军窦宪遣右校尉耿夔击破匈奴，北单于逃走，鲜卑因此转徙据其地，匈奴余种留者尚有十余万落，皆自号鲜卑，鲜卑由此渐盛。"

逢侯（94年七月~118年）

［按］据《后汉书·南匈奴传》："永元六年（94）……新降胡遂相惊动，十五部二十余万人皆反叛，胁立前单于屯屠何子奥（yù）鞬日逐王逢侯为单于，遂杀略吏人，燔烧邮亭庐帐，将车重向朔方……率众出塞，汉兵不能追。"该书《和帝纪》记于是年七月。《传》继云："（元初）四年（117），逢侯为鲜卑所破，部众分散，皆归北虏。五年（118）春，逢侯将百余骑亡还，诣朔方塞降，（汉）邓遵奏徙逢侯于颍川郡。"

北单于（佚名）（约118~？年）

［按］据《后汉书·班勇传》："元初六年（119），敦煌太守曹宗遣长史索班将千余人屯伊吾，车师前王及鄯善王皆来降班。后数月，北单于与车师后部遂共攻没班，进击走前王，略有北道。"据该书《西域传》："其后，北虏连与车师入寇河西，（汉）朝廷不能禁，议者因欲闭玉门、阳关，以绝其患。延光二年（123），敦煌太守张珰上书陈三策，以为'北虏呼衍王常展转蒲类、秦海之间，专制西域，共为寇钞。今以酒泉属国吏士二千余人集昆仑塞，先击呼衍王，绝其根本……'帝纳之，乃以班勇为西域长史，将弛刑士五百人，西屯柳中。"《班勇传》："明年（124）正月……（班）勇因发其兵步骑万余人到车师前王庭，击走匈奴伊蠡王于伊和谷（在今新疆腾格里山），收得前部五千余人，于是前部始复开通。还，屯田柳中。（延光）四年（125）秋……击（车师）后部王军就，大破之，首虏八千余人，马畜五万余头，捕得军就及匈奴持节使者，将至索班处斩之。以报其耻，传首京师。永建元年（126）……其冬，（班）勇发诸国兵击匈奴呼衍王，呼衍王亡走，其众二万余人皆降。捕得单于从兄……北单于自将万余骑入（车师）后部，至金且谷（在今新疆博格多山），（班）勇使假司马曹俊驰救之，单于引去，（曹）俊追斩其贵人骨都侯，于是呼衍王遂徙居枯梧河（今地不详）上。"《西域传》："阳嘉三年（134）夏，车师后部司马率加特奴等千五百人，掩击北匈奴于阊吾陆谷（在今新疆博格多山），坏其庐落，斩数百级，获单于母、季母及妇女数百人，牛羊十余万头，车千余辆，兵器什物甚众。四年（135）春，北匈奴呼衍王率兵侵（车师）后部……破之。桓帝元嘉元年（151），呼衍王将三千余骑寇伊吾……（汉）四千余人救之，出塞至蒲类海，呼衍王闻而引去，汉军无功而还。永兴元年（153），车师后部王阿罗多与（汉）戊部侯严皓不相得，遂忿戾反叛……亡走北匈奴中……后，阿罗多复从匈奴中还，与卑君争国，颇收其国人。（汉）戊校尉阎详虑其招引北虏，将乱西域，乃开信告示，许复为王，阿罗多乃诣（阎）详降。"以后，史少见有关"北匈奴"的记载。

［北匈奴］世系

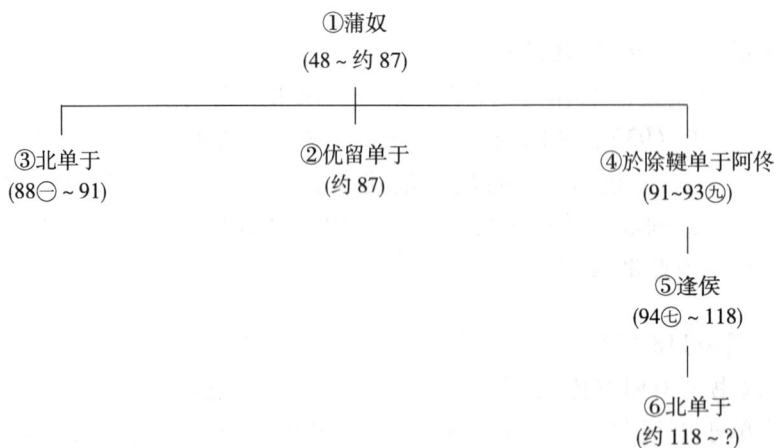

①蒲奴
(48~约87)

③北单于
(88⊖~91)

②优留单于
(约87)

④於除鞬单于阿佟
(91~93⑨)

⑤逢侯
(94⑦~118)

⑥北单于
(约118~?)

［南　匈　奴］

(48年十月~216年)

　　匈奴至东汉初年势力已经大衰，蒲奴单于即位后，又遭旱、蝗大灾，"赤地数千里，草木尽枯"。建武二十二年（46），在乌桓的打击下，放弃漠南，退守漠北。二十四年（48），右薁（yù）鞬日逐王比自立为单于，率部南下附汉，自此匈奴分为两部，互相对抗，史称其南下之众为"南匈奴"（《后汉书》有《南匈奴传》）。

　　南匈奴初屯居朔方、五原、云中一带，后部分迁至今山西西北部。初建庭于五原塞（今内蒙古包头西北），后移至西河美稷（今山西省汾阳西北）。一直与中原政权保持着臣属的关系，直至两晋十六国时期，内迁南匈奴的分支屠各胡、卢水胡、铁弗匈奴曾分别建立"汉—前赵"、"北凉"、"夏"等政权，随这些政权的消亡，"匈奴"的称谓逐渐在历史上消失，南匈奴人亦逐渐与汉人相融合。

　　关于南匈奴政权的性质，有学者认为：其投汉后，汉置护匈奴中郎将进行监督。"每代单于虽按原有的继承制度来承袭，却需要经过汉朝的封授，给予印信"。并且，还"对单于下的各王和骨都侯也给予封授和印信"。因而，这不是一个独立的政权，该学者明确指出："南匈奴则成为汉统治下的一个少数民族。"① 本年表在此特作说明。

---

① 田继周：《秦汉民族史》，四川民族出版社，1996。

附：

醢落尸逐鞮单于比（48年十月～56年）

［按］比袭其祖单于号，称"呼韩邪单于"。据《后汉书·南匈奴传》："南匈奴醢（xī）落尸逐鞮（dī）单于比者，呼韩邪单于之孙，乌珠留若鞮单于之子也。自呼韩邪后，诸子以次立，至比季父单于舆时，以比为右薁鞮日逐王，部领南边及乌桓……（建武）二十二年（46），单于舆死，子左贤王乌达鞮侯立为单于。复死，弟左贤王蒲奴立为单于。比不得立，既怀愤恨……二十四年（48）春，八部大人共议立比为呼韩邪单于，以其大父（呼韩邪单于稽侯珊）尝依汉得安，故欲袭其号……其冬，比自立为呼韩邪单于。二十五年（49）春，遣弟左贤王莫将兵万余人击北单于……北单于震怖，却地千里……北部薁鞮骨都侯与右骨都侯率众三万余人来归南单于。南单于复遣使诣（汉）阙，奉藩称臣，献国珍宝，求使者监护，遣侍子，修旧约。"该书《光武帝纪》记比自立于是年十月，云："冬十月，匈奴薁鞮日逐王比自立为南单于，于是分为南、北匈奴。"

《南匈奴传》继曰："单于比立九年薨，（汉）中郎将段郴将兵赴吊，祭以酒米，分兵卫护之。比弟左贤王莫立。（汉）帝遣使者赍（jī）玺书镇慰，拜授玺绶，遗冠帻，绛单衣三袭，童子佩刀、绲带各一，又赐缯彩四千匹，令赏赐诸王、骨都侯已下。其后单于薨，吊祭慰赐，以此为常。"

丘浮尤鞮单于莫（56～57年）

［按］据《后汉书·南匈奴传》：为醢落尸逐鞮单于弟。兄终弟及。"丘浮尤鞮单于莫，中元元年（56）立，一年薨，弟汗立。"

伊伐於虑鞮单于汗（57～59年）

［按］据《后汉书·南匈奴传》：为丘浮尤鞮单于弟。兄终弟及。"伊伐於虑鞮单于汗，中元二年（57）立……立二年薨，单于比之子适立"。

醢僮尸逐侯鞮单于适（59～63年）

［按］据《后汉书·南匈奴传》：为醢落尸逐鞮单于子，伊伐於虑鞮单于侄。"醢僮尸逐侯鞮单于适，永平二年（59）立……四年薨，单于莫子苏立，是为丘除车林鞮单于"。

丘除车林鞮单于苏（63年）

［按］据《后汉书·南匈奴传》：为丘浮尤鞮单于子，醢僮尸逐侯鞮单于堂弟。堂兄卒后立之。"数月复薨，单于适之弟长立"。

胡邪尸逐侯鞮单于长（63～85年正月）

［按］《资治通鉴》作"湖邪尸逐侯鞮单于"。据《后汉书·南匈奴传》：为醢落尸逐鞮单于子，丘除车林鞮单于堂兄（或弟），堂弟（或兄）卒后立之。该《传》，云："胡邪尸逐侯鞮单于长，永平六年（63）立……单于长立二十三年薨，单于汗之子宣立。"《资治通鉴》记在是年正月。

伊屠於闾鞮单于宣（85年正月～88年三月）

［按］据《后汉书·南匈奴传》：为伊伐於虑鞮单于子，胡邪尸逐侯鞮单于堂弟。堂兄卒后

立。《传》云："伊屠於闾鞮单于宣，元和二年（85）立……单于宣立三年薨，单于长之弟屯屠何立。"《资治通鉴》记在三月。

休兰尸逐侯鞮单于屯屠何（88年三月～93年）

［按］据《后汉书·南匈奴传》：为醢落尸逐鞮单于子，伊屠於闾鞮单于堂兄（或弟）。堂弟（或兄）卒后立之。《传》云："休兰尸逐侯鞮单于屯屠何，章和二年（88）立……单于屯屠何立六年薨，单于宣弟安国立。"

安国（93～94年正月）

［按］据《后汉书·南匈奴传》：为伊伐於虑鞮单于子，休兰尸逐侯鞮单于堂弟。堂兄卒后立之。《传》云："单于安国，永元五年（93）立。安国初为左贤王，而无称誉。左谷蠡（lù lí）王师子素勇黠多知，前（伊屠於闾鞮）单于宣及（休兰尸逐侯鞮单于）屯屠何皆爱其气决，故数遣将兵出塞，掩击北庭，还，受赏赐，（汉）天子亦加殊异，是以国中尽敬师子，而不附安国……安国既立为单于，师子以次转为左贤王，觉单于（安国）与新降者有谋，乃别居五原界，单于（安国）每龙（庭）会议事，师子辄称病不往……（安国）因举兵及将新降者欲诛师子，师子先知……安国舅骨都侯喜为等虑并被诛，乃格杀安国。安国立一年，单于适之子师子立。"该书《和帝纪》记安国死于93年，其云：永元五年（93）："是岁……南单于安国叛，骨都侯喜斩之。"《资治通鉴》记其事于永元六年（94）正月，《通鉴考异》曰："《帝纪》在去年，误，今从《南匈奴传》。"

亭独尸逐侯鞮单于师子（94年正月～98年十二月）

［按］据《后汉书·南匈奴传》：为醢僮尸逐侯鞮单于子，安国之侄。叔卒后立之。《传》云："亭独尸逐侯鞮单于师子，永元六年（94）立……单于师子立四年薨，单于长之子檀立。"《资治通鉴》记在十二月。

万氏尸逐鞮单于檀（98年十二月～124年四月）

［按］据《后汉书·南匈奴传》：为胡邪尸逐侯鞮单于子，亭独尸逐侯鞮单于堂弟。堂兄卒后立之。《传》云："万氏尸逐鞮单于①檀，永平十年（98）立……单于檀立二十七年薨，弟拔立。"《资治通鉴》记在四月。

乌稽侯尸逐鞮单于拔（124年四月～128年十二月）

［按］据《后汉书·南匈奴传》：为万氏尸逐鞮单于弟。兄终弟及。《传》云："乌稽侯尸逐鞮单于拔，延光三年（124）立……单于拔立四年薨，弟休利立。"《资治通鉴》记在十二月。

去特若尸逐就单于休利（128年十二月～140年五月）

［按］据《后汉书·南匈奴传》：为乌稽侯尸逐鞮单于弟。兄终弟及。《传》云："去特若尸逐就单于休利，永建三年（128）立……五年（140）夏，南匈奴左部句（gōu）龙王吾斯、车纽等背叛……单于及其弟左贤王皆自杀。单于休利立十三年。"《资治通鉴》记在五月。其

---

① "万氏"（mò qí），即"万俟"，后为匈奴人复姓，如"万俟丑奴"。

云：永建五年（140）二月，"南匈奴句龙王吾斯、车纽等反……（五月），（汉）天子遣使责让（去特若尸逐就）单于，单于本不预谋，乃脱帽避帐，诣（梁）并谢罪……（陈）龟以单于不能制下，逼迫单于及其弟左贤王皆令自杀……（九月），匈奴句龙王吾斯等立车纽为单于"。

※　　※　　※

车纽单于（140年九月～143年十一月）

［按］据《后汉书·南匈奴传》：立前为句龙王。反叛夺位。《传》云："（永和）五年（140）夏，南匈奴左部句龙王吾斯、车纽等背叛……秋，句龙吾斯等立句龙王车纽为单于……（143年）冬，（汉）遣中郎将张耽将幽州乌桓诸郡营兵，击叛虏车纽等，战于马邑，斩首三千级，获生口及兵器牛羊甚众。车纽等将诸豪帅骨都侯乞降，而吾斯犹率其部曲与乌桓寇钞。……（143年）冬，（汉）中郎将马寔募刺杀句龙吾斯，送首洛阳。建康元年（144），进击余党，斩首千二百级。"《顺帝纪》记得更明确，其云：永和五年（140）四月，"南匈奴左部句龙大人吾斯、车纽等叛，围美稷……（九月），句龙吾斯等东引乌桓，西收羌胡，寇上郡，立车纽为单于。冬十一月辛巳，遣使匈奴中郎将张耽击破之，车纽降"。汉安元年（142）八月，"南匈奴左部大人句龙吾斯与奠鞬台耆等反叛"。二年（143），"十一月，使匈奴中郎将马寔遣人刺杀句龙吾斯"。

※　　※　　※

附：

呼兰若尸逐就单于兜楼储（143年六月～147年）

［按］据《后汉书·南匈奴传》："呼兰若尸逐就单于兜楼储先在（汉）京师，汉安二年（143）立之（《顺帝纪》记在六月）……（汉）遣行中郎将持节护送单于归南庭……单于兜楼储立五年薨。"

伊陵尸逐就单于居车儿（147～172年）

［按］据《后汉书·南匈奴传》："伊陵尸逐就单于居车儿，建和元年（147）立……单于居车儿立二十五年薨，子某（原注：'凡言"某"者，史失其名，故称"某"以记之'）立。"

屠特若尸逐就单于（172～177年）

［按］据《后汉书·南匈奴传》：为伊陵尸逐就单于子。父卒继立。《传》云："屠特若尸逐就单于某，熹平元年（172）立。六年（177），单于与中郎将臧旻出雁门击鲜卑檀石槐，大败而还。是岁，单于薨，子呼徵立。"《资治通鉴》记其卒于光和元年（178），是年，呼徵立。

呼徵（178～179年五月）

［按］据《后汉书·南匈奴传》：为屠特若尸逐就单于子。父卒继立。《传》云："单于呼徵，光和元年（178）立。二年，（汉）中郎将张修与单于不相能，（张）修擅斩之，更立右贤王

羌渠为单于。（张）修以不先请而擅诛杀，槛车征诣廷尉抵罪。"《资治通鉴》记张修杀呼徵在五月，张修抵罪死于七月。

羌渠（179 年五月～188 年三月）

[按] 据《后汉书·南匈奴传》：立前为右贤王。由汉将张修杀呼徵后立之。《传》云："单于羌渠，光和二年（179）立……单于羌渠立十年，子右贤王於扶罗立。"《资治通鉴》记於扶罗立于是年三月，其云："右部醯落反，与屠各胡合，凡十余万人，攻杀羌渠。国人立其子右贤王於扶罗为持至尸逐侯单于。"

持至尸逐侯单于於扶罗（188 年三月～195 年）

[按] 据《后汉书·南匈奴传》：为羌渠之子。父卒继立。《传》云："持至尸逐侯单于於扶罗，中平五年（188）立……单于於扶罗立七年死，弟呼厨泉立。"

※　　　※　　　※

须卜（188 年三月～189 年十月）

[按] 据《后汉书·南匈奴传》："持至尸逐侯单于於扶罗，中平五年（188）立。国人杀其父者遂叛，共立须卜骨都侯为单于，而於扶罗诣阙自讼，会（汉）灵帝崩……复欲归国，国人不受，乃止河东（平阳，今山西者临汾西南）。须卜骨都侯为单于一年而死，南庭遂虚其位，以老王行国事。"《资治通鉴》记卒于中平六年（189）十月。

※　　　※　　　※

附：

呼厨泉（195～216 年七月）

[按] 据《后汉书·南匈奴传》：为持至尸逐侯单弟。兄终弟及。《传》云："单于呼厨泉，兴平二年（195）立。以兄被逐不得归国，数为鲜卑所钞……二十一年（216）单于来朝（《献帝纪》记在七月），曹操因留于邺，而遣（右贤王）去卑归监其国焉。"《资治通鉴》云：建安二十一年（216）"秋七月，南单于呼厨泉入朝于魏，魏王（曹）操因留之于邺，使右贤王去卑监其国。单于岁给绵、绢、钱、谷如列侯，子孙传袭其号。分其众为五部，各立其贵人为帅，选汉人为司马以监督之"。《晋书·北狄传》云："建安中，魏武帝始分其众为五部，部立其中贵者为帅，选汉人为司马以监督之。魏末，复改帅为都尉。其左部都尉所统可万余落，居于太原故兹氏县（今山西省汾阳）；右部都尉可六千余落，居祁县（今山西省祁县东南祁城）；南部都尉可三千余落，居蒲子县（今山西省隰县）；北部都尉可四千余落，居新兴县（今山西省忻县）；中部都尉可六千余落，居大陵县（今山西省交城西南）。武帝践阼后，塞外匈奴大水，塞泥、黑难等二万余落归化，帝复纳之，使居河西故宜阳城（今河南省宜阳西）下。后复与晋人杂居，由是平阳、西河、太原、新兴、上党、乐平诸郡靡不有焉。"

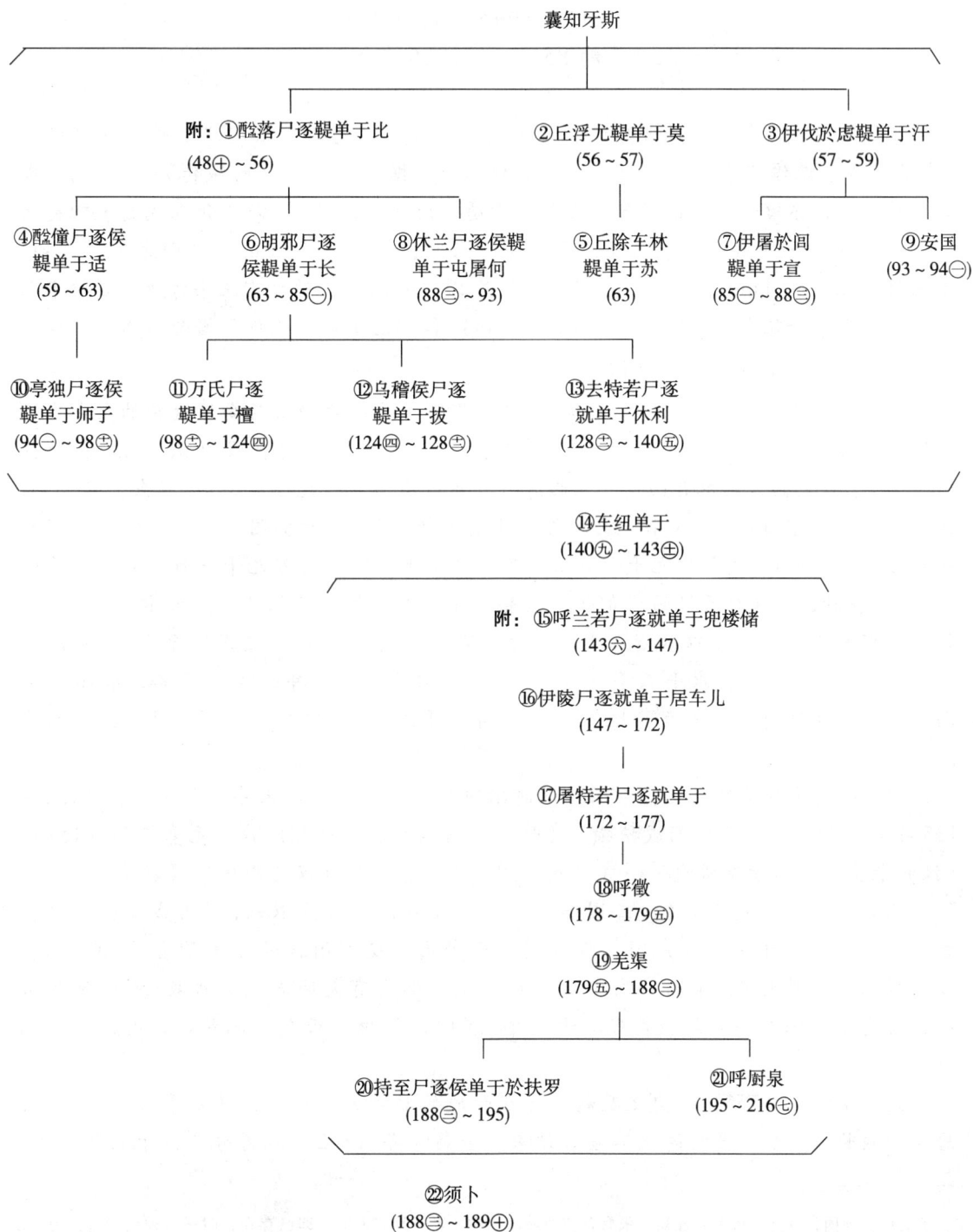

［南匈奴］世系

囊知牙斯

附：①醢落尸逐鞮单于比
(48⊕ ~ 56)

②丘浮尤鞮单于莫
(56 ~ 57)

③伊伐於虑鞮单于汗
(57 ~ 59)

④醢僮尸逐侯鞮单于适
(59 ~ 63)

⑥胡邪尸逐侯鞮单于长
(63 ~ 85一)

⑧休兰尸逐侯鞮单于屯屠何
(88三 ~ 93)

⑤丘除车林鞮单于苏
(63)

⑦伊屠於闾鞮单于宣
(85一 ~ 88三)

⑨安国
(93 ~ 94一)

⑩亭独尸逐侯鞮单于师子
(94一 ~ 98七)

⑪万氏尸逐鞮单于檀
(98七 ~ 124四)

⑫乌稽侯尸逐鞮单于拔
(124四 ~ 128七)

⑬去特若尸逐就单于休利
(128七 ~ 140五)

⑭车纽单于
(140九 ~ 143⊕)

附：⑮呼兰若尸逐就单于兜楼储
(143六 ~ 147)

⑯伊陵尸逐就单于居车儿
(147 ~ 172)

⑰屠特若尸逐就单于
(172 ~ 177)

⑱呼徵
(178 ~ 179五)

⑲羌渠
(179五 ~ 188三)

⑳持至尸逐侯单于於扶罗
(188三 ~ 195)

㉑呼厨泉
(195 ~ 216七)

㉒须卜
(188三 ~ 189⊕)

六　秦汉时期纪年考

于　阗

（50①～61 年降匈奴）

（73～152 年，对汉时附时叛）

（152～648 年降唐）

（约 851～约 1006 年）

　　于阗为西域城郭之国。汉时称于阗（《后汉书》、《魏略》记作"于寘"；《史记》、《资治通鉴》记作"于寘"）。唐时又有多种称谓，据《新唐书·西域传》："于阗，或曰瞿萨旦那，亦曰涣那，曰屈丹，北狄曰于遁，诸胡曰豁旦。"据《新五代史·四夷附录》及《宋史·外国传》等记载，五代与北宋时，曾称"大宝国"（即大宝于阗国，于阗语作 ttayi-pū kuhä: jinave）。中外学者据 20 世纪初出土的于阗文书考证，在唐末至宋初，还有"金国"（于阗语作 ysarrnai bādä）和"金玉国"（即于阗金玉国，于阗语作 ysarrnai bāda ū ranijai janaivai）等称号。

　　于阗最早见载于《史记·大宛传》，是在张骞出使西域归来后向汉武帝的上书中提到的，张骞曾遣副使至其国。该《传》云："（大宛）东则扜罙（wū mí）、于寘（tián）。于寘之西，则水皆西流，注西海（一说今咸海，一说今里海）；其东，水东流，注盐泽（今罗布泊）。"《汉书·西域传》中有专传，称："于阗国，王治西城（今新疆和田县西约特干）。去长安九千六百七十里，户三千三百，口万九千三百，胜兵二千四百人。"当时，于阗属西汉西域都护府统辖。东汉时，据《后汉书·西域传》，时已发展为"领户三万二千，口八万三千，胜兵三万（疑为"千"字之误）余人"。东汉初年，曾为莎车所攻并，永平三年（60），反莎车自立。第二年，攻灭莎车，继而"渠勒、皮山为于寘所统，悉有其地……后其国并复立"。至永平十三年（73），于阗降汉。

　　后，随西域形势的变化，于阗对汉时附时离。一直到东汉末年，"自阳嘉（132～135 年）以后，（东汉）朝威稍损，（西域）诸国骄放，转相陵伐。元嘉二年（152），（汉）长史王敬为于寘所没……（汉廷）曾莫惩革，自此（汉与西域）浸以疏慢矣"。

　　三国时，据《魏略》（《三国志·魏书》注引）："建武以来，（西域诸国）更相吞灭，于今有二十……戎卢国、扜弥国、渠勒国、皮山国，皆并属于寘。"北魏时，据《魏书·西域传》，于阗"所都城方八九里，部内有大城五，小城数十"。隋及唐初，皆有遣使朝贡的记载。贞观二十二年（648）降唐，唐在其地置镇设府，进行统辖。

　　天宝十四年（755）安史之乱起，唐在西域的驻兵大量内调，吐蕃乘机进入西域，唐在西域长达一个半世纪的统治宣告结束。会昌二年（842）吐蕃分裂，于阗复自立，

---

① 于阗何日立国，现已不可考。现知，张骞首使西域时（前 139～前 128 年）即已存在，时役属匈奴，后又为西汉西域都护府统辖。东汉初年，迫于莎车压力又降莎车。当时于阗王的承位情况现已不知，此 50 年是按现所知最早的有名姓的于阗王俞林的大约在位年。

直到景德三年（1006）为回鹘（hú）西迁后所建喀喇汗王朝所并。

俞林（？～约 50 年）

[按]《梁书·西北诸戎传》记作"俞"（疑脱"林"字）。据《后汉书·西域传》："建武末，莎车王贤强盛，攻并于阗，徙其王俞林为骊归王。""立其弟位持为于阗王。"该《传》另一处记此事件的时间为"建武二十二年（46）"后"数岁"。

※　　　※　　　※

附：

位持（约 50～约 51 年）

[按]据《后汉书·西域传》：为俞林弟。建武末年莎车攻并于阗后立之。该《传》云："岁余，（莎车王）贤疑诸国欲叛，召位持及拘弥、姑墨、子合王，尽杀之。"不再立王，留莎车大将君得镇守之。

※　　　※　　　※

休莫霸（60 年）

[按]疑为俞林之弟。莎车王杀位持后，留大将君得镇守于阗，时休莫霸为大人。据《后汉书·西域传》："莎车将君得在于阗暴虐，百姓患之。明帝永平三年（60），其大人都末……与兄弟共杀君得。而大人休莫霸复与汉人韩融等杀都末兄弟，自立为于阗王……休莫霸进围莎车，中流矢死，兵乃退。于阗国相苏榆勒等共立休莫霸兄子广德为王。"

广德（60～？年）（61 年降匈奴）（73 年降汉）

[按]据《后汉书·西域传》：为休莫霸侄。叔父战死后由国人立之。即位后继攻莎车，明年（61 年），执莎车王贤，匈奴救莎车，攻于阗，广德降匈奴。据《后汉书·班超传》：永平十六年（73），广德"攻杀匈奴使者而降超"。

于阗王（？～127 年降汉）

[按]据《后汉书·西域传》："永建二年（127），（班）勇复击降焉耆。于是龟（qiū）兹、疏勒、于阗、莎车等十七国皆来服从。"

※　　　※　　　※

附：

放前（约 131 年）

[按]据《后汉书·西域传》："永建六年（131），于阗王放前遣侍子诣阙贡献。"

建（？～152 年）

[按] 据《后汉书·西域传》："拘弥王成国与于阗王建素有隙。"元嘉二年（152），拘弥王成国挑动汉长史王敬入于阗杀建。于阗侯将输僰（bó）"欲自立为王，国人杀之，而立建子安国焉"。

※　　　※　　　※

安国（152～约 175 年）

[按] 据《后汉书·西域传》：为建子。父被杀后由国人立之。余况不详。

王中王秋仁（约 175～约 220 年）

[按] 据《后汉书·献帝纪》：建安七年（202）五月，"于阗国献驯象"。学者林梅村据考古发现的佉（qū）卢文资料考证，此期间，于阗王名 Gugramaya（或 – da），译为"秋仁"（与《魏书·西域传》所载之"秋仁"同音，非一人）。"他在位的年代范围不能超出公元 175～220年间的 55 年"①。

于阗王（约 222 年）

[按] 据《三国志·魏书·文帝纪》：黄初三年（222）二月，"于阗王各遣使朝献"。

于阗王（约 335～约 342 年）

[按] 据《十六国春秋·前凉录》：咸康元年（335），"于阗王并遣使诣姑臧奉贡……八年（342）春正月，（张）骏遣其将和磷、谢艾讨西羌、于阗，大破之"。

于阗王（？～445 年）

[按] 据《魏书·世祖纪》和《西域传》：太平真君六年（445）八月，吐谷（yù）浑"入于阗，杀其王"。

中于王秋仁（约 457～约 471 年）

[按] 据《魏书·高宗纪》：太安三年（457）十二月，于阗"遣使朝献"；《显祖纪》：天安元年（466）三月，于阗"遣使朝献"；皇兴元年（467）二月："于阗诸国各遣使朝贡"；二年四月，"遣使朝献"。《西域传》载：显祖（466～471 年在位）末，于阗为柔然所攻，时正值北魏使者"经于阗，于阗中于王秋仁辄留之……自后每使朝献"。

山习（约 471～约 510 年）

[按] 据《梁书·西北诸戎传》："魏文帝（471～499 年在位）时，王山习献名马。天监九年（510），遣使献方物。"

于阗王（约 512～约 519 年）

[按] 据《魏书·世宗纪》：延昌元年（512）十月，于阗"遣使朝献"；二年八月，"遣使

① 林梅村：《佉卢文书及汉佉二体钱所记于阗大王考》，载《文物》1987 年第 2 期。

朝献"。《梁书·武帝纪》：天监十三年（514）八月，"于阗国各遣使献方物"；十八年（519）七月："遣使献方物"。

于阗王（约 541 年）

［按］据志磐（南宋）《佛祖统纪》卷三七："大同七年（541），于阗国遣使贡玉刻佛像。"

于阗王（约 574 年）

［按］据《周书·武帝纪》：建德三年（574）十一月，"于阗遣使献名马"。

王卑示闭练（约 615 年）

［按］《北史》作"王早示门"。据《隋书·西域传》："于阗国，都葱岭之北二百余里，其王姓'王'，字'卑示闭练'……大业中，频遣使朝贡。"《炀帝纪》：大业十一年（615）正月，于阗"遣使朝贡"。

尉迟屈密（约 632～约 639 年）

［按］《新唐书》记作"尉迟屋密"。据《旧唐书·西戎传》："其王姓'尉（yù）迟氏'，名'屈密'。贞观六年（632），遣使献玉带，（唐）太宗优诏答之。十三年（639），又遣子入侍。"

尉迟伏阇信（？～648 年降唐）

［按］据《旧唐书·西戎传》：贞观二十二年（648），唐伐龟兹，于阗"其王伏阇（shé）信大惧，使其子以驼三百匹馈军"。随之，伏阇信朝唐，"高宗嗣位（649 年六月），拜右骁卫大将军"。伏阇信降唐后，唐在于阗置军镇，为安西四镇之一。

※　　　※　　　※

附：

尉迟伏阇雄（约 674～692 年）

［按］据《旧唐书·高宗纪》：上元元年（674）十二月，"于阗王伏阇雄来朝"。二年正月，"唐以于阗为毗沙都督府，以尉迟伏阇雄为毗沙都督"。《旧唐书·西戎传》："垂拱三年（687），其王伏阇雄复来入朝。天授三年（692），伏阇雄卒。（武）则天封其子璥（jǐng）为于阗国王。"

尉迟璥（692～728 年）

［按］据《旧唐书·西戎传》：为伏阇雄子。父卒继立。据《新唐书·西域传》："璥死，复立尉迟伏师战为王。"

尉迟伏师（728～？年）

［按］《新唐书》作"尉迟伏师战"。据《旧唐书·西戎传》："开元十六年（728），（唐）复册立尉迟伏师为于阗王，数遣使朝贡。"

尉迟伏阇达（？ 年）

［按］据《新唐书·西域传》：尉迟伏师"死，伏阇达嗣，（唐）并册其妻执失为妃"。

尉迟珪（？ ～约 746 年）

［按］据《新唐书·西域传》：尉迟伏阇达"死，尉迟珪（guī）嗣，妻马为妃。珪死，子胜立"。

尉迟胜（约 746 ～ 756 年）

［按］据《旧唐书·尉迟胜传》：为尉迟珪子。父卒继立。"天宝（742 ～ 756 年）中来朝，献名马、美玉。玄宗嘉之，妻以宗室女，授右威卫将军、毗沙府都督还国"。至德初（756 年），闻安禄山反，带兵援唐，请以弟尉迟曜为于阗王，获唐允。

尉迟曜（756 ～约 785 年）

［按］据《旧唐书·尉迟胜传》：为尉迟胜弟。兄率兵助唐平安史乱留居中原，唐允其继王位。"贞元初（785 年），曜遣使上疏"。

※　　　　※　　　　※

于阗王（约 851 ～约 912 年）

［按］据外国学者蒲立本（G. Pulleyblank）对考古发现的于阗文书考证①，于阗自脱离吐蕃管辖后，在 851 ～ 904 ～ 912（？）年间有一于阗王在位，王名及年号不知。

李圣天（约 912 ～ 966 年）

［按］于阗语文书作"尉迟僧乌波"（Viśa' Sambhava）。据《新五代史·四夷附录》："晋天福三年（938），于阗国王李圣天遣使者马继荣来贡红盐、郁金、牦牛尾、玉氍（dié）等……（后晋）册圣天为'大宝于阗国王'。是岁冬十二月，（张）匡邺等自灵州行二岁至于阗，至七年冬乃还。而（高）居海……记曰：'……其年号同庆二十九年。'……（后）汉乾祐元年（948），（于阗）又遣使者王知铎来。"据《宋史·外国传》："建隆二年（961）十二月，圣天遣使贡……（乾德）四年（966），又遣其子德从来贡方物。"学者们推论，同庆（于阗语文书作 thū–khī）元年为 912 年，此为李圣天即位之年。日本学者井之口泰淳据于阗语文资料考证，其从 950 年起使用"天兴"（thyina hina）年号；② 中国学者张广达、荣新江考证，从 963 年起使用"天寿"（thyainaśiva）年号。③

尉迟输罗（约 967 ～约 977 年）

［按］据蒲立本对于阗语文书中著名的《钢和泰杂卷》（学者已考定其年代为 925 年）考

---

① 见贝利（H. W. Bailey）《于阗语文书集》（Khotanese Texts）第四集附录，剑桥，1961。
② 井之口泰淳：《于阗语资料所记之尉迟王家的系谱和年代》（收入《龙谷大学论集》第 364 册）。
③ 张广达、荣新江：《于阗史丛考》，上海书店，1993。

证，[①] 967 ~ 977 年（？）间于阗王为尉迟输罗（于阗语书作 Viśa'Śūra），年号为"天尊"（thyena tcūnä）。据《宋史·于阗传》："开宝二年（969），（于阗）遣使直末山来贡……四年，其国僧吉祥以其国王书来上。"

尉迟达磨（约 978 ~ 约 982 年）

［按］据蒲立本的考证，978 ~ 982 年间，于阗王为尉迟达磨（于阗语书作 Viśa' Dharma），年号为"中兴"（cū-hina）。

尉迟僧伽罗摩（约 983 ~ 约 1006 年）

［按］据井之口泰淳考证，983 ~ 1006 年（？），于阗王为尉迟僧伽罗摩（Viśa' Saṃgrāma）。对其所用年号，有学者曾作考证，但皆不确。据《辽史·圣宗纪》：统和七年（989）二月，"于阗……遣使来贡……十一月甲申，于阗张文宝进内丹书"。八年"二月丁未朔，于阗、回鹘各遣使来贡"。

于 阗 世 系

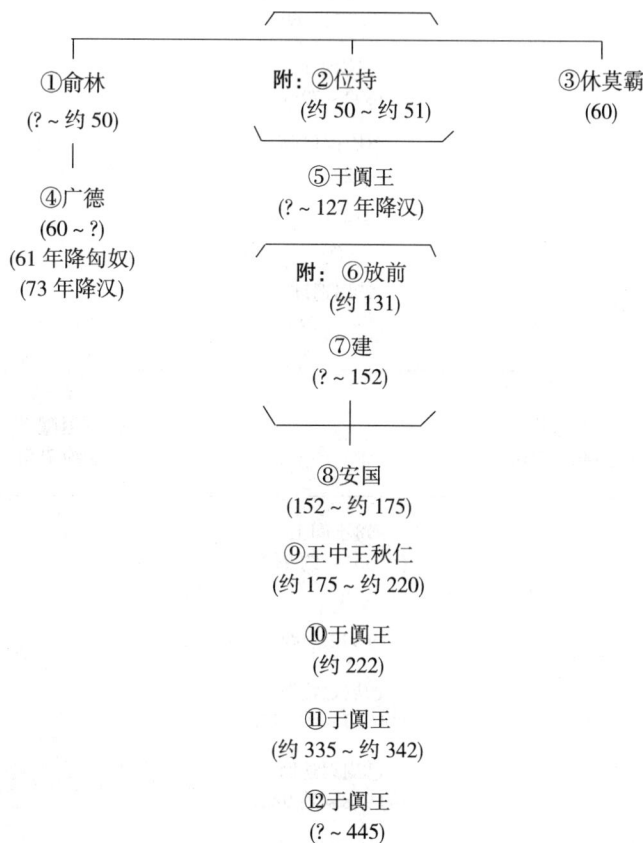

①俞林
(? ~ 约 50)

附：②位持
(约 50 ~ 约 51)

③休莫霸
(60)

④广德
(60 ~ ?)
(61 年降匈奴)
(73 年降汉)

⑤于阗王
(? ~ 127 年降汉)

附：⑥放前
(约 131)

⑦建
(? ~ 152)

⑧安国
(152 ~ 约 175)

⑨王中王秋仁
(约 175 ~ 约 220)

⑩于阗王
(约 222)

⑪于阗王
(约 335 ~ 约 342)

⑫于阗王
(? ~ 445)

---

① 《泰东》（AM）新辑 4 卷 1 期，1954。

⑬中于王秋仁
(约457~约471)

⑭山习
(约471~约510)

⑮于阗王
(约512~约519)

⑯于阗王
(约541)

⑰于阗王
(约574)

⑱王卑示闭练
(约615)

⑲尉迟屈密
(约632~约639)

⑳尉迟伏阇信
(?~648年降唐)

附：㉑尉迟伏阇雄
(约674~692)

㉒尉迟璥
(692~728)

㉓尉迟伏师
(728~?)

㉔尉迟伏阇达
(?)

㉕尉迟珪
(?~约746)

㉖尉迟胜
(约746~756)

㉗尉迟曜
(756~约785)

㉘于阗王
(约851~约912)

㉙李圣天
(约912~966)

㉚尉迟输罗
(约967~约977)

㉛尉迟达磨
(约978~约982)

㉜尉迟僧伽罗摩
(约983~约1006)

疏 勒

（约61①~73年降龟兹）

（74~168年，对汉时附时叛）

（168~648年降唐）

疏勒为西域城郭之国。魏晋以后又有"竭石"（见《魏略》）、"竭叉"（见《佛国记》）、"沙勒"（见《洛阳伽蓝记》）、"佉（qū）沙"（见《大唐西域记》）等称谓。最早见载于《汉书·西域传》，其云："疏勒国，王治疏勒城（今新疆喀什），去长安九千三百五十里，户千五百一十，口万八千六百四十七，胜兵两千人。"时属西汉西域都护府统辖。据《后汉书·西域传》，东汉时发展为："领户二万一千，胜兵三万余人。"

自公元前59年，西汉战胜匈奴，在西域设立都护府，标志着汉在西域统治的建立。直到王莽建新及东汉初年，中原政权对西域控制力削弱，西域诸国纷纷自立，时莎车势力较强，在西域称雄。据《后汉书·西域传》：西域"五十五国皆属焉"。疏勒在其中。至永平四年（61）莎车衰落，疏勒方复立。

永平十六年（73），疏勒为龟（qiū）兹所攻并；下年，东汉班超军入疏勒，疏勒又附东汉。直到永元十四年（102），随班超卸任；元兴元年（105），汉和帝卒；永初元年（107），汉罢西域都护，放弃西域，西域诸国又复自立。再至"永建二年（127），（班）勇复击降焉者，于是龟兹、疏勒、于阗（tián）、莎车等十七国皆来服从"。汉任当时的疏勒王臣磐为汉大都尉，标示着疏勒再度降汉。然为时不长。随"阳嘉（132~135年）以后，（汉）朝威稍损，诸国骄放，转相陵伐"。在建宁元年（168）臣磐被杀，汉派军讨伐不果，疏勒又获自立。

北魏时，据《魏书·西域传》："其都城方五里，国内有大城十二，小城数十。"疏勒当时为西域五个较强的本地民族政权之一。直到贞观二十二年（648），为唐所攻占，唐于其地置镇设府，进行统辖。

成（约61~73年附龟兹）

［按］成何年为王，现已不可考。在此以前，疏勒为莎车所控制。61年，莎车被于阗攻破。自是，诸国纷纷自立，成的自立故且从此年算起。再据《后汉书·西域传》："永平十六年（73），龟兹王建攻杀疏勒王成，自以龟兹左侯兜题为疏勒王。"疏勒又为龟兹所攻并。

※　　　※　　　※

---

① 疏勒何日立国，现已不可考。因其距中原较远，汉文史籍对其的记载亦相对较少。现知其最早情况为《汉书·西域传》所记，时在西汉都护统辖之下。王莽建新及东汉初年，中原政权控制力削弱，时莎车势强，疏勒又降莎车。61年为莎车被攻破之年，是年以后，西域诸国纷立，"遂更相攻伐"。推测疏勒亦在此时复立。

附：

兜题（73～74年附汉）

［按］据《后汉书·西域传》：为龟兹人，原官龟兹左侯，龟兹攻破疏勒后立之。是年冬（《后汉书·班超传》作"明年春"），东汉军攻入疏勒，为班超所擒，超"立成之兄子忠为疏勒王"。疏勒又归附东汉。

忠（74～84年）

［按］据《后汉书·西域传》：为成之侄，东汉班超军攻入疏勒后立之，时疏勒归东汉统辖。据《后汉书·班超传》：元和元年（84），班超发疏勒兵攻莎车，莎车王暗通忠，许以重利，忠遂据乌即城反汉。班超"更立其府丞成大为疏勒王"。后三岁，"缚忠斩之"。

成大（84～？年）

［按］据《后汉书·班超传》：原为府丞。原王忠叛汉后为汉将班超所立，不知所终。

※　　　※　　　※

安国（约117年）

［按］据《后汉书·西域传》："元初（114～120年）中，疏勒王安国。"余况不详。

遗腹（？年）

［按］据《后汉书·西域传》：为安国内侄。"安国死，无子，母持国政，与国人共立臣磐同产弟子遗腹为疏勒王"。

臣磐（？～127年降汉）

［按］又作"臣盘"。为安国舅，遗腹伯父。据《后汉书·西域传》：安国为王时因获罪遣徙月氏（ròu　zhī），安国死后无子，众立臣磐侄遗腹。臣磐不服，借月氏兵入疏勒夺位。"永建二年（127），臣磐遣使奉献，帝拜臣磐为汉大都尉"。有学者将此作为疏勒降汉的标志（见《西域通史》）。

※　　　※　　　※

附：

臣磐（127～169年）

［按］臣磐于127年降汉。据《后汉书·西域传》：建宁元年（168年。据考，应为二年，169年。见下）在猎中为"和得所射杀，和得自立为王"。

※　　　※　　　※

和得（169 年）

［按］《曹全碑》作"和德"。为前王之子。此碑所记与《后汉书·西域传》有异。《碑》云："建宁二年（169），（曹全）举孝廉，除郎中，拜西域戊部司马。时疏勒王和德弑父篡位，不供职贡，君兴师征讨，和德面缚归死。"朱彝尊《曹全碑跋》中经过考证，结论是："当以《碑》为正也"。

疏勒王（约 393 年）

［按］据《太平御览》卷八九六："麟嘉五年（393），疏勒王献火浣（huàn）布、善舞马。"余不祥。

疏勒王（约 437 ~ 约 465 年）

［按］据《魏书·世祖纪》：太延三年（437）三月，疏勒"遣使朝献"；五年四月、十年十一月，皆"遣使朝献"。《高宗纪》：兴安二年（453）三月，"疏勒国遣使朝献"；太安元年（455）十月、和平三年（462）三月，均"遣使朝献"。《西域传》："高宗（452 ~ 465 年在位）末，其王遣使送释迦牟尼佛袈裟一，长二丈余。"

疏勒王（约 502 ~ 约 518 年）

［按］据《魏书·世宗纪》、《肃宗纪》：景明三年（502），疏勒"遣使朝贡"。正始四年（507）十月、延昌元年（512）正月、熙平二年（517）四月、神龟元年（518）二月，均"遣使朝献"。

阿弥厥（约 615 年）

［按］据《隋书·西域传》："其王字'阿弥厥'……大业中，遣使贡方物。"《炀帝纪》：大业十一年（615）正月，疏勒"遣使朝贡"。

阿摩支裴□（约 635 年）

［按］据《新唐书·西域传》："王姓'裴氏'，自号'阿摩支'……贞观九年（635），遣使者献名马。"

※　　※　　※

附：

裴安定（728 ~ ? 年）

［按］据《旧唐书·西戎传》："开元十六年（728），（唐）玄宗遣使册立其王裴安定为疏勒王。"

裴国良（约 753 年）

［按］据《新唐书·西域传》："天宝十二载（753），首领裴国良来朝，授折冲都尉，赐紫袍、金鱼（袋）。"

疏 勒 世 系

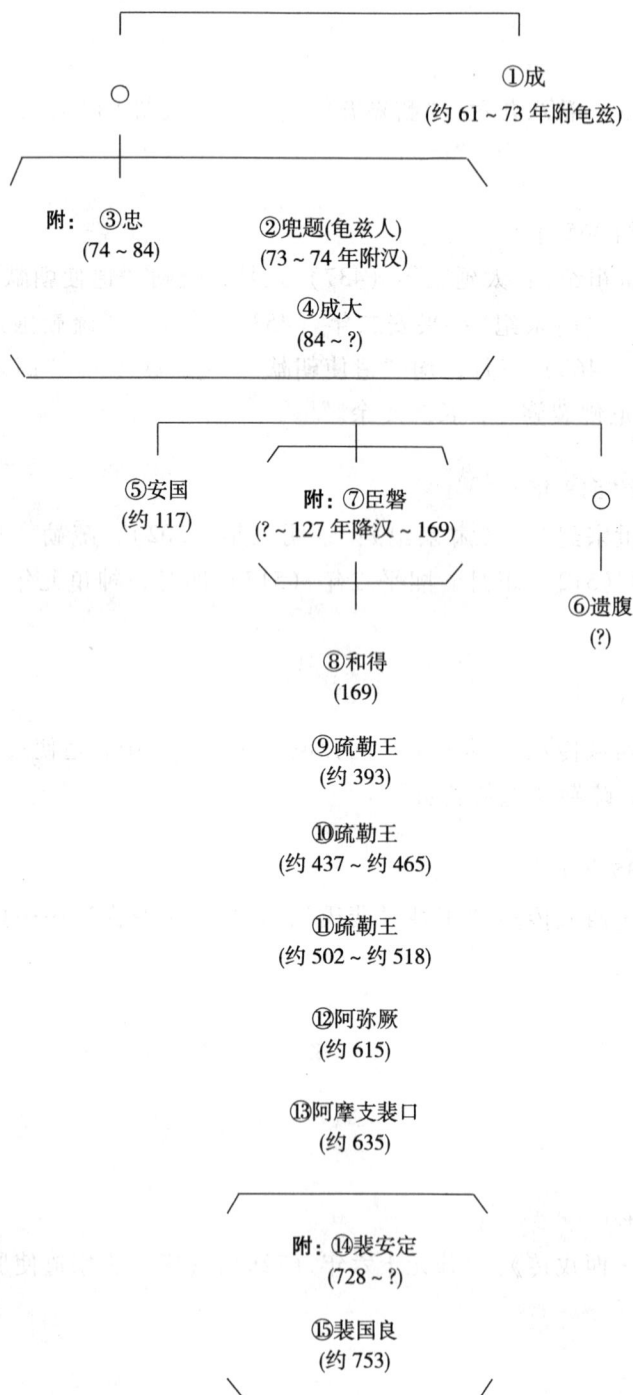

［溇 中 蛮］

（78～80 年）

溇中蛮原为汉时对湘西北（溇水流域）土著的泛称。三国吴时曾置溇中县（治所即今湖南省慈利县西三官寺）。建初三年（78）该地起兵反汉，坚持两年多，后降。

覃儿健（78～80 年）

［按］据《后汉书·南蛮西南夷传》："（建初）三年（78）冬，溇中蛮覃儿健等复反……五年（80）春，覃儿健等请降，不许，郡因进兵与（之）战于宏下，大破之。斩（覃）儿健首，余（众）皆弃营走还溇中，复遣乞降。"

［巫 蛮］

（101～102 年）

巫蛮原为汉时对巫山地区土著的泛称。时该地属南郡，故又称"南郡蛮"。永元十三年（101）曾起兵反汉，次年降。

许圣（101～102 年）

［按］据《后汉书·南蛮西南夷传》："和帝永元十三年（101），巫蛮许圣等以郡收税不均，怀怨恨，遂屯聚反叛。明年（102 年）夏，遣使者督荆州诸郡兵万余人讨之。圣等依凭阻隘，久不破。诸军乃分道并进，或自巴郡、鱼复数路攻之，蛮乃散走，斩其渠帅，乘胜追之，大破（许）圣等。圣等乞降，复悉徙置江夏。"

［先 零 羌］

（108～118 年）

先零羌又作"西零"。原为西羌的一支。初分布于今青海东部河湟一带。西汉武帝时，因助匈奴攻汉，被击败，西迁至青海湖一带。东汉初，时附汉，部分被允迁至天水、陇西、三辅等地。永初元年（107），起兵反汉。次年，北地郡（今宁夏吴忠一带）人滇零自称天子，建立政权。历三王。元初五年（118）被讨平。

滇零（108～112 年）

［按］据《后汉书·西羌传》："安帝永初元年（107）夏……先零别种滇零与钟羌诸种大为

寇掠，断陇道……明年（108）……其冬，（邓）骘（zhì）使任尚及从事中郎司马钧率诸郡兵与滇零等数万人战于平襄（今甘肃省通渭西），（任）尚军大败，死者八千余人。于是，滇零等自称'天子'，于北地招集武都、参狼、上郡、西河诸杂种，众遂大盛，东犯赵、魏，南入益州……朝廷不能制……六年（112）……滇零死，子零昌代立。"

零昌（112~117年）

［按］据《后汉书·西羌传》：为滇零子。父卒继立。元初四年（117）"秋，任尚复募效功种号封（'号封'，人名）刺杀零昌"。

狼莫（117~118年）

［按］据《后汉书·西羌传》：元初四年（117）"冬，任尚将诸郡兵与马贤并进北地击狼莫……五年（118），邓遵募上郡全无种羌雕何（'雕何'，人名）等刺杀狼莫……自零昌、狼莫死后，诸羌瓦解"。

［先零羌］世系

①滇零
(108~112)
|
②零昌
(112~117)

③狼莫
(117~118)

［卷　夷］

(118~119年)

卷夷原为西南夷的一支。活动于今云南丽江一带。永平五年（118）起兵反汉，次年降。

封离（118~119年）

［注］据《后汉书·南蛮西南夷传》："（元初）五年（118），卷夷大牛种封离等反叛，杀遂久（今云南省丽江境）令。明年，永昌、益州及蜀郡夷皆叛应之，众遂十余万……诏益州刺史张乔选堪能从事讨之……乃进军与封离等战，大破之，斩首三万余级……封离等惶怖，斩其同谋渠帅，诣（杨）竦乞降，竦厚加慰纳。"

［当 煎 羌］

（120～122 年）

当煎羌又作"荡姐羌"。原为西羌的一支。初活动于今青海河湟地区。永宁元年（120）起兵反汉，延光元年（122）降。

饥五（120～122 年）

［按］据《后汉书·西羌传》：永宁元年（120），"当煎种大豪饥五……乘虚寇金城（今甘肃省永靖西北）"。延光元年（122），"种众散遁，诣凉州刺史宗汉降"。

［钟 羌］

（134～135 年）

钟羌又作"钟存羌"。原为西羌的一支。活动于今青海东、甘肃西南部一带。《后汉书·西羌传》载："（西羌）其八十九种，唯钟（羌）最强，胜兵十余万。"阳嘉三年（134）起兵反汉，次年降。

良封（134～135 年）

［按］据《后汉书·西羌传》："（阳嘉）三年（134），钟羌良封等复寇陇西、汉阳……马续遣兵击良封，斩首数百级。四年（135），马贤亦发陇西吏士及羌胡兵击杀良封，斩首千八百级，获马、牛、羊五万余头，良封亲属并诣贤降。"

且昌（135 年）

［按］据《后汉书·西羌传》：阳嘉四年（135），"（马）贤复进击种羌且昌，且昌等率诸种十余万诣梁州刺史降"。

［鲜 卑］

（约 156～235 年）

鲜卑（xiān bēi）源于东胡，《后汉书》与《三国志》立有专传。据《后汉书·鲜卑传》："鲜卑者，亦东胡之支也，别依鲜卑山，故因号焉。[1] 其言语习俗与乌桓同……（汉）和帝永元（89～104 年）中，大将军窦宪遣右校尉耿夔击破匈奴，北单

---

[1] 也有学者提出，应"鲜卑"之名在前，"鲜卑山"之名在后，与此相反。有人认为，"鲜卑"为鲜卑语"带钩"之意。

于逃走，鲜卑因此转徙据其地。匈奴余种留者尚有十余万落，皆自号鲜卑，鲜卑由此渐盛……是后（对汉）或降或叛，与匈奴、乌桓更相攻击。"至檀石槐时，"乃立庭于弹汗山歠（chuò）仇水上，去高柳北三百余里，兵马甚盛，东西部大人皆归焉。因南抄缘边，北拒丁零，东却夫余，西击乌孙，尽据匈奴故地，东西万四千余里，南北七千余里，网罗山川水泽盐池"。成为继匈奴之后我国北方一支强大的势力。时"乃自分其地为三部，从右北平以东至辽东，接夫余、涉貊（wèi mò）二十余邑为东部，从右北平以西至上谷十余邑为中部，从上谷以西至敦煌、乌孙二十余邑为西部，各置大人主领之，皆属檀石槐"。檀石槐对鲜卑的统一主要建立在军事的基础上。"檀石槐死……子和连代立，和连才力不及父……众叛者半"。军事联盟逐步瓦解，有步度根、轲比能等首领，稍能号令各拥所部。继后，部分南迁与西迁之众与当地民族混杂，形成许多新的部族。至晋与十六国时期，其中的慕容氏、宇文氏、段氏、乞伏氏和拓跋氏都曾在我国历史上建立过时间或长或短，力量或强或弱的政权。

檀石槐（约 156～181 年十月）

［按］为鲜卑历史上第一位统领各部的首领。建庭于高柳北的弹汗山歠仇水（今内蒙古兴和县与河北省怀安县境东洋河）上。初统领时间已不可考，据《后汉书·鲜卑传》："桓帝（146～167 年）时，鲜卑檀石槐者，其父投鹿侯初从匈奴军三年，其妻在家生子……名檀石槐。年十四五，勇健有智略……遂推以为大人。檀石槐乃立庭于弹汗山歠仇水上……永寿二年（156）秋，檀石槐遂将三四千骑寇云中。"史界一般以是年起算。《传》云："光和（178～184 年）中（《资治通鉴》卷五十八记在光和四年［181］十月），檀石槐死，时年四十五，子和连代立。"

和连（181 年十月）

［按］据《后汉书·鲜卑传》：为檀石槐子，父卒继立。"和连才力不及父，亦数为寇抄，性贪淫，断法不平，众叛者半。后出攻北地（今宁夏吴忠西南），廉（县）（属北地郡）人善弩射者射中和连即死。其子骞曼年小，兄子魁头立"。

魁头（181～约 207 年）

［按］据《后汉书·鲜卑传》：为檀石槐孙，和连侄。和连战死继立。时和连子骞曼年小，后骞曼长大，与魁头争国，众遂离散。魁头死，弟步度根立。

步度根（约 207～233 年）

［按］据《后汉书·鲜卑传》：为檀石槐孙，魁头弟。兄终弟及。步度根的继立年（即魁头卒年）史无明载，而《资治通鉴》卷五十八将其与和连战死、魁头继立皆系于光和元年，显然不准确，不可以为据，因魁头继立时，和连子骞曼"年小"，而"后骞曼长大，与魁头争国"。一般地说，"骞曼长大"需十几二十年，不可能在同一年。再据《三国志·魏书·鲜卑传》载："鲜卑步度根即立"所发生的第一件事是："建安中，太祖（曹操）定幽州，步度根与轲比能因乌丸校尉阎柔上贡献。"考《武帝纪》，"定幽州"是指建安十二年（207）曹操平定幽州割据势力袁熙引乌桓兵"破幽州"之事，是年，"曹操大破乌桓于柳城"，而袁熙逃至辽东被斩。故，暂以是年标作步度根继立之年。据《三国志·魏书·鲜卑传》：青龙元年（233），"步度根为

（轲）比能所杀"。

轲比能（233～235年）

［按］据《三国志·魏书·鲜卑传》：原为鲜卑一支（小种鲜卑）大人。青龙元年（233）杀步度根，继兼并各部称雄，"控弦十余万骑"，"复制御群狄，尽收匈奴故地，自云中，五原以东抵辽水，皆为鲜卑庭"。时值汉末，袁绍拥兵踞河北，战争频仍，中原汉人多逃鲜卑，轲比能习汉法进行统治，其势略强。三国时，受魏封"附义王"，与魏互市，亦屡犯魏边。"至三年（235）中，（幽州刺史王）雄遣勇士韩龙刺杀（轲）比能"。"然后种落离散，互相侵伐，强者远遁，弱者请服，由是边陲差安"。

［鲜卑］世系

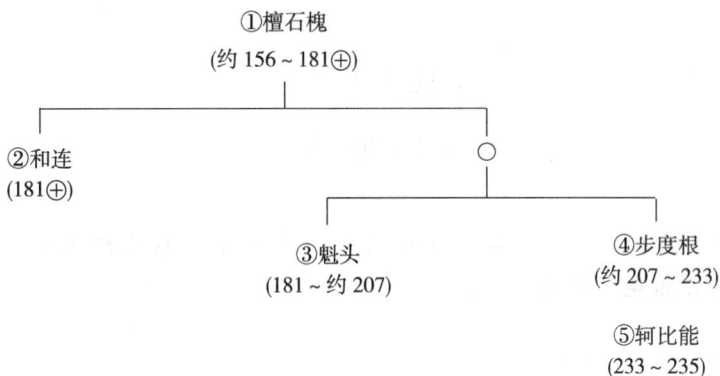

①檀石槐
（约156～181⊕）

②和连
（181⊕）

③魁头
（181～约207）

④步度根
（约207～233）

⑤轲比能
（233～235）

［上谷乌桓］

（约168～约191年）

　　上谷乌桓本为乌桓的一支，即活动于上谷郡（今河北省西北部赤城、怀来一带）的乌桓。乌桓，又作"乌丸"、"古丸"、"乌延"等。最早见载于《史记》，该书《货殖列传》云："夫燕，亦勃（海）、碣（石）之间一都会也。南通齐、赵，东北边胡……北邻乌桓。"说明在战国时期已存在，然时况不详。为东胡的一支。《后汉书》和《三国志》载其专传。据《后汉书·乌桓传》："乌桓者，本东胡也。汉初，匈奴冒顿（mò dú）灭其国，余类保乌桓山，因以为号焉。"有学者以《史记》为论，纠《后汉书》记载之误：乌桓非因乌桓山而名，反之，乌桓山因乌桓迁居而闻。① "乌桓"之意，早年日人白鸟库吉据蒙古语"聪明"一词比照，以为原为人名（部落酋长），后代以部落名之。然此见并未获学界首肯，仅为一说。据《后汉书·乌桓传》："乌桓自

---

① 黄烈：《中国古代民族史研究》，人民出版社，1987。

为冒顿所破，众遂孤弱，常臣伏匈奴，岁输牛、马、羊皮，过时不具，辄没其妻子。及（汉）武帝遣骠骑将军霍去病击破匈奴左地，因徙乌桓于上谷、渔阳、右北平、辽西、辽东五郡塞外，为汉侦察匈奴动静。其大人岁一朝见，于是（汉）始置护乌桓校尉，秩二千石，拥节监领之。"自王莽建新后，乌桓对中原政权时服时叛。

难楼（约 168～约 191 年）

［按］据《后汉书·乌桓传》："灵帝初（《资治通鉴》卷五十六记在建宁元年，168年），乌桓大人上谷有难楼者，（拥众）九千余落……自称王……献帝初平（190～193 年）中，（辽西乌桓王）丘力居死，子楼班年少，从子蹋顿有武略，代立，总摄三郡，（《资治通鉴》卷六十三记：'总摄上谷大人难楼、辽东大人苏仆延、右北平大人乌延等。'）众皆从其号令。"

［辽西乌桓］

（约 168～207 年八月）

辽西乌桓本为乌桓的一支，即居于辽西郡（今河北省东北部迁安、卢龙一带）的乌桓。详见"上谷乌桓"说明。

丘力居（约 168～约 191 年）

［按］据《后汉书·乌桓传》："灵帝初（《资治通鉴》卷五十六记在建宁元年，168 年），乌桓大人……辽西有丘力居者，（拥）众五千余落，皆自称王……献帝初平（190～193 年）中，丘力居死，子楼班年少，从子蹋顿有武略，代立，总摄三郡，众皆从其号令。"

蹋顿（约 191～约 207 年八月）

［按］据《后汉书·乌桓传》：为丘力居侄。丘力居死时，因其子楼班年少，遂由其代立。立后统率上谷、辽东、右北平等乌桓，组成联盟，均服从其号令。曾助袁绍击公孙瓒，袁绍封其为乌桓单于。据《献帝纪》："（建安）十二年（207）秋八月，曹操大破乌桓于柳城（今辽宁省朝阳南），斩其蹋顿。"继迁乌桓万余部落于中原。

［辽东乌桓］

（约 168～约 191 年）

辽东乌桓本为乌桓的一支，即居于辽东郡（今辽宁省中部辽阳、海城一带）的乌桓。详见"上谷乌桓"说明。

哨王苏仆延（约 168 ～约 191 年）

［按］据《后汉书·乌桓传》："灵帝初（《资治通鉴》卷五十六记在建宁元年，168 年），乌桓大人……辽东苏仆延，（拥）众千余落，自称'哨王'……献帝初平（190 ～ 193 年）中，（辽西乌桓王）丘力居死……从子蹋顿有武略，代立，总摄三郡，（《资治通鉴》卷六十三记：'总摄上谷大人难楼、辽东大人苏仆延、右北平大人乌延等。'）众皆从其号令。"

［右北平乌桓］

（约 168 ～约 191 年）

右北平乌桓本为乌桓的一支，即居于右北平郡（今河北省东北部玉田、丰润一带）的乌桓。详见"上谷乌桓"说明。

汗鲁王乌延（约 168 ～约 191 年）

［按］据《后汉书·乌桓传》："灵帝初（《资治通鉴》卷五十六记在建宁元年，168 年），乌桓大人……右北平乌延（拥）众八百余落，自称'汗鲁王'……献帝初平（190 ～ 193 年）中，（辽西乌桓王）丘力居死……从子蹋顿有武略，代立，总摄三郡，（《资治通鉴》卷六十三记：'总摄上谷大人难楼、辽东大人苏仆延、右北平大人乌延等。'）众皆从其号令。"

［黄　巾］

（184 年二月 ～ 192 年四月）

东汉末年，政治腐败，民不聊生。巨鹿人张角以黄老兴"太平道"，十余年间，拥有徒众数十万人，遍及青、徐、幽、冀、荆、扬、兖、豫等州。组成三十六方，各立渠帅。提出"苍天已死，黄天当立，岁在甲子，天下大吉"的口号。原定甲子年（中平元年，184 年）三月五日起兵，因事泄，于二月起兵。张角自称"天公将军"。因义军头裹黄巾以为标帜，故被称为"黄巾军"，史家称为"黄巾起义"。各地普遍响应。未及一年，张角病故，其弟张宝、张梁被杀，义军失去统一领导。据《后汉书·献帝纪》：初平三年（192）四月，"东郡太守曹操大破黄巾于寿张，降之"。有学者以此作为黄巾起义最后失败之时。

天公将军张角（184 年二 ～十月）

［按］据《后汉书·灵帝纪》："中平元年（184）春二月，巨鹿人张角自称'黄天'，其部帅有三十六万，皆着黄巾，同日反叛……十月，皇甫嵩与黄巾贼战于广宗，获张角弟（张）梁。

角先死，乃戮其尸……十一月，皇甫嵩又破黄巾于下曲阳，斩张角弟（张）宝。"

郭太（188 年二月 ~ 约 190 年）

[按] 一作"郭大"。据《后汉书·灵帝纪》：中平五年（188）二月，"黄巾余贼郭太等起于西河白波谷，寇太原、河东"。《后汉书·献帝纪》：永汉元年（189）十月，"白波贼寇河东，董卓遣其将牛辅击之"。初平元年（190）正月，"白波贼寇东郡"。郭太何日亡，史失载，暂以是年计。

马相（188 年六月）

[按] 据《后汉书·灵帝纪》：中平五年（188）六月，"益州黄巾马相攻杀刺史郗俭，自称天子，又寇巴郡，杀郡守赵部。益州从事贾龙击（马）相，斩之"。

佚名（188 年十月 ~ 192 年四月）

[按] 据《后汉书·灵帝纪》：中平五年（188）"冬十月，青、徐黄巾复起，寇郡县"。《后汉书·献帝纪》：初平二年（191）"十一月，青州黄巾寇太山，太山太守应劭击破之。黄巾转寇勃海，公孙瓒与战于东光，复大破之"。三年（192）四月，"青州黄巾击杀兖州刺史刘岱于东平。东郡太守曹操大破黄巾于寿张，降之"。

注：黄巾主力一支以张角为首主要活动在冀州一带。其他势力较强的黄巾军还有：南阳的张曼成；颍川的波才；汝南的彭脱；东郡的卜已等，然皆于数月内被汉军讨平。坚持最长的一支张曼成于当年六月被杀，赵宏继之，八月被杀，韩忠继之，十一月被杀，孙夏继之，当月被杀，也为汉讨平。

附：黄巾起义前后之较有影响的起义一览表

时　间	首　领	史　　　载
109 年七月 ~ 112 年春	张伯路	《后汉书·法雄传》："永初三年（109）（《安帝纪》作'七月'），海贼张伯路等三千余人，冠赤帻，服绛衣，自称'将军'，寇滨海九郡，杀二千石令长……伯路冠五梁冠，佩印绶，党众浸盛……五年（112）春，乏食，复抄东莱间，（法）雄率郡兵击破之。贼逃还辽东，辽东人李久等共斩平之。"
111 年九月 ~ 112 年六月	杜琦、王信	《后汉书·安帝纪》：永初五年（111）"九月，汉阳人杜琦、王信叛，与先零诸种羌攻陷上邽城。十二月，汉阳太守赵博遣客刺杀杜琦。"六年（112）六月"遣侍御史唐喜讨汉阳贼王信，破斩之。"
约 130 ~ 142 年 145 年一 ~ 十一月	张婴	[按] 据《后汉书·张纲传》："广陵贼张婴等众数万人，杀刺史、二千石，寇乱扬徐间，积十余年，朝廷不能讨。"《顺帝纪》：汉安元年（142），"广陵贼张婴等诣太守张纲降。"《质帝纪》：永熹元年（145）正月，"广陵贼张婴等复反……（十一月），中郎将滕抚击广陵贼张婴，破之。"
144 年八月 ~ 145 年三月	范容、周生	[按] 据《后汉书·滕抚传》："建康元年（144）（《顺帝纪》作'八月'），九江范容、周生等相聚反乱，屯据历阳，为江淮巨患。"《质帝纪》：永熹元年（145）三月，"九江都尉滕抚讨马勉、范容、周生，大破斩之。"

时　间	首　领	史　　　　　载
144 年十一月～145 年五月	徐凤、马勉	[按]据《后汉书·滕抚传》：建康元年(144)(《冲帝纪》作十一月)"阴陵人徐凤、马勉等复寇郡县，杀略吏人。(徐)凤衣绛衣带黑绶，称'无上将军'，(马)勉皮冠黄衣，带玉印，称'黄帝'，筑营于当涂山中。乃建年号置百官，遣别帅黄虎攻没合肥。明年(145)……会(滕)抚等进击，大破之，斩马勉、范容、周生等千五百级，徐凤遂将余众攻烧东城县。下邳人谢安应募率其宗亲设伏击凤，斩之。"《质帝纪》记为"五月"。
145 年十一月	华孟	[按]据《后汉书·滕抚传》：建康二年(145)，"历阳贼华孟自称'黑帝'，攻九江，杀郡守。(滕)抚等乘胜进击，破之，斩(华)孟等三千八百级，虏获七百余人，牛马财物不可胜算。"
147 年十一月	李坚	[按]据《后汉书·桓帝纪》：建和元年(147)十一月，"陈留盗贼李坚自称皇帝，伏诛。"
148 年十月	陈景	[按]据《后汉书·桓帝纪》：建和二年(148)"十月，长平陈景自号'皇帝子'，署置官属……举兵，悉伏诛。"
150 年二月	裴优	[按]据《后汉书·桓帝纪》：和平元年(150)"二月，扶风妖贼裴优自称皇帝，伏诛。"
154 年十一月～156 年七月	公孙举	[按]据《后汉书·桓帝纪》：永兴二年(154)十一月，"太山、琅邪贼公孙举等反叛，杀长吏。"《韩韶传》："时太山贼公孙举伪号历年，守令不能破散。"《段颎传》："时太山、琅邪贼东郭窦、公孙举等聚众三万人，破坏郡县，遣兵讨之，连年不克。永寿二年(156)，桓帝诏公卿选将有文武者，司徒尹颂荐(段)颎，乃拜为中郎将。击窦、举等，大破斩之，获首万余级。余党降散。"《桓帝纪》为是年七月。
165 年十月	盖登	[按]据《后汉书·桓帝纪》：延熹八年(165)十月，"勃海妖贼盖登等，称'太上皇帝'，有玉印、珪、璧、铁券，相署置，皆伏诛。"
172 年十一月～174 年十一月	许生	[按]据《后汉书·灵帝纪》：熹平元年(172)"十一月，会稽人许生自称'越王'，寇郡县。"《臧洪传》："熹平元年，会稽妖贼许昭起兵句章，自称'大将军'，立其父(许)生为'越王'，攻破城邑，众以万数。"《灵帝纪》：三年(174)"十一月，扬州刺史臧旻率丹阳太守陈寅，大破许生于会稽，斩之。"
186 年二～六月	赵慈	《后汉书·灵帝纪》："(中平)三年(186)春二月，江夏兵赵慈反，杀南阳太守秦颉……六月，荆州刺史王敏讨赵慈，斩之。"
187 年六月～189 年三月	张纯、张举	《后汉书·灵帝纪》：中平四年(187)六月，"渔阳人张纯与同郡张举举兵叛，攻杀右北平太守刘政、辽东太守杨终、护乌桓校尉公綦稠等。(张)举自称天子，寇幽、冀二州。"六年(189)三月，"斩渔阳贼张纯"。张举下落史佚。
193 年五～六月	阙宣	《后汉书·献帝纪》：初平四年(193)五月，"下邳贼阙宣自称天子。"《资治通鉴》卷六十：是年六月，"下邳阙宣聚众数千人，自称天子，陶谦击杀之。"

［五斗米道］①

（184 年七月～191 年十月）

张修（184 年七月～191 年十月）

［按］据《后汉书·灵帝纪》：中平元年（184）"秋七月，巴郡妖巫张修反，寇郡县（原注：刘艾纪曰：'时巴郡巫人张修疗病，愈者雇以米五斗，号为"五斗米师"）'。"据《资治通鉴》卷六十：初平二年（191）十月，张修投刘焉，刘焉以其为别部司马，后被割据势力张鲁所杀，《后汉书·刘焉传》云："（张）鲁既得汉中，遂复杀张修而并其众。"

［羌、胡］②

（184 年十一月～189 年二月）

北宫伯玉（184 年十一月～187 年二月）

［按］据《资治通鉴》卷五十八：中平元年（184）十一月，"北地先零羌及枹罕、河关群盗反（胡注：河关、抱罕二县，皆属陇西郡），共立湟中义从胡北宫伯玉、李文侯为将军（胡注：'北宫'，以所居为氏，《左传》有卫大夫北宫文子），杀护羌校尉冷徵。金城人边章、韩遂素著名西州，群盗诱而劫之，使专任军政，杀金城太守陈懿，攻烧州郡"。次年三月，"北宫伯玉等寇三辅，诏左车骑将军皇甫嵩镇长安以讨之……八月，以司空张温为车骑将军，执金吾袁滂为副，以讨北宫伯玉；拜中郎将董卓为破虏将军……（十一月），（张）温又使董卓将兵三万讨先零羌，羌、胡围卓于望垣北"。四年（187）二月，"韩遂杀边章及北宫伯玉、李文侯，拥兵十余万，进围陇西，太守李相如叛，与（韩）遂连和。凉州刺史耿鄙率六郡兵讨（韩）遂……（四月），耿鄙司马扶风马腾亦拥兵反，与韩遂合，共推王国为主，寇掠三辅"。

王国（187 年四月～189 年二月）

［按］据《资治通鉴》卷五十八：韩遂杀北宫伯玉后立其为主。卷五十九：中平五年（188）"十一月，王国围陈仓，诏复拜皇甫嵩为左将军，督前将军董卓，合兵四万人以拒之"。六年（189）二月，"韩遂等共废王国，而劫故信都令汉阳阎忠使督统诸部"。

阎忠（189 年二月）

［按］据《资治通鉴》卷五十九：韩遂废王国而立之。中平六年（189）二月，"（阎）忠病死。（韩）遂等稍争权利，更相杀害，由是寝衰"。

---

① 张修以"五斗米道"起兵，暂以此代所立政权之名。
② 184 年陇西羌、胡民反，暂以此代所建政权名。

［黑　山　军］^①

（185 年二月～205 年四月）

张牛角（185 年二月～193 年六月）

［按］又作“青牛角”。据《后汉书·灵帝纪》：中平二年（185）二月，“黑山贼张牛角等十余辈并起，所在寇钞”。《袁绍传》云：初平四年（193）六月，“（击）青牛角……复斩数万级，皆屠其屯壁。遂与黑山贼张燕……战于常山”。

张燕（193 年六月～205 年四月）

［按］据《后汉书·袁绍传》：初平四年（193）六月，袁绍击斩张牛角后，“遂与黑山贼张燕……战于常山，燕精兵数万，骑数千匹，连战十余日……各退”。《后汉书·献帝纪》云：建安十年（205）“四月，黑山贼张燕率众降”。据《三国志·魏书·张燕传》：“张燕，常山真定人也，本姓褚。黄巾起，（张）燕合聚少年为群盗……众万余人。博陵张牛角亦起众，自号将兵从事，与燕合，燕推牛角为帅……牛角死，众奉燕，故改姓张，（张）燕剽捍捷速过人，故军中号曰‘飞燕’。其后人众寝广……众至百万，号曰‘黑山’，灵帝不能征，河北诸郡被其害。（建安十年）燕遣人至京都乞降，拜燕平难中郎将”。

［仲　家］

（197～199 年六月）

袁术（197～199 年六月）

［按］据《后汉书·袁术传》载：“袁术，字公路。汝南汝阳人。司空（袁）逢之子也……举孝廉，累迁至河南尹、虎贲中郎将。时董卓将欲废立（汉帝），以（袁）术为后将军。术畏（董）卓之祸，出奔南阳（今河南省南阳）。会长沙太守孙坚杀南阳太守张咨，引兵从（袁）术。刘表上术为南阳太守……（初平）四年（193），（袁）术引军入陈留（今河南省开封东南陈留城），屯封丘（今河南省封丘）……与曹操战于匡亭，大败，（袁）术退保雍丘（今河南省杞县），又将其余众奔九江（今安徽省定远县西北），杀扬州刺史陈温而自领之，又兼称徐州伯。李傕（jué）入长安，欲结（袁）术为援，乃授以左将军，假节，封阳翟侯……遂有僭逆之谋，又闻孙坚得传国玺，遂拘（孙）坚妻夺之。兴平二年（191）冬，天子播越，败于曹阳。（袁）术大会群下。”《献帝纪》：“（建安）二年（197）春，袁术自称天

---

① 史载此支起义军号“黑山军”，以此代作其所立政权的名称。

子。"《袁术传》记曰："建安二年，因河内张炯符命，遂果僭号，自称'仲家'（原注：'仲'或作'冲'）。以九江太守为淮南尹，置公卿百官，郊祀天地……及窃伪号，淫侈滋甚，媵御数百，无不兼罗纨，厌粱肉……于是资实空尽，不能自立。（建安）四年（199）夏，乃烧宫室，奔其部曲陈简……复为（陈）简等所拒，遂大困穷，士卒散走。忧懑不知所为，遂归帝号于（袁）绍……六月，至江亭，坐箦（zé）床而叹曰：'袁术乃至是乎！'因愤慨结病，欧（呕）血死。"

附：东汉末年群雄割据简表

东汉末年，在镇压黄巾等起义的过程中，全国各地形成了不少割据势力，他们各据一方，互相攻讨，连皇帝也被军阀所控制，成为傀儡。现据邓之诚《中华二千年史》中所列，略行改动，作下表，供读者参考。

割据者	据地	兴	灭
曹操	兖州	据《三国志·魏书·武帝纪》："字孟德。汉相国（曹）参之后……年二十，举孝廉为郎，除洛阳北部尉，迁顿丘令，征拜议郎。光和末，黄巾起，拜骑都尉，讨颍川贼……（董）卓遂杀太后及弘农王（即汉少帝），（曹操）至陈留，散家财合义兵，将以诛卓。冬十二月，始起兵于己吾，是岁中平六年（189）也。"次年，各路均起兵，"众各数万，推（袁）绍为盟主。太祖（曹操）行奋武将军。"初平二年（191），袁绍任其为"东郡太守，治东武阳。"下年（192）为兖州牧。曹操据此割据。时"青州黄巾众百万入兖州……遂进兵进击黄巾于寿张东……追黄巾至济北。乞降。冬，受降卒三十余万，男女百余万口，收其精锐者，号为青州兵。"兴平二年（195），"冬十月，天子拜太祖（曹操）兖州牧。"下年二月，拜为"建德将军。夏六月，迁镇东将军，封费亭侯。"据《后汉书·献帝纪》：是年八月，曹操挟献帝，"迁都许……曹操自为司空、行车骑将军事，百官总己以听。"挟天子以令诸侯。建安五年（200）九月，"曹操与袁绍战于官渡，绍败走"。后渐统一北方。十三年（208）六月，"曹操自为丞相"。十八年（213）五月，"曹操自立为魏公"。二十一年（216年）四月，"自进号魏王"。二十五年（220）正月，"魏王曹操薨，子（曹）丕袭位……三月，改元延康。冬十月乙卯，皇帝逊位，魏王（曹）丕称天子"。据《三国志》：正月"庚子，王崩于洛阳，年六十六……谥曰武王。二月丁卯，葬高陵"。	

续　表

割据者	据地	兴	灭
宋建 （宗建）	凉州枹罕	名又作"宗建"。据《后汉书·董卓传》："初，陇西人宗建在枹罕，自称'河首平汉王'，署置百官三十许年。"	据《后汉书·献帝纪》：建安十九年（214）"十月，曹操遣将夏侯渊讨宋建于枹罕，获之。"《后汉书·董卓传》："曹操因遣夏侯渊击建斩之，凉州悉平。"
①刘焉 ②刘璋	益州	据《后汉书·刘焉传》："刘焉，字君郎。江夏竟陵人也。鲁恭王（刘余，即汉景帝子）后也……以宗室拜郎中……稍迁南阳太守、宗正、太常。"中平五年（188），"出焉为监军使者，领益州牧……焉到（任），以（贾）龙为校尉，徙居绵竹。抚纳离叛，务行宽惠，而阴图异计"。刘焉据其地割据。"初平二年（191），犍为太守任岐及贾龙并反，攻焉。焉击破，皆杀之。自此意气渐盛，遂造作乘舆车重千余乘"。兴平元年（194），"徙居成都，遂疽发背卒。州大吏赵韪等贪（刘）璋温仁，立为刺史。诏书因以璋为监军使者，领益州牧"。	据《后汉书·献帝纪》：建安十九年（214）五月，"刘备破刘璋，据益州"。
韩遂、马腾	凉州	据《后汉书·灵帝纪》：中平元年（184）十月，北宫伯玉起兵时，以"韩遂为军帅"。《后汉书·董卓传》：三年（186）冬，"韩遂乃杀边章及（北宫）伯玉、文侯，拥兵十余万，进围陇西……扶风马腾亦拥兵反叛，又汉阳王国，自号'合众将军'，皆与韩遂合。共推王国为主，悉令领其众，寇掠三辅"。六年（189）二月，"韩遂等复共废王国，而劫故信都令汉阳阎忠，使督统诸部。（阎）忠耻为众所胁，感恚病死。（韩）遂等稍争权利"。据地割据。	据《后汉书·献帝纪》："（建安）十六年（211）秋九月庚戌，曹操与韩遂、马超（马腾子）战于渭南，（韩）遂等大败，关西平。十七年夏五月癸未，诛卫尉马腾。"《后汉书·董卓传》："十九年（214），天水人杨阜破（马）超，超奔汉中，降刘备。韩遂走金城羌中，为其帐下所杀。"
①公孙度 ②公孙康 ③公孙恭 ④公孙渊	辽东	据《三国志·魏书·公孙度传》："公孙度，字升济。本辽东襄平人也。度父（公孙）延，避吏居玄菟，任（公孙）度为郡使……同郡徐荣为董卓中郎将，荐度为辽东太守……度到官……东伐高句骊，西击乌丸，威行海外。初平元年（190），（公孙）度知中国扰攘，语所亲吏柳毅、阳仪等曰：'汉祚将绝，当与诸卿图王耳。'……分辽东郡为西、中辽郡，置太守……自立为辽东侯、平州牧……承制设坛墠于襄平城南，郊祀天地，籍田，治兵，乘鸾路，九旒，旄头羽骑。（曹操）表（公孙）度为武威将军，封永宁乡侯，度曰：'我王辽东，何永宁也！'藏印绶武库。（公孙）度死，子（公孙）康嗣位……是岁建安九年（204）也。"黄初二年（221），"（公孙）康死，子晃、渊等皆小，众立（康弟）恭为辽东太守……太和二年（228），（公孙）渊胁夺恭位"。	据《三国志·魏书·公孙度传》："（景初）二年（238）春，遣太尉司马宣王征（公孙）渊……（八月），斩渊父子。城破，斩相国以下首级以千数，传渊首洛阳。辽东、带方、乐浪、玄菟悉平。" **公孙度世系** 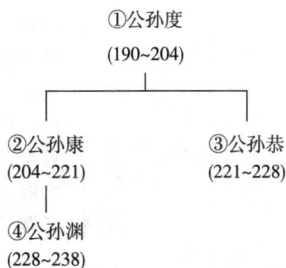

割据者	据地	兴	灭
袁绍	冀州	据《后汉书·袁绍传》:"袁绍字本初,汝南汝阳人。司徒(袁)汤之孙。父(袁)成,五官中郎将……中平五年(188),初置西园八校尉,以(袁)绍为佐军校尉……初平元年(190),(袁)绍遂以勃海起兵,与从弟后将军(袁)术、冀州牧韩馥……等同时俱起,众各数万,以讨(董)卓为名。(袁)绍与王匡屯河内……约盟,遥推(袁)绍为盟主。绍自号车骑将军,领司隶校尉……是时豪杰既多附(袁)绍,且感其家祸,人思为报,州郡蜂起,莫不以袁氏为名……(袁)绍遂领冀州牧,承制以(韩)馥为奋威将军,而无所将御……兴平二年(195),拜(袁)绍右将军……建安元年(196),曹操迎天子都许,乃下诏书于(袁)绍,责以地广兵多而专自树党,不闻勤王之师而但擅相讨伐。(袁)绍上书曰……于是以绍为太尉,封邺侯。时曹操自为大将军,(袁)绍耻为之下,伪表辞不受。(曹)操大惧,乃让位于(袁)绍。二年(197),使将作大匠孔融持节拜(袁)绍大将军,赐弓矢节钺,虎贲百人,兼督冀、青、幽、并四州,然后受之……(袁)绍既并四州之地,众数十万,而骄心转盛。"	据《后汉书·献帝纪》:建安五年(200)九月,"曹操与袁绍战于官渡,绍败走……七年(202)夏五月庚戌,袁绍薨"。
张鲁	汉中	据《后汉书·刘焉传》:"(张)鲁,字公旗。初,祖父(张)陵,顺帝时客于蜀,学道鹤鸣山中……受其道者辄出米五斗,故谓之'米贼'。(张)陵传子(张)衡,(张)衡传于(张)鲁,鲁遂自号'师君'。"素与刘焉往来,刘焉"遂任(张)鲁以为督义司马,与别部司马张修将兵掩杀汉中太守苏固。"初平二年(191),"(张)鲁既得汉中,遂复杀张修而并其众……(张)鲁部曲多在巴土,故以羲为巴郡太守,鲁因袭取之,遂雄于巴汉"。	据《后汉书·献帝纪》:建安二十年(215)"七月,曹操破汉中,张鲁降"。《刘焉传》:降后,曹操拜其为"镇南将军,封阆中侯,邑万户……鲁卒,谥曰原侯"。
公孙瓒	幽州	据《后汉书·公孙瓒传》:"公孙瓒,字伯珪,辽西令支人也……举孝廉,除辽东属国长史。"中平五年(188),"瓒率所领追讨(张)纯等有功,迁骑都尉……诏拜瓒降虏校尉,封都亭侯,复兼领属国长史……初平二年(191),青、徐黄巾三十万众入勃海界,欲与黑山合。瓒率步骑二万人,逆击东光南,大破之,斩首三万余级……收得生口七万余人,车甲财物不可胜筹,威名大震。拜奋武将军,封蓟侯……遂举兵攻(袁)绍,于是冀州诸城悉叛从瓒……(后),瓒破擒刘虞,尽有幽州之地,猛志益盛……乃盛修营垒,楼观数十,临易河,通辽海。"据地割据。	据《后汉书·献帝纪》:"(建安)四年(199)春三月,袁绍攻公孙瓒于易京,获之。"《公孙瓒传》:"(袁)绍设伏,瓒遂大败,复还保中小城。自计必无全,乃悉缢其姊妹妻子,然后引火自焚。绍兵趋登台斩之。"

割据者	据地	兴	灭
孙策	江东	据《三国志·吴书·孙策传》："策，字伯符。"传说为孙武之后。为孙坚长子，孙权之兄。"与周瑜相友，收合士大夫，江、淮间人咸向之"。初平三年（192），"（孙）坚薨，还葬曲阿。已乃渡江据江都……兴平元年（194），从袁术"。《后汉书·献帝纪》："是岁，扬州刺史刘繇与袁术将孙策战于曲阿，繇军败绩，孙策遂据江东。"开始据地割据。《孙策传》云："策自领会稽太守，复以吴景为丹杨太守，以孙贲为豫章太守，分豫章为庐陵郡，以贲弟辅为庐陵太守，丹杨朱治为吴郡太守，彭城张昭、广陵张纮、秦松、陈端等为谋主。"建安二年（197），"袁术僭号（称帝），（孙）策以书责而绝之。曹公（操）表策为讨逆将军，封为吴侯"。四年（199），"（袁）术死……（张）勋新得术众……（孙）策轻军晨夜袭拔庐江，勋众尽降……是时袁绍方强，而（孙）策并江东，曹公力不能逞，且欲抚之"。	据《后汉书·献帝纪》：建安五年（200），"是岁，孙策死，弟（孙）权袭余业"。《三国志·吴书·孙策传》记："建安五年，曹公与袁绍相拒于官渡，（孙）策阴欲袭许，迎汉（献）帝，密治兵，部署诸将。未发，会为故吴郡太守许贡客所杀……时年二十六。（孙）权称尊号，追谥策曰长沙桓王。"
吕布	徐州	据《后汉书·吕布传》："吕布，字奉先，五原九原人也。以弓马骁武给并州……（董）卓以布为骑都尉，誓为父子，甚爱信之。稍迁至中郎将，封都亭侯。卓自知凶恣，每怀猜畏，行止常以布自卫。"《后汉书·献帝纪》：初平三年（192），"四月辛巳，诛董卓，夷三族。司徒王允录尚书事，总朝政"。《吕布传》："时（王）允与尚书仆射士孙瑞密谋诛卓，因以告布，使为内应……布遂许之，乃于门刺杀卓……允以布为奋威将军，假节，仪同三司，封温侯。"兴平元年（194），"（张）邈与弟超及（陈）宫等迎（吕）布为兖州牧，据濮阳，郡县皆应之。曹操闻而引军击布……二年（195）间，操复尽收诸城，破布于钜野……时刘备领徐州，居下邳……（吕）布即勒兵袭下邳，获备妻子。备败走海西，饥困，请降于布……布自号徐州牧。"遂据徐州割据。	据《后汉书·献帝纪》：建安三年（198）"十二月癸酉，曹操击吕布于徐州，斩之"。《后汉书·吕布传》："曹操堑围之（吕布），壅沂、泗以灌其城。三月，上下离心……布与麾下登白门楼。兵围之急，（吕）布令左右取其首诣操。左右不忍，乃下降。布见操曰：'今日已往，天下定矣。'操曰：'何以言之？'布曰：'明公之所患不过于布，今已服矣。令布将骑，明公将步，天下不足定也。'……固请就刑，遂出不顾，操为之泣涕。布及（陈）宫、（高）顺皆缢杀之，传首许市。"
刘表	荆州	据《后汉书·刘表传》："刘表，字景升。山阳高平人。鲁恭王之后也……初平元年（190），长沙太守孙坚杀荆州刺史王叡，诏书以（刘）表为荆州刺史……袁术与其从兄（袁）绍有隙，而绍与（刘）表相结，故（袁）术共孙坚合从袭（刘）表……（孙）坚为流箭所中死，余众退走。"初平三年（192），"李傕等入长安，冬，（刘）表遣使奉贡。傕以表为镇南将军、荆州牧，封成武侯"。遂据地割据。"（建安）三年（198）长沙太守张羡率零陵、桂阳三郡叛（刘）表，表遣兵攻围，破（张）羡，平之。于是，开土遂广，南接五岭，北据汉川，地方数千里，带甲十余万……万里肃清，大小咸悦而服之，关西、兖、豫学士归者盖有千数，（刘）表安慰赈赡，皆得资全……爱民养士，从容自保。及曹操与袁绍相持于官渡，绍遣人求助，（刘）表许之，不至，亦不援曹操，且欲观天下之变"。	据《后汉书·献帝纪》：建安十三年（208）"七月，曹操南征刘表……（八月），刘表卒，少子（刘）琮立，琮以荆州降操"。《后汉书·刘表传》："十三年，曹操自将征（刘）表，未至。八月，表疽发背卒。在荆州几二十年，家无余积。"

割据者	据地	兴	灭
张绣	南阳	据《三国志·魏书·张绣传》:"张绣,武威祖厉人。骠骑将军(张)济族子也……为县吏……董卓败,(张)济与李傕等击吕布……(张)绣随济,以军功稍迁至建忠将军,封宣威侯。"《后汉书·董卓传》:建安二年(197),"张济饥饿,出至南阳,攻穰(今河南省邓县),战死"。《张绣传》:"(张济)士卒饥饿,南攻穰,为流矢所中死。绣领其众,屯宛(今河南省南阳)。"于是据此地割据。	据《三国志·魏书·武帝纪》:建安三年(198)"三月,公(曹操)围张绣于穰"。四年(199)"十一月,张绣率众降,封列侯"。《三国志·魏书·张绣传》:"(曹操)拜(张绣)扬武将军。官渡之役,绣力战有功,迁破羌将军。"十二年(207),"从征乌丸于柳城,未至,薨,谥曰定侯"。
袁谭	青州	据《后汉书·袁绍传》:"(袁)谭,字显思。(为袁绍长子)……出为青州刺史……(建安)七年(202)夏,(袁绍)薨,未及定嗣……众以(袁)谭长,欲立之。(审)配等恐谭立而(辛)评等为害,遂矫(袁)绍遗命,奉(幼子袁)尚为嗣。谭自称车骑将军,出军黎阳。(袁)尚少与其兵,而使逢纪随之。谭求益兵,审配等又议不与,谭怒,杀逢纪。"据青州割据。	据《后汉书·献帝纪》:"(建安)十年(205)春正月,曹操破袁谭于青州,斩之。"
袁熙	幽州	据《后汉书·袁绍传》:"熙,字显雍。(为袁绍次子)……(袁)绍曰:'吾欲令诸子各据一州,以视其能。'于是以中子熙为幽州刺史……(袁绍于建安)七年(202)夏薨,未及定嗣……(审配等)矫绍遗命,奉(幼子袁)尚为嗣。"袁尚与兄袁谭(袁绍长子)相攻,袁熙据幽州割据。	据《后汉书·献帝纪》:建安十二年(207)"十一月,辽东太守公孙康杀袁尚、袁熙"。
高幹	并州	据《后汉书·袁绍传》:"(袁)绍曰:'吾欲令诸子各据一州,以视其能。'于是以……外甥高幹为并州刺史……(建安)七年(202)夏,(袁绍)薨。"长子袁谭与幼子袁尚相攻,高幹乃据并州割据。据《三国志·魏书·仲长统传》:"并州刺史高幹,袁绍甥也。素贵有名,招致四方游士,士多归附。"	据《后汉书·袁绍传》:"(建安)十一年(206),曹操自征(高)幹,幹乃留其将守城,自诣匈奴求救,不得,独与数骑亡,欲南奔荆州。上洛都尉(王琰)捕斩之。"

七　魏晋时期纪年考

（220～420 年）

自秦统一，经西汉至东汉，我国以中原为中心的统一维持了四百多年。自魏灭亡东汉以后，中原地区又出现了分裂局面，从"三国"至"十六国"（旧称"五胡十六国"），各种势力进入中原争雄，可以说，这一时期是中国历史上政治形势最混乱的时期，也是民族融合最剧烈的时期。争斗的趋向是走向统一，争斗的结果，出现了"南北朝"——南北地区相对统一的态势。这一时期又可分为"三国"和"十六国"两段。

（一）三国时期

（220～280 年）

东汉末年，各地豪强踞地称雄，互相攻击，最后形成曹、刘、孙三大势力集团。220 年，曹操死，其子曹丕称帝，国号"魏"，随之刘备、孙权亦先后称帝，国号"蜀"、"吴"，鼎足而立，史称"三国"（见《三国志·三嗣主传》："（吴）镇西大将军陆凯曰：'……且三国鼎立以来，更相侵伐。'"）至 280 年，三国相继灭亡，共历六十一年。历来对"三国时期"在时间的划分上，学者就有不同意见，有以曹操挟汉献帝于许昌（196 年）为始；有以赤壁之战（208 年）为始。

魏

（220 年十月～265 年十二月）

史又称其为"曹魏"（见《旧唐书·地理志》："曹魏之时，三分鼎峙。"）其开创者为曹操，曹操以镇压黄巾起义起家，势渐强，迁汉献帝于许（今河南省许昌），挟天子以令诸侯，自为丞相，号"魏王"。建安二十五年（220）正月，操死。十月，其子曹丕废汉称帝，国号"魏"，① 都洛阳，② 辖十三州九十三郡，即今辽、冀、晋、陕、

---

① "魏"国号之得名为：地名—封爵名—国名。《资治通鉴·魏纪一》胡三省注："（曹）操破袁尚得冀州，遂居于邺。邺，汉之魏郡治所。魏，大名也，遂封为魏公……文帝受汉禅，国遂号魏。"
② 黄初二年（221），以长安（今陕西省西安）、谯（今安徽省亳州）、许昌、洛阳、邺（今河北省临漳西南邺镇）为五都。

甘、鲁、豫等省及苏、皖、鄂之部分。咸熙二年（265）十二月，魏元帝曹奂让位于司马氏之晋，魏亡。历五主，四十六年。

世祖文帝曹丕（220年十月～226年五月）

［按］字"子桓"。为曹操次子。中平四年（187）生于谯（今安徽省亳州）。建安十六年（211），为五官中郎将、副丞相。延康元年（220）正月，父曹操死，遂继为丞相、魏王。行九品中正制。十月，迫汉献帝禅位，于繁阳亭（在今河南省临颍县）即皇帝位，国号"魏"，都洛阳。黄初七年（226）五月，卒于洛阳嘉福殿。在位七年，享年四十岁。六月，葬首阳陵（在今河南省偃师西北之首阳山）。谥"文皇帝"，庙号"世祖"。他在历史上颇具文名，诗《燕歌行》、文《典论·论文》皆很著名，有《魏文帝集》。

烈祖明帝曹叡（226年五月～239年正月）

［按］字"元仲"。为文帝长子。建安十年（205）生。黄初七年（226）五月，文帝病危时被立为皇太子，文帝卒，遂继位。景初三年（239）正月，卒于洛阳嘉福殿，享年三十五岁。在位十四年。葬大石山高平陵（今河南省汝阳县茹店村霸陵山下）。谥"明皇帝"，庙号"烈祖"。

据《三国志·魏书·明帝纪》：景初元年（237）正月，因见黄龙，"以为魏得地统"，改建正。"以建丑之月（即夏历十二月）为正（月）。三月，定历改年为孟夏四月"。至魏明帝卒，曹芳即位，景初三年（239）十二月，下诏"复用寅正"，"以建寅之月（即夏历正月）为正始元年正月，以建丑月为后十二月"。

齐王曹芳（239年正月～254年九月）

［按］字"兰卿"。为明帝养子。太和六年（232）生。青龙三年（235）八月，封齐王。景初三年（239）正月，明帝病危时被立为太子。明帝卒后继立，时年八岁。大权落入太尉司马懿之手。嘉平六年（254）九月，为司马懿之子、大将军司马师所废，归藩于齐，在位十六年。晋泰始十年（274）死，享年四十三岁。谥曰"厉公"。史又将其与曹髦、曹奂合称"三少帝"。

高贵乡公曹髦（254年十月～260年五月）

［按］曹髦（máo），字"彦士"。为文帝之孙，东海定王曹霖之子。正始三年（242）九月生，五年，封郯县（今山东省郯城）高贵乡公。嘉平六年（254）九月，曹芳被废，郭太后主立其为帝。十月，即位于洛阳太极前殿，由司马师弟司马昭总揽朝政。甘露五年（260）五月，被司马昭舍人成济刺死。时年十九岁。以王礼葬于洛阳西北瀍涧之滨。

元帝曹奂（260年六月～265年十二月）

［按］原名"璜"。字"景明"。为曹操孙，燕王曹宇之子。正始七年（246）生。甘露五年（260）六月即位，政事决于司马昭。咸熙二年（265）十二月，被迫禅位于司马昭之子司马炎，被废为陈留王，迁于邺（今河北省临漳县北），魏亡。晋太安元年（302），卒。享年五十七岁。墓在今临漳县赵彭城村。谥"魏元皇帝"。

魏　世　系

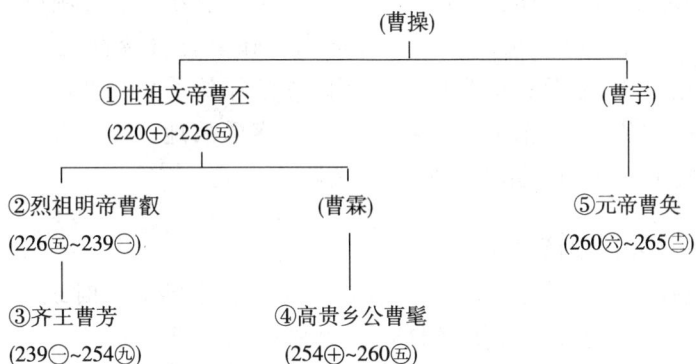

（曹操）

①世祖文帝曹丕
（220⊕~226⑤）

（曹宇）

②烈祖明帝曹叡
（226⑤~239一）

（曹霖）

⑤元帝曹奂
（260⑥~265⑦）

③齐王曹芳
（239一~254⑨）

④高贵乡公曹髦
（254⊕~260⑤）

［拓跋鲜卑］

（220~315 年）

　　又作"托跋鲜卑"。本为鲜卑（xiān bēi）的一支。据《魏书·序纪》："北俗谓'土'为'托'，谓'后'为'跋'，故以为氏。"（有学者否此说法）原居大兴安岭北段。相传远祖名始均，传六十七世至毛；后又经贷、观、楼、越，至推寅，南迁于呼伦湖一带；又经利、俟、肆、机、盖、俭至邻，再度南迁至匈奴故地阴山一带。又经诘汾至"始祖"力微（220~277 年在位），方有确切纪年（《序纪》云："元年，岁在庚子。"），并内迁至今河北省怀来以西地区。经十余年，鲜卑诸部渐聚。三十九年（258），定都盛乐（今内蒙古和林格尔西北），并取得鲜卑诸部统辖权。经六主，至拓跋猗卢八年（315）称"代王"，史家习惯称是政权为"代"，本年表分别作表。

（始祖神元帝）拓跋力微（220~277 年）

［按］按《魏书·序纪》：拓跋力微元年，岁在庚子，即 220 年。时为三国时期，曾与曹魏和亲。在位五十八年而卒，享年一百零四岁（？）。北魏拓跋珪（guī）即位后追谥为"神元皇帝"，庙号"始祖"。

（章帝）拓跋悉鹿（277~286 年）

［按］《资治通鉴》作"悉禄"。为拓跋力微子，父卒继立。在位九年卒。

（平帝）拓跋绰（286~293 年）

［按］为拓跋力微之子，拓跋悉鹿弟。兄终弟及。在位七年卒。

（思帝）拓跋弗（293～294年）

［按］为拓跋力微孙，拓跋沙漠汗子，拓跋绰侄。在位一年卒。

（昭帝）拓跋禄官（294～307年）

［按］为拓跋力微之子，拓跋弗叔。时有控弦骑士四十余万。自杏城以北八十里，迄长城原夹道立碣，与晋分界。内分三部：拓跋禄官一部居东，在上谷（今河北省怀来东南）北，濡源（今河北省东北部滦河上源）之西；拓跋猗𬀩（拓跋沙漠汗长子）一部居代郡参合陂（今内蒙古凉城东北岱海）北；拓跋猗卢（拓跋猗𬀩弟）一部居盛乐故地。十一年（305），拓跋猗𬀩卒，子拓跋普根代立。十三年（307），拓跋禄官卒，拓跋猗卢立。

（穆帝）拓跋猗卢（307～315年）

［按］为拓跋力微孙，拓跋沙漠汗子，拓跋禄官侄。叔卒继立。时统一三部。三年（310），晋封其为大单（chán）于、代公。六年（313），以盛乐为北都，修平城（今山西省大同东北）为南都。八年（315），称"代王"，史家以此作"代"政权之始。

［拓跋鲜卑］世系

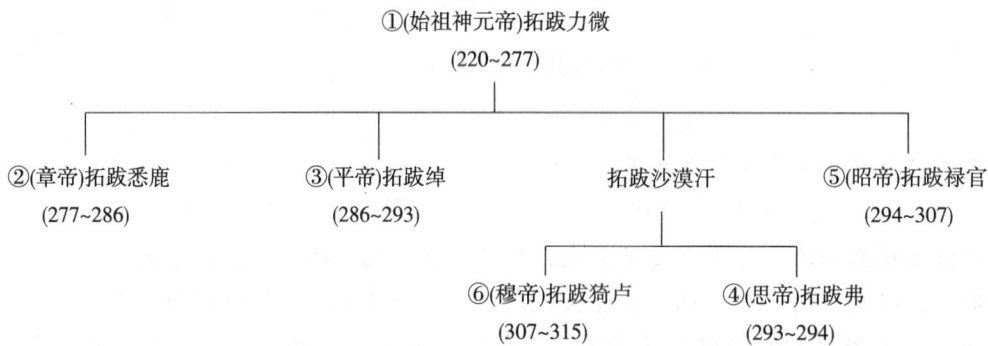

①(始祖神元帝)拓跋力微
(220~277)

②(章帝)拓跋悉鹿 (277~286)
③(平帝)拓跋绰 (286~293)
拓跋沙漠汗
⑤(昭帝)拓跋禄官 (294~307)

⑥(穆帝)拓跋猗卢 (307~315)
④(思帝)拓跋弗 (293~294)

（蜀）汉

（221年四月～263年十一月）

东汉末年，群雄割据。黄初二年（221）四月，刘备据蜀称帝。都成都。以复汉为旗号，故国号为"汉"，史称"蜀汉"，通称"蜀"。三国之中，以其最小，辖益、梁两州，共二十二郡，即今四川全省及陕南、鄂西、湘西、黔北、滇北等地。炎兴元年（263）十一月，亡于魏。历二主，凡四十三年。

昭烈帝刘备（221年四月～223年四月）

［按］字"玄德"。涿县（今河北省涿州）人。延熹四年（161）生。为汉景帝子中山靖王

刘胜后裔，父为刘弘。少孤贫，与母贩履织席为业。好结交，尤与关羽（今山西省临猗人）、张飞（今河北省涿州人）相好，寝同床，若兄弟。以讨黄巾起兵，先后投公孙瓒、吕布、曹操、袁绍、刘表等。建安十二年（207），三顾襄阳隆中，请出年仅二十七岁的诸葛亮为其谋士，与孙权联合，于次年十一月，大败曹操于赤壁。继向南占领武陵、长沙、桂阳，零陵四郡。十五年（210），向孙权"借"得荆州，至此形成曹、孙、刘三足鼎立之势。下年入蜀，继攻下成都，降刘璋。二十四年（219）五月，占汉中，七月，自立为汉中王。黄初二年（221）四月，即皇帝位于武担（今四川省成都西北）之南，都成都。国号"汉"，史称"蜀汉"。下年六月，"火烧连营"，为吴大败于猇（xiāo）亭（今湖北省宜都北）。章武三年（223）四月，病卒于永安（今重庆奉节东白帝城）。享年六十三岁。在位三年。五月，迁棺成都，八月，葬于惠陵（在今四川省成都武侯祠内）。谥"昭烈帝"。

后主刘禅（223年五月～263年十一月）

［按］字"公嗣"，小字"阿斗"。为刘备之子。建安十二年（207）生于荆州。章武元年（221）五月，立为皇太子。三年（223）五月，即位于成都。政事无巨细，咸决于丞相诸葛亮。建兴三年（225），七擒孟获，平定南中叛乱，分设四郡。多次领兵伐魏，希图统一，但未如愿。十二年（234），诸葛亮病死于五丈原（在今陕西省眉县西南）军中。炎兴元年（263）十一月，降魏。翌年三月，被迁洛阳，封安乐公，晋泰始七年（271）死于洛阳，享年六十五岁。其墓在今河南省孟津县平乐乡。在位四十一年，蜀亡。

（蜀）汉世系

①昭烈帝刘备
（221四～223四）
|
②后主刘禅
（223五～263⑪）

吴

（222年十月～280年三月）

历史上又有"孙吴"，或"东吴"之称，见《三国志·蜀书·诸葛亮传》："外连东吴，内平南越。"吴政权的奠基者为孙策，东汉末年在群雄割据中，其踞吴、会稽等六郡。建安五年（200），孙策卒，弟孙权继立。孙权称帝与改元不在一年，黄武元年（222）十月，孙权自称"吴王"（据春秋吴国之地），改元，形成三分天下之势，史家一般以此为吴建国之年。都鄂，旋改武昌（今湖北省鄂州）。黄龙元年（229）称帝，国号"吴"，迁都建业（今江苏省南京）。地辖四州四十三郡，即今之湘江以东、长江以南及长江北岸之部分与闽、粤、桂等地。晋太康元年（280）三月，亡于晋。历四主，凡五十九年。

太祖大帝孙权（222 年十月～252 年四月）

［按］字"仲谋"。富春（今浙江省富阳）人。光和五年（182）生。为长沙太守孙坚第二子，孙策弟。其兄起事江东，他为随从。建安五年（200），兄死，遂继其业，踞会稽、吴、丹阳、豫章、庐江、庐陵等郡，得张昭、周瑜之助，稳定江东局势。黄武元年（222）十月，自称吴王，改元。与魏、蜀形成三国鼎立之势。黄龙元年（229）四月，于鄂城南郊即帝位，九月，迁都建业。在位期间，曾大规模派人航海，加强与夷洲（今台湾）的联系；又置农官，行屯田；并在山越地区设郡县，促进了江南的开发。太元二年（252）四月，病卒。享年七十一岁。葬于蒋陵（在今江苏省南京钟山南麓梅花山）。谥"大皇帝"，庙号"太祖"。

会稽王孙亮（252 年四月～258 年九月）

［按］字"子明"。为孙权少子。十三年（250），孙权废太子孙和，立其为太子。太元二年（252）四月，即位，大将军诸葛恪辅政。太平二年（257）四月，始亲政。次年（258）九月，堂弟孙綝废其为会稽王。永安三年（260），自缢，葬赖乡（今河南省鹿邑与安徽省亳州之间）。

景帝孙休（258 年十月～264 年七月）

［按］字"子烈"。为孙权第六子。嘉禾四年（235）生。太元二年（252）正月，封琅邪王。太平三年（258）九月，大将军孙綝废孙亮，十月，立其为帝，綝为丞相。永安七年（264）七月，病卒。享年三十岁。葬于定陵（今安徽省当涂东）。谥"景皇帝"。

末帝孙皓（264 年七月～280 年三月）

［按］字"元宗"。别名"彭祖"，字"皓宗"。为孙权之孙，孙和之子。赤乌五年（242）生。永安元年（258），封乌程侯。七年（264）七月，景帝卒，遗诏立孙𩅶为帝，丞相濮阳兴等改立其为帝。天纪四年（280）三月，在晋军打击下降晋。吴亡。三国至此告终。四月，其封归命侯，迁洛阳。太康四年（283）十一月死，享年四十二岁。据《三国志》注引《吴录》曰：葬河南县界（据《建康实录》在洛阳邙山）。

吴 世 系

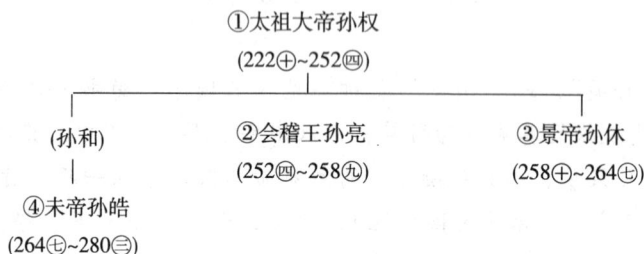

公孙渊（237 年七月 ~ 238 年八月）　　　　　　　　　　　　　　　　　　（年号：绍汉）

［按］辽东襄平（今辽宁省辽阳）人。《三国志》有传。为公孙度孙，公孙康子，公孙恭侄。魏文帝曹丕卒时，其叔公孙恭为辽东太守。太和二年（228），渊夺叔之位，魏明帝曹叡拜其为扬烈将军、辽东太守。然其不安其职，暗中通吴，孙权封其为燕王。渊又恐吴地远隔，势力不及而不敢明受，乃斩吴使而献至魏，魏明帝遂拜其为大司马，封乐浪公，领郡如故。明帝知其必反，于景初元年（237）派兵征之。据《资治通鉴》：是年七月，"渊遂发兵反……自立为燕王，改元'绍汉'，置百官"。越年，魏明帝派司马懿前往镇压。八月"壬午，襄平溃，渊与子（公孙）修将数百骑突围东南走，大兵急击之，斩渊父子于梁水之上。（司马）懿既入城，诛其公卿以下及兵民七千余人，筑为京观。辽东、带方、乐浪、玄菟四郡皆平"。

西　晋

（265 年十二月 ~ 316 年十一月）

嘉平元年（249），司马懿诛灭曹爽集团，掌握了曹魏的实权。至子司马昭，始封"晋公"（司马氏原籍温县，本西周时之晋地）。咸熙二年（265）十二月，昭子司马炎废魏称帝，国号"晋"。都洛阳，史称"西晋"，也有称"司马晋"，以区别五代时之"后晋"（亦称"石晋"）。与"东晋"并称"两晋"，见《陈书·沈不害传》："暨乎两晋，斯事弥隆。"盛时疆域东、南至海，西抵葱岭，西南达滇、桂之南，北至燕山，东北迤至朝鲜半岛北部。建兴四年（316）十一月，亡于汉。历四帝，凡五十二年。

世祖武帝司马炎（265 年十二月 ~ 290 年四月）

［按］字"安世"。河内温县（今河南省温县西南）人。青龙四年（236）生。为司马懿之孙，司马昭之子。咸熙元年（264），被立为世子。次年八月，父死，继为相国、晋王。十二月，逼魏元帝曹奂禅位，遂即皇帝位，都洛阳，国号"晋"，史称"西晋"。咸宁六年（280），灭吴，统一。在位期间，加强门阀制度，官吏依品级占田和佃客，并不纳税；还大封宗室，成日后皇室内讧之源。太熙元年（290）四月，病卒于洛阳含章殿。享年五十五岁。在位二十六年。谥"武皇帝"，庙号"世祖"，五月葬于峻阳陵（今河南省偃师南蔡庄北邙山南麓）。

惠帝司马衷（290 年四月 ~ 301 年正月）

［按］字"正度"。司马炎次子。甘露四年（259）生。泰始三年（267）正月，被立为皇太子。父卒继立。历史上以昏庸著称，传说他曾言：百姓饿死，何不食肉糜？初由贾后专政。元康元年（291），"八王之乱"起，至永康二年（301）正月，赵王司马伦率兵入宫杀贾后，自称皇帝，以司马衷为太上皇。

赵王司马伦（301 年正月 ~ 四月）

［按］自元康元年（291）起，晋廷发生了历史上著名的"八王之乱"。晋开国时，武帝司马炎大封子弟，初封有二十七王之多（见附录）。继任者惠帝司马衷痴庸，由外祖父杨骏辅政，贾

后不满，遂于元康元年引楚王司马玮、淮南王司马允进京，杀杨骏；又杀继而辅政的汝南王司马亮。反过来，贾后又杀司马玮而操实政。贾后擅权，诸王反对，永康元年（300）赵王司马伦（字子彝。司马懿第九子，武帝司马炎叔，惠帝叔祖父）率兵入宫杀贾后，第二年（301）正月，自称皇帝，改元"建始"，以司马衷为太上皇，迁居金墉（今河南省洛阳东北）。司马伦的夺位，引起诸王的不满，纷纷起兵，形成混战局面。是年四月，司马伦兵败自杀，司马衷复位，由齐王司马冏（jiǒng）掌政。太安元年（302），河间王司马颙（yóng）、长沙王司马乂（yì）联兵攻冏，惠帝司马衷被挟持，直至光熙元年（306）十一月，东海王司马越毒死惠帝，历时十六年的"八王之乱"方告结束。

附1：晋开国时武帝所封二十七王简表：

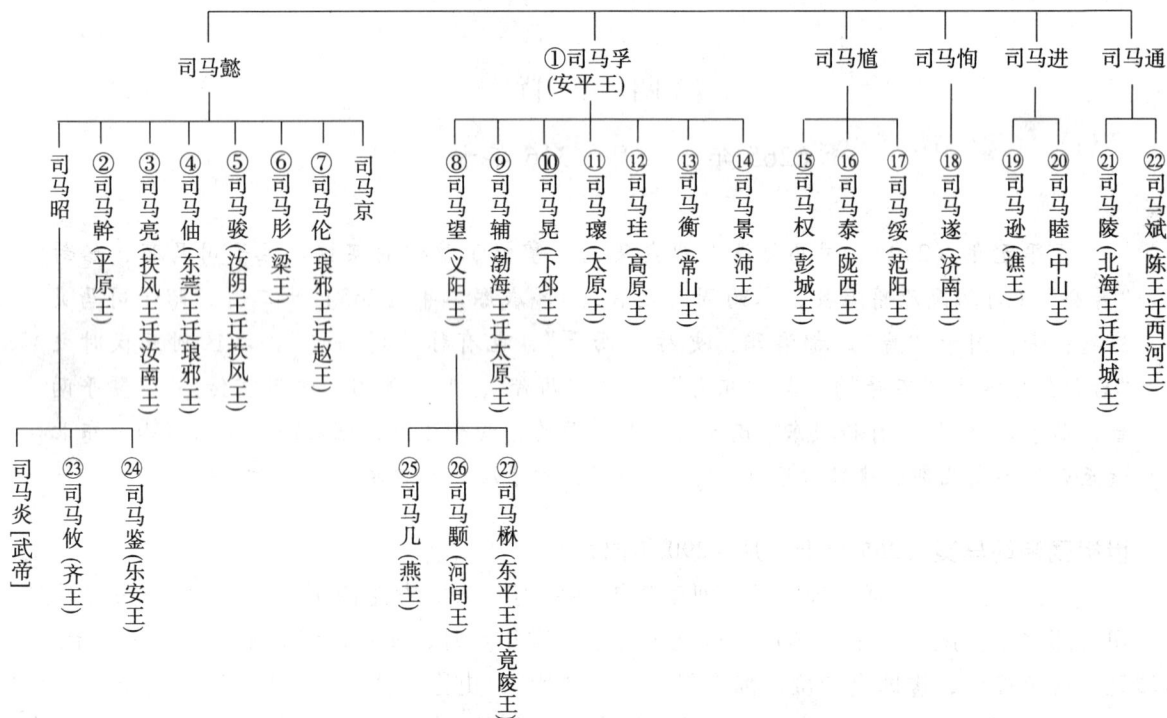

附2：八王简表：

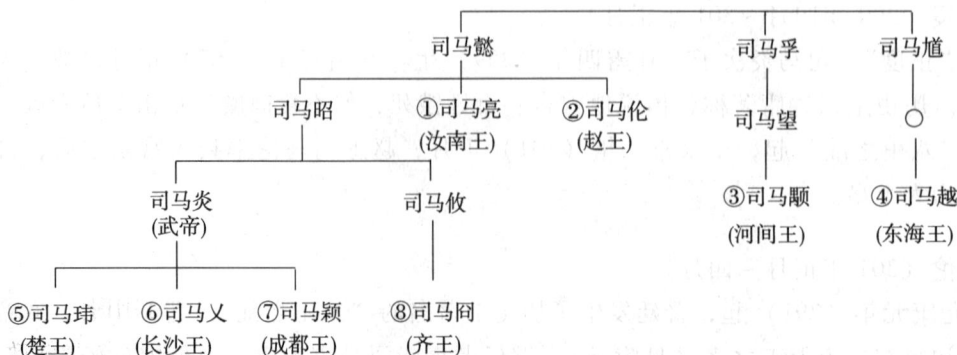

惠帝司马衷（301 年四月~306 年十一月）

［按］在诸王混战中，赵王司马伦兵败自杀，司马衷复位，实权还是操纵在诸王手中。光熙元年（306）十一月，司马衷被东海王司马越加害于洛阳显阳殿。终年四十八岁。谥"孝惠皇帝"。十二月，葬于太阳陵（今河南省偃师南蔡庄北邙山南麓）。

怀帝司马炽（306 年十一月~313 年正月）

［按］字"丰度"。为司马炎第二十五子，司马衷弟。太康五年（284）生。太熙元年（290），封豫章王。兄终弟及。永嘉五年（311）六月，汉（匈奴人刘渊所建）昭武帝刘聪攻入洛阳，尽收宫人、珍宝，发掘诸陵。司马炽被俘，遣至平阳（今山西省临汾西南）。次年，刘聪封其为会稽郡公。七年（313）正月，被刘聪所杀。终年三十岁。谥"孝怀皇帝"。

愍帝司马邺（313 年四月~316 年十一月）

［按］字"彦旗"。为司马炎孙，吴王司马晏子，司马炽侄。永康元年（300）生。早年过继秦王司马柬，袭封秦王。永嘉五年（311），洛阳失陷，避难于密县（今河南省密县东南故城），次年四月，至长安。建兴元年（313）四月，闻司马炽被害，即帝位。四年（316）八月，汉大司马刘曜进逼长安，十一月，出降。西晋亡。他被送至平阳，封怀安侯。次年十一月，被杀。终年十八岁。谥"孝愍皇帝"。

西晋世系

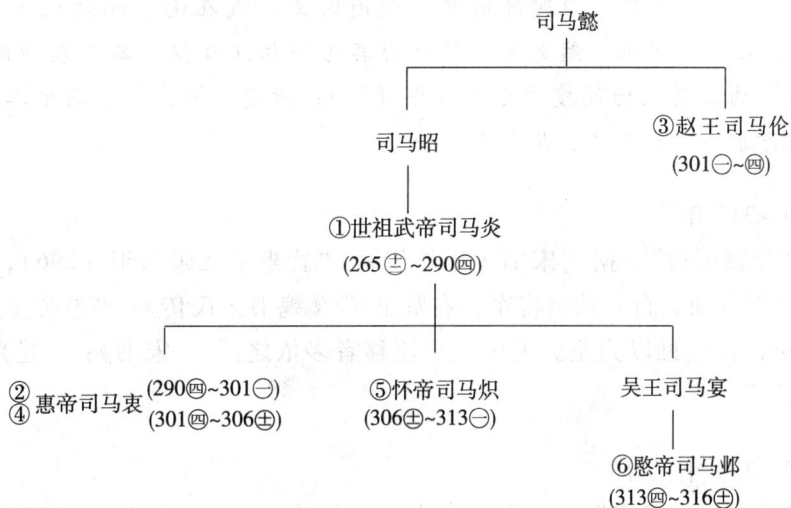

［匈　奴］

（294 年五~八月）

元康四年（294）五至八月，匈奴郝散起兵反晋，揭开了少数民族反晋的序幕。据

《晋书·匈奴传》："惠帝元康中，匈奴郝散攻上党，杀长吏，入守上郡……自此已后，北狄渐盛，中原乱矣。"

郝散（294 年五～八月）

［按］据《晋书·惠帝纪》：元康四年（294）五月"匈奴郝散反，攻上党，杀长吏……秋八月，郝散帅众降，冯翊都尉杀之"。

前 仇 池 国
（296～371 年四月）

仇池国为氐族的一支——略阳清水氐所建。仇池，地名，以山因之。仇池山，又名仇维山、仇夷山、百倾山等，在今甘肃西南。山上有池，以名仇池，《汉书·地理志》作"天池大泽"，又名瞿塘、河池等。据史载，山中有平地，方二十余里，田百顷，多泉可灌，并可"煮土成盐"。

据《魏书·氐传》："汉建安中，有杨腾（《通典·边防典》作'杨胜'）者，为部落大帅……始徙居仇池。仇池方百顷，因以为号。"随中原形势的变化，其后人先后以仇池、葭（jiā）芦、武兴、阴平为中心，建立前仇池、后仇池、武都、武兴、阴平等政权。对中原政权时降时叛，时附时离，或在南、北政权中周旋，中原政权亦在名誉上授其官职，然史家皆始终视其为一独立政权。本年表即依此作表。

"前仇池"为氐首领杨茂搜于元康六年（296）所建，据武都、阴平二郡。咸安元年（371）亡于前秦。历八主，凡七十六年。

杨茂搜（296～317 年）

［按］又作"令狐茂搜"。据《宋书·氐胡传》："晋惠帝元康六年（296），避齐万年之乱，率部落四千家，还保百顷，自号辅国将军、右贤王。"《魏书·氐传》："惠帝元康中，茂搜自号辅国将军、右贤王，群氐推以为主。关中人士流移者多依之。"《宋书》："建兴五年[①]（317），茂搜卒，难敌袭位。"

杨难敌（317～334 年正月）

［按］为杨茂搜长子。父卒继立。据《宋书·氐胡传》："建兴五年（317），茂搜卒，难敌袭位，与（弟）坚头分部曲，难敌号左贤王，屯下辩（今甘肃省成县西）；坚头号右贤王，屯河池（今甘肃省徽县西银杏镇）。（东晋）元帝太兴四年（321），（前赵）刘曜伐难敌，（难敌）与坚头俱奔晋寿（今四川省广元西南），臣于（成）李雄。（刘）曜退，复还仇池。（晋）成帝咸和九年（334），难敌卒，子毅立。"《资治通鉴》卷九十五记在正月。

---

① "建兴"为西晋愍帝年号，西晋于建兴四年（316）十一月亡于汉，故无"建兴五年"。据推算，建兴五年为 317 年。《资治通鉴》卷九十作建武元年（317），确。

杨毅（334年正月～337年）

［按］据《宋书·氐胡传》：为杨难敌子。父卒继立。"自号使持节、龙骧将军、左贤王、下辩公，以坚头子（杨）槃为使持节、冠军将军、右贤王、河池公。咸康元年（335），遣使称蕃于晋，以（杨）毅为征南、（杨）槃为征东将军。三年（337），（杨）毅族兄（杨）初袭杀毅"。

杨初（337年～355年正月）

［按］据《宋书·氐胡传》：为杨毅族兄袭杀其族弟而立，"并有其众，自立为仇池公。臣于（后赵）石虎。后，遣使称蕃于（晋）穆帝，永和三年（347），以（杨）初为使持节、征南将军、雍州刺史、平羌校尉、仇池公……十年（354），改封（杨）初天水公。十一年（355），（杨）毅小弟（杨）宋奴使姑子梁式玉因侍直手刃杀（杨）初。初子（杨）国率左右诛（梁）式玉及（杨）宋奴，复自立"。《资治通鉴》卷一○○记于正月。

杨国（355年正月～356年）

［按］据《宋书·氐羌传》：为杨初子。父在内讧中被杀，杨初杀叛者继立。晋"表（杨）国为镇北将军、秦州刺史、平羌校尉……（永和）十二年（356），（杨）国从父杨俊复杀（杨）国自立"。

杨俊（356～360年正月）

［按］据《宋书·氐羌传》：为杨国从父。杀杨国而立。"（杨）俊遣使归顺。升平三年（359），（晋）以（杨）俊为平西将军、平羌校尉、仇池公。四年（360），（杨）俊卒，子（杨）世立。"《资治通鉴》卷一○一记在正月。

杨世（360年正月～370年）

［按］据《宋书·氐胡传》：为杨俊子。父卒继立。晋"复以为冠军将军、平羌校尉、武都太守，仇池公、海西公。太和三年（368），迁征西将军、秦州刺史……五年（370），（杨）世卒"。

杨纂（370～371年四月）

［按］据《宋书·氐胡传》：一名"德"。为杨世子。父杨世卒时，其叔杨统夺位，杨纂"聚党杀（杨）统，遣使诣（晋）简文帝自陈，（晋）复以（杨）纂为平羌校尉、秦州刺史、仇池公。咸安元年（371），（前秦）苻坚遣杨安、苻雅等讨（杨）纂，克之。徙其民于关中，空百顷之地。（杨）纂后为杨安所杀"。前仇池亡。《资治通鉴》卷一○三记在四月。

前仇池国世系

```
                    ○                              ①杨茂搜
                    │                              (296~317)
                    ○                                 │
          ┌─────────┴─────────┐                   ②杨难敌
        ④杨初              ⑥(杨俊)                (317~334⊖)
        (337~355⊖)          (356~360⊖)               │
          │                    │                   ③杨毅
        ⑤杨国              ⑦杨世                  (334⊖~337)
        (355⊖~356)          (360⊖~370)
                               │
                            ⑧杨纂
                            (370~371四)
```

［氐］

（296 年八月 ~ 299 年正月）

　　西晋晚年，自郝散起兵，首举少数民族反晋义旗，元康六年（296）五月，其弟郝度元率北地马兰羌、卢水胡等再度起兵。八月，拥氐帅齐万年称帝。历时两年多，被晋讨平。

齐万年（296 年八月 ~ 299 年正月）

［按］据《晋书·惠帝纪》：元康六年五月，"匈奴郝散弟（郝）度元帅冯翊、北地马兰羌、卢水胡反，攻北地（今陕西省耀县东），太守张损死之……秋八月，雍州刺史解系又为（郝）度元所破。秦雍氐、羌悉叛，推氐帅齐万年僭号称帝，围泾阳（今陕西省泾阳西北）……九年（299）春正月，（晋）左积弩将军孟观伐氐，战于中亭，大破之，获齐万年"。

赵廞（300 年十二月 ~ 301 年正月）

［按］据《晋书·惠帝纪》：永康元年（300）十二月，"益州刺史赵廞（xīn）与略阳流人李庠（xiáng）……据成都反"。永宁元年（301）正月，"略阳流人李特杀赵廞，传首京师"。《李特载记》载其详况："永康元年，诏征益州刺史赵廞为大长秋，以成都内史耿滕代廞。廞遂谋叛，潜有刘氏割据之志，乃倾仓廪，振施流人，以收众心……廞自称大都督、大将军、益州牧（《晋春秋》云：'建号太平元年'）……廞以（李）庠为威寇将军，使断北道。庠素东羌良将，晓军法……廞恶其（队伍）齐整，（妒嫉之）……廞乃杀之，及其子侄宗族三十余人……（李）

特兄弟既以怨廞……进攻成都……廞独与妻子乘小船走，至广都，为下人朱竺所杀。"从而引发巴氏李特的起兵。

［巴　氏］

（301 年十月～306 年六月）

西晋后期，各地爆发起义，加之灾疫流行，形成很多流民。散布在阆（làng）中渝水（今嘉陵江）一带的賨（cóng）人李特依靠流民于永宁元年（301）十月起兵反晋，建立政权。据《晋书·李特载记》："巴人呼'赋'为'賨'，因谓之'賨人'焉。及汉高祖为汉王，募賨人平定三秦，既而求还乡里。高祖以其功，复同丰、沛不供赋税，更名其地为'巴郡'……魏武帝克汉中，（李）特祖将五百余家归之，魏武帝拜为将军，迁于略阳，北土复号之为'巴氏'（标点本《校勘记》：'廪君族乃巴郡、南郡蛮，本非氏族……数言"巴氏"，皆以为族姓。《华阳国志》卷九此句作"北土复号曰'巴人'"，《御览》卷一二三引《蜀录》作"所在号为'巴人'"，并无"巴氏"之称。此处"巴氏"疑为"巴氏"之讹'）。"

这个政权于太安二年（303）改元"建初"；晏平元年（306）李雄称帝，国号"大成"；汉兴元年（338）李寿改国号曰"汉"。都成都。拥有今川东及云、贵部分。永和三年（347）亡于东晋。史家也有连称其为"成汉"。本年表分而列之。

（始祖景帝）李特（301 年十月～303 年二月）

［按］据《晋书·李特载记》：字"玄休"。巴西宕渠（今四川渠县东北）人。赵廞起兵时，与弟李庠归廞。（赵）廞忌李庠在军中有威望，借口杀之。"（李）特兄弟既以怨（赵）廞，引兵归绵竹……（李）特密收合得七千余人……进攻成都……（赵）廞独与妻子乘小船走至广都，为下人朱竺所杀，（李）特至成都……流人既不乐移，咸往归（李）特，骈马属鞬，同声云集，旬月间众过二万……太安元年，（李）特自称益州牧、都督梁益二州诸军事、大将军、大都督，改年'建初'（中华书局标点本《校勘记》：《通鉴》八五此事系于太安二年（303）正月，《通鉴考异》云："《帝纪》：'太安元年五月，（李）特自号大将军。'《载记》：'太安元年，（李）特称大将军，改元。'《后魏书·李雄传》曰：'昭帝七年，（李）特称大将军，号年"建初"。'昭帝七年，太安元年也。祖孝徵《修文殿御览》云：'太安二年，（李）特大赦，改年建初元年，（李）特见杀。'《三十国晋春秋》云：'太安二年正月，（李）特僭位改年。'今从《御览》等书。"按：《御览》卷一二三引《蜀录》云："太安二年，都下推（李）特为大将军，大赦，改元为建初元年'）……二年（303）……（李）特军败绩，斩特……传首洛阳。在位两年。其子（李）雄僭称王，追谥（李）特景王，（李雄）及僭号，追尊曰景皇帝，庙号始祖。"《资治通鉴》卷八十八系死事于二月。

（秦文王）李流（303 年二～九月）

［按］据《晋书·李流载记》：字"玄通"。为李特四弟。"特之承制也，以流为镇东将军，

居东营，号为东督护……（李）特既死，蜀人多叛，流人大惧。（李）流与兄子（李）荡、（李）雄收遗众，还赤祖（今四川省绵竹东北），（李）流保东营，（李）荡、（李）雄保北营。（李）流自称大将军、大都督、益州牧……（李）流疾笃……遂死，时年五十六。诸将共立（李）雄为主。雄僭号，追谥（李）流秦文王。"《资治通鉴》卷八十五记李流死于太安二年（303）九月。

李雄（303 年九月～306 年六月）

[按] 据《晋书·李雄载记》：字"仲儁"。为李特第三子，李流侄。"（李）流死，（李）雄自称大都督、大将军、益州牧，都于郫城（今四川省郫县）……克成都……诸将固请（李）雄即尊位，以永兴元年（304）僭称成都王，赦其境内，建元为建兴，除晋法，约法七章……（范）长生劝（李）雄称尊号，雄于是僭即帝位，赦其境内，改年曰太武。"（标点本《校勘记》：'《通鉴》八六作"改元'晏平'，国号'大成'。"《通鉴考异》据《十六国春秋》目录及《华阳国志》八以为李雄建元"建兴"，后改"晏平"，无"太武"。（李）雄称帝后，国号"大成"，《载记》误以"大成"为年号。又讹"成"为"武"。按：今本《华阳国志》作"太武"，盖后人据《载记》妄改。'）标示着"大成"政权的建立。

［巴氏］世系

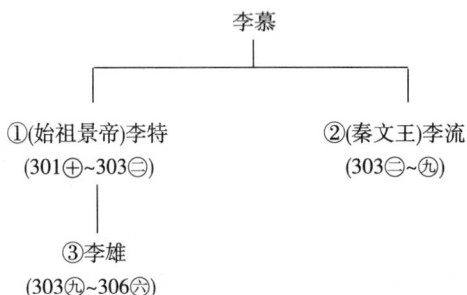

汉

（303 年五月～304 年八月）

刘尼（303 年五～七月）

[按] 名原作"丘沈"，后改姓"刘"。据《晋书·惠帝纪》：太安二年（303）"五月，义阳蛮张昌举兵反，以山都人丘沈为主，改姓刘氏，伪号'汉'，建元'神凤'，攻破郡县"。据《张昌传》：张昌"立（丘沈）为天子，置百官。（丘）沈易姓名为刘尼，称汉后，以（张）昌为相国……旬月之间，众至三万……（陶）侃等与（张）昌苦战累日，大破之。纳降万计，（张）昌及（丘）沈窜于下儁山。明年秋，乃擒之，传首京师，同党并夷三族"。

张昌（303 年七月～304 年八月）

　　［按］据《资治通鉴》：太安二年（303）七月，"荆、江、徐、扬、豫五州之境多为（张）昌所据"。永兴元年（304）八月，"荆州兵擒斩张昌，同党皆夷三族"。

（二）十六国时期

（304～439 年）

　　自永兴元年（304）匈奴刘渊建政至元嘉十六年（439）北凉降魏止，在北魏与南朝宋对峙以前，凡一百三十六年，史家一般称之为"五胡十六国时期"。因"胡"是封建时代汉族王朝对北方少数民族的泛称，含有贬义，近代以来为史家所不用，故亦称之为"十六国时期"。据《魏书·崔光传》载，北魏人崔鸿曾撰《十六国春秋》记述这一时期的历史，"十六国"之名即源于此。

　　"五胡"指的是当时在中原建立政权的五个主要少数民族：匈奴、鲜卑、羯、氐、羌（其实，建立政权的不止这五个少数民族，前凉、西凉、北燕均为汉人所建）。"十六国"亦不止十六个政权，仅是这一历史时期的指代称呼。现将主要政权列表如下：

民　族	政权名	创建者	时　间	所亡之国
匈奴	汉、前赵*	刘　渊	304～329	后赵
賨人	大成、汉*	李　雄	306～347	东晋
鲜卑	代	拓跋猗卢	315～376	前秦
汉	前凉*	张　寔	317～376	前秦
羯	后赵*	石　勒	319～351	冉魏
鲜卑	前燕*	慕容皝	337～370	前秦
汉	冉魏	冉　闵	350～352	前燕
氐	前秦*	苻　健	351～394	西秦
羌	后秦*	姚　苌	384～417	东晋
鲜卑	后燕*	慕容垂	384～407	北燕
鲜卑	西燕	慕容泓	384～394	后燕
鲜卑	西秦*	乞伏国仁	385～431	大夏
氐	后凉*	吕　光	386～403	后秦
鲜卑	南凉*	秃发乌孤	397～414	西秦
匈奴	北凉*	段　业	397～460	柔然
鲜卑	南燕*	慕容德	398～410	东晋
汉	西凉*	李　暠	400～421	北凉
匈奴	大夏*	赫连勃勃	407～431	吐谷浑
汉	北燕*	高　云	407～436	北魏

　　注：*表示崔鸿《十六国春秋》（原书在北宋时已佚，现存为后人托名，见《魏书·崔鸿传》）所指"十六国"。

汉

（304 年十月 ~ 318 年十月）

汉与前赵的创始人为刘渊，其为匈奴冒顿（mò dú）单于之后裔。早在西汉初年，汉高祖以宗室女妻匈奴冒顿单于，故其子孙遂冠姓刘氏。东汉初年，南匈奴入居西河美稷。至呼厨泉单于时，以其兄於扶罗子刘豹为左贤王，刘豹即刘渊之父。三国初年，魏武帝分南匈奴为五部，以刘豹为左部帅，刘氏虽分为五部，然皆家居晋阳汾水之滨。刘豹卒，由子刘渊代左部帅。刘渊自幼受儒学影响很深。晋惠帝初年，杨骏辅政，以刘渊为建威将军、五部大都督，封汉光乡侯。随之，朝内发生"八王之乱"，朝外烽烟四起，刘氏密共推刘渊为大单于。建武元年（304）十月，即汉王位，年号"元熙"，承奉汉祀，祭汉高祖以下三祖五宗神主，置百官，史家以此作"汉"政权之始。初都左国城（今山西省离石），后迁黎亭（今山西省长治西南）、蒲子（今山西省隰县）；于永嘉二年（308）称帝改元，并徙都平阳（今山西省临汾西北）。在选择政权称号上，曾发生过一场争论。刘渊叔父刘宣主张恢复"匈奴"国号，他说："当兴我邦族，复呼韩邪之业。"（《晋书·刘元海载记》）而刘渊主张称"汉"，他说："今晋氏犹在，四方未定，可仰尊高祖（刘邦）法，宜称汉王。"（《十六国春秋》）"汉有天下世长，恩德结于人心……且可称汉，追尊后主（刘禅），以怀人望。"所控制的区域，据《读史方舆纪要》："东不逾太行，南不逾嵩、洛，西不逾陇坻，北不出汾、酉。"约当今陕、晋、甘、豫各部分地区。历四帝，至太兴元年（318）十月，刘曜即位，改国号曰"赵"（史称"前赵"）。

高祖光文帝刘渊（304 年十月 ~ 310 年七月）

［按］字"元海"。新兴匈奴人，为冒顿单于后裔。永兴元年（304）十月，即汉王位，年号"元熙"，追尊刘禅为孝怀皇帝，立汉高祖以下三祖五宗神主而祭之。立其妻呼延氏为王后。置百官，以刘宣为丞相，崔游为御史大夫，刘宏为太尉。继用武力攻占太原、泫氏、屯留、长子、中都蒲坂、平阳等地。元熙五年（308）十月，称帝，改元"永凤"，并移都平阳。继于汾水中得玉玺，遂改元"河瑞"。进攻洛阳，兵临城下而未克。河瑞二年（310）七月，病卒。在位七年。谥"光文皇帝"，庙号"高祖"。九月，葬永光陵（在今山西省临汾附近）。太子刘和继立。

刘和（310 年七月）

［按］字"玄泰"。为刘渊子。父卒继立。其性猜忌，即位后受宗正呼延攸的挑拨，攻楚王刘聪等，事败，被刘聪杀于平阳光极殿。群臣拥刘聪登基。

烈宗昭武帝刘聪（310 年七月 ~ 318 年七月）

［按］字"玄明"。一名"载"。为刘渊四子，刘和弟。杀兄继立。改元"光兴"。光兴二年（311）六月，攻克洛阳，执晋怀帝司马炽，徙之于平阳。遂改元"嘉平"。建元二年（316）十一月，再陷长安，俘晋愍帝司马邺，灭亡西晋。以故改元"麟嘉"。麟嘉三年（318）七月

卒。在位九年。葬宣光陵（在今山西省临汾附近）。谥"昭武皇帝"，庙号"烈宗"。太子刘粲继立。

隐帝刘粲（318 年七月～八月）

［按］字"士光"。为刘聪子。父卒继立。改元"汉昌"。是年八月，为外戚靳准谋反所杀。谥"隐帝"。

汉 世 系

```
          ①高祖光文帝刘渊
          (304㊉~310㊏)
    ┌───────────┴───────────┐
  ②刘和              ③烈宗昭武帝刘聪
  (310㊏)              (310㊏~318㊏)
                            │
                      ④隐帝刘粲
                      (318㊏~㊆)
```

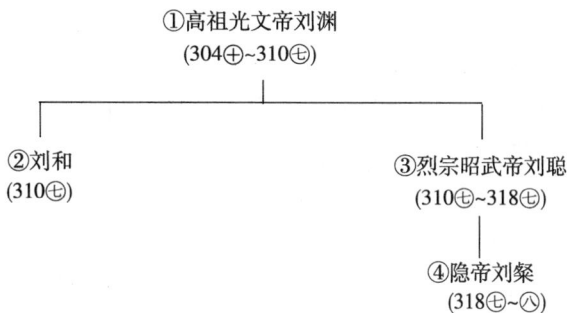

刘柏根（306 年三月～308 年五月）

［按］据《晋书·王弥传》及《资治通鉴》卷八十六：光熙元年（306）三月，青州东莱惤县（一作"懬"，今山东省黄县南）县令刘柏根（又记作"刘伯根"）起兵反晋，拥众数万，自称"懬公"。东莱世家子弟王弥率家丁从之，受任长史。攻临淄，柏根被杀，王弥继领众入长广山。下年二月，攻青、徐二州，自称"征东大将军"。永嘉二年（308）三月，有众数万，进兵青、徐、兖、豫等州。四月，入许昌。五月，进至洛阳城下，屯于津阳门。后被击败，走平阳，降汉刘渊。

大 成 国

（306 年六月～338 年四月）

见"巴氏"说明。国号称"成"，一般认为与其初称"成都王"有关；也有他说，赵翼《廿二史劄记》中说："成"是李雄"袭（公孙）述旧称也。"其据地，据《读史方舆纪要》："成李盛时，东守三陕，南兼僰爨（bó cuàn），西尽岷邛，北据南郑。"约当今四川大部，陕南和云、贵北部。历三主，凡三十三年。为"汉"所取代。

太宗武帝李雄（306 年六月～334 年六月）

［按］据《资治通鉴》卷八十六：光熙元年（306）六月，"成都王（李）雄即皇帝位，大

赦，改元曰晏平，国号大成"。卷九十五：咸和九年（334）六月，"成主（李）雄生疮于头，身素多金创。及病……独太子（李）班昼夜侍侧……丁卯，雄卒，太子班即位……（十月）丙寅，葬雄于安都陵（在今四川省成都），谥曰武皇帝，庙号太宗"。

哀帝李班（334年六月～十月）

[按] 据《晋书·李班载记》："字'世文'"。为李雄养子。"初署平南将军，后立为太子……（李）雄死，嗣伪位，以李寿录尚书事辅政……咸和九年（334），（李）班因夜哭，（李）越杀（李）班于殡宫，时年四十七，在位一年；遂立（李）雄之子（李）期嗣位焉"。《资治通鉴》记在十月，其云："越因班夜哭，弑之于殡宫……及班死，众欲立越，越奉期而立之，甲子，（李）期即皇帝位，谥班曰戾太子。"

幽公李期（334年十月～338年四月）

[按] 据《晋书·李期载记》：字"世运"。为李雄第四子。"既杀（李）班，欲立（李）越为主……乃让位于（李）期。于是僭即皇帝位，大赦境内，改元'玉恒'"。据《资治通鉴》卷九十六：咸康四年（338）四月，"成主（李）期骄虐日甚，多所诛杀，而籍没其资财、妇女，由是大臣多不自安。汉王（李）寿素贵重，有威名……遂帅步骑万余人自涪袭成都……遂克成都……废（李）期为邛都县公，幽之别宫。追谥戾太子曰哀皇帝……（李寿）遂即皇帝位。改国号曰'汉'，大赦，改元'汉兴'……五月，（李期）缢而卒。（李）寿谥曰'幽公'，葬以王礼"。

大成国世系

————————————

［慕容鲜卑］

（307～337年十月）

慕容鲜卑为鲜卑的一支。据《晋书·慕容廆载记》："时燕代多冠步摇冠，莫护跋（即慕容廆曾祖）见而好之，乃敛发袭冠，诸部因呼之为步摇，其后音讹，遂为慕容焉。或云慕二仪之德，继三光之容，遂以慕容为氏。"《资治通鉴》卷八十一胡三省注云："余谓'步摇'之说（荒）诞；'或云'之说，慕容氏既得中国，其臣子从而为之辞。"也为附会之说。早年日本学者白鸟库吉以为"慕容"一词鲜卑语为

"富"之意①在学界有一定影响。据王沈《魏书》所载："汉桓帝时，鲜卑檀石槐分其地为东、中、西三部，中部大人曰柯最、阙居、慕容等。"《资治通鉴》在太康二年（281）条下记："初，鲜卑莫护跋自塞外入居辽西棘城之北，号曰慕容部。"胡注曰："是则慕容部之始也。"

《晋书·慕容廆载记》：慕容廆"曾祖莫护跋，（曹）魏初率其诸部入居辽西，从宣帝（司马懿）伐公孙氏（渊）有功，拜率义王，始建国于棘城之北……以慕容为氏。祖木延，左贤王。父涉归，以全柳城之功，进拜鲜卑单（chán）于，迁邑于辽东北，于是渐慕诸夏之风矣……涉归死，其弟耐篡位，将谋杀廆，廆亡潜以避祸。后国人杀耐，迎廆立之……遣使来降，（晋）帝嘉之，拜为鲜卑都督……永嘉初（307），廆自称鲜卑大单于……王浚承制以廆为散骑常侍、冠军将军、前锋大都督、大单于，廆不受。建兴中，（晋）愍帝遣使拜廆镇军将军、昌黎辽东二国公。建武初，（晋）元帝承制拜廆假节、散骑常侍、都督辽左杂夷流人诸军事、龙骧将军、大单于、昌黎公，廆让而不受"。故此，有学者以307年为慕容鲜卑独立政权之始，本年表依之。及廆卒，子慕容皝继立，咸康三年（337）称"燕王"，史称其为"前燕"政权。

（武宣帝）慕容廆（307～333年五月）

［按］据《晋书·慕容廆载记》："字奕洛瓌（guī）……永嘉初（307），廆自称鲜卑大单于。"标示其建立独立政权。"廆乃立郡以统流人，冀州人为冀阳郡，豫州人为成周郡，青州人为营丘郡，并州人为唐国郡……（咸和）八年（333），廆卒……时年六十五……及（慕容）僬（jùn）僭号，伪谥武宣皇帝。"《资治通鉴》卷九十五记在五月。

（太祖文明帝）慕容皝（333年六月～337年十月）

［按］"皝（huàng）"一作"晃"。据《晋书·慕容皝载记》："字元真，廆第三子也……廆卒，嗣位……（司马）封弈等以皝任重位轻，宜称燕王，皝于是以咸康三年（337）僭即王位，赦其境内。"《资治通鉴》卷九十五记在十月，其云："九月，镇军左长史封奕等劝慕容皝称燕王，皝从之……十月丁卯，皝即燕王位，大赦。"称"燕王"后的政权史称其为"前燕"。

［慕容鲜卑］世系

①（武宣帝）慕容廆
（307～333五）
｜
②（太祖文明帝）慕容皝
（333六～337十）

---

① 《东胡民族考》，方壮猷译，商务印书馆，1934。

代　国

（315～376 年十二月）

　　代国为鲜卑的一支——拓跋鲜卑所建立的政权。对此政权所建时日，史家有不同的意见，主要有两种：1. 以拓跋猗卢称"代王"之年（315）为始；2. 以拓跋什翼犍首立年号"建国"之年（338）为始。本年表采用前说。都平城（今山西省大同）。踞今内蒙古中部和晋北一带。为前秦所亡。历八主，凡六十二年。

（穆帝）拓跋猗卢（315～316 年）

　　［按］据《魏书·序纪》：拓跋猗卢为拓跋力微之孙，拓跋沙漠汗子。在其叔拓跋禄官执掌拓跋鲜卑政权之时，"分国为三部"，禄官卒后，猗卢即位，"遂总摄三部，以为一统"。他执政八年（315）时称"代王"（以据春秋时期代国之地而称之），并"置官属"。本年表依据诸学者的意见，以此作历史上"代"政权的起始。次年（316），猗卢卒。

拓跋普根（316 年三～四月）

　　［按］据《魏书·序记》：为拓跋力微曾孙，拓跋猗卢兄猗㐌之子。猗卢卒时，"普根先守外境，闻难来赴……普根立月余而薨"。《资治通鉴》卷八十九："初，代王猗卢爱其少子比延，欲以为嗣，使长子六修出居新平城……六修惭怒而去。猗卢召之不至，大怒，帅众讨之，为六修所败。猗卢……为六修所弑。拓跋普根先守外境，闻难来赴，攻六修，灭之。普根代立。国中大乱，新旧猜嫌，迭相诛灭……四月，普根卒。其子始生，普根母惟氏立之。"

佚名（316 年四～十二月）

　　［按］据《魏书·序纪》：为普根之子。"普根立月余而薨。普根子始生，桓帝（猗㐌）后立之。其冬，普根子又薨"。

（太祖平文帝）拓跋郁律（316 年十二月～321 年）

　　［按］据《魏书·序纪》：为拓跋弗之子，拓跋普根堂弟。继堂侄之位。"元年，岁在丁丑（317 年）……西兼乌孙故地，东吞勿吉以西，控弦上马将有百万……五年（321）……桓帝（拓跋猗㐌）后以帝（拓跋郁律）得众心，恐不利于己子，害帝，遂崩，大人死者数十人。天兴初，尊曰太祖"。

（惠帝）拓跋贺傉（321～325 年）

　　［按］据《魏书·序纪》：为拓跋猗㐌子，拓跋普根弟，拓跋郁律堂兄。在母后的支持下，夺堂弟位。"以（平文帝拓跋郁律）五年（321）为元年。未亲政事，太后临朝……四年（324），帝始临朝。以诸部人情未悉款顺，乃筑城于东木根山（今内蒙古兴和西北），徙都之……五年（325），帝崩"。

（炀帝）拓跋纥那（325～329 年）

　　［按］据《魏书·序纪》：为拓跋贺傉弟。兄终弟及。"以（拓跋贺傉）五年（325）为元

年……五年（329），帝出居于宇文部。贺兰及诸部大人共立烈帝（拓跋翳槐）"。

（烈帝）拓跋翳槐（329～335年）

［按］拓跋翳（yì）槐，据《魏书·序纪》：为拓跋郁律长子，拓跋纥那堂侄。堂伯父出居于宇文部后由部人立之。"以（拓跋纥那）五年（329）为元年……七年（335）……炀帝（拓跋纥那）自宇文部还入，诸部大人复奉之……烈帝（拓跋翳槐）出居于邺，石虎奉第宅、伎妾、奴婢、什物。"

（炀帝）拓跋纥那（335～337年）

［按］据《魏书·序纪》："炀皇帝复立，以（烈帝拓跋翳槐）七年（335）为后元年……三年（337）……国人六千余落叛炀帝，炀帝出居于慕容部。"

（烈帝）拓跋翳槐（337～338年十月）

［按］据《魏书·序纪》："烈皇帝复立以（炀帝拓跋纥那后元）三年（337）为后元年。城新盛乐城，在故城东南十里。一年而崩。"《资治通鉴》记此事为十月。

（高祖昭成帝）拓跋什翼犍（338年十一月～376年十二月）

［按］据《魏书·序传》：为拓跋翳槐弟。兄终弟及。"十一月，帝（拓跋什翼犍）即位于繁峙（今山西省浑源西南）之北，时年十九，称建国元年……二年（339）春，始置百官，分掌众职。东自涉貊（wèi mò），西及破洛那，莫不款附……三年春，移都于云中之盛乐宫（今内蒙古呼和浩特西南）……三十九年（376），（前秦）苻坚遣其大司马苻洛率众二十万及朱彤、张蚝、邓羌等诸道来寇……十二月，（拓跋什翼犍）至云中，旬有二日，帝崩，时年五十七"。据《资治通鉴》卷一〇四："十二月，什翼犍还云中……（庶长子寔［shí］君）杀诸弟，并弑什翼犍。是夜，诸子妇及部人奔告（前）秦军，（前）秦李柔、张蚝勒（领）兵趋云中，（代）部众逃溃，国中大乱……（前秦王苻坚执寔君），至长安，车裂之……分代民为二部，自河以东属（刘）库仁，自河以西属（刘）卫辰，各拜官爵，使统其众。"代亡。

代 国 世 系

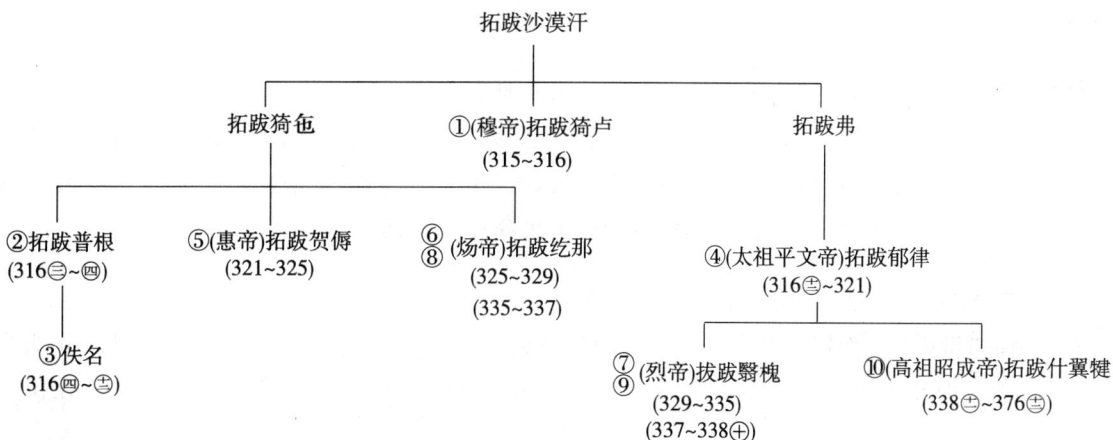

［中山敕勒］

（316～351 年）

翟鼠（316～351 年）

［按］翟鼠为中山敕勒（丁零）族首领。初归降于后赵。建兴四年（316），时中山、常山一带蝗灾严重，他起兵反石勒，继攻占代郡。永宁二年（351），降前燕。

东 晋

（317 年三月～420 年六月）

建兴四年（316）十一月，晋愍帝司马邺降汉，宣告西晋的灭亡。五年（317）三月，镇守建康①（今江苏省南京）的司马睿称王改元，次年三月称帝，都建康，史称"东晋"（《魏书·地形志》即有"东晋寿县"之说，南朝梁人庾铣曾撰《东晋新书》，今佚）。保有原西晋的江南之地。元熙二年（420）六月，亡于宋。历十一帝，凡一百零四年。

中宗元帝司马睿（317 年三月～322 年十一月）

［按］字"景文"。为司马懿曾孙，琅邪恭王司马觐之子。咸宁二年（276）生于洛阳。年十五，封琅邪王。永嘉元年（307）七月，西晋怀帝司马炽以其为安东将军，统管扬州、江南诸军事，镇守建康。建兴三年（315），为丞相。四年（316），西晋愍帝司马邺见长安将陷，令睿统摄万机，然此诏睿于次年二月方见，时邺已降。是年三月，睿进晋王位，改元，史以此作东晋王朝之始。太兴元年（318）三月，愍帝死讯传至建康，睿遂称帝。永昌元年（322）闰十一月，病卒。享年四十七岁。在位六年。谥"元皇帝"，庙号"中宗"。翌年二月葬建平陵（在今江苏省南京鼓楼岗南麓）。

肃宗明帝司马绍（322 年闰十一月～325 年闰八月）

［按］字"道畿"。为司马睿长子，元康元年（299）生。建武二年（318）三月，立为皇太子。父卒继立。时年二十四岁。太宁三年（325）闰八月，卒于建康东堂。终年二十七岁。在位四年。谥"明皇帝"，庙号"肃宗"。葬武平陵（在今江苏省南京鼓楼岗南麓）。

显宗成帝司马衍（325 年闰八月～342 年六月）

［按］字"世根"。为司马绍长子。太兴四年（321）生。太宁三年（325）三月，立为皇太子。父卒继立，时年五岁。太后临朝称制。咸康八年（342）六月卒。终年二十二岁。在位十八

---

① 原称"建业"。西晋太康三年（282），改称"建邺"，建兴元年（313）愍帝司马邺即位后，因避讳，改名"建康"。

年。谥"成皇帝"，庙号"显宗"。次月葬兴平陵（在今江苏省南京鼓楼岗南麓）。

康帝司马岳（342年六月～344年九月）

［按］字"世同"。为司马衍同母弟。永昌元年（322）生。兄终弟及。建元二年（344）九月，病卒于式乾殿。终年二十三岁。在位两年。谥"康皇帝"。十月，葬崇平陵（在今江苏省南京富贵山南麓）。

孝宗穆帝司马聃（344年九月～361年五月）

［按］字"彭子"。为司马岳之子。建元元年（343）生。二年（344）八月，立为皇太子。九月，父卒继立。褚太后称制，何充辅政。升平五年（361）五月，卒。终年十九岁。在位十八年。谥"穆皇帝"，庙号"孝宗"。七月，葬于永平陵（在今江苏省南京市北幕府山）。

哀帝司马丕（361年五月～365年二月）

［按］字"千龄"。为成帝司马衍长子，司马聃堂兄。聃死继立。兴宁三年（365）二月，病卒于太极殿西堂。终年二十五岁。在位五年。谥"哀皇帝"。三月，葬安平陵（在今江苏省南京鼓楼岗南麓）。

废帝司马奕（365年二月～371年十一月）

［按］字"延龄"。为哀帝司马丕弟。兄终弟及。太和六年（371）十一月，被褚太后废。在位七年。降封"海西公"，徙居吴县。太元十一年（386）卒葬吴陵（在今江苏省吴县）。

太宗简文帝司马昱（371年十一月～372年七月）

［按］司马昱（yù），字"道万"。为元帝司马睿少子，司马奕叔祖父。太兴三年（320）生。太和元年（366）十月，为丞相，录尚书事。咸安元年（371）十一月，即帝位。次年七月，卒于太极殿东堂。终年五十三岁。谥"简文帝"，庙号"太宗"。十月，葬高平陵（在今江苏省南京富贵山南麓）。

烈宗孝武帝司马曜（372年七月～396年九月）

［按］字"昌明"。司马昱第三子。隆和元年（362）生。父卒继立。崇德太后摄政。太元元年（376）正月，亲政。八年（383），发生"淝水之战"，以军八万击败前秦苻坚军八十七万，乘胜收复徐、兖、青、司、豫、梁等州。二十一年（396）九月，被后宫张贵人所害。终年三十五岁。在位二十五年。谥"孝武皇帝"。庙号"烈宗"。十月，葬隆平陵（在今江苏省南京富贵山南麓）。

安帝司马德宗（396年九月～418年十二月）

［按］为司马曜长子。太元七年（382）生。十二年（387）八月，立为皇太子。父卒继立。因为白痴，生活不能自理，由同母弟琅邪王司马德文照料；会稽王司马道子辅政。

隆安三年（399年），爆发孙恩起义。元兴元年（402）三月，荆、江二州刺史桓玄乘机东下入建康。次年（403）十二月，迫司马德宗让位，桓玄自立为帝，国号"楚"，德宗降封平固王，移居浔阳（今江西省九江西南）。三年（404）三月，建武将军刘裕攻入建康。桓玄逃至浔阳，挟德宗至江陵（今湖北省江陵）。五月，桓玄被杀。次年（405）正月，晋将击败桓玄残军，五月，德宗返建康复立，朝政由刘裕总揽。义熙十四年（418）十二月，他为刘裕将缢死。终年三十七岁。在位二十三年。谥"安皇帝"。翌年正月，葬休平陵（在今江苏省南京富贵山南麓）。

恭帝司马德文（418年十二月~420年六月）

［按］为司马德宗同母弟。兄终弟及。元熙二年（420）六月，迫让位于刘裕。东晋亡。德文降封"零陵王"。次年九月，被杀。终年三十六岁。谥"恭皇帝"。十一月，葬冲平陵（在今江苏省南京富贵山南麓）。

东晋世系

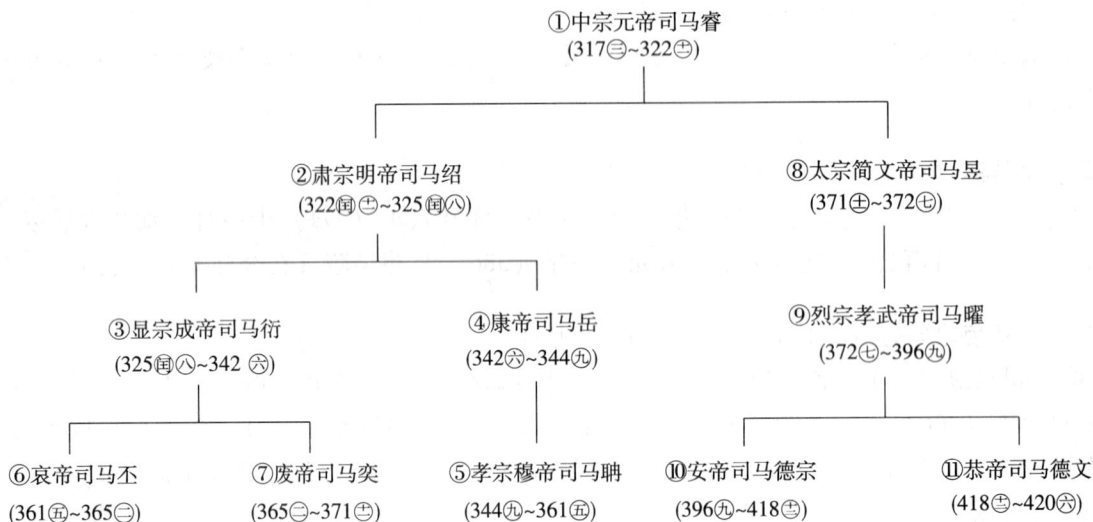

```
                    ①中宗元帝司马睿
                    (317㊂~322㊅)
         ┌───────────────────────────┐
    ②肃宗明帝司马绍                ⑧太宗简文帝司马昱
    (322㊅㊆~325㊅八)              (371㊀㊀~372㊆)
    ┌──────────────┐                   │
③显宗成帝司马衍    ④康帝司马岳      ⑨烈宗孝武帝司马曜
(325㊅八~342㊅)   (342㊅~344㊈)     (372㊆~396㊈)
 ┌────────┐          │            ┌──────────┐
⑥哀帝司马丕 ⑦废帝司马奕 ⑤孝宗穆帝司马聃 ⑩安帝司马德宗 ⑪恭帝司马德文
(361㊄~365㊁)(365㊁~371㊀㊀)(344㊈~361㊄)(396㊈~418㊀㊁)(418㊀㊁~420㊅)
```

前 凉

（317年三月~376年八月）

与其他"十六国"相比，前凉政权有些不同，从张轨到张天锡祖孙九主，七十多年，从未称王，更未称帝（张祚篡位一年多除外），也未建年号，只奉晋年号。因而对这一政权，包括这一政权的起始时间，学术界历来有不同的看法。对其政权的起始时间的看法，归纳起来主要有：1. 永宁元年（301），张轨任凉州刺史始；2. 建兴二年（314），张轨卒，张寔（shí）嗣位始；3. 建兴五年（317），西晋亡，东晋立，改元"建武"，而张寔坚持不改元始；4. 太兴三年（320），张寔卒，张茂嗣位始。

　　笔者支持第三种说法。这是因为，永宁元年张轨受任西晋王朝的凉州刺史，不能视为一个独立的政权。张轨病卒，子张寔继之，晋愍帝封其为持节都督凉州诸军事、西中郎将、凉州刺史、领护羌校尉、西平公；仍用西晋正朔；就连军士拾到皇帝玺，也令送京师而不自留。直到汉陷长安，灭西晋，张寔尚出兵增援，《晋书·张寔传》称：张寔"以金城太守窦涛为轻车将军，率威远将军宋毅及和苞、张阆、宋辑、辛韬、张选、董广步骑二万赴之。军次新阳，会（西晋）愍帝崩问至，素服举哀，大临三日"。西晋的灭亡已成事实，司马睿在建邺（今江苏省南京）重建东晋，是为晋元帝。而张寔的态度是："是岁，元帝即位于建邺，改年太兴，（张）寔犹称建兴六年，不从中兴之所改也。"表示了他对新王朝的独立与抗衡。是故，本年表标示前凉政权则按东晋建武元年（317）三月始。其政权号"凉"，乃源于所据地"凉州"；张轨曾受封"凉州刺史"。"前凉"的说法始于崔鸿《十六国春秋》，以别于"后凉"等。都姑臧（今甘肃省武威），据《读史方舆纪要》："张氏盛时，尝南逾河湟，东至秦陇，西包葱岭，北暨居延。"大致今陕、甘、青、宁、新部分地区。升平二十年（376）八月，亡于前秦。历八主，凡六十年。

　　关于前凉的纪年，史有两记：据《晋书·张轨传》与新疆出土文书印证，张寔、张茂、张骏、张重华皆沿用"建兴"年号；另据《玉海》、《甲子会记》载，建兴二年（314）张寔改元"永安"；八年（320）张茂改元"永元"；十二年（324）张骏改元"太元"；三十四年（346）张重华改元"永乐"。本年表依从前记而不采用后记。

昭公张寔（317年三月～320年六月）

[按] 字"安逊"。为西晋凉州刺史张轨长子。父卒继为凉州刺史。建兴四年（316）十一月，西晋为汉所亡，张寔举兵救援亦未挽回西晋灭亡的命运。次年（317）三月，司马睿在建邺建立东晋，改元"建武"，张寔"犹称建兴六年，不从中兴之所改也"。本年表以此作为张氏政权独立的象征。建兴八年（320）六月，寔为部下所谋杀。葬宁陵。谥"昭公"（晋赐谥"元公"）。时子尚幼，众拥其弟张茂嗣位。

成公张茂（320年六月～324年五月）

[按] 字"成逊"。为张寔之弟。兄被杀后，为众所拥立。建兴十二年（324）五月病卒（此据《资治通鉴》。《晋书·张茂传》记为次年卒）。终年四十八岁。在位五年。谥"成公"。无子，由侄（张寔子）张骏继立。

文公张骏（324年五月～346年五月）

[按] 字"公庭"。为张寔子，张茂侄。叔张茂卒时无子，由其嗣位。建兴三十四年（346）五月病卒（此据《资治通鉴》。《晋书·张茂传》记为次年卒），终年四十岁，在位二十二年，葬大陵。谥"文公"（晋追谥"忠成公"）。子张重华继立。

桓公张重华（346年五月～353年十一月）

[按] 字"泰临"。为张骏次子。父卒继立。时年十六。建兴四十一年（353）十一月，病卒。终年二十七岁。在位七年。葬显陵。谥"昭公"，后改曰"桓公"（晋赐谥"敬烈公"）。子

张耀灵继立。

哀公张耀灵（353年十一~十二月）

[按] 字"元舒"。为张重华子。父卒继立。时年十岁。司兵赵长矫张重华遗命，以长宁侯张祚辅政。张祚私通张重华母马氏，逾月，马氏废张耀灵为凉宁侯，立张祚。张祚寻派人将张耀灵杀害。埋于苑中，不立陵。谥"哀公"。

张祚（353年十二月~355年闰九月）

[按] 字"太伯"。为张骏庶长子。以阴谋夺位，永和十年（354）正月，称帝，立妻辛氏为皇后，立宗庙，追崇前代改"公"为"王"，改建兴四十二年为和平元年。因残暴嗜杀，失人心，次年（355）闰九月，为骁骑将军宋混所杀。葬愍陵。众奉张重华子张玄靓为主。

冲公张玄靓（355年闰九月~363年八月）

[按] 字"元安"。为张重华少子。臣将杀张祚立之。废和平年号，复称建兴四十三年（355）。年幼，实权后落于张骏子张天锡手中。天锡改建兴四十九年（361）为东晋升平五年。升平七年（363）八月，张玄靓为张天锡所杀。终年十四岁。葬平陵。谥"冲公"（晋赐谥"敬悼公"）。张天锡继任。

张天锡（363年八月~376年八月）

[按] 字"纯嘏"。小名"独活"。为张骏少子。入宫杀张玄靓（宣告暴死）后，由众立之。升平二十年（376）八月，为前秦所攻，降。前凉至此亡。

前 凉 世 系

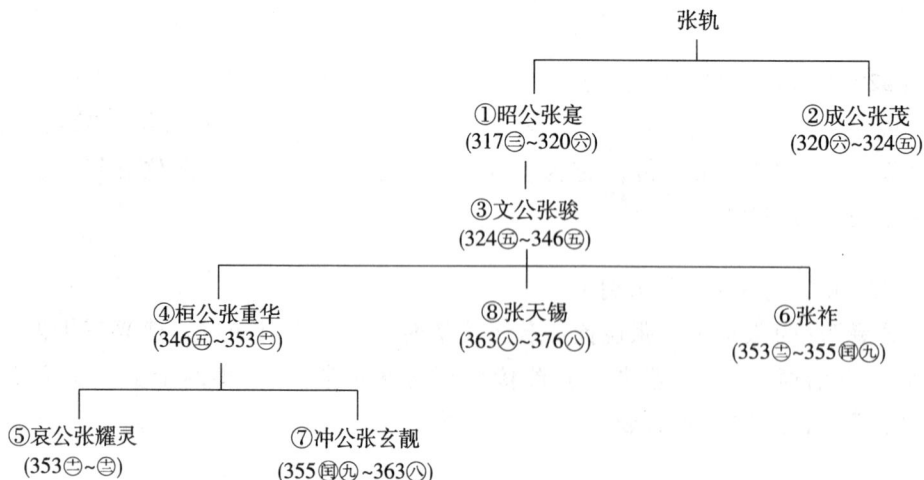

前　赵

（318 年十月～329 年九月）

见"汉"说明。匈奴人刘曜为"汉"创建者刘渊的族子。汉帝刘粲被杀后，他被众臣拥立为帝，国号"赵"，史称"前赵"。刘曜改"汉"国号，主要是要摆脱旧朝势力，并徙都之其所经营之地。据《十六国春秋》：为更国号，他曾征求大臣意见，"太保呼延晏等议曰：……陛下勋功茂于平洛，终于中山，中山分野，属大梁赵地，亦草称大赵，遂以水行。曜从之"。至于"前赵"的说法，则源于该书的《前赵录》，以区别当时的"后赵"。保有今冀、晋、豫、陕、甘部分地区。都长安。光初十二年（329）九月，受后赵石勒所攻，亡于后赵。

刘曜（318 年十月～329 年）

［按］字"永明"。为刘渊族子，少孤，为刘渊所养。汉刘粲时，拜相国，镇长安。闻刘粲被靳准所杀，他领军攻靳准，至赤壁（今山西省河津西北），为太保呼延晏、太傅朱纪、太尉范隆所拥，即帝位。改元"光初"。继杀靳氏满门。徙都长安，更国号为"赵"，史家称为"前赵"。继而招降氐羌部众，降陇城、上邽，并招降前凉张茂。光初十一年（328）十二月，攻后赵，失败被擒，后为石勒所杀。太子刘熙、南阳王刘胤等继战，次年（329）九月，后赵攻克上邽，尽杀刘熙、刘胤及将相公卿百官三千余人，余众外徙，前赵灭亡。

［段　鲜　卑］

（318～356 年十一月）

段鲜卑本为东部鲜卑的一支。主要分布在辽西一带。魏末晋初，其势渐盛。相传其伯祖曾为乌桓大人库辱官家奴，传至疾陆眷（又作就陆眷、就六眷）时，据《魏书·段就六眷传》："据有辽西之地，而臣于晋。"其卒，由从弟段末杯（pēi）夺位，"末波自称幽州刺史，屯辽西"。《晋书·段匹磾传》：末杯夺位时，"遂害涉复辰（末杯叔父），及其子弟党与二百余人，自立为单于"。史家以此作段鲜卑建政之始，本年表依之。以令支（今河北省迁安）为中心。永和十二年（356）十一月降于前燕。历五主。凡三十九年。

段末杯（318～325 年三月）

［按］又作"段末杯"、"段末波"。建武二年（318），杀叔父涉复辰夺位。自立为单于，又称幽州刺史。太宁三年（325）三月卒，弟段牙立。

段牙（325 年三～十二月）

［按］为段末柸弟。兄终弟及。年底，即为段辽所攻杀。

段辽（325 年十二月～339 年四月）

［按］又作"护辽"。为疾陆眷孙，段牙堂侄孙。以段牙欲徙都为罪，率族人攻杀段牙夺位。咸康四年（338），为前燕与后赵联军所败，遣使诈降，密约前燕伏击后赵军，其众尽为前燕所得。次年（339）四月，段辽又反前燕，前燕杀段辽，送首级于后赵。弟段兰立。

段兰（339 年四月～约 350 年）

［按］又作"郁兰"。为段辽弟（一说为段辽子）。兄终弟及。约卒于永和六年（350）前。子段龛立。

齐王段龛（约 350～356 年十一月）

［按］为段兰子。父卒继立。率众南迁，自称齐王。永和十二年（357），受前燕攻击，十一月，降。次年被杀。段鲜卑政权亡。

［段鲜卑］世系

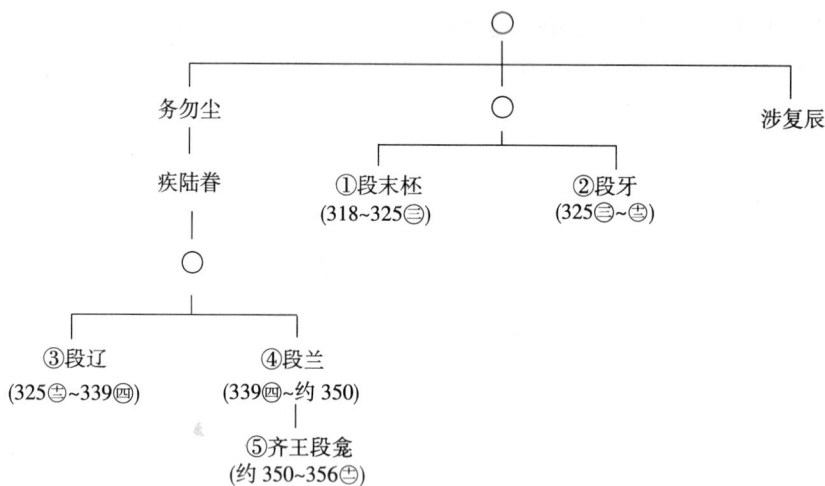

段鲜卑世系图：

务勿尘 — 疾陆眷 — ○
涉复辰
①段末柸（318～325③）
②段牙（325③～⑫）
③段辽（325⑫～339④）
④段兰（339④～约 350）
⑤齐王段龛（约 350～356⑪）

［晋］

（319 年四月～320 年五月）

南阳王司马保（319 年四月～320 年五月）

［按］字"景度"。为西晋开国帝司马炎之族弟，南阳王司马模之子。父卒袭爵。晋愍帝时，为相国。西晋亡后，据《资治通鉴》卷九十一：太兴二年（319）四月，"南阳王（司马）保自称

晋王，改元建康，置百官"。三年（320）五月，"晋王（司马）保将张春、杨次……幽（司马）保，杀之……（司马）保无子，张春立宗室子（司马）瞻为世子，称大将军。（司马）保众散……（前赵刘曜）击（司马）瞻，杀之……安以天子礼葬（司马）保于上邽（guī），谥曰元王"。

后 赵

（319 年十一月 ~ 351 年四月）

后赵为"五胡"之一——羯族所建。羯，又称羯胡，南北朝时又称契胡。入塞前隶属于匈奴，为"匈奴别部"。《魏书·石勒传》云："其先匈奴别部，分散居于上党武乡羯室（今山西省潞城附近各县），因号羯胡。"[1] 约于汉代时入塞。东晋大兴二年（319），其族首领石勒称赵王建赵，史称"后赵"。其立国称"赵"，乃其发迹地为战国时赵国之地，故汉刘曜曾封其为"赵公"。《晋书·石勒载记》："张宾进曰：'……今天下鼎沸……夫得地者昌，失地者亡。邯郸、襄国，赵之旧都……可择此二邑而都之……王业可图也。'……于是进据襄国。""（刘）曜复僭号……进爵赵公。"后以功欲晋爵"赵王"，未成，石勒怒云："赵王、赵帝，孤自取之。"于是"太兴二年，（石）勒伪称赵王……始建社稷，立宗庙"。至于"后赵"的说法，则源于崔鸿《十六国春秋》之《后赵录》，以别于"前赵"。另有"石赵"之称，见《梁书·元帝纪》："执石赵而求玺。"初都襄国（今河北省邢台），后徙都邺（今河北省临漳西南）。据《读史方舆纪要》："盛时，其地南逾淮汉，东滨于海，西至河北，北尽燕代。"大致今冀、晋、豫、鲁、陕及苏、皖、甘、鄂等部分地区。永宁二年（351）亡于冉魏。历七主，凡三十三年。

高祖明帝石勒（319 年十一月 ~ 333 年七月）

[按] 字"世龙"，小字"匐勒"。祖、父均为部落小帅。年轻时曾被贩为奴，后起兵反晋，败投汉王刘渊。在伐晋中屡获战功，受封大司马、大将军，晋爵赵公。据《资治通鉴》卷九十一：太兴二年（319）"十一月，将佐等复请（石）勒称大将军、大单于、领冀州牧、赵王，依汉昭烈（帝）在蜀、魏武（帝）在邺故事，以河内等二十四郡[2]为赵国，太守皆为内史，准禹贡，复冀州之境，以大单于镇抚百蛮，罢并、朔、司三州，通置部司以监之；（石）勒许之。戊寅，即赵王位，大赦；依春秋时列国称元年"。太和二年（329）九月，灭前赵。建都襄国。卷九十四：次年（330）"二月，后赵群臣请后赵王（石）勒即皇帝位；勒乃称'大赵天王'，行皇帝事。立妃刘氏为王后，世子弘为太子"。改元"建平"。在位十五年卒。实葬不知，以衣物虚葬高平陵（一说在今河北省邢台南）。谥"明皇帝"，庙号"高祖"。子石弘立。

---

① 关于其族源，学术界有诸说：匈奴支说；羌渠、力羯后裔说；氐羌与匈奴混种说；西域胡种（或小月氏种）说等等，尚未取得一致意见。

② 据胡三省注，二十四郡为：河内、魏、汲、顿丘、平原、清河、钜鹿、常山、中山、长乐、乐平、赵国、广平、阳平、章武、勃海、河间、上党、定襄、范阳、渔阳、武邑、燕国、乐陵。

海阳王石弘（333 年七月～334 年十一月）

〔按〕字"大雅"。为石勒次子。父卒继立。继位时仍沿用"建平"年号，逾年改元，详见《通鉴考异》；一说当年即改元"延熙"。堂兄石虎为丞相，封魏王，专权。延熙元年（334）十一月，石虎废石弘为海阳王。次年被幽于崇训宫，旋被杀。

太祖武帝石虎（334 年十一月～349 年四月）

〔按〕字"季龙"。为石寇觅之子，石弘堂兄。其叔石勒死时，立太子石弘即位，石虎自称丞相擅政。次年，废石弘，自立为赵天王。改元"建武"，迁都邺。永和五年（349）正月，称帝，改元"太宁"。四月，病卒。在位凡十五年。葬显原陵（在今河北省临漳附近）。谥"武皇帝"，庙号"太祖"。太子世继立。

谯王石世（349 年四～五月）

〔按〕为石虎幼子。因母获宠而得父偏爱，建武十四年（348），废长立幼，被立为太子。父卒继立。在位三十三日，为其兄石遵所废黜，年仅十一岁，封"谯王"。未几，与母同被杀。

彭城王石遵（349 年五～十一月）

〔按〕为石虎第三子，石世兄。父临终前封彭城王。废弟自立。在位一百八十三日，为辅国大将军石闵所杀。

义阳王石鉴（349 年十一月～350 年闰正月）

〔按〕为石虎子，石遵弟。父在位时封义阳公。石闵杀其兄后拥其为帝，改元"青龙"。即位后欲除石闵，事泄被杀。在位一百零三天。

新兴王石祗（350 年三月～351 年四月）

〔按〕为石虎子，石鉴弟。初封新兴王。太宁元年（349），以武德王石闵（冉闵）专权乱政，举兵攻讨。闻兄石鉴被害，遂称帝于襄国，改元"永宁"。遣将攻闵，败，次年（351），襄国被围，去帝号，称"赵王"。向燕求救，四月，燕将刘显杀石祗降冉魏，后赵亡。

后 赵 世 系

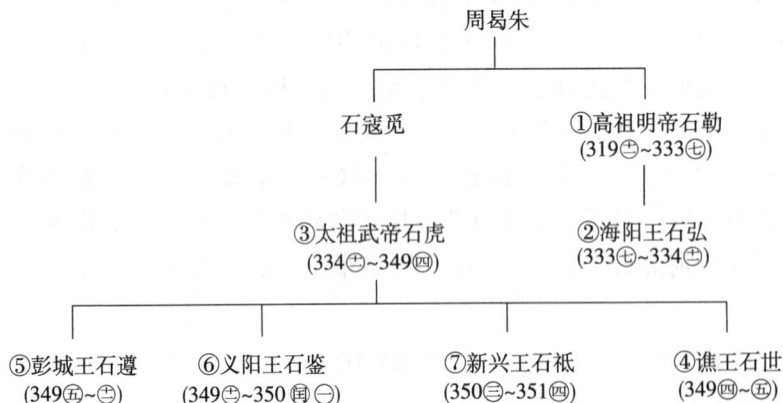

大　秦

（320 年六～七月）

句渠知（320 年六～七月）

［按］巴族人。据《资治通鉴》卷九十一：太兴三年（320）六月，"巴众尽反，推巴酋句渠知为主，自称'大秦'，改元曰'平赵'。四山氐、羌、巴、羯应之者三十余万，关中大乱"。继为后赵所击，众多散降，退保阴密（今甘肃省灵台西南），随之败亡。

吐 谷 浑

（329～635 年五月）

　　吐谷浑又作"吐浑"、"退浑"。据宋人释适之《金壶字考》云："音突浴魂。"这是以人名转作民族名、国名的民族。由鲜卑的一支——慕容鲜卑中分出。吐谷浑原为鲜卑语人名，其人是辽东鲜卑慕容涉归的庶长子。4 世纪初，慕容涉归卒，吐谷浑（人名）因与嫡子慕容廆（wěi）不协，率部众西迁，以枹罕（今甘肃省临夏）为中心地得到发展。至其孙叶延时，据《梁书·西北诸戎传》："礼以王父字为国氏，因姓吐谷浑，亦为国号。"由此，从人名转为姓氏、族名和国号。作为族称，尚有"阿柴虏"、"阿赀虏"、"赀虏"、"野虏"等称号，这是他族对其部众的贱称；作为国号，尚有史载记为"河南"、"河南国"者，这是因为"其地则张掖之南，陇西之西，在河（指黄河）之南，故以为号"。这是南朝政权对吐谷浑（国号）的称呼，后不复见。

　　关于其政权之起始，史家所见不同，主要有两种意见：1. 从吐谷浑与慕容廆分离，西迁枹罕始；2. 从叶延改祖名为族名、国号始。笔者以后者为是，本年表则以这种意见列表。树洛干时，建牙帐在莫贺川（今青海省同德县巴沟）。大同六年（540），夸吕称可汗（kè hán），建都于伏俟城（今青海省布哈河河口附近）。盛时，辖地东至甘南、川西北，西北抵新疆若羌、且末等地，南到青海南部，西北隔祁连山与河西走廊相连。

　　关于吐谷浑政权的结束，据史载，有个起伏的过程：隋大业五年（609），隋炀帝西征，攻吐谷浑，其主伏允逃至党项，隋军遂占其地，置西海、河源、鄯善、且末四郡，进行屯田。然随隋亡，伏允又复故地。入唐，贞观九年（635）初，在唐军的打击下，伏允遁走，为部下所杀；五月，其子慕容顺率众降唐，受唐封西平郡王、赵胡吕乌甘豆可汗。方立十日，即为部下所杀。十二月，唐又立其子诺曷钵为主。次年三月，封河源郡王、乌地也拔勒豆可汗；时吐谷浑用唐历，奉唐国号。此时，吐蕃兴起，连续攻击吐谷浑，龙朔三年（663），其地全为吐蕃所占领。以此，《旧唐书·吐谷浑传》云："吐谷浑自晋永嘉之末，始西渡洮水，建国于群羌之故地，至龙朔三年为吐蕃所灭，凡三百五十年。"笔者认为，从历史事实来看，如果说隋灭吐谷浑后，不久吐谷浑尚有一次复国的话，伏允死后，慕容顺降唐，实际上吐谷浑已成为唐的附属而非独立政权。吐蕃所攻，仅占其故地而已。事实上，吐蕃攻占其地后，唐曾派军欲夺回其地，只是战败未果。故本年表标示吐谷浑亡于贞观九年（635）五月，亡于唐。这样，从叶延至伏允，历十八主，凡三百零七年。

叶延（329～351年十一月）

［按］咸和四年（329），父吐延为羌帅姜聪杀死而继立。誓报父仇。以其祖吐谷浑名为姓氏、族名和国名，《资治通鉴》卷九十四："乃自号其国曰吐谷浑"。建官制，有长史、司马、将军之号。在位二十三年卒，终年三十三岁。有子四人，长子辟奚嗣立。

辟奚（351年十一月～376年）

［按］名又记作"碎奚"。为叶延长子。父卒继立。时，前秦强大，一度统一北方。建元七年（371），吐谷浑向其贡物，"（苻）坚拜（碎）奚安远将军、漹川侯"（《晋书·苻坚载记》）。这是吐谷浑与北方民族政权发生关系的最早记载。辟奚在位二十五年卒，终年四十二岁。子视连嗣。

视连（376～390年十月）

［按］为辟奚子。父卒继立。在位十五年卒。长子视罴立。

视罴（390年十月～400年四月）

［按］为视连长子。父卒继立。史载他倾慕汉文化，"司马、博士皆用儒生"（《晋书·吐谷浑传》）。在位十一年卒，终年三十三岁。子树洛干年少，传位于弟乌纥堤。

乌纥堤（400年四月～405年）

［按］一名"大孩"。为视连次子。视罴弟。兄终弟及。被西秦所攻，亡走南凉，卒于该地。在位八年。终年三十五岁。树洛干立。

戊寅可汗树洛干（405～417年）

［按］为视罴子，乌纥堤侄。其叔乌纥堤卒，率部众迁于莫何川，自称大都督、车骑大将军、大单于、吐谷浑王，又号戊寅可汗。在位九年卒，终年二十四岁。弟阿柴立。

阿柴（417～426年）

［按］名又记作"阿豺"。为树洛干弟。兄终弟及。自号骠骑将军、沙州刺史。以部内有黄沙，周围数百里，不生草木，因号沙州。时，阿柴兼并氐、羌，地方数千里，号为强国。时对中原南北朝政权持两端，西秦"以阿柴为征西大将军、开府仪同三司、安州牧、白兰王"（《资治通鉴》卷一一九）；景平元年（423），南朝宋"以阿豺为安西将军、沙州刺史、浇河公"（《宋书·少帝纪》）。这是吐谷浑与南朝发生关系之始。后暴病而卒。弟慕璝立。《北史·吐谷浑传》记在临终时，召集众子二十人，以折一箭即断和折十九箭不断为例相告诫："汝

曹知否，单者易折，众则难摧，戮力一心，然后社稷可固。"这就是历史上著名的"折箭遗训"。

惠王慕璝（426～436 年）

[按] 一作"慕容璝"。为乌纥堤子，阿柴堂弟。堂兄卒后继立。在位期间，攻西秦，灭夏，势强。北魏拜其为大将军、西秦王；宋封其为征西大将军、陇西王。后卒，魏太武帝遣使谥"惠王"。弟慕利延立。

慕利延（436～452 年九月）

[按] 又作"慕延"、"利延"、"慕容延"、"没利延"。为乌纥堤子，慕璝弟。兄终弟及。北魏封"西平王"；宋封"河南王"。其卒，由树洛干子拾寅继立。

拾寅（452 年九月～481 年九月）

[按] 一作"什寅"。为树洛干子，慕利延堂侄。堂叔卒后继立。继北魏封西平王；宋封河南王。在位时，吐谷浑渐达鼎盛。其卒，子度易侯立。

度易侯（481 年九月～490 年八月）

[按]《南齐书》作"易度侯"。为拾寅子。父卒继立。在位时辖地进一步扩大。其卒，子伏连筹立。

伏连筹（490 年八月～529 年）

[按] 又作"休留茂"、"休留残"、"休运筹"、"休留代"等。为度易侯子。父卒继立。时，吐谷浑为西北地区一大强国，《梁书·西北诸戎传》云："北接高昌，东北通秦岭，方千余里。"卒后由谁继立，史载不同，此据《梁书·河南传》。

呵罗真（529～530 年）

[按] 一作"阿罗真"。为伏连筹子。父卒继立。其卒，子佛辅立。

佛辅（530～约 534 年）

[按] 为呵罗真子。父卒继立。其卒，由可沓振继立。

可沓振（约 534～约 535 年）

[按] 世系情况不明。佛辅死后继立。

夸吕（约 535～591 年二月）

[按] 一作"吕夸"。为伏连筹子。可沓振卒后继立（一说伏连筹卒后，由子夸吕继位，中间无呵罗真、佛辅、可沓振继立事）。始自号可汗，建都于伏俟城。夸吕曾娶东魏广乐公主。其卒，子世伏立。

世伏（591 年二月～597 年）

[按] 一作"伏"。为夸吕子。父卒继立。曾娶隋光化公主。在内乱中为国人所杀，子伏允立。

伏允（597～635 年五月）

〔按〕一作"允伏"。为世伏子。父被杀后继立。大业五年（609），受隋攻，被围覆袁川（今青海省北鄂博河），突围逃至党项，六月，隋炀帝于其地置西海、河源、鄯善、且末四郡，发天下轻罪犯徙居，进行屯田，吐谷浑一度亡国。义宁二年（618），伏允又返故地重建政权，直到贞观九年（635）五月，复为唐西海道行军大总管李靖军所败，逃突伦碛（在今新疆且末、和田间），为部下所杀。子慕容顺率众降唐，吐谷浑国亡。

※　　　※　　　※

附：

赳胡吕乌甘豆可汗慕容顺（635 年五月）

〔按〕一作"慕容顺光"。为伏允子。父被杀后率众降唐，受封西平郡王、赳胡吕乌甘豆可汗。立十日，为部下所杀。

乌地也拔勒豆可汗诺曷钵（635～663 年）

〔按〕又作"诺贺钵"、"诺遏钵"、"诺遏拔"等。为慕容顺子。父被杀后，被唐立为吐谷浑主。次年三月，遣使至唐，请颁唐历，奉唐年号，受唐封河源郡王、乌地也拔勒豆可汗。娶唐弘化公主，永徽二年（651），封驸马都尉。龙朔三年（663），受吐蕃攻击，败逃唐凉州（今甘肃省武威），故地为吐蕃所占领。

吐谷浑世系

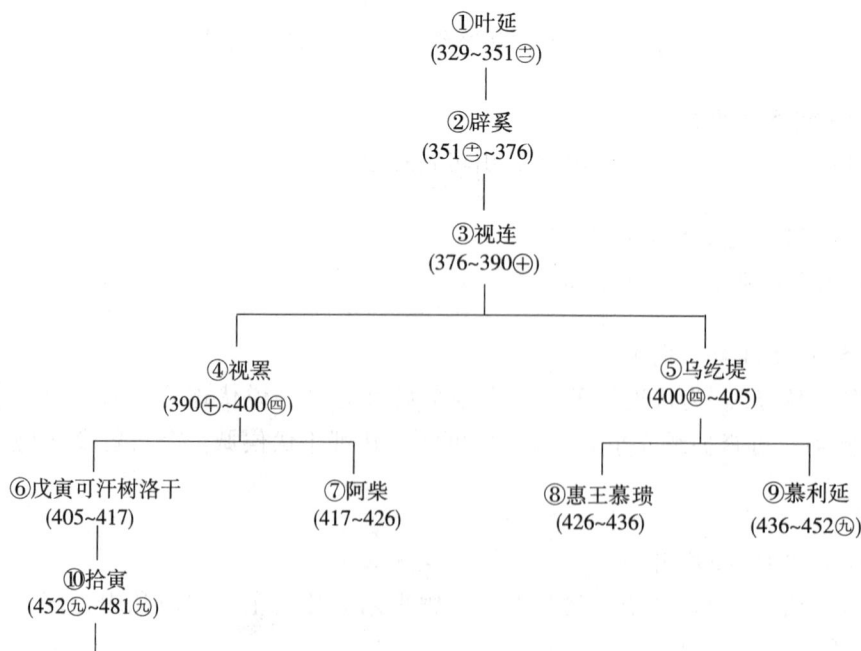

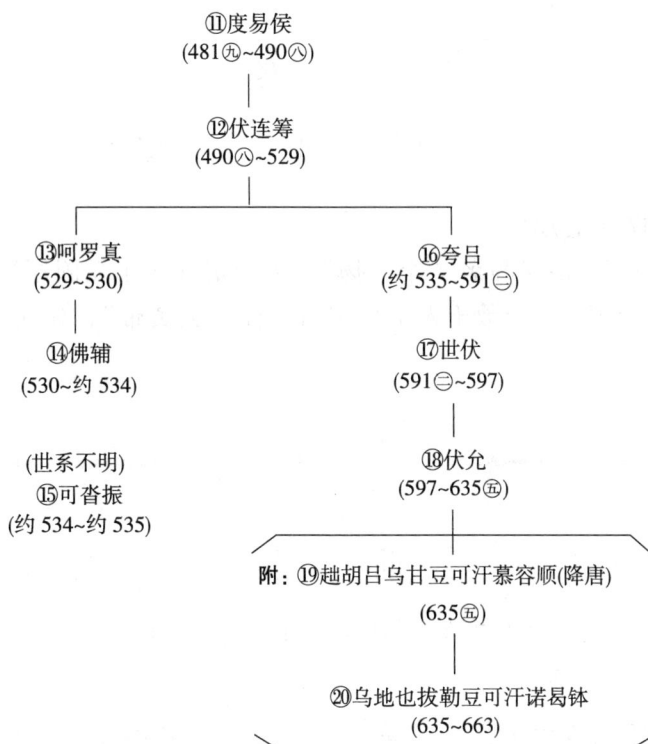

⑪度易侯
(481⑨~490⑧)

⑫伏连筹
(490⑧~529)

⑬呵罗真　　　　　　　　　⑯夸吕
(529~530)　　　　　　　　(约535~591⑤)

⑭佛辅　　　　　　　　　　⑰世伏
(530~约534)　　　　　　　(591⑤~597)

(世系不明)　　　　　　　　⑱伏允
⑮可沓振　　　　　　　　　(597~635⑤)
(约534~约535)

附：⑲趉胡吕乌甘豆可汗慕容顺（降唐）
(635⑤)

⑳乌地也拔勒豆可汗诺曷钵
(635~663)

［宇文鲜卑］

（333 年八月～344 年正月）

宇文鲜卑本为鲜卑的一支。"宇文"一词之意，据《周书·文帝纪》："其俗谓'天'曰'宇'，谓'君'曰'文'，因号'宇文国'，并以为氏。"此支鲜卑出自于匈奴，据《北史·匈奴宇文莫槐传》："其先，南单于之远属也。"原居阴山，公元 1 世纪左右大举内迁，渐与鲜卑融合，史称宇文鲜卑，或鲜卑宇文氏。宇文鲜卑曾参与鲜卑檀石槐军事大联盟，联盟瓦解后，自成一部进行活动。至宇文逸豆归时自立，坚持了十二年，亡于前燕。

宇文逸豆归（333 年八月～344 年正月）

［按］又作"宇文归"。关于宇文鲜卑的传承关系，据《北史》，为：宇文莫槐—宇文普拨—宇文丘不勤—宇文莫廆（wěi）—宇文逊昵延—宇文乞得龟。在宇文乞得龟时依附于后赵石勒。咸和八年（333）八月，乞得龟为别部大人宇文逸豆归所逐，老死于外。逸豆归自立。屡发兵攻前燕，均失利。建元二年（344）正月，为前燕军所攻，大败，牙帐紫蒙川（今辽宁省朝阳西北）失陷，远遁漠北而死，部众散亡。

小 秦

（337 年七月）

大黄帝侯子光（337 年七月）

［按］名又作"刘光"，后又易名"李子扬"。为安定（今宁夏固原）人。自称佛太子，是从大秦国来的，当王小秦国。聚众数千人于杜南山，称"大黄帝"，建元"龙兴"，设百官。旋被后赵石广击斩之。

前 燕

（337 年十月～370 年十一月）

前燕政权为鲜卑的一支——慕容鲜卑所建。咸康三年（337）十月，慕容皝（huàng）称"燕王"，史家视其为"前燕"政权之始。初都龙城（今辽宁省朝阳），后徙蓟（今天津市蓟县），再徙邺（今河北省临漳西南）。踞今冀、鲁、晋、豫及辽部分地区。历三主，建熙十一年（370）十一月，亡于前秦。

太祖文明帝慕容皝（337 年十月～348 年九月）

［按］名又作"慕容晃"。字"元真"，小字"万年"。为慕容廆（wěi）第三子。咸康三年（337）十月，称"燕王"，史称"前燕"。筑龙城，徙都之。立朝仪。慕容皝在位期间，破高句丽，灭宇文、段部，败后赵，尽有辽东西地，成为当时东北的一支强大的势力。在位十四年卒。终年五十二岁。葬龙平陵。谥"文明皇帝"，庙号"太祖"。子慕容儁（jùn）继立。

烈祖景昭帝慕容儁（348 年十一月～360 年正月）

［按］字"宣英"。为慕容皝次子。咸康元年（335 年）立为世子，三年（337）立为王太子。父卒继立。六年（350），破后赵，取蓟城，八年（352），灭冉魏，迁都于蓟，称帝，建元"元玺"。后迁都于邺。时前燕极盛。他在位十一年病卒。终年四十二岁。葬龙陵（在今辽宁省朝阳附近）。谥"景昭皇帝"，庙号"烈祖"。太子慕容暐（wěi）继位。

幽帝慕容暐（360 年正月～370 年十一月）

［按］字"景茂"。为慕容儁第三子。初封中山王，元玺六年（357），立为太子。父卒继立。改元"建熙"。时年十一，委政于太宰慕容恪。建熙六年（365），攻取洛阳。十一年（370）十一月，为前秦所攻，都城邺失陷，出逃中被俘。前燕亡。被俘后徙于长安，封"新兴侯"，后试图杀符坚复国，事败，被杀。谥"幽皇帝"。

前 燕 世 系

①太祖文明帝慕容皝
（337⊕~348⑨）
|
②烈祖景昭帝慕容儁
（348⊕~360⊖）
|
③幽帝慕容暐
（360⊖~370⊕）

汉

（338 年四月～347 年三月）

见"巴氏"说明。李寿夺位后改国号为"汉"，其源于在位前曾为"汉王"。史家有将其与前期"成"合称为"成汉"。汉历二主，凡十年。亡于东晋。

中宗昭文帝李寿（338 年四月～343 年八月）

[按] 据《晋书·李寿载记》：字"武考"。李雄叔李骧之子。在大成国开国帝李雄时，"封建宁王，雄死，受遗（诏）辅政。（李）期立，改封汉王……遂以咸康四年（338）僭即伪位，赦其境内，改元为'汉兴'……八年（342），寿死。（标点本《校勘记》：《康纪》及《华阳国志》九并谓寿死于建元元年[343]，此作咸康八年，误前一年。）时年四十四，在位五年。（《校勘记》：应六年，此误以寿死于咸康八年，故少一年。）伪谥昭文帝，庙曰中宗，墓曰安昌陵"。《资治通鉴》记在建元元年（343）八月，其云："汉主寿卒，谥曰'昭文'，庙号'中宗'，太子势即位，大赦。"

后主李势（343 年八月～347 年三月）

[按] 据《晋书·李势载记》：李赟字子仁。为李寿嫡长子。"（李）寿死，（李）势嗣伪位，赦其境内，改元曰'太和'……（晋）大司马桓温率水军伐（李）势……（李）势乃夜出东门，与（大将）昝坚走至晋寿（今四川省广元南），然后送降文于（桓）温曰：'伪嘉宁二年（347）三月十七日，略阳李势叩头死罪……'（李）势寻舆榇（chèn）面缚军门，（桓）温解其缚，焚其榇，迁（李）势……于建康，封（李）势'归义侯'。升平五年（361），死于建康。在位五年而败。始，李特以惠帝太安元年（302）起兵，至此六世，凡四十六年"。标点本《校勘记》："《惠记》，李特于永宁元年（301）起兵，至永和三年（347）灭，应是四十七年，《御览》一二三引《蜀录》即云'合四十七年'，此云太安元年起兵，故少一年，实误。"

汉 世 系

①中宗昭文帝李寿

（338四~343⑧）

|

②后主李势

（343⑧~347⑤）

（冉）魏

（350 年闰二月~352 年四月）

武悼王冉闵（350 年闰二月~352 年四月）

［按］字"永曾"，小字"棘奴"。魏郡内黄（今河南省内黄西北）人。因父冉瞻为后赵武帝石虎养子，遂改姓石。其为石虎养孙。他屡获战功，受封"武兴公"。在朝内擅政，石虎卒时他拥立其子石遵，从而辅政。未几，又杀石遵而立石鉴，自为"武德王"。青龙元年（350）闰二月，最终杀石鉴而自立，称帝，改元"永兴"，国号"大魏"，史称"冉魏"。恢复原姓冉氏。都邺（今河北省临漳西南）。继灭后赵。永兴三年（352），为前燕所败，被执杀。追谥"武悼（或悼武）天王"。

前 秦

（351 年正月~394 年十月）

前秦为氐（dī）族的一支——临渭氐所建政权。"氐"，初为他称，而自称为"盍稚"（见《魏略》），魏晋后，渐为通称。大约分布在今陕、甘、川交边地区。历史上以其活动地域及服饰特征有略阳氐、临渭氐、白马氐、清水氐、沮水氐、汧（qiān）氐、青氐、白氐等多种称谓。最早见载于《史记·西南夷传》："自冉駹（máng，今四川省茂县北）以东北，君长以什数，白马最大，皆氐类也。"西汉初年，氐人各部"自有君长"。汉武帝元鼎六年（前 111），灭氐王，置武都郡，此为中原政权在氐地设立郡县之始。晋后，部分氐人渐内迁，前秦即为略阳郡临渭县（今甘肃省秦安）氐人苻健所建。苻健建政"国号'秦'"，则源自其父苻洪所称"三秦王"，其发迹地乃春秋战国时之秦地也。史家称其为"前秦"为区别"后秦"、"西秦"，源自崔鸿《十六国春秋》之

《前秦录》；又以姓氏称"苻秦"，以别于"嬴秦"和"姚秦"。初都长安，后徙晋阳（今山西省太原西）、雍（今陕西省凤翔南）、湟中（今青海省湟源）。踞今冀、晋、鲁、陕、甘、豫、川、黔及辽、苏、皖、鄂部分地区。历六主。延初元年（394）十月，为西秦所亡。

这里需要说明的是，有学者认为早在苻健之前，永嘉四年（310），其父苻洪即初建立政权，其标志是，时苻洪被族人推举为"盟主"，自称"护氐校尉、秦州刺史、略阳公"。[①] 然综观史事，苻洪不久就归附于前赵刘曜，受封宁西将军、率义侯。前赵亡于后赵后，于咸和八年（333），又降附后赵，先后拜冠军将军、泾阳伯和龙骧将军、流民都督；又以功迁冠军大将军，封西平郡公、关内领侯将；至永和五年（349），进车骑大将军、略阳公、都督关中诸军事、雍州牧、领秦州刺史。是年五月，彭城王石遵即位，苻洪受排挤，遂降东晋。据《晋书·苻洪载记》："永和六年（350），（晋）帝以（苻）洪为征北大将军、都督河北诸军事、冀州刺史、广川郡公。时有说（苻）洪称尊号者，（苻）洪亦以谶文有'草付应王'……遂改姓苻氏，自称大将军、大单于、三秦王……既而（麻）秋因宴鸩（苻）洪。"《晋书·穆帝纪》记晋封苻洪将军等职在是年闰二月，而苻洪卒于三月。故从整个情况看，苻洪即便是在310年建政，也不是独立的政权。

高祖景明帝苻健（351年正月～355年六月）

［按］初名"罴"，字"世建"，后改名"健"，字"建业"。为苻洪第三子。其父死时归附东晋。据《晋书·苻健载记》：永和七年（351）正月，"僭称天王、大单于，赦境内死罪，建元'皇始'，缮宗庙社稷，置百官于长安。立妻强氏为天王皇后，子（苻）苌为天王皇太子，弟（苻）雄为丞相"。《晋书·穆帝纪》："苻健僭称王，国号秦。"次年，进而称帝于长安太极前殿。随之，抗拒东晋大军的征讨。皇始五年（355）六月卒，年三十九岁。葬原陵。谥"景明皇帝"，庙号"世宗"，后改曰"高祖"。子苻生嗣位。

厉王苻生（355年六月～357年六月）

［按］字"长生"。苻健三子。皇始四年（354年）立为皇太子。父卒继立。改元"寿光"。因荒暴擅杀，寿光三年（357）六月，其堂弟东海王苻坚等率兵入宫，将其废为越王，继而杀之。谥"厉王"。苻坚自立。

世祖宣昭帝苻坚（357年六月～385年八月）

［按］字"永固"。一名"文玉"。为苻健侄，苻雄子，苻生堂弟。领兵入宫废堂兄自立，去帝号，称"大秦天王"，改元"永兴"。在位期间，相继攻灭前燕、前仇池、前凉、代等，结束黄河流域长期动乱局面，统一北方。发大军攻东晋，建元十九年（383），发生"淝水之战"，大败，从此势衰，后燕、西燕、后仇池、后秦等反秦自立。二十一年（385）五月，西燕攻长安，苻坚留太子苻宏守长安而逃往五将山（今陕西省岐山境）。六月，长安失陷，苻宏降。八月，苻坚为姚苌所杀。终年四十八岁。葬于新平（今陕西省彬县九田村）。九月，子苻丕在晋阳继立，谥"父世祖宣昭皇帝"。

---

① 陆峻岭、林干：《中国历代各族纪年表》，内蒙古人民出版社，1980。

哀平帝苻丕（385 年八月～386 年十月）

[按]字"永叙"。为苻坚长庶子。父被杀后即位于晋阳。改元"太安"。第二年，进据平阳（今山西省临汾）。十月，被西燕慕容永攻破于河东，南奔东垣（今山西省垣曲东南），为东晋将冯该所杀。谥"哀平皇帝"。十一月，其将苻登即位于陇东。

太宗高帝苻登（386 年十一月～394 年七月）

[按]字"文高"。为苻坚族孙，苻敞之子。苻丕被杀后即位于陇东。改元"太初"。太初九年（394）七月，受后秦所攻，被杀。在位九年，终年五十二岁。谥"高皇帝"，庙号"太宗"。太子苻崇奔湟中称帝。

末主苻崇（394 年七～十月）

[按]为苻登长子。太初元年（386）被立为皇太子。父被杀后即位于湟中，改元"延初"。是年十月，被西秦乞伏乾归所逐，奔后仇池杨定，继兵败被杀。前秦亡。

前 秦 世 系

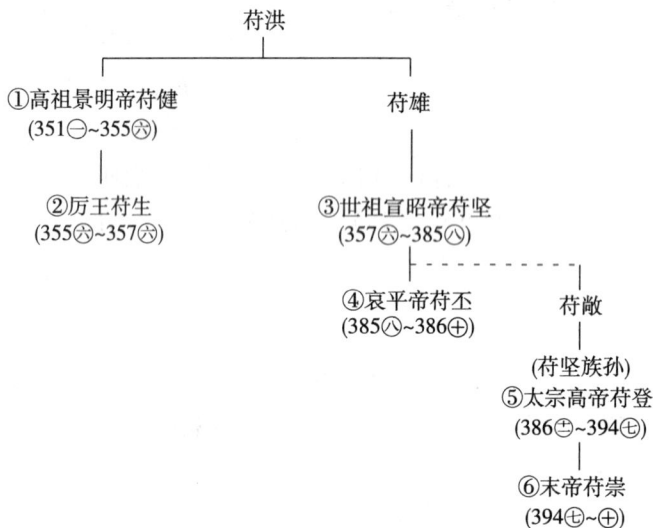

[秦]

（352 年正月～五月）

秦王张琚（352 年正月～五月）

[按]据《资治通鉴》卷九十九：永和八年正月，"杜洪、张琚屯宜秋（今陕西省泾阳西

北）。洪自以右族轻琚，琚遂杀洪，自立为秦王，改元'建昌'"。"五月，（前）秦主（苻）健攻张琚于宜秋，斩之。"

［屠 各 胡］

（362 年）

屠各，又作休屠、休屠各、休著屠各等，为匈奴的一支，活动在今甘肃省武威等地。东汉末年，匈奴大量内迁，与他族广泛融合，形成诸多新的分支。《晋书·匈奴传》云："北狄以部落为类，其入居塞者有屠各种、鲜支种、寇头种、乌谭种、赤勒种、捍蛭种、黑狼种、赤沙种、郁鞞种、萎莎种、秃童种、勃蔑种、羌渠种、贺赖种、钟跂种、大楼种、雍屈种、真树种、力羯种，凡十九种。"（据后世学者研究，以上十九种不全属匈奴，有附会其中。）屠各胡为匈奴休屠王的后裔，这是汉化程度最深的一支匈奴。隆和元年（362），其族人张罔起兵，称大单于。然不久即为前秦所灭。

大单于张罔（362 年）

［按］据《晋书·苻坚载记》："屠各张罔聚众数千，自称大单于，寇掠郡县。（苻）坚以其尚书邓羌为建节将军，率众七千讨平之。"

圣王李弘（370 年八～九月）　　　　　　　　　　　　　　　　　　　（年号：凤凰）

［按］据《资治通鉴》卷一〇二：太和五年（370）八月，"广汉妖贼李弘，诈称汉归义侯（李）势之子，聚众万余人，自称圣王，年号'凤凰'"。九月，"梓潼太守（周）虓（xiāo）讨（李）弘，皆平之"。

［蜀］

（374 年五～九月）

蜀王张育（374 年五～九月）

［按］据《资治通鉴》卷一〇三：宁康二年（374）"五月，蜀人张育、杨光起兵击秦，有众二万……张育自号蜀王，与巴獠酋帅张重、尹万万余人进围成都。六月，育改元'黑龙'。秋，七月，张育与张重等争权，举兵相攻，（前）秦杨安、邓羌袭育，败之，育与杨光退屯绵

竹"。"九月，杨安败张重、尹万于成都南，（张）重死，斩首二万三千级。邓羌击张育、杨光于绵竹，皆斩之。益州复入于秦。"

后　燕

（384 年正月~407 年七月）

后燕为鲜卑的一支——慕容鲜卑所建。太元九年（384），慕容垂称燕王，建制改元，史称"后燕"（"后燕"之称源自崔鸿《十六国春秋》之《后燕录》，以别于"前燕"、"西燕"、"南燕"、"北燕"）。都中山（今河北省定州）。踞今河北、山东、山西及河南、辽宁部分地区。至建始元年（407）为北燕所亡。历七主，凡二十四年。

世祖武成帝慕容垂（384 年正月~396 年四月）

［按］字"道明"（一说字"叔仁"）；又名"霸"，字"道业"。前燕开国国主慕容皝（huàng）第五子。前燕时，以战功受封吴王。建熙十年（369），因与太傅慕容评不协，恐被诛，投前秦。次年，助前秦灭前燕。淝水战前秦大败，他乘机复国。自称大将军、大都督、燕王，改年号为"燕元"，史称其政权为"后燕。"燕元三年（386）称帝，改元"建兴"，定都中山，据幽、冀、平诸州。先后败前秦，破翟魏，灭西燕，成为当时北方的强国。后攻北魏，未获胜，病卒于返兵途中。葬宣平陵，谥"武成皇帝"，庙号"世祖"。子慕容宝嗣立。

烈宗惠愍帝慕容宝（396 年四月~397 年五月）

［按］字"道祐"。为慕容垂第四子。拥父称帝，被立为皇太子。父卒继立，改元"永康"。翌年，为北魏所攻，都城中山被围。慕容宝弃中山奔龙城（今辽宁省朝阳），中山城中无主，开封公慕容详自谓能御北魏兵，乃于五月即位改元。

慕容详（397 年五~七月）

［按］原受封为开封公。慕容宝为北魏所攻，弃都城中山而奔龙城，中山城中无主，慕容详自谓能御敌兵，乃即帝位，置百官，改元"建始"。因其嗜酒滥杀，上下离心，七月，被赵王慕容麟所杀。

慕容麟（397 年七~十月）

［按］为慕容垂子。父在位时被封赵王。率兵入中山杀慕容详称帝，改元"延平"（一作"建平"）。继为北魏所攻，十月，魏军攻入中山，他逃奔邺（今河北省临漳西南），投范阳王慕容德。复称赵王，第二年为慕容德所杀。

慕容宝（397 年十月~398 年四月）

［按］慕容宝南返，欲复故地。然中山已陷北魏，未及收复，仍退保龙城，翌年三月，

顿丘王兰汗占领龙城，慕容宝轻骑南走，四月，兰汗假意迎宝，引慕容宝入龙城外邸而杀之。终年四十四岁。兰汗称王改元，谥慕容宝曰"灵帝"。慕容盛登基后，改谥"惠愍皇帝"，庙号"烈宗"。

兰汗（398年四~七月）

[按] 为慕容盛妃之父。原官尚书，封顿丘王。永康三年（398）二月，慕容宝欲复故地未成，退保龙城，兰汗阴结段连骨，引兵营龙城东，三月，攻下龙城，慕容宝轻骑南走。入城后，兰汗杀段连骨。四月，假意迎慕容宝入龙城外邸而杀之，遂自称大都督、大将军、大单于、昌黎王，改元"青龙"。七月，被慕容宝子慕容盛所杀。

中宗昭武帝慕容盛（398年十月~401年八月）

[按] 字"道运"。为慕容宝庶长子。初封长乐公，后进爵为王。因父被兰汗所杀，起兵攻杀兰汗。以长乐王称制，改元"建平"。十月，即帝位。因其性多猜忌，又威刑重惩，朝臣人不自保。长乐三年（401）八月，宫廷躁变，被创而卒。年二十九岁。下月，葬兴平陵（在今辽宁省朝阳西北）。谥"昭武皇帝"，庙号"中宗"。

昭文帝慕容熙（401年八月~407年七月）

[按] 字"道文"。一名"长生"。为慕容垂少子，慕容宝弟，慕容盛叔。初封河间王。其侄被杀后，为太后丁氏立为帝，改元"光始"。建始元年（407）七月，为北燕慕容云（高云）所杀。终年二十三岁。葬徽平陵（在今辽宁省朝阳西北）。后燕亡。追谥"昭文皇帝"。

后 燕 世 系

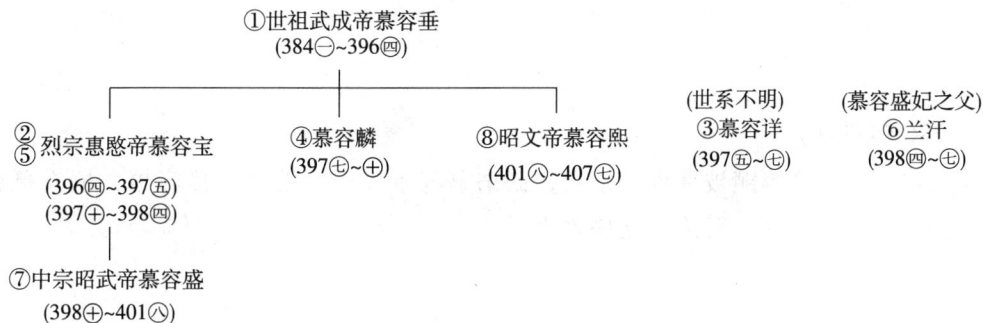

①世祖武成帝慕容垂
（384㊀~396㊃）

②⑤烈宗惠愍帝慕容宝
（396㊃~397㊄）
（397㊉~398㊃）

④慕容麟
（397㊆~㊉）

⑧昭文帝慕容熙
（401㊇~407㊆）

（世系不明）
③慕容详
（397㊄~㊆）

（慕容盛妃之父）
⑥兰汗
（398㊃~㊆）

⑦中宗昭武帝慕容盛
（398㊉~401㊇）

西 燕

（384年四月~394年八月）

西燕为鲜卑的一支——慕容鲜卑所建。建熙十一年（370），前燕为前秦所亡，其主慕容晲（wěi）被执。至建元十九年（383），前秦与东晋发生淝水之战，前秦大败。慕容晲弟慕容泓乘机起兵攻前秦都城长安，改元"燕兴"，史称此政权为"西燕"（因地处"后燕"、"南燕"、"北燕"之西。有学者认为西燕政权应从下年慕容冲称帝始）。踞今山西一带。西燕虽仅坚持十年，于中兴九年（394）为后燕所亡，然却中历七主。其中有一年（386），更换了六主。

慕容泓（384 年四～六月）

［按］为前燕国主慕容晲弟。前燕为前秦亡后，慕容泓随兄被执送长安。后乘前秦大败于淝水之机，收集鲜卑部众，起兵复国。建元二十年（384），据华阴（今陕西省华阴东南），败前秦军，势盛。自称都督陕西诸军事、大将军、雍州牧、济北王，建年号"燕兴"，史称"西燕"。众至十余万，向长安进发。因持法苛峻，引起部下不满，是年六月，为谋臣高盖所杀。立其弟慕容冲。

威帝慕容冲（384 年六月～386 年二月）

［按］为慕容泓弟。初封中山王。兄为高盖杀后立之。时称皇太弟，承制行事，置百官。进逼长安。次年（385）正月，即帝位于阿房，改元"更始"。六月，攻入长安。十月，伐后秦。下年（386）二月，被部将韩延所攻杀。子瑶即位后，谥"威皇帝"。

段随（386 年二～三月）

［按］为慕容冲部将。慕容冲被杀后立之。改元"昌平"。逾月，为仆射（yè）慕容恒、尚书慕容永所袭杀，立宜都王子慕容觊（yǐ）。

慕容觊（386 年三月）

［按］又作"慕容觊"。为宜都王慕容桓之子。段随被杀后立之。改元"建明"。率三十余万鲜卑众离长安东归。为护军将军慕容韬诱杀于临晋（今陕西省大荔东南）。慕容瑶继位。

慕容瑶（386 年三月）

［按］为慕容冲子。慕容觊被慕容韬杀后，尚书慕容永攻韬，韬败奔慕容恒，恒立慕容瑶为帝，改元"建平"。旋被慕容永所杀，立慕容忠。

慕容忠（386 年三～六月）

［按］为慕容泓子，慕容瑶堂兄。堂弟被杀后立之。改元"建武"。率众至闻喜，筑燕熙城以居。旋为武卫将军刁云所杀。刁云拥慕容永立。

慕容永（386 年六月～394 年八月）

［按］字"叔明"。为慕容廆（wěi）族孙。慕容忠被杀后拥其为使持节、大都督、中外诸军事、大将军、大单于、雍秦梁凉四州牧、录尚书事、河东王。继续东归，败前秦军于襄陵。十月，进据长子（今山西省长治南），即帝位，改元"中兴"。中兴五年（390），攻晋洛阳，败。九年（394），为后燕所攻，八月，长子城破，被杀。西燕亡。

西 燕 世 系

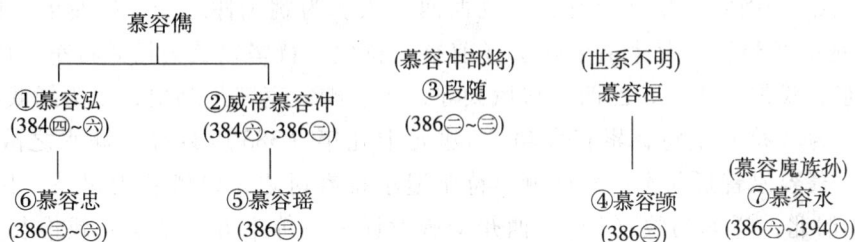

慕容儁
①慕容泓　②威帝慕容冲　(慕容冲部将)　(世系不明)
(384四~六)　(384六~386二)　③段随　慕容桓
　　　　　　　　　　　　　(386二~三)
⑥慕容忠　⑤慕容瑶　　　　　④慕容颛　(慕容廆族孙)
(386二~六)　(386二)　　　　　(386三)　⑦慕容永
　　　　　　　　　　　　　　　　　　(386六~394八)

后 秦

（384 年四月～417 年八月）

后秦为羌族的一支——烧当羌后裔所建政权。羌在殷商时已出现。据东汉应劭的解释："主牧羊。故'羌'字从羊、人，因以为号"（《风俗通》）。最早见于甲骨卜辞，作"羌方"。时有两大部落："北羌"和"马羌"。大体活动在今甘、陕一带。后迁徙，依地区与特征有牦牛种越巂（xī）羌、白马种广汉羌、参狼种武都羌等部；属于别部的还有先零、当煎、牢姐、发羌、唐旄（máo）等部。魏晋时，入居内地。后秦即为烧当羌人姚苌脱离前秦统治所建。改长安为常安而都之。踞今陕、甘、宁、晋部分地区。历三主，至永和二年（417）八月，亡于东晋。

有学者认为，早在姚苌之前，其父姚弋仲即于永嘉六年（312）建政，其标志是，自称"护西羌校尉、雍州刺史、扶风公"（见《中国历代各族纪年表》）。然他不久即附前赵刘曜，受封"平西将军、平襄公"。后又投后赵，石虎在位时，被任十郡六夷大都督、冠军大将军，受重用，参与决策；石祗即位（350），任右丞相。后赵亡，又降东晋，并未独立建政。

至于到其子姚襄时，初附晋，据《晋书·姚襄载记》："晋处襄于谯城。"后又"迁襄于梁国蠡（lǐ）台，表授梁国内史"。至永和十年（354），"姚襄遣使降燕"（见《资治通鉴》卷九十九）。虽一度攻晋洛阳，扬言："吾欲先据洛阳，然后开建大业。"然不仅洛阳"逾月不克"，又被晋军所攻，"率麾下数千骑奔于北山"。后"襄率众西引"，又被苻坚所攻，"战于三原，襄败，为坚所杀，时年二十七，是岁晋升平元年（357）也"。故笔者认为姚弋仲、姚襄时并未建立独立政权，本年表则从姚襄弟姚苌叛前秦（姚苌初附前秦）称秦王并改元为始，史称"后秦"。

姚苌称"秦"，源其势壮时所称"秦王"，正如他的关内侯古成诜所言："三秦，天府之国，主上十分已有八。"（《晋书·姚苌载记》）与"苻秦"争夺"秦帝"之位。至于史称"后秦"，乃源于崔鸿《十六国春秋》之《后秦录》，以别于"前秦"与"西秦"。另有以姓氏称为"姚秦"，见《梁书·元帝纪》："斩姚秦而取钟。"以别于"苻秦"与"嬴秦"。

太祖武昭帝姚苌（384年四月~393年十二月）

［按］字"景茂"。南安赤亭（今甘肃省陇西西）人。为姚弋仲之子，姚襄弟。据《晋书·姚苌载记》："及襄死（357），苌率诸弟降于（前秦）苻生。苻坚以苌为扬武将军，历左卫将军、陇东、汲郡、河东、武都、武威、巴西、扶风太守，宁、幽、兖三州刺史，复为扬武将军，步兵校尉，封益都侯。为（苻）坚将，累有大功。"建元十九年（383）秦晋"淝水之战"，苻坚遭惨败，下年四月，慕容泓首叛前秦，建西燕。苻坚遣子苻睿讨之，以姚苌为司马。兵败苻睿死，姚苌惧之，"奔于渭北，遂如马牧（泽）。西州豪族尹详……等率五万余家，咸推苌为盟主……以太元九年（384）自称大将军、大单于、万年秦王，大赦境内，年号'白雀'，称制行事"。次年，执杀不可一世的前秦宣昭帝苻坚。继而，"以太元十一年（386）（姚）苌僭即皇帝位于长安，大赦，改元曰'建初'，国号'大秦'，改长安曰常安。"史称"后秦"。继又略地秦州，攻阴密。据《十六国春秋·后秦录》（《太平御览》卷一二三引），姚苌卒于建初八年（393）十二月。年六十四岁。葬原陵（在今陕西省高陵县灰堆坡村）。谥"武昭皇帝"，庙号"太祖"。子姚兴嗣立。

高祖文桓帝姚兴（394年五月~416年二月）

［按］字"子略"。为姚苌长子。建初元年（386）被立为皇太子。九年（394）五月，即位于槐里（今陕西省兴平东南），改元"皇初"。在位期间，后秦势盛。皇初六年（399）九月，改元"弘始"（一作"洪始"）。他倡儒兴佛，曾邀西域名僧鸠摩罗什到长安讲学、译经，对后世影响很大。弘始十八年（416）二月，病卒。年五十一岁。葬偶陵（在今陕西省高陵县麦张村）。谥"文桓皇帝"，庙号"高祖"。子姚泓嗣立。

后主姚泓（416年二月~417年八月）

［按］字"元子"。为姚兴长子。弘始四年（402），受立皇太子。父卒继立。改元"永和"。次年八月，受晋攻，举国降晋，后秦亡。送姚泓至建康，斩于市。

后 秦 世 系

①太祖武昭帝姚苌
（384㊃~393㊋）
|
②高祖文桓帝姚兴
（394㊄~416㊁）
|
③后主姚泓
（416㊁~417㊇）

西 秦

（385 年九月～400 年七月）

（409 年七月～431 年正月）

西秦为乞伏鲜卑所建。"乞伏"，鲜卑语，有学者解为"儿童"之意（见白鸟库吉《东胡民族考》）。乞伏鲜卑为鲜卑的一支，原居漠北，约在东汉时期迁至阴山一带，后由河套迁至陇西，故史又称作"陇西鲜卑"。

关于乞伏鲜卑的建政，有学者认为始于乞伏司繁（见《中国历代各族纪年表》）。然据《晋书·乞伏国仁载记》：乞伏司繁时，"寻为（前秦）苻坚将王统所袭，部众叛降于（王）统。司繁叹谓……乃诣（王）统降于（苻）坚。（苻）坚大悦，署为南单于，留之长安"。并领兵为苻坚征讨鲜卑勃寒。直到其子乞伏国仁，方"以孝武太元十年（385）自称大都督、大将军、大单于、领秦河二州牧，建元曰'建义'。……置武城、武阳、安固、武始、汉阳、天水、略阳、洮川、甘松、匡朋、白马、苑川十二郡，筑勇士城（今甘肃省榆中大营川）以居之"。史家称此政权为"西秦"，本年表依此作为乞伏鲜卑立国之始。都苑川（即"勇士城"）。盛时有今甘肃大部和青海部分地区。史籍未明确记载其政权名号，史称为"秦"，来自乞伏乾归所称"秦王"，乃所踞"秦州"之地。至于"西秦"之称，则据崔鸿《十六国春秋》之《西秦录》，因其在"前秦"、"后秦"之西。历四主，于永弘四年（431）亡于大夏（其中，在第二代乞伏乾归时，自太初十三年［400］，失国八年，至更始元年［409］复国）。

烈祖宣烈王乞伏国仁（385 年九月～388 年六月）

［按］据《晋书·乞伏国仁传》：传说乞伏氏远祖为纥干，"四部服其雄武，推为统主，号之曰乞伏可汗讬铎莫何"。其传承关系为：纥干—祐邻（泰始初，率户五千迁于夏缘，部众稍盛；又并鲜卑鹿结七万余落，居于高平川）—结权（徙于牵屯）—利那—祁埋（bàn）—述延（破鲜卑莫侯于苑川，因居苑川）—傉大寒—司繁（迁度坚山，降苻坚）—国仁。乞伏国仁为乞伏司繁子。初随父附前秦苻坚。苻坚攻晋，为前将军。淝水战，苻坚大败，他乘机领众返陇西。建元二十一年（385）九月自立，改元，置郡，建城。在位四年卒。谥"宣烈王"，庙号"烈祖"。群臣立其弟乞伏乾归继位。

高祖武元王乞伏乾归（388 年六月～400 年七月）（409 年七月～412 年八月）

［按］为乞伏国仁弟。兄卒，被群臣推立，称大都督、大将军、大单于、河南王。迁都金城（今甘肃省兰州西北）。改元"太初"。经征战，尽有陇西、巴西之地。太初十三年（400）七月，为后秦姚兴所败，投奔南凉秃发利鹿孤，八月，降于后秦。失国八年。晋义熙五年（409）七月，乘后秦内乱复国，称"秦王"，改元"更始"。复都苑川。更始四年（412）八月，为侄乞伏公府所杀。葬枹罕陵（在今甘肃省临夏附近）。追谥"武元王"，庙号"高祖"。

太祖文昭王乞伏炽磐（412 年八月～428 年五月）

[按] 又作"乞伏炽盘"。为乞伏乾归长子。太初六年（393），立为太子。其父被乞伏公府所杀，乃领兵杀公府，嗣位。称大将军、河南王，迁都枹罕（今甘肃省临夏东北），改元"永康"。及卒。葬武平陵（在今甘肃省临夏附近）。谥"文昭王"，庙号"太祖"，子乞伏暮末立。

后主乞伏暮末（428 年五月～431 年正月）

[按] 又作"乞伏慕末"。字"安石跋"。为乞伏炽磐子。建弘元年（420）立为太子。父卒继立。改元"永弘"。永弘四年（431）正月，为夏所破，降，后被杀。西秦亡。

西 秦 世 系

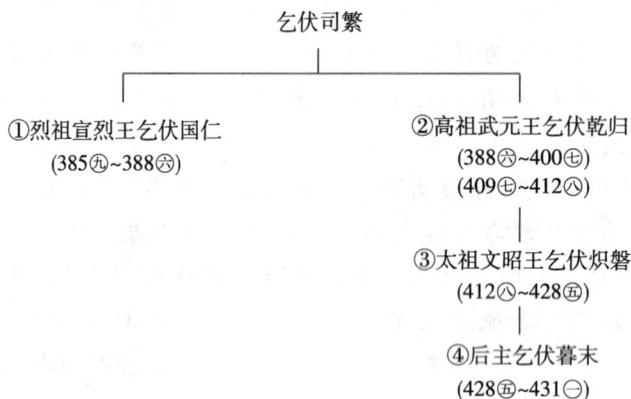

乞伏司繁

①烈祖宣烈王乞伏国仁
（385⑨～388⑥）

②高祖武元王乞伏乾归
（388⑥～400⑦）
（409⑦～412⑧）

③太祖文昭王乞伏炽磐
（412⑧～428⑤）

④后主乞伏暮末
（428⑤～431⊖）

后 仇 池 国

（385 年十一月～442 年闰五月）

见"前仇池"说明。自杨定重建仇池，史家称为"后仇池"。辖地较前仇池有所扩大，约有今川西北、陕南、甘东南等地。都历城（今甘肃省西和北）。至元嘉十九年（442）被宋亡。历五主，凡五十八年。

武王杨定（385 年十一月～394 年十月）

[按] 据《宋书·氐胡传》：杨定为前仇池主杨毅的侄孙。其祖父杨宋奴在内讧中被杀，其父杨佛奴逃关中，投前秦苻坚，苻坚以女妻杨定，"以（杨）定为尚书、领军将军……（苻）坚死，（杨定）乃将家奔陇右，徙治历城，城在西县界，去仇池百二十里。置仓储于百顷，招合夷、晋，得千余家，自号龙骧将军、平羌校尉、仇池公，称蕃于晋孝武帝，孝武帝即以其自号假之。（杨定）求割天水之西县、武都之上禄为仇池郡，见许（《资治通鉴》卷一〇六记在太元十年［385］十一月）。（太元）十五年（390）……进平天水略阳郡，（杨定）遂有秦州之地，自号陇西王。至十九年（394），攻陇西虏（即西秦）乞伏乾归，（杨）定军败见杀……谥（杨）定为武王"。《资治通鉴》记在十月。

惠文王杨盛（394 年十月 ~ 425 年六月）

［按］据《宋书·氏胡传》：为杨佛狗之子，杨定堂弟。"（杨）定军败见杀，无子。（杨）佛狗子（杨）盛先为监国，守仇池，袭位，自号使持节、征西将军、秦州刺史、平羌校尉、仇池公……永初三年（422），改封武都王……（杨）盛嗣位三十年（实为"三十一年"），（晋）太祖元嘉二年（425）六月卒，时年六十二，私谥曰惠文王。"

孝昭王杨玄（425 年六月 ~ 429 年六月）

［按］据《宋书·氏羌传》：字"黄眉"。为杨盛长子。父卒继立。"自号使持节、都督陇右诸军事、征西大将军、开府仪同三司、平羌校尉、秦州刺史、武都王……（元嘉）六年（429）六月，（杨）玄卒，私谥曰孝昭王"。

杨保宗（429 年七月）

［按］一名"羌奴"。为杨玄子。据《资治通鉴》卷一二一：元嘉六年（429）七月，"武都孝昭王杨玄疾病，欲以国授其弟（杨）难当。难当固辞，请立玄子（杨）保宗而辅之，玄许之。玄卒，保宗立。难当妻姚氏劝难当自立，难当乃废保宗（自立）"。

杨难当（429 年七月 ~ 442 年闰五月）

［按］据《宋书·氏胡传》：为杨玄弟，杨保宗叔。杨玄死后立其子保宗，旋废保宗自立。"号使持节、都督雍凉诸军事、秦州刺史、平羌校尉、武都王……（元嘉）十三年（436）三月，难当自立为大秦王，号年曰建义，立妻为王后，世子为太子，置百官，具拟天朝，然犹奉（宋）朝廷，贡献不绝……（十七年）降大秦王复为武都王"。十九年（442）闰五月，南朝宋军攻仇池，"大破之。于是，（杨）难当将妻子奔索虏（即北魏）……初，难当遣第二子（杨）虎为镇南将军、益州刺史，守阴平。闻父走，逃还，至下辩（今甘肃省成县西）。（宋将）方明使子肃之追之，生擒（杨）虎，传送京师，斩于建康市，仇池平。（宋）以辅国司马胡崇之为龙骧将军、秦州刺史、平羌校尉，守仇池"。标志后仇池的灭亡。

后仇池国世系

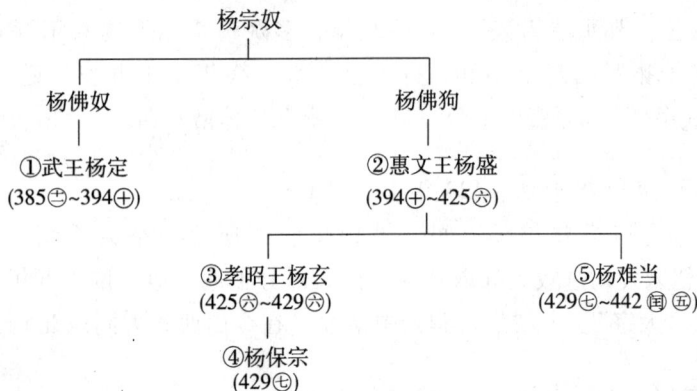

```
                        杨宗奴
              ┌───────────────┴───────────────┐
          杨佛奴                            杨佛狗
          ①武王杨定                        ②惠文王杨盛
          (385㊀~394㊉)                     (394㊉~425㊅)
                              ┌───────────────┴───────────────┐
                          ③孝昭王杨玄                        ⑤杨难当
                          (425㊅~429㊅)                     (429㊅~442㊉㊄)
                              │
                          ④杨保宗
                          (429㊅)
```

北　魏

（386 年正月～534 年闰十二月）

　　北魏为鲜卑的一支——拓跋鲜卑所建。拓跋鲜卑曾建代国，北魏的创立者拓跋珪（guī）即代昭成帝拓跋什翼犍嫡孙。代于建国三十九年（376）亡于前秦。前秦将代民分为两部，分别由刘库仁、刘卫辰管辖。拓跋珪年幼时随母依刘库仁，及长，乘淝水之战前秦大败之机，于太安二年（386）正月，集旧部于牛川（今内蒙古呼和浩特西南），袭代王位，改元"登国"，徙居盛乐（今内蒙古和林格尔西北土城子遗址），四月，改称魏王，国号"魏"。皇始三年（398），徙都平城（今山西省大同）。太延五年（439），灭北凉，结束十六国分立局面，统一了北方。太和十九年（495），迁都洛阳。实行历史上著名的"魏孝文帝改革"，并改姓氏"拓跋"为"元"。拓跋珪建政，国号称"魏"，事先乃有一番辩论。据《魏书·太祖纪》："诏有司议定国号……臣等以为若取长远，应以'代'为号。"即沿袭先祖所建之"代"。而吏部尚书崔宏力主称"魏"，他说："'代'虽旧邦，其命维新，'登国'之初，已更曰'魏'。夫'魏'者，大名，神州之上国也，宜称'魏'如故。"（见《资治通鉴》卷一一〇）拓跋珪于登国初称"魏"，乃其发迹地为战国七雄之魏地也。后世史家一般称其为"北魏"，是为与"东魏"、"西魏"等区别。另还有称"后魏"者，隋时魏澹曾著有《后魏书》（今佚），以别于三国时之"曹魏"，因"曹魏"史不称"前魏"，故"后魏"之称在史作中少用。还有以姓氏称之为"拓跋魏"、"元魏"，如《隋书·突厥传》："（回纥）元魏时亦号高车部。"盛时疆域北至蒙古高原，西达新疆东部，东北至辽西，南境初以黄河为界，进而跨有淮南地。至永熙三年（534）分裂为东、西魏。北魏历十六帝，凡一百四十八年。

太祖道武帝拓跋珪（386 年正月～409 年十月）

　　［按］名亦作"涉珪"、"涉圭"。为代昭成帝拓跋什翼犍嫡孙，拓跋寔之子。原依刘库仁，太安二年（386）正月称代王，改元"登国"，四月，改称魏王，国号"魏"。登国十一年（396）七月，建天子旌旗，改元"皇始"。皇始三年（398）七月，迁都平城，营宫室，建宗庙，立社稷。十二月，即帝位，改元"天兴"。后期政暴，多疑嗜杀。天赐六年（409）十月，欲立齐王拓跋嗣为太子，而次子拓跋绍与嗣不和，夜入宫杀珪。终年三十九岁。谥"宣武皇帝"，庙号"烈祖"；后改谥"道武皇帝"。葬盛乐金陵（在今内蒙古和林格尔西北）。拓跋嗣杀绍继立。

太宗明元帝拓跋嗣（409 年十月～423 年十一月）

　　［按］字"木末"。为拓跋珪长子。闻父被弟拓跋绍所杀，举兵杀绍，即帝位，改元"永兴"。在位期间，对南朝宋发动进攻，夺取黄河以南大部分土地。他在位十五年卒。终年三十二岁。谥"明元皇帝"，庙号"太宗"。十二月，葬云中金陵（在今山西省大同东北）。太子拓跋焘继位。

世祖太武帝拓跋焘（423 年十一月～452 年三月）

　　［按］小名"佛貍"。为拓跋嗣长子。泰常七年（422）被立为皇太子。父卒继立。太延二年

（436），灭北燕。五年（439），灭北凉。统一北方，结束十六国分裂局面。在位时曾禁佛。后为宦官宗爱所杀。终年四十五岁。谥"太武皇帝"，庙号"世祖"。葬云中金陵。拓跋余立。

南安王拓跋余（452年三～十月）

[按] 又名"可博真"。拓跋焘少子。初封吴王，后改南安王。正平二年（452）三月（《晋书·世祖纪》记为三月，《资治通鉴》卷一二六记为二月），宦官宗爱杀拓跋焘，迎其为帝，改元"承平"（一作"永平"）。欲削宗爱权，十月，在夜祭时为宗爱所遣小黄门贾周所杀。他被立方二百余日。拓跋濬（jùn）杀宗爱继立。

高宗文成帝拓跋濬（452年十月～465年五月）

[按] 字"乌雷直勒"。为拓跋焘孙，拓跋晃子，拓跋余侄。其叔被宗爱杀后，南部尚书陆丽等迎其即位，杀宗爱，改元"兴安"。在位十四年，卒。终年二十六岁。谥"文成皇帝"，庙号"高宗"。葬云中金陵，太子拓跋弘继立。

显祖献文帝拓跋弘（465年五月～471年八月）

[按] 字"万民"。为拓跋濬长子。三岁时被立为皇太子。父卒继立。在位七年，为冯太后所逼，禅位于太子拓跋宏（元宏），被尊为太上皇，仍预国事。延兴六年（476）六月，为冯太后毒杀。终年二十三岁。谥"献文皇帝"，庙号"显祖"。葬云中金陵。

高祖孝文帝元宏（471年八月～499年四月）

[按] 原名"拓跋宏"。为拓跋弘长子。自幼为冯太后抚养。皇兴三年（469），立为皇太子。受父禅即位，改元"延兴"，尊父为太上皇，国事仍奏父。及父卒，尊冯太后为太皇太后，临朝听政。太和十四年（490），太后卒，始亲政。在位期间，实行历史上著名的"魏孝文帝改革"，其中，改鲜卑姓为汉姓，诏曰："北人谓'土'为'拓'，'后'为'跋'。魏之先出于黄帝，以土德王，故为'拓跋氏'。夫'土'者，黄中之色，万物之元也，宜改姓'元氏'。"十七年（493），迁都洛阳。二十三年（499），举兵南下，患疾，四月，北返途中卒于谷塘原行宫。终年三十三岁。谥"孝文皇帝"，庙号"高祖"。葬长陵（在今河南省孟津县官庄村东邙山南麓）。太子元恪继立。

世宗宣武帝元恪（499年四月～515年正月）

[按] 为元宏次子。太和二十一年（497），立为皇太子。父卒即位于鲁阳，由叔父元禧及禧弟元勰（xié）辅政。在位时，北魏政局稳定，经济繁荣，洛阳已成为国际性商业大都市。他生活腐化，笃信佛教，广建寺院，加重了人民的负担。在位十七年，卒于洛阳式乾殿。终年三十三岁。谥"宣武皇帝"，庙号"世宗"。葬景陵（在今河南省洛阳北郊冢头村邙山南麓，当地建有古墓博物馆）。太子元诩继立。

文景帝元愉（508年八～九月）

[按] 字"宣德"。为元宏第四子，元恪弟。初封京北王，拜都督、徐州刺史。兄元恪即位后，为护军将军，迁中书监。曾因竞慕奢丽，贪纵不法，受元恪杖罚，出为冀州刺史。乃心中不满，潜怀异志。永平元年（508）八月，杀长史羊灵引及司马李遵，设坛于信都（今河北省冀州）之南，即帝位，改元"建平"。元恪以尚书李平为都督北讨诸军、行冀州事以讨元愉。九

月，李平攻入信都，元愉逃走，被执，送洛阳，行至野王（今河南省沁阳），为尚书令高肇密使人杀害。后，其子元宝炬立，追谥为"文景帝"。

肃宗孝明帝元诩（515 年正月 ~ 528 年二月）

［按］元诩（xǔ）为元恪次子。延昌元年（512），立为皇太子。父卒继立。时年六岁。母胡太后临朝听政。正光四年（523），爆发六镇各族大起义。孝昌元年（525），借柔然兵讨赵义军，兵权落入尔朱荣之手。他随年岁增长，渐与母后争权，最终被母后毒死。终年十九岁。谥"孝明皇帝"，庙号"肃宗"。葬定陵（在今河南省孟津县西山岭头后沟村邙山南麓）。

敬宗孝庄帝元子攸（528 年四月 ~ 530 年十二月）

［按］元子攸（yōu）为拓跋弘孙，彭城王元勰之子，元诩的堂叔父。原封长乐王。元诩被毒死后，胡太后立元诩女（诈言皇子）为帝；旋又废立，又立年仅三岁元钊（元宏孙）为帝。尔朱荣不承认，起兵晋阳。四月，元子攸从洛阳潜出，在河阳（今河南省孟县）会尔朱荣，即帝位。尔朱荣兵入洛阳，执太后及元钊至河阴（今河南省洛阳东北），沉于黄河。永安二年（529）四月，北海王元颢在睢阳称帝，五月，攻入洛阳，元子攸逃往黄河北。闰六月，尔朱荣兵入洛阳，杀元颢。元子攸还洛阳。三年（530）八月，杀大权独揽的尔朱荣。十月，尔朱荣堂弟尔朱世隆、尔朱兆等拥东海王元晔称帝。十二月，攻入洛阳，将元子攸缢杀。终年二十四岁。先谥"武怀皇帝"，后改谥"孝庄皇帝"，庙号"敬宗"。葬静陵（在今河南省洛阳北郊上寨村南邙山南麓）。

北海王元颢（529 年四 ~ 闰六月）

［按］字"子明"。为拓跋弘孙，北海王元详子，元子攸堂弟。永平二年（509），袭封北海王。北魏内乱时，于永安二年（529）四月，在睢阳（今河南省商丘南）即位，改元"孝基"。五月，攻入洛阳，改元"建武"。闰六月，为尔朱荣所攻，败，洛阳失守，被杀。

汝南王元悦（530 年六月 ~ 532 年十二月）

［按］为元宏子，元恪弟。景明四年（503），封汝南王。北魏内乱，投梁。永安三年（530）六月，在梁支持下称魏王，改元"更兴"。继北进。更兴三年（532）十二月，为魏孝武帝元修所杀。

东海王元晔（530 年十月 ~ 531 年二月）

［按］字"华兴"，小字"盆子"。为拓跋宏堂侄，扶风王元怡子。永安三年（530）八月，孝庄帝元子攸杀权臣尔朱荣，十月，尔朱荣堂弟尔朱世隆、尔朱兆等拥元晔为帝，改元"建明"。十二月，攻入洛阳，杀元子攸。翌年二月，他为尔朱世隆等所逼，禅位于广陵王元恭，受封东海王。太昌元年（532）十一月，坐事赐死。

节闵帝元恭（531 年二月 ~ 532 年四月）

［按］字"修业"。为拓跋弘孙，广陵王元羽子。在权臣尔朱世隆的威逼下，受元晔禅位而立。是年六月，尔朱兆部将高欢起兵信都（今河北省枣强东北）讨尔朱氏集团。十月，高欢立元朗为帝，改元"中兴"，中兴二年（532）四月，高欢军入洛阳翦除尔朱氏。幽元恭于崇训寺。五月，被毒死。终年三十五岁。谥"节闵皇帝"。

废帝元朗（531 年十月～532 年四月）

［按］字"仲哲"。为章武王元融（拓跋晃曾孙）之子。在信都被高欢立为帝，改元"中兴"。朝政由高欢总揽。第二年四月，高欢入洛阳，以元朗世系关系不近，逼其禅位，而立元修，封元朗为安定王。十一月，被杀。终年二十岁。葬邺（今河北省临漳）西南野马岗。

孝武帝元修（532 年四月～534 年闰十二月）

［按］字"孝则"。为元宏孙，广平王元怀子。为权臣高欢废元朗而立之。即位后，与高欢抗衡。永熙三年（534）七月，讨高欢未成，由洛阳西逃长安，受关西大都督宇文泰迎立，宇文泰转揽朝政。十月，高欢又立元善见为帝。从此，北魏分立东、西两帝。未几，元修又与宇文泰不协，闰十二月，被其毒杀。终年二十五岁。谥"孝武皇帝"。葬云陵（在今陕西省富平附近）。次年正月，元宝炬即位，史为"西魏"之始。

北 魏 世 系

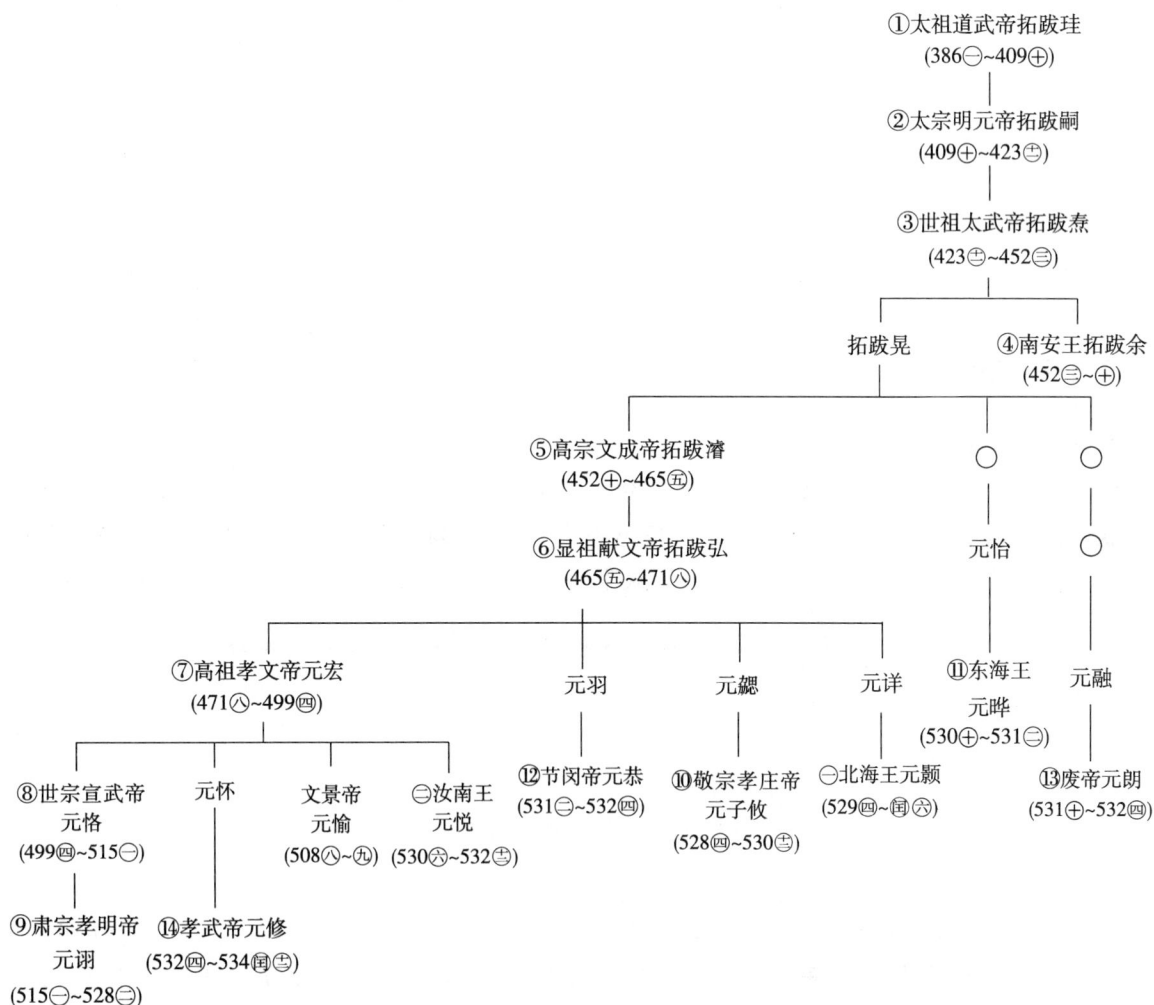

［凉］

（386 年二月～387 年八月）

张大豫（386 年二月～387 年八月）

［按］为前凉末主张天锡之子。升平二十年（376）八月，前凉降前秦，他随父被执往前秦。太元八年（383）十月，前秦与东晋发生淝水之战，前秦大败，其父遂投东晋。张大豫为长水校尉王穆所匿，投奔河西。至太安元年（386），已拥众数万。二月，攻姑臧（今甘肃省武威）。据杨坞（在姑臧城西），自称抚军将军、凉州牧，改元"凤凰"，置百官。十一月，自西郡入临洮（今甘肃省岷县），保据俱城。次年七月，临洮被后凉吕光攻破奔广武（今甘肃省永登东南）。八月，被广武人执送姑臧，斩之。

［卢 水 胡］

（386 年三～四月）

卢水胡原为匈奴的一支。以世居卢水（卢溪水，在今青海省西宁西）而得名。魏晋后，移牧于武威、陇东、渭北一带。太元十一年（386），郝奴称帝于长安，旋为后秦所攻，降。

郝奴（386 年三～四月）

［按］原为卢水胡首领。太元十一年（386）三月，乘西燕主慕容冲率众东讨，长安空虚之机，联合高陵人赵谷攻入长安，遂称帝，任赵谷为丞相，弟郝多为大帅。四月，长安被后秦姚苌所围，出降。隆安二年（398）四月，又率众附北魏。

后 凉

（386 年十月～403 年八月）

后凉为氐族的一支——略阳氐所建政权。关于氐族，可参见"前秦"的说明。略阳氐人吕光于太安二年（386）建政，都姑臧（今甘肃省武威），国号"大凉"，史称"后凉"。踞甘肃北部、新疆南部及宁夏一带。神鼎三年（403），降后秦。历四主，凡十八年。

太祖懿武帝吕光（386 年十月～399 年十二月）

［按］字"世明"。略阳临渭（今甘肃省天水东）人。为前秦太尉吕婆楼子。当地氐族酋长。前秦时，曾任都督西域诸军事，太元八年（383），进军西域，获捷东返，取姑臧，自署凉州刺史、护羌校尉。淝水战后不久，闻苻坚被杀，他于太安二年（386）十月，建元"太安"（一作"大安"）。十二月，自称使持节、侍中、中外大都督、陇右河西诸军事、大将军、凉州牧、酒泉公。太安四年（389）二月，称三河王，改元"麟嘉"。麟嘉八年（396）六月，即天王位，国号称"大凉"；改元"龙飞"。承康元年（399）十二月，病重，禅位于太子吕绍，自号太上皇帝。即卒，终年六十三岁。葬高陵（今甘肃省武威城西）。谥"懿武皇帝"，庙号"太祖"。

隐王吕绍（399 年十二月）

［按］为吕光嫡长子。龙飞元年（396），父即天王位时被立为太子。父病重接禅位而立。未逾月，为吕光庶长子吕纂逼宫而自杀，吕纂夺位，谥其为"隐王"。

灵帝吕纂（399 年十二月～401 年二月）

［按］字"永绪"。为吕光庶长子。夺位而立，改元"咸宁"。后为堂弟吕超所杀。葬白石陵（今甘肃省武威城西）。谥"灵帝"。吕超拥吕隆即位。

后主吕隆（401 年二月～403 年八月）

［按］字"永基"。为吕光弟吕宝子，吕纂堂弟。吕超杀吕纂而立之。改元"神鼎"。神鼎三年（403）八月，姑臧被围，出降后秦。史家以此作后凉亡国之年。吕隆被执往长安，封安定太守。永和元年（416），因反叛被杀。

后 凉 世 系

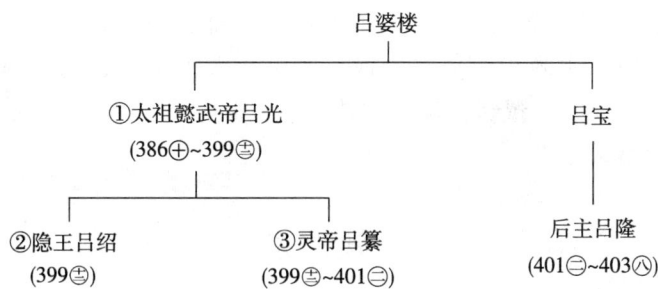

```
                          吕婆楼
            ┌───────────────┴───────────────┐
   ①太祖懿武帝吕光                          吕宝
   (386⊕~399⊜)                              │
      ┌──────┴──────┐                        │
  ②隐王吕绍      ③灵帝吕纂              后主吕隆
   (399⊜)       (399⊜~401⊜)           (401⊜~403⊗)
```

（翟）魏

（388 年二月～392 年六月）

魏为丁零族翟氏所建。丁零，又写作丁灵、钉灵、丁令等，古音"颠连"，自称

655

"狄历"。始见于《史记》，其族源可远溯至春秋时代的赤狄及其前身——殷代的鬼方。赤狄、狄历、敕勒、涉勒、赤勒、高车、丁零等是同一民族在不同时代，或专指，或统谓的不同称号。春秋时，主要分布在贝加尔湖至阿尔泰以北地区。曾附于匈奴，后渐内迁，散居于长城南北地区。东晋十六国时期，内迁的丁零分别受到当时强大的各族政权的统治。咸和五年（330），居住在中山（今河北省定州）一带的丁零人翟斌起兵，至太元十三年（388）二月，翟辽自称魏天王，改元"建光"，史称"翟魏"。本年表依此作为翟氏建国之始。

有学者认为，翟氏建政始于翟斌330年起兵，然历史的事实是：翟斌起兵后，先后投附于后赵、前燕和前秦。建元十九年（383）十月，东晋和前秦发生淝水之战，前秦大败。十二月，翟斌乘机起兵反前秦，时附于前秦的慕容垂也起兵反，两军联合，据《晋书·慕容垂载记》："翟斌闻（慕容）垂之将济河也，遣使推垂为盟主。""斌率众会垂，劝称尊号。""垂引兵至荥阳，以太元八年（383）自称大将军、大都督、燕王，承制行事，建元曰燕元。令称统府，府置四佐，王公已下称臣，凡所封拜，一如王者。以翟斌为建义大将军，封河南王；翟檀为柱国大将军、弘农王。"后，因居功，"翟斌潜讽丁零及西人，请斌为尚书令"。慕容垂云："翟王之功宜居上辅，但台既未建，此官不可便置。待六合廓清，更当议之。"于是，"斌怒，密应符丕，潜使丁零决防溃水。事泄，垂诛之"。可见，翟斌虽起兵，皆附于他政权，并未独立建立政权。翟辽卒后，子翟钊嗣立。定鼎二年（392）六月，亡于后燕。历二主，凡五年。

翟辽（388 年二月 ~ 391 年十月）

［按］原附西燕慕容垂。建兴三年（388）二月，叛西燕，自称魏天王，改元"建光"，置百官。建光四年（391）十月，卒。子翟钊继立。

翟钊（391 年十月 ~ 392 年六月）

［按］为翟辽子。父卒继立，改元"定鼎"。辖地跨七郡，户三万八千。次年（392）二月，攻馆陶，三月，为后燕所败，求救于西燕，未成。六月，败走滑台，与后燕军战于白鹿山，再败，单骑投西燕，翟魏亡。岁余，翟钊谋反，被杀。

（翟）魏世系

①翟辽
(388㊀ ~ 391㊉)

|

②翟钊
(391㊉ ~ 392㊅)

［秦］

（393年六月~394年七月）

秦王窦冲（393年六月~394年七月）

［按］据《资治通鉴》卷一〇八：前秦苻登太初八年（393），“右丞相窦冲矜才尚人，自请封天水王，秦主（苻）登不许。六月，（窦）冲自称秦王，改元元光”。“七月，秦主（苻）登攻窦冲于野人堡，（窦）冲求救于后秦。”后秦“将兵攻胡空堡，（苻）登解（窦）冲围”。次年七月，后秦将强熙、强多投窦冲，后秦发兵讨伐，军至武功（今陕西省扶风东南），强良国杀其兄强多降；强熙奔秦州；窦冲奔汧（qiān）州，为汧川氐人仇高执送后秦。

南　凉

（397年正月~404年二月）
（408年十一月~414年七月）

南凉由鲜卑的一支——秃发鲜卑所建。秃发鲜卑与建北魏的拓跋鲜卑同源。因活动于河西一带，故又称河西鲜卑。据《晋书·秃发乌孤载记》：“鲜卑谓‘被’为‘秃发’，因而氏焉。”钱大昕《廿二史考异》云：“按秃发之先，与元魏同出，‘秃发’即‘拓跋’之转，无二义也。”据传，其先祖为拓跋鲜卑诘汾之长子、拓跋力微异母兄。时因力微母为“天女”，继为首领，而长子不得立，即率众迁至河西。东晋时，其势在后凉东南广武郡（今甘肃省永登东南）一带渐盛。麟嘉六年（394），后凉懿武帝吕光署其首领秃发乌孤为假节、冠南大将军、河西鲜卑大都统、广武郡公。河西一带各族豪门也纷至投靠。龙飞二年（397），摆脱后凉统治，建立政权，史称南凉，见《晋书·安帝纪》：“秃发乌孤自称大都督、大单于，国号南凉。”又有称“拓跋凉”，《隋书·经籍志》记有《托跋凉录》十卷（今佚）。先后都广武、乐都（今青海省乐都）、西平（今青海省西宁）、姑臧（今甘肃省武威）等。踞今甘肃西部及青海西宁一带。弘昌三年（404），臣于后秦，失国四年，至弘始十年（408）复国。嘉平七年（414），降西秦。共历三主，前后凡十五年。

烈祖武王秃发乌孤（397年正月~399年八月）

［按］原嗣父位为秃发鲜卑首领，势渐盛，受后凉吕光封为广武郡公。龙飞二年（397）正月，自称大都督、大将军、大单于、西平王，改元“太初”，据广武，建立政权，史称“后凉”。次年，改称武威王。三年，徙都乐都。是年八月，因酒醉坠马，伤胁而死。谥“武王”，庙号“烈祖”。弟秃发利鹿孤继立。

康王秃发利鹿孤（399 年八月～402 年三月）

［按］为秃发乌孤弟。兄终弟及。徙都西平。次年，改元"建和"。建和二年（401），称河西王。逾年即卒。葬西平陵（今甘肃省兰州东南）。谥"康王"。弟秃发傉（nù）檀继立。

景王秃发傉檀（402 年三月～404 年二月）（408 年十一月～414 年七月）

［按］为秃发利鹿孤弟。兄终弟及。称凉王。改元"弘昌"。回迁乐都。弘昌三年（404）二月，畏后秦之强大，去年号，臣于后秦。失国四年，于后秦弘始十年（408），大败后秦军，镇姑臧，复称凉王，改元"嘉平"。嘉平七年（414）七月，为西秦所败，降。南凉亡。次年，被毒杀，谥"景王"。

南 凉 世 系

秃发思复鞬

①烈祖武王秃发乌孤
（397 一～399 八）

②康王秃发利鹿孤
（399 八～402 三）

③景王秃发傉檀
（402 三～404 二）
（408 十一～414 七）

北 凉

（397 年五月～439 年九月）
（441 年四月～460 年）

　　北凉为匈奴的一支——卢水胡所建。初都张掖（今甘肃省张掖），后迁姑臧（今甘肃省武威）。其辖地，据《读史方舆纪要》："沮渠盛时，西控西域，东尽河湟。尝置沙州于酒泉，秦州于张掖；而凉州仍治姑臧。前凉旧壤，几奄有之矣！"中曾降北魏，又复国，终为柔然所灭。历五主。凡六十二年。

段业（397 年五月～401 年五月）

［按］京兆（今陕西省西安）人。原为后凉建康（今甘肃省高台南）太守。龙飞二年（397）四月，临松（今甘肃省张掖南）卢水胡人沮（jū）渠蒙逊起兵反后凉，屯据金山（今甘肃省山丹境）。五月，从兄沮渠男成起兵响应，攻建康，劝说并推建康太守段业为大都督、龙骧大将军、凉州牧、建康公，改元"神玺"。以沮渠男成为辅国将军，委以军国任。沮渠蒙逊率众归入，被任以镇西将军。史称其为"北凉"。神玺三年（399）二月，段业即凉王位，改元"天玺"。天玺三年（401 年），为沮渠蒙逊所杀。沮渠蒙逊夺位。

太祖武宣王沮渠蒙逊（401 年六月 ~ 433 年四月）

［按］"沮渠"（一作"且渠"）原为匈奴官名，因其先世任左沮渠，故以官为氏。十六国时，沮渠氏家族原附后凉，吕光封沮渠罗仇为尚书、沮渠曲粥为三河郡太守、沮渠男成为将军。龙飞二年（397），吕光遣沮渠罗仇、沮渠曲粥伐西秦，失利，二人被杀，引起沮渠氏不满，是年四月，沮渠蒙逊起兵反后凉，五月，沮渠男成起兵响应，推建康太守段业为主，建立北凉政权。天玺三年（401）四月，沮渠蒙逊起兵反段业。五月，斩段业，六月，自称大都督、大将军、凉州牧、张掖公。改元"永安"。据张掖。永安十二年（412）十一月，迁都姑臧，称河西王，改元"玄始"。玄始十年（421），灭西凉，尽有凉州地（今甘肃省黄河以西地区）。义和三年（433 年）四月，病卒。葬元陵。谥"武宣王"，庙号"太祖"。子沮渠牧犍继立。

哀王沮渠牧犍（433 年四月 ~ 439 年九月）

［按］《宋书》名作"茂虔"。为沮渠蒙逊第三子。父卒继立。改元"永和"。永和七年（439）九月，受北魏所攻，都城姑臧失陷，出降。被执至北魏，受宽待，太平真君八年（447），因谋反罪，被赐死。谥"哀王"。

沮渠无讳（441 年四月 ~ 444 年六月）

［按］为沮渠蒙逊第四子，沮渠牧犍弟。初为沙州刺史、都督建康以西诸军事、领酒泉太守。据《魏书·沮渠蒙逊传》：北凉降魏后，太平真君"二年（441）春，（魏）世祖（拓跋焘）遣兼鸿胪持节策拜（沮渠）无讳为征西大将军、凉州牧、酒泉王。寻以无讳复规叛逆，复遣镇南将军、南阳公奚眷讨酒泉"。（《资治通鉴》卷一二三记无讳受任在正月，讨酒泉在四月；十一月，破酒泉，无讳西走。）沮渠无讳叛北魏两年后（443 年），改元"承平"。承平二年（444）六月，卒。弟沮渠安周继立。

沮渠安周（444 年六月 ~ 460 年）

［按］为沮渠蒙逊第五子，沮渠无讳弟。兄终弟及。袭"承平"年号。承平十八年（460），被柔然攻杀，北凉终亡。

北凉世系

①段业
(397⑤~401⑤)

②太祖武宣王沮渠蒙逊
(401⑥~433④)

③哀王沮渠牧犍　　　　④沮渠无讳　　　　⑤沮渠安周
(433④~439⑨)　　　　(441④~444⑥)　　　　(444⑥~460)

南　燕

（398 年正月～410 年二月）

　　南燕为鲜卑的一支——慕容鲜卑所建。其创建者为慕容德。慕容德为前燕国君慕容皝（huàng）的幼子。前秦灭亡前燕后，慕容德随降前秦。淝水之战，前秦大败，慕容垂建后燕，他又投后燕。至永康三年（398），率四万户自邺南徙滑台（今河南省滑县），称燕王，改元。继而称帝。史称其为"南燕"。后徙都广固（今山东省青州西北）。踞今山东、河南及江苏部分地区。这个政权都广固，其辖地相对都龙城之"北燕"，位于南，故史以"南燕"称之，当时人张诠曾以慕容德事著《南燕书》（佚，今有辑本一卷），是称盖源于此。太上六年（410）亡于晋。历二主，凡十三年。

世宗献武帝慕容德（398 年正月～405 年十月）

　　[按] 字"玄明"。称帝后更名"备德"。昌黎棘城（今辽宁省义县西北）人。为前燕主慕容皝幼子，后燕主慕容垂弟。前燕时，封范阳王。前燕亡时随降前秦。及兄慕容垂建后燕，继投之，复封范阳王。永康三年（398）正月，率四万户脱离后燕，南徙滑台，据此称燕王，改称"元年"（无年号）。置百官。史称"南燕"。后徙都广固，据今山东一带。三年（400），称帝并更名，改元"建平"。据《十六国春秋·南燕录》，于建平六年（405）十一月病卒。在位八年。终年七十岁。体葬不明，以衣物等虚葬东阳陵。谥"献武皇帝"，庙号"世宗"。太子慕容超继立。

慕容超（405 年十一月～410 年二月）

　　[按] 字"祖明"。为北海王慕容纳子，慕容德侄。初封北海王，被慕容德收为义子，立为太子。慕容德死后继立。改元"太上"。太上六年（410）二月，被东晋所攻，都城广固失陷，被俘，执送建康处死。南燕亡。

南 燕 世 系

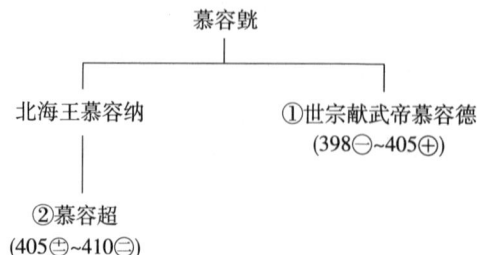

慕容皝
├── 北海王慕容纳
│   └── ②慕容超
│   (405㊀~410㊁)
└── ①世宗献武帝慕容德
     (398㊀~405㊉)

［长　生］

（399 年十月～411 年四月）

孙恩（399 年十月～402 年三月）

［按］字"灵秀"。琅邪（今江苏省句容北）人。为东晋三吴地区五斗米道首领孙泰之侄。东晋末年，孙泰见东晋王朝政治混乱，集聚势力。隆安二年（398），孙泰及诸子被杀。孙恩逃亡海上，据翁州（今浙江省舟山群岛），于次年（399）十月，登陆攻取上虞（今浙江省上虞），会稽等东土诸郡相应，旬日之中，众数十万。乃据会稽（今浙江省绍兴），自称征东将军（《魏书·司马德宗传》作"平东将军"），置官属，建立政权机构，号其众为"长生人"（本年表暂以"长生"代为其政权的名称）。元兴元年（402）三月，率军攻临海，败，损失惨重，为不被俘，投海死。众复推卢循为主。

卢循（402 年三月～411 年四月）

［按］字"于先"。士族出身。为孙恩的妹夫。妻兄卒后，为众拥立，自称征虏将军。元兴三年（404）十月，攻入番禺（今广东省广州），称平南将军，摄广州事。至义熙七年（411）四月，兵败，番禺失陷，卢循中箭后投水死。政权瓦解。

西　凉

（400 年十一月～421 年三月）

隆安四年（400），李暠摆脱北凉统治，占敦煌，称凉公，改元。因敦煌在北凉都城姑臧（今甘肃省武威）西，故史称其政权为"西凉"（见崔鸿《十六国春秋·西凉录》）。后徙都酒泉。踞今甘肃西北地区。永初二年（421）为北凉所亡。历三主，凡二十二年。

太祖武昭王李暠（400 年十一月～417 年二月）

［按］字"玄盛"，小字"长生"。陇西狄道（今甘肃省临洮）人。据传，为汉代名将李广之后（《晋书·李玄盛传》记为"十六世孙"）。出身陇西大族，北凉时，为敦煌太守。隆安四年（400）十一月，随晋昌太守唐瑶脱离北凉，受拥为冠军大将军、沙州刺史，称"凉公"，领敦煌太守。改元"庚子"。置百官。史称其为"西凉"。庚子六年（405）正月，改元"建初"，徙都酒泉。在位十八年，病卒。终年六十七岁。葬建世陵。谥"武昭王"，庙号"太祖"。子李歆（xīn）继立。

后主李歆（417 年二月～420 年七月）

［按］字"士业"。小字"桐椎"。为李暠次子。因李暠长子李谭早卒，李暠卒后李歆继立，

称大都督、大将军、凉公、领凉州牧、护羌校尉。改元"嘉兴"。在位四年，受北凉所攻，战死。都城酒泉失陷。

李恂（420 年九月~421 年三月）

[按] 为李暠幼子，李歆弟。兄战死后，九月，夺回敦煌，称冠军将军，凉州刺史。改元"永建"。北凉数攻敦煌，永建二年（421）三月，将军宋承、张弘举城降，李恂自缢。西凉亡。

西 凉 世 系

①太祖武昭王李暠
(400㊁~417㊁)

②后主李歆
(417㊁~420㊆)

③李恂
(420㊈~421㊁)

柔 然 汗 国

（402 年正月~555 年）

　　史书上又记作"蠕蠕"、"芮芮"、"茹茹"、"蝚蠕"等。西方史家也有称之为"阿瓦尔（Avars）"。柔然本为族名，北魏时期，亦称其所建政权为柔然。其族源于东胡，与鲜卑同源。传说始祖木骨闾，原为鲜卑拓跋部的奴隶，子孙遂以近音之"郁久闾"为氏。其子车鹿会拥众，自号"柔然"。其义尚不明晓，有学者以为来源于蒙古语的"贤明"或"法则"，也有人认为是阿尔泰语的"异国人"或"艾草"。柔然当时附北魏。活动于蒙古高原一带。天兴五年（402），其后裔社仑自称丘豆伐可汗（kè hán），创制建政，建立汗国（北方民族称最高统治者为"可汗"源自柔然）。官号有国相、俟力发、吐豆发、俟利、吐豆登、俟斤、莫何等。建庭于敦煌、张掖之北。辖地西自焉耆以北，东至辽东。至大檀十四年（427），基本上统一了漠北地区，受罗部真可汗予成即位后（464 年），始建年号"永康"。至铁伐二年（553），分裂为东、西两部，庵罗辰三年（555），东部为北齐所破，西部为突厥所灭，柔然政权亡。历二十主，凡一百五十四年。

丘豆伐可汗（豆代可汗）社仑（402 年正月~410 年五月）

[按] 为始祖木骨闾六世孙。时柔然活动于弱洛水（今土拉河）畔，初创军事等制度，在颎（è）根河（今鄂尔浑河）大败匈奴余部，声势大振，周围纷纷投附。天兴五年（402）正月，建汗庭，称"丘豆伐可汗"（一作"豆代可汗"，意为创始并驾驭之王），建制开国，这是我国北方民族对最高统治者称"可汗"之始。永兴二年（410），受北魏攻，败走，卒于途。弟斛律继可汗位。

蔼苦盖可汗斛律（410 年五月～414 年五月）

［按］为社仑弟。兄败死，因兄子度拔年幼，他被部众拥立为主，称"蔼苦盖可汗"（意为姿质美好之王）。三年（412），与北燕结盟，抗北魏。五年（414）五月，受兄子步鹿真挑拨，被大臣树黎所执，树黎拥立步鹿真，夺可汗位。斛律被逐往北燕王庭和龙（今辽宁省朝阳），北燕助其返国，途中被杀。卒年史有两记：《魏书》等记作当年（414）；《十六国春秋辑补》作北燕太平八年（416）。今从《魏书》。

步鹿真（414 年五月）

［按］为斛律兄诰归子。与大臣树黎谋，逐斛律而夺其可汗位，委政于树黎。未几，被斛律堂弟大檀攻杀。大檀立。

牟汗纥升盖可汗大檀（414 年五月～429 年七月）

［按］亦作"大但"、"檀檀"。为斛律季父仆浑子。杀步鹿真夺其位，号"牟汗纥升盖可汗"（意为制胜之王）。在位十六年，病卒。子吴提继立。

敕连可汗吴提（429 年七月～444 年九月）

［按］为大檀子。父卒继立。号"敕连可汗"（意神圣之王）。在位十六年。受北魏攻，远遁，卒。子吐贺真继立。

处可汗（处罗可汗）吐贺真（444 年九月～约 464 年七月）

［按］名又作"菟害真"。为吴提子。父卒继立。号"处可汗"（《资治通鉴》记为"处罗可汗"，意唯一之王）。十七年（460），攻入高昌，立阚伯周为高昌王，此为高昌称王之始。二十一年（464 年，一说在位七年，450 年），卒。子予成继立。

受罗部真可汗予成（约 464 年七月～485 年）

［按］名一写作"子成"。为吐贺真子。父卒继立。号"受罗部真可汗"（意仁惠之王）。建年号"永康"（此为柔然采用年号纪年之始）。在位二十二年，卒。子豆仑继立。

伏古（名）敦可汗豆仑（485～492 年八月）

［按］为予成子。父卒继立。号"伏古敦可汗"（一作"伏名敦可汗"，意永恒之王）。改元"太平"。在位八年，因兵败，失众心，被部众所杀。部众拥那盖继立。

候其伏代库者可汗那盖（492 年八月～506 年十一月）

［按］为吐贺真次子，豆仑叔。其侄豆仑因兵败被杀，受众拥而立。号"候其伏代库者可汗"（意悦乐之王）。改年号"太安"。在位十五年，卒。子伏图继立。

他（佗）汗可汗伏图（506 年十一月～508 年）

［按］为那盖子。父卒继立。号"他汗可汗"（一作"佗汗可汗"，意为端绪之王）。改年号"始平"。在位三年，战死于蒲类海。子丑奴继立。

豆罗伏跋豆伐可汗丑奴（508～520 年九月）

［按］名一作"配奴"。为伏图子。父卒继立。号"豆罗伏跋豆伐可汗"（意为彰制之王，

简称"伏跋可汗")。改年号"建昌"。在位十三年，为母后吕陵氏及大臣所杀。弟阿那瓌（guī）立。

阿那瓌（520 年九月）

[按] 为伏图子，丑奴弟。母杀兄后立之。仅十日，为族兄示发所攻，投北魏。众拥婆罗门立。

弥偶可社句可汗婆罗门（521 年正月～七月）

[按] 为豆仑子，阿那瓌从父兄。阿那瓌被族兄示发所逼投北魏后，婆罗门率众讨示发，示发奔地豆干，被杀。国人推其为"弥偶可社句可汗"（意安静之王）。当年七月，为高车所攻，大败，逃至凉州，降北魏。正光五年（524），卒于北魏。

后主俟匿伐（521 年七～九月）

[按] 为伏图子，阿那瓌兄。婆罗门降北魏后立。是年九月，至北魏请阿那瓌返国秉政。

敕连头兵豆伐（代）可汗阿那瓌（521 年十月～552 年正月）

[按] 受柔然众迎立。六年（525）四月，自号"敕连头兵豆伐可汗"。（一作"敕连头兵豆代可汗"，简称"头兵可汗"。意把揽之王。）在位三十三年，为突厥攻破，自杀。其子庵罗辰及从弟登注俟利等奔北齐，余众立登注俟利子铁伐。次年（553），其叔父邓叔子被西部余众所立，至此，柔然分裂。

［东部］

铁伐（552 年二月～553 年二月）

[按] 为登注俟利（阿那瓌从弟）之子。阿那瓌自杀后，为众拥立继位。下年二月，为契丹所杀。国人立其父登注俟利。

登注俟利（553 年二月）

[按] 为豆仑子，阿那瓌从弟，铁伐父。阿那瓌被突厥所攻自杀后，投奔北齐，后被北齐送还国。子铁伐被杀后受众拥登位。旋为大人阿富提所杀。国人立其子库提。

库提（553 年二～十一月）

[按] 为登注俟利子，铁伐兄。阿那瓌兵败自杀后，随父奔北齐，后被北齐送还国。父被杀后，为国人所立。复为突厥所攻，奔北齐，被北齐所废，而立阿那瓌子庵罗辰。

庵罗辰（553 年十一月～555 年）

[按] 为阿那瓌子。受突厥所攻，投北齐，北齐废库提而立之，使居马邑川（今山西朔州恢河一带）。次年（554）三月，摆脱北齐统治，率部北上，遭北齐攻击。三年（555），为突厥所亡。

［西部］

邓叔子（553 年三月～555 年）

[按] 为那盖次子，伏图弟，阿那瓌叔父。阿那瓌被突厥所攻自杀后，次年，为西部众拥立

为主，柔然分裂为二。三年（555），受突厥所攻，投西魏，西魏在突厥压力下，将其交出，被斩杀。柔然汗国亡。

柔然汗国世系

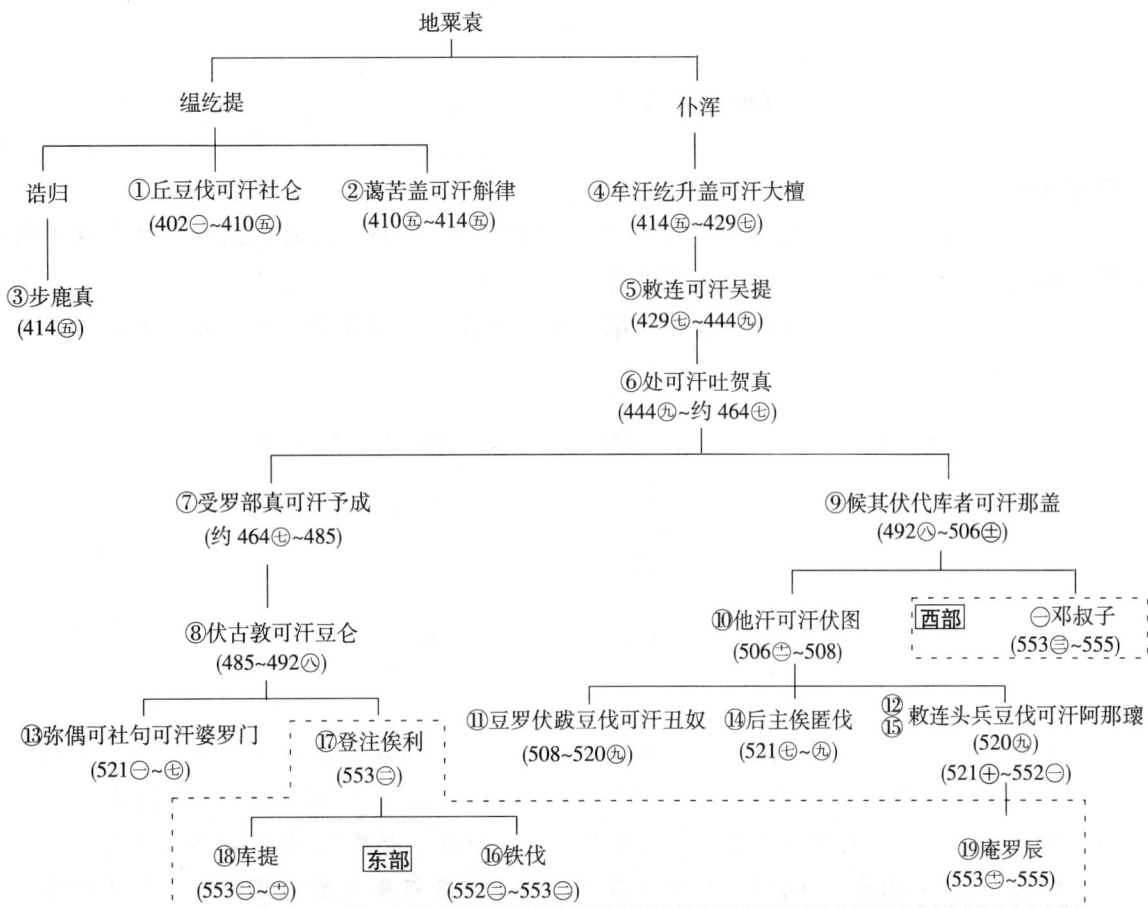

```
                                地粟袁
            ┌───────────────────────┴───────────────────────┐
         缊纥提                                            仆浑
    ┌───────┼───────────────┐                      ④牟汗纥升盖可汗大檀
   诂归  ①丘豆伐可汗社仑  ②蔼苦盖可汗斛律              （414五～429七）
    │    （402一～410五）  （410五～414五）                  │
 ③步鹿真                                            ⑤敕连可汗吴提
 （414五）                                          （429七～444九）
                                                        │
                                                  ⑥处可汗吐贺真
                                                 （444九～约464七）
           ┌──────────────────────────────────────────┴──────────┐
    ⑦受罗部真可汗予成                                   ⑨候其伏代库者可汗那盖
      （约464七～485）                                    （492八～506七）
           │                              ┌───────────────┬───────────┐
    ⑧伏古敦可汗豆仑                  ⑩他汗可汗伏图          西部  一邓叔子
      （485～492八）                  （506七～508）              （553一～555）
      ┌────────┬─────────┐         ┌──────────┬──────────────┐
⑬弥偶可社句可汗婆罗门 ⑰登注俟利  ⑪豆罗伏跋豆伐可汗丑奴 ⑭后主俟匿伐  ⑫⑮敕连头兵豆伐可汗阿那瓌
  （521一～七）    （553一）    （508～520九）   （521七～九）   （520九）（521十～552一）
              ┌──────┬──────┐                                    │
          ⑱库提  东部  ⑯铁伐                                ⑲庵罗辰
        （553一～七）  （552一～553一）                      （553七～555）
```

楚

（403 年十二月～404 年五月）

武悼帝桓玄（403 年十二月～404 年五月）

[按] 字"敬道"，小名"灵宝"。为东晋大司马桓温之子。袭父爵为南郡公。晋安帝时，为江州刺史，都督荆江等八州军事，领江陵（今湖北省江陵）。元兴元年（402）三月，举兵东下，攻入东晋都城建康（今江苏省南京）。次年（403）十二月，迫晋安帝禅位，建国号曰

"楚"，改元"建始"，旋改"永始"。降晋安帝为平固王，迁之浔阳（今江西省九江西南）。下年（404）春，刘裕、刘毅、何无忌等共起兵讨伐桓玄，桓玄大败，四月，挟持晋安帝逃往江陵，称迁新都。五月，江陵失陷，被杀。谥"武悼皇帝"。众拥晋安帝复位。

［蜀］

（405 年二月 ~ 413 年七月）

蜀王谯纵（405 年二月 ~ 413 年七月）

［按］巴西南充人。东晋时，为安西府参军。义熙元年（405）二月，据益州（今四川省成都）反，称蜀王（一作成都王，时又称其为谯王），置官建政。六年（410），攻占巴东。九年（413）七月，为东晋将朱龄石所攻，益州失陷，出奔无投，自缢而死，巴西人王志斩其首送朱龄石。政权瓦解。

大　夏

（407 年六月 ~ 431 年六月）

大夏为匈奴的一支——铁弗匈奴所建。铁弗匈奴是南匈奴的后裔。据《魏书·铁弗刘虎传》称："北人谓胡（匈奴）父、鲜卑母为'铁弗'，因以为号。"天赐四年（407）六月，赫连勃勃拥众数万，自称天王，建国号曰"大夏"，都统万城（今陕西省靖边白城子），凤翔五年（417）称帝。踞今陕西北部及河套地区。至胜光四年（431）六月，亡于吐谷浑。历三主，凡二十五年。

世祖武烈帝赫连勃勃（407 年六月 ~ 425 年八月）

［按］一名"屈子"，亦作"屈丐"。原以"刘"为姓，为其首领刘卫辰之子。原依附后秦，为安北将军，镇朔方。北魏天赐四年（407），袭杀岳父没弈干，并其众，其势转盛。六月，称天王、大单于，建元"龙昇"，自称为夏后氏之后，他曾言："朕大禹之后……复大禹之业。"（《晋书·赫连勃勃载记》）故称国号曰"大夏"。开国后，破鲜卑，攻后秦，败南凉，袭北魏，势力猛增。龙昇七年（413）三月，经营统万城以为国都，改"刘"姓为"赫连"（取"徽赫与天连"意），改元"凤翔"。凤翔六年（418 年）十一月，攻取长安，称帝，改元"昌武"，仍以统万城为都。昌武二年（419）二月，改元"真兴"。真兴七年（425）八月，卒于统万城宫中永安殿。葬嘉平陵（在今陕西省延安市东古里村）。谥"武烈皇帝"，庙号"世祖"。太子赫连昌继位。

赫连昌（425 年八月～428 年二月）

［按］一名"折"。字"还国"。为赫连勃勃次子。原封太原公，攻杀兄后被立为太子。父卒继立。改元"承光"（《魏书》作"永光"）。因兄弟相攻，势衰。承光三年（427），都城统万城为北魏所攻破，奔上邽（今甘肃省天水西南），继退守平凉（今甘肃省平凉西），四年（428）二月，战败被擒，送北魏。弟赫连定在平凉继立。他于北魏延和三年（434），卒。

赫连定（428 年二月～431 年六月）

［按］为赫连勃勃第五子，赫连昌弟。兄被北魏执走后继立，改元"胜光"。胜光四年（431）六月，攻灭西秦。继畏北魏所逼，领西秦民众十万余欲击北凉而夺其地，为吐谷浑所败，被擒。大夏国亡。次年被杀。

大 夏 世 系

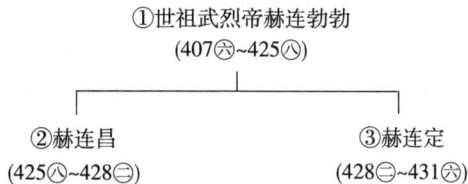

①世祖武烈帝赫连勃勃
（407⑥~425⑧）

②赫连昌
（425⑧~428⑤）

③赫连定
（428⑤~431⑥）

北 燕

（407 年七月～436 年五月）

国号"燕"，史称"北燕"（见崔鸿《十六国春秋·北燕录》）。因都龙城（今辽宁省朝阳）南朝宋又称其为"黄龙国"，见《宋书·高句骊（丽）传》："（冯）跋自立为主，自号燕王，以其治黄龙城，故谓之'黄龙国'。"踞今河北东北部及辽宁部分地区。亡于北魏。历三主，凡三十年。

惠懿帝高云（407 年七月～409 年十月）

［按］又作"慕容云"。字"子雨"。高句（gōu）丽族。为后秦国君慕容宝养子。其祖父高和，为高句丽的支庶，自称为高阳氏之苗裔，故以高为氏。为慕容宝收为养子后，赐姓慕容氏，封夕阳公。建始元年（407）七月，后燕中卫将军冯跋发动宫廷政变，杀昭文帝慕容熙，拥慕容云即天王位，改元"正始"。复姓高氏。都龙城。史称"北燕"。在位三年，为宠臣离位、桃仁所杀。谥"惠懿皇帝"。冯跋杀离位、桃仁，众拥冯跋即位。

太祖文成帝冯跋（409 年十月～430 年九月）

［按］字"文起"，小字"乞直伐"。长乐信都（今河北省冀州）人，为鲜卑化的汉人。后

燕时，为中卫将军。杀后燕昭文帝慕容熙，拥慕容云（高云）即天王位后，为武邑公。高云被杀后，受众拥继立于昌黎（今辽宁省义县），诏称国号不改，曰"燕"。改元"太平"。在位二十二年，病卒。谥"文成皇帝"，庙号"太祖"。葬长谷陵（在今辽宁省北票西北将军山东麓）。弟冯弘继立。

昭成帝冯弘（430 年九月 ~436 年五月）

[按] 字"文通"。为冯跋弟。兄卒时杀兄子冯翼而自立。次年，改元"太兴"。太兴六年（436）五月，为北魏所败，放弃龙城，焚宫殿，火一旬不灭，投高句丽。北燕亡。他后为高句丽王所杀，谥"昭成帝"。

北 燕 世 系

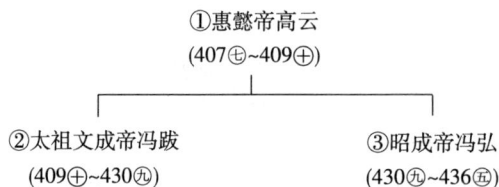

①惠懿帝高云
(407㋆~409㋆)

②太祖文成帝冯跋　　　　③昭成帝冯弘
(409㋆~430㋈)　　　　　(430㋈~436㋄)

［河 西 胡］

(415 年三月 ~416 年九月)

白亚栗斯（415 年三 ~四月）

[按] 据《魏书·太宗纪》：北魏神瑞二年（415）三月，"河西饥胡屯聚上党（今山西省襄垣东北），推白亚栗斯为盟主，号大将军，反于上党，自号单于，称建平元年。"四月，"众废栗斯而立刘虎"。

率善王刘虎（415 年四月 ~416 年九月）

[按] 初从白亚栗斯反，继由众废白亚栗斯而立之。号"率善王"。次年九月，被北魏所攻杀，部众散降，政权瓦解。

八　南北朝时期纪年考

（420～581 年）

从东晋灭亡（420 年）至隋建立（581 年），中华历史呈现出南北对峙的局面。踞南方者，相继有宋、齐、梁、陈四朝，据李延寿（唐）所撰《南史》，人们习惯上称其为"南朝"。踞北方者，有北魏、西魏、东魏、北齐、北周，据李撰《北史》，习惯称为"北朝"（《北史·序纪》："北朝自魏以还，南朝从宋以降。"）合称"南北朝"，以作时代名。前后一百六十一年。[①]

宋

（420 年六月～479 年四月）

史又称"刘宋"。元熙二年（420）六月，东晋恭帝司马德文被迫让位于刘裕，刘氏遂改国号曰"宋"（刘氏世居彭城，乃春秋时之宋地）。都建康（今江苏省南京）。踞今湘、闽、苏、浙、粤、桂、黔、川，及部分鄂、豫、皖等地。是南朝中疆域最大的王朝。昇明三年（479）四月，为齐所代。历九帝，凡六十年。

高祖武帝刘裕（420 年六月～422 年五月）

［按］小名"寄奴"，字"德舆"。兴宁元年（363）生。为汉高祖刘邦之弟楚元王刘交二十一世孙。祖籍彭城（今江苏省徐州）。父刘翘。家贫，初以贩履为业，后为东晋北府兵中小军官，在讨孙恩起义中显露出军事才能，屡立战功，渐成为北府兵著名将领。至桓玄篡政，众推其为盟主，讨伐桓玄，攻入建康，迎东晋安帝复位，遂总揽朝政。他主政时，多次北伐，并翦除内部割据势力。义熙十三年（417），灭后秦，开东晋最大版图。十四年（418），操纵废晋安帝，立晋恭帝。元熙二年（420）六月，迫晋恭帝书赤纸诏，禅位。刘裕登帝位，改国号曰"宋"，改元"永初"。都建康。次年，杀恭帝，率百官送葬。永初三年（422）五月，病卒于建康西殿。在位三年，终年六十岁。谥"武皇帝"，庙号"高祖"。葬初宁陵（在今江苏省南京麒

---

① 也有学者认为"南北朝时期"应划到 589 年，这是因为 589 年隋灭陈，统一中原。本年表考虑到"隋唐时期"应从建隋开始，故将"南北朝时期"划到 581 年。

麟门外麒麟铺）。太子刘义符继立。

少帝刘义符（422年五月~424年五月）

［按］小名"车兵"。为刘裕长子。义熙二年（406）生。其父开国时，被立为皇太子。父卒继立，由司空徐羡之、中书监傅亮、领军将军谢晦辅政。刘义符喜游乐，尽耗国库，引起众臣的不满。景平二年（424）五月，以徐羡之为首，领兵冲入宫，废其为"营阳王"，幽禁于吴郡（今江苏省苏州）金昌亭。六月，被杀。终年十九岁。葬吴陵（在今江苏省苏州附近）。众臣迎其弟刘义隆，八月，至建康称帝。

太祖文帝刘义隆（424年八月~453年二月）

［按］小名"车儿"。为刘裕第三子，刘义符弟。其长兄被杀时，次兄刘义真同被杀，众臣迎其立于江陵，八月，至建康即帝位。改元"元嘉"。在位期间，善经营，经济文化有所发展，史称"元嘉之治"。后因同北魏多次发生战争，国势渐衰。因与太子刘劭抵牾，欲废劭，事泄，元嘉三十年（453）二月，被劭所杀。终年四十七岁。在位三十年。初谥"景皇帝"，后改"文皇帝"，庙号"太祖"。葬长宁陵（在今江苏省南京甘家巷南狮子冲）。劭继立。

刘劭（453年二~五月）

［按］字"休远"。为刘义隆长子。六岁立为皇太子。及长，多过失，为巫蛊，父知之，怒，欲废之，遂进宫杀父，即帝位，改元"太初"。受弟刘骏攻讨，当年四月，刘骏即帝位，五月，刘劭被杀，暴尸于市。

世祖孝武帝刘骏（453年四月~464年闰五月）

［按］小名"道人"。字"休龙"。为刘义隆第三子，刘劭弟。兄杀父后，举兵杀兄，即帝位。大明八年（464）闰五月，卒于建康玉烛殿。在位十二年，终年三十五岁。谥"孝武皇帝"，庙号"世祖"。葬景宁陵（在今江苏省南京麒麟门外宫山）。

南郡王刘义宣（454年正月~六月）

［按］为刘裕第六子，刘骏叔。封南谯王。及刘劭杀父即位，刘义宣及臧质不从，与司州刺史鲁爽同举兵以应刘骏。刘骏即位，拜为中书监、丞相、录尚书六条事、扬州刺史，继迁南郡王。孝建元年（454）正月，起兵反刘骏，鲁爽等拥其登位，改元"建平"，以臧质为丞相，鲁爽为征兆将军。踞荆、江、兖、豫等州，称威一时。五月，兵溃，六月，被杀。

前废帝刘子业（464年闰五月~465年十一月）

［按］小名"法师"。为刘骏长子。父即位时被立为皇太子。父卒继立。次年，为近臣寿寂之所杀。在位仅年余，终年十七岁。葬秣陵南郊坛西龙山（在今江苏省南京境内）。众臣拥其叔刘彧（yù）即位。

太宗明帝刘彧（465年十二月~472年四月）

［按］小名"荣期"，字"休炳"。为刘义隆第十一子，刘子业叔。侄被杀后，受众拥即帝位。改元"泰始"。泰豫元年（472）四月，卒于景福殿。在位八年，终年四十三岁。谥

曰"明皇帝"，庙号"太宗"。葬高宁陵（在今江苏省南京北郭家山）。皇太子刘昱（yù）继立。

晋安王刘子勋（466年正月～八月）

［按］字"孝德"。为刘骏第三子。封晋安王。大明八年（464）闰五月，刘骏卒，长子刘子业继立。七月，拜刘子勋为江州刺史。次年（465）十月，宁朔将军何迈欲废子业而立子勋，事泄，十一月，何迈被诛。继发生事变，刘子业在当月被近臣所杀。十二月，刘彧即位，以刘子勋为车骑将军、开府仪同三司。镇军长史、浔阳内史、行江州事邓琬不从，征兵四方。泰始二年（466）正月，邓琬诈称受太后玺书，率臣在浔阳拥刘子勋即帝位，改元"义嘉"，置百官。是年八月，浔阳被攻下，邓琬死，刘子勋被执，旋被斩。终年十一岁。

后废帝刘昱（472年四月～477年七月）

［按］小名"慧震"。字"德融"。为刘彧长子。泰始二年（466）十月，被立为皇太子。父卒继立。时年十岁，由尚书令袁粲、护军将军褚渊辅政。元徽五年（477）七月，为侍人杨玉夫所杀。在位六年，终年十五岁。死后被贬苍梧王。葬秣陵南郊坛西（在今江苏省南京南郊）。权臣拥其弟刘准即位。

顺帝刘准（477年七月～479年四月）

［按］小名"智观"，字"仲谟"，一曰"仲汉"。为刘彧第三子，刘昱弟。兄被杀后，由权臣萧道成强立为帝，时年九岁。改元"昇明"。萧道成自为司空、录尚书事、骠骑大将军，总兼军国，大权独揽。在位三年，于昇明三年（479）四月，被迫下诏，禅位于萧道成。萧道成改国号曰"齐"。宋亡。贬刘准为汝阴王，禁于丹阳宫。五月，被杀，终年十一岁。谥"顺皇帝"。葬遂宁陵。

宋　世　系

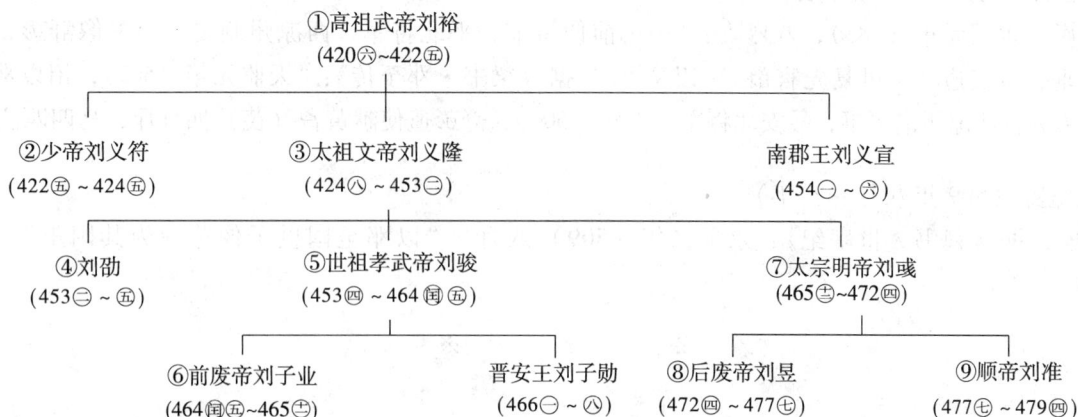

邓 至 国

（约 420 ~ 约 554 年）

邓至国为西羌的一支——白水羌所建政权。据《魏书·邓至传》："邓至者，白水羌也，世为羌豪，因地名号，自称邓至。""其地自街亭（今甘肃省古浪南）以东，平武（今四川省平武县）以西，汶岑（今岷山）以北，宕昌以南。"中心在今甘肃省文县镇羌堡一带。亡年据《元和郡县志·山南道·扶州》云："后魏讨定阴平邓至羌，立为宁州，分置昌宁、帖夷等郡，后改为邓州。"

据史载，其传十一世。《周书·邓至传》："自舒治至檐桁十一世。"然搜索史籍，为邓至王者，仅得五人，且嗣承关系不详，以下依史载录之。

像舒治（约 420 ~ ? 年）

［按］《通典》卷一九〇作"舒理"。据《周书·邓至传》："邓至羌者，羌之别种也。有像舒治者，世为白水酋帅，自称王焉。其地北与宕昌相接，风俗物产亦与宕昌略同。自舒治至檐桁十一世。"像舒治称王时间及卒年皆不详，有学者以为在"晋末（刘）宋初"（见《中国少数民族史大辞典》），姑以为之。

象屈耽（约 438 年）

［按］据《梁书·邓至传》："宋文帝（424 ~ 453 年）时，王象屈耽遣使献马。"余况不详。

※　　　※　　　※

附：

像舒彭（约 479 ~ 约 506 年以后）

［按］《梁书·邓至传》作"象舒彭"。《通典》卷一九〇记为像舒治的十代孙（恐"十"为"七"之误）。据《南齐书·宕昌传》："建元元年（479）……羌王像舒彭亦进为持节、平西将军。后叛降虏。永明元年（483），八座奏：'……前使持节、平北将军、西凉州刺史、羌王像舒彭，并著勤西垂，宁安边境，可复先官爵。'诏又可。"据《梁书·邓至传》："天监元年（502），诏以邓至王象舒彭为督西凉州诸军事，号安北将军。五年（506），舒彭遣使献黄耆（芪）四百斤，马四匹。"

像览蹄（509 年八月 ~ ? 年）

［按］据《魏书·世宗纪》：永平二年（509）八月，"以邓至国世子像览蹄为其国王"。余况不详。

※　　　※　　　※

像檐桁（约 554 年）

［按］据《周书·邓至传》："自舒治至檐桁十一世。魏恭帝元年（554），檐桁失国来奔，

太祖令章武公导率兵送复之。"余况不详，自后无闻。《太平寰宇记·文州·曲水》："后魏废帝前元年（552），西逐吐谷浑，讨定阴平，于此置邓州及邓宁郡，取前邓至羌部落所居为州郡之名。"与此记相悖，不采，附记之。

邓至国世系

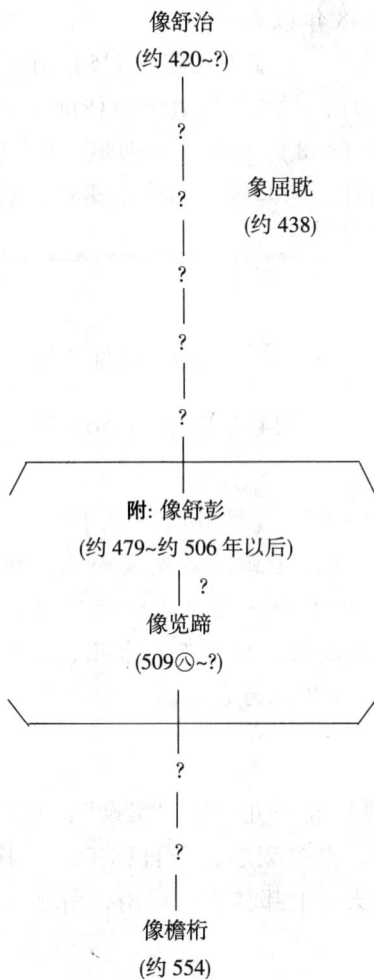

悦　般

（约 422～448 年以后）

悦般是南北朝时在西域所出现的国家。首见于《魏书·悦般传》。为北匈奴西迁后留居龟（qiū）兹以北（今新疆库车一带）的部众所建。据《悦般传》云：有"地方数千里，众可二十余万"。当地民众"其风俗语言与高车同"。其王被称为"单（chán）于王"。

悦般何时立国，以及何时亡国，史皆缺载。关于具体的悦般王，史亦未载一人。现仅据有限的记载，暂将其分为两段。

悦般王（约 422 年）

[按] 据《魏书·悦般传》：悦般"与蠕蠕结好，其王尝将数千人入蠕蠕国，欲与大檀（415～429 年）相见。入其界百余里，见其部人不浣（huàn）衣……乃驰还。大檀遣骑追之不及，自是相仇雠，数相征讨"。

悦般王（约 435 年以前～约 448 年以后）

[按] 据《资治通鉴》卷一二二：元嘉十二年（435）五月，"悦般……九国入贡于魏"。卷一二三：元嘉十四年（437）十一月，"魏主复遣散骑侍郎董琬、高明等多赍金帛使西域，招抚九国"。卷一二五：元嘉二十五年（448）八月，"西域般悦（据《北史》，"般悦"当作"悦般"）国去平城万有余里，遣使诣魏，请与魏东西合击柔然，魏主许之，中外戒严"。

宕 昌 国

（约 424 年以前～564 年）

宕昌为西羌的一支。《南齐书》、《梁书》、《魏书》、《周书》、《南史》、《北史》有传。或说为东汉时钟羌分支——且（旦）昌发展而来。魏晋南北朝时，活动于今甘肃省南部白龙江中上游一带，中心在今宕昌县。十六国时，为反抗吐谷（yù）浑，首领梁勒（qín）联合诸部落，建立政权，自称王。未几，该政权附北魏。传十二王，于保定四年（564），为北周所亡，改其地为宕州。

梁勒（约 424 年以前）

[按] 宋本《周书》及《通典》卷一九〇作"梁勤"；有的本子作"梁勒"误。据《周书·宕昌传》："有梁勤者，世为酋帅，得羌豪心，乃自称王焉。其界自仇池以西，东西千里，席水（《通典》卷一九〇注："席水在今天水上邽县。"）以南，南北八百里。地多山阜，部众二万余落。"

※　　　※　　　※

附：

梁弥忽（约 424～? 年）

[按]《梁书·宕昌传》作"瑾忽"；《魏书·世祖纪》作"瑾慈"；《宋书·孝武帝纪》作"瑾葱"；《南史·宋本纪》作"瑾葱"。为梁勒孙。据《魏书·宕昌传》："勒孙弥忽，世祖初，遣子弥黄奉表求内附（《世祖纪》：太平真君九年 [448]，'宕昌羌酋梁瑾慈遣使内附，并贡方物。'《资治通鉴》卷一二〇：元嘉元年 [424] 十二月，'宕昌王梁弥忽 [《通鉴》作梁弥忽] 遣子弥黄入见于魏'），世祖嘉之，遣使拜弥忽为宕昌王，赐弥黄爵甘松侯。弥忽死，孙虎子立。"《周书·宕昌传》："勒孙弥忽，始通使于后魏。（魏）太武（帝）因其所称而授之。"《梁

书·宕昌传》："宋孝武（帝）世（454～464年），其王梁瓘忽始献方物。"

梁虎子（约461年）

［按］《北史·宕昌传》作"彪子"，疑即《宋书·孝武帝纪》所记"梁唐子"。为梁弥忽孙。据《魏书·宕昌传》："弥忽死，孙虎子立……世修职贡，颇为吐谷浑所断绝。虎子死，弥治立。"《宋书·孝武帝纪》："（大明）五年（461）春正月丁卯，以宕昌王梁唐子为河州刺史。"

梁弥治（约470～476年以前）

［按］据《通志》：为梁虎子之子。父卒继立。据《魏书·宕昌传》："虎子死，弥治立（注：《通志》"弥"字上有"子"字）。虎子弟羊子先奔吐谷浑，吐谷浑遣兵送羊子，欲夺弥治位。弥治遣使（向北魏）请救，显祖（466～471年）……救之，羊子退走。弥治死，子弥机立。"羊子夺位之年，史未明载，据《魏书·显祖纪》，在显祖年间，曾有一次征吐谷浑，是在皇兴四年（470）四月，其云："大破（吐谷浑）拾寅，拾寅与麾下数百骑宵遁。"姑以此年视之。

梁弥机（约476～485年）

［按］据《魏书·宕昌传》：为梁弥治之子。父卒继立。据《宋书·后废帝纪》：元徽四年（476）十月，以"宕昌王梁弥机为安西将军、河凉二州刺史"。据《南齐书·宕昌传》：永明元年（483），又恢复其"使持节、都督河凉二州军事、镇西将军、东羌校尉、河凉二州刺史、陇西公、宕昌王"的官爵。三年（485）卒。

梁弥颉（485～488年）①

［按］世系关系不详。据《南齐书·宕昌传》：梁弥机卒后，由南齐任其为"使持节、督河凉二州诸军事、安西将军、东羌校尉、河凉二州刺史、陇西公、宕昌王"。永明六年（488）卒。

梁弥承（488～？年）

［按］据《魏书·高祖纪》：为梁弥机兄子。据《南齐书·宕昌传》：梁弥颉卒后，南齐任其为"使持节、督河凉二州诸军事、安西将军、东羌校尉、河凉二州刺史、宕昌王"。《魏书·高祖记》：太和十六年（492）七月，"宕昌王梁弥承来朝"。不知所终。

梁弥颌（？～502年）

［按］据《梁书·武帝纪》：天监元年（502）四月，"安西将军宕昌王梁弥颌进号镇西将军"。余况不详。

梁弥邕（502～505年）

［按］据《梁书·武帝纪》：天监元年（502）闰四月，"以行宕昌王梁弥邕为安西将军、河凉二州刺史，正封宕昌王"。余况不详。

梁弥博（505～约534年）

［按］据《魏书·穆亮传》：为梁弥机之子。据《世宗纪》：正始二年（505）正月，"以宕

---

① 关于梁弥机死后的承位问题，《南齐书》与《魏书》记载有异，此据《南齐书》。

昌国世子梁弥博为其国王"。

梁仚定（约 534 ~ 541 年）

［按］据《周书·宕昌传》：宕昌原对北魏"职贡不绝"。后见北魏内部分裂，永熙三年（534），"仚（xiān）定乃引吐谷浑寇金城（北魏金城郡）"。大统元年（535），"又率其种人入寇"。魏派兵征讨，"仚定惧，称藩请罪"。"四年（538），（魏）以仚定为南洮州刺史、要安蕃王。后改洮州为岷州，仍以仚定为刺史。"七年（541），仚定又欲叛，"为其下所杀"。魏"以其弟弥定为宕昌王"。

梁弥定（541 ~ 564 年）

［按］据《周书·宕昌传》：为仚定弟，兄被杀后，由西魏立之。大统十六年（550），宗人獠甘夺位，弥定借魏兵斩獠甘，复位。保定四年（564），叛北周，"引吐谷浑寇石门戍"。北周"高祖怒，诏大将军田弘讨灭之，以其地为宕州"。

注：据史载，宕昌还有一王"梁弥泰"，因记载矛盾，学术界对其有不同看法。一种说法见《中国少数民族史大辞典》，主张：弥博—仚定—弥泰—弥定。其云：《梁书·诸夷传》载，"弥博死，子弥泰立"。据考，弥博死后，继位者当仚定，弥泰于仚定后即位。不久死，弥定继立。另一种说法见《周书》中华书局标点本注，主张：弥博—仚定—弥定。其云：《梁书》中华书局标点本《宕昌传》曰："弥博死，子弥泰立。大同十年复授以父爵位。"按大同十年，即西魏大统十年（544），则此"弥博"即"仚定"，"弥泰"即"弥定"。本年表采后说，特此说明。

宕昌国世系

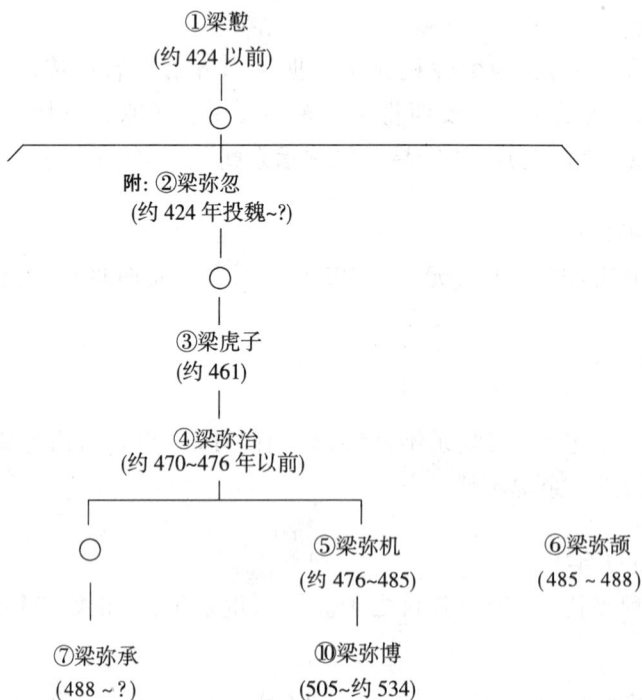

①梁懃
(约 424 以前)

附:②梁弥忽
(约 424 年投魏~?)

③梁虎子
(约 461)

④梁弥治
(约 470~476 年以前)

⑤梁弥机
(约 476~485)

⑥梁弥颉
(485 ~ 488)

⑦梁弥承
(488 ~ ?)

⑩梁弥博
(505~约 534)

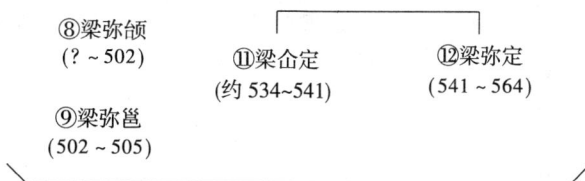

```
⑧梁弥颉          ┌──────────────┐
(? ~ 502)       ⑪梁仚定          ⑫梁弥定
                (约 534~541)      (541 ~ 564)
⑨梁弥邕
(502 ~ 505)
```

［蜀］

（432 年九月 ~ 437 年四月）

蜀王程道养（432 年九月 ~ 437 年四月）

［按］枹罕（今甘肃省临夏）人。为道人。元嘉九年（432）七月，益州（今四川省广汉）人赵广在蜀起兵，踞涪陵、江阳、遂宁诸郡。九月，攻成都，并推立程道养为蜀王、车骑大将军、益梁二州牧。年号"泰始"。置百官。建立政权。拥众十余万。攻城未克，还广汉。继受宋所攻击，泰始二年（433）九月，弃广汉，奔郪（qī）山（今四川省南充西）。至泰始六年（437）四月，程道养被杀，赵广等降，政权瓦解。

［稽　胡］

（约 434 年七月 ~ 437 年七月）

稽胡，亦称"步落稽"、"山胡"。其源于匈奴（一说为山戎、赤狄之后）。南北朝时分布在今山西、陕西北部一带。北魏延和三年（434），西河（指今晋、陕间黄河河段）稽胡白龙起兵抗魏，建立政权。至太延三年（437）被讨平。

白龙（约 434 年七月 ~ 九月）

［按］白龙何时起兵，史未明言，据《魏书·世祖纪》：延和三年（434）七月，北魏"命诸军讨山胡白龙于西河"。姑从此时算起。九月，白龙被杀。余众坚持斗争。

佚名（434 年九月 ~ 437 年七月）

［按］白龙卒后，稽胡仍坚持抗魏，其首领名史已失载。据《魏书·世祖纪》：太延三年（437）七月，"讨山胡白龙余党于河西，灭之"。其政权瓦解。

武 都 国

（443 年三月 ~ 473 年十月）

见"前仇池"说明。自"后仇池"被宋亡后，杨文德重立政权，据葭（jiā）芦

（今甘肃省武都东南），称"武都王"，史家遂称其为"武都"。至元徽五年（473）为"武兴"所取代。历三主。凡三十一年。

杨文德（443 年三月～454 年）

［按］据《宋书·氐胡传》：为后仇池孝昭王杨玄子，杨难当侄。元嘉二十年（443）"三月，前镇东司马苻达、征西从事中郎任朏（fěi）等举义，立（杨）保宗弟（杨）文德为主……封武都王"。《资治通鉴》卷一二四："文德屯葭芦城，以任朏为左司马；武都、阴平氐多归之。"其卒据《宋书》："荆州刺史、南郡王（刘）义宣反，（杨）文德不同，被杀。"《武阶备志·仇池杨氏传》记在"宋武帝孝建元年（454）"。

杨元和（455 年十月～466 年七月）

［按］据《宋书·氐胡传》：为杨保宗子，杨文德侄。"孝建二年（455），以（杨）保宗子（杨）元和为征虏将军，以（杨）头为辅国将军。元和继杨氏正统……其后立元和为武都王，治白水，不能自立，复走奔索虏（北魏）。元和从弟僧嗣复自立。"《资治通鉴》卷一三一记在泰始二年（466）七月。

杨僧嗣（466 年七月～473 年十月）

［按］据《宋书·氐胡传》：为杨元和从弟。杨元和奔走北魏后杨僧嗣自立。"还戍茄芦（《资治通鉴》卷一三一作"葭芦"），以为宁朔将军、仇池太守……北秦州刺史、武都王……僧嗣卒，从弟文度复自立。"《资治通鉴》卷一三三：元徽元年（473）十月，"武都王杨僧嗣卒于葭芦，从弟文度自立为武兴王"。学者认为，武都政权结束，代之以武兴政权。

武都国世系

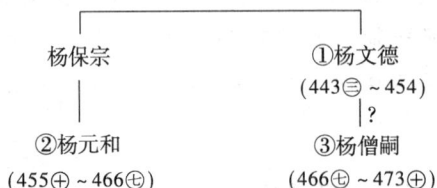

杨保宗 —— ①杨文德（443三～454）

②杨元和（455十～466七）　③杨僧嗣（466七～473十）

［卢 水 胡］

（445 年十一月～446 年八月）

天台王盖吴（445 年十一月～446 年八月）

［按］为安定卢水胡人。居杏城（今陕西省黄陵南）。据《资治通鉴》卷一二四：太平真君六年（445）九月，"卢水胡盖吴聚众反于杏城，诸种胡争应之，有众十余万"。十一月，"盖吴遣别部帅白广平西掠新平，安定诸胡皆聚众应之"。"（盖）吴又遣兵西掠，至长安，将军叔孙拔与战于渭北"。"（盖）吴自号天台王，署置百官"。建立政权。次年（446），受北魏攻急，遣使

向宋救援，受宋封雍州刺史、北地公。五月，"盖吴收兵屯杏城，自号秦地王，声势复振。魏主遣永昌王仁、高凉王那督北道诸军讨之"。八月，盖吴卒，一说，中流矢而死；一说，为属下所杀。继而，"永昌王仁讨（盖）吴余党白广平、路那罗，悉平之"。政权瓦解。

高 昌 王 国

（460[①] ~ 640 年）

　　高昌为西域之国。兴起较晚。初为地名，称"高昌壁"或"高昌垒"，在今新疆吐鲁番东南高昌故城（维吾尔语称亦都护城）。最早见载于《汉书·西域传》："车师后王姑句（gōu）……驰突出高昌壁，入匈奴。"时尚有壁无城，为西汉戊己校尉所属军队营垒之一。直到东汉永元三年（91），班超任西域都护后，始以屯田部队建城。魏晋时，凡置戊己校尉均驻此，故又称"戊己校尉城"。咸和二年（327），前凉张骏曾在此设高昌郡，后历前秦、后凉、西凉、北凉，皆为凉州属郡。

　　北魏时，和平元年（460），敦煌人阚伯周始称高昌王。据《魏书·高昌传》："东西二千里，南北五百里，四面多大山……地势高敞，人庶昌盛，因云'高昌'；[②]亦云其地有汉时高昌垒，故以为国号。东去长安四千九百里……去敦煌十三日行。国有八城……多蒲萄酒。俗事天神，兼信佛法。"中经张孟明、马儒，后政权为金城（今甘肃兰州）榆中人麹氏所得。先后依附柔然、高车、北魏、西魏、北周、铁勒、隋等，曾一度欲依突厥。贞观十四年（640）在唐军的强力攻击下降唐，唐以其地为西州，置安西都护府统之。

　　　　　　　※　　　　　※　　　　　※

附：

阚伯周（460 ~ 约 477 年）

　　［按］据《魏书·高昌传》："（魏）世祖（424 ~ 452 年）时，有阚爽者，自为高昌太守……（太平）真君（440 ~ 451 年）中，爽为沮渠无讳所袭，夺据之。无讳死，弟安周代立。和平元年（460），为蠕蠕（柔然）所并，蠕蠕以阚伯周为高昌王，其称王自此始也。太和（477 ~ 499 年）初，伯周死，子义成立。"

阚义成（约 477 ~ 481 年）

　　［按］据《魏书·高昌传》：为阚伯周子。父卒继立。"岁余，为其兄首归所杀，（首归）自立为高昌王"。《资治通鉴》记在建元三年（481），云："是岁，其从兄首归杀义成自立。"

---

①　关于高昌的立国时间，学界有不同看法。有以为在阚伯周时，依据是史载："（高昌）其称王自此始也。"有以为阚伯周为柔然所立，时高昌虽称王，但"为蠕蠕（柔然）所并"。为便于读者查对，本表从 460 年始作表，高昌的归属情况在文中具体说明。

②　苏北海先生以为"高昌"之名，非因"地势高敞"而得名，乃为"高车"一名的音转。见《高昌高车名称辨》，载《西域历史地理》，新疆大学出版社，1988。

阚首归（481 年）

[按]据《魏书·高昌传》：为义成从兄。杀弟自立。"（太和）五年（481），高车王可至罗（即阿伏至罗）杀首归兄弟，以敦煌人张孟明为王。"

张孟明（481 年）

[按]《资治通鉴》记作"张明"。据《魏书·高昌传》：高车攻高昌，杀阚氏而立之。"后为国人所杀，立马儒为王。"《资治通鉴》记在建元三年（481）。

※　　　※　　　※

马儒（481～499 年）

[按]据《魏书·高昌传》：张氏被杀后由国人立之。"（太和）二十一年（497），遣司马王体玄奉表朝贡，请师迎接，求举国内徙……而高昌旧人情恋本土，不愿东迁，相与杀（马）儒而立麹嘉为王。"

※　　　※　　　※

附：

昭武王麹嘉（499～523 年）

[按]据《周书·高昌传》："嘉字'灵凤'，金城榆中人。本为（马）儒右长史。魏太和（477～499 年）末立。"黄文弼《高昌国麹氏纪年》[①]认为在 499 年。《魏书·高昌传》："既立，又臣于蠕蠕那盖……及蠕蠕主伏图为高车所杀，嘉又臣高车……永平元年（508），嘉遣兄子私署左卫将军、田地太守孝亮朝京师，仍求内徙，乞军迎援……三年（510），嘉遣使朝贡……延昌（512～515 年）中，（北魏）以嘉为持节、平西将军、瓜州刺史、泰临县开国伯，私署王如故。熙平（516～518 年）初，遣使朝献……正光元年（520），（北魏）肃宗遣假员外将军赵义等使于嘉。嘉朝贡不绝……嘉死，赠镇西将军、凉州刺史。"

麹光（523～约 530 年）

[按]据《魏书·孝庄纪》：为麹嘉子。建义元年（528）六月，"以高昌王世子光为平西将军、瓜州刺史，袭爵泰临县开国伯、高昌王"。

麹坚（约 530～548 年）

[按]《魏书·出帝纪》和《梁书·高昌传》作"麹子坚"。据《魏书·高昌传》：为麹嘉之子。"普泰（531）初，（麹）坚遣使朝贡，（北魏）除平西将军、瓜州刺史、泰临县伯，王如故，又加卫将军。至永熙（532～534 年）中，特除仪同三司，进为郡公。"《梁书·高昌传》："大同（535～546 年）中，（麹）子坚遣使献。"

麹玄喜（548～550 年）

[按]《北史·高昌传》作"麹玄嘉"。据《周书·高昌传》：为麹坚之子。黄文弼考云：

---

① 载《高昌塼集》，中国科学院，1951 年增订本。

"《北史》、《隋书》高昌传均云：'嘉死，子坚立；坚死，子伯雅立。'然今已实证得坚死之后，尚有玄喜、宝茂、乾固诸代，故'坚死，子伯雅立'之说完全不可信。"据《周书·高昌传》："大统十四年（548），（西魏）诏以其世子（麴）玄喜为王。"黄文弼据《田元初墓表》补其年号为"永平"。

麴□（550～555 年）

［按］黄文弼据《氾绍和及妻张氏墓表》及《孟宣宗墓表》考证，其年号为"和平"。

麴宝茂（555～560 年）

［按］《周书·高昌传》名作"茂"。其云："恭帝二年（555），（西魏）又以其田地公（麴）茂嗣位。（北周）武成元年（559），（高昌）其王遣使献方物。保定（561～565 年）初，又遣使来贡。"据考古资料，年号"建昌"。

麴乾固（560～602 年）

［按］据《麴斌造寺碑》：为麴宝茂子。据黄文弼对出土文书考证，其年号为"延昌"。

弁国公麴伯雅（602～613 年）

［按］为麴乾固之子。据黄文弼对《延和二年癸亥唐元护妻令狐氏墓表》的考证，认为麴伯雅于602年嗣立。据《隋书·高昌传》：伯雅先臣突厥，"突厥逼之，不得已而从"。"（隋）炀帝嗣位，引致诸蕃。大业四年（608），遣使贡献，（隋）帝待其使甚厚。明年，伯雅来朝。因从击高丽，还，尚宗女华容公主。八年（612）冬，归蕃"。《旧唐书·高昌传》云："其王麴伯雅，即后魏时高昌王（麴）嘉之六世孙也。隋炀帝时入朝，拜左光禄大夫、车师太守、封弁国公，仍以戚属宇文氏女为华容公主以妻之。"

※　　　※　　　※

麴□（613～619 年）

［按］新、旧《唐书·高昌传》皆称：麴伯雅死后由子麴文泰嗣立。吴震在《麴氏高昌国史索隐》（载《文物》1981 年第 1 期）文中言："麴氏高昌国于延和十二年（613）发生过一次政变……使伯雅丧位失国达六年之久。政变者统治了高昌，并于次年改元'义和'。""大约含有'举义者共和'执政的意思。"

※　　　※　　　※

附：

献文王麴伯雅（619～623 年）

［按］据吴震考证："义和六年（619）伯雅在西突厥的援助下，发起反攻，击败了政变后的高昌统治者，取得复辟的胜利。次年二月，改元'重光'。""含有'重新光复'之义。"关于麴伯雅卒年，史载有异，《旧唐书·高昌传》云："武德二年（619），伯雅卒，子文泰立。"《资治通鉴》卷一九〇载：武德六年（623），"高昌王麴伯雅卒，子文泰立"。据《旧唐书·高祖纪》：武德三年（973），"高昌王麴伯雅遣使朝贡"。《旧唐书》自相矛盾，故不采。吴震云："伯雅卒于武德六年（623），谥曰'献文'，文泰嗣位，次年改元'延寿'。"

光武王麹文泰（623~640年）

[按] 为麹伯雅子。据吴震考证："文泰嗣位，次年改元'延寿'。延寿十七年（640），文泰卒，谥曰'光武'，子智盛继立。"其死亡原因见《新唐书·高昌传》：文泰初立时，袭父国策倾附中原王朝，"久之，文泰与西突厥通，凡西域朝贡道其国，咸见壅掠"。唐发大兵征讨，"（贞观）十四年（640），（文泰）闻王师至碛口，悸骇无他计，发病死，子智盛立"。

麹智盛（640年）

[按] 据《旧唐书·高昌传》：为麹文泰子。父卒继立。于时，"唐军进逼其都……城中大惧，（麹）智盛穷蹙，出城降……（唐）以其地置西州，又置安西都护府，留兵以镇之……智盛君臣及其豪右，皆徙中国。麹氏有国，至智盛凡九世一百三十四年而灭"。据《新唐书·太宗纪》：贞观十三年（639），"十二月壬申，侯君集为交河道行军大总管，以伐高昌"。十四年（640）八月"癸酉，侯君集克高昌……十二月丁酉，侯君集俘高昌王以献，赐酺三日"。

高昌王国世系

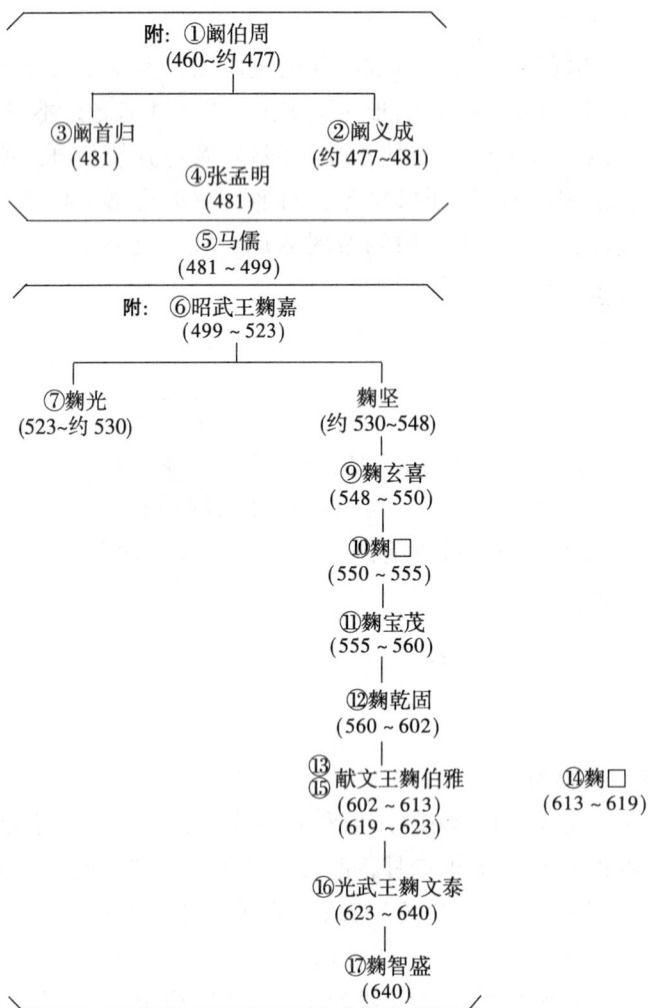

武 兴 国

（473 年十月 ~ 506 年正月）

（534 年四月 ~ 553 年）

见"前仇池国"说明。元徽元年（473）武都王杨僧嗣卒后，其从弟杨文度自立，称"武兴王"，踞武兴（今甘肃武威西北）。《梁书·西北诸戎传》云："文德弟文度立，以弟文洪为白水太守，屯武兴，宋世以为武都王。武兴之国自于此矣。"正始三年（506），武兴陷没，其王杨绍先被北魏所俘，一度亡国。至永熙三年（534），绍先逃归，继称王，复国。直到西魏于废帝二年（553）取武兴，武兴最终为西魏所亡。

杨文度（473 年十月 ~ 477 年十二月）

［按］据《资治通鉴》卷一三三：元徽元年（473）十月，"武都王杨僧嗣卒于葭（jiā）芦，从弟（杨）文度自立为武兴王"。以武兴取代武都。据《宋书·氐胡传》："顺帝昇明元年（477）……房（北魏）破茄芦（即葭芦），（杨）文度见杀"。《资治通鉴》记在十二月。

杨文弘（477 年十二月 ~ 482 年九月）

［按］据《宋书·氐胡传》：为杨文度弟。兄被杀后，"以文弘督北秦州诸军事、平羌校尉、北秦州刺史，袭封武都王，将军如故。退治武兴"。据《资治通鉴》卷一三五：建元四年（482）九月，"氐王杨文弘卒，诸子皆幼，乃以兄子（杨）后起为嗣"。

杨后起（482 年九月 ~ 486 年闰正月）

［按］据《资治通鉴》卷一三五：为杨文弘侄。杨文弘卒后继立。卷一三六：永明四年（486）闰正月，"氐王杨后起卒，丁未，（南齐武帝）诏以白水太守杨集始为北秦州刺史、武都王……魏亦以集始为武都王"。①

安王杨集始（486 年闰正月 ~ 503 年十一月）

［按］据《资治通鉴》卷一三六：为杨文弘之子，杨后起堂弟。堂兄卒后继立。卷一四五：天监二年（503）十一月，"武兴安王杨集始卒。己未，魏立其世子（杨）绍先为武兴王"。据《魏书·氐传》："赠（杨）集始车骑大将军、开府仪同三司，谥'安王'。"

杨绍先（503 年十一月 ~ 506 年正月）（534 年四月 ~ 535 年）

［按］据《梁书·西北诸戎传》："（杨）集始死，子（杨）绍先袭爵位。"《资治通鉴》卷一四五：天监二年（503）十一月，"武兴安王杨集始卒。己未，魏立其世子绍先为武兴王。绍先幼，国事决于二叔父集起、集义"。卷一四六：四年（505）十月，"杨集起、集义立杨绍先为帝，自皆称王……五年（506）正月……杨集义围魏关城，邢峦遣建武将军傅竖眼讨之，集义逆战，竖眼击破之，乘胜逐北，壬申，克武兴，执杨绍先，送洛阳。杨集起、杨集义亡走，遂灭其

---

① 记为"武都王"，时"武兴"已取代"武都"，应为"武兴王"。

国，以为武兴镇，又改为东益州"。卷一五六：中大通六年（534）四月，"氐王杨绍先乘魏乱逃归武兴，复称王"。

杨智慧（535~约545年）

[按]据《梁书·西北诸戎传》："（杨）绍先死，子（杨）智慧立。大同元年（535），剋复汉中。"卒年不详。

杨辟邪（约545~553年）

[按]据《周书·氐传》："（杨）绍先死，子（杨）辟邪立……（大统）十一年（545），于武兴置东益州，以辟邪为刺史。"此记与《梁书》不同，《梁书》云："绍先死，子智慧立。"据《仇池国志》考异："《梁》、《周》二书所说杨绍先死后的继位者不同，则杨智慧、杨辟邪为一人，抑为两人，不可确考。杨绍先死后为杨智慧立，或为杨辟邪立，亦不可详指。今但两存之，而依其时间先后以为序，排列之。"据《周书·叱罗协传》："魏废帝元年（552）……时东益州刺史杨辟邪据州反。二年（553），（叱罗）协率所部兵讨之……（杨）辟邪弃城走，（叱罗）协追斩之，群氐皆伏。"武兴终亡。

武兴国世系

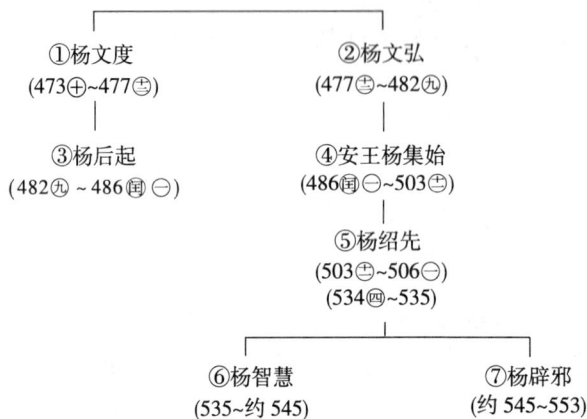

```
              ┌──────────────────┴──────────────────┐
        ①杨文度                              ②杨文弘
      (473④~477⑦)                          (477⑦~482九)
           │                                    │
        ③杨后起                            ④安王杨集始
      (482九~486闰①)                      (486闰①~503⑦)
                                               │
                                            ⑤杨绍先
                                        (503⑦~506①)
                                        (534四~535)
                           ┌────────────────┴────────────────┐
                        ⑥杨智慧                          ⑦杨辟邪
                      (535~约545)                       (约545~553)
```

阴 平 国

（477年十二月~518年）

见"前仇池国"说明。据《梁书·西北诸戎传》：元徽五年（477）十二月，"（杨）难当族弟（杨）广香，又攻杀（杨）文度，自立为阴平王"。建立阴平政权，与其族系所建武兴政权并存。历五主，天监十七年（518）以后情况不明。

杨广香（477 年十二月～483 年二月）

［按］据《南齐书·氐传》："氐王杨难当从兄子（杨）文德聚众茄芦，宋世加以爵位。文德死，从弟（杨）僧嗣、（杨）文度传代之。难当族弟（杨）广香先奔虏（北魏），元徽中，为虏攻杀文度，以为'阴平公'、茄芦镇主。"《资治通鉴》卷一三四记在昇明元年（477）十二月。《南齐书》："广香病死……永明元年（483），以（广香子）征虏将军（杨）炅为沙州刺史、阴平王。"《武帝纪》记在二月。

杨炅（483 年二月～495 年十二月）

［按］据《南齐书·氐传》：为杨广香子。父卒继立。"（建武）三年（496），（杨）炅死，以炅子（杨）崇祖为假节、督沙州军事、征虏将军、平羌校尉、沙州刺史、阴平王"。《资治通鉴》卷一四〇：建武二年（495）十二月，"氐王杨炅卒"。

杨崇祖（496 年正月～502 年）

［按］据《南齐书·氐传》：为杨炅子。父卒继立。据《资治通鉴》卷一四〇："（建武）三年（496）春正月丁卯，以杨炅子（杨）崇祖为沙州刺史，封阴平王。"据《梁书·西北诸戎传》："（杨）崇祖死，子（杨）孟孙立。"

杨孟孙（502～511 年）

［按］据《梁书·西北诸戎传》：为杨崇祖子。父卒继立。天监初年（502）以"孟孙为假节、督沙州刺史、阴平王……十年（511），孟孙死，诏赠安沙将军、北雍州刺史，子（杨）定袭封爵"。

杨定（511～518 年以后不明）

［按］据《梁书·西北诸戎传》：为杨孟孙子。父卒继立。据《资治通鉴》卷一四八："（天监）十七年（518）春正月甲子，魏以氐酋杨定为阴平王。"以后情况不详。

阴平国世系

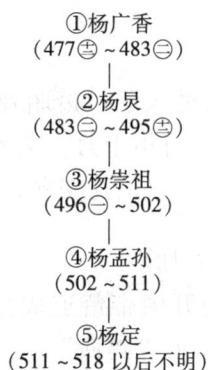

①杨广香
（477⊕～483⊖）
｜
②杨炅
（483⊖～495⊕）
｜
③杨崇祖
（496⊖～502）
｜
④杨孟孙
（502～511）
｜
⑤杨定
（511～518 以后不明）

南 齐

（479 年四月 ~ 502 年三月）

南齐又称"萧齐"，其开拓者萧道成原为宋朝权臣，封齐公（《南齐书·崔祖思传》载云："宋朝初议封太祖［萧道成］为梁公，祖思启太祖曰：《谶书》云：金刀利刃齐刘之。今宜称'齐'，实应天命。从之。）昇明三年（479）四月，迫宋顺帝禅位，改国号曰"齐"。都建康（今江苏省南京）。史称"南齐"，以区别于北朝的"北齐"。其辖地同宋后期，南界渐扩展至今大巴山脉、淮河以南一线。中兴二年（502）三月，齐和帝萧宝融被迫禅位于梁。历七帝，凡二十四年。

太祖高帝萧道成（479 年四月 ~ 482 年三月）

［按］小名"斗将"，字"绍伯"。元嘉四年（427）生。祖籍东海兰陵（今山东省苍山县兰陵镇）。初为宋之小吏参军，后累建战功，渐升迁。宋明帝时，拜辅国将军，执掌军权。后废帝时，宋发生内乱，萧道成在讨叛中功勋显赫。叛平后，后废帝忌其威名欲杀之，萧道成惧，乃连结侍臣杨玉夫杀后废帝而立顺帝，总揽大权。昇明三年（479）四月，迫宋顺帝让位，改国号曰"齐"，史称"南齐"。建元四年（482）三月，病卒于建康临光殿。在位四年，终年五十六岁。谥"高皇帝"，庙号"太祖"。葬泰安陵（一说在今江苏省丹阳市胡桥乡赵家湾）。皇太子萧赜继立。

世祖武帝萧赜（482 年三月 ~ 493 年七月）

［按］小名"龙儿"，字"宣远"。为萧道成长子。昇明三年（479）六月，被立为皇太子。父卒继立。在位十二年，卒于建康，终年五十四岁。谥"武皇帝"，庙号"世祖"。葬景安陵（一说在今江苏省丹阳市建山乡前艾庙村）。由皇太孙萧昭业继立。

郁林王萧昭业（493 年七月 ~ 494 年七月）

［按］小名"法身"，字"元尚"。为萧赜嫡长孙，文惠太子萧长懋长子。永明十一年（493）四月，父死被立为皇太孙。七月，祖父卒继立。第二年，为西昌侯萧鸾率兵入宫所杀，终年二十二岁。追为"郁林王"。以王礼安葬，葬地在今江苏省丹阳城东北经山。萧鸾继立其弟萧昭文为帝。

海陵王萧昭文（494 年七月 ~ 十月）

［按］字"季尚"。为文惠太子萧长懋次子，萧昭业弟。西昌侯萧鸾杀其兄而立之。改元"延兴"。朝政由萧鸾总揽。在位仅三月，当年十月，萧鸾废其为海陵王。下月，称其有病，遣御医探视，即卒，年仅十五岁。萧鸾自立。以王礼安葬，葬地在今江苏省丹阳城东北经山。

高宗明帝萧鸾（494 年十月 ~ 498 年七月）

［按］小名"玄度"，字"景栖"。为开国帝萧道成侄，其父萧道生为萧道成次兄。萧道成时封西昌侯。他废萧昭文而自立为帝。改元"建武"。在位五年，卒于正福殿。终年四十七岁。谥"明皇帝"，庙号"高宗"。葬兴安陵（一说在今江苏省丹阳市荆林乡三城巷村）。由皇太子萧宝卷继立。

东昏侯萧宝卷（498 年七月～501 年十二月）

[按] 原名"明贤"，字"智藏"。萧鸾次子。建武元年（494）十一月，被立为皇太子。父卒继立。永元三年（501）正月，雍州刺史萧衍发兵襄阳，三月，拥其弟、南康王萧宝融为帝。十月，攻建康，十二月，萧宝卷被杀。终年十九岁。废为"东昏侯"。葬地在今江苏省丹阳市胡桥乡吴家村。

和帝萧宝融（501 年三月～502 年三月）

[按] 字"智昭"。为萧鸾第八子，萧宝卷弟。封南康王。被雍州刺史萧衍等拥立即帝位于江陵。改元"中兴"。萧衍辅政。继攻杀萧宝卷。中兴二年（502）三月，被迫让位给萧衍，萧衍即位后，改国号"梁"，南齐亡。下月，萧宝融被杀，终年十五岁。追为"和帝"，葬恭安陵（在今江苏省丹阳市建山乡金家村）。

南 齐 世 系

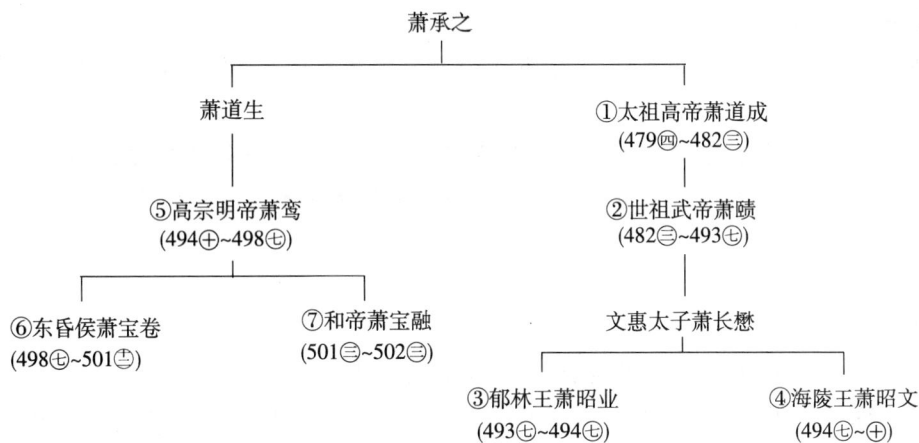

吴

（486 年正月）

唐寓之（486 年正月）

[按] 又记作"唐瑀"。浙江富阳人。据《资治通鉴》卷一三六：永明三年（485）十二月，"富阳民唐寓（yǔ）之因以妖术惑众作乱，攻陷富阳，三吴却籍者奔之，众至三万"。四年（486）正月，"唐寓之攻陷钱唐，吴郡诸县令多弃城走。寓之称帝于钱唐，立太子，置百官"。"上发禁兵数千人，马数百匹，东击寓之"。"一战而溃，擒斩寓之，进平诸郡县"。《南史·茹法亮传》："富阳人唐寓之因此聚党为乱，鼓行而东……以钱唐县为伪太子宫，置百官皆备。三吴却籍者奔之，众至三万。窃称'吴国'，伪年号'兴平'。"

高 车 国

（487~541 年四月）

史称之"高车国"，乃依族称名之；又称为"阿伏至罗国"（见《魏书·孝静帝纪》），是以其开国君主名之。据《魏书·高车传》："高车，盖古赤狄之余种也，初号为狄历，北方以为敕勒，诸夏以为高车、丁零。"可知，高车、敕勒（铁勒）及丁零、狄历等为不同历史时期对同一民族的不同称谓。一般认为，"狄历"为该族的自称；"赤狄"为春秋时期的称呼；"敕勒"名称主要在西晋以后；"高车"乃是南北朝时北朝人的称呼，因其族人"乘高车，逐水草"，"车轮高大，辐数至多"而直呼之；而南朝则沿用两汉以来对该族的称呼"丁零"。

5 世纪初，柔然兴起于大漠南北，敕勒（高车）诸部归其统辖。《高车传》云："太和十一年（487），（柔然）豆仑犯塞，（高车副伏罗部首领）阿伏至罗等固谏不从，怒，率所部之众西叛，至（车师）前部（今新疆交河故城一带）西北，自立为王，国人号之曰'候娄匐勒'，犹魏言'大天子'也。"史家皆以此为高车建政之始。高车鼎盛时期，其势力东北至色楞格河一带，北达阿尔泰山，南服高昌、焉耆、鄯善，西邻悦般，东与北魏毗连。至兴和三年（541）四月，去宾投东魏，高车国亡。历七主，凡五十四年。

阿伏至罗 （487~约 507 年）

［按］名又记作"阿立罗"、"可至罗"。原为高车副伏罗部首领，时高车役属于柔然。太和十一年（487）称"候娄匐勒"（意"大天子"）自立，联合北魏，屡败柔然。后因残暴失人心，大约于正始四年（507），为部众所杀。众拥宗族跋利延为主。

跋利延 （约 507~约 508 年）

［按］为阿伏至罗宗族。阿伏至罗被杀后为国人立之。岁余，为部众所杀，国人立阿伏至罗侄弥俄突。

弥俄突 （约 508~516 年）

［按］为阿伏至罗侄，阿伏至罗弟穷奇子。跋利延被杀后为国人立之。与哒（yà dā）、北魏修好，以抗柔然，大败柔然于蒲类海（今新疆巴里坤湖）北。熙平元年（516），为柔然可汗丑奴攻败，被执杀。弟继立。

伊匐 （约 517~约 526 年）

［按］为穷奇子，弥俄突弟。曾为哒所俘。其兄被杀后，大约熙平二年（517），在哒支持下返高车，重建高车国。修好北魏，以抗柔然。大约孝昌二年（526）为其弟越居所杀。越居自称高车王。

越居（约526~约536年）

［按］为穷奇子，伊匐弟。杀兄自立。大约天平三年（536），为柔然败，被伊匐子比适所杀，比适自立。

比适（约536~约540年）

［按］为伊匐子，越居侄。杀叔自立。联东魏，抗西魏。大约兴和二年（540），被柔然所败，其子去宾被拥立为国主。

去宾（约540~541年四月）

［按］为比适子。其父被柔然击败后，受国人拥立。兴和三年（541）四月，率众投附东魏，被东魏封为"高车王，拜安北将军、肆州刺史"（《通典·高车传》）。未几，病卒于邺。高车国亡。

高车国世系

```
        ┌──────────────┴──────────────┐
   ①阿伏至罗              穷奇            ②跋利延
   (487~约507)                          (约507~约508)

   ③弥俄突              ④伊匐            ⑤越居
   (约508~516)         (约517~约526)     (约526~约536)

                       ⑥比适
                       (约536~约540)

                       ⑦去宾
                       (约540~541四)
```

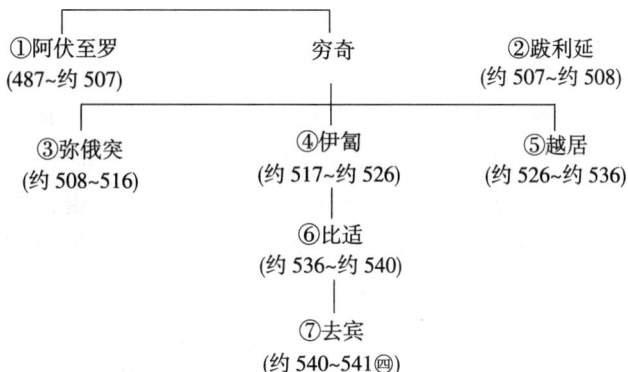

雍道晞（500年二~三月）　　　　　　　　　　　　　　　　　　　（年号：**建义**）

［按］巴西（今四川省阆中西）人。据《梁书·刘季连传》：永元二年（500）"三月，巴西人雍道晞率群贼万余逼巴西，去郡数里，道晞称镇西将军，年号'建义'"。《资治通鉴》卷一四三记在当年二月起兵，三月，被讨平，雍道晞被斩。

南　梁

（502年四月~557年十月）

南梁又称"萧梁"。开国帝萧衍在南齐时封梁王，迫齐和帝萧宝融让位，改国号曰"梁"（《资治通鉴》卷一四五胡三省注："萧衍自建安郡公进爵'梁公'，寻进爵为王，寻受齐禅，国号因号曰'梁'。"）都建康（今江苏省南京）。史称"南梁"。辖地初与齐后期同，后失长江以北及云、贵、川等地，领土缩小。亡于陈。历七帝，凡五十六年。

高祖武帝萧衍（502 年四月～549 年五月）

[按] 小名"练儿"，字"叔达"。南兰陵（今江苏常州西北）中都里人。传为汉相国萧何二十五世孙。萧顺之（齐太祖萧道成族弟，曾任丹阳尹）子。齐明帝时，为雍州刺史，镇守襄阳（今湖北省襄樊），拥有重兵。永元二年（500），东昏侯萧宝卷杀萧衍兄、尚书令萧懿，并派人行刺萧衍，又遣军袭襄阳。次年三月，萧衍起兵拥南康王萧宝融即位，是为齐和帝。十二月，攻入建康，杀东昏侯。时萧衍总揽朝政。中兴二年（502）二月，封梁王。三月，迫齐和帝让位，四月，萧衍即帝位于建康南郊，国号"梁"。建元"天监"。即位之后，即遣亲信杀和帝及其后人。在位期间，重士崇佛，大建寺院。他长文学，善书法，精乐律，曾制十二笛以应十二律。原有集，已佚，明人辑有《梁武帝御制集》。在"侯景之乱"中，于太清三年（549）三月，被河南王侯景攻下宫城，五月，饿死于净居殿。终年八十六岁。谥"武皇帝"，庙号"高祖"。葬修陵（在今江苏省丹阳市荆林乡三城巷村）。

临贺王萧正德（548 年十一月～549 年三月）

[按] 字"公和"。为临川靖惠王萧宏（萧衍弟）第三子，萧衍侄。初，萧衍养以为子，及萧衍即位，后立昭明太子，封他为西丰侯。他未被立为太子，内心不满，睥睨帝位。普通六年（525）投奔北魏，逾年返。中大通四年（532），封临贺郡王。后，河南王侯景见其有篡夺之心，乃密与之勾结。太清二年（548）八月，侯景起兵反，十月，攻建康，萧正德与之会合。十一月，侯景拥其为帝，萧正德乃即帝位于仪贤堂，改元"正平"，立萧见理为皇太子，以侯景为丞相。时梁有二帝，在建康城内对峙。萧衍困守台城。翌年（549）三月，侯景攻克台城，软禁萧衍，矫诏大赦，自加大都督中外诸军、录尚书事。降萧正德为侍中、大司马，百官皆复旧职。正德有怨言，侯景闻之，虑其为变，矫诏杀之。侯景又加害萧衍，立其子萧纲登位，总揽朝政。

太宗简文帝萧纲（549 年五月～551 年八月）

[按] 小名"六通"，字"世缵"。为萧衍第三子。中大通三年（531），太子萧统死，被立为皇太子。"侯景之乱"中被侯景立为帝。侯景大权独揽。他善以轻靡文字描绘上层荒淫生活，时称"宫体"。原有集，已佚，后人辑有"梁简文帝集"。大宝二年（551）八月，被侯景废为晋安王。十月，被害死，终年四十九岁。初谥"明帝"，庙号"高宗"，后改谥"简文皇帝"，庙号"太宗"。葬庄陵（在今江苏省丹阳市荆林乡三城巷村）。侯景立萧栋为帝。

淮阴王萧栋（551 年八～十一月）

[按] 字"元吉"。为开国帝萧衍曾孙，昭明太子萧统孙。侯景废萧纲而立之。时萧栋被幽拘，自耕为食，被立时正在锄菜，法驾至时大惊，不知所为，泣而升辇。即位后改元"天正"。当年十一月，侯景逼其让位，侯景即位，改称"汉国"。萧栋降为"淮阴王"。太始二年（552）三月，为宣猛将军朱买臣所杀害。

武陵王萧纪（552 年四月～553 年七月）

[按] 字"世询"。为开国帝萧衍第八子，萧纲弟。天监年间，封武陵王。大同中，为益州

刺史。"侯景之乱"时，持兵不赴援。至侯景夺位，乃即帝位于成都，改元"天正"。率军东下，以讨侯景为名，将图京陕，十一月，其兄萧绎在江陵称帝，遂转攻江陵，兵败，次年七月，被巴东民符昇、徐子初等斩于硖口。

世祖元帝萧绎（552 年十一月～554 年十二月）

［按］小名"七符"，字"世诚"。为萧衍第七子，萧纲弟，萧纪兄。七岁时封湘东王，太清元年（547），为荆州刺史。侯景夺位后，他举兵征讨，至侯景被杀，乃于天正二年（552）十一月在江陵即帝位，改元"承圣"。在位三年，为西魏所攻，十一月，江陵失陷，他有藏书十四万卷，城破时自行焚毁。十二月，被杀。终年四十七岁。据朱孔阳《历代陵寝备考》：始葬胡荆州府津阳门外，后改葬于江宁。谥"孝元皇帝"，庙号"世祖"。他生平著述颇多，今存《金楼子》辑本。原有集，已佚，后人辑有《梁元帝集》。

贞阳侯萧渊明（555 年五～九月）

［按］又作"萧明"。字"靖通"。为长沙王萧懿（萧衍兄）子。初封贞阳侯。太清元年（547）十二月，为东魏所俘。萧绎被西魏所攻杀后，次年（555）正月，西魏在江陵立萧詧为帝，史称其为"后梁"。是月，北齐立其为"梁主"，送还即位。五月，入建康称帝，改元"天成"，按权臣王僧辩意，以萧方智为太子，王僧辩为大司马，陈霸先为侍中。九月，陈霸先杀王僧辩，迫萧渊明让位。十月，立晋安王萧方智为帝。

敬帝萧方智（555 年十月～557 年十月）

［按］小名"法真"，字"慧相"。为萧绎第九子。承圣元年（552），封晋安王。次年，为江州刺史。三年（554）十二月，父被杀后，由太尉王僧辩、司空陈霸先拥立为太宰，承制。次年（555）正月，西魏立萧詧在江陵称帝（史称"后梁"）；北齐立萧渊明为梁王。二月，萧方智在建康称梁王，时年十三岁。以王僧辩为中书监、录尚书、骠骑大将军、都督中外军事，加陈霸先征西大将军。时北齐致书王僧辩，以萧方智年幼为由，让其迎萧渊明返回建康称帝。三月，北齐出兵，王僧辩同意立萧渊明，条件是以萧方智为太子。五月，萧渊明即帝位，萧方智为皇太子。对此，镇守京口的陈霸先坚决反对，谏不听。九月，杀王僧辩，逼萧渊明让位。十月，萧方智即位。改元"绍泰"。次年（556）九月，改元"太平"。太平二年（557）十月，被逼让位给陈霸先，改国号曰"陈"，南梁亡。次年四月，被杀，终年十六岁。谥"敬皇帝"。

※　　　※　　　※

附：

［后　梁］

（555 年正月～587 年九月）

南梁末年，发生"侯景之乱"。乱平后，梁政局混乱，帝位频更。承圣三年（554）十二月，梁元帝萧绎被西魏所攻杀，次年正月，西魏立萧詧（chá）在江陵（今湖北省江陵）为帝。与先后在建康（今江苏省南京）称帝的萧渊明、萧方智对立，史称为"后梁"。后梁为西魏所立，也依附于西魏，不仅向西魏称臣，而且西魏派兵驻江陵西城（萧詧居东城），名曰"助防"，实为控制。故史家不认为是独立政权，本年表亦作附录处理，特此说明。

后梁传三主，广运二年（587）为隋所亡。凡三十三年。

中宗宣帝萧詧（555年正月～562年闰正月）

［按］字"理孙"。为梁开国帝萧衍孙，昭明太子萧统第三子。梁时封岳阳王，后迁雍州刺史。太清三年（549）三月，侯景害死萧衍，立萧纲主持朝政，萧詧据雍州（治襄阳，今湖北省襄樊）不从，并与据江陵的湘东王萧绎对立。九月，萧詧攻江陵，遭惨败，十一月，遣使求援于西魏，并请附属之。魏使至襄阳，萧詧遣王妃及世子萧嶚（liáo）为质于魏。次年（550）六月，西魏欲令萧詧即帝位，詧辞未受，乃册命为梁王，始建台，置百官。承圣三年（554）十月，助西魏攻梁元帝萧绎，十一月，克建康执萧绎。继杀之。据《资治通鉴》卷一六五：十二月，"（西）魏立梁王詧为梁主，资以荆州之地，延袤三百里，仍取其雍州之地。詧居江陵东城，魏置防主，将兵居西城，名曰助防，外示助詧备御，内实防之。以前仪同三司王悦留居江陵"。次年（555）正月，在江陵称帝，改元"大定"。立子岿（kuī）为皇太子。对西魏称臣，奉其正朔。大定八年（562）正月，病卒。终年四十四岁。谥"宣皇帝"，庙号"中宗"。葬平陵（在今江苏省南京市江宁境内）。太子岿继立。

永嘉王萧庄（558年三月～560年二月）

［按］为萧绎孙，萧方等子。初封永嘉王。曾为质于北齐。太平二年（557）十月，南梁亡于陈。次年（558）三月，王琳迎立其于郢州（今湖北省江陵东北）。萧庄即位，改元"天启"，置百官，以王琳为侍中、大将军、中书监。天启三年（560）二月，攻陈都建康，大败，损失殆尽，王琳只身奔北齐，萧庄为御史中丞刘仲威护送至北齐。政权瓦解。

世宗明帝萧岿（562年闰正月～585年五月）

［按］字"仁远"。为萧詧第三子。父即位时立为皇太子。父卒继立。改元"天保"。在位二十四年卒。葬显陵（在今江苏省南京市江宁境内）。谥"孝明皇帝"，庙号"世宗"。太子琮继立。

莒公萧琮（585年五月～587年九月）

［按］字"温文"。为萧岿子。父卒继立。来年正月，改元"广运"。广运二年（587）八月，被隋文帝召入朝，率臣二百余人自江陵至长安。九月，隋遣兵戍江陵。降萧琮为上柱国，赐爵莒公。后梁灭亡。

南梁世系（附：［后梁］）

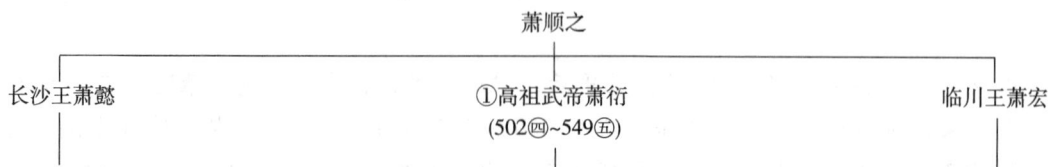

萧顺之

| 长沙王萧懿 | ①高祖武帝萧衍 (502四～549五) | 临川王萧宏 |

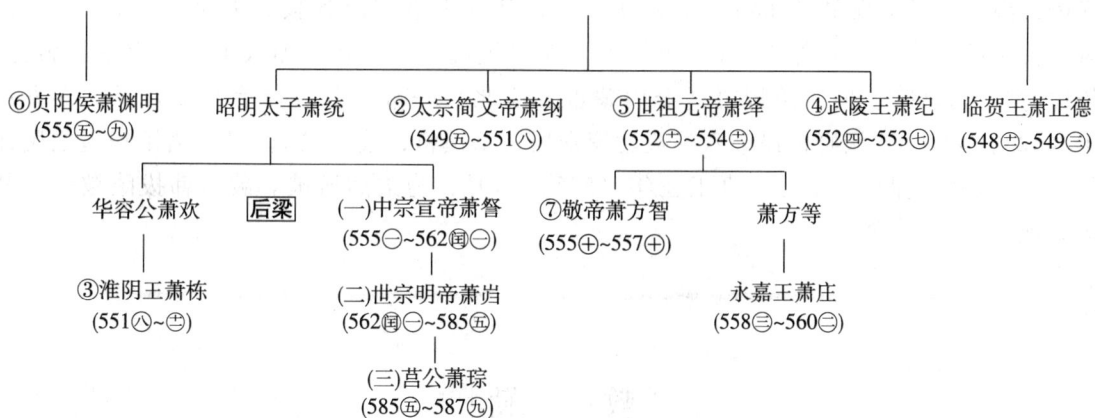

⑥贞阳侯萧渊明　　　昭明太子萧统　　　②太宗简文帝萧纲　　　⑤世祖元帝萧绎　　　④武陵王萧纪　　　临贺王萧正德
（555五~九）　　　　　　　　　　　　　（549五~551八）　　　　（552⑪~554⑪）　　（552四~553七）　　（548⑪~549三）

华容公萧欢　　　　[后梁]　　（一）中宗宣帝萧詧　　　⑦敬帝萧方智　　　萧方等
　　　　　　　　　　　　　（555一~562闰一）　　　（555十~557十）

③淮阴王萧栋　　　　　　　（二）世宗明帝萧岿　　　　　　　　　　　永嘉王萧庄
（551八~⑫）　　　　　　　（562闰一~585五）　　　　　　　　　　　（558三~560一）

（三）莒公萧琮
（585五~587九）

［屠　各　胡］

（506 年正月~七月）

陈瞻（506 年正月~七月）

　　［按］为泾州（今甘肃省泾川）屠各（匈奴的一支）人。据《魏书·杨播传》："泾州屠各陈瞻等聚众反，诏（杨）椿为别将，隶安西将军元丽讨之。"《济阴王传》云：年号"圣明"。《世宗纪》云：起事于正始三年（506）正月，当年七月被讨平。

［秦　州　羌］

（506 年正月~七月）

吕苟儿（506 年正月~七月）

　　［按］据《魏书·杨播传》："秦州羌吕苟儿、泾州屠各陈瞻等聚众反，诏（杨）椿为别将，隶安西将军元丽讨之。"《世宗纪》：正始三年（506）正月，"秦州民王智等聚众二千自号王公，寻推秦州主簿吕苟儿为主，年号'建明'。"七月，"元丽大破秦贼，降吕苟儿及其王公三十余人，秦、泾二州平"。

［匈　奴］

（523 年四月~525 年六月）

破六韩拔陵（523 年四月~525 年六月）

　　［按］姓"破六韩"，又作"破洛汗"、"破六汗"等，均为"潘六奚"的异译。为匈奴后

裔。据传，南匈奴呼厨泉单（chán）于入朝于汉，其本土事宜由其叔父去卑（左贤王）监理。三国时，去卑弟潘六奚（右谷蠡［lù lǐ］王）领军抗魏，败，其子孙入中土，遂以其名为氏，后人传称为"破六韩"。时居沃野镇（今内蒙古五原北）一带。据《资治通鉴》卷一四九：正光四年（523）四月，"沃野镇民破六韩拔陵聚众反，杀镇将，改元'真王'。诸镇华夷之民往往响应"。其势颇壮，拥众二十万。真王三年（525）六月，为柔然所破。破六韩拔陵被杀，其众大部降北魏。

［敕　　勒］

（524 年四月～530 年七月）

高平王胡琛（524 年四月～526 年九月）

［按］原为敕勒酋长。正光五年（524）四月，高平镇（今宁夏固原）民众起兵反北魏，胡琛（chēn）被推为主，称高平王。孝昌二年（526）九月，为破六韩拔陵部将费律所杀。万俟（mò qí）丑奴继统其众。

万俟丑奴（526 年九月～530 年四月）

［按］为鲜卑人（一说为匈奴别种）。原是胡琛部将。胡琛死后继领其众。永安元年（528）七月，称天子，年号"神兽"（一作"神虎"，或"神平"）。神兽三年（530）四月，为雍州刺史尔朱天光败于平凉，被执，送洛阳处死。余众由万俟道洛所领。

万俟道洛（530 年四～六月）

［按］万俟丑奴败后，众多降北魏。万俟道洛继率余众西入牵屯山，拒险自守。当年六月，投略阳王庆云。

王庆云（530 年六～七月）

［按］一说为白马龙涸胡。据略阳起兵。万俟道洛投附后，势盛，称帝于水洛城（今甘肃省庄浪），置百官，以万俟道洛为大将军。当年七月，两人同被尔朱天光所擒杀，同时坑杀万余人，余皆降。

［秦　　羌］

（524 年六月～527 年十二月）

秦王莫折大提（524 年六月）

［按］又作"莫折太提"。为秦州（今甘肃省天水）羌人。正光五年（524）六月，据秦州起兵反北魏，自称"秦王"。克高平（今宁夏固原），势大振。旋死，子莫折念生继立。

莫折念生（524 年六月～527 年九月）

〔按〕为莫折大提子。父卒继立。称天子，置百官，年号"天建"。天建四年（527）九月，为部将杜粲杀害。杜粲领其众。

杜粲（527 年九月～十二月）

〔按〕为莫折念生部将。杀其主而领其众。当年十二月，为部将骆超所杀，骆超领众降北魏。

〔秦羌〕世系

①秦王莫折大提
（524⑥）

②莫折念生
（524⑥～527⑨）

③杜粲
（527⑨～⑫）

〔燕〕

（524 年十月～529 年十一月）

燕王就德兴（524 年十月～529 年十一月）

〔按〕为营州（今辽宁省朝阳）人。正光五年（524）十月，据营州城起兵反北魏，自称"燕王"。孝昌二年（526）八月，攻陷平州（今河北省卢龙北）。永安二年（529）十一月，降北魏，政权瓦解。

〔宋〕

（525 年正月～三月）

宋王元法僧（525 年正月～三月）

〔按〕为北魏皇族，阳平王元熙（道武帝拓跋珪子）的曾孙。北魏时，官拜徐州刺史。

据《魏书·肃宗纪》："孝昌元年（525）春正月庚申，徐州刺史元法僧据城反，害行台高谅，自称'宋王'（《资治通鉴》卷一五〇云：'称帝'。）号年'天启'。"三月，投奔南梁萧衍。

杜洛周（525 年八月～528 年二月）　　　　　　　　　　　　　　　（年号：**真王**）

[按] 名又作"杜周"，或"吐斤洛周"。为北魏柔玄镇（今内蒙古兴和西北）人。据《魏书·肃宗纪》：孝昌元年（525）八月，"柔玄镇人杜洛周率众反于上谷（今河北省怀来东南），年号'**真王**'，攻没郡县。"次年十一月，攻陷幽州，执刺史王延年及行台常景。武泰元年（528）正月，攻取定州、瀛州。二月，受葛荣攻击，被杀，其众被葛荣所并。

［稽　胡］
（525 年十二月～535 年三月）
（576～578 年）

刘蠡升（525 年十二月～535 年三月）

[按] 为稽胡（又作山胡）族人。孝昌元年（525）十二月，起兵反北魏，自称天子，改元"神嘉"，置百官。踞云阳谷（今山西省左云境），拥晋中南地。天平二年（535）三月，受东魏所攻，为属下北部王所杀。余众复立其子南海王。

南海王（535 年三月）

[按] 为刘蠡（lí）升子。封南海王。佚名。父被杀后，受余众拥而立之。旋为东魏所俘。并俘其皇后、诸王、公卿以下四百余人及百姓五万余户。

圣武帝刘没铎（576～577 年十一月）

[按] 为刘蠡升之孙。据《周书·稽胡传》："建德五年（576），（北周）高祖败（北）齐师于晋州（今山西省临汾），乘胜逐北，齐人所弃甲仗，未暇收敛，稽胡乘间窃出，并盗而有之。乃立蠡升孙没铎为主，号圣武皇帝，年（号）曰'石平'。六年（577）（《资治通鉴》卷一七三记在十一月），（北周）高祖定东夏，将讨之，议欲穷其巢穴……并破之，斩首万余级。赵王招又擒没铎，余众尽降。"

刘受罗千（578 年）

[按] 又作"刘受逻干"。据《周书·稽胡传》："宣政元年（578），汾州稽胡帅刘受罗千复反，（北周）越王盛督诸军讨擒之。自是寇盗颇息。"

［稽胡］世系

①刘蠡升
（525㊐～535㊂）
|
②南海王
（535㊂）
|?
③圣武帝刘没铎
（576～577㊐）
④刘受罗千
（578）

［丁　零］

（526年正月～八月）

鲜于修礼（526年正月～八月）

［按］为北魏北镇五原丁零族人。孝昌二年（526）正月，率北镇流民在定州之左城（今河北省唐县西）起兵，建元"鲁兴"。大败北魏大都督长孙稚与河间王元琛于滹沱河旁之五鹿，势日盛。当年八月，为部将元洪业（北魏皇族）所杀害，欲降北魏。葛荣杀元洪业而另立。

齐

（526年九月～529年九月）

葛荣（526年九月～528年九月）

［按］原为鲜于修礼部将。孝昌二年（526）八月，鲜于修礼为元洪业所杀，欲降北魏，葛荣起兵杀元洪业而自立。九月，自称天子，国号"齐"，建元"广安"。广安三年（528）九月，战中被擒，送洛阳斩首。余众降。

韩楼（528年十二月～529年九月）

［按］原为葛荣部将，葛荣被执杀后，于当年十二月在幽州复起。次年九月，城陷被执杀。

刘获（527年七月）　　　　　　　　　　　　　　　　　　　　（年号：天授）

［按］为陈郡（今河南省淮阳）人。孝昌三年（527）七月，据西华（今河南省西华南）起

兵反北魏，建元"天授"。当月，即被北魏兵所击破，被斩，余众被讨平。

齐

（527 年十月～528 年正月）

萧宝夤（527 年十月～528 年正月）

［按］萧宝夤（yín），又记作"萧宝寅"。字"智亮"。为南齐明帝萧鸾第六子。封鄱阳王。南齐亡后北逃入北魏，为徐州刺史。因西讨无功，受责难。孝昌三年（527）十月，起兵反魏，祀南郊，即帝位，国号"齐"，改元"隆绪"，置百官。次年一月，受攻，战败，投万俟（mò qí）丑奴，政权瓦解。永安三年（530）四月，丑奴兵败时被擒，送洛阳赐死。

［汉］

（528 年六月～529 年四月）

汉王邢杲（528 年六月～529 年四月）

［按］邢杲（gǎo），河间人。士族出身。北魏时为幽州平北府主簿。建义元年（528）六月，率河北流民十余万户起兵反于青州之北海（今山东省潍坊西南），自称汉王，建元"天统"。次年四月，被北魏军攻破，降，送洛阳斩。

东　魏

（534 年十月～550 年五月）

北魏末年，内乱不止，权臣操纵朝政。末代皇帝元修为权臣高欢所立。元修即位后，与高欢抗拒，永熙三年（534）七月，发兵讨高欢未成，由洛阳西逃长安，关西大都督宇文泰迎之，朝政又落入宇文泰手中。是年十月，高欢在洛阳又立元善见为帝，至此，北魏分立为东、西两帝。未几，元修又与宇文泰矛盾，闰十二月，被毒杀，次年正月，元宝炬即位。史称都洛阳（后迁于邺）之魏为"东魏"（见《周书·文帝纪》："（元）善见为主，徙都于邺［今河北省临漳西南］，是为'东魏'"）；都长安之魏为"西魏"（见《隋书·地理志》："西魏逐吐谷［yù］浑"）。东魏始于天平元年（534）十月，于武定八年（550）五月亡于北齐。中仅历一帝，凡十七年。

孝静帝元善见（534 年十月～550 年五月）

［按］为北魏孝文帝元宏曾孙，清河王元亶子。北魏时，官拜通直散骑侍郎、骠骑大将军。

永熙三年（534）七月，孝武帝元修西投关中继为帝，当年十月，权臣高欢在洛阳拥其为帝，改元"天平"，随迁都于邺。史称"东魏"，初为高欢揽政，高欢死，由子高澄总揽朝政。武定七年（549），高澄被膳奴所杀，朝政大权转入其弟高洋手中。八年（550）五月，高洋迫其禅位，国号称"齐"，东魏遂告灭亡。次年十二月，他被毒杀，终年二十八岁。谥"孝静皇帝"。葬西陵（今河北省磁县前港村）。

东 魏 世 系

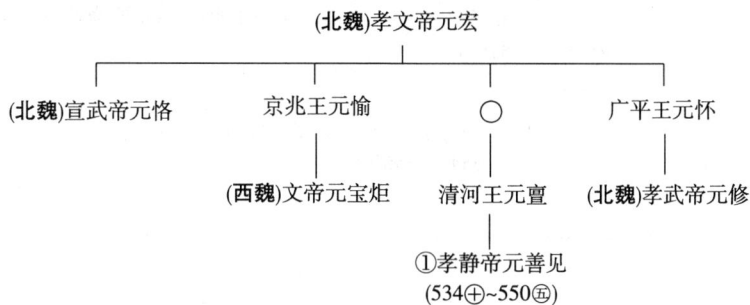

西 魏

（535 年正月～556 年十二月）

　　见"东魏"说明。习惯上西魏自大统元年（535）正月文帝元宝炬登基始，至恭帝拓跋廓三年（556）十二月为北周所亡止。都长安。中经三帝，凡二十二年。

文帝元宝炬（535 年正月～551 年三月）

［按］为北魏孝文帝元宏孙，京兆王元愉子。北魏末年，权臣揽政，永熙三年（534）七月，其末代皇帝元修因与权臣高欢抗拒，迫从都城洛阳逃至长安，受关西大都督宇文泰支持，朝政由宇文泰总揽。是年十月，高欢在洛阳又立元善见为帝，史称"东魏"。闰十二月，宇文泰毒杀元修，立元宝炬为帝，于次年（535）正月即位，改元"大统"，史称"西魏"。朝权仍操宇文泰手中。在位十七年卒于乾安殿。终年四十五岁。谥"文皇帝"。葬永陵（今陕西省富平东南何家村）。皇太子元钦继立。

废帝元钦（551 年三月～554 年正月）

［按］为元宝炬长子。父即位时被立为皇太子。父卒继立。据诸书所记，元钦立后去年号。《历代统纪表》著有年号"乾明"，不知何据。后因与权臣宇文泰矛盾而被废，徙置雍州廨舍，当年四月，被宇文泰毒杀。弟元廓继立。

恭帝元廓（554 年正月～556 年十二月）

［按］为元宝炬第三子，元钦弟。权臣宇文泰废其兄而立之。在位第三年（556）十月，宇

文泰卒，其子宇文觉揽政，十二月，封宇文觉为"周公"。随之，在宇文觉压力下，被迫逊位于宇文觉。宇文觉新政，史称"北周"，西魏亡。次年二月，被宇文觉所杀。终年二十岁。谥"恭帝"。

西 魏 世 系

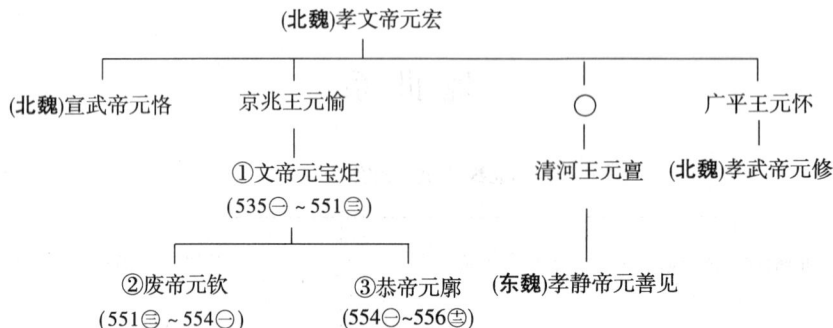

```
                    (北魏)孝文帝元宏
        ┌──────────┬──────────────┬──────────────┐
  (北魏)宣武帝元恪   京兆王元愉              ○          广平王元怀
                       │                    │
                 ①文帝元宝炬          清河王元亶  (北魏)孝武帝元修
                 (535⊖~551⊜)             │
              ┌────────┴────────┐
        ②废帝元钦          ③恭帝元廓   (东魏)孝静帝元善见
        (551⊜~554⊖)       (554⊖~556⊕)
```

［敕　　勒］

（535 年）

鲜于琛（535 年）

［按］为鄱阳（今江西省波阳）敕勒族人。修道法。大同元年（535），起兵反南梁，杀广晋令王筠。置官署。年号"上愿"。拥众万余，攻没郡县。旋为鄱阳内史陆襄击破，被执杀，众逃散。

［汾　州　胡］

（536 年九月）

王迢触（536 年九月）

［按］为汾州（今山西省汾阳）胡人。据《北齐书·神武帝纪》：天平三年（536）"九月辛亥，汾州胡王迢触、曹贰龙聚众反，署立百官，年号'平都'。神武（高欢）讨平之"。

刘敬躬（542 年正月～三月）　　　　　　　　　　　　　　　　　　　　　（年号：**永汉**）

［按］名又记作"刘敬宫"。为安成郡人。据《资治通鉴》卷一五八：大同八年（542）"正月，（刘）敬躬据郡反，改元'永汉'，署官属，进攻庐陵，逼豫章"。"二月戊戌，江州刺史湘东王（萧）绎遣司马王僧辩、中兵曹子郢讨敬躬"。"三月戊辰，擒敬躬，送建康，斩之"。

北 齐

（550 年五月～577 年二月）

　　北齐开国帝高洋原仕东魏，受封"齐王"，总揽朝政。武定八年（550）五月，废东魏孝静帝元善见自立为帝，改国号曰"齐"（据《资治通鉴》卷一六三胡三省注："〔高〕洋又进爵'齐王'，且高氏本勃海人，勃海故齐地也，国遂号'齐'。"）史称"北齐"（见《隋书·礼仪志》："北齐《仪注》，以为五礼。"）亦称"高齐"，或"后齐"（见《周书·刘志传》："后齐神武遣兵攻围。"）都邺（今河北省临漳西南）。其辖地，北至今辽西，南至长江，西至晋、内蒙古一带，东至鲁。承光元年（577）二月，亡于北周。历八帝，凡二十八年。

显祖文宣帝高洋（550 年五月～559 年十月）

　　[按] 字"子进"。渤海蓨（今河北省景县）人。为东魏大丞相高欢次子。高欢，字贺六浑，为鲜卑化的汉人。北魏末年，尔朱兆弑魏孝庄帝元子攸，作为尔朱兆部将的高欢，起兵反尔朱氏，在信都立元朗为帝，朝政总揽。继入洛阳，废元朗，更立元修，是为"魏孝武帝"。元修即位后，与高欢抗拒，讨高欢，败，西逃长安，受宇文泰迎立，高欢又立元善见为帝，是为"魏孝静帝"，于是，北魏分裂为东魏和西魏。高欢操纵东魏大权。高欢死，由其子高澄（高洋兄）总揽朝政。武定七年（549），高澄被膳奴所杀，朝政由高洋把握。八年（550）正月，高洋进位丞相、都督中外诸军、录尚书事、大行台、齐郡王。三月，进封"齐王"。五月，逼魏孝静帝让位，遂即帝位于邺城南郊，改国号曰"齐"。改元"天保"。在位十年，病卒。终年三十一岁。谥"文宣皇帝"，庙号"高祖"，后改"显祖"。葬武宁陵（今河北省磁县湾漳村）。太子高殷继立。

废帝高殷（559 年十月～560 年八月）

　　[按] 小名"道人"，字"正道"。为高洋长子。父即位时被立为皇太子。父卒继立，时年十七岁，由叔高演（高欢第六子）和高湛（高欢第九子）辅政。次年（560）八月，太皇太后下令，废其为济南王，由高演继立。次年九月，在晋阳被害。谥"闵悼王"。墓葬在其父武宁陵西北。

肃宗孝昭帝高演（560 年八月～561 年十一月）

　　[按] 字"延安"。为高欢第六子，高洋弟，高殷叔。兄卒时，娄太后欲立之为帝，未果。由侄高殷即位，遂任大丞相揽政。继娄太后废高殷而立之。下年十一月，出猎坠马而病卒，终年二十七岁。谥"孝昭帝"，庙号"肃宗"。葬靖陵（一名文静陵。在今河北省磁县湾漳村）。遗命由弟高湛继立。

世祖武成帝高湛（561 年十一月～565 年四月）

　　[按] 为高欢第九子，高演弟。兄终按遗命继立。改元"河清"。河清四年（565）四月，传位于太子高纬，自号太上皇，仍操大权。次年十一月，病卒。终年三十二岁。谥"武成皇帝"，庙号"世祖"。葬永平陵（一说在今河北省磁县湾漳村）。

后主高纬（565 年四月～576 年十二月）

　　[按] 字"仁纲"。为高湛长子。太宁二年（562）正月，立为皇太子。河清四年（565）四

月，接父传位即帝位，改元"天统"，尊父为太上皇。父死后方亲政。武平七年（576）十月，受北周所攻。十二月，禅位于年仅八岁的太子高恒，自为太上皇。次年正月，被俘。十月，被杀，终年二十二岁。

安德王高延宗（576 年十二月）

［按］为高欢孙，高澄第五子。自幼为叔高洋所养。封安德王。武平七年（576）十二月，北齐受北周所攻，北齐后主高纬欲弃都邺，改元"隆化"，任高延宗为相国，委以抵御，高延宗流涕受命。高纬奔。高延宗受众拥，即帝位于晋阳，改元"德昌"。与周战，大败，为周师所俘。为帝仅数日。后被杀。

幼主高恒（577 年正月）

［按］为高纬长子。武平元年（570）十月，立为皇太子。隆化元年（576）十二月，在北周的强烈攻击下，其父禅位，次年正月，即帝位，时八岁，改元"承光"。尊父为太上皇。是月，国都邺城失陷。高恒东走渡河入济州（今山东省平阴西北），禅位于大丞相，任城王高湝，高恒被尊为"守国天王"，高纬被尊为"无上皇"。旋在南邓村被俘，十月，被杀。后葬长安北洪渎川。

任城王高湝（577 年正月～二月）

［按］为高欢第十子，高纬叔，高恒叔祖父。初封任城王。承光元年（577）正月，在北周打击下，幼主高恒弃国都邺东走，任其为大丞相。至济州，受高恒禅位。二月，在信都募军以抗北周。战败被擒。北齐亡。后与高恒同被杀。

※　　　　※　　　　※

附：

范阳王高绍义（577 年十二月～580 年六月）

［按］为高洋第三子。初封广阳王，后封范阳王。承光元年（577）一月，北齐后主高纬和幼主高恒被擒，二月，任城王高湝被擒。高绍义战败，北奔突厥。十二月，营州刺史高保宁自黄龙（今辽宁省朝阳）上表劝进，高绍义称帝，改元"武平"，任高保宁为丞相。次年（578）六月，北周武帝宇文邕卒。闰六月，幽州人卢昌期起兵据范阳，迎高绍义。高绍义引突厥兵赴之。旋北周克范阳，擒卢昌期，高绍义还突厥，高保宁还据黄龙。武平十年（579）二月，突厥佗钵可汗欲与北周和解，北周命其执高绍义，佗钵未从。下年（580）六月，北周贿赂突厥，求高绍义，突厥执高绍义。七月，高绍义被执后送长安，徙之蜀。久之，病卒于蜀。

北 齐 世 系

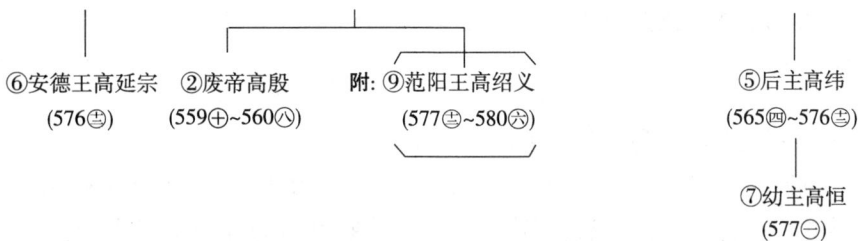

```
        │              │                    │                           │
      ⑥安德王高延宗    ②废帝高殷      附：⑨范阳王高绍义            ⑤后主高纬
      (576☷)          (559⊕~560☷)      (577☷~580☷)                (565☰~576☷)
                                                                        │
                                                                   ⑦幼主高恒
                                                                     (577☰)
```

汉

（551 年十一月 ~ 552 年四月）

侯景（551 年十一月 ~ 552 年四月）

［按］字"万景"。朔方人，或云雁门人。原为东魏将领，后叛归西魏。梁武帝萧衍时，太清元年（547），又以河南十三州地投梁，被封河南王。次年，起兵反萧衍，三年（549）三月，攻下宫城，五月，杀害萧衍，立其子萧纲，是为简文帝。遂全揽朝政。次年（550）九月，任相国，封"汉王"，授二十郡，并加殊礼。十月，自称宇宙大将军、都督六合诸军事。大宝二年（551）又废萧纲，立豫章王萧栋。十一月，逼萧栋让位而登太极殿称帝，改国号曰"汉"，改元"太始"。翌年正月，梁湘东王萧绎命平南将军王僧辩和陈霸先讨之。三月，建康失守，逃至吴郡。四月，被部属羊鹍（kūn）所杀，尸送建康，政权瓦解。

突厥汗国

（552 年正月 ~ 581 年分裂）

突厥作为族称有广狭二义：1. 广义指其族系，为凡操突厥语言的民族，包括丁零、敕勒、狄历、高车、铁勒，及以后的回鹘（hú）、乌古斯等。2. 狭义专指 6 ~ 8 世纪在金山（今阿尔泰山）南麓、漠北高原建立突厥汗国的民族。"突厥"之义，据史载，依金山形似兜鍪（móu），俗称"兜鍪"为"突厥"，因以为号。（见《周书·突厥传》）而《突厥语辞典》（11 世纪成书）则释为"最成熟、最旺盛之时"。也有学者（法人伯希和 P. Pelliot）认为是由突厥语 Türküt 一词的单数 Türk 而来，为小山羊、小牛或强力之意。

突厥最早见于汉文文献是西魏文帝大统八年（542）（见《周书·宇文测传》），在正史中，《周书》首为其立有专传，继而《北史》，新、旧《唐书》，《新五代史》皆有其传。据传，初起时役属于柔然，为柔然的煅工。首领姓阿史那氏。西魏时，大统十二年（546），在首领土门率领下，南并天山北之铁勒，收其众五万余落。废帝元年（552），又东灭漠北的柔然，自称伊利可汗（kè hán），建立突厥汗国。建汗庭于都斤山（又作"郁都军山"、"乌德鞬山"，今杭爱山支脉）。盛时领地东起辽水，西抵西海

（今里海，一说咸海），北越贝加尔湖，南抵阿姆河南。至隋立，开皇元年（581），分裂为东、西二突厥。

伊利可汗（布民可汗）土门（552年正月~553年二月）

［按］又作"吐门"，全名为"阿史那土门"。意为"万夫长"。突厥文碑铭作"布民可汗"。初为突厥部落首领，臣属于柔然，曾率军大败铁勒，收其五万余落，势日强，向柔然求婚，未允，受辱骂。废帝元年（552）正月，起兵大败柔然于怀荒北，柔然可汗阿那瓌（guī）兵败自杀，土门自号伊利可汗，以漠北为中心建立突厥汗国。号其妻为"可贺敦"；子弟谓之"特勤"；将兵者皆谓之"设"（或"察"、"杀"）。次年（553）二月，卒。子科罗立。

乙息记可汗科罗（553年二~三月）

［按］又记作"逸可汗"、"阿逸可汗"。阿史那氏。为土门子。父卒继立。次月病卒。弟俟斤立。

木杆可汗俟斤（553年三月~572年）

［按］又记作"木汗可汗"、"术汗可汗"；亦作"突厥大伊泥温木汗"或"阿史那木可汗"；又名"燕尹"、"燕都"。阿史那氏。为土门子，科罗弟。兄终弟及。在位二十年，灭柔然，败吐谷（yù）浑，"威服塞外诸国"，为突厥最盛时期。建德元年（572）卒，弟佗（tuó）钵可汗继立。

佗钵可汗（572~581年）

［按］又记作"他钵可汗"。阿史那氏。为土门子，俟斤弟。兄终弟及。即位后，以科罗子摄图为尔伏可汗统领东部地区，以其弟褥但可汗子为步离可汗，统领西部地区，自统中部。在突厥人中首倡佛教。在位十一年，病卒。突厥分裂。

突厥汗国世系

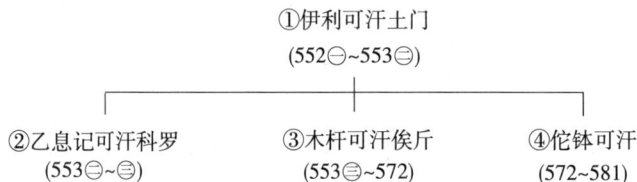

```
                    ①伊利可汗土门
                    (552〇~553〇)
        ┌───────────────┼───────────────┐
  ②乙息记可汗科罗      ③木杆可汗俟斤        ④佗钵可汗
   (553〇~〇)         (553〇~572)        (572~581)
```

北　周

（557年正月~581年二月）

北周为宇文鲜卑（xiān bēi）所建。宇文鲜卑出自匈奴，原居阴山。自1世纪，匈奴开始大批西迁和南下，部分入辽河流域一带，与鲜卑杂处，渐鲜卑化，称宇文鲜卑。"宇文"之义，史有二载：《周书·文帝纪》云："其俗谓'天'曰'宇'，谓'君'曰'文'，因号宇文国，并以为氏焉。"（《北史》作："其俗谓'天子'曰'宇文'，故国号'宇文'。"）另据《资治通鉴》卷八十一胡三省注引何承天《姓苑》曰："宇文氏出自炎帝，其后以尝草之功，鲜卑呼'草'为'俟汾'，遂号为俟汾氏。""宇文"即"俟汾"，意为"草"。

北周的奠基者宇文泰据传为宇文氏始祖葛乌菟的十四世孙，时为代郡武川（北魏六镇之一的军镇，今内蒙古武川西南）人。北魏末年，内部矛盾激烈，权臣把持朝政。永熙三年（534）七月，孝武帝元修讨权臣高欢，失败，由洛阳西逃至长安，受到身为关西大都督宇文泰的迎立。十月，高欢又立元善见为帝，至此，北魏分裂为东魏和西魏，西魏朝政遂由宇文泰把持。宇文泰病卒后，朝政转入其子宇文觉手中。宇文觉受封周公。西魏恭帝三年（556）十二月，宇文觉迫恭帝让位，次年正月，宇文觉即天王位（两年后称帝），改国号曰"周"（《资治通鉴》卷一六七胡三省注："宇文辅政，慕仿周礼……遂封'周公'，既受命，国号曰'周'。"）史称"北周"，又称"后周"（见《隋书·经籍志》："后周始基关右。"）和"宇文周"（见《旧五代史·周书·太祖纪》："宇文周亦录木德。"）。都长安。建德六年（577），灭北齐，统一北方。至大定元年（581）二月，让位于隋。中历五帝。凡二十五年。

孝闵帝宇文觉（557年正月～九月）

[按]字"陁罗尼"。为宇文泰第三子。西魏末年，父卒后继父执掌西魏朝政。恭帝三年（556）十二月，受封岐阳（今陕西省扶风西北）为"周公"。（《资治通鉴》卷一六四胡三省注："岐阳，即扶风之地，昔〔西〕周兴于岐……宇文辅政，仿周以立法，故……以'周'封之。"）时中山公宇文护以宇文觉年幼，欲早使其正位以定人心，乃逼恭帝让位。次年正月，宇文觉即天王位，国号曰"周"，史称"北周"。由堂兄宇文护总理朝政。即位后亦对宇文护专权不满，当年九月，为宇文护所逼，逊位于兄宇文毓，被废为"略阳公"。后被杀，终年十六岁。谥"孝闵皇帝"，葬静陵（在今陕西省富平境内）。

世宗明帝宇文毓（557年九月～560年四月）

[按]小名"统万突"。为宇文泰长子，宇文觉兄。由宇文护逼宇文觉逊位，遂即天王位于长安。三年（559）八月，称皇帝，年号"武成"。次年四月，由于宇文护忌其才华而将其毒死，临终前口授遗诏由其弟宇文邕继位。终年二十七岁。谥"明皇帝"，庙号"世宗"。葬昭陵（在今陕西省富平境内）。

高祖武帝宇文邕（560年四月～578年六月）

[按]字"祢罗突"。为宇文泰第四子，宇文毓和宇文觉弟。封鲁国公。兄卒受遗诏即位。时年十八岁，由宇文护揽政。天和七年（572）三月，击杀宇文护而亲政，改元"建德"。建德六年（577）二月，亡北齐，统一北方。次年，败南朝陈军，尽取长江以北地区。在位期间，佛、道教并禁，寺院人口一律纳税。宣政元年（578）六月，病卒。终年三十六岁。谥"武皇帝"，庙号"高祖"。葬孝陵（今陕西省咸阳市渭城区陈马村）。太子宇文赟(yūn)继立。

宣帝宇文赟（578年六月～579年二月）

[按]字"乾伯"。为宇文邕长子。建德元年（572）四月，被立为皇太子。父卒继立。大成元年（579）二月，传位于太子宇文阐，自称"天元皇帝"。五月，病卒，终年二十二岁。谥"宣皇帝"。葬定陵（在今陕西省富平境内）。

静帝宇文阐 （579 年二月～581 年二月）

[按] 原名"衍"。为宇文赟长子。大成元年（579）正月，被立为皇太子。二月，受父传位而即位，时年七岁。由扬州总管杨坚总知中外兵马事。大定元年（581）二月，下诏让位于杨坚，杨坚改国号曰"隋"，北周亡。宇文阐降为"介公"，五月，被害，终年九岁。谥"静皇帝"。葬恭陵。

北 周 世 系

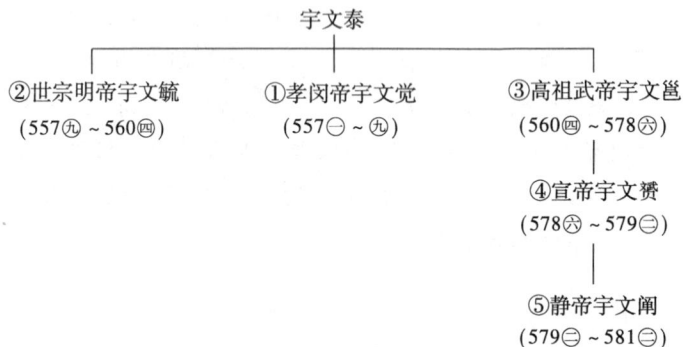

陈

（557 年十月～589 年正月）

陈开国帝陈霸先原仕南梁，在平定侯景之乱中威势大增，以姓陈而封陈王。太平二年（557）十月，逼梁敬帝萧方智让位，改国号曰"陈"（据《资治通鉴》卷一六七胡三省注："姓出于'陈'，自吴兴郡公进封'陈公'，及受命，国号遂曰'陈'。"）这是中国历史上，唯一以姓氏为国号的中原政权。都建康（今江苏省南京）。辖地仅有鄂中及江南、珠江流域部分地区，是南朝中版图最小的王朝。亡于隋。历五帝，凡三十三年。

历史上有"六朝"之说，这是指从三国的吴、东晋，到南朝的宋、齐、梁、陈等六朝皆都建康（吴名建业）的一种合称。从泛义上讲，也是从江南的角度对魏晋南北朝三百多年历史时期的另一种称谓。

高祖武帝陈霸先 （557 年十月～559 年六月）

[按] 小名"法生"，字"兴国"。祖籍颍川（今属河南）。出身寒微，父陈文赞为游民。南梁时，初为广州刺史赏识，任中直兵参军。屡有战功，迁始兴太守。在侯景之乱中，受湘东王萧绎调遣，发兵讨侯景。与征东将军王僧辩会合，攻入建康，翦灭侯景。后在迎立贞阳侯萧渊明问题上发生分歧，杀王僧辩，拥萧方智为帝，是为梁敬帝。自为尚书令，都督中外诸军事。大平二年（557）九月，为相国，封"陈公"。十月，进封"陈王"。当月，逼梁敬帝让位，改国号曰"陈"，年号"永定"。在位三年，病卒。终年五十七岁。谥"武皇帝"，庙号"高祖"。葬万安陵（一说在今江苏省南京市江宁县土坊镇石马冲）。侄陈蒨继立。

世祖文帝陈蒨（559 年六月～566 年四月）

［按］字"子华"。为陈霸先兄陈道谭长子。永定元年（557），立为临川王。陈霸先死时，因其长子陈昌早年被西魏所俘，尚在长安，陈蒨在南豫州刺史侯安都的力挺下即位。在位期间，曾有效击退北周进攻，颇具威望。在位八年，卒。终年四十五岁。谥"文皇帝"，庙号"世祖"。葬永宁陵（在今江苏省南京甘家巷狮子冲）。由太子陈伯宗继立。

废帝陈伯宗（566 年四月～568 年十一月）

［按］小名"药王"，字"奉业"。为陈蒨长子。永定三年（559）立为皇太子。父卒继立。由于生性懦弱，朝政由安成王陈顼（xū，陈蒨弟）操纵。光大二年（568）十一月，被陈顼废为"临海王"。卒于太建二年（570）四月，终年十七岁。

高宗宣帝陈顼（569 年正月～582 年正月）

［按］小名"师利"，字"绍世"。为陈道谭次子，陈蒨弟，陈伯宗叔。侄陈伯宗在位时，为骠骑大将军、司徒、录尚书、都督中外诸军事，操纵朝政。光大二年（568）十一月，废陈伯宗，次年（569）正月，即帝位，改元"太建"。在位十四年，病卒。终年五十三岁。谥"孝宣皇帝"，庙号"高宗"。葬显宁陵（在今江苏省南京西善桥油坊村罐子山）。太子陈叔宝继立。

后主陈叔宝（582 年正月～589 年正月）

［按］小名"黄奴"，字"元秀"。为陈顼长子。父即位时被立为皇太子。太建十四年（582）正月，父病卒。弟陈叔陵（陈顼次子）为夺皇位，用刀将其击昏，经抢救，未卒。陈叔陵奔隋，被追杀。平陈叔陵后即帝位。因伤，不能视事，国政操之弟陈叔坚（陈顼第四子）手。在位时生活奢侈，大建宫室。他喜作艳词，如《玉树后庭花》、《临春乐》等，明人辑有《陈后主集》。祯明三年（589）正月，受隋攻击，不能组织有效抵抗，都城建康破，被俘。陈亡。他荒于酒色，在隋军攻入建康时还在唱《玉树后庭花》，唐诗人杜牧讥讽像他这样的统治者："商女不知亡国恨，隔江犹唱后庭花。"成为千古名句。他于仁寿四年（604）十一月，卒于洛阳，终年五十二岁。谥"炀"。据朱孔阳《历代陵寝考》：葬洛阳之邙山。

陈　世　系

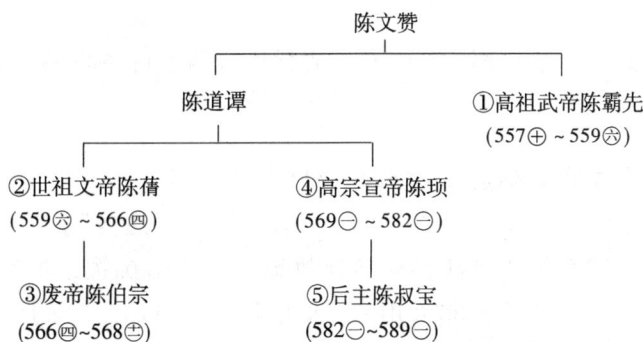

西突厥汗国

（567～659 年）

　　"西突厥"首见于《隋书·西突厥传》。西突厥汗国为突厥汗国分裂后的西部政权。天和二年（567），突厥开国可汗土门弟室点密征西域，自立为西面可汗，史以此作西突厥汗国之始。开皇元年（581），沙钵略可汗立，与室点密子达头可汗不协，史称"东突厥"。西突厥统辖部落复杂，时起反抗，直至隋大业七年（611）射匮可汗时，方才统一。建庭于三弥山（今新疆库车北之哈尔克山）。盛时尽有今新疆及中亚大部地区。又设夏都于中亚石国北之千泉。统叶护可汗死后，汗国分裂。

室点密可汗（567～576 年）

　　［按］又作"瑟帝米"、"伊室点密"、"常瑟波罗斯"，《阙特勤碑》作"伊室点密可汗"。阿史那氏。为突厥汗国开创者伊利可汗土门弟。初统十大首领，领兵十万，征西域。北周天和二年（567），自立为西面可汗，统领乌孙故地，建庭于鹰娑川（今新疆库车西北），为冬都（南牙），后又建夏都（北牙）于千泉（今楚河西岸）。史称其政权为西突厥。在位十年，卒。子玷厥继立。

达头可汗（步迦可汗）玷厥（576～603 年）

　　［按］又记作"达度"、"地头"。为室点密可汗子。父卒继立。在即位前期（东突厥沙钵略可汗即位前），西突厥虽然实际上已处于独立的地位，但表面上却一直尊奉突厥土门系为大可汗，维持形式上的统一。隋开皇元年（581），沙钵略可汗登位，时突厥除达头可汗外，尚有第二可汗庵罗（佗钵可汗子）、阿波可汗大逻便（木杆可汗子）等。开皇三年（583），玷厥联合大逻便等攻击沙钵略可汗，从此，突厥正式分裂为东、西两部。西突厥称雄于西域。开皇十九年（599）十二月，东突厥都蓝可汗雍虞闾在内乱中被部下所杀，内部大乱，突利可汗兵败南下投隋，受隋封"启民可汗"，居地南迁，东突厥部众纷纷投之。玷厥乃占领漠北地区，自称"步迦可汗"，成为事实上突厥的最高可汗。仁寿三年（603），遭隋与启民可汗的联合进攻，兵败，西奔吐谷（yù）浑，不知所终。孙泥利可汗继立。

泥利可汗（603～约605 年）

　　［按］为玷厥孙，咄陆（又作"都六"）子。玷厥兵败西逃吐谷浑后，被部众拥立为可汗。事迹不详。

泥橛处罗可汗（曷萨那可汗）达漫（约605～611 年十一月）

　　［按］又作"曷婆那可汗"，简称"处罗可汗"。名又记作"达曼"。为泥利可汗子。大业元年（605，一说仁寿三年，603）继为可汗，驻乌孙故地。后受隋挑拨，被其叔射匮可汗兴兵袭击，兵败，退保时罗漫山（今新疆哈密北天山）。大业七年（611）十一月，受母向氏（汉人）劝导，朝隋，留居长安。次年，随隋炀帝征高丽，封"曷萨那可汗"。武德二年（619），被东突厥始毕可汗所杀。唐太宗即位后，以礼改葬。

射匮可汗（约 611～约 618 年）

[按] 为达头可汗玷厥孙，咄陆子，泥利可汗弟，达漫叔。原为西突厥部族首领（小可汗）。大业五年（609），在隋支持下，起兵攻击达漫。后，达漫入隋，他遂称可汗，领西突厥之众。势渐盛，铁勒契苾部、薛延陀皆去汗号，臣服之。辖地东至金山（今阿尔泰山），西至雷翥海（今咸海），玉门以西皆属之。约唐武德初年（618）卒。弟统叶护可汗继立。

统叶护可汗（约 618～628 年）

[按] 又记作"叶护可汗"。为射匮可汗弟。兄终弟及。即位后，北并铁勒，西拒波斯，南伐罽（jì）宾，移汗庭于千泉（今楚河西岸），称雄西域。唐玄奘西行取经，途经汗庭，受款待，曾于素叶城（今中亚托克马克附近）亲睹可汗游猎盛况，仪仗豪华，兵马威盛。同年，统叶护可汗为其伯父莫贺咄所杀。西突厥分裂。

（咄陆五部）

屈利俟毗可汗莫贺咄（628～约 631 年）

[按] 又作"莫贺咄可汗"。为达头可汗玷厥子，统叶护可汗伯父。杀侄自立。弩失毕五部不从，另立肆叶护可汗（统叶护可汗子）。西突厥分裂：莫贺咄统摄咄陆五部为左厢（也作东厢）；肆叶护统摄弩失毕五部为右厢（也作西厢）。莫贺咄在位四年（一说三年），被肆叶护和阿史那泥孰联兵击杀于金山。

（弩失毕五部）

肆叶护可汗（乙毗钵罗肆叶护可汗）（630～约 632 年）

[按] 为统叶护可汗子。原为咥力特勤（突厥语官名）。唐贞观二年（628），父被莫贺咄杀害后，逃往康居避难。四年（630），被弩失毕五部泥孰迎立为汗，与咄陆五部莫贺咄对抗。次年（631，一说当年），击杀莫贺咄，为族人拥立为大可汗，暂时统一西突厥各部。由于内部矛盾，约贞观六年（632），为部众所废，亡走康居，忧郁而卒。

大度可汗（吞阿娄拔奚利邲咄陆可汗）泥孰（约 632～634 年）

[按] 又简称"咄陆可汗"。名又记作"泥熟"。因世袭"莫贺咄（设）"（突厥语官名），故又称"泥孰莫贺咄（设）"。为肆叶护可汗族弟。贞观二年（628），因屈利俟毗可汗杀统叶护可汗自立，不服，迎立统叶护可汗之子为肆叶护可汗。约贞观六年（632），肆叶护可汗为族人所废而奔康居后，他被拥立为可汗。即位后，遣使长安，受唐册封为"吞阿娄拔奚利邲咄陆可汗"，是为唐对西突厥可汗的首次册封。在位三年，卒。弟沙钵罗咥利失可汗继立。

（南　庭）

沙钵罗咥利失可汗（634~639年）

［按］简称"咥利失可汗"，又记作"咥利始可汗"。为泥孰弟。原为"同俄设"（突厥语官名）。兄终弟及。次年，遣使赴唐求和亲，受唐封汗号。面对内部纷争，重新划分势力范围：碎叶川以东为左厢（东厢）咄陆五部，置五大啜辖之；碎叶川以西为右厢（西厢）弩失毕五部，置五大俟斤辖之。贞观十二年（638），咄陆五部拥立"乙毗咄陆可汗"，建牙帐于镞曷山西，称"北庭"；咥利失可汗辖弩失毕五部，称"南庭"。次年，为咄陆可汗所败，逃往拔汗那（今乌兹别克斯坦费尔干纳）而卒。国人拥立其子。

乙屈利失乙毗可汗（639~640年）

［按］为沙钵罗咥利失可汗子。父战败逃亡后被国人立之。次年，卒。国人立乙毗沙钵罗叶护可汗。

乙毗沙钵罗叶护可汗（640~641年七月）

［按］简称"叶护可汗"，或称"沙钵罗叶护汗"，或"毕贺咄叶护"。为沙钵罗咥利失可汗弟伽那设之子。乙屈利失乙毗可汗卒后，被国人立之。建牙帐于睢合水北，屡与北庭相攻，次年七月，为北庭联合石国（今乌兹别克斯坦塔什干）吐屯所执杀。南庭亡。

（北　庭）

乙毗咄陆可汗（欲谷可汗）（638~约641年）

［按］简称"咄陆可汗"。原为"欲谷设"（突厥语官名）。贞观十二年（638），为咄陆五部拥立为可汗，建牙帐于镞曷山西，称为北庭。十五年（641）七月，并南庭，统一西突厥。当年（一说下年），为其部下所逼，亡走吐火罗，不知所终。

乙毗射匮可汗（约641~651年）

［按］为屈利俟毗可汗莫贺咄子。乙毗咄陆可汗被部下逼走后，他为弩失毕五部拥立为可汗。获唐册封。永徽二年（651），其众为贺鲁所并，不知所终。

泥伏沙钵罗可汗贺鲁（651~657年十二月）

［按］室点密可汗五世孙，劫越子。乙毗咄陆可汗时，为叶护（突厥语官名），统摄处月等五姓之众。曾于贞观二十二年（648）率部投唐，据庭州（今新疆吉木萨尔县北破城子）。招集西突厥离散诸部，势渐盛。后乘唐太宗亡故之机，谋取西、庭二州，永徽二年（651），率众西遁，建牙帐于双河（今新疆乌苏市雅马渡口）及千泉，自号"泥伏沙钵罗可汗"，拥兵数十万，称雄西域，与唐对抗。后，屡遭唐军打击。显庆二年（657）十二月，被唐所擒，西突厥汗国亡，唐于其地置昆陵与濛池两都护府，诸部分置州府。贺鲁被执后获赦，四年（659）卒，葬颉利可汗墓侧，刻石以记。

附：

真珠叶护可汗（653～659年）

[按] 为乙毗咄陆可汗之子。因与贺鲁有隙，唐永徽四年（653），结弩失毕五部抗贺鲁，自立为汗。唐显庆二年（657）十二月，唐军讨贺鲁时，联弩失毕部破贺鲁牙帐，贺鲁政权亡。四年（659），与唐封将领阿史那弥射战于双河（今新疆乌苏市雅马渡口），兵败被杀。

西突厥汗国世系

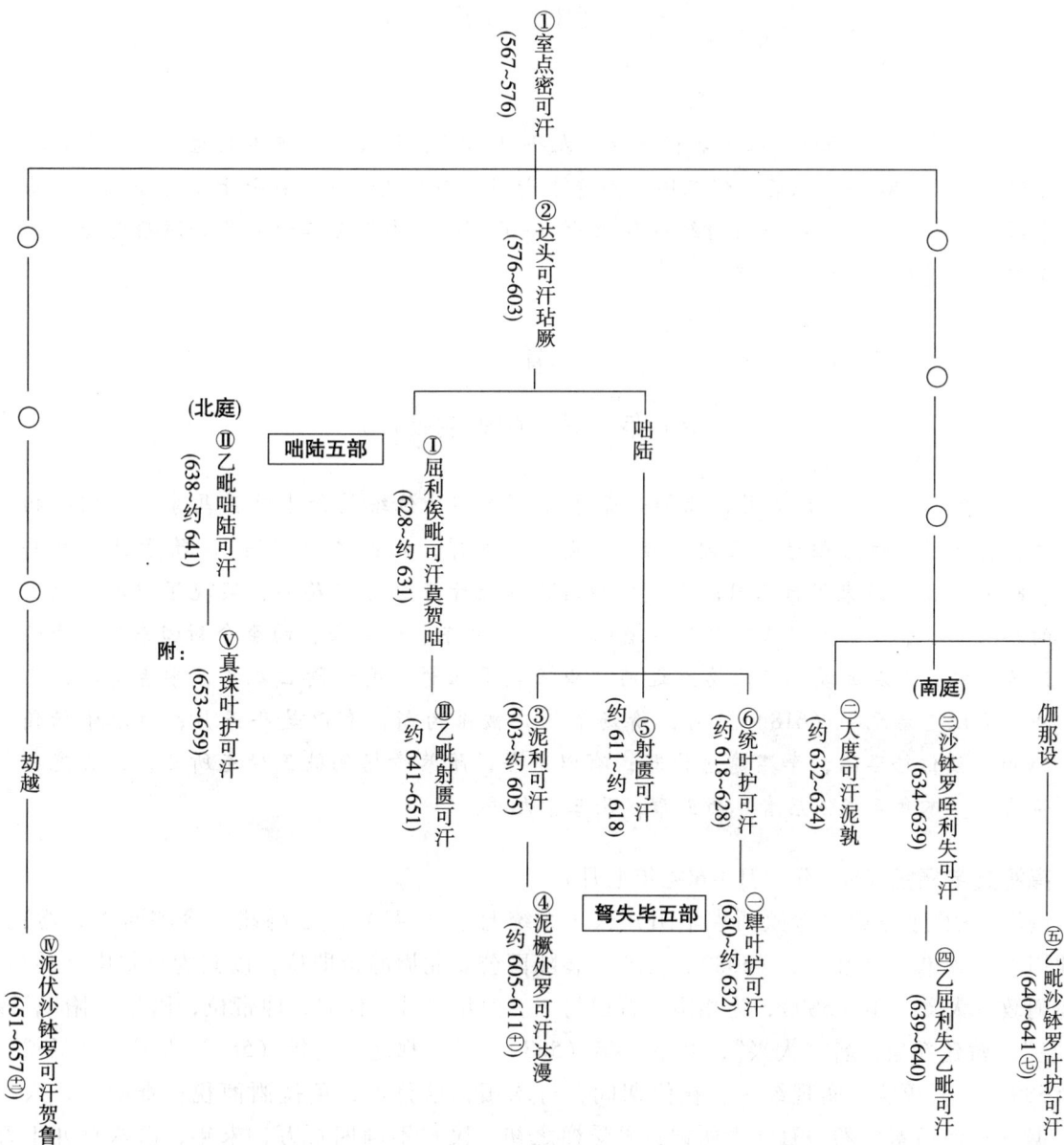

九 隋唐时期纪年考

（581～907 年）

自开皇元年（581）隋朝取代北周，九年（589），隋灭陈，中国的整体局势是，从东汉灭亡（220 年）以后，经三国、两晋十六国、南北朝，近三百七十年的分裂状况基本结束，归于统一。统一局面维持到唐亡（907 年），共三百二十六年。隋唐时期，又是中国封建社会的繁荣时期。

隋

（581 年二月～619 年四月）

大定元年（581）二月，北周静帝宇文阐下诏让位给总知中外兵马事、随国公杨坚，杨坚乃以随为国号，又因"辵"，走也，不祥，故去之为"隋"。隋于开皇九年（589）灭陈，结束了自三国以来，中原近三百七十年的分裂局面，实现了中原大地上的再次大统一。都大兴城（今陕西省西安）。疆域东、南到海，西至今新疆东部，西南达云、桂，北及大漠，东北迄至辽河。隋王朝很短暂。关于隋亡之年，学者有不同看法，有以皇泰元年（618）三月，隋炀帝杨广被杀为断；有以是年五月，隋恭帝杨侑（yòu）让位给李渊，李渊建唐为断；有以下年，隋恭帝杨侗被王世充所废，王世充称帝为断。本年表采依后者。历五帝，凡三十九年。

高祖文帝杨坚（581 年二月～604 年七月）

［按］为弘农华阴（今陕西省华阴）人。大统七年（541）生于冯翊（今陕西省大荔）。父为北周勋臣杨忠。天和三年（568），父死，袭随国公。北周静帝即位，以其为总知中外兵马事，总揽朝政。大象二年（580），为相国，晋爵为王。翌年二月，代周，即帝位，国号"隋"，改元"开皇"。营建新城，名"大兴"，开皇三年（583），迁而都之。七年（587）九月，并后梁。九年（589）一月灭陈，实现统一。在位期间，行均田，垦荒地，免盐酒商税；查隐户，人户大增，据《资治通鉴》卷一百八十所记："受禅之初，民户不满四百万，末年，逾八百九十万。"又改革官制，确立三省制，简化地方机构。仁寿四年（604）七月，病卒（一说被杨广害死）。在位二十四年，终年六十四岁。葬太陵（亦名泰陵，在今陕西省扶风县王上村）。谥"文皇帝"，庙号"高祖"。子杨广继立。

世祖炀帝杨广（604 年七月～617 年十一月）

[按] 一名"英"。小字"阿麼"。为杨坚次子。开皇元年（581），立为晋王。二十年（600），因太子杨勇奢侈被废，他被立为太子。父卒继立，进而矫父诏缢杀兄杨勇。改元"大业"。大业二年（606），迁都东京洛阳。即位后，大建宫室，并筑长城，辟驰道，开运河，造龙舟，好大喜功，极尽奢侈，挥霍民财；数攻高丽，损失惨重。民不堪苦，纷纷起兵反抗。大业十二年（616）十二月，在义军打击下逃往江都（今江苏省扬州）。十三年（617）五月，李渊于太原起兵，十一月，攻入新都大兴城（长安），立杨广孙杨侑为帝，遥尊杨广为太上皇。义宁二年（618）三月，杨广为宇文化及兵变而被执杀。在位十四年，终年五十岁。谥"炀帝"，庙号"世祖"。葬吴公台下，唐平定江南后改葬雷塘（在今江苏省邗江县槐二村）。

恭帝杨侑（617 年十一月～618 年五月）

[按] 为杨广嫡长孙，父为杨昭。原封代王。隋炀帝东巡时，命其守西京大兴。义宁元年（617）十一月，李渊攻入大兴，立其为帝，遥尊杨广为太上皇。李渊总揽朝政。次年五月，让位给李渊（有学者以此作隋亡之年）。武德二年（619）五月，被杀，终年十五岁。谥"恭帝"。陵位在今陕西省乾县乳台村。

秦王杨浩（618 年三～九月）

[按] 为杨广侄，父杨俊为杨广弟。李渊在长安立杨侑为帝时，杨广时在江都。义宁二年（618）三月，许公宇文化及等兵变，入宫弑杨广而立之（也有学者以杨广被杀作隋亡之年）。宇文化及自称大丞相，总揽朝政。九月，为宇文化及所杀。宇文化及自称"许帝"。

恭帝杨侗（618 年五月～619 年四月）

[按] 字"仁谨"。为杨广孙，杨昭次子，杨侑弟。大业二年（606）立为越王。在杨广东巡时常留守东都洛阳。据《资治通鉴》卷一百八十五：武德元年（618）五月，"隋炀帝凶问至东都，戊辰，留守官奉越王即皇帝位，大赦，改元'皇泰'"。以段达、王世充为纳言，元文都为内史令，共掌朝政。次年二月，王世充自称郑王。四月，世充称帝，杨侗被废，五月，被杀。谥"恭皇帝"。

隋　世　系

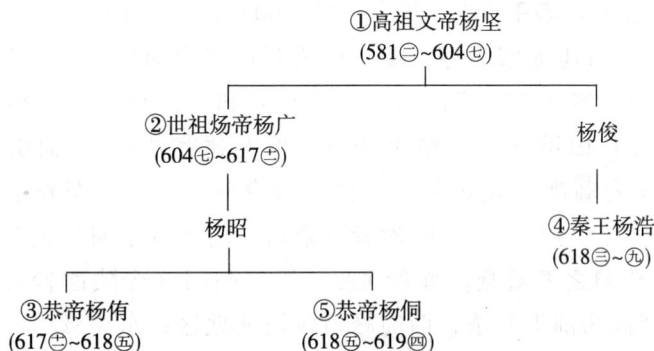

```
                    ①高祖文帝杨坚
                    (581㊀~604㊆)
           ┌──────────────────┴──────────────────┐
      ②世祖炀帝杨广                              杨俊
      (604㊆~617㊀)                               │
           │                                      │
         杨昭                                ④秦王杨浩
           │                                 (618㊂~㊈)
    ┌──────┴──────┐
③恭帝杨侑        ⑤恭帝杨侗
(617㊀~618㊄)    (618㊄~619㊃)
```

东突厥（北突厥）汗国

（581~630 年三月）
（679 年十月~681 年闰七月）

东突厥汗国，为突厥汗国分裂后的东支政权。"东突厥"之称，见《新唐书·突厥传》："西突厥……与东突厥分乌孙故地有之。"对中原政权而言，因其位置居北，故历史上又被称为"北突厥"，见《旧唐书·突厥传》："西突厥与北突厥同祖，初木杆（可汗）与沙钵略可汗有隙，因分为二。"初设汗庭于鄂尔浑河上游于都斤山（今杭爱山东支），后移至土拉河畔。其境内部族众多，矛盾重重。隋末曾一度强盛，围隋炀帝于雁门。唐贞观四年（630）三月，东突厥颉利可汗咄苾被唐所俘，国亡。传七世，凡五十年。

沙钵略可汗（伊利俱卢设莫何始波罗可汗）摄图 （581~587 年四月）
［按］阿史那氏。为乙息记可汗科罗子，佗钵可汗侄。佗钵可汗临终前曾告子庵罗，传位给兄木杆可汗俟斤子大逻便，因大逻便母出身卑贱，摄图极力反对而拥立庵罗，庵罗怕大逻便构难，遂让位给势力最强的摄图。摄图接位后为稳定内部，以庵罗居独洛水（今土拉河），称第二可汗；大逻便为阿波可汗。时还有较强势力的达头可汗玷厥、突利可汗处罗侯，分统其众。因摄图英勇势强，部众归心，地方诸部皆归其统。建汗庭于都斤山。控弦之士四十万。在位七年病卒。由弟处罗侯继立。

叶护可汗（莫何可汗）处罗侯 （587 年四月~588 年十二月）
［按］摄图弟。兄终弟及。次年十二月，在攻击波斯战中，中流矢而亡。由兄子雍虞闾继立。

颉伽施多那都蓝可汗雍虞闾 （588 年十二月~599 年十二月）
［按］简称"都蓝可汗"。名又记作"雍闾"。为摄图子，处罗侯侄。叔战死后继立。在位十二年，在内乱中为部下所杀。

突利可汗（意利珍豆启民可汗）染干 （599 年十二月~608 年十一月）
［按］简称"启民可汗"，因避唐太宗名讳，史书中又写作"启明可汗"，或"启人可汗"。为处罗侯子，雍虞闾堂弟。初号"突利可汗"，居北方。与隋和好，开皇十七年（597）七月，娶隋安义公主，率众南迁，居度斤旧镇（沙钵略可汗摄图旧时建庭处），从而引起雍虞闾的不满。十九年（599）二月，与雍虞闾战于长城下，大败，逃奔隋。四月，至长安，十月，隋封"意利珍豆启民可汗"（意"意智健"），突厥人归附者万余口，隋文帝于朔州筑大利城（今内蒙古清水河县境）以处其众，部众归之者益众。继移居夏、胜二州间（今陕西省靖边县及内蒙古准噶尔旗一带）。十二月，雍虞闾为部下所杀，西突厥占领漠北地区，东突厥内部大乱，部众纷纷投附染干。从此染干统东突厥。在位十年，大业四年（608，一说五年）十一月，卒。隋立其子咄吉世。

始毕可汗咄吉世（608 年十一月～619 年四月）

［按］名又记作"咄吉"、"吐吉"、"吐蕊"。为染干子。父卒为隋所立。势日盛，为隋所患，隋欲分其势，乃与隋交恶，大业十一年（615）八月，率骑数十万围隋炀帝于雁门（今山西省代县），史称"雁门之围"。隋末，中原争雄，薛举、窦建德、王世充、刘武周等皆欲借其力而对其称臣，咄吉世皆授以可汗称号。在位十二年，619 年病卒。弟立。

处罗可汗（619 年四月～620 年）

［按］又记作"叱罗可汗"。为咄吉世弟。原任俟利弗设（又作乙力设，突厥语官名）。619 年，兄终弟及。次年（一说同年），疽发而卒。弟咄苾立。

颉利可汗咄苾（620～630 年三月）

［按］名又记作"吐苾"。为染干第三子，处罗可汗弟。兄终弟及。即位后，以兄始毕可汗咄吉世子什钵苾为突利可汗（又称小可汗）。奉隋齐王之子杨政道为隋主，连续扰唐边地。唐施反间计，使之与突利可汗抵牾，军力大衰。贞观三年（629），受唐攻，次年（630）三月，被俘，送长安。东突厥国亡。八年（634）正月，病卒，追赠归义郡王，陪葬昭陵。

※　　　※　　　※

阿史那泥熟匐（679 年十月～680 年三月）

［按］名又记作"泥孰匐"。东突厥亡唐后，为唐统辖下的突厥族首领。调露元年（679）十月，联合首领阿史德温傅、阿史德奉职等起兵反唐，被立为可汗。二十四州突厥部众响应，拥数十万众。次年三月，在黑山（今内蒙古包头西北）为唐军击溃，被部将所杀。

阿史那伏念（680 年三月～681 年闰七月）

［按］名又作"史伏念"。为东突厥颉利可汗从兄之子。参与阿史那泥熟匐起兵反唐，阿史那泥熟匐兵败被杀后，为阿史德温傅等继立为可汗。次年，受唐挑拨，与阿史德温傅不和，被唐军分离击败，闰七月，他执阿史德温傅降唐。九月，在长安同被杀。

东突厥（北突厥）汗国世系

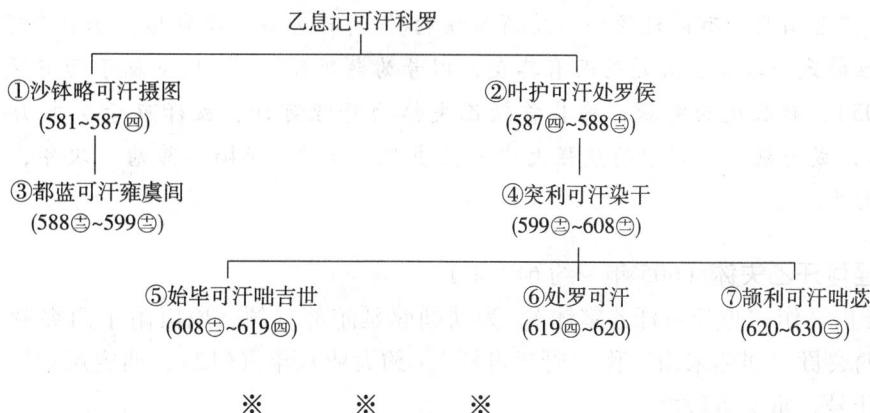

```
                        乙息记可汗科罗
            ┌───────────────────┴───────────────────┐
      ①沙钵略可汗摄图                          ②叶护可汗处罗侯
      (581～587四)                             (587四～588七)
            │                                       │
      ③都蓝可汗雍虞闾                          ④突利可汗染干
      (588七～599七)                            (599七～608七)
                              ┌───────────────┼───────────────┐
                        ⑤始毕可汗咄吉世      ⑥处罗可汗        ⑦颉利可汗咄苾
                        (608七～619四)       (619四～620)      (620～630三)
```

※　　　※　　　※

㊀阿史那泥熟匍
（679㈩～680㈢）
㊁阿史那伏念
（680㈢～681㈣㈦）

［铁勒（契苾部）］

（605～约612年）

铁勒，古又译作"敕勒"，初号"狄历"，以及"丁零"、"高车"等，皆为不同时期对同一民族的不同称谓。一般认为，"狄历"为自称；"赤狄"为春秋时期的称呼；"铁勒"为隋唐时期的称呼。契苾（又作"契弊"、"契苾羽"）部为其诸部之一。

易勿真莫何可汗契苾歌楞（605～612年）

［按］又作"易勿施莫何可汗"，简称"莫何可汗"。名又作"契苾歌稜"、"契苾哥论"。为铁勒真苾部之俟利发俟斤（突厥语官名），原臣服于西突厥。大业元年（605），铁勒反叛西突厥，拥其为可汗，建牙帐于贪汗山（今新疆天山东）。《隋书·铁勒传》云："莫何勇毅绝伦，甚得众心，为邻国所惮，伊吾、高昌、焉耆诸国悉附之。"约大业八年（612），西突厥射匮可汗复强，契苾歌楞去可汗号，重又臣服之。

薛 延 陀

（605～约612年）
（约628～646年七月）

为铁勒之一部。由薛、延陀两部合并而成。最早见载于《隋书》。《隋书·铁勒传》云："金山西南有薛延陀……总谓为铁勒。"《旧唐书·铁勒传》云："薛延陀者，自云本姓薛氏，其先击灭延陀而有其众，因号为薛延陀部。"原臣属于西突厥，隋大业元年（605），起兵反西突厥，推其首领乙失钵为野咥可汗，立汗庭于燕末山（阿尔泰山支脉），成为铁勒诸部中的最强大者。至贞观二十年（646）降唐。次年，唐于其地置六府七州。

野咥可汗乙失钵（605年～约612年）

［按］又作"也咥可汗乙室钵"。为铁勒薛延陀部首领，原臣附于西突厥。大业元年（605）起兵反西突厥，居燕末山，称"野咥可汗"。约大业八年（612），西突厥射匮可汗复强盛，乙失钵去可汗号，重又臣服之。

真珠毗伽可汗夷男（约 628 ~ 645 年九月）

［按］为乙失钵孙（一说子）。初随其祖依附西突厥。约贞观二年（628），乘西突厥政乱，领数万众返漠北，暂附东突厥；又遇东突厥政乱，遂反东突厥，拥众自立，唐太宗遣将持诏封其为"真珠毗（pí）伽可汗"。立牙帐于郁督军山。有胜兵二十万。辖地东起大兴安岭，西抵阿尔泰山，南界河套，北至色楞格河。贞观十九年（645）九月，病卒。子拔灼立。

颉利俱利薛沙耽弥可汗拔灼（645 年九月 ~ 646 年六月）

［按］一作"颉利俱利薛沙多弥可汗拔酌"。为夷男嫡长子。父卒自立，继称汗。遂发兵攻唐，败逃。次年，为回纥（hé）兵所杀。堂兄咄摩支立。

伊特勿失可汗咄摩支（646 年六 ~ 七月）

［按］为夷男之兄子，拔灼堂兄。堂弟被杀后，为众拥立为可汗。与唐战于郁督军山，大败，被俘三万余众，遂降唐。唐于其地置府州统辖。

薛延陀世系

①野咥可汗乙失钵
(605~约 612)
│
○
┌────────────┴────────────┐
○   ②真珠毗伽可汗夷男
│   (约 628~645⑨)
④伊特勿失可汗咄摩支   ③颉利俱利薛沙耽弥可汗拔灼
(646⑥~⑦)   (645⑨~646⑥)

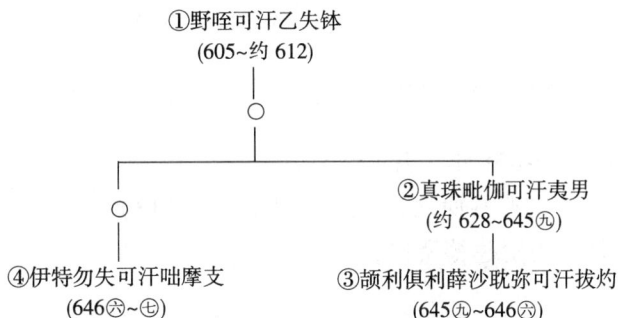

知世郎王薄（611 ~ 619 年闰二月）

［按］为邹平（今山东省邹平县孙家镇）人。大业七年（611），据长白山（在今邹平东南）起兵，首举反隋大旗，自称"知世郎"，作《无向辽东浪死歌》，徭役逃匿者多归从之。武德二年（619）闰二月，投附宇文化及。

张金称（611 ~ 616 年十二月）

［按］为鄃（shū，今山东省夏津）人。大业七年（611），据河曲（为大清河曲处，在夏津县北）起兵反隋。大业十二年（616）十二月，为隋将杨善会所执杀，余众投窦建德。

东海公高士达（611 ~ 616 年十二月）

［按］为蓚（tiáo，今河北省景县南）人。大业七年（611），据清河县（今河北省南宫东

南）起兵反隋，自称"东海公"。大业十二年（616）十二月，为隋将杨义臣所斩杀，余众归窦建德。

［燕］

（613 年三月～624 年二月）

燕王格谦（613 年三月～616 年十二月）

［按］厌次（今山东惠民东南）人。大业九年（613）三月，据豆子航（gǎng，今山东省惠民境）起兵反隋，拥众十余万，自称"燕王"。十二年（616）为隋将王世充斩杀。高开道复领其众。

燕王高开道（616 年十二月～624 年二月）

［按］渤海（今山东省阳信南）人。格谦被杀后继领其众。大业十四年（618）十二月，攻取渔阳郡，拥众数万，自称"燕王"，改元"始兴"（一作"天成"），都渔阳（今天津蓟县）。武德七年（624）二月，为部将张金树所杀，张金树领众降唐。

孟海公（613 年三月～621 年二月）

［按］济阴（今山东省曹县西北）人。大业九年（613）三月，据周桥起兵反隋，拥众数万。武德四年（621）二月，为窦建德所俘，后被杀。

郝孝德（613 年三月～617 年二月）

［按］平原（今山东省平原）人。大业九年（613）三月起兵反隋。十三年（617）二月，投李密。

［楚］

（613 年六～八月）

楚国公杨玄感（613 年六月～八月）

［按］弘农华阴（今陕西省华阴）人。为杨素之子。隋时官拜礼部尚书，袭爵"楚国公"。大业九年（613）六月，据黎阳（今河南省浚县东）起兵反隋。拥众十余万人，进围东都洛阳。八月，兵败被隋将宇文述所杀。

刘元进（613 年七～十二月）

[按] 余杭（今浙江省余杭市）人。大业九年（613）七月，响应杨玄感反隋而起兵，旬月兵至数万。吴郡朱燮、晋陵管崇亦举兵，有众七万，共迎刘元进，奉以为主，据吴郡（今江苏省苏州），称天子，以朱燮、管崇为仆射（yè），署置百官。是年十二月，为隋将王世充所败，被杀，其众悉降。

彭孝才（613 年九月～614 年十二月）

[按] 东海（今江苏省连云港西南）人。大业九年（613）九月，起兵反隋，拥众数万，次年十二月，攻沂水（今山东省沂水），为彭城留守董纯所擒杀。

［齐］

（613 年十月～617 年）

齐王孙宣雅（613 年十月～617 年）

[按] 渤海（今山东阳信南）人。大业九年（613）十月，据渤海起兵反隋，拥兵十万，称"齐王"。十三年，为隋将杨义臣所攻破，众降。

向海明（613 年十二月）　　　　　　　　　　　　　　　　　　　（年号：白乌）

[按] 扶风（今陕西省扶风）人。大业九年（613）十二月，起兵反隋，众至数万，自称皇帝，年号"白乌"。后为隋将杨义臣击破。

［楚］

（613～619 年九月）

楚王杜伏威（613～619 年九月）

[按] 齐州章丘（今山东省章丘西北）人。大业九年（613），起兵反隋，有众数万，称"楚王"。武德元年（618）九月，降唐。

李弘芝（614 年二月～617 年十二月）

[按] 名一作"李弘"。扶风（今陕西省扶风）人。大业十年（614）二月，起兵反隋，称

天子。十三年（617）十二月，为部将唐弼所杀，唐弼率众投薛举。

皇王刘迦论（614年五月）　　　　　　　　　　　　　　　　　　（年号：大世）

［按］陕西延安人。大业十年（614）五月，起兵反隋，自称皇王，年号"**大世**"。联合稽胡，有众十万。寻为隋左骁卫大将军屈突通所击败，被杀，余众降。

王德仁（614年十一月~618年五月）

［按］汲郡（今河南省淇县东）人。大业十年（614）十一月，起兵反隋，拥众数万。武德元年（618）五月，兵败降唐。

无上王卢明月（614年十二月~617年正月）

［按］涿郡（今河北省涿州）人。大业十年（614）十二月，起兵反隋，有众号称四十万，自称"无上王"。十三年（617）正月，为隋将王世充所击败，被杀，余众散降。

燕

（615年二月~618年十一月）

漫天王王须拔（615年二月~618年十一月）

［按］上谷（今河北省易县）人。大业十一年（615）二月，起兵反隋，自称"漫天王"，建国号曰"燕"。武德元年（618）十一月，战死，余众投魏刀儿。

魏

（615年二月~618年十一月）

魏帝魏刀儿（615年二月~618年十一月）

［按］上谷（今河北省易县）人。大业十一年（615）二月，起兵反隋。与王须拔联合，至王须拔战死，并其众，自称魏帝。唐武德元年（618）十一月，为窦建德所攻，战败被杀，众投窦建德。

楚

（616 年十月 ~ 622 年十月）

元兴王操师乞（616 年十月）

[按] 名一作"操天成"。鄱阳（今江西省波阳东北）人。大业十二年（616）十月，起兵反隋，自称"元兴王"，年号"始兴"（《新唐书·林士弘传》作"师乞自号元兴王，建元天成"）。以乡人林士弘为大将军，攻陷豫章郡。战中中流矢死，林士弘领其众。

南越王林士弘（616 年十月 ~ 622 年十月）

[按] 鄱阳人，随操师乞起兵反隋，为大将军，操师乞战死后领其众。兵振，至十余万。当年十二月，自称皇帝，国号"楚"，改元"太平"（一说"延康"），据地北自九江，南及番禺（今广东省广州）。唐武德五年（622）十月，降唐。

［魏］

（616 年十月 ~ 618 年五月）

翟让（616 年十月 ~ 617 年二月）

[按] 东郡韦城（今河南省滑县东南）人。大业十二年（616）十月，据瓦岗（今河南省滑县南）起兵反隋，拥众万余人，以李密为谋士。次年二月，攻克兴洛仓（今河南省巩义市东北），击败隋东都兵，威声大振，推李密为主。

魏公李密（617 年二月 ~ 618 年五月）

[按] 字"玄邃"，一字"法主"。京兆长安（今陕西省西安）人。原为翟让谋士。攻克兴洛仓后，被翟让推举为主，上号"魏公"，设坛场，即位，称元年（一说改元"永平"），置百官，以翟让为上柱国、东郡公。次年五月，降隋，受封魏国公。后与王世充交战失败，入关降唐，赐爵邢国公。十二月，叛唐，被杀。

夏

（617 年正月 ~ 621 年五月）

长乐王窦建德（617 年正月 ~ 621 年五月）

[按] 清河漳南（今河北省故城东北）人。原为高士达军司马。高士达败死后自立，大业十三年（617）正月，据乐寿（今河北省献县），自称"长乐王"，设坛即位，置百官，改元"丁

丑"（有学者认为"丁丑"为干支纪年，非年号）。次年七月，定都乐寿，命所居为金城宫。十一月，改元"五凤"，国号曰"夏"。武德二年（619）四月，称天子。建天子旌旗，下书称诏。十月，迁都洺州（今河北省永年东南）。五凤四年（621）五月，亡于唐，战中被执，七月，被杀。

［定　杨］

（617 年二月～620 年四月）

定杨天子刘武周（617 年二月～620 年四月）

［按］河间景城（今河北省沧州西）人。原为马邑（今山西省朔州）鹰扬府校尉。据《创业起居注》：大业十三年（617）"二月己丑，马邑军人刘武周杀太守王仁恭，据其郡，自称天子，国号'定杨'"。据《资治通鉴》卷一八三："（刘）武周即皇帝位，立妻沮（jū）氏为皇后，改元'天兴'。"武德三年（620）四月，兵败投突厥，为突厥所杀。

梁

（617 年三月～628 年四月）

解事天子梁师都（617 年三月～628 年四月）

［按］朔方（今陕西省靖边北白城子）人。隋时为鹰扬郎将。大业十三年（617）二月，据朔方起兵反隋，初"自称大丞相，北连突厥"（见《资治通鉴》卷一八三）。三月，"梁师都略定雕阴、弘化、延安等郡，遂即皇帝位，国号'梁'，改元'永隆'"。突厥以其为"解事天子"。贞观二年（628），被堂弟洛仁所杀，洛仁降唐，唐以其地为夏州。

永乐王郭子和（617 年三月～618 年七月）　　　　　　　　　　　　　　（年号：**丑平**）

［按］蒲城（今陕西省蒲城）人。隋时为左翊卫。大业十三年（617），据榆林郡起兵反隋，自称"永乐王"，改元"**丑平**"（一作"正平"）。次年七月，投唐，唐赐姓李，封"夷国公"。

［西　秦］

（617 年四月～618 年十一月）

武帝薛举（617 年四月～618 年八月）

［按］河东汾阴（今山西省万荣西南）人，侨居金城（今甘肃省兰州东南）。隋时为金城校

尉。大业十三年（617）四月，起兵反隋，自称西秦霸王，年号"秦兴"。七月，称秦帝。以子薛仁果为皇太子。克天水，徙都之。尽有河西五郡之地，拥众号称三十万。次年八月，病卒。谥"武帝"。太子薛仁果继立。

薛仁果（618年八月~十一月）

［按］名一作"仁杲（gǎo）"。为薛举子。父即帝位时被封为皇太子。父卒继立。当年十一月，为唐所攻，力不及，降，被杀。

［西秦］世系

①武帝薛举
（617㊃~618㊇）
|
②薛仁果
（618㊇~㊉㊀）

［梁］

（617年十月~621年十月）

萧铣（617年十月~621年十月）

［按］为后梁宣帝萧詧（chá）曾孙。大业十三年（617）十月，据巴陵（今湖南省岳阳）起兵反隋，自称梁王。年号"鸣凤"（一作"凤鸣"）。次年四月，即帝位，置百官，依梁制广封王。拥兵四十万。徙都江陵（今湖北省江陵）。领地东自九江，西抵三峡，南尽交趾（今越南河内），北距汉川。武德四年（621）十月，被攻甚，降唐，执送长安杀之。

曹武彻（617年十二月）　　　　　　　　　　　　　　　　　（年号：通圣）

［按］桂阳（今湖南省郴州）人。义宁元年（617）十二月，起兵反隋，建元"**通圣**"。寻亡。

附：隋末各地起兵割据简表

　　隋末各地纷纷起兵反隋，不下百余起。较显赫者，据《新唐书·高祖纪》，在大业十三年（617），就有近五十起。书载："是时，刘武周起马邑，林士弘起豫章，刘元进起晋安，皆称皇帝。朱粲起南阳，号楚帝。李子通起海陵，号楚王。邵江海据岐州，号新平王。薛举起金城，号西秦霸王。郭子和起榆林，号永乐王。窦建德起河间，号长乐王。王须拔起恒、定，号漫天王。汪华起新安，杜伏威起淮南，皆号吴王。李密起巩，号魏公。王德仁起邺，号太公。左才相起齐郡，号博山公。罗艺据幽州，左难当据泾，冯盎据高、罗，皆号总管。梁师都据朔方，号大丞相。孟海公据曹州，号录事。周文举据淮阳，号柳叶军。高开道据北平，张长逊（xùn）据五原，周洮据上洛，杨士林据山南，徐圆朗据兖州，杨仲达据豫州，张善相据伊、汝，王要汉据汴州，时德叡据尉氏，李义满据平陵，綦公顺据青、莱，淳于难据文登，徐师顺据任城，蒋弘度据东海，王薄据齐郡，蒋善合据郓州，田留安据章丘，张青特据济北，臧君相据海州，殷恭邃据舒州，周法明据永安，苗海潮据永嘉，梅知岿据宣城，邓文进据广州，俚酋杨世略据循、潮，冉安昌据巴东，宁长真据郁林，其别号诸盗往往屯聚山泽。"这当然是个不完全的统计。其中，大部分起兵者规模较小，为时短暂，或忽现忽灭，从一定意义上说，谈不上"建政"。也有的是属于记载不完整，有首无尾，或有尾无首，从年表角度说，亦不能作表。笔者通过多方比较，择其重要者分列入本《年表》之中。其余起兵可查者，参考邓之诚《中华二千年史》卷三中《隋末群雄割据简表》的格式做出下表，以供读者参考。

首　领	起兵时间	起　据　地	势　力	兴亡事略
刘霸道	大业七年(611)	平原豆子䴚	十余万	
李德逸	大业九年(613)正月	平原人。攻山东	数万	
韩进洛	大业九年(613)二月	济北人	数万	
孟让	大业九年(613)三月	齐人。据都梁宫，阻淮为固	十万	次年，为王世充所破后归李密
郭方预	大业九年(613)三月	北海人	数万	是年，为张须陀击破
甄宝车	大业九年(613)五月	济北人	数万	大业十三年(617)十月败于高毗
朱燮	大业九年(613)八月	吴郡人。攻江左	十万余	十月，附刘元进。后败死
陈瑱	大业九年(613)八月	攻信安郡	三万	
李三儿	大业九年(613)九月	东阳人	万余	
梁慧尚	大业九年(613)九月	攻陷苍梧郡	四万	
吕明星	大业九年(613)十月	围东都		为费青奴击斩
苗海潮	大业九年(613)	下邳人。据永嘉		后附杜伏威。武德六年(623)降唐
左才相	大业中	据齐郡长白山，攻淮北	数万	
张大彪	大业十年(614)四月	彭城人。据悬薄山	十万	为董纯击斩
宋世谟	大业十年(614)五月	攻陷琅邪郡	数万	为董纯击破
郑文雅	大业十年(614)六月	攻陷建安郡	三万	
杨公卿	大业十年(614)八月	邯郸人。攻河北		
司马长安	大业十年(614)十一月	攻陷长平郡、西河郡		
左孝友	大业十年(614)十二月	齐郡人。据蹲狗山	八万	为张须陀击破
杨仲绪	大业十一年(615)二月	攻北平	万余	为李景攻破，被斩
张起绪	大业十一年(615)七月	淮南人	二万	
魏骐驎	大业十一年(615)十月	彭城人。攻鲁郡	万余	被董纯击破
柴宝昌	大业十一年(615)十二月	绛郡人	数万	

续　表

首　领	起兵时间	起　据　地	势　力	兴亡事略
翟松柏	大业十二年(616)正月	雁门人。据灵丘	数万	
卢公暹	大业十二年(616)二月	东海人。据苍山	万余	
孙　华	大业十二年(616)七月	冯翊人		次年八月投李渊,后中流矢死
冼瑶徹	大业十二年(616)七月	高凉人		
赵万海	大业十二年(616)八月	自恒山攻高阳	十万	
荔非世雄	大业十二年(616)九月	安定人。据临泾		
杜扬州	大业十二年(616)九月	东海人	数万	为陈稜击破
王当仁	大业十二年(616)九月	外黄人		
王伯当	大业十二年(616)十月	济阳人		后投李密
周文举	大业十二年(616)十月	韦城人。据淮阳		
李公逸	大业十二年(616)十月	雍丘人		后投王世充
刘企成	大业十三年(617)正月	弘化人	万余	
时德叡	大业十三年(617)二月	据尉氏		
张子路	大业十三年(617)三月	庐江人		被陈稜讨平
李通德	大业十三年(617)三月	攻庐江	十万	为张镇州击破
王君廓	大业十三年(617)三月	并州人。攻长平		后附李密
李世才	大业十三年(617)三月	长平人		
魏六儿	大业十三年(617)三月	淮阳人		
张　迁	大业十三年(617)三月	谯郡人		
张青特	大业十三年(617)三月	济北人		后投窦建德
周比洮	大业十三年(617)三月	上洛人		次年二月降唐
房宪伯	大业十三年(617)四月	攻陷汝阴郡		后投李密
杨世洛	大业十三年(617)十月	太原人	万余	
康老和	大业十三年(617)十一月	张掖人		
张善安	大业十三年(617)十二月	攻庐江郡		先投林士宏,后降唐
邵江海	大业十三年(617)	据岐州		次年十月降唐
汪　华	大业十三年(617)	新安人。据歙州		武德四年(621)九月降唐
罗　艺	大业十三年(617)	襄阳人。据幽州		武德三年(620)降唐
左难当	大业十三年(617)	据泾		武德六年(623)降唐
冯　盎	大业十三年(617)	良德人。据高、罗		武德五年(622)降唐
张长逊	大业十三年(617)	栎阳人。据五原		次年四月降唐
杨士林	大业十三年(617)	据山南		武德二年(619)正月降唐
杨仲达	大业十三年(617)	据豫州		武德三年(620)十月降唐
张善相	大业十三年(617)	据伊、汝		武德二年(619)正月降唐
王要汉	大业十三年(617)	据汴州		武德五年(622)五月降唐
李义满	大业十三年(617)	据平陵		武德二年(619)三月降唐
綦公须	大业十三年(617)	据青、莱		武德二年(619)四月降唐
淳于难	大业十三年(617)	据文登		武德四年(621)四月降唐
徐师顺	大业十三年(617)	据任城		武德二年(619)三月降唐
蒋弘度	大业十三年(617)	据东海		武德二年(619)三月降唐
蒋善合	大业十三年(617)	据郓州		武德四年(621)六月降唐

首 领	起兵时间	起 据 地	势 力	兴亡事略
田留安	大业十三年(617)	据章丘		武德五年(622)五月降唐
臧君相	大业十三年(617)	据海州		武德四年(621)六月降唐
殷恭邃	大业十三年(617)	据舒州		武德五年(622)正月降唐
周法明	大业十三年(617)	据永安		武德四年(621)五月降唐
梅知岩	大业十三年(617)	据宣城		武德六年(623)三月降唐
邓文进	大业十三年(617)	据广州		武德五年(622)四月降唐
杨世略	大业十三年(617)	据循、潮		武德五年(622)正月降唐
冉安昌	大业十三年(617)	据巴东		武德五年(622)四月降唐
宁长真	大业十三年(617)	据郁林		武都五年(622)四月降唐

唐

(618 年五月 ~ 690 年九月)
(705 年正月 ~ 907 年四月)

　　西魏末年，左仆射李虎佐北周宇文觉立国有功，为开国"八柱国"之一，死后追封为"唐国公"。其子李昞（bǐng），及孙李渊皆袭封。隋末，李渊在大业十三年（617）五月起兵于太原，十一月，入长安，立杨侑（yòu）为帝，推炀帝为太上皇，从而掌握实权，进封"唐王"。次年五月，迫隋帝让位，建国号为"唐"。以皇室李姓，历史上又称作"李唐"（见唐人周朴《吊李群玉》诗："群玉才名冠李唐"。）都长安。重置百官，废隋大业律令，改郡为州，以太守为刺史。后经太宗等帝的治理，社会得到空前的发展，成为中国封建社会发展史上的一座高峰，盛期长达一百三十多年。极盛时北界曾到贝加尔湖和叶尼塞河上游一带，西北达里海，东北至日本海，东、南临海，西南接喜马拉雅山脉（后期力所不及）。天宝十四载（755），安史之乱后，逐渐衰落，地方藩镇割据，中央宦官专权，加之朋党之争，终于天祐四年（907）三月，为后梁所亡。历二十四帝。由于在前后二百九十年中，其中武则天称帝（690~705年），改国号为"周"。实际上，唐王朝前后为二百七十四年。

　　关于唐史的分期，自明代以来，学界有"四唐"（初唐、盛唐、中唐、晚唐）之说，其指称也不尽一致。据高棅（明）《唐诗品汇》，初唐：唐初至玄宗开元年间；盛唐：开元年间至代宗大历年间；中唐：大历年间至文宗大和年间；晚唐：大和年间至唐亡。而徐师曾（明）《文体明辨》所指有异，初唐：唐初至开元初年；盛唐：开元初年至大历初年；中唐：大历初年至宪宗元和末年；晚唐：文宗开成初年至唐亡（其中元和末年至开成初年中间十六年未计）。这原本是对唐诗的分期，后也用于划分唐史。在明以前，有"三唐"之说用以划分唐诗：严羽（宋）《沧浪诗话》以初唐、盛唐、晚唐为三唐；杨士宏（元）《唐音》以盛唐、中唐、晚唐为三唐。

高祖李渊（618 年五月～626 年八月）

［按］字"叔德"。祖籍陇西成纪（今甘肃省静宁西南。一说陇西狄道人，一说巨鹿郡人），天和元年（566）生于长安。年七岁，袭封"唐国公"。隋文帝时，为禁卫官，炀帝时，为卫尉少卿，大业十二年（616），拜太原留守。领兵抗击突厥扰边，获捷。次年，各地纷纷起兵反隋。当年五月，在子李世民促进下，起兵于晋阳（今山西省太原），杀副留守王威、高君雅。十一月，兵入长安，立杨侑代炀帝为隋帝，自为大丞相，封"唐王"，总揽朝政。义宁二年（618）五月，迫隋恭帝让位，即皇帝位于长安太极殿，国号称"唐"，建元"武德"。继西取陇蜀，北灭刘武周及其他起兵割据势力，很快完成中原的统一。其中次子李世民战功最显赫，太子李建成、四子李元吉不服，欲谋害之。李世民忍无可忍，武德九年（626）六月，发动"玄武门之变"，一举杀其兄李建成和弟李元吉。李渊乃立李世民为太子。令其操一切军国事。八月，禅位于李世民，自称太上皇。贞观九年（635）五月，病卒于垂拱前殿。终年七十一岁。葬献陵（今陕西省三原城东永合村）。庙号"高祖"，谥"太武皇帝"。上元元年（674），改谥"神尧皇帝"；天宝八载（749），谥"神尧大圣皇帝"；十三载（754），增谥"神尧大圣大光孝皇帝"。

太宗李世民（626 年八月～649 年五月）

［按］为李渊次子。开皇十八年（598）十二月，生于武功（今陕西省武功）。以"济世安民"意，取名"世民"。隋末，鼓动其父起兵，军令严明，秋毫无犯，未几，攻克长安。父废隋帝建唐后，拜尚书令、右武侯大将军，进封秦王，加授雍州牧。武德四年（621）九月，以功高，父以为前代官皆不足以称之，遂特置天策上将以授之，位在王公之上，并领司徒、陕东道大行台尚书令。其父原意立其为太子，固辞，乃立长子李建成。李建成心不自安，乃与其弟李元吉谋害李世民。危机之时，李世民于武德九年（626）六月四日，发动"玄武门之变"，在玄武门杀死李建成和李元吉。随之，被父立为太子。八月，父禅位为太上皇，遂即帝位于东宫显德殿。次年，改元"贞观"。即位后励志图强，采取一系列顺乎民意的措施，轻徭役，薄赋税，推行均田制、租庸调法和府兵制度，整划州县，精简机构，减少官员，节省开支，宽律令，慎用刑，并选贤任能，赏罚严明，常以《荀子》"水能载舟，亦能覆舟"和"居安思危"告诫自己与子孙（见《贞观政要》卷四），善纳谏，著名有如魏徵故事，他不愧为一代英君。这些举措极大地促进了生产力的发展，史称为"贞观之治"。对外，击败东突厥，被铁勒、回纥等尊为"天可汗"；与吐蕃和亲，以文成公主嫁松赞干布，成为汉藏历史上的一段佳话。贞观二十三年（649）五月，病卒于含风殿。终年五十三岁。葬昭陵（今陕西省礼泉县东北九嵕［zōng］山）。庙号"太宗"，谥"文皇帝"，上元元年，改谥"文武圣皇帝"，天宝八载，谥"文武大圣皇帝"；十三载，增谥"文武大圣大广孝皇帝"。

高宗李治（649 年六月～683 年十二月）

［按］字"为善"，小名"雉奴"。为李世民第九子。贞观二年（628）六月生。五年（631）二月，封晋王。七年（633），遥领并州都督。以孝得父宠爱，十年（636），拜右武侯大将军。因其兄、皇太子李承乾谋反被废为庶人后，贞观十七年（643）被立为皇太子。二十三年（649）五月，父病卒，六月，即帝位于枢前。翌年，改元"永徽"。永徽六年（655）十月，立武则天为皇后。显庆五年（660），疾甚，目不能视，乃委政于武后，从此朝政皆操武则天手中，每视事，武则天垂帘于后，时称"二圣"。晚年多病，弘道元年（683）十二月，卒于洛阳贞观殿。

终年五十六岁。灵柩西还，葬乾陵（今陕西省乾县西北梁山）。庙号"高宗"，谥"天皇大帝"，天宝八载，改谥"天皇大圣皇帝"，十三载，增谥"天皇大圣大弘孝皇帝"。

中宗李显（683年十二月~684年二月）（705年正月~710年六月）

［按］又名"李哲"。为李治第七子（武则天第三子）。两岁封周王，后徙英王，授雍州牧。永隆元年（680）八月，立为皇太子。父死即帝位于枢前，翌年（684），改元"嗣圣"。母武则天临朝称制。是年二月，即为其母所废而立其弟李旦。未几，九月，武则天亲登帝位，载初二年（690）九月，改国号曰"周"。至神龙元年（705）正月，李显又复帝位，二月，复国号"唐"。十一月，上尊号曰"应天皇帝"。三年（707）八月，增号"应天神龙皇帝"。景龙四年（710）六月，被安乐公主毒死于神龙殿。终年五十五岁。葬定陵（今陕西省富平县北凤凰山）。庙号"中宗"，谥"孝和皇帝"，天宝十三载，加谥"大和大圣大昭孝皇帝"。子李重茂继立。

睿宗李旦（684年二~九月）（710年六月~712年八月）

［按］原名"旭轮"，后去"旭"为"轮"。为李治第八子（武则天幼子），李显弟。仪凤元年（676），封殷王，拜右卫大将军。嗣圣元年（684）二月，其母、皇太后武则天废其兄李显而立其为帝，改元"文明"。一切权力归母，被迁于别殿，不得过问朝政。九月，其母武则天临朝称制，改元"光宅"，标志着李旦帝位的失却。垂拱二年（686），武则天虽下诏归政于李旦，而李旦知其非真心，奉表固辞，武则天复位，直到载初二年（690）九月，改国号曰"周"。

长安五年（705）正月，其兄李显复位，复改国号为"唐"。景龙四年（710）六月，李显被害，韦皇后立其幼子李重茂为帝，由韦后摄政。继而，李旦子、临淄郡王李隆基领兵入宫杀韦后及同党，拥李旦复位。七月，改元"景云"。以李隆基为皇太子。延和元年（712）八月，让位给李隆基，自为太上皇。开元四年（716）六月，卒于百福殿。终年五十五岁。葬桥陵（在今陕西省蒲城县西北丰山）。庙号"睿宗"，谥"大圣真皇帝"，天宝十三载，改谥"玄真大圣大兴孝皇帝"。

则天皇后武曌（684年九月~690年九月）

［按］"曌"（zhào）为武则天所造十九字之一，其意同"照"，以为己名。其字后世未行用。她为并州文水（今山西省文水东）人。原名无考，称帝后自名曌。武德七年（624）生。父武士彠（yuē），为隋鹰扬府队正，随李渊起兵，从入长安，唐太宗时，官至工部尚书，封应国公。她十四岁时，以姿色出众为太宗召入宫，立为才人，赐号"武媚"。太宗死，随妃嫔入感应寺为尼，高宗慕其丽，又纳入宫，渐获宠，拜为昭仪。永徽六年（655）十月，高宗下诏废王皇后而立其为皇后。她精明机智，兼通文史。显庆五年（660）十月，高宗患病，目不能视，由是委其以政事，百官上奏，由其决之。后，高宗每上朝，其垂帘于后，柄掌朝政，时谓"二圣"。永淳二年（683）十二月，高宗死，子李显立，是为中宗，其为皇太后，继揽朝政。因意不合，次年二月，废李显为庐陵王，立另子李旦，是为睿宗，令居别殿，不准其预政。当年（684）九月，采取一系列更帝换位的措施：改元"光宅"；更旗帜尚白；易内外官服青者以碧；重立官名；改东都为神都为全国之中心；追尊武氏五祖。此时虽尚未正式称帝，而临朝称制与皇帝无二，故史家皆以此作其柄帝位的标志，视其登位。垂拱四年（688）五月，加尊号为"圣母神

皇"。她改革科举，首创殿试，亲自试士；并广开仕途，百姓可自荐。为除异己，任用酷吏来俊臣等；并奖告密，兴大狱，冤杀不少宗室、朝臣，为其称帝铺路。载初二年（690）九月，上尊号"圣神皇帝"，除唐宗室属籍，改国号曰"周"，则进入"周王朝"的范围。直至长安五年（705）正月，让位于李显，复国号为"唐"。武曌于当年十一月病卒。终年八十二岁。葬于乾陵高宗墓。谥曰"大圣则天皇后"，少帝李重茂时改为"天后"；睿宗李旦复位后改为"大圣天后"；延和元年（712），改为"天后圣帝"，未几，改为"圣后"；开元四年（716），改为"则天皇后"；天宝八载（749），加谥"则天顺圣皇后"。

少帝（殇帝）李重茂（710 年六月）

[按] 为李显第四子，李旦侄。武周时，封北海王。其父李显复位后，进封温王，授右卫大将军，兼遥领并州大都督。景龙四年（710）六月，其父被韦后与安乐公主毒杀后立其为帝，改元"唐隆"（后因避唐玄宗李隆基讳，改"唐元"，或"唐兴"、"唐安"）。由韦后临朝称制。随之，堂弟（李旦子）、临淄郡王李隆基领兵入宫杀韦后，拥其父李旦复位，李重茂改封襄王，迁于集州。开元二年（714），卒。终年十七岁。葬武功西原。谥"殇皇帝"。

玄宗李隆基（712 年八月 ~ 756 年七月）

[按] 世人又按其谥号称为"唐明皇"。为李旦第三子。三岁封楚王，九岁改封临淄王。拥父复位后，因功大，被立为皇太子。延和元年（712）八月，由父让位乃即帝位。改元"先天"。次年十一月，上尊号曰"开元神武皇帝"。十二月，改元"开元"。开元二十七年（739）二月，增号"开元圣文神武皇帝"。天宝元年（742）二月，增号"开元天宝圣文神武皇帝"。天宝七载（748）五月，增号"开元天宝圣文神武应道皇帝"。次年闰六月，增号"开元天地大宝圣文神武应道皇帝"。十三载（754）二月，增号"开元天地大宝圣文神武证道孝德皇帝"。

从天宝三载（744）起，改称"年"曰"载"，直到肃宗乾元元年（758），方复"载"曰"年"。

李隆基在位前期有政绩，以姚崇、宋璟为相，整顿弊政，经济发展，史家称为"开元之治"。年过五十以后，图乐怠政，天宝三载纳子李瑁妃杨氏（小名玉环），封贵妃，终日深居禁中，委政李林甫。李林甫时称"口有蜜，腹有剑"，姑息养奸。为防外患，广设节度使（节度使领多州，集军、政、财权于一身，为以后藩镇割据埋下了隐患）。天宝十一载（752），李林甫死，杨贵妃堂兄杨国忠为右相，兼领四十余职，权倾天下。十四载（755）十一月，以讨杨国忠为名，发生"安史之乱"。"安史之乱"成为唐王朝由盛至衰的转折点。翌年，李隆基逃至蜀。七月，太子李亨在灵武（今宁夏宁武西南）即帝位，尊李隆基为"上皇天帝"。越年十二月，李隆基返回长安。后，上号曰"太上至道圣皇天帝"。宝应元年（762）四月，病卒于神龙殿。终年七十八岁。葬泰陵（在今陕西省蒲城县东北金粟山）。庙号"玄宗"，谥"至道大圣大明孝皇帝"。

肃宗李亨（756 年七月 ~ 762 年四月）

[按] 初名"嗣昇"，后几经改名，曰"浚"，曰"玙"，曰"绍"，天宝三载（744），改名"亨"。为李隆基第三子。两岁封陕王，开元十五年（727），改忠王。二十五年（737），皇太子李瑛因罪赐死，次年六月，李亨被立为皇太子。天宝十三载（754）初，即向父奏安禄山欲反，

父不听，次年十一月，发生"安史之乱"，继随父逃出西京，在将臣的要求下，领军讨叛。天宝十五载（756）七月，未随父入蜀，至灵武，即帝位于城南楼，尊父为上皇天帝，改元"至德"。群臣舞蹈，然当时文武官员不满三十人，当朔方节度使郭子仪领兵五万至灵武时，军威始盛。借回纥（hé）兵以讨叛，许以："克城之日，土地、士庶归唐，金帛、子女皆归回纥。"于是，"回纥入东京，肆行杀略，死者万计，火累旬不灭"。"比屋荡尽，士民皆衣纸"。又开宦官监军之先例，集九节度使讨叛，军不设帅，以宦官监军，致使军风日坏。

至德三载（758）正月，上尊号"光天文武大圣孝感皇帝"，二月，改元"乾元"。乾元二年（759）正月，增号"乾元大圣光天文武孝感皇帝"。次年闰四月，改元"上元"。上元二年（761）九月壬寅（二十一日），下诏去尊号及年号，称"元年"，并以建子月（夏历十一月）为岁首，月以斗所建辰为名。至翌年四月十五日改元"宝应"，复寅正，以正月为岁首，巳月为四月。

改元后即病卒于长生殿。终年五十二岁。葬建陵（在今陕西省礼泉县西北武将山）。庙号"肃宗"，谥"文明武德大圣大宣孝皇帝"。太子李豫继位。

代宗李豫（762年四月~779年五月）

［按］原名"俶"。为李亨长子。十五岁封广平郡王。"安史之乱"中，随父至灵武。至德二载（757）九月，为天下兵马元帅攻入长安，十二月，进封楚王，翌年三月，改封成王，五月，立为皇太子。时豫州贡，遂改名"豫"。父卒即位于枢前。初袭父时年号"宝应"。宝应二年（763）正月，长达八年的"安史之乱"平息。七月，上尊号"宝应元圣文武孝皇帝"，改元"广德"。后又改元"永泰"、"大历"。在位期间，藩镇割据日益严重。大历十四年（779）五月，病卒于紫宸内殿。终年五十三岁。葬元陵（在今陕西省富平县西北檀山）。庙号"代宗"，谥"睿文孝武皇帝"。太子李适继立。

德宗李适（779年五月~805年正月）

［按］"适"（kuò）又写作"逜"为李豫长子。广德二年（764）二月，立为皇太子。父卒继立，即位于太极殿。翌年元月，上尊号"圣神文武皇帝"，改元"建中"，后又改元"兴元"、"贞元"。在位期间，改租庸调为两税法，并征茶税等，增加财政收入。他欲裁抑藩镇，但无成效。建中四年（783），发生"泾原兵变"，朱泚占长安，他一度逃往奉天（今陕西省乾县）。他还以宦官统率禁兵，使宦势更盛。贞元二十一年（805）正月，病卒于会宁殿。终年六十四岁。葬崇陵（在今陕西省泾阳县西北嵯峨山）。庙号"德宗"，谥"神武孝文皇帝"。太子李诵继立。

顺宗李诵（805年正月~八月）

［按］为李适长子。大历十四年（779）十二月，立为皇太子。贞元二十年（804）九月，患风疾，不能言。翌年正月，父卒，时未在身边。即位于太极殿。仍用"贞元"年号。二月亲政，任王伾（pī）、王叔文等着手改革弊政，反藩镇，逐贪官，削宦权。八月，在宦官俱文珍等联合权臣及藩镇的逼迫下让位于太子李纯，自称太上皇。改元"永贞"（史称其改革为"永贞革新"）。次年正月，子李纯上其尊号"应乾圣寿太上皇"。当月，卒于咸宁殿。终年四十六岁。葬丰陵（在今陕西省富平县东北金瓮山）。庙号"顺宗"，谥"至德大圣大安孝皇帝"，大中三年，增谥"至德弘道大圣大安孝皇帝"。

宪宗李纯（805 年八月~820 年闰正月）

［按］原名"淳"。为李诵长子。贞元二十一年（805）三月，立为皇太子。八月，因权臣反对其父李诵改革，以其父病为由迫其让位，遂即帝位于太极殿。元和三年（808）正月，上尊号"睿圣文武皇帝"。十四年（819）七月，增号"元和圣文神武法天应道皇帝"。在位初期，锐意改革，坚持削藩，卓有成效，史称"唐代中兴"。渐骄侈，信方士，求长生不老药，元和十五年（820）闰正月，暴死于中和殿（据传为药物中毒）。终年四十三岁。葬景陵（在今陕西省蒲城县西北金炽山）。庙号"宪宗"，谥"圣神章武孝皇帝"，大中三年，加谥"昭文章武大圣至神孝皇帝"。太子李恒继立。

穆宗李恒（820 年闰正月~824 年正月）

［按］初名"宥"。为李纯第三子。元和六年（811），惠昭太子李宁死，次年七月，李恒被立为太子。父卒继立，即位于太极殿。长庆元年（821）七月，上尊号"文武孝德皇帝"。次年十一月，患风疾，不能履地。四年（824）正月，卒于清思殿。终年三十岁。葬光陵（在今陕西省蒲城县北尧山）。庙号"穆宗"，谥"睿圣文惠孝皇帝"。太子李湛继立。

敬宗李湛（824 年正月~826 年十二月）

［按］为李恒长子。长庆二年（822）十二月，立为皇太子。父卒继立，即帝位于太极殿。宝历元年（825）四月，上尊号"文武大圣广孝皇帝"。次年十二月，为宦官刘克明等杀害。终年十八岁。葬庄陵（在今陕西省三原县东北柴家窑村）。庙号"敬宗"，谥"睿武昭愍孝皇帝"。诸臣拥其叔（宪宗李纯子）李悟为帝。

绛王李悟（826 年十二月）

［按］原名"寮"。为宪宗李纯第六子，李湛叔。元和元年（806），封绛王。七年（812），改名"悟"。其侄敬宗李湛为宦官刘克明杀害后，受拥称帝。宦官王守澄举兵杀刘克明，李悟为乱兵所杀。王守澄等拥李湛弟李昂继位。

文宗李昂（826 年十二月~840 年正月）

［按］初名"涵"。为李恒次子，李湛弟。长庆元年（821），封江王。宝历二年（826）十二月，宦官王守澄等举兵杀李悟而拥立之，即位于宣政殿。宦官揽政，皇权受制。大和九年（835）十一月，与宰相李训等以观甘露为名诱宦官仇士良等欲杀之，结果反被仇士良领禁兵杀朝官而软禁，史称"甘露之变"。后患风疾。开成五年（840）正月，卒于太和殿。终年三十三岁。葬章陵（在今陕西省富平县西北天乳山）。庙号"文宗"，谥"元圣昭献孝皇帝"。弟李炎继立。

武宗李炎（840 年正月~846 年三月）

［按］原名"瀍（chán）"。为李恒第五子，李昂弟。长庆元年（821），封颍王。开成五年（840）正月，兄李昂临终前欲以太子李成美代理国政，宦官仇士良以其年幼有病为由，矫诏立其为皇太弟。当月，李昂卒，李炎即帝位于枢前。会昌二年（842）四月，上尊号"仁圣文武至神大孝皇帝"。五年（845）正月，增号"仁圣文武章天成功神德明道大孝皇帝"。当年，禁佛，毁寺院，令二十六万僧还俗，收奴婢十五万为税户及大量农田。次年三月，以久病不愈，下诏改名"炎"（因唐以"土"德王，"瀍"从水，以土胜水不吉，改"炎"从火，火胜土）。病日重，

旬日不能言，当月即卒于大明宫。终年三十三岁。葬端陵（在今陕西省三原县东北桃沟村）。庙号"武宗"，谥"至道昭肃孝皇帝"。叔李忱继立。

宣宗李忱（846年三月~859年八月）

［按］原名"怡"。为宪宗李纯第十三子，穆宗李恒弟，武宗李炎叔。长庆元年（821）三月，封光王。自幼装痴，宦官以为便于控制，会昌六年（846）三月，趁李炎病危之机，策其为皇太叔、代理军国事。更名"忱"，当月，李炎卒，即皇帝位于枢前。大中二年（848）正月，上尊号"圣敬文思和武光孝皇帝"。在位时乐闻规谏，恭谨节俭，有"小太宗"之谓。晚年为求长生，服方士药，疽发于背。大中十三年（859）八月，疽甚，卒于咸宁殿。终年五十岁。葬贞陵（今陕西省泾阳县西北仲山）。庙号"宣宗"，谥"圣武献文孝皇帝"，咸通十三年，加谥"元圣至明成武献文睿智章仁神聪懿道大孝皇帝"。长子李漼（cuǐ）继立。

懿宗李漼（859年八月~873年七月）

［按］原名"温"。为李忱长子。但不为父所宠，未被立为太子。大中十三年（859）八月，李忱病危，欲立三子李滋，卒，左军中尉王宗实矫诏而立长，李漼遂即帝位于枢前。咸通三年（862）正月，上尊号"睿文明圣孝德皇帝"。十一年（870）正月，增号"睿文英武明德至仁大圣广孝皇帝"。十四年（873）七月，卒于咸宁殿。终年四十一岁。葬简陵（在今陕西省富平县西北紫金山）。庙号"懿宗"，谥"昭圣恭惠孝皇帝"。太子李儇（xuān）继立。

僖宗李儇（873年七月~888年三月）

［按］原名"俨"。为李漼第五子。初封普王。父临终前，在宦臣操纵下被立为皇太子，父卒即位于枢前，时年十二岁。次年十一月，上尊号"圣神聪睿仁哲明孝皇帝"。在位期间，社会动荡。广明元年（880）十二月，黄巢攻陷潼关，越年正月，他逃往成都。中和四年（884）七月，黄巢兵败自杀。越年三月，他返回长安。五月，上尊号"至德光烈皇帝"。十二月，李克用进逼长安，他又西逃宝鸡。至光启四年（888）二月，方回长安。三月，病卒于武德殿。终年二十七岁。葬靖陵（在今陕西省乾县西南陵村）。庙号"僖宗"。谥"惠圣恭定孝皇帝"。弟李晔继立。

昭宗李晔（888年三月~900年十一月），（901年正月~904年八月）

［按］原名"杰"，又改"敏"。为李漼第七子，李儇弟。父临终前，在宦官杨复恭操纵下，被立为皇太弟。兄卒时即帝位于枢前，时改名为"敏"。大顺元年（890）正月，上尊号"圣文睿德光武弘孝皇帝"。在位期间，危机四伏，内则宦官擅权，朋党纷争；外则藩镇割据，战火遍地。乾宁三年（896），因凤翔节度使李茂贞进逼长安而出走华州（今陕西省华县）。五年（898），返回长安，宦官欲废之。越年十一月，被宦官刘季述等幽于少阳院，季述以太子李裕为皇帝。次年（901）正月，左神策军将孙德昭等杀刘季述等，方以其复位。十月，宣武节度使朱温发兵大梁（今河南省开封），他西走凤翔（今陕西省凤翔），次年六月，朱温围凤翔，迫其返回长安。天复三年（903）元月，他回长安。朱温大杀宦官，总揽朝政。越年（904）正月，强行迁都于洛阳。八月，为龙武牙官史太所杀。终年三十八岁。葬和陵（在今河南省偃师太平

山）。庙号"昭宗"，谥"圣穆景文孝皇帝"。子李柷（zhù）继立。

德王李裕（900年十一月~901年正月）

［按］为李晔长子。乾宁四年（897）二月，被立为皇太子。光化三年（900）十一月，宦官刘季述等幽其父于少阳院，而立其为帝。翌年正月，刘季述等被杀，其父复位。他被幽于少阳院，天祐元年（904），为朱全忠派人所杀，投尸九曲池。

哀帝李柷（904年八月~907年四月）

［按］原名"祚"。为李晔第九子。乾宁四年（897）二月，封辉王。天祐元年（904）八月，父被杀后由朱温操纵即帝位于枢前，时年十三岁。朱全忠揽全权。天祐四年（907）四月，被迫让位于朱温，朱温改国号为"梁"，唐亡。李柷退位后被迁于曹州（今山东省曹县西北），贬济阴王。开平二年（908）二月，被杀。终年十七岁。葬温陵（在今山东省定陶）。谥曰"哀帝"，后唐明宗追谥"昭宣光烈孝皇帝"。

唐 世 系

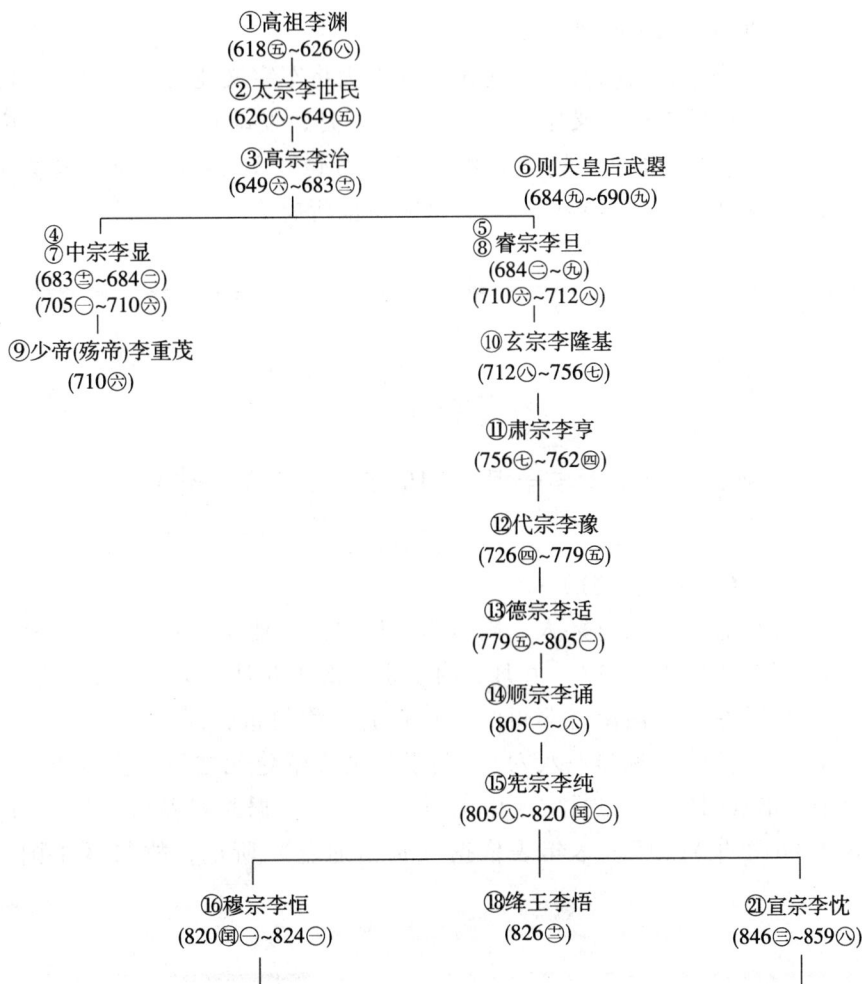

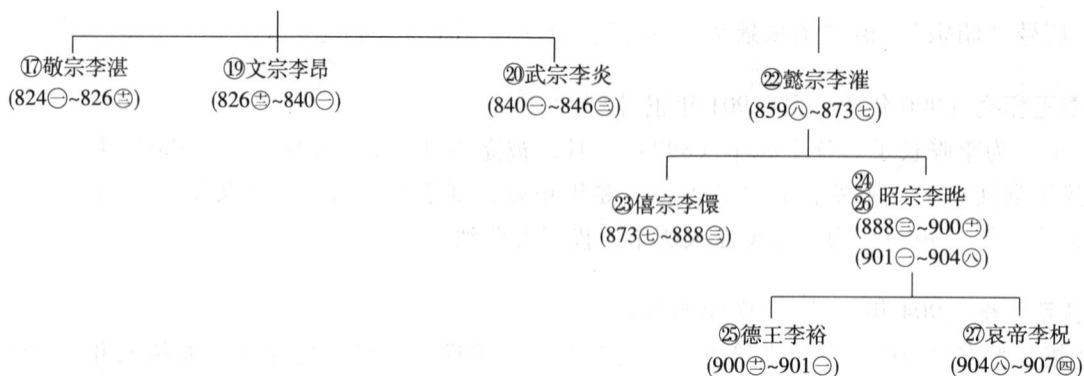

⑰敬宗李湛　　　　⑲文宗李昂　　　　　⑳武宗李炎　　　　　　　　㉒懿宗李漼
（824〇~826〇）　（826〇~840〇）　　（840〇~846〇）　　　　　　（859〇~873〇）

　　　　　　　　　　　　　　　　　　　　　　　　　　㉓僖宗李儇　　　　㉔㉖昭宗李晔
　　　　　　　　　　　　　　　　　　　　　　　　　　（873〇~888〇）　　（888〇~900〇）
　　　　　　　　　　　　　　　　　　　　　　　　　　　　　　　　　　　（901〇~904〇）

　　　　　　　　　　　　　　　　　　　　　　　　　　㉕德王李裕　　　　㉗哀帝李柷
　　　　　　　　　　　　　　　　　　　　　　　　　　（900〇~901〇）　　（904〇~907〇）

许

（618 年九月~619 年闰二月）

宇文化及（618 年九月~619 年闰二月）

［按］代郡武川（今内蒙古武川）人。为隋左翊卫大将军宇文述之子。隋炀帝时，为太仆少卿。迁右屯卫将军，袭爵"许公"。义宁二年（618）三月，发动兵变，入宫弑杨广而立秦王杨浩，自为大丞相，总揽朝政。九月，鸩杀杨浩，即皇帝位于魏县（今河北省大名西），国号"许"，建元"天寿"，署置百官。次年闰二月，被窦建德所擒杀。

［楚］

（618 年十月~619 年闰二月）

朱粲（618 年十月~619 年闰二月）

［按］城父（今安徽省亳州东南）人。隋时为县佐史。大业十一年（615）十一月，起兵反隋。自称"迦楼罗王"。十三年（617）九月，附李密。次年九月，又归降隋，隋恭帝杨侗封其为"楚王"。十月，据冠军（今河南省邓州西北）自立，称楚帝，改元"昌达"。次年闰二月，降唐。以上所据《资治通鉴》（见卷一八六）。关于朱粲称帝建元之事，史载不一，《隋书·炀帝纪》记在大业十一年（615）十二月（《中国历史纪年表》据此列表）；《旧唐书·李子通传》记在"义宁（617~618 年）中"。本年表依据《资治通鉴》所记，故与《中国历史纪年表》异。

［凉］

（618 年十一月～619 年五月）

李轨（618 年十一月～619 年五月）

［按］字"处则"。凉州姑臧（今甘肃省武威）人。隋时为鹰扬府司马。隋大业十三年（617）七月，起兵反隋，自称河西大凉王。次年十一月，即皇帝位，年号"安乐"。安乐二年（619）五月，被讨平，执送长安，伏诛。

［大　乘］

（618 年十二月～619 年）

大乘皇帝高昙晟（618 年十二月～619 年）

［按］怀戎（今河北省怀来东南）人。为沙门。唐武德元年（618）十二月，拥斋众而反，杀县令及镇将，自称大乘皇帝，立尼静宣为邪输皇后。改元"法轮"。数月后，为高开道所杀，悉并其众。

郑

（619 年四月～621 年五月）

王世充（619 年四月～621 年五月）

［按］字"行满"。本姓"支"，先祖为西域月氏（ròu　zhī）人。祖父时，徙居新丰（今陕西省西安东北）。随母嫁王粲，改姓王。隋炀帝时，为江都通守。隋义宁二年（618）五月，闻宇文化及在江都杀隋炀帝，遂与段达、元文都等在东都洛阳立越王杨侗为帝。七月，他杀元文都，为尚书左仆射（yè），总管内外诸军事。次年二月，自称"郑王"。四月，废杨侗而备法驾入宫称帝，国号曰"郑"，建元"开明"。五月，鸩杀杨侗。开明三年（621）五月，降唐。后被仇家所杀。

［稽　胡］

（619 年五月～620 年三月）

突利可汗刘季真（619 年五月～620 年三月）

［按］为离石（今山西省离石）稽胡人。隋末，随父起兵反隋。唐武德二年（619）五月，

父被杀后，与弟刘六儿复举兵，攻克石州，北连突厥，自称"突利可汗"（见《旧唐书·刘季真传》）。次年三月，降唐。下月，被杀。

吴

（619 年九月~621 年十一月）

李子通（619 年九月~621 年十一月）

[按] 东海（今山东省枣庄东南）人。隋大业十一年（615）十一月，随左才相起兵反隋，因遭忌，投杜伏威；又分离，受攻，奔海陵（今江苏省泰州），聚众数万。据《资治通鉴》卷一八七：唐武德二年（619）九月，"李子通据海陵……得尽锐攻江都（今江苏省扬州），克之……子通即皇帝位，国号吴，改元明政"。越年，"徙都余杭，尽收法兴之地，北自太湖，南至岭，东包会稽（今浙江省绍兴），西距宣城（今安徽省宣城），皆有之"。至武德四年（621）十一月，"杜伏威使其将王雄诞击李子通……庚寅，子通穷蹙请降，伏威执子通并其左仆射乐伯通送长安，上释之"。吴亡。关于李子通的建政《隋书》记载有异，该书《炀帝纪》载：大业十一年（615）十月，"东海贼李子通拥众渡淮，自号'楚王'，建元'明政'"。未云称帝建国号。本年表据《资治通鉴》。

［梁］

（619 年九月~620 年十二月）

梁王沈法兴（619 年九月~620 年十二月）

[按] 湖州武康（今浙江省德清西）人。隋时为吴兴（今浙江省湖州）太守。隋义宁二年（618）三月，因宇文化及杀隋帝杨浩，据江表十余郡起兵讨宇文化及。次年九月，克毗陵（今江苏省常州），以都之，称"梁王"，年号"延康"，置百官。延康二年（620）十二月，被李子通攻破，赴江溺死。

贺拔行威（620 年十二月~622 年五月）

[按] 名又作"贺拔威"。隋时为瓜州（今甘肃省敦煌西）刺史。唐武德三年（620）十二月，起兵反隋，拥兵数万，置官署。五年（622）五月，为部下王幹所杀，部下降唐。

［鲁］

（621 年九月 ~ 623 年二月）

鲁王徐圆朗 （621 年九月 ~ 623 年二月）

［按］鲁郡（今山东省曲阜）人。隋大业十三年（617）正月，起兵反隋，据地琅邪以西，北至东平。胜兵数万。次年正月，拥李密为主。唐武德元年（618）七月，降唐，拜兖州总管，封鲁郡公。四年（621）八月，举兵反。九月，自称"鲁王"，置百官。六年（623）二月，兵败，弃城逃，被杀，其地被唐讨平。

汉东王刘黑闼 （622 年正月 ~ 623 年正月）　　　　　　　　　　　　　　　（年号：天造）

［按］清河漳南（今河北省故城东北）人。原为窦建德故将。唐武德四年（621）七月，窦建德败而自立。次年正月，自称"汉东王"，年号"天造"，都洺州（今河北省永年东南）。天造二年（623）正月，为所署饶州刺史诸葛德威所执，降唐，被斩。

王摩沙 （623 年正月）　　　　　　　　　　　　　　　　　　　　　　　　（年号：进通）

［按］嶲州（今四川省西昌）人。唐武德六年（623）正月，举兵反唐，改元"进通"，自称元帅，置官署。寻为唐骠骑将军卫彦讨平。

宋

（623 年八月 ~ 624 年三月）

辅公祏 （623 年八月 ~ 624 年三月）

［按］辅公祏（shí），临济（今山东省章丘西北）人。隋末，曾随杜伏威起兵反隋。唐初，武德年间，为淮南道（淮水以南，领扬、楚、和、徐、濠、寿、庐、舒、蕲、黄、光、沔、安、申等州）。行台仆射（yè）。武德六年（623）八月，举兵反，在丹阳（今江苏省南京）称帝，国号"宋"，年号"天明"（一作"乾德"），署置百官。次年三月，为唐军讨平，他受执被杀。

吐蕃王国

（约 629~842 年）

"吐蕃"为汉文记载的名称，始见于唐代史籍。"吐"，一般以为"大"意，"吐蕃"，即"大蕃"。也有人认为是藏语"山南"之意（即吐蕃发祥地），或"西部"之意；"蕃"为古代藏族的自称，有人以为，该词源于所信奉的原始宗教"本"；也有人认为，"蕃"意为"农业"。

据传，6 世纪初，雅隆部在山南泽当、穷结一带兴起，渐向拉萨河流域发展。7 世纪初，其首领松赞干布征服古羌人苏毗、羊同诸部，在逻些（suò，又译写作"逻婆"，今西藏拉萨）立都，建官制，立军制，定法律，创文字，建立吐蕃王朝。其首领称"赞普"（又译写作"赞府"、"钱逋"。据《新唐书·吐蕃传》："其俗谓'强雄'曰'赞'，'大夫'曰'普'，故号君长曰'赞普'。"）贞观十五年（641），松赞干布娶唐文成公主为妻，积极向外发展。到 8 世纪后半叶，赤松德赞赞普时，其势最盛，控制青藏高原及天山南路，至河西陇右一带。发展的同时，内部矛盾亦日益激烈。会昌二年（842），达玛赞普被佛僧刺杀，统一的吐蕃政权瓦解。以后，内部分裂，派别林立，形成众多割据势力。吐蕃王国历九主，约二百余年。

松赞干布（弃宗弄赞）（约 629~650 年五月）

[按] 松赞干布为藏语译名，括号内之"弃宗弄赞"为汉文史载所记名（以下同，不一一说明）。汉籍名又作"弃苏农赞"或"器宋弄赞"。亦号"弗夜氏"。为襄日松赞子。经征战，兼并诸部，统一西藏高原，定都逻些，建立吐蕃王朝。唐贞观八年（634），遣使赴唐，与唐往来；同时，于十三年（639），与南邻泥婆罗（今尼泊尔）王室联姻。十五年（641），娶唐文成公主。派遣贵族子弟赴长安学习，并请唐人掌其表疏，促进藏汉经济、文化交流。二十三年（649），受唐封驸马都尉、西海郡王。继封"賨（cóng）王"。永徽元年（650），卒于逻些。葬其家乡，今琼结县木惹山（据藏文史籍记载，此地葬有三十五代赞普）。因其子早亡，由孙芒松芒赞继立。

芒松芒赞（乞黎拨布）（650 年五月~约 676 年）

[按] 名又译作"赤芒松芒赞"、"芒伦芒赞"。为松赞干布孙，恭日恭赞子。祖卒继立。因年幼，国事由大论（官名）禄东赞摄理。咸亨元年（670），因攻取安西四镇引起与唐纠纷。上元三年（676 年，一说仪凤四年，679 年），卒。葬今琼结县木惹山。子赤都松继立。

赤都松（器弩悉弄）（约 676~704 年）

[按] 名又译作"都松芒保杰"、"都松芒杰隆囊"。汉籍名又作"梨弩悉笼"。为芒松芒赞子。父卒继立。对外扩张，东攻唐甘、瓜州，南掠南诏。长安四年（704），讨泥婆罗门时卒于军。诸子争立，国人立子赤德祖赞继位。

赤德祖赞（弃隶缩赞）（704~754 年）

[按] 幼名"野祖茹"，又名"梅奥宗"，或"梅阿充"。为赤都松子。父卒后，在诸子争位

中被国人所立，时年 7 岁。即位后，与唐和好，景龙四年（710），娶唐金城公主。开元二十二年（734），与唐在赤岭（今青海省日月山）划界立《定蕃汉两界碑》，开展互市。天宝十三载（754），为大臣郎氏等所害，卒于羊卓巴采。葬今琼结县木惹山。大臣拥其子赤松德赞继位。

赤松德赞（娑悉笼腊赞）（755～约 797 年）

［按］名又译作"墀松德赞"。汉籍又写作"挲悉笼腊赞"，或"乞立赞"。为赤德祖赞子。父被害后为大臣立之。即位后适逢唐"安史之乱"，乘机攻唐，广德元年（763），一度攻入长安，旋退。他西攻大食，南入天竺。曾联合南诏、回鹘攻占河西、陇右诸州。吐蕃在其统治期间，势力最强。他曾盟誓崇佛。建桑耶等寺。始度藏人出家。晚年至苏卡修行，委政于子，后卒于苏卡米玛园，葬今琼结县木惹山。长子牟尼赞普继立。

牟尼赞普（足之煎）（约 797～798 年）

［按］为赤松德赞长子。父卒继立。由于在境内平均臣民财富引起贵族不满，次年，被母后毒死。弟赤德松赞继立。

赤德松赞（798～815 年）

［按］又名"青云赛纳莱"。为赤松德赞第四子，牟尼赞普弟。兄卒后，拟由其弟穆迪（牟底，赤德松赞兄）继立，穆迪旋被杀害，乃立其为赞普。元和十年（815）卒，终年五十四岁。葬今琼结县木惹山。子赤祖德赞继立。

赤祖德赞（可黎可足）（815～约 838 年）

［按］又译写作"墀足德赞"。号"热巴坚"。为赤德松赞幼子。父卒继立。即位后，建年号"彝泰"，故史又称其为"彝泰赞普"。彝泰七年（821）、八年，分别在长安、逻些举行唐蕃会盟，著名的《唐蕃会盟碑》至今仍竖立在拉萨大昭寺前。他极力发展佛教，重用僧人钵阐布掌政，对吐蕃社会影响很大。彝泰二十四年（838，一说二十七年，841），为反佛大臣末杰刀热等谋杀。兄达磨继立。

达磨（约 838～842 年）

［按］名又译作"达玛"，又名"赤达磨乌东赞"，或"乌都赞"。贬称"朗达磨"（意"牛赞普"）。为赤德松赞子，赤祖德赞兄（一说弟）。弟被反佛大臣谋杀后受推立之。在位期间，吐蕃政局混乱，佛教和本教的斗争，以及僧侣与权臣贵族间的斗争激烈。因其下令废止佛教，会昌二年（842），被拉垄（今山南洛扎地区）僧人贝吉多吉用弓箭所暗杀。卒后吐蕃分裂，统一政权至此解体。

吐蕃王国世系

①松赞干布(弃宗弄赞)
(约 629～650㊄)
|
恭松恭赞
|

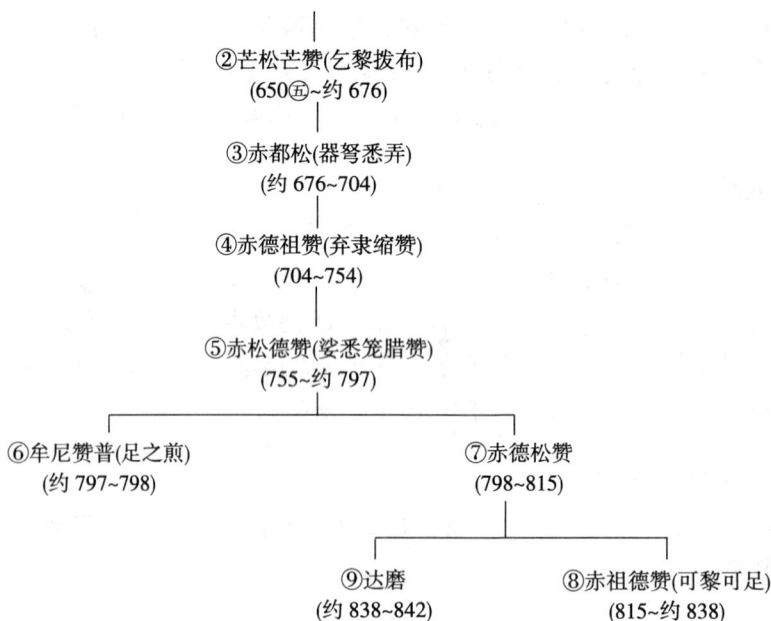

②芒松芒赞(乞黎拨布)
(650⑤~约 676)

③赤都松(器弩悉弄)
(约 676~704)

④赤德祖赞(弃隶缩赞)
(704~754)

⑤赤松德赞(婆悉笼腊赞)
(755~约 797)

⑥牟尼赞普(足之煎)　　　⑦赤德松赞
(约 797~798)　　　　　　(798~815)

⑨达磨　　　　　　　　　⑧赤祖德赞(可黎可足)
(约 838~842)　　　　　　(815~约 838)

大 蒙 国

(649～738 年九月)

　　从总体上说，大蒙国属"南诏"的范畴。在中华中世史上，南诏及所建政权的情况比较复杂。南诏，在新、旧《唐书》和《新五代史》中有传，据《旧唐书·南诏传》："南诏蛮，本乌蛮之别种也，姓蒙氏。蛮谓王为'诏'，自言哀牢之后。"在今云南省洱海一带。发展至唐初，有"六诏"较为强大。据《新唐书·南诏传》的记载，六诏为："蒙嶲（xī）诏、越析诏、浪穹诏、邆赕（téng tǎn）诏、施浪诏、蒙舍诏。""蒙舍诏在诸部南，故称'南诏'。"唐贞观二十三年（649），蒙舍诏首领细奴逻在蒙舍川（今云南省巍山一带）首建政权，以峣坰山（今巍山城北）为首府，称"大蒙"国。传四主，至皮逻阁时，在唐支持下，相继统一六诏，受唐封"云南王"，或"南诏王"。不少学者将大蒙国及以后的大礼国、大封民国等皆归入"南诏"，本年表则分别列之。

　　关于南诏政权的性质，在此不能详论。虽然前期与中原王朝的关系时服时背，接受中原王朝的册封，而从总体上来看，一般史家皆视其为地方民族政权。本年表则按此列表，特作说明。

高祖奇嘉王细奴逻（649～674 年）

　　[按]名又写作"细诺逻"、"习农乐"、"独乐"等。据传，蒙氏先人原居于澜沧江以西的哀牢山区，至细奴逻父迦独庞时，迁至巍山一带，其势渐盛，兼并周边各部。贞观二十三年

（649），细奴逻以蒙舍川为中心，修筑王城，自称"奇嘉王"（有记为"奇王"），国号"大蒙"（此据《云南志略》。《滇云历年传》作"自号大封民国"，不采）。在位期间，曾赴唐，受唐封巍州刺史。唐上元元年（674），卒。庙号"高祖"。子逻盛继立。

世宗兴宗王逻盛（674～约712年）

［按］名又作"罗盛"、"逻晟"、"罗慎"。为细奴逻子。父卒继立。称"兴宗王"。唐太极元年（712，一说次年），卒。庙号"世宗"。子盛逻皮继立。

太宗威成王盛逻皮（约712～728年）

［按］名又作"慎乐皮"、"诚乐魁"。为逻盛子。父卒继立。称"威成王"。唐开元元年（713），受唐封台登郡王。九年（721），反唐。十六年（728），卒。庙号"太宗"。子皮逻阁继立。

皮逻阁（728～738年九月）

［按］名又作"魁乐觉"，唐赐名"蒙归义"。为盛逻皮子。父卒继立。在唐的支持下，相继征服、兼并了其他五诏，基本上统一了洱海地区。开元二十六年（738）九月，赴唐，受唐封越国公，册"云南王"，并赐名。旋即迁都太和城（今云南省大理南太和村）。学者一般以此作为"南诏"政权建立的标志。《隋唐民族史》云："皮逻阁在朝廷的积极支持下，逐渐统一洱海地区，建立南诏政权。"

大蒙国世系

①高祖奇嘉王细奴逻
（649～674）
|
②世宗兴宗王逻盛
（674～约712）
|
③太宗威成王盛逻皮
（约712～728）
|
④皮逻阁
（728～738⑨）

后突厥汗国

（682～745年三月）

东突厥亡于唐后，部分部众被安置在云中城（今内蒙古和林格尔西北土城子），唐麟德元年（664），唐称此地为单（chán）于大都护府。而骨咄禄则为云中都督府舍利元英部众的首领。永淳元年（682），他汇集散亡之众，据总材山，自称"颉跌利施可汗"，置官设衙，建庭于乌德犍山（即于都斤山，今鄂尔浑河上游杭爱山之北山），势渐强，恢复了原突厥汗国的领地，称雄漠北，史称其政权为"后突厥"。天宝四载（745）三月，亡于回鹘（hú）。历九主，凡六十四年。

颉跌利施可汗骨咄禄（682～约691年）

［按］名又记作"骨笃禄"、"不卒禄"。原为唐统辖下的突厥首领。阿史那泥熟匐起兵反唐失败后，纠集余众，于永淳元年（682）称汗建政，史称"后突厥"。北破九姓，东败契丹，南掠唐并、定、妫、蔚等州。天授二年（691），病卒。弟璢（guī）继立。

默啜可汗（迁善可汗、圣天骨咄禄可汗）璢（约691～716年六月）

［按］又记作"默咄"、"墨啜（chuò）"，武则天贬称为"斩啜"。有学者认为，即鄂尔浑突厥文碑铭之"阿波干可汗"。为骨咄禄弟。兄死时，兄子尚幼，他自立为可汗。长寿二年（693），与唐和好，次年，受唐封"迁善可汗"。万岁通天元年（696），助武周大败契丹李尽忠，因功受封"颉跌利施大单于，立功报国可汗"。恃强又攻契丹、拔悉密、黠戛（xiá jiá）斯、葛逻禄、拔野古等部，地域扩大，为后突厥的鼎盛时期。与唐时和时战，开元二年（714），自称"天上得果报天男突厥圣天骨咄禄可汗"。开元四年（716）六月，战死。子匐俱继立。

移涅可汗匐俱（716年六月）

［按］又记作"泥涅可汗"。为璢之子。父战死嗣立，旋为骨咄禄子阙特勤击杀。

毗伽可汗默棘连（716年六月～734年十月）

［按］又记作"苾伽可汗"。名又记作"默矩"。为骨咄禄长子，阙特勤兄。璢死后，其弟杀璢子匐俱，拥其为汗，他任弟为左贤王，总掌军务。即位后，屡与唐战，后和好。开元二十二年（734）十月卒。（据《毗伽可汗碑》。《资治通鉴》卷二一四记在十二月。）现存汉文、突厥文合璧《毗伽可汗碑》记其事迹。子伊然可汗继立。

伊然可汗（734年十月）

［按］为默棘连子。父卒继立，旋病卒。弟登利可汗立。一说伊然可汗与登利可汗为一人。"登利可汗"为通称，犹云"天可汗"，在此指伊然可汗。

登利可汗（苾伽骨咄禄可汗）（734年十月～741年七月）

［按］为默棘连子，伊然可汗弟。兄终弟及。与唐友好。开元二十八年（740）三月，受唐封"苾伽骨咄禄可汗"。在位八年，为左杀（突厥语官名）判阙特勤所杀。

骨咄禄叶护可汗（741年七月～742年八月）

［按］又记作"骨咄叶护"。登利可汗被杀后，他立毗伽可汗之子为可汗，即又杀之，再立其弟，旋又杀之而自立。下年八月，为拔悉密、回纥（hé）、葛逻禄三部所攻杀，推拔悉密首领为颉跌伊施可汗；突厥余众又立判阙特勤之子为乌苏米施可汗。

乌苏米施可汗（742年八月～744年八月）

［按］简称"乌苏可汗"。为左杀判阙特勤子。骨咄禄叶护可汗被杀后，受突厥余众拥立为

可汗。继遭拔悉密等三部的攻击，天宝三载（744）八月，被杀。弟鹘陇匐继立。

颉跌伊施可汗（742 年八月 ~ 744 年八月）

［按］原为拔悉密部首领。天宝元年（742）八月，拔悉密等三部攻杀骨咄禄叶护可汗后被推立为可汗。突厥余众又立乌苏米施可汗。三载（744）八月，为回纥、葛逻禄联兵攻杀。

白眉可汗鹘陇匐（744 年八月 ~ 745 年三月）

［按］又称"白眉特勒"。为判阙特勒子，乌苏米施可汗弟。兄被杀后，为族人拥立为可汗。时突厥内部大乱，唐军乘机攻破左厢阿波达干等十一部；回纥骨力裴罗称汗自立，占据突厥故地。次年三月，他被骨力裴罗所击杀，后突厥汗国亡。

后突厥汗国世系

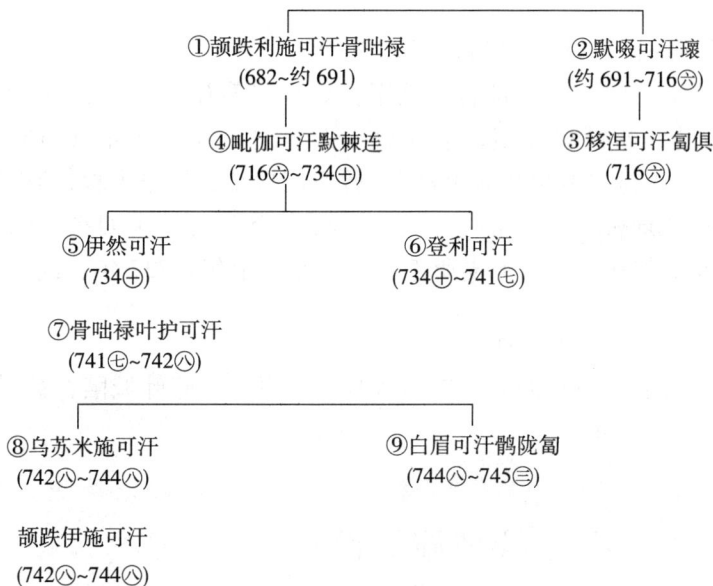

①颉跌利施可汗骨咄禄（682~约691）
②默啜可汗璟（约691~716六）
④毗伽可汗默棘连（716六~734十）
③移涅可汗匐俱（716六）
⑤伊然可汗（734十）
⑥登利可汗（734十~741七）
⑦骨咄禄叶护可汗（741七~742八）
⑧乌苏米施可汗（742八~744八）
⑨白眉可汗鹘陇匐（744八~745三）
颉跌伊施可汗（742八~744八）

［突　骑　施］

（690 ~ 739 年八月）

突骑施原属西突厥五咄陆部。唐灭西突厥后，该部仍由唐册立的西突厥首领管辖。突骑施汗国的创立者乌质勒就在阿史那斛罗属下任莫贺达干（突厥语官名）。唐天授元年（690）阿史那斛罗返长安后，乌质勒被部众拥立为主，徙牙帐于碎叶川（在中亚楚河流域），以为"大牙"，以伊丽水（今伊犁河流域）的弓月城（今新疆霍城北之阿里马破城）为"小牙"，下分二十都督，取代突厥阿史那系，统辖原西突厥所领地区。开元二十七年（739）八月，为唐所灭。历四主，凡五十年。

乌质勒（690～706 年十二月）

[按] 出身突骑施莫贺索葛啜（chuò）部。西突厥亡国后，为唐册立的西突厥首领阿史那斛罗属下莫贺达干。天授元年（690），阿史那斛罗返长安，他受部众拥立为主，始建政，下置二十都督，屯碎叶西北。次年，克后突厥碎叶城。圣历二年（699），移牙碎叶川。长安三年（703），逐阿史那斛罗，并其地，在弓月城置小牙，尽占原西突厥领地。神龙二年（706）十二月，病卒，子娑葛继立。

贺腊毗伽十四姓可汗（归化可汗）娑葛（706 年十二月～约 711 年）

[按] 唐赐名"守忠"。为乌质勒长子。父卒继立。景龙二年（708），建号"贺腊毗伽十四姓可汗"。初与唐交恶，后和好，受唐赐名，并受唐封"归化可汗"（又作"钦化可汗"）。约景云二年（711），为后突厥默啜所擒杀。部将苏禄继立。娑葛卒年有多种说法，如景龙三年（709）、开元三年（715）等。

毗伽可汗（毗伽忠顺可汗）苏禄（约 711～约 738 年）

[按] 出身车鼻施部。娑葛时，为其部将，统军，尊号"苏禄"，后人常以此代其人名。娑葛被杀后，突骑施无君而乱，苏禄有威望，集众数十万复立，开元四年（716），称"毗伽可汗"，七年（719）十月，受唐封"毗伽忠顺可汗"。曾禀唐旨意，抗击大食，取得辉煌胜利，从而得"阿布木扎衣"绰号（意善于攻击的牛）。后，与唐交恶，攻唐四镇。约开元二十六年（738），在内讧中为大首领莫贺达干、都摩支所杀（一说卒于上年，737 年，或次年，739 年）。

吐火仙可汗骨啜（约 738～739 年八月）

[按] 为苏禄子。父被害后，为众拥立。次年八月，受唐攻，碎叶城陷，被俘。突骑施汗国亡，锡尔河以北大部分地区重归唐控制。

［突骑施］世系

①乌质勒
（690～706⊕）
|
②贺腊毗伽十四姓可汗娑葛
（706⊕～约711）

③毗伽可汗苏禄
（约711～约738）
|
④吐火仙可汗骨啜
（约738～739⑧）

（武）周

（690 年九月～705 年正月）

　　武则天总揽唐政后不久，称"圣神皇帝"，改国号为"周"。史家又称其为"武周"。《资治通鉴》卷二○四载：载初二年（690）九月，"庚辰（七日），太后（即武则天）可皇帝（即唐睿宗李旦）及群臣之请。壬午（九日），御则天楼，赦天下，以唐为周，改元（天授）。乙酉（十二日），上尊号曰圣神皇帝，以皇帝为皇嗣，赐姓武氏；以皇太子为皇孙。丙戌（十三日），立武氏七庙于神都（洛阳），追尊周文王曰始祖文皇帝"。可见，其称"周"是欲追袭先秦"周"的传统。这是中国历史上第一个，也是唯一的一个女性皇帝。中经十六年，临终前还政于其子李显，国号复"唐"。是故，也有史家不将"周"单列，而视其为唐王朝的一部分。

圣神帝（则天大圣帝）武曌（690 年九月～705 年正月）

　　[按] 武曌前期情况参见"唐·则天皇后武曌"条。载初二年（690）九月，正式称帝，上尊号"圣神皇帝"，改"唐"国号为"周"。改元"天授"；降唐睿宗为皇嗣，赐姓武氏，除唐宗室属籍；立武氏七庙于神都，改唐太庙为享德庙，以武氏七庙为太庙；追尊西周文王为始祖文皇帝，用周历；改置社稷，旗帜尚赤；追封伯父及兄弟之子为王，堂兄为郡王，诸姑姊为长公主，堂姊妹为郡主。以武承嗣为文昌左相。

　　称帝前改历：永昌元年（689）十一月，改元"载初"，据《新唐书·则天纪》："以十一月为'正月'，十二月为'腊月'，来岁正月为'一月'。"即"载初元年正月"为"永昌元年十一月"。至久视元年（700）十月，改还原历。

　　天授三年（692）四月，改元"如意"。九月，改元"长寿"，以并州为北都。长寿二年（693）九月，加号"金轮圣神皇帝"。次年五月，加号"越古金轮圣神皇帝"。十一月（即"正月"），加号"慈氏越古金轮圣神皇帝"，改元"证圣"。越年二月，罢"慈氏越古"号。四月，建大周万国颂德天枢。九月，加号"天册金轮大圣皇帝"，改元"天册万岁"。十二月（即"腊月"），改元"万岁登封"。越年三月，改元"万岁通天"。越年九月，改元"神功"。十一月，改元"圣历"。圣历三年（700）五月，改元"久视"，罢"天册金轮大圣"号。次年正月，改元"大足"。十月，改元"长安"。至长安四年（704）十二月，病重，居于长生院。五年（705）正月，同平章事张柬之、崔玄炜等迎李显于东宫，至玄武门，斩关而入，进至长生殿，迫其让位于李显，徙之上阳宫，尊其为"则天大圣皇帝"，是年十一月，卒。终年八十二岁。葬乾陵（今陕西省乾县西北梁山）。

震（振）国

（698～713 年二月）

　　震国为靺鞨（mò hé）族的一支——粟末靺鞨首领大祚（zuò）荣所建。大祚荣建政时，依其父封号"震国公"为国名，自称"震国王"（"震"，一记作"振"）。都旧国（今吉林省敦化之敖东城）。数年后，大祚荣受唐封"渤海郡王"。《新唐书·渤海传》云："自是始去靺鞨号，专称渤海。"因而，不少史作将"震国"归入"渤海"。本年表则分列之。

高王大祚荣（698～713年二月）

［按］为粟末靺鞨首领，震国公乞乞仲象子。原居营州（今辽宁省朝阳）。武周万岁通天元年（696），随父起兵，响应契丹首领李尽忠在营州抗拒武周的斗争。斗争失败后，余众在其父率领下离营州，渡辽河，返乡东走。途中，父卒，他继领众东进，越长白山，至奥娄河（今牡丹江）上游一带，于唐圣历元年（698）建立国家政权。据《新唐书·渤海传》："（大）祚荣即并比羽之众，恃荒远，乃建国，自号'震国王'。"至先天二年（713），受唐封以后"专称渤海"。

蓝奉高（708～715年）

［按］畲（shē）族。唐景龙二年（708），与另一首领雷万兴等起兵反唐。以潮州为中心，向岳山发展。景云二年（711），攻至绥安，杀漳州刺史陈元光。开元三年（715），为陈元光子所攻杀。

谯王李重福（710年七～八月）　　　　　　　　　　　　　（年号：中元克复）

［按］为唐中宗李显次子。初封唐昌王，长安四年（704），进封"谯王"。次年，受谮被贬外任，不许干预宫廷事。及唐睿宗李旦即位（710年七月），任其为集州刺史，他尚未赴任，就被张灵均、郑愔等拥立为帝，改元"中元克复"（一作"中宗克复"）。八月，赴东都（洛阳），侍御史李邕拒其入城，攻城不果，退居山中，继为东都留守裴谈追击，走投无路，遂投漕河而死。终年三十一岁。后以三品官待遇礼葬。

渤 海 国

（713年二月～926年正月）

渤海国为靺鞨（mò hé）族的一支——粟末靺鞨首领大祚（zuò）荣所建。大祚荣初建政时，称"震国"，至先天二年（713），接受唐封"渤海郡王"，据《新唐书·渤海传》称："自是始去靺鞨号，专称渤海。"本年表将"震国"与"渤海"分列之。渤海亦有称"靺鞨国"者，见（日）菅野真道撰《续日本纪》（797年成书）：养老四年（720），"六人于靺鞨国观其风俗"。渤海国盛时，拥五京（上京龙泉府［今黑龙江省宁安渤海镇］，中京显德府［今吉林省和龙西古城］，东京龙原府［今吉林省珲春八连城址］，南京南海府［今朝鲜咸镜北道之镜城］，西京鸭渌府［今吉林省临江附近］）十五府六十二州。领域东际海，西临辽河上游，北至黑龙江，南接泥河（今朝鲜境龙兴江），史称"海东盛国"。至末王大諲撰（yīn zhuàn）二十年（926）正月，为辽（契丹）所亡。历十五主，凡二百一十四年。

这里，还需说明两个问题，1. 有学者认为，"渤海"既是国名，也是族称，当时已形成了一个"渤海族"，渤海国乃是以渤海族为主体所建；而有的学者则认为，"渤海"只是政权名称，渤海国乃是以粟末靺鞨为主体所建，两种意见并存，尚无定论。2. "渤海"作国名，始于唐封，大祚荣后数代国主均有唐封，与唐保持奉贡关系。然从总体上看，笔者认为，渤海乃为一独立的地方政权，本年表则依此处理之。

高王大祚荣（713 年二月 ~ 719 年三月）

［按］为粟末靺鞨首领乞乞仲象子。父卒继为首领。圣历元年（698），建"震国"。唐开元元年（713），受唐封"渤海郡王"，遂改国号为"渤海"。唐以所统为忽汗州，加授忽汗州都督。共在位二十二年（称"渤海"后在位七年），卒。谥"高王"。子大武艺继立。

武王大武艺（719 年三月 ~ 737 年）

［按］为大祚荣子。父卒继立。立年号"仁安"。袭受唐封渤海郡王、忽汗州都督。仁安七年（726），征服黑水靺鞨部，国势益强。次年，遣使首使日本。十八年（737），卒。谥"武王"。子大钦茂继立。

文王大钦茂（737 ~ 794 年）

［按］为大武艺子。父卒继立。翌年正月，改元"大兴"。六月，受唐封渤海郡王。大兴十八年（755），徙都上京龙泉府。二十五年（762），唐肃宗诏以渤海为国，进封渤海国王，加检校太尉。有学者据《贞惠公主墓碑》考证，大兴三十七年（774）改元"宝历"（诸史未载，然延用年代不明，晚年又改为"大兴"）。大兴四十八年（785），徙都东京龙原府。五十七年（794），卒。谥"文王"。因世子大宏临早卒，由族弟大元义继立。

废王大元义（794 年）

［按］为大钦茂族弟。族兄卒后继立。在位仅数月，为族人所杀。继立大钦茂嫡孙大华玙。

成王大华玙（794 年）

［按］为大钦茂嫡孙，大宏临子。族人杀大元义而立之。改元"中兴"。是年，徙都上京龙泉府（以后皆定都于此）。同年冬，卒。谥"成王"。叔大嵩璘继立。

康王大嵩璘（794 ~ 809 年正月）

［按］为大钦茂少子，大华玙叔。侄卒继立。翌年，改元"正历"。二月，受唐封渤海郡王。正历四年（798），唐封渤海国王（以后皆改封"郡王"为"国王"）。十五年（809）正月，卒。谥"康王"。子大元瑜继立。

定王大元瑜（809 年正月 ~ 812 年）

［按］为大嵩璘子。父卒继立。唐袭封渤海国王。翌年，改元"永德"。永德三年（812），卒。谥"定王"。弟大言义继立。

僖王大言义（812～817 年）

［按］为大嵩璘子，大元瑜弟。兄终弟及。次年正月，受唐封，改元"朱雀"。朱雀五年（817），卒。谥"僖王"。弟大明忠继立。

简王大明忠（817～818 年二月）

［按］为大言义弟。兄终弟及。翌年正月，改元"太始"。二月，卒。谥"简王"。由从兄大仁秀继立。

宣王大仁秀（818 年二月～830 年）

［按］为大明忠从兄（一说从父）。大明忠卒后继立。五月，受唐封。翌年正月，改元"建兴"。建兴二年（820），征讨海北诸部，扩大领地，南定新罗，使渤海进入鼎盛时代。十二年（830），卒。谥"宣王"。子大新德早卒，由孙大彝震继立。

大彝震（830～857 年）

［按］为大仁秀孙，大新德子。祖父卒后继立。翌年，受唐封，改元"咸和"。咸和二十七年（857），卒。弟大虔晃继立。

大虔晃（857～871 年）

［按］为大彝震弟。兄终弟及。翌年二月，受唐封。十四年（871），卒。孙大玄锡继立。

大玄锡（871～893 年）

［按］为大虔晃孙。祖父卒后继立。二十二年（893），卒。大玮瑎继立。

大玮瑎（893～906 年）

［按］世系不详。大玄锡卒后继立。翌年，受唐封。十三年（906），卒，子大諲譔继立。

末王大諲譔（906～926 年正月）

［按］为大玮瑎子。父卒继立。天赞四年（925）底，契丹开始对渤海用兵，国主耶律阿保机举大兵亲征，翌年正月，攻克首府上京龙泉府，大諲譔降。契丹改渤海为东丹，由太子耶律倍主管，渤海国亡。

渤海国世系

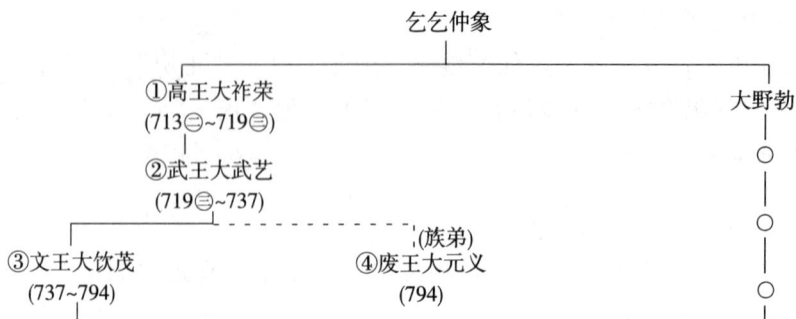

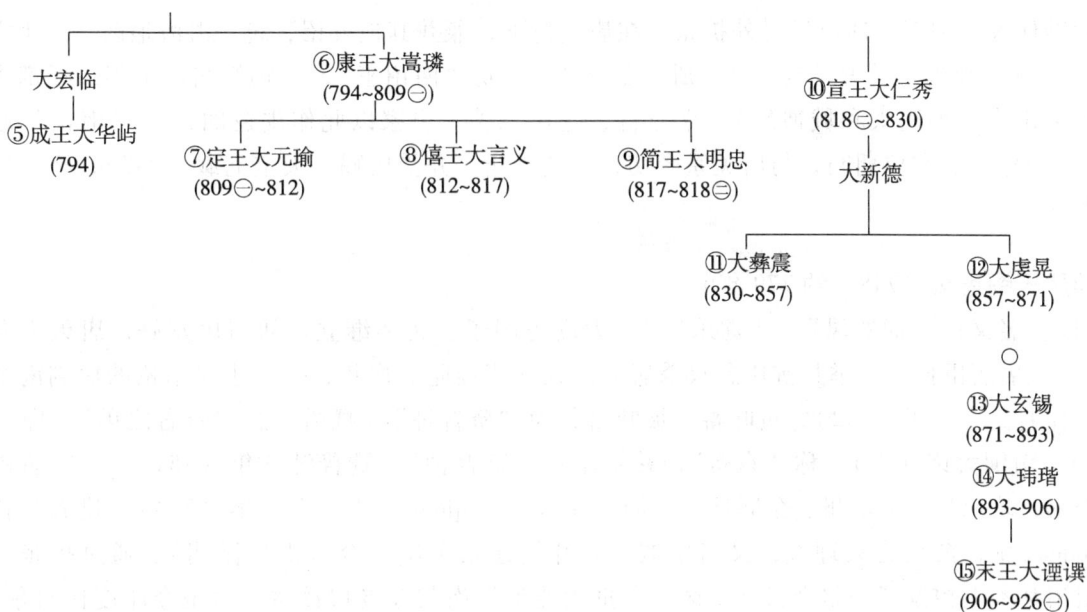

大宏临　　　　　　　　　　⑥康王大嵩璘　　　　　　　　　　　　　⑩宣王大仁秀
⑤成王大华屿　　　　　　　　（794~809⊖）　　　　　　　　　　　　（818⊖~830）
（794）　　⑦定王大元瑜　　⑧僖王大言义　　⑨简王大明忠　　　　　大新德
　　　　　（809⊖~812）　　（812~817）　　（817~818⊖）
　　　　　　　　　　　　　　　　　　　　　　　　　⑪大彝震　　　　　　⑫大虔晃
　　　　　　　　　　　　　　　　　　　　　　　　　（830~857）　　　　（857~871）
　　　　　　　　　　　　　　　　　　　　　　　　　　　　　　　　　　　○
　　　　　　　　　　　　　　　　　　　　　　　　　　　　　　　　　⑬大玄锡
　　　　　　　　　　　　　　　　　　　　　　　　　　　　　　　　（871~893）
　　　　　　　　　　　　　　　　　　　　　　　　　　　　　　　　⑭大玮瑎
　　　　　　　　　　　　　　　　　　　　　　　　　　　　　　　　（893~906）
　　　　　　　　　　　　　　　　　　　　　　　　　　　　　　　⑮末王大諲譔
　　　　　　　　　　　　　　　　　　　　　　　　　　　　　　　（906~926⊖）

［泷　州　僚］

（728 年）

陈行范（728 年）

［按］为泷州（今广东省罗定南）僚人首领。唐开元年间，曾任泷州刺史。开元十六年（728），会同何游鲁、冯璘等领众反唐，自称皇帝，任何游鲁为定国大将军，冯璘为南越王。攻占四十余城。继受唐十万大军攻讨，何游鲁、冯璘阵亡后，他被唐军执杀。

南　诏　国

（738 年九月~859 年）

"南诏"作为一个地方政权，有广义和狭义二义。广义的南诏政权为六诏之一的蒙舍诏（因位于诸部之南，遂称为南诏）所建政权皆包括；狭义为其政权在不同时期自有称号之时，皆按其称号，"南诏"仅为皮逻阁统一六诏后，受唐封"云南王"或"南诏王"时起，至世隆称帝，建"大礼国"前的一段时期。南诏全盛时辖有今滇、川南、黔西等地。本年表依狭义作表。这段时期历七主，凡一百二十二年。

南诏王（云南王）皮逻阁（738 年九月~748 年）

［按］名又作"魁乐觉"，唐赐名"蒙归义"。为大蒙国王盛逻皮子。开元十六年（728），

父卒后继任大蒙国王。即位后对外扩张，在唐支持下，兼并其他五诏，统一洱海地区。二十六年（738）九月，赴唐，受唐封越国公，册"云南王"，或"南诏王"，并赐姓名。下年，迁都太和城（今云南省大理南太和城遗址），立龙首、龙尾二关。史家以此作皮逻阁建立"南诏"政权（狭义）的标志。在位期间，与唐关系密切，遣使赴唐，并受唐赐。天宝七载（748），卒。子阁罗凤继立。

神武王阁逻凤（748～约779年）

［按］名又作"阁罗凤"、"觉乐凤"。为皮逻阁子。父卒继立。初与唐友好，唐天宝九年（750），不堪唐臣侵辱，举兵抗唐，攻杀唐云南太守张虔陀。次年，大败进讨南诏的唐剑南节度使鲜于仲通。十一年（752），贡吐蕃，被吐蕃封为"赞普钟"（藏语，意"赞普之弟"，即"小赞普"）、南国大诏（王），称"东帝"，并始建元"赞普钟"。赞普钟三年（754），大败唐剑南留后李泌，攻取嶲（xī）州、会同郡。继而，又取邛（qióng）州。十三年（764），建成羊苴咩（jū miē）城，命名为大理城，又名紫城。并开始建拓东城（今云南省昆明）。通过扩张，此时，南诏基本上控制了今整个云南地区，北抵大渡河，南与今老挝接壤，西至今印度比哈尔邦，东连贵州，成为当时西南的一个空前强大的政权。长寿十一年（779，一说八年，776，或十年，778），卒。谥"神武王"。因子凤伽异早逝，由孙异牟寻继立。

孝桓王异牟寻（约779～808年）

［按］为阁逻凤孙，凤伽异子。父早逝，继祖位。联吐蕃抗唐，大败，被吐蕃降封为"日东王"。因惧吐蕃兴师问罪，迁都于大理。是时，唐为有效地抗吐蕃，亦采取了李泌之策开始拉拢南诏。贞元九年（793）夏，异牟寻遣使赴唐，受款待；十月，唐使南诏。次年，与唐会盟于点苍山（今大理西），去吐蕃所封之号，仍复南诏旧名。遂败吐蕃于神川。十月，受唐册封南诏王，并受"贞元册南诏印"。他任用汉人郑回为清平官（"王"以下的最高行政长官）。首派贵族子弟赴汉地学习，促进文化交流。唐元和三年（808），卒。谥"孝桓王"。子寻阁劝继立。

孝惠王寻阁劝（808年十一月～809年）

［按］名又作"寻觉劝"、"新觉劝"、"苴蒙阁劝"、"寻梦凑"等。为异牟寻子。父卒继立。受唐册袭南诏王及"元和册南诏印"。翌年，改元"应道"，始称"骠信"（《新唐书·南诏传》："骠信，夷语'君'也"）。年末，卒。谥"孝惠王"。子劝龙晟继立。

幽王劝龙晟（809～816年）

［按］名又作"龙蒙盛"。为寻阁劝子。父卒继立，时年十二岁，受唐册南诏王。翌年，改元"龙兴"。龙兴七年（816），为弄栋节度使王嵯（cuó）颠所杀害。谥"幽王"。弟劝利晟继立。

靖王劝利晟（816～约823年）

［按］名又作"劝利"。为寻阁劝子，劝龙晟弟。兄被杀后继立，时年十五岁，袭南诏王。翌年，改元"全义"，后又改"大丰"。大丰四年（823，一说五年，824），卒于东京善阐（今云南省昆明），归葬蒙舍（今云南省巍山）。谥"靖王"。弟劝丰祐继立。

昭成王劝丰祐（约 823～859 年）

［按］名又作"丰祐"。为寻阁劝子，劝利晟弟。兄终继立。受唐封"滇王"。翌年，改元"保和"（一作"保合"），后又改"天启"。在位期间，废父子连名制。保和六年（829），不堪唐臣凌侮，举兵攻唐蜀地，陷嶲、戎、邛三州，一度攻至成都西城。后又上表向唐请罪，继续与唐维持友好关系。至唐大中十三年（859），与唐关系全面恶化。是年，卒于东京善阐，归葬太和（今云南省大理）。谥"昭成王"。子世隆继立，脱离唐，称帝，国号"大礼"。

南诏国世系

①南诏王(云南王)皮逻阁
(738⑨~748)

②神武王阁逻凤
(748~约779)

凤伽异

③孝桓王异牟寻
(约779~808)

④孝惠王寻阁劝
(808~809)

⑤幽王劝龙晟　　　⑥靖王劝利晟　　　⑦昭成王劝丰祐
(809~816)　　　　(816~约823)　　　(约823~859)

回纥（鹘）汗国①

(744 年八月～840 年)

原称"回纥（hé）"，及"袁纥"、"韦纥"、"乌纥"等。时有九姓，又称"九姓回纥"（突厥文《阙特勤碑》作"九姓乌古斯"）。唐贞元四年（788），改称"回鹘（hú）"②（关于改族称的时间，史载有异。《新唐书》和《资治通鉴》记在贞元四年；《旧唐书》记为元和四年［809］。胡三省有详考，请参考）。"义取回旋轻捷如鹘也"（《旧唐书·回纥传》）。该族与突厥为同一族系，北魏时为铁勒（高车）的一支，突厥强大时归附其下，为其属部。唐天宝三载（744），其众拥首领骨力裴

---

① 《中国少数民族史大辞典》作"鄂尔浑回纥汗国"。
② "回鹘"即今维吾尔的古称，元明时作"畏兀儿"。

罗称汗，摆脱突厥统治，宣布独立，建牙帐于嗢（wà）昆河（今蒙古鄂尔浑河）上游。（也有学者认为，回纥汗国应从唐贞观二十一年［647］吐迷度"私自称可汗"算起，然当时回纥尚未独立，故本年表不采。）第二年（745年），回纥兴兵灭突厥，尽占其地，以嗢昆河、娑陵水（今色楞格河）和乌德犍山（今属杭爱山脉）为核心，不断扩大领地，鼎盛之时，其势力"东极室韦（今兴安岭一带），西金山（今阿尔泰山），南控大漠，尽得古匈奴地"（见《新唐书·回鹘传》）。成为漠北继匈奴、突厥之后的又一强大汗国。至厖驳（ké sà）特勒二年（840），被黠戛（xiá jiá）斯所亡，中历十三汗，凡九十六年。

汗国瓦解后，余众分别西迁或南迁：一支西奔葛逻禄，日后建"喀喇汗王朝"，地在葱岭西，史称"葱岭西回鹘"；一支投吐蕃，进入河西走廊，史称"河西回鹘"，因牙帐设甘州，又称"甘州回鹘"；另一支投安西，居西州，史称"西州回鹘"，因治所在高昌，又称"高昌回鹘"。还有部分南下之众，分别依附室韦，或投唐。

还需说明一点的是，回鹘可汗虽然历代皆受唐的封号，但从总体上看，笔者认为，这是一个独立的政权。本年表即依此列之。

骨咄禄毗伽阙可汗（怀仁可汗）骨力裴罗（744 年八月～约 747 年）

［按］亦称"逸标苾"。姓"药罗葛"氏。在后突厥汗国时，为"叶护（突厥语官名）"。唐天宝三载（744），乘后突厥内乱，兴兵反突厥，自立为"骨咄禄毗伽阙可汗"，独立建政。继朝唐，受唐玄宗封为"奉义王"，继拜"骨咄禄毗伽阙怀仁可汗"（简称"怀仁可汗"）。次年三月，一举剿灭后突厥。四年（747，一说二年，745），卒。子磨延啜（chuò）继立。

葛勒可汗（英武威远可汗）磨延啜（约 747～759 年四月）

［按］为骨力裴罗子（有学者以为"磨延啜"为官名，为称汗前所任职官）。父卒继立。号"登里罗设密施颉翳德密施毗伽可汗"，又作"葛勒可汗"。继西征，征服葛逻禄诸部，建八剌沙衮城（今吉尔吉斯斯坦托克马克东南）。十年（756），出兵助唐平"安史之乱"，攻陷长安、洛阳。十二年七月，受唐封"英武威远毗伽阙可汗"（简称"英武威远可汗"，或"英武可汗"）。娶宁国公主。十三年（759）四月，卒。有突厥文《回纥英武威远毗伽可汗碑》记其功绩。因长子叶护获罪被杀，由次子移地健继立。其祭祀遗址在今蒙古国锡尼乌苏平原，残存石碑等遗物。

登里可汗（牟羽可汗、英义建功可汗）移地健（759 年四月～780 年六月）

［按］为磨延啜次子。父卒继立。号"爱登里罗汩没密施颉登密施合俱禄毗伽可汗"（简称"登里可汗"，又作"牟羽可汗"）。四年（762），援唐平"安史之乱"，再克洛阳，次年，杀史朝义，乱平。以功受唐封"颉咄登里骨啜密施合俱禄英义建功毗伽可汗"（简称"英义建功可汗"）。二十二年（780）六月，欲举兵犯唐，为从父兄顿莫贺所击杀。顿莫贺继立。

合骨咄禄毗伽可汗（武义成功可汗、长寿天亲可汗）顿莫贺（780 年六月～789 年十二月）

［按］为移地健从父兄。因移地健欲南下犯唐，谏不听，遂举兵击杀之，自立为汗，号"合

骨咄禄毗伽可汗"，受唐封"武义成功可汗"。九年（788）十月，娶唐咸安公主，受封"汩咄禄长寿天亲毗伽可汗"（简称"长寿天亲可汗"）；并改族称"回纥"为"回鹘"。次年十二月，卒。子多逻斯继立。

忠贞可汗多逻斯（789年十二月～790年四月）

［按］为顿莫贺子。父卒继立。受唐封"爱登里逻汩没密施俱录毗伽忠贞可汗"（简称"忠贞可汗"）。次年四月，为弟与少可敦叶公主所毒杀。弟自立为汗。

佚名（790年四月）

［按］为多逻斯弟。杀兄自立。时大相颉干迦斯击吐蕃领兵在外，他被次相骨咄禄率兵所杀，多逻斯幼子阿啜被立为汗。

汩咄禄毗伽可汗（奉诚可汗）阿啜（790年四月～约795年二月）

［按］为多逻斯幼子。父被害后，为次相骨咄禄等立之，时年十六岁。号"汩咄禄毗伽可汗"。次年二月，受唐封"奉诚可汗"。六年（795）二月，卒（各史籍记其卒年月有异，此据《旧唐书·德宗纪》）。无子，国人立其相骨咄禄为汗。

怀信可汗骨咄禄（795年四月～805年十一月）

［按］姓"跌跌"氏（有学者以为"骨咄禄"为官名，为其称汗前所任职官）。历仕武义成功可汗、忠贞可汗、奉诚可汗三代汗，居次相位，因屡建战功，在国人中有威望。忠贞可汗多逻斯被害后，他举兵杀夺位者，立其子阿啜为汗，与大相颉干迦斯共掌廷政。继阿啜卒，国人拥他为汗，受唐封"腾里逻羽录没密施合胡禄毗伽怀信可汗"（有史记微异，简称"怀信可汗"）。即位后，尽将原可汗姓"药葛罗"贵族及子孙驱走，从此，回鹘统治者药葛罗氏中绝，由跌跌氏代替。在位时，西征吐蕃，展扩领地至拔贺那（今乌兹别克斯坦费尔干纳），打通中西交通要冲。十一年（805）十一月，卒。子腾里可汗继立。

腾里可汗（805年十一月～808年三月）

［按］佚名。为骨咄禄子。父卒继立。受唐封"腾里野合俱录毗伽可汗"（简称"腾里可汗"）。在位期间，大力提倡摩尼教（摩尼教为波斯人在3世纪创立），与摩尼僧侣议国事，并以其僧为国使使唐，从而将其教带入唐地，因其崇拜光明，在中原又称其为"明教"。四年（808年）三月，卒。保义可汗继立。

保义可汗（808年三月～821年二月）

［按］佚名。为怀信可汗骨咄禄庶长子，腾里可汗同父异母弟。兄终弟及。受唐封"爱登里罗汩蜜施合毗伽保义可汗"（简称"保义可汗"）。在位期间，对外用兵，南渡漠南，西击吐蕃，《回鹘毗伽可汗圣文神武碑》云其"围攻龟（qiū）兹"，"逐至真珠河（今中亚纳伦河）"，重新打通东西交通路线。十四年（821）二月，病卒。崇德可汗继立。

崇德可汗（821年二月～约825年）

［按］佚名。世系不详。保义可汗卒后立。受唐封"登罗羽禄没蜜施句主毗伽崇德可汗"

（有史记微异，简称"崇德可汗"）。娶唐太和公主。次年，为吐蕃所败，此后，国势渐衰。五年（825，一说四年，824），卒。由怀信可汗子曷萨特勒（有学者认为"勒"为"勤"之误，是称汗前所任官名，人名佚）继立。

昭礼可汗曷萨特勒（约825年~832年三月）

[按] 为怀信可汗骨咄禄子，保义可汗弟。崇德可汗卒后继立。受唐封"爱登里罗汩没蜜施合毗伽昭礼可汗"（有史记微异，简称"昭礼可汗"）。八年（832）三月，在内乱中，为部下所杀。其侄胡特勒（有学者认为"勒"为"勤"之误，是称汗前所任官名，人名佚）继立。

彰信可汗胡特勒（832年三月~839年）

[按] 为曷萨特勒侄。叔卒继立。次年四月，受唐封"爱登里罗汩没蜜施合句禄毗伽彰信可汗"（简称"彰信可汗"）。八年（839），国相安允合等谋乱，被杀；时另相掘罗勿将兵在外，引沙陀兵回攻，胡特勒兵败自杀。盍馺特勒（有学者认为，"勒"为"勤"之误，是称汗前所任官名，人名佚）继立。

署飒可汗盍馺特勒（839~840年）

[按] 世系不详。胡特勒卒后立。据《新唐书·回鹘传》：次年（840年），"黠戛斯合骑十万攻回鹘城，杀可汗，诛掘罗勿，焚其牙（帐），诸部溃"。回鹘汗国瓦解。

※　　　※　　　※

附：

［南迁之众］

840年，回鹘汗国瓦解，族民分别西迁和南迁。南迁者尚有十余万之众，至唐天德军（今内蒙古乌拉特前旗）一带，于第二年（841年）二月，立昭礼可汗弟乌希特勒为汗。继南迁，设牙帐于闾门山（今山西省朔州北）。作为余波，这支力量又继续活动了若干年，特于此附之。

乌介可汗乌希特勒（841年二月~846年七月）

[按] "乌希特勒"，有学者认为，"勒"为"勤"之误，是称汗前所任官名，人名佚。为回鹘汗国昭礼可汗弟，彰信可汗叔。回鹘汗国瓦解后，南逃之众于第二年（841）二月，拥其为汗，号"乌介可汗"。南迁之众，不断降唐。三年（843），被唐军败于杀胡山，走投黑车子室韦。继领残部逃金山（今阿尔泰山）。六年（846）七月，被其相逸隐啜所杀。逸隐啜立其弟遏捻可汗。

遏捻可汗（846年七月~848年）

[按] 为乌希特勒弟。由臣相逸隐啜杀其兄而立之。时有众数千人，其食用取之于奚族。据《旧唐书·回纥传》：第二年（847）春，唐军大破奚众，断回鹘余众食道，众进一步逃散，至三年（848）春，遏捻可汗仅余数百人，又依室韦。唐军责令室韦将其遣送至幽州，遏捻可汗携妻、子连夜西逃。余众仍留室韦，未几，黠戛斯大破室韦，收罗回鹘余众，带回漠北。

回纥（鹘）汗国世系

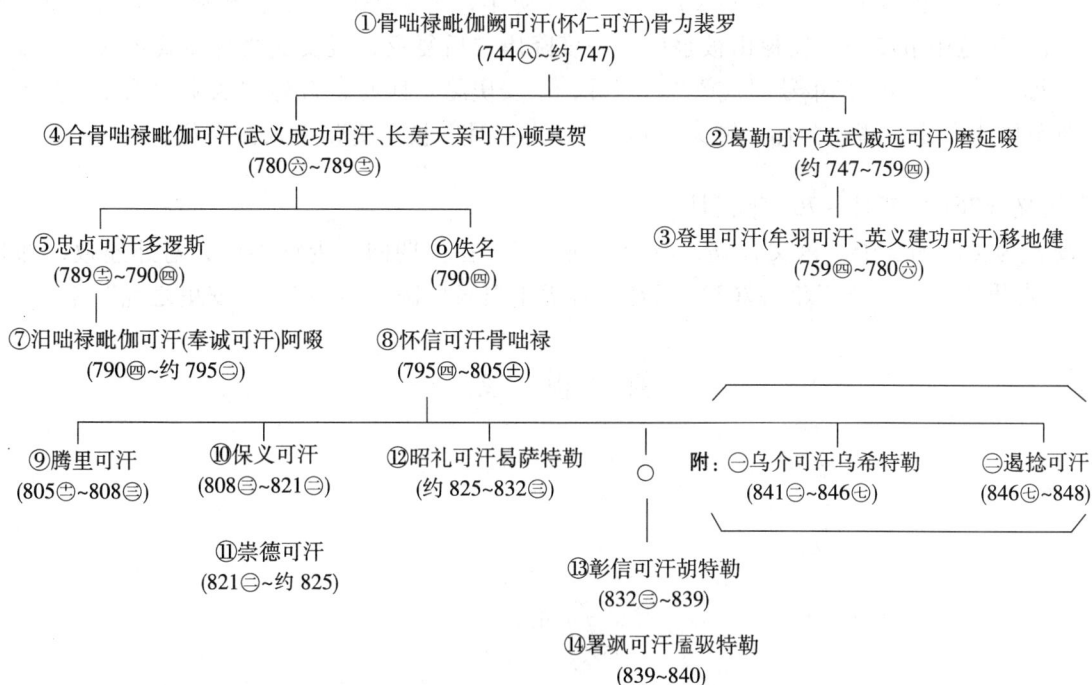

①骨咄禄毗伽阙可汗（怀仁可汗）骨力裴罗
（744八~约747）

④合骨咄禄毗伽可汗（武义成功可汗、长寿天亲可汗）顿莫贺
（780六~789七）

②葛勒可汗（英武威远可汗）磨延啜
（约747~759四）

⑤忠贞可汗多逻斯
（789七~790四）

⑥佚名
（790四）

③登里可汗（牟羽可汗、英义建功可汗）移地健
（759四~780六）

⑦汩咄禄毗伽可汗（奉诚可汗）阿啜
（790四~约795二）

⑧怀信可汗骨咄禄
（795四~805七）

⑨腾里可汗
（805七~808二）

⑩保义可汗
（808二~821二）

⑫昭礼可汗曷萨特勒
（约825~832二）

附：㈠乌介可汗乌希特勒
（841二~846七）

㈡遏捻可汗
（846七~848）

⑪崇德可汗
（821二~约825）

⑬彰信可汗胡特勒
（832二~839）

⑭署飒可汗厣驭特勒
（839~840）

燕

（756 年正月~763 年正月）

此为唐代著名事件——"安史之乱"所建政权。虽然唐朝皇帝终于借回鹘兵将其讨平，然此成为唐帝国由盛至衰的转折点。

大燕皇帝安禄山（756 年正月~757 年正月）

［按］原名"轧荦山"。为营州柳城（今辽宁省朝阳南）胡人。本姓康，少孤，随母改嫁突厥人安延偃，改名"安禄山"。初为幽州节度使张守珪收为养子。后得宠于唐玄宗，官拜平卢、范阳、河东三镇节度使，拥兵十五万。天宝十四载（755）十一月，在范阳（今河北省涿州）以诛杨国忠为名起兵反唐，南下，越黄河，于次年（756 年）正月，攻入东京洛阳，称帝，国号"燕"，建元"圣武"。继克长安。部将史思明攻占河北十三郡。军事进展迅速，然内部矛盾激烈。越年（757 年）正月，为次子安庆绪所杀，夺位。

安庆绪（757 年正月~759 年三月）

［按］原名"安仁执"。为安禄山次子。随父反唐，父称帝时，封晋王。次年正月，杀父自立。

改元"载初"，继又改"天成"（一作"天和"，或"至成"）。未几，唐借突厥兵收复长安、洛阳。他退据邺（今河北省临漳西南）。连遭失败，天成三年（759）三月，为部将史思明所杀。史思明称帝。

史思明（759年四月～761年三月）

［按］原名"史窣干"。宁夷州突厥人。天宝初年，为知平卢军事、平卢兵马使。随安禄山起兵反唐，任范阳节度使。安禄山被杀后，一度降唐，后复反，援安庆绪解邺城之围。天成三年（759），称"大圣燕王"，年号"应天"。三月，杀安庆绪。四月，自称"大燕皇帝"，改元"顺天"。改范阳为燕京，诸州为郡。顺天三年（761）三月，被子史朝义杀而夺位。

史朝义（761年三月～763年正月）

［按］为史思明长子。杀父自立，改元"显圣"。在位期间，内讧不已，对外连败，部将纷纷降唐。走投无路，显圣三年（763）正月，自缢于温泉栅医巫间祠下。"安史之乱"平。

燕 世 系

①大燕皇帝安禄山
(756〇 ～757〇)
|
②安庆绪
(757〇 ～759〇)
|
③史思明
(759四 ～761〇)
|
④史朝义
(761〇 ～763〇)

［原 州 僚］

（756～759 年）

中越王黄乾曜（756～759 年）

［按］为原州（今广西左、右江一带）僚人。至德元年（756），以黄峒为基地起兵反唐，建立政权。号"中越王"。拥众二十万，攻克桂管十八州。四年（759），战死于阵，起义被讨平。

［梁］

（761 年四～五月）

梁王段子璋（761 年四～五月）

［按］原为梓州（今四川省三台）刺史。上元二年（761）四月，起兵反唐。自称"梁

王"，改元"黄龙"，以绵州（今四川省绵阳东）为龙安府，置百官。五月，绵州被唐兵攻破，被杀。

袁晁（762年八月～763年四月）　　　　　　　　　　　　　　　　　　（年号：**宝胜**）

［按］为台州（今浙江省临海）人。宝应元年（762）八月，据明州翁山（今浙江舟山）起兵反唐，攻下台州，建立政权。年号"**宝胜**"（一作"昇国"）。拥众二十万。次年四月，被唐将李光弼讨平，被擒，越年十一月，被杀。

秦（汉）

（783年十月～784年六月）

大秦皇帝（汉元天王）朱泚（783年十月～784年六月）

［按］幽州昌平（今北京昌平西南）人。初为唐幽州节度使李怀仙部将，改经略副使。及朱希彩杀李怀仙，朱希彩自为节度使。因其为同宗姓，获宠信。朱希彩为政苛酷，唐大历七年（772），为部下所杀，共立他为卢龙节度使，继得朝廷任命。初李怀仙、朱希彩据镇与朝廷闹独立，他继位后，表示效忠朝廷，得赏赐。九年（774）九月，入朝，因弟朱滔拒其回镇，遂留京师任职。及德宗即位，建中元年（780），为中书令，次年，加太尉。越年，因弟朱滔函谋反叛，事泄，被削实权，心中怏怏。四年（783）十月，泾原兵变，因其曾统泾原，军士乃迎立之。称"大秦皇帝"，改年号"应天"。置百官，以侄朱遂为皇太子。领兵攻奉天（今陕西省乾县），未果。翌年正月一日，改国号曰"汉"，自号"汉元天王"，改元"天皇"。是年六月，为部将梁庭芬所射杀，降唐。

附：唐中期以后藩镇割据简表

　　唐立国后，沿北周、隋旧制，在境内重要地区设立总管，时称"都督"，总揽数州军事。睿宗景云年间（710～711年），始称"节度使"。玄宗时（712～756年），在边境诸地设立了九个节度使，职权扩大，总揽一地军、民、财政，各州刺史为其下属。安史之乱后，中央控制力削弱，河北及一些地区节度使拥地自专，对朝廷阳奉阴违，分庭抗礼，自行扩充军队，自定法令，自任官吏，赋税自留，不上缴国库。并且，父子相传，或由军士拥立，不受中央调度，只是自立以后，报请朝廷，从形式上加以任命，承认既成事实，世称其为"藩镇"。各藩镇或互相攻伐，或连兵抗唐，形成中国历史上特殊的"藩镇割据"现象。这种状况一直延续到唐亡。现将主要藩镇的割据简况列表如下。

	魏博镇	成德镇 （即镇冀镇）	幽州镇 （后兼卢龙镇）
	代宗广德元年（763）置。治魏州（今河北省大名）。 初领魏、博、贝、瀛、沧五州，后又相继增领德、澶、卫、相、洺等州。	代宗宝应元年（762）底置。治恒州（今河北省正定）。 初领恒、定、易、赵、深五州，后相继增领冀、沧等州。一度废。后复置，领恒、冀、赵、深等州。	玄宗开元二年（714）置。治幽州（今北京）。 初领幽、易、平、檀、妫、燕六州，以后领州有较大变化。
代宗时期 （762④~779⑤）	**田承嗣**（763~778） 　[按] 平州卢龙（今属河北）人。参与安史之乱，后降唐，宝应二年（763），授魏博节度使。准备自立，扩充军备，数年间，集众十万。选强壮者为牙（衙）兵。《旧唐书·田承嗣传》云其："郡邑官吏，皆自署置，户版不籍于天府，税赋不入于朝廷，虽曰藩臣，实无臣节。"曾出兵支持叛军。大历十三年（778），卒。年七十五岁。遗命由侄掌领军事。 **田悦**（778~784） 　[按] 为田承嗣侄。伯父卒后按遗命继领其众，朝廷任为节度使。建中二年（781）始，相继与成德镇李惟岳、王武俊，淄青镇李纳，幽州镇朱滔同谋自立。次年，推朱滔为盟主。他自称"魏王"，以魏州为大名府，筑坛告天。因互不协，越年，各去王号，表示服从朝廷。兴元元年（784），被从弟田绪所杀。	**李宝臣**（762~781） 　[按] 范阳（今北京）奚族。原名"张忠志"，为张琐高养子，安史之乱中，投安禄山，又为其养子。降唐后，宝应元年（762），为成德节度使，并赐姓名。时有六州，后又得沧州，当时勇冠河朔诸帅，乃扩充军备，自补官吏，不输王赋，不禀朝旨，与朝廷闹独立。又与淄青镇李正己、幽州镇朱滔联军攻魏博镇田承嗣。建中二年（781），为准备独立，信妖人，饮甘露汤，暴卒。年六十四岁。子李惟岳自行袭任。	**李怀仙**（763~768） 　[按] 柳城（今辽宁省朝阳）胡人。原为契丹将领，后投唐，事安禄山，参与安史之乱，为燕京留守、范阳尹。后降唐，宝应二年（763），唐任其为幽州节度使。乃自行置署衙，不上交贡赋，朝廷不能控制，"虽称藩臣，实非王臣也"。大历三年（768），为麾下兵马使朱希彩所杀。 **朱希彩**（768~772） 　[按] 原为李怀仙部将。杀李怀仙后，自称留后。朝廷委任王缙为节度使，未成，逼朝廷任其为节度使。大历七年（772），被孔目官李瑗所杀，军士立朱泚继之。 **朱泚**（772~774） 　[按] 原为朱希彩部将。军将杀朱希彩而立之，朝廷认可。次年，对朝廷表示效忠，得赏赐。大历九年（774），入朝，其弟朱滔阻其回镇，乃留京师，任朱滔为节度留后。 **朱滔**（774~785） 　[按] 为朱泚弟。兄入朝，随其还镇而自立，初任节度留后，建中二年（781），方任为节度使。因攻下深州，而不被朝廷所任，引起不满。次年，与成德镇、淄青镇、魏博镇联兵反叛，以幽州为范阳府，称冀王，并被推为盟主，然因互相矛盾，越年，即各去王号，归附朝廷。贞元元年（785），病卒。军士推刘怦继之。
德、顺时期 （779⑤~805⑧）	**田绪**（784~796） 　[按] 为田承嗣子。父卒时因年幼，父遗命由从兄田悦继之。及长，不满，杀从兄而立，继得朝廷承认。贞元十二年（796），卒，年三十三岁。子田季安继之。	**李惟岳**（781~782） 　[按] 为李宝臣子。父卒自立，求朝廷任命，德宗不许，魏博镇田悦代请，也被拒绝，则与淄青镇李正己、魏博镇田悦等联兵反叛。建中三年（782），被部将王武俊所杀。	**刘怦**（785） 　[按] 为朱滔姑之子。朱滔卒后，由军士推立之。居位三月而卒。年五十九岁。子刘济继立。 **刘济**（785~810） 　[按] 为刘怦子。父卒继立。元和五年（810），为子刘总所杀而夺位。终年五十四岁。

（762 年四月 ~826 年十二月）

平卢淄青镇	横海镇 （曾赐号义昌军节度）	义武镇	淮西镇 （曾赐号彰义军节度）
代宗宝应元年（762）置。治青州（今山东省益都）。 初领青、淄、齐、沂、密、海等州。一度废。后复置，最多时，所领十三州。后调整，领青、淄、登、莱、棣等州。	德宗贞元三年（787）置。治沧州（今河北省沧州）。 初领沧、景两州，后增德、棣两州。	德宗建中三年（782）置。治定州（今河北省定州）。 领易、定等州。	肃宗至德元年（756）置。初治颍川郡，后徙郑、寿、安等州，后至蔡州（今河南省汝南）。 初领蔡、郑、许、光、申等州。一度废。后复置，领十六州，号"淮西十六州节度使"。宪宗元和十三年（818）废。
侯希逸（762 ~765） [按]平卢裨将。初为平卢裨将。乾元元年（758），平卢节度使卒后，由军士推立继之，朝廷因授，《资治通鉴》卷二二〇云："节度使由军士废立自此始。"宝应元年（762）六月，因平定安史之乱有功，代宗诏加其为"平卢淄青节度使"，《旧唐书·侯希逸传》云："自是迄今，淄青节度使皆带平卢之名也。"永泰元年（765），因外出，军士拒其入镇，迫走入朝。 **李正己**（765 ~781） [按]原名"李怀玉"。为高丽人。初，侯希逸以亲擢之，继又妒其才，解其职，军士不满，逐侯希逸而立之。继立后，扩张领土，取曹、濮、徐、兖、郓六州。又与魏博镇田悦、成德镇李惟岳等联兵抗拒朝廷。建中二年（781），病卒。终年四十九岁。子李纳继立。			**李忠臣**（762 ~779） [按]原名"董秦"。平卢人。初为平卢军先锋使。在平安史乱中有功，宝应元年（762），淮西节度使王仲昇在战中被擒，乃以其充任，镇蔡州。大历十四年（779），被军将李希烈、丁嵩、贾子华等逐出镇，只身赴京师。
李纳（781 ~785） [按]为李正己子。父卒继立。要求朝廷任命，德宗不许，遂与魏博镇田悦、成德镇王武俊、幽州镇朱滔联兵抗拒朝廷。称齐王，以郓州为东平府。然因互相矛盾，第二年，即各去王号，	**程日华**（787 ~788） [按]原名"程华"。定州安喜人。原为张孝忠牙将。成德镇李惟岳被杀后，朝廷分授三帅：以恒、冀州授王武俊；深、赵州授康日知；易、定、沧州授张孝忠。张孝忠以其为知沧州事。	**张孝忠**（782 ~791） [按]奚族。字"阿劳"。原为李宝臣部将，以勇受重用。及李宝臣死，其子李惟岳联兵反抗朝廷，张孝忠不从，领朝命以抗李惟岳，及李惟岳死，德宗乃于定州置义武军，任其为节度	**李希烈**（779 ~784） [按]辽西人。原为李忠臣偏将。李忠臣不理政事，多委妹婿张惠光，张惠光弄权人怨，乃起兵杀张惠光，驱走李忠臣自立。建中三年（782），密谋反叛，自称天下都元帅、太尉、建兴王。兴元元年（784），称帝，国号"大楚"。贞元二年（786），被讨平。

	魏博镇	成德镇 (即镇冀镇)	幽州镇 (后兼卢龙镇)
德顺时期 (779⑤~ 805⑧)	**田季安**(796~812) 　[按]为田绪子。父卒继立。元和七年(812),卒。终年三十二岁。子田怀谏继立。	**王武俊**(782~801) 　[按]契丹人。杀李惟岳后,朝廷欲分而治之,未授予全权,遂不满,与魏博镇田悦、幽州镇朱滔、淄青镇李纳联兵抗拒朝廷,称赵王,以恒州为真定府。然因互相矛盾,第二年,即各去王号,归附朝廷。贞元十七年(801),卒。终年六十七岁。子王士真继立。 **王士真**(801~809) 　[按]王武俊长子。父卒继立。元和四年(809),卒。子王承宗继立。	
宪宗时期 (805⑧~ 820㉔一)	**田怀谏**(812) 　[按]为田季安子。父卒继立。因年幼,政事委于家奴蒋士则,军士不服,杀蒋士则,立临清镇将田弘正,送田怀谏至京师。 **田弘正**(812~820) 　[按]原名"田兴"。为田承嗣侄。军士逐田怀谏而立之。归顺朝廷,受赏赐,并赐名。使"五十年不沾皇化"的魏博镇归附朝廷。参与平定淮西镇吴元济、淄青李师道、成德王承宗的叛乱。元和十五年(820)十月,王承宗卒,穆宗以其为成德军节度使。	**王承宗**(809~820) 　[按]为王士真子。父卒继立。初请朝廷任命,中曾两度反叛。元和十二年(817),淮西镇吴元济叛乱失败被斩,惧,求助于田弘正,由田弘正说和,献德、棣两州,并以子为质表示服从朝廷。十五年(820),卒。穆宗以田弘正为成德军节度使,以其子王承元为义成节度使。	**刘总**(810~821) 　[按]为刘济子。杀父自立。受朝廷任命。初对朝廷有二心,继见淮西吴元济被擒杀,淄青李师道被讨平,成德王承宗归服,魏博田弘正忠顺,乃不自安,加之弑父兄之事,常惧,长庆元年(821),上表愿归朝,弃官为僧,穆宗赐"大觉师",行至易州,暴卒。至是各镇暂归朝廷统一指挥。朝廷任张弘靖为节度使。
穆宗时期 (820㉔一~ 824一)	**田布**(820~822) 　[按]为田弘正子。父治魏博时,掌亲兵,有战功,父移镇成德后继立,父子同日拜命。不久,父在成德镇被杀,已兵为牙将史宪诚所控制,调不动。长庆二年(822),自杀。史宪诚自立。 **史宪诚**(822~829) 　[按]奚人。原为牙将。迫田布自杀后继立。时成德王庭凑、幽州朱克融拥兵对抗朝廷,史宪诚据魏博与之暗中勾结,河朔三镇又复割据。大和三年(829),为军士所杀,立何进滔。	**田弘正**(820~821) 　[按]上任不久,被大将王庭凑所杀。 **王庭凑**(821~834) 　[按]回鹘人。为王武俊义子。杀田弘正自立,恢复割据,朝廷发兵征讨。大和八年(834),卒。子王元逵继立。	**张弘靖**(821) 　[按]即任,将士不服,兵变,被囚,众拥立朱克融。 **朱克融**(821~826) 　[按]为朱泚从孙。军士不服张弘靖,囚之。欲立其父朱洄,朱洄病而立其子。又恢复割据,宝历二年(826),为军士所杀,李载义立。

平卢淄青镇	横海镇 （曾赐号义昌军节度）	义武镇	淮西镇 （曾赐号彰义军节度）
归附朝廷。贞元元年（785），卒。终年三十四岁。子李师古继立。 **李师古**（785～806） 　［按］为李纳子。父卒继立。元和元年（806），卒。弟李师道继立。	未几，朱滔联王武俊反，欲取沧州，程日华乘机自固，并遣使请为节度使。德宗允之，乃置横海军，以其为之。贞元四年（788），卒。子程怀直继立。 **程怀直**（788～800） 　［按］程日华子。父卒继立。贞元十六年（800），卒。堂弟程怀信继立。 **程怀信**（800～806） 　［按］程怀直堂弟。继堂兄位而立。元和元年（806），卒。子程权继立。	使。忠于朝廷。贞元七年（791），卒。终年六十二岁。子茂昭继立。 **张茂昭**（791～810） 　［按］为张孝忠子。父卒继立，初任定州刺史，后任节度使。对朝廷忠心。元和五年（810），举族入朝。《旧唐书·张茂昭传》云："自安史之乱，两河藩帅多阻命自固，父死子代，唯茂昭举族还朝。"朝廷派任迪简为其行军司马，直接控制了义武镇。张茂昭于次年卒，终年五十岁。	**陈仙奇**（786） 　［按］原为李希烈部将，李希烈称帝后，军事进展不利。贞元二年（786），毒杀李希烈后降唐，受任淮西节度使。当年，即为李希烈宠将吴少诚所杀。 **吴少诚**（786～809） 　［按］原为李希烈将。杀陈仙奇自立，受朝廷任命，然不奉朝廷。元和四年（809），卒。终年六十岁。养弟吴少阳继立。
李师道（806～819） 　［按］为李纳子，李师古异母弟。兄卒继立。《旧唐书·李师道传》云："自正己至师道，窃有郓、曹等十二州，六十年矣。""父子兄弟相传焉。"时淮西吴元济反叛，他明受朝命讨叛，暗占地助叛。及吴元济被擒杀，方"上表乞听朝旨，请割三州并遣长子入侍宿卫"。然仍不服。元和十四年（819），在田弘正军打击下，被擒斩，其首送京师。"诏分其十二州为三节度，俾马总、薛平、王遂分镇焉"。至是，"自安史以后，迄于贞元……以故六十余年……两河复为王土焉"。	**程权**（806～818） 　［按］原名"程执恭"。为程怀直子。堂叔卒后继立。元和十三年（818），见淮西吴元济被擒杀，遂请辞戎帅，入朝。朝廷令华州刺史郑权代之。次年，卒。 **郑权**（818） 　［按］开封人。进士出身。原为华州刺史。元和十三年（818），代程权为节度使。因与沧州刺史不和，朝廷又令乌重胤代之。 **乌重胤**（818～821） 　［按］原为潞州牙将，因讨成德王承宗叛有功，迁怀州刺史，继代郑权为横海军节度使。因与叛军作战不力，为杜叔良所代。		**吴少阳**（809～814） 　［按］为吴少诚父所养，名为吴少诚堂弟。堂兄卒后继立。据蔡州五年，不朝觐。元和九年（814），卒。子吴元济继立。 **吴元济**（814～817） 　［按］为吴少阳子。父卒继立。举兵反叛，攻鲁山、襄城，关东恐慌。次年，向成德镇王承宗、淄青镇李师道求助，获支持。元和十二年（817），在唐宰相裴度亲自督战下，十月，蔡州破，被擒，送之京师斩首。终年三十五岁。淮西镇为乱三十余年，至是方平。《旧唐书·吴元济传》云："光、蔡等州平，始复为王土矣。"
	杜叔良（821） 　［按］领兵战不胜，为李全略代。 **李全略**（821～826） 　［按］原名"王日简"。原为代州刺史，代杜叔良为横海军节度使。任内，阴结军士，密谋割据。宝历二年（826），卒。子李同捷继立。		

	魏博镇	成德镇 （即镇冀镇）	幽州镇 （后兼卢龙镇）
敬宗时期 （824⊖~ 826⊕）			李载义（826~831） 　[按]字"方谷"。为常山愍王之后。刘济时，为衙前都知兵马使。及军士杀朱克融，其子欲袭父位，抗朝廷，李载义杀之自立。奉朝命平定横海李同捷叛乱。大和五年（831），为部将杨志诚所逐入京。开成二年（837），卒。终年五十岁。

（二）文宗至哀帝时期（826年十二月~907年四月）

这段时期的割据势力主要是河北三镇，其简况如下。

	魏博镇	成德镇	幽州镇
文宗时期 （826⊕~840⊖）	何进滔（829~约844） 　[按]灵武人。原为田弘正牙将。军士杀史宪诚后立之。在位十余年而卒。子何弘敬继立。	王元逵（834~857） 　[按]为王庭凑子。父卒继立。忠于朝廷，娶寿安公主。大中十一年（85），卒。子王绍鼎继立。	杨志诚（831~834） 　[按]原为李载义部将。逐李载义而自立。大和八年（834），为军士所逐，史元忠立。 史元忠（834~841） 　[按]原为杨志诚部将。军士逐杨志诚而立之。会昌元年（841），为偏将陈行泰所杀。
武宗时期 （840⊖~846⊜）	何弘敬（约844~860） 　[按]为何进滔子。父卒继立。阴抗朝命。咸通初年（860），卒。子何全皞继立。		陈行泰（841） 　[按]杀史元忠自立，继又为牙将张绛所杀。 张绛（841） 　[按]杀陈行泰自立，继被逐，朝廷任幽州旧将张仲武为节度使。 张仲武（841~约847） 　[按]为幽州旧将。张绛杀陈行泰自立，朝廷不任命，而任其为节度使，乃逐张绛而立之。效忠朝廷。大中年间卒，子张直方继立。
宣宗时期 （846⊜~859⑧）		王绍鼎（857） 　[按]为王元逵子。父卒继立。当年七月卒。弟王绍懿继立。 王绍懿（857） 　[按]为王元逵子，王绍鼎弟。兄终弟及。未几，病卒。由兄子王景崇继立。 王景崇（857~882） 　[按]为王绍鼎子，王绍懿侄。叔卒继立。忠于朝廷。中和二年（882），卒。子王镕继立。	张直方（约847~849） 　[按]为张仲武子。父卒继立。大中三年（849），被逐入京师，军士立周綝。 周綝（849~850） 　[按]为幽州戎帅。军士逐张直方而立之。次年，病卒。上表请由张允伸继任。 张允伸（850~872） 　[按]原为幽州军将。周綝卒时上表请立之。咸通十三年（872），卒。终年八十八岁。治镇二十三年。

平卢淄青镇	横海镇 （曾赐号义昌军节度）	义武镇	淮西镇 （曾赐号彰义军节度）
	李同捷（826~829） 　[按]为李全略子。父卒继立。对抗朝廷，被讨伐。大和三年（829），被擒杀。横海军割据被平定。		

	魏博镇	成德镇	幽州镇
懿宗时期 （859⑧~873⑦）	**何全皞**（860~870） 　[按]为何弘敬子。父卒继立。咸通十一年（870），为军士所杀。何氏统魏博四十余年，到此为止。军士推韩允忠继立。 **韩允忠**（870~874） 　[按]原名"韩君雄"。原为贝州刺史。军士杀何全皞而立之。乾符元年（874），卒。终年六十一岁。子韩简继立。		**张公素**（872~875） 　[按]原为平州刺史。张允伸卒后，由子张简会主政事，张公素领兵逐之夺权。乾符二年（875），被李茂勋所逐。
僖宗时期 （873⑦~888⑤）	**韩简**（874~881） 　[按]为韩允忠子。父卒继立。不奉朝命，举兵攻河阳、邢、洺、郓等地。中和元年（881），病卒。 **乐彦祯**（881~888） 　[按]原为博州刺史。随韩简征讨，屡建功。至韩简再讨河阳，败，乐彦祯以一军先归，由军士拥立之。文德元年（888），卒。罗弘信受拥而立。	**王镕**（882~921） 　[按]为王景崇子。父卒继立。时河东节度使李克用势强，乃依附之。及汴宋节度使朱全忠领兵攻之，乃降，至朱全忠建梁，封其为赵王。贞明六年（921年），为大将王德明所杀。 　成德镇自李宝臣至王氏亡，断续割据一百六十年。	**李茂勋**（875~876） 　[按]回鹘人。为张仲武宠将。逐张公素而立。次年，以疾告老，传子李可举。 **李可举**（876~885） 　[按]为李茂勋子。接父传位而立。中和末年（885），遣将李全忠攻易州，败归，李全忠惧获罪，反攻幽州。李可举危机，自杀身亡。 **李全忠**（885~886） 　[按]原为李可举部将。李可举自杀后继立。次年，卒。子李匡威继立。 **李匡威**（886~893） 　[按]为李全忠子。父卒继立。景福二年（893），领兵出镇救成德王镕，弟李匡筹据镇自立。乃谋夺成德，为王镕所杀。 **李匡筹**（893~895） 　[按]为李全忠子，李匡威弟。借

续　表

	魏博镇	成德镇	幽州镇
昭宗时期 (888㉓~904㈧)	**罗弘信**(888~898) 　[按]字"德孚"。魏州贵乡人。为韩简、乐彦祯牙将。乐彦祯卒后，由军士拥立。时依附朱全忠，支持其与李克用争夺河北的战争。光化元年(898)，卒。终年六十三岁。子罗威继立。 **罗威**(898~905) 　[按]名又作"罗绍威"，字"端己"。罗弘信子。父卒继立。次年，受幽州刘仁恭所攻，求救于朱全忠。天祐二年(905)，牙将李公佺作乱，罗威仅以身免，自是，投附朱全忠。 　魏博镇自田承嗣至罗氏，割据一百五十年。		兄领兵在外之机，夺位自立。出兵攻成德，部将刘仁恭投河东节度使李克用。乾宁二年(895)，受李克用攻，败死。李克用任刘仁恭为节度使。 **刘仁恭**(895~907) 　[按]深州人。原为李全忠牙将，李匡威后，不受重用，遂投李克用，继为向导，攻幽州，李匡筹败死后留仕。受任后背李克用，依附朱全忠。攻取沧、景、德等州地，欲图河北。天祐四年(907)，被次子刘守光拘而夺位。
哀帝时期 (904㈧~907㈣)			**刘守光**(907~913) 　[按]刘仁恭次子，拘父夺位。乾化三年(913)，幽州被李存勖攻破，败死。 　幽州镇自李怀仙至刘守光割据一百五十一年。

大　楚

(784 年正月 ~ 786 年四月)

李希烈（784 年正月 ~ 786 年四月）

[按]燕州辽西（今北京顺义北）人。原为淮西节度使李忠臣部下的一员偏将。时李忠臣不理政事，诸事多委妹婿张惠光，而张惠光弄权纵恣，引起人怨，他起兵斩张惠光，逼李忠臣逃亡京师后，在淮西镇自立。初在名义上服从唐廷，建中三年（782），受命讨伐淄青镇的反叛，然阴结叛军，谋自立。年末，自称建兴王、天下都元帅。第二年，攻陷汝州，大败官军，荆南节度使张伯仪全军覆没。八月，率众两万攻襄城，陷汴州。兴元元年（784）一月，宣布即皇帝位，国号"大楚"，年号"武成"，置百官，以汴州（今河南省开封）为大梁府。继而，进军不利。武成三年（786）三月，因食牛肉患疾，四月，其将陈仙奇令医者置毒杀之，并以兵悉诛其兄弟妻子，举众降唐。

［辰　叙　苗］

（811 年闰十二月～813 年八月）

张伯靖（811 年闰十二月～813 年八月）

［按］为辰、溆州（今湖南省西部）一带苗人。元和六年（811）闰十二月，因遭灾，不堪忍受繁重徭役，据此起兵反唐，声势浩大，攻克播（今贵州省遵义）、费（今贵州省德江）等州。宪宗调集庸蜀（今四川）、荆汉（今湖北）、南粤（今两广）、东瓯（今福建）等兵力攻讨，至元和八年（813）八月，降唐。

［安西回鹘］

（848 年正月～约 870 年）

安西回鹘（hú）为回鹘汗国瓦解后，余众西迁的重要一支。其首领为"庞特勤"（此称是人名还是官名尚有不同看法）。据《新唐书·突厥传》：据焉耆城（今新疆焉耆），称"叶护"（突厥语，官名），保金莎岭（高昌北天山），拥众二十万。唐大中二年（848）称汗，有学者认为，此举标志着"安西回鹘国"的建立（见《宋辽金时期民族史》）。据记载，盛时地域大致东至伊、西州，西到龟兹以西，南临于阗，北达天山以北。大致于庞特勤卒（约 870）后不久瓦解（史缺详载），相继形成甘州回鹘、西州回鹘及喀喇汗王朝。

怀建可汗庞特勤（848 年正月～约 870 年）

［按］史又记作"庞特勤""庞勤""已庞历"等。有学者认为是官名，而非人名。回鹘汗国瓦解后，率部分余众西迁，在安西地区建立政权。初称"叶护"，大中二年（848）正月，称可汗（称汗时间据《资治通鉴》卷二四八，然该书云其"居甘州"，据学者研究，此记误，《宋辽金时期民族史》云："庞特勤自进入安西后，并未离开其地"）。汗国建立后，依传统向唐表示友好，大中十年（856）十一月，唐遣使册其为"嗢禄登里罗汩没密施合俱录毗伽怀建可汗"（简称"怀建可汗"）。大约于咸通十一年（870）卒。卒后不久，汗国瓦解（有关汗国的发展与瓦解的详细情况，史籍缺载）。

裘甫（859 年十二月～860 年六月）　　　　　　　　　　　　　　　　（年号：**罗平**）

［按］名又作"仇甫"。浙东人。大中十三年（859）十二月，以郯县（今浙江省嵊州）为据地起兵反唐，拥众数万，攻克象山，威震中原。翌年二月，自称天下都知兵马使，建元"**罗**

平"，铸印曰"天平"。六月，兵败，出降。八月，被斩。

大 礼 国

（860～877 年）

大礼国从广义上讲属"南诏"政权，详见前"大蒙国"和"南诏"说明。

景庄帝世隆（860～877 年）

［按］名又作"酋龙"。为南诏王劝丰祐子。唐大中十三年（859），父卒继南诏王位。翌年，自称皇帝，国号"大礼"，改元"建极"。与唐交战，攻取播州（今贵州省遵义）。在位期间，与唐战争不断，相继攻掠安南、邕州（今广西南宁）。建极十年（869），大举进犯西川，攻取嘉州、眉州、黎州、雅州、邛（qióng）州。次年，围成都，不取而归。乾符四年（877），攻蜀地，败回，发疽卒于越嶲（xī）景净寺，归葬大理。谥"景庄皇帝"。子隆舜继立。改国号"大封民"。

天册将军庞勋（868 年七月～869 年九月）

［按］原为唐武宁军节度粮料判官。咸通九年（868）七月，许佶（jí）等据桂林（今广西桂林）反唐，杀都将王仲甫，推庞勋为主。攻陷和、滁等州。次年四月，称"天册将军"。曾占鲁南、苏北、皖北地区。九月，兵败被杀，余众后投黄巢。

王仙芝（874～878 年二月）

［按］为濮州（今山东省鄄城东北）人，盐贩出身。唐乾符元年（874），据长垣（今河南省长垣）起兵反唐。继克濮、曹等州，拥众数万，自称"天补平均大将军、兼海内诸豪帅都统"，向天下发檄文，号召反唐。次年，冤句人黄巢起兵响应，声势壮大。然越年（876 年）底，由于唐廷招降，发生动摇，与黄巢分裂。乾符五年（878）二月，在申州（今河南省信阳）被唐军击败，死于军，随之义军被杀数万，余众溃散。

大 齐

（875 年六月～884 年六月）

唐朝末年，发生了历史上著名的"黄巢起义"，成为唐朝灭亡的直接因素之一。黄巢于乾符二年（875）起兵，响应王仙芝。次年，由于王仙芝欲接受招安降唐，与之分裂。五年（878）二月，称"黄王"，年号"王霸"。王霸三年（880）十二月，攻下长安，称帝，改元"金统"，国号"大齐"，至金统五年（884）六月，被李克用军击破。

从起兵至政权瓦解共十年。虽然此政权称"大齐"是在880年，但为作表方便，从起兵建政起，皆列于"大齐"名目之下，特此说明。

黄巢（875年六月～884年六月）

[按] 曹州冤句（今山东省曹县西北）人。盐贩出身。乾符二年（875）六月，起兵反唐，响应王仙芝，数月，队伍扩大至数万。次年底，因王仙芝欲受招安降唐，与之发生激烈冲突，导致分裂。他继领军北上，攻陷郓、沂、宋等州。五年（878）二月，王仙芝败死后，得不少残军的投入，乃称"黄王"，号"冲天大将军"，年号"王霸"。王霸三年（880）十二月，攻下长安后称帝，改元"金统"，国号"大齐"。由于治理不力，在唐军攻击下，于金统四年（883），退出长安。次年四月，遭李克用沙陀军的打击，伤亡巨大。率余众千人遁往兖州，六月，在泰山东南莱芜狼虎谷被外甥林言所杀（一说自杀），余众降唐。

大封民国（大封人国、鹤拓国）

（878～902年）

大封民国从广义上讲，属"南诏"政权，详见前"大蒙国"、"南诏"及"大礼国"说明。

宣武帝隆舜（878～897年）

[按] 又名"法"。为大礼国景庄帝世隆子。唐乾符四年（877），父卒继立为国主。翌年，改国号为"鹤拓"，又称"大封民国"，为避唐讳，史又记作"大封人国"；改元"贞明"，后又改"承智"、"大同"、"嵯（cuó）耶"等。中和元年（881），上表附唐。三年（883），娶唐安化公主。乾宁四年（897），为臣杨登所杀。谥"宣武帝"（"圣明文武皇帝"）。子舜化贞继立。

孝哀帝舜化贞（897～902年）

[按] 为隆舜子。父卒继立。改元"中兴"。中兴五年（902），卒。谥"孝哀帝"。国相郑买嗣杀太子及王室八百余人，夺位，改国号"大长和"。从广义角度讲，学者一般将其视为"南诏"政权的结束。

大封民国世系

①宣武帝隆舜
（878～897）
|
②孝哀帝舜化贞
（897～902）

襄王李熅（886年十~十二月） （年号：**建贞**）

［按］为唐肃宗李亨之玄孙。袭"襄王"。光启二年（886）元月，邠宁节度使朱玫叛，受挟持至凤翔，四月，入京师。十月，被立为帝，年号"**建贞**"（一作"永贞"）。尊唐僖宗为"太上元皇圣帝"，以朱玫为大丞相。十二月，同被部将王行瑜所杀，降唐。

［甘州回鹘］

（约894~1036年）

又称"河西回鹘"。是回鹘（hú）汗国瓦解后，西迁河西走廊的一支。因其以甘州（今甘肃省张掖）为中心，故又称"甘州回鹘"。有学者认为，包括秦州回鹘、凉州回鹘、贺兰山回鹘、肃州回鹘、瓜沙州回鹘等。其建政年有诸说：咸通六七年（865~866）间；咸通十三年（872）；大顺元年（890）；乾宁元年（894）；乾宁二年至光化二年（895~900）；乾化元年（911）等。本年表采乾宁元年（894）说。

英义可汗仁美（约894~924年十一月）

［按］"仁美"为汉名，回鹘名为"毋母主"。据《旧五代史·回鹘传》：同光二年（924）四月，遣使贡献，后唐庄宗册其为"英义可汗"。当年十一月卒，弟仁裕继立。

顺化可汗（奉化可汗）仁裕（924年十一月~约959年）

［按］"仁裕"（又记作"仁欲"）为汉名，回鹘名为"狄银阿咄欲"（有史载将"狄银"与"阿咄欲"记为两人，经学者考证，应为一人，"狄银"乃回鹘语"特勤"［tegin］的音译，意为"亲王"，不是人名）。为仁美弟。兄终弟及。在位时多次向中原政权贡献。据《册府元龟》卷九六七："天成三年（928），其国权知可汗仁裕遣使入贡，明宗册仁裕为'顺化可汗'，晋天福四年（939），册为'奉化可汗'。"大约于建隆二年（961）卒。子景琼继立。

景琼（约959~约976年）

［按］为仁裕子。父卒继立。约卒于太平兴国元年（976），由密礼遏继立。

夜落纥密礼遏（约976~约997年）

［按］"夜落纥密礼遏"为《宋史·回鹘传》所记。学者考证，"夜落纥"为回鹘姓氏"药罗葛"的异译，这里在名字前特加姓氏表示与前汗景琼不是同一姓氏。密礼遏继景琼而立。大约于至道三年（997）卒。由禄胜继立。

禄胜（约998~约1003年）

［按］世系关系不详。密礼遏卒后继立。大约于咸平六年（1003）卒。由"夜落纥"继立。

忠顺保德可汗"夜落纥"（约1004~1016年三月）

［按］又记作"夜落隔"。为回鹘姓氏。人名佚。世系关系不详。继禄胜而立之。从宋礼宾

院表文中可知，宋曾册其为"忠顺保德甘州回鹘外甥可汗"。大约于大中祥符九年（1016）三月卒。子归化继立。

怀宁顺化可汗夜落纥归化（1016 年四月~约 1023 年）

［按］名又记作"归花"。为前汗"夜落纥"子。父卒继立。宋曾册其为"怀宁顺化可汗"。大约于天圣元年（1023）卒。通顺继立。

归忠保顺可汗夜落纥通顺（约 1023 年~约 1028 年）

［按］世系关系不详。据《宋史·回鹘传》："天圣元年（1023）五月，甘州夜落隔通顺遣使贡献，六月，受封归忠保顺可汗王。"而据《宋会要辑稿·蕃夷》，宋封其为"宝国夜落隔"，或"宝物夜落隔"（也有学者认为"夜落隔通顺"与"宝国夜落隔"是两人）。大约天圣六年（1028）卒，伊噜格勒雅苏继立。

伊噜格勒雅苏（约 1028~1036 年）

［按］世系与递嬗关系皆不详。汤开建先生最初在宋庠（宋）《元宪集》卷二十八中发现一条史料："赐交趾郡王李德政、甘州（回鹘）可汗伊噜格勒雅苏日历。"据考《宋史·仁宗纪》："天圣七年（1029）四月辛卯，（交趾）南平王李公蕴卒，其子德政遣人来告，以为交趾郡王。"从而为甘州回鹘又补充了一代可汗。余况不详。景祐三年（1036），为西夏所灭。

［甘州回鹘］世系

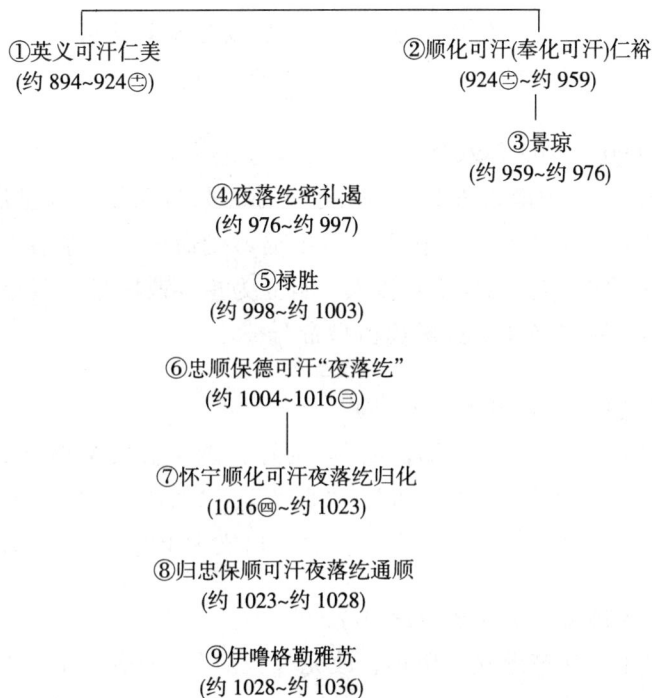

```
①英义可汗仁美                    ②顺化可汗(奉化可汗)仁裕
(约894~924㊉)                    (924㊉~约959)
                                        │
                                   ③景琼
                                  (约959~约976)
        ④夜落纥密礼遏
        (约976~约997)
          ⑤禄胜
        (约998~约1003)
      ⑥忠顺保德可汗"夜落纥"
        (约1004~1016㊂)
          │
      ⑦怀宁顺化可汗夜落纥归化
       (1016㊃~约1023)
      ⑧归忠保顺可汗夜落纥通顺
        (约1023~约1028)
        ⑨伊噜格勒雅苏
        (约1028~约1036)
```

大越罗平

（895 年二月~896 年五月）

董昌（895 年二月~896 年五月）

［按］为杭州临安人。据实力，进义胜节度使。仗势求封越王，遭唐昭宗拒绝，不满。于乾宁二年（895）二月，在越州称帝，号"大越罗平国"（一作"罗平"），改元"顺天"（一作"天册"，或"大圣"），封丞相、翰林学士及大将军等，治印为"顺天治国之印"。浙东招讨使钱镠（liú）欲并其地，借朝廷名义发兵征讨。次年五月，州城为钱镠军击破，董昌被杀。

大长和国（长和国）

（902~约 928 年）

史称"大长和国"，又作"长和国"，见《资治通鉴》卷二七四："'长和'，即唐之'南诏'也。"胡三省注："唐末，'南诏'改曰'大礼'（林按：后又改'大封民国'），至是又改曰'长和'。《五代会要》曰……续有转牒，称督爽'大长和国'宰相、布燮上大唐皇帝舅奏疏一封。"此政权为大封民国国相郑买嗣通过政变夺位所建。都羊苴咩（jū miē）城（今云南省大理）。疆域与大封民国（南诏）大体相当。天应二年（928）为大天兴国所灭。历三主，凡二十七年。

圣明帝郑买嗣（902~909 年八月）

［按］又名"郑昶"。为南诏清平官郑回七世孙。原为汉族，因世居南诏为官，已融合于白族。大封民国宣武帝时，官至侍中，权重，帝出巡，受命守国。孝哀帝时，升为国相，专权柄。中兴五年（902），孝哀帝卒，凭势杀其传人，自立为主，改国号。翌年，改元"安国"，安国七年（909）八月，卒。谥"圣明文武威德桓皇帝"。

肃文太上帝郑仁旻（910~926 年八月）

［按］名又作"郑旻"，一作"郑仁明"。为郑买嗣子。父卒继立。改元"始元"。据史载，在位期间，又改元"天端景星"、"安和"、"贞祐"、"初历"、"孝治"等，然其具体时间已失载。天成元年（926）八月，服金丹中毒卒。谥"肃文太上皇帝"。子郑隆亶继立。

恭惠帝郑隆亶（926 年八月~约 928 年）

［按］为郑仁旻子。父卒继立。翌年，改元"天应"。天应二年（928，一说元年，927），为剑川节度使杨干贞所杀。终年二十六岁。谥"恭惠皇帝"。杨干贞立清平官赵善政为主，改国号为"大天兴"。

大长和国（长和国）世系

①圣明帝郑买嗣
（902～909⑻）
|
②肃文太上帝郑仁旻
（910～926⑻）
|
③恭惠帝郑隆亶
（926⑻～约928）

吴

（902 年三月～937 年十月）

　　"十国"中之"吴"，为杨行密所建。对此政权的起始，史家看法不尽一致，有以为景福元年（892）八月，杨行密取得淮南节度使位始（见《中国通史》、《五代史略》）；有以为天复二年（902）三月，受称"吴王"始（见《辞海》、《中国历史纪年表》）；有以为天祐十六年（919）四月，杨隆演称"吴国王"始（见《中国史稿》）。本年表依采 902 年说。都广陵（今江苏省扬州）。拥有今苏、皖、豫三省淮河以南地区及鄂东南部和赣省全部，是南方政权中最强大的一个。天福二年（937）十月，为南唐所灭。历四主，凡三十六年。

太祖武帝杨行密（902 年三月～905 年十一月）

　　[按] 初名"行愍"，字"化源"。庐州（今安徽省合肥）人。少年孤贫，初应募为州兵，迁队长，以功擢升牙将。中和三年（882），驱逐庐州刺史而自为之。景福元年（892），取广陵。是年八月，受任为淮南节度使。天复二年（902）三月，受封"吴王"。天祐二年（905）十一月（此据《新五代史·杨行密传》，《旧五代史·杨行密传》作"三年"），病卒。终年五十四岁。葬兴陵。谥"武忠"，其子杨隆演立后，追尊为"孝武王"，庙号"太祖"，子杨溥立后，追尊为"武皇帝"。卒后由长子杨渥继立。

烈祖景帝杨渥（905 年十一月～908 年五月）

　　[按] 字"承天"（一作"奉天"）。为杨行密长子。父卒继立。仍用"天祐"年号。天祐五年（908）五月（此据《新五代史·杨渥传》，《旧五代史·杨渥传》作"六月"），为徐温所杀。终年二十三岁。葬绍陵。谥曰"景"。杨隆演立，追尊为"景王"，庙号"烈祖"；杨溥立，追尊为"烈宗、景皇帝"。弟杨隆演继立。

高祖宣帝杨隆演（908 年五月～920 年五月）

　　[按] 又名"杨瀛"、"杨渭"。字"鸿源"。为杨行密次子，杨渥弟。兄被杀后为徐温拥立

之。天祐十六年（919）四月，即吴王位（《旧五代史·杨隆演传》云："国号'大吴'"），设百官如天子之制，改元"武义"。武义二年（920）五月，卒。终年二十四岁。葬肃陵。谥"宣帝"（此据《新五代史·杨隆演传》，《旧五代史·杨渭传》作"惠帝"），庙号"高祖"。弟杨溥继立。

睿帝杨溥（920 年五月～937 年十月）

［按］为杨行密第四子，杨隆演弟。兄终弟及。次年二月，改元"顺义"。顺义七年（927）十一月，御文明殿即皇帝位，改元"乾贞"，诸子皆封王。乾贞三年（929）十一月，加尊号"睿圣文明孝皇帝"，改元"大和"（一作"太和"）。大和七年（935）九月，加尊号"睿圣文明光孝应天弘道广德皇帝"，改元"天祚（zuò）"。徐温养子李昇（biàn）兼政，位至齐王，天祚三年（937）十月，为李昇所逼禅位，李昇改国号曰"唐"，是为"南唐"，吴亡。次年十一月，杨溥卒。终年三十八岁。谥曰"睿"。葬平陵。

吴 世 系

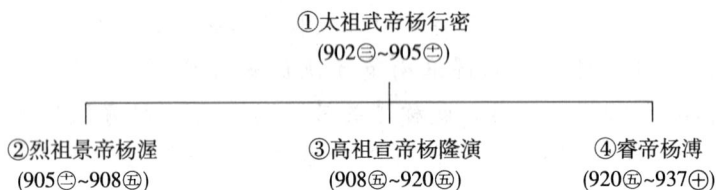

西汉金山国

（约 905～911 年）

"西汉"，指"西部汉人"；"金山"，即新疆南部的阿尔泰山（"阿尔泰"为蒙古语，意为"金"）。此政权在唐代末年由归义军节度使张承奉所建。后为甘州回鹘所灭。

圣文神武白帝张承奉（约 905～911 年）

［按］名又作"张奉"。沙州（今甘肃敦煌西）人。唐时，原为归义军节度使。天祐二年（905，一说三年）拥兵自立，号"西汉金山国"，自称"圣文神武白帝"，或"圣文神武天子"，又称"白衣天子"，"白衣王"，或"拓西金山王"。改元"天复"。据瓜、沙、肃、鄯、兰、河、岷、廓等州。都沙州。建宗庙，封后妃，立太子，设百官。天复七年（911）降于甘州回鹘，为其附属。乾化四年（914，一说贞明五年，919），卒。

十　辽宋夏金时期纪年考

（907～1270 年）

这一时期原称"五代两宋时期"。很显然，这是以中原王朝为中心的提法，这种提法不能概括当时全国的整体面貌，故近年的史作多不采，大都换为新的提法。

需提请注意的是，在一些史作中，称之为"宋辽金"，这绝对是不宜的。按历史事实，辽（契丹）建国在前（916 年），北宋建国在后（960 年），按史实顺序不能称作"宋辽"，而应称作为"辽宋夏金时期"。

这是中华走向全国大统一的转折与准备时期。

（五代十国）

朱温于天祐四年（907）代唐建梁（史称"后梁"），之后，后唐、后晋、后汉、后周相继更替，政权都很短暂，长者十余年，短者仅四年，历史上称之为"五代"。据《宋史·太祖纪》：乾德三年（965）四月，"诏修《五代史》"。"五代"之称盖行于此。"五代"又有"五季"之称，见诗人苏轼句："五季文章堕却灭"。然此称多为文人墨客笔下用语，治史者少用。与此同时，大体上在南方地区，先后有吴、吴越、前蜀、闽、南汉、南平（荆南）、楚、后蜀、南唐、北汉等政权的建立，史称为"十国"（事实上不止这十国）。宋神宗时，刘恕著有《十国纪年》，"十国"之名，盖始于此。《新五代史》（宋欧阳修撰）又将"五代十国"连用，其云："五代十国称帝改元者七。"后世沿袭，渐为一个时期的称号，形成中国历史上"五代十国时期"（一般从简称"五代时期"）。至显德七年（960），北宋代后周，这一时期为五十四年（有史家将这一时期划至宋太宗太平兴国四年［979］宋灭北汉）。

后　梁

（907 年四月～923 年十月）

天祐四年（907）四月，"藩镇割据"之宣武节度使朱温称帝，取代唐朝。因朱温为砀山人，古为梁地；又其曾于天复三年（903）封梁王，遂以国号为"梁"。因南北朝时南朝有"梁",为区别,史称其为"后梁"(见《资治通鉴·后梁纪》)。又以姓氏称"朱梁"(见龙衮[宋]《江南野史》:"朱梁统制天下")。都东都开封府。① 势力范围,东临海,西至泾渭,南逾江汉,北占有河北,共七十一州。龙德三年(923)十月,为后唐所灭。传三主,凡十七年。

太祖神武帝朱温 (907年四月~912年六月)

[按]又名"朱全忠"、"朱晃"。砀山(今安徽省砀山)午沟里人。父早死,幼家贫,曾受雇于人。乾符四年(877),入黄巢起义军,有战功,升为大将。中和二年(882),率众降唐,受赐名"朱全忠"。次年,为宣武军节度使,治汴州(今河南省开封)。大顺二年(891),攻魏博节度使罗弘信,五战皆捷,魏博服顺之。继克徐州,尽占淮北、山东等地。天复元年(901)五月,为宣武、宣义、天平、护国四镇节度使,成为当时最大的割据势力,占据河东以控制朝廷。次年六月,受封"梁王"。天祐元年(904),挟劫唐昭宗至洛阳,八月,杀昭宗,立李柷(zhù)。四年(907)三月,迫李柷让位,四月,登帝位,改元"开平",国号"大梁",史称"后梁"。以开封为东都,洛阳为西都。同时更名曰"朱晃"。开平三年(909),上尊号"睿文圣武广孝皇帝"。乾化二年(912)六月,为次子朱友珪所杀。终年六十一岁。葬宣陵(在今河南省洛阳南伊阙山)。谥"神武元圣孝皇帝",庙号"太祖"。

郢王朱友珪 (912年六月~913年二月)

[按]为朱温次子。父称帝时封"郢(yǐng)王"。因知父病重时欲传位给兄朱友文而不信任自己,乃谋杀父与兄,矫诏继立。翌年(913年),改元"凤历"。二月,为禁兵所杀。弟朱友贞继立。

末帝朱友贞 (913年二月~923年十月)

[按]又名"朱锽"、"朱瑱(zhèn)"。为朱温第三子,朱友珪弟。兄杀父自立,引起不满,兄被禁兵所杀而拥其立之,即位于大梁(今河南省开封)。改元"乾化"。并更名"朱锽",后又更名"朱瑱"。龙德三年(923)十月,为后唐所攻,自缢。终年三十六岁。后梁亡。

后 梁 世 系

①太祖神武帝朱温
(907④~912⑥)

②郢王朱友珪　　　　　　　　　　　③末帝朱友贞
(912⑥~913②)　　　　　　　　　　(913②~923⑩)

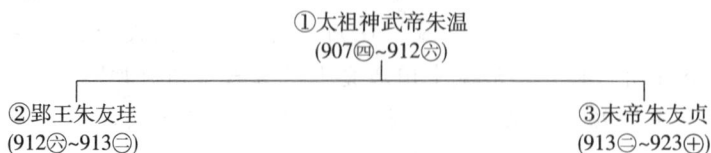

① 开封之地战国时曾为魏的都城,时称"大梁"。自前225年,秦将王贲引鸿沟水灌大梁城而亡魏,城遭大毁,以后八百多年,长期荒废。秦汉时,为浚仪县。至南北朝东魏时,方改县置梁州,北周时改称汴州。隋唐时,由于大运河的掘通,并开通济渠(即汴水)以接江淮,位于通济渠旁的汴州城便成为水陆交通和漕运的要冲,地位益显重要,以至于唐末为藩镇所重视。唐德宗建中二年(781),宣武军节度使李勉即着力营建汴州城,城周二十里,城门十座,将宣武军由宋州(今河南省商丘)迁驻于此,管辖汴、宋、颍、亳等州。后梁朱温则以宣武军起家,以汴州为据点,不断扩展势力而代唐称帝。他称帝后,升汴州为开封府,称东都,以为都城。其后,后晋、后汉、后周,以至北宋称东京,沿袭都之。

吴　越

（907 年五月～978 年五月）

"十国"中之"吴越"，是个弱小的政权，为钱镠（liú）所建。对于此政权的起始时间，史家看法不尽一致：有以景福二年（893）九月，钱镠取得镇海节度使位始（见《中国通史》、《中华二千年史》）；有以为天祐四年（907）五月，受称"吴越王"始（见《辞海》、《中国历史纪年表》）；有为天成元年（926），自称"吴越国王"始（见《中国史稿》）。本年表采 907 年说。该政权都钱塘（今浙江省杭州）。控制区包括今浙江和苏南太湖流域。太平兴国三年（978）五月，为宋所灭。历五主，凡七十二年。

武肃王钱镠（907 年五月～932 年三月）

［按］字"具美"（一作"巨美"），小字"婆留"。杭州临安人。初为杭州刺史。继攻占苏、常、润等州，景福二年（893）九月，进镇海节度使，驻杭州。乾宁三年（896），讨平董昌反叛，尽有两浙之地。天复二年（902），受封"越王"，天祐元年（904），受封"吴王"。至后梁立国（907），受封"吴越王"兼淮南节度使。后梁亡后受后唐庄宗所赐"玉册"（皇帝专用），乃"自称'吴越国王'，更名所居曰'宫殿'、府曰'朝'，官属皆称'臣'"（《新五代史·钱镠传》。《旧五代史》记"吴越国王"为后唐庄宗所封）。在位期间多次改元：天宝（908～923）、宝大（924～925）、宝正（926～932）。曾修钱塘江海塘及其他水利。宝正七年（932）三月，病卒。终年八十一岁。葬钱王陵（在今浙江省临安锦城镇太庙山）。谥"武肃"。子钱元瓘继立。

文穆王钱元瓘（932 年三月～941 年八月）

［按］即位前名"钱传瓘"。字"明宝"。为钱镠第七子。父卒继立，袭"吴越国王"。用后唐年号。"天福六年（941），杭州大火，烧其宫室迨尽，元瓘避之，火辄随发，元瓘大惧，因病狂，是岁（八月）卒，年五十五，谥曰'文穆'。子（钱）佐立"（《新五代史·钱元瓘传》）。

忠献王钱佐（941 年九月～947 年六月）

［按］又名"钱弘佐"。字"玄祐"。为钱元瓘第六子。父卒继立，时年十三岁。开运四年（947）六月，病卒。谥"忠献"。弟钱倧（zōng）立。

忠逊王钱倧（947 年六月～947 年十二月）

［按］名又作"钱弘倧"。为钱元瓘子，钱佐弟。兄终弟及。天福十二年（947）十二月，为卫士胡进思等囚，迎其弟钱俶（chù）而立之。

忠懿王钱俶（948 年正月～978 年五月）

［按］名又作"弘俶"。字"文德"。为钱元瓘子，钱倧异母弟。兄被囚后继立之。太平兴国三年（978）五月，向北宋献纳国土，吴越亡。入宋后被封"邓王"。

吴 越 世 系

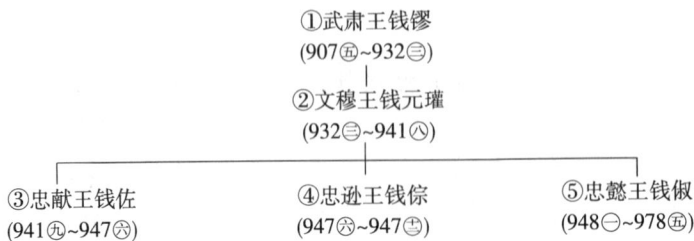

①武肃王钱镠
(907㊄~932㊂)

②文穆王钱元瓘
(932㊂~941㊇)

③忠献王钱佐
(941㊈~947㊅)

④忠逊王钱倧
(947㊅~947㊆)

⑤忠懿王钱俶
(948㊀~978㊄)

前 蜀

(907 年九月~925 年十一月)

　　"十国"中之"前蜀",为王建所建。史家对此政权的起始,有不同的看法:有以大顺二年(891)十月,王建为知西川节度使事,据西川始(见《中国通史》、《中华二千年史》);有以为天复三年(903)唐封蜀王始(见《辞海》);有以为天祐四年(907)九月,王建称帝始(见《中国史稿》、《中国历史纪年表》)。本年表依后者。都成都。所踞地区,除全川外,包括汉中盆地和陇东南天水等地。国号"蜀"(一度改称"汉",后又复称"蜀"),史称"前蜀"(见路振[宋]《九国志·前蜀臣传》)。咸康元年(925)十一月,为后唐所亡。历二主,凡十九年。

高祖王建 (907 年九月~918 年六月)

　　[按] 字"光图"。许州舞阳(今河南省舞阳)人。行伍出身。为唐十军观军容使田令孜养子。唐文德元年(888)六月,受任永平军节度使,镇邛(qióng)、蜀、黎、雅等州。继入成都,杀其养父田令孜。大顺二年(891)十月,为知西川节度使事、成都尹。天复三年(903)八月,受封"蜀王"。次年,不知唐迁都洛阳,改元"天祐",仍用"天复"年号。天复七年(907),后梁灭唐,他不依从后梁,九月,称帝,封诸子为王,次年正月,改元"武成"。武成元年(908)六月,加尊号"英武睿圣皇帝"。三年(910)十二月,改明年为"永平"。永平元年(911),加尊号"英武睿圣光孝皇帝"。次年,又加号"英武睿圣神功文德光孝皇帝"。永平六年(916)十月,改元"通正";十二月,又改明年为天汉元年,并改国号曰"汉"。天汉元年(917)十二月,改明年为"光天元年",复国号为"蜀"。光天元年(918)六月,卒。终年七十二岁。葬永陵(在今四川省成都市三洞桥)。谥"神武圣文孝德明惠皇帝",庙号"高祖"。子王衍继立。

后主王衍 (918 年六月~925 年十一月)

　　[按] 原名"王宗衍"。字"化源"。为王建第十一子,排行最幼,以母获宠而得立为太

子。父卒继立，明年，改元"乾德"。乾德元年（919）正月，加尊号"圣德明孝皇帝"。乾德六年（924）十二月，改明年为咸康元年。咸康元年（925）十一月，为后唐所攻，降，前蜀亡。

前 蜀 世 系

①高祖王建
（907㈨~918㈥）
|
②后主王衍
（918㈥~925㈦）

闽

（909 年四月~945 年八月）

"十国"中之"闽"，为王审知（或王潮）所建。对此政权的起始，史家看法不尽一致：有以景福二年（893）十月，王潮为福建观察使、弟王审知为副使，踞长乐始（见《中国通史》、《中国史稿》）；有以乾宁四年（897），王审知为武威军节度使始（见《五代史略》）；有以开平三年（909）四月，王审知受称闽王始（见《辞海》、《中国历史纪年表》）。本年表依后者。都长乐（今福建省福州）。至天德三年（945）八月，为南唐所亡。历六主，凡三十七年。

太祖王审知（909 年四月~925 年十二月）

[按] 字"信通"。光州固始（今河南省固始）人。景福二年（893）十月，为福建观察副使，与兄王潮（福建观察使）共踞长乐。乾宁四年（897），兄卒继任。后梁开平三年（909）四月，受封"闽王"。同光三年（925，此据《新五代史·王审知传》，《旧五代史·王审知传》作"元年"）十二月，卒。终年六十四岁。葬宣陵（在今福建省福州市郊斗顶村）。谥"忠懿"，惠宗立时追谥"昭武孝皇帝"，庙号"太祖"。子王延翰继立。

嗣王王延翰（925 年十二月~926 年十二月）

[按] 字"子逸"。为王审知长子。父卒继立。次年十月，自称"大闽国王"，但仍用后唐年号。十二月，为弟王延钧所杀。王延钧继立。

惠宗王延钧（926 年十二月~935 年十月）

[按] 又名"王鏻"（又写作"王璘"）。为王审知次子，王延翰弟。执杀其兄而立之。长兴四年（933）正月，称帝，国号"大闽"，改元"龙启"，更名"王鏻"。龙启三年（935）正月，改元"永和"。因国小力弱，对四邻谨事友好。当年十月，为子王昶杀而夺位。《新五代史·闽

世家》记曰："谥曰'惠皇帝'，庙号'太宗'。"《资治通鉴》记曰："（王昶）谥其父曰'齐肃明孝皇帝'，庙号'惠宗'。"

康宗王昶（935年十月~939年闰七月）

［按］即位前名"王继鹏"。为王延钧长子。杀父夺位。翌年三月，改元"通文"（一作"通大"）。通文四年（939）闰七月，为部将连重遇所杀。谥"圣神英睿文明广武应道大弘孝皇帝"，庙号"康宗"。众将拥其叔王曦而立之。

景宗王曦（939年闰七月~944年三月）

［按］"曦"，一作"羲"。即位前名"王延曦"。为王审知少子，王延钧弟，王昶叔。侄被杀后为众将所立。改元"永隆"。永隆三年（941）七月，自称"大闽皇"。十月，称帝。六年（944）三月，为部将朱文进、连重遇所杀。谥"睿文广武明圣元德隆道大孝皇帝"，庙号"景宗"。朱文进自立。

朱文进（944年三月~闰十二月）

［按］为闽拱宸都指挥使。与阁门使连重遇谋杀王曦而自立。当年闰十二月，为部将所杀，众降殷。

※　　　※　　　※

附：

殷（闽）

天福五年（940），王延政见其兄景宗王曦骄淫苛虐，以书谏之，引起兄怒，复书骂之，兄弟遂结怨。次年，王曦称帝，王延政不服，举兵相攻，并于八年（943）二月，在建州（今福建省建瓯）称帝，改元"天德"，国号"殷"。时与王曦并立。不久，王曦被杀，朱文进立。直至天德二年（944）闰十二月，朱文进被杀，闽众投殷。次年正月，闽故臣迎王延政，遂改国号为"闽"。当年九月，为后唐军所攻，建州失陷，殷（闽）亡。后唐在建州置永安军。

王延政（943年二月~945年八月）

［按］为王审知子，王曦弟。兄为闽主时，受任镇武军节度使，镇建州。然兄弟不和，互相攻击。天福六年（941）十月，兄称帝，不服，举兵攻讨。八年（943）二月，称帝于建州，国号"殷"，改元"天德"。四月，攻长乐，不克。天德二年（944）三月，兄为部将所杀，朱文进立。闰十二月，朱文进为部将所杀，部众降殷。三年（945）正月，受闽故臣所拥，改国号曰"闽"。时仍以建州为都，以长乐为南都。当年八月（此据《资治通鉴》卷二八五，新、旧《五代史》本传均作下年），受南唐攻讨，建州陷，殷（闽）亡。

闽世系［附：殷（闽）］

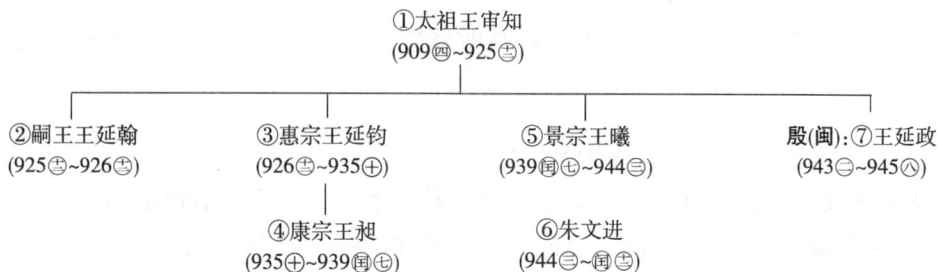

燕

（911 年八月～913 年十一月）

大燕皇帝刘守光（911 年八月～913 年十一月）

［按］深州乐寿（今河北省献县）人。为幽州留后刘仁恭子。初为卢龙节度使。据《新五代史·刘守光传》："乾化元年（911）八月，自号'大燕皇帝'，改元曰'应天'，以王瞳、齐涉为左右相。"应天三年（913）十一月，为李存勖（xù）所灭。

喀喇汗王朝

（约 915 年以前～1212 年）

又写作"喀拉汗王朝"，或"哈拉汗王朝"（"喀喇"，回鹘语，有"黑"、"伟大"、"最高"、"总"等意。故汉文史籍常记作"黑汗王朝"，或写作"黑韩王朝"）。也有西方史家据《突厥语大辞典》等称之为"可汗王朝"，或"桃花石王朝"（"桃花石"一词多见于当年铸造的货币和突厥文碑铭中，其意，学者有多种解释，一般认为是突厥人从西方借用表示中国的阿拉伯名称）。还有个别学者，依据穆斯林史料，称其为"伊利克汗王朝"，或"阿弗拉西亚勃王朝"。（详见《中国少数民族史大辞典》）对此王朝的情况，汉文史料记载较少，史家进行研究，大多使用穆斯林史料。王朝创建者为毗伽阙·卡迪尔汗。建牙帐于八剌沙衮（今吉尔吉斯斯坦托克马克东南楚河南岸）。盛时疆域南至兴都库什山，北及巴尔喀什湖，西达阿姆河，东与辽、西夏临界。王朝内部矛盾重重，中曾分裂为东、西两部，东部亡于西辽，西部亡于花拉子模。

毗伽阙·卡迪尔汗（？～？年）

［按］据穆斯林史料，喀喇汗王朝的始祖是毗伽阙·卡迪尔汗。有学者认为，此人在汉文史

料中曾于唐开成五年（840）率回鹘（hú）十五部向西投奔葛逻禄的"庞特勤"，但综合史料上观察，庞特勤从未离开过焉耆，本年表既然以庞特勤为"安西回鹘"政权的创建者，故视其不是一人。该汗在位年不详。其有二子：长子巴兹尔，为大汗，驻八剌沙衮，称"阿尔斯兰汗"（狮子汗）；次子奥古尔恰克，继卡迪尔汗，驻怛（dá）逻斯，称"博格拉汗"（公驼汗）。关于长子的情况，史载不详，情况不明，下叙继承毗伽阙·卡迪尔汗汗位的次子奥古尔恰克·博格拉汗的情况。

奥古尔恰克·博格拉汗（？～约915年）

〔按〕为毗伽阙·卡迪尔汗次子。父卒继立。称"博格拉汗"。治怛逻斯（今乌兹别克斯坦塔什干东北江布尔城）。仅知其与波斯王依斯马依勒（874～892年，或907年）是同时代人。曾被波斯战败，迁都喀什噶尔（今新疆喀什）。后因作战不利，被侄萨图克夺位。

萨图克·博格拉汗（约915～955/956年）

〔按〕伊斯兰教名"阿布都·克里木"。为奥古尔恰克侄。乘其叔兵败夺位而立。继又占领八剌沙衮，称博格拉汗，伊历344年（955/956年）卒，葬阿图什南郊，其墓至今尚存，人称"苏丹墓"。子巴伊塔什继立。

木萨·阿尔斯兰汗（955/956～约971年）

〔按〕名"巴伊塔什"，伊斯兰教名为"木萨·本·阿布都克里木"。为萨图克子。父卒继立，称"阿尔斯兰汗"。在位时极力推行伊斯兰教，据记载有二十万帐突厥人接受该教。学者认为，时宣布伊斯兰教为国教（汗国的伊斯兰化），开创了历史上第一个突厥语民族信奉伊斯兰教的王朝。并开始了长达数十年征服佛教中心和田的"圣战"。在战中殉职，子阿里·本·木萨继立。

阿里·阿尔斯兰汗（约971～998年）

〔按〕伊斯兰名"阿里·本·木萨"。为木萨·阿尔斯兰汗子。父卒继立。有学者认为，他也是在与和田的战争中牺牲的。卒后由子阿赫马德继立。

阿赫马德·托干汗 I（998～约1017/1018年）

〔按〕名"阿赫马德·本·阿里"。为阿里·阿尔斯兰汗子。父卒继立。世称"托干（或"甘"）汗"。治喀什噶尔。在位期间，哈桑（木萨·阿尔斯兰汗堂兄弟）系势力抬头。大约1017/1018年（据伊历换算，下同，不另注）病卒。弟曼苏尔继立。

曼苏尔·阿尔斯兰汗（约1017/1018～1024年）

〔按〕名"曼苏尔·本·阿里"。为阿赫马德·托干汗弟。兄终弟及。在位时曾向外扩张。后退位隐修。哈桑系阿赫马德继立。

阿赫马德·托干汗 II（1024～约1026/1027年）

〔按〕名"阿赫马德·本·哈桑"。为萨图克·博格拉汗孙哈桑（哈龙）子。由于王朝内部矛盾日益激烈，在阿里·阿尔斯兰汗时，王朝内已逐渐形成两大势力：长支，史称"阿里系"，以阿里为首，包括阿里的四个儿子（长子阿赫马德·托干汗 I；次子纳赛尔·伊利克汗；三子曼苏尔·阿尔斯兰汗；四子穆罕默德），及纳赛尔的两个儿子（穆罕默德和伊卜拉欣）。幼支，史称"哈桑系"，以哈桑（阿里堂兄弟）为首，包括哈桑的三个儿子（长子玉素甫·卡迪尔汗；次子阿赫马德·托干汗Ⅱ；三子阿里），及玉素甫的三个儿子（长子苏来曼·阿尔斯兰汗；次子穆罕默德；三子马赫穆德）和阿里子玉素甫。11世纪初，哈桑系势力渐强。玉素甫·卡迪尔汗征服于阗，并攻占喀什噶尔，逼使阿里系阿赫马德·托干汗Ⅰ将汗廷迁至八剌沙衮，玉素甫已获得喀什噶尔以东的实际控制权；同时，哈桑系阿里也从阿里系纳斯尔手中夺得河中地区的控制权。据记载，阿里系曼苏尔·阿尔斯兰汗卒后，王朝权力已转到哈桑系阿赫马德·托干汗Ⅱ手中。该汗在位时间不长，大权被其兄玉素甫·卡迪尔汗夺取。

玉素甫·卡迪尔汗（约1026/1027～1032年）

［按］名"玉素甫·本·哈桑"。为哈桑长子，阿赫马德·托干汗Ⅱ之兄。夺弟权而立。占领八剌沙衮。据记载，他是一位颇有作为的可汗。卒后由长子苏来曼继立，称阿尔斯兰汗。

［东　部］

苏来曼·阿尔斯兰汗（1032～1056/1057年）

［按］名"苏来曼·本·玉素甫"。为玉素甫·卡迪尔汗长子。父卒继立为"喀喇汗王朝"之汗。在位期间，"阿里系"的势力重新抬头。纳赛尔·伊利克汗长子穆罕默德于1036/1037年重新占领乌兹干；穆罕默德弟伊卜拉欣从"哈桑系"阿里的儿子们（即伊卜拉欣众叔们）控制下逃出，依靠土库曼人的支持，从阿里儿子们手中夺得河中地区（指中亚阿姆河与锡尔河之间地区，又称"河间地带"或"两河间地"），继而占领布哈拉，于1040/1041年称"桃花石·博格拉·喀喇可汗"，宣布独立，不再承认苏来曼·阿尔斯兰汗的宗主地位，从此，喀喇汗王朝分为东、西两部。于是，苏来曼·阿尔斯兰汗成为东部喀喇汗王朝的第一代汗。其领地包括七河地区、伊犁河谷、喀什噶尔、于阗和费尔干以东地区，中心是八剌沙衮和喀什噶尔（时称"王城"）。1056/1057年与其弟穆罕默德发生冲突，战败被俘，王位被夺。

穆罕默德·博格拉汗（1056/1057～1058年）

［按］名"穆罕默德·本·玉素甫"。为玉素甫·卡迪尔汗次子，苏来曼·阿尔斯兰汗弟。以兵戎夺兄位而立。在位十五个月，让位于长子侯赛因。

侯赛因·本·穆罕默德（1058年）

［按］为穆罕默德·博格拉汗长子。袭父让位而立。继同父一起被宫妃毒杀。同父异母弟伊卜拉欣继立。

伊卜拉欣·本·穆罕默德（1058～1059/1060年）

［按］为穆罕默德·博格拉汗幼子，侯赛因·本·穆罕默德同父异母弟。其母毒杀其父及长兄后夺位而立之。大权操于母手中。1059/1060年在攻打巴尔斯罕城时，被俘，处死。东部大权落入其叔马赫穆德手中。

马赫穆德·托黑鲁尔汗（1059/1060～1074/1075年）

［按］名"马赫穆德·本·玉素甫"。为玉素甫·卡迪尔汗三子，穆罕默德·博格拉汗弟，

伊卜拉欣·本·穆罕默德叔。伊卜拉欣靠其母毒杀父王及长兄夺位，引起东部诸王的不满。马赫穆德自称"托黑鲁尔汗"，继伊卜拉欣死后掌握了东部大权。在位期间，收回被西部夺走的费尔干地区。1074/1075 年卒。子奥玛尔继立。

奥玛尔·本·马赫穆德（1074/1075 年）

［按］为马赫穆德·托黑鲁尔汗子。原为"托黑鲁尔特勤"。父卒继立。在位仅两月，被堂兄哈桑所取代。

哈桑·桃花石·博格拉汗（1074/1075 年～1102 年）

［按］名"哈桑·本·苏来曼"。为苏来曼·阿尔斯兰汗子，奥玛尔·本·马赫穆德堂兄。夺位而立，称"桃花石·博格拉汗"（有记作"阿尔斯兰汗"）。在位期间，喀什噶尔文化达到空前繁荣，产生了《福乐智慧》及《喀什噶尔史》等伟大著作。卒后由子阿赫马德继立，称阿尔斯兰汗。

阿赫马德·阿尔斯兰汗（1102～约 1128 年）

［按］名"阿赫马德（哈龙）·哈桑"。为哈桑·桃花石·博格拉汗子。父卒继立。在位期间，曾击败西辽的进攻。卒后由子伊卜拉欣继立。

伊卜拉欣·本·阿赫马德（约 1128～1158 年）

［按］为阿赫马德·阿尔斯兰汗子。父卒继立。在位期间，与境内葛逻禄人和康里人首领发生冲突，向西辽请援，西辽入八剌沙衮，乘机占领了七河地区。他的汗号被取消，降封为"伊利克—伊·土库曼"（意"土库曼王"），继续治理喀什噶尔、费尔干与和田地区。卒后由子穆罕默德继立。

穆罕默德·本·伊卜拉欣（1158～约 1172 年）

［按］为伊卜拉欣·本·阿赫马德子。父卒继立。继位后恢复汗号。卒后由子玉素甫继立。

玉素甫·本·穆罕默德（约 1172～约 1205 年）

［按］为穆罕默德·本·伊卜拉欣子。父卒继立。余况不详。卒后由子穆罕默德继立。

穆罕默德·本·玉素甫（约 1205～1211 年）

［按］为玉素甫·本·穆罕默德子。父卒继立。曾因造反为西辽菊尔汗囚禁于八剌沙衮，后放归喀什噶尔，入城时被刺杀，史家考证为 1211 年。至此，东部亡，归附西辽屈出律。

［西　部］

伊卜拉欣·桃花石·博格拉汗（1041～1068 年）

［按］名"伊卜拉欣·本·纳赛尔"。为"阿里系"阿里·阿尔斯兰汗之孙，纳赛尔·伊利克汗次子。初被称为"贝里特勤"。在喀喇汗王朝内部斗争中，曾被"哈桑系"阿里特勤诸子囚禁，竭力逃出后，在土库曼人支持下，以武力夺得河中地区，以撒马尔罕及布哈拉为中心，于

1040/1041 年称"桃花石·博格拉汗"，宣布脱离"哈桑系"苏来曼·阿尔斯兰汗的统治，从此，喀喇汗王朝分为东、西两部。他则成为西部的第一代君王。又获"东方和中国之王"的伊斯兰封号。在位期间，在撒马尔罕修筑豪华宫殿，并镇压什叶教派。晚年中风，传位于长子纳赛尔，不久死去。

纳赛尔·本·伊卜拉欣（1068～1080 年）

［按］为桃花石·博格拉汗长子。继父传位而立。袭"东方和中国之王"的伊斯兰封号。在位期间，与东部发生战争，最后缔结以和毡为疆界的和约。卒后由弟希兹尔继立。

希兹尔·本·伊卜拉欣（1080～约 1081 年）

［按］为纳赛尔·本·伊卜拉欣弟。兄终弟及。史载，在位期间，王朝达到鼎盛。卒后，由子阿赫马德继立。

阿赫马德·本·希兹尔（约 1081～1095 年）

［按］为希兹尔·本·伊卜拉欣子。父卒继立。在位期间，曾被塞尔柱王所俘，后放归，恢复汗位。在与教主的斗争中，失败，被执，进行宗教审判，处死。堂弟马斯乌德继立。

马斯乌德·本·穆罕默德（1095～1097 年）

［按］为阿赫马德·本·希兹尔堂弟。堂兄被处死后立之。后，王位又为堂兄苏来曼所代替。

苏来曼·本·达乌德（1097 年）

［按］为马斯乌德·本·穆罕默德堂兄。接替堂弟汗位，称"卡迪尔·桃花石汗"。未几，王位又为马赫穆德·本·符拉尔所取代。

马赫穆德·本·符拉尔（约 1097～约 1099 年）

［按］世系关系不详。继卡迪尔·桃花石汗后执掌王权，为时不长，又为哈龙·本·奥玛尔所取代。

哈龙·本·奥玛尔（约 1099～约 1102）

［按］世系关系不详。有学者认为，与"基博拉伊尔"为同一人。继马赫穆德·本·符拉尔而立之。后，王位为穆罕默德·本·苏来曼所取代。

穆罕默德·本·苏来曼（1102～1130 年）

［按］为苏来曼·本·达乌德子。继哈龙·本·奥玛尔而立。称"阿尔斯兰汗"。在位期间，大兴土木，重修布哈拉的外城和内堡，在撒马尔罕修建大清真寺和宫殿。后，受塞尔柱王桑贾尔所攻，撒马尔罕失陷，被执，不久卒。桑贾尔立其弟伊卜拉欣为"桃花石·博格拉汗"。

伊卜拉欣·本·苏来曼（1130 年）

［按］为穆罕默德·本·苏来曼弟。兄被塞尔柱王攻杀后立之，称"桃花石·博格拉汗"。未几，汗位又为哈桑·本·阿里所取代。

哈桑·本·阿里（约 1130～约 1132 年）

［按］世系关系不详。有学者认为是阿里·本·哈桑的后裔，哈里·本·阿卜杜之子。继伊卜拉欣·本·苏来曼后，由塞尔柱王立之。称"克雷奇·桃花石汗"。不久，又为马赫穆德·本·穆罕默德所取代。

马赫穆德·本·穆罕默德（1132～1141 年）

［按］为穆罕默德·本·苏来曼子。继哈桑·本·阿里后，由塞尔柱王立之。西辽康国八年（1141），西辽与塞尔柱发生了著名的卡特万草原会战，这场大战在汉文史料和穆斯林史料中皆有记载，塞尔柱军大败，死亡数万，塞尔柱王桑贾尔及马赫穆德·本·穆罕默德逃亡。西辽进入河中地区，立其弟伊卜拉欣·本·穆罕默德，称"桃花石汗"。

伊卜拉欣·本·穆罕默德（1141～1156 年）

［按］为马赫穆德·本·穆罕默德弟。西辽立之为"桃花石汗"。时与葛逻禄矛盾激烈。在与葛逻禄军事首领艾亚尔·伯克的饥饿草原会战中被俘，处死。阿里·本·哈桑继立。

阿里·本·哈桑（1156/1157～1162/1163 年）

［按］为哈桑·本·阿里之子。起兵战胜葛逻禄，继伊卜拉欣·本·穆罕默德后立之，称"恰格雷汗"。他原是王朝费尔干地区乌兹干的领主，属"哈桑系"。在其先祖时（"哈桑系"阿里支——阿里是哈桑的三子），曾统治过河中地区，此时，该家族又得以发展，并取得统治地位。此后，西部从"阿里系"转移到"哈桑系"手中，即转到此家族手中。他卒于 1162/1163 年，子马斯乌德继立。

马斯乌德·本·阿里（1162/1163～1168/1169 年）

［按］为阿里·本·哈桑子。父卒继立。称"克雷奇·桃花石汗"。后，汗位由堂弟纳赛尔·本·侯赛因所取代。

纳赛尔·本·侯赛因（1168/1169～1172/1173 年）

［按］为马斯乌德·本·阿里堂弟。继堂兄后立之。1172/1173 年卒，侄穆罕默德·本·马斯乌德继立。

穆罕默德·本·马斯乌德（1172/1173～1178/1179 年）

［按］为马斯乌德·本·阿里子，纳赛尔·本·侯赛因堂侄。堂叔卒继立。后，汗位为堂叔伊卜拉欣·本·侯赛因所夺。

伊卜拉欣·本·侯赛因（1178/1179～约 1202 年）

［按］为纳赛尔·本·侯赛因兄，穆罕默德·本·马斯乌德堂叔。夺堂侄位继立。卒后由子奥斯曼继立。

奥斯曼·本·伊卜拉欣（约 1202～1212 年）

［按］为伊卜拉欣·本·侯赛因子。父卒继立。后遭花拉子模进攻，撒马尔罕失陷，率众降，被处死。河中地区成为花拉子模的直属领地。西部喀喇汗王朝亡。

喀喇汗王朝世系

(一) 分裂前

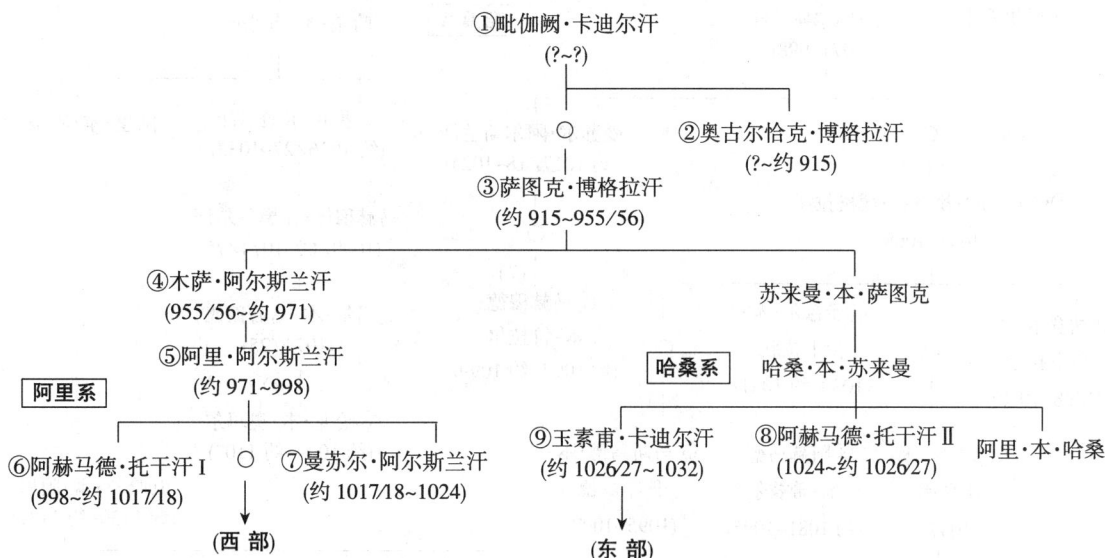

①毗伽阙·卡迪尔汗
(?~?)

○

②奥古尔恰克·博格拉汗
(?~约915)

③萨图克·博格拉汗
(约915~955/56)

④木萨·阿尔斯兰汗
(955/56~约971)

苏来曼·本·萨图克

⑤阿里·阿尔斯兰汗
(约971~998)

阿里系

哈桑系 哈桑·本·苏来曼

⑥阿赫马德·托干汗 I
(998~约1017/18)

○

⑦曼苏尔·阿尔斯兰汗
(约1017/18~1024)

⑨玉素甫·卡迪尔汗
(约1026/27~1032)

⑧阿赫马德·托干汗 II
(1024~约1026/27)

阿里·本·哈桑

↓

(西 部)

↓

(东 部)

(二)东部

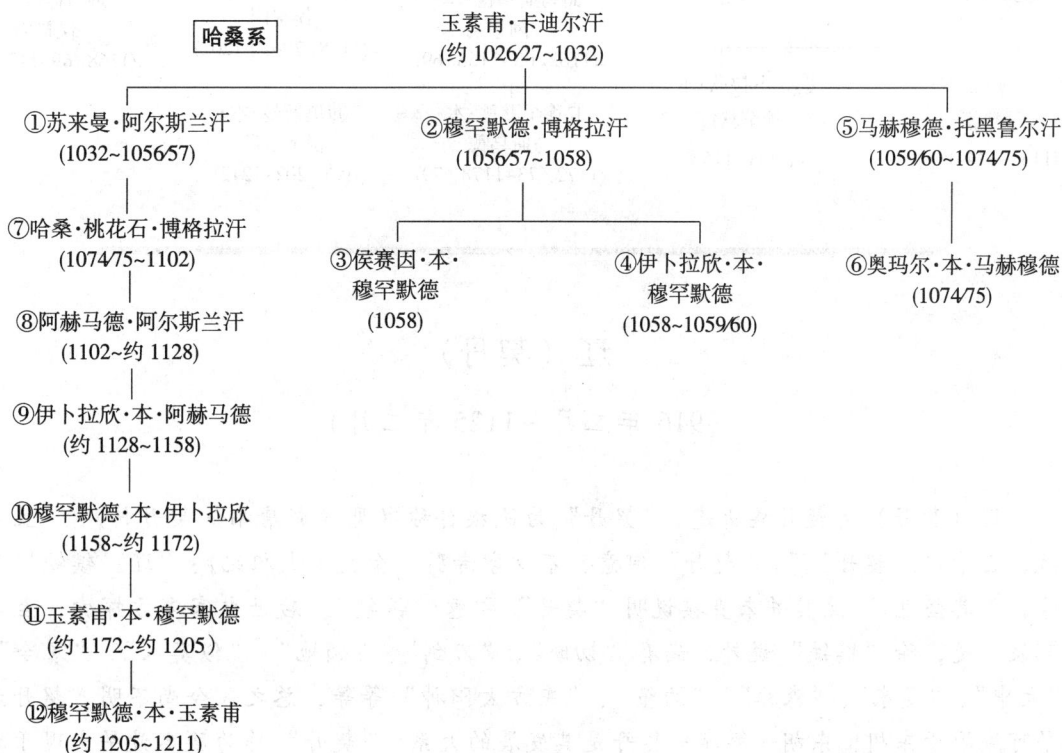

哈桑系

玉素甫·卡迪尔汗
(约1026/27~1032)

①苏来曼·阿尔斯兰汗
(1032~1056/57)

②穆罕默德·博格拉汗
(1056/57~1058)

⑤马赫穆德·托黑鲁尔汗
(1059/60~1074/75)

⑦哈桑·桃花石·博格拉汗
(1074/75~1102)

③侯赛因·本·
穆罕默德
(1058)

④伊卜拉欣·本·
穆罕默德
(1058~1059/60)

⑥奥玛尔·本·马赫穆德
(1074/75)

⑧阿赫马德·阿尔斯兰汗
(1102~约1128)

⑨伊卜拉欣·本·阿赫马德
(约1128~1158)

⑩穆罕默德·本·伊卜拉欣
(1158~约1172)

⑪玉素甫·本·穆罕默德
(约1172~约1205)

⑫穆罕默德·本·玉素甫
(约1205~1211)

(三)西部

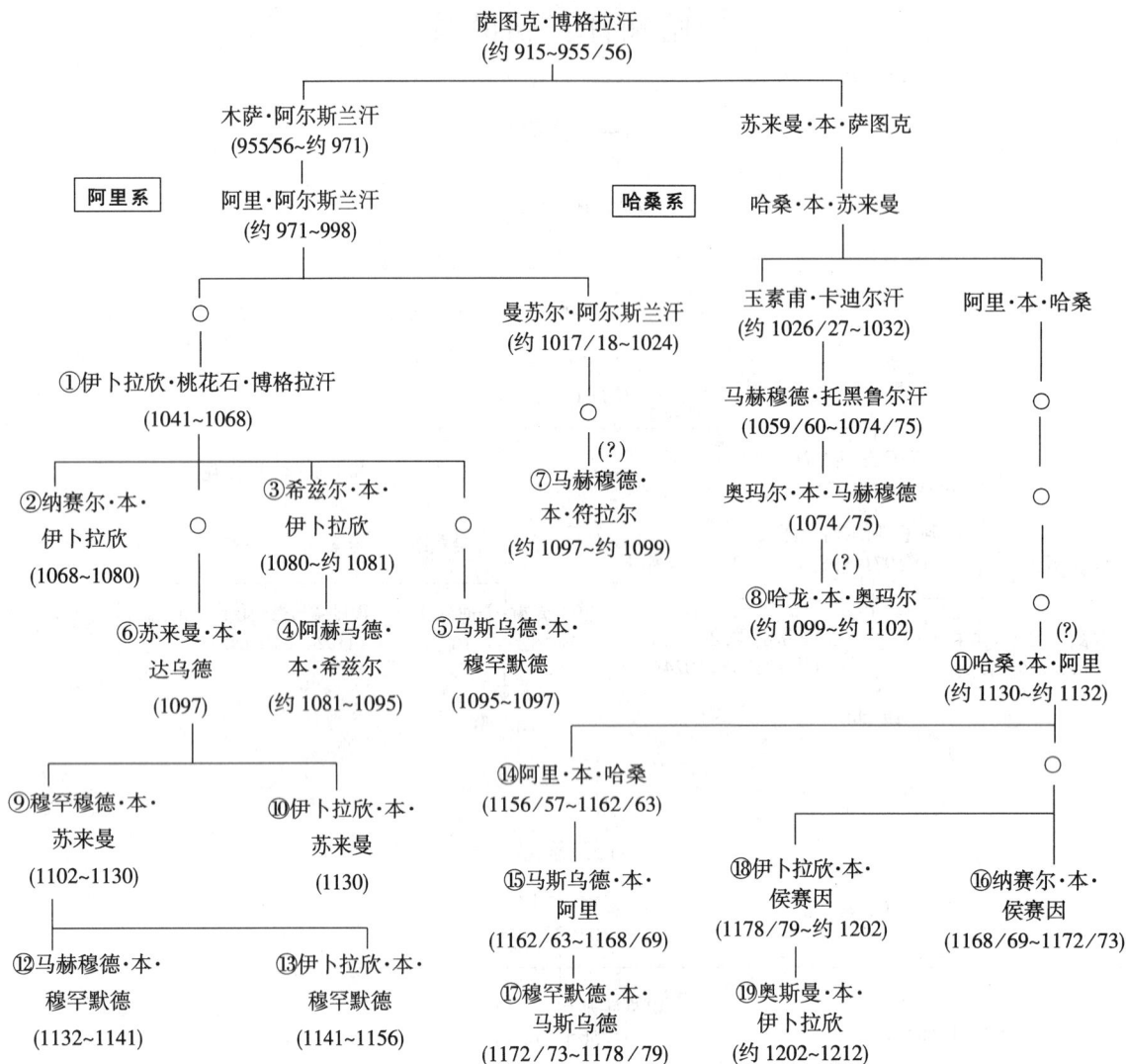

萨图克·博格拉汗
(约 915~955/56)

木萨·阿尔斯兰汗
(955/56~约 971)

苏来曼·本·萨图克

阿里系 阿里·阿尔斯兰汗
(约 971~998)

哈桑系 哈桑·本·苏来曼

曼苏尔·阿尔斯兰汗
(约 1017/18~1024)

玉素甫·卡迪尔汗
(约 1026/27~1032)

阿里·本·哈桑

①伊卜拉欣·桃花石·博格拉汗
(1041~1068)

马赫穆德·托黑鲁尔汗
(1059/60~1074/75)

⑦马赫穆德·本·符拉尔
(约 1097~约 1099)

②纳赛尔·本·伊卜拉欣
(1068~1080)

③希兹尔·本·伊卜拉欣
(1080~约 1081)

奥玛尔·本·马赫穆德
(1074/75)

⑥苏来曼·本·达乌德
(1097)

④阿赫马德·本·希兹尔
(约 1081~1095)

⑤马斯乌德·本·穆罕默德
(1095~1097)

⑧哈龙·本·奥玛尔
(约 1099~约 1102)

⑪哈桑·本·阿里
(约 1130~约 1132)

⑨穆罕穆德·本·苏来曼
(1102~1130)

⑩伊卜拉欣·本·苏来曼
(1130)

⑭阿里·本·哈桑
(1156/57~1162/63)

⑫马赫穆德·本·穆罕默德
(1132~1141)

⑬伊卜拉欣·本·穆罕默德
(1141~1156)

⑮马斯乌德·本·阿里
(1162/63~1168/69)

⑱伊卜拉欣·本·侯赛因
(1178/79~约 1202)

⑯纳赛尔·本·侯赛因
(1168/69~1172/73)

⑰穆罕默德·本·马斯乌德
(1172/73~1178/79)

⑲奥斯曼·本·伊卜拉欣
(约 1202~1212)

辽（契丹）

（916 年二月~1125 年二月）

  辽（契丹）为契丹族所建。"契丹"为民族自称（见《新唐书·契丹传》："至元魏，自号曰'契丹'。"）"契丹"何意？不少学者引《金史·太祖纪》："辽'镔铁'为号，取其坚也。"然其并未直接说明"契丹"即意"镔铁"。后世史家多方探索，至今莫衷一是，除"镔铁"说外，尚有"切断"、"刀剑"、"领地"、"似臭人"、"寒冷"、"大中"、"臭东"、"森林"、"力量"、"东方太阳神"等等，总之，今尚不明。契丹最早可溯源于东胡，东胡—鲜卑—契丹是其发展的大系。"契丹"作为族名最早出现于北魏时期（378 年，见《三国史记·高句丽纪》：小兽林王八年［378］，"秋九月，契丹犯北边"），活动于今西辽河上游西喇木伦河和老哈河一带。发展至耶律阿保机时，称帝建国。因其称帝与建元的时间不一致，对于契丹的建国时间，史家看法不一：有的以为唐天祐四年（907）正月，阿保机"燔柴告天，即皇帝位"为始（见《中国历史纪年表》）；有的为后梁贞明二年（916）二月，"上尊号'大圣大明天皇帝'"，"建元'神册'"为始（见《中华二千年史》），本年表依后者。初都上京（今内蒙古巴林左旗林东镇），后陆续设有五京，除上京一直为国都外，尚有陪都：中京（今内蒙古宁城）、南京（今北京）、东京（今辽宁省辽阳）、西京（今山西省大同）。阿保机建国时，国号"契丹"，至辽太宗耶律德光时，于会同十年（947）灭晋，进入汴京后改国号为"辽"（此据《辽史》与《资治通鉴》；《东都事略》与《新五代史》记为会同元年［938］。"辽"取何意？史无明言，史家有"辽水"、"辽阔"等不同说法）；至辽圣宗耶律隆绪时，统和元年（983），复改国号为"契丹"；至辽道宗耶律洪基时，咸雍二年（1066）又改国号为"辽"，一直到亡国。盛时疆域，"东至于海，西至金山（今阿尔泰山），暨于流沙（今新疆境内白龙堆沙漠一带），北至胪朐河（今克鲁伦河），南至白沟（今拒马河）"（《辽史·地理志》）。与北宋对峙，在与宋交往中，自称"北朝"。辽（契丹）于保大五年（1125）二月亡于金。历九帝，凡二百一十年。

在辽亡之前，保大二年（1122），上京、中京相继失陷，天祚帝耶律延禧西逃夹山，三月，耶律淳在南京称帝，史称"北辽"。北辽为时不长，于次年十月先于辽亡于金，本年表在此一并列之。继而，耶律大石西走，创建"西辽"，另表列之。

太祖昇天帝耶律阿保机（916 年二月～926 年七月）

［按］名又写作"阿保基"、"阿保谨"、"阿布机"、"安巴坚"、"按巴坚"等；小字"啜（chuò）里只"；汉名"亿"。契丹族。出生于迭剌部霞濑益石烈（"石烈"契丹语，乡）耶律弥里（今内蒙古阿鲁科尔沁旗东）。初为本部夷离堇（军事首领），专事征讨，大破室韦、于厥及奚，北攻女真，南征河东及蓟北，升于越（契丹语官名），总知军国事。天祐三年（906）十二月，遥辇氏部落联盟首领痕德堇可汗卒，翌年正月，废传统选汗制，在心腹支持下，燔柴告天，即皇帝位，上尊号"天皇帝"。称帝后，平定"诸弟之乱"，尽杀要求恢复世选的原七部首领。贞明二年（916）二月，于龙化州（今内蒙古敖汉旗东），上尊号"大圣大明天皇帝"，建元"神册"，国号"大契丹"。建国后，着手制定新制度；对遥辇氏二十部进行改造；彻底废除部落世选制，确立皇位世袭。文化方面的大举措是，神册五年（920），主持制定"契丹大字"；未几，其弟耶律迭剌又制"契丹小字"，两种文字同时行用直到金代初年。对外，征黑车子室韦，降其八部；取奚、霫（xí）等地；南下中原，攻蔚、新、武、妫、儒等州，自代北至河曲，尽有其地；降乌古；西征吐谷浑、党项、阻卜，逾流沙，拔浮图城（今新疆吉木萨尔北），尽取诸部。天显元年（926），东灭渤海，改为东丹国，以长子耶律倍为人皇王主之。是年七月，自渤海班师，回军途中卒于扶余府（今吉林省四平西）。终年五十五岁。葬祖陵（今内蒙古巴林左旗哈达英格乡石房子村西北山谷中）。谥"昇天皇帝"（一作"大圣皇帝"），庙号"太祖"。次子耶律德光继立。

太宗嗣圣帝（孝武帝）耶律德光（927 年十一月～947 年四月）

［按］字"德谨"，小字"尧骨"，又作"耀屈之"。为耶律阿保机次子。初任天下兵马大元

帅，从父征讨，多立军功。父卒后，翌年十一月，在其母支持下，凭借手中兵权，排挤兄耶律倍，称帝（耶律倍子耶律阮即位后，追尊耶律倍为"让国皇帝"），尊号"嗣圣皇帝"。即位后，继续南下。天显十一年（936），出兵援石敬瑭灭后唐，册其为大晋皇帝，约为父子。会同元年，得"儿皇帝"石敬瑭所献燕云十六州。九年（946），因石敬瑭死后，其子石重贵对契丹"称孙不称臣"，一举攻下晋都汴京，灭亡后晋。次年四月，北返，行至栾城（今河北栾城），病卒。终年四十六岁。葬怀陵（今内蒙古巴林右旗岗根苏木床金沟）。庙号"太宗"。统和二十六年（1008）七月，谥"孝武皇帝"。由侄耶律阮继立。

世宗天授帝（孝和帝）耶律阮（947年四月~951年九月）

［按］小字"兀欲"，又作"乌云"、"隈欲"。为耶律阿保机孙，人皇王耶律倍长子，耶律德光侄。初封永康王。叔在回军途中卒后，在镇阳（今河北省栾城北）被随军将臣拥立为帝。当年九月，上尊号"天授皇帝"，改元"天禄"。天禄五年（951）九月，率军伐后周，至归化州祥古山（今河北省宣化境），被泰宁王耶律察割等发动政变所杀。终年三十四岁。葬显陵之西山（约今辽宁省北宁龙岗村一带山谷，待调查）。应历二年（952），谥"孝和皇帝"，庙号"世宗"。堂弟耶律璟继立。

穆宗天顺帝（孝安帝）耶律璟（951年九月~969年二月）

［按］曾名"耶律明"，小字"述律"。为耶律德光长子，耶律阮堂弟。初封寿安王。堂兄被政变所杀后，他集兵围讨叛军，诛耶律察割，继皇位，上尊号"天顺皇帝"。因嗜酒，常不朝，夜酣饮，昼屡寐，国人谓之"睡王"，并滥刑嗜杀，左右给事被杀者相继不绝。应历十九年（969）二月，游猎于怀州黑山（今内蒙古巴林左旗罕山），被近侍所杀。终年三十九岁。附葬怀陵。庙号"穆宗"，重熙二十一年（1052）八月，谥"孝安敬正皇帝"。侄耶律贤继立。

景宗天赞帝（孝成帝）耶律贤（969年二月~982年九月）

［按］字"贤宁"，小字"明扆（yǐ）"，又作"明记"。为耶律阮次子，耶律璟侄。天禄五年（951），父被耶律察割谋反所杀后，时年四岁，藏于积薪中得免。耶律璟即位后，养于永兴宫。应历十九年（969）二月，闻耶律璟为奴所杀，即率军赶赴行营，经群臣劝进，登帝位，尊号"天赞皇帝"。乾亨四年（982）九月，病卒于焦山（今内蒙古丰镇南）。终年三十五岁。葬乾陵（约今辽宁省北宁骆驼山，待调查）。谥"孝成皇帝"，庙号"景宗"。遗命长子耶律隆绪继立。

圣宗昭圣帝（天辅帝）耶律隆绪（982年九月~1031年六月）

［按］小字"文殊奴"。为耶律贤长子。初封梁王。父卒继立，睿智皇后萧绰（即历史上著名的"萧太后"）奉遗诏摄政，逾月，始临朝，上尊号"昭圣皇帝"；统和元年（983），改尊号"天辅皇帝"。统和二十二年（1004）十一月，与宋订立"澶渊之盟"。此后一百余年，辽宋无大战。此时是契丹国的鼎盛时期。太平十一年（1031）六月，卒于大福河（今内蒙古呼虎尔河）北行宫。终年六十岁。葬庆陵（今内蒙古巴林右旗索博日嘎苏木北之王坟沟）。谥"文武大孝宣皇帝"，庙号"圣宗"。长子耶律宗真继立。

兴宗昭孝帝（孝章帝）耶律宗真（1031年六月~1055年八月）

［按］字"夷不堇"，又作"珠卜衮"、"木不孤"，小字"只骨"。为耶律隆绪长子。太平元年（1021）十一月，受册皇太子。父卒继立，时十六岁，上尊号"文武仁圣昭孝皇帝"，由太后萧耨

（nòu）斤摄政。重熙三年（1034），始亲政。二十四年（1055）八月，病卒。终年四十岁。葬庆陵，据《辽史》："名其山曰永兴。"谥"神圣孝章皇帝"，庙号"兴宗"。遗诏长子耶律洪基继立。

道宗天祐帝（孝文帝）耶律洪基（1055 年八月～1101 年正月）

[按] 名又作"耶律弘基"，字"涅邻"，小字"查剌"。为耶律宗真长子。父卒继立，上尊号"天祐皇帝"。寿昌七年（1101）正月，病卒于混同江行宫。终年七十岁。据《辽史》：葬庆陵，《道宗哀册》云："迁座于永福陵。"谥"仁圣大孝文皇帝"，庙号"道宗"。遗诏长孙耶律延禧继立。

关于年号"大康"和"寿昌"的问题：年号"大康"有年表作"太康"，或云："一作'太康'。"均误。钱大昕早有考证，他在《十驾斋养新录》卷六中说："辽道宗年号'大康'，非'太康'也。晁氏《历代纪年》以字分类，当必不误。今《辽史》刊本皆作'太康'，无人能正之者。"年号"寿昌"有年表作"寿隆"，或云："一作'寿隆'。"误。前引书卷八言："此《辽史》之误，不可不改正。"钱氏又在《二十二史考异》卷八三中说："洪遵《泉志》载'寿昌元宝'钱，引李季兴《东北诸蕃枢要》云：'契丹主天祐年号寿昌。'又引《北辽通书》云：'天祚即位，寿昌七年改元乾统。'予家藏易州兴国寺碑、安德州灵岩寺碑、兴中府石观音像唱和诗碑，皆'寿昌'中刻。《东都事略》、《文献通考》皆宋人书也，亦称'寿昌'，无云'寿隆'者。可证'寿隆'乃'寿昌'之讹也。"

天祚帝耶律延禧（1101 年正月～1125 年二月）

[按] 字"延宁"，小字"阿果"，又作"阿适"。为耶律洪基长孙，耶律濬（jùn）子。因父受冤屈死，祖父又无他子，故自幼备受珍爱。祖父卒后，奉遗诏即位，尊号"天祚（zuò）皇帝"。时女真强大，天庆四年（1114），举兵反辽，攻陷咸、宾、祥等州。十年（1120）五月，上京失陷，保大二年（1122），中京、西京失陷，西逃夹山（今内蒙古武川西），五年（1125）二月，在应州（今山西省应县）新城东为金将俘获，辽（契丹）亡。金将其降为"海滨王"。三年后病卒，终年五十四岁。葬乾陵旁。

※　　　※　　　※

附：

东　丹

（926 年二月～930 年十一月）

天赞五年（926）正月，辽太祖耶律阿保机用武力灭亡渤海，据《辽史·太祖纪》：二月，"改渤海国为东丹，忽汗城为天福。册皇太子（耶律）倍为人皇王以主之。以皇弟（耶律）迭剌为左大相，渤海老相为右大相，渤海司徒大素贤为左次相，耶律羽之为右次相"。"东丹"虽建元"甘露"，但并非一个独立的政权。未几，当年七月，耶律阿保机卒，耶律倍即与其弟耶律德光展开了辽（契丹）帝位的争夺。耶律德光即位后，为防范其兄，于天显三年（928）十二月，趁兄在皇都之机，"诏遣耶律羽之迁东丹民以实东平。其民或亡入新罗、女直，因诏困乏不能迁者，许上国富民给赡而隶属之。升东平郡为南京",进一步加强了对东丹的控制。耶律倍迫于无奈,后年(930)十一月,从海路投奔后唐。"东丹"实亡。"甘露"年号延续至五十七年(982)。关于"东丹国"的废止时间,学界有不同看法:有982年说;也有"应历二年(952)十二月,耶律安端死,东丹国名实俱亡"之说(见《中国大百科全书·中国历史卷》)。

义宗人皇王（东丹王）耶律倍（926年二月~930年十一月）

[按] 小字"图欲",又记作"突欲"、"托允"、"托云";汉名"东丹赞华"、"李赞华"。为辽太祖耶律阿保机长子。神册元年(916),被立为皇太子。天赞四年(925),与弟耶律德光并为先锋从父征渤海。翌年正月,灭渤海。二月,改渤海国为"东丹",受封"人皇王"留镇主政,置左、右、大、次四相及文武百官,建元"甘露",史称"东丹王"。七月,父卒,在与弟争帝位中失利。弟即位后,为进一步控制东丹,防范其反,乃大量迁东丹民于东平(今辽宁省朝阳),并派人监视。无奈,甘露五年(930)十一月,越海投奔后唐。"东丹"实亡。"甘露"年号沿用五十七年。甘露十一年(936)闰十一月,被杀害。终年三十八岁。归葬医巫闾山。后追赠"让国皇帝",庙号"义宗"。

※　　※　　※

北　辽

(1122年三月~1123年十月)

宣宗天锡帝耶律淳（1122年三~六月）

[按] 小字"涅里",又作"捏里"。为辽道宗弟耶律和鲁斡子。初为南京留守。在女真军打击下,保大二年(1122),辽天祚帝西逃夹山,三月,驻守南京(今北京)臣将拥淳称帝,号"天锡皇帝",改元"建福",遥降天祚帝为湘阴王。据燕京,拥燕、云、平等地,史称"北辽",形成二帝并存局面。当年六月,病卒。终年六十岁。葬永安陵(今北京西郊香山)。谥"孝章皇帝",庙号"宣宗"。

萧德妃（1122年六月~1123年二月）

[按] 为耶律淳妃。耶律淳卒后,自立为皇太后称制,改元"德兴",按遗命遥立辽天祚帝子耶律定为帝。据《辽史》卷二十九:当年(1122)十一月,受女真军攻击,所据辽南京"不战而溃。德妃出古北口,趋天德军(投辽天祚帝)"。次年二月,见天祚帝,天祚帝"诛萧德妃,降(耶律)淳为庶人,尽释其党"。故有年表以当年十二月为德妃去位之年。本年表以为南京失守不等于德妃去位,直到其率残众见天祚帝后被处死,其众归天祚帝,才最终宣告政权瓦解。

耶律雅里（1123年五~十月）

[按] 字"撒鸾"。为辽天祚帝耶律延禧次子。保大三年(1123)五月,辽天祚帝西走,他被军将耶律敌烈等劫奔西北诸部,至沙岭,拥立为帝,建元"神历"。十月,病卒。终年三十岁。耶律术烈继立。

耶律术烈（1123年十月）

[按] 为辽兴宗耶律宗真弟耶律吴哥四世孙。耶律雅里卒后,受众拥立为帝,不及一月,为乱兵所杀。北辽亡。

辽(契丹)世系（附：东丹、北辽）

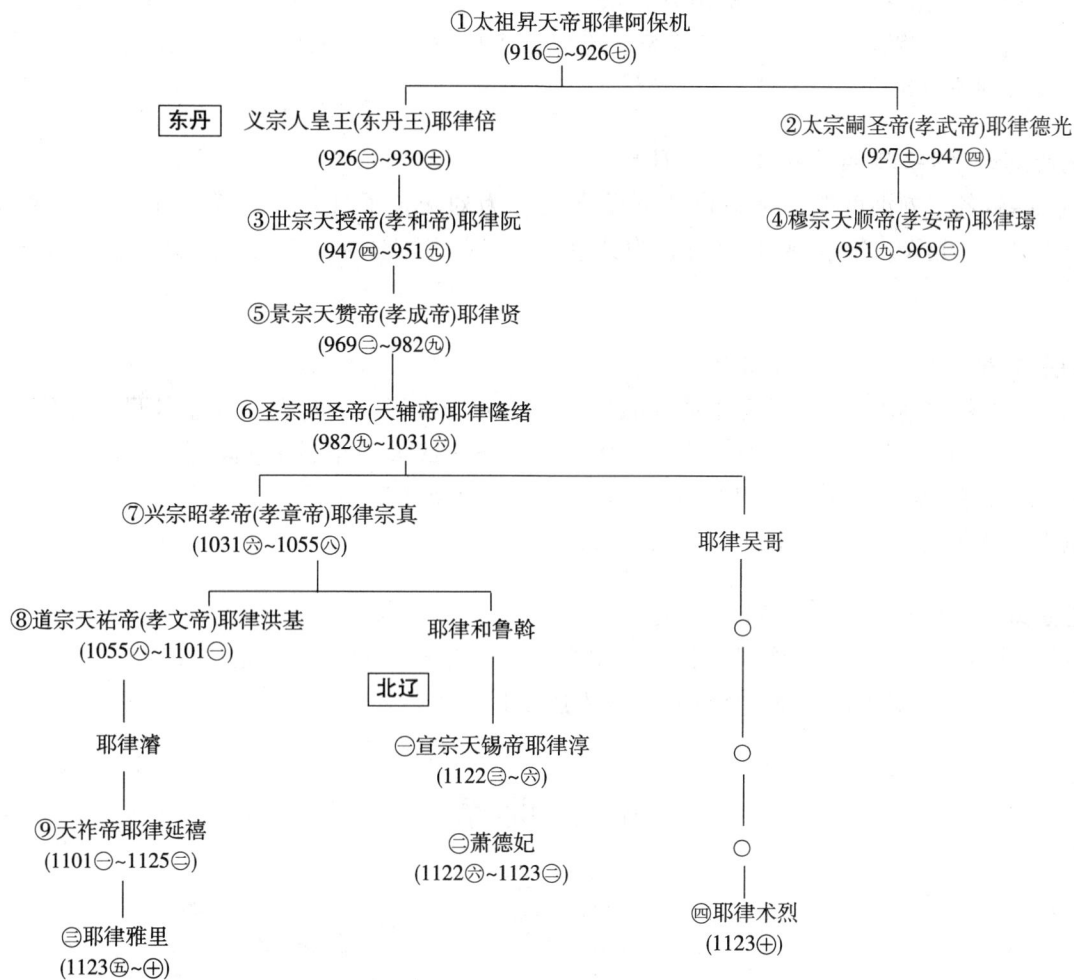

①太祖昇天帝耶律阿保机
(916㊁~926㊆)

东丹　义宗人皇王(东丹王)耶律倍
(926㊁~930㊋)

②太宗嗣圣帝(孝武帝)耶律德光
(927㊋~947㊃)

③世宗天授帝(孝和帝)耶律阮
(947㊃~951㊈)

④穆宗天顺帝(孝安帝)耶律璟
(951㊈~969㊁)

⑤景宗天赞帝(孝成帝)耶律贤
(969㊁~982㊈)

⑥圣宗昭圣帝(天辅帝)耶律隆绪
(982㊈~1031㊅)

⑦兴宗昭孝帝(孝章帝)耶律宗真
(1031㊅~1055㊇)

耶律吴哥
○
○
○

⑧道宗天祐帝(孝文帝)耶律洪基
(1055㊇~1101㊀)

耶律和鲁斡

北辽　㊀宣宗天锡帝耶律淳
(1122㊂~㊅)

耶律濬

⑨天祚帝耶律延禧
(1101㊀~1125㊁)

㊁萧德妃
(1122㊅~1123㊁)

㊃耶律术烈
(1123㊆)

㊁耶律雅里
(1123㊄~㊋)

南　汉

（917 年七月~971 年二月）

此政权为"十国"之一。关于此政权的起始，史家意见不尽一致：有以为天祐二年 (905)，刘隐为清海军（岭南东道）节度使，平定岭南东西两道诸割据者，拥有岭南始 （见《中国通史》、《中华两千年史》）；有以为贞明三年（917）七月，刘龑称帝始（见 《辞海》、《中国历史纪年表》）。本年表依后者。国号初称"越"，继改为"汉"，史称 "南汉"（见宋·路振《九国志·南汉臣传》）。都番禺（今广东省广州）。统治地区包括 今粤全部和桂西南部。至大宝十四年（971）二月，为北宋所灭。历四主，凡五十五年。

高祖刘龑（917 年七月～942 年四月）

[按] 刘龑（yǎn），又名"刘岩"、"刘陟"、"刘龚"。为清海军（岭南东道）节度使刘隐弟。兄终继为节度使，乾化三年（913），袭封"南海王"。贞明三年（917）七月，称帝，国号"大越"，改元"乾亨"；明年，祀南郊，改国号曰"汉"，史称"南汉"。后又改元"白龙"、"大有"。大有十五年（942）四月，病卒。终年五十四岁。谥"天皇大帝"，庙号"高祖"。葬康陵。长子刘玢（bīn）立。

殇帝刘玢（942 年四月～943 年三月）

[按] 初名"刘洪度"（又写作"刘弘度"）。为刘龑长子（一作"第三子"）。父卒继立。改元"光天"。光天二年（943）三月，为其弟刘晟等谋害。终年二十四岁。谥"殇帝"。刘晟夺位。

中宗刘晟（943 年三月～958 年八月）

[按] 初名"刘洪熙"（又写作"刘弘熙"）。为刘龑次子，刘玢弟。谋杀其兄而夺位。改元"应乾"，是年十一月，改元"乾和"，上尊号"大圣文武大明至道大光孝皇帝"。乾和十六年（958）八月，病卒。终年三十九岁。谥"文武光圣明孝皇帝"，庙号"中宗"。葬昭陵（一说在今广东省广州附近石马村）。长子刘铱（chǎng）继立。

后主刘铱（958 年八月～971 年二月）

[按] 初名"刘继兴"。为刘晟长子。父卒继立。时年十六岁。改元"大宝"。大宝十四年（971）二月，为北宋所攻，降。南汉亡。入宋后受封"恩赦侯"。

南 汉 世 系

①高祖刘龑
(917⑦~942④)

②殇帝刘玢
(942④~943③)

③中宗刘晟
(943③~958⑧)

④后主刘铱
(958⑧~971②)

后 唐

（923 年四月～936 年闰十一月）

后唐为沙陀人所建。龙德三年（923）四月，李存勗（xù）即帝位于魏州（今河北省大名），以李姓以继唐，遂国号曰"唐"，为区别李渊所建之"唐"，史称其为"后唐"（见《旧五代史·五行志》："昔'后唐'长兴中"）。是年十月，翦灭后梁，迁都洛阳。其势力范围，除袭后梁地区外，又北灭燕，西灭蜀，共据一百二十三州。在五代中，辖地最广。盛时拥有今豫、鲁、晋、冀及陕大部，宁、甘部分和鄂之汉水流域，苏、皖淮北之地。清泰三年（936）十一月，被后晋所灭，传四主，凡十四年。

庄宗李存勖（923年四月~926年四月）

[按] 为唐河东节度使李克用长子。先祖属西突厥的一支朱邪部族，因居沙陀碛，遂自以"沙陀"为族称，以朱邪为姓。其祖父朱邪赤心有功于唐，赐姓名"李国昌"，遂以"李"为姓。开平二年（908），父卒，嗣晋王位于太原。乾化二年（912），攻幽州，次年，灭燕。贞明元年（915），克魏州，自兼天雄节度使。至此，占河北，攻河南。龙德三年（923）四月，于魏州称帝，改元"同光"，国号"唐"，史称"后唐"。十月，灭后梁，迁都洛阳。次年二月，上尊号"昭文睿武光孝皇帝"。同光三年（925），攻入成都，得州五十三，县二百四十九。次年四月，在平叛时中流矢而卒。终年四十二岁。谥"光圣神闵孝皇帝"，庙号"庄宗"。葬雍陵（后改伊陵，今河南省新安县）。李克用养子李嗣源继立。

明宗李嗣源（926年四月~933年十一月）

[按] 又名"李亶"，小字"邈佶烈"。沙陀族。为李存勖父李克用养子。作战勇猛，在灭后梁战中，率先攻入大梁，为庄宗李存勖所重，在军中有威望。在李存勖死后入洛阳，受拥即帝位于枢前。改元"天成"，次年，改名"李亶"。天成五年（930）二月，改元"长兴"，四月，上尊号"圣明神武文德恭孝皇帝"。长兴四年（933）十一月，病卒。终年六十七岁。葬徽陵（今河南省新安县东北）。尊号"圣德和武钦孝皇帝"，庙号"明宗"。子李从厚继立。

闵帝李从厚（933年十二月~934年三月）

[按] 为李嗣源第三子。父卒继立。翌年，改元"应顺"。因猜忌父养子李从珂，为李从珂所攻杀。终年二十一岁。葬其父徽陵南。谥"闵皇帝"。李从珂继立。

末帝李从珂（934年四月~936年闰十一月）

[按] 本姓"王"。小名"阿三"。为李嗣源养子。以功封潞王。因受闵帝李从厚猜忌而反叛，攻杀李从厚而继立。改元"清泰"。即位后与河东节度使石敬瑭矛盾尖锐，石敬瑭引契丹兵攻洛阳，李从珂自焚而卒。终年五十二岁。葬徽陵南。契丹立石敬瑭为帝，是为后晋，后唐亡。

后 唐 世 系

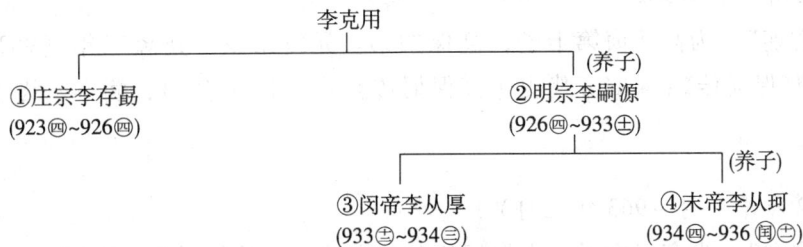

南平(荆南)

(924 年三月 ~ 963 年二月)

　　南平(见《新五代史·南平世家》),史家又称"荆南"(见《资治通鉴》卷二八七:"荆南介居湖南、岭南、福建之间。")也有称"北楚"(见宋人路振撰《九国志·北楚臣传》),但后世史家枢少用。是"十国"之一,为高季兴所建。关于此政权的起始,史家看法不尽一致:有以为后梁开平元年(907),其为荆南节度使,据荆南始(见《中国通史》、《中华两千年史》);有以为后唐同光二年(924)三月,其受封南平王始(见《辞海》、《中国历史纪年表》)。本年表依后者。都荆州(今湖北省江陵)。仅拥荆(今湖北省江陵)、归(今湖北省秭归)、峡(今湖北省宜昌)三州,为十国中最弱小的政权。至宋建隆四年(963)二月,为北宋所灭。历五主,凡四十年。

武信王高季兴 (924 年三月 ~ 928 年十二月)

　　[按] 本名"高季昌",因避后唐庄宗李克用父李国昌名讳,改今名。字"贻孙"。陕州硖石(今河南省三门峡南)人。开平元年(907),为荆南节度使。荆南镇原领十州,其至,仅江陵一城而已,乃招缉绥抚,志士归之。同光二年(924)三月,受封"南平王"。天成三年(928)十二月,病卒。终年七十一岁。谥"武信"。长子高从诲继立。

文献王高从诲 (928 年十二月 ~ 948 年十月)

　　[按] 字"遵圣"。为高季兴长子。父卒继立。因政权弱小,又夹诸政权之中,遂在诸政权中周旋。乾祐元年(948)十月,病卒。(此据《新五代史》和《资治通鉴》所载;《旧五代史》记在十一月卒)终年五十八岁。谥"文献"。子高保融继立。

贞懿王高保融 (948 年十二月 ~ 960 年八月)

　　[按] 字"德长"。为高从诲第三子。父卒继立,据《资治通鉴》卷二八八,乾祐元年(948)十月"癸卯,从诲卒。保融知留后"。"十二月丁丑,以高保融为荆南节度使、同平章事"。即位后国事委其弟高保勗(xù)。建隆元年(960)八月,病卒。终年四十一岁。谥"贞懿"。高保勗继立。

高保勗 (960 年八月 ~ 962 年十一月)

　　[按] 字"省躬"。为高从诲第十子,高保融弟。兄终弟及。建隆三年(962)十一月(此据《新五代史·高保勗传》;《旧五代史·高保勗传》作"四年春"),病卒。终年三十九岁。侄高继冲继立。

高继冲 (962 年十一月 ~ 963 年二月)

　　[按] 字"成和"。为高保融子,高保勗侄。叔卒继立。乾德元年(963)二月,北宋讨湖南张文表,借道荆南,入其城,高继冲惧,降北宋,举族入朝,南平(荆南)亡。

南平（荆南）世系

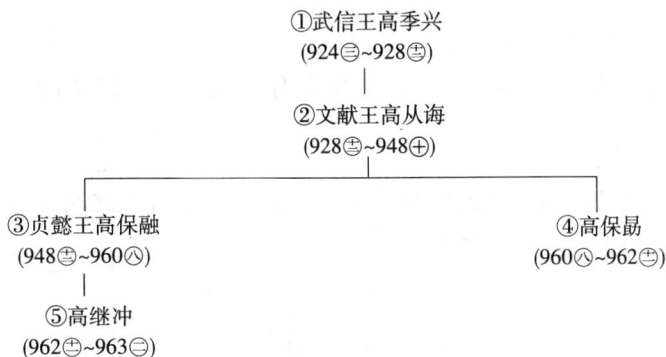

```
        ①武信王高季兴
        (924三~928七)
             |
        ②文献王高从海
        (928七~948+)
      ┌──────────┴──────────┐
  ③贞懿王高保融            ④高保勖
  (948七~960八)           (960八~962+)
      |
  ⑤高继冲
  (962+~963三)
```

楚

（927 年六月～951 年十月）

　　"十国"中之"楚"，为马殷所建。对此政权的起始，史家看法不尽一致：有以为乾宁三年（896），马殷进入长沙，代刘建峰为湖南节度使而踞湖南始（见《中国通史》、《中华二千年史》）；有以为开平元年（907），受后梁封为楚王始（见《辞海》）；有以为天成二年（927）六月，受封"楚国王"，立宫殿，置百官，依天子礼行事始（见《中国历史纪年表》）。本年表依后者。都长沙。拥有今湖南及广西东北部。至保大九年（951）十月，为南唐所亡。历六主，凡二十五年。

武穆王马殷（927 年六月～930 年十一月）

[按] 字"霸图"。许州鄢陵（今属河南）人。初为孙儒裨将，孙儒攻宣州败死，乃共推刘建峰为主。入湖南，刘建峰受任湖南节度使，乾宁三年（896），刘建峰为部下所杀，乃共立马殷为主，据潭、衡等七州之地。开平元年（907），后梁灭后唐，封其为"楚王"。天成二年（927）六月，后唐封其为"楚国王"。"（马）殷以潭州为长沙府，建国承制，自制官署"（《新五代史·马殷传》）。长兴元年（930）（此据《新五代史·马殷传》；《旧五代史·马殷传》作"二年"）十一月，卒。终年七十九岁。谥"武穆"。子马希声继立。

衡阳王马希声（930 年十一月～932 年七月）

[按] 字"若讷"。为马殷次子。父卒继立。长兴三年（932）七月，卒。追封"衡阳王"。弟马希范继立。

文昭王马希范（932 年七月～947 年四月）

[按] 字"宝规"。为马殷第四子，马希声弟。兄终弟及。开运四年（947）四月，卒。终年四十九岁。谥"文昭"。弟马希广继立。

废王马希广（947年四月~950年十二月）

［按］字"德丕"。为马殷子，马希范弟。兄终弟及。乾祐三年（950）十二月，为兄马希萼所攻，兵败，缢卒。马希萼继立。

恭孝王马希萼（950年十二月~951年九月）

［按］为马殷子，马希广兄。杀弟而自立，次年九月，为弟马希崇执囚。马希崇自立。

马希崇（951年九~十月）

［按］为马殷子，马希萼弟。兄夺位后受任于军政事务。与旧将联络谋乱，突入其府，执马希萼而自立。下月，为南唐所攻，降，楚亡。

楚 世 系

```
                    ①武穆王马殷
                    (927六~930十一)
  ┌────────────┬────────────┼────────────┬────────────┐
②衡阳王马希声  ③文昭王马希范  ⑤恭孝王马希萼  ④废王马希广   ⑥马希崇
(930十一~932七) (932七~947四)  (950十二~951九) (947四~950十二) (951九~十一)
```

大天兴国（天兴国、兴源国、兴元国）

（928~929年）

大天兴国（见《滇载记》），又记作"天兴国"（见《白古通纪》）、"兴源国"（见《南诏源流纪要》）、"兴元国"（见《云南志略》），是继大长和国后而建。都羊苴咩（jū miē）城（今云南省大理）。为时仅十个月。继之大义宁国。

悼康帝赵善政（928~929年）

［按］宁北城（今云南省洱源南）人。大长和国时为清平官。天应二年（928），杨干贞杀大长和国恭惠帝而立之，改国号为"大天兴国"，改年号"尊圣"。越年，为杨干贞废黜。杨干贞自称帝，改国号"大义宁国"。大天兴国亡。赵善政卒后，谥"悼康皇帝"（一作"惠康皇帝"）。

大义宁国（义宁国）

（929~937年）

大义宁国（见《滇载记》），又记作"义宁国"（见《云南志略》），是继大天兴国后而建。都羊苴咩城（今云南省大理）。仅历一主，为时不足十年。继之大理国。

肃恭帝杨干贞（929～937 年）

［按］宾川（今云南省宾川）人。大长和国时，为剑川节度使，后，杀恭惠帝，立赵善政，改国号为大天兴国。仅历十个月，则废赵善政而自立，改国号为"大义宁国"，改年号"兴圣"。翌年，又改年号为"大明"。在位期间，"贪虐无道，中外咸怨"（杨慎《滇载记》）。大明八年（937），被通海节度使段思平所攻，败卒。谥"肃恭皇帝"。段思平继位后改国号为"大理国"。

后 蜀

（934 年闰正月～965 年正月）

"十国"中之后蜀，为孟知祥所建。对此政权的起始，史家看法不尽一致：有以为同光三年（925）十二月，受任西川节度使始（见《中华二千年史》、《五代史略》）；有以为明年（926 年）正月，孟知祥至成都，踞蜀为始（见《中国通史》）；有以为长兴四年（933），受后唐封蜀王始（见《辞海》）；有以为清泰元年（934）闰正月，称帝为始（见《中国史稿》、《中国历史纪年表》）。本年表依后者。国号"蜀"，史称"后蜀"（见路振［宋］《九国志·后蜀臣传》）。都成都。拥今川、甘东南、陕南、鄂西等地区。广政二十八年（965）正月，为北宋所亡。历二主，凡三十二年。

高祖孟知祥（934 年闰正月～七月）

［按］字"保胤"（一作"保裔"）。邢州龙冈（今河北邢台西南）人。初仕后唐，为太原尹。后唐庄宗灭前蜀，同光三年（925）十二月，任其为西川节度使，明年正月，至成都赴任。长兴三年（932），杀东川节度使董璋，得东川地。应顺元年（934）闰正月，称帝，国号"蜀"，史称"后蜀"。都成都。当年四月，改元"明德"。七月，病卒。终年六十一岁。葬和陵（今四川省成都市郊石岭村）。谥"文武圣德英烈明孝皇帝"，庙号"高祖"。子孟昶继立。

后主孟昶（934 年七月～965 年正月）

［按］原名"孟仁赞"，字"保元"。为孟知祥第三子。父卒继立，时年十六岁。未改元。至明德五年（938）始改元"广政"。广政十三年（950），加号"睿文英武仁圣明孝皇帝"。二十八年（965）正月，为北宋所攻，降，后蜀亡。迁至京师，七日而卒，终年四十七岁。

后 蜀 世 系

①高祖孟知祥
（934 闰一～七）
|
②后主孟昶
（934 七～965 一）

后　晋

（936 年十一月 ~ 946 年十二月）

后晋为沙陀人石敬瑭所建。后唐清泰三年（936），河东节度使石敬瑭允割燕云十六州向契丹乞兵，十一月，被契丹立为帝，国号"晋"（《资治通鉴》卷二八〇胡三省注释为："石氏自代北从晋王起太原，既又以太原起事而得中原。太原治晋阳，契丹遂以'晋'命之，故国号'晋'。"）史称"后晋"（见《资治通鉴·后晋纪》）。又以姓氏称"石晋"（见宋·叶隆礼《契丹国志·太宗纪》："石晋轻而畀之"）。闰十一月，后晋灭后唐。初都洛阳，天福三年（938），以汴州为开封府，称东京，迁而都之（西京由原长安改为洛阳。自此历后汉、后周至北宋，皆都于汴）。有今豫、鲁、陕、甘及皖北等地。开运三年（946）十二月，为契丹所灭。传二主，凡十一年。

高祖石敬瑭（936 年十一月 ~ 942 年六月）

［按］沙陀族。原为后唐明宗李嗣源心腹之将。后唐长兴三年（932），为河东节度使，镇守太原。后唐末帝李从珂即位后，他受猜忌，遂于清泰三年（936）四月，起兵反后唐，遭李从珂重兵征讨，乃向契丹称臣请兵，并以父礼事之，约定灭后唐后，割燕云十六州予契丹。十一月，契丹册其为帝（史称"儿皇帝"），即位于柳林（今山西省太原东南），改元"天福"，国号"晋"，史称"后晋"。闰十一月，攻入洛阳，灭后唐。天福三年（938），契丹册其为"英武明义皇帝"。升汴州为东京，迁都之，以洛阳为西京。天福七年（942）六月，病卒。终年五十一岁。葬显陵（今河南省宜阳西北）。谥"圣文章武明德孝皇帝"，庙号"高祖"。养子石重贵继立。

出帝石重贵（942 年六月 ~ 946 年十二月）

［按］为石敬瑭养子。初封郑王，后徙齐王。石敬瑭卒后继立。即位时未改元，于后年（944）七月，改元"开运"。即位后对契丹称孙不称臣，引起契丹不满，开运三年（946）十二月，在契丹军打击下，降，被贬负义侯，后晋亡。宋乾德二年（964）卒。终年五十一岁。

后晋世系

①高祖石敬瑭
（936⑪ ~ 942⑥）

（养子）

②出帝石重贵
（942⑥ ~ 946⑫）

大　理　国

（937 ~ 1094 年）

大理国继大义宁国后而建。也有称"妙香国"，见《滇释记》卷一："妙香，即大理也。""妙香"原指佛寺内的香气，见《楞严经》五："妙香密圆。"可见大理国内佛教盛行。都羊苴咩（jū miē）城（今云南省大理）。辖地东至横山（今贵州省普安），西至江州（今缅甸杰沙），南至鹿沧江（今越南境之黑河），北至大渡河。全境分八府、四郡、三十七部。天祐末年（1094），为大中国所代替。历十五主，凡一百五十八年。

太祖圣神文武帝段思平（937～944年）

［按］其先武威郡（今甘肃省武威）人。先祖段俭魏，佐南诏神武帝，为大将军，败唐军有功，升清平官（南诏王下的最高行政长官）。六传至段思平，在大义宁国肃恭帝杨干贞时，官通海节度使。大明八年（937），以"减尔税粮半，宽尔徭役三载"为口号，会盟三十七部于石城（今云南省曲靖）起兵，一举破苴咩城，灭大义宁国，改国号"大理"。翌年，改年号"文德"。在位期间，厉行改革，尽逐大义宁国旧臣，分封有功之臣。文德七年（944），卒。谥"圣神文武皇帝"。庙号"太祖"。子段思英继立。

文经帝段思英（944～945年）

［按］为段思平子。父卒继立。翌年，改年号"文经"（一作"文经武略"）。当年，被叔段思良废为僧，未几，卒。谥"文经皇帝"。

圣慈文武帝段思良（945～约951年）

［按］名又作"段思胄"。为段思平弟，段思英叔。废侄自立。翌年，改元"至治"（一作"致治"；《云南志略》作"主治"，误）。至治六年（951，一说二年，952）卒。谥"圣慈文武帝"。子段思聪继立。

至道广慈帝段思聪（约951～968年）

［按］为段思良子。父卒继立。改元"明德"。后又改元"广德"，开宝元年（968），改元"顺德"。是年，卒。谥"至道广慈皇帝"。子段素顺继立。

应道帝段素顺（969～985年）

［按］为段思聪子。父卒继立。改年号"明政"（一作"明正"）。明政十七年（985），卒。谥"应道皇帝"。子段素英继立。

昭明帝段素英（986～1009年）

［按］为段素顺子。父卒继立。改年号"广明"。继又改年号"明应"、"明圣"、"明德"、"明治"等。在位二十四年，卒。谥"昭明皇帝"。子段素廉立。

敬明帝（宣肃帝）段素廉（1009～约1022年）

［按］为段素英子。父卒继立。翌年，改元"明启"。明启十三年（1022，一说十二年，1021），卒。谥"敬明皇帝"（一作"宣肃皇帝"）。侄段素隆继立。

秉义帝段素隆（约1022～1026年）

［按］为段素英孙，段素廉侄。段素廉卒后因子早逝，孙段素真尚幼，由他继位。翌年，改元"明通"。明通四年（1026），让位于侄段素真，退位为僧。正治十五年（1041），卒。谥"秉义皇帝"。

圣德帝段素真（1026～约1041年）

[按] 为段素廉孙，段素隆侄。接叔让位而立。翌年，改元"正治"。正治十五年（1041），因子早逝，让位给孙段素兴，退位为僧。一说正治十三年（1039）卒。谥"圣德皇帝"。

天明帝段素兴（约1041～1044年）

[按] 为段素真孙。接祖父让位而立。翌年，改元"圣明"。后又改"天明"。在位期间，筑宫室于东京（今云南省昆明）。在位四年，因昼夜行乐、不问政事为国人所废，众拥段思英曾孙段思廉继位。未几，卒。谥"天明皇帝"。

兴宗孝德帝段思廉（1044～约1075年）

[按] 为文经帝段思英曾孙，段思智子。由国人废段素兴而立之。翌年，改元"保安"。后又改"正安"（一作"政安"）、"正德"（一作"政德"）、"保德"。在位三十五年（一说三十四年），让位于子段廉义，退位为僧。未几，卒。谥"孝德皇帝"，庙号"兴宗"。

上德帝段廉义（约1075～1080年）

[按] 名又作"段连义"。为段思廉子。接父让位而立。翌年，改元"上德"。越年，又改"广安"。广安四年（1080），被近臣杨义贞所害，谥"上德皇帝"。杨义贞自立为帝。

广安帝杨义贞（1080年）

[按] 原为大理国权臣。广安四年（1080），杀上德帝段廉义自立，称"广安皇帝"。在位仅四个月，被清平官高昇泰起兵攻杀。高氏拥段廉义侄段寿辉继位。

上明帝段寿辉（1080～1081年）

[按] 为段思廉孙，段廉义侄。由清平官高昇泰起兵杀夺段氏位的杨义贞后而立。翌年，改元"上明"。当年，被迫让位给堂兄段正明（一说为高昇泰所废）。未几，卒。谥"上明皇帝"。

保定帝段正明（1081～1094年）

[按] 为段思廉孙，段廉义子，段寿辉堂兄。接堂弟让位而立。翌年，改元"保定"（一作"保立"）。后又改"建安"、"天祐"。天祐末年（1094），被迫让位给权臣高昇泰。高昇泰即位后改国号"大中"。大理国亡。段正明卒后谥"保定皇帝"。

大理国世系

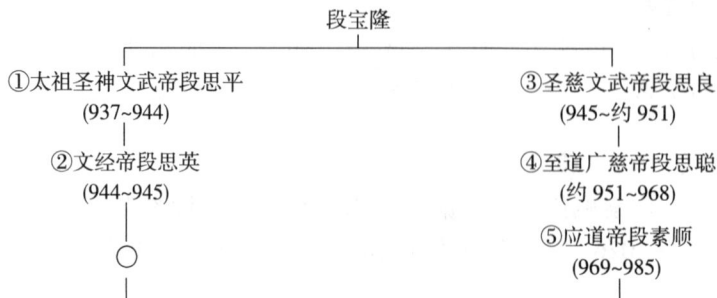

段宝隆

①太祖圣神文武帝段思平（937～944）　　　③圣慈文武帝段思良（945～约951）

②文经帝段思英（944～945）　　　④至道广慈帝段思聪（约951～968）

○　　　⑤应道帝段素顺（969～985）

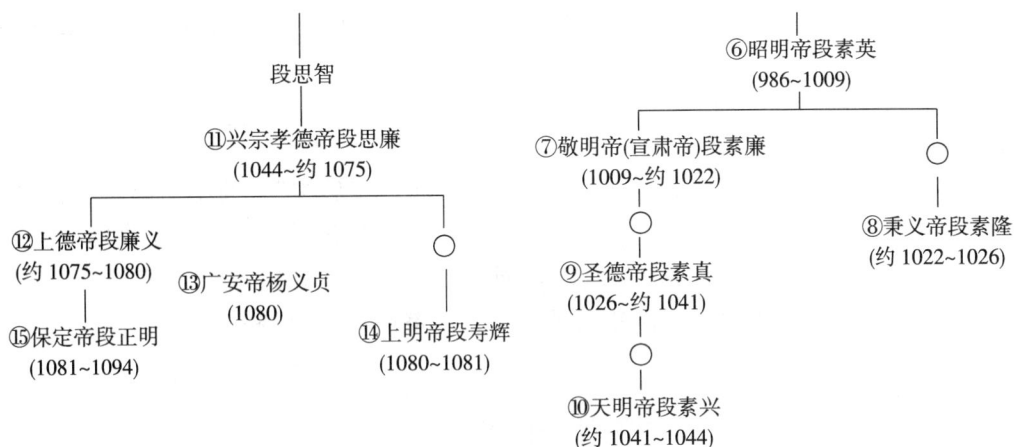

```
                                          ⑥昭明帝段素英
                                          (986~1009)
段思智                              ┌──────────────┴──────────┐
  │                        ⑦敬明帝(宣肃帝)段素廉              ○
⑪兴宗孝德帝段思廉          (1009~约1022)
  (1044~约1075)                    │                    ⑧秉义帝段素隆
┌──────┴────────┐            ⑨圣德帝段素真              (约1022~1026)
⑫上德帝段廉义              (1026~约1041)
  (约1075~1080)    ⑬广安帝杨义贞          │
                     (1080)          ⑩天明帝段素兴
⑮保定帝段正明              ○          (约1041~1044)
  (1081~1094)    ⑭上明帝段寿辉
                   (1080~1081)
```

南　唐

（937 年十月～975 年十一月）

　　天祚三年（937）十月，吴国的权臣李知诰（后改名徐知诰、李昪）废吴睿帝杨溥，称帝，初立国号曰"大齐"。翌年四月，恢复姓"李"，改名"昪（biàn）"，自言为唐宪宗子、建王李恪的四世孙，遂改国号曰"唐"，史称"南唐"（见宋人路振撰《九国志·南唐臣传》）。晚年，因屈就于北宋，又改称"江南国"（见《宋史·南唐李氏世家》："改唐国主为江南国主，唐国印为江南国印"）。都江宁府（今江苏省南京）。统治区域基本上沿袭吴，元宗李璟时，曾一度西灭楚，东灭闽，盛时有今湘、赣及苏、皖淮河以南，闽东、鄂东、粤北、桂北等地，《南唐书》云："比同时割据诸国，地大力强，人才众多，且据长江之险，隐然大邦。"至南唐后主李煜（yù）于宋开宝八年（975）十一月降宋。历三主，凡三十九年。

烈祖李昪（937 年十月～943 年二月）
　　［按］又名"李知诰"、"徐知诰"。字"正伦"。徐州（今属江苏）人。出身微贱，少孤，为杨行密养子，而杨氏诸子不容，乃冒权臣徐温姓氏而由"李知诰"更为"徐知诰"。乾贞元年（927），他拥杨行密子杨溥称帝，遂掌吴实权。天祚三年（937）十月，逼杨溥让位，改元"昪元"。昪元七年（943）二月，病卒。终年五十六岁。谥"光文肃武孝高皇帝"，庙号"烈祖"。葬钦陵（在今江苏省南京市江宁县祖堂山）。子李璟立。

元宗李璟（943 年三月～961 年六月）
　　［按］本名"景通"，曾改名"瑶"，后改"璟"，一作"景"。字"伯玉"。世称"后唐中主"。为李昪长子。父卒继立，改元"保大"。后又改元"中兴"、"交泰"。交泰元年（958）五月，为后周所攻，上表乞附，去帝号，称国主，奉后周年号。他在中国文学史上以词著称，虽今仅存四首，然意境高雅，备受称道。北宋建隆二年（961）六月（《宋史》、《东都事略》作八月，误，今从《南唐书》），病卒。终年四十六岁（一作六十四岁）。谥

"明道崇德文宣孝皇帝"，庙号"元宗"。葬顺陵（在今江苏省南京市江宁县祖堂山）。子李煜继立。

后主李煜（961 年七月～975 年十一月）

［按］初名"从嘉"，字"重光"，号"钟隐"，世称"李后主"。为李璟第六子。父卒继立。他善词乐书画，尤以词名世，其词形象鲜明，语言生动，感情细腻，取得了很高的成就。后人将其与父李璟之作合刻为《南唐二主词》。但善著词而不善治国，开宝八年（975）十一月，国都为北宋军所破，上表请降，南唐亡。两年后被毒死，葬洛阳北邙山。

南 唐 世 系

①烈祖李昇
（937⊕～943㊂）
|
②元宗李璟
（943㊂～961㊅）
|
③后主李煜
（961㊆～975⊕）

中 天 八 国

（942 年七月～943 年十月）

张遇贤（942 年七月～943 年十月）

［按］循州博罗（今广东省博罗）人。初为县吏。据《资治通鉴》卷二八三：天福七年（942）七月，"时循州盗贼群起，莫相统一，贼帅共祷于神，神大言曰：'张遇贤当为汝主。'于是共奉遇贤，称'中天八（一作"大"）国王'，改元永乐，置百官，攻掠海隅。"拥众十余万，军著红衣，人称赤军子。永乐二年（943）十月，"（南）唐主遣洪州营屯都虞候严恩将兵讨张遇贤"，"遇贤弃众奔别将李台。（李）台知神无验，执遇贤以降，斩于金陵市"。

后 汉

（947 年二月～950 年十一月）

五代之一的后汉为沙陀人刘知远所建。后晋 946 年亡于契丹后，晋河东节度使刘知远于次年（947）二月在太原称帝，六月，宣布国号，自以姓刘，遂言为东汉明帝第八子淮阳王刘昞之后，称国号为"汉"，史称"后汉"（见《资治通鉴·后汉纪》）。都东京开封府，其辖地与后晋略同，拥一百零六州。乾祐三年（950）十一月，亡于后周。传二主，凡四年。为五代时最短命的一个王朝。

高祖刘知远（947 年二月～948 年正月）

［按］又名"刘皓"、"刘暠"。沙陀人。初事后唐明宗李嗣源。后随石敬瑭反后唐，为河东节度使。石敬瑭死时，遗诏辅政，受封太原王，徙北平王。因功大位高被后晋出帝石重贵所忌。他在契丹发兵攻打晋出帝时不出兵，致使石重贵被俘。至天福十二年（947）二月，即帝位于晋阳，仍沿用后晋高祖石敬瑭年号"天福"。五月，攻入洛阳、开封后，方建都，六月，正式称国号曰"汉"。翌年正月，改元"乾祐"。当月病卒于开封万岁殿。终年五十四岁。葬睿陵（今河南省禹州）。谥"睿文圣武昭肃孝皇帝"，庙号"高祖"。次子刘承祐继立。

隐帝刘承祐（948 年二月～950 年十一月）

［按］为刘知远次子。父卒继立。因猜忌重将郭威，迫其反，在兵乱中被杀。终年二十岁。葬颍陵（今河南省禹州）。郭威称帝，是为"后周"，后汉亡。

后 汉 世 系

①高祖刘知远
（947⊖～948⊖）
┃
②隐帝刘承祐
（948⊖～950☺）

后 周

（951 年正月～960 年正月）

后汉重将、天雄节度使郭威受后汉隐帝刘承祐的猜忌，乾祐三年（950）十一月，起兵反，旋攻入开封府，灭后汉。次年正月，即皇帝位，自以为是周虢叔（周文王弟）之后（以郭之得姓本于周），遂称国号曰"周"，《旧五代史·周书》记载了郭威的制书，其云："朕本姬室之远裔，虢叔之后昆……今建国宜以'大周'为号。"史称"后周"（见《资治通鉴·后周纪》）。也有以姓氏称"郭周"（见《契丹国志》卷二十："迄至柴氏，以代郭周。"）沿都东京开封府，盛时有今豫、鲁、晋、冀南、陕中、甘东、鄂北，以及苏北、皖北等地。显德七年（960）正月，亡于宋。历三主，凡十年。

太祖郭威（951 年正月～954 年正月）

［按］字"文仲"。邢州尧山（今河北省隆尧）人。幼家贫，十八岁时应募入伍。后汉高祖刘知远重其勇，以为随从。隐帝刘承祐时，为天雄节度使。后汉乾祐三年（950）十一月，隐帝听谗言，欲杀郭威，郭威被迫举兵反，大败后汉军，入汴（开封），灭后汉，翌年正月，即帝位

于崇元殿，国号"周"，史称"后周"。年号"广顺"。广顺三年（953），患疾，次年正月，改元"显德"。上尊号"圣明文武仁德皇帝"。几日后，卒于滋德殿。终年五十一岁。葬嵩陵（今河南省新郑北郭店村）。谥"圣神恭肃文武孝皇帝"（一作"神圣文武恭肃孝皇帝"），庙号"太祖"。养子柴荣继立。

世宗睿武帝柴荣（954年正月～959年六月）

[按] 一称"柴世宗"。邢州龙冈（今河北省邢台西南）人。为郭威养子。封晋王。郭威卒后继立。改元"显德"。即位后，在高平（今山西省高平）大败北汉军。在位期间，改革政治，奖励生产。并向南扩地，北攻契丹，收复莫、瀛、易三州，为北宋统一奠定了基础。历史上堪称明君。显德六年（959）六月，病卒于滋德殿。终年三十九岁。葬庆陵（今河南省新郑北郭店村）。谥"睿武孝文皇帝"，庙号"世宗"。子柴宗训继立。

恭帝柴宗训（959年六月～960年正月）

[按] 为柴荣子。初封梁王。父卒继立，时年七岁。次年（960）正月初一，群臣贺元旦，忽报契丹与北汉合兵南下，令归德军节度使赵匡胤领兵御之，初三日，军至陈桥驿（今河南省开封东北），将士拥赵匡胤称帝，四日，黄袍加身，高呼万岁，史称"陈桥兵变"。五日，正式登基，贬柴宗训为郑王，后周亡。柴宗训于开宝六年（973）卒于房州。终年二十一岁。谥"恭帝"，还葬庆陵之侧，曰顺陵。

后周世系

①太祖郭威
(951㊀～954㊀)

（养子）

②世宗睿武帝柴荣
(954㊀～959㊅)

③恭帝柴宗训
(959㊅～960㊀)

北 汉

(951年正月～979年五月)

"十国"中之"北汉"，为沙陀人刘旻（即刘崇）所建。刘旻，为后汉高祖刘知远母弟。乾祐四年（951）正月，后周太祖郭威建政以代后汉，刘旻时为河东节度使，他不从后周，乃称帝于晋阳（今山西省太原西南晋源镇），国号"汉"，史称"北汉"（北宋刘恕所撰《十国纪年》首用"北汉"之称）。亦有以在河东建汉而称"东汉"（见《新五代史·东汉世家》和路振《九国志·东汉臣传》）。还有以姓氏称

"刘汉"。（见《西夏书事》卷四："西南招讨使韩德威言……与银夏共衡刘汉"。）拥有今晋北和陕、冀部分地区。至广运六年（979）五月，为北宋所灭。历四主，凡二十九年。

世祖神武帝刘旻（951 年正月～954 年十一月）

[按] 初名"刘崇"。沙陀人。世居太原。为后汉高祖刘知远母弟。后汉时，为北京（即太原）留守、河东节度使。时郭威为枢密使，与之不协。广顺元年（951）正月，不从郭威所建之后周，于太原即位，称"大汉神武皇帝"，沿用后汉年号"天祐"。为抗后周，向契丹（辽）求助，以叔事之，称"侄皇帝"。后为后周所败，忧疾，乾祐七年（954）十一月，病卒（刘旻卒年，史载有异，《资治通鉴》卷二九二胡三省注有详考，请参考）。终年六十岁。子刘钧继立。

睿宗孝和帝刘钧（954 年十一月～968 年七月）

[按] 原名"刘承钧"。为刘旻次子。父卒继立，仍沿用"天祐"年号。对契丹（辽）称"儿皇帝"。即位时未改元，天祐十年（957）正月，改元"天会"。天会十二年（968）七月，病卒。谥"孝和皇帝"，庙号"睿宗"。养子刘继恩继立。

少主刘继恩（968 年七～九月）

[按] 本姓"薛"。为刘钧养子。养父卒后继立。未改元。当年九月，为权臣所杀，权臣郭无为迎其弟刘继元立之。

英武帝刘继元（968 年九月～979 年五月）

[按] 本姓"何"。为刘钧养子，刘继恩弟。兄被杀后继立。即位时未改元。天会十八年（974）正月，改元"广运"（据《新五代史·刘继元传》："继元立，改元曰'广运'。"说得很含混。据《十国春秋》引《刘继颙碑》，末署"广运元年，岁次'甲戌'"；《千佛楼碑》亦署"广运二年，岁次'乙亥'。"可知广运元年为 974 年。今从《十国春秋》作"正月"）。广运六年（979）五月（据《续资治通鉴长编》，《辽史》作"六月"，不采），为北宋所攻，降，北汉亡。

北 汉 世 系

①世祖神武帝刘旻
（951○～954○）

②睿宗孝和帝刘钧
（954○～968○）

（养子）

③少主刘继恩
（968○～九）

④英武帝刘继元
（968九～979○）

北　宋

（960 年正月～1126 年十二月）

　　后周显德七年（960）正月，"陈桥兵变"，赵匡胤代后周而有天下，国号"宋"（后周时，赵匡胤镇宋州，治宋城［今河南省商丘南］，因其为得势之地，故以为国号），史称"北宋"。因皇室姓赵，包括南宋在内，历史上又称其为"赵宋"（见《辽史·地理志》："南子石晋而兄弟赵宋"）。也有以宋以火德而称"炎宋"（见《宋史·乐志》："於赫炎宋"）。沿袭北周，仍都东京开封府。赵匡胤即位后，迅速平定内乱，逐次消灭南平、后蜀、南汉、南唐、吴越、北汉等割据政权，至太平兴国四年（979）太宗赵光义时，除北方契丹（辽）、西北西夏外，统一了中原地区，结束了"五代十国"的分裂割据局面。时，全国形势形成契丹（辽）、北宋、西夏三足鼎立的格局。初期，相互战争不断，至景德元年（1004），"澶渊之盟"后，稳定了百余年。后，东北女真兴起，建立金国。金灭辽后，迅速南下，靖康元年（1126）十二月，钦宗赵桓降金，北宋遂亡。历九主，凡一百六十七年。

太祖赵匡胤（960 年正月～976 年十月）

　　［按］涿郡（今河北省涿州）人。后周世宗柴荣时，典禁军，拜殿前都点检。数从柴荣征伐，屡建战功，掌军多年，颇得士卒拥护。及柴荣卒，子柴宗训继立，时年七岁，权臣多疑其才能，众望归赵匡胤，将士密谋拥戴。显德七年（960）正月，北汉引契丹军南下，赵匡胤奉命领兵御之，军至陈桥驿（今河南省开封东北），诸将在其弟赵光义及归德军节度掌书记赵普带领下，发动兵变，"黄袍加身"，拥赵匡胤为帝，罗拜，山呼万岁，史称"陈桥兵变"。旋回京夺位。国号曰"宋"，史称"北宋"。建元"建隆"。即位后，迅速巩固内部，着手统一中原。建隆四年（963）二月，亡南平；是年十一月，改元"乾德"，上尊号"应天广运仁圣文武至德皇帝"；乾德三年（965）正月，亡后蜀；乾德六年（968）十一月，改元"开宝"，增号曰"应天广运大圣神武明道至德仁孝皇帝"。开宝四年（971）三月，亡南汉；开宝八年（975）十一月，亡南唐。在位时，着手削夺禁军将领与藩镇的兵权；以三司分割相权；以文官代军管理地方，种种措施加强皇权。他的以文抑武，重点防内的方针，对有宋一代形成"积贫积弱"的国势有直接影响。次年（976）十月，猝卒于万岁殿。其死因成为历史悬案。终年五十岁。葬永昌陵（在今河南省巩义南"西村陵区"）。谥"英武圣文神德皇帝"，庙号"太祖"。大中祥符元年（1008），加谥"启运立极英武睿文神德圣功至明大孝皇帝"。弟赵光义继立。

太宗赵光义（976 年十月～997 年三月）

　　［按］初名"赵匡义"，后又改名"赵炅"。为赵匡胤同母弟。显德七年（960）正月，领兵拥兄称帝，兄即位后受重用。次年六月，母令兄传位于弟，遂兄终弟及。即位后，继续统一事业，太平兴国三年（978）五月，灭吴越；八月，上尊号"应运统天圣明文武皇帝"；次年五月，灭北汉，基本上统一了中原地区；太平兴国六年（981）十月，增号"应运统天睿文英武大圣至明广孝皇帝"；数次北伐契丹，欲取幽蓟，皆不利。政治上继续加强"重文"风气，大增进士科中式名额，编纂《太平御览》等。至道三年（997）三月，病卒。终年五十九岁。葬永熙陵（在

今河南省巩义南"西村陵区"）。谥"神功圣德文武皇帝"，庙号"太宗"。大中祥符元年（1008），加谥"至仁应道神功圣德文武大明广孝皇帝"。子赵恒继立。

真宗赵恒（997 年三月～1022 年二月）

［按］初名"赵德昌"，后改名"赵元休"、"赵元侃"。为赵光义第三子。至道元年（995）八月，立为皇太子，改名"赵恒"。父卒继立。咸平二年（999）八月，上尊号"崇文广武圣明仁孝皇帝"。景德元年（1004），辽军大举南下，与辽订立历史上著名的"澶渊之盟"，此后辽宋和平相处百余年。这一时期是宋初的经济发展时期，大兴祥瑞，封禅泰山，号为"大功业"。大中祥符元年（1008）六月，上尊号"崇文广武仪天尊道宝应章感圣明仁孝皇帝"；五年（1012）闰十月，增号"崇文广武感天尊道应真佑德上圣钦明仁孝皇帝"。天禧三年（1019）七月，增号"体元御极感天尊道应真宝运文德武功上圣钦明仁孝皇帝"。天禧四年（1020），病重，语言错乱，委政于太子，事决于皇后。乾兴元年（1022）二月，改尊号"应天尊道钦明仁孝皇帝"，数日后，卒于延庆殿。终年五十五岁。葬永定陵（在今河南省巩义南"蔡庄陵区"）。谥"文明武定章圣元孝皇帝"，庙号"真宗"。庆历七年（1047），增谥"膺符稽古神功让德文明武定章圣元孝皇帝"。子赵祯继立。

仁宗赵祯（1022 年二月～1063 年三月）

［按］初名"赵受益"。为赵恒第六子。天禧二年（1018）九月，立为皇太子，改名"赵祯"。父卒继立，时因年幼，政事决于太后。天圣二年（1024）十一月，上尊号"圣文睿武仁明孝德皇帝"；明道二年（1033）二月，增号"睿圣文武体天法道仁明孝德皇帝"（后又去"睿圣文武"四字）。四月，始亲政。景祐二年（1035）十一月，又增号"景祐体天法道钦文聪武圣神孝德皇帝"（宝应元年［1038］十一月，改"景祐"为"宝元"；康定元年［1040］二月，又去"宝元"二字）。在位期间，经济虽有所发展，然外患忧重，与契丹、西夏战中屡败，纳币求和。政治上因循苟且相习成风。晚年多病，嘉祐八年（1063）三月，卒于福宁殿。终年五十四岁。葬永昭陵（在今河南省巩义南"孝义陵区"）。谥"神文圣武明孝皇帝"，庙号"仁宗"。侄赵曙继立。

英宗赵曙（1063 年四月～1067 年正月）

［按］又名"赵宗实"。为濮安懿王赵允让（太宗赵光义孙）第十三子，仁宗赵祯侄。赵祯有三子，早亡。嘉祐七年（1062）八月，诏立其为太子，他称疾不受，乃立肩舆抬入宫内受之。次年三月，赵祯临死前诏使继位，其曰："某不敢为！"辅臣被御服，四月，即皇帝位，诏请皇太后听政。治平四年（1067）正月，上尊号"体乾膺历文武圣孝皇帝"。数日后，病卒。终年三十六岁。葬永厚陵（在今河南省巩义南"孝义陵区"）。谥"宪文肃武宣孝皇帝"，庙号"英宗"。长子赵顼（xū）继立。

神宗赵顼（1067 年正月～1085 年三月）

［按］初名"赵仲鍼（zhēn）"。为赵曙长子。治平三年（1066）十二月，立为皇太子。父卒继立。即位后，任用王安石进行变法。元丰八年（1085）三月，病卒于福宁殿。终年三十八岁。葬永裕陵（在今河南省巩义南"八陵陵区"）。谥"英文烈武圣孝皇帝"，庙号"神宗"。子赵煦继立。

哲宗赵煦（1085 年三月～1100 年正月）

［按］初名"赵佣"。为赵顼第六子。元丰八年（1085）三月，立为皇太子。当月父卒继立，年仅十岁，由高太后听政。任用司马光，废王安石新政。元祐八年（1093）九月，高太后卒，亲政。他起用新党章惇、曾布等，贬斥保守势力吕大防等，形成官僚间的派系斗争。元符三年

（1100）正月，卒于福宁殿。终年二十五岁。葬永泰陵（在今河南省巩义南"八陵陵区"）。谥"钦文睿武昭孝皇帝"，庙号"哲宗"。弟赵佶（jí）继立。

徽宗赵佶（1100 年正月 ~ 1125 年十二月）

［按］又称"道君皇帝"。为神宗赵顼第十一子，赵煦弟。兄终弟及。在位期间，任用蔡京、童贯，穷奢增税，贪污横行，搜刮江南奇花怪石于京筑园，称"花石纲"，引起民众不满。尊崇道教，筑殿建观，自称教主道君皇帝。时金在东北兴起，宣和七年（1125）二月，金灭辽后，迅速南下。十二月，在金军打击下，让位与太子赵桓，自称太上皇。越年闰十一月，京城失陷，被俘，北迁至五国城（今黑龙江省依兰），绍兴五年（1135），卒。终年五十四岁。棺南返，葬永佑陵（在今浙江省绍兴东南）。谥"圣文仁德显孝皇帝"，庙号"徽宗"。

他擅长书画，传有真书及草书《千字文卷》，创"瘦金体"；传有《池塘秋晚》等多种画作；并广收古物与书画，网罗画家，编《宣和书谱》、《宣和画谱》、《宣和博古图》等，在艺术史上占重要地位。

钦宗赵桓（1125 年十二月 ~ 1126 年十二月）

［按］初名"赵亶"，后改"赵烜"，又改"赵桓"。为赵佶长子，政和五年（1115）二月，被立为皇太子。宣和七年（1125）十二月，接父让位而立。时金军大举南下，次年（1126）初，任李纲进行抵抗，谪蔡京、童贯，后逐李纲求和。十二月，出降被执，北宋亡。绍兴三十一年（1161），卒于燕京（今北京）。终年六十二岁。谥"恭文顺德仁孝皇帝"，庙号"钦宗"。

北 宋 世 系

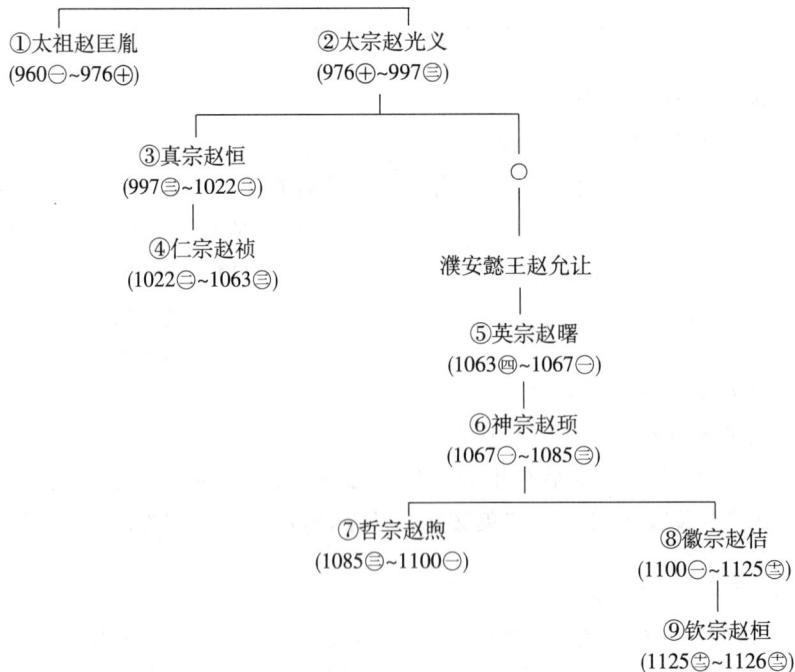

定 安 国

（约 970～991 年以后）

定安国为渤海遗民所建。据《宋史·定安国传》："定安国本马韩之种，为契丹所攻破，其酋帅纠合余众，保于西鄙，建国改元，自称定安国。"其开国时间，史未载明，最早见载的时间是"开宝三年（970）"，本年表姑从此年始计。其地域史家认识不一，有西京鸭渌府说（今吉林省临江附近）、夫余府说（今吉林省农安附近）等。后被辽（契丹）所并。

烈万华（约 970～约 976 年）

[按] 据《宋史·定安国传》："开宝三年（970），其国王烈万华因女真遣使入贡，乃附表贡献方物。"其他情况不明。

乌玄明（约 976～991 年以后）

[按] 据《宋史·定安国传》：太平兴国六年（981）冬，乌玄明托女真使向宋上表，"其末题云：'元兴六年十月　日，定安国王臣玄明表上圣皇帝前'"。可知乌玄明时，年号为"元兴"，并知"元兴元年"为 976 年。姑以此年为乌玄明的即位之年。《传》又记："端拱二年（989），其王子因女真使附献马、雕羽鸣镝。淳化二年（991），其王子太元因女真使上表，其后不复至。"

［西州回鹘］

（981～1130 年）

又称"高昌回鹘（hú）"、"和州回鹘"。以其首府设在高昌（唐称西州，一作和州，讹作火州）而称之。名称始见于 9 世纪中叶以后，最早见载于杜牧《樊川文集》卷二十《西州回鹘授骁卫大将军制》（据考，该《制》作于大中五年［851］）。其建政年有诸说：大中十年（856）；咸通元年（860）左右；太平兴国六年（981）等。

盛时领地大致东至哈密，北界阿尔泰山，西接葱岭（帕米尔），南邻于阗。有学者认为，西州回鹘是回鹘的嫡系。其首领有史籍载称"阿厮兰汗"（即"阿萨兰"，意"狮子王"，故又称其为"阿萨兰回鹘"，见《辽史》、《宋史》）；也有称"亦都护"（意"幸福之主"），《元史·巴而术阿而忒的斤传》："'亦都护'者，高昌国主号也。"拉施德《史集》："称国王为'亦都护'，乃是'幸福之主'意。"下置九宰相、枢密使、金紫光禄大夫、检校太师、御史大夫及大、小伯克等。有关亦都护的传承情况，由于史载缺略，很多问题尚未弄清。

阿厮兰汗（981～？年）

[按] 又写作"阿尔斯兰汗"、"阿厮兰汉"等，意"狮子可汗"。人名佚。据《宋史·高昌

传》："乾德三年十一月，西州回鹘可汗遣僧法渊献佛牙、琉璃器、琥珀盏。太平兴国六年（981），其王始称西州外生（甥）师子王阿厮兰汉。"有学者认为，在此"阿厮兰汗"前尚有"仆固俊"（《新唐书·回鹘传》："懿宗时，大酋仆固俊自北庭击吐蕃"）、"乌母主可汗"（《辽史·太祖纪》：天赞三年［924］"十一月乙未朔，获甘州回鹘都督毕离遏，因遣使谕其主乌母主可汗"）。本年表采《宋史》981年"始称"汗说。余况不详。

毕勒哥（？ ~1130 年）

［按］据《辽史·天祚帝纪》：天会八年（1130），耶律大石"整旅而西。先遣书回鹘王毕勒哥……毕勒哥得书，即迎至邸，大宴三日。临行，献马六百，驼百，羊三千，愿质子孙为附庸，送至境外"。可知，于1130年投附西辽。余况不详。

又据《元史·巴而术阿而忒的斤传》，传主人为高昌回鹘亦都护时，起初"臣于契丹（即西辽），岁己巳（1209 年），闻太祖（成吉思汗）兴朔方，遂杀契丹所置监国等官，欲来附。未行，帝遣使使其国。亦都护大喜，即遣使入奏曰：'……自今而后，愿率部众为臣仆。'"遂又投附蒙古。附记于此。

蜀

（994 年正月 ~995 年二月）

大蜀王李顺（994 年正月 ~五月）

［按］茶贩出身。因不堪被欺压，于淳化四年（993）二月，参加王小波在青城县（今四川省都江堰东南）的反宋起义。提出"均贫富"的口号。众日夥，攻占州县。当年十二月，王小波中箭身亡后，继领其众，五年（994）正月，攻入成都，称"大蜀王"，年号"应运"。史家称为"大蜀政权"（见《中国史稿》）。占据"北抵剑关，南距巫峡"的四川大部分地区。五月，成都失陷，被擒。由张馀继领其众。

张馀（994 年五月 ~995 年二月）

［按］原为李顺将领。李顺被执后，继领其众继续战斗。成都失陷后，继攻占嘉、戎、泸、渝、涪、忠、万、开等八州。应运二年（995）二月，在嘉州被执杀。政权瓦解。

蜀

（1000 年正月 ~十月）

王均（1000 年正月 ~十月）

［按］原为都虞候。咸平三年（1000）正月，益州（今四川省成都）戍卒赵延顺等举兵反

宋，奉其为主，"号大蜀，改元'化顺'，署置官称，设贡举"（据《续资治通鉴长编》卷四十六；《长编纪事本末》引《治迹统类》作"置官称帝，设乘舆"）。宋遣工部侍郎领军攻之，王均终因抵抗无效，当年十月，自缢身亡。政权瓦解。

唃厮啰（邈川吐蕃）

（1015～1104 年四月）

唃（gǔ）厮啰，本为人名，是吐蕃的后裔（有说是吐蕃王朝末代赞普达磨五世孙赤德的后人），由其所建的政权，史称"唃厮啰"。因地处邈川（今青海省乐都），汉文史籍又称作"邈川吐蕃"。都青唐（今青海省西宁）。盛时辖地以湟水流域为中心，包括今甘、青两省的部分地区，史称"占沙湟间二千余里"。关于其建政时间，史载不清，《民族辞典》作大中祥符八年（1015），本年表依从之。崇宁三年（1104）四月，宋军攻占邈川地区，溪赊罗撒败投西夏，政权瓦解。随之，宋改鄯州为西宁，此地区归宋统治。中历六主。凡九十年。

唃厮啰（1015～1065 年十月）

［按］名又译作"嘉勒斯赍"，意为"佛子"。本名"欺南凌温"，号"瑕萨"。为吐蕃赞普后人。生于高昌，十二岁时被带往河州（今甘肃省临夏），取名"唃厮啰"，因血统高贵，诸部争拥之。后为宗哥首领李立遵、邈川首领温逋奇尊为"赞普"（亦作"篯逋"，藏语君王）。继因温逋奇发动宫廷政变未遂，徙都青唐。天圣十年（1032），受宋封宁远大将军、爱州团练使、邈川大首领。治平二年（1065）十月，病卒。终年六十九岁。子董毡继立。

董毡（1065 年十月～约 1083 年）

［按］为唃厮啰第三子。父卒继立。在位期间，对宋、西夏有战有和。大约元丰六年（1083；一说元祐元年，1086）卒。由养子阿里骨继立。

阿里骨（约 1083～1096 年九月）

［按］名又译作"阿令古"、"阿骨"。本为于阗人。少随母事董毡，为养子。养父卒后继立。因出身不高贵，遭反对；又因性残忍，失人心。唃厮啰家族成员，欲图"复国"。绍圣三年（1096）九月，卒。子瞎征继立。

瞎征（1096 年十月～1099 年七月）

［按］又名"邦彪篯"。为阿里骨子。父卒继立。元符二年（1099），为宋所攻，失邈川，被逐，徙居青唐新城，削发为僧。八月，降宋。大首领篯罗结等迎陇拶入青唐立之。

陇拶（1099 年八～九月）

［按］汉名"赵怀德"，为唃厮啰侄孙溪巴温子。原居河南，瞎征被逐后，为大首领篯罗结等迎立之。下月，降宋。篯罗结等又立其弟溪赊罗撒。

溪赊罗撒（1099 年九月~1104 年四月）

[按] 为溪巴温子，陇拶弟。又称"小陇拶"。因兄降宋，为篯罗结等首领拥立为王。建中靖国元年（1101）十一月，受宋封西平军节度使、邈川首领。后，又受宋攻，崇宁二年（1103），湟州失陷，次年（1104）四月，青唐失陷，溪赊罗撒走投西夏。余众降宋。唃厮啰政权瓦解。

唃厮啰（邈川吐蕃）世系

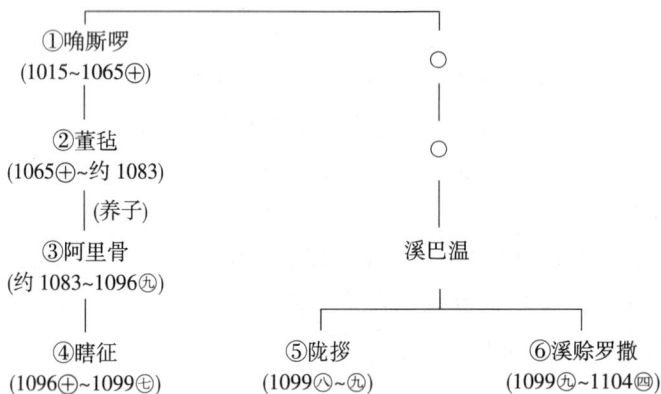

```
                         ┌──────────────────────┐
                    ①唃厮啰                      ○
                  (1015~1065⊕)                   │
                      │                          │
                    ②董毡                        ○
                 (1065⊕~约 1083)
                      │                       溪巴温
                   (养子)                ┌──────┼──────┐
                    ③阿里骨           ⑤陇拶           ⑥溪赊罗撒
                 (约 1083~1096⑨)   (1099⑧~⑨)    (1099⑨~1104④)
                      │
                    ④瞎征
                 (1096⊕~1099⑦)
```

兴 辽 国

（1029 年八月~1030 年八月）

天显元年（926），渤海国为辽所灭。一百多年后，太平九年（1029）八月，渤海后裔大延琳起兵反辽，在东京（今辽宁省辽阳）立国，号"兴辽"。辽遣大军镇压。翌年（1030）八月，俘大延琳。兴辽政权瓦解。

大延琳（1029 年八月~1030 年八月）

[按] 渤海人。为大祚荣的后裔。辽圣宗时，为东京舍利详稳。因不堪忍受辽统治者的欺凌，于太平九年（1029）八月，起兵反辽称王，号"兴辽"，改元"天庆"（一作"天兴"）。辽遣燕京留守萧孝穆领兵镇压。翌年八月，都城为辽军攻破，大延琳被执。起兵失败，兴辽国亡。

西夏（大夏、大白高国、白高大夏国）

（1038 年十月~1227 年七月）

自称"大夏"（或"夏"，见《宋史·夏国传》中李元昊称帝时向北宋的上表：

"国称'大夏'"）及"大白高国"（或"白高大夏国"、"白高国"，见黑水城文献中的汉文佛经题记）。都兴庆府（后改为中兴府，今宁夏银川），因地处西北，宋人称之为"西夏"（见《宋史·夏国传》宋仁宗诏："西夏之土，世以为胙"）。是为党项羌人所建立的政权。党项羌为古羌的一支，南北朝时，始兴于今青海东南部黄河河曲一带。唐初内附，其中以拓跋部为最强，其首领受赐李姓。吐蕃兴起后，受其所迫，移至今甘肃东部、宁夏和陕西西北部一带，以夏州（今陕西省靖边）为中心的平夏部为最强。唐末，其首领拓跋思恭受任为夏州定难军节度使，统五州，继封"夏国公"。北宋初年，削藩。以李继迁为首进行反抗，咸平五年（1002），攻占灵州（今宁夏灵武），改西平府，徙居之。至其子李德明时，一面向北宋和辽称臣，一面积极准备称帝开国。天禧四年（1020），改怀远镇为兴州（今宁夏银川），迁而都之。天圣九年（1031），其子李元昊继立，废唐、宋赐姓，改姓"嵬名氏"，自号"兀卒"（又译作"乌珠"、"吾祖"，意"天子"），于大庆三年（1038）十月，称帝，国号"大夏"。关于此政权的起始，学界虽有不同看法，但一般以李元昊称帝为始。此政权盛时统领二十二州，"方二万余里"，包括今甘肃大部、宁夏全部、陕西北部、青海东北部，以及新疆和内蒙古部分地区，与辽（金）、宋呈三足鼎立之势。至宝义二年（1227）七月，为蒙古所灭。历十主，凡一百九十年。

景宗武烈帝李元昊（1038年十月～1048年正月）

［按］又作"赵元昊"。又名"李曩霄"，小字"嵬理"。党项首领李德明子。天圣九年（1031），父卒继任，受宋封定难军节度、夏银绥宥静等州观察处置押藩落使、西平王。宝元元年（1038）十月，称帝建国，改元"天授礼法延祚"。厘定官制、军制、法律等。创制西夏文字。击败吐蕃与回鹘，多次与宋战争。天授礼法延祚十一年（1048）正月，被子宁令哥刺杀身亡。终年四十六岁。葬泰陵（今宁夏银川西贺兰山东麓，有学者推测为西夏王陵区中的三号陵）。谥"武烈皇帝"，庙号"景宗"。子李谅祚继立。

毅宗昭英帝李谅祚（1048年正月～1067年十二月）

［按］又作"赵谅祚"。本名"宁令谅祚"（"宁令"为党项语，"欢喜"之意；"谅祚"为河名，因其生于两岔河畔，而以河之谐音名之）。李元昊子。兄宁令哥刺杀父，继被处死。他受众拥而立，时刚满周岁，由母后摄政，外戚专权。至十二岁时，方亲政。在位时曾向宋求取《九经》等书。拱化五年（1067）十二月，卒。终年二十岁。葬安陵（今宁夏银川西贺兰山东麓）。谥"昭英皇帝"，庙号"毅宗"。子李秉常继立。

惠宗康靖帝李秉常（1067年十二月～1086年七月）

［按］为李谅祚长子。父卒继立，时年七岁，由母后摄政。大安二年（1076），始亲政。天安礼定元年（1086）七月，病卒。终年二十六岁。葬献陵（今宁夏银川西贺兰山东麓）。谥"康靖皇帝"，庙号"惠宗"。长子李乾顺继立。

崇宗圣文帝李乾顺（1086年七月～1139年六月）

［按］为李秉常长子。父卒继立，时年三岁，由母后摄政。永安二年（1099），始亲政。大

德五年（1139）六月，卒。终年五十六岁。葬显陵（今宁夏银川西贺兰山东麓）。谥"圣文皇帝"，庙号"崇宗"。长子李仁孝继立。

仁宗圣德帝李仁孝（1139 年六月 ~ 1193 年九月）

［按］为李乾顺长子。父卒继立，时年十六岁。乾祐二十四年（1193）九月，卒。终年七十岁。葬寿陵（今宁夏银川西贺兰山东麓，有学者认为是西夏王陵区中的七号陵）。谥"圣德皇帝"，庙号"仁宗"。长子李纯祐继立。

桓宗昭简帝李纯祐（1193 年九月 ~ 1206 年正月）

［按］为李仁孝长子。父卒继立。天庆十三年（1206）正月，被父族弟越王李仁友子李安全发动宫廷政变而废。三月，暴卒。葬庄陵（今宁夏银川西贺兰山东麓）。终年三十岁。谥"昭简皇帝"，庙号"桓宗"。

襄宗敬穆帝李安全（1206 年正月 ~ 1211 年七月）

［按］为仁宗李仁孝族弟、越王李仁友子。天庆三年（1196）十二月，父死后他求袭越王爵，遭桓宗李纯祐拒绝，被降封为镇夷郡王，心中不满。十三年（1206）正月，联合李纯祐母罗氏发动宫廷政变，废李纯祐而自立之。皇建二年（1211）七月，为李遵顼（xū）所废。下月，卒。年四十二岁。葬康陵（今宁夏银川西贺兰山东麓）。谥"敬穆皇帝"，庙号"襄宗"。

神宗英文帝李遵顼（1211 年八月 ~ 1223 年十二月）

［按］为西夏宗室、齐王李彦宗子。天庆十年（1203），试进士第一，允袭封齐王。皇建二年（1211）八月，乘蒙古大军攻击之机，发动宫廷政变，废襄宗自立，改元"光定"。光定十三年（1223）十二月，迫于蒙古的威逼，让位于次子李德旺，自称太上皇。乾定四年（1226）卒。终年六十四岁。葬今贺兰山东麓，有学者认为是西夏王陵区中的六号陵。谥"英文皇帝"，庙号"神宗"。

献宗李德旺（1223 年十二月 ~ 1226 年七月）

［按］为李遵顼次子。接父传位而立。乾定四年（1226）七月，病卒。终年四十六岁。葬今贺兰山东麓，庙号"献宗"。侄李睍（xiàn）继立。

末帝李睍（1226 年七月 ~ 1227 年七月）

［按］为神宗李遵顼孙，清平郡王子，献宗李德旺侄。初封南平王。李德旺卒后受拥继立。时蒙古大军压境，国势濒危。宝义二年（1227）春，国都中兴府被围，坚持数月，抵抗无效，七月，出降。西夏亡。

关于李睍的纪年史家看法不一，有年表作 1227 年改元"宝义"，当年六月亡；《中国历代年号考》（中华书局 1981 年版）作 1226 年七月改元，1227 年六月亡；《中国民族史人物辞典》（中国社会科学出版社 1990 年版）"李睍"条云："乾定四年（1226）七月，献宗死，被拥立继位，改元'宝义'……宝义二年（1227）……七月出降，被蒙古军杀死于萨里川，夏国亡。"本年表依从后说。

西夏（大夏、大白高国、白高大夏国）世系

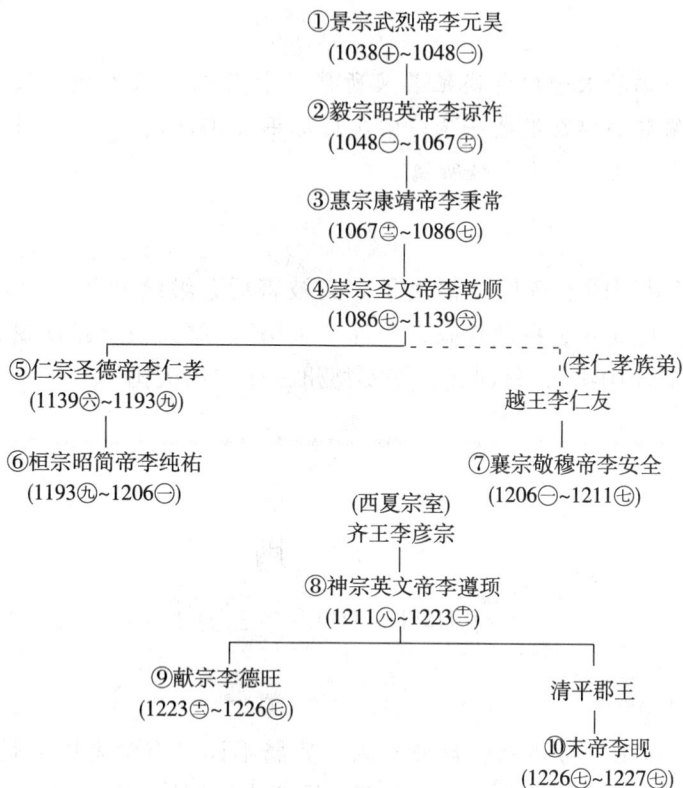

```
          ①景宗武烈帝李元昊
           (1038⊕~1048⊖)
                │
          ②毅宗昭英帝李谅祚
           (1048⊖~1067⊕)
                │
          ③惠宗康靖帝李秉常
           (1067⊕~1086⊕)
                │
          ④崇宗圣文帝李乾顺
           (1086⊕~1139⊗)
        ┌───────┴─ ─ ─ ─ ─ ┐
⑤仁宗圣德帝李仁孝          (李仁孝族弟)
 (1139⊗~1193⊕)           越王李仁友
        │                    │
⑥桓宗昭简帝李纯祐     ⑦襄宗敬穆帝李安全
 (1193⊕~1206⊖)        (1206⊖~1211⊕)

              (西夏宗室)
              齐王李彦宗
                │
          ⑧神宗英文帝李遵顼
           (1211⊗~1223⊕)
        ┌───────┴───────┐
   ⑨献宗李德旺          清平郡王
  (1223⊕~1226⊕)          │
                    ⑩末帝李睍
                   (1226⊕~1227⊕)
```

长 其 国

（1039 年正月 ~ ？月）

　　长其国由侬人在今广西左、右江上游地区所建。侬人，自称"布侬"，以"侬"为姓，其住地称"侬峒"，为今壮族的主要来源。宋宝元二年（1039）正月，其首领侬全福发动"侬侗起事"，对抗交趾李氏王朝的进犯。据广源州（在今中越边境），自称"昭圣皇帝"，国号"长其"。同年，兵败被杀。两年后，其子侬智高又建"大历国"。

昭圣帝侬全福（1039 年正月 ~ ？月）

[按] 名又作"侬存福"。广西侬人。广源州人。北宋时，为当地侬人首领，宋曾封其为知州。宝元二年（1039）正月，举兵反交趾李朝进犯，建"长其国"，自称"昭圣皇帝"，封长子侬智聪为南衙王。当年，兵败，父子同被交趾所俘，遂遭害。

大 历 国

（1041 年）

　　大历国由侬全福的次子侬智高继其父所建"长其国"后所建。父在反抗交趾进犯的战争中被杀，侬智高率众继续斗争。宋庆历元年（1041），在傥犹州（今广西靖西），"建国曰'大历'"。未几，为交趾所擒。

侬智高（1041 年）

　　［按］侬人。为长其国昭圣帝侬全福次子。父被害后，继续领兵斗争。庆历元年（1041），在母阿侬支持下，攻占傥犹州，据此建政，号称"大历"。继又被交趾所擒，不久获释，被交趾委任知广源州。约八年（1048），复起兵，据安德州，称"南天国"。

大 唐 国

（约 1041～1045 年三月）

蒙赶（约 1041～1045 年三月）

　　［按］广南西路白崖山（今贵州省荔波）人。族属不详（有学者以为是水族先民）。庆历初年（1041），与区希范、区正辞联兵反宋，称帝，号"大唐国"。四年（1044），攻占环州、镇宁州。次年（1045）三月，受宋引诱，赴宴结盟，被迷药迷倒，为所执杀。政权瓦解。

安 阳 国

（1047 年十一月～1048 年闰正月）

东平郡王王则（1047 年十一月～1048 年闰正月）

　　［按］涿州人。为贝州（今河北省清河西）宣毅军小校。庆历七年（1047）十一月，占据贝州，举兵反宋。《续资治通鉴长编》卷一六一云："（王）则僭号东平郡王，以张峦为宰相，卜吉为枢密使，建国曰'安阳'（原注：宋本、宋撮要本均作'安杨'）。榜所居门曰"中京"，居室厩库皆立名号，改元曰'得圣'（一作'德圣'），以十二月为正月。""城以一楼为一州，书州名，补其徒为知州，每面置一总管。"次年闰正月，城破，被执杀。"则自反至败，凡六十五日"。

南 天 国

（1048～1052 年五月）

为侬智高继"大历国"后，于宋庆历八年（1048）再举兵所建。皇祐四年（1052）五月，改称"大南国"。

仁惠帝侬智高（1048～1052 年五月）

［按］侬人。为长其国昭圣帝侬全福次子。庆历元年（1041），建"大历国"。不久，为交趾李氏王朝所俘。获释后，受任广源知州。八年（1048），再起兵，据安德州（今广西靖西县安德镇），建"南天国"。自称"仁惠皇帝"，年号"景瑞"。称帝后，多次击退交趾的进攻。皇祐四年（1052）五月，攻下邕州（今广西南宁），改国号"大南国"。

大 南 国

（1052 年五月～1053 年正月）

仁惠帝侬智高（1052 年五月～1053 年正月）

［按］为对抗交趾的进犯，继父"长其国"后而建"大历国"，后又改"南天国"。皇祐四年（1052），攻入邕州（今广西南宁），改称"大南国"。改年号"启历"。即位后，挥师东进，连破九州。次年（1053）正月，在邕州归仁铺为宋军大败，流亡大理。不知所终。

大 中 国

（1094～1096 年）

大中国继大理国后而建。为大理国权臣高昇泰夺保定帝段正明皇位后所建。仅存两年多，高昇泰死后还政于段氏，史称"后理"。

富有圣德表正帝高昇泰（1094～1096 年）

［按］为高智昇子。原为大理国清平官。兼九爽（省）之事。因诛灭篡位之杨义贞而立上明帝段寿辉，被封鄯阐侯，权倾一时，继又迫段寿辉让位给堂兄段正明。天祐末年（1094），迫段正明让位，自立为帝，改国号为"大中"（据《滇载记》），翌年，改年号"上治"。上治二年（1096），临卒前诫其子高泰明还政于段氏。卒，谥"富有圣德表正皇帝"。高泰明遂求段氏余子（一说段正明弟）段正淳立为帝而相之。史称之为"后理"。

后 理 国

（1096～1254 年）

后理国继大中国而建。实为大理国的后期，为与前期区别，史家称其为"后理"（见《南诏野史》。也有沿称其为"大理"，见《宋史·大理传》）。天定三年（1254），为蒙古所灭。历八帝，凡一百五十九年。

中宗文安帝段正淳（1096～1108 年）

［按］一说为大理国上德帝段廉义子，保定帝段正明弟。继大中国富有圣德表正帝高昇泰卒后，遗命由高昇泰子高泰明还位段氏而立之。改年号"天授"，史称"后理"。以高泰明为相，高操纵朝政。翌年，改元"开明"（一作"明开"）。开明六年（1102），筑楚雄城，封与高明量（高泰明子）。文安四年（1108），让位给子段正严，退而为僧。未几，卒。谥"文安皇帝"，庙号"中宗"。

宪宗宣仁帝段正严（1108～1147 年）

［按］名又作"段和誉"。为段正淳子。接父让位而立。翌年，改元"日新"。越年，又改"文治"。在位四十年让位给子段正兴，退而为僧，是大理国在位最长者。未几，卒。谥"宣仁皇帝"，庙号"宪宗"。

景宗正康帝段正兴（1147～1172 年四月）

［按］名又作"段义长"，或记作"段易长"。为段正严子。接父让位而立。翌年，改元"永贞"。后又改"大宝"（一作"天宝"）、"龙兴"、"盛明"、"建德"。在位二十六年，让位给子段智兴，退而为僧。未几，卒。谥"正康皇帝"，庙号"景宗"。

宣宗功极帝段智兴（1172 年四月～1200 年八月）

［按］为段正兴子。接父让位而立。翌年，改元"利贞"。后又改"盛德"、"嘉会"、"元亨"（一作"亨利"）、"定安"（《南诏野史》作"安定"，考《释氏戒净建绘高兴兰若篆烛碑》，应为"定安"）。在位二十九年，卒。谥"功极皇帝"，庙号"宣宗"。子段智廉继立。

关于段智兴改元"利贞"的时间，有年表作 1172 年。据《中国民族史人物辞典》（中国社会科学出版社 1990 年版）"段智兴"条云："宋孝宗乾道八年（1172），父禅位为僧，遂即君位……翌年改元利贞。"本年表即采此说。

享天帝段智廉（1200 年八月～约 1204 年）

［按］为段智兴子。父卒继立。翌年，改元"凤历"，后又改"元寿"。在位五年（一说六年），卒。谥"享天皇帝"。弟段智祥立。

神宗段智祥（约 1204～1238 年）

［按］为段智兴子，段智廉弟。兄终弟及。改元"天开"，后又改"天辅"、"仁寿"。在位三十五年，卒。庙号"神宗"。子段祥兴继立。

孝义帝段祥兴（1238～1251年）

［按］为段智祥子。父卒继立。翌年，改元"道隆"。道隆十三年（1251），卒。谥"孝义皇帝"。子段兴智继立。

段兴智（1251～1254年）

［按］为段祥兴子。父卒继立。翌年，改元"天定"（关于段兴智的年号，史有两说：据胡蔚本《南诏野史》，有"天定"、"利正"、"兴正"三个年号，而据阮氏本《南诏野史》和《云南志略》，仅有"天定"一个年号。考早年出土的《故正直温良恭谦和尚墓碑》，有"天定二年"的字样，是年，大理城即为蒙古所陷，越年，段兴智被俘，故本年表暂依一年号说）。天定二年（1253），受蒙古忽必烈十万大军攻击，首府大理失陷，逃往滇池地区。次年（1254年）春，在昆泽（今云南省宜良）被俘。所统五城八府四郡三十七部皆入蒙古，后理国亡。被俘后第二年，奉命返大理，越年，向蒙哥献大理地图。元宪宗七年（1257），受任蒙古国中庆路八府总管，即蒙元时期大理第一代总管。中统元年（1260），卒。由其弟段实继任大理总管。

后理国世系

①中宗文安帝段正淳
（1096～1108）

②宪宗宣仁帝段正严
（1108～1147）

③景宗正康帝段正兴
（1147～1172④）

④宣宗功极帝段智兴
（1172④～1200⑧）

⑤享天帝段智廉
（1200⑧～约1204）

⑥神宗段智祥
（约1204～1238）

⑦孝义帝段祥兴
（1238～1251）

⑧段兴智
（1251～1254）

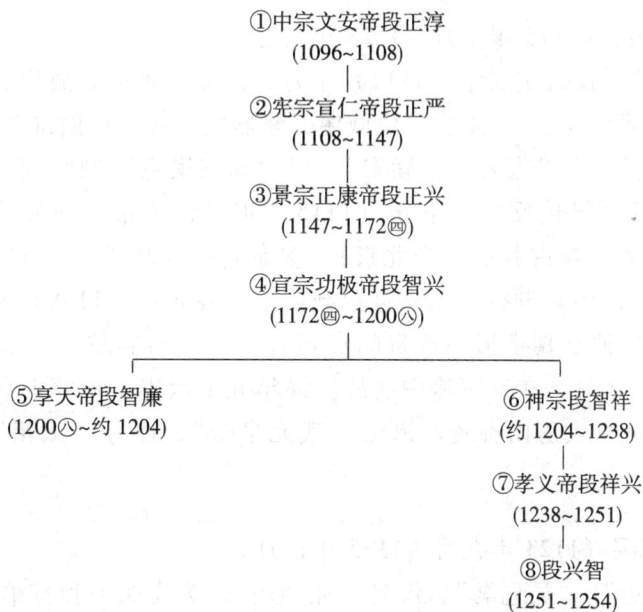

赵谂（1101年九月～1102年二月）　　　　　　　　　　　　　　（年号：隆兴）

［按］原为奉议郎。据《宋史·徽宗纪》：崇宁元年（1102）二月，"奉议郎赵谂（shěn）谋反伏诛"。《东都事略》云，赵谂于建中靖国元年（1101）九月反，崇宁元年（1102）伏诛。《建炎以来朝野杂记》云："以'隆兴'纪元。"《玉海》年号作"龙兴"。

金

(1115 年正月～1234 年正月)

金为女真族所建。"女真"，又作"女直"（辽道宗时避其父兴宗耶律宗真讳改）。一般认为，该族源于唐代的"黑水靺鞨"，至辽时，始称"女真"。时活动于今松花江、黑龙江下游一带，被辽分为"生女真"（未入辽籍）与"熟女真"（入辽籍）两部分。其中，"生女真"中之"完颜部"，由首领绥可率领，徙至按出虎水（今阿什河）畔。至阿骨打时，以"猛安谋克"制统一女真各部。因不堪忍受辽的控制与欺压，于天庆四年（1114）正月，起兵反辽。翌年（1115）正月，建立金国（据《三朝北盟会编》卷三："以本土名阿禄祖〔即按出虎水的异译〕为国号。'阿禄祖'，女真语'金'也，以其水产金而名之曰'大金'"）。金太宗天会三年（1125）二月，灭辽；次年（1126）闰十一月，灭北宋。初都上京（今黑龙江省阿城），天德五年（1153），迁中都（今北京），贞祐二年（1214），又迁南京（今河南省开封）。盛时，疆域北至外兴安岭，东濒海，西筑"界壕"与蒙古为界，南抵淮河，与南宋对立。天兴三年（1234）正月，为蒙古所灭。历十主，凡一百二十年。

太祖武元帝完颜阿骨打（1115 年正月～1123 年八月）

〔按〕汉名"完颜旻"。辽天庆三年（1113）十月，继兄乌雅束病故后为部族首领，称"都勃极烈"（女真语，即各部总首领）。立后，建城堡，修器械，作反辽的准备。为加强军事力量，规定以三百户为一"谋克"，十谋克为一"猛安"，以"猛安谋克"制统理部族。逐步统一邻近部落。次年（1114）正月，起兵反辽。下年（1115）正月，称帝，国号为"金"，建元"收国"。天辅六年（1122）末，攻占燕京（今北京）。曾命完颜希尹创制女真字（有人认为是"女真大字"），于天辅三年（1119）颁行，虽然据记载熙宗天眷元年（1138）又创制颁行了"女真小字"，但今日我们仅见一种女真字形，珍贵的资料有《大金得胜陀颂》碑刻和明代的《女真译语》等。七年（1123）八月，在返军途中病故。终年五十六岁。初葬上京宫城西南（今黑龙江省阿城南郊），后改葬燕京大房山睿陵。追谥"武元皇帝"，庙号"太祖"。弟完颜吴乞买继立。

太宗文烈帝完颜吴乞买（1123 年九月～1135 年正月）

〔按〕名又作"乌乞迈"、"吴乞马"，汉名"完颜晟"。为完颜阿骨打弟。兄终弟及。九月，治丧毕，即位，改元"天会"。天会三年（1125）二月，灭辽。次年十二月，俘宋徽、钦二帝，灭北宋。五年（1127）三月，立张邦昌为"大楚皇帝"以作傀儡。不久，张邦昌垮台，八年（1130）九月，又册刘豫为"大齐皇帝"。在位期间，创立各种典章制度，奠定了有金一代的经国规模。十三年（1135）正月，病卒于上京明德宫。终年六十一岁。初葬和陵，后迁葬燕京大房山恭陵。谥"文烈皇帝"，庙号"太宗"。由阿骨打孙完颜亶继立。

熙宗武灵帝完颜亶（1135 年正月～1149 年十二月）

〔按〕本名"合剌"，小名"曷剌马"。为完颜阿骨打次子完颜宗峻子。天会十年（1132），继叔父完颜杲（gǎo）病故后，在众权臣拥立下，为"谙班勃极烈"（女真语官名，即皇位继承人）。十三年（1135）正月，吴乞买病逝，即皇帝位。在位时，废"勃极烈"制，改汉官制。十五年（1137）十一月，废傀儡齐帝刘豫，降为蜀王。营建都城上京会宁府（今黑龙江省阿城）。皇统元年（1141）秋，划定淮水为金、南宋疆界。二年（1142）三月，立皇太子，确立皇权世袭制。九年（1149）十二月，被海陵王完颜亮发动宫廷政变所杀。终年三十一岁。初葬于皇后裴满氏墓中，后改葬燕京大房山思陵。追谥"武灵皇帝"（后增谥"弘基缵武庄靖孝成皇帝"），庙号"闵宗"，后改"熙宗"。

海陵王完颜亮（1149 年十二月 ~ 1161 年十一月）

［按］本名"迪古乃"，亦作"孛烈"，字"元功"。为完颜阿骨打庶长子完颜宗幹次子。初为中京留守，继任都元帅。皇统九年（1149）十二月，发动宫廷政变，杀完颜亶自立为帝。改元"天德"。即位后，加强中央集权。天德五年（1153）三月，迁都燕京，称"中都"；定五京制：上京会宁府，北京大定府，东京辽阳府，西京云中府，南京开封府。贞元四年（1156）正月，上尊号"圣文神武皇帝"。二月，改元"正隆"。五月，颁"正隆官制"。六年（1161）十一月，在伐宋战中，被兵部尚书耶律元宜发动兵变而射杀。终年四十岁。初葬燕京大房山鹿门谷诸王茔域中。大定二年（1162），降封为"海陵郡王"，谥"炀"。二十年（1180），又降为庶人，改葬于金皇陵西南四十里的山谷中。

世宗仁孝帝完颜雍（1161 年十月 ~ 1189 年正月）

［按］本名"乌禄"。为完颜阿骨打第五子完颜宗辅子，完颜亮堂弟。初为东京留守，受海陵王所派高存福的监视。正隆六年（1161）十月，权臣完颜福寿发动政变，杀高存福，拥其为帝，改元"大定"，上尊号"仁明圣孝皇帝"。在位期间，争取汉族士人支持，扩大统治基础。对外与南宋约和。大定二十九年（1189）正月，病卒。终年六十七岁。葬燕京大房山兴陵。谥"光天兴运文德武功圣明仁孝皇帝"，庙号"世宗"。孙完颜璟继立。

章宗英孝帝完颜璟（1189 年正月 ~ 1208 年十一月）

［按］小字"麻达葛"。为完颜雍孙。大定二十五年（1185）六月，其父完颜允恭病故，次年十一月，立为皇太孙。二十九年（1189）正月，祖父病卒后继立。次年，改元"明昌"，后又改"承安"、"泰和"。泰和八年（1208）十一月，病卒。终年四十一岁。葬燕京大房山道陵。谥"宪天光运仁文义武神圣英孝皇帝"，庙号"章宗"。叔完颜永济继立。

卫绍王完颜永济（1208 年十一月 ~ 1213 年八月）

［按］名又作"完颜允济"，小字"兴胜"。为完颜雍第七子，完颜璟叔。原封卫王。泰和八年（1208）十一月，完颜璟卒后，平章政事完颜匡传遗诏，被立为帝。次年，改元"大安"，后又改元"崇庆"、"至宁"。至宁元年（1213）八月，被宦官所杀。九月，降封为"东海郡侯"。贞祐四年（1216）追复"卫王"，谥"绍"。侄完颜珣继立。

宣宗圣孝帝完颜珣（1213 年九月 ~ 1223 年十二月）

［按］本名"吾睹补"，亦作"吾都补"，又名"从嘉"。为完颜雍孙，完颜允恭庶长子，完颜璟兄，完颜永济侄。至宁元年（1213）八月，叔完颜永济被杀后，九月，即帝位，改元"贞祐"。贞祐二年（1214）五月，迁都南京（今河南省开封）。元光二年（1223）十二月，病卒。

终年六十一岁。葬德陵（今河南省开封附近）。谥"继天兴统述道勤仁英武圣孝皇帝"，庙号"宣宗"。子完颜守绪继立。

哀宗（义宗）完颜守绪（1223年十二月~1234年正月）

［按］初名"完颜守礼"，又名"宁甲速"。为完颜珣第三子。贞祐四年（1216）正月，立为皇太子。元光二年（1223）十二月，父卒继立。明年，改元"正大"。在蒙古军打击下，天兴三年（1234）正月，传位于东面元帅完颜承麟，自缢身亡。终年三十七岁。谥"哀宗"、"义宗"。

末帝完颜承麟（1234年正月）

［按］名又作"完颜丞麟"。为金宗室。天兴二年（1233）九月，蒙古军围蔡州，奉命防守东面，十二月，为东面元帅，三年（1234）正月，受完颜守绪传位，即帝位。时形势危急，已不可挽回，退保子城，遂城被攻破，为乱军所杀，金亡。

※　　　※　　　※

附：

大　楚

（1127年三~四月）

大楚皇帝张邦昌（1127年三~四月）

［按］字"子能"。东光（今属河北）人。北宋末年，举进士，累官大司成，迁中书侍郎，拜太宰。宋钦宗为与金求和，靖康元年（1126）正月，曾随康王赵构为质于金，归后为河北路割地使。当年十二月，金军大举南下，掳徽、钦二帝，亡北宋。据《宋史·高宗纪》：翌年（1127）"三月丁酉，金人立张邦昌为帝，称'大楚'"。随之，金兵执宋两帝北上。张邦昌惧，四月"癸亥，邦昌尊元祐皇后为宋太后，遣人至济州访帝（赵构）"，"请帝（赵构）即位于济"。"皇后垂帘听政。邦昌权尚书左仆射，率在京百官上表劝进"，"五月庚寅朔，帝（赵构）登坛受命，礼毕恸哭，遥谢（徽、钦）二帝，即位于府治，改元'建炎'"。是为"南宋"之始。"以张邦昌为太保、奉国军节度使、同安郡王"。张邦昌在帝位三十三日。当年七月，即以通金为名放逐至潭州（今湖南省长沙）杀之。

※　　　※　　　※

大　齐

（1130年九月~1137年十一月）

大齐皇帝刘豫（1130年九月~1137年十一月）

［按］字"彦游"。景州阜城（今属河北）人。北宋末年，举进士登第。金兵南下，弃官避难。至南宋立，建炎二年（1128），乃为官知济南府。是年冬，降金。次年三月，金以其知东平

府。建炎四年（1130）七月，金又册其为帝，国号"大齐"。初奉金年号"天会"，后改"阜昌"。关于刘豫改元"阜昌"的时间，有年表作 1130 年九月，据《中国历代年号考》（中华书局 1981 年版）云："《宋史·刘豫传》：'（建炎）四年（1130）七月丁卯，金人遣大同尹高庆裔、知制诰韩昉册（刘）豫为皇帝，国号'大齐'，都大名府……九月戊申，（刘）豫即伪位，赦境内，奉金正朔，称天会八年……十一月，改明年元阜昌。'《金史·刘豫传》：'（豫）以辛亥为阜昌元年。'《续资治通鉴·宋高宗建炎四年》：十一月'辛酉，伪齐刘豫改元阜昌。豫初僭立，止用天会之号。至是奉金命，乃改之'。李兆洛《纪元编》注云：'绍兴元年改，七年十一月亡。'上海人民出版社《中国历史纪年表》作 1130 年（建炎四年）九月改元。今从《宋史》及《金史》。"绍兴二年（1132）四月，迁都于汴（今河南省开封）。据《金史·熙宗纪》：天会十五年（1137）十一月，金"废齐国，降封刘豫为蜀王"。迁至临潢府（今内蒙古巴林左旗），后改"曹王"。皇统六年（1146）九月卒。

金　世　系

劾里钵

①太祖武元帝完颜阿骨打
(1115一~1123八)

②太宗文烈帝完颜吴乞买
(1123九~1135一)

完颜宗幹　　完颜宗峻　　完颜宗辅

④海陵王完颜亮
(1149十二~1161十)

③熙宗武灵帝完颜亶
(1135一~1149十二)

⑤世宗仁孝帝完颜雍
(1161十~1189一)

完颜允恭

⑦卫绍王完颜永济
(1208十一~1213八)

⑧宣宗圣孝帝完颜珣
(1213九~1223十二)

⑥章宗英孝帝完颜璟
(1189一~1208十一)

⑨哀宗(义宗)完颜守绪
(1223十二~1234一)

⑩末帝完颜承麟
(1234一)

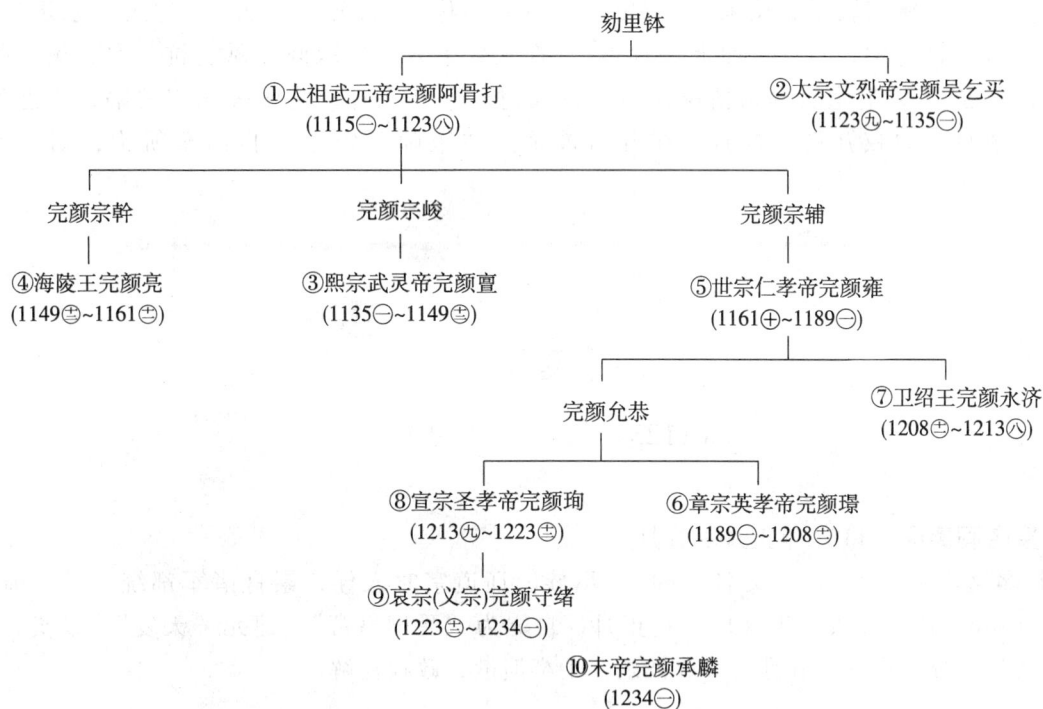

古欲（1115 年二～六月）

［按］为渤海遗族。天庆五年（1115）二月，起兵反辽，踞饶州（今内蒙古赤峰）建政，自称"大王"。拥众数万，初声势颇盛，当年六月，中辽将计，被执，被杀数千，起义失败，政权瓦解。

大 元

(1116 年正月~五月)

大渤海帝高永昌 (1116 年正月~五月)

［按］为渤海遗族。辽时，任供奉官。天庆六年（1116）正月，起兵反辽。踞东京（今辽宁省辽阳），自称"大渤海皇帝"，一说国号为"大元"。建元"隆基"（一作"应顺"）。攻取辽东五十余州。当年五月，在首山为金兵所败，奔长松岛（今长山岛），后被执杀。政权瓦解。

圣公方腊 (1120 年十月~1121 年四月)   （年号：永乐）

［按］为睦州青溪（今浙江省淳安）人，世居该县堨（è）村。宋宣和二年（1120）十月，他利用当地秘密宗教举兵反宋。《宋史·方腊传》称："自号'圣公'，建元'永乐'，置官吏将帅，以巾饰为别，自红巾而上凡六等。"拥众数十万，攻取睦、歙、杭、婺、衢、处等"六州五十二县"。宋遣童贯率领精锐禁军进行征讨。翌年二月，杭州等相继失陷，遂退保青溪。四月，被俘。政权瓦解。八月，在开封被杀。"王师（宋军）自出至凯旋，四百五十日"。

［奚］

(1123 年正月~五月)

奚国皇帝回离保 (1123 年正月~五月)

［按］名又作"回离不"，又名"翰"。奚族。辽道宗时入仕，累官诸军都统。辽亡前夕，逃亡箭筈（gǎn）山，保大三年（1123）正月，自立为"奚国皇帝"，建元"天复"。设奚、汉、渤海三枢密院，分司建官。五月，兵败被杀，士卒溃散，政权瓦解。

南 宋

(1127 年五月~1279 年二月)

靖康元年（1126）十二月，金破东京开封府，钦宗赵桓降，北宋亡。次年三月，金立张邦昌为楚帝，执徽宗、钦宗北去，张邦昌迫于压力，去帝号，致书徽宗子赵构，劝其即皇帝位，五月，赵构即位于南京（今河南省商丘），后迁都临安（今浙江省杭州），史称"南宋"（见《大金国志》："遣使于南宋"）。关于南宋的灭亡之年史家看法不尽一致，一般以祥兴二年（1279）二月，在蒙古军追击下，卫王赵昺（bǐng）投海为止；谭其骧在《俗传中国史朝代起迄纪年匡谬》① 认为，应在德祐二年（1276）三月，临安失陷，恭帝赵㬎（xiǎn）被俘为止，以后"张世杰等奉其庶兄昰（xià）弟昺二王在闽广沿海所作的挣扎，其势力与影响，又不及'南明'远甚。所以，《元史·本纪》记 1276 年降宋较详，称其为'平宋'、'亡宋'，而对 1279 年二月，宋残军最后覆亡于崖山一役只字不提，可见此事对当时大局而言，是微不足道的"。"对南宋的括注年代，只能作'1127～1276 年'，因 1276 年南宋朝廷已举国降元"。"在分朝年表里，才可在宋表下加注：'残宋昰、昺二帝延至 1279 年覆亡'"。笔者认为，恭帝赵㬎被俘后，众臣拥立端宗赵昰、卫王赵昺为帝抗击蒙古军虽然力量较弱，但不能因此而否定它是南宋政权的继续，谭先生称其为"残宋"是不妥的；与其每每在年表下加注，不如还是按历史事实将南宋正视为 1279 年覆亡（不再人为地出现一个"残宋"）更为妥帖。是故，本年表仍按传统做法，将南宋灭亡之年定为 1279 年二月。南宋历十帝，凡一百五十三年。

高宗赵构（1127 年五月～1129 年三月）（1129 年四月～1162 年六月）

［按］字"德基"。为北宋徽宗赵佶第九子。北宋靖康元年（1126）闰十一月，赵桓降金时，赵构尚有八万之众，分屯于济、濮等州拒金，避于济州（今山东省茌平）。次年五月，即帝位于南京（今河南省商丘），改元"建炎"，史称"南宋"。时金人进攻颇紧，建炎三年（1129）二月，闻金人破徐、泗州，仅与内侍数人仓皇逃至京口（今江苏省镇江）。随失扬州，时局动荡，人心思变。三月，统制苗傅、刘正彦发动兵变，逼其让位于太子赵敷，然仅一月，至四月，即复位，苗傅引兵出走。在位期间，全力镇压钟相、杨么起义。初期用名将岳飞、韩世忠抗金，后支持主和派，用秦桧以"莫须有"的罪名杀害岳飞，割让秦岭、淮河以北的土地，向金称臣纳贡。至绍兴三十二年（1162）六月，禅位于赵昚（shèn），自称太上皇。淳熙十四年（1187）十月，卒。终年八十一岁。葬永思陵（今浙江省绍兴东南宝山）。谥"圣神武文宪孝皇帝"，庙号"高宗"。

魏国公赵敷（1129 年三～四月）

［按］为赵构子。初封魏国公。建炎三年（1129）三月，统制苗傅、刘正彦发动兵变，迫其父让位而立之。改元"明受"。时年仅三岁，由隆祐太后垂帘听政。不及一月，四月，太后下诏还政，赵构遂复帝位，苗傅等引兵出走。

孝宗赵昚（1162 年六月～1189 年二月）

［按］初名"赵伯琮"，后改"赵瑗"、"赵玮"、"赵昚"等。字"元永"。为北宋太祖赵匡胤七世孙，赵构的族侄。绍兴三十年（1160）二月，他被立为皇子。三十二年（1162）五月，又立为皇太子，六月，受赵构让位而立。隆兴二年（1194）十二月，与金订立"隆兴和议"。淳熙十六年（1189）二月，传位于子赵惇，自称"至尊寿皇圣帝"。绍熙五年（1194）六月，

---

① 《历史研究》1991 年第 6 期。

卒。终年六十八岁。葬永阜陵（今浙江省绍兴东南宝山）。谥"哲文神武成孝皇帝"，庙号"孝宗"。

光宗赵惇（1189 年二月~1194 年七月）

［按］为赵昚第三子。乾道七年（1171）二月，被立为皇太子。淳熙十六年（1189）二月，接父让位而立。后患疾，绍熙五年（1194）七月，让位于子赵扩，自称"太上皇帝"。庆元六年（1200）八月，卒。终年五十四岁。葬永崇陵（今浙江省绍兴东南宝山）。谥"宪仁圣哲慈孝皇帝"，庙号"光宗"。

宁宗赵扩（1194 年七月~1224 年闰八月）

［按］为赵惇次子。接父让位而立之。嘉定元年（1208），与金签订"嘉定和议"。十七年（1224）闰八月，卒于福宁殿。终年五十七岁。葬永茂陵（今浙江省绍兴东南宝山）。谥"仁文哲武恭孝皇帝"，庙号"宁宗"。赵昀继立。

理宗赵昀（1224 年闰八月~1264 年十月）

［按］初名"与莒"，后改"贵诚"。为北宋太祖赵匡胤十世孙，南宋宁宗赵扩族侄。赵扩有九子，皆早卒，嘉定十七年（1224）八月，赵扩病危，丞相史弥远矫诏立其为皇子，闰八月（据《宋史·宁宗纪》），赵扩卒，史弥远串联皇后及其兄等立其为帝，遂尊皇后为皇太后，垂帘听政。绍定六年（1233）十月，始亲政。时蒙古兴起，端平元年（1234）正月，金亡，蒙古军南下。晚年，他委贾似道执政，国势益危。景定五年（1264）十月，卒。终年六十岁。葬永穆陵（今浙江省绍兴东南宝山）。谥"建道备德大功复兴烈文仁武圣明安孝皇帝"，庙号"理宗"。赵禥（qí）继立。

度宗赵禥（1264 年十月~1274 年七月）

［按］初名"赵孟启"，后改"赵孜"等。字"长源"。为北宋太祖赵匡胤十一世孙，南宋理宗赵昀族侄。赵昀无子，宝祐元年（1253）正月，他被立为皇子，景定元年（1260）六月，又立为皇太子。赵昀卒而继立。咸淳十年（1274）七月，卒于嘉福殿。终年三十五岁。葬永绍陵（今浙江省绍兴东南宝山）。谥"端文明武景孝皇帝"，庙号"度宗"。子赵㬎继立。

恭帝赵㬎（1274 年七月~1276 年三月）

［按］为赵禥子。父卒继立，时年仅四岁，谢太后临朝听政。德祐二年（1276）正月，蒙古军攻临安，谢太后降。三月，临安失陷，赵㬎被俘。五月，送至上都（今内蒙古多伦北），降封瀛国公。同月，南宋追尊其为"孝恭懿圣皇帝"。

端宗赵昰（1276 年五月~1278 年四月）

［按］为赵禥庶子，赵㬎庶兄。德祐二年（1276）三月，在蒙古军打击下，临安失陷，庶弟恭帝赵㬎被执。五月，他在福州即位。随之，逃往泉州、潮州。景炎三年（1278）四月，卒。终年十岁。葬永福陵（今广东省新会南崖山）。谥"裕文昭武悯孝皇帝"，庙号"端宗"。

卫王赵昺（1278 年四月~1279 年二月）

［按］为赵禥庶子，赵昰弟。德祐二年（1276）五月，封卫王。据《宋史·瀛国公纪附二王

传》："至元十五年（1278）四月戊辰，昰殂于碙州，其臣号之曰'端宗'。庚午，众又立卫王昺为主，以陆秀夫为左丞相……五月癸未朔，改元'祥兴'。"时年七岁。六月，迁于崖山（今广东省新会南），官兵尚有二十余万，多居船上。次年（1279）二月，经苦战，损失惨重，陆秀夫见大势已去，乃背其投海而死。南宋亡。

南 宋 世 系

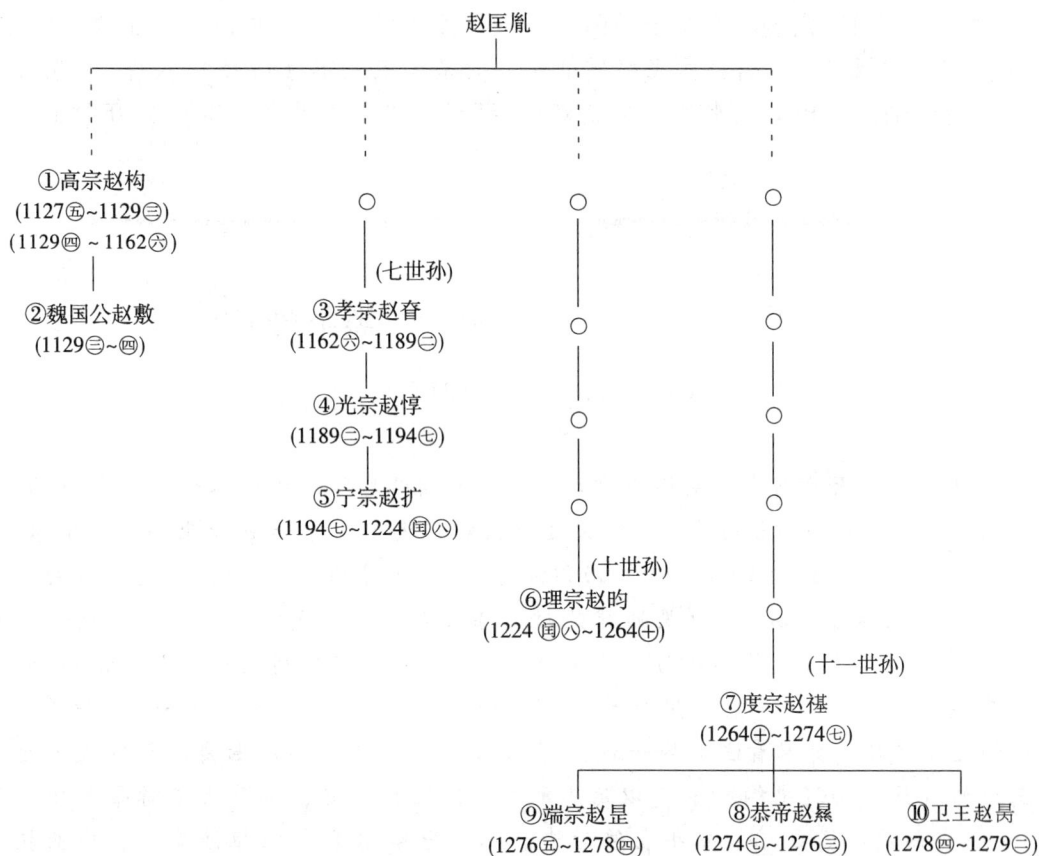

赵匡胤

①高宗赵构
(1127⑤~1129③)
(1129④ ~1162⑥)

②魏国公赵敷
(1129③~④)

（七世孙）

③孝宗赵眘
(1162⑥~1189②)

④光宗赵惇
(1189②~1194⑦)

⑤宁宗赵扩
(1194⑦~1224闰⑧)

（十世孙）

⑥理宗赵昀
(1224闰⑧~1264⑩)

（十一世孙）

⑦度宗赵禥
(1264⑩~1274⑦)

⑨端宗赵昰
(1276⑤~1278④)

⑧恭帝赵㬎
(1274⑦~1276②)

⑩卫王赵昺
(1278④~1279②)

楚

（1130 年二月～1135 年六月）

楚王钟相（1130 年二～三月）

［按］鼎州武陵（今湖南省常德）人。建炎四年（1130）二月，利用当地秘密宗教起兵反宋，提出"等贵贱，均贫富"的口号。《建炎以来系年要录》卷三一云："（钟）相遂称'楚王'

（《中国史稿》云："建立政权，国号'楚'"），改元'天战'（《中兴小纪》作'天载'，当是），立妻伊氏为皇后，子（钟）子昂为太子，行移称圣旨，补授用黄牒。"以洞庭湖为中心，占据鼎州、澧州、荆南、潭州、峡州、岳州中之十九县。由于麻痹，下月，被袭营，为宋潍州团练使孔彦舟所执杀。杨么继领其众。

大圣天王杨么 （1130 年三月~1135 年六月）

　　[按] 原名"杨太"，因在诸首领中年龄最幼，土语谓"幼"为"么"，俗呼杨么。钟相被杀后，继领其众。据《宋史·高宗纪》：绍兴三年（1133）四月，"杨太众益盛，自号'大圣天王'（近人朱希祖考证，'大圣天王'亦作年号），立钟相少子（钟）子义为太子"。控制"北达公安，西及鼎、澧，东至岳阳，南抵长沙之界"（《建炎以来系年要录》卷七三）大片地区。宋遣能征善战的名将岳飞率兵征讨，大圣天王三年（1135）六月，"岳飞急攻湖贼水砦，贼将陈瑶降，杨太赴水死，余党刘衡皆降"，"湖湘悉平，得户二万七千，悉遣归业"。

西辽（后辽、哈喇契丹、黑契丹）

（1132 年二月~1218 年）

　　辽（契丹）灭亡前夕，皇族耶律大石（辽开国帝耶律阿保机八世孙）率部西迁，至西域、中亚一带，树旗誓众："我大辽自太祖、太宗艰难而成帝业……朕率尔众，远至溯漠，期复大业，以光中兴。"乃称帝建元，"世号为'西辽'"（见《辽史·天祚帝纪》），又称为"后辽"（见耶律楚材《湛然居士集》卷十二："'后辽'兴大石"），穆斯林和西方史籍称之为"哈喇契丹"，或译作"合剌乞答"（Qara Khitay），即"黑契丹"（见《异域志·黑契丹》。契丹语"哈喇"为"黑"之意）。关于西辽政权的起始时日，史家看法不尽一致：有以保大四年（1124）七月，耶律大石自立为王为始（见《西辽史纲》）；有以延庆元年（1132）二月，耶律大石称帝为始（见《二十五史新编·辽史》）。本年表依后者。都虎思斡尔朵（巴拉沙衮，在中亚托克马克以东楚河南岸）。其疆域东起土拉河，西包咸海，北越巴尔喀什湖，南尽阿姆河、兴都库什山、昆仑山。届出律登位七年（1218），亡于蒙古。历六主，凡八十七年。

德宗天祐帝（葛儿汗）耶律大石 （1132 年二月~1143 年）

　　[按] 名又写作"大实"、"达实"、"达什"等。字"重德"。为辽太祖耶律阿保机八世孙。进士出身，初为翰林应奉，辽称翰林为"林牙"（契丹语），故世称其为"大石林牙"。辽亡前夕，率众西走，保大四年（1124）七月，自立为王。至西北重镇可敦城（今蒙古哈达桑东），召七州十八部众，募精兵万余，军威复振。借道回鹘，天会十年（1132）二月，在起儿漫（中亚布哈拉东）正式称帝，依当地习惯，号"葛儿汗"（又译写作"菊儿汗"，意为"大汗"，"汗中之汗"），汉号"天祐皇帝"。改元"延庆"。延庆三年（1134），建都巴拉沙衮，名"虎思

斡尔朵"（契丹语，意"有力的宫帐"），改元"康国"。相继攻喀什噶尔、和阗、畏兀儿等，在寻思干（今中亚撒马尔罕）败桑节尔率领的诸国联军，进军花剌子模（在咸海一带），成为当时中亚的强大帝国。其政制基本袭辽，官分南北，保留原军职名称和战术特点，不依当地传统分封采邑。康国十年（1143），病卒。庙号"德宗"。因子耶律夷列年幼，遗命妻萧塔不烟摄政。

关于耶律大石的称帝建元，有年表作 1124 年，本年表不采。此问题较复杂，魏良弢在《西辽史纲》（人民出版社 1991 年版）中有较详的考证，现摘如下："关于耶律大石称帝年代问题，是一个极为复杂的问题，现考释如下：耶律大石称王于 1124 年，已为汉文史料所载明……对于耶律大石称帝的年代说法不一，商辂等编纂的《续资治通鉴纲目》定为 1125 年，钱大昕—汪远孙的《西辽纪年表》定为 1126 年，羽田亨的《西辽建国始末及其纪年》定为 1132 年，丁谦《西辽立国本末考》、唐长孺《耶律大石年谱》与魏特夫和冯家昇的《中国社会史——辽》附录《哈剌契丹》定为 1131 年，其实，耶律大石的称王和称帝是不同的两个阶段。他离开天祚帝北走后便称王，但未建年号；西征站住脚后始称帝，他的称帝与建元'延庆'是同时。现论证如下……这样，延庆三年即康国元年，也就是 1134 年，那么延庆元年当为 1132 年。"这是关于西辽纪年研究的新成果，本年表即采此说。

感天后萧塔不烟（1143～1150 年）

［按］为耶律大石皇后，初封"昭德皇后"。耶律大石卒时，子幼，她受遗命主国政，号"感天皇后"，改元"咸清"。执政七年卒，子耶律夷列即位。

仁宗耶律夷列（1151～1163 年）

［按］为耶律大石子。父卒时年幼，由母感天皇后主国事。母卒后即位，改元"绍兴"。绍兴十三年（1163），卒。庙号"仁宗"。因子幼，遗诏由妹耶律普速完主国事。

承天太后耶律普速完（1163～1177 年）

［按］为耶律大石女，耶律夷列妹。兄卒后奉遗诏主国事，号"承天太后"，改元"崇福"。崇福十四年（1177），被权臣斡里剌射杀。兄子耶律直鲁古继立。

末主耶律直鲁古（1177～1211 年）

［按］为耶律夷列次子。父卒时，因年幼，由姑母承天太后主国政。姑母被杀后，即帝位，改元"天禧"。在位三十四年，是西辽统治时间最长的国君。天禧三十一年（1208），乃蛮部王子屈出律投西辽，后又反，三十四年（1211），王位被屈出律所夺，他被尊为"太上皇"，两年后病卒。

屈出律（1211～1218 年）

［按］名又作"曲出律"、"曲书律"、"古出鲁克"。原为乃蛮部王子。天禧十七年（1204），成吉思汗攻破乃蛮，太阳汗死，他西走，于三十一年（1208），投奔西辽，得厚遇，被耶律直鲁古收为义子，并尚公主。三十四年（1211），返故地征兵，得众甚多，遂反，执耶律直鲁古，夺帝位，尊耶律直鲁古为太上皇，仍用西辽国号。他执政七年（1218），被蒙古军所执杀。西辽亡。有学者不将屈出律执政作西辽的一部分，特附记之。

西辽（后辽、哈喇契丹、黑契丹）世系

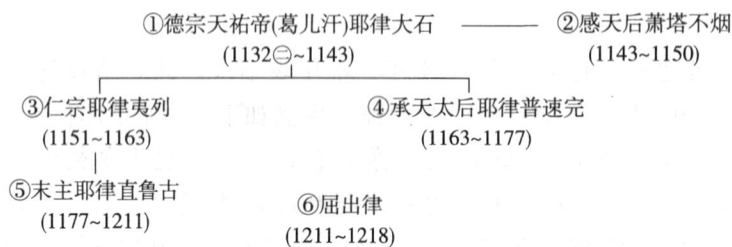

①德宗天祐帝(葛儿汗)耶律大石 —— ②感天后萧塔不烟
(1132☉~1143)　　　　　　　　　　(1143~1150)

③仁宗耶律夷列　　　　　　　④承天太后耶律普速完
(1151~1163)　　　　　　　　　(1163~1177)

⑤末主耶律直鲁古　　　　　　⑥屈出律
(1177~1211)　　　　　　　　　(1211~1218)

附：

王法恩（1141 年六月）　　　　　　　　　　　　　　　　（年号：**罗平**）

　　[按] 名一作"王法思"。为明州（今浙江省宁波）僧人。据《宋史·高宗纪》：建炎十一年（1141）六月，"明州僧王法恩等谋反，伏诛"。罗振玉《重校订纪元编》考证，据《玉海》，建元"**罗平**"。因有年表刊载，故附于此。

大 蒙 古

（1147 年三月~? 年）

祖元皇帝熬罗孛极烈（1147 年三月~? 年）

　　[按] 名又译作"鄂罗贝"。据《续资治通鉴》：南宋绍兴十七年（1147）三月，"蒙古长鄂罗贝自称'祖元皇帝'，改元'天兴'"。国号"大蒙古"。亡年不详。

［契 丹］

（1161 年五月~1164 年五月）

撒八（1161 年五~九月）

　　[按] 名又作"萨巴"。契丹族。金初，为西北路招讨司译史。正隆六年（1161）五月，起兵反金。咸平府谋克括里率众投附，其势颇壮。随之，沿龙驹河（今克鲁伦河）西行，欲投西辽。当年九月，在途中为移剌窝斡所杀，部众东返。

移剌窝斡（1161 年十二月～1162 年九月）

　　[按] 契丹族。在西进途中杀撒八，领其众东返，至契丹祖地临潢府（今内蒙古巴林左旗南），于当年十二月称帝，改元"天正"。大定二年（1162）九月，被叛将出卖，遭执杀。蒲速越继领其众。

蒲速越（1162 年九月～1164 年五月）

　　[按] 契丹族。移剌窝斡被执后，继领其众。据《金史·世宗纪》：大定四年（1164）五月，"（移剌）窝斡余党蒲速越伏诛"。政权瓦解。

李金（1165 年五～八月）

　　[按] 郴州宜章人。据《宋史·孝宗纪》：乾道元年（1165）五月，"郴州盗李金等复作乱"。《观文殿学士刘公神道碑》（载《朱文公文集》卷八八）云："众逾万人。分道南出，犯广东西九郡之境，还入道州（今湖南省道县）、桂阳军界，连破郴、桂两城，数道大震。"是年八月，"贼党曹彦、黄拱遂执李金与其腹心黄谷以降"，"（李）金等数十人皆伏诛"。

赖文政（1175 年四～闰九月）

　　[按] 俗称"赖五"。为湖北茶农。据《宋史·孝宗纪》：淳熙二年（1175）四月，"茶寇赖文政起湖北，转入湖南、江西，官军数为所败"。当年闰九月，"辛弃疾诱赖文政杀之，茶寇平"。

杞 国

（1176 年）

阿谢（1176 年）

　　[按]《历代建元考》据宋代知邕州吴儆（jǐng）札子：南宋淳熙三年（1176），邕州（今广西南宁）人阿谢建"杞国"，改元"乾贞"。未几，被灭。

李接（1179 年六～十月）　　　　　　　　　　　　　　　　　　　　　（年号：**罗平**）

　　[按] 名一作"李揖"。广西人。据《宋史·孝宗纪》：淳熙六年（1179）六月，"广西妖贼李接破郁林州，守臣李端卿弃城遁，遂围化州"。十月，"广西妖贼平"。罗振玉《重校订纪元编》考证，据《玉海》，建元"罗平"。

德寿（1196 年十月 ~？年）　　　　　　　　　　　　　　　　　（年号：**身圣**）

[按] 名一作"德寿陁锁"，实"德寿"与"陁锁"为两人。契丹族。原为特满群牧官。承安元年（1196）十月（一作十一月），据信州起兵反金，年号"**身圣**"，拥众数十万，势颇壮。后兵败被执。不知所终。

蒙 古 汗 国

（1206 ~ 1271 年十一月）

　　"蒙古"一词，最早出现于元人李志常所撰《长春真人西游记》中。之前，在唐代称"蒙兀室韦"（《旧唐书·北狄传》），或"蒙瓦"（《新唐书·北狄传》）。原为"室韦"的一支。在辽、宋、金的史籍中，尚有不同的译字，如"萌古"（《辽史》）、"蒙骨"（《契丹事迹》）、"盲骨子"（《松漠纪闻》）、"蒙古里"（《契丹国志》）、"萌古斯"（《完颜希尹神道碑》），以及"林叔子"（胡峤《陷虏记》）等，有人统计，有二十多个（见王国维《观堂集林·辽金时代蒙古考》）。大约于 10 世纪初，其族由望建河（今额尔古纳河）下游西迁至斡难河（今鄂尔浑河）、怯绿连河（克鲁伦河）、土喇河（今土拉河）三河之源的不儿罕山（今蒙古大肯特山）东部地区。时诸部各有名号。辽金时期，又有以"鞑靼"，或"阻卜"称之。12 世纪初，在铁木真的曾祖时，统一尼伦各部，始自称"蒙古"（见《蒙古秘史》）。发展至铁木真时，以武力统一了塔塔儿、蔑儿乞、克烈、乃蛮等部，金泰和六年（1206）于斡难河畔登蒙古可汗大位，号"成吉思汗"。此后，"蒙古"即为各部统一的族称。所建政权称"也客·忙豁勒·兀鲁思"，意"大蒙古国"，亦作"蒙古汗国"（也有学者认为，成吉思汗时，并未有正式国号，"蒙古"是依史惯例以族称代国号，见赵翼《廿二史劄记》）。"蒙古"一词何意？史未明载，除《黑鞑事略》解为"银"外，尚有多种不同的看法。初都和林（今蒙古国乌兰巴托西南），后迁开平，号上都（今内蒙古正蓝旗东北闪电河北岸），至元元年（1264），又迁燕京，时称"中都"（称"元"后又改称"大都"，今北京）。八年（1271）十一月，"建国号曰'大元'"（《元史·世祖纪》），遂进入了一个新的历史时期。"蒙古"政权中经八主，凡六十六年。

太祖圣武帝（成吉思汗）铁木真（1206 ~ 1227 年七月）

[按] 名又写作"帖木真"、"特穆津"、"忒没真"。出生时正值其父也速该俘获塔塔儿部首领铁木真兀格，遂以名之，以耀其功。南宋淳熙十六年（1189），被部民推举为首领，建乞颜氏联盟，致力于各部的统一。庆元二年（1196），联合王罕，配合金军大败塔塔儿部，被金封为"札兀惕忽里"（部族官）。至嘉泰二年（1202），即拥有东起今兴安岭，西至鄂嫩河的广大地区。继败克烈、乃蛮等部，基本上统一了蒙古各部，为蒙古民族的形成创造了条件。金泰和六年（1206），在斡难河畔登大汗位，称"成吉思汗"。确立各项制度，建军政合一的"千户制"；分封勋臣；开始使用文字。执政六年（1211），南下攻金，矛头直指金中都（今北京），十年

（1215），再度攻金，五月，破金中都。得耶律楚材，重任之。十四年（1219），大举西征，灭花剌子模，攻占中亚诸多地区，并越过今高加索山进入南俄草原，十八年（1223），败斡罗思和钦察联军。后会师东归。西征后，将占领地区分封诸子，这部分地区后发展成察合台、窝阔台等汗国。二十二年（1227）六月，灭西夏。七月，病卒于六盘山地区的甘肃省清水县境。终年六十六岁。葬起辇谷。元朝建立后，至元三年（1226），追谥"圣武皇帝"（后加谥"法天启运圣武皇帝"），庙号"太祖"。子拖雷继立。

关于成吉思汗的陵墓，宋人彭大雅《黑鞑事略》云，蒙人"其墓无冢，以马践蹂，使如平地"。元末明初学者叶子奇《草木子》中亦有类似记载，其云："寝之地，深埋之，则用万马蹴平，俟草青，方解严，则已漫同平坡，无复考志遗迹。"说明蒙古帝王是秘葬灭迹，因而，成吉思汗及蒙古其他帝王的葬处至今无考，成为世界考古界重大难题之一。日、美学者曾用航测、卫星遥感等现代科技手段对蒙古东部地区进行勘测，寻找数年，均无所获。今在内蒙古伊金霍洛旗东南甘德利草原上的"成吉思汗陵"（俗称"成陵"），不是实际意义上的陵墓，而是后人在其生前之斡尔朵（宫帐）处建立的祭奠成吉思汗的纪念性建筑。

睿宗景襄帝拖雷（1227年七月～1229年八月）

［按］名又作"图类"。孛儿只斤氏。为成吉思汗第四子。蒙古人称其为"也客那颜"，或"兀鲁黑那颜"（意"大官人"）。父成吉思汗西征后，分封诸子，依蒙古习俗，幼子继承父业，受封蒙古本土，他遂占有克鲁伦河至阿尔泰山的广大地区。二十二年（1227）七月，父卒后任监国。监国二年（1229）八月，依父遗训，并经诸王推举，由兄窝阔台继汗位。他于窝阔台四年（1232，或五年），病卒。年四十余。宪宗时，追谥"英武皇帝"；至元三年，改谥"景襄皇帝"，庙号"睿宗"。

太宗英文帝窝阔台（1229年八月～1241年十一月）

［按］又称"合罕皇帝"。名又作"斡歌歹"、"谔格德依"等。孛儿只斤氏。为成吉思汗第三子，拖雷兄。成吉思汗十四年（1219），西征前，被确定为大汗继承人。父卒后，由弟拖雷监国两年后，依父遗愿及诸王推立，继汗位。六年（1234），灭金。在位期间，用耶律楚材推行"汉法"，定税制，设驿站，加强与诸汗国的关系。十三年（1241）十一月，病卒。终年五十六岁。葬起辇谷。至元三年（1266），追谥"英文皇帝"，庙号"太宗"。卒后由乃马真皇后称制。

乃马真皇后脱列哥那（1242～1246年七月）

［按］名又作"脱列忽乃"、"秃纳吉纳"、"朵列格捏"、"秃剌乞内"等。为窝阔台汗后。乃马真氏。窝阔台汗十三年（1242）十一月，夫汗卒，次年，在诸王支持下称制。五年（1246）七月，主持召开诸王聚会，立子贵由为汗。卒后，至元三年（1266），追谥为"昭慈皇后"。

定宗简平帝贵由（1246年七月～1248年三月）

［按］名又作"古与"、"古余克"。孛儿只斤氏。为窝阔台长子。父卒后，由母乃马真皇后称制。五年（1246）七月，在母支持下继汗位于汪吉宿灭秃里。三年（1248）三月，病卒（一说被害）于横相乙儿。终年四十三岁。葬起辇谷。至元三年（1266），追谥"简平皇帝"，庙号"定宗"。

海迷失皇后（1248 年三月 ~ 1251 年六月）

［按］名又作"斡兀立海迷失"（"斡兀立"为部名）。为贵由汗后。夫汗卒后称制摄国。三年（1251）六月，诸王拥拖雷汗子蒙哥继汗位。次年，被处死。至元三年（1266），追谥"钦淑皇后"。

宪宗桓肃帝蒙哥（1251 年六月 ~ 1259 年七月）

［按］名又作"蒙格"。孛儿只斤氏。为拖雷汗子，自幼养于窝阔台汗处。海迷失皇后称制三年（1251）六月，由宗王拔都等拥戴，即汗位于斡难河。在位期间，大举征讨，亡大理；灭木剌夷（在今伊朗）、报达（今巴格达）等国。九年（1259）七月，攻宋时卒于钓鱼山。终年五十二岁。至元三年（1266），追谥"桓肃皇帝"，庙号"宪宗"。

世祖文武帝忽必烈（1260 年三月 ~ 1271 年十一月）

［按］又称"薛禅皇帝"。名又作"呼必赉"。孛儿只斤氏。为拖雷汗子，蒙哥汗弟。蒙哥汗八年（1258），从兄汗征宋，翌年，闻兄汗卒，与宋约和，返北，于下年（1260）三月，在诸王合丹、塔察儿拥戴下，即汗位于开平。五月，建元"中统"（蒙古始用年号）。即位后，提倡文治，推行汉法，适应对中原的统治。以吐蕃僧八思巴为国师，统佛教，并辖西藏政事。中统五年（1264），立诸路行中书省，"行省"之名即始于此。八月，诏改燕京（今北京）为"中都"，由开平迁往都之；升开平为"上都"，作驻夏之地。并改元"至元"。至元八年（1271）十一月，称国号为"大元"。从此，开始了一个新的历史时期。

阿里不哥（1260 年四月 ~ 1264 年七月）

［按］名又作"额里克"。孛儿只斤氏。为拖雷幼子，忽必烈同母弟。海迷失皇后三年（1251），与诸王拥兄蒙哥即大汗位。蒙哥汗八年（1258），蒙哥南下攻宋，他留守和林。次年七月，蒙哥卒。他借监国之机谋袭汗位。时兄忽必烈停止攻宋，从前线返回，下年（1260）三月，西道诸王合丹、阿只吉，东道诸王塔察儿、也松格等在开平欲拥其即大汗位，他不从。四月，阿里不哥在蒙哥诸子阿速歹、玉龙答失、察合台之孙阿鲁忽及前朝诸臣阿蓝答儿、脱里赤等拥立下于和林宣布袭大汗位。继攻忽必烈。中统二年（1261）十一月，兵败昔木土脑儿（今蒙古国苏赫巴托省南部），北迁。至元元年（1264）七月，降忽必烈。三年（1266），病卒。

蒙古汗国世系

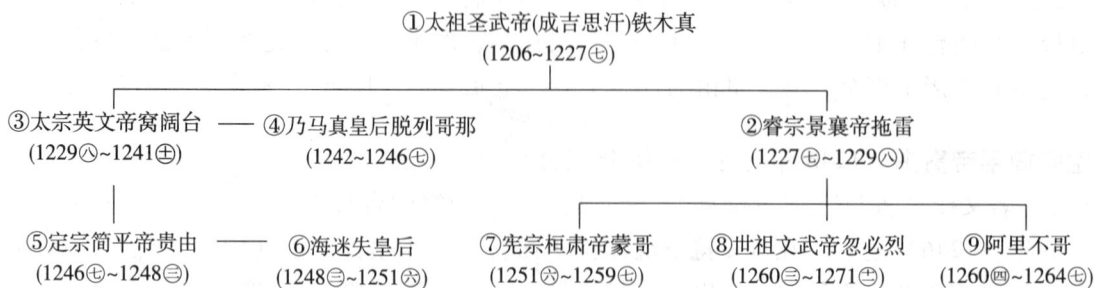

①太祖圣武帝(成吉思汗)铁木真
(1206~1227㊌)

③太宗英文帝窝阔台 —— ④乃马真皇后脱列哥那
(1229㊇~1241㊋)　　　　(1242~1246㊌)

②睿宗景襄帝拖雷
(1227㊋~1229㊇)

⑤定宗简平帝贵由 —— ⑥海迷失皇后
(1246㊋~1248㊂)　　　(1248㊂~1251㊅)

⑦宪宗桓肃帝蒙哥
(1251㊅~1259㊆)

⑧世祖文武帝忽必烈
(1260㊂~1271㊉)

⑨阿里不哥
(1260㊃~1264㊆)

［蜀］

（1207 年正月～二月）

蜀王吴曦（1207 年正月～二月）

［按］南宋时，为四川宣抚副使，知兴州。据《宋史·宁宗纪》：宋开禧二年（1206）十二月，"吴曦始自称'蜀王'"。越年正月"甲午，吴曦僭位于兴州"。《宋史·吴曦传》云："（吴）曦乘黄屋左纛（dào），僭王位于兴州，即治所为行宫，称是月为元年。""遣董镇至成都治宫殿，将徙居之。（吴）曦所统军七万并程松军三万，分隶十统帅。"《正闰考》云：建元"转运"。《宁宗纪》：下月，"（宋）四川宣抚副使司随军转运安丙及兴州中军正将李好义、监四川总领所兴州合江仓杨居源等共诛吴曦，传首诣行在，献于庙社，枭三日，四川平。"终年四十六岁。

［郴　州　瑶］

（1208 年二月～1211 年九月）

罗世传（1208 年二月）（1211 年二～九月）

［按］为荆湖南路郴州（今湖南省郴州）黑风峒瑶人。据《宋史·宁宗纪》：宋嘉定元年（1208）二月，"是月，郴州黑风峒寇罗世传作乱，招降之"。四年（1211）二月，"寻复叛"。九月"乙亥，罗世传为其党所杀"。

李元砺（1209 年十一月～1210 年十二月）

［按］据《宋史·宁宗纪》：嘉定二年（1209）十一月，"是月，郴州黑风峒寇李元砺作乱，众数万，连破吉、郴诸县。（宋）诏荆、鄂、江、池四州军讨之"。三年（1210）十二月，"湖南贼罗世传缚李元砺以降"。四年（1211）二月，"李元砺伏诛"。

［黎　州　蛮］

（1208 年十二月～1214 年）

畜卜（1208 年十二月～1214 年）

［按］据《宋史·宁宗纪》：宋嘉定元年（1208）十二月，"黎州蛮畜卜寇边"。二年

（1209）二月，"黎州蛮寇边"。八月，"黎州蛮复寇边"。三年（1210）二月，"黎州蛮复寇边"。七年（1214），"是岁，黎州蛮畜卜始降"。

辽

（1213 年三月～1217 年）

耶律留哥（1213 年三月～1216 年）

［按］契丹族。金时，为北边千户。金崇庆元年（1212），起兵反金。次年（1213）三月，称王，国号"辽"。建元"天统"（一作"元统"）。都咸平（今辽宁省开原），号中京。天统三年（1215）十一月，朝觐蒙古成吉思汗（hán），仍号辽王。次年（1216），郡王那厮不乘其外出之机，率众反叛，在澄州称帝。

那厮不（1216 年）

［按］契丹族。随耶律留哥起兵，被封郡王。天统四年（1216）叛耶律留哥，在澄州（今辽宁省海城）称帝，改元"天威"（一作"天成"）。未及三月，被部下所杀。乞奴继立。

乞奴（1216 年）

［按］契丹族。原为丞相。那厮不被杀后继立。改元"天祐"。未几，被金山所杀。金山自立。

金山（1216～1217 年）

［按］契丹族。杀乞奴后继立，自称国王。改元"天德"（一作"天成"，或"天会"）。次年，被杀。政权瓦解。

杨安儿（1214 年六～十二月）　　　　　　　　　　　　　　（年号：天顺）

［按］原名"杨安国"，以贩鞍材为业，市人呼为"杨鞍儿"。遂自名"杨安儿"。益都县人。金时，为副都统。后起兵反，据《金史·仆散安贞传》：金贞祐二年（1214）六月（《续资治通鉴》作七月，今从《金史》），"（杨）安儿遂僭号，置官属，改元'天顺'"。"遂陷宁海，攻潍州"。被金廷悬赏捉拿，"获杨安儿者，官职俱授三品，赏钱十万贯"。当年十二月，兵败，"杨安儿与汲政等乘舟入海，欲走岠嵎山。舟人曲成等击之，坠水死"。

附：

刘永昌（约 1214 年）

（年号：天赐）

［按］其事迹不详。仅晓其改元"**天赐**"。据《金史·完颜佐传》：金贞祐二年（1214），"刘永昌率众二十人持文书来，署其年曰'天赐'。（完颜）佐掷之，麾众执永昌，及（张）晖等并斩之"。余况不明，因其有年号，有的年表收录之，故附于此。

大　真

（1215 年十月～1216 年十月）

　　大真为女真族蒲鲜万奴于金末所建。称"大真"，意在以重新兴盛女真为号召。后在蒙古大军的压力下，降蒙。

天王蒲鲜万奴（1215 年十月～1216 年十月）

［按］名又作"完颜万奴"、"夫合讷"、"富鲜万奴"、"布希万奴"等。金时，为辽东宣抚使，后，起兵自立。据《元史·太祖纪》：太祖十年（1215）"十月，金宣抚蒲鲜万奴据辽东，僭称'天王'，国号'大真'，改元'天泰'"。此政权未坚持多久，在强大的蒙古大军压力下，于次年"十月，蒲鲜万奴降（蒙古），以其子帖哥入侍"。

东夏（东真）

（约 1216 年十月～1233 年九月）

　　东夏（东真）为女真族蒲鲜万奴继"大真"后，复叛蒙古所建。其国号，《元史》称"东夏"，《高丽史》作"东真"。都南京（今吉林省延吉市城子山城），盛时疆域，以南京为中心，东至海，北至五国头城（今黑龙江省依兰），西北至金上京会宁府（今黑龙江省阿城），西南至黄龙府（今吉林省农安），南至旧铁岭。天泰十九年（1233），亡于蒙古。凡十八年。

蒲鲜万奴（约 1216 年十月～1233 年九月）

［按］金贞祐四年（1216）十月，蒲鲜万奴降蒙古后，据《元史·太祖纪》："既而复叛，僭称'东夏'。"至天泰十九年（1233）九月，在蒙古大军攻击下，南京失陷，被执杀。

汉兴皇帝张致（1216～1217 年）　　　　　　　　　　　　　　　　（年号：**兴龙**）

［按］关于其称帝的时间，史载不一。据《元史·太祖纪》：太祖十年（1215）四月，"（张）致遂据锦州，僭号'汉兴皇帝'，改元'**兴龙**'（《续资治通鉴》作'兴隆'）"。而《史进道神道碑》作："丙子（1216 年），锦州渠帅张致叛，丁丑（1217 年），从王提大军攻拔之，张致伏诛。"本年表依从《神道碑》的记载。

大　汉

（1216 年四～七月）

大汉皇帝郝定（1216 年四～七月）

［按］名又作"郝八"，又名"郝仪"。据《金史·宣宗纪》：金贞祐四年（1216）四月，郝定僭号署官（《侯挚传》："郝定者，兖州泗水人。署置百官，僭称'大汉皇帝'；《大金国志》及《建炎以来朝野杂记》云：'改元"顺天"'"），已陷滕、兖、单诸州，莱芜、新泰等十余县。《仆散安贞传》云：当年五月，"（仆散）安贞遣兵讨郝定，连战皆克，杀九万人，降者三万余，郝定皆以身免。获伪金银牌、器械甚众，来归且万人"。《元颜阿邻传》云："顷之，破红袄贼郝定于泗水县柘沟村，生擒郝定，送京师斩之。"《宣宗纪》云：七月，"郝定等至京师，伏诛"。

察合台汗国

（约 1225～1370 年）

成吉思汗（hán）立国不久，即开始西征。十三年（1218），灭西辽。继征花剌子模，进入中亚地区。至十八年（1123），在窝勒伽河歼灭斡罗思与钦察联军后，挥师东归。约在二十年（1225），还师至土拉河，随即划分诸子分地，成为蒙古发展史上的一件大事。这些分地，初尚接受大汗的统一管辖，后渐拥兵自重，发展为独立的汗国。察合台汗国为成吉思汗次子察合台的封地。初领有西辽旧地，包括天山南北路及今阿姆河、锡尔河之间的地区。初建都阿力麻里（今新疆霍城县水定镇西北）。后分裂，至洪武三年（1370），最终为帖木儿帝国所灭。

察合台（约 1225～约 1242 年）

［按］名又作"察阿歹"、"察哈台"、"察合带"、"茶合带"、"察干岱"等。孛儿只斤氏。为成吉思汗铁木真次子。能征善战，屡获战功。成吉思汗十四年（1219），随父西征，攻取花剌子模。西征后，约二十年（1225），获封西辽旧地。以此为基础，建立"察合台汗国"。十八年

（1242，一说十七年），卒。封地由孙合剌旭烈兀摄理。

合剌旭烈兀（约 1242~1246 年）

〔按〕名又作"合剌旭烈"。孛儿只斤氏。为察合台孙，木阿秃干子。因其父阵亡，祖父卒后，受命监国。贵由登蒙古大汗位后，以舍子传孙为非，将他废除，改由察合台之子（合剌旭烈兀叔）也速蒙哥继立。

也速蒙哥（1246~1252 年）

〔按〕名又作"也速忙可"。孛儿只斤氏。为察合台子，合剌旭烈兀叔。由蒙古大汗贵由汗废其侄而立之。蒙哥汗二年（1252），他因反对蒙哥嗣蒙古大汗位，被侄妃兀鲁忽乃奉蒙哥命所执杀。继由兀鲁忽乃摄政。

兀鲁忽乃（1252~1260 年）

〔按〕名又作"斡儿乞纳"、"斡儿吉纳"、"倭耳干纳"、"兀儿客捏"、"兀勒吉捏"等。为成吉思汗外孙女，合剌旭烈兀汗妃。蒙哥汗元年（1251），因也速蒙哥反对蒙哥嗣蒙古大汗位，蒙哥即位后，命其夫合剌旭烈兀奉命归国代也速蒙哥，其夫中道病卒，她至国后依命杀也速蒙哥。因其子木八剌沙年幼，乃奉蒙哥命监国。九年（1260），被夫的堂弟阿鲁忽夺位。

阿鲁忽（1260~约 1265 年）

〔按〕孛儿只斤氏。为察合台孙，拜答儿子，合剌旭烈兀堂弟。夺位而立。六年（1265，一说七年），卒。由堂侄木八剌沙继立。

木八剌沙（约 1265 年）

〔按〕孛儿只斤氏。为合剌旭烈兀子。阿鲁忽卒后，在母兀鲁忽乃支持下，继汗位。当年，为蒙古大汗忽必烈所废。由堂兄八剌继立。

八剌（约 1265~约 1271 年）

〔按〕孛儿只斤氏。为察合台曾孙，也孙笃哇子，木八剌沙堂兄。至元二年（1265，一说三年），奉蒙古大汗忽必烈命回察合台汗国，废堂弟木八剌沙，自立为汗。至元八年（1271，一说七年），卒。聂古伯继立。

聂古伯（1272~1274 年）

〔按〕孛儿只斤氏。为察合台孙，撒班子，阿鲁忽堂弟。八剌卒后继立。三年（1274），由不合帖木儿继立。

不合帖木儿（1274 年）

〔按〕孛儿只斤氏。为察合台玄孙，合答黑赤子，八剌堂侄。聂古伯三年（1274）立之。当年（一说次年），为笃哇夺位。

笃哇（约 1274~1306 年）

〔按〕名又作"笃娃"、"都哇"、"都瓦"、"都阿"、"杂瓦"、"朵哇"等。孛儿只斤氏。为八剌子。至元十一年（1274，一说十年），在窝阔台孙海都汗支持下夺汗位。夺位后，联合海都与元争战不息。三十三年（1306），卒。子宽阇（shé）继立。

宽阇（1306～1308年）

［按］名又作"宽彻"、"款彻"。孛儿只斤氏。为笃哇子。父卒继立。三年（1308），汗位落入不合帖木儿弟塔里忽手中。

塔里忽（1308～1309年）

［按］名又作"达里忽"。孛儿只斤氏。为不合帖木儿弟。约1274年，兄汗位为笃哇所夺。宽阇三年（1308），他又从笃哇子宽阇手中夺得汗位。次年（1310年），即为笃哇子怯伯所杀，怯伯立其兄也先不花继汗位。

也先不花（1310～1320年）

［按］孛儿只斤氏。为笃哇子，宽阇弟。其弟杀塔里忽后，翌年（1310年），被拥立继位。大败窝阔台汗国，占其大部土地。五年（1314），与元失和，率军攻元。十一年（1320，一说九年），卒。弟怯伯继位。

怯伯（约1320～1327年）

［按］孛儿只斤氏。为笃哇子，也先不花弟。兄终弟及。统治期间，移都那黑沙不，建筑宫殿，使汗国中心转至河中地区。八年（1327），卒。子燕只吉台继立。

燕只吉台（1327～1330年）

［按］名又作"燕只哥台"、"燕只哥歹"。孛儿只斤氏。为怯伯子。父卒继立。四年（1330），叔笃来帖木儿继立。

笃来帖木儿（1330～1331年）

［按］孛儿只斤氏。为怯伯弟，燕只吉台叔。燕只吉台四年（1330），嗣汗位。翌年，卒。弟答儿麻失里继立。

答儿麻失里（1331～1334年）

［按］孛儿只斤氏。为笃哇子，笃来帖木儿弟。兄终弟及。四年（1334），侄不赞继立。

不赞（1334年）

［按］孛儿只斤氏。为笃哇孙，笃来帖木儿子，答儿麻失里侄。答儿麻失里四年（1334）嗣汗位。当年，卒。堂弟敝失继立。

敝失（1335～1338年）

［按］孛儿只斤氏。为笃哇孙，也不干子，不赞堂弟。继堂兄位立。四年（1338），由弟也孙帖木儿继立。

也孙帖木儿（1338～1339年）

［按］孛儿只斤氏。为敝失弟。敝失四年（1338），嗣汗位。次年，汗位为阿里所夺。

阿里（1340 年）

[按] 孛儿只斤氏。为窝阔台后裔。也孙帖木儿二年（1340），夺汗位。继又失位，由宽阁孙麻哈没的嗣立。

麻哈没的（1341～? 年）

[按] 孛儿只斤氏。为宽阁孙，卜刺子。至正元年（1341）嗣汗位。去位年不详。合赞继立。

合赞（? ～1347 年）

[按] 孛儿只斤氏。为不合帖木儿曾孙，牙撒兀儿子。嗣位年不详。至正七年（1347），汗位落入窝阔台曾孙答失蛮手中。

答失蛮（1347～1349 年）

[按] 孛儿只斤氏。为窝阔台曾孙，海都子。至正七年（1347），嗣汗位。在位第三年（1349），汗位落入笃哇孙拜延忽里手中。

拜延忽里（1349～? 年）

[按] 孛儿只斤氏。为笃哇孙，锁鲁忽子，也孙帖木儿堂弟。答失蛮三年（1349），嗣汗位。去位年不详。由麻哈没的子阿的勒继立。

阿的勒（? ～? 年）

[按] 孛儿只斤氏。为麻哈没的子。继拜延忽里后立。在位年不详。由燕只吉台孙合不勒继立。

合不勒（1362～? 年）

[按] 孛儿只斤氏。为燕只吉台孙，朵儿只子。至正二十二年（1362），嗣汗位。去位年不详。昔兀儿海迷失继立。

昔兀儿海迷失（? ～? 年）

[按] 孛儿只斤氏。为答失蛮子。继合不勒而立。在位年不详。子麻哈没的继立。

麻哈没的（? ～? 年）

[按] 孛儿只斤氏。为昔兀儿海迷失子。继父而立。在位年不详。亡于帖木儿帝国。

察合台汗国世系

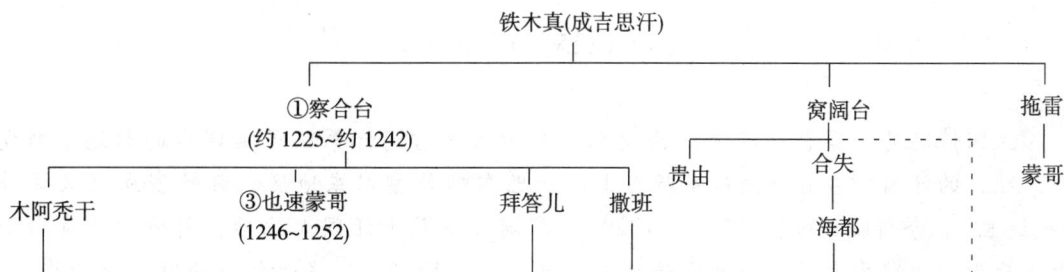

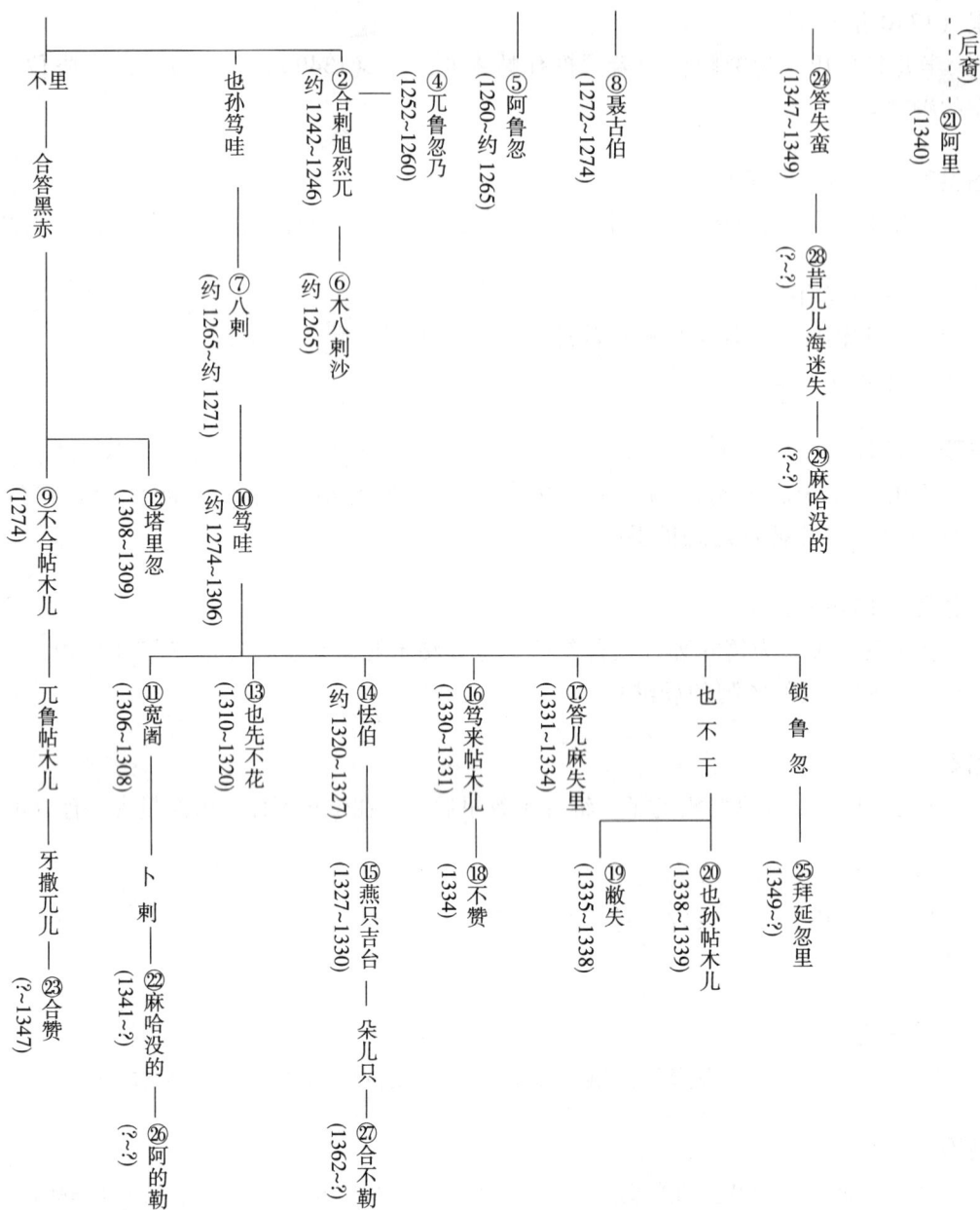

(后裔)

㉑阿里 (1340)

不里

也孙笃哇

②合剌旭烈兀 (约1242~1246)

④兀鲁忽乃 (1252~1260)

⑤阿鲁忽 (1260~约1265)

⑧聂古伯 (1272~1274)

㉔答失蛮 (1347~1349)

㉘昔兀儿海迷失 (?~?)

㉙麻哈没的 (?~?)

合答黑赤

⑦八剌 (约1265~约1271)

⑥木八剌沙 (约1265)

⑨不合帖木儿 (1274)

⑫塔里忽 (1308~1309)

⑩笃哇 (约1274~1306)

锁鲁忽

也不干

⑪宽阇 (1306~1308)

⑬也先不花 (1310~1320)

⑭怯伯 (约1320~1327)

⑯笃来帖木儿 (1330~1331)

⑰答儿麻失里 (1331~1334)

⑲敞失 (1335~1338)

⑳也孙帖木儿 (1338~1339)

㉕拜延忽里 (1349~?)

⑮燕只吉台 (1327~1330)

⑱不赞 (1334)

兀鲁帖木儿

牙撒兀儿

㉓合赞 (?~1347)

卜剌

㉒麻哈没的 (1341~?)

㉖阿的勒 (?~?)

朵儿只 (1362~?)

㉗合不勒

窝阔台汗国

(约 1225 ~ 1310 年)

立国情况见"察合台汗国"条说明。此原为成吉思汗第三子窝阔台的封地,渐发展为独立的汗国。占有今额尔齐斯河上游和巴尔喀什湖以东地区。都叶密立(又译作"也迷里"。今新疆额敏)。五年(1229),窝阔台继蒙古汗国大位后,封地由子贵由沿袭。后贵由又继蒙古汗位;至蒙哥继蒙古汗位(1251年),将此封地分割,分授诸王。

至大三年（1310），兵败，为察合台汗国所并。

窝阔台（约 1225～1229 年八月）

［按］名又作"斡歌歹"、"谔格德依"等。孛儿只斤氏。为成吉思汗铁木真第三子。蒙古西征前，成吉思汗十四年（1219），被确定为大汗继承人。西征中，获战功，西征后，受封额尔齐斯河上游和巴尔喀什湖以东地区，以叶密立为都城，渐发展成"窝阔台汗国"。拖雷监国二年（1229）八月，依父遗训，经诸王推举，继蒙古大汗位。封地由子贵由承袭。

贵由（1229 年八月～1246 年七月）

［按］名又作"古与"、"古余克"。孛儿只斤氏。为窝阔台长子。父即蒙古大汗位后，承袭封地。乃马贞皇后称制五年（1246）七月，在母后力主下，继蒙古大汗位。封地承袭关系不明。

海都（约 1260～1301 年）

［按］孛儿只斤氏。为窝阔台孙，合失子，贵由侄。蒙哥继蒙古大汗位后，为削弱窝阔台系的力量，二年（1252），将封地分散给诸子孙。海都被谪封于海押立（今新疆伊犁西）。他因窝阔台嫡孙身份而不得立，遂怀怨，起兵反蒙古汗国。结好西北诸王，扩展势力，雄踞西北。至忽必烈建"元"，终忽必烈朝，与蒙元战事不断。曾两度逼近蒙古旧都和林（今蒙古国哈尔和林），均败。大德五年（1301），病卒。长子察八儿继立。

察八儿（1301～1310 年）

［按］名又作"察八而"。孛儿只斤氏。为海都长子。父卒继立。即位后，与元约和。至大三年（1310），为察合台汗所败，归奔元，窝阔台汗国领地有部分入元，大部分为察合台汗国所并。

窝阔台汗国世系

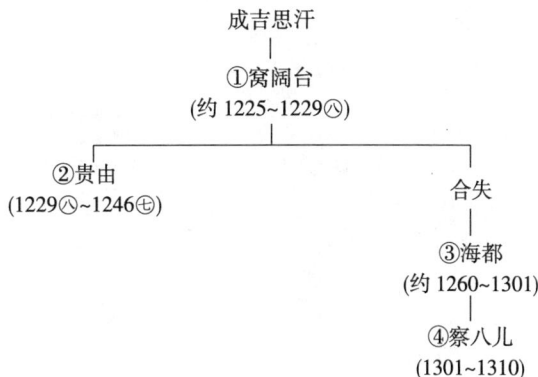

成吉思汗
｜
①窝阔台
（约 1225~1229㈧）

②贵由　　　　　　　　　　　合失
（1229㈧~1246㈦）　　　　　　　③海都
　　　　　　　　　　　　　　（约 1260~1301）
　　　　　　　　　　　　　　④察八儿
　　　　　　　　　　　　　　（1301~1310）

陈三枪（1226～1234 年三月）

［按］赣州人。南宋宝庆二年（1226）起兵反宋，占闽、粤、赣等地。据《忠肃陈观文

（韡，wěi）神道碑》（载《后村先生大全集》卷一四六）："赣贼陈三枪据松梓山寨，出没江西、广东。"端平元年（1234）三月，"遂破松梓山，（陈）三枪与余党缒崖而遁"。"至兴宁就擒，槛车载（陈）三枪六人至隆兴斩之。贼跨三路数州六十寨，凡七载"。

［琼 山 黎］

（1231～1232 年）

南王王居起 （1231～1232 年夏）

［按］黎族。海南岛琼山县人。南宋绍定四年（1231），起兵反宋，自号"南王"。相继袭临高、澄迈、文昌等县，进而围攻首府琼州城。次年（1232 年）夏，被俘遇害。

十一　元时期纪年考

（1271～1368 年）

这是中华历史上空前的大统一时期。中国是一个多民族的国家，在历史发展的不同时期，各民族都做过自己应有的贡献。元为蒙古族所建。自 1206 年，成吉思汗统一蒙古诸部，建立蒙古汗国，先后三次大举西征，灭西辽、西夏，并进入中亚、东欧地区；1234 年灭金，统一北方地区。继南下，灭大理，降吐蕃。1271 年，建立元朝。1279 年灭南宋，结束了自唐末以来长达三百多年的分裂纷争的局面，出现了空前的大统一。这次统一一直维持到中国封建社会的结束。

元

（1271 年十一月～1368 年八月）

元为蒙古族所建。成吉思汗（hán）于金章宗泰和六年（1206），统一蒙古诸部，建蒙古汗国，之后，大举西征，1218 年，灭西辽；1221 年，征服花剌子模；并越过太和岭（今高加索山），进入南俄草原。1223 年，在窝勒伽河大败斡罗思和钦察联军后，绕道里海北岸东返，于各地设置达鲁花赤（镇守官），行总辖监治之权（后又有两次大规模西征）；1227 年，灭西夏；1234 年，灭金，统一我国北方地区。继南下，1254 年，灭大理；并攻占吐蕃地区；在南宋濒临灭亡的前夕，于蒙古汗国至元八年（1271）十一月，"建国号曰'大元'"。据《元史·世祖纪》："建国号曰'大元'，盖取《易经》'乾元'之义。"《易经·乾》曰："大哉乾元，万物资始。"赵翼《廿二史劄记》卷二九谓："国号取文义自此始。"这里需要说明的是，国号"大元"中之"大"，并非习惯上的尊崇之字，而是本号，明人朱国祯《湧憧小品》卷二云："大汉、大唐、大宋者，乃外夷及臣子尊称之词。国号加'大'，始于'元'，我朝（即明朝）因之。"然后人皆习惯简称其为"元"，历代如是。元朝建立后，1272 年，改"中都"为"大都"（亦号"汗八里"，即"大汗之城"。今北京）都之；1279 年，最后灭掉南宋，完成了对全国的统一。至正二十八年（1368）八月，明军攻入大都，元亡。中经十一帝，凡九十八年。

世祖文武帝忽必烈（1271 年十一月［即位年：1260］~1294 年正月）

［按］又称"薛禅皇帝"。名又作"呼必赉"。孛儿只斤氏。为成吉思汗孙，拖雷第四子。蒙古汗国蒙哥汗九年（1259）七月，蒙哥卒。时他正值南下攻宋，为争汗位，即停止进军，与宋约和，引军北返，次年（1260 年）三月，在开平（后称"上都"，今内蒙古正蓝旗东北闪电河北岸），宣布即蒙古大汗位。时年四十五岁。五月，建元"中统"。中统五年（1264）七月，平定阿里不哥之乱，八月，迁都燕京称"中都"（后改称"大都"），并改元"至元"。决意南下伐宋。至元八年（1271）十一月，正式定国号曰"元"。继大举攻宋。十六年（1279）二月，灭南宋，统一全国。在位期间，任用许衡、姚枢、刘秉忠等，提倡程朱理学，建立各项制度，尤其是行省制，加强中央对边疆的管理。三十一年（1294）正月，病卒于紫檀殿。终年八十岁。葬起辇谷。谥"圣德神功文武皇帝"，庙号"世祖"，蒙古语尊称"薛禅皇帝"。孙铁穆耳继立。

成宗广孝帝铁穆耳（1294 年四月~1307 年正月）

［按］又称"完泽笃皇帝"。名又作"铁木耳"。孛儿只斤氏。为忽必烈孙，真金第三子。因父早死，祖父卒后，受遗命继立。初善守祖遗法，晚年患疾，重用伯颜、梁德清、八都马辛，号称"三凶"，引起不满。大德十一年（1307）正月，病卒于玉德殿。终年四十二岁。葬起辇谷。谥"钦明广孝皇帝"，庙号"成宗"，蒙古语尊为"完泽笃皇帝"。侄海山继立。

武宗宣孝帝海山（1307 年五月~1311 年正月）

［按］又称"曲律皇帝"。孛儿只斤氏。为忽必烈曾孙，答剌麻八剌子，铁穆耳侄。叔卒后，在弟爱育黎拔力八达的支持下，挫败安西王阿难答争皇位之谋，于当年五月在上都即帝位。改元"至大"。封弟为皇太子。至大四年（1311）正月，病卒于玉德殿。终年三十一岁。葬起辇谷。谥"仁惠宣孝皇帝"，庙号"武宗"，蒙古语尊为"曲律皇帝"。弟爱育黎拔力八达继立。

仁宗钦孝帝爱育黎拔力八达（1311 年三月~1320 年正月）

［按］又称"普颜笃皇帝"。孛儿只斤氏。为海山弟。大德十一年（1307），因拥兄称帝，受封为"皇太子"。兄终弟及。延祐七年（1320）正月，病卒于光天宫。终年三十六岁。葬起辇谷。谥"圣文钦孝皇帝"，庙号"仁宗"，蒙古语尊称"普颜笃皇帝"。长子硕德八剌继立。

英宗文孝帝硕德八剌（1320 年三月~1323 年八月）

［按］孛儿只斤氏。为爱育黎拔力八达长子。延祐三年（1316），立为皇太子。父卒继立，三月即位。至治三年（1323）八月，被御史大夫铁失等所杀。终年二十一岁。从葬诸帝陵。谥"睿圣文孝皇帝"，庙号"英宗"，蒙古语庙号曰"格坚"。也孙铁木儿继立。

泰定帝也孙铁木儿（1323 年九月~1328 年七月）

［按］名又作"也孙铁木而"、"也孙帖木儿"。孛儿只斤氏。为忽必烈曾孙，晋王甘麻剌长子。大德六年（1302），袭父晋王位，镇守北边。参与拥戴成宗、武宗、仁宗之立。英宗硕德八剌被弑后，九月（据《元史·泰定帝纪》）被迎奉即帝位于龙居河（今克鲁伦河）。十二月，诏

改明年为"泰定"。泰定五年（1328）二月，改元"致和"，七月，卒于上都。终年三十六岁。葬起辇谷。子阿剌吉八继立。

幼主阿剌吉八（1328年九～十月）

〔按〕名又作"阿里吉八"、"阿速吉八"。孛儿只斤氏。为也孙铁木儿子。泰定元年（1324），被立为皇太子。致和元年（1328）七月，父卒于上京，时诸臣争拥立。九月，金枢密院事燕铁木儿在大都迎立武宗海山子图帖睦尔为帝；同月，丞相倒剌沙在上都立他为帝。时年九岁。改元"天顺"。两帝争战，十月，上都陷，出降，不知所终。

文宗光孝帝图帖睦尔（1328年九月～1329年正月）

〔按〕又称"扎牙笃皇帝"。名又作"图帖穆尔"、"脱帖木儿"。孛儿只斤氏。为武宗海山次子。泰定元年（1324），封怀王。致和元年（1328）七月，泰定帝也孙铁木儿卒。九月，被权臣燕铁木儿迎归大都，立为帝，改元"天历"。十月，兵围上都，迫阿剌吉八奉皇帝宝出降。天历二年（1329）正月，让位于兄和世㻋（là）。

明宗景孝帝和世㻋（1329年正月～八月）

〔按〕名又作"禾失剌"。孛儿只斤氏。为海山长子，图帖睦尔兄。天历二年（1329）正月，应弟之迎进，即帝位于和宁（今蒙古国境内）北，率众还京师。四月，封弟为皇太子。八月，行至王忽察都（今河北省张北北），会见皇太子。旋暴死。终年三十岁。葬起辇谷。谥"翼献景孝皇帝"，庙号"明宗"。弟图帖睦尔继立。

文宗光孝帝图帖睦尔（1329年八月～1332年八月）

〔按〕兄和世㻋暴卒后当月，以皇太子身份复即位于上都，改元"至顺"。至顺三年（1332）八月，卒。终年二十九岁。葬起辇谷。谥"圣明光孝皇帝"，庙号"文宗"，蒙古语尊谥曰"扎牙笃皇帝"。侄懿璘质班继立。

宁宗嗣孝帝懿璘质班（1332年十～十一月）

〔按〕名又作"懿怜只班"、"亦怜真班"。孛儿只斤氏。为和世㻋次子。天历三年（1330），封鄜王。至顺三年（1332）八月，叔图帖睦尔卒。十月，在皇后卜答失里及权臣燕铁木儿支持下即帝位，时年七岁。十一月，病卒。在位五十三天。葬起辇谷。谥"冲圣嗣孝皇帝"，庙号"宁宗"。兄妥欢帖睦耳继立。

惠宗顺帝妥欢贴睦耳（1333年六月～1368年八月）

〔按〕名又作"妥欢贴不尔"、"妥欢贴木耳"、"妥欢帖睦尔"、"妥欢帖穆尔"等。孛儿只斤氏。为明宗和世㻋长子，宁宗懿璘质班兄。至顺元年（1330），遭贬。三年（1332）父卒，按遗诏，弟即位。月余，弟卒。次年（1333）六月，被母后卜答失里立为帝，在上都即位。至正十一年（1351），爆发起义，统治基础动摇。二十八年（1368）八月，明军攻克大都，元亡。次年六月，明军逼上都，他北走应昌府（今内蒙古克什克腾旗西），下年四月，病卒于此。终年五十一岁。庙号"惠宗"。朱元璋以其"知顺天命，退避而去"，加其号曰"顺帝"。

元 世 系

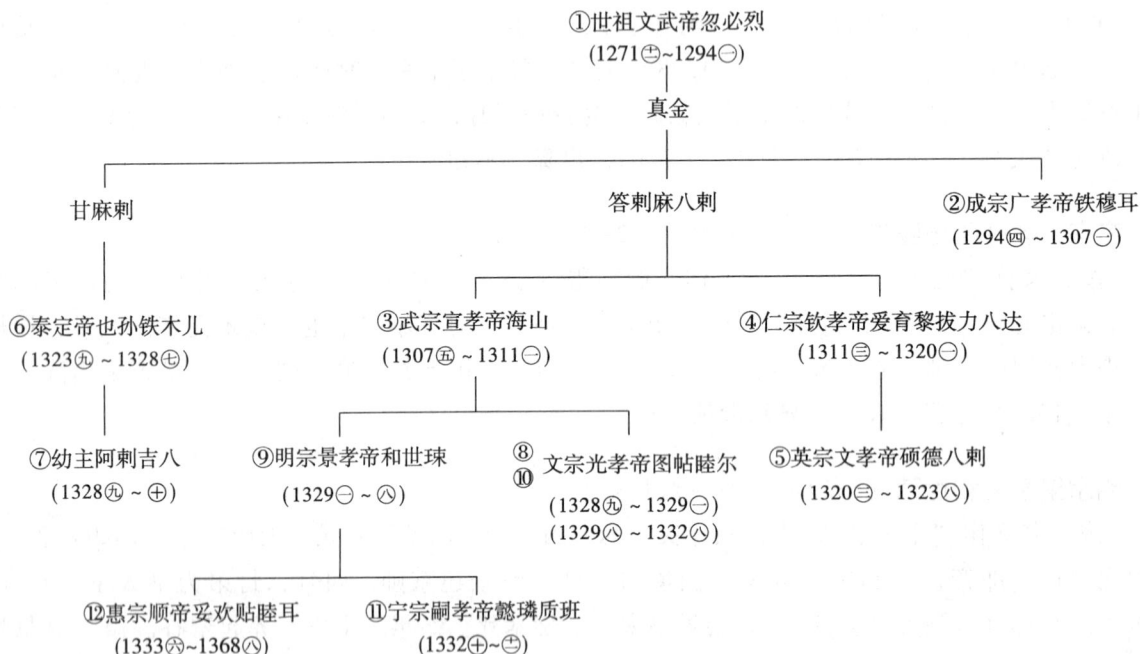

①世祖文武帝忽必烈
(1271⑦~1294①)

真金

甘麻剌

答剌麻八剌

②成宗广孝帝铁穆耳
(1294④~1307①)

⑥泰定帝也孙铁木儿
(1323⑨~1328⑦)

③武宗宣孝帝海山
(1307⑤~1311①)

④仁宗钦孝帝爱育黎拔力八达
(1311③~1320①)

⑦幼主阿剌吉八
(1328⑨~⑩)

⑨明宗景孝帝和世瓎
(1329①~⑧)

⑧⑩文宗光孝帝图帖睦尔
(1328⑨~1329①)
(1329⑧~1332⑧)

⑤英宗文孝帝硕德八剌
(1320③~1323⑨)

⑫惠宗顺帝妥欢贴睦耳
(1333⑥~1368⑧)

⑪宁宗嗣孝帝懿璘质班
(1332⑩~⑪)

附：

杜可用（1280 年四月）　　　　　　　　　　　　　　　　　　　　　　（年号：**万乘**）

　［按］南康人。据《元史·世祖纪》：元世祖至元十七年（1280）四月，"南康杜可用叛，命史弼讨擒之"。《新元史·世祖纪》："南康贼杜可用伪称**万乘**元年，伏诛。"虽为时不长，然立年号，有年表载，在此附之。

［漳 州 畲］

（1280～1282 年）

陈吊眼（1280～1282 年）

　［按］名又作"陈钓眼"，本名"陈大举"。漳州（今福建省漳州）人。元世祖至元十七年（1280），与叔父陈桂龙等据漳州领畲（shē）民起兵反元，拥众十余万，年号"昌泰"。昌泰三年（1282），为元将击败，退走千壁岭，被执，遭害。

罗 平 国

（1283 年三月）

林桂方（1283 年三月）

〔按〕广州新会人。据《元史·世祖纪》：元世祖至元二十年（1283）三月，"广州新会县林桂方、赵良钤等聚众，伪号'罗平国'，称'延康'（一作'建康'）年号。官军擒之，伏诛，余党悉平"。

黄华（1283 年十月～1284 年正月）　　　　　　　　　　　　　　　　（年号：**祥兴**）

〔按〕据《元史·世祖纪》：元世祖至元二十年（1283）十月，"建宁路管军总管黄华叛，众几十万，号'头陀军'，伪称宋**祥兴**五年，犯崇安、浦城等县，围建宁府。诏卜憐吉带、史弼等将兵二万二千人讨之"。二十一年正月，"丙子，建宁叛贼黄华自杀"。

大 兴 国

（1289 年三～十月）

杨镇龙（1289 年三～十月）

〔按〕台州人。元世祖至元二十六年（1289）三月，据宁海，起兵反元，称"大兴国"，年号"安定"，众至十余万，浙东大震。当年十月，被讨平。

罗 平 国

（1297 年十月）

陈空崖（1297 年十月）

〔按〕温州人。元成宗大德元年（1297）十月，在温州起兵反元。称"罗平国"，年号"正治"。未几，被讨平。

［八　番］

（1298 年四月 ~ 1300 年）

王二万（1298 年四月 ~ 1300 年）

［按］桑柘（在今贵州省内）人。布依族。元成宗大德二年（1298）四月，八番（罗番、程番、金石番、卧龙番、大小龙番、洪番、方番、韦番）起兵反元，他被推为首领。杀巡检，当地民众纷纷响应。坚持两年多，于四年（1300）被元军击败，受招抚，归元。

［琼　山　黎］

（1331 ~ 1337 年）

王马（1331 ~ 1337 年）

［按］琼山（今海南省琼山）人。黎族。元文宗至顺二年（1331），据琼山起兵反元，周围黎民纷起响应。相继攻陷会同、文昌、乐会、万州、南道州等，直攻当时岛上最高府衙——乾宁军民安抚司，引起元廷的震惊。元遣大军，直到至元三年（1337），方将起义压平，王马被执杀。

大　金　国

（1337 年正月 ~ 七月）

朱光卿（1337 年正月 ~ 七月）

［按］广州增城人。据《元史·顺帝纪》："（元顺帝至元）三年（1337）春正月癸卯，广州增城县民朱光卿反，其党石昆山、钟大明率众从之，伪称'大金国'，改元'赤符'。（元廷）命指挥狗札里、江西行省左丞沙的讨之。"七月，"狗札里、沙的擒朱光卿，寻追擒石昆山、钟大明。"起义被讨平。

［漳　州　畲］

（1338 年六月 ~ 1340 年三月）

李志甫（1338 年六月 ~ 1340 年三月）

［按］名又作"李智甫"、"李至甫"，又名"李胜"。漳州南胜（今福建省南靖）人。畲族。

据《元史·顺帝纪》：元顺帝至元四年（1338）六月，"漳州路南胜县民李志甫反，围漳城，守将搊思监与战，败之"。又转攻龙溪，连败闽、浙、赣、粤等省元军。六年（1340）"三月甲寅，漳州义士陈君用袭杀反贼李志甫，（元廷）授（陈）君用同知漳州路总管府事"。五月，"漳州龙岩尉黄佐才获李志甫余党郑子箕。佐才因与贼战，妻子四十余口皆遇害，以佐才为龙岩县尹"。

［靖　州　瑶］

（1346～？年）

吴天保（1346～？年）

［按］湖广靖州（今湖南省靖县）人。瑶族。元顺帝至正六年（1346），起兵反元。据《元史·顺帝纪》：当年闰十月，"靖州瑶贼吴天保陷黔阳"。次年二月，"寇沅州"；五月，"陷武冈路，（元廷）诏遣湖广行省右丞沙班统军讨之"；七月，"复寇沅州，陷溆浦、辰溪县"；九月，"复陷武冈，延至宝庆，杀湖广行省右丞沙班于军中"；十月，"复寇沅州，州兵击走之"；十一月，"复陷武冈，（元廷）命湖广行省平章政事苟尔领兵讨之"。继又"陷靖州，（元廷）命威顺王宽彻不花、镇南王孛罗不花及湖广、江西二省以兵讨之"。下年三月，"复寇沅州"；十一月，"率众六万掠全州"；九年（1349）三月，"复寇沅州"；十二月，"陷辰州"。继又率师北上，攻占荥阳等城镇。不知所终，卒后部众流入其他义军。

东察合台汗国

（约1347～约1570年）

　　察合台汗国传至答失蛮（窝阔台后裔），在答失蛮接位时（1347/1348年），权臣另拥立也先不花子秃黑鲁·帖木儿（察合台后裔）为汗，至此，察合台汗国分裂为东、西两部。东部统治区域相当于今伊犁河流域及天山以北、额尔齐斯河以南地区。初以别失八里（一作"别石把"，或"鳖思马"。今新疆吉木萨尔北破城子。因地有五城，突厥语"别失"意"五"，"八里"意"城"）为中心。后转至吐鲁番。学者称其为"东察合台汗国"。也有学者认为前后有异而将其分称为"别失八里"和"吐鲁番"。

秃黑鲁·帖木儿（约1347～约1363年）

［按］名又译作"秃忽鲁·帖木儿"。一说为察合台汗也先不花之子。1347/1348年，十八

岁时，为播鲁只（朵豁剌惕氏异密）拥立为汗，从此察合台汗国分裂为东、西两部。在位第七年（1353），接受伊斯兰教，并在全国推广。不断对西用兵，力图统一察合台汗国。十七年（1363，一说十六年），卒。子也里牙思火者继立。

也里牙思火者（约 1363～约 1364 年）

［按］名又译作"亦里牙思火者"。为秃黑鲁·帖木儿子。父卒继立。在位第二年（1364，一说三年），为怯马鲁丁（朵豁剌惕氏异密）杀害而夺位。

怯马鲁丁（约 1364～约 1389 年）

［按］为朵豁剌惕氏异密（"异密"，突厥语"首领"、"军事长官"）。杀也里牙思火者自立。在位第二十六年（1389，或以前），卒。也里牙思火者弟黑的儿火者继立。

黑的儿火者（约 1389～约 1402 年）

［按］为秃黑鲁·帖木儿幼子，也里牙思火者弟。兄被杀时，被救出。至怯马鲁丁卒，被拥立为汗。统治期间，并吐鲁番。在位第十四年（1402，一说十五年），卒。子沙迷查干继立。

沙迷查干（约 1402～约 1408 年）

［按］为黑的儿火者子。父卒继立。在位第七年（1408，一说六年），卒。弟马哈麻继立。

马哈麻（约 1408～约 1415 年）

［按］为黑的儿火者子，沙迷查干弟。兄终弟及。在位第八年（1415，一说七年），卒。侄纳黑失只罕继立。

纳黑失只罕（约 1415～1418 年）

［按］一说为沙迷查干子，马哈麻侄。叔卒继立。在位第四年（1418），为堂弟歪思所杀。叔父失儿马黑麻继立。

失儿马黑麻（1418～1421 年）

［按］为黑的儿火者子，沙迷查干弟，纳黑失只罕叔。侄被杀后为歪思所拥立。在位第四年（1421），病卒。由侄歪思继立。

歪思（1421～约 1428 年）

［按］一说为马哈麻子，失儿马黑麻侄。继伯父病卒后而立。在位第八年（1428，一说十二年），中矢亡于阵。子也先不花继立。

也先不花（约 1428～约 1462 年）

［按］为歪思次子。父战死后继立。在位第三十五年（1462），卒。也密力火者立。

也密力火者（约 1462～约 1470 年）

［按］名又译作"亦迷火者"、"也密力虎者"。为察合台后裔。也先不花三十五年（1462，一说十九年）嗣位。初势弱，地介于阗、别失八里间，后势渐强，占火州（今新疆吐鲁番高昌故城址）、柳城（今新疆鄯善西南鲁克沁）。约 1470 年，为羽奴思所统一。

羽奴思（约 1456～约 1478 年）

[按]为歪思长子，也先不花兄。父卒后，弟在争位中获胜，称汗，他被迫外奔投帖木儿王朝。约明代宗景泰七年（1456），被送回国，入汗国西部，自立为汗，与弟抗衡。继弟卒，侄迁吐鲁番，遂占据阿克苏。约 1469 年，统一汗国。在位第二十三年（1478），卒。子阿黑麻继立。

阿黑麻（约 1478～1504 年）

[按]为羽奴思次子。初与父分居异地，父常住塔什干，他迁至别失八里。经多年努力，统一当地蒙古兀鲁思，并于 1487/1488 年归并畏兀儿地，建都吐鲁番。在位期间，将领地扩展到哈密以东。在位第二十七年（1504），病卒。长子满速儿继立。

满速儿（1504～约 1545 年）

[按]为阿黑麻长子。父卒继立。在位第四十二年（1545，一说四十年），让位于长子沙。

沙（约 1545～约 1570 年）

[按]为满速儿长子。接父让位而立。在位第二十六年（1570），并入叶儿羌。一说卒于二十二年（1566），卒后，内部争夺汗位斗争激烈，为叶尔羌所并。

东察合台汗国世系

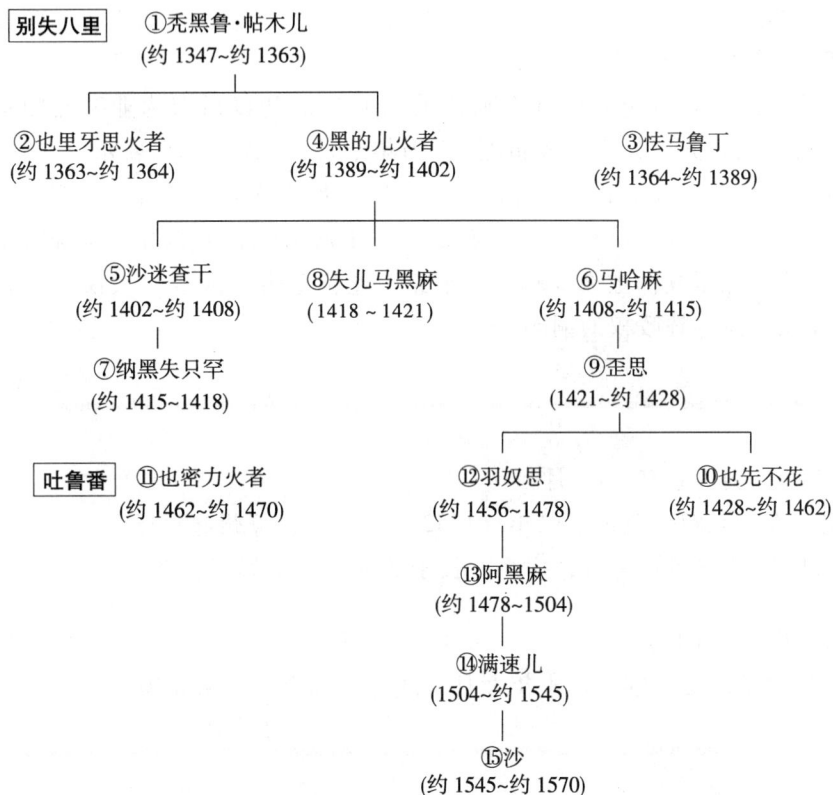

［红　　巾］

（1351 年五月～1355 年二月）

刘福通（1351 年五月～1355 年二月）

［按］颍州（今安徽省阜阳）人。据《元史·顺帝纪》：元顺帝至正十一年（1351）五月，"颍州妖人刘福通，以红巾为乱，陷颍州"。以此为基地，初欲立韩山童（宋徽宗八世孙）为帝，因山童被俘未果，遂自为主。六月，"刘福通据朱皋，攻破罗山、真阳、确山，遂犯舞阳、叶县等处"。九月，"陷汝宁府及息州、光州，众至十万"。十五年（1355）"二月己未，刘福通等自砀山夹河迎韩林儿至，立为皇帝，又号小明王，建都亳州，国号'宋'，改元'龙凤'"。

天　　完

（1351 年十月～1360 年闰五月）

徐寿辉（1351 年十月～1360 年闰五月）

［按］又名"徐贞一"。蕲州罗田（今属湖北省）人。初以贩布为业。元顺帝至正十一年（1351）八月，起兵反元。据《元史·顺帝纪》：当年十月，"徐寿辉据蕲水（今湖北省浠水县）为都，国号'天完'，僭称皇帝，改元'治平'"。十六年（1356）正月，"倪文俊建伪都于汉阳，迎徐寿辉据之"。十九年（1359），"陈友谅以江州为都，迎伪主徐寿辉居之"。二十年（1360）闰五月，"陈友谅杀其伪主徐寿辉于太平路，遂称皇帝，国号'大汉'"。所立年号见出土铜印（史树青《元末徐寿辉政权的铜印》[①]）。

郭子兴（1352 年二月～1355 年三月）

［按］安徽定远人。元顺帝至正十二年（1352）二月，在濠州起兵反元。朱元璋时年二十五岁，投其军。执政四年（1355）三月，病卒。长子战死，次子郭天叙继立。

郭天叙（1355 年三～九月）

［按］为郭子兴次子。父卒继立。当年九月，战死。部众尽归朱元璋。

---

① 《文物》1972 年第 6 期。

周

（1353 年五月 ~ 1367 年九月）

　　元末，在全国各地纷纷起兵反元斗争中，张士诚于元顺帝至正十三年（1353）五月据高邮起兵建政，国号"周"，改元"天祐"。天祐四年（1357）八月，降元去号。有的《年表》即作于此止。然据《明史·张士诚传》："（张）士诚虽去伪号，擅甲兵土地如故。"该《传》又言："二十三年（1363）九月，士诚复自立为吴王。""当是时，士诚所据，南抵绍兴，北逾徐州，达于济宁之金沟，西距汝、颍、濠、泗，东薄海，二千余里，带甲数十万。"直到"二十七年（1367）九月，城破"。"自缢死"。"士诚自起至亡，凡十四年"。本年表连续算之，特此说明。

诚王张士诚（1353 年五月 ~ 1367 年九月）

　　[按] 小名"九四"。泰州白驹场亭人。初以操舟运盐为业。据《元史·顺帝纪》：元顺帝至正十三年（1353）五月"乙未，泰州白驹场亭民张士诚及其弟士德、士信为乱，陷泰州及兴化县，遂陷高邮，据之。僭国号'大周'，自称'诚王'，建元'天祐'"。十六年（1356）二月，"陷平江路，据之，改平江路为隆平府（今江苏省苏州）"都之。十七年（1357）八月，"为书请降"。"诏以士诚为太尉"，负责"征海运粮"。二十三年（1363）九月，"张士诚自称'吴王'，来请命，不报"。"征海运于张士诚，士诚不与"。二十五年（1365）十一月，"时泰州、通州、高邮、淮安、徐州、宿州、泗州、濠州、安丰诸郡，皆张士诚所据"。二十六年（1366）十一月，"时湖州、杭州、绍兴、嘉兴、松江、平江诸路及无锡州皆张士诚所据"。二十七年（1367）九月，"大明兵取平江路，执张士诚"。《张士诚传》云："入舟，不复食，至金陵，竟自缢死。年四十七。"

宋

（1355 年二月 ~ 1366 年十二月）

小明王韩林儿（1355 年二月 ~ 1366 年十二月）

　　[按] 真定栾城人。一说为宋徽宗九世孙。据《元史·顺帝纪》：元顺帝至正十五年（1355）"二月己未，（红巾军）刘福通等自砀山夹河迎韩林儿至，立为皇帝，又号'小明王'，建都亳州（今安徽省亳州），国号'宋'，改元'龙凤'"。"福通遂为丞相，后称太保"。十八年（1358）五月，迁都汴梁（今河南省开封）。十九年（1359）八月，汴梁失陷，移都安丰（今安徽省寿县）。据《明史·太祖纪》：至正二十六年（1366）"十二月，韩林儿卒"。据《韩林儿传》：一说在战中"覆舟沉于江……林儿僭号凡十二年"。

汉

（1360 年闰五月～1364 年二月）

陈友谅（1360 年闰五月～1363 年八月）

[按] 湖北沔（miǎn）阳人。本姓"谢"，因祖上入赘于陈家，遂改其姓。为渔家子弟。初随徐寿辉起兵反元。天完政权太平二年（1357）九月，徐寿辉将倪文俊欲杀主篡权，未果，奔黄州。陈友谅乃杀倪文俊，并其兵，势渐强。天启二年（1359）十二月，以江州为都，奉徐寿辉居之，陈友谅自称"汉王"，操执实权。据《元史·顺帝纪》：次年（1360）闰五月，"陈友谅杀其伪主徐寿辉于太平路，遂称皇帝，国号'大汉'，改元'大义'。已而回驻于江州"。以江都为都，下年，迁都武昌，改元"大定"。大定三年（1363）八月，"是月，大明兵与伪汉兵大战于鄱阳湖，陈友谅败绩而死。其子（陈）理自立"。

陈理（1363 年八月～1364 年二月）

[按] 为陈友谅次子。父卒继立。据《元史·顺帝纪》："仍据武昌为都，改元'德寿'。"次年（1364）二月，"是月，大明灭伪汉，其所据湖南北、江西诸郡皆降于大明"。

汉 世 系

①陈友谅
(1360 闰五～1363 八)

|

②陈理
(1363 八～1364 二)

夏

（约 1362 年三月～1371 年六月）

明玉珍原为徐寿辉将，领兵入蜀，闻徐寿辉被杀，在重庆称帝自立，国号"夏"。关于其称帝时间，史载不一：《明史·太祖纪》作至正二十二年（1362）三月；《元史·顺帝纪》作二十三年（1363）正月。检《平夏录》、《续资治通鉴》同《明史》；《平胡录》同《元史》。本年表依《明史》所记列表。

太祖明玉珍（约 1362 年三月～1366 年二月）

[按] 随州（今湖北省随州）人。初起兵投徐寿辉，为元帅。元顺帝至正十七年（1357），领兵攻川蜀诸郡，遂守据之。据《明史·太祖纪》：二十二年（1362）三月，"明玉珍称帝于

重庆，国号'夏'"。《明玉珍传》云："建元'天统'（《平胡录》作'大统'）。立妻彭氏为皇后，子（明）昇为太子。仿周制，设六卿。以刘桢为宗伯，分蜀地为八道，更置府州县官名。"二十六年（1366）二月，病卒。终年三十六岁。葬永昌陵（重庆江北），庙号"太祖"。子明昇继立。

明昇（1366年二月～1371年六月）

　［按］为明玉珍子，父称帝时被立为太子。父卒继立。改元"开熙"。据《明史·太祖纪》：明太祖洪武四年（1371）六月，"（明军）至重庆，明昇降"。七月，"傅友德下成都，四川平。乙丑，明昇至京师，封归义侯"。

夏　世　系

①太祖明玉珍
（约1362㊂～1366㊁）

|

②明昇
（1366㊁～1371㊅）

十二 明时期纪年考

（1368～1644 年）

这是继元大统一后，继续维持统一局面的时期。元的统治比较短暂，不足百年，即为各地起义所推翻。明为汉族所建政权，起于南方，建于 1368 年，初都南京，于当年北征，攻入元大都（今北京），后迁都至此，承袭了元对全国的统一。

明

（1368 年正月～1644 年三月）

元末，各地起兵反元斗争如火如荼。朱元璋为生活所迫，亦投入其中。十余年战火的洗礼，其势渐盛，相继平定了陈友谅所建之"汉"、张士诚所建之"周"及其他势力。于元顺帝至元二十八年（1368）正月，在应天府（今江苏省南京）称帝，国号"明"。（见孙宜《大明初略》："国号'大明'，承［韩］林儿'小明王'号也。"）后人又按皇姓俗称"朱明"。八月，攻占元大都（今北京），灭元，在中国历史上首次自江南北伐，完成统一大业。其子成祖朱棣时，迁都顺天府（今北京）。疆域东北初抵日本海、鄂霍次克海、乌地河流域，后退至辽河流域；西界初在河套西喇木伦河一线，后退至今长城；西北初达新疆哈密，后退至嘉峪关；西南包有今藏、滇；东南到海及海外诸岛。直至崇祯十七年（1644）三月，政权被起义军推翻。中经十六帝，凡二百七十七年。

太祖高帝朱元璋（1368 年正月～1398 年闰五月）

［按］明、清两代，皇帝即位后基本上都改元一次，因而后世习惯上也依年号称人。故称其为"洪武帝"，或"朱洪武"。幼名"朱重八"，后改名"朱兴宗"，起兵后改名"朱元璋"，字"国瑞"。祖籍沛（今江苏省沛县），累迁至钟离太平乡（今安徽省凤阳）。世务农，家贫寒，曾入皇觉寺为僧。元顺帝至正十二年（1352），起兵投郭子兴，时年二十五岁。获宠，娶子兴义女马氏（即后"高皇后"）。十五年（1355），郭子兴死，遂统其军，羽渐丰。继刘福通拥韩林儿为帝，建"宋"，以其为左副元帅。朱元璋表面服从，实际单独行动。次年三月，攻占集庆（今江

苏省南京），改称应天府（意"上应天命"）。七月，称"吴国公"，仍倚宋政权。他开展屯田，接受朱升建议："高筑墙，广积粮，缓称王"，积极扩展军力。十九年（1359）六月，发兵攻陈友谅。二十四年（1364）正月，应诸将之请，称"吴王"。二月，灭汉。转攻张士诚，时士诚所据南至绍兴，北至徐州，东至于海，西达濠、泗等州。直到二十七年（1367）九月，灭亡张士诚所建之"周"。次年（1368）正月，在应天府即帝位，国号"明"，改元"洪武"。继北伐，当年闰七月，攻占元大都，灭元。以应天为"南京"，开封为"北京"，临濠为"中都"。洪武四年（1371）六月，灭明玉珍在蜀地所建"夏"政权。南北进击，征漠北，平云贵，皆取得很大成功。在位期间，清户口，量土地，均赋役；兴水利；抑豪强；制定《大明律》，废除相位，加强皇权。三十一年（1398）闰五月，病卒于应天府西宫。终年七十一岁。葬孝陵（今江苏省南京钟山）。谥"高皇帝"，庙号"太祖"。因太子朱标早死，由皇太孙朱允炆继立。

朱元璋得天下后，为防元勋宿将势壮反叛，巩固朱氏王室势力，除借"胡狱"（丞相胡惟庸案，杀三万余人）、"蓝狱"（大将军蓝玉案，杀万余人）大杀功臣外，还复施分封之策，将其二十四个儿子、一个从孙分封于全国津要之地，以为中央之藩卫，规定诸王有移文中央索取奸臣和举兵清君侧的权力，以监督和控制非朱氏官吏。然此举也种下了藩卫与中央分庭抗礼的种子，后代"削藩"势在难免。现将三次所封列表如下。

洪武三年（1370）所封：

封　王	洪武三年 （1370）	四年 （1371）	九年 （1376）	十一年 （1378）	十三年 （1380）	十四年 （1381）	十五年 （1382）	十八年 （1385）
（二子）朱樉	封**秦王** 治西安			就藩				
（三子）朱棡	封**晋王** 治太原			就藩				
（四子）朱棣	封**燕王** 治北平(今北京)				就藩			
（五子）朱橚	封**吴王**			改封周王 治开封		就藩		
（六子）朱桢	封**楚王** 治武昌					就藩		
（七子）朱榑	封**齐王** 治青州（在今山东）						就藩	
（八子）朱梓	封**潭王** 治长沙							就藩
（九子）朱杞	封**赵王**	卒						
（十子）朱檀	封**鲁王** 治兖州（在今山东）							就藩
（从孙）朱守谦	封**靖江王** 治桂林	就藩						

洪武十一年（1378）所封：

封 王	洪武十一年（1378）	十八年（1385）	二十三年（1390）	二十五年（1392）	二十六年（1393）	二十八年（1395）
（十一子）朱椿	封**蜀王**治成都		就藩			
（十二子）朱柏	封**湘王**治荆州（在今湖北）	就藩				
（十三子）朱桂	封**豫王**				改封**代王**治大同是年就藩	
（十四子）朱楧	封**汉王**			改封**肃王**治甘州（今甘肃张掖）		就藩
（十五子）朱植	封**卫王**			改封**辽王**治广宁（今辽宁北镇）	就藩	

洪武二十四年（1391）所封：

封 王	洪武二十四年（1391）	二十六年（1393）	二十八年（1395）	永乐六年（1408）
（十六子）朱㮵	封**庆王**治宁夏（今宁夏银川）	就藩		
（十七子）朱权	封**宁王**治大宁（今河北平泉）	就藩		
（十八子）朱楩	封**岷王**治岷州（今甘肃岷县）		以云南新附,改封云南	
（十九子）朱橞	受封		就藩宣府（今河北宣化）上谷地,称**谷王**	成祖即位,改封长沙
（二十子）朱松	封**韩王**治开原（在今辽宁）	（未就国）		
（二十一子）朱模	封**沈王**治潞州（今山西长治）			就藩
（二十二子）朱楹	封**安王**治平凉（在今甘肃）			就藩
（二十三子）朱桱	封**唐王**治南阳（在今河南）			就藩
（二十四子）朱栋	封**郢王**治安陆（今湖北钟祥）			就藩
（二十五子）朱㰘	封**伊王**治洛阳			就藩

惠帝朱允炆（1398 年闰五月～1402 年六月）

［按］习惯依年号称"建文帝"。为朱元璋孙，懿文太子朱标（朱元璋长子）次子。因父早死，洪武二十五年（1392）九月，被立为皇太孙。以祖父病卒时遗诏："皇太孙允炆，仁明孝友，天下归心，宜登大位。"乃即皇位。明年改元"建文"。建文元年（1399）七月，燕王朱棣反，以"靖难"为名，不从"建文"年号，仍依"洪武"纪年。建文四年（1402）正月，朱棣军越徐州南下。六月，攻至京城金川门，谷王朱橞开门迎降。随之宫中火起，朱允炆不知所终。有云投火而死；有云从地道遁出，削发为僧，自称"应文"，云游西南，今皆未考实，为一历史悬案。明代未与加封，清乾隆元年（1736），追谥"恭闵惠帝"。

成祖（太宗）文帝朱棣（1402 年六月～1424 年七月）

［按］习惯依年号称"永乐帝"。为朱元璋第四子，朱允炆叔。洪武三年（1370），封燕王。十三年（1380），就藩北平。以北征获功，受命指挥沿边兵马，由是兵强声威大震。父卒，侄继立，时诸王多拥重兵不法，惠帝朱允炆决意削藩，先后废周、齐、湘、代、岷等王。朱棣自危，乃伴狂称病，密作准备。建文元年（1399）七月，举兵"靖难"。四年（1402）六月，攻入京都应天府（今江苏省南京），群臣迎降，奉宝玺，呼万岁，乃升辇登奉天殿即帝位。当年仍以"洪武"纪年，明年改元"永乐"。永乐元年（1403）二月，改北平为北京。四年（1406），下令营造北京宫殿。七年（1409），设奴儿干都司，派亦失哈经管今四江（黑龙江、精奇里江、乌苏里江、松花江）和库页岛等地。十八年（1420），宫殿成，以北京为京师，改应天府为南京。十九年（1421），正式迁都北京。随之，两度北伐。在位期间，解除藩王兵权；派郑和七次下西洋，远至东非；文化方面，使解缙等编《永乐大典》等。二十二年（1424）七月，病卒于榆木川（今内蒙古多伦县西北）。终年六十五岁。葬长陵（今北京昌平天寿山下十三陵）。谥"体天弘道高明广运圣武神功纯仁至孝文皇帝"，庙号"太宗"；嘉靖十七年（1538）九月，改谥"启天弘道高明肇运圣武神功纯仁至孝文皇帝"，庙号"成祖"。长子朱高炽继立。

仁宗昭帝朱高炽（1424 年八月～1425 年五月）

［按］习惯依年号称"洪熙帝"。为朱棣长子。永乐二年（1404）四月，被立为皇太子。父北征，代理朝政。父卒继立。明年改元"洪熙"。洪熙元年（1425）五月，卒于北京钦安殿。终年四十八岁。葬献陵（今北京昌平天寿山下十三陵）。谥"敬天体道纯诚至德弘文钦武章圣达孝昭皇帝"，庙号"仁宗"。长子朱瞻基继立。

宣宗章帝朱瞻基（1425 年六月～1435 年正月）

［按］习惯依年号称"宣德帝"。为朱高炽长子。父即位时被立为皇太子。父卒奉遗诏继立。明年，改元"宣德"。即位后，承父风，治理有道，史称"仁宣之治"。宣德十年（1435）正月，病卒于北京乾清宫。终年三十八岁。葬景陵（今北京昌平天寿山下十三陵）。谥"宪天崇道英明神圣钦文昭武宽仁纯孝章皇帝"，庙号"宣宗"。长子朱祁镇继立。

英宗睿帝朱祁镇（1435 年正月～1449 年八月）

［按］习惯依年号称"正统帝"。为朱瞻基长子。宣德三年（1428）二月，被立为皇太子。父卒继立，时年九岁，太皇太后委大学士杨士奇等五人辅政。明年，改元"正统"。后，宦官王

振渐揽朝政。正统十四年（1449）二月，北方瓦刺大举南下，兵犯大同。王振挟帝亲征，由于准备不足，五十万大军出居庸关，未至大同，军粮已乏。八月，至大同，闻前方兵败，乃回师，至宣府（今河北省宣化），瓦刺兵至，援兵皆无，退驻土木堡（今河北省怀来城东），被围。死伤数十万，王振死，朱祁镇被俘北去，史称"土木之变"。九月，弟朱祁钰即位，遥尊其为太上皇帝。

代宗景帝朱祁钰（1449年九月～1457年正月）

［按］习惯依年号称"景泰帝"。为朱瞻基次子，朱祁镇弟。初封郕王。正统十四年（1449）八月，兄被俘北去，群臣聚哭于朝，人心惶惧。皇太后命他理政，九月，即帝位。改明年年号为"景泰"。十月，瓦刺军挟其兄攻北京，兵部尚书于谦力主抗击，终击退瓦刺军，取得北京保卫战的胜利。后，瓦刺受挫，欲送还其兄以约好，两度遣使至京。景泰元年（1450）八月，迎兄南归，将其幽居南宫。八年（1457）正月，病重。权臣乘机政变，拥其兄复位。二月，他被降为郕王，迁于西内，未几，卒。卒因不明，为历史疑案。终年三十岁。谥"戾"，以亲王礼葬西山（今北京西郊金山口）。成化十一年（1475）十一月，谥"恭仁康定景皇帝"，庙号"代宗"。

英宗睿帝朱祁镇（1457年正月～1464年正月）

［按］在弟临终前通过政变复立，史称"南宫复辟"，或"夺门之变"。改年号为"天顺"。复立后，杀于谦，用宦官曹吉祥，政治腐败，锦衣卫横行。天顺八年（1464）正月，卒。终年三十八岁。葬裕陵（今北京昌平天寿山下十三陵）。谥"法天立道仁明诚敬昭文宪武至德广孝睿皇帝"，庙号"英宗"。长子朱见深继立。

宪宗纯帝朱见深（1464年正月～1487年八月）

［按］习惯依年号称"成化帝"。初名"朱浚"。为朱祁镇长子。父复位后被立为皇太子。父卒继立。明年，改元"成化"。成化二十三年（1487）八月，卒。终年四十一岁。葬茂陵（今北京昌平天寿山下十三陵）。谥"继天凝道诚明仁敬崇文肃武宏德圣孝纯皇帝"，庙号"宪宗"。子朱祐樘继立。

孝宗敬帝朱祐樘（1487年九月～1505年五月）

［按］习惯依年号称"弘治帝"。为朱见深第三子。因兄早卒，成化十一年（1475）十一月，被立为皇太子。父卒继立。明年，改元"弘治"。在位时政治清明。弘治十年（1497），始制《大明会典》，成为一朝制度建设的基础。后人赞为明代的"中兴盛世"。弘治十八年（1505）五月，卒于乾清宫。终年三十六岁。葬泰陵（今北京昌平天寿山下十三陵）。谥"达天明道诚纯中正圣文神武至仁大德敬皇帝"，庙号"孝宗"。长子朱厚照继立。

武宗毅帝朱厚照（1505年五月～1521年三月）

［按］习惯依年号称"正德帝"。为朱祐樘长子。弘治五年（1492）三月，被立为皇太子。父卒继立。明年，改元"正德"。即位后，初宠宦官刘瑾，日事淫乐，奸党横行，及除刘瑾又宠江彬，自称"威武大将军"，常离京游乐，为明代有名的荒唐皇帝。正德十六年（1521）三月，因垂钓落水受寒不治，病卒。终年三十一岁。葬康陵（今北京昌平天寿山下十三陵）。谥"承天达道英肃睿哲昭德显功弘文思孝毅皇帝"，庙号"武宗"。因无子，遗诏由堂弟朱厚熜（cōng）

继立。

世宗肃帝朱厚熜（1521 年四月～1566 年十二月）

［按］习惯依年号称"嘉靖帝"。为朱见深孙，兴献王朱祐杬（朱见深第四子）子，朱厚照堂弟。堂兄卒后无子，遗诏："厚熜，聪明仁孝，德器凤成，伦序当立。"乃奉诏即位。明年，改元"嘉靖"。在位期间，迷于道教，致使严嵩揽权，贿风大盛，朝政腐败。南患倭寇，北忧鞑靼，社会危机严重。嘉靖四十五年（1560）十二月，因服金丹，病卒于乾清宫。终年六十岁。葬永陵（今北京昌平天寿山下十三陵）。谥"钦天履道英毅圣神宣文广武洪仁大孝肃皇帝"，庙号"世宗"。子朱载垕（hòu）继立。

穆宗庄帝朱载垕（1566 年十二月～1572 年五月）

［按］习惯依年号称"隆庆帝"。为朱厚熜第三子。初封裕王，因长兄、次兄皆早死，父卒后奉遗诏即位。明年，改元"隆庆"。即位后，起用张居正，对明政治影响颇大。隆庆六年（1572）五月，卒于乾清宫。终年三十六岁。葬昭陵（今北京昌平天寿山下十三陵）。谥"契天隆道渊懿宽仁显文光武纯德弘孝庄皇帝"，庙号"穆宗"。子朱翊（yì）钧继立。

神宗显帝朱翊钧（1572 年六月～1620 年七月）

［按］习惯依年号称"万历帝"。为朱载垕第三子。隆庆三年（1569），被立为皇太子。父卒继立。明年，改元"万历"。张居正为首辅，丈量全国土地，实行一条鞭法，整饬吏治，兴修水利，史称"中兴"。晚年，沉于声色，朝政败坏，大事营建，加强矿监、税监，强取豪夺。万历四十四年（1616），在东北，满族努尔哈赤建"后金"，以"七大恨"为号召，大败明军。四十八年（1620）七月，病卒。终年五十八岁。葬定陵（今北京昌平天寿山下十三陵，1958 年考古挖掘）。谥"范天合道哲肃敦简光文章武安仁止孝显皇帝"，庙号"神宗"。由长子朱常洛继立。

光宗贞帝朱常洛（1620 年八～九月）

［按］习惯依年号称"泰昌帝"。为朱翊钧长子。万历二十九年（1601）十月，被立为皇太子。父卒继立。改元"泰昌"。未几，患痢疾，服鸿胪寺官所进红丸仙丹，卒，史称"红丸案"。在位二十九天。终年三十九岁。葬庆陵（今北京昌平天寿山下十三陵）。谥"崇天契道英睿恭纯宪文景武渊仁懿孝贞皇帝"，庙号"光宗"。长子朱由校继立。

熹宗哲帝朱由校（1620 年九月～1627 年八月）

［按］习惯依年号称"天启帝"。为朱常洛长子。父卒继立。明年，改元"天启"。在位期间，东林党与阉党之党争剧烈，最终导致以魏忠贤为首的宦官专政。天启七年（1627）八月，病卒于乾清宫。终年二十三岁。葬德陵（今北京昌平天寿山下十三陵）。谥"达天阐道敦孝笃友章文襄武靖穆庄勤哲皇帝"，庙号"熹宗"。弟朱由检继立。

思宗庄烈愍帝朱由检（1627 年八月～1644 年三月）

［按］习惯依年号称"崇祯帝"。为朱常洛第五子，朱由校弟。初封"信王"。兄卒奉遗命即位。明年，改元"崇祯"。在位时，明王朝已危机四伏，东北后金日益强大，崇祯九年（1636）四月，改国号"清"。十五年（1642）十月，清兵入关，占领蓟州，深入河北、山东，

连破三府十八州六十七县。腹地起义不断，攻势猛烈。十七年（1644）正月，李自成在西安建"大顺"政权，锋芒直向北京，三月，环攻京城九门，他见大势已去，登煤山（今景山），自缢于寿皇亭。明亡。终年三十五岁。五月，清入北京，以礼改葬思陵（今北京昌平天寿山下十三陵）。谥"庄烈愍帝"。

明 世 系

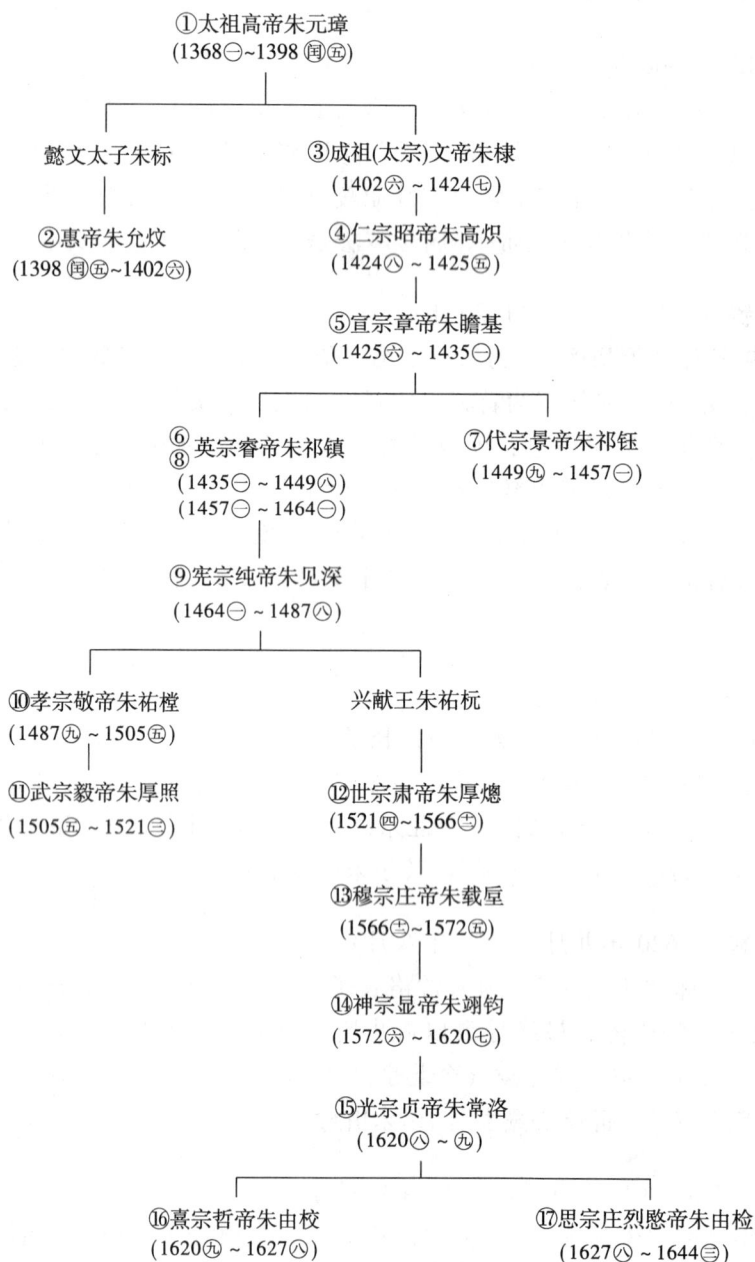

北　元

（1368 年八月～1402 年）

　　"北元"是史家对元亡后，皇室北徙所维系的政权的称谓，此称谓最早出现在时人郑麟趾于 1451 年成书的《高丽史》中（书中有云："北元……王右丞等归附大明。""北元"之称始此）。至正二十八年（1368）八月，元大都（今北京）被明军攻破，宣告了元朝的灭亡。元顺帝妥欢贴睦耳领王室北至应昌府（今内蒙古克什克腾旗西达赉诺尔西南）一带，经历五汗，仍称"元"，史家称为"北元"。自鬼力赤接汗位，去国号，明人称之为"鞑靼"，一般将此视为北元的结束，也有学者将其下限划至明末后金兼并察哈尔为止。

惠宗顺帝妥欢贴睦耳（1368 年八月～1370 年四月）

　　［按］为元朝最末一任皇帝。至正二十八年（1368）八月，京城被明军攻破，他率皇室百官北奔应昌府。时在辽东仍有二十万蒙古军，由太尉纳哈出率领。在陕甘有十万蒙古军，由河南王扩廓帖木儿率领。他企图依此力量恢复统治中原，然连遭明北伐军的重大打击。三十年（1370）四月，病卒。终年五十一岁。庙号"惠宗"，明太祖朱元璋谥其为"顺帝"。子爱猷识理达腊继立，是为昭宗。也有学者划"北元"从昭宗即位始，特作说明。

昭宗必力克图汗爱猷识理达腊（1370 年四月～1378 年四月）

　　［按］名又译作"阿裕锡哩达喇"。孛儿只斤氏。为妥欢贴睦耳长子。至正十三年（1353），被立为皇太子。父卒继立。号"必力克图汗"。明年，改元"宣光"。当年，应昌府失陷，退居和林（今蒙古鄂尔浑河上游东岸哈尔和林）。宣光八年（1378）四月，病卒。终年四十一岁。庙号"昭宗"。弟脱古思帖木儿继立。

益宗乌萨哈尔汗脱古思帖木儿（1378 年四月～1388 年）

　　［按］孛儿只斤氏。为妥欢贴睦耳次子，爱猷识理达腊弟（一作子）。兄终弟及。号"乌萨哈尔汗"。明年，改元"天元"。居漠北，多次拒明劝降。天元十年（1388），与明战，败，突围至土拉河，被别部领主也速迭儿捕杀。终年四十七岁。庙号"益宗"。子恩克卓里克图继立。

恩克卓里克图汗（约 1389～约 1392 年）

　　［按］简称"卓里克图汗"。孛儿只斤氏。为脱古思帖木儿子。父卒继立。在位第四年（1392，一说三年），卒。终年三十四岁。无子，由弟额勒伯克继位。

额勒伯克汗（约 1392～1399 年）

　　［按］又译作"厄尔白克"。全称"额勒伯克尼古埒（liè）苏克齐汗"。孛儿只斤氏。为脱古思帖木儿子，恩克卓里克图弟。兄终弟及。在位第八年（1399），为瓦剌领主乌格齐哈什哈所杀。终年三十九岁。长子坤帖木儿继立。

坤帖木儿（1400～1402 年）

[按] 又译作"琨特穆尔"、"衮忒睦尔"。孛儿只斤氏。为额勒伯克汗长子。父卒继立。在位第三年（1402），被杀。无子。鬼力赤篡夺汗位，去国号，北元亡。

北 元 世 系

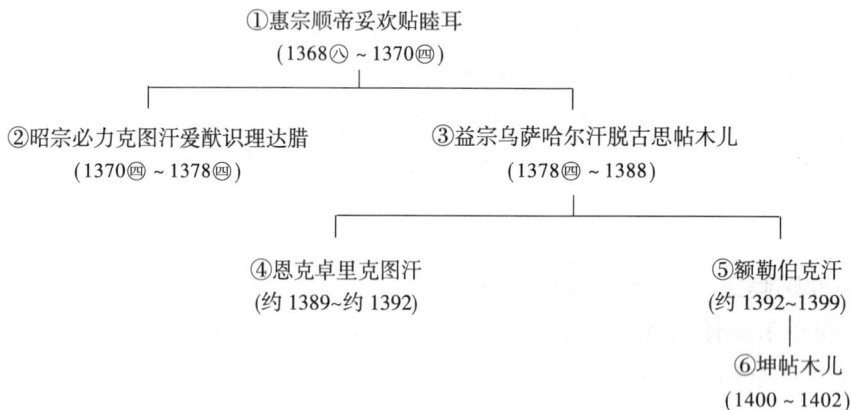

①惠宗顺帝妥欢贴睦耳
（1368⑧～1370④）

②昭宗必力克图汗爱猷识理达腊
（1370④～1378④）

③益宗乌萨哈尔汗脱古思帖木儿
（1378④～1388）

④恩克卓里克图汗
（约1389～约1392）

⑤额勒伯克汗
（约1392～1399）

⑥坤帖木儿
（1400～1402）

附：

晋王彭玉琳（1386 年五月）　　　　　　　　　　　　　　　（年号：**天定**）

[按] 为福建僧人。据《明纪》明太祖洪武十九年（1386）条："五月，福建僧人彭玉琳行脚至新淦，以白莲会惑众谋作乱，自称'晋王'，置官属，号年'**天定**'。知县帅民兵掩捕，获之。并其党送京师，伏诛。"有年表录之，故附于此。

汉明皇帝田九成（1397 年正月～九月）　　　　　　　　　　（年号：**龙凤**）

[按] 沔县（今陕西省勉县）人。据《万历野获编》卷二九：明太祖洪武三十年（1397）正月，"田九成者，自号'汉明皇帝'，改元'**龙凤**'"。九月，"（明）长兴侯耿炳文讨平之"。

［鞑　靼］

（1403～1635 年八月）

一作"达怛"、"达旦"、"达靼"、"达达"、"塔坦"、"塔塔儿"等。为中国古代族名，然不同时代所指有所不同。此名称最早出现在唐中叶，称"三十姓鞑靼"、"九姓鞑靼"，时为突厥统治下的部落。辽宋金时期，除原鞑靼外，对漠北蒙古称黑鞑靼，漠南汪古部称白鞑靼等，此名渐为对蒙古高原诸多部落的一种通称。蒙古兴起后，本部鞑靼（塔塔儿）为蒙古所灭，渐成为蒙古的组成部分。西方通常将蒙古泛称鞑靼。元亡以后，明时，又将东部蒙古成吉思汗后裔各部称作鞑靼。《明史·鞑靼传》云："鞑靼，即蒙古，故元后也。"元皇室北迁后所维持的政权仍称"元"，史称"北元"。至明成祖永乐元年（1403），继北元坤帖木儿后，非元室后裔鬼力赤称汗，《明史·鞑靼传》云："有鬼力赤者篡立，称可汗，去国号，遂称'鞑靼'云。"这是当时对这一政权的称呼。此政权至崇祯八年（1635）八月，亡于后金。历十七主，凡二百三十三年。

鬼力赤（1403～约1407年）

［按］非元室后裔。明惠帝建文四年（1402），北元可汗坤帖木儿卒，无子。他乘机于次年称汗篡权，去"元"国号，结束"北元"统治。终因部众不服，在位第五年（1407，一说六年），被领主阿鲁台所杀。元室后裔本雅失里继立。

本雅失里（1408～约1412年）

［按］又称为"完者秃王"、"额勒锥特穆尔"等。孛儿只斤氏。为北元额勒伯克汗子、坤帖木儿弟。鬼力赤夺权时，脱身在外。鬼力赤被杀后，受迎立，即汗位。在位第五年（1412，一说三年），被明军大败于斡难河（今鄂嫩河），奔瓦剌，被瓦剌首领马哈木所杀。子答里巴继立。

答里巴（约1412～约1415年）

［按］名又译作"德勒伯克"、"他尔巴克"、"答勒巴"等。孛儿只斤氏。为本雅失里子。瓦剌人杀其父后立其为汗。在位第四年（1415）卒；一说十二年（1423），被鞑靼领主阿鲁台所杀。瓦剌乌格齐哈什哈子额色库汗继立。

额色库汗（1415～1425年）

［按］或作"斡亦剌台可汗"、"厄塞库"等。克埒（liè）古特氏（瓦剌姓氏），为曾杀北元额勒伯克汗的瓦剌贵族首领乌格齐哈什哈子。他于明成祖永乐十三年（1415），继鞑靼可汗位。在位第十一年（1425），卒。终年三十九岁。阿岱汗继立。

阿岱汗（约1425～1438年）

［按］亦作"阿台汗"、"阿台王子"。孛儿只斤氏。一说为成吉思汗弟合撒儿后裔。明仁宗洪熙元年（1425，一说永乐八年，1410），即汗位（蒙汉史籍纪年有异）。由太师阿鲁台辅政。屡与瓦剌征战，互有胜负。明英宗正统三年（1438），为脱脱不花联合瓦剌领主脱欢所攻杀。终年四十九岁。脱脱不花继立。

脱脱不花（约1438～1452年）

［按］又作"不花王"、"普化可汗"、"达达可汗"，或简称"脱脱"。孛儿只斤氏。为北元益宗脱古思帖木儿曾孙。娶瓦剌领主脱欢女，与脱欢联合，与阿岱汗对抗。明英宗正统三年（1438），攻杀阿岱汗。同年（一说次年），在脱欢拥立下，即可汗位。脱欢卒后，脱欢子也先谋

夺汗位，与之反目。明代宗景泰二年（1451），为也先所败，奔兀良哈。次年，为领主沙不丹所杀。政权为瓦剌首领也先所夺。

乌珂克图汗马可古儿吉思（1454～约1465年）

［按］又作"蒙古勒克埒青吉思"、"马嘎古儿乞"、"墨尔古尔格思"、"麻儿可儿"、"麻马儿可儿吉思"、"麦儿苦儿吉思"、"马儿苦儿吉思"等。孛儿只斤氏。为脱脱不花幼子。也先被杀后，夺回政权。明代宗景泰五年（1454），即汗位，号"乌珂克图汗"，明人称为"小王子"。在位第十二年（1465），被杀（蒙汉文史籍记载有异）。兄脱思继立。

摩伦汗脱思（约1466～？年）

［按］名又作"脱谷思"。孛儿只斤氏。为脱脱不花长子，马可古儿吉思异母兄。父遇难时，为沙不丹留下未杀，后被送至翁牛特部领主毛里孩王处。异母弟被杀后，翌年，受毛里孩王拥立即汗位。后受挑拨，为毛里孩王所杀。叔满都鲁继立。

满都鲁（1475～1479年）

［按］名又译"满都古勒"、"满都固理"、"满都古尔"、"满都兀勒"等。孛儿只斤氏。为脱脱不花异母弟，脱思叔。侄脱思被杀后，于明宪宗成化十一年（1475），被太师伯格埒逊立为可汗，太师操实政。在位第五年（1479），卒。终年五十四岁。无子，由巴图蒙克继立。

达延汗巴图蒙克（1480～1517年）

［按］名又译作"把秃猛可"。孛儿只斤氏。为满都鲁兄阿噶巴尔济曾孙。满都鲁卒后，在满都海等支持下，即汗位。称"大元可汗"，亦译作"达延汗"、"大衍汗"、"歹颜汗"、"答言罕"等。时因年幼，被明称为"小王子"。即位后，致力蒙古统一。征瓦剌，迫其西迁。消灭割据势力，统一东部蒙古各部。罢太师、丞相职位，改变成吉思汗以来可汗同姓台吉和异姓领主并立的制度。在位第三十八年（1517），卒。终年四十四岁（蒙汉文史籍记载有异）。子巴尔斯博罗特继立。

巴尔斯博罗特（1519年）

［按］名又译作"伯尔色博罗特"，明人称为"阿着"，或"阿著"，号"赛音阿拉克"，汉文简译作"赛那剌"等。孛儿只斤氏。为巴图蒙克第三子。父卒后，因汗位继承人（巴图蒙克长孙）卜赤年幼，他于明武宗正德十四年（1519）即汗位。当年，卒。卜赤继立。

博迪阿拉克汗（亦克汗）卜赤（1519～约1547年）

［按］汗名又译作"钵帝阿拉克"等，又称"小王子"。孛儿只斤氏。为巴图蒙克长孙，巴尔斯博罗特侄。在祖父卒时，父早卒，按例应承汗位，时因年幼，汗位为叔所继。当年，叔卒继立（一说夺回汗位）。在位第二十九年（1547，一说三十三年），卒。长子打来孙继立。

库登汗打来孙（约1547～约1557年）

［按］名又译作"打赉逊"、"打来索"、"打来宋"，或称"库登汗"、"达赉逊库登"、"他赉逊阔通"，又称"小王子"。孛儿只斤氏。为卜赤长子。父卒继立。驻帐于察哈尔万户，领有

今内蒙古锡林郭勒地区。时右翼俺答汗与之抗衡，迫于压力，授其"索多汗"称号。并东徙，入大兴安岭以东地区。在位第十一年（1557，一说二十三年），卒。长子图们继立。

图们汗（约 1558～1592 年）

［按］全称"札萨克图图们汗"，汉译作"土蛮"、"土买汗"等。孛儿只斤氏。为打来孙长子。父卒继立。在位时，其势渐强，控制左翼诸部，力图统一蒙古各部。在位第三十五年（1592），卒。终年五十四岁。长子布延彻辰继立。

布延彻辰汗（1593～1603 年）

［按］汉文史籍作"卜言台周"，又译作"不燕台吉"、"卜彦伯"、"卜言台住"、"不彦七庆台吉"等。孛儿只斤氏。为图们汗长子。父卒继立。在位第十一年（1603），卒。终年四十九岁。长孙林丹继立。

库图克图汗林丹（1604～1634 年）

［按］名又译作"灵丹"、"民旦"等，又作"陵丹巴图尔台吉"。孛儿只斤氏。为布延彻辰汗长孙。祖父卒时，因父莽和克台吉早卒，遂于次年继汗位。号"库图克图汗"。在位第三十一年（1634），在向青海进军途中病卒于西拉他拉（今甘肃省天祝境）。终年四十三岁。长子额哲继立。

额哲（1634～1635 年八月）

［按］全称"额尔克孔果尔额哲"。孛儿只斤氏。为林丹长子。父卒继立。翌年，居地为后金占领，八月，降后金，鞑靼政权亡。

［鞑靼］世系

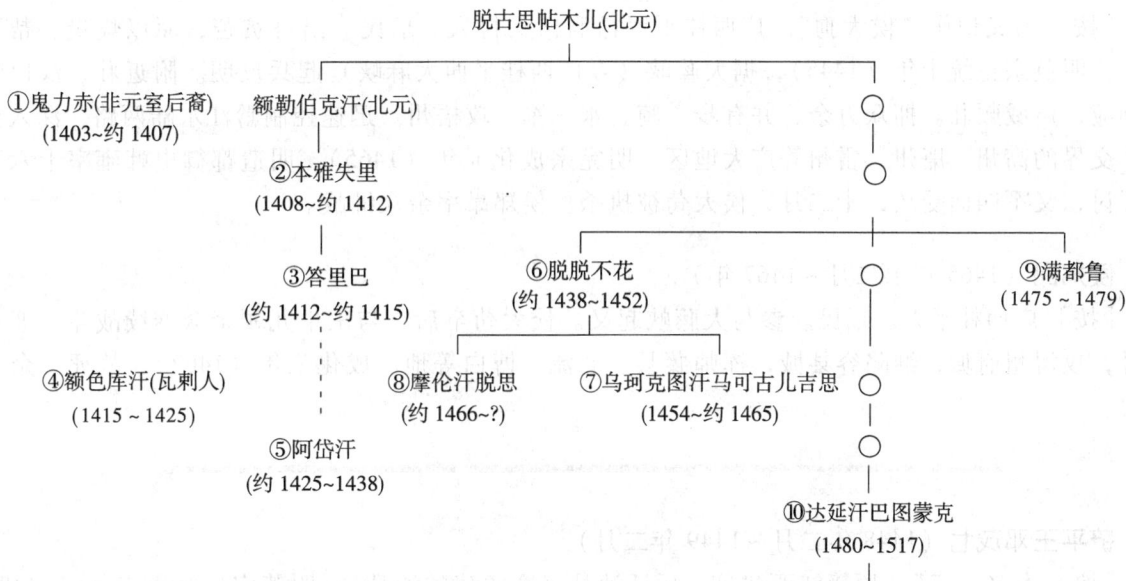

脱古思帖木儿(北元)

①鬼力赤(非元室后裔)　　额勒伯克汗(北元)
(1403~约1407)

②本雅失里
(1408~约1412)

③答里巴
(约1412~约1415)

⑥脱脱不花
(约1438~1452)

⑨满都鲁
(1475～1479)

④额色库汗(瓦剌人)　　⑧摩伦汗脱思　　⑦乌珂克图汗马可古儿吉思
(1415～1425)　　　　(约1466~?)　　　(1454~约1465)

⑤阿岱汗
(约1425~1438)

⑩达延汗巴图蒙克
(1480~1517)

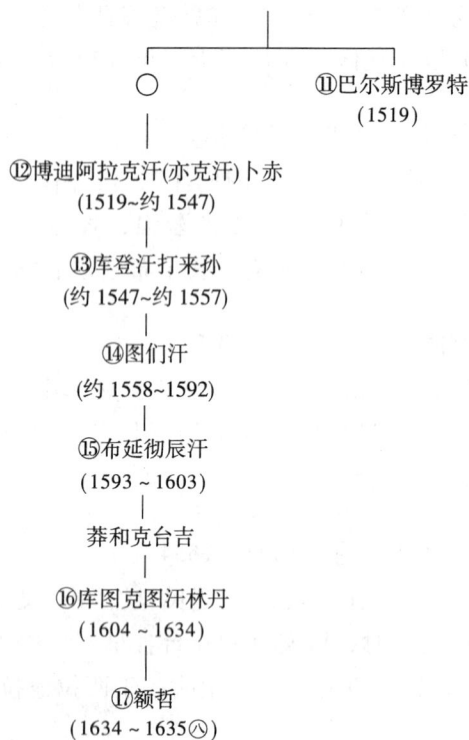

```
                    ┃
        ○          ⑪巴尔斯博罗特
        ┃            (1519)
  ⑫博迪阿拉克汗(亦克汗)卜赤
      (1519~约1547)
        ┃
   ⑬库登汗打来孙
    (约1547~约1557)
        ┃
     ⑭图们汗
    (约1558~1592)
        ┃
    ⑮布延彻辰汗
     (1593~1603)
      莽和克台吉
        ┃
   ⑯库图克图汗林丹
     (1604~1634)
        ┃
      ⑰额哲
    (1634~1635⋀)
```

［桂　平　瑶］

（1445～1467 年）

侯大苟（1445～1465 年十二月）

［按］名又记作"侯大狗"。广西桂平罗禄洞田头村人。瑶民。出身贫苦，原以烧炭、帮工为生。明英宗正统十年（1445），据大藤峡（今广西桂平西大麻峡）起兵反明。附近壮、汉民纷纷响应，声威颇壮。拥众万余，并有步、骑、水三军。攻梧州。迅速控制黔江水陆两路，深入至两广交界的高州、廉州、雷州等广大地区。明宪宗成化元年（1465），明遣都御史韩雍率十六万军征讨，义军四面受敌，十二月，侯大苟被执杀。侯郑昂率余众继战。

侯郑昂（1465 年十二月～1467 年）

［按］广西桂平人。瑶民。参与大藤峡起义。侯大苟卒后，与王牛儿领余众继续战斗。翌年十月，攻浔州府城，继陷容县城，挥师藤县、北流、博白等地。成化三年（1467），战死。余众瓦解。

铲平王邓茂七（1448 年二月～1449 年二月）

［按］本名"云"。原籍江西建昌，后迁沙县（今福建省沙县）。明英宗正统十三年（1448）

二月，起兵反明。自称"铲平王"，设官建制，文官有尚书、御史等职；武官有都督，指挥等职，初具政权规模。盛时拥众十万余，攻陷二十余县，威震八闽。翌年二月，在围攻延平（今福建省南平）中敌计，"中流矢死"（《陶庐杂录》卷五）。余众拥其侄邓伯孙继续战斗。

邓伯孙（1449 年二月~？年）

［按］为邓茂七侄。叔战死后继领其众坚持斗争。攻延平，围汀州；又入江西，破瑞金、广昌等城；再南下广东海阳等地。后因兵力分散被明军各个击破，老营沙县失陷后，被执杀。卒年不详。

太　平

（1448~1449 年四月）

陈鉴胡（1448~1449 年四月）

［按］丽水（今浙江省丽水）人。曾参与叶宗留领导的矿工反明起义。据《明史·张骥传》：明英宗正统十三年（1448）（此时间参考《罪惟录》、《明纪》），"（陈）鉴胡方以争忿杀（叶）宗留，专其众，自称大王，国号'太平'，建元'泰定'，伪署将帅，围处州，分掠武义、松阳、龙泉、永康、义乌、东阳、浦江诸县。未几，（邓）茂七死，鉴胡势孤。（张）骥命丽水丞丁宁率老人王世昌等赍榜入贼巢招之，鉴胡遂偕其党出降"，"时十四年（1449）四月也"。继而，"也先入犯，鉴胡乘间亡，被获，伏诛"。

顺天王黄萧养（1449 年九月~1450 年五月）　　　　　　　　　　（年号：东阳）

［按］南海（顺德）冲鹤堡人。据《明史·景帝纪》：明英宗正统十四年（1449）八月，"是月，广东贼黄萧养作乱"。《明通鉴》是年条纪云：九月，"萧养屡胜，遂僭号改元，自称'东阳王'，据五羊驿"。《后鉴录》云："（黄萧养）据五羊驿为行殿，伪称'顺天王'，改元'东阳'。"（今从《后鉴录》）《明史·董兴传》："南海贼黄萧养围广州，安乡伯张安、都指挥王清战死，贼众攻城益急。诏拜（董）兴左副总兵，调江西、两广军往讨。""景泰元年（1450）二月，（明）师至广州，（黄萧养）贼舟千余艘，势甚炽。""（明）既而兵大集，进至大洲击贼，杀溺死者万余人，余多就抚。（黄）萧养中流矢死，函首以献，俘其父及子等，余党皆伏诛。"《景帝纪》：是年五月，"董兴击破广东贼，黄萧养伏诛"。

［瓦　剌］

（1453~1454 年十二月）

瓦剌是明时对西部蒙古的称谓。《明史·瓦剌传》："瓦剌，蒙古部落也，在鞑靼西。"元时，称"斡亦剌"、"外剌"；清时，称"额鲁特"、"厄鲁特"等。蒙古强大时，统归服成吉思汗。元末，迁至准噶尔盆地。明初，其首领被封王，其中马哈木被封"顺宁王"；太平为"贤义王"；把秃孛罗为"安乐王"，依附明，屡与以成吉思汗后裔为主的东部蒙古（时称"鞑靼"）交战。至马哈木子脱欢时，统一瓦剌各部。正统三年（1438），攻杀鞑靼阿岱可汗，拥脱脱不花称汗，自为太师掌实权。次年，脱欢卒，其子也先袭太师位，进一步兼并蒙古诸部及北方诸族，扩大势力。势力所及东至朝鲜，西连中亚，北至西伯利亚南端，南临长城，欲重建大元一统天下。曾于明英宗正统十四年（1449），在土木堡大败明军，俘获明英宗，进围北京，其势颇锐，后因内部矛盾退兵。也先谋夺汗权，与脱脱不花反目，明代宗景泰二年（1451），击败脱脱不花，直其被杀。继杀反对势力，于景泰四年（1453），自称汗，并建年号，夺得成吉思汗后裔之东蒙古（鞑靼）所掌之权。本年表将其政权暂以"瓦剌"称之。然，也先夺权称汗遭到东蒙古正统势力，也包括部分瓦剌领主的反对。次年，在瓦剌内讧中，也先为知院阿剌所败，被杀。政权重归东蒙古。

大元田盛（天圣）大可汗也先（1453～1454年十二月）

[按] 名又译作"额森"、"厄僧"等。瓦剌人。为鞑靼太师脱欢子。父卒袭太师位。东征西讨，扩大势力。明代宗景泰二年（1451），攻鞑靼可汗脱脱不花。次年，脱脱不花死。四年（1453），自称"大元田盛（天圣）大可汗"，建年号"添元"（一作"天元"）。次年，发生内讧，十二月被杀，政权瓦解。关于也先卒年，《明史·景帝纪》作景泰五年（1454）十二月；《瓦剌传》作景泰六年（1455）；《明纪》作景泰五年十月；《四夷考》作天顺元年（1457）。今从《明史·景帝纪》。

附：

李珍（1456年）　　　　　　　　　　　　　　　　　　　　（年号：天顺）

[按] 钱塘（今浙江省余杭）人。明代宗景泰七年（1456）起兵反明，据叶维庚《纪元通考》：建年号"天顺"。未几，亡。因有年号，有《年表》收录之，特附于此。

极　乐

（1457年）

王斌（1457年）

[按] 法名"悟真"。陕西汉中人。明英宗天顺元年（1457），起兵反明。建国号"极乐"，年号"天绣"，置官设署。未几，在攻汉中时被执杀，余众散，政权瓦解。

武烈王李天保（1460～1461 年）　　　　　　　　　　　　　　　　（年号：**武烈**）

［按］名又记作"李添保"。湖广麻城人。初参与蒙能领导的苗民起义。蒙能阵亡后，于明英宗天顺四年（1460），自称"武烈王"，改元"**武烈**"，以蒙能子蒙聪为总兵官，遗之银印敕书。拥众万余。次年，兵败，被俘，送京师，斩。余众瓦解。

关于李添保的纪年，史家看法不尽一致，邓之诚《中华两千年史》作 1461 年；李崇智《中国历代年号考》作 1460 年；《中国少数民族史大辞典》"李天保"条云："天顺四年（1460），自称武烈王，改元武烈……五年，被贵州总兵官都督李震所俘，械送京师，遇害。"后者为新研究成果，故依从之。

［汉］

（1465 年三月～1466 年十月）

汉王刘通（1465 年三月～1466 年闰三月）

［按］号"刘千斤"。河南西华人。据《明通鉴》卷三十：明宪宗成化元年（1465）三月，"有刘通者，少负膂力，县治前有石狮，重千斤，通手举之，因号刘千斤。纠其党石龙、刘长子及苗龙、苗虎等聚众数万为乱，署将军、元帅等号，伪称'汉王'，建元'德胜'，寇襄邓间"。据《明史·宪宗纪》：成化二年（1466）闰三月"乙未，朱永击擒刘通，其党石龙遁，转掠四川"。

石龙（1466 年闰三～十月）

［按］号"石和尚"。参与刘通起兵。刘通卒后继领其众，转入四川，连陷巫山、大昌。当年十月，兵败，被执杀。余众瓦解。

顺天王蓝廷瑞（1509 年十二月～1511 年六月）

［按］俗称"蓝五"。保宁（今四川省阆中）人。明武宗正德四年（1509）十二月，起兵反明。自称"顺天王"；旗写"贫王天子"。设官建制。有众十余万；军置四十八营。转战于茂州以东，郧阳以西，秦岭以南，长江以北的广大地区。次年四月，攻克通江。继而，连破营山、盐亭、梓潼、魏城、剑州等。正德六年（1511）六月，中敌计兵败，被杀。方四领川南余众坚持斗争。

方四（1511 年六月～1512 年闰五月）

［按］初随蓝廷瑞起兵反明。蓝廷瑞卒后在川南领余众继续战斗。破江津，下綦江，进入贵州思南、石阡地区。有众数万。正德七年（1512）闰五月，兵败，被执杀。廖麻子领余众继续战斗。

廖麻子（1512 年闰五月～1513 年）

［按］方四卒后领余众继续战斗。攻营山、蓬州，转攻川东，连陷铜梁、荣昌。次年，兵败，在剑州被追斩。余党推喻思俸为主。

喻思俸（1513～1514 年）

［按］廖麻子卒后领余众继续斗争。入通巴间。次年，兵败，被擒杀。余众瓦解。

叶尔羌汗国

（1514 年八月～约 1680 年）

创建者为东察合台汗国阿黑麻汗第三子萨亦德。萨亦德初随伯父马合木汗抗击乌兹别克，后因感伯父无能，脱离之，几度转徙、征战。在明武宗正德九年（1514）夏，进入喀什噶尔（今新疆喀什）地区，当年八月，在众首领的拥戴下称汗，定都于叶尔羌城（今新疆莎车），史称其为"叶尔羌汗国"。盛时，领地东至嘉峪关，西含帕米尔，南抵喀喇昆仑山，北达天山。至清康熙十九年（1680，一说二十一年，1682），亡于准噶尔。历十二汗，凡一百六十九年。

萨亦德（1514 年八月～1533 年六月）

［按］名又译作"赛德"。为东察合台汗国阿黑麻汗第三子。早年随父援助伯父马合木汗抗击乌兹别克昔班尼汗，曾因伤被俘，后逃归。因见伯父"暗弱无能"，遂背离，几经辗转，于明武宗正德九年（1514），进入喀什噶尔地区，追杀当地首领阿巴乩（qié）乞儿于昆仑山。八月（阳历 9 月），在叶尔羌称汗，都之。创建"叶尔羌汗国"。明世宗嘉靖十二年（1533），病卒于拉达克。终年四十四岁。长子拉失德继立。

拉失德（1533 年六月～约 1559 年）

［按］名又译作"热西德"。为萨亦德长子。父卒继立。在位时期，汗国局势比较稳定。嘉靖三十八年（1559），或三十九年（1560）巡查时卒于和田贾玛达尔村。终年五十二岁。次子阿不都·哈林继立。

阿不都·哈林（约 1559～约 1591 年）

［按］名又译作"阿卜都哈麻"。为拉失德次子。父卒时，因其兄（拉失德长子）阿不都·拉提夫早卒，由他即汗位。在位期间，政治较清明。明穆宗隆庆四年（1570），并东察合台汗国，任马黑麻为吐鲁番总督。从而奠定了汗国的最大疆域。明神宗万历十九年（1591，或二十年），卒。弟马黑麻继立。

马黑麻（约 1591～约 1609 年）

［按］为阿不都·哈林五弟。兄终弟及。在位期间，加强中央集权，调整各镇都督，任命十

二弟阿卜剌因为吐鲁番都督。时汗国进入鼎盛时期。万历三十七年（1609，或三十八年），卒。子阿合马继立。

阿合马（约1609～约1618年）

［按］名又译作"阿黑麻"。为马黑麻子。父卒继立。因其继位违反了本族"长者为汗"的传统，受到汗族的诸多责难和反叛。万历四十六年（1618，或四十七年），出猎至巴楚时，为叛军杀害。次子阿不都·拉提甫争得汗位。

阿不都·拉提甫（约1618～约1630年）

［按］为阿合马次子。父被叛军杀害时，他在喀什噶尔，遂称汗，向叶尔羌进军，杀死叛军首领忽来失，占领叶尔羌。在位期间，内战外患严重。约明思宗崇祯三年（1630，或四年），卒。终年二十六岁，侄阿黑麻继立。

阿黑麻（约1630～约1632年）

［按］为阿不都·拉提甫侄。叔卒继立。兄马合木不满，夺汗位，崇祯五年（1632，或六年），叶尔羌被兄攻占，他逃往阿克苏。

马合木（约1632～约1635年）

［按］为阿黑麻兄。叔卒后汗位为弟所继，甚不满，出兵攻打叶尔羌，驱逐弟自立为汗。崇祯八年（1635，或九年）被和卓沙迪杀害。时弟阿黑麻已回叶尔羌，遂复立。

阿黑麻（约1635～约1638年）

［按］兄被沙迪杀害后，被沙迪拥而复立。在汗国东部称汗的阿布都拉哈出兵，于崇祯十一年（1638，或十二年）攻占叶尔羌，阿黑麻逃亡河中地区，不久死去。

阿布都拉哈（约1638～1667年）

［按］为拉失德孙，阿都剌因子。阿黑麻统治时期，汗位争夺激烈，父阿都剌因进入库车，在汗国东部称汗，统治东部地区四十年。崇祯七年（1634，或八年），父卒继任。十一年（1638，或十二年），他出兵攻占叶尔羌，赶走阿黑麻，重新统一叶尔羌汗国。在位时期，正值明清交替。清康熙六年（1667），在汗国内部斗争激烈情况下，放弃汗位，前往阿拉伯朝圣，后卒在外。子尤勒巴尔斯继立。

尤勒巴尔斯（1667～1670年）

［按］为阿布都拉哈子。继父立之。在位时，击退其叔伊思玛依勒（在阿克苏称汗）的进攻。康熙九年（1670），被害。子阿不都·拉提夫继立。

阿不都·拉提夫（1670年）

［按］为尤勒巴尔斯子。父卒继立。受伊斯玛依勒所攻，逃亡喀什噶尔。不久，被杀。

伊斯玛依勒（1670年三月～约1680年）

［按］名又译作"伊思玛业勒"、"伊斯梅尔"。为拉失德孙，阿布都拉哈弟。兄卒后，在阿克苏称汗。时攻叶尔羌夺位，未果。康熙九年（1670）三月，攻入叶尔羌，成为全汗

国之汗。十九年（1680，一说二十一年），准噶尔攻入叶尔羌，被俘，送往伊犁。叶尔羌汗国亡。

叶尔羌汗国世系

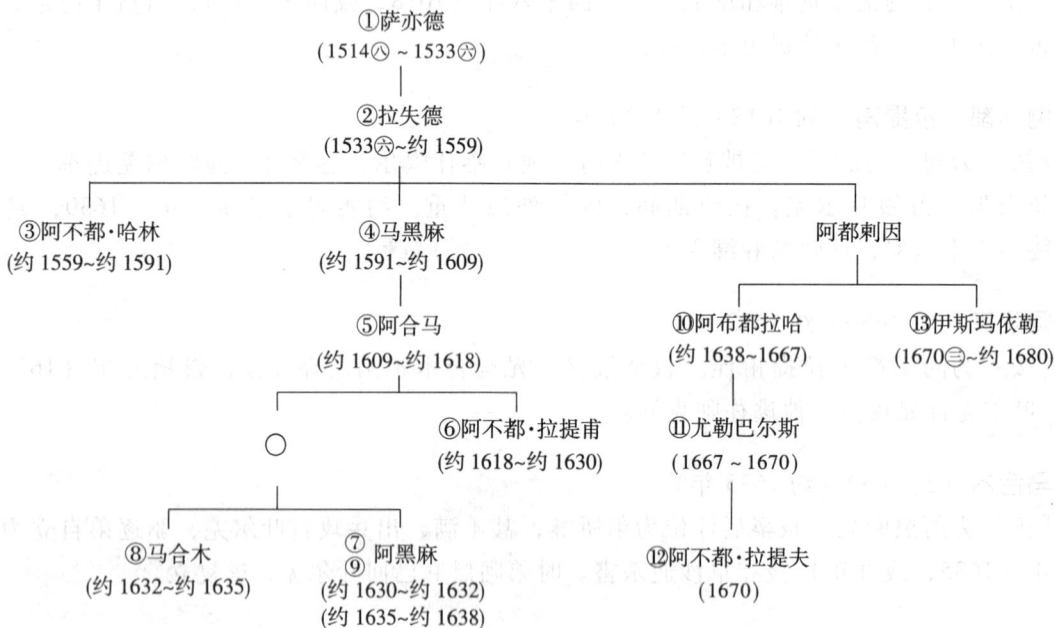

```
                    ①萨亦德
                 (1514⑧~1533⑥)
                      │
                    ②拉失德
                 (1533⑥~约1559)
          ┌───────────┼───────────────────┐
     ③阿不都·哈林        ④马黑麻              阿都剌因
    (约1559~约1591)    (约1591~约1609)    ┌──────┴──────┐
                      │            ⑩阿布都拉哈      ⑬伊斯玛依勒
                    ⑤阿合马        (约1638~1667)   (1670⑤~约1680)
                 (约1609~约1618)         │
          ┌───────┴────────┐      ⑪尤勒巴尔斯
          ○          ⑥阿不都·拉提甫  (1667~1670)
          │          (约1618~约1630)     │
      ┌───┴───┐              ⑫阿不都·拉提夫
   ⑧马合木    ⑦⑨阿黑麻             (1670)
 (约1632~约1635)  (约1630~约1632)
             (约1635~约1638)
```

韦银豹（1518～1571年）

［按］广西古田（今永福县西北寿城）凤凰村人。壮族。出身贫苦，以帮工为生。早年随父韦朝威起兵反明，父被害。明武宗正德十三年（1518），再起兵。占据古田，附近洛容、灵川等地响应，声势颇壮。自立为王，设官建制，初具政权规模。明世宗嘉靖四十三年（1564），攻广西首府桂林，四十五年（1566），挥师北上，入湖南，陷城步，攻武岗。明遣江西按察使殷正茂统浙、闽、湘、桂等十四万兵讨伐，明穆宗隆庆三年（1569），兵败，古田失陷，退守山地坚持斗争。五年（1571）六月，因叛徒出卖被捕，受害。余众瓦解。

朱宸濠（1519年六～七月）   （年号：顺德）

［按］为明太祖朱元璋第十七子朱权之后裔。初封宁王。明武宗正德十四年（1519）六月，在南昌起兵反。改元"顺德"（据《国榷》卷五十一）。攻陷九江、南康等。明武宗亲兵征讨。下月，兵败被擒。自举至败四十三日。十二月，被杀，封除。

张琏（1559～1562年五月）   （年号：造历）

［按］广东饶平乌石村人。明世宗嘉靖三十八年（1559，一说三十九年）起兵反明。聚众十

万。《后鉴录》卷四云："僭帝号，改元'造历'，开科，署王侯丞相诸官。"造历四年（1562）五月，中敌诱间计，出战，被执杀。林朝曦领余众继续斗争。

林朝曦（1562 年五月～? 年）

[按] 广东饶平人。随张琏起兵反明。《明史·谭纶传》云："（张）琏既灭，（林）朝曦把巢不下，出攻程乡。"未几，"朝曦穷，弃巢走，（谭）纶及广东追擒之"。余众瓦解。

大　唐

（1565 年十二月～1566 年正月）

蔡伯贯（1565 年十二月～1566 年正月）

[按] 四川大足人。从李同习白莲教，自称唐帝后裔。明世宗嘉靖四十四年（1565）十二月，起兵反明。《后鉴录》卷四："号'大唐大宝元年'。连破合川、大足……七州县。"据《明史·马录传》："至四十五年（1566）正月，四川大盗蔡伯贯就擒。"在位仅三十六日。

后　金

（1616 年正月～1636 年四月）

后金为明代末年女真族所建。明神宗万历年间，居住在浑江流域一带的建州女真开始强大。万历十一年（1583），努尔哈赤被拥为首领，经多年征战，陆续统一了女真诸部。四十四年（1616）正月，在赫图阿拉（今辽宁省新宾）建都，称汗，建元"天命"，国号"大金"（沈阳旧城抚近门砖额即刻有"大金"字样），或"金"（见清内阁档案皇太极谕文："金国汗谕军民人等"）。为与完颜阿骨打所建"金"区别，史称其为"后金"（关于"后金"一称起用于何时，以及是自我称谓，还是他国的称谓，学者们有不同的看法）。势力扩大后，于明熹宗天启元年（1621）迁都辽阳，五年（1625），又迁沈阳，号盛京。所辖东至海，西至辽东，北抵嫩江一带，南达鸭绿江。皇太极时，乌苏里江以东，黑龙江以北之明奴儿干都司亦被统一。天聪十年（1636）四月，皇太极去汗号称帝，改元"崇德"，改国号曰"清"。不少年表将"后金"与"清"混列，本年表则分别列之，特作说明。

太祖高帝（武帝）努尔哈赤（1616 年正月～1626 年八月）

[按] 又译作"弩尔哈奇"、"努尔哈齐"等。爱新觉罗氏。为明代建州左卫首领猛哥帖木儿后裔。明神宗万历十一年（1583）父死军中，他被族人推拥为首领。继而开展统一女真诸部的征战。在统一战中创建八旗制度；命人用蒙古文字母创制满文。万历四十四年（1616）四月

在赫图阿拉建立"后金",称"金国汗",建元"天命",天命三年(1618)以"七大恨"誓师反明。次年,萨尔浒之战,以少胜多,大败十万明军。十年(1625)迁都沈阳。次年,进攻宁远(今辽宁省兴城),被袁崇焕击败,受伤,八月卒于沈阳城东瑷鸡堡。终年六十八岁。葬福陵(今辽宁省沈阳)。追谥"武皇帝",后改"高皇帝",庙号"太祖"。子皇太极继立。

太宗文帝皇太极(1626年九月~1636年四月)

[按]为努尔哈赤第八子。自幼好学,有战功,得父偏爱。父卒后受拥继立。明年,改元"天聪"。天聪三年(1629),攻明,兵围燕京(今北京);九年(1635),平定内蒙古,降察哈尔林丹汗。当年,废除"诸申(女真)"旧号,定族名为"满洲"。十年(1636),获元传国玺,四月,称帝,改国号曰"清"。

后 金 世 系

①太祖高帝(武帝)努尔哈赤
(1616⊖ ~ 1626⑧)
|
②太宗文帝皇太极
(1626⑨ ~ 1636④)

附:

李新(1619年四月)　　　　　　　　　　　　　　(年号:**洪武**)

[按]福建漳州人。明神宗万历四十七年(1619)四月,起兵反明。据《明通鉴》:"僭号'洪武'。"因有年号,有《年表》收录,特附于此。

附:

弥天王李文(1619年十二月)　　　　　　　　　　(年号:**真混**)

[按]固原人。明神宗万历四十七年(1619)十二月,起兵反明。据《罪惟录·神宗纪》:"自号'弥天王',称'**真混**元年'。"因有年号,有《年表》收录,特附于此。

大 梁

(1621年九月~1623年八月)

奢崇明(1621年九月~1623年八月)

[按]原为永宁宣抚使。明熹宗天启元年(1621)九月,起兵反明。据《江津县志》卷三:

"据重庆，号'大梁'，僭元'瑞应'。"继陷合江、纳溪、泸州，进围成都。明思宗崇祯二年（1629）八月，兵败，在红土川被杀。余众瓦解。

中兴福烈帝徐鸿儒（1622 年五～十月）　　　　　　　　　　　　（年号：**大成兴胜**）

　　[按] 山东巨野人。明熹宗天启二年（1622）五月，"杀牲誓众"起兵反明。据《明史·赵颜传》："自号'中兴福烈帝'，称'**大成兴胜**元年'（《罪惟录》、《后鉴录》、《明史纪事本末》等作'大乘兴胜'，或'大乘兴盛'；《纪元统考》作'兴胜'），用红巾为识。五月戊申，陷郓城。俄陷邹、滕、峄（yì）。众至数万。"十月，兵败被执。《熹宗纪》："辛巳，官军复邹县，擒徐鸿儒等，山东贼平。"

附：

万俟德（1622 年）　　　　　　　　　　　　　　　　　　　　（年号：**玄静**）

　　[按] 万俟（mò　qí）德，河北蔚州人。明熹宗天启二年（1622），起兵反明。据《顺天胪笔》：建元"**玄静**"。余况不详。因有年号，有《年表》收录，特附于此。

附：

杨桓（1624 年九月）　　　　　　　　　　　　　　　　　　　（年号：**懿德**）

　　[按] 安徽颍州人。明熹宗天启四年（1624）九月，起兵反明。据《阜阳县志》卷二十三："私相部署，伪称'**懿德**元年'。"不知所终。因有年号，有《年表》收录，特附于此。

附：

张惟元（1628 年）　　　　　　　　　　　　　　　　　　　　（年号：**永兴**）

　　[按] 广东人。据《后鉴录》卷七："崇祯元年（1628），广东贼张惟元寇罗冈、程乡及福建之上杭、武平、清流，僭号'**永兴**'，称为王。"旋亡。因有年号，有《年表》收录；也有学者称其为"建立政权"（见《明末农民军名号考录》）。特附于此。

［准　噶　尔］

（1634 ～ 1757 年九月）

　　"准噶尔"是部族的名称，因该部首领以"绰罗斯"为姓，故又名"绰罗斯部"，为蒙古族的一支。蒙古自元亡后，发展到明末清初，大体分为四部分：内蒙古（漠南）、外蒙古（漠北）、西蒙古（漠西阿尔泰山，清代史籍称为"卫拉特"，或"厄鲁特"、"额鲁特"）和青海蒙古。"卫拉特"，明时称"瓦剌"，明末势衰，西迁，形成四部：准噶尔、杜尔伯特、和硕特、土尔扈特。准噶尔原牧于天山北部博克河、萨里山一带，至巴图尔珲台吉时，其势渐强，他通过一系列的活动，成为卫拉特四部的实际盟主和西蒙古的政治中心，以伊犁为基地，在天山以北建立了其势颇壮的政权（本年表即以此时起计之）。其后，又将势力扩展到天山以南，并兼有青海。清朝多次对其用兵，至乾隆二十二年（1757）方将其平定。从巴图尔珲台吉至阿睦尔撒纳，共历九主，凡一百二十四年。

巴图尔珲台吉和多和沁（1634～1653年）

［按］　"和多和沁"为名。"台吉"为蒙古族对贵族的一种尊称。明思宗崇祯七年（1634），他继父位为准噶尔部首领。翌年，被达赖喇嘛授予"额尔德尼巴图尔珲台吉"的称号。时其部势力渐强，控制天山北路地区，成为卫拉特诸部的实际盟主。崇祯十三年（1640），各部会盟，制定"卫拉特法典"。通过一系列活动，使准噶尔成为卫拉特蒙古的政治中心。不仅进一步控制了额尔齐斯河流域和鄂毕河中上游地区，还将其势力扩展至楚河、塔拉斯河流域，成为当时我国西北地区的一个强大政权。他于清顺治十年（1653），卒。子僧格继立。

僧格（1653～1670年）

［按］名又译作"僧厄"。为和多和沁第五子。父卒继立。清康熙九年（1670），被异母兄车臣台吉、卓特巴巴图尔杀害。弟噶尔丹又杀此两人夺位。

博硕可图汗噶尔丹（1670～1697年闰三月）

［按］名又译作"嘎尔旦"、"噶勒丹"等。为和多和沁第六子，僧格弟。在夺位斗争中，杀车臣台吉，逐卓特巴巴图尔，自立为"大台吉"，称"博硕可图汗"。在位期间，东征西讨，康熙十七年（1678），占领哈密、吐鲁番地区；十九年（1680），俘伊斯玛伊勒，亡叶尔羌汗国。继进军中亚，直抵里海。后暗结沙俄，举兵反清。二十七年（1688），攻袭喀尔喀部。二十九年（1690），进扰内蒙古，为清军败于赤峰附近的乌兰布通。三十五年（1696），再败于克鲁伦河上游的昭莫多。次年（1697）闰三月，病卒于阿察阿穆塔台（一说自杀身亡）。侄策妄阿拉布坦取得统治地位。

卓里克图珲台吉策妄阿拉布坦（1697年闰三月～1727年）

［按］名又译作"策旺喇布坦"。为僧格长子，噶尔丹侄。叔在位时，被逼逃亡博罗塔拉。在其地招集旧部，扩展势力。后乘叔外掠失败，攻占其地，至叔卒后，尽有其地。在位期间，社会经济有较大发展。曾抗击沙俄进犯准噶尔辖地。康熙五十六年（1717），攻袭西藏，被清军击败。雍正元年（1723），遣使入京，以示睦清，三年（1723），向清廷请求在吐鲁番游牧，获允。五年（1727），病卒（一说被其妃毒死）。终年六十三岁。子噶尔丹策零继立。

噶尔丹策零（1727~1745年）

［按］又译作"噶尔丹策凌"、"噶勒丹策凌"等。为策妄阿拉布坦长子。父卒继立。时社会经济继续发展，史称"且耕且牧，号强富"。[①]为准噶尔的鼎盛时期。雍正九年（1731）六月，以重兵集额尔齐斯河源，败清军于和通淖尔，继掠克鲁伦、鄂尔海等地。次年，受清军重创，失其精锐，向清请和。清罢兵，定以阿尔泰山为其游牧界线，并定期于肃州互市，是后遣使通贡不绝。乾隆十年（1745），卒。终年五十一岁。按遗训由次子策妄多尔济那木札勒继立。

策妄多尔济那木札勒（1745~1750年）

［按］又译作"策妄多尔济纳木札尔"，简称"那木札勒"、"那木札尔"。为噶尔丹策零次子。父卒按遗训继立。秉政期间与清保持友好，多次遣人进京纳贡。因暴虐，乾隆十五年（1750），为异母兄喇嘛达尔札所废，囚禁于阿克苏，随死。终年十九岁。喇嘛达尔札自立。

准噶尔汗喇嘛达尔札（1750~1752年十一月）

［按］号"额尔德尼喇嘛巴图尔珲台吉"，亦称"准噶尔汗"。为噶尔丹策零庶长子，那木札勒异母兄。废弟受部众拥而自立。翌年，遣使赴彼得堡，与沙俄交涉，要求其拆毁在准噶尔属地上的军事要塞，被沙俄视为南侵的障碍。他因系庶出，在家族内地位不贵，乾隆十七年（1752）十一月，被族弟达瓦齐刺杀于伊犁。终年二十八岁。达瓦齐自立。

达瓦齐（1752年十一月~1755年）

［按］为巴图尔珲台吉玄孙，准噶尔名将策陵敦多布孙，喇嘛达尔札族弟。刺杀族兄后自立。因内讧不断，不少部众投清。乾隆二十年（1755），清集五万大军，兵分两路攻准噶尔，准噶尔部众望风而降，不及两月，攻入伊犁。达瓦齐退据格登山，后又被劫营，逃至乌什被擒获。送京师，受礼遇，封亲王，娶宗室女，数年后卒于京。

阿睦尔撒纳（1755~1757年九月）

［按］为卫拉特蒙古和硕特部首领噶尔丹丹衷遗腹子，后因母改嫁辉特部首领而继承为辉特部首领。参与达瓦齐刺杀其族兄并拥达瓦齐自立。后因争地盘与达瓦齐反目，乾隆十九年（1754）投清。次年，随清军攻伊犁，领北路军。军胜后谋继立，依靠沙俄势力而反清，占领伊犁。乾隆二十一年（1756）二月，清军再次出兵天山，三月，攻下伊犁；阿睦尔撒纳逃往俄地，次年九月，染天花病卒。准噶尔在天山以北的统治被彻底瓦解，清统一了天山南北。

［准噶尔］世系

①巴图尔珲台吉和多和沁
（1634~1653）

②僧格　　　③博硕可图汗噶尔丹　　　○
（1653~1670）　（1670~1697圉㈢）

---

① 松筠：《西陲总统事略》卷一。

④卓里克图珲台吉策妄阿拉布坦
(1697闰三~1727)

⑤噶尔丹策零
(1727~1745)

(1752⊕~1755)

⑦准噶尔汗喇嘛达尔札
(1750~1752⊕)

⑥策妄多尔济那木札勒
(1745~1750)

⑧达瓦齐

⑨阿睦尔撒纳
(1755~1757九)

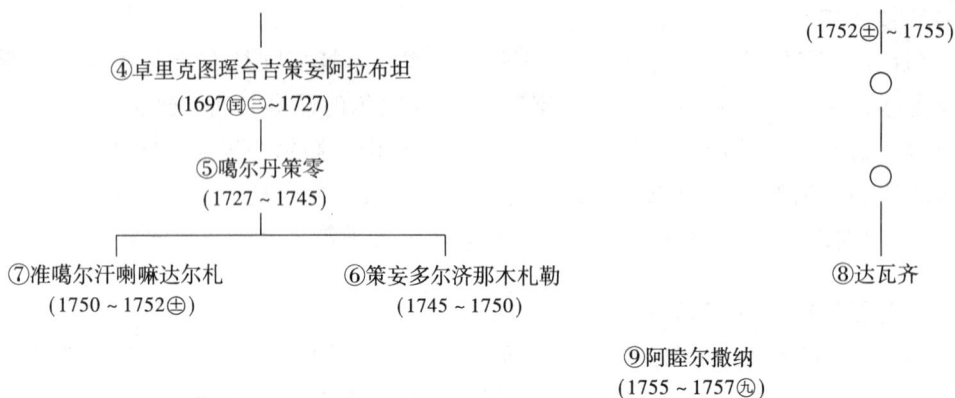

附：明代较有影响的起义一览表

有明一代，各地起义不断，有的建立国号；有的称帝改元；有的称王建署；有的称其他名号；也有不少没有称号。本《年表》将建国，或改元者分列入表内，除外，将其余较有影响的起义附录于此。

年　代	地　区	首领及称号	简　况
洪武初年	广西上思	黄龙冠	有万余人,攻郁林州
三年(1370)三月	安徽六安	胡永兴	杀判官,攻英山
四月	湖南慈利	覃垕	
六月	福建惠安	陈同	攻永春、德化、安溪等
八月	广东南海	陈志仁	攻凌水
九月	山东青州	孙吉朴	号"黄巾"。攻莒州
四年(1371)七月	广东高州	罗子仁	杀通判,夺府印
九月	湖广襄阳	易文通	设参政、署官
五年(1372)九月	福建同安	吴毛秋	占据县城
六年(1373)五月	海南儋州	陈昆六	拥数千众。陷州治
	湖广罗田	王佛儿	攻州县
	贵州平伐	的令	攻的散
十一年(1378)五月	贵州黎平	吴勉	称王建政,以黎平、榕江为中心,占领湘、黔、桂交界广大地区
十二年(1379)四月	四川眉县	彭普贵	攻占十四州县
十四年(1381)十月	浙江衢州	吴达三、叶丁香	拥数千人
十五年(1382)十月	广东东莞	"铲平王"	约五万余人

续　表

年　代	地　区	首领及称号	简　况
十八年（1385）十二月	麓川平缅	思伦发	攻州县
十九年（1386）六月	广东博罗	应仲华	攻惠州
二十一年（1388）四月	广东惠州	苏文山	数千人
九月	越　州	阿　资	攻州县
二十三年（1390）正月	江西赣州	夏　三	数万人
四月	广东黄田	袁万山	千余人
二十五年（1392）四月	建昌卫	月鲁帖木儿	占据建昌卫
二十九年（1396）	贵州中平	金牌黄	攻州县
三十年（1397）九月	麓川平缅	刀幹孟	占州县
	贵州锦屏	林　宽	攻龙里、新化、平茶、黎平等
三十一年（1398）三月	广东从化	钟均道	攻南韶
永乐四年（1406）	贵州谷劳	宋阿袄	据谷劳、王石，攻州县
七年（1409）	广西罗城	潘父慈	据罗城，攻柳庆
八年（1410）	贵州思州	苗普亮	据台罗等寨及洪江、横陂等，攻镇远、清浪诸卫
十二年（1414）	湖南保靖	吴者泥	称苗王。占答意、冶古等
十四年（1416）	山西广灵	刘子进	攻州县
十五年（1417）	福建沙县	陈添保	据尤溪、清流等
十六年（1418）	北京昌平	靳　化	攻州县
十八年（1420）二月	山东蒲台	唐赛儿	据益都，破莒州、即墨，围攻安丘
宣德七年（1432）	贵州乌罗	吴不尔	攻清浪、五寨、白崖等
九年（1434）	江西永丰	夏九旭	据大盘山，攻州县
正统四年（1439）	贵州计砂	苗总牌	据洪江，攻州县
十一年（1446）	广东泷水	赵音旺	自号大将军。据泷水，攻州县
	广东德庆	凤弟吉	自号凤三将军。据德庆，攻州县
	浙江庆元	叶宗留	攻政和，据处州，下浦城、建阳，围建宁
十四年（1449）三月	贵州镇远	苗金台	自称顺天王。据镇远、洪江，攻靖州、清浪、平越
景泰元年（1450）	贵州兴隆	韦同烈	自称苗王。众二十余万。攻新添、平越、清平等。据地安南以东，播州、思南以南，沅州以西，武冈以北
三年（1452）二月	四川草塘	黄　龙	据草塘、江渡，攻播州西坪、黄滩等
五年（1454）	湖南武冈	蒙　能	自称蒙王。众三万余。攻龙里、新化等
六年（1455）	广西罗城	韦朝德	有众两万余

年　　代	地　区	首领及称号	简　　　况
天顺二年(1458)	贵州东苗十三番	干把珠	众数万。攻都匀、新添、龙里等
六年(1462)	福建上杭	李宗政	自号白眉，据上杭，向周围扩展
七年(1463)	四川荣昌	悟　真	转战荣昌、遂宁、铜梁
成化四年(1468)四月	固原石城	满　俊	自称招贤王。众两万。攻甘州
五年(1469)	海南儋州	符那南	自号南王。据儋州，攻州县
六年(1470)	河南新郑	李　原	自称太平王。攻南漳、渭南等
弘治五年(1492)	贵州都匀	乜富架	自称都顺王。据都匀，攻清平
十二年(1499)九月	贵州普安	米　鲁	攻州县
十四年(1501)	海南儋州	符南蛇	数州响应。众万余。攻昌化、临高等
	湖南城步	李再万	自称天王。众数万。据五洞四十八寨
十七年(1504)	海南万州	郑那忠	占据乐会、陵水、黎亭等
正德二年(1507)	赣南大帽山	张时旺	建二十多营寨，攻瑞金、永丰、乐安等
六年(1511)	霸州文安	刘宠、杨虎	众数万。转战于直隶、山东、山西、河南、湖广等地
	湖广镇溪	龙麻阳	攻州县
十一年(1516)	江西上犹	蓝天凤	据左溪，攻州县
十四年(1519)	广东都城	郑公厚	自号通天大王。攻封川、德庆、金林等
嘉靖元年(1522)	广西马平	周克亮	数万人
	山东青州	王　堂	活动在山东、河南、安徽等地
	河南卢氏	马隆、柴世隆	活动于豫、浙、陕一带
二年(1523)	陕北延安	杨　锦	转战绥德
	山西潞州	陈　卿	数万人。转战河南、山西间
十年(1531)	广东阳春	赵林花	据阳春，陷高州、德庆、新兴等
十三年(1534)三月	海南琼山	黎佛二	据琼山，攻州县
十七年(1538)	广西桂平	侯公丁	据大藤峡，攻州县
十八年(1539)	海南万州	那　红	陷陵水，攻崖州
十九年(1540)	贵州平头	龙子贤	众数万。据铜仁，攻麻阳、酉阳、沅州等
	江苏江阴	秦璠、王艮	活动于镇江以下长江沿岸
二十六年(1547)	海南崖州	那　燕	据上强、石讼，感恩、昌化响应
	福建龙溪	陈荣玉、刘文养	占据龙溪、安溪间
三十年(1551)	河北曲周	李邦珍	据曲周，攻州县
三十二年(1553)	河南归德	师尚昭	占归德、柘城、鹿邑、太康、鄢陵等
隆庆二年(1568)六月	广东广州	曾一本	据广州，攻州县
	江西万羊山	张　茂	据万羊山，攻州县
六年(1572)	广西府江	杨公满	陷荔浦、平乐、峰门、南源等

续 表

年　代	地　区	首领及称号	简　况
万历七年(1579)	江苏昆山	姜　奈	据昆山,吴江响应
八年(1580)	河南仪封	雷　仑	据仪封,攻州县
	陕西延庆	李宗鹗	转战陕北各州县
十一年(1583)	山西隰州	王汉臣	据隰州,攻州县
十四年(1586)	河南淇县	王　安	数千人。据淇县,攻州县
	河南内黄	王友臣	数千人。攻安阳、汤阴
十七年(1589)四月	广东始兴	李圆朗	攻南雄
	安徽宿松	刘汝国	自称济贫王。众数万。攻太湖、湖口、黄梅、蕲州等
十九年(1591)	海南定安	马　矢	儋州、崖州、临高等响应,攻澄迈、会同、文昌等
二十八年(1600)	辽　东	金得时	众数千
	贵州黎平	吴国佐	自称天皇上将。攻黄堡,陷石余屯堡
三十二年(1604)	福建	吴　建	众数千
三十三年(1605)	贵州定番	阿　伦	据新添、平越、龙里、清平,攻都清、余庆等
四十年(1612)	海南崖州	那　阳	据罗活、抱由,攻乐平,围崖州
天启二年(1622)	贵州水西	安邦彦	自称罗甸王。陷毕节、安顺、沾益,进围贵阳
七年(1627)二月	陕西白水	王　二	揭开明末起兵反明的序幕。攻宜君
崇祯元年(1628)七月	陕西宜川	王左挂	有骑万人。据宜川。部下有苗美、飞山虎、大红狼等
十月	陕西安塞	王大梁	自称"大梁王"。众数千。攻略阳,逼汉中
十一月	陕西府谷	王嘉胤	高迎祥、李自成投其下。据延安
	陕西清涧	赵　胜	号"点灯子"。又号"二队"。转战晋陕各地
	陕西安塞	高迎祥	号"闯王"。后投王嘉胤旗下。王自用卒后继为盟主。转战湖广、四川等地
二年(1629)四月	陕西阶州	周大旺	据阶州,攻州县
三年(1630)十一月	陕西延绥	神一元	众数千。攻新安、宁塞、保安
四年(1631)六月	陕西安塞	王自用	号"紫金梁"。王嘉胤卒后,继领其众。结老回回等军,号三十六营,众二十万
十一月	河北吴桥	孔有德	陷陵县、临邑、商河、登州、黄县、平度等

附：

张普薇（1637 年）　　　　　　　　　　　　　　　　　　　　（年号：天运）

　　[按] 江西封山人。明思宗崇祯年间起兵反明。据王先承《镰山草堂集》：崇祯十年
(1637)，建元"**天运**"，旋亡。因有年号，有《年表》收录，特附于此。

大　顺

（1644 年正月～1645 年五月）

新顺王李自成（1644 年正月～1645 年五月）

［按］本名"鸿基"。又名"李自晟"。陕西米脂人。世居怀远堡李继迁寨。幼牧羊，及长，充银川驿卒。初随其舅高迎祥起兵反明，高迎祥自称"闯王"，李自成称"闯将"。明思宗崇祯九年（1636）七月，高迎祥被执杀，众拥其为"闯王"。用李岩等提出"均田免赋"等口号，势益炽。时传"迎闯王，不纳粮"歌谣。崇祯十六年（1643），有众百万。以襄阳为襄京，自号"奉天倡义大元帅"，称"新顺王"。十月，攻入西安，改西安曰长安，称西京。据《明史·李自成传》："十七年（1644）正月庚寅朔，自成称王于西安，僭国号曰'大顺'，改元'永昌'，改名'自晟'。追尊其曾祖以下，以谥号，以李继迁为太祖。设天祐殿大学士，以牛金星为之。增置六政府尚书，设弘文馆、文谕院、谏议、直指使、从政、统会、尚契司、验马寺、知政使、书写房等官。"三月，攻入北京。明思宗朱由检登煤山自缢，明亡。四月"二十九日丙戌，僭帝号于武英殿，追尊七代皆为帝后，立妻高氏为皇后。自成被冠冕，列仗受朝"。随之，清军入关，在清军打击下，退出北京。次年五月，卒（李自成卒况史家意见不一，此采一说）。葬湖北省通山县高湖村。

大　西

（1644 年十一月～1646 年十二月）

大西国王张献忠（1644 年十一月～1646 年十二月）

［按］字"秉吾"，号"敬轩"。延安卫柳树涧人。初隶延绥镇为军。明思宗崇祯三年（1630）四月，起兵反明，以米脂十八寨应王嘉胤。自称"八大王"。次年，王嘉胤卒，乃推王自用为盟主，转战山西。崇祯八年（1635）正月，参加荥阳大会。会后，一举攻下明中都凤阳，焚明皇陵。十一年（1638），受重伤，迫降。次年五月，在谷城又起。十六年（1643）四月，攻克武昌，称"西王"，改武昌为天授府，设尚书、都督、巡抚等官，并开科取士。决策入川，次年（1644），破涪州，克重庆，陷成都。据《明史·张献忠传》："献忠遂僭号'大西国王'，改元'大顺'。冬十一月庚寅，即伪位，以蜀王府为宫。名成都曰西京。用汪兆麟为左丞相，严锡命为右丞相，设六部五军都督等官……自成发兵攻不克，遂据有全蜀。"据魏源《圣武记》卷一：顺治三年（1646）"是冬，大破张献忠于西充，斩之"。

附：明末参加荥阳大会的"十三家"反明义军

天启七年（1627）三月，王二在白水起兵，揭开了明末起兵反明的序幕。随之，全国各地先后起兵，大小数百家。其中重要者，有所谓参加荥阳大会的"十三家"。

崇祯八年（1635）正月，十三家义军首领汇集荥阳，共商对明军作战方案。大会将各路人马进行了协调分工，这是一次反明斗争的重要事件（也有学者认为，明史上不存在荥阳大会）。现据《明史·李自成传》将此十三家分列于后，以供参考。

马守应

［按］号"老回回"。为当时十大首领之一。明思宗崇祯九年（1636）高迎祥卒后至十三年（1640）李自成再起前，实力最强。十七年（1644）春，病卒。

罗汝才

［按］一作"林汉"。号"曹操"。为当时十大首领之一。崇祯十四年（1641），与李自成合兵。十六年（1643）一月，为"代天抚民威德大将军"。四月，以通敌被李自成所杀。

贺一龙

［按］一作"孙仁"。号"革里眼"，或作"格里眼"，"隔里眼"、"棘里鹰"等。崇祯五年（1632），兵入陕西。十四年（1641），投张献忠。次年九月，与李自成合兵。十六年（1643）三月，受罗汝才通敌牵连被李自成所杀。

贺锦

［按］号"左金王"，或"左监王"。崇祯元年（1628）在陕西起兵。十五年（1642）九月，与李自成合兵。次年（1643）三月，被李自成所杀（一说死在李自成后，战死）。

许可变

［按］号"改世王"，或"盖世王"，一作自称"许王"。崇祯元年（1628）在陕西起兵。十年（1637），降。后，复起。十二年（1639）四月，作战受挫。

李万庆

［按］号"射塌天"。陕西省延安人。崇祯元年（1628）起兵。四年（1631），入山西，后又流动作战于河南、湖广、四川等地。十二年（1639），兵败势孤，降。十五年（1642）正月，被李自成军所杀。

"横天王"

［按］名不知。崇祯三年（1630），在陕西作战。荥阳大会后负责抵挡陕兵。

马进忠

［按］一作"姜廉"，或"侯世范"。号"混十万"。崇祯元年（1628）在陕西起兵。十四年（1641）十一月，降明（此据《国榷》卷九七；《明史》记作十二年降）。

惠登相

［按］号"过天星"。崇祯四年（1631），活动于山西一带。十三年（1640）七月，降。

"九条龙"

［按］名不详。崇祯元年（1628）在陕西起兵。九年（1636）二月，降（此据《明史纪事本末》卷七十五；乾隆《蒲州府志》卷七记作崇祯三年［1630］五月被杀；乾隆《襄阳府志》卷三十八记崇祯七年［1634］阵亡）。

"顺天王"

［按］名不详。崇祯元年（1628）在陕西起兵。十一年（1638），卒。

高迎祥

［按］号"闯王"。崇祯元年（1628）在陕西安塞起兵。初拥王嘉胤，四年（1631），王嘉胤卒，推王自用为盟首。六年（1633），王自用兵败被射杀，高迎祥乃奔河北，与张献忠、罗汝才、马守应合营，时兵力最强。九年（1636）七月，兵败被执，送京师被杀。余众推李自成为闯王。

张献忠

［按］详见"大西"条。

十三 清时期纪年考

（1644～1911 年）

这是中国封建社会的最后一个时期。清起源于东北，1616 年在今辽宁省新宾建政，史称"后金"，1636 年改国号曰"清"，1644 年入关，定都今北京。相继平定了各地的反抗，迅速实现了对全国的统一。盛时，其疆域西至今巴尔喀什湖、楚河、塔拉斯河流域、帕米尔高原，北至戈尔诺阿尔泰、萨彦岭，东北至外兴安岭、鄂霍次克海，东临大海，包括台湾，南至南海诸岛，西南至广西、云南、西藏，包括拉达克。文治亦曾盛极一时。然而，随着时代的发展，在其后期，清王朝面对世界上迅速发展起来的资本主义，充分显露出其腐朽与没落的本质，终于 1911 年辛亥革命，推翻帝制，沿袭两千多年的中国封建社会，至此宣告结束。

这里需要说明的是："清时期"与"清王朝"从时间上说不尽相同。"清王朝"若包括"后金"，应从天命元年（1616）起；若以改国号为"清"，应从崇德元年（1636）起。而这时，清政权只处在东北之一隅，从全国形势看，仍是"明王朝"的天下（明时期）。直到明崇祯十七年（1644）三月，明为李自成义军所推翻；四月，清军入关，五月，占领燕京，十月，迁而都之，清才由一个地方政权变成一个全国政权，一般以此作为"清时期"的开始。关于清时期的结束，是在 1911 年，辛亥革命推翻帝制（末代皇帝溥仪退位），这与清王朝的灭亡是一致的。

清

（1636 年四月～1911 年十二月）

后金国第二代汗皇太极于天聪十年（1636）四月，正式称帝，改国号曰"清"，成为清王朝的第一代皇帝（有年表将"后金"与"清"连列，皇太极为第二代统治者）。子福临即位后，顺治元年（1644）四月，兵入山海关，五月，占领燕京（今北京），八月，迁而都之。继而，康熙二十年（1681），平定三藩，统一全国。康雍乾时期，为清鼎盛时期。自嘉庆后，世道渐衰，国内起义不断，太平天国几使清亡。自鸦片战争起，西方列强大肆入侵，清廷丧权辱国，外侮深重。宣统三年（1911）八月，革命党人在武昌举行武装起义，十一月，孙中山被推举为临时大总统，组成南京中央政府，改用阳历。十二月（1912 年 2 月），末代皇帝溥仪宣告退位，清王朝至此灭亡。从皇太极改国号为"清"算起，历十一帝，凡二百七十六年。

太宗文帝皇太极（1636 年四月～1643 年八月）

［按］爱新觉罗氏。为"后金"政权创立者努尔哈赤之子，承父位为后金第二代汗。天聪十年（1636）四月称帝，改国号曰"清"，改元"崇德"。在位期间，增编"八旗蒙古"和"八旗汉军"，扩大八旗组织。不断对明用兵，并屡攻东海瓦尔喀、虎尔哈等部，巩固东北后方。崇德八年（1643）八月，暴死于沈阳清宁宫。终年五十二岁。葬昭陵（今辽宁省沈阳北陵）。谥"应天兴国宏德彰武宽温仁圣睿孝文皇帝"，庙号"太宗"。第九子福临继立。

世祖章帝福临（1643 年十月～1661 年正月）

［按］习惯依年号称"顺治帝"。爱新觉罗氏。为皇太极第九子。年号"顺治"。父卒继立，时年六岁，由叔父多尔衮、济尔哈朗辅政。顺治元年（1644）入关，击败李自成。八月，自盛京（今辽宁省沈阳）迁都燕京（今北京）。十月，行登基大典，仍用大清国号，以"顺治"纪元。加封多尔衮为皇父摄政王。攻南明。下圈地、剃发等令。顺治八年，多尔衮卒，始亲政。以正黄、镶黄和正白为上三旗，由皇帝直辖；颁大清律；禁文人结社。顺治十八年（1661）正月，卒于养心殿。终年二十四岁。葬孝陵（今河北省遵化马兰峪清东陵）。谥"体天隆运定统建极英睿钦文显武大德弘功至仁纯孝章皇帝"，庙号"世祖"。雍正元年，在"体天隆运"后加谥"定统建极"四字；乾隆元年，在"钦文"后加谥"显武"二字。第三子玄烨继立。

圣祖仁帝玄烨（1661 年正月～1722 年十一月）

［按］习惯依年号称"康熙帝"。爱新觉罗氏。为福临第三子。父卒受遗命继立，时年八岁。改元"康熙"。由鳌拜等辅政，康熙六年（1667），始亲政。八年（1669），处死鳌拜，夺得全权。在位期间，主要从事国家统一的斗争，二十年（1681），平定"三藩之乱"（平西王吴三桂在云南、平南王尚可喜在广东、靖南王耿继茂在福建的反叛割据）；二十二年（1683），出兵台湾，八月，郑克塽降，置台湾一府三县，隶福建省；二十七年（1688），击败沙俄入侵，签订《中俄尼布楚条约》，确定两国东段边界，以额尔古纳河、格尔必齐河沿外兴安岭至海为界；五十九年（1720），派兵护送达赖六世入藏，驱逐占据西藏的准噶尔军。六十一年（1722），派兵进驻乌鲁木齐。在位期间，丈量全国土地，完成《皇舆全图》。文化方面，提倡程朱理学；开博学鸿词科、明史馆；编纂《康熙字典》、《佩文韵府》、《全唐诗》、《古今图书集成》等；兴文字狱，加强思想统治。当年十一月，卒于畅春园。终年六十九岁。葬景陵（今河北省遵化马兰峪清东陵）。谥"合天弘运文武睿哲恭俭宽裕孝敬诚信功德大成仁皇帝"，乾隆四年，于"诚信"后加谥"中和"二字，庙号"圣祖"。第四子胤禛（zhēn）继立。

世宗宪帝胤禛（1722 年十一月～1735 年八月）

［按］习惯依年号称"雍正帝"。原名"允禛"。爱新觉罗氏。为玄烨第四子。玄烨有三十五个儿子，成年且受册封的有二十人。玄烨生前，储位之争日益激烈，其中太子胤礽（réng，第

二子，嫡长子）、长子胤禔（tí）、第八子胤禩（sì）、第十四子胤禵（tí）尤盛。胤禛在大臣年羹尧、隆科多、戴铎的谋划与支持下，采取"韬晦"之策，渐获得父宠。父卒后继位（有人热衷于说玄烨本遗诏传位十四子，胤禛盗之，将"十"改为"于"字，实不可信，"十"字如何改为繁体字"於"呢？何况按惯例"十四子"前应该有个"皇"字）。即位后改元"雍正"。他在位期间，加强皇权，惩治朋党。诸兄弟中，只十三弟胤祥、十六弟胤禄、十七弟胤礼获信任外，其他先后被革职、囚禁等，其子孙及有关者皆治罪；有功之权臣年羹尧、隆科多因骄纵也未逃脱被治死的命运；为解决皇位继承问题，建立秘密立储制度；用藩邸亲信鄂尔泰、田文镜、李卫等为重要省区总督。雍正七年（1729），设立军机房（后改军机处），架空内阁，集大权于皇帝一身；密设缇骑，暗察诸臣隐事，严惩贪官，时称"抄家皇帝"；并大兴文字狱，禁排满复明思想；在西南地区推行"改土归流"。经济上，实行"摊丁入亩"，保证税收。对外，雍正五年（1727），与沙俄签订《布连斯奇条约》和《恰克图条约》，议定以恰克图（今蒙古国乌兰巴托北）为中心，东至额尔古纳河，西至沙宾达巴哈为中俄中段国界。十三年（1735）八月，暴卒于圆明园（民间传说为吕四娘刺死于宫中，不可当真。实为历史之谜。有学者云："这类宫闱秘事，要确证论定，难得过硬资料"）。终年五十八岁。葬泰陵（今河北省易县清西陵）。谥"敬天昌运建中表正文武英明宽仁信毅睿圣大孝至诚宪皇帝"，庙号"世宗"。第四子弘历继立。

高宗纯帝弘历（1735 年九月～1795 年九月）

［按］习惯依年号称"乾隆帝"。爱新觉罗氏。为胤禛第四子。其父胤禛亲历储位之争的残酷，也不愿因明立太子而使之骄纵，雍正元年（1723）八月，创"储位密建法"，立嗣不明诏，密书藏匣，置于乾清宫"正大光明"匾后。从此，此举成为清朝家法。父胤禛卒后，他由庄亲王胤禄等受命宣读密诏而即位。九月初三，行登基大典，以明年为乾隆元年。登位时年二十五。在位期间，颇多建树。乾隆二十二年（1757），平定准噶尔；二十四年（1759），平定大小和卓木的反叛，统一天山南北，设置参赞、办事、领队等大臣进行管理；二十七年（1762），设伊犁将军统管天山南北路；四十一年（1776），平定大小金川（今四川省丹巴附近）土司的反叛，改立为县；五十三年（1788），平定林爽文在台湾的反叛；五十七年（1792），反击克什米尔之廓尔喀族入侵西藏，尽复西藏失地，并颁《藏内善后章程》，确定驻藏大臣负责全面督办西藏事务，加强管理；还出兵缅甸、安南（今越南）。廓尔喀归降后，作《十全记》（两度平准噶尔、定回部、扫大小金川、靖台湾、降缅甸、安南、两次受廓尔喀降），自称"十全老人"。文化方面，编纂《大清一统志》、《明史》、《续文献通考》等；广集天下藏书，以纪昀（字晓岚）为总裁编修《四库全书》，借修书大量销毁和篡改不利统治的图书，此举既是一项历史功绩，又是一场文化灾难。又屡兴文字狱，加强思想统治。他六次南巡，大肆挥霍。后期任用和珅二十年，宦风败坏。六十年（1795）九月，以"不敢上同皇祖（康熙）纪元六十一载之数"，禅位于皇十五子颙琰（yóng yǎn），自称太上皇，仍主朝政。嘉庆四年（1799）正月，卒于养心殿。终年八十九岁，为中国历史上在位与寿命最长的皇帝。葬裕陵（今河北省遵化清东陵）。谥"法天隆运至诚光觉体元立极敷文奋武孝慈神圣纯皇帝"，庙号"高宗"。

仁宗睿帝颙琰（1796 年正月～1820 年七月）

［按］习惯依年号称"嘉庆皇帝"。爱新觉罗氏。为弘历第十五子。乾隆六十年（1795）

九月，被立为皇太子。越年正月元旦在太和殿举行传信大典，跪受父乾隆帝亲授之宝玺，即皇帝位。改元"嘉庆"。奉父为太上皇帝，父卒后方得以亲政。亲政后，即处理其父宠臣和珅问题，仅抄没其家产，有人统计折银千万两，或两千万两，更甚者说八亿两，实际数字已无法考确，所谓"和珅跌倒，嘉庆吃饱"。处理和珅彰显出他的果断，然在其父统治后期逐渐形成和潜伏着的社会危机，他却缺乏治理的才能与有效的政治措施。有学者以其与祖、父皇相比，认为他是一个平庸（不是昏庸）的帝王。他主政期间，大清王朝开始转衰，由"康乾盛世"转向"道咸衰世"，是一个转折时期。他于嘉庆二十五年（1820）七月，暴卒于承德避暑山庄，死因不明。终年六十一岁。葬昌陵（今河北省易县清西陵）。谥"受天兴运敷化绥猷崇文经武孝恭勤俭端敏英哲睿皇帝"，庙号"仁宗"。次子旻（mín）宁按遗诏继立。

宣宗成帝旻宁（1820 年八月 ~ 1850 年正月）

〔按〕习惯依年号称"道光帝"。初名"绵宁"，即位后改"旻宁"。爱新觉罗氏。为颙琰次子。父卒遵遗诏（学界对此有疑问）即位。改元"道光"。在位期间，朝风日坏，危机四伏。道光十八年（1838），命湖广总督林则徐为钦差大臣到广州禁烟，二十年（1840），英军发动"鸦片战争"；二十二年（1842）七月，与英签订近代史上第一个不平等条约《南京条约》，割让香港，开放广州等口岸，赔款；二十四年（1844）六月，与美签订《望厦条约》；九月，与法签订《黄埔条约》。至此，西方帝国主义打开中国门户，使中国沦为半殖民地、半封建社会。他成为中国近代史上第一个丧权辱国的皇帝。三十年（1850）正月，病卒于圆明园慎德堂。终年六十九岁。葬慕陵（今河北省易县清西陵）。谥"效天符运立中体正至文圣武智勇仁慈俭勤孝敏宽定成皇帝"，庙号"宣宗"。第四子奕詝（zhǔ）按遗诏继立。

文宗显帝奕詝（1850 年正月 ~ 1861 年七月）

〔按〕习惯依年号称"咸丰帝"。爱新觉罗氏。为旻宁第四子。父卒遵遗诏即位，改元"咸丰"。在位期间，发生"太平天国"起义，他利用曾国藩"湘军"镇压；利用肃顺、彭蕴章筹划财政。对外，咸丰六年（1856），英国发动"第二次鸦片战争"，八年（1858）五月，分别与英、法、美、俄签订丧权辱国的《天津条约》；又与俄签订《瑷珲条约》，割去黑龙江以北、外兴安岭以南大片领土；十年（1860），英法联军攻入北京，火烧圆明园，继与两国分签《北京条约》；又签《中俄北京条约》，将乌苏里江以东约四十万平方公里土地划归俄国。十一年（1861）七月，病卒于承德避暑山庄行殿寝宫。终年三十一岁。葬定陵（今河北省遵化清东陵）。谥"协天翊运执中垂谟懋德振武圣孝渊恭端仁宽敏显皇帝"，庙号"文宗"。长子载淳按遗诏继立。

穆宗毅帝载淳（1861 年七月 ~ 1874 年十二月）

〔按〕习惯依年号称"同治帝"。爱新觉罗氏。为奕詝长子，母那拉氏（慈禧）。父卒遵遗诏即位，时年六岁。按遗诏由御前大臣载垣、端华、肃顺等八人辅政，肃顺定年号曰"祺祥"。九月一日，上钮祜禄氏徽号曰"慈安"（因居东宫，又称"东太后"），那拉氏徽号曰"慈禧"（因居西宫，又称"西太后"）。二十九日，奕詝灵柩回京。次日，发生"北京政变"，谕旨历数载垣、端华、肃顺等罪状，解除八大臣辅政之任，载垣、端华赐死，肃顺处斩。朝臣疏请两太后垂帘听政，致使在晚清三朝中，慈禧操纵实权近五十年。十月，改元"同治"。同治十二年（1873），亲政。这一时期，开始了"同治新政"，内容包括：设立"总理各国通商事务衙门"，成为中华统一的帝王国家第一个专门处理外事的中央机构；同治五年（1866），首次派人到西方考察，十一年（1872）首批三十名幼童赴美留学，世称"幼童出洋"；举办"洋务运动"，建兵工厂，造洋枪炮，购军舰，建海军等等。他于十三年十二月（十三年为1874年，十二月已进入1875年）病卒（有说死于天花，有说死于梅毒，待确考）。终年十九岁。葬惠陵（今河北省遵化清东陵）。谥"继天开运受中居正保大定功圣智诚孝信敏恭宽毅皇帝"，庙号"穆宗"。由慈禧太后做主，堂弟载湉（tián）继立。

德宗景帝载湉（1875年正月~1908年十月）

［按］习惯依年号称"光绪帝"。爱新觉罗氏。为醇亲王奕譞（xuān，道光第七子）次子，载淳堂弟，母那拉氏为慈禧之妹。载淳无子，死后由慈禧召诸王，定载湉继立，时年仅四岁，登位时在酣睡之中，两宫垂帘听政，实权操纵于慈禧。改元"光绪"。光绪十一年（1885）三月，慈安死，慈禧集权于一身。十三年（1887），慈禧名誉上归政载湉，朝内形成帝后两党，朝风益加败坏。二十年（1894），日本挑起"甲午战争"，次年，与日签订卖国的《马关条约》，割让辽东半岛、台湾、澎湖列岛与日，并赔偿与开放口岸。二十四年（1898）四月，开始"戊戌变法"。八月，载湉被慈禧幽于中南海瀛台，慈禧垂帘听政，废新法，捕杀谭嗣同等"戊戌六君子"，康有为、梁启超逃往日本，历时一百零三天，变法失败。二十六年（1900）五月，英、美、法、德、意、奥、俄、日"八国联军"入侵中国，七月，攻入北京，大肆烧杀，抢劫国宝。载湉被慈禧挟持逃往西安。二十七年（1901）七月，签订《辛丑条约》，丧主权，失国防，赔款，是为空前的卖国条约。下月，返京，失去一切自由。三十四年（1908）十月，卒于中南海瀛台之涵元殿（一说病卒，一说被毒死。又一历史疑案）。终年三十八岁。葬崇陵（今河北省易县清西陵）。谥"同天崇运大中至正经文纬武仁孝睿智端俭宽勤景皇帝"，庙号"德宗"。无子，由慈禧做主，侄溥仪继立。

末帝溥仪（1908年十一月~1911年十二月）

［按］习惯依年号称"宣统帝"。爱新觉罗氏。为醇亲王载沣（载湉弟）之子，载湉侄。载湉无子，载湉病危时，光绪三十四年（1908）十月二十日，慈禧懿旨"醇亲王载沣子溥仪著在宫中教养"，"载沣授为摄政王"（见《清德宗实录》）。第二天，光绪死，令其继位，"承大统"，以父监国。次日，慈禧死。十一月初九，即位于太和殿，时年三岁。改元"宣统"。宣统三年（1911）三月，孙中山同盟会在广州发动"黄花岗"起义，未成功。八月十九日（10月10日），革命党人在武昌起义，各省纷纷响应。十一月，十七省代表集会南京，推举孙中山为临时大总统，组成南京中央政府，改用阳历。十二月二十五日（1912年2月12日），溥仪宣布退位，清亡，开始了"中华民国"的新时期。这次退位，尚留一尾巴，民国政府允诺优待皇室八条：（1）存清帝尊号，以待各外国君主之礼相待遇；（2）岁供清室经费四百万；（3）清室居住颐和园；（4）清宗庙陵寝予以保护；（5）修缮清德宗（光绪）之崇陵；（6）留用宫内各项执事，以后不准再招宦人；（7）保护清帝私产；（8）原有卫军归民国陆军编制，员额、俸饷依旧。1917年7月，军阀张勋曾拥其重登皇帝宝座，仅十二日即告垮台，史称

"张勋复辟"。1924年，被冯玉祥废除帝号，驱逐出宫。1967年10月17日，病卒于北京。终年六十一岁。

清　世　系

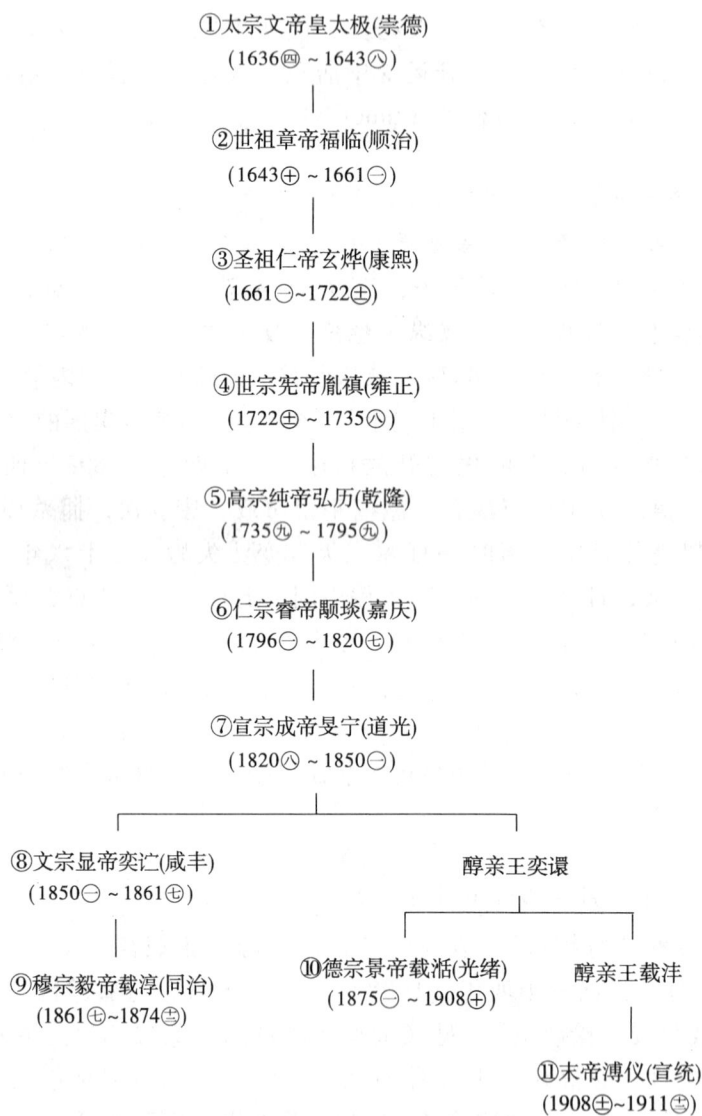

①太宗文帝皇太极(崇德)
(1636④ ~ 1643⑧)

②世祖章帝福临(顺治)
(1643⑧ ~ 1661○)

③圣祖仁帝玄烨(康熙)
(1661○~1722⑪)

④世宗宪帝胤禛(雍正)
(1722⑪ ~ 1735⑧)

⑤高宗纯帝弘历(乾隆)
(1735⑨ ~ 1795⑨)

⑥仁宗睿帝颙琰(嘉庆)
(1796○ ~ 1820⑦)

⑦宣宗成帝旻宁(道光)
(1820⑧ ~ 1850○)

⑧文宗显帝奕詝(咸丰)
(1850○ ~ 1861⑦)

醇亲王奕譞

⑨穆宗毅帝载淳(同治)
(1861⑦~1874⑫)

⑩德宗景帝载湉(光绪)
(1875○ ~ 1908⑩)

醇亲王载沣

⑪末帝溥仪(宣统)
(1908⑩~1911⑫)

南　明

(1644 年五月 ~ 1663 年)

南明为明亡后其宗室成员相继在南方所建立的政权。一般认为，起始于崇祯十七年

（1644）五月，福王朱由崧即位于南京。其终止年史界看法不一：一说止于永历十三年（1659），桂王朱由榔由云南逃亡缅甸；一说永历十五年（1661），吴三桂入缅擒朱由榔；一说永历十六年（1662），朱由榔被杀；一说定武十八年（1663），清灭韩王朱璮𡎴。如果将驱荷据台的郑成功及后裔奉"永历"正朔亦归其中，则至康熙二十二年（1683）清军入台，郑克塽降清，方告结束。本年表取1663年说，将郑氏据台作附录处理。

福王朱由崧（1644年五月～1645年五月）

［按］习惯依年号称"弘光帝"。为明神宗次子福王朱常洵之长子。崇祯十六年（1643）七月，袭封福王。次年三月，京师失陷，明亡。他逃至淮安，由凤阳总督马士英等迎入南京。四月，明思宗死讯传至南京，南京诸大臣史可法等议立君，五月，朱由崧升殿，行告天礼，即皇帝位。明年，改元"弘光"。弘光元年（1645）五月，在清军追击下，在芜湖被执，次年在北京被杀。

唐王朱聿键（1645年闰六月～1646年八月）

［按］习惯依年号称"隆武帝"。为明太祖九世孙。崇祯五年（1632），袭封唐王。南京失陷后，逃至杭，由镇江总兵郑鸿逵等奉入闽。是年闰六月，在福州即帝位，诏从七月改元"隆武"。隆武二年（1646）六月，清兵攻入绍兴，八月，清兵入闽，因郑芝龙降清，他逃至汀州被擒，行至九龙潭，投水死。

唐王朱聿𨮁（1646年十一月～十二月）

［按］习惯依年号称"绍武帝"。为朱聿键弟。兄即位时，封唐王。福州失陷，浮海至广州，由苏观生等拥立，当年十一月，称帝，以广州都司署为行在。改元"绍武"。下月，广州失陷，在位不满四十天，被擒，绞杀死。

桂王朱由榔（1646年十月～1661年十二月）

［按］习惯依年号称"永历帝"。为明神宗之孙，思宗堂弟。袭封桂王。隆武二年（1646）八月，闻唐王朱聿键被擒，在太监庞天寿等拥立下，十月，在肇庆即帝位，仍称"隆武二年"，明年，改元"永历"（见《罪惟录》、《明纪》等书）。时，尚能控制云贵、两广、江西、湖南、四川等部分地区。永历十三年（1659）三月，兵败逃入缅甸。十五年（1661）十二月，清军追击入缅，缅人执其献于清。次年四月，被绞死。

鲁王朱以海（1645年闰六月～1662年十一月）

［按］为明太祖十世孙。崇祯十七年（1644），袭封鲁王。弘光元年（1645）五月，清军攻下南京，福王朱由崧被执。闰六月，在兵部尚书张国维等怂恿下，监国于绍兴，与唐王朱聿键对立，不受其诏。不奉"隆武"正朔，以明年称"元年"，号"鲁监国"（《穄山文集》云其改元"庚寅"；《罪惟录》以"监国"纪年，而"监国"并非年号）。康熙元年（1662）十一月，卒于台湾。

韩王朱璮𡎴（1646～1663年）

［按］一般写作"朱本铉"（有作"朱本锭"），孟森先生考证为"朱璮𡎴"。为明太祖第十

九子韩宪王后裔（见《后明韩主》，载《明清史论著集刊》，中华书局 1959 年版）。明亡后被众奉为主，坚持抗清。改元"定武"。定武十八年（1663），亡于清。

南 明 世 系

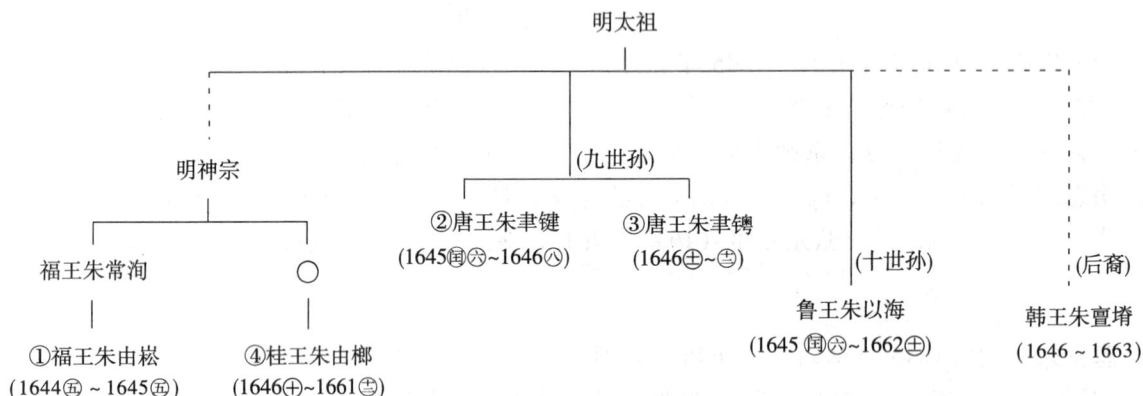

※　　　※　　　※

附：

郑成功

［按］乳名"福松"，初名"森"，一作"森林"，字"明俨"，号"大木"。郑芝龙之子。福建泉州南安人。南明隆武元年（1645），受唐王朱聿键赐姓"朱"，改名"成功"，封御营中军都督，人称"国姓爷"。次年八月，朱聿键死，他反对其父降清，以南澳为基地，坚持抗清，自称招讨大元帅。继续奉南明正朔，受桂王朱由榔封延平郡王。永历八年（1654），清欲拉拢他，封其为海澄公，不从。十三年（1659），与张煌言联师北征，收复四府三州二十四县，进围南京，威震东南。十五年（1661），横渡海峡，击败荷兰殖民者，次年，驱逐荷军，改台湾为安平镇，设府县，置承天府于赤嵌城（今台湾省台南），号东都明京，坚持抗清。宣布继续奉南明"永历"年号。推行屯田。是年五月，卒。终年三十九岁。

郑经

［按］又名"郑锦"，字"式天"，号"贤之"。为郑成功长子。父卒袭延平郡王。继续奉南明"永历"正朔。以陈永华主政，刘国杆主军。曾进兵福建、广东。永历三十五年（1681）正月，卒于承天府行台。终年三十九岁。

郑克塽

［按］为郑经次子。父卒袭郡王。年仅十二。继续奉南明"永历"正朔。永历三十七年（1683），清军攻入台湾，出降。台湾归清统一。他封公爵，隶汉军正红旗。

郑 氏 世 系

郑成功
|
郑经
|
郑克塽

附：

刘守分（1644 年九月）　　　　　　　　　　　　　　　　　　　（年号：**天定**）

［按］河北巨鹿人。据《东华录》：顺治元年（1644）九月，起兵反清。改元"**天定**"。寻亡，被杀。因有年号，有《年表》收录，特附于此。

附：

秦尚行（1644 年）　　　　　　　　　　　　　　　　　　　　　（年号：**重兴**）

［按］山东青州府人。顺治元年（1644），与葛东方等据昌乐、寿光等县起兵反清。改元"**重兴**"。旋亡。因有年号，有《年表》收录，特附于此。

附：

徐会公胡守龙（1645 年六月）　　　　　　　　　　　　　　　　（年号：**清光**）

［按］陕西人。据《东华录》：顺治二年（1645）六月，起兵反清。自称"徐会公"。改元"**清光**"。拥众数万。旋亡。因有年号，有《年表》收录，特附于此。

附：

［大　明］

（1647 年）

蒋尔恂（1647 年）

［按］为明末户部主事蒋范化子。据李塨（gōng）《颜习斋年谱》：顺治四年（1647），起兵

反清，杀知县孔养秀，称"大明中兴元年"，寻亡。因有年号（并复明），有《年表》收录，特附于此。

附：

佚名（1648 年八月）　　　　　　　　　　　　　　　　　　　（年号：**天正**）

［按］山东东明人。据《东华录》：顺治五年（1648）八月，起兵反清。改元"**天正**"。拥众数十万，攻州县。寻亡。因有年号，有《年表》录之，特附于此。

附：

萧惟堂（1661 年）　　　　　　　　　　　　　　　　　　　　（年号：**天顺**）

［按］福建人。据杨青岩《闽南纪事》：顺治十八年（1661），起兵反清。改元"**天顺**"。寻亡。因有年号，有《年表》收录，特附于此。

附：

王耀祖（1665 年四月）　　　　　　　　　　　　　　　　　　（年号：**大庆**）

［按］云南新兴人。据《东华录》：康熙四年（1665）四月，起兵反清。改元"**大庆**"。寻亡（又见吴伟业《鹿樵纪闻》卷下）。因有年号，有《年表》收录，特附于此。

杨起隆（1673 年十二月～1680 年）　　　　　　　　　　　　　（年号：**广德**）

［按］据《清史稿·鄂克逊传》：康熙十二年（1673）十二月，起兵反清。自称明廷朱氏三太子。改元"**广德**"。号其徒为"中兴官兵"。八年（1680），兵败被擒，送京师，被杀。

周

（1674 年正月～1681 年十月）

吴三桂（1674 年正月～1678 年八月）

［按］字"长伯"。原为明辽东总兵，封平西伯，驻守山海关。顺治元年（1644）四月，充先锋引清兵入关，击败李自成，占据北京。受封平西王，为清军先驱，攻陕、川义军，后会同多

尼攻南明，杀桂王朱由榔。继领军驻守滇地。时与平南王尚可喜（驻守粤）、靖南王耿继茂（驻守闽）各拥重兵，割据一方，自为政令，称为"三藩"。康熙十二年（1673）三月，因尚可喜上书告老还乡辽东，获允（实为撤藩）。吴三桂乃惧，假意上书请求撤藩，以探虚实。朝廷经一番争论后，康熙帝下撤藩诏。引起全藩震动。据魏源《圣武记》卷二："康熙十二年（1673）十一月二十一日，（吴三桂）发兵反。""自称天下都招讨兵马大元帅。以明年（1674）为周元年（《清史列传·吴三桂传》作'十三年正月，三桂僭称周元年'）。蓄发易衣冠，旗帜皆白。"遂出兵湖南，相继攻克常德、长沙、岳州、衡州等地。"以衡州当兵冲，自长沙徙都之"。广西、四川及湖北襄阳皆起兵响应。盛时，据云、贵、川、湘、桂等省。十七年（1678）三月，建元"昭武"（刘健《庭闻录》卷五载，是年三月，登坛行衮冕礼，建国号"周"，改元"昭武"。本《年表》据《圣武记》，不采此说）。八月，发病暴死。孙吴世璠继立。

吴世璠（1678 年十一月 ~ 1681 年十月）

　　[按]为吴三桂孙。随祖起兵反清。父早卒，祖卒，众匿丧不发，十一月，迎其而立之。明年正月，改元"洪化"。在清军打击下，退守贵阳，继而，退至昆明。洪化三年（1681）十月，昆明失陷，服毒死。政权瓦解。

周世系

①吴三桂
（1674㊀ ~ 1678㊇）
|
○
|
②吴世璠
（1678⊕ ~ 1681⊕）

耿精忠（1674 年三月 ~ 1676 年十月）　　　　　　　　　　（年号：**裕民**）

　　[按]汉军正黄旗人。靖南王耿仲明孙，耿继茂子。父卒袭爵为靖南王。据《清史列传·耿精忠传》：康熙十三年（1674）三月，据福州起兵反清。自称总统兵马大将军。十月，改元"**裕民**"。铸"裕民通宝钱"。裕民三年（1676）十月，降清。受诏回京，后被处死。

魏枝叶（1704 ~ 1706 年九月）　　　　　　　　　　　　　（年号：**文兴**）

　　[按]名又作"王枝叶"。云南宗州人。据《清史列传·贝和诺传》：康熙四十三年（1704），与李天极、杨春荣等起兵反清。称姓"王"，自称南明桂王之孙。改元"**文兴**"。文兴三年（1706）九月，在富民响哨山被清军擒获。

附：

［大　明］

（1708 年）

朱永祚（1708 年）

［按］据《东华录》：康熙四十七年（1708），浙东大岚山民众在张念一率领下起兵反清，因朱永祚（zuò）为明皇室之后，奉其为主，"称大明乾德年号"。寻被杀。因有年号，有《年表》收录，特附于此。

中兴王朱一贵（1721 年五～七月）　　　　　　　　　　　　　　　　　　（年号：永和）

［按］小名"祖"。福建漳州长泰人。随父至台湾。据蓝鼎元《平台纪略》：康熙六十年（1721）四月，起兵反清。五月，称"中兴王"，黄袍加身，著通天冠，众呼万岁。改元"永和"。仿明制，大封群臣。七月，战败，被擒，解至京被杀。

王忠（1721 年七月～1726 年）

［按］台湾人。随朱一贵起兵反清，受封"国公"。朱一贵被擒杀后，领余众继续斗争。雍正四年（1726），被执。起义被平息。

附：清初较有影响的起义一览表

自清军入关，间杂着民族矛盾，各种社会矛盾繁纷复杂，各地反抗与起义斗争不断发生，其规模有大有小，时间长短不一。除年表中所列外，尚有一些较有影响，现列表如下，供参考。

时　间	地　区	首　领	简　况
崇祯三年（1630）	山西吕梁山	王刚、王显明、傅青山	前后坚持斗争数十年
十三年（1640）	鲁西榆树园	马应试	组织"榆园军"，攻开封、徐州、海州，坚持斗争十余年
顺治元年（1644）	山东巨野	宫文彩	称"擎天王"，拥众两万，用李自成年号
二年（1645）	江苏溧阳	潘茂、钱国华	组织"琅琊"等党，攻击清军
	太湖一带	张　三	号"白头兵"，坚持斗争十余年
	山东苍山	王　俊	称"九山王"，攻费县，坚持斗争近十年
三年（1646）	江苏泖湖	钱应魁	称"平南将军"，坚持斗争十余年
五年（1648）	甘肃张掖	米剌印、丁国栋	拥众十万，攻凉州、兰州、河州、岷州
	山东锯齿山	于　七	攻宁海、福山等

续 表

时 间	地 区	首 领	简 况
	江西罗霄山	朱益吾等	史称"棚民起义"，先后拥十万人，坚持斗争数十年
	浙东四明山	王翊、王江	号"大岚洞主"，坚持斗争数年
康熙九年（1670）	江西石城	吴八十	称"田兵"，坚持斗争十余年
十三年（1674）	湖北麻城	刘清藜、何世荣	拥众十万，攻占阳逻、石陂
十六年（1677）	海南琼山	韩有献	驻定南，降海口
三十八年（1699）	海南琼山	王振邦	攻薄沙、保亭、乐安
四十年（1701）	广东连山	李 贵	袭击连阳州县
雍正四年（1726）	云南镇源	刀如珍	袭击府署
十三年（1735）	贵州榕江	包 利	拥众两万余，称王，攻州县
乾隆五年（1740）	湖南城步	杨清保	大败湖广官兵
十一年（1746）	云南泸水	早 可	攻城寨
三十年（1765）	新疆乌什	赖和木图拉	攻衙署，杀清兵，史称"乌什之变"
三十九年（1774）	山东寿张	王 伦	利用清水教起义，攻阳俗、堂邑
四十六年（1781）	陇中循化	苏四十三	新教起义，攻河州，兰州
四十九年（1784）	陇中通渭	田五、马四	攻克通渭，进围伏羌

［大 金 川］

（1747～1749 年）

　　大、小金川本为大渡河上游的两条支流，在今四川省阿坝地区。唐代，在此置羁縻州—金川州，辖境约今大、小金川地区。明代，封哈伊拉木为金川寺的演化禅师，允其世领其地，成为当地土司。至清，康熙五年（1666），封嘉纳巴为演化禅师。其庶孙莎罗奔因战功，雍正元年（1723）被任为金川安抚司（治所在今四川省金川）。莎罗奔自号"大金川"，以旧土司泽旺为"小金川"。莎罗奔于乾隆十二年（1747）起兵反清，坚持三年，被清剿灭。乾隆四十一年（1776），改土归流，其地置阿尔古直隶厅，四十四年（1779），并入美诺直隶厅。

莎罗奔（1747～1749 年）

　　［按］为清代四川大金川土司嘉纳巴孙。藏族。曾因随清军入藏平叛有功，雍正元年（1723），授金川安抚使。乾隆十二年（1747），起兵反清，攻占邻近革布什扎土司的土地，并大败清军。三年（1749），为清军岳钟琪所破，降。

［和　卓　木］

（1756～1759 年七月）

图尔汗霍集占（1756～1759 年七月）

［按］一作"霍集古"。号"小和卓木"（"和卓"为波斯文 Khwaja 的音译，又译"和加"，"火者"，意"圣裔"、"教长"，是中亚一些地区对伊斯兰教上层（或首领）的称呼。加词尾"木"意为"我的和卓"）。喀什噶尔（今新疆喀什）人。初随父兄被准噶尔拘禁于伊犁，在清平定准噶尔时获释。乾隆二十年（1755），曾随阿睦尔撒纳叛乱。继败，逃回南疆。下年（1756年），与兄、大和卓木布拉呢敦共起兵反清，自称"图尔汗（hán）"，杀清廷回部招抚使阿敏，史称"大小和卓之乱"。四年（1759），在清军攻击下，叶儿羌（今莎车）失陷，逃往巴达克山，七月，在其地被部酋执杀，政权瓦解。乾隆皇帝下令在喀什噶尔驻参赞大臣，并将天山南北合称新疆，结束西北边疆分裂混乱的局面。

［小　金　川］

（1771～1776 年正月）

参见"大金川"条说明。乾隆四十一年（1776）改土归流时在其地置美诺直隶厅，四十八年（1783），改为懋功屯务厅。

僧格桑（1771～约 1773 年）

［按］为清代四川小金川土司泽旺子。藏族。乾隆三十六年（1771），起兵反清。攻占附近鄂克什土司之地，并大败清军。后，因清军集中兵力，专攻小金川，兵败，逃入大金川，与大金川土司莎罗奔共抗清军。三年（1773，一说四年），清军攻入大金川，他又收复小金川，继小金川破，被杀。

莎罗奔（约 1773～1776 年正月）

［按］为大金川土司。曾于乾隆十二年（1747），起兵反清。三年（1749），降。于乾隆三十六年（1771），小金川僧格桑起兵反清，继入大金川，与之共抗清，约三年（1773），清军攻入大金川，僧格桑奔小金川继被杀，他继续抗拒。四年（1776）正月，清军攻破噶尔厓，降。清军平定大、小金川后，乾隆皇帝宣布废除土司，改设州县。在小金川设美诺厅（后赐名"懋功"），在大金川设阿尔古厅，皆直属四川省管辖。

林爽文（1786 年十一月 ~ 1788 年正月）　　　　　　　　　　　　　　　（年号：**天运**）

〔按〕台湾彰化人。据魏源《圣武纪》与蓝鼎元《平台纪略》：乾隆五十一年（1786）十一月，起兵反清，攻克彰化。自称大盟主，置官署，改元"**天运**"，翌年，改元"顺天"。顺天二年（1788）正月，兵败，彰化失陷。逃出，在集埔被擒杀。在清代军机处的档案中，存有四张林爽文的布告，其中三张分署："天运丙午年十二月初八日"、"顺天丁未年六月初四日"、"顺天丁未年七月初一日"（见《文物》1963 年第 3 期影印件）。可见年号初为"天运"，第二年改"顺天"。

［乾　州　苗］

（1795 年八月 ~ 1796 年十二月）

吴八月（1795 年八 ~ 十一月）

〔按〕又名"吴世宁"。乾州（今湖南省吉首）平垄人。苗族。乾隆六十年（1795）八月，与贵州石柳邓、湖南石三保、吴半生、吴陇登同起兵反清，受拥称"吴王"。首歼清军数千人，拥众三十余万。势力范围东至湖南沅江、北抵永顺、古丈，南达麻阳，西接贵州铜仁、松桃及四川秀山酉阳。清遣两广、两湖、云、贵、川等省兵力进行征讨。同年十一月，被叛徒出卖而被俘，受酷刑，次年三月，被杀。终年六十八岁。石柳邓继领其众进行斗争。

石柳邓（1795 年十一月 ~ 1796 年十二月）

〔按〕贵州松桃大塘人。苗族。联络吴八月等起兵反清，拥吴八月称吴王。吴八月被俘后继领众进行斗争。后遭清军围击，次年十二月，在平陇（今湖南省吉首）后山贵鱼坡战斗中，弹尽粮绝，头部中弹卒。起义被镇压。

附：

陈周全（1795 年）　　　　　　　　　　　　　　　　　　　　　　　（年号：**天运**）

〔按〕台湾人。乾隆六十年（1795），起兵反清。改元"**天运**"。故宫博物院藏其所发告示，署"天运乙卯年三月"（见《文物》1977 年第 6 期影印件）。因有年号，有《年表》收录，特附于此。

王聪儿（1796 年三月 ~ 1798 年四月）

〔按〕为湖北襄阳人。女。为襄阳白莲教首齐林妻，齐林原定于嘉庆元年（1796）元月发动起义，事泄被杀。她于三月起兵。有众数万人，时在川鄂白莲教起义中其势最强。频攻襄阳和樊城，随又转战河南邓州、唐州，先后控制二十多州县，曾直逼西安，声名大振，渐成为起义军的中心。清遣鲁、晋、冀、陕、桂数省兵力进行镇压，三年（1798）四月，被围，跳崖卒。终年二十二岁。

佚名（1798 年四月 ~ 1805 年）

［按］王聪儿卒后，率余众继续斗争。川鄂白莲教起义，先后有众数十万人，遍及川、鄂、陕、甘、豫等地，曾在四川会师，编为八大支，设元帅、先锋、总兵、千总等职，坚持斗争近十年，直到嘉庆十年（1805），斗争最终被镇压下去。

附：

黎树（1797 年二月）　　　　　　　　　　　　　　　　　　　　　　　（年号：**万利**）

［按］湖北人。据《邸抄》：嘉庆二年（1797）二月，起兵反清。改元"**万利**"（一说自称"万利王"，年号"大庆"）。寻被杀。因有年号，有《年表》收录，特附于此。

附：

王大叔（1797 年二月）　　　　　　　　　　　　　　　　　　　　　　（年号：**大庆**）

［按］据《校增纪元编》：嘉庆二年（1797）二月，起兵反清。改元"**大庆**"。寻被杀。因有年号，有《年表》收录，特附于此。

王阿崇（1797 年正月 ~ 1798 年）　　　　　　　　　　　　　　　　　（年号：**仙大**）

［按］名又作"阿从"。女。布依族。以行巫治病，人称"囊仙"（布依语"仙姑"）。贵州南笼（今安龙）人。嘉庆元年（1796）十二月，与韦朝元在南笼、普坪等地起兵反清。被推为首领，号称"皇仙娘娘"，以南笼洞洒寨为京城。翌年，改元"**仙大**"。置官署，以汉人桑鸿升为军师。进逼贵阳。其势力范围，东及惠水，南至广西，西达云南，北抵黔西。仙大二年（1798，一说元年），兵败被执杀。

［大　明］

（1813 年九 ~ 十二月）

大明天顺李真主李文成（1813 年九 ~ 十二月）

［按］木匠出身，人称"李四木匠"。河南滑县谢家庄人。为天理教（又名八卦教，白莲教

支派之一）教主。嘉庆十八年（1813）九月，据滑县起兵反清，自称"大明天顺李真主"，改元"天顺"。直隶的长垣、东昌、山东曹县、定陶起兵响应。时清嘉庆皇帝在承德避暑山庄，遣直隶总督温承惠、河南巡抚高杞前往攻讨。十月，在黄村的起义军一度攻入皇宫，战两天一夜。十一月，清汇集各路大军严酷镇压，进围滑县。十二月，经浴血奋战后，失利，大喝："李文成在此，欲杀即杀，断不肯降！"即纵火自焚，滑县失守，政权瓦解。

地王唐贵（1820 年十二月～1821 年四月）

[按] 又名"唐老大"。永北（今云南省永胜）人。傈僳族。嘉庆二十五年（1820）十二月，率当地傈僳、彝、回、傣、汉等族群众起兵反清，攻占永北、大姚，建立政权。被拥称"地王"，设官建制。拥众万余，树黄色义旗。清遣云、贵、川等省兵大举攻讨，次年（1821）四月，在清军强大攻势下，终因寡不敌众，被执杀。政权瓦解。

赛义德·张格尔·苏丹（1826 年六月～1827 年二月）

[按] "张格尔"又译作"扎罕格尔"；又称"张格尔和卓"、"张格尔条勒"。维吾尔族。喀什噶尔（今新疆喀什）人。道光六年（1826）六月，在英国支持下发动叛乱，攻占喀什噶尔、英吉沙尔、叶尔羌、和田等城。自称"赛义德·张格尔·苏丹"。清遣伊犁将军长龄等率陕、甘、吉、黑等军进行平叛。逾年二月，据城相继失陷，又中清军之计，遭伏击，被擒，叛乱平定。下年五月，送京师，磔于市。

开国大元帅张丙（1832 年十一月～1833 年正月）　　　　　　　　　（年号：天运）

[按] 台湾人。道光十二年（1832）十一月，起兵反清。自称"开国大元帅"，改元"天运"。次年正月，兵败，被杀。

太 平 天 国

（1850 年十二月①～1864 年六月）

天王洪秀全（1850 年十二月～1864 年五月）

[按] 本名"仁坤"，字"火秀"。广东花县人。道光二十三年（1843），创立拜上帝会。与冯云山在两广宣传革命，号召"天下一家，共享太平"。先后吸收杨秀清、萧朝贵、韦昌辉、石达开、胡以晃、秦日纲等组成领导集团。于道光三十年（1850）十二月，在广西桂平县金田村

---

① 在本书例言中已特别指出，本《年表》采用注年不注月的办法。太平天国起兵于道光三年十二月，如年月全注，应为"（1851 年 1 月）"，本《年表》为保持全书体例的一致，一律用"道光三十年（1850）十二月"的表示法。

起兵反清，史称"金田起义"。建号"太平天国"。次年三月，在广西武宣东乡称"天王"。九月，攻克永安州（今广西蒙山），相继建制，颁新历，称"天历"，采用干支纪年，用字有改动："亥"改"开"，"丑"改"好"，"卯"改"荣"。确定官制，分封东、西、南、北、翼诸王，各王俱受东王杨秀清节制。史称"永安建制"。咸丰三年（1853）三月，攻克南京，定为国都，称"天京"（也有学者以定都为建政的标志，政权建立以此时算起）。颁布"天朝田亩制度"，确立"凡天下田，天下人同耕"的原则，成为太平天国的纲领性文件。各地纷纷响应，声势空前壮大，波及十八个省。后因内讧，诸将互相残杀，领导层分裂，力量大大削弱。甲子年（1864）五月，病逝。终年五十一岁。长子洪天贵福继立。

幼主洪天贵福（1864 年五~六月）

［按］初名"天贵"，后加"福"字。为洪秀全长子。金田起义后被立为幼主。从十岁起即以幼主名义传达天王谕示和任命官职的诏旨。父卒后，由太平军首领李秀成等拥立即位，称幼天王。即位时，正值清军猛攻天京，形势非常危急。太平军组织几次突围，均未成功，六月，天京失陷，一般学者以此作为太平天国灭亡的时限；也有学者以八月他在江西石城被俘（下月被杀）为止限；还有以戊辰年（1868）六月，捻军在山东徒骇河失败，作为太平天国的结束。

太平天国世系

①天王洪秀全
（1850㈦ ~ 1864㈤）

|

②幼主洪天贵福
（1864㈤ ~ ㈥）

附：

李明先（1853 年五月）　　　　　　　　　　　　　　　　　　　　　（年号：**洪顺**）

［按］湖南人。咸丰三年（1853）五月，起兵反清。改元"**洪顺**"。进入桂东。寻亡。因有年号，有《年表》收录，特附于此。

［大　　明］

（1853 年五月 ~ 约 1858 年）

黄威（1853 年五月 ~ 约 1858 年）

［按］为福建小刀会起义首领。咸丰三年（1853）五月，在海澄起兵反清，号召"复明"，

自称"汉大明统兵大元帅"，改元"天德"。攻取漳州、厦门、同安、漳浦等地。大约天德六年（1858），被清军镇压。

大 明 国

（1853 年八月～1855 年正月）

刘丽川（1853 年八月～1855 年正月）

〔按〕香山（今广东省中山）人。为上海小刀会首领。道光二十五年（1845），参加天地会。咸丰三年（1853）八月，起兵反清，占领上海县城，建政称"大明国"，改元"天运"，自称"统理政教招讨大元帅"。攻占宝山、南江、川沙、青浦、苏州等州县。曾愿从太平天国，上书未果。天运三年（1855）正月，阵亡。义军受重创，突围后部分投太平军，部分入江西参加天地会起义。

林万青（1853 年九月～1858 年）　　　　　　　　　　　　　　（年号：**天德**）

〔按〕原名"林俊"。福建永春人。为福建红钱会首领。咸丰三年（1853）九月，据德化起兵反清，改元"**天德**"（《文物》1977 年第 6 期上刊有福建博物馆所藏后署"天德"年号的告示）。攻取仙游，转战闽北一带。天德六年（1858），在清军强力攻击下，遇伏，阵亡。起义失败。

杨龙喜（1854 年八月～1855 年三月）　　　　　　　　　　　　（年号：**江汉**）

〔按〕又名"杨凤"。贵州铜梓人。咸丰四年（1854）八月，起兵反清。取怀仁，更名"兴州"。改元"**江汉**"。自称"元帅将军"。又攻遵义府，活跃于黔西一带。次年三月，在清军追击下，战死，余众东遁，政权瓦解。

昇平天国

（1854 年十月～1858 年六月）

定南王胡有禄（1854 年十月～1855 年九月）

〔按〕为湖南天地会首领。道光二十六年（1846）八月，曾在湖南宁远柏家坪聚众数千人起义，失败，退入广西。咸丰二年（1852）九月，与朱洪英在南宁起兵。四年（1854）十月，克灌阳，称"昇平天国"，自称"定南王"。当年十一月，兵入湖南，克江蓝厅（今湖南江华东南）。次年（1855年），谋与太平军石达开会师江西。五月，克东安。九月，在新宁被执杀。朱洪英继领其众。

镇南王朱洪英（1855年九月~1858年六月）

［按］与胡有禄同起兵，称"镇南王"。胡有禄卒后继领众斗争。转战于湖南、广西等地。四年（1858）六月，在清军强力打击下，柳州失陷，远遁。政权瓦解。

［台　拱　苗］

（1855年三月~1872年四月）

张秀眉（1855年三月~1872年四月）

［按］台拱厅（今贵州省台江）仰冈寨人。苗族。咸丰五年（1855）三月，在台拱起兵反清。迅速发展到数万人。设置官署。九月，攻占丹江城。之后，相继占领黄平、清江、凯里、都匀、思州、桃仁、铜仁等府县，控制了黔东及黔东南部苗民聚居的大部分地区。起兵十六年（1870），兵败，台拱失陷，继失凯里，退保雷公山。十八年（1872）四月，被擒，解往长沙杀害。当地流传《张秀眉颂》的叙事史诗。

大　成　国

（1855年八月~1864年四月）

陈开（1855年八月~1861年七月）

［按］广东天地会首领。咸丰四年（1854）六月，在佛山起兵反清。起义军头裹红巾，称"红巾军"。旬日间，攻克顺德、肇庆、连平、鹤山、增城、从化、花县、英德、清远、开平、海丰等州县，围攻广州达10月之久。次年，兵入广西。八月，克浔州府（今广西桂平），改浔州为秀京，称"大成国"，改元"洪德"。自称"平浔王"。设官铸钱。随继东征梧州，西下宾州、南宁，南取北流，北夺柳州、融县、宜县，继围桂林。洪德八年（1861）七月，被清军分割击破，秀京失陷。陈开阵亡。黄鼎凤领余众继续斗争。

建章王黄鼎凤（1861年七月~1864年四月）

［按］又名"黄三"。广西贵县覃塘青云村人。原为大成国将军，因功受封"隆国公"。陈开卒后领余众退守贵县继续斗争，仍用"洪德"年号。洪德十年（1863），称"建章王"。次年四月，在清军打击下，出降，被杀。大成国亡。

［哀　牢　夷］

（1856 年四月～1876 年五月）

李文学（1856 年四月～1872 年）

　　［按］又名"李正学"。本姓"字"，入赘改姓"李"。原籍蒙化直隶厅南涧（今云南省南涧）小李自摩村人，后迁赵州（今弥渡）瓦卢村。彝族。咸丰六年（1856）四月，在云南哀牢山区起兵反清，史称"李文学起义"。自称"夷家兵马大元帅"，在密滴村设大元帅府，发布反清檄文，占领哀牢山三万多平方公里地区。起兵十七年（1872），在蒙化城战败后，因叛徒出卖，被执。继被杀，终年四十九岁。李学东继领其众斗争。

李学东（1872～1876 年五月）

　　［按］四川省马边人。彝族。随李文学起兵，任上将军。李文学被执杀后继领其众。直至在位五年（1876）五月，卒。起义被镇压。

杜文秀（1856 年九月～1872 年十二月）

　　［按］字"云焕"，号"百香"。回族。云南永昌金鸡村人。廪生出身。咸丰六年（1856），在蒙化（今云南省巍山）起兵反清。九月，被拥称"总统兵马大元帅"。据大理，置大元帅府，设文武官员，建立政权。提出"驱逐鞑虏，恢复中华"、"革命满清"等口号，颁布《军政管理条例》。盛时，曾占领云南五十三县。起兵十二年（1867），攻占楚雄，围攻昆明。十四年（1869），失利。十七年（1872），大理被围，十二月，服毒自尽，清军血洗大理城。政权瓦解。一说杜文秀死后，其余部仍坚守腾越，直到十九年（1874），政权方告结束。

马如龙（1856～1862 年正月）

　　［按］原名"马现"，号"云峰"。云南建水人。回族。咸丰六年（1856），据建水起兵反清，置官署建政。攻取新兴、昆阳、晋宁、呈贡、嵩明、罗次、易门、富民等州县，曾三围昆明，其势颇盛。七年（1862）正月，受清招安，降清。

［威　宁　苗］

（1860～1867 年九月）

陶新春（1860～1867 年九月）

　　［按］又名"陶正春"、"陶虎"。贵州省威宁人。苗族。咸丰十年（1860），与弟陶三春起

兵反清，以毕节为根据地建立政权。攻取大定、镇雄、高县、珙县等州县。受清川黔滇等省兵的弹压。八年（1867）九月，被执杀。政权瓦解。

蓝朝鼎（1860～1862 年正月） （年号：顺天）

［按］又名"蓝二顺"。云南昭通人。咸丰九年（1859）五月，与李永和共起兵反清。八月，攻入四川，连下筠连、高县、庆符等地，进围叙府，队伍扩大。次年初，攻占自贡。改元"顺天"（据余澍村《蜀燹述略》卷五："咸丰十一年［1861］……张贴伪示，称'顺天二年'"）。时拥众达六十万。仿太平天国制建政。沿岷江西上，连克青神、彭山、蒲江、天金等地，进围绵州。顺天三年（1862）正月，阵亡。蓝朝柱继领其众。

蓝朝柱（1862 年正月～1864 年四月）

［按］又名"蓝大顺"。随蓝朝鼎起兵反清。蓝朝鼎卒后继领其众。率众兵入陕，当年六月，攻占洋县。后众扩展至二十余万。克汉中、周至等地，威胁西安。顺天五年（1864）四月，军败，在安康阵亡。余众投太平军。

宋继鹏（1860～1863 年七月） （年号：天纵）

［按］山东邹县人。为习文教（白莲教的一支）首领。据管晏《山东军兴纪略》卷十九：咸丰十年（1860），起兵反清，以白莲池为根据地，改元"天纵"，置官署建政。四年（1863）七月，阵亡，白莲池失陷，起义失败，政权瓦解。

延 陵 国

（1861～1868 年五月）

延陵王吴陵云（1861～1863 年二月）

［按］又名"吴元清"，绰号"长腰四"。新宁（今广西扶绥）人。原为秀才，曾被指控入狱，越狱逃出后，组织"全胜堂"聚众谋反。咸丰二年（1852），举行武装起义，初失利，后重整旗鼓，拥众数万，转战左右江地区。先后攻克新宁、养利、龙州、上思、宁明等地，十年（1860）八月，攻占太平府（今广西崇左）。翌年（1861 年），自称"延陵王"，筑宫室，颁典章制度，设置分官，号"延陵国"。同治二年（1863）二月，受清攻讨，兵败战死。子吴亚终继领其众。

吴亚终（1863 年二月～1868 年五月）

［按］名又作"吴亚忠"、"吴阿忠"。为吴陵云子。随父起兵建延陵国，父卒继立。突围至镇安府，据安德州（今广西靖西西）五台山。同治七年（1868）五月，败走凭祥，在龙州被清冯子材军所击杀。延陵国亡。余众归刘永福，改建为"黑旗军"，后入越抗法。

白凌阿（1861～1868 年十二月）

[按] 内蒙古喀喇沁右旗人。蒙古族。咸丰十一年（1861），与汉族王达起兵反清。相继攻取义州（今辽宁省义县）、朝阳等地，活跃于卓索图盟、昭乌达盟、哲里木盟及奉天、吉林一带。八年（1868）十二月，在清军的猛烈攻势下，兵败，在亏栅子被执杀。

［天　柱　侗］

（1862 年五月～1868 年）

定平王姜映芳（1862 年五～九月）

[按] 名又作"姜应芳"。贵州省天柱人。侗族。咸丰五年（1855），组织天地会（又称金兰会），起兵反清，提出"打富济贫"口号，进军天柱县城未果，转战梁上、巴冶一带。同治元年（1862）五月，攻克天柱城，以九龙山为根据地，设官建制，自称"奉天伐暴灭清复明统领义师定平王"。拥众十余万。攻占湘西、黔东一带，声言"挥戈直捣北京"。当年九月，在与清军作战中，因叛徒出卖，被俘，十一月，在铜仁被杀害。终年三十岁。陈大六继领其众。

陈大六（1862 年九月～1868 年）

[按] 名又作"陈大陆"。贵州省天柱人。侗族。参加姜映芳反清起义。姜映芳被执杀后继领其众，以江口屯（今贵州省剑河）为根据地。七年（1868），在清军攻击下，兵败，江口屯失陷，义军万余人遭杀害，起义失败，政权瓦解。

［盘　县　回］

（1862～1872 年十月）

张凌翔（1862～1864 年十一月）

[按] 贵州盘县人。回族。咸丰八年（1858），与马河图等率当地民众举兵反清，攻占亦资孔城（盘县分县城），以此为根据地，继攻下普安、兴仁、兴义、晴隆等县城。同治元年（1862），在兴仁与金万照率领的义军会师，建立政权。自与马河图任元帅，任金万照"经略大臣"。设黎贤局，制定并公布《民族平等条例》、《保护行商条例》，废除苛捐，清理监狱，奖励耕织。三年（1864）十一月，兴仁被围，与马河图同战死。金万照继领其众。

金万照（1864 年十一月～1872 年十月）

[按] 号"盛斗"，绰号"金二阿訇（hōng）"。回族。祖籍云南澄江。幼习伊斯兰教经典，推行哲赫林耶教门，在滇黔回民中有较高声望。同治元年（1862），响应张凌翔号召，率八百壮

士赴贵州兴仁与之会师，建立政权，任"经略大臣"。张凌翔卒后，继领其众。九年（1872）十月，受清军猛烈攻击，在新城保卫战中，被执杀。政权瓦解。

［西 宁 回］

（1862～1872 年九月）

马文义（1862～1871 年）

［按］又名"马尕（gǎ）三"。青海西宁人。回族。同治元年（1862），起兵反清，控制了整个西宁地区，声势大振。十年（1871），病故。部将马永福继立。

马永福（1871～1872 年九月）

［按］为马文义部将。马文义病卒后继任。次年九月，清军攻陷西宁，降。

［河 州 回］

（约 1862～1872 年二月）

马占鳌（约 1862～1872 年二月）

［按］河州（今甘肃省临夏）摩尼沟何家庄人。回族。原为伊斯兰教长。同治（1862～1874年）初年，起兵反清，被推为帅。曾大败清左宗棠军，击毙提督傅光宗。兵胜之时，受招安，于十一年（1872）二月降清。

汗和卓（黄和卓）热西丁（1864 年五月～1867 年）

［按］旧译"陆希武田"，又称为"黄和卓"。新疆库车人。为维吾尔族阿訇。同治三年（1864）五月，当地维吾尔、回、汉等族在回民马濼率领下，起兵反清，杀死清库车办事大臣萨灵阿，夺取库车城，他受众拥以为主，称"汗和卓"（汉籍讹为"黄和卓"），并称"圣人穆罕默德最伟大的后裔、宇宙力量的主宰者"，建立起政教合一的宗教政权。经扩张，控制了吐鲁番、乌什、阿克苏等地。执政第四年（1867），在阿古柏东征军的攻击下，库车失陷，被执杀，政权瓦解。

清真王妥得璘（1864 年六月～1872 年）

［按］又名"妥明"，经名为"达吾提"。陕西人（一说河州人）。回族。原为伊斯兰教阿訇。同治初年，陕甘回民反清起义后，他西行至乌鲁木齐，于同治三年（1864）六月，与提督参将索焕章在南关清真寺起兵反清，占据乌鲁木齐，受拥为"清真王"，建立政权。攻取古城、

奇台、绥来、昌吉、呼图壁等地，一度控制哈密和吐鲁番。九年（1872），在阿古柏东征军攻击下，兵败，城陷自尽。政权瓦解。

迈孜木汗迈孜木杂特（1864 年九～十二月）

［按］名又译作"麦孜木杂特"。新疆伊犁人。维吾尔族。原任清宁远城（今新疆伊宁）阿奇木伯克。同治三年（1864），阿布都鲁素率领伊犁维吾尔族、回族等起兵反清，九月，攻下宁远城。他奉命镇压，却乘机投奔，自称"苏丹"（意为"王"），人称"迈孜木汗"。阿布都鲁素为"艾米尔"（军事首领）。是年底（一说次年春），被杀。由肖开特任苏丹。

肖开特（1864 年十二月～1865 年十二月）

［按］新疆伊犁人。维吾尔族。原为宁远城掌教阿訇。随阿布都鲁素起兵反清。迈孜木杂特被杀后任"苏丹"。次年十二月，攻占清伊犁将军驻地惠远城后，被军事首领艾拉汗所废，出逃，引兵攻艾拉汗，兵败被杀。艾拉汗继任苏丹。

艾拉汗（1865 年十二月～1871 年六月）

［按］旧译"婆罗屋拉"。新疆伊犁人。维吾尔族。原任伊犁起义政权"艾米尔"（军事首领）。次年（1865）十二月，攻占惠远城后，废肖开特，自任"苏丹"。七年（1871）六月，俄军入侵，绥定城（今霍城）失陷被俘，押解阿拉木图。政权瓦解。

［肃　州　回］

（1865～1873 年九月）

马文禄（1865～1873 年九月）

［按］本名"马四"，又名"马忠良"。甘肃河州人。回族。同治四年（1865），起兵反清，以肃州为根据地，各地义军纷纷投归。九年（1873）九月，清军攻肃州，经激战，弹尽粮绝，被迫投降，遭杀害。

哲德沙尔汗国

（1867～1877 年十一月）

巴达乌勒特汗阿古柏（1867～1877 年四月）

［按］本名"穆罕默德·雅库甫伯克"，又称"穆罕默德·阿古伯·伯克"，别号"库西伯克"，在一些汉文史籍中，又译作"怕夏"、"帕夏"、"雅各刊"、"俄古柏"等。为浩罕匹斯坎

斯人。曾任浩罕王朝侍从。同治三年（1864）十二月，进入新疆，占据喀什噶尔（今新疆喀什）。次年，又相继占领英吉沙尔、叶儿羌、和田、阿克苏、乌什、库车等七城。六年（1867）底，在喀什噶尔建立"哲德沙尔汗国"（"哲德"意为"七"，"沙尔"意为"城"）。自称"巴达乌勒特汗（hán）"（意为"洪福之王"、"幸运之主"）。后又继续东进，先后夺取吐鲁番、乌鲁木齐，控制了新疆大部地区。这是一个对外投靠英俄的反动政权，十一年（1872）和十三年（1874）与外国侵略者签订不平等条约，出卖中国主权。光绪元年（1875），清开始对新疆用兵，三年（1877）初，在清军打击下，吐鲁番守将降。当年四月，阿古柏在库尔勒被部下杀死。族侄伯克胡里又杀其子海古拉，领余众继续抵抗。

伯克胡里（1877 年四 ~ 十一月）

［按］阿古柏族侄（一说为其子）。随阿古柏起兵反清，阿古柏卒后继领其众继续抵抗。当年七月，库车、阿克苏、乌什相继失陷，他率残部奔叶尔羌。后，喀什噶尔等四城又陷，十一月，逃往国外，清军收复失地，"哲德沙尔汗国"亡。

唐景崧（1895 年四 ~ 五月）　　　　　　　　　　　　　　　　　（年号：**永清**）

［按］字"维卿"。广西灌阳人。同治进士。原为清政府台湾布政使。光绪二十一年（1895）三月，在日本侵略者的压力下，清廷与日本签订《马关条约》，允割台湾给日本，引起台湾人民的反抗。四月，丘逢甲等以台民名义，宣布成立台湾"民主国"，推唐景崧为总统，丘逢甲为副总统。改元"**永清**"。日遣主力近卫师团从冲绳出发，分两路进攻台湾。五月，基隆失陷，唐景崧内逃厦门，数月内，台北、台中、台南相继失陷，台湾为日本侵略者所占领。他著有《请缨日记》。

附：

龚春台（1906 年十二月 ~ 1907 年正月）　　　　　　　　　　　（年号：**汉德**）

［按］原名"谢再英"，一作"醉英"。湖南浏阳人。爆竹工人出身，为湖南哥老会首领之一。光绪二十六年（1900）参加自立军，后在同盟会推动下，将所属哥老会改名洪江会。三十二年（1906）十二月，在萍乡、浏阳、醴陵起兵反清，被推为"都督"，起义军名"中华国民军南军革命先锋队"。改元"**汉德**"。提出"平均地权"等要求。第二年正月，起义失败，逃至长沙。后投北伐军。旋病卒。因有年号，有《年表》收录，特附于此。

附："太平天国"前后及清末较有影响的起义一览表

鸦片战争后，国内社会危机加剧，"太平天国"掀起了中国近代武装起义的高潮，其影响非常深刻。在其前后，各地都陆续发生了程度不同的武装反清斗争，有的规模相当可观，坚持的时间较长，还有的建有"年号"。除本年表所列外，尚有一些较有影响，现列表简介如下，供参考。

时　　间	地　区	首　领	简　　况
道光二十一年（1841）底	湖北崇阳	钟人杰	自称"钟勤王"，竖都督大元帅旗。组织天地会员数千人，占据崇阳。次年二月被执杀
二十三年（1843）	湖南武冈	曾如炷	以洪崖为根据地，进攻州衙
二十四年（1844）	台湾嘉义	洪　协	利用天地会起义，拥众两千余
二十四年（1844）四月	湖南耒阳	杨大鹏	拥众千余，攻县城。当年八月被执杀
二十六年（1846）五月	江苏昭文	金德润	抗增租加粮
二十六年（1846）九月	湖南东安	王宗献	占据芦洪，攻祁阳
二十七年（1847）九月	湖南新宁黄卜峒	雷再浩	转战湘桂。当年十一月被执杀
二十九年（1849）十月	湖南新宁	李元发	利用天地会，拥众数千人。次年四月被执杀
咸丰三年（1853）	湖南郴州	朱九涛	利用天地会，拥众数千人
三年（1853）	云南哀牢山区	田以正	后与李文学汇合
四年（1854）	广西天河	潘龙源	利用"堂会"起义，攻取县城，坚持斗争数年
五年（1855）	贵州贵定	潘名杰	攻占贵定，围攻贵阳，坚持斗争十三年
五年（1855）	贵州三都	潘新简	拥众万余，自号辅德王，提出"打倒清朝享太平"的口号
五年（1855）	贵州黎平	黑大汉	拥众万余，占永从，攻古州，坚持斗争二十二年
五年（1855）	贵州思南	刘义顺	组织"黄号军"，坚持斗争十余年
五年（1855）	贵州都匀	柳天成	称王，攻克都匀、都江等
六年（1856）	贵州凯塘	九　松	攻占清平城，围贵阳，转战湖南
七年（1857）	内蒙古土默特	福　泰	夺取王公土地，坚持斗争十年
十一年（1861）	河南范县	郭秉钧	组织长枪会攻清军，后与捻军汇合
十一年（1861）春	山东南部	刘双印	用幅布裹头，称"幅军"。后与习文教汇合
十一年（1861）	山东淄川	刘德培	称"大汉德主"。攻占淄川
十一年（1861）七月	浙江南部	赵　起	组织"金钱会"。攻占温州
同治元年（1862）	陕西华州	任　武	号称"十八营"。攻克华州、高陵，围西安
五年（1866）二月	福建崇安	陈顺光	利用斋教。攻占崇安、建阳
光绪四年（1878）八月	海南琼州	林开信、陈钟明	拥众数千，攻克州县
十七年（1891）三月	辽宁朝阳	李国珍、郭万淳	拥众数万，克朝阳、赤峰、建昌
二十四年（1898）六月	四川大足	余栋臣	攻重庆、永川、内江
二十四年（1898）	广西陆川	李立廷	组织三点会、分头起义，坚持到三十一年（1905）

十四　民国时期纪年考

（1912～1949 年）

在中国维系了两千多年的帝制被推翻后，进入了中华民国时期。这一时期，废除了"年号"纪年，改用"中华民国"纪年，采用阳历，以 1912 年为中华民国元年。这一时期，各种派别、各种矛盾纷繁复杂，斗争激烈，经历了由北洋军阀到南京国民政府统治的转化。除此以外，帝制的幽灵仍驱之不散，欲借机还魂。初是袁世凯称帝八十三天；继而"辫帅"张勋又拥溥仪还位（仅十二天），成为这一时期的两幕短命丑剧。这一时期，中国人民饱受外国侵略者的掠夺，1931 年 9 月以后，日本迅速侵占东北，次年，又扶植投靠日本的溥仪上台，在长春建立伪满洲国，中国封建王朝的最末一个皇帝又当上了伪满洲国的皇帝，直到 1945 年 8 月，抗日战争胜利后，伪满洲国亡，皇帝制度在中国才最终被抛入历史的垃圾堆。抗日战争后，国民党与共产党展开了全面较量。最后，以国民党的失败而告终，1949 年 10 月 1 日，中华人民共和国的成立宣告了民国时期的结束。此后正式以"公元"纪年。

中 华 民 国

（1912 年 1 月～1949 年）

中华民国（1912 年 1 月～1949 年）

［按］1911 年 10 月 10 日，革命党人发动武昌起义，随之各省响应。1912 年 1 月 1 日孙中山在南京成立临时政府，就任临时大总统，宣告"中华民国"成立。宣布废除年号，改用公历，以"中华民国"纪年。孙中山任职时间不长，在北洋军阀压力下，4 月解职，让位给袁世凯，临时政府北迁北京，开始了北洋军阀的统治。1916 年，袁世凯恢复帝制失败并一命归天后，北洋军阀各派系依靠帝国主义列强争权夺利，混战不已，黎元洪、冯国璋、徐世昌、曹锟相继为总统。1925 年 7 月，国民党又在广州成立"国民政府"，形成北京"中华民国政府"与广州"国民政府"南北对峙的局面。随着北伐战争的胜利，南方国民政府迁都武汉。由于国民党内部矛盾，1927 年 4 月，南京国民政府成立，又呈现出三足鼎立的局面。此段时期不长，同年 9 月，武汉政府迁至南京，南京政府进行改组，宣告了南方国民政府的统一。与此同时，当年 6 月，张

作霖在北京就任"中华民国陆海军大元帅"，成为北洋军阀的最后一个统治者。1928年6月，皇姑屯事件，张作霖被炸死；12月，张学良宣告接受南京政府领导，受任国民政府委员，至此南北统一。此后，国民党开始对共产党进行围剿。1937年7月，日军大举侵华，八年抗战，直到1945年8月，日本宣布无条件投降。抗日战争结束后，国民党又发动内战，国、共两党展开了全面较量，最后，1949年4月，中华民国首府南京被攻破，10月1日，中华人民共和国在北京宣告成立，标志着民国时期的结束，中国又开始了历史的新纪元。

附：辛亥革命前夕革命党人起义一览表

辛亥革命一举推翻了在中国维系了两千多年的帝制，对中国近代社会发展的重大意义是不言而喻的。然而，此次起义并非一蹴而就，其前有不少革命志士为此前赴后继，发动过数次起义，这些起义虽未成功，但其意义是不可低估的，直接为辛亥革命奠定了基础。现将几次与革命党的核心组织"同盟会"① 有关的起义列表如下，供参考。

时　间	地　点	领导者	简　况
1907年5月	广东潮州黄冈	许雪秋	张贴告示灾民。攻洪洲。损失大，失败
1907年6月	广东惠州七女湖	邓子瑜、陈纯	攻克城镇。因未得到接应而失败
1907年9月	广东钦州、防城、廉州	王和顺	张贴告示。进军广西，受阻，失败
1907年12月	广西镇南关	黄明堂、关仁甫	占领炮台。因寡不敌众，失败
1908年3月	钦州马笃山	黄兴	张贴告示。转战四十余日，因弹药缺乏，失败
1908年4月	云南河口	黄明堂等	攻克河口、南溪等。因寡不敌众，失败
1910年2月	广州	倪映典	发动新军起义，遭突袭，失败
1911年4月	广州	黄兴	计划泄露，仓促起义，牺牲过大而失败，收殓遗骸七十二具，葬黄花岗

袁世凯（1916年1～3月）　　　　　　　　　　　　　　　　（年号：**洪宪**）

[按] 字"慰亭"，号"容庵"。河南省项城人。出身官宦。清朝末年，曾在小站训练"新建陆军"，在镇压义和团中仕途腾达。光绪二十七年（1901），任署理直隶总督兼北洋大臣。次年，招募新军，称"北洋常备军"（"北洋军"名目自此始）。清亡前夕，宣统三年（1911）十一月，任内阁总理大臣，组织责任内阁，主掌军政大权。十二月，溥仪宣布退位，由于其在迫使清帝退位中的作用，就职才三个月的中华民国临时大总统孙中山决定让位于袁世凯。民国元年

① 　全称"中国革命同盟会"。为中国国民党的前身。1905年8月20日在日本东京成立。以孙中山为首，以兴中会、华兴会、光复会会员和留日学生为基础，以兴中会原组织为核心组成。学者们认为，这是中国近代资产阶级革命的第一个全国性的政党。提出"民族、民权、民生"的"三民主义"纲领和"驱除鞑虏，恢复中华，建立民国，平均地权"的口号，目标是：推翻清朝统治，建立民主共和国，解决土地问题。成为当时组织民众，发动起义的全国革命领导力量。辛亥革命后，其本部迁往上海，临时政府成立时，再迁南京。1912年8月改组为中国国民党。

（1912）3月，袁世凯在北京宣誓就职，从而夺得辛亥革命的胜利果实，也确立了北洋军阀在民国初年的统治。次年10月，在中华民国开国两周年纪念会上，宣誓就任正式大总统。袁世凯夺得全权后，开始着手恢复帝制。民国四年（1915）10月，发动各省选举代表，进行国体投票，并向中央政府上拥戴书，12月，袁世凯表示"接受"拥戴。12月12日，宣布实行帝制，黄袍加身，登上皇帝宝座，民国五年（1916）1月1日，改元"**洪宪**"，废除民国纪元。帝制不得人心，在全国一片声讨中，只当了八十三天皇帝的袁世凯不得不于3月22日宣布取消帝制，本人也于6月6日死亡，结束了不光彩的一生，终年五十七岁。

溥仪（1917年7月）　　　　　　　　　　　　　　　　　　　　　　（年号：**宣统**）

　　[按] 袁世凯称帝失败后，时为"徐州王"的张勋占据徐州，扩展势力，一心妄想恢复清的统治。他与他的军队皆保留辫子，人称"辫帅"及"辫子军"。他利用各军阀间的矛盾，民国五年（1916）6月，成立了以其为盟主的七省军事攻守同盟。时，段祺瑞欲推翻大总统黎元洪，他借机迫使黎元洪邀其赴京以对抗段祺瑞。次年（1917）6月，张勋入京，30日潜入清宫，召开御前会议，发动政变。7月1日凌晨，着朝服，率文武官员三百余人，将十三岁的溥仪再次捧上皇帝宝座，易五色旗为龙旗，改民国六年为"**宣统**九年"，张勋自封为"内阁议政大臣兼直隶总督和北洋大臣"，掌握实政。这次复辟，为时更短，当月12日，段祺瑞攻入北京，辫子军降，溥仪再次退位，与张勋均遁入外国使馆，仅存了十二天的帝制宣告失败。

［伪满洲国］

（1932年3月～1945年8月）

　　这是一个在东北由日本侵略者扶植的傀儡政权，随着抗日战争的胜利而被消灭。

溥仪（1932年3月～1945年8月）

　　[按] 民国二十年（1931）9月，日本侵略者制造"九一八"事变，数月间，迅速攻占东北三省。次年（1932）3月，在长春扶植起傀儡政权——伪满洲国，由溥仪出任"执政"，长春改称"新京"以为国都，年号"大同"。日人驹井德三任总务长官，掌握实政，凡有命令，不经其签字不得执行，不仅各部门有大批日人任职，还驻扎大量日本军队。1934年3月，改称"满洲帝国"，溥仪由"执政"改称"皇帝"，改元"康德"。直到1945年8月，中国人民抗日战争胜利，日本宣布无条件投降，伪满洲国亦宣告灭亡。是月17日，溥仪在逃往日本途中被苏军俘获。1950年8月，移交中国政府，作为战犯进行改造，1959年12月4日，获特赦，1964年任第四届全国政协委员。1967年10月17日，在北京病卒。

附 录

中国与部分周边国家纪年对照表

公元前	中 国东 周		朝鲜/韩国	日 本	越 南	缅 甸	老 挝	印度/巴基斯坦/孟加拉
660		17 惠王阆		1 神武天皇①				（据考古发现，南亚次大陆文明可追溯至公元前 2300 年以前的"哈拉帕文明"。后来，雅利安人逐渐进入这一地区。一般认为，大约从公元前 2000 年以后，开始了雅利安人的**"吠陀时代"**，即以《黎俱吠陀》为代表的诸吠陀文献所记录的时代。后期吠陀时代大约为公元前 900 ~ 前 600 年，有学者认为当时开始形成国家，是许多由世袭君主统治的小王国，但其具体情况现已不晓。）
659		18		2				
658		19		3				
657		20		4			吠	
656	春	21		5				
655		22		6				
654		23		7				
653		24		8			陀	
652	秋	25 ［襄王］		9				
651		1 （?）襄王郑		10				
650		2		11				
649		3		12				
648		4		13			时	
647	时	5		14				
646		6		15				
645		7		16				
644		8		17				
643	期	9		18			代	
642		10		19				
641		11		20				
640		12		21				
639		13		22				

① **日本国**古称"**大和**"，在汉文古籍中称作"**倭**"（有学者认为，"大和"与"倭"，或"大倭"日语读音相同）；7 世纪后半叶起以"**日本**"为国号；19 世纪末称"**大日本帝国**"；第二次世界大战后改用现称。神武天皇为日本传说中的第一代天皇，相传他于辛酉年（公元前 660）在橿原宫即位。对其人其事的记载，学者多以为不可信。明治五年（1872）确定以此年为**日本纪元**之始。追溯日本列岛的历史，早在石器时代已有居民，而其最早的国家是见于汉文史籍《后汉书》和《三国志》所载，于 2 世纪末出现的"**邪马台国**"。其后，4 ~ 7 世纪的"**大和国**"，统治者始称"天皇"（时尚无绝对统治权），而经 6 世纪末的"**推古朝改革**"和 645 年"**大化改新**"，才最后废除氏族贵族制，确立中央集权的天皇制。据学者考证，十五代天皇（应神）以前的天皇及其在位年均系传说，仅有纪年意义，实事不确。

公元前	中国 东周	朝鲜/韩国	日 本	越 南	缅 甸	老 挝	印度/巴基斯坦/孟加拉
638	14 襄王郑		23 神武天皇				
637	15		24				
636	16		25				
635	17		26				
634	18		27				
633	19		28				
632	20		29				
631	21		30				
630	22		31				
629	23		32				
628	24		33				
627	春 25		34				吠
626	26		35				
625	27		36				
624	28		37				
623	秋 29		38				陀
622	30		39				
621	31		40				
620	32		41				
619	时 33[顷王⑧]		42				时
618	1 顷王壬臣		43				
617	2		44				
616	3		45				
615	期 4		46				代
614	5		47				
613	6[匡王]		48				
612	1 匡王班		49				
611	2		50				
610	3		51				
609	4		52				
608	5		53				
607	6[定王⊕]		54				
606	1 定王瑜		55				
605	2		56				
604	3		57				

公元前	中 国东 周		朝鲜/韩国	日 本	越 南	缅 甸	老 挝	印度/巴基斯坦/孟加拉
603	4 定王瑜			58 神武天皇				
602	5			59				
601	6			60				
600	7			61				（从公元前6世纪起，在一部早期的佛教文献中记载了佛教兴起前十六国的名称：鸯伽［安伽］、摩揭陀、迦尸、憍萨罗［拘萨罗、居萨罗］、弗栗恃［跋祇］、末罗、支提［车底］、跋沙［梵萨］、俱卢、潘查拉［旁查拉、般遮罗］、婆蹉［摩差、摩差耶］、苏罗婆［苏罗森那］、阿湿波［阿萨卡］、阿槃底［阿般提］、健陀罗、甘蒲阇［甘诺惹］，一般称之为"十六国时期"。各国情况不一，如弗栗恃，是由若干氏族组成的联盟，无君主，国事决于民众大会。较大有四国：摩揭陀、憍萨罗、跋沙和阿槃底。其中摩揭陀最盛，史籍对其关注也较多，但内中也有很多不清之处。）摩揭陀国等……
599	8			62				
598	9			63				
597	10			64				
596	11			65				
595	12			66				
594	13			67				
593	14			68				
592	春 15			69				
591	16			70				
590	17			71				
589	18			72				
588	秋 19			73				
587	20			74		古		
586	21［简王⊕］			75		代		
585	1 简王夷			76		十		
584	2			（空位）		六		
583	时 3					国		
582	4					时		
581	5			1 绥靖天皇		期		
580	6			2				
579	期 7			3				
578	8			4				
577	9			5				
576	10			6				
575	11			7				
574	12			8				
573	13			9				
572	14［灵王⑨］			10				
571	1 灵王泄心			11				
570	2			12				
569	3			13				

公元前	中国 东周	朝鲜/韩国	日本	越南	缅甸	老挝	印度/巴基斯坦/孟加拉
568	4 灵王泄心		14 绥靖天皇				
567	5		15				
566	6		16				
565	7		17				①
564	8		18				
563	9		19				
562	10		20				
561	11		21				
560	春 12		22				古
559	13		23				代
558	14		24				十
557	15		25				六
556	16		26				国
555	秋 17		27				时
554	18		28				期
553	19		29				
552	20		30				
551	21		31				
550	时 22		32				
549	23		33 [安宁天皇]				
548	24		1 安宁天皇				
547	25		2				
546	期 26		3				
545	27 [景王贵]		4				摩揭陀国②
544	1 景王贵		5				1(?)频毗娑罗(第五王)③
543	2		6				哈 2
542	3		7				尔 3
541	4		8				扬 4
540	5		9				卡 5
539	6		10				王 6
538	7		11				朝 7

① 据汉译藏经记载推算，佛教创始人释迦牟尼于是年出生（关于释迦牟尼的生卒年有各种不同说法，**印度**和东南亚国家学者一般认为在公元前 624 年）。

② **摩揭陀国**是迄今为止史料记载相对较多的**印度**古国。大约兴起于公元前 7～前 6 世纪，初领今比哈尔邦南部，后渐扩张。初都王舍城（今巴特那之南），后迁华氏城（今巴特那）。发展到**孔雀王朝**时国势极盛，除半岛南端外，首次统一**印度**。

③ 一说公元前 486 年立。在位时灭鸯伽国。

公元前	中 国 东 周	朝鲜/韩国	日 本	越 南	缅 甸	老 挝		印度/巴基斯坦/孟加拉 摩揭陀国
537	8 景王贵		12 安宁天皇					8 频毗娑罗
536	9		13					9
535	10		14					10
534	11		15					11
533	12		16					12
532	13		17					13
531	14		18					14
530	15		19					15
529	16		20					16
528	17		21					17
527	18		22					18
526	春 19		23					19
525	20		24		古	哈		20
524	21		25		代	尔		21
523	22		26		十	扬		22
522	秋 23		27					23
521	24		28		六	卡		24
520	25 1 悼王猛㈣ ［敬王㈦］		29		国	王		25
519	时 1 敬王匄		30					26
518	2		31		时	朝		27
517	3		32					28
516	4		33		期			29
515	期 5		34					30
514	6		35					31
513	7		36					32
512	8		37					33
511	9		38					34
510	10		1 懿德天皇					35
509	11		2					36
508	12		3					37
507	13		4					38
506	14		5					39
505	15		6					40

附 录 1

公元前	中 国 东 周	朝鲜/韩国	日 本	越 南	缅 甸	老 挝	印度/巴基斯坦/孟加拉 摩揭陀国
504	16 敬王匄		7 懿德天皇				41 频毗娑罗
503	17		8				42
502	18		9				43
501	19		10				44
500	20		11				45
499	21		12				46
498	22		13				47
497	23		14				48
496	春 24		15				49
495	25		16				50
494	26		17			哈	51
493	秋 27		18		古	尔	1(?)阿阇世①
492	28		19		代	扬	2
491	29		20		十	卡	3
490	30		21		六		4
489	31		22		国	王	5
488	时 32		23		时	朝	6
487	时 33		24		期		7
486	34		25				8②
485	35		26				9
484	36		27				10
483	期 37		28				11
482	38		29				12
481	39		30				13
480	40		31				14
479	41		32				15
478	42		33				16
477	43		34				17
476	44[元王]		(空位)				18
475	战 1(?)元王仁		1 孝昭天皇				19
474	国 2		2				20
473	时 3		3				21
472	期 4		4				22

① 杀父自立。在位期间侵占迦尸等国，开始在印度半岛东北部诸国中称霸。
② 据汉译藏经推算，释迦牟尼卒于是年（**印度**和东南亚学者一般认为在公元前 544 年）。

公元前	中 国 东 周		朝鲜/韩国	日 本	越 南	缅 甸	老 挝	印度/巴基斯坦/孟加拉 摩揭陀国	
471		5 元王仁		5 孝昭天皇					23 阿阇世
470		6		6					24
469		7[定王]		7					25
468		1(?)贞定王介		8					26
467		2		9					27
466		3		10					28
465	战	4		11					29
464		5		12					30
463		6		13					31
462		7		14					1(?)优延陀①
461		8		15	古	哈			⋮
460	国	9		16	代				⋮
459		10		17		尔			
458		11		18	十				
457		12		19		扬			
456	时	13		20	六				
455		14		21		卡			
454		15		22	国				
453		16		23					
452	期	17		24	时	王			
451		18		25					
450		19		26					
449		20		27	期	朝			
448		21		28					
447		22		29					
446		23		30					⋮(?)那迦达萨克
445		24		31					⋮
444		25		32					
443		26		33					
442		27		34					
441		28		35					
440		1 考王嵬		36					
439		2		37					
438		3		38					

①《往世书》记载与此不同。

公元前	中国东周	朝鲜/韩国	日本	越南	缅甸	老挝	印度/巴基斯坦/孟加拉摩揭陀国	
437	4 考王嵬		39 孝昭天皇					⋮（?）
436	5		40				哈尔扬卡王朝	⋮
435	6		41					
434	7		42					
433	8		43					
432	9		44					
431	10		45					
430	11		46					1（?）西宋纳迦①
429	12		47					
428	13		48					
427	战 14		49					
426	15［威烈王］		50					
425	国 1 威烈王午		51					
424	2		52					
423	3		53			西		
422	4		54					
421	时 5		55			宋		
420	6		56					
419	7		57			纳		
418	8		58					
417	9		59			迦		
416	10		60					
415	11		61			王		
414	12		62					
413	13		63			朝		
412	14		64					
411	期 15		65					
410	16		66					
409	17		67					
408	18		68					
407	19		69					⋮（?）卡拉索卡
406	20		70					⋮
405	21		71					
404	22		72					

① 此时已征服了阿槃底、迦尸、跋沙、憍萨罗等国。

928

公元前	中　国 东　周		朝鲜/韩国	日　本	越　南	缅　甸	老　挝	印度/巴基斯坦/孟加拉 摩揭陀国	
403		23 威烈王午		73 孝昭天皇				⁝（?）	
402		24[安王]		74				⁝	
401		1 安王骄		75					
400		2		76					
399		3		77					
398		4		78					
397		5		79					
396		6		80					
395		7		81					
394		8		82					
393		9		83					
392	战	10		1 孝安天皇		古	西		
391		11		2		代	宋		
390		12		3		十	纳		
389	国	13		4		六	迦		
388		14		5		国	王		
387		15		6		时	朝		
386		16		7		期			
385	时	17		8					
384		18		9					
383		19		10					
382		20		11					
381		21		12					
380	期	22		13					
379		23		14					
378		24		15					
377		25		16					
376		26[烈王]		17					
375		1 烈王喜		18					
374		2		19					
373		3		20					
372		4		21					
371		5		22					
370		6		23					
369		7[显王]		24					

附录
1

公元前	中 国 东 周		朝鲜/韩国	日 本	越 南	缅 甸	老 挝	印度/巴基斯坦/孟加拉 摩揭陀国	
368		1 显王扁		25 孝安天皇				西	⋮（?）
367		2		26				宋	⋮
366		3		27				纳	
365		4		28				迦	
364		5		29				王 朝	（亡于难陀王朝）
363		6		30					1（?）摩诃帕德摩·难陀①
362	战	7		31					2
361		8		32					3
360		9		33					4
359		10		34					5
358	国	11		35					6
357		12		36				难	7
356		13		37					8
355		14		38					9
354		15		39					10
353	时	16		40				陀	11
352		17		41					12
351		18		42					13
350		19		43					14
349		20		44					15
348	期	21		45				王	16
347		22		46					17
346		23		47					18
345		24		48					19
344		25		49				朝	20
343		26		50					21
342		27		51					22
341		28		52					23
340		29		53					24
339		30		54					25
338		31		55					26
337		32		56					27
									28

① 据传，摩诃帕德摩·难陀谋杀卡拉索卡，从西宋纳迦家族手中夺位，从此开始了难陀家族的统治。在其统治期间，基本上统一了恒河流域，并将其统治延伸至德干高原一带。

公元前	中国东周		朝鲜/韩国	日本	越南	缅甸	老挝	印度/巴基斯坦/孟加拉摩揭陀国
336	战国时期	33 显王扁		57 孝安天皇				1(?)(八子①)
335		34		58				⋮
334		35		59				⋮
333		36		60				难
332		37		61				陀
331		38		62				王
330		39		63				朝
329		40		64				
328		41		65				
327		42		66				
326		43		67				
325		44		68				（亡于孔雀王朝）
324		45		69				1(?)月护王旃陀罗笈多②
323		46		70				2
322		47		71				3
321		48［慎靓王］		72				4
320		1 慎靓王定		73				5
319		2		74				6
318		3		75				7
317		4		76				8
316		5		77				9
315		6［赧王］		78				10
314		1 赧王延		79				11
313		2		80				12
312		3		81				13
311		4		82				14
310		5		83				15
309		6		84				16
308		7		85				17
307		8	秦	86				18
306		9	1 昭襄王稷	87				19

① 据《往世书》，摩诃帕德摩·难陀死后，八个儿子共统治了十二年，现只知末王为达那·难陀。

② 一说公元前 321 年，或前 297 年在位。据说因其属于孔雀家族而得名"**孔雀王朝**"。在位期间，曾赶走马其顿军队而统一北印度。

附录 1

公元前	中国		朝鲜/韩国	日本	越南	缅甸	老挝	印度/巴基斯坦/孟加拉 摩揭陀国
	东周	秦						
305	10 赧王延	2 昭襄王稷		88 孝安天皇				20 月护王旃陀罗笈多
304	11	3		89				21
303	12	4		90				22
302	13	5		91				23
301	14	6		92				24
300	15	7		93				25
299	16	8		94				1(?)频头婆罗 2
298	17	9		95				3
297	18	10		96				4
296	19	11	战	97			孔	5
295	20	12		98				6
294	21	13		99				7
293	22	14		100				8
292	23	15	国	101			雀	9
291	24	16		102				10
290	25	17		1 孝灵天皇				11
289	26	18		2				12
288	27	19		3			王	13
287	28	20	时	4				14
286	29	21		5				15
285	30	22		6				16
284	31	23		7				17
283	32	24	期	8			朝	18
282	33	25		9				19
281	34	26		10				20
280	35	27		11				21
279	36	28		12				22
278	37	29		13				23
277	38	30		14				24
276	39	31		15				25
275	40	32		16				26 1 阿育王①
274	41	33		17				2

① 一说公元前 268～前 232 年在位。在位期间，对外扩张，除半岛南端外，统一**印度**全境，为**印度**古代历史上第一个大一统的帝国。

公元前	中国		朝鲜/韩国	日 本	越 南	缅 甸	老 挝	印度/巴基斯坦/孟加拉 摩揭陀国
	东周	秦						
273	42 赧王延	34 昭襄王稷		18 孝灵天皇				3 阿育王
272	43	35		19				4
271	44	36		20				5
270	45	37		21				6
269	46	38		22				7
268	47	39		23				8
267	48	40		24				9
266	49	41		25				10
265	50	42		26				11
264	51	43		27				12
263	52	44		28				13
262	战 53	45		29			孔	14
261	54	46		30				15
260	55	47		31				16
259	56	48		32				17
258	国 57	49		33			雀	18
257	58	50		34				19
256	59(亡于秦)	51		35				20
255	时	52		36				21
254		53		37				22
253		54		38			王	23
252		55		39				24
251		56[孝文王]		40				25
250	期	1 孝文王柱 [庄襄王⊕]		41			朝	26
249		1 庄襄王楚		42				27
248		2		43				28
247		3[嬴政㊄]		44				29
246		1 嬴政		45				30
245		2		46				31
244		3		47				32
243		4		48				33
242		5		49				34
241		6		50				35
240		7		51				36

公元前	中 国 秦		朝鲜/韩国	日 本	越 南	缅 甸	老 挝	印度/巴基斯坦/孟加拉 摩揭陀国
239	战	8 嬴政		52 孝灵天皇				37 阿育王
238		9		53				38
237		10		54				（纷争）①
236		11		55				⋮
235	国	12		56				⋮
234		13		57				
233		14		58				
232		15		59				
231		16		60				
230	时	17		61				孔
229		18		62				
228		19		63				
227		20		64				
226		21		65				雀
225	期	22		66				
224		23		67				
223		24		68				
222		25		69				王
221		26		70				
		（始皇帝②）						
220	秦	27		71				朝
219		28		72				
218		29		73				
217	汉	30		74				
216		31		75				
215	时	32		76				
214		33		1 孝元天皇				
213		34		2				
212	期	35		3				
211		36		4				
210		37［二世㊣］		5				

① 阿育王死后的情况，各文献记载不一，可能是由其子库纳拉（或贾劳加，或蒂瓦拉），以及孙班图帕利达、萨姆巴迪（或萨姆普拉蒂）继承（有学者认为是瓜分）。一般认为，**孔雀王朝**共历十（或九）个国王，最后一任为布利哈德罗陀。无论如何，**孔雀王朝**后期已经衰落，不少地区独立，并受到**希腊人**的攻击。

② 是年统一全国，称"始皇帝"，以十月为岁首。

公元前	中　国 秦		朝鲜/韩国	日　本	越　南	缅　甸	老　挝	印度/巴基斯坦/孟加拉 摩揭陀国	
209		1 二世皇帝胡亥		6 孝元天皇					
208		2		7					
207		3（降刘邦）		8					
206				9					
205	秦			10				孔	
204				11					
203		西汉①		12					
202		1 高祖刘邦		13					古代朱罗王国②
201		2		14				雀	⋮（？）
200		3		15					⋮
199		4		16					
198		5		17					
197	汉	6		18				王	
196		7		19					
195		8［惠帝㊄］		20					
194		1 惠帝刘盈		21					
193		2		22				朝	
192	时	3		23					
191		4		24					
190		5		25					
189		6		26				⋮	
188		7［高后㊇］		27				⋮布利哈德罗陀	
187	期	1 高后吕雉		28				（亡于巽伽王朝）	
								1 普士亚密多罗·巽伽③	
186		2		29				巽	2
185		3		30				伽	3
184		4		31				王	4
183		5		32				朝	5
182		6		33					6
181		7		34					7

① 关于**西汉**的起始年，有"前206年"和"前202年"两说，本年表采后说，详见本书**"纪年考"**。

② **古代朱罗王国**大约兴起于公元前2～3世纪，位于印度半岛南部，汉文史籍作**"车离"**、**"珠利耶"**、**"注辇"**等；希腊、罗马文献称**"索拉"**。承袭关系不详。

③ 据《往世书》：普士亚密多罗·巽伽原为军事首领，率军推翻**孔雀王朝**，成为**摩揭陀**及邻近省的直接继承者。一说在公元前183年。

公元前	中 国 西 汉	朝鲜/韩国	日 本	越 南 缅 甸 老 挝	印度/巴基斯坦/孟加拉 摩揭陀国	古代朱罗王国
180	8[文帝⑨九]		35 孝元天皇		8 普士亚密多罗·巽伽	⋮ (?)
179	1 文帝刘桓		36		9	⋮
178	2		37		10	
177	3		38		11	
176	4		39		12	
175	5		40		13	
174	6		41		14	
173	7		42		15	
172	8		43		16	
171	9		44		17	
170	秦 10		45		巽 18	
169	11		46		19	
168	12		47		20	
167	13		48		21	
166	汉 14		49		22	
165	15		50		伽 23	
164	16		51		24	
163	后元1		52		25	
162	2		53		26	
161	时 3		54		王 27	
160	4		55		28	
159	5		56		29	
158	6		57[开化天皇]		30	
157	期 7[景帝⑥]		1 开化开皇		朝 31	
156	1 景帝刘启		2		32	
155	2		3		33	
154	3		4		34	
153	4		5		35	
152	5		6		36	
151	6		7		37	
150	7		8		⋮ (?)阿耆尼密多罗①	
149	中元1		9		⋮	
148	2		10			
147	3		11			

① 以后史实不清，据载共有十王统治，末王为迪伐补弥。

公元前	中国 西汉		朝鲜/韩国	日本	越南	缅甸	老挝	印度/巴基斯坦/孟加拉	
								摩揭陀国	古代朱罗王国
146		中元4 景帝刘启		12 开化天皇				⋮(?)	⋮(?)
145		5		13				⋮	⋮
144		6		14					
143		后元1		15					
142		2		16					
141		3[武帝⊖]		17					
140		建元1 武帝刘彻		18					
139		2		19					
138		3		20					
137		4		21					
136		5		22					
135	秦	6		23				巽	
134		元光1		24					
133		2		25					
132	汉	3		26				伽	
131		4		27					
130		5		28					
129		6		29					
128	时	元朔1		30				王	
127		2		31					
126		3		32					
125		4		33					
124		5		34					
123		6		35				朝	
122	期	元狩1		36					
121		2		37					
120		3		38					
119		4		39					
118		5		40					
117		6		41					
116		元鼎1		42					
115		2		43					
114		3		44					
113		4		45					
112		5		46					

公元前	中 国 西 汉		朝鲜/韩国	日 本	越 南	缅 甸	老 挝	印度/巴基斯坦/孟加拉	
								摩揭陀国	古代朱罗王国
111		元鼎6武帝刘彻		47 开化天皇				⋮（？）	⋮（？）
110		元封1		48				⋮	⋮
109		2		49					
108		3		50					
107		4		51					
106		5		52					
105		6		53					
104		太初1		54					
103		2		55					
102		3		56					
101		4		57					
100	秦	天汉1		58	巽				
99		2		59					
98		3		60					
97		4		1崇神天皇	伽				
96	汉	太始1		2					
95		2		3					
94		3		4					
93		4		5					
92		征和1		6	王				
91	时	2		7					
90		3		8					
89		4		9					
88		后元1		10	朝				
87	期	2[昭帝⊖]		11					
86		始元1昭帝刘弗陵		12					
85		2		13					
84		3		14					
83		4		15					
82		5		16					
81		6		17					
80		7		18					
		元凤⊛1							
79		2		19					
78		3		20					

公元前	中国 西汉	朝鲜/韩国	日本	越南	缅甸	老挝	印度/巴基斯坦/孟加拉		
							摩揭陀国	萨塔瓦哈纳王朝	古代朱罗王国
77	元凤4 昭帝刘弗陵		21 崇神天皇				巽伽王朝 ⋮		
76	5		22				⋮ 迪伐补弥		
75	6		23				（亡于甘华王朝）		1（?）西穆卡①
74	元平1 昌邑王刘贺⊘　[宣帝]		24				甘华王朝　1（?）婆苏提婆		⋮
73	本始1 宣帝刘询		25				2		⋮
72	2		26				3		
71	3		27				4	萨	
70	4		28				5	塔	
69	地节1		29				6	瓦	
68	2		30				7		
67	3		31				8	哈	
66	4		32				9		
65	元康1		33				10	纳	
64	2		34				11		
63	3		35				12	王	
62	4		36				⋮（?）②		
61	5　神爵⊜1		37				⋮	朝	
60	2		38						
59	3		39						
58	4	新罗③	40						
57	五凤1	1（?）赫居世④	41						
56	2	2	42						
55	3	3	43						
54	4	4	44						

（左侧纵向标注：秦汉时期）

① 一说在公元前73年。

② 据载，**甘华王朝**前后共有四王，后三王情况不详。

③ 据考古资料，在远古时期朝鲜半岛即有居民居住。学者认为，北部以秽族为主，南部以韩族为主（见《中国大百科全书·外国历史卷》）。公元前5～前3世纪产生国家。"**朝鲜**"、"**韩**"等称呼词汇始见于早年汉文文献。半岛北部与**中国**王朝关系非常密切，前108年，汉武帝曾在汉江以北设置乐浪等四郡。此时，南部为**辰韩**、**马韩**、**弁韩**等所谓"三韩"的领域（学者认为，三韩均为部落联盟集团，**马韩**有五十余部，**辰韩**、**弁韩**各十二部）。此后，**辰韩**发展建立**新罗国**，**马韩**发展建立**百济国**，**弁韩**分别并入两国。**新罗国**起源于**辰韩**十二部中的斯卢部，传说始祖赫居世（姓朴）约于前57年被斯卢六村推举为居西干，建立国家，都庆州（也有学者认为，**新罗国**为4世纪时由金氏所建）。

④ 以下为朴氏政权，故有作"朴赫居世"。

附录1

公元前	中 国 西 汉	朝鲜/韩国 新罗	日 本	越南	缅甸	老挝	印度/巴基斯坦/孟加拉 摩揭陀国		古代朱罗王国
53	甘露1 宣帝刘询	5 赫居世	45 崇神天皇				⋮(?)	⋮(?)	⋮(?)
52	2	6	46				⋮	⋮	⋮
51	3	7	47						
50	4	8	48						
49	黄龙1[元帝㊂]	9	49						
48	初元1 元帝刘奭	10	50			甘			
47	2	11	51						
46	3	12	52						
45	4	13	53			华			
44	5	14	54						
43	秦 永光1	15	55				萨		
42	2	16	56			王	塔		
41	3	17	57				瓦		
40	4	18	58				哈		
39	汉 5	19	59			朝	纳		
38	建昭1	20	60				王 ⋮(佚名)		
37	2	21	61				⋮		
36	3	22	62				朝		
35	时 4	23	63						
34	5	24	64						
33	竟宁1[成帝㊅]	25	65						
32	建始1 成帝刘骜	26	66						
31	2	27	67						
30	期 3	28	68				(亡于中印度 的萨塔瓦哈 纳王朝)		
29	4	29	1 垂仁天皇						
28	5 河平㊂1	30	2				(?)①		
27	2	31	3						
26	3	32	4						
25	4	33	5						
24	阳朔1	34	6						
23	2	35	7						
22	3	36	8						
21	4	37	9						

① 从甘华王朝灭亡到笈多王朝兴起的三百五十年间，所知甚少。

公元	中国 西汉	新罗	百济	日本	越南	缅甸	老挝	印度/巴基斯坦/孟加拉	古代朱罗王国
前20	鸿嘉1 成帝刘骜	38 赫居世		10 垂仁天皇				⋮（?）	⋮（?）
前19	2	39	百济①	11				⋮	⋮
前18	3	40	1（?）温祚②	12					
前17	4	41	2	13					
前16	永始1	42	3	14					
前15	2	43	4	15					
前14	3	44	5	16					
前13	4	45	6	17					
前12	元延1	46	7	18					
前11	2	47	8	19				萨	
前10	3	48	9	20					
前9	4	49	10	21				塔	
前8	绥和1	50	11	22					
前7	2[哀帝四]	51	12	23				瓦	
前6	建平1哀帝刘欣	52	13	24					
前5	2	53	14	25				哈	
	太初㊅1								
	建平㊇2								
前4	3	54	15	26				纳	
前3	4	55	16	27					
前2	元寿1	56	17	28				王	
前1	2[平帝九]	57	18	29					
1	元始1平帝刘衎	58	19	30				朝 ⋮（?）沙达伽尼一世③	
2	2	59	20	31				⋮	
3	3	60	21	32					
4	4	61	22	33					
		1 南解							
5	5	2	23	34					
6	居摄㊂1 刘婴	3	24	35					
7	2	4	25	36					
8	初始㊀1（亡于新）	5	26	37					
	新								
	始建国㊀王莽								

① 百济由马韩百济部发展而来。相传在公元前18年，北方人温祚南下至汉江流域，以百济部为基础，在慰礼（今首尔附近）建都称王，国号百济，逐渐合并弁韩及其他部落。

② 以下为扶余氏政权，故有作"扶余温祚"。

③ 公元初在位。

公元	中国 新	朝鲜/韩国 新罗	百济	日本	越南	缅甸	老挝	印度/巴基斯坦/孟加拉	古代朱罗王国
9	始建国1 王莽	6南解	27温祚	38垂仁天皇				∶(?)	∶(?)
10	2	7	28	39				∶	∶
11	3	8	29	40					
12	4	9	30	41					
13	5	10	31	42					
14	天凤1	11	32	43					
15	2	12	33	44					
16	3	13	34	45					
17	4	14	35	46					
18	5	15	36	47					
19	6	16	37	48				萨塔瓦哈纳王朝	
20	地皇1	17	38	49					
21	2	18	39	50					
22	3	19	40	51					
23	4(亡于义军) / 更始㊀1 刘玄	20	41	52					
24	2	21	42	53					
		1儒理							
25	3(亡于赤眉) **东 汉** 建武㊇1 光武帝刘秀	2	43	54					
26	2	3	44	55					
27	3	4	45	56					
28	4	5	46	57					
			1多娄						
29	5	6	2	58					
30	6	7	3	59					
31	7	8	4	60					
32	8	9	5	61					
33	9	10	6	62					
34	10	11	7	63					
35	11	12	8	64					
36	12	13	9	65					

（中国栏左侧纵书：秦 汉 时 期）

公元	中　国 东　汉		朝鲜/韩国 新 罗	朝鲜/韩国 百 济	日　本	越南	缅甸	老挝	印度/巴基斯坦/孟加拉	印度/巴基斯坦/孟加拉 古代朱罗王国
37		建武 13 光武帝刘秀	14 儒理	10 多娄	66 垂仁天皇				⋮（?）	⋮（?）
38		14	15	11	67				⋮	⋮
39		15	16	12	68					
40		16	17	13	69					
41		17	18	14	70					
42		18	19	15	71					
43		19	20	16	72					
44		20	21	17	73					
45		21	22	18	74				①	
46	秦	22	23	19	75				（贵霜王国统治）	萨塔瓦哈纳王朝
47		23	24	20	76					
48		24	25	21	77					
49		25	26	22	78					
50		26	27	23	79					
51	汉	27	28	24	80					
52		28	29	25	81					
53		29	30	26	82					
54		30	31	27	83					
55	时	31	32	28	84					
56		32 建光中元④1	33	29	85					
57		2[明帝㊀]	34 1 昔脱解	30	86②					
58	期	永平 1 明帝刘庄	2	31	87					
59		2	3	32	88					
60		3	4	33	89					
61		4	5	34	90					
62		5	6	35	91					
63		6	7	36	92					
64		7	8	37	93					
65		8	9	38	94					
66		9	10	39	95					
67		10	11	40	96					

① 大约从公元 45 年起，北印度由中亚**贵霜王国**统治。
② 据载，是年**倭奴**国王遣使赴**东汉**，汉光武帝授以印绶，此为中日关系有文字记载之始。

附录 1

公元	中国 东汉	朝鲜/韩国 新罗	百济	日本	越南	缅甸	老挝	印度/巴基斯坦/孟加拉	古代朱罗王国
68	永平11 明帝刘庄	12 昔脱解	41 多娄	97 垂仁天皇				┆（?）	┆（?）
69	12	13	42	98				┆	┆
70	13	14	43	99					
71	14	15	44	1 景行天皇					
72	15	16	45	2					
73	16	17	46	3					
74	17	18	47	4					
75	18[章帝闪]	19	48	5					
76	建初1 章帝刘炟	20	49	6					
77	2	21	50	7					
			1 己娄						
78	3	22	2	8					
79	4	23	3	9					
80	5	24	4	10					
		1 婆娑							
81	6	2	5	11		萨			
82	7	3	6	12	贵	塔			
83	8	4	7	13	霜	瓦			
84	9	5	8	14	王	哈			
	元和闪1				国	纳			
85	2	6	9	15	统	王			
86	3	7	10	16	治	朝			
87	4	8	11	17					
	章和七1								
88	2[和帝○]	9	12	18					
89	永元1 和帝刘肇	10	13	19					
90	2	11	14	20					
91	3	12	15	21					
92	4	13	16	22					
93	5	14	17	23					
94	6	15	18	24					
95	7	16	19	25					
96	8	17	20	26					
97	9	18	21	27					
98	10	19	22	28					

左侧竖排：秦 汉 时 期

公元	中国 东汉	朝鲜/韩国 新罗	朝鲜/韩国 百济	日本	越南	缅甸	老挝	印度/巴基斯坦/孟加拉	印度/巴基斯坦/孟加拉 古代朱罗王国
99	永元11 和帝刘肇	20 婆娑	23 己娄	29 景行天皇				⋮（?）	⋮（?）
100	12	21	24	30				⋮	⋮
101	13	22	25	31					
102	14	23	26	32					
103	15	24	27	33					
104	16	25	28	34					
105	17	26	29	35					
	元兴四1［殇帝⑦］								
106	延平1 殇帝刘隆　［安帝⑧］	27	30	36				1（?）高塔米普特拉·沙达伽尼	
107	永初1 安帝刘祜	28	31	37				2	
108	2	29	32	38				3	
109	3	30	33	39				4	
110	4	31	34	40				5	
111	5	32	35	41				6	
112	6	33	36	42				7	
		1 祇摩							
113	7	2	37	43				8	
114	元初1	3	38	44				9	
115	2	4	39	45				10	
116	3	5	40	46				11	
117	4	6	41	47				12	
118	5	7	42	48				13	
119	6	8	43	49				14	
120	7	9	44	50				15	
	永宁四1								
121	2	10	45	51				16	
	建光⑦1								
122	2	11	46	52				17	
	延光⊜1								
123	2	12	47	53				18	
124	3	13	48	54				19	
125	4 少帝刘懿⊜	14	49	55				20	
	［顺帝⑦］								
126	永建1 顺帝刘保	15	50	56				21	

中国东汉：秦汉时期

越南：（贵霜王国统治）

缅甸：萨塔瓦哈纳王朝

公元	中 国 东 汉		朝鲜/韩国		日 本	越南	缅甸	老挝			印度/巴基斯坦/孟加拉		古代朱罗王国
			新 罗	百 济									
127		永建2 顺帝刘保	16 祗摩	51 己娄	57 景行天皇						22 高塔米普特拉·沙达伽尼	⋮(?)	
128		3	17	52	58						23	⋮	
				1 盖娄									
129		4	18	2	59						24		
130		5	19	3	60						25		
											1 瓦西斯蒂普特拉·普卢玛伊		
131		6	20	4	1 成务天皇						2		
132		7	21	5	2						3		
	秦	阳嘉㊀1							萨				
133		2	22	6	3			贵	塔		4		
134		3	23	7	4			霜	瓦		5		
			1 逸圣					王	哈				
135	汉	4	2	8	5			国	纳		6		
136		永和1	3	9	6			统	王		7		
137		2	4	10	7			治	朝		8		
138		3	5	11	8						9		
139		4	6	12	9						10		
140	时	5	7	13	10						11		
141		6	8	14	11						12		
142		汉安1	9	15	12						13		
143		2	10	16	13						14		
144		3	11	17	14						15		
	期	建康㊃1[冲帝㊇]											
145		永嘉1 冲帝刘炳	12	18	15						16		
		[质帝㊀]											
146		本初1 质帝刘缵	13	19	16						17		
		[桓帝㊅]											
147		建和1 桓帝刘志	14	20	17						18		
148		2	15	21	18						19		
149		3	16	22	19						20		
150		和平1	17	23	20						21		
151		元嘉1	18	24	21						22		
152		2	19	25	22						23		

公元	中国 东汉	朝鲜/韩国 新罗	朝鲜/韩国 百济	日本	越南	缅甸	老挝	印度/巴基斯坦/孟加拉	古代朱罗王国
153	元嘉3桓帝刘志 永兴㊄1	20 逸圣	26 盖娄	23 成务天皇				24 瓦西斯蒂普特拉·普卢玛伊	⋮（?）⋮
154	2	21 / 1 阿达罗	27	24				25	
155	永寿1	2	28	25				⋮（?）	
156	2	3	29	26				⋮	
157	3	4	30	27					
158	延熹㊅1 / 4	5	31	28					
159	2	6	32	29					
160	3	7	33	30					
161	4	8	34	31					
162	5	9	35	32					
163	6	10	36	33					
164	7	11	37	34				1 室利·雅吉纳·沙达伽尼	
165	8	12	38	35					
166	9	13	39 / 1 肖古	36				2	
167	10	14	2	37		1 骠苴低①		3	
168	建宁1 灵帝刘宏 永康㊅1	15	3	38		2		4	
169	2	16	4	39		3		5	
170	3	17	5	40		4		6	
171	4	18	6	41		5		7	
172	5 熹平㊄1	19	7	42		6		8	
173	2	20	8	43		7		9	
174	3	21	9	44		8		10	
175	4	22	10	45		9		11	

（越南—缅甸栏竖书：传说中的蒲甘王朝）　（老挝栏竖书：贵霜王国统治）　（印度栏竖书：萨塔瓦哈纳王朝）

① 缅甸在汉文古籍中，汉时称掸国，唐时称骠国，宋时称蒲甘，元时称缅国，明时称缅甸。早在公元前若干年，这里就有居民生活。据缅甸古史记载，最早出现的国家为缅甸帖人的太公王国（缅名德贡），以后，干漾人建不当城，骠人继建骠国（又称室利差呾罗国），孟人建直通王国。而关于缅甸的早期历史，除与中国交往时在汉文古籍中留有点滴记载外，大多来自传说和佛经故事，既不详又不准确，5世纪后才有碑文记载。骠苴低为传说中的蒲甘王朝的第一代王。

公 元	中 国 东 汉	朝鲜/韩国		日 本
		新 罗	百 济	
176	熹平5 灵帝刘宏	23 阿达罗	11 肖古	46 成务天皇
177	6	24	12	47
178	7	25	13	48
	光和㈡1			
179	2	26	14	49
180	3	27	15	50
181	4	28	16	51
182	5	29	17	52
183	6	30	18	53
184	7	21	19	54
	中平㈦1	1 伐休		
185	2	2	20	55
186	3	3	21	56
187	4	4	22	57
188	5	5	23	58
189	6	6	24	59
	光熹㈣1 少帝刘辩			
	昭宁㈧1			
	永汉㈨1 献帝刘协			
	中平㈩6			
190	初平1	7	25	60
191	2	8	26	（空位）
192	3	9	27	1 仲哀天皇
193	4	10	28	2
194	兴平1	11	29	3
195	2	12	30	4
196	建安1	13	31	5
		1奈解		
197	2	2	32	6
198	3	3	33	7

① 据**越南**古史记载，本土最早出现的国家先后有**文郎国**和**瓯雒国**，都带有神话、传说的性质。公元前111年，**中国**将该地
乱"。有学者称："968年，丁部领削平十二使君，建大**瞿越国**，是为**越南**自主封建国家立国之始"（见《中国大百科全
五代时称"**占城**"，当地发现的碑铭上称为"**占婆**"。建都因陀罗补罗（今茶荞）。

②一作"区连"，或"区达"，又称"释利摩罗"。原为**中国汉**王朝日南郡象林县功曹之子，是年（一说137年）杀县令，

越 南		缅 甸	老 挝	印度/巴基斯坦/孟加拉		公 元
					古代朱罗王国	
		10 骠苴低			12 室利·雅吉纳·沙达伽尼	⋮（?）	176
		11			13	⋮	177
		12			14		178
		13			15		179
		14			16		180
	传	15	（	萨	17		181
	说	16	贵	塔	18		182
	中	17	霜	哈	19		183
	的	18	王	瓦	20		184
	蒲	19	国	纳	21		185
	甘	20	统	王	22		186
	王	21	治	朝	23		187
	朝	22	）		24		188
		23			25		189
		24			26		190
林邑国①		25			27		191
	1（?）区逵②	26			28		192
第	⋮	27			29		193
一	⋮	28			30		194
王		29			⋮（?）		195
朝		30			⋮		196
		31					197
		32					198

纳入版图，设置交阯、九真、日南等郡，历代沿之。直到10世纪初，该地出现吴权、丁部领等割据政权，史称"十二使君之书·外国历史卷》）。而在南方，在半岛东南沿海一带，早年出现的国家，在汉文史籍中，初称"**林邑**"，唐时改称"**环王国**"，自立为林邑王。区逵传数世绝嗣。

公元	中国 东汉			朝鲜/韩国 新罗	百济	日 本
199		建安 4 献帝刘协		4 奈解	34 肖古	8 仲哀天皇
200		5		5	35	9
201	秦	6		6	36	1（神功皇后摄政）
202		7		7	37	2
203		8		8	38	3
204		9		9	39	4
205		10		10	40	5
206		11		11	41	6
207		12		12	42	7
208	汉	13		13	43	8
209		14		14	44	9
210		15		15	45	10
211		16		16	46	11
212		17		17	47	12
213	时	18		18	48	13
214		19		19	49	14
					1 仇首	
215		20		20	2	15
216	期	21		21	3	16
217		22		22	4	17
218		23		23	5	18
219		24		24	6	19
220		25		25	7	20
		延康⊖1（亡于魏）				
		魏				
		黄初⊕1 文帝曹丕	**（蜀）汉**			
221	魏	2	章武㊃1 昭烈帝刘备	**吴**	26	8	21
222		3	2	黄武⊕1 大帝孙权	27	9	22
223	晋	4	3	2	28	10	23
			建兴㊄1 后主刘禅				
224	时	5	2	3	29	11	24
225		6	3	4	30	12	25
226	期	7［明帝㊄]	4	5	31	13	26
227		太和 1 明帝曹叡	5	6	32	14	27

① **贵霜王国**瓦解后，北印度分立为若干小王国，详况不知，直到**笈多王朝**兴起。

越　南　 林邑国		缅　甸	老　挝	印度/巴基斯坦/孟加拉	古代朱罗王国	公　元
⋮ (?)区逵		33 骠苴低		⋮ (?)	⋮ (?)	199
⋮		34		⋮ (?)	⋮ (?)	200
		35				201
		36				202
		37				203
		38				204
		39				205
		40				206
		41				207
第		42		萨		208
		43		塔		209
	传	44		瓦		210
一	说	45		哈		211
	中	46	（贵	纳		212
	的	47	霜	王		213
王	蒲	48	王	朝		214
	甘	49	国			215
	王	50	统			216
	朝	51	治			217
朝		52	）			218
		53				219
		54				220
		55				221
		56				222
		57				223
		58				224
		59		（瓦解）		225
		60	⋮ (?)①			226
		61	⋮			227

附录
1

公元	中 国			朝鲜/韩国	
	魏	(蜀)汉	吴	新 罗	百 济
228	太和2明帝曹叡	建兴6后主刘禅	黄武7大帝孙权	33 奈解	15 仇首
229	3	7	8 黄龙㊃1	34	16
230	4	8	2	35 1 助贲	17
231	5	9	3	2	18
232	6	10	嘉禾1	3	19
233	7	11	2	4	20
234	青龙㊀1 2	12	3	5	21 1 沙泮 1 古尔
235	3	13	4	6	2
236	4	14	5	7	3
237	5	15	6	8	4
238	景初㊂1 2	延熙1	7 赤乌㊇1	9	5
239	3［曹芳㊀］	2	2	10	6
240	正始1齐王曹芳	3	3	11	7
241	2	4	4	12	8
242	3	5	5	13	9
243	4	6	6	14	10
244	5	7	7	15	11
245	6	8	8	16	12
246	7	9	9	17	13
247	8	10	10	18 1 沾解	14
248	9	11	11	2	15
249	10 嘉平㊃1	12	12	3	16
250	2	13	13	4	17

① 据《三国志·魏书·东夷传》记载："景初二年（238）六月，倭女王（即**邪马台国女王卑弥呼**）遣大夫难升米等诣郡，

日　　本	越　　南 林邑国	缅　　甸	老　挝	印度/巴基斯坦/孟加拉 古代朱罗王国	公　元
28(神功皇后摄政)	：(?)区逵	62 骠苴低		：(?)	228
29	：	63		：	229
30		64			230
31		65			231
32		66			232
33		67			233
34	第	68	传		234
35	一	69	说		235
36		70	中		236
37		71	的		237
38①		72	蒲		238
39	王	73	甘		239
40		74	王		240
41		75	朝		241
42	朝	76			242
		1 低蒙苴			
43		2			243
44		3			244
45		4			245
46		5			246
47		6			247
48		7			248
49		8			249
50		9			250

求诣天子朝献，太守刘夏遣吏将送诣京都。"十二月，魏明帝下诏称其为"亲魏倭王"，并授以印绶及赐物。

公元	中国			朝鲜/韩国	
	魏	(蜀)汉	吴	新罗	百济
251	嘉平3 曹芳	延熙14 后主刘禅	赤乌14 大帝孙权 太元㊄1	5 沾解	18 古尔
252	4	15	2 神凤㊁1 建兴㊃1 孙亮	6	19
253	5	16	2	7	20
254	6 正元㊉1 高贵乡公曹髦	17	五凤1	8	21
255	2	18	2	9	22
256	魏 3 甘露㊅1	19	3 太平㊉1	10	23
257	2	20	2	11	24
258	晋 3	景耀1	3 永安㊉1 景帝孙休	12	25
259	4	2	2	13	26
260	5 景元㊅1 元帝曹奂	3	3	14	27
261	时 2	4	4	15 1(?)金味邹①	28
262	3	5	5	2	29
263	期 4	6 炎兴㊇1(降魏)	6	3	30
264	5 咸熙㊄1		7 元兴㊆1 末帝孙皓	4	31
265	2(亡于晋) **西晋** 泰始㊇1 武帝司马炎		2 甘露㊃1	5	32
266	2		2 宝鼎㊅1	6	33
267	3		2	7	34
268	4		3	8	35
269	5		4 建衡㊉1	9	36

① 一说公元262年即位。

日　　本	越　　南 林邑国		缅　　甸		老　　挝	印度/巴基斯坦/孟加拉 古代朱罗王国	公　元
51（神功皇后摄政）	⋮（?）区逵 ⋮		10 低蒙苴			⋮（?） ⋮	251
52			11				252
53			12				253
54			13				254
55			14				255
56	第	传	15				256
57		说	16				257
58	一	中	17				258
59		的	18				259
60		蒲	19				260
61	王	甘	20				261
62		王	21				262
63	朝	朝	22				263
64			23				264
65			24				265
66			25				266
67			26				267
68			27				268
69			28				269

附
录
1

公元	中 国		朝鲜/韩国		日 本
	西 晋	吴	新 罗	百 济	
270	泰始6武帝司马炎	建衡2末帝孙皓	10金味邹	37古尔	1①应神天皇
271	7	3	11	38	2
272	8	凤凰1	12	39	3
273	9	2	13	40	4
274	10	3	14	41	5
275	咸宁1	天册1	15	42	6
276	2	2 天玺㋆1	16	43	7
277	3	天纪1	17	44	8
278	4	2	18	45	9
279	5	3	19	46	10
280	6 太康㊃1	4（降晋）	20	47	11
281	2		21	48	12
282	3		22	49	13
283	4		23	50	14
284	5		24 1昔儒礼	51	15
285	6		2	52	16
286	7		3	53 1责稽	17
287	8		4	2	18
288	9		5	3	19
289	10		6	4	20
290	太熙1 永熙㊃1惠帝司马衷		7	5	21
291	永平1 元康㊂1		8	6	22
292	2		9	7	23
293	3		10	8	24
294	4		11	9	25
295	5		12	10	26
296	6		13	11	27
297	7		14	12	28

① 年代有不同说法。

越南 林邑国		缅甸		老挝	印度/巴基斯坦/孟加拉 古代朱罗王国	公元
第一王朝	1 范熊	传说中的蒲甘王朝	29 低蒙苴		⋮(?)	270
	2		30		⋮	271
	3		31			272
	4		32			273
	5		33			274
	6		34			275
	7		35			276
	8		36			277
	9		37			278
	10		38			279
	11		39			280
	⋮(?)范逸		40			281
	⋮		41			282
			42			283
			43			284
			44			285
			45			286
			46			287
			47			288
			48			289
			49			290
			50			291
			51			292
			52			293
			53			294
			54			295
			55			296
			56			297

公 元	中 国 西 晋		朝鲜/韩国		日 本
			新 罗	百 济	
298	元康8 惠帝司马衷		15 昔儒礼 1 基临	13 责稽 1 汾西	29 应神天皇
299	9		2	2	30
300	永康1		3	3	31
301	建始1 司马伦 永宁㊃1 惠帝司马衷	魏	4	4	32
302	2 太安㊣1		5	5	33
303	2		6	6	34
304	永安1 建武㊉1 永安㊉1 永兴㊉1	晋	7	7 1 比流	35
305	2		8	2	36
306	3 光熙㊅1[怀帝㊉]		9	3	37
307	永嘉1 怀帝司马炽	时	10	4	38
308	2		11	5	39
309	3		12	6	40
310	4		13 1 讫解	7	41
311	5	期	2	8	(空位)
312	6		3	9	
313	7 建兴㊃1 愍帝司马邺		4	10	1④ 仁德天皇赞
314	2		5	11	2
315	3		6	12	3
316	4（亡于汉）		7	13	4
	东 晋				
317	建武㊂1 元帝司马睿		8	14	5

① **古代朱罗国**大约于3世纪结束。
② 约公元300年以后在位。
③ 约公元300年左右在位。
④ 年代有不同看法。

越　南 林邑国	缅　甸	老　挝	印度/巴基斯坦/孟加拉 古代朱罗王国		公　元
⋮(?)范逸 ⋮	57 低蒙苴				298
	58				299
	1 苴蒙伯		①	帕那瓦王国	
	2		1 普里弗逊纳一世②	1 锡伐—斯坎达—伐尔曼③	300
第	3		⋮	⋮	301
			⋮	⋮	
	4				302
一	5	传			303
	6	说			304
		中	伐		
		的	卡		
	7	蒲	塔		305
王	8	甘	卡		306
	9	王	卡		307
	10	朝	王		308
	11		朝		309
	12				310
朝	13				311
	14				312
	15				313
	16				314
	17				315
	18				316
	19				317

公元	中国		朝鲜/韩国		日本	越南	
	东晋		新罗	百济		林邑国	
318	魏晋时期	建武2 元帝司马睿	9 讫解	15 比流	6 仁德天皇赞	第一王朝	⋮(?)范逸
		大兴㊂1					⋮
319		2	10	16	7		
320		3	11	17	8		
321		4	12	18	9		
322		永昌1[明帝闰十一]	13	19	10		
323		2	14	20	11		
		太宁㊂1 明帝司马绍					
324		2	15	21	12		
325		3[成帝闰㊇]	16	22	13		
326		4 成帝司马衍	17	23	14		
		咸和㊁1					
327		2	18	24	15		
328		3	19	25	16		
329		4	20	26	17		
330		5	21	27	18		
331		6	22	28	19	第二王朝	1③(?)范文
332		7	23	29	20		2
333		8	24	30	21		3
334		9	25	31	22		4
335		咸康1	26	32	23		5
336		2	27	33	24		6
337		3	28	34	25		7
338		4	29	35	26		8
339		5	30	36	27		9
340		6	31	37	28		10
341		7	32	38	29		11
342		8[康帝㊅]	33	39	30		12
343		建元1 康帝司马岳	34	40	31		13

① **摩揭陀国**自**甘华王朝**于公元前30年被**萨塔瓦哈纳王朝**灭亡后至**笈多王朝**兴起，有三百多年情况不明。

② 一说公元320～330年在位。

③ 一作公元336年，或337年，或339年。

④ 一说公元335～385年在位；一说公元330～380年在位。在位期间，南征北伐，扩展领地。

缅　甸	老　挝	印度/巴基斯坦/孟加拉			公　元
				帕那瓦王国	
20 苴蒙伯			⋮(?)	⋮(?)	318
			⋮	⋮	
21		摩揭陀国①			319
22		1 旃陀罗笈多一世②			320
23		2			321
24		3			322
25		4			323
26	笈	5	伐		324
1 伯梯利		6	卡		325
2					
3	多	7	塔		326
4		8	卡		327
5		9			328
6		10	王		329
7	王	11		⋮(?)鲁陀罗逊纳一世	330
8		12	朝	⋮	331
9		13			332
10		14			333
11		15			334
12	朝	16			335
		1(?)海护王沙摩陀罗笈多④			
13		2			336
14		3			337
15		4			338
16		5			339
17		6			340
18		7			341
19		8			342
20		9			343

缅甸列左侧纵书：传说中的蒲甘王朝

| 公元 | 中国
东晋 | 朝鲜/韩国 | | 日 本 | 越 南
林邑国 |
		新 罗	百 济		
344	建元2[穆帝⑨]	35 讫解	41 比流 1 契	32 仁德天皇赞	14 范文
345	永和1穆帝司马聃	36	2	33	15
346	2	37	3 1 近肖古	34	16
347	3	38	2	35	17
348	4	39	3	36	18
349	5	40	4	37	19 1 范佛
350	魏 6	41	5	38	第 2
351	7	42	6	39	3
352	8	43	7	40	4
353	晋 9	44	8	41	5
354	10	45	9	42	6
355	11	46	10	43	二 7
356	12	47 1 金奈勿③	11	44	8
357	升平1	2	12	45	王 9
358	时 2	3	13	46	10
359	3	4	14	47	11
360	4	5	15	48	12
361	5[哀帝⑯]	6	16	49	13
362	期 隆和1哀帝司马丕	7	17	50	朝 14
363	2 兴宁⊖1	8	18	51	15
364	2	9	19	52	16
365	3[废帝⊖]	10	20	53	17
366	太和1废帝司马奕	11	21	54	18
367	2	12	22	55	19
368	3	13	23	56	20
369	4	14	24	57	21
370	5	15	25	58	22

① 约4世纪中叶在位。
② 约公元350年左右在位。
③ 以下转为金氏政权。

缅甸	老挝	印度/巴基斯坦/孟加拉				公元
		摩揭陀国			帕那瓦王国	
21 伯梯利		10 海护王沙摩陀罗笈多	⋮(?)		⋮(?)	344
1 梯利干			⋮		⋮	
2		11				345
3		12				346
4		13				347
5		14				348
6		15				349
7	笈多王朝	16	伐卡塔卡王朝	⋮(?)鲁陀罗逊纳二世	⋮(?)毗湿奴哥帕[2]	350
8		17		⋮	⋮(?)玛尤拉萨摩[1] ⋮	351
9		18			⋮	352
10		19				353
11		20				354
12		21				355
13		22		卡丹巴王朝		356
14		23				357
15		24				358
16		25				359
17		26				360
18		27				361
19		28				362
20		29				363
21		30				364
22		31				365
23		32				366
24		33				367
25		34				368
26		35				369
27		36				370

（缅甸栏竖排：传说中的蒲甘王朝）

附录1

公元	中 国			朝鲜/韩国		日 本	越 南
	东 晋			新 罗	百 济		林邑国
371	太和6废帝司马奕 咸安☉1简文帝司马昱			16 金奈勿	26 近肖古	59 仁德天皇赞	23 范佛
372	2[孝武帝☉]			17	27	60	24
373	宁康1孝武帝司马曜			18	28	61	25
374	2			19	29	62	26
375	3			20	30	63	27
					1 近仇首		
376	太元1			21	2	64	28
377	2			22	3	65	29
378	3			23	4	66	30
379	魏 4			24	5	67	第 31
380	5			25	6	68	32
							1 范胡达
381	晋 6			26	7	69	二 2
382	7			27	8	70	3
383	8			28	9	71	4
384	9			29	10	72	5
					1 枕流		
385	时 10			30	2	73	王 6
		北 魏			1 辰斯		
386	11	登国1 道武帝拓跋珪		31	2	74	7
387	期 12	2		32	3	75	8
388	13	3		33	4	76	朝 9
389	14	4		34	5	77	10
390	15	5		35	6	78	11
391	16	6		36	7	79	12
392	17	7		37	8	80	13
					1 阿华		
393	18	8		38	2	81	14
394	19	9		39	3	82	15
395	20	10		40	4	83	16

① 在位期间，曾远征西北印度，是**笈多王朝**最强大的时期。

② 在位年不详。

缅 甸	老 挝	印度／巴基斯坦／孟加拉				公 元
		摩揭陀国			帕那瓦王国	
28 梯利干		37 海护王沙摩陀罗笈多	⋮(?) ⋮	⋮(?) ⋮	⋮(?) ⋮	371
29		38				372
30		39				373
31		40				374
32		41				375
33		42				376
34		43				377
35		44		卡	377	378
36	笈	45	伐			379
37		46		丹		380
	多	1(?)超日王旃陀罗笈多二世①	卡			
38		2		巴		381
39	王	3	塔			382
40		4		卡		383
41		5	卡			384
42	朝	6		王		385
43		7	王			386
44		8		朝		387
1 干兜立		9	朝	⋮(?)根格跋摩② ⋮		388
2		10				389
3		11				390
4		12				391
5		13				392
6		14				393
7		15				394
8		16				395
9						

（缅甸第一列竖排文字：传说中的蒲甘王朝）

公元	中　国		朝鲜/韩国		日　本	越　南
	东　晋	北　魏	新　罗	百　济		林邑国
396	太元 21［安帝⑨］ 皇始㊆1	登国 11 道武帝拓跋珪	41 金奈勿	5 阿华	84 仁德天皇赞	17 范胡达
397	隆安 1 安帝司马德宗	2	42	6	85	18
398	2	3 天兴㊆1	43	7	86	19
399	3	2	44	8	87	20
400	4	3	45	9	1 履中天皇	21
401	5	4	46	10	2	22
402	元兴 1 隆安㊂6 大亨㊂1	5	47 1 金实圣	11	3	23
403	元兴 2	6	2	12	4	24
404	3	7 天赐㊉1	3	13	5	25
405	义熙 1	2	4	14 1 训解 1 碟礼 1 腆支	6	26
406	2	3	5	2	1 反正天皇珍	27
407	3	4	6	3	2	28
408	4	5	7	4	3	29
409	5	6 永兴㊉1 明元帝拓跋嗣	8	5	4	30
410	6	2	9	6	5	31
411	7	3	10	7	（空位）	32
412	8	4	11	8	1 允恭天皇济	33
413	9	5	12	9	2	34
414	10	神瑞 1	13	10	3	⋮(?)范敌真 ⋮
415	11	2	14	11	4	⋮
416	12	3 泰常㊃1	15	12	5	⋮(?)范敌文 ⋮
417	13	2	16 1 金纳祗	13	6	

① 中国高僧法显开始访问印度。

缅甸	老挝	印度/巴基斯坦/孟加拉				公元
		摩揭陀国			帕那瓦王国	
10 干兜立		17 超日王旃陀罗笈多二世	⋮(?)	⋮(?)	⋮(?)	396
			⋮	⋮	⋮	
11		18				397
12		19				398
13		20				399
14		21				400
15		22				401
16		23				402
17		24				403
18		25				404
19		26①				405
20		27				406
21		28				407
22		29				408
23		30				409
24		31				410
25		32				411
26		33				412
1 梯丹						
2		34				413
3		1(?)鸠摩罗笈多一世				414
4		2				415
5		3				416
6		4				417

缅甸（竖排）：传说中的蒲甘王朝

摩揭陀国（竖排）：笈多王朝

（竖排）：伐卡塔卡王朝

（竖排）：卡丹巴王朝

公元		中 国		朝鲜/韩国			日 本	越 南
		东 晋	北 魏	新 罗	百 济			林邑国
418	魏晋时期	义熙14[恭帝☺]	泰常3 明元帝拓跋嗣	2 金纳祇	14 腆支		7 允恭天皇济	⋮(?)范敌文
419		元熙1恭帝司马德文	4	3	15		8	⋮
420		2（亡于宋）	5	4	16		9	第二王朝
		宋			1 久尔辛			
		永初㊅1 武帝刘裕						
421		2	6	5	2		10	1①(?)范阳迈(一世)
422		3[少帝㊄]	7	6	3		11	2
423		景平1少帝刘义符	8[太武帝☺]	7	4		12	3
424		2	始光1 太武帝拓跋焘	8	5		13	4
		元嘉㊅1文帝刘义隆						
425	南	2	2	9	6		14	5
426		3	3	10	7	**高句丽**	15	第三王朝 6
427	北	4	4	11	8	15 长寿王巨连②	16	7
					1 毗有			
428	朝	5	5	12	2	16	17	8
			神麚㊀1					
429		6	2	13	3	17	18	9
430		7	3	14	4	18	19	10
431		8	4	15	5	19	20	11
432	时	9	延和1	16	6	20	21	⋮(?)范阳迈(二世)③
433		10	2	17	7	21	22	⋮
434		11	3	18	8	22	23	
435	期	12	太延1	19	9	23	24	
436		13	2	20	10	24	25	第三王朝
437		14	3	21	11	25	26	
438		15	4	22	12	26	27	
439		16	5	23	13	27	28	
440		17	6	24	14	28	29	
			太平真君㊅1					

① 一作公元420年。

② 长寿王巨连于是年迁都平壤，迁都前已在位十四年，详见本书"纪年考"。关于高句丽政权，学术界有不同看法，本年迁都平壤。"朝鲜历史"条云："公元前后在中国兴起的高句丽，于427年迁都平壤，于是半岛上形成三雄争霸的局

③ 原名"咄"，因慕其父，即位后改同父名。

缅甸	老挝	印度/巴基斯坦/孟加拉				公元
		摩揭陀国			帕那瓦王国	
7 梯丹		5(?)鸠摩罗笈多一世	:(?)	:(?)	:(?)	418
8		6	:	:	:	419
9		7				420
10		8				421
11		9				422
12		10				423
13		11				424
14		12			1(?)卡库沙伐摩	425
15		13			2	426
16		14			3	427
17		15			4	428
18		16			5	429
19		17			6	430
20		18			7	431
21		19			8	432
22		20			9	433
23		21			10	434
24		22			11	435
25		23			12	436
26		24			13	437
27		25			14	438
28		26			15	439
1(佚名)　2		27			16	440

（缅甸列纵书：传说中的蒲甘王朝；摩揭陀国列纵书：笈多王朝；中间两列纵书：伐卡塔卡王朝、卡丹巴王朝；帕那瓦王国列纵书：卡丹巴王朝。）

表按《中国大百科全书·外国历史卷》的说法，该书"高句丽"条云："高句丽，朝鲜三国时期国家。始自长寿王公元 427 年面。"

公 元	中　　国								朝鲜/韩国			日　本	越　南
	宋		北　魏			新　罗	百　济	高句丽					林邑国
441	元嘉18 文帝刘义隆		太平真君2 太武帝拓跋焘			25 金纳祗	15 毗有	29 长寿王巨连			30 允恭天皇济		∶(?)
442	19		3			26	16	30			31		∶
443	20		4			27	17	31			32		
444	21		5			28	18	32			33		
445	22		6			29	19	33			34		
446	23		7			30	20	34			35		1①(?)范神成
447	24		8			31	21	35			36		2
448	25		9			32	22	36			37		3
449	26		10			33	23	37			38		4
450	27		11			34	24	38			39		5
451	南	28	12			35	25	39			40	第	6
			正平(六)1										
452	北	29	2			36	26	40			41		7
			承平(三)1 拓跋余										
			兴安(廾)1 文成帝拓跋濬									三	
453		30[孝武帝⑩]	2			37	27	41			42		8
	朝										1 安康天皇兴		
454		孝建1 孝武帝刘骏	3			38	28	42			2	王	9
			兴光(七)1										
455		2	2			39	29	43			3		10
	时		太安(六)1				1 盖卤王庆司						
456		3	2			40	2	44			4		11
											1 雄略天皇武		
457	期	大明1	3			41	3	45			2		12
458		2	4			42	4	46			3	朝	13
						1 金慈悲							
459		3	5			2	5	47			4		14
460		4	和平1			3	6	48			5		15
461		5	2			4	7	49			6		16
462		6	3			5	8	50			7		17
463		7	4			6	9	51			8		18
464		8[前废帝④五]	5			7	10	52			9		19
465		永光1 前废帝刘子业	6[献文帝五]			8	11	53			10		20
		景和(八)1											
		泰始(廿)1 明帝刘彧											

① 一作公元458年。

| 缅 甸 | 老 挝 | 印度/巴基斯坦/孟加拉 | | | | 公 元 |
		摩揭陀国			帕那瓦王国	
		3（佚名）	28(?)鸠摩罗笈多一世	⁝(?)	17 卡库沙伐摩	⁝(?)	441
		4	29	⁝	18	⁝	442
		5	30		19		443
		6	31		20		444
		7	32		21		445
		8	33		22		446
		9	34		23		447
		10	35		24		448
		11	36	1（?）纳兰达拉逊纳	25		449
		12	37		26		450
传说中的蒲甘王王朝		13	笈多多王朝 38	伐卡塔卡王朝 2	卡丹巴王朝 ⁝(?)		451
		14	39	3	⁝		452
		15	40	4			453
		16	41	5			454
		17	42	6			455
		18	1 塞建陀笈多·超日王	7			456
		19	2	8			457
		20	3	9			458
		21	4	10			459
		22	5	11			460
		23	6	12			461
		24	7	13			462
		25	8	14			463
		26	9	15			464
		27	10	16			465
			11				

公元	中国		朝鲜/韩国			日 本	越 南
	宋	北 魏	新 罗	百 济	高句丽		林邑国
466	泰始2明帝刘彧	天安1献文帝拓跋弘	9金慈悲	12盖卤王庆司	54长寿王巨连	11雄略天皇武	21范神成
467	3	2　皇兴⑧1	10	13	55	12	22
468	4	2	11	14	56	13	23
469	5	3	12	15	57	14	24
470	6	4	13	16	58	15	25
471	7	5　延兴⑧1孝文帝元宏	14	17	59	16	26
472	泰豫1[后废帝⑭]	2	15	18	60	17	27
473	元徽1后废帝刘昱	3	16	19	61	18	⋮
474	2	4	17	20	62	19	⋮
475	3	5	18	21　1文周②	63	20	⋮
476	4	6	19	2	64	21	
477	5　昇明㊉1顺帝刘准	承明⑥1　太和1	20	3　1三斤	65	22	
478	2	2	21	2	66	23	
479	3(亡于南齐)　建元⑭1高帝萧道成	3	22　1金炤智	3　1东城王牟大	67	24	
480	2	4	2	2	68	1(?)清宁天皇③	
481	3	5	3	3	69	2	
482	4[武帝㊂]	6	4	4	70	3	
483	永明1武帝萧赜	7	5	5	71	4	
484	2	8	6	6	72	5	1④(?)范当根纯
485	3	9	7	7	73	1(?)显宗天皇⑤	2
486	4	10	8	8	74	2	3
487	5	11	9	9	75	3	4
488	6	12	10	10	76	1(?)仁贤天皇⑥	5

（中国栏左侧纵书：南北朝时期；479年含"南齐"；越南栏纵书：第三王朝）

① 在位年不详。
② 是年，国都汉山城被高句丽攻占，被迫迁都熊津。
③ 一说公元490年即位。
④ 一作公元491年。
⑤ 一说公元497年即位。
⑥ 一说公元505年即位。

缅甸	老挝	印度/巴基斯坦/孟加拉				公元
		摩揭陀国			帕那瓦王国	
28（佚名）		12 塞建陀笈多·超日王	17 纳兰达拉逊纳	⋮（?）	⋮（?）	466
29		13	18	⋮	⋮	467
30		⋮（?）富烂笈多	19		⋮（?）辛哈跋摩五世①	468
31		⋮	20			469
32			21			470
33			⋮（?）普里西弗逊纳二世			471
34 传说中的蒲甘王朝	笈多王朝		伐卡塔卡王朝	卡丹巴王朝		472
35						473
36						474
37						475
38						476
39		1（?）佛陀笈多				477
40		2				478
41		3				479
42		4	⋮（?）哈里逊纳			480
43		5	⋮			481
44		6				482
45		7				483
46		8				484
47		9				485
48		10				486
49		11				487
50		12				488

公元	中国 南齐	中国 北魏	朝鲜/韩国 新罗	朝鲜/韩国 百济	朝鲜/韩国 高句丽	日本	越南 林邑国
489	永明7 武帝萧颐	太和13 孝文帝元宏	11 金炤智	11 东城王牟大	77 长寿王巨连	2 仁贤天皇	6 范当根纯
490	8	14	12	12	78	3	7
491	9	15	13	13	79 / 1(?)文咨王罗云①	4	8
492	10	16	14	14	2	5	1 范诸农
493	11[萧昭业㊉]	17	15	15	3	6	2
494	隆昌1 萧昭业 / 延兴㊉1 萧昭文 / 建武㊉1 明帝萧鸾	18	16	16	4	7	3
495	2	19	17	17	5	8	4
496	3	20	18	18	6	9	5
497	4	21	19	19	7	10	6
498	5 / 永泰㊃1[萧宝卷㊉]	22	20	20	8	11[武烈天皇] / 1 武烈天皇	7 / 1 范文款
499	永元1 萧宝卷	23[宣武帝㊃]	21	21	9	2	2
500	2	景明1 宣武帝元恪	22 / 1智证王金大路	22	10	3	3
501	3 / 中兴㊂1 和帝萧宝融	2	2	23 / 1武宁王期摩	11	4	4
502	2（亡于南梁） / 南梁 / 天监㊃1 武帝萧衍	3	3	2	12	5	5
503	2	4	4	3	13	6	
504	3	正始1	5	4	14	7	
505	4	2	6	5	15	8	
506	5	3	7	6	16	9	
507	6	4	8	7	17	1继体天皇	
508	7	5 / 永平㊇1	9	8	18	2	
509	8	2	10	9	19		
510	9	3	11	10	20	4	1 范天凯

（中国南北朝时期；越南林邑国第三王朝）

① 一说公元492年即位。
② 由于**嚈哒**入侵，偏安东部。
③ 6世纪前半叶在位。

974

缅　甸	老　挝	印度/巴基斯坦/孟加拉 摩揭陀国			帕那瓦王国	公　元
51（佚名）		13 佛陀笈多	⋮（?）	⋮（?）	⋮（?）	489
52		14	⋮	⋮	⋮	490
53		15				491
54		16	伐			492
55		17	卡			493
56		18	塔			494
57		19	卡	卡		495
58		20	王	丹		496
59		21	朝	巴		497
1 泰罗牟骠		22		王		498
2				朝		
3		23	（?）（亡于卡丹巴王朝）			499
4		24				500
5		1（?）那罗新哈笈多·盘罗迭多·出日王②				501
		2				
6		3				502
7		4				503
8		5				504
9		6				505
10		7				506
11		8				507
12		9				508
13		10				509
14		11			⋮（?）罗毗伐摩③	510

缅甸：传说中的蒲甘王朝

摩揭陀国：笈多王朝

公元	中国		朝鲜/韩国			日本	越南
	南梁	北魏	新罗	百济	高句丽	日本	林邑国
511	天监10武帝萧衍	永平4宣武帝元恪	12智证王金大路	11武宁王期摩	21文哲王罗云	5继体天皇	2范天凯
512	11	5 / 延昌㊃1	13	12	22	6	3
513	12	2	14	13	23	7	4
514	13	3	15 / 1法兴王金原宗	14	24	8	5 / ⋮
515	14	4[孝明帝㊀]	2	15	25	9	⋮
516	15	熙平1孝明帝元诩	3	16	26	10	1范弼毳跋摩
517	16	2	4	17	27	11	2
518	17	3 / 神龟㊀1	5	18	28	12	3
519	18	2	6	19	29 / 1安藏王兴安	13	4
520	普通1	3 / 正光㊉1	7	20	2	14	5
521	2	2	8	21	3	15	6
522	3	3	9	22	4	16	7
523	4	4	10	23 / 1圣明王明祴	5	17	8
524	5	5	11	2	6	18	9
525	6	6 / 孝昌㊅1	12	3	7	19	10
526	7	2	13	4	8	20	11
527	8 / 大通㊁1	3	14	5	9	21	12
528	2	武泰1 / 建义㊃1孝庄帝元子攸 / 永安㊈1	15	6	10	22	⋮
529	3 / 中大通㊉1	2	16	7	11	23	1律陀罗跋摩 一世
530	2	3 / 建明㊉1元晔	17	8	12	24	2

（中国栏左侧竖排："南北朝时期"；越南栏竖排："第三王朝"）

缅　甸	老　挝	印度/巴基斯坦/孟加拉			公　元
		摩揭陀国		帕那瓦王国	
15 泰罗牟骠		12 那罗新哈笈多·盘罗迭多·出日王	⋮（?）罗毗伐摩	⋮（?）	511
16		13	⋮	⋮	512
17		14			513
18		15			514
19		16			515
20		17			516
1 泰克丁		18			517
2		笈 19	卡		518
3		多 20	丹		519
4		21			520
5			巴		
6		22			521
7		23			522
8		王 24	王		523
1 梯利干尼		25			524
2		26			525
3		朝	朝		
4		27			526
5		28			527
6		29			528
7		30			529
8		31			530

传
说
中
的
蒲
甘
王
朝

笈
多
王
朝

卡
丹
巴
王
朝

公元	中国			朝鲜/韩国			日本
	南 梁	北 魏		新 罗	百 济	高句丽	
531	中大通3武帝 萧衍	建明2元晔 普泰㊀1元恭 中兴㊉1元朗		18法兴王 金原宗	9圣明王明襛	13安藏王兴安 1(?)①安原王 宝延	25[安闲天皇]
532	4	2 大昌㊃1孝武帝元修 永兴㊆1 永熙㊆1		19	10	2	1安闲天皇
533	5	2		20	11	3	2
534	6	3(分裂)	东 魏 天平㊉1孝静帝 元善见	21	12	4	3②
535	大同1	西 魏 大统1文帝 元宝炬	2	22	13	5	4[宣化天皇]
536	2	2	3	23③	14	6	1宣化天皇
537	3	3	4	24	15	7	2
538	4	4	元象1	25	南扶余 16④圣明王明襛	8	3
539	5	5	2 兴和㊆1	26	17	9	4[钦明天皇]
540	6	6	2	27 1真兴王金彡麦宗	18	10	1钦明天皇
541	7	7	3	2	19	11	2
542	8	8	4	3	20	12	3
543	9	9	武定1	4	21	13	4
544	10	10	2	5	22	14	5
545	11	11	3	6	23	15 1阳原王平成	6
546	12 中大同㊃1	12	4	7	24	2	7
547	2 太清㊃1	13	5	8	25	3	8
548	2	14	6	9	26	4	9

① 一说公元530年即位。

② 一说是年为安闲天皇元年。

③ 一记作是年建年号"建元"。

④ 是年迁都泗纴（一名所夫里，今忠清南道扶余），改国号为"南扶余"。

⑤ 6世纪中在位。

⑥ 李贲又名李秘。原为中国南梁德州监军，公元541年起兵（史称"李贲起义"），攻占交州首府龙编（今河内）。544年，

越南 林邑国		越南	缅甸		老挝	印度/巴基斯坦/孟加拉 摩揭陀国								帕那瓦王国	公元
第四王朝	3 律陀罗跋摩一世		传说中的蒲甘王朝	9 梯利干尼		笈多王朝	32 出日王	普西亚布蒂王朝		卡丹巴王朝	⋮(?) ⋮(?)			⋮(?) ⋮(?)	531
	4			10 1 梯利伯			33								532
	5			2			34								533
	6			3			1(?)鸠摩罗笈多三世					遮娄其王朝	1 补罗稽舍一世		534
	7			4			⋮ ⋮						2		535
	8			5									3		536
	9			6									4		537
	10			7									5		538
	11			8									6		539
	12			9					(?)纳罗伐弹那⑤ ⋮				7		540
	13			10									8		541
	⋮			11									9		542
	⋮	万春国		12									10		543
		天德1 前李南帝李贲⑥		13									11		544
		2		14									12		545
		3		15									13		546
		4		16 1 乾隆									14		547
		5(败于梁)		2									15		548

自称南越帝（**越南**古史称其为“前李南帝”，其后，李佛子为“后李南帝”），国号“**万春**”，建元“天德”，建都龙编。

公元	中国			朝鲜/韩国			日本
	南 梁	西 魏	东 魏	新 罗	南扶余	高句丽	
549	太清3[简文帝⑤]	大统15 文帝元宝炬	武定7 孝静帝元善见	10真兴王金彡麦宗	27圣明王明襛	5阳原王平成	10钦明天皇
550	大宝1 简文帝萧纲	16	8(亡于北齐)	11	28	6	11
			北 齐				
			天保⑤1 文宣帝高洋				
551	2 / 天正⑧1 萧栋	17[废帝⊜]	2	12②	29	7	12
552	承圣⊕1 元帝萧绎	1 废帝元钦	3	13	30	8	13
553	2	2	4	14	31	9	14
554	3	3	5	15	32	10	15
		1 恭帝元廓⊖			1 威德王昌		
555	天成⑤1 萧渊明 / 绍泰⊕1 敬帝萧方智	2	6	16	2	11	16
556	2 / 太平⑨1	3(亡于北周)	7	17	3	12	17
	北	**北 周**					
557	2(亡于陈)	1 孝闵帝宇文觉⊖ / 1 世宗宇文毓⑨	8	18	4	13	18
	朝 **陈**						
	永定⊕1 武帝陈霸先						
558	2	2	9	19	5	14	19
559	3[文帝⑥]	武成⑧1	10[废帝⊕]	20	6	15	20
	时					1 平原王阳成	
560	天嘉1 文帝陈蒨	2[武帝④]	乾明1 废帝高殷 / 皇建⑧1 孝明帝高演	21	7	2	21
561	**期** 2	保定1 武帝宇文邕	2 / 太宁⊕1 武成帝高湛	22	8	3	22
562	3	2	河清④1	23	9	4	23
563	4	3	2	24	10	5	24
564	5	4	3	25	11	6	25
565	6	5	4 / 天统④1 后主高纬	26	12	7	26
566	7 / 天康⊖1[废帝④]	天和1	2	27	13	8	27
567	光大1 废帝陈伯宗	2	3	28	14	9	28
568	2	3	4	29	15	10	29

① 李天宝为李贲弟，败奔野能洞，改国号"**野能**"。
② 一记作是年真兴王以"**开国**"为年号。

980

越 南		缅 甸	老挝	印度/巴基斯坦/孟加拉					公 元
林邑国				摩揭陀国				帕那瓦王国	
⋮（?）	**野能国**	3 乾隆		⋮（?）	⋮（?）	⋮（?）	16 补罗稽舍一世	⋮（?）	549
⋮	1 桃郎王李天宝①	4		⋮（?）毗湿奴笈多	⋮	⋮	17	⋮	550
	2	5					18		551
	3	6					19		552
	4	7					20		553
	5	8					21		554
第	6	9	笈	笈	普	卡	遮 22		555
	1 后李南帝李佛子	传			西	丹	娄 23		556
四	2	说 10	多	多	亚	巴	其 24		557
	3	中 11			布		25		558
王	4	的 1 乾罗	王	王	蒂	王	王 26		559
	5	蒲 2			王		27		560
	6	甘 3							
朝	7	王 4 5	朝	朝	朝	朝	朝 28		561
	8	6					29		562
	9	7					30		563
	10	8					31		564
	11	9					32		565
	12	10					33		566
							1 凯尔迪伐摩一世		
	13	11					2		567
	14	12					3		568

公元		中　国			朝鲜/韩国			日　本
		陈	北　周	北　齐	新　罗	南扶余	高句丽	
569	南	太建1宣帝陈顼	天和4武帝宇文邕	天统5后主高纬	30真兴王金彡麦宗	16威德王昌	11平原王阳成	30钦明天皇
570		2	5	武平1	31	17	12	31
571	北	3	6	2	32	18	13	32
572		4	7	3	33②	19	14	1敏达天皇
573	朝	5	建德㊀1 2	4	34	20	15	2
574		6	3	5	35	21	16	3
575		7	4	6	36	22	17	4
576	时	8	5	7	37	23	18	5
577		9	6	隆化㊀1 承光1高恒 武平㊀8高绍义	1真智王金轮 2	24	19	6
578		10	7	9	3	25	20	7
579	期	11	宣政㊀1[宣帝㊅] 大成1宣帝宇文赟 大象㊀1静帝宇文阐	10	4 1真平王金伯净	16	21	8
580		12	2	11(亡于北周)	2	27	22	9
581		13	3(亡于隋) 隋 开皇㊀1文帝杨坚		3	28	23	10
582	隋	14[后主㊀]	2		4	29	24	11
583	唐	至德1后主陈叔宝	3		5	30	25	12
584		2	4		6③	31	26	13
585	时	3	5		7	32	27	14[用明天皇]
586	期	4	6		8	33	28	1用明天皇
587		祯明1	7		9	34	29	2[崇峻天皇]
588		2	8		10	35	30	1崇峻天皇
589		3(亡于隋)	9		11	36	31	2

① 一说公元544年。
② 一记作是年以"鸿济"为年号;一说"鸿济"前还有一"大昌"年号。
③ 一记作是年以"建福"为年号。

越南		缅甸	老挝	印度/巴基斯坦/孟加拉					公元
林邑国	野能国			摩揭陀国	普西亚布蒂王朝	卡丹巴王朝	遮娄其王朝	帕那瓦王国	
⋮（?）	15 后南帝李佛子	13 乾罗 / 1 东台		⋮	⋮（?）	⋮（?）	4 凯尔迪伐摩一世	⋮（?）	569
⋮	16	2		（瓦解①）			5		570
	17	3		笈多王朝瓦解后，北印度分裂为若干王朝，如： 摩揭陀笈多王朝（毗雅笈多 510 年在位）； 东马尔瓦笈多王朝（巴奴笈多 510 年在位，提婆笈多 600 年在位）； 瞿波旃陀罗王朝（6 世纪后半叶，统治了 18 年）； 法王王朝（6 世纪后半叶）； 萨马哈尔德伐王朝； 卡德加王朝（7 世纪后半叶～8 世纪初叶）； 提婆王朝（8 世纪）； 梅特拉卡王朝（5 世纪～780 年亡于信德阿拉伯统治者）； 曼达索王国（耶输达曼 533 年在位）； 迦摩缕波王国（6 世纪初～1581 年分裂）； 穆克里王国（6 世纪后半叶～606 年亡于高达王国）等。			6		571
	18	4					7		572
	19	5					8		573
	20	6					9		574
	21	7					10	1 辛哈毗湿奴	575
第四王朝	22	8（传说中的蒲甘王朝）					11	2	576
	23	9					12	3	577
	24	10					13	4	578
	25	11					14	5	579
	26	12					15	6	580
	27	13					16	7	581
	28	14					17	8	582
	29	1 东必					18	9	583
	30	2					19	10	584
	31	3					20	11	585
	32	4					21	12	586
	33	5					22	13	587
	34	6					23	14	588
	35	7					24	15	589

公元	中国 隋	朝鲜/韩国			日本	越南	
		新罗	南扶余	高句丽		林邑国	野能国
590	开皇10 文帝杨坚	12真平王金伯净	37威德王昌	32平原王阳成 1婴阳王元	3崇峻天皇	⋮(?) ⋮	36后李南帝 李佛子
591	11	13	38	2	4		37
592	12	14	39	3	5[推古女天皇⊕②]		38
593	13	15	40	4	1推古女天皇额田部③		39
594	14	16	.41	5	2		40
595	15	17	42	6	3		41
596	16	18	43	7	4		42
597	17	19	44	8	5		43
598	18	20	45 1惠王季明	9	6		44
599	19	21	2 1法王宣	10	7		45
600	20	22	2 1武王璋	11	8		46
601	仁寿1	23	2	12	9		47
602	2	24	3	13	10		48(亡于隋)
603	3	25	4	14	11		
604	4[炀帝⊕]	26	5	15	12④		
605	大业1炀帝杨广	27	6	16	13	1(?)范梵志	
606	2	28	7	17	14	2	
607	3	29	8	18	15	3	
608	4	30	9	19	16	4	
609	5	31	10	20	17	5	
610	6	32	11	21	18	6	
611	7	33	12	22	19	7	
612	8	34	13	23	20	8	

(中国栏：隋唐时期)　（日本栏：飞鸟时代）　（越南林邑国栏：第四王朝）

① 在摩揭陀建政，并统治马尔瓦、孟加拉。
② 推古女皇即位后，因帝都在飞鸟地方，故史家称之为"飞鸟时代"。
③ 是年立圣德太子为皇太子，总揽国家大政，实行政治改革，史称"推古朝改革"。中心是正尊卑，定名分，强调国家统
④ 制定《十七条宪法》。
⑤ 汉语译为"戒日"。在位时统一北印度，历史上又称作"曷利沙帝国"。

印度/巴基斯坦/孟加拉（下表中「摩揭陀国」「普西亚布蒂王朝」「卡丹巴王朝」「遮娄其王朝」「高达王国」「帕那瓦王国」各列同属此栏）

缅甸	老挝	摩揭陀国					帕那瓦王国	公元
9东必		1(?)鸠摩罗笈多①	:(?):	:(?):	25凯尔迪伐摩一世		:(?):	590
10					26			591
11					27			592
12					28			593
13					29			594
14		后笈多王朝	普西亚布蒂王朝		30			595
15				卡丹巴王朝	31			596
16					32			597
17／1东支					1曼伽勒萨			598
2					2			599
3					3	【高达王国】 1(?)萨桑卡	1(?)摩哂陀罗跋摩一世	600
4			:(?)波罗羯罗伐费弹那		4	2	2	601
5			:		5	3	3	602
6			1罗伽伐弹那		6	4	4	603
7			2		7	5	5	604
8			3		8	6	6	605
9			1曷利沙伐弹那(戒日王)⑤		9	7	7	606
10			2		10	8	8	607
11			3		11	9	9	608
12			4		1补罗稽舍二世	10	10	609
13		:(?)达摩达罗笈多	5		2	11	11	610
14		:	6		3	12	12	611
15			7		4	13	13	612

各列竖排王朝名称：缅甸列—传说中的蒲甘王朝；摩揭陀国列—后笈多王朝；其后各列依次为普西亚布蒂王朝、卡丹巴王朝、遮娄其王朝。

一与皇权至上。此改革在确立以天皇为中心的皇权思想与建立中央集权体制方面影响深远。

公元	中国 隋	中国	朝鲜/韩国 新罗	南扶余	高句丽	日本	越南 林邑国	缅
613	大业9炀帝杨广		35 真平王 金伯净	14 武王璋	24 婴阳王元	21 推古女天皇 额田部	9 范梵志	16 东支 1 布波修罗汉
614	10		36	15	25	22	10	2
615	11		37	16	26	23	11	3
616	12		38	17	27	24	12	4
617	13		39	18	28	25	13	5
618	义宁㊄1恭帝杨侑 2	唐 武德㊄1 高祖 李渊	40	19	29 1 荣留王建武	26	14	6
619	隋 皇泰1杨侗㊄ 2	2	41	20	2	飞 27	第 15	传 7
620		3	42	21	3	28	16	说 8
621		4	43	22	4	29	17	中 9
622	唐	5	44	23	5	30	18	10
623		6	45	24	6	鸟 31	四 19	的 11
624		7	46	25	7	32	20	12
625		8	47	26	8	33	21	蒲 13
626	时	9[太宗㊇]	48	27	9	34	王 22	甘 14
627		贞观1 太宗 李世民	49	28	10	时 35	23	15
628		2	50	29	11	36㊂卒	24	王 16
629		3	51	30	12	1 舒明天皇 田村㊀	朝 1 范头黎	朝 17
630	期	4	52	31	13	2	⁝	18
631		5	53	32	14	代 3	⁝	19
632		6	1 善德女王德曼	33	15	4		20
633		7	2	34	16	5		21
634		8	3③	35	17	6		22
635		9	4	36	18	7		23
636		10	5	37	19	8		24
637		11	6	38	20	9		25
638		12	7	39	21	10		26

① **毗讫罗摩王朝**为汉文史籍所载骠国的一个王朝，位于伊洛瓦底江流域。首都卑胶（梵文名"室利差呾罗"），故又称**卑** 攻灭。以后，骠人逃往南方蒲甘，渐同化于缅人。

② 在位年不详。**卡丹巴王朝**7世纪衰微，王朝延续到13世纪。

③ 一记作是年以"仁平"为年号。

986

甸 (毗讫罗摩王朝)	老挝 (后笈多王朝)	印度／巴基斯坦／孟加拉						公元
		摩揭陀国	普西亚布蒂王朝	卡丹巴王朝	遮娄其王朝	高达王国	帕那瓦王国	公元
(?)① ⋮ ⋮		：(?)达摩达罗笈多：	8 曷利沙伐弹那（戒日王）	：(?)：	5 补罗稽舍二世	14 萨桑卡	14 摩哂陀罗跋摩一世	613
			9		6	15	15	614
			10		7	16	16	615
			11		8	17	17	616
			12		9	18	18	617
			13		10	19	19	618
毗	后	普	14	卡	11	20	20	619
讫			15		12	21	21	620
罗	笈	西	16		13	22	22	621
摩		亚	17	丹	14	23	23	622
	多		18		15	24	24	623
王		布	19	巴	16	25	25	624
	王	蒂	20		17	26	1 纳拉辛哈跋摩	625
朝			21		18	27	2	626
		王	22	王 ：(?)阿阇跋摩②	19	28	3	627
	朝		23		20	29	4	628
		：(?)马哈森那笈多：	24	⋮	21	30	5	629
			25	王	22	31	6	630
			26	朝	23	32	7	631
			27		24	33	8	632
			28		25	34	9	633
			29		26	35	10	634
			30		27	36	11	635
			31		28	37	12	636
			32		29	38	13	637
			33		30		14	638

胶王国，或**室利差呾罗国**。此国在 4 世纪时已有记载，8 世纪渐盛，辖十八属国，九座城镇。直到公元 832 年被中国南诏政权

公元	中 国 唐	朝鲜/韩国 新 罗	南扶余	高句丽	日 本	越 南 林邑国	缅
639	贞观13 太宗李世民	8 善德女王德曼	40 武王璋	22 荣留王建武	11 舒明天皇田村		27 布波修罗汉
640	14	9	41	23	12	1(?)范镇龙	28 ；1 瑞安梯
641	15	10	42 ；1 义慈	24	13⊕卒	2	2
642	16	11	2	25 ；1 宝藏王臧	1 皇极女天皇宝⊟	3	3
643	17	12	3	2	2	4	4
644	隋 18	13	4	3	3 飞	第 5	传 5
645	19	14	5	4	4⊗让位 大化① 1孝德天皇轻⊗	6 ；1 拔陀罗首罗跋摩	说 6
646	20	15	6	5	2 鸟	⋮ 中	7
647	唐 21	16 ；1②真德女王胜曼	7	6	3	⋮ 四 的	8
648	22	2	8	7	4	蒲	9
649	23[高宗⊗]	3	9	8	5 时	甘	10
650	时 永徽1 高宗李治	4③	10	9	6 白雉⊟1	王	11
651	2	5	11	10	2		12
652	3	6④	12	11	3		13 ；1 白当
653	期 4	7	13	12	4 代	朝 1(?)诸葛地 王	2
654	5	8 ；1 太宗武烈王金春秋	14	13	5⊕卒	⋮	朝 3
655	6	2	15	14	1齐明女天皇⊟⑤		4
656	显庆1	3	16	15	2		5
657	2	4	17	16	3		6
658	3	5	18	17	4		7
659	4	6	19	18	5		8

① 公元645年6月，**日本**皇室中大兄皇子杀死掌权的外戚苏我入鹿，拥立孝德天皇即位，建元"大化"（此为日本使用年
② 一记作是年以"太和"为年号。
③ 一记作是年用**唐朝**年号。
④ 一说真德女王于是年卒。
⑤ 皇极女天皇复位改名。

988

甸	老挝	印度/巴基斯坦/孟加拉				公元
		摩揭陀国			帕那瓦王国	
：(?)		：(?)	34 曷利沙伐弹那(戒日王)	遮娄其王朝 31 补罗稽舍二世	15 纳拉辛哈跋摩	639
：		：	35	32	16	640
			普西亚布蒂王朝 36	33	17	641
			37	34(亡于帕那瓦王国)	18	642
毗讫罗摩王朝			38		19	643
			39		20	644
			40		21	645
	后笈多王朝	1(?)摩陀婆笈多	41		22	646
		2	42		23	647
		3	1 阿罗那顺 (亡于中国唐王朝)		24	648
		4			25	649
		1(?)阿迭多森那笈多			26	650
		2			27	651
		3			28	652
		4			29	653
		5			30	654
		6		遮娄其王朝 1 超日王一世(复国)	31	655
		7		2	32	656
		8		3	33	657
		9		4	34	658
		10		5	35	659

号之始)，12 月迁都难波（今大阪），颁布诏书，实行改革，史称之为"大化改新"。通过改革，建立起中央集权的天皇制。

公元	中 国 唐	朝鲜/韩国			日 本	越 南 林邑国
		新 罗	南扶余	高句丽		
660	显庆5 高宗李治	7 太宗武烈王金春秋	20① 义慈 1 丰	19 宝藏王臧	6 齐明女天皇	⋮(?)诸葛地 ⋮
661	6 龙朔㈢1	8 1 文武王金法敏	2	20	7㊐卒 [天智天皇㊐]	
662	2	2	3	21	1 天智天皇中大兄②	
663	3	3	4(亡于新罗)	22	2	
664	麟德1	4		23	3	
665	2	5		24	4	
666	乾封1	6		25	5	
667	2	7		26	6	
668	3	8		27(亡于新罗)	7	
	总章㈢1					
669	2	9			8	
670	3 咸亨㈢1	10			9	
671	2	11			10㊣	
672	3	12			朱雀1 弘文天皇大友㊐卒	
673	4	13			白凤1 天武天皇大海人㈢	
674	5 上元㈧1	14			2	
675	2	15			3	
676	3 仪凤㊐1	16			4	
677	2	17			5	
678	3	18			6	
679	4 调露㈥1	19			7	
680	2 永隆㈧1	20			8	
681	2 开耀㊉1	21 1 神文王金政明			9	
682	2 永淳㈢1 高宗李治	2			10	

① 一说义慈于公元661年卒。
② 公元661~668年称监国，668年即天皇位。
③ 在位年不详。

缅甸		老挝	印度/巴基斯坦/孟加拉			公元
			摩揭陀国		帕那瓦王国	
9白当 / 1白东	：(?) / ：		11阿迭多森那笈多	6超日王一世	36纳拉辛哈跋摩	660
2			12	7	37	661
3			13	8	38	662
4			14	9	39	663
5			15	10	40	664
6			16	11	41	665
7			17	12	42	666
8		后	18	13	43	667
9	毗		19	14	44	668
10	讫	笈	20	15	：(?)摩哂陀罗跋摩二世③	669
11	罗		21	16	：	670
12	摩	多	22	17		671
13			23	18		672
14	王	王	24	19	：	673
15			25	20	：(?)巴罗麦士跋罗跋摩一世	674
16	朝	朝	26	21	1纳拉辛哈跋摩二世	675
17			：(?) / ：	22	2	676
18				23	3	677
19				24	4	678
20				25	5	679
21				26	6	680
			1湿纳亚迭多一世			
22			2	7		681
23			3	8		682

注：缅甸第一列为"传说中的蒲甘王朝"；印度/巴基斯坦/孟加拉中间列为"遮娄其其王朝"。

公元	中国 唐		朝鲜/韩国 新罗	日本	越南 林邑国
683		永淳2 高宗李治	3 神文王金政明	白凤11 天武天皇大海人	⋮(?)诸葛地
		弘道㊇1[中宗㊆]			⋮
684		嗣圣1 中宗李显	4	12	
		文明㊁1 睿宗李旦			
		光宅㊈1 武则天			
685		垂拱1	5	13	
686	隋	2	6	14㊈卒	
				朱鸟㊆1[持统女天皇㊈]	
687		3	7	1 持统女天皇①	
688		4	8	2	第
689		永昌1	9	3	
		载初㊋1			
690		2	10	4	四
	武 周				
	唐	天授㊈1 武则天		飞 鸟 时 代	
691		2	11	5	
692		3	12	6	
		如意㊃1	1 孝昭王金理洪		王
	时	长寿㊈1			
693		2	2	7	
694		3	3	8	
		延载㊄1			
695	期	证圣1	4		朝
		天册万岁㊈1		9	
		万岁登封㊆1			
696		2	5	10	
		万岁通天㊂1			
697		2	6	11㊇让位	
		神功㊈1		1 文武天皇珂瑠㊇	
698		圣历1	7	2	
699		2	8	3	
700		3	9	4	
		久视㊄1			

① 一说公元687~689年空位，持统女天皇从690年起。

缅 甸			老 挝	印度/巴基斯坦/孟加拉			公 元
				摩揭陀国		帕那瓦王国	
24 白东	⋮(?) ⋮			⋮(?) ⋮	4 湿纳亚迭多一世	9 纳拉辛哈跋摩二世	683
25					5	10	684
26					6	11	685
27					7	12	686
28					8	13	687
29					9	14	688
30			后		10	15	689
31	毗 讫		笈	遮	11	16	690
32	罗 摩		多	娄	12	17	691
33				其	13	18	692
34	王		王	王	14	19	693
35	朝			朝	15	20	694
36			朝		16	21	695
37					17	22	696
					1 维查亚迭多一世		
38					2	23	697
39					3	24	698
40					4	25	699
41					5	26	700

传说中的蒲甘王朝

公元	中国 武周	朝鲜/韩国 新罗	日本	越南 林邑国
701	大足1 武则天 长安⊕1	10 孝昭王金理洪	大宝⊜1① 文武天皇珂瑠	⋮(?)诸葛地 ⋮
702	2	11 1 圣德王金隆基	2	
703	3	2	3	
704	4	3	4	
705	5	4	庆云㊄1	
	唐 隋 神龙1 中宗李显		2	第
706	2	5	3	
707	3	6	4㊅卒	
	景龙㊈1		[元明女天皇㊐]	第
708	唐 2	7	和铜㊀1 天明女天皇	
709	3	8	2	四
710	4	9	3②	
	唐隆㊅1 少帝李重茂 景云㊐1 睿宗李旦			
711	时 2	10	4	王
712	太极1 延和㊄1	11	5	
	先天㊇1 玄宗李隆基		奈	
713	期 2 开元㊜1	12	6	朝
714	2	13	7	
715	3	14	8㊈让位	
			灵龟㊈1 元正女天皇㊈	
716	4	15 16	2	
717	5		3	
718	6	17	养老㊐1	

① 是年制定《大宝律令》，将大化改新的成果从制度上巩固下来。大化改新后建立的国家体制，史称"律令国家"，或称

② 是年从飞鸟藤原京迁都平城京（奈良），史家称此后为"**奈良时代**"。

③ 此年**毗讫罗摩王朝**结束，骠国至公元832年方被**南诏**政权灭亡。

④⑤⑥ 在位年不详。

缅甸		老挝	印度/巴基斯坦/孟加拉			公元
			摩揭陀国		帕那瓦王国	
42 白东	⋮(?) ⋮		⋮(?) ⋮	6 维查亚迭多一世	27 纳拉辛哈跋摩二世	701
43				7	28	702
44				8	29	703
45				9	30	704
46	毗讫罗摩王朝	后笈多王朝		10	31	705
47				11	⋮(?)巴罗麦士跋罗跋摩二世④ ⋮	706
48				12		707
49				13		708
50				14		709
51 1 伽维				15	⋮(?)摩哂陀罗跋摩三世⑤ ⋮	710
2			遮娄其王朝	16		711
3				17		712
4				18		713
5				19	⋮(?)斯里马拉跋摩⑥	714
6	③			20	⋮	715
7 1 敏维				21		716
2				22	1 南迪跋摩二世	717
3				23	2	718

传说中的蒲甘王朝

"律令制社会"。

附录 1

公元	中　国 唐	朝鲜/韩国 新罗	日　本	越　南 林邑国	缅　甸
719	开元 7 玄宗李隆基	18 圣德王金隆基	养老 3 元正女天皇	⋮(?)诸葛地	4 敏维
720	8	19	4	⋮	5
721	9	20	5		6
722	10	21	6		7
723	11	22	7		8
724	12	23	8⊖让位		9
			神龟⊖1 圣武天皇首⊖		
725	13	24	2		10
726	14 隋	25	3 奈	11 第	11 传
727	15	26	4		2 梯因迦 说
728	16	27	5	四	3 中
729	17 唐	28	6 良		4 的
730	18	29	天平⊗1	王	5 蒲
			2		甘
731	19	30	3	⋮(?)毗建跋摩二世	6
732	20	31	4	⋮ 朝	7 王
733	21 时	32	5 时		8
734	22	33	6		9
					1 梯因孙 朝
735	23	34	7 代		2
736	24 期	35	8		3
737	25	36	9		4
		1 孝成王金承庆			
738	26	2	10		5
739	27	3	11		6
740	28	4	12		7
741	29	5	13		8
742	天宝 1	6	14		9
		1 景德王金宪英			
743	2	2③	15		10

① 7 世纪在位。

② 时北印度为分裂状态，耶萨婆曼为**卡脑季**的统治者。

③ 一说孝成王是年卒，景德王即位。

印度/巴基斯坦/孟加拉

老挝	摩揭陀国（后笈多王朝）	瞿折罗—普拉蒂哈腊王朝（蒂哈罗王朝）	遮娄其王朝	伽尔哥答王朝	帕那瓦王国	公元
	:(?)		24 维查耶迭多一世		3 南迪跋摩二世	719
	:		25		4	720
			26	:(?)多尔拉巴伐弹那①	5	721
			27	:	6	722
			28		7	723
			29	1(?)拉利塔迭多·穆克塔毗达	8	724
	1(?)耶萨婆曼②		30	2	9	725
	2		31	3	10	726
	3		32	4	11	727
	4		33	5	12	728
	5		34	6	13	729
	6		35	7	14	730
	7		36	8	15	731
	8		37	9	16	732
	9		38	10	17	733
	10		1 超日王二世	11	18	734
	11		2	12	19	735
	12		3	13	20	736
	13		4	14	21	737
	14		5	15	22	738
	15		6	16	23	739
	16	1(?)纳伽巴德一世	7	17	24	740
	17	2	8	18	25	741
	18	3	9	19	26	742
	19	4	10	20	27	743

公元	中　国 唐	朝鲜/韩国 新罗	日　本	越　南 林邑国	缅　甸	老挝	摩揭陀国
744	天宝3 玄宗李隆基	3 景德王金宪英	天平16 圣武天皇首	∶(?)毗建跋摩二世 ∶	11 梯因孙 / 1 瑞隆		∶(?) ∶
745	4	4	17		2	后	
746	5	5	18	第	3	笈	
747	6	6	19		4 / 5	多	
748	7	7	20		5 / 6	王	
749	8	8	21 / 天平感宝㊸1㊉让位 / 天平胜宝㊉1孝谦女天皇㊉	四 / 1(?)建陀罗跋摩二世	6	朝	
750	9	9	2	2	7		（瓦解）
751	10	10	3	3	8		
752	11	11	4	王 4	9		
753	12	12	5	5	10 / 1 东温		
754	13	13	6	6	2		
755	14	14	7	朝 7	3		
756	15 / 至德㊉1肃宗李亨	15	8	8②	4		
757	2	16	9 / 天平宝字㊸1	9 / **环王国（占城）**	5		
758	3 / 乾元㊀1	17	2㊇让位 / 淳仁天皇㊇	1 毕底邠陀罗跋摩 ∶ ∶	6		
759	2	18	3	第	7		
760	3 / 上元㊄㊄1	19	4		8		
761	2	20	5	五	9		
762	宝应㊄1[代宗㊄]	21	6		10		
763	2 / 广德㊉1代宗李豫	22	7	王	1 瑞穆 / 2		
764	2	23	8㊉被废 / [称德女天皇㊉]	朝	3		

中国：隋唐时期；日本：奈良时代；缅甸：传说中的蒲甘王朝

① 被伽尔哥答王朝拉利塔选多占领。

② 是年改名环王国，9世纪后期又改称占城。一般以毕底邠陀罗跋摩为其首王。

③ 在位年不详。

印度/巴基斯坦/孟加拉						帕那瓦王国	公元
20 耶萨婆曼	5 纳伽巴德一世	12 超日王二世			21 拉利塔迭多·穆克塔毗达	28 南迪跋摩二世	744
21	6	13			22	29	745
22	7	遮娄其王朝 14			23	30	746
23	8	1 凯尔迪伐摩二世			24	31	747
24	9	2			25	32	748
25	10	3			26	33	749
		4					
26	瞿折罗|普拉蒂哈腊王朝 11	5		1(?)戈巴拉一世	伽尔哥答王朝 27	34	750
27	12	6		2	28	35	751
28①	13	7		3	29	36	752
	14	8	1 丹蒂德尔加	4	30	37	753
	15	9	2	5	31	38	754
	16	10	3	6	32	39	755
	17	11	拉喜特拉库塔王朝 4	巴拉王朝 7	33	40	756
	18	12(亡于拉喜特拉库塔王朝)	5	8	34	41	757
	19		6	9	35	42	758
	20		7	10	36	43	759
	21		8	11	37	44	760
	⋮(?)提婆罗阇③		9	12	⋮(?)	45	761
	⋮		10	13	⋮	46	762
			11	14		47	763
			12	15		48	764

附录1

公元	中 国 唐	朝鲜/韩国 新 罗	日 本	越 南 环王国(占城)	缅 甸	老 挝
765	永泰1 代宗李豫	24 景德王金宪英	天平神护㊀1 称德 女天皇①		4 瑞穆	
		1 惠恭王金乾运				
766	2	2	2		5	
	大历㋂1					
767	2	3②	3	1(?)释利萨多跋摩	6	
			神护景云㈧1	⋮		
768	3	4	2	⋮	7	
769	4	5	3		8	
770	隋 5	6	奈 4㈧卒	第	传 9	
			宝龟㊉1 光仁天皇㊉			
771	6	7	2		说 10	
772	7	8	3		11	
773	唐 8	9	良 4	五	中 12	
774	9	10	5		13	
775	10	11	6		的 14	
776	11	12	7	王	蒲 15	
777	时 12	13	时 8		甘 16	
778	13	14	9		17	
779	14[德宗㊄]	15	10		王 18	
780	期 建中1 德宗李适	16	代 11	朝	朝 19	
		1 宣德王金良相				
781	2	2	天应㊀1㈣让位 桓武天皇㈣		20	
782	3	3	2		21	
			延历㈧1			
783	4	4③	2		22	
784	兴元1	5	3		23	
785	贞元1	6	4		24	
		1 元圣王金敬信			1 牟罗	

① 孝谦女天皇复位改名。
② 一说景德王于是年卒，惠恭王即位。
③ 一说惠恭王于是年卒，宣德王即位。

				印度/巴基斯坦/孟加拉						公元
									帕那瓦王国	
	：(?) ⋮		13 丹蒂德尔加			16 戈巴拉一世		：(?) ⋮	49 南迪跋摩二世	765
			14			17			50	766
			15			18			51	767
			16 / 1 克利希那一世			19			52	768
			2			20			53	769
			3			21 / 1(?) 达尔玛巴拉			54	770
			4			2			55	771
		拉喜特拉库塔王朝	5			3			56	772
			6	：(?) ⋮		4			57	773
			7		巴拉王朝	5			58	774
瞿折罗－普拉蒂哈腊王朝	1(?) 瓦查罗阇弗少王		8			6			59	775
	2		9	东恒伽王朝		7			60 / 1 丹迪跋摩	776
	3		10			8	伽尔哥答王朝		2	777
	4		11			9			3	778
	5		12 / 1(?) 德鲁伐			10		1 贾亚毗达·文纳亚迭多	4	779
	6		2			11		2	5	780
	7		3			12		3	6	781
	8		4			13		4	7	782
	9		5			14		5	8	783
	10		6			15		6	9	784
	11		7			16		7	10	785

附录 1

公元	中国 唐	朝鲜/韩国 新罗	日本	越南 环王国(占城)	缅甸	老挝
786	贞元2 德宗李适	2 元圣王金敬信	延历5 桓武天皇（奈良时代）		2 牟罗	
787	3	3	6	1(?)因陀罗跋摩	3	
788	4	4	7	⋮	4	
789	5	5	8	⋮	5	
790	6	6	9		6	
791	7	7	10		7	
792	8	8	11		8	
793	9	9	12		9	
794	隋 10	10	13①	第五王朝	10	
795	11	11	14		11	
796	12	12	15		12	
797	13	13	16		13	
798	唐 14	14	17		14	
799	15	1昭圣王金俊邕 ／ 2②	18		15	
800	16	3 ／ 1哀庄王金清明	19		16	
801	时 17	2	20	王	17	
802	18	3	21		18 ／ 1修金尼	
803	19	4	22	1(?)诃黎跋摩一世	2	
804	20	5	23	⋮	3	
805	期 21 顺宗李诵㊀ ／ 永贞㊈1 宪宗李纯	6	24	朝 ⋮	4	
806	元和1	7	25㊂卒 ／ 大同㊄1平城天皇㊅		5	
807	2	8	2		6	
808	3	9	3		7	
809	4	10	4㊃让位 ／ 嵯峨天皇㊃		8	
810	5	1宪德王金颜昇 ／ 2	5 ／ 弘仁㊈1		9	

（缅甸栏：传说中的蒲甘王朝）

① 是年迁都平安京，史家称此后为"平安时代"。
② 在位年不详。
③ 一说昭圣王于是年卒。

印度/巴基斯坦/孟加拉

瞿折罗-普拉蒂哈腊王朝	兆汉王朝	拉喜特拉库塔王朝	东恒伽王朝	巴拉王朝	伽尔哥答王朝	帕那瓦王国	公元
12(?)瓦查罗阇弗少王		8 德鲁伐	∶(?)	17 达尔玛巴拉	8 贾亚毗达·文纳亚迭多	11 丹迪跋摩	786
13		9	∶	18	9	12	787
14		10		19	10	13	788
15		11		20	11	14	789
16		12		21	12	15	790
17		13		22	13	16	791
18		14		23	14	17	792
19		15		24	15	18	793
20		1(?)戈文达三世		25	16	19	794
21		2		26	17	20	795
22		3		27	18	21	796
23		4		28	19	22	797
24	∶(?)婆苏提婆②	5		29	20	23	798
25		6		30	21	24	799
26　1(?)纳伽巴德二世	1(?)古瓦喀一世	7		31	22	25	800
2	2	8		32	23	26	801
3	3	9		33	24	27	802
4	4	10		34	25	28	803
5	5	11		35	26	29	804
6	6	12		36	27	30	805
7	7	13		37	28	31	806
8	8	14		38	29	32	807
9	9	15		39	30	33	808
10	10	16		40	31	34	809
11	11	17		41　1(?)德瓦巴拉	32	35	810

公元	中国 唐	朝鲜/韩国 新罗	日本	越南 环王国(占城)	缅甸		老挝
811	元和6 宪宗李纯	3 宪德王金彦昇	弘仁2 嵯峨天皇	1(?)释利毗建陀跋摩	10 修金尼		
812	7	4	3	⋮	11		
813	8	5	4	⋮	12		
814	9	6	5		13		
815	10	7	6		14		
816	11	8	7		15		
817	12	9	8		16		
818	13	10	9		17		
819	14	11	10	第	18		
820	15[穆宗④⊝]	12	11		19		
821	长庆1 穆宗李恒	13	12	五	20		
822	2	14	13		21		
823	3	15	14④让位 [淳和天皇④]		22		
824	4[敬宗⊝]	16	天长⊝1 淳和天皇		23		
825	宝历1 敬宗李湛	17	2	24	1 他摩罗		
826	2[文宗⊕]	18	3	王	25	2	
827	3 文宗李昂 大和⊝1	1 兴德王金秀宗 2	4		26	3	
828	2	3	5		27	4	
829	3	4	6		28 / 1 基流	5	
830	4	5	7		2	6	
831	5	6③	8		3	7	
832	6	7	9		4	8	
833	7	8	10⊝让位 [仁明天皇⊝]		5	9	
834	8	9	承和⊝1 仁明天皇		6	10	

（中国栏竖排：隋 唐 时 期）
（越南栏竖排：第 五 王 朝；传说中的蒲甘王朝）
（日本栏竖排：平 安 时 代）
（越南栏竖排：甘 王 朝）
（缅甸栏竖排：前 勃 固 王 朝）

① 9世纪亡于**乌特婆罗王朝**。乌特婆罗王朝于公元1339年亡于**沙米尔柴王朝**，其承袭关系不详。

② 公元830年以后即位。

③ 一说兴德王是年卒。

④ 在位年不详。

印度/巴基斯坦/孟加拉								公元
瞿折罗-普拉蒂哈腊王朝	兆汉王朝	沙希王朝	拉喜特拉库塔王朝	东恒伽王朝	巴拉王朝	伽尔哥答王朝	帕那瓦王国	
12 纳伽巴德二世	12 古瓦喀一世		19 戈文达三世	：	2 德瓦巴拉	：(?)①	36 丹迪跋摩	811
13	13		20	1(?)西瓦马拉二世	3	：	37	812
14	14		21	2	4		38	813
15	15		22	3	5		39	814
			1(?)阿默伽瓦尔沙一世					
16	16		2	4	6		40	815
17	17		3	5	7		41	816
18	18		4	6	8		42	817
19	19		5	7	9		43	818
20	20		6	8	10		44	819
21	21		7	9	11		45	820
22	22		8	10	12		46	821
23	23		9	11	13		47	822
24	24		10	12	14		48	823
25	25		11	13	15		49	824
26	26		12	14	16		50	825
27	27		13	15	17		51	826
28	28		14	16	18		52	827
29	29		15	17	19		：(?)南迪跋摩三世	828
30	30		16	18	20		：	829
31	31	1(?)拉利雅②	17	19	21			830
32	：(?)古瓦喀二世④	：	18	20	22			831
33	：	：	19	21	23			832
34			20	22	24			833
1 罗摩跋陀罗								
2			21	23	25			834

附录 1

公元	中国 唐	朝鲜/韩国 新罗	日本	越南 环王国(占城)	缅甸		老挝
835	大和9 文宗李昂	10 兴德王金秀宗	承和2 仁明天皇	：(?)释利毗建陀跋摩	7 基流	11 他摩罗	
836	开成1	11 ／ 1 僖康王金悌隆	3	：	8	12	
837	2	2	4		9	1 毗摩罗	
838	3	3 ／ 1 闵哀王金明	5		10	2	
839	4	2 ／ 1 神武王金祐征 ／ 1 文圣王金庆膺	6		11	3	
840	5[武宗〇]	2	7		12	4	
841	会昌1 武宗李炎	3	8		13	5	
842	2	4	9		14	6	
843	3	5	10		15	7	
844	4	6	11		16	8	
845	5	7	12		17	9	
846	6[宣宗〇]	8	13		18 ／ 1 频耶	10	
847	大中1 宣宗李忱	9	14		2	11	
848	2	10	15 ／ 嘉祥〇1		3	12	
849	3	11	2		4	13	
850	4	12	3〇卒 ／ 文德天皇〇		5	14	
851	5	13	4 ／ 仁寿〇1		6	15	
852	6	14	2		7	16	
853	7	15	3		8	17	
854	8	16	4 ／ 齐衡〇1		9	18 ／ 1 阿他	
855	9	17	2		10	2	
856	10	18	3		11	3	
857	11	19 ／ 1 宪安王金叔谊	4 ／ 天安〇1		12	4	

纵向时代标记：中国栏左侧「隋唐时期」；日本栏「平安时代」；越南栏「第五王朝」；缅甸左栏「传说中的蒲甘王王朝」；缅甸右栏「前勃固王朝」。

印度/巴基斯坦/孟加拉

瞿折罗-普拉蒂哈腊王朝	兆汉王朝	沙希王朝	拉喜特拉库塔王朝	东恒伽王朝	巴拉王朝	帕那瓦王国	朱罗王国	公元
3 罗摩跋陀罗	⋮(?)	⋮(?)	22 阿默伽瓦尔沙一世	24 西瓦马拉二世	26 德瓦巴拉			835
4	⋮	⋮	23	25	27			836
1 米喜拉·波阇一世			24	26	28			837
2			25	27	29			838
3			26	28	30			839
4			27	29	31			840
5			28	30	32			841
6			29	31	33			842
7			30	32	34			843
8			31	1 普里西维帕蒂一世	35	1 恩里帕滕伽跋摩		844
9			32	2	36	2	朱罗王国	845
10			33	3	37	3	1(?) 毗查耶拉耶	846
11			34	4	38	4	2	847
12			35	5	39	5	3	848
13			36	6	1(?) 维格腊巴拉一世	6	4	849
14			37	7	2	7	5	850
15			38	8	3	8	6	851
16			39	9	4	9	7	852
17			40	10	5	10	8	853
18			41	11	1(?) 纳腊延腊巴拉	11	9	854
19			42	12	2	12	10	855
20			43	13	3	13	11	856
21			44	14	4	14	12	857

公元	中国 唐	朝鲜/韩国 新罗	日本	越南 环王国（占城）	缅甸	缅甸	老挝
858	大中12 宣宗李忱	2 宪安王金叔谊	天安2⑧卒 清和天皇⑪①	第五王朝 ： （?）释利毗建陀跋摩 ：	13 频耶	5 阿他	
859	13[懿宗⑧]	3	贞观④1	：	14	6	
860	14 懿宗李漼 咸通⑪1	4	2	1 因陀罗跋摩二世	15	7	
861	2	5 1景文王金膺廉	3	2	16	8 1阿利因陀摩	
862	3	2	4	3	17	2	
863	4（隋唐时期）	3	5（平安时代）	4	18	3（前勃固王朝）	
864	5	4	6	5	19	4	
865	6	5	7	6	20	5	
866	7	6	8	第六王朝 7	21（传说中的蒲甘王朝）	6	
867	8	7	9	8	22	7	
868	9	8	10	9	23	8	
869	10	9	11	10	24	9	
870	11	10	12	11	25	10	
871	12	11	13	12	26	11	
872	13	12	14	13	27	12	
873	14[僖宗⑦]	13	15	14	28	13	
874	15 僖宗李儇 乾符⑪1	14	16	15	29	14	
875	2	15 1宪康王金晸	17	16	30	15	
876	3	2	18⑪让位 阳成天皇⑪	1（?）释利阇耶	31	16	
877	4	3	19 元庆④1		32	17	
878	5	4	2	僧伽跋摩一世	33 1丹尼	18	
879	6	5	3		2	19	

① 是年八月，文德天皇卒，外戚藤原良房拥立九岁的清和天皇即位，自己以太政大臣的身份代行天皇理国务，公元866年始了外戚专权的"摄关政治"，时传，"摄政即天子"，"关白之府第无异朝廷"。关白事务所成为执行国政的中心，朝廷

印度/巴基斯坦/孟加拉							帕那瓦王国	朱罗王国	公元
瞿折罗-普拉蒂哈腊王朝	兆汉王朝	卡拉丘里第三王朝	沙希王朝	拉喜特拉库塔王朝	东恒伽王朝	巴拉王朝			
23 米喜拉·波阇一世	⋮（?）⋮		⋮（?）⋮	45 阿默伽瓦尔沙一世	15 普里西维帕蒂一世	5 纳腊延腊巴拉	15 恩里帕滕伽跋摩	13 毗查耶拉耶	858
24				46	16	6	16	14	859
25				47	17	7	17	15	860
26				48	18	8	18	16	861
27				49	19	9	19	17	862
28				50	20	10	20	18	863
29				51	21	11	21	19	864
30				52	22	12	22	20	865
31				53	23	13	23	21	866
32				54	24	14	24	22	867
33				55	25	15	25	23	868
34				56	26	16	26	24	869
35				57	27	17	27	25	870
							1 阿巴罗吉塔跋摩		
36				58	⋮（?）⋮	18	2	26	871
								1 阿迭多一世	
37				59		19	3	2	872
38				60		20	4	3	873
39				61		21	5	4	874
40		1 柯卡拉一世		62		22	6	5	875
41		2		63		23	7	6	876
42		3		64		24	8	7	877
				1（?）克利希那二世					
43		4		2		25	9	8	878
44		5		3		26	10	9	879

正式称"摄政",至877年,其子藤原基经改任"关白"(天皇年长亲政后,"摄政"改称"关白",辅助天皇总揽国事),开仅为举行仪典的场所。直到1086年"院政"出现后,摄关政治随之衰落,史称这一时期(866～1086)为**"摄关时代"**。

附录 1

公元	中国 唐	朝鲜/韩国 新罗	朝鲜/韩国	日本	越南 环王国（占城）	缅甸		老挝
880	广明1 僖宗李儇	6 宪康王金晸		元庆4 阳成天皇	(?)释利阇耶僧伽跋摩一世	3 丹尼	20 阿利因陀摩	
881	2 / 中和①1	7		5	：	4	21	
882	2	8		6		5	22	
883	3	9		7		6	23	
884	4	10		8㊁让位 / 光孝天皇㊁		7	24	
885	5 / 光启㊂1	11		9 / 仁和㊁1	第六王朝	8	25 / 1（佚名）	
886	隋 2	12 / 1 定康王金晃		平 2	9	传说中的蒲甘王朝 10	前 2	
887	3	2 / 1 真圣女王金曼		3㊂卒 / 宇多天皇㊂	10	11	3	
888	唐 4 / 文德㊀1[昭宗㊂]	2		4	安 11	12	勃 4	
889	龙纪1 昭宗李晔	3		5 / 宽平㊃1	12	13	5	
890	大顺1	4		2	13	14	固 6	
891	时 2	5		时 3	14	15	7	
892	景福1	6		4	甘 15	16	王 8	
893	2	7		5	16	17	9	
894	乾宁1	8		6	王 17	18	10	
895	期 2	9		代 7	朝 18	19	朝 11	
896	3	10		8	19	20	12	
897	4	11 / 1 孝恭王金峣		9㊄让位 / 醍醐天皇㊄	20	21	13	
898	5 / 光化㊇1	2		10 / 昌泰㊃1	21	22	14	
899	2	3	后百济	2	22	23	15	
900	3	4	1 甄宣②	3	第七王朝 1(?)诃罗跋摩	24	16	
901	4 / 天复㊃1	5	2	4 / 延喜㊄1	：		17	

① 在位年不详。
② 甄宣本姓李，**新罗**末年在各地起义中举兵自立，公元900年，称后百济王，定都完山州（今全州），占据半岛西南部。
③ 在位年不详。**旃陀罗王朝**约始于10世纪初。

印度/巴基斯坦/孟加拉									公元
							帕那瓦王国	朱罗王国	
45 米喜拉·波阇一世	：(?)瓦克巴底一世①	6 柯卡拉一世	：(?)	4 克利希那二世	：(?)	27 纳腊延腊巴拉	11 阿巴罗吉塔跋摩	10 阿迭多一世	880
46	：	7	：	5	：	28	12	11	881
47		8		6		29	13	12	882
48		9		7		30	14	13	883
49		10		8		31	15	14	884
50		11		9		32	16	15	885
1 摩哂陀罗巴拉一世									
2（瞿折罗—普拉蒂哈腊王朝）	兆汉王朝	12（卡拉丘里第三王朝）	沙喜希王朝	10（拉喜特拉库塔王朝）	东恒伽王朝	33（巴拉王朝）	17	16	886
3		13		11		34	18	17	887
4		14		12		35	19（亡于朱罗王国）	18	888
5		15		13		36		19	889
6		16		14		37		20	890
7		17		15		38		21	891
8		18		16		39		22	892
9		19		17		40		23	893
10		20		18		41		24	894
11		21		19		42		25	895
12		22		20		43		26	896
13		23		21		44		27	897
14		24		22		45		28	898
15		25		23		46		29	899
16		26		24		47	：(?)普尔纳·旃陀罗③（旃陀罗王朝）	30	900
17		27		25		48	：	31	901

公元	中 国			朝鲜/韩国		
	唐			新 罗		后百济
902	天复2 昭宗李晔			6 孝恭王金峣		3 甄宣
903	隋唐时期	3		7	摩 振	4
904		4		8	武泰1 弓裔①	5
		天祐圉四1[哀帝八]			圣册1	
905		2 哀帝李柷		9		6
906		3		10	2	7
907		4（亡于后梁）		11	3	8
	辽	后 梁				
		开平四1 太祖朱温				
908		2		12	4	9
909	宋	3		13	5	10
910	夏	4		14	6	11
					泰 封	
911	金	5		15	永德万岁1 弓裔②	12
		乾化五1				
912	时	2[郢王八]		16	2	13
				1 神德王朴景晖③		
913	期	凤历1 郢王朱友珪		2	3	14
		乾化二2 末帝朱友贞				
914		4		3	政开1	15
915		5		4	2	16
		贞明四1	辽			
916		2	神册二1 太祖耶律阿保机	5	3	17
917	期	3	2	6	4	18
				1 景明王朴昇英		
918		4	3	2	5（亡于高丽）	19
					高 丽	
					1 太祖神圣王王建④	

① 弓裔姓金，出身新罗王室。在新罗北部起兵自立，公元901年称王，904年立国号"**摩振**"，年号"**武泰**"。
② 是年改国号"**泰封**"。
③ 孝恭王卒，无嗣，政权转入朴氏手中。
④ 公元918年，**泰封**国重臣王建杀国主弓裔称王，改国号为"**高丽**"（史称"**王氏高丽**"），都开京（今开城）。继灭**新罗**、

日　本	越　南 环王国（占城）	缅　甸		老　挝
延喜2醍醐天皇	∶（?）诃罗跋摩 ∶	25 丹尼	18（佚名） 1 只因陀	
3		26	2	
4		27	3	
5		28	4	
6		29	5	
7		1 沙里维伽	6	
8		2	7	
9		3	8	
10		4	9	
11		5	10	
12		6	11	
13		7	12	
14		8	13	
15		9	14	
16		10	15	
17		1 梯因屈	16	
18	1（?）因陀罗跋摩三世	2 3 4	1 弥加提波只 2	

注：日本侧纵排文字为「平安时代」。越南侧纵排文字为「第七王朝」。缅甸左栏纵排文字为「传说中的蒲甘王朝」，右栏为「前勃固王朝」。

后百济后，向北方扩展，统一朝鲜半岛。

1013

印度/巴基

瞿折罗—普拉蒂哈腊王朝	兆汉王朝	卡拉丘里第三王朝	沙希王朝	拉喜特拉库塔王朝
18 摩哂陀罗拉一世	：(?) ：	28 柯卡拉一世	：(?) ：	26 克利希那二世
19		29		27
20		30		28
21		31		29
22		32		30
23		33		31
24		34		32
25		35		33
26		36		34
1 婆阇二世		37		35
2		38		36
3		39		37
1 摩希巴拉		40		1(?)因陀罗三世
2		41		2
3		42		3
4		43		1 阿默伽瓦尔沙二世
5		44		2
6				1 戈文达四世
7				

① 在位年不详。

斯坦/孟加拉

东恒伽王朝	巴拉王朝	旃陀罗王朝	朱罗王国	公元
⋮(?) ⋮	49 纳腊延腊巴拉	⋮	32 阿迭多一世	902
	50		33	903
	51		34	904
	52		35	905
	53		36	906
	54		37	907
			1 巴兰答伽一世	
	55	⋮(?)苏伐尔纳·旃陀罗①	2	908
	1(?)罗伽巴拉			
	2		3	909
	3		4	910
	4		5	911
	5		6	912
	6		7	913
	7		8	914
	8		9	915
	9		10	916
	10		11	917
	11		12	918

公元	中国			朝鲜/韩国		
	后梁	辽	新罗	高丽	后百济	
919	贞明5末帝朱友贞	神册4太祖耶律阿保机	3景明王朴昇英	2太祖神圣王王建	20甄宣	
920	6	5	4	3	21	
921	7	6	5	4	22	
	龙德㊄1					
922	2	7	6	5	23	
		天赞㊁1				
923	3（亡于后唐）	2	7	6	24	
	后唐					
	同光㊃1 庄宗李存勖					
924	2	3	8	7	25	
			1景哀王朴魏膺			
925	3	4	2	8	26	
926	4	5	3	9	27	
	天成㊃1 明宗李嗣源	天显㊁1				
927	2	2 太宗耶律德光㊆	4	10	28	
			1敬顺王朴金溥			
928	3	3	2	11	29	
929	4	4	3	12	30	
930	5	5	4	13	31	
	长兴㊁1					
931	2	6	5	14	32	
932	3	7	6	15	33	
			7			
933	4[闵帝㊆]	8	8	16	34	
934	应顺1闵帝李从厚	9		17	35	
	清泰㊃1 末帝李从珂		9（降高丽）			
935	2	10		18	36	
					1甄神剑	
936	3（亡于后晋）	11		19	2（亡于高丽）	
	后晋					
	天福㊆1 高祖石敬瑭					

日本	越南 环王国(占城)	缅甸	缅甸	老挝
延喜19 醍醐天皇	2 因陀罗跋摩三世	5 梯因屈	3 弥加提波只	
20	3	6	4	
21	4	7	5	
22	5	8	6	
23		9	7	
延长㊃ 1	6	10	8	
2	7	11	9	
3	8	12	10	
4	9	13	11	
5		14		
6	10	14	12	
7	11	15	13	
8㊈让位 朱雀天皇㊆	12	16	14	
9	13	17	15	
承平㊃ 1	14	1 良宇修罗汉	16	
2	15	2	1 乔沙兜多	
3	16	3	2	
4	17	4	3	
5	18	5	4	
6	19	6	5	

注:日本栏左侧纵书"平安时代";越南栏左侧纵书"第七王朝";缅甸第一栏左侧纵书"传说中的蒲甘王朝";缅甸第二栏左侧纵书"前勃固王朝"。

附 录 1

瞿折罗－普拉蒂哈腊王朝	兆汉王朝	卡拉丘里第三王朝	沙希王朝	拉喜特拉库塔王朝
8 摩希巴拉 9	⋮(?) ⋮	45 柯卡拉一世 46	⋮(?) ⋮	2 戈文达四世 3
10		47		4
11		48		5
12		49		6
13		50		7
14		51		8
15		⋮(?) ⋮		9
16				10
17				11
18				12
19				13
20	⋮(?)辛哈罗阇① ⋮			14
21				15
22				16
23				17
24				18
25				19

① 在位年不详。

斯坦/孟加拉				朱罗王国	公元
⋮(?)		12 罗伽巴拉	⋮(?)罗卢伽·旃陀罗	13 巴兰答伽一世	919
⋮		13	1(?)室利·旃陀罗	14	920
		14	2	15	921
		15	3	16	922
		16	4	17	923
东	巴	17	旃 5	18	924
		18	6	19	925
恒	拉	19	陀 7	20	926
		20	8	21	927
伽	罗	21	罗 9	22	928
		22	10	23	929
王	王	23	11	24	930
		24	12	25	931
朝	朝	25	王 13	26	932
		26	朝 14	27	933
		27	15	28	934
		28	16	29	935
		29	17	30	936

公元	中 国		朝鲜/韩国	日 本
	后 晋	辽	高 丽	
937	天福 2 高祖石敬瑭	天显 12 太宗耶律德光	20 太祖神圣王王建	承平 7 朱雀天皇
938	3	13 会同⑫1	21	8 天庆⑮1
939	4	2	22	2
940	5	3	23	3
941	6	4	24	4
942	7 出帝石重贵⑯	5	25	5
943	8	6	26 1 惠宗义恭王王武	6
944	9 开运⑰1	7	2	7
945	2	8	3 1 定宗文明王王尧	8
946	3（亡于辽） **后 汉**	9	2	9⑭让位 村上天皇⑭
947	天福⊖12 高祖刘知远	10 大同⊖1［世宗⑭］ 天禄⑨1 世宗耶律阮	3	10 天历⑭1
948	乾祐 1 隐帝刘承祐⊖	2	4	2
949	2	3	5 1 光宗大成王王昭	3
950	3（亡于后周） **后 周**	4	2	4
951	广顺 1 太祖郭威	5 应历⑨1 穆宗耶律璟	3	5
952	2	2	4	6
953	3	3	5	7

辽 宋 夏 金 时 期

平 安 时 代

① 吴权原为**中国南汉**政权静海军节度使杨廷艺的部将，公元938年，因杨廷艺被杀而在其辖地爱州起兵，翌年称王（**越南**
② 名不详。

越 南		缅 甸		老 挝
环王国（占城）	南晋王国 / 吴朝	传说中的蒲甘王朝	前勃固王朝	
20 因陀罗跋摩三世（第七王朝）		7 良宇修罗汉	6 乔沙兜多	
21		8	7	
	南晋王国			
22	1 前吴王吴权①	9	8	
23	2	10	9	
24	3	11	10	
25	4	12	11	
26	5	13	1 迦罗毗迦	
27	6	14	2	
	1（吴权之子②）			
28	2	15	3	
	1 平王杨三哥			
29	2	16	4	
30	3	17	5	
31	4	18	6	
32	5	19	7	
33	6	20	8	
	1 后吴王吴昌元		9	
34	2	21	10	
35	3	22	11	
36	4	23	12	

（越南：第七王朝、吴朝；缅甸：前勃固王朝）

古史称"前吴王"），都古螺城。

26 摩希巴拉	⋮(?)⋮	⋮(?)⋮	⋮(?)⋮		
27					
28					
29					
30	兆	卡	沙		
31	汉	拉	希		
32		丘			
33①		里			
⋮(?)⋮	王	第	王		
瞿折罗－普拉蒂哈腊王朝	朝	三王朝	朝	巴拉马拉王朝	1西亚伽二世 2 3
	1(?)拉克什曼纳罗阇 ⋮				4 5 6
	⋮			查拉健王朝	⋮(?)⋮

① 公元944年败于**拉喜特拉库塔王朝**后衰微，其承袭关系不详，只知末王为罗伽巴拉。

斯坦/孟加拉

				朱罗王国	公　元
20 戈文达四世 1 阿默伽瓦尔沙三世 2	∶(?) ∶	30 罗伽巴拉	18 室利·旃陀罗	31 巴兰答伽一世	937
		31	19	32	938
3		32	20	33	939
1 克利希那三世 2		33 1(?)戈巴拉二世	21	34	940
3		2	22	35	941
4		3	23	36	942
拉喜特拉库塔王朝 5	东恒伽罗王朝	巴拉王朝 4	旃陀罗王朝 24	37	943
6		5	25	38	944
7		6	26	39	945
8		7	27	40	946
9		8	28	41	947
10		9	29	42	948
11		10	30	43	949
12		11	31	44	950
13		12	32	45	951
14		13	33	46	952
15		14	34	47	953

公元		中国		朝鲜/韩国		日本
		后周	辽	高丽		
954		显德1世宗柴荣	应历4穆宗耶律璟	6光宗大成王王昭		天历8村上天皇
955		2	5	7		9
956		3	6	8		10
957		4	7	9		11
						天德⑩1
958		5	8	10		2
959		6	9	11		3
960		7(亡于宋)	10	12		4
	辽	北宋			平	
		建隆1太祖赵匡胤				
961		2	11	13		5
	宋					应和②1
962		3	12	14	安	2
963	夏	4	13	15		3
		乾德⑪1				
964		2	14	16		4
	金					康保⑦1
965		3	15	17	时	2
966	时	4	16	18		3
967		5	17	19		4⑤卒
	期				代	冷泉天皇⑩
968		6	18	20		5
		开宝⑪1				安和⑧1
969		2	19	21		2⑧让位
			保宁②1景宗耶律贤			圆融天皇⑨
970		3	2	22		3
						天禄③1
971		4	3	23		2
972		5	4	24		3

① 公元945年，吴权去世后，杨三哥篡夺其长子吴昌岌王位，各地豪强不服，纷纷独立，自称使君，互相混战，日益激烈，杜景公据杜洞；阮游奕据王槁；阮郎公据超类；阮合公据仙游；吕左公据细江；阮右公据扶列；矫令公据洄湖；范防遏

② **大瞿越国**为丁部领于公元968年平十二使君之乱后所建，都华闾（今宁平）。丁将全国分为十道，版图包括今**越南**北、成为**越南**第一个自主的封建国家”（见《世界历史辞典》）。

越南		缅甸		老挝
环王国（占城）	南晋王国			
37 因陀罗跋摩三世	5 后吴王吴昌元	24 良字修罗汉	13 迦罗毗迦	
			1 毕娑罗	
38	6	25	2	
39	7	26	3	
40	8	27	4	
41	9	28	5	
42	10	29	6	
1 阖耶因陀罗跋摩一世	11	30	7	
2	12	31	8	
3	13	32	9	
4	14	33	10	
5	15	34	11	
6	16	1 混罗恭骠	12	
		2		
7	（十二使君割据称雄①）	3	13	
8	**大瞿越国**②	4	14	
	1 大胜明皇帝丁部领		1 阿多他	
9	2	5	2	
10	3	6	3	
11	4	7		
12	5	8	5	
		9	6	
1 波罗密首罗跋摩一世	6			

左侧竖排朝代名：环王国——第七王朝；南晋王国——吴朝、丁朝；缅甸①——传说中的蒲甘王朝；缅甸②——前勃固王朝。

史称"十二使君之乱"。十二使君名称及割据地区史载不一，据《越史略》载：矫三制据峰州，阮太平据阮家；陈公览据唐林；□□□据藤州；陈明公据江布口。直到 968 年，陈明公部将丁部领削平十二使君，建**大瞿越国**

中部。973 年，**中国北宋**王朝封丁为交趾郡王，视其为"藩属"，故有学者认为："**越南**从此摆脱了**中国**的郡县统治，**大瞿越国**

瞿折罗—普拉蒂哈腊王朝	兆汉王朝	章德拉王朝	卡拉丘里第三王朝	沙希王朝	巴拉马拉王朝	查拉健王朝
⋮（?）⋮	⋮（?）⋮	1 丹伽	⋮（?）⋮	⋮（?）⋮	7 西亚伽二世	⋮（?）⋮
		2			8	
		3			9	
		4			10	
		5			11	
		6			12	
		7			13	
		8			14	1 穆拉罗阇
		9			15	2
		10			16	3
						4
					17	5
		11				
		12			18	
		13			19	6
		14			20	7
						8
		15			21	
		16			22	9
		17			23	
						10
		18			24	11
		19			25	12

斯坦/孟加拉

拉喜特拉库塔王朝	东恒伽王朝	巴拉王朝	旃陀罗王朝	朱罗王国	公元
16 克利希那三世	：（?） ：	15 戈巴拉二世	35 室利·旃陀罗	： ：	954
17		16	36		955
18		17	37	1 阿迭多二世	956
19		18	38	2	957
20		19	39	3	958
21		20	40	4	959
22		21	41	5	960
		1（?）维格腊哈巴拉二世			
23		2	42	6	961
24		3	43	7	962
25		4	44	8	963
26		5	45	9	964
27		6	46	10	965
28		7	47	11	966
29		8	48	12	967
30		9	49	13	968
1 柯迪伽		10	50	14	969
2				1 曼多朗太喀·乌太曼	
3		11	51	2	970
			1（?）迦利耶那·旃陀罗		
4		12	2	3	971
5		13	3	4	972
1 阿默伽瓦尔沙四世					

公元	中国		朝鲜/韩国	日本
	北宋	辽	高丽	
973	开宝6太祖赵匡胤	保宁5景宗耶律贤	25光宗大成王王昭	天禄4圆融天皇 天延㊆1
974	7	6	26	2
975	8	7	27 1景宗献和王王仙	3
976	9[太宗⊕] 太平兴国㊎1太宗赵光义	8	2	4 贞元㊆1
977	2	9	3	2
978	3	10	4	3 天元㊆1
979	4	11 乾亨㊆1	5	2
980	5	2	6	3
981	6	3	7 1成宗文懿王王治	4
982	7	4[圣宗㊈]	2	5
983	8	5 统和㊅1圣宗耶律隆绪	3	6 永观㊄1
984	9 雍熙㊆1	2	4	2㊇让位 花山天皇⊕
985	2	3	5	3 宽和㊄1
986	3	4	6	2㊈让位 一条天皇⊕
987	4	5	7	3
988	端拱1	6	8	永延㊄1 2
989	2	7	9	3 永祚㊇1

① 黎桓原为丁朝十道将军，是年称帝自立，改元"天福"，史称"前黎朝"。

② 第八王朝。

越南			缅甸		老挝
环王国(占城)		大瞿越国			
2 波罗密首罗跋摩一世	丁	7 大胜明皇帝丁部领	10 混罗恭骠	7 阿多他	
3		8	11	8	
4		9 丁琏	12	9	
第 5		10	13	10	
6		11	14	11	
7		12	15	12	
8	朝	13 丁璇	16	13	
七 9		14	17	14	
		天福1 黎桓①			
10	前	2	18	15	
王 11		3	19	16	
1 因陀罗跋摩四世				1 阿奴耶摩	
2		4	20	2	
3	黎	5	21	3	
朝 4		6	22	4	
5		7	23	5	
1 刘继宗			1 弃须		
2		8	2	6	
3	朝	9	3	7	
② 1 俱释利因陀罗跋摩二世		10	4	8	

左栏竖排：越南 环王国(占城) — 第七王朝；大瞿越国 — 丁朝、前黎朝；缅甸 — 传说中的蒲甘王朝、前勃固王朝

附录 1

瞿折罗—普拉蒂哈腊王朝①	兆汉王朝	章德拉王朝	卡拉丘里第三王朝	沙希王朝	巴拉马拉王朝	查拉健王朝
⁝(?) ⁝	⁝(?) ⁝	20 丹伽	⁝(?) ⁝	⁝(?) ⁝	26 西亚伽二世	13 穆拉罗阇
		21	1 优婆罗阇二世		27　1 瓦克巴底二世	14
		22	2		2	15
		23	3		3	16
		24	4		4	17
		25	5		5	18
	⁝(?)维格腊哈阇二世③	26	6	1(?)伽帕尔②	6	19
		27	7	2	7	20
		28	8	3	8	21
		29	9	4	9	22
		30	10	5	10	23
		31	11	6	11	24
		32	12	7	12	25
		33	13	8	13	26
		34	14	9	14	27
		35	15	10	15	28
		36	16	11	16	29

① 拉喜特拉库塔王朝。
② 公元 979 年前即位。
③ 在位年不详。

斯坦/孟加拉

西遮娄其王朝	东恒伽王朝	巴拉王朝	旃陀罗王朝	朱罗王国	公元
① 2(亡于西遮娄其王朝) 1 台拉二世	∶(?) ∶	14 维格腊哈 巴拉二世	4 迦利耶那·旃陀罗	5 曼多朗太咯·乌太曼	973
2		15	5	6	974
3		16	6	7	975
4		17	7	8	976
5		18	8	9	977
6		19	9	10	978
7		20	10	11	979
8		21	11	12	980
9		22	12	13	981
10		23	13	14	982
11		24	14	15	983
12		25	15	16	984
13		26	16	17 1 罗阇罗阇一世	985
14		27	17	2	986
15		28	18	3	987
16		29	19	4	988
17		1(?)摩希巴拉一世 2	20	5	989

西遮娄其王朝　东恒伽王朝　巴拉王朝　旃陀罗王朝

附录1

公元	中国		朝鲜/韩国	日本
	北宋	辽	高丽	
990	淳化 1 太宗赵光义	统和 8 圣宗耶律隆绪	10 成宗文懿王王治	永祚 2 一条天皇 正历⊖1
991	2	9	11	2
992	3	10	12	3
993	4	11	13	4
994	5	12	14	5
995	至道 1	13	15	6 长德⊖1
996	2	14	16	2
997	3[真宗⊖]	15	17	3
			1 穆宗宣让王王诵	
998	咸平 1 真宗赵恒	16	2	4
999	2	17	3	长保⊖1
1000	3	18	4	2
1001	4	19	5	3
1002	5	20	6	4
1003	6	21	7	5
1004	景德 1	22	8	6 宽弘⊕1
1005	2	23	9	2
1006	3	24	10	3
1007	4	25	11	4
1008	大中祥符 1	26	12	5
1009	2	27	13	6
			1 显宗元文王王询	
1010	3	28	2	7
1011	4	29	3	8⊗让位 三条天皇⊕

（左侧竖排：辽宋夏金时期；右侧竖排：平安时代）

① 李公蕴原为前黎朝左亲卫殿前指挥使。公元 1009 年，黎龙铤死后，自立为帝。翌年，改元"顺天"，迁都大罗城，改名

越南			缅甸		老挝
环王国（占城）		大瞿越国			
2 俱释利因陀罗跋摩二世	前黎朝	天福 11 黎桓	5 弃须	9 阿奴耶摩	
3		12	6	10	
4		13	7	11	
			1 须迦帝		
5		14	2	12	
6		15	3	13	
				1 弥伽提波尼	
7		16	4	2	
8（第八王朝）		17	5	3	
9		18	6	4	
⋮		19	7	5	
⋮		20	8	6	
1 毗阇耶		21	9	7	
2		22	10	8	
3		23	11	9	
4		24	12	10	
5		25	13	11	
6		26 中宗黎龙钺　景瑞 1 黎龙铤	14	1 黳加他曼多	
7		2	15	2	
8		3	16	3	
9		4	17	4	
⋮		5［太祖］	18	5	
⋮				6	
1（？）诃黎跋摩二世	李朝	顺天 1 太祖神武帝李公蕴①	19	7	
⋮		2	20	8	

缅甸：传说中的蒲甘王朝／前勃固王朝

① 昇龙（今河内）。

瞿折罗—普拉蒂哈腊王朝	兆汉王朝	章德拉王朝	卡拉丘里第三王朝	沙希王朝	巴拉马拉王朝	查拉健王朝
⋮(?)	⋮(?)	37 丹伽	17 优婆罗阇二世	12 伽帕尔	17 瓦克巴底二世	30 穆拉罗阇
⋮	⋮	38	18	13	18	31
		39	19	14	19	32
		40	20	15	20	33
		41	21	16	21	34
		42	22	17	22	35
		43	1(?)柯卡拉二世	18	⋮(?)	36
		44	2	19	⋮	⋮
		45	3	20		⋮
		46	4	21		
		47	5	22		
		48	6	23		
		49	7	24		
		1 甘茶	8	1 阿南达帕尔		
		2	9	2		
		3	10	3		
		4		1(?)特里洛章帕尔		
				2		
		5	11	3		
		6	12	4	4	
		7	13	5	5	
		8	14	6	6	
		9	15	7	1 波阇	
		10	16	8	2	

① 约 11 世纪在位。

斯坦/孟加拉

				朱罗王国	公元
18 台拉二世	：（？） ：	3 摩希巴拉一世	21 迦利耶那·旃陀罗	6 罗阇罗阇一世	990
19		4	22	7	991
20		5	23	8	992
21		6	24	9	993
22		7	25	10	994
23		8	26	11	995
24		9	1 罗陀·旃陀罗	12	996
25	东	10	2	13	997
1 萨迭斯拉耶		11	3	14	998
2	恒	12	4	15	999
3		13	5	16	1000
4	伽	14	6	17	1001
5		15	7	18	1002
6	王	16	8	19	1003
7		17	9	20	1004
8	朝	18	10	21	1005
9		19	11	22	1006
10		20	12	23	1007
11		21	13	24	1008
12		22	14	25	1009
1 超月王一世		23	15	26	1010
2	：（？）瓦查拉	24	16	27	1011
3	： 哈斯三世[①]		17		
4					

西遮娄其王朝　东恒伽王朝　巴拉王朝　旃陀罗王朝

公元	中 国		朝鲜/韩国 高 丽	日 本
	北 宋	辽		
1012	大中祥符 5 真宗赵恒	统和 30 圣宗耶律隆绪 开泰㊇1	4 显宗元文王王询	宽弘 9 三条天皇 长和㊇1
1013	6	2	5	2
1014	7	3	6	3
1015	8	4	7	4
1016	9	5	8	5㊀让位 后一条天皇㊀
1017	天禧 1	6	9	6
1018	2	7	10	宽仁㊃1
1019	3	8	11	2
1020	4	9	12	3
1021	5	10	13	4
1022	乾兴 1[仁宗㊀]	太平㊇1 2	14	治安㊀1 2
1023	天圣 1 仁宗赵祯	3	15	3
1024	2	4	16	4
1025	3	5	17	万寿㊉1 2
1026	4	6	18	3
1027	5	7	19	4
1028	6	8	20	5 长元㊉1
1029	7	9	21	2
1030	8	10	22	3
1031	9	11	23	4
1032	10	景福㊅1 兴宗耶律宗真 2	1 德宗敬康王王钦 2	5
1033	明道㊉1 2	重熙㊉1 2	3	6

辽
宋
夏
金
时
期

平
安
时
代

越　　南		缅　　甸		老　　挝
环王国（占城）	大瞿越国			
：（?）	顺天3 太祖神武帝李公蕴	21 须迦帝	9 翳加他曼多	
：	4	22	10	
：（?）施离霞离鼻麻底	5	23	11	
：	6	24	12	
第 八 王 朝	7	25	13	
	8	26	1 乌波罗	
	李 9	27	2	
1（?）尸嘿排摩㦬	10	28	前 3	
：	11	29	4	
：	12	30	勃 5	
	13	31	6	
	14	传 32	固 7	
	15	说 33	8	
	16	中 34	王 9	
	朝 17	的 35	朝 10	
	18	蒲 36	11	
	19	甘 37	12	
	天成1 太宗李佛玛	王	13	
	2	朝 38	1 般多利迦	
1 毗建陀跋摩四世	3	39	2	
：	4	40	3	
：	5	41	4	
	6	42	5	
			6	

瞿折罗－普拉蒂哈腊王朝	兆汉王朝	章德拉王朝	卡拉丘里第三王朝	沙希王朝	巴拉马拉王朝	查拉健王朝
：(?)	：(?)	11 甘茶	17 柯卡拉二世	9 特里洛章帕尔	3 波阇	：(?)
：	：	12	18	10	4	：
		13	19	11	5	
		14	20	12	6	
		15	1 耿吉亚提婆	13	7	
		16	2	14	8	
		17	3	15	9	
		18	4	16	10	
		1 维迭达拉	5	17	11	
		⋮	6	18	12	
			7	19	13	1 宾曼一世
⋮罗伽巴拉			8	1(?)比姆帕尔	14	2
（亡于伽色尼王朝）			9	2	15	3
			10	3	16	4
			11	4	17	5
			12	5（亡于伽色尼王朝）	18	6
			13		19	7
			14		20	8
	1(?)马希尔帕		15		21	9
	2		16		22	10
	3		17		23	11
	4		18		24	12
			19			

斯坦/孟加拉

西遮娄其王朝	东恒伽王朝	巴拉王朝	旃陀罗王朝	朱罗王国	公元
5 超月王一世	:（？） :	25 摩希巴拉一世	18 罗陀·旃陀罗	28 罗阇罗阇一世	1012
6		26	19	29	1013
7		27	20	30	1014
1 阿耶纳二世					
2		28	21	31	1015
1 查耶辛哈一世			1 伐文达·旃陀罗		
2		29	2	32	1016
				1 拉金德拉·朱罗一世	
3		30	3	2	1017
4		31	4	3	1018
5		32	5	4	1019
6		33	6	5	1020
7		34	7	6	1021
8		35	8	7	1022
9		36	9	8	1023
10		37	10	9	1024
11		38	11	10	1025
12		39	12	11	1026
13		40	13	12	1027
14		41	14	13	1028
15		42	15	14	1029
16		43	16	15	1030
17		44	17	16	1031
18		45	18	17	1032
19		46	19	18	1033

（纵向栏名：西遮娄其王朝、东恒伽王朝、巴拉王朝、旃陀罗王朝）

公元	中国			朝鲜/韩国 高丽	日本
	北宋	辽			
1034	景祐1仁宗赵祯	重熙3兴宗 耶律宗真		4德宗敬康王王钦 1靖宗容惠王王亨	长元7后一条天皇
1035	2	4		2	8
1036	3	5		3	9④卒 后朱雀天皇㊉
1037	4	6		4	10
1038	5	7	**西 夏** 天授礼法延祚1景宗李元昊	5	长历④1 2
1039	宝元㊉1 2	8	2	6	3
1040	3 康定㊀1	9	3	7	4 长久㊉1
1041	2 庆历㊉1	10	4	8	2
1042	2	11	5	9	3
1043	3	12	6	10	4
1044	4	13	7	11	宽德㊉1
1045	5	14	8	12	2㊀让位 后冷泉天皇㊋
1046	6	15	9	13	3
1047	7	16	10	1文宗仁孝王王徽 2	永承㊋1 2
1048	8	17	11[毅宗㊀]	3	3
1049	皇祐1	18	延嗣宁国1毅宗李谅祚	4	4
1050	2	19	天祐垂圣1	5	5
1051	3	20	2	6	6
1052	4	21	3	7	7
1053	5	22	福圣承道1	8	天喜㊀1
1054	6 至和㊂1	23	2	9	2

① 此后的记载较为可靠。
② 是年改称"**大越**"。亦有学者将**大越**国从公元1009年或1010年算起。

1040

	越　南			缅　甸				老　挝
	环王国（占城）		大瞿越国					
第八王朝	⋮（?） ⋮	李 朝	天成7太宗李佛玛	传说中的蒲甘王朝	43须迦帝	前 勃 固 王 朝	7般多利迦	
			8		44		8	
			9		45		9	
			10		46		10	
			11		47		11	
			12		48		12	
			13		49		13	
	1子阇耶僧诃跋摩二世		14		50		14	
	2		15		51		15	
	3		16		52		16	
第九王朝	4		17		53	1帝沙		
	1阇耶波罗密首罗跋摩一世 2		18	蒲 甘 王 朝	1阿奴律陀① 2	2		
	3	朝	19		3	3		
	4		20		4	4		
	5		21		5	5		
	6		22		6	6		
	7		23		7	7		
	8		24		8	8		
	9		25		9	9		
	10		26		10	10		
	11		27		11	11		
			大越国			12		
			龙瑞太平1圣宗李日尊②					

1041

兆汉王朝	5 马希尔帕 6 7 8 9 10 11 12 ⋮ (?)戈文达二世① ⋮	章德拉德拉王朝	⋮ (?) ⋮ (?)凯尔迪伐摩 ⋮ ⋮	卡拉丘里第三王朝	20 耿吉亚提婆 21 22 23 24 25 26 27 1 拉克希弥·卡尔纳 2 3 4 5 6 7 8 9 10 11 12 13 14	巴拉马拉拉王朝	25 波阇 26 27 28 29 30 31 32 33 34 35 36 37 38 39 40 41 42 43 44 45	查拉健王朝	13 宾曼一世 14 15 16 17 18 19 20 21 22 23 24 25 26 27 28 29 30 31 32 33

①② 在位年不详。

斯坦/孟加拉

西遮娄其王朝	东恒伽王朝	巴拉王朝	旃陀罗王朝 / 跋摩王朝	朱罗王国	公元
20 查耶辛哈一世	：(?)：	47 摩希巴拉一世	20 伐文达·旃陀罗	19 拉金德拉·朱罗一世	1034
21		48	21	20	1035
22		49	22	21	1036
23		50	23	22	1037
24		51 / 1 纳亚巴拉	24	23	1038
25		2	25	24	1039
26		3	26	25	1040
27		4	27	26	1041
28 / 1 索美斯伐拉一世		5	28	27	1042
2	：(?)罗阇罗阇一世② ：	6	29	28	1043
3		7	30	29 / 1 罗阇迪罗阇一世	1044
4		8	31	2	1045
5		9	32	3	1046
6		10	33	4	1047
7		11	34	5	1048
8		12	35	6	1049
9		13	36（亡于跋摩王朝）/ 1 诃利跋摩	7	1050
10		14	2	8	1051
11		15	3	9	1052
12		16	4	10	1053
13		17	5	11	1054

附录1

公元	中国				朝鲜/韩国	日本	
		北宋	辽	西夏	高丽		
1055	辽宋夏金时期	至和2仁宗赵祯	重熙24兴宗耶律宗真	福圣承道3毅宗	10文宗仁孝王王徽	平安时代	天喜3后冷泉天皇
			清宁㊇1道宗耶律洪基	李谅祚			
1056		3	2	4	11		4
		嘉祐㊈1					
1057		2	3	奲都1	12		5
1058		3	4	2	13		6
							康平㊇1
1059		4	5	3	14		2
1060		5	6	4	15		3
1061		6	7	5	16		4
1062		7	8	6	17		5
1063		8[英宗㊃]	9	拱化1	18		6
1064		治平1英宗赵曙	10	2	19		7
1065		2	咸雍1	3	20		8
							治历㊇1
1066		3	2	4	21		2
1067		4[神宗㊀]	3	5[惠宗⑫]	22		3
1068		熙宁1神宗赵顼	4	乾道1惠宗	23		4㊃卒
				李秉常			后三条天皇㊆
1069		2	5	天赐礼盛国庆1	24		延久㊃1
1070		3	6	2	25		2
1071		4	7	3	26		3
1072		5	8	4	27		4⑫让位
							白河天皇⑫
1073		6	9	5	28		5
1074		7	10	6	29		6
							承保㊇1

	越 南		缅 甸			老 挝
	环王国（占城）	大越国			前勃固王朝	
第九王朝	12 阇耶波罗密首罗跋摩一世	龙瑞太平2 圣宗李日尊		12 阿奴律陀	13 帝沙	
	13	3		13	14	
	14	4		14	15(亡于蒲甘王朝)	
	15	5		15		
	16	6		16		
	17	7		17		
	1 拔陀罗跋摩二世	李	蒲			
	2	8		18		
	1 律陀罗跋摩三世					
	2	9	甘	19		
	3	10		20		
	4	11		21		
	5	12		22		
	6	13	王	23		
	7	14		24		
	8	15		25		
	9	朝	16	26		
		17	朝	27		
	(混乱)	18		28		
		19		29		
		大宁1 仁宗李乾德				
		2		30		
第十王朝	1 诃黎跋摩三世	3		31		

兆汉王朝	章德拉拉王朝	卡拉丘里第三王朝	巴拉马拉王朝	查拉健王朝
⋮（?） ⋮	⋮（?） ⋮	15 拉克希弥·卡尔纳	46 波阇	34 宾曼一世
		16		35
		17		36
		18	1 乌达耶迭多	37
		19	2	38
		20	3	39
		21	4	40
		22	5	41
		23	6	42
		24	7	43
		25	8	1 卡尔纳一世
				2
		26	9	3
		27	10	4
		28	11	5
		29	12	6
		30	13	7
		31	14	8
		32	15	9
		33	16	10
		1 耶沙·卡尔纳		
		2	17	11

① 为朱罗一遮娄其王国代替。

1046

斯坦/孟加拉

西遮娄其王朝	东恒伽王朝	巴拉王朝	跋摩王朝	朱罗王国	公元
14 索美斯伐拉一世	⋮(?) ⋮	18 纳亚巴拉 / 1 维格腊哈巴拉三世	6 诃利跋摩	12 罗阇迪罗阇一世	1055
15		2	7	13	1056
16		3	8	14	1057
17		4	9	15	1058
18		5	10	16	1059
19		6	11	17	1060
20		7	12	18	1061
21		8	13	19	1062
22		9	14	20	1063
23		10	15	21	1064
24		11	16	1 毗罗·拉金德拉 / 2	1065
25		12	17	3	1066
26		13	18	4	1067
27		14	19	5	1068
1 索美斯伐拉二世		15	20	6	1069
2		16	21	7①	1070
3		1 摩希巴拉二世		**朱罗—遮娄其王国** / 1 库罗通伽一世	
4		2	22	2	1071
5		3	23	3	1072
6		4	24	4	1073
7		5	25	5	1074

公元		中国 北宋	中国 辽	中国 西夏	朝鲜/韩国 高丽
1075	辽宋夏金时期	熙宁 8 神宗赵顼	大康 1 道宗耶律洪基	大安 1 惠宗李秉常	30 文宗仁孝王王徽
1076		9	2	2	31
1077		10	3	3	32
1078		元丰 1	4	4	33
1079		2	5	5	34
1080		3	6	6	35
1081		4	7	7	36
1082		5	8	8	37
1083		6	9	9	38
					1 顺宗宣惠王王勋
					1 宣宗思孝王王运
1084		7	10	10	2
1085		8[哲宗㊂]	大安 1	11	3
1086		元祐 1 哲宗赵煦	2	天安礼定 1	4
				天仪治平㊆1 崇宗李乾顺	
1087		2	3	2	5
1088		3	4	3	6
1089		4	5	4	7
1090		5	6	天祐民安 1	8
1091		6	7	2	9
1092		7	8	3	10
1093		8	9	4	11

① 是年底，白河天皇让位于年仅八岁的堀河天皇，自立为“太上天皇”。为对抗长年专权的外戚藤原氏，在居处建立“院
“**摄关时代**”的结束。自公元 1086 年院厅建立，至 1192 年（一说 1185）**镰仓幕府**的建立，史称为“**院政时代**”。

日本	越南		缅甸	老挝
	环王国（占城）	大越国		
承保2 白河天皇	2 诃黎跋摩三世	大宁4 仁宗李乾德	32 阿奴律陀	
3	3	英武昭圣1	33	
4	4	2	34	
承历㊀1			1 修罗	
2	5	3	2	
3	第 6	4	蒲 3	
4	7	5	4	
	1 阇耶因陀罗跋摩二世			
	1 波罗摩菩提萨垂			
平 5	十 2	6	甘 5	
永保㊁1	3	7	6	
安 2	4	8	7	
3	王			
时 4	5	9	王 8	
应德㊂1			1 江喜陀	
代 2	6	10	2	
3㊂让位	朝 7	11	朝 3	
堀河天皇㊃①	1 阇耶因陀罗跋摩二世（复位）			
4	2	12	4	
宽治㊃1	3	13	5	
2	4	14	6	
3	5	15	7	
4	6	16	8	
5	7	会丰1	9	
6	8	2	10	

厅"，任命院厅官吏，并置北面武士护卫太上天皇和院厅，收国政大权悉归院厅，利用武士力量抑制摄政、关白的势力，标志着

兆汉王朝	章德拉王朝	伽哈达伐拉王朝	卡拉丘里第三王朝	巴拉马拉王朝	查拉健王朝
⋮(?) ⋮	⋮(?) ⋮		3 耶沙·卡尔纳	18 乌达耶迭多	12 卡尔纳一世
			4	19	13
			5	20	14
			6	21	15
			7	22	16
			8	23	17
			9	24	18
			10	25	19
			11	26	20
			12	27	21
			13	28	22
			14	29	23
			15	30	24
⋮(?)阿阇亚罗阇① ⋮		⋮(?)旃陀罗提婆② ⋮	16	⋮(?) ⋮	25
			17		26
			18		27
			19		28
			20		29
			21		30

① 在位年不详。
② 11 世纪末在位。

1050

斯坦/孟加拉

西遮娄其王朝	东恒伽王朝	巴拉王朝	跋摩王朝	朱罗－遮娄其王国	公元
8 索美斯伐拉二世	⋮(?)⋮	6 摩希巴拉二世 1 迪夫耶	26 诃利跋摩	6 库罗通伽一世	1075
9 1 超日王二世	1(?)阿南泰伐摩·朱达恒加提婆	2	27	7	1076
2	2	3	28	8	1077
3	3	4 1 卢德罗伽 1 宾曼 1 罗摩巴拉	29	9	1078
4	4	2	30	10	1079
5	5	3	31	11	1080
6	6	4	32	12	1081
7	7	5	33	13	1082
8	8	6	34	14	1083
9	9	7	35	15	1084
10	10	8	36	16	1085
11	11	9	37	17	1086
12	12	10	38	18	1087
13	13	11	39	19	1088
14	14	12	40	20	1089
15	15	13	41	21	1090
16	16	14	42	22	1091
17	17	15	43	23	1092
18	18	16	44	24	1093

公元	中国			朝鲜/韩国
	北宋	辽	西夏	高丽
1094	元祐9哲宗赵煦 绍兴㉃1	大安10道宗耶律洪基	天祐民安5崇宗李乾顺	12宣宗思孝王王运 1献宗恭殇王王昱
1095	2	寿昌1	6	2 1肃宗明孝王王颙
1096	3	2	7	2
1097	4	3	8	3
1098	5	4	永安1	4
1099	元符㉅1 2	5	2	5
1100	3[徽宗㊀]	6	3	6
1101	建中靖国1徽宗赵佶 乾统㊀1	7天祚帝耶律延禧㊀	贞观1	7
1102	崇宁1	2	2	8
1103	2	3	3	9
1104	3	4	4	10
1105	4	5	5	11 1睿宗文孝王王俣
1106	5	6	6	2
1107	大观1	7	7	3
1108	2	8	8	4
1109	3	9	9	5
1110	4	10	10	6
1111	政和1	天庆1	11	7
1112	2	2	12	8

左侧竖排：辽宋夏金时期

日　本	越　南		缅　甸	老　挝
	环王国(占城)	大越国		
宽治8堀河天皇	9阇耶因陀罗跋摩二世	会丰3仁宗李乾德	11江喜陀	
嘉保㊆1				
2	10	4	12	
3	11	5	13	
永长㊆1				
2	12	6	14	
承德㊆1				
2	13	7	15	
3	14	8	16	
康和㊇1				
2	15	9	17	
3	16	10	18	
4	17	11	19	
5	18	12	20	
6	19	13	21	
长治㊁1				
2	20	14	22	
3	21	15	23	
嘉承㊃1	22	16	24	
2㊆卒				
鸟羽天皇㊄	23	17	25	
3				
天仁㊇1	24	18	26	
2	25	19	27	
3				
天永㊆1				
2	26	20	28	
3	27	21	29	
			1阿隆悉都	

日本：平安时代
越南（环王国）：第十王朝
越南（大越国）：李朝
缅甸：蒲甘王朝

兆汉王朝	章德拉拉王朝	伽哈达伐拉王朝	卡拉丘里第三王朝	巴拉马拉王朝	查拉健王朝
⋮(?) ⋮	⋮(?) ⋮	⋮(?) ⋮	22 耶沙·卡尔纳	⋮(?) ⋮	31 卡尔纳一世 1 查那辛哈·西达罗阇 2
			23		3
			24		4
			25		5
			26		6
			27		7
			28	⋮(?) 耶波婆曼 ⋮	8
			29		9
			30		10
			31		11
		(1)? 马达那巴拉	32		12
		2	33		13
		3	34		14
		4	35		15
		5	36		16
		6	37		17
		7	38		18
		8	39		19
		9	40		

斯坦/孟加拉

西遮娄其王朝	东恒伽王朝	巴拉王朝	跋摩王朝 / 森纳王朝	朱罗—遮娄其王国	曷萨拉王国	公元
19 超日王二世	19 阿南泰伐摩·朱达恒加提婆	17 罗摩巴拉	45 诃利跋摩	25 库罗通伽一世		1094
20	20	18	46 / 1 娑摩罗跋摩 / 1 菩阇跋摩 (亡于森纳王朝) / 1 毗查耶·森纳	26		1095
21	21	19	2	27		1096
22	22	20	3	28		1097
23	23	21	4	29		1098
24	24	22	5	30		1099
25	25	23	6	31		1100
26	26	24	7	32		1101
27	27	25	8	33		1102
28	28	26	9	34		1103
29	29	27	10	35		1104
30	30	28	11	36		1105
31	31	29	12	37		1106
32	32	30	13	38		1107
33	33	31	14	39		1108
34	34	32	15	40	曷萨拉王国	1109
35	35	33	16	41	1 毗湿奴伐弹	1110
36	36	34	17	42	2	1111
37	37	35	18	43	3	1112

（左侧纵向标注：西遮娄其王朝、东恒伽王朝、巴拉王朝、跋摩王朝、森纳王朝）

公元		中　国				朝鲜/韩国
		北　宋	辽		西　夏	高　丽
1113		政和 3 徽宗赵佶	天庆 3 天祚帝耶律延禧		贞观 13 崇宗李乾顺	9 睿宗文孝王王俣
1114		4	4	**金**	雍宁 1	10
1115		5	5	收国 1 太祖完颜阿骨打	2	11
1116		6	6	2	3	12
1117		7	7	天辅 1	4	13
1118		8	8	2	5	14
		重和㊀1				
1119		2	9	3	元德 1	15
		宣和㊀1				
1120	辽	2	10	4	2	16
1121	宋	3	保大 1	5	3	17
1122		4	2	6	4	18
	夏					1 仁宗恭孝王王构
1123		5	3	7	5	2
				天会㊈1 太宗完颜吴乞买		
1124	金	6	4	2	6	3
1125		7[钦宗㊀]	5（亡于金）	3	7	4
1126	时	靖康 1 钦宗赵恒		4	8	5
		（亡于金）				
1127		**南　宋**		5	9	6
	期	建炎㊄1 高宗赵构			正德㊃1	
1128		2		6	2	7
1129		3		7	3	8
1130		4		8	4	9
1131		绍兴 1		9	5	10
1132		2		10	6	11
1133		3		11	7	12
1134		4		12	8	13
1135		5		13 熙宗完颜亶	大德 1	14

日本（平安时代）	越南·环王国（占城）〔第十王朝〕	越南·大越国〔李朝〕	缅甸〔蒲甘王朝〕	老挝
天永④4 鸟羽天皇　永久⑥1	28 阇耶因陀罗跋摩二世　1 诃黎跋摩四世	会丰22 仁宗李乾德	2 阿隆悉都	
2	2	23	3	
3	3	24	4	
4	4	25	5	
5	5	26	6	
6　元永③1	6	27	7	
2	7	28	8	
3　保安⑤1	8	天符睿武1	9	
2	9	2	10	
3	10	3	11	
4 让位 崇德天皇	11	4	12	
5　天治③1	12	5	13	
2	13	6	14	
大治⑥1	14	7	15	
2	15	天符庆寿1〔神宗〕	16	
3	16	天顺1 神宗李阳焕	17	
4	17	2	18	
5	18	3	19	
天承②1	19	4	20	
2　长承④1	20	5	21	
2	21	6	22	
3	22	7	23	
4　保延⑦1	23	8	24	

兆汉王朝	章德拉拉王朝	伽哈达伐拉拉王朝	卡拉丘里第三王朝	巴拉马拉王朝	查拉健王朝
⁝（?） ⁝	⁝（?） ⁝	10 马达那巴拉 1 戈文达旃陀罗 2 3	41 耶沙·卡尔纳 42 43	⁝（?） ⁝	20 查那辛哈·西达罗阇 21 22
		4 5 6 7	44 45 46 47		23 24 25 26
		8	48		27
		9 10 11 12 13	49 50 51 ⁝（?） ⁝		28 29 30 31 32
		14 15			33 34
		16 17 18			35 36 37
	1 曼丹纳伐摩 2 3 4	19 20 21			38 39 40
	5 6 7	22 23			41 42

斯坦/孟加拉

西遮娄其王朝	东恒伽王朝	喀喀迪耶王朝	巴拉王朝	森纳王朝	朱罗—遮娄其王国	曷萨拉王国	公元
38超日王二世	38阿南泰伐摩·朱达恒加提婆		36罗摩巴拉	19毗查耶·森纳	44库罗通伽一世	4毗湿奴伐弹	1113
39	39		37	20	45	5	1114
40	40		38	21	46	6	1115
41	41		39	22	47	7	1116
42	42	1普罗拉 ⋮罗阇⋮	40	23	48	8	1117
43	43		41	24	49	9	1118
44	44		42	25	50	10	1119
45	45		42 / 1维拉普塔罗阇	26	51	11	1120
46	46		2	27	52	12	1121
47	47		3	28	53	13	1122
48	48		4	29	⋮(？)⋮	14	1123
49	49		5	30		15	1124
50	50		6	31		16	1125
51	51		7	32		17	1126
52 / 1索美斯伐拉三世	52		8	33		18	1127
2	53		9	34		19	1128
3	54		10	35		20	1129
4	55		11	36		21	1130
5	56		12	37		22	1131
6	57		13	38		23	1132
7	58		14	39		24	1133
8	59		15	40		25	1134
9	60		16	41		26	1135

公元	中 国				朝鲜/韩国
		南 宋	金	西 夏	高 丽
1136		绍兴6高宗赵构	天会14熙宗完颜亶	大德2崇宗李乾顺	15仁宗恭孝王王构
1137		7	15	3	16
1138		8	天眷1	4	17
1139		9	2	5[仁宗⑥]	18
1140		10	3	大庆1仁宗李仁孝	19
1141		11	皇统1	2	20
1142	辽	12	2	3	21
1143	宋	13	3	4	22
1144		14	4	5	23
1145	夏	15	5	人庆⑨1	24
				2	
1146	金	16	6	3	25
1147	时	17	7	4	1毅宗孝庄王王晛
					2
1148		18	8	5	3
1149	时	19	9	天盛1	4
1150	期	20	天德㊐1海陵王完颜亮	2	5
			2		
1151		21	3	3	6
1152		22	4	4	7
1153		23	5	5	8
1154		24	贞元㊂1	6	9
			2		
1155		25	3	7	10

日本		越南 环王国(占城)		越南 大越国		缅甸		老挝
平安时代	保延2崇德天皇	第十王朝	24 诃黎跋摩四世	李朝	天顺9神宗李阳焕	蒲甘王朝	25 阿隆悉都	
	3		25		10		26	
	4		26		11		27	
					绍明1英宗李天祚			
	5		27		2		28	
		第十一王朝	1 阇耶因陀罗跋摩三世					
	6		2		3		29	
	7		3		4		30	
	永治㊆1(十二)让位							
	近卫天皇(十二)							
	2		4		5		31	
	康治㊃1							
	2		5		6		32	
	3				7		33	
	天养㊁1		6					
	2		7		8		34	
	久安㊆1	第十二王朝	1 律陀罗跋摩四世					
			1 阇耶诃黎跋摩一世					
	2		2		9		35	
	3		3		10		36	
	4		4		11		37	
	5		5		12		38	
	6		6		13		39	
	仁平㊀1		7		14		40	
	2		8		15		41	
	3		9		16		42	
	4		10		17		43	
	久寿㊉1							
	2㊆卒		11		18		44	
	后白河天皇㊉							

| 兆
汉
王
朝 | ⋮(?)
⋮

⋮(?)阿尔诺罗阇
⋮

章
德
拉
王
朝

1 维格腊罗阇四世

2

3 | 8 曼丹纳伐摩
9
10

11

12
13
伽
哈
达
伐
拉
拉
王
朝
17

18
19
20
21

22
23

24
25
26
27 | 24 戈文达旃陀罗
25
26

27

28
29
30
31
32
33

34
35
36
37
38
39

40
41

42

1 毗查耶旃陀罗 | 卡
拉
丘
里
第
三
王
朝

⋮(?)加亚·卡尔纳
(败于章德拉王朝②) | ⋮(?)
⋮

巴
拉
马
拉
王
朝 | ⋮(?)
⋮

查
拉
健
王
朝 | 43 查那辛哈·西达罗阇
44
45

46

47
48
49

50
51
1 鸠摩罗巴拉
2

3
4
5
6

7
8

9
10
11
12 |

① 12 世纪在位。
② 败后衰微，承袭关系不详，王朝延至 13 世纪初。

斯坦/孟加拉

					朱罗一遮娄其王国	曷萨拉王国	公元
10 索美斯伐拉三世	61 阿南泰伐摩·朱达恒加提婆	：(?) ：	17 维拉普塔罗阇	42 毗查耶·森纳	：(?) ：	27 毗湿奴伐弹	1136
11	62		18	43		28	1137
12	63		19	44		29	1138
1 查伽德卡马拉一世 2	64		20	45		30	1139
3	65		21	46		31	1140
4	66		22	47		1 纳罗新哈一世	1141
西 5	东 67	喀	巴 23	森 48		2	1142
遮 6	恒 68	喀	拉 24	纳 49		3	1143
娄 7	伽 69	迪	25	50		4	1144
其 8	70		26	51		5	1145
9	王 71	耶	王 27	王 52		6	1146
王 10	朝 72	王	朝 28	朝 53		7	1147
11	：(?)腊加伐①	朝	29	54		8	1148
12	：		30	55		9	1149
朝 13			31	56		10	1150
14 1 台拉三世			：(?) ：	57		11	1151
2				58		12	1152
3				59		13	1153
4				60		14	1154
5				61		15	1155

公元	中 国			朝鲜/韩国
	南 宋	金	西 夏	高 丽
1156	绍兴 26 高宗赵构	贞元 4 海陵王完颜亮 正隆⊖1	天盛 8 仁宗李仁孝	11 毅宗孝庄王王睍
1157	27	2	9	12
1158	28	3	10	13
1159	29	4	11	14
1160	30	5	12	15
1161	31	6	13	16
		大定⊕1 世宗完颜雍		
1162	32[孝宗㊣]	2	14	17
1163	隆兴 1 孝宗赵昚	3	15	18
1164	2	4	16	19
1165	乾道 1	5	17	20
1166	2	6	18	21
1167	3	7	19	22
1168	4	8	20	23
1169	5	9	21	24
1170	6	10	乾祐 1	25
				1 明宗光孝王王皓
1171	7	11	2	2
1172	8	12	3	3
1173	9	13	4	4
1174	淳熙 1	14	5	5
1175	2	15	6	6

（辽 宋 夏 金 时 期）

日本	越南 环王国（占城）	越南 大越国	缅甸	老挝
久寿3 后白河天皇	12 阇耶诃黎跋摩一世	绍明19 英宗李天祚	45 阿隆悉都	
保元四1				
2	13	20	46	
3八让位	14	21	47	
二条天皇(十二)				
4	15	22	48	
平治四1				
永历一1	16	23	49	
2	17	24	50	
应保九1				
2	18	25	51	
3	19	26	52	
长宽一1				
2	20	27	53	
3六让位	21	28	54	
永万六1 六条天皇(十三)				
2	22	29	55	
仁安八1	1 阇耶诃黎跋摩二世		56	
2	2	30		
	1 阇耶因陀罗跋摩四世		1 弥辛修	
			1 那罗都	
3一让位	2	31	2	
高仓天皇(三)				
4	3	32	3	
嘉应四1	4	33	4	
2			1 那罗帝因迦	
3	5	34	2	
承安四1	6	35	3	
2	7	36	4	
3			1 那罗波帝悉都	
4	8	37	2	
5	9	38	3	
安元七1		宝符1 高宗李龙翰		

竖排标注：日本—平安时代；环王国（占城）—第十 二王朝 朝；大越国—李朝；缅甸—蒲甘 甘 王朝

附录 I

兆汉王朝	章德拉拉王朝	伽哈达伐拉拉王朝	巴拉马拉王朝	查拉健王朝
4 维格腊罗阇四世	28 曼丹纳伐摩	2 毗查耶旃陀罗	⋮（?）⋮	13 鸠摩罗巴拉
5	29	3		14
6	30	4		15
7	31	5		16
8	32	6		17
9	33	7		18
10	34	8		19
11	35	9		20
12	⋮（?）⋮	10		21
⋮（?）⋮		11		22
		12		23
	1 帕拉马迪	13		24
	2	14		25
	3	15		26
	4	1 查耶旃陀罗		27
	5	2		28
	6	3		29
	7	4		30
	8	5		1 阿查耶巴拉
	9	6		2
				3

斯坦/孟加拉

西遮娄其王朝	东恒伽王朝	喀喀迪耶王朝	巴拉拉王朝	森纳王朝	朱罗—遮娄其王国	曷萨拉王国	公元
6 台拉三世	⋮（?）⋮	⋮（?）⋮	⋮（?）	62 毗查耶·森纳	⋮（?）⋮	16 纳罗新哈一世 ⋮	1156
1 毗查纳				63		17	1157
⋮				64 〈1 巴拉拉·森纳〉		18	1158
⋮				2		19	1159
				3		20	1160
				4		21	1161
				5		22	1162
				6		23	1163
				7		24	1164
				8		25	1165
				9		26	1166
1 索美斯伐拉四世				10		27	1167
2				11		28	1168
3				12		29	1169
4				13		30	1170
5				14		31	1171
6				15		32	1172
7				16		33 〈1 毗罗·巴拉拉一世〉	1173
8				17		2	1174
9				18		3	1175

公元	中 国				朝鲜/韩国 高丽
		南 宋	金	西 夏	
1176		淳熙 3 孝宗赵昚	大定 16 世宗完颜雍	乾祐 7 仁宗李仁孝	7 明宗光孝王王晧
1177		4	17	8	8
1178		5	18	9	9
1179		6	19	10	10
1180		7	20	11	11
1181	辽	8	21	12	12
1182	宋	9	22	13	13
1183		10	23	14	14
1184	夏	11	24	15	15
1185	金	12	25	16	16
1186		13	26	17	17
1187	时	14	27	18	18
1188		15	28	19	19
1189		16[光宗⊖]	29[章宗⊖]	20	20
1190	期	绍熙 1 光宗赵惇	明昌 1 章宗完颜璟	21	21
1191		2	2	22	22
1192		3	3	23	23
1193		4	4	24[桓宗⑨]	24
1194		5[宁宗⊕]	5	天庆 1 桓宗李纯祐	25
1195		庆元 1 宁宗赵扩	6	2	26

① 10 世纪以后，伴随庄园经济的发展，日本"武士"势力开始抬头。到 12 世纪末，已形成掌握国家政权之势，其身份是史家亦以此作一个时期的代称。幕府的建立，标志着"院政政治"的结束。从此，皇权旁落，国政悉归幕府掌握，甚至

日本（时代）	日本（纪年）	越南 环王国（占城）	越南 大越国	缅甸	老挝
平安时代	安元2 高仓天皇	第十二王朝　10 阇耶因陀罗跋摩四世	李朝　宝符2 高宗李龙翰	蒲甘王朝　4 那罗波帝悉都	
	3	11	3	5	
	治承[八]1				
	2	12	4	6	
	3	13	5	7	
	4[三]让位　安德天皇[四]	14	6	8	
	5	15	7	9	
	养和[七]1				
	2	16	8	10	
	寿永[五]1				
	2[三]被废　后鸟羽天皇	17	9	11	
	3	18	10	12	
	元历[四]1				
	2	19	11	13	
	文治[八]1				
	2	20	12	14	
	3	21	13	15	
	4	22	14	16	
	5	23	15	17	
	6	24（亡于真腊）	16	18	
镰仓幕府	建久[四]1	宾童龙国 1 苏利耶跋摩 ｜ 佛逝国 1 苏利耶阇耶跋摩			
	2	宾童龙国 2 ｜ 佛逝国 2	17	19	
	3①	宾童龙国 3 ｜ 佛逝国 1 阇耶因陀罗跋摩五世	18	20	
	4	宾童龙国 4 ｜ 佛逝国 2（亡于宾童龙国）	19	21	
	5	宾童龙国 5	20	22	
	6	宾童龙国 6	21	23	

"征夷大将军"。公元1192年，关东武士首领源赖朝受任是职，在镰仓设立幕府，开创了幕府政治（天皇只是个名义）的先河，干预天皇的承袭。此制自是年起，一直延续到1867年**江户幕府**被迫还政于天皇，次年发生"明治维新"。

兆汉王朝	章德拉王朝	伽哈达伐拉拉王朝	巴拉马拉王朝	查拉健王朝	西遮娄其王朝	东恒伽王朝
⋮（?）	10 帕拉马迪	7 查耶旃陀罗	⋮（?）	4 阿查耶巴拉	10 索美斯伐拉四世	⋮（?）
⋮	11	8	⋮		11	⋮
	12	9		1 宾曼二世	12	
1 普利色毗罗阇三世	13	10		2	13	
	14	11		3	14	
2						
3	15	12		4	15	
4	16	13		5	16	
5	17	14		6	17	
6	18	15		7	18	
7	19	16		8	19	
8	20	17		9	20	
9	21	18		10	21	
10	22	19		11	22	
11	23	20		12	23（亡于曷萨拉王国）	
12	24	21		13		
13	25	22		14		
14②	26	23		15		
	27	24		16		
（古尔王朝统治）	28	25		17		
	29	1 哈利施旃陀罗		18		
		2				

① **潘地亚国**位于印度半岛最南端，都摩度罗（今马杜赖）。该国起源较早，大约于公元前5~前4世纪就已出现，然早期情况统治下重获独立，故有学者称这次独立后的政权为"**后潘地亚王国**"，13世纪达于极盛，14世纪初开始势衰，16世纪灭

② 败于**古尔王朝**，后衰微，承袭关系不详，直至公元1301年亡于**德里苏丹国**。

斯坦/孟加拉					朱罗—遮娄其王国		曷萨拉王国	公元
⋮（?）			⋮（?）	19 巴拉拉·森纳	⋮（?）		4 毗罗·巴拉拉一世	1176
⋮			⋮	20	⋮		5	1177
				21			6	1178
				22			7	1179
				1 拉克什曼纳·森纳			8	1180
				2				
喀			巴	森	3		9	1181
喀			拉	纳	4		10	1182
迪			王	王	5		11	1183
耶			朝	朝	6		12	1184
王					7		13	1185
朝		1 毗拉马五世		8		14	1186
	雅	2		9		15	1187
	达	3		10		16	1188
	瓦	4		11	潘地亚王国①	17	1189
	王			12	1 查太伐摩·库拉塞凯罗	18	1190
	朝	5		13	2	19	1191
		1 查特拉帕尔一世		14	3	20	1192
		2		15	4	21	1193
		3		16	5	22	1194
		4					
		5		17	6	23	1195

所知甚少，年表中不能表现。约4世纪开始衰落，6~7世纪复兴，10世纪为**朱罗**征服，直到公元1190年才于**朱罗—遮娄其王国**亡。

公元	中国				朝鲜/韩国 高丽
	南宋	金	西夏		
1196	庆元 2 宁宗赵扩	明昌 7 章宗完颜璟 承安⊕1	天庆 3 桓宗李纯祐		27 明宗光孝王王皓
1197	3	2	4		28 1 神宗靖孝王王晫
1198	4	3	5		2
1199	5	4	6		3
1200	6	5	7		4
1201	辽 嘉泰 1	泰和 1	8		5
1202	宋 2	2	9		6
1203	3	3	10		7
1204	夏 4	4	11		8 1 熙宗成孝王王韺
1205	开禧 1	5	12		2
				蒙古汗国	
1206	金 2	6	13 应天 1 襄宗李安全⊝	1 太祖(成吉思汗) 铁木真	3
1207	时 3	7	2	2	4
1208	嘉定 1	8[卫绍王⊕]	3	3	5
1209	期 2	大安 1 卫绍王完颜永济	4	4	6
1210	3	2	皇建 1	5	7
1211	4	3	2 光定⑧1 神宗李遵顼	6	8 1 康宗元孝王王祦
1212	5	崇庆 1	2	7	2
1213	6	2 至宁⑤1 贞祐⑨1 宣宗完颜珣	3	8	3 1 高宗安孝王王瞋
1214	7	2	4	9	2
1215	8	3	5	10	3

1072

日本	越南 宾童龙国	越南 大越国	缅甸	老挝
建久7 后鸟羽天皇	7 苏利耶跋摩	宝符22 高宗李龙翰	24 那罗波帝悉都	
8	8	23	25	
9⊖让位　土御门天皇⊜	9	24	26	
10	10	25	27	
正治㊃1		26	28	
2	11			
镰仓 3	12	27	29	
建仁⊖1		28	30	
2	13	29	31	
3	14（亡于真腊）	30	32	
4				
仓 元久⊖1		31	33	
2				
3		32	34	
建永㊃1				
2		33	35	
承元⊕1				
2		34	36	
3		35	37	
府 4⊕让位　顺德天皇⊜		36［惠宗]	38	
			1 醯路弥路	
5		建嘉1 惠宗李昰	2	
建历⊜1				
2		2	3	
3		3	4	
建保⊕1				
2		4	5	
3		5	6	

（古尔王朝统治）德里苏丹国 奴隶王朝	章德拉王朝	伽哈达伐拉王朝	巴拉马拉王朝	查拉健王朝	东恒伽王朝	喀喀迪耶王朝
	30 帕拉马迪	3 哈利施旃陀罗	⋮（?）	19 宾曼二世	⋮（?）	⋮（?）
			⋮	⋮	⋮	⋮
	31	4				
	32	5		20		
				21		
	33	6（降古尔王朝）		22	2 罗阇罗阇三世	1 甘那帕蒂
	34			23	3	2
	35			24	4	3
	36（降古尔王朝）			25	5	4
				26	6	5
				27	7	6
				28	8	7
1 艾伯克①				29	9	8
2				30	⋮（?）阿难伽·布希马	9
					⋮	
				31		10
3				32		11
4				33		12
5						
1 阿拉姆沙						
1 伊杜米思			1 阿占纳伐摩	34		13
2			2	35		14
3			3	36		15
4			4	37		16
5			5	38		17

① **古尔王朝**瓦解后，驻德里总督艾伯克自立为苏丹，统治北印度，史称"**德里苏丹国**"，因其为奴隶出身，史称其为"**奴隶**

斯坦/孟加拉

					朱罗—遮娄其王国	潘地亚王国	曷萨拉王国	公元
6查特拉帕尔一世	巴拉王朝	∶（?）	18拉克什曼纳·森纳		∶（?）	7查太伐摩·库拉塞凯罗	24毗罗·巴拉拉一世	1196
7	巴拉王朝	（亡于森纳王朝）	19		∶	8	25	1197
8			20			9	26	1198
9			21			10	27	1199
10			22			11	28	1200
11			23			12	29	1201
12 雅达瓦王朝			24			13	30	1202
13			25			14	31	1203
14			26			15	32	1204
15			27 1维斯瓦罗巴·森纳			16	33	1205
16			∶ 森纳王朝			17	34	1206
17			∶			18	35	1207
18						19	36	1208
19						20	37	1209
20 1辛伽纳						21	38	1210
2				1阿里·马尔丹		22	39	1211
3				2 马尔丹王朝		23	40	1212
4				3 1吉亚斯—乌德丁·伊瓦兹		24	41	1213
5				2		25	42	1214
6				3		26	43	1215

王朝"。

公元	中 国						朝鲜/韩国 高 丽
		南 宋	金	西 夏	蒙古汗国		
1216		嘉定9 宁宗赵扩	贞祐4 宣宗完颜珣	光定⑧6 神宗李遵顼	11 太祖(成吉思汗) 铁木真		4 高宗安孝王王瞕
1217		10	5 兴定⑨1	7	12		5
1218		11	2	8	13		6
1219		12	3	9	14		7
1220		13	4	10	15		8
1221	辽	14	5	11	16		9
1222	宋	15	6 元光⑧1	12	17		10
1223	夏	16	2[哀宗㊤]	13 乾定㊤1 献宗李德旺	18		11
1224	金	17[理宗㊃⑧]	正大1 哀宗完颜守绪	2	19		12
1225		宝庆1 理宗赵昀	2	3	20		13
1226	时	2	3	4 宝义㊤1 末帝李睍	21		14
1227	期	3	4	2(亡于蒙古)	22[拖雷㊤]		15
1228		绍定1	5		1 睿宗拖雷		16
1229		2	6		2 1 太宗窝阔台⑧		17
1230		3	7		2		18
1231		4	8		3		19
1232		5	开兴1 天兴㊃1		4		20

① 陈煚为**李朝**女皇李昭皇之夫。是年,由权臣陈守度操纵,迫李昭皇让位,从而建立**陈氏王朝**。
② 是年公布第一个武士政权成文法《贞永式目》(又称《御成败式目》或《关东式目》,共51条)。这一幕府政治的基本法

日本	越南		缅甸	老挝
	环王国(占城)	大越国		
建保4 顺德天皇		建嘉6 惠宗李旵	7 醯路弥路	
5		7	8	
6		8	9	
7		9	10	
承久㊃1	1 阇耶波罗密首罗跋摩二世(复国)	10	11	
2		11	12	
3㊃让位	2	12	13	
仲恭天皇㊅让位				
后堀河天皇㊆				
4	3	13	14	
贞应㊃1	4	14	15	
2	5	天彰有道1 女皇李昭皇	16	
3	6	2		
元仁㊆1		建中1 太宗陈煚①		
2	7	2	17	
嘉禄㊃1	8	3	18	
2	9	4	19	
3	10	5	20	
安贞㊅1				
2	11	6	21	
3	12	7	22	
宽喜㊂1	13	8	23	
2				
3				
4				
贞永㊃1②㊉让位				
四条天皇㊆				

（日本：镰仓幕府　越南环王国：第十三王朝　大越国：李朝、陈朝　缅甸：蒲甘王朝）

典开始只用于幕府势力区内，后范围扩大，渐成全国性的根本法，是为幕府政治与权力确立的重要标志。

附录 1

德里苏丹国					
6 伊杜米思	⋮(?) ⋮	39 宾曼二世	⋮(?) ⋮	18 甘那帕蒂	7 辛伽纳
7		40		19	8
8		41		20	9
9		42		21	10
10		43		22	11
11	巴	44	东	23	12
	拉				
12	拉	45	恒	24	13
奴	马			喀	雅
13	拉	46	伽	25	14
隶		查		喀	达
14	王	47	耶	26	15
王	朝	拉		迪	瓦
15		48	王	27	16
朝		健		耶	王
16		49	朝	28	17
		王		王	朝
17		50		29	18
		朝		朝	
18		51		30	19
19		52		31	20
20		53		32	21
21		54		33	22
22		55		34	23

斯坦/孟加拉			朱罗—遮娄其王国	潘地亚王国	曷萨拉王国	公元
森纳纳王朝	⋮（?）⋮	马尔丹王朝	4 吉亚斯—乌德丁·伊瓦兹	1 罗阇罗阇三世	27 查太伐摩·库拉塞凯罗 1 摩罗伐摩·孙达罗一世	44 毗罗·巴拉拉一世	1216
			5	2	2	45	1217
			6	3	3	46	1218
			7	4	4	47	1219
			8	5	5	48	1220
			9	6	6	⋮（?）⋮	1221
			10	7	7		1222
			11	8	8		1223
			12	9	9		1224
			13	10	10		1225
			14	11	11		1226
			15（亡于奴隶王朝）	12	12		1227
				13	13		1228
				14	14		1229
				15	15		1230
				16	16		1231
				17	17		1232

公元		中国			朝鲜/韩国
		南宋	金	蒙古汗国	高丽
1233	辽宋夏金时期	绍定 6 理宗赵昀	天兴 2 哀宗完颜守绪	5 太宗窝阔台	21 高宗安孝王王瞋
1234		端平 1	3 末帝完颜承麟（亡于蒙古）	6	22
1235		2		7	23
1236		3		8	24
1237		嘉熙 1		9	25
1238		2		10	26
1239		3		11	27
1240		4		12	28
1241		淳祐 1		13	29
1242		2		1 乃马真皇后	30
1243		3		2	31
1244		4		3	32
1245		5		4	33
1246		6		5	34
				1 定宗贵由㊆	
1247		7		2	35
1248		8		3	36
				1 海迷失皇后㊂	
1249		9		2	37
1250		10		3	38
1251		11		4	39
				1 宪宗蒙哥㊅	

日 本	越 南		缅 甸	老 挝
	环王国(占城)	大越国		
贞永 2 四条天皇 天福㊃1 2 文历㊖1 2 嘉祯㊅1	14 阇耶波罗密首罗跋摩二世 15 16	建中9 太宗陈㬚 10 11	24 醯路弥路 25 1 迦娑婆 2	
2	17	12	3	
3	18	13	4	
4	19	14	5	
历仁㊂1				
2	20	15	6	
延应㊀1				
2	21	16	7	
仁治㊅1				
2	22	17	8	
3㊀卒	23	18	9	
后嵯峨天皇㊁				
仁治4	24	19	10	
宽元㊁1				
2	25	20	11	
3	26	21	12	
4㊀1 让位	27	22	13	
后深草天皇㊁				
5	28	23	14	
宝治㊁1				
2	29	24	15	
3	30	25	16	
建长㊁1				
2	31	26	17	
			1 乌娑那	
3	32	27	2	

(越南大越国: 陈朝; 环王国: 第十三王朝; 缅甸: 蒲甘王朝; 日本: 镰仓幕府)

德里苏丹国				
23 伊杜米思	⋮（?） ⋮	56 宾曼二世	⋮（?） ⋮	35 甘那帕蒂
24		57		36
25		58		37
26		59		38
1 菲罗兹				
1 拉齐耶女王				
2		60	1 纳罗新哈一世	39
3		61		40
4		62	2	41
5		63	3	42
1 巴拉姆沙				
2		64	4	43
3			5	44
1 马苏德沙			6	45
2			7	46
3		1 毗沙拉提婆	8	47
4		2		
5		3	9	48
1 马茂德				
2		4	10	49
3		5	11	50
4		6	12	51
5		7	13	52
6		8	14	53

奴隶王朝　巴拉马拉王朝　查拉健王朝　东恒伽王朝　喀喀迪耶王朝

斯坦/孟加拉

			朱罗一遮娄其王国	潘地亚王国	曷萨拉王国	公元
雅达瓦王朝	24 辛伽纳	森纳王朝 ⋮(?)⋮	18 罗阇罗阇三世	18 摩罗伐摩·孙达罗一世	⋮(?)⋮	1233
	25		19	19		1234
	26		20	20		1235
	27		21	21		1236
	28		22	22		1237
	29		23	23		1238
	30		24	⋮(?)⋮		1239
	31		25			1240
	32		26			1241
	33		27			1242
	34		28			1243
	35		29			1244
	36		30			1245
	37		31			1246
			1 拉金德拉四世			
	38		2		⋮(?)毗罗·巴拉三世⋮	1247
	⋮(?)⋮		3			1248
			4			1249
			5			1250
			6			1251

公元	中 国		朝鲜/韩国
	南 宋	蒙古汗国	高 丽
1252	淳祐 12 理宗赵昀	2 宪宗蒙哥	40 高宗安孝王王暙
1253	宝祐 1	3	41
1254	2	4	42
1255	3	5	43
1256	4	6	44
1257	5	7	45
1258	6	8	46
1259	开庆 1	9	47
			1 元宗王植
1260	景定 1	中统㊄1 世祖忽必烈㊂	2①
1261	2	2	3
1262	3	3	4
1263	4	4	5
1264	5[度宗㊉]	5	6
		至元㊇1	
1265	咸淳 1 度宗赵禥	2	7
1266	2	3	8
1267	3	4	9
1268	4	5	10
1269	5	6	11
1270	6	7	12②
1271	7	元	13
		至元 8 世祖忽必烈	

（公元栏 1256 起左侧纵排：辽宋夏金时期；1271 起：元时期）

① 是年前后，**蒙古**驻军**朝鲜**，控制高丽王。
② **蒙古**在**朝**设立达鲁花赤（地方行政长官）进行统治。

日本	越南		缅甸	老挝
	环王国（占城）	大越国		
建长4后深草天皇	33 阇耶婆罗密首罗跋摩二世 1 阇耶因陀罗跋摩六世	建中28太宗陈㬐	3乌婆那	
5	2	29	4	
6	3	30	5	
7	4	31	1那罗梯诃波帝	
8	5	32	2	
康元⊕1	6	33	3	
2			4	
正嘉⊜1	7	34		
2	8		5	
3		绍隆1圣宗陈晃		
正元⊜1⊕让位 　　龟山天皇⊕	9	2	6	
2		3	7	
文应⊛1	10	4	8	
2				
弘长⊜1	11	5	9	
2				
3	12	6	10	
4	13	7	11	
文永⊜1	14	8	12	
2	1因陀罗跋摩六世			
3	2	9	13	
4	3	10	14	
5	4	11	15	
6	5	12	16	
7	6	13	17	
8	7	14	18	

（左栏纵书：镰仓幕府；环王国栏纵书：第十三王朝；大越国栏纵书：陈朝；缅甸栏纵书：蒲甘王朝）

德里苏丹国				
7 马茂德	⋮（？） ⋮	9 毗沙拉提婆	15 纳罗新哈一世	54 甘那帕蒂
8		10	16	55
9		11	17	56
10		12	18	57
11		13	19	58
12		14	20	59
奴 13	巴	查 15	东 21	喀 60
隶 14	拉	拉 16	恒 22	喀 61
15	马	健 17	伽 23	迪 62
王 16	拉	18	王 24	耶 63
17	王	19	25	1 鲁陀罗巴女王
朝 18	朝	王 1 毗拉达瓦尔	朝 26	王 2
19		2	27	3
20		朝 3	⋮①	朝 4
1 巴尔班		4	⋮	5
2		5		6
3		6		7
4		7		8
5		8		9
6		9		10
7		10		11

① 以后情况不详，公元1434年亡于**巴曼尼苏丹国**。

斯坦/孟加拉			朱罗—遮娄其王国	潘地亚王国	曷萨拉王国	公元
雅达瓦王朝	森纳王朝	⋮（?） ⋮	7 拉金德拉四世	⋮（?） ⋮	⋮（?） ⋮	1252
			8			1253
			9			1254
			10			1255
			11			1256
			12			1257
			13			1258
		凯萨瓦·森纳 （亡于奴隶王朝）	14			1259
			15			1260
			16			1261
			17			1262
			18			1263
			19	⋮（?）查太伐摩·维拉·潘地亚 ⋮		1264
			20			1265
			21			1266
			22			1267
			23			1268
			24			1269
			25			1270
	1 罗摩旃陀罗		26			1271

公元	中 国		朝鲜/韩国	日 本
	南 宋	元	高 丽	
1272	咸淳8度宗赵禥	至元9世祖忽必烈	14元宗王植	文永9龟山天皇
1273	9	10	15	10
1274	10［恭帝⊕］	11	16	11㊀让位
			1忠烈王王昛	后宇多天皇㊂
1275	德祐1恭帝赵㬎	12	2	12
				建治㊃1
1276	2	13	3	2
	景炎㊄1端宗赵昰			
1277	2	14	4	3
1278	3	15	5	4
	祥兴㊄1卫王赵昺㊃			弘安㊀1
1279	2（亡于元）	16	6	2
1280		17	7	3
1281		18	8	4
1282		19	9	5
1283		20	10	6
1284		21	11	7
1285		22	12	8
1286		23	13	9
1287		24	14	10⊕让位
1288		25	15	11伏见天皇㊂
				正应㊃1
1289		26	16	2
1290		27	17	3
1291		28	18	4
1292		29	19	5
1293		30	20	6
				永仁㊇1
1294		31［成宗㊃］	21	2
1295		元贞1成宗铁穆耳	22	3

（中国南宋/元列左侧竖排标注：元 时 期）
（日本列竖排标注：镰 仓 幕 府）

越南		缅甸		老挝
环王国(占城)	大越国			
8 因陀罗跋摩六世	绍隆15 圣宗陈晃	19 那罗梯诃波帝		
9	16	20		
10	17	21		
11	18	22		
12	19	23		
13	20	24		
14	21[仁宗]	25		
15	绍宝1 仁宗陈昑	26		
16	2	27		
17	3	28		
18	4	29		
19	5	30		
20	6	31		
21	7	32		
22	8	33		
23	9	34(亡于中国元朝)		
1 阇耶僧伽跋摩三世	10	1 憍苴	1 伐丽流	
2	11	2	2	
3	12	3	3	
4	13	4	4	
5	14	5	5	
6	15	6	6	
7	兴隆1 英宗陈烇	7	7	
8	2	8	8	
9	3	9	9	

越南·环王国(占城)上段为「第十三王朝」，下段为「第十四王朝」；大越国为「陈朝」。
缅甸左栏上段为「蒲甘王朝」，下段为「邦牙王朝」；右栏为「中勃固王朝」。

	德里苏丹国	巴拉马拉王朝	查拉健王朝	喀喀迪耶王朝
奴隶王朝	8 巴尔班	⋮(?)	11 毗拉达瓦尔	12 鲁陀罗巴女王
	9	⋮	12	13
	10		13	14
	11		14	15
	12		15	16
	13		16	17
	14		17	18
	15		18	19
	16		19	20
	17		20	21
	18		21	22
	19		22	23
	20		23	24
	21		24	25
	22		25	26
	23		26	27
	1 卡伊库巴德		27	28
	2			
	3		28	29
	4		29	30
	1 卡于马斯(亡于卡尔奇王朝)			
卡尔奇王朝	1 卡尔奇		30	31
	2		31	⋮(?)
	3		32	⋮
	4		33	
	5		34	
	6			

基斯坦/孟加拉

		朱罗—遮娄其王国	潘地亚王国	曷萨拉王国	公元
雅达瓦王朝	2 罗摩旃陀罗	27 拉金德拉四世	⋮（?）	⋮（?）	1272
	3	28	⋮	⋮	1273
	4	29			1274
	5	30			1275
	6	31			1276
	7	32			1277
	8	33			1278
	9	34（亡于潘地亚王国）	⋮（?）查太伐摩·孙达罗		1279
	10		⋮		1280
	11				1281
	12				1282
	13				1283
	14				1284
	15				1285
	16				1286
	17				1287
	18	布格拉汗汗王朝 1 布格拉汗			1288
	19	2			1289
	20	3			1290
	21	4 / 1 鲁克—乌德丁·克考斯			1291
	22	2			1292
	23	3		1 毗罗·巴拉拉三世	1293
	24	4		2	1294
	25	5		3	1295

1091

公元	中 国 元		朝鲜/韩国 高 丽	日 本
1296		元贞 2 成宗铁穆耳	23 忠烈王王昛	永仁 4 伏见天皇
1297		3 大德㊀1	24	5
1298		2	25 1 忠宣王王璋 忠烈王王昛（复位）	6㊐让位 后伏见天皇㊉
1299		3	26	7 正安㊃1
1300	元	4	27	2
1301		5	28	3㊀让位 后二条天皇㊂
1302		6	29	4 乾元㊐1
1303		7	30	2 嘉元㊇1
1304	时	8	31	2
1305		9	32	3
1306		10	33	4 德治㊐1
1307		11［武宗㊄］	34	2
1308	期	至大 1 武宗海山	35 1 忠宣王王璋	3㊇卒 延庆㊉1 花园天皇㊐
1309		2	2	2
1310		3	3	3
1311		4［仁宗㊂］	4	4 应长㊃1
1312		皇庆 1 仁宗爱育黎拔力八达	5	2 正和㊂1
1313		2	6 1 忠肃王王焘	2

（日本镰仓幕府：镰 仓 幕 府 字样纵向排列于日本栏左侧）

	越　　南			缅　　甸				老　挝
	环王国（占城）		大越国					
第十三王朝	10 阇耶僧伽跋摩三世	陈朝	兴隆 4 英宗陈烇	邦牙王朝	10 侨苴	中勃固王朝	10 伐丽流 1 恭劳	
	11		5		11		2	
	12		6		12 1 邹聂		3	
	13		7		2		4	
	14		8		3		5	
	15		9		4		6	
	16		10		5		7	
	17		11		6		8	
	18		12		7		9	
	19		13		8		10	
	20		14		9		11	
	21		15		10		12	
	1 阇耶僧伽跋摩四世 2		16		11		13	
	3		17		12		14	
	4		18		13		15 1 修乌	
	5		19		14		2	
	6		20		15		3	
	1 制陀阿婆粘 2		21		16		4	

德里苏丹国				
卡尔奇王朝	7 卡尔奇 1 阿拉—乌德丁① 2 3 4 5 6 7 8 9 10 11 12 13 14 15 16 17 18	**巴拉马拉王朝** ⋮（?）⋮ 罗阇·马赫拉克 （亡于卡尔奇王朝）	**查拉健王朝** 35 毗拉达瓦尔 1 卡尔纳三世 2 （亡于卡尔奇王朝）	**喀喀迪耶王朝** ⋮（?）⋮ ⋮（?）普罗太帕鲁陀罗提婆②⋮ （亡于卡尔奇王朝）

① 在位期间，不断对外扩张，使版图推进到科佛里河流域，一度统一了**印度**。
② 公元 1309 年以前即位。

斯坦/孟加拉			潘地亚王国	曷萨拉王国	公　元
26 罗摩旃陀罗		6 鲁克—乌德丁·克考斯	⋮（?） ⋮	4 毗罗·巴拉拉三世	1296
27		7		5	1297
28		8		6	1298
29		9		7	1299
30		10		8	1300
雅	31	布	11		9	1301
	32	格	1 沙姆斯—乌德丁·菲罗兹 2		10	1302
达	33	拉	3		11	1303
	34	汗	4		12	1304
瓦	35		5		13	1305
	36	汗	6		14	1306
王	37	王	7		15	1307
	38	朝	8		16	1308
朝	39		9	⋮	17	1309
	1 桑卡尔 2		10	⋮ 库拉塞凯罗	18	1310
	3		11	1 维拉（亡于卡尔奇王朝）	19	1311
	4		12		20	1312
	5		13		21（亡于卡尔奇王朝）	1313

公元	中国 元		朝鲜/韩国 高丽	日本
1314		延祐 1 仁宗爱育黎拔力八达	2 忠肃王王焘	正和 3 花园天皇
1315		2	3	4
1316	元	3	4	5
1317		4	5	6
1318		5	6	文保㈡1 2㈡让位 后醍醐天皇㈢
1319		6	7	3 元应㈣1
1320		7〔英宗㈢〕	8	2
1321		至治 1 英宗硕德八剌	9	3 元亨㈡1
1322	时	2	10	2
1323		3〔也孙铁木儿㈨〕	11	3
1324		泰定 1 也孙铁木儿	12	4
1325	期	2	13	正中㈦1① 2
1326		3	14	3 嘉历㈣1
1327		4	15	2
1328		5 致和㈡1 天顺㈨1 幼主阿剌吉八 天历㈨1 文宗图帖睦尔	16	3
1329		2 明宗和世㻋㈠ 文宗图帖睦尔㈧	17	4 元德㈧1

（镰仓幕府 — 日本栏纵排）

① 后醍醐天皇策动倒幕的"正中之变"。

越南		缅甸		
环王国(占城)	大越国			
3 制陀阿婆粘	兴隆22 英宗陈烇　大庆1 明宗陈奣	17 邹聂		5 修乌
4	2	18	1 修云	6
5	3	19	2	7
6	4	20	3	8
7	5	21	4	9
1 制阿难	6	22	5	10
2	7	23	6	11
3	8	24	7	12
4	9	25	8	13
5	10	26	9	14
6	11	27	1 答里必牙	15
7	12	28　1 乌者那	2	1 修齐因
8			3	2
9	13	2	4	3
10	14	3	5	4
11	15	4	6	5
12	16	5	7	6
	开祐1 宪宗陈旺			

（越南：环王国〔占城〕第十三王朝；大越国陈朝。缅甸：邦牙王朝、实阶王朝、中勃固王朝）

老 挝	德里苏丹国		印度/巴基
	19 阿拉—乌德丁		
	卡	20	
	尔	21	
	奇	1 乌马尔	
		1 穆巴拉克	
	王	2	
		3	
	朝	4	
		5	1 普罗太帕鲁陀罗提婆（复国）
		1 库斯鲁	
		1 图格拉克	2
	图	2	喀 3
	格		喀 ⋮
		3	迪 ⋮
	拉	4	耶
		5	王
	克	1 兆纳汗	朝
	王	2	
		3	
	朝	4	
		5	

斯坦/孟加拉				公 元
雅达瓦王朝	6 桑卡尔	14 沙姆斯—乌德丁·菲罗兹		1314
	7	15		1315
	8	16		1316
		17		1317
	9（亡于卡尔奇王朝）	18		1318
		19		1319
		20	**曷萨拉王国**	1320
			1 毗罗·巴拉拉三世（复国）	
		21	2	1321
		22	3	1322
		1 布哈卜—乌德丁·布格陀 1 吉亚斯—乌德丁·巴哈杜尔沙 2	4	1323
		3（亡于图格拉克王朝）	5	1324
			6	1325
			7	1326
			8	1327
			9	1328
			10	1329

布格拉汗王朝

公元	中 国 元		朝鲜/韩国 高 丽	日 本			
1330	天历 3 文宗图帖睦尔 至顺㊄1		18 忠肃王王焘 1 忠惠王王祯		元德 2 后醍醐天皇		
1331		2	2	镰 仓 幕 府	3 元弘㊤1①		
1332	3 宁宗懿璘质班⊕		3 19 忠肃王王焘(复位)		2 正庆㊤1		
1333	4 顺帝妥欢贴睦耳㊅ 元统⊕1		20		2②		
1334		2	21		建武㊀1		
1335		3 至元⊕1	22		2③		
						(南朝)	(北朝)
1336		2	23	南 北 朝 时 代	室 町 幕 府	延元㊂1④	建武 3 光明天皇㊤
1337	时	3	24			2	4
1338		4	25			3	5 历应㊤1
1339		5	26			4㊤让位 后村上天皇㊤	2
1340		6	4 忠惠王王祯(复位)			5 兴国㊃1	3
1341	期	至正 1	5			2	4
1342		2	6			3	5 康永㊃1
1343		3	7			4	2
1344		4	8 1 忠穆王王昕			5	3
1345		5	2			6	4 贞和⊕1 光明天皇

① 后醍醐天皇谋倒**镰仓幕府**，事泄，被迫出逃，幕府立光严天皇，史称"元弘之变"。有年表标"光严天皇"。
② 足利高氏受**镰仓幕府**之命征讨后醍醐天皇，途中倒戈，攻灭**镰仓幕府**；受赐改名足利尊氏。天皇重新夺回实权，开始亲
③ 足利尊氏公开宣布反对后醍醐天皇。
④ 足利尊氏攻下京都，拥立光明天皇，建立幕府，制定《建武式目》。后醍醐天皇南逃吉野继续维持，世称"**南朝**"，形

1100

| 越　　南 | | 缅　　甸 | | |
环王国（占城）	大越国			
13 制阿难	开祐 2 宪宗陈旺	6 乌者那	8 答里必牙	7 修齐因
14	3	7	9	8 1 齐因分 1 修翳犍恒 1 频耶翳劳
15	4	8	10	2
16	5	9	11	3
17	6	10	12	4
18	7	11	13	5
19	8	12	14	6
20	9	13	1 瑞东帝	7
21	10	14	2	8
22	11	15	3	9
23	12	16	4	10
			5	
			1 迦苴	
24	13 绍丰 1 裕宗陈暊	17	2	11
25	2	18	3	12
1 茶和布底	3	19 1 伽悉信	4	13
2	3	2	5	14
3	4	3	6	15
4	5			

第十三王朝（环王国左侧竖排）　陈朝（大越国）　邦牙王朝　实阶王朝　中勃固王朝

政，次年元月改元"建武"，史称"建武中兴"。随继足利氏反叛，建立幕府，建武中兴仅以三年的短命而告终。

成南北朝对峙局面。两朝各有年号，在自己的辖区内使用。也有史书将南北朝的上限断在镰仓幕府灭亡的 1333 年。

老挝	德里苏丹国		印度/巴基
		6 兆纳汗	⋮（?） ⋮
		7	
		8	
		9	
		10	
		11	
	图格拉克王朝	12	喀喀迪耶王朝
		13	
		14	
		15	
		16	
		17	
		18	
		19	
		20	
		21	

斯坦/孟加拉

索纳尔尔加昂王朝	第一伊利亚斯王朝	沙米尔柴王朝	曷萨拉王国	公　元
			11 毗罗·巴拉拉三世	1330
			12	1331
			13	1332
			14	1333
			15	1334
			16	1335
			17	1336
			18	1337
1 法赫尔—乌德丁·穆巴拉克沙			19	1338
2	1 阿里·穆巴拉克	1 沙米尔柴	20	1339
3	2	2	21	1340
4	3	3	22	1341
5	4 ／ 1 沙姆斯—乌德丁·伊利亚斯沙	4	23 ／ 1 维鲁巴克沙·巴拉拉	1342
6	2	5	2	1343
7	3	6	3	1344
8	4	7	4	1345

公元	中 国 元	朝鲜/韩国 高 丽	日 本		
				（南朝）	（北朝）
1346	至正6 顺帝妥欢贴睦耳	3 忠穆王王昕		兴国7 后村上天皇 正平㊉1	贞和2 光明天皇
1347	7	4		2	3
1348	8	5		3	4㊉让位 崇光天皇㊉
1349	9	1 忠定王王眠		4	5
1350	元 10	2	南 室	5	6 观应㊀1
1351	11	3	北 町	6	2㊉被废
1352	时 12	1 恭愍王王颛 2	朝 幕	7	3 后光严天皇㊇ 文和㊈1
1353	13	3	时	8	2
1354	14	4	代	9	3
1355	15	5		10	4
1356	期 16	6①	府	11	5 延文㊂1
1357	17	7		12	2
1358	18	8		13	3
1359	19	9		14	4
1360	20	10		15	5

① 公元1356年以后，元朝势力逐渐退出朝鲜。

越南				缅甸					
环王国(占城)		大越国							
第十三王朝	5 茶和布底	陈朝	绍丰 6 裕宗陈皞	邦牙王朝	4 伽悉信	实阶王朝	7 迦苴	中勃固王朝	16 频耶翳劳
	6		7		5		8		17
	7		8		6		9		18
	8		9		7		10		19
	9		10		8		11		20
					1 侨苴尼		1 那罗多弥夷		
							1 答里必尼		
	10		11		2		2		21
	11		12		3		3		22
							1 明波梯诃波帝		
	12		13		4		2		23
									1 频耶宇
	13		14		5		3		2
	14		15		6		4		3
	15		16		7		5		4
	16		17		8		6		5
	17		18		9		7		6
	18		19		10		8		7
					1 那罗多				
	19		20		2		9		8
	1 阿答阿者								

附录1

老 挝	德里苏丹国			印度/巴基
	22 兆纳汗	⋮（?） ⋮		
				巴曼尼苏丹国
				1 阿拉·乌德丁·巴曼沙
	23			2
	24			3
图 格 拉 克 王 朝	25	喀 喀 迪 耶 王 朝		4
	26			
	27			5
	1 菲罗兹			6
澜沧王国①	2			7
1 法隆（有作"法昂"）	3			
2	4			8
3	5			9
4	6			10
5	7			11
6	8			12
				1 穆罕默德沙一世
7	9			2
8	10			3

① **老挝**地区原存在许多小国，其中以汉文史籍所载之"**堂明**"最盛。3 世纪，堂明王曾遣使赴**中国**访问。6 世纪初，**真腊** 10 世纪初，**老挝**境内的泰佬人始兴，开始建立国家，其中以琅勃拉邦的**孟斯瓦国**为最强。公元 1353 年，孟斯瓦王子法 **王国"**。该王国奠定了现代老挝的疆域。对**"澜沧王国"**，学术界存不同看法，本年表主要依据《中国大百科全书·外 **国"**说，是 737 年由坤洛征服古琅勃拉邦王国所建，传二十余世至法隆等。

斯坦/孟加拉			曷萨拉王国	公　元
索纳尔加昂王朝	9法赫尔—乌德丁·穆巴拉克沙	5沙姆斯—乌德丁·伊利亚斯沙	8沙米尔柴	5（亡于维查耶纳伽尔王国）	1346
				维查耶纳伽尔王国	
				1诃里诃里一世	
	10	6	9	⋮	1347
	11	7	10	⋮	1348
	12	8	11		1349
			1阿拉·乌德丁·阿里沙		
	（亡于第一伊利亚斯王国）	9	2	桑加马王朝	1350
	第一伊利亚斯王朝	10	3		1351
			1希哈卜—乌德丁		
		11	2		1352
		12	3		1353
沙米尔柴尔王朝		13	4		1354
		14	5		1355
		15	6		1356
		16	7		1357
		1塞尔达尔			
		2	8		1358
		3	9		1359
		4	10		1360

（柬埔寨古国）兴起，占领**老挝**地区。8世纪初，**真腊**分裂，其中陆**真腊**（又名**文单国**）占据老挝。9世纪初，**真腊**再度统一。隆在**真腊**帮助下统一**老挝**，建立了以佬族为主体的国家—**澜沧王国**（又称**南掌王国**），因首都在琅勃拉邦，故又称"**琅勃拉邦国历史卷**"的说法。除外尚有："**澜沧**"、"**南掌**"、"**琅勃拉**"为三国说，先后于749年、857年、1353年所建；称"**琅勃拉王**

附录1

公元	中国 元／明		朝鲜/韩国 高丽	日本	（南朝）	（北朝）
1361	元 时 期	至正21 顺帝妥欢贴睦耳	11 恭愍王王颛		正平16 后村上天皇	延文6 后光严天皇 康安㊀1
1362		22	12		17	贞治㊃1
1363		23	13		18	2
1364		24	14		19	3
1365		25	15		20	4
1366		26	16	南 北 朝 时 代	室 町 幕 府	21	5
1367		27	17			22	6
1368		28（亡于明）	18			23㊂卒 长庆天皇㊂	7 应安㊀1
	明	明					
		洪武1 太祖朱元璋					
1369		2	19			24	2
1370		3	20			25 建德㊐1	3
1371		4	21			2	4㊂让位 后圆融天皇㊂
1372		5	22			3 文中㊉1	5
1373		6	23			2	6
1374	时	7	1 辛禑			3	7
1375		8	2			4 天授㊄1	8 永和㊁1
1376		9	3			2	2
1377	期	10	4			3	3
1378		11	5			4	4
1379		12	6			5	5 康历㊁1
1380		13	7			6	2

越　　南		缅　　甸			
环王国（占城）	大越国				
2 阿答阿者	绍丰 21 裕宗陈暭	邦牙王朝	3 那罗多	实阶王朝	10 明波梯诃波帝	9 频耶宇
3	22		4		11	10
4	23		5		12	11
5	24		6		13（亡于木掸族）	12
			1 乌者那般		1 他拖弥婆耶	
			（亡于木掸族）			
6	25				2	13
7	26			阿瓦王朝	3	中勃固王朝	14
8	27				4	15
9	28				5	16
					1 伽奴	
					1 明吉斯伐修寄	
10	29				2	17
	大定 1 陈日礼				3	18
11	2					
	绍庆 1 艺宗陈晫					
12	2				4	19
13	3[睿宗]				5	20
14	隆庆 1 睿宗陈曔				6	21
15	2				7	22
16	3				8	23
17	4				9	24
18	5				10	25
	昌符 1 废帝陈晛					
19	2				11	26
20	3				12	27
21	4				13	28

第十三王朝　陈朝

老 挝 澜沧王国	德里苏丹国			印度/巴基 巴曼尼苏丹国
9 法隆	11 菲罗兹		⋮ (?) ⋮	4 穆罕默德沙一世
10	12			5
11	13			6
12	14			7
13	15			8
14	16	图	喀	9
15	17	格		10
16	18	拉	喀	11
17	19	克	迪	12
18	20	王	耶	13
19	21	朝	王	14
	22			15
1 桑森泰王	23		朝	16
2	24			17
3	25			18
4	26			19
5	27			20
				1 穆查希德
6	28			2
				1 穆罕默德沙二世
7	29			2
8	30			3

斯坦/孟加拉						公元
				维查耶纳伽尔王国		
第一伊利亚斯王朝	5 塞尔达尔	沙米尔柴王朝	11 希哈卜—乌德丁	桑加马王朝	⋮(?) ⋮	1361
	6		12			1362
	7		13			1363
	8		14			1364
	9		15			1365
	10		16			1366
	11		17			1367
	12		18			1368
	13		19			1369
	14		20			1370
	15		21			1371
	16		22			1372
	17		23			1373
	18		24			1374
	19		25			1375
	20		26			1376
	21		27		⋮	1377
	22		28		⋮布卡	1378
	23		⋮(?) ⋮		1 诃里诃里二世	1379
	24				2	1380

附录1

公元	中国 明	朝鲜/韩国 高丽		日本 (南朝)	日本 (北朝)
1381	洪武14 太祖朱元璋	8 辛禑	南北朝 室町时代幕府	天授7 长庆天皇 / 弘和㊁1	康历3 后圆融天皇 / 永德㊁1
1382	15	9		2	2㊃让位 / 后小松天皇㊃
1383	16	10		3 让位 / 后龟山天皇	3
1384	17	11		4 / 元中㊃1	4 / 至德㊁1
1385	18	12		2	2
1386	19	13		3	3
1387	20	14		4	4 / 嘉庆㊇1
1388	21	15 / 1 辛昌		5	2
1389	22	2 / 1 恭让王王瑶		6	康应㊁1
1390	23	2		7	2 / 明德㊂1
1391	24	3		8	2
1392	25	4（亡于朝鲜）		9 ㊃㊉①	3
		朝鲜			
		1 太祖李成桂②	府		
1393	26	2			4
1394	27	3			5 / 应永㊉1
1395	28	4			2
1396	29	5			3
1397	30	6			4

（中国栏左侧竖排：明 … 时期）

① 是年，后龟山天皇宣布退位，以传国神器授北朝，南北朝局面结束。
② 李成桂原为高丽重将，公元1392年废高丽恭让王，自立为王，改国号"朝鲜"（一般称"李氏朝鲜"），初都开京(今

越南		缅甸		老挝
环王国（占城）	大越国	阿瓦王朝	中勃固王朝	澜沧王国
22 阿答阿者	昌符 5 废帝陈睍	14 明吉斯伐修寄	29 频耶宇	9 桑森泰王
23	6	15	30	10
24	7	16	31	11
25	8	17	32	12
26	9	18	33	13
27	10	19	1 罗娑陀利	14
28	11	20	2	15
29	12	21	3	16
30	光泰 1 顺宗陈颙	22	4	17
31	2	23	5	18
1 罗皑	3		6	
2	4	24	7	19
3	5	25	8	20
4	6	26	9	21
5	7	27	10	22
6	8	28	11	23
7	9	29	12	24
8	10	30	13	25

越南·环王国（占城）：第十三王朝（起自"22 阿答阿者"），第十四王朝（起自"1 罗皑"）。
越南·大越国：陈朝。

开城），后迁汉阳（今首尔）。

图格拉克王朝	德里苏丹国						喀喀迪耶王朝	
	31 菲罗兹							⋮ (?)
								⋮
	32							
	33							
	34							
	35							
	36							
	37							
	38							
	1 吉亚斯—乌德丁二世							
	2							
	1 巴克尔							
	2							
	1 穆罕默德沙							
	2							
	3							
	4	迈华尔王国		江普尔王国				
	5	1 仲达	沙尔基王朝	1 马立克·沙尔瓦尔①				
	1 塞干达沙							
	1 马茂德沙							
	2	2		2				
	3	3		3	拉其普特王朝	1 柴法尔汗		
	4	4		4		2		

① 是年于德里苏丹国图格鲁克王朝统治下独立。

斯坦/孟加拉

坎德希王朝	巴曼尼苏丹国	第一伊利亚斯王朝		沙米尔柴王朝		桑加马王朝	维查耶纳伽尔王国	公元
	4 穆罕默德沙二世		25 塞尔达尔		⋮（?） ⋮		3 诃里诃里二世	1381
	5		26				4	1382
	6		27				5	1383
	7		28				6	1384
	8		29				7	1385
	9	第	30	沙		桑	8	1386
	10	一	31	米		加	9	1387
⋮（?）艾哈迈德· ⋮ 法鲁基	11	伊	32	尔		马	10	1388
	12	利	33	柴			11	1389
坎	13	亚	1 吉亚斯—乌德丁· 阿柴姆沙	王			12	1390
	14	斯	2	朝		王	13	1391
德	15	王	3			朝	14	1392
希	16	朝	4		1 塞干达尔沙		15	1393
	17		5		2		16	1394
王	18		6		3		17	1395
	19		7		4		18	1396
朝	20		8		5		19	1397
	1 吉亚斯—乌德丁		9					
	1 沙姆斯—乌德丁							
	1 菲罗兹沙							

公元	中　国 明		朝鲜／韩国 朝　鲜	日　　本
1398	洪武 31［惠帝囝囸］		7 太祖李成桂 1 定宗李芳果	应永 5 后小松天皇
1399	建文 1 惠帝朱允炆		2	6
1400	2		3 1 太宗李芳远	7
1401	明	3	2	室	8
1402		4［成祖六］	3		9
1403		永乐 1 成祖朱棣	4	町	10
1404	时	2	5		11
1405		3	6		12
1406		4	7		13
1407		5	8	幕	14
1408		6	9		15
1409	期	7	10	府	16
1410		8	11		17
1411		9	12		18
1412		10	13		19 让位八 称光天皇八
1413		11	14		20
1414		12	15		21

① 胡季犛本姓黎，原为**陈朝**外戚，渐掌实权。是年，篡位自立，改元"圣元"，国号"**大虞**"，改姓"**胡**"，史称"**胡朝**"。

越　　南			缅　　甸		老　　挝
环王国(占城)	大越国				澜沧王国
9 罗皑	陈朝	光泰 11 顺宗陈颙 建新 1 陈𬀩	31 明吉斯伐修寄	14 罗娑陀利	26 桑森泰王
10		2	32	15	27
11		3	33	16	28
1 阇耶僧伽跋摩五世	**大虞国**				
		圣元 1 胡季犛^① 1 胡汉苍			
第十四王朝	胡朝	2	34 1 多罗般 1 伽诺山 1 明恭	阿瓦王国中勃固王朝	29
2				17	
3		3	2	18	30
4		4	3	19	31
5		5	4	20	32
6		6	5	21	33
7		7	6	22	34
8		8(亡于中国明朝)	7	23	35
	大越国				
9	陈朝	兴庆 1 简定帝陈顾	8	24	36
10		2	9	25	37
		3			
11		重光 1 陈季扩	10	26	38
		2			
12		3	11	27	39
13		4	12	28	40
14		5(亡于中国明朝)	13	29	41
15			14	30	42

① 未逾年，传位其子汉苍，自称太上皇，仍听政。

德里苏丹国（图格拉克王朝）	迈华尔王国	江普尔王国（沙尔基王朝）	提拉华尔王朝	拉其普特王朝	喀喀迪耶王朝
5 马茂德沙	5 仲达	5 马立克·沙尔瓦尔		3 柴法尔汗	⋮（?）
6	6	6		4	⋮
		1 穆巴拉克沙			
7	7	2		5	
8	8	3	1 提拉华尔汗·谷利	6	
9	9	4	2	7	
		1 易卜拉欣沙	3	8	
10	10	2	4	9	
11	11	3	5	10	
12	12	4	1 胡桑沙	11	
13	13	5	2	12	
14	14	6	3	13	
15	15	7	4	14	
16	16	8	5	15	
17	17	9		1 阿马德沙一世	
18	18	10	6	2	
19	19	11	7	3	
1 道莱特沙·洛提	20	12	8	4	
2					
3（亡于赛义德王朝）	21	13	9	5	
① 1 基兹尔汗					

① 赛义德王朝。
② 伽涅什罗阇王朝。

斯坦/孟加拉					公元
	巴曼尼苏丹国			维查耶纳伽尔王国	
⋮（？）⋮	2 菲罗兹沙	10 吉亚斯—乌德丁·阿柴姆沙	6 塞干达尔沙	20 诃里诃里二世	1398
	3	11	7	21	1399
	4	12	8	22	1400
坎德希希王朝	5	第一伊利亚斯王朝 13	沙米尔柴王朝 9	桑加马王朝 23	1401
	6	14	10	24	1402
	7	15	11	25	1403
	8	16	12	26	1404
	9	17	13	27	1405
	10	18	14	28	1406
	11	19	15	1 迪瓦·拉雅一世	1407
				2	
	12	20	16	3	1408
	13	21	17	4	1409
	14	⋮（？）⋮	18	5	1410
	15		19	6	1411
	16		20	7	1412
	17		21	8	1413
	18	（亡于伽涅什罗阇王朝）	22	9	1414
		② 1 伽涅什罗阇			

公元	中　国		朝鲜/韩国	日　本
	明		朝　鲜	
1415		永乐 13 成祖朱棣	16 太宗李芳远	应永 22 称光天皇
1416		14	17	23
1417		15	18	24
1418		16	19	25
			1 世宗李祹	
1419		17	2	26
1420		18	3	27
1421	明	19	4	28
1422		20	5	29
1423		21	6	30
1424	时	22［仁宗⑻］	7	31
1425		洪熙 1 仁宗朱高炽	8	32
		［宣宗⑹］		
1426		宣德 1 宣宗朱瞻基	9	33
1427	期	2	10	34
1428		3	11	35
				正长㈣1㈦卒
				后花园天皇㈦
1429		4	12	2
				永享㈨1
1430		5	13	2
1431		6	14	3
1432		7	15	4

（日本栏竖排：室　町　幕　府）

① 公元 1419 年，黎利为反抗**中国明朝**的郡县统治，发动蓝山起义，声势浩大，达几十万人。转战十年，1427 年，迫使明军

越南		缅甸		老挝
环王国（占城）	大越国 / 后黎朝	阿瓦王朝	中勃固王朝	澜沧王国
16 阇耶僧伽跋摩五世		15 明恭	31 罗娑陀利	43 桑森泰王
17		16	32	44
				1 兰坎登王
18		17	33	2
19		18	34	3
20		19	35	4
21		20	36	5
22		21	37	6
23		22	38	7
		1 梯诃都		
24		2	39	8
			1 频耶昙摩耶娑	
25		3	2	9
26		4	3	10
27		5	4	11
		1 弥罗尼	1 频耶兰	
		1 迦梨夷旦瑜		
28		2	2	12
	大越国	1 孟养他切		
29	顺天 1 太祖黎利①	2	3	13
				1 波马塔
30	2	3	4	1 尤空
				1 孔坎
31	3	4	5	2
				1 坎坦萨
32	4	5	6	2
33	5	6	7	3

（越南左栏竖排：第十四王朝　后黎朝；缅甸竖排：阿瓦王朝　中勃固王朝）

撤走。翌年，黎利称帝，恢复“**大越**”国号，改元“**顺天**”，都东京（今河内），史称“**后黎朝**”。

德里苏丹国	迈华尔王国	江普尔王国			
2 基兹尔汗	22 仲达	14 易卜拉欣沙	10 胡桑沙	6 阿马德沙一世	⋮（?）
3	23	15	11	7	⋮
4	24	16	12	8	
5	25	17	13	9	喀
6	26	18	14	10	喀
7	27	19	15	11	迪
8	28	20	16	12	耶
赛 1 穆巴拉克	⋮（?）佐达①	沙 21	提 17	拉 13	耶
义 2	⋮	尔 22	拉 18	其 14	王
德 3		基 23	华 19	普 15	朝
4		王 24	尔 20	特 16	
5		朝 25	王 21	王 17	（亡于巴曼尼苏丹国）
王 6		26	朝 22	朝 18	
朝 7		27	23	19	
8		28	24	20	
9		29	25	21	
10					
11		30	26	22	
12		31	27	23	

① 在位年不详。

斯坦/孟加拉

坎德希王朝	巴曼尼苏丹国	伽涅什罗阇王朝	沙米尔柴王朝	维查耶纳伽尔王国 桑加马王朝	公元
：(?)纳西尔	19 菲罗兹沙	：伽涅什罗阇	23 塞干达尔沙	10 迪瓦·拉雅一世	1415
：	20	：	24	11	1416
			1 阿里沙		
	21		2	12	1417
	22		3	13	1418
	23		4	14	1419
	24		5	15	1420
			1 扎因—乌尔—阿比丁·沙希汗		
	25		2	16	1421
	26	：(?)查拉—乌德丁·穆罕默德沙 ：	3	17	1422
	1 阿马德沙			1 维拉·维贾耶	
	2		4	1 迪瓦·拉雅二世	1423
				2	
	3		5	3	1424
	4		6	4	1425
	5		7	5	1426
	6		8	6	1427
	7		9	7	1428
	8		10	8	1429
	9		11	9	1430
	10	1 沙姆斯—乌德丁·艾哈迈德	12	10	1431
	11	2	13	11	1432

附录 1

公元	中国 明	朝鲜/韩国 朝鲜	日本	越南 环王国(占城)	大越国
1433	宣德8宣宗朱瞻基	16世宗李祹	永享5后花园天皇	34阇耶僧伽跋摩五世	顺天6[太宗]
1434	9	17	6	35	绍平1太宗黎元龙
1435	10[英宗⊖]	18	7	36	2
1436	正统1英宗朱祁镇	19	8	37	3
1437	2	20	9	38	4
1438	3	21	10	39	5
1439	4	22	11	40	6
1440	5	23	12	41	7
1441	6	24	13	42	8
1442	7	25	嘉吉⊖1 2	1摩诃贲该 2	9
1443	8	26	3	3	大和1仁宗黎邦基
1444	9	27	4	4	2
1445	10	28	文安⊖1 2	5	3
1446	11	29	3	6	4
1447	12	30	4	1摩诃贵来 2	5
1448	13	31	5	3	6
1449	14[代宗⑨]	32	6	4	7
1450	景泰1代宗朱祁钰	33 1文宗李珦	宝德⊕1 2	1摩诃贵由 2	8
1451	2	2	3	3	9

日本栏中部: 室 町 幕 府 时 期
越南占城栏中部: 第 十 四 王 朝
大越国栏中部: 后 黎 朝

① **阿拉干王朝**是阿拉干人(亦称若开人)建立的王朝,统治**缅甸**的西南沿海一带。阿拉干历史可远溯至公元前。公元后,11世

缅　　甸			老　挝 澜沧王国
7 孟养他忉	8 频耶兰	1 那罗弥迦罗①	4 坎坦萨
			1 吕赛
			1 凯布阿班
8	9	1 阿里汉	2
9	10	2	3
			1 坎克特
10	11	3	2
11	12	4	3
12	13	5	4
13	14	6	（王位空缺）
14	15	7	
1 弥利侨苴	16	8	1 范福
2	17	9	2
3	18	10	3
4	19	11	4
1 那罗波帝	20	12	5
2			
3			
4	21	13	6
	1 频耶伐流		
5	2	14	7
6	3	15	8
7	4	16	9
8	5	17	10
	1 频耶干		
9	2	18	11

纪初，曾臣服**蒲甘王朝**，直到**蒲甘王朝**灭亡。公元 1433 年，流亡在外的那罗弥迦罗回国，在谬汉（一译末罗汉）建阿拉干王朝。

附
录
1

德里苏丹国	迈华尔王国	江普尔王国	提拉华尔王朝		拉其普特王朝
13 穆巴拉克	∴(?)①	32 易卜拉欣沙	28 胡桑沙		24 阿马德沙一世
	∴				
14		22	29		25
1 穆罕默德沙			30		
2		34	1 穆罕默德沙		26
3		35	2		27
			1 马茂德·卡尔吉一世		
4		36	2		28
5		37	3		29
6		38	4		30
7		39	5		31
8		40	6		32
9		41	7		33
			8		1 穆罕默德二世
10		42	9		∴
11		43	9		∴
12		44	10		
1 阿拉姆沙					
2		45	11		
3		46	12		
4		47	13		
5		48	14		
6		49	15		
7		50	16		
② 1 巴鲁尔·罗第③					

赛义德王朝 / 沙尔基王朝 / 卡尔吉王朝

① 在位年不详。
② 罗第王朝。
③ **罗第王朝**统治时，中央政权力量衰微，马尔瓦、古吉拉特、克什米尔、孟加拉等地名誉上附属中央，实际上彼此征战不

坎德希王朝（斯坦/孟加拉）	巴曼尼苏丹国	伽涅什罗阇王朝 / 第二伊利亚斯王朝	沙米尔柴尔王朝	桑加马王朝（维查耶纳伽尔王国）	公元
：（?） ：	12 阿马德沙	3 沙姆斯—乌德丁·艾哈迈德	14 扎因—乌尔—阿比丁·沙希汗	12 迪瓦·拉雅二世	1433
	13	4	15	13	1434
	14；1 阿拉—乌德丁·阿马德	5	16	14	1435
	2	6	17	15	1436
	3	7	18	16	1437
	4	8	19	17	1438
	5	9	20	18	1439
	6	10	21	19	1440
	7	11	22	20	1441
	8	12（亡于第二伊利亚斯王朝）；1 纳西尔—乌德丁·马茂德沙	23	21	1442
	9	2	24	22	1443
	10	3	25	23	1444
	11	4	26	24	1445
	12	5	27	25；1 马利卡尔朱那	1446
	13	6	28	2	1447
	14	7	29	3	1448
：（?）顾卜特·乌德丁·艾哈迈德沙①	15	8	30	4	1449
	16	9	31	5	1450
	17	10	32	6	1451

① ……已，中央不能控制。

公元	中国 明	朝鲜/韩国 朝鲜	日本	越南 环王国(占城)	越南 大越国
1452	景泰 3 代宗朱祁钰	3 文宗李珦 1 端宗李弘暐	宝德 4 后花园天皇 享德㊉1	4 摩诃贵由	大和 10 仁宗黎邦基
1453	4	2	2	5	11
1454	5	3	3	6	12
1455	6	4 1 世祖李瑈	4 康正㊉1	7	13
1456	7	2	2	8	14
1457	天顺 1 英宗朱祁镇	3	3 长禄㊈1	9	15
1458	2	4	2	10 1 摩诃盘罗悦	16
1459	3	5	3	2	17 天兴 1 黎宜民
1460	4	6	4 宽正㊉1	3 1 摩诃盘罗茶全	2 光顺 1 圣宗黎灏
1461	5	7	2	2	2
1462	6	8	3	3	3
1463	7	9	4	4	4
1464	8[宪宗㊀]	10	5㊉让位	5	5
1465	成化 1 宪宗朱见深	11	6 后土御门 天皇㊉	6	6
1466	2	12	7 文正㊀1	7	7
1467	3	13	2 应仁㊀1①	8	8
1468	4	14 1 睿宗李晄	2	9	9
1469	5	2 1 成宗李娈	3 文明㊃1	10	10

日本栏：室町幕府时期（第1456–1467行）；战国时代（1467起）

越南环王国栏：第十四王朝（1452–1458）；第十五王朝（1460–1469）

越南大越国栏：后黎朝

① 是年爆发"应仁之乱"，标志着"**战国时代**"的开始。于时，幕府内部争斗激烈，使其控制力减弱，各地领主纷起，在

缅　甸			老　挝 澜沧王国
10 那罗波帝	3 频耶干	19 阿里汉	12 范福
11	4	20	13
	1 穆陶		
	1 信修浮女王		
12	2	21	14
13	3	22	15
14	4	23	16
15	5	24	17
16	6	25	18
17	7	26	19
		1 迫婆修骠	
18	8	2	20
19	9	3	21
20	10	4	22
21	11	5	23
22	12	6	24
23	13	7	25
24	14	8	26
25	15	9	27
26	16	10	28
27	17	11	29
1 梯诃都罗			

其中左栏标注"阿瓦王朝"，中栏标注"中勃固王朝"，右栏标注"阿拉干王朝"。

其领地内实行专制统治，制定"国法"，建筑城堡，互相攻击与吞并，全国战乱不止，直到公元1573年**室町幕府**被推翻。

德里苏丹国	迈华尔王国	江普尔王国		
2 巴鲁尔·罗第	⋮（?） ⋮	51 易卜拉欣沙	17 马茂德·卡尔吉一世	⋮（?） ⋮
3		52	18	
4		53	19	
5		54	20	
罗 第 王 朝 6	沙 尔 基 王 朝	55	卡 尔 吉 王 朝 21	拉 其 普 特 王 朝
7		56	22	⋮ ⋮达乌德
8		1 穆罕默德沙	23	1 马茂德·贝加尔哈
9		2 1 胡赛因沙	24	2
10		2	25	3
11		3	26	4
12		4	27	5
13		5	28	6
14		6	29	7
15		7	30	8
16		8	31	9
17		9	32	10
18		10	33	11
19		⋮（?） ⋮	34 1 吉亚斯—乌德丁	12

斯坦/孟加拉

坎德希王朝	巴曼尼苏丹国	第二伊利亚斯王朝	沙米尔柴王朝	桑加尔马王朝 / 维查耶纳伽尔王国	公元
：（?）：	18 阿拉—乌德丁·阿马德	11 纳西尔—乌德丁·马茂德沙	33 扎因—乌尔—阿比丁·沙希汗	7 马利卡尔朱那	1452
	19	12	34	8	1453
	20	13	35	9	1454
	21	14	36	10	1455
坎	22	15	37	11	1456
	23	16	38	12	1457
德	1 胡马雍	17	39	13	1458
	2	18	40	14	1459
希	3	1 鲁克—乌德丁·巴尔贝克沙 ： ：	41	15	1460
	4 5		42	16	1461
王	1 尼查姆沙 2		43	17	1462
	3 1 穆罕默德三世		44	18	1463
朝	2		45	19	1464
	3		46	20	1465
				1 维鲁巴克沙二世	
	4		47	2	1466
	5	：（?）沙姆斯—乌 ： 德丁·菲罗兹	48	3	1467
	6		49	4	1468
	7		50	5	1469

（左起纵排标注：坎德希王朝、第二伊利亚斯王朝、沙米尔柴王朝、桑加尔马王朝）

| 公元 | 中国
明 | 朝鲜/韩国
朝 鲜 | 日 本 | 越 南 | |
				环王国（占城）	大越国
1470	成化6 宪宗朱见深	2 成宗李娎	文明2 后土御门天皇	第十五王朝 11 摩诃盘罗茶全	光顺11 圣宗黎灏
1471	7	3	3	12（亡于大越国）①	12
1472	8	4	4		13
1473	9	5	5		14
1474	10	6	6		15
1475	11	7	7		16
1476	12	8	8		17
1477	13	9	9		18
1478	14	10	10		19
1479	15	11	11		20
1480	16	12	12		21
1481	17	13	13		22
1482	18	14	14		23
1483	19	15	15		24
1484	20	16	16		25
1485	21	17	17		26
1486	22	18	18		27
1487	23[孝宗⑨]	19	19 长享⑦1		28
1488	弘治1 孝宗朱祐樘	20	2		29
1489	2	21	3 延德⑧1		30
1490	3	22	2		31
1491	4	23	3		32
1492	5	24	4 明应⑦1		33
1493	6	25	2		34

中国明：明（中间标注）明 时 期
日本：战 室 国 町 时 幕 代 府
越南大越国：后 黎 朝

① 一说此时大部分领土被**大越国**占领，**环王国（占城）**直到17世纪末亡于**阮氏王朝**。

缅甸			老挝
阿瓦王朝	中勃固王朝	阿拉干王朝	澜沧王国
2 梯诃都罗	18 信修浮女王	12 迫婆修骠	30 范福
3	19	13	31
4	20	14	32
	1 达摩悉提		
5	2	15	33
6	3	16	34
7	4	17	35
8	5	18	36
9	6	19	37
10	7	20	38
			1 棱发那·班郎
11	8	21	2
12	9	22	3
13	10	23	4
1 明恭		24	5
2	11	1 陶尔耶	
		2	6
3	12	3	7
4	13	4	8
5	14		1 拉森泰·普伐纳特
6	15	5	2
7	16	6	3
8	17	7	4
9	18	8	5
10	19	9	6
11	20	10	7
12	21	11	8
	1 频耶兰	1 婆修奴	
13	2	2	9

德里苏丹国（罗第王朝）	迈华尔王国	江普尔王国（沙尔基王朝）	（卡尔吉特王朝）	（拉其普特王朝）	（坎德希王朝）
20 巴鲁尔·罗第	⋮（?）	⋮（?）	2 吉亚斯—乌德丁	13 马茂德·贝加尔哈	⋮（?）
21	⋮	⋮	3	14	⋮
22			4	15	
23			5	16	
24			6	17	
25			7	18	
26			8	19	
27			9	20	
28			10	21	
29		（亡于罗第王朝）	11	22	
30			12	23	
31			13	24	
32			14	25	
33			15	26	
34			16	27	
35			17	28	
36			18	29	
37			19	30	
38			20	31	
39			21	32	
1 塞干达尔沙			22	33	
2			23	34	
3			24	35	
4			25	36	
5					

① 侯赛因王朝。

斯坦/孟加拉

巴曼尼苏丹国	比贾普尔王国	阿马德纳伽尔王国	第二伊利亚斯王朝 / 阿比西尼亚王朝		沙米尔柴王朝 / 沙鲁瓦王朝	维查耶纳伽尔王国	公元
8 穆罕默德三世				：（?）	51 扎因—乌尔—阿比丁·沙希汗	6 维鲁巴克沙二世	1470
9				：（?）		7	1471
10				：		8	1472
11			第二伊利亚斯王朝		桑加马王朝	9	1473
12						10	1474
13						11	1475
14				：(?)贾拉勒·乌德丁·法斯		12	1476
15						13	1477
16						14	1478
17					沙米尔柴王朝	15	1479
18						16	1480
19						17	1481
20						18	1482
1 马茂德沙						19	1483
2						20	1484
3						21	1485
4				（亡于阿比西尼亚王朝）	1 法斯汗	22（亡于沙鲁瓦王朝）	1486
5					2	1 那罗新哈·沙鲁瓦	1487
6				1 塞弗—乌德丁·菲罗兹	3	2	
7				2	4	3	1488
8			阿比西尼亚王朝	3	5	4	1489
9	1 优素福·阿迭尔沙	1 阿马德·尼查姆沙		4 / 1 西迪·巴德尔·迪瓦纳	沙鲁瓦王朝 5	5	1490
10	2	2		2	6	6	1491
11	3	3		3	7	7 / 1 那拉西姆哈·沙鲁瓦	1492
12	4	4		4（亡于侯赛因王朝）	8	2	1493
			①	1 阿拉—乌德丁·侯赛因沙			

公元	中 国 明	朝鲜/韩国 朝鲜		日 本		越 南 大越国
1494	弘治 7 孝宗朱祐樘 1 燕山君李㦕	26 成宗李娎			明应 3 后土御门天皇	光顺 35 圣宗黎灏
1495	8	2			4	36
1496	9	3			5	37
1497	10	4			6	38
1498	11	5			7	景统 1 宪宗黎镕
1499	12	6			8	2
1500	明 13	7	战 室		9⑨卒 后柏原天皇⊕	后 3
1501	14	8	国 町		10 文龟㊀1	4
1502	15	9			2	黎 5
1503	时 16	10			3	6
1504	17	11			4	7
1505	18[武宗㊄]	12	时 幕		永正㊀1 2	贞泰 1 肃宗黎㵮[威穆帝] 瑞庆 1 威穆帝黎浚
1506	正德 1 武宗朱厚照 1 中宗李怿	13	代 府		3	2
1507	期 2	2			4	朝 3
1508	3	3			5	4
1509	4	4			6	5
1510	5	5			7	洪顺 1 襄翼帝黎滜 2
1511	6	6			8	3
1512	7	7			9	4
1513	8	8			10	5
1514	9	9			11	6

缅 甸			老 挝
			澜沧王国
14 明恭	3 频耶兰	3 婆修奴 1 耶曩 1 沙林伽都	10 拉森泰·普伐纳特
15	4	2	11 1 维苏纳腊
16	5	3	2
17	6	4	3
			1 松普王
18	7	5	2
19	8	6	3
20	9	7	4
			1 维苏纳腊
21	10	8	2
		1 弥耶婆	
22	11	2	3
1 瑞难乔信			
2	12	3	4
3	13	4	5
4	14	5	6
5	15	6	7
6	16	7	8
7	17	8	9
8	18	9	10
9	19	10	11
10	20	11	12
11	21	12	13
12	22	13	14
13	23	14	15

（缅甸左起三列分别标注：阿瓦王朝、中勃固王朝、阿拉干王朝）

附录 1

德里苏丹国	迈华尔王国				巴曼尼苏丹国
6 塞干达尔沙	：(?) ：	26 吉亚斯—乌德丁	37 马茂德·贝加尔哈	：(?) ：	13 马茂德沙
7		27	38		14
8		28	39		15
9		29	40		16
10		30	41	：(?)阿迪勒沙 ：	17
11		31	42		18
12		32 / 1 纳西尔—乌德丁	43		19
13		2	44		20
14		3	45		21
15		4	46		22
16		5	47		23
17		6	48		24
18		7	49		25
19		8	50		26
20		9	51		27
21		10	52		28
22		11 / 1 马茂德·卡尔吉二世	53	：达乌德	29
23		2	54 / 1 穆扎法尔沙二世		30
24		3	2		31
25		4	3		32
26		5	4		33

德里苏丹国：罗第王朝
卡尔吉王朝
拉其普特王朝
坎德希王朝

斯坦/孟加拉

比贾普尔王国	阿马德纳伽尔王国				维查耶纳伽尔王国	公元
5 优素福·阿迪尔沙	5 阿马德·尼查姆沙		2 阿拉—乌德丁·侯赛因沙	9 法斯汗	3 那拉西姆哈·沙鲁瓦	1494
6	6		3	10	4（沙鲁瓦王朝）	1495
7	7		4	11	5	1496
8	8		5	12	6	1497
9	9		6	13	7	1498
10	10		7	14	8	1499
11	11		8	15	9	1500
12	12		9（侯赛因沙王朝）	16（沙米尔柴尔王朝）	10	1501
13	13		10	17	11	1502
14	14		11	18	12	1503
15	15		12	19	13	1504
16	16		13	20	14（亡于突鲁瓦王朝）	1505
17	17		14	21	1 维拉·那罗新哈	1506
18	18		15	22	2（突鲁瓦王朝）	1507
19	19		16	23	3	1508
20	20；1 布尔汉·尼查姆沙		17	24	4；1 克利希那迪瓦·拉雅	1509
21；1 伊斯迈尔·阿迪尔沙	2		18	25	2	1510
2	3	**戈尔孔达王国**	19	26	3	1511
3	4	1 顾利·顾特卜沙	20	27	4	1512
4	5	2	21	28	5	1513
5	6	3	22	29	6	1514

公元	中国 明	朝鲜/韩国 朝鲜	日本	越南 大越国
1515	正德 10 武宗朱厚照	10 中宗李怿	永正 12 后柏原天皇	洪顺 7 襄翼帝黎潊
1516	11	11	13	8
1517	12	12	14	光绍 1 昭宗黎椅
1518	13	13	15	2
1519	14	14	16	3
1520	15	15	17	4
1521	16[世宗㊃]	16	18	5
1522	嘉靖 1 世宗朱厚熜	17	大永㊇1	6
1523	2	18	2	7 / 统元 1 恭皇黎椿
1524	3	19	3	2
1525	4	20	4	3
				4
1526	5	21	6㊃卒 后奈良天皇	5
1527	6	22	7	6 ／ (北朝) 明德 1 太祖莫登庸①
1528	7	23	8	2
1529	8	24	享禄㊇1 / 2	3[太宗]
1530	9	25	3	大正 1 太宗莫登瀛
1531	10	26	4	2

（日本：战国时代 室町幕府；中国：明时期；越南：后黎朝 莫朝）

① 公元 1527 年，**后黎朝**权臣莫登庸废恭皇自立，建立**莫朝**，都昇龙（今河内）。继后，1533 年，**后黎朝**在南部复国，史称

② **东吁王朝**又译为**东坞王朝**，汉文史籍称其为洞吾、东胡，亦称底兀剌。这是**缅甸**历史上的强盛时期。

缅 甸				老 挝 澜沧王国
14 瑞难乔信	24 频耶兰		15 弥耶婆	16 维苏纳腊
15	25		16	17
16	26		17	18
17	27		18	19
18	28		19	20
19	29		20	21
				1 波提萨拉腊
20	30		21	2
21	31		22	3
22	32		23	4
23	33		1 迦沙婆提	5
24	34		2	6
			3	
			1 弥修乌	
			1 他多沙	
25	35		2	7
	1 多迦逾华			
26			3	8
1 思洪发				
2	2		4	9
3	4		5	10
4	5		6	11
5	6	东吁王朝 1 莽瑞体②	7 1 明平	12

左侧纵向分栏标注：阿瓦王朝 / 中勃固王朝 / 阿拉干王朝

"南北朝"，前者为北朝，后者为南朝。

印度/巴基

王朝	德里苏丹国	迈华尔王国	卡尔吉王朝	拉其普特王朝	坎德希王朝	巴曼尼苏丹国
罗第王朝	27 塞干达尔沙	⋮(?)	6 马茂德·卡尔吉二世	5 穆扎法尔沙二世	⋮(?)	34 马茂德沙
	28	⋮	7	6	⋮	35
	29		8	7		36
	1 易卜拉欣					
	2		9	8		37
	3		10	9		⋮(?)
						⋮
	4		11	10		
	5		12	11		
	6		13	12		
	7		14	13		
	8		15	14		
	9		16	15		
	10		17	16		
	1 马茂德(亡于莫卧儿帝国)			1 巴哈都尔沙		
	莫卧儿帝国					
巴卑尔王朝	1 巴卑尔					
	2		18	2		
	3		19	3		
	4		20	4		
	5		21	5		
	1 胡马雍					
	2		22(亡于拉其普特王朝)	6		

斯坦/孟加拉

比贾普尔王国	阿马德纳伽尔王国	戈尔孔达王国	侯赛因王朝	沙米尔柴尔王朝	突鲁瓦王朝（维查耶纳伽尔王国）	公 元
6 伊斯迈尔·阿迭尔沙	7 布尔汉·尼查姆沙	4 顾利·顾特卜沙	23 阿拉—乌德丁·侯赛因沙	30 法斯汗	7 克利希那迪瓦·拉雅	1515
7	8	5	24	31	8	1516
8	9	6	25	⋮（?）⋮	9	1517
9	10	7	26		10	1518
10	11	8	27		11	1519
			1 努斯拉特沙			
11	12	9	2		12	1520
12	13	10	3		13	1521
13	14	11	4		14	1522
14	15	12	5		15	1523
15	16	13	6		16	1524
16	17	14	7		17	1525
17	18	15	8		18	1526
18	19	16	9		19	1527
19	20	17	10		20	1528
20	21	18	11		21	1529
21	22	19	12		22	1530
					1 阿奇尤塔·拉雅	
22	23	20	13		2	1531

公元	中 国明	朝鲜/韩国朝 鲜	日 本	越 南大越国	(北朝)
1532	嘉靖11 世宗朱厚熜	27 中宗李怿	享禄5 后奈良天皇 天文㊆1	(南朝)	大正3 太宗莫登瀛
1533	12	28	2	元和1 庄宗黎宁①	4
1534	13	29	3	2	5
1535	14	30	4	3	6
1536	15	31	5	4	7
1537	16	32	6	5	8
1538	17	33	7	6	9
1539	18	34	8	7	10
1540	明 19	35	战 室 9	南 后 8	莫 11[莫福海]
1541	20	36	10	9	广和1 莫福海
1542	21	37	11	10	2
1543	时 22	38	国 町 12	11	3
1544	23	39	13	北 黎 12	4
1545	24	1 仁宗李峼 2 1 明宗李峘	时 幕 14	13	5
1546	25	2	15	14	6[莫福源]
1547	期 26	3	代 府 16	15	朝 永定1 莫福源
1548	27	4	17	朝 朝 16[中宗]	景历1
1549	28	5	18	顺平1 中宗黎暄	2
1550	29	6	19	2	3
1551	30	7	20	3	4
1552	31	8	21	4	5
1553	32	9	22	5	6

① 公元1533年，**后黎朝**旧臣阮淦等逃往哀牢，拥黎宁（庄宗）建政，史称**南朝**，都西都（今清化），控制清化、兴安一

缅　甸				老　挝 澜沧王国
6 思洪发	7 多迦逾华	2 莽瑞体	2 明平	13 波提萨拉腊
7	8	3	3	14
8	9	4	4	15
9	10	5	5	16
10	11	6	6	17
11	12	7	7	18
12	13	8	8	19
13	14	9	9	20
14	（?）	10	10	21
15	⋮	11	11	22
16	⋮	12	12	23
17		13	13	24
1 康孟		14	14	25
2		15	15	26
3		16	16	27
4		17	17	28
1 无毗那罗波帝		18	18	29
2		19	19	30
3		20	20	31
4	1 斯弥修都			1 塞塔提腊
5				
6	2	1 莽应龙	21	2
	1 斯弥陶			
7	2	2	22	3
1 悉都乔丁				
2	3（亡于东吁王朝）	3	23	4
			1 提迦	

阿瓦王朝 / 中勃固王朝 / 东吁王朝 / 阿拉干王朝

带地区。

附录 1

印度/巴基

	莫卧儿帝国	迈华尔王国			巴曼尼苏丹国	比贾普尔王国
巴卑尔王朝	3 胡马雍	1 马尔德夫	7 巴哈都尔沙	⋮（?） ⋮	⋮（?） ⋮	23 伊斯迈尔·阿迭尔沙
	4	2	8			24
	5	3	9			25
	6	4	10			⋮（?）
	7	5	11		⋮	⋮
	8	6	12		⋮	
	9	7	⋮（?）		卡利穆拉（瓦解）	
	10	8	⋮			
	11	9		坎德希希王朝		
苏尔王朝	1 休尔·沙·苏尔①		拉其普特王朝			
	2	10				
	3	11				
	4	12				
	5	13				
	6	14				
	1 伊斯拉姆沙					
	2	15				
	3	16				
	4	17				
	5	18				
	6	19				
王朝	7	20				
	8	21				
	9	22				

① 苏尔原为比哈尔的统治者，公元1539年和1540年两度击败胡马雍，将其逐出德里，遂据有北印度。

斯坦/孟加拉

阿马德纳伽尔王国	戈尔孔达王国	侯赛因王朝	沙米尔柴王朝 / 查克王朝	维查耶纳伽尔王国（突鲁瓦王朝）	公 元
24 布尔汉·尼查姆沙	21 顾利·顾特卜沙	14 努斯拉特沙 1 阿拉—乌德丁·菲罗兹	：（?） ：	3 阿奇尤塔·拉雅	1532
25	22	2 1 吉亚斯—乌德丁·马茂德沙		4	1533
26	23	2		5	1534
27	24	3		6	1535
28	25	4		7	1536
29	26	5		8	1537
30	27	6（亡于莫卧儿帝国）		9	1538
31	28			10	1539
32	29			11	1540
33	30		（亡于莫卧儿帝国）	12	1541
34	31		1 米尔扎·赫德尔	13	1542
35	32 1 易卜拉欣		2	1 萨达西瓦	1543
36	2		3	2	1544
37	3		4	3	1545
38	4		5	4	1546
39	5		6	5	1547
40	6		7	6	1548
41	7		8	7	1549
42	8		9	8	1550
43	9		10	9	1551
44	10		11	10	1552
45 1 侯赛因·尼查姆沙	11		12	11	1553

公元	中国 明	朝鲜/韩国 朝鲜	日本	越南 (南朝) 大越国	(北朝)
1554	嘉靖33世宗朱厚熜	10明宗李峘	天文23后奈良天皇	顺平6中宗黎暄	景历7莫福源
1555	34	11	24 / 弘治⊕1	7	8
1556	35	12	2	8[英宗]	9
1557	36	13	3⑨卒 / 正亲町天皇⊕	天祐1英宗黎维邦 / 正治1	10
1558	37	14	4 / 永禄㊀1	2	11
1559	38	15	2	3	12
1560	39	16	3	4	13
1561	40	17	4	5	14[莫茂洽]
1562	41	18	5	6	淳福1莫茂洽
1563	42	19	6	7	2
1564	43	20	7	8	3
1565	44	21	8	9	4
1566	45[穆宗⊕]	22	9	10	5
1567	隆庆1穆宗朱载坖	23 / 1宣祖李昖	10	11	6
1568	2	2	11	12	崇康1
1569	3	3	12	13	2
1570	4	4	13 / 元龟㊃1	14	3
1571	5	5	2	15	4
1572	6[神宗㊅]	6	3	16[世宗]	6

中国栏：明 / 明时期
日本栏：战室国町时代 室町幕府
越南栏：南后 北黎 朝朝 / 莫 朝

缅　　甸			老　　挝 澜沧王国
阿瓦王朝 3 悉都乔丁 4（亡于东吁王朝）	4 莽应龙 5	2 提迦 3 1 修罗	5 塞塔提腊 6
	东吁王朝 6	2	7
	7	3	8
	8	4	9
	9	5	10
	10	6	11
	11	7	12
	12	8	13
	13	9	14
	14	10	15
	15	**阿拉干王朝** 1 弥悉多耶 2	16
	16	3	17
	17	4	18
	18	5	19
	19	6	20
	20	7	21
	21	8 1 弥波隆	22
	22	2 1 森苏林	23

印度/巴基

	莫卧儿帝国	迈华尔王国	拉其普特王朝	坎德希王朝	比贾普尔王国
苏尔王朝	10 伊斯拉姆沙	23 马尔德夫	：(?)	：(?)	：(?)
	1 菲罗兹		：	：	：
	1 阿迭尔沙				
	1 易卜拉欣汗·苏尔				
	1 塞干达尔沙	24			
巴卑尔王朝	1 胡马雍①				
	2	25			
	1 阿克巴②				
	2	26			1 阿里·阿迭尔沙
	3	27			2
	4	28			3
	5	29			4
	6	30			5
	7				6
	8	31			7
	9	：(?)			8
		：			9
	10				10
	11				11
	12				12
	13				13
	14				14
	15				
	16		：		15
	17		：穆扎法尔沙三世		16
			（亡于莫卧帝国）		

① 胡马雍乘**苏尔王朝**内讧之机，击败之，得以复位。
② 阿克巴统治时期统一北印度，并征服德干地区。

斯坦/孟加拉								公元
阿马德纳伽尔王国	戈尔孔达王国					维查耶纳伽尔王国		
2 侯赛因·尼查姆沙	12 易卜拉欣			查克王朝	14 米尔扎·赫德尔	突鲁瓦王朝	13 萨达西瓦	1554
3	13				15		14	1555
4	14				16		15	1556
5	15				17		16	1557
6	⋮(?)				18		17	1558
	⋮							
7					19		18	1559
8					20		19	1560
9					21		20	1561
					1 伽齐沙			
10					⋮		21	1562
11					⋮		22	1563
12		卡拉拉尼王朝	1 苏莱曼·卡拉拉尼				23	1564
13			2				24	1565
⋮(?)			3				25	1566
⋮			4				26	1567
			5				27	1568
			6				28	1569
			7				29(亡于阿拉维杜王朝)	1570
						阿拉维杜王朝	1 蒂鲁马拉	
			8				⋮	1571
			9					
			1 巴叶齐德				⋮	1572
			1 陶达					

公元	中国 明	朝鲜/韩国 朝 鲜	日 本	越 南 （南朝） 大越国 （北朝）		
1573	万历 1 神宗朱翊钧	7 宣祖李昖	元龟 4 正亲町天皇 天正⊕1①		嘉泰 1 世宗黎维谭	崇康 6 莫茂洽
1574	2	8	2		2	7
1575	3	9	3		3	8
1576	4	10	4		4	9
1577	5	11	5	南	5	10
1578	6	12	6		6	莫 延成 1
1579	7	13	7		7	2
1580	明 8	14	安 8	后	8	3
1581	9	15	土 9		9	4
1582	10	16	· 10	北	10	5
1583	11	17	11		11	6
1584	12	18	桃 12		12	7
1585	时 13	19	山 13	黎	13	8
1586	14	20	14⊕让位 后阳成天皇⊕		14	瑞泰 1
1587	15	21	时 15	朝	15	2
1588	16	22	16		16	朝 兴治 1
1589	17	23	代 17		17	2
1590	18	24	18②		18	3
1591	期 19	25	19	朝	19	洪宁 1
1592	20	26	20 文禄⊕1		20	2
1593	21	27	2		21	武安 1 莫全③ （亡于后黎朝）
1594	22	28	3		22	
1595	23	29	4		23	
1596	24	30	5		24	
1597	25	31	庆长⊕1 2		25	

① 战国末年，领主织田信长势力强盛，东征西讨，平定诸多地区，并于天正元年（1573）把将军足利义昭逐出京都，从史家将此一时期称为"**安土·桃山时代**"。这一时期未设幕府，表面尊皇，实际上还是武家掌权，史称"**织丰政权**"，

② 结束混战，实现统一。

③ 是年被**后黎朝**所攻，都城昇龙（今河内）失守，**南北朝**局面结束。而莫氏残余仍据高平一带，直到公元1667年才被全部

缅　　甸		老　　挝
		澜沧王国
23 莽应龙	3 弥波隆	2 森苏林
24	4	
25	5	3（亡于缅甸东吁王朝）
26	6	
27	7	
28	8	
29	9	
30	10	
31	11	
1 莽应里	12	
2	13	
3	14	
4	15	
5	16	（缅甸统治）
6	17	
7	18	
8	19	
9	20	
10	21	
11	22	
12		万象王国
13	23	1 诺蒙
	1 明耶娑基	
14	2	2
15	3	3
16	4	4
17	5	5

（左侧纵栏：东吁王朝；中间纵栏：阿拉干王朝）

而结束了**室町幕府**的统治时代。因其统治中心在近江（今滋贺县）安土城，以及继任者丰臣秀吉的统治中心在京都桃山城，故故又称此时期为"**织丰时代**"。

消灭。

莫卧儿帝国	迈华尔王国			比贾普尔王国	阿马德纳伽尔王国
18 阿克巴	⋮（?）		⋮（?）	17 阿里·阿迭尔沙	⋮（?）
	⋮		⋮		⋮
19				18	
20				19	
21				20	
22				21	
23				22	
24				23	
				1 易卜拉欣二世	
巴 25	坎			2	
26				3	
卑 27	德			4	
28				5	
29	希			6	
30				7	
尔 31				8	
32				9	
王 33	王			10	⋮
34				11	⋮
35				12	布尔汉—乌尔—穆尔克
朝 36	朝			13	（亡于巴卑尔王朝）
37				14	
38				15	
39				16	
40				17	
41				18	1 巴哈杜尔（复国）
42				19	2

① 在位年不详。

斯坦/孟加拉

戈尔孔达王国				维查耶纳伽尔王国	公元
⋮（?） ⋮	卡拉拉尼王朝	2 陶达	⋮（?） ⋮	⋮（?） ⋮	1573
			查克王朝		1574
		3			1575
		4			1576
		5（亡于巴卑尔王朝）			1577
					1578
					1579
				阿拉维杜王朝	1580
					1581
					1582
					1583
					1584
					1585
			（亡于巴卑尔王朝）		1586
					1587
					1588
					1589
					1590
				⋮（?）兰伽二世①	1591
				⋮	1592
					1593
					1594
					1595
					1596
					1597

公元	中　国		朝鲜/韩国	日　本
	明		朝　鲜	
1598	万历 26 神宗朱翊钧		32 宣祖李昖	庆长 3 后阳成天皇
1599	27		33	4
1600	28		34	5①
1601	29		35	6
1602	30		36	7
1603	31		37	8③
1604	32		38	9
1605	33		39	10
1606	34		40	11
1607	35		41	12
1608	36		42	13
			1 光海君李珲	
1609	37		2	14
1610	38		3	15
1611	39		4	16㊂让位
				后水尾天皇㊃
1612	40		5	17
1613	41		6	18
1614	42		7	19
1615	43		8	20
		后　金		元和㊆1
1616	44	天命 1 太祖努尔哈赤	9	2
1617	45	2	10	3
1618	46	3	11	4
1619	47	4	12	5
1620	48	5	13	6
	泰昌㊇1 光宗朱常洛			
	［熹宗㊈］			

中国明时期

江户幕府（日本）

安土·桃山时代（日本）

① 是年发生"关原之战"，德川家康势力渐壮。

② 阮潢原为**后黎朝**重臣。其父阮淦因拥立功初掌王朝实权，阮淦死后，实权落入其婿郑检手中，时阮潢出镇顺化。至公元
据建政。

③ 是年，德川家康任征夷大将军，在江户开设幕府。

越南 大越国		缅　　甸		老　拶 万象王国
嘉泰 26 世宗黎维谭		18 莽应里	6 明耶娑基	6 诺蒙
				1 伏腊旺萨
27 [敬宗]		19	7	2
慎德 1 敬宗黎维新　弘定 1	太祖嘉裕帝阮潢②	1 良渊王	8	3
2	：	2	9	4
3	：	3	10	5
4		4	11	6
5		5	12	7
6（后）		6	13	8
		1 阿那毕隆		
7	顺	2	14	9
8		3	15	10
9		4	16	11
10	化	5	17	12
11（黎）		6	18	13
12	阮	7	19	14
13		8	20	15
			1 明迦莽	
14	1 阮福源	9	2	16
15	：	10	3	17
16（朝）	：（朝）	11（王朝）	4（王朝）	18
17		12	5	19
18		13	6	20
19		14	7	21
20		15	8	22
永祚 1 神宗黎维祺				
2		16	9	23

（缅甸栏目：东吁王朝、阿拉干王朝）

1592 年，郑检子郑松率军灭北朝莫氏统一全国后，郑氏之势更壮，俗言"黎氏为皇，郑氏执政"。阮潢不服，在顺化反叛，割

莫卧儿帝国		迈华尔王国			比贾普尔王国
巴卑尔王朝	43 阿克巴	⋮(?)	坎德希王朝	⋮	20 易卜拉欣二世
		⋮		⋮阿里汗	
	44			1 米朗·巴哈都尔沙	21
	45			2	22
	46			3(亡于巴卑尔王朝)	23
	47				24
	48				25
	49				26
	50				27
	1 贾汉吉尔				
	2				28
	3				29
	4				30
	5				31
	6				32
	7				33
	8				34
	9				35
	10				36
	11				37
	12				38
	13				39
	14				40
	15				41
	16				42

斯坦/孟加拉				公元
阿马德纳伽尔王国	戈尔孔达王国	维查耶纳伽尔王国		
3 巴哈杜尔	⋮(?)	阿拉维杜王朝	⋮(?)	1598
	⋮		⋮	
4				1599
5				1600
1 穆尔太柴·尼查姆沙二世				
⋮				1601
⋮				1602
				1603
				1604
				1605
				1606
				1607
				1608
				1609
				1610
				1611
			⋮(?)梵卡塔二世	1612
			⋮	
				1613
				1614
				1615
				1616
				1617
				1618
				1619
				1620

公元	中 国		朝鲜/韩国	日 本
	明	后 金	朝 鲜	
1621	天启 1 熹宗朱由校	天命 6 太祖努尔哈赤	14 光海君李珲	元和 7 后水尾天皇
1622	2	7	15	8
1623	3	8	16	9
			1 仁祖李倧	
1624	4	9	2	10
				宽永㊀1
1625	5	10	3	2
1626	明 6	11[太宗㊈]	4	江 3
1627	7[思宗㊇]	天聪 1 太宗皇太极	5	4
1628	崇祯 1 思宗朱由检	2	6	5
1629	2	3	7	户 6㊄让位
1630	时 3	4	8	7 明正女天皇㊈
1631	4	5	9	幕 8
1632	5	6	10	9
1633	6	7	11	10①
1634	期 7	8	12	11
1635	8	9	13	府 12
1636	9	10	14	13
		清		
		崇德㊃1 太宗皇太极		
1637	10	2	15	14
1638	11	3	16	15
1639	12	4	17	16
1640	13	5	18	17

① 是年首次发布禁止对外交通与贸易的"锁国令"。为防止天主教的传播和抑制豪商势力增长与幕府对抗，巩固幕府体制，

越南 大越国		缅 甸		老 挝 万象王国
后黎朝	顺化阮朝	东吁王朝	阿拉干王朝	
永祚3 神宗黎维祺	:(?)阮福源 :	17 阿那毕隆	10 明迦莽	24 伏腊旺萨
				1 乌帕努代腊
4		18	11	2
			1 梯里都昙摩	1 马哈南
5		19	2	2
6		20	3	3
7		21	4	4
8		22	5	5
9		23	6	6
				1 蒙巧
10		24	7	2
		1 弥利提波		
德隆1		1 他隆	8	3
2		2	9	4
				1 通坎王
3		3	10	2
4		4	11	3
5		5	12	4
				1 苏里亚旺萨
6		6	13	2
阳和1	1 阮福澜	7	14	3
2	: :	8	15	4
3		9	16	5
4		10	17	6
			1 明婆尼	
			1 那罗波帝只	
5		11	2	7
6		12	3	8

至公元 1639 年先后发布了五次。**日本**维持锁国政策长达二百多年，一直到 1853 年在**美国炮舰政策**压力下才重新开放。

莫卧儿帝国	迈华尔王国	比贾普尔王国
17 贾汉吉尔	⋮（?） ⋮	43 易卜拉欣二世
18		44
19		45
20		46
21		47
		1 穆罕默德·阿迭尔沙
22		2
23		3
1 沙·贾汉		4
2		
3		5
4		6
5		7
6		8
7		9
8		10
9		11
10		12
11		13
12		14
13		15
14		16

巴 卑 尔 王 朝

斯坦/孟加拉

阿马德纳伽尔王国	戈尔孔达王国	维查耶纳伽尔王国	公 元
⋮(?) ⋮	⋮(?) ⋮	⋮(?) ⋮	1621
			1622
			1623
			1624
			1625
1(?)穆尔太柴二世			1626
2			1627
3			1628
4			1629
5		阿	1630
1 侯赛因沙		拉	
2		维	1631
3		杜	1632
4(亡于巴卑尔王朝)		拉	1633
		王	1634
		朝	1635
	⋮(?)阿卜杜拉·顾特卜沙 ⋮		1636
			1637
			1638
			1639
			1640

公元	中 国			朝鲜/韩国	日 本
	明		清	朝 鲜	
1641	明时期	崇祯 14 思宗朱由检	崇德 6 太宗皇太极	19 仁祖李倧	宽永 18 明正女天皇⑨
1642		15	7	20	19
1643		16	8 [世祖⑧]	21	20⊕让位
					后光明天皇⊕
1644		17（亡于大顺政权）	顺治 1 世祖福临	22	21
					正保⑫1
1645			2	23	2
1646	清时期		3	24	3
1647			4	25	4
1648			5	26	5
1649			6	27	庆安⊖1
				1 孝宗李淏	2
1650			7	2	3
1651			8	3	4
1652			9	4	5
					承应⑨1
1653			10	5	2
1654			11	6	3⑨卒
					后西天皇⊕
1655			12	7	4
					明历④1
1656			13	8	2
1657			14	9	3
1658			15	10	4
					万治⑦1
1659			16	11	2
				1 显宗李棩	
1660			17	2	3
1661			18 [圣祖⊖]	3	4
					宽文④1
1662			康熙 1 圣祖玄烨	4	2
1663			2	5	3⊖让位
					灵元天皇④

江户幕府

越南 大越国				缅甸			
后黎朝		顺化阮朝		东吁王朝		阿拉干王朝	
	阳和7 神宗黎维祺		⋮(?)		13 他隆		4 那罗波帝只
	8		⋮		14		5
	9				15		6
	福泰1 真宗黎维祐						
	2				16		7
	3				17		8
							1 他拖
	4				18		2
	5				19		3
	6		1 阮福濒		20		4
			⋮		1 平达格力		
	7		⋮		2		5
	庆德1 神宗黎维祺(复位)						
	2				3		6
	3				4		7
	4				5		8
							1 僧陀都昙摩
	盛德1				6		2
	2				7		3
	3				8		4
	4				9		5
	5				10		6
	永寿1				11		7
	2				12		8
	3				13		9
	4				14		10
					1 莽白		
	万庆1[玄宗]				2		11
	景治1 玄宗黎维禑				3		12

| 老 挝 | | 印度/巴基 |
万象王国	莫卧儿帝国	迈华尔王国
9 苏里亚旺萨	15 沙·贾汉	⋮（?）
10	16	⋮
11	17	
12	18	
13	19	
14	20	
15	21	
16	22	
17	23	
18	24	
19	25	
20	26	
21	27	
22	28	
23	29	
24	30	
25	31	
26	32	
	1 奥朗则布	
27	2	
28	3	
29	4	
30	5	
31	6	

巴
卑
尔
王
朝

斯坦/孟加拉

比贾普尔王国	戈尔孔达王国	维查耶纳伽尔王国	公元
17 穆罕默德·阿迭尔沙	⋮（?）	⋮（?）	1641
18	⋮	⋮	1642
19			1643
20			1644
21			1645
22			1646
23			1647
24			1648
25			1649
26			1650
27			1651
28			1652
29			1653
30			1654
31			1655
32			1656
1 阿里·阿迭尔沙二世			
2			1657
3			1658
4			1659
5			1660
6			1661
7			1662
8			1663

阿拉维杜王朝

附录 1

公元	中国 清		朝鲜/韩国 朝鲜	日本	
1664		康熙3圣祖玄烨	6显宗李棩		宽文4灵元天皇
1665		4	7		5
1666		5	8		6
1667		6	9		7
1668		7	10		8
1669		8	11		9
1670		9	12		10
1671		10	13		11
1672		11	14		12
1673	清	12	15	江	13
					延宝㈨1
1674		13	16	户	2
			1肃宗李焞		
1675		14	2		3
1676		15	3		4
1677		16	4		5
1678	时	17	5		6
1679		18	6		7
1680		19	7	幕	8
1681		20	8		9
					天和㈨1
1682	期	21	9	府	2
1683		22	10		3
1684		23	11		4
					贞享㈡1
1685		24	12		2
1686		25	13		3
1687		26	14		4㈡让位
					东山天皇㈣
1688		27	15		5
					元禄㈨1

越南 大越国				缅甸			
后黎朝	景治2玄宗黎维禑	顺化阮朝	⋮阮福濒	东吁王朝	4莽白	阿拉干王朝	13僧陀都昙摩
	3		⋮		5		14
	4				6		15
	5				7		16
	6				8		17
	7				9		18
	8				10		19
	9［嘉宗］				11		20
	阳德1嘉宗黎维禬				12		21
					1那罗伐罗		
	2				2		22
					1弥丽怀提		
	3				2		23
	4［熙宗］				3		24
	永治1熙宗黎维祫				4		25
	2				5		26
	3				6		27
	4				7		28
	正和1				8		29
	2				9		30
	3				10		31
	4				11		32
	5				12		33
							1梯利都利耶
	6				13		2
							1伐罗陀摩罗娑
	7				14		2
	8		1阮福溢		15		3
			⋮				
	9				16		4

附录1

| 老　挝 | | 印度/巴基 | |
万象王国	莫卧儿帝国	迈华尔王国	
32 苏里亚旺萨		7 奥朗则布	⋮（?）
33		8	⋮
34		9	
35		10	
36		11	
37		12	
38		13	
39	巴	14	
40		15	
41		16	
42	卑	17	
43		18	⋮
44	尔	19	⋮
45		20	摩诃罗阇·查斯万特·辛格
46		21	1 阿其特·辛格
47	王	22	2
48		23	3
49		24	4
50	朝	25	5
51		26	6
52		27	7
53		28	8
54		29	9
55		30	10
56		31	11

斯坦/孟加拉				公元
比贾普尔王国	**戈尔孔达王国**	**维查耶纳伽尔王国**		
9 阿里·阿迭尔沙二世	⋮（?）	阿拉维杜王朝	⋮（?）	1664
10	⋮		⋮	1665
11				1666
12				1667
13				1668
14				1669
15				1670
16			⋮	1671
17			⋮ 兰伽三世	1672
18				1673
19				1674
20		**马拉塔帝国**		
20		1 西瓦吉一世		1675
21		2		1676
22		3		1677
23		4		1678
24		5		1679
25		6		1680
		1 桑布吉一世		
26		2		1681
27		3		1682
28		4		1683
29		5		1684
30		6		1685
31 亡于巴卑尔王朝)		7		1686
	（亡于巴卑尔王朝）	8		1687
		9		1688

附录 1

公元	中国 清		朝鲜/韩国 朝鲜	日本
1689		康熙 28 圣祖玄烨	16 肃宗李焞	元禄 2 东山天皇
1690		29	17	3
1691		30	18	4
1692		31	19	5
1693		32	20	6
1694		33	21	7
1695	清	34	22	江 8
1696		35	23	9
1697		36	24	户 10
1698	时	37	25	11
1699		38	26	幕 12
1700		39	27	13
1701		40	28	14
1702	期	41	29	府 15
1703		42	30	16
1704		43	31	17 宝永㊀1
1705		44	32	2
1706		45	33	3
1707		46	34	4
1708		47	35	5

越南 大越国		缅甸	
后黎朝 / **顺化阮朝**		**东吁王朝** / **阿拉干王朝**	
正和 10 熙宗黎维祫	：(?)阮福溢 ：	17 弥丽侨提	5 伐罗陀摩罗娑
11		18	6
12	1 阮福凋 ：	19	7
13	：	20	8
			1 牟尼都昙摩罗娑
14		21	2
15		22	3
			1 僧陀都利耶昙摩
16		23	2
17		24	3
			1 那罗多修
			1 摩逾毕耶
18		25	2
			1 迦罗满陀
19		26	2
			1 那罗提波帝
		1 娑尼	2
20		2	3
			1 僧陀毗摩罗
21		3	2
22		4	3
23		5	4
24		6	5
25		7	
26		8	6
永盛 1 裕宗黎维禟		9	7
			1 僧陀都利耶
2		10	2
3			
4		11	3

老挝		印度/巴基		
万象王国			莫卧儿帝国	迈华尔王国
57 苏里亚旺萨		巴卑尔王朝	32 奥朗则布	12 阿其特·辛格
58			33	13
1 披耶蒙古				
⋮			34	14
⋮			35	15
⋮(?)披耶那空			36	16
⋮			37	17
⋮				
⋮翁洛			38	18
1 南塔腊				
2			39	19
3			40	20
4			41	21
1 赛翁·顺化				
2			42	22
3			43	23
4			44	24
5			45	25
6			46	26
7			47	27
8			48	28
9			49	29
	琅勃拉邦王国			
10①	1 景基萨腊		50	30(亡于巴卑尔王朝)
			1 巴哈杜尔沙一世	锡克国
11	2		2	⋮(?)巴哈杜尔

① 有学者将从此年起琅勃拉邦王国分裂出去以后称万象王国，以前仍称澜沧（南掌）王国。

斯坦/孟加拉		公　元
马拉塔帝国		
10 桑布吉一世		1689
1 罗贾拉姆		
2		1690
3		1691
4		1692
5		1693
6		1694
7		1695
8		1696
9		1697
10		1698
11		1699
12		1700
1 西瓦吉三世		
2		1701
3		1702
4		1703
5		1704
6		1705
7		1706
8		1707
9	1 沙胡一世	1708

公元		中国 清	朝鲜/韩国 朝鲜		日本
1709	清时期	康熙 48 圣祖玄烨	36 肃宗李焞	江户幕府	宝永 6㊅让位
					中御门天皇㊅
1710		49	37		7
1711		50	38		8
					正德㊃1
1712		51	39		2
1713		52	40		3
1714		53	41		4
1715		54	42		5
1716		55	43		6
					享保㊅1
1717		56	44		2
1718		57	45		3
1719		58	46		4
1720		59	47		5
			1 景宗李昀		
1721		60	2		6
1722		61[世宗⑪]	3		7
1723		雍正 1 世宗胤禛	4		8
1724		2	5		9
			1 英祖李昑		
1725		3	2		10
1726		4	3		11
1727		5	4		12
1728		6	5		13
1729		7	6		14
1730		8	7		15
1731		9	8		16

越南			缅甸	
后黎朝（大越国）	顺化阮朝		东吁王朝	阿拉干王朝
永盛5 裕宗黎维禑	：(?)阮福澍 ：		12 娑尼	4 僧陀都利耶
6			13	5 ／ 1 僧陀毗沙耶
7			14	2
8			15	3
9			16	4
10			17	5
11			1 达宁格内 ／ 2	6
12			3	7
13			4	8
14			5	9
15			6	10
16			7	11
17			8	12
18			9	13
19			10	14
20			11	15
21	1 阮福淍		12	16
22	：		13	17
23	：		14	18
24			15	19
25			16	20
永庆1 废帝黎维坊			17	21
2			18	22
3				1 僧陀都利耶

附录 1

老　　挝				莫卧儿帝国	锡克国
万象王国	琅勃拉邦王国				
12 赛翁·顺化	3 景基萨腊			3 巴哈杜尔沙一世	⫶(?)巴哈杜尔
					⫶
13	4			4	
14	5			5	
15	6			6	
		占巴塞王国		1 贾汉达尔沙	
16	7	1 诺卡萨		2	
	1 卡蒙诺伊			1 法鲁赫西亚尔	
17	2	2		2	
18	3	3		3	（亡于阿富汗人）
19	4	4	巴	4	
20	5	5		5	
21	6	6	卑	6	
22	7	7		7	
			尔	1 穆罕默德沙	
23	8	8		2	
			王		**查特国**
24	9	9		3	1 巴丹·辛格
25	10	10	朝	4	2
26	11	11		5	3
27	12	12		6	4
28	13	13		7	5
29	14	14		8	6
30	15	15		9	7
	1 英塔松				
31	2	16		10	8
32	3	17		11	9
33	4	18		12	10
34	5	19		13	11

印度/巴基斯坦/孟加拉

马拉塔帝国			公元
10 西瓦吉三世	2 沙胡一世		1709
11	3		1710
12	4		1711
13	5		1712
1 桑布吉二世	6		1713
2			
3	7		1714
4	8		1715
5	9		1716
6	10		1717
7	11		1718
8	12		1719
9	13		1720
10	14		1721
11	15		1722
12	16	**海得拉巴王国**	1723
13	17	1 尼查姆—乌尔—穆尔克	1724
14	18	2	1725
15	19	3	1726
16	20	4	1727
17	21	5	1728
18	22	6	1729
19	23	7	1730
20	24	8	1731

公元	中 国 清		朝鲜/韩国 朝 鲜	日 本
1732		雍正 10 世宗胤禛	9 英祖李衿	享保 17 中御门天皇
1733		11	10	18
1734		12	11	19
1735		13[高宗⑨]	12	20㊂让位 樱町天皇㊃
1736	清	乾隆 1 高宗弘历	13	21 元文㊃1
1737		2	14	2
1738		3	15	3
1739	时	4	16	4
1740		5	17	5
1741		6	18	6 宽保㊀1
1742		7	19	2
1743	期	8	20	3
1744		9	21	4 延享㊀1
1745		10	22	2
1746		11	23	3
1747		12	24	4㊄让位 桃园天皇⑨
1748		13	25	5 宽延㊆1
1749		14	26	2

日本列（江戸幕府）

越南 大越国（后黎朝）	顺化阮朝	缅甸（东吁王朝）	后勃固王朝 / 王朝	阿拉干王朝
永庆4废帝黎维祊	1阮福渊	19达宁格内		2僧陀都利耶
龙德1纯宗黎维祥	⋮			
2		20		3
		1摩诃陀摩耶婆底波帝		
3		2		4
				1那罗提波帝
4		3		2
永祐1懿宗黎维振				1那罗波伐罗
2		4		2
3		5		3
				1僧陀毗沙耶
				1迦多耶
				1摩陀利
4	1阮福阔	6		2
5	⋮	7		3
	⋮			
6		8	1斯弥陶佛陀吉帝	4
景兴1显宗黎维祧				
2		9	2	5
3		10	3	6
4		11	4	1那罗阿波耶
5		12	5	2
6		13	6	3
7		14	7	5
8		15	8	6
9		16	1莽哒喇	7
			2	
10		17	3	8

老挝			巴卑尔王朝	
万象王国	琅勃拉邦王国	占巴塞王国	莫卧儿帝国	查特国
35 赛翁·顺化	6 英塔松	20 诺卡萨	14 穆罕默德沙	12 巴丹·辛格
36	7	21	15	13
37	8	22	16	14
38	9	23	17	15
1 翁荣				
2	10	24	18	16
3	11	25	19	17
4	12	26	20	18
		1 猜也库曼		
5	13	2	21	19
6	14	3	22	20
7	15	4	23	21
8	16	5	24	22
9	17	6	25	23
10	18	7	26	24
11	19	8	27	25
12	20	9	28	26
13	21	10	29	27
14	22	11	30	28
			1 艾哈迈德沙	
15	23	12	2	29
	1 英塔庞			
	1 乔提卡			

印度/巴基斯坦/孟加拉

马拉塔帝国		海得拉巴王国	加尔那迪王朝	孟加拉国	公元
21 桑布吉二世	25 沙胡一世	9 尼查姆—乌尔—穆尔克			1732
22	26	10			1733
23	27	11			1734
24	28	12			1735
25	29	13			1736
26	30	14			1737
27	31	15			1738
28	32	16		孟加拉国	1739
29	33	17		1 阿尔瓦迪汗	1740
30	34	18		2	1741
31	35	19		3	1742
32	36	20	1 安瓦—乌德丁	4	1743
33	37	21	2	5	1744
34	38	22	3	6	1745
35	39	23	4	7	1746
36	40	24	5	8	1747
37	41	25	6	9	1748
38	42	1 那西尔·章 2	7	10	1749
1 罗姆·罗阇			1 昌达·沙依布		

公元	中 国 清	朝鲜/韩国 朝 鲜	日 本	越 南 大越国	
1750	乾隆 15 高宗弘历	27 英祖李祊	宽延 3 桃园天皇	景兴 11 显宗黎维祧	⁝(?)阮福阔
1751	16	28	4 宝历⊕1	12	⁝
1752	17	29	2	13	
1753	18	30	3	14	
1754	19	31	4	15	
1755	20	32	5	16	
1756	21	33	6	17	
1757	22	34	7	18	
1758	23	35	8	19	
1759	24	36	9	20	
1760	25	37	10	21	
1761	26	38	11	22	
1762	27	39	12⊕卒 后樱町女天皇⊕	23	
1763	28	40	13	24	
1764	29	41	14 明和⊗1	25	
1765	30	42	2	26	1 阮福淳
1766	31	43	3	27	2
1767	32	44	4	28	3

中国清：清时期
日本：江户幕府
越南大越国：后黎朝 顺化阮朝

① 雍籍牙王朝，一译"阿瑠帕雅王朝"；也称"贡榜（一译贡版）王朝"，或"瑞波（一译瑞帽）王朝"。为雍籍牙率众

缅甸						老挝		
						万象王国	琅勃拉邦王国	占巴塞王国
东吁王朝	18摩诃陀摩耶娑底波帝	后勃固王朝	4莽哒喇	阿拉干王朝	9那罗阿波耶	16翁荣	2乔提卡	13猜也库曼
	19		5		10	17	3	14
			6		11	18	4	15
	20（亡于后勃固王朝）		7		12	19	5	16
	1雍籍牙①		8		13	20	6	17
	2		9		14	21	7	18
	3				15	22	8	19
	4		10		16	23	9	20
雍籍牙王朝	5		11（亡于雍籍牙王朝）		17	24	10	21
	6				18	25	11	22
	7				19	26	12	23
	8					1西里本亚桑		
	9				20	2	13	24
	1莽纪觉				1梯利都			
	2				1僧陀波耶摩			
	3				2	3	14	25
	4				3	4	15	26
	1孟驳				4	5	16	27
	2				1阿波耶			
	3				2	6	17	28
	4				3	7	18	29
	5				4	8	19	30

起义，在贡榜（今瑞波）所建，故名。是**缅甸**最后一个封建王朝。

	莫卧儿帝国	锡克国	查特国	荷尔卡王朝	马拉塔帝国	
巴	3 艾哈迈德沙		30 巴丹·辛格		39 桑布吉二世	2 罗姆·罗阇
	4		31		40	3
	5		32		41	4
	6		33		42	5
	7		34		43	6
	1 阿拉姆吉尔二世				44	7
	2		35			
卑	3		36		45	8
	4		1 苏拉吉·曼尔		46	9
			2			
	5		3		47	10
尔	6		4		48	11
	1 沙·阿拉姆二世				49	12
	2		5			
王	3		6			13
	4		7			14
	5		8			15
朝	6		1 查万希尔·辛格			16
			2			
	7	1(佚名)	3			17
		…				
	8	…	4	1 马尔哈·拉奥·荷尔卡		18
	9		5	1 阿哈勒拜		19

斯坦/孟加拉

海得拉巴王国			孟加拉国		公　元
3 那西尔·章	加尔那迪王朝	2 昌达·沙依布	11 阿尔瓦迪汗		1750
4		3	12		1751
1 穆查法尔·章					
1 萨拉伯特·章					
2		4	13		1752
		1 穆罕默德·阿里			
3		2	14		1753
4		3	15		1754
5		4	16		1755
6		5	17		1756
			1 西拉吉—乌德—道拉		
7		6	2		1757
			1 米尔·贾法		
8		7	2		1758
9		8	3		1759
10		9	4		1760
			1 米尔·魁西	迈索尔国	
11		10	2	1 海达尔·阿里	1761
12		11	3	2	1762
1 尼查姆·阿里					
2		12	4	3	1763
			1 米尔·贾法(复位)		
3		13	2	4	1764
4		14	3	5	1765
			1 纳杰姆		
5		15	2	6	1766
6		16	3	7	1767
			1 里萨汗		

公元	中国 清	朝鲜/韩国 朝鲜	日本	越南 大越国	
1768	乾隆 33 高宗弘历	45 英祖李昑	明和 5 后樱町女天皇	景兴 29 显宗黎维祧	4 阮福淳
1769	34	46	6	30	5
1770	35	47	7⊕让位 后桃园天皇⊕①	31	6
1771	36	48	8	32	7
1772	37	49	安永⊕1	33	8
1773	38	50	2	34	9
1774	39	51	3	35	10
1775	40	52	4	36	11
1776	41	53 ／ 1 正祖李算	5	37	1 阮晹
1777	42	2	6	38	2(亡于西山起义)
1778	43	3	7	39	泰德1 阮文岳②
1779	44	4	8⊕卒 光格天皇⊕③	40	2
1780	45	5	9	41	3
1781	46	6	10 天明⊕1	42	4
1782	47	7	2	43	5
1783	48	8	3	44	6
1784	49	9	4	45	7
1785	50	10	5	46	8
1786	51	11	6	47[昭宗]	9
1787	52	12	7	昭统1 昭宗黎维祁	10
1788	53	13	8	2 ④ 光中1 阮文惠⑤	11

中国：清时期　日本：江户幕府　越南：后黎朝／顺化阮朝·归仁阮朝

① 后桃园天皇于公元1770年受禅主国，1771年正式登基，故对其在位始年各书有不同的记载，有记载"1770～"（见《中

② 公元1771年爆发了由阮文岳、阮文惠、阮文侣三兄弟领导的"西山起义"。1778年，阮文岳称帝，改元"泰德"，又于

③ 光格天皇于公元1779年莅位主国，1780年正式登基，故亦有将其在位始年记作"1780～"（见《日本通史》）。

④ 西山阮朝。

⑤ 阮文惠与兄阮文岳领导"西山起义"，后与兄不和，公元1788年自立为帝，年号"光中"。

缅	甸		老	挝	
			万象王国	琅勃拉邦王国	占巴塞王国
6 孟驳	5 阿波耶		9 西里本亚桑	20 乔提卡	31 猜也库曼
7	6		10	21	32
8	7		11	22	33
9	8		12	23	34
				1 苏里亚旺	
10	9		13	2	35
11	10	阿	14	3	36
	1 僧陀都摩那	拉			
12	2	干	15	4	37
13	3	王	16	5	38
14	4	朝	17	6	39
1 赘牙角				7	40
2	5		18		
	1 僧陀毗摩罗				
	1 僧陀他提他				
3	2		19(亡于泰国吞武里王朝)	8	41(亡于泰国吞武里王朝)
4	3			9(亡于泰国吞武里王朝)	
5	4				
6	5				
7	6				
1 孟云	1 他摩陀				
2	2				
3	3				
4	4(亡于雍籍牙王朝)				
5					
6					
7					

缅甸 left outer spanning column: 雍 籍 牙 王 朝

（1778 年后，三国先后臣服于泰国，虽其国王作为藩王仍继续秉政，但已失去独立，服从泰国统治，王位继承也由泰国决定。公元 1928 年万象国争取独立武装斗争失败后，成为泰王国的一个省。）

（泰 国 统 治）

外历史大系手册》)；也有记为"1771 ~ "（见《日本通史》），本年表一律按前者计算。
1787 年在归仁称中央皇帝。

	莫卧儿帝国	锡克国	查特国		马拉塔帝国
	10 沙·阿拉姆二世	⋮(？)	6 查万希尔·辛格		20 罗姆·罗阇
	11	⋮	（瓦解）		21
	12				22
	13				23
	14				24
	15				25
巴	16				26
	17				27
卑	18				28
	19			荷	29
尔					1 沙胡二世
	20			尔	2
王	21				3
	22	⋮(？)马哈·辛格		卡	4
朝	23	⋮			5
	24			王	6
	25				7
	26				8
	27				9
	28			朝	10
	29				11
	30				12

1190

斯坦/孟加拉

海得拉巴王国		孟加拉国	迈索尔国	公　元
7 尼查姆·阿里	17 穆罕默德·阿里	（?）里萨汗	8 海达尔·阿里	1768
8	18	⋮	9	1769
9	19	⋮	10	1770
10	20		11	1771
11	21		12	1772
12	22		13	1773
13	23		14	1774
14	24		15	1775
15	25		16	1776
16	26		17	1777
17	27		18	1778
18	28		19	1779
19	29		20	1780
20	30		21	1781
21	31		22	1782
			1 铁普	
22	32		2	1783
23	33		3	1784
24	34		4	1785
25	35		5	1786
26	36		6	1787
27	37		7	1788

（加尔那迪王朝）

公元	中　国 清	朝鲜/韩国 朝　鲜	日　本
1789	乾隆 54 高宗弘历	14 正祖李算	宽政 1 光格天皇
1790	55	15	2
1791	56	16	3
1792	57	17	4
1793	58	18	5
1794	59	19	6
1795	60	20	7
1796	清　嘉庆 1 仁宗颙琰	21	江　8
1797	2	22	9
1798	3	23	10
1799	4	24	11
1800	5	25	户　12
		1 纯祖李玜	
1801	时　6	2	13
1802	7	3	享和 ⊖ 1　2
1803	8	4	幕　3
1804	9	5	4
1805	期　10	6	文化 ⊖ 1　2
1806	11	7	府　3
1807	12	8	4
1808	13	9	5
1809	14	10	6
1810	15	11	7
1811	16	12	8
1812	17	13	9

①后黎朝。

② 一说在公元 1786 年。

③ 阮福映为广南割据政权阮氏（旧阮）后裔，从公元 1778 年起，他先后依靠国外势力镇压西山起义。1802 年，攻入昇龙

越南 大越国 / 越南国		缅甸 雍籍牙王朝	老挝（泰国统治）
西山阮朝	归仁阮朝		
① 昭统3（亡于阮文惠②）			
光中2阮文惠	泰德12阮文岳	8孟云	
3	13	9	
4	14	10	
5	15	11	
6［阮光缵］	16	12	
	1阮文宝		
景盛1阮光缵	2	13	
2	3	14	
3	4	15	
4	5	16	
5	6	17	
6	7	18	
7	8	19	
8	9	20	
9	10	21	

越南国

越南国	缅甸 雍籍牙王朝
嘉隆1世祖阮福映③	22
2	23
3	
4	24
5	25
6	26
7	27
8	28
9	29
10	30
11	31

（今河内），俘阮光缵，继而统一南北，即皇帝位，改国号"**越南**"，建都富春（今顺化）。对外软弱，使**越南**逐步沦为**法国**的殖民地。

附录 1

印度/巴基

莫卧儿帝国		锡克国				马拉塔帝国
	31 沙·阿拉姆二世				23 阿哈勒拜	13 沙胡二世
	32	1 兰季特·辛格			24	14
巴	33	2			25	15
	34	3			26	16
	35	4			27	17
卑	36	5			28	18
	37	6			29	19
尔	38	7			1 杜戈吉·荷尔卡	20
	39	8			2	21
					1 贾斯旺·拉奥	
王	40	9			2	22
	41	10			3	23
	42	11			4	24
朝	43	12		荷	5	25
	44	13		尔	6	26
	45①	14		卡	7	27
		15		王	8	28
	⋮					
	⋮	16			9	29
	（英	17		朝	10	30
	殖	18			11	31
	民	19			12	32
	地	20			13	33
	）	21			14	34
						1 普拉塔普·辛格
		22			15（亡于英）②	2
		23				3

① 从此年起，被英控制，丧失主权，成为**英国**殖民地，但名义上王位仍然存在，一直到公元1858年巴哈杜沙二世被英当
② 英国继续保留荷尔卡王朝，王朝延续到公元1947年并入**印度共和国**。

斯坦/孟加拉					公　元
海得拉巴王国			**孟加拉国**	**迈索尔国**	
28 尼查姆·阿里		38 穆罕默德·阿里	⋮	8 铁普	1789
29	加	39	⋮ 那伊布—尼亚姆（亡于英）	9	1790
30		40		10	1791
31	尔	41		11	1792
32		42		12	1793
33	那	43		13	1794
34（亡于英）		44		14	1795
	迪	1 乌达乌耳乌拉			
		2		15	1796
	王	3		16	1797
		4		17	1798
	朝	5		18（亡于英）	1799
		6			1800
		7（亡于英）			1801
					1802
					1803
					1804
					1805
					1806
					1807
					1808
					1809
					1810
					1811
					1812

局放逐，一般以此为**莫卧儿帝国**灭亡之年。

公元	中 国 清		朝鲜/韩国 朝鲜	日 本	越 南 越南国
1813		嘉庆 18 仁宗颙琰	14 纯祖李玜	文化 10 光格天皇	嘉隆 12 世祖阮福映
1814		19	15	11	13
1815		20	16	12	14
1816	清	21	17	13	15
1817		22	18	14 ⊖让位 仁孝天皇 ⑨	16
1818		23	19	15 文政 ⑭ 1	17
1819		24	20	2	18 [圣祖]
1820		25 [宣宗 ⑧]	21	3	明命 1 圣祖阮福晈
1821		道光 1 宣宗旻宁	22	4	2
1822		2	23	5	3
1823	时	3	24	6	4
1824		4	25	7	5
1825		5	26	8	6
1826		6	27	9	7
1827		7	28	10	8
1828	幕	8	29	11	9
1829		9	30	12	10
1830		10	31	13 天保 ⑦ 1	11
1831		11	32	2	12
1832	期	12	33	3	13
1833		13	34	4	14
1834		14	35 1 宪宗李奂	5	15
1835		15	2	6	16
1836		16	3	7	17
1837		17	4	8	18
1838		18	5	9	19
1839		19	6	10	20

(日本栏左侧竖排：江 户 幕 府)

缅　甸		老　挝	印度/巴基斯坦/孟加拉			公元
				锡克国	马拉塔帝国	
雍籍牙王朝	32 孟云	（泰国统治）	（英殖民地）	24 兰季特·辛格	4 普拉塔普·辛格	1813
	33			25	5	1814
	34			26	6	1815
	35			27	7	1816
	36			28	8	1817
	37			29	9（亡于英）	1818
	38			30		1819
	1 孟既			31		1820
	2			32		1821
	3			33		1822
	4			34		1823
	5			35		1824
	6			36		1825
	7			37		1826
	8			38		1827
	9			39		1828
	10			40		1829
	11			41		1830
	12			42		1831
	13			43		1832
	14			44		1833
	15			45		1834
	16			46		1835
	17			47		1836
	18			48		1837
	19			49		1838
	1 孟坑			50		1839
	2					
	3			1 卡拉克·辛格		

公元	中 国 清	朝鲜/韩国 朝 鲜	日 本	越 南 越南国
1840	道光 20 宣宗旻宁①	7 宪宗李奂	天保 11 仁孝天皇	明命 21［宪祖］
1841	21	8	12	绍治 1 宪祖阮福暶
1842	22	9	13	2
1843	23	10	14	3
1844	24	11	15 弘化㊉1	4
1845	25	12	2	5
1846	26	13	3㊀卒 孝明天皇㊀②	6
1847	27	14	4	7［翼宗］
1848	28	15	5	嗣德 1 翼宗阮福时
1849	29	16	嘉永㊀1 2	2
1850	30［文宗㊀］	1 哲宗李昪 2	3	3
1851	咸丰 1 文宗奕詝	3	4	4
1852	2	4	5	5
1853	3	5	6③	6
1854	4	6	7	7
1855	5	7	安政㊉1 2	8
1856	6	8	3	9
1857	7	9	4	10
1858	8	10	5	11④
1859	9	11	6	12
1860	10	12	7 万延㊀1	13
1861	11［穆宗㊆］	13	2 文久㊀1	14

① 是年发生**英国**人侵的"鸦片战争",打开**中国**门户,标志着**中国**从此进入半殖民地半封建社会。

② 孝明天皇于公元 1846 年莅政主国,1847 年正式登基,故也有将其在位始年记作"1847～"(见"日本通史")。

③ 是年,**美国**舰队(因舰身涂黑漆,日人称"黑船")驶抵江户湾,要求**日本**"开国",在其压力下,次年签订《日美和好政策"的破产,对外实行开放。

④ **法国**联合**西班牙**侵略**越南**,爆发法越战争。

缅 甸		老 挝	印度/巴基斯坦/孟加拉		公 元
				锡 克 国	
	4 孟坑			2 卡拉克·辛格	1840
				1 舍尔·辛格	
	5			2	1841
	6			3	1842
	7			4	1843
	8			1 达立普·辛格	1844
				2	
	9			3	1845
雍	10			4	1846
	1 蒲甘曼				
	2	（	（	5	1847
籍	3	泰	英	6	1848
	4	国	殖	7（亡于英）	1849
牙	5	统	民		1850
	6		地		1851
	7	治			1852
王	8				1853
	1 曼同	（	（		
	2				1854
朝	3				1855
	4				1856
	5				1857
	6				1858
	7				1859
	8				1860
	9				1861

条约》（通称《神奈川条约》）；公元 1858 年，又与美、荷、俄、英、法分别签订通商条约，标志着日本自 1633 年以来"锁国

公元	中　国 清		朝鲜/韩国 朝鲜	日　本		越　南 越南国		缅　甸	老挝	印度/巴 基斯坦/ 孟加拉
1862		同治 1 穆宗载淳	14 哲宗李昇	文久 2 孝明天皇		嗣德 15①翼宗阮福时	10 曼同			
1863		2	15	3		16	11			
			1 高宗李熙		江					
1864		3	2	4	户	17	12			
				元治㊀1	幕					
1865		4	3	2	府	18	13			
				庆应㊃1						
1866	清	5	4	2㊆卒		19	雍 14			
1867		6	5	3 明治天皇睦仁㊀②		20	籍 15		泰	英
1868		7	6	4		21	16			
				明治㊈1③	明				国	
1869		8	7	2		22	17			殖
1870		9	8	3		23	18		统	
1871	时	10	9	4④	治	24	牙 19			民
1872		11	10	5		25	20		治	
1873		12	11	6	时	26	21			地
1874		13[德宗㊆]	12	7		27⑤	22			
1875		光绪 1 德宗载湉	13	8	代	28	23		)	)
1876		2	14	9		29	24			
1877		3	15	10		30	25			
1878	期	4	16	11		31	26			
							1 锡袍			
1879		5	17	12		32	2			
1880		6	18	13		33	3			
1881		7	19	14		34	4			
1882		8	20	15		35	5			
1883		9	21	16		36 育德帝阮应禛	6			
						1 协和帝阮洪佚⑥				

① **越**与**法**、西签订第一次《西贡条约》，割让三省与**法**。

② 明治天皇于 1867 年莅政主国，1868 年正式登基，故对其在位始年有不同认识，有作"1867～"（见《中国大百科全书·外国历史卷》）；也有作"1868～"（见《日本通史》），本年表依从前书。

③ 是年，倒幕维新派发动政变，推翻**江户幕府**，成立明治天皇为首的维新政权，史称"**明治维新**"。是年改元，逾年迁都东京。

④ 实行"废藩置县"，封建领主制从此结束。

⑤ 与**法**签订第二次《西贡条约》，承认**法**在六省享有主权。

⑥ 是年与次年两次与**法**签订《顺化条约》，接受**法国**保护，准**法**驻军与控制外交，标志**越**沦为**法**殖民地。继而，1887 年，**法建印度支那联邦**，**法**总督为联邦政府首脑，驻河内，对**越南、老挝、柬埔寨**实行殖民统治。

公元	中国 清	朝鲜/韩国 朝鲜	日本	越南	缅甸	老挝	印度/巴基斯坦/孟加拉
1884	光绪10 德宗载湉	22 高宗李熙	明治17 明治天皇睦仁		雍籍牙王朝 7 锡袍		
1885	11	23	18①		8(亡于英)②		
1886	12	24	19			（泰国统治）	
1887	13	25	20				
1888	14	26	21				
1889	15	27	22③				
1890	16	28	23				
1891	17	29	24	（法殖民地）			（英殖民地）
1892	18	30	25		（英殖民地）		
1893	19	31	26			④	
1894	20	32	27				
1895	21	33	28				
1896	22	34	29			（法殖民地）	
1897	23	韩 光武1 高宗李熙⑤	30				
1898	24	2	31				
1899	25	3	32				
1900	26	4	33				
1901	27	5	34				
1902	28	6	35				
1903	29	7	36				
1904	30	8	37				
1905	31	9	38				
1906	32	10	39				
1907	33	11	40				
		隆熙1 纯宗李坧					

① 实行内阁制，组成以伊藤博文为首的内阁。
② 经1824、1852、1885年三次英缅战争，被英占领，沦为**英殖民地**，并被划为**英属印度**的一个省。
③ 颁布《大日本帝国宪法》，制定《皇室典范》，确立近代天皇制。
④ 1893年**法国**以武力迫使**暹罗**签订《暹罗曼谷条约》，将**老挝**并入**法属印度支那联邦**，其中琅勃拉邦成为名义上的"保护国"，其他地区由**法国**直接统治。
⑤ 是年改国号为"**韩**"。

公元	中国 清		朝鲜/韩国 朝鲜	日本		越南	缅甸	老挝	印度/巴基斯坦/孟加拉
1908	清时期	光绪 34［溥仪⊕］	隆熙 2 纯宗李坧	明治时代	明治 41 明治天皇睦仁				
1909		宣统 1 溥仪	3		42				
1910		2	4（亡于日本①）		43				
1911		3（亡于辛亥革命）			44				
1912		中华民国 1		大正时代	45⊕卒				
					大正⊕1 大正天皇嘉仁⊕②				
1913	民国时期	2			2				
1914		3			3				
1915		4			4				
1916		5	（日本统治）		5	法	英	法	英
1917		6			6				
1918		7			7				
1919		8			8	殖	殖	殖	殖
1920		9			9				
1921		10			10	民	民	民	民
1922		11			11				
1923		12			12③				
1924		13			13	地	地	地	地
1925		14			14				
1926		15		昭和时代	15⊕卒				
					昭和⊕1 昭和天皇裕仁⊕④				
1927		16			2				
1928		17			3				
1929		18			4				
1930		19			5				
1931		20			6⑤				
1932		21			7				
1933		22			8				

① 是年，**日本**迫订《韩日合并条约》，吞并**朝鲜**，在朝设立朝鲜总督府进行统治。

② 大正天皇于 1912 年莅位主国，1915 年正式登基，故对其在位始年有不同的认识，有作"1912～"（《中国大百科全书·外国历史卷》）；有作"1915～"（见《日本通史》），本年表依从前书。

③ 是年发生关东大地震。

④ 昭和天皇于 1926 年莅政主国，1928 年正式登基，故对其在位始年有不同的认识，有作"1926～"（《中国大百科全书·外国历史卷》）；有作"1928～"（见《日本通史》），本年表依从前书。

⑤ 是年对**中国**发动"九一八"事变，侵占**中国**东北。

公 元	中　　国	朝鲜/韩国	日　　本	越　南	缅　甸	老　挝	印度/巴基斯坦/孟加拉
1934	中华民国 23		昭和9 昭和天皇裕仁				
1935	24		10				
1936	民 25	（日本统治）	昭 11	（法殖民地）	②	（法殖民地）	英殖民地
1937	国 26		和 12①			英	
1938	27		13		英		
1939	28		14		殖		
1940	29		15		民		
1941	30		16③		地		
1942	31		17				
1943	32		18				
1944	时 33		19		④		
1945	34	⑤	20⑥	⑦		⑧	
1946	35	北部⑩ 南部⑪	21	越		⑨ 老	
1947	期 36	朝鲜 大韩	时 22	南		挝	⑫印度 ⑬巴基斯坦
1948	37	鲜民 韩民	代 23	民	⑭	王	自治领 自治领
1949	38	主共 国	24	主	缅	国 ⑯	
	⑰ 中华人民共和国	主义和国	25	共和国 ⑮	甸联邦		

① 是年发动"七七事变"，展开全面侵华战争。

② 是年 4 月，**英**将**缅**从**印度**划出，成为**英**直辖殖民地。

③ 是年 12 月，**日**军偷袭珍珠港，太平洋战争爆发。

④ 第二次世界大战中，自 1942 年至 1945 年间被**日本**占领。

⑤ 1945 年 8 月，**日本**宣布投降后，**苏美**两国军队入驻**朝鲜**，商定以"三八线"为临时军事分界线。在 1946 年和 1947 年两年中，"苏美共同委员会"统一南北**朝鲜**的努力失败，南北先后建立了政权。

⑥ 是年 8 月，**日本**宣布无条件投降，美军占领**日本**。

⑦ 是年 3 月，**日**军解除**法**军武装，继**法**对**越**进行殖民统治。8 月，**日本**投降，统治结束。阮朝末代皇帝保大帝阮永瑞宣布退位。9 月，**胡志明**宣读《独立宣言》，宣告**越南民主共和国**成立，结束了上千年的封建统治。继而**法国**入侵越南。

⑧ 是年 3 月，**日**军解除**法**军武装，继**法**对**老**进行殖民统治。8 月，**日本**投降，统治结束。10 月，**老挝**宣布独立，国王宣告退位。

⑨ 1946 年初，**法**军以武力重占**老挝**，恢复旧王朝，扶持国王重新登位。**老挝**人民继续进行抗法斗争。

⑩ 1948 年 9 月，**朝鲜民主主义人民共和国**宣告成立，定都平壤。

⑪ 1948 年 8 月，**大韩民国**宣告成立，定都汉城。

⑫ 1947 年 8 月，按**英**提出的印、巴分治的《蒙巴顿方案》（又称《印度独立法》），**印度**宣布独立，与巴基斯坦分别成立自治领，**英**向印、巴移交政权，从而结束**英**在印的殖民统治。1950 年 1 月，成立**印度共和国**。

⑬ 1947 年 8 月，原为**英**属印度一部分的**巴基斯坦**宣告独立，时为**英联邦**的一个自治领，领土包括东、西两翼，定都卡拉奇。1956 年 3 月，成立"**巴基斯坦伊斯兰共和国**"。1959 年迁都拉瓦尔品第，1970 年再迁至伊斯兰堡。1972 年，东部分离成立"**孟加拉人民共和国**"，定都达卡。

⑭ 1948 年 1 月，**缅甸**脱离**英联邦**宣告独立，成立**缅甸联邦**，定都仰光。1974 年 1 月，改称缅甸联邦社会主义共和国。

1988 年 9 月，改称**缅甸联邦**。

⑮ 在法国支持下，保大帝阮永瑞又在**越南**南方复辟，恢复亲**法**的**越南帝国**（君主立宪）。1955 年，总理吴庭艳在**美国**支持下废黜保大，成立"**越南共和国**"，自任总统兼总理。由于**美国**的直接插手，中经长期战争，至 1975 年 4 月，**越南**南方抗美救国力量占领西贡，5 月 1 日，占领整个南方，**越南共和国**亡。1976 年 4 月，**越南**全国普选，成立统一国会，7 月，通过决议，宣告南北统一，定国名为**越南社会主义共和国**。

⑯ 1949 年 7 月，在巴黎签订《法老协定》，规定**老挝**为**法兰西联邦**内的独立国家。1953 年 1 月，**法**被迫承认**老挝**为独立国家。1954 年，在日内瓦会议上，**老挝**独立获国际承认。后经长期争战，直到 1975 年 12 月，老挝爱国战线夺取全国政权，宣布废除君主制，成立**老挝人民民主共和国**。

⑰ 1949 年 10 月，**中华人民共和国**成立，定都北京。使用公元纪年。

※此表由黄燕生策划并提供部分参考资料

附录 2

中外对照历史大事年表

张秀荣　蔡志纯　于宝林　**合编**

[**说明**] 中华历史源远流长，中华文化连绵不断，中华典籍浩如烟海，这些鲜明的特色与优越条件造就了中华传统史学的高度发展，在世界上首屈一指。

然而，事物的另一面，正是基于同样的原因，抑或还有别的原因，又形成中华历史显著的"封闭性"特点。在相当长的历史时期内，在相对独立的地理单元中，相互碰撞、交融；而对更大范围内的交流，无论是西方，还是东方，都呈现出一种"欠发达"状态。这种状况直接影响到中华文化的发展，其"封闭性"也是很突出的，长此以往，无形中形成一种"站在中国看中国"的惯性思维定式。直到近代，是西方殖民者的炮舰轰开了中国的大门，我们最初是在百般屈辱的背景下"看世界"的，直到"中国人民站起来"后，我们才真正与世界各国人民进行平等的交往。因而，从"封闭"状态到"放眼世界"是个历史发展的过程。

在 2005 年世界范围内隆重纪念反法西斯战争胜利六十周年活动中，再次向世界各族人民提出"反思历史"的时代主题。而现实又向我们警示，这种反思必须要有正确的立脚点，否则就会滑入狭隘民族主义泥沼而成为历史前进的绊脚石。

本年表之所以做成"中外对照"，就是企图以史实为读者架构一个"站在中国看世界"，或"站在世界看中国"的平台，供读者在"反思历史"时作一参考。

这里，还有几点具体情况需要说明：1. 表中的中国部分，在公元前 841 年以前的大事系年，皆是后人研究推定的，尤其是夏、商时期，只是个大致的估定，学术界有不同认识实属正常。为忠实史籍，这一时期大事尽量引用原文，供读者鉴取，也便于读者查寻原书。2. 外国部分，尤其是世界古代史年代的表示非常复杂，史学界同样存在诸多不同的看法，此仅取一说，由于篇幅限制不能一一进行辨识，也不能胪列其他不同的看法。3. 有关周边国家，如朝鲜、韩国、日本、越南、缅甸、老挝、印度、巴基斯坦、孟加拉等见附录 1"中国与部分周边国家纪年对照表"，本表不再复赘。

公元前	（朝代）	中　国	外　国
2070①	夏	• 据《史记·夏本纪》：禹受舜"禅让"而"即天子位"，国号夏。据今《竹》②："居冀"。 • 据《史记·夏本纪》：禹父名鲧，亦作"鮌"，号崇伯。曾治水九年，以堵法，无功，被舜流放羽山而卒。禹继治水，以导法，大获成功，"天下于是太平治"。 • 据《史记·秦本纪》：秦之先祖大费，"与禹平水土。已成，帝（舜）锡（赐）玄圭。禹受曰：'非予能成，亦大费为辅。'……乃妻之姚姓之女。大费拜受，佐舜调训鸟兽，鸟兽多驯服，是为'柏翳'。舜赐姓嬴氏。" • 今文《尚书·禹贡》③（此篇是中国最早的一篇有价值的地理著作，据考为战国时所作）记禹治水后的政区情况。据记，时分天下为九州：冀、兖、青、徐、扬、荆、豫、梁、雍。 • 据《墨子·非攻》：禹时曾征有苗，克三苗。 • 据今《竹》："颁夏时于邦国。""夏时"，即夏代历法。《礼记·礼运》："孔子曰：'我欲观夏道，是故之杞，而不足征也，吾得夏时焉。'"郑玄注："得夏四时之书也，其书存者有《夏小正》。"相传，《夏小正》出于夏代，为中国最早的一部历法。其内容是记录每月天象、物候和生产活动，为自然历法。至今，习惯将农历称为夏历。据考，农历源于周代。 • 夏代考古以二里头文化最为典型，属早期青铜文化。社会经济以农业为基础，农业已很发达。发现有占地一万平方米的殿址。	• 前2181～前2040：古埃及第六王朝灭亡后，"古王国时期"结束，进入"第一中间期"。统一王国瓦解，贫民起义，地方势力分裂割据，各自为政，相互争战。是为古埃及由古王国向中王国的过渡时期。 • 前2113～前2006：两河流域苏美尔人建乌尔第三王朝，统一该地区南部。进入青铜时代。早在前3000年前后已出现楔形文字，为世界最早产生的文字之一。该地区崇拜多神教，建有壮观的多级塔式神庙，即"兹古拉特"建筑。在乌尔城考古发现一所私立学校和苏美尔语药典文献。 • 前21世纪：居住在阿拉伯半岛的塞姆人（闪米特人）的一支阿摩利人约于此期间进入叙利亚地区，建立王国。
2069		• 据今《竹》："咎陶薨。"咎陶，一作"皋陶"，传说为东夷首领。偃姓。舜时掌刑。曾被禹选为继承人，因早卒未果。据说春秋时的"英"、"六"等诸侯小国是其后代所封。	
2068		• 禹约在位三年。	• 前2068～前2061：埃及国王伊利奥特三世约于此时在位。
2066		• 据今《竹》：是年"巡狩，会诸侯于涂山"。又见《左传·哀七》："禹合诸侯于涂山。"	

① 本年表夏、商年代框架及共和以前西周诸王纪年皆采之"夏商周断代工程"。
② 《竹书纪年》本称《纪年》，为战国魏的编年史，早佚，西晋武帝时在汲郡魏襄王墓中发现其竹简，故又称《汲冢纪年》。据《晋书·束晳传》：该书记事"起自夏、殷、周"，至魏襄王二十年（前299），出土时整理出十三篇。至两宋时，原渐湮，今传为后人掇拾佚文而重编之籍。清代，考据学盛，学术名家多诟传书之病，朱佑曾以其不足信而重征群籍旧文，力复原书本貌。至今见有两个版本，前者称"今本"，后者称"古本"。学界多襄古贬今，也有主张"二本各有所长，亦各有所短"（见陈力《今本〈竹书纪年〉的史料价值》）。现一并征引列出，注明载本，供读者自辨。本表中古本简称"古《竹》"；今本简称"今《竹》"。
③ 《尚书》相传由孔子编选。汉初存二十八篇，由伏生传授，今称今文《尚书》；另有一版本，相传汉武帝时在孔宅墙壁内发现，称古文《尚书》，后此本失传，东晋时梅赜（一作梅颐、枚颐）发现并献上，称伪古文《尚书》。现通行本为今、伪合编。

公元前	（朝代）	中　　国	外　　国
2063		●据今《竹》："春,会诸侯于会稽,杀防风氏。"《国语·鲁语》："仲尼曰:丘闻之,昔禹致群神于会稽之山,防风氏后至,禹杀而戮之。"可见禹时已掌握生杀予夺大权。	
2060		●禹约在位十一年。	●前2060～前2010:埃及国王蒙图霍特二世约于此时在位。
2047		●禹约在位二十四年。	●前2047～前2039:两河流域乌尔国王阿马尔·辛约于此时在位。
2043		●《左传·昭十七》引《夏书》云:"辰不集于房,瞽奏鼓,啬夫驰,庶人走。"(又见伪古文《尚书·胤征》。译文:日月交会不在正常的地位上,瞽师击鼓,啬夫驾车,百姓奔跑。)此为世界上最早的日食记录,旧称"仲康日食"。发生在是年10月。 ●夏代已有天干记日法。有十天为一旬的概念。	
2040	夏	●禹约在位三十一年。	●前2040～前1800:蒙图霍特二世再度统一埃及,迁都底比斯,史称"中王国时期"。包括第十一、十二王朝。其间,远征努比亚、利比亚、西奈半岛和叙利亚。青铜器广泛使用,在法雍地区扩建美里多沃湖水利工程,开始建筑神庙等。这时期出现了古埃及优秀文学代表作《辛努海的故事》。
2038		●禹约在位三十三年。	●前2038～前2030:两河流域乌尔国王舒辛约于此时在位。为抵御阿摩利人侵入,在西部构筑防线。
2029		●禹约在位四十二年。	●前2029～前2006:乌尔国末代国王伊比辛约于此时在位。
2025		●禹卒后,由启即位。关于启的即位,史载有所不同,详见本书"纪年考"。 ●史学界多以启用武力夺位而确立世袭制作为中华大地上现代意义"国家"形成的标志。启被认为是中华第一位国家君主,而禹还是"部落首领"。	
2024		●据今《竹》："王帅师伐有扈,大战于甘。"《史记·夏本纪》："有扈氏不服,启伐之,大战于甘。将战,作《甘誓》,乃召六卿申之……遂灭有扈氏。天下咸朝。"今文《尚书·甘誓》记载启在战前的誓词,据考,这是一篇最早的可靠文献。内中有言:"惟恭行天之罚。"可见当时思想观念中,已以天命维护君权,开王权神化之肇。	

公元前	（朝代）	中　国	外　国
		• 据古《竹》:"舞九韶。"传说舜时乐名韶,有九章。据载,启时将《九韶》乐舞改编成舞蹈《九辨》、《九代》和音乐《九歌》。	
2017		• 启约在位九年。	• 阿摩利人约于此时乘乌尔王朝衰落之机,在苏美尔地区建"伊新国"和"拉尔萨国"。
2009		• 启约在位十七年。	• 前2009～前1998:埃及国王蒙图霍特三世约于此时在位。
2006		• 启约在位二十年。	• 两河流域乌尔王伊比辛约于是年被埃兰所俘,乌尔第三王朝亡。时当地存在很多城邦小国,互相争夺。
2000	夏	• 据考,当时已出现五音音阶音乐。 • 据考,前2000年左右,有了铸铜技术。 • 此时前后已测定出木星公转周期为十二年。	• 前2000～前1700:两河流域西北部出现亚述国家,史称"古亚述时期"。 • 前2000年以后:两河流域神话文学有大发展,先后出现《吉尔伽美什史诗》、《创世神话》、《伊什塔尔入冥府》、《阿特拉哈塞斯神话》等优秀作品。 • 美索不达米亚地区居民约在此时已能区别恒星和行星。 • 腓尼基人为祭祀太阳神巴勒,在今黎巴嫩的贝卡谷地修建太阳神庙。用巨石垒成,最重有两千多吨。据传由两千多奴隶历时十年建成。现只存残迹,时以少女作祭品的祭坛上的"血槽"尚存。 • 前2000年左右:希伯来人(即犹太人。"希伯来人"是"犹太人"的另一称呼,见犹太教《圣经》。一说犹太人移居巴勒斯坦时,当地人称他们为"希伯来",意为"来自河那边的人")在先祖亚伯拉罕率领下,开始进入迦南(后称"巴勒斯坦")地区。后遭大旱,大批迁往埃及避难。 • 希伯来人约于此时开始酿制葡萄酒。 • 埃及地区约于此时已出现十进位制记数法和分数计算法以及平面几何图形面积计算法等。 • 操闪米特语居民约于此时开始进入东非埃塞俄比亚高原。 • 前2000～前1700:继世界四大古文明后,此时在希腊地区出现了欧洲最早的,被称为"爱琴海文明"的青铜器文明,是世界第五大文明。又称"克里特文明",或"迈锡尼文明"(也有学者将两者视为"爱琴海文明"前后两个阶段)。最初出现在克里特岛,兴起一些城邦国家,其中以诺萨斯的"米诺斯王朝"为最强。因其特点是以王宫为政治中心,史称"古王宫时期"。学者认为属于前希腊时期和希腊史的黎明期。

公元前	（朝代）	中　　国	外　　国
	夏		• 20 世纪英国考古学家伊文思在克里特岛上发现"米诺斯王宫"遗址,为一结构复杂的三层建筑物,宫室华丽,墙上有彩色壁画,即古希腊神话中所描述的千门百室,曲折相通的"迷宫"。 • 约前 2000 后～前 1500:考古发现位于锡拉岛"克里特文明"的锡拉古城遗址。古城毁于火山爆发。因在火山灰掩埋下,古城遗迹保存尚好,可见街道与广场,房屋雄伟,多壁画。 • 希腊半岛的上古居民被称为"皮拉司吉人"。前 20 世纪以后,从北方陆续迁入操印欧语的居民,被称为"亚加亚人"、"爱奥利亚人"、"伊奥尼亚人"、"多利安人"等。是为古希腊人的祖先。 • 前 2000 年左右:一支操印欧语的部落从东北方进入意大利,创造了被称为"特拉马尔文化"的青铜器文化。居民从事农牧业,在水上构筑一种独特的、周围有防御设施的住所。制造光润的灰陶和黑陶,实行火葬。 • 阿尔卑斯人一支约于此后不久由欧洲大陆移居不列颠岛。 • 约前 2000 ～前 1500 后:东欧南部草原青铜文化早期"洞室墓文化"。其居民以农牧为主,辅以渔猎。 • 约前 2000 ～前 1000:分布于叶尼塞河流域的"奥库涅夫文化"和"安德罗诺沃文化"为青铜文化。前者经济以牧为主,多为高岗半地穴居;后者发现不少采矿、炼矿遗址。马已用于骑乘。 • 前 2000 ～前 1000:玛雅人在墨西哥南部一带,以今诺都拉斯的科潘为中心,开始创造了"玛雅文化",为美洲三大古文化之一。 • 南美秘鲁已种植马铃薯。安第斯山区开始制作陶器。
1997		• 启约在位二十九年。	• 前 1997～前 1991:埃及第十一王朝末代国王蒙图霍特四世约于此时在位。
1991		• 启约在位三十五年。	• 前 1991～前 1962:埃及底比斯贵族阿米利斯一世约于此时取得王位,建立第十二王朝。在位期间,建筑水利工程,并多次远征。
1986		• 启卒后,太康即位。《史记·夏本纪》:"夏后帝启崩,子帝太康立。"据今《竹》:"居斟寻。畋于洛表。"伪古文《尚书·五子之歌》:"太康尸位,以逸豫灭厥德,黎民咸贰。及盘游无度,畋于有洛之表,十旬弗反(返)。"	• 前 1986～前 1976:两河流域伊新国王舒·伊里舒约于此时在位。
1976		• 太康约在位十一年。	• 前 1976～前 1944:两河流域拉尔萨国王萨米乌姆约于此时在位。

附
录
2

公元前	（朝代）	中　　国	外　　国
			• 前 1976 ~ 前 1954：两河流域伊新国王伊丁·达干约于此时在位。
1971		• 太康约在位十六年。	• 前 1971 ~ 前 1928：埃及国王舍索斯特一世约于此时在位。他曾与其父共治约十年。
1958		• 据《史记·夏本纪》："太康失国，昆弟五人，须于洛汭，作《五子之歌》。"伪古文《尚书》有《五子之歌》篇。 • 据《左传·襄四》："夏之方衰也，后羿自鉏迁于穷石，因夏民以代夏政。"太康外逃，临终传弟仲康，夏成偏安。 • 后羿：又称夷羿。相传为东夷族首领。神话传说尧时十日同时出现，植物枯死，他力大善射，射去九日。历史记载，他曾推翻夏代统治，夺得太康王位。未几，因喜狩猎，不理朝政，被杀。 • 武罗、伯因、熊髡、龙圉：相传四人均为后羿时的贤臣，不受重用。后羿宠信小人寒浞，终招杀身之祸。 • 美丽传说"嫦娥奔月"故事中的嫦娥为后羿妻，偷吃仙药奔月宫，见《淮南子·览冥训》。	
1953	夏	• 据今《竹》："命胤侯帅师征羲和。"伪古文《尚书》有《胤征》篇，载征战誓词。 • 时已有掌管天文历法的官吏。据今《竹》："命胤侯帅师征羲和。"有学者认为此"羲和"即为管天文的官（也有不同看法）。据伪古文《尚书·胤征》："惟时羲和，颠覆厥德，沈（沉）乱于酒，畔（叛）官离次，俶扰天纪，遐弃厥司。乃季秋月朔，辰弗集于房，瞽奏鼓，啬夫驰，庶人走。羲和尸厥官，罔闻知，昏迷于天象，以干先王之诛。"	• 前 1953 ~ 前 1935：伊新国王伊什麦·达干约于此时在位。 • 前 20 世纪中期：两河流域广泛使用马和战车。 • 前 20 世纪：今埃塞俄比亚与埃及已有联系，古埃及人称其为"阿比西尼亚"。 • 前 20 世纪：从伊新国开始，操塞姆语的塞姆人渐代替苏美尔人成为两河流域南部的主要居民。
1950		• 据古《竹》："帝相即位，处商丘。" • 据古《竹》："元年征淮夷"。	• 埃及约于此时入侵努比亚，命名第二瀑布以南土地为"库施"。
1949		• 据古《竹》："二年征风夷及黄夷"。	
1944		• 据古《竹》："七年于夷来宾"。	• 前 1944 ~ 前 1932：拉尔萨国王赞巴亚约于是年在位。
1936		• 据今《竹》："商侯相土作乘马。遂迁于商丘。"《左传·襄九》："阏伯居商丘……相土因之。"相土：相传为商的先祖，《诗经·商颂》："相土烈烈，海外有截。"他以牛马拉两轮大车到远地贸易，名声远播。可见当时的贸易状况。时以贝为币。	• 古亚述王埃努苏马约于是年登位。
1934		• 相居偏安，约在位十七年。	• 前 1934 ~ 前 1924：伊新国第五代王利比特·伊什达约于此时在位。在位时颁布《利比特·伊什达法典》（苏美尔文）。此法典已为近

公元前	（朝代）	中　　国	外　　国
			代考古所发现。
1932		●相约在位十九年。	●前1932～前1906:拉尔萨国第五代王贡古努姆约于此时在位。
1929		●相约在位二十二年。	●前1929～前1895:埃及国王阿米利斯二世在位。在位时多次远征努比亚和西奈,以获取金、铜矿。
1923		●相约在位二十八年。	●前1923～前1896:伊新国王乌尔·尼努尔塔约于此时在位。
1917	夏	●据今《竹》:"少康自纶归于夏邑。"古《竹》:"少康即位,方夷来宾。"《后汉书·东夷传》:"自少康已后,世服王化,遂宾于王门,献其乐舞。"史称:"少康中兴。" ●后缗:相传为夏王相之妻,少康母。有仍氏女。相被杀后,她身有孕,从城墙洞中逃出,回有仍氏,生少康。 ●靡、女艾:夏臣。两人追随少康,助其复政。 ●据《说文解字·巾部》:"古者少康初作箕帚,秫酒。少康,杜康也。"后世奉杜康为酒神。 ●据《左传·哀元》:少康灭寒浞二子浇、豷后"祀夏配天",即同时祭天和先祖,意味着天命王权,这正是天命神学的核心思想。《礼记·表记》:"夏道尊命,事鬼敬神而远之。"夏代,天命观念已出现。	
1916		●据今《竹》:"方夷来宾。"	
1915		●据今《竹》:"复田稷。后稷之后不窋失其官,至是而复。" ●后稷:名弃,相传为周始祖。不窋,一说为弃之子。夏时为田稷之官,太康时丢其官,逃至戎狄。《国语·周语》:"昔我先王世后稷,以服事虞夏,及夏之衰,弃稷弗务,我先王不窋失其官,而自窜于戎狄之间。"	●前20世纪末期:波斯人与米底人在语言上同属印欧语系东支的伊朗语族。大约于此时从中亚进入伊朗。
1907		●据今《竹》:"使商侯冥治河。"《国语·鲁语》及《祭法》:"冥勤其官。"郑注:"冥,契六世之孙也,其官玄冥,水官也。" ●契:相传为商的始祖。子姓。原为舜臣,助禹治水有功,受命司徒,封于商。 ●冥:相传为契的六世孙。夏时为司空,死于治河。后被周奉祀为五神之一,称玄冥,主水,为北方之神。	●前1907～前1867:古亚述王埃利苏姆一世约于此时在位。
1905		●少康约在位十三年。	●前1905～前1895:拉尔萨国王亚比塞尔约于此时在位。

公元前	（朝代）	中 国	外 国
1900		●据今《竹》："迁于原。"	●约前1900~前1450：考古发现位于克里特岛此时期的"费斯托斯王宫"遗址。总面积九千平方米。有上下水道和浴室。西部为宗教用房，北部为居所，其余为作坊、库房等。出土有著名的"费斯托斯圆形泥版"和米诺斯象形文字、线形文字A等遗物。
1897		●据今《竹》：少康"陟"。《通鉴外纪》："少康在位二十一年。"	●前1897~前1878：埃及国王舍索斯特二世约于此时在位。
1896		●予即位。予至不降为夏代中期，政局相对稳定。 ●相传，此时曾发明甲和矛。	●前1896~前1877：伊新国王布尔·辛约于此时在位。
1894		●予约在位三年。	●阿摩利人首领苏木阿布在两河流域巴比伦城建国，史称"古巴比伦时期"。 ●前1894~前1864：拉尔萨国王苏穆埃尔约于此时在位。
1892		●据今《竹》："自原迁于老丘。"	
1889	夏	●据今《竹》："征于东海及三寿。"三寿，《山海经·海外东经》注引《竹》作"王寿"。雷学琪《竹书纪年义证》卷九云："三寿，东海之国名也。"	
1884		●据今《竹》："商侯冥死于河。"《国语·鲁语》："冥勤其官而水死。"以身殉职。	
1880		●据今《竹》：予"陟"。《帝王世纪》："帝予在位十七年。"《路史·后纪》："二十有七岁陟。"《史记·夏本纪》："帝予崩，子帝槐立。"	●前1880~前1845：古巴比伦王苏木拉埃尔约于此时在位。
1878		●槐约在位二年。	●前1878~前1843：埃及"中王国时期"第十二王朝著名国王辛努塞尔特三世在位，进行行政管理体制改革，加强中央集权。
1877		●据古《竹》："三年，九夷来御，曰畎夷、于夷、方夷、黄夷、白夷、赤夷、玄夷、风夷、阳夷。""九夷"之称，典籍多见。《墨子·非攻（中）》："九夷之国，莫不宾服。"孙诒让《墨子闲诂》卷五："九夷与吴楚相近，盖即淮夷。"	●前1877~前1864：伊新国王里皮特·恩利尔约于此时在位。
1864		●据今《竹》："洛伯用与河伯冯夷斗。"明胡应麟《少室山房笔丛·庄岳委谈上》："《纪年》载帝芬十六年，洛伯与河伯斗。夫洛与河，国名也；伯，爵也；用与冯夷，人名也。"	●前1864~前1861：伊新国王伊拉·伊米提约在此时在位。 ●前1864~前1847：拉尔萨国王努尔·阿达德约在此时在位。 ●前19世纪中叶：赫梯在小亚细亚始兴。时尚未统一，为若干小国。

公元前	（朝代）	中　　国	外　　国
1847		●据今《竹》："封昆吾氏子于有苏。"有苏,古国名。故址在今河北省沙河县西北。	●前1847~前1843:拉尔萨国王辛·伊地那姆约在此时在位。
1844		●据今《竹》："作圜土。"郑玄释为"狱城也",即土牢。	●前1844~前1831:古巴比伦王萨比乌姆约于此时在位。
1842		●槐约在位三十八年。	●前1842~前1797:埃及国王阿米利斯三世于此时在位。
1835		●据古《竹》："后荒(芒)即位。元年,以玄珪宾于河,命九东狩于海,获大鸟。"《史记·夏本纪》："帝槐崩,子帝芒立。"	●前1835~前1831:伊新国王赞巴亚、伊泰尔·皮沙约于此时先后在位。 ●前1835~前1823:拉尔萨国王西里·阿达德、瓦拉德·辛约于此时先后在位。
1830	夏	●芒约在位六年。	●前1830~前1813:古巴比伦王阿派尔辛约于此时在位。 ●前1830~前1812:伊新国王乌尔杜库伽、辛·玛吉尔约于此时先后在位。
1822		●芒约在位十四年。	●前1822~前1763:拉尔萨末代国王里姆辛约于此时在位。
1812		●芒约在位二十四年。	●前1812~前1793:古巴比伦国王辛·姆巴利特约于此时在位。 ●前1812~前1794:伊新国王达米克·伊利舒约于此时在位。 ●前1812~前1780:阿摩利人首领沙马什阿达德曾统治亚述三十余年,亚述强大。曾与埃勃拉的统治者签订过一个有关卡尼什的《卡努姆条约》。
1803		●据今《竹》："商侯迁于殷。"王国维《今本竹书纪年疏证》卷上云："此因《山海经》引《纪年》有'殷王子亥',故设迁殷一事。"	
1800		●芒约在位三十六年。	●约前1800~约前1300:贝加尔湖沿岸的青铜文化"格拉兹科沃文化"约产生于此期间。经济以渔猎与采集为主,已有明显的贫富差距。
1796		●芒约在位四十年。	●前1796~前1790:埃及国王阿米利斯四世约于此时在位。
1794		●芒约在位四十二年。	●两河流域伊新国约于此时被巴比伦征服。
1792		●芒约在位四十四年。	●前1792~前1750:古巴比伦第六代王汉穆拉比在位,国势鼎盛,为古代中东地区第一大强国。他自诩称"天下四方之王"及"众神之

附录2

公元前	（朝代）	中　　国	外　　国
			王"，集王权与神权于一身。所制《汉穆拉比法典》为世界上第一部完备的成文法典。这部刻在石柱上的楔形文字法典 1901 年被发现，现存巴黎罗浮宫。他还对古巴比伦城进行了宏大建设。
1789		● 芒约在位四十七年。	● 前 1789～前 1786：埃及第十二王朝末代国王索布尼菲努约于此时在位。
1787		● 芒约在位四十九年。	● 古巴比伦王汉穆拉比攻占被拉尔萨王里姆辛占据的伊新城。
1786		● 芒约在位五十年。	● 前 1786：古埃及第十二王朝末代王索尼菲努死后，宫廷内部矛盾激化，导致"中王国"衰落。从第十三王朝开始重又陷入分裂状态，史称"第二中间期"，政治混乱。并引来喜克索人入侵，建立第十五至十七王朝。
1780		● 芒约在位五十六年。	● 前 1780～前 1741：亚述王马什阿达德卒后，子伊什麦·达干一世即位。其间，汉穆拉比势壮，亚述遭严重打击，势衰。后又沦为米坦尼的藩属。米坦尼的统治标志"古亚述时期"结束。而据载，亚述王仍存。
1777	夏	● 据今《竹》："元年辛未，帝（泄）即位。"《史记·夏本纪》："帝芒崩，子帝泄立。"	
1766		● 据今《竹》："殷侯子亥宾于有易，有易杀而放之。"有易，故部落名。有学者指出，用"干支"为名号始于此（比夏王孔甲早）。	
1764		● 泄约在位十四年。	● 巴比伦与亚述、埃兰、埃什南纳三国联军交战。
1763		● 泄约在位十五年。	● 巴比伦以筑城截流、抬高水位之法攻陷拉尔萨城，灭其国。
1762		● 据今《竹》："殷侯微以河伯之师伐有易，杀其君绵臣。"	
1761		● 泄约在位十七年。	● 巴比伦攻击马里城，遭失败。
1759		● 泄约在位十九年。	● 巴比伦攻下马里城，将其城摧毁。
1757		● 据古《竹》："命畎夷、白夷、赤夷、玄夷、风夷、阳夷。"	● 巴比伦用打坝截水法，摧毁埃什南纳城。
1751		● 据古《竹》：是年："伐九苑"。	● 前 18 世纪：古巴比伦出现农人历书，涉及浇灌、耕作和收获，为迄今所知最早的农业历书。

1214

公元前	（朝代）	中　　国	外　　国
			• 前18世纪:腓尼基人乌里加特城邦约于此时形成。
1750		• 不降约在位七年。	• 埃及发生民众起义。
1749		• 不降约在位八年。	• 前1749～前1712:汉穆拉比之子萨姆苏伊鲁约于此时任古巴比伦王。时埃兰人、喀西特人相继入侵,古巴比伦开始衰落。
1722		• 据今《竹》:"殷灭皮氏。"	
1720		• 不降约在位三十七年。	• 喜克索人从亚洲经西奈半岛进入埃及。
1711		• 不降约在位四十六年。	• 前1711～前1684,古巴比伦王阿比舒约于此时在位。国势衰落。
1700	夏	• 不降约在位五十七年。	• 前1700～前1450:欧洲爱琴海"克里特文明"进入"新王宫时期",为其文明的繁荣期。此时"米诺斯王朝"已统一该岛及周边地区,且建立了海上霸权;已出现的线形文字A种至今尚未被解读。 • 约前1700～约前1100:意大利波河流域青铜文化"泰拉马拉文化"（又称"肥土堆文化"）约在此期间。经济以农牧为主,辅以狩猎。有犁耕,已用马驾车。流行火葬。 • 库施王国趁埃及第十三王朝势衰之际,扩张版图,进入阿斯旺一带。
1698		• 据今《竹》:不降"逊位于弟扃"。《史记·夏本纪》:"帝不降崩,弟扃立。"两者记载略异。	• 巴比伦约于此时产生七日一星期制。
1683		• 扃约在位十五年。	• 前1683～前1647:古巴比伦王阿米狄坦纳约于此时在位。
1680		• 据今《竹》:"十八年,（扃）陟。"《史记·夏本纪》:"帝扃崩,子帝廑立。"	• 前1680～前1100:据考察,智利复活节岛上六百多尊巨大的半身人面石像约成于此期间。石像最高有二十多米,重九十多吨,令人惊叹,至今是个谜。
1679		• 据今《竹》:廑"即位,居西河"。	
1676		• 据今《竹》:"作西音。"《吕氏春秋·音初》:"殷整甲徙宅西河,犹思故处,实始作为西音。"一般认为,西音为我国西部音乐,多指秦晋之声。 • 据今《竹》:是年"昆吾氏迁于许"。《左传·昭十二》:"昔我皇祖伯父昆吾,旧许是宅。"《国语·郑语》:"昆吾为夏伯矣。"韦昭注:"其后夏衰,昆吾为夏伯,迁于旧许。"	• 前17世纪:印欧系米坦尼人在两河流域西北部建城邦国家,建都瓦舒夏尼。前16世纪末,国势盛。前13世纪并入亚述版图。 • 前17世纪:两河流域古巴比伦人对金星进行观测,并作了记录。 • 前17世纪:东非索马里半岛北部沿海地区出现"蓬特国",以出产香料著称,与埃及、印度等有海上贸易往来。

公元前	（朝代）	中　国	外　国
1671		● 据今《竹》：孔甲"即位，居西河。废豕韦氏。"据《史记·夏本纪》："孔甲立，好方鬼神，事淫乱，夏后氏德衰，诸侯畔（叛）之。"豕韦氏，古部落名。	● 前1671～前1662：亚述王沙尔马·阿达德一世约于此时在位。
1669		● 据今《竹》："王畋于萯山。"	
1667		● 据今《竹》："作东音。"《吕氏春秋·音律》："作《破斧之歌》，实始为东音。"陈奇猷释："为东方国风之音。"	
1650		● 孔甲约在位二十二年。	● 前1650～前1570：喜克索人占领埃及中心城市孟斐斯，建立政权。 ● 前1650～前1500：操印欧语的赫梯人塔巴尔那在小亚细亚半岛中部建赫梯王国，建都哈图萨斯。史称"赫梯古王国时期"。此时，形成自身的楔形文字系统（今已译解）。与古亚述人有贸易往来。这一时期颁布了最早的《赫梯法典》，其特点是较《汉穆拉比法典》温和。现存法典有古、中、新王国三个时期的文本，内容有所不同。 ● 希腊人一支阿卡亚人约于此时前后由马尔干半岛北部南下希腊半岛中南部。
1646	夏	● 孔甲约在位二十六年。	● 前1646～前1626：巴比伦王阿米萨杜卡约于此时在位，国势加强。
1640		● 据今《竹》："元年庚辰，帝（皋）即位。"《史记·夏本纪》："孔甲崩，子帝皋立。" ● 据今《竹》：是年"使豕韦氏复国"。	
1637		● 据古《竹》："发即位。元年，诸夷宾于王门，再保庸会于上池，诸夷入舞。"《史记·夏本纪》："帝皋崩，子帝发立。"	
1633		● 发约在位五年。	● 埃及第十三王朝约于本年结束。
1631		● 据今《竹》："泰山震。"是为世界上现知最早的地震记录。	
1630		● 据今《竹》：癸（一名桀）"即位，居斟鄩"。桀是夏代最后一位国王，是历史上有名的暴君。《史记·夏本纪》载："桀不务德而武伤百姓，百姓弗堪。"最后被商汤所亡。	
1628		● 据古《竹》："桀（筑）倾宫，饰瑶台，作琼室，立玉门。" ● 据今《竹》：是年"畎夷入于岐以叛"。《后汉书·西羌传》："后桀之乱，畎夷入居邠、岐之间。"	

公元前	（朝代）	中　国	外　国
1625		● 据今《竹》:"岐踵戎来宾。"《吕氏春秋·当染》:"桀染于干辛、岐踵戎。"	● 前1625～前1595:古巴比伦王萨姆苏·地塔那约于此时在位。
1621		● 据今《竹》:"五星错行,夜中,星陨如雨。地震。伊、洛(水)竭。"	● 前1621～前1614:亚述王卢拉亚约于此时在位。
1620		● 据今《竹》:"会诸侯于仍,有缗氏逃归,遂灭有缗。"《左传·昭四》:"桀为仍之会,有缗叛之。"	● 赫梯国王哈图西斯一世在对外扩张时身亡,其孙穆尔什里一世继任。在位期间继续对外战争。
1618		● 据今《竹》:"初作辇。"《通典》卷六十六:"夏氏末代制辇。"	
1617		● 据今《竹》:癸命"扁帅师伐岷山"。	
1614	夏	● 据今《竹》:"商使伊尹来朝。"	● 前1614～前1602:亚述王基丁·尼努阿约于此时在位。
1610		● 据今《竹》:"商师征有洛,克之。"《逸周书·史记》:"昔者,有洛氏宫室无常,池圃广大,工功日进……农失其时。"张华《博物志》卷十:"昔有洛氏……人民困匮,商伐之,有洛氏以亡。"	
1605		● 据今《竹》:"商灭温。"	
1603		● 据今《竹》:"昆吾氏伐商,商会诸侯于景亳,遂征韦,商师取韦,遂征顾。"	● 埃及第十四王朝约于本年结束。
1602		● 据今《竹》:"商师取顾。" ● 据今《竹》:"凿山穿陵,以通于河。"	● 前1602～前1599:亚述王沙尔马·阿达德二世约于此时在位。
1600	商	● 夏朝亡,商朝立。"夏商周断代工程"估定商灭夏在前1600年。据今《竹》:汤"即位,居亳。始屋夏社"。《史记·殷本纪》:"汤既胜夏,欲迁其社,不可,作《夏社》。"《集解》:"孔安国曰:'言夏社不可迁之义。'" ● 商代的青铜冶炼技术已经达到相当纯熟的程度。已掌握青铜合金的特点和性能,不同器物有不同合金比例,制作分工精细。殷墟发现的铸铜遗址约一万平方米。出土的司母戊大方鼎,高133厘米,重875公斤,结构复杂,形制雄伟,为殷商第一重器,也是我国已发现的最大古代青铜器,集中显示了商青铜冶铸业的水平和能力。还有很多器物造型华丽,技术含量高,在世界古代文明史上占重要地位。 ● 早商时代已出现原始瓷器。刻纹白陶为商代独创,达到陶器制作极高水平,在人类文化史上也是罕见的工艺美术品。商制陶业出现专	● 前1600～前1500:希腊本土出现"迈锡尼文明"。以考古学命名此时为"竖井墓王朝时期"。 ● 前1600:据传,美洲"印加文化"古帝国首都蒂瓦纳库城约建于此时,现存卡拉萨萨亚神庙、太阳门等。"印加文化"是美洲三大古文化之一。

公元前	（朝代）	中　　国	外　　国
		业化倾向,相当部分为了交换,属商品生产性质。	
		● 黄河流域形成栽桑、养蚕、缫丝、丝绸的完整生产过程。	
		● 商朝使用的殷历在当时世界上处于领先水平。殷历为阴阳合历,卜辞中有置"闰月"资料,是为最早设置闰月。	
		● 商城已有夯土城墙。20 世纪 80 年代在河南省偃师市尸乡沟发现商代前期的城址,四面城墙保存完好,城墙外侧有壕沟环绕。城内有宫城,宫城中心是主殿基址,两侧有大面积的房基。	
1599		● 据今《竹》:"大旱。氏羌来宾。"《诗经·商颂》:"昔有成汤,自彼氏羌,莫敢不来享,莫敢不来王。"孔颖达疏:"氏羌之种,汉时仍存,其居在秦陇之西。"	● 前 1599～前 1586:亚述王埃利苏姆三世约于此时在位。
1598		● 据今《竹》:"大旱……禁弦歌舞。"《初学记》卷九引《尸子》:"汤之救旱也,弦歌鼓舞者禁之。"	
1597		● 据今《竹》:"铸金币。"《管子·轻重》:"汤以庄山之金铸币"	
1596	商	● 据今《竹》:"大旱。"	
1595		● 据今《竹》:"大旱。"	● 前 1595～前 1000:小亚细亚赫梯国王穆尔什里一世洗劫巴比伦城,古巴比伦国亡。赫梯人抢夺财富离开后,伽喜特人进入,自称巴比伦王,史称"伽喜特王朝",统治四百多年,这一时期又称"中巴比伦王国时期"。此时期创造了发达的数学和天文学。
1594		● 据今《竹》:"大旱。王祷于桑林,雨。"《淮南子·主术训》:"汤之时,七年旱,以身祷于桑林之际,而四海之云凑,千里之雨至。"	
1593		● 据今《竹》:汤时"作大濩乐"。《周礼·大司乐》:"以乐舞教国子,舞《云门》……《大濩》、《大武》。"郑玄注:"《大濩》,汤之乐也。"商代乐器的进步表现在青铜乐器的出现,发现有成组的编钟。 ● 据今《竹》:"初巡狩,定献令。"《逸周书·王会解》:"汤问伊尹曰:'其为四方献令'。"伊尹,商初名臣。名"伊",一说名"挚","尹"乃官名。出身下层,为有莘氏女陪嫁之臣,后受汤重用。曾助汤灭夏。汤卒后,历佐外丙、中壬、太甲、沃丁四王,卒于沃丁时。	

公元前	（朝代）	中 国	外 国
1591		• 据今《竹》："迁九鼎于商邑。"《左传·宣三》："桀有昏德，鼎迁于商。"相传"鼎"起源于黄帝以前，至夏禹时，铸九鼎，象征九州，夏商周三代奉为象征国家政权的传国之宝。至周显王时，九鼎沉失于泗水彭城下。《史记·封禅书》："闻昔泰帝兴神鼎一，一者壹统，天地万物所系终也。黄帝作宝鼎三，象天地人。禹收九牧之金，铸九鼎，皆尝亨鬺上帝鬼神。遭圣则兴，鼎迁于夏商。周德衰，宋之社亡，鼎乃沦没，伏而不见。"	
1590		• 汤约在位十一年。	• 赫梯约于此时发生王位继承之争。穆尔什里一世被其弟所杀。此后，赫梯政治动荡，篡位之事时有发生。
1588		• 据今《竹》：汤"陟"。据《路史·发挥》引《汲纪年》："帝王之没皆曰陟。"韩愈《黄陵庙碑》："余谓《竹书纪年》帝王之没皆曰陟。陟，升也。"《尚书·序》："成汤既没，太甲元年，使伊尹作《伊训》。"伪古文《尚书》收有《伊训》篇。《史记·殷本纪》："汤崩，太子太丁未立而卒，于是乃立太丁之弟外丙，是为帝外丙。"	
1587	商	• 据今《竹》：外丙"即位，居亳。命卿士伊尹"。《诗经·小雅》："皇父卿士，番维司徒。"朱熹《集注》："卿士，六卿之外，更为都官，以总六官之事也。"	
1586		• 据今《竹》：外丙"陟"。《孟子·万章》："外丙（在位）二年。"	
1585		• 据古《竹》："殷仲（中）壬即位，居亳。其卿士伊尹。" • 中壬为外丙弟，商代传弟与传子兼行。	• 前1585～前1580：亚述王沙马什·阿达德二世约于此时在位。
1582		• 据今《竹》：中壬"陟"。《孟子·万章》："仲壬（在位）四年。"《史记》同。据《史记·殷本纪》："帝中壬即位四年，崩，伊尹乃立太丁之子太甲。"	
1579		• 据《史记·殷本纪》："帝太甲既立三年，不明，暴虐，不遵汤法，乱德。于是伊尹放之于桐宫。三年，伊尹摄行政当国，以朝诸侯。帝太甲居桐宫三年，悔过自责，反善，于是伊尹乃迎帝太甲而授之政。帝太甲修德，诸侯咸归殷，百姓以宁。伊尹嘉之，乃作《太甲训》三篇，褒帝太甲，称太宗。"	• 前1579～前1569：亚述王伊什麦·达干二世约于此时在位。
1572		• 据今《竹》："大飨于太庙。初祀方明。"	

公元前	（朝代）	中　国	外　国
		《汉书·律历志》引《伊训篇》："伊尹祀于先王，诞资有牧方明。"王国维《今本竹书纪年疏证》：本元年（1581）事，此乃系之十年（1572）。	
1570		• 据今《竹》："十二年，（太甲）陟"。据《史记·鲁世家》"索隐"："按《纪年》，太甲唯得十二年。"《史记·殷本纪》："襄帝太甲，称太宗。太宗崩，子沃丁立。"	• 前1570～前1150：雅赫摩斯一世驱逐喜克索人建第十八王朝，开始古埃及"新王国时期"，仍都底比斯。"法老"成为国王正式头衔。这一时期出现了铁器，农业生产中普遍使用新式犁和金属镰刀。出现脚踏风箱，为冶金鼓风装置。玻璃制造业发展，能生产紫水晶。卡尔纳克和卢克索尔两大神庙的最终建成表明建筑技术已达很高水平。
1569		• 据古《竹》："沃丁绚即位，居亳。"今《竹》："命卿土咎单。"《史记·殷本纪》："帝沃丁之时，伊尹卒，既葬伊尹于亳，咎单遂训伊尹事，作《沃丁》。" • 咎单：相传为商代的卿士，因明居人之法，曾作《明居篇》。	• 前1569～前1548：亚述王沙马什·阿达德三世约于此时在位。
1550		• 据古《竹》："小（太）庚辩（一作'辨'）即位，居亳。"《史记·殷本纪》："沃丁崩，弟太庚立，是为帝太庚。"	• 前16世纪：腓尼基人推罗城邦约于此时形成。
1546	商	• 据今《竹》：太庚"五年"。《太平御览》卷八十三引《史记》："帝太庚在位二十五年崩。"	• 前1546～前1526：埃及法老阿蒙霍特普一世在位。在位时征服卡尔马，摧毁库施王国。 • 前1546：胡里人所建"基祖瓦德纳国"约于此时期与赫梯结盟。
1530		• 太庚约在位二十一年。	• 前1530～前1150：伽喜特人南下，统一两河流域南部，建"伽喜特王朝"。
1525		• 据古《竹》："小甲高即位，居亳"。据《史记·殷本纪》："帝太庚崩，子帝小甲立。"	• 图特摩斯一世约于此时即任埃及法老。
1524		• 小甲约在位二年。	• 埃及法老图特摩斯一世南下，征伐库施，曾抵尼罗河第四瀑布。
1512		• 小甲约在位十四年。	• 前1512～前1504：埃及法老图特摩斯二世约于此时在位。在位时曾出征叙利亚、巴勒斯坦等地。
1508		• 据古《竹》："雍己佃即位，居亳。"据《史记·殷本纪》："帝小甲崩，弟雍己立，是为帝雍己。殷道衰，诸侯或不至。"	• 前16世纪晚期：巴勒斯坦地区南部格泽尔和拉基什等地出现迄今所知最早的古迦南字母文字，表明了字母文字的萌芽。 • 前16世纪末：小亚细亚赫梯王国铁列平颁布敕令，确立长子继承制。调整王室内部关系，巩固王权。

公元前	（朝代）	中　　国	外　　国
1504	商	• 雍己约在位五年。	• 古埃及"新王国时期"图特摩斯三世在位，是为古埃及历史上最强大的法老。大规模重建神庙，诞生了世界上最大的神庙建筑群——卡纳克神庙。其著名殿堂有五千平方米，有一百三十四根圆柱，最高的有二十米，柱顶可站百人；组织商队远征；多次发动对叙利亚和巴勒斯坦地区的军事征服，为其势力进入亚洲铺平道路。
1500		• 雍己约在位九年。	• 前1500：希腊本土早期"迈锡尼文明"约于此时发展进入"圆顶墓王朝时期"。 • 前1500：英国索尔兹伯里和威尔特地区约于此时建造史前巨石群。 • 前1500～前1345：小亚细亚"赫梯中王国时期"，国力相对衰弱。 • 约前1500：中亚锡尔河上游青铜文化"丘斯特文化"发现此时期的八十多处竖穴住址。有用黏土砌成的烟道和石砌的火炉。 • 约前1500：中亚花拉子模三角洲青铜文化"塔扎巴格雅布文化"发现此时期的方形居址。房屋中有炉灶。一百多座墓葬均为方形土圹墓。 • 约前1500：中亚阿姆河下游青铜文化"苏雅尔干文化"发现此时期的呈直角形的居址。已形成较大寨落，有彩陶，经济以农牧为主。 • 约前1500年后：在柬埔寨芝尼河右岸发现此时期的"三隆森贝丘遗址"，是为东南亚地区发现最早的史前遗址。为一巨大贝丘。处于新石器至青铜时代的过渡期。经济以渔猎为主。 • 前1500：分布于南太平洋美拉尼西亚群岛等地的大洋洲新石器文化"拉皮塔文化"约为此时期。以各种花纹夹砂陶器为主要特点。经济以渔猎和采集为主，饲养猪和鸡。
1496		• 据今《竹》：太戊"即位，居亳。命卿士伊陟、臣扈"。今文《尚书·君奭》"在太戊，时则有若伊陟、臣扈，格于上帝。"《史记·殷本纪》："帝雍己崩，弟太戊立……殷复兴，诸侯归之，故称中宗。" • 伊陟、臣扈：相传为商臣，两人共事太戊，曾建言太戊修德，使之不损祖业。伊陟为伊尹子，继父为相。	• 前1496～前1486：亚述王恩利尔·纳希尔约于此时在位。 • 前16世纪末～前15世纪初：两河流域米坦尼国国势强盛。曾征服北部叙利亚和亚述里亚一带地区。
1490		• 据今《竹》："有桑谷生于朝。"伪古文《尚书》孔颖达疏："桑谷二木，共生于朝。朝非生木之处，是为不善之征。"	• 埃及女王哈特舍甫苏特在位，加冕称王，名义上与懦弱多病的图特摩斯三世共治，实掌大权。

公元前	（朝代）	中　国	外　国
1486		•据今《竹》："命巫咸祷于山川。"今文《尚书·君奭》："巫咸乂王家。"巫咸，一作巫贤，为夏臣，相传为鼓的发明人；又是用筮占卜的创始者。后世有假托他测定的恒星图。	•前15世纪初期：古埃及人已知用绳结三角；已使用水银；其小说《锡诺赫的故事》问世，为已知最古老的小说。
1482		•太戊约在位十五年。	•埃及女王暴卒。法老图特摩斯三世独自秉政。
1471		•据今《竹》："西戎来宾，王使王孟聘西戎。"《山海经·海外西经》："丈夫国在维鸟北。"郭璞注："殷帝太戊使王孟采药，从西王母至此。"	•埃及约于此时在卡赫美什大败米坦尼，迫其纳贡。 •前1471～前1451：亚述王阿舒尔·拉比一世约于此时在位。
1466		•据今《竹》："命费侯中衍为车正。"据《史记·秦本纪》：秦的始祖为大费，其后裔"大廉玄孙曰孟戏、中衍……太戊闻而卜之使御"。	
1462		•据今《竹》："作寅车。"《诗经·小雅》："元戎十乘，以先启行。"《毛传》："夏后氏曰钩车，先正也；殷曰寅车，先疾也。"寅车：古代兵车。	
1451		•据今《竹》："大有年。"	•前1451～前1433：亚述王阿舒尔·纳丁纳赫一世约于此时在位。
1450	商	•太戊约在位四十七年。	•前1450年左右：希腊本土人进入克里特岛。占领克诺索斯王宫，灭亡"米诺斯王朝"，标志着"新王宫时期"结束，"克里特文明"的衰落。从此以后，"爱琴海文明"的中心转移到希腊本土迈锡尼地区。 •前1450～前1425：埃及法老阿蒙霍特普二世约于此时在位，继续远征叙利亚等地。 •前1450～前1380：赫梯国王图特哈亚斯二世约于此时当政。国势复振。 •前1450～前1200：腓尼基人乌加里特城邦约于此时进入极盛期。
1439		•据今《竹》："城蒲姑。"	•前15世纪：叙利亚、巴勒斯坦地区出现楔形字母文字。此为当地塞姆人在古埃及象形文字影响下编制的，有二十六个字母，即西奈半岛发现的古代铭刻中所用的字母（"西奈字母"），对日后"腓尼基字母"的产生有直接影响。
1436		•据今《竹》："东九夷来宾。"	
1425		•太戊约在位七十二年。	•前1425～前1417：埃及法老图特摩斯四世约于此时在位。 •前1425～前1000：象征"迈锡尼文明"的迈锡尼城址和梯林斯城址约产生于此时期。位于伯罗奔尼撒半岛东部，皆以巨石建成。前

公元前	（朝代）	中　　国	外　　国
			者有著名的"狮门"，后者城墙最厚达十七米，有的内设通道，被视为工程奇迹。
1421		• 据古《竹》："仲丁即位，元年，自亳迁于嚣。""仲丁"，甲骨文作"中丁"。 • 据古《竹》："仲丁即位，征于蓝夷。"	• 前 15 世纪末：两河流域米坦尼国势转衰。赫梯乘其内乱，打败并占领其大部领土。同时，亚述亦夺其部分领土。
1417		• 中丁（仲丁）约在位五年。	• 前 1417 ~ 前 1379：埃及法老阿蒙霍特三世在位。
1416		• 据今《竹》："征蓝夷。"	• 前 1416 ~ 前 1410：亚述王阿舒尔·贝尔尼舍苏约于此时在位。
1410		• 据今《竹》：外壬"即位，居嚣。邳人、侁人叛。"《史记·殷本纪》："帝中丁崩，弟外壬立，是为帝外壬。"	• 前 1410 ~ 前 1403：亚述王阿舒尔·利木尼舍苏约于此时在位。
1400	商	• 前 1400 ~ 前 1100：殷墟甲骨文已有十进制、记数法，已知勾三、股四、弦五。	• 前 1400：米坦尼王国在两河流域最早发明炼铁技术。 • 前 1400 ~ 前 1050：米坦尼遭赫梯攻击后衰落，亚述王阿舒尔·乌巴里特一世乘机脱离其控制而独立，史家称其进入"中亚述时期"。确立君主制。多次对外战争，战胜南部伽喜特人，使亚述向南扩张，攻占米坦尼，并远征赫梯、腓尼基等。 • 前 1400 ~ 前 1200：在希腊半岛上，以迈锡尼王国最强盛，其余小国如斯巴达、派罗斯、雅典、底比斯等皆奉其为盟主。创造了线形文字 B 种，这种文字于 1952 年获解读，证明迈锡尼语为古希腊语的一支。 • 前 1400：现存最早的迦南语文献《阿马纳文书》约产生于此时。
1395		• 据古《竹》："河亶甲整即位，自嚣迁于相。征蓝夷，再征班方。"《史记·殷本纪》："帝外壬崩，弟河亶甲立，是为帝河亶甲。河亶甲时，殷复衰。"	• 前 14 世纪初期：古埃及出现水钟。
1393		• 据今《竹》："彭伯克邳。"《国语·郑语》："大彭、豕韦为商伯矣。"	
1392		• 据今《竹》："征蓝夷。"	• 前 1392 ~ 前 1366：亚述王艾利巴·阿达德一世约于此时在位。
1391		• 据今《竹》："侁人入于班方，彭伯、韦伯伐班方，侁人来宾。"	
1386		• 据古《竹》："祖乙胜即位，是为中宗。"今《竹》：祖乙"即位，自相迁于耿"。今文《尚书·	

公元前	（朝代）	中　国	外　国
		无逸》:"殷王中宗(王国维指为祖乙),严恭寅畏,天命自度,治民祗惧,不敢荒宁。"《史记·殷本纪》:"河亶甲崩,子帝祖乙立。帝祖乙立,殷复兴。"	
1385		●据今《竹》:"圮于耿,自耿迁于庇。"《尚书·序》:"祖乙圮于耿。"《传》:"河水所毁曰圮。"	
1379		●据今《竹》:"城庇。"	●前1379～前1362:埃及法老阿美诺菲斯四世在位。
1375		●祖乙约在位十二年。	●前1375～前1235:两河流域"中巴比伦王国时期"伽喜特王朝鼎盛。与埃及新王国及稍后的赫梯新王国同为古代当地霸国。
1372		●据今《竹》:"命邠侯高圉。"高圉,相传为周的先祖,弃的十世孙。	
1370		●祖乙约在位十七年。	●赫梯约于此时攻占叙利亚地区。
1367	商	●据今《竹》:祖辛"即位,居庇"。《史记·殷本纪》:"祖乙崩,子帝祖辛立。"	●前1367～前1350:埃赫那吞(阿蒙霍特普四世)在位,古埃及"新王国时期"达鼎盛,在北非、西非地区建立帝国统治。进行历史上著名的"埃赫那吞改革",或称"阿玛尔那革命",以阿吞神为主神代替阿蒙—拉神,打击阿蒙祭祀集团,加强法老权力。在阿玛尔那建宗教、行政中心。此改革在他死后遭失败。
1365		●祖辛约在位三年。	●前1365～前1330:亚述王亚舒尔·乌巴利特一世约于此时在位。在位期间击败米坦尼,建立强大的亚述王国。
1364		●祖辛约在位四年。	●前1364～前1361:埃及法老埃赫那吞立其婿斯曼赫卡法为共治法老。
1361		●祖辛约在位七年。	●前1361～前1352:古埃及第十八王朝法老图坦卡蒙在位。在阿蒙祭司的压力下,终止前任法老埃赫那吞的宗教改革。其陵墓1922年被发现,内有金棺、法老木乃伊和大批艺术珍品,现存开罗博物馆。
1353		●据古《竹》:"帝开(沃)甲逾即位,居庇。"《史记·殷本纪》:"帝祖辛崩,弟沃甲立。"	
1350		●沃甲约在位四年。	●亚述与赫梯联姻。
1348		●沃甲约在位六年。	●埃及法老图坦卡蒙卒后无嗣,先后由廷臣阿伊与将军霍连姆赫布继任法老。

公元前	（朝代）	中　　国	外　　国
			• 前 1348～前 1320：赫梯国王穆尔西斯二世约于此时当政。在位时对外扩张，又撰成《赫梯编年史》。
1345		• 沃甲约在位九年。	• 前 1345～前 1200 前后：赫梯王国苏庇鲁流马什一世当政，史称"赫梯新王国时期"，为赫梯王国最强盛时期。与巴比伦签订和约。与埃及争夺叙利亚地区。后期，吐坦里亚四世时实施宗教改革，进一步神化王权，大规模修建神庙，著名的"赫梯万神殿"为一巨大的岩壁神灵雕刻群。此时期发明圆筒印章。开始使用铁器。
1330		• 沃甲约在位二十四年。	• 前 1330～前 1321：亚述王恩利尔尼拉里一世约于此时当政。其间，击败巴比伦。
1328		• 据古《竹》："祖丁即位，居庇。"《史记·殷本纪》："帝沃甲崩，立沃甲兄祖辛之子祖丁，是为帝祖丁。" • 据卜辞，祖丁时"三舀食日"，是为最早的日珥记录。	
1320	商	• 据今《竹》："九年，（祖丁）陟。"《史记·殷本纪》："帝祖丁崩，立弟沃甲之子南庚，是为帝南庚。"	• 埃及第十八王朝法老霍连姆赫布卒。拉美西斯一世继位，建第十九王朝。 • 前 1320～前 1309：亚述王阿里克迪尼鲁继父位。在位时转战西北，建王都亚述城。为第一位留有军事纪年的亚述王。 • 前 1320～前 1295：赫梯国王穆瓦塔尔约于此时当政。
1319		• 据今《竹》："南庚名更。元年丙辰，王即位，居庇。"	
1317		• 据古《竹》："南庚更自庇迁于奄。"今文《尚书·多士》："王曰：'多士，昔朕来自奄，予大降尔四国民命。'"《尚书大传》："周公摄政，一年救乱，二年克殷，三年践奄。"	• 前 1317～前 1251：古埃及第十九王朝法老拉美西斯二世在位。以底比斯为首都，并以塔尼斯为陪都。扩建神庙。大举南侵努比亚，并长期与赫梯争战。
1313		• 据古《竹》："阳甲即位，居奄。"《史记·殷本纪》："帝南庚崩，立帝祖丁之子阳甲，是为帝阳甲。帝阳甲之时，殷衰。"	
1311		• 据今《竹》："西征丹山戎。"	
1309		• 据今《竹》："盘庚名旬。元年丙寅，王即位，居奄。"《史记·殷本纪》："帝阳甲崩，弟盘庚立，是为帝盘庚。"	
1308		• 盘庚约在位二年。	• 前 1308～前 1276：阿达德尼拉里一世任亚述王。在位期间击败伽喜特人。

公元前	（朝代）	中 国	外 国
1300	商	• 据古《竹》："盘庚旬自奄迁于北蒙,曰殷……至纣之灭……更不徙都。""夏商周断代工程"将迁都定为前 1300 年。史界多以此将商划为前、后两个时期。 • 今文《尚书·盘庚》是商王庚动员民众迁都的训词,是我国最早的一篇较好的议论散文。 • 殷是商后期的都城,据考古发掘,遗址面积约三十平方公里。重大发现是大量刻字甲骨,甲骨文是汉字现见最早的完整形态。据研究,甲骨文已是成熟的文字。 • 甲骨文有刻画的,也有朱书、墨书的,可知当时已有毛笔。 • 据甲骨卜辞,当时已有为新星做记录,成为世界最早的新星记录。 • 据《史记·殷本纪》："殷道复兴,诸侯来朝。" • 1950 年在河南郑州二里岗发现商代中期城址。周围夯土城墙长达七公里,总面积有二十五平方公里。遗址内发现有房基、制陶作坊、铸铜场址及窖穴、壕沟、水井、墓葬、祭祀坑等,遗物中有学习刻字者刻的骨片和各种陶文符号等。 • 20 世纪 70 年代在湖北省黄陂盘龙城发掘了一座较完整的商代中期宫殿遗址。此发现改变了人们对商文化分布范围的认识。说明商代前期商文明已突破中原地区,扩大到长江流域。 • 1973 年发掘的河北省藁城台西遗址出土一件铁刃铜钺,刃部是以陨铁加热锻成,为我国发现最早的铁器。时代为前 1300 ± 100 年。	• 古埃及和两河流域地区已有日晷。 • 前 1300 ~ 前 8 世纪:鄂毕河上游一带青铜时代晚期"卡拉苏克文化"约产生于此时期。主要发现是墓地,多有围墙,并成网状,立有剑形尖头石碑。经济以牧为主。 • 前 1300 ~ 前 8 世纪:多瑙河流域一带青铜时代晚期"骨灰瓮文化"约产生于此时期,以其独特的葬具骨灰瓮而得名。居址有村落和寨堡两种。 • 美拉尼西亚定居者约于此时到达斐济,并向西扩展到波利西亚。
1296		• 盘庚约在位十四年。	• 小亚细亚赫梯与埃及发生"卡迭什战役",赫梯军队获胜,南下大马士革地区。
1295		• 据今《竹》："营殷邑。"	• 前 1295 ~ 前 1286:赫梯王乌尔西托约于此时当政。
1286		• 盘庚约在位二十四年。	• 前 1286 ~ 前 1265:赫梯王哈图西斯三世约于此时废乌尔西托而接任。继续与埃及作战。
1284		• 盘庚约在位二十六年。	• 赫梯与埃及在孟斐斯签订《银板条约》(条约刻在一块银板上),停止敌对。此为世界上第一篇国际性、具有真实平等意义的条约,和约签订后,赫梯王将女儿嫁给埃及法老拉美西斯二世。此后两国在数百年中相安无事。这个条约现被刻在铜板上,悬挂在纽约联合国大厅墙上。
1281		• 据古《竹》："小辛颂即位,居殷。"《史记·殷本纪》："帝盘庚崩,弟小辛立,是为帝小辛。帝小辛立,殷复衰,百姓思盘庚,乃作《盘庚》三篇。"	• 前 13 世纪上半期:亚述攻灭米坦尼。

公元前	（朝代）	中　国	外　国
1275		● 小辛约在位七年。	● 前1275～前1245：亚述王沙尔默尼泽尔一世约于此时在位。继续对外扩张。
1270		● 小辛约在位十二年。	● 前1270：埃及法老与赫梯王女联姻。
1265		● 小辛约在位十七年。	● 前1265～前1240：赫梯国王吐坦里亚四世约于此时当政。
1255		● 据今《竹》："命世子武丁居于河，学于甘盘。"伪古文《尚书·说命下》："台小子旧学于甘盘，既乃遁于荒野，入宅于河。""甘盘"，一作"甘殷"，为商臣。相传他与傅说辅佐武丁成中兴之业。	
1250	商	● 据今《竹》：武丁"即位，居殷。"今文《尚书·无逸》："其在高宗（丁），时旧劳于外，爰暨小人……不敢荒宁，嘉靖殷邦。"《史记·殷本纪》："武丁修政行德，天下咸欢，殷道复兴……祖己嘉武丁之祥雉为德，立其庙为高宗，遂作《高宗肜日》及《训》。"今文《尚书》有《高宗肜日》篇。武丁时商达鼎盛。 ● 据考，武丁时铸造发达，已知浑铸法与分铸法并用，有了鼓风装置。时出现了镀锡铜器。青铜器广泛应用于礼器、武器、日用品，还有货币——铜贝。现已发现的商代铜矿，有江西瑞昌铜岭矿遗址，开采最早年代距今三千多年，该矿历经西周、春秋，至战国初期。 ● 湖南宁乡月山铺出土的商代"四羊方尊"，器物有巨大的方形口，长颈，折肩，浅腰腹，高足，四角和每面中都有脊。将器物的造型设计与装饰高度完美的结合在一起，代表了商代青铜器的高超水平。 ● 据考，商代铜铙已有十二音律中的九律，并有五度谐和音程的概念。 ● 1976年在殷墟发现武丁妻妇好墓葬，出土文物千余件，并有铜器铭文，是迄今唯一能与文献与甲骨文联系起来推定墓主人的商代墓葬。武丁妻妇好为一员女将，曾多次带兵出征，劳苦功高。墓内发现有十六具人殉，出土青铜器四百六十多件，其中礼器占一半，大多成套或成双。有青铜镜四面，为当时已使用铜镜的实证。尚有玉器七百余件及象牙制品。对了解商代礼制与王室生活有重要意义。 ● 据考证，商代用货币"贝"，在妇好墓中出土六百多枚；铜器铭文中不乏"赐贝"、"赏贝"的记录，并以"朋"为计算单位。已出现专事商业的商人，有学者称，后世经商者称"商人"则源于商代。时已与遥远的外方发生广泛的交换关系。	● 希伯来人在首领摩西率领下摆脱埃及法老统治，历经艰辛，返回巴勒斯坦地区。相传摩西在西奈山传播上帝耶和华的旨意，制定十条训言，即"摩西十戒"，成为希伯来律法的基础，也为犹太教的形成奠定了基础。这是人类最早的一神教，强调对上帝耶和华的绝对敬奉，抵制和排斥对异神的崇拜。同时开始设立专职祭司制度，其兄亚伦被确定为第一位祭司长，其后，这一职位都被其子孙所垄断。 ● 前13～前12世纪：西亚出现"埃兰"国家（位于今伊朗西部）。 ● 前13世纪中叶：迈锡尼王阿伽门农率希腊城邦联军远征小亚细亚特洛伊城（今土耳其希沙立克，爱琴海沿岸），围城十年不下，后以"木马计"攻克。荷马史诗《伊利亚特》中有详述。近代考古对该城遗址发掘获大批遗物，成为"爱琴文化"的首次发现。 ● 前13世纪："腓尼基字母"约出现于本世纪。初为两种，一种在比布罗斯城产生，是受"西奈字母"影响所造的二十二个辅音字母；一种在乌加里特城产生，是在两河流域楔形文字影响下编制的二十九个辅音字母。后者渐被淘汰，以前者为基础的文字系统广为流传，直接影响到古希腊字母，又由希腊字母衍生出拉丁字母和斯拉夫字母，成为后世西方各国字母文字的源泉。腓尼基人的字母系统是对人类文明的重大贡献。

公元前	（朝代）	中　国	外　国
		•殷商出土的甲骨已有十五万片之多,主要是武丁至帝乙时期的卜辞。从中窥见当时大到战争胜负、政权兴衰,小到日常出行、个人祸福,几乎一切事物都要占卜,以求天意,虽是统治集团行为,也可看出天命神学在意识领域中的垄断地位。《礼记·表记》:"殷人尊神,率民以事神,先鬼而后礼。"有学者认为天命神学是商代宗教的特点与核心。 •据卜辞,其时已用粪肥田。	
1245		•据今《竹》:"命卿士傅说。视学养老。"傅说,商臣。相传原为版筑奴隶,武丁任用以理国政。"视学养老"即视察国学供养老人情况。《礼记·王制》:"天子视学。"孔颖达疏:"天子视学,必遂养老之法则。"	
1244		•武丁约在位七年。	•前1244～前1208:图库尔蒂·尼努尔塔一世约于此时即任亚述国王。在位时击败赫梯、伽喜特人,占领美索不达米亚,并自阿舒尔迁都图库尔蒂·尼努尔塔城。
1242		•武丁约在位九年。	•前1242～前1235:中巴比伦时期伽喜特王朝国王卡什蒂里阿什四世约于此时在位。
1240	商	•武丁约在位十一年。	•前1240～前1230:赫梯国王阿努达三世约于此时当政,国势转衰。
1239		•据今《竹》:"报祀上甲微。"《国语·鲁语》:"上甲微能帅契者也,商人报焉。"注:"报,报德,谓祭也。"	
1237		•武丁约在位十四年。	•前1237～前1220:埃及法老美尼普塔约于此时在位。
1232		•武丁约在位十九年。	•埃及大败利比亚人和"海上民族"联军。
1226		•据今《竹》:"王子孝己卒于野。"《庄子·外物》:"孝己忧而曾参悲。"孝己:相传为武丁之子,以孝行著称,遭后母诽言,被逐而死于外。	•中巴比伦时期伽喜特王朝恩利尔·那丁·舒米约于此时在位。
1222		•据今《竹》:"肜祭太庙,有雉来。"王国维考今文《尚书·高宗肜日》为祖庚祭高宗之庙,而不是高宗祭成汤。	•在现存历史文献中,首次提及犹太人的是1896年在埃及底比斯发掘的一块石碑(有称为《以色列石碑》)碑文记载古埃及第十九王朝法老美尼普塔在前1222年发兵平息巴勒斯坦地区犹太人纷乱的史实。此后,犹太人进入有史可考的时期。
1220		•武丁约在位三十一年。	•前1220～前1217:埃及法老阿门麦西斯在位。

公元前	（朝代）	中　国	外　国
1219		• 据今《竹》："伐鬼方,次于荆。"	
1217		• 据今《竹》："克鬼方。氐羌来宾。"《易经·既济》："高宗伐鬼方,三年克之。"	
1216		• 武丁约在位三十五年。	• 前1216～前1210:埃及法老塞提二世在位。
1210		• 武丁约在位四十一年。	• 埃及伊尔苏发生贫民大起义。
1209		• 武丁约在位四十二年。	• 前1209～前1200:埃及法老塞普塔赫与特渥斯勒特共治。
1208		• 据今《竹》："王师灭大彭。"《国语·郑语》："彭姓,彭祖、豕韦、诸暨,则商灭之矣。"	• 前1208～前1204:纳丁·阿普利杀其父图库尔蒂·尼努尔塔一世,篡位自立为亚述王,此后亚述开始衰落。 • 约于此前编撰亚述史诗《图库尔蒂·尼努尔塔史诗》。
1204		武丁约在位四十七年。	• 前1204～前1198:亚述王阿舒尔·尼拉里三世约于此时在位。
1201	商	• 据今《竹》："征豕韦,克之。"	• 两河流域东南部"埃兰"城邦国家开始强盛,建都苏萨。至前7～前6世纪时渐衰,成为亚述和波斯的属地。近代考古发掘苏萨古城,获大批埃兰时代珍贵文物。
1200		• 武丁约在位五十一年。	• 前1200～前1198:埃及第十九王朝结束。塞特纳克赫特约于此时在位,建第二十王朝(前1200～前1085)。镇压伊尔苏起义。 • 腓尼基城邦多加里特约于此时为入侵的"海上民族"所毁。1929年以来,其遗址经考古发掘,获有宫殿、寺庙等及保存大批楔形文字泥版的档案库,是研究古代腓尼基的珍贵资料。 • 伊特鲁西亚人约于此时进入意大利。 • 前1200～前1000:中美洲墨西哥湾沿海一带"奥尔梅克文明"。突出代表是现存的十三个巨型石雕头像,大者重三十吨,高近三米,而该地不产石头。石从何来?以及该文明的消失,至今是个谜。 • 前1200:希伯来人定居以后,逐渐形成南部犹太和北部以色列两大集团,首领称"士师"("士师",希伯来语"审判官"、"拯救者"之意),既掌军事,又是宗教领袖。这一时期被称为"士师时代"。
1198		• 武丁约在位五十三年。	• 前1198～前1166:埃及第二十王朝拉美西斯三世约于此时在位。

附
录
2

公元前	（朝代）	中　　国	外　　国
1193		•武丁约在位五十八年。	•前1193~前1180:亚述王阿派尔·埃库尔约于此时在位。
1192		•据今《竹》:武丁"五十九年,陟"。今文《尚书·无逸》:武丁"不敢荒宁,嘉靖殷邦。至于小大,无时或怨。肆高宗之享国,五十有九年"。王国维疏证:"礼废而复兴,庙为高宗。"《汉书·贾捐之传》:"武丁、成王,殷周之大仁也,然地东不过江、黄,西不过氐、羌,南不过蛮荆,北不过朔方。是以颂声并作。" •据《后汉书·东夷传》:武丁时,"东夷浸盛,遂分迁淮岱,渐居中土"。	
1191		•据今《竹》:祖庚"即位,居殷,作《高宗之训》"。《史记·殷本纪》:"帝武丁崩,子帝祖庚立。" •据卜辞:商时采用阴阳合历。祖庚以后,"年中置闰"成为主要方法。一直沿用几千年,成为我国特色的历法制度体系。 •据卜辞:当时已有立表测影用以定向和定季节的举动,对日月的观测达到较高水平。 •卜辞中有日食、月食的记载,是世界上最早的有日期(干支)的文字记录。	•腓尼基人比布罗斯城邦约于此间被"海上民族"所毁。20世纪20年代发掘其遗址,有腓尼其人所建最早具有规模的神殿,还发现许多铭文,弥足珍贵。
1182	商	•祖庚约在位十年。	•赫梯王国在海上民族的攻击下灭亡,"新赫梯王国时期"结束。王国灭亡后,历史上再未出现有关赫梯人的踪迹。"赫梯文明"成为世界早期历史上又一失落的文明而为后人所不知,直到19世纪中叶以后,随着考古的发现,以及对出土赫梯楔形文字文献解读的进展,方逐渐揭开了三千多年前赫梯文明的面纱。
1180		•据今《竹》:祖甲"即位,居殷"。今文《尚书·无逸》:"其在祖甲,不义惟王,旧为小人。作其即位,爰知小人之依,能保惠于庶民,不敢侮鳏寡。"《史记·殷本纪》:"帝祖庚崩,弟祖甲立,是为帝甲。帝甲淫乱,殷复衰。"两者记载略异。	•阿舒尔·丹一世约于此时即任亚述王。
1176		•祖甲约在位五年。	•埃兰王舒特鲁克·纳亨特约于此时即位。势盛。是年,攻掠巴比伦城,还将《汉穆拉比法典》石碑运往苏萨。
1169		•据今《竹》:"征西戎。冬,王返自西戎。"	•前1169~前1159:中巴比伦时期伽喜特王朝麦若达赫·巴拉丹一世约于此时在位。
1168		•据今《竹》:"西戎来宾。"	
1166		•祖甲约在位十五年。	•前1166~前1160:埃及第二十王朝法老拉美西斯四世约于此时在位。

公元前	（朝代）	中　国	外　国
1160		●据考,祖甲在位二十一年卒(见本书"纪年考")。《史记·殷本纪》:"帝甲崩,子帝廪辛立。"	●前1160～前1156:埃及第二十王朝法老拉美西斯五世约在此时在位。留下著名公文书"威尔伯纸草"。
1159		●据今《竹》:廪辛"即位,居殷"。	●前1159～前1157:中巴比伦时期伽喜特王朝国王恩利尔纳丁·阿基约于此时在位。
1157		●廪辛约在位三年。	●两河流域伽喜特王朝被埃兰人攻灭,"中巴比伦王国时期"结束,巴比伦地区处于分裂状态。
1156		●据今《竹》:"四年,(廪辛)陟。"《史记·殷本纪》:"帝廪辛崩,弟庚(康)丁立。是为帝庚丁。"	●前1156～前1148:埃及第二十王朝法老拉美西斯六世约在此时在位。 ●前1156～前1025:两河流域南部约在此时建立"伊新第二王朝",亦有称"巴比伦第四王朝"。
1155		●据今《竹》:康丁"即位,居殷"。	
1148		●据今《竹》:"八年,(康丁)陟。"《史记·殷本纪》:"帝庚(康)丁崩,子帝武乙立。"	●前1148～前1141:埃及第二十王朝法老拉美西斯七世约在此时在位。
1147	商	●据古《竹》:"武乙即位,居殷。"据《史记·殷本纪》:"帝武乙无道,为偶人,谓之天神。与之博,令人为行。天神不胜,乃僇辱之。为革囊,盛血,卬而射之,命曰'射天'。"可见当时的祭天仪式。 ●据今《竹》:"邠迁于岐周。"《孟子·梁惠王下》:"昔者大王居邠,狄人侵之,去之岐山之下居焉。"	●前12世纪:阿拉伯半岛南部出现"马因王国",以盖尔诺为都,范围在奈季兰和哈德拉毛之间地区。
1145		●据今《竹》:"自殷迁于河北。"《史记·殷本纪》:"武乙立,殷复去亳,徙河北。" ●据今《竹》:"命周公亶父,赐以岐邑。"古公亶父:周之先祖,弃的十三世孙。即周太王。《史记·周本纪》称其"积德行义,国人皆戴之"。他避戎狄侵扰,迁周原,始号周。学者认为,周之王业始此。《诗经·鲁颂》:"后稷之孙,实维太王,居岐之阳,实始翦商。"	
1141		●"吴"约于是年前后立国。据《史记·周本纪》:"(周)古公(亶父)有长子太伯,次曰虞仲……知古公欲立季历以传(季历子)昌,乃二人亡于荆蛮,文身断发,以让季历。"《吴世家》:"太伯之奔荆蛮,自号句吴。荆蛮义之,从而归之千余家,立为吴太伯。"	●前1141～前1140:埃及第二十王朝法老拉美西斯八世约在此时在位。
1140		●武乙约在位八年。	●前1140～前1121:埃及第二十王朝法老拉美西斯九世约在此时在位。

附录 2

公元前	（朝代）	中　国	外　国
1133		•据今《竹》:"自河北迁于沬。"《帝王世纪》:"帝乙复济河北,徙朝歌。""沬",古地名,即"朝歌"。	•前1133~前1116:亚述国王阿舒尔·列沙·伊希一世约于此时在位。亚述转盛。
1124		•据今《竹》:"周师伐程,战于毕,克之。""程",古方国。《逸周书·史记》:"昔有毕程氏,损禄增爵,群臣貌匮。此而庚民,毕程氏以亡。"	•前1124~前1103:两河流域南部伊新第二王朝国王尼布甲尼撒一世约于此时在位。在位时率兵击败埃及,攻占苏萨,将领土扩张至波斯湾。
1121		•武乙约在位二十七年。	•前1121~前1113:埃及第二十王朝法老拉美西斯十世约在此时在位。
1118		•据今《竹》:"周师伐义渠,乃获其君以归。"	
1115		•武乙约在位三十三年。	•前1115~前1077:亚述国王提格拉·帕拉萨一世约于此时在位。其间,西进叙利亚,南攻伊新第二王朝,洗劫巴比伦,其势颇壮。
1114		•据古《竹》:"周王季历来朝,武乙赐地三十里,玉十珏,马八匹。"季历:周之先祖,弃的十四世孙。周太王幼子,周文王父,又称"公季"。《史记·周本纪》称:"公季修古公遗道,笃于行义,诸侯顺之。"后被文丁所杀。	
1113	商	•据今《竹》:"王畋于河、渭,暴雷震死。"《史记·殷本纪》:"武乙猎于河渭之间,暴雷,武乙震死。子帝太丁立。" •据古《竹》:"周王季伐西落鬼戎,俘二十翟王。"周已渐成商西方的强大势力。	•前1113~前1085:埃及第二十王朝最后一任法老拉美西斯十一世约在此时在位。
1112		•据今《竹》:文丁"即位,居殷"。原注:"自沬归殷邑。" •商代已有龋齿记载,为世界最早。	•前12世纪末:欧洲希腊地区的多利安人南下,摧毁"迈锡尼文明"。多利安人未建国。希腊地区进入《荷马史诗》所叙述的"荷马时代"。开始使用铁器,雅典当时即为一冶铁中心。
1111		•据古《竹》:"二年,周人伐燕京之戎,周师大败。"《淮南子·墬形训》:"汾出燕京。"高诱注云:"燕京,山名也,在太原汾阳,水所出。"	
1110		•据古《竹》:"三年,洹水一日三绝。"洹水在殷都之旁,甲骨文有祭祀洹水之辞。	
1109		•据古《竹》:"周人伐余无之戎,克之。周王季命为殷牧师。"	
1108		•据今《竹》:"周作程邑。"	
1106		•据古《竹》:"周人伐始呼之戎,克之。"	

公元前	（朝代）	中　　国	外　　国
1102		• 据古《竹》:"周人伐翳徒之戎,捷其三大夫。" • 据古《竹》:"文丁杀季历。"	• 前 1102 ~ 前 1100:两河流域伊新第二王朝恩利尔·那丁·阿普利约于此时在位。
1101		• 据今《竹》:帝乙"即位,居殷"。《史记·殷本纪》:"帝太丁崩,子帝乙立。帝乙立,殷益衰。"	
1100		• 据古《竹》:"二年,周人伐商。"	• 腓尼基人约于此前后在西班牙建立加的斯殖民地。
1099		• 据今《竹》:"王命南仲拘昆夷,城朔方。"《诗经·小雅》:"王命南仲,往城于方。" • 据古《竹》:"夏六月,周地震。"《吕氏春秋·制乐》:"周文王立国八年,岁六月,文王寝疾,五日而地动,东西南北,不出国郊。"	• 前 1099 ~ 前 1082:两河流域伊新第二王朝马尔杜克·那丁·阿海约于此时在位。
1092		• 据卜辞:是年征夷方,孟方。	
1085	商	• 帝乙约在位十七年。	• 前 1085 ~ 前 332:埃及第二十王朝法老拉美西斯十一世卒,王权被祭司赫里荷尔夺取。"新王国时期"结束,埃及进入"后王国时期"(包括第二十一至第三十一王朝,其间曾先后被亚速、波斯占领,所建第二十五及第二十七、第三十一王朝)。初期呈割据局面。此时进入铁器时代,铁器普遍在生产中广泛应用。
1076		• 据"夏商周断代工程"的估算,帝乙在位二十六年卒。《史记·殷本纪》:"帝乙长子曰微子启,启母贱,不得嗣。少子辛,辛母正后,辛为嗣。帝乙崩,子辛立。"	• 前 1076 ~ 前 1074:亚述王埃库尔约于此时在位。
1075		• 据今《竹》:帝辛"即位,居殷"。《史记·殷本纪》:"帝辛,天下谓之纣。帝纣资辨捷疾,闻见甚敏,材力过人,手格猛兽。知足以拒谏,言足以饰非……好酒淫乐,嬖于妇人。爱妲己,妲己之言是从……厚赋税……以酒为池,县(悬)肉为林,使男女裸相逐其间,为长夜之饮。百姓怨望而诸侯有畔(叛)者,于是纣乃重刑辟,有炮格之法。"	
1074		• 帝辛(纣)约在位二年。	• 前 1074 ~ 前 1057:亚述王阿舒尔·贝尔·卡拉约于此时在位。国势转衰。
1072		• 据今《竹》:是年"作炮烙之刑"。《史记》"集解":"《列女传》曰:'膏铜柱,下加之炭,令有罪者行焉,辄堕炭中,妲己笑,名曰炮格之刑。'"	

公元前	（朝代）	中　国	外　国
		●据《史记·殷本纪》：纣"以西伯昌、九侯、鄂侯为三公"。后九侯之女惹怒纣，九侯被剁成肉酱；鄂侯辨之，被杀，以肉做脯；姬昌不满，被囚于羑里。后因姬昌部下闳夭、散宜生、太颠以美女、名马献纣，方获释，受封西伯。纣拒贤臣商容，而亲小人费仲和恶来，任以政，世风日坏。微子出走，比干亟谏，被挖心，箕子佯狂。 ●考古发现商纣王时期贵族"邲其"于是年前后所铸"卣"（青铜酒器），有三件，俗称："邲其三卣"，都有较长的铭文，其中一卣铭文四十二字，是现存商代最长的铜器铭文之一。记载邲其随纣祭祖、狩猎等内容，是研究商人祭祀礼仪的重要资料。	
1071		●据今《竹》："夏，筑南单之台。""南单之台"即鹿台，纣藏珠宝之地。伪古文《尚书·武成》："散鹿台之财。"孔颖达疏："《新序》云：鹿台，其大三里，其高千尺。"	
1067	商	●据今《竹》："王师伐有苏，获妲己以归。"《国语·晋语》："殷辛伐有苏，有苏氏以妲己女焉，妲己有宠，于是乎与胶鬲比而亡殷。"韦昭注："有苏，己姓之国，妲己，其女也。" ●妲己：有苏氏之女，纣之宠妃。商亡时被杀，一说自缢死。千百年来，封建史家从"女人是祸水"的理念出发，将商亡归咎于纣淫与妲己妖，妲己可谓是被封建伦理所唾杀的第一个无辜女子。 ●据古《竹》："殷纣作琼室，立玉门。"	●前1067～前1047：两河流域伊新第二王朝阿达德·阿普拉·伊地那约于此时在位。
1066		●据今《竹》："夏六月，王畋于西郊。"	
1059		●据今《竹》："西伯伐翟。"	
1057		●据《史记·周本纪》：周文王时"作丰邑，自岐下而徙都丰"。	●前1057～前1055：亚述王阿达德二世约于此时在位。
1055		●据今《竹》："诸侯朝周。伯夷、叔齐自孤竹归于周。" ●伯夷、叔齐：两人皆为孤竹君之子。相传其父遗言传位叔齐，父卒后两人相让，皆未为君，先后投周。入周后，反对周攻商。商亡后逃入首阳山，以耻食周粟而饿死。《史记》有传。	●前1055～前1051：亚述王阿达德四世约于此时在位。
1053		●据今《竹》："囚西伯于羑里。"《孟子·离娄上》："吾闻西伯善养老者。"焦循"正义"："西伯，即（周）文王也。纣命为西方诸侯之长，得专征伐，故称西伯。"	

公元前	（朝代）	中　　国	外　　国
1050	商	• 商代后期铜业有很大发展。以安阳苗圃铸铜遗址为代表,遗址面积约一万平方米,熔炉直径有六十至七十厘米,出土陶范三四千块,遗址规模大大超过前代已知同类遗存。说明王都殷墟成为青铜铸造中心。 • 河南洛阳庄淳沟和陕西宝鸡茹家庄出土的管、珠,有学者认为是我国最早的粗糙的玻璃品。 • 剑始见于商代末年。	• 前1050～前1031:亚述王纳西尔帕一世约于此时在位。 • 前11世纪:希伯来人首领扫罗抗击腓力斯丁人入侵获得胜利,在巴勒斯坦地区建立国家。进入"统一王国时期"。 • 前11世纪:东非努比亚脱离埃及独立(努比亚即古埃塞俄比亚。古埃及人称"库施",或"库什"。在今苏丹地区)。
1047		• 据今《竹》:"释西伯,诸侯(迎)西伯,归于程。"《左传·襄三十一》"纣囚文王七年,诸侯皆从之囚。纣于是乎惧而归之。"贾谊《新书》:"文王桎梏于羑里,七年而后得免。"	
1046	西	• 据《史记·殷本纪》:"殷之大师、少师乃持其祭乐器奔周。周武王于是遂率诸侯伐纣。纣亦发兵距之牧野。甲子日,纣兵败。纣走,入登鹿台,衣其宝玉衣,赴火而死。周武王遂斩纣头,县(悬)之(大)白旗。杀妲己。""夏商周断代工程"将牧野大战,周灭商推定在前1046年。 • 1976年陕西临潼出土一件"利簋"(青铜饪食器),即"武王克商簋",是目前西周王朝最早的一件青铜器。有铭文三十二字,叙述武王征商历程,与史载基本吻合,证明文献记载有据。早年陕西岐山出土"大丰簋",有铭文七十六字,记述武王灭商业绩,并记灭商后对先王的祭典,是为周初祭祀制度的重要资料。 • 周初广封诸侯,《左传·昭二十八》:"武王克商,光有天下,其兄弟之国者十有五人,姬姓之国者四十人。"《荀子·儒效》:"周公兼制天下,立七十一国,姬姓所居五十三人。"《史记·周本纪》:"师尚父为首封。封尚父于营丘曰齐,封弟周公旦于曲阜曰鲁,封召公奭于燕,封弟叔鲜于管,弟叔度于蔡,余各以次受封。"通过层层分封,"王臣公,公臣大夫,大夫臣士"(《左传·昭七》),构架成中国封建社会初期的等级制度与从属关系。 • 今文《尚书·洪范》为殷遗臣箕子向武王的陈述,提出治理九法,即"洪范九畴"。涉及哲学、自然、政治、伦理等诸方面。内中最早表达了天命神学中的"天人合一"思想。 • 《诗经·小雅》:"溥天之下,莫非王土,率土之滨,莫非王臣。"反映了当时的土地制度与政治统治关系。	• 前1046:两河流域伊新第二王朝马尔杜克·阿海·埃瑞巴约在此时在位。
1045	周	• 据考,周武王于是年封召公于燕。史界多以此作北京建城之始,1995年举行建城三千零四十年纪念活动。	• 前1045～前1034:两河流域伊新第二王朝马尔杜克·泽尔约在此时在位。

公元前	（朝代）	中　国	外　国
1042	西	• 据今《竹》：成王"名诵。元年丁酉春正月，王即位，命冢宰周文公总百官。庚午，周公诰诸侯于皇门"。《史记·周本纪》："武王有瘳。后而崩，太子诵代立，是为成王。成王少，周初定天下，周公恐诸侯畔（叛）周，公乃摄行政当国。"周公名"旦"，亦称"叔旦"。为武王之弟。因采邑在周（今陕西岐山北）而称"周公"。曾助武王灭商。一度摄政。相传他制礼作乐，建典章制度，是西周初年著名的政治家，《尚书》多篇载其政论。 • 以周公言论为代表的周初政治思想集中反映在今文《尚书·周书》中，其中《泰誓》有言："民之所欲，天必从之。"天命不可违，然民意决定天命。反映了在天命神学主导意识下人本思想的萌发。总结商亡教训，提出行德政、慎刑罚、保惠民等政治主张。这是对天命观的人文改造，为春秋战国时期人本主义思潮的滥觞。 • 据今《竹》："武庚以殷叛。周文王出居于东。"《史记·周本纪》：武王卒后，成王年少，由周公旦摄政。"管叔、蔡叔群弟疑周公，与武庚作乱，畔（叛）周。周公奉成王命，伐诛武庚、管叔，放蔡叔。以微子开代殷后，国于宋。颇收殷余民，以封武王少弟封为卫康叔"。	
1041		• 据今《竹》："秋，大雷电以风，王逆周文公于郊。"今文《尚书·金縢》："秋，大熟，未获，天大雷电以风，禾尽偃，大木斯拔，邦人大恐。王与大夫尽弁，以启金縢之书，乃得周公所自以为功代武王之说……王执书以泣……王出郊。" • 据今《竹》："奄人、徐人及淮夷入于邶以叛。"	
1040	周	• 据今《竹》："三年，王师灭殷，杀武庚禄父。迁殷民于卫。"《逸周书·作雒解》："二年，又作师旅，临卫政殷，殷大震溃，降辟三叔，王子禄父北奔。"《左传·定四》："分康叔……殷民七族。" • 据今《竹》："遂伐奄。灭蒲姑。"《孟子·滕文公下》："伐奄，三年讨其君。"《汉书·地理志》："薄姑氏与四国共作乱，成王灭之。"	
1039		• 据今《竹》："四年春正月，初朝于庙。" • 据今《竹》："夏四月，初尝麦。"《逸周书·尝麦解》："惟四年孟夏，王乃尝麦于大祖。""尝麦"为古代农业社会形成的一种祀典。在麦收时节，天子于寝庙荐祭，继后喜尝新麦。 • 据今《竹》："王师伐淮夷，遂入奄。"	
1038		• 据今《竹》："迁殷民于洛邑，遂营成周。"《尚书·序》："成王既成，迁殷顽民。"《尚书大传》："五年，营成周。"《左传·昭三十二》："昔成	

公元前	（朝代）	中　国	外　国
		王合诸侯城成周,以为东都。"现学者有以为"成周"即今洛阳,有以为今洛阳分为二城,西为王城,东为成周。 　•1965 年陕西宝鸡贾村出土一件西周早期有纪年铭文的青铜器"何尊",有铭文一百二十二字,记周成王五年,初迁成周祭先祖时对宗小子何的训诰和赏赐。文及文王受命,武王灭商,建都成周,营建洛邑等内容。	
1036		•据今《竹》:"七年,周公复政于王。春二月,王如丰。三月,召康公如洛度邑。甲子,周文公诰多士于成周,遂城东都。王如东都,诸侯来朝。冬,王归自东都。立高圉庙。"《史记·周本纪》:"周公行政七年,成王长,周公反(返)政成王,北面就群臣之位,成王在丰,使召公复营洛邑。"今文《尚书·召诰》:"惟二月既望,越六日乙未,王朝步自周,则至于丰。惟太保先周公相宅。越若来三月,惟丙午朏。越三日戊申,太保朝至于洛,卜宅。厥既得卜,则经营。越三日庚戌,太保乃以庶殷攻位于洛汭。越五日甲寅,位成。若翼日乙卯,周公朝至于洛,则达观于新邑营。……厥既命殷庶,庶殷丕作。"该书《多士》:"惟三月,周公初于新邑洛,用告商王士。"该书《洛诰》篇亦载营洛邑事。	
1035	西 周	•据今《竹》:"命鲁侯禽父、齐侯伋迁庶殷于鲁。"《左传·定四》:"分鲁公以……殷民六族。"禽父:字伯禽,周公旦的长子,为诸侯国鲁国的始祖,受封于鲁,今文《尚书·费誓》为其在费地的誓词。伋:即吕伋,为齐国始祖吕尚(姜子牙)之子。 　•据今《竹》:"作《象舞》。"《诗经·维清序》:"《维清》,奏象舞也。"孔颖达疏:"《维清》诗者,奏象舞之歌乐也。谓文王时有击刺之法,武王作乐,象而为舞,号其乐曰象舞。" 　•据今《竹》:"冬十月,王师灭唐,迁其民于杜。"《左传·昭元》:"成王灭唐。"《襄二十四》:"在周为唐杜氏。""杜"为古地名。	
1034		•据今《竹》:"有事于太庙,初用'勺'。"《礼记·内则》:"十有三年,学《乐》,诵《诗》,舞《勺》。"《春秋繁露·三代改制质文》:"周公辅成王,作《汋乐》以奉天。" 　•据今《竹》:"肃慎氏来朝,王使荣伯锡(赐)肃慎氏命。"《史记·周本纪》:"成王既伐东夷,息慎来贺,王赐荣伯作《贿息慎之命》。""集解":"孔安国曰:'贿,赐也。'马融曰:'荣伯,周同姓,畿内诸侯,为卿大夫也。'"肃慎:即	

公元前	（朝代）	中　国	外　国
		"息慎"，又作"稷慎"。古代东北少数民族，居今白山黑水一带。从事狩猎，曾贡"楛矢石砮"。秦汉以后发展称为挹娄、勿吉、靺鞨、女真等。	
1033		●据今《竹》："王命唐叔虞为侯。"《左传·昭元》："及成王灭唐，而封大叔焉。"唐叔，名虞，字子于。为周成王弟。周公灭唐后受封唐地，子继之，因南傍晋水，故称晋。是诸侯国晋国的始祖。 ●据今《竹》："越裳氏来朝。"	●前1033～前1026：两河流域伊新第二王朝那布·舒穆·里布尔约于此时在位。
1032		●据今《竹》："王命周平公治东都。"《尚书·序》："周公既没，命君陈分正东郊成周，作《君陈》。"周平公：名"君陈"，为周公之子，伯禽之弟。伪古文《尚书》有《君陈》篇。	●前1032～前1020：亚述王尔马纳塞尔二世约于此时在位。
1030	西	●据今《竹》："王师会齐侯、鲁侯伐戎。" ●据今《竹》："夏六月，鲁大禘于周公庙。"《礼记·祭法》："有虞氏禘黄帝而郊喾。"孔颖达疏："经传之文，称'禘'非一，其义各殊。"一般指帝王举行各种大祭的总名。	
1029		●据今《竹》："冬，洛邑告成。"	
1025		●据今《竹》："王如洛邑定鼎。"《左传·宣三》："成王定鼎于郏鄏。"	
1024	周	●据今《竹》："王巡狩侯、甸、方岳，召康公从。归于宗周，遂正百官。黜丰侯。"召康公：又作"召公"、"邵公"。曾佐武王灭商，封燕，是燕国的始祖。今文《尚书·召诰》载其言论。伪古文《尚书·周官》："惟周王抚万邦，巡侯甸，四征弗庭，绥厥兆民。六服群辟，罔不承德。归于宗周，董正治官。"	●前1024～前1004：两河流域南部出现"海国第二王朝"。
1020		●据《史记·周本纪》："成王既崩……太子钊遂立，是为康王。"今《竹》："元年甲戌春正月，王即位，命冢宰召康公总百官。诸侯朝于丰宫。"《左传·昭四》："康有丰宫之朝。"康公：为周武王弟。今文《尚书·康诰》即周公告戒他的公告。 ●1954年江苏丹徒烟墩山西周墓出土"宜侯矢簋"，有铭文一百三十字，记康王在宜地举行祭礼，改封虞侯矢为宜侯，并赏礼器、弓矢、土地与奴仆。	●前1020～前1013：亚述王阿舒尔·尼拉里四世约于此时在位。
1018		●据今《竹》："定乐歌。吉禘于先王。申戒农官，告于庙。""吉禘"为古代的大祭。	
1013		●周康王约在位八年。	●前1013～前973：亚述王阿舒尔·拉比二世约于此时在位。

公元前	（朝代）	中　　国	外　　国
1012		• 据今《竹》："九年,唐迁于晋,作宫而美,王使人让之。"古《竹》："晋侯筑宫而美,康王使让之。成、康之际,天下安宁,刑措四十年不用。"《左传·昭十二》亦记。 • 陕西周原西周宫殿址出土陶瓦为已发现最早的建筑用瓦。表明制陶业与建筑业已发生关系。瓦的发明是我国建筑史上一件大事,极大地提高了地面建筑物的质量和功能,改善居住条件,是周人对人类文明的一大贡献。	
1005		• 据今《竹》："十六年,锡（赐）齐侯伋命。王南巡狩,至九江庐山。"《寻阳记》："庐山西南有康王谷。"	• 海国第二王朝埃阿·穆金·泽瑞约于此时在位。
1004		• 周康王约在位十七年。	• 两河流域南部"海国第二王朝"亡。继而出现"巴兹王朝"。
1000	西 周	• 据今《竹》："二十一年,鲁筑茅阙门。"《史记·鲁周公世家》："炀公筑茅阙门。"炀公,名熙,为鲁公伯禽子,考公酋之弟。兄卒后,接兄位为鲁侯。茅门:古代宫门,即雉门,也作"茆门"。《韩非子·外储说右上》："荆庄公有矛门之法……楚国之法,车不得至于茆门。"孙诒让注:"案茅门即雉门也。"古制:天子宫五门,诸侯三门,"雉门"为三门之一。"阙"乃城门两边的高台,或城门两边所立的双柱。	• 前1000:希伯来国家首领大卫攻占耶路撒冷,定都,命名"大卫城"。大卫在位四十年,死后由子所罗门继任。此期间将犹太教定为国教。 • 腓尼基人约于此前后大批向地中海沿岸殖民,在北非沿海陆续建立若干商业城邦。 • 希腊早期铁器时代:几何陶文化约产生于此时。代表作为"狄甫隆陶瓶"。巨型陶器高与人齐。文化遗迹主要是墓葬,随葬品有陶器、金银器和少量铁器。 • 前1000～前700:今意大利北部、中部出现"维拉诺威文化",为早期铁器文化。居民以农为主,住地有坚固的围墙(类似村寨),有较高的冶金技术,盛行火葬。 • 前1000～前405:西欧和中欧早期铁器时代"哈尔施塔特文化"约产生于此时。主要分布在塞尔维亚、奥地利、波兰、法国等地。出土有四轮战车和高近两米的青铜器。居民以农为主,经营手工业和商业。 • 前1000～前300:南美洲秘鲁"查文文化"。神庙规模宏大,流行石刻,已有金器。 • 前1000～前250:中美洲"玛雅文明"处于前古典时期。开始进入定居农业,种植玉米、番茄、甘薯、可可等。玛雅文明发祥甚早,公元初已有象形文字出现。据研究,玛雅文字有八百多符号,三万多词汇。文献刻于或书于皮,记载不同时期的历史、天文、神话、戏剧、诗歌等,出土遗物在德、法、西班牙均有收藏。 • 前1000～前500:北美爱斯基摩人"乔里斯文化"约产生于此时。分布于阿拉斯加地区。居住木构土屋。

附
录
2

公元前	（朝代）	中　国	外　国
			• 前1000～前300：北美东部森林地区的新石器时代"阿迪纳文化"约产生于此时。主要特征是丘墩形墓葬，有的高达二十余米。尸体涂有红颜料。
998		• 早年陕西岐山县礼村出土的"大盂鼎"重三百余斤，为迄今所见西周大型青铜器之一，有铭文二百九十一字，载是年盂受封命时，周王诏告的立国经验和商失国的教训，并赏其鬯卣、命服、车马和十七名奴仆。	• 前10世纪初期：古埃及出现测量水流量的速度表。
996		• 岐山礼村出土的"小盂鼎"（原器已佚），为康王二十五年物，有盂攻鬼方得胜俘获一万三千余人的记载。	
995		• 据《史记·周本纪》："康王卒，子昭王瑕立。昭王之时，王道微缺。"	
984	西	• 周昭王约在位十二年。	• 前984～前979：两河流域埃兰王朝兴起。玛尔·比提·阿普拉·乌苏尔在位。
980		• 据古《竹》："昭王十六年，伐楚荆，涉汉。"	
977		• 据今《竹》："祭公、辛伯从王伐楚。" • 据古《竹》："周昭王十九年，天大曀，雉兔皆震，丧六师于汉。"《说文》："曀，阴而风也。" • 据古《竹》："其年，王南巡不返。"《史记·周本纪》："昭王南巡狩不返，卒于江上。其卒不赴告，讳之也。"	• 前977～前943：巴比伦王尼努尔塔·穆金·阿普利约于此时在位。
976	周	• 据《史记·周本纪》：昭王卒，立其"子满，是为穆王。穆王即位，春秋已五十矣。王道衰微，穆王闵文武之道缺，乃命伯冏申诫太仆国之政，作《冏命》，复宁"。伪古文《尚书》有《冏命》篇。据今《竹》："元年己未春正月，王即位，作昭宫……冬十月，筑祇宫于南郑"。《左传·昭十二》："昔穆王欲肆其心，周行天下……祭父谋父作《祈招》之诗以止王心，王是以获没于祇宫。"	
968		• 据今《竹》："九年，筑春宫。"古《竹》："穆王所居郑宫、春宫。"	• 前968～前936：腓尼基推罗国王阿比巴尔卒后，其子希兰一世约于此时在位。
966		• 据今《竹》："王命卿士祭公谋父。"雷学淇《竹书纪年义证》："祭公谋父者，周公之孙。其父武公与昭王同没于汉。谋父，其名也。"	
965		• 据今《竹》："毛公班、井公利、逢公固帅师从王伐犬戎。冬十月，王北巡狩，遂征犬戎。"	

公元前	（朝代）	中　国	外　国
964		●据今《竹》："祭公帅师从王西征,次于阳纡。"《淮南子·墬形训》："秦之阳纡。"高诱注："阳纡盖在冯翊池阳。一名具圃。" ●据今《竹》："秋七月,西戎来宾。徐戎侵洛。" ●据今《竹》："十月,造父御车,入于宗周。"《史记·秦本纪》："造父以善御幸于周缪王,得骥、温骊、骅骝、騄耳之驷,西巡狩,乐而忘归。徐偃王作乱,造父为缪王御,长驱归周,一日千里以救乱。"	
963		●据今《竹》："王帅楚子伐徐戎,克之。"《后汉书·东夷传》："穆王后得骥騄之乘,乃使造父御以告楚,令伐徐,一日而至。于是楚文王大举兵而灭之。" ●据今《竹》："夏四月,王畋于军丘。" ●据今《竹》："五月,作范宫。"《穆天子传》："甲寅,天子作居范宫。" ●据今《竹》："秋九月,翟人侵毕。" ●据今《竹》："冬,蒐于萍泽。作虎牢。"	
962	西	●据今《竹》："春正月,留昆氏来宾。作重璧台。"《穆天子传》卷六："天子乃为台,是为重璧之台。"郭璞注："言台状如垒璧。" ●据今《竹》："冬,王观于盐泽。"	
961		●据今《竹》："王命造父封于赵。"《史记·秦本纪》："缪王以赵城封造父,造父族由此为赵氏。……别居赵,赵衰其后也。"	
960	周	●据古《竹》："穆王十七年,西征昆仑丘,见西王母。其年来见,宾于昭宫。" ●据今《竹》："秋八月,迁戎于太原。"《后汉书·西羌传》："王乃西征犬戎,获其五王……遂迁戎于太原。" ●据今《竹》："王北征,行流沙千里,积羽千里(之地)。征犬戎,取其五王(再向)以东。西征,至于青鸟所解。"《山海经·西山经》："又西二百二十里,曰三危之山,三青鸟居之。"	●前960～前930:希伯来王国为所罗门统治时代,为王国鼎盛时期。将全国划为十二个省,任命总督治理。对外与腓尼基进行贸易,征服红海与亚喀巴湾沿海地区,将势力深入到两河流域。
959		●据今《竹》："春正月,王居祇宫,诸侯来朝。"	
956		●据今《竹》："祭文公薨。"	
953		●据今《竹》："二十四年,王命左史戎夫作《记》。"据记载,周初已有史官。 ●史佚:一作史逸,"史"为官名,亦称册逸、尹佚。周初史官。《大戴礼·保傅》："博闻强记,接给而善对者谓之承。承者,承天子之遗忘	●前10世纪:阿拉米人在叙利亚地区南部建"大马士革国"(一译"大马色王国"),至前732年为亚述帝国所灭。 ●前10世纪:北非今利比亚费赞地区出现"葛拉曼特王国"。

公元前	（朝代）	中　国	外　国
		者也,常立于后,是史佚也。"辛甲,亦称"辛尹",周初史官。原为商臣,多谏纣,不听,遂投周,任太史,曾令百官各为箴辞,劝诫王。	• 前10世纪:希腊多利亚人约于本世纪建成斯巴拉城。 • 前10世纪:以早期希伯来字母写成的古文献《基色历法》约产生于本世纪。 • 前10世纪:腓尼基人重要城邦国推罗与西顿在本世纪强盛。积极向海外殖民。希兰一世为推罗王时大兴土木建城。古希腊人常将西顿作为腓尼基人的总称,西顿城建有腓尼基人普遍崇拜的女神阿丝塔忒神庙。
950		• 周穆王约在位二十七年。	• 希伯来国王所罗门在耶路撒冷安锡山上建耶和华神大圣殿。这一文化成就在宗教史上有重要意义。从此耶路撒冷成为犹太教的圣地和犹太民族的精神中心。
945	西	• 周穆王约在位三十二年。	• 前945:利比亚军事首领沙桑克推翻埃及第二十一王朝,即法老位,建第二十二王朝,即"利比亚王朝",都布巴斯提斯,埃及一度统一。
942		• 据今《竹》::"三十五年,荆人入徐,毛伯迁帅师败荆人于泲。"	• 巴比伦王玛尔·比提·阿海·伊地那约于此时在位。
940		• 据古《竹》:"周穆王三十七年,伐楚,大起九师,至于九江。" • 据今《竹》:"遂伐越,至于纡。" • 据今《竹》:"荆人来宾。"	• 希腊地区已广泛使用铁器。
938	周	• 据今《竹》:"三十九年,王会诸侯于涂山。"《左传·昭四》:"穆有涂山之会。" • 据陕西宝鸡发现的周昭王、穆王时的煤玉雕刻,有学者估计西周中叶或已出现烧煤,然现发现的烧煤确证是河南巩义发现的西汉冶铁遗址中的煤屑、煤块。	
934		• 周穆王约在位四十三年。	• 前934~前610:两河流域北部亚述帝国强大,史称"新亚述时期"。盛时势力东起波斯湾,西至叙利亚,北达亚美尼亚高原,南达尼罗河。首都尼尼微。此时期铁器已广泛运用。
932		• 据今《竹》:"四十五年,鲁侯渍蒉。"《史记·鲁周公世家》:"幽公十四年,幽公弟渍杀幽公而自立,是为魏公。魏公五十年卒。"	
926		• 据今《竹》:"五十一年,作吕刑,命甫侯于丰。"今文《尚书》有《吕刑》篇。《史记·周本纪》:"诸侯有不睦者,甫侯言于王,作修刑辟……命曰《甫刑》。"	

公元前	（朝代）	中　国	外　国
925		●鲁厉公约于是年在位。《史记·鲁周公世家》："魏公五十年卒,子厉公擢立。"	●所罗门死后,希伯来人统一国家分裂。杰罗波姆在巴勒斯坦地区北部以撒马利亚为中心建"以色列王国";南部地区政权由大卫和所罗门子孙所把持,以耶路撒冷为都城建"犹太王国"。学者称为犹太人的"南北朝"时期。
922		●据《史记·周本纪》:穆王"崩,子共王繄扈立。"	●相传孟尼利克一世创建埃塞俄比亚所罗门王朝。
920	西	●1975年陕西岐山董家村出土的"卫盉"有铭文一百三十二字,记载是年贵族矩伯先以土地十田换取裘卫的瑾璋(价值八十朋);后又以三田换取赤琥两件、麂韨两件、贲鞶一件(共值二十朋),后经伯邑父等执政大臣同意,并令三司会同矩伯、裘卫正式办理授田手续。铭文所载,不仅证明了以实物换土地的事实,而且两次交换均以"贝"这种货币作为衡量实物价值的尺度,这在周代铜器铭文中尚属首见。	●埃及法老沙桑克一世出兵巴勒斯坦,干预所罗门后人的王位继承。
919		●据今《竹》:"王师灭密。"《国语·周语》:"恭王游于泾上,密康公从,有三女奔之……康公不献。一年,王灭密。" ●岐山董家村出土的"佚匜"有铭文一百五十七字,为迄今发现最早的一篇法律判决书。记牧牛人因告上司佚(人名)按罪应鞭笞一千,并施墨刑,现减为鞭打五百,罚金三百锊,并到嵩地去见佚,予奴仆五人,以示和好,还要立誓,永不犯上。	
918	周	●岐山董家村还出土两件"卫鼎"。其中一件有铭文二百零七字,记述是年贵族邦君厉为营治二川,欲以五田换裘卫的四田,经双方同意,并得执政大臣允许,勘定田界,办理手续。另一件记裘卫以实物换矩伯的林地,此次交换只双方同意,未经官方认可,亦达成协议。从铭文中露出的消息,西周中期以后,"土地国有"已发生深刻变化,只要彼此同意,可以通过官方,甚至不通过官方进行土地交换与换物,无须再由周王重新分封赏赐,"土地私有"已成历史趋势。	●埃及约于此时向巴勒斯坦地区发起攻击。 ●前918~前899:腓尼基城邦西顿王阿卜达什塔特约于此时在位。
915		●周共王约在位八年。	●前915~前913:犹太国王罗波安卒后,亚比雅在位。与以色列进行内战。
914		●据今《竹》:"王使内史良锡(赐)毛伯迁命。"内史:古代官名,协助天子管理政务,见《周礼·春官》。	●前914~前874:埃及法老沙桑克一世卒后,奥索尔康在位。
913		●周共王约在位十年。	●前913~前873:犹太国王亚撒在位,继续与以色列内战。

公元前	（朝代）	中　国	外　国
911		● 周共王约在位十二年。	● 前911～前892：亚述王阿达德·尼拉里约于此时在位。
901		● 周共王约在位二十二年。	● 以色列王杰罗波姆卒，子拿答继位。
900		● "夏商周断代工程"考定，周共王在位二十三年卒。《史记·周本纪》："共王崩，子懿王囏立。"	● 以色列王拿答为巴沙所杀。"耶罗波安王朝"结束。巴沙登位，"巴沙王朝"开始。
899		● 据《史记·周本纪》："共王崩，子懿王囏立。懿王之时，王室遂衰，诗人作刺。"《汉书·匈奴传》："懿王时，王室遂衰，戎狄交侵，暴虐中国。中国被其苦，诗人始作，疾而歌之。" ● 据古《竹》："懿王元年，天再旦于郑。"据考，是年4月21日在郑地发生日出时日食，天亮两次的奇异天象。这是时代较早的天象观测记录。成为后人推测西周年代的重要参考。	● 前899～前889：腓尼基城邦国西顿王阿斯塔特朗约于此时在位。
893	西	● 据今《竹》："西戎侵镐。"	
891		● 据《史记·周本纪》："懿王崩，共王弟辟方立，是为孝王。" ● 据今《竹》："命申侯伐西戎。"	
890		● 据《史记·秦本纪》：秦先祖柏翳十六世孙"非子，居犬丘，好马及畜，善养息之。犬丘人言之周孝王，孝王召使主马于汧渭之间，马大蕃息……邑之秦，使复续嬴氏祀，号曰秦嬴"。是为"秦"号之由来。	● 前890～前884：亚述王图库尔蒂·尼努尔二世约于此时在位。
887	周	● 据今《竹》："西戎来献马。" ● 鲁献公约于是年即位。《史记·鲁周公世家》："厉公三十七年卒，鲁人立其弟具，是为献公。"	● 伊托巴尔自立为王。腓尼基"中王国时期"开始。
885		● 据《史记·周本纪》："孝王崩，诸侯复立懿王太子燮，是为夷王。"	
884		● 据古《竹》："夷王二年，蜀人、吕人来献琼玉，宾于河，用介珪。""珪"为古代王侯举行典礼时手持的玉器，上圆下方。"介珪"即大珪。	
883		● 据古《竹》："王致诸侯、烹齐哀公于鼎。"《史记·周本纪》"正义"引作"鬻齐哀公昂"。	● 前883～前859：亚述王纳西帕二世约于此时在位。其间，对外扩张，试图重建亚述帝国。
880		● 据古《竹》："夷王猎于杜林，得一犀牛。"	● 前880～前841：大马士革国王本·哈达德一世约于此时在位。
879		● 据古《竹》："命虢公率六师伐太原之戎，至于俞泉，获马千匹。"《后汉书·西羌传》："夷	

公元前	（朝代）	中　　国	外　　国
		王衰弱,荒服不朝,乃命虢公率六师伐太原之戎,至于俞泉,获马千匹。" ● 据古《竹》:"冬,雨雹,大如砺(石)。" ● 据今《竹》:"楚子熊渠伐庸,至于鄂。"《史记·楚世家》:"当周夷王之时,王室微,诸侯或不朝,相伐。熊渠甚得江、汉间民和,乃兴兵伐庸、杨粤,至于鄂。"	
878		● 据今《竹》:"八年,王有疾,诸侯祈于山川。"《左传·昭二十六》:"至于夷王,王愆于厥身,诸侯莫不并走其望,以祈王身。"	● 犹太王亚撒向大马士革王国求援,攻以色列国,入加加利,占领雅穆克河东北地区。是年,以色列王巴沙卒。
877		● 据《史记·周本纪》:"夷王崩,子厉王胡立。"今《竹》:"元年戊申春正月,即位,作夷宫。"《国语·周语》:"三十二年春,宣王伐鲁,立孝公,诸侯从是而不睦……乃命鲁孝公于夷宫。" ● 据今《竹》:"命卿士荣夷公落。"《国语·周语》:"厉王说荣夷公……既,荣公为卿士。" ● 据今《竹》:"楚人来献龟贝。"	● 以色列国王由巴沙之子以拉继任。
876	西	● 周厉王约在位二年。	● 以色列王以拉被杀,"巴沙王朝"就此告终,暗利登位,建"暗利王朝"。以撒马利亚为都。
875		● 陕西岐山任家村出土"禹鼎"有铭文二百零五字。记周厉王时对南方和东方少数民族,特别是对鄂国的一场战争,以战车百乘,徒兵千余攻入鄂国,俘获鄂侯。 ● 据古《竹》:"厉王无道,戎狄寇掠,乃入犬丘,杀秦仲之族。王命伐戎,不克。"《后汉书·东夷传》:"厉王无道,淮夷入寇,王命虢仲征之,不克。"	● 前875～前863:埃及法老塔克罗特一世约于此时在位。
873	周	● 周厉王约在位五年。	● 前873～前849:犹太王沙法约于此时在位。与以色列保持友好状态。
870		● 据今《竹》:"八年,初监谤,"《国语·周语》:"厉王虐,国人谤王。邵公告曰:'民不堪命矣!'王怒,得卫巫,使监谤者。以告,则杀之,国人莫敢言,道路以目。" ● 据今《竹》:"芮良夫戒百官于朝。"芮良夫,周厉王卿士,周武王封其先于芮。《国语·周语》有"芮良夫论荣夷公专利"篇。	
869		● 周厉王约在位九年。	● 前869～前852:以色列王埃哈布(亚哈)约于此时在位。
867		● 据今《竹》:"十一年,西戎入于犬丘。"《史记·秦本纪》:"周厉王无道,诸侯或叛之。西戎反王室,灭犬丘大骆之族。"	

公元前	（朝代）	中 国	外 国
866		•陕西扶风县齐村出土的周厉王于是年所作的"默簋"是迄今所知最大的青铜簋,重六十公斤,有铭文一百二十四字,为祭先祝词。	
864		•据今《竹》:"十四年,猃狁侵宗周西鄙。"《诗经·小雅》:"靡有家室,猃狁之故。"毛传:"猃狁,北狄也。"郑玄笺:"北狄,今匈奴也。" •据今《竹》:"召穆王帅师追荆蛮,至于洛。" •曹夷伯元年。周武王克商后封夷伯五世祖叔振铎于曹。 •燕惠侯元年。1973年在北京房山琉璃河发掘西周早期燕国遗址,总面积达五百万平方米。出土大量卜骨,其中三片有字,为安阳地区以外带字卜骨的重要发现。	•前9世纪:盲诗人荷马整理、创作《伊利亚特》、《奥德赛》(荷马史诗)完成,并称为古希腊两大史诗。共有两万多行。内中穿插很多神话和传说,被誉为欧洲史诗的典范。多方面反映了前11~前9世纪希腊的社会面貌。 •前9世纪:希腊多利安人约于此时建科林斯城。 •前9世纪中期:小亚细亚东部凡湖一带出现"乌拉尔图国"(史又称"凡湖王国")。国王萨尔杜里一世自称"大王",都图什帕(今土耳其凡城)。其文化多受两河流域影响,使用楔形文字,其建筑、雕刻及青铜器颇有名。
863	西	•蔡武侯元年。周武王克商后封其五世祖叔度于蔡。	•前863~前832:埃及法老奥索尔康二世约于此时在位。
858		•宋釐公元年。周成王平乱后封其五世祖微子于宋。 •晋靖侯元年。周成王时,初封其五世祖叔虞于唐,后迁晋水旁,改称"晋"。	•前858~前824:亚述王萨玛那萨三世在位。对外扩张,征服两河流域北部和叙利亚一带。
857		•据今《竹》:"二十一年,大旱。" •秦侯元年(?)。据载,秦人先祖非子始封于"秦"(又称"秦亭"),在今甘肃省清水县东北。	
856		•周厉王约在位二十二年。	•亚述征服"比特·阿迪尼国"。
855	周	•据今《竹》:"二十三年,大旱。" •鲁真公元年。周武王克商后封其四世祖伯禽于鲁。	•前855~前850:腓尼基城邦国西顿王巴拉佐尔约于此时在位。
854		•据今《竹》:"二十四年,大旱。" •陈幽公元年。周武王克商后封其四世祖胡公满于陈。 •卫釐侯元年。周成王平乱后封其八世祖卫康叔于卫。	
853		•据今《竹》:"二十五年,大旱。"	•以色列联合乌拉尔图及埃及在"卡尔卡战役"中击败亚述。
852		•据今《竹》:"二十六年,大旱。王陟于彘。"	•以色列王埃哈布战殁,亚哈谢继任。
842		•周厉王约在位三十六年。	•以色列"暗利王朝"被推翻,军官耶户在先知以利沙支持下登位,建"耶户王朝"。

公元前	（朝代）	中　国	外　国
841		• 发生"国人暴动"，厉王奔彘，"共和"行政。关于"共和"，史有不同记载，参见本书"纪年考"。此为中国历史有确切纪年之始。①	• 亚述击败大马士革，并制服推罗、西顿和以色列。 • 前841～前806：大马士革国王哈泽埃尔约于此时在位。他出身平民，谋杀本·哈德一世登位。
830		• （共和）十二年。 • 秦仲约在位十五年。	• 前830～前810：乌拉尔图国王伊什普伊尼约于此时在位。
828	西 周	• 宣王即位，"共和行政"结束。据《汉书》，周宣王时，征戎狄，诗人美大其功，是时，四夷宾服，号称"中兴"。 • 西周中期以后，青铜器制造业进一步发展。社会盛行青铜器，青铜制品与礼制相结合，器皿更加精美、考究。已开始用焊接技术。 • 西周时期，制陶、纺织、骨器、玉器、木器等手工业得到很大发展，商业也得到发展，货币更加普遍，仍以贝为主。 • 西周时期，教育制度日趋完备，分"国学"与"乡学"两种。 • 西周时期，舞蹈兴盛，分"文舞"与"武舞"，文舞以《大夏》，武舞以《大武》为代表。 • 西周时期的文学成就除反映在今文《尚书·周书》中的散文外，当推我国第一部诗歌总集《诗经》。该书虽编成于春秋时代，但收录了不少西周时的诗歌。相传周王室有派专人到各地收集诗歌的制度，称"采诗"。	• 亚述王萨玛那萨三世统治后期，连续六年发生暴动事件。 • 前828～前821：腓尼基城邦国西顿王米廷约于此时在位。
826		• 早年在陕西岐山出土周宣王时期的"毛公鼎"（现藏台湾故宫博物院），有铭文近五百字，为迄今所见最长的青铜器铭文，是一篇完整的册命，宣王委毛公厝以重任，并赐巨鬯、命服、车马、兵器，为感天子恩，铸鼎以记。	• 前826～前800：传说希腊城邦国家斯巴达建国时是来库古执政，制定制度，形成国家，史称"来库古改革"（对其人其事，史学界说法很多，尚无定论）。
823		• 据兮甲盘所记：猃狁攻周，到泾水北岸。周尹吉甫（兮伯吉父）反攻至太原。	• 前823～前811：亚述王沙姆希·阿达德五世约在此时在位。
822		• 周宣公伐淮夷，并亲征徐方，止于淮。 • 楚王熊霜卒，众弟争立，少弟熊徇为国人所立。	• 前822～前770：埃及法老沙桑克三世约在此时在位。
820		• 周宣王八年。 • 鲁武公六年。	• 前820～前774：腓尼基城邦国西顿国王普米阿通约在此时在位。
817		• 鲁武公朝见周宣王，宣王立少子为鲁太子。大臣樊仲山大谏曰："废长立少，不顺。"宣王不听。少子即位为鲁懿公，在位九年被兄子所诛。	• 底比斯阿蒙神庙僧侣帕迪巴斯特建立埃及第二十三王朝，与第二十二王朝分治南北。

① 前841年以后，史载纪年较确，故不再烦引原文，只叙史实。

附
录
2

公元前	（朝代）	中　国	外　国
816		• 陕西宝鸡虢川司出土,明确标明铸于是年的"虢季子白盘"是迄今所见青铜水器中最大的器物,有铭文川字,记虢季子受命征伐西北猃狁,胜利后立功受奖之事。	• 前816～前798:以色列王约哈斯约于此时在位。
814		• 周宣王十四年。 • 鲁懿公二年。 • 齐文公二年。 • 晋献侯九年。 • 秦庄公八年。	• 腓尼基人推罗国在非洲北部(今突尼斯)建迦太基国。前7～前4世纪发展成西地中海强国。首都迦太基城。占有科西嘉、撒丁岛、西西里西部及西班牙东部沿海一带。对抗希腊的海上势力。
812		• 晋献侯卒,子弗生立,是为穆侯。在位时迁都,由曲沃(今山西省闻喜东北)迁至绛(今山西省翼城东南)。	• 巴比伦王朝巴巴·阿哈·伊地那约于此时在位。
810	西 周	• 周宣王十八年。 • 鲁懿公六年。 • 齐文公六年。 • 晋穆侯二年。	• 前810～前781:乌拉尔图王明努亚约于此时在位,国势盛,与亚述争雄。 • 前810～前780:亚述王阿达德·尼拉里约于此时在位。
807		• 鲁懿公为侄伯御所攻杀。伯御因父为长子,当年未得立,心中不服,及长,时杀其叔夺位。	
806		• 周厉王少子名"友",是年受封于郑(今陕西华县东),是为郑桓公。史家一般以此作为诸侯国郑国之始。	• 亚述军攻袭大马士革。 • 前806～前750:大马士革王本·哈达德二世约于此时在位。
800		• 楚王熊徇卒。其子熊鄂继立。 • 西周末年,以天命神道为核心的宗教理念受到挑战。《诗经·小雅》:"浩浩昊天,不骏其德。"直接发出"昊天不平"的呼喊。对天由敬畏转到怒责,反映了对天命神圣的动摇与否定。 • 河南省三门峡市上村岭出土的"铜柄铁剑"将我国冶铁历史推至西周晚期,为迄今所见最早的人工冶铁实物。	• 腓尼基人约于此时在撒丁岛南部定居。 • 希腊地区出现铁锄、犁等铁制工具。 • 前800～前400:居今奥地利的伊利里亚人约于此时创造"哈尔斯塔特文化"。有学者称为:西、中欧铁器时代早期第一期文化。曾发现一巨大墓地,有两千多墓葬。 • 前800年后～前5世纪:意大利早期铁器时代"伊特拉斯坎文化"约产生于这一时期。主要遗迹为城址和冢墓。农业已很发达。发现的器物铭文尚未获解。 • 前800～16世纪:北美西南地区"阿那萨吉文化"约产生于这一时期。经济以农、猎为主,并行采集。会编筐篮与制皮囊。 • 前800～1000:北美爱斯基摩"多塞特文化"约产生于这一时期。多以燧石制成的雕刻器、尖状器等,有海象牙饰品。
798		• 周宣王三十年。	• 以色列攻取耶路撒冷,将犹太压服。
789		• 周宣王不纳虢文公之谏,拒修籍于千亩(今山西介休南),是年,与姜氏之戎战于千亩,	• 前789～前759:埃及第二十三王朝法老奥索尔康三世在位。

公元前	（朝代）		中　　国	外　　国
			败。又拒仲山甫之谏,乃料民于太原。	
785	西 周		• 周宣王四十三年。 • 周宣王任杀大臣杜伯,死非其罪,时人为之喊冤。 • 晋穆侯卒。弟殇叔夺位,穆侯子仇出奔。	• 前785～前760:乌拉尔图国王阿吉什提一世约于此时在位。势盛,打败亚述军,兴建堡垒、寺庙及水利工程。并将其活动刻在图什帕(今土耳其凡城)附近的崖壁上,即所谓“霍霍尔编年史”。
782			• 周宣王四十六年。 • 周宣王卒。太子宫涅(一作“涅”)继位,是为周幽王。他是西周最后一代君王。	• 以色列征服大马士革。 • 斯基泰(西徐亚)人约于此时开始向南俄草原迁徙。
780			• 是年,发生地震。周大夫伯阳父提出地震是阴阳两种力量交互作用的结果,其云:“阳伏而不能出,阴迫而不能烝。”(《国语·周语》)	• 前780～前773:亚述王萨玛那萨尔四世约于此时在位。
779			• 周幽王宠褒姒,发生“烽火戏诸侯”的故事。	
776			• 据《诗经·小雅》:“十月之交,朔月(日)辛卯,日有食之,亦孔之丑。”这是最早出现的“朔日”记载;也是对日食的最早记录,据考证,在是年十月初一。	• 奥林匹亚竞技。为古代全希腊的竞技会,起因与大祭宙斯神有关。自是年起每四年在奥林匹亚举行一次,全希腊“神圣休战”。近代奥林匹克运动会即导源于此。也是希腊纪元之始。
774			• 周幽王废申后和太子宜臼,立宠妃褒姒子伯服为太子。	• 前774～前731:西顿国王海勒姆二世约于此时在位。
773			• 周太史伯答郑桓公问,谓“先王以土与金、木、水、火杂,以成百物”,以“五行”解释万物起源。“五行说”始见于此。	• 前772～前755:亚述王阿舒尔·丹三世约于此时在位。
771			• 申侯联合缯、犬戎攻镐京,杀周幽王。诸侯立太子宜臼,是为平王。	• 希腊人在意大利的伊什亚岛上的皮特库萨建立最早的殖民地。
770	春 秋 时 期	东 周	• 平王东迁洛邑,晋、秦、郑、卫派兵护送,东周始。周室东迁后,王室权威衰落,诸侯国渐成独立政权,对王室朝聘与进贡日益减少,《春秋》记载,二百余年中,鲁国才有七次(鲁与王室血缘最近),其他几乎没有。诸侯国间展开大并小和若干大国间的攻伐与较量。力量最强的有东方的齐(黄河下游),西方的秦、晋(黄河上游),南方的楚(长江中游),以及后强的吴越(长江下游)。其次是鲁、宋、郑、卫二等国。再次是陈、蔡、曹等三等国。北方还有狄,西方有戎,都有一定的势力。之间“强凌弱,众暴寡”,斗争不断。 • 秦襄公护周平王东迁有功,赐岐以西之地,始命为诸侯。也有学者以此作为秦诸侯国立国之年。	• 前770～前750:古希腊早期诗人赫西俄德生活在这一时期。有《神谱》和《田功农时》传世,是今天了解当时社会状况的重要资料。 • 前8世纪:亚美尼亚地区出现坎儿井。 • 前8世纪:西亚地区帕加马人发明羊皮制成的书籍,称“羊皮书卷”。时该地区历法确定十九年七闰,成为以后犹太人和基督教历法的基础。 • 前8世纪:库施王国在皮安希在位时,以纳巴达为中心,统一尼罗河上游地区,控制上埃及。 • 前8世纪:伊朗高原西北部出现“米底王国”(一译“米堤亚”),都埃克巴坦那(今伊朗哈马丹)。

公元前	（朝代）		中　国	外　国
	春 东 秋 时 周 期		● 虢公翰立王子余臣于携，是为携王。 ● 此时已出现铁器，初用于军事，作生产工具尚不普遍。 ● 春秋时，中原地区已流通金属铸币。洛阳出土的空首布，系春秋早期和中期所铸。	● 前8世纪：南阿拉伯"萨巴王国"约始建于本世纪，定都马里卜（今也门萨那东北）。此时建马里卜水坝，促进农业发展。 ● 前8世纪：腓尼基在北非今利比亚西北沿海地区建三个贸易点，后这一地区被称为"的黎波里塔尼亚"（意"三城"）。 ● 前8～前4世纪：希腊城邦时代。大规模向外移民，史又称作"古风时代"。西至意大利、法国、西班牙，南临非洲北岸，东达里海一带，建立诸多城邦国家。此时，希腊人开始采用腓尼基字母文字。 ● 前8世纪：爱奥尼亚人建雅典城。位于中希腊的亚提加半岛，境内有良港便于航海和经商。 ● 前8世纪：多利安人占领伯罗奔尼撒半岛东南部的拉哥尼亚，征服西邻的美塞尼亚，建立斯巴达国家（因斯巴达城得名）。在南意大利等地殖民，在南希腊确立霸权。曾与雅典、底比斯等城邦国家激烈角逐。该国注重军事，文化成就远不如雅典。 ● 前8世纪：意大利半岛出现"伊达拉里亚文明"。据希罗多德记载，吕底亚王子领众外走，渡海至意大利的翁布里亚。其语言系属不明。借用希腊字母，保存有丰富的碑铭，至今未能译解。信多神教。从事农业。前7世纪出现城市国家，重要的有卡勒、塔魁克、伏尔西、维图洛尼亚等。始终未建统一国家。
769			● 郑见周王室势衰，于是年灭郐，东迁其民，立新都于新郑。	● 前769～前749：犹太国王乌西亚（亚撒利雅）约于此时在位。其势渐强。
767			● 郑灭东虢。	● 亚述城发生反亚述王事件。
760			● 约此时已使用织机织布。 ● 甘肃灵台景家庄春秋早期墓出土一件铜柄铁剑，为我国迄今发现最早的渗透钢制品。	● 前760～前730：乌拉尔图王萨尔杜里二世在位。其间，多次征伐马亚国，两次出征康马汗国。
753			● 周平王十八年。 ● 秦文公十三年。 ● 秦国初设史官以记事。	● 相传罗慕路斯在台伯河畔建罗马城，开创罗马的"王政时代"。有七王相继执政，具有军事民主性质。罗马纪元始此。
746			● 秦始有诛三族（父族、母族、妻族）之刑罚。 ● 晋文侯卒，子伯继立，是为昭侯。	● 前746～前734：巴比伦王那布·那西尔约于此时在位。
745			● 晋昭侯封其叔父成师于曲沃，号"曲沃桓叔"。埋下日后分裂的隐患。	● 前745～前727：亚述王提格拉·帕拉萨三世在位。进行军事改革，加强中央集权。
741			● 楚蚡冒熊眴卒，弟熊通杀兄子而立，是为武王。	

公元前	（朝代）		中 国	外 国
743			• 郑庄公继其父职为周平王卿士。他因母武姜的请求,封弟段于京。	• 前743～前724:第一次"美塞尼亚战争"。古希腊美塞尼亚地区希洛人(又译"黑劳士")反抗斯巴达占领的战争。
734			• 周平王三十七年。 • 卫桓公元年。	• 希腊科林斯移民约于本年在西西里岛建锡腊库扎(又译"叙拉古")城邦国。 • 犹太遭以色列、大马士革联军进攻,向亚述求援,亚述西征。
732			• 周平王三十九年。	• 亚述攻陷大马士革,其国亡后未再兴。
731	春		• 齐庄公卒,子禄父立,是为釐公。	• 巴比伦发生反亚述民众起义。
730			• 晋"曲沃桓叔"成师卒,由其子鳝承袭,称"庄伯",庄伯据曲沃与晋孝侯分庭抗礼,时晋国内形成两个中心。	• 埃及第二十三王朝约于是年(一说前715)亡。利比亚人特夫纳赫特约于此时登位,建第二十四王朝,以塞易斯为中心,控制下埃及。 库施王皮安希之弟沙巴卡创建第二十五王朝,都纳巴塔,控制上埃及。
	东			
729	秋		• 周平王四十二年。 • 宋宣公力卒。不立其子与夷,而立弟和,是为宋穆公。 • 燕郑侯卒。子穆侯继立。	• 亚述王提格拉·帕拉萨三世征服阿拉美亚人,在巴比伦地区称王,控制两河流域地区,并远征伊朗高原,取得对米底的胜利。他对内进行改革,加强中央集权。
723	时		• 时晋国内"曲沃桓叔"的势力已比晋侯强。 • 鲁惠公卒。庶子息始立,是为隐公。	• 前723～前705:亚述王萨尔贡二世约于此时在位。
722		周	• 郑内乱。"京城太叔"段谋篡立,郑庄公讨伐,破之于鄢,段逃奔共。 • 鲁隐公元年,《春秋》记事始于此年。开篇首记"郑伯克段于鄢"的著名故事,名句"多行不义必自毙"即出于此。《左传》记:"书(指《春秋》)曰:'郑伯克段于鄢。'段不弟,故不言弟。如二君,故曰'克'。称郑伯,讥失教也。谓之郑志。不言出奔,难之也。"所谓《春秋》笔法("一字之褒贬")可见一斑。	• 亚述攻破撒马利亚,灭以色列国,大批居民被掳走,迁徙境外,从此成为"失踪的以色列十个部落",再也没有下落。近代不少学者企图寻找其归宿,至今毫无结果,成为历史之谜。其实是在历史的流程中融合于当地民族之中。19世纪中叶,考古发现撒马利亚遗址,有王宫。
	期			
721			• 鲁灭极。莒灭向。 • 鲁隐公会戎于潜。 • 郑攻卫。	• 埃兰击败亚述。 • 前721～前710:巴比伦王麦若达赫·巴拉丹二世约于此时在位。
720			• 周王室疏郑,"周郑交质",郑抢夺成周粮食,表现出周王室已控制不了诸侯国。 • 据《春秋》:鲁隐公"三年春王二月己巳,日有食之"。(前720年2月22日),此为世界首例有确切日期的日食记录。 • "干支"起源尚未考证出,在甲骨文里就有干支纪日,然具体时间尚未考出,至此记"二月	• 亚述攻巴比伦,迦勒底人将其击败。 • 犹太屈服于亚述。 • 希腊移民约于此时在今意大利南部地区建勒佐、锡巴里斯城。

公元前	（朝代）	中 国	外 国
		"己巳"为现知最早的有确切时间的干支纪日。从此时起，直到清朝末年，两千多年中从未中断，堪称世界文明史上沿袭最长的纪日法。	
719		●周桓王元年。 ●卫内乱。州吁杀桓公自立，旋被陈侯杀，宣公立。	●前719～前695：库施王皮安希约于此时卒。弟沙巴卡继位。
714	春	●据《左传·隐九》："九年王春三月癸酉，大雨霖以震，书始也。庚辰，大雨雪，亦如之。书，时失也。凡雨，自三日以往为霖，平地尺为大雪。" ●据《左传·隐九》：北戎侵郑。郑伯御之，患戎师，曰："彼徒我车，惧其侵轶我也。"可见当时中原以车战为主，周边仍有步兵。	●时两河流域奉尊七主神，有太阳神沙马什，月神辛，火星涅尔伽（战神），水星纳布（智慧神），木星马尔都克（众神之王），金星伊丝妲（爱情神），土星尼努尔达（胜利神）。每天有一位星神值勤，七日一轮回。后人七天为一星期源于此。
713	东 秋	●郑、鲁、齐会于邓，以宋不朝周天子而伐宋。大败宋师。 ●宋联合卫攻郑。 ●宋、蔡、卫攻戴。后，戴为郑所并。 ●秦攻亳，亳王奔戎，秦遂灭荡社。	●罗马"王政时代"第二王努玛·彭庇留在位时，曾参照古希腊历法（太阴历）改订历法，称"努玛历"。全年355（或354）天，与回归年相差较大，实际应用不便，需经常调整，由祭司掌管公布，无定制，易造成错乱，后被"儒略历"代替。
711	时	●鲁桓公元年。 ●据《左传·桓元》："秋，大水。凡平原出水为大水。"我国很早就有了关于灾害的记录。	●前8世纪后半叶：亚述军攻入图什帕城，乌拉尔图国势转衰。
710	周	●时楚已控制汉水流域和长江中游，获得发展。	●亚述王萨尔贡二世为巴比伦总督。 ●希腊移民约于此时在南意大利建克罗顿城。
707	期	●周郑交恶，战中，郑"射王中肩"，周天子威望已全部丧失。 ●周礼规定，国家举行祭祀大典或葬礼时，只有周天子可以享用九鼎，诸侯只能享用七鼎。郑庄公时，僭越周礼，公用九鼎祭祀，后来各国诸侯纷纷仿效，天子至高至尊的地位从此不复存在。 ●我国第一次出现蝗灾记录。	●库施王沙巴卡约于此时率兵北进，灭亡埃及第二十四王朝。将上、下埃及联为一体，成为埃及第二十五王朝法老。
706		●楚仗势向周王求尊号，被拒绝。 ●时随国季梁向随侯谏言："民，神之主也，是以圣王先成民而后致力于神。"《左传·桓六》这是很早时代提出的具有"民本主义"思想的宗教观。	●斯巴达移民约于此时在今意大利塔兰托地区建他林敦城。
705		●时郑国势力最盛，然终未获得霸主地位。	●亚述征战伊朗高原，萨尔贡二世阵亡。
704		●楚始自称王，并开濮地而占据之，其势大增。	●前704～前681：亚述王辛那赫里布在位。建新都尼尼微。

公元前	（朝代）		中　国	外　国
703			• 周桓王十七年。桓王娶纪公主为后。 • 楚、巴攻邓。	• 迦勒底发生反亚述起义，亚述兴兵镇压，立巴比伦人贝尔·伊博尼为藩王。
702			• 《左传》记：祭祀仲子庙，在庙内献演万舞，执羽舞人有规定。众仲曰："天子用八，诸侯用六，大夫四，士二。夫舞，所以节八音而行八风。"	• 犹太王希西加联合腓尼基、埃及抗御亚述西进，被亚述围于耶路撒冷城。
701	春		• 春秋政治史，以"五霸"为主干，在五霸之前，春秋初年，周王室已衰，齐、晋、秦、楚势力尚弱，以郑国势最强。是年，郑与齐、卫、宋盟于恶曹。学者认为，此为"五霸"前，"郑小霸"的形成。然当年郑庄公卒，郑国内乱。"郑霸"局面即告结束。虽在以后再未成霸业，而在春秋时期郑国势力一直不弱。	• 两河流域亚述国王辛那赫里布攻进耶路撒冷，劫持人和财物。此即历史上犹太人第一次被逐事件。
700	秋	东	• 周桓王二十年。郑厉公元年。 • 卫宣公卒。子朔立，是为卫惠公。 • 陈利公杀陈厉公夺位。在位五个月卒，由弟林继立，是为陈庄公。 • 鲁、郑攻宋。	• 前 700：巴比伦人约于此时发现日、月食重复出现的"沙罗周期"。 • 巴比伦、尼尼微、耶路撒冷、罗马等都建有石砌下水道系统。 • 希腊科林斯首座阿波罗神庙约建于此时。
697	时	周	• 《左传·桓十五》记一事：雍姬问其母曰："父与夫孰亲？"其母答道："人尽（可以为）夫也，父一而已，胡可比也？"可见春秋时期尚未有"烈女不嫁二夫"观念。妇女贞节观念为战国时期始见，韩非子始提出"三纲"之说。据《会稽刻石》，秦统一后方有"有子而嫁，倍死不贞"的贞节观。	• 前 700 年后：凯尔特人一支开始进入不列颠岛。 • 前 700 年后～前 1 世纪：南西伯利亚早期铁器时代"塔加尔文化"约产生于此时期。主要遗迹是墓葬。发掘有著名的"萨尔贝克巨冢"，为七十家的家族合葬墓。遗迹还有著名的"博雅雷山岩画"，绘有草顶的泥屋和毡帐。居民属欧罗巴人种。 • 前 700 年后～3 世纪：里海北岸早期铁器时代"斯基泰文化"约产生于此时期。主要遗迹为古城和墓葬。以游牧为主，部分从事农、商。 • 约 700 年后～4 世纪：欧洲早期铁器时代"萨尔马特文化"约产生于此时期。居址已有设防的古城，围有壕沟，房屋由木材建筑、屋顶为圆锥形。后期流行镶嵌工艺。
696	期		• 周庄王元年。	• 辛梅里安人征服小亚细亚弗里吉亚
695			• 我国很早就设立了观测天象的专职，而且地位很高，要求严格。据《左传·桓十七》："冬十月朔，日有食之。不书日，官失之也。天子有日官，诸侯（国）有日御。日官居卿（的地位），以底（算）日（历象）。"	• 埃及第二十五王朝法老、库施国王沙巴卡约卒于是年。
694			• 据《左传·桓十八》：鲁桓公将与夫人姜氏一起到齐国，申缟曰："女有家，男有室，无相渎也，谓之有礼。"	• 亚述攻巴比伦南部，横渡波斯湾。埃兰攻巴比伦北部，俘获巴比伦王。

公元前	（朝代）	中　　国	外　　国
693		• 周王室首次发生内乱。周公黑肩欲杀庄王而立王子克。被辛伯告密，周公被杀，王子克奔燕。 • 鲁庄公元年。	• 前693～前689：埃兰王乌曼·米纳曼约于此时在位。
690		• 齐灭纪。 • 楚令尹鬪祁、莫敖屈重等在滫水上架桥，是为已知最早的架桥记载。 • 相传楚人卞和寻得玉璞，两次献楚王，被指为假，砍去双脚。楚文王即位后，卞和在荆山下抱璞哭屈，文王令雕琢其璞，果得宝玉，称之为"和氏之璧"。	• 亚述与埃兰在底亚拉河上的哈鲁城开战。 • 亚述王辛那赫里布时，围攻耶路撒冷，因遭大疫，未果。
689	春 东	• 周庄王八年。 • 楚治郢，迁而都之。 • 郳犁（附庸国）到鲁国朝见。 • 鲁、齐、宋、陈、蔡联合攻卫。	• 亚述洗劫巴比伦城。 • 前689～前681：埃兰王乌曼·哈尔达什一世约于此时在位。 • 前689～前663：埃及第二十五王朝法老、库施王塔塔卡在位。国势强盛，势力一度达尼罗河上游，今青罗河地方。
688	秋	• 据《史记·秦本纪》："初县之。"秦统一后实行的郡县制即源于此。郡县制影响中国两千多年。据考，春秋时，晋、楚皆有县的建制。	• 前688：希腊阿戈斯国王约于本年占据奥林匹亚。 • 希腊移民约于此时在西西里岛建杰拉城。
687	时 周	• 秦灭小虢。 • 《左传·庄七》：是年"夏，恒星不见，夜明也。星陨如雨，与雨偕也"。这是对天琴座流星群的最早记录。	• 前687～前642：犹太王巴拿西约于是年在位，为亚述所立。
685	期	• 齐桓公即位，任管仲为相，进行改革。管仲改革：整顿行政系统，提出以乡、连、里、轨为名称的各级地方管理机构；整顿军队，全国军队分左、中、右三军，国君统率最强的中军；治理经济，提出"相地衰征"（视土地肥瘠征税），是为春秋时代最早的"履亩而税"；奖励农商，稳定物价；大力发展海水煮盐，成为当时最大的盐供应地。此为我国较早的顺应时代要求而又促进生产力发展的改革。取得了显著的社会效果。 • 管仲谓"恶金可铸农具"。学者认为系铁工具使用的证据。 • 齐桓公即位，任鲍叔牙为宰，鲍举荐管仲，鲍叔牙成为知人善任的典范。	• 前685～前668：第二次美塞尼亚战争。古希腊美塞尼亚地区希洛人反抗斯巴达占领，再次起义，坚持斗争十余年，终被镇压，大批希洛人沦为奴隶，称"希洛特"。 • 前685～前645：乌拉尔图王鲁萨斯二世约于此时在位。王国一度复兴，与亚述保持和平关系。
684		• 鲁人曹刿在长勺大败齐军。《左传》所记"曹刿论战"既是一优秀的实战范例，又是一篇千古诵颂的名篇。 • 齐灭谭。 • 宋灭宿。	• 希腊人已经使用货币。

公元前	（朝代）		中　国	外　国
682			●相传齐桓公时"九九歌"（乘法歌诀）已流行。又，春秋时行筹算，即以小竹棒为计算工具。已发现的实物以陕西千阳和湖北江陵凤凰山出土为最早。	●雅典废除王政，相传约是年设立执政官制。首席执政官（名年官）掌内政；王者执政官掌宗教与族内事务；军事执政官掌军事。执政官从贵族中选出，一年一任。
681			●周釐王元年。 ●齐桓公会宋、陈、蔡、邾于北杏，平宋内乱。有学者以此为春秋时期霸主会盟诸侯之始。 ●齐灭遂。	●亚述王辛那赫里布被杀。 ●前681～前674：埃兰王乌曼·哈尔达什二世约于此时在位。
680	春		●楚灭息。 ●齐桓公请周师与陈、曹共攻宋。 ●郑厉公自栎入郑都，杀郑子婴复位。 ●楚攻蔡。	●前680～前669：亚述王阿萨哈顿约于此时在位。 ●希腊移民约于此时在今意大利南部建洛克里伊壁犀斐里城。
679	秋	东	●周釐王三年。 ●齐桓公大会诸侯于鄄。《左传·庄十六》记："复会焉，齐始霸也。" ●晋内乱。曲沃武公发兵灭晋侯缗，尽占其地，并以宝器略周王，被封晋侯，是为晋武公。 ●鲁国夫人姜氏（文姜）到齐（不合时礼）。 ●宋、齐、邾联兵伐郳。 ●郑攻宋。	●前7世纪：意大利半岛拉丁姆地区约三十个小城结成同盟，保护自身利益，并共同作战，史称"拉丁同盟"。 ●前7或前6世纪：闪米特人的一支萨巴人约于此时自也门渡海进入今埃塞俄比亚北部，后渐形成阿比西尼亚人。 ●前7世纪：希腊阿戈斯人在伯罗奔尼撒首创度量衡制。 ●前7～前6世纪：古希腊文化的重要代表人物、女诗人萨福生活在这一时期。曾教授妇女诗歌和音乐，著有诗集九卷（现存不全）。
678	时	周	●楚灭邓后攻郑。楚攻郑始此，日后，郑为齐、楚两强争夺中原的冲突焦点。 ●据《史记·秦本纪》："二十年，武公卒，葬雍平阳。初以人从死，从死者六十六人。" ●楚灭邓。	●时巴比伦的数学已有很大发展，能计算平方根、立方根；会使用二次方程式；计算出圆周率的值约为三；能计算圆的面积和圆锥的体积。
676	期		●周惠王元年。 ●开始有"伏"的节令。 ●楚灭权。	●亚述占领西顿等地区。
675			●周王室再次内乱。郑、虢助周平乱，受赐土地，王畿削小，进一步衰弱。 ●据《史记·秦始皇本纪》：宣公时"初志闰月"，这是对闰月的首次记载。	●亚述首次攻埃及，未获成功。 ●波斯约于此时征服安申（在今伊朗设拉子以北）。
674			●据《左传·庄二十》："夏，齐大灾。"该书《宣十六》云："凡火、人火曰火，天火曰灾。"	●前674～前664：埃兰王乌尔塔库约此时在位。
673			●周惠王四年。 ●郑厉公突卒，子捷立，是为郑文公。	●前673～前642：传说中的罗马王政时代第三王图卢斯·霍斯梯留约于此时在位。

附
录
2

公元前	（朝代）	中　国	外　国
672		•陈内讧,陈完(敬仲)奔齐,受任工正。是为日后战国时"田(陈)氏代齐"之祖。	
671		•楚成王即位,楚之强大,始于成王。	•亚述再度运征埃及,攻占孟斐斯。
670	春	•据《左传·庄二十四》:鲁庄公娶齐国女哀姜为夫人。为此,红漆桓公庙柱,雕刻屋椽,这是"非礼"的。鲁大夫御孙谏曰:"臣闻之:'俭,德之共也;侈,恶之大也。'先君有共德,而君纳诸大恶,无乃不可乎?"秋,迎娶哀姜,庄公让同姓大夫的夫人进见,用玉帛作进见礼物,这也是"非礼"的。御孙说:"男贽,大者玉帛,小者禽鸟,以章物也。女贽,不过榛、栗、枣、脩(干肉),以告虔也。今男女同贽,是无别也。男女之别,国之大节也;而由夫人乱之,无乃不可乎?" •是年,鲁遭水灾。 •戎侵曹。曹羁出奔陈,赤归曹。	•小亚细亚西部出现"吕底亚"城邦国家,时为"麦牟纳德王朝",建都萨狄斯。据称最早铸造货币。末代国王克罗伊斯为古代巨富之一,其名后成"富豪"代名词。 •前670～前660:斐冬为希腊城邦国家阿哥斯的"僭主"("僭主"一词来自小亚细亚,本与"君王"同义,时被希腊人用来专指城邦政治中依持武力和非法手段僭越夺权的专制首领)。他被视为希腊史上最早的僭主。执政后欲夺取伯罗奔尼撒的霸权。领兵西进控制了奥林匹亚所在的伊利湖地区。由于主持第二十八届奥林匹亚竞技(前668年)而声誉大增。
669	东	•晋献公加强中央集权,晋势趋强。	•前669～前627:亚述王巴尼拔在位。
667	秋	•齐桓公会诸侯于幽。周王赐齐侯命为侯伯,正式认可齐的霸主地位。	•埃及法老塔塔卡反抗亚述,亚述王巴尼拔出兵镇压。
666		•晋灭骊戎。	•"洪水和方舟的故事"原型产生。
664	时 周	•周惠王十三年。 •秦宣公卒。他有子九人皆不立,而立其弟成公。 •齐灭彰。	•埃及塞易斯总督普萨美提克一世起兵称王,逐亚述人,建第二十六王朝,都塞易斯,史称"塞易斯王朝"。成为古埃及后期的复兴时代,兴旺于尼科二世时期。
663		•齐伐山戎救燕,至孤竹而还。 •齐侯向鲁献戎捷。 •秦成公元年。梁伯、芮伯朝秦。	•埃及第二十五王朝法老塔塔卡卒,其侄塔努塔蒙(坦韦特阿美尼)继任,再为亚述攻击,底比斯遭劫掠。
662	期	•鲁再次内乱。庄公死后,大夫庆父先后杀两继立者。齐助鲁平乱,庆父自杀。"庆父不死,鲁难未已"之典即出于此。 •相传,有神降于莘,虢公求"神"赐土田。史器有"国将兴,听于民;将亡,听于神"之语。	•一说铁器约于此时由亚述传入埃及。
661		•鲁闵公元年。 •齐桓公伐狄救邢。 •晋灭耿、霍、魏,分赐赵夙、毕万,伏下日后"三家分晋"的根苗。	•亚述征服尼罗河三角洲一带。
660		•齐桓公伐狄救卫。 •据《左传·闵二》:"狄人伐卫。卫懿公好鹤,鹤有乘轩者。将战,国人受甲者皆曰:'使鹤：	•前660～前650:两河流域为"亚述帝国"最辉煌的时期。国王巴尼拔在都城尼尼微建造图书馆,大量收集宗教、文学、数学等文献。

公元前	（朝代）		中　国	外　国
			鹤实有禄位,余焉能战?'……卫师败绩。"这是《左传》中所描述的著名故事之一。 ●《左传》:"齐侯使公子无亏帅车三百乘,甲士三千人以戍曹。"春秋时期,中原诸国盛行车战。车战之制,旧说一乘甲士十人。车兵以外,夏有步卒,称"徒兵"(戎狄多用徒兵)。春秋中期以后,以晋为先,方改车为徒。南方吴、越多用舟师,配以徒卒,鲜见车战记载。	19世纪中叶发掘尼尼微遗址,出土楔形文字泥版两万多片。
659			●鲁僖公元年。 ●秦穆公即位。	
658	春		●晋以良马和璧向虞借道攻虢,宫之奇劝虞君回绝,虞君不听。后三军,晋又向虞借道攻虢,宫之奇以"辅车相依,唇亡齿寒"谏之,皆不听,三月后,晋灭虢,虞亦被袭灭。	●前658:埃及第二十六王朝法老普萨美提克一世兴兵战败尼罗河三角洲一带的亚述占领者。
657		东	●徐灭舒。 ●鲁春旱,整春不雨,至六月才见雨。	●前657～前625:居普赛洛斯在希腊城邦科林斯建立僭主统治。
656	秋		●齐率诸国联军攻楚,管仲"夹辅周室",责楚"贡苞茅不入,三祭不共"。楚求和,盟于召陵。 ●《管子》一书相传为管子所著。大部分为战国时稷下学者采拾管仲言行推其旨义而成。共二十四卷。内容庞杂,包含有道、法、名等家思想,以及天文、历数、地理、农业和经济等方面知识,是了解春秋早期社会经济状况和管仲政治经济思想的重要文献。 ●齐攻蔡,继攻楚。楚使至齐军曰:"君处北海,寡人楚南海,是风马牛不相及也……何故?"管仲曰:"尔贡苞茅不入,王祭不共,无以缩酒,寡人是征。"夏,楚军进驻召陵,齐侯曰:"岂不谷是为,先君之好是继。"齐、楚两强遂订"召陵之盟"。	●前656:埃及第二十五王朝法老塔努塔蒙被亚述逐出埃及,以库施王任埃及法老的王朝终结,库施都城回迁纳帕塔。 ●希腊移民约于此前后在博斯普鲁斯海峡欧洲海岸建立城邦拜占庭。
655	时	周	●楚灭弦。 ●晋灭虢、虞,开始强大。近年,多次在河南三门峡市上村岭发掘虢国墓葬和车马坑,共二百多座,其中有两座国君墓,一座国君后墓和两座太子墓,是确立虢国地望最珍贵的资料。 ●测知冬至时日,为确定回归年长度提供了定量数据。史载,当时鲁国有定期观测天气的制度,凡春分秋分,夏至冬至,立春立夏,立秋立冬,必定要记载云气云色,为预防灾害之备。	●亚述击败埃兰,以乌马尼加什为埃兰王。 ●前655～前633:米底王弗雷德约于此时在位。
653	期		●齐攻郑,郑听命,齐、楚斗争中齐占上风。	
652			●周惠王二十五年。惠王卒,子郑立,是为周襄王。关于惠王在位年,史载不一,《史记》、	●前652～前648:亚述内乱。巴比伦总督沙马什·舒穆金(为亚述王之弟)在迦勒底、埃

公元前	（朝代）	中　国	外　国
		《春秋》、今本《竹书纪年》作二十五年；《左传》、《帝王世纪》作二十四年。一般依从前记。 　•齐桓公会周大夫、宋公、鲁侯、卫侯、许男、曹伯、陈世子,盟于洮。	兰等支持下起兵反叛,后遭镇压,纵火自尽。 　•辛梅里安人攻吕底亚,取其都城萨狄斯。
651		•周襄王元年。 　•齐大会诸侯于葵丘,周襄王派孔宰与会赐胙,这是齐霸的最后辉煌。	•前651～前649:埃兰王塔马里图约于此时在位。
650	春	•狄灭温,继灭苏。	•希腊萨索斯城约建于此时。
649		•周王室乱。秦、晋伐戎救周。	•前649～前648:埃兰王因达比加什在位。
648		•楚灭黄。 　•齐臣管仲因和戎,周襄王以上卿之礼款待管仲,管仲辞,受下卿之礼。	•吕底亚王阿尔迪斯立,战胜辛梅里安人,扩张领土至爱琴海沿岸。 　•希腊奥尔比亚城约建于此时。
646		•周襄王六年。	•亚述攻破埃兰都城苏萨。
645	秋 东	•韩原之战。秦攻晋,大胜,取晋西河地。秦、晋在西方争强。 　•晋"作爰田",改革井田制,实行新田赋制度。"作州兵",改革兵制,使"甲兵益多"。	•前645～前627:巴比伦王坎达拉努约于此时在位。
644	时 周	•宋地观测到五颗陨石坠落,并有具体记录。 　•据《左传·僖十六》:宋国发生陨石下落和"六鹢退飞"(六只鹢逆风飞行,看似退着飞)现象,周内史叔兴曰:"是阴阳之事(自然现象),非吉凶所生也(杨注:不关人事吉凶)。"	•考古发现吕底亚在此时期使用的硬币。
643		•齐桓公卒,齐内乱,诸子争立,相互攻杀,致使"桓公尸在床上六十七日,尸虫出于户"(《史记·齐太公世家》)。齐国势转衰。时西方晋、秦,南方楚皆趋强大。 　•鲁灭项。	•希腊诗人、音乐家泰尔潘德罗斯约生活在此时期。相传他发明七弦琴。
642	期	•宋襄公平齐乱,立齐孝公,以图继齐而霸。 　•据《左传·僖十八》:"郑伯始朝于楚。楚子赐之金,既而悔之,与之盟曰:'无以铸兵!'故以铸三钟。"	•前642～前640:犹太王亚门在位。 　•前642～前617:传说中罗马王政时代第四王安库·马尔修约于此时在位。
641		•据《左传·僖十九》:司马子鱼曰:"祭祀以为人也。民,神之主也。"反映了"民本主义"的宗教观。 　•秦灭梁。	•雅典贵族基伦在奥林匹亚竞技中获胜,颇有声名。
640		•周襄王十二年。 　•秦灭芮。	•前640～前609:犹太王约西亚约于此时在位。势力开始强大。

公元前	（朝代）	中　国	外　国
639		● 邾灭须句。 ● 齐失霸主地位。是年，宋得楚认可，主持"鹿上之盟"，有学者认为，此乃"宋襄霸业"。然其力量与影响远不及齐霸，为时亦短。	● 波斯阿契美尼德家族首领居鲁士一世迫于压力认可亚述的宗主国地位。
638		● 泓之战。楚败宋，宋襄公受重伤后身亡，宋从此一蹶不振。楚虽强，势力尚不及中原，此时中原无霸主。	● 亚述俘埃兰王，毁其都苏萨，灭亡埃兰。
636		● 秦送重耳返晋，立为晋文公。晋文公主政后进行改革，除弊兴政，举贤任能，省用聚财，使晋速强，为称霸奠定基础。	● 吕底亚约于此时再次击破辛梅里安人。
635	春	● 晋送周王返周，受周王赐四邑，其势壮，继"勤王"，欲挟王图霸业。 ● 卫灭邢。	● 希腊出现硬币。
634	秋	● 楚灭夔。 ● 楚攻宋，图中原。 ● 据《左传·僖二十六》：齐攻鲁，鲁僖公派展喜劳军，并让其向大夫柳下惠请教如何措辞。柳下惠以善贵族礼节著称。	
633	时 东 周	● 晋文公"作三军"。据史载：时规定天子六军，大国三军，次国二军，小国一军。晋四年后就扩为五军，以后又扩为六军。 ● 晋作三军，一般应晋文公自掌最强之中军，而此任郤谷将中军，已露出诸侯国内卿大夫势力抬头的苗头。 ● 《左传·僖二十七》："（晋）作三军，谋元帅……"是为"元帅"一称最早的记载。	● 波斯宗教改革家琐罗亚斯德大约生活在此时期。相传他是"琐罗亚斯德教"的创立者。该教在大流士一世时曾被定为国教，今在伊朗部分地区仍有少数教徒。
632	期	● 城濮之战，晋文公"退避三舍"大败楚军。此为春秋时期第一次大战，顶住了楚北略的势头。晋胜后大会诸侯于践土，周王与会，命晋侯为侯伯。继齐霸后，晋霸形成。 ● 晋为御狄，于上、中、下"三军"之外，另设三支步兵，称"三行"，即中行、右行、左行。	● 希腊移民约在此期间在北非今利比亚拜达附近建昔兰尼城。建立"巴图斯王朝"。后这一地区称"昔兰尼加"。 ● 斯基泰人库班王族约始于此时，占据自波斯边境至南俄草原一带。
630		● 晋、秦围郑，郑派烛之武当说客赴秦，秦、郑和，围解。	● 雅典贵族基伦起兵攻占雅典卫城，企图夺政，失败，遂逃亡。
629		● 晋建五军，以赵衰为卿，领新上军。	
627		● 周襄王二十五年。 ● 崤之战。晋大败秦，秦损失惨重。晋挡住了秦东进的势头，成为秦东扩的一道屏障。 ● 发生郑国商人弦高智退秦军的故事。从中也可见当时商业的发展。	● 希腊移民约于此时建立埃庇丹努斯（今阿尔巴尼亚都拉斯）殖民地。 ● 腓尼基人恢复独立，开始新王朝时期。 ● 亚述由盛转衰。 ● 犹太乘亚述转衰之机出兵以色列，夺取

公元前	（朝代）	中　　国	外　　国
		• 秦灭滑。	撒马利亚等地。
626	春	• 鲁文公元年。 • 四月，葬鲁僖公，周天子遣使来会葬。鲁大夫到成周拜谢。 • 据《左传·文元》：晋国放回殽之战所俘秦国主将孟明，秦臣多主张杀孟明，秦穆公说："是孤之罪也。周芮良夫之诗曰：'大风有隧，贪人败类。听言则对，诵言如醉。匪用其良，覆俾我悖。'是贪故也，孤之谓矣。孤实贪以祸夫子，夫子何罪？"遂恢复孟明的职位。 • 卫大伐晋。鲁大夫公孙敖会晋侯于戚，是为由大夫会诸侯之始。 • 楚成王之子商臣初被立为太子，后探知其父又欲立庶弟职，乃与其师潘崇将兵围宫，逼父自杀，继立，是为楚穆王。	• 前 626～前 539：操闪米特语的迦勒底人首领那波勃来萨逐出亚述人，占领巴比伦城建国，史称"新巴比伦王国"，亦称"迦勒底王国"。此时期出现了专科医生，外科医生能做接骨手术。数学、天文学也很有成就。建筑的辉煌体现在巴比伦城，有八个城门，其中伊什塔门最著名。 • 前 626～前 585：希腊城邦国家科林斯由皮里安德（居普赛洛斯之子）当政。时工商业发达。他做的一件大事是修建了横跨科林斯地峡的石造拖运船舶专线，称"曳道"。还建了两个殖民城邦。并倡导文化，被誉为"希腊七贤"之一。 • 米底开始强大。
625	东 秋	• 秦攻晋，报仇崤之役，战于彭衙，晋败。 • 鲁、齐联姻，为舅甥之国。是年，鲁文王新娶齐女，遣使至齐送礼，《左传·文二》云："如齐纳币，礼也。凡君即位，好舅甥，修婚姻，娶元妃以奉粢盛，孝也。孝，礼之始也。"	• 斯基泰人约于此时攻袭叙利亚及犹太，其势至埃及边境。
624	时	• 鲁、晋盟。《左传·文三》记："晋侯飨公，赋《菁菁者莪》……公赋《嘉乐》。" • 晋会诸侯沈沈，沈溃。 • 宋发生蝗灾，其多如雨。	• 古希腊哲学家泰勒斯约于是年诞生。他创立米利都学派。相传为古希腊第一个哲学家。他认为万物起源于水，对神造世界的宗教观提出了挑战。
623	周	• 秦穆公伐西戎，灭十二国，开地千里，遂霸西戎。 • 楚灭江。	• 前 623～前 622：亚述王辛舒姆利希尔约于此时在位。
622		• 秦灭鄀。 • 楚灭六，继灭蓼。	• 前 622～前 612：亚述王辛沙里什孔约在此时在位。他废前王自立。
621	期	• 秦穆公死，用一百七十七人殉葬。 • 晋罢新军，恢复三军之制，赵盾（宣子）领中军执政。 • 赵盾改革。《左传》记："制事典，正法罪，辟狱刑，董逋逃（督察逃亡），由质要（使用契约），治旧洿，本秩礼，续常职，出滞淹（举贤能）。"	• 德拉古编制雅典第一部成文法。该法以严苛著称，如对一般盗窃都处死刑。后世称苛法为"德拉古法"。 • 犹太王约西亚约在此时实行改革，修复圣殿，倡导民族复兴。
616		• 卫灭邢瞒。 • 狄攻宋，宋败长狄于长丘。 • 鲁败狄，获长狄侨如。	• 前 616～前 579：罗马"王政时代"第五代王老塔克文当政。王权扩大，逐渐凌驾于元老院和库里亚大会之上。
614		• 楚庄王即位。 • 《左传·文十三》："邾文公卜迁于绎。史曰'利于民而不利于君。'邾子曰：'苟利于民，孤	• 新巴比伦王国与米底结成联盟，共同反对亚述。

公元前	（朝代）		中　　国	外　　国
			之利也。天生民而树之君,以利之也。民既利矣,孤必与焉。'左右曰:'命可长也,君何弗为?'邾子曰:'命在养民。死之短长,时也。民苟利矣,迁也,吉莫如之!'遂迁于绎。"	
613			●周顷王死,公卿争政,晋赵盾和解之。 ●《春秋·文十四》:"秋七月,有星孛入于北斗。"这是世界上最早的哈雷彗星正式记录。哈雷彗星平均每隔七十六年行近太阳一次。自此后,凡逢哈雷彗星复见,我国多有记载,有学者作过统计,自此次至清末两千多年,出现并有记载者三十一次。	●希腊抒情诗人阿尔凯奥斯约于此年前后诞生。他著有颂诗、情诗、政治诗、饮酒歌等。有诗集,今佚。
612	春		●周匡王元年。 ●晋、宋、卫、蔡、陈、郑、许、曹盟于扈,谋伐齐,因齐赂晋,未果。	●新巴比伦王国联合米底攻入亚述国都尼尼微。 ●米底约于此时征服马纳王国。
611	秋	东	●楚庄王即位后,三年不问政事,三年后"一鸣惊人",任贤能,整顿内政,发展生产,兴修水利,开凿水库灌田万顷,使江淮一带成为楚国粮仓。 ●楚灭庸。	●前611~前609:亚述王阿舒尔·鲁巴利特二世约于此时在位。他率亚述残部力图复国。
610	时	周	●周匡王三年。 ●去年底,宋昭公出猎时为夫人王姬引卫军击杀。是年初,晋、卫、陈、郑攻宋,以宋新立文公而返军。 ●齐伐鲁。鲁公与齐侯会于榖。 ●晋侯在黄父阅兵,又在扈会合诸侯。 ●周乘戎聚会喝酒无备之机败戎。 ●郑太子夷和石楚至晋为人质。	●古希腊哲学家阿那克西曼德诞生。他的《论自然》为古希腊历史上第一部哲学著作,已佚。他主张万物本原是"无限",一切生于无限又归于无限。 ●米底和斯基泰人约于此时灭乌拉尔图。 ●前610~前595:埃及法老尼科二世约于此时在位。在位时曾建造沟通尼罗河与红海的运河工程。
609			●鲁文公死,内乱。此后公室微弱,三桓(仲孙,叔孙,季孙)强大。	●新巴比伦在哈兰大败埃及。
607	期		●晋内乱。晋灵公欲杀赵盾,反被盾弟赵穿所杀。太史董狐直书赵盾,记曰:"赵盾弑其君。"孔子曰:"董狐,古之良史也,书法不隐。"董狐被后世史家赞为不畏强权,敢于秉笔直书的典范。 ●"赵盾弑其君"为一标志性事件。标志着晋国内卿大夫势力涨至能左右政权的地步。随形势发展,"三家分晋"在所难免。 ●周定王元年。	●前607~前598:犹太王约雅敬约于此时在位。 ●前7世纪末:腓尼基水手在古埃及法老尼科二世的支持下,从红海出发,经直布罗陀海峡入地中海,用五年时间完成历史上第一次环非洲航行。
606			●楚庄王攻陆浑之戎,兵至周郊,问周王鼎之轻重。王孙满答以"周德虽衰,天命未改"。给顶了回去。	●是年前后,斯巴达实行军事改革,男孩自七岁起接受军训,二十岁服兵役,六十岁退役。

公元前	（朝代）		中　国	外　国
605			●据《左传·宣四》："公及齐侯平莒及郯，莒人不肯。公伐莒，取向，非礼也。平国以礼，不以乱。伐而不治，乱也。以乱平乱，何治之有？无治，何以行礼？"	●前605：卡赫美什战役。新巴比伦与米底联军攻击亚述残余势力，战胜埃及援军，最后灭亡亚述，占其地。
604			●《左传·宣五》载"反马"之俗。依俗，大夫以上娶妇，乘母家车，驾母家马。婚后三月，夫家留其车而反其马。留车意为留妇，示以后不发生出妇之事。	●前604～前562：新巴比伦王尼布甲尼撒在位，是新巴比伦最强大的时期，征战叙利亚、巴勒斯坦等地。其间，重建巴比伦城，修建"空中花园"等，创造奇迹。
602			●《汉书·沟洫志》引《周谱》曰："是年黄河改道。"此为黄河改道的最早记载。	
601	春		●是年十月甲子朔日发生日全食，自西北至江苏俱可见。 ●吴、越始见于《左传》，活跃于春秋史的强国中以其两国最晚。 ●楚灭舒蓼。 ●鲁灭根牟。	●犹太王约雅敬反叛新巴比伦王尼布甲撒二世。 ●埃及法老尼科二世抵御新巴比伦的扩张。
600	秋	东	●周定王七年。 ●每十七年置七闰月始此。 ●孙叔敖引期思（今河南淮滨东南）水灌溉雩娄（今河南固始东南）地区土地，为中国人史最早的灌溉工程。 ●楚攻郑，晋以诸侯之师攻陈以救郑，郑败楚师于柳芬。 ●齐攻莱。	●象征古希腊文化的"赫拉神庙"在奥林匹斯山上建成。 ●伊特拉斯坎人约于此前后于罗马一带定居。 ●希腊移民约于此前后创建那波利（那不勒斯）城、马萨利亚（马赛）城和在黑海克里米亚半岛东端建潘蒂卡皮翁城（今乌克兰刻赤）。
599	时	周	●鲁穆公元年。	●前599～前585：培利安德为科林斯僭主。
598			●《左传·宣十一》记："抑人亦有言曰：'牵人以蹊人之田，而夺之牛。'牵牛以蹊者，信有罪矣，而夺之牛，罚已重矣。"此为农业使用"牛耕"最早的文献记载。	●雅典在赫利斯滂特战胜密提利尼城邦。
597	期		●晋、楚邲之战，楚胜。在争霸过程中，楚显出实力。 ●楚灭萧。 ●楚围宋五个月，宋屈服，晋无力抵制，楚庄王霸主地位最终确立。	●新巴比伦攻陷犹太国都耶路撒冷，将数千犹太人掳往两河流域。 ●前597～前587：犹太王约雅敬死，子约雅斤继立。
594			●周定王十三年。 ●鲁"初税亩"。史家认为，此举表明鲁国开始废除传统的井田制，不分公田、私田，一律按亩收税，这是中国历史上土地制度的一次重大改革。 ●晋灭潞。	●传为古希腊七贤之一的梭伦任雅典执政官。进行改革。制定法律。创立管理国家的新机构"四百人会议"和"陪审法庭"。废除债务奴役（"解负令"）。按收入和财产划分公民等级。他还是诗人，其哀体诗属雅典最早的文学作品，今仅留片断。

公元前	（朝代）	中　国	外　国
593		●晋连续灭留吁、甲氏、铎辰。	
591		●周定王十六年。 ●蔡景公元年。 ●晋、卫攻齐,齐以公子为质于齐,齐还师。 ●邾人杀鄫子于鄫。 ●楚庄王卒,子审立,是为楚共王。 ●鲁宣公卒,子黑肱立,是为成公。 ●表演艺术:据载,楚有优孟,扮故令尹孙叔敖,可以乱真。	●前591～前585:为争夺亚述的财富,吕底亚和米底展开争战。后媾和。米底王子与吕底亚公主结婚,双方划分控制范围。 ●埃及军队攻占库施王国首都纳帕塔,迫其迁都麦罗埃城(在尼罗河第六与第五瀑布间),称"麦罗埃王国"。近代考古发现该城遗址,市街区有王宫、住宅和阿蒙神庙、狮子庙等。出土文物中还发现有中国鼎。
590	春	●鲁"作丘甲"。即按亩征收军赋,这是与"初税亩"配套的改革。 ●周王军队被茅戎所败。	●第一次神圣战争。希腊克里萨城邦欲夺德尔斐神所,雅典联合诸城邦举兵将其打败,同盟城邦维护神所独立,宣布为神所有,禁止耕种。
589	东 秋	●鞍之战。晋攻齐,大胜。大有复霸之势。 ●楚攻鲁,鲁以匠人、女工、织工各百人略之以求和。 ●楚发大军救齐侵卫伐鲁,获胜后,与鲁、蔡、许、秦、宋、卫、郑、齐、曹、邾、薛、鄫十四同盟于蜀,而"晋辟楚、畏其众也。"标示着楚霸的极盛。	●前589～前570:埃及法老阿普里斯约于此时在位。
588	时	●鲁定公元年。 ●晋作六军(上、中、下与新上、中、下)。 ●晋灭廧咎如。 ●晋联鲁、宋、卫、曹攻郑。 ●郑攻许。	●希腊移民约于此时在奥斯河口建阿波罗尼亚城。 ●古希腊哲学家阿那克西米尼诞生。他认为万物本源是气,气可形成万物,万物也可转化为气。
587	周 期	●周定王二十年。 ●郑襄公卒,子悼公继立。 ●据《左传·成四》:鲁成公至晋,晋侯见成公时不礼貌。季文子曰:"晋侯必不免。《诗》曰:'敬之敬之！天惟显思,命不易哉！'夫晋侯之命在诸侯矣,可不敬乎！"鲁成公回国后,欲联楚背晋。季文子曰:"不可。晋虽无道,未可叛也。国大,臣睦,而迩于我,诸侯听焉,未可以贰。《史佚之志》有之曰:'非我族类,其心必异。'楚虽大,非吾族也,其肯字(爱)我乎？"鲁成公从之。	●新巴比伦国王尼布甲尼撒二世再次洗劫耶路撒冷,夷平城墙,捣毁圣殿,灭犹太王国,将大批犹太人,从国王、贵族到一般平民掳往巴比伦为奴,史称"巴比伦之囚",这是犹太民族历史上的一次大流散。至此,"犹太"成为整个民族的通称。这一事件影响深远,此后,世界各地的犹太人在数量上逐渐超过在巴勒斯坦的犹太人,犹太人的文化、社会、和宗教信仰作为今天以色列故土以外的一种独特的思想体系和生活方式而开始发展。
586		●晋与齐、鲁、宋、卫、郑、曹、邾、杞盟于虫牢,对楚之霸权提出挑战。	●新巴比伦围攻腓尼基人推罗城邦。
585		●周简王元年。 ●吴寿梦称王,被视为吴国的正式建立。 ●晋迁都新田,称新绛。 ●鲁灭邿。 ●邾子朝鲁。 ●郑悼公卒,弟睔立,是为成公。	●古希腊科学家发现摩擦起电现象。 ●米底与吕底亚因日食休战缔和(据希腊哲学家泰勒斯预言,日食发生在是年5月28日)。 ●前585～前550:米底末代国王阿斯提亚格斯在位。

附
录
2

公元前	（朝代）	中 国	外 国
584		• 晋臣巫臣赴吴，教车战，吴始攻楚。开始进入中原。	
583		• 《左传·成八》："君子曰：从善如流，宜哉！"	• 巴比伦犹太总督被杀，犹太人再次被掳往巴比伦。
581		• 晋景公病，秦名医缓曰：病在肓之上，膏之下，无法医治。"病入膏肓"一语源此。 • 缓：有《辞典》作"医缓"。春秋时秦地名医。《左传·成十》载秦桓公派其为晋景公治病事。	• 希腊移民约于此时在西西里南部建阿格里真托城。 • 雅典贵族会议决定，将执政官增为十名。
579	春	• 晋复起，挑战楚霸地位，两强互不相让，是年，在宋调和下，两国会盟，相约互不加兵，有难互援。史称第一次"弭兵大会"。	• 古希腊数学、哲学家毕达哥拉斯诞生。他提出著名的"毕达哥拉斯定理"，提倡数的和谐说和灵魂轮回说，创立了毕达哥拉斯学派。可惜其著作全部散失，仅在亚里士多德等人著作中保留部分内容。
578	东 秋	• 晋改行四军（上、中、下、新）之制。 • 据《左传·成十三》："六月丁卯夜，郑公子班自訾求入于宫，不能，杀子印、子羽，反军于市。己巳，子驷帅国人盟于大宫，遂从而尽焚之，杀子如（即公子班）、子骈、孙叔、孙知。" • 晋与秦断交，联鲁、齐、宋、卫、郑、曹、邾、滕等攻秦，败秦师于麻隧。	• 前578～前534：罗马"王政时代"第六王塞维·图里乌（伊特鲁里亚人）进行改革：将罗马划成四个区域。依财产多少将居民划成五个等级。建立森都里亚大会（百人团大会），为最高权力机构，第一等级富人在大会中占绝对多数。一般认为，这次改革标志着罗马奴隶制国家的形成。
575	时	• 鄢陵之战。晋大败楚，楚共王负伤。楚受制于南方吴国强大的制约，霸主地位发生动摇。	• 巴比伦城中有彩色琉璃砖浮雕的伊什塔尔城门约建于此时。
574	周	• 周简王十二年。 • 楚灭舒庸。	• 新巴比伦长期围困推罗城，是年推罗投降。
570	期	• 据《左传·襄三》：晋大夫祁奚告老，晋悼公让其举荐后继之人，他初举有私仇的解狐接任，悼公欲任之而解狐卒。他又荐自己的儿子祁午。时人叔向赞其"外举不弃仇，内举不失亲"（《左传·襄二十一》）。 • 鲁襄公朝晋，与晋侯盟。 • 晋盟诸侯于鸡泽，晋侯使荀会迎吴王于淮上，吴王不至。	• 前570～前526：埃及法老雅赫摩斯二世在位。 • 前570～前554：阿克拉加斯城邦僭主法勒里斯约于此时执政。 • 昔兰尼王巴都斯二世约于此时在位。吸引希腊移民前往定居。 • 时希腊流行优卑亚岛的铸币和度量衡制。
567		• 齐灭莱。莒灭鄫。	• 新巴比伦大掠埃及。
565		• 《左传·襄八》载："子驷曰：《周诗》有之曰：'俟河之清，人寿几何？……'"是知黄河自古不清。	• 传说佛教始祖释迦牟尼诞生于兰毗尼国（今尼泊尔洛明达）。为佛历纪年之始。
564		• 据《左传·襄九》："庶人力于农穑。"西周以后，劝务农者称"庶人"，秦汉以后，是对无官职平民的一种泛称。	• 古希腊哲学家色诺芬尼约于是年诞生。他认为一切事物都从水和土而出。反对多神说。是为埃利亚学派的第一个代表人物。

公元前	（朝代）	中　　国	外　　国
563		●据《左传·襄十》：鲁大夫叔梁纥从诸侯之师攻偪阳（今山东枣庄南），城门突然下坠，"纥抉之，以出门者"。叔梁纥，孔子父也。 ●晋灭偪阳。	
562	春 东 秋 时 周	●鲁"三分公室"。关于"三分公室"，有学者指为，三家大夫势强，将鲁政支解为三，鲁襄公仅存名誉地位。有学者认为仅指分掌军队。鲁军原归公室掌握，现分为三，由季氏，孟氏，叔孙氏分掌，三家采邑中的私人军队取消。而季氏放弃私军，将入新建军者免税，不入者"倍征"；孟氏还保留一支私家奴隶兵；叔孙氏将所领军全按私家奴隶兵对待。 ●据《左传·襄十一》："秋七月，同盟于亳……载书曰：'凡我同盟，毋蕴年（杨注：年，谷也。此谓毋积粮而不救邻国之灾），毋壅利（杜注：专山川之利），毋保奸（杨注：指庇护他国罪人），毋留慝（沈释：不收留恶人），救灾患（杨注：疑指自然灾害），恤祸乱（杨注：指权力斗争），同好恶（杨注：善恶之标准统一），奖王室（杜注：奖，助也）。'"可见当时盟约条款之一斑。 ●据《左传·襄十一》："郑人赂晋侯以师悝、师触、师蠲（杨注：三人皆乐师）……歌钟二肆，及其镈、磬，女乐二八。晋侯以乐之半赐魏绛。……夫乐以安德……魏绛于是乎始有金石之乐，礼也。"古代重视音乐，视"乐以安德"，乐器还主要起礼器的作用。	●新巴比伦王尼布甲尼撒二世卒。艾梅尔·马尔杜克继立。国势渐衰。 ●斯巴达约于是年大破提吉阿军，使其为附庸。斯巴达渐在拉哥尼亚称霸。
560		●鲁灭邿。1995年在山东长清县仙人台遗址发掘六座邿国墓葬，出土大量器物。有一铜盘上刻有数十字铭文，十分珍贵。 ●据《左传·襄十三》："楚子疾，吉大夫曰：'不榖不德，少主社稷……所以从先君称庙者，请为"灵"若"厉"，大夫择焉。'……秋，楚共王卒。子囊谋谥。大夫曰：'君有命矣。'子囊曰：'君命以"共"，若之何毁？……请谥之"共"。'大夫从之。"依此，有学者认为，影响中国两千多年的"谥法"在春秋时期已有之，"谥号之起约在西周中叶以后"（见杨伯峻注）。也有学者认为，春秋、战国期间，尚无谥法，所谓谥号皆为生号，谥法之兴，在秦汉以后。	●雅典庇西特拉图执政，进行改革。设农村法庭，发展海外贸易，建神庙，奖励学者，使雅典成为希腊文化的中心。 ●前560～前546：吕底亚末代国王克罗伊斯在位，传说他是古代巨富之一。 ●埃及征服塞浦路斯岛。
559		●晋士匄与齐、鲁、宋、郑、曹、莒、邾、滕、薛、杞、小邾，会吴大夫于向，谋攻楚。 ●晋帅诸侯之师伐秦，败于棫林。	●前559～前556：新巴比伦王尼利迦尔勒泽尔弑君登位。 ●雅典僭主庇西特拉图前后两次被逐。
558		●《左传·襄十五》载："王及公、侯、伯、子、男、甸、采、卫、大夫，各居其列，所谓周行也。" ●齐攻鲁，围成。 ●邾伐鲁南鄙。	●波斯贵族居鲁士建立"阿契美尼德王朝"。统一伊朗高原诸部，开始古代西亚波斯帝国时期。 ●波斯在居鲁士领导下，反抗米底控制。

公元前	（朝代）		中　国	外　国
556			●晏婴任齐卿,劝齐景公省刑罚,轻徭役,以礼治国。传世《晏子春秋》出于后人依托。 ●卫灭重丘。	●前556～前551:雅典僭主庇西特拉图二次执政。
555			●周灵王十七年。 ●白狄始通于鲁。	●前555～前539:新巴伦王那波尼德篡位自立。
551	春		●孔子约于是年诞生。名丘,字仲尼。孔子为儒家创始者。儒家思想是中国封建社会的主要思想体系,其影响中国两千多年,一直到今天。在两千多年中,儒家思想也得到了积累、叠加、充实和发展,成为中华民族的思想主干,也是中华民族对世界思想宝库的重要贡献。 ●道家创始人老子(老聃,姓李名耳,字伯阳)约与孔子同时。道家思想也是中国思想宝库中的支柱之一。	●前551～前540:雅典僭主庇西特拉图二次被逐,在外多年。 ●希腊诗人西摩尼德斯生活在此时期。他作有酒神颂歌,还从事音乐研究。 ●希腊地理学家赫卡泰厄斯诞生。他分已知世界为欧、亚洲,并绘地图。著有《谱系志》等。 ●希腊画家塔克塞基亚斯活动于此时期。他擅长陶瓶画,有多种作品。
550	秋	东	●齐大夫杞梁被俘死,相传有妻孟姜哭夫事。哭夫十日,城崩,投水死。后人有将杞梁演义为秦朝人,叫"范杞良",演变成"孟姜女哭长城"的故事。 ●《左传·襄二十三》记一奴仆获人身自由的故事:晋国势族范氏、栾氏相攻,范氏惧栾氏家臣督戎,其家奴斐豹曰:"苟焚丹书(奴仆名册),我杀督戎。"范宣子应允,斐豹杀死督戎而获得了人身自由。 ●约于此时形成二十四节气。	●居鲁士攻入埃克巴坦那(今伊朗哈马丹),灭亡米底,以其为都,在伊朗高原西部建立一个强大的波斯帝国。 ●古希腊文化的"阿耳忒弥斯神庙"开始建筑,据说建了一百多年,总面积五千多平方米,有一百多根柱子,为世界古代七大奇迹之一。 ●以底比斯为首的希腊中部诸邦于此前后结成"彼奥提亚同盟"。 ●迦太基大军约于此时远征西西里岛,旗开得胜。
549	时	周	●《左传·襄二十四》载:"古人有言曰:死而不朽……大上有立德,其次有立功,其次有立信。虽久不废;此之谓不朽。"	●波斯扩张,征服埃兰。
548	期		●据《左传·襄二十五》记:楚国内整顿,测量山林田地"量入修赋",改革赋税制度。 ●楚灭舒鸠。 ●齐以崔杼为右相,庆封为左相,以"相"为官始此。 ●据《左传·襄二十五》记:齐大夫崔杼因庄公私通其妻而使人杀庄公。齐太史秉笔直书"崔杼弑其君",被崔杼所杀。太史公之弟皆照此续书不改,因之又死两人。其弟又书,崔杼无奈,只得认可。"南史氏闻大史尽死,执简以往。闻既书矣,乃还"。此段故事在传统史学界非常著名。作史者的不畏强权,不怕杀头而决不粉饰权贵,坚持记录实事的精神一直被传为佳话和被立为学习的典范。 ●据《左传·襄二十五》:"今宁子视君不如弈棋,其何以免乎?弈者举棋不定,不胜其耦。"	●前6世纪:希腊地区城邦国家已有数百个,盛行军事民主制。 ●前6世纪:新巴伦国王尼布甲尼撒二世为王妃造"空中花园",又称"悬苑"。将花园置于高高的平台之上,远观如悬空中,为世界古代七大奇迹之一。 ●前6世纪:古希腊寓言家伊索生活于此时期,后人编著《伊索寓言》为传世之作。 ●前6～前5世纪:古希腊宫廷诗人阿那克里翁生活于此时期。后世欧洲文学中模仿其诗,称"阿那克里翁诗体"。 ●前6～前5世纪:"拉丁同盟"中,罗马势力开始强大。 ●前6～前5世纪:西南欧伊比利亚半岛东南部一带,形成"伊比利亚文化"。已有文字,发展至前3～前2世纪最为繁荣。

公元前	（朝代）	中　国	外　国
		有学者认为指"围棋"。	• 前 6 世纪:腓尼基人城邦国推罗与西顿沦为波斯帝国统治下。推罗尚享有自治权。 • 前 6 世纪:迦太基与希腊人争夺地中海西部的霸权。 • 前 6 世纪:阿克苏姆约在此时兴起于今埃塞俄比亚提格雷省,统一北部各城邦后,向埃塞俄比亚高原中部扩张。
547	春	• 楚为南御吴,北抗晋,开始与秦联合。是年,楚、秦合师攻吴,又攻郑,并将守城郑将印堇父献给秦。其后吴攻楚,秦救援。 • 据《史记·司马穰苴列传》:司马穰苴为齐大夫,官司马,精通兵法。奉齐景公命抵抗晋、燕军。曾作《司马穰苴兵法》。战国时,齐威王命人整理兵法,将其纳入其中,司马迁著《史记》时曾读过。	• 布立吞人约在此时击败并驱逐盖尔人,进入不列颠岛。 • 萨尔马特人约于此时进入乌拉尔丘陵地带定居。 • 在此前后南高加索西南部出现"科尔希达王国"。 • 在今约旦西部的纳巴泰人约于此时开始建国。
546	东秋	• 由宋倡导,十三国在宋举行第二次"弭兵之会",相约罢兵,认可晋、宋的霸权地位。晋、楚争霸暂告一段落。 • 据《左传·襄二十七》:"齐庆封来聘,其车美。孟孙谓叔孙曰:'庆季之车,不亦美乎!'叔孙曰:'豹闻之:服美不称,必以恶终。美车何为?'叔孙与庆封食,不敬。为赋《相鼠》,亦不知也。"	• 波斯帝国扩张,入小亚细亚,灭亡吕底亚。并征服当地诸希腊城邦。 • 前 546～前 527:庇西特拉图在帕仑尼战役中获胜,再夺雅典政权。继续改革,进一步打击贵族,实行鼓励农、工、商的政策。 • 斯巴达击败阿戈斯,成为伯罗奔尼撒半岛的霸主。
545	时周	• 据《左传·襄二十八》:晏子云:"夫富,如布帛之有幅焉。为之制度,使无迁也。夫民,生厚而用利(生活丰厚,用品盈饶),于是乎正德(端正道德)以幅(限制、规范)之……利过则为败。"这种"个人获致财富须受一定的道德限制"的财富观在古代具代表性,是中国历史上流行的伦理财富观较早的说明。	• 波斯王居鲁士大举东征。征服今阿富汗北部地区,并进入今阿姆河与锡尔河一带。
544	期	• 周景王元年。 • 《左传·襄二十九》:"吴人伐越。"为南方吴、越兵争之始。此后,越常助楚攻吴,为吴后之患。 • 吴国贵族季扎出使鲁国,对所闻见的传统音乐舞蹈,逐一评论。其云:《周南》、《召南》,"勤而不怨"等,还云:"五声和,八风平,节有度,守有序,盛德之所同也。"观看的舞蹈有:《象箾》、《南籥》、《大武》、《韶濩》、《大夏》、《韶箾》等(《左传·襄二十九》)。	• 影响广泛的拉丁字母约于此时期(一说前 7 世纪)由伊特拉斯坎字母发展而来。 • 通行于古代中亚一带的佉卢文字约于此时期在阿拉米字母影响下形成。 • 有学者认为,使用至前 2 世纪的塞浦路斯音节文字约于此前开始形成。
543		• 子产在郑国执政,进行改革。"子产之从政也,择能而使之"。首次改革内容有:"使都鄙有章,上下有服,田有封洫,庐井有伍。大人之忠俭者,从而与之,泰侈者因而毙之。"(《左传·襄三十》)这些措施有利于农业生产。	

公元前	（朝代）	中　国	外　国
542		• 是年发生子产不让毁乡校,以听取"国人"意见的著名故事,《左传》记其事。得到时人赞赏,孔子有言:"以是观之,人谓子产不仁,吾不信也。"	• 相传大雄(筏驮摩那)约于此时期创立耆那教。
541	春	• 鲁昭公元年。 • 时,秦国名医和给晋平公看病,提出病因有"六气"之说,谓"过而不节"就会病。 • 晋在对狄作战中,见狄多用步兵而少以车战,《左传·昭元》记:"魏舒曰:'请皆卒,自我始。'乃毁车以为行,五乘为三伍。"以乃中原改车战为步卒之始。 • 《左传·昭元》载一则"徐吾犯妹选夫"故事:郑人"徐吾犯之妹美",公孙楚与公孙黑皆欲娶之,徐吾犯让妹自选。公孙黑"盛饰入,布币而出";公孙楚"戎服入,左右射,超乘(一跃登车)而出"。其妹选中楚,其云:公孙黑长得漂亮,而不如楚是真正男子汉,于是嫁楚。此则故事从一侧面反映出时人以"武健"为美的审美观。	
540	东 秋	• 周景王五年。 • 据《左传·昭二》:韩宣子"观书于大史氏,见《易》、《象》与《鲁春秋》,曰:'周礼尽在鲁矣!'" • 鲁襄公设享礼招待韩宣子。《左传》记:"季武子赋《绵》之卒章,韩子赋《角弓》……武子赋《节》之卒章。既享,宴于季氏。有嘉树焉,宣子誉之。武子曰:'宿敢不封殖此树,以无忘《角弓》。'遂赋《甘棠》。"	• 波斯约于此时占领塞浦路斯岛。 • 希腊毕达哥拉斯学派约于此时提出大地为球形、地球绕地轴自转的观点。 • 古希腊哲学家赫拉克利特诞生。他认为万物源于火,"过去、现在、将来都按照规律燃烧,按照规律熄灭的永恒的火"。进而指出世界万物无不处于有规律的永恒运动之中,而对立面的斗争则为一切运动变化的原因。具有朴素辩证法思想。
539	时 周	• 齐晏婴使晋,已向晋卿叔向透露了田氏强大,欲代齐政的信息。叔向亦发出晋公室卑微,大夫势壮的叹息。	• 波斯帝国攻陷巴比伦城,灭新巴比伦王国。两河流域开始为波斯人统治,长达两个世纪。
538	期	• 郑子产"作丘赋",改革军赋。 • 子产在郑进行一系列改革,同时受到一些人的责难与谩骂,咒其父不得好死,骂其为蝎子的尾巴。其闻之曰:"苟利社稷,生死以之。且吾闻为善者不改其度,故能有济也。"后世改革者多以此精神激励自己。 • 楚灭顿。	• 库施击退波斯的进攻。 • 前538～前519:库施国王阿马尼·纳塔基·勒布蒂约于此时在位。
537		• 鲁废中军,降低公室地位。	• 传说释迦牟尼于是年出家。
536		• 子产"铸刑书"。这是中国历史上向公众刊布成文法的首次记载,也是春秋时期政治改革的一件大事。 • 有学者《左传·昭六》所记叔向言:"周有乱政,而作九刑。"又言:"昔先王议事之制,不为刑辟。"认为,周初无固定刑法,临事依断案人意	• 新巴比伦亡国后,有五万多犹太人在泽鲁巴贝尔率领下返回巴勒斯坦地区,约一百年后,在书吏以斯拉率领下,又有一批返回,在波斯统治下,重建耶路撒冷。同时建政教合一的神权政体,复兴"犹太教"。

公元前	（朝代）		中　　国	外　　国
			志裁决。至西周末年，方有"九刑"之制，然亦不向民披露。直此"铸刑书"，方开刊布刑书之先。	
535			•《左传·昭七》载一则"向孔子学礼"的故事：时，孟僖子曰："礼，人之干也，无礼无以立。吾闻将有达者曰孔丘……使事之而学礼焉。"可见"礼"为儒学之骨干。 •《左传·昭七》记："人有十等，下所以事上，上所以共神也。故王臣公，公臣大夫，大夫臣士、士臣皂，皂臣舆，舆臣隶，隶臣僚，僚臣仆，仆臣台。马有圉，牛有牧，以待百事。"反映了西周、春秋时期社会等级制及各阶层的从属地位。	•波斯王居鲁士在两河流域设巴比伦省，包括巴比伦及叙利亚北部、巴勒斯坦等地区。任命波斯人波里亚斯进行统治。这一地区成为波斯的粮仓。 •科西嘉岛附近发生"阿莱利亚海战"，迦太基战胜希腊殖民者。
534	春		•周景王十一年。 •鲁国在红地检阅军队，从根牟一直到与宋、卫的边境线，有革车一千辆。	•前534～前510：罗马"王政时代"第七王（最后一代王）高傲者塔克文执政。相传他是一个暴君。
532		东	•齐国内，陈（田）氏联合鲍氏攻栾、高氏，栾施奔鲁，田氏益强。	
531	秋		•据《左传·昭十一》："楚曾讨陈，而遂县之。"可见当时楚也有"县"的建置。	•相传释迦牟尼于此时期悟道成佛。
530			•楚有良史倚相，《左传·昭十二》称其"能读《三坟》、《五典》、《八索》、《九丘》"。一说《三坟》为三皇之书，也有学者以为是指天、地、人三礼。今见《三坟书》为宋代人伪造。 •晋灭肥。	•一说希腊以斯巴达为首的伯罗奔尼撒同盟约于此时形成。 •释迦牟尼初转法轮，宣传佛教教义。
529	时	周	•楚内乱。楚灵王自缢，楚平王立。楚之霸业至此告终。 •吴灭州来。	•波斯王居鲁士远征中亚身亡，子冈比西斯继立。
526			•有关古代生态文明观，《左传·昭十六》记有一事：当年，郑国大旱，郑定公派三大夫至桑山祭祀，三大夫"斩其木"，子产知之，曰："有事于山，薮（养护）山林也，而斩其木，其罪大矣。"并为此"夺其官邑"。《汉书·贡禹传》载贡禹曰："斩伐林木，亡有时禁，水旱之灾，未必不由此也。"杨树达《读左传》云："森林足以防旱，古人盖知之矣。"	•前526～前525：埃及第二十六王朝末代法老萨姆提克三世在位。 •前526～前510：雅典僭主庇西特拉图卒。二子希庇亚斯和希帕库斯继立，共同执掌政权。 •据传《荷马史诗》在庇西特拉图或其子执政时编就。
525	期		•周景王二十年。 •《左传·昭十七》："冬，有星孛于大辰，西及汉……火出，于夏为三月，于商为四月，于周为五月。夏数得天。"可见夏、商、周纪年正朔不一，而夏正与自然现象适应。 •晋灭陆浑，献俘于鲁。 •吴与楚战于长岸，楚败。	•前525～前404：波斯王冈比西斯攻占埃及，自称法老，建第二十七王朝，即波斯王朝。 •古希腊三大悲剧作家之一埃斯库罗斯诞生。现存其悲剧七部，代表作为《被缚的普罗米修斯》《俄瑞斯忒亚》三联剧、《波斯人》等。被后世誉为"悲剧之父"，使希腊悲剧趋于完善。

附录 2

公元前	（朝代）	中　国	外　国
524	春 东 秋 时 周 期	●是年夏，宋、卫、陈均遭火灾，郑人欲请人禳火，子产曰："天道远，人道迩。"拒之。这种重人轻天思想是周初"天不可信"（《尚书·君奭》）、"下民之孽，匪降自天"（《诗经·小雅》）思想的直接继承与发展。 ●周景王欲铸大钱。单旗反对，云："民患轻，则为作重币以行之，于是乎有母权子而行，民皆得焉。若不堪重，则多作轻而行之，亦不废重，于是乎有子权母而行，小大利之。"（《国语·周语下》）主张铜币的轻重应根据流通需要而定，称为"子母相权"，是中国历史上一种重要的货币流通理论。	●意大利半岛伊达里亚人与希腊发生第一次"丘米战争"。希腊胜。
522		●郑子产（即公孙侨、公孙成子，？～前522）卒。孔子闻而流涕，赞称"古之遗爱"。 ●古人论"和协"。据《左传·昭二十》：婴子对齐侯云："和协"与"相同"是不一样的。"和协"如做羹汤，"水、火、醯、醢、盐、梅，以烹鱼肉，燀之以薪"，厨师调和，使之味中，"君子食之，以平其心。"乐音与调味一样，清浊、小大、短长、刚柔、迟速、高下、周疏，"以相济也，君子听之以平其心。"君臣关系也一样，"和协"则是"君所谓可有否焉，臣献其否以成其可；君所谓否而有可焉，臣献其可以去其否，以致政平"，而"相同"则是"君以为可，臣亦曰可；君以为否，臣亦曰否。"如用清水去调清水，谁去吃呢？琴瑟都弹一个调，谁去听呢？其中，还提出"心平"、"德和"的命题；论述了"和协"与"心平"、与"道德"的关系都是很重要的思想。	●波斯发生"高马达政变"，一度推翻阿契美尼德王朝，后被镇压，高马达被杀。冈比西斯在返军途中暴卒，大流士一世夺得政权。以苏萨为国都，波斯波利斯为陪都。 ●希腊画家欧夫罗尼奥斯约活动于此期间。他作有较多的瓶杯画，有《赫拉克勒斯与安泰搏斗》等。
520		●周景王卒。王室乱，刘耿、单旗立长子猛，是为悼王。王子朝杀猛争位，晋发兵攻朝，立王子匄，是为敬王。 ●晋灭鼓。 ●据《左传·昭二十二》：是年，齐伐莒。因莒国小，齐初使北郭启率兵来伐，要求不高，易于讲和。苑羊牧之向莒子谏曰："齐师贱，其求不多，不如下之，大国不可怒也。"然莒子好战，"弗听，败齐师于寿余。"继而齐侯亲率师伐莒，莒子见状遂求和，"莒子如齐莅盟，盟于稷门之外。"吃了大亏，齐使莅盟，不在城内，而在城外，是有意辱之。是故，莒国上下"大恶其君"。	●前520～前490：斯巴达国王克利奥米尼一世在位，对统治机构进行整顿。 ●重返耶路撒冷的犹太人约于是年开始重建雅赫维圣殿。 ●大流士一世取得波斯政权后，平定各地暴动，进行改革，加强中央集权。置行省和总督，建常备军驻守重地，筑御道，设驿站。推行扩张政策，时波斯达极盛。其疆域东起印度河，西至爱琴海，北抵咸海、里海、黑海，南到埃及，把古代东方几个文明中心皆囊其中。自称"伟大的王，波斯之王，诸省之王"。其纪功石刻《贝希斯敦铭文》大约完成于此时。
519		●周敬王元年。 ●《左传·昭二十三》记："莒子庚舆虐而好剑。苟铸剑，必试诸人。"今所见春秋时的剑皆为半米左右的短剑。	●波斯东征斯基泰人，将疆域扩展至印度河以东。 ●普拉提城邦反底比斯，要求雅典保护，此后两城邦关系友好。
518		●吴灭巢，又灭钟离。	●波斯进入东北非地区，臣服麦罗埃王国。

公元前	（朝代）	中　国	外　国
		●据《左传·昭二十四》:召简公等一行进见王子朝。苌弘评论说:"同德度义。《大誓》曰:'纣有亿兆夷人,亦有离德;余有乱臣十人,同心同德。'此周所以兴也。君其务德,无患无人。"	●古希腊抒情诗人平达诞生。他以写合唱颂歌著称。传世作品有四十多首。是古希腊文化的代表人物,欧洲文学中有平达体颂歌。
517		●据《左传·昭二十五》记:"季、郈之鸡斗。"时有"斗鸡"游戏。	●波斯王冈比西斯死后,埃及掀起反抗斗争,大流士一世派兵镇压。
516	春	●王子朝携周之典籍奔楚。 ●孔子至齐,学韶乐。约在此时孔子答齐景公问政,提出:"君君、臣臣、父父、子子"之说。成为儒家核心内涵之一,影响中国两千多年。 ●晋灭巩。	●返乡的犹太人在耶路撒冷重建圣殿后,地区长官尼希米按祭司观点整理犹太教义、教规。 ●波斯在埃及施行宗教宽容与发展经济政策。
514	东 秋	●吴公子光(阖闾)宴请吴王僚,暗遣勇士专诸刺王僚而自立。 ●1955 年在安徽寿县出土阖闾时代的"吴王光鉴"(青铜水器),为阖闾为其女叔姬所作的媵器。共两件,各有铭文 52 字记述作器原因,及吴、楚的政治联姻。 ●据《左传·昭二十八》:晋"魏献子为政,分祁氏之田以为七县,分羊舌氏之田以为三县。"时晋亦有"县"的建置。 ●据考,苏州城最早建城于是年。1986 年举行建城 2500 周年纪念活动。	●雅典僭主希帕库斯荒淫无度,哈慕底斯纠合其众将其刺杀。 ●波斯王大流士一世率军渡赫勒斯滂海峡与多瑙河,征服色累斯,是为大流士一世远征欧洲之始。
513	时 周 期	●继郑子产"铸刑书"后,晋"铸刑鼎,著范宣子所为刑书"(《左传·昭二十九》)。春秋时期各国改革,司法改革是一个重要方面,在中国司法史上占重要地位。 ●《左传》记:"遂赋晋国一鼓铁。"知刑鼎为铁铸。山西侯马出土铁铧犁,时间与此相仿;长沙出土楚鼎基本为铸铁。可见春秋末年铸铁技术已有一定发展。 ●《左传》记:晋太史蔡墨谓,当时有"五行之官(金、木、水、火、土五正),是谓五官。" ●鲁昭公自乾侯来到郓地,欲至晋,未果。齐侯派高张来慰问,对昭公不称"公"而称"主君"(这是家臣对卿大夫的称呼)。子家子曰:"齐卑君矣,君祇辱焉。"于是昭公又回到乾侯。	●斯基泰王伊当提尔苏斯举兵抗击波斯军攻击,逐渐统一斯基泰人各部。 ●前 6 世纪末:波斯帝国铸金币,名"大流克"。 ●前 6 世纪末:波斯帝国大流士一世时将"琐罗亚斯德教"定为国教,其教义保存在《波斯古经》中,以礼拜"圣火"为主要形式。此教在南北朝时传入中国,称"祆教"、"火教"、"拜火教"或"波斯教"。 ●前 6 世纪末:古希腊哲学家巴门尼德生活在此时期。他认为"存在"与思维是同一的,"只有理性才能认识存在"。著有《论自然》,现仅存片断。
512		●吴以孙武(字长卿)为将。据《史记·孙子传》:"孙子武者,齐人也。以兵法见于吴王阖庐。"《孙子兵法》为我国最早的兵书,至今在世界享有盛誉。《汉书·艺文志》著录八十二篇。1972 年临沂汉墓出土竹简二百余。 ●吴灭徐,继灭钟吾。	●北非今利比亚地区爆发昔兰尼反迦太基的战争。

公元前	（朝代）	中　　国	外　　国
511		• 鲁灭滥。 • 时，晋国内卿大夫势已大盛。定公时形成六卿（赵、韩、魏、知、范、荀）专政。	• 雅典僭主希庇亚斯被克利斯梯尼击败，逃往西亚。
510		•《左传·昭三十二》载："社稷无常奉，君臣无常位，自古以然。故《诗》曰：'高岸为谷，深谷为陵。'三后之姓于今为庶。"	• 罗马"王政时代"第七王塔克文·苏佩布被逐，"王政时代"结束。选两名执政官执政，罗马进入共和国时期。
509	春	• 据《左传·定元》："孔子之为司寇。"可见孔子曾任鲁国"司寇"之官。时季孙氏为司徒（掌民事）；叔孙氏任司马（掌军事）；孟孙氏为司空（掌工事）；孔子为司寇（掌司法），地位仅次于三家。	• "罗马共和国"成立。废除王权，由两执政官共同管理，主持召开元老院与公民大会。元老院处于权力中心地位。
508		• 楚攻吴。吴败楚于豫章，继克巢。 • 鲁国失火，烧毁都城的雉门及两观。继而重建。	• 雅典克利斯梯尼任执政官。进行改革。设"十将军委员会"，行"贝壳（陶片）放逐法"，打击传统贵族势力，奠定雅典民主政治基础。
506	东 秋	• 吴联蔡、唐攻楚，大破楚军于柏举，乘胜入郢。楚申包胥求救于秦，哭秦廷七日，秦许诺出兵相救。 • 蔡灭沈。	• 雅典攻击彼奥提亚人和优卑亚人，占领卡尔基斯部分领土。 • 罗马与迦太基订立和约，互相承认各自的既得利益。
505		• 楚灭唐。	
504		• 是年，吴连败楚。是为吴鼎盛时期。	• 雅典克利斯梯尼改革措施开始施行。
501	时 周	• 孔子约于是年为中都宰。 • 郑用《竹刑》（书于竹简上的刑法），据说为郑国大夫、名家邓析所作。竹简可携带，这较"铸"在通行上更进一步。	• 迦太基约于此时征服位于今西班牙地区的加的斯。
500	期	• 据《左传·定十》：齐鲁会于夹谷，孔子参加会见。犁弥对齐侯说："孔丘知礼而无勇，若使莱人以兵劫鲁侯，必得志焉。"齐侯从之。孔子退下对定公说："士兵之！两君合好，而裔夷之俘以兵乱之，非齐君所以命诸侯也。裔不谋夏，夷不乱华，俘不干盟，兵不偪好——于神为不祥，于德为愆义，于人为失礼，君必不然。"齐侯听说后乃罢莱人之兵。齐侯打算设享礼招待定公。孔子曰："夫享，所以昭德也。不昭，不如其已也。"于是享礼之事未成。 • 晋赵鞅攻卫。1965 年在山西侯马发现赵鞅等举行对天盟誓的"盟书"，以毛笔书于玉片之上，有五千余件，其中六百多件字迹清楚，每件多者二百余字，少者数字，有很高的学术价值。 • 宋公宠信向魋，向魋在宋公庇护下夺了公子地心爱的四匹马，公子地怒，夺回马，逃奔陈。	• 古希腊城邦国家发展到前 5 世纪，进入"古典时代"，其势已显强。时东方的波斯帝国强大，向西扩张，进军多瑙河，直逼希腊。东西两强势必相碰撞。是年，小亚细亚的米利都人掀起反波斯起义，雅典派兵支援。起义被镇压后，波斯为报复，渡海入侵希腊，揭开长达半个世纪"希波战争"的序幕。 • 古希腊哲学家留基伯诞生。他是"原子说"的奠基人之一。认为原子在虚空中作旋涡运动而产生万物。 • 古希腊哲学家阿那克萨哥拉诞生。他发挥了物质可分之说，认为一切事物都是许多性质不同的微粒组成，称为"种子"，从而直接为日后的"原子理论"奠定了理论基础。 • 前 500 ~ 公元初：北美爱斯基摩人"诺顿文化"约产生于此时期。分布于阿拉斯加地区白令海沿岸。典型陶器为深腹平底罐。

公元前	（朝代）	中 国	外 国
498		•鲁将"堕三都"（毁孟孙氏、叔孙氏、季孙氏各自所筑的都邑），欲削大夫权，引起反抗。	•希腊米利都僭主阿利斯泰哥拉赴巴尔干半岛游说各城邦共击波斯。
497		•晋六卿内争，范氏、中行氏失败出奔，知、韩、赵、魏四家主政。	
496	春	•是年发生"檇李大战"，越大败吴，阖闾负伤，卒。吴王夫差即位。据《左传·定十四》：夫差继位后，"使人立于庭，苟出入，必谓己曰：'夫差，而忘越王之杀而父乎？'则对曰：'唯。不敢忘！'" •湖北江陵楚墓曾出土"吴王夫差矛"，长30厘米，有铭文："吴王夫差自作用措（矛）"。 •楚灭顿。 •是年，孔子见鲁君"怠于政事"，遂离开鲁，开始周游列国，传播其政治主张。	•古希腊"三大悲剧"作家之一索福克勒斯诞生。著有《俄狄浦斯王》、《安提戈涅》等。改进悲剧音乐，促进了希腊戏剧的发展。 •斯巴达进犯亚哥斯。女诗人特勒西拉号召妇女奋勇抗战，战胜斯巴达。 •罗马人在勒吉鲁湖打败拉丁人。
495		•帛书约出现在春秋后期。 •楚灭胡。	•拉德战役。波斯败希腊联军，镇压米利都的反抗，小亚细亚诸城邦陆续失去独立。
494	东 秋 时 周 期	•鲁哀公元年。 •是年发生"夫椒之战"，吴攻越，大胜。越王勾践率残部屯会稽山，使文种求和，夫差许之。越几乎亡国，勾践卧薪尝胆，发愤图强，任用范蠡、文种等整顿国政，十年生聚、十年教训，终于转弱为强。 •西施：一作"先施"。相传为古代"四大美女"之一。吴胜越后，越王勾践将其献吴王夫差，受夫差宠幸，麻痹吴王斗志，使吴亡国。事见《越绝书》等。明代梁辰鱼据此编得《浣纱记》传奇。	•希腊亚哥斯城邦发生奴隶起义。前后坚持二十余年。 •罗马发生平民反贵族的斗争。贵族作出让步，每年选两个"保民官"，代表平民利益。 •希腊画家波利格诺托斯生活在此时期。作有《特洛伊的浩劫》等，均佚。 •波斯阿黑门尼德人约在此时期将水稻、杏、桃等传到西亚。
493		•晋、郑战中，晋赵鞅临战命："克敌者，上大夫受县，下大夫受郡，士田十万，庶人、工、商遂（仕进），人臣隶圉免。"（据《左传·哀二》） •蔡迁于州来。 •是年，孔子至蔡。	•雅典地米斯托克利任执政官，进行改革。打击贵族派。扩建海军。积极抵御波斯的入侵。 •罗马与拉丁人缔结《卡西安条约》，罗马加入拉丁同盟。
492		•齐、卫围戚，戚向中山求救。 •四月，鲁国发生地震。 •孔子在陈。	•为镇压米利都人反抗，波斯入侵希腊，第一次"希波战争"爆发。波斯军在海上遭风暴，行动受挫。
491		•蔡昭侯卒。1955年在安徽寿县发掘其墓，出土器物数百件，不少铜器上有铭文，十分珍贵。	•相传罗马贵族科里奥拉努斯因威胁保民官被逐，引沃尔西人攻罗马，被阻。
490		•楚灭戎蛮。 •弩约出现于春秋后期的楚国。 •春秋后期，楚人已有渗碳制钢技术。1976年湖南长沙杨家山曾出土钢剑，长三十八厘米。	•波斯王大流士一世派其甥阿尔塔弗涅斯率大军，乘六百艘舰船渡海攻希腊，第二次"希波战争"爆发。在中希腊马拉松平原发生"马拉松战役"，雅典军在将军米太亚得统帅下，

公元前	（朝代）		中　国	外　国
			时有以铸剑而闻名者，如欧冶子、干将、风胡子等。世传干将为吴王铸剑，妻投炉中的感人故事。然现出土的吴、越剑均为青铜制。 　•齐景公卒。遗命立庶子荼，诸公子皆出亡。 　•晋国包围柏人，荀寅、士吉射逃亡齐国，据《左传·哀五》记："初，范氏之臣王生恶张柳朔，言诸昭子，使为柏人。昭子曰：'夫非而仇乎？'对曰：'私仇不及公，好不废过，恶不去善，义之经也，臣敢违之？'及范氏出，张柳朔谓其子：'尔从主勉之！我将止死，王生授我矣，吾不可以僭之。'遂死于柏人。"	以少胜多（据说是一万人对五万人），大败波斯。这次战争鼓舞了希腊斗志，增强了抵抗波斯的信心。 　•古希腊伟大的艺术家菲狄亚斯生活在此期间。他被委托主持雅典卫城的重建工作，有很多不朽的作品。 　•古希腊哲学家芝诺（埃利亚的）和恩培多克勒生活在此期间。前者是埃利亚学派的主要代表人物。后者据称为古希腊第一个研究修辞的人。
489	春		•齐以田乞为相。	•雅典攻帕罗斯岛，败。
488			•周敬王三十二年。 　•卫人子贡，以经商致富。	•前488～前480：古希腊斯巴达国王列奥尼达在位。反抗波斯入侵，战中身亡。
487			•宋攻曹，俘曹伯阳，曹亡。 　•吴攻鲁。	•雅典执政官不再选举，由抽签产生，意味着官职更趋广泛化。
486	秋	东	•吴开通连接江、淮之邗沟，为后世所开大运河最早的一段。 　•宋败郑于雍兵。	•相传佛祖释迦牟尼涅槃。 　•佛教进行第一次结集。 　•前486～前465：波斯国王泽尔士一世在位。
485			•薛惠公卒。薛以后情况不详。	•波斯都城多柱大厅约建于此时。
484	时	周	•吴攻齐，伍子胥谏，应防范背后的越，夫差不听，赐伍子胥剑，令其自杀。 　•孔子自卫返鲁。	•古希腊历史学家希罗多德诞生。被称为"历史之父"，所著《历史》（《希腊波斯战争史》）九卷，为西方史学开山之作。
483			•鲁"用田赋"。继"初税亩"后的又一改革。	•古希腊智者派哲学家高尔吉亚诞生，著有《论不存在》，已失传。
482	期		•吴会诸侯于黄池，与晋争盟主。越王勾践乘机袭吴，攻入吴都，吴王夫差归国乞和。 　•许元公卒。以后情况不详。据《世本》，元公后还有一代，为楚灭。	•雅典为建造新舰队发生争执，反对者亚里斯泰底被逐，雅典建强大海军。 　•波斯征四十余附属国数十万人准备攻希腊。
481			•《春秋》绝笔于是年。从鲁隐公元年起，至此二百四十二年。（现传《春秋》还多两年，至孔子去世，皆出弟子手。）是为儒家经典之一，又是后代编年史的滥觞。 　•《春秋》记录日食三十七次，其中三十二次经推算纪实。为世界上最完整的上古日食记录。 　•孔子最得意的弟子颜回约死于此时。 　•田成子（即田常）杀齐简公和右相监止，专齐国政。	•希腊三十余城邦在斯巴达集会，组成全希腊的同盟以对抗波斯人入侵。 　•古希腊智者派哲学家普罗塔哥拉诞生。他对神的存在提出怀疑。著有《论神》、《论真理》，现存片断。

公元前	（朝代）	中　国	外　国
480	春秋时期 东 周	●孔子弟子仲由（字子路）约于是年卒于卫。 ●据《左传·哀十五》：陈成子在宾馆里会见客人。他说："寡君使恒告曰：'寡人愿事君如事卫君'"子赣说："寡君之愿也。昔晋人伐卫，齐为卫故，伐晋冠氏，丧车五百。因与卫地，自济以西，禚、媚、杏以南，书社五百。吴人加敝邑以乱，齐固其国，取欢与阐，寡君是以寒心。若得视卫君以事君也，则固所愿也。"陈成子感到惭愧，将成地归还鲁国。公孙宿带兵器进入嬴地。 ●楚攻吴。陈侯派公孙贞去吴国慰问，到良地而死，因灵柩遭雨，吴以为不吉，欲阻止其进城。芋尹（官名）盖极力解释曰："臣闻之曰：'事死如事生，礼也。'……备使奉尸将命，苟我寡君之命达于君所，虽陨于深渊，则天命也，非君与涉人之过也。"于是吴人接纳了他们。	●是年春，波斯王泽尔士一世亲率大军进行了历史上空前的横渡赫勒斯滂海峡的军事行动，下令建造联结亚欧两岸的浮桥，约五十万大军由此踏上欧洲土地，矛头直指希腊，第三次"希波战争"爆发。在最初的"德摩比利战役"中遭到七千多希腊军的抵抗，由于寡不敌众，希腊军全部战死。秋天，发生著名的"萨拉米海战"。此为希波战争中的重要战役，波斯大败，航船损失严重，希腊转为进攻，继而将波斯逐出巴尔干半岛。 ●位于黑海北岸的博斯普鲁斯王国建立，首都蓬吉卡裴（今乌克兰刻赤），与古希腊城邦国家来往频繁。 ●迦太基发兵进攻西西里岛上希腊殖民城邦墨拉，但被叙拉古僭主革隆的援军挫败。以后，希腊与迦太基在西西里形成对峙局面。
479		●儒家学派创始人孔子（名丘，字仲尼，前551～前479）卒。他除修订《春秋》外，相传整理过《诗》、《书》等文献。被奉为儒家经典的《论语》是记录他的谈话及与门人的问答。 ●楚灭陈。	●古希腊三大悲剧作家之一欧里庇得斯诞生。现存作品十八部，代表作有《美狄亚》、《希波吕托斯》、《特洛亚妇女》等，擅长描写人物心理。
478		●越王勾践伐吴，败吴于笠泽。 ●卫庄公虐待工匠，长期劳动不让休息，石圃领工匠暴动，杀卫庄公。	●"萨拉米海战"的胜利显示了雅典的强大，导致其霸权的建立。是年，以雅典为首的一百多个城邦结成"提洛同盟"。对抗以斯巴达为首结成的"伯罗奔尼撒同盟"。
477		●《史记·十二诸侯年表》止于是年。 ●齐人所作《考工记》成书于春秋末年，为最早的手工业汇集。	●前477～前396：罗马人与伊特鲁里亚人展开长期的"维爱伊战争"，最后罗马获胜，攻下并破坏了维爱伊城。此后伊特鲁里亚人势衰。
475	战国时期	●周元王元年，此年为"战国"始年（此据《史记·六国年表》。《资治通鉴》以前403年韩、赵、魏三家分晋为"战国"起始年。还有他说。） ●赵襄子元年，被视为"赵"立国之年。 ●名医扁鹊（姓秦，名越人），战国时人。相传他确定望闻问切的诊断方法，影响深远，并著有《扁鹊内经》、《外经》，已佚。现存《难经》一书，是后人托名而作。 ●春秋战国之际已有司南（指南针）。 ●春秋战国之际已广泛使用铁器。《孟子》中明载"铁耕"；《管子》中说农用铁耒、耜、铫，女工用针、刀，制车用斤、锯、锥、凿等。中原各地战国墓都有铁器出土，以农具与手工工具居多。铁器使用极大推动生产力发展，以至于学者将其视为中国进入封建社会在生产力局面上的标志。	●古希腊雕塑家米隆生活在此时期。其代表作为《掷铁饼者》。 ●拉丁人联合希腊人攻伊特拉斯坎人，迫其退出拉丁姆地区。 ●雅典避开斯巴达锋芒，加紧建设，扩大城市规模。 ●迦太基航海家希米尔科生活在此时期。他曾由迦太基经直布罗陀海峡航行至今西班牙、法国大西洋海岸。 ●希腊学者恩培多克勒约生活在此时期。他提出大地是由土、空气、水、火四种元素（基质）构成的观点。

公元前	（朝代）	中　国	外　国
474		• 越始遣使至鲁。 • 据《左传·哀十一》:鲁哀公与齐侯、邾子盟于顾。齐人曰:"鲁人之皋,数年不觉,使我高蹈。唯其儒书,以为二国忧。"是行也,鲁哀公先到阳谷。齐人间丘息曰:"君辱举玉趾,以在寡君之军,群臣将传遽以告寡君。比其复也,君无乃勤?为仆人之未次,清除馆于舟道。"鲁哀公辞谢。	• 罗马与维爱伊订立和约。 • 伊特拉斯坎人舰队被摧毁,从此势衰,减少了对罗马的威胁。 • 意大利半岛伊达里亚人与希腊发生第二次"丘米战争",希腊再胜。 • 罗马共和国时期,平民与贵族长期斗争,取得召开"平民会议"("特里布大会")的权利,处理有关平民事务。
473	战 国 东 周 时 期	• 越灭吴,夫差自杀。 • 勾践杀吴太宰伯嚭。越功臣范蠡知勾践不可共安乐,离越而去,相传后成为富商,居陶,称陶朱公。 • 相传范蠡时已用炮(用杠杆抛石的机械)。 • 1965年湖北江陵出土"越王勾践自作用剑",青铜质,花纹经硫化处理,剑刃极锋利。	• 雅典舰队远征黑海沿岸。 • 雅典名将西门的舰队征服原为海盗中心的开俄斯岛,迫其加入"提洛同盟"。
470		• 越兵渡淮。越与齐、晋会于徐州,致贡周王。周王赐胙,命为伯。越成最后一任霸主。 • 鲁哀公自越国归后,开始与势壮的三家大夫相恶。 • 卫侯逃亡到宋国。	• 雅典统帅西门迫地米斯托克利亡命国外,遂执掌政权。 • 古希腊几何学家希波克拉底生活于此期间。他为了"化圆为方"而得出了求以两不等径圆弧为边的月牙形面积的方法。
469		• 周元王八年。 • 据《左传·哀二十六》:卫侯向子赣问回国之事。子赣当面说:"臣不识也。"而私下对使者说:"昔成公孙(避居)于陈,宁武子、孙庄子为宛濮之盟而君入(回国)。献公孙于齐,子鲜、子展为夷仪之盟而君入。今君再在孙矣,内不闻献之亲,外不闻成之卿,则不识所由入也。诗曰:'无竞惟人,四方其顺之。'若得其人,四方以为主,而国于何有?" • 宋景公卒。大尹立公子启,六卿逐启,而立公子得,是为昭公。	• 古希腊哲学家苏格拉底诞生。创立"目的论"哲学体系,哲学的目的不在于认识自然,而在于"认识自己",主张"美德即知识",并提出"助产术"辩证法认识论。最后被法庭判以死刑。 • 前469～前427:斯巴达国王阿希达穆斯二世约于此时在位。 • 希腊亚哥斯城邦约于此前后灭亡梯林斯。 • "提洛同盟"舰队在西门率领下大破波斯军,击毁、缴获舰船两百余,虏两万人。
468		• 周定王元年。 • 《左传》记事止于此年。是书又称《春秋左氏传》,或《左氏春秋传》。旧传为春秋时左丘明撰,史家考证成书于战国初年。是书以大量史料诠释《春秋》,比其多十七年。被儒家奉为经典之一。书中留存大量先秦史料;文字优美,不少篇段被历代选出作范文背诵。不愧为中国古代文史名著。	• 纳克索斯岛城邦声言退出"提洛同盟",雅典以武力施压,迫其重新入盟。
466		• 鲁国内,公室失权,屈卑于三桓。 • 晋国发生地震。	• 南欧西西里岛上叙拉古为西部地中海强国,曾建立民主政体。
465		• 周定王四年。 • 越王勾践卒。子鹿郢立。	• 前465～前425:波斯王阿尔塔萨西斯一世以其父王被刺杀而继位。

公元前	（朝代）		中　国	外　国
464	战国东周时期		• 战国初期哲学家子思（姓孔，名伋）生活在此时期。他提出万世应以"诚"为本。以"中庸"为其学说核心。后来的孟子发挥其学说，形成"思孟学派"。他被尊为"述圣"。现存《礼记》中的《中庸》、《表记》、《坊记》等，相传是他的著作。	• 前464～前455：第三次美塞尼亚战争。为古希腊美塞尼亚地区希洛人反抗斯巴达占领的战争。 • 时斯巴达发生大地震。 • 希腊诗人克拉提诺斯约生活于此时期。他著有二十余部戏剧，今存片断如《瓶子》等。
462			• 周定王七年。 • 郑哀公元年。 • 晋荀瑶在高梁（今山西临汾东）筑城。	• 雅典民主派政治家厄菲阿尔特当政。他限制贵族特权，扩大民众会议和陪审法庭的权力。
461			• 秦灭大荔。 • 杞内乱。救弑兄哀公自立，是为出公。	• 雅典民主派领袖厄菲阿尔特遭反对派暗杀，伯里克利继之。继续改革。
460			• 周定王九年。 • 杞出公元年。	• 古希腊哲学家德谟克利特诞生。他提出"原子论"学说和人们认识事物的"影像说"。还对数学、天文、生物、医学、伦理、修辞等方面作过研究，可说是古代第一位杰出的百科全书式的学者。
458			• 知、韩、魏、赵四氏分范氏、中行氏土地，是为"三家分晋"的前奏。	• 相传埃魁人攻罗马，罗马人推辛辛纳塔斯为独裁官率军抗击，胜后，他仍回乡耕种。
457			• 知伯（荀瑶）攻中山，取穷鱼城。 • 秦侯率军与绵诸战。	• 雅典修筑至派利斯港长达四英里的"长墙"，以连接海口。
456			• 秦在频阳（今陕西铜川东南）设县。 • 卫出公卒。其叔黔攻出公子而自立，是为悼公。 • 齐平公卒，子积立，是为定公。 • 齐田成子卒，子盘立，是为襄子。	• 古希腊科学家希波克拉底等人建立希腊医学，并提出健康与病态理论。他的医学观点对以后西方医学的发展有巨大影响，被誉为"医学之父"。
453			• 晋国韩、魏、赵氏攻杀知伯，三分其地。 • 齐田襄子与韩、魏、赵通使，并悉任其兄弟宗人为都邑大夫。	• 叙拉古攻击厄尔巴和科西嘉岛。 • 雅典征伐科林斯海峡，无果。
452			• 周定王十七年。 • 齐国内，田庄子为相，独揽齐国政。 • 晋大夫知伯之族知开奔秦。	• 雅典公民大会决定可让第三等级公民任执政官，后又扩大到第四等级，并皆由抽签产生。
451			• 秦筑南郑城。	• 雅典推选十人组成委员会，编纂成文法。
450			• 周定王十九年。 • 蔡最后一代王齐元年。齐在位四年后为楚惠王所攻杀。 • 宋昭公元年。他是去年在宋景公卒后杀其太子而自立的。 • 卫敬公元年。去年其父悼公卒，子继父位。	• 罗马共和国颁布"十二铜表法"，为古罗马第一部成文法，被视为欧洲的法学渊源。 • 前450～前1世纪末，欧洲早期铁器时代"拉登文化"约产生于此时。寨堡建筑规模较大，四周围以高墙、壕沟，成部落行政、宗教中心。采矿、冶铁有较高水平，出土有两轮战车。

公元前	（朝代）		中　　国	外　　国
449	战		● 周定王二十年。 ● 杞出公卒。子简公立。 ● 越王不寿被杀，子朱句继立。今见朱句时所作的青铜剑和矛。湖北江陵出土，"朱句"作"州句"。 ● 越人迎女于秦。 ● 杞出公卒。子春立，是为简公。这是杞最后一代王，在位四年，为楚所亡。	● 希腊与波斯在波斯首都苏萨订立"卡里阿斯和约"，结束希波战争。波斯放弃对爱琴海及赫勒斯滂地区的统治权，承认小亚细亚各希腊城邦的独立。"希波战争"以希腊胜利而结束，其意义深远，以后世界文明发展的格局逐渐形成东西方并立共存之势。希腊的胜利保卫了雅典，而雅典的发展为西方文明奠定了基础。 ● 罗马共和国规定全体公民（包括贵族）皆应遵守"平民大会"的决议。
447	国		● 周定王二十二年。 ● 楚灭蔡。	● 雅典城邦的女守护神雅典娜·帕提侬神庙落成。是为古希腊全盛时期建筑与雕刻的主要代表，成为古希腊文化的重要象征。
446			● 周定王二十三年。	● 古希腊早期喜剧代表作家阿里斯托芬约于是年诞生。现存作品十一部，代表作有《阿卡奈人》、《骑士》、《和平》、《财神》等，被誉为"喜剧之父"。
445	时	东 周	● 周定王二十四年。 ● 魏文侯元年，被视为"魏"建立之年。 ● 魏文侯时，任用李悝进行改革，开战国时期各国改革之先。改革内容包括："尽地力之教"（《汉书·食货志》）；"造《法经》六篇"（《唐律疏义》），为我国古代第一部完整的法典。惜现失传。 ● 楚灭杞。 ● 楚东侵，扩地至泗水，江淮以北皆为楚所有，楚势再强。	● 前5世纪：雅典成为爱琴海地区强国。雅典城在当时非常辉煌，成为古希腊光辉文化的核心与典型代表。 ● 前5～前3世纪初：意大利半岛基本上统一，管理国家的主要机构为元老院、各种高级长官及公民大会。前者掌握实权。 ● 前5世纪：古希腊爱非斯学派哲学家克拉底鲁生活在此时期。他否定真理的存在。
444			● 周定王二十五年。 ● 秦伐义渠，俘其君。 ● 魏联合晋势族韩氏攻灭伊洛阴之戎，最后清除了中原的戎患。	● 雅典伯里克利任首席将军，当政。最后完成雅典民主宪法，是为雅典最盛时期。对外与波斯言和，巩固"提洛同盟"，对抗斯巴达。 ● 罗马共和国宣布废除平民与贵族通婚的禁令。
441	期		● 南郑叛秦。 ● 墨子在楚惠王末年游楚。相传其与公输般比试攻守器具，以阻止楚国攻宋。 ● 中国思想史宝库重要基石之一的墨家思想，其创始人墨子（名翟）生活在此时代。其思想内涵为"兼爱"、"尚贤"、"尚同"，重实践，倡导"利天下为之"，"使饥者得食，寒者得衣，劳者得息，乱者得治"，认为"官无常贵，民无终贱"，"赖其力者生，不赖其力者不生"等。为战国"诸子百家"重要的一支，在当时影响很大，被称为"显学"。集中体现墨子学派思想主张的是《墨	● 希腊各邦向意大利南部移民，建图里伊城。 ● 雅典与西西里部分城邦结盟。 ● 米利都与萨摩斯交战，向雅典求助，雅典结束萨摩斯的寡头政治。 ● 叙拉古摧毁帕莱锡城，西库里人联盟瓦解。 ● 希腊天文学家默东约于此时发现月球位相有十九年重复出现的周期。 ● 希腊埃利亚学派的哲学家芝诺约于此时期提出悖论的观点。

公元前	（朝代）		中　　　国	外　　　国
	战		子》一书。据《汉书·艺文志》记载，《墨子》一书原有七十一篇。直到宋代尚存六十一篇，而现所能见到的《墨子》只有五十三篇。墨子著作未详记自己的出身地位，他自称"贱人"，可见是生活在社会的下层。墨子早年曾在孔子的弟子门下学习儒家学说，后来发现儒学的礼教繁琐、厚葬靡财，于是背弃儒说，主张以夏代政体为上，以为夏代没有严格的宗法等级秩序，从而创立了墨家学派。墨子死后，其学派分裂，主要有三，即相里氏之墨、相夫氏之墨、邓陵氏之墨。 •公输般（即"鲁班"），被后世木业奉为始祖。相传有很多创造，如刨、钻等工具。水战用的钩拒，以及用木制鸟，飞三天不落等。内中有很多"附会"和"神化"成分。	•雅典当权者伯里克利开始大规模修建雅典卫城建筑群。 •时雅典给法庭陪审员薪金。 •雅典建成巴特农女神庙。她与雅典娜像一同被视为希腊全盛期的标志性建筑。 •希腊艺术家克雷希拉斯约于此时完成青铜伯里克利半身塑像。
440	国		•周考王元年。 •周考王封其弟揭于河南（今洛阳西），为西周桓公。	•希腊在北非昔兰尼地区的"巴图斯王朝"被推翻，改制为共和国。 •雅典围攻萨摩斯，镇压其反抗。
436		东	•孔子的著名学生曾子（名参，字子舆，前505～前436）卒。他以孝著称。提出"吾日三省吾身"的修养方法。主张"慎终追元，民德归厚"、"犯而不校"。相传《大学》为其所著。后人尊其为"宗圣"。	•古希腊雄辩家伊索克拉底约于是年诞生。曾发表著名的《奥林匹亚大祭演辞》。主张希腊各城邦统一，发动反波斯战争。
435		周	•周考王六年。 •鲁季孙会晋公于楚丘，取葭密。 •据《史记·六国年表》：当年六月，秦"雨雪。日月食"。	•古希腊哲学家安提西尼约于是年诞生。他是犬儒学派的创始人。 •古希腊哲学家亚里斯提卜约于是年诞生。他是昔勒尼学派的创始人。
433	时		•晋侯仅占有绛、曲沃，对赵、魏、韩需朝见。 •是年曾（随）乙侯卒。考古发现在随葬品中有六十五件编钟，其音阶齐备，音域宽阔，达到很高的水平。出土漆箱盖面上有二十八宿全部名称，可证"二十八宿"起源于我国，在本年之前就已形成。	•雅典派兵封锁麦加拉海港，伯罗奔尼撒同盟向雅典提出最后通牒。 •为对抗科林斯远征，克基拉与雅典结盟。雅典派十艘军舰支援，迫使科林斯撤军。
432			•周考王九年。 •卫敬公卒。子昭公继立。 •楚惠王卒。子简王继立。	•天文学家默东参考迦勒底人历法，提出"十九年七闰法"，每年平均为365又5/19日，与回归年日数相当接近。后人称"默东历"。
431	期		•周考王十年。 •楚简王元年。楚灭莒。 •卫昭公元年。时势弱。	•"伯罗奔尼撒战争"爆发。是为雅典和斯巴达两强争夺希腊地区霸权的斗争。战争第一阶段（前431～前421），互有胜负。
430			•周考王十一年。 •义渠攻秦，至渭南。	•古希腊历史学家色诺芬诞生。著有《远征记》、《希腊史》、《苏格拉底回忆录》、《斯巴达政体论》等。 •雅典发生大瘟疫，死者甚众。

公元前	（朝代）		中　国	外　国
429			• 秦躁公卒。弟怀公继立。	• 斯巴达围普拉提亚城三年，终使其降。
428			• 周考王十三年。	• 雅典向公民首次征收直接财产税。
427	战		• 魏文侯时，西门豹治邺。传其破迷信，开凿水渠，达十二条，引漳水灌溉，取得成效，使土壤改良，生产发展。 • 保留在《史记·历书》中的《历代甲子篇》，有学者考证是我国古代创制最早的"四分历"（阴阳历），创制于是年。	• 古希腊哲学家柏拉图诞生。他创立"学园派"，建立以"理念论"为核心的哲学体系。代表作有《理想国》、《法律篇》、《智者篇》、《斐多篇》等。 • 雅典统帅克里昂率军镇压"同盟者"密提利那人的反抗。
425	国	东	• 周威烈王元年。 • 中牟地方农民宁越，努力求学，十五年成周威王之师。《汉书·艺文志》有《宁越》一篇，今存辑本。	• 斯巴达再次攻击阿提卡。 • 雅典将属国年贡增加一倍。 • 罗马大败维爱伊人，维爱伊人乞和，订二十年合约。
424		周	• 赵武子元年，被视为"赵"建立之年。 • 同为中国思想史宝库基石之一的杨朱（阳子居）思想，与墨家产生于同时，在当时并称"显学"。核心是"贵生"、"重己"，重视个体价值，反对互相侵夺。主张"全性葆真，不以物累形"。既反对墨家"兼爱"，又反对儒家伦理。	• 古希腊历史学家修昔底德任雅典将军。其著作《伯罗奔尼撒战争史》以亲身经历与访谈，翔实记录了战争经过，以及当时人对一些政治事件的看法，是研究古希腊史的重要资料。
422			• 秦作上、下畤，上畤祭黄帝，下畤祭炎帝。	• 伯罗奔尼撒同盟相继叛离斯巴达。
421	时		• 周威烈王五年。	• 雅典、斯巴达签订停战五十年的《尼西亚斯和约》，"伯罗奔尼撒战争"第一阶段结束。 • 希腊在黑海北岸克里米亚半岛建赫尔松涅斯城，向其移民。
417			• 秦以"君主"（公主，实以民女冒充）嫁给河伯。民间流传"河伯娶妇"的故事。	• 萨谟奈人约于此时占领库迈。 • 雅典与亚哥斯订立盟约。
415			• 周威烈王十一年。 • 秦修庞城，筑籍姑城（今陕西韩城东北）。	• 雅典远征西西里，"伯罗奔尼撒战争"战火重起，进入第二阶段，雅典遭惨败。
414	期		• 周威烈王十二年。 • 秦简公元年。 • 据《史记》载，是年"中山武公初立"。1974年在河北平山县灵寿故城址发掘了六座中山国墓（有两座王陵），出土物近两万件，有三件铜器上刻有铭文，共一千余字，弥足珍贵。	• 前5世纪后半叶：古罗马设立监察官。初主管户籍调查、财产登记和征召壮丁，后兼掌财政、监督公民风纪并审定元老院议员名单，为罗马共和国要职。 • 前5世纪后半期：古希腊雕塑家波吕克利特生活在此期间。名作有《持长矛者》。
413			• 周威烈王十三年。 • 魏败秦于郑（今陕西华县）。	• 前413～前399：马其顿王阿基劳斯在位。迁都塔拉。马其顿始振。

1280

公元前	（朝代）		中　　国	外　　国
412	战	东	●周威烈王十四年。 ●越王朱句卒。子翳继立。	●雅典发生两万多手工业者大逃亡事件。
410			●齐(田)悼子元年。被视为(田)齐建立之年。	●迦太基攻西西里,叙拉古抵抗。 ●马其顿攻占皮德纳。
409			●秦初令吏带剑。	●斯巴达收复皮洛斯。
408			●秦实行土地改革,"初租禾"。史家认为,这是改力役地租为实物地租的信号,在中国土地制度上占重要地位。	●古希腊天文学家欧多克索斯诞生。他尝试构想宇宙的几何模型,第一次在人类文化史上提出了天体运行的全方位的科学概念。
407			●郑败韩于负黍。	●雅典亚西比德凯旋,受任全权将军。
406			●魏灭中山。	●亚西比德败,被解职,离开雅典。
405			●周威烈王二十一年。 ●(田)齐悼子卒。内乱。田和子立。 ●是年,齐宣公卒。子贷立,是为康公。 ●据《史记·六国年表》:是年,魏"卜相,李克、翟璜争"。	●"伯罗奔尼撒战争"第二阶段发生"羊河战役",雅典海军全部被歼。 ●前405～前367:叙拉古王狄奥尼修一世当政,重建僭主政治,增扩军力,战胜迦太基,巩固其在西地中海的霸权。
404	国	周	●周威烈王二十二年。 ●三晋攻齐,入齐长城。 ●宋昭公卒。子购由立,是为悼公。 ●齐康公元年。 ●(田)齐太公元年。	●斯巴达在波斯援助下击败雅典,签订和约,结束"伯罗奔尼撒战争"。雅典交出舰船,解散"提洛同盟"。希腊地区霸权落入斯巴达之手。 ●雅典战败后,斯巴达在雅典扶持以克里提阿斯为首的"三十僭主统治"。只维持八个月,次年,政权即转到民主派手中。 ●埃及从波斯统治下获独立,相继建第二十八至三十王朝。 ●古希腊犬儒派哲学家第欧根尼诞生。他认为人的自然需要是第一需要,其他无足轻重。
403	时		●周王正式认允赵、魏、韩的诸侯地位。 ●《资治通鉴》记事始于是年。	●雅典内讧。民主派在木尼吉亚战胜"三十僭主"之师,重新夺得政权。
401			●周安王元年。 ●楚悼王即位,起用吴起。	●波斯王子居鲁士与其兄阿尔塔萨西斯二世争夺王位,战败身亡。色诺芬著《长征记》叙其经过。
400	期		●周安王二年。 ●韩景侯卒。子取立,是为烈侯。 ●秦简公卒,子惠公立。 ●赵、魏、韩联兵伐楚,至桑丘。 ●赵围韩阳翟。	●前400～前15:凯尔特人进入今奥地利境内,建"诺里孔王国"。 ●前400～1400:一说中美洲印第安人文化古典期的"蒙特阿尔万遗址"约建于此时期。该城约兴建于前5世纪,1世纪后趋于繁荣,成为萨波特克文化的宗教中心。最具特色的是地下石室墓。出土的人像形壶,纹饰复杂,森严肃穆,极具宗教色彩。

公元前	（朝代）		中 国	外 国
397	战		• 聂政刺杀韩相侠累（韩槐）。据《资治通鉴》（以下简称《通鉴》，不另注）所记："盗杀韩相侠累。侠累与濮阳严仲子有恶。仲子闻轵县聂政之勇，以黄金百溢为政母寿，欲因以报仇。政不受，曰：'老母在，政身未敢以许人也！'及母卒，仲子乃使政刺侠累。侠累方坐府上，兵卫甚众，聂政直入上阶，刺杀侠累，因自皮面决眼，自屠出肠。韩人暴其尸于市，购问，莫能识。其姊荌闻往，哭之曰：'是轵深井里聂政也！以妾尚在之故，重自刑以绝从。妾奈何畏殁身之诛，终灭贤弟之名！'遂死于政尸之旁。"	• 阿尔塔萨西斯二世在位时，以斯拉回到耶路撒冷，进行宗教改革。颁布法书，确立耶和华的主神地位。所编定的"摩西五经"（《创世记》、《出埃及记》、《利未记》、《民数记》、《申命记》）成为犹太人最早的成文法，同时，犹太教作为一个具有较完整的教义、教规、礼仪和经典的一神教基本确立，并成为犹太文明的主要文化基础。耶和华被描述为最高的超自然的精神实体，自有永存，无处不在，不生不灭，全知全能，创造万物，主宰宇宙，以智慧、公正、博爱、正义和仁慈为特征。
396	国	东	• 周安王六年。 • 郑缱公被杀。弟康公继立。 • 魏文侯卒。子武侯继立。	• 经过三次"维爱伊战争"，罗马攻陷伊达里亚城市维爱伊，领土扩大，控制了台伯河流域。
395			• 周安王七年。 • 郑康公元年。魏武侯元年。 • 秦攻绵诸。	• 科林斯战争。古希腊雅典、科林斯、底比斯等城邦国家联合反对斯巴达的战争。波斯乘机干预。
394			• 齐攻鲁，韩救鲁。	• 是年8月14日希腊日食。
391			• 魏联赵、韩伐楚，取大梁、榆关。	• 高卢人入侵意大利，罗马阻止未果。
390			• 周安王十二年。 • 秦在陕置县。	• 高卢人打败罗马军，进入罗马城。后撤离。
387	时	周	• 周安王十五年。 • 秦伐蜀，取南郑。 • 魏与齐田和会于浊泽。魏向周室请求将田和列为诸侯。	• 古希腊斯巴达与波斯签订"大王和约"（亦称"安塔西达和约"），承认波斯对小亚细亚诸城邦的统治，从而换得波斯的支持以对抗雅典等城邦国。
386			• 齐田和始列为诸侯。 • 赵迁都邯郸。	• 佛教第二次结集。分裂为"上座部"和"大众部"两大派。
385			• 魏筑安邑、洛阳、王垣等城。	• 斯巴达征服曼蒂尼亚。
384	期		• 周安王十八年。 • 秦不断改革。"止从死"（《史记·秦本纪》），以法令形式废除野蛮残酷的人殉制。	• 雅典雄辩家德摩斯梯尼诞生。曾发表著名的《斥腓力》等演说。今存其演说六十一篇，系古代雄辩术的典范。
383			• 秦筑栎阳城。	• 柏拉图约于此时在雅典"希腊学园"讲学。
382			• 楚悼王以吴起为令尹。吴起不畏楚国贵族势力强大，大胆改革，废其特权。"罢无能，废无用，损不急之官，塞私门之请，壹楚国之俗"（《战国策·秦策》），治理腐败，使楚政治风气为	• 古希腊哲学家亚里士多德诞生（一说前384年）。他创立逍遥学派及"实体论"哲学体系，开创逻辑、伦理、政治和生物等学科，是希腊学者中最博学的人物，是形式逻辑的奠基人。

公元前	（朝代）		中　国	外　国
	战		之一新。随楚悼王死，吴起被贵族乱箭射杀，改革失败。吴起为早年改革的殉道者。	代表作有《工具论》、《形而上学》、《物理学》、《伦理学》、《政治学》、《诗学》等。
380			•周安王二十二年。 •楚肃王元年。 •（田）齐攻燕。 •赵、韩攻（田）齐。 •郑败晋。 •墨子学派发现杠杆平衡原理及平面镜、凹凸镜成像规律。	•古希腊雕刻家普拉克西特利诞生。他的作品神情潇洒，体态俊美，所作女神像表现女性的柔和和秀美甚为杰出。 •前380～前371：斯巴达王克里翁布洛特在位。 •前380～前370：雅松任帖萨利僭主，统一该地区，并企图称霸希腊。
379	国	东	•秦"初县蒲、蓝田、善明氏"（《史记·六国年表》），推广县制。 •越迁都吴。 •齐康公卒，吕氏绝祀，为田氏所取代。	•底比斯由伊巴密浓达当政。重建以其为首的"彼俄提亚同盟"，与斯巴达、雅典争霸十数年。 •高卢人披塞斯约于此时最早注意到月亮和潮汐的关系。
378			•秦继续改革，"初行为市"（《史记·秦始皇本纪》），鼓励商业活动。	•雅典重新组织"提洛同盟"（亦称"第二次海上同盟"）。
377			•周安王二十五年。 •楚筑扦关等防御巴蜀。《华阳国志》："巴楚数相攻伐，故置扦关、阳关及沔关。"	•斯巴达攻入彼俄提亚地区，围底比斯城。 •底比斯与雅典结盟。
376	时	周	•周安王二十六年。安王卒，子喜立，是为周烈王。 •赵攻中山，战于中人（今河北唐县）。	•李锡尼、塞克斯都当选为罗马共和国保民官，在平民支持下连任十年，连续提出改革法案。
375			•周烈王元年。 •秦改革。立户籍相伍，即重新编制户籍，将国内人口按五家为一伍的单位编制，社会组织与军事组织统一，以利耕战。秦经一系列改革，国势日强。 •韩灭郑，迁都新郑。	•古希腊数学家美尼克穆斯诞生。他开展了圆锥曲线的研究，显示了古典数学和几何学研究的深度。 •希腊史学家埃福罗斯约生活在此时期，他撰有希腊首部分卷通史《历史》。
374			•周太史儋见秦献公。司马迁以为"儋"或即老子，后世史家多以质疑。	•斯巴达欲与雅典议和，因攻占克基拉，以雅典援助而败，和谈未果。
373	期		•周烈王三年。 •燕败齐于林营。	•波斯攻埃及，无功而返。 •亚哥斯爆发大规模的"棍棒党"起义。
371			•周烈王五年。 •魏攻楚，取鲁阳，魏地扩至楚方城北。 •秦、赵战于高安，秦败。	•底比斯反抗斯巴达，发生"留克特拉战役"，斯巴达败，导致"伯罗奔尼撒同盟"解体。斯巴达失去霸主地位。
370			•周烈王六年。 •战国中期军事家尉缭曾对魏惠王讲论兵策。《汉书·艺文志》有《尉缭》三十一篇，今存二十四篇。	•古希腊欧多克索斯创立"比例论"。

公元前	（朝代）	中　国	外　国
369		• 赵、韩迁晋桓公于屯留。史界一般以此为晋亡之年。 • 中山筑长城。	• 美塞尼亚人经长期斗争，从斯巴达统治下获得独立。 • 雅典与斯巴达缔结同盟。
368		• 周显王元年。	• 为援帖萨利，马其顿开始入侵希腊。
367	战	• 周显王二年。 • 周考王时曾封弟揭于河南（今洛阳西），称"西周"桓公（见前440年条）。至是年，西周威公卒。公子根争位，发生内乱，韩、赵借机将其分裂为西周、东周两个小国。西周都王城，东周都巩（今河南巩义）。周显王居洛阳（成周），依西周存身。于此，"西周"、"东周"之称乃显于史。	• 罗马共和国通过"李锡尼法"。限制贵族土地，减轻债务；并且两执行官之一须由平民担任。反映出平民与贵族斗争的胜利。 • 前367～前357：叙拉古僭主狄奥尼修二世在位。 • 高卢人再次进入意大利中部，与罗马人发生冲突。
366	国	• 周显王三年。 • 魏、韩会于宅阳。 • 秦败魏师、韩师于洛阳。	• 前366～前359：波斯帝国转衰，西部各省总督联兵叛乱。宫廷内部争夺王位的斗争愈趋激烈。
365	东	• 周显王四年。 • 魏攻宋，取仪台。	• 古希腊哲学家皮洛诞生。他是"怀疑论"的创始者，其核心思想是"一切不可知"。
364		• 石门之战。秦破魏，斩首六万。为战国时秦对东方大国的首次大胜。赵救魏，秦退兵。	• 底比斯大败帖萨利。 • 斯巴达败于阿卡迪亚人。
362	周	• 周显王七年。 • 魏破赵、韩联军，取赵皮牢。	• 雅典与底比斯发生"曼丁尼亚战役"。底比斯败。其在战胜斯巴达后建立的短暂霸权也宣告结束。
361	时	• 秦孝公以诸侯轻视秦，下令求贤，卫鞅闻令入秦。 • 魏从安邑迁都大梁。历史上"魏"又称为"梁"。	• 古希腊喜剧大师菲力门诞生。其喜剧主题转向社会中上层市民私人琐事，反映出人们对政治的冷淡。
360		• 周显王九年。 • 周显王赐秦孝公祭品。 • 《甘石星经》成，为世界最早的天文著作。	• 前360～前338：斯巴达王阿希达穆斯三世在位。 • 居于乌拉尔河与顿河之间的萨尔马特人约于此时越过顿河，攻击斯基泰人。
359	期	• 秦用商鞅开始变法。"令民为什伍"，整理户籍制度；奖励军功，禁止私斗，以军功受爵。新法甚严，连太子违法也要受罚。初次变法，取得成效，"行之十年，秦民大悦…家给人足…乡邑大治"（《史记·商君列传》）。 • 魏瑕阳人为蜀国兴水利，从岷山引青衣水与沫水合。 • 楚伐魏。楚师决河堤引水灌城。 • 魏地白日见陨星，落而有声。	• 前359～前338：波斯王阿尔塔萨西斯三世在位。 • 腓力二世（亚历山大之父）在巴尔干半岛中部统一上、下马其顿建"马其顿王国"。他于前359～前336年在位。在位期间施行币制（采金银本位制）和进行军事改革，使其国力迅速强盛。向外扩张，先占领爱琴海北岸地区，继南攻希腊，最终占领希腊，以致前4～前2世纪古希腊成为马其顿王国统治时期。其子亚历山大继位后，向东方扩张，征服埃及，灭

公元前	（朝代）	中 国	外 国
			亡波斯,建"亚历山大帝国"。随之也将希腊文化推向东方,带来广大区域内的"希腊化时代"。
358	战 国 时 期	• 魏在西边筑长城。 • 秦败韩于西山。	• 希腊天文学家赫拉克利德斯生活在此时期。他首次提出地球转动的学说。
357		• 宋攻韩,取黄池。	• 马其顿夺取安菲波利斯、皮德纳两城。
356		• 晋、宋、卫、韩赴魏,见魏惠王。	• 马其顿控制潘加姆山的金银矿藏。
355		• 韩从亥谷以南筑长城。 • 韩用申不害为相,申不害传授驭臣之"术"。申不害为战国时法家,对法家中"术"的思想有特殊发展。 • 魏惠王会见齐威王,同猎。	• 雅典"海上同盟"诸国反雅典强权,爆发"同盟战争",雅典失败,同盟瓦解。 • 底比斯与弗西斯为争夺特尔斐神庙控制权爆发"神圣战争"。
354	东 周	• 周显王十五年。 • 魏围赵都邯郸。楚王使景舍救赵。 • 齐威王时,用邹忌为相,进行改革,明赏罚,奖谏诤,取得成效。 • 秦攻取魏河西的少梁。斩首七千级。 • 按秦法,凡作战,斩敌一首者,赐爵一级,是谓"首级"。 • 齐师、卫师、宋师围魏襄陵。 • 齐田期攻魏东鄙,战于桂陵,败魏师。 • 韩朝魏于中阳。	• 古罗马基督教思想家、教父哲学的主要代表奥古斯丁诞生。他用新柏拉图主义的哲学来论证基督教教义,把哲学和神学结合起来。宣扬"原罪"说,为中世纪西欧基督教的教权至上论提供了理论根据。著作有《忏悔录》、《论上帝之城》等。 • 古希腊音乐理论家亚里士多塞诺斯诞生。他认为音乐是感情的艺术,反对从"数"出发的音乐观念。著有《论谐和》、《论节奏》等。 • 前4世纪:"科尔希达王国"于本世纪强盛,试图统一格鲁吉亚各部。 • 前4世纪:南欧"伊庇鲁斯王国"在本世纪开始强盛,积极对外扩张。 • 前4世纪:斯科特人约于本世纪自欧洲大陆迁入爱尔兰岛。 • 前4世纪:东非"阿克苏姆国"于本世纪强盛,定基督教一性论派为国教。 • 前4世纪:在小亚细亚的哈利卡纳苏建摩索拉斯陵墓,墓顶有国王与王后乘四马战车像,为世界古代七大奇迹之一。 • 前4世纪中期:古希腊雕刻家斯科巴斯生活在此时期。他的作品深沉有力,善于表现悲壮之情。
353		• 齐"围魏救赵"。齐以田忌为将,孙膑为军师大败魏军于桂陵,解赵邯郸之围。	• 弗西斯击败底比斯及马其顿援军。
352		• 秦攻魏河东,取安邑。 • 魏、韩败齐、卫、宋军于襄陵。	• 马其顿大败弗西斯,希腊各邦震动,在雅典、斯巴达支援下,马其顿撤兵。
351		• 秦取魏固阳。	• 马其顿占领帖萨利,为其联盟盟主。

公元前	（朝代）		中　国	外　国
350	战国时期	东周	●周显王十九年。 ●齐增筑堤防为长城。 ●秦迁都咸阳。商鞅下二道法令：统一度量衡；废封邑，将全国分为四十一县，置县令、丞；"坏井田，开阡陌"，承认土地私有，"任其所耕，不限多少"（《通典·食货》）。两年后，又"初为赋"（《史记·秦本纪》），"舍地而税人"（《通典》），按户口征税。 ●秦新都咸阳在山之南，水之北。山南为阳，水北为阳，山水俱为阳，故名"咸阳"。 ●赵成侯卒，公子缗与太子争立，缗败，奔韩。太子语立，是为肃侯。 ●是年，秦孝公与魏惠王在彤地会见。	●希腊北部马其顿王国强大后，雅典产生亲马其顿与反马其顿的斗争。是年，反派首领摩斯梯尼发表著名的"斥腓力"讲演，号召希腊诸邦组成反马其顿同盟，抗击其南下。 ●阿克苏姆王国攻陷麦马维城，灭亡麦马维王国。 ●腓尼基城邦西顿、推罗和比布罗斯在波斯统治下获独立。 ●犹太举行反波斯统治的起义。 ●波斯远征埃及，大败。 ●高卢人约于此时定居在意大利北部波河流域，被称为"山南高卢"。 ●希腊移民约于此时在高卢南部沿海建立尼斯。 ●希腊埃皮道拉斯剧场约建于此时。
349			●秦推行二十等爵制。	●雅典联合各城邦，抵抗马其顿南下。
348			●周显王二十一年。 ●魏惠王会赵肃侯于阴晋。 ●韩侯朝秦。	●马其顿南下，战胜雅典，毁灭奥林托斯城邦。爱琴海北部一带陷入其统治之下。 ●罗马与迦太基订立条约，双方友好。
346			●卫由"公"贬号为"侯"。 ●赵肃侯朝周天子。	●雅典无力再战，与马其顿签订和约，丧失北方领土，马其顿势力直达中希腊。
345			●时魏相为白圭。为古代水利专家，以善筑堤防著称。又善经商，提出贸易致富理论，"人弃我取，人取我与"（《史记·货殖列传》），把握商机。	●波斯进兵腓尼基城邦西顿。 ●亚里士多德约于此时在小亚细亚阿苏斯城创办"柏拉图学园"。
344			●魏君始称王，召集"逢泽大会"，率十二诸侯朝见周天子。	●希腊军攻入叙拉古，其王降，将其王逐至科林斯。
343			●周显王二十六年。 ●鲁景公元年。 ●周显王致伯于秦，诸侯皆贺秦。 ●秦建武城。 ●赵攻魏首垣。	●波斯人再次征服埃及，建立波斯人统治的第三十一王朝。 ●前343～前341：罗马向外扩张，与中部意大利萨谟奈人发生第一次"萨谟奈战争"。罗马战胜。
342			●周显王二十七年。 ●魏攻韩，韩求救于齐。	●古希腊喜剧作家米南德诞生。相传他写过一百多部剧本，现存《老顽固》等。
341			●马陵之战。齐攻魏救韩，孙膑计歼庞涓十万大军，庞涓自杀。 ●1974年在山东临沂出土《孙膑兵法》残简，为中国古代优秀的军事著作。	●古希腊哲学家伊壁鸠鲁诞生。创立伊壁鸠鲁学派，提出"原子自动偏斜运动"学说以及《社会契约论》的萌芽思想。 ●亚里士多德开始担任亚历山大的教师。
340			●秦商鞅大破魏，受封十五邑地，号"商君"。	●雅典为首的反马其顿同盟，同意提供金

公元前	（朝代）		中　国	外　国
			•著名诗人屈原（名平，字原）约于是年诞生于楚。开创"楚辞"（为继《诗经》后的一种新诗体）；愤写《离骚》，为我国古典文学中最长的抒情诗杰作。后投汨罗江殉志。	钱与兵力，与马其顿作战。 •前340～前338："拉丁同盟"城市反抗罗马，"拉丁同盟战争"爆发。罗马获胜，"拉丁同盟"至此解散。
339	战		•秦与魏战于岸门，虏魏将魏错。 •魏于大梁北部开大沟，引水灌溉，是为开凿鸿沟之始。鸿沟为战国时陆续开成的运河，引黄入淮。	•雅典政治家迪莫西尼进行改革，用祭神费扩建海军。 •维苏威战役，拉丁同盟联军战胜罗马军。 •前339～前337：叙拉古建立温和的寡头政治，由六百名贵族组成议事会。 •叙拉古与迦太基订立和约，约定双方以哈和克斯河为界。
338	国	东	•周显王三十一年。 •秦孝王死，惠文王"车裂商君以徇"（《史记·商君列传》）并诛灭家族。是为先秦时代又一个改革的殉葬者，与吴起不同的是，其改革成果被沿袭下来，从而奠定了秦的强大与日后统一全国的基础。有的措施影响中国两千多年。 •尸佼逃于蜀。	•喀罗尼亚战役。马其顿大败希腊雅典和底比斯联军。这是马其顿征服希腊的决定性战役。 •特里法努战役。罗马迫使拉丁同盟诸城归附。 •前338～前331：斯巴达王亚基斯三世在位。 •前338～前336：波斯王阿尔西斯在位。
337			•韩、赵、楚等赴秦，会见新君。 •韩相申不害卒。	•马其顿王腓力二世召开全希腊会议（科林斯大会），正式确认对希腊的统治。
336	时	周	•周显王三十三年。 •周显王贺秦王新立。 •秦初行钱。 •魏与齐会于平阿南。 •相传，宋太丘社亡，周鼎沦没于泗水中。	•马其顿王腓力二世遇刺身亡，其子亚历山大继任，时年二十岁。其军事强大，建"亚历山大帝国"。大力东进，越过海峡，向波斯进军。 •罗马增设执法官，负责审理诉讼。 •古希腊哲学家芝诺（季蒂昂的）诞生。他是斯多葛派的创始人。提出"人人皆兄弟"和世界公民的政治主张，其理想是建立一个由理性所统治的世界国家。
335		期	•秦惠文王举行冠礼。 •齐与魏会于甄。 •赵建"寿陵"（肃侯墓）。《吕氏春秋》："邯郸以寿陵困于万民。" •时已有筹算记数，采用十进位值制。	•希腊诸邦谣传亚历山大死，雅典、底比斯等乘复独立。亚历山大大举兵征讨，摧毁底比斯，将其地分给诸小国，诸邦屈服。 •马其顿征服色雷斯、伊利里亚等地区。
334			•周显王三十九年。 •魏惠王用相国惠施之策联齐，与齐威王会于徐州，互尊为王，史称"会徐州相王"。 •惠施为战国时哲学家，"诸子百家"中"名家"的代表人物。提出"合同异"命题，对充实"相对论"思想有显著贡献，构成中国古代思想史的重要方面。	•前334～前30：史家称"希腊化时代"。指随亚历山大帝国向东方的扩张，希腊文化迅速向东发展的历史状况。包括亚历山大大帝国及帝国瓦解后所建立的希腊化国家：托勒密（埃及）、塞琉西（叙利亚）、马其顿和希腊（巴尔干半岛）、拍加马（小亚细亚）等。 •继亚述、波斯后，亚历山大先后征服两

附　录　2

公元前	（朝代）		中　　　国	外　　　国
	战		• 楚灭越（越亡时间还有前343，前306年等说法）。 • 赵肃侯游大陵。	河流域、小亚、埃及等，通常以此作为古代东方（西亚北非）国家历史的终结，此后进入"希腊化时代"，习惯上将这一地区历史作为希腊国家的一部分。
333			• 赵以漳水、滏水堤为基础筑长城，以防齐、魏。 • 秦以公孙衍为大良造（官名）。 • 秦败魏。 • 楚围齐徐州。	• 伊苏战役。马其顿王亚历山大与波斯王大流士三世之间的一次会战，波斯败，大流士三世逃走。继而亚历山大进入叙利亚。 • 希腊植物学家泰奥弗拉斯托斯生活在此期间。他是古代土壤学、植物学的奠基人。
332	国		• 周显王三十七年。 • 燕易王元年。 • 卫平侯元年。 • 韩宣惠王元年。 • 齐王伐燕，取十城。后又归还之。 • 齐、魏攻赵，赵决黄河灌之。 • 魏于秦会于应。	• 亚历山大南进叙利亚，攻占腓尼基，转入埃及，灭亡波斯所建第三十一王朝。在尼罗河三角洲建亚历山大城。结束埃及延续三千年之久的"法老"统治，成为马其顿帝国的一部分，开始了埃及史上的希腊罗马时代。 • 亚历山大攻陷推罗城，大批居民遭杀戮，三万人沦为奴。
331		东	• 义渠内乱，秦出兵平之。 • 秦攻魏，房其将龙贾，斩首八万。	• 亚历山大进兵"两河流域"，在高加米拉战胜波斯军。
330			• 秦攻魏，魏献河西之地予秦。 • 法家尸佼（约前390～约前330）约卒于是年。他曾参与商鞅变法的策划。商鞅被杀后逃往蜀。主张"令名自正，令事自定，赏罚随名，民莫不敬"。要求依法治国。著有《尸子》，已佚，今有辑本。	• 亚历山大攻陷波斯旧都，掠财富后焚城，波斯帝国亡。 • 古希腊数学家欧几里得约于是年诞生。著《几何原本》十三卷，为古希腊数学几何学的最高成就，也是世界最早的公理化的数学著作。
329	时	周	• 魏人张仪入秦；公孙衍自秦赴魏。	• 索格底亚那起义，反抗马其顿。
328			• 秦置相国（相邦），任张仪为相。 • 中山国王響在位。河北平山县中山王墓曾出土"中山王響鼎"，铁足铜身，有铭文四百多字，提供了中山国的王位世袭。	• 亚历山大亡波斯后，继续进军中亚。 • 亚历山大征服波斯后，倾心波斯文化，采用其服饰朝仪，并娶波斯公主为妻。
327			• 周显王四十二年。 • 义渠降秦，秦置县。	• 亚历山大南下印度，因气候不适，士兵厌战，前进受阻。
326	期		• 周显王四十三年。 • 赵武灵王即位。 • 秦初为腊祭。	• 前326～前304：罗马与意大利中部萨谟奈人进行第二次"萨谟奈战争"。罗马经过苦战，方获胜利。 • 马其顿军沿印度河由海陆两路西返。 • 罗马通过《波提利阿法》，废除债务奴役制，免除平民沦为债务奴隶的威胁，是为平民获得自由之始。 • 罗马开始对率军作战的执政官和执法官实行卸职留权，即任职期满后保留权限。这一策略对共和后期产生重要影响。

公元前	（朝代）		中 国	外 国
325			• 周显王四十四年。 • 秦惠文王始称王。 • 韩宣惠王始称王。 • 赵以赵豹为相。	• 亚历山大命大将尼阿尔克斯率舰队进入波斯湾。 • 希腊数学家欧德摩斯约于此前后编成最早的几何史著作《欧德摩斯摘要》。
324	战		• 周显王四十五年。 • 秦张仪帅师伐魏。 • 据《史记·秦本纪》：惠文王"十四年，更为元年"，史称"更元"。 • 赵城鄗。 • 据《通鉴》：苏秦"伪得罪于燕而奔齐，齐宣王以为客卿。苏秦说齐王高宫室，大苑囿，以明得意，欲以敝齐而为燕。"	• 亚历山大返军，抵巴比伦。十年东征告一段落，大获成果，在东起印度河，西至尼罗河与巴尔干半岛的广大区域内建立了亚历山大大帝国。客观上开创了欧亚非文化交流的新时代。 • 古希腊诗人提奥克里图斯诞生。他是牧歌的创始人。对欧洲文学中的田园诗发展有较大影响。
323	国	东	• 周显王四十六年。 • 魏公孙衍发起魏、韩、赵、燕、中山"五国相王"。 • 赵、燕、中山始称王。 • 安徽寿县附近出土楚怀王于是年发给鄂君启的免税凭证，今称"鄂君启节"，共四件，青铜制成，形如竹节。持节免税，节中规定，舟运可免一百五十艘，车运免五十乘，一年一次，超额征税，对所行路线，货物种类、数量均有明确规定。	• 亚历山大病故。继而发生其部将分权与夺权的斗争，持续二十多年，致使帝国瓦解。在其故地相继产生若干"希腊化"国家。古希腊辉煌时期结束，由盛转衰。 • 继亚历山大王位的是其遗腹子亚历山大四世，由将军克拉特罗斯摄政。 • 亚历山大部将托勒密就任埃及总督。 • 雅典以亚历山大之死，与中希腊和伯罗奔尼撒建立同盟，联合反抗。
322	时	周	• 魏用张仪为相，逐惠施。惠施经楚至宋，与庄子论学。 • 庄子（名周）为道家思想大师，继承和发展老子"道法自然"观点，认为"无动而不变，无时而不移"，提出"天地与我并生，万物与我为一"的自然观。共被称为"老庄哲学"，成为中国古代思想的珍贵遗产。	• 前322～前317：亚历山大弟腓力三世同时被立为王，由波狄克斯摄政，于是出现二王并立局面。 • 马其顿击溃雅典舰队，瓦解其新同盟。马其顿军驻扎雅典，迫其建立寡头政治。
321			• 周显王四十八年。显王卒，子定立，是为慎靓王。 • 赵娶韩女为夫人。	• 马其顿摄政克拉特罗斯被杀，安提帕特接任。
320	期		• 周慎靓王元年。 • 孟子约于是年至魏，见魏（梁）惠王。 • 据《孟子·梁惠王章句》："孟子见梁惠王。王曰：'叟！不远千里而来，亦将有以利吾国乎？'孟子对曰：'王！何必曰利？亦有仁义而已矣。王曰何以利吾国，大夫曰何以利吾家，士庶人曰何以利吾身，上下交征利而国危矣。万乘之国，弑其君者必千乘之家；千乘之国，弑其君者必百乘之家。万取千焉，千取百焉，不为不多矣。苟为后义而先利，不夺不餍。未有仁而遗其亲者也，未有义而后其君者也。王亦曰仁义而已矣，何必曰利？'"（《通鉴》卷二有摘引） • 被奉为儒家"亚圣"的孟子（名轲），所发	• 希腊军在小亚细亚击败米尼斯。 • 卢切拉战役。罗马击败萨漠奈人。 • 前4世纪后期：古希腊画家阿佩莱斯生活在此时期。他擅长肖像画，曾为亚历山大宫廷师。作品有亚历山大等肖像，惜无作品传世。 • 前4世纪末：位于黑海东南岸的"本都王国"建国。 • 前4世纪末～前3世纪初：古希腊作家麦加斯梯尼著《印度记》四卷，记载其作为塞琉西王国使节出使期间有关地理、政治、民俗等见闻，学术价值很高。 • 前4世纪末～前3世纪初：古埃及历史

公元前	（朝代）	中　　国	外　　国
		展的儒家学说对后世影响很大。提出的"民贵君轻"、"法先王"、"行仁政"、"人性善"等皆为儒家思想体系的核心。 　●"诸子百家"中"农家"代表人物许行与孟子同时。主张"贤者与民并耕而食"，人人必须劳动。反映古代社会底层农民的一种理想。	学家曼涅托生活在此时期，托勒密一世时期的祭司，他用希腊文著《埃及史》三卷，现只存片断。他划分埃及古史为"古王国"、"中王国"、"新王国"，以及三十或三十一王朝等，大体为后人所采用。 　●前4世纪末：古代两河流域最大的城市巴比伦城（"巴比伦"意"神之门"）益趋衰落，至前2世纪成废墟。
319	战	●孟子约于魏襄王即位后赴齐。天下将"定于一"即孟子答襄王语。 　●公孙衍受齐、楚、燕、赵、韩支持为魏相。	●马其顿王国摄政安提帕特卒，由勃里斯波昆继任，埃及总督托勒密不服，出兵占领叙利亚。将军安提柯夺占弗里吉亚、吕底亚。
318	国	●公孙衍发动五国"合纵"攻秦，推楚为纵长。首战失利。 　●宋始称王。 　●秦以乐池为相。	●马其顿摄政安提帕特之子卡桑德推翻勃里斯波昆，取得马其顿王权后，杀腓力三世。
317	东	●周慎靓王四年。 　●秦败韩师于修鱼，斩首八万级，虏其将申差等于浊泽，诸侯振恐。 　●张仪复为秦相。	●原波斯总督阿尔德瓦蒂兹自立为王，建"亚美尼亚国"。 　●前317～前304：叙拉古僭主阿加索克利斯在位。他是民主派领袖。
316		●秦灭蜀、苴、巴。前后又败赵、魏、韩、楚等，已显出强大之势。	●萨谟奈人攻打罗马获胜。 　●马其顿摄政卡桑德主政后，重建底比斯城。
315	周	●东周最后一代王周赧王即位。时周另分治两小国，号东、西周，赧王力弱，徙附西周。 　●法家慎到约卒于是年。他主张势治，认为"贤智未足以服众，而势位足以诎贤者"。著有《慎子》，现存不全。	●马其顿将军安提柯夺得叙利亚，势壮。卡桑德与托勒密等组成反安提柯同盟。 　●契乌纳战役。罗马大胜萨谟奈人，收复失地，将萨谟奈人逐出坎佩尼亚。
312	时	●周赧王三年。 　●秦取楚汉中之地。秦师与楚战于丹阳，楚师大败；被斩甲士八万，被俘军将七十余人，遂失汉中郡。楚王倾国之兵进行报复，袭秦，与秦战于蓝田，结果楚师大败。韩、魏乘楚败之机，南攻楚，军至邓地，楚怀王闻之，乃引兵归，允割两城与秦讲和。 　●韩宣惠王卒，子仓立，是为襄王。	●亚历山大部将塞琉西夺取巴比伦自立，建"塞琉西王国"（一译"塞琉古王国"，又称"叙利亚王国"，中国史书称"条支"）。都安条克城。盛时领有西起小亚细亚、叙利亚，东达伊朗高原东部广大地区。 　●罗马监察官克劳狄实行改革。改组军队，以小分队组成军团，增强山地作战机动性。通过立法，安排被释放的奴隶。
311	期	●燕昭王营建武阳为燕下都。 　●据燕下都出土文物，铁兵器已多，并有淬火钢剑。	●安提柯、卡桑德与托勒密欲和解，未达成协议。 　●迦太基围攻叙拉古。
310		●秦与魏会于临晋。 　●张仪离秦赴魏任相。 　●秦杀蜀相陈壮，定蜀乱。	●卡桑德杀亚历山大四世。 　●古希腊天文学家、数学家阿利斯塔恰斯约于是年诞生。他最早提出地球自转并绕太阳

公元前	（朝代）		中　　国	外　　国
				公转的"太阳中心说"。后遭宗教势力否定。他还首次测定日、月对地球距离的近似比值。
			●据《通鉴》：于时，"（张）仪与苏秦皆以纵横之术游诸侯，致位富贵，天下争慕效之。又有魏人公孙衍者，号曰犀首，亦以谈说显名。其余苏代、苏厉、周最、楼缓之徒，纷纷偏于天下，务以辩诈相高，不可胜纪，而仪、秦、衍最著。"	●罗马击败北部南下的伊特拉斯坎人。
309			●秦置丞相，分左、右。以樗里疾、甘茂任之。 ●四川青川县郝家坪秦墓出土是年木牍两件。一件字迹不清；一件有一百余字，是秦王以诏令形式颁布的法律。据考，牍文记述了是年甘茂和内史匽修改《为田律》之事，包括田律内容与实施状况。以秦隶墨书，在书法史上也是珍贵资料。	●罗马攻占佩鲁西亚。 ●前309～前265：斯巴达王阿雷夫斯在位。 ●希腊医学家希罗菲卢斯生活在此时期。他首次公开解剖人体，被称为"解剖学之父"。首次用滴漏测脉搏，并研究人的器官。有著作，佚。
308	战		●周赧王七年。 ●魏王与秦王会于应。	●罗马舰队击破意大利中部翁布利亚人等的攻击。
307			●秦昭襄王以魏冉为将军。以"将军"为官名，始见于此。 ●赵武灵王更改旧制"胡服骑射"（《史记·赵世家》："遂胡服，招骑射。"）吸收民族文化，加强军队战斗力。	●安提柯之子德米特里夺取雅典政权，恢复民主政治。 ●前307～前303：伊庇鲁斯国王皮洛士在位。他欲恢复亚历山大功业。 ●迦太基攻击阿加索克利斯。
306	国	东	●楚灭越。 ●湖北云梦县睡虎地出土秦简《编年记》，有五十二简。记述了从是年起至秦王政三十年（前217）的历史，异常珍贵。	●罗马击败赫尔尼基人。 ●学者和诗人卡里马库斯诞生。他曾编写一百二十卷本的《希腊图书总目》。据称其作品有八百篇，现存完整的不多。
305	时	周	●秦内乱。诸公子不满宣太后弟魏冉为将军当政，阴谋联络庶长壮作乱，魏冉发兵诛之。时秦昭襄王年少，由宣太后主政，魏冉专权。 ●楚背齐而和于秦。 ●赵攻中山，取四邑。	●托勒密在埃及建"托勒密王国"。都亚历山大城，是当时地中海东部经济、文化的中心。
304			●周赧王十一年。 ●秦王与楚王盟于黄棘，归楚上庸。	●第二次"萨谟奈战争"结束。罗马在被占领区建殖民地。
303	期		●周赧王十二年。 ●秦取魏三邑。取韩武遂。 ●齐、韩、魏伐楚，楚求救于秦，以太子为质，秦救楚。 ●赵攻中山。 ●据《史记·六国年表》：是年，秦地"彗星见"。	●托勒密王国修建亚历山大图书馆，任命古希腊数学家厄拉多塞为馆长，组织七十二名犹太学者将《旧约全书》译为希腊文。吸引著名学者如阿基米得、欧几里得（几何学创始人）、罗菲卢斯（生理学家）、厄拉多塞（地理学家）、阿里斯塔克（希腊语学者）到亚历山大城进行研究与交流。据称藏名家手稿五十万卷。成为古希腊文化的又一象征。可惜在以后的战火中毁坏严重。
302			●赵命将军、大夫、嫡子、代吏皆胡服。 ●湖北大冶铜绿山出土战国中晚期铁器十	●德米特里欲重建马其顿强大时所建希腊同盟。

公元前	（朝代）	中　国	外　国
	战	三件,属灰口铁,脆性小,有良好的耐磨与光滑性,表明时已利用控制退火的方法,技术已达较高水平。另,河北兴隆出土战国时期铁范八十六件。用铁范制造铁器,操作简便,效率高,产品优。可见当时铸造水平先进。	• 叙拉古出兵援助他林敦人。 • 罗马约在此时修建瓦里西亚大道。
301	战	• 齐宣王"喜文学游说之士"(《史记·田敬仲完世家》),在都城临淄稷门外设学府,史称"稷下之学"。"且数百千人",规模之大,为各国仅有。广揽各地学士著述讲学,促进学术繁荣,呈现"百家争鸣"局面。 • 齐以孟尝君田文(田婴子)为相。	• 易普斯战役。马其顿亚历山大诸部将争夺继承权的决定性战役,塞琉西、托勒密、卡桑德、来西马库等联合反对安提柯。后者败死。从此形成希腊化三大国:埃及、叙利亚、马其顿鼎足之势。
300	国 东 周 时	• 周赧王十五年。 • 秦攻楚,取襄城,斩首三万。 • 东、西周战,韩救东周。 • 秦泾阳君为质于齐。 • 秦相樗里疾卒,继以赵国人楼缓为丞相。 • 赵武灵王爱少子何。下年,传位于何,自称"主父"。关于"主父",后人有两种解释,一为"言为国之主之父也";一为"言其子主国而己则父也"(见《通鉴》卷三)。	• 塞琉西王国营建安条克城(今土耳其安塔基亚)。其外港塞琉西亚为地中海东岸的商业重镇和交通枢纽。 • 前300~600:南美古典期"纳斯卡文化"约产生于此时期。以彩陶闻名,色彩达十余种;棉、驼毛纺织品亦有名,色调差别多达两百种。纳斯卡高地地表留有挖去砾石而成的巨图图案,至今是个谜。 • 前300~1400:北美西南地区新石器时代"莫戈永文化"约产生于此时期。房屋由半地穴向地上建筑发展;陶器由早期红褐陶向彩陶发展,有动物纹饰。 • 前300~700:北美东部森林地区新石器时代"霍普韦尔文化"约产生于此时期。其墓墩为圆、方、八角和动物形状。各墓墩以土墙相连,形成庞大墓墩群。墓墩有蛇、鸟、鹿、熊、龟等状,可能与原始图腾崇拜有关。经济以农为主,主种玉米。工艺发达,以鸟头形"莫尼托"烟斗最著名。发现铜片。
299		• 楚怀王受骗入秦,被扣。屈原曾谏:"秦,虎狼之国,不可信。"不听。 • 《竹书纪年》记事止于是年。	• 希腊历史学家提麦奥斯生活在此时期。他著有论述意大利和西西里早期状况的《历史》数十卷。
298	期	• 周赧王十七年。 • 赵惠王元年。 • 赵以公子胜为相,封"平原君"。	• 前298~前290:罗马与中部意大利萨谟奈人进行第三次"萨谟奈战争"。罗马胜,占领意大利中部地区。 • 马其顿王卡桑德卒。子亚历山大五世和安提帕特分马其顿为二部,各据其一。
296		• 齐等五国"合纵"攻秦。 • 赵灭林胡、楼烦,建云中、雁门二郡。 • 时道家很盛,提出种种学说,有宋钘、尹文"情欲寡浅"说,彭蒙、田骈、慎到"弃知去己"说等。	• 小亚细亚"比提尼亚王国"约于此时建立。

公元前	（朝代）		中　　国	外　　国
295	战		●周赧王二十年。 ●鲁文公元年。 ●魏昭王元年。 ●韩釐王元年。 ●赵灭中山。 ●秦伐魏，攻襄城。 ●秦免去楼缓相位，由魏冉接任。	●德米特里杀亚历山大五世，夺取马其顿王位，控制希腊中部和北部一带。 ●塞琉西从德米特里手中夺取奇里乞亚。 ●森蒂努姆之战。罗马大破萨谟奈与高卢等联军。
293			●秦白起大破韩、魏联军，斩首二十四万。 ●孟尝君因故出奔，后被召还，退居封邑薛，"招致天下任侠，奸人入薛中盖六万余家"，薛因此与邹、鲁风俗不同。	●阿奎洛尼亚之战。罗马再败萨谟奈人。
292	国		●"宛"先属楚，后归韩，与"邓"均为冶铁业中心。战国时楚、韩均以铁兵器锋利著名。 ●湖北荆门附近包山大冢二号墓主为楚贵族，于是年下葬。该墓出土竹简四百多枚，有一万五千多字，内容卜筮祭祷、司法文书、遣册等。	●"塞琉西王国"国王之子安条克登位，与其父共治。 ●罗马已控制意大利中部地区。 ●色雷斯王莱西马库攻打北方"蛮族"，不利。
290		东	●东周君朝秦。 ●秦占魏河东地四百里，占韩武遂地二百里。	●萨宾人归附罗马，获有限公民权（无选举权）。
289			●齐以苏秦为相。 ●秦攻魏至帜，取六十一城。	●塞农人在今阿雷佐地区大败罗马军。
288	时	周	●齐听苏秦议，"合纵"抗秦。 ●秦昭王自称西帝，遣魏冉立齐王为东帝，施复称王。 ●秦取赵桂阳。	●马其顿王德米特里被伊庇鲁斯国王皮洛士等逐走。 ●色雷斯王莱西马库与皮洛士、托勒密、塞琉西等组成反德米特里同盟。
287			●周赧王二十八年。 ●苏秦发动六国兵攻秦，无功而返。 ●秦取魏新垣、曲阳。 ●赵、魏攻齐。	●罗马共和国通过"霍腾西阿法案"。重申"平民会议"对全体公民都具有法律效力。这次斗争标志着罗马共和国成立以来，一直贯穿着的平民与贵族的斗争胜利结束。平民在法律上取得罗马公民在政治与社会上的全部权利。 ●古希腊数学家、物理学家阿基米得诞生。他发现杠杆定律和阿基米得定律，确定许多物体表面积和体积的算法，并设计了许多机械和建筑物。著有《论量圆》等。
286	期		●齐、魏、楚灭宋。分其地。 ●宋灭滕。 ●齐孟尝君田文相魏。 ●秦取魏安邑、河南。迁赦罪人入两地。	●埃及"托勒密王国"扩地至尼罗河上游，又向今阿拉伯地区扩张势力。
285			●周赧王三十年。 ●秦攻齐，拔九城，以为九县。	●德米特里被塞琉西俘获，后死狱中。 ●埃及"托勒密王国"父子共治。

公元前	（朝代）	中　国	外　国
284	战 国 东 周 时 期	●秦王在宛地会见楚王。 ●秦王在中阳会见赵王。 ●齐攻楚。 ●燕相乐毅游说赵、楚、魏联合攻齐。乐毅，魏将乐羊之后。 ●燕将乐毅率燕、秦、韩、赵、魏五国联军伐齐，破齐都临淄。 ●燕昭王时，秦开破东胡，扩地至辽东。昭王、惠王时，陆续设置上谷、渔阳、右北平、辽西、辽东五郡。为燕最盛时期。 ●屈原失意，投汨罗江自尽。 ●屈原弟子宋玉，"好辞而以赋见称"，在辞赋上著有成就。同时尚有唐勒、景差，都以辞赋有名。	●高卢人攻阿雷提乌姆，罗马救援。 ●前284～前211：亚美尼亚王薛西斯在位。 ●居住在多瑙河流域的克勒特人侵入希腊中部地区，直抵宗教圣地达尔斐。各邦在"希腊救亡"的口号下，将其击退。 ●古罗马剧作家安德罗尼柯约诞生于是年。他是希腊诗人，首次将荷马史诗《奥德赛》译成拉丁文，对拉丁文发展起到促进作用。他还首将希腊戏剧输入罗马。
283		●周赧王三十二年。 ●燕取齐七十余城，齐仅有莒、即墨两城。 ●秦攻魏至大梁，燕、赵救魏，秦兵退。 ●赵将廉颇取齐昔阳。蔺相如使秦"完璧归赵"约发生在是年。	●罗巴击败高卢人等，占领科西嘉岛。 ●前283～前246："托勒密王国"国王托勒密二世在位。 ●位于小亚细亚西北部的"拍加马王国"建立。对外依附塞琉西王国。 ●在埃及亚历山大城对面小岛上修建由克尼多斯人索斯特拉设计的"法罗斯灯塔"，塔高约146米，被誉为世界古代七大奇迹之一。
281		●秦攻赵，取石城。 ●《史记·楚世家》于是年载："驺（郰）…罗鸢也。"为"郰"见诸史籍的最晚记载，一般以为郰亡于是年后。	●"本都王国"米特拉达梯二世称王。 ●罗马舰队驶入他林敦海湾，向希腊殖民城邦他林敦宣战。 ●前281～前261：塞琉西王安条克一世在位。
280		●周赧王三十五年。 ●秦攻赵，斩首三万。 ●秦使司马错发陇西兵攻楚，楚败，献汉北及上庸地。 ●秦地发生地震，城受损。	●希腊伊庇鲁斯国王皮洛士为支援他林敦，渡亚得里亚海，抵南意大利，与罗马交战。虽多次胜利，而自己损失也大（后世称损失大而获胜为"皮洛士胜利"）。 ●希腊部分城邦建"亚加亚联盟"，共同抵制马其顿王国的控制。
279		●齐将田单用"火牛阵"大败燕军。 ●蔺相如随赵惠文王到渑池与秦王相会，不辱使命，因功任为上卿。老将廉颇不服，他容忍谦让，使老将愧悟，"负荆请罪"，两人成为团结御侮的知交。	●伊庇鲁斯王皮洛士离开意大利，前往西西里。 ●为对抗皮洛士，罗马与迦太基结盟。 ●温泉关之战。凯尔特人击败马其顿。 ●托勒密王托勒密二世占领米利都。
278		●秦攻楚，破楚都郢，楚都东迁至陈。 ●周君朝秦。	●地方长官尼科美狄斯在小亚细亚西北部建"比提尼亚王国"。
277		●秦封白起为"武安君"。	●安提柯·贡那特率军战胜凯尔特人。

公元前	（朝代）		中　国	外　国
276	战		• 周赧王三十九年。 • 魏安釐王元年。 • 魏封无忌为"信陵君"。 • 秦将白起攻魏,取两城。 • 楚王收东地兵十余万,复取江南十五邑。	• 安提柯一世之孙安提柯·贡那特在马其顿建"安提柯王朝"。与托勒密、塞琉西长期争夺地中海东部霸权。 • 塞琉西王国与托勒密王国发生第一次"叙利亚战争"。
275			• 周赧王四十年。 • 秦攻魏,至大梁。韩救魏,为秦所败,斩首四万,魏割温地与秦求和。 • 赵将廉颇攻魏,取防陵和安阳。	• 伊庇鲁斯国王皮洛士在意大利被罗马击败,率残部返回希腊。 • 古希腊地理学家、天文学家、数学家和诗人埃拉托色尼诞生。他曾任亚历山大图书馆馆长。在西方最早应用"地理学"一词,写成专著三卷。对地球的形状、大小、海陆分布和前人有关地理学的论点进行了探讨和阐述。首次测算黄赤交角和地球大小,应用经纬网绘制地图。
274	国		• 赵攻齐,取昌城、高唐。 • 秦攻魏,取四城,斩首四万。	• 皮洛士从意大利返回希腊后,攻占马其顿,自称马其顿王。
272		东	• 秦置南阳郡(以宛为中心的南山以南,汉水以北地区)。又攻灭义渠,后在其地设北地郡,治义渠(今甘肃宁县西北),沿陇西、北地的边地筑长城。	• 罗马战胜皮洛士后,攻占希腊殖民城邦他林敦。继而意大利南部诸城归罗马。 • 皮洛士向希腊南部进军,在亚哥斯战死。
271			• 周赧王四十四年。 • 燕武成王元年。 • 赵攻齐,至平邑。	• 古希腊史学家阿拉图斯诞生。著有《回忆录》三十多卷。 • 古罗马诗人尼维阿斯诞生。创作了不少历史剧和杂体诗。
270	时	周	• 范雎以"远交近攻"之策说秦昭襄王,被任为客卿。 • 秦攻赵,为赵奢所败。	• 古希腊物理学家克特西比乌斯约生活在此时期,相传他发现空气的弹性,曾研制压缩空气的器械、滴漏计时器和水琴等。
269			• 周赧王四十六年。 • 赵将赵奢大破秦军,以功封"马服君"。 • 秦地遭大旱。	• 前269~前197:拍加马国王阿塔尔一世在位,国势盛,成为希腊化地区经济、文化的中心之一。
268			• 周赧王四十七年。 • 秦攻魏,取怀、邢丘。	• 马其顿占领雅典。 • 萨宾人获罗马完全公民权。 • 罗马出现第纳里银币。
267		期	• 秦悼太子为质于魏,卒,归葬芷阳。	• 雅典与斯巴达缔结同盟。
266			• 秦以范雎为相。封应侯。 • 赵以平原君为相。 • "诸子百家"中的"名家"代表人物公孙龙曾为平原君门客。其著名辩题有"白马非马"等,着重分析概念的规定性和差别性,对古代逻辑的发展有显著的贡献。	• 罗马征服意大利南部卡拉布里亚。 • 前266~前261:雅典联合斯巴达发起反马其顿的"克雷莫尼德斯战争"。 • 塞琉西王国与拍加马开战。 • 被称为古代世界奇观的希腊罗得岛青铜太阳神巨像约于此前建成。

附录2

公元前	（朝代）	中　　国	外　　国
265		• 秦攻赵，赵求齐救援，发生"触龙说赵太后"的故事。 • 齐安平君田单率赵师伐燕，取燕中阳。	• 科林斯地峡之战。斯巴达王阿雷夫阵亡。
264	战	• 周赧王五十一年。 • （田）齐王建元年。 • 赵以田单为相。 • 秦白起率师伐韩，取九城。	• 前264～前241：古罗马与迦太基为争夺地中海西部霸权发生第一次"布匿战争"（迦太基为腓尼基移民所建国家，因罗马人称腓尼基人为"布匿"，故名）。迦太基败，罗马获得西西里及其他小岛。
263	国 东	• 楚以黄歇为令尹，封以淮北地，号"春申君"。 • 战国时思想家荀子曾事春申君，任兰陵令。其批判总结先秦诸子学术思想，对古代唯物主义有所发展。提出"制天命而用之"的人定胜天思想，"其善者伪也"的性恶论；重视环境与教育对人的影响，以及"正名"学说中丰富的逻辑理论，皆为中国古代思想的宝贵财富。 • "诸子百家"中的"阴阳五行家"代表人物邹衍，与荀子同时，其提出"大九州"之说，以中国为八十一州中之一州。又提出"五德终始说"，以五行生克解释王朝兴衰。	• 前263～前241：拍加马国王欧迈尼斯在位。击败塞琉西，摆脱其控制。 • 罗马进入西西里，与叙拉古议和结盟。叙拉古领地仅限该岛东南角。 • 马其顿参加封锁托勒密王国的战舰撤离，安提柯二世率军攻打雅典。 • 希腊医学家埃拉西斯特拉图斯约生活在此时期。他是生理学的创始人。曾研究循环系统和神经系统，区别感觉神经与运动神经。
262		• 周赧王五十三年。 • 秦攻韩，取十城。	• 马其顿王安提柯二世攻入雅典，建立温和的寡头政治。
261	周	• 周赧王五十四年。 • 秦王至南郑。	• 前261～前246：塞琉西国王安条克二世在位。
260	时	• 秦、赵"长平之战"。赵以善空言的赵括取代老将廉颇，大败。秦坑杀降卒四十万。 • 长平之战前，赵国虞卿曾建议赵联楚、魏以抗秦。《汉书·艺文志》有《虞氏春秋》十五篇，今存辑本。	• 第二次叙利亚战争。马其顿联合塞琉西向托勒密开战。 • 罗马与迦太基海军会战于利巴利群岛附近海面，罗马首次击败迦太基海军。
258		• 周赧王五十七年。 • 赵向楚求救，楚发生"毛遂自荐"故事。 • 魏发生信陵君"窃符救赵"故事。	• 昔兰尼脱离托勒密王国控制。 • 马其顿在海战中击败托勒密，夺取基克拉迪斯群岛。
257	期	• 魏信陵君率军救赵，败秦军于邯郸城下。 • 秦围邯郸时，齐策士鲁仲连曾劝阻魏尊秦。《汉书·艺文志》载《鲁仲连子》十四篇，今存辑本。	• 前3世纪：埃及出现用希腊字母写成的"科普特文字"，取代古代象形文字。是为古埃及文字发展史上最后一种文字书写系统。 • 前3世纪：以红河贸易而兴起的阿杜里港约建于此时。
256		• 西周君助诸侯拒秦，秦攻西周，周赧王卒，秦取周九鼎宝器。一般以此作为周亡之年。 • 秦攻韩，取阳城、负黍，斩首四万，攻赵，取二十余县，斩首九万，诸侯大震。	• 罗马舰队击败迦太基舰队于西西里岛南，遂至北非迦太基城东部地区登陆，大掠迦太基领地，俘两万余人，送回罗马。

公元前	（朝代）	中 国	外 国
255		• 在秦昭王晚年,蜀郡守李冰主持修都江堰,为传世著名水利工程,川西平原受益两千多年。 • 时蜀中已产井盐。	• 第二次叙利亚战争结束。马其顿联合塞琉西击败托勒密,双方缔和,托勒密失地。 • 阿里亚拉特斯三世称王,在小亚细亚东部高原建"卡帕多西亚王国"。
254	战	• 秦昭王五十三年。 • 燕王喜元年。 • 据《史记·秦本纪》:是年,秦攻魏,取吴城。"韩王入朝,魏委国听令"。《通鉴》作"魏举国听令"。 • 赵邯郸遭火灾。	• 古罗马喜剧作家普拉图斯诞生。他写过一百三十部剧本,保存至今的有二十部,有《孪生兄弟》、《一坛黄金》、《吹牛的军人》等。 • 古罗马史学家皮克托诞生。他用希腊文写了一部《罗马史》,惜已失传。
253		• 楚迁都巨阳。	• 马其顿驻伯罗奔尼撒总督据科林斯反叛。
252	国	• 卫怀君朝魏,被囚杀。学者认为此标示卫亡于魏。	• 罗马再败迦太基。
251		• 燕攻赵,为廉颇所败。赵封其"信平君"。后其不得志,老死于楚。	• 佛教进行第三次结集。
249	秦	• 秦诛东周王,东、西周皆入秦。也有学者以此为周亡之年。 • 据《史记·鲁周公世家》:是年,"楚考烈王伐灭鲁"(另据《资治通鉴》胡注:鲁亡于前255年)。 • 秦以吕不韦为相国,封"文信君",食洛阳十万户。	• 德里帕那之战。迦太基击败罗马执政官劳狄乌斯·帕尔克统帅的舰队。 • 希腊语言学家阿里斯托芬约生活在此期间。他编有希腊语辞典和关于语法的论著《关于类推法》。
247	时 期	• 秦国,嬴政即位,年十三岁,由吕不韦主政。 • 吕不韦使宾客编集《吕氏春秋》,汇合先秦各派学说,"兼儒、墨,合名、法",故有"杂家"之称。磁石指南特征最早见于本书。 • 嬴政初年,秦开凿"郑国渠"(以水利家郑国名之)。沟通泾、洛二水,渠长三百多里,溉地"四万余顷",为历史上著名水利工程。 • 魏信陵君率五国兵败秦军。 • 魏人缭入秦游说,被秦王政任为"国尉",因称"尉缭"。他主张用金钱收买六国权臣以统一之。《汉书·艺文志》有《尉缭》二十九篇。今佚。	• 帕尔尼部首领阿萨息斯自立为王,建立"帕提亚王国"(安息)阿萨息斯王朝。前2世纪后半叶领有全部伊朗高原及两河流域,为西亚大国。初建都尼萨,后西迁至埃克巴坦那和忒息丰。226年为萨桑波斯所取代。 • 帕提亚(安息)人创"安息历",以本年为纪元始。 • 信仰犹太教的"阿迪亚贝纳王国"在美索不达米亚北部建立。 • 前247～前244:迦太基任命新统帅,改变战略,以游击战袭扰罗马军,取得不小战果。
244		• 秦王政三年。 • 赵攻燕,取武遂、方城。 • 秦攻韩,取十三城。	• 斯巴达国王亚基斯四世在位。他曾下令取消债务,并准备把贵族土地收归国有而分给贫民,遭反对,后被处死。
241		• 赵国庞煖组织最后一次"合纵",率赵、楚、魏、燕、韩五国兵攻秦,被击退。 • 楚为避秦,迁都寿春,仍称郢。	• 第三次叙利亚战争结束。托勒密战胜塞琉西,占领叙利亚大部及小亚细亚南部海岸。

公元前	（朝代）	中 国	外 国
		• 寿春一带出土楚文物很多，如"陈爰"、"郢爰"等金币。	• 第一次布匿战争结束。罗马大破迦太基舰队。迦太基被迫议和，放弃西西里岛等地，罗马首次建西西里省。
239		• 秦封宦官嫪毐为"长信侯"，嫪毐受太后宠幸。 • 甘肃天水市放马滩一号秦墓考证年代为是年。出土七幅地图，为目前所见时代最早的地图。地图用墨线绘在四块松木板上，为秦属邦县的行政区域、地形和经济概况图，与今天天水地图大体相合，达到很高水平。	• 前239～前229：马其顿王德米特里二世在位。支持伊庇鲁斯反对埃托利亚同盟。 • 罗马剧作家、诗人恩尼乌斯诞生。他被誉为"罗马文学之父"。著有叙事诗《编年记》、剧作《西庇阿》、《萨比尼亚女子》、《安布拉基亚》等。
238	战	• 秦王政九年。 • 秦嫪毐叛乱，败死。	• 迦太基发生雇佣兵暴动。罗马乘机占领科西嘉和撒丁岛。
237		• 秦嬴政亲政。吕不韦因嫪毐事免相。大臣建议逐客，李斯被逐，上书陈述客卿之功，秦王召还李斯，除逐客令。	• 迦太基统帅哈米尔卡·巴卡携幼子汉尼拔渡海经略今西班牙东南地区，准备与罗马决战。
235	国	• 秦王政十二年。 • 吕不韦自杀。 • 吕不韦为卫国濮阳人，原为阳翟大商人。濮阳、阳翟为战国时商业发达城市。濮阳与定陶并称"陶、卫"。	• 斯巴达国王克里昂米尼三世实行改革，重新分配土地，增加全权公民人数。遭外界势力马其顿的干涉。 • 罗马杰纳斯神殿首次出现关闭该殿殿门的文字记载。殿门为战时开，和平时闭。
233	秦 时	• 赵名将李牧大败秦军，以功封"武安君"。 • 韩非入秦。李斯自杀。 • 韩非为战国末年法家主要代表人物。他综合"法、术、势"思想，提出三者合一的君主统治术，对后世影响很大。 • 睡虎地秦简有《语书》十四简，为南郡守腾于是年颁发的文书，及命各县书曹对吏实行考核的命令。	• 古罗马政治家、作家加图（史称"大加图"）诞生。他是拉丁文散文文学的开创者，著有《起源》（罗马最早的史书，佚）和《农业志》（为现存最早的罗马农书）。 • 希腊数学家、天文学家萨摩斯的科农约生活在此时期。著有《论天文学》、《答色拉西达库斯》等，已佚。他还与阿基米得合作研究数学，取得成就。
230		• 秦王政十七年。 • 秦灭韩，吹响了统一战争的号角。	• 凯尔特人约于此时定居加拉提亚。 • 伊利里亚海盗不断掠夺意大利商人。
229	期	• 秦王政十八年。 • 秦攻赵邯郸。赵将李牧御之，秦赂赵臣郭开进谗言，赵王杀李牧。	• 前229～前228：第一次伊利里亚战争。罗马战胜伊利里亚，后者放弃对希腊的领土要求，并赔款。罗马与马其顿结盟，希腊接受罗马人参加地峡运动会和宗教活动，承认罗马为开化之邦。 • 前229～前221：马其顿王安提柯三世（多松）在位。 • 斯巴达始与阿卡亚同盟交兵。
228		• 秦攻赵，大破之，虏赵王迁。秦王如邯郸。赵公子嘉奔代，称代王。 • 卓氏原为赵国冶铁业主，此时迁蜀，在临	• 拍加马击败塞琉西，夺取安纳托利亚。 • 迦太基在地中海沿岸建新迦太基城（今西班牙卡塔赫纳）。

公元前	（朝代）	中　国	外　国
		邛"即铁山鼓铸"，再成巨富。邯郸为战国时冶铁业中心之一，以冶铁致富的有郭纵等。 　●秦王屯中山以临燕。	●亚拉图统帅的阿卡亚同盟被斯巴达击败。
227		●发生燕太子丹派"荆轲刺秦王"的故事。追念勇士，"风萧萧兮易水寒，壮士一去兮不复还"悲壮之歌广为流传。 　●据载：侠士田光举荐荆轲刺秦王，为不泄密，自杀。秦降将樊於期自杀献其头以作对秦王的见面礼。高渐离至易水送行，击筑高歌。 　●秦军破燕于易水西。	●斯巴达王克里昂米尼三世继续改革。废除监察官，重分土地，取消债务等。 ●罗马以西西里为第一省，并将撒丁岛与科西嘉岛合并为一省，委派总督管理，是为正式在海外建省之始。
226	战	●秦王政二十一年。 　●秦破燕，入蓟，燕迁都辽东。 　●秦攻楚，取十城。《通鉴》记："王问于将军李信曰：'吾欲取荆，于将军度用几何人而足？'李信曰：'不过用二十万。'王以问王翦，王翦曰：'非六十万人不可。'王曰：'王将军老矣，何怯也！'遂使李信、蒙恬将二十万人伐楚。"	●斯巴达从阿卡亚同盟手中夺取曼蒂尼亚。 ●罗马与迦太基订约，以埃布罗河为界，划分各自在西班牙的势力范围。
225	国 时	●秦以水灌魏都大梁，灭魏。 　●秦二十万大军攻楚，为楚项燕所败。 　●秦王使人对安陵君说："寡人欲以五百里地易安陵。"安陵君说："大王加惠，以大易小，甚幸。虽然，臣受地于魏之先王，愿终守之，弗敢易。"（见《通鉴》）	●前225～前223：塞琉西国王塞琉古三世在位。统军亲征拍加马。 ●前225～前222：罗马开始征服山南高卢。
224	期	●秦王政二十三年。 　●秦六十万大军攻楚，大破楚军，项燕自杀。 　●秦约于是年置陈郡（治陈，今河南淮阳）。	●被誉为世界古代七大奇观之一的、坐落在地中海罗得岛上罗得港的古希腊太阳神阿波罗巨大铜像"科洛斯"为地震所毁。据传，高一百英尺。
223	秦	●秦王政二十四年。 　●秦破寿春，楚亡。 　●秦约于是年置九江郡（治寿春）。	●弗拉米尼为罗马执政官。在职期间建造"弗拉米尼大剧场"和"弗拉米尼大道"（由罗马城至翁布里亚东海岸）。 ●前223～前187：塞琉西国王安条克三世在位，对外扩张。
222		●秦平定楚江南地，降"百越"之君，置会稽郡。 　●秦灭赵、燕。置代郡。 　●秦又置长沙郡、闽中郡。	●山南高卢降罗马，波河流域改为罗马的省。
221	（统一）	●秦取齐临淄，齐亡。六国至此皆亡。秦统一。 　●《战国策》记事止于秦灭六国。这是一部古代历史文献。书中汇集战国时谋臣和策士的游说之辞，由西汉末刘向编订为三十三篇，是人们认识和研究战国历史的主要著作。同时，在文	●驻西班牙的迦太基军统帅哈士杜路巴被杀，由哈米尔卡之子汉尼拔接任。 ●前221～前179：马其顿王腓力五世在位。 ●前221～前205：埃及托勒密国王托勒密四世在位。

公元前	（朝代）	中　国	外　国
		学史上价值也很高。近年，长沙马王堆出土西汉帛书《战国纵横家书》可与本书互补。 　●《黄帝内经》成书于战国时期。现分《素问》与《灵枢》两书。是我国现存较早的一部重要医学文献，奠定了中医的理论基础。 　●岐伯：《黄帝内经》中提及的古代医家。托名为黄帝时人。后世中医学被称为"岐黄之术"即源于此。	●前221～前217：第四次叙利亚战争爆发。塞琉西王国与托勒密王国争夺地中海东部港口。托勒密王国获胜，塞琉西仅保有塞琉西亚港一地。 　●希腊数学家埃拉托色尼发明世界上最早的求质数方法，被称为"埃氏筛"。
220		●秦筑驰道，东自燕齐，南至吴楚，路宽五十步。 　●2002年在湖南龙山县耶里镇古城遗址古井中发现数量巨大的"秦简"。有两万七千多枚，文字量高达二十余万，是之前秦简出土量的七倍多。更可贵的是有纪年，纪年由秦王政二十五年（前222）至秦二世二年（前208），一年不少。为官署档案，内容涉及军备和社会生活各方面，有的方面如邮递等鲜为人知。由于历史原因，秦代文献保留至今极少，秦简出土，有特殊意义。	●塞琉西王国征服艾拉拉特王国。 　●前220～前163：卡帕多西亚王阿里亚拉特斯四世在位。 　●伊利里亚王德米特里率军攻击罗马领地。 　●罗马悲剧作家帕库维乌斯约于是年诞生。著有《保罗斯》等剧作。
219	秦	●秦始皇二十八年。 　●秦始皇东巡，封禅泰山，立石颂德。命方士徐市（即徐福）与童男童女入海求仙药。 　●秦监禄开凿灵渠，连接湘江和漓江。	●汉尼拔占领罗马的盟邦萨贡托，罗马对迦太基宣战。 　●第二次伊利里亚战争爆发。罗马攻陷伊利里亚人的迪奈尔等地。
218		●张良刺杀秦始皇，未果。 　●传说张良刺杀失败，逃亡下邳，遇圯上老人（黄石公），授以《太公兵法》，自称：十三年，"见我济北谷城山下，黄石即我。"十三年后，张良从刘邦过济北，果在谷城山下得黄石。良卒，遂与石并葬。后代流传有兵书《黄石公三略》三卷。	●第二次布匿战争爆发。迦太基统帅汉尼拔率六万大军远征意大利。 　●塞琉西王国夺取巴勒斯坦、腓尼基等地。 　●罗马通过《克劳狄乌斯法》，不准元老院议员拥有超大船只经商，遂其纷纷购置地产。
217		●秦始皇三十年。 　●胡母敬生活在此时期。他曾任太史令。作《博学篇》七章，文字多采《史籀篇》，但结构略有不同，称为"秦篆"，即后来所称的"小篆"。 　●据考，睡虎地十一号墓主为秦吏喜，时代为是年。出土秦简一千多枚。其中《为吏之道》五十简，主要为处世之言。还有法律文书，保留了大量古代法律条文，在中外法制史上占重要地位。	●特拉西米诺湖战役。迦太基胜，罗马大败，三万人几被全歼，执政官弗拉米尼战死。 　●罗马战败后，由费边任执政官。他在与迦太基的斗争中小心谨慎，被称为"康克维多"（谨慎者）。近代英国"费边社"即以此取名。 　●前217～前216：拉菲亚战役。塞琉西败于托勒密，被迫缔和，放弃大部分征服地。 　●斯巴达约于此时恢复二王制。 　●古希腊文献学家亚里斯塔克诞生。他晚年任亚历山大城图书馆馆长。曾编订、注释荷马、阿里斯托芬、希罗多德等的作品，尤以整理荷马史诗著称。
216		●秦始皇三十一年。 　●秦命民自实田（自己陈报土地）。	●坎尼会战。迦太基再败罗马，罗马损失七万余人。

公元前	（朝代）	中　国	外　国
215		● 秦始皇三十二年。 ● 秦始皇至碣石,命卢生入海求仙人。 ● 蒙恬率三十万大军攻匈奴,取河南地(今内蒙古河套一带),至九原郡。	● 前215～前205:发生罗马征服马其顿王国的第一次"马其顿战争"。 ● 迦太基统帅汉尼拔在诺拉为罗马所败,与马其顿、叙拉古结盟以对抗罗马。
214		● 秦发兵取岭南地,置桂林、南海、象郡。 ● 秦筑长城"西起临洮,东至辽东",成就世界著名伟大工程。	● 罗马在西西里击败迦太基。 ● 前3世纪末:北非柏柏尔人的一支毛里人形成部落联盟,史称"毛里塔尼亚王国"。
213		● "焚书坑儒"。秦始皇采丞相李斯议,对一些鼓吹复古而否定当世的儒生进行斩灭全门的惩罚;焚秦记以外的私家藏书。下年,追究对现实不满的儒生,在咸阳坑杀四百六十多人。	● 塞琉西与帕尔马结盟,平定阿凯夫斯之乱。 ● 迦太基与叙拉古重新结盟。
212		● 筑直道,从九原到云阳。 ● 发七十万人造阿房宫和骊山陵。秦始皇陵尚未发掘,1974年发掘出兵马俑堪称世界奇观,被称为世界古代第八大奇迹。仅一号坑就有六千多个,真人大小,平均身高一米八,栩栩如生。作为秦始皇陵的重要组成部分,1987年,秦始皇陵被列为"世界文化遗产"。	● 罗马实行币制改革,发行新银币,从此奠定银本位的基础。 ● 罗马征服叙拉古,占领全部西西里。 ● 罗马攻卡普亚城,迦太基取他林敦城,解卡普亚之围。 ● 前212～前205:塞琉西王国发动东进战役。
211	秦	● 东郡陨石。有人在石上刻:"始皇帝死而地分。"秦始皇命御史追究,无结果,乃尽杀附近居民。	● 在罗马与迦太基第二次"布匿战争"中,罗马开始转入攻势。 ● 塞琉西以王室联姻,迫使亚美尼亚臣服。
210		● 秦始皇病卒,葬骊山,后宫无子者皆殉葬。宦官赵高、丞相李斯伪造始皇诏书,命长子扶苏自杀,立其弟胡亥,是为"秦二世"。	● 塞琉西王安条克三世东侵米底、帕提亚、巴克特里亚等。 ● 罗马将军西庇阿领军赴西班牙。
209		● 陈胜、吴广揭开秦末大起义的序幕。 ● 匈奴冒顿单于杀父头曼,废推举制,自立为单于。学者以此为匈奴建国之始(也有学者认为头曼时已建立了国家)。	● 罗马攻占西班牙东南沿海地区。占领新迦太基城。 ● 塞琉西攻占帕提亚(安息)国都赫卡通皮洛斯和叙林克斯。
208		● 秦赵高诬讦李斯谋反,腰斩灭三族。 ● 项梁用范增言,与刘邦立心为"楚怀王",自号"武信君"。继在定陶被秦章邯军大败,死。项羽、刘邦、范增、吕臣等诸将相约:"先入关中者王之。" ● 秦末儒生孔鲋(字甲,约前264～前208)卒。他是孔子后裔。曾从军返秦。旧传《孔丛子》为其所作,实出后人伪托。 ● 秦末东园公、角里先生、绮里季、夏黄公隐于商山,年皆八十余,时称"商山四皓"。	● 塞琉西约于此时攻入巴克特里亚(大夏)国都札里亚斯普(蓝氏城)。此后,巴克特里亚王欧提德姆虽仍保持王号,但要承认为塞琉西王国的属国。 ● 罗马将军西庇阿在巴埃库拉败汉尼拔弟哈斯德鲁巴。哈斯德鲁巴率军越过比利牛斯山向意大利进军,与汉尼拔会合。
207		● 项羽自立"西楚霸王",诸侯军均归项羽。刘邦攻入关中,亡秦。 ● 是年,赵高杀秦二世,立扶苏子子婴为秦	● 前207～前192:斯巴达王纳比斯夺权在位。他依靠平民进行土地与债务改革,遭贵族抵制。

公元前	（朝代）	中　国	外　国
	秦	王，子婴杀赵高，为王四十六日，降刘邦，秦亡。 ●项羽屠咸阳。灭秦后分其地为三，号曰："三秦"。	●梅托拉斯河战役。罗马军击毙汉尼拔弟哈斯德鲁巴，汉尼拔退军。
206		●楚怀王心为各路义军尊为"义帝"，由项羽主霸。继分诸将为十八王（刘邦为汉王），各领一方。十月，项羽杀心。 ●开始"楚汉相争"。是年，范增向项羽献计设"鸿门宴"，命项庄舞剑，欲乘机杀刘邦。项羽叔父项伯与刘邦谋士张良友善，以身体护刘邦，使未被害。西汉建立后，赐项伯刘姓，封射阳侯。 ●刘邦攻取咸阳后，废秦苛法，宣布"杀人者死，伤人及盗抵罪"，称为"约法三章"。	●罗马攻占加的斯，占领全西班牙，将迦太基人驱出。将军西庇阿立大功，凯旋意大利后，不到年资就被选为下年的执政官。 ●前206~前200：斯巴达镇压阿卡亚同盟成员之一的菲洛皮门的反抗。 ●前206~前180：托勒密国王托勒密五世（埃庇劳涅斯）在位。
204		●汉将韩信率数万军攻赵王歇，时赵军号称二十万。韩信采用"陷之死地而后生"的战术，背水而战；同时分兵抄赵军后路，赵军腹背受敌，大溃，赵王歇被俘。此为历史上又一以少胜多的战例。 ●南海尉赵陀约于是年据岭南自立为"南越武王"。都番禺（今广州）。	●在罗马与迦太基争雄的第二次布匿战争中，罗马开始占主动。是年，西庇阿率罗马军渡海远征迦太基，在乌提卡登陆，进攻迦太基本土。
203		●刘邦定"算赋"，成人年税一百二十钱。 ●楚汉成皋之战，刘邦以弱胜强，是刘邦战胜项羽的关键之战。 ●"垓下之战"。刘邦依靠谋士，以智术终胜西楚霸王项羽，项羽"霸王别姬"，自刎于乌江边。	●汉尼拔率远征军返回迦太基本土以解罗马军之围。 ●塞琉西与马其顿密约，瓜分托勒密在埃及以外的领地。
202	西 汉	●刘邦称帝，建立西汉政权①。一般称刘邦至景帝刘启（武帝前）为"西汉初期"。 ●汉立无诸为闽越王，据闽中故地，都东冶（今福建福州）。	●扎马战役。第二次布匿战争的最后一战，罗马重创迦太基军。汉尼拔逃亡。
201		●汉高祖二年（有记为六年）。 ●叔孙通为汉高祖制定朝仪。 ●天文、算学家张苍任计相，他曾改定音律、历法。 ●长乐宫落成，刘邦行朝仪，谓今乃知皇帝之贵。 ●匈奴发兵攻汉，刘邦亲领军三十余万迎敌，被围于平城白登山达七日，后用陈平计，重赂匈奴皇后阏氏方得解围。	●罗马与迦太基缔结和约，第二次布匿战争结束。迦太基丧失全部海外领土，交出舰船，进行赔款。从此一蹶不振。 ●西班牙成为罗马的一个省。 ●前201~前195：塞琉西攻托勒密，第五次叙利亚战争爆发。 ●北非马西利人在罗马支持下建"努米底亚王国"。首任国王为马西尼萨，定都塞尔塔。 ●埃及尼罗河三角洲发生土著居民起义。
200		●汉高祖三年（有记为七年）。 ●筑未央宫，迁都长安。置宗正官，管理皇亲之事。《通鉴》记筑未央宫事："上至长安。萧	●第二次马其顿战争爆发。 ●古希腊历史学家波里比阿诞生。著《通史》四十卷（现仅存数卷）。主要叙述罗马与迦

① 关于西汉的建立时间，史学界历来有多种不同看法，本年表采前202年说，详见本书"纪年考"。

公元前	（朝代）	中　国	外　国
		何治未央宫,上见其壮丽,甚怒,谓何曰:'天下匈匈,劳苦数岁,成败未可知,是何治宫室过度也!'何曰:'天下方未定,故可因以就宫室。且夫天子以四海为家,非壮丽无以重威,且无令后世有以加也。'上悦。"司马光就此评论道:"王者以仁义为丽,道德为威,未闻以宫室填服天下也。天下未定,当克己节用以趋民之急;而顾以宫室为先,岂可谓之知所务哉!昔禹卑宫室而桀为倾宫。创业垂统之君,躬行节俭以示子孙,其末流犹入于淫靡,况示之以侈乎!乃云'无令后世有以加',岂不谬哉!至于孝武,卒以宫室罢敝天下,未必不由萧侯启之也。"	太基的布匿战争及地中海东部希腊化各国的历史。 ●伊特拉斯坎人约于此前后建菲埃索莱城(今佛罗伦萨)。 ●西亚波斯人约于此时发明立式风车,用于磨谷,是为世界上最早的风力机。 ●前200～5世纪:叶尼塞河中游早期铁器时代"塔施提克文化"约产生于此时期。主要遗存是墓葬,流行木乃伊和环锯头骨风俗。
199	西	●禁止商人穿丝绸、带兵器、乘车骑马。 ●汉初,工商业已高度发展。据载,大工商主刁间在齐地经营煮盐、捕鱼业,家产数千万;鲁丙氏以冶铁致富,家产巨万。 ●匈奴扰北边,刘敬提出"和亲"建议。	●时希腊西北部伊庇鲁斯地区附属于马其顿。
198		●派刘敬赴匈奴结和亲约,以公主嫁单于。 ●从关东迁六国强族十余万人入关中,便于控制。	●塞琉西占领拍加马部分领地。 ●斯巴达夺取亚哥斯。
197		●赵相国陈豨反,自立为代王。汉高祖亲讨,至邯郸。 ●汉高祖宠戚姬,欲废太子而立其所生赵王如意,因大臣争之而未果。	●罗马军队在辛诺塞法利(狗头山)大败马其顿军,腓力五世率残部回国,第二次"马其顿战争"结束。订立和约,马其顿放弃本土以外全部领地,并进行赔款。
196	汉	●陆贾常为刘邦说《诗》、《书》,并著《新语》论存亡之故。 ●先后杀韩信、彭越等名将,并夷三族。英布起兵反,高祖自将击之。	●汉尼拔当选为迦太基基苏菲特(最高行政官),实施改革。 ●伊达拉里亚发生反罗马的民众起义,被镇压。
195		●汉高祖八年(有记为十二年)。 ●刘邦还乡至沛,召故人父老置酒相会,因作《大风歌》。又过鲁,以太牢祠孔子。四月,刘邦死。惠帝刘盈立。	●第五次叙利亚战争结束。塞琉西夺得南叙利亚与托勒密在小亚细亚的领地。 ●罗马要求迦太基交出汉尼拔,汉尼拔逃亡叙利亚。
194		●吕后毒杀刘邦宠妃戚夫人所生子如意,残害与吕后争立太子的戚夫人,斩去四肢,剜眼熏耳,饮以哑药,丢置于茅厕,呼为"人彘",惠帝见而痛哭,称病,不理政事。据晋葛洪《西京杂记》称,戚夫人善舞,为翘袖折腰之舞,唱出塞人望归之曲。 ●开始修筑长安城。 ●燕人卫满约于是年逃亡箕子朝鲜,逐其王而代之,史称"卫氏朝鲜"。	●塞琉西与托勒密联姻。埃及托勒密王国实际沦为塞琉西王国的保护国。 ●罗马征服意大利北部的因苏布雷人。 ●塞琉西王安条克三世侵入欧洲,与东进的罗马发生冲突。
193		●相国萧何死,曹参继任之,史称"萧规曹随"。	●斯巴达又挑起与阿卡亚同盟的战争。

公元前	（朝代）	中　国	外　国
		• 蒯通（即蒯彻）为曹参宾客。著有《隽永》八十一篇，《汉书·艺文志》纵横家有《蒯子》五篇，今不存。	同盟统帅菲洛皮门大败斯巴达王纳比斯，封锁斯巴达，并摧毁拉科尼亚。
192		• 征周围六百里内男女十四万多人筑长安城。继而，又征王、侯徒隶两万人筑之。 • 汉与匈奴和亲。以宗室女为公主嫁匈奴冒顿单于。	• 斯巴达王纳比斯被杀，罗马迫使斯巴达加入阿卡亚同盟。 • 前192～前189：塞琉西向罗马宣战，"叙利亚—罗马"战争开始。
191		• 汉廷令凡由郡国举为"孝、悌、力田"者，免徭役。 • 汉废秦"挟书律"（禁私人藏书）。	• 温泉关战役。罗马大败塞琉西。 • 希腊阿卡亚同盟镇压斯巴达暴动。 • 罗马征服山南高卢。
190	西	• 汉惠帝五年。 • 复发长安六百里内男女十四万五千人建长安城，三十日罢。当年长安城完工。城区面积约三十六平方公里。 • 阳懿侯曹参卒。 • 夏遭大旱。江河水少，溪谷水绝。	• 塞琉西王国被罗马战败，国势转衰，仅有叙利亚一带。 • 原亚美尼亚总督阿尔塔夏和扎里亚德雷斯在罗马支持下宣布独立，分别建立"大亚美利亚国"和"索菲恩王国"。是为独立的亚美尼亚国家之始。 • 罗马在波罗那建拉丁殖民地，坎佩利亚人成为罗马公民。 • 前190～前175：帕提亚（安息）王阿萨息斯三世在位。
188		• 汉惠帝卒。其母吕后临朝称制。她是高祖刘邦之后，曾佐刘邦成帝业，是年始正式主政，可谓中国历史上第一位女当权者。不断为后世史家所诟病。	• 古罗马喜剧作家太伦斯诞生。现存《婆母》、《宦官》、《兄弟》等六部喜剧。对以后莫里哀喜剧有一定影响。
187	汉	• 吕后当权后，大封诸吕为王。王陵以高祖有言："非刘氏而王，天下共击之"而阻止，被罢相。 • 废秦"夷三族"罪及"妖言令"。	• 前187～前175：塞琉西国王塞琉古四世在位。在位期间国力有所恢复。
186		• 恢复使用八铢钱（即"秦半两"）。 • 长沙国相轪侯利仓卒。1972年其墓被发掘，称"马王堆汉墓"，出土大量珍贵文物，其中竹简、帛书画、丝织品、漆器，以及女尸皆有重要价值。女尸保存完好，没有腐烂，肌肉尚有弹性，十分罕见。出土帛书内容有《易经》、《老子》和天文、相马、医学等书二十余种，十二万多字，有的文献现已失传，还有地图三幅。由三枚印章得知墓主人及其身份。	• 罗马在意大利北部城镇卢卡建殖民地。 • 南意大利的阿普利亚发生反罗马的民众起义，达七千多人，被镇压。 • 基督教神学家奥利金约于是年诞生。他是教父哲学的主要代表之一。利用希腊哲学论证基督教义。著有《论原理》等。
184		• 汉禁南越关市，不准运铁器入岭南。	• 巴克特里亚王德米特里二世约此时在位。
183		• 医学家淳于意生活在此期间。他曾任齐太仓令，故又称"仓公"。史载其辨证审脉，治病多验。《史记》收其二十五例医案，称为"诊籍"，是我国现存最早的病史记录。	• 迦太基统帅汉尼拔走投无路，服毒自杀。 • 前183～前179：拍加马发动对本都王国的战争。 • 本都王国迁都锡诺帕（今土耳其锡诺普）。

公元前	（朝代）	中　国	外　国
182		●汉行五分钱(荚钱)。	●西班牙地区发生反罗马起义。
180		●吕后卒。太尉周勃入北军,与陈平、刘章等尽杀诸吕,立文帝刘恒。 ●吕后侄吕台墓于2000年在山东章丘洛庄发现。其中有一陪葬坑全部是乐器,内有编钟一套十九件,编磬六套一百零七件,后者数量比目前全国汉代考古发现编磬的总和还多。除外还有建鼓一面,悬鼓二面和瑟七面,展现了王侯宫廷乐队的宏大规模。	●前180～前145:托勒密王托勒密六世在位。其母克娄巴特拉一世摄政。兄弟争权,罗马乘机干涉。 ●亚历山大城爆发狄奥尼亚领导的起义。 ●罗马诗人卢齐利乌斯约于是年诞生。有诗集《闲谈集》。
179		●据《汉书·文帝纪》:当年"四月,齐楚地震,二十九山同日崩,大水溃出"。	●前179～前168:马其顿国王佩尔修斯在位。
177		●匈奴击败大月氏,控制楼兰、乌孙、呼揭等西域诸国,置"僮仆都尉"以统辖。	●罗马乘胜占领撒丁岛。
175	西 汉	●汉文帝五年。 ●时汉荚钱轻,米一石万钱,汉廷令改造四铢钱,钱文亦作"半两";取消盗铸钱令,使民得自铸,宠臣邓通及吴王刘濞所铸钱布天下。 ●据《汉书·文帝纪》:"春二月,地震。"	●前175～前171:帕提亚(安息)国王阿萨息斯四世在位。 ●帕提亚占领马尔吉安那。 ●前175～前163:塞琉西国王安条克四世在位。
173		●贾谊上《治安策》,言治天下所虑事。	●塞琉西攻托勒密,占领培琉喜阿姆。
171		●汉文帝闻博士伏生(亦称"伏胜")治《尚书》,年高九十,遣晁错往学,伏生传《尚书》二十八篇,因其用当时通行的文字隶书抄写,故称今文《尚书》。相传伏生还作《尚书大传》(疑为后人托名之作)。 ●文帝时,立韩婴、申公(名墙)为博士。前者为西汉今文诗学"韩诗学"的开创者,著有《韩诗内传》和《韩诗外传》,今存已不全;后者为西汉今文诗学"鲁诗学"的开创者,后人辑有《鲁诗古文》三卷。	●前171～前168:马其顿组织反罗马联盟,罗马发动第三次马其顿战争。 ●前171～前138:帕提亚(安息)国王米特拉达梯一世在位。势力强大。屡败塞琉西王国。拓地东至印度,西至两河流域,占据广大地区,为其鼎盛时期。开始与罗马有使节来往,发生关系。 ●古罗马作家阿克齐乌斯约于是年诞生。他一生写了四十部悲剧。
169		●晁错上书汉文帝,建议募民以实塞下,且耕且战,以御匈奴,塞下从此渐见充实。 ●重臣周勃卒。	●欧克拉蒂德斯约于是年自立,开创新王朝。"巴克特里亚王国"自此以兴都库什山为界,分裂为南、北两王朝,互相攻战。
168		●汉取消出关、入关用"传"(凭证)的制度。 ●政论家贾谊(时称贾生,前200～前168)卒。其名文《过秦论》深刻分析了秦朝灭亡的原因。今人辑有《贾谊集》,包括《新书》十卷。 ●据《汉书·文帝纪》:去年"十二月,河决东郡"。今年,免本年租税之半。	●罗马大胜马其顿,第三次马其顿战争结束,马其顿安提柯王朝亡,沦为罗马属国,罗马分其为四个自治区进行统治。 ●塞琉西王国在犹太地区推行希腊化,宣布犹太教非法。耶路撒冷约于此时爆发犹太人起义。
167		●汉文帝十三年。 ●汉文帝诏废肉刑。	●罗马征服伊庇鲁斯,毁七十城,掳十五万人为奴隶,将伊利里亚分成三个附属罗马的

公元前	（朝代）	中　国	外　国
		• 文帝时，著名医学家淳于意（仓公）女淳于缇萦因其父被告下狱，她上书请作宫婢以赎父刑。旧时将其称为封建孝道的榜样。	统治区。 • 塞琉西王国派兵驻守耶路撒冷，在犹太殿圣殿建宙斯祭坛。
166		• 匈奴十四万骑入塞，大掠人畜而去。李广善射，从军击匈奴。	• 埃托利亚人反对罗马控制，数百人被杀，上千人被掳往意大利。
165		• 汉文帝十五年。 • 汉举贤良直言极谏。晁错言削藩等事。	• 前165～前164：埃及亚历山大城爆发反托勒密统治的大起义。
164		• 汉文帝十六年。 • 汉文帝在渭阳祭五帝。使博士、诸生采六经之文作《王制》，并议巡狩、封禅之事。 •《汉书·文帝纪》言："五月，立齐悼惠王子六人，淮南厉王子三人皆为王。"这是将齐一分为六；将淮南一分为三，以削弱诸王的实力。	• 犹大·马卡比收复耶路撒冷，捣毁宙斯祭坛，重建犹太教圣殿。犹太人获准恢复宗教自由。 • 埃及托勒密王国分裂。在罗马的干预下，由托勒密六世统治埃及和塞浦路斯岛；托勒密八世统治昔兰尼。
163	西	• 汉文帝后元元年。	• 卡帕多西亚王阿里亚拉特斯五世在位。
162		• 匈奴连年犯边，汉文帝遣使致书单于，重定和亲之约。	• 前162～前150：塞琉西王德米特里一世在位。
161		• 乌孙王猎骄靡率众迁入伊犁河一带，脱离匈奴控制自立。时与汉和亲，曾娶江都公主为右夫人。	• 塞琉西王国镇压犹太人起义。
159		• 汉文帝后元五年。 • 汉文帝至陇西、雍、代等地巡行。	• 前159～前138：拍加马王阿塔罗斯二世在位。
158	汉	• 为防御匈奴，汉文帝劳军，见周亚夫细柳军军纪严整，无将令虽天子也不得擅入军营，为此拜亚夫为中尉。有学者认为1970年在陕西咸阳杨家湾发掘的两座汉墓是周亚夫和其父周勃之墓。	• 军人出身的米南德约于此时拥兵自立称王，占有西起喀布尔河、东至拉维河的大片地区。 • 巴克特里亚王欧克拉提德斯被杀。 • 拍加马卫城宙斯祭坛约建于此时期。
157		• 汉文帝卒，景帝即位。文、景时期，推崇黄老思想，无为而治，废除秦朝很多苛律，轻徭减赋，生产得以恢复，史称"文景之治"。 • 汉初耕作技术进步，出现二牛一犁耕法和耧车。农业领域发明代田法。冶铁开始以煤作燃料。1975年在广州发现一处秦汉时代的造船工场遗址，可造百米以上的远航大船，其规模可与西方媲美。	• 前2世纪：本都王国于本世纪征服南高加索"科尔希达王国"。 • 前2世纪：萨尔马特人于本世纪征服斯基泰人大部，称霸南俄草原。斯基泰人被迫迁至克里米亚。 • 前2世纪：马镫约于本世纪起源于亚洲草原地区。 • 前2世纪：古希腊雕刻家阿历山德罗斯完成其代表作品，大理石圆雕"阿佛洛狄忒"。 • 前2～前1世纪：古罗马形成图书誊抄行业，出现销售书籍的商贩和店铺。 • 前2世纪中叶：古罗马哲学家塞克斯都·恩披里柯生活在此时期。他是怀疑论者，认为人们不可能发现真理。著有《波浪的基本

公元前	（朝代）	中　　　国	外　　　国
			原理》和《反对科学家》等。 　●前 2 世纪:古希腊天文学家喜帕恰斯生活在此时期。他是西方古代天文学的创始人。他的"地球中心说"影响了一千多年。他为天体测量学奠定了基础,其主要成就是编制了一个载有一千多颗恒星位置和亮度的星表;首先发现了岁差,推算出太阳年长度,误差只有 6 分 14 秒。
156		●汉减田租,实行"三十税一"。 ●汉遣御史大夫陶青与匈奴和亲。	●帕提亚(安息)吞并米底。
154		●吴楚七国之乱。吴王刘濞等七个分封国以"清君侧"攻讨御史大夫晁错为名发动叛乱。数月被讨平,景帝将分封国的军权收归中央。 ●汉景帝第五子刘馀由淮阳王转封鲁王,相传他在此时发现古文《尚书》。《汉书·景十三王传》记:刘馀"初好治公室,坏孔子旧宅以广其宫,闻钟磬琴瑟之声,遂不敢复坏,于其壁中得古文经传"。因是用秦汉以前"古文"书写,故名。该书后佚,现存本为东晋时由梅赜重新发现后献出,今称伪古文《尚书》。刘馀事只见《汉书》,不见《史记》本传,也引起后来学者的怀疑。 ●景帝时,立胡母生(字子都)和辕固生为博士。前者为经学家,治《春秋公羊传》在齐地有声望;后者为西汉今文诗学"齐诗学"的开创者,后人辑有《齐诗传》三卷。	●埃及托勒密王国分裂后,两王为争夺塞浦路斯岛开战。 ●西班牙卢西塔尼亚人反罗马统治起义,遭镇压。 ●努米底亚在罗马支持下攻击迦太基,无战果。 ●阿拉伯半岛纳巴泰文字体系约于此间开始通行。
153	西	●汉景帝四年。 ●恢复出入函谷关用传(符信)制度。	●罗马执政官就职日期由 3 月 15 日改为 1 月 1 日,定此为一年行政之始。
152	汉	●汉匈和亲,遣公主嫁单于。	
149		●汉景帝中元元年。 ●据《通鉴》卷十六:当年,"地震。衡山原都雨雹,大者尺八寸"。	●前 149~前 146:第三次布匿战争。罗马以支援盟友为借口,出兵北非,大败迦太基,毁迦太基城,迦太基沦为罗马一个省(阿非利加省)。罗马争得西地中海霸权。 ●罗马通过反贪污法,并设立专门审理勒索案件的常设法庭。 ●前 149~前 148:马其顿出现反罗马起义,被镇压。史称"第四次马其顿战争"。
148		●汉改郡守为太守,郡尉为太尉。 ●景帝末年,文翁为蜀郡守,建学宫以教育子弟,称"文翁学堂"。"学堂"之名自此始。	●前 148~前 118:北非"努米底亚王国"国王马西尼萨卒。国土分给三个儿子,不久,三子亡其二,由米西普萨继承王位。
146		●是年夏发生蝗灾。 ●据《汉书·景帝纪》:"十月戊午,日有食之。"	●罗马军攻陷科林斯,征服全希腊,第三次布匿战争结束。希腊并入罗马版图。罗马建马其顿省进行统治。

公元前	（朝代）	中　国	外　国
143		• 汉景帝后元元年。 • 司马相如游临邛，富人卓王孙女卓文君私奔相如，俱归成都，发生流传千古的司马相如、卓文君的爱情故事。 • 卓王孙与程郑经营铁冶，为蜀巨富，卓氏有家僮八百人。 • 景帝末年，文翁为蜀郡守。曾派小吏至长安，就学于博士。又在成都设学校，入学可免徭役，并以成绩优良者为郡县吏。	• 前 2 世纪后半叶至前 1 世纪后半叶：被称为古罗马的"内战"时期。奴隶与奴隶主、破产农民与大土地占有者、无权者与当权者，以及统治者内部骑士派与元老派之间各种矛盾交织，发生数次大起义。 • 台伯河上第一座石桥约于此时建成。 • 犹太最高祭司西门即位，集政教大权于一身，重占耶路撒冷，宣告犹太独立，建"哈斯蒙尼王朝"。
141		• 景帝卒，武帝刘彻即位。一般以武帝至宣帝刘询为"西汉中期"。 • 皇帝下诏劝农桑，禁官吏采矿黄金、珠玉。	• 帕提亚（安息）约于此时夺取巴比伦和塞琉西亚，将塞琉西王国势力逐往幼发拉底河以西。标示帕提亚帝国的形成。
140	西 汉	• 汉武帝建元元年。 • 汉武帝诏举贤良方正直言极谏之士。纳董仲舒言"罢黜百家，独尊儒术"。 • 董仲舒：西汉著名思想家。其思想核心是"天人感应"学说，以及"天不变道亦不变"的哲学观、"大一统"和三统循环的历史观和"三纲五常"的伦理观。其"独尊儒术"的主张，使儒家由百家中的一家进崇为中国封建社会占统治地位的思想。 • 西汉中期，中央集权得到加强，大一统局面形成。 • 汉武帝任赵过为搜粟都尉，在他主持和设计下，创造了三脚耧，还改进了其他耕耘工具。 • 西汉中期，代田法大面积推广，还发明了区田法。关中修建了大量水利工程。 • 辞赋家枚乘（字叔，？～前 140）卒。有赋九篇，今存《七发》等三篇。近人辑有《枚叔集》。	• 米洛的维纳斯雕像约产生于此时。 • 帕提亚再攻塞琉西，败。 • 中亚月氏人开始攻击巴克特里亚。 • 希腊史学家阿波罗多罗斯约生活在此时期。他著有《希腊编年史》。
139		• 汉武帝建元二年。 • 据《汉书·武帝纪》：是年，"春二月丙戌朔，日有蚀之。夏四月戊申，有如日夜出"。 • 汉武帝作陵，初置茂陵邑。	• 前 139～前 129：塞琉西国王安条克七世因其兄王被帕提亚（安息）俘获而回国继任在位。 • 西班牙维赖阿塔反罗马起义遭失败。
138		• 张骞第一次出使西域。 • 汉武帝下令扩大林苑，周围二百余里。 • 武帝时，虞初任侍郎，称"黄车使者"。他曾根据《周书》写成通俗的周史，名《周说》（今佚），《汉书·艺文志》列入小说家，后世常以其名作为笔记小说的代称。	• 前 138～前 132：西西里第一次奴隶起义。以攸努斯为王，建"新叙利亚王国"。后遭镇压。 • 前 138～前 128：帕提亚国王弗拉特斯二世在位。 • 前 138～前 133：拍加马国王阿塔罗斯三世在位。
135		• 汉遣唐蒙至西南夷地区，见夜郎王多同。 • 闽越将郢擅自发兵击南越，南越向汉求救，汉发兵援，郢被弟余善所杀，首级献汉，汉立丑为闽越王，馀善在国内势涨。	• 希腊化时期最后一位地理学家波赛东尼厄斯诞生。他著有《论海洋》，提出五带的划分，把潮汐之因归于月之盈亏。

公元前	（朝代）	中　　国	外　　国
134		• 汉武帝元光元年。 • 汉廷初令郡国举孝廉各一人,尝试建立察举制。	• 犹太人起义所建"马卡比王国"国王西门被刺杀,子约翰·希尔坎继立。
133		• 汉武帝"亲祠灶","而事化丹砂诸药剂为黄金",传为古代炼丹术之始。 • 汉武帝击匈奴,取马邑（今山西朔县）,又命李广等率兵三十余万设伏,匈奴十余万骑入武州塞,发觉有伏,引去。汉对匈奴大规模战争,自此展开。 • 据《通鉴》卷十八:"亳人谬忌奏祠太一。方曰:'天神贵者太一,太一佐曰五帝。'于是天子立其祠长安东南郊。"	• 提比留·格拉古任罗马保民官。其提出的"土地法"被通过,特设"三人委员会"执行,但遭贵族反对。 • 前 133～前 130:亚里斯托尼哥起义。这是在小亚细亚的拍加马王国爆发的反本国统治者勾结罗马的起义。曾建"太阳国"。终被罗马军镇压,起义失败,王国并入罗马版图。至此,罗马控制了东地中海地区,建立起横跨欧、亚、非三洲的霸国。
132		• 是年,黄河改道,从顿丘东南入海。	• 西西里起义被镇压。
130	西	• 汉置犍为郡,开僰道。 • 汉武帝令张汤等定律令,作"见知法"。凡知人犯法而不举告,谓之"故纵",与犯者同罪。	• 罗马至此,前后共建九省:西西里、撒丁尼亚、山南高卢、西班牙、阿非利加、马其顿、伊利里库姆、阿卡亚、亚细亚。
129		• 徐伯主持开凿漕渠,从长安到黄河,全长三百余里。 • "初算商车",始向商贾车船征税。	• 帕提亚（安息）袭杀塞琉西国王安条克七世。德米特里二世回国复位。
128		• 汉武帝元朔元年。 • 以李广为太守,李广为征匈奴名将,人称"飞将军"。	• 塞种人（又称萨迦人）为月氏人西迁所迫,南下进入帕提亚地区。 • 帕提亚（安息）王弗拉特斯二世在抵御塞种人入侵时兵败身亡。
127	汉	• 汉将卫青大败匈奴,夺取河套地区。 • 汉武帝用主父偃策,下"推恩令",大力削藩,使分封国地小势弱,仅为一荣誉。 • 相传茅盈（字叔申）十八岁弃家入恒山修道,弟茅固、茅衷弃官寻之,均得道成仙,世称"三茅真君"。所隐之山称"茅山",旧时所谓"茅山道士"即以此得名。	• 前 127～前 124:帕提亚（安息）王阿尔达班二世在位。
126		• 张骞返汉。出使西域十三年,多经磨难,曾到咸海、阿姆河等地。 • 初设"五经博士",有弟子五十人,这是西汉初置的"太学"（"太学"之名,西周已有之）。东汉时,太学生发展至数万人。是为古代的大学。	
125		• 匈奴三万骑扰代郡、定襄、上郡,杀略数千人。 • 汉武帝免薛泽职。以公孙弘为丞相,封平津侯。丞相封侯自此始。	• 弗拉库斯任罗马执政官,建议给所有意大利人公民权,遭元老院反对。 • 前 125～前 117:塞琉西国王安条克八世在位,与母克娄巴特拉·西亚共治。

公元前	（朝代）	中　国	外　国
124		• 时孔安国为博士,传授其所得在孔壁中发现的古文《尚书》,开创古文尚书学派。	• 前124～1世纪:苏林家族在伊朗高原东部建"乌弋山离国"。
123		• 时匈奴边患严重,动辄耗兵十余万,用于赏斩首之士黄金二十余万斤,尚有大量兵甲转漕之费。致使国库军费不足。当年六月颁诏,民众可用钱买爵及赎罪。置赏官,名曰"武功爵"。	• 盖约·格拉古出任罗马保民官,推行土地制度等方面的改革。 • 前123～前88:帕提亚(安息)王米特拉达梯二世在位。
122	西 汉	• 汉武帝元狩元年。 • 淮南王刘安(前179～前122)死。其门客苏非等曾编著《淮南子》(亦名《淮南鸿烈》)一书。为"杂家"之作,内有不少自然科学资料。 • 汉武帝令张骞派人分道寻访身毒(印度)。 • 汉武帝元狩年间,滇王尝羌曾协助汉使探求通往今印度的道路。1955～1960年曾对云南晋宁县石寨山滇墓进行发掘,出土大批有特色器物,有铜鼓、铜芦笙、铜锄等,还有一枚"滇王之印"的铜印章,十分珍贵。 • 辞赋家严助(?～前122)卒。据载有赋三十五篇,今不传。 • 南越文王赵胡卒。1983年其墓葬在广州被发现,为重大发现,是岭南地区最大的汉墓,出土以"丝缕玉衣"为代表的文物一千多件。1988年在该地建"南越王博物馆"。	• 盖约·格拉古连任罗马保民官,拟予所有意大利人公民权。 • 小亚美尼亚并入本都王国。 • 罗马军越阿尔卑斯山,在罗纳河与索恩河汇合处打败阿罗布罗基人。
121		• 名将霍去病率军对匈奴二次用兵,至祁连山下,设武威、张掖、酒泉、敦煌四郡。打开通往西域之路。 • 经学家公孙弘(字季,前200～前121)卒。治"公羊学",曾任丞相。 • 南越献驯象及能言鸟(鹦鹉)。	• 前121～前63:里海东南岸的"本都王国"米特拉达梯六世在位,对外扩张,征服里海北岸的博斯普鲁斯王国(克里米亚)及小亚细亚中部一带,使其成为黑海地区的强国。 • 盖约·格拉古卸任后,遭反对派杀害。罗马颁布法案,停止土地分配。
119		• 对匈奴三次用兵,出关两千余里,临瀚海而还。基本上解除了匈奴对汉的威胁。 • 汉武帝初算缗钱,对商人、手工业者、高利贷者和车船所有者按资产征税。 • 发行"皮币"用宫苑中白鹿皮制成,方尺一张,饰彩画,每张四十万钱。	• 罗马于此时已控制了罗纳河流域地区。 • 北非毛里塔尼亚国王博库斯约于此时在位。
118		• 罢三铢钱,铸五铢钱,汉币制始定。五铢钱被广泛使用,国有铸钱权的确立,有利于统一的巩固。	• 埃及托勒密八世实行改革,复兴国势。 • 北非努米底亚国王朱古达在位,反罗马控制。
117		• 汉武帝颁诏,令民告缗。奖励告发逃避资产税,打击富商大贾。 • 抗匈奴名将霍去病(前140～前117)卒。	• 托勒密开始远征探险,经红海、印度洋至印度。 • 塞琉西国王安条克九世在位。
116		• 汉武帝元鼎元年。 • 据《汉书·武帝纪》:"得鼎汾水上。"于是	• 古罗马作家瓦罗诞生。他曾任大法官,筹建罗马第一座图书馆。著有《古代》、《拉丁

公元前	（朝代）	中 国	外 国
		"赦天下,大酺五日"。 • 济东王彭离骄横。黄昏,纠集其奴数十人行劫杀人,夺取财物,以此为爱好,被杀者百余人。为此被废,徙至上庸。	语论》、《论农业》等,后者是研究罗马共和国后期庄园经济的重要资料。 • 前116～前110:埃及托勒密国王托勒密九世在位,与母克娄巴特拉三世共治。
115		• 汉武帝禁郡国铸钱,行上林三官所铸钱,非其不准流通。 • 张骞二使西域归,开通"丝绸之路"。 • 大臣张汤(？～前115)卒。他曾与赵禹共同编制律令,撰有《越宫律》二十七篇。	• 帕提亚(安息)对外扩张,占领木鹿绿洲,控制阿姆河流域。 • 南阿拉伯"萨巴王国"约于此时衰亡。 • 占据今也门一带的"希木叶尔王国"兴起,都萨尔瓦哈。
114		• 汉武帝颁发"告缗令",对隐产不报者没收财产,并奖励告发,告发者可获没收财产之半。在杨可主持下,所没收的财产以亿计。	• 属日耳曼一支的条顿人南下进入南高卢地区,败罗马军于阿尔卑斯山东麓。
113	西	• 中山靖王刘胜(汉景帝子)卒。1968年其墓被发掘(称"满城汉墓"),出土"金缕玉衣"、"长信宫灯"、错金博山铜炉、金银医针等诸多珍贵文物。	• 塞琉西王国内乱。安条克八世向安条克九世发难。
111		• 汉灭南越,在其地置南海、苍梧、郁林、合浦、交趾、九真、日南、珠厓、儋耳九郡。又平西南夷,以邛都为越嶲郡,以筰都为沈黎郡,冉駹为汶山郡,白马为武都郡,南夷为牂柯郡。夜郎王多同降汉,受赐印绶。 • 东越王馀善起兵反汉,刻"武帝"玺自立。次年,失败被杀。 • 桑弘羊作平准法,平稳物价。	• 前111～前105:罗马与努米底亚王国发生"朱古达战争"。后者败,被分治,受罗马监督。 • 塞琉西王国开始分治:安条克八世复位,以大马士革为都;安条克九世以安条克城为都。
110	汉	• 汉武帝元封元年。 • 史学家、思想家司马谈(？～前110)卒。官太史令。他提出"形神离则死,死者不可复生,离者不可复反"的论点。平生撰史,卒后由其子司马迁续成《史记》。	• 埃及托勒密九世被母后克娄巴特拉三世放逐。次年和解,归国复位。 • 本都王国欲侵占博斯普鲁斯王国。
109		• 滇王尝羌降汉,汉以其地置益州郡。 • 朝鲜王攻杀辽东都尉。汉武帝遣杨仆等招募天下犯死罪之人以击朝鲜。	• 博斯普鲁斯王国发生"索马克起义",索马克自立为王,杀国王伯里萨德,坚持一年被镇压。今存上镌其像和其名的钱币。
108		• 汉灭"卫氏朝鲜",分其地置乐浪、临屯、玄菟、真番四郡。 • 汉军房楼兰王,此后楼兰持两端,遣一子质匈奴,一子为质于汉。 • 司马迁受任太史令,继父业修史。	• 托勒密王国王位争夺斗争激烈。 • 希腊哲学家、数学家尼科马科斯约生活在此时期。他著有《算术引论》、《数的神学》和关于音乐的《谐和手册》等。
107		• 汉武帝巡行雍地,祠五畤。经回中道,北出萧关,历独鹿、鸣泽,自代而返。又巡河东,祠后土。诏曰:"朕躬祭后土地祇,见光集于灵坛,一夜三烛。幸中都宫,殿上见光。其赦汾阴、夏	• 本都王国灭亡博斯普鲁斯王国。 • 前107～前88:托勒密国王托勒密十世在位,朝政由母后娄巴特拉三世操纵。 • 古罗马军事统帅盖约·马略进行军事

公元前	（朝代）	中　国	外　国
		阳、中都死罪以下，赐三县及杨氏皆无出今年租赋。"（见《汉书·武帝纪》）	改革。以募兵制代替征兵制，广开兵源提高军队战斗力，为后来军事独裁提供了条件。
106		●汉初置刺史部十三州（冀、幽、并、兖、徐、青、扬、荆、豫、益、凉、交趾、朔方）。 ●汉武帝南巡，至琅邪还。三月，封泰山。下诏州郡举吏民有茂材异等。 ●是年，抗匈奴名将卫青卒。	●古罗马哲学家西塞罗诞生。他提出自然法学说，建立折中主义哲学体系，主要贡献是将希腊哲学通俗化。著有《论国家》、《论法律》、《论神的本性》、《论善恶》等，文体流畅，被誉为拉丁文的典范。
105		●汉以江都王刘建女细君为"江都公主"嫁乌孙王，乌孙王以其为右夫人，以匈奴女为左夫人。 ●安息使者携大鸟卵及"善眩人"（魔术师）来汉。	●"朱古达战争"结束，努米底亚沦为罗马属国。 ●希腊埃利亚努斯约于此时撰成《战术论》。
104	西	●汉武帝太初元年。 ●在天文学家邓平、唐都等参与下，《太初历》编成。是为我国首次的历法改革。用夏正，以建寅月（正月）为岁首。建正与岁首一致，对后世影响很大。第一次将二十四节气订入历法，被视为我国第一部较完整的历法。 ●天文学家落下闳（字长公），官居太史待诏，参与创制《太初历》，并制造浑仪，以观测星象。 ●司马迁始撰《史记》。 ●思想家董仲舒（前179～前104）卒。 ●柏梁台遭火灾，造更壮丽的建章宫，依太液池，楼台最高五十丈。 ●发兵征大宛，取汗血马。	●前104～前101：西西里第二次奴隶起义。萨维阿斯与雅典尼昂先后称王，重创罗马军。终遭失败。 ●马略开始连任罗马执政官。根据《多米蒂乌斯法》，大祭司和占卜官均由选举产生。 ●前104～前103：占据耶路撒冷的犹太人"哈斯蒙王朝"阿里斯托布鲁斯一世在位。首次采用国王称号。 ●条顿人等在今罗纳河下游的奥朗日大破罗马军，罗马伤亡数万人。
103	汉	●击大宛兵败，退回敦煌者仅存十之一二。 ●御史大夫倪宽（？～前103）卒。从欧阳生受《尚书》，又受业于孔安国。清人有其辑本。 ●欧阳生：即欧阳和伯。是伏生的弟子，世传"尚书学"是西汉今文尚书"欧阳学"的开创者。	●萨图宁担任罗马保民官，提出土地改革方案，遭到贵族派反对。 ●马略率罗马军抗击南下的条顿人和辛布里人。
102		●再发兵击大宛，得良马数十匹，中马以下三千余匹。开井、炼钢技术传入大宛。	●前102～前76：犹太"哈斯蒙王朝"国王雅奈在位。
101		●李广利击大宛返军过龟兹，将赖丹带回，并带回汗血马，作《西极天马之歌》。	●埃及太后克娄巴特拉三世卒，托勒密十世亲政。
100		●汉武帝天汉元年。 ●连遭大旱，改元"天汉"以祈雨。 ●苏武（字子卿）使匈奴，被扣，拒降，使居北海（今贝加尔湖）牧羊。羁留十九年始归汉。 ●产生植物纤维纸。出土的麻纤维制"灞桥纸"约于武帝时造。 ●《周髀算经》成书。这是我国古代早期的天文、数学著作，内容涉及盖天说和四分历法，以	●是时，骆驼被引入非洲。 ●前100～1400：北美西南地区新石器时代"霍霍卡姆文化"约产生于此时期。其房屋有一个从方形半地穴—圆角方形—普韦布洛式村落—石块建筑、多间相连并有围墙的发展过程。出现北美西南地区最早的彩陶。后期出现镶嵌技术。 ●前100～8世纪末：中美洲印第安文化

公元前	（朝代）	中　国	外　国
		及分数、开平方、勾股定理等。 •赵禹卒。他曾任御史、太中大夫、廷尉等职。治狱严峻。曾和张汤共编律令，作有《朝律》六篇。 •据《汉书·武帝纪》："秋，闭城门大搜。发谪戍屯五原。"臣瓒曰：《汉帝年记》：六月，禁逾侈。七月，闭城门大搜，则搜索逾侈者也。"师古曰："逾侈者，逾法度而奢侈也。" •汉将赵破奴自匈奴亡归。 •济南太守王卿为御史大夫。	古典期"特奥蒂瓦坎城址"约产生于此时期。主要建筑包括一百多个金字塔形台庙和神祠，著名的有"太阳金字塔"、"月亮金字塔"等。发现有异于玛雅文字的文字符号。供奉雨神、水神、羽毛蟒神等。已掌握以 365 天为一年的太阳历。 •前 100～700：南美洲印第安古典期"莫奇卡文化"约产生于此时期。主要分布于秘鲁北部沿海地区。经济以农为主，修建有大规模灌溉网。有两座巨大的宗教建筑，内饰壁画、浮雕。发现有镀金铜片。
99		•李陵攻匈奴，兵少被重围，降。太史令司马迁为李陵辩解，被处腐刑。	•古罗马哲学家卢克莱修约于是年诞生。他系统阐述了原子唯物论和无神论思想。
98	西	•西汉初榷酒酤。垄断酒的产销。	•罗马占领昔兰尼地区。
96		•汉武帝太始元年。	•塞琉西王安条克八世被刺杀。
95		•汉武帝巡行回中。 •御史大夫杜周卒。以暴胜之为御史大夫。 •募死罪人赎钱五十万减死一等。 •据《通鉴》："赵中大夫白公奏穿渠引泾水，首起谷口，尾入栎阳，注渭中，袤二百里，溉田四千五百余顷，因名曰'白渠'，民得其饶。"	•前 95～前 55：大亚美尼亚国王提格兰二世在位。兼并索菲恩王国，统一亚美尼亚国家。国势鼎盛，势力从库拉河至约旦河，从地中海至里海。 •古罗马政治家加图（史称"小加图"，是"大加图"的曾孙）约于是年诞生。他是斯多葛派哲学的信徒。支持元老院共和派，反对恺撒，后去北非，听说恺撒战胜，自杀。 •古希腊历史学家阿利安约于是年诞生。著有《亚历山大远征记》七卷及《印度记》、《黑海周航记》等。
93	汉	•文学家东方朔（字曼倩，前 154～前 93）卒。善辞赋，有《答客难》等。性诙谐，后人关于他的传说很多。《神异经》是托名他的作品。 •西域乌孙王军须靡约于是年卒，其堂弟翁归靡继立。与汉和亲，依俗，继娶解忧公主，生三男二女。	•亚美尼亚发兵攻击受罗马保护的卡帕多西亚，亚美利亚与罗马的战争爆发。 •据安条克城的塞琉西王安条克十世在与帕提亚人的战争中身亡，安条克八世之子菲力普一世继位。
92		•汉武帝征和元年。 •巫蛊案起。武帝晚年多病，以为有人巫蛊所致。是年，丞相公孙贺被告发在驰道下埋木偶人，用巫术诅咒，被族杀。	•罗马与帕提亚（安息）协议，共抗亚美尼亚。 •罗马初获战果，将亚美尼亚军赶出卡帕多西亚。
91		•巫蛊案续。江充诬称太子宫内多埋木人，武帝发兵击太子，激战五日，死数万人，太子兵败自杀。其母卫皇后被废，自杀。 •伟大著作《史记》约于是年完成。全书一百三十卷，上起黄帝，下至当代（汉武帝），前后三	•前 91～前 87：帕提亚（安息）国王戈塔尔泽一世在位。 •德鲁苏当选为罗马保民官。他提出降低粮价，分配余地和授予意大利"同盟者"公民权的法案，遭元老贵族的强烈反对。

公元前	（朝代）	中　　国	外　　国
		千余年,为中国第一部通史,成"二十四史"之冠;语言形象生动,文学上也取得很高成就。	• 前91～前74:比提尼亚国王尼科梅迪斯三世在位。
90		• 高寝郎田千秋上书为太子讼冤,巫蛊案渐白,武帝族杀江充。 • 匈奴入五原、酒泉。两都尉被杀。 • 御史大夫商丘成率两万人出西河击匈奴,在浚稽山大败匈奴。 • 重合侯马通领四万骑出酒泉,至天山,匈奴遁,降车师后返军。	• 帕提亚(安息)迁都泰西封。 • 前90～前88:同盟者战争。意大利各"同盟者"城市反对罗马统治者的战争。也有称"意大利农民起义"。争取公民权。以科菲纽姆为中心建立国家,取名"意大利"。后失败。然许多"同盟者"陆续获得罗马公民权。
89		• 汉武帝下《轮台诏》。拒绝增加轮台屯田吏卒。 • 汉武帝欲出海求仙山,至东莱,因海浪汹涌未果。 • 田千秋上言:"方士言神仙者甚众,而无显功,臣请皆罢斥遣之。"汉武帝纳之,曰:"向时愚惑,为方士所欺。天下岂有仙人,尽妖妄耳。节食服药,差可少病而已。"(《通鉴》卷二十二)	• 面对"同盟者战争",罗马颁布"普劳提乌斯—帕皮利乌斯法"。规定凡在六十天内放下武器的同盟者,可获公民权。此法对扭转战局起到了决定性作用。 • "密特里达提战争"爆发。本都王国进军罗马亚细亚省,并派兵进入马其顿。
88	西 汉	• 汉武帝后元元年。 • 江充余党莽何罗谋刺汉武帝,被金日磾擒杀。金日磾(字翁叔)本匈奴王太子,武帝时归汉,为汉臣。 • 汉武帝巡行甘泉,在泰畤祭天。又至安定。 • 御史大夫商丘成祠孝文庙,醉而歌曰:"出居安能郁郁!"大不敬,畏罪自杀。 • 据《汉书·武帝纪》:"七月,地震,往往涌泉出。"	• 苏拉任罗马执政官。率军攻打本都王国。马略追随者乘机大杀苏拉党人。 • "同盟者战争"结束。罗马获胜。同时许多"同盟者"陆续获得公民权。这次战争冲破了旧城邦制度的框架,改变了意大利地区社会政治结构,把在罗马控制下的各城市联盟变成了以罗马为核心的意大利统一国家,加速了意大利各地与罗马的融合过程。
87		• 汉武帝卒。子弗陵即位,是为昭帝。大将军霍光、车骑将军金日磾、左将军上官桀受遗诏辅政,御史大夫桑弘羊与三人同受顾命。 • 音乐家李延年(?～约前87)卒。曾任协律都尉。为《汉郊祀歌》十九章配乐,又仿张骞传自西域的《摩诃兜勒》曲,作"新声"二十八解,用于军中,称"横吹曲"。 • 济北王刘宽卒。1956年在山东长清县双乳山发掘其墓葬,出土各种器物两千多件。其中有金饼二十枚,重四千克,是历年汉代出土金饼之冠。这是继河北满城汉墓和广州象山岗汉墓之后又一重大考古收获,被评为年度"全国十大考古发现"之一。	• 罗马执政官苏拉率军东征,血洗雅典城。反对派马略等联军攻入罗马,大杀苏拉党人。 • 前87～前84:塞琉西王安条克十二世在位。 • 希腊天文学家安德罗尼卡约生活在此时期。雅典城钟楼的"风塔"是他的杰作。 • 罗马历史学家科内留斯·内波斯生活在此期间。著有《名人传》、《年代学》、《轶事集》等。
86		• 汉昭帝始元元年。 • 益州二十四邑反,派兵镇压。 • 据《汉书·昭帝纪》:是年"冬,无冰。"	• 罗马历史学家萨路斯提乌斯约于是年诞生。著有《喀提林纳阴谋》和《朱古达战争》。 • 马略、秦纳任罗马执政官,实行改革。

公元前	（朝代）	中　　国	外　　国
85		●匈奴孤鹿姑单于卒。子壶衍鞮单于立。左贤王、右谷蠡王不服,拒绝参加龙城祭天大会。匈奴转衰。	●罗马军在奥尔克米诺斯击败密特里达提军。
84		●据《西京杂记》:昭帝时,陈宝光妻善织绫。曾创制一种提花机,每一经线有一脚踏的蹑,共一百二十个蹑。为大将军霍光织散花绫二十五匹,一月方成一匹,精美异常。 ●据《汉书·昭帝纪》:"二月,有星孛于西北。"	●罗马与本都王国缔结和约,第一次"密特里达提战争"结束。 ●古罗马诗人卡图鲁斯诞生。以抒情诗著称,现存作品一百余篇。其诗作对拉丁诗歌语言的发展有很大影响。
83		●汉昭帝立皇后上官氏。以上官安为车骑将军。 ●西南夷姑缯、叶榆等举兵反,命大鸿胪田广明率兵进击。 ●徙三辅富人于云陵,每户赐钱十万。	●苏拉回军罗马,屠杀马略的追随者,任终身独裁官,开始"苏拉独裁"统治,公民大会与保民官仅存名誉,元老院中多为拥己者。 ●本都王国与罗马第二次"密特里达提战争"爆发。
82	西	●罢儋耳、真番郡。 ●夏阳人张延年自称卫太子,被腰斩。	●南欧今罗马尼亚一带出现达西亚人所建"达西亚国"。
81		●汉廷令天下举贤良、文学。 ●始征酒税。 ●汉廷召集"盐铁会议",有六十多人参加。会上,郡国举贤良文学反对盐铁官营、均输、平准,御史大夫桑弘羊与之展开激烈辩论。桓宽(字次公)《盐铁论》一书详记之。此书为中国经济史上的重要著作。	●前81～前71:马略的追随者塞多留在西班牙建立政权,反对苏拉独裁。 ●庞培率军攻占努米底亚,占领北非地区,打击马略残余势力。 ●罗马元老院为庞培在北非的胜利欢呼,破例举行盛大仪式。
80		●汉昭帝元凤元年。 ●据《汉书·昭帝纪》:"七月乙亥晦,日有食之。"	●前80～前51:埃及托勒密国王托勒密十二世(吹笛者)在位。
78	汉	●匈奴攻张掖,为张掖太守击败。 ●辽东乌桓反,将北边七郡二千骑讨伐。	●罗马独裁者苏拉去世。执政官雷比达企图推翻独裁制未成。
77		●傅介子诱杀楼兰王。改楼兰国名为"鄯善"。遣吏士屯田伊循。	●苏拉部将庞培奉元老院之命,讨伐在西班牙的马略余党塞多留。
74		●汉昌邑王元平元年。 ●汉昭帝刘弗陵卒。刘贺立仅在位二十七日,大将军霍光奏禀皇太后废刘贺,立刘询,是为宣帝。	●为争夺比提尼亚,罗马与本都王国发生第三次"密特里达提战争"。
73		●汉宣帝本始元年。 ●宣帝即位时,太守路温舒(字长君)曾上书反对严刑峻法,主张治国要"尚德缓刑"。 ●宣帝时,张敞(字子高)曾对美阳(今陕西扶风)出土青铜器上的铭文作过考证,可谓中国古文字研究的肇始。	●古罗马爆发规模最大的斯巴达克起义。拥十万余众。攻占城市与庄园,进入意大利北部,矛头指向罗马城,引起罗马元老院极大恐慌。义军未攻罗马城,转入意大利南部。

公元前	(朝代)	中　国	外　国
72		• 太子太傅夏侯胜(字长公)专治今文《尚书》,创今文尚书"大夏侯学",以阴阳灾异推论时政得失;其从兄子夏侯建(字长卿)创"小夏侯学"。 • 宣帝时,立颜安乐(字公孙)、严彭祖(字公子)、施雠、孟喜(字长卿)为博士。颜为西汉今文春秋学"颜氏学"的开创者,后人辑有《春秋公羊颜氏记》;严为今文春秋学"严氏学"的开创者,后人辑有《公羊严氏春秋》和《春秋公羊严氏记》;施为今文易学"施氏学"的开创者,后人辑有《周易施氏章句》一卷;孟为今文易学"孟氏学"的开创者,他以六十四卦配气候,著书失传,后人有辑本。	• 塞多留被刺杀,其在西班牙所建政权瓦解。 • 罗马两执政官亲自指挥对斯巴达克起义军的进攻,俱为所败。起义军占领意大利南部大片土地。 • 罗马在卡拉比击破本都王国军队,本都王逃往亚美尼亚。 • 罗马军攻入亚美尼亚。亚美尼亚与罗马的战争爆发。
71		• 匈奴击乌孙,遇大雪,损失严重。丁令、乌桓乘机攻之,匈奴再败。 • 汉长罗侯常惠使乌孙还,发诸国兵五万人击龟兹。	• 阿普里亚大战。因力量悬殊,斯巴达克起义遭失败。斯巴达克战死。起义沉重打击了罗马统治,加速了罗马共和国的灭亡。
70	西	• 是年四月壬寅,郡国四十九处同日地震。据《通鉴》:"或山崩,坏城郭、家屋,杀六千余人。北海、琅邪坏祖宗庙。" • 立霍光女为皇后。当初立许后时,"从官车服甚节俭"。霍后立,"侍从益盛,赏赐官属以千万计"。	• 古罗马诗人维吉尔诞生。作有《伊尼特》、《牧歌集》、《农事诗集》等。对欧洲文艺复兴和古典主义时期文学影响较大。 • 克拉苏、庞培任罗马执政官。废止苏拉时期的政策。
69		• 汉宣帝地节元年。 • 据《汉书·宣帝纪》:"正月,有星孛于西方。"	• 埃及托勒密王朝末代女王克娄巴特拉七世在位。她以美貌著称,与其弟共治埃及。
68	汉	• 匈奴大饥,人民、畜产死十之六七。 • 霍光卒。汉宣帝始亲政。 • 汉将郑吉率兵攻车师,其王乌贵降。次年,匈奴立其昆弟兜莫为车师王。	• 罗马军在阿尔塔夏塔附近再败亚美尼亚军。 • 为保障粮道的安全,罗马向地中海海盗开战,并占领克里特岛。
67		• 汉宣帝削外戚霍氏权,其领兵者皆罢。	• 克里特岛成为罗马的一个省。
66		• 霍氏谋废宣帝,事泄,被族杀。霍后被废,未几自缢。	• 庞培任统帅,率军东征,俘亚美尼亚王,亚美尼亚臣服罗马。
65		• 汉宣帝元康元年。 • 龟兹王绛宾与妻朝汉,妻为乌孙解忧公主女,乃汉外孙女。受赐印绶,留住一年。回国后依汉制度治宫室,作徼道,仿汉仪。 • 汉攻莎车,杀其王呼屠徵,立新王,莎车投汉。	• 罗马巨富克拉苏任监察官,与庞培不和。 • 古罗马诗人贺拉斯诞生。其代表作有《讽刺集》、《诗艺》、《颂歌》等。对欧洲古典主义文学理论影响较大。
64		• 汉以郑吉为卫司马,护鄯善以西的南道。 • 汉军杀车师王兜莫,立其弟宿为王,车师背匈奴投汉,汉将其分为车师前、后王及山北六国加以统辖。	• 罗马征服塞琉西王国,建立叙利亚省。 • 腓尼基城邦推罗并入罗马版图。 • 罗马占领塞浦路斯岛。 • 加拉提亚为罗马的保护国。

公元前	（朝代）	中　国	外　国
63		● 太子太傅疏广、少傅疏受,史称"二疏"。以"官成名立,如此不去,惧有后悔",辞官回乡。后世用来作"功遂身退"的典故。	● 本都王国并入罗马版图。 ● 庞培攻陷耶路撒冷,灭亡"马卡比王国",将巴勒斯坦划为罗马的一个省。
62		● 连年丰收,谷石五钱。 ● 宣帝令召高祖后功臣子孙未封者,赐黄金五十斤,令奉祭祀,世世勿绝。 ● 汉廷遣中大夫强等十二人循行天下,存问鳏寡,览观风俗,察吏治得失,举茂材异伦之士。 ● 河东霍征史等谋反,诛。	● 罗马共和国末期发生以喀提林为首企图夺取政权的"喀提林事件"。在皮斯托里亚附近发生战斗,喀提林失败被杀。 ● 恺撒当选为行政长官,发表演说为喀提林辩解。 ● 庞培胜利结束第三次"密特里达提战争",返回罗马,权势大增,开始与元老院对抗。
61	西	● 汉宣帝神爵元年。 ● 汉遣王褒赴益州。据其所撰《僮约》,此时蜀中已有茶叶销售。 ● 汉遣赵充国击西羌。时其已 76 岁。留步兵屯田。	● 恺撒任西班牙总督,建立军队。 ● 罗马元老院反对庞培关于管理东方的计划和给老兵分地,两者矛盾加深。 ● 罗马人约于此时发明速记法。
60		● 郑吉为西域都护,治乌垒城,匈奴势弱,罢僮仆都尉。打通西域北道,从此,匈奴称霸西域时代结束,西域受汉控制。 ● 乌孙王翁归靡卒。其侄泥靡继立,号"狂王",与汉和亲。依俗,继娶解忧公主,生一男。 ● 赵充国屯田湟中。秋,湟水沿岸羌人归附汉。乃罢屯兵,设"金城属国"以管辖羌人。并置破羌、安夷、河关等县。	● 罗马共和国三个最有势力者:克拉苏、庞培、恺撒秘密结成政治联盟,与元老院抗衡,史称"前三头政治"。恺撒将女儿嫁给庞培。 ● 希腊历史、地理学家斯特拉波约生活在此时期。他著有《历史概论》等,所著《地理学》十七卷,为西方最早区域地理著作,还绘制了一幅包括欧、亚、非洲的世界地图。
59	汉	● 是年,诏曰:"吏不廉平,则治道衰。今小吏皆勤事而俸禄薄,欲无侵渔百姓,难矣。其益吏百石已下俸十五。"(《资治通鉴》卷二十六)给基层官员加俸一半。 ● 时以丙吉为丞相。丙吉待人宽厚,彬彬有礼,不计小事,时人以为识大体。	● 恺撒当选为执政官。 ● 古罗马历史学家李维诞生。名著《罗马史》一百四十二卷,记述了自罗马建城一直到公元前 9 年的历史,学术价值很高,同时是优秀的文学作品。现存三十五卷及一些片断。
58		● 时匈奴分裂,有五单于并立。 ● 匈奴单于遣弟呼留若王赴汉见宣帝。 ● 汉宣帝下令内郡国举贤良可亲民者各一人。 ● 涿郡太守严延年以打压豪强东高氏、西高氏有功迁河南太守,因诛杀多被称为"屠伯"。是年,因诽谤朝廷,被杀。	● 前 58～前 51:恺撒出任山南高卢(意大利北部)总督,发动征服高卢全境(今法国等地)的战争。他著有《高卢战记》八卷。为高卢战争的实录,是世界上现存最早、最完整的几部战记之一,具有很高的史料价值。因其文笔清新流畅,也是古代拉丁文的代表作。
57		● 汉宣帝五凤元年。	● 恺撒进攻高卢北部,发生阿克松奈河战役。
56		● 匈奴五单于归并不久,又有两单于并立。	● 罗马"前三头政治同盟"在路卡城会晤。

公元前	（朝代）	中 国	外 国
55		• 丞相丙吉（字少卿，? ~前55）卒，他初为小吏，好学，通大义，居相位，政务宽和。 • 广陵王刘胥以巫咒上，求为天子。事泄，毒杀巫及宫人二十余人以绝口。 • 汉置西河、北地属国以安置匈奴降人。	• 前55~前54：恺撒率军越莱茵河攻袭日耳曼，两次渡海，攻入不列颠。 • 前55~前53：克拉苏再任罗马执政官。出征帕提亚（安息），卡尔莱战役失败，被杀。庞培妒恺撒势重，与元老院妥协，欲削恺撒军权，"前三头政治"瓦解。
54		• 汉以边塞无事，削减戍卒十分之二。 • 大司农中丞耿寿昌以谷贱伤农，请减关东漕粮。他是当时著名的天文、数学家，曾删补《九章算术》，又以铜铸浑天仪测天象。	• 前54~前36：克拉苏任罗马叙利亚省总督，率军渡幼发拉底河，与帕提亚（安息）战争爆发。
53		• 汉宣帝甘露元年。 • 乌孙降汉，汉以大、小昆弥分立统治。 • 汉宣帝告太子："汉家自有制度，本以霸王道杂之。"	• 卡雷之战。罗马败于帕提亚（安息）。克拉苏阵亡。帕提亚收复美索不达米亚。 • 罗马约于此时发明了原始的双簧管乐器。
52	西	• 诏减人头税，每算（一百二十钱）减三十。 • 匈奴呼韩邪单于与汉友好。	• 罗马元老院任庞培为单独执政官，实为独裁官。
51		• 汉廷命诸儒于石渠阁讲论《五经》同异，由宣帝亲自临决。 • 汉廷立梁丘贺之《易》、大小夏侯之《尚书》、《穀梁春秋》为博士。 • 梁丘贺，西汉今文易学"梁丘学"的开创者，宣帝时立为博士。 • 博士戴圣（字次君）参加石渠阁议。他与叔父戴德（字延君）同从后苍学《礼》。后人称他为"小戴"，编有《小戴礼记》，即今本《礼记》；其叔父称"大戴"，所集《大戴礼记》，今残。 • 后苍（字近君），西汉经学家，治《诗》和《礼》，武帝时立为博士。著有《后氏曲台记》，已佚。 • 丞相黄霸（字次公，? ~前51）卒。他为政外宽内明。后世把他与龚遂作为封建"循吏"的代表，称为"龚黄"。	• 罗马镇压高卢起义，征服高卢全境。 • 前51~前50：庞培联合元老院，密谋夺恺撒大权。 • 前51~前47：托勒密国王托勒密十三世在位，与女王克娄巴特拉七世共治。 • 前1世纪：古希腊逍遥派哲学家安德罗尼柯生活在此时期。他因编纂亚里士多德著作而著称。据说"形而上学"一词即由他首次提出。 • 前1世纪：古希腊哲学家埃奈西德穆生活在此期间。他是怀疑论者，是皮浪的思想继承者。著有《皮浪语录》。 • 前1世纪：希腊雕刻家阿耶桑德罗斯、诺多罗斯、波利佐罗斯三人雕成大理石雕像《拉奥孔》。 • 前1世纪：东非出现"阿克苏姆王国"，自以为是以色列王所罗门的后裔。
49	汉	• 汉宣帝黄龙元年。 • 匈奴伊利目单于自立。 • 年底，宣帝卒，元帝刘奭立。一般以元帝至孺子婴为"西汉晚期"。 • 佛教约于此时传入西域，所建赞摩寺为西域最早的佛寺。	• 罗马元老院为削恺撒兵权，召其回国。恺撒回军进占罗马城，与庞培开始内战。庞培出逃希腊，多数元老院成员也随之外逃，恺撒宣布自己为独裁者。
48		• 汉元帝初元元年。 • 关东十一郡国水灾，渤海水大溢。饥荒，发生人相食。 • 汉置戊己校尉，屯田车师故地。	• 恺撒率兵至希腊，与庞培在法萨罗决战，庞培败，逃至埃及被杀。恺撒著有《内战记》。

公元前	（朝代）	中　国	外　国
47		● 汉元帝宠任宦官弘恭、石显,元帝师萧望之因提醒帝勿任用宦官而受陷害,自缢。 ● 时关东饥,齐地人相食。	● 恺撒攻入埃及,助托勒密王朝女王克娄巴特拉七世独据王位,并与其相媾生一子。 ● 齐勒之战。恺撒击败博斯普鲁斯。
46		● 元帝时,立史学家褚少孙为博士。他曾为《史记》作补。后人辑有《褚先生集》。 ● 纳贡禹言,罢甘泉、建章宫卫,以轻徭。 ● 为免远劳,罢珠崖郡,民愿内附者,安顿之。	● 恺撒杀庞培,转战小亚细亚,经北非(北非努米底亚沦为罗马一个省),返罗马,消灭劲敌后建立独裁统治。集执政官、保民官、独裁官于一身,实行改革,加强集权。时还制定"儒略历"。
45	西	● 广阳王刘建卒。1974 年在北京丰台区大葆台发掘其墓,第一次见到文献所载"黄肠题凑"的本来面貌,是用一千五百多根黄杨木垒叠而成。出土器物丰富,有车马、玉器、铁器、铜器、漆器、丝织品等。 ● 据《汉书·元帝纪》:汉元帝巡行甘泉,在泰畤行祭天礼。又至河东,祠后土,对汾阴刑徒行大赦。免所经地租赋。	● "儒略历"正式实行。此历为恺撒聘天文学家索西格尼所制。以古埃及太阳历(365 天)为蓝本,定平年为 365 天,每四年置一闰年为 366 天。因恺撒姓儒略,故名。此历随罗马帝国的扩张,在欧亚非很多国家推行,成为今公历(格列历)的基础。直到 1582 年,罗马教皇格列高利十三世在此基础上改成新历(即公历),为今绝大多数国家所采用。
44		● 汉元帝用贡禹言,罢盐铁官、常平仓等;博士弟子不限员数,以广学者;省刑罚七十余事。 ● 六月,以贡禹为御史大夫。他上言数十,多为元帝采纳。十二月,贡禹卒,以薛广德为御史大夫。 ● 匈奴郅支单于怨汉助呼韩邪单于而不助己,怒杀汉使谷吉,恐遭呼韩邪打击,引兵向西,联康居王攻乌孙,并与康居联姻,兵至赤谷城。	● 罗马独裁者恺撒被共和派贵族布鲁图、卡西乌等阴谋刺杀。"恺撒"一名后成为罗马及西方帝王惯用的头衔。 ● 恺撒死后由其部将安东尼与其养子屋大维争夺继任权。 ● 南欧地区"达西亚国"国王布雷比斯塔被暗杀,国家分裂。
43	汉	● 汉元帝永光元年。 ● 《汉书·五行志》记:当年四月"日黑居仄(即黑子),大如弹丸。"是为最早的可信的太阳黑子(日斑)记录。 ● 汉地发生大规模霜灾,庄稼损失严重。丞相于定国、大司马史高、御史大夫薛广德等以灾异辞官。	● 安东尼与屋大维、李必达(恺撒的部将)公开结成同盟,史称"后三头政治",获公民大会承认。共同击败刺杀恺撒的共和派贵族。 ● 古希腊诗人奥维德诞生。其代表作为《变形记》,叙述希腊、罗马神话故事,内容丰富,欧洲不少文艺作品都从中取材。
42		● 汉元帝以地震日食变异之故询问给事中匡衡。匡衡谓:天人之际,精气相应,当改变侈靡之俗,方可止灾。 ● 据《汉书·元帝纪》:"三月壬戌朔,日有食之。"	● 安东尼和屋大维率二十八个军团出征希腊,击败共和派在东方组织的军事力量。刺杀恺撒的布鲁图和卡西乌相继自杀。 ● "后三头"为恺撒建神庙,奉其为神。
41		● 汉廷因用度不足,复置盐铁官;限博士弟子员额一千人。	● 佩鲁西亚之战。安东尼之弟鲁基乌斯·安东尼策动反屋大维运动,战败未果。
40		● 汉元帝罢昭灵后(汉高祖母)、武哀王(高祖兄)、昭哀后(高祖姐)、卫思后(庆太子母)、庆太子、庆后园,皆不奉祠,仅置吏卒看守。继罢祖	● "后三头"达成"勃隆度辛协议"。意大利由三人共治,屋大维统治高卢与西班牙;安东尼管辖东方各省;李必达治理阿非利加。安

公元前	（朝代）	中　　国	外　　国
		宗庙在郡国者。诸陵分属三辅,不置县邑,也不徙民充实。	东尼还娶屋大维姐为妻。争权斗争暂时得到缓和。
39		●黄河决于清河郡灵县鸣犊河口(今山东德州附近),屯氏河断流。 ●左将军冯奉世(字子明,? ～前39)卒。他曾出使大宛,击败莎车。	●庞培之子塞克斯都·庞培收集反"三雄"的力量,占据西西里等地。"三雄"与之妥协。
38		●汉元帝建昭元年。 ●诏罢孝文太后寝祠园。	●屋大维欲攻占西西里,未果。
37	西	●《易》学家京房上奏"考功课吏法",朝臣多以为不可行。 ●京房(本姓李,字君明):为今文易学"京氏学"的开创者。以"通变"说"易",好讲灾异,还通乐律,创十三弦"准"以定律。元帝时,立为博士,因奏石显等专权,出为太守,是年,下狱死。著作今存《京氏易传》三卷。 ●夫余王子朱蒙因庶出受排挤,逃亡南下,至卒本川(今辽宁桓仁一带)建城立国,号"高句丽"。	●安东尼与埃及女王克娄巴特拉七世结婚。 ●屋大维与安东尼缔约,将"后三头"同盟延长五年。保证在战争中互相支援。 ●罗马农业家瓦罗约在此时著成《农业论》。论述如何经营农业及其有关的农业技术。 ●埃及亚历山大图书馆在战争中遭到毁坏。
36		●汉西域都护甘延寿发兵破郅支城,杀郅支单于。 ●汉廷定三辅都尉、大郡都尉秩皆二千石。 ●是年,丞相韦玄成卒。以匡衡为丞相。	●屋大维又与李必达明争暗斗,导致李必达军权被削。屋大维与安东尼分掌罗马东、西两部,双方斗争激烈。屋大维被授予终身保民官。
35		●蓝田地震,山崩,堵塞霸水;安陵岸崩,堵塞泾水,泾水逆流。	●罗马诗人提布卢斯约生活在此时期。有诗作《提布卢斯集》。
34	汉	●匈奴呼韩邪单于闻郅支单元被诛,又喜又惧,上书汉廷,愿朝见元帝。 ●是年,复太上皇寝庙园、原庙、昭灵后、武哀王、昭哀后、卫思后园及戾园(六年前曾诏罢)。	●安东尼率军征服亚美尼亚,在埃及亚历山大城举行凯旋仪式,宣布埃及女王为"众王之女王",并立遗嘱,将所领罗马东部各省赠与女王及其子女。在罗马引起不满,也为屋大维向东方进军提供了口实。
33		●汉元帝竟宁元年。 ●匈奴呼韩邪单于朝汉,汉元帝以后宫良家子王嫱(字昭君)嫁单于。抒写了民族友好交流的历史篇章。引发出生动感人的"昭君出塞"历史故事。 ●五月,汉元帝卒,六月,成帝即位。以元帝舅王凤为大司马、大将军、领尚书事。外戚王氏从此在朝内擅权。 ●段会宗于是年任西域都护,各族敬其威信。任满还,后以西域各族上书请求,继续出任都护。病卒于乌孙。	●屋大维二次任罗马执政。 ●前33～前20:亚美尼亚国王阿尔塔瓦斯德斯二世为罗马安东尼军俘杀后,王位由阿尔塔夏二世继任。 ●古希腊历史学家狄奥尼修斯·哈利卡纳苏约生活在这一时期。他移居罗马,著有《古罗马史》二十卷(今存数卷)等。
32		●汉成帝建始元年。	●按规定,罗马"三头"共治权限期满。屋大

公元前	（朝代）	中　国	外　国
31	西	●汉成帝封舅王崇为安成侯,赐诸舅等爵关内侯。 ●据《汉书·成帝纪》:正月乙丑"有星孛于营室"。 ●匈奴呼韩邪单于卒,子复株累若鞮单于立,按习俗,复妻王昭君。 ●我国第一部完整的农学著作《氾胜之书》约产生于这一时期。原书佚,今有辑本。其中区田法和溲种法等反映了当时的农技水平。	维乘机公布安东尼将罗马东部省赠埃及女王的遗嘱。安东尼被剥夺一切职务,罗马向埃及女王宣战。屋大维与安东尼完全决裂。 ●亚克兴战役。屋大维与安东尼展开决战,安东尼战败。屋大维确立对罗马的统治地位。 ●帕提亚(安息)王梯里达底二世为弗拉特斯四世所逐,逃亡叙利亚。
30		●是秋,关内大雨四十余日,京城民惊,谣传大水将至,奔走呼号,长安城大乱。《通鉴》记:"天子亲御前殿,召公卿议。大将军(王)凤以为:'太后与上及后宫可御船,令吏民上长安城以避水。'群臣皆从凤议。左将军王商独曰:'自古无道之国,水犹不冒城郭;今政治和平,世无兵革,上下相安,何因当有大水一日暴至,此必讹言也!不宜令上城,重惊百姓。'上乃止。有顷,长安中稍定;问之,果讹言。上于是壮(王)商之固守,数称其议;而(王)凤大惭,自恨失言。" ●据《汉书·成帝纪》:"十二月戊申朔,日有蚀之。夜,地震未央宫中。"	●屋大维进兵埃及,安东尼自杀,屋大维返回罗马,建立"蒲林斯制"(元首政治)。此标志着罗马帝制的确立,共和国至此瓦解。罗马进入帝国时代。屋大维在位期间,颁布维护贵族利益的法令;发动对外战争,扩大领土;大兴土木,奖励文化,罗致文人,出现升平景象。 ●屋大维占领埃及,灭亡托勒密王朝。在埃及建立罗马统治,标志着自前 334 年马其顿亚历山大东征开始的"希腊化时代"的结束。罗马至此建成横跨欧、亚、非的强大帝国。 ●古犹太神秘主义哲学家斐洛诞生。他创立了"逻各斯"观念(即神的理性),将神学与哲学结合,对以后的基督教神学有很大影响。
29	汉	●汉廷罢中书宦官;初置尚书,员五人。 ●大雨十余日,黄河决口东郡金堤,淹数十县,成大灾。	●前 29 ~ 前 25:努米底亚王朱巴二世在位。他是前王朱巴一世之子,由罗马元首屋大维指名接任。
28		●汉成帝河平元年。 ●王延世治河。用长四丈、大九围的竹落,满装小石,两舟夹载置入河中,月余,筑成堤。这是历史上抗洪成功之一例。 ●《汉书·五行志》记:是年三月乙未:"日出黄,有黑气大如钱,居日中央。"这是获得世界公认的最早关于太阳黑子(日斑)的记录。 ●成帝时,方士甘忠可作《天官历》、《包元太平经》。 ●隐士严君平(名遵)在成都卜筮,日进百钱。后闭门读《老子》,并著书,平生不官,为著名文人杨雄所敬。著有《道德真经指归》十三卷,现存不全。	●罗马元老院奉屋大维以"奥古斯都"(拉丁文意"神圣的"、"至尊的")称号,后之即以此称之。也有学者以此作罗马进入帝国时代的标志。"奥古斯都"也成为罗马及西方帝王常用的一种头衔。此时罗马政局稳定,经济、文化发展,被称为"罗马的和平时期"。罗马城是罗马帝国的中心,号称"条条道路通罗马"。
27		●汉廷外戚王氏五人同日封侯,世称"五侯"。 ●牂柯太守陈立杀夜郎王兴,灭夜郎国。	●罗马在西班牙建卢西塔尼亚省,在高卢建比利其卡等四个省。 ●阿格里帕始建罗马万神殿(潘提翁)。
26		●汉廷命陈农广于国内征集图书,并命人校书:刘向校经传、诸子、诗赋;任宏校兵书;尹咸校	●被逐的帕提亚王梯里达底二世欲夺取美索不达米亚,未果。

公元前	（朝代）	中　国	外　国
		数术;李柱国校方技。 •刘向献上《洪范五行传论》,集古今符瑞灾异,比附世事祸福。刘向时为光禄大夫。	•罗马诗人普罗佩提乌斯约生活在此时期。他著有哀歌四卷。
25		•汉成帝为太子时曾向张禹习《论语》,时以其为丞相,封安昌侯。 •成帝即位时,罽宾曾来使,因路遥交通不便,汉未遣使护送。	•罗马遣提比略至保护国亚美尼亚,立阿塔西斯为王。 •罗马在北非建努米底亚省,改其王朱巴二世为毛里塔尼亚王。
24		•汉成帝阳朔元年。 •时大将军王凤在朝内擅权。王氏子弟皆卿、大夫、侍中、诸曹,分据势官,满朝廷。成帝见刘歆有才,欲用,王凤以为不可,乃止;成帝无嗣,欲留定陶共王于京都,王凤反对,不得留,迫回定陶;京兆尹王章反对王凤专权,以"大逆"罪下狱死。	•罗马击溃阿尔卑斯山南麓的萨拉西人。 •罗马在加拉提亚设省。 •罗马学者波利奥著《建筑十书》。这是欧洲现存最早的建筑学著作,曾失传,于16世纪重新发现。对文艺复兴建筑影响很大。
23	西	•御史大夫张忠卒,王音继任。于时王氏愈盛,郡国守相、刺史皆出其门下。五侯群弟争为奢侈,赂遗珍宝,四面而至。刘向以"王氏与刘氏亦且不并立"为据上书成帝"黜远外戚,毋授以政",则可保"王氏永存,保其爵禄,刘氏长安,不失社稷"。成帝召见刘向,叹息悲伤,终不能用其言。	•屋大维平定西班牙北部山区居民的反抗后返回罗马。 •罗马在意大利北部建奥斯塔城。
22		•王凤病,成帝数自临问。卒,荐王音代之,成帝以王音为大司马、车骑将军。	•前22～20:巴克特里亚(大夏)王赫尔漠尤斯约于此时在位。控制喀布尔等地。
21	汉	•乌孙小昆弥乌就屠卒。子拊离代立,为弟日贰所杀。汉遣使立拊离子安日为小昆弥,日贰亡走康居,安日遣人杀之。 •西域诸国上书汉廷,请复任段会宗为都护,成帝允,诸国闻之,皆附汉。	•屋大维用外交手段与帕提亚(安息)缔约,使以前各次战争中被其所获的俘虏和军旗归还罗马。 •罗马进攻库施,无战果,与之签订和议。
20		•汉成帝鸿嘉元年。 •成帝始微行,出入市里郊野,斗鸡、走马。 •封王音为安阳侯。 •匈奴复株累单于死,弟搜谐若鞮单于立,遣子入侍。	•卡帕多西亚占领奇里乞里、特拉基亚、克利考尼亚等地。 •罗马征服北非"葛拉曼特王国",进入费赞地区,罗马人称费赞为"法扎尼亚"。
19		•成帝起昌陵邑,迁郡国资五百万以上五千户充之。	•罗马元老院重新授予屋大维创制宪法的权力,与阿格里巴同为执政。
17		•渤海、清河、信都河溢,淹三十一县,毁房四万多所。	•罗马举行盛大宗教庆典,庆贺"黄金时代的归来"。
16		•汉成帝永始元年。 •汉成帝封王太后侄王莽为新都侯。立赵飞燕为皇后,妹为昭仪。	•罗马征服陶里斯奇人,在该地建诺里克省。 •罗马扩地至多瑙河上游。

公元前	（朝代）	中　　国	外　　国
		●赵飞燕:汉代著名舞人,原为阳阿公主家歌舞伎,舞艺高超,舞姿轻盈,故名"飞燕"。成帝时入宫,封为婕妤,此时立为皇后。平帝继位后,被废为庶人,乃自尽。	●为抵御日耳曼人,屋大维率军赴高卢作战。同时,阿格里巴也离开罗马,至巴尔干处理东方问题。
15		●大司马、车骑将军王音卒。以王商为大司马、卫将军。	●古罗马寓言诗人菲得洛斯诞生。所著《寓言集》五卷,大多由《伊索寓言》改编而成。
12		●汉成帝元延元年。 ●王商卒,以王根为大司马、骠骑将军。吏民多上言王氏专政之弊。 ●匈奴搜谐单于朝汉,未入塞,病卒。弟车牙若鞮单于继立。	●屋大维又担任罗马宗教最高职务"大祭司长"。 ●罗马高卢总督德鲁苏于此后四年中,征服莱茵河与易比河之间的日耳曼人,在该地建立日耳曼省。
11	西	●扬雄献上《甘泉赋》。扬雄(字子云),为汉、新莽时期著名的文学家、哲学家、语言学家。著有《法言》、《太玄》、《方言》等,明人辑有《杨子云集》。 ●乌孙内乱。小昆弥安日被杀。	●罗马元首屋大维欲选提比略为接班人,迫其与女儿米利亚结婚。 ●利珀河战役。罗马德鲁苏率军大败日耳曼人。
9		●成帝有立定陶王刘欣为嗣之喜。次年,立其为皇太子。	●罗马举行"和平圣坛"落成仪式。 ●德鲁苏坠马身亡,提比略继攻日耳曼人。
8	汉	●汉成帝绥和元年。 ●汉建三公官(大司马、大司空、丞相),以王莽代王根为大司马。 ●罢刺史,置州牧。 ●目录学家刘向(字子政)卒(一说卒于公元前6年)。他治《春秋穀梁传》,曾校阅群书,撰成《别录》,为我国目录学之祖。另作辞赋多篇。明人辑有《刘中垒集》。今存《新序》、《说苑》。 ●匈奴车牙单于卒。弟乌珠留若鞮单于继立。汉遣使至匈奴。	●罗马改历,名6月为"奥古斯都"(今公历8月)。 ●屋大维举行第二次国计普查。在行政上施行改革,分罗马城为十四区,分意大利为十一区。 ●屋大维立提比略为摄政。 ●马科曼尼人为避罗马之锋,在首领马罗博杜斯率领下,从日耳曼尼亚中西部地区东迁至波希米亚,将当地的波伊人驱走。
7		●三月,汉成帝刘骜卒,四月,哀帝刘欣继立。 ●刘向子刘歆(字子骏)继父业,领《五经》。总校群书而撰成我国第一部书目《七略》。分七类:辑(总论)、六艺、诸子、诗赋、兵书、术数、方伎,为最早的目录分类学。 ●贾让提出治理黄河的上、中、下策。上策为不与水争地;中策为筑石堤,设水门,门下开渠;而一味加高堤防,劳民伤财是下策。 ●是年开始实施"三统历"。这是刘歆以董仲舒"三统说"(黑、白、赤三统循环往复)重新整理《太初历》而成,依乐律、易数、五行等解释历法。	●提比略征服日耳曼后返罗马,行凯旋礼。 ●古罗马斯特拉波提出海平面升降是由于海底的升降,海底的变动是受地震、火山喷发的影响所致。

公元	（朝代）	中 国	外 国
前6		• 汉哀帝建平元年。 • 刘歆发现《尚书》不同版本，推崇孔壁中所得《古文尚书》。他上书请立《左氏春秋》、《毛诗》、《周礼》和《古文尚书》于学官，遭今文学派的反对，出为河内太守。经学界今古文之争始此。	• 提比略怀疑屋大维立其为继承人的诚意而隐居于罗得斯岛。
前5		• 方士夏贺良作谶文，说汉气衰，需改元，哀帝信之，改"建平"年号为"太初元将"（据王先谦《汉书补注》考证），号为"陈圣刘太平皇帝"。 • 汉罢州牧，依旧置置刺史。 • 经学家张禹（字子文，？~前5）卒。元帝时，他曾授太子《论语》。成帝时，任丞相，封安昌侯。专治《论语》，曾改编今文本《论语》，将《齐论》、《鲁论》合为一书，称《张侯论》。	• 犹太王希律一世约于是年卒。诸子纷争其权。 • 古罗马哲学家塞涅卡诞生。他是新斯多葛主义主要代表之一，宣扬宗教神秘主义和宿命论，认为听天由命就是美德。著作有《幸福的生活》、《论神意》等。他还是戏剧家，著有悲剧《美狄亚》、《俄底浦斯》等。
前4	西	• 以王嘉为丞相，王崇为御史大夫。 • 据《汉书·哀帝纪》：三月己酉"有星孛于河鼓"。	• 相传耶稣诞生于犹太的伯利恒。
前3		• 关东民众传递"西王母筹"，经二十六郡国至京师，又在里巷阡陌聚会，歌舞祀西王母，从春到秋方止。 • 汉哀帝宠董贤，与共卧起，为其造大宅，赐予无数，封高安侯。 • 成帝、哀帝时，大商人罗裒在长安贸易，有资百万，又为富豪平陵石氏经商，数岁致资千万。他以半数贿官，放高利贷，并占"盐井之利"，一年获利一倍。	• 前3~4：帕提亚（安息）王弗拉特斯四世被妃嫔穆萨毒死。其子弗拉特斯五世约于此时继位。
前2	汉	• 汉哀帝元寿元年。 • 是年，博士弟子景庐（一作秦景宪）受大月氏王使者伊存口授"浮屠经"，中国知佛经始此。一般认为，佛教于西汉末年传入中国。	• 屋大维获"祖国之父"称号。其权力达顶峰。其个人也被神化，各地建有供奉他的祭坛和神庙。
前1		• 匈奴单于、乌孙大昆弥朝汉。时西域译长至将、相、侯、王佩汉印绶者三百余人。 • 六月，汉哀帝卒，九月，平帝刘衎即位。成帝赵后（飞燕）、哀帝傅后被废，自杀。董贤免官，自杀。以王莽为大司马、领尚书事。王莽秉权。	• 美洲玛雅象形文字约创制于公元前后。
1		• 汉平帝元始元年。 • 汉平帝封孔子后人孔均为"褒成侯"，追谥孔子为"褒成宣尼公"。 • 据《周礼》置羲和官，刘歆充任。 • 以群臣奏言大司马王莽功德比周公，太后赐号"安汉公"。又以太师、太傅、太保、少傅为"四辅"，由孔光、王舜、甄丰、甄邯充任。王莽知太后年老，不愿理政，遂使太后下诏，除封爵外，一切事均由安汉公和四辅决定。	• 《圣经》称，耶稣为上帝之子，为拯救人类而降世人间，成"救世主"。是基督教传说中的创始人，称"基督"。据《新约》所记故事推算，他生存于1世纪初期，历史文献无载，对其诞日有前7，前4和1年等多种说法。欧洲教徒于6世纪始用其诞日纪元，今为世界多数国家所采用，称"公元"。"公元"拉丁文Anno Domini，意为"主的生年"，缩写为A. D. ；"公元前"英文Before Christ，意为"基督前"，缩写为B. C. 。

公　元	（朝代）	中　国	外　国
2	西	• 诏天下已定罪女徒回家,每月纳雇山钱三百。 • 据载,是年有郡国一百零三个;垦田八百二十七万多顷,民一千二百二十三万多户,五千九百五十九万多人。 • 黄支国遣使来献犀牛。	• 屋大维晚年无子,原以提比略为接班人,中因故欲另立他人,但因许多爱将阵亡,遂仍定其继承王位,将其收为养子。
3		• 王莽定车服制度。 • 高句丽迁都国内城(今吉林省集安)。 • 车师原附汉,元始年间投匈奴,汉斩其王句姑。	
4		• 汉平帝迎娶王莽女为皇后。采伊尹、周公称号,加王莽号"宰衡"。 • 时分天下为十二州,改官名及州界。	• 罗马大帝屋大维遣继子提比略统军出征易北河和多瑙河流域的日耳曼人。
5	汉	• 时宗室子有十余万,于郡国置宗师加强管理。 • 加王莽九锡。王莽上书言天下太平,道不拾遗。 • 汉平帝卒(传为王莽毒杀),议立嗣。王莽居摄。	• 罗马允许波希米亚的马科曼尼人独立生活。
6		• 汉孺子婴居摄元年。 • 汉廷立年仅两岁的刘婴皇太子,不称皇帝,号"孺子婴"。由王莽摄政,改元"居摄",王莽自称"假(代)皇帝",众臣称为"摄皇帝"。 • 安众侯刘崇起兵反王莽,败。	• 罗马设立军事金库,为退伍军人提供补助。 • 6~9年:发生日耳曼人反罗马统治者的"班诺尼亚起义"。席卷多瑙河中游以南班诺尼亚(今匈牙利一带)和达尔马提亚。罗马用十数个军团才将起义镇压下去。
7		• 改货币,以错刀、契刀、大钱与五铢钱并行。民多盗铸。禁列侯以下不得持有黄金。 • 王莽每日抱孺子婴祷告郊庙。 • 东郡太守翟义起兵反王莽,立刘信为帝,王莽发兵镇压。三辅起兵乘机攻长安,均被压平。	• 7~11年:帕提亚(安息)王沃诺奈斯一世约于此时在位。
8		• 王莽即真天子位,定国号曰"新"。西汉亡。	• 罗马诗人奥维德于此时被屋大维流放于里海边托米(今罗马尼亚康斯坦察)。
9	新	• 新王莽始建国元年。 • 王莽于8年十一月称帝,建元,改国号,并改历,以建丑三月(即夏历十二月)称正月,为岁首,故元年为9年。 • 王莽废孺子婴,封其"定安公"。按金匮中所藏名单封拜功臣。大改官名、爵名、地名。王莽声称本人为黄帝、虞舜之后。 • 名天下田为"王田",奴婢为"私属",均禁止买卖;男口不满八而田满一井(九百亩)者,分	• 条托堡森林战役。日耳曼人反罗马起义的关键一战,激战四天,罗马军几被全歼,统帅瓦鲁斯自杀。此战结果保障了莱茵河东部日耳曼人的独立地位。 • 元老院任命提比略为终身保民官,并与屋大维同为罗马军队统帅。 • 9~28年:纳巴泰国王哈利思四世在位。 • 罗马在班诺尼亚设省。

公元	（朝代）	中 国	外 国
		余田给九族、邻里、乡党;本无田者按制度受田。 ●再改货币,罢错刀、金刀、五铢钱,造一铢小钱与十二铢大钱并用。	
10		●王莽连续改制:据《周礼》开赊贷,立五均,设诸筦。凡有田不耕者,城郭中宅不种菜植树者,民浮游无事者,均出税。百工劳作纳其利十之一为贡。违者没收其物,并罚作一年。再认酒为国家专卖。禁民挟铠、弩,犯者徙西海等。 ●三改货币:分五物、六名、二十八品。旋只行大、小钱。禁挟五铢钱。重盗铸法,一家铸钱,五家连坐,没入为奴婢。 ●车师后国国王被杀,有两千众投匈奴,与匈奴联兵击车师前国。	●公元初至500年:北美爱斯基摩人"伊皮乌塔克文化"约产生于此时期。主要分布于阿拉斯加地区白令海沿岸。遗址为一大聚落,有六百多座房屋,为半地穴式圆角方形建筑,内有火塘。发现有镶铁尖头的雕刻器,为北极地区最早使用的铁器。
11		●民苦于征发,渐起反抗。	
12	新	●以洛阳为东都,常安(长安)为西都。依《禹贡》分九州,依周制定五等爵。 ●句町王反,攻杀官吏。 ●允许买卖田地、奴婢。 ●王莽发高句丽兵击匈奴,引起逃亡。	●提比略平定伊利里亚,返罗马,行凯旋礼。 ●是年4月3日,屋大维正式公布遗嘱,指定提比略为其继承者。
13		●匈奴乌珠留单于卒,弟乌累若鞮单于继立。 ●西域焉耆叛汉,继而诸国纷纷自立。	●卡帕多西亚王阿基劳斯受召至罗马。
14		●新莽天凤元年。 ●依《周礼》、《王制》置卒正、连率、大尹,职同太守。又屡改地名、官名,有一地改名五次者,造成混乱。 ●四改货币,有金、银、龟、贝之货;罢大小钱,改用货布、货泉,又宣布暂用大钱。	●罗马帝国皇帝屋大维(奥古斯都)卒。元老院推举他的养子提比略继任,为奥古斯都。"朱里亚·克劳狄王朝"开始。 ●14~16年:罗马在潘诺尼亚驻军暴动,提比略派军镇压。
15		●制礼作乐,求和《六经》。 ●王莽事事自决,通宵决事,仍不能全。 ●边境屯兵二十余万,费用浩大,人民负担重,纷起反抗。	●提比略子德鲁苏斯·恺撒任罗马执政官。 ●罗马设立"默西亚省"(今保加利亚一带)。
16		●王莽遣都护王崇攻焉耆,受挫。以后,西域不通,都护遂废。	●亚美尼亚王沃诺奈一世在帕提亚王威逼下约于此时退位。
17		●王匡、王凤据绿林山起义。 ●各地义军纷起。 ●王莽下诏申"六筦"(盐、酒、铁、山泽、五均赊贷、铁布铜冶)之令,每筦设科条防禁,违者死罪。	●德罗苏斯·恺撒出任罗马伊利里亚总督。 ●罗马兼并"卡帕多西亚王国",派总督管理。
18		●樊崇率"赤眉军"起义。 ●时官吏无俸,取之奸利。王莽追查贪污,	●凯鲁斯奇人在首领阿尔米纽斯率领下战败马科曼尼人。

公　元	（朝代）	中　国	外　国
		没收财产五分之四。令吏告其将,奴婢告其主,而贪污更甚。	• 18～24 年:北非努米底亚发生反罗马起义。
19		• 王莽宣布每六年改元一次。 • 募囚、奴等充军击匈奴。所有吏民资三十取一为税,以充军费。 • 有人言能飞,以大鸟翮为翼,飞数百步而堕。此为世界有关飞行试验的最早记录。	• 波希米亚发生内乱。马科曼尼人首领马罗博杜斯逃亡罗马。 • 罗马任日曼尼卡斯为叙利亚王,派遣至亚美尼亚。他卒于任。
20		• 新莽地皇元年。 • 王莽再次宣布为黄帝后裔,造九庙,黄帝庙高十七丈。用工数百万,卒徒多死。 • 关东连年饥旱。各地频起反抗。	
21		• 转运天下谷至边地,准备攻匈奴。 • 各地犯私铸钱及连坐者罚为奴婢者以十万数。	• 高卢人在特雷维里、埃杜维等处发生反罗马起义,被镇压。
22	新	• 关东人相食,流民入关者数十万人。参加义军者迅增。 • 南阳汉宗室刘缤、刘秀兄弟在春陵起兵。	
23		• 绿林起义,刘玄更始元年。 • 绿林军拥西汉皇族刘玄为帝,改元“更始”。初都宛城(今河南南阳),后徙洛阳,再徙长安。仅存两年零七个月。 • 昆阳之战。绿林军以少胜多,歼灭王莽主力军四十余万。 • 绿林军攻洛阳,王莽危急,率群臣至南郊,告天大哭。诸生、平民因哀哭而封官者数千人。 • 旋继长安失陷,王莽死。新亡。 • 目录学家刘歆(字子骏,?～23)卒。他不仅在古代目录学和古文经学上的成就很高,其历学、数学也很有成就,著有《三统历谱》;所算圆周率被称为“刘歆率”。	• 提比略在罗马遍设告密网络。 • 罗马禁卫军司令塞扬努斯毒害提比略之子德鲁苏斯·恺撒,谋求帝位。 • 23～40 年:罗马立原努米底亚王朱巴二世及其子为受保护的毛里塔尼亚国王。 • 古罗马作家(大)普林尼诞生。有多种著作,今存《自然史》三十七卷,包括生物、天文、地理、医药、艺术等内容为百科全书式著作。
24		• 是年,将历改回,复寅正。 • 隗嚣、刘望、刘林、李宪、秦丰、张步等先后起兵,有称帝,有称王,有改元;有的坚持月,有的坚持数年,在刘秀称帝建东汉后,先后被歼灭。	• 罗马骑士提图斯·库尔提西乌斯在意大利南部发动牧奴起义,未果。
25	东 汉	• 汉光武帝建武元年。 • 方望、弓林等起兵,掠得西汉末帝孺子刘婴,挟至临泾(今甘肃镇东),立得天子。旋被击斩。 • 蜀郡太守公孙述起兵,称帝,号“成家”,都成都,建元“龙兴”。坚持十年多,被东汉灭。 • 赤眉军立刘盆子为帝,更元“建世”,攻入长安,降更始帝刘玄。后因饥饿退出。两年后受攻,降东汉。	• 中亚巴克特里亚的希腊残余势力逐渐消亡。

公 元	（朝代）	中 国	外 国
		• 刘秀即帝位,定都洛阳,东汉始。一般以光武帝刘秀至章帝刘炟称作"东汉初期"。 • 刘永起兵,自立天子,都睢阳。坚持数年,战死,子刘纡被擒。	
26		• 时关中大饥,城郭皆空,赤眉军无粮,发掘汉诸帝陵,取其宝货。见凡有玉匣殓者,尸体皆如生人。	• 26~36年:本丢·彼拉多约于此时出任罗马帝国驻犹太总督。
27		• 渔阳太守彭宠起兵,据幽蓟自立,称"燕王",两年后被平。	• 罗马皇帝提比略从罗马迁居卡里普埃岛。
29	东	• 东汉初建太学。置博士,令其各以"家法"传授诸经。 • 是年起,十年中连续六次颁布释放奴婢的诏令。 • 刘秀征名士严光等到洛阳,严光不肯为官,旋归隐富春山中。 • 卢芳起兵,称天子,都九原(今内蒙古包头西)。坚持十余年,降东汉。 • 汉封康为莎车建功怀德王、西域大都尉。五十五国皆属。	• 罗马禁卫军司令塞扬努斯谗害已故叙利亚王日曼尼卡斯之妻与子。使其妻被流放,二子被逮捕,不久皆死。
30		• 东汉于是年恢复西汉田租三十税一制度。 • 罢免郡国都尉官,废除都试制。减少吏员,十置其一。 • 时江淮、山东等地悉平。 • 冯异领军破卢芳及匈奴兵,定北地、上郡、安定等郡。 • 乐浪人王调据郡不服,遣乐浪太守王遵击之,王调被杀。 • 诏王莽时不按旧法沦为奴婢的吏人,免为庶人。	• 相传耶稣因传播新教被罗马驻犹太总督本丢·彼拉多钉于十字架处死,其后耶稣门徒开始传布基督教。基督教最早出现在罗马统治下的犹太民众中,很快传遍整个罗马。最初作为犹太教的一个支派或"异端"而出现,它继承犹太教的一神论和救世主观念以及创世神话等,同时接受《圣经》而称之为《旧约》,不同的是信奉耶稣为救世主,他是上帝之子,为拯救人类而降临世间。
31	汉	• 杜诗(字公君)任南阳太守。他创造"水排"鼓风技术,提高冶铁效率。《后汉书·杜诗传》:"造作水排,铸为农器",效果是"用力少,见功多,百姓便之"。后经改进,在中国沿用了一千多年。南阳自战国以来,一直是冶铁基地。汉武帝时曾在此设有铁官。现代在此考古发掘冶铸遗址六七处。	• 罗马皇帝提比略下令处死禁卫军司令塞扬努斯。
32		• 高句丽遣使朝贡,汉帝允复其王号(王莽时曾贬其为侯)。	• 罗马诗人卢卡努斯约于此前后诞生。他有史诗《法尔萨利亚》(《内战记》)传世。
33		• 祭遵卒军中。他执法严正,赏赐尽给士兵。 • 是年莎车宣复王康卒,弟贤继立。时莎车势强,葱岭以东诸国皆附属。初期与汉友好,后请汉封大都护未允,由是背汉,自称大都护,诸国	• 古罗马教育家、演说家昆体良约于是年诞生。他曾主办罗马修辞学校。他特别注意对儿童的语言训练,重视记忆和模仿能力发展。著有《演说术原理》等。

公　元	（朝代）	中　国	外　国
		称贤为单于。	
34		●冯异卒军中。他在诸将争功时常退之树下不言，人誉"大树将军"。 ●是年，撤销定襄郡，徙其民于西河。 ●中郎将来歙破隗纯于落门，其将王元奔蜀，隗纯降，陇右平。	
35		●汉帝诏：杀奴婢不得减罪。又诏：敢炙灼奴婢，论如律；被炙灼者免为庶人。除奴婢射伤人弃市律。	●35～36年：帕提亚（安息）王梯里达底三世在位。下年，其位即被阿尔达班三世所夺。
37		●东汉统一中原。 ●大司徒侯霸卒。他曾治《穀梁春秋》。	●罗马皇帝提比略卒。由侄孙盖乌斯·恺撒继位，绰号"卡里古拉"（"小靴子"）。
39		●汉帝诏"度田"。核查田亩及户田，从此成东汉定制。	●罗马新帝率军至上莱茵地区，平定当地发生的叛乱。
40	东 汉	●自王莽当政后，杂用布、帛、金、粟以贸易。是年，依马援谏，重新依旧铸五铢钱。 ●马援曾在西北养马，发展相马法，著有《铜马相法》。 ●交趾女子徵侧、徵贰姐妹起兵，自立为王，攻略六十余城。坚持三年，被击杀。	●古罗马诗人马提雅尔诞生。代表作为《警句诗集》十二卷，一千五百余首。大部分抨击当时罗马社会不良习俗和道德败坏现象。 ●北非毛里塔尼亚王托勒密被罗马皇帝杀害，国亡。
41		●废皇后郭氏，立贵人阴丽华为皇后。刘秀曾言："仕宦当作执金吾，娶妻当得阴丽华。"	●盖乌斯·恺撒在宫中被杀，其叔克劳狄一世被禁卫军立为皇帝。
42		●许杨（字伟君）主持修复鸿郤陂。他根据地势高下，在四百多里的地区内，修建了许多陂塘，灌溉农田数千顷。 ●益州夷渠帅栋蚕起兵，杀长吏。坚持三年，被击杀。	●罗马兼并毛里塔尼亚后，以木卢亚河为界分为两省进行治理。 ●罗马地理学家约于此时撰成《地理图志》，将地球分为北寒、北温、热带、南温、南寒五个地带。
43		●湖阳公主家奴仗势杀人，被洛阳令董宣问斩，董宣不肯低头向公主请罪，历史上演义出"强项令"故事。 ●复置函谷关都尉。	●罗马帝国攻入不列颠。新帝克劳狄一世亲征，渡泰晤士河，攻占卡姆洛杜诺（今科尔切斯特）。 ●伦丁组姆城（今伦敦）约于此时始建。
44		●经学家丁恭（字子然）光武帝时任谏议大夫、博士。治《公羊严氏春秋》。从远方来从学者数千人，时称大儒。 ●梁鸿（字伯鸾），家贫博学，与妻孟光隐居霸陵山中，以耕织为生。后至吴，梁为佣工，每食孟"举案齐眉"示敬爱。	●罗马正式将犹太作为帝国一个省进行统治。 ●罗马攻占吕底亚地区。 ●不列颠布里甘特女王约于此时与罗马缔和。
45		●车师、鄯善、焉耆请汉廷设置都护，光武帝因中原初定，不及暇顾，未应允。 ●汉将马援修筑代郡至辽西一带堡塞，兴立	●基督教开始传入塞浦路斯岛。 ●古希腊传记作家普鲁塔克约于此时诞生。著有《希腊罗马名人传》。成为欧洲传记

公元	（朝代）	中　国	外　国
		郡县,使太守、县令招还流亡百姓,加强边防建设。	文学的先驱,后来不少诗人和剧作家从中选取题材。他还写有关于教育、道德、宗教史等散文六十余篇。
46		●乌桓击败匈奴,匈奴北迁,漠南地空。 ●九月地震,南阳最甚,诏免一年田租。	●罗马占领色雷斯。至此,巴尔干山以北至多瑙河一带皆为罗马统治。
47		●经学家杜林(字伯山,?~47)卒。治《古文尚书》。曾得漆书《古文尚书》一卷,引起学界争论。又长于文字学,后人辑有《苍颉训诂》一卷。 ●武陵蛮渠帅相单程起兵。坚持两年,被击破。 ●哀牢夷王贤栗南下江汉,击附塞夷鹿茤。	●罗马恢复监察制。 ●罗马任斯卡普拉为不列颠总督,率兵征讨该地的反抗。 ●帕提亚(安息)王位之争激烈,戈塔尔泽斯二世击败对手,独掌政权。
48		●匈奴分裂为北、南两部。南部在呼韩邪单于率领下南下附汉。蒲奴单于率北匈奴留居漠北,控制西域,与东汉和南匈奴对抗。	●罗马皇帝克劳狄一世立尼禄为继子。 ●罗马首次授予高卢贵族公民权。
49	东	●辽西乌桓内属,汉廷封其八十一人,置乌桓校尉于上谷宁城。 ●南匈奴攻北匈奴,要求依旧约。	●帕提亚(安息)王戈塔尔泽斯二世战胜政敌迈赫达特斯。 ●罗马镇压不列颠人的反抗。
50		●给百官增俸,六百石以下依旧制。 ●安置南匈奴于云中。始置匈奴中郎将以护南单于。	●50~93年:位于今黎巴嫩南部的"哈尔基斯王国"国王亚基帕二世在位。
51		●东汉改官称,司徒、司空均去"大"字;"大司马"改称"太尉"。 ●北匈奴求和亲,汉光武帝未允。 ●约于是年,焉耆王疑心姑墨、扜弥、于阗反叛,杀其王,遣将镇守其国。	●51~77年:帕提亚(安息)王沃洛加西斯一世在位。 ●帕提亚(安息)新国王立其弟梯里达底为亚美尼亚王,创立亚美尼亚安息王朝。 ●不列颠起义首领卡拉塔库斯被擒。
52	汉	●北匈奴再求和亲,汉光武帝赐以缯帛。	
54		●史学家班彪(字叔皮,为班固父,3~54)卒。他曾续《史记》,作《后传》六十余篇。 ●据《通鉴》:群臣上言:"即位三十年,宜封禅泰山。"诏曰:"即位三十年,百姓怨气满腹,'吾谁欺,欺天乎!'"弗许。	●54~68:继克劳狄一世后,古罗马皇帝尼禄在位。以暴虐、放荡著名,曾杀母、杀妻、杀老师。 ●54~63:罗马与帕提亚(安息)战争爆发。
55		●诏死囚改处宫刑。 ●是年夏,遭水灾和蝗灾。诏赐天下男子爵,人二级;鳏、寡、孤、独、贫不能生存者,每人粟五斛。	●古罗马历史学家塔西佗诞生。著有《编年史》《历史》《日耳曼尼亚志》《阿古利可拉传》等。 ●罗马元老院限制保民官的权限。
56		●汉光武帝建武中元元年。 ●经学家、哲学家桓谭(字君山,前?~后56)卒。著有《新论》。书中阐述形体与精神的关系,形体亡精神不复存在。原书已佚,今存辑本。	●1世纪:科鲁麦拉撰成《论农业》12卷。反映这一时代农业生产技术的成就。 ●梅内劳约于此时期撰成《球学》。内容包括球面三角形等的球几何学。

公 元	(朝代)	中 国	外 国
		• 汉廷起明堂、灵台、辟雍,宣布图谶于天下,谶纬之学成为东汉官方统治思想。 • "灵台"即国家天文台,为观测人员整理天象的衙署,建在国都洛阳南郊。1974年考古发掘,为上下两层平台,下层为环筑回廊式建筑;上层为观测场所。 • 汉光武帝据《河图会昌符》及谶文,封禅泰山。	• 希隆于1世纪左右发明由蒸汽或热空气驱动的转动机,成为蒸汽机与热气机最初的形态。 • 1世纪:基督教诺斯替派起源于本世纪,于2~3世纪盛行。 • 1世纪:铁器使用随班图人迁徙向非洲广泛传播。 • 1世纪:罗马科学家塞涅卡在本世纪发现盛水的球状玻璃器有放大物体的现象。
57		• 二月,汉光武帝刘秀卒。汉明帝刘庄继立。 • 据载,时有户四百二十七万,民二千一百多万人。 • 委奴国遣使赴汉,汉赐"汉委奴国王"印(原印已在日本福冈县出土),是为中日国家间往来之始。	• 不列颠再次发生反罗马暴动,被镇压。 • 罗马军入亚美尼亚,废其王梯里达底。 • 哥特人在首领贝利格率领下,约于此时由斯堪的纳维亚半岛南部迁居于波罗的海南岸维斯瓦河口一带。
58	东 汉	• 汉明帝永平元年。 • 汉罢沿边屯田兵。 • 经学家杜子春(约前30~约后58)卒。他曾注《周礼》,传授给郑众、贾逵等,后人辑有《周礼杜氏注》二卷。	• 罗马摧毁亚美尼亚旧都阿尔塔夏塔城。 • 罗马作家佩特洛尼乌斯约生活在此时期。他创作了罗马第一部讽刺小说《撒提里康》。
59		• 汉明帝讲经于辟雍。在辟雍行大射礼,又行养老礼。	• 罗马攻取亚美尼亚提格拉诺塞塔城。
60		• 明帝令将邓禹等二十八位功臣图画于南宫云台,后又增王常、李通、窦融、卓茂等,共三十余人。名誉虽高,但无实权。 • 匈奴与西域于阗、龟兹诸国共攻莎车。 • 是年,京师与七郡国遭水灾。	• 罗马驻不列颠总督出兵威尔士,征服安格尔西岛。 • 古罗马讽刺诗人尤维纳利斯诞生。现存其讽刺诗十六首。揭露罗马帝国的暴政,抨击富人的道德败坏。
61		• 莎车王贤死后,西域诸国互相攻伐。	• 不列颠爱西尼部女王布狄卡反罗马起义,败死。
62		• 发遣边民在内郡者,赐制装费,每人两万。 • 北匈奴掠五原、云中,为南匈奴击退。 • 大司空窦融(字周公,前16~后62)卒。他以开国战功封安丰侯,其子孙多纨绔不法。	• 古罗马作家(小)普林尼诞生。著有《书信集》十卷,三百余篇。其中有与图拉真(罗马皇帝)讨论基督教的信件,尤为珍贵。
63		• 王洛山出宝鼎,献上。	• 罗马与帕提亚(安息)讲和停战。
64		• 汉明帝遣使西行求佛法。 • 北匈奴求和市,汉允之。	• 罗马城发生大火,尼禄大肆捕杀嫌疑犯,归罪基督教徒,迫害基督教。
65		• 据载,楚王刘英崇尚浮屠,这是中国人崇信佛教见于记载之始。 • 是年,十四郡国发生水灾。	• 元老贵族密谋刺杀尼禄,事泄,处死大批元老。尼禄逼其老师塞涅卡自杀。

公元	（朝代）	中　国	外　国
66		• 汉明帝崇尚儒学。自皇太子、诸王侯及大臣子弟、功臣子孙，都要接受经学教育；又为外戚樊、郭、阴、马氏诸子在南宫立学，号"四姓小侯"，置《五经》师，选高能授业；自期门、羽林之士，皆令通《孝经》章句；匈奴人亦遣子入学。 • 是年丰收。诏郡国以公田赐贫民。	• 犹太民众爆发反罗马征服者起义，组成"杰罗特"（狂热党）和"西卡里"（短刀党），焚烧债务账册，攻击罗马驻军。 • 古罗马哲学家爱比克泰德诞生。他为斯多葛派。其伦理学信条是"忍受、自制"。其门徒编有他的《语录》和《手册》。
67		• 汉郎中蔡愔等至月氏，邀僧人迦摄摩腾、竺法兰来洛阳。	• 利努斯约于此时任罗马教皇。 • 尼禄遣韦柏芗镇压犹太起义。
68		• 汉明帝于洛阳首建佛寺，后名"白马寺"。 • 迦摄摩腾、竺法兰携《四十二章经》到洛阳，在白马寺内译经。得到官方支持，为中国佛教传播之始。	• 元老院宣布尼禄为"祖国之敌"。尼禄自杀，"朱里亚·克劳狄王朝"结束。高卢总督加尔巴被所辖军团拥立为帝，为外省驻军拥帝之始。各省为争皇位发生内战。
69	东	• 《后汉书·明帝纪》："是岁，天下安平，人无徭役，岁比登稔，百姓殷富，粟斛三十，牛羊被野。" • 水利家王景、王吴率十万卒治理黄河。黄河在汴渠一带泛滥六十余年。他排除任水自流的保守思想，反对恢复"禹河"故道，采取筑堤、修渠、建水门等措施，使"河汴分流"，收到防洪、航运和稳定河道的巨大效益。	• 本年1月，莱茵区驻军反对立加尔巴为帝，拥立维特留。禁卫军杀加尔巴而立奥托为帝。4月，两者大战，奥托兵败自杀。7月，亚历山大城及东方诸省等又立韦斯巴芗。12月，维特留兵败自杀，韦斯巴芗最后成为罗马帝国皇帝，"弗拉维王朝"统治开始。
70	汉	• 《后汉书·明帝纪》：是年"汴渠成"。帝巡行河渠。诏曰："自汴渠决败，六十余岁……多被水患……今既筑堤理渠……滨渠下田，赋与贫人。" • 年初，汉明帝耕于籍田，礼毕，赐观者食。 • 是年，楚王英谋反，王被废，国被除，迁于泾县，受牵连者数千人。 • 河南尹薛昭下狱死。	• 罗马皇帝之子狄度攻陷耶路撒冷，大肆屠杀，毁圣殿，将大批犹太人贩卖为奴。圣殿被毁后，未再重建。以后，犹太人在圣殿的西外墙废墟上，用残存的石块垒起一道墙，称为"西墙"，成为今天犹太教的重要圣地，吸引各地教徒前来祈祷，为犹太人在历史上的灾难哭泣，故又称"哭墙"。
72		• 汉明帝到鲁国拜访孔子旧宅。	• 犹太教波埃都斯派约于此时兴起。
73		• 汉廷遣班超使西域，西域与汉断绝半个多纪世后复通。汉遂置西域都护及戊、己校尉。 • 汉北海王刘睦卒。他生前应付朝廷说："袭爵以来，志意衰惰，声色是娱，犬马是好。"	• 罗马皇帝韦斯巴芗征服莱茵河上游东岸地区。 • 韦斯巴芗因斯多葛派哲学家反对专制而将他们逐出罗马。
74		• 是年，改天水为汉阳郡。	• 罗马授予西班牙人公民权。
75		• 八月，汉明帝刘庄卒，章帝刘炟立。 • 北匈奴与汉争夺西域控制权。	• 罗马史学家斯韦东尼阿斯诞生。著有《罗马十二恺撒传》，开创西方史学传记体的先河。
76		• 汉章帝建初元年。 • 汉章帝即位后，诏罢戊己校尉及都护官，召还班超，疏勒、于阗固留，超乃不还。	• 阿纳克利图斯为罗马教皇。 • 犹太人弗拉维乌斯·约瑟夫约在此时撰成《犹太战争史》。

公　元	（朝代）	中　　国	外　　国
77		●张禹在徐县垦田,产量高出常田一倍以上。	●帕提亚(安息)国王沃洛加西斯一世卒,国家分裂。
78		●溇中蛮覃儿健起兵反,坚持两年,被击杀。 ●立贵人窦氏为皇后。	●塞种人创立的塞种纪元(又称萨迦纪元)相继通行于南亚、东南亚一带。
79		●汉章帝诏诸儒会于白虎观,讲论五经同异。会上今、古文派辩论激烈。班固编成《白虎通义》,拥今压古。 ●经学家李育(字元春),专治《春秋公羊传》,谓《左传》"不得圣人深意"。在白虎观争辩时,与贾逵论辩。著有《难左氏义》四十一事,现佚。 ●太尉牟融(字子优)卒。他曾教授《尚书》,门徒常数百人。	●罗马皇帝韦斯巴芗卒,长子狄度继立。 ●维苏威火山爆发。古罗马作家(大)普林尼前往,为仔细观察,深入险地,不幸中毒窒息而死。此次火山爆发,湮没了著名的庞贝古城。自近代18世纪中叶起,考古学家方断续发掘出遗址,为研究古罗马社会生活和历史提供了直观的原始资料。
80	东	●班超向汉廷请兵,谓西域诸国多愿附汉,欲合力平定龟兹,开通汉道。汉廷遣徐幹率千人往助,击败反汉的疏勒都尉番辰。	●此前,《圣经·新约全书》已撰成《马太福音》、《马可福音》、《启示录》等篇。 ●罗马再遭火灾。
81		●成都民物丰盛,民舍连片,旧制,为防火,禁民夜作,而民隐蔽用火,火灾更多。廉范任蜀郡太守后,改旧制,令民储水防火,民称便,传歌谣:"廉叔度,来何暮!不禁火,民安作,昔无襦,今五绔。"	●81～96:罗马皇帝狄度卒,弟图密善继位。 ●在罗马修建狄度凯旋拱门。 ●北非毛里塔尼亚地区爆发反罗马起义。
82		●著名史学家班固(字孟坚)继父志,历二十载,撰《汉书》,因获罪停笔。后由妹班昭续完。全书一百二十卷。为我国"正史"的第二部,是纪传体断代史的第一部。记载西汉刘邦至新莽二百三十年间事。	●罗马皇帝图密善兼任执政官。 ●希腊药学家提奥斯科里德斯约生活在此时期。所著《药物学》论述了六百多种植物的药性。
83	汉	●经学家郑众(字仲师,?～83)卒。他曾任大司农,旧称"郑司农"。传其父郑兴《左传》之学,世称郑兴父子为"先郑",而称沿其父子之路的郑玄为"后郑"。后人辑有《周礼郑司农解诂》六卷、《郑众春秋牒例章句》一卷。	●罗马舰队作环绕不列颠岛航行。 ●罗马驻不列颠总督率兵征占苏格兰。 ●罗马皇帝图密善率军渡莱茵河,将卡提人驱出陶努斯高原。沿途筑木墙以防蛮族进犯。
84		●汉章帝元和元年。 ●汉廷下令,严禁盐、铁私营。 ●令郡国招募无田者,迁居他地,给公田以耕,免五年租。	●罗马皇帝图密善扩充皇权,大兴土木,引起贵族的不满。 ●罗马皇帝图密善任终身监察官,控制元老院。
85		●编䜣和李梵创制的"四分历"开始实施。因该历岁余为四分之一日故名;又称"后汉四分历",以与战国、秦、汉所流行的黄帝、颛顼、夏、殷、周、鲁等六历所称"古四分历"相区别。	●罗马皇帝图密善加强集权,大杀反专制的哲学家。 ●85～106年:达西亚国王戴凯巴路斯在位。
86		●郭躬(字仲孙)任廷尉。他传授法律,学生常至数百人。主张轻刑,奏请减四十一种罪,被采用。	●达西亚人侵入麦西亚,大败罗马军。罗马皇帝图密善亲征。 ●罗马占领今利比亚中部沿海地区。

公 元	（朝代）	中 国	外 国
87		• 汉章帝章和元年。 • 大月氏使者赴汉，献狮子。 • 班超发西域诸国兵攻莎车，大破之，莎车降汉。	• 古罗马修建著名的大圆形剧场，可容纳五万至八万观众。中心舞台周长五百多米，可注水成湖，表演海战场面。以大跨度圆顶为特征的罗马式建筑和继承希腊艺术现实主义传统的罗马雕刻，对后世建筑和艺术发展有较大影响。
88		• 二月，汉章帝刘炟卒，和帝刘肇继立。下年改元。 • 汉章帝遗诏，罢盐、铁之禁，任民煮、铸。 • 古文学派思想家王充（字仲任）于是年前后著成《论衡》。反对偶像崇拜。反对"天人感应"学说。其云："天道，自然也，无为…黄老之家，论说天道，得其实也。"也为后一世纪道家的复兴开辟了道路。	• 88～97：克莱门约于此时任罗马教皇。 • 罗马皇帝图密善为防止外省驻军叛乱，缩小各地驻军的人数，每地只置一个军团。 • 罗马拉丁文诗人斯塔提乌斯约生活在此时期。撰有史诗《底比斯战犯》、《阿喀琉斯纪》等。
89	东	• 汉和帝永元元年。 • 汉和帝刘肇即位，年幼，窦太后临朝，以窦宪为首的外戚集团得势。一般以和帝至质帝刘瓒为"东汉中期"。 • 袁安不避权贵，多次弹劾窦氏的专横。袁安子孙世代为大官僚，"汝南袁氏"为东汉有名的世家大族。	• 罗马在波希米亚被马科曼尼人击败，与达西亚缔和。 • 罗马约于此前后退出不列颠厄恩河以北地区。 • 罗马继又放弃喀里多尼亚。
90		• 《九章算术》约成书于此时。是为古代数学名著，在很多方面具世界领先地位。 • 文学家傅毅（字武仲，？～约90）卒。他与班固同校内府藏书。有《舞赋》、《七激》等作品，原有集，已失传。	• 犹太教召开雅麦尼亚会议，确定希伯来圣经正典。在中世纪欧洲，《圣经》词句在法庭中具有法律效力。
91	汉	• 耿夔、任尚受命出居延塞，至金微山（今阿尔泰山），大破北匈奴。 • 汉复置西域都护，以班超为都护，驻节龟兹。	• 罗马诗人伊塔利库斯约生活在这一时期。他用拉丁语撰写长诗《布匿战纪》。
92		• 汉和帝用宦官压外戚，收窦宪大将军印，令自缢。常与宦官郑众议论政事，成为东汉宦官参政的开端。 • 班固因受窦宪牵连，下狱死。后人辑有《班兰台集》。 • 文学家崔骃（字亭伯，？～92）卒。他少与班固、傅毅齐名。后人辑有《崔亭伯集》。	• 古希腊天文学家、地理学家、地图学家和数学家托勒玫约于此时诞生。他生于埃及，长期居住亚历山大城。主要著作《大综合论》主张"地心说"，流传一千多年，中世纪后期更成为维护教会统治的理论支柱，自哥白尼"日心说"的提出，方正其误。另著有《地理学指南》等。
93		• 鲜卑逐渐徙居匈奴旧地。	
94		• 班超率龟兹等八国兵七万人击破焉耆，西域五十余国皆附汉。	• 犹太人弗拉维乌斯·约瑟夫约于此时撰成《犹太上古史》二十卷。
95		• 1954年在山东沂南发掘了一座大型东汉画像石墓。画像石总面积有四百多平方米。内	• 古罗马历史学家阿庇安（希腊人，生于亚历山大城）约于是年诞生。他在罗马获公民

公 元	（朝代）	中 国	外 国
		容丰富,有车马出行、祭祀吊唁、乐舞百戏、宴飨庖厨,还有蔺相如完璧归赵、荆轲刺秦王等历史故事,以及东王公、西王母、蚩尤等神话传说人物,气势宏大,为研究东汉时代社会生活提供了生动的素材。	权并历任官职。以希腊文著《罗马史》二十四卷。叙述自王政时代至图拉真时代历史。其中对罗马共和国后期"内乱"时代的记述尤有价值。
96		• 京师及河内、陈留等地遭蝗灾。 • 南匈奴王乌居战起兵反汉,出塞。度辽将军庞奋、越骑校尉冯柱追击,大败之。移其余众及降胡二万余人至安定、北定安居。 • 护羌校尉史充率兵击烧当羌,败还,死者数百人。罢史充,以代郡太守吴祉代之。	• 罗马皇帝图密善在宫中被刺死,"弗拉维王朝"结束。元老院立涅尔瓦为皇帝,"安东尼王朝"统治开始。 • 古希腊历史学家和地理学家阿利安诞生。他著有《亚历山大远征记》七卷及《印度记》、《黑海周航记》等。
97	东	• 窦太后卒,以梁贵人为太后。封诸梁为侯,外戚梁氏势盛。 • 班超遣甘英出使大秦(今罗马)、条支(今伊拉克),至安息(今伊朗)西界,临大海(波斯湾)而还。 • 掸国使臣来汉。	• 涅尔瓦收日耳曼总督图拉真为养子,立为继承人。从而打破了以血统为基础的皇位继承,开了以过继为基础的皇位继承制的先河。 • 97～105:埃弗里斯特斯约于此时为罗马教皇。
98		• 京师遭水灾。 • 烧当羌迷唐率种人赴汉进贡。 • 居巢侯刘般卒时,其子刘恺当嗣,而刘恺称其父有意让其弟刘宪嗣,于是让之。积十余岁,有司上奏此事,和帝下诏:王法崇善,成人之美,可任刘恺嗣爵,而拜刘恺为郎。 • 南单于师子卒,万氏尸逐鞮单于继立。	• 涅尔瓦卒,图拉真继为罗马皇帝。他加强集权,大力扩张领土。在位期间是罗马帝国版图最大的时期。西起西班牙、不列颠,东达幼发拉底河上游,南自非洲北部,北迄多瑙河与莱茵河一带。 • 杰出史学家塔西佗的《日耳曼志》问世。
99		• 河南信阳出土了是年烧制的青瓷器,是为东汉始有真正意义上的瓷器的确证。	• 基督教音乐在中亚兴起,先后确立亚美尼亚圣咏,叙利亚圣咏。
101	汉	• 经学家贾逵(字景伯,30～101)卒。有《春秋左氏传解诂》、《国语解诂》等,今存辑本。 • 巫蛮许圣等因税收不均举兵反,翌年被镇压。 • 安息遣使赠狮子及条支大爵(鸵鸟)。	• 罗马帝国征服达西亚(在今罗马尼亚)的第一次"达西亚战争"爆发。 • 西班牙塞哥维亚水道(全长16公里)始建于图拉真在位期间。
102		• 班超年老求还,其妹班昭(曹大家)上书朝廷陈情。是年征还,至洛阳,数月卒。	• 罗马击败达西亚,达西亚求和。罗马在多瑙河上筑桥以监督达西亚。
104		• 以兖、豫、徐、冀等四州遭水灾,禁沽酒。 • 诏有田的贫民无力种者,贷给种粮。 • 是年,复置西部都尉官。 • 司徒张酺(字孟侯)卒。他曾以《尚书》教授四姓小学。	• 104～109:杰出史学家塔西陀代表作《历史》闻世。记述本人所经历的罗马帝国早期的历史。共十二卷,现仅存部分。其作在深度广度上超过同时代史作,对后世影响很大。
105		• 汉和帝元兴元年。 • 高句丽攻汉辽东,太守耿夔奉命出击。 • 是年,蔡伦奏报造纸成功,世称"蔡侯纸"。	• 第二次"达西亚战争"。结果是达西亚沦为罗马帝国一个省。大批罗马人迁入这个盛产黄金的地区。

公 元	（朝代）	中 国	外 国
		纸为中国"四大发明"之一,传统称其为发明人。近代考古发现,蔡伦改进造纸技术,使之得以推广。从此,社会上普及运用,其功不可没。 •十二月,汉和帝刘肇卒,殇帝刘隆继立,年幼,邓太后主朝政。	•105～114:亚历山大一世约于此时任罗马教皇。 •《圣经·新约全书》中的"约翰福音"篇约撰成于此前后。
106		•汉殇帝延平元年。 •汉廷以邓太后兄邓骘为车骑将军、仪同三司(三司者"司马"、"司徒"、"司空"皆有"司"字,故名)。"仪同三司"之名始此。 •陈宠(字昭公,?～106)卒。世代传习法律。有《辞讼比》七卷和《决事都目》八卷,佚。 •八月,汉殇帝刘隆卒。邓太后立刘祜,是为安帝,太后临朝。	•罗马远征阿拉伯,占领了纳巴泰王国,置阿拉伯省。从而控制了东西贸易的要道。 •106～113:为宣扬功绩,罗马建图拉真圆柱纪功碑。 •希腊数学家托勒玫著成《大综合论》,内中有世界上第一张三角函数表。
107	东	•汉安帝永初元年。 •汉安帝时,外戚、宦官势衡,同时掌权。 •安帝时黄香(字文强)任太守。他博学经典,时有"天下无双,江夏黄童"之称。著有《九宫赋》、《天子冠颂》等文。 •西域诸国纷纷背汉投匈奴,汉诏罢西域都护。 •先零羌滇零联合钟羌等众起兵反,自称天子,坚持十年,被镇压。	•希腊数学家尼科马卡斯约于此时撰成《算术引论》。此后算术始成为独立学科。 •希腊学者埃利亚努斯约于此时撰成军事名著《战术论》。
111		•十郡国发生地震。	•相传佛教第四次结集。
112		•据山东苍山发现的于本年创造的钢刀,知此时已有了"百炼钢"。	•罗马大帝图拉真派普林尼至比提尼亚监督税收。
113	汉	•十八郡国发生地震。 •汉军击先零羌别部牢羌于安定,俘千人。	•罗马大帝图拉真出征东方,攻占亚美尼亚。并开始攻击帕提亚(安息)。
114		•汉安帝元初元年。 •日南发生地裂,长百余里。十五郡国发生地震。	•114～125:罗马教皇西克斯图斯一世约于此时在位。
115		•是年,修西门豹所分漳水为支渠,以溉田。	•北非昔兰尼地区犹太人暴动。
116		•越嶲徼外夷举种内属。 •修太原旧沟渠以溉田。	•图拉真大帝攻陷安息都城泰西封,兵抵波斯湾。
117		•张衡制造出大型天文计时仪器漏水转浑天仪。 •司空袁敞(字叔平)以刚直违懿旨,被诬告免官,自杀。以太常李郃为司空。	•地中海沿岸爆发反罗马起义。图拉真回军,卒于途。养子哈德良即帝位。即位后,提倡法学,奖励文艺,广兴土木,为帝国相对安定时期。
118		•卷夷大牛种封离举兵反。翌年被镇压。	•北非毛里塔尼亚爆发反罗马起义。

公元	（朝代）	中　国	外　国
120	东汉	• 汉安帝永宁元年。 • 女史学家班昭(一名姬,字惠班,约49～约120)卒。她是史学家班彪之女、班固之妹、曹世叔之妻。班固死时,所撰《汉书》的八表及《天文志》遗稿散乱,未完成。她奉命与马续共同续撰。和帝时,担任皇后和妃嫔的教师,称"曹大家"。著有《东征赋》、《女诫》等。 • 当煎羌大豪饥五起兵反,坚持两年,被讨平。	• 古罗马唯物主义者琉善诞生,他坚持无神论,反对"灵魂不死",批判一切宗教。他还主张财产公有,人人平等。毕生力著很多,重要的有《神的对话》,对后世影响很大。恩格斯称他为"古希腊罗马时代的伏尔泰"。 • 120～124:罗马建成万神庙,为古代圆顶庙之最。直径四十多米,中央圆形采光口直径九米。
121		• 汉安帝建光元年。 • 汉安帝追查宋贵人案,蔡伦受牵连,自杀。 • 高句丽与鲜卑攻辽东,汉辽东太守蔡讽战死。又围玄菟,夫余王派兵与州郡兵击破。 • 许慎所著《说文解字》书成。是为我国第一部分析字形、考究字源的文字学著作,对后世影响很大。	• 121～125:罗马皇帝哈德良开始访查帝国各地。 • 罗马传记作家苏埃托尼乌斯约生活在此时期。他著有《名人传》、《诸恺撒生平》等。
122		• 汉安帝延光元年。 • 时三公权轻,机事专委尚书。	• 罗马皇帝巡查不列颠,后在不列颠北部筑长城(长一百一十八公里)。
123		• 北匈奴攻扰河西。汉廷议闭玉门、阳关。敦煌太守张珰上书言西域形势,谓弃西域则河西不能自存。乃以班勇(班超子)为西域长史,出屯柳中。第二年,班勇率龟兹等国兵击走匈奴。	• 古罗马哲学家阿普列乌斯诞生。主要著作有《论世界》、《论柏拉图的哲学》等。 • 马努七世在罗马皇帝哈德良的支持下就任奥斯罗伊那国王。
124		• 杨震(字伯起,?～124)卒。少好学,博览群经,时称"关西孔子"。其子孙世代任大官僚,"弘农杨氏"成为东汉有名的世家大族。	• 罗马皇帝离宫"哈德良别墅"约建于此时期。
125		• 年初,汉安帝卒,少帝刘懿即位,阎太后临朝,大封阎氏外戚。年底,宦官孙程等立刘保顺帝,幽禁阎太后,顺帝封孙程等十九人为侯。宦官势大增。	• 125～136:蒂莱斯福勒斯约于此时任罗马教皇。
126		• 汉顺帝永建元年。 • 陇西钟羌起兵反,被镇压。	
127		• 时,"处士"(有才德隐而不仕之人)地位日高。汉廷征处士樊英等赴京,樊英精《易》学,以图纬有名,至京后应对平庸,遂称病而归,时有"处士纯盗虚声"之说。 • 文学家王逸(字叔师。顺帝时官侍中)作《楚辞章句》,是《楚辞》最早的完整注本;又作《汉诗》百余篇及诔赋等,多佚,明人辑有《王叔师集》。 • 黄琼(字世英,黄香子)赴京师任职。李固与之书云:"峣峣者易缺,皦皦者易污,阳春之曲,和者必寡,盛名之下,其实难副。"	• 罗马皇帝哈德良对帝国各省进行第二次巡查。 • 古罗马医学家盖仑约于此时诞生。他是古代医学著名理论家,他把希腊解剖知识和医学知识系统化,创立人体生理解剖学。他的学说在相当长的时期内被奉为信条,对西方医学影响很大。

公 元	（朝代）	中　国	外　国
		• 班勇发西域诸国兵四万余人攻焉耆,焉耆归附。	
131		• 方士于吉为顺帝时人。有人以为他是《太平经》的作者;也有认为他是三国时人,看法不一。 • 于阗王放前遣侍子至汉贡献。	• 罗马皇帝哈德良发布敕令,禁止犹太教徒进行割礼和阅读犹太律法,激起犹太人强烈不满。
132		• 汉顺帝阳嘉元年。 • 汉令郡国举孝廉,限40岁以上,诸生通章句,文吏能笺奏,方得应选;有奇才者,不限年龄。 • 张衡创制浑象和候风地动仪。	• 132～135:犹太人在西门·巴尔·科赫巴的领导下举行反罗马统治起义,取得初步零星战果。
133	东	• 汉举敦朴之士,经学家马融、科学家张衡等被举。 • 马融(字季长),广注群经,使古文经学达到成熟境地。还注《老子》、《淮南子》等。明人辑有《马季长集》。	• 巴勒斯坦殉教士圣查斯丁约生活在此时期。他是基督教的早期教父。首次将基督教义与希腊哲学结合,奠定了历史神学的基础。撰有《护教文》、《与犹太人特里丰谈话录》等。
134		• 钟羌良封起兵反,翌年被讨平。	• 罗马皇帝哈德良亲自率兵镇压犹太起义。
135		• 汉许宦官养子袭爵。 • 乌桓攻云中郡,围度辽将军耿晔于兰池。汉廷发诸郡兵救之,乌桓退走。 • 北匈奴呼衍王攻车师后部,敦煌兵往救。 • 马贤率兵大败钟羌。 • 是年底,京都发生地震。	• 罗马帝国血洗耶路撒冷,数十万犹太人被杀,幸存者几乎全部逃离巴勒斯坦,流落异域他乡。犹太人成为一个没有国度的民族,开始了一千多年世界性大离散状态。漂泊四海的犹太人失去家园,在巴勒斯坦不再拥有土地。
136		• 汉顺帝永和元年 • 夫余王朝汉。	• 136～140:希贾伊纳斯约于此时任罗马教皇。
137	汉	• "象林蛮"起兵攻县寺,杀长吏,汉发交趾、九真兵往救,二郡兵惮远役,反,攻其府。	• 毛里塔尼亚发生反罗马起义。
138		• 张衡所制地动仪在当时测到陇西地区地震。 • 政论家左雄(字伯豪,？～138)卒。他官至尚书令。反对豪族"贪猾",多所检举。	• 罗马帝国皇帝哈德良去世,由义子安东尼继位。罗马帝国达极盛,被称为罗马历史上的"黄金时代"。
139		• 张衡(字平子,78～139)卒。他不仅创造浑天仪、地动仪,还著有《灵宪》、《浑天仪注》等;指出月光为太阳的反光。并有文名,著《思玄》、《二京》等赋。今存辑本《张河间集》。	• 罗马"圣安杰洛城堡"与合伯河上圣安杰洛桥约建于此时期。
140		• 据载,汉永和中,有户一千多万,民五千三百八十六万多人。 • 马臻在浙江绍兴主持修建镜湖(又名鉴湖、长湖),使九千多顷农田受益。	• 140～155:庇护一世约于此时任罗马教皇。

公 元	（朝代）	中　　国	外　　国
142		●汉顺帝汉安元年。 ●张道陵创"五斗米道"（道教各派中创立最早的一派，即"正一道"）。入道者出五斗米，故名。又因尊张为天师，故又称"天师道"。汉末曾建政权。直到元代才并入正一派中。 ●"五斗米道"与"太平道"（汉灵帝时张角所创）为早期道教的两大教派，信仰基础源于老子的"道"。其出现标示着作为中国最主要的本土宗教——"道教"的产生。道教出现后即得到广泛的传播。 ●张纲与杜乔等八人奉命分巡州郡，七人皆赴任，他独埋其车轮于洛阳都亭，说："豺狼当路，安问狐狸！" ●书法家崔瑗（字子玉，77~142）卒。他善章草，时人评为"点画之间，莫不调畅"。著有《草书势》。	●不列颠北部爆发反罗马的起义，被镇压。 ●2世纪时，是古罗马最兴盛的时期，呈现一派繁荣景象。直到2世纪末，帝国方从极盛走向衰落。 ●2世纪：古罗马法学家盖约所著《法学阶梯》问世，为迄今所知西方最早的法学著作。 ●2世纪：用希腊字母拼写科普语（此语被认为代表古埃及语最后阶段）约于本世纪在埃及通行。 ●2~3世纪间：基督教组织体制基本定型化，后世史家多称为"古代公教会"（指基督教大分裂前的古代正统派教会）的形成期。 ●2~3世纪：基督教早期诺斯替派（又称"灵智派"）盛行于地中海东部沿海地区。
144	东	●汉顺帝建康元年。 ●八月，汉顺帝刘保卒。冲帝刘炳继立，梁太后临朝主政。	●基督教"马西昂教派"于此时由小亚细亚人马西昂创立。曾盛行于意大利、突尼斯、埃及和地中海东部地区。3世纪衰落。
145		●正月，冲帝卒。梁太后及其兄梁冀立质帝刘缵，时年八岁。 ●汉历年共用军费八十亿。	●罗马兼并福斯湾，并于苏格兰南部筑边墙，被称为"安东尼长城"（长五十八公里）。
146		●汉质帝本初元年。 ●梁冀毒死质帝，拥汉桓帝即位，梁太后临朝。外戚梁冀在朝中得势。一般以桓帝至献帝刘协为"东汉后期"。 ●宦官曹腾以定策迎立桓帝，受封贵亭侯。用事宫廷达三十余年。死后养子曹嵩嗣为侯。	●希腊阿里斯提得斯约于此前后撰成《为基督教义辩护》，影响较大。
147	汉	●汉桓帝建和元年。 ●在今山西洪洞城北建"卢舍寺"，为早期佛寺之一。	●罗马皇帝安东尼立其婿马可·奥勒略为嗣，并授予统帅职权。
148		●汉桓帝亲至大将军梁冀府拜访。 ●安息僧人安世高到洛阳，此后二十余年间，译经九十五部。	●148~192：帕提亚王沃洛加西斯三世在位。时屡受罗马打击，国势衰。
150		●汉桓帝和平元年。 ●梁太后卒，汉桓帝亲政。增封梁冀至三万户，封其妻为"襄城君"。梁冀建宅极侈，广开园圃，周边近县；起"兔苑"数十里，凡伤其兔者，罪至死。 ●桓帝后，吏治极腐败，有"举秀才，不知书。察孝廉，父别居。寒素清白浊如泥，高第良将怯如鸡"之说。	●柏柏尔人约于此前后征服西非尼日尔河流域地区。 ●希腊数学家托勒玫约于此时求得圆周率为3.14166。并提出透视投影与球面经纬度问题。

公 元	（朝代）	中 国	外 国
151		• 汉桓帝元嘉元年。 • 汉桓帝给梁冀"入朝不趋，剑履上殿，谒赞不名"的待遇。 • 武陵蛮詹山率四千余人反，坚持两年，被讨平。	• 希腊史地学家保萨尼阿斯约生活于此时期。著有《希腊志》等。
153		• 汉桓帝永兴元年。 • 由于天灾人祸，产生大量流民，成为社会不安定的重要因素。 • 西域诸国背汉，汉廷无力控制。	
155		• 汉桓帝永寿元年。 • 司隶、冀州发生饥荒，人相食。南阳水灾。益州发生山崩灾害。	• 155～166：阿尼西特斯约于此时任罗马教皇。
156	东	• 汉廷听任中官（太监）服三年之丧。这表示宦官在礼俗上取得与强宗豪族同等的地位。 • 鲜卑首领檀石槐领数千骑攻云中。檀石槐为鲜卑历史上第一位统领各部的首领。 • 五斗米道创立者张道陵卒。	• 基督教父德尔图良约诞生于是年。他呼吁罗马帝国接纳基督教。著有《辨惑编》、《论异端无权成立》、《论灵魂》等。
158		• 汉桓帝延熹元年。 • 梁冀擅权专横。与太史令陈授不和，私办其入狱死。陈龟上书言其暴虐，自知不敌其势，自尽。	
159		• 汉桓帝与宦官单超、左悺、具瑗、徐璜、唐衡定谋，杀梁冀，变卖梁氏家产，价值三十多亿。单超等同日封侯，时称"五侯"。 • 鲜卑攻辽东。	• 帕提亚（安息）王沃洛加西斯三世与罗马争夺卡帕多西亚和叙利亚。
160	汉	• 据安徽亳州出土的曹氏宗族墓葬字砖（延熹三年）得知，当时行书已流行，楷书也已出现。	• 北非毛里塔尼亚山民爆发反罗马起义，一度攻入比利牛斯半岛。
161		• 桓帝初，宦官侯览封高乡侯。受贿巨万，夺人田地一百余顷，屋三百多所；自建住宅十六区，皆高楼池苑，模仿皇宫制度。后被告发，自杀。	• 马可·奥勒略就任罗马大帝。在位期间，经年对外用兵。开始出现危机。他还是新斯多葛派哲学的主要代表之一。认为神是万物的始基。行军中写成《自省录》十二篇。
162		• 哲学家王符（字节信，约85～162）卒。他一生隐居著书。认为"气"为万物本原。强调"人为"的重要，反对圣人的"生知"说。提出农、桑为"富国之本"的主张。著有《潜夫论》。	• 162～165：帕提亚（安息）入侵叙利亚，罗马东方战争再起。罗马皇帝马可·奥勒略派遣维拉斯率兵对抗，击败帕提亚，并在美索不达米亚设省。
165		• 汉宫廷内，邓后与郭贵人互相倾轧。汉桓帝立窦后，以其父窦武为特进、城门校尉，封"槐里侯"。 • 汉廷初令郡国有田者亩敛税钱。计亩敛钱始于此。	• 罗马大帝马可·奥勒略推行迫害基督教的政策。 • 最古老的玛雅纪年碑约于此时建成。

公 元	（朝代）	中 国	外 国
166		●大秦（罗马）遣使至汉。是为中欧直接往来之始。 ●汉廷发生第一次"党锢之祸"。世家大族李膺等不满宦官擅权，进行抨击，被诬，二百多人（称为"党人"）被捕，终身不许做官。	●166～167：罗马流行鼠疫，由维拉斯所率东征士兵返罗马传染所致。 ●166～175：索特约于此时任罗马教皇。
167		●汉桓帝永康元年。 ●月支僧人支娄迦谶至洛阳。他是大乘佛教在汉地翻译的创始人。所译《道行般若经》对后来义学影响很大。其弟子有支亮，再传支谦，世称天下博知，不出"三支"。	●时日耳曼人（马克曼尼人、奎德人等）开始在北面攻击罗马帝国。 ●时罗马帝国内，"高伦"（即"隶农"。罗马奴隶制后期的小块土地佃耕者，其中包括被释放的奴隶）逐渐增多。是为中世纪农奴的先驱。
168	东 汉	●汉灵帝建宁元年。 ●去年底，汉桓帝刘志卒。是年正月，灵帝刘宏即位，时年十三岁，窦太后临朝主政。 ●宦官王甫等杀大将军窦武，在与外戚争权斗争中又得一筹。 ●汉灵帝时，流民暴动不断。时谚："小民发如韭，剪复生，头如鸡，割复鸣。吏不必可畏，民不必可轻。" ●安息商人安玄游贾洛阳，与沙门讲论经义。 ●上谷乌桓大人难楼称王，拥众九千余落。辽西乌桓大人丘力居称王，拥众五千余落。辽东乌桓大人苏仆延称峭王，拥众千余落。右北平乌桓大人乌延称汗鲁王，拥众八百余落。	●潘诺尼亚之战。罗马军击败马科曼尼人的进攻。 ●古罗马法学家乌尔比安约于此年诞生。他首创"公法"和"私法"体系。主张保护私有财产。5世纪被罗马皇帝宣布为五个权威法学家之一。著有《大法官告示释义》、《市民法释义》、《法律规则要义》等。
170		●崔寔（字子真，？～约170）卒。有《政论》五卷。	
172		●汉灵帝熹平元年。 ●太傅胡广（字伯始，91～172）卒。他仕六帝，为四公（太傅、太尉、司徒、司空），是"不倒翁"，时谚："万事不理问伯始，天下中庸有胡公。"	●埃及爆发反罗马的"布克里起义"。 ●基督教"孟他努派"于此时由小亚细亚人孟他努创立。该派在下层人民中影响很深，9世纪后逐渐消失。
174		●熹平年间，张角创立"太平道"，是为道教创始时的一个重要支派。奉《太平经》为主要经典。十余年间，徒众增至数十万，遍布青、徐、幽、冀、荆、扬、兖、豫等州。	
175		●由蔡邕等厘定文字，刻成"熹平石经"。初立时，每日观看与摹写者，车千余辆。 ●书法家左伯（字子邑）善八分书，有名于时。又改造造纸法，人称"左伯纸"。 ●书法家梁鹄（字孟皇）亦善八分著名。后归曹操后，曹甚爱其书，宫殿题署，多出其手。	●罗马驻叙利亚司令官谋反自立，为部下所杀。 ●175～189：埃柳蒂勒斯约于此时任罗马教皇。
176		●汉廷第二次"党锢之祸"，宦官弄权，凡"党人"皆免官禁锢，并连及五族。	

公元	（朝代）	中 国	外 国
177		• 诗人郦炎（字文胜，150～177）卒。他能解音律，有文才，惜存诗不多。	• 罗马皇帝马可·奥勒略以长子康茂德为"奥古斯都"，共理国事。
178		• 汉灵帝光和元年。 • 是年，朝廷公开卖官，二千石级价二千万，四百石级为四百万。 • 在洛阳鸿都门设立"鸿都门学"。学生由州、郡三公举选，专习辞赋书画，出校后多授高官。	• 178～180：马科曼尼人又犯罗马边境，皇帝马可·奥勒略与子康茂德亲征。
180		• 汉灵帝立何后，以其兄何进为侍中。 • 诏公卿荐举能通《古文尚书》、《毛诗》、《左氏》、《穀梁春秋》各一人，皆任议郎。	• 马可·奥勒略去世，子康茂德继任罗马皇帝。他以暴力手段治理国家，罗马开始出现危机。
181		• 汉灵帝在后宫作集市，命诸采女作小贩，乃穿商购之衣，饮宴作乐。	• 罗马夺取不列颠切维厄特以北地区。
182	东	• 经学家何休（字邵公，129～182）卒。著有《春秋公羊解诂》，是为董仲舒以后最重要的公羊学家。	• 罗马部分元老谋刺皇帝康茂德，事泄，大批元老被处决。
184		• 汉灵帝中平元年。 • 贾琮为交趾刺史。交趾民众以赋敛重而起事。贾琮到任后进行招抚，减免徭役，州境渐平定。 • 张角率众起义，皆著黄巾，史称"黄巾起义"，直接导致了东汉的灭亡。 • 张修以"五斗米道"起兵，坚持七年，败。 • 北地先零羌及抱罕、河关等地起兵，立湟中胡人北宫伯玉、李文侯为将军。坚持五年，败。	• 伴随基督教的传播，早期形成诸多派别，被称为"古代异端"。这一时期尚有"伊便尼派"（又称"穷人派"，为激进派）、"拿撒勒派"（温和派），以及"反逻各斯派"、"曼达派"、"亚当派"、"厄勒克塞派"、"诺瓦替安派"等。
185	汉	• 汉灵帝纳中常侍张让、赵忠言，敛天下田，每亩十钱用以修宫室，铸铜人。又下诏，让各州郡送材木文石到京师。宦官从中折价贱买，地方官也增私调。刺史等官的升迁，都令交助军、修宫钱。在西园造万金堂，藏钱币。 • 张牛角起兵，号"黑山军"。坚持二十年，败。	• 基督教早期神学家奥利金诞生。他是教父哲学的主要代表之一，以哲学论证教义，著有《论原理》四卷。还将旧约的希伯来文、希腊文及其他四种文字对照编成《六栏圣经》，相传有著作八百余种，多佚，《驳塞尔索》为其主要护教著作。
186		• 汉修宫室，作"翻车"、"渴乌"，汲水洒路。	
187		• 汉廷于是年卖关内侯，价五百万。	
188		• 汉廷以四方多事，采太常刘焉议，改"刺史"为"牧"，以重其权。以刘焉为益州牧。设置西园八校尉。以小黄门蹇硕为上军校尉，袁绍、曹操等校尉皆受其统辖。	• 罗马马可·奥勒略圆柱约于此前后建成。
189		• 汉少帝光熹、昭宁元年。汉献帝永汉元年。 • 二月，韩遂、马腾等据凉州割据。 • 四月，汉灵帝卒，少帝即位，由何太后临朝	• 189～199：维克托约于此时任罗马教皇。

公　元	（朝代）	中　国	外　国
		听政。时天下大乱,群雄竞起。并州牧董卓移兵洛阳,自为司空,九月,废少帝,立献帝(东汉最后一任皇帝),朝政由董卓(字仲颖)独揽。 ●十二月,曹操(字孟德)起兵于己吾。	
190		●汉献帝初平元年。 ●汉献帝迁都长安。董卓弃用五铢钱,另铸小钱,造成混乱,谷每石至数万钱。 ●袁绍(字本初)、曹操、孙坚(字文台)纷纷起兵讨董卓。各路义军推袁绍为盟主。 ●公孙度(字升济)在东北自立为辽东侯、平州牧,据地割据。 ●经学家荀爽(字慈明,128～190)卒。有注《周易》十一卷,已佚。后人有辑本。 ●应劭(字仲远)为献帝时人。著有《汉官仪》十卷,《风俗通义》三十卷等。	●2世纪后半期:哥特人在首领菲利莫率领下进入黑海北部、西北部一带定居。 ●2世纪末叶,罗马帝国由鼎盛走向衰落。国内陷入军阀争权的混乱局面,各省不断爆发起义。日耳曼人由北方入侵,边境频频告急。有一支日耳曼人定居多瑙河南岸,罗马帝国企图"以蛮制蛮",结果为"蛮族"打开了方便之门。帝国在经济、政治方面爆发全面危机,社会矛盾尖锐。
191	东	●刘备(字玄德)依附公孙瓒(字伯珪),为平原相,以关羽(字云长)、张飞(字翼德)、赵云(字子龙)为将。 ●"五斗米道"师君张鲁杀张修,据汉中割据。 ●辽西乌桓大人蹋顿约于是年统领上谷乌桓、辽东乌桓、右北平乌桓等。	●帕提亚(安息)王沃洛加西斯之子沃洛加西斯四世带头作乱。
192		●司徒王允(字子师)联合勇将吕布(字奉先)杀董卓,演义出"吕布戏貂蝉"故事。 ●董卓部将李傕、郭汜攻入长安,杀王允,吕布逃。汉献帝受制于李傕。 ●曹操为兖州牧;刘表(字景升)为荆州牧。各据地割据。 ●曹操破黄巾,追至济北,得降兵三十余万,选精锐,号"青州兵"。 ●文学家与书法家蔡邕(字伯喈,132～192)卒。时称旷世逸才,通经史、音律、天文。书工篆、隶,有"骨气洞达,爽爽有神"之评。今存其辑本《蔡中郎集》。 ●书法家张芝(字伯英,?～约192)卒。他善章草,创"今草",被称为"草圣",对后世影响很大。	●是年底,罗马皇帝康茂德为亲信刺杀,"安东尼王朝"结束。 ●192～208:帕提亚(安息)王沃洛加西斯三世卒,子沃洛加西斯四世继任在位。
	汉		
193		●曹操攻陶谦,坑杀数十万口,屠三县,鸡犬不留。 ●丹阳人笮融大起浮屠祠,造浮屠像,广招信徒。是为我国佛教造像之始。 ●是年,汉献帝试儒生四十余人,上等赐为郎中,次等赐以太子舍人,下等罢之。 ●公孙瓒攻取幽州,杀幽州牧刘虞。刘虞旧部田畴逃往徐无山中,聚集力量。	●潘诺尼亚与伊利里亚省总督塞维鲁在争夺帝位的内战中获胜,被元老院立为罗马皇帝,"塞维鲁王朝"统治开始。塞维鲁当政后实行军队改革,改善士兵状况,在边境屯田,给士兵更多升迁机会;任用退伍军人担任政府官吏,削弱元老院的权力。以图依靠军队巩固统治地位。以后,皇帝废立多操于军队之手。
194		●汉献帝兴平元年。	●罗马新帝塞维鲁东征,在安条克击败与其

公元	（朝代）	中国	外国
		• 刘备领徐州。 • 曹操攻吕布，时仅有东阿、鄄、范三城。 • 刘焉（字君郎）徙居成都，病卒。刘璋（字季玉）继之，领益州牧。	争夺帝位的叙利亚总督尼格尔，将其斩首。
195		• 汉献帝流亡安邑。是时长安城空四十余日，关中罕见人迹。 • 孙策（孙坚子，字伯符）离袁术（字公路），渡江南下，孙氏自此始有江东。 • 曹操破吕布，吕布投刘备。 • 名士许邵（字子将，150～195）卒。他善评论人物，每月一评，被称为"月旦评"。他评曹操"青平之奸贼，乱世之奸雄"。	• 罗马皇帝塞维鲁亲征帕提亚（安息），越幼发拉底河，进军奥斯罗伊那。帕提亚王沃洛加西斯四世退出厄比西斯，进入山区。
196	东	• 汉献帝建安元年。 • 汉献帝被李傕部将杨奉挟至洛阳。曹操至洛阳，挟献帝于许昌，"挟天子以令诸侯"。羽林监枣祗建议曹操屯田，曹操采纳。以枣祗为屯田都尉，任峻为典农中郎将，在许下屯田。州郡亦置屯田官，所在积谷。 • 刘备与袁术争徐州，互有胜负，继投曹操，为豫州牧。	• 罗马皇帝塞维鲁率军返罗马。帕提亚（安息）乘机重犯美索不达米亚，夺取阿迪亚贝纳。
197		• 袁术自称天子，号"仲家"。两年后，归帝号于袁绍，呕血卒。	• 罗马皇帝塞维鲁再度东征帕提亚。
198		• 名士祢衡（字正平，173～198）被杀。他恃才傲物，有"击鼓骂曹"的故事。他还有文才，原有集，已失传。 • 建安中，伤寒流行。"医圣"张仲景撰成《伤寒杂病论》（后人整理为《伤寒论》与《金匮要略》两书），被后世医家奉为经典。	• 罗马军占领塞琉西亚和泰西封，与帕提亚缔约，重新恢复美索不达米亚省。
199	汉	• 刘备取徐州，势稍强，与袁绍连兵。 • 曹操遣卫觊镇抚关中，从其议，郡县买牛犁供民，不使诸将招为部曲。	• 罗马皇帝塞维鲁巡视埃及，颁新市政法，允许希腊化城市设议会和市政府。 • 199～217：泽菲利努斯此时任罗马教皇。
200		• 官渡之战。曹操大败袁绍，奠定了统一北方的基础。 • 曹操破刘备，擒关羽。关羽杀袁绍大将颜良，逃归刘备。 • 孙策遇刺死，弟孙权（字仲谋）领其众，重用周瑜、鲁肃，鲁肃（字子敬）献策割据江东。 • 周瑜（字公瑾）为吴名将，任前部大都督。他精音乐，时有"曲有误，周郎顾"之语。婆桥公幼女小乔，小乔姐大乔嫁孙策，两人合称"二乔"，杜牧《赤壁》诗："东风不与周郎便，铜雀春深锁二乔。"	• 玛雅宗教开始在中美洲形成。为多神教。 • 200～900：中美洲印第安人古典期重要遗址"塔欣城址"大约产生于此时期。共发现一百多处。有金字塔形台庙、宫殿、球场及民居等。最有名的是"神龛金字塔"，高十八米，有三百六十五个小神龛，与一年天数相合。 • 北非迦太基城约于此时再度繁荣。 • 依据历代口传律法用希伯来语撰成的犹太教律法经籍《米希那》约于此时成书，开始

公 元	（朝代）	中 国	外 国
		• 经学家郑玄（字康成，127～200）卒。他从马融习古文经。集古、今文而遍注群经，成为汉代经学的集大成者。	流传，以后成为犹太教尊崇的经典《塔木德》的一部分。
201		• 刘备投刘表，屯田新野。 • 经学家赵岐（字邠卿，约 108～201）卒。著有《孟子章句》，今存，收入《十三经注疏》。	• 罗马皇帝塞维鲁至北非，对沙漠地区游牧部落进行攻击。
202		• 据《后汉书·献帝纪》："于阗国献训象。"	
204		• 曹操攻破邺城，领冀州牧。下令"收田租亩四升，户出绢二匹，绵二斤"，为曹魏租、调制之始基。	
205	东	• 曹操辟用青州等地名士，使陈琳、阮瑀管记室。陈琳（字孔璋），有文名，为建安七子之一。原属袁绍，曾书曹操罪状，曹操爱其才，不计前嫌，收归后重用，军国书檄，多出其手，数加厚赐。 • 高诱任司空掾。他著有《孟子章句》、《孝经注》、《战国策注》、《淮南子注》、《吕氏春秋注》等。	• 不列颠喀里多尼亚人举行反罗马起义。 • 罗马塞弗拉斯凯旋门约在此前后建成。
207	汉	• 曹操出击乌桓，在白狼山（今辽宁凌源东南）大胜，降二十余万口。 • 刘备赴襄阳隆中"三顾茅庐"访诸葛亮（字孔明，号卧龙）。亮"隆中对"提出占据荆、益二州，安抚西南各族、联孙抗曹之策，为刘备"复汉业"定下基本政策。 • 女诗人蔡琰（字文姬、蔡邕女）为匈奴所虏，居匈奴十二年，曹操以金赎归，嫁董祀。《胡笳十八拍》相传为其所作。	• 波西斯小王阿尔达希尔一世约于此前后在位。定都古尔。向波斯西部扩张。
208		• 汉献帝罢三公官，复置丞相、御史大夫。以曹操为丞相。曹操倡导简约，所举之士常穿旧衣，乘柴车。曹操下"唯才是举"令。 • 孙权用鲁肃策，联刘。诸葛亮见孙权。 • 赤壁之战。孙刘联军五万对南下的曹操二十万大军，用智慧，针对曹军不习水战的特点，用火攻，大破曹军，创造了历史上著名的以弱胜强的著名战例。也从中演义出诸如"蒋干盗书"、"周瑜打黄盖"、"草船借箭"、"借东风"等一系列为人们喜闻乐见的民间故事，充分塑造了诸葛亮"智慧的化身"的文学形象而深入人心。此战奠定了"三足鼎立"的基础。"赤壁"，一说在今湖北武昌西赤矶山；一说今湖北蒲圻西北赤壁山。 • 名士司马徽（字德操，？～208）卒。他善于知人，长期居荆州，曾推荐诸葛亮、庞统于刘备。	• 罗马镇压不列颠起义，五万人死于瘟疫。 • 古罗马时期希腊哲学家普罗提诺约于是年诞生。他是新柏拉图主义的重要代表。提出"流溢说"，认为万物之源是"太一"或神秘的精神实体。从这一源泉首先"流溢"出"理性"，再从"理性""流溢"出灵魂，然后从灵魂"流溢"出物质世界。人生的目的就是通过直觉同"太一"亦即"至善"重新合而为一。其学说对中世纪中期基督教教父哲学影响很大。其著作有门徒编的《九章集》。 • 3 世纪初：随着基督教教义、礼仪和组织形式渐定型化，出现最早的教堂"宅第教堂"。在没有正式教堂之前，教会一般利用较宽敞的私宅举行宗教仪式。"宅第教堂"的初型则是在较大私宅的基础上加以扩建与装修。如在美

公元	（朝代）	中 国	外 国
		• 名士庞德公躬耕于襄阳岘山。他称诸葛亮为"卧龙"，司马徽为"水镜"，庞统为"凤雏"，被誉为知人。他拒绝刘表礼请，后隐于鹿门山，采药以终。 • 相传"神医"华佗（字元化，？～208）卒。他发明麻沸散，为世界医学史上最早的全身麻醉剂；又创作医疗体操"五禽戏"。 • 孔融（字文举，153～208）被杀。其为建安七子之一，文辞锋利简洁，今有辑本《孔北海集》。 • 史学家荀悦（字仲豫，148～约208）卒。著有《申鉴》、《汉纪》等。 • 炼丹术士魏伯阳（自号"云牙子"）用《周易》爻象论述炼丹"修仙"之法，将"大易"、"黄老"、"炉火"三家理法契合，著《参同契》三卷，成为以后道家炼丹术的主要著作之一。	索不达米亚出土的杜拉—欧罗普宅第教堂遗址，包括一长方形大房间和四个小房间，还没有洗礼间和洗礼池。重要的是墙上绘有圣经故事的壁画，有亚当、夏娃、牧人等，画法虽还不够细腻，但文物价值很高。
209	东	• 曹操遣蒋干劝降周瑜不成。孙权以妹妻刘备。	
210		• 周瑜死，鲁肃代兵。借荆州给刘备，共拒曹操。 • 刘备以庞统（字士元）为谋士，与诸葛亮同任军师中郎将。后采其议，进兵成都。	• 罗马历史学家德克西普斯约于是年诞生。著有《亚历山大大帝继承者的历史》、《公元238年以后罗马帝国与哥特人斗争史》等。
211		• 刘璋迎刘备入蜀。 • 马超（字孟起）攻曹操，败，退据凉州。	• 罗马皇帝塞维鲁在不列颠阵亡。子卡拉卡拉继立。继续军事独裁。
212	汉	• 刘备在蜀据涪，与刘璋冲突。 • 孙权作石头城，移治秣陵，改名"建业"。 • 曹操杀马腾，夷三族。 • 诗人阮瑀（字元瑜，约165～212）卒。为建安七子之一，今有辑本《阮元瑜集》。	• 罗马皇帝卡拉卡拉（绰号，本名"安东尼"）颁布"卡拉卡拉敕令"（又称"安东尼律令"），规定除降人和奴隶外，予境内所有自由居民以罗马公民权。旨在扩大统治基础与增加税收。
213		• 汉献帝封曹操"魏公"，加九锡，以冀州十郡为"魏"，置尚书、侍中、六卿。	• 哥特人攻占多瑙河下游一带，罗马派兵抵御。
214		• 刘备取成都，领益州牧。以诸葛亮为军师，诸葛亮治蜀严峻，法正谏之。 • 天水人杨阜大破马超，马超奔汉中，降刘备。韩遂奔金城羌中，为帐下所杀。	• 罗马约于此时建"卡拉卡拉大浴场"。
215		• 汉献帝立曹操之女为皇后。 • 曹操破汉中，张鲁降。 • 孙权索荆州，与刘备冲突，后和解，定以湘水为界。 • 建安时，曹丕之师阿精、袁敏善均以武术著名，善用剑、戟。其云："四方击剑之法各异，惟京师为善。"	• 埃及亚历山大城有政敌对卡拉卡拉独裁不满，该城遭罗马军洗劫。 • 罗马授予高卢人公民权。 • 撒伯里乌约于此时在罗马传教。他是基督教"神格唯一论派"的主要代表，被罗马主教开除出教，其追随者形成"撒伯里乌派"（又称"形相派"或"模态派"）。4～5世纪流行于小亚细亚一带。

公 元	（朝代）	中 国	外 国
216		●汉献帝进曹操爵为"魏王"。 ●南匈奴呼厨泉单于赴中原见汉献帝，曹操将其留居邺，遂遣右贤王去卑监其国，分其众为五部，各自立帅，汉派司马监督之。魏末，又改"帅"而称"都尉"。部众长期与当地人杂处，渐融于当地民族。	●罗马攻击帕提亚（安息），兼并亚美尼亚，灭亡奥斯罗伊那王国。
217	东	●汉献帝诏曹操设天子旌旗。曹操以曹丕为太子。 ●孙权重臣鲁肃死，吕蒙（字子明）代兵。鲁肃称他"学识英博，非复吴下阿蒙"。 ●文学家、人称"建安七子"中的王粲（字仲宣）、陈琳（字孔璋）、应瑒（字德琏）、刘桢（字公幹）于是年卒。明人分别辑有《王侍中集》、《陈记室集》、《应德琏集》、《刘公幹集》。	●罗马皇帝卡拉卡拉为禁卫军所杀，禁卫军长官马克里努斯继立。他是罗马历史上第一位骑士出身的皇帝。 ●帕提亚（安息）大败罗马军，罗马被迫缔和。 ●217～222：卡利克斯特斯此时任罗马教皇。
218		●文学家、"建安七子"之一的徐幹（字伟长，171～218）卒。后人辑有《徐伟长集》。 ●东汉时出现的《神农本草经》为我国现存较早的药物学重要文献。原书已佚，现存为辑佚本。 ●文学家繁钦（字休伯，？～218）卒。少时即以文采得名，能诗赋，《定情诗》较有名。	●罗马叙利亚军团起事，反对马克里努斯称帝，拥立卡拉卡拉表弟埃拉加巴卢斯为帝。马克里努斯败逃被杀。埃拉加巴卢斯暴虐成性。
219	汉	●刘备进军定军山，夺取汉中，自称"汉中王"。孙权遣吕蒙攻江陵，关羽败走麦城，被擒杀，孙权占荆州。三足鼎立局面形成。 ●文学家杨修（字德祖，175～219）卒。他才思敏捷。任曹操主簿时为曹植谋策太子位失败，曹操惧其有智谋，虑有后患，借故杀之。 ●陆绩（字公纪，187～219）卒。他通天文、历算，作《浑天图》，注《易》，撰《太玄经注》。 ●东汉末毕岚发明龙骨翻车（水车）。 ●东汉末年出现的文学作品《孔雀东南飞》是我国古代少见的长篇叙事诗，语言生动，形象鲜明，为汉乐府民歌中的杰出作品。	●哥特人约于此时开始进入巴尔干和小亚细亚地区。
220	魏	●汉献帝延康元年。魏文帝黄初元年。 ●正月，曹操（字孟德）在洛阳病卒。子曹丕（字子桓）嗣魏王，继任丞相。十月，曹丕废汉献帝自称帝，国号"魏"，都洛阳，是为魏文帝。追曹操为魏武帝。东汉亡。 ●蜀汉名将黄忠（字汉升，？～220）卒。他曾在定军山斩曹操大将夏侯渊。文学作品将其描绘为老当益壮的"老黄忠"形象。 ●哲学家仲长统（字公理，180～220）卒。提出"人事为本，天道为末"论点。著有《昌言》。 ●据《魏书·序纪》：拓跋鲜卑"始祖"拓跋力微于是年在位。 ●220年前中国发明风车。	●罗马历史学家迪奥·卡西乌斯约生活在此时期。他的代表作为《罗马纪》。

公 元	（朝代）	中 国	外 国
221		• 汉昭烈帝章武元年。 • 魏立"九品中正制"，对后世有重要影响。 • 魏恢复五铢钱。 • 刘备在成都称帝，国号"汉"，世称"蜀"，以诸葛亮为丞相。 • 张飞为部将所杀。 • 刘备攻孙权、孙权臣魏，受封吴王。	
222		• 吴大帝黄武元年。 • "火烧连营"。吴将陆逊大败蜀军，刘备退保白帝城。 • 十月，孙权自称"吴王"，并建元，形成三分天下之势，史家一般以此为"吴"建国之年（也有从孙权 229 年称帝算起）。 • 鄯善、龟兹、于阗遣使至魏，西域复通。	• 罗马皇帝埃拉加巴卢斯为禁卫军所杀，义子塞维鲁·亚历山大继立。帝国危机加深。 • 222～230：乌尔班于此时任罗马教皇。
223	魏 （蜀）汉 吴	• 汉后主建兴元年。 • 刘备卒。子刘禅（字公嗣，小字阿斗）即位。封诸葛亮为武乡侯。诸葛亮遣使与吴修好，孙权绝魏联蜀。 • 吴颁行刘洪所撰《乾象历》（用至吴末）。刘洪（字元卓），为东汉末天文学家，他在推算日、月食时创立定朔算法；首次测定近点月的长度；并发现白道和黄道约成六度的交角。	• 波西斯小王阿尔达希尔一世在霍尔米兹达干击败帕提亚。
225		• 魏连续攻吴。 • 诸葛亮"七擒孟获"，稳定少数民族地区，在历史上传为佳话。	• 波斯小王败杀帕提亚（安息）王阿尔达班五世后，登位称王，建波斯帝国"萨珊王朝"，或称其为"萨珊波斯帝国"及"新波斯帝国"。
226		• 魏文帝曹丕卒。子曹叡即位，是为明帝。曹真、陈群、司马懿受遗诏辅政。 • 吴交州刺史吕岱遣人出使扶南（今柬埔寨）。	• 西亚波斯阿尔达希一世"萨珊王朝"正式加冕确立。都泰西封。自称"诸王之王"。
227		• 魏明帝太和元年。 • 魏一度用谷帛代货币，民皆以湿谷、薄绢谋利乱市，用严刑亦不能禁，乃复行五铢钱。 • 诸葛亮进驻汉中，上表请伐中原。	• 波斯王阿尔达西一世曾下令重新收集、整理口头流传的有关琐罗亚斯德教的经典，要求用文字记录下来。
228		• 诸葛亮首次兵出祁山（今甘肃礼县东北）攻魏。先锋马谡"失街亭"（今甘肃庄浪东南），诸葛亮退还汉中，"挥泪斩马谡"，上疏请自贬，以右将军行丞相事。调整兵力，再攻魏。攻陈仓，不克，粮尽而退。	• 波斯新王阿尔达希一世登位后，先后征服麦尔夫、巴尔克、基发等地，迫使库善、吐兰、马克兰等国称臣纳贡，并侵入印度旁遮普等地。
229		• 吴大帝黄龙元年。 • 诸葛亮攻魏，取武都、阴平二郡。 • 孙权称帝。诸葛瑾（字子瑜。诸葛亮兄）	• 229～232：波斯与罗马开战。波斯攻击罗马控制的美索不达米亚地区。 • 波斯"萨珊王朝"创建后，琐罗亚斯德教

公　元	（朝代）			中　国	外　国
				官至大将军。 　　•魏令陈群等删约汉法,制新律。 　　•时在吴任中书令的阚泽（字德润）曾为《乾象历》作注,今佚。	重新兴盛,取得国教地位。国王兼教主,自称阿胡拉•玛兹达的祭司长、灵魂的救世主等。提高僧侣地位。
230				•魏遣司马懿攻蜀,魏蜀第四次战争。 　　•孙权遣将军卫温等过海达夷洲（今台湾）。 　　•钟繇（字元常,151～230）卒。以书法著称,尤精隶、楷,形成由隶入楷的新貌。后人与晋王羲之并称"钟王"。真迹不传,后人有临摹本。 　　•文学家吴质（字季重,177～230）卒。他以文才被曹丕相中,授以职。作品存世不多,有诗一首,书笺三首。	•230～235:庞申于此时任罗马教皇。 　　•波斯加强中央集权。分全国为十八个省,各省省长由国王任命,听国王指挥,一切军政大权全由中央掌握。这与帕提亚（安息）时期任用当地世袭诸侯,地方高度自治是不同的。
231				•诸葛亮以"木牛"运粮,出祁山攻魏,魏蜀第五次战争。	•波斯向罗马进攻,罗马进行反击。
232				•吴大帝嘉禾元年。 　　•诗人曹植（字子建,192～232）卒。他才华出众,五言诗对后世影响尤大,宋人辑有《曹子建集》。其父曹操、其兄曹丕文学史皆有成就,后人称为"三曹"。	•波斯战胜罗马,兼并亚美尼亚。仍许亚美尼亚保存王号,但需向波斯纳贡。
233	魏	蜀（汉）	吴	•魏明帝青龙元年。 　　•吴遣使航海至辽东,被公孙渊所杀。 　　•小种鲜卑大人柯比能杀鲜卑首领步度根（檀石槐孙）,继兼并各部称雄,拥十余万骑,尽收匈奴故地,占有自云中、五原以东抵辽水的大片土地。 　　•经学家虞翻（字仲翔,164～233）卒。他治《易》,将八卦与天干、五行、方位相配合推论象数。所撰《易注》已佚。后人有辑本。	•波斯对罗马东部边界进攻受挫,阿尔达西一世率军回攻贵霜、锡斯坦以及花拉子模、喀布尔、索格狄亚那、巴克特里亚、坦叉始罗等地。
234				•诸葛亮由斜谷攻魏,至郿,屯五丈原（今陕西眉县西南）,与魏军相持。是役是与魏的六次战争。大战未开,诸葛亮病死军中。杨仪、魏延引军归,两人不合,互言对方叛,魏延兵散被杀。蜀以吴懿督汉中,蒋琬为尚书令,总统国事。	•古罗马时期出生于希腊的哲学家波菲利约于是年诞生。他是新柏拉图主义者。著有亚里士多德《范畴篇》的《导论》,对欧洲中世纪形式逻辑的研究影响很大。
235				•魏博士马钧作司南车（指南车）,又改进丝绫机和诸葛亮所造连弩。 　　•蜀以蒋琬为大将军,费祎为尚书令。 　　•魏明帝大兴土木,连续作许昌宫、洛阳宫、总章观、崇华殿等,群臣多谏。	•罗马皇帝塞维鲁•亚历山大为部下所杀,"塞维鲁王朝"结束。策动士兵哗变的马克西密努斯继立。罗马政局混乱。 　　•235～236:安特勒斯于此时任罗马教皇。
236				•肃慎使者至魏,献楛矢。 　　•吴铸大钱,一当五百。 　　•张昭（字子布,156～236）卒。著有《春秋左传解》《论语注》,今佚。	•236～250:费比恩于此时任罗马教皇。

公元	（朝代）			中　国	外　国
237				• 魏明帝景初元年。 • 是年改元并改历，称为"景初历"。以建丑月（即夏历十二月）为正月。用三年，复寅正。 • 辽东太守公孙渊起兵反魏，自立为"燕王"，改元"绍汉"。翌年，被击斩。	
238				• 汉后主延熙元年。吴大帝赤乌元年。 • 吴铸当千大钱。 • 魏明帝病重，召司马懿入朝。 • 倭女王遣使至魏，魏封"亲魏倭王"。 • 魏监冶谒者韩暨在任时大力提倡水排（水力鼓风炉）。	• 罗马皇帝马克西密努斯为哗变士兵所杀，元老院在一年中先后立了四个皇帝皆被杀。老戈尔迪安的外孙、年仅十三岁的戈尔狄亚努斯三世被拥立为皇帝。 • 238～240：北非爆发萨比尼亚努斯领导的民众起义。
239				• 魏明帝卒，太子齐王曹芳即位。加曹爽、司马懿高禄，掌文武大权。	
240				• 魏齐王正始元年。 • 何晏（字平叔）、王弼（字辅嗣）提倡玄学，开清谈之风，世称"正始之音"。	• 波斯王阿尔达西一世卒。其子沙普尔一世继任在位（240～271）。
241	魏	蜀（汉）	吴	• 魏司马懿淮南屯田，开渠三百余里，溉田两万顷。 • 刊刻"三体石经"（用古文、小篆、汉隶三种字体刻《尚书》、《春秋》、《左传》，又称"正始石经"、"魏石经"。宋代以来常有残石出土，至今共存两千余字）。 • 管宁（字幼安，158～241）卒。隐居辽东三十年，征官不就。著有《氏姓论》，今佚。	• 波斯攻击叙利亚地区，陷安条克。 • 卡尔皮人约于此时袭击罗马默西亚地区多瑙河沿线。
242				• 吴攻儋耳、珠崖。	• 首次见载法兰克人进入高卢。
244				• 魏攻蜀，未获利。 • 道士葛玄（字孝先，164～244）卒。他在江西阁皂山修道，道教称他为"葛仙翁"。	• 罗马皇帝戈尔狄亚努斯三世为近卫军长官菲力浦所杀，菲力浦被士兵拥立为帝。
245				• 吴开通航路，从建业直通吴（今苏州）、会（今绍兴）。 • 文学家缪袭（字熙伯，186～245）卒。作品有《魏鼓吹曲》十二首。原有集，已佚。	• 埃及亚历山大城数学家丢番图约于是年诞生。他首次将符号引入代数，以研究代数著称，著有《算术》等。
246				• 吴废除大钱。	
247				• 魏司马懿与曹爽不睦，称病不朝。 • 西域僧人康僧会到建业弘法。孙权为建塔寺，号建初寺。江南有佛寺始此。 • 哲学家刘劭（字孔才）专事执经讲学。受诏搜集五经群书，分门别类作成《皇览》一书。认为人"禀阳阴以立性，体五行而著形"，开启了魏晋大夫品鉴人物的清谈风气。著有《律略论》、	• 3世纪："阿克苏姆国"约于本世纪越红海，征服南阿拉伯地区也门一带。 • 3世纪：波斯人摩尼创立"摩尼教"。摩尼死后，其教义迅速传至北非、南欧与亚洲一些国家。 • 3世纪：哥特人以德涅斯特河为界，分为东哥特与西哥特两支。

公　元	(朝代)			中　国	外　国
				《人物志》、《法论》等。 ●经学家、训诂学家孙炎(字叔然)时称"东州大儒"。撰有《周易春秋例》,并为《毛诗》、《礼记》等作注。另撰《尔雅音义》,用"反切"注音,"反切"注音自此兴。 ●数学家赵爽(字君卿)曾注《周髀算经》,对于勾股定理、有关勾股弦的各种关系式和二次方程解法都有几何证明。	●3世纪以后:由于政区与文化的差异,罗马帝国事实上一直分为东、西两部分。基督教也逐渐形成东、西两大派。西派以罗马为中心,传播于高卢、意大利北非迦太基一带及以西地区,通行拉丁语,又称拉丁教会。东派散布在马其顿、希腊半岛至埃及及以东地区,通行希腊语,又称希腊教会。
249				●魏齐王嘉平元年。 ●魏太傅司马懿发动"高平陵政变",杀执政曹爽等,司马氏专魏政。 ●玄学家何晏(字平叔,? ~ 249)、王弼(字辅嗣,226 ~ 249)卒。前者有《道德论》、《无为论》等;后者有《周易注》、《老子注》等。	●罗马皇帝菲力浦为麦西亚总督戴基乌斯所杀,戴基乌斯被士兵拥立为帝。统治期间,北方蛮族入侵严重。
250				●吴作堂邑(今江苏六合)涂塘,以水淹北道,阻魏兵南下。 ●蜀将姜维率兵攻魏西平(今青海省西宁),不克。	●罗马皇帝颁敕令,迫害基督教徒。 ●250 ~ 900:中美洲玛雅文明约于此时进入古典期。各地出现较大规模城市和居民点。
251	魏	蜀(汉)	吴	●吴大帝太元元年。 ●魏司马懿(字仲达)卒,其子司马师(字子元)继专魏国政。	●罗马皇帝戴基乌斯在抗击蛮族的战争中身亡,其副将伽鲁斯被军队拥立为帝。 ●251 ~ 253:利尔尼利乌斯任罗马教皇。
252				●吴大帝神凤元年。吴会稽王建兴元年。 ●印度僧人康僧铠到洛阳弘法。 ●吴大帝孙权卒,太子孙亮即位。 ●文学家应璩(字休琏,190 ~ 252)卒。他博学工文,善为书奏。今存其《百一诗》等数篇。后人辑有《应休琏集》。	●罗马与哥特签订和约,暂时保住了边境。允纳年贡。 ●罗马数学家迪奥芬图斯约于此时撰成代数学教科书。
253				●孙峻杀诸葛恪,任丞相,专吴政。 ●魏降人郭循刺杀蜀大将军费祎。费祎为诸葛亮所重,继蒋琬而执蜀政。 ●蜀将姜维率兵攻魏,围狄道(今甘肃临洮),粮尽退兵。	●罗马皇帝伽鲁斯为部下所杀,日耳曼省将领瓦勒良被立为帝。即位后,任命其子伽里恩努斯共治,分别应付帝国东、西部边境的紧张局势。 ●253 ~ 254:柳希乌斯一世任罗马教皇。
254				●魏高贵乡公正元元年。吴会稽王五凤元年。 ●九月,司马师废曹芳。十月,郭太后主立曹髦为魏帝。 ●蜀将姜维攻魏,自狄道进拔河关、临洮。 ●夏侯玄(字太初,209 ~ 254)卒。他是早期玄学的领袖。有《夏侯玄集》,今佚。	●早期基督教护教家奥利金被迫害致死。 ●254 ~ 257:斯蒂芬一世任罗马教皇。
255				●司马师卒,子司马昭继专魏国政。他日谋代魏,魏帝曹髦曾说:"司马昭之心,路人所知也。"	●法拉克辛在北非领导反罗马的民众起义。 ●波斯军开始进入亚美尼亚、叙利亚一带。

公　元	（朝代）		中　国	外　国
			• 哲学家傅嘏（字兰石，209～255）卒。他品鉴人物以"实才"为主，主张"才性同"，认为本性无体，是才能的外部表现，与何晏等将才性割裂的看法相对立。	
256			• 魏齐王甘露元年。吴会稽王太平元年。 • 经学家王肃（字子雍，195～256）卒。他曾遍注群经，称"王学"，现存辑本。还曾伪造《孔子家语》。	• 法兰克人渡过莱茵河向罗马进攻。 • 阿拉曼尼人攻入意大利。 • 哥特人侵犯罗马边境。
258			• 汉后主景耀元年。吴景帝永安元年。 • 宦官黄皓始专蜀政，抑制大将军姜维。 • 九月，大将军孙綝废孙亮，立孙休，是为吴景帝。为丞相主政。	• 罗马驻高卢军团反叛，另立新帝，宣布脱离罗马独立。
260			• 魏元帝景元元年。 • 五月，曹髦被刺死。六月，魏元帝曹奂即位。司马昭主政。 • 魏颍川人朱士行出家为僧，同年赴于阗求经，为内地最早赴西域求法僧人。	• 波斯俘罗马帝国皇帝瓦勒良，以其为奴隶，是为皇帝成为奴隶的第一人，据说被当作马蹬，后死于异国。其子伽里恩努斯为罗马唯一执政者。内忧外患进一步加剧，全国出现"三十僭主"，处于分裂局面。
261			• 吴薛珝使蜀，言蜀政败坏。 • 鲜卑大人拓跋力微遣子朝魏。	• 时哥特人进入多瑙河下游；法兰克和撒克逊人在莱茵河流域。
263	魏	吴	• 汉后主炎兴元年。 • 魏以司马昭为相国，封晋公，加九锡。 • 魏攻蜀，军抵成都，后主降，蜀亡。 • 诸葛亮子诸葛瞻（字思远）在与魏战中身亡。 • 文学家、思想家阮籍（字嗣宗，210～263）、嵇康（字叔夜，224～263）卒。皆为"竹林七贤"。倡玄学，在玄学发展上很有地位。前者有《阮步兵集》；后者有《嵇中散集》。后者还是音乐家，以弹《广陵散》著称，并作《琴赋》。 • 同为"竹林七贤"的阮咸（字仲容）为阮籍之侄，时与阮籍并称"大小阮"。他旷放不拘礼法。 • 刘徽注《九章算术》成书。多有创见，尤以割圆术来计算圆周率，含极限概念。他又撰《重差》（即《海岛算经》），解决测量远物（如海岛）的高、深、广以及距离问题。	• 西西里爆发反罗马起义。 • 在罗马的支持下，巴尔米拉脱离波斯控制独立，建立王国。并将波斯人逐出美索不达米亚、奥斯罗伊那等地区。 • 波斯王沙普尔一世晚年大兴土木，修建波斯波利城，宫殿宏伟，集中体现了波斯文化艺术的新发展。
264			• 魏元帝咸熙元年。吴末帝元兴元年。 • 魏进司马昭为晋王。封刘禅为安乐公。 • 七月，吴景帝孙休卒。末帝孙皓继立。 • 邓艾（字士载，197～264）卒。他著《济河论》，建议屯田两淮，广开漕渠。 • 钟会（字士季，225～264）卒。他长于名家之学，著有《道论》，今佚。	• 哥特人越达达尼尔海峡，攻击小亚细亚沿岸地区。 • 著名的阿耳特忒弥神庙约于此时遭哥特人毁坏。

（左侧竖排）蜀（汉）

公　元	（朝代）	中　国	外　国
265	西 吴 晋	●晋武帝泰始元年。吴末帝甘露元年。 ●八月，司马昭卒，子司马炎嗣相国、晋王。十二月，逼魏帝让位，废魏元帝为陈留王，亡魏建晋，是为晋武帝。追封司马懿为晋宣帝，司马师晋景帝，司马昭晋文帝，大封宗室为王。 ●吴迁都武昌。 ●敦煌法护（昙摩罗刹）到长安。以后又至洛阳，先后译经一百多部。 ●"竹林七贤"之一刘伶（字伯伦）在泰始初对朝廷策问，主张无为而治。他作"酒德颂"，蔑视"礼法"。 ●1996 年，在湖南长沙发现大批吴国简牍，有十万枚，一百万字左右，其数量超过 20 世纪全国出土简牍的总合，堪称一大发现。主要是地方文书档案，十分珍贵。	●昆怯庚钦人占据努米底亚，向罗马阿非利加省发动攻击。 ●波斯沙普尔一世胜利岩雕约于此前后完成。图中波斯王高骑骏马，罗马皇帝跪在马前，身后是所俘的罗马士兵，有数十人。构图高大雄伟，为波斯时期著名的艺术品。
266		●吴末帝宝鼎元年。 ●哲学家杨泉（字德渊）生活在魏晋之际。他认为"立天地者，水也，成天地者，气也"。并反对当时盛行的清谈风气。著有《物理论》十六卷，佚，后人有辑本。	●266 ~ 273：巴尔米拉王瓦巴拉特在位，由母后吉诺比娅辅政，称女王。其势渐强。
267		●晋禁星气、谶纬之学。	●赫鲁利人攻占罗马帝国拜占庭城。
268		●扶南、林邑遣使至晋。 ●王祥（字休徵，184 ~ 268）卒。他事后母孝，旧时民间流传有王祥卧冰求鲤的故事。	●罗马皇帝伽里恩努斯为叛军所杀，骑兵长官克劳狄二世继立。
269		●吴末帝建衡元年。 ●晋申诫诸郡国，务尽地利，禁游商。 ●晋羊祜都督荆州，垦田八百余顷。	●民众反抗罗马统治者规模最大、持续较久的高卢巴高达运动于是年始。起义者占领奥古斯托敦城。运动坚持三年多，被镇压。
270		●蜀国名士、史学家谯周（字允南，201 ~ 270）卒。著作今存《古史考》辑本。 ●据《晋书·武帝纪》：当年诏曰："自泰始以来，大事皆撰录，祕书写副。后有其事，辄宜缀集以为常。"	●罗马皇帝克劳狄二世卒。骑兵长官奥勒良努斯继立。 ●270 ~ 273：泰特里克斯于此时任高卢皇帝。
271		●地理学家裴秀（字季彦，224 ~ 271）卒。绘有《禹贡地域图》、《地形方丈图》等。他提出"制图六体"：分率、准望、道里、高下、方邪、迂直，即比例、方位、距离等原则，为后人遵循，在世界地图史上有重要地位。 ●孟宗（字恭武，？ ~ 271）卒。他事母至孝，民间流传孟宗哭竹生笋的故事。	●罗马东征，破哥特人于多瑙河畔。 ●罗马修筑长城防犯蛮族入侵。 ●271 ~ 273：波斯王沙普尔一世卒。子霍尔米斯达斯一世继立。在位期间，允许摩尼教传布。
272		●吴末帝凤凰元年。 ●时江南已流行饮茶习俗。	●罗马军攻入巴尔米拉都城，擒其女王吉诺比娅，灭亡"巴尔米拉王国"，并将巴尔米拉城

公元	（朝代）	中　国	外　国
		● 哲学家、文学家向秀（字子期，约 227～272）卒。为"竹林七贤"之一。倡玄学，曾为《庄子》作注，未完而卒。	夷为平地。
273		● 史学家韦昭（字弘嗣，204～273）卒。著有《吴书》，又注《国语》。 ● 文学家成公绥（字子安，231～273）卒。好音律，所作辞赋为时人所推崇。现有辑本《成公子安集》。	● 罗马城内爆发造币厂工人起义，得市民响应，后被镇压。 ● 273～276：波斯王霍尔米斯达斯一世卒。巴赫拉姆一世继立。在位时独尊琐罗亚新德教，迫害摩尼、基督教徒。
274		● 杜预造成富平津黄河桥。 ● 晋分幽州五郡置平州。	● "不可征服的太阳"被宣布为罗马帝国的神。
275		● 晋武帝咸宁元年。吴末帝天册元年。 ● 是年，晋置太子詹事官。 ● 年底，遭疫灾，洛阳死者大半。	● 罗马皇帝奥勒良努斯为部下所杀，元老院拥立塔西佗为帝。军队拒不承认。 ● 275～283：尤蒂基恩任罗马教皇。
276	西	● 吴末帝天玺元年。 ● 晋始设"国子学"，与"太学"并立，为当时最高学府。 ● 年初，晋以疾疫废朝。	● 罗马皇帝塔西佗为起义士兵所杀，普洛布斯为东方驻军拥立为帝。 ● 276～291：波斯王巴赫拉姆一世卒。巴赫拉姆二世继立在位。
277	吴	● 吴末帝天纪元年。 ● 晋改封宗室诸王，令赴封地，大国置军五千，次国三千，小国千余。	● 相传波斯"摩尼教"创始者摩尼被钉在十字架上处死。众信徒逃往中亚、北非等地，将摩尼教传到中亚与中国。
278		● 哲学家傅玄（字休奕，217～278）卒。今存《傅子》辑本。他抨击清谈之风。 ● 官僚何曾（字颖考，199～278）卒。他生活奢侈，日食万钱，尚云无下箸处。其子何劭更甚，日食至两万钱。	● 罗马历史学家尤西比乌斯约生活于此时期。著有《君士坦丁传》、《传会史》等。
280	晋	● 晋武帝太康元年。 ● 晋灭吴，统一全国，三国时期结束。 ● 晋平吴后颁占田、课田令和户调制。 ● 是年，以司隶所统郡置司州，共有十九州，一百七十三郡国，二百四十五万多户，一千六百一十六万多人。 ● 高僧康僧会（？～280）卒。他是康居人。通天文、图谶之学，译有《六度集》、《旧杂譬喻》等经，又注《安般守意》、《法镜》等经。	● 埃及基督教隐士安东尼约生活于此时期。他是东派传会隐修制度的创始人。相传著有《致君丁坦丁大帝书》等。
281		● 汲郡（今河南汲县一带）战国墓中《竹书纪年》等竹简出土。据《晋书》所记"得竹简小篆古书十余万言"。这是古代文献学史上的一件大事。此书叙夏、商、西周、春秋时晋国和战国时魏国史事，因有关此时期的原始记载太少，又因其所记异于传统记载，可校《史记》所记战国年代之误，故其史料价值很高。	● 罗马皇帝普洛布斯为士兵所杀，潘诺尼亚军团拥立禁卫军长官卡路斯继任。这是罗马历史上第一个未经元老院批准的皇帝。 ● 281～286：罗马高卢地区巴高达运动再起，士兵纷纷参加，运动有自己的军队。

公 元	（朝代）	中 国	外 国
282		• 史学家、医学家皇甫谧（字士安，215～282）卒。著有《帝王世纪》及《针灸甲乙经》，后者是我国最早的针灸专著。 • 《脉经》一书约成于此时。作者王叔和为魏晋间人。本书汇总扁鹊、华佗、张仲景等古代名家的脉诊论说，详辨二十四种脉象，及各类声色诊断方法，为重要的脉学专著。 • 贾充（字公闾，217～282）卒。他曾主持修订《晋律》。	• 282～284：罗马皇帝卡路斯偕其子努梅里安东征波斯，夺取美索不达米亚，攻陷其都城泰西封。后因卡路斯卒而战事停止。
283	西	• 女经学家宣文君（姓宋，名不详）诞生。她家传周官学，苻坚曾令一百多人从其受业，其学方得沿袭。 • "竹林七贤"之一山涛（字巨源，205～283）卒。他好老庄学说。任时，选官多品评，时称"山公启事"，原有集，佚，今有辑本。 • 据《晋书·武帝纪》：是年"八月，西域鄯善国遣子入侍，假其归义侯"。	• 罗马巴高达运动更大发展。建立步兵和骑兵，并推举埃里安和阿芒德为皇帝，还自铸钱币。 • 283～296：凯耶斯任罗马教皇。
284		• 史学家杜预（字元凯，222～284）卒。所著《春秋左氏经传集解》是《左传》注解流传至今最早的一种。 • 尚书左仆射刘毅（字仲雄，?～约284）卒。他曾上疏请废九品中正制，未被采纳。疏中有"上品无寒门，下品无势族"之语。 • 晋廷初置黄沙狱。	• 卡路斯去世，经过斗争，戴克里先就任罗马帝国皇帝。他改"蒲林斯制"（元首政治）为"多米那特制"（君主制），加强统治权力，自认为权力神赋，对臣民可生杀予夺，并仿东方朝仪形式。这是罗马帝国后期的主要统治形式。史家依此为标志，将罗马帝国分为前后两个时期。
286	晋	• 作为"算经十书"之一的《孙子算经》约于这一时期成书。内容包括算筹记数制度、筹算乘除法则、筹算分数法、开平方法和一次同余式问题等。	• 戴克里先任命马克西米安为另一皇帝，驻米兰，治理罗马帝国西部。 • 罗马统治者镇压"巴高达运动"。运动一度中衰。
287		• 匈奴万余口南下投晋。 • 李密（字令伯，224～约287）卒。著有著名的《陈情表》。	• 罗马舰队司令卡劳修斯逃至不列颠，自立为帝。
289		• 晋以刘渊为匈奴北部都尉。 • 律学家荀勖（字公曾，?～289）卒。他考定律吕。用"管口校正"法制十二笛。	• 289～297：罗马阿非利加省爆发民众起义。
290		• 晋武帝太熙元年。晋惠帝永熙元年。 • 晋武帝卒，惠帝即位，性痴呆，曾云：百姓饿死，何不食肉糜？时由杨骏辅政。 • 晋初豪门士族抬头，他们以奢侈炫耀。王恺、石崇斗富，石崇以蜡代薪，作锦步障五十里，王恺以帝赐三尺珊瑚示众，石崇顺手击碎，示高四五尺者多株。 • 晋臣刘颂请划一刑法，法律统一，各级官吏要严照法律办事，不得随意。	• 意大利维罗纳圆形竞技场始建。 • 埃及基督教修士圣帕科米乌斯约于是年诞生。他开创"修道院"制度，创立基督教集体隐修制。著有《隐修规则》。

公 元	（朝代）	中　国	外　国
291		●晋惠帝永平元年。三月，改元元康。 ●贾后杀杨骏及其母杨太后，专朝政。 ●父子书法家卫瓘（字伯玉，220～291）及子卫恒（字巨山，?～291）同被杀。其父以明识清允著称。与同时代的索靖俱善草书，人号"一台二妙"。其子作《四体书势》。 ●文学家夏侯湛（字孝若，243～291）卒。他与潘岳共称为"连璧"。他善以草木风物作小赋，后人辑有《夏侯常侍集》。 ●"八王之乱"起，延续十六年。	●291～302：波斯王巴赫拉姆二世卒。亚美尼亚总督纳尔萨继立在位。
292		●和峤（字长舆，?～292）卒。他家富性吝，有"钱癖"之称。	●埃及基督教神学家圣亚大纳西约于是年诞生。著有《驳异教徒》、《阿里乌派史》等。
293	西	●史学家华峤（字叔骏，?～293）卒。著有《汉后书》九十七卷，今存辑本。 ●文学家孙楚（字子荆，约218～293）卒。他善诗赋，后人辑有《孙冯翊集》。	●293：罗马皇帝戴克里先开始实行"四帝共治"。东西两正帝称"奥古斯都"（自为其一），另立两副帝（称"恺撒"）分别辅佐东、西"奥古斯都"。
294		●鲜卑慕容廆迁居大棘城（今辽宁义县西北）。 ●匈奴人都散起兵，揭开少数民族反晋序幕。 ●傅咸（字长虞，239～294）卒。针对当时士族豪门的奢侈之风，他提出"奢侈之费，甚于天灾"。多次上疏，主张裁并官府。有集，佚。后人辑有《傅中丞集》。	●罗马约于此时编成《格雷戈里安努斯法典》。 ●不列颠僭帝卡劳修斯为部将所杀。 ●阿齐里阿斯在埃及起兵，宣布脱离罗马独立。
296	晋	●氐族首领杨茂搜据武都、阴平二郡自立，拥四千余落，史称"前仇池"。 ●秦雍氐、羌民起兵，拥齐万年称帝。	●波斯趁罗马内乱兴兵攻罗马，初获战果，在今哈兰大败罗马军。 ●296～304：马尔塞林努斯任罗马教皇。
297		●史学家陈寿（字承祚，233～297）卒。名著《三国志》，以三国并列，亦属根据具体情况对纪传体例的改进。另著有《古国志》、《益都耆旧传》，编有《蜀相诸葛亮集》等。 ●周处（字子隐，?～297）卒。相传少时蛮横，乡里将其与蛟、虎合称"三害"，后悔过，斩蛟射虎，为"除三害"故事。	●罗马收复不列颠与重新征服埃及。 ●皮克特人攻罗马"哈德良长城"。"皮克特人"一名首见记载。 ●罗马大败波斯，订立《尼西比斯和约》。罗马恢复美索不达米亚和亚美尼亚，占领伊伯利亚，重新确立两国以底格里斯河为界（以前是以幼发拉底河为界）。
299		●时贪污贿赂成风，鲁褒作《钱神论》讥之。	●罗马夺取美索不达米亚时巴比伦城已是废墟。
300		●晋惠帝永康元年。 ●晋宫廷内斗，贾后被杀。 ●文学家张华（字茂光，232～300）、潘岳（字安仁，247～300）卒。前者以博学著名，著有《博物志》，后人辑有《张司空集》。后者才名冠世，为文辞藻绝丽，今存《潘黄门集》辑本。	●300年左右：索宁克人在非洲西部建加纳王国。首都加纳城。盛时，版图包括尼日尔河上游和塞内加尔河流域。盛产黄金，与北非有贸易往来。 ●300～900：中美洲"玛雅文化"趋向高峰。创新文字，建立精确太阳历等等。其中有

公 元	（朝代）	中　国	外　国
	西	● 哲学家欧阳建（字坚石，?～300）、裴頠（字逸民，267～300）卒。前者认为"诚于理得于心，非言不畅，物定于彼，非名不辩"，反对当时玄学家"言不尽意"论点，著有《言尽意论》。后者反对"贵无说"，认为"无不能生有"，而"有"是万物存在和变化的基础，著有《崇有论》。 ● 石崇爱妾绿珠（?～300）卒。石崇被害，她坠楼自杀，见乐史《绿珠传》。 ● 益州刺史赵廞与略阳流人李庠据成都反，建号"太平"。仅月余，为巴氏李特所攻杀。	代表性的为"科潘遗址"和"帕伦克遗址"。前者为一学术中心，其建筑多与天文、历法等学术活动有关，有一座台庙，在阶梯内刻有两千五百个文字符号，是现存最长的铭刻，称为"象形文字阶梯"。后者主要建筑是一座大宫和五座神庙，神殿内有精美浮雕，极为华丽，还有象形文字碑铭，被称为"玛雅建筑明珠"。
301		● 晋赵王建始元年。晋惠帝永宁元年。 ● 晋廷"八王之乱"发展为大混战。 ● 文学家左芬（字兰芝）、束皙（字广微）卒。前者是左思之妹，为晋武帝的妃嫔。好学善文。今存诗赋二十余篇，原有集，已佚。后者尤工《诗经》，作《补亡诗》，并精古文字，曾读解《汲冢竹书》。后人辑有《束广微集》。 ● 流民起义。賨人巴氏李特集七千余人攻成都，拥众两万，建政改元。	● 罗马皇帝戴克里先颁行"限价敕令"，规定最高价格，抑制通货膨胀，违者处死。 ● "圣马力诺共和国"成立，是为欧洲最古老的共和国。 ● 启蒙者圣格列高里将基督教引入亚美尼亚。亚美尼亚王提里塔特三世皈依基督教，并定其为国教，成为第一个将基督教定为国教的王国。
302		● 晋惠帝太安元年。 ● 据长沙出土的陶俑，知当时已有雏形的马镫。	● 302～309：波斯王纳尔萨卒。子霍尔米达斯二世继立在位。
303	晋	● 兄弟文学家陆机（字士衡，261～303）、陆云（字士龙，262～303）被杀。时称"二陆"，存辑本。 ● 书法家索清（字幼安，239～303）卒。擅章草，时评其书"妙有余姿"，著有《草书状》。 ● 义阳蛮张昌举兵反，立刘尼为天子，自为丞相，称"汉"，建元"神凤"。未及三月，被攻杀。	● 罗马皇帝戴克里先迫害基督教。没收教会财产，禁止教徒举行宗教仪式，焚烧教会文件，处死大批虔诚的基督教徒。这是基督教史上遭受规模最大的一次迫害。 ● 戴克里先首次到罗马督察。
304		● 晋惠帝永安元年。建武元年。永兴元年。 ● 匈奴刘渊建政，国号"汉"。史家一般以此为标志，作为"五胡十六国时期"的开始。因"胡"含贬义，近代史家多不取，称"十六国时期"。 ● 此时晋廷混乱不堪，互相残杀。魏晋以来府藏积蓄被兵士抢空。	● 304～307：因罗马皇帝迫害基督教，此时罗马教皇空位。
305		● 文学家左思（字太冲，约250～约305）卒。史载其构思十年写成《三都赋》，"豪贵之家，竞相传写，洛阳为之纸贵"。另《咏史》八首亦很著名。今存《左太冲集》辑本。 ● "竹林七贤"之一王戎（字濬冲，234～305）卒。他好清谈，性不拘而贪财，受时人责讽。	● 罗马帝国皇帝戴克里先抱病不起，自动放弃政权。马克西米安同时退位。加列里阿斯与君士坦丁都继为"奥古斯都"，塞维拉斯与达扎继为"恺撒"。 ● 斯普利特（今克罗地亚境内）戴克里先宫约于此时建成。
306		● 晋惠帝光熙元年。 ● 东海王司马越毒杀晋惠帝，怀帝司马炽即位。"八王之乱"结束。	● 罗马争夺皇位斗争激烈，展开内战。君士坦都在同苏格兰战中陈亡，军队宣布其子君士坦丁一世为皇帝。同时，马克西米安之子马

公元	（朝代）	中　　国	外　　国
		• 青州东莱掖县令刘柏根起兵，自称"掖公"，拥众数万，坚持两年余，被击杀。 • 在成都称王的賨族巴氏李雄于是年六月称帝，改元"晏平"，建国号"大成"。 • 史学家司马彪（字绍统，？～约306）卒。所著《续汉书》八十卷（现存三十卷）配合范晔《后汉书》刊行。另有《庄子注》、《九州春秋》。	克森提乌斯在罗马也被宣布为皇帝。
307		• 晋怀帝永嘉元年。 • 慕容廆自称"鲜卑大单于"，标志慕容鲜卑建政之始。	• 为争帝位，米兰驻军进攻罗马，未果，降散。 • 307～310：马尔塞鲁斯一世任罗马教皇。
310		• 西域僧人佛图澄到洛阳。其方术在后赵石勒、石虎父子当政时受到信任，使当时佛教大盛，建寺八百多所，天竺、康居僧人多来求学。他的著名弟子有道安、法雅、法汰、法和等。	• 尤西比乌斯为罗马教皇。 • 加利里阿斯承认君士坦丁一世为"奥古斯都"。 • 君士坦丁一世杀马克西米安。
311	西 晋	• 汉军攻入洛阳，俘晋怀帝。大批中原士族躲避战火南迁。 • 文学家潘尼（字正叔，约250～约311）、挚虞（字仲洽，？～311）卒。前者与叔父潘岳合称"两潘"，有《潘太常集》。后者撰有《三辅决录注》、《文章流别集》等，后人撰有《晋挚太常集》。 • 王衍（字夷甫，256～311）卒。他喜谈黄老，义理常变，时称"口中雌黄"。	• 311～314：米尔提亚德斯时为罗马教皇。 • 罗马皇帝加利里阿斯取消反基督教的敕令。 • 是年5月，加利里阿斯卒。 • 罗马帝国于本世纪初将阿非利加省分为的黎波里塔尼亚、拜扎塞纳和阿非利加等省。
312		• 道教创始人张道陵四世孙张盛于永嘉年间移居龙虎山（今江西贵溪）。自此其子孙世居此山，号为"张天师"。 • 被称为玄学与清谈大师的郭象（字子玄，？～312）卒。有大作《庄子注》。 • 哲学家鲁胜（字叔时，？～约312）卒。他认为"政化之准绳"是"别同异，明是非"。所著《墨辩》，已佚，现存仅其叙。	• 北非基督教发生分裂，形成"多纳图斯教派"。其教会曾有三百名主教，同罗马教会分庭抗礼，多次被罗马教会惩罚，并遭罗马帝国武力镇压，但直到7世纪阿拉伯人进入北非后才告消失。 • "奥古斯都"君士坦丁一世进军意大利，在罗马城外败杀争帝对手马克森提乌斯，立其子君士坦丁二世为"恺撒"。
313		• 晋愍帝建兴元年。 • 司马邺闻怀帝司马炽被害，即位，是为晋愍帝。 • 避晋愍帝讳，改建业为"建康"。 • 晋名将祖逖请兵北伐，率军渡江。 • 刘曜攻长安，入外城，旋败。 • 流人杨武攻陷梁州，大掠。寻奔李雄。	• 罗马帝位经激烈争夺，李锡尼与君士坦丁一世分别控制东、西两部分。 • 君士坦丁一世与李锡尼共同在意大利米兰城颁布"米兰敕令"，承认基督教的合法地位。是为罗马帝国由迫害基督教改为利用基督教的标志。此后，基督教很快成为罗马的第一大教。
314		• 鲜卑段匹磾居蓟。 • 大成国李雄在蜀兴学校，置史官，轻徭薄赋。	• 314～335：西尔维斯特时任罗马教皇。
315		• 拓跋猗卢统一诸部，称"代王"，标志"代"政权之始。	• 罗马"君士坦丁凯旋门"建成。

公元	（朝代）	中　　国	外　　国
316	西 晋	•汉大司马刘曜围攻长安,晋愍帝出降,西晋亡。 •汉昭武帝刘聪宠信宦官王沈等,常不朝,在后宫百日不出。 •中山敕勒(丁零)首领翟鼠起兵反石勒自立。	•罗马教皇西尔维斯特创办圣歌学院。 •罗马逊帝戴克里先约于此时卒。
317		•晋元帝建武元年。 •司马睿在建康称晋王,改元。史称"东晋"。 •西晋亡,东晋立,改元"建武",凉州刺史张寔据凉州,坚持不改元。学者以此为"前凉"政权之始("前凉"之始有 310 年、314 年以及 320 年等多种说法)。	•罗马东、西两帝为领地、权力斗争激烈,不断战争。
318	东 晋	•晋元帝太兴元年。 •晋愍帝凶讯至建康,司马睿即帝位,是为晋元帝。时王导录尚书事,王敦统六州,谚曰:"王与马,共天下。" •汉隐帝刘粲卒,刘曜即位。 •段末柸称"单于"自立。史家以此作段鲜卑建政之始。 •将军诗人刘琨(字越石,271～318)卒。诗《扶风歌》慷慨激昂。有《刘越石集》。 •经学家服虔(字子慎)曾任九江太守。他主古文经学,以《左传》驳难今文学家。撰有《春秋左氏传解谊》,在南北朝时北方地区盛极一时。后人辑有《左传贾(逵)服(虔)注辑述》。	•罗马教皇谴责"多纳图斯教派"。 •罗马基督教教父作家拉克坦提乌斯约生活在此时期。著有《被迫害者之死》、《神圣教规》等,以文笔纯真受基督教徒称赞。
319		•南阳王司马保自称晋王自立,改元。翌年被杀。 •刘曜迁都长安,改国号曰"赵",史称"前赵"。前赵奉冒顿单于为祖。 •羯族石勒称王,建"后赵"。后赵称"胡"为国人,使支雄、王阳主胡人词讼;令胡人不得凌辱华族。并遣使到各州县劝课农桑。	•319～360:阿克苏姆国王埃扎纳约于此时在位。其国势渐强。
320		•巴族首领句渠知起兵,称"大秦"。逾月,被击溃。	•拉特兰宫圣约翰教堂建成,是为罗马城最早的教堂。
321		•晋颁"占客令"。规定一二品官可占佃户四十户,每低一品减五户。佃客不立户籍,只向主人交租,不负担国家课役。	•小亚细亚基督教传教士乌尔斐拉约生活在此时期。他在哥特人中传布基督教阿里乌斯派学说。
322		•晋元帝永昌元年。 •十一月,晋元帝卒。明帝司马绍继立。 •前仇池为前赵所攻,向后赵称藩。	•为争帝位,罗马东、西两帝君士坦丁一世与李锡尼开战。
323		•晋明帝太宁元年。 •前赵迁奉州大姓杨、姜等族二千余家至长安。	•北非神学家阿里乌创早期基督教"阿里乌派"。4 世纪后在哥特人和汪达尔人中广泛传播。6～7 世纪逐渐消失。

附
录
2

公元	(朝代)	中 国	外 国
324		• 训诂学家郭璞（字景纯，276～324）卒。著《尔雅注》。又善诗，存《郭弘农集》辑本。	• 罗马帝国君士坦丁大帝打败李锡尼，统一帝国全境。
325		• 闰八月，晋明帝卒。成帝司马衍继立。 • 后赵南攻，攻占司、豫、徐、兖等地，与晋以淮河为界。 • 前赵以刘胤为大单于，用匈奴等族首领为左、右贤王等。 • 是年，恢复三族刑，惟不及妇人。	• 君士坦丁大帝主持召开全境基督教主教"尼西亚会议"。这是基督教历史上的第一次大集结。制定所有基督徒必须遵守的强制性信条，视不接受者为"异端"，开除出教。从此，基督教受罗马帝国的控制。这次会议还决定共同采用《儒略历》）。
326		• 晋成帝咸和元年。 • 后赵建秀才、孝廉试经之制。	• 伯利恒首座圣母马利亚教堂落成。
327	东	• 前凉张骏闻前赵被后赵所败，不用前赵所封爵位，出兵攻赵秦州，败，失河南地。 • 晋廷庾亮专权。苏峻等反，温峤拟东下守建康，庾亮疑之，令其"无过雷池（今安徽望江）一步"。	• 罗马帝国君士坦丁大帝在罗马处决其长子尤里斯普斯。 • 罗马基督教希腊教父圣大巴西勒约于是年诞生。他一生维护正教信仰，著有《驳尤诺米》等。
329		• 后赵入关中，取长安，灭亡前赵。 • 虞喜（字仲宁）发现"岁差"。是为我国天文历法史上一大发现，得出"五十年退一度"较精确的岁差值，使我国历法较早区分恒星年与太阳年。他著有《安天论》，反对"浑天说"和"盖天说"，认为天高无穷，日月星辰各自运行。 • 河南王吐延卒，子叶延建政，以祖父名为国名，称"吐谷浑"。	• 罗马皇帝君士坦丁一世在此时令建罗马（老）圣彼得教堂。 • 埃及亚历山大城亚大纳亚主教约于是年任命弗鲁门蒂乌斯为阿克苏姆首任主教，他在阿克苏姆大力传播基督教。
330	晋	• 后赵航海掠晋沿海地。 • 魏晋时玄学大盛。在其发展过程中，渐与佛学合流。时佛学般若学各宗，多用玄学语言解释佛经。 • 晋成帝以尚书陆玩为尚书左仆射，以孔愉为右仆射。	• 罗马君士坦丁大帝迁都拜占庭，改其名为"君士坦丁堡"。在此大兴土木。此后，东部迅速发展，乃至超过西部。 • 拜占庭在建筑和艺术上（尤其是镶嵌画）取得很高的成就，对欧洲和西亚产生深刻影响。
331		• 后赵明帝石勒在邺建新宫。	
332		• 后赵明帝石勒令太子批阅尚书奏事。 • 后赵军航海攻晋海虞（今常熟）。	• 罗马君士坦丁大帝下令禁止隶农离开所耕土地，凡逃亡者，一律追回。
333		• 后赵迁秦雍民及氐羌十余万户到关东。 • 大成国攻占宁州（今云南曲靖），尽有南中之地。 • 宇文逸豆归建牙帐紫蒙川（今辽宁朝阳西）自立。坚持十二年，亡于前燕。	• 西哥特人攻击默西亚一带，为罗马军所挫。是为"西哥特首次见载罗马文献"。 • 罗马君士坦丁大帝立第四子君士坦斯一世为"恺撒"。
335		• 晋成帝咸康元年。 • 前凉遣兵至龟兹、鄯善。据《晋书·张轨传》：是年，晋将杨宣率众"越流沙，伐龟兹、鄯善，	• 4世纪30～40年代：非洲北部掀起"亚哥尼斯特运动"。占领庄园，焚毁债券，释放奴隶，还反对罗马官吏和正统基督教会。这一运

公　元	（朝代）	中　国	外　国
		于是西域并降。鄯善王元孟献女，号曰美人"。 　●相传印度僧人洛色措将佛经与佛塔带入藏地，被视为佛教传入藏区之始。	动断断续续至5世纪20年代，加速了罗马帝国的灭亡。
337	东	●鲜卑人慕容皝称燕王，史称"前燕"。 　●安定人侯子光自称"大黄帝"，建元"龙兴"，设百官，称"小秦国"。旋被后赵石广击杀。 　●晋立太学，征集生徒，提倡儒术，而士大夫喜好老，庄之学。 　●东晋学者张湛（字处度）曾作《列子注》。内中有"群有以至虚为宗，万品以终灭为验"等哲学观点。提出《列子》之旨"往往与佛经相参"，从中可见盛行于魏晋的玄学，至此已与佛学相交合。	●罗马帝国君士坦丁大帝去世，其三子皆称"奥古斯都"，分国而治。 　●337～352：尤里乌斯此时任罗马教皇。 　●337～350：波斯对罗马开战。越过底格里斯河，进入亚美尼亚、美索不达米亚。 　●埃及亚历山大城的帕普斯约于此前后完成《数学汇编》。 　●传教士乌尔斐拉约于此前后创制哥特字母，并将部分《圣经》由希腊文译成哥特文。
338		●代国制法律，始用年号。 　●大成国内乱，汉王李寿率兵攻入成都，废帝李期，即帝位。改元"汉兴"，改国号曰"汉"。	●波斯王沙普尔二世率军攻美索不达米亚地区尼西比斯，未克。
339		●后赵迁七千余户到幽、冀。	●波斯迫害基督教徒。
340		●代国拓跋什翼犍始都云中盛乐宫（今内蒙古和林格尔西北）。 　●晋车骑将军庾冰辅政，代成帝作诏书，谓佛徒也不应坏伦理，见皇帝应行跪拜礼，而尚书令何充为佛教信徒，上表反对，这就是宗教史上第一次"沙门不敬王"之争。这次争辩，庾冰失败，沙门见帝仍双手合十而不跪。以后又有几次大辩，争论一直延续到隋唐。	●基督教圣墓大堂在相传的耶稣葬身地耶路撒冷建成，成为当时许多教堂的标准模式。 　●东北非努比亚地区约于此时兴起"诺巴提亚国"（都法拉斯）和"穆库拉王国"（都栋古拉）。 　●法兰克人攻击罗马，被击败。
341	晋	●前燕筑龙城（今辽宁朝阳）。	●波斯与亚美尼亚缔结和约。
342		●六月，晋成帝卒。康帝司马岳继立。 　●前燕攻高句丽，入丸都（今吉林集安），毁其城，虏五万余口。 　●后赵在邺、洛阳、长安大建宫室。	●基督教阿里乌斯派举行安条克宗教会议。 　●乌尔斐拉被基督教阿里乌斯派立为哥特人主教。
343		●晋康帝建元元年。 　●高句丽称臣于前燕。 　●学者鲍敬言"好老庄之书"，反对"君权神授"说，认为君权制度起源于"强者凌弱"，"智者诈愚"。	●罗马教皇尤里乌斯召开"塞尔迪卡会议"，欲联合西方各主教反对阿里乌斯派。
344		●九月，晋康帝卒。穆帝司马聃继立，褚太后称制。	●罗马西部皇帝君士坦斯一世到不列颠视察。
345		●晋穆帝永和元年。 　●后赵征役修洛阳宫，民多逃亡。 　●焉耆降前凉。	●波斯王沙普尔二世再攻尼西比斯城，仍未下。

公元	（朝代）	中 国	外 国
346		●后赵立"私论朝政"之法,奖励告发。	
347		●晋军进击成都,李势降,汉亡。	●匈奴人西迁,开始进入波斯地区。
348		●名僧佛图澄（232～348）卒。后赵石氏父子对其极信任,时佛教兴盛。	●波斯在美索不达米亚地区辛贾尔城大败罗马东部皇帝君士坦提乌斯二世。
349		●后赵内乱。石闵率赵人屠杀胡、羯,残杀二十余万人;又命各地将帅杀胡、羯,多有高鼻多须者被误杀。 ●女书法家卫夫人（姓卫,名铄,字茂漪,272～349）卒。她是汝阴太守李矩之妻。从钟繇学书,以正书见长。曾为王羲之少时之师。	●基督教教父哲罗姆约于此前后诞生。他在罗马求学时信奉基督教。通希伯来文和希腊文。在16世纪中叶特兰托会议规定的天主教会《圣经》的法定本就是依据他厘定的"通俗拉丁文译本"。
350	东	●冉闵称帝,国号大魏,史称"冉魏"。 ●史学家常璩（字道将）所著《华阳国志》十二卷,记远古至是年巴蜀史事,是研究中国西南少数民族的重要资料。	●君士坦斯一世在高卢被杀,马格尼提乌斯被拥立为罗马西部皇帝。东部皇帝君士坦提乌斯二世即返欧洲。
351		●苻健在长安称天王、大单于,国号大秦,史称"前秦"。 ●冉魏灭后赵。	●罗马东、西帝君士坦提乌斯二世与马格尼提乌斯开战。 ●亚美尼亚背叛波斯,与罗马联合。
352		●前秦苻健正式称帝。 ●晋殷浩率军北伐,屯寿春,姚襄（雍州刺史姚弋仲子）降晋。 ●前燕灭亡冉魏。 ●张琚起兵,自立为"秦王",改元"建昌"。数月后,被前秦苻健击杀。	●阿克苏姆国西渡尼罗河,陷麦罗埃城,灭库施王国。 ●阿克苏姆国因国王改信基督教而定其为国教。 ●派生于古萨巴文字的埃塞俄比亚文字系统约于此时大体形成。
353	晋	●晋殷浩、姚襄不和,姚襄反,北伐失败。	●君士坦提乌斯二世击败马格尼提乌斯,罗马帝国重新获得统一。
354		●殷浩被削权,晋政由桓温主掌。桓温北伐至灞上,逼近长安。	●欧洲基督教思想家、神学家奥古斯丁约于是年诞生。
355		●佛教学者道生（竺道生）诞生。他提出佛性人本有,主张"一阐提迦"（梵文词,佛教中指不具信心,断了成佛善根的人）也可成佛。其顿悟成佛之说在南北朝初期曾风行一时。	●355～361:尤里安时为罗马副帝（称"恺撒"）,率军征讨法兰克人与阿勒曼尼人。
356		●晋桓温收复洛阳,留兵戍守而归。 ●前凉畏前秦,遣使称藩。	●中亚匈尼特人与优塞尼人联合对抗波斯。
357		●晋穆帝升平元年。 ●前秦东海王苻坚起兵杀厉王苻生,即位,去帝号,称"大秦天王"。任王猛为尚书右丞,掌机密。 ●前燕迁都邺。	●罗马在多瑙河地区征讨萨尔马特人、苏维汇人、夸迪人诸族。 ●罗马诗人奥索尼乌斯约生活在此时期。有纪游诗《莫塞拉河》等。

公 元	（朝代）	中 国	外 国
358		• 前秦苻坚开山泽之利,息兵养民。	
359		• 前秦重用王猛,一年迁官五次,至中书令。 • 是年,晋穆帝下诏:以出军粮运不继,王公以下百姓,十三人中借一人助运,为期一年。	• 波斯进入叙利亚,攻克阿米达城。 • 359～361:波斯与罗马战争又起。 • 基督教圣克雷芒教堂建成。
360		• 谢氏为晋廷南迁大族,素有名望,时谢安被桓温召为司马。 • 前燕景昭帝慕容儁卒。子慕容暐立,是为幽帝,改元"建熙"。 • 前仇池国主杨俊卒。子杨世继立,并受晋号冠军将军、平羌校尉、武都太守、仇池公、海西公。 • 匈奴刘卫辰降苻坚,入居塞内。 • 晋以军役繁兴,省用彻膳。	• 罗马副帝（"恺撒"）尤里安举兵反皇帝（"奥古斯都"）君士坦提乌斯二世。 • 皮克特与斯科特人越"哈德良长城",攻不列颠。 • 波斯攻克罗马辛贾尔城。 • 360～370:匈奴人与阿兰人开战。 • 基督教阿里乌斯派举行"君士坦丁堡宗教会议"。
361	东	• 五月,晋穆帝司马聃卒。哀帝司马丕继立。 • 前秦苻坚命举孝廉、文学、政事,不用无才能的宗室外戚。并亲至太学,考第诸生经义,与博士讲论。	• 罗马皇帝君士坦提乌斯二世卒。尤里安正式成为罗马帝国皇帝。在位三年,他公开宣布与基督教决裂,取消基督教团体享有的一切优惠。教会称其为"背教者"。 • 基督教神圣使徒教堂在君士坦丁堡建成。
362		• 晋哀帝隆和元年。 • 晋减田租,亩收二升。 • 屠各胡人张罔聚众数千,自称"大单于"。旋为前秦讨平。	• 基督教马其顿尼派约于此时形成。 • 北非奥斯图里人进犯罗马的黎波里塔尼亚省。
363		• 晋哀帝兴宁元年。 • 代国攻敕勒,获大量人畜。	• 罗马皇帝尤里安在远征中丧命。军队拥立约维安继位。与波斯媾和。
364	晋	• 晋哀帝倾心黄老之学,辟谷,服长生药,食过多,中毒,不能临朝,由崇德太后摄政。 • 道教炼丹术家葛洪（字稚川,自号抱朴子,284～364）卒。著有《抱朴子》,其内篇讲神仙方术,包括古代化学知识,为较早的炼丹著作。外篇多政论。尚有《金匮药方》,其中对天花、恙虫病等为世界最早的记载。	• 约维安卒于返军途中,瓦伦蒂尼安一世与瓦林斯兄弟俩同被军队拥立为罗马皇帝,分治西、东部。 • 普罗科匹乌斯发动反罗马起义,控制巴尔干。 • 北非毛里塔尼亚民众起义,攻占恺撒里亚城。
365		• 二月,晋哀帝卒。废帝司马奕继立。 • 是年,名僧道安与徒整理已译佛经,编成《众经目录》,并制定寺院戒规,为中土的寺院制度奠定了基础。	• 罗马攻击阿勒曼尼人。 • 北非奥斯图里人攻击的黎波里塔尼亚。 • 希腊克里特岛发生大地震,五万人遇难。 • 东北非昔兰尼地区发生地震。
366		• 晋废帝太和元年。 • 乐僔和尚创凿莫高窟,历北朝、隋、唐至元,凿成中国巨大石窟群。开凿石窟之风约起于此时。 • 佛教学者支道林（名遁,314～366）卒。他是"般若学六大家"之一,著有《即色游玄论》,力主"性空说",认为"即色是空"。	• 366～384:达马苏斯于此时任罗马教皇。 • 罗马西部皇帝瓦伦蒂尼安一世举其子格拉提安为皇帝共治。 • 罗马东部皇帝瓦林斯攻击西哥特人。

附录 2

公元	（朝代）	中 国	外 国
368		• 前燕王公贵族多占民户为荫户,国家户数减少。	• 368～369:不列颠发生反罗马的纳税人暴动。
370		• 前秦灭前燕。 • 广汉人李弘聚众万人,自称"圣王",年号"凤凰"。逾月被讨平。 • 前仇池国主杨世卒,子杨纂继立。	• 罗马女数学家希帕蒂亚约于是年诞生。她对哲学、天文学都有研究,是亚历山大新柏拉图学院的主持人。曾为其父助手,注释欧几里得的《几何原本》和托勒玫的《大综合论》。
371	东	• 晋简文帝咸安元年。 • 十一月,晋废帝司马奕为褚太后废,简文帝司马昱继立。 • 前秦迁关东豪杰及杂夷十五万户至关中。又允许流民迁还本地。 • 前秦灭前仇池。 • 文学家孙绰(字兴公,314～371)卒。他以文才著称,常以诗宣扬玄学,是玄学诗的代表。后人辑有《孙廷尉集》。	• 371～376:波斯与罗马再次开战。 • 4世纪:伦巴德人于本世纪自易北河下游开始南迁。 • 4世纪:基督教盛行圣徒崇拜。常用象牙或贵重金属制成容器来保存圣徒的遗骨、遗物等。 • 4世纪:古罗马韦格蒂乌斯所著《罗马军制》完成,中世纪后曾奉为欧洲军事经典。 • 4世纪:斯里兰卡最早的巴利文书《岛史》于本世纪编成。
372		• 七月,晋简文帝卒。孝武帝司马曜继立。	• 匈奴人约于此时进入南俄草原。
373		• 晋孝武帝宁康元年。 • 晋屯田巴东,与前秦争蜀。	• 匈奴人约于此时灭亡博斯普鲁斯王国。
374		• 蜀人张育、杨光起兵反前秦,旋败死。 • 道士许逊(字敬之,239～374)卒。他周游江湖。道教中称他为"许真君",有关于他"成仙"与"除害"的故事。	• 匈奴人渡过里海,进入顿河、第聂伯河流域,征服当地阿兰人和东哥特人。并向西哥特人进攻。 • 波斯占领亚美尼亚。
375	晋	• 前秦苻坚禁老庄、图谶之学,犯者处死。又令太子、公侯百僚之子,以至宿卫之士皆从师读书,连后宫也设置典学。	• 罗马西部皇帝瓦伦蒂尼安一世卒。其子格拉提安正式继任西部皇帝。并以其弟瓦伦蒂尼安二世同为帝共治。
376		• 晋孝武帝太元元年。 • 前秦苻坚统一北方。 • 是年,晋废度田收租制,改为按口税米,无论有无土地每口一律税米三斛。 • 文史学家袁宏(字彦伯,328～376)卒。有《后汉纪》、《竹林名士传》,还有《东征赋》等。	• 西哥特人挡不住匈奴人的进攻,经罗马皇帝允许,渡过多瑙河,进入今保加利亚地区。 • 376～568:由于匈奴人的西进,开始了以日耳曼人为主的民族大迁徙。
377		• 晋谢玄募骁勇流民,组成劲旅,称"北府兵"。 • 前秦苻坚造舟舰、兵器以金银为饰,极奢侈。	• 意大利拉文纳大教堂约建于此时。
378		• 前秦遣使赴西域。 • "契丹"作为族称,首见于史载。《三国史记·高句丽纪》:"秋九月,契丹犯北边,陷八部落。"	• 亚德里亚堡之战。西哥特人反抗罗马统治,举行起义。大败罗马军,东部皇帝瓦林斯战死。
379		• 书法家王羲之(字逸少,约321～379)卒。	• 狄奥多西一世被任为罗马东部皇帝。

公元	（朝代）	中　　国	外　　国
		曾任右军将军,人称王右军。其书法博采众长,推陈出新,一改汉魏以来质朴之风,成体势优美多变的新体。尤长行书,为后世书界所崇尚,尊为"书圣"。其真迹惜今已无缘得见,今存唐人双钩廓填行书《孔侍中》等多种及草书《初月》等帖。	• 379～383:波斯国王阿尔达希尔在位,国势转衰。 • "琐罗亚斯德教"经典《阿维斯陀》即《波斯古经》在此前重新编定。
381		• 晋孝武帝始奉佛法,允沙门供殿内。 • 名僧慧远入庐山,于东林寺建"莲社"(亦称"白莲社"),宣传死后可往生西方"净土",被后世称为"净土宗"的初祖。	• 罗马东部皇帝狄奥多西一世召开"君士坦丁堡公会议",确认《尼西亚信经》,确定君士坦丁堡大主教的荣誉地位,指马其顿尼为"异端"。
382	东	• 前秦幽州蝗灾。上报却称"大熟",还说幽州蝗虫不吃粮食,每亩上田能收百石,欺上瞒下。 • 前秦议攻晋,意见不一。 • 林邑、东夷五国遣使使晋。 • 鄯善附前秦。其王休密驮入朝见苻坚,受赐朝服,加使持节、散骑常侍、都督西域诸军事、宁西将军。为向导,伐西域。 • 龟兹附前秦。前秦以白震为龟兹王。	• 罗马东部皇帝狄奥多西一世与入境的哥特人缔结和约。允许其定居,并供给粮食。 • 罗马西部皇帝格拉提安取消"大祭司长"的称号,并按米兰主教的要求,从议事堂中搬走异教胜利女神的祭坛。 • 罗马教皇达马苏斯召开"罗马宗教会议",宣布罗马教会为一切教会之首。 • 不列颠驻军将领马克西穆斯自立为皇帝,罗马西部皇帝格拉提安率军讨伐。
383		• 淝水之战。前秦九十万兵南下攻晋,晋仅八万兵对阵,然"风声鹤唳",草木皆兵,前秦大败,晋军创造了以少胜多的著名战例。此战改变了整个局势,不久,苻坚卒,北方重新陷入分裂。 • 音乐家桓伊(字叔夏)善吹笛,时称"江左第一"。据载,琴曲《梅花三弄》是由他的笛曲《三调》改编。	• 罗马西部皇帝格拉提安卒于战中,马克西穆斯被立为皇帝。同年,狄奥多西一世立长子阿卡狄为皇帝同治。 • 383～388:波斯王沙普尔三世于此时在位。 • 罗马历史学家马尔切利努斯约生活于此时期。著有《罗马史》三十一卷。 • 君士坦丁堡隐修院院长尤提克斯约生活于此时期。他创"尤提克斯主义",主张基督一性论。
384	晋	• 是年,鲜卑族慕容垂称王建政,是为"后燕"。幕容泓又建"西燕"。羌族姚苌建"后秦"。下年,鲜卑族乞伏国仁建"西秦"等,北方又出现多头政权。 • 苻坚死,不可一世的前秦迅速转衰,不久即亡。 • 吕光入龟兹,征服三十余国。	• 波斯与罗马缔约,瓜分亚美尼亚。 • 罗马元老院中信奉异教的元老要求信教自由,被否决。 • 384～399:西里修斯于此时任罗马教皇。 • 拜占庭历史学家索克拉蒂斯约生活在此时期。著有《教会史》。
385		• 前秦将军杨定奔陇右自立,号"仇池公"。史称"后仇池"。 • 西域高僧鸠摩罗什随吕光到凉州。他与真谛、玄奘并称为中国佛教三大翻译家,率弟子译经七十多部。其介绍的中观宗学说,为后世三论宗的渊源。时称"四圣"的道生、僧肇、道融、僧叡又皆为其弟子。 • 名僧道安(本姓卫,314～385)卒。为佛图澄弟子。主张僧人废俗姓,皆以"释"为姓。	• 基督教圣保罗教堂建成。 • 罗马基督教拉丁教父圣安布罗斯约生活于此时期。他是米兰主教,以新柏拉图主义哲学解释《圣经》。他还撰写东方曲调的圣诗。 • 小亚细亚基督教著述家埃瓦格里乌斯约生活在此时期。他探讨神学的奥秘,认为灵性个体的主要意义是与上帝一致。

公元	（朝代）		中国	外国
386	北	东	• 北魏道武帝登国元年。• 以后逐渐统一北方，使中国形成"南北朝"态势而为"北朝"的"北魏"在是年由鲜卑族拓跋珪建立。 • 前凉末帝张天锡子张大豫在陇中拥众自立，自称凉州牧，改元"凤凰"。逾年，被后凉吕光击斩。 • 卢水胡首领郝奴拥众自立，攻入长安称帝。逾月，为后秦姚苌降。 • 前秦凉州刺史、略阳氐族首领吕光拥众自立，称凉州牧，改元"太安"。十年后，即天王位，国号"大凉"，史称"后凉"。 • 后秦左将军姚方成与西域鄯善王胡员吒战于孙丘谷。 • 书法家王献之（字子敬，344～386）卒。他是王羲之第七子，官至中书令，人称"王大令"。工书，兼精诸体，尤以行草擅名。其书有英气，对后世影响很大，与父其名，世称"二王"。现存有多种墨迹。	• 米兰主教安布罗斯约于此时推广"赞美歌"。 • 君士坦丁堡主教聂斯托利约生活在此时期。他是基督教聂斯托利派的创始人，主张二性二位说。受到以弗所公会议的绝罚，被流放，其追随者向东逃亡，在叙利亚、美索不达米亚及波斯等地传播。7世纪传入中国，称为"景教"。 • 西班牙拉丁诗人普鲁登蒂乌斯约生活在此时期。撰有《日课颂诗》。 • 罗马帝国末年思想家，教父哲学的主要代表奥古斯丁约于是年受洗入教。他生于北非，本为摩尼教的信徒，后皈依基督教，任北非希波主教。将哲学与神学相结合，宣扬"原罪说"，只有信仰上帝才能获救，而教会则是人世间的"上帝之城"。其神学体系在5～12世纪西欧基督教会内占统治地位，成为早期经院哲学的重要组成部分。其著作有《上帝之城》、《预定论》、《论三位一体》、《讲道集》等。
387			• 是年凉州大饥，人相食。 • 北魏道武帝巡幸松漠，还至牛川。	• 罗马西部新皇帝马克西穆斯率军攻入意大利，原共治皇帝瓦伦蒂尼安二世逃至帖萨洛尼卡。
388	魏	晋	•《魏书·契丹传》记："登国中，（契丹为）国军（即"北魏"）大破之，遂逃迸，与库莫奚分背。经数十年，稍滋蔓，有部落于和龙（今辽宁朝阳）之北数百里。"《资治通鉴》亦载此事，这是该书首次登载"契丹"事迹。以后，史籍中有关契丹的记载逐渐增多，说明契丹民族日趋活跃，逐渐强大，直至916年建立起雄踞北方，占领中国半壁江山的大辽国。 • 居于中山（今河北定县）一带丁零族首领翟辽起兵，自称"魏天王"，改元"建光"建政，史称"翟魏"。 • 王徽之（字子猷，？～388）卒。他是王羲之之子。性爱竹，其云："何可一日无此君。"他雪夜访戴逵，至其门而返，人问其故，云："本乘兴而来，兴尽而返，何必见？"	• 罗马东、西帝为争夺意大利开战。东部皇帝狄奥多西一世在伊利里亚大败西部新帝马克西穆斯，追之于阿奎莱亚（今威尼斯附近）杀之，恢复瓦伦蒂尼安二世帝位。 • 388～399：波斯王巴赫拉姆于此时在位。 • 君士坦丁堡金门约在此前后修建。 • 埃及亚历山大图书馆又遭部分焚毁。赛拉皮神殿亦遭难。 • 埃及亚历山大城基督教正统派战胜阿里乌斯教派。 • 罗马神学家卡西安约生活在此时期。著有《隐修生活规则》等。
389			• 晋孝武帝与琅邪王道子佞佛，政事多出道子。将军许营上书僧尼侵渔百姓，孝武帝不听。	• 罗马东部皇帝狄奥多西下令封闭希腊异教的德尔斐神庙。
390			• 据《十六国春秋·后凉录》：焉耆王龙熙遣子入侍。	• 罗马皇帝镇压暴动民众，残杀七千人，米兰主教要求其为此悔罪。
392			• 前秦攻后秦，败。 • 关中巴蜀人叛后秦，投前秦。	• 罗马东部皇帝狄奥多西一世宣布基督教为罗马帝国国教，并禁止信仰异教。

公 元	（朝代）		中　国	外　国
			●后燕亡翟魏。 ●是年，北魏道武帝拓跋珪巡幸木根山，在黑盐池宴群臣，接见诸国贡使。	●罗马驻高卢将领阿波加斯特杀罗马西部皇帝瓦伦蒂尼安二世，立信奉异教的尤吉尼乌斯为皇帝。
393			●前秦右丞相窦冲自称"秦王"，与苻登相攻。 ●据《太平御览》卷八九六："麟嘉五年（393），疏勒王献火浣布、善舞马。"	●基督教圣经新约正典确立。 ●是年，或明年，正式废止奥林匹亚竞技会。 ●蛮族军官斯提利科为罗马军队首席将领。
394			●北方混战，西秦灭前秦，后燕灭西燕。 ●麦积山石窟开凿。	●罗马东部皇帝狄奥多西一世击杀西部皇帝尤吉尼乌斯，帝国暂获统一。
395	北	东	●河西鲜卑秃发乌孤渐强。居廉川堡（今青海乐都东），以赵振为谋臣。 ●后燕攻北魏，至五原（今内蒙古包头西北），两军隔黄河相持数月。后燕因故退兵，魏军尾追，在参合陂（今内蒙古凉城东北）大败燕军，坑杀降兵四万五千人。 ●西秦迁至苑川西城。	●狄奥多西一世死于米兰。罗马帝国分裂：东部（也称"拜占庭"）由其长子阿卡狄（395～408）继承，时年十八岁；西部由次子霍诺留（395～423）继承，时年十一岁。此分裂后，再未统一。 ●埃及、昔兰尼、的黎波里塔尼亚省划归东罗马帝国。
396			●北魏道武帝皇始元年。 ●北魏开始强大，进取中原，破后燕晋阳、并州，乃设立台、省，置刺史、太守、尚书郎以下官，均用士人充当。 ●九月，晋孝武帝司马曜卒。安帝司马德宗继立，他是白痴，由司马道子辅政。 ●学者、艺术家戴逵（字安道，?～396）卒。他为灵宝寺作木雕佛像，反复修改，三年始成。又塑"五世佛"，时有"三绝"之称。所画人物、山水有"情韵绵密，风趣巧发"之评。所著《释疑论》，反对佛教的因果报应说。	●阿拉里克于此时为西哥特人首领。率军攻击希腊等地区。 ●罗马诗人克劳笛乌斯从亚历山大城来到罗马。他精通拉丁文。其主要作品是《普罗色拜茵被劫记》，借希腊神话歌颂异教神，表示对基督教的不满。 ●奥古斯丁始任北非希波城（今阿尔及利亚安纳巴附近）基督教主教。 ●不列颠传教士圣帕特里克约生活在此时期。他致力于向爱尔兰传播基督教。
397	魏	晋	●晋安帝隆安元年。 ●后凉广武郡公、秃发鲜卑首领秃发乌孤拥众自立，称大单于，改元"太初"，据广武建政，史称"南凉"。 ●卢水胡首领沮渠蒙逊起兵反后凉，屯据金山（今甘肃山丹境），推举建康太守段业为凉州牧，改元"神玺"建政，史称"北凉"。	●西罗马帝国进兵希腊，抵抗西哥特人。首席将领斯提利科在埃利斯大败阿拉里克所率领的西哥特军队。 ●西哥特首领阿拉里克进入帕萨利，东罗马皇帝阿卡狄被迫任其为伊里库姆地区司令。 ●397～398：西罗马帝国北非总督伯吉尔多举兵反叛，被镇压。
398			●北魏道武帝天兴元年。 ●北魏拓跋珪迁都平城（今山西大同）。 ●前燕国君慕容儁子慕容德率四万众脱离后燕自立，称"燕王"，改"元年"，两年后称帝，建元"建平"，史称"南燕"。	●西罗马皇帝霍诺留与军队首席将领斯提利科结亲。 ●撒克逊人、皮克特人攻击不列颠。 ●西罗马遣高卢军赴北非平乱。
399			●北魏命吏部尚书崔宏通署三十六曹，置五	●东罗马帝国弗里吉亚爆发民众起义，

公 元	（朝代）	中 国	外 国
		经博士，增国子太学生名额至三千人；又命郡县收罗书籍送平城。 •吴地五斗米道首领孙恩起兵反晋，众数十万，号"长生人"。坚持十余年，被歼灭。 •名僧法显从长安出发，西行赴天竺求佛经。	波及大部分小亚细亚地区。 •罗马开始部分撤离不列颠。 •399～401：阿纳斯塔希乌斯于此时任罗马教皇。 •399～420：波斯王耶斯迪泽德于此时在位。
400		•北魏帝拓跋珪置"仙人博士"，煮百药，求长生。 •西秦降后秦，失国八年。 •陇西大族李暠脱离北凉自立，称"凉公"，改元建政，史称"西凉"。 •吐谷浑国主视罴卒。子树洛干年少，由弟乌纥堤继位。 •南凉武王秃发乌孤去年卒，康王秃发利鹿孤继位后，是年改元"建和"。	•斯提利科就任西罗马帝国执政官。 •400～900：南美安第斯山古印第安人"蒂亚瓦纳科文化"约在此期间。其著名建筑是太阳门。此门为整块岩石雕成，门楣有精美的浮雕，太阳神戴雄狮头饰，两侧是二十四个有翅膀的小人雕像，眼下均有泪珠。出土有金、银、铜、陶等制品，敞口直筒杯为特色器形。
401	北　　东	•经学家范宁（字武子，339～401）卒。他崇儒而反对清谈的玄学，常辩王弼、何晏之罪大于桀纣。著有《春秋穀梁传集解》，为《穀梁传》最早的注解本。 •鸠摩罗什偕僧肇到长安，进行讲学。拜听者数千人。 •音乐家袁山松（字乔孙，?～401）卒。他曾改《行路难》歌词。酒酣高歌，听者无不流泪，时称一绝。	•西哥特人自东欧首次攻入意大利北部，进逼米兰。 •401～417：英诺森于此时任罗马教皇。 •汪达尔人、阿勒曼尼人进入西罗马境内，获得安置。在诺里库姆一带赐以土地，并允许参加罗马军队。 •圣梅斯罗普约于此时创制亚美尼亚字母。 •北非圣奥古斯丁约于此时撰成《忏悔录》。
402		•晋安帝元兴元年。大亨元年。 •"沙门不敬王之争"又起，名僧慧远作《沙门不敬王者论》五篇。 •柔然首领社仑自称"丘豆伐可汗"，建立汗国。北方民族称最高统治者为"可汗"源于柔然。	•西罗马击败西哥特人的进攻。 •西罗马出兵镇压诺里库姆、雷提亚民众起义。 •西罗马政治中心移至拉文那。罗马主教开始占有罗马城。
403	魏　　晋	•这一时期，王朝更替频繁，政出多头，混战不已。是年，桓玄废晋帝自立，以楚代晋，只维持数月，又归政于晋。是年，后秦灭后凉。下年，南凉降后秦。再下年，谯纵建蜀。等等。此时的政权大多是短命政权，在混战中迅生迅灭。	•西哥特与西罗马缔和，接受任命，放弃效忠东罗马，由意大利退兵，返居埃皮鲁斯。 •拜占庭哲学家、数学家普罗克洛斯约于此前后诞生。他是新柏拉图主义者。对欧几里得《几何原理》作过注释。著有《论柏拉图的神学》等。
404		•北魏道武帝天赐元年。 •北魏以中原萧条，罢不满百户的县。 •道生到长安师事鸠摩罗什。	•罗马哲学家、拉丁语法学家马克罗比乌斯约生活在此时期。著有《农神节》、《论希腊文与拉丁文动词的异同》。
405		•晋安帝义熙元年。 •著名诗人陶渊明（一名潜，字元亮）因不满豪族擅政，"不能为五斗米折腰"，于是年解职归隐，至死不仕。	•东哥特人率诸蛮族部众自波罗的海沿岸大规模南下，进入西罗马领地。 •405～463：爱尔兰康族王尼尔约于此时卒，子莱盖雷继立在位。

公　元	（朝代）		中　　国	外　　国
406			●北魏置刺史、太守、令长等州县长吏。 ●后燕袭高句丽，无获而返。 ●著名画家顾恺之（字长康，约 345～约 406）卒。他多才艺，工诗赋、书法，尤精绘画，尝有"才绝、画绝、痴绝"之称。画人物注重点睛之笔，云："传神写照，正在阿堵中。"在建康所绘壁画《维摩诘像》，光彩夺目，轰动一时，后人论其作画"意存笔先，画尽意在"。著有《论画》、《画云台山记》等，其中"迁想妙得"、"以形写神"等观点对国画发展影响较大。存世的《女史箴图》传为早期的摹本，所传他的另一作品《洛神赋图》，实为宋人所作。	●原居于奥德河东岸的汪达尔人（日耳曼的一支）渡过莱茵河，向西迁移，进入高卢地区。 ●西罗马被迫放弃所管辖的北方各地，集兵退守意大利。 ●西罗马将领斯提利科在菲亚索勒（今佛罗伦萨）大败拉达加萨斯率领的蛮族军队。 ●不列颠基督教僧侣贝拉基赴罗马、北非大肆宣扬"异端"教义。 ●北非学者奥古斯丁首次发现摩擦生的吸引力与天然磁石的吸引力性质不同。
407	北	东	●晋刘裕擅权，杀桓玄党徒。 ●后秦安北将军、铁弗匈奴首领赫连勃勃拥众自立，称天王、大单于，改元"龙昇"，国号"大夏"。 ●后燕将军冯跋发动宫廷政变，杀昭文帝，亡后燕。拥高云即天王位，史称"北燕"。 ●文学家殷仲文（？～407）卒。他的诗开始改变东晋玄学诗的风向，然"犹不尽除"。诗今仅存两首。原有集，已佚。 ●哲学家孙盛（字安国，？～约 407）力驳佛教"神不灭"的思想。著有《魏氏春秋》等。	●西哥特人攻入意大利，挺进罗马。 ●西罗马将领斯提利科关闭意大利港口，禁止拜占庭舰队出入。 ●西罗马不列颠驻军反叛，拥立君士坦丁为帝，为夺正式帝位，君士坦丁将驻军带出不列颠，进入高卢。 ●西罗马军撤出不列颠，结束占领。不列颠南部各部众纷争不已。 ●高卢"巴高达运动"再起，声势浩大，加剧了西罗马的危机。
408			●南凉复国，改元"嘉平"。 ●天竺僧佛陀跋陀罗至长安。后又至建康，在道场寺与法显、法业等先后译经十三部。	●西罗马内乱。首席将领斯提利科被杀，三万蛮族士兵叛离。 ●东罗马发生政变。皇帝阿卡狄被杀，其子狄奥多西二世继位。禁卫军长官安提米乌斯摄政。
409	魏	晋	●北魏明元帝永兴元年。 ●晋遣刘裕攻南燕，越大岘山之险，克临朐，围广固。 ●十月，北魏道武帝拓跋珪被杀。明元帝拓跋嗣继立。 ●乞伏乾归乘后秦内乱自立，称"秦王"，改元"更始"，复"西秦"。	●匈奴人攻色雷斯，为东罗马军所败。 ●汪达尔人攻入西班牙。 ●撒克逊人再次进入不列颠。 ●波斯国王下令准许基督教徒在境内传教。 ●圣梅斯罗普约在此时首次用亚美尼亚文译成《圣经》，称《梅斯罗普圣经》。
410			●晋破广固，亡南燕。杀南燕王公以下三千人，沦为奴婢家口万余。 ●北魏击柔然。丘豆伐可汗社仑败走，卒。弟斛律立，是为蔼苦盖可汗。	●西哥特人攻陷罗马城，大肆抢掠。后退到意大利南部和高卢地区。 ●部分苏维汇人约于此时在伊比利亚半岛西北部建"苏维汇王国"。
412			●北凉历法家赵歄制定《元始历》。 ●名僧法显航海回国，遭风暴，漂流至崂山登陆，下年至建康。著有《佛国记》。 ●文学家谢混（字叔源，？～412）卒。他对	●西罗马始与汪达尔人、苏维汇人、阿兰人结盟。 ●北非地区希波主教奥古斯丁宣布基督教多纳图斯派为"异端"。

公元	（朝代）	中　国	外　国
		东晋玄学诗的风气有所改变。诗仅存三首。原有集,已佚。	●西哥特人北越阿尔卑斯山进入高卢南部定居,攻占图卢兹、波尔多等地。
413		●大夏发民夫十万,筑统万城为都,以志取天下,君临万都,故取"统万"为名。 ●名僧鸠摩罗什(344~413)圆寂。	●进入高卢地区的西哥特人击败汪达尔人,转而进入西班牙。
414		●北魏明帝神瑞元年。 ●北魏博士祭酒崔浩为明元帝讲《易》、《洪范》。他长于天文历学,曾制《五寅元历》。 ●西秦灭南凉。 ●高僧僧肇(本姓张,384~414)卒。为鸠摩罗什门下"四圣"之一,擅长般若学。有《肇论》、《维摩诘经注》等,发挥般若性空学说。	●罗马教皇承认亚历山大为安条克主教,罗马教会与亚历山大教会恢复关系。 ●西哥特王阿陶勒夫按照罗马习俗,娶西罗马皇帝霍诺留之妹加拉·普拉西提亚为妻。 ●西班牙神学家奥罗修斯约生活在此时期。著有《驳贝拉基派》等。
415	东 北 晋 魏	●嵩山道士寇谦之(字辅真)自称受太上老君命,为"天师",创立以礼拜炼丹为主的新天师道,时称"北天师道"。 ●河西胡饥民聚集上党,推举白亚栗斯为盟主,称"单于",改元"建平"建政。逾年,被北魏灭。	●西哥特王阿陶勒夫在巴塞罗纳遇刺身亡,瓦里亚继立。 ●西哥特与西罗马议和,送归皇帝之妹加拉·普拉西提亚。
416		●北魏明元帝泰常元年。 ●晋廷加刘裕为中外大都督,领兵伐后秦。 ●名僧慧远(本姓贾,344~416)圆寂。著有《法性论》等。	●5世纪初:基督教不列颠隐修士贝拉基提出著名的"贝拉基主义",否认原罪,反对预定论,认为基督的行为是人类行善的榜样。
417		●北魏置天地四方六部大人,以诸公任其职。 ●晋刘裕克长安,灭后秦。收罗彝器、浑仪、土圭、记里鼓、指南车等,悉送建康。 ●在北燕冯素弗墓中发现了今见最早的马镫。	●罗马教皇绝罚"异端"首领、神学家贝拉基。他反对奥古斯丁学说、著有《论自由意志》。 ●417~418:罗马教皇英诺森卒,佐西默斯继任。
418		●北魏命诸州调民租,每户五十石,积于定、相、冀三州。 ●晋刘裕受相国、宋公、九锡之命。 ●十二月,晋安帝司马德宗为刘裕所害。恭帝司马德文继立。 ●北魏筑宫于西苑。	●418~422:卜尼法斯于此时任罗马教皇。 ●为答谢西哥特在西班牙讨伐蛮族的功绩,西罗马皇帝赐西哥特大片土地。 ●418~451:西哥特王瓦里亚卒,狄奥多里克继立。
419		●晋恭帝元熙元年。 ●刘裕晋爵为"宋王"。 ●魏明元帝西巡,北猎野马于辱孤山。	●西哥特人以西罗马"同盟者"的身份在高卢南部定居,正式建立"西哥特王国"。都图卢兹城(在今法国南部)。
420	 宋	●刘裕代晋,是为宋武帝,建元永初,废晋帝为零陵王,东晋亡。 ●宋诏减市税。 ●交州刺史杜慧度攻林邑。 ●北凉沮渠蒙逊击杀李歆于酒泉。	●420~438:波斯王巴赫拉姆五世在位。下令严禁基督教,基督教徒逃入拜占庭境内请求庇护,波斯遂与拜占庭战。 ●是时,呋哒人常扰波斯边境。

公元	（朝代）	中　国	外　国
		•李恂据敦煌,改元永建,拒北凉兵。 •西秦乞伏炽磐改元建弘。 •炳灵寺石窟(在甘肃永靖)始建于建弘年间(420~428)。	
421		•宋武帝亲自策试诸州郡秀才、孝廉。下诏废诸淫祠。 •宋帝使人杀晋恭帝。 •北凉破敦煌,李恂自杀。 •西凉亡。	
422		•宋武帝卒,太子义符立,是为少帝,徐羡之、傅亮、谢晦辅政。 •魏立拓跋焘为皇太子,以长孙嵩、奚斤、安同、崔浩、穆观、丘堆为左右弼。 •明元帝闻刘裕卒,命奚斤等攻宋,陷滑台,逼虎牢;又命叔孙建等攻略青、兖诸郡。	•匈奴侵掠拜占庭之色雷斯和马其顿。 •波斯与拜占庭讲和,许基督教徒逃往拜占庭,波斯亦下禁基督教之令。
423	北 宋	•魏陷宋金墉。 •魏叔孙建入临淄。 •宋檀道济到临朐,解东阳围。 •魏明元帝卒,太子焘立,是为世祖太武帝。 •崔浩向太武帝推荐道士寇谦之,遂于平城起天师道场,道教大盛。 •魏筑长城,从赤城(今属河北)西至五原两千余里,以防柔然。 •西秦向魏朝贡。	•423~425年:西罗马皇帝霍诺留卒,部分军人拥立约翰为皇帝。
424		•徐羡之、檀道济等废少帝及庐陵王义真,迎立宜都王义隆于江陵,是为文帝。 •柔然纥升盖可汗攻魏云中,陷盛乐官。太武帝亲自领兵迎敌,柔然始退。 •吐谷浑王阿柴卒,弟慕璝嗣。	
425	魏	•魏大举攻柔然,度漠北进,柔然远逃。 •夏主赫连勃勃卒。子昌即帝位,改元承光。	•拜占庭皇帝狄奥多西二世遣军杀西罗马皇帝约翰,立加拉·普拉西阿之子瓦伦丁尼安为西罗马皇帝,称瓦伦丁尼安三世。
426		•宋文帝诛徐羡之、傅亮,以王弘录尚书事。 •宋以谢灵运为秘书监。 •宋遣使聘魏。 •魏攻夏入统万,又取长安,秦雍氐羌皆叛夏。	•西罗马北非希波城主教奥古斯丁所著《上帝之城》一书完成。 •匈奴人入侵拜占庭,遣军将其逐之于多瑙河北岸。为使匈奴人不再扰边,拜占庭向匈奴王路阿纳年贡黄金三百五十磅。
427		•夏攻魏长安。 •魏乘虚攻统万,赫连昌出战大败,奔上邽(今甘肃天水),长安之夏军闻之亦退。 •诗人陶潜(字渊明,约365~427)卒。著有《陶渊明集》。	•驻非洲司令保尼腓斯举兵反,西罗马遣军前往征讨,败绩。 •波斯瓦拉兰五世击败入侵之嚈哒军,并擒杀其王。

公元	（朝代）	中 国	外 国
428		• 魏、夏战于安定，夏主赫连昌被俘。 • 赫连定在平凉即位，改元胜光。 • 魏追夏兵，大败。夏取长安。 • 西秦乞伏炽磐卒，子暮末立，改永弘。 • 师子国和天竺国都遣使至宋。	• 汪达尔王干德里克卒，弟真塞利赫（亦作该萨利克）继为王。 • 西罗马政府又派兵征非洲司令官保尼腓斯，保尼腓斯惧不敌，招汪达尔人入非洲，汪达尔王欣然应允。
429		• 魏主亲出征攻柔然，纥升盖可汗逃走，降者三十余万落。 • 纥升盖可汗卒，子敕连可汗立。 • 魏主到漠南，遣将攻高车，得降者数十万落。 • 魏崔浩撰《国书》三十卷成。	• 汪达尔王真塞利赫率八万众渡直布罗陀海峡，侵入北非。登陆后，大肆焚掠残杀。
430	北	• 倭王遣使至宋献方物。 • 魏徙敕勒三万余于河西。 • 宋师克洛阳、虎牢。 • 北燕冯跋卒，弟弘立为天王，尽杀跋子。 • 魏军破赫连定于安定，定奔上邽。 • 西秦王暮末被北凉所逼，东迁附魏，被夏军所阻，留屯南安，旧地都被吐谷浑占领。	• 汪达尔真塞利赫率军侵入努米底亚，击败西罗马驻北非司令官保尼腓斯，围之于希波城。 • 西罗马著名天主教神学家、北非希波城主教奥古斯丁，在汪达尔人围希波时卒。
431	宋	• 西秦主暮末降赫连定（西秦亡）。 • 夏赫连定谋攻北凉，为吐谷浑所执（大夏亡）。 • 魏征各州名士卢玄等，以崔浩为司徒，浩大整流品，明辨族姓。 • 魏使崔浩定律令。 • 夏灭西秦。 • 夏主赫连定避魏西迁，被吐谷浑所俘，夏亡。 • 北凉沮渠蒙逊魏封为凉王，改元义和。	• 爱尔兰相传基督教开始传入。 • 西罗马与拜占庭出兵援北非，俱为汪达尔人击败，汪达尔人陷希波城。 • 基督教在以弗所召开主教会议。
432	魏	• 吐谷浑以灭夏之捷告宋。 • 赵广聚众起事，陷广汉、涪城等地，进围成都，拥道士程道养为蜀王，诈称晋宗室司马飞龙。改元泰始。 • 魏攻北燕，围和龙（今辽宁朝阳），陷郡县多处，徙诸郡民三万家于幽州。	• 西罗马驻北非司令官保尼腓斯逃回罗马，将军阿伊喜阿斯被任为执政官。
433		• 赵广、程道养等兵败，逃入广汉一带山谷中。 • 魏以仇池王杨难当为南秦王。 • 杨难当袭宋梁州，据有汉中。 • 诗人谢灵运，山水诗派创始人，以谋反罪被杀，著有《谢康乐集》辑本。 • 北凉主沮渠蒙逊卒，子牧犍立，改元永和。	• 西罗马摄政加拉·普拉西提阿免阿伊喜阿斯军职，以保尼腓斯代之。 • 阿伊喜阿斯在内战中失败。逃往匈奴。保尼腓斯卒。
434		• 宋梁、南秦二刺史萧思话遣将破杨难当，收复汉中。 • 魏与柔然和亲。	• 阿伊喜阿斯率匈奴军队回罗马，西罗马政府惧其势，复其帝国总司令职。 • 路易王（亦作路加）卒，其侄布里达、阿

公 元	（朝代）	中 国	外 国
		• 赫连昌叛魏西逃,被杀。 • 林邑、扶南、诃罗单都遣使到宋。 • 北燕冯弘称藩于魏。	提拉继为王,共治匈奴王国。 • 遣使至匈奴王庭(在格拉城,今南斯拉夫境内)见其新王阿提拉及布里达。阿提拉要将年贡增加一倍,拜占庭允准。
435		• 北燕向宋称藩。 • 龟兹、疏勒、乌孙、悦般、鄯善、焉耆、车师、粟特遣使至魏。 • 魏遣使往西域,被柔然所阻,不能到达。 • 师子国、阇婆婆达国、扶南都遣使到宋。	• 西罗马与汪达尔人缔约,承队其所占北非地区;汪达尔人则承认西罗马为宗主国,纳年贡。 • 高卢巴高达运动重新高涨,声势浩大,具有高卢农民总起义性质。
436	北	• 宋文帝忌江州刺史檀道济有威名,无辜加以杀害。 • 北燕畏魏,烧和龙宫殿,东走高句丽。 • 北燕亡。 • 氐王杨难当称大秦王,改元建义。 • 魏因杨氏据上邽,出兵攻击。难当惧,撤还仇池。 • 柔然绝和亲,攻扰魏边。 • 吐谷浑惠王慕瑰卒,弟慕利延立。 • 魏太史令钱乐之铸浑仪,径六尺八分,用水力运转。	• 西罗马大将阿喜阿斯以匈奴兵大败勃艮第人,勃艮第王干达哈阵亡。
437	宋	• 魏令吏民得告守令。 • 魏破山胡白龙余众。 • 西域十六国贡于魏。 • 北凉沮渠牧犍献于魏,又献于宋。	• 西罗马大将阿伊喜阿斯复任帝国执政官。皇帝瓦伦丁尼安三世亲政,因其荒淫庸懦,大权逐渐落入阿伊喜阿斯之手。
438	魏	• 魏诏罢沙门年五十以下者。 • 高句丽杀北燕主冯弘。 • 倭国王珍遣使献于宋,以为安东将军。 • 宋立儒、玄、史、文四学。	
439		• 魏主伐北凉。 • 沮渠牧犍降魏(北凉亡)北方统一,成南北朝对立。 • 魏徙凉州民三万余家于京师。 • 魏令崔浩、高允修国史。	• 真塞利赫陷西罗马北非首府迦太基,建汪达尔王国。
440		• 寇谦之自称老君复降,授魏主以太平真君之号,魏因是改元。 • 沮渠无讳降魏,凉州平。 • 宋青、兖、徐、冀发大水。 • 魏州郡民饥。 • 仇池氐王杨难当去大秦王号,复称武都王。	• 汪达尔真塞利赫率海军进攻西罗马。 • 波斯瓦拉兰五世卒(另说438年),子耶斯提泽德继位。
441		• 魏以沮渠无讳为酒泉王,沮渠万年为张掖王。 • 宋以刘义康都督江、交、广三州军事。	• 拜占庭海军舰队驶至西西里岛附近,进攻西西里的汪达尔海军,汪达尔舰队撤回北非。

公 元	（朝代）	中 国	外 国
		● 魏拔酒泉,沮渠无讳西走流沙。 ● 氐王杨难当侵宋扰蜀地。 ● 天门蛮向求等起事,破溇中,宋兵败之。	● 西罗马巴高达运动发展到西班牙,声势浩大。促成蛮族征服西班牙。
442		● 魏主拓跋焘受符箓。 ● 沮渠无讳将万余家弃敦煌,西据鄯善。李宝入据敦煌。 ● 宋攻占仇池,杨难当奔魏。 ● 沮渠无讳据高昌,奉表于宋,宋以为河西王。 ● 宋修鲁郡孔子庙、孔子墓及学舍。	● 西罗马修改 435 年与汪达尔签订之条约,将北非大部割与汪达尔。 ● 盎格鲁·撒克逊和朱特等族侵入不列颠。
443		● 宋诏有司尽力劝农,考核勤惰。 ● 乌洛侯国遣使通于魏。 ● 氐帅杨文德围仇池,自号仇池公,魏攻之,文德乞援于宋,宋拜为武都王。 ● 魏击柔然,无功而还。 ● 画家宗炳(375～443)卒,有《画山水叙》。	● 在罗讷河与索恩河流域建勃艮第王国。 ● 波斯王耶斯提泽德二世攻哒,获胜。
444	北	● 魏禁私养沙门巫觋及金银工巧之人。 ● 魏北部民五千余落杀官北走,遣兵追回,余众徙冀、定、相三州为营户。 ● 宋诏南徐、兖、豫及扬州浙江西属郡悉令种麦。 ● 魏主命太子晃主持国政,穆寿、崔浩、张黎、古弼辅政。 ● 刘义庆(403～444)卒,著有《世说新语》。	
445	宋 魏	● 魏进攻吐谷浑,慕利延逃往于阗,杀其王,据其地。 ● 宋从沔水沿岸迁万余口到建康。 ● 魏因鄯善封闭魏通西域的道路,进兵往攻。鄯善王降,西域复通。 ● 卢水胡人盖吴在杏城(今陕西黄陵西南)起义,称天台王。河东蜀(迁居河东的蜀人)薛永宗起兵响应。 ● 史学家宋范晔(字蔚宗,398～445)卒。著有《后汉书》纪、传共计九十卷(十志未及完成)。	● 两王之一的布里达卒,阿提拉成为匈奴唯一之王。雄武有才略,是匈奴在欧洲的极盛时期。
446		● 魏破盖吴于杏城。魏徙长安城内工巧二千家于京师。 ● 金城边固、天水梁会、略阳王元达等在上邽一带起兵反魏。 ● 盖吴复据杏城,自号秦地王。 ● 安定卢水胡刘超起兵,为魏将陆俟所杀。 ● 吐谷浑东还旧地。	
447		● 宋从元嘉七年铸四铢钱后,民多剪凿古钱,取铜私铸。 ● 思想家、数学家何承天(370～447)卒,著	● 匈奴阿提拉率军大掠拜占庭,攻掠城市及要塞七十余座,兵锋直达希腊北部和君士坦丁堡附近。

公 元	（朝代）	中 国	外 国
		有《报应问》、《达性论》等。 • 魏杀原北凉主沮渠牧犍。 • 魏徙定州丁零三千家于平城。	
448		• 杨文德居葭芦（今甘肃武都东南），武都等郡氐人都附之。魏兵往攻，文德兵败，奔汉中。 • 宋罢当两大钱。 • 魏以韩拔为鄯善王，赋役与内地相同。 • 魏兵攻破焉耆。焉耆王奔龟兹。魏攻龟兹。 • 魏攻柔然，不见敌而还。	• 拜占庭与匈奴签订屈辱和约，纳年贡增至黄金二千一百磅，又须先会黄金六千两以清偿旧欠。东罗马帝国之经济濒于破产。
449	北	• 宋文帝准备攻魏，群臣纷纷献策。 • 沔北山蛮攻雍州（治襄阳）境，沈庆之等破之。 • 宋募民数千家充实京口。 • 魏主攻柔然，处罗可汗败走，魏得民、畜百余万。柔然从此衰弱。	• 英国盎格鲁·撒克逊人、朱特人开始侵入不列颠，此后在东南部逐渐建立七王国。
450		• 沈庆之屡破雍州蛮，迁降人二万五千余户到建康为营户。 • 魏太武帝率十万众南侵，攻宋，围悬瓠（今河南汝南）。 • 宋遣王玄谟等大举攻魏，魏军救滑台，王玄谟退走。柳元景大败魏师于陕。 • 魏军大举南下，进至瓜步、临江而还。	• 西班牙皇帝瓦伦丁尼安三世之妹荷诺里阿斯欲夺其兄权，私以书信通知匈奴王阿提拉，以许嫁为条件招其来罗马。阿提拉遂率军西进。 • 拜占庭皇帝狄奥多西二世卒，妹丈马尔兴继为皇帝。
451	宋 魏	• 魏军北撤，攻围盱眙（今江苏盱眙北）。 • 魏以所俘宋民五万余家分置京畿一带。 • 宋青州民司马顺则起事，自称齐王，沙门司马百年应之，称安定王。后司马顺败卒。 • 魏军多疾疫，烧攻具撤兵。 • 魏命游雅、胡方回等改定律令。 • 宋史学家裴松之（字世期，372~451）卒。以注《三国志》闻名，注文比正文多三倍，创作注新例。	• 阿提拉率匈奴军和被征服各部落，侵入高卢北部。西罗马军统帅阿伊喜阿斯联合西哥特人、勃艮第人、法兰克人、阿兰人，大败匈奴军于卡塔劳尼安原野（今法国香槟）。 • 在小亚细亚的查尔西顿召开主教会议，会上斥责聂斯托利派。
452		• 宋诏诸镇尽力农事，随宜给种。 • 魏所虏宋民在中山者五千余家反，皆被杀。 • 魏中常侍宗爱杀太武帝拓跋焘，立南安王余，改元承平。魏南安王谋夺宗爱权，反被杀害。尚书源泉贺等杀宗爱，立太武帝孙濬，是为高宗文成帝。 • 魏恢复佛教，文成帝亲为沙门师贤等祝发。 • 魏废《景初历》，行《玄始历》。 • 吐谷浑王慕利延卒，拾寅立。宋封为河南王，魏封为西平王。	• 阿提拉率军侵入意大利，陷北意诸城。时匈牙利军中发生瘟疫，多瑙河上的留守部队又为拜占庭军队击溃，阿提拉被迫与西罗马讲和，匈奴退出意大利。

公元	（朝代）	中 国	外 国
453	北 宋 魏	•宋太子刘劭杀文帝及大臣徐湛之等而自立,改元太初。 •宋武陵王骏讨杀刘劭,自立为帝,为孝武帝。 •魏处死河间鄚民反者,十五以下男子没为生口。 •始凿云冈石窟,至525年完工。	•匈奴阿提拉染病身死,诸子争位,内战继起。
454		•宋铸四铢钱,盗铸云起,百货踊贵。 •宋江州刺史臧质等推南郡王义宣起兵,败死。 •宋始课南徐州侨民租。	•西罗马瓦伦丁尼安三世杀大将阿伊喜阿斯。 •匈奴与东哥特人、哲彼提人大战于尼德河畔,阿提拉长子伊拉科阵亡。被征服各部落乘机纷纷独立。
455		•魏遣尚书穆伏真等巡行州郡督察垦田。 •宋三吴民大饥。 •孝武帝下令裁减王侯的车服、器用等,以削弱王侯。	•将军阿维托于高卢称帝,后进入罗马,并为罗马议会及拜占庭所承认。 •汪达尔真塞利赫率舰队攻罗马城,获胜,汪达尔王国领有全部北非。 •波斯国王耶斯提泽德二世令亚美尼亚人放弃基督教改宗琐罗亚斯特教。
456		•宋令内外官有田在近道听遣所给吏僮附业。 •魏丁零数千家匿井陉山中反,旋败。 •魏破伊吾,大掠而还。 •诗人颜延之(字延年,384～456)卒。今存《颜光禄集》辑本。	•西罗马大将里齐麦尔推翻皇帝阿维托取得政权,西罗马政权从此完全落入蛮族雇佣军之手。
457		•魏侵宋兖州。 •宋复亲民官公田。 •宋土断雍州诸侨郡县,并三郡十六县为一郡。流寓之人都编入户籍。 •于阗、扶余等五十余国贡于魏。	•西罗马将军里齐麦尔立罗马旧贵族出身的美佐利安为皇帝。 •拜占庭皇帝马尔兴卒,握有军权的蛮族(阿兰人)军官阿斯巴尔立奥为皇帝,称利奥一世,色雷斯王朝的统治开始。 •勃艮第人在罗尼河与索思河流域建立勃艮第王国。
458		•宋诏军户免为平民。魏设酒禁,置候官以监民。 •魏以高允为中书令。 •宋于吏部置二尚书以分其权。 •魏大举攻柔然,刻石纪功而还。 •魏侵宋清口,为宋败。	•新罗纳祇王卒,子慈悲王继位。
459		•宋竟陵王诞据广陵反。 •诞失败被杀,广陵男子悉被屠,女子为军赏。 •肃慎献楛矢、石砮于宋。	•波斯王子腓鲁兹得哎哒人之助,杀其弟荷美斯达斯,自立为波斯王。
460		•魏河西胡反于石楼,寻降。 •魏攻吐谷浑,大掠而归。 •宋复置大司农官。 •倭国遣使献方物于宋。	•西罗马击败西哥特人,又拟征汪达尔人,消息泄露,为汪达尔王真塞利赫所败。

公　元	（朝代）		中　国	外　国
			●魏始于平城西武州塞凿云冈窟。	
461			●宋雍州刺史海陵王休茂起兵，败死。 ●宋制全国民户每年输布四匹。 ●宋诏令士族与工商杂户为婚者，皆补将吏，士族多避役逃亡。 ●魏每有发调，刺史常逼民借贷，富商借此营利。	●西罗马皇帝美佐利安卒，将军里齐麦尔立塞维拉斯为皇帝。 ●汪达尔人进攻西西里及意大利。
462			●宋恢复百官原俸。 ●侍中沈怀文屡以直谏忤旨，被杀。 ●孝武帝妃殷淑仪死，葬于龙山，凿冈通道数十里，民夫多死。 ●祖冲之奏上所造新历，纠正何承天《元嘉历》的错误，定一同归年为 365.2428 日。	
463	北		●宋申明"江海田地，与民共利"，命"严加检纠"私人占有山川的情况。 ●魏曾命凡良家子弟因饥寒卖为奴婢，检还其家。而买者多依靠势家拒不执行。重申此令，并规定若仍不检还，听其父兄上诉，以掠人罪论处。	
464		宋	●宋孝武帝卒，太子子业即位。以刘义恭为中书监，柳元景领尚书令。 ●柔然处罗可汗卒，子受罗部真可汗立。改元永康。部真侵魏，战败。 ●宋境内有州二十二，郡二百七十四。县一千二百九十九，户九十四万有奇。 ●宋东方诸郡连岁旱饥，饿死甚众。	●波斯腓鲁兹遣军击哌哒，与哌哒之战又起。 ●高卢中部地区属西罗马帝国，由于地域上、政治上相对独立，故又称为"西阿格留斯王国"。
465	魏		●宋铸二铢钱。宋开私铸，钱货散乱。 ●魏文成帝卒，子拓跋弘立。是为显祖献文帝。 ●宋柳元景谋立江夏王义恭，事泄，元景等先后皆被杀。 ●宋废帝杀新安王子鸾。 ●宋晋安王刘子勋举兵反于江州，诸州郡多应之。 ●阮佃夫等杀宋废帝，立刘彧为帝，是为明帝。	●西罗马皇帝塞维拉斯卒，此后两年无皇帝。将军里齐麦尔主持国政。
466			●晋安王在寻阳即位，改元义嘉。四方贡计皆归寻阳。 ●吴喜等平定三吴。 ●沈攸之等人入寻阳，杀晋安王。 ●魏兵南下彭城。宋张永、沈攸之进兵逼彭城。 ●诗人鲍照（字明远，约 414～466）在荆州被乱军所杀。著有《鲍参军集》。	●西哥特攸利克王在位时期，撰日耳曼最古之法典《攸利克法典》。

附
录
2

公 元	（朝代）	中 国	外 国
		• 高允、李欣请立学校,乃立郡学,置博士、助教、生员。	
467		• 魏起永宁寺,构七级浮屠,又造释迦立像。 • 魏在青州方面,连攻下数城,进围历城。 • 魏诏赐六镇贫民人布三匹。 • 宋复郡县公田。	• 西罗马拜占庭皇帝马尔兴之婿安提米阿率军进入意大利,任西罗马皇帝。 • 安提米阿大举征汪达尔,败绩。
468		• 魏破历城,崔道固降。 • 魏攻东阳,沈文秀拒之。 • 宋以萧道成代沈攸之为南兖州（治广陵）刺史。 • 魏徐州司马符反,自称晋王。	
469	北	• 魏从天安以来,连年饥旱,加以用兵,赋役繁重,至此定贫富三等输租法,除旧杂调。 • 魏徙青齐民户于平城,置平齐郡以处之。 • 魏破东阳,俘沈文秀。 • 魏遣使与宋修好。自是南北岁有使者往来。	
470		• 宋命萧道成从广陵移镇淮阴。 • 宋立总明观,设祭酒一人,儒、玄、文、史学士各十人。 • 柔然部真可汗攻魏,大败。 • 百官不给俸禄,张白泽谏,乃取消新令。	
471	宋 魏	• 魏军逃亡者众,诏重申律令。 • 宋以袁粲为尚书令,褚渊为左仆射。 • 魏西部沃野、统万二镇敕勒反魏,太尉源贺破之。 • 魏献文帝传位于太子宏,是为高祖孝文帝,献文帝称太上皇。 • 魏高阳封辨自号齐王,起兵失败。 • 宋明帝杀诸弟休祐、休仁、休若等。	• 西罗马皇帝安提米阿阴谋诛除里齐麦尔,里齐麦尔举兵于米兰。 • 拜占庭皇帝利奥一世杀拥有军权的蛮族军官阿斯巴尔。
472		• 宋大阳蛮首领桓诞率沔水（今汉水）以北八万余落降魏,魏封诞为襄阳王。 • 宋明帝卒,太子昱即位,是为苍梧王,年十岁,袁粲、褚渊辅政。 • 荆州刺史沈攸之压迫群蛮,激起反抗。蛮众进至武陵城下,被宋兵所败。 • 柔然两次攻扰魏边,被击败。	• 里齐麦尔围罗马城,克罗马,杀皇帝安提米阿,立罗马大贵族奥林布留为皇帝。里齐麦尔卒。皇帝奥林布留卒。 • 汪达尔大败入侵的东、西罗马联军。 • 利西末围攻罗马城,城陷杀安提米阿,立俄利布利斯为帝。
473		• 魏命守令劝课农事,令贫富通借牛只;又定守令治盗升迁之制。 • 魏以孔子二十八世孙乘为崇圣大夫。 • 柔然侵魏,柔玄镇二部敕勒应之。 • 刘举以宗教聚众反魏,称天子,失败被杀。 • 宋王俭撰《七志》书成。	• 西罗马里齐麦尔之子干多巴德立格里西里阿斯为皇帝。拜占庭不予承认,另立尼波斯为西罗马皇帝。

公　元	（朝代）		中　国	外　国
474	北	宋	• 宋桂阳王休范反，萧道成击斩之。 • 魏初罢门房同诛之律。 • 宋以萧道成为中领军，与袁粲、褚渊、刘秉同执政。 • 魏州镇十三大饥。 • 魏征吐谷浑军反于句律城，首者千人被杀。 • 柔然攻魏，被击退。	• 拜占庭遣军送尼波斯至西罗马登帝位，擒西罗马皇帝格里西里阿斯，令其作主教。皇帝利奥一世卒，其婿苏里亚人之吉诺继为皇帝。 • 狄奥多里克为东哥特人之王，史称"狄奥多里克大王"。
475			• 萧道成以张敬儿为雍州刺史，以防荆州刺史沈攸之。 • 魏禁杀牛马。 • 吐谷浑献于宋。	• 西罗马总司令俄勒斯提斯逐皇帝尼波斯，立己之子罗慕路·奥古斯都为皇帝，自掌大权。
476			• 魏武邑民宋伏龙反，称王，失败被杀。 • 魏冯太后杀拓跋弘，以太皇太后复临朝称制。 • 宋建平王景素反于京口，为萧道成击杀。	• 日耳曼雇佣军官奥多亚克发动政变，擒杀总司令俄勒斯提斯，废黜皇帝罗慕路·奥古斯都，未再立皇帝。西罗马帝国灭亡。奥多亚克自立为王，建奥多亚克王国。
477		魏	• 魏略阳民王元寿聚众反，称冲天王，旋败。 • 魏诏一夫制治田四十亩，中男二十亩。 • 萧道成杀宋后废帝，立安成王准，自为司空领尚书事。 • 魏怀州民伊祁苟初自称尧后，反于重山，未几败死。 • 宋荆州刺史沈攸之举兵讨萧道成。宋袁粲讨萧道成，败死。	• 撒克逊人之一部于东南沿海登陆，建苏塞克斯（南撒克逊）王国。 • 汪达尔真塞利赫卒，长子匈勒利克继为王。 • 拜占庭皇帝吉诺击溃僭位者巴西利卡斯。 • 撒克逊酋长伊拉率其族人在英格兰东南海岸登陆，建苏塞克斯王国。
478			• 宋沈攸之军溃走死。宋萧道成自为太尉，都督十六州军事。 • 魏减置侯官四百人。禁皇族、贵戚及士民与百姓为婚。 • 魏州郡二十余水旱，民饥。	• 拜占庭吉诺与东哥特人战。
479			• 四月，宋顺帝被迫禅位，萧道成称帝，改国号称齐，宋亡。 • 齐以陈显达为中护军，王敬则为南兖州刺史。 • 齐禁滥募部曲。 • 契丹莫贺弗勿于帅部落万余口入附于魏，居白狼水东。	
480		南 齐	• 魏洮阳羌反，旋败。魏雍州氐齐男王反，杀美阳令。 • 齐以褚渊为司徒，王俭为尚书左仆射。 • 魏攻齐寿阳被击却。 • 魏兰陵民桓富杀其县令，推司马朗之为主，求援予齐。 • 魏州镇十八水旱，民饥。	• 法国禁止女子有继承权，即滨海法兰克族之法律。因有土地之人须服兵役，女子不能服兵役，故不能承继。 • 勃艮第国王贡多巴德约于此年即位，王国进入极盛时期。 • 英国南撒克逊王国约建于是年。

公 元	(朝代)		中 国	外 国
			• 祖冲之著《九章术义注》,推算出圆周密率为 355/113,推算出圆周率 π 值在 3.1415926 和 3.1415927 之间,领先欧洲一千多年。	
481			• 魏攻齐淮阳,围角城,被齐援军所败。 • 魏兵屡败,淮北反魏义军亦败,战事渐停。 • 魏沙门法秀谋在平城起事,被捕杀。 • 魏徐州刺史薛虎子建议屯田,在彭城积谷。 • 魏中书令高闾制定新律。 • 高车灭高昌阚氏,立张明为高昌王。国人杀明,立马儒为王。 • 吐谷浑王拾寅卒,子度易侯立。	• 克洛维继其父希尔得里克为萨利克法兰克人之王,从此逐渐向高卢发展。 • 西哥特攸利克王继续向高卢发展,从意大利奥多亚克手中夺得普罗温斯。 • 波斯于里海北岸为贵霜军击败。
482			• 齐高帝卒,太子颐即位,是为世祖武帝。褚渊、王俭辅政。 • 褚渊卒。 • 齐曾置学生二百人,后因"国哀"罢国子学。	• 拜占庭吉诺公布教义调和方案,企图调和正教派与一性派之间的矛盾,遂引起与教会的决裂。
483	北	南	• 齐定地方官任期为三年。旧制六年,宋末改三年,称为小满,至是定为制度。 • 武帝以旧怨杀散骑常侍荀伯玉、五兵尚书垣崇祖、车骑将军张敬儿等。 • 崇祖拒魏兵屡有战功。	• 罗马教廷非力克斯三任罗马教皇,拜占庭君士坦丁堡大主教阿开喜阿斯宣布将其驱逐出教。 • 拜占庭与东哥特之战结束,东哥特人自此以非正规军身份定居于麦西亚省。
484			• 齐以竟陵王子良兼司徒。 • 封中书舍人茹叔亮为望蔡男。 • 中书舍人有四人,各住一省,年纳贿赂数百万。 • 魏始"班禄"(给官俸),每户增帛三匹、谷二斛九斗,以供百官之禄;另增调外帛二匹。给禄之后,赃满一匹者死。	• 西哥特攸利克卒,子阿拉里克二世继为王。 • 汪达尔匈勒利克卒,贡达蒙德继为王。
485	魏	齐	• 魏令诸王入馆就学。 • 齐以王俭为国子祭酒。 • 魏诏自太和六年以来定、冀、幽、相四州被卖为奴者,各遣还所亲。 • 魏用李冲议颁均田制。 • 魏京师州镇十三水旱。	• 波斯沃拉卡西斯卒,子库巴德一世继位。库巴德在位时,波斯社会阶级矛盾日趋尖锐,马资达克创立新说。主张人类应平等,不应有贫富之分,要求彼等将财富分给贫民。
486			• 唐寓之称帝于钱塘,国号吴,年号兴平,众至三万人,军败被杀。 • 魏清户籍,立乡党三长法。 • 魏始制五等公服。魏改中书学为国子学。	• 克洛维于苏瓦桑(高卢北部)击败罗马高卢统帅西埃格利乌斯,占领索姆河与罗亚尔河之间土地,建法兰克王国,都苏瓦桑。
487			• 齐军败魏师,取舞阳。 • 魏秦州民饥。魏诏听民出关就食。 • 柔然侵魏大败,自是衰。 • 高车阿伏至罗率部十万落西走,后于西域建国称王。	

公 元	（朝代）		中　国	外　国
488	北	南	• 魏孝文帝诏罢尚方锦绣绫罗之工,任民制造。 • 魏重修国书,改编年为纪、传、表、志。 • 魏诏六镇、云中、河西及关内六郡各修水田,通渠灌溉。 • 齐三吴水潦为灾。 • 齐王俭、贾渊撰《百家谱》。 • 沈约撰《宋史》。	• 拜占庭散诸惧东哥特人为患,诱使狄奥多里克向意大利发展,进攻奥多亚克。 • 东哥特狄奥多里克王出征意大利。
489			• 魏兖州民王伯恭自称齐王,据劳山反,失败。魏立孔子庙于京师。 • 魏遣使聘齐。 • 齐聘于魏。 • 范缜不信佛,著《神灭论》。	
490			• 齐放魏俘两千人还。 • 魏初定起居注。 • 魏沙门司马惠卿自称圣王,谋据平原郡,失败被擒。 • 魏冯太后卒,孝文帝始亲政。 • 吐谷浑王度易侯卒,子伏连筹立。 • 齐封济王牟大为镇东大将军、百济王。	• 勃艮第贡多巴德王约于此时集习惯法之大成,编成成文法典,称《贡多巴德法典》。
491			• 魏大定官品,考诸牧守。 • 魏置左右史官。 • 魏罢诸杂神之祀千二百余处。 • 齐修订律注的新律成书。	• 东哥特狄奥多里克于意大利北部大败奥多亚克,奥多亚克退据拉温那,设险固守。 • 拜占庭皇帝吉诺卒,元老贵族拥立阿那斯塔希为皇帝,称阿那斯塔希一世。
492	魏	齐	• 魏颁新律。 • 魏制诸远属非太祖子孙为王者,皆降为公。 • 魏改谥孔子为文圣尼父。 • 吐谷浑遣子入朝于魏。 • 魏败柔然于大碛。 • 柔然杀伏名敦可汗。立其叔那盖为候其伏代库者可汗,改元太安。	• 罗巴教吉拉修一世登罗马教皇位,公开宣称不受皇帝及宗教会议束缚,倡教会权力高于世俗帝王权力说。
493			• 齐建康僧法智与徐州民周盘龙据州城反,未几败死。 • 魏议迁都洛阳。旧人不愿南迁,但因惮于南伐,不敢反对。 • 齐武帝卒,太孙昭业立。 • 魏营洛阳。王肃降魏,见魏帝于邺,以之为辅国将军。 • 魏诏立僧制四十七条。	• 法兰克克洛维娶勃艮第公主克罗提尔达(奉基督教)为妃。 • 东哥特狄奥多里克陷奥多亚克据守之拉温那,奥多亚克王国灭亡,狄奥多里克于意大利建东哥特王国。
494			• 魏君臣于平城议迁都。迁都洛阳。魏禁胡服。 • 齐萧鸾杀萧昭业,立新安王昭文,自专国政。	

公 元	（朝代）		中　国	外　国
495	北	南	• 萧鸾大杀齐诸王。魏初行三载考绩法,魏帝亲临朝堂黜陟百官。 • 萧鸾废昭文自立。 • 魏攻齐锺离,不克。 • 魏围齐南郑,败。 • 魏帝至鲁城,作祭岱岳文,祀孔子,封其后嗣。 • 魏禁鲜卑语于朝。 • 魏选武勇之士十五万人为羽林虎贲,以充宿卫。 • 魏立国子、太学、四门小学于洛阳。	• 撒克逊人之一部占领英格兰南部沿海部分地区,建威塞克斯(西撒克逊)王国。
496			• 魏诏改拓跋为元氏,定族姓,清流品。魏太子恂以反迁都被废为庶人。 • 魏诏以代迁之士皆为羽林虎贲。 • 魏开盐池之禁。 • 魏恒州刺史穆泰以不乐南迁,谋反事泄。 • 魏置常平仓。	• 克洛维率法兰克人皈依罗马基督教。 • 汪达尔贡达蒙德王卒,塞勒萨蒙德继为王。
497			• 魏诛穆泰。 • 魏赐元恂死。 • 魏发冀、定、瀛、相、济五州卒三十万谋南征。 • 魏南侵齐。魏梁州羌反。 • 高昌王马儒欲全国内迁,被部下所杀。	
498	魏	齐	• 魏拔新野,齐沔北守将皆弃城走。 • 齐明帝杀高帝、武帝子孙十王。 • 齐大司马王敬则反,败死。 • 齐萧衍为雍州刺史。 • 齐明帝卒,太子宝卷即位,是为东昏侯。 • 魏仆射李冲死。	• 波斯库瓦德一世因接受马资达克派教义,被贵族及祆教僧侣废黜,禁锢于胡吉斯坦的"遗忘堡"。其弟查马斯波被立为王。
499			• 齐攻魏马圈、南乡失败。 • 魏孝文帝卒于军中,太子恪即位。 • 齐东昏侯杀萧坦之等。 • 魏幽州民王惠定反,失败被杀。 • 齐陈显达反,败死。 • 魏元景始建义县万佛石窟。 • 诗人谢脁(字玄晖,464～499),著作今存《谢宣城集》辑本。	• 拜占庭原从南俄草原移居于比萨拉比亚之保加尔人,侵入色雷斯。
500			• 齐豫州刺史裴叔业以寿阳降魏,病死,魏军入寿阳。 • 齐崔慧景奉江夏王宝玄反,攻建康,败死。 • 齐陈伯之攻魏寿阳,大败,失淮南地。 • 魏齐州民柳世明反。 • 齐东昏侯杀尚书令萧懿。 • 天文学家、数学家祖冲之(字文远,429～500)卒。精确推算圆周率,编《大明历》等。	• 爱尔兰自是世纪初至8世纪末,为爱尔兰盛行寺院制度时代。 • 法兰克克洛维征服勃艮第王国,强迫其纳贡。

公　元	（朝代）		中　国	外　国
501	南 齐		●齐南康王萧宝融在江陵即位,改元,以是为和帝。 ●萧衍都督征讨诸军事、假黄钺。 ●雍州刺史张欣泰等在建康谋废东昏侯,立建康王宝寅,事败而死。 ●魏发畿内民五万筑洛阳城坊,四旬而罢。 ●萧衍围建康,后入建康,自为大司马。	●波斯前王库巴德一世复位后,严禁马资达克教,联合贵族共同镇压马资达克起义。
502			●四月,萧衍称帝,改国号称梁,为梁高祖武帝,建元天监。齐亡。 ●魏徙蛮万余户于幽并及六镇。 ●梁大旱,米斗五千,民多饿死。 ●梁益州刺史刘季连据成都反。 ●刘勰《文心雕龙》书成。	●拜占庭阿那斯塔希一世与波斯战。约自是时前后始,色雷斯·巴尔干半岛爆发"斯卡马尔"起义。
503	北 魏		●蔡法度等修成梁律、令、科,诏令施行。 ●成都粮尽,刘季连降,至建康,免为庶人。 ●魏扬州刺史任城王澄与萧宝寅、陈伯之等攻梁。元英围梁义阳。 ●魏复禁盐池,收利归官。	●波斯进攻拜占庭之西亚领地亚美尼亚、阿米达、狄奥多西波尔等地。
504	南		●魏破东荆州蛮樊季安等。又击东荆州蛮樊素安,诸蛮皆降。 ●魏元英陷梁义阳。 ●柔然攻扰魏沃野(今内蒙古五原北)、怀朔(今固阳南)二镇,魏援军至云中,柔然退走。 ●魏筑九城于北边,置兵戍守。 ●魏罢郡中正。魏大开淮滨屯田。 ●魏学业大盛,教授者不可胜数,弟子多者千余人,少亦数百。	
505	魏	梁	●梁武帝兴学,置五经博士,广招生徒,又派博士祭酒巡州郡立学。 ●魏军入剑阁,梁州十四郡皆入于魏。 ●梁蛮帅沔东太守田青喜降魏。 ●梁大举伐魏,以临川王宏为都督。 ●文学家江淹(字文通,444～505)卒。著作今存《江文通集》辑本。	●哒哒入侵波斯,与之战。与拜占庭讲和。
506			●魏破武兴(今陕西略阳),俘杨绍先。氐王杨氏亡。 ●魏秦州屠各王法智聚众,推主簿吕苟儿为主,改元建明,攻州郡。 ●泾州民陈瞻聚众称王,改元圣明。 ●柔然库者可汗卒,子伦汗可汗立,改元始平。	●西哥特阿拉里克二世据罗马法典编纂《法律要略》后人称其为《阿拉里法律要略》。
507			●梁韦睿等大破魏军于钟离,魏军死伤十余万,被俘五万。 ●魏中山王英以军败罪除名。	●法兰克克洛维击败西哥特军于伏龙镇,西哥特王阿拉里克二世卒,西哥特人退据比利牛斯半岛。

公　元	（朝代）		中　国	外　国
508	北	南	• 魏开斜谷旧道以通梁、益。 • 梁荆州刺史萧秀以巴陵马营蛮在沿江反抗甚烈,派兵烧毁林木,蛮失其险,活动渐稀。 • 梁开山泽之禁。 • 魏诏僧侣犯杀人罪者依俗断,余犯付僧官以僧制处。 • 魏中山王英复率军南下,攻三关。 • 柔然伏汗可汗被高车袭杀,子豆罗伏跋豆伐可汗立。 • 文学家任昉(字彦升,460～508)卒,作品今存《任彦升集》辑本。	• 拜占庭筑色雷斯长城以御东哥特人。 • 法兰克克洛维唆使里普阿勒法兰克王子克罗德利克,杀其父西格伯特。克洛维,又杀克罗德利克,里普阿勒法兰克人遂亦拥克洛维为王。法兰克人两支至此遂统一。自苏瓦桑迁都巴黎。
509			• 魏军复拔三关(武阳关、平靖关、黄岘关)。 • 梁破魏军于潺沟。 • 魏诏太常卿刘芳造乐器。 • 魏宣武帝亲讲佛经,西域沙门三千余人集洛阳。洛阳佛教大盛。 • 梁雍州兵击魏兵,破之。	
510			• 梁武帝到国子学,亲临讲肄,令太子以下及王侯之子都入学。 • 颁行祖冲之所订《大明历》。 • 宣城郡吏吴承伯以迷信聚众,攻杀郡守,转战到吴兴,败死。 • 魏秦州僧刘光秀谋起事,被捕杀。 • 魏中山王英死。 • 魏诏在京师立馆,命医署收治病人。	• 西哥特自507年伏龙镇战役失败后,至此完全退入西班牙。 • 法兰克王国都城自苏瓦松迁至巴黎。 • 西哥特王国,在高卢失败后,退入西班牙。
511	魏	梁	• 梁琅雅邪人王万寿杀太守,据朐山(今江苏连云港西南)降魏。 • 魏汾州胡刘龙驹攻夏州(今内蒙古乌审旗南白城子)败死。 • 魏青、齐、徐、兖四州民饥。	• 克洛维于奥尔良召开宗教会议,制定宗教法规,反映法兰克国家建立之初,即具有封建神权统治者之特征。 • 西班牙西哥特王阿拉里克二世之子阿玛拉里克继位。迁都托勒多。
512			• 魏大饥,令饥民就食燕、恒、六镇等边郡。 • 魏以尚书令高肇为司徒。 • 宣武帝令赶筑国子学及太学、四门学。 • 梁修《五礼》成,共八千零一十九条。	
513			• 梁郁州人徐道角杀青、冀二州刺史降魏,旋败死。 • 文学家沈约(字休文,441～513)卒。著有《宋书》今另存《沈隐侯集》辑本。 • 恒(今大同东北)、肆地震,寿阳大水入城,房屋均没。	• 憍陈如阇耶跋摩卒。庶子留陀跋摩杀嫡弟,自立为王。
514			• 魏蛮帅田鲁生等附梁,取光城以南诸戍。	

公 元	（朝代）		中 国	外 国
			●魏破田鲁生等，复取诸戍。 ●魏幽州沙门刘僧绍反，自号净居国明法王，旋败死。 ●梁发役人及战士兵二十万人，筑淮堰。 ●魏于骊山、白登二地置银官。 ●中国针灸传至朝鲜。	
515			●魏宣武帝卒，太子诩立，为肃宗孝明帝。 ●魏杀司徒高肇。 ●魏复百官禄蠲绵麻税。 ●梁淮堰溃，复筑之，沉铁数千万斤。 ●魏梁州、秦州氐反。 ●魏孝明帝母胡太后临朝。	
516	北	南	●魏败梁军，东益州复入于魏。 ●淮堰坏，缘淮城戍村落十余万口，皆漂入海。 ●魏修伊阙，作石窟寺（龙门）。 ●柔然伏跋可汗西攻高车，大破之，柔然复强。	●一批不列吞人自英格兰渡海移至阿尔摩里克半岛，故称此地为不列塔尼半岛。 ●勃艮第国王冈多巴特卒，其子西格斯蒙德继位。在其统治地区确立了基督教的教义以取代阿里乌教派的主张。
517			●魏大乘余众复起攻瀛洲。旋败。 ●魏诏代都未迁者听留居为永业。 ●梁主敕废境内道观，道士皆还俗。 ●魏自永平三年禁用不合准式之钱以后，各地所用之钱不同，商贾不通，准兼用太和五铢钱、新铸五铢及通行古钱。河北钱少，仍兼用缣、布代钱。	
518	魏	梁	●魏秦州羌反。东益州氐反。 ●魏补三体石经。 ●魏河州羌却铁忽反，自称水池王。后降魏。 ●波斯、疏勒诸国遣使至魏。 ●魏遣沙门惠生与敦煌人宋云赴西域取经。 ●诗人何逊（字仲言，？～约518）卒。作品今存《何记室集》辑本。 ●文学批评家钟嵘（字仲伟，约480～约518）卒。著有《诗品》。	●拜占庭皇帝阿那斯塔希一世卒，元老贵族拥立高级军事将领查士丁为皇帝，称查士丁一世。查士丁尼王朝的统治开始，拜占庭帝国进入全盛期。
519			●魏改选法，排抑武人，使不得入清品。 ●魏羽林虎贲起事，烧杀张仲瑀父张彝。 ●魏瀛洲民刘宣明谋起兵，事觉逃亡。 ●苏州枫桥镇寒山寺始建于梁天监年间，名妙明普利塔院。 ●梁慧皎作《高僧传》。	●英格兰不列吞人与撒克逊人战，败绩。
520			●柔然内乱，伏跋可汗被杀，弟阿那瓌立，被族兄示发所败。阿那瓌奔魏，魏立为蠕蠕王。	●英格兰不列吞人大败撒克逊人于巴顿山（在今多尔塞特郡）。

附
录
2

公 元	（朝代）		中 国	外 国
			• 魏侍中元叉杀清河王怿，幽胡太后。 • 以高阳王雍为丞相，与元叉同决庶务。 • 中山王熙在邺起兵讨叉、腾，败死。 • 文学理论批评家刘勰（字彦和，约465～约532）卒。著有《文心雕龙》。	
521			• 魏南秦州氐反。 • 魏送阿那瓌还国，受一部分部落拥护，置之于怀朔镇北。 • 郦道元《水经注》（四十卷）书成，是最早的综合性地理著作。 • 婆罗门被高车余部伊匐打败，率部落到凉州附魏。居旧西海郡（在内蒙古额济纳旗）。	
522	北	南	• 魏宋云与惠生从西域取经一百七十余部至洛阳。 • 魏行《正光历》。 • 柔然弥偶可社句可汗叛魏，被魏军擒获。 • 梁司马达等人入日本传佛教。	
523			• 柔然阿那瓌扰魏败还。魏李崇改镇为州，不果。 • 怀朔镇民杀镇将于景。 • 沃野镇民破六韩拔陵反，改元真王，杀镇将，诸镇响应。 • 梁尽罢铜钱，改铸铁钱。 • 魏伊阙佛龛部分造成，用工十八万二千。	• 汪达尔塞勒萨蒙德卒，希尔得里克继为王。希尔得里克崇信罗马基督教，自此正统教派在北非复兴。
524	魏	梁	• 魏高平镇民起义，推敕勒（高车族）首领胡琛为王，以应拔陵，旋战败北走。 • 秀容和南秀容牧民起义，酋长尔朱荣镇压起义，并乘机扩充兵力。 • 营州民就德兴起义，称燕王。 • 梁武帝见魏乱，出兵攻魏。	• 法兰克克洛维第三子罗多米尔卒，其兄弟三人瓜分其领地。 • 东哥特著名罗马唯心主义哲学家波伊细阿斯为东哥特王狄奥多里克所杀。 • 波斯与拜占庭之战又起。
525			• 魏徐州刺史元法僧称帝，降梁。 • 柔然阿那瓌自称敕连头兵豆伐可汗，助魏击拔陵。 • 魏杀尚书令元叉，胡太后复临朝。 • 万俟丑奴大败魏于安定，杀崔延伯。 • 西部敕勒酋长乜列河叛拔陵降魏。阿那瓌破拔陵，魏置二十万降众于冀、定、瀛三州就食。	• 埃塞俄比亚攻占阿拉伯也门地区。
526			• 魏安州石离等三戌兵反应洛周。 • 魏五原降户鲜于修礼率北镇流民反于定州之左城，建元鲁兴。 • 魏西部敕勒斛律洛阳反于桑乾西，寻被尔朱荣破。 • 元洪业杀鲜于修礼，降魏。葛荣复杀洪业	• 东哥特狄奥多里克卒，孙阿色拉里克继为王。 • 东哥特王狄奥多里克物故后，东西两哥特王国自此分离。

公　元	（朝代）		中　　　国	外　　　国
			自立,称帝,国号齐,建元广安。	
527			●魏萧宝寅攻起义军,企图割据,在长安称齐帝,建元隆绪。 ●梁武帝建同泰寺,亲自到寺舍身。 ●魏齐州广川民刘钧、清河民房须反,先后被破。 ●地理学家郦道元(字善长,约470～527)在关中被萧宝寅所杀,著有《水经注》。	●拜占庭皇帝查士丁一世卒,其侄查十丁尼继位。东罗马一度呈现繁荣景象。
528	北　南		●萧宝寅被魏军击败,投奔万俟丑奴。 ●魏孝明帝召尔朱荣兵,以威胁太后。太后毒杀孝明帝,立幼主钊,年三岁。 ●尔朱荣从晋阳出兵到河阳,立长乐王子攸为帝,是为敬宗孝庄帝。 ●荣弱杀胡太后与元钊,在河阴杀丞相高阳王雍以下二千余人。 ●万俟丑奴称帝,年号神兽。	●拜占庭查士丁尼任命贝利撒留为大将,与波斯进行战争。宣布取消阿利乌斯教派、犹太教和一切异教。 ●波斯战胜拜占庭帝国。后拜占庭在培利塞留指挥下于达拉城击败波斯。
529			●魏元天穆破刑杲于济南,杲投降被杀。 ●元颢在睢阳城南即位,改元孝基。 ●元颢败死。陈庆之南逃。 ●魏铸永安五铢钱。 ●万俟丑奴攻陷东秦州。 ●梁北兖州僧强反,称帝,土豪蔡伯龙应之,陷北徐州,旋败死。	●罗马教廷的意大利贵族出身的本尼狄克于在蒙特·卡西诺建修道院——蒙特·卡西诺修道院。 ●拜占庭查士丁尼颁布第一部法典。《查士丁尼法典》。 ●波斯王子科斯洛埃斯诱骗马资达克起义领袖和几百名骨干分子到泰西封将其全部杀害。
530	魏　梁		●魏尔朱天光攻万俟丑奴,在平凉擒丑奴;进破高平,擒萧宝寅。二人都在洛阳被杀。 ●万俟道洛以余部投略阳人王庆云,庆云在水洛城称帝。 ●魏孝庄帝杀尔朱荣于殿上。 ●尔朱世隆、尔朱兆立长广王晔为帝,改元建明。兆兵入洛,执孝庄帝归晋阳而杀之。	●朱特人占领英格兰南方海中之怀特岛。 ●拜占庭大将贝利撒留于达拉击败波斯军。 ●拜占庭皇帝与埃塞俄比亚王阿克苏姆缔结同盟,拟通过红海维持与东方之贸易。
531			●魏尔朱世隆废长广王晔,立广陵王恭,是为节闵帝。帝下诏只称"帝",不称"皇帝"。 ●幽、安、营、并四州行台刘灵助自称燕王,假托图谶,谓"刘氏当王"。魏侯渊等击斩之。 ●高欢到山东,居信都,申明纪律,以收众心。 ●时尔朱氏残暴,官吏士民都畏而恨之。 ●高欢立勃海太守元朗为帝,是为后废帝。 ●梁武帝两次到同泰寺讲经。 ●萧统(字德施,501～531)卒。有《昭明太子集》。	●法兰克征服图林根人。 ●西哥特王阿玛拉里克与法兰克人作战中阵亡,修底斯继为西哥特王。 ●汪达尔希尔得里克被废,其从兄弟赫利默被立为王。 ●波斯国王库巴德一世卒,子科斯洛埃斯一世继位,萨珊王朝进入全盛期。
532			●魏高欢拔邺城。尔朱兆、尔朱仲远等攻邺,大败。部将贺拔胜降高欢。斛斯椿杀尔朱世隆等,以洛阳降魏。尔朱仲远奔梁。	●诸王于奥坦之战中击败勃艮艮第人。 ●罗马基督教僧侣狄奥尼西·埃克西鸠阿斯约于此时倡议,以耶稣诞生之年为纪元之

公元	（朝代）				中 国	外 国
	北				• 贺拔岳率宇文泰等杀尔朱显,以长安降欢。高欢废节闵帝与后废帝,立平阳王脩,是为孝武帝。孝武帝以高欢为大丞相。 • 欢于晋阳建大丞相府。 • 魏两废帝与东海王晔先后被杀。	始。后渐为世界多数国家所采用。 • 拜占庭君士坦丁堡爆发尼卡起义。
533	魏				• 高欢杀尔朱兆。魏孝武帝诛同乾。 • 高车阿至罗种十万户附于魏。 • 魏青州民耿翔反,降梁。 • 魏东徐州城民王早等杀刺史降梁。 • 魏以贺拔胜为雍州刺史。侵雍州,扇动诸蛮,沔北为墟。	• 拜占庭查士丁尼公布法典第二部分《法学汇集》及第三部分《法理概要》。 • 拜占庭军队在得齐姆击败汪达尔人。 • 波斯与拜占庭议和,缔结永久和平条约。
534		南			• 贺拔岳为侯莫陈悦所杀,宇文泰统领岳众。 • 宇文泰破侯莫陈悦,悦自杀。氐、羌、吐谷浑之众尽降泰。 • 魏孝武帝兵败奔长安投宇文泰。 • 十月,高欢于洛阳立清河王世子善见为帝,史称东魏。 • 东魏迁都于邺。 • 闰十二月,宇文泰杀魏孝武帝,北魏结束。	• 法兰克奥斯达拉西亚王狄奥多里克一世卒,狄奥得伯特一世继位。 • 汪达尔国王赫利默向贝利撒留投降,汪达尔王国灭亡。原属汪达尔的萨丁尼亚、科西嘉及地中海诸岛皆为拜占庭所占有。 • 东哥特阿色拉里克王卒,其从叔狄奥得都被选为王。
535	西	东			• 正月,宇文泰立元宝炬为帝,改元大统,史称西魏。 • 梁司州刺史陈庆之攻东魏豫州,无功。 • 梁鄱阳鲜于琮以迷信聚众起事,改元上愿。不久,败死。 • 西魏丞相宇文泰定新制二十四条。 • 东魏拆毁洛阳宫殿,将材料运往邺城。 • 东魏与柔然头兵可汗和亲。	• 拜占庭大将贝利撒留于西西里岛登陆,另一将军孟德占领东哥特所属之达尔马提亚。拜占庭侵略东哥特的战争开始。 • 北非奥雷斯山区居民反东罗马起义。
536			梁		• 贺拔胜等得魏武帝许可,北还到长安。 • 东魏侯景侵梁楚州,进军淮上,被梁陈庆之所败。 • 东魏高欢出兵攻西魏,时两魏关中大饥,人相食,死者什七八。 • 医学家陶弘景(字通明,456～536)卒。著有《本草经集注》、《药总诀》。 • 目录学家阮孝绪(字士宗,479～536)卒,著有《七录》。	• 法兰克巴黎王希尔得伯特约于此时颁布法令,对谋杀、抢劫处以死刑。 • 拜占庭大将贝利撒留占领西西里岛、意大利南部和罗马城。东哥特人废狄奥得都王,推选军人维提海斯为王。 • 埃及亚历山大里亚人反对东罗马的宗教政策而起义。
537	魏	魏	魏		• 高欢与宇文泰两战皆败。高欢三路逼关中,宇文泰击败东魏骁将窦泰,泰自杀,欢即东撤。 • 西魏攻东魏,取恒农。宇文泰在沙苑(今陕西大荔)大破东魏军,欢丧甲士八万。 • 西魏军东进,入洛阳,河南诸郡多降。 • 史学家萧子显(字景阳,489～537)卒。著有《南齐书》,又有《后汉书》,今佚。	• 东哥特维提海斯围攻贝利撒留于罗马,败绩。 • 拜占庭查士丁尼及其后狄奥多拉于君士坦丁堡所建之圣索菲亚大教堂落成。

公元	（朝代）	中　国	外　国
538		● 东魏侯景与西魏争河南,围金墉城,烧洛阳内外官寺民居,存者什二三。西魏宇文泰援洛阳,战于邙山。西魏军先败,宇文泰几落敌手。 ● 关中东魏战俘起兵,被泰所灭。 ● 东魏高欢陷金墉,毁城而去。 ● 西魏兵袭取洛阳等地。 ● 东魏禁牧守令长擅立寺庙,时东西魏有寺三万余;民避赋役,多为僧尼,至二百万人。	● 拜占庭第二批军队进入意大利,占领许多城市,东哥特王维提海斯被迫自罗马城撤走。
539		● 梁以何敬容为尚书令。 ● 晋、宋以来,宰相都以文义自逸,敬容独亲自批阅文书,终日忙碌,为时俗所笑。 ● 西魏丞相宇文泰在行台置学,从丞郎、府佐中选取学生,令白天治公务,晚就学。 ● 东魏发畿内十余万人城邺,四十日罢。	● 法兰克人又攻意大利,自东哥特人手中夺取北部威尼西亚地区。 ● 匈奴人再度蹂躏巴尔干半岛。
540	西　东　南	● 西魏铸五铢钱。 ● 柔然侵西魏。 ● 吐谷浑献于梁。 ● 吐谷浑遣使假道柔然,到达东魏。时伏连筹已卒,子夸吕立,称可汗,居伏俟城(在青海湖西)。	● 拜占庭军队围攻东哥特人据守的拉温那,维提海斯坚守六个月,因无任何外援,被迫投降,东哥特人拥立狄奥得巴得为王。 ● 波斯人侵入叙利亚,攻克拜占庭第二大城市安条克。
541		● 西魏用苏绰之议,颁六条诏书,后增新制十二条。 ● 东魏颁行新订法制——《麟趾格》。 ● 魏因战争不息,河南州郡鞠为茂草,民多饿死。 ● 梁交州豪族李贲起兵,刺史萧谘逃往广州。 ● 梁立士林馆,延集学者,以虞荔为士林学士。 ● 东魏定调绢以四十尺为匹。	● 东哥特狄奥得巴得王为近卫军所杀,伊拉里克被拥立为王。新国王因与拜占庭谈判又被部下废黜,另选托提拉为王。 ● 东罗马贝利萨留出征波斯。
542	魏　魏　梁	● 梁安成大族刘敬躬以迷信聚众,据郡起兵,建元永汉,攻庐陵,逼豫章,被王僧辩所破。 ● 东魏以侯景为河南道大行台,以防梁、西魏。 ● 高欢攻西魏,王思政守玉壁拒之。 ● 东魏兵冻饿多死,乃退。	● 法兰克入侵西班牙,为西哥特王修底斯击退。 ● 东哥特托提拉王占领纳波。 ● 拜占庭黑死病流行于君士坦丁堡及帝国其他地区达三个月,仅君士坦丁堡每天死亡五千至一万人。 ● 波斯与拜占庭战争不利,不久讲和。
543		● 东魏高仲密以虎牢降西魏。 ● 宇文泰率兵到洛阳。 ● 高欢渡河,与西魏军战于邙山。 ● 西魏军败走,东魏复取虎牢。 ● 东魏于肆州北山筑长城,西起马陵(今山西静乐北),东至土墱(今宁武、代县之间)。	● 东非努比亚出现诺巴蒂亚、阿洛迪亚和穆古勒三国。

公元	（朝代）			中　　国	外　　国
544	西	东	南	• 东魏以高澄为大将军，领中书监。 • 梁李贲称越帝，建元天德。 • 西魏颁行度量衡新制。 • 东魏命孙腾、高隆之行括户，得无籍户六十万，侨居皆被勒还本土。 • 东魏高欢击胡，俘万余户分配诸州。 • 农学家贾思勰卒，著有《齐民要术》。	• 拜占庭大将贝利撒留对托提拉进行反击，因托提拉得到东哥特农民及意大利人民支持，但收效甚微。
545				• 东魏帝纳吐谷浑可汗从妹。 • 西魏遣使聘于突厥。 • 西魏宇文泰命苏绰作《大诰》，并禁文体浮华。 • 梁以陈霸先为前锋，攻李贲，连战破之。 • 武帝斋事佛，自奉甚俭，而王侯子弟犯法，多被赦免，由此更横行无忌。	• 东哥特托提拉进攻罗马，贝利撒留因兵力单薄据城固守。 • 拜占庭查士丁尼以黄金二千磅献波斯王，订五年休战条约。
546				• 梁军破嘉宁城，李贲脱逃。梁多私铸钱。 • 武帝至同泰寺讲经。浮屠失火，令重造十二层浮屠，将成而侯景乱起，乃止。 • 东魏高欢大举进攻西魏，东魏丧失兵力七万人。 • 东魏高澄迁洛阳《石经》五十二碑至邺。	• 东哥特托提拉占领罗马。翌年，为贝利撒留夺回。
547	魏	魏	梁	• 东魏围侯景于颍川，景乞援于梁。 • 东魏高欢卒。 • 侯景以河南降西魏；遣使降梁，梁封为河南王。 • 西魏以援侯景名攻东魏，东魏退军。 • 梁北伐东魏。 • 东魏败梁军于彭城。 • 东魏孝静帝密谋杀高澄，事泄，反遭幽禁。 • 慕容绍宗攻侯景，败于二涡阳，退入谯城，与景相持。	• 英国盎格鲁酋长爱达建伯尼希亚王国。 • 贝利萨留从东哥特人手中夺回罗马。
548				• 侯景为东魏慕容绍宗所败，据寿春，梁以景为南豫州牧。 • 东魏向梁求和。 • 东魏略江淮之北，凡获二十三州。 • 侯景围台城，下令免北人为奴者，从者益众。景立萧正德为帝。 • 梁诸王援军皆败于景。	• 法兰克奥斯达拉西亚王狄奥得伯特一世卒，子狄奥波得于麦茨继位。 • 西班牙西哥特宫廷政变屡起，六年内三易其王。 • 拜占庭大将贝利撒留奉命东返，托提拉再占罗马。
549				• 梁以侯景为大丞相。 • 侯景陷台城，废萧正德。 • 梁青、冀、东徐、北青等州皆陷于东魏。 • 梁武帝卒，侯景拥太子纲为帝，为简文帝。 • 梁湘东王绎自称大都督。 • 高澄被膳奴所杀，弟高洋代之。	• 法兰克宗教会议于奥尔良召开，会议正式承认法兰克国王有任命主教之权。 • 拜占庭查士丁尼遣军援助反抗波斯之拉西人，再次引起与波斯之战。

公元	（朝代）		中　国	外　国
550	东魏		• 西魏命太和年间改汉姓的鲜卑人恢复旧姓。 • 西魏陷梁安陆,汉东之地都为西魏所得。魏军威胁江陵,梁湘东王绎送质子求和。 • 五月,东魏高洋废孝静帝,自称皇帝,改国号为齐,史称北齐。 • 西魏册萧詧为梁王。 • 齐重定律令,立九等户法。 • 侯景自称汉王。 • 西魏始行府兵制。 • 中国针灸传至日本。	
551	西 北	南	• 西魏军陷梁汝南(今武汉市南),杀邵陵王纶。 • 西魏文帝卒,子钦立,是为废帝。 • 北齐以湘东王绎为梁相国。 • 侯景幽禁简文帝,立豫章王栋为帝,改元天正。杀简文帝。 • 北齐杀东魏孝静帝。 • 北齐筑长城。	
552			• 梁将王僧辩、陈霸先克建康,侯景东逃。 • 突厥土门可汗破柔然。柔然头兵可汗自杀,余众立其侄铁伐为主。土门自号伊利可汗,称妻为可贺敦,子弟为特勒。 • 陈霸先击破侯景,景奔吴,寻被部下所杀。 • 梁武陵王纪称帝于成都。 • 西魏陷梁南郑,梁剑以北皆失。 • 萧绎称帝于江陵。	• 法兰克进攻巴伐利亚人。 • 拜占庭皇帝查士丁尼派近侍那尔翟斯率军进入意大利北部,与东哥特人之战又起。 • 拜占庭查士丁尼所遣潜赴中国之聂斯托留派僧侣二人,偷运蚕卵返回君士坦丁堡,是为西方养蚕业之始。
553	魏 齐	梁	• 西魏军围成都五旬,成都降,梁失益州。 • 齐废魏永安五铢钱,改铸“常平五铢”钱。 • 突厥伊利可汗卒,弟木杆可汗俟斤立。 • 梁武陵王纪攻江陵,西魏攻成都以救江陵。 • 萧纪兵败被杀。 • 西魏陷成都,益州入于魏。 • 北齐破契丹,虏十万余口,杂畜百万。 • 突厥击柔然,柔然举国奔齐,齐处之马邑川。	• 托提拉为拜占庭将领那尔翟斯击败于意大利中部的塔金诺,不久卒。东哥特人的最后抵抗在维苏威火山下被粉碎,东哥特王国灭亡。 • 拜占庭查士丁尼许伦巴德人进入诺里克和潘诺尼亚,用以抵御东哥特人。
554			• 齐破石楼山胡,男子十三岁以上者皆斩,女子及幼者皆赏军。 • 西魏宇文泰废帝钦,立齐王廓为帝,是为恭帝。 • 西魏陷江陵,杀梁元帝绎,徙萧詧于江陵。 • 魏开辟关中与汉中间的道路五百里。 • 魏立梁王詧为梁主,居江陵东城,留魏兵屯西城。夺詧原有的襄、樊。 • 西魏虏江陵民十万口以为奴婢,驱归长安。	• 拜占庭大将贝利撒留远征西哥特王国,占领半岛东南部一些设防城市,于其地置行省,建首府于哥多瓦。西哥特人为抵御侵略,废黜国王阿吉拉,另选阿塔那西为王。 • 拜占庭人将那尔翟斯于加普亚歼灭入侵意大利之法兰克人,从此意大利全部归属拜占庭。

公元	（朝代）			中　国	外　国
555	西		南	• 梁王萧詧在江陵称帝,改元大定,为西魏附庸,史称后梁。 • 北齐立萧渊明为梁帝。 • 梁晋安王方智在建康即皇帝位,改元天成。 • 陈霸先立萧方智为帝,改元绍泰,是为敬帝。 • 北齐发民百八十万筑长城,自幽州夏口至恒州九百里。 • 突厥破柔然,遂为北方大国。	• 法兰克征服巴伐利亚。 • 拜占庭查士丁尼任命那尔翟斯为意大利总督,以拉温那为首府。 • 阿瓦尔人自南俄草原迁至多瑙河下游达西亚一带。 • 意大利那西斯奉命为意大利总督,以拉温那为首府。
556	魏	北	魏 梁	• 齐萧轨、徐嗣徽等率兵十万攻梁,渡江到芜湖,进迫建康,陈霸先苦战大破之,杀萧、徐等。 • 梁诏杂用古今钱。 • 西魏仿《周礼》建六官。 • 宇文泰卒。世子觉嗣,年十五岁。 • 十二月,宇文觉迫魏恭帝禅位。西魏亡。 • 齐从西河总秦成(今大由西北)筑长城,东至海,前后所筑长三千里。	
557		北 齐		• 正月,宇文觉称天王,建国号曰周,史称北周。 • 梁广州刺史萧勃起兵,出南康(今江西赣州),进迫豫章。陈霸先遣周文育等击灭之。 • 梁铸四柱钱,一当细钱二十;不久,改为一当十,禁止细钱流通。 • 九月,宇文护废觉,立宇文毓(泰之长子)为天王,是为世宗明帝。觉被杀。西魏恭帝亦被杀。 • 十月,南梁陈霸先进封陈王。当月,陈霸先逼梁敬帝让位,改国号曰陈。南梁亡。 • 齐在长城内筑重城(内长城)从库洛枝到坞纥戍,长四百余里。	• 君士坦丁堡发生地震,圣索非亚大教堂遭损坏。
558			陈	• 王琳奉萧庄为梁帝,即位于郢,改元天启。 • 北齐豫州刺史司马消难奔周。 • 陈武帝杀梁敬帝。陈武帝舍身大庄严寺。 • 齐置大都督府,与尚书省分理众务,开府置佐。	• 克洛维第四子克罗退耳重新统一全部法兰克,即位为法兰克王,称克罗退耳一世。 • 匈奴人与斯拉夫人(南支)占领色雷斯,进逼君士坦丁堡,为贝利撒留所败。黑死病流行。
559			周	• 吐谷浑侵周,周破之,拔二城立为洮州。 • 齐主杀魏宗室二十五家。 • 陈北江州刺史熊昙朗举兵反。 • 陈武帝卒,子临川王蒨立。 • 齐主尽杀诸元氏,前后死者共七百二十一人。 • 齐文宣帝高洋卒,子殷继立。	
560				• 王琳在芜湖为陈军所败,与萧庄奔齐。 • 陈遣侯填、侯安都等出兵与北周、后梁争巴、湘。	• 益格鲁人在英格兰东北(今约克郡一带)建德伊勒王国。

公　元	（朝代）			中　国	外　国
561	北	北		●周宇文护废明帝,立鲁公邕(宇文泰子),是为武帝。 ●齐常山王演(高欢子,高六弟)废其主自立,是为孝昭帝。 ●周宇文护自加都督中外诸军事。 ●周改番上服役之法,原分八番,新改为十二番。 ●周铸"布泉"一当五,与五铢钱并行。 ●齐昭帝卒,弟长广王湛立,是为武成帝。 ●陈因国用不足,作盐赋榷酤法。 ●缙州刺史留异素与王琳勾结起兵,文帝命侯安都等讨之。	●意大利史学家马格拉斯·奥理略喀西阿多拉斯卒。 ●法兰克国王克罗退耳一世卒,四子分治其国。 ●法兰克的《萨利克法典》规定村社农民一死后无子嗣,土地应由其女儿继承,不再交还村社。是为法兰克自由农民所持份地变为"自由地"。
562				●陈侯安都破留异。异奔晋安(今福建福州),依闽州刺史陈宝应。 ●江州刺史周迪亦据临川(今属江西)抗命。 ●陈将吴明彻讨周,不克。 ●陈铸五铢钱,一当民间私用的鹅眼钱十。 ●齐与陈和好通使。 ●后梁主卒,子岿即位,改元天保。	●拜占庭与波斯签订五十年和平条约。 ●阿伐尔人入侵图林几亚,为法兰克人击败。
563			陈	●民破周迪,迪奔晋安,依陈宝应。玉应给以兵力,迪再越东兴安岭(在今江西黎川县境)攻扰,为陈章昭达击破。 ●昭达进军讨陈宝应。 ●司空侯安都以骄横不法被杀。 ●齐侍中和士开劝齐主"宜及少壮,极意为乐"齐王大喜。 ●周造《大律》十五篇。 ●周与突厥联兵攻齐,逼晋阳。	●波斯与土耳其联合入侵哒哒,经过五年战争,哒哒被击败而亡。 ●北非加尔木领导柏柏尔人起义。 ●拜占庭查士丁尼令恢复培利塞留之官职。
564	周	齐		●周与突厥联军被齐大败于晋阳,突厥大掠而北。 ●齐颁律令,制田赋(河清均田)并令男子十八以上,六十五以下为丁。 ●周、突厥联军东进至洛阳。 ●周封李昞为唐公。 ●陈斩陈宝应、留异。 ●齐败周、突厥军,洛阳解围。 ●山东大水,民多饥死。	
565				●齐禁酤酒。 ●周使聘突厥,迎可汗女为后。 ●齐武成帝高湛传位于太子纬,自为太上皇。 ●突厥遣使通于齐。 ●陈击杀周迪。	●苏格兰埃俄那岛之克勒特僧侣科拉姆巴来传教,皮克特王皈依基督教。 ●拜占庭贝利撒留与查士丁尼先后卒,查士丁尼之侄称查士丁尼二世继为皇帝。《查士丁尼法典》第四部《新法典》完成。 ●历史学家普罗科匹阿斯卒。

公元	(朝代)			中 国	外 国
566				• 陈文帝陈蒨卒,子伯宗继立。是为临海王。 • 陈以安成王顼为司徒录尚书事。 • 周万荣郡民反,旋败。 • 齐始用土人为县令。	• 法兰克奥斯达拉西亚王西格伯特、纽斯特里王希尔伯里克,分别娶西哥特王女布隆喜尔、高尔斯温莎为妃。
567				• 陈湘州刺史华皎与刘、韩均为文帝亲信,联结北周、后梁,发兵东下,被吴明彻等所破,皎奔江陵。 • 齐诏蠲免诸寺署所缚杂保中高姓任属郡县,一准平人。 • 齐山东大饥。 • 周卫元嵩上书请省寺减僧。 • 齐左丞相斛律金卒。	• 法兰克哈里伯特卒,其领地为三兄弟分割,王国遂分裂为奥斯达拉西里、勃艮第、纽斯特里亚三部分。
568	北	北		• 陈吴明彻攻后梁江陵百日,败退。 • 安成王顼废帝为临海王。 • 恒稜僚起义,周梁州总管府长史赵文表引兵镇压,僚众投降。周在其地置蓬州(今四川蓬安东北)。 • 周隋国公杨忠卒,子坚袭爵,坚即隋文帝。 • 齐上后(武成帝)卒。	• 伦巴德人酋长阿尔波因率部众及部分哲彼提人,侵入意大利北部(第伯河以北),建伦巴德王国。因伦巴德人侵入而避居于威尼斯海汊的各渔村居民,始建共同的政治组织,与拜占庭发生关系。 • 伦巴人在阿尔波因统率下,侵意大利北部地区,建伦巴德王国。
569			陈	• 陈安成王顼即帝位,是为宣帝。 • 宣帝疑广州刺史欧阳纥欲反,召之进京,纥举兵反。诏命章昭达攻纥。 • 周攻齐,围宜阳(今河南宜阳西、洛水北)。 • 齐太尉赵郡王叡等欲出和士开为外官,反被所害。 • 后主和士开复起用祖珽为秘书监。	• 伦巴德人自意大利进攻高卢。 • 车非在努比亚的穆古勒王国开始皈依基督教。
570	周	齐		• 陈欧阳纥诱阳春(今属广东)太守冯仆同反。仆母洗夫人拒绝,率众迎章昭达。陈军至,纥败死。 • 章昭达北还,攻后梁江陵,无功。 • 齐斛律光等救宜阳,相持经年。 • 光在汾水以北筑城,周解宜阳之围以救汾北。 • 齐以和士开为尚书令,封淮阳王,威权更盛。	• 伦巴人入侵今瑞士南部。 • 史学家伊发格利阿斯著《叙利亚教会史》。
571				• 齐斛律光败周韦孝宽于汾北。 • 周取齐宜阳等九城。 • 齐段韶陷周汾州。 • 齐琅邪王俨矫诏杀录尚书事和士开。 • 齐后主杀其弟琅邪王俨。	• 英国西撒克逊人占领乌斯河上游及塞弗恩河流域,建东盎格鲁王国。 • 阿拉伯伊斯兰教创始人穆罕默德诞生于麦加古莱西氏族一个没落贵族家庭。 • 伦巴德王阿尔波因攻克东罗马军队坚守三年之久的巴威亚城,并以此为王国首都。
572				• 齐以祖珽为左仆射。 • 周武帝宇文邕杀宇文护。	• 西班牙西哥特王琉维吉尔德从拜占庭统治的东南部地区夺回数城。

公元	（朝代）		中　国	外　国
			• 齐帝杀左丞相斛律光。 • 周诏前江陵所俘充官口者悉免为民。 • 突厥木杆可汗卒,弟佗钵可汗立,东西可汗分立。	• 拜占庭与波斯之战又起。
573	北		• 齐置文林馆,以颜之推等判馆事。 • 陈吴明彻攻齐,取齐江北数郡地。 • 周太子赟纳杨坚女为妃。 • 陈攻齐拔寿阳。 • 周始募夏人为兵。	• 法兰克克洛维之三裔孙夺权势之战开始。长期内战使墨洛温王朝王权削弱,地方封建主的势力日益加强。 • 意大利伦巴德王阿尔波因为其妻所杀,克里甫继为王。
574			• 周武帝召百官、儒士、僧道议三教先后。 • 下诏禁佛道二教,悉毁经像,沙门道士还俗者二百余万。 • 周铸五行大布钱,一当十,与布泉钱并行。	• 意大利伦巴德人再攻高卢,为法兰克人击败。 • 拜占庭皇帝查士丁尼二世任军事统帅提比略为恺撒,与之共理国政。
575	齐		• 周禁五行大布钱,不得出入关。 • 周陷齐河阴,攻金墉不克而还。 • 周取齐三十余城。	• 意大利伦巴德王克里甫遇刺死,此后十年无王。 • 法兰克奥斯达拉西亚王西格伯特与纽斯特里亚王希尔伯里克战。
576		陈	• 周废布泉钱,并禁私铸钱。 • 周遣太子赟伐吐谷浑。 • 周攻齐取平阳。 • 周拔齐晋阳。 • 西突厥达头可汗立。 • 高丽国僧至北齐。	• 意大利伦巴德人进攻罗马,罗马元老援于拜占庭,查士丁尼二世令其向法兰克人乞援。 • 拜占庭与波斯大战于美利亚,获胜。 • 从阿拉伯南部逐走埃塞俄比亚人,也门成为波斯行省。
577			• 齐后主纬传位于太子恒。 • 周军入邺,追获纬及恒,北齐亡。 • 周以杨坚为定州总管。 • 周定权衡度量颁于四方。 • 稽胡立刘没铎为圣武皇帝,建元石平,周击破之。 • 故齐营州刺史拥高绍义为帝,改元武平,突厥佗钵可汗助之。 • 周徙并州军民四万户于关中。	• 法兰克纽斯特里亚王希尔伯里克下令造财产册,向居民征收田赋及奴隶税。 • 拜占庭斯拉夫人(约十万人)渡多瑙河,侵入色雷斯,并蹂躏马其顿及色萨利。斯拉夫人自此成为巴尔干地区之主要居民。
578	北		• 周救彭城,获吴明彻及将士三万人。 • 突厥侵周幽州,大杀掠。 • 周武帝文邕卒,子赟立。 • 高绍义奔突厥。 • 突厥侵周入酒泉,大杀掠。	• 拜占庭皇帝查士丁尼二世卒,禁卫军指挥官提比略继为皇帝,称提比略二世。
579	周		• 周始诏服汉魏衣冠朝贺。 • 周以洛阳为东京,发山东兵治宫室,常役四万人。 • 周宣帝传位于太子阐,自称天元皇帝。 • 周徙邺石经还洛阳。	• 法兰克里摩日地区人民发动反征税起义。 • 拜占庭与波斯战(事)又起。 • 波斯科斯洛埃斯一世卒,其子荷美斯达斯四世继位。

附录 2

公元	（朝代）	中 国	外 国
		• 周与突厥和亲。 • 周始复佛道二教及铸像。 • 陈行大货六铢钱。周铸永通万国钱。	• 波斯与拜占庭发生战争。波斯王科斯洛埃斯去世，子荷美斯达斯四世即位。
580	北 周	• 突厥遣使于周，迎千金公主。 • 周宣帝卒。静帝幼，杨坚为假黄铖、左大丞相。独揽大权。 • 周相州总管尉迟迥起兵讨杨坚。 • 突厥执高绍义归于周。 • 司马消难请援于陈，陈遣将助之。 • 沙州氐帅杨永安应王谦。尉迟迥败死，司马消难奔陈。 • 杨永安被击灭。	• 意大利人约在此时起使用意大利语，逐渐废弃拉丁语。 • 意大利约自此时起逐渐使用意大利语，将拉丁语废弃。但与此同时西班牙废弃哥特语，使用拉丁语。
581		• 二月，杨坚即帝位，改国号为"隋"，取代"北周"。 • 隋建造经像、颁布隋律。 • 文学家庾信（字子山，513～581）卒。著有《庾子山集》。	• 拜占庭大将摩里斯于君士坦提拉打败波斯军。
582	陈	• 隋建新都（在今陕西西安旧城北），名曰大兴城。	• 拜占庭皇帝提比略二世去世，摩里斯继皇帝位。
583		• 隋颁铜斗铁尺于天下。 • 文学家徐陵（字孝穆，507～583）卒。文章以骈文、诗宫体而著名。著有《徐孝穆集》，编选《玉台新咏》。	• 阿瓦尔人入侵拜占庭，多瑙河诸多要塞被占领。
584		• 宇文凯受命开广通渠，由大兴城西北引渭水，东至潼关。	• 意大利伦巴德王克里甫之子奥塞里被选为伦巴王。
585		• 隋于朔方、灵武筑长城七百里。 • 隋令州、县置义仓，积谷以备荒。 • 隋颁布新修五礼。	• 西班牙被利奥维吉尔德全部征服。 • 法兰克宗教会议在马空举行，决议凡拒绝缴纳什一税者，均给予驱逐出教的处罚。
586		• 隋于朔方以东边险地增筑数十城。 • 移故安于良乡，改称固安，隶属幽州总管府。	• 拜占庭帝国与波斯进行战争。在此后的三年内，彼此各有胜负。
587		• 隋令各州每年贡士三人。 • 在扬州开山阳渎。	• 西班牙李卡尔德国王号召人们放弃亚利乌德信仰，皈依罗马天主教。
589		• 隋军攻入建康，俘陈后主，陈亡。 • 天下垦田约一千九百四十余万顷。 • 洗夫人助隋军定岭南。	• 阿拉伯、突厥人入侵波斯，拜占庭也与波斯战。荷美斯达斯四世被国人杀害，其子科斯洛埃斯二世立为王。
590	隋	• 随令民五十岁以上免役，收取庸（以纳布或绢代徭役）。	• 590～604：罗马格雷哥里一世继承教皇位，从此教皇权被确立。

公元	（朝代）	中　国	外　国
591		● 颜之推（字介,531～约591）约于本年去世。著有《颜氏家训》。 ● 隋文帝开皇年间,废九品中正制。	● 阿伐尔人入侵拜占庭,包围帖萨罗尼加,威胁君士坦丁堡。 ● 波斯科斯洛埃斯二世因拜占庭的帮助回国复位。
593		● 隋筑仁寿宫,丁夫死以万计。 ● 禁止私人撰写国史。	
594		● 音乐家万宝常去世。万宝常出身乐户之家,对乐理有所阐发。 ● 诗人江总（字总持,519～594）去世。著有《江令君集》。	● 法兰克著名作家都尔主教格雷哥里（约540～594）,完成所著《法兰克人史》一书。
595		● 隋文帝登泰山祭天。 ● 隋开凿砥柱（三门峡）以便航运。 ● 隋令收取天下兵器,严禁私造。	
596		● 隋令判死罪者,须经三奏,才可执行。	● 法兰克奥斯达拉西亚王希尔得伯特二世去世,其二子分治所领地。
597		● 隋颁布张胄玄新历。 ● 隋以安义公主嫁于突厥突利可汗。	● 罗马教皇派遣奥古斯丁率僧侣多人赴英国传教,阿忒尔伯特及其部众入教。奥古斯丁被任命为英格兰第一任大主教,驻坎特伯里。
598	隋	● 命江南人各州有船三丈以上者,尽括入官。	
600		● 隋颁诏凡毁佛像、天尊等神像者,以不道论处。 ● 刘焯制作《皇极历》。发明二次差等间距内插法。	● “伊斯兰教系”形成,具有宗教和道德规范,是穆斯林所遵守的基本生活规则。 ● 英格兰肯特王阿忒尔伯特制订第一部英格兰法典。
601		● 陆法言著《切韵》五卷书成。 ● 改国子学为太学。	● 西班牙西哥特宫廷屡起政变,三年内两易其主。
605		● 隋命宇文凯营建东京洛阳,发河南、淮北众民开通济渠;发淮南众民开邗沟。 ● 名匠李春约在大业初年（一说在开皇二十年以前）建河北赵州安济桥。	● 波斯军侵入并攻陷拜占庭东部要塞边拉。
606		● 隋东京建成。 ● 隋造洛口仓（即兴洛仓）与回洛仓。 ● 隋括周、齐、梁、陈乐子弟为乐户。 ● 隋炀帝自江都归东京,免是年租赋。	● 穆罕默德女儿法蒂玛诞生。 ● 法兰克罗特尔二世约在此时自铸钱币代替帝国钱币。 ● 阿尔建成圣特罗菲姆大教堂。 ● 波斯军侵入拜占庭帝国的东部。
607		● 隋依古式制,改度量权衡。 ● 诏十科举人,即进士科开始。 ● 筑长城,西起榆林,东至紫河（今浑河）。 ● 吏部侍郎裴矩撰成《西域图记》。	

公元	(朝代)	中国	外国
608	隋	• 征发河北男女穿永济渠,开通以洛阳为中心北通北京,南通杭州的大运河。 • 铁勒打败吐谷浑,其西走,隋占其故地。	• 波斯军占领叙利亚与巴勒斯坦,亚美尼亚、卡巴多细亚与加拉西亚等地被蹂躏。
609	隋	• 隋炀帝西巡到燕支山(在今甘肃武威境内),高昌王麹伯雅前来朝见。	
610	隋	• 正月十五日,在洛阳城陈百戏,灯火终夜不息,元宵行乐始于此。 • 医学家巢元方著成《诸病源候论》。	• 610～641:拜占庭阿非利加省省长希拉克略起兵将福卡皇帝推翻,继皇帝位,开始了希拉克略王朝的统治。
613	隋	• 唐县宋子贤自称弥勒佛,欲谋起兵击炀帝,事泄被杀。	• 在切斯特附近不列颠人被埃塞尔弗里斯领导的诺森布里亚人打败。
614	隋	• 令屈突通为关内讨捕大使。	• 大马士革与耶路撒冷被波斯人占领并掠取圣克罗为战利品。
615	隋	• 高开道起兵攻燕地,寻据北平。	• 波斯军入侵卡尔西顿。
616	隋	• 隋炀帝在毗陵(今江苏常州)建造壮丽的宫苑。 • 涿郡通守郭绚率兵镇压起义军高士达,被窦建德击杀。	• 拜占庭于西班牙的大部分领土被西哥特人夺回。波斯军入侵拜占庭所属的埃及。
618		• 李渊即帝位于长安,建国号"唐"。 • 学者王通去世,弟子甚多。著有《中说》。	
619		• 王世充废杀隋恭帝杨侗,隋亡。 • 唐封幽州总管罗艺为燕郡王,赐姓李。	• 马恩岛被诺森布里亚王国吞并。
620	唐	• 高开道降于唐。	• 爱尔兰遭诺斯曼人的侵犯。
621	唐	• 唐太宗李世民开馆招致文学之士。 • 废五铢钱,行开元通宝。	• 西哥特人夺回拜占庭所占半岛上的大部分土地。
622	唐	• 突厥扰雁门、朔州地。 • 幽州城西马鞍山下修建慧聚寺(明代重修改名为戒台寺)。	• 穆罕默德从麦加逃至麦地那,回历纪元开始。
623	唐	• 吐谷浑与党项扰河州。突厥扰幽州。 • 高开道引奚骑寇幽州,被长史王冼击破。	• 623～658:在法兰克东部的波希米亚与摩拉维亚人各部落公国进行联盟,在萨摩领导指挥下打败阿瓦尔人,建立萨摩国家。
624	唐	• 唐颁布新律令。定均田租庸调法。 • 幽州改为大都督府,涿县改为范阳。怀戎改隶北燕州。	• 伊斯兰教徒于巴得尔打败麦加人。
625	唐	• 王孝通著《缉古算经》。是最早提出数字三次方程数值解法的著作。	• 麦加人在伍侯德击败穆罕默德。

公 元	（朝代）	中　国	外　国
626	唐	• 右领军王君廓于幽州破突厥，俘斩两千人。 • 设弘文馆，以虞世南、欧阳询等兼学士，收书二十余万卷。 • 卢江王李瑗反于幽州，被右领军将军王君廓所杀。	• 阿伐尔与波斯联合扰拜占庭首都君士坦丁堡。
627		• 唐玄奘法师从长安启程西行去求经（一说贞观三年启程）。 • 天节军将、燕郡王李艺于泾州反，逃至突厥，为左右所杀。	• 英格兰诺森布里亚王埃德文率部属皈依基督教。
628		• 册封薛延陀俟斤夷男为真珠毗伽可汗。	
629		• 令诸州设置医学。	• 耶路撒冷被赫拉克里乌斯收回。
630		• 禁止笞背之刑。	• 穆罕默德回麦加，建立阿拉伯国家。
631		• 林邑、新罗皆遣使到唐。 • 开辟党项之地为十六州。	• 阿拉伯半岛多数部落皈依伊斯兰教，阿拉伯半岛基本完成了统一。
632		• 增设太师、太傅、太保三师官。	• 伊斯兰教创始人穆罕默德逝世。
633		• 天文学家李淳风改造浑天、黄道仪成。	• 阿拉伯哈立德大将进攻波斯伊拉克地区。阿慕尔大将进攻拜占庭叙利亚地区。
634		• 营建大明宫。 • 吐蕃遣使求婚。	• 阿拉伯哈阿布·培克死，奥玛尔继位为哈里发。
635		• 将民户分为九等。	• 拜占庭与保加尔人酋长库夫拉特结盟，共同抵御阿瓦尔人。
637		• 史学家姚思廉（一字简之，557～637）去世。著有《梁书》、《陈书》。 • 在亳州修老君庙，于兖州修宣尼庙。	• 阿拉伯军队攻陷波斯首都泰西丰，耶斯提泽德三世弃城逃走。
638		• 高士廉等修《氏族志》书成，仍以山东崔氏为第一。太宗命改以皇族为首，外戚次之，崔氏再次之。 • 书法家虞世南（字伯施，558～638）去世。书有名作《孔子庙堂碑》。	• 阿拉伯攻陷基督教圣地耶路撒冷，美索布达米亚被征服。
639		• 太史令傅奕（555～639）去世。反对佛教，不信术数。著有《高识传》。	• 法兰克达哥特一世时期，其国被两子分治。纽斯特里亚与勃艮第等地由克洛维二世统治，奥斯达拉西亚由西格伯特三世统治。
640		• 唐太宗到国子监命祭酒孔颖达讲《孝经》。 • 唐太宗命孔颖达撰写《五经》疏，名为《正	• 阿拉伯阿慕尔攻克拜占庭与埃及斐尔马仪防御城，后又攻克比勒贝斯与阿因·舍木斯等城。

公　元	（朝代）	中　　国	外　　国
		义》。 •吐蕃使者禄东赞到长安,唐应允文成公主嫁吐蕃赞普。	
641		•江夏王道宗送文成公主到吐蕃,与松赞干布成亲。 •书法家欧阳询(字信本,557～641)去世。书有《九成宫醴泉铭》。主持编辑《艺文类聚》。	•阿拉伯人征服埃及后,又开始征服北非。 •拜占庭希拉克略去世,宫廷内部纷争。君士坦斯二世即位。
642		•魏王李泰招学者撰《括地志》成书。 •唐与薛延陀和亲。	•法兰克举行宗教会议,会议严禁贩卖基督教徒为奴隶。
643		•政治家魏徵(字玄成,580～643)去世。主持修撰梁、陈、齐、周、隋等史书及《群书治要》。	
644		•文学家王绩(字无功,号东皋子,?～644)去世。著有《古镜记》。 •唐太宗赴洛阳。 •突厥部落徙居于胜州(今十二连城)、夏州(今白城子)一带。	•阿拉伯哈里发奥玛尔逝世,奥斯曼继任哈里发。 •意大利伦巴德王罗得里制订伦巴德法典。 •奥斯曼在位时期,阿拉伯完全征服伊拉克与亚美尼亚的一部分。
645		•唐玄奘法师回到长安。 •唐玄奘于弘福寺开始译经。	•拜占庭派遣舰队再度占领亚历山大里亚城(今埃及亚历山大)。
647	唐	•营建翠微宫、玉华宫。	•为驱逐东罗马势力,阿拉伯人自埃及西征北非行省。 •法兰克王国因封地与分封制的实施,逐渐出现庄园制。
648		•唐太宗赐太子《帝范》十二篇。 •史学家李百药(字重规,565～648)去世。著有《北齐书》。 •契丹内属,唐于契丹居地设松漠府。	
649		•蒙舍诏细奴逻建立大蒙国。 •军事家李靖(571～649)去世。唐太宗时历任兵部尚书、尚书右仆射等职。著有《李卫公兵法》,原书已失,《通典》中保留部分内容。 •河中龙门县令长孙恕凿十炉渠灌田,亩收十石。	•塞浦路斯被阿拉伯人征服。
650		•吐蕃赞普弃宗弄赞(松赞干布)去世。 •高侃击擒突厥车鼻可汗,设单于、瀚海都护府。	•西顿西北部的阿尔瓦德岛被阿拉伯占领。 •保加尔人伊斯泊利克率其族人渡过多瑙河南下。
651		•唐颁行长孙无忌等所定律令格式。	•英国伯尼希亚王俄斯维乌,合并德伊勒

公 元	（朝代）	中 国	外 国
			国,重新建立诺森布里亚王国。
652		• 医学家孙思邈提倡医德,重视妇女、小儿疾病。是年著《千金药方》。	• 阿拉伯占领亚美尼亚全境。
653		• 颁行《五经正义》与新《唐律疏义》。 • 唐遣崔义玄镇压睦州起义军。	• 哈里发奥斯曼组织编写《古兰经》。
654		• 洛州粮食大熟,粟米每斗两钱半,粳米每斗十一钱。	• 法兰克国王西哲伯特去世,克罗维斯二世为全法兰克王。
655		• 立武则天为皇后,废王氏皇后为庶人。 • 京师东西市设置常平仓。	• 拜占庭舰队在利西亚被穆斯林舰队击败。 • 英格兰诺森布里王俄斯维乌战败麦西亚王彭达,彭达死亡。
656		• 长孙无忌进史官撰写梁、陈、周、齐、隋五代史志。	• 阿拉伯哈里发奥斯曼被杀害,阿里接任哈里发。
658	唐	• 迁安西都护府于龟兹,并重设安西四镇。 • 废除书、算、律学。	• 波斯大酋长阿罗喊,出使中国,并代表唐朝出使东罗马。
659		• 颁行世界最早的国家药典书《新修本草》。苏敬等编成五十三卷国家药典《唐修本草》。 • 改《氏族志》为《姓氏录》,升后族为第一等,其余以官职分高下。	• 阿拉伯的哈里发阿里及穆阿维叶的双方代表于艾兹鲁哈,决议废除阿里和穆阿维叶的职务。
660		• 奚、契丹反唐,遣将击败,俘获契丹首领阿卜固。	• 拜占庭海军在小亚细亚海面被叙利亚总督穆阿维叶打败。
661		• 设都督府于吐火罗、波斯等十六国的都城,并隶属于安西都护府。	• 阿拉伯哈里发阿里遇害,穆阿维叶继位迁都于大马士革,并建立倭马亚王朝。
662		• 恢复设律、书、算等三学。 • 铁勒被薛仁贵败于天山,九姓乃定。	• 法兰克进攻伦巴德,翌年败退。 • 伦巴德王权被格里莫尔德篡夺。
663		• 迁燕然都护府于回纥部落,改称瀚海都护府。	• 阿拉伯之穆阿维叶逐渐废除年俸制,始以土地分赐予其部众。
664		• 玄奘法师（原姓陈,名袆,602～664）去世。赵印习佛经十七年,著有《大唐西域记》。	• 英格兰于惠特比召开宗教会议。自此罗马天主教在英国取得胜利。
665		• 颁行李淳风编制的《麟德历》。	
666		• 唐高宗"封禅"泰山。到曲阜祭祀孔子。	
668		• 京师与江、淮、山东等地旱饥。	• 罗马教皇维塔利安任命塔萨斯之狄奥多为英格兰坎特伯里大主教。英格兰教会从此完全依附罗马。

公元	（朝代）	中　国	外　国
669		•名将李勣(字懋功,594~669)去世。善断多谋,爱护将士,人皆效命,作战多捷。	•阿里长子哈桑在麦地那去世。
670		•吐蕃入侵吐谷浑,薛仁贵击之,并送吐谷浑回故地。	•法兰克纽斯里亚与勃艮第之王克罗特尔三世去世,法兰克王国再度由奥斯达拉西亚王希尔得里克统一。
672		•许敬宗(字延族,592~672)去世。为唐初秦王府十八学士之一。曾主编《文馆词林》,原书一千卷,今有数十卷残本存世。	
673		•画家阎立本(?~673)去世。绘《职贡图》等,有《历代帝王图》传世。	•阿拉伯人大举进攻君士坦丁堡,拜占庭人以"希腊火"御之,历经七年之久,无功而退。
674		•明确经科加试《老子》。	
675		•武则天命元万顷、刘祎之等撰《乐书》、《列女传》、《百僚新戒》等书。	•阿拉伯从北非渡海入侵西班牙,被西哥特舰队所击败。
676		•吐蕃攻鄯、廓、河、芳等州。	
677	唐	•将安东都护府迁于新城(在今抚顺北)。 •刘仁轨出镇洮河军(在鄯州,今青海乐都)。	
679		•在交州设安南都护府。	•保加尔首领伊斯泊利克与拜占庭进行战争,占领其多瑙河及巴尔干之间的一些土地,建立保加利亚国家。
680		•文成公主病卒于吐蕃。 •废太子李贤,立英王哲为皇太子。	
681		•突厥扰原、庆等州。	•西哥特国王令地主以十分之一的奴隶服军役。
682		•医药学家孙思邈(581~682)去世。著有《千金药方》、《千金翼方》等。	
683		•大将薛仁贵(原名礼,字仁贵,614~683)去世。善骑射,以战功升右领军中郎将。	•英国以伊内(或作伊拉)为西萨克森(威塞克斯)国王。
684		•章怀太子李贤(字明允,654~684)被逼自杀。曾集文士注《后汉书》。	•阿拉伯国内规定凡皈依伊斯兰教者皆免缴税。
685		•令内外九品官以上到平民百姓,有才者皆可自举求得进用。	•查士丁尼二世继皇帝位。 •阿拉伯哈里发麦尔汪一世去世。子阿卜杜勒·麦立克继承王位。

公元	（朝代）	中　国	外　国
686	唐	●令铸铜匦，用以接受言事和诉冤者。	
687		●孙过庭所著书法理论著作《书谱》成书。	●奥斯达拉西亚宫相丕平任纽斯特里亚宫相，法兰克王国政权被统一。
688		●狄仁杰上奏废除淫祠。	●查理·马尔泰而诞生。
689		●唐改用周正，以十一月为载初元年正月。	●保加利亚与斯拉夫人在色雷斯被查士丁尼二世击溃。
690	武	●九月，武则天称帝，改国号曰"周"。是为中国历史上唯一一个女皇帝。	●以阿拉伯语代替波斯与希腊语，并作为倭马亚的官方语言。
691		●升佛教在道教之上。	
692		●令天下禁止屠杀与捕鱼虾。	●阿拉伯首建耶路撒冷石制圆顶教堂。
693		●诗人杨炯（650～约693）去世。为"初唐四杰"之一。有《盈川集》传世。	●查士丁尼二世在塞瓦斯托波尔被阿拉伯人打败。
694		●波斯摩尼教开始传入中国。	
695		●武三思等用铜铁铸成"天枢"，用以铭记功德，被称为"大周万国颂德天枢"。	●利昂修斯皇帝废黜查士丁尼二世。
697	周	●用铜五十六万七百余斤，铸成九鼎。	●西班牙继续迫害犹太人。
698		●粟末靺鞨族大祚荣建渤海国。	●提比利乌斯三世废黜利昂修斯皇帝。
701			●约在此时前后，法兰克封建贵族势力逐渐强大，自由农民的农妇化日益加速。
702		●诗人陈子昂（字伯玉，661～702）卒。诗风朴质刚健，著有《陈伯玉集》。	
703		●吐蕃遣使献马与金并求婚。	●阿拉伯人进攻北非柏柏尔人，失败，被迫议和。
705	唐	●武则天临终前还政于子李显国号复"唐"。	●拜占庭查士丁尼二世在保加利亚与斯拉夫人的帮助下，复皇帝位。
706		●突厥入侵灵、原、会等州，掠马数万。	
707		●金城公主出嫁吐蕃。	
708		●皇帝、皇后及公主皆大造佛寺。 ●诗人杜审言（字必简，约645～约708）约卒于本年。有《杜审言集》辑本传世。	●北非西部的柏柏尔人被阿拉伯穆萨·伊本·努萨尔将军征服。

附录
2

公 元	（朝代）	中 国	外 国
709		• 突厥施娑葛请降，拜钦化可汗，并赐名守忠。	• 法兰克巴黎的北部开始有圣德尼庙会的记载。
710		• 刘知几著《史通》书成。 • 送金城公主到吐蕃。	• 阿拉伯北非总督穆萨令部分阿拉伯人渡海，试探性的对西班牙进行劫掠。
711		• 命百姓二十五岁入军，五十五岁者免。 • 河西始设节度使。	• 法兰克达哥伯特三世继其父希尔得伯特三世王位，为有名无实之王。 • 阿拉伯人征服西班牙。
712		• 唐玄宗即位。尊睿宗为太上皇。 • 诗人杜甫诞生于河南巩县。	• 在信德由穆罕默德·伊本·卡西姆建立了穆斯林国家。
713		• 封靺鞨大祚荣为渤海郡王，设忽汗州，大祚荣加授为忽汗州都督。	• 拜占庭皇帝腓力比卡斯被废，阿那斯塔希继皇帝位，并遣使向阿拉伯人求和，与保加利亚人建立友好关系。
714	唐	• 移安北都护府于中受降城，设安东都护府于平州。 • 柳冲与刘子玄刊定《姓族系录》。禁止民间铸佛写经。	• 法兰克赫利斯塔尔丕平宫相去世，其私生子查理马特尔任宫相，掌握国家大权。
716		• 画家李思训（字建见，651～716）去世。官右武卫大将军。善画山水，世称大李将军。	• 里斯本被阿拉伯人征服。
717		• 因契丹内附，再置营州于柳城。 • 陇右节度使郭知运于九曲大破吐蕃。	• 717～802：拜占庭小亚安那托里卡军司令利奥立为皇帝（717～741），是为伊苏里亚王朝统治的开始。
718		• 敕禁恶钱，重二铢四分可流通。	• 西班牙西哥特人选培约为王，并建立阿斯都利亚王国。 • 阿拉伯人进攻君士坦丁堡，被击退。
719		• 置剑南节度使。	
720		• 诗人张若虚（约660～约720）约卒于此年。著有《春江花月夜》。	• 法兰克约在此时的日耳曼南部士瓦比亚地区开始酿制酒类。
721		• 命僧一行造新历（《大衍历》）。 • 梁令瓒造黄道游仪用以测候七政。 • 史学家刘知几（字子玄，661～721）去世。著有《史通》。 • 宰相、兵部尚书姚崇（650～721）去世。	• 法兰克阿揆坦公爵厄德击败阿拉伯人对土鲁斯的进攻。
722		• 波斯国遣使者前来献狮子。 • 封黑水靺鞨酋长为勃利州刺史。 • 吐蕃攻小勃律，北庭节度使张嵩破吐蕃兵。	• 西班牙阿斯都利亚王培约率军占领列昂城。 • 圣博尼法斯到德国传教。

公元	（朝代）	中 国	外 国
723		• 置太原以北节度使。	
724		• 太史监南宫说等测日晷、极星，为世界第一实测子午线长度。	• 阿拉伯哈里发叶齐德二世去世，弟希沙木继位。
725		• 僧一行与梁令瓒制成水运浑天仪。 • 唐玄宗封禅泰山。	• 阿拉伯阿拔斯派发生叛乱，以反对倭马亚王朝的统治。
726		• 置黑水都督府。	• 拜占庭政府进行毁坏圣像运动。
728		• 颁布《开元大衍历》。	• 阿拉伯哥刺森总督阿斯拉斯为使阿姆河、锡尔河流域居民信奉伊斯兰教，许诺免征税负。但收税官继续收税，遂激起当地人的反抗。
729		• 禁止私卖铜铅锡，禁造铜器。	• 阿拉伯恢复对布哈拉的统治，而阿姆河、锡尔河流域及其他等地的居民依然继续斗争。
730		• 张说（字道济，667～730）去世。善于文辞，同苏颋并称"燕许大手笔"。 • 吐蕃求和亲。	• 君士坦丁堡总主教泽门因反对破坏圣像运动，被李奥三世罢免。
731	唐	• 赐《毛诗》、《春秋》、《礼记》于吐蕃。	
732		• 萧嵩等新修《开元礼》一百五十卷，制所司行用。	• 为纪念穆罕默德逝世百年，在大马士革建大礼拜寺。
734		• 令男十五、女十三以上可嫁娶。	
735		• 任契丹降将李过折为北平王及检校松漠州都督。	• 英国修道僧"可敬的"比德卒（约生于673年）。比德精通希腊文与希伯来文，著有《英格兰史》，叙述罗马被占领初期直到731年止的情形。
736		• 张九龄进谏止唐玄宗欲废太子瑛与鄂王瑶和光王琚之事。	• 赫斯费尔德建成本尼狄克特教堂。
737		• 设置玄学博士，习《老子》、《庄子》、《文子》、《列子》。 • 删修颁行《律令格式》。	• 法兰克国王狄奥多里克四世去世，宫相查理马特尔不再立新王。查理马特尔与撒克逊人作战，企图将其征服。
738		• 《唐六典》成书。	
739		• 禁止与婚丧卜无关的阴阳术数。	• 拜占庭颁布农业法。
740		• 诗人孟浩然（689～740）去世。所作多田园山水诗。著有《孟浩然集》。 • 唐金城公主于吐蕃去世。	• 拜占庭公布修订民法与刑法法典。 • 拜占庭皇帝君士坦丁五世开始执政。 • 阿拉伯查伊德领导什叶派在伊拉克起兵，

公元	（朝代）	中　国	外　国
		• 诗人张九龄(678~740)卒。有《曲江集》。	战败而死。
741		• 命禁止九品以清资官置舍、邸店、车坊等。	• 法兰克查理马特尔去世,其子矮子丕平为王国宫相。
743		• 韦坚引浐水开广运潭工程完工。 • 安禄山入朝。 • 安东都护府迁于辽西故城。	
744		• 改"年"为"载"。 • 以安禄山兼范阳节度使。	• 拜占庭遭瘟疫,死者百万人以上。
745		• 册封杨太真为贵妃。	• 拜占庭皇帝君士坦丁五世率军进攻阿拉伯,战争推至叙利亚。
746		• 以王忠嗣为河西、陇右节度使,兼知朔方、河东节度使事。	• 希腊人击败阿拉伯舰队对塞浦路斯岛的入侵。
747		• 吐蕃与小勃律通婚。	• 法兰克加罗曼放弃宫相之职,其弟丕平接任。
748		• 僧人鉴真第五次东渡,遇风飘至海南岛。	
750	唐	• 赐安禄山为东平郡王,节度使封王始于此。 • 云南太守张虔陀辱南诏王阁罗凤,被杀。	• 750~1258:阿拉伯帝国阿拔斯王朝时期。 • 阿拉伯帝国阿拔斯建立的王朝时期(750~1258)开始。
751		• 允许安禄山求兼河东节度使。 • 中国造纸技术开始西传。	• 法兰克宫相矮子丕平继位为法兰克王,加洛林王朝统治的开始。
752		• 医学家王涛编《外台纪要》书成。	
753		• 僧鉴真东渡日本成功。 • 吐蕃医学家历时二十五年,编成《四部医典》,为藏医药学巨著。	• 君士坦丁堡的宗教会议召开,作出毁坏圣像崇拜的决议。
754		• 诗人崔颢(约704~754)去世。曾作名诗《黄鹤楼》,有《崔颢集》辑本传世。	• 阿拉伯阿拔斯逝世,曼苏尔哈里发嗣位。
755		• 诗人杜甫作《自京赴奉先咏怀》。 • 安禄山起兵反于范阳。	• 拜占庭帝国与保加利亚人之间发生战争。
756		• 以朔方军将领李光弼为河东节度使,以许远为睢阳太守、鲁炅为南阳节度使。 • 安禄山在洛阳称帝。	• 阿拉伯阿卜杜勒·赖海曼于都哥多瓦地区自立为王,建立倭马亚朝,都哥多瓦与东方的阿拔斯对立。阿拉伯帝国分裂为两国。
757		• 诗人王昌龄(字少伯,约698~约756)去世。擅长七绝,有《王昌龄集》传世。	• 拜占庭击败保加利亚人的进攻,死伤甚众。

公　元	（朝代）	中　国	外　国
758		● 铸乾元重宝,以一当十。 ● 改"载"为"年",改元为乾元。	● 拜占庭击败入侵色雷斯的斯拉夫人,被俘者送至小亚细亚为移民。
759		● 史思明自称大燕皇帝,年号顺天。	● 西班牙伊斯兰教徒最后撤离高卢。法兰克势力,自此扩至整个高卢。
760		● 令开元钱、乾元小钱皆一当十,重轮钱一当三十。 ● 史思明亦铸钱,名为"得一元宝",后改"顺天元宝"。一当开元钱百,物价腾贵。	● 阿拉伯采用印度数字,并发展代数和三角。 ● 君士坦丁五世派遣军队向保加利亚进攻,并获胜。
761		● 史思明被其子史朝义所杀,其子称帝,改元显圣。 ● 诗人、画家王维(字摩诘,701~761)去世。擅长山水田园诗,亦能画。著有《王右丞集》。	
762		● 诗人李白(字太白,号青莲居士,701~762)去世。其诗歌胸襟开阔,气势恢弘,成就颇高。著有《李太白集》。	● 阿拉伯令在巴格达修建新宫殿,定为国都。
763		● 史思明之子史朝义逃亡自杀。安史之乱结束。	● 阿拉伯什叶派在麦地那和伊拉克起兵,不久被镇压。
764	唐	● 开始征酒税。	
765		● 诗人高适(字达夫,约700~765)去世。善作边塞诗。著有《高常侍集》。	● 法兰克矮子丕平派遣使者前往巴格达,聘问哈里发阿尔曼苏尔。
766		● 新修国子监落成,令鱼朝恩升座讲《易》,又命其判国子监事。	
767		● 鱼朝恩献庄为寺。费银逾万亿,为太后祈冥福。	
768		● 允许回纥在长安建摩尼教寺,并赐额"大云光明寺"。	● 法兰克矮子丕平去世,二子分治其国。查理统治法兰克治其北部,卡罗曼统治南部。
769		● 京兆地区增加地税,每亩自一斗至二升。定户税征钱,以资力分九等,每年从每户五百文至四千文征。	
770		● 增地税每亩一升。 ● 诗人杜甫(字子美,712~770)去世。有"诗史"、"诗圣"之称。著有《杜工部集》。	
772		● 文学家元结(字次山,719~772)去世。北魏皇族后裔,曾任道州刺史。所作诗文多反映民间疾苦。有《元次山文集》辑本传世。	● 查理大帝对萨克森进行长期的征服战争。 ● 拜占庭与保加利亚战争再起,两年后媾和。

公 元	（朝代）	中　　国	外　　国
		• 禁止天下铸铜器。	
773		• 回纥派遣使者以马万匹求进行互市。	• 伦巴德王国被查理曼吞并。
774		• 回纥使者在京师滋事，白昼杀人。	• 肯特与韦塞克斯被奥法征服。
775		• 回纥使者因在京师伤人，被捕。 • 吐蕃侵临泾、陇等地，大掠而去。	• 哈里发马赫迪创立宗教法庭。 • 拜占庭皇帝君士坦丁五世去世，其子利奥四世即位。
776		• 吐蕃二十余万众被西川节度使崔宁击破。	• 查理曼之子丕平为意大利统治者。
777		• 颜真卿被召还京，仍任刑部尚书。	
778		• 世界第一部关于茶叶的专著《茶经》问世。作者陆羽（字鸿渐），于贞元末年卒。	• 拜占庭与保加利亚人的战争再次掀起。
779		• 唐德宗（李适）即位。令诸州官租一万四千余斛为充军储备。	• 法兰克禁止进行奴隶贸易。查理曼令其教会所征什一税为合法税收。
780		• 杨炎作两税法，以代替租庸调法。	• 拜占庭李奥去世，其子君士坦丁六世嗣位。
781	唐	• 《大秦景教流行中国碑》建成。	
782		• 令天下税每贯增至二百，盐每斗增至五百钱。	• 撒克逊人在凡尔登遭到查理曼的大规模屠杀。
783		• 唐德宗逃至奉天，朱泚称大秦皇帝，攻奉天。	
784		• 朱泚改年号为汉，自称汉元天皇。	
785		• 书法家怀素（名僧，字藏真，俗姓钱，725～785）去世。有《自叙》、《苦笋》等帖存世。	• 萨克森酋长威都金向查理曼投降，并皈依基督教。
786		• 韩滉入朝，任其为宰相与度支诸道盐铁转运使等。 • 吐蕃侵泾、陇、邠、宁等地。	• 阿拉伯哈里发阿尔·哈迪（786～809）去世，其弟哈伦·赖世德继位。阿拉伯开始进入全盛时期。
787		• 招募戍卒屯田京师。 • 回纥请求和亲，允许。	• 拜占庭帝国女皇伊琳娜制定二十二条教条，其中严禁收藏异端书籍，是外国明令查禁异端书籍的开始。
788		• 以咸安公主嫁回纥可汗，加可汗号长寿天亲。回纥改称回鹘。	• 阿瓦尔人入侵法兰克边境，法兰克人对其开始了持久战争。

公 元	（朝代）	中　　国	外　　国
789		• 李泌（字长源，722～789）去世。历为肃、代、德三朝之臣，有谋略，曾封邺侯。	• 查理曼下令，对教会神职人员的活动给予详细规定。
792		• 诏以赵憬、陆贽为宰相。 • 平卢节度使李纳去世，其子为节度使。	• 拜占庭皇后爱利尼重掌政权，与其子君士坦丁六世为其主。
793		• 国家初征茶税，岁入四十万缗。	
794		• 陆贽提议用人不宜"以一言称惬为能"，"以一事违忤为咎"。	• 诺曼人开始入侵苏格兰，对其各地大肆劫掠破坏。
795		• 白行简撰《李娃传》书成。 • 册大嵩邻为渤海王。	• 查理曼与英格兰墨细亚王阿发订立互相保护对方商人的条约。
796		• 于頔疏通南朝所开西湖为塘，灌溉田达三千顷。	
797		• 吐蕃赞普墀松德赞去世，立其足之煎。	• 拜占庭爱利尼得到部分军人的协助，将其子君士坦丁六世废黜，自任女皇。
799		• 浑瑊（736～799）卒。先世属铁勒族浑部，世为唐将。以勇敢著称。著有《行纪》，已佚。	• 亚得里亚港被查理曼征服并摧毁。
800	唐	• 元稹撰《莺莺传》书成。 • 吐蕃大将马定德率众来降。	• 查理曼大帝被罗马教皇加冕，称为"罗马人的皇帝"。
801		• 杜佑撰成第一部典章制度通史《通典》。	• 阿拉伯哲学家、自然科学家铿迭提出关于科学认识的学说。
802		• 骠国使者因南诏入唐，到长安，献国乐十二曲，乐工三十五人。	• 埃格伯特自立为韦塞克斯国王。
803		• 苏弁著《会要》四十卷。 • 吐蕃遣使者到长安，唐也遣使回访。	• 保加利亚大公克鲁穆在位。曾颁布保护私有制法典。
804		• 昭义节度使李长荣去世。兵马使卢从史自荐为节度使。	• 阿拉伯对拜占庭安那托利亚、塞浦路斯岛与罗得岛实施进攻。
805		• 唐德宗去世。太子诵即位，为顺宗。是年，顺宗传位于太子纯，自称太上皇。	• 法兰克查理命令禁止各地造币，由帝国统一铸造发行，但未奏效。
806		• 回鹘使者与摩尼师同来京师。摩尼教（明教）传入中原。	
807		• 唐代大臣李吉甫博学多闻。曾任中书侍郎、同平章事。著有《元和国计簿》、《元和郡县图志》等。	
808		• 清虚子著《太上圣祖金丹秘诀》。书中记载原始火药配方。	• 丹麦人入侵法兰克，被查理曼大帝之子查理击败。

公元	（朝代）	中国	外国
809		● 翰林学士白居易上疏反对以宦官为帅,不被采纳。	● 阿拉伯哈里发哈伦·拉希德逝世,子阿尔·阿明嗣位。
810		● 词人张志和(字子同,号烟波钓徒,约730~约810)约卒于本年。著有《玄真子》等。	● 尼塞福鲁斯一世被保加利亚国王克鲁牧击败并杀害。
811		● 是年天下大熟,米斗二钱。 ● 吐突承璀任淮南监军。	● 保加利亚打败拜占庭,皇帝尼塞法那斯阵亡。
812		● 史学家杜佑(字君卿,735~812)去世。著有《通典》。	● 意大利国王丕平去世,其子柏恩德即位。
813		● 李吉甫撰《元和郡县志》书成。	● 阿拉伯哲学家艾尔·金迪诞生。
814		● 诗人孟郊(字东野,751~814)去世。与贾岛齐名,有"郊寒岛瘦"之说。著有《孟东野诗集》。	● 查理曼逝世,其子路易一世即位。 ● 拜占庭皇帝李奥五世下令禁止与叙利亚和埃及的穆斯林通商,但与东方贸易从未停止。
815		● 是年为吐蕃赞普可黎可足彝泰元年(根据《唐蕃会盟碑》所载年份推得)。 ● 吐蕃请求互市,许之。	● 拜占庭经圣索菲亚宗教会议决定,重新恢复毁坏圣像运动。 ● 康沃尔的不列颠人被韦塞克斯的埃格伯特击败。
816	唐	● 诗人李贺(字长吉,790~816)去世。其作具有丰富的想象力,著有《昌谷集》。	● 阿拉伯巴贝克领导阿塞拜疆人民起义,以反抗阿拉伯的统治。
818		● 以户部侍郎、判度支皇甫镈、卫尉卿、盐铁转运使程异为宰相。	● 818~906:大摩拉维亚公国。 ● 哥罗提人被法兰克所征服,但不堪忍受压迫而起义,被击败。
819		● 迎法门寺塔佛指骨到京师,历送诸寺,供人瞻礼。 ● 文学家柳宗元(字子厚,773~819)去世。其古文与韩愈并称,同列唐宋八大家之首。著有《柳河东集》。	● 阿拉伯哈里发马门任命萨曼·阿萨诸子为撒马尔罕、费尔干纳、希拉等城的总督,是为萨曼尼族统治锡尔河、阿姆河流域的开始。
820		● 令诸州两税以用布帛土产等充税。 ● 唐宪宗为宦官陈弘志所杀,太子李恒即位。	● 意大利查理曼大帝之侄柏恩哈德因对路易三分帝国于其子而不服,举兵反叛,最终失败被俘。
821		● 唐与吐蕃在长安会盟,约定互不侵扰。 ● 由盐铁使王播建议,茶税每百钱加五十。	● 821~823:拜占庭斯拉夫人托马领导小亚细亚地区人民起义,托马称帝,曾对君士坦丁堡进行两次进攻。
822		● 唐使者与吐蕃大臣在逻些(今拉萨)会盟。次年,吐蕃立《唐蕃会盟碑》于拉萨大昭寺前。	
823		● 令吏部侍郎韩愈为京兆尹。	● 拜占庭托马兵败,于色雷斯被杀害。

公元	（朝代）	中　　国	外　　国
			•法兰克皇帝路易一世任其长子罗退耳兼意大利王。
824		•文学家韩愈（字退之，768～824）去世。与柳宗元齐名，同列唐宋八大家之首。有《韩昌黎集》。 •唐穆宗李恒服金丹而死，太子李湛即位。	
825		•浙西观察使李德裕献出《丹扆六箴》。 •盐铁使王播羡余绢百万匹。	•默西亚在艾兰顿战役中被埃格伯特打败。
826		•作家白行简（字知退，776～826）去世。为白居易弟。著有《李娃传》。	•拜占庭之克里特岛被来自西班牙的阿拉伯人占领。使其成为掠夺东地中海的据点。
827		•令李同捷任兖海节度使，而其不肯离沧景（横海），命七道兵讨伐。	
828		•贤良方正刘蕡对策，言及宦官专横之祸。 •令京兆府造水车，以给沿郑白渠百姓灌溉田所用。	•英格兰岛各部为威塞克斯王爱格伯特所统一，自此才有英吉利的称号。
829		•命宦官不得穿纱、縠、绫、罗。 •南诏扰成都，劫掠百工数万离去。	•威塞克斯王爱哥伯特统一英吉利。 •法国历史年表《法国君主统治史》书成。
830	唐	•以李裕德为西川节度使。 •南诏将所掠四千百姓放逐。	•摩拉维亚约在此时再次建国，莫伊米尔为第一任公爵。
831		•元稹（字微之，779～831）去世。诗与白居易齐名，世称"元白"。著有《元氏长庆集》。所著《会真记》成为《西厢记》故事蓝本。	•圣马可教堂建成，专门用以供奉所藏圣马可遗骨。
832		•罢牛僧孺相，任淮南节度使。	
833		•任李德裕为宰相，罢李宗闵相，出任山南西道节度使。	•法兰克路易诸子起兵反父，路易与其妻及幼子查理在冈比恩被其长子罗退耳俘获。
834		•蔚州飞狐镇设铸钱院。 •幽州军乱，逐节度使杨志诚，以兵马使史元忠为帅。	•法兰克帝国路易被其子路德维格所释，重新执政。 •英格兰遭丹麦人的袭击。
835		•禁止设置寺庙与私度僧尼。	
836		•令李德裕为户部尚书。	•阿拉伯迁都至萨木拉。
837		•国子监《石经》成。	•丹麦人与韦塞克斯发生战争。
838		•吐蕃赞普可黎可足被反对佛教的贵族杀害，其弟即位后废佛教。	•拜占庭统治王朝的发祥地阿摩利阿姆为阿拉伯人占领，准备进攻君士坦丁堡，因舰

公 元	（朝代）	中　国	外　国
			队被飓风所毁，失利。
840		• 李德裕凭宦官之力进同平章事。	
841		• 幽州军乱，帅史元忠被杀，陈行泰自为留后。是年幽州军复乱，陈行泰被杀，立牙将张绛。	• 法兰克帝国撒克逊人爆发斯特林加起义。 • 路易与查理在丰特内战役中击败其兄洛塔尔一世。
842		• 文学家刘禹锡（字梦得，772～842）去世。诗文皆有名。著有《刘梦得文集》。	• 诺曼人进犯高卢北部的重要商业城市昆托维格，翌年陷之，焚毁。
843		• 诗人贾岛（字阆仙，779～843）去世。初落拓为僧，名无本，后还俗，曾屡举进士不第。其诗在晚唐及宋代影响较大。有《长江集》。	• 法兰克王路易的三个儿子订立《凡尔登订约》，帝国分裂为三。
844		• 州县冗员一千二百余人被减。 • 令赵归真道士为左右街道门教授先生。	• 意大利皇帝罗退耳之子路易二世加冕为意大利国王。
845		• 禁止佛教，毁寺四千六百余所，留上都（长安）、东都两街各两寺；留天下节度、观察使治所与同、华、商、汝州等各一寺。	• 法兰克诺曼人对汉堡、巴黎等城进行劫掠。 • 阿拉伯瓦西克与拜占庭皇后狄奥多拉签订休战条约。
846	唐	• 文学家白居易（字乐天，号香山居士，772～846）去世。著有《白香山集》。 • 僧人蔺道人所著我国第一部伤科专著《仙授理伤续断秘方》，约在此年成书。	• 阿拉伯人进攻罗马。教皇李奥四世为防御进攻命构筑城垣。
847		• 令狐绹为考功郎中、知制之诰。 • 唐宣宗下令修复会昌五年所废寺庙。	• 阿拉伯瓦西克去世，其弟穆达瓦吉尔继位。企图振兴伊斯兰教，对基督教、犹太人均予迫害。
848		• 贬李德裕为潮州司马。	
849		• 李德裕（字文饶，787～849）去世。著有《会昌一品集》等。	
850		• 卢龙节度使周琳去世，押衙张允伸代之。 • 张议潮收复酒泉、张掖等地。	
851		• 以张议潮为归义军节度使。 • 令裴休为盐铁转运使；建漕运法十条，每岁运米至渭仓达百二十万斛。	• 爱塞沃尔夫击败诺曼人对伦敦、坎特伯雷劫掠。
852		• 文学家杜牧（字牧之，803～约852）卒（有说卒在次年）。著有《樊川集》、《孙子注》。	• 保加利亚国王保利一世接受东正教。 • 查理曼与西班牙的萨拉森人媾和。
853		• 度支奏，岁入租税五百五十万余缗，榷酤八十二万缗，盐利二百七十八万缗。	• 法国秃头查理命各级封建主修建堡垒，用来抵御诺曼人的侵扰。

公元	（朝代）	中　国	外　国
854		• 李忱与令狐绹谋除宦官,被宦官所知,南衙北司遂势同水火。	
855		• 浙东观察使李纳因对将士无礼被贬,以沈询代之。	• 拜占庭传教士西里尔修改斯拉夫字母,翻译古籍。
857		• 山西五台山佛光寺建成。	
858		• 诗人李商隐(字义山,号玉溪生,约813～约858)去世。其诗"隐辞诡寄,哀感绵渺",为晚唐大家,善于古文、骈文。有《李义山集》。	• 拜占庭福昔阿斯被选为君士坦丁堡总主教。
859		• 昝殷撰《经效产宝》书成。 • 唐宣宗去世,郓王李漼被宦官王宗实拥立即位。	
860		• 敦煌佛教艺术在此时极盛。	• 诺曼人入侵比萨,进行劫掠后退去。
861		• 杜悰任宰相。	• 巴黎、图卢兹、埃克斯拉夏佩勒及沃尔姆斯被诺曼人劫掠。
862	唐	• 以岭南西道节度使蔡京为政苛暴,被勒令自尽。 • 岭南分为东西二道,以广州为东道,邕州为西道。	• 约此年,拜占庭西里尔·美多德按希腊字母创制斯拉夫文字。
863		• 段成式(字柯古,?～863)去世。著有《酉阳杂俎》。 • 张议潮收复失地凉州。	• 拜占庭军获胜,阿拉伯大将奥玛尔去世,战事暂停。
865		• 书法家柳公权(字诚悬,778～865)去世。与颜真卿齐名,有"颜筋柳骨"之称。	• 俄罗斯人进攻君士坦丁堡,无功而退。
867		• 怀州刺史利仁规禁民诉旱灾,民怒,遭逐之。	• 拜占庭帝国巴西尔自称皇帝,开始了马其顿王朝。
868		• 王阶刻印《金刚经》,为世界现存最早的雕版印刷品。	
869		• 因镇压戍兵,赐朱邪赤心姓名李国昌,任大同军节度使。	• 阿拉伯人占领马耳他。 • 阿拉伯人阿里·伊本·穆哈马德领导伊拉克巴士拉地区的黑人奴隶举行起义,失败。
870		• 魏博节度使何全皞残暴,为将士所杀,推大将韩君雄为帅。	• 丹麦人占领东英吉利,杀死圣埃德蒙国王并毁坏彼德博罗修道院。 • 巴士拉黑人奴隶起义军夺取巴士拉城及邻近地区,穆哈马德建立国家,自称哈里发。

公 元	（朝代）	中 国	外 国
871		• 路岩被罢相,任西川节度使。	
872		• 幽州节度使张允伸去世。以平州刺史张公素入幽州代为帅。	• 挪威由哈罗德·哈尔法格尔自立为国王。 • 巴细尔与伊斯兰帝国开始战争。
873		• 遣使至法门寺迎佛骨至京师,以禁军兵仗、公私音乐为导,规模空前。	• 巴细尔与阿拉伯军队进行交战,其军队开进至幼发拉底河地区,并攻占了萨摩萨塔。
874		• 调天平节度使高骈到西川。	• 自 870 年冰岛被发现后,挪威人、英格兰人、爱尔兰人和苏格兰人开始移居此地。
875		• 命李茂勋为卢龙节度使,令曹翔为昭义节度使。	• 法国路易二世去世,其叔秃头查理继承帝位,同年入侵意大利,夺取王位。教皇为其加皇帝冕。
876			• 查理三世为神圣罗马帝国皇帝。
877		• 黄巢军攻破郓州,天平节度使薛崇被杀。	• 大马士革被埃及吞并。
878		• 王仙芝于黄梅为曾元裕击败而死。	• 国王阿尔弗雷德在艾丁顿打败丹麦人并夺回伦敦。
879	唐	• 陆龟蒙撰《耒耜经》;长江下游水田使用曲辕犁。	• 法国分为北法国与南法国。 • 最早的伊本·图伦清真寺在开罗建成。
881		• 李克用到晋阳,因索要钱粮未成,便劫掠而去。	• 丹麦人打败苏格兰君士坦丁二世并被杀害,国王约查继位。 • 诺曼人在索库特被路易三世击败。
883		• 命朱温为宣武节度使,以李克用为河东节度使。	
884		• 黄巢于狼虎谷自杀,外甥林言断其首,以投奔时溥,途中被杀,起义失败。	• 法国国王卡罗曼去世,查理三世成为国王并承袭其土地。
885		• 卢龙将李全忠攻幽州,李可举自杀,卢龙被李全忠占有。	• 诺曼人围攻巴黎。 •《教士守则》被阿尔弗雷德译成英文。
886		• 卢龙节度使李全忠去世。其子匡威为帅。 • 天平将朱瑾夺取兖州,泰宁节度使齐克让被其逐走。	• 拜占庭巴西尔一世去世,其子李奥即位。综合习惯法编成法典,是年公布。
887		• 淮南乱,节度使高骈被大将毕师铎囚禁,以宣州观察使秦彦为帅。	• 法国与德意志分离。 • 阿拉伯人进攻小亚细亚企图入侵意大利。 • 法国诸侯集会于特累布尔,废除皇帝胖子查理。

公　元	（朝代）	中　国	外　国
888		●唐僖宗去世,弟李晔继位,为昭宗。	●法国以巴黎伯爵奥多为国王。 ●法国胖子查理去世,帝国再次分裂。 ●因保加利亚商人遭受虐待,引起拜占庭与保加利亚的战争,李奥被迫与其媾和。
889		●封朱温为东平郡王。 ●李克用进攻孟方立,邢州被围,孟自杀而亡。	●意大利北非萨拉森人入侵伦巴底。 ●法国厄德与诺曼人进行战争。
891		●孙儒毁扬州,逐丁壮妇女渡江,老弱被杀充食。	●诺曼人在卢万被神圣罗马帝国皇帝阿努尔夫击败。
892		●唐始凿大足北山摩崖造像。 ●任杨行密为淮南节度使。	●阿拉伯穆达米德去世,其侄穆达的德即位。穆达的德于埃及重建哈里发权力并修改继承法。
893		●以王行瑜为太师,并赐以铁券。 ●钱镠据浙江,筑杭州罗城,任镇海节度使。	●保加利亚帝国波利斯逊位,子西密翁继位,改称号为“沙皇”。 ●英格兰击败丹麦人的再次进攻。
894		●渤海王大玮瑎立。 ●李茂贞攻取阆州,杨复恭逃,被杀。	●神圣罗马帝国皇帝阿努尔夫向意大利进军。 ●意大利归多去世,其子拉姆伯特即位,为意大利王及皇帝。
895	唐		●丹麦舰队在利河被阿尔弗雷德击败并被俘虏。
897		●因刘仁恭的背叛,李克用以兵攻幽州,被刘仁恭击败。	●诺曼人被阿尔弗雷德在海上击败,自此终止了诺曼人对英格兰的劫掠。
898		●命朱温为宣武、宣义、天平三镇节度使。	●匈牙利人侵入伦巴底。
900		●制墨名家奚鼐在易县扬名,制墨有“奚鼐墨”与“庚申”印文。子超迁歙州传其事业。	●西班牙创立哥多瓦大学。 ●玛雅人从墨西哥低洼地区移到尤卡坦半岛。
901		●唐昭宗改元天复,王淮等十七家于甘露之变被害者得平反昭雪。	●萨马尼德开始对波斯的统治。
903		●唐昭宗欲用翰林学士韩偓为相,遭崔胤、朱温反对,偓被贬为濮州司马。	●教皇李奥五世被废黜。
904		●唐昭宗被朱全忠所杀,哀帝立。	●阿拉伯海盗进攻帖撒罗尼迦,陷后,大肆劫掠,掳走居民达两万人。
905			●埃及图卢尼德王朝被废黜,哈里发直接统治埃及。
906			●匈牙利人征服摩拉维亚。

公 元	（朝代）	中　　国	外　　国
907		•朱温称帝，国号"梁"，取代"唐"。 •韩鄂著《四时纂要》。	•摩拉维亚王朝被马扎尔人摧毁，德意志与意大利遭袭击。 •阿拉伯卡尔马特攻陷麦加，抢走圣物"天石"。
908		•文学家司空图（字表圣，837～908）去世。著有《诗品》与《司空表圣文集》。	
909		•梁迁都洛阳，东都设留守。 •刘守文与契丹、吐谷浑合谋攻刘守光，守文被俘至蓟州。	•法蒂玛王朝在北非凯鲁万兴起，后发展到统治马格里布大部分地区。
910		•文学家韦庄（字端己，836～910）卒。词多见于《花间集》、《尊前集》中，著有《浣花集》。	•匈牙利人战败路易的军队。
911		•刘守光称燕帝，以应天为年号。	•诺曼底公国在法国北部成立。
912	后	•晋军与易、定和赵兵合攻涿州，进逼幽州。	•泰晤士山谷被韦塞克斯吞并。
913		•周德威为晋卢龙节度使。	•埃塞克斯被老爱德华从丹麦人手中夺回。
914		•刘仁恭、刘守光被晋王所杀。	•西班牙阿尔多洛继承王位，再次统一加里西亚。
915		•晋王以孔谦为支度务使。 •梁改元为贞明。	•法蒂玛军队入侵埃及。 •诗人穆塔纳比诞生。
916	梁	•耶律阿保机建"辽"。	•爱尔兰再次受到丹麦的进攻。
917		•契丹围幽州近两百天，晋王令李嗣源、李存审等人救幽州，契丹兵败。	•保加利亚教会脱离君士坦丁堡与罗马。
918		•前蜀王建去世，太子王衍即位，翌年改元乾德。	•英格兰韦塞克斯王爱德华兼并麦西亚。
919	辽（契丹）	•吴国禁止百姓私藏兵器。 •吴王杨隆演称吴国王，建元武义。	•919～936：德意志为亨利一世统治时期。 •萨克森王朝开始。 •萨克森公爵亨利为德意志国王。
920		•南汉刘岩立学校，开贡举，设铨选。 •契丹制契丹大字。 •杨隆演去世，其子杨溥继王位，翌年改元顺义。	•法国封建诸侯集会，取消对查理三世的效忠誓言。同年法国一些地区主教开始自铸钱币。
921		•梁禁止私度僧尼。 •契丹阿保机攻幽州，破涿州、围定州。	•基督教被波希米亚人信奉。
922		•晋王救定州，破契丹，逐阿保机至塞外。	•法国法兰西公爵罗伯特被推为王。

公元	（朝代）	中 国	外 国
923		• 沙陀人李存勖建"唐"，迁都洛阳。废除梁所颁布律令格式，仍按唐旧的律令格式。	• 罗伯特战死在苏瓦松，由勃艮第的卢道夫继偿王位。
924		• 甘州回鹘可汗仁美遣使到中原，唐册其为英义可汗。 • 唐以孔谦为租庸使，并以盐铁、户部、度支三司隶属租庸使，赐孔"丰财赡国功臣"。	• 英格兰诺森布里亚、苏格兰与威尔士等地人共同承认爱德华为宗主。 • 德国亨利一世与匈牙利订立休战条约，但每年需向其国缴纳贡金。
925		• 南汉与长和通婚。 • 以洛阳为东都，兴唐府为邺都。 • 唐令采择民间女子三千人以充后宫。	• 英王埃塞勒斯坦继位，在其晚年，英国又重新统一。 • 阿拉伯医学家拉齐斯去世（865年生），撰有重要的《天花和麻疹》及《医学集成》等著作。
926	后	• 契丹主阿保机弟迭剌创制契丹小字。 • 契丹灭渤海国，改渤海国为东丹，以皇太子耶律倍为东丹王。	• 休成成为意大利国王。
927		• 唐封马殷为楚国王。 • 契丹耶律德光即位，为辽太宗。遣使与唐和好。	• 拜占庭歉收，全国大饥。
929		• 唐任高从诲为荆南节度使。 • 吴改元大和。	• 特莱斯拉夫一世领导的反动分子，杀害了其弟温塞斯拉斯。 • 法国击退匈牙利人的进攻。
辽（契丹）			
930	唐	• 契丹主阿保机长子耶律倍因不得立而降唐，翌年赐名李赞华。	• 冰岛为挪威人全部占领。 • 挪威哈罗德去世，发生王位争夺，战祸频繁出现。
931		• 允许百姓自铸农器与杂铁器。	• 意大利热那亚被北非阿拉伯海盗劫掠。
932		• 令国子监校定《九经》雕印发售。政府印售经籍始于此。 • 卢龙节度使赵德钧筑良乡、潞县两城，当年又筑三河以通蓟州运路。	• 拜占庭瓦西里领导小亚细亚农民进行起义失败，瓦西里惨遭被焚。 • 波斯名医勒塞斯去世。勒塞斯曾著"百科全书"医学著作，对各种疾病的治疗法均给予论述。
933		• 闽王王延均称帝，建元龙启。 • 唐封孟知祥为蜀王，任东西川节度使。	• 匈牙利人在梅泽堡被国王亨利打败。
934		• 后唐潞王李从珂入洛阳即离位，闵帝出逃被杀。	• 挪威因埃里克·布洛多克塞国王的残酷统治导致暴乱。
936	后 晋	• 沙陀人石敬瑭靠契丹势力建"晋"，允割幽云十六州地给契丹。 • 唐将杨光远杀张敬达，全军投契丹。 • 赵德钧于三潞州降石敬瑭。	• 法国国王卢道夫去世，路易四世继承王位。 • 德国国王亨利去世，其子马提尔达即位，称为奥托一世。 • 布拉斯拉夫一世开始。 • 捷克国家形成。 • 德意志鄂国一世始。

附
录
2

公元	（朝代）		中　国	外　国
937	辽（契丹）	后晋	• 吴改金陵为江宁府。 • 徐诰称帝于金陵，年号昇元。	• 英国苏格兰爆发反对威塞克斯统治的起义，终遭失败。
938			• 契丹改部分官名为汉名。 • 后晋除禁钱令，公私可自铸铜钱，以"天福元宝"为文。	• 米尔顿教堂在阿特尔斯坦建成。 • 德国平定巴伐利亚与法兰克尼亚公爵的叛乱。
939			• 后晋因私铸钱多杂铅锡而停止私铸。 • 以吴越王钱元瓘为天下兵马元帅。	• 波斯诗人费尔多西诞生。
940			• 后蜀赵崇祚约于本年编成《花间集》。 • 因契丹暴虐，雁门关以北吐谷浑部落逃入晋境。	• 埃德蒙一世为英国国王。
941			• 后晋许民间私造农具。 • 以钱弘佐为吴越国王。 • 契丹节度副使赵崇以州降晋。	• 法国发生以法兰西公爵为首的诸侯叛乱，路易四世失败后，被软禁。 • 基辅大公伊戈尔与拜占庭订约。
942			• 南唐修订法典《昇元条》，并颁布施行。 • 南汉高祖刘龑去世，其子弘度即位。	• 佛兰德开始生产亚麻织物及毛织品。
945			• 南唐兵入建州，闽王延政降，闽亡。	• 巴格达被布依德人所统治。 • 苏格兰人吞并坎伯兰与威斯特摩兰。
946			• 后晋将杜威与李守贞降于契丹，汴京沦陷，后晋亡。	• 埃德里德继英格兰国王位。 • 德国奥托干涉法国内战，率兵至卢昂，路易四世获释。
947		后汉	• 沙陀人刘知远建"汉"。	
948			• 后汉诏雕《周礼》、《仪礼》、《公羊》、《谷梁》四经。	• 法国部分封建领主实施佣兵制。军队为其领主作战，每年不超过四十日的惯例，开始有记载。
949			• 吴越王鼓励民众垦荒，免收其税。	• 阿拉伯阿杜德·阿尔·道拉执政，其布未希德朝达到极盛时期。
950			• 后汉重将郭威起兵攻入大梁，灭后汉。 • 契丹兵攻内丘、饶阳地。	• 阿德尔伯特被立为意大利国王。 • 塞尔维亚澈斯拉夫将保加利亚人逐出，塞尔维亚成为拜占庭的藩属。
951		后周	• 郭威即皇帝位，改国号曰"周"。 • 汉河东节度使刘崇称帝，是为北汉。 • 辽封刘崇为"大汉神武皇帝"。	• 德国奥托一世率军远征，占领伦巴底，接受意大利王的封号。
952			• 后周改犯私盐与曲法，按斤两多寡定刑。 • 南唐开进士科，及第者三人。	
953			• 沧州铁狮子铸成。	

公　元	（朝代）	中　　国	外　　国
		●西瓜由回鹘传入黄河流域。	
954		●冯道（字可道，882～954）去世。为官四朝及契丹，自号长乐老，著有《长乐老叙》。	●法国由路易四世之子、奥托一世的侄子洛塔尔任国王，实施统治。
955	后	●后周主命近臣著《为君难，为臣不易论》与《开边策》各一篇。 ●后周立监采铜铸钱，民间铜器、佛像均由官收购。	●埃德韦继父位，成为英格兰的皇帝。 ●德国与匈牙利的奥格斯堡之战，奥托击败匈牙利人。自此匈牙利人定居于现在的匈牙利一带。
956		●后周免征各州府商贾兴贩牛畜过往税。 ●因战功赵匡胤升定国节度使、兼殿前都指挥使。	●法国休·卡佩成为法兰西公爵。 ●西班牙那瓦尔王侵入卡斯提。
957	周	●后周疏浚汴水入五丈河。 ●后周设贤良、经学、方正、直言、极谏、吏理等科。	●英格兰的王朝战争与宫廷阴谋事件不断发生。
958		●后周疏浚汴口导河达于淮，汴渠完成。 ●南唐元宗去帝号，称国主。	●此时阿拉伯半岛各地承认了非洲法梯玛希哈里发。
959		●南唐铸永通泉货、铁钱以一当十。 ●辽穆宗耶律璟至南京（幽州）。	●拜占庭君士坦丁被其子杀害其子即位，称为罗马勒斯二世。
960	辽（契丹）	●陈桥兵变。赵匡胤"黄袍加身"，建"宋"代"周"。（此节中凡宋前不加限定词者皆为宋事） ●淮南节度使李重进于扬州起兵反宋。	●波兰国王米埃斯克一世继位。 ●塞尔维亚澈斯拉夫去世，国家政权溃散，被保加利亚吞并。
961		●《唐会要》书成。 ●女真贡马于宋。	●德国奥托应教皇邀请入意大利，占领罗马，使教皇的势力得到巩固。
962	北	●命考课以户口增减为升降标准。 ●集潞州民众修太行道。	●在奥托逼迫下，德国教皇约翰十二世为其加冕称帝。从此神圣罗马帝国形成。
963		●刊布发行《重定刑统》，为我国第一部印行的法典。 ●《五代会要》书成。 ●北汉与辽联军攻宋。	●在希腊阿索斯山第一座修道院落成。 ●波兰奥斯特马克侯爵大败米斯西科，迫其承认神圣罗马皇帝为宗主。
964	宋	●宋太祖以旧幕僚赵普为相，罢范质、王溥、魏仁浦相，以副相官名参知政事。	●英格兰在丹麦战争之后，恢复寺院制度。
965		●宋兵至成都，后蜀主孟昶降，蜀亡。 ●选强壮卒为"兵样"，壮勇者充禁军。	●维杜金德著成《撒克逊历史》一书。 ●英格兰人入侵凯尔特王国。 ●德国将西斯拉夫人的易北河与奥得河之间的地区，共同并入帝国版图。
966		●诏民开垦荒田种植桑枣不加征税，令佐能劝民垦荒者受赏。	●德国奥托三进罗马，约翰十三世重新被立为教皇，处决显贵多人。

公元	（朝代）		中 国	外 国
967			• 辽兵进攻宋之益津关。 • 诸州禁止流通轻小恶钱。	• 波希米亚波利斯拉夫去世，其子即位，称波利斯拉夫二世。
968			• 禁止钱出塞。 • 北汉睿宗去世，养子继恩即位。	• 科尔多瓦大学建立。 • 安蒂奥克被拜占庭人占领。
969			• 冯继升、岳义方发明"火药箭"。 • 令民典买田土者输钱印契。	• 法蒂玛王朝征服埃及建立开罗。 • 埃及被法蒂玛哈里发统治。
970			• 禁止京城百姓藏兵器。 • 契丹被田钦祚败于遂城。	• 拜占庭基辅公斯维雅托斯拉夫打败保加利亚后，又进攻色雷斯。
971			• 宋设市舶司于广州。 • 诏放免岭南男女被卖为奴婢者。	• 斯维雅托斯拉夫兵败于保加利亚后，被迫与其签订和约。
972	辽（契丹）	北	• 宋禁私藏天文、图谶、太乙、雷公与六壬遁甲等。禁止僧道私学天文、地理。	• 吉查统一各部，建立匈牙利国家。 • 开罗大学建立。 • 北非脱离埃及独立。
973			• 重修《本草》成书，其名为《开宝重定本草》。 • 罢成都府所立嫁妆税。 • 女真贡马于宋。	• 法国阿拉伯数字和符号此时传入西欧。 • 西班牙阿里发哈开姆大败摩洛哥法蒂玛，在此建立倭马亚朝政权。
974			• 薛居正等修《五代史》成。 • 召南唐后主李煜入朝，煜称疾，遣曹彬率兵十万伐江南。	• 拜占庭与阿拉伯帝国进行战争，后占领伊德萨和尼西俾斯地区。
975			• 曹彬攻金陵，李煜降，南唐亡。	
976		宋	• 辽令南京恢复礼部贡院。 • 吴越王钱俶朝于宋。 • 宋太祖赵匡胤去世，弟光义继位，是为宋太宗。	• 拜占庭巴西尔二世为皇帝。 • 威尼斯开始兴建圣马可教堂。 • 意大利威尼斯爆发起义，公爵府邸与圣马可教堂一同被毁。
977			• 命李昉等编纂《太平御览》、《太平广记》。 • 诏国子监给庐山白鹿洞《九经》。 • 辽助北汉粟二十万石。	• 德国洛林被法王罗退耳占领，挑起两国战事。
978			• 立崇文院，以储图书。 • 辽令韩德让为南京留守。	• 德国奥托夺回洛林，进军至巴黎，既而退走。
979			• 辽与宋兵战于高梁河，宋帝弃师败归。 • 辽改元乾亨。	• 英格兰国王爱德华在科费城堡被杀害。 • 拜占庭帝国的小亚细亚军事贵族发动叛乱，进攻君士坦丁堡，皇帝巴西尔二世镇压了叛乱。
980			• 分民九等规定差役法。 • 辽大败宋于瓦桥关。既而宋败辽于关南，	• 意大利米兰进行武装暴动，为反抗大主教的统治，最后取得胜利。

公　元	（朝代）		中　国	外　国
			辽退。	• 罗马结束贵族的统治。
981			• 汴河年运江淮米三百万石,菽一百万石。	• 拜占庭巴细尔在索非亚败于保加利亚人。
982			• 辽萧太后燕燕摄政。 • 设译经院,命西僧译佛经。	• 萨拉森人在意大利南部打败奥托。
983			• 修《太平御览》成书,凡一千卷。 • 蜀版《大藏经》书成,凡五千零四十八卷。 • 辽改国号为大契丹。	• 波拉伯斯拉夫人起义反对德国诸国。 • 德国国王奥托二世去世,其子奥托三世继位。周边外族屡屡入侵。
984			• 辽在蓟县建独乐寺观音阁,为中国现存最古木构楼阁。	• 丹麦人再次入侵英国。
985			• 李继迁袭并据银州。 • 梁颢等人得进士,并唱名赐及第。得进士唱名始于此。	• 斯堪的纳维亚斯汪为丹麦王,挪威人、瑞典人及部分西斯拉夫人被征服。 • 利奥波德一世在下奥地利建立梅尔克教士会。
986			• 李昉等修《文苑英华》书成。 • 辽军攻掠河北各州县,所至掠夺、抓丁壮,杀老幼。	• 坎格拉贾帕尔统治者抵抗加萨布克蒂金对印度的入侵。 • 法国罗退耳去世,其子路易五世即位。
987	辽（契丹）	北	• 派内侍八人携带敕书金帛,赴各国招来海外商人。 • 颁行《神医普救方》一千卷。 • 于河北增筑城堡,以防辽兵侵扰。	• 987～1323:法国加佩王朝开始,巴黎成为新王朝的中心地。 • 德国丹麦人与斯拉夫人进犯帝国北部。
988		宋	• 以李继捧为定难节度使,赐姓名赵保忠。 • 契丹攻宋,破满城、祁州、新乐等地。宋将李继隆破其于唐河。	• 罗斯基辅大公弗拉基米尔率国人共同接受基督教。 • 洛林公查理在卡佩为王时,率兵侵法。
989			• 建筑家喻皓在京师建开宝寺塔。 • 设置折中仓,使商人在京师纳粟,于江、淮给茶、盐。 • 改国子监为国子学。	• 10世纪末法国币制混乱,约有一百五十种流行各地,对商业发展极其不利。
990			• 赐诸路印本《九经》。 • 铸淳化元宝钱,自此之后改元必铸钱。	
991			• 文学家徐铉(字鼎臣,916～991)去世。校订《说文解字》,著有《骑省集》。 • 上年被契丹封为夏国王的李继迁降,宋授银州观察使。赐姓名赵保吉。 • 赵保忠降辽,辽授西平王,复姓名李继捧。	• 阿拉伯数字传入欧洲。 • 丹麦人在莫尔顿战役中打败埃塞克斯的比尔特诺思。 • 法国洛林公查理兵败被俘,阿揆丹公爵又举兵叛乱。 • 丹麦人击败东撒克逊人,被迫缴纳"丹麦税金",丹麦人退去。

公 元	（朝代）	中　　国	外　　国
992		• 复试合格进士,开始用糊名考法。 • 设常平仓。	• 波兰波列斯拉夫一世继位,为波兰国家真正的组织者。小波兰也并入版图。
993		• 设置三司使。 • 分天下为十道,并以京东为左计,京西为右计,各设使。	• 阿拉伯巴格达大学建立。 • 瑞典俄勒夫·斯库特格隆即位,是瑞典第一个基督教徒国王。
994		• 太子允武允成献踏犁,太宗命依式制造,给百姓使用。	• 伦敦遭奥拉夫(挪威)与斯韦恩(丹麦)的围攻。 • 蒙特卡西诺修道院被阿拉伯人摧毁。
995		• 禁止边民与蕃戎通婚。	• 拜占庭占领阿勒颇。
996		• 李昉(字明远,925～996)去世。曾主编《太平御览》、《太平广记》与《文苑英华》。	• 德国奥托三世进入意大利,教皇为其加冕。
997	北	• 分天下为十五路。 • 设估马司以估蕃部马,与其互市。	• 匈牙利斯提芬一世在位。 • 法国诺曼底农民起义,为恢复自由生活。
998		• 辽南京留守耶律休哥卒。令在南京立祠。	• 丹麦人进攻怀特岛。
999	辽 （契 丹）	• 设市舶司于明州(今浙江宁波)。 • 契丹攻遂城,为杨延昭击退。	• 波兰王波利斯拉夫一世,利用波希米亚内乱之机,占领西里西亚与摩拉维亚及克拉科夫。
1000		• 古文家柳开(字绍先,947～1000)卒。著有《河东先生集》。 • 宋与辽军战于瀛州而败。辽军渡黄河,掠淄、齐离去。	• 基督教传入冰岛与格陵兰。 • 波兰皇帝奥托三世允许在格内孙建大主教区。
1001	宋	• 分川陕为益、利、梓、夔四路,后遂称为四川。 • 《续通典》书成。	• 匈牙利斯提芬一世称王。 • 匈牙利教皇为斯提芬加冕为王,自此匈牙利称为王国。
1002		• 石普制火球、火箭。 • 李继迁陷灵州,以其为西平府。	• 德国奥托三世去世,亨利二世被选为王,但意大利诸侯另选阿尔多伊诺为意大利王。
1003		• 李继迁攻西凉府,大败,受伤而死。	• 为报复英国对丹麦人的屠杀,丹麦国王斯温入侵英国。
1004		• 宋辽订"澶渊之盟"。宋每年以银绢三十万给契丹。 • 辽萧太后赐丞相韩德昌姓耶律,封晋王。	• 阿拉伯人攻陷比萨,对其进行大肆劫掠。 • 德国亨利二世迫使波兰王退出波希米亚,但战事延续十五年之久。
1005		• 诏修《册府元龟》。 • 命王钦若、杨亿等纂修《历代君臣事迹》。 • 宋辽自本年起互贺君主生辰与元旦。	

公 元	（朝代）		中 国	外 国
1006			• 定运江淮米至京师,每年六百万石。 • 于各州始置常平仓。	• 拜占庭与阿拉伯舰队大战于意大利半岛南部的累佐海面,后获胜。
1007			• 江西昌南镇瓷器在景德年间成为贡品,闻名全国,后遂改称景德镇。 • 文学家、地理学家乐史(字子正,930～1007)去世。著有《太平寰宇记》等。	• 马其顿被拜占庭皇帝瓦西里征服。 • 德国部分撒克逊人东渡,入侵斯拉夫人居住区。
1008			• 宋真宗封禅泰山;到曲阜,祭祀孔子,加谥玄圣文宣王。 • 宋因有"天书"下降,改元大中祥符。	• 印度人在白沙瓦被阿富汗伽色尼王马哈茂德打败。
1009			• 曹诚创建应天府(今河南商丘南)书院。 • 辽承天太后去世,以丧告宋,宋遣使吊慰。	
1010			• 李宗谔等进呈《诸道图经》,共一千五百六十六卷。	• 法国对犹太人更加迫害。
1011	北		• 蜀中定交子以流通三年为限。 • 令诸州设置孔子庙。	• 意大利比萨被阿拉伯人再次攻陷,劫掠后退走。
1012			• 辽改南京为燕京。改幽都府为析津府。改幽都县为宛平县。 • 宋真宗自称"天尊下降",进行庆贺。	• 异教首次在德国遭迫害。
1013	辽(契丹)		• 王钦若等编《册府元龟》书成,达一千卷。	• 丹麦国王斯温兼任英国国王。爱塞烈德逃往诺曼底。次年斯温去世,爱塞烈德回国。
1014		宋	• 升应天府(今河南商丘南)为南京。 • 益州铸大铁钱。 • 罢王钦若相,寇准复相。 • 复诸州观察使兼刺史。	• 克朗塔夫之战打破维金人对爱尔兰的统治。 • 德国远征意大利,击败意大利国王,加冕为帝。意大利与德国重新统一。 • 在第二次意大利战役中亨利二世于罗马被加神圣罗马帝国帝冕。
1015			• 杨承吉出使西蕃还,上《地理图》。 • 西蕃唃厮啰(藏族首领)贡马于宋。	• 撒丁被阿拉伯人征服。 • 挪威俄勒夫二世即位,反对者向丹麦卡纽特大王求援,挑起战端。
1016			• 王钦若上《宝文统录》。 • 燕肃撰成《海潮图》、《海潮论》。 • 修两朝国史成。	• 卡纽特大帝统治英格兰、丹麦和挪威。 • 法国罗伯特经十四年战争后,获得勃艮第国。
1017			• 自开封府,至京东、陕西、两浙、荆湖一百三十军州蝗灾,开常平仓救之。	• 丹麦王克努特合并丹麦、挪威、瑞典、英吉利、苏格兰为一国。 • 法国罗伯特二世为其子亨利加冕为法国国王,实行共主国政。
1018			• 西蕃贡于辽。	• 苏格兰南、北两部统一。

公 元	（朝代）	中 国	外 国
		• 辽拨马给东征军。	• 保加利亚投降,贵族移往君士坦丁堡,保加利亚第一帝国灭亡。 • 波兰与德国订立布迪申和约。
1019		• 南京饥荒,同知南京留守事杨佶,发仓廪,并按佣工赎回卖身奴隶。	
1020		• 赵德明筑兴州城(今宁夏银川)。	• 拜占庭因塞尔柱土耳其人的威胁,亚美尼亚王将国献于巴细尔。
1022	北	• 给兖州学田十顷,各诸州给学田始于此。 • 宋真宗去世,宋遣使至辽告哀,辽圣宗命南京悯忠寺建道场百日以示悼念。	• 法国对马尼教派"异端"的十三人处火焚之刑,该刑为用酷刑处治异端的开始。 • 德国亨利二世入侵意大利,对拜占庭行省实施进攻,占领萨勒诸等地。
1023		• 寇准(字平仲,961~1023)卒。封莱国公,著有《寇忠愍公诗集》。	
1024		• 交子在四川地区发行,是我国历史上政府发行最早的纸币。 • 辽在南京设场,考进士,七十二人中取。	• 德国亨利二世去世,由康拉德二世任国王,开始了法兰克尼亚朝的统治。
1025	辽（契丹）	• 蠲免万州民纳谷税钱。 • 契丹禁止服用金饰。	• 拜占庭皇帝巴西尔二世去世,其弟即位,称君士坦丁八世。
1026		• 筑泰州捍海堰以御海潮,保护耕地。	
1027		• 燕肃请造指南车(用齿轮转动)。 • 内侍卢道隆制造记里鼓车成功。 • 契丹置冶,采阴山金、银。	• 拜占庭的巴尔干半岛为佩彻涅格人占领,不久被驱逐。
1028	宋	• 诗人林逋(字君复,967~1028)卒。隐居杭州西湖,终身不仕,未娶妻,与梅、鹤做伴,故有"梅妻鹤子"之称。著有《林和靖诗集》。 • 在杭、秀、海三州置盐场,每年入课三百五十万。	• 挪威被丹麦卡纽特大王征服。
1029		• 医学家王惟一铸两具腧穴铜人模型,并撰腧穴针灸图经。	
1030		• 宋修国史成。	
1031		• 辽圣宗去世,子耶律宗真即位,是为兴宗。 • 宋驰两川矾禁。	• 科尔多瓦哈里发衰亡。 • 法国罗伯特去世,亨利为唯一的国王。 • 西班牙哈里发希沙姆三世去世,倭马亚王朝衰亡。
1032		• 修《三朝宝训》书成。 • 宋封元昊为西平王,辽封其为夏国王。	• 阿拉伯海盗被拜占庭与拉古萨舰队联合击败于亚得里亚海。

公 元	（朝代）			中 国	外 国
1033				• 修改赋税杂变之法。	
1034				• 令诸州县造五等丁产簿将丁口账并入。	• 雷翁王国被西班牙那瓦尔王所征服。
1035				• 令长吏能使民兴修水利开辟荒田者赏之。	
1036				• 赵元昊约在此年命野利仁荣等创制西夏文字。令人译《孝经》、《尔雅》等书。 • 契丹译《方脉书》成。	
1037				• 辽在黑龙江地区设节度使,统辖女真"五国部"。 • 宋颁布"礼部韵略"。	• 波斯哲学家阿维善那去世。 • 阿拉伯的医学家兼哲学家伊本·西那去世(980年生),其著作《医典》享有世界声誉。
1038	辽（契丹）	北		• 党项羌人李元昊称帝建国,史称"西夏"。	• 阿拉伯人被拜占庭打败,墨西拿也被占领。
1039				• 辽禁止朔州向宋售羊。 • 赵元昊被削官爵,国姓被夺。	• 英格兰人被格韦内德与格鲁费德打败。 • 德国康拉德去世,子亨利三世即位。帝权达到顶峰。
1040				• 曾公亮主编《武经总要》书成。	
1041		西		• 新修《崇文总目》书成。 • 毕昇发明活字印刷术。	
1042					• 英格兰爱德华恢复英格兰的独立。
1043			宋	• 契丹禁丧葬杀牛马与藏珍宝。	
1044				• 辽以云州为西京大同府。	
1045				• 经学家、文学家石介(字守道,1005~1045)卒。著有《徂徕集》。	• 瑞士南部各州属于神圣罗马帝国统治,瑞士在帝国中的地位日趋重要。
1046		夏		• 辽禁止以奴婢卖给汉人。	• 德国亨利三世于意大利的苏特利宗教会上,免去三个教皇候选人,立德意志主教为教皇。
1047				• 以河北为四路,各设都总管。	• 拜占庭托尼加斯领导的军人进行暴动,后失败。
1048				• 沈立著《河防通议》,为论述河工技术的最早著作。 • 文学家苏舜钦(字子美,1008~1048)卒。诗与梅尧臣齐名。著有《苏学士文集》。	• 拜占庭佩彻涅格人向帝国进攻,塞尔柱土耳其人第一次侵入亚美尼亚,被击败。 • 意大利教王李奥九世企图严厉执行教士独身制,在米兰地区遭到强烈反对。
1049				• 使陕西乡兵三万归农,年省钱二百四十五万。	• 德国亨利三世于本年起,三次发起对匈牙利的战争,皆被击退,被迫承认其独立的地位。

公 元	（朝代）		中 国	外 国
			• 广源州"蛮"侬智高发兵犯邕州,称南天国。	
1050			• 辽规定医卜、屠贩、奴隶、背父母与犯事逃亡者,不得应进士举。 • 西夏犯契丹边,兵败而归。	• 诺曼人入侵英格兰。 • 拜占庭索伊去世,托格立尔退至波斯。
1051			• 修《皇祐方域图志》书成。 • 宋分淮南为东西路。设河渠司。	• 诺曼底公爵威廉到英格兰,爱德华以其为英王位继承人。 • 拜占庭佩彻涅格人失败后,从保加利亚撤出。
1052			• 文学家范仲淹（字希文,989～1052）去世。文章阐述的政治主张,有"先天下之忧而忧,后天下之乐而乐"之语。著有《范文正公集》。	• 拜占庭塞尔柱土耳其人再次进犯。
1053	西	北	• 宋破侬智高,邕州被收复,智高走大理。	• 亨利四世被立为神圣罗马帝国皇帝。 • 迁入意大利半岛的诺曼人,在酋长罗伯特·吉斯卡尔率领下,逐渐向半岛东部侵入。
1054			• 宋仁宗命修《唐书》。	• 天主教派与东正教派正式分裂。
1055	辽（契丹）		• 辽设学养士,颁布《五经传疏》,设博士、助教。	• 塞尔柱土耳其人入侵巴格达,取得军政大权。 • 葡萄牙卡斯提与雷翁王裴迪南,夺得今葡萄牙大部分地区建立伯国,葡萄牙的历史从此开始。
1056			• 以学士包拯知开封府。	• 米兰兴起民主帕塔利亚运动。
1057			• 北京房山云居寺"四大部经"刻成。	• 拜占庭帝国为科穆宁王朝统治时期。
1058	夏	宋	• 开凿永通河。 • 赵遵仁著《续镌成四大部经记》,论述契丹圣宗、兴宗、道宗时施助云居寺石经刻造情况。	• 意大利热那亚与比萨开始向西西里岛的阿拉伯人进攻,战争达数十年之久。
1059			• 宋废榷茶,行通商法。 • 辽禁民私猎。	• 拜占庭匈牙利人与佩徹涅格人扰帝国北疆。
1060			• 宋分京西为南北两路。 • 欧阳修等修《新唐书》成。 • 黄河东流形成,在今黄河口以北入海。	• 法国亨利一世去世,其子腓力继位,称腓力一世。
1061			• 宋祁（字子京,998～1061）去世。与欧阳修同修《唐书》。另存辑本《宋景文集》。 • 诏良家子弟因诱而入军籍者,百日内可出籍。	• 意大利墨西拿被诺曼人征服。 • 波兰与波希米亚进行战争,重新占领斯洛伐克。
1062			• 包拯（字希仁）卒。有《包孝肃奏议》存世。 • 西夏以马进宋,求九经等书。	• 凯泽斯韦尔斯发生政变,亨利四世被科隆基主教安诺二世俘获。

公元	（朝代）			中　国	外　国
1064				• 南京民众被禁止决水种植水稻。 • 禁止南京私造御用彩缎与私自买卖铁器。	• 匈牙利人占领贝尔格莱德。
1065				• 契丹耶律仁先任南京留守。 • 宋于开封、京东西与淮南等地募兵。	• 拜占庭库曼人入侵巴尔干半岛，至帖撒罗尼加地区，被击退。
1066				• 契丹改国号为大辽。 • 文学家苏洵（字明允，1009～1066）卒。与苏轼、苏辙称"三苏"。著有《嘉祐集》。	• 诺曼底大公威廉征服英吉利。
1067				• 宋英宗去世，子顼即位，是为神宗。	• 拜占庭罗马努斯·狄奥尼斯继皇帝位。
1068				• 宋神宗召见翰林学士王安石。 • 王安石上书主张变法。 • 辽允许南京百姓在军行地外种植水稻。 • 赦放南京境内的囚徒。	• 英格兰威廉一世平定北部地区的叛乱，并征服西部诸地。 • 拜占庭诺曼人占领意大利半岛俄特朗托。皇帝罗马努斯战胜塞尔柱土耳其人，暂时阻止其前进。
1069	西	北		• 任王安石为参知政事。 • 设置三司条例司，准备变法。 • 淮、浙、江、湖等六路行均输法。 • 行青苗法。 • 颁布农田水利赦令。 • 王安石建议兴办学校，罢诗赋，以经义取士。	• 英格兰农民为反抗威廉的统治，在北部与东北部进行起义，后被镇压。 • 法国征服者威廉夺取法国西北部的美恩。 • 德国阿达尔伯被赦后又恢复其权力，唆使撒克逊人反对亨利。
1070			辽（契丹）	• 任王安石与韩绛为宰相。 • 订立保甲法。以组保丁，进行训练，用以防盗。 • 试颁行免役法。 • 辽设贤良科，禁汉民捕猎。	• 威廉征服英格兰后，逐步将法国式的封建制度在英国推行。 • 在法国安茹伯爵领地内的蒙城市民进行起义，反对封建领主的压迫，自行组织被称为"公社"的行政机构。
1071	夏	宋		• 改革贡举法，罢诗赋，以经义、策论试进士。 • 设立太学三舍法，外舍七百人，内舍二百人，上舍一百人。	• 罗伯特在卡塞尔附近打败菲利普一世。 • 阿马尔菲商人建立圣约翰修道院。 • 拜占庭诺曼人占领意大利南部地区。拜占庭在此地区的最后一个据点被夺取。
1072				• 颁行市易法、保马法。 • 施行方田均税法。 • 欧阳修（字永叔，号醉翁，1007～1072）去世。为宋代古文运动的代表。著有《欧阳文忠集》、《六一词》、《新唐书》、《集古录》等。	• 威廉征服苏格兰，兵败，使其成为威廉的附庸。 • 德国阿达尔伯去世，撒克逊人起兵反对皇帝亨利四世的统治。
1073				• 设经义局，修《诗》、《书》、《周礼》三经义。 • 颁布劝课栽桑法。 • 设立军器监。 • 道学家周敦颐（字茂叔，1017～1073）去世。著有《太极图说》、《通书》等。 • 分河北为东、西两路。	• 罗马喜尔德布兰当选为教皇，称格列高利七世，得到皇帝亨利四世的承认，由此确定教皇的至高无上地位。在其任教皇时期，进行对策封权的斗争。 • 英格兰威廉为向教皇缴纳酬金，在全国进行征收资金。

公元	（朝代）			中　国	外　国
				●禁私人置水硙，以妨碍灌溉民田。 ●诏京西、淮南、两浙、江西、荆湖等地各置铸钱监。	●德国亨利四世兵败，订立有利于萨克森人和约。
1074				●王安石被罢相。 ●在诸路行置将法。 ●制作浑仪（也叫浑天仪）、浮漏成功。	●罗马教皇格列高利为抗议世俗政权对主教任免的干涉，罢免德意志一些主教。 ●拜占庭米凯尔其叔乌尔塞举兵反叛，米凯尔向塞尔柱土耳其求援，将其击败。
1075				●王安石恢复相位。 ●颁布王安石《三经新义》。 ●宋与辽定河东地界，宋失地七百里。	●英王威廉围攻布列塔尼之都尔，法王腓力以优势兵力击退，翌年两国媾和。 ●阿拉伯哈里发阿尔奎伊姆去世，其孙牟克塔底即位。
1076		西	北	●水利家侯叔献（字景仁，1023～1076）去世。曾任权都水监丞，主持引汴水入蔡工程，以防汴水之患。	●法国康布雷地区市民进行反抗封建领主的斗争。翌年，获得建立公社的权利。
1077				●理学家张载（字子厚，1020～1077）去世。著有《西铭》等，其著作提出元气本体论。 ●改解盐法与成都路茶法。 ●诏欧阳修《五代史》藏于秘阁。	●德皇亨利四世赴卡诺沙向教皇悔过。 ●英国威廉一世的长子罗伯特举兵谋反。
1078	辽（契丹）			●史学家刘恕（字道原，1032～1078）卒。参与编写《资治通鉴》，著有《通鉴外记》。 ●辽诸路施饭僧尼达三十六万人。	●拜占庭尼塞福鲁斯三世依靠塞尔柱土耳其的帮助推翻米凯尔七世，自任皇帝。
1079				●宋增太学生，并立考试升舍法。 ●辽改定王爵的制度。 ●学者宋敏求（字次道。1019～1079）去世。曾撰有《长安志》、《春明退朝录》，编《大唐诏令集》等书。	●巴黎大学著名教授阿伯拉出生。 ●法国神学家、哲学家彼得·阿贝拉尔诞生。 ●诺曼人征服后，诺曼法语被逐渐推行于英格兰。
1080		夏	宋	●定官制。 ●沈括任鄜延路经略安抚使。	●亨利四世再次被废黜及被开除教籍。 ●德国卢多尔夫兵败，阵亡。亨利四世领兵远征意大利。
1081				●宋修国朝会要书成。 ●于秦州置铸钱监。 ●宋种谔以鄜延兵攻西夏米脂寨。	●意大利萨勒诺德医学校，在这时已有相当的声誉。 ●亨利四世向意大利进军。
1082				●改官制，设中书、门下、尚书等三省，皆不设长官。 ●自变法后税入增多，诏京东等十二路输常平钱八百万于元丰库，以备非常。	●意大利威尼斯得到在拜占庭各地进行自由贸易的商业特权，有效期一百年。
1083				●辽禁止官吏于部内贷钱取息获利。 ●西夏攻兰州等地败退，遂请和。	●拜占庭诺曼酋长斯卡尔之子波西孟再次打败皇帝阿雷克修，占领马其顿，但在拉利萨，被雇佣的塞尔柱骑兵击败。

公元	（朝代）			中　　国	外　　国
1084				• 辽禁止毁铜钱铸器。 • 司马光等修《资治通鉴》书成。 • 辽南京（今北京）建奉福寺塔（后改名广恩寺）。	
1085				• 罢方田、义仓、市易法与保马法。 • 理学家程颢（字伯淳，1032～1085）去世。与弟程颐称二程。有《二程全书》。 • 辽修太祖以下七朝实录完成。	• 英格兰威廉一世颁布对全国进行土地调查的命令。翌年，为征税编制了土地清册，俗称"末日审判书"。 • 德国亨利四世击败部分诸侯选举的德意志王之卢森堡公赫尔曼。
1086				• 罢免役法，行差役法。 • 司马光（字君实，1019～1086）卒。封温国公。著《资治通鉴》，有《司马文正公集》。 • 王安石（字介甫，号半山，1021～1086）卒。存有《王临川集》与《周官新义》残卷。 • 诏禁边民与西夏互市。	• 英格兰检查土地赋役，编写成土地检查书。 • 德国卢森堡公退位。反抗亨利的诸侯又选帝国东部的艾克伯尔特为王。 • 色雷斯与保加利亚的波哥密尔派实施暴动，进攻拜占庭。
1087	辽（契丹）		西　北	• 颁布《元祐敕令式》。 • 复置贤良方正等科。 • 于泉州增置市舶司。	• 康拉德（亨利四世的大儿子）被立为德意志国王。 • 英格兰威廉一世去世，次子即位，为威廉二世。威廉一世的领地诺曼底公国长子罗伯特继承。
1088				• 苏颂主持制造水运仪象台成功。著《新仪象法要》，用以说明仪器构造。 • 汝窑为宫廷烧制瓷器的专窑。 • 令各路州县条陈役法利害。	• 英格兰威廉二世镇压了诺曼籍诸侯为拥戴诺曼底公罗伯特为王的叛乱。
1089				• 宋设立经义、诗赋两科。 • 辽诏析津等府精选举人。	• 德意志王艾克伯尔特去世，亨利与诸侯反对派达成协议。
1090		夏	宋	• 西夏放归宋俘，宋以米脂、葭芦、浮图、安疆四寨还西夏。	• 法国哲学大师洛塞来那斯创立"唯名论"的哲学派别。 • 英格兰威廉二世入侵诺曼底。
1091				• 宋制《元祐观天历》。 • 西夏兵犯宋境。	• 匈牙利国王拉提斯劳斯一世征服克罗地亚及波斯尼亚，设总督统辖之。 • 罗伯特与威廉二世达成卡昂条约。 • 科西嘉岛被热那里和比萨占领。
1092				• 立考察县令课绩法。 • 令陕西、河东等地整饬边防。 • 由吕大临编纂，为最早并较有系统的古器物图录《考古图》书成。	• 塞尔柱土耳其帝国开始瓦解。 • 德国亨利四世之子康拉德举兵叛父，教皇将康拉德加冕为意大利王，并允许若放弃策封权可加冕作皇帝。
1093				• 宋仿唐六典修官制。 • 太皇太后高氏去世，宋哲宗亲政。	• 英格兰威廉二世病危，自知将死，为示忏悔，提名意大利人安瑟伦为坎特伯雷大主教。

公元	（朝代）			中 国	外 国
1094				• 罢试诗赋，以经义取士。 • 复免役法。 • 罢贤良方正等科。	• 约吉斯伐拉用古爪哇写《罗摩衍那》。 • 法王腓力因离婚事同教皇乌尔班发生争执，被驱逐出教。
1095				• 科学家沈括（字存中，1031～1095）去世。其著作《梦溪笔谈》与《长兴集》存于《沈氏三先生文集》之中。 • 李格非著《洛阳名园记》。	• 英格兰北方诸侯在诺森布利亚伯爵领导下举兵反叛，遂被平定。 • 葡萄牙勃艮第公之子亨利获得该国伯爵领地。
1096				• 西夏兵犯宋鄜延等地。 • 复元丰朝《恤孤幼令》。	• 欧洲第一次十字军东侵。
1097				• 颁布内外学制。 • 令西北各路多筑城堡，以攻西夏。 • 追贬司马光、吕公著等官，又贬元祐旧党。	• 意大利德热那亚船队为十字军运送给养，并随军到安提阿喀。 • 马尔科姆之子埃德加成为苏格兰国王。
1098	西	北		• 辽派使者与夏议和。 • 宋改元元符。	• 拜占庭皇帝阿雷克修因十字军的帮助，收复尼西亚、安条克及小亚细亚等地。
1099				• 以河北黄河退滩地请民耕种，免三年租税。 • 令诸州置教授者按照太学三舍法选生徒升补。	• 第一次十字军占领耶路撒冷，并建安提阿喀亲王国，诺曼酋长波西孟为领导人。
1100	辽（契丹）			• 李诫撰建筑专著《营造法式》书成。 • 追复文彦博、司马光等三十余人官。	• 英格兰威廉二世遇刺身亡，其弟继位为王，史称亨利一世。
1101				• 文学家苏轼（字子瞻，号东坡居士，1036～1101）去世。以诗、文、词、书、画等著名。著有《东坡七集》等，并有书法若干传世。 • 辽道宗去世，其孙延禧即位，是为天祚帝。	• 诺曼底公罗伯特率军入侵英格兰，不久与亨利一世签订和约。
1102	夏	宋		• 于杭州、明州设立市舶司。 • 于端礼门立元祐奸党碑。	• 英格兰亨利一世平定诺曼籍诸侯的反叛。
1103				• 设置医学。 • 下令销毁三苏、范祖禹等人著作。 • 令天下各郡均建崇守寺。	• 拜占庭皇帝阿雷克修与安条克伯爵波西孟作战。
1104				• 设置书、画、算三学。	• 英格兰亨利一世率军侵入法国诺曼底。
1105				• 造成"九鼎"，制成"大晟乐"。 • 建宝成宫，祭祀黄帝。	• 法国诺曼底公罗伯特兵败被俘，英王再度获得诺曼底。 • 昂古莱姆大教堂建成。
1106				• 画家李公麟（字伯时，号龙眠居士，1049～1106）去世。主要工山水、人物、佛像等画。 • 罢书、画、算、医四学。	• 德国亨利四世去世，子亨利五世即位，继续其父之政策，反对教皇干涉帝国。

公元	(朝代)	中 国	外 国
1107	辽(契丹)	• 理学家程颐(字正叔,1033~1107)去世。人称伊川先生。与其兄程颢称二程,有《二程全书》。 • 复行方田,立八行取土法。	• 意大利米兰共和国成立。 • 英格兰亨利一世为册封权与坎特伯雷大主教发生分歧,亨利没收教会财产,后经调解双方妥协。
1110		• 令河东、河北、陕西诸钱监罢铸当十钱。 • 罢宏词科改立词学兼茂科。	
1111		• 将当十钱改当三钱用。 • 宋遣童贯使辽,挟李良嗣取结女真图辽之策。	• 亨利五世在罗马被加神圣罗马帝国帝冕。 • 拜占庭阿雷克修授予比萨商人商业特权。
1112		• 苏辙(字子由,1039~1112)卒。有《栾城集》。 • 女真阿骨打起兵吞并邻族之事辽闻之,辽诏阿骨打来朝,称病不至。	• 法国琅城市民为反对主教撤销城市自主权进行起义。主教被杀,不久起义也被路易六世镇压。
1113	西 北	• 宋徽宗使人编撰《宣和博古图》、《宣和画谱》、《宣和书谱》。 • 修《政和五礼新仪》成。 • 女真阿骨打立为都勃极烈。	• 西亚撒马利亚省居民反抗十字军起义。 • 耶路撒冷圣约翰骑士团慈善收养院成立。 • 《亨利西法律》编集成法典。
1114		• 女真制定谋克、猛安制。 • 张耒(字文潜,1054~1114)卒。有《宛丘集》。 • 西夏兵犯宋环州定远城,西北战事再起。	• 奇切斯特大教堂建立。 • 意大利比萨舰队远征巴利阿利群岛的阿拉伯人,多人被俘。
1115	夏 宋	• 女真完颜阿骨打起兵反辽,建国称"金"。 • 令各州置医学,立贡额。	• 克莱尔沃克斯男修道院成立,圣伯纳德任院长。
1116		• 辽将渤海高永昌据东京反辽。 • 金军破东京,杀高永昌,得辽东郡县。	• "哥特式"建筑约在此时开始出现在法国,最初的沙脱尔大教堂为其代表作。
1117		• 宋徽宗自称是教主道君皇帝。 • 医学著作《圣济总录》书成。	• 英格兰罗伯特之子威廉·克来托在诺曼底率军反叛。
1118	金	• 宋遣使马政等由海道赴金。金使者与马政等到宋登州。宋金开始往来。 • 设置道官、道职,各州设道学博士。 • 宋以买马之名遣人入女真。	• 耶路撒冷庙堂武士团成立。 • 1118~1143:拜占庭阿雷克修去世,子约翰继皇帝位。 • 意大利热那亚为争取萨地尼亚岛的统治权与比萨发生战争。
1119		• 宋徽宗改和尚为德士,用以压制佛教。 • 金仿汉字楷书,制女真字。 • 辽封金太祖为东怀国皇帝,太祖不受。	• 英格兰亨利一世入法,将罗伯特之子克来托及其法国同盟击败。 • 波洛尼亚大学成立。 • 波兰自此逐渐完成对波美拉尼亚的占领。波兰再次获得出波罗的海通道权。
1120		• 宋罢道学,复称德士为僧。 • 宋命赵良嗣入金,议攻辽。 • 辽将耶律余觊降金,金得知辽军虚实。	• 英格兰历史学家约翰诞生。 • 法国与英格兰的战争失败后,诺曼底依然被英国所统治。

公 元	（朝代）		中　国	外　国
1121			• 张叔夜在海州袭败宋江而降。 • 词人周邦彦（字美成，1056～1121）卒。著有《清真集》，今有《片玉词》存世。	• 为便于教皇与皇帝亨利五世求得和解，德国诸侯聚集在维尔茨堡。 • 法国中世纪经院哲学家威廉去世。威廉为唯实论的代表人物。
1122			• 辽天祚帝逃至南京，金占辽土大半。 • 改燕京为燕山府。 • 宋建万岁山（艮岳）成。	• 德国皇帝与教皇签订沃姆斯协定，解决了长达半个世纪策封权的争端。
1123	辽（契丹）	北	• 金兵袭燕京，席卷金帛子女职官民户离去。 • 宋以岁币与燕京代税钱换得燕京及六州之地。	• 塞尔维亚人被拜占庭皇帝约翰二世打败。 • 伦敦圣巴塞洛缪医院建立。
1124			• 童贯于太原任宣抚使。 • 金令废止将降人编为猛安、谋克的制度。	• 法国与英国双方为争夺诺曼底的主权，再度交战。
1125		宋	• 燕山府所属州县皆归金有，金将枢密院由广平府迁至燕京。 • 张择端绘《清明上河图》描绘开封城市面貌。 • 宋徽宗禅位太子赵桓，是为钦宗。	• 德国人重新向东扩张。 • 德国亨利五世去世，萨克森公罗退耳即位，自此教皇党与皇帝党之争在德意志与意大利之间展开。
1126	西		• 金以汉法，订立官制，设尚书省。 • 宋京师破，钦宗与金议和。金提议和条件为割河北、河东地及金一千万锭、银二千万锭、帛一千万匹。	• 阿拉伯哲学家艾夫罗斯诞生。
1127			• 宋徽、钦二宗被金所虏北去。留居燕京的宋宗室与大臣等一千八百余人。金人计口给粮，死者甚多。北宋结束。宋高宗即位，南宋始。	• 在德国为争夺意大利的王位，士瓦本的腓特烈与法兰克尼亚的康拉德发生战争。既而腓特烈退出，康拉德率兵进伦巴底。
1128	夏	南	• 宋规定以经义、诗赋取士。 • 金封宋徽宗为昏德公，钦宗为重昏侯。	• 法国琅城市民准备再次暴动，国王路易六世被迫颁发特许状，允许自治。
1129			• 金令人民依女真剃发，禁止穿汉服。 • 宋高宗至临安，升杭州为临安府。	• 法国路易与英王亨利媾和。
1130	金	宋	• 岳飞袭击金军，收复建康。 • 金封刘豫为帝，国号齐，都大名府。 • 宋任秦桧为礼部尚书，其建议与金讲和。	• 诺曼底人的西西里王国成立。 • 英格兰城市牛津、林肯及伦敦等地的手艺基尔特的名字，开始见于财政大臣的卷筒账册中。 • 意大利诺曼酋长罗吉尔二世建立西西里王国，教皇安那略利塔斯给予承认。
1131			• 宋始印发纸币关子。 • 以张浚为江淮路招讨使，岳飞为副。 • 金袭承州，攻楚州，守将赵立战死。	• 法国路易六世立其子为王，为使父子共同主政。

公　元	（朝代）		中　国	外　国
1132			• 宋陈规守德安抗拒李横时,用"火枪"作战,被视为世界上最早使用射击性火器。	• 德国罗退尔率军远征意大利,康拉德逃走。
1133			• 令百姓复业者以垦田多寡定租额赋役。 • 宋向金求和,禁止向伪齐辖境攻击。 • 宋高宗于临安见岳飞,并赐"精忠岳飞"锦旗。岳飞将所部定为神武后军。 • 金使至宋,要求宋与伪齐以江为界。	• 教皇英诺森二世为罗退尔二世加神圣罗马帝国帝冕,又以塔斯卡尼土地作为采邑给予罗退尔二世。
1134			• 令浙江上贡丝帛皆折为钱。 • 岳飞军于庐州将金兵击退。	• 拜占庭征服小亚美尼亚,同盟者安条克王国被迫承认为帝国的附庸。
1135			• 募兵耕垦营田,官供于牛种。 • 理学家杨时（字中立,1053～1135）卒。人称龟山先生,为二程弟子。著有《龟山集》。	• 英格兰亨利一世去世,其侄斯提芬继承王位。
1136	西	南	• 改江淮营田为屯田。 • 禁淮南州县额外杂色租。 • 预借江浙地来年夏税。	• 德国罗退尔征服阿普利亚并入侵意大利南部。 • 法国路易六世之子路易与阿奎丹公之女培拉诺结婚,阿奎丹并入法国。
1137			• 秦桧被任枢密使。 • 黄河在白河(今天津附近)入海。	• 法国路易七世为国王。 • 英王斯提芬入侵法国,被击退。
1138	金		• 宋定都于杭州。 • 金熙宗进行政治改革,实行汉官制度。	• 波兰波列斯拉夫去世,夫拉地斯拉夫二世即位,波兰分为四个公国。
1139			• 宋金于绍兴和议成立,宋对金称臣纳币,金许还河南等地与徽宗"梓棺"及高宗母韦太后。	• 葡萄牙建国。 • 罗马教皇英诺森亲自率军与西西里王罗吉尔作战,兵败被俘。教皇以承认罗吉尔之王国及国王称号为条件获释。 • 马蒂尔达到达阿伦德尔,英格兰内战开始。
	夏	宋		
1140			• 金违背和议,下诏收回河南、陕西之地。 • 金成立屯田军,移女真、奚及契丹诸部于中原。 • 金兀术倾全国兵力再次攻宋,于顺昌惨败。	• 波斯诗人尼撒米诞生。 • 法国因布鲁日大主教区问题路易七世与教皇英诺森产生分歧。
1141			• 岳飞父子被诬告,下狱于大理。 • 宋杀岳飞、岳云与张宪。	• 英格兰马蒂尔达击败斯提芬王,并将其俘获。全国均承认其为女王。
1142			• 宋金再次议和,宋对金称臣,以淮水、大散关为界,岁纳币银绢共五十万。 • 宋使臣洪皓至燕京被扣留。金熙宗命其为翰林直学士,洪皓不受。 • 金修国史书成。	• 法国路易七世率军进攻香槟伯爵领地,维特利教堂被焚毁。 • 法国大哲学家本·阿贝拉去世,其属于经院哲学中的唯名派,曾著"是与否"阐明自己的观点。

公 元	（朝代）			中 国	外 国
1143				● 宋颁行"经界法"，"按图核实"，用以纠正有田不交税，无田反纳税的弊端。 ● 金仿宋律，颁布皇统新历。	● 拜占庭皇帝约翰去世，其子曼奴依尔即位。在位期间，奢侈无度，征战不止。
1144				● 秦桧疏请禁野史，以子熺领国史，销毁与己不利的诏书章疏。	● 法国诗人克雷蒂安诞生。 ● 英格兰与诺曼底公国分裂，斯提芬仍为英王，格奥弗里为诺曼底公爵兼安茹、美恩及土朗等地伯爵。
1145				● 金正式使用女真小字。	● 罗马共和国投降于皇帝康拉德。
1147				● 孟元老著成《东京梦华录》。 ● 金帝选黄河南北女子四千余人以充后宫。	● 1147~1149：法国国王路易七世与德国皇帝康拉德三世统兵，第二次十字军远征，以彻底失败而告终。
1148	西	南		● 文学家叶梦得（字少蕴，号石林居士，1077~1148）卒。著有《石林燕语》等。 ● 金修《辽史》书成。	● 意大利佛罗伦萨开始有丝织业。
1149				● 西夏建立通济监铸钱机构。	● 德国康拉德归国，与教皇党斗争再起。
1150				● 开始使用火药。	● 法国巴黎大学建立。
1151	金			● 女词人李清照（号易安居士，1084~约1151）去世。著有《易安居士文集》、《易安词》等，已多佚，现存《漱玉词》与诗文多首。 ● 马扩（？~1151）去世。著有《茆斋自叙》。 ● 金设国子监。 ● 金海陵王下诏迁都燕京。调各路工匠进京修宫室。	● 拜占庭因威尼斯舰队的协助，从诺曼人手中夺回科孚岛，并占领安科那。
1152	夏	宋		● 宋虔州军乱，逾五月始定。	● 德国康拉德去世，士瓦本公爵红胡子腓特烈一世为德意志王。
1153				● 金迁都燕京，改燕京为中都，定为国都。	● 苏格兰马尔科姆四世继承王位。
1154				● 金发行纸币"交钞"。 ● 宋初令各州均以中秋日试举人，不得自行选日。	● 意大利神秘主义者约西亚诞生。 ● 德国腓特烈从该年起，六度侵入意大利。 ● 英安茹伯爵亨利二世建立英格兰金雀花王朝。
1155				● 洪皓（字光弼，1088~1155）去世。著有《鄱阳集》、《松漠纪闻》等。 ● 金在中都大房山建行宫，名为磐宁宫。	● 亨利二世恢复王室领地，废除财政伯领地。 ● 拜占庭与诺曼人西西里王国媾和。将商业特权授予热那亚商人，借以打击威尼斯的垄断。
1156				● 宋禁"妄议边事"，言议和"悉由朕衷"。 ● 金修建汴京宫室。	

公 元	（朝代）		中　　国	外　　国
1157			• 宋取消牛耕税。	• 芬兰被瑞典埃里克征服。
1158			• 金中都设铸钱监二,东为宝源,西为宝丰。 • 宋使孙道夫使金归,言其将南侵。	• 牛津开始兴建大教堂。 • 德国腓特烈一世在隆加利亚召开决定取消城市自治的大会,通过隆加利亚决定取消城市自治的决议。 • 英王亨利二世因其弟哲弗利世去世,又获得南特。
1159			• 两浙闽广市舶司收入大增,多达二百万贯。 • 金修中都城,于通州造战船。	• 法国与英国为争夺土鲁斯而发生战争。
1160			• 宋户部发行纸币"会子"。 • 禁中都等地民网捕禽兽与育养雕隼。	• 诺曼人从北非被驱逐。 • 意大利皇帝腓特烈一世至巴威亚参加宗教会议,承认教皇维克多四世。
1161	西　南		• 宋决定分经义、诗赋为两科取士。	• 拜占庭与匈牙利发生战争。是年,罗姆苏丹国成为拜占庭的附属国。
1162			• 宋追复岳飞原官,发还财产时发现没入财产仅九千缗。 • 史学家郑樵(字渔仲)去世。著有《通志》等。 • 耶律窝斡攻古北口,败死。	• 罗马教皇亚历山大三世逃往法国避难。 • 米兰被弗里德里希·巴巴罗萨摧毁。 • 英格兰大臣托马斯·培开特任坎特伯雷大主教。
1163	金		• 宋诏百姓凡弃田宅,逃至三十年而无人归认者,以户绝论。 • 金世宗于重午(重五)日(即端午节)至广乐园射柳,令皇太子、亲王、百官亦射。 • 金定制,金银坑冶许民开采,二十分取一。	• 德国腓特烈一世第三次率军远征意大利。 • 坎特伯雷大主教托马斯·贝克特与亨利二世争端开始。 • 开始兴建巴黎圣母院。 • 德国诗人哈特曼·冯·德奥埃诞生。
1164	夏　宋		• 宋金议和,许割商、秦地,以叔侄关系相称,改岁贡为岁币,又割唐、邓等四州。地界为"绍兴和议"时所定。 • 运山东之粟以充实京师。	• 意大利北部城市共同组织抵抗皇帝的同盟,称为"伦巴底同盟"。
1165			• 宋金隆兴和议成立。 • 辛弃疾上书《美芹十论》,反对因一败而议和。 • 金取消纳粟补官令。	• 查理曼被宣告为圣徒。 • 拜占庭与匈牙利战争再起,达尔马提亚被帝国军队占领。
1166			• 金设置太学,并译《史记》、《汉书》。 • 宋令两淮行铁钱,铜钱勿过江北。	• 英格兰亨利二世改革司法制度,并始设陪审法,是年征收财政税。 • 意大利受到德国腓特烈一世第四次进攻。
1167			• 金诏道教首领刘德仁入京师天宝宫进行传教,并赐东岳真人称号。 • 宋撤销铜钱过江之禁。	• 法国路易七世再次发动对英国的战争。

公元	（朝代）	中 国	外 国
1168		• 金下诏,禁随意屠杀牛马。 • 宋禁止贩牛过淮。 • 金世宗于常武殿击毬。	• 英格兰牛津大学创建。 • 拜占庭皇帝战败匈牙利,获得克罗地亚之地,战事平息。
1169		• 宋行使铁钱及会子,收换两淮铜钱。 • 金禁诸州和籴抑配百姓。	• 英格兰亨利二世发兵入侵爱尔兰。
1170		• 宋为岳飞立庙于鄂州,称忠烈庙。 • 修神宗、哲宗、徽宗、钦宗四朝会要书成。	• 埃及被大马士革的萨拉丁征服。 • 拜占庭为争夺安科那与达尔马提亚,与威尼斯发生战争。
1171		• 免两淮与两浙的丁钱及丁盐绢。 • 命寺观不免租税。	• 意大利威尼斯大议会取得任命总督的权力。
1172	西 南	• 朱熹撰《资治通鉴纲目》书成。 • 开金口河渠成。引永定河水自金口入渠。 • 金允许民免税开采金银坑冶。	• 英王亨利屈服于教皇,为其子亲王加冕。 • 德国诗人沃尔夫勒姆·冯·埃森巴赫诞生。 • 英王诸子在法国路易七世协助下背叛其父。
1173		• 金令女真人不可译为汉姓。 • 金设考场于中都悯忠寺,策试女真进士。	• 埃莉诺王后被监禁。 • 托马斯·贝克特被宣告为圣徒。
1174	金	• 金禁止卫士说汉语,不善讲女真语者,勒令学习。 • 宋罢铁钱,改铸铜钱。 • 修吏部七司法。	• 比萨钟塔落成。 • 德国腓特烈一世第五次进攻意大利,欲占亚历山大里亚,未克。
1175	夏 宋	• 金禁携带弓箭刀枪,只有品官家奴及客旅许带弓箭。 • 朱熹、陆九渊鹅湖之会辩论学术。	• 拜占庭威尼斯人与诺曼人结成同盟,共同对帝国作战。
1176		• 金开始设置外府学与京府女真学。 • 金用女真文译《史论》、《西汉书》、《贞观政要》、《白民策林》等书成。	• 伦巴底同盟在莱尼亚诺击败皇帝腓特烈一世。 • 叙利亚被萨拉丁征服。
1177		• 朱熹撰《论语集注》、《孟子集注》书成。 • 宋减两税输纳浮收。 • 金免河北七路租税。 • 金禁渤海婚聚攘窃旧俗。	• 英格兰国王亨利二世与法国国王路易七世达成伊夫里条约。 • 英格兰亨利二世派其子约翰为爱尔兰统治者。 • 意大利皇帝腓特烈和教皇亚历山大媾和。次年,另一对立教皇辞职。自1154年始的教会分裂至此结束。
1178		• 宋赐岳飞谥号武穆。 • 金禁止民间创兴寺观。 • 金置阜通监铸大定通宝。年产一万六千多贯。	• 冰岛诗人及历史学家斯诺里·斯特卢森诞生。 • 德国根特商人于科伦取得贸易权与在莱茵河下游的航行权利。

公 元	（朝代）			中　国	外　国
1179				● 宋吕文谦编纂《宋文鉴》书成。 ● 中都于城东北,环湖而建太宁宫。	
1180				● 金定商税法。	● 拉努尔夫·德格兰维尔对英格兰司法制度进行改革。
1181				● 学者吕祖谦(字伯恭,1137~1181)去世。称东莱先生,著有《东莱博议》等。 ● 因京师粮食不足,诏沿河恩、献等州粜百万余石运至通州,辇入京师。	● 英格兰亨利二世下令解散雇佣军,重新恢复民兵制。
1182				● 宋禁蕃舶贩易金银。 ● 停止诸路科买军器物料三年。	● 犹太人被流放出法国。 ● 拜占庭君士坦丁堡发生反拉丁人的暴动。
1183		西	南	● 金以女真文译《易》、《书》、《论》、《孟》等书成。 ● 金以女真文《孝经》赐护卫亲军。	● 康斯坦茨和约使伦巴底同盟得到皇帝最高权力的承认。
1184				● 金世宗于端午节至上京,按旧俗射猎、欢宴、起舞,提倡女真风习。 ● 宋禁福建民间私有兵器。	● 波斯诗人萨迪诞生。
1185	金			● 王称撰《东都事略》书成。	● 伊凡和彼得·阿森兄弟俩创立第二个保加利亚帝国。
1186				● 香山寺建成。金世宗赐名大永安寺。 ● 宋改汀州盐法。	● 德国腓特烈曾六次远征意大利。其子亨利与西西里王罗吉尔二世之女康斯坦丝缔结婚姻。
1187		夏	宋	● 金再次禁止女真人改汉姓员学南人着装。 ● 金于曲阳县设监铸钱。	● 第二保加利亚王国始,约翰·阿森为王。拜占庭被迫承认其独立。 ● 基督教徒在希廷被萨拉丁打败;耶路撒冷也被占领。
1188				● 金建置女真太学。 ● 全真教首领邱处机于金中都传教。	● 英格兰亨利二世在国内征收"萨拉丁什一税",用以准备参加第三次十字军。
1189				● 金始建卢沟石桥,令造舟。 ● 宋孝宗自称太上皇,传位于太子惇,是为光宗。	● 佛罗伦萨首次铸造弗罗林银币。 ● 德皇红胡子腓特烈,英王狮心理查及法王腓力二世各率十字军进行第三次十字军远征。
1190				● 金设常平仓。 ● 西夏骨勒茂才撰《西夏、汉语字典》。	● 拜占庭与保加利亚继续战争,遭到失败,又于1194年继续战争,再次遭到失败,皇帝承认塞尔维亚的独立。
1191				● 金允许百姓与屯田户互为婚姻。令将女真字直译为汉字,罢国史院专写契丹字者。	● 英格兰坎特伯雷大主教哲夫利与理查之弟约翰共同执政。

附录 2

公 元	（朝代）			中　国	外　国
1192				• 理学家陆九渊（字子静，1139～1192）去世。著有《象山先生全集》。 • 卢沟桥竣工。卢沟渡口自古为南北交通要津。	• 理查德一世被奥地利公爵利奥波德俘虏。 • 法国法王腓力二世勾结英王理查之弟约翰，进攻诺曼底，被击退。
1193				• 金禁止百姓习角抵、枪棒，犯者当罪。 • 宋禁止邕州左右两江地贩卖生口。	• 英兰历史学家本尼狄克特逝世。 • 英格兰出现最早的商人基尔特规章。
1194				• 学者陈亮（字同甫，1143～1194）去世。人称龙川先生。著有《龙川文集》、《龙川词》。 • 金令中都等路百姓分散饲养官马，以备战时所用。	• 英格兰理查统兵进攻法国，使英国的势力在法国北部得到恢复。
1195	西	南		• 韩侂胄斥责"道学"为"伪学"。 • 金著《大金集礼》书成。 • 宋令两淮诸州劝民务农垦田。	• 帕多瓦未来的圣安东尼诞生。 • 德国皇帝亨利征服西西里王国。亨利接受威廉三世所献王冠，诺曼王朝至此告终。
1196				• 宋禁使用"伪学"之党。 • 契丹人德寿起兵占据信州，旋败而死。	• 英格兰国王武士镇压了伦敦市民的暴动，领导起义的威廉被处死。
1197				• 宋严禁私铸铜器。 • 金亲王宣敕使用女真字。 • 金以抚州为镇宁州。	• 德国皇帝亨利去世，德意志卷入十四年之久的王朝战争。
1198	金			• 金修长城以防蒙古等部南下。 • 宋解除临安府民身丁钱三年。	• 罗马教皇英诺森三世继位后，在此时期教皇权力达到极盛。
1199				• 宋封韩侂胄为平原郡王。 • 颁布《统天历》。天文学家杨忠辅以365.2425日为精密岁实数值。 • 金于西南路筑边堡九百里成。	• 英王理查于法国阵亡，其弟约翰即位为英王兼诺曼底公爵。
1200		夏	宋	• 理学家朱熹（字元晦，号晦庵、紫阳，1130～1200）去世。发展二程理气之说，世称朱理学。著有《四书章句集注》、《诗集传》、《楚辞集注》、《通鉴纲目》等。	• 意大利波伦大学创建。 • 剑桥大学创立。 • 英王约翰由于婚姻问题遭到法王腓力二世的反对。
1201				• 金禁止猛安、谋克户鬻田地毁坏树木，令其耕种。 • 《朱子文集》书成。 • 金新修泰和律成。	• 法国诗人纳瓦莱国王蒂博四世诞生。 • 拜占庭与保加利亚媾和，允许其对巴尔干半岛东部地区的占有。
1202				• 李心传撰《建炎以来朝野杂记》甲集书成。 • 洪迈（字景庐，1123～1202）去世。著有《容斋随笔》、《夷坚志》等。	• 法国贵族诺曼底公爵、英格兰国王约翰首次被审判。 • 第四次十字军东征。 • 英王约翰在法国的领地被腓力二世宣布没收，诺曼底亦被征服。
1203				• 韩侂胄任辛弃疾为知绍兴府，兼任浙东安	• 意大利锡耶纳大学建立。

公　元	（朝代）			中　　国	外　　国
				抚使。 ●禁止坑冶司毁私钱为铜。	
1204		金		●宋追岳飞为鄂王。 ●金令亲军三十五岁以下学习《孝经》、《论语》。 ●蒙古铁木真杀乃蛮酋长太阳汗及攻破蔑里乞部。	●拜占庭十字军攻陷君士坦丁堡,成立拉丁帝国。 ●法国军队攻陷加来,约翰逃回英国,其在大陆的美恩、安茹、波亚图、图朗等地并入法国版图。
1205				●史学家袁枢(字机仲,1131～1205)去世。著有《通鉴纪事本末》,创纪事本末体。	●十字军被保加利亚打败于亚得里亚堡,拉丁帝国皇帝鲍尔温被俘。
1206				●宋削秦桧王爵,改谥号为缪丑。 ●铁木真统一蒙古,称成吉思汗。	●英格兰因坎特伯雷大主教人选问题,英王与教皇英诺森三世发生争执。
1207	西		南	●词人辛弃疾(字幼安,号稼轩,1140～1207)去世。有《稼轩长短句》等。 ●史学家徐梦莘(字商老,1126～1207)去世。著有《三朝北盟会编》。	●匈牙利公主圣伊丽莎白诞生。 ●保加利亚人在卡洛扬率兵领导下入侵帖撒罗尼加,对亚得里亚堡进行围攻,无功而退。是年卡洛扬遇害。
1208		蒙		●宋金嘉定和议成立,改称伯侄之国,增岁币三十万,另给"犒军钱"银三百万两。 ●金章宗告有司:凡农作时,虽在禁地也令耕种。 ●金章宗去世,卫王永济即位,是为卫绍王。	●英格兰的宗教活动被教皇英诺森三世停止。 ●罗马帝国日耳曼王腓力遇刺身亡。奥托获得普遍承认。
1209		古		●宋令诸州勿籴职田租。 ●命浙西诸州谕民种麻豆,勿督其租。	●奥托四世在罗马被加帝冕。 ●英格兰教皇英诺森三世被约翰王革除教籍。 ●法国反阿尔比派的十字军攻占培齐埃后,当地居民遭大肆屠杀。
1210			夏 宋	●诗人陆游(字务观,号放翁,1125～1210)去世。著有《剑南诗稿》、《老学庵笔记》等。 ●蒙古骑兵攻金。	●德国皇帝奥托因不接受教皇的摆布,被教皇开除教籍。
1211		汗		●宋免广西诸州牛税。 ●蒙古军迫居庸关,金守将完颜福寿弃关而逃。	●德国腓特烈二世为日耳曼王。翌年与法王腓力二世缔结同盟。
1212		国		●宋以朱熹《论语、孟子集注》立学。 ●金调陕西勇敢军两万人,射粮军一万人至中都。	●英格兰无地王约翰因干涉主教选举,被教皇英诺森三世废除。 ●克里特被威尼斯征服。 ●西班牙基督教王国同盟在托罗萨的那瓦斯战役中,大败摩尔人的军队。
1213				●楼钥(字大防,号攻愧主人,1137～1213)去世。官至参知政事。曾以随员身份使金,将所闻著《北行日录》,见于《攻愧集》。	●英格兰约翰被迫屈服于教皇,答应每年向教皇缴纳税金一千马克。 ●法国阿尔比派遭镇压,腓力二世借机吞并土鲁斯。

公元	（朝代）				中 国	外 国
1214	蒙古汗国	西	金	南	• 金迁都南京（今河南开封），承晖留守中都。 • 金印行二十贯、百贯、二百贯、一千贯四种大钞。	• 英格兰思想家、实验主义的先驱者培根诞生。他批判经院哲学，主张实验科学。代表作有《大著作》。
1215					• 蒙古军至金中都，焚宫室，掳掠妃嫔。 • 契丹人耶律楚材归蒙古。 • 耶律留哥入金东京，纳款于蒙古。	• 英格兰国王约翰签署《自由大宪章》。 • 神圣罗马帝国皇帝腓特烈二世举行加冕礼。
1216					• 李心传撰《建炎以来朝野杂记》乙集书成。	
1217					• 金发行"贞祐通宝"新钞。 • 成吉思汗以木华黎负责太行以南军事。 • 蒙古获取金山东十余州县。	• 第五次十字军东征。 • 萨拉曼卡大学建立。 • 法国人在林肯与桑威奇被击败后离开了英国。
1218					• 金军攻宋和、成、阶等州。又攻大散关，王立守将弃州而逃。	• 法国亚眠大教堂被烧毁。
1219					• 金扰淮南各地，淮南流民渡江避难。	• 英格兰休伯特·德布尔格摄政。封建诸侯反叛，被镇压。并驱逐在约翰时期任用的外戚臣僚。
1220			夏	宋	• 金分河北、山东等地，封王福、武仙等为九公，用以防御蒙古。	• 亨利三世在威斯特敏斯特被加英格兰王冕。
1221					• 词人姜夔（字尧章，号白石道人，约1155～约1221）约去世于本年。著有《白石道人歌曲》、《白石诗集》、《续书谱》等。 • 赵珙著《蒙鞑备录》书成。 • 蒙古军获取金葭、绍等州。	• 印度木尔坦、拉合尔与白沙瓦地区，遭蒙古军队的洗劫。
1222					• 金开垦京东西南三路水田。 • 金设大司农司。 • 金渡淮河攻宋，破庐州兵后北撤。	• 4月23日的"圣乔治日"，被牛津委员会确定为英格兰法定假日。 • 塞尔维亚、尼西亚派的大主教圣萨伐为斯提芬再次加冕。
1223					• 思想家叶适（字正则，1150～1223）去世。人称水心先生。批评空谈，提倡功利思想。 • 金宣宗去世，太子完颜守绪即位。	• 法国路易八世在位期间，仍继续与英国进行斗争。
1224					• 蒙古第一次西征结束。 • 金与西夏和。 • 宋令淮东西湖北路转运司提督营建屯田。	• 法国路易八世禁止英商在法国进行贸易，英国实施报复，两国兴起战事。 • 亨利七世于维尔茨堡宣布国家和平。
1225					• 赵汝适撰《诸蕃志》书成。 • 蒙古成吉思汗回行宫。	• 以明确的形式第三次颁布大宪章。 • 法国路易八世将其所征服的大量土地封赐给王族。
1226					• 宋减免盐商税。	• 法国路易九世即位（1226～1270），其母

公　元	（朝代）			中　　　国	外　　　国
		西夏		•蒙古授予张柔为行军千户、保州等地都元帅。	卡斯提尔之布隆什为摄政。有诸侯乘机叛乱，后被平息。
1227				•道士丘处机（字通密，号长春子，1148～1227）卒。成吉思汗曾封其为国师，总领道教。 •蒙古军攻入西夏国都兴州，灭亡西夏。	•英法休战。 •英格兰亨利三世，宣布自己开始亲政。
1228				•宋禁止江淮私税米船，以垄断芦荡、沙产与山漆和鱼池。 •禁各州僚属私设禁军。	•第六次十字军东征。 •意大利为便于管理，威尼斯于此时设置专供外国商人居住的商栈。
1229	蒙古汗国	金	南宋	•蒙古以成吉思汗第三子窝阔台为大汗，即元太宗。 •蒙古听取耶律楚材建议，使河北汉民与西域人执行不同的户计与丁计的赋调制。 •蒙古始设仓廪，建驿传，赋调汉民为户，西域为丁。	•英格兰亨利三世入侵法国，企图恢复阿揆坦而失败。 •图卢兹宗教法庭禁止俗人阅读《圣经》。 •弗里德里希二世在耶路撒冷加帝冕并与苏丹签署协定。
1230				•蒙古采纳耶律楚材意见，订立税制。 •宋理宗撰写《道统十二赞》。 •蒙古设置十路征收课税使，任陈时可、赵昉为燕京课税使。	•德国腓特烈与教皇和好。 •伊庇鲁斯君主被约翰·亚琛二世击败，夺取巴尔干半岛东部地区。
1231				•蒙古始设中书省，任耶律楚材为中书令。	•路易九世之母布隆什与反叛的诸侯订约。
1232				•文学家赵秉文（字周臣，号闲闲老人，1159～1232）去世。著有《滏水集》。	
1233				•蒙古修孔子庙。 •南宋发行纸币三亿两千余万缗。	•法国教皇在法国设"异端法庭"，并授权多米尼加派僧侣侦查"异端"。
1234				•蒙古军攻下金中都，杀金末帝，金亡。 •蒙古置征收课税所。	•德国腓特烈二世之子亨利发动反对其父的叛乱。
1235				•蒙古建都和林。 •蒙古进行第二次西征。 •学者真德秀（字景希，1178～1235）去世。著有《西山文集》、《大学衍义》等。	•弗里德里希二世之子亨利七世造反被其父镇压，并被监禁。 •匈牙利伊丽莎白被宣告为圣徒。
1236				•蒙古发行交钞。 •蒙古定科征之法。 •耶律楚材请立编修所于燕京，经籍所于平阳，编集经义。	•匈牙利人受教皇唆使，大举侵入保加利亚。 •法国路易九世开始亲政。
1237				•国子监印朱熹《通鉴纲目》。 •蒙古用耶律楚材建议，以经义、词赋、论三科试士子，即使士子被俘为奴者，也可释放应试。 •蒙古制定均输诸制，统一衡量，确立钞法。	•保加利亚国王亚琛与拉丁帝国结盟。 •在波希米亚发现中世纪最大的银矿，于本年开采，每年约产五万磅。 •伦巴德同盟被弗里德里希二世在科尔泰诺瓦打败。

公 元	（朝代）	中 国	外 国
1238		• 蒙古在燕京建太极书院。 • 杜杲击退蒙古军队对庐州的围攻。	• 意大利医生与炼金术士阿诺尔德诞生。 • 西班牙亚拉冈王哲姆士一世攻占瓦棱西亚。
1240		• 孔子五十一代孙孔元措于燕京求知礼乐旧人,得许政、王节与夔刚等掌乐、掌礼与乐工九十二人。 • 任孟珙为四川宣抚使,其大兴屯田。	• 英格兰与苏格兰确定边界。 • 罗杰·培根从巴黎回到英格兰。 • 英格兰的大会议,约在此时改称巴力门。
1241		• 蒙古在燕京设置行省。 • 蒙古窝阔台汗去世,其后乃马真氏称制。	• 罗马教廷教皇格列高利九世去世,致使罗马两年内无教皇。
1242		• 蒙古第二次西征结束。 • 蒙古陷宋遂宁、泸州等地。	• 亚历山大·涅夫斯基击败条顿骑士团。
1243	蒙	• 史学家李心传(字微之,1166～1243)去世。著有《建炎以来系年要录》等。 • 宋禁止州县社仓科配于民。	• 英法两国达成五年休战协定。 • 西班牙萨拉曼加大学创立。
1244	南	• 蒙古中书令耶律楚材(字晋卿,1190～1244)去世。著有《湛然居士集》。 • 蒙古军攻占宋寿春。	• 耶路撒冷被埃及人克瓦拉兹米占领。 • 英格兰巴力门向英王提出要求,在大臣任命时须先获得其本人的同意。
1246	古	• 耶律楚材子耶律铸嗣领中书省事,以澳都尔和刘敏为燕京行省事。 • 窝阔台汗长子贵由即皇帝位,是为蒙古定宗。 • 宋发行纸币六亿五千万缗。	• 罗马教皇英诺森四世要求英、法、意大利等国提供巨款,用来对皇帝进行战争的费用,招致各国的反对。 • 尼西亚皇帝率军进攻保加利亚,夺取色雷斯和马其顿的南部。
1247	汗	• 宋慈著《洗冤录》书成。 • 秦九韶著《数学九章》书成。	• 意大利波萨雅发出关于拒绝各地农民盲目流入该城的通告。
1248	国 宋	• 数学家李冶著《测海圆镜》书成,是中国现有第一本系统论述天元术的著作。 • 蒙古贵由汗去世,皇后海迷失氏称制,立皇子失烈斤。	• 法国路易九世组织第七次十字军东征出发。路易之母布隆代其摄政。 • 西班牙东南部的阿尔罕布拉宫,约建于此时。其建筑之美无与伦比,为西欧建筑的典型。 • 罗德斯被热那亚人占领。 • 弗里德里希二世在帕尔马被伦巴德人打败。
1249		• 宋严禁毁钱铸器。 • 法医学家宋慈(字惠父,1186～1249)去世。撰有世界最早法医专著《洗冤集录》。 • 宋新置淳祐仓,积贮米达百二十万石。	• 牛津大学建立学院。 • 路易九世抵达埃及,逼近开罗。 • 意大利于法塞尔塔战役中,伦巴诸城大败皇帝腓特烈,其子亦被俘虏。
1250		• 宋于沿海地带严查私运铜钱及严禁伪造会子。 • 以贾似道知扬州,任两淮制置大使。	• 路易九世被萨拉森人俘虏。 • 巴黎大学建立四所国家学院。 • 第七次十字军进攻开罗失败,路易被俘,答应停止敌对行动与交还达密埃塔后获释,

公　元	（朝代）		中　国	外　国
				退至阿克。
1251			●蒙古免儒士徭役。 ●医学家李杲（字明之，号东垣老人，约1180～1251）去世。著有《脾胃论》等。 ●蒙哥即皇帝位，是为宪宗。命其弟忽必烈领漠南汉地军国庶事。	●法国西北部农民爆发起义，并占领巴黎、奥尔良等地，后被镇压。 ●阿尔加维被葡萄牙占领。 ●路易九世赴耶路撒冷巡礼，此为路易第一次组织的十字军远征。
1252				●佛罗伦萨铸造金币佛罗林。
1253			●蒙古开始第三次西征。 ●蒙古忽必烈分三路进攻云南。	
1254	蒙		●蒙古陷乌蛮之地，俘大理王段智兴，大理国亡。	●威尼斯旅行家马可·波罗诞生。
1255		南	●蒙古在京兆兴学校，以许衡为提举。 ●宋宦官董宋臣夺民田，招权纳贿，人称为"董阎罗"。	●斯德哥尔摩与布拉格成为城市。 ●1255～1269：意大利威尼斯商人尼科罗·波罗与马非阿·波罗兄弟二人至中亚与中国。
1256	古		●蒙古忽必烈在滦水北筑城（上都开平府）历时三年而成。	●奥古斯丁·埃尔米茨修道会建立。
1257			●诗人元好问（字裕之，号遗山，1190～1257）去世。著有《遗山集》与《中州集》。	●意大利北部农奴开始得到解放。
1258	汗		●蒙古军大举攻宋。 ●蒙古军陷宋隆、雅等州。	●法国与阿勒冈王哲姆斯订约，解决划界纠纷，承认巴塞罗那的独立。
1259		宋	●宋寿春府始有用巨竹做筒的突火枪。 ●忽必烈率军从鄂州北归到燕京，驻扎近郊。 ●宋江陵府作院年制铁火炮一千至二千件。	●英格兰颁布韦斯敏斯德法案。 ●法国路易九世与英王签订阿伯维尔和约。
1260	国		●蒙古任以吐蕃僧人八思巴为国师，统佛教，管理西藏政事。 ●忽必烈在开平称汗。 ●蒙古开始用年号。设燕京宣慰使与燕京路宣抚使。征调诸路兵三万，驻燕京近地。	●德国修道院建成，神秘主义者迈斯特·埃克哈特诞生。 ●意大利北部与德国南部首次自行鞭笞活动。
1261			●数学家杨辉撰《详解九章算法》书成，共十二卷，今存约三分之二。 ●修燕京旧城与琼华岛。令平章政事赵璧率蒙、汉军驻扎燕郊。	●希腊帝国在君士坦丁堡复辟。 ●英格兰亨利三世在贵族会议上通过的牛津条例，任命自己的亲信取代会议。
1262			●郭守敬请先引玉泉山之水以通中都及通州间运河。	●意大利威尼斯与埃及和苏丹签订和约。
1263			●宋推行"公田法"。 ●置燕京平准库，以均平物价，利于货物流通。	●英格兰国王亨利三世拒绝执行"牛津条例"，由此内战爆发。

公元	（朝代）	中 国	外 国
1264	蒙 古 汗 国	• 蒙古在诸路设行中书省，自此以行省为地方行政区域名称。 • 忽必烈定都燕京，改称中都，改元至元。 • 郭守敬在旧夏地修复渠堰，灌田达九万余顷，又在西凉、瓜、沙等地开水田。 • 衢州民詹沔因官吏苛政起义。	• 巴利奥尔学院在牛津建立。 • 保加利亚人对拜占庭的色雷斯实施军事进攻。 • 法国教皇乌尔班四世授予安茹伯爵查理西西王冠。
1265		• 蒙古严禁越界贩马，还将河南北部荒田分给蒙古军耕种。 • 在燕京建雪乐堂。 • 置"渎山大玉海"于中都广寒殿。	• 英格兰贵族领袖西蒙·蒙福德首次召开由各州、各城市代表参加的国会，英国国会由此开始。 • 法国路易九世下令取消未经国王允许设立的市场。
1266		• 蒙古修中都漕渠，引卢沟水用以运西山石木，又在山西平阳导汾水灌溉田千余顷。 • 五山珍御榻制成，置于琼华岛广寒殿。	• 意大利西西里军被安茹伯爵查理击败，南意大利由教皇所控制。
1267	南	• 蒙古在中都北建筑大都宫城。 • 燕京设左右巡警院，管理城坊市民事。	• 法国路易九世决定再组十字军。 • 英格兰亨利三世再就位，而实权却控制在爱德华手中。
1268	国	• 蒙古禁止民间存用兵器。 • 蒙古令从臣抄写《毛诗》、《论语》、《孟子》等书。	• 意大利威尼斯商人为法王路易九世造长一百零八尺，用水手一百一十人的船，在当时可为第一流船只。
1269		• 蒙古颁布八思巴所作新字。	
1270	宋	• 蒙古设司农司，立四道巡行劝农司。 • 蒙古建立村社制度。 • 燕京高梁河岸上修筑昭应宫。	• 第八次十字军东征。 • 法国路易九世率第八次十字军远征，进攻北非突尼斯，患病身亡，其子腓力三世继承王位。
1271		• 蒙古发中都等地民筑宫城。 • 蒙古设回回司天台官属。 • 十一月，蒙古汗国忽必烈改国号，称"大元"取《易》"大哉乾元"之意。 • 蒙古分大理国三十七部为三路。	• 威尼斯的波罗兄弟再赴中国，携带马可·波罗（尼科罗之子）偕行。 • 法兰西腓力三世占领土鲁斯。 • 意大利的中世纪著名经院哲学家托马斯·阿奎那去世。其曾被谥为中世纪"道德哲学之父"。
1272	元	• 元赴日本使者遣人与日本二十六人至中都。 • 元改中都为大都（今北京）。 • 元于大都设京师蒙古国子学。	• 英格兰亨利三世去世，其子爱德华被宣布继位为英国国王。 • 第八次十字军在爱德华与伯尔斯订立十年休战条约后，返回欧洲。
1273		• 元军用回回人亦思马因造巨炮攻襄樊。 • 元编《农桑辑要》书成。 • 元敕南儒为人掠卖者，官赎为民。 • 宋起前直学院文天祥为湖南提刑。 • 元诸路大水、蝗灾。	• 法兰西亚威农的部分地方割让给了教皇。 • 因反对西西里王安茹伯查理，意大利教皇格雷哥利十世将北部各城市中的部分重要市民驱逐出教。 • 日耳曼选侯大会于法兰克福举行，选出

公　元	（朝代）	中　　国	外　　国
			今瑞士北部一小封建诸侯——哈布斯堡之卢多尔夫(路德福)为日耳曼王。
1274		●宋度宗卒,子继位为恭帝,太皇太后谢氏垂帘听政。 ●宋税贵戚、僧道田租税,以供军需。 ●元代前期著名的政治家,主持元朝大都和上都营建的刘秉忠卒。 ●元以赛典赤·赡思丁为云南行省平章政事。 ●元以伯颜为统帅,发大军二十万征南宋。	●英格兰爱德华一世自东方返国,加冕为王。 ●西班牙那伐儿女王若安即位。 ●卢多尔夫的政策为在日耳曼发展,向教皇让步,不过问意大利事务。 ●教皇格列高利十世举行宗教会议于里昂,拜占庭皇帝迈克尔八世亲来参加,允许接受罗马教皇为最高权力。拜占庭贵族与教会反对。 ●中世纪著名意大利经院哲学家托马斯·阿奎那卒(被认为哲学之父)。
1275	南	●元增税课,榷铁器,禁私造铜器。 ●元遣使于日本。 ●马可·波罗到开平,谒见元世祖。 ●元封西藏萨迦法王八思巴为"大元帝师"。 ●元将史天泽(字润甫,1202~1275)卒。 ●学者郝经(字伯常,1223~1275)卒,著有《续后汉书》、《陵川集》等。 ●元立阿力麻里行中书省,行枢密院。	●英格兰爱德华一世下令重申禁止"破船律"。议会通过增税案。准许国王向出口之羊毛与皮革增收捐税若干,以适应日益增长之政府开支。
1276	元	●元国子生不忽木上疏,应遍立学校,尤须选蒙古子弟入学,使通习汉法。 ●南宋以文天祥为右相赴元营议和。文天祥被留,寻脱归。 ●宋奉表投降元。张世杰等率军离临安。	●英格兰西部之威尔斯,在亨利三世时即已逐渐形成与英格兰其他各地分离之状态。 ●法国腓力三世夺取西班牙之那瓦尔,战争失利媾和。
1277	宋	●元世祖召见张宗演(即张天师),命其统领江西诸路道教。 ●以番僧杨琏迦为江南总摄掌释教。 ●河南、山东水旱灾。 ●元诸王昔里吉叛附海都。	●瑞士皇帝多尔夫(哈布斯堡)保有瑞士北部之五州及城市多处。 ●玛美琉克团委任之大马士革总督叛新苏丹,向蒙古人乞援。
1278		●宋端宗卒,陆秀夫等拥立赵昺为帝。 ●宋文天祥兵败被俘。 ●元于泉州、上海、澉浦、温州、广州、杭州、庆元立市舶司。	●波希米亚王塞斯劳斯二世嗣位。婆卢多尔夫之女为妃。 ●伊凡(约翰)·阿森夺取保加利亚王位。 ●日耳曼卢多尔夫大败波希米亚王俄托卡于马赫腓尔特,俄托卡阵亡。
1279		●郭守敬进所造司天浑仪等天文仪器,并请在各地设测景所。 ●萨迦派首领,帝师八思巴,本名罗古罗斯坚赞(号八思巴"圣者")卒。著作有《彰所知论》等三十余种。亦怜真嗣为帝师。 ●元军破崖山,陆秀夫负宋帝蹈海卒。南宋亡。	●英格兰议会通过"死手"财产法以制止财产转入教会之手。 ●瑞典国王伐德美尔为其弟玛格拉斯赖·都拉斯废黜。后者僭位为王。
1280		●在畏吾儿境内立交钞提举司。 ●颁行户籍则例。颁行钞法于江淮等处,废	●保加利亚伊瓦伊洛赴钦察汗国向其求援。

公 元	（朝代）	中 国	外 国
		宋铜钱。颁郭守敬等制《授时历》。 • 理学家、昭文馆大学士姚枢（字公茂，号雪斋，义号敬斋，1203～1280）卒。	• 挪威埃利克嗣位，开始与汉撒同盟之长期战争，失败后被迫以各种特权授予后者，埃利克本人甚至加入同盟为盟员。
1281		• 元发肃州等军民凿渠溉田。 • 元令通政院官浑都与郭汉杰整治水驿。 • 元代理学家教育家许衡（字仲平，号鲁斋，1209～1281）卒，著有《鲁斋遗书》。 • 开河于胶莱，以通海运。	• 意大利据统计，佛罗伦萨在本年仅有人口四万五千。 • 西班牙卡斯提尔与雷盎王阿尔封索十世卒，桑绰大王继位。阿尔封索在位三十年编译书籍甚多，天文学作品《阿尔封索表》和《西班牙编年史》。
1282		• 立铁冶总管府，罢提举司。 • 刊行蒙古、畏兀儿所书《通鉴》。 • 定民间贷钱取息之法，以三分为率。 • 由大都至中滦，由中滦至瓜州，设南北两漕运司。 • 宋丞相文天祥（字履善，号文山，1236～1283）被元杀。著有《文山先生全集》。 • 始通海运，岁运四万石。	• 意大利公布法令，贵族非列名基尔特者不得担任官职。 • 法国统治者在西西里之暴行引起暴动，全岛约二万八千法人大部分被杀。阿勒冈王彼得被西西里人遂推选为国王。 • 汉撒同盟在伦敦设立商栈——斯体尔雅德，自此逐渐控制大部分英国国外贸易，达三世纪之久。 • 丹麦埃利克被迫颁布"大宪章"，承认封建贵族若干特权。
1283	元	• 立官吏赃罪法。 • 申严酒禁和私盐之禁。 • 申严私易金银之禁。定市舶抽分例，舶货精者取十之一，粗者十五之一。令上都商税六十分取一。 • 令大名师、真定、北京、卫辉四路屯驻新附军于东京屯田。济州新开河成。 • 立司农司。	• 英格兰威尔斯亲王卢埃林之弟大卫被俘，爱德华下令杀之。 • 爱德华颁布威尔斯法，专用以统治威尔斯人。 • 西班牙阿勒冈之科尔特斯（议会）抗议伯多禄三世在西西里岛进行战争，迫使后者颁布给予彼等广泛特权之诏令。
1284		• 定涟海等处屯田法。立常平仓，以五十万石价钞给之。 • 令中书省整治钞法，定金银价，禁私自回易。命司农司立屯田法，募人开耕，免六年租税及一切杂役。 • 令江南豪民寺观首实侵官田。 • 集诸路医学教授增修《本草》。	• 意大利威尼斯铸金币"杜卡特"，自此流通于西欧各地。 • 罗马教皇驱逐亚拉冈王出教，并将其国（亚拉冈）赐予法国华罗亚伯爵查理。 • 英格兰爱德华之次子被称为"威尔斯亲王"。自此此一名字成为英国太子封号。
1285		• 立市船都转运司。立上都等路群牧转运使司、诸路常平盐铁坑冶都转运司。诏括京师荒地，命宿卫士耕种。 • 增济州漕船三千艘，役夫一万二千人。 • 听民自实两淮荒地，免税三年。	• 普鲁士完全为条顿武士团征服。 • 法兰西腓力三世卒，其子腓力四世嗣位。 • 英格兰爱德华下令废除抵偿法。
1286		• 遣人求江南人才。 • 颁大司农所定《农桑辑要》于诸路。 • 河决开封等地十五处，调民夫二十余万，分筑堤防。	• 英王爱德华一世为其法国领地岐恩向法王腓力四世行封建附庸礼。 • 爱德华一世赴法，在法国居住三年后始归。

公 元	（朝代）	中　国	外　国
		• 诸路分设置六道劝农司。 • 诸路学校凡二万一百六十六所；储义粮九万五百三十五石。	
1287		• 更造至元宝钞颁行天下，至元宝钞一贯抵中统交钞五贯，并行。 • 设国子监，立国学监官，设监丞、博士、助教，弟子员百二十人，蒙汉各半。设江南各路儒学提举司。	• 日耳曼汉撒同盟诸城市约定相互之间不实行"破船律"，任何触礁船只所乘下之货物皆须归还原主。 • 英王爱德华一世为华罗亚与亚拉冈之纷争进行调解。
1288		• 设宣政院专管西藏事务。 • 河决襄邑（今河南睢县）、太康、通许、杞等县，陈、颍二州，共二十二处。 • 新编《本草》书成。 • 募民耕江南旷土及公田者，免差役三年，其输租免三分之一。	• 埃尔托格鲁尔卒，其子奥斯曼继承阿塔贝格（总督）之位置。奥斯曼土耳其人之名自此始。 • 罗马帝国卢多尔夫一世（哈布斯堡氏）令其所辖境内之封建领主，负责保证不使往来旅客遭受劫掠。
1289		• 置浙东、江东、江西、湖广、福建木棉提举司，责民岁输木棉布十万匹。 • 铸浑天仪成。 • 设回回国子学。 • 开挖山东安山（今梁山县）至临清之运河，命名为会通河。 • 宋遗民谢枋得被迫北上，至大都，绝食死，字君直，号叠山，著有《叠山集》。	• 罗马教皇尼古拉四世派遣高僧蒙泰科维诺之约翰到伊儿汗（波斯）和中国。 • 佛罗伦萨当局正式下令废除该城所属地区中的农奴制度。 • 英格兰爱德华一世返国，惩办渎职之法官多人。
1290	元	• 江阴、宁国等路大水，民流移者四十余万户。河决祥符境。 • 泉州地震，武平路（今内蒙古宁城西）地震，地陷，死七千余人。 • 申严汉人田猎之禁。 • 主银场官于云南。	• 瓦拉几亚在腊杜尔·奈格鲁率领下之一部分南方斯拉夫人，因不堪匈牙利人之压迫，自特兰斯斐尼亚东南迁徙，定居于多瑙河下游迤北之河曲地带——瓦拉几亚，建立王朝。 • 英格兰驱逐一切犹太人。爱德华一世颁布命令，禁止封建领主分封其土地。 • 葡萄牙科伊姆布拉大学成立（原名为里斯本大学，1308 年后更名）。
1291		• 罢江淮漕运，由海道运粮，运出一百五十二万七千二百五十石，到达一百二十八万一千六百十五石。 • 桑哥以专权罢相，被杀。 • 颁行法典《至元新格》。 • 禁贩卖蒙古人至回回等地。 • 解除道教全真派禁令，全真派复苏。	• 埃及苏丹卡利尔占领阿克、泰尔。其他城市闻讯乞降，自此结束一百九十五年历史。 • 罗马教皇格雷格里十世之特使约翰·蒙泰科维诺经印度赴中国谒元世祖忽必烈于汗八里（北京），1306 年为北京区大主教，1388 年卒。 • 英格兰重要贵族与僧侣，晤英王爱德华一世于诺尔罕姆，承认后者有决定苏格兰王位继承者之权力。
1292		• 意大利人马可·波罗离中国，从海道还。后有《马可·波罗行纪》。	• 蒙古人保加利亚贵族斯迈累克为保加利亚王，按年向之纳贡。

公 元	（朝代）	中　国	外　国
		• 元官尚书右丞叶李，字太白，一字舜玉，杭州人，卒。 • 令郭守敬兼领都水监事开通惠河。	• 罗马教皇尼古拉斯四世卒，由于内部争端，空位二年。 • 英王爱德华一世决定约翰·培利俄尔为苏格兰王，后者为其附庸。 • 英格兰教皇在伦敦的代理银行获得教皇尼古拉四世之许可后，以巨款贷予英王爱德华。
1293		• 通惠河（通州、大都间）完工。 • 订立市船法规。 • 以王昔帖木儿辅皇孙铁木儿镇和林。	• 立陶宛酋长维坩重建立陶宛国。 • 法兰西腓力四世向英王爱德华一世在法国的领地岐恩进攻。
1294		• 元世祖忽必烈卒，皇孙铁木儿还上都即位，为成宗。 • 太傅、知枢密院事伯颜卒。 • 拨军士屯守淀山湖（今上海青浦县）。	• 罗马红衣主教团选举塞雷斯泰因五世为教皇，旋又后悔，迫之去职，别选邦内非斯八世代之。 • 葡萄牙国王提尼斯与英王爱德华一世订立通商条约。
1295	元	• 升江南诸大县为州，以户数为差，有中州二十八、下州十五。 • 诏改江南诸路天庆观为玄妙观，毁所奉宋太祖神主。 • 永嘉人周达观随元使赴真腊（今柬埔寨），至大德元年返。著有《真腊风土记》。	• 保加利亚斯未地斯拉夫逐出蒙古人，自立为王。 • 苏格兰王约翰·培利俄尔与法国缔结同盟，协助法王腓力四世向英格兰进攻。后英王爱德华一世侵入苏格兰。 • 英格兰"模范议会"召开，其召集书中有"让一切有关公众之事，获得公众许可"。
1296		• 松江府乌泥泾镇（今上海市上海县华泾镇）人黄道婆于元贞间从崖州还乡，传播棉织技术。 • 南宋学者王应麟（字伯厚，号深宁居士，1223～1296）卒。著有《困学纪闻》、《玉海》、《深宁集》等。 • 河决杞、封丘、祥符、宁陵、襄邑，又决开封。	• 威尼斯夺取热那亚在克里米亚半岛保有之地区。 • 英王命兰开斯忒伯爵率兵侵入法国西南部的岐恩。 • 英格兰爱德华一世率兵与苏格兰人战于顿巴，后者大败。国王约翰·培利俄尔乞降，后被废黜。
1297		• 和州历阳长江水溢，漂没房屋一万八千五百余家。 • 黄河多处水溢，继而决汴梁，再决杞县蒲口。 • 命江浙行省发卒疏浚吴淞江（苏州河），以减轻江南水患。	• 威尼斯"关闭大会议"即自此以后，必须在过去四年中曾参加过大会议者，始能当选为大会议议员。威尼斯自此成为少数大商业家族所统治之"共和国"。 • 意大利马可·波罗在战争中被俘，在俘虏营中口授，同囚的罗斯梯谢奴用法文写成马可·波罗行记。
1298		• 文学家、史学家周密（字公谨，称草窗先生，1232～1308）卒。著有《草窗词》、《齐东野语》、《癸辛杂识》等。 • 江南、山东、江浙、两淮、燕南属县一百五十处蝗灾。	• 日耳曼王阿尔伯特加紧在瑞士的控制。 • 拜占庭从1296年起，塞尔维亚人即继续南下，占领马其顿西部与阿尔巴尼亚北部。 • 英格兰爱德华一世率兵入苏格兰。

公　元	（朝代）	中　　国	外　　国
1299		● 罢江南诸路释教总统所，清出诸寺佃户五十余万为编民。 ● 置各路惠民局，择良医主之。 ● 免江南夏税十之三。 ● 自通州至两淮漕运，置巡防捕盗司十九所。 ● 成宗以兄子海山镇守漠北。	● 日耳曼阿尔伯特与法国的卡佩王族互结婚姻，获得后者之助。 ● 法兰西教皇邦内非斯八世调停英法争端，腓力之女与爱德华之子订婚。 ● 英、法两国结沙特尔条约，法国退还岐恩，爱德华则娶腓力之妹玛加累特为妻。 ● 挪威豪空五世嗣位，王权至是衰落已极。
1300	元	● 置广东盐课提举司。 ● 立乌撒、乌蒙等地郡县。 ● 改中御府为中政院。 ● 遣刘深等将兵二万八百媳妇国。	● 罗马教皇公布大赦令，并在罗马举行百年庆祝。 ● 意大利从中国输入罗盘（通过阿拉伯人），约在此时已为各滨海城市所采用。
1301		● 叛王海都、都哇举兵攻北边，海山在和林与塔米尔迎战，海都退走，旋死。 ● 书法家、诗人鲜于枢（字伯机，号困学山民，1257～1301）卒。今存书迹有《渔父词》等。著有《困学斋集》、《困学斋杂录》。 ● 贵州彝族土司之妻蛇节起兵，乌撒、乌蒙、东川、芒部等地民纷纷响应。	● 奥斯曼土耳其开始铸币，并开始扩充国土。 ● 匈牙利安德鲁三世卒，阿巴德王朝绝。波希米亚王之子文塞斯劳斯当选为国王。 ● 罗马帝国阿尔伯特一世与某些主教及贵族订立条约，在各人之辖境内保证行旅安宁。
1302		● 史学家胡三省，著有《资治通鉴音注》。 ● 建文宣王庙于京师。 ● 筑浑河堤八十里，禁豪民侵旧河，令屯田军及民耕种。	● 罗马邦内非斯八世公布教令，宣称整个基督教会仅能有一个元首，其权力应在任何世俗国家或国王之上。 ● 法兰西腓力四世为求举国一致对抗教皇，召开"三级会议"筹商应付之法。
1303		● 山东、河南蒙古军因戍甘肃而卖田产妻子者，官为赎还。 ● 《大元一统志》书成。 ● 数学家朱世杰（字汉卿，号松庭）卒。著《四元玉鉴》以及《算学启蒙》在求解多元高次方程组、高阶等差级数、高次招差法（有限差法）方面，比西方早四百年左右。 ● 学者金履祥（字吉甫，称仁山先生，1232～1303）卒。著作有《仁山文集》。 ● 太原、平阳地震，坏房屋十万计。	● 莫斯科王朝的创立人，达尼尔·亚历山德诺维奇卒。 ● 法王腓力四世派遣诺加累入意大利，会同斯岂阿那·科罗拉在阿南宜将教皇逮捕并予以监禁。后城中人鼓噪，释放。教会史称此事件为"阿南宜可怕之一日"。 ● 英格兰爱德华颁布"商业法"，准许外国籍商人在英国自由与安全经营任何商业。英国商人大加反对。
1304		● 命僧道为商者输税。 ● 增国子生二百员，选宿卫大臣子孙充当。 ● 元翰林学士王恽（字仲谋，1227～1304）卒。著有《秋涧先生大全集》。 ● 诏诸路牧羊及百至三十者，官取其一。	● 法国腓力四世令全国凡有收益达一百里弗尔之业主出骑兵一名，农奴每百家出步兵六名，又出售贵族爵位，允许农奴纳定量金钱后为自由人，为筹集款项。 ● 法国腓力四世与法兰德斯媾和。并下令没收国内犹太人之一切财产皆为国王所有。 ● 意大利佛罗伦萨乡村出现羊毛纺织的家庭手工业。
1305		● 大同路地震，坏房屋五千八百余间，死二千余人。	● 罗马教廷红衣主教团选举波尔多大主教，法国人克力门五世为教皇。

公 元	（朝代）	中 国	外 国
		• 免江淮以南租税及佃种官田者十分之二。 • 弛冀宁山泽之禁,听民采捕。涿州、河涧等处蝗,归德、陈州河溢,扬州饥。 • 括两淮豪民所占地,令输租。	• 拜占庭皇帝依靠西班牙雇佣军于小亚细亚击退塞尔柱土耳其人的进犯。 • 波兰夫拉地斯拉夫四世为波兰王。 • 法兰西波未大主教与市民发生争执,指使军队焚毁该城,并屠杀一部分市民。
1306		• 罢江南白云宗都僧录司,所隶民户归州县,僧门各寺。 • 晋宁(即平阳)、冀宁(即太原)地震不止。又开成路(甘肃镇原)地震,压死五千余人。 • 发河南民十万筑河防。 • 京师文宣王庙成。	• 波希米亚文塞斯劳斯卒,皇帝阿尔伯特乘机兼并波希米亚,命其子卢多尔夫为王。 • 苏格兰罗伯特·布卢斯杀摄政卡明,自任苏格兰王。英人击败布卢斯。 • 罗马克雷门特五世将邦内非斯所颁布之一切反对法王之饬令全部取消。
1307		• 元成宗卒,怀宁王海山至上都即位为武宗,立弟爱育黎拔力八达为皇太子。 • 文学家方回(字万里,号虚谷,1227~约1307)卒。著有《桐江集》、《桐江续集》。 • 戏曲家王实甫,卒,著有杂剧《西厢记》等。 • 散曲家睢景臣(字景贤)卒。著有《汉高祖还乡》等,后人辑有《睢景臣词》。	• 法兰西,由于庙堂武士之巨大财富,腓力四世垂涎已久,发动逮捕武士,没收财产极巨。 • 英格兰爱德华一世卒,子嗣位,称爱德华二世。 • 波希米亚卢多尔夫卒,波希米亚贵族别选卡林西亚公亨利为王。
1308	元	• 宣政院奉诏言:殴西番僧者断手,骂者断舌。旋因皇太子反对而止。 • 御史台因皇太子言,请完成国子监学工程。以吴澄为国子监丞。 • 陇西宁远(今甘肃武山)、云南乌撒(今贵州威宁)、乌蒙(今云南昭通)大地震。	• 阿尔伯特被其侄所杀,卢森堡公爵亨利(七世)当选为日耳曼王。 • 法国安茹伯爵查理·罗伯特当选为匈牙利王,称查理一世。 • 英格兰封建诸侯要求罢免庇尔·加未斯吞伯爵,但爱德华二世反任之为爱尔兰钦差。
1309		• 以物重钱轻,改发"至大银钞",每两合至元钞五贯、白银一两、赤金一钱。铸"至大通宝"钱,每文合银钞一厘;"大元通宝"钱合至大钱十文。 • 罢行泉府院,以市舶归之行省。 • 立兴圣宫江淮财赋总管府。 • 复置尚书省,改各行中书省为行尚书省。 • 申禁汉人执弓矢、兵仗。	• 教皇克雷门特五世正式将教皇宫廷迁至法国南部之亚威农城。 • 意大利北部诸城市开始出现雇佣成队的外籍士兵,在其原来组织者之指挥下服务于城市。 • 英国以爱德华二世之侄兰加斯特公爵托马斯为首,大贵族结成同盟,反抗国王。
1310		• 立上都、中都等处银冶提举司。 • 襄阳、荆门大水山崩,坏官民舍二万一千八百余间,死人三千四百六十六。 • 免至大二年以前民间负欠差税、课税。昭谕大司农司劝课农桑。 • 增国子生为三百员。	• 英国大贵族迫使爱德华二世成立一改革委员会,包括大封建主二十一人。 • 法国神庙骑士团被捕之成员多被判刑或火焚。 • 德意志王亨利七世之子约翰夺取波希米亚王位,卢森堡朝的统治开始。
1311		• 元武宗卒,其弟爱育黎拔力八达嗣。 • 罢总统所及各处僧录、僧正、都纲等僧官,凡僧人诉讼悉归有司。 • 禁医人非选试合格者勿行医。	• 英国改革委员会拟定的限制国王权力的方案为议会通过。 • 拜占庭叛变之雇佣军陷雅典公国,建立卡塔兰王朝。

公　元	（朝代）	中　　国	外　　国
1312		●改和林行省为岭北行省。 ●八百媳妇国贡驯象。 ●敕探马赤军羊马牛，依旧制百税其一。 ●安南王来朝。	●英国大封建诸侯处死国王宠臣加未斯吞。 ●德国按维也纳宗教会议的决定，神庙骑士团被取消。
1313		●置辽阳行省儒学提举司。 ●各寺修佛寺日用羊九千四百四十头，敕遵旧制。易以蔬食。 ●京师地震连续。 ●可里马丁上所编《万年历》。 ●王祯著《农书》成。又创制木活字三万字，设计转轮排字盘，印成《旌德县志》。	●德国皇帝亨利七世卒，内战始。 ●意大利但丁的名著《神曲》完成。 ●莫斯科大公犹里·达尼诺维支与乌兹别克汗之妹结婚。 ●苏格兰与英人战争，苏格兰胜。
1314		●立印经提举司和回回国子监。 ●置云南行省儒学提举司。 ●开下番市舶之禁。 ●赠高丽宋秘书阁书籍一万七千卷。 ●定官民衣服车舆之制。	●英国爱德华二世对苏格兰发动进攻，战败。苏格兰自此获得独立。 ●法国腓力四世卒，子那瓦尔王继位，称路易十世。 ●亚威农教廷教皇克力门五世卒。
1315	元	●举行会试、廷试，取中进士五十六人，蒙古、色目为右榜，汉人、南人为左榜。 ●诏江浙行省印《农桑辑要》一万部颁之，遵守劝课。 ●立陕西诸道御史台。 ●命诸王分地达鲁花赤由政府委派，诸王自用者为副职。	●法国路易十世发布"关于农民赎金"的敕令。 ●苏格兰王遣其弟爱德华·布卢斯率兵入爱尔兰，本人统兵入英格兰。 ●法兰西路易十世规定彼等贷款予人时，银每一镑每星期可索取利息二便士。
1316		●仁宗立子硕德八剌为皇太子，兼中书令、枢密使。 ●科学家郭守敬（字若思，1231～1316）卒。参与制订《授时历》天文历算书籍十余种。 ●赐上都开元寺江浙田二百顷，华严寺百顷。	●爱德华·布卢斯冕为爱尔兰王。 ●法国路易十世卒，王冠转给其弟腓力五世。 ●瑞士森林州独立，并得到德意志王路易之承认，此为瑞士之开始。
1317		●罢右丞相铁木迭儿。 ●汴梁、扬州、淮安、重庆、襄阳等处民皆饥。 ●复立广州采金银珠子都提举司。 ●马端临撰《文献通考》刊行。	●威尼斯船队沿葡、法西部海岸抵布鲁日与伦敦，自此成为西欧南北通商海道。 ●奥斯曼土耳其人围攻布鲁萨城，历经九年始陷。
1318		●以金三千两写金字佛经，又给九百两。时内廷佛事岁费面四十万余斤，油七万九千斤，酥密五万余斤。 ●苗好谦撰《栽桑图说》刊印千帙，散之民间。印《大学衍义》五十部赐朝臣。 ●历任翰林集贤直学士程文海（字钜夫，称雪楼先生）卒。曾主修成宗、武宗实录，著有《雪楼集》。	●伊朗历史学家兼医学家拉施特哀丁卒，1247年诞生，著有《史集》等。 ●威尼斯与布鲁日城订立通商条约。 ●苏格兰王罗伯特·布卢斯侵占伯利克。 ●瑞士森林州与哈布斯堡王室媾和。
1319		●白云宗主沈明仁强夺民田二万顷，免官治罪。	●瑞典王柏吉尔为贵族所逐，其侄嗣位，称马格拉斯八世。挪威王豪空五世卒，马格拉

公元	（朝代）	中　国	外　国
		• 暹罗遣使奉表贡文物。 • 赐大兴教寺僧斋食钞二万锭。赐大乾元寺修缮费钞一万锭。	斯以外孙资格继承。挪威与瑞典自此合并。 • 波斯尼亚为匈牙利人所夺。
1320		• 元仁宗卒,太子硕德八剌嗣,为英宗。 • 朱思本《舆地图》,二卷书成。 • 罢市舶司。罢回回国子学。罢广东采珠提举司。 • 命各地造帝师八思巴殿,其制比孔庙有加。 • 南宋词人张炎(字叔夏,号玉田,1248~约1320)卒。著有《山中白云词》、《词源》。	• 俄罗斯特维尔公爵迈克尔以金帐汗之命令被处死。以犹里·达尼诺维为特维尔大公。 • 波兰夫拉地斯拉夫四世正式加冕。 • 意大利佛罗伦萨城与卢卡城发生战争,前者胜。 • 英格兰爱德华二世之新宠幸休·得斯彭瑟父子二人逐渐得势。
1321		• 毁上都回回寺,在其地造帝师殿。 • 戏曲家马致远(号东篱)卒。著有杂剧《汉宫秋》等及散曲《东篱乐府》。 • 迁武宗子图帖木儿于琼州。 • 帝师往西番受戒,赐金一千三百五十两,银四千五十两,帛万匹,钞五十万贯。冶铜五十万斤做寿安山寺佛像。	• 英国议会决议放逐爱德华二世宠臣德斯彭瑟父子。 • 波兰教皇以波美拉尼亚划归波兰,但条顿武士团拒不奉命。 • 拜占庭皇帝安德罗奈卡二世之孙与之争位,经七年战争后,被迫逊位。国内各地悉起战祸。
1322	元	• 禁汉人执兵器出猎及习武艺。 • 复置市舶提举司于泉州、庆元、广东。 • 流民复业者,免差税三年。 • 书画家赵孟頫(字子昂,号松雪道人,1254~1322)卒,入元官至翰林学士,书法称赵体,著有《松雪斋文集》。	• 英国兰加斯特公失败,被俘后处死。 • 法兰西查理四世嗣位。 • 牟尔多夫战役,腓特烈为路易四世击败而俘。路易自此为德意志之唯一国王。
1323		• 颁行法典《大元通制》于天下。 • 御史大夫铁失等杀英宗于上都,诸王迎立晋王也孙铁木耳龙居河嗣位。为泰定帝。杀铁失。 • 浚镇江漕河及练湖,役丁一万三千五百人。 • 马端临(约1254~1323)卒,著《文献通考》。	• 英国爱德华二世承认罗伯特·布卢斯为苏格兰王,双方订约休战。 • 保加利亚国王忒特利基二世卒,混乱继之而起,贵族选米海尔继位。 • 日耳曼教皇拒绝承认路易,但路易有日耳曼城市支援,双方展开宣传战。
1324		• 召亲王图帖睦尔于琼州,封怀王。作佛事,使僧八百人与倡优百戏,导帝师游京城,佛事益盛。 • 宗王横暴、高价购珍宝。广东采珠害民。 • 文学家贯云石(号酸斋,畏兀儿人,1286~1324)卒。著有《贯酸斋诗集》、《酸甜乐府》。	• 美洲土著阿兹特克人,约在此时前后,在今中美洲北部建立墨西哥城。 • 亚威农之教皇约翰二十二世宣布废黜路易四世,并将其党羽驱逐出教。但日耳曼诸选侯不予执行。
1325		• 修漕河及清河、寇河堤。 • 分天下为十八道,遣使宣抚。 • 以宋董煟所编《救荒活民书》颁州县。 • 睢州河决,汴梁路十五县及卫辉路汲县先后河溢。 • 封帝师之兄为王,尚公主。	• 意大利佛罗伦萨始出现铸铁炮、铁弹。 • 墨西哥阿兹特克人在中美洲北部建帖诺第兰城(后为墨西哥城)。 • 弗兰德斯各地市民对伯爵内维尔之路易不满,将其逮捕后加以幽禁,次年获释。

公　元	（朝代）	中　国	外　国
1326		● 以山东、湖广官田给民耕垦,人三顷仍给牛具。 ● 河决郑州、阳武,漂民舍一万六千五百余家。 ● 宁夏路连续地震。大宁路发水,漂民舍八百余家,坏田五千余顷。	● 土耳其奥斯曼(1259~1326)卒,子奥罕嗣位。奥斯曼于1299年创立奥斯曼国家。 ● 丹麦贵族废黜国王克利斯托斐二世,别选什雷斯维克公爵伐德美尔为王。
1327		● 浚会通河,筑潬州护仓堤,役丁夫三万人。 ● 郡县不靖,定捕盗令。 ● 诗人萨都剌(字天锡,号直斋)卒,也说1348年卒。著有《雁门集》、《西湖十景诗》等。	● 英国议会迫使爱德华二世退位,并宣布其子爱德华三世继位,其母伊莎白拉执掌实权。 ● 德国路易四世远征意大利,加冕为意大利王与皇帝。
1328		● 颁《农桑旧制》十四条于天下,以察官吏勤惰。 ● 泰定帝卒于上都,上都诸王大臣立泰定帝子阿速吉八为皇帝。燕帖木儿在大都立怀王图帖木儿为帝,为文宗。内乱起。 ● 禁僧、道匿商税。	● 俄国莫斯科公取得弗拉基米尔大公称号。 ● 拜占庭安德洛尼科被迫退位,其孙即位,称安德洛尼科三世。 ● 法国查理四世去世,无子,由其堂弟腓力六世即位,华罗亚朝的统治开始。
1329	元	● 周王在和宁以北即位,为明宗,以弟怀王(文宗)为皇太子。明宗被毒死,皇太子重新即位。 ● 命翰林国史院官同奎章阁学士编修《经世大典》。 ● 陕西行台中丞、学者张养浩(字希孟,号云庄,1270~1329)卒。著有《云庄休居自适小乐府》、《云庄类稿》。	● 德国条顿骑士团已成为富有之集团,它垄断了波罗的海之琥珀买卖,及维斯拉河下游之谷物贸易。 ● 英王为其法国领地岐恩来行封建附庸礼。
1330		● 命京师率僧一百七十人作佛事七日。 ● 云南诸王秃坚等反,自立为云南王。 ● 松江、平江、嘉兴、湖州等路水,没田三万六千六百余顷,饥民四十万五千五百七十余户。 ● 诏兴举蒙古字学。 ● 括益都、般阳(山东淄川)、宁海(今牟平)"闲田"十六万余顷,赐大承天护圣寺。	● 英国爱德华三世与兰开斯特公爵亨利密谋逮捕伊莎白拉宠臣摩尔提麦,予以处死。 ● 英国人设工场造纸。 ● 日耳曼腓德烈卒,其兄弟等与皇帝路易媾和。 ● 保加利亚迈克尔与塞尔维亚王攸洛施战于维尔布日德,大败,阵亡。攸洛施使其子喜施曼二世为国王。
1331		● 赵世延等主编《皇朝(元)经世大典》成书。 ● 江浙大水,坏田四十八万八千余顷。太湖溢,漂没庐舍资畜一千九百七十户。 ● 蒙古民二百八十余户告饥。	● 日耳曼南部城市结成自卫性质的士瓦本同盟。 ● 塞尔维亚斯提芬·杜尚废其父,自为塞尔维亚王,在位二十四年国势盛。 ● 保加利亚与瓦拉几塞尔维亚联合,共同抗击拜占庭。
1332		● 文宗在上都卒,立明宗第二子懿璘质班为宁宗,宁宗卒,迎明宗长子妥懽帖睦尔。 ● 现存最早金属火炮(铜火铳)铸于本年。 ● 爪哇国遣使贡方物。	● 瑞士正式加入森林区同盟。 ● 爱德华·培利俄尔以英人之助夺获苏格兰王位。布卢斯出亡法国。
1333		● 妥懽帖睦尔至大都,燕铁木儿专权,不立。后燕铁木儿死,才立为顺帝。	● 苏格兰王布卢斯率兵入侵英格兰,大败。

公 元	（朝代）	中 国	外 国
		• 翰林学士吴澄(字幼清,号伯清,称草庐先生,1249～1333)卒。著有《吴文正集》等。 • 京畿、关中、河南水灾,两淮旱。	• 波兰喀西密尔三世嗣位,在位三十七年,改善政府机构,颁布新法典,发展工商业。
1334		• 遣使以《授时历》赐交趾。 • 罢广教总管府,立行宣政院。 • 立盐局于京师南北城,官自卖盐以革专利之弊。 • 诏蒙古、色目人犯盗者免刺。	• 意大利亚威农本地克十二世嗣位,开始在亚威农大兴土木建筑教皇宫殿。 • 佛罗伦萨重申禁止工人任何形式之组织令。
1335		• 河州路大雪,牛羊驼马死者十九,民大饥。 • 封安南世子陈端午为安南王。 • 命伯颜为中书右丞相,罢左丞相不置。 • 诏罢科举。立常平仓。设蒙古国子监。	• 希腊古典作品开始在意大利复兴。佛罗伦萨有讲授荷马史诗者。对危害"共和国之人处以死刑及其他各种刑罚"。 • 威尼斯之十人会议成为最高权力机构。
1336		• 黄河复归故道。秦州山崩。 • 以汴梁、大名诸路脱别台地土赐伯颜,又赐伯颜地五千顷。 • 印造至元三年钞一百五十万锭。 • 抚州、袁州、瑞州诸路大饥。江浙旱,民饥。	• 法王腓力六世与苏格兰王结盟,侵入英王在法之领地加斯坎尼。 • 法王腓力六世挑唆法兰德斯伯爵逮捕安特卫普之英国商人。英王爱德华三世则禁止羊毛输出以为报复。 • 卡斯提与法国联合,以其舰队助法对英作战。
1337	元	• 广州增城县民朱光卿起事,称大金国。陈州民棒胡(胡闰儿)以弥勒佛聚众起义于汝宁信阳州。 • 复立采珠提举司,赐伯颜采珠户四万。 • 江浙等处饥民四十万,发钞四十万锭赈之。溧阳饥民六万九千二百人,赈之。 • 禁汉人、南人不得习蒙古、色目文字。	• 德国皇帝路易与英王爱德华结盟,共同反法。 • 英王爱德华三世称法兰西王,引起战争。 • 意大利早期文艺复兴之画家乔托诞生于是年。著作有《圣安娜和圣约亚西的幽会》,《犹太之吻》等。 • 奥斯曼土耳其占领尼科米底亚。
1338		• 以江浙海运粮数不足,拨江西、河南五十万石补。 • 印造钞本一百二十万锭。 • 袁州民周子旺起义,称周王。漳州路南胜县民李志甫起义。四川散毛洞蛮起事。 • 山东、河南、徐州十五州县河决。奉圣州(今河北涿鹿)、宣德府(今宣化)相继大震,京师亦震。	• 罗马帝国会议召开,宣称选侯有权选举皇帝,教皇无权干涉,至此罗马帝国完全摆脱教皇的控制。 • 法王腓力六世宣布没收英王在法的领地,并向岐恩进攻,英法"百年战争"开始。
1339		• 申严汉人、南人、高丽人不得执军器、弓矢之禁。 • 命伯颜为大丞相。 • 汀州路长汀县大水,坏民田舍。沂、莒二州及达达民饥。沈阳饥,民食树皮。濮州、交城、宜兴、衡州、胶、密、潍等处民饥。	• 英王爱德华三世进攻法国北部。 • 波兰喀西密尔三世与匈牙利王查理一世订约,允许逝世后以波兰王冠与后者之子路易。
1340		• 黜伯颜为河南行省左丞相。 • 以脱脱为中书右丞相。 • 以诸路水、旱、蝗灾相继,颁罪己诏天下。	• 塞尔维亚与拜占庭签订条约,使之承认塞尔维亚国土疆界范围。 • 罗马帝国与英国解除盟约,转而与法国

公 元	（朝代）	中 国	外 国
		• 再禁民间私藏军器。 • 复科举取士制。	结盟。 • 佛罗伦萨巴尔的公司职员裴哥罗梯著《通商指南》详述与东方及中国等贸易情形。
1341		• 道州（今湖南道县）蒋丙等起义,破江华等县,何仁甫等响应,瑶人乘之而起。 • 印造至元钞九十九万锭,中统钞一万锭。 • 济南、宝坻、莫州、仓州等地饥。山东大饥。饥民反抗达三百多起。	• 英国国会始分上、下两院。 • 法国腓力六世征收盐税,以应战需。和英国于布列塔尼发生战争。 • 德国皇帝路易四世吞并下巴伐利亚地区。 • 俄国西蒙一世继位为莫斯科大公。 • 拜占庭约翰五世继位,年幼,其母安娜摄政。贵族另立康塔库那斯为帝,内战遂起。
1342		• 颁《农桑辑要》。立司狱司于上都。罢织染提举司。 • 诏湖广行省统领河南、浙江,湖广诸军镇压道州起义。 • 冀宁路平晋县（今太原南）地震,地裂。济南及广东惠州罗浮山山崩。京师地震。	• 查理一世去世,子路易继位。 • 拜占庭塞尔维亚王斯提芬·杜尚与康塔库那斯结盟。帖撒罗尼加爆发吉洛特起义,宣布成立共和国。 • 意大利佛罗伦萨人敦请雅典公爵布利恩之瓦忒尔为该城之统治者,任期终身。
1343	元	• 诏修辽、金、宋三史,以中书右丞脱脱为都总裁官。 • 书画家柯九思（字敬仲,号丹丘生,1290～1343）卒。著有《丹丘生集》。 • 汴梁新郑、密二县地震。秦州成纪、巩昌府宁远（今甘肃武山）、伏羌（今甘肃甘谷）山崩水涌,溺死者甚众。	• 拜占庭康塔库那斯与奥斯曼土耳其人结盟。威尼斯人占士麦拿城。 • 法国与英国的布列塔尼之战停止,双方订三年休战条约。 • 波兰与条顿骑士团缔结"永久和平"条约。 • 爱沙尼亚人举行起义,反抗丹麦的统治,历经两年失败。
1344		• 《辽史》书成。史学家揭傒斯（字曼硕,1274～1344）,得寒疾卒,任《辽史》总裁官,著有《揭文安公全集》。 • 山东饥,民相食。以各郡县民饥,不许抑配食盐。 • 河决漕州,雇夫一万五千八百人修筑。河又决汴梁。	• 英国爱德华三世欠付弗罗棱斯商人大宗款项拒绝偿还,导致著名的贝鲁西与巴尔的两大银行倒闭。 • 拜占庭康塔库那斯与塞尔维亚及保加利亚缔结条约。 • 英格兰议会决议凡为英王通过之款项,必须按照指定用途使用,不准挪用。 • 法国与英国战事又起。
1345		• 《金史》、《宋史》成书。《至正条格》成。 • 河决济阴,官民房屋几全被漂没。 • 汴梁、济南、邠州、瑞州等处民饥。 • 黄河泛溢。	• 意大利佛罗伦萨梳毛工人乔托·布兰的尼及其他工人等九名,企图组织工人团体,被处死刑。 • 奥斯曼土耳其应拜占庭皇帝康塔库那斯之请,首次渡海入欧洲。
1346		• 颁行《至正条格》。 • 云南以段功为大理总管。诏选怯薛官为路、府、县达鲁花赤。 • 以黄河决,立河南、山东都水监。 • 京畿、山东、河南、象州民纷纷起义。	• 英王爱德华三世率其子（黑太子）攻诺曼底,使用火药武器（西欧战争中的第一次）在克勒西大胜法军。 • 塞尔维亚国王杜尚自称为"塞尔维亚人与希腊人之皇帝"。

公元	（朝代）	中　国	外　国
1347		●拨山东地十六万二千顷给大承天护圣寺。 ●山东地震,坏城郭;临淄复震七天;河东地裂,城倒,屋陷伤人。 ●山东、河南起义发展至济宁、腾、邳、徐州等地。临清、广平、滦河、通州等地都有群众起义。长江沿岸有群众起义。 ●八怜内哈刺那海、秃鲁和伯民起义,断岭北驿道。湖广苗瑶民纷纷起义。	●路易四世为贵族所废黜,卢森堡公查理四世被选继其位。 ●英国爱德华夺取法国北部港口加来。 ●德国皇帝查理四世因城市之反对而避居法国。 ●波希米亚约翰在法国阵亡,其子查理继王位。称查理一世。 ●伊儿汗国合赞汗在镇压游牧贵族叛乱中阵亡。 ●利拉·第·黎恩济在罗马推翻贵族统治,建立共和国,并获得教皇之承认。
1348	元	●诏济宁、郓城立行都水监,以贾鲁为都水监。立司天台上都。 ●诗人虞集(字伯生,称邵庵先生,1272～1348)卒。著有《道园学古录》、《道园类稿》等。 ●辽东锁火奴自称大金子孙起事,辽阳董哈刺起事。吐蕃起事。海宁州、沭阳县等处起义。	●欧洲黑死病蔓延各地,死者占人口三分之一以上。 ●14世纪中叶布拉格已成为欧洲重要城市之一,设立布拉格大学。 ●法兰西普罗封斯女伯爵安娜以亚威农售予教皇。
1349		●立山东、河南等处行都水监,专治河患。 ●发军民二万浚坝河。发民修黄河金堤。江、汉水溢,漂没居民禾稼。 ●胶州、阳城大饥。胶州人相食。	●英国议会首次通过《劳工立法》。 ●塞尔维亚贵族会议通过杜尚法典。 ●摩尔达维亚摆脱匈牙利的统治,成为独立的国家。
1350		●以脱脱为中书右丞相,统正百官。 ●发军士五百修筑白河堤。 ●改钞法,以中统交钞一贯省权铜钱一千文,准至元宝钞二贯;仍铸至正通宝钱,与历代钱并用。 ●以大司农秃鲁等兼领水监,集河防正官议黄河便益事。 ●约在此时,中国开始应用珠算盘。	●法兰西腓力六世卒,其子约翰二世继位。 ●西班牙卡斯提与雷翁王国因王位继承问题争执,英法各助一方,西班牙始成为百年战争之另一战场。 ●摩尔达维亚驱逐蒙古人的入侵。
1351		●以工部尚书贾鲁为总治河防使,征发民工十五万、军队二万,采取塞北河,疏浚南河之方针。开黄河故道,凡二百八十里。翰林承旨欧阳玄撰《至正河防记》记其方略。 ●颍州人刘福通以红巾为号起义,陷颍州,破罗山、真阳、确山等地。 ●徐寿辉据蕲水为都,称皇帝,国号天完,改元治平,以邹普胜为太师。	●英国颁布劳工立法补充条例,强迫一切身强力壮的男子工作。 ●法国颁布劳动法案,强迫劳动者按大疫以前之工资标准接受工作。 ●拜占庭约翰五世举兵反抗约翰六世。塞尔维亚皇帝斯提芬·杜尚进攻撒罗尼加。
1352		●大名路十一县水旱虫蝗,饥民七十一万六千九百八十口。 ●史学家苏天爵(字伯修,1294～1352)卒。参与纂修《武宗实录》、《文宗实录》,编纂《国朝名臣事略》、《国朝文类》,著有《滋溪文稿》。 ●郭子兴、孙德崖等起义,攻克濠州。钟离人朱元璋投郭子兴部于濠州,为九夫长。	●英国各地盛行"免役租"。 ●意大利热那亚人于博斯普鲁斯海峡打败威尼斯舰队,拜占庭遂将黑海贸易垄断权给予热那亚。 ●拜占庭皇帝康塔库那斯招土耳其人为雇佣军,与保加利亚人及塞尔维亚人作战。

公 元	（朝代）	中　　国	外　　国
1353		●朱元璋募兵得七百余人，郭子兴任之为镇抚。 ●顺帝立爱猷识理达腊为皇太子。 ●泉州大饥，死者无数，能行动之人都扶老携幼，就食永春。 ●汪大渊著《岛夷志略》记与泉州贸易之亚非国家、地区，不下一百。 ●史学家贾鲁，顺帝时修宋、辽、金三史，任宋史局官卒。参与修纂国史。	●英国议会通过法案，禁止英人向教皇法庭上诉。又令禁止向教皇缴纳年金。 ●拜占庭康塔库那斯之土耳其佣兵胜塞尔维亚人。康塔库那斯任其子马修阿斯为帝与其共主国政。 ●英格兰议会通过法案，禁止英人向英国以外之任何法庭上诉。
1354		●立南阳、邓州等处毛胡芦义兵万户府，募土人为军。募回回、术忽殷富者赴京师从军。 ●张士诚在高邮称诚王，国号大周，年号天祐。 ●画家黄公望（字子久，号大痴道人，1269~1354）卒。为元四家之一。著有《写山水诀》。 ●画家吴镇（字仲圭，号梅花道人，1280~1354）卒。著有《梅道人遗墨》。	●拜占庭约翰五世入君士坦丁堡，迫使康塔库那斯退位，复辟为皇帝。 ●德国查理四世在米兰加冕。 ●奥斯曼土耳其于达达尼尔海峡北岸之加里波利定居，此为土耳其人在欧洲的第一个立足点。
1355	元	●中原红巾军建立政权，刘福通等自砀山夹河迎韩林儿，立为皇帝，号小明王，都亳州，国号宋，改元龙凤。刘福通为丞相。 ●朱元璋开始向江南进军，郭子兴死。朱元璋为副元帅、都元帅。 ●元脱脱被贬至云南，被毒死。	●英国黑太子劫掠法国南部各地。 ●法国约翰王召开三级会议，会议确定征收新税的原则，并对国王之收支予以监督。 ●查理四世赴罗马加皇帝冕，后返德国。 ●意大利威尼斯十人会议判处其公爵玛利诺·伐利埃里以死刑。
1356		●元相哈麻谋废顺帝，事泄，正月被黜，后被杖死。 ●朱元璋克集庆路，改称应天府。后称吴国公。 ●刘福通与答失八都鲁在河南相持，刘福通克河南府（洛阳），答失八都鲁从陈留进兵，攻取夹河刘福通寨。 ●张士诚在隆平府称周王。取湖州，又破杭州，攻镇江等。	●波亚迭战役，法国失利，国王约翰被俘。太子查理为筹国王赎金，召开三级会议，遭抵制，三级会议被解散。 ●德国查理四世颁布"黄金诏书"，规定帝国皇帝由七大选侯选举。 ●捷克黄金诏书规定波希米亚王为帝国之世俗选侯之首。 ●塞尔维亚斯提芬·杜尚卒，其子乌若什五世继位为王，国内发生叛乱。
1357		●朱元璋军四向发展，在江北夺取张士诚泰兴及"青军"所据扬州；东取张士诚所据长兴、常州、江阴等地；南取元宁国路、徽州等地；西败赵普胜，取青阳县，又克元池州。休宁儒生朱升见元璋，劝以"高筑墙，广积粮，缓称王"。 ●倪文俊谋杀徐寿辉，未遂。逃往黄州，被部将陈友谅所杀。 ●历史学家欧阳玄（字原功，约1273~1357）卒。曾参加修撰《经世大典》、《实录》、宋、辽、金三史。著有《圭斋文集》。	●法国三级会议成立专门机构监督国库之财政开支。三级会议重行召开，太子查理被迫颁布"三月大敕令"。 ●英格兰爱德华三世为缓和苏格兰之敌意，承认大卫三世。 ●拜占庭康塔库那斯之子马修阿斯为塞尔维亚人俘获，献交约翰五世。约翰五世责令其宣誓放弃帝位后，释之。
1358		●刘福通克汴梁，迎小明王至汴，建为都城。 ●医学家朱震亨（字彦修，号丹溪，1281~1358）卒。著有《局方发挥》等，后人称养阴派。	●匈牙利击败威尼斯后，占领达尔马提亚之大部分。拉古萨亦变成匈牙利之保护地。

公 元	(朝代)	中 国	外 国
		• 朱元璋以康茂才为营田使,办理屯田。吴兵续取浙东各地,克建德,改称严州府。克婺州,改称宁越府。吴在宁越开郡学,聘宋濂等讲学。	• 大批阿尔巴尼亚人自山岳地带向南部平原迁徙,占领旧伊派拉斯霸王国土著居民地。 • 法国农民不堪税压迫与俘虏赎金之筹集起而暴动,法国贵族以敌人英军之助,进行镇压,农民失败,死者巨万。
1359		• 朱元璋军向东西两面发展,西面与陈友谅冲突,收复池州,破潜山,攻安庆不克。东面,胡大海取张氏诸暨,常遇春克元衢州,胡大海克元处州。小明王升朱元璋为仪同三司、江南等处行中书省左丞相。 • 画家、诗人王冕(字元章,约1287~1359)卒。著有《竹斋集》。	• 瑞典第一次召开包括市民阶级之议会。 • 俄罗斯底米特里·伊凡诺维奇继位为莫斯科大公。 • 英国爱德华再侵法国,围攻朗斯(利姆斯)。 • 奥斯曼土耳其乌尔汗卒,子穆拉德一世继位,穆拉德一世在欧洲扩张领土。
1360		• 陈友谅杀徐寿辉,自称汉帝,年号大义。明玉珍得讯,与陈氏断绝,自称陇蜀王。 • 元孛罗帖木儿与察罕帖木儿争山西,争战不息。元政府遣使调解,劝以石岭关为界,双方都不听命。 • 福建"义兵"万户赛甫丁、阿里密丁据泉州;陈友谅兵攻邵武、汀州、延平诸郡县。	• 日耳曼北部之商业城市同盟——汉撒同盟,截至本年止,共包括城市五十二个。 • 英王爱德华三世兵临巴黎,旋与法王订布勒丁尼和约。和约规定:法国割让加来及附近地区给英国;确认英对阿奎丹等法国西南部地方有主权。法王约翰二世被赎释放。
1361	元	• 朱元璋立盐法、茶法,置宝元局。小明王封朱元璋为吴国公,朱元璋率徐达、常遇春等西上,大举攻陈友谅,收复安庆,进破江州。 • 陈友谅退往武昌,部将丁普郎、傅友德降吴。 • 朱元璋畏察罕帖木儿,遣使"通好"。 • 京师大饥。	• 英国颁布劳工立法补充条例,对违抗者予以重罚。 • 丹麦与汉撒同盟首次发生战争。汉撒同盟军攻入哥本哈根,获得胜利。 • 奥斯曼土耳其穆拉德一世攻占拜占庭之亚得里亚堡。
1362		• 明玉珍据成都,称帝,国号大夏,年号天统。分兵攻龙州、兴元、巩昌。 • 察罕帖木儿攻益都为降人田丰刺杀,入益都,其养子扩廓帖木儿(王保保)统兵攻益都。 • 扩廓帖木儿平定山东义军。	• 英国议会通过法案确定英格兰语为法庭使用之语言。 • 丹麦与汉撒同盟舰队再战,获胜。 • 法兰西在英国作质者逃遁,法王约翰自愿再返英国,两年后卒于伦敦。
1363		• 刘福通战死,朱元璋迎小明王自安丰突围,居之滁州。 • 陈友谅中流矢死,其子陈理奔武昌嗣位,改元德寿。 • 朱元璋改税法,二十取一。 • 孛罗帖木儿与廓帖木儿互相攻杀。	• 英国黑太子被任命为阿奎丹总督。由于重税,引起法人不满。 • 丹麦与汉撒同盟订立和约,同盟在丹麦之商业特权锐减。 • 汉撒同盟召开第一次大会,自此至15世纪为同盟之极盛时期,同盟会员达九十九余。
1364		• 朱元璋自立为吴王,置百官,仍用韩林儿龙凤年号。攻下武昌,陈理率张定边等降,湖北诸地尽归朱元璋。 • 元顺帝与皇太子争权,各结外援。 • 翰林学士许有壬(字可用,1287~1364)卒。著有《至正集》、《圭塘小稿》。	• 波兰于克科夫建立亚该老大学。 • 德国皇帝查理四世(卢森堡王室)与奥地利公卢多尔夫(哈布斯堡王室)在布律恩结盟。 • 法兰西摄政王查理正式继位,称查理五世。

公　元	（朝代）	中　　国	外　　国
1365	元	●元内战激化，皇太子在太原下令讨伐孛罗帖木儿。顺帝令人刺杀孛罗帖木儿，招太子还朝。太子与扩廓帖木儿至大都，太子欲逼顺帝禅位，扩廓帖木儿不肯，扩廓帖木儿为河南王，代太子亲征。 ●朱元璋军攻取陈友谅部下。命徐达、常遇春攻取长江以北张士诚辖区。	●奥斯曼土耳其苏丹穆拉德一世迁都于亚得里亚堡，改名为爱德尔纳。 ●拜占庭皇帝约翰五世赴保加利亚乞援，为保加利王希施曼扣留，明年释归。 ●奥地利维也纳大学成立。 ●拉古萨城与土耳其订商约，并纳贡。 ●门的内哥罗与威尼斯结盟，占领阿尔巴尼亚某些地区。
1366		●朱元璋军完全攻克徐州以南张氏辖境，北接扩廓帖木儿势力范围。 ●扩廓帖木儿到河南，调关中李思齐、张良弼等军出关，李、张等不听调。 ●朱元璋命廖永忠等到滁州迎小明王韩林儿，至瓜步覆舟，林儿溺死江中，龙凤政权结束。	●波兰与立陶宛发生战争。 ●匈牙利与奥斯曼土耳其人交战于铁门（今之匈、南、罗三国交界处）。 ●塞尔维亚王斯提芬·杜尚卒后，阿尔巴尼亚出现一土著王朝，在阿尔巴尼亚北部建立其统治，名巴尔沙。
1367		●朱元璋始称吴元年。 ●元关中诸将推李思齐为盟主，共拒扩廓帖木儿。 ●元政府下诏黜扩廓帖木儿兵权，扩廓帖木儿渡黄河，北屯怀庆（今河南沁阳）。 ●朱元璋以徐达为大将军，常遇春为副将军，北上灭元。	●汉撒同盟于科伦召开大会，有七十七个城市代表出席磋商与丹麦战争事宜。 ●波兰议会自本年始。 ●塞尔维亚攸乐被废黜，孚加兴自称沙王，但未获普遍承认，未几死于与奥斯曼土耳其人之战争中。
1368	明	●正月，朱元璋称帝，国号明，建元洪武，建都南京，定税额、定卫所制。中书省、御史台进《大明律令》。 ●八月，徐达等徇下河北诸地至通州，元顺帝出奔上都。徐达军人大都，改大都为北平府，元亡。 ●颁"洪武通宝"钱，各行省置宝泉局铸钱。	●第二次汉撒同盟战争爆发，瑞典、挪威、荷尔斯泰因、美克楞堡及某些丹麦贵族俱协助汉撒，以此大败伐德美尔。 ●威尼斯遣使赴奥斯曼土耳其要求通商，但奥斯曼土耳其人受热那亚人怂恿，拒绝所请。
1369		●常遇春克上都，元顺帝走应昌。 ●二月诏修《元史》，八月《元史》成。 ●明置朵甘、乌斯藏二都指挥使司，复置宣慰司二、元帅府一、招讨司四、万户府十三、千户所四，以元故官充之。 ●诗人，书法家陶宗仪（字九成，号南村）卒。闭门著书，著作有《说郛》、《辍耕录》、《书史会要》等。	●英格兰爱德华三世再称法兰西王，挑起战端。 ●法兰西对英战争转入反攻阶段，失地开始收复。 ●奥斯曼土耳其对保加利亚之战开始，三年后抵巴尔干。 ●帖木儿逐撒马尔罕君主忽辛，自立为苏丹，建帖木儿帝国，定都于撒马尔罕。
1370		●元顺帝卒，子爱猷识理达腊嗣位。 ●明败王保保军，保保走和林。明军入应昌，元帝北走。 ●河州以西朵甘、乌斯藏来附。 ●改司天监为钦天监。 ●续修《元史》成。《大明集礼》成。 ●封九子为王。 ●文学家杨维桢（字廉夫，号铁崖，1296～1370）卒。著有《东维子文集》等。	●法兰西开始收复波亚都与布列塔尼。 ●丹麦与汉撒同盟订立斯特拉尔松德和约，恢复同盟一切特权。汉撒同盟的势力至此已达顶点。 ●波兰卡西米尔三世卒，安茹之路易继位。路易久居匈牙利，以摄政代为统治。

附录 2

公元	（朝代）	中　国	外　国
1371		●元辽阳路平章刘益降，明置辽东都指挥使司。定内监官品秩。禁沿海民私出海。 ●初开会试科。初行殿试。 ●罢李善长，以胡惟庸为相。 ●定六公二十八侯役佃户三万八千一百九十四户。徙江南富户十四万于凤阳。	●英格兰黑太子返英。英国在法国南部的势力退至滨海一带。 ●英国议会通过法案禁止主教兼任国家官吏。 ●奥斯曼土耳其在马里查河畔大败塞尔维亚、保加利亚和匈牙利联军，进占马其顿。
1372		●徐达等深入漠北攻扩廓，大败。李文忠进至阿鲁浑河，互有胜败而还。 ●乌斯藏摄帝师喃加巴藏卜遣使纳贡。 ●诗人危素（字太朴，1303～1372）卒。为弘文馆学士，著有《说学斋稿》、《云林集》。 ●阳曲（今太原）地震七次。	●法兰西收复英军占领下的波亚图。 ●罗马帝国瓦敦堡伯爵的军队击败斯瓦双亚同盟。 ●意大利威尼斯与热诺亚发生战争。
1373		●命天下郡县绘山川险易图以进。 ●修《祖训录》成。《大明律》成。 ●以胡惟庸为右相。 ●置内正司，专纠宦官不法。 ●京师城建成，周九十六里，外城周百八十里。 ●置江西、湖广、山东、陕西、山西铁冶凡十三所，岁输铁七百四十六万斤。	●英军自加来南下，至波尔多，大败。 ●罗马帝国皇帝查理四世获得布兰敦堡。 ●门的内哥罗国王斯特拉梯米尔卒，其子及诸弟争立，内战旋起，国土分裂。
1374	明	●整饬河南、山东、北平屯田。 ●罢市舶司，严海防以防倭。 ●修《皇明宝训》、《大明日历》成。 ●遣元皇孙买的里八剌北还。 ●西番撒里畏吾儿及阿难功德国入朝，于畏吾儿地置二卫，封其为安定王。 ●升朵甘、乌斯藏二卫为都指挥使司。 ●定军屯之制。	●法兰西与英订立三年休战协定，合并英在法兰西之大部分领土。 ●俄国尼什涅·诺夫哥罗德爆发人民起义，反对钦察汗国的统治。 ●意大利文艺复兴先驱著名诗人佩脱拉克，诞生1304年，卒（亦说1375年）。他是意大利文学语言的奠基者之一，享有"桂冠诗人"之美誉。
1375		●修《洪武圣政记》成。御制《资世通训》成。选国子生三百六十八人分为北方州县学官。 ●定军屯边地三守七耕，内地二守八耕之制。 ●始造大明宝钞。立钞法。禁民间金银交易。 ●元将扩廓帖木儿（王保保）卒。 ●遣宦官赍绫绢及茶马市于河州，是为宦官出使之始。	●英国议会通过法案，在所有学校中改教拉丁文为英格兰语文。 ●奥斯曼土耳其人征服小亚美尼亚王国。 ●英王爱德华与法王查理五世媾和。 ●丹麦伐德美尔四世卒，其外甥俄拉夫（挪威王豪空之子）嗣位。
1376		●改元行中书省为承宣布政使司。 ●免山西、陕西、河南、福建、江西、浙江、湖广租赋。免苏州等四府因水灾田租二十九万九千石。 ●徙山西、真定民无业者屯凤阳。 ●修彭州都江堰。	●拜占庭安德洛尼科废其父约翰五世，自立为皇帝，称安德洛尼科四世。 ●英国约翰·威克里夫宣传其宗教改革主张。黑太子去世，其弟肯特之约翰握有英国之实权。
1377		●遣国子监生核全国税课司局。	●英国爱德华三世卒，黑太子之子继位，称

公　元	（朝代）	中　国	外　国
		• 以吐蕃梗乌斯藏贡道，遣兵攻之，追至昆仑山，留兵置戍而还。 • 初置"通政使司"掌收受章奏。遣监察御史巡按州县。 • 免河南、陕西、广东、湖广被灾田租。 • 命韩国公李善长、曹国公李文忠总中书省、大都督府，御史台，议军国重事。	理查二世。约翰·威克里夫被监禁。 • 法王查理破坏休战协定，掀起战争。 • 罗马皇帝查理四世企图用武力迫使士瓦比亚同盟解散，不得逞，又转而与同盟言和。 • 英格兰议会始采用"发言人"制度。
1378		• 改南京为京师，开封罢称北京。 • 封五子为王。 • 元主爱猷识理达腊卒，子脱古思帖木儿嗣，次年改元天元。 • 遣僧求佛经于西域，凡三年而还。 • 始于贵州屯田。	• 罗马帝国查理四世卒，子文塞斯劳斯嗣位。 • 意大利佛罗伦萨梳毛工人暴动，并夺取政权。推米尔·兰多为首脑，因其叛变，起义失败。 • 亚威农教皇格列高利十一世将教廷迁回罗马，不久去世，乌尔班六世当选为教皇，部分红衣主教另选教皇克立门七世，居亚威农，从此教会分裂。
1379		• 松州蛮起事，旋败，于其地置卫。 • 洮州番败，于其地置卫。 • 定公主、郡、县主岁禄之数。 • 定学校禁条。	• 英国开征人口税，以应对法战争之需。 • 德国条顿骑士团加入汉撒同盟。
1380	明	• 胡惟庸狱起，诛其党三万余人。 • 罢中书省，废丞相。罢御史大夫，置左、右丞。 • 定六部官秩。改大都督府为五军都督府。定南北更调用人之法。 • 燕王朱棣就藩北平。 • 修《臣戒录》成，颁之。	• 英国再征人口税，税额达到上年的三倍。 • 法国查理五世卒，子查理六世继位为王。中央政权衰弱，诸侯争权昌烈。 • 俄国库利科沃战役，莫斯科大公底米里击败蒙古人。
1381		• 定赋役籍造黄册。 • 颁四书五经于北方学校。改国子学为国子监。置大理寺。 • 核全国官田。核全国废寺田没入官。禁濒海军民私通外夷。 • 命考核诸司章奏。罢翰林学士承旨等官，改置学士。 • 文学家宋濂（字景濂，号潜溪，1310~1381）卒。主修《元史》，著有《宋学士文集》。 • 命蓝玉等征云南。	• 威克里夫将《新约圣经》自拉丁文译为英文。 • 士瓦本同盟与莱茵同盟合并。 • 拜占庭与奥斯曼土耳其订约，承认为奥斯曼苏丹的臣属。 • 英格兰理查二世诱杀瓦特·泰勒尔后，用残酷之手段镇压之（按当时农民提出四项要求：①废除农奴制解放农奴本人及其妇女；②降低地租至每亩四便士；③有充分自由在一切市集中买卖；④大赦此次参加暴动之人）。
1382		• 明军平定云南全境，置云南布政司。置贵州都指挥司，又置云南都指挥使司。 • 置锦衣卫，掌侍卫缉捕刑狱之事，镇抚司划归锦衣卫管辖。 • 置都察院，设监察都御史、监察御史。置殿阁大学士，以备顾问，秩正五品。 • 诏令恢复科举取士之制。	• 匈牙利路易卒，其女马丽继位为王，以其夫西吉斯孟辅佐国政。 • 钦察汗脱脱迷失攻陷莫斯科。 • 法国卢昂起义。

公 元	（朝代）	中 国	外 国
1383		• 初令府州县学岁贡生员。 • 令西平侯沐英镇云南。 • 免畿内十二州县养马户田租一年。 • 江西永西龙泉山民起事，其首领称顺天王，旋败。	• 查理六世下令取消上年参加暴动市民的行会特权，并严禁集会、结社。各区民团亦同时被取消。 • 英国攻葡萄牙，蹂躏沿海一带。
1384		• 更定都察院官制。颁科举条式。 • 高丽贡马以代输金。 • 禁宦官予外事，并禁诸司与内官监文移往来。 • 河决开封，横流数千里。	• 拜占庭约翰五世以其次子为恺撒与之共主国政。 • 波兰路易王之女雅德维加选为女王。 • 英国约翰·威克里夫卒，但其宗教主张仍在各地传播。
1385		• 户部侍郎郭桓因官粮七百余万石被盗案下狱死，株连者数百人。 • 军事家徐达（字天德），濠州人，大将军，封魏国公，卒。 • 定州县府官三年一朝之制。 • 颁《大诰》，所辑官民过犯名目，有"寰中士夫不为君用"一项，为前代所未有。时贵溪夏伯启叔侄，苏州姚润、王谟，均因此被杀、籍家。 • 全国赋税二千余石。 • 重开会试、廷试。筑观星台于鸡鸣山。 • 画家王蒙（字叔明，号黄鹤山樵，约1301～1385）卒。善山水，为元四家之一。著有《夏日山居》、《秋山草堂》、《花溪渔隐》。	• 英国理查二世入侵苏格兰。焚毁爱丁堡。 • 葡萄牙击败卡斯提人，确立葡萄牙的独立地位。 • 波兰于克列瓦与立陶宛缔结合并协定。 • 瑞士北部五城加入士瓦本同盟。 • 西班牙那尔国王查理二世尽失其在法国之土地。 • 奥斯曼苏丹穆拉德一世夺得保加利亚索非亚。
1386	明	• 福建僧彭玉琳自称弥勒佛祖师，组织白莲会，称晋王，年号天定，旋被镇压。 • 原明州卫指挥林贤，被指曾为胡惟庸通日本，被族诛。 • 令凡划入匠籍之工匠轮班入京师服役，每两年一次，每次于三个月。	• 葡萄牙与英格兰订立永久同盟。 • 波兰以联姻方式与立陶宛合并，立陶宛大公亚该老成为波兰国王。 • 德国海德堡大学成立。 • 奥地利公李奥波尔德与瑞士联邦战于塞姆巴赫，兵败，阵亡。
1387		• 冯胜等至金山（今西辽河南岸），北元大将纳哈出降。 • 筑大宁城，置大宁都指挥使司，次年改称北平行都司。 • 因锦衣卫非法暴虐，令焚其刑具，囚徒交刑部审理。 • 汤和在浙东、西设卫所，筑五十九城防倭。	• 帖木儿征服波斯，在伊斯巴汉杀七万人。 • 士瓦本同盟被巴伐利亚公击败，同盟解散。 • 匈牙利女王玛丽卒，安茹朝告终。
1388		• 蓝玉等破北元主于捕鱼儿海（今贝尔湖），俘其子、妃主、官属及男女七万人，北元主远走。 • 封乌斯藏帕木竹巴首领僧人扎巴坚参为灌顶国师。 • 核天下卫所屯田，每年得粮五百余万石。 • 颁《武臣大诰》。 • 会试后，定一甲进士授修撰、编修之制。 • 《大明律例》成。	• 奥斯曼土耳其人来攻，保加利亚王乞降，但旋叛变。 • 奥地利公再败于瑞士联邦。 • 查理六世亲政，重用其弟奥尔良公爵。

公元	（朝代）	中　国	外　国
1389		• 置兀良哈三卫:泰宁、朵颜、福余。 • 北元主脱古思帖木儿为部下所杀,此后谥号不传于世。 • 更定律条,共四百六十条。	• 以丹麦女王玛加丽特为首斯堪的纳维亚三国成为君主国。 • 奥斯曼土耳其苏丹穆拉德一世在科索沃战役中遇刺身亡,其子巴耶塞特一世继位。
1390		• 燕王棣受元将乃儿不花等降。元降军受燕王节制。 • 穷究胡惟庸狱,太师李善长及陆仲亨、唐胜宗、费聚等均株连被杀,胡案结束。 • 河决开封、西华诸县,漂没一万五千七百余户。崇明海溢,决堤二万三千余丈,发民二十五万筑之。	• 奥斯曼土耳其人征服斐拉德斐亚(小亚细亚西部)。此为拜占庭在小亚细亚之城市最后被征服者。
1391		• 命皇太子巡抚陕西。巡抚始此,但尚未成为官名。 • 续封皇子十人为藩王。 • 天下郡县赋役黄册成,计户一千六十八万四千四百三十五、丁五千六百七十七万四千五百六十一。 • 徙九布政司富民一万四千余实京师。	• 塞尔维亚波斯尼来亲王特弗特科卒,其国亦逐渐衰落。 • 拜占庭约翰五世卒,曼纽尔为唯一皇帝,称曼纽尔二世。 • 奥斯曼土耳其巴耶塞特一世继续在安那托利亚发展,征服数个塞尔柱小封建国。
1392	明	• 更定府州县岁贡生员之额。 • 定全国卫所军屯制度。 • 遣宦官往河北以茶市番马。 • 太子朱标卒。立朱允炆为皇太孙。 • 元恩克卓哩克图汗为部下所杀,额勒伯克汗立。	• 波兰克拉科夫帮工举行罢工,抗议行会师傅的压榨。 • 威尼斯占领杜拉索,在达尔马提亚沿岸开始建立商栈,并在某些地区建立要塞。威尼斯人占领阿尔巴尼亚北部,并逐渐向南发展。
1393		• 凉国公蓝玉因谋反罪被杀,诛其党一万五千余人,称"蓝狱"。颁《逆臣录》。 • 开胭脂河以通漕运,从此漕运都必须经常、镇。 • 改工匠轮班服役之法,分工种定为一年到五年一班。 • 禁民人穿靴以分贵贱,违者斩,家属迁云南。禁止百姓取名用太祖、圣祖、龙孙、黄孙、玉孙、太叔、太兄、太弟、太师、太傅、太保、大夫等字样。	• 保加利亚首都第诺伐为土耳其攻陷,保加利亚国亡。 • 波希米亚贵族组"贵族同盟"以反抗皇帝兼国王文塞斯劳斯。匈牙利王西古吉斯蒙协助前者。 • 匈牙利自波斯尼亚统治下重行夺回哥罗提亚与达尔马提亚,并继续与波斯尼亚进行战争。
1394		• 严禁沿海人私自往海外贸易。 • 命工部劝民利用隙地种桑枣木棉。 • 开预备仓赈贫民。遣国子生分路督修水利。 • 修《书传会选》成。禁钱改用钞。	• 门的内哥罗亲王乔治二世以斯库特里予威尼斯,换取后者之协助,以对抗土耳其人。 • 波希米亚贵族囚禁文塞斯劳斯,其弟革利兹公爵约翰以兵来援,击溃波希米亚贵族。
1395		• 周王、晋王率山西、河南诸卫军出塞筑城屯田。命土司立儒学。 • 谕户部编民百为里。耕获通力合作。	• 帖木儿之军队大略顿河口之塔那(亚速海东北),威尼斯在黑海之贸易自此一蹶不振。 • 法兰西查理六世接受热诺亚为保护地。

公 元	（朝代）	中　国	外　国
1396		• 颁《皇明祖训》。 • 命嗣君不许复设丞相。 • 各地奏报,凡开塘堰四万零九百八十七处,河四千一百六十二处,陂渠堤岸五千零四十八处。 • 浚常州、奔牛、吕城二坝,以通浙运。 • 监察御史王朴与太祖争是非,被杀。 • 制定庆贺谢恩表格式,以后均照式填写。臣僚以贺表文字犯忌被杀者甚多,如杭州府学教授徐一夔贺表有"光天之下,天生圣人,为世作则"等句。太祖谓"生"者"僧"也,"光"指剃发,"作则"为"作贼",犯忌者均此类。	• 查理以巴黎大学之影响,召开法国宗教会议,决议呼请亚威农与罗马两教皇皆辞职,但两教皇皆拒绝。 • 奥斯曼土耳其苏丹巴耶塞特一世与匈牙利王西吉斯蒙德及日耳曼、法兰西、英吉利诸国武士大战于尼科波利斯,两方各约两万人,巴耶塞特获得决定性胜利。 • 尼科波利斯战役后,达尔马提亚为威尼斯人占领。 • 法兰西查理以其女伊莎白拉予英王理查二世为妻。 • 英格兰与法国订立二十八年休战条约。
1397	明	• 沔县白莲教徒起义,田九成称汉明皇帝,年号龙凤,高福兴称弥勒佛,王金刚奴、何妙顺称天王,被镇压。 • 颁《大明律诰》。颁《为政要录》。 • 燕王棣督筑大同城。 • 河决开封。停辽东海运。 • 禁交易用银。	• 日耳曼奥格斯堡之纺织工人、面包师、桶匠等,以市政当局加于各该行业之捐税过重,起而暴动,结果被废除之。 • 玛加累特在卡马尔公布文告,使丹麦、挪威、瑞典联合为一。 • 奥斯曼土耳其侵希腊,进至科林斯,但未占领雅典。
1398		• 朱元璋卒,皇太孙朱允炆即位,是为建文帝。 • 以齐泰为兵部尚书,黄子澄为太常卿兼翰林院学士。 • 定议削藩。周、齐、代、岷等王以罪被捕。省并州县,革冗员。 • 诸卫所军有单丁者放为民。 • 以张昺为北平布政使、都指挥使,谢贵、张信掌北平都指挥使司,密旨监视燕王。	• 法国教士以亚威农教皇拒绝辞职,扣留属于教会之捐税。此举获得法王查理六世之事先许可。 • 英格兰议会在国王影响下,成立一与波友好之十八人委员会,以代行职权,理查自此独裁政治,任意增加捐税。 • 玛加累特自此逐渐迫使汉撒同盟放弃彼等在挪威所享之特权,并退还在挪威各地所占领之要塞。
1399		• 诏令诸王不得节制文武吏士。 • 湘王自杀,废齐、代二王为庶人。废岷王为庶人。 • 燕王棣举兵称"靖难",以僧道衍(姚广孝)为谋士,张玉、朱能、邱福等为将。 • 燕王取大宁,得三卫精兵。	• 法兰西由于英王理查二世之被废黜,英法关系又趋紧张。 • 英格兰国会开幕式之演讲词始用英文。兰开斯特公亨利倡乱,俘获理查二世,加以监禁,迫使逊位后,议会正式废黜之,并推选亨利为国王,称亨利四世。
1400		• 遣使均江浙田赋。 • 燕将刘江破平安,安还真定。 • 燕王破大同兵及真定援兵,燕王旋还北平。 • 文学家罗贯中(号湖海散人)约卒于此年前后。著有《三国志通俗演义》、《隋唐志传》。 • 文学家施耐庵(名子安,一说名耳)(一说是1370年)。著有《水浒传》等。	• 德国诸侯废选侯废皇帝瓦斯拉夫。 • 奥斯曼土耳其巴耶塞特一世自巴尔干返回小亚细亚,以抵抗帖木儿之进攻。 • 匈牙利查理在与大封建诸侯斗争中多倚赖小贵族与城市,以此赋予小贵族甚多之权力,使之与诸侯对抗。

公 元	（朝代）	中 国	外 国
1401		●燕王从北京出兵破盛庸于夹河（今河北武邑南），破平安南进至大名。燕王破大同兵及真定援兵，燕王旋还北平。 ●《太祖实录》成。	●罗马巴拉提内特伯爵卢伯特当选为皇帝。 ●卢伯特与波希米亚贵族结同盟。 ●英格兰议会通过处"异端"（基督教内部正统以外之派别）以焚死之刑。
1402		●燕王率军南下克徐州、扬州，燕军至京师，李景隆等迎降，建文帝在宫中自焚，燕王入城，谒孝陵，即位，是为成祖。 ●燕王于南京即位。杀齐泰、黄子澄等百余人。杀兵部尚书铁铉。御史大夫景清谋刺成祖被杀。 ●重修《太祖实录》。 ●北元坤帖木儿政权为鬼力赤所篡，遂改称鞑靼。	●塞尔维亚斯提芬·拉萨尔维奇乘土耳其人败于帖木儿，起而恢复独立。 ●波希米亚约翰·胡斯任布拉格大学校长。 ●苏格兰侵英格兰，被击败而退。 ●奥斯曼巴耶塞特一世在安哥拉战役中，败于帖木儿，被俘，不久死去。
1403	明	●北平改称北京顺天府。北平行都司改称大宁都司，移治保定府。 ●兀良哈三卫南移。 ●置建州卫，以女真族首领阿哈出为指挥使。 ●浙江、福建、广东复设市舶司，专主海外诸国贡使附带货物交易之事。 ●致书鞑靼可汗鬼力赤以通好。遣宦官侯显使西域，征番僧，自是宦官出使者先后接踵。	●奥斯曼巴耶塞特一世卒，其四子争夺王位，互相混战。 ●波希米亚约翰·胡斯始其反对罗马教会之宣传。 ●巴黎市长处死巴黎大学学生二人，以违反大学特权被迫向该校郑重道歉。
1404		●定屯田赏罚例。置奴儿干卫。置建州卫，以阿哈出为指挥使。置沙州卫、天津卫。 ●始选进士为翰林院庶吉士。 ●立高炽为皇太子。封高煦汉王，高煦靖难时多战功。 ●封哈密安克帖木儿为忠顺王。	●保加利亚旧王室成员数人发动城市起义，旋被安平。 ●法兰西无畏的约翰继其父腓力为勃艮第公。 ●西班牙诺曼冒险家若思德·培同库尔以卡斯提尔与雷益王亨利三世之援助征服大西洋中之加内利群岛。
1405		●哈密安克帖木儿为鬼力赤毒死，其兄子脱脱继之，仍封忠顺王。 ●郑和第一次出使西洋。 ●徙山西民万户实北京。 ●俘元顺帝孙买的里八敕，封崇礼侯。 ●徙直隶、浙江民二万户于京师。	●罗马迈恩兹大主教、巴教侯、瓦敦堡伯、及土瓦比亚同盟中之十七城市缔结马尔巴赫同盟，反对卢伯特。 ●意大利佛罗伦萨征服比萨，获得地勒尼安海（地中海）之出口。 ●法人在威尔斯登陆。
1406		●置开原、广宁马市，与海西、朵颜等部交易。 ●大古剌、小古剌等部朝贡，于云南设宣抚司、长官司统之。 ●诏以明年五月建北京宫殿，分遣大臣采木四川、湖广、江西、浙江、山西。 ●琉球中山王遣人入国学。	●法兰西奥尔良公爵进攻英国在法兰西西南之领土岐恩。 ●门的内哥罗与威尼斯发生战争，威尼斯败，承认斯库特里之主权，每年予门的内哥罗以"津贴"。
1407		●明军侵占安南各地。设交趾布政司于安南。	●意大利热那亚之圣乔治银行成立，拥有股东五百人，发行纸币，并经营近代银行之各种

附录2

公 元	（朝代）	中 国	外 国
		• 始建北京城。 • 郑和自南洋还。后第二次使西洋。 • 封乌斯藏僧哈立麻为大宝法王。	业务。圣乔治银行为欧洲中世纪最大银行之一。 • 法国勃艮第公约翰遣人刺杀奥尔良公爵。
1408		• 福建、江西等地大疫，死七万余人。 • 吐鲁番僧清来等入朝，授为灌顶慈慧圆智普通法师。 • 鞑靼知院阿鲁台杀鬼力赤，立本雅失里为可汗。 • 云南初行乡试。	• 法兰西企图调解教会大分裂局面失败后，宣称对两教皇皆否认。 • 英格兰诺森伯兰伯爵举兵反，兵败阵亡。
1409		• 成祖北行，留太子监国。后成祖至北京。 • 发浙江等七省兵四万七千人交趾助攻简定。 • 封瓦剌马哈木为顺宁王，太平为贤义王，把秃孛罗为安宁王。 • 鞑靼部杀明使郭骥。 • 郑和第三次使西洋。	• 法兰西勃艮第公与奥尔良伯爵订沙特尔和约。 • 意大利基督教会议，出现三教皇并存局面。 • 捷克人取得布拉格大学之管理权。
1410	明	• 成祖朱棣率军征鞑靼，于斡难河大败本雅失里。 • 成祖追阿鲁台过阔滦海子，败之于静虏镇，遂班师。 • 以建州卫指挥使释家奴为指挥佥事，赐姓名李显忠。 • 封脱脱从弟免力帖木儿为忠义王。	• 德国卢伯特卒，西吉斯孟（匈牙利王）当选为皇帝。 • 波兰与立陶宛、俄罗斯联军于格伦瓦尔德击败条顿骑士团。 • 法兰西勃艮第公与阿曼涅克伯爵订立和约。
1411		• 命宋礼疏通会河，通南北运河。 • 郑和自西洋还，俘锡兰王业烈苦奈儿以献，后放还。 • 太监亦失哈偕指挥同知等率官兵千余、船十五，至特林置奴儿干都司。 • 诏重修《太祖实录》。	• 葡萄牙同卡斯提缔结和约。 • 波兰与条顿骑士团订立第一次托伦和约。 • 匈牙利与威尼斯发生战争。
1412		• 禁宦官干预有司政事。 • 命自宣化至长安岭，西至洗马林，皆筑石为墙，以固边防。 • 设建州左卫，以猛哥帖木儿为指挥使。 • 于库页岛设囊哈儿卫。	• 法兰西勃艮第公与阿曼涅克伯爵再订布尔日和约。 • 托伦和约规定赔偿波兰王军费十万葛罗斯兴（日耳曼银币），武士团派人赴英法等国收取旧债，但勃艮第公约翰，与英王亨利四世均利用此机会赖去债务。
1413		• 始设贵州布政使司。 • 封阿鲁台为和宁王。 • 瓦剌扰边，调各路军集北京，成祖亲督御之。 • 鞑靼本雅失里为瓦剌所杀，立答里巴为可汗。 • 郑和第四次使西洋。 • 中官杨三保使乌斯藏还。	• 英格兰亨利四世卒，子继位，称亨利五世。 • 法兰西巴黎人民在皮毛商人卡波什掀起要求改革的暴动，获得所谓"卡波什改革令"成立三个会议以执行政务，后被阿曼涅克入巴黎，取得政权推翻改革。

公元	（朝代）	中　国	外　国
1414		• 成祖率步骑五十余万攻瓦剌马哈木，大破之，追至土喇河。 • 东官官属蹇义、黄淮、杨士奇、杨溥等，因太子"书奏失辞"等事，被捕入狱。 • 命胡广、杨荣、金幼孜等纂修《五经》、《四书》、《性理大全》。	• 德国于康斯坦茨举行宗教会议，约翰·胡司被传受审，下狱。 • 英格兰亨利五世再称法兰西王，与勃艮第公爵缔结同盟。 • 法兰西勃艮第与阿曼涅克订立阿拉斯和约。
1415		• 平江伯陈瑄督漕运，凿清江浦河道，自此漕运畅通，海运乃废。 • 郑和还，结束第四次远航，此行曾到占城、爪哇、旧港、满剌加、苏门答腊、锡兰、柯枝、古里、溜山（今马尔代夫群岛）、忽鲁谟斯（在波斯湾口，今伊朗霍尔木兹附近）等国。 • 陈诚自西域还，著《使西域记》以献。	• 法国阿金库尔战役，英国亨利五世击败法国军。 • 葡萄牙占领非洲西北角的休达城，亨利亲王任该地总督。 • 波希米亚约翰·胡司被处以火焚刑。
1416		• 锦衣卫指挥使纪纲谋不轨，被磔死，天下大快。 • 阿鲁台败瓦剌，遣使献俘。 • 成祖还京师，廷议迁都北京。 • 置辽东望海埚等敌台七所。 • 设贵州提刑按察使。 • 《历代名臣奏议》辑成。 • 画家王绂（字孟端，号九龙山人，1362～1416）卒。著有《友石山房集》。	• 奥斯曼土耳其与威尼斯进行战争，失败求和。 • 波希米亚胡司的战友、布拉格的哲洛姆又被焚死于康斯坦茨。
1417	明	• 瓦剌马哈木卒，子脱欢嗣。 • 郑和第五次远航。 • 修曲阜孔庙完成。 • 颁《五经》、《四书》、《性理大全》。	• 马丁五世当选为教皇，基督教世界之"大分裂时期"以此告终。 • 德国律伯克成为汉撒同盟的首领。 • 英国入侵法国，占领诺曼底。
1418		• 安南人黎利起兵反明，应平之战明军大败。 • 命瓦剌马哈木之子脱欢袭封顺宁王。 • 重修《太祖实录》和《太祖宝训》。	• 阿曼尼克派在巴黎被大批屠杀。 • 葡萄牙航海家亨利亲王的舰队发现马德拉岛。 • 英格兰亨利五世继续其在诺曼底之胜利。
1419		• 辽东总兵刘江大破倭寇于金州望海埚（今辽宁金县东北），以功封广宁伯。 • 郑和使西洋还，凡历十九国，曾到占城、彭亨（今属马来西亚）、锡兰山、溜山、柯枝、古里、南巫里、忽鲁谟斯、木骨都束（今非洲索马里摩加迪沙）、卜剌哇（今索马里布腊瓦）、剌撒（今也门亚丁附近）皆遣使来献。 • 西藏黄教创始人宗喀巴（1357～1419）卒。	• 拜占庭曼纽尔二世与其子约翰共主国政，称约翰七世。 • 罗马皇帝西吉斯蒙德企图继位，但波希米亚人拒之。 • 英王亨利五世占领卢昂。勃艮第公无畏的约翰遇刺殒命，其子"好人"腓力嗣位，仍继续与英人合作。 • 法国诺曼底最后之要塞——卢昂为英国所陷。
1420		• 山东蒲台唐赛儿以白莲教起义，称佛母，以白莲教聚众，为卫青等所败。 • 宣布定都北京，北京内城及宫殿建成。	• 英格兰亨利五世以特尔瓦条约之规定，为法国摄政王。 • 罗马教皇马丁五世还都罗马。

公元	（朝代）	中 国	外 国
		• 在北京置东厂，由宦官掌管，从此宦官更横。	• 英格兰亨利五世与法王查理订特尔瓦和约。
1421		• 正式迁都北京，以南京为留都。 • 阿鲁台贡使至边邀劫行旅，因拟击之。 • 番僧大宝法王来朝。 • 郑和第六次使西洋。 • 差役开办福建、浙江银课。	• 奥斯曼土耳其穆罕默德一世卒，子穆拉德二世嗣位。 • 门的内哥罗亲王巴尔沙三世卒，威尼斯与塞尔维亚皆欲拥立自己所选定之继承人争执甚烈，但后者获胜，由乔治·布兰可维奇嗣位。
1422		• 成祖率军征鞑靼，出应昌，阿鲁台远走军还。 • 郑和自西洋还。此行到占城、暹罗、满剌加、苏门答腊、榜葛剌、古里、祖法儿（今阿拉伯半岛东南岸多法尔一带）、阿丹（今亚丁湾西北岸一带）、木骨都束、卜剌哇等国。 • 大学士杨士奇、吏部尚书蹇义等因太子之故下狱，旋释出。	• 英国亨利五世卒，由不满周岁之子继位，称为亨利六世。 • 法王查理六世卒，英王亨利六世亦继位为法王。法王原定继承人查理亦同时宣布即位，称查理七世。 • 奥斯曼土耳其苏丹穆拉德二世以皇帝曼纽尔协助其弟穆斯塔发与己争位，率兵来攻，但旋退去。
1423		• 瓦剌脱欢败阿鲁台。 • 成祖又亲征阿鲁台，至西阳河（今山西天镇至河北怀安间），闻阿鲁台远走而还。 • 鞑靼王子也先土干来降，封忠勇王，赐姓名金忠。	• 拜占庭以帖萨罗尼迦城售予威尼斯。 • 丹麦始在桑德海峡（丹麦与瑞典之间最窄处）征取通航税。汉撒同盟企图反对，但以不愿承担战争之危险，终于屈服。
1424	明	• 阿鲁台攻扰大同、开平，成祖亲征，至达兰纳穆尔河（在和林东北）不见敌而还，至榆木川（今内蒙古多伦西北）病死。皇太子高炽即位，是为仁宗。 • 设南京守备。 • 以西域贡使多商人假托，嗜利骚扰，禁约之。 • 大学士杨荣为工部尚书，自后阁职渐崇。	• 法兰西培德福公爵击败法人与英格兰之联军于弗纳伊。 • 英格兰与苏格兰人媾和，释回詹姆斯。 • 詹姆斯返苏格兰后，履位为国王，称詹姆斯一世。
1425		• 郑和于去年自西洋还，命为南京守备。 • 设北京行都察院。 • 仁宗卒，皇太子瞻基即位，是为宣宗。 • 宣宗命杨溥入直文渊阁，与杨士奇等共掌机务。 • 立弘文馆。 • 颁将军印于各镇守将。	• 奥斯曼土耳其穆拉德二世遣舰队大掠威尼斯在爱琴海各地之商业据点。
1426		• 汉王高煦叛，帝亲征败之，俘高煦，废为庶人。 • 贤义王太平卒，子捏烈忽继位。忠义王免力帖木儿卒，脱脱子卜答失里袭位。 • 制《外戚事览》、《历代臣鉴》书成。 • 定南北取士名额。	• 意大利威尼斯人彭非洛·喀斯塔的始在威尼斯设印刷店，用活字印书。据喀斯塔的自称，系受马可·波罗自中国携回之书籍所启发。 • 波希米亚普罗科庇阿斯在奥细格获得大胜利。
1427		• 鞑靼攻扰开平，禄进兵败之。 • 申明屯田法。	• 塞尔维亚斯提芬·拉萨尔维奇卒。其侄乔治·布兰可维奇嗣位。斯提芬·沙尔诺维

公　元	（朝代）	中　国	外　国
		• 设江南劝农官。 • 命中官侯显使乌斯藏、灵藏。 • 四川松潘起事,逾半年败。	奇乘机取得政权。 • 塔波尔派击退第四次十字军的进攻,深入德国境内。
1428		• 阿鲁台遣使贡马。时瓦剌渐强,阿鲁台东走兀良哈驻地。 • 清理逃军户籍。 • 罢北京行部及行后军都督府。 • 以卜失答里年幼,命故忠义王弟脱欢帖木儿嗣位。 • 保定、南阳等地流民达十余万,诏命复业。	• 英国与法战争再起,英军培德福公爵率大军包围奥尔良。 • 波希米亚胡斯党军进入西里西亚与匈牙利。 • 意大利佛罗伦萨人进攻卢卡,占领该城。
1429		• 鞑靼侵开平,掠赤城。 • 修济南运河。始命大臣经略漕运。 • 罢中官松花江造船。 • 免畿内税粮十七万余石。	• 法国贞德率农民爱国者,解除奥尔良之围。 • 国王查理七世在朗斯(利姆斯)加冕。 • 亨利六世在伦敦加冕为英王。
1430	明	• 诏省灾伤、宽马政、抬流民、恤式匠。 • 发军民三万六千人筑赤城等五堡。 • 开平卫内迁于独石,于是弃地三百里。 • 山云镇压广西庆远各族起义军,杀七千余人。 • 阿鲁台寇辽东。 • 户部尚书夏原吉(字维喆,1366～1430)卒。著有《夏忠靖公集》。	• 奥斯曼土耳其苏丹穆拉德二世从威尼斯手中夺取萨罗尼迦,尽逐威尼斯商人。 • 法兰西贞德继续胜利,但在冈比恩为勃艮第人所俘。
1431		• 宁夏、甘肃屯田多被镇守官及各卫豪横官旗所占,山西大同田地多被官军霸占,民无地可种,分别派官督理。 • 宦官袁琦等十余人在各地出差时贪暴不法被捕处死。 • 郑和等七次使南洋。 • 许朵颜三卫互市。	• 奥斯曼土耳其穆拉德二世取希腊半岛西部之伊派拉斯及阿尔巴尼亚之大部分。 • 拜占庭大疫,死者无数。 • 英王亨利六世在巴黎加冕为法兰西王。 • 英人将法国女杰贞德焚死。
1432		• 诏行宽恤之政,减官田赋。减苏州官田租七十二万石。 • 募商中盐输粟入边仓。 • 罢中官入番市马。 • 遣中官李贵使西域。 • 王佐都浚通州、真沽河道三百六十余里。浚苏州四府、太湖等六湖。	• 葡萄牙占领亚速尔群岛。 • 法国人夺回沙特尔。 • 瑞典农民不堪挪威官吏与瑞典地主之双重压迫,在恩格尔布利赫特、恩格尔布利赤孙之领导下,爆发大规模起义运动。
1433		• 总兵官萧授镇压贵州乌罗苗族吴不尔等起义军。 • 郑和还,第七次远航结束,前后二十八年,经三十余国。随行人员马欢著《瀛涯胜览》、费信著《星槎胜览》、巩珍著《西洋番国志》。又有航海地图传世。 • 重修永宁寺及碑。	• 波兰夫拉地斯拉夫·雅该罗被迫颁布《克拉科宪章》,扩大贵族特权。 • 葡萄牙船只沿非洲海岸航行,过菩查多尔地角。 • 葡萄牙召开科尔特斯(议会),通过议案规定自此以后封建主凡无嗣者,身故后其土地应交还国王。

公元	(朝代)	中国	外国
1434		● 山东遣将镇压思恩各族起义军，杀梁公成、潘通天等。 ● 瓦剌脱欢攻杀阿鲁台，并其部众，其后又并贤义、安乐二王部众。 ● 阿鲁台之子阿卜只俺请降。 ● 释迦也失来京，封大慈法王。 ● 学者曹端(字正夫，称月川先生，约1376～约1434)卒。有《曹月川集》《太极图说述解》。	● 波兰夫拉地斯拉夫·雅该罗卒，其子嗣位，称夫拉地斯拉夫六世。 ● 法兰西诺曼底人摆脱英国统治。 ● 瑞典起义领导人恩格尔布利赫特率其农民军，迅速占领瑞典之东部与南部，四处攻陷要塞，驱逐官吏。
1435		● 宣宗卒。太子朱祁镇即位，为英宗，年九岁。左右有太皇太后听政。 ● 封朱祁钰为郕王。 ● 招商运茶西宁给以盐引。 ● 王振招权纳贿，为明代宦官乱政之始。 ● 航海家郑和(原姓马，小字三保，回族，约1371～1435)卒。	● 法国国王查理七世与勃艮第公爵腓力媾和。 ● 瑞典召开等级会议，废黜国王爱利克。 ● 瑞典戴耶特(议会)被迫接受起义军所提出之条件，并选举恩格尔布利赫特为摄政。
1436		● 发禁军三万屯田于畿内。 ● 设提督学校官。 ● 徙甘、凉寄居回回五百户于江南，又徙在京降人于河间、德州。 ● 脱欢杀贤义、安乐二王，欲称可汗，而众推脱脱不欢为可汗。	● 英人自巴黎退出，法国收复巴黎。明年查理七世入巴黎。 ● 巴尔宗教会议结束，对波希米亚胡斯运动中之圣怀派曾作某些让步，圣怀派则正式承认皇帝西吉斯蒙德为波希米亚国王。
1437	明	● 开云南、福建、江西银场。 ● 脱欢帖木儿卒，子脱脱塔木儿嗣封。未几卒。忠顺王亦卒，子例瓦答失里嗣封。 ● 以宋儒胡安国、蔡沈、真德秀从祀孔庙。	● 罗马西吉斯蒙德卒，卢木堡王室中绝。 ● 奥地利公阿尔伯特嗣位为王，被迫签署条款，以广泛权利授予贵族。
1438		● 瓦剌部脱欢攻杀阿台汗，立元裔脱脱不花为可汗，自为丞相。 ● 云南麓川宣慰司思任发反。 ● 令杂犯死罪以下输银送边易米以赎罪。 ● 逮全国逃逸工匠四千余人。 ● 设大同马市。 ● 《宣宗实录》成。	● 胡斯派敦请夫拉地斯拉夫之弟(立陶宛大公)喀西米尔为波希米亚王。 ● 奥地利公阿尔伯特当选为日耳曼王，称阿尔伯特二世。 ● 查理七世在布尔日颁"政务诏典"，宣称教皇权力应在宗教会议之下，并声称教皇无权在法国征税。
1439		● 禁蕃人市易耕牛、铜、铁器。 ● 瓦剌酋长脱欢卒，子也先嗣，称太师淮王。 ● 也先侵哈密，破兀良哈三卫。 ● 京师地震，又大雨水溢，毁房屋三千余所。 ● 文学家朱有燉(字诚斋，1379～1439)卒。著有《诚斋乐府》。	● 法国颁布奥尔良法令，建立常备军。 ● 意大利佛罗伦萨宗教会议，缔结天主教与东正教合并条约。 ● 奥斯曼土耳其人入侵塞尔维亚，除贝尔格莱德外，其他各地皆被征服。 ● 德国颁布"美因兹国事诏书"。
1440		● 修建北京宫殿，共役使工匠官军七万余人。 ● 金都御史王翱查明松潘事件由指挥赵谅、赵得诬害国师桑巴引起，乃杀谅、戍得，复桑巴国师称号，事即平息。	● 拜占庭约翰七世返国。教会与贵族深致不满，其弟底米特利阿斯谋乘机篡位，但未获成功。 ● 波兰夫拉地斯拉夫六世当选为匈牙利王，称为匈牙利王夫拉地斯拉夫一世。

公　元	（朝代）	中　　　国	外　　　国
		• 河南僧杨行祥自称建文帝，下锦衣卫狱，旋即死。 • 大学士杨荣（字勉仁，1371～1440）卒。著有《北征记》、《杨文敏集》。	• 罗马腓德烈三世继为皇帝。 • 爱克为名画家，任勃艮第公"好人"腓力之宫廷画师。相传近代油画为彼所发明。
1441		• 于谦巡抚山西、河南十二年，还京师，因不谒见王振，被诬为"怨望"，下狱论死，旋即释出。降为大理少卿。 • 以兵部尚书王骥总督军务，宦官曹吉祥监军，发兵十五万击麓川思任发。 • 宫殿修建竣工，开落成宴，开中门召王振，百官侯拜于门下。	• 法兰西查理七世从英人占领下夺回蓬塔斯。 • 葡萄牙人安塔姆·冈萨尔夫斯自非洲携回尼革罗人十人，自此以后捕捉与贩运非洲黑人之事业渐盛。西欧各国之近代黑人奴隶制实自此时始。
1442		• 兀良哈附也先，攻掠广宁前屯，命王翱提督辽东军务。 • 王振毁太祖所立"内臣不得干预政事"铁碑。 • 也先遣使入贡，私易弓箭武器。 • 复命蒋贵等讨思任发。	• 奥斯曼土耳其进攻匈牙利，为边境诸侯洪约提所败，洪约提因此数败奥斯曼土耳其人，成为欧洲各国抗土英雄。 • 匈牙利人在洪约提统率下，在孙特意姆里及铁门等地击败奥斯曼土耳其人。
1443		• 侍讲刘球应求直言诏，提出任大臣，罢营作，停麓川之役等十事，被捕下狱，旋被王振杀害。 • 王骥、蒋贵要求缅甸交出思任发，被拒绝。 • 免山东复业民税粮二年。	• 匈牙利名将扬库率匈、波兰、瓦拉几亚、塞尔维亚等国联军围攻索非亚，进逼腓力波里斯。 • 塞尔维亚重获独立。 • 瓦拉几亚归并于匈牙利。
1444	明	• 朱勇等分四路击兀良哈，稍有斩获。 • 赈沙州及赤斥蒙古饥。 • 赈灾湖广、贵州蛮饥。 • 复开福建、浙江银场，以定额过多，官吏侵扰，矿民纷起反抗。	• 奥斯曼土耳其穆拉德二世禅位于其子穆罕默德二世。 • 塞尔维亚布兰可维奇背弃洪约提，转而与奥斯曼土耳其苏丹建立密切之友好关系。 • 法兰西与英国订两年休战条约。
1445		• 遣御史提督浙江、福建银场。 • 山西、陕西流民就食河南者二十余万。 • 兀良哈贡马，明杀其来使。 • 瓦剌也先侵哈密，又破兀良哈三卫。	• 葡萄牙发现绿角群岛。 • 法兰西查理派巨商夏克尔之侄赴开罗为特使，与埃及苏丹签订商约。 • 意大利教皇尤金四世免去科隆与特利尔两大主教职。
1446		• 予王振侄世袭锦衣卫指挥。 • 瓦剌部败兀良哈。 • 银场开后，人民不堪苛扰，纷纷抗官，遣御史缉捕。	• 法兰西查理七世以全法国铸币业务赋予夏克尔监督，并允许"不自铸币贬值中牟利"，工商业获益极巨。 • 德国诸选侯反对教皇对帝国内政的干涉。
1447		• 废沙州卫，迁沙州卫蒙古二百余户于山东临清、博平分三屯。 • 也先杀朵颜卫指挥乃儿不花。 • 瓦剌贡马四千余匹。 • 始命学校考取附学生员，从此生员人数大增。 • 任于谦为兵部右侍郎。	• 英国废除汉撒同盟在英国的一切特权。 • 波兰卡西米尔四世即位，在位四十五年。 • 意大利佣兵队长斯福尔查获得米兰统治权，又征服彼阿成萨，其他数城市亦望风归顺。

公元	（朝代）	中 国	外 国
1448		• 邓茂七在福建沙县起义,称铲平王。国号太平。尤溪炉主蒋福成聚众响应,破官兵。 • 时钞价大跌,一贯(一千文)只值钱三文,民多拒用。 • 王振重修庆寿寺,役军民万余人。费钱数十万。	• 拜占庭约翰五世卒,其弟嗣位,称君士坦丁十三世,是为拜占庭之末帝。 • 鄂尔敦堡公爵克利斯钦当选为丹麦、挪威和瑞典之王。三国复归统一。
1449		• 邓茂七败卒。 • 瓦剌遣使贡马,王振减其马价。 • 也先分四路犯边,王振挟英宗亲征。也先围明军于土木堡,英宗被俘,王振死。 • 郕王朱祁钰即位。 • 于谦任兵部尚书。 • 也先挟英宗犯京师,于谦督军大败之。	• 法国对英军进行反击,收复大量失地。 • 英格兰始仿照威尼斯与热那亚之式样建造大海船。 • 瑞典贵族选举克努特为国王,号查理八世。
1450		• 也先扰宁夏、大同、朔州、庆阳、偏头关、雁门。明军于宣府败也先。也先被迫送还英宗。 • 珠算学家吴敬撰《九章算法比类大全》,珠算已广泛应用。 • 以曹吉祥节制军,是为内臣总京营之始。 • 命有司逮逃匠三万四千八百余人。	• 意大利米兰最后被迫开城,迎斯福尔查为该城公爵。 • 英格兰肯特与萨塞克斯农民三万人暴动,进入伦敦,要求改革,但被镇压而失败。 • 法人夺回卢昂,完成诺曼底之占领。
1451	明	• 也先杀可汗脱脱不花,自称大元田盛(天圣)可汗。 • 浚镇江、常州运河。 • 宦官兴安以皇后命度僧道五万余人。诏贵州各卫屯田。	• 奥斯曼土耳其穆拉德二世卒,其子穆罕默德二世正式嗣位。 • 波希米亚皇帝腓德烈三世承认乔治·波提埃布拉德在波希米亚既得权利与地位。 • 法军进入岐恩,占领波尔多与巴云。
1452		• 赈河南复业流民。赈南京、河南、山东等处流民。 • 始于京师立团营,以于谦总其事。 • 筑黄河沙湾堤成。 • 南京军匠余丁华敏上书言宦官之害。	• 德国教皇尼古拉五世于罗马为腓特烈三世皇帝加冕。 • 拜占庭遣使赴西方乞援,教皇尼古拉五世派佣兵来援。
1453		• 黄河在新塞口之南决口。沙湾北岸决口,运河水流入盐河,漕船全部受阻。 • 徐、淮、山东、河南连续灾荒,大饥。 • 桂林大疫,死二万余人。 • 也先自立为大元天圣可汗。	• 百年战争结束,法国收复全部失地,实现了政治统一。 • 君士坦丁堡为奥斯曼土耳其苏丹穆罕默德二世攻陷,拜占庭帝国遂亡。
1454		• 因淮南、北和山东、河南军民饥,遣使抚辑。 • 定会试南北取士额。 • 阿剌知院杀也先,立麻儿可汗。 • 鞑靼孛来部兴起。	• 波兰卡西米尔四世颁布"涅沙瓦条例"。 • 西班牙亨利四世嗣位,在位二十年。 • 普鲁士人再度起义,企图推翻条顿武士团之压迫统治。
1455		• 革江北粮长赋役、令里甲催办。 • 筑沙湾堤成,河复由涡河入淮。 • 南京、山东、山西、河南、陕西、江西、湖广	• 英格兰亨利六世神智复清,免摄政理查职,理查遂纠合骚尔斯巴利、与窝尔维克等伯爵叛变,引发英国内战。

公 元	（朝代）	中 国	外 国
		三十三府、十五州卫旱。	●奥斯曼土耳其苏丹穆罕默德二世开始征服塞尔维亚。
1456		●畿内、山东、河南从夏到秋大雨,积水丈余。山东河堤多坏,徐有贞所筑独不受影响。 ●时营建甚繁,任工匠蒯祥、陆祥为工部侍郎。 ●孛来杀阿剌知院。 ●修《寰宇通志》成。	●法国贞德冤案昭雪,以伸张查理的王权。 ●葡萄牙教皇加利斯都三世授"航海家"亨利亲王特权。 ●奥斯曼攻阿尔巴尼亚,民族英雄乔治·喀斯特利阿塔奋力抵抗,奥斯曼未得逞。
1457		●景帝病,徐有贞、曹吉祥拥英宗复辟,改元天顺。史称"夺门之变"。 ●杀兵部尚书于谦、大学士王文,籍其家。 ●废景帝为郕王,寻死。 ●鞑靼孛来屡扰宁夏、甘、凉。 ●倒瓦失答里卒,弟卜列革嗣封忠顺王。	●拉提斯劳斯五世卒,洪约提之十五岁子马泰亚斯·科淮那斯当选为匈牙利王。 ●乔治·波提埃布拉德当选为波希米亚王,自此与匈牙利王马泰亚斯斗争。 ●瑞典贵族逐查理七世,选举丹麦王克利斯钦为瑞典王。
1458		●鞑靼孛来攻扰凉州、延绥。 ●开云南、福建、浙江银场。 ●敕皇亲公侯伯文武大臣,禁强占官田地。 ●以吏部尚书、翰林学士李贤等为总裁官修《大明一统志》。	●奥斯曼土耳其完成对波斯尼亚与黑塞哥维那之征服。 ●塞尔维亚拉萨拉斯三世卒,遗嘱以其国授波斯尼亚继承人斯提芬·托马施维奇。
1459	明	●孛来二万骑攻安边营(今陕西定边东安边堡),被击退。明军俘四十人,斩五百余级,即号为西北战功第一。 ●方瑛合川、湖、云、贵军,破六百余寨,俘杀苗军首领干巴猪等。 ●遣官往广东采珠。 ●立连坐法。	●塞尔维亚为奥斯曼土耳其人征服,自此被并入奥斯曼土耳其,由苏丹派"伯克"数人统治。 ●英格兰约克系在布罗尔荒地获得胜利。 ●丹麦兼并德国的什列斯威和好斯敦。
1460		●遣宦官督浙江、福建、四川、云南银课,总额十八万两。 ●命吏部督捕逃亡工匠,共三万八千四百余名。 ●孛来等分路南下,直抵雁门,掠忻、代、朔等州,大同、宣府明兵不敢出战。	●奥斯曼土耳其穆罕默德二世征服摩利亚(伯罗奔尼撒)并占领雅典。 ●葡萄牙舰队向南作探险航行者发现佛得角岛。 ●丹麦南部两日耳曼公国——什雷斯维格与荷尔施泰因,合并于丹麦,但各具自治权。
1461		●孛来入侵河西,始称"套寇"。孛来攻掠宣府、河西等地,旋求和。 ●太监曹吉祥与侄钦发动兵变,败死。 ●河水冲决开封土城,筑砖城御之,亦溃,水深丈余,死者甚多。 ●《大明一统志》成。	●奥斯曼苏丹穆罕默德二世遣兵攻特累比松城,国亡。 ●奥斯曼土耳其苏丹穆罕默德二世被迫承认乔治·喀斯特利阿塔为阿尔马尼亚与伊派拉斯亲王。 ●法兰西查理七世卒,子路易十一世嗣位,与教皇媾和,取消布尔日宗教会议决议。
1462		●颜彪与两广巡抚叶盛攻破瑶、壮等族七百余寨,驻军入藤峡,杀居民数万。	●俄罗斯伊凡(约翰)三世嗣位为莫斯科大公,先后征服东北一带封建国家,扩大版图,

公 元	（朝代）	中 国	外 国
		●画家戴进(字文进,号静庵,1388～1462)卒。有"浙派"之称。 ●毛里孩寇河套。 ●淮安海溢,溺死盐丁千余人。	奠定俄罗斯国家的基础。 ●西班牙加泰罗尼亚农民起义。 ●奥斯曼土耳其占领波斯尼亚和瓦拉几亚。
1463		●吏部大计,罢斥千六百四十二人。 ●贵州苗民虫虾起义,湖广、贵州会师讨洪江苗起兵,旋败。宣大巡按御史李蕃因责打锦衣卫侦事人,被捕枷号数日而死。 ●山西巡按衔史韩祺被枷号而死。	●意大利威尼斯图书馆建立。 ●奥斯曼与威尼斯第一次战争爆发。 ●法兰西路易十一世向勃艮第公赎回索姆河流域城市多处。 ●俄罗斯雅罗斯拉夫系诸统治者以其土地归属莫斯科。
1464		●英宗卒,自太祖起,均以宫人殉葬,至此始废。太子朱见深即位,为宪宗。 ●一改由内阁、吏部授官旧制,始由宦官传旨授官,是为"内批"。 ●复立团营。毁锦衣卫新狱。 ●理学家薛瑄(字德温,号敬轩,约1389～1464)卒。著有《读书录》、《薛文清集》。	●英格兰亨利六世妻玛加累特出现于英格兰北部,战事再起,但不久即为爱德华四世战败。 ●法兰西诸侯成立"公益同盟"以对抗王权。
1465	明	●刘通、李源率荆襄流民四万余人于房县大石厂起义,通称汉王,年号德胜。 ●以广东瑶民势力至江西、湖广,遣将攻之。 ●孛来构朵颜三卫九万余人人辽河。 ●韩雍率军十六万败大藤峡义军。	●英格兰前王亨利六世再次战败被俘,被囚禁于伦敦。 ●法兰西路易十一世与"公益同盟"订约。 ●西班牙卡斯提尔与雷盉之封建贵族废黜国王亨利四世,另立其弟阿尔封索为国王。
1466		●靖州等地苗民纷纷起事。 ●江淮大旱,人相食。 ●刘通被俘,死。 ●毛里孩犯固原,又犯宁夏。	●波兰再次缔结第二次托伦条约,条顿骑士团隶属波兰。 ●法兰西路易十六夺回诺曼底。
1467		●鞑靼内讧,孛来为毛里孩所杀,遣将击之,以毛里孩请和而止。 ●准毛里孩互市。 ●《英宗实录》成。 ●重开浙江、福建、四川、云南银场。 ●广西黄公汉等部在思恩、浔州一带活动,屡为陶鲁所败。 ●1567～1572年,中国发明防治天花的"人痘接种法"。	●法兰西勃艮第公大胆的查理与路易十一世对抗。 ●英格兰爱德华四世妹玛加累特与勃艮第公大胆的查理结婚。 ●波斯图库曼人乌尊·哈珊推翻卡拉·由苏夫在波斯西北部所创立之国家。
1468		●乩加思兰杀阿罗出,结满都鲁入河套。 ●加乌斯藏喇嘛菊巴坚赞、菊实巴、琐南坚赞国师等号。时道徒加号真人。 ●毛里孩犯辽尔。又犯延绥。 ●禁勋戚请占民田。 ●开城士官满俊起事。	●法王与勃艮第公大胆的查理于培隆会晤,被捕。 ●德国约翰·古登堡卒,他发明活字印刷,以及双面印刷机等。

公　元	（朝代）	中　　国	外　　国
1469	明	●毛里孩纠朵颜三卫犯延绥。 ●阿罗出纠合别部,入居河套。 ●以礼部侍郎万安兼翰林学士,入阁,安结宦官与宪宗所宠万贵妃为内援。 ●罢两广巡抚,仍以韩雍总督两广。	●西班牙卡斯提亨利四世之妹与亚拉冈王子斐迪南结婚。 ●意大利罗棱索·美第奇主持佛罗伦萨国政。 ●俄罗斯的喀山汗向伊凡三世纳贡称臣。
1470		●大同总兵官房能在开荒川(今陕西佳县北)破"套寇"万骑,斩首百余级,时人谓为数十年所未有。 ●北京、山东、河南大旱;陕西、四川、山西、两广均饥;顺天、河间、永平诸府旱后又大水,民食草木几尽。	●奥斯曼土耳其以强大舰队自威尼斯人手中夺取希腊东部之大岛攸俾阿。 ●法兰西路易十一世与瑞士缔结同盟。 ●葡萄牙到达黄金海岸的米纳,设立商栈,从事黄金贸易。
1471		●发仓粟八十万石,平粜以济京师饥馑。 ●召荆襄流民复业者九十三万余人。 ●复设九江、苏、杭钞关。 ●定漕粮长运法。	●英国爱德华四世复辟,沃尔维克伯败死,亨利六世于狱中被害。 ●法兰西岐恩与布列塔尼两公爵缔结反路易同盟。
1472		●鞑靼满都鲁入河套,称可汗,乩加思兰为太师。 ●鞑靼兵陆续攻扰固原、平凉、延绥。 ●京畿连旱不雨,运河水涸。 ●定运粮京师四百万石为额。 ●孛罗忽、乩加思兰屡人安边营、花马池,犯固原等地,南至通渭。	●俄罗斯伊凡三世与拜占庭末帝君士坦丁十三世之侄女索菲亚结婚。伊凡自此改称"沙皇"(皇帝)。 ●法兰西岐恩公爵卒,同盟解体。 ●索菲亚自意大利召请巧匠来莫斯科,重修克里姆林宫。
1473		●哈密把塔儿卒,吐鲁番攻据其城。 ●刘聚等败乩加思兰于漫天岭。 ●兀良哈三卫扰辽东,败之。 ●于红盐池破满都鲁、孛罗忽、乩加思兰。	●罗马皇帝腓特烈三世与勃艮第公爵大胆的查理相晤于特维尔,商其子马克西米连娶后者之女玛丽事。 ●威尼斯人唆使波斯在安那托利亚进攻奥斯曼土耳其人,但大败而退。
1474		●初设延绥、宁夏、甘肃三边总制,以御鞑靼。 ●朵颜三卫入寇,掠开原。 ●余子俊征军役四万人筑清水营至花马池段长城,共一千七百七十里。	●奥斯曼土耳其人围攻斯库特里,"黑亲王"伊凡率军解围。 ●英格兰爱德华四世与勃艮第公查理缔结同盟。
1475		●朵颜等三卫请开马市,不许。 ●鞑靼遣使贡马,时诸酋长互相攻杀,势稍衰。 ●福建人疫,延及江西,死者无数。 ●《宋元通监纲目》成。	●奥斯曼土耳其征服黑海北岸之克里米亚汗国。 ●英格兰勃艮第公爵查理之同盟英王爱德华四世率兵入法,路易十一世以大批金钱赂之返英。
1476		●李震等破靖州苗六百余寨。 ●荆襄流民起事,抚之遂定。 ●吐鲁番速檀阿力遣赤儿米郎来贡。	●法国勃艮第公爵查理进攻瑞士西部失败。 ●德国汉斯·贝海姆领导法兰克尼亚农民起义。

公 元	（朝代）	中 国	外 国
		• 商辂进《资治通鉴纲目》。 • 广设惠民药局。	• 摩尔达维亚斯特凡大公击败匈牙利的入侵。
1477		• 始置西厂，以汪直领之。 • 商辂弹劾汪直擅权枉法。 • 复立哈密卫，给土田牛种。 • 四川松潘土民起事。 • 甘肃地裂，又震有声；宁夏火震，城墙崩裂多处；甘州、巩昌、榆林、凉州与山东沂州、郯城、滕、费、峄等县，同日地震。	• 法国南锡战役，勃艮第公查理败亡，法王遂合并勃艮第公国。 • 罗马皇帝腓特烈之子马克西米连赴尼德兰，在根特与查理之女玛丽结婚。 • 英格兰卡喀斯顿在伦敦之威斯明斯忒设立印刷店，是为英国印刷业之开始。
1478		• 福建上杭民曾宗、邓嵩等起事，旋败。 • 开辽东马市。 • 设武科乡、会试。 • 四川盐井卫地连震，坍屋，人畜多死。	• 奥斯曼土耳其人再度围攻斯库特里，伊凡企图接济被围之威尼斯人，但未获成功。 • 俄罗斯诺夫哥罗德合并于俄罗斯国家，其上层阶级中向与立陶宛人有联系者，被徙至俄罗斯中部各地居住。
1479		• 汪直出巡宣府大同，所至索取贿赂，边镇储备一空。 • 汪直、陈诚出辽东塞，杀建州女真贡使，诈称战功。 • 播州（今贵州遵义）苗民起兵攻安宁。	• 丹麦哥本哈根大学成立。 • 意大利威尼斯与土耳其订立君士坦丁堡条约。 • 奥斯曼土耳其征服阿尔巴尼亚。
1480	明	• 辽东塞外各部人云阳等堡大掠，以报去冬汪直等侵劫。 • 亦思马因大举报复，攻大同，掠浑源、朔州等地。 • 广西田州（今百色、田东、田阳地）头目黄明起兵，亦败。	• 西班牙宗教裁判所设立。 • 俄国钦察汗阿合马进攻莫斯科，撤退。 • 波兰历史学家德鲁高什卒。著有《波兰史》。 • 奥斯曼土耳其占领意大利南部的塔兰托。
1481		• 取太仓银三分之一入内库。 • 严禁私铸私贩铜钱。 • 鞑靼寇宣府。 • 始定司礼太监与法司大审制。 • 任方士李孜省为右通政，道士邓常恩为太常寺卿，方伎僧道，以中旨授官者达数千人。	• 马里国桑海人与莫西人起义。 • 意大利半岛一切城市与国家共同组织对抗土耳其人之同盟。 • 西班牙异端裁判所在安达露西亚焚死判决为异端者。犹太人大批迁徙，离开西班牙。
1482		• 因淮扬巡抚张瓒等请，以粮八万石赈淮扬及苏州等郡饥，又免秋粮六十余万石，全活二百余万口。 • 鞑靼犯延绥，大败。 • 卫、漳、滹沱河溢，漕河决口八十余处，河南霪雨三月，漂损庐舍三十一万四千余间，溺死军民一万一千八百余人。	• 马克西米连统治尼德兰，遭反对，被迫订阿拉斯条约，返回德国。 • 威尼斯人与土耳其媾和后，伊凡仍单独作战。 • 马克西米连其女子法太子为妃，以阿尔他与夫隆什空泰为妆奁。
1483		• 广西平山等处瑶民起事攻城，旋败散。 • 鞑靼小王子寇大同、宣府。 • 时京师团营军士实有九万三千余人，其中轮番任工役者五万二千人。	• 法兰西路易十一世卒，其幼子查理八世嗣位，以其姐安丽为摄政。 • 英格兰爱德华四世卒，其子爱德华五世（十二岁）嗣位，以其叔格罗斯忒公爵理查为

公 元	(朝代)	中 国	外 国
		• 宦官王敬率妖人王臣奉使至苏州、常州,到处勒索。	监国。 • 西班牙腓迪南与伊莎白娜开始对南部摩尔王国格兰拉夫之战,获得土地甚多。
1484		• 太监尚铭领东厂,专事勒索,被宪宗发觉,贬黜。 • 设云南孟密安抚司。 • 鞑靼亦思马因重新入主居河套。 • 京师、永平等府和宣府、大同、辽东地震。 • 学者胡居仁(字叔心,号敬斋,1434~1484)卒。著有《居业录》。	• 英国理查三世的王位得到议会的确认。 • 法国三级会议于都尔召开。 • 西班牙加泰罗尼亚爆发农民起义。 • 葡萄牙人抵达尼日尔河口,并建商栈。 • 哥伦布抵西班牙。
1485		• 遣官赈山西、陕西、河南饥民,山西全活三十余万人,流民还者十四万户。 • 流民集京师者甚多,每人给米三斗。 • 余子俊复请修宣大段长城未果。 • 鞑靼小王子寇兰州等地。 • 关中连年大旱,人民流亡殆尽。	• 波斯亚库伯被杀,国内大乱。 • 俄罗斯特维尔并合于莫斯科。 • 匈牙利王马泰亚斯·科淮那斯,率兵占领维也纳,并以之作为匈牙利首都。 • 法兰西奥尔良公爵举兵反,被击败。
1486	明	• 鞑靼小王子攻扰开原、甘州等地。 • 汉中、宁羌地裂;宝鸡地裂三日;成都一日地震七八次。 • 大学士商辂(字弘载,号素庵,1414~1486)卒。著有《商文毅公集》。	• 腓特烈之子马克西米连为德意志国王。 • 马克西米连一世违背阿拉斯条约,向法国进攻。 • 英格兰亨利七世娶约克系之女继承人伊丽莎白为妻,平定约克余党。
1487		• 任余子俊为兵部尚书,李敏为户部尚书,敏令北方二税折收白银。 • 朵颜三卫被鞑靼所窘,携老弱走避边塞,诏令供以刍粮,命于近边地牧。 • 宪宗卒,太子祐樘即位,是为孝宗。 • 遣散"传奉官"二千余人,又罢遣禅师、真人及西番法王、国师等一千数百人。	• 波斯帖木儿五世孙胡宣·米尔查在希腊称君,进行统治。 • 德国奥格斯堡以纺织斜纹布起家之孚克氏,资金共为一万五千弗罗永。但迅即发展成为中世纪末期最著名银行家之一。 • 葡萄牙航海家巴多罗缪·狄亚士航行到达非洲极南端之地——好望角。
1488		• 鞑靼小王子遣使至京,所上书自称大元大可汗(达延汗),从此屡与明通使。达延汗在位时统一漠北,蒙古复强。封诸子,季子格埒森扎居漠北,即喀尔喀蒙古(外蒙古)。 • 封哈密罕慎为忠顺王。罕慎旋被吐鲁番速檀阿里麻袭杀。	• 奥地利大公西吉斯蒙德及土瓦比亚二十二城市合组大土瓦比亚同盟,以维持日耳曼南部秩序。 • 西班牙与皇帝马克西米连缔结共同对法之同盟。 • 法兰西布列塔尼公弗兰西斯二世卒,皇帝及英格兰与西班牙王共结同盟以防止此地区落于法国王室之手。
1489		• 兵部尚书余子俊卒,马文升继任,严核诸将,罢黜贪懦者三十余人。 • 赐于谦谥忠愍,在墓地立祠,万历中改谥忠肃。 • 京师、通州等地大雨,水溢,屋坍人死。	• 英国亨利七世颁布限制圈地法令。 • 西班牙麦斯塔(大牧羊主联盟)取得占用村社牧场的特权。 • 意大利威尼斯夺占塞浦路斯岛。

公 元	（朝代）	中 国	外 国
1490		● 命天下预备仓积粟。 ● 吐鲁番借撒马尔罕贡狮。 ● 卢沟桥落成。罢内官烧造瓷器。	● 匈牙利马泰亚斯·科淮那斯卒,波希米亚王拉提斯劳斯当选继位。 ● 马克西米连一世向匈牙利王拉提斯劳斯进攻,击败后者,夺回奥地利。
1491		● 吐鲁番以所据十一城还哈密。 ● 吐鲁番以哈密地及金印归明。 ● 鞑靼小王子入贡。 ●《宪宗实录》成。 ● 计全国户九百十余万,口五千三百余万。	● 俄罗斯派绰拉发现银矿,俄国自此始以国产贵金属铸币。 ● 法兰西查理八世与布列塔尼炎安利结婚。布列塔尼自此与法国合并。 ● 西班牙禁止贵金属输出。
1492		● 封脱脱从孙陕巴为忠顺王,主哈密。 ● 命彭韶等删定问刑条例。 ● 从大学士丘濬之请,诏求民间遗书,分藏内阁及两京国子监。	● 自西班牙被逐之二十万犹太人中,大部分迁至土耳其所属各地。 ● 意大利佛罗伦萨与拿波里王订立秘密同盟,企图瓜分米兰。 ● 德王马克西米连一世与英王亨利七世及西班牙王斐迪南结成反法联盟。
1493	明	● 吐鲁番速檀阿黑麻执陕巴据哈密。 ● 鞑靼小王子犯宁夏。 ● 畿内民冒充陵庙户与勇士旗校,可免徭役,民户负担重,流亡者多。 ● 宁夏地震。	● 西班牙哥伦布第二次远航美洲。 ● 罗马教皇亚历山大六世为西葡两国确定大西洋上的疆界线。 ● 法兰西查理八世以退还一部分土地之法,分别与西班牙王媾和。
1494		● 筑高邮湖湖堤成,赐名康济河。 ● 立金民壮法,富民不愿者纳银于官,官自募之。 ● 刘大夏督修张秋河工完成。 ● 鞑靼小王子攻扰甘、凉、永昌、庄浪。 ● 云南曲靖地震,坍屋,压死军民。	● 神圣罗马帝国皇帝马克西米连任其子腓力为尼德兰总督。 ● 法王查理八世应米兰公爵请,率兵入意大利,占领佛罗伦萨。 ● 意大利佛罗伦萨城市共和国建立。
1495		● 鞑靼攻凉州宣府入辽东。 ● 三吴水利修成,凡修浚及筑斗门堤岸一百三十五所,役夫二十万。 ● 以马湖土司残虐,改流官。 ● 大学士丘濬(字仲深,约1418～1495)卒。著有《大学衍义补》、《邱文庄集》等。	● 意大利于威尼斯组成抗法同盟,法王查理八世被迫退回法国。 ● 俄国莫斯科克里姆林宫城墙和塔楼基本完成。 ● 桑海国图雷率武装侍从赴麦加"朝圣"。
1496		● 鞑靼小王子攻掠宣府、大同。 ● 吐鲁番攻哈密,居民东逃,于瓜、沙等州耕牧。 ● 以外戚因争私利互斗,命禁势豪侵夺民利。	● 英国与法兰德斯订立通商条约。 ● 波兰彼亚特科夫条例公布,严格限制农民迁徙。 ● 意大利第一本关于会计及近代银行业务之书籍在佛罗伦萨印行。
1497		● 鞑靼小王子攻潮河川,又攻大同。京师闻警,命都督杨玉守永平。 ● 命修《大明会典》。 ● 吐鲁番归陕巴,乞通贡。	● 波希米亚议会通过法案,禁止非贵族出身之人担任国家高级官吏。 ● 葡萄牙法斯科·德·迦玛发现非洲东南海岸之那塔尔。

公　元	（朝代）	中　　国	外　　国
1498		● 鞑靼小王子攻肃州，战败。 ● 宦官李广得罪于太皇太后，自杀。 ● 王越率兵击败鞑靼小王子于贺兰山后。 ● 复封陕巴为忠顺王。 ● 修乾清宫西室，费银十万。	● 意大利设有印刷店之城市，此时共有五十四个。 ● 法兰西查理八世卒，无嗣。奥尔良公爵继承王位，称路易十二世。 ● 葡萄牙法斯科·德·迦玛绕非洲航行，经印度洋到达印度西南海岸之卡利卡特（加利库特）。此为西欧人发现直接通至东方新路线之开始。
1499		● 辽东镇将诱杀朵颜三卫三百余人，以捷闻。 ● 普安（今贵州盘县）土司女首领米鲁起兵，称无敌天王。 ● 会试发生考官程敏政泄露试题案，敏政下狱，旋释出。	● 奥斯曼土耳其与威尼斯海战，得全胜。 ● 罗马马克西米连与瑞士联邦战，失败。 ● 西班牙宗教迫害愈益激烈，摩尔人大量离去，留者则被迫改宗基督教。
1500		● 禁民间收售兵器。 ● 鞑靼火筛攻威远卫（今山西平鲁北），寇大同。 ● 鞑靼小王子诸部寇大同、延绥。 ● 理学家陈献章（字公甫，称白沙先生，1428～1500）卒。著有《白沙集》。	● 罗多维科率日耳曼佣兵返意大利，夺回米兰，但旋又为法军夺去，并将罗多维科俘获。 ● 西班牙人占领美洲后，在所至各地，使用各种残酷方法劫夺金银。
1501	明	● 鞑靼诸部攻扰延绥、固原。 ● 修大同外边墙。 ● 命京省各进地图备览。 ● 遣使清理屯田。 ● 陕西、河南、福建、贵州、南京等地震。	● 波兰阿尔伯特之弟亚历山大一世嗣位，莫斯科大公伊凡三世来攻。 ● 罗马帝国组织奥利克会议，其成员由皇帝直接任命，管理司法，帝国会议大部分权力逐渐为前者所取代。 ● 西班牙亚美利哥·未斯浦契第二次赴南美，明年东返，印行其经历，称之为"新大陆"。
1502		● 琼州黎人符南蛇等以不堪官府贼虐，起事。 ● 《大明会典》成。 ● 计全国土田四百二十余万顷，官田占七分之一。 ● 南京、徐州、大名、顺德、济南、东昌、兖州地震。 ● 设总制府于固原，以防火筛。	● 波斯伊斯美尔一世征服阿塞拜疆与亚美尼亚。 ● 意大利威尼斯被迫向土耳其乞和，割地甚多。 ● 西班牙哥伦布第四次远航美洲，到达洪都拉斯海岸。 ● 葡萄牙达·伽马第二次远航印度，途经非洲东海岸，占基尔瓦为葡萄牙领地。
1503		● 琼州符南蛇为潘蕃所破。 ● 金都御史张鼐巡辽东，请筑自山海关迄开原段边墙。 ● 南海等县民古三仔等起事，旋败。	● 奥斯曼土耳其与威尼斯缔结和约，战争终结。 ● 德国土瓦比亚地区出现"穷康拉德"组织。
1504		● 鞑靼达延汗卒，达延汗时鞑靼强盛，迫瓦剌西迁。 ● 吐鲁番速檀阿黑麻卒。 ● 思恩土官岑浚攻田州岑猛，兵部议出兵击思恩。	● 彻里约那战役，法军败，西班牙合并那不勒斯。 ● 法兰西路易十二世在布尔瓦与皇帝马克西米连之代表签订同盟条约。

公元	（朝代）	中　国	外　国
1505		● 鞑靼小王子诸部三万余围灵州。入花马池，掠环县，又陷宁夏清水营。 ● 鞑靼数万毁边墙入固原等处。 ● 忠顺王陕巴卒，子拜牙郎嗣封。 ● 孝宗卒，太子厚照即位，是为武宗。	● 俄罗斯瓦西利三世（伊凡诺维奇）嗣位，在位二十八年。 ● 波兰公布拉多姆宪法，使贵族通过各地议会所选出之全国戴耶特成为最高立法机构。
1506		● 以杨一清总制陕西、延绥、宁夏、甘肃等防务。筑边墙，因刘瑾阻挠，仅筑成四十里。 ● 刑部尚书王鉴安置荆襄流民七十余万人。 ● 全国大旱，江西米价腾贵。	● 波兰阿尔伯特与亚历山大二人之弟嗣王位，称西吉斯蒙德一世。 ● 罗马圣彼得教堂开始重行建筑。 ● 法兰西路易十二世在都尔召开三级会议，宣称布列塔尼与勃艮第为不可转让之法国王室领土。
1507		● 刘瑾矫诏以阁臣刘健以下五十三人为奸党。 ● 《历代通览纂要》成。 ● 命天下镇守太监照巡抚都御史之例，干预刑名政事。 ● 以国用不足，开浙、闽、川银矿。	● 法兰西路易十二世入意大利，占领热那亚，但旋退回法国。 ● 葡萄牙以海军封锁波斯湾与红海，不使任何东方货物通过此二处运至欧洲。
1508		● 刘瑾矫诏捕朝官三百余人下狱。 ● 以饷不足，令军民纳粟授武职。 ● 山东曹州赵实等起事。 ● 四川蓝廷瑞、鄢本恕起义走汉中。 ● 广西柳州僮（壮）人起事抗官已久，是年败散。	● 喀山汗反对莫斯科统治，起而暴动，大败俄罗斯人。 ● 罗马马克西米连一世与法王路易十二世、教皇朱理阿斯二世及阿勒冈王斐迪南结空布累同盟，企图共同瓜分威尼斯之土地。
1509	明	● 四川刘烈起义转攻汉中。 ● 遣官清理屯田，所至虚增田数，加重人民负担。 ● 鞑靼小王子犯延绥、花马池。 ● 《孝宗实录》成。 ● 画家沈周（字启南，1427～1509）卒。	● 奥斯曼大地震，君士坦丁堡死者甚众。 ● 法王路易十二世出兵意大利，占领一部分属于威尼斯人之土地。未几法国势力控制意大利北部。 ● 英格兰亨利七世卒，次子嗣位，称亨利八世。
1510		● 以宦官张永总神机营。 ● 武宗自称"大庆法王西天觉道圆明自在大定慧佛"。 ● 湖广起义军杨清、邱仁等称天王、将军，在洞庭湖一带活动，旋败。	● 波斯伊斯美尔一世击败乌兹别克之赛巴尼可汗。 ● 意大利教皇朱理阿斯二世退出反威尼斯之同盟，并唆使西班牙人与法国敌对。
1511		● 刘六、刘七自山东攻河南，屡败官军。 ● 鞑靼小王子入河套。 ● 鞑靼军屡扰延绥所属各堡与甘州、宣府等。 ● 作家马中锡（字天禄，号东田）卒。著有《东田集》、《中山狼传》小说。	● 波兰戴耶特（议会）通过法案，使农奴制度合法化。 ● 马丁·路德以事赴罗马，目睹教会腐败情形。 ● 英格兰亨利八世加入教皇朱理阿斯所组织之神圣同盟。
1512		● 刘六等重入河南，京师震动。刘七、齐彦名沿江东下至狼山（今江苏南通）战死。 ● 设建州右卫，以范察为指挥使，命董山领左卫，建州三卫之名始此。	● 神圣同盟军队击败在意大利的法军，美弟奇家族恢复了对佛罗伦萨的统治。 ● 葡萄牙萨洛于达印度尼西亚摩鹿加（今称马鲁古）群岛，在马鲁古群岛设立公司。

公元	（朝代）	中　国	外　国
		● 云南楚雄地震,腾冲亦震,坏城楼房屋,死伤甚众。	● 德国于科伦举行帝国议会。
1513		● 鞑靼军两扰大同,又扰万全。 ● 吐鲁番又据哈密。 ● 武宗用边将江彬、许泰分领京营。 ● 黄河决黄陵岗,自此开封以南地区无水患,而徐、沛一带河徙无常。	● 英国亨利八世与德皇之联军侵入法国,于加来附近战胜法军。 ● 西班牙巴尔布亚过美洲发现太平洋。 ● 意大利马基雅维里完成《君主论》一书。
1514		● 鞑靼军大举入宣府、大同,京师戒严。鞑靼军又攻宁武关(今山西宁武)、万全(今属河北)新开口、花马池等地。 ● 开云南银矿,遣宦官理其事。 ● 因修建皇宫,遣官至四川、湖广、贵州采木,到浙江、江西、南直隶徽州等处收买竹木,又因修宫费用加赋百万两。	● 法国与皇帝马克西米连及英王亨利分别加紧订立和约。 ● 俄国与立陶宛进行战争,占领斯摩棱斯克。 ● 奥斯曼土耳其查尔迪兰战役,苏丹谢里姆一世击败波斯萨非王朝的军队。
1515		● 遣宦官刘允赴乌斯藏迎活佛,允临行乞取盐引数万;至临淄,索船五百余艘,役夫万余人;至成都,每日支粮百石、菜银百两。 ● 鞑靼军入延绥、宁夏境,十余万骑入固原,又扰陇州、洮、岷等地。 ● 云南赵州永宁卫地震。	● 英国亨利八世颁布限制圈地法令。 ● 法国的法兰西斯一世即位,发动意大利战争。 ● 奥斯曼土耳其苏丹谢里姆一世征服东安那托利亚及库提斯坦。
1516	明	● 遣太监往苏杭督织纱罗万六千七百匹,工部以连年荒乱,请减,不从。 ● 吐鲁番复据哈密。 ● 鞑靼小王子别部扰偏关。 ● 诗人李东阳(字宾之,1447~1516)卒。著有《怀麓堂集》。	● 英国托马斯·莫尔所著《乌托邦》一书问世(拉丁文本)。 ● 法国与西班牙国王查理一世媾和,又与教皇李奥十世缔约。 ● 奥斯曼土耳其苏丹谢里姆一世占领叙利亚与巴勒斯坦。
1517		● 武宗微行出居庸关。 ● 武宗至宣府,命户部发银百万两输宣府。还夜入民宅,索妇女。 ● 鞑靼小王子犯阳和、掠应州。	● 英国亨利八世成立圈地调查委员会。 ● 葡萄牙果阿总督到达广州请求与中国通商,未果。 ● 奥斯曼土耳其入侵埃及,陷开罗。 ● 德国路德之九十五条论纲公开发表。
1518		● 武宗自宣府还京,未几复往,掠民女淫乐。 ● 钦天监请修历法。 ● 王守仁《传习录》成。 ● 佛郎机(葡萄牙)使者始至中国。	● 葡萄牙遣使至阿瑜陀耶议订商约。 ● 波兰封建主取得对农民的审判权。 ● 瑞士慈温利于苏黎世倡导宗教改革。 ● 罗马帝国因马丁·路德坚持其宗教改革主张,教皇下令召路德去罗马。
1519		● 武宗自加太师,将南巡,谏者百余人,不听,并多杖贬。 ● 诏山东等五省流民归业者,官给庐舍、粮食、牛、种,并免税五年。 ● 立广东铁税厂。 ● 武宗南游扬州。	● 英国人文主义教育制度的倡导者约翰·克列特去世。 ● 西班牙国王查理一世当选为皇帝,称查理五世。 ● 意大利著名艺术家达·芬奇(1452~1519)卒。

公元	(朝代)	中　国	外　国
1520		• 云南多处地震,蒙化最甚,城墙房屋坍倒。 • 宦官钱宁、吏部尚书陆完等勾结宁王事败露下狱。 • 鞑靼小王子犯陕西大同。	• 阿兹特克人起义,反对西班牙人的侵略。 • 德国路德烧毁教皇开除其教籍之诏书。 • 丹麦国王克利斯钦进兵瑞典,在斯德哥尔摩大肆屠杀瑞典贵族和市民。
1521		• 武宗卒,迎世子朱厚熜于安陆即帝位,是为世宗。 • 废除武宗时弊政,革去旗校工役十余万人,杀江彬、钱宁等,黜宦官谷大用、邱聚、张永等。 • 徽州商人约始兴于正德末,嘉靖初,渐成商业界一大势力。 • 文学家何景明(字仲默,号大复山人,1483～1521)卒。著有《大复集》。	• 罗马帝国皇帝查理五世向法兰西斯一世夺取勃艮第,双方战端再起。 • 西班牙麦哲伦船队抵菲律宾群岛,麦哲伦毙命。 • 德国沃姆斯帝国会议,皇帝宣判路德为异教徒。 • 奥斯曼土耳其苏丹苏里曼一世陷贝尔格莱德。
1522		• 广西马平(今柳州)周克亮率矿工起义,众数万人。为总督张嵿所破。 • 山东王堂率矿工在青州颜神镇起义,转战进入河南,破明军。 • 南京暴风雨,江水涌溢,拔树坏屋。 • 凤阳、扬州、庐州、淮安等府大风雨雹,河水泛涨,毁房屋,人畜死者无数。	• 英国侵扰法国布列塔尼与诺曼底地区。 • 法兰西斯一世进兵意大利。 • 意大利北部城市与皇帝查理一世组成抗法同盟。 • 查理一世进兵意大利,占领米兰。 • 西班牙麦哲伦的下属完成环球航行。
1523	明	• 鞑靼军攻扰沙河堡,又扰辽东,别总俺答扰大同。俺答,达延汗子巴尔斯之次子。 • 画家、诗人唐寅(字子畏、伯虎,号六如居士,1470～1523)卒。著有《六如居士集》。 • 两畿、山东、河南、湖广、江西及嘉兴、大同、成都均旱,赤地千里。	• 法国与奥斯曼土耳其缔结秘密盟约。 • 瑞典摆脱丹麦的统治而独立,古斯塔夫·瓦萨当选为国王。 • 瑞士慈温利的宗教改革开始。 • 英格兰教皇阿德利安六世卒,克雷门特七世继位。
1524		• 世宗召张璁、桂萼,升为翰林学士。 • 大同兵变,杀巡抚张文锦,旋以杀为首者十余人了事。 • 吐鲁番满速儿进围肃州,旋被击退。	• 法兰克尼亚与土瓦比亚地区爆发农民战争。 • 波斯国王太美普斯即位,后迁都喀兹文。
1525		• 广西田州土官岑猛反抗巡抚征调,且扰近邻土司,派兵击之。 • 浙江市舶司太监赖恩请兼提督海运,以便遇警得调军队,从之。 • 颁《大礼集议》。	• 法国国王法兰西斯一世与德皇查理五世大战于巴威亚,法王兵败被俘。 • 瑞士苏黎世州议会决定废除农奴制。 • 奥斯曼土耳其卡林德尔领导小亚细亚农、牧民起义。
1526		• 卜赤二万余骑犯大同、宣府、开平。 • 广东瑶民攻肇庆等地。 • 书法家、文学家祝允明(字希哲,号枝山,1460～1526)卒。著有《怀星堂集》等。	• 德国与法缔结马德里条约。法王法兰西斯一世获释。 • 奥斯曼土耳其摩哈赤战役,匈牙利王路易败死。
1527		• 姚镆等攻杀岑猛,田州改设流官。 • 鞑靼军两扰宣府,败明兵,又扰宁夏。 • 安南莫登庸篡位,称大越皇帝,改元明德。 • 颁《钦明大狱录》于天下。	• 法国与罗马帝国皇帝查理五世战事再起,进军意大利。 • 意大利佛罗伦萨人民发动起义,建立共和国。

公　元	（朝代）	中　国	外　国
1528	明	• 筑定边营至宁夏横城堡边墙。 • 云南武定府土舍凤朝文起兵，与安铨合，旋败。 • 前大学士杨廷和等因"议礼罪"被夺职。 • 学者王守仁（字伯安，号阳明，1472～1529）卒。著有《王文成公全书》。	• 德国皇帝查理五世再侵意大利。 • 奥斯曼土耳其苏里曼一世进兵匈牙利，陷布达佩斯。 • 桑树海国各王族进行争权斗争，国家陷入分裂状态。 • 英格兰教皇克雷门特七世派遣特使到英，解决亨利八世离婚案，但未得结论。
1529		• 鞑靼军攻扰宁夏、灵州。 • 河南大饥。令各府按设社仓，二三十家为一社。 • 吉囊、俺答寇榆林、宁夏塞。	• 英国托马斯·莫尔出任亨利八世的大臣。 • 西班牙在萨拉哥撒与葡萄牙缔结条约，重新划定殖民势力范围。
1530		• 改芒部流官为土官。 • 俺答犯宁夏。 • 始制佛郎机大炮。 • 更定孔庙祀典，尊孔子为至圣先师。 • 文学家李梦阳（字献吉，号空同子，1473～1530）卒。著有《空同集》。	• 德国奥格斯堡帝国议会召开。查理五世赴意大利，教皇为其加冕。 • 查理五世陷佛罗伦萨，共和国告终。 • 德国新教组成"士马尔卡登同盟"。
1531		• 鞑靼犯甘肃、大同。 • 监察御史傅汉臣请行一条鞭法。 • 修榆林边墙。 • 广东海盗复炽。	• 英国亨利八世颁布劳工立法之补充条例。 • 西班牙皮萨罗开始征服秘鲁。 • 尼德兰安特卫普创办交易所。
1532		• 许永淳长公主所求三河县田七百三十五顷。 • 吉囊款延绥塞求互市，不许，遂大寇边。 • 小王子犯延绥。 • 朵颜三卫入寇。	• 西班牙皮萨罗于秘鲁首都库斯科建立殖民政权。 • 德国查理五世与新教诸侯订立纽伦堡宗教和约，条约允许新教诸侯有选择新教的自由。 • 奥斯曼土耳其苏里曼大军再攻维也纳，与德皇查理五世交锋，败退。
1533		• 禁浙、福、两广大船贩海。 • 大同兵士苦于工役，发生兵变，杀总兵官，世宗发兵镇压。 • 吉囊犯宁夏。 • 鞑靼军攻扰延绥花马池，又攻固原，既而又攻宁夏镇远关。	• 英国亨利八世与教皇克力门七世决裂。 • 俄国瓦西里三世卒，其子伊凡继位，称伊凡四世。伊凡母叶林娜·格林斯卡娅摄政。
1534		• 小王子犯大同，叛军应之，多方攻城不能下。 • 大同叛军败，小王子乃退。 • 陈侃、高澄出使琉球，途经钓鱼等岛屿。	• 英国议会通过"至尊法案"，宗教改革开始。 • 西班牙贵族罗耀拉创立耶稣会。 • 奥斯曼土耳其侵北非，攻占突尼斯，逐出当地之摩尔王。
1535		• 辽东军因长官刻剥，督役严急，哗变，执巡抚吕经，巡按御史曾铣遣官劝说解决。吕经至广	• 德国查理五世攻略突尼斯。 • 意大利米开朗琪罗为罗马西斯廷教堂创

公元	(朝代)	中 国	外 国
		宁,又为军人所执,抚顺军亦哗变。 • 广西田州土目卢苏起兵破镇安府(今德保)。	作壁画。 • 奥斯曼土耳其与法国缔结同盟条约和通商条约。
1536		• 毁宫中大善殿旧藏佛像。 • 吉囊以十万众分掠甘凉等地。 • 修建两宫七殿役京军七万。 • 拆宫中元时所建佛殿,焚佛牙、佛骨,毁金银佛像一百六十九座,函物凡万三千余斤。	• 英国林肯郡与约克郡农民起义,反对宗教改革。英王亨利八世开始剥夺教会财产。 • 丹麦克利斯钦三世实行宗教改革。 • 瑞士喀尔文实行宗教改革。
1537		• 南京乡试对策"语多讥讪",谪考官,所取贡士不许参加会试。 • 鞑靼军攻扰宣府、大同。 • 南北直隶、山东、河南、陕西、江、浙水灾,湖广尤甚。	• 英国议会通过法令,确认国王的权力。 • 丹麦克利斯钦三世废除挪威国务会议,使之成为所属行省。
1538		• 浚苏州运河。 • 复设云南、两广、四川、福建、湖广、江西、浙江、大同镇守中官。 • 采云南大理、宜阳等处银矿。 • 吉囊犯河西。	• 德国皇帝、教皇与威尼斯缔结对抗奥斯曼土耳其之同盟。德皇与法王法兰西斯一世订立尼斯休战条约。 • 奥斯曼土耳其海军远征印度,占领红海东岸地区。
1539	明	• 开黄河支流以减水患。 • 鞑靼军两扰宣府,又攻榆林。 • 辽东军哗变,旋即平息。	• 英王下令议会通过"六项条款法案"。 • 法国巴黎、里昂印刷工人罢工。 • 瑞典进行宗教改革,国王为教会首脑。
1540		• 世宗欲服药求仙,谕廷臣欲令太子监国。 • 鞑靼军攻万全,又攻固原,被击退。 • 学者王艮(字汝止,号心斋,1483～1540)卒。著有《王心斋先生遗集》。	• 罗马教廷的教皇正式批准耶稣会的建立。 • 西班牙侵略智利,遭到阿劳卡印第安人勇猛抵抗。
1541		• 朵颜三卫攻扰开原等处。 • 鞑靼俺答遣石天爵至大同阳和塞(今山西阳高)请通贡市。兵部拒之。俺答遂攻山西内地之平定、寿阳、石州等处。	• 奥斯曼土耳其派兵入匈牙利,将该国置于奥斯曼直接统治下。 • 西班牙伯多禄·德·发尔提维阿开始南美洲西海岸(今智利)之征服。
1542		• 广西思恩土民刘观、卢回等起兵反抗,已近三年,至是为翁万达等所破。 • 鞑靼俺答复遣石天爵,求贡市,被明官诱杀。俺答大举攻山西,入雁门,南至太原城下,焚掠而南,经潞安、长子等地,折回至太原市,出雁门而去。	• 罗马科隆大主教赫尔曼为避免其财产为人所夺,皈依路德派之新教。 • 法兰西弗兰西斯一世之密使二人,在米兰为皇帝查理五世下令处死,战火重起。 • 建爱尔兰为王国,亨利八世自任国王。
1543		• 贵州铜仁平头苗首领龙桑科起兵,旋败。 • 俺答屡攻延绥等地,大事杀掠。 • 朵颜三卫扰昌平境。	• 西班牙军入普罗封斯与多非内,并占领里昂。 • 英格兰亨利八世娶其第六妻。与苏格兰订婚。 • 西班牙查理一世与英王亨利八世缔结同盟。

公　元	（朝代）	中　　国	外　　国
1544		●鞑靼俺答攻扰黄崖口、大水谷、龙门所，又扰大同。鞑靼军又攻万全右卫，毁边墙，掠蔚州，进至完县，京师戒严。 ●俺答征太仓、太仆寺各十万金入内。	●罗马查理五世与法王弗兰西斯一世缔结克勒庇和约。 ●英格兰遣兵入苏格兰，大事蹂躏。 ●法兰西皇帝查理五世与英王亨利八世分别进攻法国。
1545		●诏有司招流民复业，给牛、种、垦荒田者，免赋十年。 ●帝于宫中筑坛求福。 ●建州女真犯辽东松子岭。	●罗马举行特棱特会议，讨论加特力教会内部改革之工作，以耶稣会为改革骨干。 ●法国舰队向英进攻，但被击退。
1546		●修大同东路阳和口至宣府西路西阳口边墙。 ●以兵部侍郎曾铣总督三边军务。 ●俺答以十万骑掠延安、庆阳。 ●山东田斌以白莲教起义，旋败。	●西班牙人（贵族）对国王以南美洲之土地赐予外国人，深表反对。 ●英格兰亨利八世与法王弗兰西斯一世媾和。 ●德国查理五世与新教诸侯同盟（士马尔卡登同盟）进行战争。
1547		●修大同西路宣府东路边墙。俺答求贡被拒。 ●黄河决曹县，溺死者甚众。时浙、闽哨船十存一二，漳、泉兵额二千五百仅存千人。	●法兰西斯一世卒，子继位为王，称亨利二世。 ●英国亨利八世之子爱德华六世继位。 ●莫斯科人民起义，反对贵族专权，被镇压。
1548	明	●把都儿寇广宁。俺答入河套。 ●曾铣言复河套，被严嵩所陷死。 ●以苗联合起事，置湖广、贵州、四川三省总督以镇压之。 ●俺答犯宣府、大同。	●法国基恩、克勒西等地人民反对盐税起而暴动。 ●德国奥格斯堡会议，新旧教达成妥协。 ●波兰国王西吉斯孟二世·奥古斯都即位。
1549		●筑大同、宣府内外边墙。 ●浙江海盗王直等与倭寇相结，大掠沿海。 ●俺答犯万全左卫。朵颜寇辽东。	●英国罗伯特·凯特起义。诺福克郡温德姆镇农民首先起义，攻克诺里季。 ●法国设立"异端法庭"。 ●西班牙侵占阿根廷。
1550		●琼州五指诸山黎人数万攻崖州诸处，至是败。 ●重修《大明会典》成。 ●俺答围京师，焚掠外城三昼夜而去，史称"庚戌之变"。	●英国与法国、苏格兰订立和平条约。 ●冰岛反对丹麦统治的人民起义爆发。 ●俄国伊凡四世颁布新法典。
1551		●应俺答请，开马市，以缎匹换马；俺答请以牛羊换米谷，不许。 ●于江南诸地增赋银百十五万两，为加派之始。 ●从宽海禁之请，舶主土豪为奸日甚。 ●敕诸王进银助边饷。	●德国萨克森公爵毛利斯占领马格德堡。 ●瑞士戈斯那的《动物志》一书发表。 ●奥斯曼土耳其与奥地利大公斐迪南继续进行战争。
1552		●宣、大二镇饥，人相食。 ●俺答犯大同，掠朔、应等州，分兵犯三关、	●德国萨克森选侯秘密勾结法王亨利二世，进攻皇帝查理五世，缔结巴塞尔条约。

附录
2

公 元	（朝代）	中 国	外 国
		宁夏。罢各边马市。 • 选项民女三百入宫。	• 俄国伊凡四世攻取喀山汗国。
1553		• 杨继盛因劾严嵩被诬下狱。 • 倭犯温州。俺答犯大同。 • 汪直引倭大举入寇浙东、西，江南、北。 • 北京外城竣工。 • 补铸洪武至正九号钱，每号百万锭。	• 英国亨利八世之女玛丽即位，旧教势力复辟。 • 奥斯曼苏里曼一世进攻波斯，两年后媾和。 • 智利劳达罗领导阿拉乌干人大败西班牙掠夺者。
1554		• 俺答寇宣府，入大同。 • 帝益求长生，日夜祷祠。 • 浙倭续至万人，分掠乐清、黄岩、东阳、永康。 • 连年大饥，四方流民就食京师，死者枕藉。	• 英国女王玛丽与西班牙国王腓力二世结婚。 • 英国议会取消一切反教皇法令。 • 奥斯曼土耳其开始征服北非。
1555		• 严嵩义子赵文华督视海防。 • 俞大猷败倭于江阴。 • 江西矿工宋爱等起事，攻北直隶、宁州等处。 • 俺答犯大同、宣府，入怀来、保安，又分兵扰山西。	• 英国开始迫害新教徒。 • 西班牙查理五世退位，其子腓力二世继西班牙王位。 • 奥斯曼土耳其与伊朗签订和约。 • 德国诸侯于奥格斯堡举行议会，与皇帝签订"奥格斯堡宗教和约"。
1556	明	• 赵文华提督江南、浙江军务。 • 俺答三万骑犯宣府。 • 打来孙以十万骑犯辽东。 • 戚继光始于浙江组织民壮为"戚家军"。	• 法国与西班牙发生战争。 • 德国与法国缔结休战协定。皇帝查理五世退位，其弟裴迪南继位。 • 俄国伊凡四世征服阿斯特拉罕。颁布兵役法。
1557		• 俺答犯大同。辛爱犯应、朔，毁七十余堡。 • 诏广东采珠。 • 葡萄牙窃据澳门，置官属。	• 英国与西班牙联合对法作战。 • 一批葡萄牙人开始定居在中国澳门。 • 奥斯曼土耳其伊斯坦布尔的"苏里曼"清真寺落成。
1558		• 赋入太仓者少，帑储不及十万。 • 言官劾严嵩侵吞边饷。 • 唐顺之奏蓟镇额兵九万，只剩五万。 • 俞大猷逐倭出浙江界。 • 鞑靼辛爱围大同右卫六个月始撤走，宣、蓟亦遭攻击。	• 英国加来被法军收复，至此丧失在法国的最后一块领地。玛丽卒，妹伊丽莎白继位。 • 德国裴迪南自行加冕称帝。 • 俄国为争夺波罗的海出口，发动立窝尼亚战争。
1559		• 鞑靼辛爱等入潘家口，掠迁安、蓟州、玉田，京师震动。 • 俺答攻扰宣府。 • 倭寇数百艘掠江北，犯通州、如皋、海门等地，被明军击败，退至庙湾，出海逃去。 • 文学家杨慎（字用修，号升庵，1488～1559）卒。著有《升庵集》、《丹铅余录》等。	• 英国议会通过有利于新教徒的法案。 • 法国与英、西、德等国缔结卡托·堪布累济和约，意大利战争结束。亨利二世卒，子法兰西斯二世继位。 • 尼德兰帕尔马的玛加丽特出任总督。 • 罗马教廷的教皇颁布第一批"禁书目录"。
1560		• 鞑靼俺答攻扰宣府，大同兵乘鞑靼主力东移，出塞袭击获胜。	• 英国女王伊丽莎白支持苏格兰宗教改革派喀尔文教徒。

公　元	（朝代）	中　国	外　国
		●南京振武营军因克扣粮饷而哗变,杀督储侍郎黄懋官。 ●数学家唐顺之(字应德,1507~1560)卒。著有《荆川先生文集》。	●法王法兰西斯二世卒,其弟查理九世继位,母凯塞琳摄政。 ●俄国立窝尼亚战争复起,攻马林堡城,粉碎条顿骑士团的精锐部队。
1561		●倭寇浙江,戚继光出击,九战皆捷。 ●俺答犯宣府,攻居庸关。 ●把都儿犯辽东盖州。 ●广东山民自江西入福建,破崇安,至浙江,攻龙原县。	●法王法兰西斯二世之寡妻玛利返回苏格兰。 ●瑞典参加立窝尼亚战争,占领爱沙尼亚北部。 ●乌兹别克汗国的昔班尼朝迁都于布哈拉,始称布哈拉汗国。
1562		●俺答犯宣府。 ●严嵩以罪罢,其子世藩下狱。 ●戚继光败倭于福建兴化。 ●遣御史求方士、法书。	●英国航海家约翰·豪金斯自非洲贩运黑奴至西印度群岛。 ●法国瓦西小镇胡格诺教徒遭屠杀,法国"宗教战争"爆发。
1563		●戚继光、俞大猷再败倭于福建平海卫。 ●把都儿入寇,京师戒严。 ●乌斯藏阐化等王人贡请封。 ●诏增修北京外城。	●英国国教信条编成,经议会通过颁布,由此奠定了英国教会的基础。 ●法国宗教战争双方缔结盎布瓦斯和约。
1564	明	●俞大猷招降潮州大盗吴平,平素与倭相犄角。 ●鞑靼土蛮(达赉逊库登汗之子图们汗亦称土蛮,明人对其后裔,亦用此名)攻扰辽东一片石等处。 ●俺答攻扰陕西,又两次攻扰山西。 ●学者罗洪先(字达夫,号念庵,1504~1564)卒。著有《念庵集》,并撰《广舆图》。	●英国戏剧家威廉·莎士比亚(4月23日)生于瓦列克郡斯特拉福镇。 ●德国皇帝裴迪南卒,子马克西米连二世继位。 ●意大利数学家、天文学家、物理学家伽利略出生(卒于1642年)。
1565		●鞑靼攻扰辽东宁前,又扰肃州。 ●俺答子黄台吉攻掠宣府内地。吴平造战船数百,再起兵,为戚继光所败。 ●严世藩伏诛,籍其家。	●俄国伊凡四世建"沙皇特辖区"与"沙皇特辖军团"。 ●奥斯曼土耳其苏里曼一世进攻马耳他岛,被西班牙击退。 ●西班牙与佛罗里达的法国移民发生冲突。
1566		●浙江开化、江西德兴矿徒起义,进入徽、宁一带,后败。 ●鞑靼俺答攻扰宣府,又攻扰辽东。 ●户部主事海瑞上疏论世宗久不视朝,专事斋醮事,触世宗怒,被捕下狱论死。 ●世宗因服丹中毒而卒,子载垕即位,是为穆宗。释建言得罪诸臣,海瑞因此出狱。	●英国在伦敦设立交易所。 ●尼德兰资产阶级革命开始,贵族请愿团向总督马加丽特递交请愿书,爆发破坏圣像起义。 ●俄国伊凡四世镇压大贵族的叛乱。 ●奥斯曼土耳其苏丹苏里曼一世卒,国势自此日衰。
1567		●俺答屡扰大同,又攻入山西内地,焚掠多处。 ●三卫与土蛮攻蓟镇、掠昌黎等处。京师一度戒严。	●英国苏格兰喀尔文教徒起义,女王玛利被捕,王位由幼子继承,称詹姆士六世。 ●法国宗教战争又起,胡格诺派失败。

公　元	（朝代）	中　国	外　国
1568		•宁夏巡抚王崇古遣将入河套，击败鞑靼兵。 •议核勋戚庄田。 •以戚继光督镇蓟州，建敌台千二百余所。遣官总理九边囤盐，改订盐法。 •江西行"一条鞭法"。 •限勋戚庄田，自七十顷至百顷。 •文学家李开先（字伯华，号中麓，约1501～1568）卒。著有《宝剑记》、《闲居集》等。	•尼德兰阿尔伐公爵任总督，进兵布鲁塞尔，镇压起义。 •苏格兰女王玛利被英王伊丽莎白软禁。 •尼德兰贵族反对派首领厄格蒙特与荷恩被处死。 •法国宗教战争双方第二次缔结和约。 •西班牙安达鲁西亚的摩里斯哥人起义，反对西班牙的统治。
1569		•海瑞以右佥都御史巡抚应天，贪吏、势家、织造中官畏瑞，不敢作恶。 •俺答两次攻扰大同。 •赵岢败俺答于弘赐堡。 •改总理练兵事戚继光为总兵官，镇守蓟州、永平、山海关等处。	•英国北方各郡农民起义，反对圈地运动。 •荷兰地理学家、现代地图制图学的创始人墨卡托发明投影法，制作世界地图。 •波兰按卢布林协议，与立陶宛合并。
1570	明	•更京营制，以文臣为总理，以侯伯充各营总兵官。 •俺答犯大同、宣府、山西。 •俺答孙把汉那吉降明。 •俺答求封，请开互市，并执送叛人赵全等。朝廷送把汉那吉还。 •文学家李攀龙（字于鳞，号沧溟，1514～1570）卒。著有《沧溟集》。	•英国教皇庇护五世发布敕令，将女王驱逐出教，并解除臣民对其效忠誓约。 •法国宗教战争双方于圣热曼缔结"和解敕令"。 •奥斯曼土耳其苏丹与威尼斯进行战争。
1571		•封俺答为顺义王，名所居为归化城（今呼和浩特）；开互市。自此宣大以西平静无事，惟小王子与土蛮屡攻扰蓟镇、辽东。 •戚继光修成蓟镇边墙，又调浙兵，加强边军训练。 •诏江西烧造瓷器十二万余件，陕西织羊绒三万余匹，云南采办珠宝。 •文学家归有光（字熙甫，号震川，1506～1571）卒。著有《震川先生文集》。	•意大利勒班陀海战，西班牙与威尼斯的联合舰队击败奥斯曼土耳其。 •克里米亚汗进犯莫斯科，翌年被击退。 •伊朗大不里士市民爆发起义。 •阿塞拜疆吉朗人民起义。 •摩尔达维亚反对奥斯曼土耳其的斗争开始。
1572		•穆宗卒，太子翊钧即位，是为神宗。 •张居正任首辅。上《帝览图说》。 •筑徐州至宿迁堤三百七十里。 •倭犯广东，掠化州、吴川等州县。	•俄国伊凡四世解散沙皇特辖军团。 •法国"圣·巴托罗缪之夜"，胡格诺教徒遭屠杀，宗教战争再起。
1573		•冯保制造王大臣持刀入宫事件，阴谋陷害高拱，不成，杀王大臣。 •朵颜部长董狐狸等攻扰喜峰口，被戚继光击败。 •建州女真首领王杲攻扰辽东境。 •运粮船在即墨（今属山东）遇台风，沉没七船，停海运。	•法国宗教战争双方第四次缔结和约，予胡格诺教徒以更大的信仰自由。 •尼德兰阿尔伐公爵被召回西班牙，由新任总督拉克森斯接替。 •法王子当选为波兰王。

公　元	（朝代）	中　国	外　国
1574		● 建州女真王杲攻扰辽东，为李成梁所败，杲走南关，为都督王台缚送明军，被杀。 ● 倭寇扰浙东宁、绍、台、温四郡，又扰广东，为张元勋所败。 ● 史学家柯维骐（字奇纯，1497～1574）卒。著有《宋史新编》。	● 法国安茹伯爵亨利继其兄查理九世为王，称亨利三世。 ● 西班牙派军围攻莱顿城，不克。 ● 奥斯曼土耳其苏丹夺回突尼斯。 ● 葡萄牙在非洲安哥拉立总督。 ● 奥斯曼土耳其苏丹谢里姆二世卒，穆拉德三世继位。
1575		● 泰宁部长炒花等会土蛮诸首领转攻沈阳，为李成梁击败。 ● 淮、扬大水；杭、嘉、宁、绍四府，海潮涌高数丈，人畜淹没，船只漂损；苏、松、常、镇亦大水。	● 尼德兰莱顿大学建立。 ● 捷克议会通过束缚农民的条例。路德教派与"捷克兄弟会"共同制定"捷克信仰表白书"，新教徒获得一定独立性。
1576		● 戚继光修三屯营成。 ● 泰宁部长炒花犯古北口。炒花进扰遭到戚继光遣兵击退。 ● 遣官督江浙水利。 ● 复修《大明会典》。	● 法国宗教战争双方第五次缔结和约。 ● 尼德兰总督拉克森斯卒，奥地利的唐·约翰继任为总督。 ● 德国皇帝马克西米连二世卒，鲁道夫二世继位。
1577		● 淮安、凤阳两府民因水灾逃亡过半。 ● 广东瑶人常攻州县，至是败。李锡攻破广东罗旁瑶四百六十寨。 ● 河决崔镇，全淮南徙，连年不治。	● 英国女王伊丽莎白与尼德兰结盟。 ● 英国德累克开始其环球航行。 ● 尼德兰三级会议与唐·约翰谈判，缔结"永久敕令"。
1578	明	● 泰宁部长速把亥与土蛮攻辽东，为李成梁所败。 ● 炒花与土蛮诸首领攻辽东，亦为李成梁所败。 ● 季驯浚河、筑堤，筑高家堰（洪泽湖大堤），提高淮河水位，次年完工。 ● 学者高拱（字肃卿，1512～1578）卒。著有《高文襄公集》。 ● 李时珍撰《本草纲目》成。 ● 柯尚迁撰《数学通轨》成。	● 英国拉·霖林塞德的《英格兰、苏格兰与爱尔兰的史记》出版。 ● 英、法出兵援助尼德兰同西班牙进行斗争。 ● 尼德兰南方贵族发动叛乱。 ● 奥斯曼土耳其对伊朗再次发动战争，开始占领外高加索地区。
1579		● 土蛮攻辽东，因戚继光赴援而退；旋又谋攻，李成梁出击破之。 ● 学者何心隐（字夫山，1517～1579）卒。著有《爨桐集》、《原学原讲》。 ● 张居正请废书院，全国毁六十四处。	● 英国伊斯特兰公司成立，经营波罗的海沿岸的贸易。 ● 尼德兰阿多瓦与根特省缔结"阿拉斯同盟"。北方诸省缔结"乌特勒支同盟"。
1580		● 广西右江壮族十寨屡攻城劫库，至是被总制刘尧海等所破。 ● 俺答汗尊乌斯藏喇嘛教首领锁南嘉措为达赖喇嘛，是为达赖三世。 ● 抗倭名将、学者俞大猷（字志辅，1503～1580）卒。著有《正气堂集》、《剑经》。	● 西班牙腓力二世继葡萄牙王位，两国合并。 ● 法宗教战争复起，不久又媾和。 ● 捷克南部格鲁波兹克农民发动起义。
1581		● 全面推行"一条鞭法"。	● 英国里凡特公司成立，经营地中海东岸

公　元	（朝代）	中　国	外　国
		• 因互市后马匹增多,尽卖"种马",每匹五至八两,另折征草场地租银。 • 土蛮屡攻锦州,别部黑石炭攻辽阳,均为李成梁所败。 • 顺义王俺答(1507～1581)卒。俺答即阿勒坦汗。	之贸易。 • 尼德兰乌特勒支同盟诸省发布独立宣言,成立联省共和国。荷兰共和国诞生。 • 俄国哥萨克首领叶尔马克侵入西伯利亚,击败失必儿汗国。
1582		• 杭州兵因减饷闹事,杭民因推行保甲反抗。 • 泰宁部长速巴亥攻义州,败死。 • 建州女真王杲子阿台攻沈阳,李成梁破之。 • 学者张居正(字叔大,号太岳,1525～1582)卒。著有《张文忠全集》。 • 苏克素护部首领尼堪外兰使城中人杀阿台投降。 • 作家吴承恩(约1510～1581)卒。著有《射阳先生存稿》、《西游记》。	• 德国新教与天主教为争夺科伦大主教位开始发生冲突。 • 意大利教皇格列高利十三世公布其所制之"新历",以代替当时欧洲通用之"朱理安历"。 • 意大利佛罗伦萨建立柯茹斯柯学校。 • 尼德兰安茹公爵入安特卫普就位。
1583		• 封俺答子乞庆哈(原名黄台吉)为顺义王。 • 爱新觉罗·努尔哈赤袭封为指挥使,以遗甲十三副,起兵攻尼堪外兰,报父祖之仇。 • 学者徐阶(字子升,1503～1583)卒。著有《经世堂集》、《少湖文集》。	• 英格兰惠特岐夫特任坎特伯雷大主教,对清教徒实施迫害。 • 尼德兰安茹公爵企图推翻奥伦治亲王,独揽政权,失败返法。 • 西班牙在马尼拉设"阿迪安西亚"(具有立法、行政、司法三权之官署),统治整个菲律宾群岛。
1584	明	• 命减景德镇烧造瓷器。 • 努尔哈赤讨萨木占,伐董鄂部之翁洛城。 • 榜张居正罪于天下。 • 以王守仁从祀孔庙。	• 俄罗斯伊凡四世卒,子费奥多尔嗣位,其戚属波利斯·戈都诺夫掌握实际政权。 • 法兰西安茹公爵卒,瓦罗亚王室男嗣绝。 • 英格兰与西班牙绝交。
1585		• 四川建武所兵变。 • 起海瑞南京右金都御史。 • 毁天下私创庵院、书院。 • 努尔哈赤征哲陈部。 • 顺义王乞庆哈卒。	• 意大利教皇锡克斯塔斯五世当选,开始建立梵蒂冈宫之图书馆。 • 西班牙军占领安特卫普,英国在战争中予后者以援助。 • 法兰西第八次内战起,称"三亨利战争"。
1586		• 册立郑贵妃。 • 努尔哈赤攻并苏克素护河部之瓜尔佳城,浑河部之贝珲城,哲陈部之托摩和城,继乃进攻尼堪。开抚顺、清河等关,与女真互市。 • 宫中冗食者太多,请加裁汰。	• 盲者穆罕默德卒,子阿拔斯大帝立,波斯复兴。 • 日耳曼路德宗派与加尔文宗派在撒克逊之斗争甚烈。 • 英格兰德累克返自西印度群岛,在西班牙各殖民地劫掠甚巨,满载而归。
1587		• 努尔哈赤建虎阑哈达南岗城,始建宫室,布教令于部中,禁暴乱,戢盗窃,立法制。 • 乞庆哈子扯力克袭封顺义王。 • 努尔哈赤攻哲陈部。	• 波兰商人在莫斯科获得贸易权。巴黎商人亦取得同样权利。 • 法兰西那伐尔王亨利与求伊斯之亨利互有胜负。

公　元	（朝代）	中　　国	外　　国
		• 军事家戚继光(字元敬,号南塘,1528～1587)卒。著有《纪效新书》、《练兵实纪》等。 • 海端(字汝贤,号刚峰,1514～1587)卒。著有《海刚峰集》。	• 英格兰女王伊丽莎白杀苏格兰女王玛丽。 • 西班牙王腓力准备进攻英国。
1588		• 禁势豪越占沟渠。 • 暂停浙江织造。定边臣考绩法。 • 刘汝国称顺天安民王,有众数万,在太湖、宿松、黄州等地活动。 • 青海鞑靼部长攻西宁。 • 学者罗汝芳(字惟德,号近溪,1515～1588)卒。著有《近溪子文集》。	• 法兰西求伊斯公爵进兵巴黎,亨利三世通。亨利三世使人刺死求伊斯公爵亨利及其弟路易。 • 西班牙以一百三十二艘巨舰组成"无畏舰队"进攻英国。败于英。 • 丹麦克利斯钦四世履位。
1589		• 神宗不常临朝,群臣疏谏不听。 • 顺义王撦力克西迁青海,套部庄秃赖、卜失兔、火落赤等屡扰明境。 • 任努尔哈赤为都督金事。 • 土蛮攻义州,又大掠沈阳等地。	• 俄罗斯设大教区,由约布任大教长。俄罗斯教会自此形成一独立之教会。 • 英格兰与法王亨利四世缔结共同反对西班牙之同盟。 • 英舰队袭葡萄牙海岸,饱肆劫掠而退。
1590	明	• 土蛮之族卜言台周、黄台吉等攻扰辽、沈,又深入海州(今辽宁海城)境。 • 青海部长火落赤攻扰洮州、河州。 • 河套卜失兔攻永昌(今属甘肃),欲往青海,为明兵所阻。 • 文学家王世贞(字元美,号凤洲,1526～1590)卒。著有《弇州山人四部稿》。 • 文学家汪道昆(字伯玉,号太函,1525～1590)卒。著有《太函集》、《大雅堂乐府》。	• 奥斯曼土耳其与波斯缔结和平条约,以结束战争。 • 俄罗斯与瑞典发生战争。 • 神圣同盟内部发生分裂,亨利四世在伊夫利获得胜利后进攻巴黎。 • 西班牙腓力二世下令增加食粮税。
1591		• 诏停撦力克贡市,撦力克谢罪,火落赤等停止攻扰。 • 延绥明军攻杀河套部长明安,挑起衅端。 • 努尔哈赤收服长白山三部中的鸭绿江路。朝命升努尔哈赤为都督。	• 西班牙干涉法国内战,腓力二世进军巴黎。 • 俄国克里米亚汗再侵莫斯科,败退。 • 摩洛哥侵袭桑树海国,占领廷布克图和加奥。
1592		• 鞑靼部宰来据宁夏入寇。 • 日本丰臣秀吉命将率军十三万侵朝鲜,朝鲜王李昖来义州求援,明将祖承训率军援朝鲜败绩。李如松、宋应昌率军四万渡江援朝。	• 波兰国王西吉斯孟三世兼任瑞典王。 • 俄国沙皇下令禁止农民外逃,农民大批逃至哥萨克人地区。 • 西班牙在法国之军队大败于亨利四世。
1593		• 李如松进军平壤,大败倭军。日使小西飞与明使沈惟敬议和。 • 叶赫、哈达、辉发、乌拉四部联兵攻卢布察,努尔哈赤遣兵败之。 • 叶赫复纠扈伦三部、蒙古三部、长白山三部犯建州,努尔哈赤大败之。 • 文学家、书画家徐渭(字文长,号天池山人,1521～1593)卒。著有《徐文长全集》、《南词叙录》等。	• 英国对拒绝改国教之旧教徒颁布放逐令。 • 法国国王亨利四世为使其宗教信仰服务于政治目的的起见,正式放弃新教,改信旧教(天主教)。胡格诺派对此亦未加反对。 • 奥斯曼土耳其与奥地利开始进行战争。与英国订立第一次商约。

公元	（朝代）	中　国	外　国
		• 医学家李时珍(字东璧,号濒湖,1518～1593)卒。著有《本草纲目》等。	
1594		• 吏部郎中顾宪成革职回籍,讲学于东林书院。 • 河套部长卜失兔犯延绥,败之。 • 蒙古科尔沁部、喀尔喀五部通好于努尔哈赤。 • 努尔哈赤征服长白山诸部。	• 奥斯曼土耳其穆拉德三世卒,子穆罕默德三世嗣位。 • 法兰西亨利在沙脱尔大教堂行加冕礼后进入巴黎,并接受“神圣同盟”诸领袖之效忠誓言。 • 葡萄牙禁止荷兰商船入里斯本。
1595		• 朵颜部寇锦、义州,明军击退之。 • 蒙古青海部长永邵卜(俺答侄)犯甘肃,为达云所败。 • 进努尔哈赤为龙虎将军。 • 蓟州王森以白莲教起义。 • 水利专家潘季驯(字时良,号印川,1521～1595)卒。著有《河防一览》等。	• 荷兰开始海外探险与殖民地政策。 • 法兰西亨利四世向西班牙王腓力二世宣战。 • 德国卢多尔夫二世与德兰斯斐尼亚统治者西吉斯蒙德·巴托利结同盟,共同反抗土耳其人。
1596		• 河套部卜失兔犯边,火落赤犯洮河,皆败之。 • 遣宦官分赴畿内、山东、山西、浙江、陕西等地开矿。	• 奥斯曼土耳其大败奥地利及其同盟德兰斯斐尼亚。 • 德国皇帝及其同盟德兰斯斐尼亚为土耳其人败于刻利兹特斯。
1597	明	• 泰宁部炒花纠土蛮,攻入沈阳,杀掠八日而去。 • 京师、辽东、山西、山东地震,辽阳等地裂涌水。	• 波斯克复乌兹别克所占领之希拉、哥剌森等地。 • 俄罗斯令地主追寻逃亡农奴,应以五年为期。
1598		• 日本援军至蔚山,明军大败,溃退到王京,损失近两万人。 • 土蛮攻辽东,总兵官李如松阵亡,其弟如梅代为总兵官。 • 总督三边李汶攻河套鞑靼于松山(在兰州北)大破之。 • 努尔哈赤命长子褚英等征服安楚拉库路,经营东海诸部始此。	• 俄罗斯费奥多尔卒,罗里克王统治。波利斯·戈都诺夫获选为沙皇。征服西伯利亚之古楚汗国。 • 法兰西亨利四世颁布“南特敕令”授予胡格诺派诸大贵族,以信仰与崇拜自由。 • 西班牙与法王亨利四世缔结和约。
1599		• 荆州市民暴动,反抗税监陈奉。 • 努尔哈赤命额尔德尼、噶盖等用蒙古字制建州女真国书(满文)。 • 土蛮攻锦、义纵掠。	• 西班牙第二次遣大舰队攻英,为飓风所袭,退归。 • 瑞典王西吉斯蒙德为贵族所废。
1600		• 贵州皮林苗吴国佐称天皇上将,攻掠屯堡七十余。 • 朵颜三卫入寇。 • 工科都给事中王德完言,国家岁入四百万,岁出四百五十万有奇。 • 文学家袁宗道(字伯修,1560～1600)卒。著有《白苏斋集》。	• 英国东印度公司成立。获得对印度贸易之专利。 • 俄罗斯沙皇宣布希瓦与布哈拉两汗国隶属于俄罗斯。 • 意大利思想家、天文学家布鲁诺,由异端裁判所判决被焚死。

公 元	（朝代）	中 国	外 国
1601		• 努尔哈赤分部众每三百人为一牛录,设牛录额真一员,是为编组八旗之始。 • 封朱常洛为太子,常洵为福王。 • 文学家茅坤(字顺甫,别号鹿门,1512～1601)卒。编有《唐宋八大家文钞》等。 • 耶稣会教士意大利人利玛窦到京。	• 英国镇压爱尔兰的反英起义。 • 法国与伊朗缔约,共同对抗奥斯曼土耳其。 • 西班牙派军帮助起义的爱尔兰人,被英击溃。
1602		• 因河套鞑靼各部长要求恢复贡市。 • 太监刘成征税苏、松、常、镇,激民变。 • 思想家李贽(字卓吾,别号温陵居士,1527～1602),回族,因反对宋儒道学被治罪,在狱中自杀。著有《李温陵集》、《焚书》、《续焚书》、《藏书》等。 • 文学家胡应麟(字元瑞、明瑞,1551～1602)卒。著有《诗薮》、《少室山房笔丛》等。	• 法国亨利四世处死贵族叛乱分子比伦将军。 • 荷兰东印度公司成立。 • 意大利康帕内拉的《太阳城》一书,在狱中写成。
1603		• 九边兵额共八十六万余人,将弁多用空名支饷,对实有之兵亦多克扣,边民屡哗。 • 建州女真筑赫图拉城。 • 泉州大雨,海溢,溺人万余,坏民居无数。	• 英国女王伊丽莎白卒,苏格兰王詹姆士一世继位,称詹姆士一世,斯图亚特王朝的统治开始。 • 伊朗对奥斯曼土耳其战争,攻克大不里斯。 • 俄国赫洛普科领导农民举行起义。
1604	明	• 建州女真入贡。 • 努尔哈赤略地叶赫。 • 武昌发生"楚宗之乱"。宗室数百人抢夺楚王华奎助建宫殿之银;继又聚众三千余人,冲入抚院,杀巡抚赵可怀,并抢劫楚府。	• 英国与西班牙缔结和约。詹姆士一世自称"大不列颠、法兰西与爱尔兰之王"。 • 波兰利用伪底米特里向俄国发动进攻。 • 德国特兰斯瓦尼亚爆发人民起义。
1605		• 诏罢天下矿税,税务划归有司,而仍留中使不撤。 • 广西陆川地震,城墙房屋坍倒,死者无数。 • 文学家屠隆(字长卿,号赤水,1542～1605)卒。著有《昙花记》、《彩毫记》等。	• 西班牙塞万提斯的《唐吉诃德》一书问世。 • 荷兰从葡萄牙先后夺得安汶岛、帝多利岛和班达岛。 • 俄国沙皇戈东诺夫卒,子费多尔继位,遭大贵族反对被杀。伪底米特里入莫斯科,加冕为沙皇。
1606		• 河套鞑靼诸部攻延绥,朵颜与鞑靼攻山海关,均败去。 • 云南民变,指挥贺世勋率冤民万人,杀税监杨荣及其党二百余人。 • 科学家徐光启与利玛窦译出《几何原本》前六卷。	• 法国亨利四世击败博韦公爵的叛乱。 • 德国奥地利哈布斯堡朝与奥斯曼土耳其订立和约。 • 荷兰威廉·扬茨所率船队抵澳大利亚北岸。
1607		• 顺义王撦力克卒。忠顺夫人三娘子统所部。 • 恢复朵颜及河套各部贡市。 • 努尔哈赤灭辉发部(在今吉林辉发河沿岸)。 • 东海瓦尔喀部附于努尔哈赤,举部内徙。	• 英国中部各郡农民发动反圈地运动。 • 西班牙舰队在直布罗陀港外为荷兰海军歼灭。腓力三世与荷兰订立八个月休战条约。 • 英人在今美国弗吉尼亚州东部近海处建詹姆士镇。

公 元	（朝代）	中　　国	外　　国
1608		• 兵部奏奴儿干都司统卫所二百零四，城面、城站五十八。 • 朵颜入寇蓟州，京师戒严。 • 建州卫努尔哈赤等入贡。	• 波兰国王西吉斯蒙德三世再度利用另一伪底米特里，率大军万人进攻俄国，到达莫斯科附近。 • 法人在加拿大建魁北克城。
1609		• 努尔哈赤以五千骑叩抚顺关，挟参索直。 • 建州女真取渥集部。 • 套部拱兔因受明兵袭击，攻大胜堡，至小凌河境。 • 甘肃酒泉等处地震，边墩毁坏八百七十里。	• 荷兰与西班牙缔结休战十二年之安特卫普条约，后西班牙正式承认荷兰之独立。 • 法兰西亨利四世与英国、荷兰、意大利及日耳曼新教诸侯共组同盟与西班牙对抗。
1610		• 因军饷缺乏，诏谕朝臣筹划，并规定"不得请发内帑"。 • 文学家袁宏道（字中郎，1568～1610）卒。著有《袁中郎全集》。 • 戏曲家沈璟（字伯英，号宁庵，1553～1610）卒。著有《义侠记》等。 • 李之藻参用西洋历法以修历，西法入中国自此始。	• 德国新教同盟于法王亨利四世卒后，派兵进攻阿尔萨斯。 • 法国亨利四世卒，九岁子嗣位，称路易十三世。路易母美第奇之玛利亚总摄政事。 • 波兰人大败沙皇之弟底米特里·叔伊斯基于克鲁希诺。
1611	明	• 御史徐兆魁劾东林讲学之人，首诋顾宪成。 • 两广大水，广西积雨五个月；南北二畿、湖广大水；河南开封、归德、汝宁等府，自春至夏，淫雨连绵。 • 河套部犯甘州。 • 努尔哈赤遣将略渥集部之那木都禄等地。 • 东林党争起。	• 奥斯曼土耳其君士坦丁堡大疫，死者二十万人。 • 俄罗斯北部与东部各地组织民军，在底米特里·波尔斯基统率下进攻莫斯科。 • 德国波希米亚人选举皇帝卢多尔夫之弟马泰阿斯为王。 • 大批英格兰人与苏格兰人赴爱尔兰北部之乌尔斯忒，定居该处。
1612		• 努尔哈赤破乌拉部之兵，首领布占泰谢罪。 • 云南省大理、武定、曲靖地大震。 • 学者顾宪成（字叔时，称东林先生，号泾阳，1550～1612）卒。著有《顾端文公遗书》。 • 文学家王稺登（字伯穀，1535～1612）卒。著有《王伯穀集》。	• 俄罗斯民军领袖波尧尔斯基与库茨马·米宁及各地人民继续攻击波兰人，解放莫斯科。 • 德国卢多尔夫二世卒，由其弟马泰阿斯继位为皇帝。 • 西班牙腓力三世以其女安丽予法王路易十三世为妻，其子腓力则娶一法国公主。
1613		• 鞑靼卜失兔与忠顺夫人三娘子成婚，明诏封卜失兔为顺义王。三娘子旋死，卜失兔势弱，不能控制各部。 • 炒花纠合虎墩兔等三扰辽东。虎墩兔居插汉儿（即察哈尔）即林丹汗。 • 努尔哈赤灭乌拉部（今吉林乌拉街）。 • 文学家张凤翼（字伯起，号灵墟，1527～1613）卒。著有《处实堂集》。	• 俄罗斯国民会议在莫斯科举行，罗曼诺夫家族之米海伊尔当选为沙皇。 • 加波尔为德兰斯斐尼亚亲王，英勇有为，且倡导学术，使德兰斯斐尼亚成为匈牙利文化与民族团结之中心。 • 英格兰詹姆士一世强迫征收"乐捐"。
1614		• 福建税使高寀造船入海贸易，不给商民货价，激起民变，寀又指挥兵士杀人烧民房。	• 法国以空得亲王为首之大贵族，掀起反玛利亚摄政之叛乱，但旋获致妥协。

公 元	（朝代）		中 国	外 国
			• 蒙古科尔沁、扎鲁特王公以女妻努尔哈赤诸子。 • 明输往爪哇瓷器达七万余件。 • 浙江、江西、两广、福建发大水。	• 荷兰人始在美洲建立殖民地。 • 英格兰第二届议会开幕，对国王之征税权争执甚烈，宣称非获得满意解决，不通过任何经费提案。
1615			• 神宗不见朝臣已二十五年，因张差混入太子宫，击太子，打伤太监，此案牵涉贵妃、太子，始召见廷臣一次，处理。 • 河套鞑靼各部大举攻扰延绥。 • 努尔哈赤正式建立八旗制度。 • 努尔哈赤杀长子褚英。	• 法兰西贵族第二次叛变起。空得亲王成为不满现状之胡格诺派领袖。 • 英格兰詹姆士一世继续强迫征收"乐捐"，拒绝缴纳者，公然判处刑罚。 • 西班牙塞万提斯之《吉诃德先生》全部出版。
1616	后	明	• 河套各部扰延绥，旋因战败求和。 • 正月，努尔哈赤在赫图阿拉（今辽宁新宾）称汗，年号天命，国号金，史称后金。 • 诗人臧懋循（字晋叔）卒。著有诗文集《负苞堂稿》、《元曲选》。 • 贵州苗民起义反抗。	• 日耳曼皇帝马泰阿斯以其中表兄弟斯提利亚公腓迪南为波希米亚与匈牙利之王。腓迪南自幼即受严格之耶稣会教育，故为各该地之新教徒激烈反对。 • 法兰西空得亲王被捕。 • 英格兰名剧作家莎士比亚卒。
1617			• 鞑靼部宰桑犯开原。 • 河套部犯葭州、神木。 • 文学家汤显祖（字义仍，号海若、若士，1550～1617）卒。著有《玉茗堂集》、《牡丹亭》。 • 明言官多勾结贵戚、近侍，广纳贿遗，结党逞威，排斥正人。方从哲为首辅，迎合帝意，无所匡正。	• 俄罗斯以英、荷两国之调停，与瑞典订立斯托尔波沃和约。 • 法兰西路易十三世之宠辛律因得势；把持政柄。路易之母被流放于布尔瓦。
1618			• 后金汗努尔哈赤以"七大恨"誓师告天，兴兵反明，毁抚顺，拔清河堡（在抚顺东南）。 • 抚顺游击李永芳降，努尔哈赤使任总兵官。 • 蒙古炒花攻扰辽东，被总兵官李如柏击退。 • 思想家吕坤（字叔简，号新吾、心吾，1536～1618）卒。有《去伪斋文集》、《呻吟语》等。	• 波兰王子夫拉地斯拉乌率兵攻莫斯科，但被击退。缔结停战协定。 • 匈牙利德兰斯斐尼亚亲王加波尔于三十年战争起后，立即参加反奥地利阵营。 • 英国为争夺暹罗与荷兰发生冲突。 • 捷克议会代表惩治皇帝的使者事件发生，是为三十年战争的导火线。
1619		金	• 杨镐率四路之师攻后金，大败。后金乘胜取开原、铁岭，灭叶赫、扈伦四部。 • 明用熊廷弼经略辽东。 • 福建漳州民李新起事，建元洪武，与袁八老等攻邻邑，旋败死。	• 荷兰在爪哇岛重建椰城，改名巴达维亚城，作为荷兰东方殖民地之首府。 • 德国皇帝马泰阿斯卒，斐迪南二世继位。 • 始有黑人奴隶自西印度群岛运入弗吉尼亚。
1620			• 神宗（1563～1620）卒，太子常洛即位，是为光宗（1585～1620）。宣布明年改元泰昌。光宗卒，皇太子由校即位，是为熹宗。 • 罢熊廷弼，以袁应泰代之。 • 后金略沈阳。	• 英国一批（一百人）清教徒渡海迁往北美洲。 • 捷克白山战役，捷克军败，皇帝兵进布拉格。
1621			• 后金陷沈阳、辽阳，总兵贺世贤、尤世功等战死，袁应泰自杀。	• 波兰与瑞典发生战争。 • 西班牙国王腓力四世即位，与荷兰战端

公 元	（朝代）	中 国	外 国
1622		• 四川永宁土司奢崇明起事,据重庆,破泸州、遵义。建号大梁。 • 荷兰东印度公司成立。荷兰侵入台湾。 • 后金迁都辽阳。 • 后金兵渡辽河,陷西平堡,广宁降。 • 河套部犯延绥。 • 山东徐鸿儒以白莲教起义。破滕县。徐鸿儒败死。 • 荷兰侵澳门。令兵部至澳门请耶稣会士陆若汉等二十四人来华铸西洋大炮。	再起。 • 德国新教同盟被解散。 • 法国胡格诺教徒于拉罗舍尔起事,并发表独立宣言。 • 荷兰船队侵入中国厦门地区。 • 荷兰在北美建新阿姆斯特丹城（今纽约）。 • 法国国王路易十三世与胡格诺派进行战争。 • 伊朗萨非朝国王阿拔斯的军队自波斯湾的奥马兹赶走葡萄牙人,并攻占昆塔哈尔。 • 德国皇帝军队战胜新教联军。
1623	后	• 荷兰侵占澎湖、台湾,犯厦门。 • 袁崇焕筑宁远城。 • 以孙承宗镇山海关。 • 魏忠贤提督东厂。 • 《光宗实录》成。 • 文学家袁中道（字小修,1570～1623）卒。著有《珂雪斋集》。	• 英国颁布关于发明权之特许令。 • 荷兰在南美与葡萄牙展开斗争。与伊朗订立通商条约,占据中国澎湖列岛。 • 格鲁吉亚人起义,反抗萨非朝的统治。
1624	明	• 漳州副使程再伊听副将张喜策受红夷（荷兰）三万金,许澎湖互市。 • 后金与科尔沁结盟。 • 文学家钟惺（字伯敬,1574～1624）卒。著有《隐秀轩集》。	• 法国与荷兰缔结同盟。黎塞留出任宰相。 • 荷兰侵占中国台湾。 • 德国三十年战争第一阶段结束,天主教联盟获胜。
1625	金	• 辽阳、广宁等地汉人密谋反抗,为首者被杀,余人分给各官为奴。 • 后金军克旅顺,攻宁远。 • 后金初都辽阳,称东京。至是迁都沈阳,改为盛京。 • 重修《光宗实录》成。	• 英国詹姆士一世卒,子查理一世继位。 • 法国胡格诺派罗翁公爵反叛。 • 德国三十年战争第二阶段:丹麦战争时期开始。 • 丹麦王克利斯钦四世出兵易北河与天主教联盟作战。
1626		• 努尔哈赤（1559～1626）卒,皇太极即位。是为太宗。诸贝勒立誓拥护太宗。三大贝勒（代善、阿敏、莽古尔泰）与诸贝勒对誓,表示合作团结。 • 以顾秉谦、黄立极、冯铨为总裁编《三朝要典》。 • 后金兵攻宁远,为袁崇焕用西洋巨炮击败。	• 英国对法宣战。 • 英国哲学家弗朗西斯·培根卒（诞生于1561）。主要著作有《学术的进步》、《新工具》。 • 德国皇帝与天主教联盟军击败丹麦王克利斯钦四世于不伦瑞克的军队。 • 法人始在西非塞内高尔河口设根据地圣路易。又在非洲东南大岛马达加斯加获得第一个根据地。
1627		• 明熹宗（1605～1627）卒,弟朱由检嗣位,是为思宗。 • 宁夏各卫营屯堡一个月地震百余次,城、屋、边墙坍倒。 • 关中大饥。陕西白水王杀澄城知县张斗	• 法国黎塞留统兵围攻胡格诺派之中心地拉罗舍尔。 • 俄罗斯顿河流域之哥萨克人占领亚速夫堡,以之献沙皇。

公 元	（朝代）		中　　国	外　　国
			斗耀起久,明末农民大起义始此。 ●后金围攻锦州。	不予接受,并命哥萨克人退出该地区。
1628			●皇太极致书祖大寿,言通好之事。 ●以袁崇焕为兵部尚书,督辽东军事。 ●宁远屯兵缺饷哗变。 ●陕北大饥,民以土石为食。	●日耳曼瓦楞斯泰因围攻斯特拉尔松德,当地市民英勇抗十星期,瓦楞斯泰因被迫撤退。 ●英格兰查理一世朝第三届议会召开。议会向国王呈递"权利请愿书",国王被迫接受。
1629			●后金罢三大贝勒分月轮理政事。 ●后金设文馆译汉文书籍。 ●后金攻瓦尔喀部。 ●思宗中后金反间计,使袁崇焕下狱。 ●设西洋历局,造天文仪器。	●波兰与瑞典签订阿尔特马克休战条约,两国之长期战争自此终止。 ●英国查理一世下令解散议会。 ●法国据"恩惠敕令",胡格诺派的政治权利被取消。
1630	后		●皇太极幽禁阿敏,夺所辖镶蓝旗予济尔哈朗。 ●明思宗以"谋叛罪"杀袁崇焕。 ●后金军攻昌黎,被县令左应选击退。 ●明督师孙承宗收复四城,阿敏等出冷口(今河北迁安东北)逃去。	●德国三十年战争的第三阶段,瑞典时期开始。瑞典国王古斯塔夫二世入侵德国。 ●马里富尔贝人与班巴拉人起义,围攻马里城。
1631		明	●后金始造红衣大炮;编汉兵称"乌真超哈";仿明制设六部。 ●皇太极攻破明大凌河城(今辽宁锦县)。 ●议莽古尔泰"上前持刀"罪,革去大贝勒,降为与诸贝勒同列。 ●采纳汉官李伯龙建议,改定明年元旦朝贺礼仪,定君臣之分,废大贝勒与国君并坐旧制,八固山共治之法遂废。	●法国与西班牙订立条约,意大利战争结束。《法兰西新闻》定期刊物出版发行。 ●匈牙利斯洛伐克东部爆发农民起义。 ●瑞典军队在莱比锡大败德国军队。
1632	金		●皇太极攻察哈尔部,林丹汗弃归化城(今内蒙古呼和浩特)远走。自此宣、大以北亦归后金控制。 ●后金定仪仗制。 ●后金达海增改满文十二字头,加圈点。 ●后金遣喇嘛致书宁远,仍言修好。	●俄国与波兰战争再起,两年后缔结和约,战争结束。 ●法国黎塞留粉碎封建贵族叛乱的策源地——兰奎多克。 ●西班牙毕尔巴鄂城爆发平民起义。 ●德国军队与瑞典军队之战。被瑞典军击败。
1633			●高迎祥、李自成、张献忠、罗汝才等渡黄河南下,进入豫西,南破郧西、上津(今属湖北)等处。 ●明军攻克登州,孔有德、耿仲明逃入海岛。降后金。孔、耿到沈阳,皇太极与之行抱见礼,以孔为都元帅,耿为总兵官。 ●后金编汉军为一旗(固山)命降将马光远统率。 ●科学家徐光启(字子先,号玄扈,1562～1633)卒。著有《农政全书》。	●意大利主张太阳为"宇宙中心"之天文学家伽利略被传到罗马宗教裁判法庭受审,被判监禁入狱。伽利略被迫宣言"放弃"其学说。 ●英格兰查理一世赴苏格兰,在爱丁堡加冕为苏格兰王。 ●德意志腓特烈五世之子查理·路德维格(路易)在巴拉提内特复辟为选侯。 ●瑞典军在萨克斯-魏玛公爵柏那统率下转战日耳曼,仍获得胜利。 ●俄罗斯与立陶宛战争。

公 元	（朝代）	中 国	外 国
1634	后 金	•后金军扰宣府,沿边诸城多被掠。 •李自成用计突围。 •后金禁烟草,而诸贝勒吸食自若,太宗切责之。 •修改八旗官名,除固山额真外,以下各级,额真都改称章京。 •索伦部首领巴尔达齐(达斡尔族)归附后金。 •察哈尔部林丹汗死于青海。	•英格兰命令在全国各地开征"船税"。 •法国与荷兰缔结同盟,再向西班牙宣战。 •荷兰占领美洲北之科拉萨俄岛为殖民地。 •日耳曼瓦楞斯泰因以有"谋篡嫌疑"被黜革,为其部下刺死。皇帝军在纳得林根大败柏那所统率之瑞典军。
1635		•高迎祥等十三家军会于荥阳。高迎祥东征,陷凤阳,分兵略地。 •后金军西趋河套,收插汉部。后金重编蒙古八旗。编喀喇沁蒙古为十一旗。 •后金攻虎尔哈部及东海瓦尔喀部。	•法国黎塞留建立法兰西学院。波亚图与佩里格城市爆发平民起义。 •德国三十年战争的第四阶段开始,法国直接参战。 •西班牙戏剧家洛普·德·维加卒(诞生于1562年)。
1636	明	•后金改文馆为内国史、内秘书、内弘文三院。 •四月,皇太极称帝,改金为清,改元崇德。 •清设都察院。 •盩厔之战,高迎祥牺牲,众拥李自成为"闯王"。 •清《太祖实录》成。	•法国西部与西南部掀起新的"克洛堪"起义。 •丹麦东方公司成立,专营对俄国的贸易。
1637		•李自成离陕入川,破州县多处。 •清太宗重申不可忘骑射旧俗之旨。 •朝鲜兵败,被迫向清称臣。 •编汉军为两旗。 •清封孔有德恭顺王,耿仲明怀顺王,尚可喜忠顺王。 •清初颁满洲、蒙古、汉字历。	•英国颁布国教法规和祈祷书。约翰·罕普顿拒交船税被判刑,酿成"船税事件"。 •法国"克洛堪"起义农民占领贝给拉克与佩里格城。 •波兰、立陶宛哥萨克人起义,被镇压后,大批迁往俄国境内。
1638	清	•清修盛京至辽河大路。 •清设理藩院。清更定六部、理藩、都察二院官制。 •明京师闭门自守,清兵四路南下,陷真定、广平、顺德、大名等地。	•苏格兰人民反抗国教会制度。 •意大利伽利略的《力学对话》发表。 •奥斯曼土耳其占领巴格达,与波斯媾和。
1639		•清军入济南,俘德王朱由枢。掠人口四十六万以还。 •张献忠于谷城复反,李自成往投不纳。 •清编汉军四旗。 •以吴三桂为辽东总兵官,团练宁远兵马。 •李信(岩)、牛金星、宋献策等加入李自成义军。 •《农政全书》刊行。	•法国占领阿尔萨斯要塞。诺曼底"赤足者"起义,反对征收新税。 •荷兰于达温兹海湾击败西班牙海军。 •波兰议会实行"自由否决制"。任何议案尚有一人否决即不能通过,自此一事无成,议会形同虚设。 •英格兰查理进兵柏利克,但未经战争即与苏格兰人媾和。
1640		•清征虎尔哈、索伦等部,先后告捷。 •关中、河南大饥,人相食。	•奥斯曼土耳其穆拉德四世卒,伊布拉希姆一世嗣位。

公 元	（朝代）	中　　国	外　　国
1641	清 / 明	●李自成至河南，饥民争附。 ●喀尔喀与厄鲁特蒙古订《蒙古—卫拉特法规》。 ●李自成克洛阳，杀福王，发王府银济贫。 ●张献忠出川克襄阳，杀襄王，发王府银济贫。 ●罗汝才离张献忠，投李自成。 ●清兵攻锦州，围城，明总督洪承畴率八总兵、十三万人援锦，明军大败。 ●清军攻杏山，总兵吴三桂逃入山海关。 ●文学家张溥（字天如，1602～1641）卒。著有《七录斋集》。 ●地理学家、旅行家徐弘祖（字振之，号霞客，1586～1641）卒。著有《徐霞客游记》。	●法兰西在意大利占领都灵。 ●英格兰查理一世以财政短绌，于4月中旬召开第四届议会。议会不通过任何征税案，查理下令解散议会。 ●法国与葡萄牙缔约，结成反对西班牙同盟。法军进入西班牙，屡获胜利。 ●荷兰占领马六甲。 ●英国国会通过《大抗议书》送交国王，伦敦群众示威与国王卫队发生冲突。
1642		●李自成破襄阳，左良玉逃至武昌，纵兵大掠。 ●张献忠转战江北，破庐州（今合肥）。 ●清兵破松山，俘洪承畴等，承畴旋降。 ●图伯特部达赖喇嘛使者至清。 ●固始汗率军灭藏巴汗。 ●兵部尚书陈新甲主和，因泄露消息，和议亦罢。	●法国首相黎塞留卒，马扎然继任。 ●荷兰塔斯曼发现新西兰岛。 ●英国大科学家、力学之父牛顿（1643～1727）建立牛顿运动定律。 ●法国数学家、物理学家帕斯卡，设计制造了世界上第一架机械式计算装置——加法器。是年他刚满19岁。
1643		●李自成改襄阳为襄京，称新顺王，以田见秀、刘宗敏为权将军，设文武官职。李自成进兵决战，在汝州（今临汝）大胜。破潼关，杀孙传庭，进破西安。 ●张献忠兵取汉阳、武昌，杀楚王。称大西王，建五府六部。 ●清兵自山东北还。明军首辅周延儒自请督师，驻通州。 ●清太宗（即皇太极，1592～1643）卒，礼亲王代善等奉太子福临嗣位，时年六岁，是为世祖。以郑亲王济尔哈朗、睿亲王多尔衮辅政。	●英国长老派与苏格兰签订《庄严同盟和圣约》。国会决定取消英吉利教，定长老会教为国教。 ●法国路易十四执政，年幼，红衣主教马扎然首相相辅之。 ●西班牙军自尼德兰进攻法国香槟省，大败而归。 ●美国马萨诸塞州联络各州组织新英格兰同盟。 ●德国皇帝与巴伐利亚军在塔特林根击败法军。
1644		●三月，李自成攻破京师，明思宗朱由检（崇祯皇帝）从故宫逃至景山吊死。明亡。 ●吴三桂降清，清军入关，占领北京。清世祖福临进京，举行大典，正式由盛京（今沈阳）迁都北京，改元"顺治"。 ●北方反清武装纷起。 ●史可法等在南京拥立福王朱由崧即帝位，史称"南明"政权。 ●文学家凌濛初（字玄房，号初成，1580～1644）卒。著有《拍案惊奇》初刻、二刻。编有《南音三籁》，作有杂剧《虬髯翁》、《北红拂》。	●英国克伦威尔率"志愿骑兵队"，在马其顿草原战役中大败王党军队。 ●英爆发农民起义，称"棒民运动"，以使用棍棒和农具为武器而得名。后被镇压。 ●英政论家、诗人约翰·弥尔顿最早提出"出版自由"口号。 ●1644～1663：中亚"希瓦汗国"（一译"基华汗国"，又称"花拉子模汗国"）阿布哈齐汗在位。曾以突厥语著《突厥世系》和《土库曼世系》，价值很高。

附录 2

公元	（朝代）	中 国	外 国
1645	清	● 清兵破扬州屠城，史称"扬州十日"。史可法殉难。 ● 李自成在九宫山遇袭被害。 ● 嘉定城因朱瑛等反清，被屠三次，史称"嘉定三屠"。 ● 和硕特蒙古固始汗尊图伯特黄教领袖罗桑却吉坚赞为"班禅"，是为"班禅"名义之始。 ● 西藏拉萨"布达拉宫"相传为吐蕃时松赞干布所建。现存建筑于是年始建，工程历时五十年。之后，又有增修与改建，成今日规模。现为全国重点文物保护单位。 ● 清以汤若望所订《西洋新法历书》（称《时宪历》）颁行天下。 ● 禁是年以后所生女子裹足。	● 英国长期国会处死劳德主教。通过《新模范军法案》，建立"新模范军"，最高统帅名义上是费尔伐克斯，实际上是克伦威尔。 ● 平等派领袖李尔本任新模范军军官。他主张普选制、建立共和国。曾发表《英国的天赋权利》、《人民公约》等。 ● "纳斯比战役"英国国会军打败王党军。 ● 1645～1685：西非今贝宁地区"阿波美王国"乌埃格巴扎在位。开始壮大，始用"达荷美"（意为阿波美的建设者）名称。建有著名的"达荷美宫"。 ● 1645～1680：北非"芬吉王国"巴迪二世在位。其势渐壮。
1646		● 清举行殿试，定次年举行会试。 ● 禁白莲、大成、混元等教。 ● 郑芝龙降清，子郑成功不从，进入海上抗清。 ● 文学家冯梦龙（字犹龙，号墨憨斋主人，1574～1646）卒。编有《喻世明言》（《古今小说》）、《警世通言》、《醒世恒言》及民歌集《桂枝儿》、《山歌》等。 ● 戏曲作家阮大铖（字集之，号圆海、石巢，1587～1646）卒。所作传奇今知有九种，现存《燕子笺》、《春灯谜》、《牟尼合》、《双金榜》四种。	● 英国第一次内战结束，国会军胜利。国王逃亡，"长期国会"成为最高政权机关，由长老会派执政。 ● 英国会废除主教制。长老会派得官方承认，并取代国教地位。 ● 瑞典占领布拉格，并同法国一起侵入巴伐利亚。 ● 非洲富拉尼、班巴拉人合兵攻击马里。 ● 德国人基歇尔发明幻灯。
1647		● 清入关后大规模圈地。后因"被圈之民，流离失所……相从为盗"而禁止。 ● 清军攻取长沙、梧州等地，攻桂林，遇阻。 ● 《大清律》成。 ● 夏完淳（字存古，1631～1647）等因抗清被杀，著有《南冠草》等集。 ● 文学家陈子龙（字卧子，号大樽，1608～1647）卒。他是崇祯进士，抗清中被执，投水死。有《陈忠裕公全集》。 ● 文学家曹学佺（字能始，号石仓，1574～1647）卒。他是万历进士，明亡，自缢死。著有《蜀中广记》，并选上古至明代诗作《石仓十二代诗选》。 ● 戏曲作家吴炳（字石渠，号粲花主人，?～1647）卒。作有传奇《绿牡丹》、《疗妒羹》、《画中人》、《西园记》、《情邮记》五种。	● 英国长老会派掌握的国会与独立派、平等派控制的军队发生矛盾，国会欲解散军队，军队召开全军会议，通过《军队宣言》进行抵制。克伦威尔率军进入伦敦，改组国会。独立派和平等派就未来国家制度等问题展开激烈争论。 ● 1647～1648：意大利那不勒斯发生反对西班牙的"马萨尼洛起义"。 ● 波兰学者赫维留发布首幅月面图和每月每天的月相图。 ● 意大利物理学家托里拆利（1608～1647）卒。他发明气压计，发现大气压和真空的存在，提出托里拆利定律。著有《运动论》等。 ● 意大利数学家卡瓦列里（1598～1647）卒。他是积分学的先驱。著有《平面和球面三角学》、《线性和对数三角学》等。
1648		● 清廷设六部汉尚书。 ● 禁民间养马及收藏兵器。	● 英国保王党借革命党内部意见不一又挑起第二次内战，再被打败。

公　元	（朝代）	中　国	外　国
		●迁京师汉官、商、民于南城。并禁内城寺院留汉人过夜。 ●准满汉官民联姻。 ●清太宗长子豪格被幽禁，旋卒。 ●明军何腾蛟复取全州、衡州等地。 ●川、黔、滇仍奉明年号。 ●降清将领大同总兵姜瓖再度反清。 ●郑成功与鲁王分别率军攻浙、闽沿海一带。 ●文学家王嗣奭（字右仲，号于越，1566～1648）卒。他是万历举人。数十年研究杜甫，著有《杜臆》等。 ●文学家叶绍袁（字仲韶，别号天寮，1589～1648）卒。他是天启进士，早负才名，妻女皆能诗。明亡为僧。有《叶天寮四种》等。	●法国发生第一次投石党运动（"福隆德运动"）。 ●1648～1654：乌克兰发生反波兰起义。 ●签订"威斯特发里亚和约"。以新、旧教之争为由，涉及诸多国家的"三十年战争"结束，神圣罗马帝国皇帝、德意志天主教诸侯和西班牙一方战败。条约规定德意志境内新、旧教地位平等，各邦享有内政、外交自主权，承认荷兰、瑞士独立等。条约使德意志分裂加重，无力争雄，还打击了西班牙的势力，使法国在欧洲占了主导地位。 ●普鲁士趁波兰新王即位时机，摆脱对波兰的臣属关系。
1649		●令各地招民垦荒，永为己业。 ●针对逃亡多的现状，减轻逃人及窝藏者罪。 ●改禁私藏兵器令，只禁炮与甲胄。 ●封孔有德"定南王"；耿仲明"靖南王"；尚可喜"平南王"。未几，耿自杀。 ●清军破南昌，攻入江西。 ●清军破湘潭，攻入湘、桂，俘何腾蛟，杀之。 ●阿济格破大同，姜瓖死。 ●明川中诸将自相攻杀。	●改组后的英国会下令处死国王查理一世。下议院通过废除上议院和王权的决议。宣布为共和政体，成立"共和国"。 ●克伦威尔入侵爱尔兰。 ●俄国沙皇颁布《法律大全》，巩固农奴制度。 ●1649～1650：英国兴起"掘土派运动"。空想社会主义者温斯坦莱领导城乡贫民集体开荒。 ●英国用英语取代拉丁语，作为法定用语。
1650	清	●清颁行满文译本《三国演义》。 ●清尚可喜破广州；孔有德破桂林；俘明督师瞿式耜（著有《瞿忠宣公集》），杀之。 ●郑成功攻取金门、厦门。 ●努尔哈赤第十四子、皇太极弟，时为"皇叔摄政王"而大权独揽的多尔衮（1612～1650）病卒。卒后追尊"成宗义皇帝"。未几以谋逆罪削爵。乾隆时复"睿亲王"封号。 ●诗人邝露（字湛若，1604～1650）卒。有杂记《赤雅》、诗集《峤雅》等。	●1650～1653：法国爆发第二次"投石党运动"。 ●法国数学家、物理学家、哲学家笛卡儿（1596～1650）卒。他是平面几何学的创始人。物理学上主张物质不灭、动量守恒。哲学上提出"我思故我在"的命题，认为"精神实体"与"物质实体"同时存在。著有《哲学原理》、《形而上学的沉思》、《方法谈》等。 ●美洲安圭拉岛成为英殖民地。
1651		●郑成功部将施琅降清。 ●俄国侵略者在黑龙江畔筑雅克萨城，称阿尔巴津。 ●清改建紫禁城正门承天门，并改名为"天安门"。 ●正白旗改属皇帝，从此两黄、正白属皇帝，称"上三旗"，余为"下五旗"。 ●北京北海白塔兴建。	●英独立派首领克伦威尔以保护私有财产为名，镇压掘土派运动。 ●英国颁布"航海条例"。规定进出口产品主要要由英国船只运送，以抵制荷兰在国际贸易中的中介活动。 ●英国启蒙运动思想家霍布士《利维坦》出版。提倡社会契约说，主张君主立宪，对18世纪欧美思想家影响很大。
1652		●清太祖孙尼堪在与李定国战中中伏击死。 ●郭怀一领导台湾人民起义，反抗荷兰殖民统治。	●爱尔兰成为英国殖民地。 ●荷兰东印度公司侵占开普。这是欧洲国家最早在南非（阿札利亚）建立的殖民地。

公元	（朝代）	中 国	外 国
		• 郑成功取漳州，不获。 • 五世达赖进京见顺治帝。 • 封关羽为"忠义神武关圣大帝"。 • 清廷禁"淫词小说"。 • 画家陈洪绶（字章侯，号老莲，1598～1652）卒。他善画人物、山水，作品有《水浒》及《西厢记》插图等。 • 书法家王铎（字觉斯，号嵩樵，1592～1652）卒，工行草书，有《拟山园帖》集刻其书法。 • 贵池发生地震，波及长江。	• 1652～1653：为争夺海上运输权，发生第一次"英荷战争"。 • 英国空想主义者温斯坦莱（1609～1652）卒。他是掘土派领袖。主张土地公有，人人劳动，权力平等，建立民主共和国。著有《自由法则》、《新正义法典》等。 • 西班牙画家里贝拉（1591～1652）卒。曾任宫廷画师，擅长表现人物性格特征。作品有《跛足男孩》、《阿基米得》等。
1653		• 清廷命洪承畴经略湖广、两广、云贵。 • 清太宗以第十四女嫁吴三桂子应熊。 • 顺治帝在京会见五世达赖，封其为"西天大善自在佛"，确立其在西藏政治和宗教上的地位，西藏成为政教合一地区。 • 吴伟业受召入京，途经苏州，邀集江南文社名士举行"虎丘大会"，到会者数百人。	• 英独立派首领克伦威尔改共和政体为护国主政体，自认"护国主"，建立军事独裁，解散国会。 • 1653～1656：尼康改革俄罗斯正教会。 • 意大利北部始建世界上第一座气象观测站。
1654	清	• 用宦官吴良辅议，设十三衙门。 • 中国禅宗僧人隐元东渡日本弘法。 • 文学家侯方域（字朝宗，1618～1654）卒。他与魏禧、王琬并称"清初散文三大家"。著有《壮悔堂文集》等。	• 苏格兰并入英国。 • 乌克兰并入沙俄。 • 第一次英荷战争。荷兰战败，英荷订立《威斯敏斯特条约》，荷兰承认英国的"航海条例"，放弃海上垄断地位。
1655		• 立内十三衙门铁碑，禁中宫预政。 • 清廷海禁。沿海地区不允片帆下海。 • 高僧蕅益（本姓钟，名智旭，别号八不道人，1599～1655）卒，著有《阅藏知津》等四十余部。	• 法国天文学家、物理学家、哲学家伽桑狄（1592～1655）卒。他曾观察水星凌日现象，还测算过声波速度。在哲学上他认为运动是宇宙的动力因。著有《伊壁鸠鲁哲学大全》等。
1656		• 清限定各牛录下读书人数。 • 清谕各牛录善待奴仆，勿使逃亡。 • 禁白莲、闻香等教。 • 清兵攻金门、厦门。复取舟山。 • 郑成功攻福州，不克。 • 科学家黄履庄（1656～?）诞生。他设计和创造了验冷热器、验燥湿器、瑞光镜、望远镜和显微镜等光学仪器，多级螺旋水车等。 • 散文家陈贞慧（字定生，1604～1656）卒，他是复社的重要成员，明亡后隐居家乡。后人辑有《陈处士遗书》。	• 英议会通过《促进英国生产和出口商品法案》。 • 威尼斯舰队在达达尼尔海峡击败土耳其军。 • 荷兰科学家惠更斯改进机械钟。发明摆钟。 • 罗马成立绘画协会。 • 荷兰从葡萄牙手中获得锡兰科伦坡。 • 1656～1659：爪哇发生第三次万丹战争。
1657		• 丁酉科场案起。顺天乡试舞弊考官李振邺等被斩。江南、河南也发生乡试舞弊案。 • 首次颁发《赋役全书》。 • 史学家谈迁（字孺木，1594～1657）卒。著有《国榷》、《北游录》、《枣林杂俎》等。	• 佛罗伦萨实验科学院成立。 • 17世纪中叶至18世纪下半叶：贩卖奴隶成为洲际间疯狂的贸易活动。 • 17世纪中叶：非洲南部今赞比亚地区出现"本巴王国"。

公　元	（朝代）	中　　　国	外　　　国
1658		• 南明桂王封郑成功为延平郡王。 • 清军破贵阳、遵义，入滇。 • 清沙尔呼达在黑龙江下游击溃俄军，俄军完全退出尼布楚以东地区。	• 克伦威尔卒，其子查理出任英国护国主。 • 德国莱茵诸城市结成莱茵同盟。 • 荷兰夺得锡兰岛全部沿海地区。
1659		• 郑成功与张煌言联师北伐进兵江南。"通海案"由此而起，清政府追查"通海"，兴大狱，株连甚广。 • 清命吴三桂镇云南，尚可喜镇广东，耿继茂镇四川（后改广西）。三藩始此。 • 明遗民朱舜水、陈元赟等先后赴日本定居。日本学者谥朱氏为"文恭先生"。陈氏兼精文武，日本柔道即受其所传拳法影响。 • 比利时传教士南怀仁来华，他曾任钦天监监务，制造天文仪器，并为清政府监铸大炮，著有《教要序论》、《康熙永年历法》等。 • 藏书家毛晋（字子晋，1599～1659）卒。建"汲古阁"、"目耕楼"藏书，校刻《津逮秘书》、《六十种曲》等。	• 英国众军官争权夺利，查理被迫辞职，英国护国政体结束。 • 今罗马尼亚地区的"瓦拉几亚公国"建都布加勒斯特。 • 丹麦得荷兰舰队的帮助，在尼堡败瑞典军。 • 在西北非摩洛哥地区由阿拉伯人建立的"萨阿德王朝"苏丹阿巴斯被杀，王朝瓦解。 • 库尔兰将冈比亚岛屿售于荷兰人。 • 英国东印度公司占领圣赫勒拿岛。 • 法在塞内加尔设立贸易点。 • 英国首次出现关于"伤寒"的记录。 • 荷兰科学家惠更斯发现土星光环。 • 普鲁士国家图书馆在柏林建立。
1660	清	• 清廷严禁士子立社订盟。 • 定三藩兵制。吴三桂辖五十三佐领，耿继茂和尚可喜各辖十五佐领。 • 清定八旗官职汉称。"固山额真"为"都统"等。 • 耿继茂被调任镇抚福建。 • 耶稣会传教士、比利时人南怀仁以汤若望举荐，入钦天监供职。 • 围棋高手过文年（字百龄，1587～1600）卒。	• 英国"斯图亚特王朝"复辟。查理二世返回伦敦，登基为王。 • "普鲁士公国"摆脱波兰宗主权。 • 格里马尔迪发现光的"衍射"现象。 • 英国物理学家胡克发现"胡克定律"，即在弹性极限内，弹性物理的应力与应变成反比。 • 西班牙画家委拉斯开兹（1599～1660）卒。曾任宫廷画师，他的画对19世纪欧洲现实主义画派影响很大。作品有《宫女》、《酒神》等。
1661		• 顺治皇帝病卒。子玄烨即位，年八岁，遗诏索尼、苏克萨哈、遏必隆、鳌拜四人为顾命大臣辅政。 • 罢十三衙门，仍设内务府，杀宦官吴良辅。 • 江南奏销案起。 • 郑成功从厦门进兵台湾，驱逐荷兰侵略军，收复台湾。清实行海禁，不许商船、渔船下海。 • 苏州发生哭庙案，杀金圣叹等。 • 文学批评家金圣叹（名人瑞，字若采，号圣叹，1608～1661）卒。曾批点《西厢》、《水浒》等书，删《水浒》为七十回本，影响很大。另著有《沉吟楼诗选》。 • 1661～1662：黄宗羲著《明夷待访录》。其《原君》篇谓帝王乃天下之大害，治乱不在一姓兴亡，而在万民之忧乐。	• 英查理二世颁布《克拉伦登法典》，恢复国教，对异教徒进行迫害。 • 法国宰相马扎然卒。国王路易十四亲自理政，加强集权，宣布"朕即国家"、"法律出自于我"，独揽一切大权。将王宫迁往凡尔赛。对内推行"重商主义"政策，对外扩大殖民地、倾销商品、掠夺原料、争夺欧洲霸权。 • 1661～1664：奥地利与土耳其发生战争。 • 英国化学家波义耳提出"化学元素"的科学定义，使"化学"成为科学。 • 1661～1756：法国建"凡尔赛宫"，是为欧洲最大的王宫。 • 约翰·埃利奥特将《圣经》译成阿尔贡金印第安语，为《圣经》在美洲的首版。 • 意大利医学家马尔比基发现毛细血管。

公 元	（朝代）	中 国	外 国
1662	清	●郑成功接受荷兰侵略者揆一投降，揆一率部离台。 ●吴三桂杀明永历帝。 ●郑成功卒。子郑经嗣"延平郡王"。 ●南明鲁王朱以海卒于台湾。 ●是年河决开封黄练集，冲灌祥符等七县，又决归仁，挟睢湖之水，从决口入洪泽湖，趋高家堰（在洪泽湖东岸，今江苏洪泽县境）。 ●诗人阎尔梅（字用卿，号白耷山人，1603~1662）卒。他曾参加抗清运动。有《白耷山人集》。 ●蒙古史重要著作《蒙古源流》成书。	●"英国皇家学会"成立。 ●英国经济学家配第出版《赋税论》。首次提出"劳动生产率"与"商品价值"的大小成反比。 ●英国化学家波义耳发现"波义耳定律"，即气体的体积随压强面改变。 ●法国数学家、物理学家、哲学家帕斯卡（1623~1662）卒。他在数学方面提出"帕斯卡定理"、"帕斯卡三角形"，对概率论研究也有贡献。物理学方面，提出"帕斯卡定律"。哲学方面他主张信仰高于一切。著有《思想录》等。
1663		●"夔东十三家"抗清兵败。 ●清军攻下金门、厦门。 ●庄廷钺《明史》狱结案，株连数百家，是为清代大规模文字狱之始。 ●曹玺任江宁织造。三代世袭是职六十年。 ●文学家屈復（字见心，号悔翁，1663~?）诞生。著有《楚辞新注》、《弱水集》等。	●英国颁布"主要商品法"。保护本国工业。 ●德国盖利克创制出第一台"摩擦起电机"，并发现地磁场能使铁屑磁化。 ●英国科学家约翰·牛顿发现二项式定理。 ●1663~1687：中亚"希瓦汗国"阿布哈齐汗卒。子阿努什继位。
1664		●杨光先上《请诛邪教疏》，攻击西洋传教士汤若望、南怀仁"图谋不轨"。汤、南俱下狱。 ●文学家钱谦益（字受之，号牧斋，1582~1664）卒。著有《初学集》、《有学集》等，编有《列朝诗集》。有藏书楼名"绛云楼"，顺治七年失火烧毁。其姜柳如是（号河东君、靡芜君，1618~1664），能诗画，因族人迫索重金，自缢。 ●文学家张煌言（字玄著，号苍水，1620~1664）卒。有《张苍水集》。 ●医学家喻昌（号嘉言，1585~1664）卒。著《尚论篇》、《尚论后篇》、《医门法律》等。	●法国组织"西印度公司"。 ●英荷在北美发生冲突，英国夺取荷兰的新尼德兰殖民地，改名"纽约"。为第一个中部英属殖民地。 ●菲拉勒人在今西北非洲摩洛哥地区建立"阿拉维王朝"（或称"菲拉勒王朝"），史称"谢里夫帝国第二王朝"。后迁都梅克内斯。 ●时法国家具流行于欧洲，深为贵族喜爱。 ●匈牙利诗人米克洛什（1620~1664）卒。撰有匈牙利第一部史诗《锡盖特之危》。
1665		●以杨光先为钦天监正。 ●去年，乡会试停用制义，改试策论。是年，又恢复使用制义。 ●虞城发生水灾。 ●洪承畴（字彦演，号亨九，1593~1665）卒。他是明万历进士，崇祯时任兵部尚书，兵败降清，隶汉军镶黄旗，圣祖即位后退职。 ●戏剧家沈自晋（字长康、伯明，号鞠通生，1583~1665）卒。作品有传奇《翠屏山》、《望湖亭》等，编有《南词新谱》。	●法国成立"北非公司"。 ●柯尔伯任法国财政总监，推行"重商主义"，积极进行财政改革。 ●1665~1667：第二次"英荷战争"。荷兰战败。 ●荷兰科学家列文虎克发明显微镜。 ●英国科学家胡克首次发现"细胞"。 ●法国数学家费尔马（1601~1665）卒。他对数论、解析几何都有贡献，已有"微分"思想萌芽。他提出的"大定理"至今未得解决。 ●法国画家普桑（1594~1665）卒。他是古典主义绘画的奠基人，曾任宫廷画师。作品有《酒神祭》、《亚卡第亚的牧人》等。

公元	(朝代)	中　国	外　国
1666		• 鳌拜专横，矫旨杀户部尚书苏纳海等。 • 因黎维禧缴明永历帝所赐敕印，册封为"安南国王"。	• "巴黎科学院"成立 • 英国科学家伊萨克·牛顿测算月亮轨道。通过三棱镜发现光的色散现象。
1667		• 分江南为江苏，安徽两省。 • 康熙皇帝亲政。时年十四岁。 • 鳌拜诬苏克萨哈反对归政，灭其族。 • 从刑部奏，凡以"通海"、"逆书"、"于七党"等罪诬告他人者，查明均反坐。	• 法国同西班牙争夺西属尼德兰，战后订"亚琛条约"。 • 1667～1671：俄国发生"拉辛起义"。被镇压。 • 美洲安提瓜和巴布达成为英殖民地。
1668		• 南怀仁奏杨光先所订历书之误，为汤若望及《时宪历》申冤。 • 禁止在京诸臣交通地方官员。 • 黄河两决桃源（今江苏泗阳西南），下流阻塞，水尽入洪泽湖。自康熙八年以后，下游几乎每年决口。 • 山东莒县大地震。影响北至盛京，南至广东，东至朝鲜，西至山西。 • 女诗人方维汉（字仲贤，1585～1668）卒。著有《清芬阁集》。又编历代妇女作品为《宫闺诗史》。	• 牛顿制成第一架反射望远镜样机。奠定了现代大型天文望远镜的基础。并初步观察了行星运动规律，预言地球不是正圆球体。 • 瑞典创办"隆德大学"。 • 荷兰驻巴达维亚总督颁布《马六甲条例》。 • 美国与荷兰在非洲冈比亚达成平分权益的协议。 • 西班牙和葡萄牙缔结《里斯本条约》，西承认葡的独立。
1669	清	• 以《大统历》有误，革钦天监监正杨光先职，以比利时传教士南怀仁为钦天监副。杨光先还乡，死途中。著有《不得已》书，谓"宁使中国无好历法，不可使中国有西洋人"。 • 诏永停圈地，实施"更名田"。 • 禁传天主教。 • 鳌拜因专权被革职禁锢，不久病死。 • 文学家丁耀亢（字西生，号野鹤，1599～1669）卒。著小说《续金瓶梅》，影响不大。还有传奇《表忠记》等。	• 北欧诸城市结成的"汉萨同盟"结体。 • 荷兰画家伦勃朗（1606～1669）卒。他擅用聚光及透明阴影突出主题，是现实主义的大师。作品有《夜巡》、《三棵树》等。 • 巴黎歌剧院建成。 • 克罗地亚萨格勒布大学建成。 • 德科学家布兰德首次发现元素磷。 • 荷兰哲学家海林克斯（1624～1669）卒。撰有《论德行》、《再论逻辑》等。
1670		• 改内三院为内阁及翰林院，设中和、保和、文华三殿大学士。 • 放开传天主教之禁。 • 致书要求俄国侵略者阿尔兴斯基撤出雅克萨。 • 文学家陈忱（字遐心，号雁宕山樵，1613～1670）卒。明亡后卖卜为生。著有《水浒后传》。 • 著名说书人柳敬亭（本姓曹，1587～1670）卒。他擅说《隋唐》、《水浒》，曾在苏杭一带献艺，声望很高，后北上至京，一直说到八十岁。	• 英查理二世与法路易十四订立"多佛密约"。法帮助英恢复天主教。 • 英在北美成立"哈得孙湾公司"，名义上经营皮货，而被赋予立法、司政、行政及发行通货、征税等特权。 • 美洲牙买加和开曼群岛成为英殖民地。 • 1670～1710：马达加斯加伊梅里纳新国王在位。期间，伊梅里纳分裂为四小国。 • 波希米亚教育学家夸美纽斯提出实行全民教育制度。
1671		• 毁南京明故宫。 • 文学家吴伟业（字骏公，号梅村，1609～1671）卒。著作除诗文集《梅村家藏稿》外，	• 1671～1685：由英、法、荷等国走私分子组成的海盗集团穿越巴拿马海峡，控制加勒比地区。

公 元	（朝代）	中 国	外 国
		有《绥寇纪略》、传奇《秣陵春》等。 • 戏曲家李玉（字玄玉，号苏门啸侣，1591～1671）卒。他与朱素臣合著《清忠谱》（记苏州反魏忠贤党捕周顺昌事）。另有《占花魁》等十余种传奇。 • 思想家、科学家方以智（字密之，号曼公，1611～1671）卒。他是崇祯进士，任翰林院检讨。明亡，出家为僧。他认为哲学离不开科学，科学应以哲学为指导。反对宋明理学，提出"宙（时间）轮于宇（空间）"的见解。指出宇宙是物质的。反对外国传教士的宗教思想而接受其科学知识。著有《通雅》、《物理小识》、《东西均》等。 • 诗人冯班（字定远，号钝吟老人，1602～1671）卒。他为明诸生，明亡，佯狂避世。著有《冯氏小集》、《纯吟杂录》等。	• 海盗首领夺得北非阿尔及利亚地区统治权，实行独立统治，统治者称"德伊"。 • 土耳其向波兰宣战。 • 葡萄牙军征服今非洲安哥拉中部地区的"恩东戈王国"。 • 法国组建塞内加尔公司。 • 丹麦创建西印度公司。 • 俄国哥萨克起义领袖拉辛被处死。 • 法国在欧洲首建炮兵团，炮兵始成正规军。 • 巴黎天文台建成。 • 德国科学家莱布尼茨发明机械演算机。 • 伦敦建大火纪念塔。 • 罗马首次印刷阿拉伯语《圣经》。 • 意大利天主教教士潘国光（1607～1671）卒。著有《天阶》、《圣体规仪》等。
1672	清	• 葡萄牙传教士徐日昇来华。他曾协助南怀仁修订历法。1689年以翻译身份随索额图参加签订中俄《尼布楚条约》。 • 荣宝斋在北京创建。 • 学者周亮工（字元亮，号栎园，1612～1672）卒。著有《赖古堂集》、《因村屋书影》等。 • 道学家陆世仪（字道威，号桴亭，1611～1672）卒。入清，隐居讲学。著有《思辨录》、《复社纪略》等。 • 17世纪70年代：河南温县陈家沟人陈王廷（王廷一作王庭）创造太极拳。	• 英国"皇家非洲公司"成立。 • 1672～1674：第三次"英荷战争"。荷兰接连失败，海上霸权被英国占据。 • 牛顿在《皇家学会哲学杂志》上发表论文，通过"色散实验"首次提出"白光"是由不同颜色的光（不同波长）组成的观点。继而揭示出物质的色彩之谜，成为光谱分析的基础。 • 法国科学家卡西尼首次测定太阳与地球的精确距离，并发现土卫五星。 • 法人探察北美密苏里河南部一带。
1673		• "三藩之乱"起。 • 因满人多贫困负债，而婚丧靡费甚多，又溺于赌博，命八旗都统、六部满尚书注意劝阻。 • 文学家归庄（字尔礼，又字玄恭，号恒轩，1613～1673）卒。他是明末复社成员。有《归庄集》等。 • 诗人龚鼎孳（字孝升，号芝麓，1615～1673）卒。著有《定山堂集》。 • 画家萧云从（字尺木，号无闷道人、钟山老人，1596～1673）卒。善山水，人称"姑熟派"，曾雕版印制《离骚图》。 • 史学家马骕（字宛斯，1620～1673）卒。著有《绎史》、《左传事纬》等。	• 荷兰总督奥兰治的威廉三世组织反法同盟。攻占波恩，法军撤离荷兰。 • 1673～1677：因波兰拒绝割地，土耳其与波兰战争又起。 • 荷兰从英人手中夺回北美的纽约和新泽西。 • 法国征伐锡兰。 • 英议会通过《宣誓法案》。 • 荷兰科学家惠更斯利用摆的原理测量绝对重力值。他还推导出"向心力定律"。 • 法人至北美密西西比河源探险。 • 法国古典主义剧作家莫里哀（1622～1673）卒。著有《伪君子》、《吝啬人》等三十七部喜剧。
1674		• 三藩大举进攻清军。 • 提督王辅臣反，杀经略莫洛，陕西大震。 • 道学家张履祥（字考夫，1611～1674）卒。著有《杨园全集》。 • 诗人宋琬（字玉叔，号荔裳，1614～1674）	• 1674～1676：西西里岛爆发反西班牙起义。 • 荷兰科学家列文虎克最先发现海洋原生物，他还在显微镜下发现了"红血球"。 • "胡库鲁－穆斯基特清真寺"在南亚马

公　元	（朝代）	中　国	外　国
		卒。与施闰章称"南施北宋"。著有《安雅堂集》。	累岛（今马尔代夫首府）上兴建。
1675		●康熙帝立胤礽为太子。 ●郑成功子郑经在台湾受耿精忠请，出兵破漳州。 ●学者孙奇逢（字启泰，称夏峰先生，1584～1675）卒。他以象山、阳明为主，而又不违程朱。著有《夏峰集》等。	●1675～1677：新英格兰"腓力王治战"。 ●英国建立"格林尼治天文台"。 ●1675～1710："圣保罗大教堂"在伦敦建成。 ●哥伦比亚麦德林建城。
1676		●清军开始反攻三藩。 ●郑经与耿精忠冲突，夺取漳、泉、汀诸府。 ●史学家查继佐（字伊璜，号与斋，称东山先生，1601～1676）卒。为明末举人，明亡后编《明史》，后以庄廷钺案入狱。释放后改名左尹，号非人。著有《罪惟录》（纪传体明史）、《鲁春秋》、《东山国语》、《国寿录》等。	●波兰大破土耳其军。波土签约，土耳其归还西乌克兰大部。 ●北美发生反英斗争，遭镇压。 ●丹麦科学家罗默推算出"光速"。 ●牛顿与莱布尼茨分别提出"微积分"概念，建立"微积分学"。 ●英国科学家胡克发现形变和应力之间成正比的固体弹性定律。
1677	清	●任靳辅为河道总督，开始进行黄河治理。 ●始设南书房，选文学之士充任。 ●经学家张尔岐（字稷若，1612～1677）卒。著有《仪礼郑注句读》等。 ●画家王鉴（字玄照，1598～1677）卒。他善画山水，被誉为"清六家"之一。另著有《染香庵集》等。	●英、荷组成反法同盟。 ●荷兰哲学家斯宾诺莎（1632～1677）卒。他反对超自然的"上帝"的存在。认为"实体"即自然界是一切事物的基础。著有《神学政治论》、《伦理学》、《知性改进论》等。
1678		●吴三桂在衡州称帝，旋卒，其孙世璠即帝位。 ●郑经军陷海澄，攻泉州不下。 ●清开博学鸿词科，征举名儒。 ●朱彝尊历代《词综》完成。他开创"浙西词派"。	●英国下院权力加强，其所通过的经费议案，上院不得变动。 ●《尼姆维根条约》用法文签署，此后，法文被公认为外交语言。 ●在伊朗故都伊斯法罕建"卡珠大桥"，为古代丝绸之路南路的要站。
1679		●博学鸿词科举行考试，应试者一百多人，取中彭孙遹等五十人，其中有陈维崧、朱彝尊、汪琬、汤斌、毛奇龄、施闰章、尤侗等。 ●开修《明史》，以学士徐元文、叶方蔼和庶子张玉书为总裁。欲聘顾炎武、黄宗羲，遭拒。万斯同以布衣参史局。 ●《芥子园画谱》（初集）开始印行。系统介绍中国画的基本技法。 ●蒲松龄写成《聊斋志异》。 ●文学家张岱（字宗子，号陶庵，1597～1679）卒。著有《琅嬛文集》、《陶庵梦忆》、《西湖梦寻》、《石匮书》（今存后集）等。 ●京师大地震，通州、三河、永清、固安等地均震，伤亡严重。波及地区包括今内蒙古、辽宁、山东、河南、山西、陕西、甘肃、江苏、安徽各省区，有记载可据之州县达一百三十七处。	●英国会通过"人身保护法"。规定，逮捕令必须说明理由，并于三至二十天内送交法庭。 ●英国会内形成"辉格党"，19世纪中叶与其他党合并为"自由党"。 ●英国启蒙运动思想家霍布士（1588～1679）卒。他在政治思想上提出"自然状态"和国家起源说，反对君权神授，主张君主专制，抨击教会，视罗马教皇为魔王。哲学上强调认识与征服自然，以"造福人类"。著有《利维坦》、《论社会》等。 ●意大利物理学家、生理学家博雷利（1608～1679）卒。他首次以静力学、动力学规律解释肌肉运动及其他身体功能，被视为物理医学奠基人。著有《动物的运动》等。 ●法人发现北美尼亚加拉大瀑布。

公 元	（朝代）	中 国	外 国
1680	清	• 清军进兵云、贵、川。 • 文学家魏禧（字冰叔，一字叔子，1624～1681）卒。与兄魏祥、弟魏礼等号称"易堂九子"。著有《叔子集》、《左传经世》等。 • 画家王时敏（字逊之，号烟客，1592～1680）卒。善山水。有《王烟客先生集》。 • 戏曲理论家李渔（字笠鸿、谪凡，号笠翁，1611～1680）卒。著有《闲情偶寄》、《笠翁十种曲》、《十二楼》等。	• 巴西颁布禁止强制印第安人为奴令。 • 法国用浇铸法制出"平板玻璃"。 • "慈善学校"首次在伦敦出现。 • 1680～1718：哈萨克汗国陶克汗在位。时制定了《七项法典》，即著名的《头克法典》。 • 芭蕾舞首次从法国传入德国。 • 法国正式组建法兰西喜剧院。 • 意大利建筑家贝尔尼尼（1598～1680）卒。作品有《大卫》、《四河喷泉》、圣彼得教堂柱廊等。
1681		• 三藩之乱结束。三藩所属人口均编入旗籍。 • 清以郑氏降将施琅为福建水师提督，准备攻台。 • 康熙帝接见直隶巡抚于成龙，称为"清官第一"。	• 英王查理二世赐予海军上将威廉·宾恩一块王室领地。下年，宾恩之子建业主殖民地，即北美的宾夕法尼亚。 • 德国成立"非洲公司"。 • 俄国成立"莫斯科科学学会"。 • 西班牙建"萨拉戈萨圣母显圣大教堂"。
1682		• 定吴三桂党罪。耿精忠等凌迟处死，余人处斩。 • 五世达赖阿旺·罗桑嘉措圆寂。 • 学者顾炎武（原名绛，字宁人，号亭林，1613～1682）卒。他反对空谈，提倡"博学于文"、"行己有耻"。著有《日知录》、《天下郡国利病书》、《音学五书》等。 • 文学家陈维崧（字其年，号迦陵，1625～1682）卒。著有《湖海楼诗集》、《迦陵词》等。 • 天文学家王锡阐（号晓庵，1623～1682）卒。他常做天文观察，独立发明计算金星、水星凌日的方法，并提出精确计算日月食的方法。著有《晓庵新法》六卷和《五星行度解》等。	• 法国占据北美路易斯安那。 • 俄国彼得一世即位。1721年起称帝（即"彼得大帝"），加强中央集权。 • 西班牙画家牟利罗（1617～1682）卒。他是写实主义的代表人物。作品有《小乞丐》、《清静受胎》等。 • 法国画家洛兰（1600～1682）卒。他革新古典风景画，开创以表现大自然的诗情画意为主的新风格，作品有《欧罗巴被劫》、《圣乌苏拉出发》等。 • 英移民在北美建费拉德尔菲亚城（费城）。 • 德国波茨坦宫建成。 • 德国莱比锡出版首份学术期刊《博学学报》。
1683		• 施琅率水师攻下澎湖。清军收复台湾，郑克塽降。 • 清设黑龙江将军，萨布素任之，驻黑龙江瑷珲城（在今爱辉南）。 • 经学家万斯大（字充宗，1633～1683）卒。他治经不拘汉宋，不盲从。著有《学礼质疑》、《周官辨非》等。 • 学者吕留良（字用晦，号晚村，1629～1683）卒。他推崇程朱，晚年为僧。有《吕用晦文集》、《东庄吟稿》等。 • 诗人施闰章（字尚白，号愚山，1618～1683）卒。著有《学余堂诗文集》。	• 奥地利与波兰联军击败土耳其军，粉碎了土耳其的扩张计划。 • 1683～1706：印度尼西亚爆发反对荷兰殖民者的"苏拉巴蒂起义"。 • 法军攻占北非阿尔及利亚首府阿尔及尔。 • 希瓦汗国攻打布哈拉汗国。 • 德人首次移民北美。 • 荷兰科学家列文虎克在显微镜下发现"细菌"。 • 牛顿据太阳、月亮和地球的引力关系，提出解释潮汐的数学理论。
1684		• 清设台湾府、县、总兵等官，隶福建行	• 教皇英诺森十一世倡导建立反土耳其神

公　元	（朝代）	中　　国	外　　国
		省。开放海禁，设宁波等四海关。 ●康熙帝首次南巡。 ●文学家吴兆骞（字汉槎，1631～1684）卒。著有《秋笳集》。 ●诗人吴嘉纪（字宾贤，号野人，1618～1684）卒。著有《陋轩集》。	圣同盟。有奥地利、波兰和威尼斯参加，俄后加入。 ●百慕大群岛成为英殖民地。 ●英皇家非洲公司取得对非洲冈比亚的垄断权，设詹姆斯堡。 ●法科学家卡西尼发现土星的两颗卫星。
1685		●萨布素等率兵与俄侵略者战于雅克萨。 ●清开放海禁后在上海设立江海关。 ●英人于广州设商馆，正式对华通商。 ●康熙下诏"普免"全年赋税。 ●甘薯、玉米时已在全国推广。 ●文学家纳兰性德（字容若，本名成德，1654～1685）卒。他是满洲正黄旗人，康熙进士。著有《通志堂集》、《纳兰词》，又与徐乾学等编刻唐以来说经诸书为《通志堂经解》。	●英王查理二世卒。其弟詹姆士二世继立。取消《人身保护法》，大力推行天主教。 ●法王路易十四废除"南特敕令"，公开迫害胡格诺教徒。 ●牛顿发现"万有引力定律"。两个物体之间有引力。引力和距离的平方成反比，和两个物体质量的乘积成正比。 ●英学者著成《脉搏的变化》。
1686	清	●命徐乾学以礼部侍郎充《一统志》、《会典》副总裁及《明史》总裁官。 ●康熙鼓励汉大学士与满大学士争辩。 ●俄军重据雅克萨，清军围攻，因俄皇求和下令撤围。 ●道学家魏裔介（字石生，号贞庵，1616～1686）卒。著有《圣学知统录》、《希贤录》等。	●荷、奥和勃兰登堡组成反法的"奥格斯堡联盟"。 ●俄国同波兰签订《永久和约》，确认乌克兰归俄国所有。 ●英学者哈雷绘制首幅气象地图。 ●法物理学家马里奥特出版首部流体力学著作。
1687		●法传教士张诚来华。他曾在中俄《尼布楚条约》交涉中，任清廷翻译。 ●道学家汤斌（字孔伯，号潜庵，1627～1687）卒。著有《洛学篇》等。 ●道学家魏象枢（字环溪，号庸斋，1617～1687）卒。著有《儒宗录》、《寒松堂集》等。 ●文学家杜濬（本名诏光，字于皇，号茶村，1611～1687）卒。诗文有才气，著有《变雅堂诗文集》。	●"摩哈赤之战"。奥地利军大败土耳其。土在匈牙利的统治地位为奥取代。 ●牛顿发表《自然哲学的数学原理》。提出经典力学的基本定律，即牛顿三大运动定律。 ●英国经济学家配第（1623～1687）卒。他是古典政治经济学的创始人，初步建立了劳动价值论，探讨了剩余价值的来源。著有《赋税论》等。
1688		●时有南北党。大学士明珠为北党之首，左都御史徐乾学为南党之首。徐指使御史郭琇参奏明珠、余国柱结党营私，明珠罢相，余国柱革职。 ●剧作家洪昇《长生殿》问世。 ●道学家朱用纯（字致一，号柏庐，1617～1688）卒。他宗程朱。所作《治家格言》，世称《朱子家训》。另著有《愧讷集》等。 ●文学家毛先舒（字雅黄，1620～1688）卒。他与毛奇龄、毛际可齐名，有"浙中三毛，文中三豪"之称。著有《思古堂集》、《韵学通指》等。 ●水利学家陈潢（字天一，号省斋，1637～	●英国发生"光荣革命"（不流血的革命）。国会中托利党和辉格党联合，达成协议，与国王詹姆士二世决裂，决定迎接国王之女玛丽及其夫、荷兰执政威廉军入英为王，詹姆士逃往法国。 ●开设在伦敦泰晤士河附近一家咖啡馆，商人常在此会聚，后渐发展成为海上保险和航运业务交易场所，名"劳埃德保险社"，为"保险"的发端。 ●英人丹皮尔在今澳大利亚西北的金湾上岸，深入内地探险，回国后写出《新荷兰航行记》。

公元	（朝代）	中　国	外　国
		1688）卒。他是靳辅治河的助手。著作见靳辅《治河方略》。	
1689		●康熙帝第二次南巡。 ●中俄订立《尼布楚条约》，定中俄东段边界。 　洪昇因在佟皇后国丧期间演其所作《长生殿》，被革去国学生籍，牵连多人。	●威廉入英，正式登基为英王。国会通过《权利法案》。限制王权，确立君主立宪体制。 ●1689～1697：奥格斯堡同盟战争。英法争夺海上霸权。
1690		●徐乾学在洞庭东山设《一统志》局，请阎若璩、胡渭、顾祖禹等任事。 ●学者傅山（字青主，号啬庐，1607～1690，一说1684）卒。他通经史、诸子、佛道、医术等，诗文、书画、金石俱工。著有《霜红龛集》等。 ●画家恽寿平（初名格，字寿平，号南田，1633～1690）卒，他长于花卉。为"清六家"之一。另著有《瓯香馆诗文集》。	●法国人巴本提出用蒸汽推动活塞运动的意见，但未制出实用蒸汽机。 ●荷兰物理学家惠更斯出版《光论》，提出光的波动说，从而推导出光的直线传播和反射折射定律。 ●法国画家勒·布朗（1619～1690）卒。他是皇家绘画雕塑学院和创始人和首任院长，还是路易十四的首席画师，凡尔赛宫内部装饰总负责。代表作是宫内壁画。
1691	清	●清封哲布尊丹巴一世为呼图克图大喇嘛，管理外蒙古藏传佛教事务。 ●《通鉴纲目》满文译本成书。 ●文学家汪琬（字苕文，号钝庵、尧峰，1624～1691）卒。著有《尧峰类稿》等。 ●篆刻家、画家程邃（字穆倩，号垢区，1605～1691）卒，他善大篆入印，朴厚苍浑。画工山水，自成风格。另有诗集《会心吟》。	●英征服爱尔兰，缔结《利默里克和约》。爱尔兰天主教徒获信仰自由。 ●北美得克萨斯成为西班牙殖民地。 ●瑞士数学家贝努利出版《微分学初步》。 ●英国化学家、物理学家波义耳（1627～1691）卒。他开创分析化学研究，批判点金术，使化学确立为科学。物理学上发现著名的"波义耳定律"。
1692		●水利学家靳辅（字紫垣，1633～1692）卒，曾任河道总督。著有《靳文襄公奏疏》、《治河方略》。 ●思想家王夫之（字而农，号薑斋，人称船山先生，1619～1692）卒。曾参加南明桂王政府，明亡后居山中，不剃发。勤奋著述数十载。他批判程、朱、陆、王之说，认为"大贾富民"系"国之司命"。后人所编《船山遗书》至道光间始刻，同治间始全刻。重要著作有《薑斋诗话》、《黄书》、《噩梦》、《读通鉴论》等。 ●地理学家顾祖禹（字景范，人称宛溪先生，1631～1692）卒。著有《读史方舆纪要》。 ●道学家陆陇其（字稼书，1630～1692）卒。著有《三鱼堂文集》等。	●英海军在拉乌格击败法海军。法陆军在斯坦因科克战胜英军。 ●英在西非从法手中夺得圣路易。 ●英发行公债一百万镑。是为历史上首次由国家发行公债。 ●美洲牙买加的金斯敦城始建。 ●秘鲁库斯科大学创办。 ●法皇家图书馆首次向公众开放。 ●意大利佛罗伦萨科学社完成水的可压缩性实验。 ●英剧作家沙德韦尔（1642～1692）卒。作有《守财奴》、《风暴》等剧本十八部。
1693		●俄使伊兹勃兰特·义杰斯抵京。中俄始于北京互市。 ●建筑设计家雷发达卒。子孙七世继其业，人称"样子雷。" ●文学家冒襄（字辟疆，号巢民，1611～1693）卒。他不仕清。著有《水绘园诗文集》等。	●法军击败英、荷反法同盟联军，占领海德尔堡。 ●伯南布哥殖民当局兴兵围攻帕尔马雷斯黑人联盟。 ●巴西发现金矿。 ●意大利西西里岛卡塔尼亚发生大地震。

公 元	（朝代）	中 国	外 国
		●文学家钱澄之（字饮光，号田间，1612～1693）卒。著有《田间诗学》、《所知录》等。 ●书法家郑簠（字汝器，号谷口，1622～1693）卒。他善隶书，以洒脱见长。	十万人遇难。 ●英科学家哈雷发现月球运动的长期加速现象。 ●德学者莱布尼茨编著《国家外交司法法典》。
1694		●始建雍和宫。 ●以王鸿绪主修《明史》，以万斯同主核定稿。 ●学者徐乾学（字原一，号健庵，1631～1694）卒。他曾奉命编修《一统志》、《大清会典》及《明史》。著有《憺园集》、《传是楼书目》，并集历代丧制编《读礼通考》等。与弟元文、秉义号"昆山三徐"。 ●文学家吴绮（字园次，号听翁，1619～1694）卒，时称"红豆词人"，并有戏曲创作。著有《林蕙堂集》等。	●英国议会通过《地位法案》，规定政府官员不得同时兼任下院议员。 ●东非奔巴岛发生反葡起义。 ●"英格兰银行"成立。为英国中央银行的前身。是为近代银行的开端。 ●虔敬主义运动的中心"哈雷大学"创立。 ●德学者卡梅拉鲁斯首次发现植物的性别。 ●意大利医学家马切诺·马尔皮吉（1628～1694）卒。他发现了人体血液的毛细血管循环现象。
1695	清	●噶尔丹屯兵克鲁伦河源，劫掠附近蒙古部落，清廷议出兵攻击。 ●吴楚材、吴调侯选编《古文观止》刊行。 ●名僧东皋（俗姓蒋，名兴畴，字心越，1639～1695）卒，他曾应邀赴日说法，并讲授琴艺、书画及治印，促进中日文化交流。后主持水户祇园寺。卒后，门人集其传谱，成《东皋琴谱》，内中有《扶桑操》，为其所作。 ●学者刘献廷（字继庄，1648～1695）卒。他通地理、音韵等学，以经世为宗旨。著作传世者仅《广阳杂记》一种。 ●思想家黄宗羲（字太冲，号南雷，人称梨洲先生，1610～1695）卒。曾参加抗清义军，屡拒清廷征召。著有《宋元学案》、《明儒学案》、《明夷待访录》、《南雷文案》等。	●英国取消出版物检查法令。 ●1695～1696：第一次"俄土战争"。俄占领亚述（在亚述海东北）一带地区。 ●南非"昌加米尔国"击败葡萄牙人入侵，禁其在境内设立商站。 ●德人佛朗凯建贫民学校。此后，各地兴建"佛朗凯学院"。 ●法国科学家阿蒙顿斯发明悬垂式气压计。 ●荷兰天文学家、物理学家惠更斯（1629～1695）卒。他发现了土星光环和土卫六。物理学上重要的贡献是建立了光的波动说，发现双折射光束的偏振性，并作理论阐释。对望远镜与时钟有重要改进。
1696		●康熙亲征噶尔丹。在昭莫多（今蒙古乌兰巴托东南）大破之。青海各部乘机脱离其统治。 ●五世达赖卒时第巴（政务总管）桑结嘉措隐瞒之，此时方悉，康熙遣使诘责。 ●文学家屈大均（字翁山，1630～1696）卒。他曾参加抗清军队，失败后一度为僧，著有《道援堂集》、《广东新语》等。	●英国设立"贸易和移民局"，作为殖民地管理机构。 ●英国工程师赛维利制成利用蒸汽冷凝抽水的机器，提出专利申请。 ●柏林美术学院建立。 ●法数学家洛比达提出求不定式极限的"洛比达法则"。 ●《英格兰历史丛书》和《西班牙历史文献目录》编成。
1697		●清廷允许宗室子弟与满洲诸生一体应科举考试。 ●康熙再征噶尔丹，噶尔丹自杀。 ●第巴桑结嘉措立仓央嘉措为六世达赖。	●1697～1698：俄沙皇彼得一世化名秘密到西欧考察，回国后进行仿欧改革。 ●奥古斯都二世任波兰国王，开始"萨克森王朝"统治。

公元	（朝代）	中　　国	外　　国
1698	清	● 清廷派官员疏浚"无定河"（浑河），固定河道，改名"永定河"。 ● 诗人曹贞吉（字升六，号实庵，1634～1698）卒，他为康熙进士，时称"燕台十子"之一。著有《珂雪诗》、《珂雪词》。	● 伦敦成立"证券交易所"。 ● 英国议会正式批准贩卖黑奴的《奴隶贸易法》。 ● 法国成立"中国公司"。 ● 俄国开始实行"征兵制"。
1699		● 康熙帝第三次南巡。 ● 孔尚任著名传奇剧本《桃花扇》问世。 ● 顺天乡试舞弊案发。主考姜宸英（字西溟，号湛园）下狱后病死。姜为进士出身，曾参与《明史》纂修，作《刑法志》。著有《湛园未定稿》等。 ● 学者费密（字此度，号燕峰，1623～1699）卒。主张致用，反对空谈道德性命。著有《燕峰集》等。	● 奥斯曼帝国战败后，与奥地利、波兰、威尼斯组成的反土联盟签订"卡洛维茨条约"。显出帝国衰败的征兆。 ● 俄国与丹麦、波兰结成反瑞典的"北方同盟"。 ● 英国颁布"羊毛条例"。 ● 英国人达姆比尔在大洋洲海岸作探险航行。 ● 中国宜兴紫砂陶器传到英国。
1700		● 清廷任张鹏翮为河道总管，治理黄河。 ● 词人彭孙遹（字骏孙，号羡门，又号金栗山人，1631～1700）卒。他是顺治进士，康熙时举博学鸿词第一。著有《松桂堂集》、《延露词》等。 ● 诗人陈恭尹（字元孝，号半峰，又号独漉，1631～1700）卒。明亡隐居，为"岭南三家"之一。著有《独漉堂集》。	● 俄国为争夺波罗的海的出海口，与瑞典发生"北方战争"。 ● 1700～1808：西班牙由波旁王朝进行统治。 ● 南非今津巴布韦地区"莫诺莫塔帕王国"为"昌加米尔王国"所征服。 ● 普鲁士创办柏林科学院。
1701		● 永定河疏浚完工。从张鹏翮之请，封河神为"显佑通昭灵效顺金龙四大王"。 ● 陈梦雷始为诚亲王胤祉纂修《汇编》，此即纂修《古今图书集成》之始。 ● 藏书家钱曾（字遵王，号也是翁，1629～1701）卒。藏书处名"述古堂"和"也是园"。著有《读书敏求记》。 ● 医学家张石顽（名璐，字路玉，自号石顽老人，1617～1701）卒。著《伤寒缵论》、《份寒绪论》、《本经逢原》、《诊宗三昧》、《医通》等。	● 英国会通过《嗣位法》，规定英国国王必须是新教徒。 ● 英、荷、德等国在海牙成立"抗法大同盟"。 ● 西班牙发生王位继承战争。 ● "普鲁士王国"建立。普鲁士以参加西班牙王位继承权为条件从神圣罗马帝国皇帝处取得普鲁士国王的称号。 ● 俄国在莫斯科设立第一所"航海学校"。
1702		● 胡渭撰地理名著《禹贡锥指》成书。在前人注释《禹贡》的基础上，广征博引，逐句加注，并提出自己的见解，订正前人注释中的一些谬误。书中提出的黄河五次改道的说法，对后世影响很大。 ● 北京乐氏家族正式成立"同仁堂"。世代相传，称"乐家老铺"。1723年前后，开始为御药房服务。1907年后，全国各地设分店三十余家，分店不称"同仁堂"，只在店前冠"乐家老铺"字样，如上海"达仁堂"、"宏仁堂"等。 ● 史学家万斯同（字季野，称石园先生，	● 1702～1714：英王威廉三世卒。由王后安妮继位。 ● 1702～1713：英在北美夺取法殖民地，"安妮女王战争"爆发。 ● 1702～1705：法国赛汶山区发生新教徒"卡尔扎米起义"。 ● 门的内哥罗君主在圣诞节前夕屠杀境内穆斯林居民，史称"门的内哥罗晚祷"。 ● 最早的日报《每日新闻》在伦敦创刊。 ● 德人霍曼在纽伦堡开设地图制作所。 ● 德国城市街道开始有照明设备。 ● 法国科学家阿蒙东发明空气温度计，并

公 元	（朝代）	中　　国	外　　国
		1638～1702）卒。参加修《明史》十九年。著有《历代史表》等。 　●文学家严绳孙（字荪友，号藕荡渔人，1623～1702）卒。人称"江南三布衣"之一。著有《秋水集》。	提出气体反应定律。 　●荷兰医学家布尔哈维首先在莱顿大学创立"临床教学"，通过学生将其临床医学传至欧洲。
1703		●康熙帝第四次南巡。 　●时诸皇子各树私党，索额图与太子胤礽相结，以结党营私罪被拘禁。 　●开始建热河离宫（承德避暑山庄）。 　●彭定球等奉敕纂辑《全唐诗》成书。 　●法国耶稣会士冯秉正来华。曾供职内廷、参与《皇舆全图》的绘制，并将《通鉴纲目》译成法文。 　●文学家叶燮（字星期，号己畦，人称横山先生，1627～1703）卒，著有《己畦文集、诗集》，其论诗之作《原诗》尤为人所称道。 　●学者高士奇（字澹人，号江村，1644～1703）卒，他能诗、善书法、精鉴赏，所藏书画甚丰。著有《春秋地名考略》、《左传记事本末》、《清吟堂集》等。	●意大利北部"萨伏依公国"获得西西里岛。 　●俄国沙皇彼得一世建新都"圣彼得堡"。 　●俄国出版第一份印刷报纸《新闻报》。 　●英国公爵白金汉在伦敦建"白金汉宫"，后经扩建为英国王宫。 　●英国物理学家胡克（1635～1703）卒。他曾制成空气唧筒、显微镜、望远镜等。根据弹簧试验结果，提出"胡克定律"。他还发现了细胞壁，"细胞"一词即由他定名。
1704	清	●康熙帝派侍卫拉锡等探视黄河源头，至星宿海而还。 　●贵州茅台镇始产茅台酒。 　●戏曲作家洪昇（字昉思，号稗畦，1645～1704）卒。著有《长生殿》、《稗畦集》、《稗畦续集》、《啸月楼集》等。 　●文学家尤侗（字同人，号西堂老人，1618～1704）卒。著有传奇《钧天乐》、诗文集《鹤栖堂文集》等。 　●文学家邵长蘅（字子湘，别号青门山人，1637～1704）卒。著有《青门簏稿、旅稿、剩稿》等。 　●思想家唐甄（字铸万，1630～1704）卒。有"自秦以来，凡为帝王者皆贼也"之语。著有《潜书》等。 　●思想家颜元（字易直，号习斋，1635～1704）卒。他重实行，批判宋明道学空谈误国。著有《存学》、《存治》、《存人》、《存性》（总称《四存篇》）等篇。 　●经学家阎若璩（字百诗，号潜邱，1636～1704）卒。著有《古文尚书疏证》。 　●文学家钮琇（字玉樵，?～1704）卒。他是康熙贡生。著有《临野堂集》等。	●多瑙沃特和布伦海姆之役。英大破法军。 　●英攻占西班牙直布罗陀。 　●1704～1709：波兰国王奥古斯特二世被反对派逼迫退位，外逃，斯坦尼斯瓦夫一世继位。 　●1704～1708：马打蓝王国发生爪哇王位继承战争。 　●安哥拉人万塔创立民族教会。 　●柏林出现最早的公共图书馆。 　●北美殖民地第一份报纸《波士顿时事通讯》发行。 　●牛顿出版《光学》一书。提出光的微粒说。 　●英国启蒙运动思想家洛克（1632～1704）卒。提倡社会契约说，主张君主立宪，首次提出国家分权学说。其思想奠定了近代资产阶级国家观的基础。著有《政府论》、《人类理解力》等。 　●奥地利作曲家海因利希·比伯（1644～1704）卒。作有《宗教剧奏鸣曲》十五首、歌剧《坚强者必胜》等。
1705		●康熙第五次南巡。 　●罗马教廷特使铎罗至北京，觐见康熙帝。 　●哲学家李颙（字中孚，人称二曲先生，	●突尼斯摆脱土耳其统治独立。建"侯赛因王朝"。 　●英国人纽可门改制蒸汽机，用蒸汽推动

公 元	（朝代）	中 国	外 国
		1627～1705）卒。他兼采朱、陆，不仕清朝。著有《二曲集》等。 ●画家朱耷（字雪个，号八大山人，1626～1705）卒。为明宗室。明亡后曾为僧，又为道士，在南昌建青云谱道院。其书画对后世影响很大。 ●文学家梁佩兰（字芝五，号药亭，1629～1705）卒。他是康熙进士，为"岭南三家"之一。著有《六莹堂集》。 ●文学家廖燕（字人也，号柴舟，1644～1705）卒。著有《二十七松堂集》及杂剧《醉画图》等四种。	活塞工作，用于矿井抽水。成为蒸汽机发展中的一个转折点。 ●英国天文学家哈雷发现周期彗星。周期为76年左右。 ●英国科学家豪克斯比制成第一台大功率静电起电机，并进行"辉光放电实验"。 ●瑞士数学家雅科布·贝努利（1654～1705）卒。他是变分法的创始人之一，也是概率论的早期研究者。 ●英国博物学家约翰·雷（1627～1705）卒。撰有《植物史》、《昆虫史》等。
1706		●陈梦雷进《汇编》，凡三千六百余卷，后赐此书名《图书集成》。 ●六世达赖仓央嘉措赴京途中于青海病逝。 ●散文家储欣（字同人，1631～1706）卒，他是康熙举人。著有《在陆草堂集》，并编《唐宋十大家全集录》。 ●画家禹之鼎（字尚吉，号慎斋，1647～1706）卒，他尤长肖像画，多白描，时名人多请其画像。	●西非芳蒂族结成联邦。 ●英国出现弹簧马车。 ●伦敦发行首份晚报《晚邮报》。 ●法国哲学家培尔（1647～1706）卒。法国启蒙思想家。抨击宗教与经院哲学，认为迷信和偶像崇拜玷辱人类，对后世影响很大。著有《历史批判辞典》等。
1707	清	●康熙帝第六次南巡。 ●罗马教廷特使铎罗在南京宣布禁止教徒祀孔祭祖的教令。清政府拘留铎罗，解往澳门监禁，三年后病死。 ●沈良垣等奉敕编成《历代诗余》，收唐至明诗词九千余首。	●苏格兰和英格兰正式合并，称"大不列颠联合王国"。 ●拉科西在法国支持下，推翻哈布斯堡王朝的统治，任匈牙利国家元首。 ●俄国发生哥萨克农民反封建的"布拉文起义"，后被镇压。
1708		●遣西洋传教士赴各省测绘地图。 ●《清文鉴》成书。 ●学者潘耒（字次耕，1646～1708）卒。著有《类音》、《遂初堂集》等。 ●词人徐釚（字电发，号虹亭、竹庄，1636～1708）卒。著有《南州草堂集》、《词苑丛谈》等。	●法国同伊朗签订条约，法国获得最惠国待遇。 ●1708～1732：西非阿波美国王阿加扎在位。 ●英东印度公司与新东印度公司合并。 ●维也纳首家剧院开业。
1709		●圆明园始建，1860年被英法联军焚毁。 ●文学家朱彝尊（字锡鬯，号竹垞，1629～1709）卒。为浙西词派创始人，著有《曝书亭集》、《经义考》，编有《词综》。 ●理学家熊赐履（字敬修，1635～1709）卒。著有《经义斋集》等。	●波尔塔瓦之战。在"北方战争"中，俄大败瑞典军，俄军转为主动。 ●英国会通过世界上第一部"版权法"。 ●英试验用焦炭炼铁成功。 ●1709～1714：德国科学家华伦海特发明酒精温度计和水银温度计，并创立"华氏"温标。
1710		●命大学士陈廷敬酌编纂《字典》式例。 ●清廷颁给青海所立达赖印册，封仓央嘉措为六世达赖喇嘛。	●"联合王国"四届国会开幕，在国会中占多数的托利党组阁。自此，由国会中占多数的党派组阁执政成为制度。

公　元	（朝代）	中　　国	外　　国
		● 思想家王源（字昆绳，1648～1710）卒。他主张重商，又谓"有田者必自耕"。著有《平书》、《居业堂文集》。	● 1710～1713："俄土战争"，俄败，土耳其夺回亚述地区。 ● 丹麦天文学家罗默（1644～1710）卒。他通过观察木星，确证光以有限速度传播的特性。
1711		● 翰林院编修戴名世所撰《南山集》述南明事获罪。 ● 江南科场舞弊案起。 ● 文学家王士祯（字贻上，号阮亭、渔洋山人，1634～1711）卒。他倡"神韵说"，讲究空灵、清远、意味无穷。著有《带经堂集》、《池北偶谈》、《居易录》等。 ● 文学家邵廷采（字九思，号念鲁）卒。著有《思复堂集》。 ● 伊斯兰教学者马注（字文炳，号仲修，1640～1711）卒。他通阿拉伯文和波斯文，所译《清真指南》内容包括伊斯兰教历史、哲学和法律，流传甚广。	● 俄国进行改革，设立参政院，向沙皇负责，取代杜马，使大权集中于沙皇。 ● 英国成立"南海公司"，在南美经营奴隶贸易和捕鲸业务。 ● 英议会通过"土地资格法案"。在议会中排挤工、商、金融业者。 ● 1711～1740：神圣罗马帝国皇帝约瑟夫一世卒。由查理六世继位。 ● 奥斯曼帝国军官占据北非今利比亚，建半独立的"卡拉曼利王朝"，都的黎波里。 ● 涅戈什在南欧建"彼得洛维奇王朝"。 ● 德国柏林研究院成立。 ● 比利时传教士卫方济在布拉格大学刊印《四书》译本。
1712	清	● 康熙下"滋生人丁永不加赋"诏。 ● 内阁侍读图理琛出使土尔扈特。借道俄罗斯，往返三年多。著有《异域录》。 ● 文学家曹寅（字子清，号荔轩，又号楝亭，1658～1712）卒。他是曹雪芹的祖父，官至通政使，管理江宁织造、巡视两淮盐漕监察御史。有《楝亭诗钞、词钞》、《楝亭五种》、《楝亭藏书十二种》等。	● 意大利天文学家卡西尼（1625～1712）卒。曾任巴黎天文台台长。发现土星的四颗卫星和"卡西尼环缝"，又测定木星和火星的自转周期，太阳的视差和地球轨道的偏心率。 ● 法国物理学家德尼·帕潘（1647～1712）卒。曾参与试制空气泵，发明蒸汽高压锅。 ● 西班牙在马德里建国家文库。
1713		● 江南科场舞弊案定案，考官左必蕃革职，赵晋等处死。 ● 《南山集》定案，杀戴名世。 ● 中央政府册封五世班禅罗桑益西为班禅额尔德尼，并赐金册、金印、受命助拉藏汗管理西藏事务。自是，"额尔德尼"正式成为历代班禅的称号。 ● 御纂《朱子全书》成书，主修者李光地等。 ● 蜀地发生地震。 ● 经学家臧琳（字玉林，1650～1713）卒。他主张治经应以汉注、唐疏为主。著有《经义杂记》、《尚书考异》等。 ● 经学家毛奇龄（字大可，号初晴，1623～1713）卒。他对朱熹有所抨击。其著述后人编有《西河合集》。	● 由多国参与的"西班牙王位继承战"结束，签订《乌特勒支条约》，英国得到了直布罗陀和哈德孙湾等地，在争霸斗争中开始取得优势，法国称霸欧洲的局面被打破。 ● 英、葡订立同盟与通商条约。 ● 神圣罗马帝国皇帝发布《国事诏书》，宣布领地不可分割，继续同法作战。 ● 俄由莫斯科向彼得堡迁都。 ● 英国哲学家舍夫茨别利（1671～1713）卒。他否定上帝的存在，认为人的"道德感"和"审美感"为天赋，与宗教无关。还认为个人利益与社会利益不相矛盾，两者的统一是道德的基础。著有《德性研究论》等。 ● 法国科学家罗默发现胃液的消化作用。 ● 西班牙在马德里建皇家艺术学院。
1714		● 清廷严禁"小说淫词"。销毁书、版，继续刻印与销售者，官革职，军民处杖刑并流放。	● 法国经济学家布阿吉尔贝尔（1646～1714）卒。他是重农学派的先驱，古典政治经

公 元	（朝代）	中 国	外 国
		• 地理学家胡渭（字朏明，号东樵，1633～1714）卒。著有《禹贡锥指》、《洪范正论》等。 • 词人顾贞观（字华封，号梁汾，1637～1714）卒。著有《弹指词》、《积书岩集》等。	济学的创始人。著有《法国详情》、《谷物论》、《论财富、货币和赋税》等。 • 1714～1839：西非塞努福人在黑沃尔特河流域建"迪乌拉王国"。
1715		• 江宁织造曹颙死，堂弟寅之嗣子頫承袭世职。頫即曹雪芹之父。 • 意大利画家郎世宁来华传教。后任清宫廷画工。曾参与修筑圆明园。 • 文学家蒲松龄（字留仙，号柳泉居士，1640～1715）卒。他屡试均落第，七十一岁始成贡生。著有《聊斋志异》及诗文集、俚曲等。 • 经学家姚际恒（字立方，号首源，1647～1715）卒，他敢于批评前人不敢怀疑的经书。历十余年著《九经通论》，另有《庸言录》、《古今伪书考》等。 • 画家王原祁（字茂京、号麓台、石师道人，1642～1715）卒。为"四王"之一。著有《罨庵集》等。	• 法国专制国王路易十四卒，路易十五继立，年仅五岁，由奥尔良公爵摄政。 • 法国哲学家马勒伯朗士（1638～1715）卒。他力主神学，认为神是万物的创造者，而且自身包含万物，也是一切事物变化的主因。著有《真理的探索》、《关于形而上学的对话》等。 • 普鲁士、萨克森、波兰、汉诺威和丹麦结成反瑞典同盟。 • 波斯与俄国签订贸易协定，俄在波斯建立领事馆。 • 俄国在彼得堡建立炮兵学校和海军学院。
1716	清	• 张玉书等等纂《康熙字典》成书。 • 康熙帝谕谓："海外如西洋等国，千百年后中国恐受其害。" • 时苏州双季稻、天津"小站稻"试种成功。	• 德国数学家、哲学家莱布尼茨（1646～1716）卒。他是微积分的创始人之一，是数理逻辑的前驱者。哲学上是唯理论的主要代表之一。著有《单子论》、《人类理解力新论》等。
1717		• 禁赴南洋贸易。 • 策妄阿拉布坦派兵攻藏，杀拉藏汗。 • 罗马教廷再次遣嘉乐来华。 • 画家王翚（字石谷，号耕散人，1632～1717）卒。被誉为"四王"之一。创虞山派画风。著有《清晖题跋》。绘有《虞山枫林图》、《秋山萧寺图》等。	• 西班牙在拉美地区建"新格拉纳达总督辖区"。管辖新格拉纳达（哥伦比亚）、基多（厄瓜多尔）与委内瑞拉。总督驻波哥大。 • 英国王乔治一世不再出席内阁会议，由首席大臣（首相）主持，开创首相领导的内阁制，从而摆脱了国王控制内阁的局面。
1718		• 重申禁止白莲教。 • 以皇十四子胤禵为抚远大将军，统兵西征，驻西宁。出发时，凡不从征之王、贝勒等及二品以上大臣，均至城外送行，其隆重为清开国以来所未有。 • 文学家孔尚任（字聘之，号云亭山人，1648～1718）卒。其《桃花扇》最著名。与洪昇称"南洪北孔"。 • 画家石涛（姓朱，名若极，1642～1718）卒。他是明宗室。后为僧，法名原济（后人误为道济），号清湘道人、苦瓜和尚、大涤子。工山水。另著有《苦瓜和尚画语录》。 • 画家石谿（本姓刘，字介丘，1612～1718，一说1692）卒。出家为僧，法名髡残，	• 俄国沙皇彼得一世开始人口普查，进行"税制改革"。 • 英、法、荷、奥为使西班牙遵守1713年订立的"乌得勒支和约"而结成"四国同盟"。 • "戴佛罗大厦"在巴黎落成。1848年以前为法国王宫，称"爱丽舍宫"，从1873年起成为法国总统官邸。 • 法国在密西西比河口建"新奥尔良"。 • 俄国皇太子阿历克塞因叛离罪处死。 • 1718～1720：瑞典国王查理十二世攻挪威阵亡。其妹乌尔丽卡·埃莱奥诺拉继位。 • 1718～1723：非洲"芬吉国"君主乌恩萨被废，努尔继立。

公　元	（朝代）	中　　国	外　　国
		号石谿、石道人、残道者。亦工山水，与石涛并称"二石"。 ● 画家吴历（字渔山，号墨井道人、桃溪居士，1632～1718）卒。他是天主教徒。工山水。为"清六家"之一。另著有《墨井诗抄》、《三巴集》等。 ● 学者李光地（字晋卿，号榕村，1642～1718）卒。著有《榕村全集》，其《榕村语录》涉及官场情况颇多。	● 奥斯曼土耳其与奥地利、威尼斯签订《帕萨罗维茨和约》。 ● 奥地利与威尼斯签订《波热列瓦茨和约》。 ● 英国对西班牙宣战。 ● 哈萨克头可汗约于是年卒，子布拉特汗继立。 ● 俄在额尔齐斯河上游建塞米巴拉金斯克城。 ● 英科学家哈雷发现恒星的自行现象。
1719		● 颁《皇舆全览图》。开中国近代地图之先河。 ● 册封格桑嘉措为七世达赖。	● 俄国实施"行省改革"，全国形成统一的行政机构。 ● "列支敦士登公国"建立。
1720		● 清军逐准噶尔军出藏，都统延信率兵护七世达赖入藏在布达拉宫坐床。 ● 罗马教廷特使嘉禄入京，觐见康熙帝，交涉祀孔等问题。次年，一无所获而去。	● 意大利"萨伏依公国"以西西里岛换取奥地利占领下的撒丁岛，建立"撒丁王国"，萨伏依公爵改称撒丁国王。 ● 欧洲殖民者开始在美洲发展大庄园。
1721	清	● 山东盐徒王美公率众起兵，称将军，旋败死。 ● 朱一贵在台湾起兵反清，称"中兴王"，复明制，并建年号。旋被执杀，王忠继领余众，坚持数年。 ● 大学士王掞等请重立胤礽为太子，遭责。 ● 清廷废西藏第巴制，设噶伦四人，共掌政务。 ● 黄河在武陟马营口等处决口，改道由盐河入海。 ● 命张鹏翮督工堵塞黄河决口。 ● 数学家梅文鼎（字定九，1633～1721）卒。著有《梅氏历算全书》三十种。 ● 梅瑴成等奉敕编成《数理精蕴》。 ● 吴士玉等奉敕编成《子史精萃》。 ● 元绍创大越佛教元绍禅派。	● 俄国取消"大教长"职务，成立"东正教事务总管理局"，规定教会为国家机构的一部分，结束了教会与世俗政权分庭抗礼的局面，巩固了沙皇专制统治。 ● 沙皇俄国宣布为"俄罗斯帝国"。彼得大帝颁布《官职等级制》，在选拔官吏时打破贵族世袭制度，量才使用，论功取士。 ● 俄瑞订立《尼斯塔特和约》，"北方战争"以瑞典失败结束，瑞典丧失波罗的海上霸权。 ● 丹麦占领格陵兰。 ● 英国辉格党首领、财政大臣沃尔波尔成为实际领导人，任内曾促进内阁制的形成。 ● 1721～1722：阿富汗攻入波斯，占领国都伊斯法罕。国王出降，萨非王朝统治中断。 ● 法国画家华托（1684～1721）卒。他创造了抒情画风，具现实主义倾向。作品有《画店》、《惜别爱情岛》等。
1722		● 《律历渊源》成。 ● 康熙帝卒，皇四子胤禛嗣位。隆科多宣布遗命，并总理事务，由年羹尧主持军事。改明年为雍正元年。 ● 文学家何焯（字屺瞻，号茶仙，人称义门先生，1661～1722）卒。著有《义门先生集》、《义门读书记》等。	● 英国哲学家托兰德（1670～1722）卒。他认为物体有广延性，也有内在的能动性，是为物体的本质属性，不灭的物质实体永远在运动。著有《基督教并不神秘》、《泛神论者的神像》。 ● 荷兰航海家罗捷文抵达大洋洲萨摩亚群岛。
1723		● 清始行秘密立储，将立储密旨置乾清宫"正大光明"匾后。	● 英国与普鲁士签订《厦洛滕堡条约》。 ● 俄国与波斯签订《圣彼得堡条约》。

公 元	（朝代）	中 国	外 国
		• 禁侍卫官员在诸王门下行走。 • 禁朋党。 • 准直隶巡抚李维钧请，将丁银摊入田亩征收。地丁合一始此。	• 波斯加兹温爆发反阿富汗人起义。 • 阿曼分裂。希那威派和加菲里派对立。 • 荷兰医学家列文虎克（1632～1723）卒。毕生磨制透镜，观察并解释细菌、细胞等。
1724		• 雍正帝颁《圣谕广训》。 • 派允䄉守陵；革允祯王爵，禁锢；斥责允禟、允禵。 • 允礽卒。	• 俄国彼得大帝建立科学院，为俄最高科学研究机构。 • 德化学家舒尔茨发现银化合物的感光性。 • 英国朗曼出版社成立。
1725		• 解除隆科多职权，交都察院严查，年羹尧以九十二罪被令自杀。 • 新修律例成。 • 《古今图书集成》成书，凡一万卷。 • 道学家张伯行（字孝光，号敬庵，1651～1725）卒。他曾汇刻《正谊堂丛书》，著有《正谊堂文集》等。	• 英国哲学家考尔德（1656～1725）卒。他否认灵魂不死，反对神学。著有《对人的灵魂的重新思考》等。 • 英国教育家贝勒斯（1654～1725）卒。他是欧洲早期劳动教育思想的倡导人之一，曾建议创设"工业、农业劳动学校"，强调劳动对增进智慧的作用。
1726		• 河南丁银摊入田亩征收。陕甘于明年执行。 • 废允禵、允禟为庶人，并改名，两人旋卒。 • 以浙江"风俗恶薄"，停乡会试。	• 北美开展"大觉醒运动"。 • 西非"奥约王国"战胜达荷美，势盛。 • 《手艺人报》在伦敦创刊。这是世界上最早以广告为主要收入的报纸。
1727	清	• 罢江宁织造曹頫，次年抄家。 • 隆科多以四十一罪被禁锢，下年卒。 • 严禁传习拳棒。 • 禁留洋人士回原籍。 • 云贵总督鄂尔泰开始推行改土归流政策。 • 中俄订立《布连斯奇界约》，划定中俄中段边界；又订立《恰克图条约》，除重申边界线外，又规定通商办法。 • 英国东印度公司每年向中国输入鸦片数百箱。 • 文学家查慎行（字悔余，号初白，1650～1727）卒。著有《敬业堂诗集》、《补注东坡编年诗》等。	• 1727～1729：英西战争爆发。西班牙军围攻直布罗陀。 • 俄国女皇叶卡捷琳娜一世卒。彼得二世继位（1727～1730）。 • 波斯大不里士大地震。遇难七万多人。 • 巴西首次试种咖啡。 • "美国哲学研究会"在费城成立。 • 英国伟大的科学家牛顿（1642～1727）卒。他不仅建立了经典力学的基本体系，被称为"牛顿力学"，发现了万有引力定律等，还在光学、热学、天文学、数学、哲学等诸多方面有重大贡献。
1728		• 停止宗室诸王兼管旗下事务。 • 以田文镜为河东总督，兼管河南、山东。 • 命鄂尔泰兼督云、贵、广西。 • 由浙江总督处理江苏七府五州盗案。 • 设立"俄罗斯学馆"，隶属国子监。	• 阿里贝伊成为埃及统治者。 • 在俄军服务的丹麦探险家维图斯·白令发现"白令海峡"。 • 阿拉伯半岛的瓦哈卜发起"反苏菲主义"运动，创立伊斯兰教的"瓦哈比派"。
1729		• 清廷始设"军机处"。 • 清廷屯兵阿尔泰山和巴里坤，准备攻击噶尔丹策零。 • 因"曾静案"，雍正帝刊行《大义觉迷录》。 • 始颁禁吸鸦片令。	• 波斯"萨非王朝"新王即位。驱逐阿富汗人。 • 英国科学家格雷发现导体和绝缘体的区别。 • 法国哲学家、空想主义者梅叶（1664～

公　元	（朝代）	中　国	外　国
		• 御史谢济世被告发"注释《大学》，毁谤程朱"，罚充苦差。 • 工部主事陆生枏著《通鉴论》，以"借古非今"罪被杀。 • "德格印经院"创立。 • 为爱新觉罗子孙设"觉罗学"（学校），习满汉文字，经史文艺，并重骑射。 • 自此年始，宗室诸王所属旗人，均归皇帝掌握。 • 分设江南河道总督与河南山东河道总督。规定每年将黄河堤防加高五寸。 • 戏曲作家裘琏（字殷玉、蔗村，号废茶子，1644～1729）卒。他为康熙进士。著有杂剧《四韵事》和传奇《女昆仑》等，另有《横山文集、诗集》。 • 地理学家梁份（1641～1729）卒。著有《怀葛堂文集》。	1729）卒。认为物质是唯一实在。原子构成万物，而原子可分割。他同情农民，认为社会灾难源于土地私有。设想一个由"公社"组成的理想社会，人人劳动、财产公有，并认为用教育实现这一社会。著有《遗书》。 • 英国哲学家柯林斯（1676～1729）卒。他反对基督教和僧侣主义，指出《圣经》矛盾百出。著有《论自由思想》等。 • 英国喜剧作家康格里夫（1670～1729）卒。他写过四部喜剧和一部悲剧，有《口是心非》、《如此世道》等，被称为"世态喜剧"。 • 英国科学家纽可门（1663～1729）卒。他试制成蒸汽泵，并发明蒸汽机内凝喷嘴和自动阀装置。 • 在君士坦丁堡开始出现近代印刷业。
1730	清	• 七世达赖刻造藏文大藏经（奈塘新版）。 • 时南方城市中开始出现"牙人"（经纪人）行当。 • 是年，京师一带地震。苏杭一带亦发生地震。 • 伊斯兰教学者刘智（字介廉，号一斋，1660～1730）卒。他通阿拉伯文、波斯文，专研伊斯兰教义，著作及译作较多，流传的有《天方性理》、《五功释义》等。	• 1730～1731：奥斯曼帝国首都伊斯坦布尔发生"巴特罗纳·哈利尔起义"。迫使艾哈迈德三世退位，立马哈茂德一世为苏丹。 • 英国工程师西森发明"经纬仪"。 • 英国首次出现炼锌技术。 • 德人克特雷尔发明自鸣钟。 • 新教卫理公会教派在牛津大学创建。 • 苏格兰学者贝尔在俄国彼得堡刊印拉丁文著作《中国大观》。
1731		• 时广东铁锅大量出口，洋船每艘所载少至千斤，多至万斤。清廷下令禁铁器出洋。 • 对准噶尔用兵。 • 沈荃画法传入日本。	• 英国数学家哈德利发明航海用"象限仪"。 • 英国小说家笛福（1660～1731）卒。名著为《鲁滨孙漂流记》，其他还有《辛格顿船长》等。
1732		• 以"曾静案"戮吕留良尸，杀其子吕毅中等，孙辈为奴。牵连者分别治罪。 • 以鄂尔泰为保和殿大学士兼兵部尚书。 • 以李卫为直隶总督。	• 英国颁布"制帽条例"。 • 法传教士宋君荣撰《中国天文学简史》和《中国天文学》在巴黎刊出。 • 法人马若瑟将元曲《赵氏孤儿》译为法文。
1733		• 命各省设立书院，书院遂成官学。 • 封皇四子弘历为和硕宝亲王，综理军机，决策大计。 • 在乌里雅苏台驻兵，统制喀尔喀蒙古四部。 • 清帝颁谕：革出佛教密云宗法藏派于祖廷之外。 • 吴敬梓《儒林外史》约成书于此时。 • 思想家李塨（字刚主，号恕谷，1659～1733）卒。他提出"理在事中"命题，批判理	• 经一百多年的掠占，英在北美大西洋沿岸狭长地带陆续建有十三个殖民地。并从非洲贩进黑人奴隶，兴建种植园，形成近代黑奴制度。 • 英国工人凯伊发明飞梭，使织布效率提高一倍。首开棉纺织技术革新的先河。 • 伏尔泰《哲学通讯》出版。 • 英国法院废除拉丁语。 • 普鲁士推行"征兵制"。

公 元	（朝代）	中　　国	外　　国
		学家空谈"致虚守寂"之害，为宋明亡国之因。著有《恕谷文集》等。 　●思想家蓝鼎元（字玉霖，号鹿洲，1680～1733）卒。他熟悉海防，主张开放海禁，对台湾，应防荷、日侵略。著有《鹿洲初集》、《平台纪略》等。	●1733～1735：波兰王位继承战。多国参与，后签《维也纳和约》，承认奥古斯都三世为波兰王。 　●法国物理学家迪费发表《论电》一文，提出电的"二元流体"假说，并提出静电学第一基本原理，"同性相斥，异性相吸"。
1734		●苏州机户靠官府势力在"玄妙观"立"永禁机工叫歇碑"（"叫歇"即"罢工"）。 　●清廷决定暂时停止对准噶尔用兵，遣使以利害关系谕告噶尔丹策零。	●英俄签订"贸易协定"。 　●俄国学者沃尔夫的《经验心理学》的出版，首次使用"心理学"一词，标志"心理学"的诞生。
1735		●雍正帝卒，皇四子弘历即位，是为乾隆帝。遗命鄂尔泰、张廷玉辅政。乾隆帝登基后，释放允䄉、允禵等，恢复允禩、允禟宗室身份。杀曾静，收缴《大义觉迷录》。免王士俊职，斥责田文镜任职以来河南吏治苛刻之风。 　●命纂修《八旗氏族通谱》。 　●修成《明史》。 　●《龙藏》开雕。	●英国达比发明焦炭炼铁法，增加铸铁能力，使铸铁件广泛用于机器制造。 　●瑞典博物学家林奈的《自然系统》首次出版。以后多次出版，在1758年所印第十版中科学地统一植物名称，建立"双名命名制"，使植物分类学进入一个新阶段。 　●金属元素"钴"和"铂"被发现。
1736	清	●颁营造尺。 　●颁行《十三经》、《二十一史》至各省、府、州、县。 　●制定清厘僧道法规。 　●禁私造鸟枪。 　●试博学鸿词，取中刘纶等十五人，其中知名学者有杭世骏、齐召南。次年补试续到人员，取中四人。	●1736～1739：第三次"俄土战争"。俄国重新夺得亚述地区。 　●波斯发生军事政变，军官纳狄尔－沙赫夺权，"萨非王朝"亡。 　●瑞士数学家欧勒成功解决古典数学著名的"哥尼斯堡七桥问题"，成为近代"图论"的发端。 　●橡胶传入欧洲。
1737		●永定河泛滥，命筑堤防。 　●五世班禅罗桑益西（1663～1737）圆寂。	●意大利那不勒斯建"圣卡洛大剧院"，为欧洲最大、最豪华的剧院之一。
1738		●对宗室子女的婚姻，原需"候旨指配"，现放宽。世系远者，听任自便。 　●直隶禁制酒（烧锅）。 　●指责直隶总督李卫"办事粗率"，旋解职。病卒。 　●定八旗家奴开户例。 　●变更孔子从祀位次，"有子"升为十二哲，"朱子"位次移至十二哲末。	●瑞士科学家伯努利父子提出有关水流能量的方程"伯努利方程"。其中子丹尼尔·伯努利提出"伯努利定理"，即不可压缩流体的能量守恒定律。 　●意大利科学家莫罗提出山脉、岛屿形成为"地下火作用"学说。 　●俄国在圣彼得堡建"皇家芭蕾舞学校"，请法国舞蹈家朗代为指导。
1739		●颁行方苞所选录文，标名《钦定四书文》。 　●命禁止越省进香，以防"流于邪教"。时北方多有此俗，往往千百成群，行程千里以上。 　●庄亲王允禄与弘晳（允礽子）谋逆案发。处允禄罚俸，弘晳永远监禁。	●俄、土签订《尼萨条约》。俄放弃亚述以外所占土地。 　●土耳其攻占贝尔格莱德，奥土议和。 　●瑞典科学院成立。 　●英国戏剧家李洛（1693～1739）卒。他写有八部剧本，以《伦敦商人》最著名。

公 元	（朝代）	中 国	外 国
1740		●重辑《大清律例》成。 ●《大清一统志》修成。 ●清帝下谕，诸臣需读讲宋儒之书，以"正人心，厚风俗"，为国家元气所系。 ●命直隶、山东、山西、湖南、广东等省，招商采煤。 ●允许噶尔丹四年贸易一次。	●1740～1742：发生第一次"西里西亚战争"。 ●1740～1748：奥地利发生"王位继承战争"。 ●普鲁士国王弗里德里希二世（又称腓特烈大帝）在位。加强专制，扩大军队，对外扩张。 ●英国经济学家范德林特（？～1740）卒。他是重农学派的先驱，货币数量说的早期代表之一。著有《货币万能》。
1741		●首次在全国直省各州县依据保甲门牌统计户口。据载，是年人口数为143411559人。 ●经学家惠士奇（字天牧、仲孺，号半农，人称红豆先生，1671～1741）卒。他广集汉儒经说，征引古代史料，方法较宋儒缜密。著有《易说》、《礼说》、《春秋说》等。	●瑞典对俄开战，以图收复失地。 ●1741～1762：俄国政变。伊凡六世被废，女皇叶利扎维塔继位。 ●白令与奇里科夫再探白令海峡，进入阿拉斯加湾，发现阿拉斯加半岛、阿留申群岛。白令在返回途中，在堪察加附近白令岛失事殒命。
1742	清	●鄂尔泰等奉命纂修的《授时通考》成书。 ●颁《御制律吕正义后编》。 ●因八旗汉军户口日增，旗人不能自谋生计，故准出旗为民。 ●选拔贡生原为六年，现改为十二年选拔一次。 ●准噶尔王噶尔丹策零进贡。 ●清廷在崖州设黎人学十三所。 ●是年，黄河决于今江苏丰县。 ●钦天监徐懋德等修订《历象考成后编》成书。	●1742～1745：瑞典摄尔修斯创立以水的冰点为100度、汽点为0度的温标。1745年，瑞典林奈将两个固定点颠倒，即成为摄氏温标。 ●德国数学家哥德巴赫在给欧勒的信中，提出数论中著名的"哥德巴赫猜想"。20世纪以来，一些数学家先后证明了"9＋9"、"2＋3"、"1＋5"。1966年，中国数学家陈景润证明了"1＋2"，被称为"陈氏定理"。 ●英国天文学家哈雷（1656～1742）卒。曾任格林尼治天文台台长，编制出第一个南天星表和首次利用万有引力定律推算出一颗彗星的轨道，并预测其运转周期，被称为"哈雷彗星"。还发现恒星的自行和月球运动的长期加速度。
1743		●吴谦等奉命纂修的《医宗金鉴》成书。	●北美发生"乔治王之战"。
1744		●乾隆帝严厉申斥科场弊端，谓顺天乡试时，搜出夹带多人，因稽查严密，不敢入场而散去者达二千八百余人。 ●兵部侍郎舒赫德言科举无用，请别求选才之道。遭大学士等的否决。 ●文学家赵执信（字伸符，号秋谷，1662～1744）卒。著有《饴山堂集》、《声调谱》、《谈龙录》等。 ●《八旗满洲氏族通谱》成书。 ●于敏中等奉敕编内廷秘籍目录《天禄琳琅书目》及书画目录《石渠宝笈》成书。	●法国发生"里昂纺织工人罢工"。 ●1744～1745：第二次"西里西亚战争"爆发。 ●瑞士数学家欧勒著《寻找具有某种极大或极小性质的曲线的技巧》。是为"变分法"的基础。 ●意大利哲学家维科（1668～1744）卒。他认为人创造历史，也能正确认识历史，找出规律，使之成为科学。以历史发展观点研究美学。著有《民族共同性的新原理》等。

公元	（朝代）	中　国	外　国
1745	清	●清廷命江南督抚每年巡视上海、崇明、刘河、福山、狼山等处，以重海防。 ●曾颁清厘僧道之法，凡出家者需查明身份，女子则需四十岁以上，方发给度牒。现放宽。 ●四川发生"啯匪"，下令严禁。 ●是年，黄河决口于今江苏阜宁。 ●戏曲作家张照（初名默，字得天、长卿，号泾南、天瓶居士，1691～1745）卒。他是康熙进士。著有《劝善金科》等宫廷大戏。	●法军大败英、荷等联军，夺取布鲁塞尔。 ●1745～1765：神圣罗马帝国皇帝查理七世卒。弗兰茨一世在位。 ●波斯在卡尔斯大败土耳其军。 ●1745～1746：波斯内乱激烈。 ●俄国物理学家里赫曼发明"静电计"。是为第一架测量电势差仪器。 ●荷兰莱顿大学教授马森布鲁克和德国科学家克莱斯特分别发明了最早的电容器"莱顿瓶"。
1746		●修《明通鉴纲目》成。乾隆帝作序，盛称朱熹《通鉴纲目》崇循孔子《春秋》之义，非司马光所能及。 ●禁民私出山海关。 ●令在闽传天主教的洋人归国，并究治习教魁首。 ●名医叶天士（名桂，字香岩，1667～1746）卒。著有《温热论》等。	●俄国和奥地利结成"反普鲁士同盟"。 ●热那亚爆发反奥地利武装起义。 ●英国建成第一个铅室法硫酸厂，代替以玻璃器皿生产硫酸。 ●北美新泽西大学（普林斯顿大学）创立。 ●英哲学家哈奇森（1694～1746）卒。著有《道德哲学体系》等。
1747		●第一次金川之役开始。 ●应地方官请求，开放福建沿海十四岛，许人开垦。 ●以闽、鲁、粤、晋等地有民众反抗地主、官府，下诏"申诫"。 ●八旗汉军愿在外省居住者，经禀报后准其散居。 ●梁诗正等奉命编成《三希堂石渠宝笈法帖》（简称《三希堂法帖》）。 ●命纂修《续文献通考》。	●普鲁士与瑞典结成"共同防御联盟"。 ●阿赫迈德沙·杜兰尼建立"杜兰尼王朝"，统一阿富汗。 ●英国学者林德在船员中进行临床实验中发现柑橘（含维生素C）具有抗坏血酸的作用。 ●葡萄牙在里斯本建"盖卢斯宫"，占地十五公顷，为著名园林式建筑群。 ●法国建最早的建筑学院、造船学校。
1748		●苏州发生民众聚众抢米事件。乾隆帝下令严惩。 ●定大学士为三殿（保和殿、文华殿、武英殿）、三阁（文渊阁、东阁、体仁阁），保和殿不常置。 ●张广泗攻大金川无功，调回，被杀。纳亲任经略大臣，亦无成效。改派傅恒，并起用旧将岳仲琪等。 ●湖北巡抚彭树葵上奏，言荆襄一带筑垸，常与水争地，酿成水灾，请禁再围垦。	●奥地利"王位继承战争"结束，订立《亚琛和约》，确认玛丽亚·特利莎继承王位。战争使奥地利削弱。普鲁士乘机占领西里西亚，成为欧洲强国。 ●法国启蒙运动思想家孟德斯鸠发表《法的精神》。 ●俄国科学家罗蒙诺索夫实验证明"质量守恒定律"。 ●瑞士数学家约翰·贝努利（1667～1748）卒。他是变分法的创始人之一。
1749		●讷亲以屡战无功被杀。 ●莎罗奔降。大金川被平定。 ●张廷玉致仕，使子进谢恩折，忤乾隆帝，被革去伯爵。 ●文学家方苞（字灵皋，号望溪，1668～1749）卒。他为桐城派创始人。其文章与王渔洋诗，号为"一代正宗"。著有《望溪文集》。	●英国与西班牙签订商务条约。 ●普鲁士实行司法改革。 ●奥地利废波希米亚法庭。 ●法国科学家布丰提出关于地球演化的理论。 ●18世纪中叶：法国空想主义者摩莱里认为私有制是万恶之源，主张建立带有平均主

公 元	（朝代）	中 国	外 国
		• 医学家尤怡（字在泾，号拙吾，？~1749）卒。著有《伤寒贯珠集》，分述六经正治、权变、斡旋、杂治诸法。尚有《金匮要略心典》、《金匮翼》、《静香楼医案》等。	义和禁欲主义性质的共产主义社会，而教育和立法是实现理想的途径。著有《自然法典》。 • 葡人佩雷里为聋哑人创手语。
1750		• 重定满文十二字头音训。 • 改建明代好山园为清漪园，是为颐和园之基础。 • 乾隆帝南巡嵩、洛。 • 谕索伦兵勤习箭术，勿改鸟枪。 • 西藏郡王谋叛，驻藏副都统班第至拉萨，平定事变。 • 准噶尔部发生内乱。 • 学者李绂（字巨来，号穆堂，1673~1750）卒。著有《穆堂类稿》、《朱子晚年全论》、《阳明学录》、《陆子学谱》等。	• 英国政府颁布法令，禁止北美殖民地建立和扩建熔铁炉，以及切铁等企业。 • 英国建立"西非贸易公司"，代替"皇家非洲公司"。 • 英国天文学家赖特发表关于"银河系"的论文。最早提出"银河系"概念。 • 德国作曲家巴赫（1685~1750）卒。他为后来欧洲启蒙时期音乐发展奠定了基础，有欧洲"音乐之父"之称。作品有《马太受难曲》、《勃兰登堡协奏曲》、《平均律钢琴集》等。
1751	清	• 乾隆帝第一次南巡。至钱瑭江，祭禹陵而归。 • 废西藏藏王制，创噶厦制。 • 鲁、云、贵发现假奏本、朱批，派员前往查办。 • 山西发生王肇基献诗案，因有"狂妄悖逆"处，被杖杀。 • 是年，黄河在阳武决口，从封丘分两股，一股流入直隶，一股入张秋。 • 改北京天坛祈谷坛大享殿名为"祈年殿"。 • 画家方士庶（字循远，号环山，别号小狮道人，1692~1751）卒。善画山水，笔法清秀。	• 法国获得在印度的德干和卡纳蒂克的势力范围。 • 瑞典科学家克朗斯塔特分离出金属镍。 • 英国哲学家博林布罗克（1678~1751）卒。他反对宗教，政治上主张君主专制。著有《哲学论著集》。 • 法国启蒙思想家拉美特利（1709~1751）卒。他信仰无神论和唯物主义，认为"不是无神论的宇宙，就不会是快乐的宇宙"。著有《心灵自然史》、《人是机器》等。
1752		• 乾隆帝谕守旧制，"学习骑射，娴熟国语（指满语）"。 • 文史学家厉鹗（字太鸿，号樊榭，1692~1752）卒。他工诗词。著有《樊榭山房集》、《宋诗纪事》、《辽史拾遗》等。	• 西班牙同奥地利等签订《阿朗赫斯条约》，共同保障意大利中立。 • 英及殖民地始采用公历纪年。 • 北美科学家富兰克林进行"天电传蓄"试验。继而发明了"避雷针"。
1753		• 卫拉特蒙古四部之一杜尔伯特部三车凌内迁。 • 禁朝官与诸王交通往来。 • 禁译满文小说。 • 丁文彬著书，中有自立的国号、年号等，被告发，以"大逆极恶"凌迟。 • 刘震宇著《治平新策》，中有改变衣服制度等语，被处斩。	• 英国在伦敦设立"不列颠博物馆"。 • 瑞典生物学家林奈《植物种志》出版。提出比较科学的植物分类法和命名制，有奠定确立生物界秩序的意义。 • 英国哲学家贝克莱（1684~1753）卒。他宣称外界事物是"感觉的组合"，力主宗教，反对无神论。著有《人类知识原理》、《视觉新论》等。
1754		• 乾隆帝派军攻打准噶尔。 • 查禁《水浒传》。 • 礼部侍郎世臣有自叹"途穷"之诗，乾隆帝下旨申斥，并予革职。	• 英属北美殖民地北部和中部七个殖民地的代表在纽约的奥尔巴尼召开代表大会，要求扩大自治权。 • 英国化学家布拉克发现"二氧化碳"。

公 元	（朝代）	中　　国	外　　国
		●小说家吴敬梓（字敏轩，号文木老人，1701～1754）卒。所作《儒林外史》，根据切身体验从多方面揭露士大夫的丑恶面貌，对科举制度和封建礼教进行深刻的批判，成为我国古典讽刺小说中的杰出作品。又有《文木山房集》。	●英国哲学家沃尔弗（1679～1754）卒。他首次将哲学分为本体论、宇宙论、心理学、自然神学、伦理学、经济学、政治学等部分，并强调以矛盾律为其主要规律的逻辑学是哲学的基础。著有《人类理解力的合理思想》等。
1755		●英商船到浙江，要求在定海纳税，运货到宁波贸易。 ●翰林胡中藻因文字狱被处死，多人受牵连。 ●学者全祖望（字绍衣，号谢山，1705～1755）卒。所著《鲒埼亭集》收明末清初诸名士碑传，富史料价值。又续成黄宗羲《宋元学案》。 ●张廷玉（字衡臣，1672～1755）卒。军机处规划多出其手，前后居官五十年。著有《澄怀园全集》。 ●画家李方膺（字虬仲，号晴江、柳园、桑苎翁，1695～1755）卒。为扬州八怪之一，擅画松竹兰梅，有《游鱼图》、《风竹图》等。	●"里斯本大地震"发生，为欧洲历史上最大的一次地震。 ●根据罗蒙诺索夫建议，俄国创建"莫斯科大学"。 ●德国哲学家康德发表《宇宙发展史概论》，首先提出太阳系起源的"星云假说"。 ●法国启蒙运动思想家、法学家孟德斯鸠（1689～1755）卒。他反对君主专制，主张君主立宪政体，提出"三权分立"学说，这一学说后来成为资产阶段政治制度的基本原则。著有《法的精神》、《罗马盛衰原因论》等。
1756	清	●撤销八旗驻防兵丁不许在驻地私置田产令。 ●清派兵攻讨准噶尔。阿睦尔撒纳出逃哈萨克，复纠集旧部作乱。 ●朱思藻因地方官有灾不报，以"吊时"为题作文，被告发，处斩。 ●画家华嵒（字秋岳，号新罗山人，1682～1756）卒。他以画花卉著称。亦能诗，有《离垢集》等。 ●是年黄河决口铜山孙家集，灌入微山湖。	●1756～1763：为争夺殖民地和海上霸权，发生"七年战争"。以英国、普鲁士、汉诺威为一方，与法国、俄国、奥地利、萨克森、瑞典、西班牙为另一方，在欧洲、美洲、印度和海上进行战争。 ●1756～1757：英辉格党老皮特主持外交部门，成为政府决策人之一。 ●德国地质学家莱曼将山脉划分为原生山、第二纪和第三纪山脉，建立地层分类学基础。
1757		●乾隆帝第二次南巡。 ●陈安兆著书批驳朱注，被告发，乾隆帝认为与朝政无关，不问。 ●拒英人赴浙贸易之请，限定广州单口通商。准吕宋船于厦门贸易。 ●时满汉全席、苏鲁川粤四大菜系形成。 ●地方人士彭家屏家藏明末野史，又因其族谱"悖谬"，令自尽。	●"普拉西战役"。英、法争夺印度之战，法方失败，标志印度开始沦为英国殖民地。 ●英国哲学家哈特莱（1705～1757）卒。他是"心理联想说"创始人之一，主张以观念的联想来解释一切精神现象如思想、记忆、知性等。著有《人的构造、义务及希望》等。
1758		●满蒙童生应试时因目无法而作弊闹事，乾隆帝亲自复试，惩治为首童生。 ●经学家惠栋（字定宇，号松崖，1697～1758）卒。著有《周易述》、《古文尚书考》等。 ●文学家胡天游（字椎威，1696～1758）卒。他工骈文，著有《石笥山房文集、诗集》。	●法国经济学家魁奈发表《经济表》，提出社会总资本再生产的两个模式。 ●法国天文学家克莱洛计算出哈雷预言的彗星经近日点的精确时刻。 ●英国科学家多朗德制成能消除色差的天文望远镜。

公 元	（朝代）	中 国	外 国
1759		● 英商船又赴浙江，要求在宁波开港，被拒绝。 ● 因丝绸价涨，命禁止出洋。 ● 沈大章密造"逆书"，诬陷他人，被凌迟。 ● 史学家顾栋高（字震沧，1679～1759）卒。著有《春秋大事表》等。	● 英在魁北克战胜法军，控制法属加拿大。同年占法属瓜得罗普群岛。 ● 1759～1782：阿里·本·穆罕默德任突尼斯贝伊，对外亲法。 ● 葡萄牙驱逐耶稣会会士。 ● 18世纪50～70年代："重农学派"在法国出现，认为农业是财富的来源，是社会收入的基础。
1760		● 乾隆帝《内府皇舆图》告成。 ● 潘振成呈请设立公行获准，广东十三行遂专办西洋贸易。 ● 南疆回部首领浩罕、巴达克山、布鲁特遣使入觐乾隆帝。清军在乌鲁木齐、伊犁兴办屯田。 ● 奏请禁流民入川，乾隆帝不允，谓："移民别地，乃情理之常。" ● 时内地民出古北口外耕种者达数十万户。 ● 画家沈铨（字南苹，1682～1766）卒，他工花鸟走兽。曾受聘前往日本交流，日人学其者多。	● 荷兰东印度公司在南非限制奴隶行动，实行"通行证法"。 ● 法国舞蹈家诺韦尔的《舞蹈与舞剧书信集》出版，首次提出"情节芭蕾"的理论。对芭蕾舞的发展和使其成为一门独立的艺术起到促进的作用。 ● 英国建第一所聋哑人学校。 ● 伦敦举办首届当代艺术展览。 ● 18世纪60年代：英国开始发生"产业革命"（又称"工业革命"），首先从纺织业开始。
1761	清	● 江苏沛县监生阎大铺著书，中有"愤激不平"、"狂悖不经"句，乾隆帝朱批严办。 ● 江西学政李雍和有"怨天、怨孔子、指斥乘舆"处，被凌迟。 ● 沈德潜进《国朝诗别裁集》，因首列钱谦益诗，遭斥责。 ● 刘统勋等《西域图志》成书。	● 第三次"帕尼帕特战役"。阿富汗军队击败印度马拉塔人。 ● 英国科学家布莱克提出"潜热"概念，为"热量学"奠定基础。 ● 意大利医学家莫尔迦尼发表《疾病的定位与病因》。为"病理学"的发展奠定了基础。
1762		● 乾隆帝第三次南巡。 ● 设伊犁将军统辖天山南北两路。首任为明瑞。 ● 应英商请求，允许部分丝织品出口。 ● 全国人口首次突破两亿。 ● 经学家、音韵学家江永（字慎修，1681～1762）卒。他深究"三礼"，多有创见；并精音理，注重审音。著有《周礼疑义举要》、《礼书纲目》、《古韵标准》、《律吕阐微》、《四声切韵表》等。 ● 画家李鱓（字宗扬，号复堂，1686～1762）卒，他是康熙间举人，曾为宫廷作画，擅花卉虫鸟，为"扬州八怪"之一。	● 叶卡捷琳娜二世通过政变即位，成为俄国女沙皇。开始长达三十四年的统治。 ● 英国发生"威尔克斯事件"。 ● 英国天文学家布拉德莱（1693～1762）卒。他曾任格林尼治天文台台长。发现"光行差"和"章动"两种重要现象，还根据数万次观测编制星表。 ● 德国哲学家鲍姆加登（1714～1762）卒。他首次提出"美学"概念。著有《美学》、《形而上学》、《道德哲学》等。 ● 马尼拉（今菲律宾首都）建"拉斯皮纳斯教堂"。
1763		● 命北方各省广植卧柳。 ● 筑乌鲁木齐新城，时名迪化。 ● 据记载，是年人口已达两亿多人。 ● 杰出文学家曹雪芹（名霑，字梦阮，号雪芹、芹圃、芹溪，?～1763，一作1764）卒。	● "七年战争"结束。英国同法国、西班牙签订《巴黎和约》，普鲁士和奥地利签订《胡贝尔茨堡和约》。普鲁士从奥地利手中夺得西里西亚，成为大陆上的新兴强国。英国获得法属北美殖民地，并确立在印度的优势，

公　元	（朝代）	中　　国	外　　国
		先世汉族，后为满洲正白旗"包衣"人。以十年著成《红楼梦》（《石头记》）这一伟大的现实主义作品，未完成而卒，今流传本一百二十回，一般认为后四十回由高鹗所续。	成为海上霸主。 ●英国占领加拿大。 ●英国在北美驱逐法国势力后，宣布阿巴拉契亚山脉以西为英王室财产，禁止十三个殖民地人民向西移植，引起当地人民不满，进行斗争，成为美国独立战争的序曲。 ●英国迫使波斯签订条约，认可在布什尔设立商站及自由贸易，并免交进口税等。此为波斯受西方资本主义奴役的开端。
1764		●取消丝绸出口禁令。 ●命重修《大清一统志》。 ●为加强边疆驻防力量，乾隆帝下令从东北抽调锡伯族官兵一千余人连同家属，西迁至新疆伊犁屯边，经十五个月的跋涉，终抵伊犁河谷。 ●学者秦蕙田（字树峰，号味经，1702～1764）卒。他认为儒者不能"舍离以谈道，离经以求学"。著有《五礼通考》。 ●书画家金农（字寿门、司农、吉金，号冬心先生，1687～1764）卒。他为"扬州八怪"之一。著有《冬心先生集》等。	●英国政府颁布《糖税法》和《殖民地货币法》。对西印度输入北美的蔗糖征收重税，并禁止使用纸币。 ●1764～1795：斯坦尼斯瓦夫二世任波兰国王。俄、普签约，支持波兰新王。 ●西班牙从英手中夺取对菲律宾的控制权。 ●英国织工哈格里沃斯发明"珍妮纺纱机"。有学者以此作为英国"产业革命"开始的标志。 ●法探险家在南大西洋东福克兰岛首次建居民点。
1765	清	●乾隆帝第四次南巡。 ●准八旗大臣子弟参加科举考试。 ●黑龙江将军富僧阿等奏报副都统瑚尔起探查格尔毕齐河源。 ●文学家、书画家郑燮（字克柔，号板桥，1693～1765）卒。他为"扬州八怪"之一。善画兰竹。著有《板桥全集》。 ●数学家、天文学家明安图（字静庵，1692～1765）卒。蒙古族，曾任钦天监监正。经三十年钻研，证明求圆率的三个公式，并发明六个公式。著《割圆密率捷法》，书未成而卒，由子明新（字景臻）和学生陈际新（字舜伍）续成。 ●篆刻家丁敬（字敬身，号钝丁，1695～1765）卒。他擅以切刀法刻印，为"西泠八家"之首。还工书能诗。著有《武林金石录》、《砚林诗集》等。 ●是年，甘肃伏羌（今甘谷）发生地震。坍屋两万多间，死七百余人。 ●苏州自前年至今年均有地震。	●英国政府通过"印花税法"，引起北美各殖民地人民的强烈反对，形成第一次反英高潮。 ●英国科学家瓦特发明带有单独冷凝器的蒸汽机，对蒸汽机作了最关键改进。从1769年到1784年，共取得四项专利。瓦特蒸汽机消耗的燃料只有纽可门的四分之一，因而得到迅速地推广和应用。 ●英国成立"泰勒与劳埃德公司"。1889年改"劳埃德银行"，为英四大银行之一。 ●俄国学者罗蒙诺索夫（1711～1765）卒。他是俄国唯物主义哲学和自然科学的奠基人。他提出物质和运动守恒的概念。在认识论上，反对把分析和综合、感性认识和理性认识对立起来。他对历史和语言也有研究。著有《论固体与液体》、《论化学的效用》、《俄语语法》等。
1766		●云贵总督扬应琚收复车里（今景洪）等地，遂谋兴兵攻缅。缅甸之役自此起。 ●《大清会典》成书。 ●意大利来华传教士郎世宁（1688～1766）卒。他为清宫廷画家，并曾参与圆明园建筑。	●英国政府被迫宣布北美殖民地废除印花税法。 ●英国科学家卡文迪什发现氢气。 ●德国作家戈特舍德（1700～1766）卒。他是德国早期启蒙运动的代表人物之一。著有《世界的真髓》、《老实人》等。

公　元	（朝代）	中　　国	外　　国
1767		●杨应琚攻缅失败，赐死。 ●华亭举人蔡显，浙江天台县生员齐周华等因文字狱被处死。 ●《续文献通考》成书。命续修《续通典》、《续通志》。 ●学者程延祚（原名默，字启生，号绵庄、青溪居士，1691～1767）卒。著有《易通》、《晚书订疑》等。	●英国会通过《汤森条例》。对北美殖民地经济贸易加强控制，北美掀起第二次反英高潮。 ●西班牙国王查理三世把耶稣会员赶出西班牙。 ●1767～1769：英国殖民者对印度南部强国迈索尔发动第一次"迈索尔战争"。
1768		●《御批通鉴辑览》成书。 ●学者齐召南（字次风，号琼台，1703～1768）卒。他曾参与纂修《大清一统志》。著有《水道提纲》。并有《宝纶堂文钞、诗钞》。	●1768～1774："俄土战争"爆发。 ●《英国百科全书》在苏格兰爱丁堡创编。 ●英皇家美术学会在伦敦建立。
1769	清	●清军从缅境撤军。 ●以钱谦益诗文集有"诋谤本朝"处，下令销毁。 ●文学家沈德潜（字确士，号归愚，1673～1769）卒。他论诗主张"格调说"。选有《古诗源》、《唐诗别裁》、《明诗别裁》、《国朝（清）诗别裁》。 ●文学家邵齐焘（字荀慈，1718～1769）卒。能骈文，吴蔃选其文，与洪亮吉、孔广森、孙星衍、袁枚、刘星炜、吴锡麒、曾燠等所作，为《八家四六》。有《玉芝堂文集、诗集》。	●埃及军官阿里贝伊率兵驱逐"奥斯曼帝国"总督，宣布独立。 ●英国木工海斯发明水力纺纱机。直接利用自然力为动力以代替人力，克服了"珍妮纺纱机"用手摇的缺陷。为18世纪机械方面的重要发明。 ●在南非庞普勒穆斯岛上建植物园，其热带植物世界闻名。 ●英航海家库克首次环大洋洲新西兰岛航行，绘制海图，确认其由南、北两岛组成，并以英王名义占据该地。
1770		●禁止宗室王公留有僧、道及星相人等。 ●木邦、孟拱、蛮暮三土司迁至关内，分置大理、蒙化（今巍山）、宁洱（今普洱）等地。 ●医学家薛雪（字生白，1681～1770）卒。他曾选辑《内经》原文，成《医经原旨》。又传曾著《湿热篇》，为论湿热病之专著。 ●围棋国手施定庵（字襄夏，1710～1770）卒，他以着子严密见长。著有《弈理指归》、《二子谱》等。	●英属北美殖民地发生"波士顿惨案"。波士顿居民反勒索，遭英驻军枪杀。 ●法国画家布歇（1703～1770）卒。他是18世纪初欧洲时尚的"洛可可画风"的主要代表。作品有《早餐》、《蓬巴杜夫人》、《维纳斯的胜利》等。 ●意大利画家提埃坡罗（1696～1770）卒。他是18世纪威尼斯画派的代表人物。作品有《安东尼与埃及女王》等。
1771		●渥巴锡率土尔扈特部众由俄国伏尔加河下游返回祖国。 ●令蒙古各部悉入盟旗体制。 ●第二次金川之役（小金川）开始。 ●增加养育兵数，在粮单与人口多的家庭中挑选。 ●名医徐大椿（字灵胎，1693～1771）卒。著有《难经经释》、《伤寒类方》、《神农本草百种录》、《医学源流论》等。 ●文学家姚范（字南青，1702～1771）卒。他是乾隆进士。著有《援鹑堂文集》、《援鹑堂笔记》等。	●英国人阿克莱特建立第一家纺纱厂。是英国最早使用机械的工厂。 ●俄国完全征服克里米亚。 ●法国启蒙思想家爱尔维修（1715～1771）卒。他否定上帝存在，肯定世界是物质的、运动的、可知的，物质世界是知识的唯一源泉。认为人是环境和教育的产物，人生无善恶之分，其性格取决于外界环境，包括政治制度，这个观点给19世纪初空想社会主义以直接影响。著有《精神论》、《论人的理智和教育》等。 ●意大利医学家莫尔迦尼（1682～1771）

公 元	（朝代）	中 国	外 国
		• 戏剧家张坚（字漱石，1681～1771）卒。工乐府，有《玉燕堂四种曲》。 • 承德外八庙之"普陀宗乘庙"（俗称小布达拉宫）建成。	卒。他是病理解剖学的创始人之一。做了大量的尸体解剖，认为每一种疾病都与一定的器官损害有关。著有《疾病的定位和病因》等。
1772		• 欲修《四库全书》，乾隆帝下诏征集全国图书。 • 停止五年编审人丁旧例。 • 据是年上谕，乾隆初年，户部库存银三千四百万两，是年达七千八百万两以上。	• 英属北美殖民地建立通讯委员会。 • 俄、普、奥第一次瓜分波兰。波兰失去三分之一人口与土地。 • 瑞典科学家舍勒和英国卢瑟福同时发现氮。
1773		• 准安徽学政朱筠奏，派员校核《永乐大典》。 • 开《四库全书》馆，以纪昀为总裁，征戴震、邵晋涵等入馆编校。 • 修多尔衮墓，允近支王公祭扫。 • 学者杭世骏（字大宗，1695～1772）卒。他曾奉命校勘《十三经》、《二十四史》，著有《诸史然疑》、《三国志补注》、《续方言》、《道古堂诗文集》等。	• 英国会通过《茶叶法》。英东印度公司获得向北美倾销积压茶叶的特权。 • 波士顿发生"倾茶事件"。此后英与北美殖民地间公开冲突日扩。 • 1773～1775年俄国"普加乔夫起义"，为俄历史上规模最大的农民战争。 • 英国库克率船队首次到达南极圈。开始南极探险。
1774	清	• 命刑部定聚众结盟罪。 • 禁民间私制藤牌。 • 命各省查缴"诋毁本朝"之书，缴出者无罪。所缴之书，尽行销毁。谕称："此等笔墨妄议之事，大率江浙两省居多。" • 太监高云从结交朝官，泄漏朱批，并有请托之事，高云从处斩，大学士于敏中受斥，余人革职。 • 以微山湖水浅，影响漕运，在徐州北岸潘家屯开渠，引黄河水入湖。 • 山东清水教起义，被镇压。 • 阿桂、明亮率兵攻金川。僧格桑被索诺木鸩杀。 • 是年，在武英殿以活字刻印《四库全书》善本。仿宋人活字版式，镌木单字二十五万余枚，乾隆帝以"活字版"不雅，改称"聚珍版"。近代中华书局创制仿宋体铅字，就名为"聚珍仿宋版"。武英殿是官方刻印书籍机构所在地，故清代官刻本称"武英殿本"，简称"殿本"。以刻工精整，印刷优良著称。 • 文字学家吴玉搢（字山夫，1699～1774）卒。他精于六书，对古文字颇有考究。著有《别雅》、《说文引经考》、《六书述部叙考》等。	• "俄土战争"土耳其失败后缔结《库楚克开纳吉和约》。 • 英颁布《魁北克条例》，将在北美部分新占领的土地划归加拿大魁北克省，归英王直辖，不准十三个殖民地人民移垦。被北美人民称为"不可容忍的法令"之一，从而加速了独立战争的爆发。 • 英属北美十三个殖民地的代表在费城召开第一届"大陆会议"。拟订对英王的请愿书，制定抵制英货的法案。 • 法国路易十六登基。 • 英国化学家普利斯特列发现氧。 • 瑞典科学家舍勒发现氯。 • 瑞典科学家甘恩和伯格曼分别用碳还原法获得锰。 • 英国工程师威尔金森发明较精密的"炮筒镗床"，是为第一台真正意义上的机床。 • 法国革命家马拉《奴隶制的锁链》一书发表，抨击君主制度，提出武装起义和革命专政思想。 • 法国古典经济学家魁奈（1694～1774）卒。他是重农学派的创始人。他运用自然科学方法研究经济现象，把经济规律性理解为自然规律。著有《租地农场主论》、《谷物论》、《经济表》等。
1775		• 令四库馆臣对所收书籍进行严格审查。 • 搜出陈建《皇明实纪》等书。	• 美国"独立战争"于是年4月在莱克星顿爆发。5月，第二届"大陆会议"召开。

公　元	（朝代）	中　国	外　国
		●明遗臣澹归《遍行堂集》因有本朝人高纲序，高纲已死，其子被捕，家查封。陆显仁《格物广义》，销毁书本、书版。朱璘《明纪辑略》附三王纪年，"非不尊崇本朝"，解禁。 ●始建文渊阁于北京紫禁城内，文源阁于圆明园内，文津阁于避暑山庄，以备储藏《四库全书》。 ●停止在内地查禁鸟枪。 ●禁广西商民出口贸易。 ●定奉天、山东沿海州县文武官员失察流民私行渡海例。两金川之役，军费达七千万两。	决定组织军队，任命华盛顿为总司令，成立领导独立战争的临时政府。 ●俄颁《全俄帝国各省管理体制》，将全国划为五十省。 ●庇护六世任罗马教皇，发布通谕，反对一切自由思想的著作。 ●英东印度公司与埃及统治者签约，向英商开放苏伊士港。欧洲人可进入红海地区。 ●德国出现最早的铸铁路轨。 ●德学者布鲁门巴哈著《人类的先天差异》，标志近代人类学的诞生。
1776		●小金川土司索诺木等降，金川之役至此结束。两金川之役，清廷用银七千万两。 ●和珅始以户部侍郎入军机处。 ●乾隆帝命对收缴上来的书籍，有"触碍字样者"，进行删改。 ●乾隆帝命撰修国史，立《贰臣传》。 ●时，热河之地，"户口日增，民生富庶，且农耕蕃殖，市肆殷阗"。 ●乾隆帝东巡，至曲阜。 ●清廷申诫有司，对外国及境内苗、彝等人宜秉公待遇，不可欺压。	●《独立宣言》发表。由杰弗逊领衔起草。宣称"天赋人权"，谴责英国的殖民统治，宣布与英脱离臣属关系。 ●西班牙在拉美地区建"拉普拉塔总督辖区"，管辖范围相当于今阿根廷、巴拉圭、乌拉圭和玻利维亚。 ●英国经济学家亚当·斯密发表《国富论》，创立资产阶级古典政治经济学理论体系。 ●英国音乐家伯尼和霍金斯撰写了世界最早的《音乐通史》。 ●英国学者休谟（1711～1776）卒。他在哲学、经济学、历史学上均有建树，著有《人性论》、《人类理解力研究》、《英国史》等。
	清		
1777		●停止民壮演习火枪。 ●令广东禁洋船运棉出口。 ●江西举人王锡侯著《字贯》，删除《康熙字典》，被告发，处斩，并处分地方官。 ●开陶庄引黄河水工程完工。 ●思想家戴震（字东原，1723～1777）卒。著有《孟子字义疏证》、《原善》、《方言疏证》、《屈原赋注》、《考工记图》等；又校《水经注》。他治学必追根穷源，批评道学家所说之"理"，谓："人死于法，犹有怜之者；死于理，其谁怜之！"	●美国独立战争中萨拉托加战役，英军失利，美军从战略防御转入战略进攻。 ●北美大陆会议通过《邦联条例》。邦联名称"美利坚合众国"。1781年由各州批准后正式生效，标志着北美第一个资本主义国家"美国"正式诞生。 ●法国科学家拉瓦锡提交《燃烧概论》报告，在普利斯特列发现氧气的基础上，揭开了"燃烧"之谜。 ●美国人布什内尔发明水雷。
1778		●清廷升热河厅为承德府。 ●恢复多尔衮睿亲王封号。 ●恢复允禩、允禟原名。 ●查禁袁继咸所撰《六柳堂集》。 ●徐述夔《一柱楼诗集》中有"明朝期振翮，一举去清都"等句，作者被戮尸，其孙斩监候。 ●江西举人龙凤祥刻卖《麝香山印存》，"意存怨望"，发配伊犁做苦工。 ●湖南八十六岁老人刘翱所呈旧作，中有议论国政处，请免罪，不允，处斩。	●法国正式承认美国独立，参加美国独立战争。 ●法国启蒙运动思想家伏尔泰（1694～1778）、卢梭（1712～1778）卒。前者无情揭露天主教的黑暗与腐朽，主张君主立宪，强烈要求信仰、言论、出版自由，著有《哲学通信》、《形而上学论》等。后者主张消灭王权，建立共和国，"法律面前人人平等"，直接影响了资产阶级革命，著有《论人类不平等的根源与基础》、《社会契约论》等。 ●瑞典博物学家林奈（1707～1778）卒。

附
录
2

公　元	（朝代）	中　　　国	外　　　国
		● 文学家史震林（字悟冈，号瓠冈居士，1692～1778）卒，他是乾隆进士。著有《西青散记》、《华阳散稿》等。 ● 是年，黄河先在祥符决口，流至亳州入涡河。后又在仪封决口，分为两股均入涡河。事后，两年中堵筑五次，耗银五百万两。	他的最大贡献是在植物分类上创"双名命名法"，著有《自然系统》、《植物种志》、《植物属志》、《瑞典植物志》、《瑞典动物志》、《植物哲学》等。
1779		● 智天豹为求功利而献书，编造清朝年号被处死。 ● 沈大绶因《硕果录》、《介寿辞》中有"怨谤狂悖"语，被戮尸，子孙兄弟及侄皆处斩。 ● 石卓槐以《槐芥圃诗钞》案，被凌迟。 ● 祝庭诤以《读三字经》案，被凌迟，其孙被斩。 ● 冯王孙以《五经简咏》案，被凌迟，其子处斩。 ● 查禁李骐《虬峰集》，拘其族人，追究刻板。 ● 在镇江建文宗阁。藏《四库全书》。 ● 文学家刘大槐（字才甫，号海峰，1698～1779）卒。他提倡古文，是"桐城派"的重要作家。著有《海峰文集、诗集》等。 ● 学者于敏中（字叔子，号耐圃，1714～1780）卒。官至大学士。曾主持四库全书馆、国史馆等。著有《国朝宫史》、《素余堂集》。 ● 是年，《钦定满洲、蒙古、汉字三合切音清文鉴》成书。	● 法国、西班牙缔结同盟，法西联合舰队进攻直布罗陀。英军进攻西非法属塞内加尔并获得戈雷。法军占领西印度群岛的圣文森特岛和格林纳达岛。 ● 普、奥"铁申会议"召开。 ● 英国开始发生"卢德运动"，即以捣毁机器为特征的早期工人运动。 ● 1779～1879：南非科萨人为抗击欧洲入侵者进行"卡弗尔战争。" ● "塞文河铁桥"在伦敦建成。为世界最早的铁桥。 ● 英纺纱工克伦普顿发明新式纺机，使纺纱质量提高。 ● 德国医学家弗兰克开始出版《医务监督的完整体系》一书，标志着"公共卫生学"的产生。 ● 法国画家夏尔丹（1699～1779）卒。他擅长风俗画与静物画。作品有《铜水箱》、《集市归来》等。 ● 英国著名导演加里克（1717～1779）卒。他是英国现实主义表演艺术的创始人。著有《论表演》等。
1780	清	● 乾隆帝第五次南巡。 ● 六世班禅罗桑贝丹意希赴热河觐见乾隆帝，旋在京圆寂。 ● 在扬州大观堂建文汇阁。藏《四库全书》。 ● 魏塾批《徙戎论》案，被处死。 ● 戴移孝《碧落后人诗》案，父子戮尸，其孙被斩。 ● 艾家鉴在试卷上写条陈案，发配新疆做苦差。 ● 刘遴所修宗谱有"不经"字样，令销毁。 ● 生员吴英为求功名拦舆献策，处凌迟。 ● 被称为"在总督中最为出色"、"公正体国之贤臣"的云贵总督李侍尧因收取属下银两多起，处斩监候。	● 英对印发动第二次"迈索尔战争。" ● 伦敦爆发"戈登叛乱"。 ● 意大利进行家畜"人工授精"。 ● 由亚当斯、博多英等发起在波士顿创办"美国艺术与科学学院"。 ● 英国人雷克斯创"主日学"（星期日学校），为基督教在"主日"（星期日）开设的儿童班，后渐在英美教会中推广。 ● 法国启蒙思想家孔狄亚克（1715～1780）卒。著有《人类知识的起源》等。 ● 英国经济学家斯图亚特（1712～1780）卒。他是重商主义后期的重要代表，也是政治经济学研究第一位英国学者。反对经济自由主义，主张国家全面干预经济生活。著有《政治经济学原理》。
1781		● 梁三川《奇冤录》案，被处死。 ● 程明諲代人作寿文，有"创大业于河南"等语，处斩。	● 英军司令康华利在约克镇率部投降，美国独立战争结束。 ● 英国占领荷兰在马德拉斯的殖民地。

公　元	（朝代）	中　　国	外　　国
1782	清	●焦禄伪造谤帖诬告他人，中有"清朝大不仁"语，处斩。 ●纪昀等撰《四库全书总目提要》成书。 ●学者朱筠（字竹君，号笥河先生，1729～1781）卒，著有《朱笥河集》。 ●伊斯兰教阿訇马明心（1719～1781）卒。他是哲赫林耶派（新教）创立者。曾朝觐麦加，在国内传播苏菲派学说。 ●是年，黄河在睢宁一带决口，奔下流入洪泽湖。继又在仪封一带决口，分两股，一股从大清河入海，一股入昭阳等湖。河督稽璜奏请让黄河仍流山东故道，被否。 ●阿尔达赴青海调查黄河源。 ●第一部分《四库全书》告成。藏文华殿后之文渊阁，并建圆明园文源阁、热河文津阁、盛京文溯阁，各缮一份以存藏之，限六年完成；又命续缮三部，分藏于扬州文汇阁、镇江文宗阁、杭州文澜阁。 ●卓长龄《忆鸣诗集》、高怡清《沧浪乡志》、方国泰收藏《涛浣亭诗集》、海富润携带经卷等皆以文字狱治罪。 ●山东巡抚国泰贪污案发，自缢。查出山东亏空银二百万两。	●奥女皇玛丽亚·特利萨去世，子约瑟夫二世继位。继其母"开明专制"政策。 ●法国梅西耶发表第一份"星团星云表"。 ●英国天文学家赫歇耳发现"天王星"。 ●瑞典科学家舍勒发现钨。 ●德国启蒙思想家、剧作家莱辛（1729～1781）卒。他抨击宗教，主张宗教让位给理智。他写了不少评论和剧作，是德国民族文学的奠基人。著有《人类的教育》、《汉堡剧评》、剧本《智者纳旦》等。 ●西班牙军队从英国人手中获得米诺卡岛，完成对佛罗里达的征服。 ●"北美银行"在费拉德尔菲亚成立。 ●瓦特发明和试制双动式蒸汽机成功。以蒸汽机为主要标志，西方国家发生"第一次技术革命"。 ●瑞士数学家丹尼尔·贝努利（1700～1782）卒。他在概率论、偏微分方程，以及流体力学、气体动力学上都有研究与成果。 ●奥地利科学家赖兴斯坦发现元素碲。 ●瑞典科学家耶尔姆首次制得金属钼。
1783		●冯炎、乔廷英、胡元杰、吴文世等因文字狱获罪。 ●福康安入军机处，福康安（字瑶林，1754～1796）为大学士傅恒之子。 ●清帝谕示直隶总督，凡王公大臣因地亩等案件与地方官交涉，必须取得户部及本旗行文，如私自差人持谕前往，应即上奏。 ●命修国史，立《逆臣传》。 ●福建人王大海（字碧卿）泛海至爪哇。侨居数年，游历北岸诸港，著有《海岛逸志》、《洪余诗钞》等。 ●诗人黄景仁（字仲则，一字汉镛，号鹿菲子，1749～1783）卒。他诗学李白，以七言诗最佳。著有《两当轩集》。	●西班牙承认美国独立。 ●美英签订《巴黎和约》，英国承认美国独立。 ●英法签订《凡尔赛和约》。 ●英国威廉·皮特首次组阁。他是托利党首领，任内曾改组东印度公司，实施英爱合并。 ●由美国革命者组成的"辛辛那提协会"成立。 ●英国科特将煤炭用于锻铁炉，提高了熟铁的产量和质量。 ●法国蒙哥尔费兄弟制成载人热气球升空，为人类首次升空航行。 ●法科学家拉瓦锡试验证明水由氢与氧两种元素组成。并建立了科学的氧化还原理论，完成了化学革命。 ●法国哲学家、数学家达兰贝尔（1717～1783）卒。他主张知识来源感觉，反对"天赋观念"。在数学上提出"达兰贝尔原理"（力学原理）。著有《哲学原理》、《力学原理》、《数学论文集》等。 ●瑞士数学家欧勒（1707～1783）卒。他是变分法的奠基人，复变函数论的先驱者，理论流体力学的创始人。著有《无穷小分析引论》等。

附录2

公 元	（朝代）	中 国	外 国
1784	清	•乾隆帝第六次南巡。至海宁视察海塘。 •甘肃新教回民田五等起义。阿桂、福康安率兵征讨，攻克石峰堡（今甘肃省通渭县境），起义失败。 •在杭州孤山圣因寺建文澜阁，藏《四库全书》。 •第一艘美国商船《中国皇后号》到广州。	•丹麦废除农奴制。 •法国启蒙运动思想家狄德罗（1713～1784）卒。他是《百科全书》主编，被称为"百科全书派"。抨击宗教神学，宣扬科学知识。著有《对自然的解释》、《物质和运动的哲学原理》等。
1785		•续修《大清一统志》、《辽金元三史国语解》成书。 •乾隆帝举行"千叟宴"。 •乾隆帝斥责满族官员既不精艺，亦丧失习满语、善骑射的风气。 •命各省营伍操练鸟枪。 •抄传《甘薯录》，命鲁、豫、直隶等地推广种植。 •山东连续遭灾，"数百里赤地不毛，人皆相食"（见王照圆《诗说》）。 •文学家蒋士铨（字心余，1725～1785）卒。诗与袁枚、赵翼称"江右三大家"。著有《忠雅堂集》、《藏园九种曲》。	•普鲁士和美国签订"通商条约"。 •美国发布向移民出售公共土地的法令。鼓励向西部地区开发。 •《泰晤士报》在伦敦创刊。 •俄国人在北太平洋的阿留申群岛定居。 •英贝尔发明的"滚筒印花机"投入生产。 •英传教士卡特顿特发明织布机，以水力为动力，后经改进，效率提高四十倍。 •法国科学家库仑发表"库仑定律"。为"静电学"奠定了科学基础。他又首次提出"摩擦"理论。 •英国地质学家赫顿发表有关地球的论文，后又发表专著，解释地球发展的历史。 •英国医学家亨特发现侧支循环，确立"动脉瘤结扎法"。 •法国空想主义者马布利（1709～1785）卒。他反对私有制，认为私有制违反人性，主张立法防止私有制的发展。著有《论法制》等。
1786		•清廷改定文武官阶，武职最高由"从一品"升为"正一品"。 •查浙江仓库亏空，最后以惩办平阳知县黄梅结案。 •御史曹锡宝奏告和珅，乾隆帝以所言"无实证"，革职留任。 •是年，黄河决口桃源司家庄。 •经学家、音韵学家孔广森（字众仲，1752～1786）卒。他是戴震的弟子。著有《春秋公羊通义》、《大戴礼记补注》、《诗声类》等，后者分古韵为十八部，明确指出阴阳对转之说。	•美国爆发"谢司起义"。 •麦迪逊和汉密尔顿主持召开"安纳波利斯会议"。 •英法签订"商务条约"。 •瑞典化学家舍勒（1742～1786）卒。他有多种贡献，发现氯、氮等元素，首创分离乳酸等方法，至今在用，还发现了银化合物的感光性等。 •德国哲学家门德尔松（1729～1786）卒。著有《耶路撒冷的宗教权威和犹太教》、《不朽的灵魂》、《晨更》等。
1787		•去年，林爽文在台湾起兵反清，清廷派总督常青为将军督军，常青见全军气盛，不敢战。是年，解常青职，命福康安率海兰察赴台，败义军。在军机处档案中存有四张起义军的布告，署"天运"和"顺天"年号。 •乡、会试原例分经中式，自戊申（1788年）科起改为"五经"。	•奥属荷兰被宣布为"哈布斯堡君主国"的行省。 •1787～1791：再一次"俄土战争"爆发。 •美国通过"1787年宪法"。确立"三权分立"，"民选总统"及联邦共和体制。 •美国通过"西北土地法令"。规定凡拥

公　元	（朝代）	中　　国	外　　国
		● 是年，黄河在睢州决口。 ● 小说《野叟曝言》作者夏敬渠（字懋修，号二铭，1705～1787）卒。其著尚有《纲目举正》、《浣玉轩诗文集》等。 ● 藏传佛教格鲁派（黄教）学者松巴堪布益西班觉（1704～1787，一说1788）圆寂。为青海佑宁寺（即郭隆寺）第三世活佛。其学识渊博，通藏、蒙、满、汉、梵等文字。著有《如意宝树史》、《南瞻部州总志》、《青海史》等。	有六万自由居民，并建有民选议会地区，均可申请加入邦联。在政府鼓励下，美国形成规模宏大的"西进开发运动"。 ● 美国工程师菲奇制成第一艘蒸汽动力轮船。 ● 法国科学家拉瓦锡出版《化学物质命名法》一书。 ● 德国地质学家维尔纳出版《岩层简明分类和描述》一书，划分地层层序。
1788		● 清遣两广总督孙士毅率兵出镇南关，解决"安南事端"。 ● 柴大纪对福康安失礼得罪，福康安奏其"战守情形不实，奸诈难信"，致使其被革职拿问，继斩。 ● 刘松、刘之协改混元教为三阳教，以《三阳点化经》教徒。 ● 经学家庄存与（字方耕，号养恬，1719～1788）卒，他是"常州学派"的开创者，提倡今文经学，宣扬《春秋》中的"微言大义"。所撰《春秋正辞》为常州学派的第一部著作。另有《周官记》、《毛诗说》等。后人汇为《味经斋遗书》。 ● 学者翟灏（字大川，后改字晴江，1736～1788）卒。乾隆进士。博识多学，凡经史百家、山经地志无不考究。著有《四书考异》、《通俗编》等。	● 纽约为美国首都。 ● "俄瑞（典）战争"爆发。 ● 英在澳大利亚悉尼建殖民据点，为罪犯流放地。1851年发现金矿，移民剧增。 ● 时英国已有水力棉纺厂一百多座。 ● 英国历史学家吉本《罗马帝国衰亡史》出版。这是欧洲史学史上一部通史性的权威之作，以罗马帝国为主线，涉及波斯、匈奴、日耳曼、阿拉伯、土耳其等民族的历史，跨越一千多年，在欧洲史学上前所未有。 ● 英国画家庚斯博罗（1727～1788）卒。他结合现实主义与浪漫主义创造光色清新、富有诗趣的风格。作品有《蓝衣女子》、《清晨散步》等。
	清		
1789		● 清军出兵安南不利，北撤，退入关内。清廷革孙士毅职，以福康安代之。 ● 安南阮文惠求和，清封之为王。黎维祁入京，编入旗籍。 ● 是年，潼关发生地震。 ● 《四库全书》纂修官任大椿（字幼植、子田，1738～1789）卒。他工文辞，后治经，长于礼制。著有《弁服释例》、《深衣释例》、《释缯》、《字林考逸》等。 ● 史学家蒋良骐（字千之，1723～1789）卒。他以翰林院编修充国史馆纂修官。撰有《东华录》三十二卷。是书为抄录《实录》及其他史料，载清初"天命"至"雍正"间史事，内容有流传本《实录》所未见者，其史料价值很高。	● 奥属尼德兰爆发反奥起义，后宣布独立，奥军前往镇压。 ● 第一届美国国会在纽约召开，乔治·华盛顿当选为第一任总统。 ● 沙里姆三世为奥斯曼帝国（土耳其）苏丹。 ● 法国"三级会议"在凡尔赛开幕。 ● 7月14日巴黎人民起义，攻占巴士底狱，"法国大革命"开始。这一天被定为法国国庆日。8月26日，制宪会议通过《人权宣言》和《八月法令》。以孟德斯鸠、卢梭等政治学说为理论基础，宣布自由、财产、安全，以及反抗压迫是"天赋人权"，私有财产神圣不可侵犯，确认"主权在民"等基本原则。 ● 英移民斯莱特仿制水力纺纱机，在罗得岛建美国第一座棉纺厂，标志着美国工业革命的开端。 ● 法国在巴黎雅各宾修道院成立"雅各宾俱乐部"，其成员称"雅各宾派"，是资产阶级民主派的中心。

公　元	（朝代）	中　　国	外　　国
1790	清	●因乾隆帝八十岁，普免钱粮。 ●缅甸、暹罗、安南国王遣使入贡祝寿。 ●承德避暑山庄建成。 ●三庆、四喜、春台、和春四大徽班为乾隆帝祝寿进京。徽调入京后与其他剧种结合，相互影响，在嘉庆、道光年间形成京剧。 ●"满文大藏经"刻竣。 ●乾隆高龄，仍东巡鲁地。 ●内阁学士尹壮图上奏吏治腐败，谓"督抚声名狼藉，官员逢迎上司"。乾隆自诩"勤政爱民"，谓若依尹言，"朕五十余年以来竟系被人蒙蔽"，遂对尹严厉斥责，并令其赴外地再查，以证其所言不实。 ●是年统计，人口数超过三亿。 ●尼泊尔廓尔喀兵入藏境。清侍卫巴忠等许给岁币了结，但却以敌人投降而向朝廷报捷。 ●学者钱塘（字学渊，一字禹美，号溉亭，1735～1790）卒。乾隆进士。肆力经史、音律之学。著有《律吕考文》、《说文声系》、《史记之书释疑》、《淮南天文训补注》、《述古编》等。	●法国科学家路布兰发明新制碱法。 ●法国科学家拉瓦锡出版《化学大纲》一书，对已知元素进行分类。 ●法国启蒙思想家霍尔巴赫（1723～1789）卒。他系统阐述了当时法国唯物主义的观点，着重提出运动是物质的"存在形式"。著有《自然体系》、《揭穿基督教》等。 ●美国首次制定"专利法"。成立"专利局"。 ●法国通过《教士公民组织法》和《宣誓法令》。 ●法国在巴黎科尔得利修道院成立"科尔得利俱乐部"，主要成员有马拉、丹东、德穆兰等，主张维护人权，一切法律需经人民批准。 ●1790～1803：海地革命。被法殖民者镇压。 ●1790～1792：第三次"迈索尔战争"。 ●英国地质学家赫顿发表《火山岩考察》，提出地质作用"既没有开始痕迹，也没有结束的前景"的论断。 ●英国圣托马斯发明世界上第一台手摇式缝纫机。 ●英国著名经济学家亚当·斯密（1723～1790）卒。他是英国古典政治经济学体系的建立者。认为劳动是财富的源泉和价值尺度，利润是劳动者创造价值的一部分。著有《国富论》、《道德情操论》等。 ●美国政治家、科学家富兰克林（1706～1790）卒。他曾于1731年在费城建美洲第一个公共图书馆，1743年组织美洲哲学会，1751年襄助创办宾夕法尼亚大学，参加起草《独立宣言》。他还发明避雷针。 ●德国教育家巴泽多（1724～1790）卒。他是"泛爱主义教育"的创始人，曾创办"泛爱学校"。著有《教育方法手册》、《初等教育指南》等。
1791		●乾隆帝否定将尹壮图斩决之议，命改以内阁侍读，革职留任。 ●尼泊尔廓尔喀王朝向清廷索岁币不得，进攻后藏，清廷命福康安率海兰察等往击。 ●程伟元以活字刊行高鹗续成《红楼梦》，是为程甲本；次年再印，有所更动，是为程乙本。 ●戏曲作家杨潮观（字宏度，号笠湖，1712～1791）卒。他是乾隆举人。著《吟风阁杂剧》，有三十二种。	●美国宪法十条修正案《人权法案》获批准。 ●美国定华盛顿为首都，开始建设，至1800年迁此。 ●加拿大宪法决议将国家分为上加拿大和下加拿大两个省。 ●法国制宪会议通过《列·霞白利法》（反劳工法）。禁止工人罢工，称工人结社是"犯罪行为"。 ●法国发生"马尔斯广场惨案"。镇压要

公　元	（朝代）	中　国	外　国
			求共和的群众。 ●奥、普发表《庇尔尼茨宣言》，扬言要武装干涉法国革命。 ●在巴黎斐扬修道院成立"斐扬俱乐部"。领导者有拉斐德等，主张君主立宪，反对民主共和。该派取得政权后，于是年9月颁布《1791年宪法》，维护君主立宪政体。 ●美国华盛顿始建"白宫"。 ●英国科学家格雷哥尔发现钛。 ●奥地利著名作曲家莫扎特（1756～1791）卒。他是维也纳古典乐派代表人物之一，奠定了近代协奏曲的形式。作品有《费加罗的婚礼》、《唐璜》、《魔笛》，以及多部交响曲、协奏曲、钢琴曲等。 ●基督教（新教）卫斯理派创始人卫斯理（1703～1791）卒。他主要在伦敦传教。著有《卫斯理日记》。
1792	清	●授福康安"大将军"称号。 ●廓尔喀求和，清军撤出。 ●放宽贫民出关禁令。 ●清廷定制，西藏事务由办事大臣与达赖喇嘛会商办理，噶厦不得专擅。 ●定以"金奔巴（金瓶）"抽签决定达赖、班弹转世之制。 ●乾隆帝撰《十全记》，夸称"十全武功"（指两攻准部、一攻回部、两攻金川、攻台湾林爽文、攻安南、攻缅甸、两攻廓尔喀）。 ●史学家梁玉绳（字曜北，1717～1792）卒。他笃学力行，长于考订，著《史记志疑》，历时二十年而成，最称精审，又有《汉书人表考》、《清白士集》等。	●丹麦成为第一个废除奴隶贸易的国家。 ●1792～1796：奥斯曼帝国苏丹塞里姆三世进行改革，按欧洲方式组建陆、海军。 ●美国两个政党"共和党"和"联邦党"建立。 ●法国对奥宣战。 ●8月10日，巴黎人民第二次起义，推翻君主立宪派（斐扬派）统治，逮捕国王路易十六。由吉伦特派执政。9月21日，召开国民公会，次日，宣布成立"法兰西共和国"。这是法国历史上第一个资产阶级共和国，一般称"法兰西第一共和国"。 ●法国资产阶级革命时期著名歌曲《马赛曲》诞生。原名《莱茵河军队战歌》，1795年定为法国国歌。 ●法与普、奥干涉军发生"瓦尔密战役"，法国击败普奥联军，捍卫了革命。 ●美国由二十四位经纪人组成"纽约证券交易所"，后来发展成为世界最大的证券交易所。 ●英国肖像画家雷诺兹（1723～1792）卒。他是皇家美术学院的创建人和第一任院长。作品有《西顿斯夫人像》等，著有《演讲录》。
1793		●公布《钦定西藏章程》，规定西藏政、财、军事、外交均由驻藏大臣统筹办理。"金奔巴"制亦载入章程。 ●英使马嘎尔尼赴热河见乾隆帝，提出派员驻京、在宁波等地通商、在舟山建居留地，以及传教等要求，遭拒绝。	●法王路易十六被处死。 ●巴黎人民第三次起义，推翻吉伦特派统治，建立以罗伯斯比尔为首的"雅各宾派"专政。颁布《1793年宪法》，通过《全面限价法令》和《惩治嫌疑犯条例》。 ●法国资产阶级革命著名活动家马拉被

公 元	（朝代）	中 国	外 国
		• 史学家梁履绳（字处素，1748～1793）卒。乾隆举人。著有《左通补释》。又工诗，诗作清新越俗，刻有《梅竹联吟集》。 • 诗人钱载（字坤一，一字根苑，号萚石、瓠尊，晚号万松居士，1708～1793）卒。为乾隆进士。工诗、书、画。有《萚石斋诗文集》。	暗杀。 • 美国惠特尼发明轧棉机。将除棉籽工效提高了一百多倍。 • 法兰西第一共和国采用"法国共和历"。目的是割断历法与宗教的关系。当年11月24日起用，1806年元旦废止。各月名称：葡月、雾月、霜月（秋季）；雪月、雨月、风月（冬季）；芽月、花月、牧月（春季）；穑月、热月、果月（夏季）。 • 俄、普第二次瓜分波兰。波兰再失大量人口与土地。 • 法国最大的博物馆卢浮宫成为国立美术博物馆，陈列开放。 • 英国医学家亨特（1728～1793）卒。他是近代外科学和解剖学的奠基人之一，著有《论人类牙齿的进化》、《性病论》、《论血液炎症和枪弹伤》等。
1794	清	• 裁革两淮盐政衙门所有商人日费供应。原例每年供应四万三千余两，远比总督收入为多。总督养廉等项之数，各省不同，最多者为两万两。 • 禁止传习白莲教。 • 湖北襄阳宋之清传白莲教被捕，搜出经卷，有弥勒转世之说。 • 在河南捕得白莲教首领刘之协，遣戍甘肃。 • 经史学家汪中（字容甫，1745～1794）卒。他遍读经史百家之书，卓然成家。对墨家极为推崇，认为墨子是救世之仁人。又推崇荀子，以孔、荀而不以孔、孟并提，否定宋儒的"道统"说。他大胆为墨、荀叫好，曾被统治者视为"名教之罪人"。著有《广陵通典》、《述学内外篇》等。 • 画家潘恭寿（字慎夫，号莲巢，1741～1794）卒。善画山水，又工诗，画中多有诗意。	• 美国宾夕法尼亚州反抗苛税发生"威士忌暴动"。 • 美国建立海军。 • 雅各宾政权颁布《牧月法令》。法国热月党人发动"热月政变"，推翻"雅各宾派"统治，处死其领袖罗伯斯比尔。 • 波兰发生"柯斯丘什科起义"。 • 1794～1925：波斯由"卡扎尔王朝"统治。都德黑兰。 • 法国资产阶级革命时期理论家孔多塞（1743～1794）卒。他认为人类理性即可促使社会进步，极力鼓吹民主与自由。著有《人类理性进步的历史概观》。 • 乌克兰启蒙思想家斯柯沃罗达（1722～1794）卒。他反对君主压迫，称当时的农奴制社会现实是"罪恶的世界"。著有《关于精神世界的友好谈话》等。 • 法国化学家拉瓦锡（1743～1794）卒。他的突出贡献是证明氧化还原反应和最后确立质量守恒原理。著有《燃素的回顾》、《化学大纲》等。
1795		• 福建府库空虚已多年，而该省历任督抚仍以"并无亏缺"上报。乾隆帝明知，谓："各省督抚中，洁己自爱者不过十之二三。" • 湖南苗民吴八月、石三保等与贵州石柳邓同起兵反清，连克湘、黔、川交界处州县，乾隆帝遣福康安率七省兵，号称十万大举进讨。 • 陈周全在台湾起兵反清，旋被镇压。故宫博物院今存其所发告示，所用年号为"天运"。 • 是年九月，乾隆帝宣布明年禅位给第十五	• 法国热月党人镇压了巴黎人民芽月（4月）、牧月（5月）两次起义及葡月（10月）王党暴动后，于10月下旬成立以巴拉斯为首的督政府。 • 美国同西班牙签订"圣劳伦索条约"，划定佛罗里达分界线。 • 俄、普、奥第三次瓜分波兰。波兰领土被瓜分完毕，亡国。 • 1795～1814：法国入侵荷兰。

公　元	（朝代）	中　国	外　国
		子嘉亲王颙琰。 ●学者卢文弨（字绍弓，号抱经，1717～1795）卒。精于校勘。刻有《抱经堂丛书》，著有《抱经堂文集》等。 ●书法家钱沣（字东注，号南园，1740～1795）卒。他的字气势开张，清中叶后习颜字者多效法于他。著有《南园先生遗集》。 ●篆刻家蒋仁（原名泰，字阶平，号山堂，1743～1795）卒。他为"西泠八家"之一。并兼善书法。	●英国军队占领好望角。 ●英探险家派克赴非洲探险，确定尼日尔河由西向东的流向。 ●"卫斯理派"脱离英国教会，形成独立教派。 ●法国数学家蒙日发表《关于把分析应用于几何的活页论文》，是为微分几何学先驱。 ●英国出现第一条马拉铁路。
1796	清	●正月，举行授受大典，乾隆帝称太上皇。颙琰即位，是为嘉庆帝。 ●举行千叟宴。 ●川鄂白莲教起义。 ●湘、黔苗民起义被镇压。清军流行疾疫，大帅福康安卒。 ●学者邵晋涵（字与桐，一字二云，号南江，1743～1796）卒。他是乾隆进士。入四库全书馆，授编修。还参加纂修《续三通》、《八旗通志》等。他从《永乐大典》辑出《旧五代史》，有志重修《宋史》，未成而卒。著有《尔雅正义》、《南江诗文钞》、《孟子述义》等。 ●学者彭绍升（字允初，号知归子，1740～1796）卒。他是乾隆进士，但终不仕。初治理学，后通禅学，用禅释儒，调和儒佛思想。著有《二林居集》。 ●《再生缘》弹词作者陈端生（1751～约1796）约卒于本年。	●美国乔治·华盛顿拒绝连任总统，并发表告别词。约翰·亚当斯当选为总统，杰斐逊当选为副总统。 ●法国成立"平等会"。领导人巴贝夫。主张通过武装起义推翻"督政府"，建立劳动人民专政的"平等共和国"。不久，被镇压。 ●英国地质学家赫顿出版《地质学理论》一书，奠定近代地质学的基础。 ●英国医学家琴纳最先在欧洲采用"接种法"预防天花，实现人体的主动免疫。 ●法国天文学家拉普拉斯出版《宇宙体系论》一书，提出地球起源的"星云假说"。 ●法国哲学家李德（1710～1796）卒。他是苏格兰学派即常识学派的创始人。认为人可以直接认识客观事物。著有《人类心灵研究》等。
1797		●派额勒登保等镇压白莲教起义。 ●贵州南笼王阿崇起兵反清，以南笼洞洒寨为京城，置官署，年号"仙大"，势力达桂、滇、黔西一带，进逼贵阳。坚持数月，被镇压。 ●史学家毕沅（字纕蘅，一字秋帆，自号灵岩山人，1730～1797）卒。他是乾隆进士。为《续资治通鉴》主编者。 ●史学家王鸣盛（字凤喈，号西庄，1722～1797）卒。他以汉学的考证方法治史。著有《十七史商榷》、《蛾术编》、《尚书后案》、《西庄始存稿》等。 ●文学家袁枚（字子才，号简斋，又号随园老人，1716～1797）卒。他是乾隆进士。其论诗力主"性灵说"。著有《小仓山房集》、《随园诗话》、《子不语》等。 ●女天文学家王贞仪（字德卿，1768～1797）卒。她对天文、气象、地理、数学和医学等方面都有研究。现存著作有《岁差日至辨疑》、《地圆论》、《日月五星随天左旋论一、二、	●法军在拿破仑指挥下，对反法奥军取得胜利，逼其签订《坎波—佛米奥和约》，使反法同盟瓦解。 ●法国科学家沃克兰发现铬。 ●法国空想主义者巴贝夫（1760～1797）卒。他组织"平等会"，主编《人民论坛报》，鼓吹消灭私有制，建立"人人平等"的社会，设想通过"全民公社"达到"共产主义公社"。著有《永久地籍册》。 ●英国地质学家赫顿（1726～1797）卒。他是"火成论"的创始人，并形成"火成学派"，认为矿床与地下岩浆作用有关。著有《地球理论》等。 ●英国政论家伯克（1729～1797）卒。曾编辑《年纪》。主张对北美殖民地采取怀柔政策，曾发表著名演说《论北美殖民地税制》、《论同殖民地和解》。 ●法国科学家福克兰发现元素铬。

公 元	（朝代）	中　　国	外　　国
		三》和《月食解》等。	
1798		●清廷命勒保以总统四川军务兼任都督。 ●王聪儿一支在白莲教起义中其势最强，渐成中心。是年，渡汉水，谋攻西安，未成，返回鄂，在茅山被围，王跳崖卒，年仅二十二岁。佚名继领其众，又坚持了数年。 ●南充知县刘清诱捕王三槐，解入京，下年问斩。	●英国经济学家马尔萨斯发表《人口论》。认为人口的增长快于生活资料的增长，减少人口使之与生活资料相适应的决定因素是贫困、饥馑、瘟疫、战争等，并主张采取各种措施以限制人口繁殖。 ●英、俄、奥等国组成第二次"反法同盟"。
1799	清	●太上皇乾隆帝卒，嘉庆帝始亲政，下谕：凡陈奏"俱应直达朕前"，不许先告知军机大臣，也不再交副本于军机处。 ●嘉庆帝下令削大学士和珅职，宣布罪状，赐死，并抄没家产。时有"和珅倒，嘉庆饱"之语，和珅家产不知其数，有学者认为有银数亿两，相当清政府十年财政收入，未必可靠。 ●嘉庆帝斥责带兵大员"皆踵福康安、和琳习气，在军营中酒肉声歌，相为娱乐"。 ●以"八旗子弟征逐歌场"，禁京城开设戏园。并禁督抚司道署内养戏班。 ●翰林院编修洪亮吉上《平邪教疏》，言及批评朝政，发配伊犁。 ●为镇压起义，严如煜等建议"坚壁清野"，建筑堡垒，嘉庆下令推行。 ●英国开始向中国走私鸦片。 ●经学家江声（字叔沄，号艮庭，1721~1799）卒，他宗法汉儒，长于旁征博引。著有《尚书集注音疏》、《六书说》、《论语质》、《恒星说》等。 ●画家、诗人黎简（字简民，号二樵，1748~1799）卒。他工山水，笔墨苍润似吴镇，淡远近倪瓒，颇负时誉。又能诗词。有《五百四峰草堂诗钞》、《药烟阁词钞》、《芙蓉亭乐府》等。	●法国拿破仑发动"雾月政变"，推翻督政府，组成执政府，自为第一执政。 ●拿破仑发动对外战争。 ●第四次"迈索尔战争"，英国侵占迈索尔。 ●法国组织诸多科学家组成专门委员会负责研究统一度量衡问题，制定了世界公认的长度、面积、体积、容量、质量等单位。大大促进了科学的交流与发展。 ●意大利物理学家伏打发明电池。 ●英国地质学家史密斯提出"岩石分类法"。后来，又绘制英国"岩层地质图"。终使"地层学"成为一门学科。 ●法国数学家蒙日出版《画法几何》。使"画法"几何成为"几何学"的一个特殊的分支。 ●法国士兵在尼罗河口的罗塞达要塞发现"罗塞达碑"，是为公元前2世纪埃及祭司为国王树立的颂德碑。上刻三种文字：古埃及象形文、俗体文和希腊文。1822年，法国学者商博良译出其中的象形文，奠定了"埃及学"的基础，碑现存伦敦博物馆。 ●法科学家洛贝尔发明长网造纸机。
1800		●四川白莲教起义首领冉天元率众抢渡嘉陵江，入蓬溪，杀清总兵朱射斗。继在江油马蹄岗与德楞泰军激战，中箭被擒，在成都遇害。 ●白莲教首领刘之协在河南叶县遭捕杀。 ●各地白莲教起义首领多遭捕杀。 ●百余艘"艇盗"逼台州。被定海总兵李长庚所破。 ●释洪亮吉还籍。嘉庆帝言：自洪被遣边后，言者日少。 ●史学家章宗源（字逢之，1752~1800）卒。平生好学，辑录唐宋以来亡佚古书十余种，如《燕丹子》等。著有《隋书经籍志考证》。	●埃及开罗人民举行第二次反法起义。 ●"法兰西银行"建立，为法国中央银行。 ●美国与法国执政府签订《1800年公约》，建立了美法之间正常的外交关系。 ●1800~1876：英国占有殖民地从一千多万平方公里扩大到两千多万平方公里，增加了一倍。并从以暴力掠夺为主转以工业资本掠夺为主。 ●托马斯·杰斐逊当选为美国第三任总统。 ●"美国国会图书馆"在华盛顿建立。为美国实际上的图书馆，也是世界大图书馆之一。

公　元	（朝代）	中　　国	外　　国
1801		●提督杨遇春在陕南破白莲教余军，擒王廷诏。 ●德楞泰在陕西西乡攻杀徐天德。 ●贵州石岘苗起兵反，波及湖南。 ●史学家章学诚（字实斋，1738～1801）卒。他为乾隆进士，曾参与编纂《续资治通鉴》。所著《文史通义》被誉为继唐刘知几《史通》后的又一部史学理论名著。他提出"道寓于器"的命题。其"六经皆史"之说，对后世治史影响很大。现有《章氏遗书》刊行。 ●小说家屠绅（字贤书，号笏岩，1744～1801）卒。他是乾隆进士。著有笔记小说《六合内外琐言》及长篇神魔小说《蟫史》。 ●学者金榜（字辅之，一字蕊中，号檠斋，1735～1801）卒。乾隆进士，治礼最精，著有《礼笺》。	●英国正式兼并爱尔兰，成立"大不列颠爱尔兰联合王国"。 ●法军大败奥军，迫其订立《吕内维尔和约》。法国依约占领意大利北部和中部地区。 ●拿破仑与罗马教皇签订《教务专约》。承认天主教的合法地位，但不是法国国教，教会必须遵守国家法律。 ●1801～1805年美国侵略利比亚。 ●俄国沙皇亚历山大一世发动宫廷政变，弑父继位。进行改革。 ●法国成立"奖励民族工业协会"。 ●德国数学家高斯《算术》出版，为近代数论起点。 ●意大利天文学家皮亚齐发现第一颗小行星。
1802	清	●清廷宣布镇压白莲教军事行动结束。 ●广东博罗县发生天地会众起义，被镇压。 ●安徽宿县发生起义，被镇压。 ●英船进泊广州口外零丁洋，欲登陆，被清廷谕止。 ●严令各省征收漕粮。 ●查步军统领明安受贿，被发配新疆伊犁充军。 ●文学家张惠言（字皋文，1761～1802）卒。他是常州词派创始人。著有《茗柯词》、《茗柯文编》等，在治经上也有名气。 ●书法家王文治（字禹卿，号梦楼，1730～1802）卒。他主工书法，亦能诗，有《梦楼诗集》、《赏雨轩题跋》等。 ●篆刻书画家黄易（字大易，号小松，1744～1802）卒。他是"西泠八家"之一，兼集金石文字，广搜碑刻。绘有《访碑图》，著有《小蓬莱阁金石文字》等。	●第二次反法同盟瓦解。 ●英、法、西、荷签订《亚眠和约》，法国解除外部威胁，确立了在欧洲的军事优势。 ●法国颁布《共和十年宪法》。加强中央集权，走向君主专制。 ●法国镇压由图森特·拉奥弗图尔领导的圣多明各黑人起义。 ●"美国陆军军官学校"（即"西点军校"）成立。 ●美国成立"杜邦火药厂"，后改为"杜邦公司"，发展成美国化工最大垄断组织。 ●1802～1887：法国布森戈创办第一个农事试验场，研究农业中的营养元素循环，并建立植物氮素学说。 ●俄国启蒙运动思想家拉吉舍夫（1749～1802）卒。他主张推翻专制制度和取消农奴制，实行农民土地所有制。著有《自由颂》等。
1803		●内务府厨役成德行刺嘉庆帝未果，被凌迟。 ●禁止京、鲁民众带眷属出关。单身前往贸易、佣工、就食贫民，须呈明地方官给票，方与放行。 ●海盗郑一、乌石二等在广州湾击败广东水师。 ●是年，黄河在封丘决口，向东北流，至张秋穿越运河，东经利津入海，河道有明显的北移趋向。 ●书画、篆刻家奚冈（字纯章，号铁生，1746～1803）卒。他为"西泠八家"之一。篆刻	●英法重新交战，法国占领汉诺威。 ●美国从法国购得相当于本土面积一倍的路易斯安那地区。 ●英国化学家道尔顿提出科学的"原子"概念，物质由分子—原子构成。其核心是提出"原子量"的概念，并着手计算不同元素的原子量。宣布了"原子论"的诞生。 ●英国科学家渥拉斯顿和法国泰纳尔分别制得单质硼。 ●德国文艺理论家赫尔德（1744～1803）卒。他提倡民族文化，重视民间文学，试图用历史观点说明文学的性质和宗教的起源，并

公 元	（朝代）	中 国	外 国
		风格清隽，绘画笔墨松秀，书工隶草。 •学者彭元瑞（字掌仍、芸楣，1731～1803）卒。曾任《清高宗实录》总裁，著有《经进稿》等。	运用比较语言学方法解释语言和思想的关系。著有《人类历史哲学思想》、《批评之林》等。
1804		•年初，清军继剿教军余部。九月，白莲教会全部被镇压，历时九年的起义结束。清廷共用军费二万万两。 •提督李长庚在定海海上击败海盗蔡牵等。 •清廷命镶黄旗汉军永遵定制，不得任意改装。 •严格禁贩私盐章程。并派官员严行查禁无照盐船私行偷越，违者严惩。 •令减各关盈余额税。 •厘定盗决堤防罪责条例。 •陶澍等在京师创立宣南诗社。以后，林则徐等参加此社。 •段玉裁著成《说文解字注》。 •铁保编成《熙朝雅颂集》一百三十四卷，收八旗诗章。 •八世达赖强白嘉措（1758～1804）圆寂。 •史学家钱大昕（字辛楣，号竹汀，1728～1804）卒。他是乾隆进士，治学面广，于音韵训诂多有创见。首先注意古声母研究，证明"古无轻唇音"，对后世影响很大。著有《十驾斋养新录》、《廿二史考异》等。 •书法家刘墉（号石庵，1719～1804）卒。其书法与同时代的翁方纲、梁同书、王文治齐名。	•拿破仑称帝，建立"法兰西第一帝国"，公布《法国民法典》，实行君主专制。 •海地正式宣布独立，成为拉美第一个独立的国家。 •第一次"俄波（斯）战争"爆发。 •1804～1867：奥地利由"哈布斯堡王朝"统治。 •美国基安尼创办"美洲银行"。后发展为世界最大的私营商业银行。 •瑞士生物学家索绪尔阐述植物的光合作用过程。 •美国伊文斯发明高压蒸汽机。 •德国哲学家康德（1724～1804）卒。他是德国古典唯心主义的创始人。著有《纯粹理性批判》、《道德的形而上学》、《宇宙发展史概论》等。 •英国化学家普利斯特列（1733～1804）卒。他利用集气法研究气体，发现多种元素，尤其是"氧"。著有《气体实验与观察》、《从水中产生气体的实验》等。 •从15世纪末到19世纪上半叶，英国进行"圈地运动"，仅从1700～1801年一百年间圈地达三百多万英亩。贵族用暴力夺取农民土地，是构成英国资本主义原始积累的基础。为适应毛纺织业的发展，把耕地变为牧羊场，使大批农民破产，无家可归，即所谓"羊吃人"。
1805	清	•英国来函称：有护货兵船到广东，愿协助讨伐海盗。 •两艘俄国商船违反《恰克图条约》，到广州贸易。 •清廷禁洋人刻书传教，时有违反者德天赐，解往热河圈禁。如是中国人，发伊犁为奴，旗人并销去旗档。还令内务府加强管理西洋堂，撤毁堂额"天主"字样。 •学者纪昀（字晓岚，一字春帆，1724～1805）卒。官至协办大学士。主持纂修《四库全书》，著有《阅微草堂笔记》等。 •训诂学家桂馥（字冬卉，号未谷，1736～1805）卒。他是乾隆进士。著《说文义证》、《缪篆分韵》、《札朴》等。 •书法家邓石如（名琰，又字顽伯，1743～1805）卒。又精四体书，造诣很深。又长篆刻，	•4月，以英、俄为首组成第三次"反法同盟"。 •法海军遭联军重创，一直没有取得海上优势。 •12月，发生"奥斯特里茨战役"，法军击败俄奥联军，法奥签订《普莱斯堡和约》。第三次反法同盟瓦解。 •法吞并热那亚。 •穆罕默德·阿里任埃及总督。进行改革，改革土地制度与地税，修水利，建工厂，加强中央集权，实行征兵制，创办学校，并不断对外战争。 •英国地质学家霍尔开创"实验岩石学"。 •德国剧作家、诗人席勒（1759～1805）卒。其代表作有《海盗》、《阴谋与爱情》、《威廉·退尔》等，诗作《希腊的神》、《欢乐

公　元	（朝代）	中　国	外　国
		世称"邓派"，也称"皖派"。著有《完白山人篆刻偶存》。 ●药学家赵学敏（字依吉，号恕轩，1719～1805）卒。著《本草纲目拾遗》，补充其未收达七百多种。又作《串雅内篇、外篇》等。	颂》等。 ●俄国哈尔科夫大学建立。
1806		●宁陕新兵因停发盐米银哗变。清将杨芳单骑往招，事变平息。 ●直隶查出司书假雕印信，串通银号，虚收冒支大案。从嘉庆元年至此，共虚收三十一万余两。 ●再增养育兵额，并斥责旗人奢侈玩乐风盛。 ●因运河水浅，借黄济运。 ●学者王昶（字德甫，号述庵，1725～1806）卒。他是乾隆进士。曾参与编纂《大清一统志》、《续三通》。所编《金石萃编》收石刻拓本一千五百多种。著有《春融堂集》等。 ●书法家钱坫（字献之，号十兰，1744～1806）卒。他善篆书，有著作多种。 ●篆刻家陈豫钟（字浚仪，号秋堂，1792～1806）卒。他为"西泠八家"之一。与陈鸿寿齐名，人称"二陈"。亦能书画。	●拿破仑支持在德西部和南部由十六个小邦建立"莱茵同盟"，成为法在中欧的重要军事和政治支柱。 ●"神圣罗马帝国"被拿破仑一世推翻。神圣罗马帝国皇帝弗兰茨二世改称奥地利皇帝弗兰茨一世。 ●俄、英、普、瑞（典）等国组成第四次反法同盟。法国大败普军，进入柏林。 ●拿破仑实行大陆封锁政策。发布敕令，在经济上对英进行封锁。 ●1806～1812：第六次"俄土战争"。俄占比萨拉比亚。 ●荷兰科学家泽蒂尔纳从鸦片中提取出吗啡，开辟了工业制药的途径。 ●瑞典化学家柏济力阿斯开始引用"有机化学"概念，以区别于无机化学。
1807	清	●川、陕分别发生新兵起事事件，被镇压。 ●重申严禁朝廷大臣与诸王密切交往。 ●申禁地方官讳盗及胥役勒索。 ●嘉庆帝派成都将军特清额进藏。 ●英国传教士马礼逊来华。是西方基督教（新教）所派中国的第一个传教士。曾在东印度公司任职二十五年，他将《圣经》译成汉文，并编《华英字典》。 ●浙江提督李长庚在广东海上被海盗蔡牵大炮打死。 ●是年，黄河在阜宁决口。清廷拨款堵陈家浦坝口，疏导黄河由故道入海。 ●史学家汪辉祖（初名瑝，字焕曾，号龙庄、归庐，1731～1807）卒。著有《辽金元三史同姓名录》、《史姓韵编》等。	●英国议会通过禁止奴隶贸易法案。 ●意大利"烧炭党"在那不勒斯秘密成立。 ●拿破仑同俄、普分别签订《提尔西特和约》。第四次反法同盟瓦解，拿破仑成为欧洲大陆的独裁者。 ●拿破仑出兵占领葡萄牙。 ●普鲁士政府在施泰因主持下颁布《十月敕令》，改革农奴制。 ●"英伊石油公司"挂牌。 ●美国工程师富尔顿发明蒸汽机船，在哈得孙河试行成功并投入商业航行。 ●英国化学家戴维用电解法制得金属钾和钠。以后又陆续获得钙、镁、锶、钡等元素。
1808		●英国军舰进泊香山（今广东中山）海面，派兵据澳门炮台，声称为防御法国、保护贸易。粤督吴熊光下令封舱。英舰复入虎门，泊黄埔，相持久之而去。清廷因督抚示弱均罢其官。 ●清廷禁止民众私出奉天（今沈阳）法库门开垦。 ●定新疆卡伦回京侍卫、章京六年更派条例。 ●成都将军特清额进藏颁旨，认定九世达	●美国通过禁止输入奴隶的法令，但走私奴隶贸易屡禁不止。 ●埃及穆罕默德·阿里开始进行改革。改组陆海军，兴修水利，加强中央集权。 ●"俄瑞（典）战争"爆发。 ●拿破仑占领西班牙，西班牙人民展开反抗斗争。 ●拿破仑占领葡萄牙后，葡王室在英海军保护下迁往巴西，巴西一度成为葡政治中心。

公元	（朝代）	中 国	外 国
		赖隆朵嘉措免予金瓶掣签，在布达拉宫坐床。 　●是年，河工要求拨银三百数十万两。嘉庆谓财政困难未允。 　●清廷查办山东办案劣迹，查出每天食用耗银一百七八十两至三百两之多。	●"法兰西大学"成立。 ●"巴西银行"成立。为巴西最大商业银行。 ●法国哲学家、生理学家卡巴厄斯（1757～1808）卒。他认为"神经是人的一切"，人的认识过程是纯生理过程。著有《人的肉体与精神的关系》等。
1809	清	●以备河工为口实，加盐价每斤三厘，每年得银四百万两。 　●就安徽论，历年亏空银一百八十余万两，新亏又增三十万两。 　●清廷查办仓场舞弊事件。仓书串通办事人员窃米十数万石。 　●查出工部书吏私雕假印，冒领库款十四次，嘉庆帝大怒。 　●李长庚部将王得禄等在广东海上攻杀海盗蔡牵。英、葡兵船助剿广东海盗。 　●是年，禁外商之护货军舰入港。 　●文史学家洪亮吉（字稚存，号北江，1746～1809）卒。他是乾隆进士。曾提出人口增加与粮食产量相矛盾问题。著有《北江诗钞》、《春秋左传诂》等。 　●经学家凌廷堪（字次仲，1755～1809）卒，他长于考辨，对古代礼制和乐律均有研究。著《礼经释例》分饮食、宾客、祭例、器服等八部。又有《燕乐考源》、《校礼堂文集》等。	●英、奥等国组成第五次"反法同盟"。法再次战败奥军，签订《肖恩布鲁恩和约》，反法同盟瓦解，拿破仑占领除英、俄外整个欧洲，达全盛。 ●俄国与瑞典签订《腓特烈斯汉姆条约》。芬兰并入俄国。 ●英国迪金森制成圆网造纸机。 ●法国科学家布莱得制乙醚。 ●英国科学家戴维发明电弧灯，为最早的电光源和电气灯具。 ●法国生物学家拉马克出版《动物哲学》一书，明确提出动物种类进化的序列。 ●美国政论家、启蒙学者潘恩（1737～1809）卒。他号召殖民地反抗英国统治。著有《人权论》、《理性时代》等。 ●奥地利作曲家海顿（1732～1809）卒。他是维也纳古典乐派奠基人之一，被后人誉为"交响乐之父"。著有交响曲一百多部，以及大量室内乐、钢琴曲、两部清唱剧等。
1810		●京师捕获身藏鸦片之人，清廷令京城严查鸦片，并令闽粤督抚查禁，绝其来源。 　●设广东水师提督，并订《分船巡缉洋面章程》。 　●始设热河都统。 　●是年，查出通判缪元淳承办扬河堤岸工程贪污案，向朝廷领银五六千两，只用钱一千八百余串。 　●因吉林长春查出新来流民数千户，谕令"毋许再增流民一户"。 　●因河工弊坏，漕运阻滞，运费成本高。时运米一石，费数十金，官府支付经费，每石三两。有意改革海运，不成功。 　●学者蔡上翔（字元凤，1717～1810）卒。著有《王荆公年谱考略》等。	●1810～1826：拉美掀起反西班牙殖民统治的独立运动。 ●英国占领法国在西印度群岛的最后一块殖民地瓜德罗普岛。 ●哈登堡出任普鲁士首相，颁布《关于调整地主与农民关系敕令》，继续改革农奴制。 ●英国科学家卡文迪许（1731～1810）卒。他用实验验证万有引力定律，确定了引力常数和地球的平均密度。还证明了水和空气的组成。 ●法国舞剧改革家诺维尔（1727～1810）卒。他提倡"情节性舞蹈"，建立了欧洲舞剧的创作方法。著有《舞蹈书信集》。
1811		●清廷命各省查禁西洋教案，禁国人习天主教。 　●禁西洋人移住除广东外的其他各省。 　●建台湾噶玛兰城楼、衙署，设通判、县丞、巡检及守备、千总各一员。	●1811～1816：英国侵占印度尼西亚。 ●委内瑞拉和巴拉圭宣布独立。 ●德意志西部与南部三十六个邦结成"莱茵联盟"。 ●1811～1816：英国"卢德运动"达到高

公　元	（朝代）	中　国	外　国
		•因漕运阻滞，清廷命江浙招商船，试办海运。两江总督勒保等议海运不可行。 •是年，打箭炉（今四川康定）发生地震，汉彝民死亡数百人。 •黄河于阜宁、邳北、萧南等地决口。 •经学家臧庸（字在东，号拜经，1767～1811）卒。著有《拜经日记》，为诠释古书疑义，校勘误字音读的札记。 •学者陈鹤（字鹤龄、馥初，号稽亭，1757～1811）卒。著有《明纪》等。	潮（工人以捣毁机器为特征的反抗运动）。政府颁布惩罚捣毁机器法进行镇压。 •法国设立"工商部"。 •德国"克虏伯铸钢厂"建立。后发展为有限责任公司，为德重工业的垄断组织。 •德国科学家柯尼希研制成功机械印刷机。 •法国科学家库图瓦发现碘。 •意大利科学家阿伏伽德罗提出"原子—分子学说"，分子由原子组成，是具有物质性质的最小单位。成为化学发展的基础。还提出"阿伏伽德罗定律"，即同一温度与压强下，体积相同的任何气体所含的分子数相等。
1812	清	•因八旗人口日多，议将闲散旗人迁往吉林进行垦殖。 •嘉庆帝检阅八旗官兵。 •迁移闲散宗室家族至盛京居住，朝廷资助建庐舍并发给田银。 •伊犁将军晋昌上奏，拟将八旗公田两万余亩分给八旗，清廷准奏。 •订立《吉兰泰盐务章程》。 •江南河道总督陈凤翔被革职，并将其遣戍新疆。 •滦州人董怀信传习金丹八卦教被捕。有入教者数千人。 •户部奏查各省积欠钱粮时，各省钱粮积欠共达一千九百余万两。	•俄、土签订《布加勒斯特和约》。俄占比萨拉比亚。 •拿破仑以五十万大军发动侵俄战争。库图佐夫任俄军总司令，他保存实力，主动放弃莫斯科。后反攻，连败法军，至年底，法军退出俄境，损失四十七万人，元气大伤。 •1812～1814：发生"美英战争"（也有称"第二次独立战争"）。双方互有损失，战后签订《根特协定》。英再次承认美独立，并表示不再干预美贸易；美则表示放弃侵占英属加拿大。 •法国居维叶发表《四足兽化石研究》，为古脊椎生物学的奠基之作。 •德国童话作家格林兄弟编成《儿童与家庭童话集》，其中《灰姑娘》等若干篇为不朽之作。 •美国启蒙思想家巴尔洛（1754～1812）卒。他极力反对封建等级特权，认为社会发展是由理性和自由的思想所推动。著有《给法国国民会议的书信》等。
1813		•禁宗室爱新觉罗子弟与汉人通婚。 •准驻防子弟从丙子（1816年）科起，应各省文武乡试。 •清廷申禁私贩鸦片，官民服食者罪。 •河南天理教（又名"八卦教"，白莲教的一支）李文成据滑县起义，自称"大明天顺李真主"，年号"天顺"。直隶、山东，均有响应。 •天理教起义首领林清潜入皇宫，败死。 •至年底，清将那彦成等攻杀李文成，起义失败。 •是年，河决睢州，由亳、涡入淮达洪泽湖。 •学者法式善（乌尔济氏，字开文，号时	•英、俄、普、葡、西、奥、瑞（典）组成第六次反法同盟。当年发生"莱比锡战役"，法军大败。 •俄国打败波斯，签订《古利斯塔条约》。俄夺得格鲁吉亚与阿塞拜疆北部地区。 •玻利瓦尔率军攻占加拉加斯，重建委内瑞拉第二共和国，任最高执政，被授予"解放者"的称号。 •南美洲巴拉圭宣布独立后，制定宪法，成立共和国。 •非洲尼日利亚阿卜杜拉兼和努佩地区，占领伊洛林。 •"奥斯陆大学"建立，为挪威历史最悠久、规模最大的大学。

公　元	（朝代）	中　　国	外　　国
		帆，蒙古正黄旗人，1752～1813）卒。官至侍讲学士，熟悉当代制度掌故。著有《清秘述闻》，《槐厅载笔》等。 　　●文字训诂学家钱大昭（字晦之，一字竹庐，1744～1813）卒。著有《迩言》，考证成语、俗谚的源流。又有《广雅疏义》、《说文统释》等。	●英作家奥斯汀著《傲慢与偏见》。 ●法国数学家拉格朗日（1736～1813）卒。他是变分法的奠基人之一。发展牛顿数学分析，奠定分析力学的基础。又用纯代数方法为微分学奠基。在数论上也有贡献。
1814	清	●因外商每年运银一百数十万两出洋，致内地银两渐行短缺，命广东大吏调查禁止。 　　●是年库存银一千二百四十万两。 　　●裁减乾隆时所增兵额，时绿营兵总额六十二万四千余名，裁减一万四千二百四十名。 　　●新疆喀什噶尔阿奇木伯克玉努斯因妄杀毛拉素皮等人，被发往伊犁永远监禁。 　　●允许粤商采矿建厂。 　　●河南、安徽出现"捻军"。 　　●英舰追美国船至黄埔。广东大吏向东印度公司大班进行交涉。 　　●董浩等奉命纂修《全唐文》成书。 　　●史学家赵翼（字云崧、耘松，号瓯北，1727～1814）卒。他是乾隆进士。著有《廿二史札记》、《陔余丛考》、《瓯北诗话》等。 　　●诗人张问陶（字仲冶，号船山，1764～1814）卒。他是乾隆进士。著有《船山诗草》。 　　●经学家、数学家程瑶田（字易田，一字易畴，号让堂，1725～1814）卒，著有《禹贡三江考》、《仪礼表服文足征记》；数学著有《周髀矩数图注》、《周髀用矩法》、《数度小记》等；另有《通艺录》。 　　●藏书家鲍廷博（字以文，号渌饮，1728～1814）卒。藏书极富，在四库馆开时曾进家藏善本六百余种。自刊刻《知不足斋丛书》三十集。著有《花韵轩小稿》等。	●反法联军攻入巴黎。拿破仑宣告退位，路易十八重返王宫，"波旁王朝"复辟。联军与法签订《巴黎和约》，恢复1792年国界。 ●南非开普成为英国殖民地。 ●反法同盟诸国战胜拿破仑后，召开"维也纳会议"，意在恢复欧洲旧秩序，重划各国版图与殖民地。几乎所有欧洲国家都派代表参加了会议。俄、英、奥、普四强操纵会议。结果是：奥获得意部分领地；普获萨克森等；瑞典从丹麦取得挪威；俄获得芬兰；"华沙大公国"改为"波兰王国"，由俄皇兼任国王；尼德兰（比利时）、荷兰合并为"尼德兰王国"；建立"德意志邦联"；瑞士恢复中立；英获好望角、锡兰、马耳他等殖民地，保持海上贸易优势。 ●耶稣会恢复活动。 ●英国工程师施蒂芬逊制成新型蒸汽机车。 ●法国数学家柯西开创复变函数论研究。 ●瑞典化学家贝利乌斯提出化学符号和化学方程式的书写规则。 ●德国古典主义哲学家费希特（1762～1814）卒。他认为"自我"是认识的主体，重要的是意志。政治上反对封建制度，主张君主立宪。著有《人的天职》、《知识学基础》等。
1815		●自嘉庆元年以来，仅山东就亏空六百余万两。 　　●清廷令禁外国商船夹带鸦片。并令禁绝外来奇巧货物，以杜漏卮。 　　●九世达赖隆朵嘉措（1805～1815）圆寂。 　　●文字学家段玉裁（字若膺，号懋堂，1735～1815）卒。他是乾隆举人。代表作《说文解字注》。另有《六书音韵表》、《经韵楼集》等。古韵支、脂、之三部分立，是他的创见。 　　●文学家姚鼐（字姬传，桐城人，1732～1815）卒。他是乾隆进士。参加纂修《四库全书》。工散文，桐城派代表人物。著有《惜抱轩全集》等。 　　●文学家高鹗（字兰墅，别署红楼外史，	●拿破仑重返巴黎，又做了九十七天皇帝，史称"百日王朝"。诸国联军再攻法国，"滑铁卢战役"拿破仑大败，被流放于圣赫勒拿岛，1821年病死于该岛。 ●拿破仑帝国崩溃后，俄、奥、普在巴黎结成有多数国家加入的"神圣同盟"，维持战后国际秩序。继而英、俄、奥、普又签订"四国同盟条约"，决定以武力维护维也纳会议决议。 ●英国通过《谷物法》，严控谷物进口。引起粮价上涨，政局骚乱。 ●"德意志邦联"建立。由部分君主国和自由市根据维也纳会议通过的《邦联法案》组成。以奥地利为主席，参加者保留完全主权。

公 元	（朝代）	中 国	外 国
		1738～1815）卒。他是乾隆进士。一般认为小说《红楼梦》后四十回是他所续（一说与程伟元共同续），对前八十回亦有改动。另有《高兰墅集》、《月小山房遗稿》等。 •诗人舒位（字立人，号铁云，1765～1815）卒，他是乾隆举人。著有《瓶水斋诗集》等。 •书法家梁同书（字元颖，号山舟，1723～1815）卒。其书法与翁方纲、刘墉、王文治齐名。还能诗，有《频罗庵遗集》。 •书法家伊秉绶（字组似，号墨卿、墨庵，1754～1815）卒。他善隶书，兼画山水、梅竹。著有《留春草堂集》。	1866年普奥战争后解体。 •卢森堡为大公国，由荷兰国王兼领。 •华沙大公国改为波兰王国，由俄沙皇兼任国王。 •葡萄牙若奥亲王在巴西宣布成立"葡萄牙—巴西—阿尔加维联合王国"。 •西非今马里地区发生"伊斯兰教圣战"，由富拉尼人洛博领导，夺得"马西纳王国"政权，建新都哈姆达拉希。 •澳大利亚亚帕拉马塔开设第一所土著学校。 •英人戴维发明矿井安全灯。
1816		•清廷严命加强保甲制度，以十家为一牌，有可疑之人，即报。 •英使阿美士德来华，因礼仪之争，未获觐见嘉庆帝。 •御史罗家彦奏报，为旗人生计，建议老幼男妇以纺织为业。不准。 •考据学家崔述（字武承，号东壁，1740～1816）卒。著有《崔东壁遗书》，以《考信录》为其代表作。所倡疑书、辨伪、考信对后世影响很大。	•阿根廷宣布独立。 •美国制定"关税保护法"。 •欧洲人阿斐济从事捕鲸业。 •法人雷奈克发明听诊器。 •英国戏剧家、政治活动家谢立丹（1751～1816）卒。他以启蒙主义的批判精神揭露英上流社会的腐败，反对对殖民地的掠夺。共写过七部剧本，有《情敌》、《造谣学校》等。
1817	清	•清廷命白莲等教教徒缴经，具结，免予治罪。宗室海康、庆遥以参与天理教活动，被绞死。 •天津复设水师。 •禁止在乡、会试骑射中请人顶替作弊。 •因福建布政使李庚芸被逼自谥案，命将总督汪志伊革职。 •禁福建、浙江、安徽三省茶叶由海上贩运到广州。 •文学家恽敬（字子居，号简堂，1757～1817）卒。他是乾隆举人。阳湖派古文代表人物。著有《大云山房文稿》。 •文学家王昙（又名良士，字仲瞿，1760～1817）卒。他一生潦倒。工诗及骈文。著有《烟霞万古楼集》，传奇《回心院》、《万花缘》等。	•拉美反殖民统治领袖圣马丁率军翻越安第斯山，向智利进发，查卡布科一战击溃西班牙守军，乘胜进古圣地亚哥，为智利独立铺平了道路。 •1817～1831：意大利发生"烧炭党人起义"。 •奥斯曼承认塞尔维亚自治。 •英国创办邮政汇兑。 •英国工程师罗伯茨创制龙门刨床。 •英国古典政治经济学家李嘉图《政治经济学及赋税原理》一书出版，建立起以劳动价值论为基础以分配论为中心的理论体系。 •德国地质学家维尔纳（1750～1817）卒。他是"水成学派"的创始人。这个学派总结了当时的矿物学、岩石学及地质时代划分的知识，并给以系统的分类。
1818		•琵琶名家华秋苹等辑《琵琶谱》三卷刊行。为我国第一部正式出版的琵琶谱集。 •经学家孙星衍（字渊如、季仇，1753～1818）卒，他研究范围较广，经史、诸子、文字、音韵、金石都有涉及，尤精校勘。著有《尚书今古文注疏》、《周易集解》、《寰宇访碑录》。刻有《平津馆丛书》、《岱南阁丛书》等。	•美国国会通过对拉丁美洲的中立法案。 •智利独立。成立智利共和国，定都圣地亚哥。 •玻利瓦尔在安戈斯图拉召开国民议会，建立委内瑞拉第三共和国，被选为总统。 •埃及出兵阿拉伯半岛，镇压"瓦哈比派"，占领麦加和麦地那。

公 元	（朝代）	中 国	外 国
		• 文学家翁方纲（字正三，号覃溪、苏斋，1733～1818）卒。他长于书法、金石，论诗主"肌理说"。著有《复初斋集》、《石洲诗话》等。 • 文学家吴锡麒（字圣征，号谷人，1746～1818）卒，他是乾隆进士。时以骈文著名，为"八家"之一。也能诗及词曲。著有《有正味斋集》。 • 文学家程伟元（字小泉,？～1818）卒。他以科场失意，一生未仕。乾隆末寓居京师，其间，结识高鹗。自述：曾以数年时间广收《红楼梦》抄本，并购得后四十回续稿残抄本，与高共同修补，成一百二十回本。先印行，称"程甲本"，后又改动，称"程乙本"。	• 德国波恩大学创立。 • 波兰华沙大学创立。 • 英国科学家罗斯首次直接研究海底沉积物，从而揭示出深海海底生命的存在。 • 美国惠特尼创制卧式铣床。 • 法国物理学家杜隆和珀替首先由实验确定"杜一珀定律"，即关于固态单元素物质克原子热容的定律。 • 法国数学家蒙日（1746～1818）卒。他创立画法几何学和射影几何学。著有《分析在几何中的应用》。
1819	清	• 嘉庆皇帝六十"万寿"庆典，免各省积欠银二千一百余万两、米谷四百余万石，川、黔二省无积欠，免明年正赋十之二。时各省积欠银谷，苏、皖、鲁三省占总数一半以上。 • 申禁旗人收汉人及户下人之子为嗣。 • 山东清理审结积案。 • 拨给武陟大工银九百六十万两。时凡遇大工，常在工地添盖馆舍，商贾云集。 • 黄河决口仪封、兰阳，由涡河入淮河；再决祥符、陈留、中牟；又决武陟（今属河南），下注张秋，穿运河注入大清河，分二道入海。	• 英发生"彼得卢大屠杀"。六万人集会要求选举改革，允许工会活动，遭镇压。事后，政府颁布《六月法令》，限制言论、集会和出版自由。 • 普鲁士联合北部小邦成立"北德意志关税同盟"。 • 美从西班牙手中购得佛罗里达半岛。 • 拉美哥伦比亚独立，时称"格兰纳达"。 • 1819～1821：埃及征服苏丹。 • 英国工程师马克尚首创碎石路面修筑工艺，后称"马克尚筑路法"。 • 世界第一艘蒸汽动力船横渡大西洋（从纽约至利物浦）成功。 • 德国哲学家雅科比（1743～1819）卒。他主张信仰无上，被称为"信仰哲学家"。著有《休谟论信仰》等。
1820		• 嘉庆帝在热河避暑山庄病卒。大学士托津、戴均元在近侍身上寻获藏有储君名字之"锸匣"。由次子旻宁即位，改元"道光"，习惯称"道光皇帝"。 • 道光帝以大学士曹振镛等为军机大臣。 • 云南永北傈僳族唐贵起兵反清，称"地王"，设官建署。数月后被镇压。 • 是年，河决仪封三堡，下流入洪泽湖。 • 《道藏辑要》刊行。 • 哲学家、数学家焦循（字里堂）卒，他家传《易》学，自幼即以好《易》颖悟称。后于经史、历算、声韵、训诂皆有研究。他以数理解释《周易》，更由治《易》方法通释诸经。其哲学体系建立于数学和易学之上。认为事物变化是"理之一"，或"数之约"，"理"或"数"是宇宙的根源。著有《孟子正义》、《里	• "神圣同盟"召开"特罗波会议"。决定对爆发革命的国家进行武装干涉。 • 1820～1821：那不勒斯爆发革命。"神圣同盟"责成奥地利出兵镇压。 • 1820～1823：西班牙爆发资产阶级革命。后法国派兵镇压。 • 葡萄牙发生资产阶级革命，实行君主立宪，要求流亡到巴西的国王回国执政。 • 据统计，当时英国工业总产值占世界工业总产值50%，法国占15%～20%，德国占10%。 • 丹麦科学家奥斯特首次发现电磁现象。成为电动力学的发端。 • 法国哲学家罗比耐（1735～1820）卒。他认为感觉是一切认识的源泉。著有《论自然》等。

公 元	（朝代）	中 国	外 国
		堂学算记》、《易通释》、《剧说》等。 •戏曲音乐家叶堂（字广明，号怀庭，生卒年不详）生活在此时期。他研究南北曲唱法，尤注重研究唱法的运用。编定《纳书楹曲谱》二十二卷和《西厢记曲谱》二卷等。 •民间艺人陈遇乾（生卒年不详）生活在此时期。他是苏州弹词"陈调"的创始人。	•法国资产阶级思想家沃尔涅（1757～1820）卒。他认为利益、自私、贪婪是社会发展动力。著有《自然规律或道德的物质原则》。 •英国经济学家杨格（1741～1820）卒。他是货币数量论的拥护者。著有《英国荒地现状考察记》等。
1821		•清廷订"京旗闲散分驻吉林屯田章程"。 •清廷议革除漕运积弊，无果，惟通令各省杜绝浮收，裁革陋规。 •英国要求在新疆进行贸易买马，道光帝不允。 •裁减陕甘绿营马兵。 •是年，直隶、山东疫病流行，死亡人众，朝廷拨发银两，供购药置棺之用。 •学者谢清高（1765～1821）卒。他十八岁乘外商海船出洋，历十四年返回。沿途记其岛屿、城寨、风俗、物产等。后失明。《海录》一书为其口述而成。 •诗人彭兆荪（字湘涵，一字甘亭，1769～1821）卒。他是道光举人。龚自珍称其作"清深渊雅"。著有《文选考异》、《小谟觞馆全集》等。	•拉美墨西哥、秘鲁、洪都拉斯、危地马拉、尼加拉瓜、哥斯达黎加、萨尔瓦多等宣布独立。 •希腊发生由"友谊社"领导的反奥斯曼帝国统治的人民起义。 •"美国殖民协会"在利比里亚建黑人移民区，称"蒙罗维亚"。1838年成立"利比里亚联邦"。 •瑞士科学家维内茨提出"冰期"观点。 •英国诗人济慈（1795～1821）卒。他的抒情诗优美，著名的有《夜莺颂》、《秋颂》等。还有以希腊神话为题材的两首长诗《恩底弥翁》、《赫拔里昂》。
1822	清	•清廷令粤、闽、浙严缉洋盗。粤地禁止外船偷漏银两。 •英船停泊伶仃山，英兵上岸，与国人斗殴，令广东督抚缉英凶。 •清廷命海口各关津严拿夹带鸦片者。 •规定洋人一律应遵守中国法律。 •刑部制定《惩办械斗章程》。 •经金瓶掣签认定，楚臣嘉措为十世达赖。但他在圆寂前一直未亲政。 •山西省尚未摊丁入亩州县，本年起依次核办。 •谕令旗人抱养民子为嗣者，另记档案，日后均入民籍。 •重申严禁民间私藏鸟枪火器。 •河南新蔡朱麻子起义，攻县城，不久败溃。 •时，豫、皖一带捻军、"盐枭"甚众。 •严如煜辑《三省边防备览》成书。 •篆刻家陈鸿寿（字子恭，号曼生，1768～1822）卒，他为"西泠八家"之一。著有《种榆仙馆印谱》、《桑连理馆集》等。	•俄国十二月党人组成以穆拉约夫为首的"北方协会"和以彼斯捷里为首的"南方协会"。主张武装起义，推翻农奴制，建立君主立宪制。 •"神圣同盟"召开"维罗那会议"。重申有权镇压任何国家发生的革命。同盟已发生分裂，这是最后一次会议。 •希腊反土耳其统治起义获初步胜利，宣布独立。成立国民政府，制定宪法。 •俄、英、法签订《伦敦协定》，谴责土耳其镇压希腊独立运动。三国舰队在诺瓦里诺海湾摧毁奥斯曼舰队。 •巴西脱离葡萄牙统治，建"巴西帝国"。仍由葡王室家族统治，葡国王若奥六世之子加冕为"彼得罗一世"。 •拉美厄瓜多尔独立。并与格兰纳达、委内瑞拉组成"大哥伦比亚共和国"。 •法国学者商博良释读出《罗塞达石碑》上的古埃及象形文字，为建立"埃及学"奠定基础。 •法国数学家彭赛列著《论图形的射影性质》，为射影几何学奠基作之一。 •法国化学家涅普斯制成世界上第一张照片。

公 元	（朝代）	中 国	外 国
1823	清	• 清廷定失察鸦片烟条例，内容包括禁种罂粟、禁开烟馆等项。 • 因京师连旱，准许贫民出关谋生。 • 允许暂弛海禁，招商赴台贩米，赈济江浙灾民。 • 是年，永定河、北运河决口；漳河北移，河槽不定；卫河由内黄县东流，成新河。 • 医学家陈修园（名念祖，又字良有，号慎修，1753～1823）卒，著有《灵素集注节要》、《伤寒论浅注》、《金匮要略浅注》等。 • 训诂学家郝懿行（字恂九，号兰皋，1755～1823）卒，他是嘉庆进士。著有《尔雅义疏》、《易说》、《竹书纪年校正》等。 • 诗词、书法家永瑆（清宗室，满族，爱新觉罗氏，乾隆皇帝第十一子，封"成亲王"，1751～1823）卒。自幼工书，与满族铁保、汉人翁方纲，刘墉并称四大家。著有《诒晋斋集、后集、续集》、《消寒诗录》、《仓龙集》等。	• 移居英国的天文学家威廉·赫歇尔（1738～1822）卒。他是恒星天文学的创始人。编制第一个双星表，还研究银河系的结构。 • 英国浪漫主义诗人雪莱（1792～1822）卒。代表作有长诗《伊斯兰的起义》、诗剧《解放了的普罗米修斯》等。 • "中美洲联邦"成立。由危地马拉、萨尔瓦多、洪都拉斯、尼加拉瓜、哥斯达黎加组成。 • 法军武装干涉西班牙革命。西班牙革命失败。 • 美国第五任总统门罗发表"门罗宣言"。以"美洲是美洲人的美洲"为口号，宣称任何他国都不能干涉美洲事务，否则就是对美国的不友好。 • 英国经济学家李嘉图（1772～1823）卒。他是古典政治经济学的完成者。提出商品价值决定于劳动时间的原理。著有《政治经济学及赋税原理》等。 • 英国医学家琴纳（1749～1823）卒。他经实测，证实患过牛痘就不再患天花，并首次用接种法预防天花，著有《种牛痘的效果调查》等。
1824		• 清廷命毁苏州五通祠。 • 由京城向关外移民，在白都讷（今吉林扶余一带）、珂勒楚喀（今黑龙江双城一带）开荒。 • 山西绛州等二十六州县将丁银摊入地亩。 • 清廷废秋狝之礼。 • 广东定《洋米易货之例》。 • 整修水利。命修直隶之南、北运河堤坝。始修治永定河。疏浚太湖下游水道。派江苏按察使林则徐综办江浙水利。 • 是年，开展对棚民保甲制施行情况的调查。 • 清廷遣使册封哈萨克汗爱毕勒达。未至，爱毕勒达被俄人劫走。张格尔攻扰边卡，被击走。 • 文学家刘开（字明东，一字孟涂，1784～1824）卒。他主张作文必须"本之以《六经》"。著有《孟涂文集》、《孟涂遗诗》。	• 英颁法令，允许工会合法活动。 • 墨西哥宣布建立共和国。 • 拉美发生反西班牙殖民统治的"阿亚库乔战役"。西军战败。 • 英国空想社会主义者欧文到美国试办"新协和村"（一译"新大同村"），在村内实行财产共有和民主管理制度。经几年试验，后告失败。 • 世界第一条铁路在英国北部斯托克顿和达林顿间修成。从此，铁路运输登上历史舞台。 • 瑞典科学家贝采利乌斯制得单质硅。 • 法国科学家巴拉尔发现溴。 • 法国科学家卡诺发表《论火的动力》，奠定了"热力学"的基础。 • 德国哲学家赫尔巴特的《作为科学的心理学》出版，首次提出"心理学"是一门科学。 • 英国浪漫主义诗人拜伦（1788～1824）卒。代表作有《唐璜》、《青铜时代》等。 • 法国画家籍里柯（1791～1824）卒。

公　元	（朝代）	中　国	外　国
			他是浪漫主义画派的先驱者。作品有《梅杜萨之筏》、《赛马》、《奴隶市场》等。
1825	清	●清廷批准哲孟雄（锡金）部长入藏瞻礼。 ●命琦善为两江总督，准其所请漕粮海运。 ●革喀什噶尔参赞大臣永芹职，并以长龄代庆祥为伊犁将军。 ●命江浙试办海运。 ●清廷查禁粮船水手设教。时各帮粮船设有三教（潘安、老安、新安），祀"罗祖"神。三教共有教徒四五万人。 ●自上年至本年，运河御黄坝分流倒灌，从清口到淮扬，淤成平地。 ●清廷批准用银四十万两疏浚太湖以下注入黄浦江的各支流。并命兴修陕西水利。 ●清廷定《回疆敛钱条例》。 ●定《宗室犯罪律令》。 ●是年，允许八旗余丁外出谋生。 ●藏书家黄丕烈（字绍武，号荛圃，1763～1825）卒。他是乾隆举人。喜藏书，搜购宋本百余种，为藏书处名"百宋一廛"。并精于校勘，每得珍本，即作题跋，后人集为《士礼居藏书题跋》。 ●文学家陈沆（字太初，号秋舫，1785～1825）卒。他是嘉庆进士。著有《诗比兴笺》、《简学斋诗存》、《近思录补注》等。	●英国爆发第一次周期性经济危机。 ●俄国发生"十二月党人起义"。被镇压。 ●印尼爪哇日惹公国王子蒂博尼格罗发动反荷兰殖民统治的起义。以复兴伊斯兰教为号召。后被镇压。起义揭开了 19 世纪中期亚洲民族运动的序幕。 ●上秘鲁解放。为纪念玻利瓦尔，该地独立后，定国名"玻利维亚"。 ●美国开凿成沟通东西部的第一条水路要道"伊利运河"。全长三百多英里，连接哈得孙河和五大湖。 ●德国莱比锡成立西方第一个非官方的全国性出版行业组织。 ●英国建成水泥生产厂。 ●丹麦科学家奥斯忒用还原法获得金属铝。 ●法国空想主义者圣西门（1760～1825）卒。他批判资本主义，设计各种社会改革方案，鼓吹"实业制度"。著有《人类科学概论》等。 ●法国画家大卫（1748～1825）卒。他是新古典主义代表人物之一。作品有《马拉之死》、《加冕》等。
1826		●江苏巡抚陶澍、布政使贺长龄等主持海运漕粮成功。用船九百余只，两次运米一百六十余万石。每石运费仅用银四五钱。 ●因福建歉收，招商运浙米入闽。 ●江苏试行运米至天津。 ●苏、鲁、豫、皖等地用重刑惩治佩带刀械挟诈逞凶之人。 ●令驱逐移居吉林的流民，以防旗人习成汉俗，不知骑射本业。 ●清廷定《逃走太监治罪例》。 ●张格尔攻陷喀什噶尔，参赞大臣庆祥自缢，和阗（田）、叶尔羌、英吉沙尔相继失守。清遣杨遇春为钦差大臣赴新疆，命长龄总统军事。 ●诗人宋湘（字焕襄，号芷湾，1756～1826）卒。他是嘉庆进士。主张"作诗不用法"，反对模拟。著有《红杏山房诗钞》。 ●学者严如熤（字炳文，一字苏亭，号乐园，1759～1826）卒。他治舆地要之学，著有《三省边防备览》、《苗防备览》，以及《乐园诗文集》等。	●美国《独立宣言》起草人之一，资产阶级民主代表人物杰逊（1743～1826）卒。1801～1809 年任美国总统。 ●1826～1828：第二次"俄伊战争"。伊朗战败。 ●德国科学家欧姆提出电路实验定律"欧姆定律"。同年制成悬丝式检流计。 ●英国沃克制成实用火柴。 ●1826～1830：世界上第一座铁路隧道在英国利物浦—曼彻斯特线上筑成。 ●德国心理学家弥勒提出"感觉神经特殊能力学说"。 ●德国科学家夫琅和费（1787～1826）卒。他是天体分光学的创始人。发明衍射光栅，对太阳光谱中的暗线（夫琅和费线）有系统研究。 ●法国医学家雷奈克（1781～1826）卒。他曾发明听诊器，并改革某些疾病的疗法。著有《间接听诊法》等。 ●德国作曲家威伯（1786～1826）卒。代表作《魔弹射手》。

公 元	（朝代）	中 国	外 国
1827		• 长龄、杨遇春等收复英吉沙尔、叶尔羌、和阗、喀什噶尔等四城。张格尔于年底被俘，次年处死。 • 和阗回民缚献张格尔委封之和阗王子约霍普等。 • 清廷惩治喀什噶尔前任大臣，并命长龄等晓谕回民。命武隆阿等为回疆诸城大员。命直隶总督那彦成为钦差大臣，驰往喀什噶尔会同长龄筹办回疆善后事宜。 • 免除回疆八城额赋。 • 清廷下令，禁开宛平等县银矿。 • 协办大学士、理藩院尚书英和因祖护家人私加地租被革职。 • 京师裁掉挂名吏役万余名。 • 穆彰阿始入军机处。自此至道光末年，他始终主事。 • 是年漕运仍以河运，过黄河时极困难。	• 俄、法、英三国海军在纳瓦里诺海战中击溃奥斯曼—埃及联合舰队。 • 史密斯开始宣传"摩门教"教义。 • 英国医学家布赖特发表《医案报告》，标志实验室医学进入临床。 • 英国植物学家布朗首先发现"布朗运动"。即悬浮于液体或气体中微粒所做的运动。 • 法国科学家拉普拉斯（1749～1827）卒。他在天文、数学、物理学上都有贡献。著有《天体力学》、《概率论解析理论》等。 • 法国物理学家菲涅耳（1788～1827）卒。他研究光的本性，证实光的波动性。 • 德国伟大的作曲家贝多芬（1770～1827）卒。名作有第三《英雄》、第五《命运》、第六《田园》、第九《合唱》等交响曲。 瑞士教育家斐斯泰洛齐（1746～1827）卒。他主张通过教育改善农民生活。著有《教育孩子》等。
1828	清	• 因平定张格尔叛乱有功，封长龄为威勇公，授御前大臣。 • 准新疆各大员据实专折密奏，以示重视边陲。 • 裁革新疆各地大小衙门一切繁费及摊派苛敛之名目。 • 准那彦成奏，在喀什噶尔、叶尔羌等边卡外设贸易亭。 • 命新疆贸易由官办，禁私贩大黄、茶叶、硝磺等。 • 是年举行翻译乡试，应试者满洲一百三十余人，蒙古二十余人。中试满洲举人八名，复试时因文理不通，错误太甚，被罚停科者四名。 • 河督张井奏报：乾隆年间，洪泽湖比黄河高至丈余。夏季泄清刷淤；秋冬闭坝蓄水。以后，河底淤高，嘉庆年间，改为夏闭秋启，开启之时，黄河涨水，极易倒灌。现积垫更高，即使清水能出，也只比黄河高数寸。至多做到免于倒灌，不误漕运，不能做到刷淤之功效。 • 疏浚吴淞江工程竣工。 • 因淮盐滞销，命江苏、安徽、湖广各省严禁私贩。 • 禁止广东、福建等地使用外国货币。 • 画家改琦（字伯蕴，号香白，回族，1774～1828）卒。他擅画人物，尤长仕女，亦能诗词。有《玉壶山房词选》。	• 美国国会通过"可憎的关税率"，削减出口。 • "美国民主党"成立。党徽是驴。 • 俄国强迫伊朗签订《土库曼条约》，吞并南高加索。 • 1828～1829：第七次"俄土战争"，土（奥斯曼）败，签订《亚得里亚堡和约》。俄国夺得高加索黑海沿岸和多瑙河河口地区。 • 1828～1829：位于罗马尼亚南部的"摩尔多瓦公国"取得自治。 • 英人爱德华·维克斯创办"维克斯公司"，后发展为英国重工业和军火工业的垄断组织。 • 英国科学家尼尔森发明铁管式高炉热风炉。 • 美国制成第一台玉米播种机。 • 德国化学家制成有机化合物"尿素"。在无机物和有机物之间架起了一座桥梁。 • 意大利舞蹈家布拉西斯《舞蹈法典》出版。 • 奥地利作曲家舒伯特（1797～1828）卒。名曲有歌曲《魔王》、《野玫瑰》等及声乐套曲《美丽的磨坊女》和《未完成交响曲》等。 • 西班牙画家戈雅（1746～1828）卒。他以突出人物性格见长。作品有《汲水女》、《战争的灾难》等。 • 法国雕塑家乌东（1741～1828）卒。

公　元	（朝代）	中　国	外　国
			他是 18 世纪法国现实主义雕塑代表人物之一。作品有《莫里哀》、《卢梭》、《华盛顿》等。
1829		●清廷命广东查禁外商套取银两。英船因拖欠严重，延时不进口。 ●命对以洋钱换银两及鸦片耗财伤身两事拟出具体禁阻办法。 ●是年，山东多处地震。 ●诗人孙原湘（字子潇，1760～1829）卒。他是嘉庆进士。著有《天真阁集》。其妻席佩兰（名蕊珠，字月襟），为袁枚女弟子，工诗，善画兰。著有《长真阁诗稿》等。 ●经学家凌曙（字晓楼，一字子升，1775～1829）卒，著有《春秋公羊礼疏》、《春秋繁露注》。 ●经学家刘逢禄（字申受，1776～1829）卒。他是经学常州学派的奠基人。著有《公羊春秋何氏解诂笺》、《刘礼部集》等。 ●据马尔斯《中国外交史》记载，道光九、十两年鸦片输入各达一万四千多箱，比嘉庆末、道光初年四五千箱增加很多。	●奥斯曼承认希腊独立。 ●塞尔维亚自治。 ●德国数学家雅可比著《椭圆函数论新基础》，为椭圆函数理论的奠基性著作。 ●英国科学家尼科尔发明偏光显微镜。 ●法国博物学家拉马克（1744～1829）卒。他最先提出生物进化学说，被称为"拉马克学说"。著有《动物学哲学》等。 ●挪威数学家阿贝尔（1802～1829）卒。他提出"阿贝尔群"概念，并对阿贝尔积分和阿贝尔函数等都多有研究。 ●英国化学家戴维（1778～1829）卒。他发现笑气（氧化亚氮）的麻醉性，还分解出多种碱和碱土金属。 ●英国工程师史蒂芬设计并制造了能运载十余吨货物的实用型蒸汽机车，宣告火车运输时代的到来。
1830	清	●两淮盐务日坏，私贩日众。清廷命江督捕私盐贩黄玉林。裁两淮盐政，改归总督管理。 ●命各省裁革"白役"。县定制差役不过八十人，而时山东大县有差役千余人，小县数百人。 ●清廷定《查禁内地鸦片烟章程》。 ●传教士裨治文到广州。他是第一个来华的美国传教士，曾创办《中国丛报》，参加订立《望厦条约》。 ●经学家江藩（字子屏，号郑堂，1761～1830）卒。著有《国朝汉学师承记》、《国朝宋学渊源记》，将经学分为汉学、宋学两大派，实际上是崇汉抑宋。另有《尔雅小笺》、《隶经文》等。 ●文学家李汝珍（字松石，1763～1830）约于是年卒。他涉猎经史百家，精音韵之学。不屑为八股文，晚年贫困潦倒，以多年精力作成名著《镜花缘》，另有《音鉴》。 ●是年，山东菏泽、曹县等地地震。	●法国开始侵略北非阿尔及利亚。 ●法国发生"七月革命"，推翻"波旁王朝"，建立"七月王朝"。 ●比利时革命，宣布脱离荷兰独立。 ●1830～1831：英国农村斯温暴动掀起高潮。以捣毁农业机器为特征，要求降低什一税和地租。 ●1830～1831：波兰爆发反对沙俄统治的民族起义。 ●英国利物浦和曼彻斯特间铁路通车。最高时速接近五十公里。 ●美建成第一条商用铁路。 ●在美国创立"摩门教"，流行于西部各州。 ●法国数学家和物理学家傅立叶（1768～1830）卒。研究热传导理论，著有《热的分析理论》。他在用数学方法解决热传导问题方面，对数学理论和应用的发展做出了贡献。
1831		●两江总督陶澍在淮北行票盐法，使盐贩领票运盐，以轻税抵制私盐，使私贩无利；因畅销溢额，而实收税课大增。 ●清廷命两广总督李鸿宾禁鸦片输入。 ●筹禁云南种植罂粟。 ●河南巡抚奏呈《查禁种贩鸦片烟章程》。 ●命卢坤为湖广总督。命江宁布政使林则	●马志尼建立"青年意大利党"。鼓吹革命，解放意大利，建立共和国。 ●美国发生"纳特·特纳奴隶起义"。被镇压。 ●法国里昂工人第一次起义。提出"工作不能生活，毋宁战斗到死"的口号。 ●1831～1833：第一次"土埃战争"，争夺

公 元	（朝代）	中 国	外 国
		徐为河东河道总督。 •加强回疆戍守。改调回疆诸城兵将，以璧昌为叶尔羌参赞大臣。 •准与浩罕通商。 •命福建、广东、云南、湖广、浙江各省查拿三合会。 •英传教士郭士立来华。他后参与签订《南京条约》。 •桐城派古文家管同（字异之，1780～1831）卒。他是姚鼐弟子。著有《因寄轩文集》、《孟子年谱》、《七经纪闻》等。 •诗人郭麐（字祥伯，号频伽居士，1767～1831）卒。著有《灵芬馆集》、《词品》等。 •医学家王清任（字勋臣，1768～1831）卒。他擅长活血化瘀。著有《医林改错》等。	西亚统治权。 •英国科学家法拉第发现"用磁生电"原理，制成第一台发电机模型。开辟了在电池以外产生电流的新路。1931年曾经召开世界性的专门会议纪念这一伟大发现。 •英国植物学家布朗在显微镜下观察到"细胞核"。 •德国哲学家黑格尔（1770～1831）卒。他是德国古典唯心主义的集大成者。所建立的客观唯心主义体系包括逻辑学、自然哲学、精神哲学三个组成部分。其辩证法主张事物是运动发展的。著有《法哲学原理》、《精神现象学》、《哲学全书》、《历史哲学讲演录》等。 •德国历史学家尼布尔（1776～1831）卒。著有《罗马史》（三卷）。
1832	清	•清廷规定：白阳、白莲、八卦、红阳等教首犯，遇赦不赦，从犯亦不能减刑。 •赵金龙起义军杀提督海陵阿，卢坤率军镇压，在常宁之羊泉破义军，赵金龙被杀。 •广东连州八排瑶败清军，旋被招降。 •户部奏报道光十年以来财政收支状况。谓一二年间，出多入少，已超过两千余万两。 •英国商船至闽、浙、苏海面，再至鲁海面，希望在广州以外，另开口岸。 •英国东印度公司密令胡夏米向广东以北试航，调查北方商务情况。 •清廷一年内两次下令禁英船北驶。 •命李鸿宾等晓谕夷商，不许夹带鸦片，否则不准开舱，立即逐回，并严禁私售、走私鸦片。 •美国传教士裨治文创办《澳门月报》。 •台湾嘉义天地会起义。 •考据学家、文字音韵学家王念孙（字怀祖，号石臞，1744～1832）卒。他是乾隆进士。长于校勘训诂。所著《古韵谱》、《广雅疏证》在学术史上有一定地位。 •文史学家沈钦韩（字文起，号小宛，1775～1832）卒。他是嘉庆举人。著有《两汉书疏证》、《水经注疏证》、《韩昌黎集补注》等。 •是年，黄河在河南祥符决口。	•英国第一次"国会改革"。工业资产阶级获得参政机会。 •英国托利党和辉格党分别更名为"保守党"和"自由党"。两党交替执政。20世纪初，"自由党"由"工党"所代替。 •新英格兰"反奴隶制协会"在波士顿成立。 •英国占领原属阿根廷的马尔维纳斯群岛。 •德国召开"汉巴哈大会"，会后三万人游行，提出"德意志复兴"口号，要求民族统一，建立共和国。 •阿尔及利亚西部地区发生反法的"阿卜杜·卡迪尔起义"。 •世界上第一辆有轨电车在纽约市投入使用。 •德国化学家李比希提出"分子结构"概念，给有机化学的发展指明了方向。 •瑞典建成"耶塔运河"，将北海与波罗的海沟通。 •法国科学家皮克西制成永久磁铁型旋转式交流发电机。 •匈牙利科学家波尔约发表《绝对空间的科学》。提出"非欧几里得几何"思想。 •比利时普拉多制成"诡盘"，是为电影的雏形。 •德国军事家克劳塞维茨《战争论》出版，是为军事理论的经典之作。 •意大利芭蕾舞《仙女》首演，由塔利奥尼编导。标志芭蕾舞进入浪漫主义时期。 •法国经济学家萨伊（1767～1832）卒。他是法国早期庸俗政治经济学的代表人物。

公元	（朝代）	中　国	外　国
			著有《政治经济学概论》等。 ●英国伦理学家边沁（1748～1832）卒。他是功利主义的主要代表，主张功利就是道德的标准。著有《道德及立法的原理》等。 ●丹麦语言学家拉斯克（1787～1832）卒。他是历史比较语言学的奠基人之一。著有《古代北方语或冰岛语起源研究》。 ●法国数学家伽罗华（1811～1832）卒。他创立"伽罗华理论"，并为群论的建立和发展奠定了基础。 ●法国物理学家卡诺（1796～1832）卒。他提出的"卡诺循环"和"卡诺定理"是热力学第二定律的重要基础。 ●法国生物学家居维叶（1769～1832）卒。他是比较解剖学和古生物学的奠基人。著有《比较解剖学教程》等。 ●德国诗人、剧作家歌德（1749～1832）卒。代表作有《浮士德》、《少年维特的烦恼》等。
1833	清	●川地彝人起事，旋败。 ●漕船水手讹诈商民，地方官不过问。 ●清廷定禁纹银出洋条例。 ●申禁广州洋人与国人以银易货，洋人以银元易货。 ●德籍传教士郭士立受英东印度公司派遣，来华传教、经商和收集情报，并开始在广州创办中文期刊。 ●美国传教士兼外交官卫三畏来华传教。1855～1876年任驻华公使馆参赞，参与策划《中美天津条约》。著有《中国总论》，在华活动四十年，为美来华代表人物之一。	●美国"反奴隶制协会"成立。宣传废除奴隶制，主张"立即解放，不补偿，不遣送（回非洲）"。 ●英国议会禁止在整个英帝国内实行奴隶制。 ●英国制定第一个"工场法"。 ●英国科学家法拉第提出"电解定律"。 ●法国埃及学家商博良（1790～1833）卒。他成功地译解了古埃及象形文字，从而奠定了埃及学的基础。著有《古埃及语语法》、《古埃及语字典》等。
1834		●清廷下令禁售淫书。 ●清廷定《台湾善后事宜二十条》。 ●英船首次自广州自由运茶出口。 ●停止英东印度公司对华通商专利。 ●清廷命查究偷漏洋税，禁银出洋及私铸洋银。 ●令粤督卢坤等驱逐零丁洋及大屿山停泊的英国装鸦片之船，并查拿私运快艇。卢坤重颁《防范夷人章程》。宣布停止对英贸易，撤回买办、通事及工役。 ●英商务监督律劳卑至广州，要求与总督卢坤会见，被拒。卢坤命封舱停市。律劳卑派舰突入虎门，发炮寻衅，随之退至澳门。 ●时鸦片输入增至每年两万箱，大量白银外流，清廷再禁贩卖鸦片。 ●美传教士兼外交官伯驾来华，曾在广州	●开始于13世纪的西班牙宗教法庭终被禁止。 ●英国国会颁布《新济贫法》。取消了对无业贫困居民的救济。 ●"德意志关税同盟"成立。 ●"德国流亡者同盟"在巴黎秘密建立。旨在推翻封建统治，实现民主共和制度。 ●法国里昂工人第二次起义。提出"不共和，毋宁死"的口号。 ●意大利革命家马志尼在瑞士创立"青年欧罗巴"。是为各国共和主义者组织的联盟，有青年意大利、青年波兰、青年德意志等组织参加，策划在各国建立共和国。 ●德意志天主教骑士的军事组织"条顿骑士团"恢复并改组。 ●英成立"劳埃德船级社"，承办国内外

公元	（朝代）	中　国	外　国
1835	清	设眼科医院，参与签订《望厦条约》，后任美驻华公使，是美在华的重要代表人物。 　●训诂学家王引之（字伯申，号曼卿，1766～1834）卒。他是嘉庆进士。曾奉命校正《康熙字典》。著有《经传释词》、《经义述闻》。 　●经学家陈寿祺（字恭甫，号左海，1771～1834）卒。他精治汉学，集汉儒旧说成《尚书大传定本》。著有《五经异义疏证》、《左海经辨》等。 　●清廷考试满洲侍郎以下至五品京堂满文，不会满文者过半。 　●两广总督奏呈《防范洋人贸易章程》八条，不准兵船进入内洋，禁止偷运枪炮等。 　●英船到福州要求通商。"查顿"号初到广州零丁洋。清廷仍禁英船北驶。英商务监督公署自澳门移至零丁洋船上。 　●大学士曹振镛（字俪笙，1755～1835）卒。在军机处十余年，遇事模棱两可。命阮元为大学士，王鼎为协办大学士。 　●两广总督卢坤（字厚山，1722～1835）卒。命邓廷桢为两广总督。 　●山西赵城县曹顺起义，杀知县，被镇压。 　●阮元奏呈《流民租种苗田章程》。 　●是年，浩罕军侵入新疆色勒库尔地区。 　●据载，是年全国人口数超过四亿。 　●诗人项鸿祚（名廷纪，字莲生，1793～1835）卒。他是道光举人。著有《忆云词甲乙丙丁稿》。	船舶的分级、核定和检验业务。为世界历史最久的船级社。 　●美国出现"制冷机"。 　●俄籍德人物理学家楞次提出电动机的"楞次定律"。 　●英国经济学家马尔萨斯（1766～1834）卒。他从人口学角度论述了劳动价值论。以发表《人口学》而著名，另有《政治经济学原理》等。 　●1835～1848：南非布尔人大迁徙。建立国家。 　●德意志第一条铁路通车，从纽伦堡到富尔特。 　●"哈瓦斯通讯社"在巴黎创办。为世界最早的通讯社。 　●《纽约每日论坛报》创刊。后与《先驱报》合并为《纽约先驱论坛报》。 　●英国科学家惠特沃思发明"滚齿机"。 　●瑞典科学家贝采利乌斯提出化学中的"催化"概念。 　●美国发明家、电报的发明人莫尔斯创造"莫尔斯电码"。 　●英国考古学家罗林生在伊朗西部发现大流士时期（前522～前486）所建的"贝希斯顿铭文"。是用三种楔形文字（古波斯文、新埃兰文、巴比伦文）所刻。他译解了古波斯文。 　●德国语言学家洪保德（1767～1835）卒。他提出语言本质、发展、分类等理论，很有影响。著有《从语言发展论语言比较研究》。
1836		●穆彰阿为武英殿大学士，管理工部；琦善为协办大学士，仍留直隶总督原任。 　●湖南武冈瑶族生员蓝正樽倡设龙华会，发动起义，被镇压。清廷命各省严查"余匪"。 　●重申盛京禁止演戏和赌博。 　●查禁以传播歌谣形式指责公事。 　●为防水土流失，淤塞河道和为防"藏奸"，禁南方棚民开山种植。 　●太常寺少卿许乃济主张开放烟禁，照药材纳税。但禁官员、士子、兵丁吸食，犯者斥责革除。朱樽、许球先后奏请严禁鸦片例，驳弛禁之议。 　●清廷命两广总督邓廷桢严禁偷漏纹银出洋。 　●邓廷桢责令违规的九名外国烟商离穗。	●"正义者同盟"建立，为"共产主义者同盟"的前身。 　●英国"伦敦工人协会"成立。 　●得克萨斯从墨西哥获得独立并成为共和国。 　●1836～1837：欧洲和美国经济危机。 　●1836～1848：英国"宪章运动"。 　●西班牙大牧羊主结成的同盟"麦斯达"解散。 　●英创办"伯明翰和密德兰银行"。后改称"密德兰银行"，为英四大银行之一。 　●法成立"许奈特公司"。后为钢铁业国家垄断组织。 　●英"伦敦大学"建立。 　●巴黎"凯旋门"落成。

公　元	（朝代）	中　　国	外　　国
1837	清	● 是年，鸦片进口增至三万余箱。 ● 英国领事义律至广州。 ● 藏书家瞿绍基（字原培、荫棠，1772～1836）卒。其藏书处名"铁琴铜剑楼"，与杭州丁国典之"八千卷楼"、吴兴陆心源之"皕宋楼"，聊城杨以增之"海源阁"，并为清代后期著名的藏书楼。 ● 医学家吴鞠通（名塘，1758～1836）卒。他创温病的三焦辨证，著有《温病条辨》，对温病的诊断与治疗有所发展。另有医案五卷，对杂病治疗亦有独到之处。 ● 清廷命京、鲁、苏、浙、闽、粤等省查禁白银出口。 ● 两广总督邓廷桢等奏请力塞弊源，杜绝白银出洋。清廷命其严禁外商偷带外币来粤，并命其驱逐英运鸦片的船只。邓廷桢传谕澳门各国官员，严查勾贩私营者。又令义律制止英人在沿海偷贩鸦片，义律终止与其往来，邓廷桢下令追查英贩运鸦片的船只。 ● 英远东印度舰队司令马他伦来华保护英人贸易。 ● 清廷规定广州对外贸易商行限制为十三家。 ● 林则徐出任湖广总督。 ● 裁撤私运鸦片的广东巡船。 ● 申禁各省绿营兵丁吸食鸦片。 ● 广州英商要求清还贸易欠款。 ● 十世达赖楚臣嘉措（1816～1837）圆寂。	● 英国经济学家詹姆斯·穆勒（1773～1836）卒。他认为资本是积累劳动，利润是积累劳动所创造的价值。著有《政治经济学要义》等。 ● 英国社会思想家葛德文（1756～1836）卒。他认为要确立社会正义，必须进行改革，主张用"道德教育"来改造社会。 ● 法国物理学家安培（1775～1836）卒。他对电磁学中的基本原理有重要发现，如安培定律、安培定则和分子电流等。 ● 法国开始采用铁路列车运行图。 ● 俄国科学家雅可比发明"电铸法"。 ● 美国地质学家出版《矿物学系统》。 ● 美国科学家莫尔发明电报。 ● 法国空想社会主义者傅立叶（1772～1837）卒。他抨击资本主义平等、自由、博爱的虚伪性，幻想建立一个个人利益与集体利益一致的社会主义社会。已有消灭脑、体和城、乡对立思想的萌芽，还提出妇女解放等。著有《世界的和谐》、《普遍统一论》等。 ● 法国空想主义者邦纳罗蒂（1761～1837）卒。他是巴贝夫"平等会"的积极参与者。著有《为平等而密谋》。 ● 俄国诗人普希金（1799～1837）卒。他反对农奴制和沙皇专制，歌颂自由思想。著有《上尉的女儿》、《奥涅金》、《茨冈》、《自由颂》等。 ● 英国画家康斯太布尔（1776～1837）卒。他是英国浪漫派风景画的代表。作品有《干草车》、《麦田》等。
1838		● 鸦片危害日重，鸿胪寺卿黄爵滋奏请严禁。清廷命各省议奏。湖广总督林则徐奏云："若犹泄泄视之，是使数十年后，中原几无可以御敌之兵，且无可以充饷之银。" ● 京师破获职官贵族吸食鸦片案件。 ● 直隶总督琦善奏在大沽口船上查获鸦片十三万余两。清廷重申禁烟，藏鸦片及烟具者死。命林则徐为钦差大臣赴广东查办海口事件，节制全省水师。 ● 革职曾经上奏主张弛禁鸦片的太常寺少卿许乃济。 ● 广东当局在广州洋馆前处绞中国烟贩。 ● 清廷再令云贵总督伊里布等严禁在云南种植罂粟。 ● 英驻华商务监督义律来广州。	● 英女王维多利亚加冕典礼。 ● 英国成立"反谷物法联盟"。要求贸易完全自由，降低工人工资，以降低成本，增强英商品在世界市场的竞争力，削弱土地贵族的经济、政治地位。 ● 英国轮船首航纽约，定期横跨大西洋的汽轮业务开始。 ● 1838～1842：第一次"英阿（富汗）战争"。 ● 布尔人在南非地区建"纳塔尔共和国"。 ● "伦敦国家美术馆"建成。 ● 法国哲学家孔德在其主编的《实证哲学讲义》中首先提出"社会学"一词，并对其阐述，标志着"社会学"的产生。

公 元	（朝代）	中 国	外 国
1839	清	• 清廷下令，禁旗女缠足。 • 女作家汪端（字允庄，号小韫，1793～1838）卒。著有《自然好学斋诗》，又有小说《元明佚史》。 • 林则徐至广州，责令英商缴烟，收缴两万多箱，四月二十二日至五月十五日在虎门公开销毁，史称"虎门销烟"。 • 林则徐命外商具结，凡夹带鸦片者，船与货没收，人就地正法。 • 英水手在九龙杀害村民林维喜。英商义律既不具结，又不交出凶手。林则徐与两广总督邓廷桢下令禁绝商馆柴米食物，撤走买办和工人。 • 九月，英舰在虎门口外穿鼻洋挑衅，水师提督关天培率部迎击。 • 十一月，道光皇帝下谕，停止中英贸易。 • 十二月，任林则徐为两广总督，邓廷桢调任闽浙总督。 • 当年户部奏报：积年欠解银数达二千九百四十余万两。 • 学者陶澍（字子霖，号云汀，1779～1839）卒。著有《江苏水利图说》、《印心石屋文钞》等。 • 校勘学家顾广圻（字千里，1770～1839）卒。著有《思适斋集》。 • 诗人周济（字保绪、介存，号未斋、止庵，1781～1839）卒。他是嘉庆进士，常州词派的重要评论家。著有《晋略》、《味隽斋词》、《词辨》等。 • 诗人潘德舆（字彦辅，号四农，1785～1839）卒。他是道光举人。著有《养一斋集》等。 • 学者程恩泽（字云芬，号春海，1787～1839）卒。嘉道年间与阮元为儒林两大宗。著述多未辑印，遂多佚失，今存《国策地名考》、《程侍郎遗集》。	• 1838～1839：德国生物学家施莱登和施旺发表论文，指出生命的共性是细胞，从而开创了"细胞学"的理论。 • 法国巴黎发生"四季社暴动"。旨在推翻"七月王朝"，建立民主共和国。曾一度占领市政厅，终被镇压。 • 1839～1840：第二次"土埃（及）战争"。奥斯曼土耳其大败，海军投降。 • 法在阿尔及利亚重新挑起对卡德尔的战争。 • 美国殖民协会确立利比里亚联邦立法原则，任命布坎南为总督。 • 马达加斯加女王颁令，禁止劳工输出。 • 英国在新西兰建第一个居民点惠灵顿。 • 也门南部成为英殖民地。 • 中美洲危地马拉宣布成立共和国，里维拉任总统。 • 美国成立"纽约保证信托公司"。为美国最早的经营对外贸易贷款的银行之一。 • 美国威尔克斯探航南极大陆沿岸今威尔克斯地一带。 • 英国工程师麦克米伦创制曲柄连杆铁质自行车。 • 德国科学家高斯创立电磁单位制。 • 法国科学家达盖尔创立"摄影术"。 • 英国地质学家史密斯（1769～1839）卒。他是地层学的奠基人之一。创立出一套绘制地质图的基本方法，并提出了根据化石划分地层的概念。 • 美国发明家古德伊尔发明橡胶硫化法。 • 瑞典化学家莫桑德尔发现镧（La）。
1840		• 鸦片战争爆发。鸦片战争的失败彻底暴露了清政府的腐败。成为中国历史发展的转折点，面对西方殖民者疯狂的掠夺，中国开始了受屈辱的时代。史家指为由"封建社会"转入"半殖民地半封建社会"，以此作为"中国近代史"的开端。 • 广州出现悬赏鼓励民众杀敌的告示。 • 林则徐奏《英船未尽回帆，带土图销》，奸民向买，变幻百出折）。道光帝朱批"空言搪塞，不但终无实际，反出许多波澜"，予以申斥；又奏《密陈洋务不能歇手片》，再遭申斥。后，钦差大臣林则徐与两广总督邓廷桢同	• 上、下加拿大根据《议会法案》实现统一。 • 英"全国宪章协会"在曼彻斯特成立。为"宪章运动"的领导组织，恩格斯称为"我们时代第一个工人政党"。 • 英、俄、奥、普四国与奥斯曼土耳其缔结关于集体援助奥斯曼，对付埃及的《伦敦条约》。 • 法国空想共产主义者卡贝发表《伊加利亚旅行记》，提出"和平的共产主义"思想。 • 英国建立"半岛及东方航运公司"。发

公元	(朝代)	中国	外国
	清	被革职，广州商民纷至挽留不成，琦善接任后对英妥协。 •11月，懿律辞职回国，英军侵华事务由其堂弟义律负责。 •美传教士文惠廉来华。先在澳门活动，后至厦门，设立传教据点。 •美国传教士罗孝全在香港建立传教据点。 •香港出版《新旧遗诏圣书》，即汉文版《圣经》，由传教士麦都思、裨治文、马儒翰、郭士立等译。 •罗士琳撰成《畴人传续》六卷。 •学者俞正燮（字理初，1775～1840）卒。他是道光举人。长考据之学。著有《癸巳类稿》、《癸巳存稿》等。 •史地学家沈垚（字敦三，号子敦，1798～1840）卒。著有《六镇释》、《水经注地名释》、《元史地理志释》、《西北地名杂考》等。 •是年7月，江苏暴雨成灾。 •年底，江浙大雪，湖港俱冻。	展为英国最大的油船所有者。 •德国学前教育家福禄培尔创办"幼儿园"。以游戏为幼儿教育的基础，并创制了一套玩具，称"恩物"。 •英国在世界上首次发行邮票"黑便士"。 •瑞典地质学家阿加西首先提出地球曾出现过"冰期"气候。 •德国科学家李比希创立"矿物质"营养学说。 •英国科学家焦耳发现电热当量，提出"焦耳定律"。 •俄国哲学家斯坦凯维奇（1813～1840）卒。他反对农奴制，认为启蒙和教育是社会改造的前提。著有《我的形而上学》等。 •美国启蒙思想家库伯（1759～1840）卒。他认为人生而平等；思想应服从自然规律。著有《政治论文集》等。 •意大利作曲家帕格尼尼（1782～1840）卒。作品有小提琴协奏曲五部、随想曲二十余首等。 •德国画家弗里德里希（1774～1840）卒。他是早期浪漫主义绘画的代表之一。作品有《山上的十字架》、《观月》等。
1841		•1月7日，英军攻陷沙角、大角炮台。20日，琦善与英订立《穿鼻条约》，赔偿烟价六百万元，广州开放，割让香港。26日，英军占领香港。27日，道光帝下诏对英宣战。30日，命御前大臣奕山与隆文、杨芳率兵赴广东，主持战事。 •2月，英军再攻虎门炮台，琦善不抵抗，关天培寡不敌众，战死，将士数百人一同阵亡，虎门炮台失守，琦善被锁，入京问罪。 •3月，英军继续进攻，占领二沙尾和海珠炮台，锋头直指广州。 •4月，奕山率军一万七千多人集聚广州。 •5月21日，奕山出兵攻袭英军，大败。26日，英军炮轰广州城。奕山与英订立《广州和约》，缴纳赎城费六百万元。29～31日，广州三元里附近一百多乡民抗击英军。 •6月，遣林则徐、邓廷桢远赴新疆（两人于去年10月革职）。 •8月，英政府撤换义律，新任公使璞鼎查到华。扩大侵略战争。26日，攻陷厦门。 •9月，英军炮击台湾。 •10月1日，英军再陷定海。13日，宁波失陷。18日，道光帝遣奕经等率兵援浙。	•英国与波斯签订贸易条约。英波复建外交关系。 •英、俄、奥、普、法与奥斯曼土耳其在伦敦签署《海峡公约》。 •法国颁布限制童工工作时间的法令。 •罗马教会发生马志尼派领导的起义。 •保加利亚发生尼什暴动。 •印度尼西亚巴蒂甫发生抗荷斗争。 •英国人布鲁克被文莱授予"沙捞越王"称号，建立白人布鲁克王朝。 •埃土媾和。奥斯曼土耳其保留对埃及与苏丹的世袭统治权。 •罗伯茨出任利比里亚首位黑人总督，利比里亚独立运动开始。 •英与喀麦隆地区的当地酋长签订保护条约。 •英与埃塞俄比亚签订友好通商条约。 •中美洲萨尔瓦多宣布成立共和国。 •费雷拉就任洪都拉斯首任总统。 •巴利维安就任玻利维亚总统。 •普列托任智利总统。 •乔治·格雷继任南澳大利亚总督。新南威尔士废止犯人流放制。

附录2

公 元	（朝代）	中 国	外 国
1842	清	• 是年，丁拱辰《演炮图说》、郑复光《火轮船图说》等书刊行，是为我国最早一批介绍西方科技的著作。 • 林则徐《四洲志》一书刊行。 • 魏源《英吉利小记》、江文泰《红毛英咭利考略》成书，为近代最早考察西方的著作。 • 思想家、文学家龚自珍（字璱人，号定盦，1792～1841）卒。著有《定盦文集》等，今人辑有《龚自珍全集》。 • 史地学家李兆洛（字申耆，1769～1841）卒。他是嘉庆进士。通音韵、史地、历算之学。著有《历代地理沿革图》、《历代地理志韵编今释》、《皇朝一统舆图》等。 • 2月，奕经援军到达绍兴前线。 • 3月，奕经从绍兴出发分三路欲取宁波、镇海、定海，大败而归。英军攻陷慈溪，奕经逃至杭州，不敢再战。 • 5月，英军攻占江、浙两省海防重镇乍浦。 • 6月，英军占领吴淞、宝山，江南提督老将陈化成战死。英军进陷上海。 • 7月，英军陷镇江，副都统海龄自尽。 • 8月，英舰到南京下关江面，清廷委耆英等议和。29日，签订《南京条约》。至此，第一次鸦片战争结束。 • 《南京条约》是中国近代史上第一个丧权辱国的不平等条约。主要内容：割让香港；赔款二千一百万元；开放广州等五处通商口岸；英商在华自由贸易等。开了西方列强强迫清政府订立不平等条约的先例。 • 12月，英人恃强进入广州城，激起民愤。广州明伦堂发布《全粤义士义民公檄》，动员抗英。英水手购物不付钱，反用刀伤人，惹起公愤，民众冲进洋馆，打死两名英军，烧毁洋馆。事后，粤督抚在压力下捕杀十名"祸首"。 • 是年，魏源《海国图志》五十卷成书刊行。是为清末系统介绍世界各国的历史地理名著。此书提出"为以夷攻夷而作，为以夷款夷而作，为师夷长技以制夷而作"，对社会影响很大。 • 物理学家郑复光（字元甫）著成《弗隐与知录》一书。用热学、光学的原理解释奇怪的自然现象，有两百多条。 • 发配林则徐至伊犁。八月自西安出发至十二月抵达，作行程日记，写成《荷戈纪程》一卷。	• 罗斯远航南极，发现罗斯海、维多利亚地。 • 匈牙利《佩斯消息报》问世。主张政治改革与民族独立。 • 美国记者格里利创办《纽约论坛报》，宣传空想社会主义。被称为美国"报业之父"。他还是共和党的创始人之一。 • 德国哲学家赫尔巴特（1776～1841）卒。他认为观念是人类道德的基础，人的心理过程是观念的变形。著有《科学心理学》等。 • 俄国文学家莱蒙托夫（1814～1841）卒。代表作有《当代英雄》等。 • 英美通过《韦伯斯特－阿什伯顿条约》，确定了加拿大边界。 • 新西兰沦为英国殖民地。 • 《莱茵报》在德国科隆创刊。 • 法国空想社会主义者德萨米《公有法典》一书出版。认为未来社会将出现既从事工业，又从事农业，既有城市特点，又有农村特点的"全民公社"。公社成员各尽所能，按需分配。 • 德国空想社会主义者魏特林《和谐与自由的保证》一书出版。斥责资产阶级是"人类公敌"，私有制是"盗窃之母"，提出空想共产主义计划。认为财产公有，共同劳动，待遇平等，平均领取生活必需品才能使社会"和谐与自由"。主张用暴力摧毁旧制度，企图组织"共产公社"，未果。 • 英国科学家格罗夫出版《物理力的相互关系》一书，说明能量转化和守恒原理。 • 法国科学家泊肃叶在实验中发现"泊肃叶定律"，即确定黏滞流体通过圆管的流量定律。 • 英国科学家斯托克奠定流体力学的基础。 • 法国化学家热拉尔提出有机化合物的分类。 • 法国医学家多内发现血小板。 • 美国在外科手术上首次用乙醚作麻醉剂。 • 英国开始生产氮肥。 • 法国经济学家西斯蒙第（1773～1842）卒。他是古典政治经济学在法国的最后代表，是经济浪漫主义的主要代表人物。著有《政治经济学新原理》等。 • 法国作家司汤达（1783～1842）卒。代表作有《红与黑》、《阿尔芒斯》等。

公　元	（朝代）	中　国	外　国
1843		● 签订《中英五国通商条约》。 ● 上海开埠。 ● 英国传教士麦都思在上海设立"墨海书馆"。 ● 洪秀全在广东花县创立拜上帝会。 ● 重修《大清一统志》。 ● 文字学家严可均（字景文，号铁桥，1762～1843）卒。他是嘉庆举人。撰有《说文声类》、《铁桥漫稿》，并辑《全上古三代秦汉三国六朝文》。 ● 经济学家王瑬（字子兼，一字亮生，1786～1843）卒。他用名目主义观点解释货币。著有《钱币刍言、续刻、再续》、《壑舟园初稿、次稿》等。 ● 诗人陈文述（原名文杰，字退庵，号云伯，1771～1843）卒。他是嘉庆举人。著有《颐道堂集》等。	● 1843～1851：乌拉圭—阿根廷"大战争"。阿根廷围乌拉圭首都。 ● 1843～1844：英国在南非占领布尔人所建"纳塔尔共和国"，并入开普殖民地。 ● 1843～1872：新西兰毛利人起义。 ● 音乐家门德尔松在莱比锡创办德国第一所音乐学院。 ● 比利时建"安特卫普动物园"，为世界最古老动物园之一，也是欧洲最大的动物园。现园中展出动物有六千只之多。还重视动物的繁殖，特别繁殖濒临灭绝的稀有动物，如紫羚羊、印度犀等，曾成功繁殖出20世纪新发现的刚果孔雀。 ● 伊斯兰教塞努西教团创始人塞努西在北非的拜达建修道院，作为教团总部。
1844	清	● 中美《望厦条约》、中法《黄埔条约》相继签订。中国主权进一步丧失。 ● 清廷批准天主教驰禁。 ● 美国基督教南浸礼会传教士罗孝全到广州开设礼拜堂传教。 ● 广州洋货店纷纷开张。沿海城市开始出现西式洋房。 ● 上年至本年，中国对英印贸易逆差，输出白银约一千六百万至二千二百万两。 ● 英传教士爱尔德赛在宁波创办女学。是为外国人在华设立最早的教会女学。 ● 洪秀全、冯云山在两广积极活动。 ● 杨秀清、萧朝贵遇冯云山，参加拜上帝会。 ● 画家钱杜（字叔美，号松壶，1763～1844）卒。他擅画山水，亦工诗文，有《松壶画赘》、《松壶画忆》等。 ● 诗人汤鹏（字海秋，1801～1844）卒。他是道光进士。累官御史。主张社会改革。有诗三千首。著有《浮邱子》等。	● 德国西里西亚纺织工人起义。 ● 法国对摩洛哥发动进攻。 ● 英人威廉斯在伦敦创立"基督教青年会"。 ● 多米尼加成立共和国。 ● 伊朗商人赛义德·阿里·穆罕默德创立"巴布教"。是为伊斯兰教的一个教派。"巴布"意为"门"，宣扬真主的意志通过此门传布于大众。 ● 美国在华盛顿和巴尔的摩间架设了第一条有线电报线路。 ● 英国科学家道尔顿（1766～1844）卒。他对气象学、物理学、化学等都有贡献。提出"原子"的科学假说，并提出最初的原子量表。被称为"近代化学之父"。 ● 俄国寓言作家克雷洛夫（1769～1844）卒。他写有两百多首寓言，名作有《狼和小羊》等。
1845		● 《上海租地章程》订立，允许英人租地，外国在中国设租界始此。 ● 英国东方银行在广州设立分行，此为外国在华开设的第一家银行。 ● 林则徐被召回京，署陕甘总督。 ● 广州天地会反抗斗争活跃。 ● 洪秀全在家乡写作《原道救世歌》、《原道醒世训》等。	● 英国宪章运动左翼领袖哈尼创立民主派兄弟协会。 ● 美国米勒创立"基督复临安息日会"。宣扬"末世论"，称世界已至末日，耶稣基督将再次"从天降临"。 ● 美占领墨西哥的得克萨斯，作为第二十八州并入美国。 ● 英国成立第一家电报公司。
1846		● 广州民众反对英人入城斗争取得胜利。	● 波兰发生反奥地利占领的"克拉科夫

公　元	（朝代）	中　国	外　国
		• 英商通事鸣枪枪伤人，福州市民愤怒捣毁洋馆，清派兵弹压。 • 湖南宁远天地会胡有禄起义，进攻宁远县城，遭清军炮击，退入广西。 • 美商上海旗昌洋行成立，以贩运鸦片为主。与英商怡和、宝顺号称三大"鸦片大王"。 • 英驻广州领事马额峨致英公使函称，上年输华鸦片不下三万八千箱，价值约两千三百万两银元。 • 西班牙传教士陆怀仁在法商通事资助下，入湖北传教，被盘获解赴广东。 • 江苏青浦水灾，被淹数千家。 • 物理学家郑复光所著《镜镜诒痴》成书。详细说明望远镜、放大镜和各种透镜的制造及应用原理，为一部较完整的光学著作。 • 文学家招子庸（字铭山，号明珊居士，？～1846）卒。他是嘉庆举人。著有《粤讴》四卷，为用广东方言写的拟民歌集。	起义"。失败。克拉科夫并入奥版图。 • 美国和英国签署《俄勒冈协定》，美从英手中取得俄勒冈地区。 • 1846～1848：美墨战争。美夺取从新墨西哥到加利福尼亚的广阔地带。 • 马克思、恩格斯在布鲁塞尔创立"共产主义通讯委员会"，并在巴黎、伦敦、汉堡、莱比锡等地设立支部。 • 意大利化学家索布雷罗制成"硝化甘油"。 • 美国出现轮转印刷机。 • 德国天文学家伽勒和法国勒威耶、英国亚当斯先后发现海王星。海王星是先计算出位置，后通过观察发现的。 • 美国开始批量生产缝纫机。 • 德国经济学家李斯科（1789～1846）卒。他是历史学派主要先驱者，保护贸易论的倡导人。著有《政治经济学的国民体系》等。 • 德国天文学家贝塞尔（1784～1846）卒。他编制的星表有六千多颗星。在数学方面也有贡献（贝塞尔函数）。
1847	清	• 外国船从厦门载华工出洋，是为掠夺华工出洋贩卖之始。 • 广州民众反对英人入城再次取得胜利。 • 上海发生"徐家汇教案"，为近代史上第一次教案。 • 中国第一批留学生容闳等赴美留学。 • 是年，林则徐奉调云贵总督。以曾国藩为内阁学士兼礼部侍郎。 • 湖南新宁天地会首领雷再浩起义，被镇压。 • 年初，洪秀全、洪仁玕赴广州，至美国浸礼会传教士罗孝全处学习基督教义，研究《圣经》，前后四个月。 • 洪秀全离广州后到广西活动。冯云山被团练逮捕，旋为群众救出。 • 驻藏大臣琦善奏，孟加拉欲同西藏交易，请派人前往会商。清廷命琦善即赴后藏训练边防，严密防范；并谕令该国欲通商可至广东与钦差大臣耆英商办。 • 美传教士晏玛太来华。在上海建教堂，曾任驻上海副领事。 • 美长老会哈巴牧师将在澳门兴办的寄宿学校迁至广州。是为广州第一所教会寄宿学校。 • 植物学家吴其濬（字瀹斋，1789～1847）卒。他是嘉庆进士。著有《植物名实图考》等，为重要的植物学专著。 • 文学家赵庆熺（字秋舲，1792～1847）卒。他是道光进士。著有《香消酒醒曲》等。	• 利比里亚独立，成立共和国。 • 加利福尼亚发现黄金，第一次淘金热开始。 • 1847～1848：欧洲经济危机。 • "共产主义者同盟"在伦敦建立。由"正义者同盟"改组而成。领导人为马克思和恩格斯。宗旨是推翻资产阶级政权建立无产阶级统治，广泛宣传科学社会主义。成为无产阶级政党的雏形。 • 法国空想共产主义者卡贝在美国进行建立共产主义移民区（伊加利亚公社）的试验，遭失败。 • 巴布被波斯国王逮捕，在狱中写下巴布教圣经《默示录》。 • 意大利自由派首领加富尔创办《复兴报》，鼓吹以撒丁王朝为中心统一意大利。 • 西门子公司在德国成立。以生产电报设备和建立电报线路为主业。后发展为电子、电气最大的垄断组织。还承担建造德国第一座原子反应堆。 • 德国物理学家赫尔姆霍茨发表《论力的守恒》，提出力学中的"位能"、"势能"概念。 • 德国作曲家门德尔松（1809～1847）卒。代表作有序曲《仲夏夜之梦》等。 • 英国文学家夏洛蒂·勃朗台著小说《简·爱》。 • 英国文学家艾米丽·勃朗台著小说《呼啸山庄》。

公元	（朝代）	中 国	外 国
1848	清	●上海徐家汇"耶稣神学院"成立。 ●经世学者贺长龄（字耦耕，号西崖、雪霁，晚号耐庵，1785～1848）卒。嘉庆进士。历官总督。曾广建书院义学。著有《皇朝经世文编》。 ●青浦教案。英传教士麦都思等三人非法进入江苏青浦县（今属上海）传教，与当地漕船水手斗殴，英方借故派舰至南京要挟。清廷迫于压力，将苏松太道咸龄革职，十水手受惩，赔款三百银两结案。 ●英在沪租界扩大，面积达两千八百多亩，为原面积两倍多。 ●俄船抵沪，要求贸易未果。 ●广西钦州、宾州天地会陈亚贵起义，被镇压。 ●冯云山再次被捕，洪秀全赴广州营救。出狱后赴广东花县。 ●杨秀清假托"天父"下凡，号令拜上帝会群众。 ●上海至天津海路运粮试运成功。 ●徐继畬《瀛环志略》成书始刊。为近代介绍外国史地专著。 ●植物学家吴其濬《植物名实图考》刊行。 ●史地学家徐松（字星伯，1781～1848）卒。他是嘉庆进士。著有《西域水道记》、《新斠注地理志集释》、《汉书西域传补注》等，为清代研究西北历史地理先驱者之一。 ●维吾尔族诗人那扎尔（1770～1848）卒。其主要作品有《爱情长诗集》，收长诗二十五篇，在维吾尔文学史上占重要地位。	●美国《芝加哥论坛报》创刊。 ●英数学家布尔创立"布尔代数"。 ●法国"二月革命"，推翻"七月王朝"，建立"法兰西第二共和国"。路易·波拿巴当选为总统。国王路易·菲力普退位。 ●1848～1852：欧洲1848年革命发生。普、奥、意、匈相继爆发起义。 ●美国与大不列颠在伦敦缔结《邮政条约》。 ●1848～1852：伊朗发生"巴布教徒起义"，遭镇压。 ●西西里巴勒莫人民起义。 ●英国兼并南非布尔人在温堡所建国家，建立英属"奥兰治主权国"。 ●《共产党宣言》发表，标志马克思主义诞生。提出"全世界无产者，联合起来！" ●《新莱茵报》在德国科隆创刊。由马克思主编。 ●德国出现万能式轧机。 ●英国科学家开尔文提出热力学温标和"绝对零度"概念。 ●法国铁路已有一千三百多公里。 ●俄国文学批评家别林斯基（1811～1848）卒。他是俄国现实主义美学和文艺批评的奠基人。著有《文学的幻想》等。 ●瑞典化学家柏济力阿斯（1779～1848）卒。他发展了原子理论，发现硒、钍、硅、铈、锆等多种元素，并以氧作标准测定了四十多种元素的原子量，提出现代原子符号并第一次排出了当时已知元素的原子量表。著有《化学总论》等。
1849		●上海设立法租界。占地九百八十六亩。 ●西方殖民者从广州、上海等地掠华工赴美做苦力。 ●澳门葡总督亚马勒宣布澳门为自由埠。限广东海关监督行台及税馆于八日内停止征税。拒交地租，强占澳门。 ●广州社学群众十万人集结于珠江两岸，取得反英人入城斗争的第三次胜利。 ●洪秀全、冯云山至广西桂平紫荆山活动。 ●学者阮元（字伯元，号芸台，1764～1849）卒。他是乾隆进士，官湖广、两广、云贵总督。曾在杭州创立诂经精舍，广州创立学海堂，提倡朴学。主编《经籍纂诂》，校刻《十三经注疏》，汇刻《皇清经解》等。所著	●英国完全吞并旁遮普，整个印度沦为英国殖民地。 ●英国废除航海条例。实行自由贸易政策。 ●德国法兰克福国民议会制定统一德国的"帝国宪法"。各邦君主拒绝，各邦人民为之斗争。 ●西非加蓬地区居民截获一艘从刚果偷贩黑奴的巴西船只，船上近百名黑人被送到利伯维尔安家，获得自由。"利伯维尔"（"自由"之意）从此得名。现为加蓬的首都。 ●法国科学家斐索首次测定光速。 ●德国化学家曼斯菲尔德从煤焦油中分离

公　元	（朝代）	中　国	外　国
1850	清	《畴人传》、《积古斋钟鼎彝器款识》，是研究我国历代天文学家、数学家生平和古文字学的重要参考资料。还有《翚经室集》。 ●史学家张穆（字石洲，1805～1849）卒。他治经史，精训诂，通天文、算术，尤精西北地理之学。著有《蒙古游牧记》、《顾亭林年谱》等。 ●经学家胡培翚（字载屏，一字竹村，1782～1849）卒。他积四十余年从事《议礼正义》撰述，未成而卒，由弟子杨大堉续成。另有《燕寝考》等。 ●文学家梁章钜（字闳中，晚号退庵，1775～1849）卒。他是嘉庆进士。著有《文选旁证》、《称谓录》、《归田琐记》等。 ●道光帝病逝，咸丰帝即位。以明年为咸丰元年。 ●洪秀全召集拜上帝会会众至金田集中（"团营"）。 ●广西修仁、荔浦会党起义，进逼桂林。清廷任病中的林则徐为钦差大臣，前往镇压。 ●林则徐（字少穆，1785～1850）赶赴广西，行至潮州病卒。遗著有《林文忠公政书》、《信及录》等。 ●大学士穆彰阿被革职；协办大学士耆英降职。 ●英驻广州领事约翰·包令致函英公使，称鸦片贸易在英对华商务关系中是一个重要因素。江西学政奏，鸦片流毒甚于昔日，民贫财匮，公私交困，请申明旧禁，严惩吸食。 ●沙俄强占中国黑龙江口的庙街，改名"尼古拉耶夫斯克"。 ●外国侵略者自厦门掠华工四百二十人至古巴。自广州地区掠华工约三千多人至加利福尼亚。 ●是年八月，江苏连夜暴雨，洪泽湖堤崩十余丈，全省大部被淹。 ●当月，四川西昌发生七点五级地震，死伤两万多人。 ●英如丽银行在上海开设支行。 ●美传教士丁韪良来华。初在宁波传教，曾参与起草《中美天津条约》。1868～1894年在京任同文馆教习，1898～1900年任京师大学堂总教习。著有《花甲忆记》等。 ●美传教士罗孝全《家用良药》中文本在广州出版。是为新教教士在中国介绍西医西药的第一本书。 ●英人奚安门在上海创办英文周报《北华捷报》。	出"苯"。 ●1849～1851：英国考古学家莱亚德在两河流域发掘古亚述国尼尼微城遗址，发现"阿苏尔巴尼帕图书馆"及大量"楔形文字"资料。 ●波兰音乐家肖邦（1810～1849）卒。他是欧洲浪漫主义的杰出代表，民族乐派的奠基人，作品以钢琴曲为最多。 ●匈牙利诗人裴多菲（1823～1849）卒。作品有《民族之歌》等。 ●奥地利音乐家老约翰·施特劳斯（1804～1849）卒。他被誉为"圆舞曲之父"，作有《拉德茨基进行曲》、《雄鸽圆舞曲》等。 ●为在尼加拉瓜开凿运河的权利问题，美国与英国订立《克莱顿—布尔瓦条约》。 ●美国国会通过《逃亡奴隶引渡法案》"废奴派"开始转向武装斗争。 ●普鲁士颁布《调整地主和农民关系法》。改农民与"容克"地主之间为雇佣关系。 ●始建"悉尼大学"。 ●澳大利亚与新西兰获允实行"责任政府制"。 ●1850～1870：英国进入工业高涨时期。 ●英国已铺设铁路约10600公里，基本上建成铁路干线。美国铁路有约14444公里，居世界首位。 ●"路透社"在伦敦创立。为英国最大的通讯社。 ●德国物理学家克劳修斯提出"热力学第二定律"，成为热力学的重要基础。 ●德国化学家威廉密开创化学动力学的定量研究。 ●英国伦敦开始用漂白粉消毒饮用水。 ●英国福布斯编成第一幅海产生物分布图。 ●法国空想共产主义者德萨米（1803～1850）卒。马克思称他为"比较有科学根据的法国共产主义者"。著有《公有法典》。 ●德国经济学家屠能（1783～1850）卒。他是边际生产率说的前驱。著有《孤立国》等。 ●法国经济学家巴师夏（1801～1850）卒。他倡导经济和谐，认为价值是相互交换服务的关系。著有《经济和谐论》。 ●法国作家巴尔扎克（1799～1850）卒。名作有《欧也妮·葛朗台》、《高老头》等。 ●英国浪漫主义诗人华兹华斯（1770～

公　元	（朝代）	中　国	外　国
		• 美国传教士裨治文妻格兰德在上海始办"裨文女塾"。 • 上海租界出现洋人举办的舞会。 • 西侨在上海创办第一个职业跑马厅。 • 画家费丹旭（字子苕，1801～1850）卒。他擅画仕女，亦工书法、诗词，有《依旧草堂遗稿》。	1850）卒。作有《黄昏信步》、《写景诗》、《漫游》等。 • 法国物理学家傅科确认光的波动说。 • 德国物理学家克劳修斯发现热力学第二定律。 • 美国犹他大学建立。 • 澳大利亚悉尼大学建立。
1851		• 1月11日（道光三十年十二月初十），太平天国起义爆发。是为近代史上中国最大的一次起义。 • 太平天国攻克广西永安州城。洪秀全在永安封王，颁行"天历"、《太平条规》、《太平军目》，刊刻各种文书。史称"永安建制"。 • 冯桂芬等编制成《咸丰元年中星表》。 • 中俄签订《伊犁、塔尔巴哈台通商章程》。 • 音韵学家江有浩（字晋三,?～1851）卒。撰有《音学十书》，指出"古实有四声，特古人所读之声与后人不同"。 • 文学家方东树（字植之，1772～1851）卒。他是"桐城派"，反汉学，宣扬理学。著有《汉学商兑》等。	• 路易·波拿巴政变，一年后继位，称拿破仑三世，建立"法兰西第二帝国"。 • 首届世界博览会在伦敦举行。 • 1851～1869：法国国家共计颁发了三万七千多份发明证书。 • 法国科学家傅科用摆的实验证明地球自转。 • 美国《纽约时报》创刊。 • 英国画家透纳（1775～1851）卒。他是英国浪漫派风景画的代表人物。有两万多幅画捐赠国家。其名作《商船遇难》是画亲身经历，面对风暴，他让水手把他绑在桅杆上观察四个小时。
1852	清	• 捻军张乐行在亳州起义。 • 广西南宁天地会胡有禄、朱洪英等起义。 • 太平军自永安突围，北上进攻湖南、湖北，攻克汉口、汉阳。途中南王冯云山、西王萧朝贵阵亡。 • 洪仁玕第一次到香港，在瑞典传教士韩山文处求道，其口述太平天国起义经过，并提供多种文件，韩山文据此用英文写成《太平天国起义记》，此书两年后在香港出版，此为洪秀全等早期活动的重要文献。 • 厦门爆发群众示威，反对洋人掠卖华工。 • 魏源《海国图志》最后定稿刊行。 • 数学家戴煦著成《外切密率》、《假数测圆》。后与《对数简法》、《续对数简法》合刊为《求表捷法》。为近代国内著名对数表及对数法之一。 • 篆刻家赵之琛（字次闲，号献父，1781～1852）卒。他为"西泠八家"之一。书法、绘画皆佳。有《补罗迦室印谱》及诗集等。	• 英国国会通过"自由贸易原则"。 • 1852～1910：非洲布尔人建"德兰士瓦共和国"（又名"南非共和国"）。 • 德1848年革命失败后，普鲁士政府进行"科隆审判"，以"叛国"和"阴谋"罪判处"共产主义者同盟"数人徒刑。 • 德政治活动家魏德迈在纽约组织马克思主义团体"无产者同盟"。 • 英国哲学家斯宾塞首次提出"社会进化论"思想。 • 俄国"艾尔米塔布博物馆"陈列开放。 • 俄国批判现实主义作家果戈理（1809～1852）卒。名作有《钦差大臣》、《死魂灵》等。 • 德国学前教育家福禄培尔（1782～1852）卒。他曾创办幼儿园，将游戏作为幼教的基础。著有《人的教育》等。
1853		• 太平军攻克南京，定都，改名"天京"。颁布《天朝田亩制度》。 • 安徽、河南捻党纷起，响应太平军。 • 太平天国北伐军攻克沧州、静海，迫近天津，北京震动。 • 上海刘丽川领导"小刀会起义"。	• 1853～1856：俄与英、法、土、撒丁王国之间发生"克里米亚战争"（又称"东方战争"）。 • 阿根廷制定宪法，建立联邦共和国。以布宜诺斯艾利斯为首都。 • 首届国际统计大会在布鲁塞尔召开。

公　元	（朝代）	中　国	外　国
		• 清廷命在籍侍郎曾国藩办湖南团练。 • 清廷命各省绅士在籍办理团练。 • 南京报恩寺塔、扬州文昌阁与镇江文宗阁藏《四库全书》均毁于战火。 • 清政府始征厘金。 • 清政府发行"大清宝钞"，以制钱为单位。同年发行"户部官票"，以银两为单位。 • 美传教士卢公明在福州设立"格致书院"。 • 上海英资"浦东船坞公司"成立。 • 七世班禅丹白尼玛（1782～1853）圆寂。 • 文学家姚莹（字石甫，号明叔、展和，1785～1853）卒。他是嘉庆进士。任台湾道时，值鸦片战争起，他积极防御，曾击败英国侵略军。后曾奉命入藏处理两呼图克图之间的争端。其散文长于议论，著作中颇多关于台湾和西藏的资料，有《中复堂全集》。 • 画家汤贻汾（字若仪，号雨生、琴隐道人、粥翁，1778～1853）卒。他擅画山水、花卉。亦工书法与诗，与戴熙并称"汤戴"，有《琴隐园集》等。	• 为修铁路，美国强行从墨西哥购买亚利桑那南部地带。 • 法国马恩—莱茵运河开通。 • 英国物理学家汤姆森提出"电振荡"理论。 • 德国物理学家维德曼和弗兰茨首先由实验确定"维—弗定律"，即表示金属导热性与导电性之间关系的定律。 • 英国探险家利文斯通赴非洲考察。发现维多利亚瀑布，完成由大西洋海岸到达印度洋海岸的横贯旅行。勘察了尼罗河源头。著有《南非传教和旅行考察记》等。 • 奥斯曼土耳其君士坦丁堡多尔马巴切清真寺兴建。 • 澳大利亚墨尔本大学创立。 • 美国佛罗里达大学创立。 • 德国语言学家格罗特芬（1775～1853）卒。曾研究楔形文字和古意大利温布里语、奥斯堪语等。著有《波斯波利斯楔形文字新释》等。
1854	清	• 太平天国在天京开科取士，选拔人才，同时开女科，准许妇女应试。继而颁行货币，分银钱、大钱、小钱三种，上铸"太平天国"字样。 • 曾国藩湘军练成水陆两军。湘军和湖北清军反攻武汉，相继攻陷武昌、汉阳。 • 太平军曾与湘军发生"靖港之战"，湘军大败，曾国藩投水，被幕僚救起。 • 广州天地会陈开、李文茂等在佛山起义，附近州县响应。 • 广西胡有禄、朱洪英义军占领灌阳，建"昇平天国"。 • 贵州斋教（白莲教支派）起义。 • 法军正式武装干涉小刀会义军。 • 美、英、法抢夺上海海关管理权。外国人管理中国海关始此。 • 《上海英法美租界租地章程》公布，由该三国领事制定。租界成为"国中国"始此。 • 英、美、法三国向清政府提出修约要求。 • 文字学家王筠（字贯山，号菉友，1784～1854）卒。他是道光举人，著有《说文句读》、《说文释例》、《文字蒙求》等。	• 1854～1856：美国国会通过《堪萨斯—内布拉斯加法案》，随之爆发"堪萨斯内战"。是为奴隶主与反奴隶主者之间首次武装较量。有人认为是"南北战争"的发端。 • 英国与南非布尔人签订《布隆方丹协议》，奥兰治河地区恢复独立，称"奥兰治自由邦"。 • "美国共和党"成立。党徽是象。 • 普鲁士颁布《雇农法》，禁止雇农罢耕和结社。 • 法国企业家雷赛布从埃及取得开凿苏伊士运河权。 • 《费加罗报》在巴黎创刊。 • 法国在塞纳河上设立世界上最早的洪水预警系统。 • 巴黎出现沥青路。 • 法国化学家巴斯德发现"微生物"，并发明"巴氏消毒法"。 • 德国哲学家谢林（1775～1854）卒。他宣扬信仰高于理智，宗教高于科学的"天启哲学"。著有《神话与天启哲学》等。
1855		• 上海小刀会起义失败，刘丽川牺牲。 • 太平军北伐失败。西征军大败湘军。 • "昇平天国"起义失败。 • 陈开、李文茂起义军占领广西浔州，建	• 墨西哥爆发起义。推翻独裁统治，成立新政府。"伟大的爱国民主主义者"胡亚雷斯为实际领导者。 • 美国试验蒸汽犁成功。

公　元	（朝代）	中　　国	外　　国
		立"大成国"。 ●贵州苗民张秀眉在台拱起义，占领黔东南。 ●捻军各支首领在安徽亳州雉河集会盟，推张乐行为盟主，建黄、白、蓝、黑、红五旗军制。成为北方反清斗争的主力。 ●耶稣会传教士在上海土山湾开设孤儿院。 ●英国指使尼泊尔军侵入我国西藏，占据济咙、聂拉木、宗略等地。 ●是年，黄河在河南兰考西北铜瓦厢决口，河身北移。 ●经书家刘宝楠（字楚桢，号念楼，1791～1855）卒。他专治《论语》，详采各家之说，吸收考据成果，著《论语正义》，由子刘恭冕续成。另有《念楼集》、《汉石例》等。 ●书法家包世臣（字慎伯，号倦翁，1775～1855）卒。著有《安吴四种》，其中《艺舟双楫》下篇为书法理论著作，为学者所推重。 ●藏书家杨以增（字益之，号至堂、东樵，1787～1855）卒。他是道光进士。藏书处名"海源阁"、"宋存书室"、"四经四史之斋"。曾辑印《海源阁丛书》。	●尼古拉一世死，亚历山大二世即俄国沙皇位。 ●第一个"基督教女青年会"组织在英形成。 ●德国科学家高斯（1777～1855）卒。他在数学上成就最高，对数论、超几何级数、复变函数论、统计数学、椭圆函数论都有重要贡献。其曲面数是近代微分几何的开端，是非欧几里得几何的创始人之一。还对物理学、天文学、大地测量学有很大贡献，奠定了平衡状态下液体理论的基础。建立电磁学的高斯单位制。用自己建立的最小二乘法算出谷神星的轨道。 ●法国浪漫主义雕塑家吕德（1784～1855）卒。他是巴黎凯旋门上《马赛曲》石雕的作者。其他作品有《小渔民》等。 ●美国女作家勃朗特（1816～1855）卒。著有小说《简·爱》、《雪莉》、《维莱特》等。 ●丹麦哲学家克尔恺郭尔（1813～1855）卒。他是存在主义创始人。著有《生活道路上的各阶段》、《恐惧与战栗》等。
1856	清	●太平军发生内乱。北王韦昌辉杀东王杨秀清及杨部两万余人，翼王石达开自安庆征讨韦昌辉，继洪秀全诛韦昌辉，石达开回天京辅政。 ●湘军攻陷武昌、汉阳，太平军在军事上陷入被动。 ●云南哀牢山彝族起义，推举李文学为首领，称"夷家兵马大元帅"。 ●云南回族杜文秀起义。攻下大理建政，提出"驱逐鞑虏，恢复中华"、"革命满清"等口号，颁布《军政管理条例》。盛时领云南五十三县，围攻昆明。 ●云南回族马如龙据建水起义，曾三围昆明。 ●罗马教廷撤销南京主教区，建立委托于耶稣会的宗座代牧区。委任"耶稣会"会士为宗座代牧（主教）。 ●应外商要求降低关税率。上海道准丝织品等货物给予关税百分之十以下的补贴。 ●英、法、美在广州再次进行修约交涉。 ●英国制造"亚罗号事件"，法国制造"马神父事件"。"第二次鸦片战争"爆发。 ●广州民众烧毁十三行及英、法、美商行。 ●清廷依两江总督怡良等奏，豁免美商所欠海关税银二十四万余两。 ●香港商人举行首次大罢市，抗议港府所	●"克里米亚战争"结束，俄败，签订《巴黎和约》。俄失去部分土地，并不得在黑海设置舰队和海军要塞。 ●法国与西班牙边界确立。 ●英国强迫摩洛哥签订不平等条约。 ●1856～1857：英伊战争。 ●奥斯曼土耳其苏丹颁布诏书，进行"唐吉马特"（改革），后陆续公布各类法典，大力引进外资。 ●"瑞士信贷银行"成立。为瑞士三大银行之一。 ●首次在法国发现"木森古猿"化石，生存年代大约距今2300万～1000万年前，被认为是现代人类和现代猿类共同的远祖。 ●在德国杜塞尔多夫城附近尼安德特河谷首先发现"早期智人"（原称"古人"）化石，被称为"尼安德特人"（简称"尼人"）。 ●法国化学家贝特洛合成甲烷和乙烯。 ●英国工程师贝塞麦发明转炉炼钢。 ●英国化学家柏琴发现第一种合成染料"苯胺紫"。又相继合成了"茜素"、"靛蓝"等多种染料。 ●法国空想主义者卡贝（1788～1856）卒。他宣扬"和平的共产主义"，并进行共产主义移民区试验，未成功。 ●德国哲学家施蒂纳（1806～1856）卒。

公　元	（朝代）	中　国	外　国
	清	颁《华人屋宇及妨害公安条例》。后港府宣布接受中国居民的要求。 ●西藏地方政府在驻藏大臣主持下同尼泊尔订立和约，尼泊尔军撤走。 ●驻藏大臣满庆呈奏，十一世达赖凯珠嘉措圆寂。 ●七世班禅圆寂后，是年，在拉萨大昭寺释迦佛前，经金瓶掣签，认定丹白旺秋为转世灵童，即八世班禅，被迎入祥领格桑颇章宫，承热振多吉匡呼图克图制度，赐法名"罗桑班登曲吉扎巴丹白旺秋巴桑布"。次年，回扎什伦布执掌法台。 ●俄国强占中国黑龙江下游地区，设立"滨海省"。 ●是年八月，江浙大旱，河流干涸，禾苗黄萎，苏航舟楫不通。因江浙大旱，命台湾镇道招商贩米，由海道运至上海、宁波等地售卖，准其免税。 ●九月，直隶永平、保定等府属二十八州县蝗灾。大名等府州所属十七县旱灾。通州等四十一州县水灾。 ●咸丰帝命武英殿遵循乾隆年间钦定翻译五经新语之例，刊刻满汉合璧成书，颁行中外，供士子学习。 ●文学家梅曾亮（字伯言，1786～1856）卒。他是道光进士。为桐城派后期重要作家。著有《柏枧山房文集、诗集》。 ●学者泽南（字仲岳，1808～1856）卒。他精研程、朱理学。著有《小学韵语》、《西铭讲义》等。	他是青年黑格尔派代表之一，是唯我论者，无政府主义的先驱者。声称"我把一切都归于我"。著有《唯一者及其所有物》。 ●俄国哲学家恰达也夫（1794～1856）卒。他认为人们的道德完善是消灭农奴制的途径。著有《哲学通讯》等。 ●意大利化学家、物理学家阿伏伽德罗（1776～1856）卒。他提出"阿伏伽德罗定律"，即在同一温度、同一压强下，体积相同的任何气体所含的分子数都相等。还提出"阿伏伽德罗常数"，即一克分子任何物质所含分子数。 ●法国化学家热拉尔（1816～1856）卒。他推演出分子式的"二体积"公式和提出"类型论"。 ●德国诗人海涅（1797～1856）卒。名作有《德国——一个冬天的童话》、《西西里亚职工》等。 ●德国作曲家舒曼（1810～1856）卒。他宣扬"用艺术的理想来代替现实理想"。代表作有钢琴曲《狂欢节》、《童年情景》以及声乐套曲《诗人之恋》等。 ●美国工程师、发明家史蒂文斯（1787～1856）卒。他在1830年发明了现代广泛使用的倒T形铁路铁轨和道钉。 ●法国历史学家梯叶里（1795～1856）卒。著有《诺曼人征服英国史》、《第三等级的形成和发展史》等。 ●伦敦英国国家议会大厦大本钟铸成。 ●莫斯科特列季亚科夫画廊建成。
1857		●石达开率部分太平军离京出走。 ●清军攻陷镇江，围天京。 ●捻军张洛行部渡淮南下，与太平军联合作战。 ●英法联军进攻广州，次日城陷。 ●英人威烈亚力在上海创立"上海文理学会"。 ●黄宽自英回粤行医，为中国第一个西医。 ●思想家、史学家魏源（字默深，1794～1857）卒，他是道光进士。和龚自珍同属主张"通经致用"的今文学派。鸦片战争时，痛愤时事，著《圣武记》。后又作《海国图志》，主张"师夷长技以制夷"。强调"变古愈尽，便民愈甚"。对后来资产阶级改良主义运动有一定影响，著有《古微堂集》、《元史新编》、《老子本义》、《诗古微》等。 ●画家任熊（字渭长，号湘浦，1822～1857）卒。他擅画人物，有《任渭长四种》，为清末木刻画精品。	●流亡美国的爱尔兰爱国者组成"芬尼亚党"。展开争取独立的反英运动，主张建立共和国。 ●英国爆发经济危机，波及美、法、德等国，形成第一次世界性经济危机。 ●法国最先颁布"商标法"。 ●法国哲学家孔德（1798～1857）卒。他是实证主义代表人物。著有《实证哲学教程》。 ●法国数学家柯西（1789～1857）卒。他是行列式和群论的先驱者，还是弹性力学的奠基人之一。 ●法国浪漫主义作家缪塞（1810～1857）卒。代表作有《一个世纪儿的忏悔》。 ●俄国作曲家格林卡（1804～1857）卒。他是俄国古典音乐的奠基者。所作《伊凡·苏萨宁》是俄国第一部民族歌剧。

公　元	（朝代）	中　　国	外　　国
1858	清	●两广总督叶名琛被英法联军俘虏，后押往印度，死于加尔各答。联军洗劫广州藩署库银二十二万七千两，尽数搬上英舰。广东巡抚柏贵降英，在英法占领军成立的广州三人委员会中任职，这是中国近代史上第一个地方傀儡政权。英法对广州实行了近四年的军事殖民统治。 ●英法联军攻陷大沽炮台，清廷调科尔沁王僧格林沁前往防御。 ●清黑龙江将军奕山与俄东西伯利亚总督签订《中俄瑷珲条约》。 ●俄占乌苏里江口伯力，改名哈巴罗夫卡（后又改称哈巴罗夫斯克）。 ●清廷分别与俄、美、英、法签订《天津条约》。 ●中英鸦片贸易在上海协定，每百斤纳进口税三十两。 ●两广总督黄宗汉经由行商伍崇曜向广东旗昌洋行借款库平银三十二万两，月息六厘，期限半年，以粤海关洋税担保，用作军需。 ●与英签订《通商章程善后条约》。 ●太平军组织"浦口战役"和"三河战役"，打垮清军江北大营和湘军主力。 ●在驻藏大臣满庆主持下，十二世达赖成烈嘉措经金瓶掣签认定。 ●清廷从云贵总督吴振棫请，收回大钱，改铸制钱，并将制钱铜斤酌减。 ●上海英资船坞公司成立。 ●英国皇家亚洲协会上海分会成立。 ●文字训诂学家朱骏声（字丰芑，号允倩，1783～1858）卒。著有《说文通训定声》，专明"转注"、"假借"之旨。	●撒丁王国与法国缔结共同反奥的《普隆比埃尔协定》。欲借法国力量攻奥，实现意大利统一。 ●英取消对犹太人政治权力的限制。 ●澳大利亚人口达一百万。 ●美国科学家史密斯发明机械式洗衣机。 ●德国化学家凯库勒确立有机化合物碳原子为四价的理论和碳链学说。 ●英国天文学家卡林顿发现太阳的"较差自旋"。 ●意大利科学家坎尼扎罗确定原子量。 ●德国医学家菲尔肖发表《细胞病理学》，开辟对肿瘤的研究途径。 ●英国空想社会主义者欧文（1771～1858）卒。他指出资本主义私有制是万恶之源，提出较完整的空想社会主义思想体系，并身体力行进行示范。代表作有《一个日内瓦居民给当代人的信》、《新社会观》等。 ●德国经济学家戈森（1810～1858）卒。他是边际效用学派的前驱。著有《人类交换规律的发展及由此产生的人类行为的规则》。 ●德国生物学家弥勒（1801～1858）卒。他首次将物理学、化学及比较解剖学理论用于生理学研究。著有《人体生理学手册》等。 ●瑞典化学家莫桑德（1797～1858）卒。他相继发现稀土元素镧、铒、铽等。 ●美国马什和查理发明收割机。 ●第一条横越大西洋的海底电缆（从爱尔兰到纽芬兰）敷成，继因失效而弃用。 ●法国马里埃特在布拉克始建埃及博物馆（后迁开罗）。
1859		●洪仁玕由香港到达天京，总理天国朝政。受封"干王"，颁布《资政新篇》。 ●陈玉成联合捻军在庐州大败清军。 ●太平天国将领陈玉成被封为"英王"，李秀成被封为"忠王"。 ●编修李鸿章至江西建昌，入曾国藩幕。 ●一品大学士柏葰因科场大舞弊案被处斩。 ●李永和、蓝大顺在云南昭通结盟起义，被镇压。 ●英、法、美舰队炮轰大沽炮台，被守军击退。 ●美国公使在北塘与清直隶总督互换《天津条约》批准书。 ●清政府在上海设立总税务司署，由英人李泰国为首任总税务司。 ●驻广州英法军出银五百两向两广总督劳	●美国弗吉尼亚州发生反奴隶制的"布朗起义"。被镇压。 ●意大利撒丁王国爆发反奥战争，同年秋，意大利北部和中部完成统一。 ●"德意志民族协会"成立。 ●"苏伊士运河"开始挖建。 ●澳大利亚发现金矿，英建昆士兰殖民地。 ●达尔文的《物种起源》出版。揭示生物进化规律，确立了"物种进化论"的理论基础。 ●法国物理学家普朗忒研制出"铅酸蓄电池"。 ●德国物理学家本生和基尔霍夫发明"光谱分析仪"，开始光谱分析试验。 ●美国在西部地区钻成第一口有经济价值

公 元	（朝代）	中　　　国	外　　　国
		崇光租得九龙之尖沙咀地方。 ●上海民众因洋人掳捉人口，捣毁天主教堂。 ●波的摩尔飞剪船"弗罗拉·邓波儿"号载运华工八百五十人自澳门开往哈瓦那，在南沙群岛海域触礁，外国船长及水手弃船乘艇而走，船上华工全部遇难。 ●华蘅芳与徐寿共同制造出中国首台蒸汽机。 ●华蘅芳撰成《抛物浅说》，汇集中西数学有关成就。 ●由李善兰等译《代微积拾级》、《谈天》由墨海书馆刊行。前者是中国第一部有关微积分的译著；后者介绍了哥白尼学说等近代天文学知识。另所译《重学》、《代数学》也在当年出版。 ●美国传教士在上海设立美华书馆，姜别利首刊电镀华文字模。 ●美国传教士、医生嘉约翰在广州开办博济医院，是为外国传教士在华建立的第一所教会医院。 ●诗人张维屏（字子树，一字南山，号松心子，1780～1859）卒。他是道光进士。著有《松心诗集、文集》等，又辑有《国朝诗人征略》。 ●琵琶名家华秋苹（名文彬，字伯雅，1784～1859）卒。他参照琴的减字谱法，为琵琶订立较完整的指法符号。辑有《琵琶谱》三卷。	的油井。 ●德国数学家黎曼提出著名的"黎曼猜想"。若得以证明，数论中许多著名问题的结果都可得到重大改进。 ●德国物理学家基尔霍夫根据热平衡原理导出"基尔霍夫辐射定律"，即物体对电磁辐射的发射能力与吸收系数成正比的定律。 ●英国物理学家麦克斯韦应用统计概念首先导出"麦克斯韦速度分布律"，即气体处于热平衡时，气体的分子数目按速度大小分布的定律。 ●德国数学家狄利克雷（1805～1859）卒。他是解析数论的创始人，并引入近代函数概念。 ●美国教育活动家贺拉斯·曼（1796～1859）卒。他大力推行公共学校制度，并创办《普通学校杂志》。 ●英国历史学家麦考莱（1800～1859）卒。著有《詹姆士二世登基后的英国史》等。 ●英国历史学家哈勒姆（1777～1859）卒。著有《中世纪欧洲史要》、《英国宪政史》等。 ●法国历史学家托克维尔（1805～1859）卒。著有《美国民主》、《旧制度与大革命》等。 ●美国历史学家普列斯科特（1796～1859）卒。著有《墨西哥的征服》、《秘鲁的征服》等。 ●美国作家欧文（1783～1859）卒。著有《哥伦布》、《睡谷的传说》、《阿尔罕伯拉》等，被誉为"美国文学之父"。
1860	清	●太平天国颁布《宗教自由诏》，允许各派传教士在天国内传教。 ●太平军再破清军江南大营，乘胜进军苏常地区。 ●美国人华尔在上海组织洋枪队。 ●清廷以曾国藩为两江总督兼钦差大臣。 ●英法联军攻入北京，火烧圆明园。咸丰帝逃往热河。 ●清廷与英、法分别签订《北京条约》。第二次鸦片战争结束。 ●美传教士林乐知来华。他曾在上海编《教会新报》（后改称《万国公报》），在苏州办东吴大学。著有《中东战纪本末》、《文学兴国策》等。 ●数学家李善兰与英人伟烈亚力合作，译成《几何原本》下半部。 ●经学家宋翔凤（字子庭，1779～1860）卒。他主治今文经学，是常州学派的代表人物之一。著有《论语说义》、《过庭录》等。	●林肯当选美国第十六任总统。 ●加里波第率红衫军挺进南意大利。 ●英国成立"工会联合会"（简称"工联"）。基本口号是"正直的工作，公平的报酬"。反对罢工与政治斗争，主张和平仲裁劳资纠纷，通过兴办经济互助合作社改善工人生活状况，被称为"工联主义"。 ●英、法签订《科布顿商约》。两国互享最惠国待遇。对欧洲各国开展"自由贸易"有很大影响。 ●美国已有五百二十万支纱锭，居世界第二。 ●美国当时有铁路四万八千公里。 ●第一个石油炼油厂在美国投入生产。 ●英国科学家马利特绘制出"全球地震活动图"。 ●英国护士南丁格尔创办世界上第一所护士学校。她曾率队赴克里米亚战争前线护理伤员。著有《护理工作笔记》等。

公　元	（朝代）	中　国	外　国
		● 书画家赵之琛（字次闲，号献父，别号宝月山人，1781～1860）卒。他擅花卉、竹石，尤精篆刻，为"西泠八家"之一，著有《补罗迦室印谱》及诗集等。 ● 画家戴熙（字醇士，号鹿床、榆庵、井东居士，1801～1860）卒。他擅画山水、花卉。有《习苦斋画絮》等。 ● 篆刻家钱松（字叔盖，号耐青、铁庐，别号未道士、西郭外史，1818～1860）卒。他是"西泠八家"之一，曾摹汉印二千方。善书，能画山水。有《未虚室印谱》。	● 首届国际化学家代表大会在德国卡尔斯鲁厄召开。 ● 首届世界拳击锦标赛在英举办。 ● 棒球运动开始在美国流行。 ● 德国哲学家叔本华（1788～1860）卒。他认为自然界只是现象，"意志"才是宇宙的本质。著有《意志和表象的世界》等。 ● 匈牙利数学家鲍耶·亚诺什（1802～1860）卒。他是"双曲几何学"的创立人之一。著有《绝对空间的科学》等。
1861	清	● 清廷设立"总理各国事务衙门"，由恭亲王奕䜣等管理。 ● 外国公使开始驻节北京。 ● 咸丰帝病死热河，同治帝即位。慈禧太后回到北京发动政变，免肃顺等八大臣，开始垂帘听政。命曾国藩统辖苏皖赣浙四省军务。 ● 湘军攻陷安庆，李秀成军克杭州，占据浙江大部分地区。 ● 广西新宁吴陵云起义，号"延陵国"。 ● 蒙古族白凌阿在内蒙古起义，攻取义州、朝阳等地。 ● 贵州青岩爆发绅民反对外国教会斗争。 ● 曾国藩创办"安庆内军械所"，洋务运动始此。 ● 杭州文澜阁《四库全书》因战事散失。 ● 伦敦布道会在北京建医院，为"协和医院"前身。 ● 《上海新报》创刊，为英人创办的第一种中文日报。 ● 天津租界兴建第一条近代马路。 ● 经学、目录学家邵懿辰（字位西，1810～1861）卒。他所编《四库简明目标注》为目录版本学的重要参考书。另有《礼经通论》、《尚书传授同异考》等。	● 摩尔多瓦公国与瓦拉几亚公国合并，改称"罗马尼亚公国"。 ● 美国南方奴隶主叛乱，"南部同盟"成立，"南北战争"爆发。 ● "意大利王国"成立。第一届议会在都灵开幕，撒丁王伊曼纽尔二世任国王，加富尔任首相。定都佛罗伦萨。 ● 俄国开始"农奴制改革"。沙皇亚历山大二世颁布《废除农奴制特别宣言》。是为俄历史上从封建生产方式过渡到资本主义的转折点。 ● 俄国化学家布特列洛夫提出化合物的结构理论。 ● 英国科学家格雷姆提出"胶体"概念，创立胶体化学。 ● 俄国哲学家杜勃罗留勃夫（1836～1861）卒。他认为物质第一性，意识第二性。著有《黑暗王国》等。 ● 波兰历史学家列韦尔（1786～1861）卒。著有《波兰史》等。 ● 乌克兰诗人谢甫琴科（1814～1861）卒。著有《新门徒》、《玛利亚》等。 ● 英国女诗人伊丽莎白·芭蕾特·勃朗宁（1806～1861）卒。作有《孩子们的哭声》等。
1862		● 清政府开始联合外国军队镇压太平天国。 ● 太平军将领陈玉成被诱执，杀害。 ● 李秀成率部解天京之围，太平军击毙洋枪队统领华尔。 ● 贵州盘县回族张凌翔起义，公布《民族平等条例》等。 ● 青海西宁回族马文义起义。 ● 甘肃河州回族马占鳌起义。 ● 江西南昌、湖南湘潭、衡州等地爆发民众反教会斗争。 ● 贵州开州官员处死法国传教士。 ● "同文馆"在京成立。培养翻译人员，	● 美国总统林肯颁布《宅地法》和《解放黑奴宣言》。规定凡未参加叛乱的成年男子，只需付十美元即可在西部占一百六十英亩荒地，连续经营五年，可拥有土地所有权。 ● 俾斯麦出任普鲁士首相，实行"铁血政策"。通过战争实现德国统一。 ● 墨西哥人民反法斗争。法军远征墨西哥。 ● 英正式宣布美洲今伯利兹为殖民地，称"英属洪都拉斯"，隶属牙买加。 ● 阿根廷完成各省统一，名"阿根廷共和国"，米特雷当选为总统。

公　元	（朝代）	中　国	外　国
		初附于"总理各国事务衙门"，后并入"京师大学堂"。 ●李鸿章在上海设立洋炮局。 ●美商旗昌轮船公司在上海成立。 ●上海成立"中外会防局"。 ●上海出现第一条石子路。 ●边疆史学家何秋涛（字愿船，1824～1862）卒。他是道光进士，曾主讲保定莲花书院。著有《朔方备乘》、《校正元圣武亲征录》等。 ●医学家王旭高（名泰林，1798～1862）卒。他擅长内、外科。著有《医方歌诀》，后人辑有《王旭高医案》。 ●诗人周之琦（字稚圭，号退庵，1782～1862）卒。他是嘉庆进士。著有《金梁梦月词》、《怀梦词》等。	●西非"利比里亚共和国"获美国正式承认。两国签订友好贸易和通航条约。 ●艾娣开始宣传基督教科学派教义。 ●"瑞士联合银行"成立。为瑞士三大银行之一。 ●法国科学家贝特洛合成乙炔。 ●英国科学家开尔文用热传导理论测算地球年龄。 ●德国数学家狄利克雷出版《数论讲义》，是为解析数论的经典著作。 ●俄国科学家谢切诺夫出版《脑的反射》一书。开创大脑功能的研究。 ●美国发明家加特林发明手摇多管机枪。
1863	清	●石达开在四川大渡河全军覆没。石达开被俘，在成都被杀。 ●捻军根据地安徽亳州雉河集被清军攻陷，张乐行被俘杀。 ●重庆爆发民众反教会斗争。 ●左宗棠所部湘军与法国侵略者合作建洋枪队。 ●曾国藩委派容闳出洋购买机器。 ●沙俄在汉口创办顺丰砖茶厂，为俄在华所设第一家工厂。 ●上海英美租界合并为公共租界。 ●英国人赫德继任总税务司，他把持中国海关长达四十多年。 ●李鸿章仿"同文馆"在上海建"广方言馆"（亦称"上海同文馆"）。学习外文与自然科学，三年毕业，分派洋务工作。 ●经学家陈奂（字倬云，号硕甫、南园，1786～1863）卒。他主治毛诗。著有《诗毛氏传统》、《毛诗说》、《毛诗音》等。 ●诗人贝青乔（字子木，1810～1863）卒。著有《半行庵诗存》、《咄咄吟》、《苗俗记》等。	●波兰举行反对沙俄统治的民族起义。 ●法国占领墨西哥城。 ●法国宣布奥地利大公马克西米利安为皇帝。 ●德意志各邦统一贸易法、票据法和度量衡。 ●"全德工人联合会"在莱比锡成立。拉萨尔当选为主席。 ●伊斯迈尔任埃及总督。继而奥斯曼苏丹任其为"赫迪夫"（土耳其语，意"统治者"）。 ●第一条地铁在伦敦开通。 ●美国联邦政府成立"国家科学院"。 ●法国"里昂信贷银行"成立。 ●"埃及博物馆"在开罗开馆。 ●德国童话作家雅可布·格林（1785～1863）卒。与其弟威廉·格林（1786～1859）共同搜集整理的《儿童与家庭童话集》（一般称《格林童话》）在世界上流传很广。 ●法国画家德拉克洛瓦（1798～1863）卒。他是浪漫主义的代表。其名作《自由女神引导人民》是象征与现象相结合的典范。
1864		●洪秀全病逝。幼天王洪天贵福即位。湘军攻陷天京。"太平天国"失败。 ●"忠王"李秀成与幼天王洪天贵福、"干王"洪仁玕先后被俘杀。 ●捻军与西北太平军结合，推举赖文光为首领。 ●本年万寿节，同治帝诣慈安、慈禧皇太后前行礼，不升殿，御乾清宫，王以下文武官员行庆贺礼。自此每年皆如之。	●法国废除禁止工人罢工和集会结社的《霞不列法》。 ●普鲁士与奥地利对丹麦战争。丹麦战败，签订《维也纳和约》。此战成为俾斯麦统一德意志的第一步。 ●"第一国际"（"国际工人协会"）在伦敦成立。是为世界无产阶级第一个群众性国际组织。马克思是其创立者和领袖，为之起草成立宣言和临时章程。协会宗旨是团结

公　元	（朝代）	中　　国	外　　国
		●从江西巡抚沈葆桢奏，牙厘茶税由本省分提一半，作为防饷，其余一半仍归曾国藩军营。 ●新疆多处发生反清起义。 ●中俄《勘分西北界约记》签订。 ●上海租界会审理事衙门在洋泾浜北首设立，由英副领事作陪审官。 ●英商"正广和公司"在上海设立，主营酒类制造与贩卖。 ●李鸿章在苏州设洋炮局。 ●台湾海关税务司成立，设在今高雄。 ●广州同文馆开馆。吴嘉善为汉文教习，美人谭顺为西文教习。 ●曾国藩在南京设"金陵书局"。 ●《字林西报》在上海创刊。 ●京师同文馆美教习丁韪良所译《万国公法》刊行。 ●美国长老会传教士狄考文在山东登州创办蒙养学堂（小学）。 ●"汇丰银行"在香港成立。次年正式营业，并在上海设立分行。 ●英国在上海设立利生、利华、利升三家银行。 ●文学家姚燮（字梅柏，号复庄、大梅山民，1805～1864）卒。他是道光举人。善诗、词、曲、骈文，又长于绘画，有不少反映鸦片战争的诗篇。著有《复庄诗问》、《复庄骈俪文榷》、《疏影楼词》、《今乐考证》等。 ●诗人郑珍（字子尹，号柴翁，1806～1864）卒。他是道光举人。为晚清宋诗派作家。著有《仪礼私笺》、《说文逸字》、《说文新附考》、《巢经巢集》等。 ●京剧演员张二奎（原名士元，号子英，1814～1864）卒。主攻老生。曾为"和春班"班主，有"奎派"或"京派"之称。	各国工人，为解放工人阶级，消灭阶级统治而斗争。 ●俄国建立统一的各级法院。废除以前的等级法院（不同等级和犯人在不同法院中审理）。 ●由瑞士发起，在日内瓦签订《万国红十字公约》，成立国际"红十字会"。规定各国伤兵救护组织有受保护和使用红十字标志的特权。 ●"法国兴业银行"成立。 ●德国工人运动活动家拉萨尔（1825～1864）卒。他主张通过争取普选权和借助建立工人生产合作社而过渡到社会主义。 ●德国工人运动活动家沃尔弗（1809～1864）卒。他是马克思、恩格斯的战友。马克思在《资本论》第一卷前面写明本书献给沃尔弗。 ●英国经济学家西尼耳（1790～1864）卒。他倡导"节欲说"。著有《政治经济学大纲》等。 ●英国经济学家麦克库洛赫（1789～1864）卒。他认为动物、机械和自然的一切活动或作用都是劳动，都能创造价值。著有《政治经济学原理》等。 ●俄国语言学家沃斯托可夫（1781～1864）卒。他运用历史比较法研究斯拉夫语。著有《斯拉夫语言论》。 ●俄罗斯天文学家弗·斯特鲁维（1793～1864）卒。他最早测定织女星的距离。研究银河系结构，说明星际空间有吸光现象。著有《天体测量学》等。 ●英国数学家布尔（1815～1864）卒。他用代数方法研究逻辑，形成逻辑代数，是数理逻辑的奠基人。著有《思维规律研究》等。
1865	清	●捻军击毙钦差大臣僧格林沁。 ●清廷以曾国藩为钦差大臣，统领攻捻各军。 ●酉阳教案。四川酉阳民众殴毙法国传教士玛弼乐，法公使以派兵入川相威胁，清廷妥协，以惩治民众和赔款八万银两结案。 ●慈禧指责议政王奕訢多用汉人，说：这天下，咱们不要了，送给汉人吧！将其革职。 ●闽盐试用票运。 ●清政府向英借款一百四十三万英镑，此乃清政府借外债之始。 ●清政府允许招商办云南铜矿。 ●意大利轮玛尔号载华工五百五十人自澳	●普奥签订《加斯泰因条约》。 ●法国强迫突尼斯签订不平等条约。 ●美国内战结束，林肯再度当选总统，但不幸遇刺身亡。副总统约翰逊继任总统。 ●美国会通过宪法第十三条修正案，正式宣布废除奴隶制。 ●奥斯曼帝国秘密政治组织"新奥斯曼协会"在伊斯坦布尔成立。旨在通过上层政变实行政治改革。 ●法、比、意、瑞（士）、希在巴黎缔约，结成"拉丁货币同盟"。 ●英国牧师布斯在伦敦创立"救世军"，是为基督教（新教）的一个社会活动组织。

附录 2

公 元	（朝代）	中 国	外 国
	清	门前往秘鲁，船抵大溪地，仅剩一百六十三人。 ●六月，江浙水灾，乡民淹死过万。 ●海关总税务司署由上海迁至北京。仍由英人赫德把持。 ●美国长老会在山东建"登州文会馆"。 ●曾国藩在江宁修建"钟山书院"、"尊经书院"。 ●上海英华书馆开馆。 ●美国圣公会在上海开设培雅学堂。 ●李鸿章在上海虹口建立"江南机器制造总局"。此为洋务派所办规模最大的兵工厂。 ●容闳在美购置的机器运到上海，为江南机器制造总局使用。 ●"金陵制造局"在南京建立。 ●北京宣武门修筑一里长的观赏铁路，试行小火车。 ●在安庆制造出第一艘轮船黄鹄号。 ●上海租界内开始供煤气。外商开始营销煤油。出现第一盏煤气灯。 ●英在上海租界设按察使署（最高法庭）。 ●上海公共租界工部局设立书信馆，为外人在华设置的第一个商埠邮局。以后各通商口岸陆续开办。 ●美商在上海成立保宁保险公司，由琼记洋行代理营业。 ●美在大沽设立拖驳轮船公司。 ●英商在上海开设耶松船厂。 ●金融学家王茂荫（字椿年，1798～1865）卒。为道光进士，曾任户部右侍郎。他反对铸大钱，并倡导发行可兑换钞币。著有《王侍郎奏议》。	●"国际电报联盟"成立。 ●英国首次修筑水泥混凝土路面。 ●法国科学家勒克朗谢制成干电池。 ●德国科学家凯库勒提出"苯"分子具有环形结构，初步解决了有机物中最重要的分子"苯"的结构。 ●奥地利遗传学家孟德尔发现重要的遗传学定律"孟德尔定律"，提出遗传单位（今称"基因"）概念，奠定了"现代遗传学"的基础。 ●德国物理学家克劳修斯首次提出"熵"的概念。进一步发展了热力学理论。 ●比利时建成纯碱厂投产。 ●法国经济学家蒲鲁东（1809～1865）卒。他是"无政府主义"的创始人之一。主张保护小生产者的私有制和无产者与资产者的经济合作。著有《经济矛盾体系，或贫困的哲学》等。 ●英国数学家哈密顿（1805～1865）卒。他建立了"哈密顿原理"，使各种动力学定律可从一个变分式推出。还建立了"哈密顿正则方程"和"哈密顿函数"。 ●俄籍德人物理学家楞次（1804～1865）卒。他确定了电磁感应的一个基本定律"楞次定律"。 ●匈牙利名医塞麦尔维斯（1818～1865）卒。他是现代产科消毒法的倡导者之一。著有《产褥热的病原、实质和预防》等。
1866		●因来华英人赫德建议，清政府首次派人到西方考察，派员赴外考察始此。原山西襄陵知县斌椿等赴西欧考察。六十三岁的斌椿成为东土西来第一人，赴欧百余日，游历十五国，所作《乘槎笔记》首次记录了欧洲博览会和先进的科技文化。还开办外语、军事、实业、机械、船务等学堂，并派留学生学习西学。 ●太平军余部被全部镇压。 ●时捻军分为两支，西捻军以张宗禹为首；东捻军以赖文光为首。西捻军一度逼近西安。 ●曾国藩以攻捻军无效，请另派钦差大臣。清政府以李鸿章接任，进驻徐州。 ●孙中山（名文，字逸仙）诞生于广东香山（今中山）。 ●清政府设立"天文算学馆"。 ●左宗棠在福州马尾建立"福州船政局"	●普奥战争，奥地利战败。普鲁士建立北德意志联邦，奥仅剩南德四个邦。 ●第一次"人类学和史前考古学国际会议"在瑞士召开，标志着"近代考古学"的形成。 ●瑞士成立"英瑞炼乳公司"。为"雀巢食品公司"的前身，产品以"雀巢"为商标著称于世界。 ●德国西门子公司实验室研制成功用电磁铁代替永久磁铁的自激磁场式发电机，成为现代电力工业的基石。 ●德国工程师西门子发明能提供强力电流的发电机。 ●美国铺设第一条大西洋海底电缆。 ●德国科学家海克尔首提"生态学"概念。 ●德国数学家黎曼（1826～1866）卒。

公　元	（朝代）	中　　国	外　　国
1867	清	此为洋务派所办规模最大的船舶修造厂。 　●"发昌机器厂"在上海建立，此为中国最早的私营近代企业。 　●香港成立造币厂，始铸港币。 　●杨文会在南京创建"金陵刻经处"。 　●左宗棠建"船政学堂"，为清末最早的海军学校。 　●京剧名家余三胜（名开龙，字起云，?~1866）卒。他主攻老生，与程长庚、张二奎被誉为"老生三杰"。 　●西捻军进入陕北，再攻长安。东捻军失利，赖文光在扬州被执杀。 　●以左宗棠为钦差大臣，督办陕甘军务。 　●崇厚筹办天津机器制造局。 　●美国借口"罗佛号"船水手被杀，派兵进犯台湾，被击退。 　●清政府派蒲安臣（美国人）、志刚等率中国使团出访欧美诸国，此为中国向欧美派出的第一个使团。 　●清廷应琉球国王之请，允许该国陪臣子弟四人入监读书。 　●"同文馆"中始设算学馆，聘请洋人教习，招收科甲人士入馆学习。 　●两广总督瑞麟、广东巡抚蒋益澧购法兵船两只，议价银八万两。购英船一只，议价银二万三千余两。 　●上海公共租界工部局成立上海水龙公所，并分设两处灭火龙公司。 　●旗昌洋行与宝顺、怡和洋行在香港签署协议，长江航运为旗昌垄断。 　●怡和洋行所办英文日报《上海纪事报》创刊。 　●福州船政局监督洋员日意格到巴黎招募船匠。 　●因动用捐款，清廷革湖广总督广文职，以李鸿章为湖广总督。 　●杭州设浙江官书局。 　●医学家王孟英（名士雄，1808~1867）卒。著有《霍乱论》、《温热经纬》、《女科辑要》等。 　●文学家蒋敦复（字克父，一字剑人，1808~1867）卒。他五赴乡试，皆落第。著作《啸古堂诗文集》、《芬陀利室词》等。	他是黎曼几何学的创始人，是复变函数论创始人之一。 　●德国教育家第斯多惠（1790~1866）卒。他提出"全人类教育"思想。著有《德国教师教育》等。 　●奥地利"圆舞曲之王"小约翰·施特劳斯写出《蓝色的多瑙河》、《维也纳森林的故事》、《春之声》等名曲。此后，圆舞曲乃在世界流行。每值新年，维也纳国家歌剧院隆重举办音乐会，由世界著名指挥家指挥，成为世界音乐界的一大盛事。 　●美国国会通过南方"重建法案"，美国从沙俄手中购得阿拉斯加。 　●英国第二次国会改革。 　●英国同意加拿大为自治领。 　●以反英统治，争取独立为宗旨的爱尔兰"芬尼运动"达到高潮。举行武装起义，被镇压。 　●"北德意志联邦"成立。是为俾斯麦以铁血政策统一德国的又一步骤。 　●奥地利帝国改组为奥匈二元帝国。奥皇兼匈牙利国王和帝国元首，奥、匈各设政府和议会。 　●马克思《资本论》第一卷出版。 　●法国哲学家库辛（1792~1867）卒。他自称其为"折中主义"，主张主体与客体的同一即绝对精神。著有《哲学断片》等。 　●英国科学家法拉第（1791~1867）卒。他发现电磁感应现象，并确定其基本定律，成为现代电工学的基础。还发现"法拉第电解定律"和磁致旋光的"法拉第效应"。化学方面发现两种新的氯化碳。创制光学玻璃新品种等。 　●德国语言学家葆朴（1791~1867）卒。他是比较语言学的奠基人之一。著有《论梵语动词变化系统，与希腊语、拉丁语、波斯语和日耳曼语的比较》。 　●法国画家安格尔（1780~1867）卒。他是古典主义画派的最后代表。长于肖像画。作品有《泉》、《土耳其浴》等。 　●法国风景画家卢梭（1812~1867）卒。他是巴比松画派的创始人之一。作品大多是田园景色，如《阳光中的橡树》等。
1868		●捻军全部被镇压，捻军起义至此失败。 　●中美签订《续增条约》，亦称《蒲安臣条约》。	●西班牙革命，女王伊莎贝拉二世被废黜并逃亡法国。 　●1868~1898：古巴三十年解放战争。

公 元	（朝代）	中 国	外 国
1869	清	• 江南机器制造总局附设翻译馆，翻译西方书籍。 • 上海外滩公园建成并对外开放。 • 福建船厂正式开工。 • 法国天主教神父韩伯禄创立上海徐家汇博物院，收藏中国动植物标本。 • 清廷下谕，禁毁传奇小说，其书目有二百六十余种。 • 美国传教士林乐知主办的中文周报《中国教会新报》（又名《教会新闻》）在上海创刊。 • 英文《晋源西报》（亦称《上海差报》）在上海创刊。 • 清廷再申，各省禁种罂粟。 • 由赫德制定的《中国引水总章》在全国各港施行。 • 英资豆饼厂开业，采用蒸汽机制造豆饼、豆油。 • 黄遵宪作《杂感诗》。有学者认为标志着诗界革命的开始。 • 诗人蒋春霖（字鹿潭，1818～1868）卒，著有《水云楼词》、《水云楼诗滕稿》。 • 两广天地会起义失败，前后持续二十年。 • 酉阳民团首领何彩率众焚毁教堂，杀死欺压中国百姓的法国司铎李国。教堂武装进行报复，杀死民众一百四十五人，伤七百余人，焚毁民房一百余户。在法国公使的威胁下，清廷派湖广总督李鸿章到四川就地处理，以杀何彩等二人及徒刑十人，赔款三万银两结案。 • 安徽安庆、贵州遵义等多处发生教案。 • 太监安德海在山东德州滋事，被巡抚丁宝桢所杀。 • 中俄签订《改订陆路通商章程》。又订《乌里雅苏台界约》。 • 左宗棠创办西安机器局。 • 贵州、湖北等地发生教堂被毁事件。 • 法人戈尔迭来华，任职于亚洲文会。他回法后著《中国与西方诸国关系史》、《中国研究论著综录》、《中国通史》等。 • 美人丁韪良被聘为"同文馆"总教习。 • 科学家邹伯奇（字一鹗、特夫，1816～1869）卒。他精天文历算，著《格术补》，是比较完整的几何光学著作，用数学方法表述反射境、透镜组成像规律及眼镜、望远镜、显微镜等光学仪器的基本原理。另有《甲寅恒星表》、《赤道星图黄道星图》。 • 经学家陈乔枞（字朴园，1809～1869）卒。他传承其父辑佚之学，续成《今文尚书经	• 巴枯宁在瑞士组织"社会主义民主同盟"。 • 美国成立"都会人寿保险公司"，为私营大规模的人寿保险公司。 • 在法国克罗马农首次发现"晚期智人"（原称"新人"）的化石，被称为"克罗马农人"。 • 德国化学家霍夫曼创立"德国化学会"，并任会长。 • 美国科学家肖尔斯发明打字机。 • 英国在伦敦最先设置交通信号灯。 • 德国语言学家施莱赫尔（1821～1868）卒。他是自然主义语言学派的创立者。著有《论语言对于人类自然历史的意义》等。 • 意大利作曲家罗西尼（1792～1868）卒。他是19世纪意大利喜歌剧的代表。作品有《塞维勒的理发师》、《威廉·退尔》等。 • 法国考古学家彼尔特（1788～1868）卒。著有《生命起始与进化学说》等，提出人类打制石器时代为古象生存时代。 • 克罗马农人化石首次在法国境内发现。 • 美国成立"劳工骑士团"。 • 德国工人运动领袖李卜克内西和倍倍尔在爱森纳赫建立"德国社会民主工党"。主张通过自下而上革命，推翻地主统治，实现德国统一。 • 天主教教皇庇护九世召开第一次"梵蒂冈会议"。此为世界性高级会议，后因次年普法战争爆发而停止。会议制定"教皇永无谬误"的信条，宣扬教徒要绝对服从教皇。 • 美国第一条横跨全美的铁路通车。 • 俄国科学家门捷列夫提出"元素周期律"。奠定了新化学研究的理论基础。 • 德国化学家舒岑贝格尔用醋酸法制成人造纤维。 • 苏伊士运河通航，连接地中海和红海。 • 美国科学家海厄特制成最早的合成塑料——赛璐珞。 • 英国经济学家霍吉斯金（1787～1869）卒。他论证资本的非生产性，并指出资本主义生产方式必然灭亡。著有《通俗政治经济学》。 • 英国军事家约米尼（1779～1869）卒。他所著《战争艺术》一书影响很大。 • 英国化学家格雷姆（1805～1869）卒。他创立气体扩散定律，即不同气体的扩散速度与气体密度的平方根成反比。

公 元	（朝代）	中　国	外　国
1870	清	说考》、《齐鲁韩三家诗遗说考》等。另辑撰各书，收入《小琅嬛馆丛书》。 　●经学家陈立（字卓人，又字默斋，1809～1869）卒。他主治《春秋公羊传》，著有《公羊义疏》。另有《白虎通疏证》等。 　●"天津教案"发生。天津育婴堂婴孩死三四十人，且拐卖幼童事件不断发生，于是激起民愤，近万群众聚集教堂前要求惩办凶犯，法国驻天津领事丰大业要求派兵镇压，并开枪威胁，被群众殴打至死。事发后，英、美、法、德、意等七国军舰集结天津、烟台一带海面示威。清廷责命直隶总督曾国藩查办，将天津知府和知县革职充军，判民众二十人死刑，二十五人充军，赔款四十九万七千二百八十五两白银重建教堂。清廷派三口通商大臣崇厚赴法道歉。 　●清廷决定添设黄河水师。又加强部署海防。 　●同治帝诏允达赖喇嘛呈请前往布资绷两寺讲经熬茶，命恩麟妥为照料。 　●两江总督马新贻遇刺死。此为清末一大案件。 　●设立江南轮船操练局，命前台湾道吴大廷综理局务。 　●批准英商铺设穗沪海底电缆。 　●上海吴淞口外大戢山岛新建灯塔竣工。 　●英商在上海设立别发洋行，从事西文书籍出版。 　●王韬在香港集股买下英华书院，旋又创办《循环日报》，自任主编，宣传改良主义思想，提出变法自强主张。 　●法文周报《上海新闻》在上海创刊。 　●上海通闻馆新办中文周报《七日镜览》。辑录各地信息，照《京报》方式分送。 　●英传教士李提摩太来华。1891年任同文书会（后改广学会）总干事。与洋务派李鸿章、张之洞来往密切。著有《留华四十五年纪》等。 　●篆刻家、书画家吴熙载（字让之，号晚学居士，1799～1870）卒。他篆刻学邓石如，又发展了"邓派"。书法工篆、隶。又善画花卉。有《师慎轩印谱》、《吴让之印谱》等。 　●清政府"办理各国中外交涉事务大臣"蒲安臣（美国人，曾任美众议院议员和驻华公使，1820～1870）在出访美、英、法、普、俄时，于俄国圣彼得堡病故。清政府命赏一品衔，恤银一万两。出使事宜由志刚、孙家毂督同左、右协理柏卓安、德善办理。	●法国作曲家、指挥家、音乐评论家柏辽兹（1803～1869）卒。他是致力于标题音乐创作的浪漫派作曲家。作品有《罗马狂欢节》、歌剧《贝文努托·切里尼》等，著有《现代乐器法及配器法研究》。 　●19世纪70年代：世界兴起第二次工业革命，将近代世界从蒸汽机时代推向电气化时代。其标志是电力的开发、内燃机的发明和化学工业的兴建。 　●是年，"普法战争"爆发。法国欲通过战争阻止德意志统一，在"色当战役"中全军覆灭，拿破仑三世被俘。战后，德国统一。 　●法国巴黎爆发"九月革命"，推翻第二帝国，宣布共和，成立"法兰西第三共和国"。 　●"普法战争"中法军失败，从罗马撤出，意大利王国军占领罗马，并迁都于此。意大利统一最后完成。据公民投票，罗马教皇不再拥有世俗权力，退居城内的梵蒂冈，政府每年拨专款作教皇经费。 　●英枢密院颁布文官制度改革条例。以公开竞争考试录用文官。 　●英人罗得斯为开采钻石到达南非。后创设"德比尔钻石采矿公司"，协助英政府掠夺北至坦噶尼喀湖，东至今马拉维湖间地区，并用他的姓氏命名这一地区为"罗得西亚"。 　●德国"商业银行"和"德意志银行"成立。后与"德累斯顿银行"称为德国三大银行。 　●美国大企业家洛克菲勒创办"美孚石油公司"。后发展成为美第一个托拉斯组织，垄断美石油工业。 　●德国考古学家谢里曼发掘小亚细亚半岛东岸的希萨立克丘，认定为《荷马史诗》中记述的特洛伊古城遗址，发现城垣街道遗址，获大量文物，震动学界。 　●俄国成立巡回展览画派。代表人物为克拉姆斯科伊、列宾、苏里科夫等。 　●美国"波士顿艺术博物馆"设立。 　●美国"纽约大都会艺术博物馆"设立。为美国最大的博物馆。 　●俄国民主主义思想家、作家赫尔岑（1812～1870）卒。他提出辩证法是"革命的代数学"。反对农奴制，号召推翻沙皇统治。著有《自然研究通讯》、小说《谁之罪》等。 　●德国眼科专家格雷费（1828～1870）卒。他是近代眼科学的创始人之一，对眼科学的发展作出重大贡献。还曾创办《眼科学

公 元	（朝代）	中 国	外 国
1871	清	● 三月，四川巴塘地震，震级六点八级，震中烈度九度。死伤者众。清廷命吴棠筹款赈恤灾民。 ● 八月，西北地区天空出现大流星如盏。 ● 九月，湖南衡阳下关发生火灾，延烧三千余家。 ● 左宗棠率兵攻打宁夏地区回教白山派教主马化龙领导的起义。其部刘锦棠攻下马的据点金积堡，执杀马化龙，将起义压平。 ● 太子寺之战。左宗棠率主力攻打甘肃回民义军。河州回民义军领袖马占鳌在太子寺修筑据点，抗击清军。击毙提督傅先宗、徐文彦和总兵郑守南、李其祥，义军大胜。后被左宗棠诱降，起义失败。 ● 肃州之战。左宗棠占领河州、西宁后，集中兵力向肃州（今甘肃酒泉）进攻。回民义军领袖马文禄修筑据点，进行抵抗。清军用洋炮攻击，战斗激烈。后因粮尽援绝，清军攻下肃州，入城后将马文禄及城民六千余人杀害。 ● 俄军侵占伊犁。 ● 《中日修好条规》及《中日通商章程》在天津签订。是为第一部中日条约。 ● 清廷于察哈尔、乌里雅苏台所属设立转运粮台。 ● 广东征收洋药正税。 ● 欧洲与上海海底电缆接通。 ● 江南机器制造总局翻译出版《运规约指》、《化学鉴源》、《航海通书》、《汽机发轫》等一批介绍西方科学的著作。 ● 王韬首次把《马赛曲》译成中文。 ● 法文周报《进步》在上海创刊。 ● 诗人莫友芝（字子偲，号郘亭、眲叟，1811~1871）卒。他是道光举人。通小学，精版本目录之学。善书法。为晚清宋诗派作家，与郑珍齐名。又喜以考证为诗。有《郘亭诗抄》、《黔诗纪略》、《韵学源流》、《郘亭知见传本书目》等。 ● 民间曲艺艺人石玉昆（字振之，1810~1871）卒，其唱调称为"石韵"，据说《三侠五义》、《小五义》等小说都是据他的唱本改写的。 ● 大学士倭仁（字艮峰，蒙古正红旗人，1804~1871）卒。道光进士。曾任大理寺卿、侍讲学士。擢工部尚书，命授皇帝读。著有《倭文端公遗书》。 ● 秘鲁"唐璜"轮载劳工六百五十余人由澳门前往秘鲁，开船两天后起火，烧死约六百人，仅五十人逃生。	汇录》。 ● 法国作家大仲马（1802~1870）卒。名作有《三剑客》、《基度山伯爵》等。 ● 英国作家狄更斯（1812~1870）卒。他是英国批判现实主义文学的重要代表。名作有《双城记》等。 ● 阿尔及利亚发生卡比尔族反法民族大起义。 ● "德意志帝国"成立。普鲁士王威廉一世在凡尔赛宫加冕称帝。德意志统一改变了欧洲外交格局。 ● 3月18日巴黎工人起义，成立"巴黎公社"。坚持两月，最终失败。对"无产阶级专政"做了尝试。 ● 为镇压"巴黎公社"，法德签订《法兰克福条约》。德释放十万法军俘虏，并允许法军通过德军防线从北方进攻巴黎。 ● 法国梯也尔政府从凡尔赛对巴黎发动总攻，发生"五月流血周"。最后一批公社战士约二百人在拉雪兹神甫墓地全部殉难。 ● 英国物理学家提出"散射理论"，说明天呈蓝色的原因。 ● 英国物理学家汤姆生导出"开耳芬公式"。为计算吸附剂与催化剂的孔径分布提供了重要依据。 ● 英国生物学家达尔文《人类起源与性的选择》出版。指出人类与现代类人猿出自共同的祖先，分析了从猿到人的进化过程。 ● 德国空想共产主义者魏特林（1808~1871）卒。他认为财产公有、共同劳动，待遇平等，平均领取生活必需品，才能使社会"和谐与自由"。曾企图组织共产"公社"，未果。 ● 德国哲学家宇伯威格（1826~1871）卒。他以著《哲学史概论》一书而出名。 ● 英国经济学家拉姆塞（1800~1871）卒。他是古典政治经济学后期代表人物之一。著有《论财富的分配》等。 ● 英历史学家格罗特（1794~1871）卒。他是伦敦大学创办人之一。主要研究古希腊历史和哲学。著有《希腊史》十二卷。 ● 德国天文学家约翰·赫歇耳（1792~1871）卒。他编制了南北天星云表和双星表，并测定了许多恒星的亮度。 ● 英国地质学家麦奇生（1792~1871）卒。他提出新的划分地层方法，发现著名的二叠纪地层。著有《志留系》、《欧洲地质图册》等。

公 元	（朝代）	中 国	外 国
1872	清	• 是年，台湾台风造成灾害。 • 永定河复决。清廷允李鸿章请，截留江浙奉天漕米十万石赈济天津灾民。 • 当年九月，黄河于山东郓城侯家林地方决口，黄河入南旺湖，倒灌运河，沿河州县多被淹。 • 清政府与俄交涉伊犁问题，俄不肯交还。 • 甘肃河州回民起义首领马占鳌降清，起义失败。 • 贵州台拱苗民起义首领张秀眉被执杀，起义失败。 • 西宁回族起义首领马永福降清，起义失败。 • 贵州盘县回民起义失败，首领金万照被执杀。 • 岑毓英率军攻取大理，杜文秀领导的回民起义失败。 • 曾国藩（字伯涵，号涤生，1811～1872）病卒于南京。有《曾文正公全集》。 • "中国招商局"在香港开业。 • 左宗棠创办"兰州机器局"。 • 李鸿章在上海创办"轮船招商局"。是为清末最早设立的最大轮船航运企业。 • 侨商陈启沅在广东南海创设"继昌隆缫丝厂"。 • 上海出现用缝纫机制衣。 • 英国路透社在上海设立远东分社。 • 美查（英国商人）在上海创立《申报》。为中国历史最久的近代报纸。 • 容闳等率领第一批幼童三十人赴美留学。 • 《瀛寰琐记》创刊，为中国最早的文学期刊。	• 法国作曲家奥柏（1782～1871）卒。作有歌剧《石匠》、《蒙面舞会》、《波尔蒂契的哑女》、《青铜马》等。 • 俄国作曲家谢罗夫（1820～1871）卒。作有歌剧《魔力》等，并创办《音乐与戏剧》刊物。 • 英国实行秘密投票选举法。 • 英议会通过关于太平洋岛屿的人权保护法案。 • 美国人罗塞组织圣经班，开始宣传新教派"耶和华见证人"教义。 • 德国"德累斯顿银行"、"瑞士银行"、"巴黎荷兰银行"相继成立。 • 法国文艺评论家戈蒂埃（1811～1872）卒。著有《浪漫主义史》、《当代写照》、《欧洲美术》等，还有小说《模斑小姐》及芭蕾舞剧《吉赛尔》等。 • 美国纽约布鲁克林大桥建成。 • 美国建立黄石国家公园。 • 美国加利福尼亚大学建立。 • 美国《波士顿环球报》创刊。 • 莫斯科历史博物馆创立。 • 俄国画家列宾绘成《伏尔加河纤夫》。 • 美国科学家爱迪生发明二重发报机。 • 意大利科学家贝蒂建立"功"的互等定理。 • 英国挑战者号考察船进行世界首次环球海洋考察，为近代海洋科学的开端。 • 德国哲学家费尔巴哈（1804～1872）卒。他批判了黑格尔的唯心主义，同时也抛弃其辩证法。费尔巴哈哲学成为马克思主义哲学来源之一。他著有《黑格尔哲学批判》等。
1873		• 慈禧太后归政，同治皇帝始亲政。 • 甘肃肃州回民起义在清军攻击下，弹尽粮绝，首领马文禄降，起义失败。 • 刘永福受邀，率黑旗军赴越与法军作战，在河内附近击毙法军司令安邺。 • 上海、厦门等港口开始办理检疫。 • 王承荣与王斌制成中国第一台自造的电报机。 • "发昌号铜铁机器车房"（"发昌机器厂"的前身）在上海建立。两年后能造小火轮和车床等。 • 上海修筑淞沪铁路。 • 书法家何绍基（字子贞，号东洲，蝯叟，1799～1873）卒，他是道光进士。著有《说	• 德、俄、奥三皇同盟条约签订。 • 西班牙共和国宣布成立。共和派组成临时政府。 • 德国俾斯麦政府颁布"五月法"，禁止教会干涉司法，教会学校由政府监督等。以此打击教会势力，史称"文化斗争"。 • 维也纳会议通过，成立"国际气象组织"。为今联合国专门机构"世界气象组织"的前身。 • 英国科学家麦克斯韦出版《论电与磁》，建立电磁理论。 • 英国哲学家穆勒（1806～1873）卒。他认为感觉是唯一的实在。著有《政治经济学原理》等。

公元	（朝代）	中　国	外　国
		文段注驳正》、《东洲草堂诗集》等。 　●文学家吴敏树（字本深，号南屏，1805～1873）卒。他是道光举人。著有《柈湖文录》、《柈湖诗录》等。	●德国化学家李比希（1803～1873）卒。他最先建立高等学校化学实验室，是农业化学的奠基人之一。著有《食物化学》等。
1874	清	●上海人民发动反对法租界当局强占四明公所的斗争。 　●俄拒交伊犁，清廷令左宗棠部迅速挺进西北。 　●日本借口台湾杀死琉球船民事件，派兵攻台。 　●清廷令船政大臣沈葆桢为钦差大臣，办理台湾等处海防。 　●清廷与日签订《台事专约》（《中日北京专约》）。 　●李鸿章奏议海防，主张暂弃新疆，购办铁甲，稍变成法。 　●厦门外国传教士组织禁止妇女缠足团体。 　●伊斯兰教学者、译著家马德新（字复初，1794～1874）卒。他通晓阿拉伯文和波斯文，曾赴麦加朝觐，并到埃及、叙利亚等国考察。著有《寰宇述要》、《天方历源》等书三十余种。 　●学者冯桂芬（字林一，号景亭，1809～1874）卒。他是道光进士，曾为李鸿章幕僚，提出"采西学"、"制洋器"，"以中国之伦常名教为原本，辅以诸国富强之术"理论，对洋务派影响很大，被改良派奉为先导。著有《显志堂集》等。 　●文学家魏秀仁（字子安，别号眠鹤主人，1819～1874）卒。他是道光举人。通经史。所作小说《花月痕》，对后世鸳鸯蝴蝶派小说颇有影响。	●俄国革命民粹派发起"到民间去"运动。号召农民起来推翻沙皇专制制度。 ●俄国实行军事改革。以义务兵制代替募兵制。 ●西班牙发生政变。推翻共和国，建立军事独裁。阿尔丰沙十三世被立为国王。 ●大洋洲斐济群岛成为英国殖民地。 ●北欧冰岛纪念第一个居民点建立一千年活动。时控制冰岛的丹麦政府颁布新宪法，使冰岛获得部分自治。 ●西班牙宣布大洋洲马绍尔群岛为其所有。 ●美国纽约出现电车。 ●德国科学家阿贝提出显微镜理论。 ●1874～1876：德国考古学家谢里曼发掘希腊古城，发现欧洲古代"迈锡尼文明"。 ●1874～1877：英国探险家斯坦利到中非探险。从桑给巴尔岛出发，横穿非洲直达大西洋东岸。 ●德国哲学家施特劳斯（1808～1874）卒。他是青年黑格尔派代表之一，以对基督教的批判而著名。著有《耶稣传》等。 ●法国历史学家基佐（1787～1874）卒。著有《英国革命史》、《欧洲文明史》等。 ●中美洲危地马拉发生大地震。 ●美国科学家爱迪生发明四路电报机。
1875		●同治帝卒，光绪帝即位。定明年为光绪元年。慈禧太后继而垂帘听政。 　●李鸿章入京承办同治帝安葬事，三次被慈禧太后召见，皆谈兴办洋务事。 　●金陵制造局所造两尊大炮在大沽炮台试炮时爆炸，炸死士兵七人。 　●沈葆桢等奏，请将福建巡抚移驻台湾以专责成。为此至台湾查勘。清廷从沈葆桢请，允内地人入台耕垦，贩卖铁竹，并准于台湾府城为郑成功建祠。又在台筑城设官，"抚蕃开山"。命福建巡抚移扎台湾。 　●彭玉麟奏自强之策，曰：清吏治，严军政，端习武，苏民困。 　●日本宣布派兵驻扎琉球。 　●英驻华使馆翻译马嘉理在云南永昌行凶，	●埃及统治者伊斯迈尔挥霍无度，屡向英法举债。是年，将苏伊士运河股票售英，英国取得苏伊士运河控制权。 ●法国国民议会通过法兰西第三共和国宪法。 ●巴尔干地区爆发反奥斯曼帝国起义。 ●"德国社会主义工人党"成立。由拉萨尔派和爱森纳赫派合并而成。成立时通过"哥达纲领"。马克思作《哥达纲领批判》。 ●扎斯拉夫斯基等在敖德萨成立"南俄工人协会"。是为俄国工人第一个革命组织。 ●"邮政总联盟"在瑞士伯尔尼成立。后改称"万国邮政联盟"。 ●在埃及开罗创办《金字塔报》。为中东最早的阿拉伯文报。

公　元	（朝代）	中　　国	外　　国
	清	被当地军民击毙。 ●清廷命左宗棠以钦差大臣督办新疆军务。 ●清廷命李鸿章督办北洋海防。 ●清廷命沈葆桢督办南洋海防。 ●派郭嵩焘为出使英国钦差大臣。中国向外派大使始此。 ●徐寿在上海创办"格致书院"。 ●张之洞撰成《书目答问》，收书二千二百种左右，为晚清影响较大的目录版本学著作。 ●清政府开始正式派遣常驻各国公使。 ●筹建台湾"基隆煤矿"，为中国第一家近代煤矿企业。 ●淞沪铁路上海至江湾段试车。 ●招商局轮船"福星"号由沪赴津，被怡和洋行"澳顺"号轮撞沉。 ●委派中国海关驻伦敦办事处税务司金登干办理向英国阿姆斯特朗船厂购买两艘炮船事务。 ●奉天操演洋枪等队，急需军火，命李鸿章在天津机器局迅速筹办。 ●船政局第十六号"元凯"轮下水。该船一百五十匹马力。 ●香港黄埔船坞公司全部设备以八万元价卖给清政府，规定只准中国船只在黄埔船坞修理。 ●船政学堂以"扬武"兵船为练船，访问新加坡、小吕宋、槟榔屿等地。 ●李鸿章奏，上海机器局已译西书四十余种，刊印二十四种。 ●礼部重新刊布民间吉凶礼节。 ●京师及直隶全年干旱，山西、河南、陕西大饥，赤地千里。 ●总理衙门奏，同治元年时，各海关征收税饷六百六十三万两，十三年增至一千一百四十九万两，海关经费七十万零二百两，嗣后增至七十四万八千二百两。现请再添三十五万两，共计每年一百零九万八千二百两。将来关税非过一千五百万两不得再加。得旨允行。 ●年初统计全国人口，除安徽、陕西、甘肃、巴里坤、乌鲁木齐、广西、云南未册报外，通共三亿零五百万人。 ●历史学家夏燮（字谦甫，1800～1875）卒。精通音韵，长于文史。著有《明通鉴》、《中西记事》、《粤氛纪事》等。	●"美国谨慎人寿保险公司"成立。 ●1875～1878：法国探险家布拉柴赴非洲刚果探险。 ●"巴黎歌剧院"建成。 ●法国建成世界上第一座火电厂。 ●瑞典科学家诺贝尔研制成功硝化甘油和火棉混合而成的"炸胶"。可用于开矿山和制作武器。 ●法国化学家布瓦博德朗发现元素"镓"（Ga），成为化学史上第一个预言后被发现的元素。 ●奥地利制成装有两冲程内燃机的汽车。 ●英国物理学家克尔首先在玻璃上发现"光电效应"，称"克尔效应"。 ●德国哲学家朗格（1828～1875）卒。他是早期的新康德主义者。著有《唯物主义史》等。 ●德国经济学家洛贝尔图斯（1805～1875）卒。他主张"国家社会主义"。著有《资本》等。 ●英国地质学家赖尔（1797～1875）卒。他是地质科学中应用现实主义方法的创始人之一。提出地表的"均变论"而反对世俗的造物主"激变论"。著有《地质学原理》等。 ●丹麦童话作家安徒生（1805～1875）卒。他一生共创作童话一百六十多篇，著名的有《丑小鸭》、《卖火柴的女孩》、《皇帝的新装》等。 ●法国作曲家比才（1838～1875）卒。名作有歌剧《卡门》等。 ●法国画家米勒（1814～1875）卒。他是巴比松派的代表人物。作品有《晚钟》、《拾穗》等。 ●法国画家柯罗（1796～1875）卒。他使传统的风景画过渡到现实主义风景画。作品有《珍珠女》等。 ●法国雕塑家卡尔波（1827～1875）卒。作品有巴黎大剧院的《舞蹈》、卢浮宫的《花神》等。 ●英国历史学家芬利（1799～1875）卒。著有《希腊革命史》、《拜占庭与希腊帝国史》等。 ●俄国作家阿·托尔斯泰（1817～1875）卒。著有历史小说《谢列勃里亚尼公爵》及历史剧三部曲《伊凡雷帝之死》、《沙皇费多尔》和《沙皇鲍里斯》等。
1876		●左宗棠率军击溃阿古柏部，收复乌鲁木齐，平定天山北路。阿古柏进入吐鲁番。	●"第一国际"在美国费城召开最后一次代表大会，宣告解散。

公 元	（朝代）	中 国	外 国
	清	• 李鸿章与英国公使威妥玛签订《中英烟台条约》。了结马嘉理案。 • 川东教案。西阳教案结束后，法国川东主教派遣多人到各县发展教会，激起黔江、南充、营山、内江、江山、涪州等地反洋教斗争。四川江北厅陈子春等率四十八场乡民数千人捣毁教堂多处。邻水县也因教徒掠夺民众发生冲突。结果两起教案共赔款五万二千银两结案。 • 翁同龢受命入毓庆宫行走，直到1895年，为光绪帝讲读功课二十年之久。 • 郭嵩焘及副大臣刘锡鸿等从上海乘英轮赴英。 • 李鸿章设立"湖北开采煤铁总局"。 • 清廷从沈葆桢请，添设台北府，并设淡水、新竹等县。 • "淞沪铁路"通车，为中国第一条铁路。 • 江南制造局建造"金瓯"小铁甲船。 • 船政局制造第十九号"泰安"兵船下水。 • 台湾基隆煤矿开始用机器开采。 • 道员唐廷枢偕英国矿师马立师勘查开滦煤矿。 • 英商怡和洋行在香港建立糖局，是为较大规模的制糖厂。 • 基督教青年会传入中国，在上海设立第一个青年会。 • 丁日昌在福州创设电气学塾，招收学生三十二名，学习电气、电信及有关机器。 • 上海徐家汇印刷所开始使用石印术，所印为天主教印刷品。 • 丁取忠《白芙堂算学丛书》编辑刊印，收入中外古今算书二十一种。 • 傅兰雅主编《格致汇编》在沪发行。主要介绍自然科学知识。 • 女诗人顾太清（名春，字子春，号太清，1799~1876）卒。后人以她与纳兰性德并举，有"满洲词人，男中成容若，女中太清春"之称。著有《天游阁集》、《东海渔歌》等。	• "美国工人党"成立。 • 奥斯曼帝国发生政变。推翻苏丹阿西兹，由米德哈特出任宰相，制定该国历史上第一部宪法。 • 英法确认对埃及的财政共管。 • 墨西哥迪亚士发动政变，夺取总统职位，重建独裁统治。 • 英国维多利亚女王戴上印度女皇皇冠。时世界已形成以英为首的欧洲殖民大国占统治地位的殖民体系。非洲和亚洲大部沦为西方列强的殖民地和半殖民地。 • 恩格斯发表《劳动在从猿到人转变过程中的作用》，提出劳动创造人的理论。 • 美国发明家爱迪生投资两万美元建立世界上第一个私立研究所。 • 移居美国的英人贝尔发明电磁式电话，获美国专利，并且成立了第一个电话公司"贝尔电话公司"。后成为美国最大的电信公司。 • 德国科学家奥托制造出第一台四冲程内燃机。用汽油作燃料，也叫汽油机。 • 美国科学家布吉斯发现"相律"。在研究多相平衡中起指导作用。 • 德国科学家科赫先后发现和证实炭疽病、结核病和霍乱病的病原体，提出"科赫原则"，为"细菌学"奠定科学基础。 • 俄国无政府主义者巴枯宁（1814~1876）卒。他认为个人"绝对自由"是人类发展的最高目的，国家和政府是束缚自由的枷锁。 • 捷克历史学家帕拉茨基（1798~1876）卒。著有《捷克史》等。 • 法国女作家乔治桑（1804~1876）卒。著有《我的一生》等。 • 英国数理学家德·摩根（1806~1876）卒。所著《形式逻辑》是用代数方法进行逻辑演算。
1877		• 左宗棠军相继攻克达坂城、吐鲁番等地。阿古柏兵败自杀。 • 提督余虎恩等进至喀什。 • 清廷首任驻日大使何如璋前往赴任。 • 郭嵩焘在白金汉宫向英国维多利亚女王递交国书。 • 福建巡抚丁日昌奏台湾海防，主张购舰、	• 南非布尔人所建"德兰士瓦共和国"被英占领。 • 美国学者摩尔根的《古代社会》出版，首次以"生存技术"的进步为标志，将人类社会划分为"蒙昧"、"野蛮"、"文明"三大时代。 • 美国创办"大通银行"为"大通曼哈

公元	（朝代）	中国	外国
		练兵、修炮台、设电线、开矿、招垦诸务。清廷谕南北洋分拨兵轮大炮以备台防。丁日昌拟购铁甲舰及水雷、大炮、快枪，预练精锐。还准备在台湾修筑铁路。 •宜昌、芜湖、温州、北海四口岸开放，分别设立海关。 •上海小车工人举行反抗公共租界工部局增加捐税的斗争，当时租界洋货实行免厘。 •由狄考文、林乐知发起，在上海成立“中华基督教教育协会”。 •在华基督教徒在上海举行第一次传教士大会。决议成立“益智会”，主持为在华教会学校编写教科书。中国始有“教科书”之名。 •法国天主教会上海徐家汇天文台建成，主要收集中国沿海气象情报。 •英商美查兄弟公司在上海开设点石斋印局，用石印印书。 •“福建船政学堂”学生严复等被派往英国学习海军。 •丁宝桢创立“四川机器制造局”。 •董福祥率军克复和阗。除伊犁外，新疆领土全部收复。左宗棠上疏请新疆改设行省。	顿银行”前身。 •德国建立国立化工研究所，人工合成染料、药品、香料。 •法国科学家巴斯德创立“免疫学”。 •法国经济学家库尔诺（1801～1877）卒。他是数理经济学的创始人，最先将微积分应用于经济学。著有《财富理论之数理研究》等。 •法国历史学家梯也尔（1797～1877）卒。他曾任法国第三共和国总统。著有《法国革命史》等。 •法国天文学家勒威耶（1811～1877）卒。他首先计算出尚未发现的海王星。著有《行星运动》等。 •法国现实主义画家库尔贝（1819～1877）卒。他以生活为创作依据，成为当时法国进步画家的领袖。作品有《石工》、《画家》、《海浪》等。 •俄国诗人涅克拉索夫（1821～1878）卒。他的主要诗作《未收割的田地》、《被遗忘了的乡村》、《诗人与公民》等，鲜明地体现了时代特征。 •美国科学家斯威夫特发明冷藏车。
1878	清	•清政府派崇厚为出使俄国大臣，与俄国交涉索还伊犁问题。 •李鸿章创办“开平煤矿”。开始凿井。 •李鸿章派郑观应等人筹建“上海机器织布总局”。 •左宗棠倡办“兰州机器制呢局”。是为清末最早官办的机器毛纺织厂。 •清廷令各省禁种罂粟。 •沈葆桢建议停办科举，被斥责。 •张焕纶在上海创办“正蒙书院”，此为中国人自办新式小学之始。 •杨守敬等编成《历代地理沿革总图》。 •开始由海关兼办邮政，首次发行邮票。第一枚邮票图案为龙，俗称海关大龙票。 •船政大臣吴赞成奏：留英学生刘步蟾、林泰曾、蒋超英派上各铁甲船；林颖启、江懋祉赴西班牙上英国兵船；黄建勋赴美国上英国兵船；严复、方伯谦、何心川、林永升、叶祖珪、萨镇冰入格林尼治官学（海军学院）学习驾驶理法。翻译委员罗丰禄入伦敦琴士官学学习。其余二十名赴法学生分别入工厂或学堂学习制造理法、制造技艺、矿务、交涉律例等。 •驻新加坡领事馆开办。胡璇泽任领事。 •光绪帝下诏，禁止贩卖妇女出洋。	•“俄土战争”。奥斯曼土耳其败，签订《圣·斯特法诺和约》。当年，又召开多国参加的柏林会议，重新划分巴尔干的势力范围。塞尔维亚、罗马尼亚、门的内哥罗独立；保加利亚为自治国家；俄取得巴统等地。 •英国侵略塞浦路斯。 •1878～1880：阿富汗第二次抗英斗争。 •德意志帝国宰相俾斯麦颁布《反对社会民主党危险活动法》。 •“俄国北方工人协会”在彼得堡成立。秘密出版《工人曙光》。 •英法迫使埃及任命亲英分子努巴尔组阁。重要部长由英、法人担任，雇用欧洲人上千人，人称“欧洲人内阁”。 •美国新闻记者普利策创办《圣路易邮报》，提倡“新新闻学”，并发起筹建“自由女神像”。后该报销售居美国首位。他死后遗产设立“普利策奖金”。 •美国哲学家皮尔斯发表《如何使概念明晰》。首次表述“实用主义”基本原则，即任何一个概念的全部内容和意义就在于它所能引起的效果。 •英国人托马斯发明托氏炼钢法，使各国钢产量激增。 •新教社会组织“救世军”正式定名。

公 元	（朝代）	中　国	外　国
1879	清	●郭嵩焘、李凤苞等参观英国格林尼茨官学（海军学院）。 ●船政局所制第二号"超武"铁胁兵船下水。 ●清廷命粤督刘坤一，查禁秘鲁在华诱拐劳工事。 ●清廷在英订购四艘"飞霆"型炮艇。 ●清廷以锡缜为驻藏办事大臣。 ●刘锡鸿在柏林向德皇递交国书。 ●因在美华人已达十四万多，出使美日秘大臣陈兰彬奏请设立领事，获旨允准。出使日本大臣何如璋奏请在横滨、神户、长崎分设理事官。 ●美国在华最大的丝出口商旗昌洋行在上海创立机器缫丝厂旗昌丝厂。 ●是年三月，山西、河南大旱。清廷要求江苏、安徽、江西、浙江、福建、湖北、湖南、山东、四川、广东各省协助银两救灾。继因直隶灾荒严重，拨发江苏漕米十二万石，江北漕米四千石救灾。 ●七月，直隶地区连日暴雨，霸州永定河决堤，酿成水灾。 ●九月，江西、福建、湖北、湖南雨多，江西饶州、湖北安陆、湖南常德水灾严重。 ●崇厚在俄擅订《里瓦几亚条约》，丧失伊犁以外大片领土。遭舆论强烈谴责，被撤职治罪，1884年复职。 ●两江总督沈葆桢（字幼丹，1820～1879）卒，由刘坤一继任。 ●出使英国的钦差大臣郭嵩焘是年回国。 ●卫省轩在广东佛山创办中国第一家火柴厂。 ●李鸿章在大沽北塘海口试设到天津的电报，为中国最早创办的电报。 ●曾纪泽在巴黎向法国总统递交国书。 ●驻檀香山商董陈国芬与檀香山官员订立允行事宜，以保护华工。 ●清廷以翁同龢为刑部尚书。 ●因四川总督丁宝桢修都江堰时，误听道员丁士彬之言，率改成法，致毁石梁，淹没田庐，清廷命着交部议处，后又降三品顶戴留任，丁士彬等革职。 ●以色楞额为驻藏帮办大臣。 ●曾纪泽在温莎行宫向英王递交国书。 ●英人开乐凯在上海创办英文版《文汇晚报》，始用煤气引擎轮转印刷机。 ●以西方皆练水师、日本师船亦效西方，命李鸿章认真整顿北洋海防。又以南洋地面辽	●德国建成世界第一座水电站。 ●爱迪生发明手摇留声机。 ●美国物理学家罗兰进行"罗兰实验"。首次证实静电带电层运动产生磁场。 ●德国经济学家希尔德布兰德（1812～1878）卒。他是历史学派的主要代表之一。著有《国民经济学的现在与未来》。 ●德国历史学家戚美尔曼（1807～1878）卒。著有《伟大的德国农民战争》等。 ●匈牙利历史学家霍瓦特（1809～1878）卒。著有《匈牙利史》等。 ●阿塞拜疆作家阿洪多夫（1812～1878）卒。著有《受骗的星》、《守财奴奇遇》等。 ●德国与奥匈帝国在维也纳秘密缔结军事同盟条约。 ●英国化学家和物理学家克鲁克斯发明阴极射线管。他还在1861年发现铊（Tl）。 ●俄国出现"民意党"。主张用谋杀手段达到推翻沙皇专制统治的目的。 ●埃及以阿拉比为首，成立"祖国党"。反对英法控制，提出"埃及是埃及人的埃及"的口号，主张民族独立，维护国家主权，实施宪政。 ●比利时以"国际会议"名义在刚果河下游地区占据大片土地。由此，与法、葡发生冲突。 ●1879～1883：拉美智利与玻利维亚、秘鲁为争夺产硝区爆发"太平洋战争"。 ●法人创办"巴拿马运河公司"。经营巴拿马运河的勘探与开凿工作。 ●美国"基督教科学派"在波士顿创立。办有《基督教科学箴言报》。 ●美孚石油公司与其他十四家大石油公司合并，成为美国第一个垄断组织。 ●德国在柏林建成世界上第一条电气化铁路。 ●德国冯特在莱比锡大学建立世界上第一个心理学实验室，标志"现代心理学"的诞生。 ●瑞典科学家塔伦首次制造出"磁力仪"。

公　元	（朝代）	中　　国	外　　国
		阔，洋人来华首当其冲，任丁日昌为总督，会办南洋海防。 　　●中国驻法参赞黎庶昌参加讨论开挖巴拿马运河的国际会议，表决时投了赞成票。是为中国代表团参加国际会议之始。 　　●曾任美总统的格兰特环游全球，抵华。 　　●西班牙特使陈兰彬在马德里递交国书。 　　●唐山胥各庄运煤铁路动工，为中国自办铁路之始。 　　●福州船政局第三艘铁胁船"康济"号下水。 　　●美国圣公会施约瑟主教将早年设立的培雅、度恩两校合并，在上海创办圣约翰书院。是为圣约翰大学的前身。 　　●宛平商人段益三领窑照，开采直隶通兴煤矿。 　　●上海英商祥生船厂因督工英人殴打工人引起罢工。后以罢工期间不扣工资为条件复工。 　　●向英购四艘炮船，命名为"镇东"、"镇西"、"镇南"、"镇北"。留归北洋海军。清廷拨银四十万两接济南洋海军购船之用。 　　●上海徐家汇天主教堂创办《益闻录》半月刊。 　　●是年五月，甘肃阶州、文县发生八级地震，三万多人受灾。川陕同时震动，波及豫、晋等地。	●美国科学家康诺利发明自动电话交换机。 　　●英国斯旺和美国爱迪生分别发明有实用价值的碳丝白炽灯，开创人类电力照明时代。 　　●法国布瓦博德明发现元素钐（Sm）。 　　●瑞典尼尔逊发现元素钪（Sc）。克莱夫发现铥（Tm）和钬（Ho）。 　　●美国经济学家凯里（1793～1879）卒。他认为阶级之间无对抗性矛盾，阶级利益可以调和。著有《社会科学原理》等。 　　●英国物理学家麦克斯韦（1831～1879）卒。他建立了电磁场的基本方程"麦克斯韦方程组"；指出光的本质是电磁波；导出分子运动的"麦克斯韦速度分布律"。还领导进行标准电阻、电量的电磁单位和静电单位的比值的测定。 　　●冰岛历史学家西古尔德逊（1811～1879）卒。他著有《冰岛历史》、《冰岛文献》等。 　　●俄国历史学家索洛维约夫（1820～1879）卒。著有《古老的俄国历史》。 　　●法国画家杜米埃（1808～1879）卒。作品有《出版自由》、《酒徒们》、《三个律师的谈话》、《移民》等。
1880	清	●清政府任命曾纪泽为出使俄国钦差大臣，取代崇厚，继续与俄谈判。并照会俄国，不承认《里瓦几亚条约》。 　　●左宗棠出关至哈密，令各军戒备。继而，又被调进京，由刘锦棠督办新疆军务。 　　●李鸿章奏请在天津建立水师学堂获准。命严复为总教习，训练海军军官。 　　●李鸿章在天津设立电报总局。 　　●"兰州机器织呢局"正式开工。兰州渐成为西北地区工商业中心。 　　●直隶巡抚于化龙在今河北肥乡建"漳南书院"。 　　●杭州重建"文澜阁"。 　　●黎庶昌在日本获得国内久已失却的古代逸书残本，经随员杨守敬详校，编为《古逸丛书》二十种刊行。 　　●京剧名家程长庚（名椿，字玉珊，1811～1880）卒。他主攻老生。在京主持"三庆班"（四大徽班之一），并长期担任"精忠庙"（戏曲艺人行会）的会首。时与余三胜、张二奎并称为"老生三杰"。	●南非布尔人反抗英殖民统治，"德兰士瓦共和国"恢复独立。 　　●英传教士贝克任汤加首相兼外交、土地部长，进行土地改革。 　　●"法国工人党"成立。 　　●《中美洲日报》在危地马拉创刊。 　　●第一幢摩天大楼在美国芝加哥建成。 　　●德国纽伯用高压蒸汽消毒手术器材，为无菌手术之始。 　　●1880～1885：法国巴斯德研制出鸡霍乱疫苗、炭疽病疫苗、猪丹毒疫苗、狂犬病疫苗等。 　　●法国作家福楼拜（1821～1880）卒。著有《包法利夫人》等。 　　●法国作曲家奥芬巴赫（1819～1880）卒。他是轻歌剧创始人之一。作品有《霍夫曼的故事》等。 　　●波兰作曲家维尼亚夫斯基（1835～1880）卒。作有练习曲、马祖卡舞曲、波兰舞曲和小提琴协奏曲等。

公 元	（朝代）	中 国	外 国
1881	清	• 改订中俄《伊犁条约》，重划西北边界，并改订《陆路通商章程》。 • 慈安太后卒。 • 以左宗棠为两江总督。 • 上海开始使用电话，由大北电报公司经营。 • 英商在上海创办自来水公司。 • 天津至上海电报线架成和使用。 • 中国自办的第一条铁路由唐山至胥各庄的运煤铁路由开平矿务局建成。 • 徐鸿复、徐润在上海创办"同文书局"，影印《古今图书集成》等。 • "公和永机器缫丝厂"在上海创办。 • 上海法租界开设面包房，供应面包、奶酪、鲜奶等西洋食品。天津、北京相继开设西餐馆。 • 美国基督教会在上海建"中西书院"，为"东吴大学"的前身。 • 清廷决定撤销在美国的留学事务所，撤回留学生。 • 史学家汤球（字伯玕，1804～1881）卒。他是同治举人。专攻晋史，辑《汉晋春秋》、《十六国春秋辑补》、九家《晋书》、九家《晋纪》等多种。 • 文学家刘熙载（字伯简，号融斋，1813～1881）卒。他是道光进士。著有《艺概》、《昨非集》等。	• 美国全国"劳联"成立。 • "英国民主同盟"成立。 • 英国在《比勒陀利亚条约》中承认"德兰士瓦共和国"独立。 • 奥地利与塞尔维亚缔结盟约。 • 埃及祖国党发动政变，推翻英法代理人统治，组织政府。 • 法国侵占突尼斯。"法突战争"发生，突败，签订《巴尔杜条约》，突沦为法保护国。 • 苏丹发生"马赫迪反英大起义"。 • 美国摄影家艾夫斯发明照相铜版印刷术。 • 巴黎、柏林、彼得堡、莫斯科、敖得萨、里加、华沙等欧洲城市都有了电话局。 • 法国空想共产主义者布朗基（1805～1881）卒。他反对私有制，主张革命推翻资产阶级统治。曾创办《非上帝、非大人报》。 • 德国哲学家洛采（1817～1881）卒。他主张一切物体都是精神的，自称其为"目的论的唯心主义"。著有《形而上学》等。 • 俄国作家陀思妥耶夫斯基（1821～1881）卒。著有《白夜》、《白痴》、《罪与罚》等。 • 俄国作曲家穆索尔斯基（1839～1881）卒。作品有《鲍里斯·戈东诺夫》、《跳蚤之歌》等。
1882		• 中俄订立《伊犁条约》。 • 法军攻占河内。刘永福黑旗军在越王的支持下，于次年四月大败法军，击毙其司令李维业。刘被任三宣正提督。 • 清廷以丁汝昌为天津镇总兵，统领北洋水师。 • 刘锦棠奏，新疆与甘肃形同唇齿，不宜分设行省。请添设甘肃巡抚，驻乌鲁木齐，管理哈密以西，南北两路各道厅州县。 • 命翁同龢为军机大臣。 • 李鸿章招集华商接办上海至浙江、福建、广东通商口岸电报线路，以维护中国自主权。 • 清廷颁布《各项船钞分别免征章程》。 • 上海租界设立"领事团裁判所"。 • 由英商主办的"上海电气公司"成立。上海始有电灯。 • 上海设立电信学堂。 • 丹麦大北电报公司在沪设立电话交换所，首装公用电话。 • 中文《沪报》在上海创刊，继改名《字林沪报》。	• 德国、奥匈帝国和意大利建立"三国同盟"。成为第一次世界大战的策源地。 • 英国出兵埃及，占领开罗。埃及成为英殖民地。 • 意大利占领红海沿岸厄立特里亚地区，继而向埃塞俄比亚内地推进。 • 德国殖民协会建立。 • 法国工人党内可能派成立"法国社会主义革命工人党"。 • 德国心理学家普赖尔发表《儿童心理学》，这是第一次用观察和实验的方法来研究儿童心理发展，也是"发展心理学"的开创性著作。 • 美国爱迪生公司率先建成电力站和电力网，开始供电。 • 法国建世界第一条远距离直流输电线路。 • 纽约开始城市照明，为世界最早。 • 德国生物学家弗来明首先对"染色质丝"进行研究，观察细胞的分裂过程。1888年，"染色质丝"被称为"染色体"。

公 元	（朝代）	中　国	外　国
	清	● 新疆口岸开放，中俄商民皆免税。 ● 祝大椿在上海建源昌机器五金厂。 ● 左宗棠于徐州铜山县设局采煤。 ● 美传教士李佳白来华。初在山东传教。后主编《尚贤堂纪事》、《国际公报》等刊物。 ● 丁丙在杭州设局重抄文澜阁《四库全书》。 ● 是年十月，河北深州发生地震，震级六级，震中烈度八度。 ● 当月，台湾彰化南地震，震级六点三级，震中烈度七至八度。 ● 八世班禅丹白旺秋（1854 或 1855～1882）圆寂。 ● 学者陈澧（字兰甫、号东塾，1810～1882）卒。他通天文、地理、乐律、音韵、算术等，亦善诗词、骈文。著有《东塾读书记》、《声律通考》、《切韵考》、《汉书水道图说》等。 ● 数学家李善兰（字壬叔，号秋纫，1811～1882）卒。所著《则古昔斋算学》、《考数根法》等，研究了尖锥求积术、三角函数与对数的幂级数展开式、高阶等差级术和等；还得出一些有关二项定理系数的恒等式和判定素数的定理等。他还翻译了《几何原本》（部分）、《代数学》、《代微积拾级》、《曲线说》等。	● 英国哲学家格林（1836～1882）卒。他认为"绝对意识"就是"无限的我"；宣扬"自我实现"。著有《伦理学导言》等。 ● 德国哲学家鲍威尔（1809～1882）卒。他是青年黑格尔派的主要代表。认为改变意识就可以改变世界。著有《福音故事批判》等。 ● 英国经济学家杰文斯（1835～1882）卒。他属于布尔学派的符号逻辑论者，对数理逻辑发展有所贡献。著有《科学原理》等。 ● 法国历史学家路易·勃朗（1811～1882）卒。著有《法国革命史》等。 ● 英国博物学家达尔文（1809～1882）卒。他是进化论的奠基人。其名著《物种起源》震动了学术界。 ● 德国化学家维勒（1800～1882）卒。他发现了铝、铍两种元素，并从无机物中合成两种有机物草酸和尿素，指出有机化学合成的方向。 ● 英国画家、诗人罗赛蒂（1828～1882）卒。他是拉斐尔前派的创始人之一。常诗画结合。作品有《但丁之梦》等。 ● 德国生理学家施万（1810～1882）卒。他创立现代组织学，首提"新陈代谢"一词。 ● 美国作家爱默生（1830～1882）卒。著有《论诗人》、《人生的行为》等。
1883		● 俄军退出伊犁。 ● 法国迫使越南签订《顺化条约》，越成法"保护国"。法大举进攻黑旗军，并将侵略矛头指向中国。 ● 慈禧太后病愈，赏荐医道员薛福辰头品顶戴，调补直隶水道；知府汪守正二品顶戴，调补天津府知府。 ● 上海江南制造总局工人反对延长工时举行请愿游行。 ● 清廷在云南筹办采矿。 ● 船政局第一艘铁胁双重木壳快碰船"开济"号下水。 ● 清政府命设沪粤沿海电线。 ● 中英订立上海至香港电报办法合同。 ● 中国电报总局与丹麦大北公司订立《收售上海吴淞旱线合同》。 ● 上海成为中国商埠之首。上海有电厂供电，自来水厂供水。 ● 王韬在香港刊行《弢园文录外编》，是为中国首部报刊政论文集。 ● 文学家方玉润（字友石，1811～1883）卒。著有《诗经原始》、《风雨怀人集》等。	● 美国颁布《彭德尔顿法》，即文官制条例，开始改革文官制度。 ● 英军从苏丹撤离。 ● 俄国革命者普列汉诺夫、查苏利奇等在日内瓦成立"劳动解放社"。是为俄国第一个马克思主义团体。 ● 马克思主义创始人马克思（1818～1883）卒。恩格斯评价其最大功绩是"发现了人类历史发展的规律"。他毕生研究的成果和主要代表作是《资本论》三卷，该书的主要基础是剩余价值理论。 ● 英国早期经济史学家汤因比（1852～1883）卒。他首先提出"产业革命"这一词义。著有《英国产业革命》。 ● 俄国作家屠格涅夫（1818～1883）卒。著有《猎人日记》、《父与子》等。 ● 德国作曲家瓦格勒（1813～1883）卒。作品有《汤豪瑟》等。著有《歌剧与戏剧》等。 ● 法国画家马奈（1832～1883）卒。他是印象主义的代表之一。作品有《酒吧间》、《吹笛少年》等。

公 元	（朝代）	中　国	外　国
1884	清	● 中法战争爆发。3 月，法军在北宁大败清军主力，清军被迫抗击，清廷调张之洞为两广总督，并下令接济黑旗军，但仍授权李鸿章与法在天津谈判。5 月 11 日，签订《中法会议简明条款》，中国准备撤军。6 月，法军继续扩大战争，从海陆两路大举攻击清军。8 月 23 日，发生"马尾之战"，中方舰船大部被毁。26 日，清廷下诏，对法作战。10 月，法军占领台湾基隆。 ● 香港工人掀起反对法国侵略的总罢工。 ● 旅美、旅日侨胞捐款支援抗法斗争。 ● 广东、福建、浙江、贵州、云南等地民众焚烧天主教堂，驱逐法国传教士事件屡有发生。 ● 新疆建省，任刘锦棠为甘肃、新疆巡抚。 ● 慈禧太后罢黜军机大臣恭亲王奕䜣、翁同龢、李鸿藻、景廉、宝鋆，以礼亲王世铎、额勒和布、阎敬铭、张之万、孙毓汶为军机大臣。 ● 首家商办制糖厂在广东汕头兴办。 ● 英商丽如银行香港、上海分行歇业。 ● 山海关开设随营学堂。 ● 天津首家民营机器厂"德泰机器厂"创设。 ● 《点石斋画报》创刊。是为中国早期石印的画报。 ● 《广州新报》更名《西医新报》，为月刊，是最早用中文介绍西医知识的刊物。 ● 王先谦撰成续《东华录》四百十九卷。 ● 科学家徐寿（号雪邨，1818～1884）卒。他在上海创办"格致书院"，始化学实验，对我国近代化学发展起到先导的作用。其译作有《化学鉴原》、《物体遇热的改易》、《汽机发轫》、《测地绘图》、《法医》等。 ● 画家赵之谦（字益甫，号冷君，1829～1884）卒。其精篆刻，首创印侧雕画像。擅画花卉。著有《二金蝶堂印谱》、《六朝别字记》等。	● 英国开始第三次国会改革。 ● 费边社在伦敦成立。代表人物有悉尼·维伯、萧伯纳等。 ● 德国占领西南非洲。 ● 1884～1885：西方列强在柏林召开国际会议，讨论刚果问题，协调各国在非洲的利益。 ● 穆罕默德·阿布杜和哲马鲁丁·阿富哈尼开始宣传泛伊斯兰主义。 ● 随犹太复国运动的兴起，从俄迁还巴勒斯坦的犹太人耶胡达等，"复活"自公元前犹太亡国后就已经"死亡"的希伯来语文，创办第一份希伯来文报纸。后又编现代希伯来语辞典。 ● 恩格斯《家庭、私有制和国家的起源》出版。揭示国家起源的本质。 ● 英国科学家格林制成第一台电影摄影机。 ● "国际子午线会议"决定将通过英国伦敦格林尼治天文台的子午线定为"本初子午线"。 ● 德国建成基尔运河沟通北海和波罗的海。 ● 法国历史学家米涅（1796～1884）卒。著有《法国革命史》等。 ● 奥地利遗传学家孟德尔（1822～1884）卒。他是遗传学的奠基人。提出遗传单位概念，阐明遗传规律，成为近代遗传学的基础。 ● 法国化学家杜马（1800～1884）卒。他是杜马蒸汽密度测定法和氮燃烧定量分析法的发明人。 ● 法国化学家武尔兹（1817～1884）卒。他发现"武尔兹反应"，即制烃类合成方法。 ● 捷克作曲家斯美塔那（1824～1884）卒。作品有《被出卖的新嫁娘》、《我的祖国》等。
1885		● 冯子材在镇南关（今友谊关）大败法军。 ● 《中法新约》在天津签订。中法战争结束。 ● 台湾设省，任刘铭传为台湾巡抚。 ● 清廷设立海军衙门。 ● 曹廷杰奉命去伯力一带勘察边务，往返万余里。后著《东三省舆地图说》、《东方边防辑要》、《伯利探路记》等。 ● 清末名臣左宗棠（字季高，1812～1885）卒。他曾任军机大臣。著有《左文襄公全集》。	● 德国占领桑给巴尔和坦噶尼喀。 ● 苏丹"马赫迪起义"发生"喀土穆战役"。全歼英军，击毙英总督戈登。 ● "基督教青年会世界协会"在巴黎成立。 ● 德国本茨研制出三轮汽油机汽车，下年，取得世界上第一个汽车专利。 ● 美国科学家兰斯顿发明单字铸排机。 ● 德国曼尼斯曼兄弟发明二辊斜轧穿孔机，生产无缝管材。

公　元	（朝代）	中　　国	外　　国
1886	清	●学者张文虎（字孟彪、啸山，1808～1885）卒。他精于校勘，所校《守山阁丛书》、《小万卷楼丛书》时称善本。著有《古今乐律考》等。 ●诗人金和（字弓叔，1818～1885）卒。著有《秋蟪吟馆诗钞》。 ●中俄订立《珲春东界约》，在图们江竖立石牌。 ●中英订立《中英会议缅甸条款》。 ●重庆教案。民众反对英美传教士在重庆险要之处设立教堂，商人罢市，武生罢考，群情激愤，烧了教堂与传教士住宅。教堂武装开枪射击，杀伤民众三十余人，致使三千余民众焚烧城内外教堂，并捣毁英国领事馆。在英、美、法公使的威胁下，清廷命四川总督刘秉璋以处死民众首领石汇等两人，赔款二十三万五千银两结案。 ●北洋武备学堂在天津建立。 ●杨宗濂等在天津合资设立自来水公司。 ●张之洞在广州设立"广东缫丝局"。 ●刘铭传在台湾兴建台北到基隆的铁路，五年后建成。 ●贵州巡抚在青溪县建"贵州制铁厂"。 ●"屈臣氏大药房"在上海设立，由英商经营。 ●邝其照在广州创刊《广报》。 ●天津《时报》创刊。聘英国传教士李提摩太为主笔。为日报，每日有论说一篇。 ●诸可宝撰成《畴人传三编》七卷。 ●名医陆懋修（字九芝）、吴尚先（字师机）卒。前者对《伤寒论》及运气理论有研究，著有《世补斋医书》。后者创内病外治法，以膏药、熏洗等法治疗内、外、妇、儿等科疾病，著有《外治医说》。	●法国作家雨果（1802～1885）卒。名作有《悲惨世界》、《巴黎圣母院》、《九三年》等。 ●由米尔斯设计的美国华盛顿纪念碑落成。 ●英德达成妥协，瓜分东非。 ●5月1日：美国芝加哥工人大罢工。提出"八小时工作制"要求，得到全国工人的响应，是为"五一国际劳动节"的由来。 ●德国戴姆制成以汽油为动力源的四轮汽车。 ●《保护文学和艺术作品伯尔尼公约》在瑞士伯尔尼签署，为世界第一个国际性著作权协议。 ●美国纽约自由女神像落成。 ●奥地利斯坦尼茨在美国举行的首届国际象棋世界冠军赛中获胜，成为第一个世界冠军，并保持冠军称号八年。他是现代局面型弈法的创始人。 ●德国历史学家兰克（1795～1886）卒。著有《罗马教皇史》、《世界史》等。 ●美国女诗人狄更生（1830～1886）卒。她被誉为美国20世纪新诗的先驱。 ●俄国化学家布特列洛夫（1828～1886）卒。他提出有机化合物的结构理论。 ●匈牙利作曲家李斯特（1811～1886）卒。他首创"交响诗"体裁，创作大量标题乐曲，促进了欧洲标题音乐的发展。作品有《匈牙利狂想曲》等。 ●俄国作家奥斯特洛夫斯基（1823～1886）卒。作有戏剧《大雷雨》、《没有陪嫁的女子》、《火热的心》、《肥缺》等。
1887		●是年正月，光绪帝举行大礼，以"亲政"颁诏天下。 ●五月，命前内阁学士洪钧出使俄、德、奥、荷；大理寺卿刘瑞芬出使英、法、意、比；直隶候补道李兴锐出使日本。 ●按《中葡草约》葡萄牙享受最惠国待遇，并占据澳门。 ●当年在北京签订《中葡通商条约》。 ●京师昆明湖内水师操练学堂开学。有满族学员六十人。 ●清廷命李鸿章购置机器于天津铸币。 ●广东试造外洋银元，自此中国始有自己铸造的银元。	●第一次帝国殖民地会议在伦敦召开。 ●法国建立"印度支那联邦"。对越南、柬埔寨、老挝等实行殖民统治。 ●英、意、奥匈订立《地中海协定》。旨在维持地中海东部现状，抵制俄在奥斯曼土耳其的影响。 ●法国发生"布朗热事件"。时任陆军部长的布朗热是个政治冒险家，他提出修改宪法、解散议会和对德复仇等口号，准备发动政变，推翻共和，建立军事独裁。不久，阴谋被揭穿，逃亡后自杀。他鼓吹的沙文主义，称"布朗热主义"。 ●波兰医生柴门霍夫创制世界语方案。

公元	（朝代）	中 国	外 国
1888	清	• "广东水师学堂"建立。 • 严信厚在宁波设立"久源轧花厂"。 • 川滇电线架设成功。 • 华蘅芳制成氢气球。 • 英美基督教（新教）传教士在上海成立"广学会"，出版《万国公报》。 • 黄遵宪撰《日本国志》成书。 • 曾纪泽发表《中国先睡后醒论》一文。 • 蒋介石（名中正，原名瑞元，学名志清）生于浙江奉化。 • 定制钱一千五百文合银一两。 • 康有为在京参加顺天乡试，开始向皇帝上书（《上清帝第一书》）请求变法，未上达到皇帝手中。 • 英军侵藏，发生"隆吐山之战"。是年初，英军攻击西藏隆吐山兵房。藏地军民英勇抗击，突袭纳汤英营，终因兵力不及，隆吐山、亚东、朗热等要隘相继失守，清廷妥协求和。 • 张之洞等设枪炮厂。 • 李鸿章开办黑龙江漠河金矿。 • 李鸿章在上海筹建"华新纺织新局"。 • 天（津）、唐（山）铁路通车。 • 以丁汝昌为提督，建北洋海军舰队。 • 按慈禧太后旨意，"清漪园"改名为"颐和园"，供其享乐。 • 北京"汇文书院"建立，后与其他院校合并成立"燕京大学"。 • 美国基督教会在广州建"格致书院"，是为"岭南大学"的前身。 • 张之洞在广州创办"广雅书院"。 • 山东堂邑（今聊城西）乞丐武训始办义学。	• 法国诗人鲍狄埃（1816～1887）卒。他以创作《国际歌》而著名。作品另有《谁是狂人》、《革命歌集》等。 • 德国物理学家基尔霍夫（1824～1887）卒。他发展了欧姆定律；制成分光仪；用所创光谱化学分析法发现铯、铷两元素；还提出"基尔霍夫辐射定律"。 • 俄国作曲家、化学家鲍罗廷（1833～1887）卒。作品有《在中亚草原上》。他在化学上也有贡献，最早制成苯甲酰氟。 • 巴西正式宣布废除奴隶制。 • 第一次国际妇女大会召开。 • 威廉二世即德意志帝国帝位。 • 英国工人领袖哈弟创立"苏格兰工人党"。 • 德国科学家赫兹用实验证实"电磁波"的存在。奠定了光的电磁理论。 • 奥地利科学家赖尼策尔发现液晶。 • 美国柯达公司（时为伊斯曼公司）制成照相用胶片和胶卷。 • 德国哲学家狄慈根（1828～1888）卒。他提出精神是物质的产物，思维是人脑的活动，以及物质和意识相互关系的理论。著有《人脑活动的本质》等。 • 德国哲学家普兰托（1820～1888）卒。著有《西方逻辑史》等。 • 德国物理学家克劳修斯（1822～1888）卒。他提出热力学第二定律与"熵"的概念，发展了热力学理论。
1889		• 是年元月，册封叶赫那拉氏为光绪帝皇后，光绪帝举行大婚典礼。 • 二月，慈禧太后宣布"归政"光绪帝。 • 三月，台湾核定田粮年额征数，为银六十七万四千四百六十八两。 • 清廷以全台湾土著一律归化，奖叙出力人员。 • 出使美国大臣张荫桓奏，在海外悬挂国旗，拟改斜幅式黄底青龙旗为长方式，以示庄重而合国际通例。 • 六月，奕劻奏，颐和园开工以来，每年由海军经费内腾挪三十万两银拨给工程处用，复将各省认筹海军巨款二百六十万两解津生息，息银专归工用。 • "芦汉铁路"开始筹办。	• 英国发生新工联运动。 • 德国发生鲁尔工人大罢工。 • 伦敦码头工人大罢工。 • 奥斯曼土耳其"统一进步党"（即"青年土耳其党"，或称"少年土耳其党"）在伊斯坦布尔成立。主张废除君主专制，实行宪政。 • 埃塞俄比亚皇帝约翰四世进攻苏丹，战死。孟纳利克二世在意大利支持下继任。征服各邦王公，统一全国，并进行改革。埃意签订《乌西阿利条约》，意获厄里特里亚地区。 • 意大利夺得索马里。 • 第一次泛美会议在华盛顿召开。提出"美洲人民利益一致"的口号。 • 巴西推翻帝国，建立共和国。

公　元	（朝代）	中　　　国	外　　　国
		●敷设西安至嘉峪关电线。李鸿章奏，保定至西安电线为商办，西安至嘉峪关电线为官办，日后展至新疆。 ●上海机器织布局落成，首先引进西方棉织技术。 ●官商合办"唐山细棉土厂"。是为"启新洋灰公司"的前身。 ●英国人福开森在南京建"汇文书院"，是为"金陵大学"的前身。 ●学者汪士铎（字梅村，号悔翁，1802～1889）卒。他是道光举人。提出人口论，认为"人多而气分，赋禀遂薄"，鼓吹用各种手段减少人口。著有《汪梅村先生集》、《悔翁笔记》等。 ●京剧名家卢胜奎（别名卢台子，1822～1889）卒。他主攻老生，尤长于扮演诸葛亮。并有剧作三十六本。	●第二国际成立。通过决议，定5月1日为国际劳动节。 ●法国建成埃菲尔铁塔，在世界建筑史上占重要地位。由法国工程师埃菲尔设计。 ●心理学家比纳在巴黎创办法国第一个心理实验室。 ●美国化学家克拉克估算出化学元素在地壳中的平均含量。 ●俄国哲学家、作家车尔尼雪夫斯基（1828～1889）卒。他力图以唯物主义精神改造黑格尔的辩证法，并认为美是生活，强调艺术的社会作用。著有《怎么办》等。 ●英国物理学家焦耳（1818～1889）卒。他测定热功当量，为建立能量守恒和转换定律奠定了基础。
1890	清	●中英签订《印藏条约》和《烟台条约》，又开重庆口岸。 ●江南水师学堂在南京建立。 ●张之洞在武昌设立"湖北织布局"。 ●发生"大足教案"。四川大足县以余栋臣为首举行反洋教起义。攻入龙水镇，发布檄文，号召民众起来驱逐外国传教士。四川总督刘秉璋以赔款五万银两并缉捕凶手结案。起义经一年斗争，被镇压。 ●湖南澧县哥老会首领廖星阶率众起义，进攻县城，被镇压。 ●御史吴兆泰奏请停止颐和园工程，被命交部严加议处。 ●康有为开始在广州聚众讲学，并从事著述。 ●黑龙江严禁招人垦荒，不准将山东灾民咨送东三省。 ●李提摩太出席上海基督教在华传教士全国会议，作《基督教差会与中国政府的关系》报告，主张将传教重点调整到清政府上层官吏，并加强出版宣传活动。 ●伊犁将军色楞额卒，以长庚继任。命升泰为驻藏办事大臣，绍诚为驻藏帮办大臣。 ●上海美国圣公会约翰书院始设大学课程，有大学生两名。 ●江南机器制造局设炼钢厂，建十五吨平炉，为中国平炉炼钢之始。 ●上海工部局电气处成立，为上海电力公司的前身。 ●刘鹗作《历代黄河变迁图考》四卷。 ●是年五月，直隶水灾。数日大雨狂风，	●德国"铁血"宰相俾斯麦下台。 ●伦敦首次举行"五一国际劳动节"示威游行。 ●意大利宣布埃塞俄比亚为其"保护国"，引起反抗。 ●英国占领肯尼亚。 ●第一次美洲国家会议在华盛顿召开，成立"美洲共和国国际联盟"，是为"美洲国家组织"的前身。 ●英德签订《赫尔戈兰条约》。瓜分赤道东非。 ●美国国会通过限制垄断组织活动的"谢尔曼反托拉斯法"。 ●英国马歇尔发表《经济学原理》，建立起新古典经济学理论体系。 ●在开罗附近发现古埃及"阿马尔那文书"。有楔形文字泥版数百块。 ●荷兰成立"皇家荷兰石油公司"。是为"英荷壳牌石油公司"的前身。 ●德国成立"蒂森公司"。后发展为钢铁垄断组织。 ●德国科学家费歇尔合成果糖和葡萄糖。 ●德国医学家贝林和日本北里柴三郎共同创制破伤风抗毒素。 ●德国格里斯海姆建成第一座隔膜电解制取氯和烧碱的工厂。 ●美国科学家霍勒里恩研制出第一台有实用价值的卡片程序控制计算机。 ●荷兰画家凡·高（1853～1890）卒。他是后期印象画派代表人物之一。作品有《向日葵》、《农民》等。

公 元	（朝代）	中 国	外 国
		各河猛涨，永定河、大运河、大清河多处决堤，数百里一片汪洋，军营、厂房、民宅房屋倒塌。 •京剧名角杨月楼（1848～1890）卒。以老生著名，并擅武生。后入宫演戏。	•法国发明家德斯彭瑟发明人造丝（铜铵纤维）。
1891		•芜湖、武穴等地发生教案。 •四川会理州会党起义，被镇压。 •开平煤矿局工人举行罢工，反对外国技师欺压。 •贵州下江苗民梁志得率众起义，被镇压。 •热河朝阳金丹教李国珍发动反洋教起义，攻克朝阳，后被镇压。 •英传教士李提摩太到上海任同文书会总干事。 •海军提督丁汝昌率北洋舰队出访日本。 •直隶总督李鸿章等巡阅北洋海军。 •张之洞办大冶铁矿。 •在山东青岛建"前海栈桥"，由海岸突入海中，长四百多米，宽十米。 •在上海设立"伦章造纸局"。为最早的私营机器造纸厂。 •"湖南校经书院"落成。 •康有为在广州开设"万木草堂"，讲学著书，刊行《新学伪经考》，宣传变法。 •光绪皇帝欲学外文，由"同文馆"教习。 •宋恕倡导汉语拼音。 •重修"颐和园"工程初步竣工。 •武昌圣公会教会学堂命名为"文华书院"。为"华中大学"的前身。 •"上海股份有限公司"成立。由英商经营，系沪上最早的交易所，以买卖外国股票为主。 •戏曲作家杨恩寿（字鹤俦，号蓬海，1835～1891）卒。著有传奇六种，合称《坦园六种曲》，尚有戏曲论著《词余丛话》等。	•"澳大利亚工党"成立。 •"法俄协约"签署。旨在对抗德奥意三国同盟。 •"泛德意志同盟"成立。宣传日耳曼种族优越论。 •德奥意三国同盟延期十二年。 •德国社会民主党通过"爱尔福特纲领"，主张和平进入社会主义，恩格斯著文批判。 •英、意缔结瓜分东北非的协定。 •俄国修建横贯西伯利亚大铁路。 •德国利林塔尔发明滑翔机。 •荷兰杜布瓦在印度尼西亚爪哇岛上第一次发现"直立人"（原称"猿人"）化石。 •法国开始化学纤维的工业生产。 •荷兰"菲利浦公司"成立。 •美国天文学家张德勒发现地极受迫动及地极自由章动引起的"张德勒周期"。 •德国化学家赫鲁制成"梯恩梯炸药"。 •斯通尼创立"电子"一词，表示基本电荷。 •俄国女数学家柯瓦列夫斯卡娅（1850～1891）卒。她在偏微分方程和刚体旋转理论方面都有贡献。 •法国画家修拉（1859～1891）卒。他是新印象画派（点彩派）的创始人。作品有《大碗岛上的星期日》等。 •德国军事理论家毛奇（1880～1891）卒。曾参与指挥普法、普奥等战争。著有《普法战史（1870～1871）》、《罗马帝国的衰落》、《有关波兰的历史札记》等。
1892	清	•中俄签订《电线相接条款》。 •沙俄出兵帕米尔地区，强占萨雷阔勒岭以西中国领土两万多平方公里。 •江西萍乡芦溪哥老会起义，事泄失败。 •驻藏办事大臣升泰（卓特氏，字竹珊，蒙古正黄旗人，?～1892）卒。著有《印藏边务录》。以奎焕为驻藏办事大臣，延茂为驻藏帮办大臣。 •清廷严禁民间走私军火。 •康有为著《孔子改制考》。 •孙中山毕业于香港西医书院。 •首家商办汽水厂在山海关建立。	•英德就喀麦隆问题达成协议。 •泛斯拉夫会议在克拉科夫举行。 •古巴革命党成立。 •菲律宾成立反西班牙的秘密团体"菲律宾联盟"。主张通过合法途径，建立民族国家。 •美国"通用电器公司"成立。 •美国"可口可乐公司"成立。 •德国植物分类学家恩格勒出版《植物分科提要》。他还与柏兰合著《自然植物分科》与主编《植物界》，其分类系统，现被广泛应用。

公元前	（朝代）	中　国	外　国
1893	清	• 会典馆开馆。 • 杨衢云等在香港设立"辅仁文社"。 • 美国传教士在上海创办中西女塾。 • 清廷批准设新疆电报线，由肃州经哈密、吐鲁番到新疆省城。北线由省城至伊犁，又从乌苏至塔城。南线自吐鲁番到喀什噶尔。 • 陈炽所著《庸书》成书。分内外，共百篇。力主学习西方。 • 清废海禁，准民出洋与回国置业。 • 清廷向汇丰银行借款五百万英镑。 • "汉阳铁厂"落成。 • 中英签订《藏印条款》，开亚东商埠。 • 日本参谋本部次长川山操六访华。 • 日本横滨"正金银行"在沪设立分行。 • 英商所办《新闻报》在沪创刊。 • 毛泽东（字润之）诞生于湖南湘潭韶山冲。 • 法人沙畹曾任职驻华使馆，是年回国，主编《通报》。著有《司马迁史记》、《西突厥史料》等。 • 上海成立"美国商务烟草公司"。 • 天津建"西医学堂"。 • 李鸿章在上海设立"华盛纺织总厂"。 • 山东周村孟氏家族在北京设立"瑞蚨祥"总店，为当时最大的棉布绸缎商店。 • 史学家洪钧（字陶士，号文卿，1839～1893）卒。他是同治进士，曾任出使俄德奥荷四国大臣。著有《元史译文证补》，对元史研究作出贡献。 • 画家吴嘉猷（字友如，?～1893）卒。他曾为宫廷作画，后自创《飞影阁画报》，对以后年画、连环画影响较大。 • 诗人邓辅纶（字弥之，1828～1893）卒。有《白香亭诗集》。	• 英国科学家杜瓦发明保温瓶。 • 英国天文学家亚当斯（1819～1892）卒。他用数学方法计算出海王星的位置，还研究月球运动加速度和狮子座流星群的轨道等。 • 德国化学家霍夫曼（1818～1892）卒。他从煤焦油制出苯胺衍生物，奠定了德国染料化学的基础。 • 法俄建立军事同盟。欧洲形成两大对立的军事集团。 • 法国发生大贪污贿赂案（巴拿马丑闻）。涉及不少部长、议员，引起政治风潮。 • 英国独立工党建立。 • 德国水利学家恩格斯创"水工实验所"。用模型实验解决治河、筑港、造船和水力学中的科学技术问题。 • 英国曼森提出疟疾由蚊虫传播的假说，成为热带病学奠基人。 • 1893～1895：挪威探险家南森探险北极，到达北纬86°14′，创当时人类到达的最高纬度纪录。 • 法国哲学家泰纳（1828～1893）卒。他是孔德实证哲学的继承人之一。著有《艺术哲学》等。 • 法国作家莫泊桑（1850～1893）卒。作品有《羊脂球》、《俊友》等。 • 俄国作曲家柴可夫斯基（1840～1893）卒。作品有《第六交响曲》、《天鹅湖》等。 • 法国作家古诺（1818～1893）卒。作品有《浮士德》等。 • 美国历史学家帕克曼（1823～1893）卒。著有《17世纪北美的耶稣会士》、《新大陆的法国先驱者》等。
1894		• 慈禧太后以本年六旬庆辰，下旨晋封、赏赐、加恩。 • 中美签订《华工条约》。 • 中日"甲午战争"爆发。在"黄海战"中，邓世昌、林永升等将领战死。 • 慈禧起用恭亲王奕訢主持总理事务衙门。奕訢请求英国联合俄、美调停中日战事。 • 张之洞在武昌建"自强学堂"，为清末洋务学堂之一。 • 孙中山上书李鸿章，提出改革主张，"人尽其才，地尽其力"。 • 康有为、梁启超入京会试。 • "湖北枪炮厂"在汉阳建成。	• 德俄签订贸易条约。 • 法国发生"德雷福斯案"。犹太血统军官德雷福斯被诬泄密，判终身苦役。以此掀起反犹运动。后发现被诬，在民众压力下，1899年被宣告无罪，1906年复职。 • 南澳大利亚首次给妇女选举权，在世界上为最先。 • "世界基督教女青年会"在英成立。 • 时美国工业总产值已占世界第一位。 • 法国巴黎召开国际体育会议，通过1896年在希腊恢复举行奥林匹克运动会的决定，并成立"国际奥林匹克委员会"。每四年组织一次奥林匹克运动会。

公 元	（朝代）	中 国	外 国
1895	清	• 孙中山在檀香山建立"兴中会"。 • 中国受到国际奥委会邀请参加第一届奥林匹克运动会。 • 詹天佑被选为英国土木工程师学会会员。 • "荣宝斋"在京创立。 • 学者、外交官薛福成（字叔耘，号庸盦，1838～1894）卒。他曾为曾国藩幕僚，后随李鸿章办外交，为英法比意四国使臣，考察各国情况。主张变法。著《庸盦全集》。 • 文学家李慈铭（字悉伯，号莼客，1830～1894）卒。其室名为"越缦堂"，以《越缦堂日记》著名。另有《白华绛跗阁诗集》、《越缦堂词录》、《湖塘林馆骈体文》等。 • 书法家张裕钊（字廉卿，1823～1894）卒。他是道光举人，曾主江宁、湖北等地书院，为曾国藩门下四大弟子之一。著有《濂亭文集》等。 • 藏书家陆心源（字刚甫，号存斋，晚号潜园老人，1834～1894）卒。他是咸丰举人。其著名藏书楼有："皕宋楼"，藏宋元刻本及名人手钞本；"守先阁"，藏明清刻本；"十万卷楼"，藏普通书。著有《潜园总集》。 • 北洋海军全军覆没。海军提督丁汝昌自杀。中日签订《马关条约》，"甲午战争"结束。 • 日军占领台湾。 • 汉阳炼铁厂工人举行反压迫罢工。 • 南京金陵机器制造局工人为反对节假日工作举行罢工。 • 四川成都民众因英美帮助日本侵略中国发生反洋教斗争，波及乐山、屏山、宜宾、雅安、灌县、阆中、泸州、大邑、冕宁、新津等十一县。英、美、法派军舰在长江示威。清政府妥协，将四川总督刘秉璋革职，处分各县官，处死民众六人，充军十七人，赔款近一百万银两。 • 俄法银行集团与中国签订《俄法洋款合同》，亦称《四厘借款合同》。 • 袁世凯等奉命在天津小站训练新式陆军。 • 康有为联合十八省应试举人一千多人"公车上书"，要求变法图强。 • 康有为在北京创办《中外纪闻》，极力鼓吹变法。 • 维新派组织的第一个学会—强学会成立。 • 孙中山发动广州起义。 • 湖北武备学堂建立。 • "张裕酒厂"在烟台建立，由侨商张振勋主办。	• 美国发明家爱迪生建成世界第一座摄影厂棚。 • 德国莱比锡举办"工业样品展览会"，为"莱比锡国际博览会"的前身。 • 法国成立"普吉奥汽车公司"。为"雪铁龙公司"的前身。 • "意大利商业银行"成立。 • 1894～1898：英国化学家拉姆赛与瑞利先后发现几种"惰性元素"。 • 德国经济学家罗雪尔（1817～1894）卒。他是历史学派的创始人。著有《国民经济学体系》等。 • 俄国数学家车比雪夫（1821～1894）卒。他创制"车比雪夫多项式"等。 • 德国物理学家赫兹（1857～1894）卒。他发现光电效应。 • 德国物理学家赫尔姆霍茨（1821～1894）卒。他首先把热力学原理应用于化学。 • 法国历史学家杜罗伊（1811～1894）卒。著有《希腊史》、《罗马史》、《世界史汇编》等。 • 古巴爆发反西班牙，争取独立的战争。 • 古巴民族英雄马蒂（1853～1895）卒。1895年2月底发动和领导古巴独立战争，5月牺牲。 • 俄国建立"工人阶级解放斗争协会"。 • 埃塞俄比亚宣布废止埃意《乌西阿利条约》，意向埃发兵，埃进行抗意卫国战争。 • 美国尼亚加拉《圣经》研讨会提出"五点基本要道"，后被视为"基要主义"的开端。 • "国际合作社联盟"成立。拥有十个会员国。 • 心理学家比纳创办法国第一个心理学刊物《心理学年报》。 • 美国社会学家斯莫尔创办《美国社会学杂志》。为世界最早的社会学期刊。 • 法国卢米埃尔在巴黎使用活动电影机首次放映《拆墙》。标志"电影时代"的到来。 • 德国物理学家伦琴发现X射线。 • 意大利科学家马可尼、俄国科学家波波夫分别成功地进行了无线电通信试验。 • 19世纪末，佛教开始传入美国。 • 马克思主义创始人之一恩格斯（1820～1895）卒。其著作被奉为马克思主义经典。 • 德国哲学家福格特（1817～1895）卒。

公 元	（朝代）	中 国	外 国
1896	清	● 以张謇为首的大生资本集团在江苏南通筹建"大生纱厂"。 ● 北洋大臣王文韶在天津建"中西学堂"（亦称"北洋西学堂"）。是为今日"天津大学"的前身。 ● 严复译《天演论》刊行。 ● 《杭州白话报》创刊。为中国最早的白话报，由林琴南主办。 ● 钟天纬在上海设三等学堂，以语文体编课本。 ● 《约翰声》创刊。为中国最早的大学杂志，由上海圣约翰大学主办。 ● "强学书局"在北京创设，由文廷式、康有为等主办，后改为官书局。 ● 《强学报》、《苏报》、《时务报》先后在上海创刊。 ● 李鸿章赴俄，参加尼古拉二世加冕典礼。 ● 中俄签订《御敌互助条约》（《中俄密约》）和《合办东省铁路公司合同章程》。 ● 清总理衙门与德英银行总会签订《英德借款详细章程》，亦称《五厘借款合同》，借款一千六百万英镑，以海关税作担保。 ● 徐州教案。江苏徐州及附近砀山、宿迁、铜山、萧县、丰县、单县大刀会发动反洋教起义，清政府镇压，大刀会首领智效忠等战死，起义失败。 ● 台湾全岛鼠疫流行。 ● 邹代钧创设地图公会，胶印各国地图。 ● 清始派留日学生。 ● 上海成立邮局。 ● "京津铁路"通车。 ● 盛宣怀在上海建"南洋公学"。是为"交通大学"的前身。 ● 张元济在严复帮助下在北京建"通艺学堂"。 ● 电影开始进入中国。 ● 美国与中国合办门头沟煤矿，外资由此进入中国矿业。 ● 两江总督张之洞奏派两人去日本留学，为中国向日本派遣留学生之始。 ● 耶稣会开工建造新的徐家汇天主堂，采用欧洲哥特式，内部装饰许多圣像和壁画。可容两千五百人，是上海最大的教堂之一。 ● 美国传教士赫士创办《山东时报》。 ● 文学家平步青（字景苏，1832～1896）卒。他是同治进士。著有《香雪崦丛书》。 ● 画家任颐（字伯年，1840～1896）卒。擅花鸟人物，尤工肖像画。在江南影响颇大。	自称其哲学是"生理学人本主义"。著有《生理学书信集》等。 ● 英国博物学家赫胥黎（1825～1895）卒。他首次提出人类起源问题。著有《人在自然界的地位》等。 ● 美国地质学家丹纳（1813～1895）卒。他创立"丹纳晶面符号法"。著有《系统矿物学》等。 ● 德国化学家迈尔（1830～1895）卒。他与门捷列夫同时提出"元素周期律"。著有《理论化学基础》等。 ● 法国微生物学家巴斯德（1822～1895）卒。他是近代微生物学的奠基人。著有《乳酸发酵》等。 ● 《英法协议》签订，瓜分东南亚势力范围。 ● 菲律宾资产阶级革命开始。 ● 意大利入侵埃塞俄比亚失败。签订《亚的斯亚贝巴和约》，承认埃独立。 ● 美国"全国制造商协会"在芝加哥成立。 ● 英"巴克莱公司股份银行"成立。为英四大银行之一"巴克莱银行"的前身。 ● 美教育家杜威创办"芝加哥实验学校"。是其哲学和教育理论的实践，对美国教育有很大影响。 ● 英《每日邮报》创刊。售价低，是英第一家大众化廉价报纸，发行量创全国纪录。 ● 现代第一届奥林匹克运动会在雅典举行。 ● 法国科学家柏克勒耳发现"铀"的放射性。"铀"是人们发现的第一种放射性物质。 ● 荷兰科学家洛伦兹创立"经典电子论"。 ● 挪威科学家伯克兰进行"人造极光"实验。 ● 德国哲学家阿芬那留斯（1843～1896）卒。他是经验批判主义的创始人之一。著有《纯粹经验批判》等。 ● 德国历史学家特赖奇克（1834～1896）卒。著有《十九世纪德国史》等。 ● 瑞典化学家诺贝尔（1833～1896）卒。他制成安全而有威力的炸药及无烟火药。据其遗嘱，以遗产大部为基金，设置"诺贝尔奖金"。 ● 德国化学家凯库勒（1829～1896）卒。他提出苯分子的环状结构理论等。

公元	(朝代)	中 国	外 国
		•画家虚谷（本姓朱，名怀仁，出家后名虚白，字虚谷，号紫阳山人，1824～1896）卒。他擅画山水。著有《虚谷和尚诗录》。	•俄国物理学家斯托列托夫（1839～1896）卒。他发现了光电效应的规律性等。 •英国画家密莱司（1829～1896）卒。他是拉斐尔前派的创始人之一。作品有《盲女》、《秋叶》等。
1897	清	•德强占胶州湾，英强占威海卫，俄强占旅顺、大连。 •中、比议定《芦汉铁路借款合同》。 •日本在苏州设立日租界。 •上海公共租界爆发独轮车夫反抗捐税的斗争，遭到外国军队的镇压。 •巨野教案。山东曹州巨野县民众在乡民雷协身带动下反对教会欺凌，济宁、寿张、单县、武城等地民众响应。德国借口派军舰强占胶州湾。清廷妥协，将山东巡抚李秉衡革职，处死民众两人，赔款二十二万五千银两。 •上海发生金融风潮，称"贴票风潮"。 •盛宣怀创办"中国通商银行"。 •《知新报》、《湘学报》、《国闻报》相继创刊。 •"商务印书馆"在上海成立。 •湖南巡抚陈宝箴创立"时务学堂"，任梁启超为中文总教习。 •"求是学院"在杭州建立，是为"浙江大学"前身。 •谭嗣同著《仁学》成书。 •政论家王韬（字紫诠，号仲弢，1828～1897）卒。他曾主编《循环日报》，评论时政，主张变法自强。著有《弢园文录外编》等。 •学者黎庶昌（字莼斋，1837～1897）卒。他是曾国藩幕僚，为"曾门四弟子"之一。著有《拙尊园丛稿》。	•"希土战争"爆发。 •"世界犹太复国组织"成立。在瑞士巴塞尔首次召开"复国运动"大会。 •英成立"壳牌运输贸易公司"。为"英荷壳牌石油公司"前身之一。 •德国生物化学家毕希纳发现酶。 •英国物理学家汤姆生从实验上发现"电子"的存在，揭示出电的物质本质。 •德国工程师狄塞尔制成第一台实用的压缩点火的内燃机，即柴油机。内燃机的产生是继蒸汽机后的又一次交通运输革命。 •美国经济学家亨利·乔治（1839～1897）卒。他宣传"土地改革"，主张土地国有。著有《进步与贫穷》等。 •瑞士艺术史家布克哈特（1818～1897）卒。著有《意大利文艺复兴时期的文化》等。 •德国数学家魏尔斯特拉斯（1815～1897）卒。他以幂级数的观点写成全部复变解析函数论，并从有理数出发奠定实数的概念。 •法国作家都德（1840～1897）卒。著有《小东西》、《雅克》等。 •德国作曲家勃拉姆斯（1833～1897）卒。作品有《第二交响曲》等。
1898		•是年发生"戊戌变法"，又称"百日维新"。慈禧太后发动"戊戌政变"，囚光绪帝，变法失败。谭嗣同等戊戌六君子被害。 •清政府与德签订《胶澳租界条约》。与俄签订《旅大租界条约》。 •法国强租广州湾。 •与美华合兴公司签订《粤汉铁路借款合同》。 •与英签订《展拓香港界址专条》、《订租威海卫专条》和《关内外铁路借款合同》。 •清廷为偿还对日赔款，发行"昭信股票"。是为中国最早发行的公债。 •设立"农工商总局"。 •颁布"振兴工艺给奖章程"。 •孙多森在上海建"阜丰面粉公司"。	•英法争夺非洲发生"法绍达危机"。双方军队在法绍达（后改名"科多克"）对峙。后双方妥协，未酿成冲突。 •美因古巴问题向西班牙宣战。后签订《巴黎和约》。美占领古巴、波多黎各、菲律宾，并正式吞并夏威夷群岛。是为美争夺世界霸权的重要步骤。 •居里夫妇创建放射化学方法并发现放射性更强的新元素钋，比铀的放射性强四百倍。 •美国科学家泰勒、英国怀特创制出可制工具的铬钨钢。 •俄国科学家齐奥尔科夫斯基写成《用火箭推进飞行器探索宇宙》（五年后发表）。首次阐述火箭飞行和火箭发动机的基本原理。

公　元	（朝代）	中　　国	外　　国
1899	清	● 梁启超等在日本创办《清议报》，宣传保皇立宪。 ● 中国近代最早的大学"京师大学堂"在北京创立，是为变法的"新政"之一，旨在"广育人才，讲求时务"。中经停办、复校种种周折，1912 年改为"北京大学"。 ● "淞沪铁路"通车。 ● 裘廷梁在锡创办"白话学会"，极力推行白话文。 ● 张之洞发表《劝学篇》，提出"旧学为体，新学为用"。他反对"戊戌变法"。 ● 康有为，梁启超在加拿大成立"保皇会"。 ● 山东义和团朱红灯等在平原一带起义，"义和团运动"兴起。袁世凯署理山东巡抚，率军镇压义和团。朱红灯等被诱捕、遇害。 ● 山东肥城民众反教会斗争，杀死英国传教士卜克斯。袁世凯为此案处两人死刑，一人无期徒刑，两人有期徒刑，赔款九千钱两，并为卜克斯树立"纪念碑"。 ● 意大利要求租借浙江三门湾，被拒绝。 ● 中俄订立《勘分旅顺、大连湾租界专条》及《辽东半岛租地专条》。 ● 清廷与英、德签订《津镇铁路借款草合同》。 ● 与法订立《广州湾租界条约》。 ● 美国提出"门户开放"政策。 ● 根据北京公使团批准重订的《上海土地章程》，划定上海美国租界界址，界内面积扩展至三万四千三百三十三亩。此后，英美租界改称"国际公共租界"，简称"公共租界"。 ● 是时，在中国的外国企业已达九百三十三家。 ● 上海流行猩红热，仅租界内就有一千多中国人病死。 ● 河南安阳殷墟发现"甲骨刻辞"。 ● 瑞典人斯文·海定发现楼兰遗址。 ● 林纾译《茶花女》闻世。是为介绍西方文学之始。 ● 经学家黄以周（字元同，1828～1899）卒。他集汉唐至清关于礼制的解说，撰成《礼书通故》一百卷。另有《子思子辑解》。 ● 藏书家丁丙（字松生，号松存，1832～1899）卒。几代藏书，名"八千卷楼"。辑有《善本书室藏书志》、《武林掌故丛编》、《武林往哲遗著》等。	● 英国霍华德提出"田园城市"的城市规划思想和建设模式。 ● 德国经济学家克尼斯（1821～1898）卒。他是历史学派的主要代表。著有《货币与信用》等。 ● 英国童话作家卡罗尔（1832～1898）卒。著有《艾丽丝漫游奇境记》、《镜中世界》等。 ● 19 世纪：自然科学的三大发现：能量守恒与转化定律、生物进化论、细胞学说。 ● 菲律宾爆发抗美救国战争。 ● 德国占领马尔绍等三群岛。 ● 1899～1902：英布战争爆发。 ● 法国发生"米勒兰事件"。社会党人米勒兰参加资产阶级政府，任商业部长，引起法国社会党和第二国际左派的激烈反对。后被社会党开除。 ● 第一次"海牙和平会议"召开。有中、俄、英、法、美、日等二十六国参加，以"限制军备、保障和平"为宗旨，通过了《海牙公约》。 ● 德国社会民主党伯恩斯坦发表《社会主义的前提和社会民主党的任务》，提出"最终目的微不足道，运动就是一切"，反对暴力革命。卢森堡发表《社会改良还是社会革命》，指出其争论性质是两种世界观的论争。 ● 英国物理学家卢瑟福发现 α 射线和 β 射线。 ● 德国拜耳公司制成阿司匹林。 ● 1899～1917：德国考古学家科尔德威发掘巴比伦城遗址，发现"空中花园"和大量文物。 ● 德国哲学家毕希纳（1824～1899）卒。他是庸俗唯物主义代表人物之一。著有《力与物质》等。 ● 挪威数学家李（1842～1899）卒。他是连续变换群论的创始人。 ● 德国化学家本生（1811～1899）卒。他制成煤气灯、本生光度计及各种电池、量热器等。 ● 奥地利作曲家小约翰·施特劳斯（1825～1899）卒。他被誉为"圆舞曲之王"。作品有《蓝色多瑙河》、《维也纳森林的故事》等。
1900		● "义和团运动"高涨。当年发生抗击外	● 泛非主义运动兴起。

公 元	（朝代）	中 国	外 国
		国侵略军的"廊房之战"和"紫竹林之战"。 •英、俄、美、法、德、日、意、奥八国联军进犯北京，慈禧太后离京西逃。 •沙俄血洗江东六十四屯。 •唐才常组织"自立军"在湖北等地起义，事败，在汉口被执杀。兴中会郑士良在惠州起义，亦败。 •留日学生在东京成立爱国团体"励志社"。 •受孙中山之托，陈少白在香港创办《中国日报》。这是最早宣传反清的报纸。 •北京饭店落成，为砖木混合结构。 •广东始铸铜圆。 •荣氏兄弟（宗敬、德生）始在无锡创设面粉厂，荣氏企业始此。 •"先施百货公司"在香港设立。 •莫高窟藏经洞被发现。 •英人斯坦因从是年起数次到中国西北考古探查，掠走大量珍贵文物。他著有《古代和阗》、《塞林第安》、《亚洲最深的腹地》、《在中亚古道上》等。 •维新派陈炽（字次亮）卒。他曾参加组织强学会。刊行《续富国策》。主张设立议院与发展机器制造工业、制定商律、保护关税等。 •语言学家马建忠（字眉叔，1845～1900）卒。他精通英、法、希腊、拉丁文。著《马氏文通》，为中国第一部较系统的语法著作。 •革命党人史坚如（原名文纬，1879～1900）卒。他于甲午战争后立志革命，认为中国犹如破屋，非尽毁而更新之不为功。加入兴中会。变卖家产，积极准备发动起义。响应惠州起义，谋炸两广总督德寿，事败被捕，英勇就义。	•英国两次出兵苏丹，镇压"马赫迪起义"。在"英埃共管"名义下，苏丹沦为英殖民地。 •埃及民族运动领袖卡迈尔创办《旗帜报》。 •美国已有铁路三十二万公里，占世界一半。俄国有五万多公里，居第二位。 •1900～1903：世界发生经济危机。 •瑞典政府设立诺贝尔基金委员会。 •德国物理学家普朗克提出量子论学说，后获1918年诺贝尔物理学奖。 •奥国心理学家弗洛伊德首部著作《梦的解析》刊行，成为精神分析的创始人。 •德国数学家希尔伯特在国际数学大会上提出二十三个数学问题，从而揭开了20世纪数学史新的一页。 •美国地质学家张伯伦提出太阳系起源的"星子学说"。 •德国哲学家尼采（1844～1900）卒。他是唯意志论的代表。把意志视为决定一切的力量，主张"超人"哲学。著有《悲剧的诞生》、《道德的世系》等。 •俄国哲学家拉甫罗夫（1832～1900）卒。他认为历史是偶然事件的堆砌，"英雄"创造历史。著有《实践哲学问题概论》等。 •德国语言学家缪勒（1823～1900）卒。他是自然语言学派的代表人物之一。著有《语言科学讲话》。 •英国唯美主义作家王尔德（1854～1900）卒。他提出"唯艺术而艺术"的主张。著有《莎乐美》等。
1901	清	•清廷改"总理各国事务衙门"为"外务部"，以奕劻总理事务。 •与十一国公使签订《辛丑条约》，标志中国完全成为半殖民地半封建社会。慈禧太后自西安启程回京。 •李鸿章（字少荃，1823～1901）卒。袁世凯署直隶总督兼北洋大臣。 •清政府严禁仇教集会，地方官不立行惩办者，一律革职。并下令惩办反洋教的王公大臣，有的问斩，有的发往新疆，永远监禁。 •张謇创立"通海垦牧公司"，为私营农垦企业。 •第一批汽车在上海出现。 •袁世凯创办"山东大学堂"。 •"东吴大学"在苏州建立。为教会大学。前身是美基督教监理公会设的中西书院。	•美、英签订《海—庞斯福特条约》，承认美对巴拿马运河的控制权，结束两者的长期争夺。 •美国强迫古巴将"普拉特修正案"载入宪法，美对古巴内政有"行使干涉的权利"。 •法国工人党内盖德派组成"法兰西社会党"。 •英将在今澳大利亚分散的六个殖民区改为州，组成澳大利亚联邦，成为英自治领。 •1901～1902：索马里人民抗英斗争。 •瑞典诺贝尔基金委员会决定设立"诺贝尔奖金"。分设物理、化学、医学、文学、和平事业五种。当年，德国伦琴获物理奖，荷兰范特荷甫获化学奖，德国贝林获生理或医学奖，法国普吕多姆获文学奖，瑞士杜南和法国帕西获和平奖。

公　元	（朝代）	中　　国	外　　国
1902	清	●王照《官话合声字母》出版，他是拼音文字的积极倡导者。 ●科学家徐建寅（字仲虎，1845～1901）卒。他曾参与制造中国第一艘轮船"黄鹄"号。后在江南制造局翻译大量西方科技书籍。又调天津制造局办火药厂。在金陵制造局研制枪械。在汉阳火药厂试验火药时发生爆炸，以身殉职。著有《造船全书》、《兵法新书》《欧游杂录》等。 ●词人谭献（字仲修，号复堂，1830～1901）卒。他是同治举人。著有《复堂类稿》等。 ●革命党人郑士良（原名振华，字安医，号弼臣，1863～1901）卒。在医校时与孙中山是同窗。加入兴中会。曾领导惠州三洲田起义，众至两万余人，屡败清军，终因弹尽粮绝而解散起义队伍，自己避往香港。后被奸细下药毒死（一说中风而死）。 ●年初，慈禧太后一行回到北京。接待各国驻华使节，这是慈禧在召见外国使节中第一次撤帘公开露面。 ●清廷准许满汉通婚。 ●梁启超在日创办《新民丛报》。 ●中俄签订《交收东三省条约》。 ●中英签订《续议通商行船条约》。 ●袁世凯将武卫右军改名为"北洋常备军"。"北洋军"一名至此产生。同时，北洋军阀集团也迅速形成。 ●景廷宾等为首在今河北巨鹿起义，提出"扫清灭洋"口号。 ●"北洋银元局"开铸银元。 ●严裕棠在上海创办"大隆机器厂"。 ●"求新机器轮船制造厂"在上海建立。 ●美英烟草公司成立。生产"哈德门"、"前门"、"红锡包"等卷烟。 ●清廷制定中国近代第一部新型教育体系的学制章程《钦定学堂章程》，称"壬寅学制"，规定初等教育机构分三级：蒙学堂（简称"蒙学"）、寻常小学堂、高等小学堂，奠定了近代教育体系的基础。 ●《大公报》在天津创刊。 ●蔡元培在上海组织"中国教育会"。 ●"京师大学堂"正式开学。 ●数学家华蘅芳（字若汀，1833～1902）卒。著有《行素轩算稿》六种。翻译《代数术》、《微积溯源》、《三角数理》、《合数术》、《决疑数学》等。 ●金石学家吴大澂（字清卿，号恒轩、愙斋，1835～1902）卒。著有《说文古籀补》、	●英国建立第一架高空发射塔，可远距离发送电报。 ●奥地利病理学家兰特斯坦纳首先确定人类血液有 O、A、B 和 AB 四型。 ●在西亚古城苏萨发现《汉穆拉比法典》。为一黑色玄武岩圆柱，上有国王浮雕像，下用楔形文字铭刻的法典全文。现存巴黎卢浮宫。 ●法国著名新闻记者利沙加勒（1839～1901）卒。他曾创办《未来报》。著有《1871年公社史》。 ●德国医学家培顿科斐（1818～1901）卒。他是实验卫生学奠基人之一。创办第一个近代化卫生学研究所。著有《卫生学手册》等。 ●意大利作曲家威尔第（1813～1901）卒。作品有《茶花女》、《弄臣》等。 ●《日英同盟协约》签订。与俄对抗。 ●英布签订《费雷尼欣条约》。英布战争结束，英吞并德兰士瓦和奥兰治两个布尔人共和国。 ●作为美国"保护国"的"古巴共和国"宣告成立。 ●英经济学家霍布森出版《帝国主义》一书。 ●美国卡里尔设计制造出世界上第一台空调装置。 ●居里夫妇首次提取"镭"。并测定其当量。 ●英国物理学家卢瑟福与化学家索第提出原子自然蜕变理论。 ●英国经济学家麦克劳德（1821～1902）卒。他宣称银行是"信用制造厂"，为信用膨胀政策提供理论依据。著有《信用理论》等。 ●英国历史学家阿克顿（1834～1902）卒。曾主编《剑桥近代史》。著有《近代史讲稿》、《自由的历史》等。 ●美国教育家帕克（1837～1902）卒。他是"进步教育运动"最早的提倡者。著有《论教学方法》等。 ●德国数学家施罗德（1841～1902）卒。他创"布尔—施罗德代数"。著有《逻辑代数讲义》等。 ●德国病理学家微耳和（1821～1902）卒。他是细胞病理学的创立者。著有《细胞病理学》等。 ●法国作家左拉（1840～1902）卒。著有《小酒店》、《娜娜》等。 ●当年，荷兰洛伦兹和塞曼获诺贝尔物理

公　元	（朝代）	中　　国	外　　国
1903	清	《字说》、《窸斋集古录》等。 • "拒俄运动"爆发。沙俄交还营口到期，拒不履约撤军，并提出七项新要求。上海召开拒俄大会，通电反对新约。留日学生在东京成立拒俄学生军。 • 清政府设立"练兵处"。由奕劻总理其事务，袁世凯任副职。 • 清政府设立"商部"。 • 孙中山在日设立军校，首次提出"驱除鞑虏，恢复中华，创建民国，平均地权"的主张。 • 湖北留学生李书城等在东京创刊《湖北学界》。此后各省留日学生相继创刊《浙江潮》、《江苏》、《四川》等刊物。 • 章炳麟《驳康有为论革命书》在《苏报》上发表，反对改良，鼓吹革命。邹容《革命军》、陈天华《猛回头》、《警世钟》亦于是年刊行。 • 《苏报》案发生。《苏报》因支持爱国学社活动，文章鼓吹革新被查封，撰稿人章炳麟、邹容被捕，致使邹容病死狱中。 • 黄兴等在长沙成立"华兴会"。 • 中国第一家啤酒厂在青岛建成。为英德合资。 • 中国最早的科学杂志《科学世界》在上海创刊。 • 北京始有电话，次年向社会开放。 • 马相伯在上海创办"震旦学院"。 • 天津"中西学堂"被毁后再建，是年改称"北洋大学"。 • 刘鹗《铁云藏龟》出版，是为第一部甲骨文字著作。 • 刘鹗《老残游记》发表。与《官场现形记》、《二十年目睹之怪现状》、《孽海花》并称为晚清四大谴责小说。 • 文学家吴汝纶（字挚甫，1840～1903）卒。他是同治进士，曾任"京师大学堂"总教习，赴日考察学制。还是"曾门四弟子"之一。为桐城派后期作家。著有《桐城吴先生全书》。	学奖，德国费舍尔获化学奖，英国罗斯获生理或医学奖。 • "巴拿马事变"。在美国的怂恿下，巴拿马脱离哥伦比亚独立。签订《美巴运河条约》，美国取得巴拿马运河的开凿权和运河区的永久租让权。 • 俄国社会民主工党第二次代表大会召开，党内出现"布尔什维克"和"孟什维克"两个对立派别。 • 英军在西非灭亡"索科托王国"，建立起在今尼日利亚的殖民统治。 • 美国"福特汽车公司"成立。 • 美国莱特兄弟发明的内燃机动力飞机，"飞行者一号"试飞成功，标志着现代飞机的诞生。 • 德国科恩制成光电传真机。 • 英国化学家拉姆赛和索第证明从镭发射出的气体是氦，从而得出放射化学的位移定律。 • 丹麦人波尔森发明电弧式无线电话机。 • 居里夫妇与贝克勒同获诺贝尔物理奖。居里夫人为获奖的第一位女性。 • 英国社会学家斯宾塞（1820～1903）卒。他是生物社会学的创立者。用达尔文生物进化论解释人类社会基本构成及行为准则。主张个人自由，生存竞争，优胜劣败，适者生存。著有《社会学原理》等。 • 德国历史学家蒙森（1817～1903）卒。著有《罗马史》五卷、《拉丁铭文集成》等。 • 美国物理学家和化学家吉布斯（1839～1903）卒。他建立了关于物相变化的相律和提出涨落现象的一般理论。他是化学热力学的创始人。 • 英国物理学家斯托克斯（1819～1903）卒。对黏体、流体进行特性研究，提出描述固体小球在流体中运动的黏度定律。他是流体力学的先驱。 • 法国画家高更（1848～1903）卒。他是后期印象派的成员之一。作品有《雅各及天使》等。 • 当年，法国柏克勒尔、比埃尔·居里和法籍波兰人玛丽·居里获诺贝尔物理学奖，瑞典阿累尼乌斯获化学奖，丹麦芬森获生理或医学奖。
1904		• 清廷颁行《公司律》。是为中国第一部公司法。 • 户部筹设"户部银行"。是为清政府最早设立的官办银行。	• 针对德、奥、意军事同盟，英、法签订协约，两大军事集团显露端倪。 • 日俄战争爆发。 • 非洲发生赫列罗族起义。

公　元	（朝代）	中　　国	外　　国
	清	• "日俄战争"爆发，清政府宣布中立。 • 架通成都至康定的川藏电线。 • 江孜之战。当年二月，英军发动第二次侵藏战争，进攻江孜，西藏军民奋起抗击，展开拉锯战。 • 六月，英军占领拉萨，强迫西藏地方当局非法签订《拉萨条约》，清政府不予承认。 • 黄兴等策划长沙起义，事泄失败。 • 蔡元培等在上海成立"光复会"。 • 北京兴修"观象台"。 • 是年，留日学生达一万三千多人。 • 近代教育家张伯苓始在天津建"南开学校"。 • 《京话日报》在北京刊行。这是北京历史上第一份近代报纸，由彭翼仲创办。 • 《东方》杂志创刊。为中国近代历时最长的大型综合性杂志。 • 中国最早的戏剧刊物《二十世纪大舞台》刊行，柳亚子致《发刊词》。 • 专门研究篆刻的团体"西泠印社"在杭州创办。 • 孙诒让《契文举例》刊行。为第一部考释甲骨文的著作。 • 夏曾祐《中国历史教科书》出版，首创"章节体"。 • 维新派翁同龢（字叔平，1830～1904）卒。他是咸丰状元，是光绪帝的老师。1882年任军机大臣，甲午战时反对李鸿章求和。后支持康有为变法，企图实现光绪帝亲政。变法失败后被革职。他以书法名时。著有《翁文恭公日记》、《瓶庐诗文稿》等。 • 学者文廷式（字道希，号芸阁，1856～1904）卒。他是光绪进士。他鼓吹光绪亲政，支持康有为变法。著有《闻尘偶记》、《补晋书艺文志》、《文道希先生遗诗》等。 • 文学家范当世（字无错、肯堂，1854～1904）卒。他与弟钟、铠齐名，称"通州三范"。著有《范伯子诗文集》。 • 诗人王鹏运（字幼霞，号半塘老人1849～1904）卒。他是同治举人。著有《半塘定稿》词九集等。	• 中非"库巴王国"反抗"刚果自由邦"斗争失败，亡国。 • 法国与西班牙签订瓜分在摩洛哥的势力范围的协定。 • 西非布基纳法索成为法国殖民地。 • 法国将马里并入"法属西非洲"。 • 法国宣布西非"瓦达伊王国"受其保护。 • 英国政府直接管辖非洲的马拉维。 • 据英法伦敦协约，法放弃在纽芬兰捕鱼独占权。 • 法国与梵蒂冈关系恶化，驻法教廷大使回国，双方断交。 • 纽约地下铁路通车。 • 巴拿马运河动工。 • 法国举办"巴黎国际博览会"。 • 英国物理学家弗莱明发明"真空二极管"。 • 俄国社会学家米海洛夫斯基（1842～1904）卒。他认为历史发展是个人摆脱社会奴役的过程。著有《什么是进步》等。 • 俄国化学家马尔柯夫尼柯夫（1838～1904）卒。他从实验中总结出有机化学加成反应定向法则。 • 俄国作家契诃夫（1860～1904）卒。著有《变色龙》、《套中人》等。 • 捷克作曲家德沃夏克（1841～1904）卒。作品有《自新大陆》等。 • 德国人类学家拉采尔（1844～1904）卒。首次提出"生存空间"概念。著有《人类史》、《政治地理学》等。 • 哈萨克诗人库南巴耶夫（1845～1904）卒。他是新哈萨克长篇文学的创始人。撰有长篇叙事诗《玛斯古德》等。 • 法国雕刻家巴托尔迪（1834～1904）卒。作品有纽约自由女神铜像等。 • 当年，英国瑞利获诺贝尔物理学奖，英国拉姆塞获化学奖，俄国巴甫洛夫获生理或医学奖。
1905		• 上海爆发抵制美货运动。 • 清政府赎回粤汉铁路路权。由湘、粤筹款分段建筑。 • 清政府开设第一个官办银行——"户部银行"开业。 • 清政府派载泽等五大臣出洋考察宪政。 • 孙中山出访在布鲁塞尔的社会党国际局。 • 孙中山等在日本成立"同盟会"。其机关	• 日俄战争结束，俄战败而妥协，双方签订《朴次茅斯和约》，直接促进了日本在东亚的崛起。 • 沙皇政府在冬宫前向罢工工人开枪，造成死伤数千人的空前大惨案，史称"流血的星期日"。从而引起"十二月武装起义"，起义虽被镇压，而为十月革命做了准备。 • 法、德为争夺非洲利益爆发第一次"摩

公　元	（朝代）	中　国	外　国
		报《民报》在东京创刊，首次公开提出"三民主义"。	洛哥危机"。
		●《中日会议东三省事宜条约》签订。	● 德国鲁尔矿工总罢工。
		●"北洋新军"练成六镇。	● 德国制定"史思芬计划"。是为进行第一次世界大战所制定的战略计划。
		● 清廷设立"巡警部"和"学部"。	● 爱尔兰为争取独立，建立"新芬党"。
		● 清廷定于明年废止科举考试。	●"法国社会党"与"法兰西社会党"合并组成"法国社会党"。
		● 在天津设立"造币总厂"。	
		●"浙江兴业银行"成立。	● 挪威、瑞典分离，各为独立王国。
		● 上海"震旦学院"部分师生脱离原校，自办"复旦公学"（震旦学潮），是为"复旦大学"的前身。	●"世界产联"在美国成立。
			● 1905～1911：伊朗发生革命。
		● 美国基督教会在成都兴建"华西协和中学"。是为"华西医科大学"的前身。	● 东非马图姆比族在鲁菲济河流域发动反殖民统治的"马及马及起义"。
		●"四川法政学堂"在成都创办。是为"四川大学"的前身。	● 爱因斯坦发表《论动体的电动力学》，建立"狭义相对论"，成为现代物理学基本理论之一。
		● 美传教士兼外交官司徒雷登开始在华传教。他生于中国杭州。1919年起任美国在中国兴办的北京"燕京大学"校长、校务长。1946年任美驻华大使。1949年离华。	● 罗素发表《论指称》，标志"分析哲学"形成。
	清		● 埃及伊斯兰教神学家穆罕默德·阿布笃（1849～1905）卒。他领导了近代埃及的宗教和社会改革运动。著有《论统一》等。
		● 华侨简氏兄弟在香港创立"南洋兄弟烟草公司"。	
		● 詹天佑主持的"京张铁路"开工。	● 德国地理学家李希霍芬（1833～1905）卒。他曾任国际地理学会会长。七次来中国进行考察。著有《中国》三卷等。
		● 张謇创办"南通博物苑"。	
		● 中国第一部电影戏曲片《定军山》由北京丰泰照相馆拍摄。	● 俄国生理学家谢切诺夫（1829～1905）卒。著有《脑的反射》等。
		● 民主革命先驱陈天华（字星台，1875～1905）卒。他参加发起"同盟会"，任《民报》编辑。所著《猛回头》、《警世钟》当时影响巨大，另有小说《狮子吼》，遗著编为《陈天华集》。	● 法国作家凡尔纳（1828～1905）卒。以科幻小说著称。著有《神秘岛》、《海底两万里》等。
			● 德国画家门采儿（1815～1905）卒。作品有《带凉台的房间》、《轧铁工厂》等。
		● 学者黄遵宪（字公度，1848～1905）卒。他是光绪举人，历任驻日、英参赞及旧金山、新加坡总领事。曾参加戊戌变法。工诗词。著有《日本国志》、《人境庐诗草》等。	● 比利时画家麦尼埃（1831～1905）卒。作品有《矿井》、《女仆的早饭》等。
			● 当年，德国勒纳德获诺贝尔物理学奖，德国拜尔获化学奖，德国科赫获生理或医学奖。
1906		● 清廷"仿行宪政"，预备立宪开始。	● 埃及发生"丹沙微事件"，反抗英统治者。
		● 清政府公布中央新官制。	
		● 江浙绅商在沪组织"预备立宪公会"。以郑孝胥为会长。	● 法国总工会通过《亚眠宪章》。
			● 伊朗颁布《基本法》。为伊朗历史上第一部宪法。
		● 江西发生"南昌教案"。	
		● 萍、浏、澧等地起义，失败。	●"瑞士国家银行"成立，为瑞士中央银行。
		● 是年，日本在中国东北设立"南满洲铁道株式会社"。并设"关东都督府"。	
			● 英国佛教协会在伦敦成立。
		●"京汉铁路"通车。	● 旧金山发生八点三级的大地震。城市几毁。
		● 天津有轨电车开通。	
		● 周学熙创办全国最大的水泥企业"启新洋灰股份有限公司"。	● 世界第一家电影院在巴黎落成。
			● 英国尤金·劳斯特等发明有声电影。
		● 南方最大的新式煤矿"安源煤矿"初具规模。	● 美国物理学家费森堡利用"调幅波"第一次在空中传播声音。

公　元	（朝代）	中　国	外　国
1907	清	•法人伯希和率队至喀什，继在新疆地区进行考古发掘。掠走大量文物。 •孙中山在东京系统阐述"三民主义"思想。 •朱执信在《民报》上间或介绍马克思生平及学说。 •刘静庵等发起的"日知会"在武昌成立。 •李叔同等在日本东京成立"春柳社"。活动内容包括戏剧、音乐、诗歌、美术等方面，是为综合性艺术团体。而以戏剧为主，是中国早期话剧（新剧）的第一个演出团体。 •美英几个教会团体在京合办"协和医学校"。是为"协和医科大学"的前身。 •"暨南学堂"初在南京创办，主招华侨子弟，是为"暨南大学"的前身。 •小说家李宝嘉（字伯元，1867～1906）卒。他曾主办过多种杂志报纸。是谴责小说的代表作家，著名的为《官场现形记》。另有《文明小史》、《庚子国变弹词》等。 •清廷始立"资政院"，命各省立"咨议局"。 •清廷改"盛京将军"为"东三省总督"，设奉天、吉林、黑龙江三省巡抚。 •女革命家秋瑾在上海创办《中国女报》。 •东南数省发生抢米风潮。 •革命党人发动黄冈起义、七女湖起义、安庆起义、镇南关起义。均败。志士徐锡麟、秋瑾慷慨就义。 •是年，江浙两省民众兴起收回杭甬铁路利权的斗争。 •张百祥等在日本东京成立"共进会"。 •康有为"保皇会"改为"中华帝国宪政会"。 •京奉、正太铁路通车。 •山西"保晋矿务总公司"成立。 •"五洲大药房"在上海建立。又兼制肥皂，为当时较大的私营制药、制皂厂。 •"永安百货公司"在香港建立。为当时侨资经营的最大百货公司。 •陈嘉庚在厦门创办"大同酱油厂"。 •春柳社排练的话剧《茶花女》在上海公演。 •上海成立消防组织救灾联合会。 •"同济德文医学堂"在上海建立。是为"同济大学"的前身。 •学者俞樾（字荫甫、号曲园，1821～1907）卒。他是道光进士。主治经、子、小学。	•美国科学家福雷斯特制成世界上第一只"三极管"，放大电信号，使无线电通信技术进入到电子管阶段。 •德国考古学家温克勒领导对古赫梯遗址发掘，获大量楔形文泥版。 •法国物理学家比埃尔·居里（1859～1906）卒。他建立了"居里定律"和发现晶体的压电现象。1903年获诺贝尔物理奖 •奥地利物理学家波尔茨曼（1844～1906）卒。著有《熵和几率》等。 •挪威剧作家易卜生（1828～1906）卒。他是"问题剧"的代表作家。著有《玩偶之家》等。 •法国画家塞尚（1839～1906）卒。他是后期印象派的代表人物，被称为"现代绘画之父"。作品有《女浴者》等。 •当年，英国汤姆孙获诺贝尔物理学奖，法国莫桑获化学奖，意大利戈尔吉和西班牙卡哈尔获生理或医学奖。 •签订《英俄协约》。标志着英、法、俄三国协约的完成。欧洲形成"同盟国"和"协约国"两大军事集团，两者为瓜分世界的斗争，终于酿成第一次世界大战。 •第二次"海牙和平会议"召开。参加国有四十四国，通过了《和平解决国际争端公约》等十三个公约。 •《日俄协定》在俄国彼得堡秘密签订。划分两国在中国东北的势力范围。 •罗马尼亚发生农民起义。 •澳大利亚开始大规模接受移民。而《移民限制条例》限制有色人种，特别限制中国人入境，实行"白澳"政策。 •法国成立"西非商业公司"。发展成为掠夺非洲财富的"三巨头"之一。 •"英荷壳牌石油公司"成立。同年，英伊石油公司挂牌。 •英国化学家柏琴（1838～1907）卒。他发现苯胺紫染料，并发现"柏琴反应"等。 •俄国化学家门捷列夫（1834～1907）卒。他是自然科学基本定律化学元素周期律的发现者之一，并据以预见了一些尚未发现的元素。著有《化学原理》。 •英国物理学家汤姆生（1824～1907）卒。他创立绝对温标；制成很多电学仪器；并领导完成横越大西洋海底电缆的安装工作。 •挪威作曲家格里格（1843～1907）卒。作品有《培尔·金特》等。

公　元	（朝代）	中　　国	外　　国
1908	清	著有《群经平议》、《诸子评议》、《古书疑义举例》等。 •清廷颁布《钦定宪法大纲》。 •清廷颁布咨议局及议员选举章程。 •"户部银行"改称"大清银行"。 •光绪帝与慈禧太后相继病卒，年仅三岁的"末代皇帝"宣统帝溥仪即位。以载沣为摄政王。 •各地会党发起多次反清起义，均未成功。 •"同盟会"机关报《民报》被日本政府查封。 •"沪宁铁路"通车。 •上海首通电车。 •"交通银行"在北京成立。 •"浙江官钱局"在杭州建立。 •"汉冶萍煤铁厂矿公司"成立。由盛宣怀把持，经营不善，连年亏损。 •中国第一家电影院在上海开业。 •"京师大学堂"师范馆改为"京师优级师范学堂"。为"北京师范大学"的前身。 •王国维《人间词话》在《国粹学报》上发表。 •训诂学家孙诒让（字仲容，号籀庼，1848～1908）卒。所著《契文举例》为考释甲骨文最早的著作。尚著有《古原》、《古籀拾遗》、《墨子间诂》、《周礼正义》等。 •经学家皮锡瑞（字鹿门，1850～1908）卒。他曾主讲湖南龙潭书院。著有《五经通论》、《经学历史》、《今文尚书考证》等。 •篆刻家黄士陵（字牧甫，1849～1908）卒。他风格在皖、浙两派外，自成一家。著有《未虚室印谱》等。	•当年，美国迈克耳孙获诺贝尔物理学奖，德国布赫纳获化学奖，法国拉弗兰获生理学医学奖。 •奥匈帝国吞并波斯尼亚和黑塞哥维那。 •保加利亚脱离奥斯曼土耳其统治，宣布独立。 •"美国联邦调查局"建立。 •1908～1909：奥斯曼土耳其第二次立宪运动。 •美国"通用汽车公司"建立。 •英国财政大臣劳合·乔治施行财政改革。 •美成立"全国保护自然资源委员会"。 •英人贝登堡创办"童子军"。不久即流行于许多国家。 •《基督教科学箴言报》在美国波士顿创刊。 •"全球世界语协会"在日内瓦成立。 •荷兰海牙建"和平宫"。许多国家赠装饰物。后，荷兰政府将其场地与花园献给国际法庭。现"国际法庭"和"国际仲裁法庭"设在宫内。 •"菲律宾大学"在奎松城建立。 •埃及建"开罗大学"。 •美国莱特兄弟发明的飞机经改进，已能飞行两个小时，开始试生产。 •法国物理学家柏克勒尔（1852～1908）卒。他发现铀的放射性质，是实验中认识放射性的开端。1903年获诺贝尔物理奖。 •西班牙作曲家萨拉萨蒂（1844～1908）卒。作品有《流浪者之歌》等。 •当年，法国李普曼获诺贝尔物理学奖，英国卢瑟福获化学奖，俄国梅契尼科夫和德国埃尔利希获生理或医学奖。
1909		•清廷罢免袁世凯。 •张謇在上海举行十六省咨议局代表会议，决定成立"国会请愿同志会"。 •第二次"万国禁烟大会"在上海召开。 •云南"陆军讲武堂"在昆明成立。 •陆军部奏设的"溥利呢革公司"（后改名"清河制呢厂"）开工。是为官商合办的机器毛纺织厂。 •于右任在上海创办《民呼日报》，数月后被勒令停刊。 •柳亚子等在苏州成立文学革命团体"南社"。 •清廷准设"京师图书馆"，然未及开馆，武昌起义爆发。	•3月8日，美国芝加哥女工举行罢工游行，要求增加工资，实行八小时工作制和获得普选权。得到世界广大妇女响应。后定此日为"国际妇女节"。 •美国成立"全国有色人种协进会"。反对种族歧视，争取黑人权利。 •意大利爆发"雅典起义"。 •美国国会拨款三万美元做军事航空费用。从此，美国有了空军。 •欧洲召开第一次"世界航空会议"。航空进入实用阶段。 •世界上第一个正规的电台广播在美国出现。 •美国贝克兰德发明酚醛塑料，使产品

公 元	（朝代）	中 国	外 国
1910	清	●清廷设"蒙藏编译局"，编译蒙藏文课本。 ●汉文大藏经《频伽藏》开始刊行。 ●武术家霍元甲击败中外拳师高手，声名大振，在上海创设"精武体操学校"。 ●中国自行设计、施工的第一条铁路"京张铁路"建成通车。 ●洋务派首领张之洞（字孝达，号香涛，1837～1909）卒。他是同治进士。曾任两广总督、湖广总督，以及军机大臣等。著有《张文襄公全集》。 ●小说家刘鹗（字铁云，1857～1909）卒。他通数学、医术、水利等学。其著小说以《老残游记》著名。另喜藏金石甲骨，有《铁云藏龟》。 ●国会请愿代表团相继数次请愿。清廷拒绝提前召开国会。 ●熊成基在哈尔滨谋刺载洵，事泄被执杀。 ●同盟会会员倪映典率广州新军起义，失败。 ●"光复会"在日本东京成立总会。推举章炳麟、陶成章为正副会长。 ●耗银四十五万两的新上海总会大楼（上海俱乐部）落成，吸收的会员，英人占四分之三。 ●杨度力主举外债筑路引起公众不满。 ●汪精卫等谋刺摄政王载沣未遂。 ●长沙发生抢米风潮。苏北发生饥民抢面粉厂事件。 ●山东莱阳、海阳农民抗捐起义。 ●孙中山在槟榔屿召开"同盟会"秘密会议，决定发动广州起义。 ●上海发生金融风潮，称为"橡皮风潮"。为外国投机商以"橡皮公司招股"为诱饵所设的骗局，受骗者很多，多家钱庄倒闭。 ●清政府颁布中国红十字会试办章程，命盛宣怀为红十字会会长。 ●清政府批准湖北设立商办粤汉川铁路公司。 ●清政府与英、德、法、美四国银行在巴黎达成铁路借款协议。 ●湖北革命党人杨王鹏、李六如等在武昌将群治学社改组为振武学社。 ●清政府成立资政院，行开院礼。 ●清政府试办预算。核定财政收入为二亿九千六百九十六万两，支出为三亿八千一百三十五万两，赤字约八千余万两。这是中国封建王朝首次编制国家预算。 ●学部拟订《京师及各省图书馆通行章程》。这是中国官方颁布的第一个图书馆章程。	包装发生一场革命。 ●德国化学家欧利希合成六○六（药物）。 ●美国哲学家哈里斯（1835～1909）卒。他是黑格尔哲学在美的最早传播者，建立"圣路易市哲学学派"。 ●德国心理学家艾宾浩斯（1850～1909）卒。他首创记忆实验研究，发现遗忘先快后慢的规律。著有《论记忆》等。 ●美国天文学家纽科姆（1835～1909）卒。他推算了太阳的视差以及月球的长期加速度等。 ●当年，意大利马可尼和德国布劳恩获诺贝尔物理学奖，德国奥斯特瓦尔德获化学奖，瑞士科克尔获生理或医学奖。 ●"第二国际"社会党妇女代表大会在丹麦哥本哈根召开。会上根据蔡特金的建议，决定3月8日为"国际妇女节"，推动妇女解放运动。蔡特金被誉为"国际妇女运动之母"。 ●英国宣布南非的四个殖民地合并成立"南非联邦"，作为英国的自治领。路易斯·博塔为首任总理。 ●印尼为荷兰所征服。 ●世界宣教大会在英召开，被称为"普世教会运动"的开端。 ●1910～1911：葡萄牙资产阶级革命。推翻帝制，建立共和国。 ●1910～1917：墨西哥发生资产阶级民主革命。 ●"国际摄影测量学会"在维也纳成立。 ●德、美、苏已能合成"丁烯橡胶"。 ●居里夫人出版《论放射性》一书。 ●英国化学家拉姆赛与格莱准确地测定了具有放射性氡的原子量为222。 ●美国科学家库利奇发明钨丝灯泡。 ●第一台家庭用冰箱在美国问世。 ●第一部彩色故事片《被推翻的君主》在英国上映。 ●美国哲学家波温（1847～1910）卒。他是人格主义的创始人。著有《人格主义》等。 ●美国哲学家詹姆斯（1842～1910）卒。他认为"有用"即真理，主张唯意志论。著有《实用主义》等。 ●法国经济学家瓦尔拉（1834～1910）卒。他是洛桑学派和数理学派的创始人。首创一般均衡理论。著有《纯粹经济学要义》等。 ●英国女护士南丁格尔（1820～1910）卒。她是欧美近代护理学和护士教育的创始人之

公 元	（朝代）	中 国	外 国
1911	清	• 宋教仁等在上海创办《民立报》。 • 第一届全国运动会在南京召开。参加的运动员有一百四十人，上海区取得第一。 • 《小说月报》在上海创刊。 • 冯如设计制造出具有当时先进水平的飞机。在美自驾飞机上天。 • 杭江之江大学、成都华西协和大学、武昌华中大学建立。皆为教会学校。 • 任天知等在上海成立"进化团"。是为早期话剧（新剧）职业剧团，曾演出《共和万岁》、《都督梦》等。 • 刘锦藻编撰《皇朝续文献通考》成书。 • 是年，东三省鼠疫流行。 • 小说家吴沃尧（字小允、茧人、趼人，1866～1910）卒。他曾在上海编《月月小说》。其所著小说颇多，以《二十年目睹之怪现状》最著名。 • 一月：清廷颁布第一部专门刑法典"清新刑律"。 • 湖北革命党人在武昌建立"文学社"。 • 三月，"广州起义"爆发。七十二烈士葬身黄花岗。 • 四月，清廷撤"军机处"，成立"皇族内阁"，由庆亲王奕劻任总理大臣。引起立宪派的不满，要求另选贤人，重组内阁。 • 清廷宣布铁路国有。 • 与英、法、德、美四国银行团签订《粤汉、川汉铁路借款合同》。 • 五月，四川兴起"保路运动"。 • 宋教仁在上海成立"同盟会"中部总会。 • 八月十九日（公历10月10日）革命党在武昌举行起义，"辛亥革命"爆发。第二天，湖北军政府成立，黎元洪被推为都督。决定称"中华民国"；取消年号纪年，改为皇帝纪年；革命军旗为十八星旗。 • 九月：清廷"皇族内阁"辞职，任袁世凯为内阁总理大臣，袁世凯进行组阁。 • 十月：南北停战，在上海议和。 • 十一月：孙中山回国，到达上海。各省代表会议选孙中山为"中华民国"临时大总统。 • "世界鼠疫会议"在中国沈阳举行。公共卫生学家伍连德为首席代表和大会主席。他还是我国海港检疫的创始人。著有《鼠疫概论》等。 • 是年，清廷用美国退还的庚子赔款在北京创办"清华学校"。是为"清华大学"的前身。	一。著有《护理工作笔记》等。 • 德国卫生学家科赫（1843～1910）卒。他是细菌学的奠基人之一。著有《细菌保藏与摄影方法研究》。1905年获诺贝尔生医奖。 • 意大利化学家坎尼札罗（1826～1910）卒。他提出原子量、分子量的正确概念，以及求元素原子量的方法。 • 俄国作家列夫·托尔斯泰（1828～1910）卒。著有《战争与和平》、《复活》等。 • 美国作家马克·吐温（1835～1910）卒。著有《王子与贫儿》等。 • 英国画家亨特（1827～1910）卒。他是"拉斐尔前派"的创始人之一。作品有《世界之光》等。 • 当年，荷兰范德瓦尔斯获诺贝尔物理学奖，德国瓦拉赫获化学奖，德国科塞尔获生理或医学奖。 • 阿尔巴尼亚举行反土耳其统治起义。 • 法、德发生第二次"摩洛哥危机"，双方战争一触即发。最后签署协定，互相妥协。两次摩洛哥危机是欧洲两大军事集团间矛盾加剧的反映，虽暂解决，但争霸斗争日益剧烈，终于导致第一次世界大战的爆发。 • 意大利为夺取土耳其在北非的属地爆发"意土战争"。 • 北非伊斯兰塞努西教团在昔兰尼加发动抗意斗争。 • 美国已有飞机七百多架。 • 墨西哥内战时双方各雇佣一名美国飞行员和一架飞机，在空中互相用手枪进行射击，此为世界上的"第一次空战"。 • 挪威地理学家阿蒙森乘"前进号"船登陆南极大陆北岸，为世界上到南极第一人。 • 美国物理学家卢瑟福提出"原子结构模型"。 • 奥地利物理学家赫斯发现"宇宙线"。 • 美国儿童心理学家盖塞尔创立"耶鲁儿童发展疗养院"。他创造了"发展商数"，广泛用来测验儿童的智力。 • 在埃及的法雍发现"原上猿"化石。生存年代为3500万～3000万年前，为现知最早的古猿。 • 德国哲学家狄尔泰（1833～1911）卒。他主张"历史的相对主义"。著有《哲学的本质》等。 • 法国政治活动家拉法格（1842～1911）卒。他是马克思的学生和女婿。参加工人运动，宣传马克思主义。著有《思想起源》等。

公　元	（时期）	中　国	外　国
	清	•据载，当时中国有大小六百家工厂采用机器生产。打麦机、揉茶机，烘干机等已在部分地区使用。 •佛教学者杨文会（字仁山）卒。他曾在南京创"金陵刻经处"，刊印佛经。著有《大宗地玄文本论略注》、《佛教初学课本》等。 •戏剧家王钟声（字熙普）卒。他曾组织"春阳社"进行话剧（新剧）的演出活动，上演过《黑奴吁天录》、《秋瑾》、《徐锡麟》等新剧。	•荷兰物理化学家范特荷甫（1852～1911）卒。他阐述碳原子正四面体理论，为立体化学奠定了基础。他获1901年诺贝尔化学奖。 •俄国历史学家克留切夫斯基（1841～1911）卒。著有《俄国农奴制之起源》等。 •奥地利作曲家马勒（1860～1911）卒。作品有《千人交响曲》、《大地之歌》等。 •是年，德国维恩获诺贝尔物理学奖，法籍波兰人玛丽·居里获化学奖，瑞典戈尔斯特莱德获生理或医学奖。
1912	中 华 民 国	•1月1日：孙中山在南京就职，宣布"中华民国"成立。为共和政体，以当年为中华民国元年，废除年号纪年，改用公历。月底，"临时参议院"成立。 •2月12日：宣统帝退位。中国两千多年的帝制至此寿终正寝。 •4月1日：孙中山让位于袁世凯。袁为临时大总统。"临时政府"迁往北京，北洋军阀统治开始。 •5月，刘师复在广州发起组织"晦鸣学会"。 •5月，统一党、民社、国民协进会、民国公会等合并组成"共和党"。 •6月，参议院议国旗为五色旗。 •8月"中国国民党"成立。孙中山任理事长，党务由宋教仁主持。 •9月，公布参议院议决10月10日为中华民国国庆纪念日。 •11月，梁启超从日本回国后，与汤化龙等将共和建设讨论会、共和促进会等合并，成立"民主党"。 •是年，陈翼龙在北京创立"中国社会党"。 •是年，开始铸造孙中山半身侧面像开国纪年货币（银元）。 •荣氏兄弟在上海创立"福新面粉公司"，为当时最大的私营机制面粉企业之一。 •"中国佛教总会"在上海成立。 •"中华书局"在上海创立。 •刘海粟在上海创立"图画美术院"。 •据统计，是年全国人口四亿一千三百多万人。 •教育部颁发《普通教育暂行办法》十四条。规定小学可男女合校，旧教科书和小学读经科一律废止。教育总长蔡元培发表《对于教育方针之意见》，主张全面废除清朝的教育制度，以军国民教育、实利教育、公民道德教育、世界观教育、美感教育为宗旨，成为当时教育改革的纲领。	•希腊、保加利亚、塞尔维亚、门的内哥罗（今黑山）等巴尔干国家结成反奥斯曼土耳其同盟，对奥斯曼土耳其宣战，第一次"巴尔干战争"爆发。国际社会，"协约国"支持巴尔干国家，"同盟国"支持奥斯曼土耳其。 •法、摩签订《非斯条约》。摩洛哥成为法的保护国。 •美国总统塔夫脱宣称其外交是"以金元代炮弹"，世称"金元外交"。 •印度尼西亚"伊斯兰教联盟"成立。 •阿尔巴尼亚摆脱奥斯曼土耳其统治，宣告独立。 •俄国社会民主党召开第六次代表大会。开除"孟什维克"，选出以列宁为首的新的中央委员会。 •"普希金造型艺术博物馆"在莫斯科建立。 •德国地质学家魏格纳发表《大陆的生成》，提出完整的"大陆漂移说"。 •英国物理学家汤姆生通过对极隧射线的研究，指出"同位素"的存在。 •"泰坦尼克号"海难发生。一千五百多人丧生。 •德国哲学家李普曼（1840～1912）卒。他是早期的新康德主义者，最早提出"回到康德那里去"的口号。著有《康德及后继者》等。 •法国数学家彭加勒（1854～1912）卒。他是自守函数的创始人之一，首创微分方程的定性理论和组合拓扑学。 •俄国物理学家列别捷夫（1866～1912）卒。他测定光对固体和气体的压力，证明光是物质的一种形态。 •英国医学家利斯特（1827～1912）卒。他是外科消毒法的创始人。著有《外科临床中的防腐原则》等。 •美国飞行发明家莱特（1867～1912）卒。他与兄弟共同制作和飞行了第一架实用飞机，并为美国制成第一架军用飞机。

公 元	（时期）	中　国	外　国
1913	中 华 民 国	• 南京政府令革除"官厅大人"、"老爷"等称呼，皆以官职相称，民间以"先生"、"君"相称。 • "中华民国实业协会"在南京成立。李四光为会长。 • 学者容闳（字达萌，1828～1912）卒。曾组织官费留学生出洋。著有《西学东渐记》。 • 诗人丘逢甲（字仙根，1864～1912）卒。光绪进士。著有《岭云海日楼诗钞》。 • 中华佛教总会会长寄禅大师（名敬安，号八指头陀，1851～1912）圆寂。著有《八指头陀诗文集》。 • 宋教仁被刺身亡，年仅三十二岁。 • 中华民国第一届国会召开。 • 巴西正式承认中华民国。此为各国承认民国政府之始。 • 李烈钧在江西湖口起兵讨伐袁世凯，"二次革命"爆发。江西宣布独立。 • 北洋军占领南京，"二次革命"失败。 • 袁世凯正式当选为中华民国大总统，宣誓就职。 • 袁世凯下令解散"国民党"。 • 1913年10月～1914年7月：英国策划召开"中印藏会议"，在印度西姆拉举行，又称"西姆拉会议"。英国代表麦克马洪主持会议，拟就《西姆拉条约》草案，要求中国政府承认西藏的"完全自治权"。中国代表拒绝签字，条约无效。 • "津浦铁路"通车。 • 全国农会联合会在北京成立。 • 中国童子军会在上海创办，由英人康普任会长。 • 北京南苑航空学校开学，是为中国第一所正规航空学校。 • "中华全国道教总会"在北京成立。 • "武昌高等师范学校"创办。是为"武汉大学"的前身。 • 中国参加在菲律宾马尼拉举行的第一届远东运动会。取得数项冠军。 • 国人自办的第一家电影制片公司"新民公司"在上海建立。创办人为张石川和郑正秋两人导演的《难夫难妻》为中国第一部故事片。	• 法国化学家布瓦博德朗（1838～1912）卒。他是分光学的创始人，并发现元素镓、钐、镝等。 • 波兰作家普鲁斯（1847～1912）卒。著有《法老》、《玩偶》等。 • 罗马尼亚作家卡拉迦列（1852～1912）卒。著有《罪恶》、《狂欢节》和剧本《一封失掉的信》等。 • 瑞典作家斯特林堡（1849～1912）卒。著有《黑色的旗》和剧本《奥洛夫老师》等。 • 是年，瑞典达伦获诺贝尔物理学奖，法国格林尼亚和萨巴蒂埃获化学奖，美籍法国人卡雷尔获生理或医学奖。 • 第一次"巴尔干战争"结束。奥斯曼土耳其失败，签订《伦敦条约》。奥斯曼土耳其丧失大部分欧洲领土，结束在巴尔干半岛的统治。 • 巴尔干同盟国在分配领土时产生分歧。希腊和塞尔维亚，联合罗马尼亚结成反保加利亚同盟。保加利亚在奥匈帝国的支持下向反保同盟宣战，第二次"巴尔干战争"爆发。后土耳其也加入战争。保加利亚战败，签订《布加勒斯特和约》，保加利亚让步。致使其转向"同盟国"集团，成为第一次世界大战的前奏。 • 西亚阿曼山区部落起义，成立"阿曼伊斯兰教长国"。 • 美国设立"洛克菲勒基金会"。 • 美国已有铁路六十四万公里，占世界铁路总长度的一半。 • 美国科学家库利奇发明X射线管。 • 丹麦物理学家玻尔建立原子结构的"玻尔模型"。引起原子理论的革命，为"量子论"领域中的新进展。 • 国际工运领导者倍倍尔（1840～1913）卒。他是德国社会民主党和第二国际的创始者与领导者，著有《自传》。 • 德国哲学家舒佩（1836～1913）卒。他是"内在论"的创始人。著有《认识论》等。 • 瑞士语言学家索绪尔（1857～1913）卒。他是心理社会学语言学派的创始人。著有《普通语言学教程》。 • 是年，荷兰翁内斯获诺贝尔物理学奖，瑞士籍法国人维尔纳获化学奖，法国里歇特获生理或医学奖。
1914		• 公布《国币条例》。采用银本位制，以库平纯银六钱四分八厘为壹圆。在天津造币总厂开铸银元（俗称"袁大头"）。 • 袁世凯下令解散国会和各省议会。公布	• "萨拉热窝事件"。奥国皇储法兰西斯·斐迪南在萨拉热窝被塞尔维亚人刺杀。奥匈帝国在德国支持下向塞尔维亚发出最后的通牒，成为第一次世界大战的导火索。

公　元	（时期）	中　　国	外　　国
	中 华 民 国	《中华民国约法》。 ●孙中山在日本成立"中华革命党"，并任总理。 ●日军占领青岛。德国在山东的势力范围被日本取代。 ●天津造币总厂开铸有袁世凯头像的新银元。 ●"新华储蓄银行"成立。 ●北洋政府筹办"盐业银行"。下年开业。 ●虞洽卿在上海建立"三北轮埠公司"。为私营轮船航运企业。 ●范旭东在天津塘沽成立"久大精盐公司"。 ●北京故宫设立"古物陈列所"。为"故宫博物院"的前身。 ●罗振玉、王国维所著《流沙坠简》出版。选录斯坦因在敦煌掠掘的简牍、帛书等五百多枚，大多为汉简。 ●中华书局创办《中华实业界》、《中华小说界》、《中华童子军》、《中华儿童画报》四种期刊。 ●《新剧杂志》在上海创刊。出版两期后终刊。 ●文学消遣刊物《礼拜六》在上海创刊。以该刊为中心形成的文学派别称"礼拜六"派，亦称"鸳鸯蝴蝶派"。 ●鸳鸯蝴蝶派作家徐枕亚长篇小说《玉梨魂》出版。 ●上海图画美术学院西洋画科用一位十五岁的人体模特写生，是为中国第一例采用人体模特写生。 ●第二届全国运动会在北京天坛举行。会期两天，全国分东、西、南、北四部，竞赛项目有田径、足球、棒球、篮球、网球等。	●7月28日，奥匈帝国对塞尔维亚正式宣战，"第一次世界大战"爆发。 ●8月以后，德国对俄、法宣战；英国对德宣战；奥斯曼土耳其参战；俄国对奥斯曼土耳其宣战。"第一次世界大战"全面展开。 ●第一次"马恩河会战"。德军攻入法国，英、法以六十五个师向德五十一个师反攻，获胜，挫败德速胜计划，战争进入持久的阵地战。 ●美军占领墨西哥维拉克鲁斯城。 ●英国宣布，埃及为英国的保护国。至此，非洲除埃塞俄比亚和利比亚保持独立外，已被西方列强瓜分完毕。 ●巴拿马运河建成。使太平洋和大西洋沿岸航程缩短了一万多公里。 ●美国哲学家皮尔斯（1839～1914）卒。他首次表述实用主义原则。著有《皮尔斯全集》八卷。 ●奥地利经济学家柏姆-巴维克（1851～1914）卒。他提出迂回生产论。著有《资本与利息》等。 ●法国历史学家饶勒斯（1859～1914）卒。著有《社会主义法国革命史》等。 ●英国宗教史学家林赛（1843～1914）卒。著有《宗教改革史》等。 ●德国地质学家罗森布施（1836～1914）卒。他是岩石学的奠基人。著有《造岩矿物研究》等。 ●奥地利地质学家修斯（1831～1914）卒。他首次提出"地台"术语。著有《地球的面貌》等。 ●是年，德国劳厄获诺贝尔物理学奖，美国理查兹获化学奖，奥地利巴雷尼获生理或医学奖。
1915	国	●北京国民政府在日本提出的"二十一条"上签字，举国震惊，群起反对。 ●全国统一银币，银元（"袁大头"）成为唯一法定银币。 ●陈独秀在上海创办《青年杂志》，创刊号《敬告青年》一文称"当以科学与人权并重"。次年改名《新青年》。 ●蔡元培、吴玉章等组织"留法勤工俭学会"。人数最多时达一千七百多人。 ●参政院通过《国民代表大会组织法》。各省区国大代表举行"国体投票"。 ●12月11日，"国体投票"开票，一致通过"君主立宪"，推戴书云："恭戴今大总统袁世凯为中华帝国皇帝，并以国家最上完全主权	●5月，意大利对奥匈帝国宣战。 ●7月，英军占领德属西南非。美军占领海地。 ●10月，保加利亚参战。 ●南非白人工人总罢工。安米斯领导工党左翼建"国际社会主义联盟"。 ●德国社会民主党人创办《国际》杂志。被称为"斯巴达克同盟"（或称"国际派"），主要领导人有李卜克内西、卢森堡等。 ●英国开征"麦肯拿税"。对奢侈品征收从价三分之一的进口税。为英保护贸易的第一步。 ●"英国计算机公司"成立。 ●美国医生肯德尔发现甲状腺素。

公 元	（时期）	中 国	外 国
	中 华 民 国	奉之于皇帝，承天建极，传之万世。"经假意推辞，12 日，袁世凯表示接受帝号，称"中华帝国大皇帝"。 • 12 月 23 日，由唐继尧、任可澄署名发出第一封反帝制电报。25 日，蔡锷等宣告云南独立，组织护国军讨袁，孙中山发表讨袁宣言，"护国战争"爆发 • "上海商业储蓄银行"成立。 • 中国第一家钟厂在烟台创办。 • 荣宗敬、荣德生在上海创办"申新纺织公司"。发展为当时最大的私营纺织企业。 • 时鸳鸯蝴蝶派小说盛行。 • 1915～1916：茅台、五粮液、汾酒获巴拿马万国博览会金奖。 • 史地学家杨守敬（字惺吾，1839～1915）卒。著有《历代舆地图》、《水经注图》、《隋书地理志考证》等。 • 新闻记者黄远庸（名为基，笔名远生，1885～1915）卒。辛亥革命后任上海《时报》、《申报》特约通讯员。在美国旧金山被刺，身亡。著作编为《远生遗著》。	• 美国遗传学家摩尔根与人合作发表《孟德尔遗传机理》一书，奠定了"染色体—遗传因子理论"的可靠基础。 • 德国哲学家文德尔班（1848～1915）卒。他是新康德主义弗赖堡学派的创始人。著有《哲学史教科书》等。 • 德国教育家梅伊曼（1862～1915）卒。他是实验教育学的创始人之一。著有《实验教育学纲要》等。 • 英国物理学家莫斯莱（1887～1915）卒。他用实验测定元素周期表，并纠正几个元素的排列位置。 • 德国医学家艾尔利希（1854～1915）卒。他是近代化学疗法的奠基人之一。在组织学、生物化学、病理学、肿瘤学、免疫学等方面都有贡献。 • 俄国作曲家斯克里亚宾（1872～1915）卒。作品有《普罗米修斯》等。 • 是年，英国亨利·布拉格和劳伦斯·布拉格父子获诺贝尔物理学奖，德国维尔泰特获化学奖。
1916		• 1 月，云南军政府正式成立。唐继尧任都督。组成护国军总司令部，蔡锷、李烈钧分任第一、二军总司令。护国军发布讨袁檄文。袁世凯下令讨伐蔡锷、唐继尧等。 • 1 月，贵州宣布独立。 • 《民国日报》在上海创刊。为"中国国民党"的机关报。 • 2 月，中华革命党在武昌举事，失败。 • 3 月，广西宣布独立。袁世凯下令取消帝位，仍称大总统。做"皇帝"八十三天。 • 4 月，广东、浙江独立。两广都司令部成立，岑春煊为都司令。袁世凯宣布恢复内阁制。 • 5 月，滇、黔、桂、粤四省成立"军务院"，唐继尧任抚军长。与袁世凯政府对峙。 • 孙中山在上海发表第二次讨袁宣言。 • 川、陕、湘相继独立。 • 6 月，袁世凯（1859～1916）在京病卒。黎元洪就任大总统，下令停战。独立各省纷纷宣布取消独立，"护国战争"结束。 • 9 月，段祺瑞组阁。 • 10 月，黄兴在上海病故。 • 11 月，蔡锷在日本病故。 • 是年，蔡元培任北京大学校长。 • 《晨钟报》在北京创刊。由梁启超、汤化龙等主办，后改名《晨报》。 • 陈独秀主办的《青年杂志》改名《新青年》。	• 凡尔登战役：德军猛攻法国凡尔登，终未获胜，双方伤亡约百万人。此战成为第一次世界大战的转折点。从此，德方转走下坡路。 • 日德兰大海战：德国为突破英国在海上的封锁，与英国在丹麦日德兰西海岸展开大战，这是第一次世界大战中规模最大的一次海战，双方损失几乎相等，由于英在舰队数量上的优势，一直保持着海上的控制权。此后德不敢再冒险出海作战。 • 松姆河战役：英、法联军在西线向德军发动进攻，双方损失共达一百二十万人以上。战役中英军使用坦克，是世界战争史上第一次使用坦克作战。 • 罗马尼亚向奥匈帝国宣战。 • 爱尔兰为争取独立，发生反英起义。 • 美国成立"太平洋产品公司"。为"波音公司"的前身。成为西方最大的民航喷气机制造公司，还从事火箭、太空发射器的制造。 • 美国成立"电影工程师协会"。有关国家设有分会。 • 爱因斯坦发表《广义相对论的基础》，提出"广义相对论"。"相对论"的创立是物理学的重大革命，与"量子论"一起成为 20 世纪物理学的两大支柱。不仅带来时空观的根本变革，而且推动了天文学革命，为人类利用核能提供了广阔前景。

公　元	（时期）	中　国	外　国
	中 华	●上海《时事新报》开辟"上海黑幕"专栏，黑幕小说开始盛行。 ●广东南洋兄弟烟草公司在上海开办烟厂。 ●地质学家章鸿钊（1877～1951）创办我国第一所地质调查机构"地质调查所"。他还是"中国地质学会"发起人之一，并任首届会长。著有《石雅》、《古矿录》等。 ●1916～1917：植物学家钱崇澍（1883～1965）发表《宾州毛茛的两个亚洲近似种》、《钡、锶、铈对水绵属植物的特殊作用》。是为我国植物分类学和植物生理学方面最早的著作。1927年发表《安徽黄山植物之初步观察》，是我国地植物学和区系学方面最早著作之一。促进了我国植物学的建立和发展。 ●学者王闿运（字壬秋，1833～1916）卒。他是咸丰举人，曾为曾国藩幕僚，辛亥革命后任清史馆馆长。经学治《诗》、《礼》、《春秋》，宗法公羊。著有《湘军志》、《湘绮楼日记》、《湘绮楼诗集、文集》等，并编有《八代诗选》。 ●官僚实业家盛宣怀（字杏荪，号愚斋，1844～1916）卒。历任轮船招商局督办、中国电报局总办、汉冶萍公司董事长。著有《愚斋存稿》。	●美国哲学家罗伊斯（1855～1916）卒。他是新黑格尔主义者。著有《宇宙和人》等。 ●俄国医学家梅契尼科夫（1845～1916）卒。他是免疫学的创始人之一，创立吞噬细胞学说。著有《传染病的免疫问题》等。 ●德国天文学家史瓦西（1873～1916）卒。他改进和发展了恒星照相的技术和理论，并提出"恒星速度椭球分布律"。 ●德国数学家戴德金（1831～1916）卒。他用有理数的分割奠定了实数的基础。另对整数理论也有贡献。 ●英国化学家拉姆赛（1852～1916）卒。他曾与人合作发现几种"惰性元素"；证明镭的放射气体是氡；以及测定氡的原子量。著有《大气中的气体》等。 ●美国作家杰克·伦敦（1876～1916）卒。著有《铁蹄》、《海狼》等。 ●俄国画家苏里科夫（1848～1916）卒。他是巡回展览画派的代表之一。作品有《潘·拉辛》等。 ●法国埃及学家马司帛洛（1846～1916）卒。他曾参加发掘萨卡拉金字塔。著有《埃及考古学》、《古代东方民族史》等。
1917	民 国	●胡适在《新青年》第二卷第五号发文《文学改良刍议》，发起文学改良运动。陈独秀在第六号发文《文学革命论》，高举文学革命大旗。 ●府院之争激烈，段祺瑞辞去国务总理职务。 ●黎元洪电召张勋入京"共商国是"。张勋率"辫子军"北上，与康有为密议后恢复清廷，拥戴溥仪复辟。溥仪诏书授张勋议政大臣、直隶总督兼北洋大臣，掌管最高权力。 ●段祺瑞在天津马厂通电宣布讨伐张勋，发兵向北京进攻。张勋逃跑，复辟失败。 ●冯国璋在北京就任代总统。 ●"中华民国军政府"在广州宣告成立。孙中山就任海陆军大元帅，与北京政府对抗。 ●湖南通电宣告脱离北京政府。程潜就任"护法军湖南总司令"，"护法战争"爆发。 ●北京国民政府发布《大总统布告》，正式宣布对德、奥宣战。 ●"金城银行"成立。 ●范旭东在塘沽建"永利制碱公司"。以侯德榜为总工程师，发展为当时最大的私营制碱公司。 ●号称远东第一俱乐部的"上海大世界"开业，由黄楚九创办。	●德国为截断英国的物资供应，以潜艇封锁英国航线，实行"无限制潜艇战"，对所有船只一律攻击。 ●墨西哥颁布宪法。定国名"墨西哥合众国"。 ●俄国二月革命，推翻沙皇政权，成立"临时政府"。总理为克伦斯基。 ●美国对德宣战。 ●希腊参战。 ●11月7日，俄国"十月革命"胜利，建立苏维埃政权，是世界上第一个社会主义国家。 ●芬兰脱离俄国独立。成立"芬兰共和国"。 ●英表示支持犹太人建"民族之家"，但要不损害巴勒斯坦权益。 ●罗马教廷公布《天主教会法典》。为天主教基本法规的全书。 ●爱因斯坦运用"广义相对论"，提出关于宇宙的模型，开创"宇宙学"的理论研究。 ●法国医学家德文列尔阐明溶菌现象。 ●德国科学家兰凯提出结核的三期分类法。 ●德国经济学家瓦格纳（1835～1917）和

公　元	（时期）	中　国	外　国
1918	中 华 民 国	●内陆第一家自建百货大楼"先施公司"在上海开业。 ●学者王先谦（字益吾，号葵园，1842~1917）卒。他曾任国子监祭酒、江苏学政，湖南岳麓、城南书院院长等。联合诸学者对古籍和历史文献进行编校刊印。校刻有《皇清经解续编》，编有《十朝东华录》、《汉书补注》、《后汉书集解》、《荀子集解》、《庄子集解》等。著有《虚受堂诗文集》。 ●段祺瑞再任国务总理，决定对川、湘、粤各省的用兵计划，以期"武力统一"。南北战争又起。 ●由于"武人争雄"，孙中山辞去大元帅职务，离开广州，"护法运动"失败。 ●冯国璋辞去北京政府大总统职务，"安福国会"选举徐世昌为大总统。 ●徐世昌下令全国放假一日庆祝第一次世界大战结束。在紫禁城太和殿前举行阅兵式。徐世昌致词曰："公理战胜强权"。 ●轮船招商局"普济"号在吴淞口外被"新丰"号撞沉，死两百余人。 ●北京政府财政总长曹汝霖与上海烟土联社签订合同，以民国元年六厘债务全部收购该社存土一千五百七十七箱。 ●上海成立"中华国民拒土公会"。虞洽卿为会长。 ●列宁委托苏外长齐采林复函孙中山，向中国革命领袖致敬，并号召中国兄弟与俄国劳动者共同奋斗。 ●4月，毛泽东、蔡和森等在长沙成立"新民学会"，以"革新学术，砥砺品行，改良人心风俗"为宗旨。 ●8月，毛泽东第一次到北京，进北京大学图书馆工作。 ●中华职业教育社召开第一届年会，并展览二十七所职校成绩。 ●北京政府定夏历八月二十七日为"孔子诞辰纪念日"。 ●上海江南造船所与美国运输部签订合同，承造四艘载重一万吨货轮。 ●"中国电气股份公司"成立。由交通部与美日商人合办。叶恭绰任董事长。 ●上海"永安百货公司"开业。以经营环球百货为主，兼营旅馆、酒楼、游乐场等。 ●由北京丹凤与天津华昌两厂组成"丹华火柴厂"。 ●北京政府教育部公布注音字母。 ●中国科学社办事机关由美国迁入国内，在	施穆勒（1838~1917）卒。前者著有《财政学原理》；后者著有《一般国民经济原理》等。 ●德国医学家贝林（1854~1917）卒。他在防治传染病中首先应用抗血清。著有《血清疗法》等。 ●法国雕塑家罗丹（1840~1917）卒。作品有《思想者》、《青铜时代》等。 ●是年，英国巴克拉获诺贝尔物理学奖。 ●德国工人1月举行大罢工。 ●苏俄与"同盟国"单独订立"布列斯特—立托夫斯克和约"，接受苛刻条件，退出战争（此条约于一战结束后宣布废止）。 ●7月，第二次"马恩河战役"。英、法联军大败德军，德军丧失最后的战场主动权。继而，保加利亚宣布投降。 ●奥匈帝国瓦解：所属波兰、捷克斯洛伐克、匈牙利、南斯拉夫等宣布独立；奥地利宣布成立共和国；布达佩斯爆发资产阶级革命，推翻哈布斯堡王朝，宣告奥匈帝国结束。 ●土耳其宣告投降。 ●11月，德国基尔水兵起义。引发"十一月革命"，柏林工人大罢工，举行武装起义，推翻霍亨索伦王朝，建立"魏玛共和国"，颁布《魏玛宪法》。艾伯特当选总统，谢德曼任总理。 ●11月11日，德国与协约国在巴黎附近的康边森林签订《康边停战协定》，宣布投降，停止军事行动，第一次世界大战结束。战争历时四年多，参战国三十三个，卷入战争人口十五亿以上，死伤三千余万人。 ●"德国共产党"成立。由原"国际派"组建。 ●"德意志工人党"成立。为"德国国家社会主义工人党"（"国社党"，即"纳粹党"）前身。 ●苏俄颁布《俄罗斯苏维埃联邦社会主义共和国宪法》。 ●苏俄发生国内战争，实行战时共产主义政策。 ●英、法开辟从伦敦至巴黎的第一条国际航空线。 ●世界上最大的四万两千吨的英国巡洋舰"普特号"下水。 ●英国军事理论家富勒首次提出建立"机械化部队"的观点，奠定了"机械化战争"的理论基础。

公　元	（时期）	中　　国	外　　国
	中 华 民 国	上海、南京设事务所。 ●鲁迅短篇小说《狂人日记》在《新青年》上发表，此为中国第一篇白话小说。 ●李大钊在《言治》季刊第三册上发表《沙俄革命之比较观》等七篇文章，宣传马克思主义，赞扬十月革命，影响很大。 ●李大钊、胡适等在北京创办《每周评论》。 ●《新青年》改用白话文出版，并使用新式标点符号。此后，其他报刊采用白话文日渐增多。 ●上海《时事新报》开辟《学灯》副刊。 ●"商务印书馆"设立"活动影戏部"。是为中国最早的私营电影制片机构。成立前曾拍摄过新闻短片。成立后拍摄了《西湖风景》、《育童教育》和梅兰芳《天女散花》等。 ●是年 2 月，香港快活谷赛马场看台倒塌，引起大火，死伤六百多人，为近年最大的人为灾祸。 ●当月，西藏江孜、日喀则一带发生六级地震。广东南澳发生七点三级地震。 ●6 月，江西水灾。连日大雨，赣江水涨，赣州、樟树、吉安、万安受灾严重。6 月底，河南、山东水灾。河水暴涨，京汉、粤汉、陇海、津浦各铁路均被冲断。8 月，奉天水灾，连日暴雨，南满、京奉等铁路被冲断。 ●文学家苏曼殊（原名玄瑛，字子穀。后为僧，号曼殊，1884～1918）卒。他能诗文，善绘画，通英、法、日、梵数种文字。有《苏曼殊全集》。还翻译过拜伦、雨果等人的作品。 ●医学家唐宗海（字容川，1862～1918）卒。他主张中西医汇通。著有《中西会通医书五种》，其中《血证论》多有贡献。 ●文学家郑文焯（字俊臣，号小坡、叔问、大鹤山人，1856～1918）卒。他是光绪举人。擅诗词，兼长金石、书画、医学。辛亥革命后，以遗老自居。有《大鹤山房全集》。 ●京剧名家汪笑侬（原名德克金，满族，1855～1918）卒。他主工老生，长期在沪演出，自成一派。另编有新戏《党人碑》、《哭祖庙》等。 ●广州军政府海军总长程璧光（字恒启，自署玉堂，1859～1918）在广州遇刺身亡。福州水师学堂毕业。甲午战争时，曾参加黄海海战。随孙中山南下护法，任军政府海军总长。被刺死后，军政府由林葆怿主持海军。	●"流感"在世界范围内流行，死亡以千万计。 ●德国哲学家实里克建立"逻辑实证主义"的理论基础。 ●美国天文学家沙普利提出"太阳系不在银河系中心"的观点。 ●美国科学家沙尔和琼斯创立"玉米双杂交育种法"。 ●德国科学家施佩曼发现"胚胎诱导作用"。 ●德国医学家萨克斯、格奥尔基首创据沉降反应诊断梅毒。 ●俄国政论家丹尼尔逊（1844～1918）卒。他最早将《资本论》译成俄文，但认为马克思主义不适合俄国。著有《我国改革后的社会经济概论》。 ●德国哲学家柯亨（1842～1918）卒。他是新康德主义马堡学派的创始人。提出"伦理社会主义"。著有《纯粹认识的逻辑学》等。 ●德国数学家康托尔（1845～1918）卒。他是"集论"的创始人，还用基本数列建实数理论。 ●法国作曲家德彪西（1862～1918）卒。他开创音乐的印象派。作品有《意象》等。 ●奥地利画家克利姆特（1862～1918）卒。他是维也纳分离派的创导者。作品有壁画《哲学》等。 ●俄国革命家普列汉诺夫（1856～1918）卒。他是俄国最早的马克思主义传播者。翻译《共产党宣言》，组织第一个马克思主义团体"劳动解放社"，后为孟什维克首领之一，反对列宁路线。著有《社会主义与政治斗争》、《我们的意见分歧》、《论一元史观的发展》等。 ●美国历史学家班克罗夫特（1832～1918）卒。著有《北美太平洋沿岸各国史》等。 ●美国历史学家亚当斯（1838～1918）卒。著有《美国史》等。 ●法国作家罗斯丹（1868～1918）卒。著有剧本《西哈诺·贝热拉克》等。 ●奥地利画家克里姆特（1862～1918）卒。他是"维也纳分离派"奠基人。作有《贝多芬雕像装饰壁画》等。 ●是年，德国普朗克获诺贝尔物理学奖，德国哈伯获化学奖。
1919		●"南北议和会议"在上海召开。意见不一，未果而终。	●巴黎和会：第一次世界大战后，战胜国在巴黎召开的会议，名义上拟定对德和约，

公 元	（朝代）	中　国	外　国
	中 华 民 国	●《巴黎和约》激起北京学潮。"五四运动"爆发，揭开新民主主义革命序幕，标志中国现代史的开端。继而各地学生纷纷罢课，上海工人、商人罢工、罢市。"中华革命党"正式改名为"中国国民党"，从秘密转为公开。以巩固共和，实行"三民主义"为宗旨。孙中山为总理，居正为总务主任，谢持为党务主任，廖仲恺为财务主任。 ●"大陆银行"在天津成立。 ●毛泽东等在长沙创办《湘江评论》。 ●天津"觉悟社"成立。周恩来为主持人，成员有马骏、郭隆真、刘清扬、邓颖超等。 ●周恩来等在天津创办《天津学生联合会报》。 ●中国首批勤工俭学学生赴法。 ●"万国禁烟会"在上海开会，主张限制烟土吗啡，除医药用途外，不得种植与销售。 ●孙中山在沪发表《护法宣言》。 ●"公理战胜"纪念牌坊在北京中山公园落成。 ●有八十三家报馆参加的"中国报界联合会"在沪成立。叶楚伧任主席。 ●北京政府教育部公布"注音字母次序"。 ●北京大学校长蔡元培致函《公言报》，说明北大实行思想自由原则，采取兼容并包主义。 ●由北京通州协和大学、汇文大学等合并成立"燕京大学"。 ●张伯苓、严范孙创办天津南开大学。 ●李大钊等在北京发起组织少年中国学会。创刊《少年中国》月刊。 ●张东荪等主编《解放与改造》半月刊在沪出版。 ●新教育共进社在沪创办《新教育》月刊。由蒋梦麟、黄炎培、陶行知等编辑。 ●傅斯年、罗家伦等组织"新潮社"，创办《新潮》月刊，出版新潮丛书。 ●陈独秀在《新青年》上发表《本志罪案之答辩书》，提出拥护德、赛两先生（民主与科学）。 ●吴虞在《新青年》上发表《吃人与礼教》。 ●李大钊在《新青年》的"马克思主义研究"专号上发表《我的马克思主义观》，这是第一篇较系统介绍马克思主义的理论文章，为中国共产党的诞生进一步奠定了思想理论基础。 ●胡适在《每周评论》上发表《多研究些问题，少谈些主义》一文。一段时期内，在知识界引起关于"问题"与"主义"的争论。	实为英、法、美操纵，重新瓜分世界。签订了《凡尔赛和约》，通过了《国联盟约》。因会议漠视中国主权，将德在山东的特权转让给日本，中国代表团拒绝在和约上签字。 ●阿根廷政府屠杀首都布宜诺斯艾利斯工人，发生"血腥的一周"。 ●第三国际（共产国际）在莫斯科成立。三十个国家的工人政党参加会议，通过《共产国际宣言》、《共产国际行动纲领》、《关于资产阶级民主和无产阶级专政》等文件。规定总部设在莫斯科，各国共产党是其支部。 ●德国军国主义者成立"钢盔团"，希特勒上台后并入"冲锋队"。 ●1919～1922：扎格鲁尔创立"华夫脱党"，领导埃及反英独立运动。 ●1919～1921："第三次英阿战争"。最终英国承认阿富汗独立。 ●1919～1923：土耳其"基马尔革命"。反对列强占领。 ●巴特发表《罗马书注释》，被视为"新正统神学"的诞生宣言。 ●"泛非大会"在巴黎召开。黑人团体代表五十多人出席。 ●"国际劳工组织"成立。 ●"国际天文学联合会"在布鲁塞尔成立。 ●"美国无线电公司"成立。 ●英国物理学家卢瑟福首次实现"人工核反应"，并发现"质子"。 ●英国科学家阿斯顿发明"质谱仪"。 ●英国皇家天文学会在非洲、南美的日食观测中发现太阳附近光线的偏折，从而证实了爱因斯坦的"广义相对论"。 ●英人阿尔科克和美人布朗成功飞越大西洋，距离一千七百多公里。 ●美国欧文首次使用"折叠式降落伞"从飞机上试跳成功。降落伞从此获得推广使用。 ●德国历史学家梅林（1846～1919）卒。著有《马克思传》、《德国社会民主党史》等。 ●德国博物学家海克尔（1834～1919）卒。他是达尔文主义的传播者。著有《人类发展史》、《宇宙之谜》等。 ●德国语言学家勃鲁格曼（1849～1919）卒。他是个人心理主义语言学派的创始人之一。著有《比较语法纲要》等。 ●英国医学家奥斯勒（1849～1919）卒。著有《内科学原理与实践》等。

公　元	（朝代）	中　国	外　国
	中 华 民 国 1920 国	• 徐彦之发表《男女交际问题杂感》，极力提倡男女同校。 • 李鹤鸣在《解放与改造》第一卷第三号上发表《女子解放论》。 • 汉语官话合译本《新旧约全书》出版。 • 是年 3 月，奉天本溪湖煤矿发生火灾，三百多工人遇难。 • 4 月，吉林晖春发生七点三级地震。 • 地理学家丁谦（字益甫，1843～1919）卒。他是清末举人，曾任象山教谕二十余年。著有《蓬莱轩地理学丛书》六十九卷，由浙江图书馆刊行（亦称《浙江图书馆丛书》）。 • 藏书家、校勘家缪荃孙（字炎之、筱珊，号艺风，1844～1919）卒。他是光绪进士。历主多家书院讲席，创办"江南图书馆"、"京师图书馆"等。长于金石目录之学，富收藏，颇有名气。著有《艺风堂藏书记》、《艺风堂金石文字目》、《艺文堂文集》等。 • 科学家詹天佑（字眷诚，1861～1919）卒。以幼童留学美国，为中国所派第一批留学生。毕业于耶鲁大学，习工程。以总工程师主持修建京张铁路，为中国自建的第一条铁路。后任交通部技监、协约国西伯利亚铁路管理委员会技术部中国委员。著有《京张工程纪略》。 • 直系首领冯国璋（字华甫，1857～1919）卒。北洋武备学堂毕业。与王士珍、段祺瑞并称"北洋三杰"。北洋政府时期曾任副部统、代总统，被段祺瑞胁迫下台。在北京病故。 • "直皖战争"爆发。皖军败，段祺瑞辞职，直奉两系控制北京政府。 • "粤桂战争"爆发。 • 上海日华纱厂工人举行罢工，九千多人参加。上海各校及全国各界八十三团体为"山东问题"召开大会，三万余人参加，会后冒雨游行。 • 孙中山委任陈炯明为广东省省长兼粤军总司令。孙中山重组广州军政府。 • 教育部下令废止文言文教科书，将"国文"改为"国语"，"以期收言文一致之效"。并在全国各级学校实行新标点符号，方案由胡适牵头与钱玄同、刘半农、周作人等共同拟订。在此基础上，公布《国音字典》，语文教材废古体文，改用白话文。 • 李大钊、邓中夏等人在北京大学组织"马克思学说研究会"。这是中国最早的学习和研究马克思主义的团体。 • 毛泽东在湖南创办"文化书社"。蔡和森	• 俄国矿物学家费多洛夫（1853～1919）卒。他发明了"费氏旋转台"。著有《结晶学》等。 • 德国气候学家克彭（1875～1919）卒。他提出气候分类法。著有《气候学大全》等。 • 英国物理学家瑞利（1842～1919）卒。他建立"瑞利散射公式"和"瑞利—金斯辐射公式"，并发现氩气。 • 瑞士化学家维尔纳（1866～1919）卒。他的理论是无机化学的新发展，为原子价的电子学说开辟了道路。 • 德国化学家费雪（1852～1919）卒。他确定了咖啡碱和可可碱的化学结构，并确定了几种蛋白质的组成，还完成了多肽的合成工作。 • 法国画家雷诺阿（1841～1919）卒。他是印象画派的成员。作品有《游船上的午餐》、《舞会》等。 • 意大利作曲家莱昂卡瓦洛（1857～1919）卒。作品有歌剧《波希米亚人》等。 • 德国法学家奥本海（1858～1919）卒。著有《国际法》二卷。 • 英国物理学家克鲁克斯（1832～1919）卒。他致力于阴极射线管研究；发现铊元素。 • 匈牙利诗人安德烈（1877～1919）卒。作品有《巴黎通信》、《迎接三月阳光》等。 • 是年，德国斯塔克获诺贝尔物理学奖，比利时博尔德获生理或医学奖。 • "国际联盟"成立。有四十四国参加，后发展为六十三国。总部设在日内瓦。盟约规定：英、法、美、意、日、中等三十二国为创始会员国，其中前五国为常任理事国。因美与英、法争霸权未果不参加，国联实由英、法操纵。 • 德国发生"卡普暴动"。军人政变企图推翻"魏玛共和国"恢复君主专政。暴动失败，卡普逃亡国外。 • "协约国"与土耳其签订《塞夫勒条约》，规定叙利亚、黎巴嫩、巴勒斯坦及伊拉克与土耳其分立。阿拉伯半岛宣布为英国势力范围。土在欧洲只拥有伊斯坦布尔及近郊地区。战胜国有权监督土财政，要将土变成殖民地。 • 波斯发生革命，建立"吉朗共和国"，次年，被镇压。 • 美国发生"萨柯—范齐蒂案"，以捏造抢劫杀人罪迫害工人运动领袖萨柯和范齐蒂，

公　元	（朝代）	中　国	外　国
	中华民国	自法国写给毛泽东信中，提出组织中国共产党的主张，毛泽东复信中表示完全赞同。 　●中国第一次纪念"五一"国际劳动节。 　●中国第一个"共产主义小组"在上海成立。"共产国际"派人来华帮助成立。陈独秀任书记。制定《中国共产党宣言》。创办党内刊物《共产党》月刊。李达任主编。 　●上海股票商业公会改组成立"上海华商证券交易所"。 　●"宝元通公司"在四川宜宾创立，为私营大型绸布、百货商店。 　●到本年为止，中国资本主义近代工业已有一千七百五十九家，资本额五亿零六十二万元，工人五十五万七千六百二十二人。 　●英国哲学家罗素应北京大学和讲学社的邀请，来华讲学。 　●是年底，甘肃地震，二十万人丧生。 　●学者刘师培（字申叔，号左盦，1884～1920）卒。他曾加入筹安会，助袁世凯复辟帝制，作《君政复古论》为复辟寻求理论根据。后在北京大学任教。家传文字训诂学，宗古文经。近人辑有《刘申叔先生遗书》，凡七十四种。 　●学者朱执信（原名大符，1885～1920）卒。他积极参加当时的民主革命，曾在上海创办《建设》杂志。著有《朱执信集》。 　●文学家易顺鼎（字实甫，1858～1920）卒。他是光绪举人。擅诗词、骈文。著有《丁戊之间行卷》、《四魂集》等。	打击工人运动。 　●希特勒改组"德意志工人党"为"德国国家社会主义工人党"（简称"国社党"，也叫"纳粹党"①）。自任党魁。宣扬大日耳曼主义和反犹太运动，鼓吹战争与反共产主义。 　●巴拿马运河正式通航。 　●意大利举办"米兰国际博览会"。 　●"国际商会"在巴黎成立。 　●美国首次开设横跨大西洋的长波无线电通信。 　●"道格拉斯飞机公司"在美成立。 　●"国际电话电报公司"在美成立。 　●在1901～1920年间，获诺贝尔自然科学奖，美两人，英八人，法十一人，德二十人。 　●苏俄气象学家费奥多罗夫创立综合气候学。 　●德国物理学家巴尔克豪森、库尔茨发现电子振动。 　●德国历史学家韦伯（1864～1920）卒。著有《世界经济通史》等。 　●德国心理学家冯特（1832～1920）卒。他是构造心理学派的创始人之一。著有《心理学大纲》等。 　●俄国微生物学家伊凡诺夫斯基（1864～1920）卒。他是病毒学说的创始人之一。最早从烟草病害中发现病毒。 　●是年，瑞士籍法国人纪尧姆获诺贝尔物理学奖，德国能斯特获化学奖，丹麦克罗格获生理或医学奖。
1921		●广州军政府取消，另组中华民国军政府，孙中山当选为中华民国非常大总统。任命各部长官：外交总长伍廷芳，财政总长唐绍仪，内政总长兼陆军总长陈炯明，海军总长汤廷光，参谋总长李烈钧等。 　●7月23日，在上海贝勒路树德里3号，"中国共产党第一次代表大会"召开。代表有毛泽东、何叔衡（湖南）、董必武、陈潭秋（湖北）、李达、李汉俊（上海）、刘仁静、张国焘（北京）、王尽美、邓恩铭（济南），陈公博（广州），还有周佛海和陈独秀指派的代表包惠僧，以及共产国际代表马林、尼科尔斯基。会议中途转移到浙江嘉兴南湖一条船上继续举行。会上宣告了"中国共产党"的诞生，提出了党的基本	●1月，意大利共产党成立。产生"人民勇士"运动。同年，墨索里尼组建"法西斯②党"（又称"棒喝党"、"黑衫党"）。 　●苏、波签订《里加条约》，双方停战。划分边界。承认乌克兰和白俄罗斯独立。 　●德国国社党建半军事组织"冲锋队"（又称"挺进队"），为"党卫军"前身。 　●英、爱签订《爱尔兰自治法案》。爱尔兰南部二十六个郡成立"自由邦"，享有自治权。北部六个郡仍归英。爱尔兰被割裂。 　●1921年11月～1922年2月：华盛顿会议。参加者有美、英、法、意、日、葡、比、荷、中九国。主要协调列强在中国及远东的利益和争夺海上霸权。形成若干条约，称为"华

① 纳粹：是德语 Nationalsozialist 缩写字 Nazi 的音译，即"德国国家社会主义工人党"。

② 法西斯：原名来自拉丁文 Fasces。本义为"束棒"，是古罗马时长官的一种权力标志，系用皮带捆着的一捆棍棒，中间插着一把利斧。初为早期王权的象征，后为高官出巡时由扈从所执的权力标志。意大利"法西斯蒂"（Fascist）即取名于此，故也称"棒喝党"。党员身着黑衫，也称"黑衫党"。

公　元	（时期）	中　国	外　国
	中 华 民 国	任务与奋斗目标。31 日结束。选举陈独秀为中央局书记，张国焘为组织主任，李达为宣传主任。 　●8 月，中国共产党公开领导的工运机关"中国劳动组合书记部"在上海成立。主任张国焘。发表《中国劳动组合书记部宣言》。 　●"湘鄂战争"爆发。川军援鄂，扩大为"川湘鄂战争"。 　●"中南银行"在上海成立。由南洋华侨集资兴建，为民国时期主要商业银行之一。 　●荣氏兄弟家族资本集团在上海组成"茂新、福新、申新总公司"。除主要管理下属的三家大公司外，还兼营铁厂、货栈、储蓄等业务，还投资于银行、水泥厂和交易所等。 　●"上海华商纱布交易所"成立。为抗战前最大的棉花、棉纱市场。 　●"上海面粉交易所"开业。为抗战前最大的面粉市场。 　●"上海金业公会"改组为"上海金业交易所"。为抗战前上海买卖黄金并进行投机交易的市场。 　●上海发生金融风潮，称为"信交风潮"。由于投机商作祟，几个月内成立一百多家交易所和十多家信托公司，股票大量上市，形成投机狂潮。不久，市面银根告紧，股票暴跌，交易所与信托公司纷纷倒闭，形成严重的金融风潮。 　●"仰韶遗址"考古挖掘工作正式开始。 　●华侨领袖陈嘉庚创办"厦门大学"。聘邓芝园为校长。 　●"东南大学"在南京建立。是为"南京大学"的前身。 　●太虚创办"武昌佛学院"。 　●北京有轨电车开通。 　●沈雁冰、郑振铎、王统照等发起成立"文学研究会"。为"五四运动"中著名新文学团体。提倡"为人生而艺术"。出版《小说月报》、《文学周报》等刊物和《文学研究会丛书》。 　●郭沫若、郁达夫、成仿吾等发起成立"创造社"。为"五四运动"中著名新文学团体。先后出版《创造月刊》、《洪水》、《文化批判》、《思想》等刊物和《创造丛书》。 　●鲁迅著名小说《阿 Q 正传》开始在北京《晨报》副刊上陆续发表。后收入《呐喊》一书。 　●郭沫若《女神》出版。标志着自由体诗的独立与成熟。 　●"民众戏剧社"在上海成立。由沈雁冰、	盛顿体系"。会上得益最多的是美国，为美国在远东及太平洋地区进一步扩张提供了条件。 　●伊拉克成为英国委任统治区。建"费萨尔王朝"。1932 年获得完全独立。 　●英国以约旦河为界，将巴勒斯坦分为东西两部，西部仍称"巴勒斯坦"，东部成立"外约旦酋长国"。 　●巴勒斯坦发生反犹太暴乱，反对犹太人大量移入。 　●波斯分别与阿富汗、土耳其缔结互不侵犯条约。 　●阿富汗国王阿曼努拉汗颁布《奖励工业法》。 　●中亚哈萨克因战乱、饥馑，饿死约百万人。 　●蒙古宣布独立，建立人民革命政府，仍保留君主政体。博克多格根为大汗，包多为首任总理。 　●埃及反英运动再起，英进行镇压。同年，埃及工会联合会成立。 　●拉蒂夫在非洲创建苏丹统一部落协会，主张民主独立。 　●非洲圣公教会教士基邦古创立黑人教会，进行反殖民者活动，史称"基邦古运动"。 　●伊斯兰教瓦哈比派攻占麦加。 　●在美国人穆德的倡导下组成"国际基督教宣教协会"。 　●在爱尔兰首都都柏林成立"圣母军"（亦称"圣母御侍团"，或"圣母慈爱祈祷会"）。是天主教内的一个国际性组织。后经罗马教廷批准。 　●英国女作家斯各特发起成立"国际笔会"。主张创作自由，以和平与人类精神为宗旨。总部设伦敦。 　●意大利军事理论家杜黑《制空权》一书问世。至此制空权理论产生。 　●美国医学家阿博恩思发现脑下垂体前叶激素的促进生长作用。 　●瑞典物理学家吉古班发明 X 射线真空分光计。 　●美国物理学家赫尔发明磁控管。 　●德国哲学家杜林（1833～1921）卒。他以"社会主义改革家"自居。哲学上是调和派，认为先有模式、原则和范畴，然后应用于自然界和人类历史，构成现实世界。著有《哲学教程》等。因他公开扬言对马克思主义进行"全面改革"，恩格斯著《反杜林论》进行反驳。

公　元	（时期）	中　国	外　国
	中 华 民 国	欧阳予倩等主持。受 19 世纪末欧洲小剧场运动的影响，提倡开展非职业性的小型话剧演出，企图改变新剧商业化、庸俗化的倾向（即开展"爱美剧运动"）。 　●《戏剧》杂志在上海创刊。是中国较早的戏剧杂志之一。 　●近代改良主义者郑观应（原名官应，字正翔，号陶斋，1842～1921）卒。他曾为英洋行买办，也创办过企业。主张"主以中学，辅以西学"，提出"商务之源……以机器为先"。著有《易言》、《盛世危言》等。 　●近代启蒙思想家、翻译家严复（字又陵、几道，1853～1921）卒。他为福州船政学堂首届毕业生，后留学英海军学校，归任北洋水师学堂总教习、总办。主张维新变法。曾译西方名著《原富》、《法意》、《穆勒名学》等。首次提出"信、达、雅"的翻译标准。尤其是译作《天演论》影响很大。 　●史学家屠寄（字敬山，1856～1921）卒。他是光绪进士。著有《蒙兀儿史记》，校正了不少《元史》之误，尤对西北地理沿革多所考证。尚有《黑龙江舆程日记》等。 　●音韵学家劳乃宣（字季瑄，号玉初，1843～1921）卒。他曾任京师大学堂总监督。是简体字与拼音文字的积极倡导者，曾奏请设立简字学堂。著有《等韵一得》、《宁音谱》、《吴音谱》等。1913 年"读音统一会"制定注音字母多采其说。	●奥地利经济学家门格尔（1840～1921）卒。他是奥地利学派创始人。提出"边际价值论"，认为生产、分配及消费领域的现象都取决于物品边际效用的大小。著有《国民经济学原理》等。 　●德国语言学家保罗（1846～1921）卒。他是个人心理主义语言学派代表人物之一。著有《语言史原理》等。 　●法国音乐家圣 - 桑（1835～1921）卒。他是"民族音乐协会"创办人之一。作品有《动物狂欢节》（尤以《天鹅》著名）等。 　●英国科学家邓洛普（1840～1921）卒。他发明了橡胶充气轮胎。 　●俄国科学家茹科夫斯基（1847～1921）卒。他是现代空气动力学循环假设数学理论的创始人。 　●俄国哲学家克鲁泡特金（1842～1921）卒。信仰无政府主义。著有《互助论》、《法国大革命 1789～1793》、《冰河时期之研究》等。 　●法国剧作家费杜（1862～1921）卒。作品有《恶语伤人》、《马克西姆家来的贵妇》、《留神阿美莉》等。 　●俄国诗人、剧作家勃洛克（1880～1921）卒。他是象征派的主要代表人物。作品有《美女诗草》、《西徐亚人》等。 　●是年，美籍德国人爱因斯坦获诺贝尔物理学奖，英国索迪获化学奖。
1922		●香港海员大罢工。继而"全港工人总同盟"罢工以示支持。英警制造"沙田惨案"，引起全国震惊。港英当局被迫答应工人条件，罢工胜利结束。 　● 3 月，大总统徐世昌颁令定《卿云歌》为国歌。歌词："卿云烂兮，纠缦缦兮，日月光华，旦复旦兮。"（传说为上古时代由舜所作）。由萧友梅配曲。 　●"直奉战争"爆发。奉军败，直系控制北京政权。 　●第一次"全国劳动大会"在广州召开。由中国劳动组合书记部主任张国焘主持。 　●徐世昌辞"大总统"职，黎元洪入京就任。 　●南方陈炯明部叛变，围攻广州总统府，孙中山登永丰舰脱险。第二次"护法运动"失败。 　●长江船员、长辛店铁路工人、粤汉路部分铁路工人、安源路矿工人、上海烟草工人相继罢工。 　● 12 月 1 日，末代皇帝溥仪在故宫举行结	●协约国在意大利召开"热那亚会议"（欧洲国家经济会议），邀请苏俄参加，有三十四国代表出席。会议无成果。会议期间，苏德签订《拉巴洛条约》，两国恢复外交关系和发展经贸关系。 　●英国发表宣言，承认埃及独立。仍保留在苏伊士运河驻军及其他特权。 　●英国与伊拉克签订《英伊同盟条约》。 　●俄国共产党（布）第十一次代表大会。斯大林当选为党的总书记。 　●波斯发生库尔德斯坦起义。 　●墨索里尼发动"向罗马进军"，法西斯党徒进入罗马后，国王授命由其组阁，并赋予其独裁权力。意大利建立法西斯独裁统治，成为世界上第一个法西斯政权。 　●苏维埃社会主义共和国联盟第一次苏维埃代表大会在莫斯科召开，宣告"苏维埃社会主义共和国联盟"（苏联）的成立。 　●美国成立"海湾石油公司"。由梅隆财团控制，主要在国外经营石油业务。

公　元	（时期）	中　　国	外　　国
	中 华 民 国	婚大典。皇后为婉容。在宝座上接见外国使节和黎元洪大总统的专使及北洋政府文武大员和各省军阀等。 ●时北洋政府债台高筑，入不敷出。 ●时教育学制规定，小学分初、高两级，两级都有的称"完全小学"。 ●"中国社会主义青年团"在广州成立。 ●"永安纺织印染公司"在上海建立。为侨资经营的棉纺织企业。 ●欧阳竟无在南京创办"支那内学院"（佛教自称其学为内学，古印度称中国为"支那"）。其宗旨是"阐扬佛学，育材利世"。招收学员，习法相、唯识要典。同时编刻唐代法相、唯识要典和章疏，出版年刊《内学》和《杂刊》。编印"藏要"三辑，收集佛典五十余种，三百多卷，又发起编印《精刻大藏经》等。欧阳竟无病卒后，由吕澂继任院长。 ●《诗》月刊在上海创刊。 ●"明星影片公司"在上海成立。为中国早期私营电影企业。陆续拍摄的主要影片有《孤儿救祖记》、《火烧红莲寺》、《啼笑因缘》、《姊妹花》、《春蚕》、《十字街头》、《马路天使》等。 ●剧作家庞人铨（1898~1922）卒。他因加入中国社会主义青年团被军阀杀害。著有新剧《人道之贼》、《金钱万恶》、《社会福音》等。	●"英国广播公司"（B. B. C）创立。由政府直接控制。 ●英考古学家卡特发现古埃及法老墓；吴雷在伊拉克发掘苏美尔古城址，发现大批文物，提示了埃及与两河流域的古代文明，为世界考古的重要事件。 ●德国巴登苯胺纯碱公司"尿素"投入工业化生产。 ●加拿大医学家班廷和贝斯特提取"胰岛素"成功，并用于临床。 ●英国科学家博恩斯、贝沙普发现维生素E。 ●俄裔美籍科学家兹沃尔金创制出比较完善的电视系统。 ●荷兰天文学家卡普坦（1851~1922）卒。他提出两星流学说和银河系的一种模型，并合作编制四十五万颗星的星表。 ●美国医学家霍尔斯特德（1852~1922）卒。著有《创伤愈合与修复研究》、《外科论文集》等。 ●英国鸟类学家赫德森（1841~1922）卒。著有《英国的鸟类》、《阿根廷的鸟类》等。 ●是年，丹麦玻尔获诺贝尔物理学奖，英国阿斯顿获化学奖，英国希尔和美籍德国人迈耶霍夫获生理或医学奖。
1923	民 国	●年初，广东海丰县总农会成立。孙中山发表《中国国民党宣言》，说道：革命事业是"由民众发之，亦由民众成之"。继公布《中国国民党党纲》和《中国国民党总章》之后，孙中山和苏联代表联合发表宣言，史称"孙文越飞宣言"。 ●滇桂粤联军开入广州，陈炯明通电下野。 ●京汉铁路工人举行大罢工。军警屠杀工人，制造"二七惨案"，工人领袖林祥谦与律师施洋牺牲。是为中国工人运动的第一次高潮。 ●"陆海军大元帅大本营"在广州成立。 ●直系军阀用武力驱走大总统黎元洪，北京国会"贿选"曹锟为大总统。一票五千银元。四百八十票当选，花掉一千三百五十万元。 ●"北京宪法会议"通过《中华民国宪法》。 ●中共在广州东山举行第三次代表大会。主要讨论与国民党合作，建立统一战线问题。 ●北京故宫发生火灾。烧毁房屋一百余间及大量珍贵文物，损失惨重。 ●全国教育普查结束。历时一年。由中华教育改进社主持。 ●《中国共产党党报》创刊。由陈独秀主编。	●法、比军队占领德国工业心脏鲁尔区。英、法矛盾尖锐化，英国坚决反对，法国陷于孤立。后被迫撤出。 ●鲁尔四十万工人大罢工。政府发生危机，内阁更换频繁。 ●"协约国"与土耳其在瑞士签订《洛桑和约》。 ●"土耳其共和国"宣布成立。基马尔当选总统，通过宪法，定都安卡拉。结束奥斯曼王朝长达六百多年的专制统治。 ●保加利亚"九月起义"。后被镇压，两万多人被害。 ●德国社民党魁希特勒企图夺权，策动"啤酒店暴动"。政变未遂，希特勒被捕入狱，判刑五年。 ●约旦成为英保护国，建立"阿拉伯军团"。军官多为英人，训练、装备皆由英负责。 ●"国际刑警组织"在维也纳成立。 ●美国科学家康普顿发现能证明光量子假说的"康普顿效应"。 ●法国科学家德布罗意提出"波粒二重性"，推动"量子力学"的发展。

公 元	（时期）	中 国	外 国
1924	中 华 民 国	• 阎锡山建立"山西银行"。发行纸币，称为"晋钞"。 • 吴蕴初在上海创立"天厨味精厂"。为当时最大的私营调味品厂。 • 鲁迅小说集《呐喊》出版。 • 冰心《繁星》、《春水》，宗白华《流云》等诗发表，代表新诗运动中小诗的最高成就。 • 史学家顾颉刚考辨古史传说，提出"层累地造成的中国古史观"，在史学界引起激烈争论。以后，将其争论文章编为《古史辨》。 • 画家陈衡恪（字师曾，号槐堂、朽道人，1876~1923）卒。他曾留学日本，归国后从事美术教育，诗文、绘画、书法、篆刻皆通。著有《中国绘画史》、《中国文人画之研究》、《染苍室印存》等。 • "中国国民党第一次全国代表大会"在广州召开。重新解释"三民主义"，确定"联俄、联共、扶助农工"三大政策，完成国民党的改组，标志着第一次国共合作开始，革命统一战线正式建立。 • 孙中山制定《国民政府建国大纲》，规定"国民政府本革命之三民主义、五权宪法，以建设中华民国"。提出了他在中国建立资产阶级民主共和国的设想。 • 中国与苏联正式建交。 • "黄埔军校"开学。孙中山任本部总理，蒋介石为校长，廖仲恺为党代表，周恩来为政治部主任。军校还聘有苏联顾问。 • "江浙战争"爆发。是为二三十年代中国军阀纷争中的重要战争之一。表面是军阀争夺地盘，实质上各军阀背后都有外国列强支持，是列强操纵中国政治、争夺中国利益的表现。 • 第二次"直奉战争"爆发。 • 冯玉祥在直奉战前线倒戈，率部秘密返京，发动"北京政变"，囚禁大总统曹锟，迫其辞职，击溃直系吴佩孚。与段祺瑞、张作霖电请孙中山北上。孙中山发表《北上宣言》，段祺瑞出任临时总执政。12月31日，孙中山抱病抵京。 • 11月：溥仪被逐出紫禁城。由北京警备司令鹿钟麟执行。搬到后海甘水桥旧醇王府邸居住。 • "广州农民运动讲习所"开办。彭湃任主任。 • 广州沙面工人罢工，取得胜利。 • 是年，孙中山在广州创办"广东大学"，	• 德国科学家奥伯斯出版《从火箭到星际太空》一书。 • 西班牙马德里"旋翼飞机"试飞成功。 • 阿根廷科学家奥塞发现垂体对激素的控制功能。 • 法国卡尔梅特和介兰发明"卡介苗"。 • 迪士尼开始在好莱坞制作动画片。 • 德国哲学家毛特纳（1849~1923）卒。他是语言哲学的代表。著有《语言批判论稿》等。 • 意大利经济学家帕累托（1848~1923）卒。著有《政治经济学讲义》等。 • 德国物理学家伦琴（1848~1923）卒。主要贡献是发现并深入研究了"伦琴射线"。1901年获得第一次诺贝尔物理学奖。 • 是年，美国密立根获诺贝尔物理学奖，奥地利普瑞格尔获化学奖，加拿大班廷和英国麦克劳德获生理或医学奖。 • 《法捷同盟条约》签订。继而，法国会选举，由激进党和社会党共同组成的"左翼联盟"获胜，组成政府。 • 俄国革命领袖列宁因突发脑溢血在莫斯科附近的哥尔克村逝世。 • 由美国代表道威斯拟定的《道威斯计划》开始实行。是为第一次世界大战后德国的赔款计划。 • 柯立芝正式当选美国总统。四年任内经济发展，被称为"柯立芝繁荣"。 • 意大利国会中自由党、人民党和社会党组成反法西斯政府的"亚文丁联盟"。后被镇压。 • 英国废除1899年与埃及的协定，苏丹全部归英统治。 • 1924~1933：德国工人建立"红色战士同盟"。由著名工人领袖台尔曼领导。曾组织游行，维护工人利益。后被镇压。 • 英国职工组织"少数派运动"在伦敦成立。成员最多时达百万人，是组织罢工的核心力量。 • "法国石油公司"成立。 • 第一届"冬季奥林匹克运动会"在法国举行。 • "国际象棋联合会"成立。总部设在荷兰阿姆斯特丹。 • 在南非发现"南非古猿"化石，被认为是"从猿到人"的中间环节。 • 美国人史密斯等首次作环球飞行。 • 美国纽约至英国伦敦无线电传真照相成功。

公　元	（时期）	中　　国	外　　国
	中 华 民 国	是为"中山大学"的前身。 ● "东方图书馆"在沪建立。 ● 地质学家孙云铸发表《中国北部寒武纪动物化石》一书，为我国第一部古生物学专著。他还于40~60年代提出地层对比三原则、中国古生代的海侵和生物分区，在地层古生物的基本概念和综合研究方面有重要贡献。 ● 史学家夏曾佑（字遂卿，1865~1924）卒。他曾任教育部普通教育司司长。著《中国古代史》（原名《中国历史教科书》），首创章节体。 ● 文学家林纾（字琴南，号畏庐，冷红生，1852~1924）卒。他曾任教于京师大学堂。以他人口述，用古文翻译欧美小说百余种，译笔流畅，影响颇大。著有《畏庐文集》、《畏庐诗存》及传奇、小说、笔记等多种。 ● 经学家崔适（字怀瑾，1852~1924）卒。他曾任教于北京大学。著有《春秋复始》、《五经释要》、《论语足徵记》、《史记探原》等。 ● 剧作家黄吉安（1836~1924）卒。他曾为幕宾多年，主创川剧剧本，有八十余种，另有扬琴唱本二十余种，著名的有歌颂文天祥的《柴市节》等。	● 瑞典医学家威斯特古林测定红细胞沉降速度。 ● 英国哲学家布拉德莱（1846~1924）卒。他是新黑格尔主义者。著有《现象与实在》等。 ● 英国经济学家马歇尔（1842~1924）卒。他是剑桥学派的创始人。用数理方法研究经济学，提出"均衡价值论"等学说。著有《经济学原理》等。 ● 意大利作曲家普契尼（1858~1924）卒。他作有十二部歌剧，有《蝴蝶夫人》等。 ● 瑞士诗人施皮特勒（1845~1924）卒。有诗作《奥林匹亚的春天》等。 ● 埃及作家曼法鲁蒂（1876~1924）卒。他是现代阿拉伯散文的先驱。著有杂文集《观点集》等。 ● 美国心理学家霍尔（1844~1924）卒。他是儿童心理学、教育心理学的奠基人。著有《耶稣基督，心理学的解释》等。 ● 美国历史学家威尔逊（1856~1924）卒。著有《美国人的历史》、《乔治·华盛顿》等。 ● 是年，瑞典西格班获诺贝尔物理学奖，荷兰爱因特霍芬获生理或医学奖。
1925	民 国	● 3月12日，孙中山（名文，号逸仙，1866~1925）在北京逝世。留下遗嘱："必须唤起民众，及联合世界上以平等待我之民族，共同奋斗。" ● "五卅惨案"、"汉口惨案"、"沙基惨案"相继发生。 ● 上海、香港相继发生罢工。 ● "中华民国国民政府"在广州成立。汪精卫任主席。外交部长胡汉民，军事部长许崇智，财政部长廖仲恺，交通部长孙科，司法部长徐谦。聘请鲍罗廷为高等顾问。组建国民革命军：第一军军长蒋介石，第二军军长谭延闿，第三军军长朱培德，第四军军长李济深，第五军军长李福林等。 ● 国民党左派领袖廖仲恺遇刺身亡，终年四十八岁。 ● 国民革命军相继两次东征，消灭陈炯明叛军。 ● 国民党右派邹鲁、林森等在北京西山召开"西山会议"。国民党内部斗争激烈。 ● "浙奉战争"爆发。 ● "全国各界妇女联合会"成立。刘清扬为大会主席。 ● 卢作孚在重庆创立"民生实业公司"。此	● 《洛迦诺公约》签订。由英、法、德、意、比、捷、波七国签署。宣称"巩固欧洲和平"，实则英法企图固定战后德国西部边界，把德侵略矛头引向东方。 ● 在日内瓦订立《关于禁用毒气或类似毒品及细菌方法作战议定书》。 ● 德国纳粹党建立"党卫军"。 ● 叙利亚发生"德鲁兹起义"。反对法国的委任统治，一度占领大马士革，后被镇压。 ● 1925~1934：兴登堡任德意志魏玛共和国总统。在位期间，支持法西斯组织。 ● 1925~1979：波斯礼萨汗推翻"卡扎尔王朝"，建立"巴列维王朝"。 ● 土耳其国内库尔德人发生骚乱，要求自治。 ● 1925~1927：巴西爆发起义。由普列斯特斯领导，转战十四州，行程二万六千多公里，被称为巴西历史上的"长征"。终失败。 ● "非国大"在非洲成立。 ● 加拿大鲍尔公司成立。后发展为加拿大最大的垄断资本财团。 ● 德国物理学家海森堡与玻恩、约尔丹创立量子力学的"矩阵力学体系"。标示"量

公 元	（时期）	中 国	外 国
	中 华 民 国	为当时长江航线最大的私营轮船航运企业。 　●罗马教廷在北京建"辅仁社"，后改名"辅仁大学"。 　●北京"故宫博物院"建立。 　●鲁迅等发起的"未名社"在北京成立。主要成员有韦素园、李霁野、曹靖华等。出版《未名》半月刊。 　●田汉等发起创立"南国社"。设有文学、戏剧、音乐、电影等部门，以话剧活动为主。出版《南国月刊》。演出过《名优之死》、《卡门》等。 　●《生活》周刊在上海创刊。黄炎培任主编。下年，由邹韬奋接任。 　●近代诗人高旭（字天梅，号剑公，1877～1925）卒。他曾任中国同盟会江苏支部部长，为南社创始人之一。著有《天梅遗集》等。 　●戏剧活动家、河北梆子演员田际云（名瑞麟，艺名响九霄，1864～1925）卒。他主攻花旦，长期在北京演出。辛亥革命后，发起组织艺人群众团体"正乐育化会"，并举办北京第一个女子科班"崇雅社"。 　●20世纪20年代：物理学家吴有训（字正之）在美国芝加哥大学作科学研究时，对证实"康普敦效应"作出了重要贡献。 　●20世纪20～40年代：物理学家饶毓泰（字树人）在美、德从事原子光谱和分子光谱研究，是早期研究"斯塔克效应"的光谱学家之一。	子力学理论体系"的初步建立。 　●奥地利物理学家薛定谔导出"量子力学"的波动力学体系，称"薛定谔方程"。 　●美国物理学家布里奇曼首先使用从熔体中制备单晶。 　●英国作家萧伯纳获诺贝尔文学奖。 　●黑人歌唱与舞蹈家约瑟芬·贝克成为欧美20年代人们追捧的偶像。 　●德国数学家克莱因（1849～1925）和弗雷格（1848～1925）卒。前者提出著名的《爱尔朗根计划书》，用变换群作出几何学的分类；后者在数理逻辑上有重要贡献。著有《计算概念》、《算术基本法则》等。 　●英国心理学家沃德（1843～1925）卒。著有《心理学原理》等。 　●英国史学家维诺格拉多夫（1854～1925）卒。著有《英国佃农劳役制度》等。 　●美国作家洛威尔（1874～1925）卒。其为意象派诗人。有诗集《彩色玻璃大厦》等。 　●俄国作家叶赛宁（1895～1925）卒。有诗剧《普加乔夫》等。 　●美国画家萨金特（1856～1925）卒。擅长肖像画。作品有《温汉姐妹图》等。 　●是年，美籍德国人弗兰克和德国赫兹获诺贝尔物理学奖，奥地利齐格蒙迪获化学奖。
1926		●国民党召开"二大"。 　●"鄂豫战争"爆发。 　●段祺瑞卫队向游行请愿群众开枪，打死刘和珍等数十人，制造"三一八"惨案。鲁迅称之为民国以来最黑暗的一天。不久，段祺瑞宣布下野，黎元洪宣布辞大总统职。 　●3月20日，蒋介石制造"中山舰事件"，逮捕共产党人。5月，国民党二届中执委会通过《整理党务案》。国共合作彻底破裂，蒋介石成为国民党的铁腕人物。 　●广州国民政府任蒋介石为国民革命军总司令。通过《国民革命军北伐宣言》，"北伐战争"开始。 　●英舰炮击四川万县，"万县惨案"发生。 　●冯玉祥"五原誓师"，宣布全军加入国民党，成立国民军联军总司令部，任联军总司令。 　●北伐军相继攻下武昌、南昌。11月26日：国民政府决定由广州迁都武汉。 　●12月1日，张作霖任"安国军总司令"，	●英国发生"1926年大罢工"。是为最大的一次全国总罢工，参加罢工者六百万人。 　●美国发生工人总罢工。 　●加拿大从英自治领获得外交上的独立。为英联邦成员国。 　●德国加入"国联"。 　●波兰毕苏斯基在"萨纳奇"（"复兴"经济）的口号下，发动军事政变，建立法西斯统治。一般称此政权为"萨纳奇政权"。 　●印度尼西亚爆发"民族起义"，反抗荷兰殖民统治。 　●1926～1933：桑地诺领导尼加拉瓜进行反美游击战争。 　●"世界伊斯兰大会"在麦加成立。 　●德、法、比、卢和萨尔区的钢铁垄断组织组成"国际钢铁卡特尔"。 　●美国创办"国民广播公司（NBC）"。 　●美国科学家哥达德制造的用液氧和汽油做推进剂的第一枚液体火箭试飞成功。 　●英国地质学家杰弗里斯提出"地核为

公　元	（时期）	中　　国	外　　国
	中 华 民 国	发表"反赤宣言"。任孙传芳、张宗昌、阎锡山为副司令、杨宇霆为总参谋长。27 日，从奉天进入北京。 　●是年，"中国历史博物馆"在京正式开放。 　●"开明书店"在上海创立。 　●"山东大学"在济南创办。 　●上海涵芬楼影印《正统道藏》。 　●农学家丁颖在广州东郊犀牛尾沼泽地发现野生稻。1933 年发表《广东野生稻及由野稻育成之新种》，论证我国是栽培稻种的原产地。 　●南京永利碱厂生产出我国和亚洲第一批纯碱。 　●鲁迅小说集《彷徨》出版。 　●以徐志摩、闻一多为代表的"新月诗派"崛起。 　●医学家丁甘仁（名泽周，1866～1926）卒。他于 1916 年创办"上海中医专门学校"及"广益中医院"。著有《喉痧症治概要》。其医案辑为《丁甘仁医案》。 　●近代立宪派代表人物张謇（字季直，1853～1926）卒。他是光绪状元，曾兴办企业，提出"棉铁主义"。著有《张謇日记》、《张謇函稿》等。 　●诗人况周颐（字夔笙，号蕙风，1859～1926）卒。他是光绪举人，主工词。著有《蕙风词》，并有《蕙风词话》。 　●名记者邵飘萍（名振青，1884～1926）卒。他曾在北京创办《京报》，并在北京大学等讲授新闻学。因支持群众反帝反军阀斗争，被奉系军阀杀害。	"液态"的著名论断。 　●英国化学家英果尔德提出化学中著名的"中介理论"。 　●美国生物学家摩尔根用 X 射线使果蝇基因的突变率激增，推进了遗传基因变异的研究。 　●英国天文学家琼斯发现地球自转不均匀现象，并求得太阳视差的新值。 　●德国哲学家倭铿（1846～1926）卒。他倡导精神生活的哲学。著有《精神生活的统一》等。 　●瑞典经济学家维克塞尔（1851～1926）卒。他是瑞典学派的创始人。著有《利息与物价》等。 　●奥地利经济学家维塞尔（1851～1926）卒。他是奥地利学派的主要代表之一。首提"边际效用"一词。著有《自然价值论》等。 　●德国经济学家克纳普（1842～1926）卒。他倡导货币国定。著《货币国定说》等。 　●瑞典女教育家爱伦·凯（1849～1926）卒。她是自由教育论者。著《儿童世纪》等。 　●德国教育家拉伊（1862～1926）卒。他是实验教育学创始人之一。著有《实验教育学》等。 　●法国画家莫奈（1840～1926）卒。他是印象派创始人之一。"印象派"名称就是时人嘲笑其《日出印象》一画而来。作品还有《睡莲》等。 　●是年，法国佩兰获诺贝尔物理学奖，瑞典斯维德伯格获化学奖，丹麦菲比格获生理或医学奖。
1927		●1 月 1 日，国民政府正式宣布定都武汉。 　●1 月 5 日，收回汉口英租界。6 日，收回九江英租界，由国民革命军接管。 　●3 月 21 日，上海工人举行第三次起义获得成功，建立上海特别市临时政府。 　●4 月 12 日，蒋介石在上海清党，制造"四一二事变"。15 日，李济深在广州清党。 　●由于国民党内部矛盾，4 月 18 日，南京国民政府成立，时出现北、中、南三政府局面。 　●4 月 28 日，中共主要创始人李大钊等二十人被奉系军阀张作霖处以绞刑。 　●5 月 21 日，许克祥在长沙发动"马日事变"。大肆捕杀共产党人。 　●6 月，张作霖在北京就任"中华民国海陆军大元帅"。 　●7 月 15 日，汪精卫召开武汉国民党中常委会，公开提出取缔共产党，进行反共清党，大	●法国退伍军人组成"火十字团"。以拉罗克上校为首领。曾参加法西斯暴动。是"法国社会党"（后改称"进步党"）的前身。 　●法通过"战时国家组织法"，实行普遍义务军训。 　●希特勒在柏林召开首次纳粹党会议。 　●意大利墨索里尼政府颁布《劳动宪章》。宣布罢工为刑事犯罪行为。 　●英与苏断交。同年，英通过反工会法。 　●巴西政府宣布罢工为非法。 　●"国联"在日内瓦召开"世界经济会议"。有五十多个国家参加。会议未能达成协议。 　●土耳其与美国建交；与苏联订立《贸易航海条约》。 　●阿富汗与波斯订立友好条约。 　●全加拿大劳工大会建立。

公 元	（时期）	中　　国	外　　国
	中 华 民 国	肆逮捕杀害共产党人，制造"七一五事件"。 ●8月1日，周恩来、贺龙、叶挺、朱德、刘伯承等领导发动"南昌起义"。后，此日被定为中国人民解放军建军节。 ●8月7日，中共在汉口举行"八七会议"。纠正陈独秀的投降主义，选举瞿秋白为首的新的中央临时政治局，决定开展土地革命和以武装反抗国民党对共产党人的屠杀政策。 ●9月9日，湘赣边界爆发"秋收起义"。29日，起义队伍进行"三湾改编"，建立党对军队的绝对领导。10月，队伍上井冈山，建立第一个农村革命根据地。 ●9月11日，国民党南京、武汉、上海三方代表在上海举行会谈。宣布取消三党部，成立统一的国民党中央特别委员会。推举谭延闿为国民政府主席。20日，南京国民政府发表成立宣言，提出继续清除共产党。通过政务委员名单，汪精卫、胡汉民、谭延闿、蔡元培、李烈钧五人为常委；成立军事委员会，由蒋介石、汪精卫、胡汉民等人组成主席团。 ●12月11日，共产党人发动"广州起义"。失利。 ●12月14日，国民政府宣布与苏联断交。 ●是年，北京周口店古人类遗址开始正式发掘。 ●蒋光慈等在上海创办"太阳社"。先后出版《太阳月刊》、《时代文艺》、《海风周报》、《新流月报》等刊物和《太阳社丛书》。 ●"上海国立音乐学院"创立。为中国第一所现代专业音乐院校。创办人与首任院长为蔡元培。 ●韩清净在北京创立"三时学会"。是研究佛教唯识法相的学术团体。 ●史学家顾颉刚创办"民俗学会"，出版《民俗周刊》，并编辑《民俗学会丛书》。以民俗学资料印证古史传说。 ●近代改良派与保皇派首领康有为（原名祖诒，字广夏，号长素，又号更生，1858～1927）卒。因祖籍广东南海，人称"南海先生"。著有《新学伪经考》、《孔子改制考》、《戊戌奏稿》、《大同书》、《礼运注》、《中庸注》、《长兴学记》、《康南海先生诗集》等。 ●国学大师王国维（字静安，号观堂，1877～1927）于是年4月自沉于北京颐和园。生平著作颇丰，收入《海宁王静安先生遗书》、《观堂集林》等。 ●书画家吴昌硕（初名俊、俊卿，字昌硕、仓石，别号缶庐、苦铁，1844～1927）卒。他善写"石鼓文"，自成一家。尤精篆刻，创	●阿尔及利亚举行穆斯林代表大会，要求扩大阿拉伯人选举权，取消土著法典。 ●南非颁布《维持风化法》，禁止欧洲人与非洲人通婚。同时颁布《土著管理法》。 ●墨西哥下令将教会财产收归国有，封闭教会学校，驱逐外国教士。 ●哥伦比亚将石油工业收归国有。 ●伊本·沙特改称汉志和内志国王。与英订立《吉达条约》，英承认汉志和内志独立。 ●"印度尼西亚民主联盟"在万隆建立。苏加诺任主席。 ●菲律宾爆发起义，遭美军镇压。史汀生就任美国驻菲总督，采取缓和政策。 ●伊拉克基尔库克发现石油。 ●巴勒斯坦地区发生地震，死者逾千。 ●密西西比河泛滥，美国中西部八州被淹。 ●美国建成世界最大的航空母舰萨拉托加号和莱克星顿号。 ●林白首次单独驾机飞越大西洋。 ●英国生物学家缪勒完成基因诱变实验，将遗传学研究提高到一个新阶段。 ●奥地利病理学家兰特斯坦纳等发现血液中MN和P因子。 ●德国哲学家海德格尔创"存在主义哲学体系"。 ●苏联生理学家巴甫洛夫提出"高级神经活动类型学说"和"两种信号系统学说"。 ●荷兰天文学家奥尔特提出"银河系自转"的假说。 ●英国物理学家海特勒将量子力学理论引入化学，开创"量子化学"领域。 ●德国成立"太空飞行协会"。 ●美国华纳兄弟影业公司拍摄音乐故事片《爵士歌手》，标志着"有声电影"的诞生。 ●英国经济史学家艾希利（1860～1927）卒。著有《英国经济史及经济学说导论》。 ●法国地质学家奥格（1851～1927）卒。他发展了地槽学说。著有《地质学》等。 ●瑞典物理化学家阿列纽斯（1859～1927）卒。他提出关于电解质的"阿列纽斯理论"和化学动力学的"阿列纽斯公式"等。 ●美国女舞蹈家邓肯（1878～1927）卒。她是现代舞派的创始人。著有自传《我的生平》。 ●美国历史学家亚当斯（1848～1927）卒。著有《社会改革论》、《文明衰退的规律》等。

公 元	(时期)	中 国	外 国
		为一派。画以写意花卉为主。曾为同道推为西泠印社社长。著有《缶庐集》、《缶庐印存》等。 • 诗人冯煦（字梦华，号蒿盦，1843～1927）卒。他是光绪进士。辛亥革命后以遗老自居。著有《蒿盦类稿》、《蒿盦随笔》等，编有《宋六十家词选》。	• 丹麦学者布兰代斯（1842～1927）卒。著有《现代突破者》等。 • 是年，美国康普顿和英国威尔逊获诺贝尔物理学奖，德国威兰德获化学奖，奥地利贾勒格获生理或医学奖。
1928	中 华 民 国	• 粤、桂系军队在潭落圩开战，"两广战争"爆发。最后以桂系胜利告终。 • 国民政府公布《中华民国刑法》。 • 毛泽东与朱德率军在井冈山会师。建立中国工农红军第四军，朱德任军长，毛泽东任党代表。 • 日军制造"济南惨案"。继之，在沈阳皇姑屯车站炸死张作霖。 • 蒋介石就任国民政府主席。 • 张学良通电宣布东北易帜。接受南京政府领导，受任政府委员。至此，南北政府统一。 • 《中央日报》创刊。为国民党的中央机关报。 • 国民党政府成立"中央银行"。 • 是年，据邮政局统计，全国人口约为四亿八千六百万。 • 殷墟开始正式发掘。标志着我国近代考古的出现。 • 考古学家吴金鼎等在山东章丘龙山镇城子崖首次发现"龙山文化"遗址。 • 孙殿英盗掘清东陵。炸开墓门，盗取五大箱宝物。 • "中华国货展览会"在上海开幕。蒋介石主持开幕式。 • 国民政府决定将"清华学校"改名为"国立清华大学"，归大学院与外交部共管。校长罗家伦。 • 鲁迅主持"朝花社"在上海成立，以介绍东欧、北欧文学为主旨。 • 医学家颜福庆和谷镜汧创办"上海医学院"。 • 植物学家陈焕镛（字文农）创建中山大学农林植物研究所。曾对华南地区植物进行调查、采集和研究。1930年创办植物学专门刊物《中山专刊》。 • 文字学家卢戆章（字雪樵，1854～1928）卒。他积极提倡拼音文字，曾出版《一目了然初阶》，为汉语拼音的最早方案，后字母改用汉字偏旁笔画，成《中国切音新字》一书。 • 学者辜鸿铭（名汤生，自号汉滨读易者，1856～1928）卒。他曾在多国留学，精通数国语文，在北京大学任教。著有《读易堂文集》等，并以西文介绍儒家经籍。	• 美国提出海军建设计划。 • 法、英、美、德、意、日、印等十五国在巴黎签订《白里安－凯洛格非战公约》。反对以武力解决国际争端。后签约国发展为六十三国。 • 阿尔巴尼亚索古发动政变。宣布为"君主国"，自称国王，为索古一世。 • 印尼各地青年在雅加达召开大会，通过《青年誓言》，提出以"印度尼西亚"为统一国家的名称，以代替"荷属东印度"。 • 1928～1935：玻利维亚和巴拉圭争夺格兰查科北部地区发生"格兰查科战争"，（又称"大厦谷战争"）。背后分别有英、美的支持。 • 法国开始构筑"马其诺防线"。 • "穆斯林兄弟会"在埃及成立。 • 英国物理学家海特勒等创立"分子轨道理论"。 • 英国物理学家狄拉克提出描述电子的方程。 • 英国地质学家霍姆斯提出"地幔对流说"解释大陆漂移。 • 英国科学家弗莱明发明"青霉素"。 • 美国遗传学家摩尔根出版《基因论》，系统阐述遗传学的基因理论。 • 苏在列宁格勒成立"空气动力实验室"，主要研究固体火箭。 • 苏戏剧家斯坦尼斯拉夫斯基确立"斯坦尼斯拉夫斯基体系"。 • 荷兰物理学家洛伦兹（1853～1928）卒。他创立经典电子论，对经典电磁理论有较大贡献。他获得1902年诺贝尔物理学奖。 • 英国作家哈代（1840～1928）卒。著有《德伯家的苔丝》、《无名的裘德》等。 • 西班牙作家伊巴涅斯（1867～1928）卒。著有《五月花》、《茅屋》等。 • 瑞典地理学家诺登舍尔德（1869～1928）卒。他曾赴南美、南极进行地质考察。著有《瑞典1901～1903年的南极科考活动》。 • 是年，英国里查森获诺贝尔物理学奖，德国温道斯获化学奖，法国尼考尔获生理或医学奖。

公元	（时期）	中　国	外　国
1929	中 华 民 国	●蒋、桂战争爆发。桂系将领李明瑞、杨腾辉倒戈投蒋，桂系失败。 ●国民政府宣布关税自主。 ●冯玉祥拥西北军通电反蒋，为"护党救国军西北路总司令"。由于部将韩复榘、石友三的背叛而失败。 ●蒋介石令张学良八万东北军向苏开战。战不利，签订《伯力会议议定书》。 ●蒋介石授意陈立夫、陈果夫将"浙江革命同志会"改组为国民党中央俱乐部，简称"CC系"。渐成为蒋在党内的特务系统。 ●国民政府宣布废除领事裁判权。 ●国民党湘赣剿共总指挥部在江西萍乡成立。发动三省兵力会剿井冈山。工农红军向赣南、闽西进军，开辟以瑞金为中心的中央革命根据地。 ●贺龙领导鹤峰、桑植等地农民起义，建立红二军，开辟湘鄂西革命根据地。 ●邓小平、张云逸等领导广西百色起义，成立红七军和右江工农民主政府，开辟了右江革命根据地。 ●红军第四军在福建召开"古田会议"。确定中国共产党建党、建军原则。 ●裴文中在北京周口店首次发现"北京猿人"头盖骨。抗战时丢失，至今下落不明。 ●中美合资"中国航空公司"成立。开通沪平、沪粤、沪蜀线。 ●刘鸿生在上海筹建"章华毛绒纺织厂"。 ●太虚等在南京成立"中国佛学会"。 ●"国立北平研究院"建立。 ●王云五主编《万有文库》开始出版。 ●陶希圣《中国社会之史的分析》出版。 ●李四光撰成《东亚的几个特别构造型》，提出地质力学原理与方法。 ●教育部在上海举办"第一届全国美术展览会"。 ●教育家晏阳初在河北定县翟城村试行"平民教育方案"。 ●近代改良派与保皇派首领梁启超（字卓如，号任公，又号饮冰室主人，1873～1929）卒。其著作编为《饮冰室合集》。 ●古生物学家赵亚曾（1898～1929）卒。他最先对我国长身贝类化石作系统研究。著有《中国长身贝科化石》、《中国石炭纪及二叠纪石燕化石》等。 ●画家陶元庆（字璇卿，1893～1929）卒。他曾为鲁迅作品作封面画。中国新文艺书籍用图案作封面由此始。 ●评剧作家、演员成兆才（艺名东来顺，	●意大利与教皇订立《拉特兰条约》，承认梵蒂冈有独立主权。教皇为"基督在世的代表"，对全世界天主教会有"最高管理权"，对教徒"永无谬误"。 ●法、英、意、日等十二国在海牙举行国际会议，通过美国代表杨格制订的"杨格计划"。代替《道威斯计划》，减少德国赔款。 ●拉丁美洲各国共产党在布宜诺斯艾利斯举行第一次代表会议。通过在拉美国家开展民族解放革命和土地革命的决议。 ●《统一国际航空运输某些规则公约》在华沙签订。 ●1923至1933年期间，世界经济危机发生。以10月24日"黑色星期四"纽约证券交易市场发生股票价格狂跌为契机，当天有三百万股在恐慌中抛出，有八人跳楼自杀。接着大批银行破产、企业倒闭、工人失业，美国经济迅速崩溃。很快蔓延到其他国家，形成了有史以来持续时间最长、范围最广、影响最深、程度最重的一次经济危机。整个世界工业下降百分之三十七点二。美国破产企业达十四万家，银行倒闭六千家。德国破产企业六万家，法国五万多家，损失二千五百亿美元，失业三千万人以上。经济危机加剧政治动荡，法国更换十四届内阁，德国换了四届。经济危机也激化了资本主义世界的各种矛盾。 ●英国科学家莫里森发明"石英晶体计时器"。 ●德国飞艇试行"环球飞行"成功。 ●美国科学家科里夫妇发现肌糖原、血乳酸、肝糖原和血糖之间转化的"科里循环"。 ●爱因斯坦提出电磁场及万有引力场的统一理论。 ●法国历史学家费弗尔等创立"年鉴历史学派"。 ●美国电影艺术与科学院在好莱坞首次颁发奥斯卡金像奖（该学院的学院奖）。 ●德国哲学家彼得楚尔特（1862～1929）卒。他是经验批判主义者。著有《纯粹经验哲学引论》等。 ●美国经济学家凡勃伦（1857～1929）卒。他是制度学派的创始人。著有《企业论》等。 ●波兰语言学家古尔特内（1845～1929）卒。他首提"音位"观念，著有《语言学导论》等。 ●英国戏剧家琼斯（1851～1929）卒。剧作有《说谎者》等，论著有《国民戏剧基础》等。

公　元	（时期）	中　　国	外　　国
		1874～1929）卒。他能演老生、老旦、丑角等多种角色。创作与改编剧本一百余种，部分收入《成兆才评剧剧本选》。	●是年，法国德布罗意获诺贝尔物理学奖，英国哈登和瑞典籍德国人奥伊勒获化学奖，荷兰艾克曼和英国霍普金斯获生理或医学奖。
1930	中 华 民 国	●阎锡山就任"中华民国军总司令"，冯玉祥、李宗仁任副总司令，宣言讨蒋。蒋、阎、冯、李"中原大战"爆发。双方投入兵力达一百一十万，伤亡三十余万，战火席卷中原大地，历时七月，以阎锡山、冯玉祥通电下野结束。 ●年初，毛泽东发表《星星之火，可以燎原》，指明中国革命发展前途。 ●毛泽东在赣西南召开"二·七会议"，成立中国工农革命委员会。 ●国民政府公布《土地法》。 ●红军相继成立第一、二、三军团。第一军团总指挥朱德，政委毛泽东。下辖红五军军长林彪，政委彭清泉；红十二军军长伍中豪，政委谭震林；红三军军长黄公略，政委陈毅。第二军团总指挥贺龙，政委周逸群。下辖红二军军长贺龙，政委朱勉之；红六军军长邝继勋，政委段德昌。第三军团总指挥彭德怀，政委滕代远。下辖红五军军长邓萍，政委张纯青；红八军军长何长工，政委邓乾元。 ●台湾"雾社起义"。雾社地区六个高山族村庄在头人摩那·罗达奥率领下举行反日起义。终因寡不敌众失败，牺牲数百人，余者弹尽粮绝后集体自杀。 ●蒋介石调集十万兵力对红军根据地进行第一次围剿。以鲁涤平为总司令，张辉瓒为前线总指挥。被红军粉碎。 ●国民政府成立"邮政储金汇业总局"。其业务为吸收小额存款，经营放款和汇兑。 ●刘鸿生组成"大中华火柴公司"。为当时最大的私营火柴企业。 ●"中国航空公司"成立。由中美合资。 ●中国第一家信用保险股份有限公司在上海成立。资本总额二十万元。 ●中国开始用电台广播天气预报。 ●王云五（号岫庐）任"商务印书馆"总经理。他曾提出"四角号码"检字法，并主编《万有文库》等。 ●"中国左翼作家联盟"在上海成立。选沈端先、冯乃超、鲁迅、田汉、郑伯奇、洪灵菲为常委。鲁迅作《对于左翼作家联盟的意见》讲话。大会通过《左联行动总纲领》。 ●"中国社会科学家联盟"在上海成立。刊行《新思潮》、《社会科学战线》等。 ●"中国左翼戏剧家联盟"在上海成立。	●德国社会民主党穆勒政府被推翻，由天主教中央党首领白鲁宁组织政府。以希特勒为首的纳粹党得到迅速发展，在"反对凡尔赛压迫"的口号下进行民族沙文主义与复仇主义的宣传。并以消灭失业、增加工资和社会保险金、实行土地改革等口号获得民众的支持。 ●德国先后发生曼斯费特与柏林五金工人大罢工。 ●9月：德国国会选举。共产党获票四百六十万张，比1928年增加一百三十万张；纳粹党获六百四十万张，猛增七倍，占了上风。 ●美国胡佛政府成立"财政复兴公司"，拥有三十八亿美元资产，以图支持垄断企业，挽救危机。 ●美国数十城市发生失业工人游行示威活动。并成立"全国失业委员会"。 ●美国众议院通过成立"非美活动调查委员会"的决议，镇压民主力量。 ●1930～1936：法国发生经济危机。 ●阿比西尼亚（埃塞俄比亚）女王逝世，由塔法里·马康南继立，改称"海尔·塞拉西"，进行改革。 ●赛义德为伊拉克费萨尔王朝首相，进行组阁，控制军政大权。 ●墨西哥卡莱政府与苏联断交，将共产党打入地下。 ●巴西普列斯特斯成立"革命行动联盟"。举行起义，推翻鲁易斯政府，建立"瓦加斯政权"。 ●阿根廷罢工与农民运动掀起高潮。乌里乌鲁发动政变，推翻伊里戈延政府，宣布为临时政府总统，建立军事独裁。 ●荷兰科学家维拉尔特试验人工降雨首获成功。 ●美国天文学家汤博发现"冥王星"。 ●奥地利地质学家桑德尔创立"岩相学"。 ●首届国际桥牌赛在英国举行。美国桥牌名手卡柏逊，率队获全胜。他以研究牌戏为生，所订"定约式"桥牌规则得到国际公认；又创"大牌单位叫牌法"。 ●德国哲学家欧根·狄慈根（1862～1930）卒。他提出"自然一元论"、"狄慈根主义"等以"补充"马克思主义。受到列宁的批判。

公 元	（时期）	中 国	外 国
	中 华 民	• "中国左翼文化总同盟"在上海成立。包括左翼作家联盟、社会科学家联盟、社会科学研究会、新闻记者联盟、世界语联盟、电影演员联盟、话剧演员及美术工作人员联盟等。 • 王学文在《新思潮》杂志上发文，引起中国社会史论战。郭沫若《中国古代社会研究》出版。 • 陈君修译《资本论》第一卷第一分册由上海昆仑书店出版。是为《资本论》的最早译本。 • 商务印书馆开始出版百衲本《二十四史》。 • 刘复等编《宋元以来俗字谱》由史语所出版。为简化字运动的重要著作。 • 梅兰芳首次赴美演出京剧，受到热烈欢迎。 • 第四届全国运动会在杭州举行。二十二省市一千七百名选手参加。 • 华洋义赈会报告，上年陕西饿死两百多万人。 • 5月，北平报道河南灾民有一千五百五十七万以上，全省一百一十二县有一百零四县旱灾，每天平均饿死千人。 • 8月，辽东水灾，淹死万余人，难民四五十万。陕西蝗灾，秋粮绝收。 • 当月，重庆火灾。烧毁民房三千余家。 • 文学家马其昶（字通伯，号抱润翁，1855～1930）卒。他曾任京师大学堂教习，是桐城派末期代表作家。参与编修过《清史稿》，著有《抱润轩文集》、《毛诗学》等。	• 美国哲学家柯尔金斯（1863～1930）卒。她自称其哲学是"绝对人格主义"。著有《哲学中永存的问题》。 • 俄国人类学家巴托尔德（1869～1930）卒。著有《中亚史研究》等。 • 德国历史学家迈尔（1855～1930）卒。著有《古代史》五卷。 • 英国作家柯南道尔（1859～1930）卒。他一生写出数十篇福尔摩斯私人侦探故事，对后世推理小说有重大影响。 • 英国作家劳伦斯（1885～1930）卒。著有《查太莱夫人的情人》、《袋鼠》等。 • 俄国画家列宾（1844～1930）卒。他是巡回展览画派代表人物之一。作品有《伏尔加河纤夫》、《不期而至》等。 • 美国化学家卡罗瑟斯研制成功一种新的合成纤维，后被称为尼龙。 • 美国化学家米奇利研制成功氟利昂。 • 美国科学家劳伦斯发明高能粒子回旋加速器。 • 德国科学家施密特发明折反射望远镜。 • 德国物理学家克劳德发明日光灯。 • 德国植物学家费歇尔确定全部叶绿素结构。 • 南非医学家泰勒发现预防黄热病疫苗。 • 法国科学家李约发明"日冕仪"。 • 德国地质学家哈尔曼提出地壳变动波动说。 • 是年，印度拉曼获诺贝尔物理学奖，德国费歇尔获化学奖，美籍奥地利人兰德斯泰纳获生理或医学奖。
1931	国	• 5月，国民党中央执监委汪精卫、孙科、唐绍仪、邹鲁、阎锡山、冯玉祥、林森、李宗仁等在广州召开非常会议，指责蒋介石独裁，宣布在广州成立国民政府。唐绍仪、汪精卫、古应芬、邹鲁、孙科为常委，轮流担任国务会议主席。 • 4～9月，蒋介石分别对红军根据地进行第二次、第三次围剿。皆未有成果。 • 国民政府发行"关金券"。以海关金单位为单位，全称"海关金单位兑换券"，专供缴纳关税之用。 • 日军制造"九一八事件"。蒋介石下令"不准抵抗"，日军迅速占领东北三省。全国民众反日情绪激烈。10月12日，中国共产党发表宣言，号召民众反抗日本帝国主义侵略。同日，蒋介石在南京发表讲话，称："我们更应相信国际有公约，人类有公道，我们要以和平的心理去遵守，以牺牲的精神去拥护。"仍坚	• 德国发生鲁尔矿工大罢工。 • 德国纳粹党联络其他党召开"哈茨堡会议"，议定在德建立法西斯专政的计划。 • 西班牙爆发资产阶级革命，推翻君主制，成立共和国，组成联合政府。 • 巴西部分城市发生起义，被镇压。 • 智利爆发总罢工，生活一片混乱。 • 智利选举胡安·蒙特罗为总统，代替特鲁克。 • 英国通过《威斯敏斯特法》，承认自治领的完全独立的主权。标志着"英联邦"的形成，英联邦成员通过共同效忠英王联合起来，是个各自独立的松散联合体，反映了英殖民势力由盛至衰。 • "全阿拉伯代表大会"在耶路撒冷召开。 • 阿富汗制定新宪法，定伊斯兰教为国教。 • 古巴首都哈瓦那建立"旅古华侨协助

公　元	（时期）	中　　国	外　　国
	中 华 民 国	持不抵抗主义。 　●11 月，"中华苏维埃共和国"在江西瑞金宣布成立。召开第一次全国代表大会，通过《宪法大纲》、《劳动法》、《土地法》。发表《对外宣言》、《告全中国工人与劳动民众书》。选举毛泽东为中央执行委员会主席，组成"中国工农红军革命军事委员会"，以朱德为主席，王稼祥、彭德怀为副主席。 　●12 月 15 日，迫于广州方面的压力，蒋介石通电下野，辞去国民政府主席。以林森为代理主席，陈铭枢代理行政院长。 　●12 月 17 日，南京发生"珍珠桥惨案"。国民党军警镇压要求抗日的游行学生，伤亡百余人，逮捕百余人。 　●中德合资"欧亚航空公司"成立，开通平粤、包兰线。 　●中国第一部有声故事片《歌女红牡丹》摄制完成。 　●《世界文学名著丛书》开始在上海出版。 　●文学家樊增祥（字嘉父，号云门，一号樊山，1846～1931）卒。他是光绪进士。有《樊山全集》。 　●诗人朱孝臧（字古微，号沤尹，又号彊村，1857～1931）卒。他是光绪进士。以词著名，著有《彊村语业》。另刻唐宋金元人词为《彊村丛书》。 　●诗人徐志摩（1896～1931）卒。他曾留学欧美，先后在京沪等地任教。主编《诗刊》、《新月》等刊物，是"新月派"的主要代表。著有《志摩的诗》、《猛虎集》、《云游集》等。 　●近代教育思想家杨贤江（又名李浩吾，1895～1931）卒。他曾主编《学生杂志》。著有《教育史 ABC》、《新教育大纲》，试图用新观点编写教材。 　●京剧名家夏月润（字云础，1878～1931）卒。他主攻武生，长期在沪演出。与兄夏月珊创办上海"新舞台"剧场，并任"上海伶界联合会"会长多年。	古巴独立纪念碑"。 　●德国出现第一条高速公路。 　●德国"聚氯乙烯"投入工业生产。 　●美国制成"有机玻璃"。 　●美国科学家卡洛扎斯制成合成橡胶。 　●匈牙利化学家格尔吉研制成维生素 C。 　●德国化学家温道斯研制成维生素 D。 　●美国工程师米奇利等制成氟利昂。 　●苏联成立"喷气推进研究小组"，主要研究液体火箭发动机。 　●美国化学家尤里发现氢的同位素"氘"。 　●美国大发明家爱迪生（1847～1931）卒。他一生获一千三百多项专利。 　●美国化学家克拉克（1847～1931）卒。他是地球化学奠基人之一。他是最早估算出地壳平均化学成分的地球化学家。著有《地球化学资料》等。 　●美国物理学家迈克耳孙（1852～1931）卒。他曾创造"迈克耳孙干涉仪"，还较精密地测定了光速。他在 1907 年获诺贝尔物理奖，是第一个获得诺贝尔奖的美国人。 　●俄国著名芭蕾舞演员巴甫洛娃（1881～1931）卒。主要作品有《天鹅之死》、《埃及之夜》等。 　●法国作曲家丹第（1851～1931）卒。作品有《伊斯塔尔》、《钟之歌》等。 　●乌拉圭诗人圣马丁（1855～1931）卒。著有史诗《塔瓦雷》、颂诗《祖国的传说》等。 　●法国心理学家勒邦（1841～1931）卒。以研究民众心理特征著称。著有《民族心理学》、《群众心理学》等。 　●阿拉伯作家纪伯伦（1883～1931）卒。著有《草原新娘》、《先知》等。 　●是年，德国波许和贝吉乌斯获诺贝尔化学奖，德国瓦博格获生理或医学奖。
1932		●蒋介石与汪精卫在杭州举行"烟霞洞会议"，参加者有孙科、张继、张静江等。达成再度合作的协议。 　●一·二八事变。日军突袭上海闸北，驻沪第十九路军在蒋光鼐、蔡廷锴率领下进行淞沪抗战近两个月，使日军受到沉重打击，死伤万余人，四度更换司令。后国联开会"调停"，要求中日双方停止战争，国民政府与日本签订《淞沪停战协定》。第十九路军调往福建。中华苏维埃共和国临时中央政府发出《反对国民党出卖淞沪协定通电》。	●在经济危机影响下，德国失业工人达七百万。 　●德举行总统选举，兴登堡当选。解散普鲁士邦政府，由巴本组阁。年底大选中，共产党获票六百万张，纳粹党获一千一百多万张，仍占上风。 　●是年，美国经济危机达高峰。发生两万多名退伍军人举行的向华盛顿的"饥饿进军"。胡佛政府下令开枪，具体指挥者是麦克阿瑟。 　●美国进行总统选举，罗斯福以两千五百

公　元	（时期）	中　国	外　国
	中 华 民 国	● 南京政府因淞沪战事而临时迁都洛阳。年底迁回。 ● 日军轰炸上海，将东方图书馆五层大楼及所藏四十多万册书焚毁。 ● 上海沪西区十七家纱厂四万多工人举行反日大罢工，坚持两个月。 ● 上海邮政工人总罢工。 ● "伪满洲国"成立，溥仪出任执政。各级政权组织均设日本顾问和官吏掌握实权。与日签订《日满议定书》承认日本驻军。 ● 国际联盟派遣以李顿为团长，由英、美、法、德、意五国组成的代表团调查日本侵占东北事，发布《国联调查团报告书》。中华苏维埃发布《反对国联调查团报告书通电》。 ● 东北"抗日自卫军总司令部"和"民众救国军"相继成立。东北人民抗日斗争全面展开。 ● 韩复榘、刘珍在鲁开战。 ● 刘文辉、刘湘在川开战。 ● 国民政府成立"军事委员会"，蒋介石任委员长兼总司令。形成汪精卫主政、蒋介石主军的格局。军队实行统一编制，全国正规军编为四十八个军。 ● 蒋介石组织"中华民族复兴社"（蓝衣社）成立。核心成员为黄埔系军官，绝对忠于蒋介石。 ● 蒋介石就任鄂豫皖"剿匪总司令"，准备以六十三万兵力对中共中央苏区进行第四次围剿。 ● 国民政府颁行《保甲条例》。 ● 陈独秀被国民党逮捕。 ● "中华苏维埃共和国国家银行"在瑞金正式开业。继而发行"中华苏维埃银行兑换券"。 ● "中国民权保障同盟"在上海成立。宋庆龄为主席，蔡元培为副主席，杨杏佛为总干事。要求释放政治犯，反对非法拘禁、杀害革命人士。 ● "废止内战大同盟"在沪成立。吴鼎昌等五十七人为常委。 ● 商务印书馆联合上海四十九家出版社反对政府施行出版法，要求言论出版自由。 ● "中国左翼记者联盟"在沪成立。曾创办国际新闻社、中华新闻社。 ● "左联"机关刊物《文学月报》在沪创刊。姚蓬子、周扬先后任主编。 ● 陶行知在沪创办"山海工学团"。以图实现普及教育和以学校为中心改造农村的愿望。 ● 文学杂志《论语》半月刊在沪出版。林语堂主编。提倡幽默与闲适的小品文。	五十万张票当选。 ● 英国召集"英联邦"成员国举行"渥太华会议"。签订体现"帝国特惠制"的《渥太华协定》，以阻止他国势力渗入英联邦市场。 ● 智利卡洛斯·戴维拉发动军事政变，推翻胡安·蒙特罗政府，建立独裁统治。接连换了三届政府，直到阿图罗·亚历山德里政府组成，方趋稳定。 ● "世界反战大会"在荷兰首都阿姆斯特丹举行。 ● "沙特阿拉伯王国"建立。汉志和内志王伊本·沙特正式改国名为沙特阿拉伯王国，自立为国王，兼瓦哈比派教长。 ● 意大利创办"威尼斯电影节"。 ● 美国学者刘易斯首先在印度北部西瓦立克山区发现"拉玛古猿"化石。生存年代约在1400万～700万年前。被认为是从猿到人过渡时期的早期代表。 ● 法国哲学家穆尼埃创办《精神》杂志。继又发起成立"精神之友协会"。宣扬以"精神修养"与"道德再生"为中心的"人格主义"。 ● 德国科学家诺尔等发明"透射电子显微镜"。 ● 英国科学家查德威克发现"中子"。它不受原子核周围电子和核本身的核电影响，不用很高能量就能打入原子核，引起"核反应"。 ● 美国物理学家安德森等发现"正电子"。这是人们在实验中发现的第一个"反粒子"。 ● 美国工程师扬斯基发现"无线电波"。 ● 美国物理学家劳伦斯等制成世界第一台"回旋加速器"。 ● 德国合成第一种磺胺类药物"百浪多息"。 ● 美国科学家尤里发现"重氢"。 ● 美国特艺色公司制成"彩色胶片"。 ● 德国工人运动活动家伯恩斯坦（1850～1932）卒。他曾任德国社会民主党与"第二国际"领导。他提出"最终的目的是微不足道的，运动就是一切"。哲学上倡导"回到康德那里去"。政治经济学上，否认剩余价值学说。政治上，主张阶级调和，宣扬"议会道路"，反对暴力革命。十月革命后，反对列宁主义与苏维埃政权。 ● 法国经济学家季特（1847～1932）卒。他是"合作主义"的倡导人。反对政治斗争。著有《政治经济学原理》等。

公　元	（时期）	中　　国	外　　国
	中 华 民 国	• "国立编译馆"在南京成立。辛树帜为首任馆长。 • 国民政府教育部公布"国音常用字汇"。以北京音系为基础注音。 • "中华化学会"在南京成立。下年创刊《中国化学会杂志》。 • "中国物理学会"在北京成立。下年创刊《中国物理年报》。 • 中国第一次参加奥林匹克运动会。派刘长春、于希渭（运动员）和宋君复（教练员）参加在美国洛杉矶举行的第十届奥运会。 • 邹韬奋在上海创办"生活书店"。 • 年底，甘肃玉门发生七点六级地震，约七万人受难。 • 经学家廖平（字季平，号六译，1852～1932）卒。他曾任尊经书院、四川国学院教职。著有《今古学考》、《古学考》、《知圣篇》、《辟刘篇》等，康有为《新学伪经考》受其影响。 • 音乐家刘天华（1895～1932）卒。作有二胡名曲《良宵》、《光明行》、《空山鸟语》等。	• 法国历史学家马迪厄（1874～1932）卒。著有《法国革命史》等。 • 德国教育家凯兴斯泰纳（1854～1932）卒。他倡导"公民教育"与"劳作学校"。著有《劳作学校的概念》等。 • 意大利数学家皮亚诺（1858～1932）卒。在数理逻辑方面他努力用符号表示全部数学内容。著有《数学公式》等。 • 德国物理化学家奥斯特瓦尔德（1853～1932）卒。他在电化学、化学平衡和触媒作用等方面有独特贡献。他在1909年出版的《伟人》中探讨了科学研究能力的心理学根源。他是1909年诺贝尔化学奖的获得者。 • 英国医学家罗斯（1857～1932）卒。他发现疟原虫，并证实蚊是传播媒介，著《疟疾的预防》。 • 是年，德国海森伯格获诺贝尔物理学奖，美国郎缪尔获化学奖，英国谢灵顿和艾德里安获生理或医学奖。
1933		• 蒋介石在南昌召集军事会议，决定组建"南昌行营"统一指挥，以顾祝同为总司令，陈诚为前敌总指挥，分三路对中共中央苏区进行"围剿"。苏区"反围剿"取得重大成果，共歼国民党军近三个师，俘万余人，中央苏区与闽浙赣苏区连成一片，红军扩大到八万余人。 • 国民政府在汉口成立"豫鄂皖赣四省农民银行"。 • 国民政府进行"废两改元"的货币改革，废止银两，采用统一的银本位。 • 日本关东军攻占热河。张自忠、何基沣、赵登禹、佟泽光、关麟征等率军展开长城喜峰口保卫战。日方强迫中方签订《塘沽协定》，引起全国民众的抗议。 • 蒋介石亲任"剿总"司令，调集五十万兵力，采取"堡垒"战术，对中央苏区进行第五次"围剿"。苏区第五次"反围剿"失败，中共中央撤出瑞金，于下年开始"长征"。 • 十九路军将领蒋光鼐、蔡廷锴联合李济深、陈友仁、黄琪翔等反蒋势力，发动"福建事变"。成立"中华共和国人民革命政府"，发布"人民政纲"。 • 中国独资"西南航空公司"成立，开通五条航线。 • 茅盾现实主义小说《子夜》问世，引起较大反响。	• 1月30日，德国总统兴登堡任命希特勒为总理，德国开始法西斯专政。2月27日，制造"国会纵火案"，嫁祸共产党，宣布共产党非法，逮捕共产党人，并解散其他政党，取消议会制。年底，宣布"党和国家统一"，国家迅速纳粹化。 • 德国成立"盖世太保"（国家秘密警察），初由戈林领导。后与"党卫军"合并，为国家保安警察部队，由希姆莱领导。是希特勒镇压人民反抗的有力工具。二次大战后，纽伦堡国际军事法庭宣布其为犯罪组织。 • 德国、日本宣布退出"国际联盟"，积极准备对外扩张。 • 挪威国防部长吉斯林为首组建"民族统一党"（法西斯党），后协助德国侵占挪威。以后，"吉斯林"便成为"内奸"、"卖国贼"的代名词。 • 美国罗斯福总统当选后，开始实行"新政"。制定"紧急银行法令"、"国家产业复兴法"、"农业调整法"等一系列法令，以图挽救所面临的严重经济危机。对外，承认苏联，11月，与苏正式建交。 • 印尼发生"七省号"水兵起义，反对荷兰殖民统治。 • 第七届"泛美会议"召开。通过《泛美非战公约》，宣称在美洲反对一切侵略战争。

公　元	（时期）	中　　国	外　　国
	中 华 民 国	• 十三世达赖土登嘉措（1876～1933）在布达拉宫圆寂。拉萨僧俗各界祭悼。下年，国民政府在南京举行追悼会。 • 医学家张锡纯（号寿甫，1860～1933）卒。他曾建立"达中医院"。主张中西汇通。著有《医学衷中参西录》。 • 史学家柯劭忞（字凤荪，号蓼园，1850～1933）卒。他曾任"清史馆"总纂，除撰其中的《天文志》外，并整理"儒林"、"文苑"、"畴人"等传。又撰《新元史》。还有《译史补》、《文献通考注》等。 • 文字学家王照（字小航，1859～1933）卒。他致力于汉语拼音字母的研究，所拟的"官话字母"流传很广。1913年任"读音统一会"副议长。著有《小航文存》等。 • 地理学家张相文（字蔚西，号沌谷，1866～1933）卒。他曾创办"中国地学会"，编辑我国最早的地理学期刊《地学杂志》。著有《中国地理沿革史》、《西游录今释》等。 • 诗人陈去病（原名庆林，字佩忍，号巢南，1874～1933）卒。他曾参加"同盟会"，为"南社"创始人之一，辛亥革命后，为"江苏革命博物馆"馆长，后任"东南大学"教授。著有《浩歌堂诗钞》。	• "国际反法西斯同盟"在巴黎成立。后改称"国际反战反法西斯同盟"。 • 在巴格达召开"全阿拉伯代表大会"。 • "世界通货经济会议"在伦敦召开。讨论稳定各国币制、降低关税、取消外汇和贸易限制等问题。会议未取得成果。 • 苏联研制的第一枚液体火箭试发成功。 • 美国科学家佐鲁金发明光电摄像管。 • 意大利物理学家费米发表原子核β衰变的量子理论。 • 瑞士化学家卡勒发现维生素A的结构式。 • 英国亚述学家塞斯（1845～1933）卒。著有《亚述语比较语法》、《楔形文字铭文考》等。 • 英国剧作家高尔斯华绥（1867～1933）卒。他著有《银盒》、《法网》等二十余部剧本，还有小说《岛国的法利赛人》等。 • 丹麦探险家拉斯穆森（1879～1933）卒。他曾到爱斯基摩人聚居地考察，并做人种学研究。 • 是年，奥地利薛定谔和英国狄拉克获诺贝尔物理学奖，美国摩尔根获生理或医学奖。
1934		• 蒋介石中央军以七个师的兵力向"福建政府"发动攻击。收编第十九路军，蔡廷锴等逃亡香港，"福建事变"宣告失败。 • 蒋介石发起"新生活运动"。在南昌发表《新生活运动要义》演讲，提出以孔孟的"四维"（礼义廉耻），"八德"（忠孝仁爱信义和平）为道德标准统一人们思想。成立"新生活运动促进会"，自任会长。 • 溥仪在长春登基，称"满洲国皇帝"。日本关东军司令官率二百多名官员出席仪式。伪满洲国改称"满洲帝国"，年号"康德"，总理大臣为郑孝胥。 • "东北反日联合军"成立。赵尚志为总司令。 • 中国工农红军开始"长征"。 • 察绥抗日同盟军领导人之一吉鸿昌（字世五，1895～1934）被蒋介石杀害。 • 南京"紫金山天文台"建立。 • 黄洛峰、李公朴、艾思奇等在上海编辑出版《读书生活》杂志，创办"读书生活出版社"。 • 史学家顾颉刚创办《禹贡》半月刊。次年，建"禹贡学会"，后又建"边疆研究会"，出版《边疆周刊》等，着重对边疆地理的研究。	• 德国总统兴登堡卒。希特勒根据《元首法》取消总统职衔，就任国家元首，并兼总理与武装部队总司令，集最高权力于一身。标志着"魏玛共和国"结束，法西斯极权的"第三帝国"形成。 • 德国与波兰签订《互不侵犯条约》。拒绝苏联提出的保障波罗的海沿岸各国独立的建议。 • 德国教会人士发表抵制纳粹的《巴门宣言》。 • 苏联加入"国际联盟"。 • 美国批准《泰丁-麦克杜菲法》，承认菲律宾"自治"，十年后准其"独立"。 • 法国爆出"斯达维斯基贿赂事件"的政界腐败丑闻。受贿官员达一千二百多人，包括二十七名议员和巴黎警察局长。轰动一时，旭丹内阁引咎辞职。 • 法国法西斯分子发动"二月六日暴动"。向国民大厦进军，妄图驱散国会，实行政变。继而，巴黎工人举行游行与罢工，粉碎了法西斯分子夺权的阴谋。 • 为防备德国的进攻，法国建成"马其诺防线"。总长四百公里，耗资两千亿法郎。而1940年德向法进攻时，从比利时绕过此防

公　元	（时期）	中　　国	外　　国
	中 华 民 国	●剧作家曹禺的话剧《雷雨》发表。连同继后的《日出》、《原野》构成其经典的三部曲。 ●文学家沈从文创作《边城》。 ●"电通影业公司"在沪成立。同年摄成《桃李劫》。 ●语言学家刘复（字半农，1891～1934）卒。他曾任北京大学教授。专攻语音学，发明声调推断尺，提倡实验语音学。著有《中国文法通论》、《四声实验录》等。 ●医学家张山雷（名寿颐，1872～1934）卒。他善内、外科。著有《重订中风斠诠》、《疡科纲要》、《脉学正义》、《本草正义》等。 ●报业家史量才（名家修，1878～1934）卒。他曾任上海《时报》主笔。1913年接办《申报》，后又收购《时事新报》、《新闻报》大部股份。1932年任"上海地方协会"会长、"上海临时参议会"议长。因有反蒋倾向，被暗杀。 ●戏曲音乐家陈彦衡（1864～1934）卒。他对京剧"谭派"、"余派"、"言派"唱腔均有研究，曾记录谭派所演剧目十一种的工尺谱。著有《谭鑫培唱腔集》及《旧剧丛谈》等。 ●20世纪30年代，医学家侯宝璋发表我国第一部《病理组织学图谱》。 ●20世纪30年代，生物化学家吴宪提出蛋白质变性理论。他还在免疫化学方面，确定抗体和抗原结合的定量关系。在血液化学方面，所建立的一些分析方法，一直被广泛采用。他还编著了我国最早的《食物成分表》。著有《营养概论》、《物理生物化学原理》等。	线，使防线失去作用。 ●奥地利发生反法西斯总罢工。 ●意大利与奥地利、匈牙利在罗马签订"罗马议定书"。反映了意、德之间的矛盾。 ●西班牙发生"阿斯图里亚起义"。被镇压。约三万人被关进监狱。 ●卡德纳斯当选墨西哥总统。进行改革。 ●法国物理学家约里奥·居里夫妇宣布，发现人工放射能。 ●德国试射两枚液体火箭。火箭重一百五十公斤，推力三百公斤，能飞到两千米高空。 ●德国生化学家布特南特初次合成雄性激素（雄酮）。 ●美国科学家克利顿等发明"原子钟"。 ●英国历史学家汤因比开始出版巨著《历史研究》，至1961年出齐，共十二卷。流传很广。认为，人类历史共产生过二十一（一说二十六）种文明。 ●法国科学家居里夫人（1867～1934）卒。她与其夫比埃尔·居里共同研究及其夫卒后继续研究，对核物理有大贡献，她于1903年、1911年两次获诺贝尔奖。著有《放射性通论》、《放射物质的研究》等。 ●德国化学家哈伯（1868～1934）卒。他实验成功氨合成法，为氮肥工业的开端。著有《工业气体反应热力学》等。 ●英国剧作家平内罗（1855～1934）卒。著剧本四十多部，有《谭格瑞的续弦夫人》等。 ●是年，美国尤里获诺贝尔化学奖，美国惠普尔、迈诺特和墨菲获生理或医学奖。
1935	中 国	●长征途中，中共召开"遵义会议"（中央政治局扩大会议）。总结五次反围剿的经验教训，确立毛泽东在党内的领导地位。随之，成立以周恩来、毛泽东、王稼祥组成的三人军事小组，指挥中央红军作战。 ●蒋介石、汪精卫联名向全国各机关、团体发布"严禁排日运动"的命令。蒋介石接见记者说："中国不但无排日之行动与思想，亦无排日之必要。" ●日伪挑起"华北事变"。国民党与日本签订《秦土协定》与《何梅协定》，步步退让。日本提出"华北政权特殊化"，策动"华北五省自治运动"，在通县成立"冀东防共自治政府"，使冀东二十余县脱离中国政府为日所控制。 ●中共发布"八一宣言"（《为抗日救国告全体同胞书》）。	●年初，意、法签订"罗马协定"（《赖伐尔－墨索里尼协定》）。法国纵容意大利侵略阿比西尼亚（埃塞俄比亚）计划。年底，第三次"意阿战争"爆发。意占领阿，阿国王塞拉西一世出亡英国，阿成为意属东非的一部分。 ●英、德签订"海军协定"。允许德国拥有海军。 ●"法国人民阵线"建立。公布"人民阵线纲领"。为法国反法西斯统一战线。 ●美国罗斯福政府颁布"华格纳方案"（《国家劳资关系法》）。又针对"意阿战争"，公布《中立法》，禁止出售武器给交战国。 ●美国成立"产业工人联合会"（产联）。 ●墨西哥兴起要求提高工资的罢工浪潮。 ●巴西成立"民族解放同盟"，并爆发了

公 元	（时期）	中　国	外　国
	中 华 民 国	● 10月，中央红军到达陕西保安县吴起镇，宣告"长征"结束。历经十一省，行程二万五千里。 ● 国民党政府在上海设立"中央信托局"。 ● 国民党政府进行"法币改革"。废止银本位，禁止银元流通，采行纸币，以中央、中国、交通三银行（后加中国农民银行）所发行的纸币为法币。并利用法币收兑银元和民间藏银。 ● 北京爆发"一二·九"抗日救亡运动。提出"反对华北自治运动"、"停止内战，一致对外"等口号。 ● 中共在陕北召开"瓦窑堡会议"。确定建立抗日民族统一战线。 ● 中共领导人瞿秋白（1899～1935）在福建长汀遭国民党杀害。 ● 故事片《渔光曲》获莫斯科国际电影节奖。 ● 音乐家聂耳（1912～1935）在日本藤泽市海滨游泳时，不慎溺水身亡。他是《中华人民共和国国歌》的作者。 ● 著名影星阮玲玉（1910～1935）服毒自杀身亡。 ● 医学家恽铁樵（名树珏，1878～1935）卒。他曾办中医函授学校。著有《群经见智录》、《伤寒论辑义》、《脉学发微》等。 ● 音韵训诂学家黄侃（字季刚，1886～1935）卒。他曾任北京大学、金陵大学等教授。著有《音略》、《集韵声类表》、《尔雅略说》、《文心雕龙札记》等。 ● 小说家曾朴（字孟朴，笔名东亚病夫，1872～1935）卒。他是光绪举人。辛亥革命后曾任江苏财政厅、政务厅厅长等职。1904年创办"小说林书店"，出版、创作和翻译小说。著小说《孽海花》、《鲁男子》等。 ● 诗人黄节（字晦闻，1873～1935）卒。他曾在北京大学任教。著有《蒹葭楼诗》、《汉魏乐府风笺》、《曹子建诗注》、《谢康乐诗注》等。 ● 新闻学家戈公振（名绍发，1890～1935）卒。他先后在《时报》、《申报》工作，并赴欧美和苏联考察新闻事业，著有《中国报学史》等。 ● 电影艺术家郑正秋（名伯常，别署药风，1888～1935）卒。他从年轻时起即从事电影工作，所参加编导的《难夫难妻》为中国第一部故事片。后又参与创办"明星影片公司"，编导过二十多部影片。 ● 国民政府公布《中华民国宪法草案》（"五	起义。被镇压。 ● 是年，波斯改国名为"伊朗"。 ● 英国科学家坦斯利提出"生态系统"概念。 ● 德国物理学家德尔布鲁克发表《关于基因突变和基因结构性质》一文，以图从"量子力学"的角度来推测"基因"的分子结构。 ● 英国科学家亚当斯等人工合成"离子交换树脂"，可用以处理含重金属废水和放射性废水。 ● 德国化学家杜马克等研制成"磺胺药"。 ● 美国杜邦公司研制成功"尼龙丝"。 ● 美国拍摄的第一部彩色影片《浮华世界》问世。 ● 德国哲学家舒贝特－索尔登（1852～1935）卒。他是内在论的代表之一，认为"灵魂不灭"。著有《认识论基础》等。 ● 美国矿物学家丹纳（1849～1935）卒。他对矿物分类等有重要贡献。著有《矿物学教程》等。 ● 苏联农学家米丘林（1855～1935）卒。他用果树嫁接等方法创造很多新品种，被称为"米丘林学说"。著有《米丘林全集》。 ● 德国女数学家纳脱（1882～1935）卒。她为一般理想理论奠定了理论基础，对近世代数的发展起重要作用。 ● 法国化学家格林尼亚（1871～1935）卒。他创始了重要的有机合成"格林尼亚反应"。 ● 苏联科学家齐奥尔科夫斯基（1857～1935）卒。他最早论证利用火箭进行星际航行的可能性。著有《用喷气装置探索宇宙空间》。 ● 美国法学家霍姆斯（1841～1935）卒。主张司法克制。著有《普通法》等。 ● 比利时历史学家皮雷纳（1862～1935）卒。著有《中世纪的城市》、《比利时史》等。 ● 美国埃及学家布雷斯特德（1865～1935）卒。著有《埃及史》、《古埃及铭文集》等。 ● 是年，英国查德威克获诺贝尔物理学奖，法国约里奥·居里和伊伦·约里奥·居里获化学奖，德国施佩曼获生理或医学奖。 ● 西班牙"人民阵线"建立。在2月举
1936			

公　元	（时期）	中　　国	外　　国
	中 华 民 国	五宪章"）。 　●日本大举在中国华北增兵。天津万人示威游行反对。宋庆龄、何香凝、邹韬奋等发起"全国各界救国联合会"在上海成立。 　●"两广事件"爆发。广东军阀陈济棠联络广西军阀李宗仁、白崇禧反蒋抗日，成立"中华民国国民革命抗日救国军"和"抗日救国军西南联军"。两军与中央军曾发生冲突。蒋介石采用分化手段使事件平息。陈济棠逃往香港。 　●新疆省督办盛世才和苏联签订"聘请苏联专家待遇合同"。大批苏联专家来到新疆，充当顾问。盛提出"反帝、亲苏、民平（民族平等）、清廉、和平、建设"六大政策，悬挂自制的六星旗。 　●7月，国民党召开五届二中全会。 　●10月22日，蒋介石飞抵西安，促张学良"剿共"。张劝蒋停止内战，一致抗日。双方未谈出结果。 　●11月23日，国民党政府在上海逮捕全国各界救国联合会领袖沈钧儒、邹韬奋等七人，时称"七君子事件"。 　●11月24日，傅作义率第三十五军与日伪军在红格尔图发生激战，并成功奇袭日军驻守的百灵庙。"百灵庙战役"鼓舞了全国抗战救亡运动。 　●11月27日，张学良致电蒋介石，申诉报国杀敌的决心。 　●12月4日，蒋介石再赴西安。仍力促张学良"剿共"，否则调防，"对于抗日，只字不提"。 　●12月9日，西安学生发动请愿活动，要求蒋介石抗日，蒋主张镇压，张学良声泪俱下，进行"苦谏"。 　●12月12日，张学良、杨虎城发动"西安事变"，逼蒋抗日，在中共的力促下，和平解决，张学良陪同蒋介石返回南京。张到南京后，即以"首谋伙党，对于上官为暴行胁迫"罪名，交由"高等军法会"审判，判处"有期徒刑十年，剥夺公权五年"，蒋特赦，后被软禁。 　●老舍完成小说《骆驼祥子》。其他名著还有《四世同堂》、话剧《茶馆》等。 　●夏衍作《赛金花》。次年又作《上海屋檐下》。 　●西湖博物馆在余杭县良渚镇附近考古发掘史前遗址。后被命名"良渚文化"。 　●一代文豪鲁迅（原名周树人，字豫才，1881～1936）于10月19日在上海病逝。在万	行的国会选举中获胜，成立联合政府。 　●意大利成立"西班牙军事行动委员会"，德国成立"特别司令部"，支持西班牙的法西斯势力。 　●7月，佛朗哥在法西斯势力支持下，发动"西班牙内战"。国际民主力量组成"国际纵队"，直接参战，支持"人民阵线"。叛军总称"第五纵队"，数次进攻共和国首都马德里。这是第二次世界大战前夕，国际法西斯与反法西斯势力的一次较量。英、法在"不干涉"的口号下，对西班牙禁运。 　●德国撕毁《罗加诺公约》和《凡尔赛和约》，出兵占领莱茵非军事区。 　●德、意签订《罗马议定书》，对国际问题采取一致行动。表示"柏林－罗马轴心"的形成。 　●德、日签订《反共产主义协定》。 　●德在边境构筑"齐格菲防线"。全长五百多公里。 　●英国与埃及缔结《同盟条约》。英终止对埃军事占领，但仍在苏伊士运河区保留一万驻军。恢复对苏丹的"英埃共管"。 　●意大利侵占埃塞俄比亚。 　●"美洲国家维护和平会议"在布宜诺斯艾利斯召开。通过"协商公约"。 　●英国电视首次向公众开播。 　●英国经济学家凯恩斯发表《就业、利息和货币通论》。被称为经济学的"凯恩斯革命"。为经济危机找到一条出路。 　●美国著名喜剧演员卓别林拍摄《摩登时代》。 　●美国杰出运动员欧文斯在柏林奥运会上夺得田径四枚金牌。 　●德国哲学家李凯尔特（1863～1936）、施利克（1882～1936）卒。前者是新康德主义弗赖堡学派的主要代表之一。著有《先验哲学概论》等。后者是维也纳学派的领导者，逻辑实证论创始人之一。著有《自然哲学》等。 　●英国哲学家毕尔生（1857～1936）卒。他认为"人是自然规律的创造者"，是优生学的提倡者之一。著有《科学的语法》等。 　●德国史学家施本格勒（1880～1936）卒。他认为历史是若干各自独立的文化形态循环交替的过程。著有《西方的没落》等。 　●苏联地质学家卡尔宾斯基（1847～1936）卒。他曾任苏联科学院院长。著有《俄国欧洲部分地壳升降的一般性质》等。 　●苏联生理学家巴甫洛夫（1849～1936）

公 元	（时期）	中　国	外　国
1937	中 华 民 国	国殡仪馆举行大殓。治丧委员会有宋庆龄、蔡元培、沈钧儒、巴金、萧军等。蔡元培主持葬仪，胡愈之致哀词。灵柩上伏盖"民族魂"绣绸。 　●学者章炳麟（字枚叔，号太炎，1869～1936）卒。他对文学、史学、语言学都有贡献，所著见《章氏丛书》及"续编"、"三编"。 　●地质学家丁文江（字在君，1887～1936）卒。他曾任"中国地质调查所"所长。著有《扬子江芜湖以下的地质》报告二十余种。 　●音乐学家王光祈（字润屿，一字若愚，1891～1936）卒。曾在德国柏林大学攻音乐学，任波恩大学音乐教师。著有《中国音乐史》、《东西乐制之研究》、《西洋音乐史纲要》、《音学》等，还有译著十余种。 　●军阀段祺瑞（字芝泉，1865～1936）卒。曾赴德学习军事，回国后投袁世凯，编练北洋海军，为"北洋三杰"之一。辛亥革命后，袁世凯任总统时，为陆军总长。后以国务总理控制北洋政府，中曾下台，后又被推为临时执政。继为冯玉祥驱赶下台。移居庐山，病卒。 　●张学良到南京后被国民党中央扣押。东北军为营救张学良意见分歧严重，因此分裂。 　●中共中央由保安迁往延安。 　●7月7日，日军制造"卢沟桥事变"，炮击宛平城。中国"抗日战争"开始。 　●7月17日，蒋介石发表"庐山讲话"，表明抗日的态度。 　●7月29～30日，北京、天津失守。二十九军副军长佟麟阁（字捷三，1892～1937）、一三二师师长赵登禹（字舜臣，1890～1937）殉国。 　●8月13日，"八一三事变"发生，"淞沪抗战"开始。国民政府发表《自卫抗战声明书》。 　●8月22日，中共提出《抗日救国十大纲领》。继而，中国工农红军改编为"八路军"，南方红军和游击队改编为"新四军"。 　●8月24日，上海文化界救亡协会创办《救亡日报》。郭沫若任社长，夏衍任总编。 　●9月22日，《中国共产党为公布国共合作宣言》发布。蒋介石发表谈话，承认中共合法地位。国共开始第二次合作，共同抗日，"抗日民族统一战线"形成。 　●9月25日，"平型关大捷"。八路军取得全国抗战的第一次胜利。	卒。他提出"条件反射"概念，开辟了高级神经活动生理学研究。著有《大脑两半球机能讲义》等。他1904年获诺贝尔生理学医学奖。 　●法国语言学家梅耶（1866～1936）卒。他是心理社会学语言学派的代表人之一。著有《历史语言学与普通语言学》等。 　●苏联作家奥斯特洛夫斯基（1904～1936）卒。他在严重疾病中写成的《钢铁是怎样炼成的》一书对中国一代读者影响很大。 　●苏联作家高尔基（1868～1936）卒。他是苏联社会主义作家代表之一，曾任苏联作家协会主席。著有《母亲》、《海燕》等。1922年后，陆续写出自传体三部曲《童年》、《在人间》、《我的大学》。 　●20世纪30年代：在美国出现"自然主义哲学思潮"。 　●20世纪30年代：经济学界逐渐形成"宏观经济学"和"微观经济学"。 　●德国福克发明双桨直升机。 　●是年，美国安德森和美籍奥地利人赫斯获诺贝尔物理学奖，美籍荷兰人德拜获化学奖，英国戴尔和美籍德国人洛韦获生理或医学奖。 　●从是年下半年起，又爆发世界性的经济危机。 　●意大利退出"国联"。加入德、日《反共产国际协定》，标志《柏林—罗马—东京轴心》形成，即第二次世界大战时所谓的"轴心国"。 　●爱尔兰"自由邦"宣布为独立共和国。仍留在"英联邦"内。 　●美国修改《中立法》，规定不向发生内战的国家出售武器，并禁止美国船只给交战国运送货物。 　●美国发生通用汽车公司十三万工人"静坐罢工"。 　●墨西哥爆发石油工人大罢工。 　●巴西瓦加斯政府解散国会，废除宪法，宣布一切政党非法，实行独裁统治。 　●新西兰劳工联合会成立。 　●"大众汽车筹备公司"在德建立。为"大众汽车公司"的前身。 　●德国投资三亿马克，集中全国有名的科学家，在波罗的海沿岸的佩内明德建立"火箭研究中心"。首先研制成功Ｖ-1火箭，为弹道导弹的雏形。 　●苏联飞机设计师图波列夫设计"安图-25"型飞机，首次完成由苏经北极到美国的不着陆飞行。

公　元	（时期）	中　　国	外　　国
1938	中 华 民 国	●10 月 30 日，国民政府决定迁都重庆。 ●11 月 12 日，上海失陷。 ●12 月 13 日，南京失陷。日军制造骇人听闻的"南京大屠杀"。 ●是年，由中国自行设计建造的第一座大型公路、铁路两用桥"钱塘江大桥"建成。 ●九世班禅却吉尼玛（1883～1937）圆寂。 ●史学家孟森（字莼孙，号心史，1863～1937）卒。他曾在北京大学任教，专攻明清史，著有《明元清系通纪》、《心史丛刊》、《清初三大疑案考实》等。 ●文学家陈衍（字叔伊，号石遗老人，1856～1937）卒。他曾任学部主事。著有《石遗室诗话、诗集、文集》。辑有《近代诗钞》、《辽诗纪事》、《金诗纪事》、《元诗纪事》等。 ●诗人陈三立（字伯严，1852～1937）卒。他是光绪进士。曾参加"戊戌变法"，辛亥革命后，以遗老自居。为"同光体"的主要作家。著有《散原精舍诗、续集、别集》及《散原精舍文集》。 ●剧作家曾孝谷（名延平，号存吴，1873～1937）、汪优游（本名效曾，字仲贤，1888～1937）卒。前者曾与李叔同等在东京创办"春柳社"剧团。他根据美国小说改编的《黑奴吁天录》为中国早期话剧的第一个剧本。后者曾参加组织中国早期业余戏剧团体文友会、开明演剧会与民众戏剧社等。著有剧本《好儿子》，以及《我的俳优生活》、《优游室剧谈》等。 ●3 月，"台儿庄大捷"。这是继"平型关大捷"以来中国抗战的又一次大胜利。 ●4 月，"徐州会战"。日军占领徐州。 ●5 月，毛泽东在延安作《论持久战》讲演，给中国抗战以战略指导。受到普遍的赞赏。 ●6 月，日军进逼郑州。蒋介石以牺牲广大民众生命财产为代价，下令炸毁花园口黄河大堤，阻止日军西进。三十三县被淹，五百万人流离失所。 ●6～10 月，武汉会战。日军占领武汉三镇。这是抗战以来，双方投入兵力最多、规模最大的一次会战。武汉失守后，抗战进入更艰苦的相持阶段。 ●9 月，华南战争爆发。广州失陷。 ●11 月，蒋介石密令湖南省主席张治中火烧长沙，实行"焦土抗战"。由三百人组成二十四个纵队在全城点火，大火三天三夜，全城被焚十分之九，烧死五万余人。事后，在民愤的压力下，警备司令鄷悌、二团团长徐昆和警察局长文重学当了替罪羊，被判死刑。	●美国科学家卡尔森发明静电式复印机。 ●英国哲学家席勒（1864～1937）卒。他是实用主义者。他认为真理是人主观创造的，并称此为"人本主义"。著有《人本主义研究》等。 ●英国物理学家卢瑟福（1871～1937）卒。他发现 α 射线和 β 射线，并发现放射性元素"钍"。还提出关于原子结构的行星模型和第一次实现了元素的人工嬗变。 ●英国剧作家巴里（1860～1937）卒。作品有《第二梦》等。 ●法国作曲家拉威尔（1875～1937）卒。作品有《西班牙狂想曲》等。 ●美国作曲家格什文（1898～1937）卒。作品有《波吉与贝丝》等。 ●乌拉圭作家基罗加（1878～1937）卒。著有《林莽故事》、《阿纳贡达》等。 ●美国化学家卡罗瑟斯（1896～1937）卒。其为合成纤维工业的奠基人，研制出第一种工业化生产的合成聚合纤维尼龙。 ●意大利物理学家马可尼（1874～1937）卒。发现高频波，成功地实现长距离无线电通信，使之进入实用阶段。著有《谐振无线电》等。他于 1909 年获诺贝尔物理学奖。 ●是年，美国戴维森和英国汤姆孙获诺贝尔物理学奖，美国哈沃斯和瑞士籍俄国人卡勒尔获化学奖，美籍匈牙利人圣乔其获生理或医学奖。 ●德军进入奥地利。米克拉斯总统辞职。赛斯·英夸特政府宣布并入德国，成为德的"东方省"。德吞并奥成为第二次世界大战的前奏。 ●苏台德事件：德国为攻占捷克斯洛伐克，煽动苏台德地区"自治"。 ●慕尼黑协定：英国首相张伯伦、法国总理达拉第与德国希特勒、意大利墨索里尼在德国的慕尼黑签订《关于捷克斯洛伐克割让苏台德领土给德国的协定》（即《慕尼黑协定》），捷政府在各方压力下被迫接受。开创国际关系史上大国合谋宰割小国的恶劣先例。这是西方国家纵容侵略的"绥靖政策"（又称"安抚政策"）的集中表现。以后，遂将牺牲他国利益而纵容侵略的行为叫"慕尼黑"。 ●希特勒发动"种族屠杀之夜"，即"水晶之夜"。大肆捣毁犹太人商店和犹太教堂。 ●苏共以"叛国罪"判处政治局委员布哈林等人死刑。形成空前严重的政治冤案和"肃反扩大化"。

公　元	（时期）	中　国	外　国
	中 华 民 国	●12月，国民党副总裁、国民政府行政院长、国民参政会议长汪精卫携妻陈璧君、婿何文杰，以及宣传部长周佛海、中央大学教授陶希圣等离渝入滇，飞往河内，发出"艳电"（《和平反共救国声明》）。向日乞降。 ●国民党成立特务组织"军统"（"国民政府军事委员会调查统计局"）。 ●宋庆龄在香港发起"保卫中国同盟"。开展国际范围内的募捐抗战活动。 ●陈嘉庚在新加坡倡议成立"南洋华侨总会"，支援抗战。 ●是年，《文汇报》在上海创刊。 ●北京大学、清华大学、南开大学联合迁往昆明办学，改称"西南联合大学"。直到抗战胜利后，方分别迁回京津复校。 ●中共在延安成立"鲁迅艺术文学院"（简称"鲁艺"）。由周扬等领导。 ●在延安成立中共第一个电影机构"延安电影团"。由一个摄影队和一个放映队组成，属八路军总政治部。 ●天文学家朱文鑫（字槃亭，号贡三，1882～1939）卒。他曾赴美留学，获"威斯康星大学"理学士学位，回国后在大学任教。著有《天文考古录》、《史记天官书恒星图考》、《历代日食考》、《近世宇宙论》、《天文学小史》、《星团星云实测录》等。 ●水利专家李仪祉（原名协，1882～1938）卒。他早年留学德国。归国后任教。提出"治理黄河方策"，主张上游水土保持，中游蓄洪，下游稳定中河水槽等。他曾主办泾惠、洛惠、渭惠和织女渠等灌溉工程，促进当地农业发展。 ●音乐家黄自（字今吾，1904～1938）、张曙（1909～1938）卒。前者作管弦乐《怀旧》及歌曲《天伦歌》等，又撰《和声学》、《西洋音乐史》等。后者有歌曲二百余首（存七十余首）。以《壮士上前线》、《洪波曲》等流传较广。 ●戏剧家宋春舫（1892～1938）卒。他积极提倡话剧艺术。作有喜剧《五里雾中》、《一幅喜神》和论文集《宋春舫论剧》等。 ●戏曲音乐家曹沁泉（名沅，1864～1938）卒。他曾任"中国戏曲音乐院"研究所研究员和"中华戏曲专科学校"歌剧系主任。传谱有《丝竹锣鼓十番谱》、《琵琶谱录》、《清宫秘谱零忆》等。著有《剧韵新编》、《昆曲务头二十诀释》等。	●美国传教士布克曼等建立"道德重整运动"。在瑞士举行第一次世界大会，宣传"以改造人格来改造世界"。 ●英国成立新费边社。以比阿特里斯·维伯及柯尔为领导，研究各种社会和经济问题，曾促成英国工党的建立。 ●英国社会人类学家马林诺斯基到美国讲学。他发展了综合调查方法和实地调查技术，是功能主义学派的创始人之一。国际应用人类学会在其逝世后，为纪念其学术成就，设置了"马林诺斯基名誉奖"。 ●德国科学家哈恩和斯特拉斯曼用中子轰击准铀合成元素时发现铀原子核裂变现象。 ●匈牙利科学家比洛兄弟发明通行使用的圆珠笔。 ●美国工程师卡洛扎斯研制成"合成纤维尼龙"。 ●美国科学家贝特提出太阳能源理论。 ●德国工人运动活动家考茨基（1854～1938）卒。他是德国社会民主党和第二国际的领导人之一。他提出"超帝国主义论"，曾发表《无产阶级专政》，反对十月革命，列宁称其为"叛徒"。 ●德国哲学家胡塞尔（1859～1938）卒。他是现代现象学的创始人。其学说是存在主义的理论来源之一。著有《逻辑研究》等。 ●英国哲学家亚历山大（1859～1938）卒。他是新实在论者，把观念看成是实在的东西。著有《空间、时间和神性》。 ●美国经济学家克拉克（1847～1938）卒。他提出边际生产说，认为工资水平下降，是由于工人人数的增加。著有《财富的哲学》等。 ●德国化学家塔曼（1861～1938）卒。他首先提出玻璃为过冷液体的原理等。 ●苏联戏剧家斯坦尼斯拉夫斯基（1863～1938）卒。他创立了一套表演体系，曾对中国产生很大影响。著有《演员的自我修养》等。 ●德国人类学家弗罗贝尼乌斯（1873～1938）卒。他首次采用文化历史方法进行研究，主张"文化传播"。著有《文化问题》、《环球考察》等。 ●美国天文学家海耳（1868～1938）卒。他参与多个天文台的创建；发现太阳黑子磁场。 ●是年，意大利费米获诺贝尔物理学奖，德国库恩获化学奖，比利时海曼斯获生理或医学奖。
1939		●日军飞机连续轰炸重庆。	●西班牙长枪党首领佛朗哥攻入马德里，

公　元	（时期）	中　　国	外　　国
		●南昌会战，随之失陷。 ●第一次长沙会战，日军撤退。 ●八路军粉碎北岳地区冬季大"扫荡"，击毙中将旅团长阿部规秀，日军惊叹"名将之花凋谢在太行山上"。 ●桂南会战，日军占领南宁。 ●国民党制造反共摩擦，先后发生"平江惨案"和"晋西事变"。并集结兵力，伺机进攻延安。 ●《中苏通商条约》签订。 ●加拿大胸外科医生诺尔曼·白求恩（1890～1939）在河北完县黄石村因手指伤口感染中毒逝世。毛泽东发表《纪念白求恩》一文。 ●"新华书店"在延安成立。 ●陶行知在重庆合川建"育才学校"。 ●马一浮在四川乐山建"复性书院"。 ●化学家侯德榜提出"联合制碱法"的连续过程，对纯碱和氮肥工业做出了贡献。 ●语文学家钱玄同（字德潜，1887～1939）卒。他曾创议并参加拟制国语罗马字拼音方案。著有《文字学音篇》等。 ●学者吴承仕（字检斋，1881～1939）卒。著有《经籍旧音辨证》、《三礼名物》、《六书条例》、《淮南旧注校理》等。 ●戏曲理论家吴梅（字瞿安，号霜厓，1884～1939）卒。著有《顾曲麈谈》、《中国戏曲概论》、《南北词简谱》等，并有杂剧，传奇十一种。 ●学者马君武（名和，一字贵公，1882～1939）卒。初留学日本，后去德国，习冶金。民国成立，任孙中山临时政府实业部次长等职。后任广西大学校长。文学底蕴深厚，钻研诗词格律，曾用诗歌体翻译拜伦、席勒等人的作品。有《马君武诗稿》。还译过达尔文的著作。	夺取政权，自称"元首"兼"大元帅"，在西班牙建立法西斯政权。 ●德国侵占捷克斯洛伐克。 ●意大利侵占阿尔巴尼亚。 ●苏联与法、英进行谈判，防止战争，数月未有结果。8月23日，与德签订《苏德互不侵犯条约》。 ●9月1日，德军进攻波兰。9月3日，英、法对德宣战，第二次世界大战爆发。 ●9月5日，美国罗斯福政府宣布"新中立"法案。 ●德国制成"喷气式飞机"。 ●瑞士化学家缪勒研制出"滴滴涕"。 ●罗马大学恩里科·费米教授在华盛顿召开的物理学会议上发表他的实验室的实验结论：原子爆炸可释放出两亿伏能量。 ●美国杜邦公司开始生产"尼龙丝袜"。 ●英国物理学家贝尔纳出版《科学的社会功能》，首先提出"科学学"，并对其进行较系统的阐述。 ●奥地利心理学家弗洛伊德（1856～1939）卒。他是精神分析学派的创始人。认为人的心理有意识和潜意识两部分，而存在于潜意识中的性本能是人心理的基本动力。著有《精神分析引论》等。 ●美国语言学家萨丕尔（1884～1939）卒。他是观念主义语言学派的创始人。著有《语言》等。 ●美国地质学家林格仑（1860～1939）卒。他曾任国际地质学会会长。著有《矿床学》等。 ●是年，美国劳伦斯获诺贝尔物理学奖，瑞士籍南斯拉夫人鲁奇卡和德国布特南德获化学奖，德国多马克获生理或医学奖。
1940		●汪精卫在南京成立伪"国民政府"。 ●八路军发动"百团大战"。 ●日军"七三一部队"队长石井四郎率远征队携上百公斤伤寒、霍乱、鼠疫菌的跳蚤赴宁波一带进行"细菌战"，造成该地鼠疫流行。 ●中共开办的第一所理工科高等学校"延安自然科学院"成立。李富春任院长。设物理、化学、生物、地矿四系。后并入"延安大学"。 ●延安开始创建"新华广播电台"。 ●1928～1940：巴金完成其代表作《激流三部曲》（《家》、《春》、《秋》）。他另有《爱情三部曲》及《抗战三部曲·火》等。	●4～5月，德国展开闪电战，侵入丹麦、挪威、比利时、荷兰、卢森堡、法国。 ●5月10日，丘吉尔取代了张伯伦为英首相，坚持抗德战争。 ●5～6月，英、法军"敦刻尔克撤退"。英法军初败后，三十万人面临被歼危险，为保存实力，丢掉大量物资，渡英吉利海峡，向英国撤退。 ●6月22日，法国维希政府与德签订《康边停战协定》，向德投降，"法兰西第三共和国"灭亡。 ●6月18日，戴高乐发布《告法国人民书》。6月23日，在伦敦建立流亡政府，领导

中
华
民
国

公元	（时期）	中　国	外　国
	中 华 民 国	• 著名教育家蔡元培（字鹤卿，号子民，1868～1940）卒。他曾参与组织"中国教育会"。创办"爱国学社"和"爱国女学"。赴德留学归来后任南京临时政府教育总长。提出修改学制、小学男女同校、废除读经等改革措施。后任北京大学校长，提倡"兼容并包"，实行教授治校。其著作编有《蔡元培选集》。 • 植物学家钟观光（字宪鬯，1868～1940）卒。他曾调查十余省植物，积累大量资料，对我国早期植物分类学的发展做出贡献。他还创建北京大学植物标本室和我国第一个植物园。 • 电影艺术家沈西苓（原名学诚，笔名叶沉，1904～1940）卒。他曾留日，回国后参加"创造社"并参与组织"上海艺术剧社"后在"明星影片公司"任导演。著名作品有《女性的呐喊》、《船家女》、《十字街头》等。 • 音乐教育家、作曲家萧友梅（字雪朋，号思鹤，1884～1940）卒。曾留学日、德。归国后主持北京大学音乐传习所，在蔡元培支持下创立国立音乐院。撰有《普通乐学》等书，并作歌曲《问》、《国耻歌》等数十首及钢琴曲。 • 东北抗联将领杨靖宇（原名马尚德，1905～1940）作战牺牲。曾任东北反日救国会总会会长，在东北长期坚持艰苦的抗日游击战争。在吉林省濛江（今靖宇县）与日军战斗中壮烈殉国。	"自由法国"运动。6月28日，获英政府承认，并获财政援助。 • 美国国会通过《史密斯法》（即《外侨登记法》），以限制法西斯团体活动。 • 7月，德军对英实施"海狮计划"，进行空中打击。英展开"不列颠保卫战"，使德军的登陆计划破产。 • 9月27日，《德意日三国同盟条约》在柏林签订。标志着三国军事联盟正式形成。 • 12月29日，美国总统罗斯福发表"炉边谈话"，提出"我们必须成为民主国家的伟大兵工厂"。向英、法提供军火。 • 英国发明"涤纶"。 • 奥地利病理学家兰特斯坦纳等发现血液中有Rh因子即猕因子存在，为Rh血液系统的发展打下基础。 • 英国经济学家霍布森（1858～1940）卒。他主张以提高社会消费来摆脱经济危机。著有《现代资本主义的发展》等。 • 英国物理学家汤姆生（1858～1940）卒。他从实验上发现了"电子"的存在。还指出了"同位素"的存在。 • 德国气候学家克彭（1846～1940）卒。他提出气候的分类法。著有《气候学大全》等。 • 英国人类学家塞利格曼（1873～1940）卒。他进行实地人类学调查，著有《非洲人种考察》、《埃及与非洲》、《维达人》等。
1941		• 1月，蒋介石制造"皖南事变"。宣布"新四军"为"叛军"，屠杀近万人。周恩来提词："千古奇冤，江南一叶，同室操戈，相煎何急？"中共中央重建新四军军部，任陈毅代理军长。 • 为克服日军"扫荡"带来的经济困难，陕甘宁边区开展"大生产"运动。王震率三五九旅在南泥湾开荒种地，生产自救。5月1日，《陕甘宁边区施政纲领》公布，规定抗日民主政权实行"三三制"。贯彻国共两党抗日民族统一战线政策。 • "陕甘宁边币"在延安发行。流通于陕甘宁边区。 • 在延安建立"民族学院"。 • 6月5日，因防空设施不完善，日机轰炸时，重庆发生"六五防空大隧道窒息惨案"。死亡近万人，重伤千余人。该事件与花园口决堤、长沙放火并称为"三大惨案"。 • 冀中人民开展"地道战"、"地雷战"。 • 7月1日，汪精卫伪政权开始推行"清	• 3月，在罗斯福的力促下，美国会通过《租借法案》。这是罗斯福政策放弃"中立政策"，进行国际合作，参与反法西斯战争关键的一步。二战期间，共与三十三个国家以双边形式签订了租借协定，共向盟国提供了四百七十一亿美元的租借援助。 • 6月22日，德撕毁《苏德互不侵犯条约》，跨过边界，向苏联发起进攻。苏联卫国战争开始。德出动三百多万兵力，分三路突然袭击，一个半小时后才正式对苏宣战。由于苏丧失警惕，初期损失严重。 • 6月24日，美国宣布"在可能范围内，全力援助苏联"。 • 7月25日，美国宣布冻结日本资产，废除对日贸易协议。 • 8月14日，美英签订《大西洋宪章》（即《罗斯福丘吉尔联合宣言》）。不久，苏与其他国家也表示加入。此宪章成为反法西斯作战的共同纲领，为《联合国宪章》奠定了基础。

公　元	（时期）	中　　国	外　　国
	中 华 民 国	乡运动"。军事清乡：对抗日根据地实行"扫荡"；政治清乡：宣传"中日亲善"，"和平建国"；经济清乡：封锁禁运；思想清乡：控制学校，出版报刊，开展反共教育。 ●10月，"中国民主政团同盟"在香港成立。 ●11月，陕甘宁边区在米脂县参议会议长李鼎铭的建议下，开展"精兵简政"活动。 ●12月8日，日军向香港进攻；26日，占领香港。 ●12月9日，国民政府正式对日、德、意宣战。 ●音乐家任光（1900～1941）卒。有名作电影歌曲《渔光曲》。 ●作家许地山（名赞堃，笔名落华生，1893～1941）卒。他曾留英。是"文学研究会"的发起人之一。著有《空山灵雨》、《缀网劳珠》等文学作品和《印度文学》、《大藏经索引》、《中国道教史》等著作。 ●出版家陆费逵（字伯鸿，1886～1941）卒。他曾任"文明书局"和"商务印书馆"编辑，后创办"中华书局"，任局长，总经理，主持业务达三十年。 ●新闻记者张季鸾（名炽章，1888～1941）卒。他曾任《中华新报》总编辑。后与吴鼎昌等接办天津《大公报》，任总编辑。写有大量新闻报道和时事评论。	●9月，"法兰西民族委员会"在英成立，领导抗德运动。 ●9～11月，"莫斯科保卫战"歼德军五十个师，粉碎了希特勒的"闪电战"计划。 ●12月7日，日机偷袭珍珠港。美国对日宣战，德意对美宣战，"太平洋战争"爆发。仅半年内，日军占领马来亚、新加坡、菲律宾、印尼、缅甸和太平洋上许多岛屿。 ●法国哲学家柏格森（1859～1941）卒。他是生命哲学和现代非理性主义的主要代表。他提出"封闭社会"和"开放社会"之说，前者的特点是"暴力统治"，后者的特点是"个性自由"。著有《时间与自由意志》等。 ●德国哲学家杜里舒（1867～1941）卒。他是新活力论者，认为生命与非生命物体之间不可逾越。著有《有机哲学》等。 ●德国经济学家桑巴特（1863～1941）卒。他否认社会发展一般规律，强调精神的决定性作用。著有《现代资本主义》等。 ●法国数学家勒贝格（1875～1941）卒。他所创的"勒贝格积分"对近代分析有重要意义。 ●德国物理学家能斯特（1864～1941）卒。他导出热力学的"能斯特公式"和创立了"热力学第三定律"。他获1920年诺贝尔化学奖。
1942		●1月1日，中国代表参与签署《联合国家宣言》（后称《联合国宣言》）。5日，蒋介石在重庆宣布接受联合国家推举，就任中国战区最高统帅，中国战区正式成立。中国战区的辖区为中国、泰国、缅甸和越南北部。史迪威为中国战区参谋长。 ●2月，延安开始"整风运动" ●3月，中国远征军入缅协助英军对日作战，救出被围英军七千人。 ●4月，美军"飞虎队"首次开通"驼峰飞行"。 ●5月，华北日伪军十五万人对冀中地区进行"大扫荡"。 ●毛泽东发表《在延安文艺座谈会上的讲话》，奠定对文艺的指导方针。 ●中共发表《七七宣言》。强调团结抗战，团结建国。 ●10月，美英同时宣布废除对华不平等条约。 ●北京大学医学院教授马文昭在细菌学研究方面获重要成就。他还提出了血液和造血器官的结构和发生上的新见解。	●1月1日，中、苏、美、英等二十六个国家签署《联合国家宣言》，标志"国际反法西斯联盟"形成。 ●6月，美、日"中途岛大海战"。日本大败，损失惨重。美军开始掌握海上主动权。 ●7月，最残酷的"斯大林格勒战役"打响，直到下年2月，苏军方取得保卫战的胜利。是为"二战"中最大的一次战役，希特勒遭到最大的一次失败。此战也成为"二战"转折点。此后，苏军和盟军开始战略反攻。 ●8月，美国政府正式制定研制原子弹的"曼哈顿计划"。投资二十五亿美元。由美国陆军部全面负责，莱斯利·格罗将军为总负责人，直属总统管辖。动用十万科技人员和工人，在极秘密的情况下加紧研制，年底在芝加哥大学体育场，建成首座核反应堆。标志着人类进入利用核能的时代。 ●10月，北非"阿拉曼战役"。盟军在英第八集团军司令蒙哥马利率领下大败德隆美尔军团，成为非洲战场的转折点。此战与

附
录
2

公 元	（时期）	中 国	外 国
	中 华	●郭沫若完成话剧《屈原》、《虎符》、《孔雀胆》、《高渐离》等作品。 ●吴祖光名作《风雪夜归人》问世。 ●张爱玲发表小说《倾城之恋》。 ●弘一法师（原名李叔同）在泉州圆寂。他对日军侵华非常愤慨，曾书"念佛不忘救国"字幅，弥留之际书"悲欣交集"四字，是为绝笔。 ●印度援华医疗队医生柯棣华（1911～1942）在华病故。历任八路军军医院外科主治医师、晋察冀边区白求恩国际和平医院院长。他辛勤工作，救治伤员，培养医务人员，为中国的抗日战争做出了贡献，积劳病逝。 ●中国共产党创始人之一陈独秀（字仲甫，1879～1942）卒于四川江津。 ●八路军副参谋长左权（1906～1942）卒。他于黄埔军校第一期毕业，曾赴苏，在陆军大学学习。归国后历任红军军长、代军团长等职。在山西辽县（今左权县）与日军作战中牺牲。 ●东北抗日将领许亨植（又名李熙山，朝鲜人，1909～1942）卒。早年寄住黑龙江省尚志。"九一八事变"后组织哈东反日会，任总会长。后组织汤原反日游击队，在龙江平原坚持游击战争。在木兰青峰岭战斗中牺牲。 ●女作家萧红（原名张廼莹，1911～1942）卒。著有《生死场》、《呼兰河传》等。	"中途岛战役"、"斯大林格勒战役"一起完成了"二战"的战略转折。 ●11月，英美军实施"火炬"作战计划。艾森豪威尔为总司令，拉克拉为副总司令。西线由巴顿、弗雷登戈、赖德分西、中、东三路在卡萨布兰卡、奥兰、阿尔及尔分别登陆、突破马雷特防线，向德国北非军总攻，迫德军二十五万人投降。彻底扭转了盟军在北非的局势，为进攻意大利和反攻欧洲大陆创造了条件。 ●欧亚不少国家建立"民族解放阵线"或建游击队，以武力抗击法西斯侵略。 ●"美国之音"开始对外广播。 ●美国科学家莫希莱写成《高速电子管计算装置使用》备忘录。实际上是第一台电子计算机的初步方案。 ●德国发射A－4火箭成功。是为"V－2"导弹所用火箭。 ●英国科学家海伊发现太阳射电现象。 ●丹麦语言学家布龙达尔（1887～1942）卒。他是丹麦学派的创始人。著有《结构主义语言学》等。 ●英国物理学家布拉格（1862～1942）卒。他曾提出晶体的衍射理论，并改进了X射线分光计。 ●德国化学家维尔斯太特（1872～1942）卒。他在系统实验中曾获得多种较纯的酶。
1943	民 国	●1月9日，汪精卫伪"国民政府"发表《日华共同宣言》。宣布"与英美进入战争状态"，正式对英美"宣战"。进入日本的"战时体制"。 ●2月4日，蒋介石国民政府批准《中美新约》。 ●3月，蒋介石发表《中国之命运》（由陶希圣执笔）。掀起第三次反共浪潮。 ●4月，日军发起"鄂西战役"。 ●5月，日军制造湖南"厂窑惨案"。用残酷手段屠杀中国难民三万余人。 ●7月5日，王稼祥在《中国共产党与中国民族解放的道路》一文中最先提出"毛泽东思想"概念。 ●8月，国民政府主席林森（字子超，1867～1943）卒。10月，蒋介石就任国民政府主席。通过修订"国民政府组织法"，扩大其权力，一身兼任政府主席、国民党总裁、国防委员会委员长、军事委员会委员长、行政院院长等数十职务，总揽党政军大权。 ●11月，中美空军混合大队宣告成立。队	●1月，罗斯福与丘吉尔会晤，举行"卡萨布兰卡会议"。 ●3月，波兰组建"爱国者同盟"，并建波兰第一师（名"柯斯丘西科"），参与反法西斯战争。 ●5月，"共产国际"执行委员会通过解散"共产国际"的决议。 ●6月，戴高乐在阿尔及利亚建"法兰西民族解放委员会"，宣布其为"法国的中央政权机关"（下年，改为"法兰西共和国临时政府"）。8月，美、英、苏相继承认。 ●7月，德在苏发动"夏季攻势"，企图打通进攻莫斯科的道路。"库尔斯克战役"失败，苏军开始反攻，至年底，收回被占领土三分之二。 ●8月，美英联军在西西里岛登陆，占领西西里岛。 ●9月8日，意大利宣布投降。并于10月13日宣布对德宣战。此举标志"轴心国"集团开始瓦解。 ●11月22～26日，中、美、英三国首脑

公　元	（时期）	中　国	外　国
	中 华 民 国	长陈纳德，副队长徐焕升。 ●12月，冈村宁次指导华北日军"毁灭大扫荡"，欲消灭八路军主力。因八路军分散游击，"扫荡"未获成效。 ●是年，中美在重庆创办"新闻学院"。 ●"敦煌艺术研究所"在甘肃敦煌莫高窟建立。 ●晏阳初在纽约受表彰，被授予"世界具有革命性贡献伟人"。因其在平民教育与乡村建设运动中的贡献。 ●林士谔提出求代数方程数字解的"林士谔方法"。 ●陈省身首次使用"切入丛"证明高斯－邦尼公式适用于高维流形，使之成为微分几何经典定理。 ●侯外庐《中国古代社会史论》出版。 ●赵树理完成小说《小二黑结婚》。 ●地质学家朱森（1902～1943）卒。他曾任地质研究所研究员。著有《金陵灰岩之珊瑚和腕足类化石研究》、《四川龙门山地质》等。 ●京剧作家陈墨香（一名敬余，1884～1943）卒。他作有京剧《钗头凤》、《孔雀东南飞》、《红楼二尤》等，并整理了全本《玉堂春》等，共五十余种。	举行"开罗会议"，商议联合对日作战。12月1日，发表《开罗宣言》。指出要将日所占中国之东北、台湾、澎湖列岛等归还中国；使朝鲜自由独立；坚持日本无条件投降。 ●11月28～12月1日，苏、美、英三国首脑举行"德黑兰会议"。讨论对德作战。12月1日，签署《德黑兰宣言》，决定开辟西欧第二战场，夺取世界反法西斯战争的最后胜利。 ●美在华盛顿建"五角大楼"，为美国防部大楼。 ●英、美开始使用雷达。 ●是年，美国三家公司开始生产青霉素。 ●奥地利病理学家兰特斯坦纳（1868～1943）卒。他首先确定人类血液有O、A、B和AB型。还有多种发现。著有《血清反应的特异性》等。 ●德国数学家希尔伯特（1862～1943）卒。他所提出的二十三个"希尔伯特问题"有较大影响。 ●是年，美籍德国人斯特恩获诺贝尔物理学奖，瑞典籍匈牙利人赫维西获化学奖，丹麦达姆和美国多伊西获生理或医学奖。
1944		●1月3日，沈钧儒、黄炎培等发起宪座谈会。 ●1月15日，"在华日人反战同盟"华北联合会扩大执委会在延安召开，协议成立"日本人民解放联盟"准备委员会。 ●1月30日，蒋经国出任"三民主义青年团中央干部学校"教育长。 ●3月5日，新四军强攻苏北淮安车桥镇，歼灭日伪军近千人。 ●3月10日，苏北东台十五名日军在城内因厌战自杀。 ●3月17日，国民政府任命商震为中国驻美军事代表团团长。 ●3月22日，中、加（拿大）签订互助协定。 ●4～5月，豫中、长衡会战相继展开。 ●5月2日，国共两党代表在"西安会谈"。15日，毛泽东提出解决国共关系的二十条新方案。 ●5月，《毛泽东选集》首次出版。由邓拓等编辑。 ●8月7日，以包瑞德为团长的第二批美军观察组一行十八人考察延安，受到热情接待。 ●8月8日，衡阳失陷。鉴于整个形势不	●1月，苏联战场：列宁格勒州解放。 ●6月6日，英美联军在法国"诺曼底登陆"。开辟"第二战场"，使德军陷入两线作战的局面。 ●6月，美日海军"马里亚纳会战"。日军惨败。日军完全失去制海权和制空权。东条内阁被迫辞职，日本已无力回天。 ●7月，苏联战场：解放白俄罗斯、立陶宛和波兰部分领土，强渡尼门河，推进到德国边境。 ●7月22日，波兰民族解放委员会发布"波兰七月宣言"。宣布该委员会是唯一合法的政府。 ●8月15日，英美联军又在法国南部马赛和土伦登陆成功。8月25日，巴黎解放。30日，戴高乐宣布法国临时政府在巴黎成立。 ●8月23日，罗马尼亚"八二三起义"，法西斯政权安东尼斯库政府被推翻。 ●保加利亚"九月起义"。9月9日，攻进索非亚，推翻法西斯统治，建立祖国阵线政府。 ●9月19日，芬兰宣布与德绝交退出法西斯阵营。 ●9月，德首次向英发射战略弹道导弹

公 元	（时期）	中　　国	外　　国
	中 华 民 国	利于日，华北日军于是月发布《劳动紧急动员对策纲要》，大肆掳掠华工。 ●9月，"中国民主同盟"成立。 ●由于史迪威对蒋介石消极抗日、破坏统一战线不满，蒋介石致罗斯福备忘录，史迪威被免职回国。 ●10月，国民政府发动十万青年从军运动。 ●11月10日，汪精卫（名兆铭，字季新，1883～1944）在日本病逝。尸体运回南京，落葬南京梅花山。 ●冈村宁次升任日本驻中国派遣军总司令。 ●出版家邹韬奋（名恩润，1895～1944）卒。他毕生从事新闻出版工作，曾主编《大众生活》、《生活日报》、《生活星期刊》、《全民抗战》等刊物。其重要著作收入《韬奋文集》。 ●中共中央警卫团战士张思德（1916～1944）卒。早年参加红军，经过长征，负过伤，是一名忠实为人民服务的好战士。在陕北安塞县山中烧炭，因炭窑崩塌而牺牲。在追悼大会上，毛泽东作《为人民服务》讲话，提倡全心全意为人民服务的精神。 ●回族抗日将领马本斋（1901～1944）卒。抗日战争爆发后，组织"回民义勇队"，抗击日本侵略军。后参加八路军，任冀中回民支队司令。在山东莘县病逝。 ●新四军第四师师长兼淮北军区司令员彭雪枫（1906～1944）在河南夏邑地区与日军作战中牺牲。 ●爱国侨胞陈友仁（1875～1944）卒。出身美洲牙买加岛华侨家庭。早年在英国读书，并在伦敦做律师。回国后，初在英文《京报》任主编。后曾任孙中山秘书和国民政府外交部长，因主张抗日，被迫辞职。闲居香港时被日军拘捕，强迫移居上海。病逝。	（V-2火箭，名"复仇武器2号"）。 ●10月，希腊流亡政府进入雅典，接管政权。 ●至年底，东欧国家已获得解放。 ●布雷顿森林会议召开，决定建立国际货币基金组织，设立"国际复兴开发银行"，确立以美元为中心的固定汇率制度。 ●美国首批铀235研制成功。 ●美科学家瓦克斯曼制出"链霉素"。 ●美国科学家艾肯研制成使用继电器的"机电式计算机"，每秒运算三次。 ●意大利哲学家秦梯利（1875～1944）卒。他是新黑格尔主义者。著有《精神即纯粹行动论》等。 ●苏联经济学家司徒卢威（1870～1944）卒。他是新康德主义者。著有《经济与价格》等。 ●法国历史学家和汉学家马伯乐（1883～1944）卒。著有《古代中国》等。 ●苏联语言学家谢尔巴（1880～1944）卒。他是音位理论的建立者之一。著有《法语语音学》等。 ●罗马尼亚地质学家姆拉泽克（1867～1944）卒。他提出形成内陆盆地的规律性理论。 ●英国天文学家爱尔顿（1882～1944）卒。他是恒量内部结构理论和变量脉动理论的创始者。 ●法国作家罗曼·罗兰（1866～1944）卒。作品有《约翰·克利斯朵夫》等。 ●荷兰画家蒙德里安（1872～1944）卒。他自称是"几何体派"，倡导以几何形体构成"形式美"。 ●是年，美国拉比获诺贝尔物理学奖，德国哈恩获化学奖，美国厄兰格和加塞获生理或医学奖。
1945	国	●1月9日，中美联合生产委员会成立。 ●1月15日，"中国民主同盟"发表对时局的宣言，主张召开各党派参加的会议，成立联合政府。 ●1月24日，周恩来从延安飞往重庆，代表中共与国民党谈判。2月16日，谈判陷入僵局，周恩来飞回延安。 ●1月，中国军队收复缅北，打通中印交通线。命名为"史迪威公路"。 ●3月21日，日军用六个师团约七万多兵力，进攻豫西老河口中国空军基地。虽占领该地，但花了死伤一万五千人的代价。 ●3月29日，国民政府派宋子文为中国出	●2月，苏、美、英三国首脑举行"雅尔塔会议"。商讨最后打败德、日法西斯的战略计划及规划战后世界秩序。发表《英美苏三国克里米亚（雅尔塔）会议公报》。关于苏对日作战问题，会议背着中国签订了《三国关于远东问题的协定》（即《雅尔塔协定》），牺牲中国利益，划分战后势力范围。 ●3月，美国与拉美国家签订《查普特佩克公约》。宣称，共同使用武装力量防止和抵抗侵略。实际是确立美国在拉美的霸主地位。 ●"阿拉伯国家联盟"成立。总部设在开罗。 ●"旧金山会议"与"联合国"成立。

公　元	（时期）	中　国	外　国
	中 华 民 国	席联合国首席代表，顾维钧、王宠惠、魏道明、胡适、吴贻芳、李璜、张君劢、董必武、胡霖为代表团成员。 ●春夏，八路军对日发动大规模攻势。军队已发展至近百万人，解放区扩大至十九个，拥有人口近一亿。 ●4月，日军分三路向湘西进攻。国民党军王耀武部、王敬久部对日军实施钳形包围，合歼日军近三万。 ●4月，中共"七大"召开。毛泽东作政治报告《论联合政府》，朱德作军事报告《论解放区战场》，刘少奇作《关于修改党的章程》报告，将"毛泽东思想"作为党的一切工作的指针。 ●5月，国民党在重庆召开"六大"。大会拒绝各党派提出的"联合政府"构想，决定在战后召开国民大会，实施宪政，"还政于民"。并指出，中共武装割据是国家大患，要寻求"政治解决"的方法。 ●5月起，国民党先后在闽浙、黔桂、粤北、赣南实施战略反攻。 ●"湘西战役"，日军作最后挣扎。是为正面战场的最后一次大战。 ●6月，中国参与签订《联合国宪章》。 ●日军实施收缩计划，在江西、湖南、广西等地全面北撤。 ●6月底，国民党军收复柳州。 ●7月7日，国民政府宣布对日军全面反攻。并制定反攻广州的具体计划，部署兵力。 ●8月9日，毛泽东发表《对日寇的最后一战》。 ●当日，苏军出兵东北，打击日本关东军。 ●8月15日，日本宣布无条件投降，"八年抗战"胜利结束。 ●8月28日，毛泽东等一行飞抵重庆，国共两党开始谈判。具体谈判代表，国方：王世杰、张群、邵力子、张治中；共方：周恩来、王若飞。 ●9月5日，"延安新华广播电台"正式广播。 ●9月9日，中国战区受降仪式在南京国民政府中央军校大礼堂举行。中国代表何应钦上将、日本投降代表冈村宁次大将分别在日本投降书上签字。	4月25日，由中、美、英、苏发起在美国旧金山召开"联合国家国际组织会议"（即"联合国宪章"制宪会议，通称"旧金山会议"）。有五十个国家二百八十二名代表参加。6月25日，通过《联合国宪章》和《国际法院规约》。6月26日，举行签字仪式，该日被指定为"宪章日"。10月24日，正式生效，"联合国"①宣告成立，此日被定为"联合国日"。 ●4月，意大利法西斯党党魁墨索里尼被游击队捕获处决。 ●4月12日，美国总统罗斯福逝世。杜鲁门继任，为美国第三十三任总统。 ●4月25日，各路苏军共二百五十万人完成对柏林的包围。并进抵易北河西岸，同英、美联军会师。 ●4月30日，德国法西斯党党魁希特勒自杀，毁尸灭迹。 ●5月2日，攻克柏林。柏林残军投降。 ●5月8日，德国宣布无条件投降。 ●7月14日，美国在新墨西哥州原子弹试验成功。 ●7月17日，苏、美、英三国首脑举行"波茨坦会议"。8月2日，签署《柏林（波茨坦）会议议定书》和《柏林会议公报》（通称《波茨坦协定》）。8月8日，苏联加入《中美英三国促令日本投降之波茨坦公告》（即《波茨坦公告》），宣称日本必须无条件投降，必须永久铲除日本军国主义。 ●7月27日，在波茨坦会议中，英国首脑易人，英国首相艾德礼取代丘吉尔。 ●8月6日，美国向日本广岛投下第一颗原子弹，十三平方公里的市区几乎化为灰烬，十余万市民丧生，更多的人留下后遗症。 ●8月8日，苏对日宣战，次日，出兵进入中国东北。 ●8月9日，美向日长崎投下第二颗原子弹。约有七万人丧生。 ●8月15日，日本宣布无条件投降。8月30日，美在日登陆，占领日本。9月2日，在美舰"密苏里号"甲板上举行签字仪式。第二次世界大战宣告结束。 ●"印度尼西亚八月革命"。8月17日，印尼宣告独立，成立共和国，结束荷兰殖民

① "联合国"的主要机构有：大会、安全理事会（中、美、英、法、俄为常任理事国，还有十个非常任理事国）、经济及社会理事会、托管理事会、国际法院和秘书处。秘书处设秘书长一人，为联合国主要行政负责人。总部设在纽约。参加宪章签字的五十一国（内有中国）为联合国创始会员国。联合国是由独立主权国家组成的国际组织，本身没有主权，其宗旨是"维护国际和平与安全"，"制止侵略行为"，"促进国际合作"等。

附
录
2

公　元	（时期）	中　国	外　国
	中 华 民 国	•据不完全统计，在抗日战争期间，中国军民伤亡总数达三千五百万人，财产损失有六千亿美元。 •10月10日，国共谈判结束，签订《双十协定》（即《政府与中共代表会谈纪要》）。 •10月12日，"上党战役"结束。中共歼阎锡山军三万余人。 •10月13日，蒋介石密令各地，努力"进剿"共产党。 •10月20日，根据美、英、苏所签订的《雅尔塔协定》，外蒙古经过公民投票，最后决定脱离中国而独立。下年1月，国民政府宣布承认蒙古独立。 •10月25日，收复台湾。在台北举行受降仪式。国民政府公布《台湾省行政长官公署组织大纲》，任命陈仪为台湾省行政长官兼台湾警备总司令。台湾自1895年清朝与日本签订《马关条约》割让给日本，成为日本殖民地以来，从此回归祖国。 •10月28日，"邯郸战役"。刘邓大军全歼国民党军七万多人。第十一战区副司令长官高树勋率部起义。 •12月1日，西南联大、云南大学、中法大学师生数百人举行反内战时事讨论会，有著名人士发表演讲，几百军警冲入学校，制造"一二·一"血案。 •是年，老舍《四世同堂》第一部出版。 •音乐家冼星海（1905～1945）卒。他作有多首交响乐及歌曲五百多首（现存二百余首），最著名的《黄河大合唱》被誉为20世纪经典。 •作家郁达夫（1896～1945）卒。他曾与鲁迅合编过《奔流》，是"创造社"的主要成员之一。著有小说《沉沦》、《春风沉醉的晚上》、《薄奠》、《出奔》，散文《达夫散文集》等。 •音韵学家曾运乾（字星笠，1884～1945）卒。著有《切韵五声五十一纽考》、《喻母古读考》、《尚书正读》等。 •企业家范旭东（名锐，1884～1945）卒。早年留学日本。曾在天津塘沽开办"久大盐业公司"和"永利制碱公司"。卒于重庆。 •企业家虞洽卿（名和德，1867～1945）卒。曾先后创办"宁绍"和"三北"轮船公司。任上海总商会会长。卒于重庆。 •八路军松江军区副司令员卢冬生（1908～1945）卒。曾参加八一南昌起义；也曾赴苏学习军事。卒于哈尔滨。 •汉奸王克敏（字叔鲁，1873～1945）卒。	统治。苏加诺当选为总统。 •11月20日，"纽伦堡审判"开始。对德国法西斯战犯进行国际审判。 •德国占领波兰后，在其南部克拉科夫附近的奥斯威辛建立"奥斯威辛集中营"。内设专供杀人用的毒气室、火葬场和化验室。1940～1945年间有四百多万人惨遭杀害。 •11月29日"南斯拉夫联邦共和国"成立。由塞尔维亚、克罗地亚、斯洛文尼亚、波黑、马其顿、黑山六个共和国组成。 •12月，苏、美、英三国外长会议，决定成立"远东委员会"和"盟国对日管制委员会"。 •苏联物理学家维克斯列尔和美国物理学家麦克米伦分别研究成功"同步回旋加速器"。 •法国科学家薛定谔出版《生命是什么》一书，从物理学角度解释DNA如何带有大量遗传基因。物理学与生物学结合是现代分子生物学最显著的特点之一。 •美国莫尔小组制成第一台电子计算机（ENIAC）共用一万八千只电子管，七万只电阻，一万只电容。重三十吨，有十个房间大小。造价四十八万美元。 •德国哲学家卡西勒（1874～1945）卒。他是马堡学派代表人物之一。著有《象征形式哲学》等。 •美国经济学家康蒙斯（1862～1945）卒。他是制度学派的主要代表之一。著有《制度经济学》等。 •瑞典经济学家卡塞尔（1866～1945）卒。他是瑞典学派的创始人之一。著有《理论社会经济学》等。 •美国遗传学家摩尔根（1866～1945）卒。他创立基因学说。著有《基因论》等。他于1933年获诺贝尔生理学医学奖。 •波兰数学家巴拿赫（1892～1945）卒。他创立泛函分析的赋范空间理论，对近代泛函分析的发展有重要作用。 •英国物理学家阿斯顿（1877～1945）卒。他首次制成聚焦性能较高的质谱仪，并用来大量的对多种元素的同位素质量及丰度比进行测量，肯定了同位素的普遍存在。 •苏联地球化学家费尔斯曼（1883～1945）卒。著有《地球化学》等。 •苏联作家阿·托尔斯泰（1883～1945）卒。作品有《苦难的历程》三部曲等。 •法国汉学家马伯乐（1883～1945）卒。著有《古代中国》、《唐代长安方言考》等。

公　元	（时期）	中　国	外　国
		清末曾任留日学生监督。北洋军阀政府时历任中国银行总裁、财政总长等职。抗日战争爆发后，在日本侵略军指使下，成立"华北临时政府"，任行政委员会委员长，后又两度担任伪华北政务委员会委员长。抗日战争胜利后被捕，畏罪服毒自杀。	● 英国考古学家麦基弗（1873～1945）卒。他曾对津巴布韦、努比亚、意大利等诸多遗址进行发掘。著有《意大利的铁器时代》等。 ● 是年，美籍奥地利人泡利获诺贝尔物理学奖，芬兰维尔塔南获化学奖，英国弗莱明、英籍德国人钱恩和英籍澳大利亚人弗洛里获生理或医学奖。
1946	中 华 民 国	● 1月，国共在重庆举行第三次谈判。达成《关于停止国内军事冲突的协议》。 ● "政治协商会议"在重庆召开，形成民主、和平的建国基本方针。 ● 2月，国民党特务在重庆制造"校场口惨案"，破坏群众庆祝政协成功大会。 ● 4月8日，中共中央委员王若飞（1896～1946）、秦邦宪（又名博古，1907～1946）、新四军军长叶挺（字希夷，1896～1946）及其夫人和中共中央职工委员会书记邓发（1906～1946）等由重庆返回延安途中，因飞机在山西兴县上空失事，不幸全部遇难。被称为"四八烈士"。 ● 4月，美总统特使马歇尔来华调停内战。 ● 5月，国民政府还都南京。 ● 6月26日，国民党调集三十万军队向中原解放区进攻。全面内战爆发。 ● 8月，发生"陇海战役"。 ● 9月，发生"定陶战役"。 ● 10月，国民党军占领张家口。 ● 11月，"国民代表大会"在南京召开，通过《中华民国宪法》，被称为"制宪国大"。 ● 12月，北京发生美军暴行"沈崇事件"，全国掀起反美抗暴运动。 ● 教育家陶行知（原名文濬，后改知行，又改行知，1891～1946）卒。他曾留美，从杜威学习。回国后任中华教育改进社总干事。推动平民教育运动，最早注意乡村教育。1926年发表《中华教育改进社改造全国乡村教育宣言》。1927年创办晓庄学校。1932年创办生活教育社及山海工学团，宣传生活教育，提倡教育与实际结合，为大众服务。后又创办育才学校和社会大学。著有《中国教育改造》、《斋夫自由谈》、《行知书信》等。 ● 文学家闻一多（本名家骅，1899～1946）卒。他曾留学美国，学美术、文学，先后在青岛大学、清华大学任教。早年有诗集《红烛》、《死水》，后从事学术研究，在对《周易》、《诗经》、《庄子》、《楚辞》的研究中都有相当的成就，全部收入《闻一多全集》。 ● 史学家冯承钧（1887～1946）卒。他曾留学比利时、法国，回国后在北京大学等校任	● 1月，阿尔巴尼亚宣布成立人民共和国。 ● 2月，匈牙利宣布成立共和国。 ● 2月，根据《联合国宪章》，"国际法庭"在荷兰海牙成立。 ● 3月，丘吉尔在美发表"富尔敦演说"。提出"布尔什维克威胁"和东欧"铁幕"，鼓吹英、美建立军事同盟以对付共产主义。意味着东、西方"冷战"的开始。 ● 5月3日，远东国际军事法庭主持的"东京审判"开始，到1948年11月结束。对二十八名日本甲级战犯进行宣判，其中，东条英机等七人处绞刑。 ● 6月18日，"意大利共和国"成立。 ● 6月28日，"国际广播和电视组织"在比利时布鲁塞尔成立。 ● 7月4日，菲律宾独立，成立共和国。 ● 7月，中、苏、美、英、法等二十八国在巴黎召开会议，讨论对德国在欧洲的盟国意、罗、匈、保、芬五国和约问题。 ● 9月，保加利亚宣布为共和国。 ● 10月，联合国第一次大会。12月，通过《关于裁军及禁止生产和使用原子武器的决议》。 ● 10月，法国制宪会议通过"法兰西第四共和国宪法"。 ● 10月，希腊马科斯等在北部山区建民主军总参谋部，希腊内战爆发。 ● 11月，"联合国教科文组织"在巴黎成立。 ● 11月，印度尼西亚与荷兰签订《林芽椰蒂协定》。荷兰承认印尼对爪哇、马都拉和苏门答腊的事实主权。 ● 美国科学家利用雷达探测月球。 ● 苏联建成实验用石墨型"原子反应堆"。 ● 苏联天文学家巴甫洛夫发明"光电中星仪"。 ● 美国始用混炼法生产"ABS树脂"。 ● 法国开办"戛纳国际电影节"。 ● 美国哲学家霍尔特（1873～1946）卒。他是新实在论的主要代表之一。著有《意识

公　元	（时期）	中　国	外　国
	中 华 民 国	教。著有《中国南洋交通史》等。翻译《西突厥史料》、《多桑蒙古史》、《马可波罗行记》等。 　●音乐家张寒晖（1902～1946）卒。其名作为歌曲《松花江上》。 　●中共中央委员关向应（满族，1904～1946）卒。曾任中国共产主义青年团中央书记、第二方面军总政治委员。与贺龙一起开辟晋绥根据地。在延安病逝。 　●新四军第二副军长兼山东军区副司令员罗炳辉（彝族，1897～1946）卒。曾参加北伐战争。抗日战争中，在苏皖地区坚持对日作战，开辟皖东根据地。病卒。 　●汉奸齐燮元（字抚万，1879～1946）、陈公博（1890～1946）、梁鸿志（字众异，1882～1946）卒。齐为北洋武备学堂毕业，后为直系军阀。抗日战争爆发后投敌，任华北临时政府治安部总长、华北绥靖军总司令等。陈曾任国民党中央执委，为国民党改组派首领之一。抗战爆发后，随汪精卫投敌，任汪伪政府立法院院长等职。梁为京师大学堂毕业，北洋军阀时期曾任段祺瑞执政府秘书长。抗战时期，在日本侵略者指使下，在南京成立伪维新政府，任行政院院长，后为汪伪政权监察院长。抗战胜利后，三人同被捕，枪毙。	的概念》等。 　●英国经济学家凯恩斯（1883～1946）卒。他是"凯恩斯主义"的创始人。著有《货币论》等。 　●美国教育家巴格莱（1874～1946）卒。他是要素主义教育的提倡者。著有《教育过程》等。 　●法国物理学家郎之万（1872～1946）卒。他奠定了超声波传播定律的基础。他是声呐探测器的发明者。 　●美国物理化学家路易斯（1875～1946）卒。著有《原子价与原子、分子结构》等。他是首先制成重水的化学家。 　●美国工程师埃克脱（小）与莫奇利发明了世界上第一台电子数字计算机。 　●英国发明家贝尔德（1888～1946）卒。他首次研制并应用电视播送运动物体图像。 　●德国政治学家豪斯霍费尔（1869～1946）卒。他倡导地缘政治论。著有《太平洋地缘政治》等。 　●英国作家威尔斯（1866～1846）卒。著有科幻小说《星际大战》、《时间机器》等。 　●是年，美国布里奇曼获诺贝尔物理学奖，美国萨姆纳、诺思罗普和斯坦利获化学奖，美国穆勒获生理或医学奖。
1947	民 国	●1月1日，国民政府颁布《中华民国宪法》，宣布自即日起实施。 　●薛岳指挥国民党军向苏皖解放区展开地毯式进攻。陈毅率新四军打运动战，连续大捷，歼敌五万多，打破围攻。 　●美国总统特使马歇尔宣布调停失败。 　●2月，国民党向解放区发动全面进攻，占领大小城镇一百多座，然兵力损失严重。 　●上海发生"黄金风潮"。法币币制实际瓦解，财政部下令取缔黄金买卖，禁止外币流通。 　●台湾发生"二二八事件"。国民党派军警镇压，蒋介石发表广播讲话，国防部长白崇禧与蒋经国等赴台表示"安抚"。 　●3月，国民党重新部署兵力，改"全面进攻"为"重点进攻"陕北、山东两个地区。 　●3月19日，胡宗南部队占领延安。 　●4月，国民党"改组政府"。以孙科为国民政府副主席，以无党派人士王云五为行政院副院长。撤销国防最高委员会。 　●时全国共有专科以上学校一百九十二所，学生十一万余人。 　●5月，山东"孟良崮战役"。国民党军失	●2月，同盟国对意、罗、匈、保、芬五国和约在巴黎签字。 　●3月，"亚洲及远东经济委员会"成立。 　●3月，美国总统杜鲁门在国情咨文中提出新的殖民主义纲领（即"杜鲁门主义"）。宣称：美国有领导自由世界，援助民主国家复兴的使命，以防止共产主义的渗透。 　●6月，美国国务卿马歇尔提出《欧洲复兴方案》（即"马歇尔计划"）。与"杜鲁门主义"共同构成美对外扩张政策的基础。 　●6月，美国会通过《劳资关系法》（即《塔夫脱－哈特莱法》）。限制共产党在工人中进行活动。 　●7月，"美国中央情报局"成立。 　●9月，《美洲国家间互助条约》签订。 　●10月，美、英、法等二十三国首次在日内瓦签订《关税及贸易总协定》。 　●11月，二届联大多数票通过《巴勒斯坦将来治理（分治计划）问题的决议》。认可在巴勒斯坦建立阿拉伯国和犹太国。 　●12月，罗马尼亚废除君主政体，成立人民共和国。

公　元	（时期）	中　　国	外　　国
	中 华 民 国	利，被称为"御林军"的七十四军被全歼，师长张灵甫被击毙。 　●6月，国民党召开六届四中全会。会上派系斗争激烈。 　●6月30日，刘伯承、邓小平率第二野战军突破黄河天险，进入鲁西南地区，拉开解放军战略反攻的大幕。 　●7月11日，顾祝同下令国民党军由鲁中地区西撤。标志着"重点进攻"的失败，国民党在战场上已由强转弱。 　●由于年初的"黄金风潮"和军事失利，"国统区"相继发生"二月涨风"、"四月涨风"、"六月涨风"、"十月涨风"，物价连续波动。据记载，当年物价已是抗战前的十余万倍。 　●据美联社7月24日电讯：一百元法币，1938年可买两头牛，1939年买一头，1940年一头小牛，1941年一口猪，1942年一只鸡，1943年一只小鸡，1944年一斗米，1945年一条鱼，1946年一个鸡蛋，1947年只能买三分之一盒火柴。 　●北京、上海、重庆等地相继爆发学生请愿、罢课、游行等活动，提出"反饥饿"、"反内战"等口号。 　●8月，刘邓大军挺进大别山。 　●9月，中共中央在河北平山召开全国土地会议，制定《中国土地法大纲》。解放区进行"土地改革"运动。 　●10月，国民政府内政部宣布"中国民主同盟"非法，"民盟"被迫解散。 　●11月，晋察冀解放军解放石家庄。 　●钱钟书名著《围城》出版。 　●女英雄刘胡兰（1932～1947）卒。生前在山西文水组织群众进行斗争。阎锡山军突袭时被捕，临死不惧，死于敌人铡刀之下。毛泽东题词"生的伟大，死的光荣"。 　●天文学家高鲁（字曙青，1877～1947）卒。他是中国天文学会创始人。早年留学比利时，回国后任中央观象台台长、中央研究院天文研究所第一任所长。著有《星象统笺》、《相对论原理》等。 　●音乐家麦新（原名孙麦新，别名孙默心、铁克，1914～1947）卒。有名作歌曲《大刀进行曲》。 　●作曲家谭小麟（1912～1947）卒。作有弦乐二重奏、三重奏各一部，小提琴和竖琴合奏《浪漫曲》等。	●是年，"国际货币基金组织"开始业务活动。 　●苏联天文学家阿姆巴楚米扬发现"星协"。说明恒星能不断、成群地产生。 　●美国研制的喷气式飞机首次超过音速。 　●"死海古卷"首次在死海西岸库兰洞穴中发现，现存以色列博物馆。 　●英国物理学家鲍威尔发现π介子，是宇宙线中质量为电子质量273倍的新粒子。 　●美国科学家拉姆、英国科学家卢瑟福发现氢原子能极位移。 　●美国卡尔曼发明探测核辐射的闪烁计数器。 　●美国瓦尔特创立统计序贯分析法。 　●美国利比研制成功放射性碳素断代技术。 　●法国画家毕加索因画《和平鸽》而获国际和平奖。 　●英国哲学家怀特海（1861～1947）卒。他倡导新实在论。著有《过程与实在》等。 　●英国政论家维伯（1859～1947）卒。他是费边主义的倡导者。著有《英国社会主义》等。 　●美国经济学家费雪（1867～1947）卒。他以数学方法研究经济。著有《利息理论》等。 　●英国历史学家查德威克（1870～1947）卒。著有《英国民族的起源》、《盎格鲁—撒克逊制度考》等。 　●德国心理学家勒温（1890～1947）卒。他是拓扑心理学的创始人。著有《人格和动力》等。 　●美国教育家孟禄（1869～1947）卒。著有《教育史教科书》，并主编《教育百科辞典》等。 　●英国数学家哈代（1877～1947）卒。他在解析数论，函数论等方面都有贡献。 　●德国物理学家普朗克（1858～1947）卒。他在热力学和统计物理学方面有贡献。他获得1918年诺贝尔物理学奖。 　●挪威化学家戈尔德施密特（1888～1947）卒。他是地球化学的创始人之一。著有《地球化学》等。 　●法国画家勃纳尔（1867～1947）卒。作品有《戴草帽的女孩》、《屋内》等。 　●是年，英国阿普顿获诺贝尔物理学奖，英国罗宾森获化学奖，阿根廷何塞、美国科里和科里夫人获生理或医学奖。
1948		●3月，国民政府在南京召开"行宪国大"，选蒋介石为总统，李宗仁为副总统。	●2月，捷克斯洛伐克发生"二月事件"。成立新政府。5月，颁布新宪法。6月，

公 元	（时期）	中 国	外 国
	中 华 民 国	● 中央研究院选出第一届院士。 ● 南京发生饥民哄抢食品事件。 ● 8月，物价飞涨。财政部发行 500 万元大钞。继之，宣布发行"金圆券"。 ● "金圆券"因无现金准备，发行又无限制，使币值猛跌，物价暴涨，不到十个月，发行额增加六十五万倍，批发物价上涨超过一百二十万倍。 ● 冯玉祥（字焕章，1882～1948）在归国轮船上因火灾遇难。 ● 9月，华东野战军攻克济南。 ● 10月，"辽沈战役"结束，人民解放军占领整个东北。 ● 11月，"淮海战役"，国民党军被歼五十五万。 ● 12月1日，"中国人民银行"成立。开始发行"人民币"，为法定货币。 ● 12月始，蒋介石密令将中央银行黄金白银分批运往台湾。 ● 12月5日，"平津战役"打响。 ● 是年，丁玲发表《太阳照在桑干河上》。 ● 文学家朱自清（字佩弦，1898～1948）卒。他是文学研究会成员，曾在清华大学、西南联大任教。著有诗文集《踪迹》、散文集《背影》和《欧游杂记》等，文艺论著《诗言志辨》、《论雅俗共赏》等。 ● 战斗英雄董存瑞（1929～1948）卒。他1945年参加八路军。1948年5月26日在解放隆化（时属热河省，今属河北省）的战斗中，为扫除部队前进的最后障碍，紧急时刻，毅然舍身手托炸药包，炸毁敌人碉堡，壮烈牺牲。 ● 训诂学家朱起凤（字丹九，1874～1948）卒。著《辞通》，共三百万言，对近代辞海影响很大，另著有《字类辨证》等。 ● 国民党中央政治会议秘书长陈布雷（名训恩，字畏垒，又名彦及，1890～1948）卒。蒋介石很多重要文件出于其手。在南京自杀。 ● 汉奸周佛海（1897～1948）死狱中，王揖唐（原名赓，1877～1948）被枪决。	哥特瓦尔德当选为共和国总统。 ● 3月，英、法、荷、比、卢五国签订《布鲁塞尔条约》。8月，条约生效成立条约组织。1950年12月，条约组织的军事机构并入"北大西洋公约组织"。 ● 4月，美洲国家会议将"泛美联盟"改组为"美洲国家组织"，并通过《美洲国家组织宪章》。 ● 5月14日，"以色列国"成立。 ● 5月15日，"第一次中东战争"爆发。 ● 6月，"世界卫生组织"成立。 ● 6月，苏联对西德（联邦德国）实行"封锁"。第一次"柏林危机"爆发。 ● 9月，印尼发生反共产党的"茉莉芬事件"。 ● 10月，美国爆发战后第一次周期性经济危机。 ● 12月，联合国大会通过"世界人权宣言"。 ● 12月，"爱尔兰共和国"成立。宣布脱离"英联邦"。 ● 12月，荷兰在印尼发动"第二次殖民战争"。 ● 英国学者提出宇宙学说的"稳恒态宇宙论"。 ● 美国研制成 200 英寸反射望远镜。 ● 半导体晶体管在美国问世。 ● 美国数学家仙农发表《通信的数学理论》，标志着"信息论"学科的诞生。 ● 美国科学家维纳出版《控制论》，宣告"控制论"学科的诞生。 ● 美、苏、荷皆有学者开始"海洋地质学"研究。 ● 美国科学家亨奈始用"激素疗法"。 ● 美国制成氯霉素、金霉素等药物。 ● 是年，英国布莱克特获诺贝尔物理学奖，瑞典蒂塞利乌斯获化学奖，瑞士缪勒获生理或医学奖。
1949		● 1月15日，解放军攻克天津。天津市人民政府成立。黄敬任市长。 ● 1月31日，北京宣告和平解放。傅作义投诚，古城免遭战火。2月3日，举行入城式。 ● 3月5日，"中共七届二中全会"在河北平山县西柏坡召开。准备夺取全国胜利。 ● 4月2日，"国共和谈"。谈判破裂，人民解放军发起"渡江战役"，于4月23日占领南京。国民政府由重庆、成都，最后迁至台北。	● 1月20日，杜鲁门就任美国总统，发表"第四点计划"。以"技术援助和开发落后地区的计划扼制共产主义蔓延"。 ● 4月4日，美、加、英、法、荷等十二国在华盛顿签署《北大西洋公约》。8月24日生效。据此公约，建立"北大西洋公约组织"（亦称"北大西洋联盟"，简称《北约》）。9月17日，建立"北大西洋理事会"及"军事委员会"、"防务委员会"。并先后设立"欧洲

公 元	（时期）	中 国	外 国
	中华民国	• 5 月 27 日，解放上海。 • 9 月 21 日，"中国人民政治协商会议"第一届全体会议在北京召开。通过《中国人民政治协商会议共同纲领》。 • 10 月 1 日，开国大典。毛泽东在天安门上宣布"中华人民共和国"成立，首都北京。中央人民政府成立，主席毛泽东，副主席朱德、刘少奇、宋庆龄、李济深、张澜、高岗；秘书长林伯渠；政务院总理兼外交部长周恩来；人民解放军总司令朱德；最高法院院长沈钧儒；最高检察署检察长罗荣桓。 • 11 月 1 日，中国科学院正式成立。院长郭沫若，副院长陈伯达、李四光等。 • 12 月 16 日，毛泽东抵莫斯科，开始对苏进行访问，下年初，签订《中苏友好同盟互助条约》。 • 地质学家叶良辅（字左之，1894 ~ 1949）卒。他毕生致力于地质调查研究和教育工作。著有《北京西山地质志》、《中国接触铁矿带闪长岩的研究》等。 • 学者吴虞（字又陵，1871 ~ 1949）卒。曾留学日本，归国后任成都府中学堂教习。后任北京大学、四川大学教授。五四运动时以发表《吃人与礼教》、《家族制度与专制主义之根据论》著名。著有《吴虞文集》。 • 国民党爱国将领杨虎城（1893 ~ 1949）卒。早年参加辛亥革命。因与张学良一起发动"西安事变"逼蒋抗日而受蒋迫害离军出国，抗战爆发后回国，被长期监禁。在重庆遭杀害。 • 国民党政府考试院院长戴季陶（名传贤，号天仇，1890 ~ 1949）卒。早年留学日本，参加同盟会。曾任南京国民政府委员，长期为蒋介石的谋士。在广州自杀。	盟军司令部"、"大西洋盟军司令部"、"海峡司令部"和"加拿大—美国地区计划小组"。最高司令部的历任司令官均由美国将军担任，首任司令官是艾森豪威尔。 • 8 月，匈牙利宣布为人民共和国。 • 9 月，"德意志联邦共和国"成立。 • 10 月，"德意志民主共和国"成立。 • 在挪威奥斯陆召开第一届国际社会学大会，成立"国际社会学协会"。 • 英国剑桥大学计算机研究所威尔克斯领导研制的内存储计算机"埃德赛克"开始运转。是为第一台通用电子管计算机，有一个可储存一千多个数据的存储器。 • 美国 B - 50 型轰炸机环球飞行。 • 美国芝加哥大学利比斯基教授开始用放射性碳素断代技术。是为"史前考古学"上的一次革命。 • 美国科学家贝尼奥夫发现大陆与海洋交界处的"贝尼奥夫带"。 • 美国研制成治疗结核病的特效药"对氨基水杨酸"。 • 德国语言学家浮士勒（1872 ~ 1949）卒。他是唯美主义学派的创立者。著有《语言哲学论文集》等。 • 美国语言学家布龙菲尔德（1887 ~ 1949）卒。他是机构主义语言学派的创立者，也是美国描写语言学派的代表人物之一。著有《语言》等。 • 是年，日本汤川秀树获诺贝尔物理奖，美国吉奥克获化学奖，瑞士赫斯和葡萄牙莫尼兹获生理学医学奖。

※此表由王静策划，张秀荣等三人合作完成。其中张秀荣负责"隋唐"和"辽宋夏金"（581 ~ 1270 年）部分；蔡志纯负责"南北朝"（420 ~ 580 年）和"元明"（1271 ~ 1643 年）部分；其余部分由于宝林负责。闻昌伟参加部分资料收集工作。

索引

目 录

纪年表综合索引

词语首字检索

一画

乙 1657

二画

二 1657　丁 1657　卜 1657　八 1657　人 1657　儿 1657　乃 1657　力 1657

三画[一]

于 1657　土 1657　大 1657　万 1659　兀 1659　与 1659

三画[丨]

上 1660　山 1660

三画[丿]

乞 1660　义 1660　久 1660

三画[丶]

广 1660

三画[乛]

已 1660　卫 1660　也 1660　小 1660　马 1661　子 1661

四画[一]

比 1661　云 1661　元 1661　无 1662　天 1662　夫 1664　开 1664　不 1664　木 1664　瓦 1664　王 1664　五 1665　屯 1665　车 1665　韦 1665　友 1665　太 1665　尤 1666　巨 1666

四画[丨]

止 1666　少 1666　中 1666　见 1667　日 1667

四画[丿]

仁 1667　化 1667　仇 1667　介 1667　仓 1667　公 1667　壬 1667　午 1667　升 1667　长 1667　乌 1668　丹 1668　凤 1668

四画[丶]

六 1668　文 1668　方 1669　心 1669

四画[乛]

邓 1669　劝 1669　孔 1669　允 1669　丑 1669　巴 1669　予 1669　毋 1669

五画[一]

功 1669　打 1669　艾 1669　节 1669　平 1669　正 1669　玉 1670　古 1670　去 1670　末 1670　术 1670　本 1670　击 1670　世 1670　甘 1670　东 1670　厉 1671　布 1671　石 1671　右 1671　龙 1671　戊 1671　可 1671

五画[丨]

归 1671　北 1671　叶 1672　卢 1672　号 1672　出 1672　业 1672　且 1672　田 1672　甲 1672　申 1672　史 1672　冉 1672

五画[丿]

代 1672　仙 1672　仪 1672　他 1672　外 1672　饥 1672　失 1672　丘 1672　白 1672　句 1673　匀 1673　处 1673　氏 1673

五画[丶]

冯 1673　训 1673　汉 1673　玄 1673　兰 1673　宁 1673　永 1673　必 1674　头 1674

五画[乛]

加 1674　弘 1674　出 1674　纠 1674　幼 1674　台 1674　弁 1674　圣 1674　弗 1675　皮 1675　发 1675　尼 1675　司 1675　辽 1675

六画[一]

邢 1675　地 1675　芒 1675　老 1675　考 1675　西 1675　共 1676　夸 1676　达 1676　迈 1676　成 1676　百 1676　扪 1676　毕 1676　臣 1676　匡 1676　至 1676　夷 1677

六画[丨]

贞 1677　师 1677　当 1677　光 1677　吐 1677　则 1677　曲 1677　吕 1677　同 1678　因 1678　回 1678　曳 1678

六画[丿]

先 1678　迁 1678　朱 1678　休 1678　伏 1678　优 1678　仲 1679　任 1679　伪 1679　伊 1679　华 1679　延 1679　向 1679　后 1679　全 1680　会 1680　合 1680　多 1680　负 1680　匈 1680

六画[丶]

刘 1680　齐 1681　亦 1681　交 1681　产 1681　庄 1681　庆 1682　州 1682　冲 1682　次 1682　汗 1682

索引一

江 1682	孝 1685	弃 1688	坤 1691	忠 1694	庚 1695	九画[一]	哈 1700
汤 1682	李 1685	库 1688	林 1691	昌 1694	废 1695		昭 1700
汝 1682	巫 1686	应 1688	杵 1692	易 1694	怯 1695	珆 1698	毗 1701
宇 1682	更 1686	庐 1688	松 1692	旻 1694	炎 1695	珍 1698	郢 1701
安 1682	辰 1686	怀 1688	极 1692	罗 1694	法 1695	春 1698	眈 1701
兴 1682	七画[丨]	闰 1688	耶 1692	固 1694	泄 1695	契 1698	显 1701
许 1683	步 1686	闵 1688	取 1692	图 1694	河 1695	项 1698	星 1701
军 1683	坚 1687	炀 1688	若 1692	八画[丿]	泷 1695	栋 1698	曷 1701
农 1683	肖 1687	沙 1688	英 1692	和 1694	沮 1695	相 1698	冒 1701
六画[一]	吴 1687	泪 1688	苟 1692	知 1694	泥 1695	柳 1698	贵 1701
那 1683	足 1687	沃 1688	范 1692	邾 1694	治 1695	柱 1698	思 1701
异 1683	男 1687	汾 1688	苾 1692	季 1694	郑 1695	树 1698	骨 1701
寻 1683	兕 1687	沈 1688	昔 1692	垂 1694	宝 1695	政 1698	幽 1701
阳 1683	围 1687	羌 1688	其 1692	秉 1694	定 1696	故 1698	九画[丿]
阴 1683	七画[丿]	完 1688	郁 1692	侣 1694	宓 1696	胡 1698	拜 1701
收 1683	钊 1687	宋 1688	奇 1692	侬 1694	宜 1696	封 1698	种 1701
如 1683	利 1687	证 1689	奋 1692	阜 1694	审 1696	荆 1698	秋 1701
戏 1683	秃 1687	诃 1689	郏 1692	卑 1694	卷 1696	郝 1698	科 1701
羽 1683	何 1687	社 1689	拓 1692	征 1694	诡 1696	南 1698	钟 1701
牟 1683	佐 1687	初 1689	拔 1693	所 1694	诚 1696	莒 1699	钦 1701
买 1683	位 1687	启 1689	拖 1693	质 1694	视 1696	荡 1699	轻 1701
孙 1683	伯 1687	良 1689	拊 1693	舍 1694	八画[一]	药 1699	复 1701
红 1683	佚 1687	七画[一]	拉 1693	金 1694	弥 1696	荣 1699	笃 1701
纣 1683	佗 1687	张 1689	转 1693	受 1694	居 1696	革 1699	适 1701
纪 1683	佛 1687	灵 1689	郅 1693	狐 1694	屈 1696	赵 1699	重 1701
丞 1683	身 1687	阿 1689	八画[丨]	顷 1694	肃 1696	蛮 1699	保 1701
七画[一]	谷 1687	陇 1690	叔 1693	肥 1695	建 1696	歪 1699	俀 1702
寿 1683	妥 1687	陈 1690	卓 1693	忽 1695	姑 1697	咸 1699	侯 1702
进 1683	希 1687	努 1690	贤 1693	咎 1695	始 1697	威 1700	俟 1702
杜 1683	狂 1687	纯 1690	尚 1693	周 1695	弩 1697	持 1700	顺 1702
杞 1683	犹 1687	纳 1690	昇 1693	八画[丶]	驷 1697	拱 1700	段 1702
杨 1684	狄 1687	八画[一]	呵 1693	放 1695	骀 1697	拾 1700	贷 1703
豆 1684	角 1687	环 1690	咄 1693	於 1695	细 1697	轲 1700	郤 1703
克 1684	龟 1687	青 1690	呼 1693	郊 1695	终 1697	九画[丨]	皇 1703
声 1684	七画[丶]	奉 1690	响 1693	享 1695	绍 1698	临 1700	禹 1703
苏 1684	亨 1688	武 1690	鸣 1693	夜 1695	孟 1698	尝 1700	鬼 1703
赤 1684			明 1693	庞 1695	承 1698	哈 1700	衍 1703
							须 1703

十二画[一]		零	1718	新	1719	蔡	1720	阆	1721	镇	1721	赞	1723	**十八画以上**	
犀	1717	摄	1718	雍	1719	蔼	1720	漫	1721	稽	1721	衡	1723	鼖	1723
疏	1717	裘	1718	意	1719	遨	1720	漳	1721	稷	1721	雕	1723	催	1723
登	1717	**十三画[丨]**		慎	1719	臧	1720	鄯	1721	黎	1721	嬴	1723	彝	1723
十三画[一]		虞	1718	阖	1719	熙	1720	赛	1721	德	1721	凛	1723	觌	1723
瑞	1717	路	1718	满	1719	**十四画[丨]**		察	1721	徵	1722	磨	1723	蘧	1723
瑜	1717	嗣	1718	滇	1719	雌	1720	瘩	1721	滕	1722	彊	1723	斄	1723
瑕	1717	署	1718	溥	1719	睿	1720	谯	1721	毅	1722	**十七画**		赜	1724
鹜	1717	蜀	1718	溪	1719	裴	1720	**十四画[一]**		摩	1722	檀	1723	瓛	1724
肆	1717	**十三画[丿]**		窦	1719	鹘	1720	翟	1721	潘	1722	戴	1723	躁	1724
楷	1717	错	1718	福	1719	**十四画[丿]**		熊	1721	额	1722	翳	1723	籍	1724
槐	1717	锡	1718	裯	1719	箕	1720	**十五画**		**十六画**		繄	1723	骦	1724
楼	1717	像	1718	**十三画[一]**		僖	1720	增	1721	醢	1722	蹋	1723	懿	1724
赖	1717	简	1718	辟	1719	僚	1720	横	1721	薛	1722	魏	1723	囊	1724
献	1717	魁	1718	愍	1719	僧	1720	辄	1721	薄	1722	徽	1723	覃	1724
删	1717	腾	1718	**十四画[一]**		舆	1720	震	1721	燕	1722	邈	1723	囍	1724
蓝	1717	解	1718	静	1719	鲜	1720	霄	1721	熹	1722	襄	1723	鞾	1724
蒲	1718	鲍	1719	熬	1719	**十四画[丶]**		撒	1721	霍	1722	燨	1723	玃	1724
蒙	1718	詹	1719	赫	1719	端	1721	噶	1721	操	1722	濞	1723	鳢	1724
楚	1718	**十三画[丶]**		嘉	1719	彰	1721	瞎	1721	器	1722	孺	1723	麟	1724
感	1718	靖	1719	慕	1720	廖	1721	颞	1721	默	1722	缮	1723	釁	1724
厘	1718									鹤	1721	黔	1722		
												穆	1722		

纪年表综合索引

[说明]　1. 本年表的特点是突破了传统年表以"年号"为收录的标准，从而收录了中国历史上不少未立年号的政权，所以，传统年表的"年号索引"已不能满足于新的需要，故本年表将其改为"综合索引"。本索引除包含**年号**外，还包含**朝代名、帝王名、帝号、庙号**等。总之，凡纪年表中所出现的信息，在这里皆可寻查。2. 本年表每一词条包含三方面信息，依次为：所属政权名、年代、所属时期表。3. 检索词按笔画顺序排列，字少者在前，字多者在后；字全同者按年代先后顺序排列。4. 索引中朝代（政权）名用黑体表示；年号用楷体表示；其余为宋体。

一画

乙
　郑　前396　/战国表/
乙弗
　高句丽　300　/魏晋表/
乙室钵
　薛延陀　605　/隋唐表/
乙息记可汗
　突厥汗国　553　/南北朝表/
乙毗咄陆可汗
　西突厥汗国（北庭）638
　　/隋唐表/
乙毗射匮可汗
　西突厥汗国（北庭）　641
　　/隋唐表/
乙屈利失乙毗可汗
　西突厥汗国（南庭）639
　　/隋唐表/
乙毗沙钵罗叶护可汗
　西突厥汗国（南庭）640
　　/隋唐表/
乙毗钵罗肆叶护可汗
　西突厥汗国（弩失毕五部）630
　　/隋唐表/

二画

二世皇帝
　秦　前210　/秦汉表/
丁丑
　夏　617　/隋唐表/
[丁零]
　526　/南北朝表/
卜阳
　[武陵蛮]　157　/秦汉表/
卜赤
　[鞑靼]　1519　/明表/
八刺
　察合台汗国　1265
　　/辽宋表/
[八番]
　1298　/元表/
人庆
　西夏　1144　/辽宋表/
人皇王
　东丹　926　/辽宋表/
儿单于
　[匈奴]　前105　/秦汉表/
乃马真皇后
　蒙古汗国　1242　/辽宋表/

力
　宋　前748　/春秋表/

三画 [一]

于阗
　48　/秦汉表/
于阗王
　①于阗　127　/秦汉表/
　②于阗　222　/魏晋表/
　③于阗　335　/魏晋表/
　④于阗　445　/南北朝表/
　⑤于阗　512　/南北朝表/
　⑥于阗　544　/南北朝表/
　⑦于阗　574　/南北朝表/
　⑧于阗　851　/隋唐表/
土门
　突厥汗国　552　/南北朝表/
大义
　汉　1360　/元表/
大中
　唐　847　/隋唐表/
大丰
　南诏国　820　/隋唐表/
大元
　1116　/辽宋表/

1657

大历
　　唐　766　/隋唐表/
大世
　　614　/隋唐表/
大业
　　隋　605　/隋唐表/
大圣
　　大越罗平　895　/隋唐表/
大宁
　　北齐　561　/南北朝表/
大汉
　　1216　/辽宋表/
大兴
　　①东晋　318　/魏晋表/
　　②北燕　431　/南北朝表/
　　③渤海国　738　/隋唐表/
大同
　　①南梁　535　/南北朝表/
　　②大封民国　883　/隋唐表/
　　③辽（契丹）　947　/辽宋表/
　　④［伪满洲国］　1932
　　　/民国表/
大安
　　①西晋　302　/魏晋表/
　　②前秦　385　/魏晋表/
　　③后凉　386　/魏晋表/
　　④西夏　1075　/辽宋表/
　　⑤辽（契丹）　1085　/辽宋表/
　　⑥金　1209　/辽宋表/
大庆
　　①西夏　1140　/辽宋表/
　　②1665　/清表/
　　③1797　/清表/
大成
　　25　/秦汉表/
大成
　　北周　579　/南北朝表/
大有
　　南汉　928　/辽宋表/
大西
　　1644　/清表/
大观
　　北宋　1107　/辽宋表/

大齐
　　①875　/隋唐表/
　　②1130　/辽宋表/
大亨
　　东晋　402　/魏晋表/
大启
　　［宋］　525　/南北朝表/
大足
　　周　701　/隋唐表/
大和
　　①唐　827　/隋唐表/
　　②吴　929　/辽宋表/
大定
　　①［后梁］　555
　　　/南北朝表/
　　②北周　581　/南北朝表/
　　③金　1161　/辽宋表/
　　④汉　1361　/元表/
大宝
　　①南梁　550　/南北朝表/
　　②南汉　958　/辽宋表/
　　③后理国　1149　/辽宋表/
　　④大唐　1565　/明表/
大明
　　①宋　457　/南北朝表/
　　②大义宁国　931　/辽宋表/
［大明］
　　①1647　/清表/
　　②1708　/清表/
　　③1813　/清表/
　　④1853　/清表/
大帝
　　吴　222　/魏晋表/
大统
　　①西魏　535　/南北朝表/
　　②夏　1362　/元表/
大赵
　　528　/南北朝表/
大顺
　　1644　/清表/
大顺
　　①唐　890　/隋唐表/
　　②大西　1644　/清表/

［大乘］
　　618　/隋唐表/
大唐
　　1565　/明表/
大夏
　　①407　/魏晋表/
　　②1038　/辽宋表/
大真
　　1215　/辽宋表/
大秦
　　320　/魏晋表/
大通
　　南梁　527　/南北朝表/
大陵
　　南梁　527　/南北朝表/
大康
　　辽（契丹）　1075　/辽宋表/
大梁
　　1621　/明表/
大象
　　北周　579　/南北朝表/
大楚
　　①784　/隋唐表/
　　②1127　/辽宋表/
大德
　　①西夏　1135　/辽宋表/
　　②元　1297　/元表/
大檀
　　柔然汗国　414　/魏晋表/
大中国
　　1094　/辽宋表/
大仁秀
　　渤海国　818　/隋唐表/
大元义
　　渤海国　794　/隋唐表/
大元瑜
　　渤海国　809　/隋唐表/
大历国
　　1041　/辽宋表/
大玄锡
　　渤海国　871　/隋唐表/
大礼国
　　860　/隋唐表/

三画 [丨]

上元
　①唐　674　/隋唐表/
　②唐　760　/隋唐表/
　③南诏国　784　/隋唐表/

上明
　大理国　1081　/辽宋表/

上治
　大中国　1095　/辽宋表/

上愿
　[敕勒]　535　/南北朝表/

上德
　大理国　1076　/辽宋表/

上明帝
　大理国　1080　/辽宋表/

上德帝
　大理国　1075　/辽宋表/

[上谷乌桓]
　168　/秦汉表/

山习
　于阗　471　/南北朝表/

山上王
　高句丽　197　/秦汉表/

三画 [丿]

乞
　杞　前506　/春秋表/

乞奴
　辽　1216　/辽宋表/

乞伏国仁
　西秦　385　/魏晋表/

乞伏炽磐
　西秦　412　/魏晋表/

乞伏乾归
　西秦　388　/魏晋表/

乞伏暮末
　西秦　428　/南北朝表/

乞黎拔布
　吐蕃王国　650　/隋唐表/

义宁
　隋　617　/隋唐表/

义和
　①北凉　431　/南北朝表/
　②高昌王国　614　/隋唐表/

义宗
　①东丹　926　/辽宋表/
　②金　1223　/辽宋表/

义帝
　楚　前206　/秦汉表/

义嘉
　宋　466　/南北朝表/

义熙
　东晋　405　/魏晋表/

义阳王
　后赵　350　/魏晋表/

久视
　周　700　/隋唐表/

三画 [丶]

广
　焉耆　94　/秦汉表/

广大
　前蜀　918　/辽宋表/

广安
　①齐　526　/南北朝表/
　②大理国　1077　/辽宋表/

广运
　①[后梁]　585　/隋唐表/
　②北汉　974　/辽宋表/
　③后理国　1139　/辽宋表/

广明
　①唐　880　/隋唐表/
　②大理国　986　/辽宋表/

广政
　后蜀　938　/辽宋表/

广顺
　后周　951　/辽宋表/

广德
　于阗　60　/秦汉表/

广德
　①唐　763　/隋唐表/
　②大理国　955　/辽宋表/
　③1673　/清表/

广安帝
　大理国　1080　/辽宋表/

广孝帝
　元　1294　/元表/

广开土王
　高句丽　391　/魏晋表/

三画 [一]

已
　郑　前424　/战国表/

卫
　前854　/西周表/

卫王
　南宋　1278　/元表/

卫满
　[卫氏朝鲜]　前194
　/秦汉表/

卫绍王
　金　1208　/辽宋表/

卫氏朝鲜
　前194　/秦汉表/

也先
　[瓦剌]　1453　/明表/

也先不花
　①察合台汗国　1310　/元表/
　②东察合台汗国　1428　/明表/

也速蒙哥
　察合台汗国　1246　/辽宋表/

也孙帖木儿
　察合台汗国　1338　/元表/

也孙铁木儿
　元　1323　/元表/

也密力火者
　东察合台汗国　1462　/明表/

也里牙思火者
　东察合台汗国　1363　/元表/

小乙
　商　前1260　/商表/

小子
　晋　前709　/春秋表/

卫　前252　/战国表/

元和

①东汉　84　/秦汉表/

②唐　806　/隋唐表/

元宗

①西汉　1　/秦汉表/

②南唐　943　/辽宋表/

元诩

北魏　515　/南北朝表/

元始

①西汉　1　/秦汉表/

②北凉　412　/魏晋表/

元孟

①焉耆　94　/秦汉表/

②鄯善　335　/魏晋表/

元封

①西汉　前110　/秦汉表/

②南诏国　786　/隋唐表/

元侯

蔡　前457　/战国表/

元钦

西魏　551　/南北朝表/

元修

北魏　532　/南北朝表/

元狩

西汉　前122　/秦汉表/

元帝

①西汉　前49　/秦汉表/

②魏　260　/魏晋表/

③东晋　317　/魏晋表/

④南梁　552　/南北朝表/

元恪

北魏　499　/南北朝表/

元祐

北宋　1086　/辽宋表/

元统

①辽　1213　/辽宋表/

②元　1333　/元表/

③元　1333　/元表/

④夏　1362　/元表/

元恭

北魏　531　/南北朝表/

元晔

北魏　530　/南北朝表/

元玺

前燕　352　/魏晋表/

元朗

北魏　531　/南北朝表/

元符

北宋　1098　/辽宋表/

元悦

北魏　530　/南北朝表/

元朔

西汉　前128　/秦汉表/

元象

东魏　538　/南北朝表/

元康

①西汉　前65　/秦汉表/

②西晋　291　/魏晋表/

元鼎

西汉　前116　/秦汉表/

元愉

北魏　508　/南北朝表/

元廓

西魏　554　/南北朝表/

元静

1622　/明表/

元嘉

①东汉　151　/秦汉表/

②宋　424　/南北朝表/

③宋　453　/南北朝表/

元熙

①汉　304　/魏晋表/

②东晋　419　/魏晋表/

元德

西夏　1119　/辽宋表/

元徽

宋　473　/南北朝表/

元颢

北魏　529　/南北朝表/

元子攸

北魏　528　/南北朝表/

元兴王

楚　616　/隋唐表/

元法僧

［宋］　525　/南北朝表/

元宝炬

西魏　535　/南北朝表/

元贵靡

乌孙（大昆弥）　前53　/秦汉表/

元善见

东魏　534　/南北朝表/

无忌

齐　前825　/西周表/

无诡

齐　前643　/春秋表/

无恤

高句丽　18　/秦汉表/

无野

齐　前599　/春秋表/

无颛

越　前364　/战国表/

无疆

越　前356　/战国表/

无上王

614　/隋唐表/

无余之

越　前375　/战国表/

天元

①北元　1379　/明表/

②［瓦剌］　1453　/明表/

天开

后理国　1205　/辽宋表/

天王

①大真　1215　/辽宋表/

②太平天国　1851　/清表/

天历

元　1328　/元表/

天凤

新　14　/秦汉表/

天正

①南梁　552　/南北朝表/

②后理国　1103　/辽宋表/

③［契丹］　1161　/辽宋表/

④1647　/清表/

天平

东魏　534　/南北朝表/

天册

①吴　275　/魏晋表/

②大越罗平 895 /隋唐表/

天汉

①西汉 前100 /秦汉表/

②前蜀 917 /辽宋表/

天圣

北宋 1023 /辽宋表/

天成

①南梁 555 /南北朝表/

②楚 616 /隋唐表/

③燕 757 /隋唐表/

④后唐 926 /辽宋表/

⑤辽 1216 /辽宋表/

天会

①北汉 957 /辽宋表/

②金 1123 /辽宋表/

③辽 1216 /辽宋表/

天庆

①兴辽国 1029 /辽宋表/

②辽（契丹） 1111 /辽宋表/

③西夏 1194 /辽宋表/

天兴

①北魏 398 /魏晋表/

②［定杨］ 617 /隋唐表/

③大蒙古 1147 /辽宋表/

④金 1232 /辽宋表/

天安

北魏 466 /南北朝表/

天纪

吴 277 /魏晋表/

天寿

许 618 /隋唐表/

天运

①1637 /明表/

②1786 /清表/

③1795 /清表/

④1832 /清表/

⑤［大明国］ 1853 /清表/

天启

①［宋］ 525 /南北朝表/

②［后梁］ 558 /南北朝表/

③南诏国 840 /隋唐表/

④天完 1358 /元表/

⑤明 1621 /明表/

天应

大长和国 927 /辽宋表/

天完

1351 /元表/

天纵

1860 /清表/

天明

①宋 623 /隋唐表/

②大理国 1043 /辽宋表/

天和

①北周 566 /南北朝表/

②燕 757 /隋唐表/

天命

后金 1616 /明表/

天宝

①唐 742 /隋唐表/

②吴越 908 /辽宋表/

③后理国 1149 /辽宋表/

天定

①后理国 1252 /辽宋表/

②天完 1359 /元表/

③1386 /明表/

④1644 /清表/

天建

［秦羌］ 524 /南北朝表/

天政

后理国 1103 /辽宋表/

天威

辽 1216 /辽宋表/

天战

楚 1130 /辽宋表/

天顺

①1214 /辽宋表/

②元 1328 /元表/

③1456 /明表/

④明 1457 /明表/

⑤1661 /清表/

⑥［大明］ 1813 /清表/

天显

辽（契丹） 926 /辽宋表/

天复

①唐 901 /隋唐表/

②［奚］ 1123 /辽宋表/

天保

①北齐 550 /南北朝表/

②［后梁］ 562

/南北朝表/

③后理国 1129 /辽宋表/

天皇

秦（汉） 784 /隋唐表/

天祐

①唐 904 /隋唐表/

②大理 1086 /辽宋表/

③辽 1216 /辽宋表/

④周 1353 /元表/

天祚

吴 935 /辽宋表/

天统

①［汉］ 528 /南北朝表/

②北齐 565 /南北朝表/

③辽 1213 /辽宋表/

天泰

大真 1215 /辽宋表/

天载

楚 1130 /辽宋表/

天监

南梁 502 /南北朝表/

天造

622 /隋唐表/

天玺

①吴 276 /魏晋表/

②北凉 399 /魏晋表/

天绣

1457 /明表/

天盛

西夏 1149 /辽宋表/

天授

①527 /南北朝表/

②（武）周 690 /隋唐表/

③西夏 1038 /辽宋表/

④后理国 1096 /辽宋表/

天辅

①金 1117 /辽宋表/

②后理国 1226 /辽宋表/

天康

陈 566 /南北朝表/

天眷
　金　1138　/辽宋表/

天赐
　①北魏　404　/魏晋表/
　②1214　/辽宋表/

天禄
　辽（契丹）　947　/辽宋表/

天福
　①后晋　936　/辽宋表/
　②北辽　1122　/辽宋表/

天嘉
　陈　560　/南北朝表/

天聪
　后金　1627　/明表/

天德
　①殷（闽）　943　/辽宋表/
　②西夏　1119　/辽宋表/
　③金　1149　/辽宋表/
　④辽　1216　/辽宋表/
　⑤［大明］　1708　/清表/
　⑥1853　/清表/

天赞
　辽（契丹）　922　/辽宋表/

天禧
　①北宋　1017　/辽宋表/
　②西辽　1178　/辽宋表/

天台王
　［卢水胡］　445
　/南北朝表/

天兴国
　928　/辽宋表/

天明帝
　大理　1041　/辽宋表/

［天柱侗］
　1862　/清表/

天顺帝
　辽（契丹）　951　/辽宋表/

天祐帝
　①辽（契丹）　1055　/辽宋表/
　②西辽　1132　/辽宋表/

天祚帝
　辽（契丹）　1101　/辽宋表/

天辅帝

辽（契丹）　982　/辽宋表/

天授帝
　辽（契丹）　947　/辽宋表/

天锡帝
　北辽　1122　/辽宋表/

天赞帝
　辽（契丹）　969　/辽宋表/

天公将军
　［黄巾］　184　/秦汉表/

天仪治平
　西夏　1086　/辽宋表/

天册万岁
　（武）周　695　/隋唐表/

天册将军
　868　/隋唐表/

天安礼定
　西夏　1086　/辽宋表/

天祐民安
　西夏　1090　/辽宋表/

天祐垂圣
　西夏　1050　/辽宋表/

天赐国庆
　西夏　1069　/辽宋表/

天瑞繁星
　大长和国　912　/辽宋表/

天授礼法延祚
　西夏　1038　/辽宋表/

天授理法延祚
　西夏　1038　/辽宋表/

天赐礼盛国庆
　西夏　1069　/辽宋表/

夫差
　吴　前496　/春秋表/

开
　鲁　前662　/春秋表/

开元
　唐　713　/隋唐表/

开平
　后梁　907　/辽宋表/

开成
　唐　836　/隋唐表/

开庆
　南宋　1259　/辽宋表/

开兴
　金　1232　/辽宋表/

开运
　后晋　944　/辽宋表/

开明
　①郑　619　/隋唐表/
　②后理国　1097　/辽宋表/

开宝
　北宋　968　/辽宋表/

开皇
　隋　581　/隋唐表/

开泰
　辽（契丹）　1012　/辽宋表/

开熙
　夏　1366　/元表/

开禧
　南宋　1205　/辽宋表/

开耀
　唐　681　/隋唐表/

开国大元帅
　1832　/清表/

不寿
　越　前459　/战国表/

不降
　夏　前1756　/夏表/

不赞
　察合台汗国　1334　/元表/

不居徵
　莎车　61　/秦汉表/

不合帖木儿
　察合台汗国　1274　/元表/

木八剌沙
　察合台汗国　1265　/辽宋表/

木杆可汗
　突厥汗国　553　/南北朝表/

木萨·阿尔斯兰汗
　喀喇汗王朝　955　/辽宋表/

［瓦剌］
　1453　/明表/

王马
　［琼山黎］　1331　/元表/

王则
　安阳国　1047　/辽宋表/

②前秦 385 /魏晋表/

③后凉 386 /魏晋表/

④北魏 455 /南北朝表/

⑤柔然汗国 492 /南北朝表/

太延

北魏 435 /南北朝表/

太初

①西汉 前104 /秦汉表/

②西汉 前5 /秦汉表/

③前秦 386 /魏晋表/

④西秦 388 /魏晋表/

⑤南凉 397 /魏晋表/

⑥宋 453 /南北朝表/

太极

唐 712 /隋唐表/

太和

①魏 227 /魏晋表/

②后赵 328 /魏晋表/

③汉 344 /魏晋表/

④东晋 366 /魏晋表/

⑤北魏 477 /南北朝表/

⑥唐 827 /隋唐表/

太始

①西汉 前96 /秦汉表/

②汉 551 /南北朝表/

③渤海国 818 /隋唐表/

太宗

①西汉 前180 /秦汉表/

②大成 306 /魏晋表/

③东晋 371 /魏晋表/

④前秦 386 /魏晋表/

⑤北魏 409 /魏晋表/

⑥宋 465 /南北朝表/

⑦南梁 549 /南北朝表/

⑧唐 626 /隋唐表/

⑨大蒙国 712 /隋唐表/

⑩辽（契丹） 927 /辽宋表/

⑪北宋 976 /辽宋表/

⑫金 1123 /辽宋表/

⑬蒙古汗国 1229 /辽宋表/

⑭明 1402 /明表/

⑮后金 1627 /明表/

⑯清 1636 /明表/

太庚

商 前1550 /商表/

太建

陈 569 /南北朝表/

太昌

北魏 532 /南北朝表/

太祖

①吴 222 /魏晋表/

②后赵 334 /魏晋表/

③羌 357 /魏晋表/

④后秦 384 /魏晋表/

⑤北魏 386 /魏晋表/

⑥后凉 386 /魏晋表/

⑦西凉 400 /魏晋表/

⑧北凉 401 /魏晋表/

⑨北燕 409 /魏晋表/

⑩西秦 412 /魏晋表/

⑪宋 424 /南北朝表/

⑫南齐 479 /南北朝表/

⑬吴 902 /隋唐表/

⑭后梁 907 /辽宋表/

⑮辽（契丹） 916 /辽宋表/

⑯闽 909 /辽宋表/

⑰大理国 937 /辽宋表/

⑱后周 951 /辽宋表/

⑲北宋 960 /辽宋表/

⑳金 1115 /辽宋表/

㉑蒙古汗国 1206 /辽宋表/

㉒夏 1362 /元表/

㉓明 1368 /明表/

㉔后金 1616 /明表/

（太祖）

①代国 316 /魏晋表/

②［慕容鲜卑］ 333 /魏晋表/

太康

夏 前1986 /夏表/

太康

西晋 280 /魏晋表/

太清

南梁 547 /南北朝表/

太熙

西晋 290 /魏晋表/

太武帝

北魏 423 /南北朝表/

太平天国

1851 /清表/

太平兴国

北宋 976 /辽宋表/

太平真君

北魏 440 /南北朝表/

太初元将

西汉 前5 /秦汉表/

尤还

鄯善 110 /秦汉表/

尤利多

龟兹 78 /秦汉表/

尤勒巴尔斯

叶尔羌汗国 1667 /清表/

巨连

高句丽 413 /魏晋表/

四画［丨］

止

晋 前416 /战国表/

少主

北汉 968 /辽宋表/

少帝

①东汉 125 /秦汉表/

②东汉 189 /秦汉表/

③宋 422 /南北朝表/

④唐 710 /隋唐表/

少康

夏 前1917 /夏表/

中丁

商 前1421 /商表/

中元

西汉 前149 /秦汉表/

中壬

商 前1585 /商表/

中平

东汉 184 /秦汉表/

中兴

①西燕 386 /魏晋表/

②南齐 501 /南北朝表/

③北魏 531 /南北朝表/

④渤海国　794　/隋唐表/

⑤大封民国　898　/隋唐表/

⑥南唐　958　/辽宋表/

⑦〔大明〕　1647　/清表/

中和

　唐　881　/隋唐表/

中宗

①西汉　前74　/秦汉表/

②东晋　317　/魏晋表/

③汉　338　/魏晋表/

④后燕　398　/魏晋表/

⑤〔后梁〕　555　/南北朝表/

⑥唐　683　/隋唐表/

⑦唐　705　/隋唐表/

⑧南汉　943　/辽宋表/

⑨后理国　1096　/辽宋表/

中统

　蒙古汗国　1260　/辽宋表/

中于王

　于阗　457　/南北朝表/

中大同

　南梁　546　/南北朝表/

中大通

　南梁　529　/南北朝表/

中川王

　高句丽　248　/魏晋表/

中兴王

　1721　/清表/

中越王

　〔原州獠〕　756　/隋唐表/

中元克复

　710　/隋唐表/

中天八国

　942　/辽宋表/

中天大国

　942　/辽宋表/

中华民国

　1912　/民国表/

中宗克复

　710　/隋唐表/

〔中山敕勒〕

　316　/魏晋表/

中兴福烈帝

1622　/明表/

见龙

　南诏国　780　/隋唐表/

日新

　后理国　1109　/辽宋表/

四画〔丿〕

仁

　东周　前476　/春秋表/

仁安

　渤海国　720　/隋唐表/

仁寿

①隋　601　/隋唐表/

②后理国　1228　/辽宋表/

仁宗

①北宋　1022　/辽宋表/

②西夏　1139　/辽宋表/

③西辽　1151　/辽宋表/

④元　1311　/元表/

⑤明　1424　/明表/

⑥清　1795　/清表/

仁帝

　清　1661　/清表/

仁美

　〔甘州回鹘〕　894　/隋唐表/

仁裕

　〔甘州回鹘〕　924　/辽宋表/

仁孝帝

　金　1161　/辽宋表/

仁惠帝

　南天国　1048　/辽宋表/

化顺

　蜀　1000　/辽宋表/

仇

　晋　前781　/西周表/

介

　东周　前469　/战国表/

仓

　韩　前312　/战国表/

公伯

　秦　前848　/西周表/

公孙述

成家　25　/秦汉表/

公孙渊

　237　/魏晋表/

公孙无知

　齐　前685　/春秋表/

壬

　齐　前485　/春秋表/

壬臣

　东周　前619　/春秋表/

午

①陈　前598　/春秋表/

②鲁　前573　/春秋表/

③曹　前524　/春秋表/

④晋　前512　/春秋表/

⑤东周　前426　/战国表/

⑥（田）齐　前374　/战国表/

升平

　东晋　357　/魏晋表/

长

　〔南匈奴〕　63　/秦汉表/

长乐

　后燕　399　/魏晋表/

长兴

　后唐　930　/辽宋表/

长安

　周　701　/隋唐表/

长庆

　唐　821　/隋唐表/

长寿

①（武）周　692　/隋唐表/

②南诏国　769　/隋唐表/

〔长生〕

　399　/魏晋表/

长乐王

　夏　617　/隋唐表/

长寿王

　高句丽　413　/魏晋表/

长其国

　1039　/辽宋表/

长和国

　902　/隋唐表/

长寿天亲可汗

　回纥（鹘）汗国　780　/隋唐表/

乌孙

　　前177　/秦汉表/

乌延

　　〔右北平乌桓〕　168　/秦汉表/

乌贵

　　车师（前部）　前72　/秦汉表/

乌玄明

　　定安国　976　/辽宋表/

乌师庐

　　〔匈奴〕　前105　/秦汉表/

乌纥堤

　　吐谷浑　400　/魏晋表/

乌质勒

　　〔突骑施〕　690　/隋唐表/

乌就屠

　　乌孙（小昆弥）　前53

　　/秦汉表/

乌介可汗

　　回纥（鹘）汗国　841　/隋唐表/

乌达鞮侯

　　〔匈奴〕　46　/秦汉表/

乌希特勒

　　回纥（鹘）汗国　841　/隋唐表/

乌维单于

　　〔匈奴〕　前114　/秦汉表/

乌藉单于

　　〔匈奴〕　前57　/秦汉表/

乌珂克图汗

　　〔鞑靼〕　1454　/明表/

乌萨哈尔汗

　　北元　1379　/明表/

乌苏米施可汗

　　后突厥汗国　742　/隋唐表/

乌累若鞮单于

　　〔匈奴〕　13　/秦汉表/

乌珠留若鞮单于

　　〔匈奴〕　前8　/秦汉表/

乌地也拔勒豆可汗

　　吐谷浑　635　/隋唐表/

乌稽侯尸逐鞮单于

　　〔南匈奴〕　124　/秦汉表/

丹

　　赵　前266　/战国表/

凤历

　　①后梁　913　/辽宋表/

　　②后理国　1201　/辽宋表/

凤鸣

　　〔梁〕　617　/隋唐表/

凤凰

　　①吴　272　/魏晋表/

　　②370　/魏晋表/

　　③〔凉〕　386　/魏晋表/

凤翔

　　大夏　413　/魏晋表/

四画〔、〕

六玺

　　北凉　399　/魏晋表/

文丁

　　商　前1112　/商表/

文王

　　①楚　前690　/春秋表/

　　②南越　前137　/秦汉表/

　　③渤海国　737　/隋唐表/

文公

　　①齐　前816　/西周表/

　　②秦　前766　/春秋表/

　　③陈　前755　/春秋表/

　　④郑　前673　/春秋表/

　　⑤邾　前666　/春秋表/

　　⑥卫　前660　/春秋表/

　　⑦晋　前636　/春秋表/

　　⑧鲁　前627　/春秋表/

　　⑨曹　前618　/春秋表/

　　⑩宋　前611　/春秋表/

　　⑪滕　前600　/春秋表/

　　⑫燕　前555　/春秋表/

　　⑬杞　前550　/春秋表/

　　⑭燕　前439　/战国表/

　　⑮前中山国　前417

　　/战国表/

　　⑯燕　前362　/战国表/

　　⑰燕　前362　/战国表/

　　⑱鲁　前296　/战国表/

　　⑲前凉　324　/魏晋表/

文兴

　　1704　/清表/

文安

　　后理国　1105　/辽宋表/

文宗

　　①唐　826　/隋唐表/

　　②元　1328　/元表/

　　③清　1850　/清表/

文明

　　唐　684　/隋唐表/

文治

　　后理国　1110　/辽宋表/

文经

　　大理国　945　/辽宋表/

文侯

　　①晋　前781　/西周表/

　　②蔡　前612　/春秋表/

　　③魏　前445　/战国表/

文帝

　　①西汉　前180　/秦汉表/

　　②魏　220　/魏晋表/

　　③宋　424　/南北朝表/

　　④西魏　535　/南北朝表/

　　⑤陈　559　/南北朝表/

　　⑥隋　581　/隋唐表/

　　⑦明　1402　/明表/

　　⑧后金　1627　/明表/

　　⑨清　1636　/明表/

文德

　　①唐　888　/隋唐表/

　　②大理国　938　/辽宋表/

文安帝

　　后理国　1096　/辽宋表/

文成帝

　　①北燕　409　/魏晋表/

　　②北魏　452　/南北朝表/

文孝帝

　　元　1320　/元表/

（文明帝）

　　〔慕容鲜卑〕　333　/魏晋表/

文武帝

　　①蒙古汗国　1260　/辽宋表/

　　②元　1271　/元表/

文经帝

　　大理国　945　/辽宋表/

文宣帝

　　北齐　550　/南北朝表/

文昭王

　　①西秦　412　/魏晋表/

　　②楚　932　/辽宋表/

文桓帝

　　后秦　394　/魏晋表/

文烈帝

　　金　1123　/辽宋表/

文景帝

　　北魏　508　/南北朝表/

文献王

　　南平（荆南）　928　/辽宋表/

文穆王

　　吴越　932　/辽宋表/

文武经略

　　大理国　945　/辽宋表/

方四

　　1511　/明表/

方腊

　　1120　/辽宋表/

心

　　楚　前208　/秦汉表/

四画　[一]

邓至国

　　420　/南北朝表/

邓伯孙

　　1449　/明表/

邓叔子

　　柔然汗国（西部）　553

　　/南北朝表/

邓茂七

　　1448　/明表/

劝丰祐

　　南诏国　823　/隋唐表/

劝龙晟

　　南诏国　809　/隋唐表/

劝利晟

　　南诏国　816　/隋唐表/

孔甲

　　夏　前1671　/夏表/

允

　　鲁　前712　/春秋表/

允常

　　越　前510　/春秋表/

丑

　　郑　前455　/战国表/

丑平

　　617　/隋唐表/

丑奴

　　柔然汗国　508　/南北朝表/

[巴氏]

　　301　/魏晋表/

巴图蒙克

　　[鞑靼]　1480　/明表/

巴尔斯博罗特

　　[鞑靼]　1519　/明表/

巴达乌勒特汗

　　哲德沙尔汗国　1867　/清表/

巴图尔珲台吉

　　[准噶尔]　1634　/明表/

予

　　夏　前1896　/夏表/

予成

　　柔然汗国　464　/南北朝表/

毋恤

　　赵　前475　/战国表/

五画　[一]

功极帝

　　后理国　1172　/辽宋表/

打来孙

　　[鞑靼]　1547　/明表/

艾拉汗

　　1865　/清表/

节闵帝

　　北魏　531　/南北朝表/

平

　　①晋　前739　/春秋表/

　　②燕　前312　/战国表/

平王

　　①东周　前770　/春秋表/

　　②楚　前529　/春秋表/

平公

　　①陈　前778　/西周表/

　　②宋　前576　/春秋表/

　　③晋　前558　/春秋表/

　　④杞　前536　/春秋表/

　　⑤曹　前528　/春秋表/

　　⑥燕　前524　/春秋表/

　　⑦齐　前481　/春秋表/

　　⑧鲁　前315　/战国表/

平国

　　陈　前614　/春秋表/

平侯

　　①蔡　前531　/春秋表/

　　②卫　前333　/战国表/

平帝

　　西汉　前1　/秦汉表/

（平帝）

　　[拓跋鲜卑]　286　/魏晋表/

平赵

　　大秦　320　/魏晋表/

平都

　　[汾州胡]　536　/南北朝表/

（平文帝）

　　代国　316　/魏晋表/

正大

　　金　1224　/辽宋表/

正元

　　魏　254　/魏晋表/

正历

　　渤海国　795　/隋唐表/

正平

　　①北魏　451　/南北朝表/

　　②南梁　548　/南北朝表/

　　③　617　/隋唐表/

正光

　　北魏　520　/南北朝表/

正安

　　大理国　1053　/辽宋表/

正观

　　唐　627　/隋唐表/

正始

①魏　240　/魏晋表/

②北燕　407　/魏晋表/

③北魏　504　/南北朝表/

正治

①大理国　1027　/辽宋表/

②罗平国　1297　/元表/

正统

明　1436　/明表/

正隆

金　1156　/辽宋表/

正德

①大理国　1056　/辽宋表/

②西夏　1127　/辽宋表/

③明　1506　/明表/

正康帝

后理国　1147　/辽宋表/

玉恒

大成国　335　/魏晋表/

玉衡

大成国　311　/魏晋表/

玉素甫·卡迪尔汗

喀喇汗王朝　1026　/辽宋表/

玉素甫·本·穆罕默德

喀喇汗王朝（东部）　1173

/辽宋表/

古欲

1115　/辽宋表/

去宾

高车国　540　/南北朝表/

去疾

①莒　前541　/春秋表/

②晋　前526　/春秋表/

③东周　前441　/战国表/

去特若尸逐就单于

［南匈奴］　128　/秦汉表/

末王

渤海国　906　/隋唐表/

末主

①前秦　394　/魏晋表/

②西辽　1177　/辽宋表/

末帝

①吴　264　/魏晋表/

②后梁　913　/辽宋表/

③后唐　934　/辽宋表/

④西夏　1226　/辽宋表/

⑤金　1234　/辽宋表/

末振将

乌孙（小昆弥）　前17

/秦汉表/

术阳侯

南越　前112　/秦汉表/

本初

东汉　146　/秦汉表/

本始

西汉　前73　/秦汉表/

本雅失里

［鞑靼］　1408　/明表/

击

魏　前396　/战国表/

世伏

吐谷浑　591　/隋唐表/

世宗

①西汉　前141　/秦汉表/

②南燕　398　/魏晋表/

③北魏　499　/南北朝表/

④北周　557　/南北朝表/

⑤［后梁］　562　/南北朝表/

⑥大蒙国　674　/隋唐表/

⑦辽（契丹）　947　/辽宋表/

⑧后周　954　/辽宋表/

⑨金　1161　/辽宋表/

⑩明　1521　/明表/

⑪清　1722　/清表/

世祖

①东汉　25　/秦汉表/

②魏　220　/魏晋表/

③西晋　265　/魏晋表/

④前秦　357　/魏晋表/

⑤后燕　384　/魏晋表/

⑥大夏　407　/魏晋表/

⑦北魏　423　/南北朝表/

⑧宋　453　/南北朝表/

⑨南齐　482　/南北朝表/

⑩南梁　552　/南北朝表/

⑪陈　559　/南北朝表/

⑫北齐　561　/南北朝表/

⑬隋　605　/隋唐表/

⑭北汉　951　/辽宋表/

⑮蒙古汗国　1260　/辽宋表/

⑯清　1643　/明表/

世隆

南诏国　859　/隋唐表/

甘露

①西汉　前53　/秦汉表/

②魏　256　/魏晋表/

③吴　265　/魏晋表/

④前秦　359　/魏晋表/

⑤东丹　926　/辽宋表/

［甘州回鹘］

894　/隋唐表/

东丹

926　/辽宋表/

东号

［烧当羌］　89　/秦汉表/

东汉

25　/秦汉表/

东阳

1449　/明表/

东吾

［烧当羌］　60　/秦汉表/

东周

前770　/春秋表/

东国

蔡　前522　/春秋表/

东夏

1216　/辽宋表/

东晋

317　/魏晋表/

东真

1216　/辽宋表/

［东越］

前111　/秦汉表/

东魏

534　/南北朝表/

东川王

高句丽　227　/魏晋表/

东丹王

东丹　926　/辽宋表/

东昏侯
南齐 498 /南北朝表/
东海王
北魏 530 /南北朝表/
东海公
611 /隋唐表/
东平郡王
安阳国 1047 /辽宋表/
东明圣王
高句丽 前37 /秦汉表/
东察合台汗国
1347 /元表/
厉王
①西周 前877 /西周表/
②前秦 355 /魏晋表/
③前秦 355 /魏晋表/
厉公
①齐 前825 /西周表/
②陈 前707 /春秋表/
③郑 前701 /春秋表/
④郑 前680 /春秋表/
⑤晋 前581 /春秋表/
厉共公
秦 前477 /春秋表/
布民可汗
突厥汗国 552 /南北朝表/
布延彻辰汗
[鞑靼] 1593 /明表/
石
秦 前577 /春秋表/
石世
后赵 349 /魏晋表/
石平
[稽胡] 576 /南北朝表/
石弘
后赵 333 /魏晋表/
石龙
[汉] 1466 /明表/
石甫
曹 前760 /春秋表/
石虎
后赵 334 /魏晋表/
石祇

后赵 350 /魏晋表/
石勒
后赵 319 /魏晋表/
石鉴
后赵 350 /魏晋表/
石遵
后赵 349 /魏晋表/
石柳邓
[乾州苗] 1795 /清表/
石重贵
后晋 942 /辽宋表/
石敬瑭
后晋 936 /辽宋表/
右渠
[卫氏朝鲜] 前128 /秦汉表/
[右北平乌桓]
168 /秦汉表/
龙飞
后凉 396 /魏晋表/
龙凤
①宋 1355 /元表/
②1397 /明表/
龙会
①龟兹 285 /魏晋表/
②焉耆 285 /魏晋表/
龙兴
①成家 25 /秦汉表/
②小秦 337 /魏晋表/
③南诏国 810 /隋唐表/
④1101 /辽宋表/
⑤后理国 1155 /辽宋表/
龙安
焉耆 285 /魏晋表/
龙纪
唐 889 /隋唐表/
龙昇
大夏 407 /魏晋表/
龙朔
唐 661 /隋唐表/
龙熙
焉耆 285 /魏晋表/
龙德
后梁 921 /辽宋表/

龙懒突
焉耆 719 /隋唐表/
龙突骑支
①焉耆 611 /隋唐表/
②焉耆 666 /隋唐表/
龙鸠尸卑那
焉耆 448 /南北朝表/
戊寅可汗
吐谷浑 405 /魏晋表/
可沓振
吐谷浑 534 /南北朝表/
可黎可足
吐蕃王国 815 /隋唐表/

五画 [l]

归化
[甘州回鹘] 1016 /辽宋表/
归化可汗
[突骑施] 706 /隋唐表/
归忠保顺可汗
[甘州回鹘] 1023 /辽宋表/
北元
1370 /明表/
北汉
951 /辽宋表/
北辽
1122 /辽宋表/
北齐
550 /南北朝表/
北宋
906 /辽宋表/
北周
557 /南北朝表/
北凉
397 /魏晋表/
北燕
407 /魏晋表/
北魏
386 /魏晋表/
[北匈奴]
46 /秦汉表/
北单于

① ［北匈奴］ 88 /秦汉表/

② ［北匈奴］ 118 /秦汉表/

北海王

　北魏 529 /南北朝表/

北宫伯玉

　［羌、胡］ 184 /秦汉表/

叶延

　吐谷浑 329 /魏晋表/

叶护

　龟兹 648 /隋唐表/

叶护可汗

　东突厥汗国 587 /隋唐表/

叶尔羌汗国

　1514 /明表/

卢芳

　29 /秦汉表/

卢循

　长生 402 /魏晋表/

［卢水胡］

　①386 /魏晋表/

　②445 /南北朝表/

卢明月

　614 /隋唐表/

号良

　［陇西羌］ 119 /秦汉表/

出子

　秦 前704 /春秋表/

出公

　①卫 前493 /春秋表/

　②卫 前477 /春秋表/

　③晋 前475 /战国表/

　④杞 前461 /战国表/

　⑤秦 前387 /战国表/

出帝

　后晋 942 /辽宋表/

业

　许 前655 /春秋表/

且昌

　［钟羌］ 135 /秦汉表/

且莫车

　［匈奴］ 前12 /秦汉表/

且麋胥

　［匈奴］ 前20 /秦汉表/

且鞮侯单于

　［匈奴］ 前101 /秦汉表/

田

　宋 前385 /战国表/

田广

　齐 前205 /秦汉表/

田市

　齐 前208 /秦汉表/

田荣

　齐 前206 /秦汉表/

田假

　齐 前208 /秦汉表/

田儋

　齐 前209 /秦汉表/

田横

　齐 前204 /秦汉表/

（田）齐

　前410 /战国表/

田九成

　1397 /明表/

甲午

　蔡 前646 /春秋表/

申

　①卫 前660 /春秋表/

　②蔡 前612 /春秋表/

　③蔡 前519 /春秋表/

史思明

　燕 759 /隋唐表/

史朝义

　燕 761 /隋唐表/

冉闵

　（冉）魏 350 /魏晋表/

（冉）魏

　350 /魏晋表/

五画［丿］

代王

　赵 前228 /战国表/

代国

　315 /魏晋表/

代宗

　①唐 762 /隋唐表/

②明 1449 /明表/

仙大

　1797 /清表/

仪父

　邾 前722 /春秋表/

仪凤

　唐 676 /隋唐表/

他

　陈 前707 /春秋表/

他汗可汗

　柔然汗国 506 /南北朝表/

外壬

　商 前1410 /商表/

外丙

　商 前1587 /商表/

饥五

　［当煎羌］ 120 /秦汉表/

失儿马黑麻

　东察合台汗国 1418 /明表/

丘夫

　高句丽 371 /魏晋表/

丘力居

　［辽西乌桓］ 168 /秦汉表/

丘豆伐可汗

　柔然汗国 402 /魏晋表/

丘浮尤鞮单于

　南匈奴 56 /秦汉表/

丘除车林鞮单于

　［南匈奴］ 63 /秦汉表/

白山

　龟兹 285 /魏晋表/

白乌

　613 /隋唐表/

白龙

　南汉 925 /辽宋表/

白龙

　［稽胡］ 434 /南北朝表/

白纯

　龟兹 382 /魏晋表/

白英

　龟兹 107 /秦汉表/

白雀

　后秦 384 /魏晋表/

白震
　　龟兹　382　／魏晋表／
白霸
　　龟兹　91　／秦汉表／
白莫苾
　　龟兹　719　／隋唐表／
白凌阿
　　1861　／清表／
白亚栗斯
　　［河西胡］　415　／魏晋表／
白苏尼咥
　　龟兹　612　／隋唐表／
白眉可汗
　　后突厥汗国　744　／隋唐表／
白高大夏国
　　1038　／辽宋表／
句姑
　　车师（后部）　3　／秦汉表／
句践
　　越　前497　／春秋表／
句渠知
　　大秦　320　／魏晋表／
匄
　　①杞　前567　／春秋表／
　　②东周　前519　／春秋表／
处可汗
　　柔然汗国　444　／南北朝表／
处罗侯
　　东突厥汗国　587　／隋唐表／
处罗可汗
　　①柔然汗国　444　／南北朝表／
　　②东突厥汗国　619　／隋唐表／
［氏］
　　296　／魏晋表／

　　　　五画［丶］

冯
　　宋　前710　／春秋表／
冯弘
　　北燕　430　／南北朝表／
冯跋
　　北燕　409　／魏晋表／

训
　　卫　前373　／战国表／
汉
　　①304　／魏晋表／
　　②304　／魏晋表／
　　③338　／魏晋表／
　　④551　／南北朝表／
　　⑤1360　／元表／
［汉］
　　①528　／南北朝表／
　　②1465　／明表／
汉王
　　①［汉］　528　／南北朝表／
　　②［汉］　1465　／明表／
汉兴
　　汉　338　／魏晋表／
汉安
　　东汉　142　／秦汉表／
汉昌
　　汉　318　／魏晋表／
汉复
　　23　／秦汉表／
汉德
　　1906　／清表／
汉东王
　　622　／隋唐表／
汉兴帝
　　1216　／辽宋表／
汉元天王
　　秦（汉）　783　／隋唐表／
汉明皇帝
　　1397　／明表／
玄始
　　北凉　412　／魏晋表／
玄宗
　　唐　712　／隋唐表／
玄烨
　　清　1661　／清表／
玄静
　　1622　／明表／
兰
　　郑　前628　／春秋表／
兰汗

后燕　398　／魏晋表／
宁
　　①陈　前854　／西周表／
　　②许　前592　／春秋表／
　　③滕　前539　／春秋表／
　　④郑　前530　／春秋表／
　　⑤鲁　前467　／战国表／
宁公
　　秦　前715　／春秋表／
宁国
　　西夏　1049　／辽宋表／
宁宗
　　①南宋　1194　／辽宋表／
　　②元　1332　／元表／
宁康
　　东晋　373　／魏晋表／
永元
　　①东汉　89　／秦汉表／
　　②南齐　499　／南北朝表／
永凤
　　汉　308　／魏晋表／
永历
　　南明　1647　／清表／
永乐
　　①中天八国　942　／辽宋表／
　　②1120　／辽宋表／
　　③明　1403　／明表／
永宁
　　①东汉　120　／秦汉表／
　　②西晋　301　／魏晋表／
　　③后赵　350　／魏晋表／
永平
　　①东汉　58　／秦汉表／
　　②西晋　291　／魏晋表／
　　③北魏　452　／南北朝表／
　　④北魏　508　／南北朝表／
　　⑤高昌王国　549　／南北朝表／
　　⑥［魏］　617　／隋唐表／
　　⑦前蜀　911　／辽宋表／
永弘
　　西秦　428　／南北朝表／
永汉
　　①东汉　189　／秦汉表／

②542 /南北朝表/

永光

　①西汉　前43 /秦汉表/

　②大夏　425 /南北朝表/

　③宋　465 /南北朝表/

永兴

　①东汉　153 /秦汉表/

　②西晋　304 /魏晋表/

　③（冉）魏　350 /魏晋表/

　④前秦　357 /魏晋表/

　⑤北魏　409 /魏晋表/

　⑥北魏　532 /南北朝表/

　⑦1628 /明表/

永安

　①吴　258 /魏晋表/

　②西晋　304 /魏晋表/

　③北凉　401 /魏晋表/

　④北魏　528 /南北朝表/

　⑤西夏　1098 /辽宋表/

永贞

　①唐　805 /隋唐表/

　②886 /隋唐表/

　③后理国　1148 /辽宋表/

永初

　①东汉　107 /秦汉表/

　②宋　420 /南北朝表/

永寿

　东汉　155 /秦汉表/

永和

　①东汉　136 /秦汉表/

　②东晋　345 /魏晋表/

　③后秦　416 /魏晋表/

　④北凉　433 /南北朝表/

　⑤闽　935 /辽宋表/

　⑥1721 /清表/

永始

　①西汉　前16 /秦汉表/

　②楚　403 /魏晋表/

永定

　陈　557 /南北朝表/

永建

　①东汉　126 /秦汉表/

　②西凉　420 /南北朝表/

永昌

　①东晋　322 /魏晋表/

　②唐　689 /隋唐表/

　③大顺　1644 /清表/

永明

　南齐　483 /南北朝表/

永泰

　①南齐　498 /南北朝表/

　②唐　765 /隋唐表/

永崇

　唐　680 /隋唐表/

永康

　①东汉　167 /秦汉表/

　②西晋　300 /魏晋表/

　③后燕　396 /魏晋表/

　④后凉　399 /魏晋表/

　⑤西秦　412 /魏晋表/

　⑥柔然汗国　464 /南北朝表/

永淳

　唐　682 /隋唐表/

永清

　1895 /清表/

永隆

　①［梁］　617 /隋唐表/

　②唐　680 /隋唐表/

　③闽　939 /辽宋表/

永嘉

　①东汉　145 /秦汉表/

　②西晋　307 /魏晋表/

　③后理国　1119 /辽宋表/

永熙

　①西晋　290 /魏晋表/

　②北魏　532 /南北朝表/

永德

　渤海国　810 /隋唐表/

永徽

　唐　650 /隋唐表/

永乐王

　617 /隋唐表/

永嘉王

　［后梁］　558 /南北朝表/

必力克图汗

　北元　1371 /明表/

头曼

　宋　前517 /春秋表/

五画［一］

加特奴

　车师（后部）　126 /秦汉表/

弘

　龟兹　46 /秦汉表/

弘历

　清　1735 /清表/

弘光

　南明　1645 /清表/

弘始

　后秦　399 /魏晋表/

弘昌

　南凉　402 /魏晋表/

弘治

　明　1488 /明表/

弘道

　唐　683 /隋唐表/

出子

　秦　前386 /战国表/

出公

　秦　前703 /春秋表/

纠

　卫　前432 /战国表/

幼主

　①北齐　577 /南北朝表/

　②元　1328 /元表/

　③太平天国　1864 /清表/

[台拱苗]

　1855 /清表/

弁国公

　高昌王国　602 /隋唐表/

圣王

　370 /魏晋表/

圣历

　（武）周　698 /隋唐表/

圣公

　1120 /辽宋表/

圣宗

　辽（契丹）　982 /辽宋表/

圣明

　　① [屠各胡] 506

　　　/南北朝表/

　　②大理国 1042 /辽宋表/

圣武

　　燕 756 /隋唐表/

圣祖

　　清 1661 /清表/

圣文帝

　　西夏 1086 /辽宋表/

圣孝帝

　　金 1213 /辽宋表/

圣明帝

　　大长和国 903 /隋唐表/

圣武帝

　　① [稽胡] 576 /南北朝表/

　　②蒙古汗国 1206 /辽宋表/

圣神帝

　　(武)周 690 /隋唐表/

圣德帝

　　①大理国 1026 /辽宋表/

　　②西夏 1139 /辽宋表/

圣神文武帝

　　大理国 937 /辽宋表/

圣慈文武帝

　　大理国 945 /辽宋表/

圣文神武白帝

　　西汉金山国 905 /隋唐表/

圣天骨咄禄可汗

　　后突厥汗国 691 /隋唐表/

弗

　　卫 前451 /战国表/

弗生

　　晋 前812 /西周表/

弗湟

　　鲁 前769 /春秋表/

皮逻阁

　　①大蒙国 728 /隋唐表/

　　②南诏国 738 /隋唐表/

发

　　①夏 前1637 /夏表/

　　②西周 前1046 /西周表/

尼瑞摩珠那胜

龟兹 521 /南北朝表/

司空

　　宋 前766 /春秋表/

司徒

　　晋 前840 /西周表/

司马丕

　　东晋 361 /魏晋表/

司马伦

　　西晋 301 /魏晋表/

司马邺

　　西晋 313 /魏晋表/

司马岳

　　东晋 342 /魏晋表/

司马炎

　　西晋 265 /魏晋表/

司马绍

　　东晋 322 /魏晋表/

司马保

　　[晋] 319 /魏晋表/

司马奕

　　东晋 365 /魏晋表/

司马昱

　　东晋 371 /魏晋表/

司马炽

　　西晋 306 /魏晋表/

司马衍

　　东晋 325 /魏晋表/

司马衷

　　西晋 290 /魏晋表/

司马聃

　　东晋 344 /魏晋表/

司马睿

　　东晋 317 /魏晋表/

司马曜

　　东晋 372 /魏晋表/

司马德文

　　东晋 418 /魏晋表/

司马德宗

　　东晋 396 /魏晋表/

辽

　　1213 /辽宋表/

辽(契丹)

　　916 /辽宋表/

[辽东乌桓]

　　168 /秦汉表/

[辽西乌桓]

　　168 /秦汉表/

六画 [一]

邢杲

　　[汉] 528 /南北朝表/

地

　　(田)齐 前301 /战国表/

地王

　　1820 /清表/

地节

　　西汉 前69 /秦汉表/

地皇

　　新 20 /秦汉表/

芒

　　夏 前1835 /夏表/

芒松芒赞

　　吐蕃 650 /隋唐表/

老上单于

　　[匈奴] 前174 /秦汉表/

考王

　　东周 前440 /战国表/

考烈王

　　楚 前263 /战国表/

西汉

　　前202 /秦汉表/

西辽

　　1132 /辽宋表/

西周

　　前1046 /西周表/

西凉

　　400 /魏晋表/

西夏

　　1038 /辽宋表/

西晋

　　265 /魏晋表/

西秦

　　385 /魏晋表/

[西秦]

　　617 /隋唐表/

[西楚]
前206 /秦汉表/

西燕
384 /魏晋表/

西魏
535 /南北朝表/

西川王
高句丽 270 /魏晋表/

[西宁回]
1862 /清表/

[西州回鹘]
981 /辽宋表/

西楚霸王
楚 前206 /秦汉表/

西汉金山国
905 /隋唐表/

西突厥汗国
567 /南北朝表/

共王
①西周 前922 /西周表/
②楚 前591 /春秋表/

共公
①杞 前681 /春秋表/
②曹 前653 /春秋表/
③陈 前632 /春秋表/
④秦 前609 /春秋表/
⑤宋 前589 /春秋表/
⑥燕 前529 /春秋表/
⑦莒 前528 /春秋表/
⑧郑 前455 /战国表/
⑨鲁 前377 /战国表/

共伯
卫 前813 /西周表/

(共和)
西周 前841 /西周表/

共侯
蔡 前762 /春秋表/

夸吕
吐谷浑 535 /南北朝表/

达漫
西突厥汗国 605 /隋唐表/

达磨
吐蕃王国 838 /隋唐表/

达瓦齐
[准噶尔] 1752 /清表/

达延汗
[鞑靼] 1480 /明表/

达头可汗
西突厥汗国 576 /南北朝表/

迈孜木汗
1864 /清表/

迈孜木杂特
1864 /清表/

成
①宋 前576 /春秋表/
②杞 前518 /春秋表/
③许 前504 /春秋表/
④疏勒 61 /秦汉表/

成大
疏勒 84 /秦汉表/

成王
①西周 前1042 /西周表/
②楚 前672 /春秋表/
③后中山国 前330 /战国表/
④渤海国 794 /隋唐表/

成公
①齐 前804 /西周表/
②秦 前664 /春秋表/
③杞 前655 /春秋表/
④宋 前637 /春秋表/
⑤卫 前635 /春秋表/
⑥晋 前607 /春秋表/
⑦陈 前598 /春秋表/
⑧鲁 前591 /春秋表/
⑨郑 前585 /春秋表/
⑩曹 前578 /春秋表/
⑪滕 前575 /春秋表/
⑫燕 前455 /战国表/
⑬前凉 320 /魏晋表/

成化
明 1465 /明表/

成国
扜弥 132 /秦汉表/

成宗
元 1294 /元表/

成侯

①蔡 前491 /春秋表/
②赵 前375 /战国表/
③卫 前362 /战国表/

成帝
①西汉 前33 /秦汉表/
②东晋 325 /魏晋表/
③清 1820 /清表/

成祖
明 1402 /明表/

成家
25 /秦汉表/

成吉思汗
蒙古汗国 1206 /辽宋表/

百越
前208 /秦汉表/

扜弥
16 /秦汉表/

扜弥王
①扜弥 16 /秦汉表/
②扜弥 33 /秦汉表/
③扜弥 126 /秦汉表/
④扜弥 129 /秦汉表/

毕勒哥
[西州回鹘] 1129 /辽宋表/

臣磐
疏勒 127 /秦汉表/

匡王
东周 前613 /春秋表/

至大
元 1308 /元表/

至元
①蒙古汗国 1264 /辽宋表/
②元 1335 /元表/

至宁
金 1213 /辽宋表/

至正
元 1341 /元表/

至成
燕 757 /隋唐表/

至和
北宋 1054 /辽宋表/

至治
①大理国 946 /辽宋表/

②元 1321 /元表/

至顺

元 1330 /元表/

至道

北宋 995 /辽宋表/

至德

①陈 583 /隋唐表/

②唐 756 /隋唐表/

至道广慈帝

大理国 951 /辽宋表/

夷

①曹 前671 /春秋表/

②郑 前606 /春秋表/

③东周 前586 /春秋表/

④晋 前532 /春秋表/

⑤薛 前497 /春秋表/

夷公

陈 前781 /西周表/

夷王

西周 前885 /西周表/

夷伯

曹 前864 /西周表/

夷吾

晋 前651 /春秋表/

夷男

薛延陀 628 /隋唐表/

夷侯

蔡 前838 /西周表/

夷皋

晋 前620 /春秋表/

六画 ［丨］

贞王

东周 前469 /战国表/

贞元

①唐 785 /隋唐表/

②金 1153 /辽宋表/

贞观

①唐 627 /隋唐表/

②西夏 1101 /辽宋表/

贞明

①大封民国 878 /隋唐表/

②后梁 915 /辽宋表/

贞帝

明 1620 /明表/

贞祐

①大长和国 916 /辽宋表/

②金 1213 /辽宋表/

贞定王

东周 前469 /战国表/

贞阳侯

南梁 555 /南北朝表/

贞懿王

南平（荆南） 948 /辽宋表/

师子

［南匈奴］ 94 /秦汉表/

师隰

秦 前385 /战国表/

当

楚 前408 /战国表/

［当煎羌］

120 /秦汉表/

光

①晋 前718 /春秋表/

②齐 前554 /春秋表/

光大

①陈 567 /南北朝表/

②前蜀 918 /辽宋表/

光化

唐 898 /隋唐表/

光天

①前蜀 918 /辽宋表/

②南汉 942 /辽宋表/

光兴

汉 310 /魏晋表/

光宅

唐 684 /隋唐表/

光庆

唐 656 /隋唐表/

光初

前赵 318 /魏晋表/

光启

唐 885 /隋唐表/

光寿

前燕 357 /魏晋表/

光和

东汉 178 /秦汉表/

光始

后燕 401 /魏晋表/

光宗

①南宋 1189 /辽宋表/

②明 1620 /明表/

光定

西夏 1211 /辽宋表/

光绪

清 1875 /清表/

光熙

西晋 306 /魏晋表/

光熹

东汉 189 /秦汉表/

光文帝

汉 304 /魏晋表/

光孝帝

元 1328 /元表/

光武王

高昌王国 623 /隋唐表/

光武帝

东汉 25 /秦汉表/

吐谷浑

329 /魏晋表/

吐贺真

柔然汗国 444 /南北朝表/

吐蕃王国

629 /隋唐表/

吐火仙可汗

［突骑施］ 738 /隋唐表/

则罗

龟兹 46 /秦汉表/

则天皇后

唐 684 /隋唐表/

则天大圣帝

（武）周 690 /隋唐表/

（曲沃）

①晋 前730 /春秋表/

②晋 前715 /春秋表/

吕臣

张楚 前209 /秦汉表/

吕光

后凉　386　/魏晋表/

吕绍

　　后凉　399　/魏晋表/

吕隆

　　后凉　401　/魏晋表/

吕雉

　　西汉　前188　/秦汉表/

吕纂

　　后凉　399　/魏晋表/

吕苟儿

　　［秦州羌］　506　/南北朝表/

同

　　鲁　前694　/春秋表/

同光

　　后唐　923　/辽宋表/

同庆

　　于阗　912　/辽宋表/

同治

　　清　1862　/清表/

因齐

　　（田）齐　前357　/战国表/

回离保

　　［奚］　1123　/辽宋表/

回纥（鹘）汗国

　　744　/隋唐表/

曳

　　鲁　前660　/春秋表/

六画　［丿］

先天

　　唐　712　/隋唐表/

［先零羌］

　　107　/秦汉表/

迁

　　赵　前236　/战国表/

迁善可汗

　　后突厥汗国　691　/隋唐表/

朱句

　　越　前449　/战国表/

朱泚

　　秦（汉）　783　/隋唐表/

朱雀

渤海国　813　/隋唐表/

朱棣

　　明　1402　/明表/

朱温

　　后梁　907　/辽宋表/

朱粲

　　［楚］　618　/隋唐表/

朱蒙

　　高句丽　前37　/秦汉表/

朱一贵

　　1721　/清表/

朱允炆

　　明　1398　/明表/

朱元璋

　　明　1368　/明表/

朱友贞

　　后梁　913　/辽宋表/

朱友珪

　　后梁　912　/辽宋表/

朱文进

　　闽　944　/辽宋表/

朱见深

　　明　1464　/明表/

朱以海

　　南明　1645　/清表/

朱永祚

　　［大明］　1708　/清表/

朱由校

　　明　1620　/明表/

朱由崧

　　南明　1644　/清表/

朱由检

　　明　1627　/明表/

朱由榔

　　南明　1646　/清表/

朱由键

　　南明　1645　/清表/

朱光卿

　　大金国　1337　/元表/

朱祁钰

　　明　1449　/明表/

朱祁镇

　　明　1435　/明表/

朱聿鐭

　　南明　1646　/清表/

朱厚照

　　明　1505　/明表/

朱厚熜

　　明　1521　/明表/

朱洪英

　　昇平天国　1855　/清表/

朱祐樘

　　明　1487　/明表/

朱宸濠

　　1519　/明表/

朱载垕

　　明　1566　/明表/

朱高炽

　　明　1424　/明表/

朱常洛

　　明　1620　/明表/

朱翊钧

　　明　1572　/明表/

朱亶塉

　　南明　1646　/清表/

朱瞻基

　　明　1425　/明表/

休公

　　宋　前385　/战国表/

休利

　　［南匈奴］　128　/秦汉表/

休莫霸

　　于阗　60　/秦汉表/

休密驮

　　鄯善　382　/魏晋表/

休兰尸逐侯鞮单于

　　［南匈奴］　88　/秦汉表/

伏允

　　吐谷浑　597　/隋唐表/

伏图

　　柔然汗国　506　/南北朝表/

伏连筹

　　吐谷浑　490　/南北朝表/

伏古敦可汗

　　柔然汗国　485　/南北朝表/

优留单于

　[北匈奴]　87　/秦汉表/
仲
　楚　前432　/战国表/
[仲家]
　197　/秦汉表/
仲康
　夏　前1957　/夏表/
任好
　秦　前660　/春秋表/
任城王
　北齐　577　/南北朝表/
[伪满洲国]
　1932　/民国表/
伊连
　高句丽　384　/魏晋表/
伊匐
　高车国　517　/南北朝表/
伊秩靡
　乌孙（大昆弥）　前16
　　/秦汉表/
伊利可汗
　突厥汗国　552　/南北朝表/
伊然可汗
　后突厥汗国　734　/隋唐表/
伊利目单于
　[匈奴]　前49　/秦汉表/
伊斯玛依勒
　叶尔羌汗国　1670　/清表/
伊稚斜单于
　[匈奴]　前126　/秦汉表/
伊特勿失可汗
　薛延陀　646　/隋唐表/
伊鲁格勒雅苏
　[甘州回鹘]　1028　/辽宋表/
伊伐於虑鞮单于
　[南匈奴]　57　/秦汉表/
伊陵尸逐就单于
　[南匈奴]　147　/秦汉表/
伊屠於闾鞮单于
　[南匈奴]　85　/秦汉表/
伊卜拉欣·本·苏来曼
　喀喇汗王朝（西部）　1130
　　/辽宋表/

伊卜拉欣·本·侯赛因
　喀喇汗王朝（西部）　1178
　　/辽宋表/
伊卜拉欣·本·阿赫马德
　喀喇汗王朝（东部）　1128
　　/辽宋表/
伊卜拉欣·本·穆罕默德
　①喀喇汗王朝（东部）　1058
　　/辽宋表/
　②喀喇汗王朝（西部）　1141
　　/辽宋表/
伊卜拉欣·桃花石·博格拉汗
　喀喇汗王朝（西部）　1041
　　/辽宋表/
伊利俱卢设莫何始波罗可汗
　东突厥汗国　581　/隋唐表/
华
　邾　前556　/春秋表/
延
　①东周　前315　/战国表/
　②莎车　9　/秦汉表/
延平
　①东汉　106　/秦汉表/
　②后燕　397　/魏晋表/
延光
　东汉　122　/秦汉表/
延兴
　①北魏　471　/南北朝表/
　②南齐　494　/南北朝表/
延庆
　西辽　1132　/辽宋表/
延初
　前秦　394　/魏晋表/
延寿
　高昌王国　624　/隋唐表/
延和
　①西汉　前92　/秦汉表/
　②北魏　432　/南北朝表/
　③高昌王国　602　/隋唐表/
　④唐　712　/隋唐表/
延昌
　①北魏　512　/南北朝表/
　②高昌王国　561　/南北朝表/

延祐
　元　1314　/元表/
延载
　（武）周　694　/隋唐表/
延康
　①东汉　220　/秦汉表/
　②楚　616　/隋唐表/
　③[梁]　619　/隋唐表/
　④罗平国　1283　/元表/
延熙
　①（蜀）汉　238　/魏晋表/
　②后赵　334　/魏晋表/
延熹
　东汉　158　/秦汉表/
延田跌
　龟兹　692　/隋唐表/
延陵国
　1861　/清表/
延嗣宁国
　西夏　1049　/辽宋表/
向海明
　613　/隋唐表/
后元
　①西汉　前163　/秦汉表/
　②西汉　前143　/秦汉表/
　③西汉　前88　/秦汉表/
（后元）
　魏　前334　/战国表/
后主
　①（蜀）汉　223　/魏晋表/
　②汉　343　/魏晋表/
　③后凉　401　/魏晋表/
　④后秦　416　/魏晋表/
　⑤西凉　417　/魏晋表/
　⑥西秦　428　/南北朝表/
　⑦柔然汗国　521
　　/南北朝表/
　⑧北齐　565　/南北朝表/
　⑨陈　582　/隋唐表/
　⑩前蜀　918　/辽宋表/
　⑪后蜀　934　/辽宋表/
　⑫南汉　958　/辽宋表/
　⑬南唐　961　/辽宋表/

后汉
　①25　/秦汉表/
　②947　/辽宋表/
后辽
　1132　/辽宋表/
后周
　951　/辽宋表/
后金
　1616　/明表/
后赵
　319　/魏晋表/
后羿
　夏　前1957　/夏表/
后凉
　386　/魏晋表/
后唐
　923　/辽宋表/
后晋
　936　/辽宋表/
后秦
　384　/魏晋表/
后梁
　①555　/南北朝表/
　②907　/辽宋表/
后蜀
　934　/辽宋表/
后燕
　384　/魏晋表/
后废帝
　宋　472　/南北朝表/
后理国
　1096　/辽宋表/
后中山国
　前332　/战国表/
后仇池国
　385　/魏晋表/
后突厥汗国
　682　/隋唐表/
全义
　南诏国　817　/隋唐表/
会同
　辽（契丹）　938　/辽宋表/
会昌

唐　841　/隋唐表/
会稽王
　吴　252　/魏晋表/
合赞
　察合台汗国　1345　/元表/
合不勒
　察合台汗国　1362　/元表/
合刺旭烈兀
　察合台汗国　1242　/辽宋表/
合骨咄陆毗伽可汗
　回纥（鹘）汗国　780　/隋唐表/
多币
　龟兹　719　/隋唐表/
多同
　夜郎国　前135　/秦汉表/
多逻斯
　回纥（鹘）汗国　789　/隋唐表/
多弥可汗
　薛延陀　645　/隋唐表/
负刍
　①曹　前578　/春秋表/
　②楚　前228　/战国表/
[匈奴]
　①前209　/秦汉表/
　②294　/魏晋表/
　③523　/南北朝表/

六画 [丶]

刘尼
　汉　303　/魏晋表/
刘永
　[梁]　25　/秦汉表/
刘玄
　[绿林]　23　/秦汉表/
刘协
　东汉　189　/秦汉表/
刘庄
　东汉　57　/秦汉表/
刘邦
　西汉　前202　/秦汉表/
刘劭
　宋　453　/南北朝表/

刘启
　西汉　前157　/秦汉表/
刘宏
　东汉　168　/秦汉表/
刘彻
　西汉　前141　/秦汉表/
刘志
　东汉　146　/秦汉表/
刘秀
　东汉　25　/秦汉表/
刘和
　汉　310　/魏晋表/
刘备
　（蜀）汉　221　/魏晋表/
刘旻
　北汉　951　/辽宋表/
刘欣
　西汉　前7　/秦汉表/
刘玢
　南汉　942　/辽宋表/
刘虎
　[河西胡]　415　/魏晋表/
刘询
　西汉　前74　/秦汉表/
刘龑
　南汉　917　/辽宋表/
刘保
　东汉　125　/秦汉表/
刘彧
　宋　465　/南北朝表/
刘昱
　宋　472　/南北朝表/
刘炟
　东汉　75　/秦汉表/
刘炳
　东汉　144　/秦汉表/
刘盈
　西汉　前195　/秦汉表/
刘祜
　东汉　106　/秦汉表/
刘纡
　[梁]　27　/秦汉表/
刘衎

燕　前827　/西周表/

庄王

　①东周　前697　/春秋表/

　②楚　前614　/春秋表/

庄公

　①秦　前822　/西周表/

　②齐　前795　/西周表/

　③卫　前758　/春秋表/

　④郑　前744　/春秋表/

　⑤许　前714　/春秋表/

　⑥宋　前710　/春秋表/

　⑦曹　前702　/春秋表/

　⑧陈　前700　/春秋表/

　⑨鲁　前694　/春秋表/

　⑩燕　前691　/春秋表/

　⑪齐　前554　/春秋表/

　⑫邾　前541　/春秋表/

　⑬卫　前481　/春秋表/

庄伯

　晋　前730　/春秋表/

庄宗

　后唐　923　/辽宋表/

庄帝

　明　1566　/明表/

庄侯

　蔡　前646　/春秋表/

庄敖

　楚　前676　/春秋表/

庄襄王

　秦　前250　/战国表/

庄烈愍帝

　明　1627　/明表/

庆元

　南宋　1195　/辽宋表/

庆历

　北宋　1041　/辽宋表/

州吁

　卫　前719　/春秋表/

冲公

　前凉　355　/魏晋表/

冲帝

　东汉　144　/秦汉表/

次大王

高句丽　121　/秦汉表/

汗

　［南匈奴］　57　/秦汉表/

汗和卓

　1864　/清表/

汗鲁王

　［右北平乌桓］　168　/秦汉表/

江汉

　1854　/清表/

汤

　商　前1600　/夏表/

汝南王

　北魏　530　/南北朝表/

宇文觉

　北周　557　/南北朝表/

宇文邕

　北周　560　/南北朝表/

宇文阐

　北周　579　/南北朝表/

宇文毓

　北周　557　/南北朝表/

宇文赟

　北周　578　/南北朝表/

宇文化及

　许　618　/隋唐表/

［宇文鲜卑］

　333　/魏晋表/

宇文逸豆归

　［宇文鲜卑］　333　/魏晋表/

安

　①韩　前239　/战国表/

　②鄯善　38　/秦汉表/

安日

　乌孙（小昆弥）　前30　/秦汉表/

安王

　①东周　前402　/战国表/

　②武兴国　486　/南北朝表/

安和

　大长和国　914　/辽宋表/

安国

　大长和国　903　/隋唐表/

安国

①　［南匈奴］　93　/秦汉表/

②疏勒　117　/秦汉表/

③于阗　152　/秦汉表/

安定

　大兴国　1289　/元表/

安帝

　①东汉　106　/秦汉表/

　②东晋　396　/魏晋表/

安得

　车师（后部）　75　/秦汉表/

安乐

　［凉］　618　/隋唐表/

安阳国

　1047　/辽宋表/

安犁靡

　乌孙（小昆弥）　前12　/秦汉表/

安禄山

　燕　756　/隋唐表/

安德王

　北齐　576　/南北朝表/

安釐王

　魏　前277　/战国表/

安庆绪

　燕　757　/隋唐表/

［安西回鹘］

　848　/隋唐表/

兴

　①蔡　前762　/春秋表/

　②鲁　前627　/春秋表/

　③夜郎国　前28　/秦汉表/

　④扜弥　128　/秦汉表/

兴元

　唐　784　/隋唐表/

兴圣

　大义宁国　930　/辽宋表/

兴宁

　东晋　363　/魏晋表/

兴平

　①东汉　194　/秦汉表/

　②吴　486　/南北朝表/

兴龙

　1216　/辽宋表/

兴光
　　北魏　454　/南北朝表/
兴安
　　北魏　452　/南北朝表/
兴和
　　东魏　539　/南北朝表/
兴宗
　　①辽（契丹）　1031　/辽宋表/
　　②大理国　1044　/辽宋表/
兴定
　　金　1217　/辽宋表/
兴盛
　　1622　/明表/
兴隆
　　1216　/辽宋表/
兴元国
　　928　/辽宋表/
兴辽国
　　1029　/辽宋表/
兴宗王
　　大蒙国　674　/隋唐表/
兴源国
　　928　/辽宋表/
许
　　①前714　/春秋表/
　　②618　/隋唐表/
许圣
　　巫蛮　101　/秦汉表/
军宿
　　莎车　前64　/秦汉表/
军就
　　车师（后部）　120　/秦汉表/
军须靡
　　乌孙　前105　/秦汉表/
军臣单于
　　［匈奴］　前161　/秦汉表/
农奇
　　车师（后部）　97　/秦汉表/

六画　［一］

那离
　　［烧当羌］　138　/秦汉表/

那盖
　　柔然汗国　492　/南北朝表/
异牟寻
　　南诏国　779　/隋唐表/
寻阁劝
　　南诏国　808　/隋唐表/
阳生
　　齐　前489　/春秋表/
阳甲
　　商　前1313　/商表/
阳朔
　　西汉　前24　/秦汉表/
阳嘉
　　东汉　132　/秦汉表/
阴平国
　　477　/南北朝表/
收国
　　金　1115　/辽宋表/
如意
　　（武）周　692　/隋唐表/
戏
　　鲁　前816　/西周表/
羽奴思
　　东察合台汗国　1456　/明表/
牟尼赞普
　　吐蕃王国　797　/隋唐表/
牟羽可汗
　　回纥（鹘）汗国　759
　　　　/隋唐表/
牟汗纥升盖可汗
　　柔然汗国　414　/魏晋表/
买
　　许　前547　/春秋表/
孙休
　　吴　258　/魏晋表/
孙权
　　吴　222　/魏晋表/
孙周
　　晋　前572　/春秋表/
孙亮
　　吴　252　/魏晋表/
孙恩
　　［长生］　399　/魏晋表/

孙皓
　　吴　264　/魏晋表/
孙宣雅
　　［齐］　613　/隋唐表/
［红巾］
　　1351　/元表/
纣
　　商　前1075　/商表/
纪公
　　莒　前611　/春秋表/
丞
　　姑墨　16　/秦汉表/
丞德
　　龟兹　前36　/秦汉表/

七画　［一］

寿
　　①齐　前850　/西周表/
　　②曹　前618　/春秋表/
　　③滕　前600　/春秋表/
寿光
　　前秦　355　/魏晋表/
寿昌
　　辽（契丹）　1095　/辽宋表/
寿曼
　　晋　前581　/春秋表/
寿梦
　　吴　前585　/春秋表/
进通
　　623　/隋唐表/
杜粲
　　［秦羌］　527　/南北朝表/
杜文秀
　　1856　/清表/
杜可用
　　1280　/元表/
杜伏威
　　［楚］　613　/隋唐表/
杜洛周
　　525　/南北朝表/
杞
　　前750　/春秋表/

杞国
　　1176 ／辽宋表／
杨
　　卫　前758 ／春秋表／
杨么
　　楚　1130 ／辽宋表／
杨广
　　隋　604 ／隋唐表／
杨世
　　前仇池国　360 ／魏晋表／
杨玄
　　后仇池国　425 ／南北朝表／
杨初
　　前仇池国　337 ／魏晋表／
杨坚
　　隋　581 ／隋唐表／
杨侑
　　隋　617 ／隋唐表／
杨侗
　　隋　618 ／隋唐表／
杨国
　　前仇池国　355 ／魏晋表／
杨定
　①后仇池国　385 ／魏晋表／
　②阴平国　511 ／南北朝表／
杨炅
　　阴平国　483 ／南北朝表／
杨俊
　　前仇池国　356 ／魏晋表／
杨桓
　　1624 ／明表／
杨浩
　　隋　618 ／隋唐表／
杨盛
　　后仇池国　394 ／魏晋表／
杨渥
　　吴　905 ／隋唐表／
杨溥
　　吴　920 ／辽宋表／
杨毅
　　前仇池国　334 ／魏晋表／
杨篡
　　前仇池国　370 ／魏晋表／

杨干贞
　　大义宁国　929 ／辽宋表／
杨义贞
　　大理国　1080 ／辽宋表／
杨广香
　　阴平国　477 ／南北朝表／
杨元和
　　武都国　455 ／南北朝表／
杨文弘
　　武兴国　477 ／南北朝表／
杨文度
　　武兴国　473 ／南北朝表／
杨文德
　　武都国　443 ／南北朝表／
杨玄感
　　［楚］　613 ／隋唐表／
杨龙喜
　　1854 ／清表／
杨后起
　　武兴国　482 ／南北朝表／
杨安儿
　　1214 ／辽宋表／
杨行密
　　吴　902 ／隋唐表／
杨孟孙
　　阴平国　502 ／南北朝表／
杨绍先
　　武兴国　503 ／南北朝表／
杨茂搜
　　前仇池国　296 ／魏晋表／
杨保宗
　　后仇池国　429 ／南北朝表／
杨起隆
　　1673 ／清表／
杨难当
　　后仇池国　429 ／南北朝表／
杨难敌
　　前仇池国　317 ／魏晋表／
杨崇祖
　　阴平国　496 ／南北朝表／
杨隆演
　　吴　908 ／辽宋表／
杨智慧

武兴国　535 ／南北朝表／
杨集始
　　武兴国　486 ／南北朝表／
杨辟邪
　　武兴国　545 ／南北朝表／
杨僧嗣
　　武都国　466 ／南北朝表／
杨镇龙
　　大兴国　1289 ／元表／
豆仑
　　柔然汗国　485 ／南北朝表／
豆代可汗
　　柔然汗国　402 ／魏晋表／
豆罗伏跋豆伐可汗
　　柔然汗国　508 ／南北朝表／
克
　　邾　前722 ／春秋表／
声王
　　楚　前408 ／战国表／
声公
　①郑　前501 ／春秋表／
　②卫　前373 ／战国表／
声侯
　　蔡　前472 ／战国表／
苏
　　［南匈奴］　63 ／秦汉表／
苏禄
　　［突骑施］　711 ／隋唐表／
苏仆延
　　［辽东乌桓］　168
　　／秦汉表／
苏伐叠
　　龟兹　630 ／隋唐表／
苏伐勃䭾
　　龟兹　618 ／隋唐表／
苏来曼·本·达乌德
　　喀喇汗王朝（西部）　1097
　　／辽宋表／
苏来曼·阿尔斯兰汗
　　喀喇汗王朝　1032 ／辽宋表／
赤
　①齐　前816 ／西周表／
　②卫　前669 ／春秋表／

赤乌

　　吴　238　/魏晋表/

[赤眉]

　　25　/秦汉表/

赤符

　　大金国　1337　/元表/

赤都松

　　吐蕃王国　676　/隋唐表/

赤松德赞

　　吐蕃王国　755　/隋唐表/

赤祖德赞

　　吐蕃王国　815　/隋唐表/

赤德松赞

　　吐蕃王国　798　/隋唐表/

赤德祖赞

　　吐蕃王国　704　/隋唐表/

孝

　　陈　前832　/西周表/

孝王

　　①西周　前891　/西周表/

　　②燕　前258　/战国表/

孝公

　　①鲁　前797　/西周表/

　　②齐　前642　/春秋表/

　　③滕　前641　/春秋表/

　　④杞　前567　/春秋表/

　　⑤燕　前475　/战国表/

　　⑥秦　前362　/战国表/

孝宗

　　①东晋　344　/魏晋表/

　　②南宋　1162　/辽宋表/

　　③明　1487　/明表/

孝建

　　宋　454　/南北朝表/

孝昌

　　北魏　525　/南北朝表/

孝治

　　大长和国　921　/辽宋表/

孝侯

　　晋　前739　/春秋表/

孝基

　　北魏　529　/南北朝表/

孝义帝

后理国　1238　/辽宋表/

孝文王

　　秦　前251　/战国表/

孝文帝

　　①北魏　471　/南北朝表/

　　②辽（契丹）　1055　/辽宋表/

孝庄帝

　　北魏　528　/南北朝表/

孝成王

　　赵　前266　/战国表/

孝成帝

　　辽（契丹）　969　/辽宋表/

孝安帝

　　辽（契丹）　951　/辽宋表/

孝闵帝

　　北周　557　/南北朝表/

孝和帝

　　①北汉　954　/辽宋表/

　　②辽（契丹）　947　/辽宋表/

孝明帝

　　北魏　515　/南北朝表/

孝武帝

　　①东晋　372　/魏晋表/

　　②宋　453　/南北朝表/

　　③北魏　532　/南北朝表/

　　④辽（契丹）　927　/辽宋表/

孝哀帝

　　大封民国　897　/隋唐表/

孝昭王

　　后仇池国　425　/南北朝表/

孝昭帝

　　北齐　560　/南北朝表/

孝桓王

　　南诏国　779　/隋唐表/

孝章帝

　　辽（契丹）　1031　/辽宋表/

孝惠王

　　南诏国　808　/隋唐表/

孝静帝

　　东魏　534　/南北朝表/

孝德帝

　　大理国　1044　/辽宋表/

李文

1619　/明表/

李弘

　　370　/魏晋表/

李旦

　　①唐　684　/隋唐表/

　　②唐　710　/隋唐表/

李轨

　　[凉]　618　/隋唐表/

李寿

　　汉　338　/魏晋表/

李亨

　　唐　756　/隋唐表/

李忱

　　唐　846　/隋唐表/

李纯

　　唐　805　/隋唐表/

李势

　　汉　343　/魏晋表/

李昂

　　唐　826　/隋唐表/

李昪

　　南唐　937　/辽宋表/

李治

　　唐　649　/隋唐表/

李炎

　　唐　840　/隋唐表/

李金

　　1165　/辽宋表/

李宪

　　[淮南]　27　/秦汉表/

李恂

　　西凉　420　/南北朝表/

李恒

　　唐　820　/隋唐表/

李显

　　①唐　683　/隋唐表/

　　②唐　705　/隋唐表/

李珍

　　1456　/明表/

李柷

　　唐　904　/隋唐表/

李睍

　　西夏　1226　/辽宋表/

李诵
　　唐　805　/隋唐表/
李适
　　唐　779　/隋唐表/
李顺
　　蜀　994　/辽宋表/
李悟
　　唐　826　/隋唐表/
李晔
　　唐　888　/隋唐表/
李流
　　[巴氐]　303　/魏晋表/
李特
　　[巴氐]　301　/魏晋表/
李班
　　大成国　334　/魏晋表/
李密
　　[魏]　617　/隋唐表/
李接
　　1179　/辽宋表/
李渊
　　唐　618　/隋唐表/
李期
　　大成国　334　/魏晋表/
李湛
　　唐　824　/隋唐表/
李裕
　　唐　900　/隋唐表/
李雄
　　①[巴氐]　303　/魏晋表/
　　②大成国　306　/魏晋表/
李新
　　1619　/明表/
李歆
　　西凉　417　/魏晋表/
李煜
　　南唐　961　/辽宋表/
李煴
　　886　/隋唐表/
李暠
　　西凉　400　/魏晋表/
李漼
　　唐　859　/隋唐表/

李儇
　　唐　873　/隋唐表/
李豫
　　唐　762　/隋唐表/
李璟
　　南唐　943　/辽宋表/
李子通
　　吴　619　/隋唐表/
李仁孝
　　西夏　1139　/辽宋表/
李从厚
　　后唐　933　/辽宋表/
李从珂
　　后唐　934　/辽宋表/
李元砺
　　[郴州瑶]　1209　/辽宋表/
李元昊
　　西夏　1038　/辽宋表/
李天保
　　1460　/明表/
李文成
　　[大明]　1813　/清表/
李文学
　　[哀牢夷]　1856　/清表/
李世民
　　唐　626　/隋唐表/
李圣天
　　于阗　912　/辽宋表/
李弘芝
　　614　/隋唐表/
李存勖
　　后唐　923　/辽宋表/
李安全
　　西夏　1206　/辽宋表/
李自成
　　大顺　1644　/清表/
李希烈
　　大楚　784　/隋唐表/
李志甫
　　[漳州畲]　1338　/元表/
李纯祐
　　西夏　1193　/辽宋表/
李学东

　　[哀牢夷]　1872　/清表/
李明先
　　1853　/清表/
李秉常
　　西夏　1067　/辽宋表/
李重茂
　　唐　710　/隋唐表/
李重福
　　710　/隋唐表/
李谅祚
　　西夏　1048　/辽宋表/
李乾顺
　　西夏　1086　/辽宋表/
李隆基
　　唐　712　/隋唐表/
李嗣源
　　后唐　926　/辽宋表/
李德旺
　　西夏　1223　/辽宋表/
李遵顼
　　西夏　1211　/辽宋表/
[巫蛮]
　　101　/秦汉表/
(更元)
　　秦　前324　/战国表/
更兴
　　北魏　530　/南北朝表/
更始
　　①[绿林]　23　/秦汉表/
　　②西燕　385　/魏晋表/
　　③西秦　409　/魏晋表/
更新
　　北魏　530　/南北朝表/
[辰叙苗]
　　811　/隋唐表/

七画　[丨]

步度根
　　[鲜卑]　207　/秦汉表/
步鹿真
　　柔然汗国　414　/魏晋表/
步迦可汗

西突厥汗国　576　/南北朝表/
坚
　　郑　前605　/春秋表/
肖开特
　　1864　/清表/
吴
　　①前585　/春秋表/
　　②222　/魏晋表/
　　③486　/南北朝表/
　　④619　/隋唐表/
　　⑤902　/隋唐表/
吴
　　陈　前529　/春秋表/
吴芮
　　百越　前208　/秦汉表/
吴提
　　柔然汗国　429　/南北朝表/
吴越
　　907　/辽宋表/
吴曦
　　［蜀］　1207　/辽宋表/
吴八月
　　［乾州苗］　1795　/清表/
吴三桂
　　周　1674　/清表/
吴天保
　　［靖州瑶］　1346　/元表/
吴世璠
　　周　1678　/清表/
吴亚终
　　延陵国　1863　/清表/
吴陵云
　　延陵国　1861　/清表/
足之煎
　　吐蕃王国　797　/隋唐表/
男武
　　高句丽　179　/秦汉表/
兕
　　曹　前796　/西周表/
围
　　楚　前541　/春秋表/

七画 [丿]

钊
　　西周　前1020　/西周表/
利公
　　陈　前700　/春秋表/
利贞
　　后理国　1173　/辽宋表/
秃发乌孤
　　南凉　397　/魏晋表/
秃发傉檀
　　南凉　402　/魏晋表/
秃发利鹿孤
　　南凉　399　/魏晋表/
秃黑鲁·帖木儿
　　东察合台汗国　1347　/元表/
何
　　①邾　前471　/战国表/
　　②赵　前299　/战国表/
佐
　　宋　前532　/春秋表/
佐初
　　前赵　318　/魏晋表/
位宫
　　高句丽　197　/秦汉表/
位持
　　于阗　50　/秦汉表/
伯
　　晋　前746　/春秋表/
伯阳
　　曹　前502　/春秋表/
伯固
　　高句丽　165　/秦汉表/
伯御
　　鲁　前807　/西周表/
伯克胡里
　　哲德沙尔汗国　1877　/清表/
佚名
　　①［卫氏朝鲜］　前131
　　　/秦汉表/
　　②［黄巾］　188　/秦汉表/
　　③代国　316　/魏晋表/

　　④［稽胡］　434　/南北朝表/
　　⑤回纥（鹘）汗国　790
　　　/隋唐表/
　　⑥1647　/清表/
　　⑦1798　/清表/
佗
　　东周　前697　/春秋表/
佗钵可汗
　　突厥汗国　572　/南北朝表/
佛辅
　　吐谷浑　530　/南北朝表/
身圣
　　1196　/辽宋表/
身毒
　　龟兹　50　/秦汉表/
谷
　　薛　前513　/春秋表/
妥得璘
　　1864　/清表/
妥欢贴睦耳
　　元　1333　/元表/
希兹尔·本·伊卜拉欣
　　喀喇汗王朝（西部）　1080
　　　/辽宋表/
狂
　　莒　前528　/春秋表/
狂王
　　乌孙　前60　/秦汉表/
犹
　　楚　前228　/战国表/
狄
　　卫　前559　/春秋表/
角
　　卫　前230　/战国表/
龟兹
　　前102　/秦汉表/
龟兹王
　　①龟兹　前101　/秦汉表/
　　②龟兹　222　/魏晋表/
　　③龟兹　437　/南北朝表/
　　④龟兹　475　/南北朝表/
　　⑤龟兹　561　/南北朝表/

七画 [、]

亨利
　　后理国　1185　/辽宋表/
弃疾
　　陈　前534　/春秋表/
弃宗弄赞
　　吐蕃王国　629　/隋唐表/
弃隶缩赞
　　吐蕃王国　704　/隋唐表/
库提
　　柔然汗国（东部）　553
　　　　/南北朝表/
库登汗
　　[鞑靼]　1547　/明表/
库图克图汗
　　[鞑靼]　1604　/明表/
应历
　　辽（契丹）　951　/辽宋表/
应天
　　①燕　759　/隋唐表/
　　②秦（汉）　783　/隋唐表/
　　③燕　911　/辽宋表/
　　④西夏　1206　/辽宋表/
应运
　　蜀　994　/辽宋表/
应顺
　　①后唐　934　/辽宋表/
　　②大元　1116　/辽宋表/
应乾
　　南汉　943　/辽宋表/
应道
　　南诏国　809　/隋唐表/
应道帝
　　大理国　969　/辽宋表/
庐
　　①曹　前595　/春秋表/
　　②蔡　前531　/春秋表/
怀王
　　楚　前329　/战国表/
怀公
　　①晋　前637　/春秋表/

②陈　前506　/春秋表/
③秦　前429　/战国表/
④卫　前426　/战国表/
怀君
　　卫　前282　/战国表/
怀帝
　　西晋　306　/魏晋表/
怀仁可汗
　　回纥（鹘）汗国　744　/隋唐表/
怀建可汗
　　[安西回鹘]　848　/隋唐表/
怀信可汗
　　回纥（鹘）汗国　795　/隋唐表/
怀宁顺化可汗
　　[甘州回鹘]　1016　/辽宋表/
忧位居
　　高句丽　227　/魏晋表/
闰振单于
　　[匈奴]　前56　/秦汉表/
闵帝
　　后唐　933　/辽宋表/
闵中王
　　高句丽　44　/秦汉表/
炀帝
　　隋　604　/隋唐表/
（炀帝）
　　代国　325　/魏晋表/
沙
　　东察合台汗国　1545　/明表/
沙迷查干
　　东察合台汗国　1402　/明表/
沙钵略可汗
　　东突厥汗国　581　/隋唐表/
沙钵罗咥利失可汗
　　西突厥汗国（弩失毕五部）　634
　　　　/隋唐表/
汩咄禄毗伽可汗
　　回纥（鹘）汗国　790
　　　　/隋唐表/
沃丁
　　商　前1569　/商表/
沃甲
　　商　前1353　/商表/

[汾州胡]
　　536　/南北朝表/
沈法兴
　　[梁]　619　/隋唐表/
羌渠
　　[南匈奴]　179　/秦汉表/
[羌、胡]
　　184　/秦汉表/
完
　　卫　前735　/春秋表/
完颜亮
　　金　1149　/辽宋表/
完颜珣
　　金　1213　/辽宋表/
完颜亶
　　金　1135　/辽宋表/
完颜雍
　　金　1161　/辽宋表/
完颜璟
　　金　1189　/辽宋表/
完颜永济
　　金　1208　/辽宋表/
完颜守绪
　　金　1223　/辽宋表/
完颜承麟
　　金　1234　/辽宋表/
完颜吴乞买
　　金　1123　/辽宋表/
完颜阿骨打
　　金　1115　/辽宋表/
宋
　　①前858　/西周表/
　　②420　/南北朝表/
　　③623　/隋唐表/
　　④1355　/元表/
[宋]
　　525　/南北朝表/
宋
　　鲁　前510　/春秋表/
宋王
　　[宋]　525　/南北朝表/
宋继鹏
　　1860　/清表/

证圣

　　（武）周　695　/隋唐表/

诃黎布什华

　　龟兹　647　/隋唐表/

社仑

　　柔然汗国　402　/魏晋表/

初元

　　西汉　前48　/秦汉表/

初历

　　大长和国　919　/辽宋表/

初平

　　东汉　190　/秦汉表/

初始

　　西汉　8　/秦汉表/

启

　　夏　前2025　/夏表/

启历

　　大南国　1052　/辽宋表/

启章

　　韩　前424　/战国表/

良夫

　　楚　前370　/战国表/

良封

　　［钟羌］　134　/秦汉表/

七画 ［丿］

张丙

　　1832　/清表/

张馀

　　蜀　994　/辽宋表/

张步

　　［齐］　24　/秦汉表/

张昌

　　汉　303　/魏晋表/

张寔

　　前凉　317　/魏晋表/

张角

　　［黄巾］　184　/秦汉表/

张罔

　　［屠各胡］　362　/魏晋表/

张育

　　［蜀］　374　/魏晋表/

张茂

　　前凉　320　/魏晋表/

张修

　　［五斗米道］　184　/秦汉表/

张祚

　　前凉　354　/魏晋表/

张致

　　1216　/辽宋表/

张骏

　　前凉　324　/魏晋表/

张琏

　　1559　/明表/

张琚

　　［秦］　352　/魏晋表/

张楚

　　前209　/秦汉表/

张燕

　　［黑山军］　193　/秦汉表/

张士诚

　　周　1353　/元表/

张大豫

　　［凉］　386　/魏晋表/

张天锡

　　前凉　363　/魏晋表/

张牛角

　　［黑山军］　185　/秦汉表/

张玄靓

　　前凉　355　/魏晋表/

张邦昌

　　大楚　1127　/辽宋表/

张伯靖

　　［辰叙苗］　811　/隋唐表/

张秀眉

　　［台拱苗］　1855　/清表/

张孟明

　　高昌王国　481　/南北朝表/

张承奉

　　西汉金山国　905　/隋唐表/

张金称

　　611　/隋唐表/

张重华

　　前凉　346　/魏晋表/

张凌翔

　　［盘县回］　1862　/清表/

张惟元

　　1628　/明表/

张普薇

　　1637　/明表/

张遇贤

　　中天八国　942　/辽宋表/

张献忠

　　大西　1644　/清表/

张曜灵

　　前凉　353　/魏晋表/

灵

　　陈　前796　/西周表/

灵王

　　①东周　前572　/春秋表/

　　②楚　前541　/春秋表/

灵公

　　①晋　前620　/春秋表/

　　②陈　前614　/春秋表/

　　③郑　前606　/春秋表/

　　④许　前592　/春秋表/

　　⑤齐　前582　/春秋表/

　　⑥卫　前535　/春秋表/

　　⑦秦　前425　/战国表/

灵侯

　　蔡　前543　/春秋表/

灵帝

　　①东汉　168　/秦汉表/

　　②后凉　399　/魏晋表/

阿佟

　　［北匈奴］　91　/秦汉表/

阿里

　　察合台汗国　1340　/元表/

阿柴

　　吐谷浑　417　/魏晋表/

阿啜

　　回纥（鹘）汗国　790　/隋唐表/

阿谢

　　杞国　1176　/辽宋表/

阿古柏

　　哲德沙尔汗国　1867　/清表/

阿合马

　　叶尔羌汗国　1609　/明表/

阿那瓌
柔然汗国　520　/南北朝表/

阿里骨
唃厮啰　1083　/辽宋表/

阿岱汗
　　［鞑靼］　1425　/明表/

阿弥厥
疏勒　615　/隋唐表/

阿的勒
察合台汗国　1352　/元表/

阿罗多
车师（后部）　153　/秦汉表/

阿鲁忽
察合台汗国　1260　/辽宋表/

阿黑麻
①东察合台汗国　1478　/明表/
②叶尔羌汗国　1630　/明表/
③叶尔羌汗国　1635　/明表/

阿摩支
疏勒　635　/隋唐表/

阿伏至罗
高车国　487　/南北朝表/

阿里不哥
蒙古汗国　1260　/辽宋表/

阿剌吉八
元　1328　/元表/

阿厮兰汗
　　［西州回鹘］　981　/辽宋表/

阿史那伏念
东突厥汗国　680　/隋唐表/

阿布杜拉哈
叶尔羌汗国　1638　/明表/

阿睦尔撒纳
　　［准噶尔］　1755　/清表/

阿不都·哈林
叶尔羌汗国　1559　/明表/

阿里·本·哈桑
喀喇汗王朝（西部）　1156
　　/辽宋表/

阿史那泥熟匐
东突厥汗国　679　/隋唐表/

阿不都·拉提夫
叶尔羌汗国　1670　/清表/

阿不都·拉提甫
叶尔羌汗国　1618　/明表/

阿里·阿尔斯兰汗
喀喇汗王朝　971　/辽宋表/

阿赫马德·托干汗Ⅰ
喀喇汗王朝　998　/辽宋表/

阿赫马德·托干汗Ⅱ
喀喇汗王朝　1024　/辽宋表/

阿赫马德·本·希兹尔
喀喇汗王朝（西部）　1081
　　/辽宋表/

阿赫马德·阿尔斯兰汗
喀喇汗王朝（西部）　1102
　　/辽宋表/

陇拶
唃厮啰　1099　/辽宋表/

陈
①前854　/西周表/
②557　/南北朝表/

陈开
大成国　1855　/清表/

陈胜
张楚　前209　/秦汉表/

陈蒨
陈　559　/南北朝表/

陈顼
陈　569　/南北朝表/

陈理
汉　1363　/元表/

陈瞻
　　［屠各胡］　506　/南北朝表/

陈三枪
1226　/辽宋表/

陈大六
　　［天柱侗］　1862　/清表/

陈友谅
汉　1360　/元表/

陈吊眼
　　［漳州畲］　1280　/元表/

陈行范
　　［泷川僚］　728　/隋唐表/

陈伯宗
陈　566　/南北朝表/

陈叔宝
陈　582　/隋唐表/

陈周全
1795　/清表/

陈空崖
罗平国　1297　/元表/

陈鉴胡
太平　1448　/明表/

陈霸先
陈　557　/南北朝表/

努尔哈赤
后金　1616　/明表/

纯帝
①明　1465　/明表/
②清　1735　/清表/

纳黑失只罕
东察合台汗国　1415　/明表/

纳赛尔·本·侯赛因
喀喇汗王朝（西部）　1168
　　/辽宋表/

纳赛尔·本·伊卜拉欣
喀喇汗王朝（西部）　1068
　　/辽宋表/

八画［一］

环
齐　前582　/春秋表/

青龙
①魏　233　/魏晋表/
②后赵　350　/魏晋表/
③后燕　398　/魏晋表/

奉化可汗
　　［甘州回鹘］　924　/辽宋表/

奉诚可汗
回纥（鹘）汗国　790　/隋唐表/

武
①曹　前760　/春秋表/
②韩　前363　/战国表/

武乙
商　前1147　/商表/

武丁
商　前1250　/商表/

武义

　　吴　919　/辽宋表/

武子

　　韩　前424　/战国表/

武王

　　①西周　前1046　/西周表/

　　②楚　前741　/春秋表/

　　③秦　前311　/战国表/

　　④南越　前204　/秦汉表/

　　⑤后仇池国　385　/魏晋表/

　　⑥南凉　397　/魏晋表/

　　⑦南凉　397　/魏晋表/

　　⑧渤海国　719　/隋唐表/

武公

　　①齐　前850　/西周表/

　　②鲁　前826　/西周表/

　　③卫　前813　/西周表/

　　④陈　前796　/西周表/

　　⑤郑　前771　/西周表/

　　⑥宋　前766　/春秋表/

　　⑦杞　前750　/春秋表/

　　⑧秦　前698　/春秋表/

　　⑨晋　前715　/春秋表/

　　⑩燕　前574　/春秋表/

　　⑪曹　前555　/春秋表/

　　⑫前中山国　前414　/战国表/

武平

　　北齐　570　/南北朝表/

武成

　　①北周　559　/南北朝表/

　　②大楚　784　/隋唐表/

　　③前蜀　908　/辽宋表/

武臣

　　赵　前209　/秦汉表/

武宗

　　①唐　840　/隋唐表/

　　②元　1307　/元表/

　　③明　1505　/明表/

武定

　　东魏　543　/南北朝表/

武侯

　　①蔡　前863　/西周表/

　　②魏　前396　/战国表/

武帝

　　①西汉　前141　/秦汉表/

　　②西晋　265　/魏晋表/

　　③大成国　306　/魏晋表/

　　④后赵　334　/魏晋表/

　　⑤宋　420　/南北朝表/

　　⑥南齐　482　/南北朝表/

　　⑦南梁　502　/南北朝表/

　　⑧陈　557　/南北朝表/

　　⑨北周　560　/南北朝表/

　　⑩［西秦］　617　/隋唐表/

　　⑪吴　902　/隋唐表/

　　⑫后金　1616　/明表/

武泰

　　北魏　528　/南北朝表/

武烈

　　1460　/明表/

武德

　　唐　618　/隋唐表/

武曌

　　唐　684　/隋唐表/

(武)周

　　690　/隋唐表/

武元王

　　西秦　388　/魏晋表/

武元帝

　　金　1115　/辽宋表/

武兴国

　　473　/南北朝表/

武成王

　　燕　前272　/战国表/

武成帝

　　①后燕　384　/魏晋表/

　　②北齐　561　/南北朝表/

武灵王

　　赵　前326　/战国表/

武灵帝

　　金　1135　/辽宋表/

武肃王

　　吴越　907　/辽宋表/

武信王

　　南平（荆南）　924　/辽宋表/

武宣王

　　北凉　401　/魏晋表/

　　(武宣帝)

　　　　［慕容鲜卑］　307　/魏晋表/

武昭王

　　西凉　400　/魏晋表/

武昭帝

　　后秦　384　/魏晋表/

武烈王

　　1460　/明表/

武烈帝

　　①大夏　407　/魏晋表/

　　②西夏　1038　/辽宋表/

武都国

　　443　/南北朝表/

武陵王

　　南梁　552　/南北朝表/

［武陵蛮］

　　47　/秦汉表/

武悼王

　　（冉）魏　350　/魏晋表/

武悼帝

　　楚　403　/魏晋表/

武穆王

　　楚　927　/辽宋表/

武义成功可汗

　　回纥（鹘）汗国　780

　　　　/隋唐表/

坤帖木儿

　　北元　1400　/明表/

林

　　①东周　前720　/春秋表/

　　②陈　前700　/春秋表/

林丹

　　［鞑靼］　1604　/明表/

林万青

　　1853　/清表/

林士弘

　　楚　616　/隋唐表/

林桂方

　　罗平国　1283　/元表/

林爽文

　　1786　/清表/

林朝曦

1559 /明表/

杵臼

　①陈　前693 /春秋表/

　②宋　前620 /春秋表/

　③齐　前548 /春秋表/

松赞干布

　吐蕃王国　629 /隋唐表/

极乐

　1457 /明表/

耶律阮

　辽（契丹）　947 /辽宋表/

耶律贤

　辽（契丹）　969 /辽宋表/

耶律倍

　东丹　926 /辽宋表/

耶律淳

　北辽　1122 /辽宋表/

耶律璟

　辽（契丹）　951 /辽宋表/

耶厮不

　辽　1216 /辽宋表/

耶律大石

　西辽　1132 /辽宋表/

耶律术烈

　北辽　1123 /辽宋表/

耶律夷列

　西辽　1151 /辽宋表/

耶律延禧

　辽（契丹）　1101 /辽宋表/

耶律宗真

　辽（契丹）　1031 /辽宋表/

耶律洪基

　辽（契丹）　1055 /辽宋表/

耶律留哥

　辽　1213 /辽宋表/

耶律隆绪

　辽（契丹）　982 /辽宋表/

耶律雅里

　北辽　1123 /辽宋表/

耶律德光

　辽（契丹）　927 /辽宋表/

耶律阿保机

　辽（契丹）　916 /辽宋表/

耶律直鲁古

　西辽　1177 /辽宋表/

耶律普速完

　西辽　1163 /辽宋表/

取

　韩　前400 /战国表/

若山

　韩　前374 /战国表/

若敖

　楚　前791 /西周表/

英宗

　①北宋　1063 /辽宋表/

　②元　1320 /元表/

　③明　1435 /明表/

　④明　1457 /明表/

英文帝

　①西夏　1211 /辽宋表/

　②蒙古汗国　1229 /辽宋表/

英孝帝

　金　1189 /辽宋表/

英武帝

　北汉　968 /辽宋表/

英义可汗

　［甘州回鹘］　894 /隋唐表/

英义建功可汗

　回纥（鹘）汗国　759 /隋唐表/

英武威远可汗

　回纥（鹘）汗国　747 /隋唐表/

苻丕

　前秦　385 /魏晋表/

苻生

　前秦　355 /魏晋表/

苻坚

　前秦　357 /魏晋表/

苻健

　前秦　351 /魏晋表/

苻崇

　前秦　394 /魏晋表/

苻登

　前秦　386 /魏晋表/

范阳王

　北齐　577 /南北朝表/

苾伽骨咄禄可汗

后突厥汗国　734 /隋唐表/

昔兀儿海迷失

　察合台汗国　1365 /元表/

其

　秦　前822 /西周表/

郁

　杞　前536 /春秋表/

郁林王

　南齐　493 /南北朝表/

奇嘉王

　大蒙国　649 /隋唐表/

奋

　鲁　前377 /战国表/

郏敖

　楚　前545 /春秋表/

拓跋弗

　［拓跋鲜卑］　293 /魏晋表/

拓跋弘

　北魏　465 /南北朝表/

拓跋余

　北魏　452 /南北朝表/

拓跋珪

　北魏　386 /魏晋表/

拓跋焘

　北魏　423 /南北朝表/

拓跋绰

　［拓跋鲜卑］　286 /魏晋表/

拓跋嗣

　北魏　409 /魏晋表/

拓跋濬

　北魏　452 /南北朝表/

拓跋力微

　拓跋鲜卑　220 /魏晋表/

拓跋纥那

　代国　325 /魏晋表/

拓跋郁律

　代国　316 /魏晋表/

拓跋贺傉

　代国　321 /魏晋表/

拓跋悉鹿

　［拓跋鲜卑］　277 /魏晋表/

拓跋猗卢

　［拓跋鲜卑］　307 /魏晋表/

忠

疏勒 74 /秦汉表/

忠武王

莎车 9 /秦汉表/

忠逊王

吴越 947 /辽宋表/

忠献王

吴越 941 /辽宋表/

忠懿王

吴越 948 /辽宋表/

忠贞可汗

回纥（鹘）汗国 789 /隋唐表/

忠顺保德可汗

[甘州回鹘] 1004 /辽宋表/

昌平

西燕 386 /魏晋表/

昌达

[楚] 618 /隋唐表/

昌武

大夏 418 /魏晋表/

昌泰

[漳州畲] 1280 /元表/

昌邑王

西汉 前74 /秦汉表/

易

郑 前463 /战国表/

易王

燕 前333 /战国表/

易勿真莫何可汗

[铁勒（契苾部）] 605
/隋唐表/

旻宁

清 1820 /清表/

罗平

①860 /隋唐表/

②楚 1141 /辽宋表/

③1179 /辽宋表/

罗世传

[郴州瑶] 1208 /辽宋表/

罗平国

①1283 /元表/

②1297 /元表/

固

蔡 前592 /春秋表/

图们汗

[鞑靼] 1558 /明表/

图尔汗

[和卓木] 1756 /清表/

图帖睦尔

元 1328 /元表/

<h2>八画 [丿]</h2>

和

①卫 前813 /西周表/

②宋 前729 /春秋表/

③秦 前609 /春秋表/

④（田）齐 前405 /战国表/

和平

①东汉 150 /秦汉表/

②前凉 354 /魏晋表/

③北魏 460 /南北朝表/

④高昌王国 551 /南北朝表/

和连

[鲜卑] 181 /秦汉表/

和帝

①东汉 88 /秦汉表/

②南齐 501 /南北朝表/

和得

疏勒 169 /秦汉表/

和世瑓

元 1329 /元表/

[和卓木]

1756 /清表/

和多和沁

[准噶尔] 1634 /明表/

知世郎

611 /隋唐表/

郏

前722 /春秋表/

季佗

莒 前609 /春秋表/

垂圣

西夏 1050 /辽宋表/

垂拱

唐 685 /隋唐表/

秉义帝

大理国 1022 /辽宋表/

侣

楚 前614 /春秋表/

侬全福

长其国 1039 /辽宋表/

侬智高

①大历国 1041 /辽宋表/

②南天国 1048 /辽宋表/

阜昌

大齐 1131 /辽宋表/

卑君

车师（后部） 153 /秦汉表/

征和

西汉 前92 /秦汉表/

所事

蔡 前810 /西周表/

质帝

东汉 145 /秦汉表/

舍

齐 前613 /春秋表/

金

1115 /辽宋表/

金山

辽 1216 /辽宋表/

金统

大齐 880 /隋唐表/

金万照

[盘县回] 1864 /清表/

受罗部真可汗

柔然汗国 464 /南北朝表/

狐兰支

车师（后部） 10 /秦汉表/

狐鹿姑单于

[匈奴] 前96 /秦汉表/

顷王

东周 前619 /春秋表/

顷公

①齐 前599 /春秋表/

②晋 前526 /春秋表/

③滕 前514 /春秋表/

④鲁 前273 /战国表/

顷侯

燕 前791 /西周表/

顷襄王

　　楚 前299 /战国表/

肥王

　　乌孙 前93 /秦汉表/

忽

　　郑 前697 /春秋表/

忽必烈

　　蒙古汗国 1260 /辽宋表/

咎

　　韩 前296 /战国表/

周

　　①1353 /元表/

　　②1674 /清表/

八画 [丶]

放前

　　于阗 131 /秦汉表/

於扶罗

　　[南匈奴] 188 /秦汉表/

於除鞬单于

　　[北匈奴] 91 /秦汉表/

郊公

　　莒 前528 /春秋表/

享天帝

　　后理国 1200 /辽宋表/

夜郎国

　　前135 /秦汉表/

夜落纥

　　①[甘州回鹘] 976 /辽宋表/

　　②[甘州回鹘] 1023 /辽宋表/

"夜落纥"

　　①[甘州回鹘] 1004 /辽宋表/

　　②[甘州回鹘] 1015 /辽宋表/

庞勋

　　868 /隋唐表/

庞特勤

　　[甘州回鹘] 848 /隋唐表/

庚子

　　西凉 400 /魏晋表/

庚舆

　　莒 前528 /春秋表/

废王

　　①渤海国 794 /隋唐表/

　　②楚 947 /辽宋表/

废帝

　　①东晋 365 /魏晋表/

　　②北魏 531 /南北朝表/

　　③西魏 551 /南北朝表/

　　④北齐 559 /南北朝表/

　　⑤陈 566 /南北朝表/

怯伯

　　察合台汗国 1320 /元表/

怯马鲁丁

　　东察合台汗国 1364 /元表/

炎兴

　　（蜀）汉 263 /魏晋表/

法尧

　　大礼国 874 /隋唐表/

法轮

　　[大乘] 618 /隋唐表/

法章

　　（田）齐 前284 /战国表/

泄

　　夏 前1777 /夏表/

泄心

　　东周 前572 /春秋表/

河平

　　西汉 前28 /秦汉表/

河清

　　北齐 562 /南北朝表/

河瑞

　　汉 309 /魏晋表/

[河州回]

　　1862 /清表/

[河西胡]

　　415 /魏晋表/

河亶甲

　　商 前1395 /商表/

[泷川僚]

　　728 /隋唐表/

沮渠无讳

　　北凉 441 /南北朝表/

沮渠安周

　　北凉 444 /南北朝表/

沮渠牧犍

　　北凉 433 /南北朝表/

沮渠蒙逊

　　北凉 401 /魏晋表/

泥孰

　　西突厥汗国（弩失毕五部） 632
　　/隋唐表/

泥靡

　　乌孙 前60 /秦汉表/

泥利可汗

　　西突厥汗国 603
　　/隋唐表/

泥橛处罗可汗

　　西突厥 605 /隋唐表/

泥伏沙钵略可汗

　　西突厥汗国（北庭） 651
　　/隋唐表/

治平

　　①北宋 1064 /辽宋表/

　　②天完 1351 /元表/

郑

　　①前806 /西周表/

　　②619 /隋唐表/

郑

　　①东周 前652 /春秋表/

　　②滕 前641 /春秋表/

　　③卫 前635 /春秋表/

郑侯

　　燕 前765 /春秋表/

郑仁旻

　　大长和国 910 /辽宋表/

郑买嗣

　　大长和国 902 /隋唐表/

郑隆亶

　　大长和国 926 /辽宋表/

宝大

　　吴越 924 /辽宋表/

宝义

　　西夏 1226 /辽宋表/

宝元

　　北宋 1038 /辽宋表/

宝历

　　唐 825 /隋唐表/

宝太

　　吴越　924　/辽宋表/

宝正

　　吴越　926　/辽宋表/

宝庆

　　南宋　1225　/辽宋表/

宝贞

　　吴越　926　/辽宋表/

宝应

　　唐　762　/隋唐表/

宝祐

　　南宋　1253　/辽宋表/

宝胜

　　762　/隋唐表/

宝鼎

　　吴　266　/魏晋表/

定

　　①薛　前511　/春秋表/

　　②东周　前321　/战国表/

定王

　　①东周　前607　/春秋表/

　　②东周　前469　/战国表/

　　③渤海国　809　/隋唐表/

定公

　　①邾　前614　/春秋表/

　　②卫　前589　/春秋表/

　　③郑　前530　/春秋表/

　　④晋　前512　/春秋表/

　　⑤鲁　前510　/春秋表/

定兴

　　拘弥　175　/秦汉表/

定安

　　后理国　1195　/辽宋表/

[定杨]

　　617　/隋唐表/

定宗

　　蒙古汗国　1246　/辽宋表/

定武

　　南明　1646　/清表/

定鼎

　　（翟）魏　391　/魏晋表/

定平王

　　[天柱侗]　1862　/清表/

定安国

　　970　/辽宋表/

定南王

　　昇平天国　1854　/清表/

定杨天子

　　[定杨]　617　/隋唐表/

宕昌国

　　424　/南北朝表/

宜臼

　　①晋　前858　/西周表/

　　②东周　前770　/春秋表/

审

　　楚　前591　/春秋表/

卷夷

　　118　/春秋表/

诡诸

　　晋　前677　/春秋表/

诚王

　　周　1353　/元表/

视连

　　吐谷浑　376　/魏晋表/

视罴

　　吐谷浑　390　/魏晋表/

八画 [一]

弥寠

　　车师（前部）　382　/魏晋表/

弥天王

　　1619　/明表/

弥娥突

　　高车国　508　/南北朝表/

弥偶可社句可汗

　　柔然汗国　521　/南北朝表/

居

　　楚　前529　/春秋表/

居摄

　　西汉　6　/秦汉表/

居车儿

　　[南匈奴]　147　/秦汉表/

屈出律

　　西辽　1211　/辽宋表/

屈利俟毗可汗

西突厥汗国（咄陆五部）　628

　　/隋唐表/

肃王

　　楚　前381　/战国表/

肃宗

　　①东汉　75　/秦汉表/

　　②东晋　322　/魏晋表/

　　③北魏　515　/南北朝表/

　　④北齐　560　/南北朝表/

　　⑤唐　756　/隋唐表/

肃侯

　　赵　前350　/战国表/

肃帝

　　明　1521　/明表/

[肃州回]

　　1865　/清表/

肃恭帝

　　大义宁国　929　/辽宋表/

肃文太上帝

　　大长和国　910　/辽宋表/

建

　　①（田）齐　前265　/战国表/

　　②于阗　52　/秦汉表/

　　③龟兹　78　/秦汉表/

建义

　　①西秦　385　/魏晋表/

　　②后仇池国　436　/南北朝表/

　　③　500　/南北朝表/

　　④北魏　528　/南北朝表/

建中

　　唐　780　/隋唐表/

建元

　　①西汉　前140　/秦汉表/

　　②汉　315　/魏晋表/

　　③东晋　343　/魏晋表/

　　④前秦　365　/魏晋表/

　　⑤南齐　479　/南北朝表/

建文

　　明　1399　/明表/

建世

　　[赤眉]　25　/秦汉表/

建宁

　　东汉　168　/秦汉表/

索引一

绍汉

　237　/魏晋表/

绍圣

　北宋　1094　/辽宋表/

绍兴

　①南宋　1131　/辽宋表/

　②西辽　1151　/辽宋表/

绍定

　南宋　1228　/辽宋表/

绍武

　南明　1646　/清表/

绍泰

　南梁　555　/南北朝表/

绍熙

　南宋　1190　/辽宋表/

孟昶

　后蜀　934　/辽宋表/

孟知祥

　后蜀　934　/辽宋表/

孟海公

　613　/隋唐表/

承圣

　南梁　552　/南北朝表/

承平

　①北凉　443　/南北朝表/

　②北魏　452　/南北朝表/

承玄

　北凉　428　/南北朝表/

承光

　①大夏　425　/南北朝表/

　②北齐　577　/南北朝表/

承安

　金　1196　/辽宋表/

承和

　北凉　433　/南北朝表/

承明

　北魏　476　/南北朝表/

承康

　后凉　399　/魏晋表/

承智

　大封民国　881　/隋唐表/

承天太后

　西辽　1163　/辽宋表/

九画［一］

珊厥

　西突厥汗国　576　/南北朝表/

珍

　楚　前516　/春秋表/

春

　杞　前449　/战国表/

［契丹］

　1161　/辽宋表/

契苾歌楞

　［铁勒（契苾部）］　605

　/隋唐表/

项籍

　楚　前206　/秦汉表/

栋蚕

　［益州夷］　42　/秦汉表/

相

　夏　前1950　/夏表/

相夫

　高句丽　292　/魏晋表/

相单程

　［武陵蛮］　47　/秦汉表/

柳

　①陈　前506　/春秋表/

　②晋　前434　/战国表/

柳貌

　［哀牢夷］　69　/秦汉表/

柱

　秦　前251　/秦汉表/

树洛干

　吐谷浑　405　/魏晋表/

政安

　大理国　1053　/辽宋表/

政和

　北宋　1111　/辽宋表/

政德

　大理国　1056　/辽宋表/

故国川王

　高句丽　179　/秦汉表/

故国原王

　高句丽　331　/魏晋表/

故国壤王

　高句丽　384　/魏晋表/

胡

　西周　前877　/西周表/

胡亥

　秦　前210　/秦汉表/

胡齐

　东周　前682　/春秋表/

胡琛

　［敕勒］　524　/南北朝表/

胡守龙

　1645　/清表/

胡有禄

　昇平天国　1854　/清表/

胡员吒

　鄯善　386　/魏晋表/

胡特勒

　回纥（鹘）汗国　823

　/隋唐表/

胡邪尸逐侯勒鞮单于

　［南匈奴］　63　/秦汉表/

封人

　蔡　前715　/春秋表/

封离

　［卷夷］　118　/秦汉表/

荆南

　924　/辽宋表/

郝奴

　［卢水胡］　386　/魏晋表/

郝定

　大汉　1216　/辽宋表/

郝散

　［匈奴］　294　/魏晋表/

郝孝德

　613　/隋唐表/

南王

　［琼山黎］　1231　/辽宋表/

南平

　924　/辽宋表/

南汉

　917　/辽宋表/

南齐

　479　/南北朝表/

咸安
　　东晋　371　/魏晋表/
咸亨
　　唐　670　/隋唐表/
咸和
　　①东晋　326　/魏晋表/
　　②渤海国　831　/隋唐表/
咸通
　　唐　860　/隋唐表/
咸康
　　①东晋　335　/魏晋表/
　　②前蜀　925　/辽宋表/
咸淳
　　南宋　1265　/辽宋表/
咸清
　　西辽　1144　/辽宋表/
咸雍
　　辽（契丹）　1065　/辽宋表/
咸熙
　　魏　264　/魏晋表/
威王
　　①（田）齐　前357
　　　/战国表/
　　②楚　前340　/战国表/
威宗
　　东汉　146　/秦汉表/
威帝
　　西燕　384　/魏晋表/
[威宁苗]
　　1860　/清表/
威成王
　　大蒙国　712　/隋唐表/
威烈王
　　东周　前426　/战国表/
持至尸逐侯单于
　　[南匈奴]　188　/秦汉表/
拱化
　　西夏　1063　/辽宋表/
拾寅
　　吐谷浑　452　/南北朝表/
轲比能
　　[鲜卑]　233　/魏晋表/

九画 [ㄧ]

临贺王
　　南梁　548　/南北朝表/
尝归
　　鄯善　前78　/秦汉表/
尝羌
　　滇　前122　/秦汉表/
哙
　　燕　前321　/战国表/
哈喇契丹
　　1132　/辽宋表/
哈桑·本·阿里
　　喀喇汗王朝（西部）　1130
　　　/辽宋表/
哈龙·本·奥玛尔
　　喀喇汗王朝（西部）　1099
　　　/辽宋表/
哈桑·桃花石·博格拉汗
　　喀喇汗王朝（东部）　1074
　　　/辽宋表/
昭
　　①齐　前642　/春秋表/
　　②楚　前560　/春秋表/
昭王
　　①西周　前995　/西周表/
　　②曹　前662　/春秋表/
　　③楚　前516　/春秋表/
　　④燕　前312　/战国表/
　　⑤魏　前296　/战国表/
　　⑥唐　901　/隋唐表/
昭公
　　①郑　前697　/春秋表/
　　②滕　前641　/春秋表/
　　③齐　前633　/春秋表/
　　④许　前622　/春秋表/
　　⑤宋　前620　/春秋表/
　　⑥燕　前587　/春秋表/
　　⑦鲁　前542　/春秋表/
　　⑧晋　前532　/春秋表/
　　⑨宋　前451　/战国表/
　　⑩卫　前432　/战国表/

　　⑪前凉　317　/魏晋表/
昭宁
　　东汉　189　/秦汉表/
昭宗
　　①唐　888　/隋唐表/
　　②北元　1370　/明表/
昭武
　　周　1678　/清表/
昭侯
　　①晋　前746　/春秋表/
　　②蔡　前519　/春秋表/
　　③韩　前363　/战国表/
昭帝
　　①西汉　前87　/秦汉表/
　　②明　1424　/明表/
（昭帝）
　　[拓跋鲜卑]　294　/魏晋表/
昭文帝
　　①汉　338　/魏晋表/
　　②后燕　401　/魏晋表/
昭圣帝
　　①辽（契丹）　982　/辽宋表/
　　②长其国　1039　/辽宋表/
昭成王
　　南诏国　823　/隋唐表/
昭成帝
　　北燕　430　/南北朝表/
（昭成帝）
　　代国　338　/魏晋表/
昭孝帝
　　辽（契丹）　1031　/辽宋表/
昭明帝
　　大理国　986　/辽宋表/
昭武王
　　高昌王国　499　/南北朝表/
昭武帝
　　①汉　310　/魏晋表/
　　②后燕　398　/魏晋表/
昭英帝
　　西夏　1048　/辽宋表/
昭烈帝
　　（蜀）汉　221　/魏晋表/
昭简帝

西夏　1193　/辽宋表/
昭襄王
　秦　前307　/战国表/
昭礼可汗
　回纥（鹘）汗国　825　/隋唐表/
毗伽可汗
　①〔突骑施〕　711　/隋唐表/
　②后突厥汗国　716　/隋唐表/
毗伽忠顺可汗
　〔突骑施〕　711　/隋唐表/
毗伽阙·卡迪尔汗
　喀喇汗王朝　913　/辽宋表/
郢王
　后梁　912　/辽宋表/
盹
　郑　前585　/春秋表/
显
　鲁　前408　/战国表/
显王
　东周　前369　/战国表/
显圣
　燕　761　/隋唐表/
显庆
　唐　656　/隋唐表/
显宗
　①东汉　57
　②东晋　325　/魏晋表/
显帝
　①明　1572　/明表/
　②清　1850　/清表/
显祖
　①北魏　465　/南北朝表/
　②北齐　550　/南北朝表/
显德
　后周　954　/辽宋表/
星靡
　乌孙（大昆弥）　前51
　　/秦汉表/
曷萨特勒
　回纥（鹘）汗国　825　/隋唐表/
曷萨那可汗
　西突厥汗国　605　/隋唐表/
冒顿单于

　〔匈奴〕　前209　/秦汉表/
贵
　东周　前545　/春秋表/
贵由
　①窝阔台汗国　1229　/辽宋表/
　②蒙古汗国　1246　/辽宋表/
思王
　东周　前440　/战国表/
思宗
　明　1627　/明表/
（思帝）
　〔拓跋鲜卑〕　293　/魏晋表/
骨咄
　〔突骑施〕　738　/隋唐表/
骨咄禄
　①后突厥汗国　682　/隋唐表/
　②回纥（鹘）汗国　795
　　/隋唐表/
骨力裴罗
　回纥（鹘）汗国　744　/隋唐表/
骨咄禄叶护可汗
　后突厥汗国　741　/隋唐表/
骨咄禄毗伽阙可汗
　回纥（鹘）汗国　744　/隋唐表/
幽王
　①西周　前781　/西周表/
　②楚　前238　/战国表/
　③南诏国　809　/隋唐表/
幽公
　①陈　前854　/西周表/
　②晋　前434　/战国表/
　③郑　前424　/战国表/
　④大成国　334　/魏晋表/
幽伯
　曹　前835　/西周表/
幽帝
　前燕　360　/魏晋表/
幽缪王
　赵　前236　/战国表/

九画〔丿〕

拜延忽里

察合台汗国　1349　/元表/
种
　赵　前375　/战国表/
秋仁
　①于阗　175　/秦汉表/
　②于阗　457　/南北朝表/
科罗
　突厥汗国　553　/南北朝表/
〔钟羌〕
　134　/秦汉表/
钟相
　楚　1130　/辽宋表/
钦宗
　北宋　1125　/辽宋表/
钦孝帝
　元　1311　/元表/
轻
　邾　前574　/春秋表/
复汉
　23　/秦汉表/
复株累若鞮单于
　〔匈奴〕　前31　/秦汉表/
笃哇
　察合台汗国　1274　/元表/
笃来贴木儿
　察合台汗国　1330　/元表/
适
　〔南匈奴〕　59　/秦汉表/
重光
　高昌　620　/隋唐表/
重兴
　1644　/清表/
重耳
　晋　前636　/春秋表/
重和
　北宋　1118　/辽宋表/
重熙
　辽（契丹）　1032　/辽宋表/
保和
　南诏国　824　/隋唐表/
保大
　①南唐　943　/辽宋表/
　②辽（契丹）　1121　/辽宋表/

保天

 后理国　1129　/辽宋表/

保宁

 辽（契丹）　969　/辽宋表/

保立

 大理国　1082　/辽宋表/

保合

 南诏国　824　/隋唐表/

保安

 大理国　1045　/辽宋表/

保贞

 吴越　926　/辽宋表/

保定

 ①北周　561　/南北朝表/

 ②大理国　1082　/辽宋表/

保德

 大理国　1058　/辽宋表/

保定帝

 大理国　1081　/辽宋表/

保义可汗

 回纥（鹘）汗国　808

  /隋唐表/

侯

 鲁　前609　/春秋表/

侯

 晋　前709　/春秋表/

侯胅

 蔡　前675　/春秋表/

侯景

 汉　551　/南北朝表/

侯大苟

 ［桂平瑶］　1445　/明表/

侯子光

 小秦　337　/魏晋表/

侯郑昂

 ［桂平瑶］　1465　/明表/

侯赛因·本·穆罕默德

 喀喇汗王朝（东部）　1057

  /辽宋表/

侯斤

 突厥汗国　553　/南北朝表/

侯匿伐

 柔然汗国　521　/南北朝表/

顺义

 吴　921　/辽宋表/

顺天

 ①燕　759　/隋唐表/

 ②大越罗平　895　/隋唐表/

 ③大汉　1216　/辽宋表/

 ④1787　/清表/

 ⑤1860　/清表/

顺宗

 唐　805　/隋唐表/

顺治

 清　1644　/清表/

顺帝

 ①东汉　125　/秦汉表/

 ②宋　477　/南北朝表/

 ③元　1333　/元表/

顺德

 ①大理国　968　/辽宋表/

 ②1519　/明表/

顺天王

 ①1509　/明表/

 ②1449　/明表/

顺化可汗

 ［甘州回鹘］　924　/辽宋表/

段牙

 ［段鲜卑］　325　/魏晋表/

段业

 北凉　397　/魏晋表/

段兰

 ［段鲜卑］　339　/魏晋表/

段辽

 ［段鲜卑］　325　/魏晋表/

段随

 西燕　386　/魏晋表/

段龛

 ［段鲜卑］　350　/魏晋表/

段子璋

 ［梁］　761　/隋唐表/

段末杯

 ［段鲜卑］　318　/魏晋表/

段正兴

 后理国　1147　/辽宋表/

段正严

后理国　1108　/辽宋表/

段正明

 大理国　1081　/辽宋表/

段正淳

 后理国　1096　/辽宋表/

段兴智

 后理国　1251　/辽宋表/

段寿辉

 大理国　1080　/辽宋表/

段思平

 大理国　937　/辽宋表/

段思良

 大理国　945　/辽宋表/

段思英

 大理国　944　/辽宋表/

段思廉

 大理国　1044　/辽宋表/

段思聪

 大理国　951　/辽宋表/

段祥兴

 后理国　1238　/辽宋表/

段素兴

 大理国　1041　/辽宋表/

段素英

 大理国　986　/辽宋表/

段素顺

 大理国　969　/辽宋表/

段素真

 大理国　1026　/辽宋表/

段素隆

 大理国　1022　/辽宋表/

段素廉

 大理国　1009　/辽宋表/

段智兴

 后理国　1172　/辽宋表/

段智祥

 后理国　1204　/辽宋表/

段智廉

 后理国　1200　/辽宋表/

段廉义

 大理国　1075　/辽宋表/

［段鲜卑］

 318　/魏晋表/

贷
　　齐　前405　/战国表/
郄
　　晋　前724　/春秋表/
皇王
　　614　/隋唐表/
皇兴
　　北魏　467　/南北朝表/
皇庆
　　元　1312　/元表/
皇初
　　后秦　394　/魏晋表/
皇始
　　①前秦　351　/魏晋表/
　　②北魏　396　/魏晋表/
皇建
　　①北齐　560　/南北朝表/
　　②西夏　1210　/辽宋表/
皇祐
　　北宋　1049　/辽宋表/
皇统
　　金　1141　/辽宋表/
皇泰
　　隋　618　/隋唐表/
皇太极
　　①后金　1626　/明表/
　　②清　1636　/明表/
禹
　　夏　前2070　/夏表/
鬼力赤
　　[鞑靼]　1403　/明表/
衎
　　①卫　前577　/春秋表/
　　②卫　前547　/春秋表/
须
　　曹　前528　/春秋表/
须卜
　　[南匈奴]　188　/秦汉表/
须置离
　　车师（后部）　3　/秦汉表/
俞林
　　于阗　48　/秦汉表/
胤禛

清　1722　/清表/
胜
　　①曹　前555　/春秋表/
　　②郑　前501　/春秋表/
胜光
　　大夏　428　/南北朝表/

九画 [丶]

帝乙
　　商　前1101　/商表/
帝辛
　　商　前1075　/商表/
哀王
　　①东周　前441　/战国表/
　　②楚　前228　/战国表/
　　③北凉　433　/南北朝表/
哀公
　　①宋　前801　/西周表/
　　②陈　前569　/春秋表/
　　③秦　前537　/春秋表/
　　④鲁　前495　/春秋表/
　　⑤杞　前471　/战国表/
　　⑥郑　前463　/战国表/
　　⑦前凉　353　/魏晋表/
哀宗
　　金　1223　/辽宋表/
哀侯
　　①燕　前767　/春秋表/
　　②晋　前718　/春秋表/
　　③蔡　前695　/春秋表/
　　④韩　前377　/战国表/
哀帝
　　①西汉　前7　/秦汉表/
　　②大成国　334　/魏晋表/
　　③东晋　361　/魏晋表/
　　④唐　904　/隋唐表/
哀平帝
　　前秦　385　/魏晋表/
[哀牢夷]
　　①47　/秦汉表/
　　②1856　/清表/
亭独尸逐侯鞮单于

[南匈奴]　94　/秦汉表/
奕詝
　　清　1850　/清表/
度宗
　　南宋　1264　/辽宋表/
度易侯
　　吐谷浑　481　/南北朝表/
恽
　　①楚　前672　/春秋表/
　　②郑　前571　/春秋表/
闽
　　909　/辽宋表/
[闽越]
　　前121　/秦汉表/
阁逻凤
　　南诏国　748　/隋唐表/
洪化
　　周　1697　/清表/
洪始
　　后秦　399　/魏晋表/
洪昌
　　南凉　402　/魏晋表/
洪武
　　①明　1368　/明表/
　　②1619　/明表/
洪宪
　　1916　/民国表/
洪顺
　　1853　/清表/
洪熙
　　明　1425　/明表/
洪德
　　大成国　1855　/清表/
洪秀全
　　太平天国　1851　/清表/
洪天贵福
　　太平天国　1864　/清表/
前汉
　　前202　/秦汉表/
前赵
　　318　/魏晋表/
前凉
　　317　/魏晋表/

前秦
　　351　/魏晋表/

前蜀
　　907　/辽宋表/

前燕
　　337　/魏晋表/

前废帝
　　宋　464　/南北朝表/

前中山国
　　前417　/战国表/

前仇池国
　　296　/魏晋表/

兹父
　　宋　前651　/春秋表/

总章
　　唐　668　/隋唐表/

举
　　宋　前858　/西周表/

宣
　　〔南匈奴〕　85　/秦汉表/

宣王
　　①西周　前827　/西周表/
　　②楚　前370　/战国表/
　　③（田）齐　前320　/战国表/
　　④渤海国　818　/隋唐表/

宣公
　　①宋　前748　/春秋表/
　　②卫　前719　/春秋表/
　　③滕　前716　/春秋表/
　　④陈　前693　/春秋表/
　　⑤秦　前676　/春秋表/
　　⑥鲁　前609　/春秋表/
　　⑦燕　前602　/春秋表/
　　⑧曹　前595　/春秋表/
　　⑨邾　前574　/春秋表/
　　⑩齐　前456　/战国表/

宣平
　　大成国　306　/魏晋表/

宣光
　　北元　1371　/明表/

宣和
　　北宋　1119　/辽宋表/

宣宗

①唐　846　/隋唐表/
②北辽　1122　/辽宋表/
③后理国　1172　/辽宋表/
④金　1213　/辽宋表/
⑤明　1425　/明表/
⑥清　1820　/清表/

宣侯
　　①蔡　前750　/春秋表/
　　②燕　前711　/春秋表/

宣帝
　　①西汉　前74　/秦汉表/
　　②〔后梁〕　555　/南北朝表/
　　③陈　569　/南北朝表/
　　④北周　578　/南北朝表/
　　⑤吴　908　/辽宋表/

宣政
　　北周　578　/南北朝表/

宣统
　　清　1909　/清表/

宣德
　　明　1426　/明表/

宣仁帝
　　后理国　1108　/辽宋表/

宣成王
　　莎车　18　/秦汉表/

宣孝帝
　　元　1307　/元表/

宣武帝
　　①北魏　499　/南北朝表/
　　②大封民国　878　/隋唐表/

宣肃帝
　　大理国　1010　/辽宋表/

宣昭帝
　　前秦　357　/魏晋表/

宣烈王
　　西秦　385　/魏晋表/

宣惠王
　　韩　前333　/战国表/

室点密可汗
　　西突厥汗国　567　/南北朝表/

宫
　　高句丽　53　/秦汉表/

宫涅

西周　前781　/西周表/

宫涅
　　西周　前781　/西周表/

宪公
　　秦　前716　/春秋表/

宪宗
　　①唐　805　/隋唐表/
　　②后理国　1108　/辽宋表/
　　③蒙古汗国　1251　/辽宋表/
　　④明　1464　/明表/

宪帝
　　清　1722　/清表/

突
　　①郑　前701　/春秋表/
　　②郑　前680　/春秋表/

〔突骑施〕
　　690　/隋唐表/

突利可汗
　　①东突厥汗国　599　/隋唐表/
　　②〔稽胡〕　619　/隋唐表/

突厥汗国
　　552　/南北朝表/

穿
　　邾　前541　/春秋表/

染干
　　东突厥汗国　599　/隋唐表/

美川王
　　高句丽　300　/魏晋表/

姜映芳
　　〔天柱侗〕　1862　/清表/

类
　　楚　前402　/战国表/

类利
　　高句丽　前19　/秦汉表/

类牢
　　〔哀牢夷〕　76　/秦汉表/

迷吾
　　〔烧当羌〕　76　/秦汉表/

迷唐
　　〔烧当羌〕　87　/秦汉表/

语
　　赵　前350　/战国表/

说

①齐　前804　/西周表/

②陈　前781　/西周表/

诵

　西周　前1042　/西周表/

祖乙

　商　前1386　/商表/

祖丁

　商　前1328　/商表/

祖甲

　商　前1180　/商表/

祖辛

　商　前1367　/商表/

祖庚

　商　前1191　/商表/

祖元皇帝

　大蒙古　1147　/辽宋表/

神凤

①吴　252　/魏晋表/

②汉　303　/魏晋表/

神历

　北辽　1123　/辽宋表/

神册

　辽（契丹）　916　/辽宋表/

神功

　（武）周　697　/隋唐表/

神平

　［敕勒］　528　/南北朝表/

神龙

　唐　705　/隋唐表/

神龟

　北魏　518　/南北朝表/

神宗

①北宋　1067　/辽宋表/

②后理国　1204　/辽宋表/

③西夏　1211　/辽宋表/

④明　1572　/明表/

神虎

　［敕勒］　528　/南北朝表/

神玺

　北凉　397　/魏晋表/

神兽

　［敕勒］　528　/南北朝表/

神鼎

①（翟）魏　391　/魏晋表/

②后凉　401　/魏晋表/

神瑞

　北魏　414　/魏晋表/

神嘉

　［稽胡］　525　/南北朝表/

神爵

　西汉　前61　/秦汉表/

神䴥

　北魏　428　/南北朝表/

（神元帝）

　拓跋鲜卑　220　/魏晋表/

神武王

　南诏国　748　/隋唐表/

神武帝

①后梁　907　/辽宋表/

②北汉　951　/辽宋表/

扁

　东周　前369　/战国表/

屇

　夏　前1697　/夏表/

九画　［一］

费

　郑　前587　/春秋表/

姚兴

　后秦　394　/魏晋表/

姚苌

　后秦　384　/魏晋表/

姚泓

　后秦　416　/魏晋表/

贺鲁

　西突厥汗国（北庭）　651

　　/隋唐表/

贺拔行威

　620　/隋唐表/

贺腊毗伽十四姓可汗

　［突骑施］　706　/隋唐表/

癸

　夏　前1631　/夏表/

柔然汗国

　402　/魏晋表/

结

　滕　前514　/春秋表/

绛王

　唐　826　/隋唐表/

绛宾

　龟兹　前71　/秦汉表/

统和

　辽（契丹）　983　/辽宋表/

统叶护可汗

　西突厥汗国　618　/隋唐表/

骄

①晋　前452　/战国表/

②东周　前402　/战国表/

十画　［一］

班

①曹　前662　/春秋表/

②东周　前613　/春秋表/

③蔡　前543　/春秋表/

敖

　鲁　前826　/西周表/

素稽

　龟兹　658　/隋唐表/

秦

①前857　/西周表/

②前221　/秦汉表/

［秦］

①352　/魏晋表/

②393　/魏晋表/

秦丰

　［楚］　24　/秦汉表/

秦王

①［秦］　207　/秦汉表/

②［秦］　352　/魏晋表/

③［秦］　393　/魏晋表/

④［秦羌］　524　/南北朝表/

⑤隋　618　/隋唐表/

秦（汉）

　783　/隋唐表/

秦仲

　秦　前845　/西周表/

秦兴

[西秦] 617 /隋唐表/

[秦羌]

524 /南北朝表/

秦侯

秦 前858 /西周表/

(秦文王)

[巴氏] 303 /魏晋表/

[秦州羌]

506 /南北朝表/

秦尚行

1644 /清表/

泰宁

① 后赵 349 /魏晋表/

② 北齐 561 /南北朝表/

泰和

金 1201 /辽宋表/

泰始

① 西晋 265 /魏晋表/

② [蜀] 432 /南北朝表/

③ 宋 465 /南北朝表/

泰定

① 元 1324 /元表/

② 太平 1448 /明表/

泰昌

明 1620 /明表/

泰常

北魏 416 /魏晋表/

泰豫

宋 472 /南北朝表/

泰定帝

元 1323 /元表/

桂王

南明 1646 /清表/

[桂平瑶]

1445 /明表/

[郴州瑶]

1208 /辽宋表/

桓子

赵 前424 /战国表/

桓王

东周 前720 /春秋表/

桓公

① 郑 前806 /西周表/

② 曹 前757 /春秋表/

③ 陈 前745 /春秋表/

④ 卫 前735 /春秋表/

⑤ 鲁 前712 /春秋表/

⑥ 齐 前685 /春秋表/

⑦ 宋 前682 /春秋表/

⑧ 杞 前637 /春秋表/

⑨ 燕 前618 /春秋表/

⑩ 秦 前604 /春秋表/

⑪ 邾 前487 /春秋表/

⑫ 晋 前389 /战国表/

⑬ (田) 齐 前374 /战国表/

⑭ 宋 前373 /战国表/

⑮ 燕 前370 /战国表/

⑯ 后中山国 前332 /战国表/

⑰ 前凉 346 /魏晋表/

桓玄

楚 403 /魏晋表/

桓宗

西夏 1193 /辽宋表/

桓侯

① 蔡 前715 /春秋表/

② 燕 前698 /春秋表/

桓帝

东汉 146 /秦汉表/

桓肃帝

蒙古汗国 1251 /辽宋表/

桓惠王

韩 前273 /战国表/

桥塞提

扜弥 51 /秦汉表/

格谦

[燕] 613 /隋唐表/

耿精忠

1674 /清表/

都蓝可汗

东突厥汗国 588 /隋唐表/

真王

① [匈奴] 523 /南北朝表/

② 525 /南北朝表/

真公

鲁 前855 /西周表/

真兴

大夏 419 /魏晋表/

真达

鄯善 442 /南北朝表/

真宗

北宋 997 /辽宋表/

真混

1619 /明表/

真珠叶护可汗

西突厥汗国 653 /隋唐表/

真珠毗伽可汗

薛延陀 628 /隋唐表/

袁术

[仲家] 197 /秦汉表/

袁晃

762 /隋唐表/

袁世凯

1916 /民国表/

壶衍鞮单于

[匈奴] 前85 /秦汉表/

莫

[南匈奴] 56 /秦汉表/

莫贺咄

西突厥汗国 (咄陆五部) 628 /隋唐表/

莫何可汗

东突厥汗国 587 /隋唐表/

莫折大提

[秦羌] 524 /南北朝表/

莫折念生

[秦羌] 524 /南北朝表/

茶

齐 前490 /春秋表/

莎车

前67 /秦汉表/

莎车王

① 莎车 前67 /秦汉表/

② 莎车 前65 /秦汉表/

莎罗奔

[大金川] 1747 /清表/

恭宗

东汉 106 /秦汉表/

恭帝

① 东晋 418 /魏晋表/

②西魏 554 /南北朝表/

③隋 617 /隋唐表/

④隋 618 /隋唐表/

⑤后周 959 /辽宋表/

⑥南宋 1274 /元表/

恭孝王

　楚 950 /辽宋表/

恭惠帝

　大长和国 926 /辽宋表/

聂古伯

　察合台汗国 1272 /元表/

晋

　前858 /西周表/

[晋]

　319 /魏晋表/

晋

　卫 前719 /春秋表/

晋王

　1386 /明表/

晋安王

　宋 466 /南北朝表/

恶

　卫 前544 /春秋表/

栗婆准

　焉耆 644 /隋唐表/

贾

　鲁 前296 /战国表/

起

　卫 前478 /春秋表/

载初

①唐 689 /隋唐表/

②燕 757 /隋唐表/

载淳

　清 1861 /清表/

载湉

　清 1875 /清表/

破六韩拔陵

　[匈奴] 523 /南北朝表/

烈王

　东周 前376 /战国表/

烈公

　晋 前416 /战国表/

烈宗

①汉 310 /魏晋表/

②东晋 372 /魏晋表/

③后燕 396 /魏晋表/

烈侯

①赵 前409 /战国表/

②韩 前400 /战国表/

烈帝

　代国 329 /魏晋表/

烈祖

①魏 226 /魏晋表/

②前燕 348 /魏晋表/

③西秦 385 /魏晋表/

④南凉 397 /魏晋表/

⑤吴 905 /隋唐表/

⑥南唐 937 /辽宋表/

烈万华

　安定国 970 /辽宋表/

夏

①前2070 /夏表/

②617 /隋唐表/

③1362 /元表/

原

　滕 前575 /春秋表/

[原州僚]

　756 /隋唐表/

顿莫贺

　回纥（鹘）汗国 780 /隋唐表/

致和

　元 1328 /元表/

致治

　大理国 945 /辽宋表/

振国

　698 /隋唐表/

热西丁

　1864 /清表/

哲宗

　北宋 1085 /辽宋表/

哲帝

　明 1620 /明表/

哲德沙尔汗国

　1867 /清表/

柴荣

　后周 954 /辽宋表/

柴宗训

　后周 959 /辽宋表/

赀

　楚 前690 /春秋表/

虔

　韩 前409 /战国表/

（监国）

　南明 1646 /清表/

唃厮啰

　1015 /辽宋表/

唃厮啰

　唃厮啰 1015 /辽宋表/

峭王

　[辽东乌桓] 168 /秦汉表/

蚡冒

　楚 前758 /春秋表/

剔成

　宋 前370 /战国表/

晏平

　大成国 306 /魏晋表/

晏孺子

　齐 前489 /春秋表/

恩克卓里克图汗

　北元 1389 /明表/

特

　宋 前451 /战国表/

钱佐

　吴越 941 /辽宋表/

钱俶

　吴越 948 /辽宋表/

钱倧

　吴越 947 /辽宋表/

钱镠

　吴越 907 /辽宋表/

钱元瓘

吴越　932　/辽宋表/

铁伐

柔然汗国（东部）　552
/南北朝表/

铁木真

蒙古汗国　1206　/辽宋表/

铁穆耳

元　1294　/元表/

[铁勒（契苾部）]

605　/隋唐表/

积

齐　前456　/战国表/

称

①鲁　前797　/西周表/

②晋　前715　/春秋表/

造历

1559　/明表/

候其伏代库者可汗

柔然汗国　492　/南北朝表/

射姑

曹　前702　/春秋表/

射匮可汗

西突厥汗国　611　/隋唐表/

皋

夏　前1640　/夏表/

息姑

鲁　前723　/春秋表/

徐会公

1645　/清表/

徐寿辉

天完　1351　/元表/

徐圆朗

[鲁]　621　/隋唐表/

徐鸿儒

1622　/明表/

殷

前1727　/夏表/

殷（闽）

943　/辽宋表/

般

鲁　前662　/春秋表/

颂义

吴　919　/辽宋表/

翁归靡

乌孙　前93　/秦汉表/

爱猷识理达腊

北元　1370　/明表/

爱育黎拔力八达

元　1311　/元表/

[奚]

1123　/辽宋表/

奚国皇帝

[奚]　1123　/辽宋表/

狼莫

[先零羌]　117　/秦汉表/

馀

卫　前813　/西周表/

馀昧

吴　前531　/春秋表/

馀祭

吴　前548　/春秋表/

馀善

[东越]　前111　/秦汉表/

留

陈　前534　/春秋表/

桀

夏　前1631　/夏表/

逢侯

[北匈奴]　94　/秦汉表/

十画 [丶]

郭太

[黄巾]　188　/秦汉表/

郭威

后周　951　/辽宋表/

郭子兴

1352　/元表/

郭子和

617　/隋唐表/

郭天叙

1355　/元表/

高王

震（振）国　698　/隋唐表/

高云

北燕　407　/魏晋表/

高后

西汉　前188　/秦汉表/

高纬

北齐　565　/南北朝表/

高宗

①西汉　前49　/秦汉表/

②北魏　452　/南北朝表/

③南齐　494　/南北朝表/

④陈　569　/南北朝表/

⑤唐　649　/隋唐表/

⑥南宋　1127　/辽宋表/

⑦清　1735　/清表/

高帝

①前秦　386　/魏晋表/

②南齐　479　/南北朝表/

③明　1368　/明表/

④后金　1616　/明表/

高洋

北齐　550　/南北朝表/

高祖

①西汉　前202　/秦汉表/

②汉　304　/魏晋表/

③后赵　319　/魏晋表/

④前秦　351　/魏晋表/

⑤西秦　388　/魏晋表/

⑥后秦　394　/魏晋表/

⑦宋　420　/南北朝表/

⑧北魏　471　/南北朝表/

⑨南梁　502　/南北朝表/

⑩陈　557　/南北朝表/

⑪北周　560　/南北朝表/

⑫隋　581　/隋唐表/

⑬唐　618　/隋唐表/

⑭大蒙国　649　/隋唐表/

⑮前蜀　907　/辽宋表/

⑯吴　908　/辽宋表/

⑰南汉　917　/辽宋表/

⑱后蜀　934　/辽宋表/

⑲后晋　936　/辽宋表/

⑳后汉　947　/辽宋表/

（高祖）

代国　338　/魏晋表/

高桓

北齐　577　/南北朝表/

高殷

　北齐　559　/南北朝表/

高湛

　北齐　561　/南北朝表/

高湝

　北齐　577　/南北朝表/

高演

　北齐　560　/南北朝表/

高士达

　611　/隋唐表/

高从海

　南平（荆南）　928　/辽宋表/

高开道

　[燕]　616　/隋唐表/

高车国

　487　/南北朝表/

高句丽

　前37　/秦汉表/

高平王

　[敕勒]　524　/南北朝表/

高永昌

　大元　1116　/辽宋表/

高延宗

　北齐　576　/南北朝表/

高季兴

　南平（荆南）　924　/辽宋表/

高昇泰

　大中国　1094　/辽宋表/

高昙晟

　[大乘]　618　/隋唐表/

高绍义

　北齐　577　/南北朝表/

高保勖

　南平（荆南）　960　/辽宋表/

高保融

　南平（荆南）　948　/辽宋表/

高皇帝

　西汉　前202　/秦汉表/

高继冲

　南平（荆南）　962　/辽宋表/

高昌王国

　460　/南北朝表/

高贵乡公

　魏　254　/魏晋表/

畜卜

　[黎州蛮]　1208　/辽宋表/

唐

　618　/隋唐表/

唐王

　①南明　1645　/清表/

　②南明　1646　/清表/

唐元

　唐　710　/隋唐表/

唐兴

　唐　710　/隋唐表/

唐安

　唐　710　/隋唐表/

唐贵

　1820　/清表/

唐隆

　唐　710　/隋唐表/

唐寓之

　吴　486　/南北朝表/

唐景崧

　1895　/清表/

悦般

　422　/南北朝表/

悦般王

　①悦般　422　/南北朝表/

　②悦般　435　/南北朝表/

阆

　东周　前677　/春秋表/

[烧当羌]

　23　/秦汉表/

剡

　（田）齐　前384　/战国表/

准

　[箕子朝鲜]　前229　/战国表/

[准噶尔]

　1634　/明表/

准噶尔汗

　[准噶尔]　1750　/清表/

[凉]

　①386　/魏晋表/

　②618　/隋唐表/

海山

　元　1307　/元表/

海都

　窝阔台汗国　1260　/辽宋表/

海阳王

　后赵　333　/魏晋表/

海陵王

　①南齐　494　/南北朝表/

　②金　1149　/辽宋表/

海迷失皇后

　蒙古汗国　1248　/辽宋表/

浣

　赵　前423　/战国表/

朔

　①卫　前700　/春秋表/

　②陈　前632　/春秋表/

　③蔡　前491　/春秋表/

益

　邾　前507　/春秋表/

益姑

　杞　前550　/春秋表/

益宗

　北元　1378　/明表/

[益州夷]

　42　/秦汉表/

宽阇

　察合台汗国　1306　/元表/

娑葛

　[突骑施]　706　/隋唐表/

娑悉笼腊赞

　吐蕃王国　755　/隋唐表/

诸儿

　齐　前698　/春秋表/

诸咎

　越　前376　/战国表/

诸樊

　吴　前561　/春秋表/

诸曷钵

　吐谷浑　635　/隋唐表/

调露

　唐　679　/隋唐表/

谈德

　高句丽　391　/魏晋表/

祯明

　陈　587　/隋唐表/

祥兴

　①南宋　1278　/元表/

　②1283　/元表/

十画 〔一〕

弱

　陈　前569　/春秋表/

展舆

　莒　前542　/春秋表/

陶新春

　〔威宁苗〕　1860　/清表/

难楼

　〔上谷乌桓〕　168　/秦汉表/

难兜靡

　乌孙　前177　/秦汉表/

通

　①楚　前741　/春秋表/

　②曹　前510　/春秋表/

通大

　闽　936　/辽宋表/

通文

　闽　936　/辽宋表/

通圣

　617　/隋唐表/

通正

　前蜀　916　/辽宋表/

通顺

　〔甘州回鹘〕　1023　/辽宋表/

绥和

　西汉　前8　/秦汉表/

十一画 〔一〕

琐

　邾　前678　/春秋表/

理宗

　南宗　1224　/辽宋表/

琉璃明王

　高句丽　前19　/秦汉表/

赧王

东周　前315　/战国表/

菑

　①秦　前621　/春秋表/

　②魏　前370　/战国表/

敕

　杞　前461　/战国表/

〔敕勒〕

　①524　/南北朝表/

　②534　/南北朝表/

敕连可汗

　柔然汗国　429　/南北朝表/

敕连头兵豆伐可汗

　柔然汗国　521　/南北朝表/

乾元

　唐　758　/隋唐表/

乾化

　后梁　911　/辽宋表/

乾宁

　唐　894　/隋唐表/

乾兴

　北宋　1022　/辽宋表/

乾贞

　①吴　927　/辽宋表/

　②杞国　1176　/辽宋表/

乾亨

　①南汉　917　/辽宋表/

　②辽（契丹）　979　/辽宋表/

乾和

　南汉　943　/辽宋表/

乾定

　西夏　1223　/辽宋表/

乾明

　北齐　560　/南北朝表/

乾封

　唐　666　/隋唐表/

乾祐

　①后汉　948　/辽宋表/

　②西夏　1170　/辽宋表/

乾统

　辽（契丹）　1101　/辽宋表/

乾符

　唐　874　/隋唐表/

乾隆

清　1736　/清表/

乾道

　①西夏　1068　/辽宋表/

　②南宋　1165　/辽宋表/

乾德

　①宋　623　/隋唐表/

　②前蜀　919　/辽宋表/

　③北宋　963　/辽宋表/

　④〔大明〕　1708　/清表/

〔乾州苗〕

　1795　/清表/

著邱公

　莒　前541　/春秋表/

萧庄

　〔后梁〕　558　/南北朝表/

萧纪

　南梁　552　/南北朝表/

萧纲

　南梁　549　/南北朝表/

萧岿

　〔后梁〕　562　/南北朝表/

萧绎

　南梁　552　/南北朝表/

萧栋

　南梁　551　/南北朝表/

萧衍

　南梁　502　/南北朝表/

萧铣

　〔梁〕　617　/隋唐表/

萧鸾

　南齐　494　/南北朝表/

萧琮

　〔后梁〕　585　/隋唐表/

萧督

　〔后梁〕　555　/南北朝表/

萧赜

　南齐　482　/南北朝表/

萧方智

　南梁　555　/南北朝表/

萧正德

　南梁　548　/南北朝表/

萧宝卷

　南齐　498　/南北朝表/

萧宝夤

　　齐　527　/南北朝表/

萧宝融

　　南齐　501　/南北朝表/

萧昭文

　　南齐　494　/南北朝表/

萧昭业

　　南齐　493　/南北朝表/

萧惟堂

　　1661　/清表/

萧渊明

　　南梁　555　/南北朝表/

萧道成

　　南齐　479　/南北朝表/

萧德妃

　　北辽　1122　/辽宋表/

萧塔不烟

　　西辽　1143　/辽宋表/

萨亦德

　　叶尔羌汗国　1514　/明表/

萨图克·博格拉汗

　　喀喇汗王朝　915　/辽宋表/

［黄巾］

　　184　/秦汉表/

黄龙

　　①西汉　前49　/秦汉表/

　　②吴　229　/魏晋表/

　　③［梁］　761　/隋唐表/

黄华

　　1283　/元表/

黄初

　　魏　220　/魏晋表/

黄武

　　吴　222　/魏晋表/

黄威

　　［大明］　1853　/清表/

黄巢

　　大齐　875　/隋唐表/

黄和卓

　　1864　/清表/

黄素养

　　1449　/明表/

黄乾曜

［原州僚］　756　/隋唐表/

黄鼎凤

　　大成国　1862　/清表/

焉耆

　　13　/秦汉表/

焉耆王

　　①焉耆　13　/秦汉表/

　　②焉耆　435　/南北朝表/

　　③焉耆　564　/南北朝表/

焉吐拂延

　　焉耆　719　/隋唐表/

曹

　　前864　/西周表/

曹丕

　　魏　220　/魏晋表/

曹奂

　　魏　260　/魏晋表/

曹芳

　　魏　239　/魏晋表/

曹髦

　　魏　254　/魏晋表/

曹叡

　　魏　226　/魏晋表/

曹武徹

　　617　/隋唐表/

硕德八刺

　　元　1320　/元表/

奢崇明

　　大梁　1621　/明表/

龚春台

　　1906　/清表/

盛明

　　后理国　1157　/辽宋表/

盛德

　　后理国　1176　/辽宋表/

盛逻皮

　　大蒙国　712　/隋唐表/

捷

　　①宋　前692　/春秋表/

　　②郑　前673　/春秋表/

据

　　晋　前600　/春秋表/

辄

①卫　前493　/春秋表/

②卫　前477　/春秋表/

辅公祏

　　宋　623　/隋唐表/

十一画　［丨］

虚闾权渠单于

　　［匈奴］　前68　/秦汉表/

彪

　　晋　前558　/春秋表/

敝失

　　察合台汗国　1335　/元表/

野

　　曹　前515　/春秋表/

野咥可汗

　　薛延陀　605　/隋唐表/

跃

　　陈　前700　/春秋表/

鄂侯

　　晋　前724　/春秋表/

崇宁

　　北宋　1102　/辽宋表/

崇安

　　东晋　397　/魏晋表/

崇庆

　　金　1212　/辽宋表/

崇和

　　东晋　362　/魏晋表/

崇宗

　　西夏　1086　/辽宋表/

崇祯

　　明　1628　/明表/

崇福

　　西辽　1164　/辽宋表/

崇德

　　清　1636　/明表/

崇德可汗

　　回纥（鹘）汗国　821　/隋唐表/

曼苏尔·阿尔斯兰汗

　　喀喇汗王朝　1017　/辽宋表/

婴

　　郑　前694　/春秋表/

婴齐

　　滕　前716　/春秋表/

逻盛

　　大蒙国　674　/隋唐表/

圉

　　①陈　前755　/春秋表/

　　②晋　前637　/春秋表/

　　③魏　前277　/战国表/

十一画〔丿〕

铲平王

　　1448　/明表/

移地健

　　回纥（鹘）汗国　759　/隋唐表/

移剌窝斡

　　〔契丹〕　1161　/辽宋表/

移涅可汗

　　后突厥汗国　716　/隋唐表/

犁比公

　　莒　前577　/春秋表/

偃

　　①鲁　前344　/战国表/

　　②宋　前329　/战国表/

　　③赵　前245　/战国表/

假

　　魏　前228　/战国表/

兜莫

　　车师（前部）　前67　/秦汉表/

兜题

　　疏勒　73　/秦汉表/

兜楼储

　　〔南匈奴〕　143　/秦汉表/

得圣

　　安阳国　1047　/辽宋表/

盘庚

　　商　前1309　/商表/

〔盘县回〕

　　1862　/清表/

欲谷可汗

　　西突厥汗国（北庭）　638
　　　/隋唐表/

猎骄靡

乌孙　前161　/秦汉表/

猛

　　东周　前520　/春秋表/

脱思

　　〔鞑靼〕　1466　/明表/

脱列哥那

　　蒙古汗国　1242　/辽宋表/

脱脱不花

　　〔鞑靼〕　1438　/明表/

脱古思贴木儿

　　北元　1378　/明表/

斛律

　　柔然汗国　410　/魏晋表/

象屈耽

　　邓至国　438　/南北朝表/

匐俱

　　后突厥汗国　716　/隋唐表/

十一画〔丶〕

商

　　楚　前340　/战国表/

商人

　　齐　前613　/春秋表/

商臣

　　楚　前626　/春秋表/

商（殷）

前1600　/夏表/

率善王

　　〔河西胡〕　415　/魏晋表/

章

　　①楚　前489　/春秋表/

　　②赵　前387　/战国表/

章和

　　①东汉　87　/秦汉表/

　　②高昌王国　531　/南北朝表/

章宗

　　金　1189　/辽宋表/

章武

　　（蜀）汉　221　/魏晋表/

章帝

　　①东汉　75　/秦汉表/

　　②明　1425　/明表/

　　③清　1643　/明表/

（章帝）

　　〔拓跋鲜卑〕　277　/魏晋表/

竟宁

　　西汉　前33　/秦汉表/

庶其

　　莒　前611　/春秋表/

庵罗辰

　　柔然汗国（东部）　553
　　　/南北朝表/

康

　　莎车　18　/秦汉表/

康丁

　　商　前1155　/商表/

康王

　　①西周　前1020　/西周表/

　　②楚　前560　/春秋表/

　　③宋　前329　/战国表/

　　④南凉　399　/魏晋表/

　　⑤433　/南北朝表/

　　⑥渤海国　794　/隋唐表/

康公

　　①秦　前621　/春秋表/

　　②齐　前405　/战国表/

　　③郑　前396　/战国表/

　　④鲁　前353　/战国表/

康国

　　西辽　1134　/辽宋表/

康宗

　　闽　935　/辽宋表/

康定

　　北宋　1040　/辽宋表/

康帝

　　东晋　342　/魏晋表/

康熙

　　清　1662　/清表/

康德

　　〔伪满洲国〕　1934　/民国表/

康靖帝

　　西夏　1067　/辽宋表/

鹿郢

　　越　前465　/战国表/

麻奴

[烧当羌] 107 /秦汉表/

麻哈没的

①察合台汗国 1341 /元表/

②察合台汗国 1368 /明表/

盗

后中山国 前308 /战国表/

悼

楚 前238 /战国表/

悼子

①秦 前415 /战国表/

②（田）齐 前410

/战国表/

悼王

①东周 前520 /春秋表/

②楚 前402 /战国表/

悼公

①郑 前587 /春秋表/

②晋 前572 /春秋表/

③邾 前556 /春秋表/

④许 前547 /春秋表/

⑤滕 前539 /春秋表/

⑥燕 前535 /春秋表/

⑦曹 前524 /春秋表/

⑧杞 前518 /春秋表/

⑨秦 前491 /春秋表/

⑩齐 前489 /春秋表/

⑪鲁 前467 /战国表/

⑫卫 前456 /战国表/

⑬宋 前404 /战国表/

悼侯

蔡 前522 /春秋表/

悼康帝

大天兴国 928 /辽宋表/

悼襄王

赵 前245 /战国表/

阎忠

[羌、胡] 189 /秦汉表/

阕路

杞 前471 /战国表/

烽上王

高句丽 292 /魏晋表/

清

1636 /明表/

清宁

辽（契丹） 1055 /辽宋表/

清光

1645 /清表/

清泰

后唐 934 /辽宋表/

清真王

1864 /清表/

添元

[瓦剌] 1453 /明表/

[淮南]

27 /秦汉表/

淮阴王

南梁 551 /南北朝表/

淮南王

[淮南] 27 /秦汉表/

鸿嘉

西汉 前20 /秦汉表/

涿鞮

车师（后部） 94 /秦汉表/

淳化

北宋 990 /辽宋表/

淳祐

南宋 1241 /辽宋表/

淳熙

南宋 1174 /辽宋表/

盖吴

[卢水胡] 445 /南北朝表/

密州

莒 前577 /春秋表/

密礼遏

[甘州回鹘] 980 /辽宋表/

渠梁

秦 前362 /战国表/

渠邱公

莒 前609 /春秋表/

[梁]

①25 /秦汉表/

②617 /隋唐表/

③619 /隋唐表/

④761 /隋唐表/

梁王

① [梁] 25 /秦汉表/

② [梁] 27 /秦汉表/

③ [梁] 619 /隋唐表/

④ [梁] 761 /隋唐表/

梁勰

宕昌国 424 /南北朝表/

梁仚定

宕昌国 534 /南北朝表/

梁师都

[梁] 617 /隋唐表/

梁弥机

宕昌国 476 /南北朝表/

梁弥定

宕昌国 541 /南北朝表/

梁弥忽

宕昌国 424 /南北朝表/

梁弥承

宕昌国 488 /南北朝表/

梁弥治

宕昌国 471 /南北朝表/

梁弥邕

宕昌国 502 /南北朝表/

梁弥颉

宕昌国 502 /南北朝表/

梁弥博

宕昌国 505 /南北朝表/

梁弥颌

宕昌国 485 /南北朝表/

梁虎子

宕昌国 461 /南北朝表/

婆伽利

焉耆 649 /隋唐表/

婆罗门

柔然汗国 521 /南北朝表/

十一画 [丶]

尉迟胜

于阗 746 /隋唐表/

尉迟珪

于阗 746 /隋唐表/

尉迟璥

于阗 692 /隋唐表/

尉迟曜

于阗　756　/隋唐表/

尉屠耆

　鄯善　前77　/秦汉表/

尉迟伏师

　于阗　728　/隋唐表/

尉迟达磨

　于阗　978　/辽宋表/

尉迟屈密

　于阗　632　/隋唐表/

尉迟输罗

　于阗　967　/辽宋表/

尉迟伏阇达

　于阗　732　/隋唐表/

尉迟伏阇信

　于阗　648　/隋唐表/

尉迟伏阇雄

　于阗　674　/隋唐表/

尉迟僧伽罗摩

　于阗　983　/辽宋表/

[屠各胡]

　①362　/魏晋表/

　②506　/南北朝表/

屠耆堂

　[匈奴]　前60　/秦汉表/

屠耆单于

　[匈奴]　前58　/秦汉表/

屠特若尸逐就单于

　[南匈奴]　172　/秦汉表/

隋

　581　/隋唐表/

隗纯

　33　/秦汉表/

隗嚣

　23　/秦汉表/

隆化

　北齐　576　/南北朝表/

隆兴

　①1101　/辽宋表/

　②南宋　1163　/辽宋表/

隆安

　东晋　397　/魏晋表/

隆庆

　明　1567　/明表/

隆和

　东晋　362　/魏晋表/

隆昌

　南齐　494　/南北朝表/

隆武

　南明　1645　/清表/

隆基

　大元　1116　/辽宋表/

隆绪

　齐　527　/南北朝表/

隆舜

　大礼国　877　/隋唐表/

隐王

　①张楚　前209　/秦汉表/

　②后凉　399　/魏晋表/

隐公

　①鲁　前723　/春秋表/

　②曹　前510　/春秋表/

　③邾　前507　/春秋表/

　④杞　前506　/春秋表/

　⑤滕　前491　/春秋表/

　⑥邾　前473　/战国表/

隐帝

　汉　318　/魏晋表/

　后汉　948　/辽宋表/

维

　杞　前487　/春秋表/

维平

　860　/隋唐表/

十二画 [一]

[琼山黎]

　①1231　/辽宋表/

　②1331　/元表/

斑师

　卫　前478　/春秋表/

博硕可图汗

　[准噶尔]　1670　/清表/

博迪阿拉克汗

　[鞑靼]　1519　/明表/

塔里忽

　察合台汗国　1308　/元表/

颉利可汗

　东突厥汗国　620　/隋唐表/

颉跌伊施可汗

　后突厥汗国　742　/隋唐表/

颉跌利施可汗

　后突厥汗国　682　/隋唐表/

颉伽施多那都蓝可汗

　东突厥汗国　588　/隋唐表/

敬王

　东周　前520　/春秋表/

敬公

　①晋　前452　/战国表/

　②卫　前451　/战国表/

敬宗

　①东汉　125　/秦汉表/

　②北魏　528　/南北朝表/

　③唐　824　/隋唐表/

敬侯

　赵　前387　/战国表/

敬帝

　①南梁　555　/南北朝表/

　②明　1488　/明表/

敬明帝

　大理国　1009　/辽宋表/

敬穆帝

　西夏　1206　/辽宋表/

款

　陈　前648　/春秋表/

朝鲜王

　①[卫氏朝鲜]　前194

　/秦汉表/

　②[卫氏朝鲜]　前128

　/秦汉表/

斯

　①许　前523　/春秋表/

　②魏　前445　/战国表/

斯由

　高句丽　331　/魏晋表/

韩

　前424　/战国表/

韩广

　燕　前209　/秦汉表/

韩王

南明　1646　/清表/
韩拔
　　鄯善　448　/南北朝表/
韩楼
　　齐　528　/南北朝表/
韩林儿
　　宋　1355　/元表/
彭宠
　　[燕]　27　/秦汉表/
彭玉琳
　　1386　/明表/
彭孝才
　　613　/隋唐表/
彭城王
　　后赵　349　/魏晋表/
葛荣
　　齐　526　/南北朝表/
葛儿汗
　　西辽　1132　/辽宋表/
葛勒可汗
　　回纥（鹘）汗国　747　/隋唐表/
董昌
　　大越罗平　895　/隋唐表/
董毡
　　唃厮啰　1065　/辽宋表/
蒋
　　鲁　前495　/春秋表/
蒋尔恂
　　[大明]　1647　/清表/
壹多杂
　　车师（后部）　243　/魏晋表/
喜
　　①曹　前864　/西周表/
　　②东周　前376　/战国表/
　　③燕　前255　/战国表/
覃儿健
　　[溇中蛮]　78　/秦汉表/
惠王
　　①东周　前677　/春秋表/
　　②楚　前489　/春秋表/
　　③魏　前370　/战国表/
　　④燕　前279　/战国表/
　　⑤吐谷浑　426　/南北朝表/

惠公
　　①宋　前831　/西周表/
　　②曹　前796　/西周表/
　　③鲁　前769　/春秋表/
　　④卫　前700　/春秋表/
　　⑤卫　前687　/春秋表/
　　⑥杞　前673　/春秋表/
　　⑦晋　前651　/春秋表/
　　⑧齐　前609　/春秋表/
　　⑨燕　前545　/春秋表/
　　⑩陈　前529　/春秋表/
　　⑪秦　前501　/春秋表/
　　⑫薛　前497　/春秋表/
　　⑬秦　前400　/战国表/
惠伯
　　曹　前796　/西周表/
惠宗
　　①闽　926　/辽宋表/
　　②西夏　1067　/辽宋表/
惠侯
　　燕　前864　/西周表/
惠帝
　　①西汉　前195　/秦汉表/
　　②西晋　290　/魏晋表/
　　③西晋　301　/魏晋表/
　　④明　1398　/明表/
（惠帝）
　　代国　321　/魏晋表/
惠文王
　　①秦　前338　/战国表/
　　②赵　前299　/战国表/
　　③后仇池国　394　/魏晋表/
惠愍帝
　　后燕　396　/魏晋表/
惠懿帝
　　北燕　407　/魏晋表/
越
　　前510　/春秋表/
越
　　陈　前502　/春秋表/
越居
　　高车国　526　/南北朝表/
趜胡吕乌甘豆可汗

吐谷浑　635　/隋唐表/
厉驳特勒
　　回纥（鹘）汗国　839　/隋唐表/
搜谐若鞮单于
　　[匈奴]　前20　/秦汉表/
握衍朐鞮单于
　　[匈奴]　前60　/秦汉表/

十二画 [ㄧ]

喇嘛达尔札
　　[准噶尔]　1750　/清表/
喻思俸
　　1513　/明表/
喀喇汗王朝
　　913　/辽宋表/
嵯耶
　　大封民国　885　/隋唐表/
赎
　　齐　前795　/西周表/
跋利延
　　高车国　507　/南北朝表/
嵬
　　东周　前440　/战国表/
景王
　　①东周　前545　/春秋表/
　　②南凉　402　/魏晋表/
景元
　　魏　260　/魏晋表/
景云
　　唐　710　/隋唐表/
景公
　　①晋　前600　/春秋表/
　　②秦　前577　/春秋表/
　　③齐　前548　/春秋表/
　　④宋　前517　/春秋表/
　　⑤鲁　前344　/战国表/
景平
　　宋　423　/南北朝表/
景龙
　　唐　707　/隋唐表/
景初
　　魏　237　/魏晋表/

景和

　　宋　465　/南北朝表/

景宗

　　①辽（契丹）　969　/辽宋表/

　　②西夏　1038　/辽宋表/

　　③后理国　1147　/辽宋表/

景定

　　南宋　1260　/辽宋表/

景明

　　北魏　500　/南北朝表/

景炎

　　南宋　1276　/元表/

景驹

　　楚　前208　/秦汉表/

景侯

　　①蔡　前592　/春秋表/

　　②韩　前409　/战国表/

景帝

　　①西汉　前157　/秦汉表/

　　②吴　258　/魏晋表/

　　③吴　905　/隋唐表/

　　④闽　939　/辽宋表/

　　⑤明　1449　/明表/

　　⑥清　1875　/清表/

（景帝）

　　[巴氏]　301　/魏晋表/

景祐

　　北宋　1034　/辽宋表/

景泰

　　明　1450　/明表/

景琼

　　[甘州回鹘]　958　/辽宋表/

景瑞

　　南天国　1048　/辽宋表/

景福

　　①唐　892　/隋唐表/

　　②辽（契丹）　1031　/辽宋表/

景德

　　北宋　1004　/辽宋表/

景耀

　　（蜀）汉　258　/魏晋表/

景庄帝

　　大礼国　860　/隋唐表/

景孝帝

　　元　1329　/元表/

景明帝

　　前秦　351　/魏晋表/

景昭帝

　　前燕　348　/魏晋表/

景湣王

　　魏　前243　/战国表/

景襄帝

　　蒙古汗国　1227　/辽宋表/

黑肱

　　鲁　前591　/春秋表/

黑臀

　　晋　前607　/春秋表/

[黑山军]

　　185　/秦汉表/

黑契丹

　　1132　/辽宋表/

黑的儿火者

　　东察合台汗国　1389　/明表/

遏捻可汗

　　回纥（鹘）汗国　846

　　　/隋唐表/

遗腹

　　疏勒　122　/秦汉表/

十二画 [丿]

程道养

　　[蜀]　432　/南北朝表/

策妄阿拉布坦

　　[准噶尔]　1697　/清表/

策妄多尔济那木札勒

　　[准噶尔]　1745　/清表/

答失蛮

　　察合台汗国　1347　/元表/

答里巴

　　[鞑靼]　1412　/明表/

答儿麻失里

　　察合台汗国　1331　/元表/

像览蹄

　　邓至国　509　/南北朝表/

像舒治

邓至国　420　/南北朝表/

像檐桁

　　邓至国　554　/南北朝表/

奥玛尔·本·马赫穆德

　　喀喇汗王朝（东部）　1074

　　　/辽宋表/

奥斯曼·本·伊卜拉欣

　　喀喇汗王朝（西部）　1202

　　　/辽宋表/

奥古尔恰克·博格拉汗

　　喀喇汗王朝　914　/辽宋表/

御

　　宋　前620　/春秋表/

御说

　　宋　前682　/春秋表/

番君

　　百越　前208　/秦汉表/

舜

　　焉耆　91　/秦汉表/

舜化贞

　　大封民国　897　/隋唐表/

然弗

　　高句丽　248　/魏晋表/

鲁

　　前855　/西周表/

[鲁]

　　621　/隋唐表/

鲁王

　　①[鲁]　621　/隋唐表/

　　②南明　1645　/清表/

鲁兴

　　[丁零]　526　/南北朝表/

十二画 [丶]

就德兴

　　[燕]　524　/南北朝表/

渤海国

　　713　/隋唐表/

滑突

　　郑　前771　/西周表/

游

　　宋　前682　/春秋表/

十三画［丨］

十三画［丿］

鲍
　　①陈　前745　/春秋表/
　　②宋　前611　/春秋表/
詹山
　　武陵蛮　151　/秦汉表/

十三画 [丶]

靖王
　　南诏国　816　/隋唐表/
靖公
　　①杞　前704　/春秋表/
　　②曹　前506　/春秋表/
靖侯
　　晋　前858　/西周表/
靖康
　　北宋　1126　/辽宋表/
[靖州瑶]
　　1346　/元表/
新
　　8　/秦汉表/
新臣
　　许　前712　/春秋表/
新大王
　　高句丽　165　/秦汉表/
新兴王
　　后赵　350　/魏晋表/
新顺王
　　大顺　1644　/清表/
雍
　　赵　前326　/战国表/
雍己
　　商　前1508　/商表/
雍宁
　　西夏　1114　/辽宋表/
雍正
　　清　1723　/清表/
雍熙
　　北宋　984　/辽宋表/
雍道晞
　　500　/南北朝表/
雍虞间
　　东突厥汗国　588　/隋唐表/

意利珍豆启民可汗
　　东突厥汗国　599　/隋唐表/
慎公
　　卫　前415　/战国表/
慎靓王
　　东周　前321　/战国表/
阖闾
　　吴　前515　/春秋表/
满
　　西周　前976　/西周表/
满速儿
　　东察合台汗国　1504　/明表/
满都鲁
　　[鞑靼]　1475　/明表/
滇
　　前122　/秦汉表/
滇吾
　　烧当羌　56　/秦汉表/
滇良
　　[烧当羌]　23　/秦汉表/
滇零
　　[先零羌]　107　/秦汉表/
溥仪
　　①清　1908　/清表/
　　②[伪满洲国]　1932
　　　/民国表/
溪赊罗撒
　　唃厮啰　1099　/辽宋表/
窦冲
　　[秦]　393　/魏晋表/
窦建德
　　夏　617　/隋唐表/
福王
　　南明　1644　/清表/
福临
　　清　1643　/明表/
福圣承道
　　西夏　1053　/辽宋表/
禢
　　鲁　前542　/春秋表/

十三画 [一]

辟方

西周　前891　/西周表/
辟兵
　　宋　前373　/战国表/
辟奚
　　吐谷浑　351　/魏晋表/
辟疆
　　（田）齐　前320　/战国表/
愍帝
　　西晋　313　/魏晋表/

十四画 [一]

静
　　西周　前827　/西周表/
静帝
　　北周　579　/南北朝表/
熬罗索极烈
　　大蒙古　1147　/辽宋表/
赫连定
　　大夏　428　/南北朝表/
赫连昌
　　大夏　425　/南北朝表/
赫连勃勃
　　大夏　407　/南北朝表/
嘉
　　①郑　前566　/春秋表/
　　②鲁　前429　/战国表/
　　③赵　前424　/战国表/
　　④赵　前228　/战国表/
嘉宁
　　汉　346　/魏晋表/
嘉平
　　①魏　249　/魏晋表/
　　②汉　311　/魏晋表/
　　③南凉　408　/魏晋表/
嘉禾
　　吴　232　/魏晋表/
嘉会
　　后理国　1181　/辽宋表/
嘉兴
　　西凉　417　/魏晋表/
嘉庆
　　清　1796　/清表/

嘉定
　南宋　1208　/辽宋表/
嘉祐
　北宋　1056　/辽宋表/
嘉泰
　南宋　1201　/辽宋表/
嘉靖
　明　1522　/明表/
嘉熙
　南宋　1237　/辽宋表/
慕璝
　吐谷浑　426　/南北朝表/
慕本王
　高句丽　48　/秦汉表/
慕利延
　吐谷浑　436　/南北朝表/
慕容永
　西燕　386　/魏晋表/
慕容冲
　西燕　384　/魏晋表/
慕容垂
　后燕　384　/魏晋表/
慕容忠
　西燕　386　/魏晋表/
慕容宝
　后燕　396　/魏晋表/
慕容泓
　西燕　384　/魏晋表/
慕容详
　后燕　397　/魏晋表/
慕容顺
　吐谷浑　635　/隋唐表/
慕容盛
　后燕　398　/魏晋表/
慕容庞
　[慕容鲜卑]　307　/魏晋表/
慕容超
　南燕　405　/魏晋表/
慕容儁
　前燕　348　/魏晋表/
慕容晔
　前燕　360　/魏晋表/
慕容熙

后燕　401　/魏晋表/
慕容瑶
　西燕　386　/魏晋表/
慕容德
　南燕　398　/魏晋表/
慕容皝
　[慕容鲜卑]　333　/魏晋表/
慕容颜
　西燕　386　/魏晋表/
慕容麟
　后燕　397　/魏晋表/
[慕容鲜卑]
　307　/魏晋表/
蔡
　前863　/西周表/
蔡伯贯
　大唐　1565　/明表/
蔼苦盖可汗
　柔然汗国　410　/魏晋表/
遫
　①卫　前600　/春秋表/
　②卫　前362　/战国表/
　③魏　前296　/战国表/
臧
　①卫　前589　/春秋表/
　②楚　前381　/战国表/
熙宁
　北宋　1068　/辽宋表/
熙平
　北魏　516　/南北朝表/
熙宗
　金　1135　/辽宋表/

十四画 [丨]

雌栗靡
　乌孙（大昆弥）　前33
　/秦汉表/
睿宗
　①唐　684　/隋唐表/
　②唐　710　/隋唐表/
　③北汉　954　/辽宋表/
　④蒙古汗国　1227　/辽宋表/

睿帝
　①吴　920　/辽宋表/
　②明　1435　/明表/
　③明　1457　/明表/
　④清　1795　/清表/
睿武帝
　后周　954　/辽宋表/
裴口
　疏勒　635　/隋唐表/
裴安定
　疏勒　728　/隋唐表/
裴国良
　疏勒　753　/隋唐表/
鹘陇匐
　后突厥汗国　744　/隋唐表/

十四画 [丿]

[箕子朝鲜]
　前229　/战国表/
僖王
　渤海国　812　/隋唐表/
僖公
　许　前655　/春秋表/
僖宗
　唐　873　/隋唐表/
僚
　吴　前527　/春秋表/
僧格
　[准噶尔]　1653　/清表/
僧格桑
　[小金川]　1771　/清表/
舆
　[匈奴]　18　/秦汉表/
鲜
　曹　前826　/西周表/
[鲜卑]
　156　/秦汉表/
鲜于琛
　[敕勒]　535　/南北朝表/
鲜于修礼
　[丁零]　526　/南北朝表/

十四画〔丶〕

端平
　　南宋　1234　/辽宋表/
端宗
　　南宋　1276　/元表/
端拱
　　北宋　988　/辽宋表/
彰信可汗
　　回纥（鹘）汗国　832　/隋唐表/
廖麻子
　　1512　/明表/
阚义成
　　高昌王国　477　/南北朝表/
阚伯周
　　高昌王国　460　/南北朝表/
阚首归
　　高昌王国　481　/南北朝表/
漫天王
　　燕　615　/隋唐表/
〔漳州畲〕
　　①1280　/元表/
　　②1338　/元表/
鄯善
　　前177　/秦汉表/
鄯善王
　　①鄯善　222　/魏晋表/
　　②鄯善　283　/魏晋表/
　　③鄯善　445　/南北朝表/
　　④鄯善　542　/南北朝表/
赛义德·张格尔·苏丹
　　1826　/清表/
察八儿
　　窝阔台汗国　1301　/元表/
察合台
　　察合台汗国　1225　/辽宋表/
察合台汗国
　　1225　/辽宋表/
寤生
　　郑　前744　/春秋表/
谯王
　　①后赵　349　/魏晋表/

②710　/隋唐表/
谯纵
　　〔蜀〕　405　/魏晋表/

十四画〔一〕

翟让
　　〔魏〕　616　/隋唐表/
翟辽
　　（翟）魏　388　/魏晋表/
翟钊
　　（翟）魏　391　/魏晋表/
翟鼠
　　〔中山敕勒〕　316　/魏晋表/
（翟）魏
　　388　/魏晋表/
熊仪
　　楚　前791　/西周表/
熊严
　　楚　前838　/西周表/
熊员
　　楚　前545　/春秋表/
熊坎
　　楚　前764　/春秋表/
熊勇
　　楚　前847　/西周表/
熊徇
　　楚　前822　/西周表/
熊晌
　　楚　前758　/春秋表/
熊鄂
　　楚　前800　/西周表/
熊霜
　　楚　前828　/西周表/
熊囏
　　楚　前677　/春秋表/

十五画

增
　　魏　前243　/战国表/
横
　　楚　前299　/战国表/

〔鞑靼〕
　　1403　/明表/
震国
　　698　/隋唐表/
霄敖
　　楚　前764　/春秋表/
撒八
　　〔契丹〕　1161　/辽宋表/
噶尔丹
　　〔准噶尔〕　1670　/清表/
噶尔丹策零
　　〔准噶尔〕　1727　/清表/
瞎征
　　唃厮啰　1096　/辽宋表/
颙琰
　　清　1795　/清表/
鹤拓国
　　878　/隋唐表/
镇南王
　　昇平天国　1855　/清表/
稽胡
　　①434　/南北朝表/
　　②525　/南北朝表/
　　③619　/隋唐表/
稽粥
　　〔匈奴〕　前174　/秦汉表/
稽侯册
　　〔匈奴〕　前58　/秦汉表/
稷
　　秦　前307　/战国表/
黎树
　　1797　/清表/
〔黎州蛮〕
　　1208　/辽宋表/
德王
　　唐　900　/隋唐表/
德公
　　秦　前678　/春秋表/
德兴
　　北辽　1122　/辽宋表/
德寿
　　汉　1363　/元表/
德寿

1196　/辽宋表/

德宗

　①唐　779　/隋唐表/

　②西辽　1132　/辽宋表/

　③清　1875　/清表/

德昌

　北齐　576　/南北朝表/

德祐

　南宋　1275　/元表/

德胜

　[汉]　1465　/明表/

徵侧

　40　/秦汉表/

徵舒

　陈　前599　/春秋表/

滕

　前719　/春秋表/

滕侯

　滕　前719　/春秋表/

毅宗

　西夏　1048　/辽宋表/

毅帝

　①明　1505　/明表/

　②清　1861　/清表/

摩伦汗

　[鞑靼]　1466　/明表/

潘

　齐　前633　/春秋表/

额哲

　[鞑靼]　1634　/明表/

额色库汗

　[鞑靼]　1415　/明表/

额勒伯克汗

　北元　1392　/明表/

十六画

醯落尸逐鞮单于

　[南匈奴]　48　/秦汉表/

醯僮尸逐候鞮单于

　[南匈奴]　59　/秦汉表/

薛

　前513　/春秋表/

薛举

　[西秦]　617　/隋唐表/

薛仁果

　[西秦]　618　/隋唐表/

薛延陀

　605　/隋唐表/

薛婆阿那支

　焉耆　644　/隋唐表/

薄胥堂

　[匈奴]　前58　/秦汉表/

燕

　①前864　/西周表/

　②前209　/秦汉表/

　③615　/隋唐表/

　④756　/隋唐表/

　⑤911　/辽宋表/

[燕]

　①27　/秦汉表/

　②524　/南北朝表/

　③613　/隋唐表/

燕王

　①[燕]　27　/秦汉表/

　②[燕]　524　/南北朝表/

　③[燕]　613　/隋唐表/

　④[燕]　616　/隋唐表/

燕元

　后燕　384　/魏晋表/

燕兴

　西燕　384　/魏晋表/

燕只吉台

　察合台汗国　1327　/元表/

熹平

　东汉　172　/秦汉表/

熹宗

　明　1620　/明表/

霍集占

　[和卓木]　1756　/清表/

操师乞

　楚　616　/隋唐表/

器弩悉弄

　吐蕃王国　676　/隋唐表/

默棘连

　后突厥汗国　716　/隋唐表/

默啜可汗

　后突厥汗国　691　/隋唐表/

黔

　卫　前456　/战国表/

黔牟

　卫　前697　/春秋表/

穆王

　①西周　前976　/西周表/

　②楚　前626　/春秋表/

穆公

　①曹　前760　/春秋表/

　②宋　前729　/春秋表/

　③许　前712　/春秋表/

　④秦　前660　/春秋表/

　⑤陈　前648　/春秋表/

　⑥郑　前628　/春秋表/

　⑦卫　前600　/春秋表/

　⑧鲁　前408　/战国表/

穆宗

　①东汉　88　/秦汉表/

　②唐　820　/隋唐表/

　③辽（契丹）　951　/辽宋表/

　④明　1566　/明表/

　⑤清　1861　/清表/

穆侯

　①晋　前812　/西周表/

　②燕　前729　/春秋表/

　③蔡　前675　/春秋表/

穆帝

　东晋　344　/魏晋表/

（穆帝）

　[拓跋鲜卑]　307　/魏晋表/

穆罕默德·本·玉素甫

　喀喇汗王朝（东部）　1205

　/辽宋表/

穆罕默德·本·苏来曼

　喀喇汗王朝（东部）　1102

　/辽宋表/

穆罕默德·博格拉汗

　喀喇汗王朝（东部）　1056

　/辽宋表/

穆罕默德·本·马斯乌德

　喀喇汗王朝（西部）　1172

/辽宋表/

穆罕默德·本·伊卜拉欣

　　喀喇汗王朝（东部）　1158

　　/辽宋表/

赞普钟

　　南诏国　752　/隋唐表/

衡阳王

　　楚　930　/辽宋表/

雕陶莫皋

　　［匈奴］　前31　/秦汉表/

嬴政

　　秦　前247　/战国表/

廪辛

　　商　前1159　/商表/

磨延啜

　　回纥（鹘）汗国　747　/隋唐表/

彊

　　曹　前836　/西周表/

十七画

檀

　　［南匈奴］　98　/秦汉表/

檀石槐

　　鲜卑　156　/秦汉表/

戴公

　　①宋　前800　/西周表/

　　②卫　前660　/春秋表/

戴伯

　　曹　前826　/西周表/

戴侯

　　蔡　前760　/春秋表/

翳

　　越　前412　/战国表/

繄扈

　　西周　前922　/西周表/

蹋顿

　　［辽西乌桓］　191　/秦汉表/

魏

　　①前445　/战国表/

　　②前209　/秦汉表/

　　③220　/魏晋表/

　　④615　/隋唐表/

［魏］

　　616　/隋唐表/

魏王

　　魏　前209　/秦汉表/

魏公

　　［魏］　617　/隋唐表/

魏咎

　　魏　前209　/秦汉表/

魏帝

　　魏　615　/隋唐表/

魏刀儿

　　魏　615　/隋唐表/

魏国公

　　南宋　1129　/辽宋表/

魏枝叶

　　1704　/清表/

徽宗

　　北宋　1100　/辽宋表/

邈川吐蕃

　　1015　/辽宋表/

襄

　　曹　前653　/春秋表/

襄子

　　赵　前475　/战国表/

襄王

　　①东周　前652　/春秋表/

　　②魏　前319　/战国表/

　　③韩　前312　/战国表/

　　④（田）齐　前284　/战国表/

　　⑤886　/隋唐表/

襄公

　　①秦　前778　/西周表/

　　②齐　前698　/春秋表/

　　③燕　前658　/春秋表/

　　④宋　前651　/春秋表/

　　⑤晋　前628　/春秋表/

　　⑥郑　前605　/春秋表/

　　⑦鲁　前573　/春秋表/

　　⑧卫　前544　/春秋表/

　　⑨曹　前515　/春秋表/

　　⑩薛　前511　/春秋表/

襄宗

　　西夏　1206　/辽宋表/

爔

　　卫　前660　/春秋表/

爕

　　①西周　前885　/西周表/

　　②陈　前778　/西周表/

濞

　　鲁　前855/西周表/

孺子

　　西汉　6　/秦汉表/

繻公

　　郑　前422　/战国表/

十八画以上

釐王

　　①东周　前682　/春秋表/

　　②韩　前296　/战国表/

釐公

　　①宋　前858　/西周表/

　　②陈　前832　/西周表/

　　③齐　前731　/春秋表/

　　④曹　前671　/春秋表/

　　⑤鲁　前660　/春秋表/

　　⑥郑　前571　/春秋表/

　　⑦杞　前506　/春秋表/

釐侯

　　①卫　前854　/西周表/

　　②晋　前840　/西周表/

　　③燕　前827　/西周表/

　　④蔡　前810　/西周表/

雠

　　鲁　前273　/战国表/

彝泰

　　吐蕃王国　815　/隋唐表/

覵

　　宋　前831　/西周表/

蘧蒢

　　邾　前666　/春秋表/

麴口

　　①高昌王国　550　/南北朝表/

　　②高昌王国　613　/隋唐表/

麴光

　　高昌王国　523　/南北朝表/

麴坚
　　高昌王国　530　/南北朝表/
麴嘉
　　高昌王国　499　/南北朝表/
麴文泰
　　高昌王国　623　/隋唐表/
麴玄喜
　　高昌王国　548　/南北朝表/
麴伯雅
　　高昌王国　601　/隋唐表/
麴宝茂
　　高昌王国　555　/南北朝表/
麴乾固
　　高昌王国　560　/南北朝表/
麴智盛
　　高昌王国　640　/隋唐表/
穨
　　卫　前415　/战国表/
璝
　　后突厥汗国　691　/隋唐表/
躁公

秦　前443　/战国表/
籍
　　①赵　前409　/战国表/
　　②晋　前823　/西周表/
䜣
　　晋　前628　/春秋表/
懿王
　　西周　前899　/西周表/
懿公
　　①鲁　前816　/西周表/
　　②卫　前669　/春秋表/
　　③齐　前613　/春秋表/
　　④燕　前549　/春秋表/
懿宗
　　唐　859　/隋唐表/
懿侯
　　韩　前374　/战国表/
懿德
　　1624　/明表/
懿武帝
　　后凉　386　/魏晋表/

懿璘质班
　　元　1332　/元表/
襄知牙斯
　　［匈奴］　前8　/秦汉表/
瓕
　　卫　前426　/战国表/
囍
　　西周　前899　/西周表/
霬都
　　西夏　1057　/辽宋表/
玃且
　　邾　前614　/春秋表/
鱓
　　晋　前730　/春秋表/
麟嘉
　　①汉　316　/魏晋表/
　　②后凉　389　/魏晋表/
麟德
　　唐　664　/隋唐表/
䵥
　　后中山国　前328　/战国表/

部分周边国家年表索引

词语首字检索

一画		四画[一]		四画[丶]		五画[丿]				刘	1736	吴	1739	七画[一]	
一	1727	丰	1728	六	1731	白	1733	达	1734	齐	1736	助	1739	灵	1740
二画		王	1728	文	1731	他	1733	成	1735	米	1737	里	1739	阿	1741
二	1727	开	1729	四画[一]		用	1733	迈	1735	江	1737	吠	1739	陈	1741
丁	1727	天	1729	孔	1731	印	1733	毕	1735	兴	1737	七画[丿]		努	1742
三画[一]		元	1729	巴	1731	鸟	1733	至	1735	宇	1737	佐	1739	纯	1742
三	1727	无	1730	允	1732	五画[丶]				安	1737	(佚)	1739	纳	1742
干	1727	扎	1730	**五画[一]**		玄	1733	六画[丨]		六画[乛]		柏	1739	**八画[一]**	
土	1727	艺	1730	正	1732	兰	1733	贞	1735	那	1737	低	1739	环	1742
大	1727	太	1730	甘	1732	讫	1733	光	1735	阮	1737	佛	1739	武	1742
万	1727	区	1730	世	1732	训	1733	吕	1735	阳	1738	伽	1739	责	1742
三画[丿]		历	1730	艾	1732	永	1733	因	1735	观	1738	近	1739	拔	1742
久	1728	尤	1730	古	1732	五画[乛]		六画[丿]		牟	1738	希	1740	拉	1742
义	1728	巨	1730	布	1732	尼	1734	朱	1735	**七画[一]**		龟	1740	披	1742
三画[丶]		戈	1730	龙	1732	弘	1734	乔	1735	寿	1738	鸠	1740	耶	1742
广	1728	比	1730	平	1732	奴	1734	传	1735	玛	1738	邹	1740	昔	1742
三画[乛]		瓦	1730	东	1732	加	1734	休	1735	戒	1738	七画[丶]		苴	1742
尸	1728	四画[丨]		五画[丨]		圣	1734	伏	1735	孝	1738	库	1740	英	1743
弓	1728	中	1730	卡	1732	台	1734	优	1735	坎	1738	应	1740	范	1743
己	1728	四画[丿]		北	1733	**六画[一]**		伐	1735	花	1738	冷	1740	林	1743
子	1728	长	1730	占	1733	邦	1734	延	1735	克	1738	辛	1740	松	1743
女	1728	仁	1730	卢	1733	吉	1734	仲	1736	苏	1738	弃	1740	枕	1743
飞	1728	仇	1731	归	1733	老	1734	伊	1736	杜	1738	闷	1740	奈	1743
马	1728	反	1731	田	1733	朴	1734	后	1736	村	1738	沙	1740	**八画[丨]**	
		月	1731	只	1733	协	1734	会	1736	李	1738	汾	1740	昌	1743
		丹	1731	四	1733	西	1734	兆	1736	杨	1739	良	1740	明	1743
		乌	1731			百	1734	多	1736	辰	1739	补	1740	易	1743
								六画[丶]		七画[丨]		河	1740	迪	1743
								庄	1736	肖	1739				
								庆	1736						

索引二

部分周边国家年表索引

[说明] 1. 本索引为本书所附"中国与部分周边国家纪年对照表"所制，可查该表中有关部分周边国家的各类信息，包括**朝代（政权）名称**、习用**时代名称**、**年号、帝王号、庙号、帝王名**等。这里需要指出的是，为节省篇幅，本索引省略了"对照表"中的中国部分，关于中国部分的各类信息，可查本书的"纪年总表综合索引"。2. 本索引的凡例与前索引一致，此不再赘言。3. 索引中的省略字用法："**朝**"指代朝鲜/韩国、"**日**"指代日本、"**越**"指代越南、"**缅**"指代缅甸、"**老**"指代老挝、"**印**"指代印度/巴基斯坦/孟加拉。

越 544

万象王国

　　老 1593

三画 〔丿〕

久安
　　日 1145
久寿
　　日 1154
久尔辛
　　朝 420
义慈
　　朝 641
义恭王
　　朝 943

三画 〔丶〕

广和
　　越 1541

三画 〔一〕

尸嘿排摩悈
　　越 1018
弓裔
　　①朝 904
　　②朝 911
己娄
　　朝 77
子阇耶僧诃跋摩二世
　　越 1041
女皇
　　越 1224
飞鸟时代
　　日 592
马茂德
　　①印 1246
　　②印 1526
马哈南
　　老 1622
马尔德夫

印 1532
马苏德沙
　　印 1242
马希尔帕
　　印 1030
马茂德沙
　　①印 1394
　　②印 1482
马哈·辛格
　　印 1780
马尔丹王朝
　　印 1211
马达那巴拉
　　印 1104
马拉塔帝国
　　印 1675
马利卡尔朱那
　　印 1446
马哈森那笈多
　　印 629
马立克·沙尔瓦尔
　　印 1394
马茂德·贝加尔哈
　　印 1458
马茂德·卡尔吉一世
　　印 1436
马茂德·卡尔吉二世
　　印 1510
马尔哈·拉奥·荷尔卡
　　印 1766

四画 〔一〕

丰
　　朝 660
王尧
　　朝 945
王运
　　朝 1083
王仙
　　朝 975
王亨
　　朝 1034

王武
　　朝 943
王构
　　朝 1122
王昄
　　①朝 1274
　　②朝 1298
王昕
　　朝 1344
王眠
　　朝 1349
王治
　　朝 981
王询
　　朝 1009
王建
　　朝 918
王晛
　　朝 1146
王昱
　　朝 1094
王昭
　　朝 949
王勋
　　朝 1083
王钦
　　朝 1031
王俣
　　朝 1105
王诵
　　朝 997
王桢
　　①朝 1330
　　②朝 1340
王焘
　　①朝 1313
　　②朝 1332
王祦
　　朝 1211
王植
　　朝 1259
王晫
　　朝 1197

索引二

印 1158

巴曼尼苏丹国

印 1347

巴鲁尔·罗第

印 1451

巴哈杜尔沙一世

印 1707

巴基斯坦自治领

印 1947

巴罗麦士跋罗跋摩一世

印 674

巴罗麦士跋罗跋摩二世

印 706

允恭天皇

日 412

五画〔一〕

正元

日 1259

正历

日 990

正中

日 1324

正长

日 1428

正平

日 1346

正庆

日 1332

正安

日 1299

正应

日 1288

正和

①日 1312

②越 1680

正治

①日 1199

②越 1557

正保

日 1644

正祖

朝 1776

正嘉

日 1257

正德

日 1711

正亲町天皇

日 1557

甘茶

印 1002

甘华王朝

印 前 75

甘那帕蒂

印 1199

世宗

①朝 1418

②越 1573

世祖

①朝 1455

②越 1802

艾伯克

印 1206

艾哈迈德沙

印 1748

艾哈迈德·法鲁基

印 1388

古尔

朝 234

古瓦喀一世

印 800

古瓦喀二世

印 831

古代朱罗王国

印 前 201

古代十六国时期

印 前 600

布卡

印 1378

布格拉汗

印 1288

布波修罗汉

缅 613

布格拉汗王朝

印 1288

布利哈德罗陀

印 前 188

布尔汉·尼查姆沙

印 1509

布尔汉—乌尔—穆尔克

印 1590

龙德

越 1732

龙瑞太平

越 1054

平王

越 945

平成

朝 545

平治

日 1159

平原王

朝 559

平达格力

缅 1648

平安时代

日 794

平城天皇

日 806

东支

缅 598

东必

缅 582

东台

缅 569

东温

缅 753

东城王

朝 479

东山天皇

日 1687

东吁王朝

缅 1531

东恒伽王朝

印 774

五画〔丨〕

卡尔奇

印 1290

卡于马斯
　　印 1290

卡利穆拉
　　印 1538

卡拉索卡
　　印　前 407

卡蒙诺伊
　　老 1713

卡丹巴王朝
　　印 350

卡尔吉王朝
　　印 1436

卡尔纳一世
　　印 1064

卡尔纳三世
　　印 1296

卡尔奇王朝
　　印 1290

卡伊库巴德
　　印 1287

卡库沙伐摩
　　印 425

卡拉克·辛格
　　印 1839

卡拉拉尼王朝
　　印 1564

卡拉丘里第三王朝
　　印 875

北朝
　　①日 1336
　　②越 1527

（占城）
　　①越 758
　　②越 1219

占巴塞王国
　　老 1713

卢德罗伽
　　印 1078

归仁阮朝
　　越 1778

田村
　　日 629

只因陀
　　缅 902

四条天皇
　　日 1232

五画 [丿]

白凤
　　日 673

白东
　　缅 660

白当
　　缅 652

白雉
　　日 650

白河天皇
　　日 1072

他拖
　　缅 1645

他隆
　　缅 1629

他多沙
　　缅 1525

他摩陀
　　缅 1782

他摩罗
　　缅 825

他拖弥婆耶
　　缅 1364

用明天皇
　　日 586

印度自治领
　　印 1947

鸟羽天皇
　　日 1107

五画 [丶]

玄宗
　　越 1663

兰坎登王
　　老 1416

兰伽二世

印 1591

兰伽三世
　　印 1672

兰季特·辛格
　　印 1790

讫解
　　朝 310

训解
　　朝 405

永万
　　日 1165

永历
　　日 1160

永长
　　日 1096

永仁
　　日 1293

永久
　　日 1113

永正
　　日 1504

永延
　　日 987

永庆
　　越 1729

永观
　　日 983

永寿
　　越 1658

永和
　　日 1375

永享
　　日 1429

永治
　　①日 1141
　　②越 1676

永定
　　越 1547

永承
　　日 1046

永祚
　　①日 989
　　②越 1619

永保

　日 1081

永祐

　越 1735

永盛

　越 1705

永禄

　日 1558

永德

　日 1381

永德万岁

　朝 911

五画 ［一］

尼查姆沙

　印 1461

尼查姆·阿里

　印 1762

尼查姆—乌尔—穆尔克

　印 1724

弘长

　日 1261

弘仁

　日 810

弘化

　日 1844

弘安

　日 1278

弘和

　日 1381

弘治

　日 1555

弘定

　越 1600

弘文天皇

　日 672

奴隶王朝

　印 1206

加亚·卡尔纳

　印 1150

加尔那迪王朝

　印 1743

圣元

　越 1400

圣册

　朝 905

圣宗

　①越 1054

　②越 1258

　③越 1460

圣祖

　越 1820

圣明王

　①朝 523

　②朝 538

圣德王

　朝 702

圣武天皇

　日 724

台拉二世

　印 973

台拉三世

　印 1151

六画 ［一］

邦牙王朝

　缅 1287

吉亚斯—乌德丁

　①印 1397

　②印 1469

吉亚斯—乌德丁二世

　印 1388

吉亚斯—乌德丁·伊瓦兹

　印 1213

吉亚斯—乌德丁·马茂德沙

　印 1533

吉亚斯—乌德丁·阿柴姆沙

　印 1389

吉亚斯—乌德丁·巴哈杜尔沙

　印 1322

老挝王国

　老 1946

朴昇英

　朝 917

朴金溥

　朝 927

朴景晖

　朝 912

朴魏膺

　朝 924

协和帝

　越 1883

西穆卡

　印　前 75

西山阮朝

　越 1788

西宋纳迦

　印　前 430

西瓦吉一世

　印 1675

西瓦吉三世

　印 1700

西亚伽二世

　印 948

西里本亚桑

　老 1760

西瓦马拉二世

　印 812

西宋纳迦王朝

　印　前 430

西遮娄其王朝

　印 973

西拉吉—乌德—道拉

　印 1756

西迪·巴德尔·迪瓦纳

　印 1490

百济

　朝　前 18

达乌德

　印 1510

达宁格内

　缅 1714

达摩悉提

　缅 1472

达尔玛巴拉

　印 770

达立普·辛格

1734

索引二

越 1578

延庆
　日 1308

延应
　日 1239

延享
　日 1744

延宝
　日 1673

延喜
　日 901

延德
　日 1489

仲达
　印 1394

仲哀天皇
　日 192

仲恭天皇
　日 1221

伊杜米思
　印 1211

伊斯拉姆沙
　印 1545

伊斯迈尔·阿迭尔沙
　印 1510

后百济
　朝 900

后吴王
　越 950

后黎朝
　越 1533

后西天皇
　日 1654

后李南帝
　越 555

后一条天皇
　日 1016

后二条天皇
　日 1301

后小松天皇
　日 1382

后天条天皇
　日 1068

后水尾天皇
　日 1611

后白河天皇
　日 1155

后鸟羽天皇
　日 1183

后光严天皇
　日 1352

后光明天皇
　日 1643

后朱雀天皇
　日 1036

后伏见天皇
　日 1298

后宇多天皇
　日 1274

后阳成天皇
　日 1586

后花园天皇
　日 1428

后村上天皇
　日 1339

后冷泉天皇
　日 1045

后龟山天皇
　日 1383

后奈良天皇
　日 1526

后柏原天皇
　日 1500

后勃固王朝
　缅 1740

后桃园天皇
　日 1770

后圆融天皇
　日 1371

后笈多王朝
　印 590

后堀河天皇
　日 1221

后深草天皇
　日 1246

后嵯峨天皇

日 1242

后醍醐天皇
　日 1318

后土御门天皇
　日 1465

后樱町女天皇
　日 1762

会丰
　越 1092

兆纳汗
　印 1325

兆汉王朝
　印 798

多娄
　朝 28

多罗般
　缅 1401

多迦逾华
　缅 1526

多尔拉巴伐弹那
　印 721

六画 [丶]

庄宗
　越 1533

庆云
　日 704

庆长
　日 1596

庆司
　朝 455

庆安
　日 1648

庆应
　日 1865

庆德
　越 1649

刘继宗
　越 986

齐衡
　日 854

齐因分

越 1820

阮福濶
　越 1691

阮福淳
　越 1765

阮福阔
　越 1738

阮福渊
　越 1725

阮福源
　越 1613

阮福溢
　越 1687

阮福曠
　越 1841

阮福澜
　越 1635

阮福澍
　越 1648

阳成
　朝 559

阳和
　越 1635

阳德
　越 1672

阳原王
　朝 545

阳成天皇
　日 876

观应
　日 1350

牟大
　朝 479

牟罗
　缅 785

牟尼都昙摩罗娑
　缅 1692

七画 [一]

寿永
　日 1182

玛尤拉萨摩

印 350

戒日王
　印 606

孝宗
　朝 1649

孝成王
　朝 737

孝庄王
　朝 1146

孝昭王
　朝 692

孝恭王
　朝 897

孝元天皇
　日　前 214

孝安天皇
　日　前 392

孝灵天皇
　日　前 290

孝明天皇
　日 1846

孝昭天皇
　日　前 475

孝德天皇
　日 645

孝谦女天皇
　日 749

坎那耶
　印 1358

坎克特
　老 1435

坎坦萨
　老 1430

坎德希王朝
　印 1388

花山天皇
　日 984

花园天皇
　日 1308

克里希那一世
　印 768

克里希那二世
　印 877

克里希那三世
　印 939

克利希那迪瓦·拉雅
　印 1509

苏尔王朝
　印 1540

苏里亚旺
　老 1771

苏里亚旺萨
　老 1633

苏利耶跋摩
　越 1190

苏拉吉·曼尔
　印 1756

苏利耶阇耶跋摩
　越 1190

苏伐尔纳·旃陀罗
　印 908

苏莱曼·卡拉拉尼
　印 1564

杜戈吉·荷尔卡
　印 1796

村上天皇
　日 946

李礽
　朝 1724

李�
　越 1211

李奂
　朝 1834

李玜
　朝 1800

李坧
　朝 1907

李昇
　朝 1849

李昖
　朝 1567

李昀
　朝 1720

李怿
　朝 1506

李珣

朝 1450
李贲
越 544
李峘
朝 1545
李珲
朝 1608
李娎
朝 1469
李晄
朝 1468
李倧
朝 1623
李淏
朝 1649
李朝
越 1010
李棩
朝 1659
李皓
朝 1544
李焞
朝 1674
李裪
朝 1418
李瑈
朝 1455
李熙
①朝 1863
②朝 1897
李算
朝 1776
李憕
朝 1494
李天宝
越 550
李天祚
越 1138
李日尊
越 1054
李公蕴
越 1010
李龙翰
越 1175
李弘時
朝 1452
李成桂
朝 1392
李阳焕
越 1128
李芳远
朝 1400
李芳果
朝 1398
李佛子
越 555
李佛玛
越 1028
李昭皇
越 1224
李乾德
越 1073
杨三哥
越 945
辰斯
朝 385

七画［丨］

肖古
朝 166
吴权
越 939
吴朝
越 939
吴昌元
越 950
（吴权子）
越 944
助贲
朝 230
里萨汗
印 1767
吠陀时代
印 前 660

七画［丿］

佐达
印 1422
（佚名）
①印 前 38
②缅 439
③缅 885
④印 1765
柏梯利
缅 324
低蒙苴
缅 242
佛逝国
越 1190
佛陀笈多
印 477
伽奴
缅 1368
伽维
缅 710
伽齐沙
印 1561
伽帕尔
印 979
伽诺山
缅 1401
伽悉信
缅 1343
伽涅什罗阇
印 1414
伽尔哥答王朝
印 721
伽哈达伐拉王朝
印 1090
伽涅什罗阇王朝
印 1414
近仇首
朝 375
近肖古
朝 346
近卫天皇

日 1141

希哈卜—乌德丁
　印 1351

希哈卜—乌德丁·布格陀
　印 1322

龟山天皇
　日 1259

鸠摩罗巴拉
　印 1144

鸠摩罗笈多
　印 590

鸠摩罗笈多一世
　印 414

鸠摩罗笈多三世
　印 533

邹聂
　缅 1298

七画〔丶〕

库斯鲁
　印 1320

库拉塞凯罗
　印 1310

库罗通伽一世
　印 1070

应长
　日 1311

应仁
　日 1467

应永
　日 1394

应安
　日 1368

应和
　日 961

应保
　日 1161

应德
　日 1084

应神天皇
　日 270

冷泉天皇

日 967

辛昌
　朝 1388

辛禑
　朝 1374

辛伽纳
　印 1210

辛哈罗阇
　印 931

辛哈毗湿奴
　印 575

辛哈跋摩五世
　印 468

弃须
　缅 986

闵哀王
　朝 838

沙泮
　朝 234

沙·贾汉
　印 1627

沙米尔柴
　印 1339

沙里维伽
　缅 906

沙希王朝
　印 830

沙林伽都
　缅 1494

沙胡一世
　印 1708

沙胡二世
　印 1777

沙尔基王朝
　印 1394

沙鲁瓦王朝
　印 1486

沙达伽尼一世
　印 1

沙米尔柴王朝
　印 1339

沙摩陀罗笈多
　印 335

沙·阿拉姆二世
　印 1759

沙姆斯—乌德丁
　印 1397

沙姆斯—乌德丁·菲罗兹
　①印 1301
　②印 1467

沙姆斯—乌德丁·艾哈迈德
　印 1431

沙姆斯—乌德丁·伊利亚斯沙
　印 1342

汾西
　朝 298

良渊王
　缅 1600

良宇修罗汉
　缅 931

补罗稽舍一世
　印 534

补罗稽舍二世
　印 609

诃利跋摩
　印 1050

诃罗跋摩
　越 900

诃里诃里一世
　印 1346

诃里诃里二世
　印 1379

诃黎跋摩一世
　越 803

诃黎跋摩二世
　越 1010

诃黎跋摩三世
　越 1074

诃黎跋摩四世
　越 1113

七画〔一〕

灵龟
　日 715

灵元天皇

索引二

越 1329

陈睍
越 1377

陈昑
越 1279

陈暊
越 1370

陈晃
越 1258

陈烇
越 1293

陈㦴
越 1398

陈嵩
越 1314

陈朝
①越 1225
②越 1407

陈煚
越 1225

陈颙
越 1407

陈顒
越 1388

陈暾
越 1373

陈㫒
越 1341

陈日礼
越 1369

陈季扩
越 1409

努斯拉特沙
印 1519

纯宗
①越 1732
②朝 1907

纯祖
朝 1800

纳西尔
印 1415

纳杰姆
印 1765

纳亚巴拉
印 1038

纳罗代弹那
印 540

纳兰达拉逊纳
印 450

纳伽巴德一世
印 740

纳伽巴德二世
印 800

纳拉辛哈跋摩
印 625

纳罗新哈一世
①印 1141
②印 1238

纳腊延腊巴拉
印 854

纳西尔一乌德丁
印 1500

纳拉辛哈跋摩二世
印 675

纳西尔－乌德丁·马茂德沙
印 1442

八画［一］

环王国
越 758

武
日 457

武王
朝 600

武安
越 1592

武泰
朝 904

武宁王
朝 501

武烈王
朝 654

武烈天皇
日 499

责稽

朝 286

拔陀罗首罗跋摩
越 645

拔陀罗跋摩二世
越 1060

拉利雅
印 830

拉齐耶女王
印 1236

拉其普特王朝
印 1396

拉金德拉四世
印 1246

拉克什曼纳罗阇
印 950

拉森泰·普伐纳特
老 1485

拉克希弥·卡尔纳
印 1041

拉克什曼纳·森纳
印 1179

拉喜特拉库塔王朝
印 753

拉金德拉·朱罗一世
印 1016

拉利塔迭多·穆克塔毗达
印 724

披耶那空
老 1693

披耶蒙古
老 1690

耶曩
缅 1494

耶萨婆曼
①印 725
②印 1100

耶沙·卡尔纳
印 1073

昔脱解
朝 57

昔儒礼
朝 284

苴蒙伯

缅 299

英宗
　①越 1138
　②越 1293
　③越 1557

英祖
　朝 1724

英塔松
　老 1727

英塔庞
　老 1749

英武昭圣
　越 1076

范文
　越 331

范佛
　越 349

范福
　老 1441

范逸
　越 281

范熊
　越 270

范天凯
　越 510

范文款
　越 498

范头黎
　越 629

范胡达
　越 380

范神成
　越 446

范敌文
　越 416

范敌真
　越 414

范诸农
　越 492

范梵志
　越 605

范镇龙
　越 640

范当根纯
　越 484

范阳迈（一世）
　越 421

范阳迈（二世）
　越 432

范弼毳跋摩
　越 516

林邑国
　越 192

松普王
　老 1497

枕流
　朝 384

奈解
　朝 196

奈良时代
　日 710

八画［丨］

昌
　朝 554

昌符
　越 1377

昌泰
　日 898

昌达·沙依布
　印 1749

明历
　日 1655

明平
　缅 1531

明应
　日 1492

明和
　日 1764

明命
　越 1820

明治
　日 1868

明宗
　①朝 1170

　②越 1314

　③朝 1545

明恭
　①缅 1401

　②缅 1481

明袱
　①朝 523

　②朝 538

明德
　①日 1390

　②越 1527

明孝王
　越 1095

明迦莽
　缅 1612

明娑尼
　缅 1638

明耶娑基
　缅 1593

明治天皇
　日 1867

明治时代
　日 1868

明正女天皇
　日 1630

明吉斯伐修寄
　缅 1368

明波梯诃波帝
　缅 1352

易卜拉欣
　①印 1517

　②印 1543

易卜拉欣沙
　印 1402

易卜拉欣二世
　印 1579

易卜拉欣汗·苏尔
　印 1554

迪夫耶
　印 1075

迪伐补弥
　印　前 76

迪瓦·拉雅一世

索引二

印 1406

迪瓦·拉雅二世
印 1422

忠定王
朝 1349

忠肃王
①朝 1313
②朝 1332

忠宣王
①朝 1298
②朝 1308

忠烈王
①朝 1274
②朝 1298

忠惠王
①朝 1330
②朝 1340

忠穆王
朝 1344

罗云
朝 491

罗皑
越 1390

罗伽巴拉
①印 908
②印 1019

罗毗伐摩
印 510

罗贾拉姆
印 1689

罗娑陀利
缅 1385

罗第王朝
印 1451

罗摩巴拉
印 1078

罗姆·罗阇
印 1749

罗伽伐弹那
印 604

罗摩旃陀罗
印 1271

罗摩跋陀罗

印 833

罗陀·旃陀罗
印 995

罗阇罗阇一世
①印 985
②印 1043

罗阇罗阇三世
印 1216

罗卢伽·旃陀罗
印 919

罗阇·马赫拉克
印 1304

罗阇迪罗阇一世
印 1044

帕拉马迪
印 1167

帕那瓦王国
印 300

凯布阿班
老 1433

凯尔迪伐摩
印 1050

凯萨瓦·森纳
印 1259

凯尔迪伐摩一世
印 566

凯尔迪伐摩二世
印 746

图格拉克
印 1321

图格拉克王朝
印 1321

八画 [丿]

制阿难
越 1318

制陀阿婆粘
越 1312

垂仁天皇
日 前 29

和铜
日 708

季明
朝 598

舍尔·辛格
印 1840

金轮
朝 576

金明
朝 838

金峣
朝 897

金晃
朝 886

金曼
朝 887

金晟
朝 875

金大路
朝 500

金庆膺
朝 839

金秀宗
朝 826

金伯净
朝 579

金良相
朝 780

金纳祇
朝 417

金奈勿
朝 356

金叔谊
朝 857

金味邹
朝 261

金法敏
朝 661

金实圣
朝 402

金承庆
朝 737

金春秋
朝 654

金政明

索引二

建嘉
　　越 1211
建德
　　日 1370
建陀罗跋摩二世
　　越 749
肃宗
　　①朝 1095
　　②越 1504
　　③朝 1674
弥辛修
　　缅 1167
弥耶婆
　　缅 1501
弥罗尼
　　缅 1426
弥波隆
　　缅 1571
弥修乌
　　缅 1525
弥丽侨提
　　缅 1673
弥利侨苴
　　缅 1440
弥利提波
　　缅 1628
弥悉多耶
　　缅 1564
弥加提波只
　　缅 917
弥伽提波尼
　　缅 994
承久
　　日 1219
承元
　　日 1207
承历
　　日 1077
承平
　　日 931
承安
　　日 1171
承应

日 1652
承和
　　日 834
承保
　　日 1074
承德
　　日 1097
孟云
　　缅 1782
孟坑
　　缅 1837
孟驳
　　缅 1763
孟既
　　缅 1819
孟加拉国
　　印 1740
孟养他切
　　缅 1427
迦苴
　　缅 1340
迦多耶
　　缅 1737
迦娑婆
　　缅 1234
迦沙婆提
　　缅 1523
迦罗毗迦
　　缅 942
迦罗满陀
　　缅 1697
迦梨夷旦瑜
　　缅 1426
迦利耶那·旃陀罗
　　印 970
迫婆修骠
　　缅 1459
绍丰
　　越 1341
绍平
　　越 1434
绍庆
　　越 1370

绍明
　　越 1138
绍治
　　越 1841
绍宝
　　越 1279
绍隆
　　越 1258

九画 [一]

契
　　朝 344
珂瑠
　　日 697
珍
　　日 406
持统女天皇
　　日 687
政开
　　朝 914
茶和布底
　　越 1342
荣留王
　　朝 618
胡朝
　　越 1400
胡马雍
　　①印 1457
　　②印 1530
　　③印 1555
胡汉苍
　　越 1400
胡季犛
　　越 1400
胡桑沙
　　印 1406
胡赛因沙
　　印 1458
南朝
　　①日 1336
　　②越 1533
南解

索引二

哈利施旃陀罗
印 1194

九画〔丿〕

钦明天皇
日 540

重光
日 1409

笈多王朝
印 320

顺天
①越 1010
②越 1428

顺平
越 1549

顺宗
①朝 1083
②越 1388

顺化阮朝
越 1600

顺德天皇
日 1210

修云
缅 1315

修乌
缅 1310

修罗
①缅 1077
②缅 1555

修齐因
缅 1324

修金尼
缅 802

修翳犍恒
缅 1331

保元
日 1156

保延
日 1135

保安
日 1120

信修浮女王

缅 1453

侯赛因沙
印 1630

侯赛因王朝
印 1493

侯赛因·尼查姆沙
印 1553

皇极女天皇
日 642

律陀罗跋摩一世
越 529

律陀罗跋摩三世
越 1061

律陀罗跋摩四世
越 1145

须迦帝
缅 992

胜曼
朝 647

九画〔丶〕

哀庄王
朝 800

帝沙
缅 1043

施离霞离鼻麻底
越 1014

养老
日 717

养和
日 1181

前吴王
越 939

前黎朝
越 980

前李南帝
越 544

前勃固王朝
缅 825

首
日 724

洪宁

越 1591

洪顺
越 1509

济
日 412

侨苴
缅 1287

侨苴尼
缅 1350

宣
朝 599

宣宗
朝 1083

宣祖
朝 1567

宣让王
朝 997

宣惠王
朝 1083

宣德王
朝 780

宣化天皇
日 536

室町幕府
日 1336

室利·旃陀罗
印 920

室利·雅吉纳·沙达伽尼
印 165

宪宗
①越 1329
②越 1498
③朝 1834

宪祖
越 1841

宪安王
朝 857

宪康王
朝 875

宪德王
朝 809

突鲁瓦王朝
印 1505

印 1512

顾卜特·乌德丁·艾哈迈德沙

　　印 1449

十画 [丨]

柴法尔汗
　　印 1396

恩里帕滕伽跋摩
　　印 844

圆融天皇
　　日 969

十画 [丿]

铁普
　　印 1782

特里洛章帕尔
　　印 1004

称光天皇
　　日 1412

称德女天皇
　　日 765

俱释利因陀罗跋摩二世
　　越 989

般多利迦
　　缅 1028

翁荣
　　老 1735

翁洛
　　老 1695

十画 [丶]

高丽
　　朝 918
高宗
　　①越 1175
　　②朝 1213
　　③朝 1863
　　④朝 1897
高句丽
　　朝 427

高仓天皇
　　日 1168

高达王国
　　印 600

高塔米普特拉·沙达伽尼
　　印 106

旃陀罗王朝
　　印 901

旃陀罗笈多
　　印　前 324

旃陀罗提婆
　　印 1090

旃陀罗笈多一世
　　印 320

旃陀罗笈多二世
　　印 380

娑尼
　　缅 1698

娑摩罗跋摩
　　印 1095

海护王
　　印 335

海达尔·阿里
　　印 1761

海得拉巴王国
　　印 1724

宽元
　　日 1243

宽仁
　　日 1017

宽文
　　日 1661

宽正
　　日 1460

宽平
　　日 889

宽永
　　日 1624

宽弘
　　日 1004

宽延
　　日 1748

宽和

　　日 985

宽治
　　日 1087

宽政
　　日 1789

宽保
　　日 1741

宽喜
　　日 1229

宽德
　　日 1044

宾曼
　　印 1078

宾曼一世
　　印 1022

宾曼二世
　　印 1178

宾童龙国
　　越 1190

容惠王
　　朝 1034

诸葛地
　　越 653

诺蒙
　　老 1593

诺卡萨
　　老 1713

十画 [一]

陶达
　　印 1572

陶尔耶
　　缅 1482

通坎王
　　老 1630

难陀王朝
　　印　前 364

桑卡尔
　　印 1309

桑森泰王
　　老 1373

桑布吉一世

索
引
二

越 1220

第十四王朝

越 1390

第十五王朝

越 1458

第一伊利亚斯王朝

印 1339

第二伊利亚斯王朝

印 1442

敏维

缅 716

敏达天皇

日 572

悉都乔丁

缅 1552

逸圣

朝 134

猜也库曼

老 1738

十一画 [丶]

康元

日 1256

康历

日 1379

康正

日 1455

康平

日 1058

康永

日 1342

康安

日 1361

康应

日 1389

康和

日 1099

康治

日 1142

康宗

朝 1211

康孟

缅 1543

康保

日 964

章德拉王朝

印 954

阇耶诃黎跋摩一世

越 1145

阇耶诃黎跋摩二世

越 1166

阇耶僧伽跋摩三世

越 1287

阇耶僧伽跋摩四世

越 1307

阇耶僧伽跋摩五世

越 1400

阇耶因陀罗跋摩一世

越 960

阇耶因陀罗跋摩二世

①越 1080

②越 1086

阇耶因陀罗跋摩三世

越 1139

阇耶因陀罗跋摩四世

越 1167

阇耶因陀罗跋摩五世

越 1191

阇耶因陀罗跋摩六世

越 1252

阇耶波罗密首罗跋摩一世

越 1044

阇耶波罗密首罗跋摩二世

越 1220

盖娄

朝 128

盖卤王

朝 455

清宁天皇

日 480

清和天皇

日 858

混罗恭骠

缅 964

淳福

越 1562

淳仁天皇

日 758

淳和天皇

日 824

婆娑

朝 80

婆修奴

缅 1492

婆苏提婆

①印　前 75

②印 798

婆阇二世

印 910

十一画 [一]

隆庆

越 1373

隆熙

朝 1907

维拉

印 1311

维苏纳腊

①老 1495

②老 1500

维选达拉

印 1019

维拉·维贾耶

印 1422

维拉普塔罗阇

印 1120

维拉·那罗新哈

印 1505

维查亚迭多一世

印 696

维格腊巴拉一世

印 850

维格腊哈阇二世

印 981

维格腊罗阇四世

印 1153

维鲁巴克沙二世

索引二

越 811

释利阇耶僧伽跋摩一世

　　越 876

腊加伐

　　印 1148

腆支

　　朝 405

鲁陀罗巴女王

　　印 1261

鲁陀罗逊纳一世

　　印 330

鲁陀罗逊纳二世

　　印 350

鲁克－乌德丁·克考斯

　　印 1291

鲁克－乌德丁·巴尔贝克沙

　　印 1459

十二画 ［、］

善德女王

　　朝 632

普罗拉罗阇

　　印 1117

普尔纳·旃陀罗

　　印 901

普拉塔普·辛格

　　印 1810

普西王布蒂王朝

　　印 540

普里西弗逊纳一世

　　印 300

普里西弗逊纳二世

　　印 471

普里西维帕蒂一世

　　印 844

普利色毗罗阇三世

　　印 1179

普士亚密多罗·巽伽

　　印　前 187

普罗太帕鲁陀罗提婆

　　①印 1307

　　②印 1320

道莱特沙·洛提

　　印 1412

温祚

　　朝　前 18

温纳亚迭多一世

　　印 680

富烂笈多

　　印 468

裕仁

　　日 1926

裕宗

　　①越 1341

　　②越 1705

十二画 ［一］

巽伽王朝

　　印　前 187

缅甸联邦

　　缅 1948

十三画 ［一］

瑞庆

　　越 1505

瑞泰

　　越 1586

瑞隆

　　缅 744

瑞穆

　　缅 762

瑞东帝

　　缅 1336

瑞安梯

　　缅 640

瑞难乔信

　　缅 1502

蒲甘曼

　　缅 1846

蒲甘王朝

　　缅 1044

蒙巧

　　老 1627

献宗

　　朝 1094

献和王

　　朝 975

甄宣

　　朝 900

甄神剑

　　朝 935

十三画 ［丨］

频耶

　　缅 846

频耶干

　　缅 1450

频耶兰

　　①缅 1426

　　②缅 1492

频耶宇

　　缅 1353

频头婆罗

　　印　前 300

频耶伐流

　　缅 1446

频耶黳劳

　　缅 1331

频毗娑罗

　　印　前 544

频耶昙摩耶娑

　　缅 1423

睦仁

　　日 1867

嗣德

　　越 1848

十三画 ［丿］

锡袍

　　缅 1878

锡克国

　　①印 1708

　　②印 1765

锡伐－斯坎达－伐尔曼

十五画

璋
朝 600

樱町天皇
日 1735

黎宁
越 1533

黎利
越 1428

黎桓
越 980

黎浚
越 1505

黎椅
越 1516

黎椿
越 1522

黎暄
越 1549

黎漳
越 1504

黎镨
越 1498

黎漆
越 1509

黎灏
越 1460

黎元龙
越 1434

黎龙钺
越 1005

黎龙铤
越 1005

黎邦基
越 1443

黎宜民
越 1459

黎维邦
越 1557

黎维祈
越 1787

黎维祊
越 1729

黎维祐
越 1643

黎维祫
越 1676

黎维振
越 1735

黎维祥
越 1732

黎维祫
越 1672

黎维桃
越 1740

黎维祺
①越 1619
②越 1649

黎维禑
越 1663

黎维新
越 1600

黎维谭
越 1573

黎维禟
越 1705

德治
日 1306

德宗
朝 1031

德曼
朝 632

德隆
越 1629

德鲁伐
印 779

德瓦巴拉
印 810

德里苏丹国
印 1206

摩振
朝 904

摩陀利
缅 1737

摩希拉巴
印 912

摩诃贲该
越 1441

摩诃贵由
越 1449

摩诃贵来
越 1446

摩揭陀国
①印　前 544
②印 320

摩逾毕耶
缅 1696

摩诃盘罗悦
越 1458

摩陀婆笈多
印 647

摩希巴拉一世
印 988

摩希巴拉二世
印 1070

摩诃盘罗茶全
越 1460

摩诃帕德摩·难陀
印　前 364

摩哂陀罗巴拉一世
印 885

摩哂陀罗跋摩一世
印 600

摩哂陀罗跋摩二世
印 669

摩哂陀罗跋摩三世
印 710

摩诃陀摩耶娑底波帝
缅 1733

摩罗伐摩·孙达罗一世
印 1216

摩诃罗阇·查斯万特·辛格
印 1677

毅宗
朝 1146

潘地亚王国
印 1190

后　记

　　学术如登攀，后人总是踩着前人的肩头去追求更高的境界。本书如然，在写作过程中吸收了不少学者，特别是近半个世纪以来民族史学者的最新科研成果（书中已尽量注明出处，这里不再一一提及）。在此书稿杀青之际，特此表示感谢，并对他们在学术上的贡献表示钦佩。

　　本书的写作得到了作者所供职的中国社会科学院民族学与人类学研究所诸位领导与众多师友的鼎力支持与具体帮助，尤其是得到高文德学长多方的关心与指教；本书还直接参考了他与蔡志纯先生共同编撰的"中国少数民族政权系谱表"（见《中国民族史人物辞典》附录）。在编写过程中，还多方请教了不少专家，听取了他们诸多的意见。除此之外，在裒辑芸帙、刊谬考订、补苴罅漏，以及制表绘图、编厘索引、雠勘文字等诸多琐细工作上得到了闻昌琦、那文滢、陆莲蒂、高柯、陈好林、孔敬、黄国政、闻昌伟、郑蕤等的具体帮助，在此一并表示衷心的谢意。除以上提及的诸君给我以直接的帮助外，就在本书接近完成的时候，由于时间的紧急，当我最窘迫的时刻，是张秀荣女士和蔡志纯先生及时伸出友谊之手，以他们的才智帮我分担了部分内容，解了燃眉之困，这种不计较个人名利的精神，在现实背景下，更显得难能可贵，令鄙祇佩。

　　这里，还要特别提出感谢的是陈振藩、孙以年先生和黄燕生、王静、宋月华女士。陈、孙两位先生已入高年，不顾寒冬溽暑，对书稿逐字披览，连一个标点也不放过，提出了不少中肯的修改意见，为本书倾注了大量的心血。在当前商品经济狂潮猛烈冲击学术活动的情况下，两位耆年学者不受浮躁所扰，不为诱惑所动，惟对学术负责，这种精神令人赞佩。孙先生曾参与多部列国志的编辑工作，他多年积铢累寸的丰富经验使本书的内在质量更上一层楼。黄燕生编审殷遴了这部书稿，她还

后记

直接创意与策划了本书中的"中国与部分周边国家纪年对照表",这一动议刚一提出,就得到了笔者周边同事普遍的称道。首先,这个年表的实用价值是显而易见的,无疑为本书增光添色,更进一步展延了本书的视野,从而成为本书不同于传统中国历史纪年表的又一个特点。这个年表的策划,还有其更深一层的意义。据笔者所知,从纪年对照表的角度而论,日本曾出版过"东方年表"之类的撰著,而在我国尚不多见,因而,作为一种尝试,此年表的创制使我国年表的编撰又跨入一个新的领域。王静编审接任责编后,不仅对全书逐字逐句认真校改,还对勘史籍,充实内容;并对全书框架结构进行了调整,提出了很多有价值的意见。她还创意增加了首章"中国历史纪年大系"(此图可谓提纲挈领,成为全书的主干)和精心策划了"中外对照历史大事年表"。她着重指出,新编大事年表,除注重重大政治、军事事件外,还要突出文化与科技,以适应时代的需要。她在策划此大事年表时,正值在世界范围内隆重纪念反法西斯战争胜利六十周年。正如本篇说明所指出的,这次活动"再次向世界各族人民提出'反思历史'的时代主题;而现实又向我们警示,这种反思必须要有正确的立脚点,否则就会滑入狭隘民族主义泥沼而成为历史前进的绊脚石"。此表的立意可谓宏远;此表的设计亦颇具匠心,"本年表之所以做成'中外对照',就是企图以史实为基础,为读者架构一个'站在中国看世界'或'站在世界看中国'的平台,供读者在'反思历史'时作一参考"。人文科学图书事业部宋月华主任是本书的最后把关者,同样为本书倾注了大量的心血;她还克服种种困难努力促成本书早日与读者见面。

本书自初稿到最后完型,历经十余个寒暑,经历了种种的坎坷与曲折,今日终于画上了最后一个句号,可以见到付梓面世的曙光了。此时此刻,作者可谓心潮起伏,心绪复杂,多少年来的点点滴滴、日日夜夜,以至酸甜苦辣、种种磨难……桩桩件件一起涌撞心头。抚卷追思,还有多少相识、不相识的朋友给予的有形、无形的帮助与支持,给予的关心与鼓励,至今忆起,亦为之动容。由于本书涉及面广,工作量大,对我个人来说,实在是勉为其难,如果不是众人的精诚协助,是不可能完成的,为了对他们所付出的劳动与心血表示尊重与敬意,特作如上说明。

著者谨识   2009 年 7 月

图书在版编目(CIP)数据

中华历史纪年总表/于宝林编著. —北京:社会科学
文献出版社,2010.6
 ISBN 978 - 7 - 5097 - 1088 - 3

Ⅰ.①中… Ⅱ.①于… Ⅲ.①中国 – 历史年表
Ⅳ.①K208

中国版本图书馆 CIP 数据核字(2009)第 177362 号

中华历史纪年总表

编　　著／于宝林

出 版 人／谢寿光
总 编 辑／邹东涛
出 版 者／社会科学文献出版社
地　　址／北京市西城区北三环中路甲 29 号院 3 号楼华龙大厦
邮政编码／100029
网　　址／http：//www.ssap.com.cn
网站支持／(010) 59367077
责任部门／人文科学图书事业部 (010) 59367215
电子信箱／bianjibu@ ssap.cn
责任编辑／孙以年　王　静　陈振藩
责任校对／杨丽丽
责任印制／郭　妍　岳　阳　吴　波

总 经 销／社会科学文献出版社发行部
　　　　　　(010) 59367080　59367097
经　　销／各地书店
读者服务／读者服务中心 (010) 59367028
排　　版／北京中文天地文化艺术有限公司
印　　刷／北京盛通印刷股份有限公司

开　　本／889mm×1194mm　1/16
印　　张／108.25
彩插印张／4.25
字　　数／3332 千字
版　　次／2010 年 6 月第 1 版
印　　次／2010 年 6 月第 1 次印刷

书　　号／ISBN 978 - 7 - 5097 - 1088 - 3
定　　价／480.00 元